U0920731

2016中国省市经济发展年鉴

CHINA PROVINCES AND CITIES ECONOMIC DEVELOPMENT YEARBOOK

《中国省市经济发展年鉴》编委会 编

上册

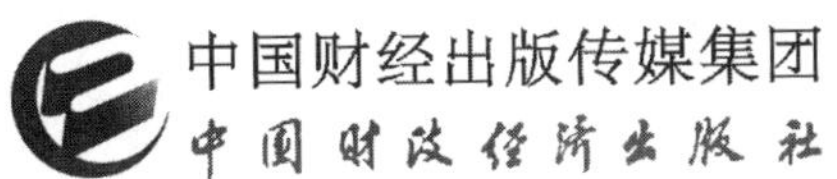

图书在版编目（C I P）数据

中国省市经济发展年鉴. 2016 : 全 2 册 / 《中国省市经济发展年鉴》编委会编. --北京 : 中国财政经济出版社，2017.7

ISBN 978-7-5095-7502-4

Ⅰ. ①中… Ⅱ. ①中… Ⅲ. ①区域经济发展－中国－2016－年鉴 Ⅳ. ①F127-54

中国版本图书馆 CIP 数据核字（2017）第 121341 号

责任编辑：罗亚洪
装帧设计：刘志鹏

中国财政经济出版社 出版

URL：http://www.cfeph.cn

E-mail：cfeph@cfeph.cn

地址：北京市海淀区阜成路甲 28 号　邮政编码：100142

北京画中画印刷有限公司印刷　　各地新华书店经销

880×1230 毫米　1/16 开　125 印张　280 万字

2017 年 7 月第 1 版　2017 年 7 月北京第 1 次印刷

定价：780.00 元（上、下）

ISBN 978-7-5095-7502-4 / F·5411

（图书出现印装问题，本社负责调换）

打击盗版举报热线：010-88190492

《2016 中国省市经济发展年鉴（上、下）》

编 者 说 明

一、《2016 中国省市经济发展年鉴（上、下）》是一部全面反映、系统比较中国区域经济和城市经济发展状况的大型统计资料性年刊。本书分为上下册，上册收集整理了 31 个省级行政单位的数据，下册收集整理了 288 个地级及以上城市的数据。

二、本书信息量大、特别突出数据的发展性和比较性，包括连续三年的统计数据以及最后一年数据的位次排列，为讲述全国地区发展和城市发展提供了重要的参考依据。《2016 中国省市经济发展年鉴（上）》主要内容涵盖：行政区划和人口、就业和工资、国民经济核算、固定资产投资、财政和税收、价格指数、居民生活、城市建设、资源、能源和环境、农业、工业、建筑业、运输和邮电、贸易和旅游、金融业、房地产业、科学技术、教育、卫生、文化和体育、社会服务和社会保障等社会经济发展的各个方面。《2016 中国省市经济发展年鉴（下）》主要内容涵盖：行政区划和人口、就业和工资、国民经济核算、固定资产投资和房地产、财政、居民生活和社会保障、土地资源管理、城市建设、能源和环境、农业、工业、建筑业、运输和邮电、贸易和旅游、金融业、教育、卫生和文化。附录为主要统计指标解释。本书未包括香港特别行政区、澳门特别行政区和台湾省的数据。

三、本书所涉及东部、中部、西部和东北地区的具体划分为：

东部 10 省（市）包括北京、天津、河北、上海、江苏、浙江、福建、山东、广东和海南；

中部 6 省包括山西、安徽、江西、河南、湖北和湖南；

西部 12 省（区、市）包括内蒙古、广西、重庆、四川、贵州、云南、西藏、陕西、甘肃、青海、宁夏和新疆；

东北 3 省包括辽宁、吉林和黑龙江。

四、本书中部分数据合计数或相对数由于单位取舍不同而产生的计算误差，均未做机械调整。书中数据由政府机构、行业协会等公开发布的数据整理而成，数据准确权威。

Editor's Notes

I. "China Provinces and Cities Economic Development Yearbook - 2016(Volumes 1 and 2)" is a large statistical annual book which fully reflects and compares China's regional and urban economy development systematically. This book is divided into two volumes, Volume1 collects data of 31 provincial administrative units, and Volume 2 includes the data of more than 288 prefecture-level cities in China. To facilitate readers, the book contains brief explanation to the major statistical indicators.

II. The yearbook is informative and particularly prominent on its developmental and comparative data which including three consecutive years of statistical data and the ranking on data of the last year. It provides an important reference for comparing the national regional development and city development. In volume 1, the main contents include: population and land, employment and wages, national economic accounting, fixed asset investment, national finances and taxes, price index, the lives of residents, city construction, resources, energy and environment, agriculture, industry, construction, transportation and post and telecommunications, trade and tourism, finance, real estate industry, science and technology, education, health, culture and sports, social service and social security and other aspects of the social and economic development. In volume 2, the main contents include: population and land, employment and wages, national economic accounting, fixed asset investment and real estate industry, national finances, People's Living Conditions and Social Security, Land Resources Administration, city construction, resources, energy and environment, agriculture, industry, construction, transportation and post and telecommunications, trade and tourism, finance, education, Public Health and Culture. The data of this book does not include the Hong Kong special administrative region, Macao special administrative region and Taiwan province.

III. The regions involved in the book were divided as follows:

Eastern region including Beijing, Shanghai, Tianjin, Hebei, Jiangsu, Zhejiang, Fujian, Shandong, Guangdong and Hainan provinces (municipalities);

Central region including Shanxi, Anhui, Jiangxi, Henan, Hubei and Hunan provinces;

Western region including Inner Mongolia, Guangxi, Chongqing, Sichuan, Guizhou, Yunnan, Tibet, Shaanxi, Gansu, Qinghai, Ningxia and Xinjiang provinces (autonomous regions and municipalities);

Northeastern region including Liaoning, Jilin and Heilongjiang provinces.

IV. Some total numbers or relative numbers in the yearbook may have a few calculation errors due to certain units; We did not do the mechanical adjustment. The data is collected by the governing institutions and professional associations; All data is accurate and authoritative.

省级目录

PROVINCES CONTENTS

一、行政区划和人口
Administrative Division and Population

二、就业和工资
Employment and Wages

三、国民经济核算
National Accounts

四、固定资产投资
Investment in Fixed Assets

五、财政和税收
Government Finance and Tax Revenue

六、价格指数
Price Indices

七、居民生活
People's Living Conditions

八、城市建设
Urban Construction

九、资源、能源和环境
Resources, Energy and Environment

十、农业
Agriculture

十一、工业
Industry

十二、建筑业
Construction

十三、运输和邮电
Transport, Postal and Telecommunication Services

十四、贸易和旅游
Trade and Tourism

十五、金融业
Financial Intermediation

十六、房地产业
Real Estate

十七、科学技术
Science and Technology

十八、教育
Education

十九、卫生
Public Health

二十、文化和体育
Culture and Sports

二十一、社会服务和社会保障
Social Services and Social Security

附录：

1

行政区划和人口

Administrative Division and Population

1-1 全国行政区划数
Divisions of Administrative Areas in China

单位：个 （unit）

地区	Region	地级行政区划 Number of Regions at Prefecture Level				其中：地级市 Cities at Prefecture Level			
		2010	2014	2015	2015排名 Ranking	2010	2014	2015	2015排名 Ranking
全国	**National Total**	**333**	**333**	**334**		**283**	**288**	**291**	
北京	Beijing								
天津	Tianjin								
河北	Hebei	11	11	11	16	11	11	11	13
山西	Shanxi	11	11	11	16	11	11	11	13
内蒙古	Inner Mongolia	12	12	12	15	9	9	9	18
辽宁	Liaoning	14	14	14	7	14	14	14	6
吉林	Jilin	9	9	9	21	8	8	8	20
黑龙江	Heilongjiang	13	13	13	12	12	12	12	10
上海	Shanghai								
江苏	Jiangsu	13	13	13	12	13	13	13	8
浙江	Zhejiang	11	11	11	16	11	11	11	13
安徽	Anhui	17	16	16	5	17	16	16	5
福建	Fujian	9	9	9	21	9	9	9	18
江西	Jiangxi	11	11	11	16	11	11	11	13
山东	Shandong	17	17	17	3	17	17	17	3
河南	Henan	17	17	17	3	17	17	17	3
湖北	Hubei	13	13	13	12	12	12	12	10
湖南	Hunan	14	14	14	7	13	13	13	8
广东	Guangdong	21	21	21	1	21	21	21	1
广西	Guangxi	14	14	14	7	14	14	14	6
海南	Hainan	2	3	4	27	2	3	4	24
重庆	Chongqing								
四川	Sichuan	21	21	21	1	18	18	18	2
贵州	Guizhou	9	9	9	21	4	6	6	22
云南	Yunnan	16	16	16	5	8	8	8	20
西藏	Tibet	7	7	7	25	1	3	4	24
陕西	Shaanxi	10	10	10	20	10	10	10	17
甘肃	Gansu	14	14	14	7	12	12	12	10
青海	Qinghai	8	8	8	24	1	2	2	27
宁夏	Ningxia	5	5	5	26	5	5	5	23
新疆	Xinjiang	14	14	14	7	2	2	3	26

1-2 国土面积和土地利用情况
Land Area and Land Utilization

地 区	Region	国土面积（万平方公里） Land Area (10 000 skim)	土地调查面积（万公顷） Area under Land Survey (10 000 hectares)	农用地面积（万公顷） Land for Agriculture Use (10 000 hectares)	#园林 Garden	#林地 Forests	#牧草地 Pasture	建设用地面积（万公顷） Construction Land Area (10 000 hectares)	农用地排名 Land for Agriculture Ranking
全 国	**National Total**	**960.0**	**96000.0**	**64545.7**	**1432.3**	**25299.2**	**21942.1**	**3859.3**	
北 京	Beijing	1.7	164.1	114.8	13.5	73.7		35.7	29
天 津	Tianjin	1.1	119.2	69.6	3.0	5.5		41.2	30
河 北	Hebei	19.0	1884.3	1308.4	83.7	460.2	40.2	218.7	17
山 西	Shanxi	15.0	1567.1	1003.0	40.7	485.7	3.4	102.6	23
内蒙古	Inner Mongolia	110.0	11451.2	8289.7	5.7	2323.6	4954.8	162.2	3
辽 宁	Liaoning	15.0	1480.6	1153.6	48.9	561.7	0.3	162.4	19
吉 林	Jilin	18.0	1911.2	1660.6	6.6	885.5	23.7	109.0	12
黑龙江	Heilongjiang	46.0	4526.5	3992.3	4.5	2182.3	109.6	162.2	6
上 海	Shanghai	0.6	82.4	31.5	1.7	4.7		30.7	31
江 苏	Jiangsu	10.0	1067.4	649.7	30.1	25.8		227.1	26
浙 江	Zhejiang	10.0	1054.0	861.3	58.5	564.7		128.2	24
安 徽	Anhui	13.0	1401.3	1115.4	35.1	375.0	0.1	198.1	21
福 建	Fujian	12.0	1240.2	1088.0	77.3	833.6		82.0	22
江 西	Jiangxi	16.0	1668.9	1443.7	32.6	1033.5	0.1	127.2	16
山 东	Shandong	15.0	1571.3	1152.9	72.1	149.0	0.6	282.0	20
河 南	Henan	16.0	1655.4	1268.1	22.1	347.2		258.7	18
湖 北	Hubei	18.0	1858.9	1576.6	48.3	860.2	0.2	169.6	13
湖 南	Hunan	21.0	2118.5	1819.4	66.4	1221.5	1.4	162.0	11
广 东	Guangdong	18.0	1798.1	1497.3	127.1	1003.4	0.3	200.5	14
广 西	Guangxi	23.0	2375.6	1955.7	108.5	1331.0	0.5	121.8	8
海 南	Hainan	3.4	353.5	297.4	92.2	119.9	1.8	34.1	28
重 庆	Chongqing	8.2	822.7	708.0	27.1	380.7	4.6	66.0	25
四 川	Sichuan	48.0	4840.6	41218.1	73.2	2215.9	1095.9	180.9	1
贵 州	Guizhou	17.0	1761.5	1475.9	16.5	893.9	7.3	68.1	15
云 南	Yunnan	38.0	3831.9	3294.4	163.4	2302.0	14.7	106.5	7
西 藏	Tibet	120.0	12020.7	8724.0	0.2	1602.7	7069.2	14.5	2
陕 西	Shaanxi	19.0	2057.9	1861.3	82.0	1119.5	217.9	94.1	9
甘 肃	Gansu	39.0	4040.9	1855.0	25.7	609.9	592.1	89.6	10
青 海	Qinghai	72.0	7174.8	4510.2	0.6	354.2	4080.9	34.4	5
宁 夏	Ningxia	6.6	519.5	381.0	5.0	76.7	149.4	31.4	27
新 疆	Xinjiang	160.0	16649.0	5169.0	62.3	896.3	3573.3	158.0	4

注：土地调查面积为2008年年底数。

Note: Land survey area is for the end of 2008.

1-3 建设用地面积 (2015)
Area of Land for Construction (2015)

单位：万公顷 (10 000 hectares)

地区	Region	建设用地面积 Land for Construction	城镇村及工矿用地 Land for Urban Village, Mining and Manufacturing Sites	交通运输用地 Land for Transport Facilities	水域及水利设施用地 Land for Water Area and Water Conservancy Facilities	建设用地排名 Land for Construction Ranking
全国	**National Total**	**3859.3**	**3143.0**	**395.1**	**357.2**	
北京	Beijing	35.7	30.4	3.2	2.1	26
天津	Tianjin	41.2	32.9	3.0	5.3	25
河北	Hebei	218.7	189.2	18.8	10.8	4
山西	Shanxi	102.6	88.5	10.4	3.8	19
内蒙古	Inner Mongolia	162.2	134.0	21.4	6.9	11
辽宁	Liaoning	162.4	133.2	15.4	13.8	9
吉林	Jilin	109.0	86.2	9.2	13.6	17
黑龙江	Heilongjiang	162.2	122.3	15.5	24.4	10
上海	Shanghai	30.7	27.4	3.0	0.3	30
江苏	Jiangsu	227.1	188.6	21.9	16.5	3
浙江	Zhejiang	128.2	99.8	14.3	14.0	14
安徽	Anhui	198.1	163.7	13.8	20.7	6
福建	Fujian	82.0	62.8	12.0	7.2	22
江西	Jiangxi	127.2	96.1	10.9	20.2	15
山东	Shandong	282.0	237.7	21.2	23.2	1
河南	Henan	258.7	221.8	18.1	18.7	2
湖北	Hubei	169.6	130.6	12.1	27.0	8
湖南	Hunan	162.0	132.7	14.0	15.2	12
广东	Guangdong	200.5	163.1	17.9	19.4	5
广西	Guangxi	121.8	90.3	13.4	18.1	16
海南	Hainan	34.1	25.8	2.5	5.8	28
重庆	Chongqing	66.0	56.0	6.1	3.9	24
四川	Sichuan	180.9	154.4	14.8	11.8	7
贵州	Guizhou	68.1	54.5	9.5	4.1	23
云南	Yunnan	106.5	83.8	11.2	11.6	18
西藏	Tibet	14.5	10.0	3.8	0.7	31
陕西	Shaanxi	94.1	80.1	10.4	3.6	20
甘肃	Gansu	89.6	77.5	8.2	3.9	21
青海	Qinghai	34.4	23.1	4.9	6.4	27
宁夏	Ningxia	31.4	26.8	3.7	0.9	29
新疆	Xinjiang	158.0	119.6	14.6	23.8	13

1-4 年末常住总人口数和常住人口密度
Permanent Population at Year-end and Permanent Population Density

地 区	Region	常住总人口年末数(万人) Permanent Population at Year-end (10 000 persons)				常住人口密度(人/平方公里) Permanent Population Density (person/sq.km)			
		2010	2014	2015	2015排名 Ranking	2010	2014	2015	2015排名 Ranking
全 国	**National Total**	**134091**	**136782**	**137462**		**139.68**	**142.48**	**143.19**	
北 京	Beijing	1962	2152	2171	26	1195.51	1311.11	1322.63	2
天 津	Tianjin	1299	1517	1547	27	1090.25	1272.78	1298.07	3
河 北	Hebei	7194	7384	7425	6	381.76	391.85	394.03	10
山 西	Shanxi	3574	3648	3664	18	228.07	232.78	233.81	18
内蒙古	Inner Mongolia	2472	2505	2511	23	21.59	21.87	21.93	28
辽 宁	Liaoning	4375	4391	4382	14	295.47	296.56	295.98	15
吉 林	Jilin	2747	2752	2753	21	143.71	144.01	144.06	23
黑龙江	Heilongjiang	3833	3833	3812	16	84.69	84.68	84.21	26
上 海	Shanghai	2303	2426	2415	24	2794.83	2944.14	2931.50	1
江 苏	Jiangsu	7869	7960	7976	5	737.23	745.73	747.25	4
浙 江	Zhejiang	5447	5508	5539	10	516.76	522.59	525.54	8
安 徽	Anhui	5957	6083	6144	8	425.10	434.10	438.43	9
福 建	Fujian	3693	3806	3839	15	297.79	306.90	309.56	14
江 西	Jiangxi	4462	4542	4566	13	267.37	272.16	273.56	16
山 东	Shandong	9588	9789	9847	2	610.20	623.03	626.70	5
河 南	Henan	9405	9436	9480	3	568.18	570.03	572.68	7
湖 北	Hubei	5728	5816	5852	9	308.14	312.88	314.79	13
湖 南	Hunan	6570	6737	6783	7	310.12	318.01	320.17	12
广 东	Guangdong	10441	10724	10849	1	580.66	596.40	603.35	6
广 西	Guangxi	4610	4754	4796	11	194.06	200.12	201.89	19
海 南	Hainan	869	903	911	28	245.67	255.55	257.63	17
重 庆	Chongqing	2885	2991	3017	20	350.63	363.61	366.67	11
四 川	Sichuan	8045	8140	8204	4	166.20	168.17	169.48	22
贵 州	Guizhou	3479	3508	3530	19	197.50	199.15	200.37	20
云 南	Yunnan	4602	4714	4742	12	120.09	123.02	123.74	25
西 藏	Tibet	301	318	324	31	2.50	2.64	2.70	31
陕 西	Shaanxi	3735	3775	3793	17	181.50	183.44	184.31	21
甘 肃	Gansu	2560	2591	2600	22	63.35	64.11	64.33	27
青 海	Qinghai	563	583	588	30	7.85	8.13	8.20	30
宁 夏	Ningxia	633	662	668	29	121.83	127.33	128.55	24
新 疆	Xinjiang	2185	2298	2360	25	13.12	13.81	14.17	29

注：1.2010年数据为当年人口普查数据推算数；其余年份数据为年度人口抽样调查推算数据。2005年起各地区数据为常住人口口径。
2.常住人口密度为常住人口与土地调查面积之比。

Notes: 1. Data for the year 2010 are estimated from the census date, and remaining year date are estimated from the national sampling survey of population. Since 2005, data by region are of usual residents.
2. Permanent population density refers to the ratio of the usual residents with area under land survey.

1-5 按城乡分年末人口数
Population at Year-end by Urban and Rural Residence

单位：万人

地区	Region	城镇人口 Urban Residence at Year-end				乡村人口 Rural Residence at Year-end			
		2010	2014	2015	2015排名 Ranking	2010	2014	2015	2015排名 Ranking
全　国	**National Total**	**66978**	**74916**	**77116**		**67113**	**61866**	**60346**	
北　京	Beijing	1686	1858	1878	20	275	294	293	28
天　津	Tianjin	1034	1248	1278	25	266	269	269	30
河　北	Hebei	3201	3642	3811	6	3992	3741	3614	4
山　西	Shanxi	1717	1962	2016	19	1857	1686	1648	16
内蒙古	Inner Mongolia	1372	1491	1514	23	1100	1014	997	24
辽　宁	Liaoning	2717	2944	2952	11	1658	1447	1431	20
吉　林	Jilin	1464	1509	1523	22	1282	1244	1230	22
黑龙江	Heilongjiang	2134	2224	2241	15	1700	1609	1571	17
上　海	Shanghai	2056	2173	2116	16	246	252	299	26
江　苏	Jiangsu	4767	5191	5306	3	3102	2769	2670	9
浙　江	Zhejiang	3356	3573	3645	7	2090	1935	1894	14
安　徽	Anhui	2562	2990	3103	10	3395	3093	3041	7
福　建	Fujian	2109	2352	2403	12	1584	1454	1436	19
江　西	Jiangxi	1966	2281	2357	13	2496	2261	2209	12
山　东	Shandong	4765	5385	5614	2	4823	4404	4233	3
河　南	Henan	3621	4265	4441	4	5784	5171	5039	1
湖　北	Hubei	2847	3238	3327	9	2881	2578	2525	11
湖　南	A	2845	3320	3452	8	3725	3417	3331	6
广　东	Guangdong	6910	7292	7454	1	3531	3432	3395	5
广　西	Guangxi	1844	2187	2257	14	2766	2567	2539	10
海　南	Hainan	433	486	502	28	436	418	409	25
重　庆	Chongqing	1529	1783	1838	21	1355	1209	1178	23
四　川	Sichuan	3232	3769	3913	5	4812	4371	4291	2
贵　州	Guizhou	1176	1404	1483	24	2303	2104	2047	13
云　南	Yunnan	1597	1967	2055	17	3005	2747	2687	8
西　藏	Tibet	68	82	90	31	233	236	234	31
陕　西	Shaanxi	1709	1985	2045	18	2026	1791	1748	15
甘　肃	Gansu	925	1080	1123	26	1635	1511	1477	18
青　海	Qinghai	252	290	296	30	311	293	292	29
宁　夏	Ningxia	303	355	369	29	330	307	299	27
新　疆	Xinjiang	940	1059	1115	27	1245	1240	1245	21

注：1.本表数据根据当年人口变动情况抽样调查数据推算。全国总人口根据抽样误差和调查误差进行了修正，分地区人口未作修正。

2.全国总人口包括现役军人数，分地区数字中未包括。

Notes: 1.Data in the table are estimated from the sample date of the population change of the year. The national total population has been modified on the basis of sampling errors,and samilar adjustment has not been made to regional figures.

2.The military personnel are included in the national total population, but are not included in the population by region.

1-6 人口出生率和死亡率
Birth Rate and Death Rate

单位：‰

(‰)

地区	Region	出生率 Birth Rate 2010	2014	2015	2015排名 Ranking	死亡率 Death Rate 2010	2014	2015	2015排名 Ranking
全　国	**National Total**	**11.90**	**12.37**	**12.07**		**7.11**	**7.16**	**7.11**	
北　京	Beijing	7.48	9.75	7.96	25	4.41	4.92	4.95	28
天　津	Tianjin	8.18	8.19	5.84	31	5.58	6.05	5.61	21
河　北	Hebei	13.22	13.18	11.35	16	6.41	6.23	5.79	20
山　西	Shanxi	10.68	10.92	9.98	23	5.38	5.93	5.56	22
内蒙古	Inner Mongolia	9.30	9.31	7.72	26	5.54	5.75	5.32	25
辽　宁	Liaoning	6.68	6.49	6.17	28	6.26	6.23	6.59	9
吉　林	Jilin	7.91	6.62	5.87	30	5.88	6.22	5.53	23
黑龙江	Heilongjiang	7.35	7.37	6.00	29	5.03	6.46	6.60	8
上　海	Shanghai	7.05	8.35	7.52	27	5.07	5.21	5.07	27
江　苏	Jiangsu	9.73	9.45	9.05	24	6.88	7.02	7.03	4
浙　江	Zhejiang	10.27	10.51	10.52	20	5.54	5.51	5.50	24
安　徽	Anhui	12.70	12.86	12.92	10	5.95	5.89	5.94	18
福　建	Fujian	11.27	13.70	13.90	6	5.16	6.20	6.10	16
江　西	Jiangxi	13.72	13.24	13.20	8	6.06	6.26	6.24	12
山　东	Shandong	11.65	14.23	12.55	14	6.26	6.84	6.67	7
河　南	Henan	11.52	12.80	12.70	12	6.57	7.02	7.05	3
湖　北	Hubei	10.36	11.86	10.74	19	6.02	6.96	5.83	19
湖　南	Hunan	13.10	13.52	13.58	7	6.70	6.89	6.86	6
广　东	Guangdong	11.18	10.80	11.12	17	4.21	4.70	4.32	31
广　西	Guangxi	14.13	14.07	14.05	5	5.48	6.21	6.15	14
海　南	Hainan	14.71	14.56	14.57	4	5.73	5.95	6.00	17
重　庆	Chongqing	9.17	10.67	11.05	18	6.40	7.05	7.19	2
四　川	Sichuan	8.93	10.22	10.30	21	6.62	7.02	6.94	5
贵　州	Guizhou	13.96	12.98	13.00	9	6.55	7.18	7.20	1
云　南	Yunnan	13.10	12.65	12.88	11	6.56	6.45	6.48	10
西　藏	Tibet	15.80	15.76	15.75	1	5.55	5.21	5.10	26
陕　西	Shaanxi	9.73	10.13	10.10	22	6.01	6.26	6.28	11
甘　肃	Gansu	12.05	12.21	12.36	15	6.02	6.11	6.15	14
青　海	Qinghai	14.94	14.67	14.72	3	6.31	6.18	6.17	13
宁　夏	Ningxia	14.14	13.10	12.62	13	5.10	4.53	4.58	29
新　疆	Xinjiang	15.99	16.44	15.59	2	5.43	4.97	4.51	30

注：本表数据根据当年人口数据推算。全国总人口根据抽样误差和调查误差进行了修正，分地区人口未作修正。

Note: Data in the table are estimated from the population data of the year. The national total population has been modified on the basis of sampling errors and survey errors, and similar adjustment has not been made to regional figures.

1-7 人口自然增长率和城镇化率
Natural Growth Rate and Urbanization Rate

地区	Region	自然增长率（‰）Natural Growth Rate（‰）				城镇化率（%）Urbanization Rate（%）			
		2010	2014	2015	2015排名 Ranking	2010	2014	2015	2015排名 Ranking
全　国	**National Total**	**4.79**	**5.21**	**4.96**		**49.95**	**54.77**	**56.10**	
北　京	Beijing	3.07	4.83	3.01	24	85.96	86.35	86.50	2
天　津	Tianjin	2.60	2.14	0.23	29	79.55	82.27	82.64	3
河　北	Hebei	6.81	6.95	5.56	17	44.50	49.33	51.33	20
山　西	Shanxi	5.30	4.99	4.42	20	48.05	53.79	55.03	17
内蒙古	Inner Mongolia	3.76	3.56	2.40	26	55.50	59.51	60.30	10
辽　宁	Liaoning	0.42	0.26	-0.42	30	62.10	67.05	67.35	5
吉　林	Jilin	2.03	0.40	0.34	28	53.32	54.81	55.31	14
黑龙江	Heilongjiang	2.32	0.91	-0.60	31	55.66	58.01	58.80	11
上　海	Shanghai	1.98	3.14	2.45	25	89.30	89.60	87.60	1
江　苏	Jiangsu	2.85	2.43	2.02	27	60.58	65.21	66.52	6
浙　江	Zhejiang	4.73	5.00	5.02	18	61.62	64.87	65.80	7
安　徽	Anhui	6.75	6.97	6.98	8	43.01	49.15	50.50	22
福　建	Fujian	6.11	7.50	7.80	7	57.10	61.80	62.60	8
江　西	Jiangxi	7.66	6.98	6.96	9	44.06	50.22	51.62	19
山　东	Shandong	5.39	7.39	5.88	14	49.70	55.01	57.01	12
河　南	Henan	4.95	5.78	5.65	16	38.50	45.20	46.85	27
湖　北	Hubei	4.34	4.90	4.91	19	49.70	55.67	56.85	13
湖　南	Hunan	6.40	6.63	6.72	11	43.30	49.28	50.89	21
广　东	Guangdong	6.97	6.10	6.80	10	66.18	68.00	68.71	4
广　西	Guangxi	8.65	7.86	7.90	6	40.00	46.01	47.06	26
海　南	Hainan	8.98	8.61	8.57	3	49.80	53.76	55.12	16
重　庆	Chongqing	2.77	3.62	3.86	21	53.02	59.60	60.94	9
四　川	Sichuan	2.31	3.20	3.36	23	40.18	46.30	47.69	24
贵　州	Guizhou	7.41	5.80	5.80	15	33.81	40.01	42.01	30
云　南	Yunnan	6.54	6.20	6.40	12	34.70	41.73	43.33	28
西　藏	Tibet	10.25	10.55	10.65	2	22.67	25.75	27.74	31
陕　西	Shaanxi	3.72	3.87	3.82	22	45.76	52.57	53.92	18
甘　肃	Gansu	6.03	6.10	6.21	13	36.12	41.68	43.19	29
青　海	Qinghai	8.63	8.49	8.55	4	44.72	49.78	50.30	23
宁　夏	Ningxia	9.04	8.57	8.04	5	47.90	53.61	55.23	15
新　疆	Xinjiang	10.56	11.47	11.08	1	43.01	46.07	47.23	25

注：本表数据根据当年人口数据推算。全国总人口根据抽样误差和调查误差进行了修正，分地区人口未作修正。

Note: Data in the table are estimated from the population data of the year. The national total population has been modified on the basis of sampling errors and survey errors, and similar adjustments has not been made to regional figures.

1-8 年末户籍总人口数和户籍人口密度
Household Registered Population at Year-end and Its Density

地区	Region	户籍总人口年末数(万人) Total Household Registered Population at Year-end (10 000 persons)				户籍人口密度(人/平方公里) Household Census Registered Population Density (person/sq.km)			
		2010	2014	2015	2015排名 Ranking	2010	2014	2015	2015排名 Ranking
全　国	**National Total**	**134531.39**	**137691.71**	**138114.64**		**140.14**	**142.93**	**143.65**	
北　京	Beijing	1261.70	1334.68	1345.27	26	751.01	789.44	797.60	3
天　津	Tianjin	989.56	1018.35	1026.90	27	899.60	920.50	929.66	2
河　北	Hebei	7298.05	7592.74	7649.81	6	384.11	397.26	401.12	11
山　西	Shanxi	3473.62	3522.18	3498.03	19	231.57	234.92	234.01	20
内蒙古	Inner Mongolia	2453.20	2458.33	2440.79	23	22.30	22.38	22.27	28
辽　宁	Liaoning	4251.68	4244.23	4229.66	15	283.45	282.74	282.46	16
吉　林	Jilin	2723.81	2671.33	2662.08	22	151.32	148.61	148.15	23
黑龙江	Heilongjiang	3842.79	3746.96	3690.04	18	83.54	81.81	80.84	26
上　海	Shanghai	1412.32	1438.69	1442.97	25	2435.03	2475.03	2484.19	1
江　苏	Jiangsu	7466.59	7684.69	7717.59	5	746.66	765.08	770.11	4
浙　江	Zhejiang	4747.95	4859.18	4873.34	12	474.80	485.80	486.63	9
安　徽	Anhui	6825.10	6935.83	6949.11	8	525.01	533.24	534.04	7
福　建	Fujian	3529.69	3695.79	3720.69	17	294.14	305.39	309.02	14
江　西	Jiangxi	4693.55	4923.27	4941.21	11	293.35	304.45	308.27	15
山　东	Shandong	9536.19	9747.10	9821.73	2	635.75	645.30	652.29	6
河　南	Henan	10799.63	11101.65	11216.99	1	674.98	691.89	697.46	5
湖　北	Hubei	6148.95	6162.33	6138.91	9	341.61	342.58	341.70	13
湖　南	Hunan	7069.04	7202.29	7242.02	7	336.62	341.66	343.91	12
广　东	Guangdong	8521.55	8886.88	9008.38	4	473.42	490.18	497.09	8
广　西	Guangxi	5331.43	5475.49	5518.23	10	231.80	236.90	238.99	19
海　南	Hainan	896.09	916.34	907.67	28	263.56	268.42	268.24	17
重　庆	Chongqing	3303.45	3375.20	3371.84	20	401.39	409.09	409.90	10
四　川	Sichuan	9001.27	9159.08	9102.04	3	187.53	190.54	190.22	22
贵　州	Guizhou	4189.00	4325.49	4395.33	14	246.41	253.28	256.49	18
云　南	Yunnan	4528.22	4641.88	4647.21	13	119.16	121.66	122.22	24
西　藏	Tibet	293.95	322.58	313.85	31	2.45	2.67	2.65	31
陕　西	Shaanxi	3873.87	3940.59	3941.12	16	203.89	207.91	207.41	21
甘　肃	Gansu	2712.12	2734.33	2742.08	21	69.54	70.03	70.21	27
青　海	Qinghai	549.97	580.16	573.94	30	7.64	8.01	8.01	30
宁　夏	Ningxia	642.61	671.56	664.11	29	97.36	101.52	101.19	25
新　疆	Xinjiang	2164.44	2322.55	2321.72	24	13.53	14.34	14.51	29

注：全国户籍统计人口数据的方法和口径与全国人口变动情况抽样调查的不同，请用户在使用时加以注意。

Note: The statistical method and calibre concerning the nationcal household registered poplulation are different from those concerning the samping survey of the national population changes, please pay attention.

1-9　按性别分年末户籍人口数
Registered Population by Gender at Year-end

单位：万人　　(10 000 persons)

地区	Region	男性人口 Male 2010	2014	2015	2015排名 Ranking	女性人口 Female 2010	2014	2015	2015排名 Ranking
全　国	**National Total**	**69128.95**	**70754.31**	**70962.42**		**65402.43**	**66937.41**	**67152.22**	
北　京	Beijing	634.68	668.97	673.38	26	627.02	665.70	671.88	26
天　津	Tianjin	497.59	510.79	514.98	27	491.98	507.57	511.92	27
河　北	Hebei	3718.27	3872.10	3899.63	6	3579.78	3720.64	3750.18	6
山　西	Shanxi	1780.49	1799.19	1785.31	19	1693.14	1722.99	1712.72	19
内蒙古	Inner Mongolia	1252.57	1252.14	1241.82	23	1200.62	1206.18	1198.96	23
辽　宁	Liaoning	2144.71	2132.20	2122.71	15	2106.97	2112.03	2106.95	14
吉　林	Jilin	1377.66	1346.49	1341.19	22	1346.16	1324.84	1320.89	22
黑龙江	Heilongjiang	1943.62	1891.05	1861.48	18	1899.17	1855.90	1828.56	17
上　海	Shanghai	703.57	714.71	716.37	25	708.75	723.99	726.60	25
江　苏	Jiangsu	3787.73	3894.09	3908.27	5	3678.86	3790.60	3809.32	5
浙　江	Zhejiang	2413.13	2458.69	2462.76	12	2334.83	2400.49	2410.58	11
安　徽	Anhui	3542.42	3610.34	3615.03	8	3282.68	3325.49	3334.08	8
福　建	Fujian	1816.66	1904.12	1918.19	17	1713.03	1791.68	1802.50	18
江　西	Jiangxi	2459.10	2579.69	2587.02	11	2234.44	2343.58	2354.19	12
山　东	Shandong	4838.91	4959.74	4999.27	2	4697.28	4787.36	4822.46	2
河　南	Henan	5576.08	5750.76	5809.52	1	5223.55	5350.89	5407.46	1
湖　北	Hubei	3183.66	3198.10	3190.08	9	2965.29	2964.23	2948.83	9
湖　南	Hunan	3668.52	3740.97	3761.09	7	3400.52	3461.32	3480.94	7
广　东	Guangdong	4388.61	4577.10	4637.13	4	4132.94	4309.78	4371.25	4
广　西	Guangxi	2804.05	2890.86	2912.71	10	2527.38	2584.63	2605.52	10
海　南	Hainan	467.72	478.68	475.48	28	428.37	437.66	432.19	28
重　庆	Chongqing	1709.03	1738.87	1736.49	20	1594.42	1636.33	1635.35	20
四　川	Sichuan	4640.36	4710.36	4680.10	3	4360.91	4448.73	4421.94	3
贵　州	Guizhou	2180.37	2260.56	2297.52	14	2008.63	2064.94	2097.80	15
云　南	Yunnan	2332.35	2392.73	2399.71	13	2195.87	2249.15	2247.50	13
西　藏	Tibet	148.26	161.46	157.75	31	145.70	161.11	156.10	31
陕　西	Shaanxi	2007.96	2036.22	2036.92	16	1865.91	1904.37	1904.20	16
甘　肃	Gansu	1399.84	1410.10	1414.43	21	1312.28	1324.23	1327.65	21
青　海	Qinghai	279.80	293.48	291.01	30	270.17	286.68	282.93	30
宁　夏	Ningxia	326.95	340.19	336.70	29	315.66	331.37	327.41	29
新　疆	Xinjiang	1104.29	1179.59	1178.36	24	1060.15	1142.97	1143.36	24

1-10 按非农业和农业分年末户籍人口数
Non-agricultural and Agricultural Household Registered Population at Year-end

单位：万人 (10 000 persons)

地区	Region	非农业人口 Non-agricultural Population 2010	2013	2014	2014排名 Ranking	农业人口 Agricultural Population 2010	2013	2014	2014排名 Ranking
全　国	**National Total**	**45963.70**	**49124.66**	**36013.53**		**88567.69**	**87601.41**	**36013.53**	
北　京	Beijing	993.11	1066.34	1059.98	12	268.59	251.49	1059.98	12
天　津	Tianjin	604.71	632.23	605.54	25	384.85	374.52	605.54	25
河　北	Hebei	2320.40	2429.06	1507.08	8	4977.65	5074.16	1507.08	8
山　西	Shanxi	1144.45	1189.51	804.02	19	2329.18	2335.78	804.02	19
内蒙古	Inner Mongolia	1002.46	1017.79	632.78	22	1450.74	1448.45	632.78	22
辽　宁	Liaoning	2163.11	2189.62	1901.42	4	2088.57	2048.41	1901.42	4
吉　林	Jilin	1233.71	1258.46	1018.89	14	1490.11	1420.09	1018.89	14
黑龙江	Heilongjiang	1859.42	1848.87	1366.65	9	1983.37	1930.34	1366.65	9
上　海	Shanghai	1254.95	1289.58	1269.96	10	157.37	142.76	1269.96	10
江　苏	Jiangsu	3790.76	4374.64	3542.98	2	3675.83	3242.20	3542.98	2
浙　江	Zhejiang	1468.90	1545.41	1254.42	11	3279.06	3281.48	1254.42	11
安　徽	Anhui	1550.30	1587.93	1032.84	13	5274.80	5340.60	1032.84	13
福　建	Fujian	1198.21	1242.63	862.10	17	2331.48	2391.01	862.10	17
江　西	Jiangxi	1269.35	1281.34	665.64	21	3424.20	3537.80	665.64	21
山　东	Shandong	3838.64	4130.28	3127.65	3	5697.55	5481.76	3127.65	3
河　南	Henan	2371.10	2494.26	1547.32	7	8428.54	8544.61	1547.32	7
湖　北	Hubei	2207.14	2137.72	1710.60	5	3941.81	4032.87	1710.60	5
湖　南	Hunan	1581.71	1590.77	967.70	16	5487.32	5556.51	967.70	16
广　东	Guangdong	4443.96	4702.83	4308.44	1	4077.59	4056.63	4308.44	1
广　西	Guangxi	1030.94	1053.64	747.08	20	4300.49	4368.31	747.08	20
海　南	Hainan	343.46	343.82	229.84	28	552.63	565.10	229.84	28
重　庆	Chongqing	1107.00	1344.05	975.80	15	2196.45	2014.38	975.80	15
四　川	Sichuan	2355.17	2632.41	1608.58	6	6646.10	6500.25	1608.58	6
贵　州	Guizhou	676.07	701.98	401.36	27	3512.92	3454.17	401.36	27
云　南	Yunnan	749.77	1254.16	610.62	24	3778.45	3350.01	610.62	24
西　藏	Tibet	50.36	55.04	24.40	31	243.60	262.38	24.40	31
陕　西	Shaanxi	1322.27	1505.32	805.04	18	2551.60	2454.76	805.04	18
甘　肃	Gansu	701.19	751.63	476.75	26	2010.93	1976.14	476.75	26
青　海	Qinghai		241.72	127.16	30	384.49	330.87	127.16	30
宁　夏	Ningxia	242.24	266.18	201.13	29	400.36	402.39	201.13	29
新　疆	Xinjiang	923.40	965.44	619.78	23	1241.04	1301.19	619.78	23

1-11 家庭户户数和户均人口数
Households and Average Family Size

地区	Region	家庭户户数（户）Number of Households (household)				家庭户户均人口（人/户）Average Family Size (person/household)			
		2010	2014①	2015②	2015排名 Ranking	2010	2014①	2015②	2015排名 Ranking
全　国	**National Total**	**401934196**	**365416**	**6355790**		**3.09**	**2.97**	**3.1**	
北　京	Beijing	6680552	6220	110525	24	2.45	2.49	2.54	30
天　津	Tianjin	3661992	4572	68037	27	2.80	2.62	2.78	26
河　北	Hebei	20395116	18917	338842	6	3.36	3.20	3.24	13
山　西	Shanxi	10330207	9521	172990	17	3.24	3.06	3.08	19
内蒙古	Inner Mongolia	8205498	7664	133437	23	2.81	2.68	2.73	28
辽　宁	Liaoning	14994046	13534	234112	11	2.78	2.63	2.77	27
吉　林	Jilin	8998492	8313	141275	21	2.94	2.72	2.92	22
黑龙江	Heilongjiang	13000088	11621	204569	12	2.84	2.67	2.79	25
上　海	Shanghai	8253257	8104	136119	22	2.50	2.34	2.46	31
江　苏	Jiangsu	24381782	21476	363675	5	2.94	2.96	3.09	18
浙　江	Zhejiang	18854021	16291	289309	8	2.62	2.54	2.69	29
安　徽	Anhui	18861956	15563	277603	9	3.00	3.08	3.25	12
福　建	Fujian	11206317	11111	173537	16	2.98	2.69	3.1	17
江　西	Jiangxi	11542527	10901	187202	15	3.65	3.41	3.57	3
山　东	Shandong	30105454	28267	495703	1	2.98	2.84	2.88	23
河　南	Henan	25928729	22622	414639	3	3.47	3.34	3.39	8
湖　北	Hubei	16695121	15646	273352	10	3.16	2.96	3.05	20
湖　南	Hunan	18625710	17134	300823	7	3.32	3.18	3.28	11
广　东	Guangdong	28630609	24832	442394	2	3.11	3.19	3.23	14
广　西	Guangxi	13151404	12003	202424	13	3.34	3.23	3.51	5
海　南	Hainan	2331149	1960	35952	28	3.46	3.59	3.65	2
重　庆	Chongqing	10000965	8678	152828	20	2.70	2.72	2.85	24
四　川	Sichuan	25794161	24259	398375	4	2.95	2.69	3.02	21
贵　州	Guizhou	10558461	8917	156383	19	3.18	3.09	3.38	9
云　南	Yunnan	12339961	11489	199586	14	3.54	3.30	3.49	6
西　藏	Tibet	670838	642	11513	31	4.23	4.08	4.13	1
陕　西	Shaanxi	10718563	9918	171859	18	3.22	3.07	3.14	16
甘　肃	Gansu	6900369	6194	107046	25	3.49	3.35	3.53	4
青　海	Qinghai	1529039	1461	24792	30	3.46	3.19	3.46	7
宁　夏	Ningxia	1882205	1698	30513	29	3.17	3.20	3.21	15
新　疆	Xinjiang	6705607	5889	106374	26	3.10	3.20	3.29	10

注：1.2010年数据为第六次人口普查数据，2014年和2015年数据为抽样调查数据。
2.数据为2014年全国人口变动情况抽样调查样本数据，抽样比为0.822(‰)(以下有关各表同)。
3.数据为2015年全国人口变动情况抽样调查样本数据，抽样比为1.55(‰)(以下有关各表同)。

Notes: 1. Data for 2010 are the data of the Sixth National Cencus,and data for 2014 and 2015 are the sampling survey data.
2. Data in this table are obtained from the 2014 National Sample Survey on Changes. The sampling fraction is 0.822‰.The same applies to the relevant tables followed.
3. Data in this table are obtained from the 2015 National Sample Survey on Changes. The sampling fraction is1.55‰. The same applies to the relevant tables followed.

1-12 家庭户人口数和集体户人口数
Family and Collective Household Population

单位：人 (person)

地区	Region	家庭户人口数 Family Household Population				集体户人口数 Collective Household Population			
		2010	2014①	2015②	2015排名 Ranking	2010	2014①	2015②	2015排名 Ranking
全　国	**National Total**	**1239981250**	**1084379**	**19729405**		**92829619**	**40023**	**1582836**	
北　京	Beijing	16389723	15503	281274	26	3222645	2254	54501	11
天　津	Tianjin	10262186	12001	188974	27	2676507	516	50396	13
河　北	Hebei	68538709	60450	1096700	6	3315501	486	58842	9
山　西	Shanxi	33484131	29114	532081	18	2227970	993	37410	18
内蒙古	Inner Mongolia	23071690	20513	364021	23	1634601	158	26201	23
辽　宁	Liaoning	41755874	35618	648616	14	1990449	618	32243	21
吉　林	Jilin	26457769	22647	412951	21	995046	68	15560	27
黑龙江	Heilongjiang	36884039	31033	570332	15	1429952	599	22373	24
上　海	Shanghai	20593430	18971	335047	25	2425766	1048	38909	17
江　苏	Jiangsu	71685839	63502	1123787	5	6975102	2190	114405	2
浙　江	Zhejiang	49425543	41393	779528	10	5001348	4063	80245	4
安　徽	Anhui	56493891	47992	902642	8	3006577	2209	53203	12
福　建	Fujian	33397663	29937	537764	17	3496554	1472	58460	10
江　西	Jiangxi	42181417	37167	668430	13	2386380	319	42123	15
山　东	Shandong	89855501	80211	1426673	2	5937218	577	104089	3
河　南	Henan	90028072	75502	1404474	3	4001867	2371	71680	7
湖　北	Hubei	52745625	46301	832740	9	4492102	1696	76531	5
湖　南	Hunan	61911446	54488	988162	7	3789316	1112	67977	8
广　东	Guangdong	88979305	79154	1430729	1	15341154	9349	250937	1
广　西	Guangxi	43970320	38759	710000	11	2053441	473	37093	19
海　南	Hainan	8060519	7039	131055	28	610966	417	10540	28
重　庆	Chongqing	26994017	23578	435853	20	1852153	1109	32710	20
四　川	Sichuan	76207174	65198	1203114	4	4210354	1981	74174	6
贵　州	Guizhou	33571308	27557	529135	19	1177248	1393	21037	25
云　南	Yunnan	43626674	37947	696533	12	2340092	955	42079	16
西　藏	Tibet	2837769	2620	47581	31	164396		3053	31
陕　西	Shaanxi	34462115	30481	539791	16	2865264	674	49555	14
甘　肃	Gansu	24052594	20741	377899	22	1522669	640	26965	22
青　海	Qinghai	5284525	4663	85696	30	342198	151	5915	29
宁　夏	Ningxia	5970133	5428	98074	29	331217	32	5745	30
新　疆	Xinjiang	20802249	18870	349747	24	1013566	99	17884	26

1-13 城市家庭户户数和户均人口数
Urban Households and Average Family Size

地区	Region	城市家庭户户数（户） Number of Households (household)				城市家庭户户均人口（人/户） Average Family Size (person/household)			
		2010	2014①	2015②	2015排名 Ranking	2010	2014①	2015②	2015排名 Ranking
全国	**National Total**	**128660933**	**124984**	**2161092**		**2.71**	**2.69**	**2.77**	
北京	Beijing	5375588	5075	88906	9	2.40	2.46	2.5	29
天津	Tianjin	2501235	3185	49401	19	2.65	2.48	2.64	24
河北	Hebei	4295310	3744	78353	12	2.95	2.88	2.93	9
山西	Shanxi	2901607	2972	50323	18	2.88	2.85	2.89	10
内蒙古	Inner Mongolia	2737984	2740	45486	20	2.67	2.57	2.62	25
辽宁	Liaoning	7952951	7691	132931	4	2.57	2.48	2.55	27
吉林	Jilin	3598113	3562	57044	16	2.62	2.48	2.53	28
黑龙江	Heilongjiang	5047097	4610	86839	10	2.58	2.48	2.48	31
上海	Shanghai	6244138	6360	99224	6	2.52	2.38	2.5	29
江苏	Jiangsu	9161950	8242	139759	3	2.81	2.83	2.97	7
浙江	Zhejiang	6873461	6373	115775	5	2.54	2.46	2.61	26
安徽	Anhui	3942502	3730	65044	14	2.71	2.94	2.86	11
福建	Fujian	3928853	4143	63408	15	2.70	2.60	2.85	13
江西	Jiangxi	2125304	2653	36262	25	3.19	2.92	3.23	2
山东	Shandong	8817542	9941	153251	2	2.80	2.73	2.79	17
河南	Henan	5349707	5187	84701	11	3.05	3.14	3.14	5
湖北	Hubei	5467910	5075	93674	7	2.82	2.83	2.86	11
湖南	Hunan	3784084	4748	67353	13	2.89	2.71	2.97	7
广东	Guangdong	15577871	10224	251262	1	2.63	2.83	2.75	21
广西	Guangxi	2479642	3437	44296	22	2.93	3.01	3.16	4
海南	Hainan	618068	457	10917	29	3.17	3.03	3.26	1
重庆	Chongqing	2861917	2484	54228	17	2.65	2.73	2.8	16
四川	Sichuan	5265271	6695	90154	8	2.67	2.56	2.74	22
贵州	Guizhou	1777973	1595	30512	26	2.82	2.82	2.99	6
云南	Yunnan	2106060	2214	41144	23	2.59	2.82	2.77	19
西藏	Tibet	93975	79	1622	31	2.45	2.56	3.19	3
陕西	Shaanxi	2788195	2831	45282	21	2.70	2.80	2.83	14
甘肃	Gansu	1687056	1407	27817	27	2.68	2.67	2.79	17
青海	Qinghai	448369	454	7499	30	2.74	2.63	2.82	15
宁夏	Ningxia	696676	654	12103	28	2.71	2.72	2.76	20
新疆	Xinjiang	2154524	2421	36523	24	2.56	2.67	2.65	23

1-14 城市家庭户人口数和集体户人口数
Family Household and Collective Household of Cities

单位：人 (person)

地区	Region	城市家庭户人口数 Family Household of Cities 2010	2014①	2015②	2015排名 Ranking	城市集体户人口数 Collective Household of Cities 2010	2014①	2015②	2015排名 Ranking
全　国	**National Total**	**348460610**	**336788**	**5988321**		**55299430**	**26178**	**974875**	
北　京	Beijing	12889418	12493	222211	11	2673797	1596	46703	6
天　津	Tianjin	6624856	7890	130407	20	2233270	453	44240	7
河　北	Hebei	12689293	10792	229563	10	1698728	312	19736	17
山　西	Shanxi	8345464	8467	145204	17	1068589	83	16263	21
内蒙古	Inner Mongolia	7297999	7048	118983	22	713565	79	14327	22
辽　宁	Liaoning	20447520	19061	339167	4	1573664	614	29190	15
吉　林	Jilin	9428206	8827	144061	18	768539	68	8321	27
黑龙江	Heilongjiang	13030855	11442	215404	12	1091661	585	18195	19
上　海	Shanghai	15752366	15110	248337	8	1888476	781	30254	13
江　苏	Jiangsu	25736230	23338	414637	3	4430236	1834	69424	2
浙　江	Zhejiang	17472438	15653	302641	5	2913856	2851	49398	5
安　徽	Anhui	10696202	10962	185998	14	1486385	1483	29200	14
福　建	Fujian	10592915	10787	180653	15	1955469	711	35770	10
江　西	Jiangxi	6776303	7734	117236	23	727988	227	9882	25
山　东	Shandong	24694826	27095	428328	2	3670158	400	57038	3
河　南	Henan	16318821	16266	265558	7	2012672	744	31276	12
湖　北	Hubei	15398583	14356	267666	6	2529577	381	55589	4
湖　南	Hunan	10930194	12850	199862	13	1808248	715	39261	8
广　东	Guangdong	41042002	28890	690595	1	11346380	8375	198920	1
广　西	Guangxi	7268152	10335	139834	19	1084625	213	16809	20
海　南	Hainan	1959411	1384	35571	28	364877	307	6309	28
重　庆	Chongqing	7581490	6788	151588	16	1100121	918	20613	16
四　川	Sichuan	14082456	17164	247462	9	1833204	836	36484	9
贵　州	Guizhou	5012681	4504	91248	26	524881	894	9010	26
云　南	Yunnan	5462122	6248	113851	24	862708	406	19021	18
西　藏	Tibet	230111	202	5176	31	42211		802	31
陕　西	Shaanxi	7534798	7918	128147	21	1302377	71	34384	11
甘　肃	Gansu	4525562	3751	77679	27	733373	26	13191	23
青　海	Qinghai	1230034	1193	21149	30	137999	108	1822	30
宁　夏	Ningxia	1885293	1779	33455	29	174002	17	3311	29
新　疆	Xinjiang	5524009	6460	96652	25	547794	89	10130	24

1-15　乡村家庭户户数和户均人口数
Rural Households and Average Family

地区	Region	乡村家庭户户数（户） Number of Households (household)				乡村家庭户户均人口（人/户） Average Family Size (person/household)			
		2010	2014①	2015②	2015排名 Ranking	2010	2014①	2015②	2015排名 Ranking
全　国	**National Total**	**194745023**	**157998**	**2752135**		**3.34**	**3.15**	**3.33**	
北　京	Beijing	877467	792	14533	27	2.76	2.62	2.79	29
天　津	Tianjin	786115	725	12558	28	3.21	3.06	3.18	20
河　北	Hebei	11422478	9522	168049	4	3.50	3.24	3.35	16
山　西	Shanxi	5232200	4394	78950	16	3.44	3.12	3.18	20
内蒙古	Inner Mongolia	3552481	3005	52557	23	2.97	2.77	2.86	27
辽　宁	Liaoning	5253263	4084	70329	18	3.12	2.92	3.16	24
吉　林	Jilin	3799825	3294	55630	22	3.35	3.12	3.45	12
黑龙江	Heilongjiang	5297005	4480	75911	17	3.19	2.96	3.23	19
上　海	Shanghai	950845	836	18570	25	2.37	2.22	2.31	31
江　苏	Jiangsu	9938506	7429	126789	8	3.03	3.05	3.18	20
浙　江	Zhejiang	7456969	6138	102515	12	2.67	2.56	2.77	30
安　徽	Anhui	10751696	7819	137223	6	3.12	3.25	3.44	13
福　建	Fujian	4794873	4156	65904	19	3.16	2.77	3.27	18
江　西	Jiangxi	6392538	5104	92339	13	3.86	3.65	3.70	8
山　东	Shandong	15556466	12664	226160	2	3.07	2.87	2.92	26
河　南	Henan	16028117	12455	232139	1	3.58	3.37	3.38	15
湖　北	Hubei	8268330	7086	121823	9	3.40	3.00	3.18	20
湖　南	Hunan	10383652	8258	150885	5	3.54	3.40	3.42	14
广　东	Guangdong	8988337	7879	127503	7	3.74	3.57	3.99	2
广　西	Guangxi	7870287	6286	109541	10	3.47	3.36	3.61	10
海　南	Hainan	1177729	897	16177	26	3.63	3.83	3.88	5
重　庆	Chongqing	4915086	3857	64221	20	2.72	2.55	2.84	28
四　川	Sichuan	15285868	13094	211354	3	3.10	2.75	3.15	25
贵　州	Guizhou	6904100	5254	90486	14	3.29	3.22	3.51	11
云　南	Yunnan	7564994	6300	108790	11	3.89	3.55	3.8	7
西　藏	Tibet	455601	444	7612	31	4.95	4.38	4.7	1
陕　西	Shaanxi	5596790	4389	81559	15	3.54	3.27	3.29	17
甘　肃	Gansu	4142679	3285	57974	21	3.89	3.70	3.94	4
青　海	Qinghai	747506	644	11329	30	4.06	3.74	3.96	3
宁　夏	Ningxia	902849	700	12529	29	3.54	3.60	3.66	9
新　疆	Xinjiang	3450371	2729	50196	24	3.55	3.75	3.82	6

1-16 乡村家庭户人口数和集体户人口数
Family Household and Collective Household of Rural Area

单位：人 (person)

地区	Region	乡村家庭户人口数 Family Household				乡村集体户人口数 Collective Household			
		2010	2014①	2015②	2015排名 Ranking	2010	2014①	2015②	2015排名 Ranking
全　国	**National Total**	**649857737**	**497515**	**9170679**		**12947586**	**4761**	**185454**	
北　京	Beijing	2423999	2078	40517	29	329677	346	5511	14
天　津	Tianjin	2520147	2219	39947	30	140653		2229	25
河　北	Hebei	39933695	30815	562691	4	345187	61	4863	17
山　西	Shanxi	18016774	13715	251322	16	534788	197	7460	8
内蒙古	Inner Mongolia	10535686	8318	150141	24	450431	51	6420	11
辽　宁	Liaoning	16383696	11940	222342	19	174664		2372	24
吉　林	Jilin	12713082	10265	191868	22	91534		1382	27
黑龙江	Heilongjiang	16875096	13277	244981	17	115180	5	1672	26
上　海	Shanghai	2250690	1860	42955	28	213408	221	4073	19
江　苏	Jiangsu	30112565	22648	403619	9	1176888	205	15776	2
浙　江	Zhejiang	19910098	15737	283728	14	966584	231	13774	3
安　徽	Anhui	33516190	25428	471900	7	407161	99	5733	13
福　建	Fujian	15143401	11510	215685	20	688876	489	9815	4
江　西	Jiangxi	24701502	18608	341860	12	366335	53	5069	15
山　东	Shandong	47809761	36312	659846	3	362231	35	4999	16
河　南	Henan	57320034	42029	784665	1	490138	645	6711	9
湖　北	Hubei	28100632	21248	387013	11	692010	30	9531	5
湖　南	Hunan	36787521	28090	516715	5	460178	109	6465	10
广　东	Guangdong	33631440	28116	508121	6	1658764	204	25061	1
广　西	Guangxi	27345367	21127	395022	10	260551	55	3763	20
海　南	Hainan	4269636	3436	62830	25	93333	12	1374	28
重　庆	Chongqing	13348124	9835	182291	23	202243	139	2763	23
四　川	Sichuan	47426912	36025	664950	2	646188	51	9060	6
贵　州	Guizhou	22713421	16917	317326	13	297602	450	4158	18
云　南	Yunnan	29393919	22364	413428	8	613775	304	8632	7
西　藏	Tibet	2257166	1946	35751	31	64410		1020	31
陕　西	Shaanxi	19807193	14333	268260	15	460849	444	6242	12
甘　肃	Gansu	16129464	12167	228344	18	254614	302	3604	22
青　海	Qinghai	3034800	2410	44817	27	75669	7	1117	30
宁　夏	Ningxia	3197950	2519	45799	26	81378	14	1165	29
新　疆	Xinjiang	12247776	10226	191945	21	232287	4	3640	21

1-17　全国人口总抚养比和城市人口总抚养比

Gross Dependency Ratio and Gross Dependency Ratio of City Population

单位：%　　(%)

地区 Region	全国人口总抚养比 Gross Dependency Ratio				城市人口总抚养比 Gross Dependency Ratio of City Population			
	2010	2014①	2015②	2015排名 Ranking	2010	2014①	2015②	2015排名 Ranking
全　国 National Total	**34.28**	**36.16**	**36.97**		**24.86**	**27.65**	**27.78**	
北　京 Beijing	20.94	23.02	26.23	30	20.61	23.66	26.26	25
天　津 Tianjin	22.42	28.97	25.67	31	19.72	27.92	23.29	29
河　北 Hebei	33.46	38.78	39.67	11	26.43	31.32	31.76	5
山　西 Shanxi	32.75	30.49	31.99	22	27.42	32.21	27.5	21
内蒙古 Inner Mongolia	27.60	29.69	29.24	27	25.95	30.41	26.95	23
辽　宁 Liaoning	27.76	28.91	30.67	24	25.02	26.63	28.56	15
吉　林 Jilin	25.59	28.84	29.70	26	23.55	28.75	28.05	19
黑龙江 Heilongjiang	25.35	26.55	27.25	29	23.51	25.24	24.85	28
上　海 Shanghai	23.06	24.67	28.47	28	22.87	24.69	28.73	13
江　苏 Jiangsu	31.39	34.82	35.59	20	24.42	27.70	28.63	14
浙　江 Zhejiang	29.11	27.63	31.89	23	22.90	20.96	26.22	26
安　徽 Anhui	38.89	39.47	40.76	7	27.09	28.29	28.56	15
福　建 Fujian	30.48	33.66	36.20	17	23.62	28.76	27.84	20
江　西 Jiangxi	41.86	42.83	43.95	4	32.18	40.21	36.04	1
山　东 Shandong	34.37	37.47	38.91	13	27.43	30.70	31.13	7
河　南 Henan	41.56	42.22	44.59	3	29.37	31.28	31.44	6
湖　北 Hubei	29.87	35.56	35.89	19	24.01	26.62	26.55	24
湖　南 Hunan	37.72	41.19	42.11	5	26.96	31.42	29.65	10
广　东 Guangdong	31.01	32.88	30.53	25	20.84	21.09	22.14	30
广　西 Guangxi	44.82	45.84	47.90	1	27.80	34.00	33.08	3
海　南 Hainan	38.60	36.43	39.39	12	28.01	25.45	31	8
重　庆 Chongqing	40.29	41.61	40.63	9	25.55	23.22	28.13	18
四　川 Sichuan	38.73	43.28	40.49	10	26.35	29.00	28.52	17
贵　州 Guizhou	51.45	45.61	46.89	2	32.34	27.97	33.89	2
云　南 Yunnan	39.57	38.27	37.97	14	27.02	31.76	27.22	22
西　藏 Tibet	41.77	42.99	41.39	6	18.09	29.49	21.44	31
陕　西 Shaanxi	30.27	34.26	34.04	21	25.63	31.90	25.75	27
甘　肃 Gansu	35.85	33.88	35.99	18	27.29	30.38	29.19	11
青　海 Qinghai	37.41	34.05	37.29	16	29.41	26.50	28.88	12
宁　夏 Ningxia	38.47	36.07	37.85	15	29.80	29.86	29.72	9
新　疆 Xinjiang	36.86	38.89	40.74	8	29.68	31.64	32.62	4

注：1.2010年数据为第六次人口普查数据，2014年和2015年数据为抽样调查数据。
2.数据为2014年全国人口变动情况抽样调查样本数据，抽样比为0.822(‰)(以下有关各表同)。
3.数据为2015年全国人口变动情况抽样调查样本数据，抽样比为1.55(‰)(以下有关各表同)。

Notes: 1. Data for the the year 2010 are the data of the Sixth National Cencus,and data for 2014 and 2015 are the sampling survey data.
2. Data in this table are obtained from the 2014 National Sample Survey on Changes. The sampling fraction is 0.822‰.The same applies to the relevant tables followed.
3. Data in this table are obtained from the 2015 National Sample Survey on Changes. The sampling fraction is 1.55‰.The same applies to the relevant tables followed.

1-18 镇人口总抚养比和乡村人口总抚养比
Dependency Ratio of Town Population and Rural Population

单位：%　　(%)

地区	Region	镇人口总抚养比 Dependency Ratio of Town Population				乡村人口总抚养比 Dependency Ratio of Rural Population			
		2010	2014①	2015②	2015排名 Ranking	2010	2014①	2015②	2015排名 Ranking
全　国	**National Total**	**33.07**	**35.00**	**35.87**		**41.29**	**43.71**	**45.38**	
北　京	Beijing	20.17	15.61	24.94	30	23.25	23.30	26.64	31
天　津	Tianjin	22.81	26.15	27.56	28	32.15	35.80	35.42	24
河　北	Hebei	32.21	39.68	37.10	12	36.72	41.11	45.12	12
山　西	Shanxi	33.10	27.10	31.31	22	35.49	31.37	35.37	25
内蒙古	Inner Mongolia	28.26	31.96	28.95	26	28.49	27.73	31.45	28
辽　宁	Liaoning	27.63	31.37	30.54	24	31.64	31.86	34.35	26
吉　林	Jilin	25.78	28.30	27.82	27	27.19	29.12	31.86	27
黑龙江	Heilongjiang	26.14	26.31	27.09	29	26.58	27.88	29.68	30
上　海	Shanghai	21.58	18.86	24.84	31	26.29	30.82	30.8	29
江　苏	Jiangsu	32.30	34.04	35.19	16	38.34	44.33	45.00	14
浙　江	Zhejiang	27.94	24.79	32.33	21	36.63	38.65	38.94	23
安　徽	Anhui	35.60	36.23	37.66	10	45.12	47.41	48.97	7
福　建	Fujian	30.33	31.29	37.75	9	36.56	40.44	44.13	18
江　西	Jiangxi	37.93	38.62	38.19	7	47.09	46.56	51.47	5
山　东	Shandong	33.83	37.73	37.24	11	39.06	42.94	46.27	11
河　南	Henan	37.12	36.08	38.81	4	47.45	50.09	53.47	4
湖　北	Hubei	28.87	37.59	35.13	17	34.21	41.30	45.01	13
湖　南	Hunan	34.99	41.33	38.58	6	43.09	46.36	50.91	6
广　东	Guangdong	34.68	34.99	35.62	14	47.53	50.22	44.45	17
广　西	Guangxi	39.74	39.84	44.21	1	53.01	55.00	56.69	1
海　南	Hainan	37.49	35.95	40.16	3	45.55	42.91	45	14
重　庆	Chongqing	37.87	40.89	38.67	5	53.13	60.70	56.14	2
四　川	Sichuan	33.29	35.52	35.46	15	45.49	55.07	48.95	8
贵　州	Guizhou	43.74	41.15	41.90	2	59.28	53.94	53.7	3
云　南	Yunnan	35.41	36.49	35.13	17	43.99	41.10	43.09	20
西　藏	Tibet	27.47	45.68	29.73	25	48.19	43.93	48.2	9
陕　西	Shaanxi	29.03	33.90	34.39	19	32.93	35.79	39.29	22
甘　肃	Gansu	31.00	31.77	31.09	23	40.13	35.90	40.74	21
青　海	Qinghai	33.03	33.33	33.30	20	43.03	38.91	44.13	18
宁　夏	Ningxia	37.50	35.94	38.06	8	44.85	40.96	44.86	16
新　疆	Xinjiang	34.10	36.96	36.63	13	41.43	44.43	47.14	10

1-19 全国人口少年抚养比和城市人口少年抚养比
Children Dependency Ratio of National Population and City Population

单位：% (%)

地区	Region	全国人口少年抚养比 Children Dependency Ratio of National Population				城市人口少年抚养比 Children Dependency Ratio of City Population			
		2010	2014①	2015②	2015排名 Ranking	2010	2014①	2015②	2015排名 Ranking
全　国	**National Total**	**22.30**	**22.45**	**22.63**		**15.27**	**16.28**	**16.07**	
北　京	Beijing	10.41	12.50	12.78	29	10.16	12.98	12.84	27
天　津	Tianjin	11.99	13.91	12.73	30	9.27	11.44	10.77	30
河　北	Hebei	22.46	25.84	25.46	12	16.49	19.80	18.73	11
山　西	Shanxi	22.70	19.37	19.86	22	18.70	22.14	17.50	13
内蒙古	Inner Mongolia	17.96	17.58	16.89	25	16.65	18.33	15.65	18
辽　宁	Liaoning	14.59	13.23	13.86	27	11.90	11.38	12.09	29
吉　林	Jilin	15.06	15.74	15.54	26	12.37	13.79	13.26	26
黑龙江	Heilongjiang	14.97	14.66	13.46	28	11.89	12.76	10.22	31
上　海	Shanghai	10.60	12.61	12.00	31	10.33	12.74	12.14	28
江　苏	Jiangsu	17.09	18.55	18.39	23	13.98	15.32	15.52	19
浙　江	Zhejiang	17.05	15.35	17.03	24	14.77	14.02	15.82	17
安　徽	Anhui	24.69	24.94	25.01	13	16.87	19.09	16.28	16
福　建	Fujian	20.18	23.52	23.93	14	16.43	22.11	19.51	8
江　西	Jiangxi	31.07	29.63	30.90	4	22.36	22.41	22.18	4
山　东	Shandong	21.15	21.70	22.72	16	17.69	18.05	19.49	9
河　南	Henan	29.73	29.76	30.34	6	20.09	21.29	20.06	7
湖　北	Hubei	18.07	21.66	20.63	20	14.68	14.96	14.93	23
湖　南	Hunan	24.27	25.84	26.16	11	17.39	18.48	17.89	12
广　东	Guangdong	22.11	21.88	20.91	19	14.96	14.28	15.33	20
广　西	Guangxi	31.44	31.93	33.46	1	18.98	23.06	22.79	1
海　南	Hainan	27.42	25.98	27.62	8	20.44	20.10	22.49	2
重　庆	Chongqing	23.85	21.61	21.94	18	14.53	11.19	15.02	22
四　川	Sichuan	23.54	23.23	22.31	17	15.01	14.59	15.19	21
贵　州	Guizhou	38.26	32.18	32.96	3	22.65	18.04	22.19	3
云　南	Yunnan	28.93	26.21	26.38	10	17.58	18.65	17.47	14
西　藏	Tibet	34.55	35.13	33.32	2	13.74	18.59	14.58	24
陕　西	Shaanxi	19.16	20.01	20.17	21	15.29	16.28	14.28	25
甘　肃	Gansu	24.67	21.92	23.25	15	16.99	17.92	17.45	15
青　海	Qinghai	28.75	24.53	27.55	9	18.99	16.31	19.1	10
宁　夏	Ningxia	29.62	26.84	27.70	7	20.83	21.33	20.19	6
新　疆	Xinjiang	27.99	29.35	30.71	5	19.41	20.44	20.44	5

1-20 镇人口少年抚养比和乡村人口少年抚养比
Children Dependency Ratio of Town Population and Rural Population

单位：%

(%)

地区	Region	镇人口少年抚养比 Children Dependency Ratio of Town Population				乡村人口少年抚养比 Children Dependency Ratio of Rural Population			
		2010	2014①	2015②	2015排名 Ranking	2010	2014①	2015②	2015排名 Ranking
全 国	**National Total**	**22.45**	**23.01**	**23.16**		**27.07**	**27.16**	**27.89**	
北 京	Beijing	11.49	9.57	13.51	30	11.29	11.29	12.09	30
天 津	Tianjin	15.40	15.82	16.18	26	20.06	21.97	19.69	24
河 北	Hebei	22.63	27.54	25.12	10	24.69	27.13	28.93	15
山 西	Shanxi	25.13	18.36	21.17	21	23.82	18.25	20.65	23
内蒙古	Inner Mongolia	19.80	20.30	18.53	24	17.96	15.34	16.91	27
辽 宁	Liaoning	15.59	14.35	14.61	27	18.05	15.97	16.60	28
吉 林	Jilin	14.92	15.42	14.04	28	17.31	17.55	18.07	25
黑龙江	Heilongjiang	15.23	15.24	13.73	29	17.47	16.15	16.51	29
上 海	Shanghai	11.90	11.72	12.47	31	10.96	12.45	10.64	31
江 苏	Jiangsu	18.62	19.86	19.37	23	19.55	21.50	21.27	22
浙 江	Zhejiang	17.99	14.91	18.20	25	18.91	17.45	17.75	26
安 徽	Anhui	23.45	22.88	23.77	14	28.41	29.27	30.31	12
福 建	Fujian	21.08	24.24	26.08	8	22.95	24.49	27.18	16
江 西	Jiangxi	28.87	28.74	27.78	5	35.10	33.39	36.8	5
山 东	Shandong	21.72	23.35	22.47	17	23.13	23.91	25.49	20
河 南	Henan	27.28	26.41	27.42	7	34.03	35.20	36.43	6
湖 北	Hubei	18.58	27.14	21.52	19	20.16	23.67	25.5	19
湖 南	Hunan	23.32	28.09	25.10	11	27.34	28.64	31.21	10
广 东	Guangdong	24.63	23.08	24.46	13	33.76	33.22	30.06	13
广 西	Guangxi	28.52	28.74	32.07	1	37.11	38.29	39.13	2
海 南	Hainan	26.56	24.46	27.58	6	32.06	30.35	31.34	9
重 庆	Chongqing	24.26	24.39	23.02	16	30.91	29.86	29.06	14
四 川	Sichuan	21.25	18.72	21.04	22	27.65	30.29	26.44	18
贵 州	Guizhou	33.62	29.71	31.09	2	44.16	38.43	37.63	4
云 南	Yunnan	25.97	24.96	24.56	12	32.65	29.14	30.37	11
西 藏	Tibet	23.26	38.27	23.18	15	39.93	36.39	39.52	1
陕 西	Shaanxi	20.19	21.56	22.40	18	20.51	21.21	22.75	21
甘 肃	Gansu	22.54	21.17	21.25	20	27.93	23.51	26.49	17
青 海	Qinghai	26.25	24.33	25.23	9	34.48	29.54	33.51	7
宁 夏	Ningxia	30.27	28.25	29.58	3	35.59	30.50	33.42	8
新 疆	Xinjiang	24.31	24.64	28.15	4	33.56	36.68	37.85	3

1-21 全国人口老年抚养比和城市人口老年抚养比
Elder Dependency Ratio of National Population and City Population

单位：%　　(%)

地区	Region	全国人口老年抚养比 Elder Dependency Ratio of National Population				城市人口老年抚养比 Elder Dependency Ratio of City Population			
		2010	2014①	2015②	2015排名 Ranking	2010	2014①	2015②	2015排名 Ranking
全　国	**National Total**	**11.98**	**13.70**	**14.33**		**9.59**	**11.37**	**11.7**	
北　京	Beijing	10.54	10.52	13.45	18	10.45	10.68	13.42	6
天　津	Tianjin	10.43	15.06	12.94	20	10.45	16.48	12.52	11
河　北	Hebei	10.99	12.94	14.21	13	9.94	11.52	13.03	10
山　西	Shanxi	10.06	11.12	12.13	24	8.72	10.07	10	24
内蒙古	Inner Mongolia	9.65	12.10	12.35	22	9.29	12.07	11.29	21
辽　宁	Liaoning	13.17	15.68	16.81	4	13.13	15.25	16.47	2
吉　林	Jilin	10.53	13.10	14.16	14	11.18	14.95	14.80	3
黑龙江	Heilongjiang	10.38	11.89	13.79	17	11.61	12.48	14.63	4
上　海	Shanghai	12.46	12.07	16.47	5	12.54	11.95	16.59	1
江　苏	Jiangsu	14.30	16.26	17.21	3	10.43	12.38	13.11	8
浙　江	Zhejiang	12.05	12.28	14.86	10	8.14	6.95	10.41	22
安　徽	Anhui	14.20	14.53	15.74	8	10.22	9.19	12.28	12
福　建	Fujian	10.30	10.14	12.27	23	7.19	6.65	8.33	29
江　西	Jiangxi	10.78	13.20	13.04	19	9.82	17.81	13.86	5
山　东	Shandong	13.23	15.77	16.20	6	9.75	12.64	11.64	17
河　南	Henan	11.83	12.46	14.24	12	9.28	9.99	11.38	20
湖　北	Hubei	11.80	13.90	15.27	9	9.32	11.66	11.63	18
湖　南	Hunan	13.46	15.35	15.95	7	9.57	12.93	11.75	14
广　东	Guangdong	8.90	10.99	9.62	30	5.88	6.80	6.81	31
广　西	Guangxi	13.38	13.91	14.44	11	8.82	10.94	10.29	23
海　南	Hainan	11.18	10.45	11.77	25	7.57	5.34	8.51	28
重　庆	Chongqing	16.45	20.00	18.69	1	11.02	12.03	13.11	8
四　川	Sichuan	15.19	20.04	18.18	2	11.33	14.40	13.32	7
贵　州	Guizhou	13.19	13.43	13.92	15	9.69	9.93	11.70	16
云　南	Yunnan	10.64	12.06	11.60	26	9.45	13.11	9.75	26
西　藏	Tibet	7.22	7.86	8.07	31	4.35	10.90	6.86	30
陕　西	Shaanxi	11.11	14.25	13.87	16	10.35	15.62	11.46	19
甘　肃	Gansu	11.18	11.96	12.73	21	10.30	12.46	11.74	15
青　海	Qinghai	8.66	9.52	9.74	29	10.42	10.19	9.77	25
宁　夏	Ningxia	8.85	9.22	10.15	27	8.97	8.53	9.53	27
新　疆	Xinjiang	8.87	9.54	10.03	28	10.27	11.20	12.18	13

1-22 镇人口老年抚养比和乡村人口老年抚养比
Elder Dependency Ratio of Town Population and Rural Population

单位：%

(%)

地区	Region	镇人口老年抚养比 Elder Dependency Ratio of Town Population				乡村人口老年抚养比 Elder Dependency Ratio of Rural Population			
		2010	2014①	2015②	2015排名 Ranking	2010	2014①	2015②	2015排名 Ranking
全　国	**National Total**	**10.62**	**11.99**	**12.71**		**14.21**	**16.55**	**17.49**	
北　京	Beijing	8.68	6.04	11.43	18	11.96	12.00	14.55	20
天　津	Tianjin	7.41	10.33	11.38	20	12.10	13.83	15.73	17
河　北	Hebei	9.58	12.14	11.98	16	12.03	13.98	16.19	15
山　西	Shanxi	7.97	8.75	10.14	26	11.67	13.12	14.72	18
内蒙古	Inner Mongolia	8.46	11.66	10.43	24	10.53	12.39	14.54	21
辽　宁	Liaoning	12.03	17.02	15.92	1	13.60	15.89	17.75	10
吉　林	Jilin	10.86	12.89	13.79	8	9.88	11.57	13.8	24
黑龙江	Heilongjiang	10.92	11.07	13.36	11	9.11	11.73	13.17	26
上　海	Shanghai	9.68	7.14	12.37	13	15.33	18.36	20.16	6
江　苏	Jiangsu	13.68	14.17	15.81	2	18.79	22.83	23.73	2
浙　江	Zhejiang	9.95	9.88	14.14	6	17.73	21.19	21.19	4
安　徽	Anhui	12.15	13.35	13.89	7	16.70	18.14	18.65	9
福　建	Fujian	9.25	7.05	11.67	17	13.61	15.95	16.95	13
江　西	Jiangxi	9.06	9.89	10.41	25	11.99	13.17	14.68	19
山　东	Shandong	12.11	14.38	14.76	4	15.93	19.03	20.78	5
河　南	Henan	9.83	9.67	11.39	19	13.42	14.89	17.04	12
湖　北	Hubei	10.29	10.45	13.60	9	14.05	17.63	19.52	8
湖　南	Hunan	11.67	13.24	13.48	10	15.75	17.72	19.69	7
广　东	Guangdong	10.05	11.91	11.16	21	13.78	17.01	14.38	22
广　西	Guangxi	11.22	11.11	12.14	14	15.90	16.71	17.56	11
海　南	Hainan	10.93	11.50	12.58	12	13.49	12.56	13.66	25
重　庆	Chongqing	13.61	16.51	15.65	3	22.22	30.84	27.08	1
四　川	Sichuan	12.03	16.80	14.42	5	17.84	24.78	22.51	3
贵　州	Guizhou	10.11	11.43	10.81	22	15.12	15.51	16.07	16
云　南	Yunnan	9.44	11.53	10.57	23	11.34	11.96	12.73	27
西　藏	Tibet	4.21	7.41	6.55	31	8.26	7.54	8.68	31
陕　西	Shaanxi	8.84	12.34	11.99	15	12.41	14.58	16.54	14
甘　肃	Gansu	8.45	10.60	9.85	27	12.20	12.39	14.25	23
青　海	Qinghai	6.78	9.00	8.07	30	8.55	9.37	10.62	29
宁　夏	Ningxia	7.23	7.69	8.48	28	9.27	10.46	11.44	28
新　疆	Xinjiang	9.79	12.32	8.48	28	7.88	7.75	9.29	30

2

就业和工资

Employment and Wages

2-1 就业人员性别构成

Employed Persons by Gender

单位：% (%)

地区	Region	男性 Male 2010	2014	2015	2015排名 Ranking	女性 Female 2010	2014	2015	2015排名 Ranking
全　国	**National Total**	**55.34**	**55.23**	**58.09**		**44.66**	**44.77**	**41.91**	
北　京	Beijing	58.01	59.49	60.51	3	41.99	40.51	39.49	29
天　津	Tianjin	61.38	61.11	58.03	16	38.62	38.89	41.97	16
河　北	Hebei	56.36	57.05	57.62	18	43.64	42.95	42.38	14
山　西	Shanxi	61.05	59.82	61.79	1	38.95	40.18	38.21	31
内蒙古	Inner Mongolia	58.96	58.58	61.76	2	41.04	41.42	38.24	30
辽　宁	Liaoning	57.15	55.86	58.13	14	42.85	44.14	41.87	18
吉　林	Jilin	56.43	55.68	57.13	23	43.57	44.32	42.87	9
黑龙江	Heilongjiang	58.02	56.98	60.47	4	41.98	43.02	39.53	28
上　海	Shanghai	58.63	58.55	58.85	9	41.37	41.45	41.15	23
江　苏	Jiangsu	53.66	52.91	56.83	25	46.34	47.09	43.17	7
浙　江	Zhejiang	57.12	56.01	57.33	20	42.88	43.99	42.67	12
安　徽	Anhui	54.51	53.87	59.06	7	45.49	46.13	40.94	25
福　建	Fujian	57.43	58.42	58.76	11	42.57	41.58	41.24	21
江　西	Jiangxi	55.43	54.83	58.86	8	44.57	45.17	41.14	24
山　东	Shandong	53.74	53.90	57.69	17	46.26	46.10	42.31	15
河　南	Henan	53.21	51.48	56.99	24	46.79	48.52	43.01	8
湖　北	Hubei	54.44	55.06	56.63	27	45.56	44.94	43.37	5
湖　南	Hunan	55.82	55.28	58.60	12	44.18	44.72	41.40	20
广　东	Guangdong	56.03	56.53	59.38	6	43.97	43.47	40.62	26
广　西	Guangxi	53.32	54.69	56.37	29	46.68	45.31	43.63	3
海　南	Hainan	55.39	55.57	56.53	28	44.61	44.43	43.47	4
重　庆	Chongqing	54.16	55.80	57.45	19	45.84	44.20	42.55	13
四　川	Sichuan	53.35	53.83	56.73	26	46.65	46.17	43.27	6
贵　州	Guizhou	54.29	52.67	55.45	30	45.71	47.33	44.55	2
云　南	Yunnan	53.73	54.30	54.38	31	46.27	45.70	45.62	1
西　藏	Tibet	53.80	53.37	57.29	21	46.20	46.63	42.71	11
陕　西	Shaanxi	55.86	56.42	60.27	5	44.14	43.58	39.73	27
甘　肃	Gansu	53.62	54.75	58.48	13	46.38	45.25	41.52	19
青　海	Qinghai	55.80	56.02	57.22	22	44.20	43.98	42.78	10
宁　夏	Ningxia	56.08	55.94	58.80	10	43.92	44.06	41.20	22
新　疆	Xinjiang	56.09	55.64	58.05	15	43.91	44.36	41.95	17

注：劳动力调查自2015年开始使用新的受教育程度分类（以下有关各表同）。

Note: The new classification of Education attanment has been used since 2015 in the Labour Force Survey. The same applies to the tables followed.

2-2 就业人员受教育程度构成(一)
Educational Attainment of Employed Persons (1)

单位：%

(%)

地区	Region	小学 Primary School 2010	2014	2015	2015排名 Ranking	初中 Junior Secondary School 2010	2014	2015	2015排名 Ranking
全　国	**National Total**	**23.9**	**18.1**	**17.8**		**48.8**	**46.7**	**43.3**	
北　京	Beijing	4.8	3.0	3.0	31	34.2	20.9	21.5	30
天　津	Tianjin	12.2	6.7	8.4	29	44.9	39.3	33.5	28
河　北	Hebei	19.5	15.3	13.6	24	58.7	55.3	49.4	6
山　西	Shanxi	16.2	11.1	11.6	28	56.6	51.4	47.5	8
内蒙古	Inner Mongolia	22.9	19.8	17.7	15	46.6	42.9	45.2	10
辽　宁	Liaoning	17.5	12.5	12.7	27	53.9	55.5	50.3	3
吉　林	Jilin	22.6	17.7	20.9	8	50.4	52.7	43.1	14
黑龙江	Heilongjiang	20.7	19.7	14.0	22	53.4	54.5	49.8	5
上　海	Shanghai	9.0	4.2	4.9	30	40.2	28.8	29.3	29
江　苏	Jiangsu	20.2	15.8	13.1	25	48.8	45.2	40.6	19
浙　江	Zhejiang	25.3	20.1	16.5	18	44.7	39.5	37.6	24
安　徽	Anhui	26.7	20.7	20.6	9	48.1	51.7	45.2	11
福　建	Fujian	27.0	20.1	20.3	11	47.1	42.7	41.0	18
江　西	Jiangxi	26.6	19.6	20.6	10	51.4	51.2	44.8	12
山　东	Shandong	21.2	16.7	14.0	23	52.3	45.2	47.9	7
河　南	Henan	19.1	14.6	14.6	20	57.3	53.3	51.2	1
湖　北	Hubei	22.5	15.7	17.4	16	49.3	45.2	41.9	16
湖　南	Hunan	22.7	15.6	17.9	14	51.3	44.3	44.7	13
广　东	Guangdong	15.7	12.2	12.8	26	53.1	47.8	42.7	15
广　西	Guangxi	28.6	18.3	19.2	13	50.6	58.2	50.0	4
海　南	Hainan	17.6	11.5	14.1	21	54.5	50.2	50.8	2
重　庆	Chongqing	34.6	29.2	24.7	7	38.7	38.3	35.7	26
四　川	Sichuan	35.2	26.4	29.8	4	42.7	45.3	39.0	22
贵　州	Guizhou	39.6	31.1	32.2	3	35.8	45.0	40.3	20
云　南	Yunnan	46.5	41.2	34.3	2	32.9	36.1	39.7	21
西　藏	Tibet	38.6	46.3	40.7	1	13.6	20.6	13.6	31
陕　西	Shaanxi	21.5	11.8	14.7	19	50.3	45.4	45.5	9
甘　肃	Gansu	33.8	25.7	27.7	5	37.1	39.9	36.9	25
青　海	Qinghai	34.4	27.2	27.5	6	30.6	37.2	35.0	27
宁　夏	Ningxia	26.5	23.6	19.8	12	41.6	41.0	38.8	23
新　疆	Xinjiang	26.5	23.2	16.9	17	46.1	44.6	41.0	17

2-3 就业人员受教育程度构成(二)
Educational Attainment of Employed Persons (2)

单位：% (%)

地区	Region	高中 Senior Secondary School				大学专科 College			
		2010	2014	2015	2015排名 Ranking	2010	2014	2015	2015排名 Ranking
全 国	**National Total**	**13.9**	**17.2**	**12.5**		**6.0**	**9.3**	**9.2**	
北 京	Beijing	21.5	19.9	13.6	10	14.7	18.5	19.8	1
天 津	Tianjin	20.7	19.7	12.1	19	10.3	18.3	14.8	3
河 北	Hebei	12.5	14.8	13.6	9	4.9	7.9	9.2	16
山 西	Shanxi	15.2	19.6	13.0	13	7.0	10.8	10.9	7
内蒙古	Inner Mongolia	14.6	17.2	12.5	16	7.9	11.6	10.2	9
辽 宁	Liaoning	14.3	14.9	10.1	24	7.6	9.2	9.8	14
吉 林	Jilin	15.5	14.0	13.9	4	6.0	7.6	7.6	24
黑龙江	Heilongjiang	14.8	13.4	12.7	15	6.3	7.0	9.4	15
上 海	Shanghai	21.5	24.0	12.9	14	12.6	19.6	17.1	2
江 苏	Jiangsu	16.7	18.7	13.6	11	7.1	11.2	12.0	6
浙 江	Zhejiang	14.9	17.0	13.7	8	6.5	11.8	12.4	4
安 徽	Anhui	9.6	11.1	8.9	28	4.7	6.8	7.3	25
福 建	Fujian	14.3	17.7	11.2	22	5.7	9.9	8.8	17
江 西	Jiangxi	12.8	17.0	14.1	3	4.7	6.8	7.2	26
山 东	Shandong	14.1	18.8	13.1	12	5.4	9.8	8.3	19
河 南	Henan	13.0	18.3	13.8	5	4.7	7.4	7.6	23
湖 北	Hubei	15.1	20.7	13.7	7	5.6	9.9	8.7	18
湖 南	Hunan	16.3	23.4	15.2	2	5.2	10.1	8.2	20
广 东	Guangdong	19.6	24.0	17.4	1	6.5	9.6	9.8	13
广 西	Guangxi	11.4	12.2	9.3	26	4.7	7.2	8.1	21
海 南	Hainan	15.7	21.4	12.1	18	5.7	8.3	7.7	22
重 庆	Chongqing	12.3	16.2	12.4	17	6.1	8.4	10.1	10
四 川	Sichuan	9.7	15.3	10.0	25	4.4	7.1	7.0	27
贵 州	Guizhou	6.5	8.3	5.6	30	4.5	6.4	5.3	30
云 南	Yunnan	7.2	9.5	5.7	29	3.9	5.6	4.9	31
西 藏	Tibet	4.1	7.3	3.0	31	4.0	2.9	5.9	29
陕 西	Shaanxi	14.4	20.4	13.8	6	6.6	12.6	10.0	11
甘 肃	Gansu	10.9	14.3	11.8	20	5.2	8.3	6.8	28
青 海	Qinghai	9.8	13.9	8.9	27	6.9	9.2	9.9	12
宁 夏	Ningxia	12.4	12.3	11.5	21	7.9	8.7	10.7	8
新 疆	Xinjiang	11.6	13.5	10.6	23	9.2	11.7	12.3	5

2-4 就业人员受教育程度构成(三)
Educational Attainment of Employed Persons (3)

单位：%　　(%)

地区	Region	大学本科 University 2010	2014	2015	2015排名 Ranking	研究生及以上 Graduate and Higher Level 2010	2014	2015	2015排名 Ranking
全　国	**National Total**	**3.7**	**6.2**	**7.5**		**0.39**	**0.55**	**0.75**	
北　京	Beijing	19.2	29.5	26.8	1	5.08	7.87	6.05	1
天　津	Tianjin	10.2	14.5	17.3	3	1.06	1.35	2.32	3
河　北	Hebei	2.6	5.3	6.0	21	0.17	0.23	0.50	15
山　西	Shanxi	3.5	5.7	9.1	8	0.21	0.29	0.82	8
内蒙古	Inner Mongolia	4.3	6.5	7.6	14	0.24	0.42	0.32	28
辽　宁	Liaoning	5.5	7.0	9.3	7	0.47	0.50	0.85	6
吉　林	Jilin	4.3	6.9	7.8	13	0.34	0.35	0.38	23
黑龙江	Heilongjiang	3.6	4.4	8.1	11	0.27	0.23	0.49	16
上　海	Shanghai	13.1	20.8	22.0	2	2.55	2.45	4.77	2
江　苏	Jiangsu	4.4	6.5	10.0	5	0.46	0.59	0.95	4
浙　江	Zhejiang	4.6	9.2	11.5	4	0.39	0.52	0.85	7
安　徽	Anhui	2.6	4.4	5.6	24	0.22	0.40	0.38	22
福　建	Fujian	4.0	7.6	8.5	9	0.28	0.51	0.60	13
江　西	Jiangxi	2.3	3.9	5.0	26	0.17	0.24	0.37	24
山　东	Shandong	3.2	7.0	5.9	23	0.26	0.49	0.55	14
河　南	Henan	2.0	4.3	4.8	27	0.16	0.27	0.36	25
湖　北	Hubei	3.2	5.5	6.8	17	0.36	0.57	0.80	9
湖　南	Hunan	2.5	5.1	6.2	19	0.20	0.43	0.45	17
广　东	Guangdong	3.9	5.4	6.9	16	0.41	0.38	0.65	12
广　西	Guangxi	2.5	3.0	5.0	25	0.18	0.26	0.41	19
海　南	Hainan	3.2	6.7	5.9	22	0.23	0.24	0.33	27
重　庆	Chongqing	3.9	5.2	7.5	15	0.34	0.57	0.86	5
四　川	Sichuan	2.3	3.7	4.6	28	0.21	0.18	0.39	21
贵　州	Guizhou	2.5	3.7	4.0	31	0.12	0.09	0.15	30
云　南	Yunnan	2.5	4.4	4.6	29	0.16	0.22	0.36	26
西　藏	Tibet	2.9	3.0	4.0	30	0.19		0.15	31
陕　西	Shaanxi	3.5	7.3	6.8	18	0.38	1.11	0.77	10
甘　肃	Gansu	2.8	5.8	6.2	20	0.20	0.26	0.44	18
青　海	Qinghai	4.4	6.8	7.8	12	0.22	0.40	0.17	29
宁　夏	Ningxia	4.6	6.5	8.3	10	0.23	0.17	0.39	20
新　疆	Xinjiang	4.4	5.6	9.9	6	0.26	0.37	0.76	11

2-5 城镇单位就业人员年底数
Number of Employed Persons in Urban Units at Year-end

单位：万人 (10 000 persons)

地区	Region	城镇单位就业人员 Number of Employed Persons in Urban Units 2010	2014	2015	2015排名 Ranking	农林牧渔业 Agriculture, Forestry, Animal Husbandry and Fishery 2010	2014	2015	2015排名 Ranking
全　国	**National Total**	**13051.5**	**18277.8**	**18062.5**		**375.7**	**284.6**	**270.0**	
北　京	Beijing	646.6	755.9	777.3	7	3.2	3.2	3.9	17
天　津	Tianjin	205.7	295.5	294.8	26	0.7	0.5	0.5	30
河　北	Hebei	519.6	656.2	643.6	10	6.6	4.6	4.2	16
山　西	Shanxi	394.4	452.1	440.3	17	3.2	2.0	1.8	23
内蒙古	Inner Mongolia	249.2	301.5	298.3	25	26.7	23.8	23.6	3
辽　宁	Liaoning	518.1	665.2	618.4	12	27.9	23.1	22.5	4
吉　林	Jilin	267.6	334.4	325.1	22	16.7	13.3	12.8	5
黑龙江	Heilongjiang	460.0	450.9	433.5	18	92.9	71.1	65.5	1
上　海	Shanghai	392.9	648.9	637.2	11	1.5	2.4	2.5	20
江　苏	Jiangsu	763.8	1602.4	1552.1	2	9.9	6.3	5.8	10
浙　江	Zhejiang	883.6	1102.7	1083.4	5	1.4	0.6	0.5	31
安　徽	Anhui	372.9	521.7	513.8	14	6.1	4.5	4.4	15
福　建	Fujian	507.1	654.6	663.1	9	6.7	4.5	4.5	14
江　西	Jiangxi	297.4	465.3	480.5	16	12.1	5.2	4.9	13
山　东	Shandong	956.2	1266.3	1236.7	3	5.1	1.7	1.7	24
河　南	Henan	751.7	1108.9	1125.9	4	7.1	5.1	2.5	19
湖　北	Hubei	510.3	706.8	712.3	8	13.8	9.3	9.2	6
湖　南	Hunan	505.7	597.9	579.1	13	5.3	2.2	2.4	21
广　东	Guangdong	1118.5	1973.3	1948.0	1	8.8	5.7	5.3	11
广　西	Guangxi	316.7	401.5	405.4	21	10.8	8.3	8.2	8
海　南	Hainan	81.3	101.5	100.4	28	12.3	10.4	8.8	7
重　庆	Chongqing	266.4	414.5	415.6	19	1.9	1.2	1.2	27
四　川	Sichuan	570.6	808.7	795.5	6	5.0	3.2	2.9	18
贵　州	Guizhou	224.3	304.7	307.5	24	2.1	1.5	1.1	28
云　南	Yunnan	322.8	419.6	414.7	20	14.5	6.7	6.5	9
西　藏	Tibet	22.2	32.5	33.4	31	0.9	1.1	1.1	29
陕　西	Shaanxi	364.8	516.5	511.8	15	4.4	2.4	2.2	22
甘　肃	Gansu	194.3	264.7	261.8	27	5.3	5.0	5.0	12
青　海	Qinghai	52.6	63.2	62.7	30	1.7	1.4	1.4	26
宁　夏	Ningxia	59.3	73.2	73.1	29	2.6	1.5	1.4	25
新　疆	Xinjiang	255.0	316.6	317.2	23	58.3	52.9	51.7	2

注：本表城镇单位数据不含私营单位(以下相关表同)。

Note: Data of employed persons in urban units do not include those of private enterprises. The same applies to the tables followed.

2-6 城镇单位采矿业和制造业就业人员

Number of Employed Persons of Mining and Manufacturing in Urban Units

单位：万人

(10 000 persons)

地区	Region	采矿业 Mining 2010	2014	2015	2015排名 Ranking	制造业 Manufacturing 2010	2014	2015	2015排名 Ranking
全　国	**National Total**	**562.0**	**596.5**	**545.8**		**3637.2**	**5243.1**	**5068.7**	
北　京	Beijing	4.5	6.1	5.3	23	100.6	100.0	92.2	17
天　津	Tianjin	9.0	6.6	6.5	21	75.3	119.0	110.8	15
河　北	Hebei	27.8	27.3	24.6	8	119.7	147.7	140.9	11
山　西	Shanxi	79.6	98.5	95.3	1	71.7	69.1	65.4	22
内蒙古	Inner Mongolia	18.5	20.4	17.9	10	37.2	46.3	46.7	24
辽　宁	Liaoning	35.2	31.3	28.7	6	144.8	166.9	150.6	10
吉　林	Jilin	15.6	14.3	14.1	14	60.8	86.7	84.2	19
黑龙江	Heilongjiang	42.2	35.9	31.9	5	66.8	61.3	57.4	23
上　海	Shanghai	0.1	0.1	0.1	31	141.3	206.1	192.9	7
江　苏	Jiangsu	12.6	11.8	10.6	16	335.5	612.3	595.2	2
浙　江	Zhejiang	1.7	0.9	0.7	28	351.7	350.6	330.6	5
安　徽	Anhui	32.1	31.3	27.0	7	76.0	122.6	120.9	14
福　建	Fujian	4.8	2.5	2.5	27	241.2	245.3	235.5	6
江　西	Jiangxi	9.0	7.8	7.2	19	71.6	133.5	138.2	12
山　东	Shandong	66.8	71.2	64.5	2	346.4	425.8	417.5	3
河　南	Henan	52.6	56.3	51.6	3	158.8	337.1	352.9	4
湖　北	Hubei	9.9	7.8	7.1	20	138.5	193.3	189.4	8
湖　南	Hunan	15.4	12.6	10.3	17	106.2	130.7	121.8	13
广　东	Guangdong	3.4	3.0	3.0	25	476.7	1015.2	981.0	1
广　西	Guangxi	4.4	3.8	3.0	26	62.5	78.2	76.2	20
海　南	Hainan	0.9	0.7	0.6	29	8.0	9.7	8.8	30
重　庆	Chongqing	9.4	9.0	7.3	18	62.5	89.3	90.2	18
四　川	Sichuan	20.4	23.5	19.6	9	124.2	175.4	159.7	9
贵　州	Guizhou	11.8	17.6	15.5	12	36.9	44.1	42.5	25
云　南	Yunnan	15.2	17.3	15.3	13	58.8	72.1	67.5	21
西　藏	Tibet	0.2	0.6	0.5	30	0.8	1.1	1.2	31
陕　西	Shaanxi	24.7	36.1	35.4	4	81.0	106.1	104.4	16
甘　肃	Gansu	9.1	12.6	11.9	15	35.3	37.5	35.6	26
青　海	Qinghai	2.0	4.2	3.9	24	9.8	11.3	10.9	29
宁　夏	Ningxia	5.8	6.3	6.0	22	10.6	12.9	12.8	28
新　疆	Xinjiang	17.5	19.2	17.9	11	26.0	36.0	34.8	27

2-7 城镇单位电力、热力、燃气、水业和建筑业就业人员

Number of Employed Persons of Production and Supply of Electricity, Heat, Gas and Water, and Construction in Urban Units

单位：万人 (10 000 persons)

地区	Region	电力、热力、燃气及水生产和供应业 Production and Supply of Electricity, Heat, Gas and Water, Units				建筑业 Construction			
		2010	2014	2015	2015排名 Ranking	2010	2014	2015	2015排名 Ranking
全 国	**National Total**	**310.5**	**403.7**	**396.0**		**1267.5**	**2921.2**	**2796.0**	
北 京	Beijing	6.8	8.2	8.2	24	39.4	45.6	45.3	18
天 津	Tianjin	3.3	4.5	4.5	26	10.2	31.3	29.5	24
河 北	Hebei	19.9	19.2	18.7	5	36.5	89.0	84.4	13
山 西	Shanxi	9.9	11.8	11.7	18	22.5	35.5	33.3	22
内蒙古	Inner Mongolia	10.1	14.0	14.2	11	13.6	22.9	21.6	27
辽 宁	Liaoning	16.6	15.9	14.6	10	31.2	102.3	83.7	14
吉 林	Jilin	8.2	13.5	13.0	15	13.4	33.2	29.3	25
黑龙江	Heilongjiang	14.3	18.1	18.1	6	27.0	33.8	31.1	23
上 海	Shanghai	5.4	4.6	4.3	27	11.3	37.3	35.1	21
江 苏	Jiangsu	12.9	18.1	17.4	7	52.3	450.2	417.3	1
浙 江	Zhejiang	12.6	13.4	11.0	19	180.2	329.5	323.4	2
安 徽	Anhui	9.6	10.8	10.3	21	42.1	97.1	92.6	11
福 建	Fujian	9.2	9.1	9.0	22	62.4	154.8	162.9	5
江 西	Jiangxi	9.5	14.3	14.1	12	29.4	94.4	91.9	12
山 东	Shandong	20.4	23.7	23.5	4	80.3	177.5	163.7	4
河 南	Henan	21.1	25.5	25.3	3	93.7	189.6	178.8	3
湖 北	Hubei	11.9	16.6	16.3	9	72.5	144.2	138.5	8
湖 南	Hunan	12.2	16.5	17.3	8	75.6	107.9	106.3	9
广 东	Guangdong	18.8	30.8	30.7	1	64.4	149.4	141.6	7
广 西	Guangxi	9.0	14.1	13.9	13	30.5	61.0	65.2	16
海 南	Hainan	2.0	2.3	2.4	29	6.8	7.3	6.9	29
重 庆	Chongqing	6.6	7.0	6.7	25	48.0	103.8	101.5	10
四 川	Sichuan	15.3	26.7	26.1	2	99.9	155.6	153.9	6
贵 州	Guizhou	7.0	13.0	12.8	16	23.3	42.8	42.8	20
云 南	Yunnan	8.5	10.3	10.6	20	37.6	67.6	68.0	15
西 藏	Tibet	0.8	1.0	1.1	31	0.8	1.9	2.0	31
陕 西	Shaanxi	11.0	12.7	13.7	14	25.2	71.0	64.4	17
甘 肃	Gansu	6.8	12.9	12.1	17	15.4	45.7	43.8	19
青 海	Qinghai	1.2	1.9	2.0	30	4.1	7.6	7.0	28
宁 夏	Ningxia	3.7	3.7	3.5	28	3.0	6.0	5.3	30
新 疆	Xinjiang	6.1	9.5	8.9	23	15.0	25.4	24.7	26

2-8 城镇单位交通运输业和批发零售业就业人员

Number of Employed Persons of Transport, and Wholesale and Retail Trades in Urban Units

单位：万人

(10 000 persons)

地区	Region	交通运输、仓储和邮政业 Transport, Storage and Post				批发和零售业 Wholesale and Retail Trades			
		2010	2014	2015	2015排名 Ranking	2010	2014	2015	2015排名 Ranking
全　国	**National Total**	**631.1**	**861.4**	**854.4**		**535.1**	**888.6**	**883.3**	
北　京	Beijing	51.0	60.2	60.0	2	55.4	72.3	77.1	3
天　津	Tianjin	12.5	14.3	15.0	25	12.4	17.3	17.8	20
河　北	Hebei	25.1	29.0	29.2	11	22.5	28.2	27.1	11
山　西	Shanxi	20.4	24.6	24.1	17	17.6	19.0	17.5	21
内蒙古	Inner Mongolia	16.3	21.3	20.6	20	6.7	10.5	9.6	25
辽　宁	Liaoning	30.2	37.6	36.1	8	16.9	26.7	25.8	13
吉　林	Jilin	14.5	16.4	16.6	24	8.9	12.5	11.4	24
黑龙江	Heilongjiang	25.2	27.7	27.5	13	17.7	18.7	18.2	18
上　海	Shanghai	36.3	51.4	51.5	3	26.4	78.0	78.2	2
江　苏	Jiangsu	31.2	49.8	49.2	4	29.0	59.4	58.6	5
浙　江	Zhejiang	25.2	32.7	32.0	10	31.0	41.7	42.1	7
安　徽	Anhui	15.1	21.7	22.3	18	14.0	23.4	23.6	15
福　建	Fujian	16.7	24.0	24.5	15	13.9	27.0	28.4	10
江　西	Jiangxi	15.3	20.8	21.2	19	7.9	17.6	18.1	19
山　东	Shandong	34.7	49.7	48.4	5	38.2	62.8	59.9	4
河　南	Henan	29.1	44.5	45.3	6	38.2	53.3	54.9	6
湖　北	Hubei	25.4	34.4	34.4	9	21.5	40.3	39.4	8
湖　南	Hunan	21.0	25.2	24.4	16	16.3	20.7	21.3	17
广　东	Guangdong	56.1	85.4	82.8	1	42.6	95.8	96.8	1
广　西	Guangxi	18.0	20.9	20.0	21	11.9	13.3	13.4	22
海　南	Hainan	4.3	5.4	6.5	28	3.5	5.9	5.6	28
重　庆	Chongqing	14.3	27.3	27.1	14	11.1	22.8	22.1	16
四　川	Sichuan	23.1	41.3	40.7	7	17.1	32.3	30.9	9
贵　州	Guizhou	9.5	11.1	11.6	27	10.3	13.9	12.4	23
云　南	Yunnan	13.4	17.1	17.1	22	15.6	26.0	25.0	14
西　藏	Tibet	0.7	0.9	0.9	31	0.6	1.0	1.2	31
陕　西	Shaanxi	19.1	28.7	28.0	12	12.4	26.4	25.8	12
甘　肃	Gansu	10.1	12.4	12.6	26	5.7	8.2	8.2	27
青　海	Qinghai	3.3	4.1	4.3	29	1.7	2.3	2.3	30
宁　夏	Ningxia	2.9	3.9	3.8	30	1.5	2.7	2.5	29
新　疆	Xinjiang	11.1	17.4	16.7	23	6.4	8.3	8.2	26

2-9 城镇单位信息传输、软件、信息技术服务业和住宿餐饮业就业人员

Number of Employed Persons of Information Transmission, Software and Information Technology, Hotels and Catering Services in Urban Units

单位：万人 (10 000 persons)

地区	Region	信息传输、软件信息技术服务业 Information Transmission, Software and Information Technology				住宿餐饮业 Hotels and Catering Services			
		2010	2014	2015	2015排名 Ranking	2010	2014	2015	2015排名 Ranking
全　国	**National Total**	**185.8**	**336.3**	**349.9**		**209.2**	**289.3**	**276.1**	
北　京	Beijing	41.7	61.1	68.0	1	28.0	30.3	29.8	2
天　津	Tianjin	2.2	3.8	4.4	23	4.8	6.0	5.2	19
河　北	Hebei	6.3	8.6	8.8	13	4.5	6.3	5.8	18
山　西	Shanxi	4.1	5.5	5.5	19	4.2	5.0	4.2	22
内蒙古	Inner Mongolia	3.9	5.0	5.0	20	2.4	4.3	4.1	24
辽　宁	Liaoning	7.0	13.0	13.3	8	6.4	7.4	6.8	14
吉　林	Jilin	5.2	6.6	6.6	18	3.0	3.0	3.0	26
黑龙江	Heilongjiang	5.6	7.6	7.4	15	3.7	4.5	4.2	23
上　海	Shanghai	6.7	24.8	25.4	4	11.7	24.4	24.0	3
江　苏	Jiangsu	8.7	29.0	28.3	3	10.6	19.8	17.3	4
浙　江	Zhejiang	11.2	16.4	17.1	7	15.6	13.8	13.5	6
安　徽	Anhui	3.8	7.4	7.7	14	3.7	6.0	6.0	17
福　建	Fujian	4.6	7.1	9.0	12	7.6	9.9	9.8	11
江　西	Jiangxi	3.3	7.2	6.7	17	1.6	4.1	4.4	21
山　东	Shandong	6.6	17.0	17.4	6	11.0	15.6	14.0	5
河　南	Henan	4.9	9.7	10.4	10	9.9	11.2	11.3	7
湖　北	Hubei	4.5	10.5	11.5	9	7.7	10.6	9.9	10
湖　南	Hunan	5.7	7.6	7.2	16	9.0	8.5	8.3	13
广　东	Guangdong	17.6	34.6	35.3	2	25.2	37.1	37.1	1
广　西	Guangxi	3.6	4.5	4.4	24	4.3	5.0	4.8	20
海　南	Hainan	0.7	1.6	1.5	28	4.4	6.5	6.0	16
重　庆	Chongqing	2.9	4.7	4.7	22	4.3	6.8	6.3	15
四　川	Sichuan	6.3	16.3	18.3	5	5.5	11.5	10.6	9
贵　州	Guizhou	2.7	3.3	3.3	25	2.6	3.9	2.9	27
云　南	Yunnan	3.5	5.2	4.9	21	5.8	8.7	8.4	12
西　藏	Tibet	0.4	0.5	0.5	31	0.3	0.5	0.5	31
陕　西	Shaanxi	7.1	10.4	10.2	11	6.3	11.8	11.1	8
甘　肃	Gansu	1.8	2.8	2.7	27	1.9	3.4	3.3	25
青　海	Qinghai	0.8	0.9	0.8	29	0.5	0.6	0.6	30
宁　夏	Ningxia	0.6	0.8	0.8	30	0.4	0.7	0.7	29
新　疆	Xinjiang	1.8	2.8	2.9	26	2.3	2.4	2.4	28

2-10 城镇单位金融业和房地产业就业人员
Number of Employed Persons of Financial Intermediation and Real Estate in Urban Units

单位：万人 (10 000 persons)

地区	Region	金融业 Financial Intermediation				房地产业 Real Estate			
		2010	2014	2015	2015排名 Ranking	2010	2014	2015	2015排名 Ranking
全　国	**National Total**	**470.1**	**566.3**	**606.8**		**211.6**	**402.2**	**417.3**	
北　京	Beijing	27.2	43.2	47.2	1	31.5	41.0	42.2	2
天　津	Tianjin	7.0	8.9	12.1	21	3.6	6.7	7.3	21
河　北	Hebei	24.2	27.7	29.9	7	4.2	10.5	11.0	15
山　西	Shanxi	13.8	15.6	16.8	17	2.6	3.6	3.6	28
内蒙古	Inner Mongolia	10.1	11.3	11.6	23	1.5	5.0	5.4	25
辽　宁	Liaoning	20.7	24.4	26.0	8	8.8	14.5	13.3	10
吉　林	Jilin	10.2	11.5	11.8	22	3.6	6.3	6.0	23
黑龙江	Heilongjiang	14.2	16.9	18.7	14	4.9	6.0	6.0	24
上　海	Shanghai	23.6	33.0	33.7	6	11.2	25.6	26.2	3
江　苏	Jiangsu	26.9	33.3	35.1	5	7.3	22.1	22.6	5
浙　江	Zhejiang	29.4	38.0	42.3	3	13.6	19.7	20.1	7
安　徽	Anhui	14.7	17.7	19.1	13	4.9	10.4	10.4	17
福　建	Fujian	12.9	16.5	17.9	16	9.0	14.3	15.3	9
江　西	Jiangxi	10.5	12.2	12.6	20	2.1	5.7	6.4	22
山　东	Shandong	33.2	38.8	41.6	4	11.4	25.6	26.1	4
河　南	Henan	22.6	24.0	24.4	10	9.0	18.4	21.2	6
湖　北	Hubei	16.1	18.0	19.5	12	6.6	12.4	13.1	11
湖　南	Hunan	18.6	22.4	24.0	11	9.7	12.0	12.4	13
广　东	Guangdong	41.2	43.2	46.1	2	29.0	55.8	59.1	1
广　西	Guangxi	9.8	11.8	13.3	19	4.3	8.0	7.9	19
海　南	Hainan	2.1	3.4	4.1	28	3.2	7.4	7.7	20
重　庆	Chongqing	10.7	13.2	13.3	18	5.6	12.4	12.5	12
四　川	Sichuan	21.3	24.2	25.9	9	5.4	17.7	18.6	8
贵　州	Guizhou	6.4	8.4	8.6	26	3.9	7.9	8.7	18
云　南	Yunnan	9.0	10.1	9.9	24	4.1	11.1	10.9	16
西　藏	Tibet	0.8	0.9	0.9	31		0.1	0.2	31
陕　西	Shaanxi	14.1	16.1	18.0	15	5.1	10.7	11.1	14
甘　肃	Gansu	6.8	7.2	7.5	27	1.7	4.5	4.5	27
青　海	Qinghai	2.0	2.2	2.3	30	0.6	0.8	0.9	30
宁　夏	Ningxia	2.7	3.4	3.8	29	0.8	1.5	1.7	29
新　疆	Xinjiang	7.1	8.9	9.0	25	2.3	4.5	5.1	26

2-11 城镇单位租赁、商务服务业和科学研究、技术服务业就业人员

Number of Employed Persons of Leasing and Business Services and Scientific Research and Technical Services in Urban Units

单位：万人 (10 000 persons)

地区	Region	租赁和商务服务业 Leasing and Business Services 2010	2014	2015	2015排名 Ranking	科学研究和技术服务业 Scientific Research and Technical Services 2010	2014	2015	2015排名 Ranking
全 国	**National Total**	**310.1**	**449.4**	**474.0**		**292.3**	**408.0**	**410.6**	
北 京	Beijing	77.8	70.8	80.1	1	45.7	59.8	59.3	1
天 津	Tianjin	6.9	6.7	8.2	20	6.5	10.7	11.3	14
河 北	Hebei	4.9	13.8	13.4	9	8.9	14.5	14.8	12
山 西	Shanxi	6.4	8.0	8.9	18	6.0	7.3	7.5	23
内蒙古	Inner Mongolia	2.8	4.5	4.6	25	4.3	6.2	6.3	26
辽 宁	Liaoning	12.2	12.8	11.8	12	12.0	16.9	15.9	11
吉 林	Jilin	4.5	5.8	5.0	24	6.7	7.9	7.5	22
黑龙江	Heilongjiang	5.9	6.2	6.3	21	12.0	11.5	11.2	15
上 海	Shanghai	18.6	48.9	52.0	3	23.2	22.5	22.5	3
江 苏	Jiangsu	12.0	31.2	31.3	4	10.9	21.5	21.8	4
浙 江	Zhejiang	26.0	28.4	27.9	5	14.0	16.1	16.1	10
安 徽	Anhui	4.6	6.0	6.3	22	6.7	9.6	9.2	18
福 建	Fujian	12.3	11.7	12.6	10	5.4	8.5	8.6	19
江 西	Jiangxi	2.9	4.7	5.2	23	5.1	5.5	5.7	27
山 东	Shandong	11.9	21.6	21.5	6	11.0	18.4	18.0	7
河 南	Henan	11.3	15.1	16.1	7	11.5	16.4	17.2	8
湖 北	Hubei	5.1	9.4	9.0	17	10.8	15.2	16.3	9
湖 南	Hunan	8.4	9.1	9.8	15	8.3	12.9	11.5	13
广 东	Guangdong	30.1	60.6	64.7	2	18.1	31.9	34.7	2
广 西	Guangxi	8.9	11.1	11.2	13	7.0	9.8	9.5	17
海 南	Hainan	2.2	2.5	2.1	28	1.7	2.2	2.2	29
重 庆	Chongqing	5.3	12.1	12.2	11	5.5	7.7	8.0	20
四 川	Sichuan	5.9	12.7	14.2	8	13.6	21.1	21.0	5
贵 州	Guizhou	3.3	4.5	4.6	26	4.3	7.7	7.7	21
云 南	Yunnan	7.2	9.3	9.6	16	6.2	10.1	10.0	16
西 藏	Tibet	0.1	0.5	0.3	31	0.7	1.1	1.2	31
陕 西	Shaanxi	3.5	8.5	10.9	14	12.8	17.8	18.3	6
甘 肃	Gansu	1.9	3.1	3.0	27	5.2	7.0	7.0	24
青 海	Qinghai	0.8	0.8	0.8	30	2.3	2.3	2.2	28
宁 夏	Ningxia	1.4	1.9	2.0	29	1.2	1.4	1.5	30
新 疆	Xinjiang	4.8	7.4	8.5	19	4.8	6.6	6.4	25

2-12 城镇单位水利、环境、公共设施管理业和居民服务、修理、其他服务业就业人员

Number of Employed Persons of Management of Water Conservancy, Environment and Public Facilities and Services to Households, Repair and Other Services in Urban Units

单位：万人 (10 000 persons)

地区	Region	水利、环境和公共设施管理业 Management of Water Conservancy, Environment and Public Facilities				居民服务、修理和其他服务业 Services to Households, Repair and Other Services			
		2010	2014	2015	2015排名 Ranking	2010	2014	2015	2015排名 Ranking
全　国	**National Total**	**218.9**	**269.1**	**273.3**		**60.2**	**75.4**	**75.2**	
北　京	Beijing	8.8	9.9	10.2	11	7.4	8.8	9.0	2
天　津	Tianjin	3.5	4.1	4.1	27	6.9	11.0	11.0	1
河　北	Hebei	10.1	11.4	11.8	7	2.0	1.5	1.7	14
山　西	Shanxi	6.4	9.4	9.6	13	0.7	1.4	0.6	26
内蒙古	Inner Mongolia	7.3	8.3	8.1	19	2.0	0.9	0.9	22
辽　宁	Liaoning	12.8	16.1	15.9	3	2.9	2.8	2.6	9
吉　林	Jilin	8.1	8.2	8.3	17	1.1	1.7	2.2	11
黑龙江	Heilongjiang	9.7	10.2	10.9	10	6.5	4.3	4.3	5
上　海	Shanghai	5.9	8.6	8.3	16	3.3	6.6	6.5	4
江　苏	Jiangsu	12.3	15.0	15.5	4	1.0	3.8	3.3	6
浙　江	Zhejiang	10.9	11.7	11.6	8	1.6	2.6	2.5	10
安　徽	Anhui	6.4	8.2	8.2	18	0.5	0.9	0.9	23
福　建	Fujian	4.4	5.8	5.5	25	1.4	1.5	1.8	13
江　西	Jiangxi	5.6	7.1	7.7	20	0.5	0.8	1.0	21
山　东	Shandong	11.6	16.8	18.3	1	3.5	3.1	3.1	7
河　南	Henan	12.2	13.2	13.5	5	1.9	2.4	2.7	8
湖　北	Hubei	8.9	10.4	11.4	9	1.2	1.6	1.6	17
湖　南	Hunan	8.7	9.5	8.4	15	1.5	1.8	1.7	16
广　东	Guangdong	14.0	17.3	17.4	2	6.4	7.5	7.4	3
广　西	Guangxi	7.4	9.6	9.3	14	0.8	0.8	0.8	24
海　南	Hainan	2.2	2.8	2.9	28	0.3	0.4	0.5	27
重　庆	Chongqing	3.7	5.5	6.4	22	0.9	1.5	1.5	18
四　川	Sichuan	9.8	13.2	12.8	6	1.0	1.8	1.9	12
贵　州	Guizhou	3.3	5.0	5.0	26	1.0	1.3	1.2	20
云　南	Yunnan	5.3	7.6	7.5	21	0.8	1.4	1.4	19
西　藏	Tibet	0.2	0.2	0.2	31		0.2	0.2	29
陕　西	Shaanxi	7.9	9.8	9.6	12	1.7	1.7	1.7	15
甘　肃	Gansu	3.4	5.9	5.9	23	0.2	0.3	0.3	28
青　海	Qinghai	1.1	1.0	1.0	30	0.3	0.1	0.1	30
宁　夏	Ningxia	1.8	2.1	2.3	29		0.1	0.1	31
新　疆	Xinjiang	5.1	5.6	5.9	24	0.6	0.7	0.7	25

2-13 城镇单位教育和卫生、社会工作就业人员
Number of Employed Persons of Education, Health and Social Service in Urban Units

单位：万人 (10 000 persons)

地区	Region	教育 Education				卫生和社会工作 Health and Social Service			
		2010	2014	2015	2015排名 Ranking	2010	2014	2015	2015排名 Ranking
全　国	**National Total**	**1581.8**	**1727.3**	**1736.5**		**632.5**	**810.4**	**841.6**	
北　京	Beijing	40.6	45.8	47.3	19	20.7	25.4	27.3	13
天　津	Tianjin	16.4	17.4	18.0	27	9.0	9.3	9.7	27
河　北	Hebei	86.3	89.9	89.1	6	27.8	35.4	36.5	9
山　西	Shanxi	48.6	52.7	51.7	17	16.1	19.5	20.0	19
内蒙古	Inner Mongolia	34.7	35.4	35.1	25	12.3	14.8	15.3	25
辽　宁	Liaoning	52.3	59.9	58.0	13	25.6	34.5	33.7	10
吉　林	Jilin	36.7	36.6	36.1	24	15.3	17.9	18.1	23
黑龙江	Heilongjiang	46.1	45.4	44.3	20	19.7	22.6	22.4	17
上　海	Shanghai	26.1	29.4	29.1	26	16.7	19.0	18.9	22
江　苏	Jiangsu	85.5	94.6	96.0	4	36.3	46.7	47.9	4
浙　江	Zhejiang	61.1	70.1	70.9	8	32.4	41.6	43.7	6
安　徽	Anhui	60.5	64.7	64.4	10	22.0	28.2	29.1	12
福　建	Fujian	44.7	50.1	50.3	18	15.7	21.0	21.6	18
江　西	Jiangxi	47.6	50.9	55.8	15	16.8	21.5	24.5	16
山　东	Shandong	109.1	120.3	117.2	3	43.5	58.7	60.7	2
河　南	Henan	114.1	119.0	125.0	2	40.8	50.0	55.2	3
湖　北	Hubei	65.7	69.4	73.9	7	30.1	38.6	41.8	7
湖　南	Hunan	70.2	73.7	67.2	9	31.1	38.1	37.5	8
广　东	Guangdong	112.3	124.5	125.5	1	50.3	59.7	61.3	1
广　西	Guangxi	58.1	61.9	62.0	11	22.9	29.9	30.7	11
海　南	Hainan	11.8	12.9	13.0	28	4.1	5.7	5.9	28
重　庆	Chongqing	35.0	40.7	41.2	21	11.6	17.8	19.0	21
四　川	Sichuan	82.0	94.6	94.8	5	33.0	45.1	46.8	5
贵　州	Guizhou	41.9	51.1	53.7	16	11.9	18.1	19.9	20
云　南	Yunnan	51.8	59.9	60.0	12	15.8	24.6	25.7	15
西　藏	Tibet	4.0	4.7	4.8	31	1.5	1.8	1.8	31
陕　西	Shaanxi	55.1	59.6	57.9	14	19.2	25.5	26.2	14
甘　肃	Gansu	34.2	38.1	38.9	22	10.0	13.7	14.3	26
青　海	Qinghai	7.5	7.4	7.6	30	3.2	3.8	3.8	30
宁　夏	Ningxia	7.9	8.9	9.3	29	3.3	4.3	4.5	29
新　疆	Xinjiang	33.9	37.9	38.4	23	13.8	17.5	18.0	24

2-14 城镇单位文化、体育、娱乐业和公共管理、社会保障、社会组织就业人员

Number of Employed Persons of Culture, Sports and Entertainment and Public Management, Social Security and Social Organization in Urban Units

单位：万人 (10 000 persons)

地区	Region	文化、体育和娱乐业 Culture, Sports and Entertainment				公共管理、社会保障和社会组织 Public Management, Social Security and Social Organization			
		2010	2014	2015	2015排名 Ranking	2010	2014	2015	2015排名 Ranking
全　国	**National Total**	**131.4**	**145.5**	**149.1**		**1428.5**	**1599.3**	**1637.8**	
北　京	Beijing	15.3	17.4	18.3	1	41.1	46.7	46.7	19
天　津	Tianjin	1.8	2.1	2.2	26	13.7	15.4	16.5	27
河　北	Hebei	5.0	5.3	5.5	10	77.2	86.4	86.3	5
山　西	Shanxi	4.6	4.9	4.6	14	55.9	58.5	58.0	10
内蒙古	Inner Mongolia	3.3	3.5	3.5	20	35.3	43.0	44.2	21
辽　宁	Liaoning	5.1	5.3	5.1	12	49.5	53.8	54.1	12
吉　林	Jilin	3.7	3.5	3.6	18	31.4	35.6	35.5	24
黑龙江	Heilongjiang	3.9	4.1	4.0	16	41.6	44.8	44.4	20
上　海	Shanghai	4.7	5.7	5.6	9	18.7	20.5	20.3	26
江　苏	Jiangsu	5.7	7.8	7.8	4	63.1	69.8	71.0	7
浙　江	Zhejiang	6.2	7.2	7.4	5	57.5	67.7	70.1	8
安　徽	Anhui	3.4	3.4	3.2	22	46.7	47.8	48.3	17
福　建	Fujian	3.7	4.0	4.3	15	30.4	37.0	39.2	23
江　西	Jiangxi	3.2	3.0	3.8	17	43.5	49.0	51.1	15
山　东	Shandong	6.7	7.1	7.0	6	105.0	111.0	112.8	1
河　南	Henan	7.0	7.5	7.8	3	105.7	110.6	109.7	2
湖　北	Hubei	5.1	5.7	6.3	7	55.0	59.3	63.9	9
湖　南	Hunan	4.6	5.3	5.5	11	78.0	81.3	81.8	6
广　东	Guangdong	9.4	11.5	11.6	2	94.2	104.3	106.5	3
广　西	Guangxi	3.2	3.4	3.4	21	39.4	46.4	48.2	18
海　南	Hainan	1.2	1.2	1.2	28	9.7	13.2	13.6	29
重　庆	Chongqing	2.6	2.6	2.9	24	24.6	29.2	31.6	25
四　川	Sichuan	4.4	6.3	6.1	8	77.4	86.3	90.8	4
贵　州	Guizhou	1.8	2.0	2.1	27	40.3	47.7	51.1	16
云　南	Yunnan	3.6	3.4	3.5	19	46.1	51.1	52.8	14
西　藏	Tibet	0.6	0.7	0.7	31	8.8	13.7	14.2	28
陕　西	Shaanxi	4.6	4.5	5.0	13	49.4	56.9	57.9	11
甘　肃	Gansu	2.8	2.5	2.5	25	36.8	41.9	42.8	22
青　海	Qinghai	0.7	0.9	0.9	30	8.9	9.8	10.2	31
宁　夏	Ningxia	0.8	0.9	1.1	29	8.3	10.1	10.3	30
新　疆	Xinjiang	2.7	3.0	3.0	23	35.3	50.6	53.9	13

2-15 城镇单位就业人员年平均工资
Average Wage of Employed Persons in Urban Units

单位：元 (yuan)

地区	Region	城镇单位就业人员年平均工资 Employed Persons				城镇国有单位年平均工资 State-owned Units			
		2010	2014	2015	2015排名 Ranking	2010	2014	2015	2015排名 Ranking
全　国	**National Total**	**36539**	**56360**	**62029**		**38359**	**57296**	**65296**	
北　京	Beijing	65158	102268	111390	1	67403	102538	115098	1
天　津	Tianjin	51489	72773	80090	4	56635	84254	93641	5
河　北	Hebei	31451	45114	50921	29	31977	43351	52686	29
山　西	Shanxi	33057	48969	51803	26	32664	45843	53631	28
内蒙古	Inner Mongolia	35211	53748	57135	17	37255	56304	61290	16
辽　宁	Liaoning	34437	48190	52332	25	35522	47768	53659	27
吉　林	Jilin	29003	46516	51558	27	30082	49267	56032	24
黑龙江	Heilongjiang	27735	44036	48881	30	28373	42794	49307	31
上　海	Shanghai	66115	100251	109174	2	71885	102277	105542	2
江　苏	Jiangsu	39772	60867	66196	6	49553	72260	79656	6
浙　江	Zhejiang	40640	61572	66668	5	62367	87609	96633	4
安　徽	Anhui	33341	50894	55139	18	33793	51974	60433	18
福　建	Fujian	32340	53426	57628	14	40090	62970	70424	9
江　西	Jiangxi	28363	46218	50932	28	30031	49519	56292	23
山　东	Shandong	33321	51825	57270	16	38490	58485	69050	10
河　南	Henan	29819	42179	45403	31	31470	46604	49978	30
湖　北	Hubei	31811	49838	54367	20	35044	53299	58631	20
湖　南	Hunan	29670	47117	52357	24	31900	48344	55745	26
广　东	Guangdong	40432	59481	65788	7	49027	68803	76870	7
广　西	Guangxi	30673	45424	52982	21	32587	46065	57247	22
海　南	Hainan	30775	49882	57600	15	31582	53622	63185	15
重　庆	Chongqing	34727	55588	60543	9	37195	64046	72587	8
四　川	Sichuan	32567	52555	58915	13	36729	57018	66551	11
贵　州	Guizhou	30433	52772	59701	12	31469	54083	64552	13
云　南	Yunnan	29195	46101	52564	23	33140	52224	61151	17
西　藏	Tibet	49898	61235	97849	3	51420	61886	104897	3
陕　西	Shaanxi	33384	50535	54994	19	34528	50355	55815	25
甘　肃	Gansu	29096	46960	52942	22	29889	49614	57888	21
青　海	Qinghai	36121	57084	61090	8	41417	60815	66382	12
宁　夏	Ningxia	37166	54858	60380	10	35330	53923	63679	14
新　疆	Xinjiang	32003	53471	60117	11	31006	49846	58829	19

2-16 城镇单位就业人员年平均工资指数
Indices of Average Wage of Employed Persons in Urban Units

（上年=100） (preceding year=100)

地区	Region	平均货币工资指数 Indices of Average Wage				平均实际工资指数 Indices of Average Real Wage			
		2010	2014	2015	2015排名 Ranking	2010	2014	2015	2015排名 Ranking
全　国	**National Total**	**113.3**	**109.5**	**110.1**		**109.8**	**107.2**	**108.5**	
北　京	Beijing	112.8	110.0	108.9	19	110.2	107.7	107.3	19
天　津	Tianjin	117.2	107.4	110.1	17	113.2	105.2	108.4	17
河　北	Hebei	113.2	108.7	112.9	6	110.1	106.5	111.2	6
山　西	Shanxi	117.8	105.5	105.8	31	114.3	103.4	104.2	31
内蒙古	Inner Mongolia	115.5	106.0	106.3	30	112.2	103.8	104.7	30
辽　宁	Liaoning	112.8	105.9	108.6	24	109.7	103.7	107.0	24
吉　林	Jilin	111.8	108.6	110.8	12	108.1	106.3	109.2	12
黑龙江	Heilongjiang	111.8	107.9	111.0	11	108.0	105.7	109.4	11
上　海	Shanghai	113.3	110.3	108.9	21	109.9	108.0	107.3	21
江　苏	Jiangsu	112.9	106.5	108.8	23	109.0	104.3	107.1	23
浙　江	Zhejiang	111.2	108.8	108.3	26	107.0	106.6	106.7	26
安　徽	Anhui	116.1	106.5	108.3	25	112.7	104.3	106.7	25
福　建	Fujian	114.0	110.1	107.9	27	110.5	107.8	106.3	27
江　西	Jiangxi	117.4	108.8	110.2	15	114.1	106.6	108.6	15
山　东	Shandong	113.3	110.3	110.5	14	110.5	108.0	108.9	14
河　南	Henan	110.8	110.1	107.6	28	107.1	107.9	106.1	28
湖　北	Hubei	119.8	113.5	109.1	18	116.6	111.2	107.5	18
湖　南	Hunan	111.8	110.3	111.1	10	108.5	108.0	109.5	10
广　东	Guangdong	110.9	111.6	110.6	13	107.6	109.3	109.0	13
广　西	Guangxi	112.3	109.7	116.6	2	109.1	107.5	114.9	2
海　南	Hainan	124.1	110.9	115.5	3	118.8	108.6	113.8	3
重　庆	Chongqing	113.9	111.2	108.9	20	110.3	108.9	107.3	20
四　川	Sichuan	115.7	109.6	112.1	9	112.0	107.3	110.4	9
贵　州	Guizhou	110.9	111.4	113.1	5	107.6	109.1	111.5	5
云　南	Yunnan	111.6	108.6	114.0	4	107.5	106.4	112.3	4
西　藏	Tibet	110.0	106.0	159.8	1	107.6	103.8	157.4	1
陕　西	Shaanxi	112.9	106.5	108.8	22	108.9	104.3	107.2	22
甘　肃	Gansu	108.8	109.6	112.7	7	104.3	107.4	111.1	7
青　海	Qinghai	111.2	111.1	107.0	29	105.8	108.8	105.4	29
宁　夏	Ningxia	112.9	108.7	110.1	16	108.8	106.4	108.4	16
新　疆	Xinjiang	115.9	109.0	112.4	8	111.8	106.7	110.8	8

2-17 城镇单位农林牧渔业和采矿业就业人员年平均工资

Average Wage of Employed Persons of Agriculture, Forestry, Animal Husbandry and Fishery and Mining in Urban Units

单位：元 (yuan)

地区	Region	农林牧渔业 Agriculture, Forestry, Animal Husbandry and Fishery				采矿业 Mining			
		2010	2014	2015	2015排名 Ranking	2010	2014	2015	2015排名 Ranking
全　国	**National Total**	**16717**	**28356**	**31947**		**44196**	**61677**	**59404**	
北　京	Beijing	29889	49478	50797	5	68514	90402	88360	3
天　津	Tianjin	40221	62672	68883	1	59897	98238	105647	2
河　北	Hebei	12423	15559	19685	29	49514	59363	54725	19
山　西	Shanxi	20570	34230	41729	9	52252	65904	58198	17
内蒙古	Inner Mongolia	18292	32463	35597	15	42248	68787	69067	9
辽　宁	Liaoning	10040	12976	14360	31	41238	58246	56332	18
吉　林	Jilin	15220	25610	29744	24	33584	53814	51885	22
黑龙江	Heilongjiang	12916	25816	28592	27	39793	56472	54707	20
上　海	Shanghai	39575	57514	62828	2	62356	114879	122414	1
江　苏	Jiangsu	20736	32347	33957	17	41573	60621	60418	15
浙　江	Zhejiang	34088	50469	53661	3	28330	49626	49149	25
安　徽	Anhui	16945	27185	31084	21	57314	69636	61900	12
福　建	Fujian	18041	28340	32510	18	29328	43793	44100	28
江　西	Jiangxi	16265	26877	32076	19	27978	42984	41120	31
山　东	Shandong	24143	40558	51003	4	46560	63722	61718	13
河　南	Henan	17433	28849	34941	16	46887	51239	48777	26
湖　北	Hubei	19541	26962	29313	26	31989	48910	49231	24
湖　南	Hunan	15435	23507	29354	25	24867	40044	42553	30
广　东	Guangdong	15270	28823	31380	20	47254	78585	86026	5
广　西	Guangxi	17023	26186	30875	22	28708	44610	46260	27
海　南	Hainan	18042	27085	28438	28	30151	51548	59916	16
重　庆	Chongqing	20544	38064	41146	10	31491	48429	52541	21
四　川	Sichuan	19980	39358	47729	6	37984	59959	61715	14
贵　州	Guizhou	18175	38853	47704	7	32779	50309	49503	23
云　南	Yunnan	15922	25457	29794	23	27175	42322	43101	29
西　藏	Tibet	20238	13948	14415	30	26315	66061	75626	8
陕　西	Shaanxi	23934	38418	43678	8	42417	69920	68245	10
甘　肃	Gansu	19735	31950	37179	14	43258	64881	63590	11
青　海	Qinghai	26020	35634	40978	11	40320	80349	79332	7
宁　夏	Ningxia	20940	35391	38815	12	71685	83893	79347	6
新　疆	Xinjiang	20022	33872	38070	13	47805	85241	86253	4

2-18 城镇单位制造业和电力、热力、燃气、水业就业人员年平均工资
Average Wage of Employed Persons of Manufacturing and Production and Supply of Electricity, Heat, Gas and Water in Urban Units

单位：元 (yuan)

地区	Region	制造业 Manufacturing				电力、热力、燃气及水生产和供应业 Production and Supply of Electricity, Heat, Gas and Water			
		2010	2014	2015	2015排名 Ranking	2010	2014	2015	2015排名 Ranking
全　国	**National Total**	**30916**	**51369**	**55324**		**47309**	**73339**	**78886**	
北　京	Beijing	48298	80418	88934	1	85178	112136	129350	2
天　津	Tianjin	42482	64864	71931	3	82607	107275	116003	3
河　北	Hebei	27894	43950	47678	25	45478	69985	75489	12
山　西	Shanxi	25350	39868	41093	31	43023	68142	72867	17
内蒙古	Inner Mongolia	30024	48582	50655	21	48860	69403	73717	14
辽　宁	Liaoning	32126	49585	51623	14	42658	59557	65747	25
吉　林	Jilin	31153	52057	54452	10	33044	59153	66192	24
黑龙江	Heilongjiang	26764	43254	45422	29	36613	58085	62714	29
上　海	Shanghai	52163	79795	86536	2	93049	143613	153467	1
江　苏	Jiangsu	32209	58409	62731	4	66131	104454	113893	4
浙　江	Zhejiang	29671	51295	55370	9	77180	103547	107952	5
安　徽	Anhui	29238	48259	50945	19	40467	77120	81692	8
福　建	Fujian	26627	46892	50675	20	50529	77293	80987	9
江　西	Jiangxi	25579	42976	46020	27	37312	56550	62064	30
山　东	Shandong	27773	45519	48519	24	42025	63726	70580	19
河　南	Henan	25864	37944	41338	30	37196	61076	65713	26
湖　北	Hubei	30689	46966	49971	23	39067	72279	78034	11
湖　南	Hunan	28691	47709	51265	18	36134	55815	60432	31
广　东	Guangdong	31277	52308	57419	8	58158	94750	102758	6
广　西	Guangxi	26179	42245	46121	26	39264	62789	70548	20
海　南	Hainan	26772	46193	51501	16	40553	58756	69263	22
重　庆	Chongqing	31894	53207	57993	7	50326	70321	74068	13
四　川	Sichuan	28577	48770	52110	11	39844	74929	79732	10
贵　州	Guizhou	29381	47607	52027	12	47822	68675	72900	16
云　南	Yunnan	28550	43160	45903	28	44110	69160	73588	15
西　藏	Tibet	26984	48619	59045	5	41225	55707	64532	27
陕　西	Shaanxi	26015	46636	51557	15	39677	62907	67945	23
甘　肃	Gansu	28173	49442	50458	22	37624	58916	63245	28
青　海	Qinghai	28459	51124	51386	17	44721	66310	69805	21
宁　夏	Ningxia	29560	50028	51636	13	55543	87483	92107	7
新　疆	Xinjiang	31588	57397	58752	6	43855	69737	70708	18

2-19 城镇单位建筑业和批发零售业就业人员年平均工资

Average Wage of Employed Persons of Construction, Wholesale and Retail Trades in Urban Units

单位：元 (yuan)

地区	Region	建筑业 Construction 2010	2014	2015	2015排名 Ranking	批发和零售业 Wholesale and Retail Trades 2010	2014	2015	2015排名 Ranking
全 国	**National Total**	**27529**	**45804**	**48886**		**33635**	**55838**	**60328**	
北 京	Beijing	46421	77359	82251	1	64150	91976	94542	2
天 津	Tianjin	53686	59019	64141	3	44710	61764	66710	4
河 北	Hebei	23159	37027	39182	29	19780	35398	37909	31
山 西	Shanxi	25936	40504	42494	23	18890	37693	37986	30
内蒙古	Inner Mongolia	24946	41489	41132	26	24342	42902	45942	20
辽 宁	Liaoning	27535	40115	42319	24	28616	43444	45681	22
吉 林	Jilin	21165	37119	40803	27	22999	37522	40854	27
黑龙江	Heilongjiang	22904	37389	37948	31	25702	41602	44615	24
上 海	Shanghai	69051	73620	80941	2	61509	107673	117396	1
江 苏	Jiangsu	29679	51856	55598	5	31451	56749	63185	6
浙 江	Zhejiang	28595	46149	48279	13	39901	60533	64327	5
安 徽	Anhui	28046	47632	48895	10	26935	41863	45751	21
福 建	Fujian	30138	50028	50819	9	32850	51458	54866	10
江 西	Jiangxi	25293	42002	46146	17	24868	42827	45992	18
山 东	Shandong	25807	44675	47881	14	23845	41884	44386	25
河 南	Henan	24151	38425	41283	25	22403	36690	39990	28
湖 北	Hubei	27661	48331	51921	7	25081	41228	44691	23
湖 南	Hunan	23674	40177	43049	22	27604	44427	45981	19
广 东	Guangdong	29019	46946	51001	8	38378	56534	61351	7
广 西	Guangxi	27688	43772	45246	19	26093	42787	46031	17
海 南	Hainan	25237	40441	44149	21	23955	44798	48249	13
重 庆	Chongqing	27730	46037	48586	12	29667	48735	52454	11
四 川	Sichuan	24036	41132	45255	18	29046	46215	50188	12
贵 州	Guizhou	25437	45227	47832	15	27776	49886	57576	8
云 南	Yunnan	21002	36229	38557	30	26268	42507	46063	16
西 藏	Tibet	27908	49899	54650	6	39462	67336	73674	3
陕 西	Shaanxi	25357	43454	46184	16	23836	37709	40983	26
甘 肃	Gansu	20836	37176	40551	28	20563	35765	39109	29
青 海	Qinghai	26423	45305	48717	11	24898	41917	46356	15
宁 夏	Ningxia	25284	40284	44283	20	29497	45770	47364	14
新 疆	Xinjiang	28908	51299	56238	4	32343	53353	56573	9

2-20 城镇单位交通运输、仓储、邮政业和住宿餐饮业就业人员年平均工资

Average Wage of Employed Persons of Transport, Storage and Post and Hotels and Catering Services in Urban Units

单位：元 (yuan)

地区	Region	交通运输、仓储和邮政业 Transport, Storage and Post 2010	2014	2015	2015排名 Ranking	住宿和餐饮业 Hotels and Catering Services 2010	2014	2015	2015排名 Ranking
全　国	**National Total**	**40466**	**63416**	**68822**		**23382**	**37264**	**40806**	
北　京	Beijing	51342	78183	81695	3	31978	48870	51955	2
天　津	Tianjin	55912	84736	89389	2	22742	36138	39538	13
河　北	Hebei	33141	52425	57090	29	17314	28971	32836	25
山　西	Shanxi	37888	60187	64505	17	15064	24082	26710	31
内蒙古	Inner Mongolia	39991	62134	64232	18	21335	34050	36285	17
辽　宁	Liaoning	38451	59951	65044	16	21613	37156	37435	14
吉　林	Jilin	30422	54654	58488	28	17594	30091	32178	27
黑龙江	Heilongjiang	31501	56406	58601	27	20804	39387	42095	8
上　海	Shanghai	58405	88929	98996	1	32815	49418	52999	1
江　苏	Jiangsu	38584	61473	66981	10	24029	34786	42391	7
浙　江	Zhejiang	48359	70156	75002	6	24679	40210	42540	6
安　徽	Anhui	29408	50271	56659	30	18188	29652	33629	23
福　建	Fujian	39741	61115	65314	15	22268	36200	39599	12
江　西	Jiangxi	38628	58120	62546	21	18268	30722	33402	24
山　东	Shandong	39435	60303	66189	12	21810	37615	39723	11
河　南	Henan	31748	49426	52099	31	20201	31010	33854	22
湖　北	Hubei	34668	54620	60104	26	20601	33206	36190	18
湖　南	Hunan	32921	53816	60105	25	19963	32304	34414	21
广　东	Guangdong	49623	72211	79680	4	24781	38789	43745	5
广　西	Guangxi	33697	54638	61137	23	17211	28759	30597	30
海　南	Hainan	42036	63079	70737	9	18875	36371	40914	9
重　庆	Chongqing	33613	56039	60296	24	21389	35076	35994	20
四　川	Sichuan	36496	60631	65981	13	22262	33378	36807	16
贵　州	Guizhou	32106	58617	65506	14	18935	34416	37208	15
云　南	Yunnan	35897	59701	66450	11	16030	28741	31429	29
西　藏	Tibet	39032	53900	72789	8	22090	41975	49633	3
陕　西	Shaanxi	35846	57904	63194	19	18171	28929	31506	28
甘　肃	Gansu	30928	56236	61318	22	17588	29387	32698	26
青　海	Qinghai	43523	66580	74669	7	18574	35311	40313	10
宁　夏	Ningxia	36498	58079	63157	20	17799	34360	36158	19
新　疆	Xinjiang	45572	71957	78215	5	21954	41040	43885	4

2-21 城镇单位信息传输、软件、信息技术服务业和金融业就业人员年平均工资
Average Wage of Employed Persons of Information Transmission, Software and Information Technology Service and Financial Intermediation in Urban Units

单位：元 (yuan)

地区	Region	信息传输软件和信息技术服务业 Information Transmission, Software and Information Technology Service				金融业 Financial Intermediation			
		2010	2014	2015	2015排名 Ranking	2010	2014	2015	2015排名 Ranking
全　国	**National Total**	**64436**	**100845**	**112042**		**70146**	**108273**	**114777**	
北　京	Beijing	105560	148828	159486	2	164643	225482	248320	1
天　津	Tianjin	73276	116902	134331	3	89166	118263	112059	10
河　北	Hebei	38840	83469	93983	10	45176	73130	74795	28
山　西	Shanxi	33916	56094	60160	30	47037	74778	75620	26
内蒙古	Inner Mongolia	37530	61123	65420	25	45588	73866	76093	24
辽　宁	Liaoning	56013	78751	83665	13	53676	77949	83537	19
吉　林	Jilin	33772	56439	63448	27	43174	71894	75102	27
黑龙江	Heilongjiang	40416	59055	64070	26	42537	58112	65140	30
上　海	Shanghai	115524	170174	183365	1	155763	195718	208658	2
江　苏	Jiangsu	58902	102341	117249	6	71115	111934	119198	8
浙　江	Zhejiang	77125	114908	126266	4	98135	130337	130734	5
安　徽	Anhui	36316	62501	67922	24	46561	72215	77300	22
福　建	Fujian	59117	78734	84288	12	70532	107826	108537	11
江　西	Jiangxi	32566	56721	60353	29	38926	71160	76035	25
山　东	Shandong	50315	77282	81249	15	53148	89331	90869	15
河　南	Henan	35042	52779	60671	28	41871	69223	74441	29
湖　北	Hubei	39222	64563	72380	22	49830	76995	87293	17
湖　南	Hunan	39592	58884	68020	23	44428	84674	92826	13
广　东	Guangdong	68204	108465	126083	5	90519	127285	138069	4
广　西	Guangxi	42633	65285	76688	19	60153	86500	92062	14
海　南	Hainan	60215	79160	115013	7	62984	88362	93187	12
重　庆	Chongqing	62634	84189	92958	11	58751	115065	120355	7
四　川	Sichuan	42615	77268	82883	14	52854	84601	86084	18
贵　州	Guizhou	37097	75068	80955	16	61474	118477	123592	6
云　南	Yunnan	37346	62746	72496	21	60775	110235	118166	9
西　藏	Tibet	51682	80195	98675	9	98092	137736	171441	3
陕　西	Shaanxi	42498	91423	104928	8	48138	74340	76896	23
甘　肃	Gansu	24896	45628	54916	31	35311	52334	59923	31
青　海	Qinghai	41668	60662	72527	20	41641	77354	81359	20
宁　夏	Ningxia	42469	69067	77487	18	53674	82011	81019	21
新　疆	Xinjiang	43124	70757	78238	17	53127	79653	88212	16

2-22 城镇单位房地产业和租赁商务服务业就业人员年平均工资
Average Wage of Employed Persons of Real Estate, Leasing and Business Services in Urban Units

单位：元 (yuan)

地区	Region	房地产业 Real Estate 2010	2014	2015	2015排名 Ranking	租赁和商务服务业 Leasing and Business Services 2010	2014	2015	2015排名 Ranking
全 国	**National Total**	**35870**	**55568**	**60244**		**39566**	**67131**	**72489**	
北 京	Beijing	50814	79280	85247	1	63794	106540	109031	2
天 津	Tianjin	47385	75052	76842	3	28880	72255	75266	3
河 北	Hebei	27894	39631	42697	28	21159	38724	40070	30
山 西	Shanxi	17847	37991	40538	30	19819	34270	36611	31
内蒙古	Inner Mongolia	26475	40512	42023	29	31840	44270	45702	16
辽 宁	Liaoning	28147	46517	49813	15	24598	37387	41209	25
吉 林	Jilin	23153	39308	44444	26	23918	36692	40714	28
黑龙江	Heilongjiang	21881	40002	44447	25	28238	39918	44945	17
上 海	Shanghai	48306	72185	82274	2	60905	135268	145659	1
江 苏	Jiangsu	43305	61740	66686	6	29776	52353	54677	7
浙 江	Zhejiang	42290	61529	66336	7	32450	57268	63241	5
安 徽	Anhui	27250	50362	54252	10	28122	40853	47458	14
福 建	Fujian	36917	57980	62253	8	24511	49695	51927	10
江 西	Jiangxi	25857	45093	49714	16	21725	40161	41535	23
山 东	Shandong	29793	49742	52575	13	28987	51488	56970	6
河 南	Henan	28913	41847	45429	23	24560	38679	41060	26
湖 北	Hubei	30760	47049	51961	14	26647	43307	46244	15
湖 南	Hunan	27550	45314	48892	17	25086	37915	44013	21
广 东	Guangdong	37590	60404	66768	5	41195	62547	66376	4
广 西	Guangxi	27597	40344	45020	24	25994	36951	43732	22
海 南	Hainan	26157	50881	53552	12	20703	49476	49311	12
重 庆	Chongqing	32396	56872	59813	9	25440	39615	44070	20
四 川	Sichuan	29995	49713	53610	11	34221	49288	52818	9
贵 州	Guizhou	22997	44867	48331	18	22036	46156	48290	13
云 南	Yunnan	22236	43732	46064	22	23969	37356	41225	24
西 藏	Tibet	43451	55726	68608	4	27828	49308	53851	8
陕 西	Shaanxi	37842	43865	47517	19	28327	43471	49740	11
甘 肃	Gansu	22936	40045	44302	27	21608	39915	44895	18
青 海	Qinghai	21948	36842	38887	31	42784	36173	40891	27
宁 夏	Ningxia	28610	43761	46157	21	26137	39230	40239	29
新 疆	Xinjiang	23005	45377	47160	20	22517	44272	44595	19

2-23 城镇单位科学研究技术服务业和水利、环境、公共设施管理业就业人员年平均工资

Average Wage of Employed Persons of Scientific Research and Technical Services, and Management of Water Conservancy, Environment and Public Facilities in Urban Units

单位：元 (yuan)

地区	Region	科学研究和技术服务业 Scientific Research and Technical Services				水利、环境和公共设施管理业 Management of Water Conservancy, Environment and Public Facilities			
		2010	2014	2015	2015排名 Ranking	2010	2014	2015	2015排名 Ranking
全　国	**National Total**	**56376**	**82259**	**89410**		**25544**	**39198**	**43528**	
北　京	Beijing	88018	124123	132339	2	41376	64725	72666	3
天　津	Tianjin	80485	113548	123312	3	44067	70314	77459	1
河　北	Hebei	49179	63937	69744	15	21663	30674	36264	26
山　西	Shanxi	33847	51919	58390	29	16657	24342	28074	31
内蒙古	Inner Mongolia	40047	60716	62973	26	27729	39460	41682	15
辽　宁	Liaoning	48030	62443	66150	22	24753	29722	32406	29
吉　林	Jilin	38732	53062	59844	27	18375	27992	31578	30
黑龙江	Heilongjiang	39938	62073	66168	21	18663	28993	32980	28
上　海	Shanghai	83338	152258	158906	1	44376	63973	73137	2
江　苏	Jiangsu	60437	81571	91213	7	30940	49111	54062	6
浙　江	Zhejiang	56621	90368	98452	6	32462	50161	55026	5
安　徽	Anhui	36068	63084	69129	17	20949	35989	40802	17
福　建	Fujian	41592	64519	76956	10	26824	43231	46144	9
江　西	Jiangxi	30430	55957	66749	20	19757	41782	37900	22
山　东	Shandong	45803	63176	70959	14	25387	39488	42743	13
河　南	Henan	36436	53509	56866	30	24648	35771	37552	23
湖　北	Hubei	45518	68102	74574	12	21730	34503	39690	20
湖　南	Hunan	36381	49931	55910	31	22133	30265	35172	27
广　东	Guangdong	69434	96537	98929	5	31351	44666	48589	7
广　西	Guangxi	36182	52236	63754	25	20150	31189	36666	24
海　南	Hainan	30680	51248	59332	28	20652	36609	40876	16
重　庆	Chongqing	55381	83498	87023	8	21818	39051	42617	14
四　川	Sichuan	53854	80634	86498	9	20555	36887	40665	18
贵　州	Guizhou	29670	57290	64338	23	20737	31706	36336	25
云　南	Yunnan	34588	53229	64270	24	17788	32949	38911	21
西　藏	Tibet	63810	64000	99194	4	32464	34622	70750	4
陕　西	Shaanxi	48734	63478	67134	19	23514	36846	40081	19
甘　肃	Gansu	34730	58166	67352	18	23186	37544	45312	11
青　海	Qinghai	48822	61650	69678	16	25591	44601	48241	8
宁　夏	Ningxia	36666	63195	71581	13	25155	41362	44768	12
新　疆	Xinjiang	38593	65981	75478	11	25575	38981	46068	10

2-24 城镇单位居民服务、修理、其他服务业和教育就业人员年平均工资

Average Wage of Employed Persons of Services to Households, Repair and Other Services and Education in Urban Units

单位：元 (yuan)

地区	Region	居民服务、修理和其他服务业 Services to Households, Repair and Other Services				教育 Education			
		2010	2014	2015	2015排名 Ranking	2010	2014	2015	2015排名 Ranking
全 国	**National Total**	**28206**	**41882**	**44802**		**38968**	**56580**	**66592**	
北 京	Beijing	27625	45776	48613	4	65150	99337	111417	2
天 津	Tianjin	23529	34200	39631	20	66285	90983	97847	4
河 北	Hebei	34932	31614	33368	29	33588	44646	57273	25
山 西	Shanxi	20623	30467	36933	23	30620	45722	58974	23
内蒙古	Inner Mongolia	39550	38733	40348	18	43397	63758	71528	10
辽 宁	Liaoning	25101	34864	36726	25	41656	51281	61114	21
吉 林	Jilin	17511	32385	31535	30	31548	47658	58835	24
黑龙江	Heilongjiang	29803	52333	50275	3	34630	49503	62673	18
上 海	Shanghai	35226	59289	62576	1	69738	96165	100865	3
江 苏	Jiangsu	34349	49159	54116	2	49340	70130	78115	6
浙 江	Zhejiang	35127	46508	48471	5	63693	80038	90882	5
安 徽	Anhui	23258	38091	41690	16	32445	48487	59088	22
福 建	Fujian	33977	44215	46396	7	40550	59844	69226	14
江 西	Jiangxi	22375	42678	44908	8	29980	48543	55995	28
山 东	Shandong	32461	40300	42675	13	38621	58138	73073	7
河 南	Henan	23650	30482	33857	28	33090	46419	50152	31
湖 北	Hubei	26086	37433	39309	21	34230	50621	56114	27
湖 南	Hunan	23740	39471	42499	14	31825	46424	53411	30
广 东	Guangdong	29956	44896	47483	6	42928	63789	72368	9
广 西	Guangxi	21791	37218	43299	11	32182	41021	54505	29
海 南	Hainan	20526	27880	29606	31	40791	60421	72559	8
重 庆	Chongqing	26049	40900	42910	12	37497	61875	71512	11
四 川	Sichuan	24029	39203	44212	9	34408	52357	63311	17
贵 州	Guizhou	21966	34214	35528	27	30466	52713	64268	16
云 南	Yunnan	18340	32696	37319	22	32301	49291	62263	19
西 藏	Tibet	44509	42638	43823	10	52781	66038	115090	1
陕 西	Shaanxi	26147	32890	36733	24	39785	51856	57225	26
甘 肃	Gansu	21384	32779	41777	15	29725	51241	61396	20
青 海	Qinghai	32969	33526	36055	26	42447	63981	70728	12
宁 夏	Ningxia	23356	36742	39732	19	35785	53696	64819	15
新 疆	Xinjiang	18330	35928	40614	17	35016	53792	69813	13

2-25 城镇单位卫生、社会工作和文化、体育娱乐业就业人员年平均工资

Average Wage of Employed Persons of Health and Social Service, and Culture, Sports and Entertainment in Urban Units

单位：元 (yuan)

地区	Region	卫生和社会工作 Health and Social Service				文化、体育和娱乐业 Culture, Sports and Entertainment			
		2010	2014	2015	2015排名 Ranking	2010	2014	2015	2015排名 Ranking
全　国	**National Total**	**40232**	**63267**	**71624**		**41428**	**64375**	**72764**	
北　京	Beijing	70182	125273	139176	1	76415	121094	130134	1
天　津	Tianjin	60149	96200	105452	3	54182	77689	87264	4
河　北	Hebei	30645	43843	51967	30	26208	39789	45994	31
山　西	Shanxi	24049	39653	48349	31	24927	40133	47387	30
内蒙古	Inner Mongolia	38375	58738	62665	18	37805	54827	60979	14
辽　宁	Liaoning	36638	50054	56455	24	36478	46833	49918	28
吉　林	Jilin	28476	46127	53409	28	26684	40313	50810	27
黑龙江	Heilongjiang	32095	47659	55776	26	29827	43083	50931	26
上　海	Shanghai	73470	113142	117092	2	68533	96303	117099	2
江　苏	Jiangsu	46337	73779	81693	6	48360	71787	77468	7
浙　江	Zhejiang	62508	95067	104369	4	56313	78311	87177	5
安　徽	Anhui	31811	54468	63695	17	28435	44211	52272	25
福　建	Fujian	40844	72183	80314	9	35654	57796	61039	13
江　西	Jiangxi	31494	53384	61728	20	30555	44941	53649	23
山　东	Shandong	38044	60460	70385	12	41008	62056	71453	8
河　南	Henan	31177	49301	53308	29	28511	42426	47591	29
湖　北	Hubei	33751	55133	62475	19	32390	51861	58510	17
湖　南	Hunan	36476	60180	69475	13	32908	53924	62665	11
广　东	Guangdong	52308	74377	80838	8	47213	69745	80069	6
广　西	Guangxi	33100	53785	64821	16	32141	46735	56579	19
海　南	Hainan	35308	59793	70489	11	29492	47717	56348	20
重　庆	Chongqing	44249	73471	81600	7	34163	59598	61544	12
四　川	Sichuan	39209	63188	73704	10	32101	51728	58860	16
贵　州	Guizhou	29993	59142	67511	14	24531	48944	57257	18
云　南	Yunnan	28988	50784	59543	22	24834	46209	56135	21
西　藏	Tibet	48293	55825	95996	5	50858	67735	114097	3
陕　西	Shaanxi	34809	49447	55203	27	29724	47853	52918	24
甘　肃	Gansu	28881	45518	56180	25	28769	46981	55246	22
青　海	Qinghai	37126	55752	58622	23	38694	55759	59077	15
宁　夏	Ningxia	31896	50525	60676	21	34118	54120	62941	10
新　疆	Xinjiang	32323	53203	65463	15	32609	52299	64906	9

2-26 城镇单位公共管理、社会保障、社会组织和城镇集体单位就业人员年平均工资

Average Wage of Employed Persons of Public Management, Social Security and Social Organization and Urban Collective-owned Units

单位：元 (yuan)

地区	Region	公共管理、社会保障和社会组织 Public Management,Social Security and Social Organization 2010	2014	2015	2015排名 Ranking	城镇集体单位年平均工资 Urban Collective-owned Units 2010	2014	2015	2015排名 Ranking
全 国	**National Total**	**38242**	**53110**	**62323**		**24010**	**42742**	**46607**	
北 京	Beijing	55680	76226	91030	5	26677	45500	49717	10
天 津	Tianjin	67714	84998	95834	3	37686	44946	47413	13
河 北	Hebei	29923	38656	48923	28	21825	36358	40637	24
山 西	Shanxi	27751	40502	49859	27	21579	38841	42646	21
内蒙古	Inner Mongolia	40338	56832	62272	14	29287	53766	57202	5
辽 宁	Liaoning	36941	43248	50389	26	19904	32889	34693	31
吉 林	Jilin	29247	40366	48061	29	16877	37351	40955	23
黑龙江	Heilongjiang	31568	43143	53007	24	19596	37740	39063	28
上 海	Shanghai	73073	95569	100767	2	41106	60008	63063	3
江 苏	Jiangsu	58861	76028	82372	6	30263	53122	57558	4
浙 江	Zhejiang	64667	85414	93306	4	35665	56684	55333	6
安 徽	Anhui	33622	49012	57083	18	23869	41741	47261	14
福 建	Fujian	42000	60411	68728	8	26652	50679	52491	8
江 西	Jiangxi	29395	46893	54577	23	17898	39893	46175	16
山 东	Shandong	35726	53430	65158	9	25626	45015	50191	9
河 南	Henan	28474	38824	42587	31	20385	37601	41511	22
湖 北	Hubei	34198	50738	55287	22	23954	36449	39789	27
湖 南	Hunan	30156	41186	48004	30	21595	36417	40115	26
广 东	Guangdong	53350	69684	79848	7	22453	40509	45027	19
广 西	Guangxi	33864	42220	55953	20	21533	36874	40510	25
海 南	Hainan	39376	54158	62894	13	20434	38393	46651	15
重 庆	Chongqing	36936	56512	64506	10	23817	40166	43084	20
四 川	Sichuan	35015	52062	63704	12	23441	43707	48924	12
贵 州	Guizhou	29537	50699	61370	15	24065	55520	64057	1
云 南	Yunnan	31650	45221	56413	19	24213	48389	54432	7
西 藏	Tibet	54848	62391	114558	1	16206	29574	35989	30
陕 西	Shaanxi	33224	44915	50868	25	20400	42932	45665	18
甘 肃	Gansu	30227	45870	55574	21	22084	34257	37465	29
青 海	Qinghai	40648	59498	64438	11	20289	40883	46033	17
宁 夏	Ningxia	33119	50350	61236	16	38127	44674	49354	11
新 疆	Xinjiang	35950	48680	59598	17	31249	59378	63148	2

2-27 私营企业就业人员和个体就业人员年底数
Number of Employed Persons in Private Enterprises and Self-employed Individuals at Year-end

单位：万人 (10 000 persons)

地区	Region	私营企业就业人员 Number of Employed Persons in Private Enterprises				个体就业人员 Number of Self-employed Individuals			
		2010	2014	2015	2015排名 Ranking	2010	2014	2015	2015排名 Ranking
全　国	**National Total**	**9417.6**	**14390.4**	**16394.9**		**7007.6**	**10584.6**	**11682.2**	
北　京	Beijing	411.9	725.6	848.6	6	114.1	103.0	103.1	25
天　津	Tianjin	101.0	106.1	117.5	26	39.6	57.6	66.6	26
河　北	Hebei	214.3	206.3	244.9	19	328.2	466.6	560.4	6
山　西	Shanxi	118.8	242.8	234.4	21	171.6	229.1	262.9	19
内蒙古	Inner Mongolia	121.5	207.9	208.6	22	137.3	314.8	303.4	18
辽　宁	Liaoning	371.1	483.7	344.8	15	346.2	443.6	545.6	7
吉　林	Jilin	140.1	222.5	244.3	20	169.1	289.9	336.1	15
黑龙江	Heilongjiang	190.5	175.3	47.3	29	203.4	297.2	256.0	20
上　海	Shanghai	572.5	874.7	1031.2	5	43.7	49.7	52.5	29
江　苏	Jiangsu	1528.6	1972.9	2093.3	1	475.7	642.5	697.8	5
浙　江	Zhejiang	870.6	1345.5	1692.8	3	468.5	625.3	724.8	4
安　徽	Anhui	239.2	373.2	429.1	14	331.6	443.3	490.2	10
福　建	Fujian	301.5	476.6	568.7	11	183.3	280.1	344.7	13
江　西	Jiangxi	260.7	398.6	459.0	12	274.4	377.9	405.8	11
山　东	Shandong	647.7	926.1	1083.7	4	537.3	831.3	958.7	3
河　南	Henan	315.1	391.8	453.7	13	385.2	502.4	541.3	8
湖　北	Hubei	267.3	498.2	569.7	10	364.9	946.1	959.9	2
湖　南	Hunan	296.1	582.6	680.6	9	266.2	385.2	382.7	12
广　东	Guangdong	851.9	1514.8	1866.8	2	688.9	1012.0	1153.6	1
广　西	Guangxi	189.4	289.9	338.5	16	223.1	281.1	307.9	17
海　南	Hainan	52.9	94.8	110.3	27	38.6	60.5	65.4	27
重　庆	Chongqing	201.4	560.5	684.2	8	126.5	220.5	246.9	22
四　川	Sichuan	372.2	514.9	817.9	7	392.8	468.8	527.1	9
贵　州	Guizhou	73.1	207.8	261.2	18	95.5	220.8	253.5	21
云　南	Yunnan	227.6	367.8	334.4	17	214.0	332.7	337.7	14
西　藏	Tibet	15.1	32.0	35.5	30	21.7	28.1	36.4	31
陕　西	Shaanxi	229.2	237.0	173.5	24	109.0	280.4	310.0	16
甘　肃	Gansu	81.4	149.2	178.8	23	96.1	169.3	191.6	23
青　海	Qinghai	34.2	27.5	24.7	31	26.2	44.6	46.1	30
宁　夏	Ningxia	36.8	58.3	71.7	28	44.2	56.4	64.3	28
新　疆	Xinjiang	84.1	125.6	145.2	25	90.5	123.8	149.1	24

2-28 城乡私营企业就业人员年底数

Number of Employed Persons in Private Enterprises in Urban and Rural Areas at Year-end

单位：万人　　(10 000 persons)

地区	Region	城镇私营企业就业人员 Number of Employed Persons in Private Enterprises in Urban Area				乡村私营企业就业人员 Number of Employed Persons in Private Enterprises in Rural Area			
		2010	2014	2015	2015排名 Ranking	2010	2014	2015	2015排名 Ranking
全　国	**National Total**	**6070.9**	**9857.4**	**11179.7**		**3346.7**	**4533.0**	**5215.2**	
北　京	Beijing	258.0	497.7	582.0	6	153.9	227.9	266.6	5
天　津	Tianjin	93.0	95.8	105.8	23	8.0	10.3	11.7	29
河　北	Hebei	133.4	141.1	154.3	19	80.9	65.2	90.6	19
山　西	Shanxi	67.0	137.9	131.6	21	51.7	104.9	102.8	16
内蒙古	Inner Mongolia	103.1	173.2	168.1	17	18.4	34.6	40.5	23
辽　宁	Liaoning	271.6	380.3	240.5	15	99.5	103.4	104.4	15
吉　林	Jilin	118.9	183.1	196.8	16	21.2	39.3	47.5	22
黑龙江	Heilongjiang	147.7	129.5	38.7	29	42.8	45.8	8.6	30
上　海	Shanghai	314.1	467.5	551.1	7	258.4	407.2	480.1	4
江　苏	Jiangsu	958.9	1303.1	1459.4	2	569.8	669.9	633.9	2
浙　江	Zhejiang	472.3	811.0	1028.5	3	398.3	534.5	664.3	1
安　徽	Anhui	133.3	272.4	326.9	11	105.9	100.7	102.3	17
福　建	Fujian	188.4	385.7	454.0	10	113.1	91.0	114.6	14
江　西	Jiangxi	87.5	218.1	261.5	14	173.2	180.5	197.5	9
山　东	Shandong	374.1	477.3	481.9	9	273.6	448.8	601.9	3
河　南	Henan	177.4	224.6	285.9	13	137.7	167.3	167.9	12
湖　北	Hubei	200.8	293.0	313.3	12	66.4	205.2	256.4	6
湖　南	Hunan	191.6	478.6	586.6	5	104.5	104.0	94.0	18
广　东	Guangdong	727.5	1318.9	1654.6	1	124.4	195.9	212.2	8
广　西	Guangxi	100.5	152.3	168.1	18	89.0	137.5	170.4	11
海　南	Hainan	47.6	83.9	93.2	25	5.3	10.9	17.1	26
重　庆	Chongqing	164.6	436.1	526.5	8	36.8	124.3	157.6	13
四　川	Sichuan	232.0	351.1	743.9	4	140.3	163.8	74.0	21
贵　州	Guizhou	47.6	90.3	87.9	26	25.4	117.5	173.4	10
云　南	Yunnan	186.3	300.3	78.6	27	41.3	67.4	255.8	7
西　藏	Tibet	13.3	25.6	31.5	30	1.7	6.4	4.0	31
陕　西	Shaanxi	92.7	170.7	133.2	20	136.5	66.3	40.3	24
甘　肃	Gansu	59.4	91.2	100.2	24	22.0	58.0	78.6	20
青　海	Qinghai	22.8	14.0	12.8	31	11.4	13.5	11.9	28
宁　夏	Ningxia	20.0	39.6	51.8	28	16.7	18.7	20.0	25
新　疆	Xinjiang	65.4	113.4	130.7	22	18.7	12.2	14.5	27

2-29　城乡个体就业人员年底数

Number of Self-employed Individuals in Urban Area and Rural Area at Year-end

单位：万人 (10 000 persons)

地区	Region	城镇个体就业人员 Number of Self-employed Individuals in Urban Area				乡村个体就业人员 Number of Self-employed Individuals in Rural Area			
		2010	2014	2015	2015排名 Ranking	2010	2014	2015	2015排名 Ranking
全　国	**National Total**	**4467.5**	**7009.3**	**7799.9**		**2540.1**	**3575.2**	**3882.3**	
北　京	Beijing	65.3	55.7	56.4	25	48.8	47.3	46.7	22
天　津	Tianjin	30.3	46.0	52.9	26	9.3	11.6	13.8	29
河　北	Hebei	160.6	232.5	275.7	11	167.5	234.1	284.7	3
山　西	Shanxi	103.6	112.5	140.6	20	68.0	116.6	122.3	13
内蒙古	Inner Mongolia	113.0	264.1	248.2	14	24.4	50.7	55.2	19
辽　宁	Liaoning	239.9	294.8	336.2	9	106.3	148.8	209.3	7
吉　林	Jilin	128.4	208.8	244.3	15	40.7	81.1	91.8	16
黑龙江	Heilongjiang	146.2	224.0	214.8	16	57.2	73.2	41.2	23
上　海	Shanghai	29.0	32.8	34.6	30	14.7	16.8	17.9	27
江　苏	Jiangsu	338.4	473.8	518.3	3	137.3	168.7	179.4	8
浙　江	Zhejiang	286.5	397.4	466.6	4	182.0	228.0	258.2	4
安　徽	Anhui	264.1	382.9	428.3	5	67.5	60.3	62.0	18
福　建	Fujian	89.9	177.2	212.5	17	93.3	102.8	132.3	12
江　西	Jiangxi	160.0	232.5	255.6	13	114.4	145.5	150.2	9
山　东	Shandong	262.5	384.0	423.5	7	274.9	447.3	535.2	1
河　南	Henan	197.8	379.8	426.8	6	187.5	122.6	114.5	14
湖　北	Hubei	251.0	516.6	539.3	2	113.9	429.4	420.6	2
湖　南	Hunan	181.0	331.6	331.0	10	85.2	53.5	51.7	20
广　东	Guangdong	505.6	787.7	896.3	1	183.3	224.4	257.3	5
广　西	Guangxi	141.0	190.6	212.4	18	82.1	90.5	95.5	15
海　南	Hainan	32.2	49.8	50.4	27	6.4	10.7	14.9	28
重　庆	Chongqing	101.8	178.2	199.5	19	24.6	42.3	47.3	21
四　川	Sichuan	226.9	336.4	382.6	8	165.9	132.3	144.5	11
贵　州	Guizhou	51.6	95.1	104.8	24	43.9	125.7	148.7	10
云　南	Yunnan	138.2	138.1	118.6	22	75.8	194.6	219.1	6
西　藏	Tibet	17.5	21.8	33.6	31	4.2	6.3	2.8	30
陕　西	Shaanxi	24.8	184.7	271.5	12	84.2	95.8	38.5	24
甘　肃	Gansu	64.2	98.7	110.1	23	31.9	70.6	81.5	17
青　海	Qinghai	20.3	40.1	43.9	28	5.8	4.4	2.2	31
宁　夏	Ningxia	28.6	35.5	41.8	29	15.6	20.9	22.5	25
新　疆	Xinjiang	67.0	105.4	128.5	21	23.5	18.4	20.6	26

2-30 城镇私营单位就业人员年平均工资
Average Wage of Employed Persons in Private Urban Units

单位：元 (yuan)

地区	Region	城镇私营单位就业人员年平均工资 Private Urban Units				其中：制造业年平均工资 Private Urban Units in Manufacturing			
		2010	2014	2015	2015排名 Ranking	2010	2014	2015	2015排名 Ranking
全　国	**National Total**	**20759**	**36390**	**39589**		**20090**	**35653**	**38948**	
北　京	Beijing	27431	52902	58689	1	24833	46691	51971	2
天　津	Tianjin	24023	47838	53352	2	21818	50154	56010	1
河　北	Hebei	17914	31459	34084	18	17782	32692	35035	16
山　西	Shanxi	15640	29203	30195	28	14842	29299	30467	27
内蒙古	Inner Mongolia	21732	34778	35512	15	20510	35773	36990	14
辽　宁	Liaoning	19280	32123	33812	19	18870	31092	32803	21
吉　林	Jilin	16929	26140	27774	30	15950	25735	26823	30
黑龙江	Heilongjiang	16924	26960	28586	29	15741	26571	27966	29
上　海	Shanghai	23305	37377	41762	8	22755	33895	37217	13
江　苏	Jiangsu	23402	39975	43689	5	22945	39661	44082	4
浙　江	Zhejiang	23409	38689	41272	9	22256	36765	39611	8
安　徽	Anhui	18493	35268	37148	11	17928	35648	38301	12
福　建	Fujian	21039	40813	43385	7	20082	39370	41581	7
江　西	Jiangxi	18002	30149	33329	21	17594	30500	33646	20
山　东	Shandong	20747	38911	43608	6	20458	39112	43587	5
河　南	Henan	15915	27414	30546	27	15495	26867	30554	26
湖　北	Hubei	18626	28534	31051	26	17479	28670	31394	25
湖　南	Hunan	17229	30568	33033	23	16391	30505	32687	23
广　东	Guangdong	22633	41295	44838	3	21644	39618	43158	6
广　西	Guangxi	17931	31638	33519	20	17026	32199	34861	18
海　南	Hainan	18058	32707	37093	12	16408	30710	38819	10
重　庆	Chongqing	20790	40139	44213	4	19955	40739	45147	3
四　川	Sichuan	18316	32671	35127	16	17835	31895	35132	15
贵　州	Guizhou	20307	32785	36044	14	17456	30265	34907	17
云　南	Yunnan	18562	32055	35015	17	17007	30123	32764	22
西　藏	Tibet								
陕　西	Shaanxi	16052	30483	33220	22	14809	31542	33841	19
甘　肃	Gansu	14318	27273	31091	25	13517	27507	32110	24
青　海	Qinghai	17444	30337	32248	24	17295	29718	29623	28
宁　夏	Ningxia	19775	33229	36322	13	20176	33417	38449	11
新　疆	Xinjiang	20017	36199	37598	10	19534	37519	39527	9

3

国民经济核算

National Accounts

3-1 地区生产总值和指数
Gross Regional Product and Indices by Region

地区	Region	地区生产总值（亿元） Gross Regional Product (100 million yuan)				指数（上年=100） Indices (preceding year=100)			
		2010	2014	2015	2015排名 Ranking	2010	2014	2015	2015排名 Ranking
全　国	**National Total**	**401512.80**	**678363.64**	**682635.10**		**110.4**	**107.4**	**106.9**	
北　京	Beijing	14113.58	21330.83	23014.59	13	110.3	107.3	106.9	26
天　津	Tianjin	9224.46	15726.93	16538.19	19	117.4	110.0	109.3	4
河　北	Hebei	20394.26	29421.15	29806.11	7	112.2	106.5	106.8	27
山　西	Shanxi	9200.86	12761.49	12766.49	24	113.9	104.9	103.1	30
内蒙古	Inner Mongolia	11672.00	17770.19	17831.51	16	115.0	107.8	107.7	24
辽　宁	Liaoning	18457.27	28626.58	28669.02	10	114.2	105.8	103.0	31
吉　林	Jilin	8667.58	13803.14	14063.13	22	113.8	106.5	106.3	28
黑龙江	Heilongjiang	10368.60	15039.38	15083.67	21	112.7	105.6	105.7	29
上　海	Shanghai	17165.98	23567.70	25123.45	12	110.3	107.0	106.9	25
江　苏	Jiangsu	41425.48	65088.32	70116.38	2	112.7	108.7	108.5	11
浙　江	Zhejiang	27722.31	40173.03	42886.49	4	111.9	107.6	108.0	19
安　徽	Anhui	12359.33	20848.75	22005.63	14	114.6	109.2	108.7	9
福　建	Fujian	14737.12	24055.76	25979.82	11	113.9	109.9	109.0	6
江　西	Jiangxi	9451.26	15714.63	16723.78	18	114.0	109.7	109.1	5
山　东	Shandong	39169.92	59426.59	63002.33	3	112.3	108.7	108.0	20
河　南	Henan	23092.36	34938.24	37002.16	5	112.5	108.9	108.3	13
湖　北	Hubei	15967.61	27379.22	29550.19	8	114.8	109.7	108.9	7
湖　南	Hunan	16037.96	27037.32	28902.21	9	114.6	109.5	108.5	12
广　东	Guangdong	46013.06	67809.85	72812.55	1	112.4	107.8	108.0	18
广　西	Guangxi	9569.85	15672.89	16803.12	17	114.2	108.5	108.1	15
海　南	Hainan	2064.50	3500.72	3702.76	28	116.0	108.5	107.8	23
重　庆	Chongqing	7925.58	14262.60	15717.27	20	117.1	110.9	111.0	2
四　川	Sichuan	17185.48	28536.66	30053.10	6	115.1	108.5	107.9	21
贵　州	Guizhou	4602.16	9266.39	10502.56	25	112.8	110.8	110.7	3
云　南	Yunnan	7224.18	12814.59	13619.17	23	112.3	108.1	108.7	10
西　藏	Tibet	507.46	920.83	1026.39	31	112.3	110.8	111.0	1
陕　西	Shaanxi	10123.48	17689.94	18021.86	15	114.6	109.7	107.9	22
甘　肃	Gansu	4120.75	6836.82	6790.32	27	111.8	108.9	108.1	16
青　海	Qinghai	1350.43	2303.32	2417.05	30	115.3	109.2	108.2	14
宁　夏	Ningxia	1689.65	2752.10	2911.77	29	113.5	108.0	108.0	17
新　疆	Xinjiang	5437.47	9273.46	9324.80	26	110.6	110.0	108.8	8

注：本表绝对数按当年价格计算，指数按不变价格计算。

Note: Level data in this table are calculated at current prices while indices at constant prices.

3-2 第一产业生产总值和指数
Gross Regional Product and Indices by Primary Industry

地区	Region	第一产业生产总值（亿元） Gross Regional Product by Primary Industry (100 million yuan)				指数（上年=100） Indices (preceding year=100)			
		2010	2014	2015	2015排名 Ranking	2010	2014	2015	2015排名 Ranking
全　国	**National Total**	**40533.60**	**58336.14**	**60870.50**		**104.3**	**104.1**	**103.9**	
北　京	Beijing	124.36	158.99	140.21	29	98.4	100.0	89.2	30
天　津	Tianjin	145.58	199.90	208.82	28	103.3	102.9	102.5	27
河　北	Hebei	2562.81	3447.46	3439.45	5	103.5	103.7	102.6	26
山　西	Shanxi	554.48	788.89	783.16	25	106.1	104.7	101.0	29
内蒙古	Inner Mongolia	1095.28	1627.85	1617.42	18	106.1	103.1	103.0	25
辽　宁	Liaoning	1631.08	2285.75	2384.03	12	105.8	102.2	103.8	18
吉　林	Jilin	1050.15	1524.01	1596.28	20	103.7	104.6	104.8	9
黑龙江	Heilongjiang	1302.90	2611.36	2633.50	9	106.2	105.6	105.2	6
上　海	Shanghai	114.15	124.26	109.82	30	93.4	100.1	86.4	31
江　苏	Jiangsu	2540.10	3634.33	3986.05	3	104.9	103.0	103.3	24
浙　江	Zhejiang	1360.56	1777.18	1832.91	15	103.2	101.4	101.5	28
安　徽	Anhui	1729.02	2392.39	2456.69	11	104.6	104.6	104.2	14
福　建	Fujian	1363.67	2014.80	2118.10	13	103.3	104.4	103.7	20
江　西	Jiangxi	1206.98	1683.72	1772.98	16	104.0	104.7	103.9	16
山　东	Shandong	3588.28	4798.36	4979.08	1	103.6	103.8	104.2	15
河　南	Henan	3258.09	4160.01	4209.56	2	104.5	104.0	104.4	13
湖　北	Hubei	2147.00	3176.89	3309.84	8	104.6	104.8	104.5	12
湖　南	Hunan	2325.50	3148.75	3331.62	7	104.3	104.5	103.6	22
广　东	Guangdong	2286.98	3166.82	3345.54	6	104.5	103.2	103.3	23
广　西	Guangxi	1675.06	2413.44	2565.45	10	104.6	103.9	103.9	16
海　南	Hainan	539.83	809.52	854.72	24	106.3	104.8	105.4	4
重　庆	Chongqing	685.38	1061.03	1150.15	22	106.1	104.4	104.7	10
四　川	Sichuan	2482.89	3531.05	3677.30	4	104.4	103.8	103.7	20
贵　州	Guizhou	625.03	1280.45	1640.61	17	104.7	106.6	106.5	1
云　南	Yunnan	1108.38	1990.07	2055.78	14	104.2	106.2	105.9	2
西　藏	Tibet	68.72	91.64	98.04	31	103.2	104.2	103.7	19
陕　西	Shaanxi	988.45	1564.94	1597.63	19	105.8	105.1	105.1	8
甘　肃	Gansu	599.28	900.76	954.09	23	105.5	105.5	105.4	5
青　海	Qinghai	134.92	215.93	208.93	27	105.9	105.2	105.1	7
宁　夏	Ningxia	159.29	216.99	237.76	26	107.4	105.5	104.6	11
新　疆	Xinjiang	1078.63	1538.60	1559.08	21	104.5	105.9	105.9	2

注：本表绝对数按当年价格计算，指数按不变价格计算。

Note: Level data in this table are calculated at current prices while indices at constant prices.

3-3 第二产业生产总值和指数

Gross Regional Product and Indices by Secondary Industry

地区	Region	第二产业生产总值（亿元） Gross Regional Product by Secondary Industry (100 million yuan)				指数（上年=100） Indices (preceding year=100)			
		2010	2014	2015	2015排名 Ranking	2010	2014	2015	2015排名 Ranking
全 国	**National Total**	**187383.20**	**271764.50**	**28056.30**		**112.3**	**107.3**	**106.1**	
北 京	Beijing	3388.38	4544.80	4542.64	24	113.7	106.9	103.3	27
天 津	Tianjin	4840.23	7731.85	7704.22	18	120.2	109.9	109.2	5
河 北	Hebei	10707.68	15012.85	14386.87	6	113.4	105.0	104.7	26
山 西	Shanxi	5234.00	6293.91	5194.27	22	118.3	103.6	98.8	31
内蒙古	Inner Mongolia	6367.69	9119.79	9000.58	14	118.2	109.0	108.0	13
辽 宁	Liaoning	9976.82	14384.64	13041.97	10	116.8	105.2	99.7	30
吉 林	Jilin	4506.31	7286.59	7005.71	20	118.8	106.6	105.2	25
黑龙江	Heilongjiang	5204.11	5544.41	4798.08	23	114.5	102.8	101.4	28
上 海	Shanghai	7218.32	8167.71	7991.00	16	116.8	104.2	101.2	29
江 苏	Jiangsu	21753.93	30854.50	32044.45	2	113.1	108.2	108.3	10
浙 江	Zhejiang	14297.93	19175.06	19711.67	4	112.4	107.2	105.3	24
安 徽	Anhui	6436.62	11077.67	10946.83	12	120.7	109.9	108.3	9
福 建	Fujian	7522.83	12515.36	13064.82	9	118.1	111.9	107.4	16
江 西	Jiangxi	5122.88	8247.93	8411.57	15	118.2	110.9	109.4	4
山 东	Shandong	21238.49	28788.11	29485.90	3	112.8	109.2	107.4	18
河 南	Henan	13226.38	17816.56	17917.37	5	114.8	109.4	107.7	14
湖 北	Hubei	7767.24	12852.40	13503.56	7	120.2	110.1	108.3	11
湖 南	Hunan	7343.19	12482.06	12810.82	11	120.2	109.3	107.3	20
广 东	Guangdong	23014.53	31419.75	32613.54	1	114.7	107.9	107.0	21
广 西	Guangxi	4511.68	7324.96	7717.52	17	120.5	110.1	108.2	12
海 南	Hainan	571.00	875.97	875.82	30	119.2	111.0	106.5	23
重 庆	Chongqing	4359.12	6529.06	7069.37	19	122.7	112.7	111.3	3
四 川	Sichuan	8672.18	13962.41	13248.08	8	122.0	108.9	107.5	15
贵 州	Guizhou	1800.06	3857.44	4147.83	25	116.6	112.3	111.4	2
云 南	Yunnan	3223.49	5281.82	5416.12	21	115.8	109.1	108.6	6
西 藏	Tibet	163.92	336.84	376.19	31	114.1	114.6	115.7	1
陕 西	Shaanxi	5446.10	9577.24	9082.13	13	118.0	110.9	106.6	22
甘 肃	Gansu	1984.97	2926.45	2494.77	27	115.3	109.2	107.4	17
青 海	Qinghai	744.63	1234.31	1207.31	29	119.3	110.0	108.4	8
宁 夏	Ningxia	827.91	1341.24	1379.60	28	116.0	109.2	108.5	7
新 疆	Xinjiang	2592.15	3948.96	3596.40	26	112.6	111.2	107.3	19

注：本表绝对数按当年价格计算，指数按不变价格计算。

Note: Level data in this table are calculated at current prices while indices at constant prices.

3-4 第三产业生产总值和指数
Gross Regional Product and Indices by Tertiary Industry

地区	Region	第三产业生产总值（亿元） Gross Regional Product by Tertiary Industry (100 million yuan)				指数（上年=100） Indices (preceding year=100)			
		2010	2014	2015	2015排名 Ranking	2010	2014	2015	2015排名 Ranking
全　国	**National Total**	**173596.00**	**306038.20**	**344075.00**		**109.8**	**107.8**	**108.3**	
北　京	Beijing	10600.84	16627.04	18331.74	5	109.3	107.5	108.1	29
天　津	Tianjin	4238.65	7795.18	8625.15	14	114.2	110.4	109.6	17
河　北	Hebei	7123.77	10960.84	11979.79	12	113.1	109.7	111.2	5
山　西	Shanxi	3412.38	5678.69	6789.06	20	109.4	107.1	110.0	15
内蒙古	Inner Mongolia	4209.02	7022.55	7213.51	19	112.4	106.8	108.1	28
辽　宁	Liaoning	6849.37	11956.19	13243.02	8	112.5	107.2	107.2	31
吉　林	Jilin	3111.12	4992.54	5461.14	24	110.7	106.9	108.4	27
黑龙江	Heilongjiang	3861.59	6883.61	7652.09	16	111.8	108.9	110.4	13
上　海	Shanghai	9833.51	15275.72	17022.63	6	105.7	108.8	110.6	11
江　苏	Jiangsu	17131.45	30599.49	34085.88	2	113.3	110.0	109.4	24
浙　江	Zhejiang	12063.82	19220.79	21341.91	4	112.3	108.6	111.3	4
安　徽	Anhui	4193.68	7378.68	8602.11	15	110.1	109.5	110.8	9
福　建	Fujian	5850.62	9525.60	10796.90	13	110.6	108.1	112.3	1
江　西	Jiangxi	3121.40	5782.98	6539.23	21	111.2	109.1	110.1	14
山　东	Shandong	14343.14	25840.12	28537.35	3	113.5	108.9	109.5	21
河　南	Henan	6607.89	12961.67	14875.23	7	111.4	109.6	110.9	8
湖　北	Hubei	6053.37	11349.93	12736.79	11	111.3	110.5	110.7	10
湖　南	Hunan	6369.27	11406.51	12759.77	10	111.7	111.0	111.2	6
广　东	Guangdong	20711.55	33223.28	36853.47	1	110.6	108.0	109.5	23
广　西	Guangxi	3383.11	5934.49	6520.15	22	111.1	108.1	109.6	18
海　南	Hainan	953.67	1815.23	1972.22	28	120.1	108.8	109.6	18
重　庆	Chongqing	2881.08	6672.51	7497.75	17	112.4	110.0	111.5	3
四　川	Sichuan	6030.41	11043.20	13127.72	9	110.2	109.4	109.5	22
贵　州	Guizhou	2177.07	4128.50	4714.12	25	112.1	110.4	111.1	7
云　南	Yunnan	2892.31	5542.70	6147.27	23	111.5	107.4	109.6	18
西　藏	Tibet	274.82	492.35	552.16	31	113.7	109.5	108.9	25
陕　西	Shaanxi	3688.93	6547.76	7342.10	18	112.1	108.9	110.5	12
甘　肃	Gansu	1536.50	3009.61	3341.46	27	109.9	109.5	109.7	16
青　海	Qinghai	470.88	853.08	1000.81	30	112.1	108.8	108.6	26
宁　夏	Ningxia	702.45	1193.87	1294.41	29	111.6	106.9	107.9	30
新　疆	Xinjiang	1766.69	3785.90	4169.32	26	110.8	110.4	112.2	2

注：本表绝对数按当年价格计算，指数按不变价格计算。

Note: Data in this table are calculated at current prices while indices at constant prices.

3-5 地区生产总值构成（地区生产总值=100）
Composition of Gross Regional Product (GRP=100)

单位：% (%)

地区	Region	2010 第一产业 Primary Industry	2010 第二产业 Secondary Industry	2010 第三产业 Tertiary Industry	2014 第一产业 Primary Industry	2014 第二产业 Secondary Industry	2014 第三产业 Tertiary Industry	2015 第一产业 Primary Industry	2015 第二产业 Secondary Industry	2015 第三产业 Tertiary Industry
全　国	**National Total**	**10.1**	**46.7**	**43.2**	**9.2**	**42.7**	**48.1**	**8.9**	**40.9**	**50.2**
北　京	Beijing	0.9	24.0	75.1	0.7	21.3	77.9	0.6	19.7	79.7
天　津	Tianjin	1.6	52.5	46.0	1.3	49.2	49.6	1.3	46.6	52.2
河　北	Hebei	12.6	52.5	34.9	11.7	51.0	37.3	11.5	48.3	40.2
山　西	Shanxi	6.0	56.9	37.1	6.2	49.3	44.5	6.1	40.7	53.2
内蒙古	Inner Mongolia	9.4	54.6	36.1	9.2	51.3	39.5	9.1	50.5	40.5
辽　宁	Liaoning	8.8	54.1	37.1	8.0	50.2	41.8	8.3	45.5	46.2
吉　林	Jilin	12.1	52.0	35.9	11.0	52.8	36.2	11.4	49.8	38.8
黑龙江	Heilongjiang	12.6	50.2	37.2	17.4	36.9	45.8	17.5	31.8	50.7
上　海	Shanghai	0.7	42.1	57.3	0.5	34.7	64.8	0.4	31.8	67.8
江　苏	Jiangsu	6.1	52.5	41.4	5.6	47.4	47.0	5.7	45.7	48.6
浙　江	Zhejiang	4.9	51.6	43.5	4.4	47.7	47.8	4.3	46.0	49.8
安　徽	Anhui	14.0	52.1	33.9	11.5	53.1	35.4	11.2	49.7	39.1
福　建	Fujian	9.3	51.0	39.7	8.4	52.0	39.6	8.2	50.3	41.6
江　西	Jiangxi	12.8	54.2	33.0	10.7	52.5	36.8	10.6	50.3	39.1
山　东	Shandong	9.2	54.2	36.6	8.1	48.4	43.5	7.9	46.8	45.3
河　南	Henan	14.1	57.3	28.6	11.9	51.0	37.1	11.4	48.4	40.2
湖　北	Hubei	13.4	48.6	37.9	11.6	46.9	41.5	11.2	45.7	43.1
湖　南	Hunan	14.5	45.8	39.7	11.6	46.2	42.2	11.5	44.3	44.1
广　东	Guangdong	5.0	50.0	45.0	4.7	46.3	49.0	4.6	44.8	50.6
广　西	Guangxi	17.5	47.1	35.4	15.4	46.7	37.9	15.3	45.9	38.8
海　南	Hainan	26.1	27.7	46.2	23.1	25.0	51.9	23.1	23.7	53.3
重　庆	Chongqing	8.6	55.0	36.4	7.4	45.8	46.8	7.3	45.0	47.7
四　川	Sichuan	14.4	50.5	35.1	12.4	48.9	38.7	12.2	44.1	43.7
贵　州	Guizhou	13.6	39.1	47.3	13.8	41.6	44.6	15.6	39.5	44.9
云　南	Yunnan	15.3	44.6	40.0	15.5	41.2	43.3	15.1	39.8	45.1
西　藏	Tibet	13.5	32.3	54.2	10.0	36.6	53.5	9.6	36.7	53.8
陕　西	Shaanxi	9.8	53.8	36.4	8.8	54.1	37.0	8.9	50.4	40.7
甘　肃	Gansu	14.5	48.2	37.3	13.2	42.8	44.0	14.1	36.7	49.2
青　海	Qinghai	10.0	55.1	34.9	9.4	53.6	37.0	8.6	49.9	41.4
宁　夏	Ningxia	9.4	49.0	41.6	7.9	48.7	43.4	8.2	47.4	44.5
新　疆	Xinjiang	19.8	47.7	32.5	16.6	42.6	40.8	16.7	38.6	44.7

注：本表按当年价格计算。

Note: Data in this table are calculated at current prices.

3-6 工业和建筑业生产总值
Gross Regional Product by Industry and Construction

单位：亿元 (100 million yuan)

地区	Region	工业 Industry 2010	2014	2015	2015排名 Ranking	建筑业 Construction 2010	2014	2015	2015排名 Ranking
全　国	**National Total**	**160722.20**	**228122.90**	**235183.50**		**2661.00**	**44789.60**	**46546.60**	
北　京	Beijing	2763.99	3746.77	3710.88	24	624.39	902.66	961.86	19
天　津	Tianjin	4410.85	7079.10	6982.66	16	429.38	686.98	740.31	26
河　北	Hebei	9554.03	13330.66	12626.17	6	1153.65	1703.63	1780.49	12
山　西	Shanxi	4657.97	5471.01	4359.60	21	576.03	826.95	847.22	24
内蒙古	Inner Mongolia	5618.40	7904.40	7739.18	13	749.29	1217.62	1263.16	18
辽　宁	Liaoning	8789.27	12656.83	11270.82	8	1187.55	1875.69	1881.32	9
吉　林	Jilin	3929.31	6424.88	6112.05	19	577.00	891.40	927.06	21
黑龙江	Heilongjiang	4608.27	4783.88	4053.77	22	595.84	845.15	850.09	23
上　海	Shanghai	6536.21	7362.84	7162.33	15	682.11	831.86	855.22	22
江　苏	Jiangsu	19277.65	26962.97	27996.43	2	2476.28	3899.47	4055.42	1
浙　江	Zhejiang	12657.78	16771.90	17217.47	4	1640.15	2467.10	2558.38	3
安　徽	Anhui	5407.40	9455.48	9264.82	12	1029.22	1638.32	1698.92	13
福　建	Fujian	6397.71	10426.71	10820.22	11	1125.12	2112.03	2268.86	6
江　西	Jiangxi	4286.76	6848.63	6918.00	17	836.12	1399.59	1493.77	16
山　东	Shandong	18861.45	25340.86	25910.75	3	2377.04	3534.48	3664.86	2
河　南	Henan	11950.88	15809.09	15823.33	5	1275.50	2077.24	2152.25	7
湖　北	Hubei	6726.53	10992.79	11532.37	7	1040.71	1925.09	2039.88	8
湖　南	Hunan	6305.11	10749.88	10945.81	10	1038.08	1744.86	1877.70	10
广　东	Guangdong	21462.72	29144.15	30259.49	1	1551.81	2341.18	2441.85	4
广　西	Guangxi	3860.46	6065.34	6359.82	18	651.22	1263.87	1358.56	17
海　南	Hainan	385.21	514.40	485.85	30	185.79	362.77	390.41	29
重　庆	Chongqing	3697.83	5175.80	5557.52	20	661.29	1353.26	1511.85	15
四　川	Sichuan	7431.45	11851.99	11039.08	9	1240.73	2225.44	2321.38	5
贵　州	Guizhou	1516.87	3140.88	3315.58	25	283.19	717.69	833.44	25
云　南	Yunnan	2604.07	3898.97	3848.26	23	619.42	1389.66	1574.77	14
西　藏	Tibet	39.73	66.16	69.88	31	124.19	270.68	306.31	31
陕　西	Shaanxi	4558.97	7993.39	7344.62	14	887.13	1645.65	1780.85	11
甘　肃	Gansu	1602.87	2263.20	1778.10	27	382.10	681.34	730.88	27
青　海	Qinghai	613.65	954.27	893.87	29	130.98	280.43	313.81	30
宁　夏	Ningxia	643.05	973.53	979.72	28	184.86	368.37	399.98	28
新　疆	Xinjiang	2161.39	3179.60	2740.71	26	430.76	867.54	959.03	20

注：本表按当年价格计算。

Note: Data in this table are calculated at current prices.

3-7 交通运输业和批发零售业生产总值
Gross Regional Product by Transport and Wholesale and Retail Trades

单位：亿元 (100 million yuan)

地区	Region	交通运输、仓储和邮政业 Transport, Storage and Post 2010	2014	2015	2015排名 Ranking	批发和零售业 Wholesale and Retail Trades 2010	2014	2015	2015排名 Ranking
全　国	**National Total**	**19132.20**	**28750.00**	**30370.90**		**35746.10**	**62215.60**	**66203.80**	
北　京	Beijing	712.01	948.10	983.87	14	1888.51	2411.14	2352.34	9
天　津	Tianjin	585.37	720.72	729.09	21	1090.68	1950.71	2070.04	12
河　北	Hebei	1745.91	2396.40	2359.09	4	1529.26	2255.13	2381.23	8
山　西	Shanxi	654.08	797.13	892.81	16	695.51	990.04	1077.11	24
内蒙古	Inner Mongolia	875.61	1313.68	1087.32	13	1051.96	1756.89	1728.30	15
辽　宁	Liaoning	926.81	1488.93	1702.80	6	1651.66	2653.65	2968.98	6
吉　林	Jilin	373.93	518.05	529.79	25	753.37	1059.66	1117.29	23
黑龙江	Heilongjiang	469.31	683.12	707.03	23	880.83	1585.00	1689.24	16
上　海	Shanghai	834.40	1044.46	1133.17	12	2594.34	3647.33	3824.22	5
江　苏	Jiangsu	1768.30	2591.15	2705.44	2	4447.50	6559.03	6992.68	3
浙　江	Zhejiang	1076.67	1525.93	1631.88	7	2646.14	4911.71	5245.03	4
安　徽	Anhui	527.02	784.44	791.72	18	887.66	1500.28	1640.93	17
福　建	Fujian	871.16	1320.35	1547.30	8	1310.94	1961.18	2046.29	13
江　西	Jiangxi	446.22	710.08	736.15	20	666.89	1113.95	1186.72	21
山　东	Shandong	1971.00	2326.25	2503.65	3	4257.40	7826.46	8416.13	1
河　南	Henan	873.30	1676.46	1809.39	5	1293.50	2278.45	2609.46	7
湖　北	Hubei	753.61	1181.58	1242.34	10	1291.68	2143.21	2332.27	10
湖　南	Hunan	832.28	1257.64	1291.03	9	1434.68	2211.82	2323.67	11
广　东	Guangdong	1825.29	2740.76	2928.90	1	4647.76	7778.82	7625.98	2
广　西	Guangxi	480.17	733.63	803.10	17	656.83	1112.96	1135.09	22
海　南	Hainan	101.90	185.15	187.80	29	220.65	418.09	440.75	28
重　庆	Chongqing	389.55	705.83	761.31	19	624.33	1229.88	1345.38	19
四　川	Sichuan	573.75	1067.98	1219.77	11	1016.03	1586.78	1871.55	14
贵　州	Guizhou	480.32	828.69	920.36	15	367.52	624.17	671.39	25
云　南	Yunnan	193.26	288.47	304.49	26	685.38	1246.53	1334.62	20
西　藏	Tibet	22.12	30.80	31.76	31	31.43	64.11	67.70	31
陕　西	Shaanxi	474.60	675.66	713.02	22	856.65	1413.16	1504.04	18
甘　肃	Gansu	227.18	280.73	274.65	27	272.13	491.68	508.00	27
青　海	Qinghai	61.26	81.70	90.55	30	81.44	150.64	154.78	29
宁　夏	Ningxia	145.17	198.92	200.66	28	89.50	139.07	136.97	30
新　疆	Xinjiang	222.47	480.44	536.06	24	276.28	550.67	523.58	26

注：本表按当年价格计算。

Note: Data in this table are calculated at current prices.

3-8 住宿餐饮业和金融业生产总值
Gross Regional Product by Hotels, Catering Services and Financial Intermediation

单位：亿元 (100 million yuan)

地区	Region	住宿和餐饮业 Hotels and Catering Services				金融业 Financial Intermediation			
		2010	2014	2015	2015排名 Ranking	2010	2014	2015	2015排名 Ranking
全　国	**National Total**	**8068.50**	**11198.80**	**12159.10**		**20980.60**	**46572.70**	**57500.10**	
北　京	Beijing	317.34	363.76	397.59	17	1863.61	3357.71	3926.28	4
天　津	Tianjin	157.66	230.28	248.01	25	572.99	1422.28	1603.23	12
河　北	Hebei	265.02	399.86	404.43	15	615.42	1347.58	1480.92	13
山　西	Shanxi	231.62	299.16	350.72	23	448.30	897.26	1140.54	16
内蒙古	Inner Mongolia	332.24	569.25	628.87	8	346.44	724.16	829.20	23
辽　宁	Liaoning	369.61	568.77	620.27	9	639.27	1482.17	1869.46	9
吉　林	Jilin	180.01	283.79	328.61	24	190.12	464.96	565.27	25
黑龙江	Heilongjiang	240.13	438.79	479.96	11	288.19	707.47	847.66	22
上　海	Shanghai	266.45	359.28	374.63	19	1950.96	3400.41	4162.70	3
江　苏	Jiangsu	710.98	1094.45	1189.40	3	2105.92	4723.69	5302.93	2
浙　江	Zhejiang	523.67	884.91	995.02	5	2326.58	2767.44	2922.93	6
安　徽	Anhui	193.78	347.66	417.81	14	396.17	1046.67	1241.87	15
福　建	Fujian	266.47	374.61	398.35	16	767.58	1449.82	1681.33	11
江　西	Jiangxi	200.71	353.48	391.08	18	241.49	739.70	897.65	21
山　东	Shandong	670.97	1112.19	1301.36	2	1361.45	2709.65	2994.66	5
河　南	Henan	605.23	998.35	1030.80	4	697.68	1509.20	1991.11	8
湖　北	Hubei	385.11	635.32	692.21	7	561.27	1372.61	1853.12	10
湖　南	Hunan	354.91	545.69	603.77	10	463.16	950.04	1104.18	17
广　东	Guangdong	1074.85	1333.81	1447.48	1	2658.76	4447.43	5757.08	1
广　西	Guangxi	241.34	364.15	373.03	20	384.53	876.47	1018.01	19
海　南	Hainan	69.45	154.66	174.14	27	78.12	210.63	242.82	29
重　庆	Chongqing	142.11	321.64	355.76	22	496.56	1225.27	1410.18	14
四　川	Sichuan	478.42	751.28	859.49	6	654.70	1828.09	2202.23	7
贵　州	Guizhou	180.73	322.71	360.38	21	231.51	491.65	607.11	24
云　南	Yunnan	190.34	413.41	437.79	12	375.08	860.98	981.85	20
西　藏	Tibet	15.75	28.97	32.08	31	27.08	55.58	68.05	31
陕　西	Shaanxi	218.16	365.85	432.02	13	384.75	948.93	1082.37	18
甘　肃	Gansu	97.40	178.23	196.37	26	100.54	364.84	443.12	27
青　海	Qinghai	16.30	37.30	43.27	30	54.53	175.21	220.87	30
宁　夏	Ningxia	31.00	47.74	51.31	29	97.87	230.16	256.38	28
新　疆	Xinjiang	68.06	142.85	155.62	28	225.20	536.94	563.80	26

注：本表按当年价格计算。

Note: Data in this table are calculated at current prices.

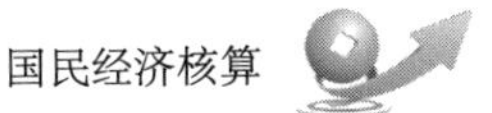

3-9 房地产业和其他行业生产总值
Gross Regional Product by Real Estate and Others

单位：亿元 (100 million yuan)

地区	Region	房地产业 Real Estate 2010	2014	2015	2015排名 Ranking	其他行业 Others 2010	2014	2015	2015排名 Ranking
全国	National Total	22782.00	38166.60	41307.60		66886.60	116164.60	133315.40	
北京	Beijing	1006.52	1329.20	1438.43	7	4812.85	8110.18	9100.73	4
天津	Tianjin	377.59	550.86	618.25	19	1454.36	2884.47	3336.09	15
河北	Hebei	697.79	1119.78	1313.62	8	2270.37	3291.63	3881.50	13
山西	Shanxi	192.00	598.07	639.07	18	1190.87	2053.67	2635.32	21
内蒙古	Inner Mongolia	309.25	442.95	441.37	22	1293.52	2189.50	2471.59	22
辽宁	Liaoning	733.37	1145.70	1169.67	10	2528.65	4351.67	4680.57	11
吉林	Jilin	212.32	432.85	436.06	23	1401.37	2157.54	2402.38	24
黑龙江	Heilongjiang	370.79	581.28	597.22	20	1612.34	2755.08	3170.90	16
上海	Shanghai	1002.50	1530.96	1699.78	5	3184.86	5261.94	5797.41	7
江苏	Jiangsu	2600.95	3564.44	3755.45	2	5497.80	11857.96	13909.11	1
浙江	Zhejiang	1618.17	2166.86	2351.42	4	3872.59	6870.58	8099.05	5
安徽	Anhui	532.17	807.33	870.07	13	1656.88	2786.67	3529.20	14
福建	Fujian	679.03	1090.22	1077.88	12	1955.44	3235.80	3945.53	12
江西	Jiangxi	340.56	522.81	548.26	21	1225.53	2291.10	2724.39	20
山东	Shandong	1622.15	2526.16	2592.67	3	4460.17	9057.67	10435.36	3
河南	Henan	773.23	1541.76	1657.04	6	2364.95	4786.15	5580.37	8
湖北	Hubei	564.41	1062.71	1136.72	11	2497.29	4809.96	5303.96	10
湖南	Hunan	464.21	673.38	751.81	15	2820.03	5637.13	6542.25	6
广东	Guangdong	2813.95	4486.92	5117.95	1	7690.94	12294.21	13807.71	2
广西	Guangxi	405.79	593.01	657.30	17	1214.46	2189.52	2465.24	23
海南	Hainan	188.33	295.56	299.69	24	295.22	526.82	600.78	28
重庆	Chongqing	266.38	817.04	847.72	14	962.15	2357.16	2758.88	18
四川	Sichuan	558.56	1064.74	1252.20	9	2748.95	4566.19	5542.08	9
贵州	Guizhou	139.64	220.48	232.07	28	777.35	1604.04	1849.58	26
云南	Yunnan	223.45	275.97	282.51	26	1224.80	2412.66	2756.63	19
西藏	Tibet	14.54	28.80	29.33	31	163.90	281.79	320.52	31
陕西	Shaanxi	315.95	579.44	695.53	16	1438.82	2432.01	2796.19	17
甘肃	Gansu	110.02	234.14	244.82	27	729.23	1403.49	1618.86	27
青海	Qinghai	25.41	48.96	53.59	30	231.94	355.78	434.09	30
宁夏	Ningxia	60.53	114.28	97.05	29	278.38	450.39	538.02	29
新疆	Xinjiang	143.44	281.56	285.38	25	831.24	1659.26	1961.96	25

注：本表按当年价格计算。

Note: Data in this table are calculated at current prices.

3-10 人均地区生产总值和指数
Per Capita Gross Regional Product and Indices

地区	Region	人均地区生产总值（元） Per Capita GRP (yuan) 2010	2014	2015	2015排名 Ranking	指数（上年=100） Indices (preceding year=100) 2010	2014	2015	2015排名 Ranking
全　国	**National Total**	**30015**	**46629**	**49992**		**109.9**	**106.7**	**106.4**	
北　京	Beijing	73856	99995	106497	2	104.8	105.2	105.5	29
天　津	Tianjin	72994	105231	107960	1	111.7	106.2	106.6	24
河　北	Hebei	28668	39984	40255	19	110.6	105.8	106.1	27
山　西	Shanxi	26283	35070	34919	27	111.2	104.4	102.6	31
内蒙古	Inner Mongolia	47347	71046	71101	6	114.4	107.5	107.4	15
辽　宁	Liaoning	42355	65201	65354	9	113.4	105.7	103.1	30
吉　林	Jilin	31599	50160	51086	12	113.6	106.4	106.3	26
黑龙江	Heilongjiang	27076	39226	39462	21	112.6	105.6	106.0	28
上　海	Shanghai	76074	97370	103796	3	106.4	106.0	106.9	21
江　苏	Jiangsu	52840	81874	87995	4	112.0	108.4	108.3	6
浙　江	Zhejiang	51711	73002	77644	5	109.5	107.3	107.6	13
安　徽	Anhui	20888	34425	35997	25	118.8	108.4	107.7	12
福　建	Fujian	40025	63472	67966	7	113.2	109.1	108.0	7
江　西	Jiangxi	21253	34674	36724	24	113.2	109.2	108.5	4
山　东	Shandong	41106	60879	64168	10	111.3	108.1	107.3	16
河　南	Henan	24446	37072	39123	22	112.6	108.7	107.9	9
湖　北	Hubei	27906	47145	50654	13	114.7	109.3	108.4	5
湖　南	Hunan	24719	40271	42754	16	112.9	108.7	107.8	10
广　东	Guangdong	44736	63469	67503	8	109.5	107.1	107.0	20
广　西	Guangxi	20219	33090	35190	26	113.9	107.7	107.2	17
海　南	Hainan	23831	38924	40818	18	115.0	107.5	106.9	22
重　庆	Chongqing	27596	47850	52321	11	116.2	110.0	110.1	2
四　川	Sichuan	21182	35128	36775	23	115.7	108.1	107.2	17
贵　州	Guizhou	13119	26437	29847	29	114.7	110.4	110.3	1
云　南	Yunnan	15752	27264	28806	30	111.6	107.5	108.0	7
西　藏	Tibet	17319	29252	31999	28	111.2	109.1	108.9	3
陕　西	Shaanxi	27133	46929	47626	14	114.4	109.4	107.5	14
甘　肃	Gansu	16113	26433	26165	31	111.6	108.6	107.7	11
青　海	Qinghai	24115	39671	41252	17	114.5	108.2	107.2	19
宁　夏	Ningxia	26860	41834	43805	15	112.2	106.8	106.9	22
新　疆	Xinjiang	25034	40648	40036	20	109.3	108.4	106.6	25

注：本表绝对数按当年价格计算，指数按不变价格计算。

Note: Data in this table are calculated at current prices while indices at constant prices.

3-11 支出法地区生产总值构成（一）
Gross Regional Product by Expenditure Approach（1）

单位：亿元 (100 million yuan)

地区	Region	支出法地区生产总值 Gross Regional Product by Expenditure Approach 2010	2014	2015	2015排名 Ranking	其中：最终消费支出 Final Consumption Expenditures 2010	2014	2015	2015排名 Ranking
全　国	**National Total**	**402816.5**	**640696.9**	**696594.0**		**194115.0**	**329450.8**	**359516.0**	
北　京	Beijing	14113.6	21330.8	23014.6	13	7907.1	13329.2	14503.6	9
天　津	Tianjin	9224.5	15727.0	16538.2	19	3529.7	6253.6	7155.7	22
河　北	Hebei	20394.3	29421.2	29806.4	8	8326.0	12539.0	13197.8	11
山　西	Shanxi	9200.9	12761.5	12766.5	24	4030.0	6365.6	7134.7	23
内蒙古	Inner Mongolia	11672.0	17769.5	17831.5	16	4605.4	7158.2	7452.8	21
辽　宁	Liaoning	18457.3	28626.6	28669.0	10	7473.9	12192.7	13019.5	12
吉　林	Jilin	9128.6	14631.4	15507.9	21	3754.5	5408.0	5593.2	26
黑龙江	Heilongjiang	10368.6	15275.2	15083.7	22	5502.4	8877.3	8986.7	15
上　海	Shanghai	17166.0	23567.7	25123.5	12	9424.3	13858.1	14854.5	7
江　苏	Jiangsu	41425.5	65088.3	70116.4	2	17238.1	31067.3	35041.4	2
浙　江	Zhejiang	27722.3	40173.0	42886.5	4	12670.7	19365.4	20936.3	4
安　徽	Anhui	12359.3	20848.8	22005.6	14	6213.2	10136.8	10970.5	13
福　建	Fujian	14790.4	24055.8	25979.8	11	6299.0	9299.3	10328.9	14
江　西	Jiangxi	9451.3	14410.2	16723.8	18	4489.2	7082.6	8418.3	18
山　东	Shandong	39169.9	59426.6	63002.3	3	15331.2	24193.1	26144.4	3
河　南	Henan	23092.4	34938.2	37002.2	5	10209.8	16850.1	18722.6	5
湖　北	Hubei	16182.3	28728.2	31226.4	6	7389.8	12562.8	13799.7	10
湖　南	Hunan	16038.0	27037.3	28902.2	9	7603.5	12463.1	14755.8	8
广　东	Guangdong	46013.1	67809.9	72812.6	1	21500.9	33920.6	37211.3	1
广　西	Guangxi	9569.9	15672.9	16803.1	17	4853.5	8187.7	8878.5	16
海　南	Hainan	2064.5	3500.7	3702.8	28	953.2	1722.7	2242.7	28
重　庆	Chongqing	7925.6	14262.6	15717.3	20	3811.9	6764.7	7503.2	20
四　川	Sichuan	17185.5	28536.7	30053.1	7	8609.6	14529.9	15775.0	6
贵　州	Guizhou	4602.2	9266.4	10502.6	25	2887.1	5288.5	5957.7	24
云　南	Yunnan	7224.2	12814.6	13619.2	23	4291.1	8207.5	8855.3	17
西　藏	Tibet	507.5	920.8	1026.4	31	326.5	595.2	820.0	31
陕　西	Shaanxi	10123.5	17689.9	18021.9	15	4584.5	7816.1	8200.0	19
甘　肃	Gansu	4120.8	6836.8	6790.3	27	2435.4	4035.6	4374.2	27
青　海	Qinghai	1350.4	2303.3	2417.1	30	715.4	1154.4	1486.0	30
宁　夏	Ningxia	1689.7	2752.1	2911.8	29	824.9	1468.6	1719.7	29
新　疆	Xinjiang	5437.5	9273.5	9324.8	26	2865.6	5024.5	5639.8	25

注：本表按当年价格计算。

Note: Data in this table are calculated at current prices.

3-12 支出法地区生产总值构成（二）
Gross Regional Product by Expenditure Approach（2）

单位：亿元 (100 million yuan)

地区	Region	其中：资本形成额总额 Gross Capital Formation 2010	2014	2015	2015排名 Ranking	其中：货物和服务净流出 Net Outflow of Goods and Services 2010	2014	2015	2015排名 Ranking
全 国	**National Total**	**193603.9**	**293873.1**	**313070.0**		**15097.6**	**17463.0**	**24007.0**	
北 京	Beijing	6097.1	8309.4	8490.0	23	109.4	-307.8	21.0	8
天 津	Tianjin	6926.4	12024.4	10999.1	17	-1231.6	-2551.01	-1616.58	19
河 北	Hebei	11037.4	17362.4	17352.1	7	1030.9	-480.19	-743.49	14
山 西	Shanxi	6341.3	9249.7	9269.9	21	-1170.4	-2853.8	-3638.2	26
内蒙古	Inner Mongolia	9020.4	13755.2	14036.5	11	-1953.8	-3143.9	-3657.8	27
辽 宁	Liaoning	11436.8	17469.1	12605.6	13	-453.4	-1035.2	3043.9	4
吉 林	Jilin	7192.1	10330.1	10965.4	18	-1818.0	-1106.7	-1050.7	17
黑龙江	Heilongjiang	5630.8	9441.5	9765.3	19	-764.6	-3043.5	-3668.3	28
上 海	Shanghai	7407.8	8767.8	9550.8	20	333.9	941.8	718.1	6
江 苏	Jiangsu	21173.3	29799.7	30600.6	2	3014.1	4221.3	4474.3	2
浙 江	Zhejiang	12950.5	17827.3	18879.3	5	2101.1	2980.4	3070.9	3
安 徽	Anhui	6171.5	10905.8	11312.3	16	-25.4	-193.8	-277.2	12
福 建	Fujian	8023.0	14177.7	15142.8	9	468.4	578.7	508.1	7
江 西	Jiangxi	4854.7	7262.8	8322.8	25	107.4	64.9	-17.3	10
山 东	Shandong	21499.3	33780.8	35587.4	1	2339.4	1452.7	1270.5	5
河 南	Henan	15977.4	27244.4	28253.1	4	-3094.8	-9156.3	-9973.6	31
湖 北	Hubei	8511.2	16109.6	17418.4	6	281.3	55.8	8.3	9
湖 南	Hunan	8780.8	15652.2	15555.1	8	-346.3	-1078.0	-1408.6	18
广 东	Guangdong	18041.3	28759.8	30374.2	3	6470.9	5129.5	5227.1	1
广 西	Guangxi	7883.4	10789.8	11452.2	15	-3167.0	-3304.6	-3527.6	25
海 南	Hainan	1185.4	2599.1	2317.1	30	-74.1	-821.1	-857.0	16
重 庆	Chongqing	4576.6	7755.0	8438.0	24	-462.9	-257.1	-224.0	11
四 川	Sichuan	9219.9	14426.5	14806.2	10	-644.0	-419.7	-528.1	13
贵 州	Guizhou	2575.3	6114.3	7104.2	26	-860.2	-2136.4	-2559.4	24
云 南	Yunnan	5578.6	11678.6	12606.9	12	-2645.5	-7071.6	-7843.1	30
西 藏	Tibet	565.5	1052.1	1032.0	31	-384.5	-726.5	-825.6	15
陕 西	Shaanxi	6834.3	11982.1	11888.3	14	-1295.3	-2108.3	-2066.4	21
甘 肃	Gansu	2343.5	4150.4	4448.8	27	-658.1	-1349.1	-2032.7	20
青 海	Qinghai	1087.0	3004.4	3374.1	29	-452.0	-1855.5	-2443.0	23
宁 夏	Ningxia	1563.3	3103.7	3620.7	28	-698.5	-1820.2	-2428.5	22
新 疆	Xinjiang	3371.2	8282.5	8785.3	22	-799.3	-4033.5	-5100.3	29

注：本表按当年价格计算。

Note: Data in this table are calculated at current prices.

3-13 最终消费支出构成
Final Consumption Expenditure and Its Composition

单位：亿元 (100 million yuan)

地区	Region	居民消费支出 Household Consumption 2010	2014	2015	2015排名 Ranking	政府消费支出 Government Comsuption 2010	2014	2015	2015排名 Ranking
全　国	**National Total**	**140758.6**	**242927.4**	**264758.0**		**53356.3**	**86523.3**	**94759.0**	
北　京	Beijing	4648.2	7691.6	8471.4	13	3258.9	5637.6	6032.2	3
天　津	Tianjin	2247.5	4258.1	4993.1	23	1282.2	1995.5	2162.5	21
河　北	Hebei	5731.4	8955.9	9499.1	11	2594.6	3583.1	3698.7	10
山　西	Shanxi	2855.2	4569.7	5251.4	21	1174.8	1795.9	1883.3	22
内蒙古	Inner Mongolia	2710.6	4959.2	5225.2	22	1894.8	2199.0	2227.6	20
辽　宁	Liaoning	5622.1	9773.6	10393.9	9	1851.8	2419.1	2625.6	13
吉　林	Jilin	2510.6	3759.9	4027.4	25	1243.9	1648.1	1565.8	25
黑龙江	Heilongjiang	3409.6	5833.4	6304.4	18	2092.8	3043.9	2682.3	12
上　海	Shanghai	7281.9	10409.4	11089.6	7	2142.4	3448.8	3764.9	7
江　苏	Jiangsu	10942.8	22510.6	25245.2	2	6295.3	8556.8	9796.3	1
浙　江	Zhejiang	9701.8	14794.8	15858.8	4	2968.9	4570.6	5077.5	5
安　徽	Anhui	4873.4	7839.2	8522.5	12	1339.8	2297.6	2448.0	16
福　建	Fujian	4710.8	7238.4	7961.5	14	1588.2	2061.0	2367.4	18
江　西	Jiangxi	3545.5	5415.6	6598.1	16	943.7	1667.0	1820.2	24
山　东	Shandong	11059.0	18726.6	20308.4	3	4272.2	5466.5	5836.1	4
河　南	Henan	7402.6	12325.6	13721.0	5	2807.2	4524.5	5001.7	6
湖　北	Hubei	5136.8	9124.5	10167.9	10	2253.0	3438.3	3631.8	11
湖　南	Hunan	5788.9	9657.1	11011.5	8	1814.6	2806.0	3744.3	8
广　东	Guangdong	16722.3	26263.1	28438.6	1	4778.6	7657.4	8772.7	2
广　西	Guangxi	3657.1	6131.5	6645.7	15	1196.4	2056.1	2232.9	19
海　南	Hainan	654.3	1161.5	1543.9	28	298.9	561.2	698.8	28
重　庆	Chongqing	2792.3	5145.3	5665.4	20	1019.6	1619.3	1837.8	23
四　川	Sichuan	6638.5	11174.2	12073.4	6	1971.0	3355.7	3701.5	9
贵　州	Guizhou	2137.4	3982.3	4530.9	24	749.7	1306.2	1426.9	26
云　南	Yunnan	3082.1	5750.9	6354.3	17	1209.0	2456.6	2501.1	14
西　藏	Tibet	133.2	228.8	283.7	31	193.3	366.4	536.4	31
陕　西	Shaanxi	3105.8	5584.3	5813.5	19	1478.6	2231.8	2386.5	17
甘　肃	Gansu	1567.7	2761.8	3079.9	27	867.7	1273.8	1294.3	27
青　海	Qinghai	405.1	785.8	888.7	30	310.3	368.6	597.3	29
宁　夏	Ningxia	565.7	999.5	1143.9	29	259.2	469.1	575.7	30
新　疆	Xinjiang	1578.9	2837.0	3187.1	26	1286.7	2187.5	2452.7	15

注：本表按当年价格计算。

Note: Data in this table are calculated at current prices.

3-14 资本形成总额构成
Gross Capital Formation and Its Composition

单位：亿元

(100 million yuan)

地区	Region	固定资本形成总额 Gross Fixed Capital Formation				存货变动 Change in Inventories			
		2010	2014	2015	2015排名 Ranking	2010	2014	2015	2015排名 Ranking
全 国	**National Total**	**183615.2**	**281638.7**	**301961.0**		**9988.7**	**12144.4**	**11110.0**	
北 京	Beijing	5342.4	7957.2	8155.4	23	754.7	352.2	334.6	17
天 津	Tianjin	6468.5	11338.0	10495.8	18	457.9	686.4	503.3	12
河 北	Hebei	10791.6	17064.7	17298.8	6	245.8	297.7	53.2	26
山 西	Shanxi	5973.1	8818.5	8821.6	21	368.2	431.2	448.4	14
内蒙古	Inner Mongolia	8938.7	13453.9	13844.4	11	81.7	301.3	192.1	20
辽 宁	Liaoning	11024.6	16927.4	12098.9	12	412.2	541.6	506.7	11
吉 林	Jilin	7618.1	10372.7	11001.2	17	-426.0	-42.6	-35.8	31
黑龙江	Heilongjiang	5410.5	9288.0	9664.1	19	220.3	153.5	101.2	24
上 海	Shanghai	6380.3	8022.5	8999.9	20	1027.5	745.3	551.0	8
江 苏	Jiangsu	20709.1	28796.2	29940.8	2	464.2	1003.5	659.8	6
浙 江	Zhejiang	12101.3	17000.9	18213.3	5	849.2	826.3	666.0	4
安 徽	Anhui	6061.1	10723.8	11106.5	16	110.4	181.9	205.8	19
福 建	Fujian	7341.6	13038.0	14140.3	10	681.4	1139.7	1002.5	3
江 西	Jiangxi	4740.3	6876.9	7706.0	25	114.4	385.8	616.8	7
山 东	Shandong	20800.6	31647.1	33229.4	1	698.7	2133.7	2358.0	1
河 南	Henan	15704.1	26655.8	27722.5	4	273.3	588.7	530.6	9
湖 北	Hubei	8200.4	15442.9	16757.4	7	310.8	666.7	661.1	5
湖 南	Hunan	8568.8	15139.7	15085.0	8	212.0	512.5	470.1	13
广 东	Guangdong	16812.7	27930.8	29250.4	3	1228.6	829.0	1123.7	2
广 西	Guangxi	7785.5	10463.1	11264.7	15	97.9	326.7	187.5	22
海 南	Hainan	1179.4	2549.3	2325.1	30	6.0	49.8	-8.0	30
重 庆	Chongqing	4379.3	7380.9	8042.5	24	197.3	374.1	395.5	15
四 川	Sichuan	8911.1	13990.6	14415.3	9	308.8	435.9	390.9	16
贵 州	Guizhou	2510.4	5928.8	6913.9	26	64.9	185.5	190.4	21
云 南	Yunnan	5213.1	10918.8	12080.1	13	365.5	759.8	526.8	10
西 藏	Tibet	561.4	1050.9	1027.0	31	4.1	1.2	4.9	29
陕 西	Shaanxi	6851.5	11783.7	11662.8	14	-17.2	198.4	225.5	18
甘 肃	Gansu	2177.9	4116.7	4412.3	27	165.6	33.6	36.6	27
青 海	Qinghai	1057.9	2953.5	3303.6	29	29.1	50.9	70.5	25
宁 夏	Ningxia	1490.0	2987.7	3516.9	28	73.3	116.0	103.8	23
新 疆	Xinjiang	3233.0	8301.4	8755.7	22	138.2	-18.9	29.6	28

注：本表按当年价格计算。

Note: Data in this table are calculated at current prices.

3-15 全体居民消费水平和指数
All Household Consumption Expenditure and Indices

地区	Region	全体居民消费水平（元） All Households Consumption Expenditure (yuan)				指数（上年=100） Indices (preceding year=100)			
		2010	2014	2015	2015排名 Ranking	2010	2014	2015	2015排名 Ranking
全　国	**National Total**	**10522.0**	**17806.0**	**19308.0**		**108.2**	**107.8**	**107.2**	
北　京	Beijing	25015.0	36057.0	39200.4	2	109.2	104.7	106.7	25
天　津	Tianjin	17784.0	28492.0	32594.7	3	113.9	106.9	106.2	28
河　北	Hebei	8057.0	12171.3	12829.1	29	110.6	109.4	109.7	9
山　西	Shanxi	8159.0	12622.0	14363.7	23	108.8	105.0	111.5	3
内蒙古	Inner Mongolia	11080.0	19827.0	20834.9	8	111.1	108.7	104.6	30
辽　宁	Liaoning	12934.0	22260.0	23693.1	7	113.2	108.7	108.6	15
吉　林	Jilin	9141.0	13663.0	14630.0	20	103.9	105.5	107.7	19
黑龙江	Heilongjiang	8906.0	15215.0	16443.3	15	112.4	116.1	106.8	24
上　海	Shanghai	32271.0	43007.0	45815.7	1	109.9	107.3	106.5	26
江　苏	Jiangsu	14035.0	28316.0	31682.4	4	111.4	111.9	48.2	31
浙　江	Zhejiang	18097.0	26885.0	28711.5	5	108.0	107.3	106.0	29
安　徽	Anhui	8237.0	12944.0	13941.0	24	114.5	107.0	107.2	22
福　建	Fujian	12871.0	19099.0	20828.0	9	108.0	107.9	108.8	14
江　西	Jiangxi	7972.0	12000.0	14488.9	22	111.1	110.1	109.3	11
山　东	Shandong	11611.0	19184.0	20684.2	10	110.4	110.1	109.0	13
河　南	Henan	7837.0	13078.0	14507.3	21	114.1	108.6	110.5	6
湖　北	Hubei	8977.0	15762.0	17429.4	12	111.4	110.8	109.2	12
湖　南	Hunan	8922.0	14384.0	16288.8	16	109.1	109.2	107.4	20
广　东	Guangdong	17218.0	24581.7	26365.0	6	109.0	108.3	106.8	23
广　西	Guangxi	7732.0	12944.0	13856.7	25	110.1	107.6	107.3	21
海　南	Hainan	7553.0	12915.0	17019.1	14	111.8	108.7	108.5	16
重　庆	Chongqing	9723.0	17262.0	18859.7	11	114.1	111.1	110.6	5
四　川	Sichuan	8182.0	13755.0	14774.0	19	113.7	108.4	108.0	18
贵　州	Guizhou	5879.0	11362.0	12876.3	28	113.7	113.1	109.9	8
云　南	Yunnan	6724.0	12235.0	13400.5	27	112.3	107.7	110.9	4
西　藏	Tibet	4513.0	7204.5	8755.7	31	107.5	111.3	116.1	1
陕　西	Shaanxi	8273.0	14812.0	15363.3	17	111.4	110.1	106.5	27
甘　肃	Gansu	6035.0	10678.0	11867.7	30	109.3	110.8	109.6	10
青　海	Qinghai	7234.0	13534.0	15167.3	18	105.8	109.7	110.1	7
宁　夏	Ningxia	8992.0	15193.0	17209.6	13	108.6	111.7	112.5	2
新　疆	Xinjiang	7276.0	12435.0	13683.8	26	115.4	107.0	108.4	17

注：本表绝对数按当年价格计算，指数按不变价格计算。

Note:Data in this table are calculated at current prices while indices at constant prices.

3-16 城乡居民消费水平构成
Rural and Urban Households Consumption

单位：元

(yuan)

地区	Region	城镇居民消费水平 Urban Households Consumption				农村居民消费水平 Rural Households Consumption			
		2010	2014	2015	2015排名 Ranking	2010	2014	2015	2015排名 Ranking
全　国	**National Total**	**16546.0**	**25449.0**	**27088.0**		**4700.0**	**8744.0**	**9630.0**	
北　京	Beijing	27071.0	38515.0	41845.7	2	12886.0	20506.0	22315.0	2
天　津	Tianjin	20466.0	31000.0	35290.0	4	7814.0	16949.0	19921.8	5
河　北	Hebei	13619.0	17588.7	17923.5	30	3867.0	7022.8	7666.5	28
山　西	Shanxi	12279.0	17189.0	19017.8	29	4500.0	7692.0	8808.7	20
内蒙古	Inner Mongolia	16728.0	25885.0	26872.3	9	4486.0	11070.0	11814.3	10
辽　宁	Liaoning	17489.0	27282.0	28567.3	7	5739.0	12178.0	13707.1	6
吉　林	Jilin	13032.0	18549.0	19358.4	28	4663.0	7810.0	8837.0	19
黑龙江	Heilongjiang	12402.0	20068.0	21659.7	18	4536.0	8594.0	9237.6	15
上　海	Shanghai	34588.0	45352.0	48750.1	1	13609.0	22803.0	23004.9	1
江　苏	Jiangsu	18243.0	34074.0	37515.2	3	8196.0	17780.0	20427.6	3
浙　江	Zhejiang	23624.0	32186.0	33358.6	5	9878.0	17281.0	19952.5	4
安　徽	Anhui	13259.0	19259.0	20250.9	23	4447.0	6994.0	7674.4	27
福　建	Fujian	17920.0	23642.0	25202.3	11	6879.0	11908.0	13631.0	7
江　西	Jiangxi	12593.0	16914.0	19362.3	27	4397.0	7429.0	9432.4	14
山　东	Shandong	17726.0	25869.0	26992.7	8	5733.0	11215.0	12651.0	9
河　南	Henan	13958.0	20111.0	21820.5	17	4061.0	7439.0	8270.8	22
湖　北	Hubei	13576.0	21854.0	23560.9	14	4758.0	8608.0	9542.1	13
湖　南	Hunan	14707.0	21227.0	22770.4	15	4513.0	7908.0	9784.5	12
广　东	Guangdong	23511.0	30216.2	32392.6	6	5880.0	12674.0	13343.8	8
广　西	Guangxi	13969.0	20518.0	21075.9	20	3561.0	6644.0	7439.2	29
海　南	Hainan	11365.0	16823.0	23626.0	13	3846.0	8371.0	9123.6	16
重　庆	Chongqing	15260.0	24000.0	25794.5	10	3652.0	7577.0	8336.7	21
四　川	Sichuan	13457.0	19318.0	20114.0	24	4748.0	9092.0	10038.9	11
贵　州	Guizhou	12221.0	18804.0	20082.2	25	2926.0	6620.0	7866.1	24
云　南	Yunnan	12624.0	19569.0	20699.5	21	3603.0	7116.0	7819.8	25
西　藏	Tibet	10523.0	15009.2	17466.3	31	2635.0	4497.8	5411.8	31
陕　西	Shaanxi	13977.0	21531.0	21876.5	16	3683.0	7552.0	7944.4	23
甘　肃	Gansu	11881.0	17925.0	19480.4	26	2975.0	5661.0	6255.4	30
青　海	Qinghai	11878.0	19252.0	21216.6	19	3684.0	8007.0	9108.8	17
宁　夏	Ningxia	14739.0	21212.0	24040.9	12	3894.0	8454.0	9049.9	18
新　疆	Xinjiang	12486.0	19176.0	20532.0	22	3590.0	6859.0	7693.8	26

注：本表按当年价格计算。

Note: Data in this table are calculated at current prices.

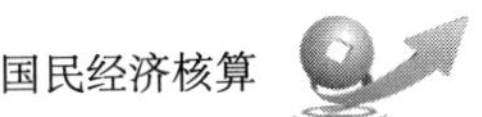

3-17 城乡居民消费水平指数

Indices of Urban and Rural Households Consumption

（上年=100） (preceding year=100)

地区	Region	城镇居民消费水平指数 Index of Urban Households				农村居民消费水平指数 Index of Rural Households			
		2010	2014	2015	2015排名 Ranking	2010	2014	2015	2015排名 Ranking
全　国	**National Total**	**105.9**	**105.7**	**105.1**		**108.0**	**110.2**	**109.2**	
北　京	Beijing	108.8	104.3	106.6	14	108.6	108.9	106.5	28
天　津	Tianjin	113.6	106.1	105.7	22	107.0	112.2	109.6	17
河　北	Hebei	110.5	106.2	105.9	20	105.3	113.2	114.0	6
山　西	Shanxi	105.7	102.4	112.1	1	111.0	107.2	106.4	29
内蒙古	Inner Mongolia	109.9	107.8	103.6	31	108.4	108.6	105.4	30
辽　宁	Liaoning	112.3	106.6	107.1	11	111.1	115.7	113.8	7
吉　林	Jilin	104.2	105.6	105.2	24	102.2	103.6	113.0	10
黑龙江	Heilongjiang	114.8	115.4	106.5	17	104.2	116.3	106.8	27
上　海	Shanghai	109.8	107.3	107.4	9	107.4	108.3	100.7	31
江　苏	Jiangsu	108.9	110.4	109.4	4	109.3	114.0	113.1	8
浙　江	Zhejiang	104.7	105.7	103.9	30	112.1	110.8	111.0	13
安　徽	Anhui	111.3	104.1	104.8	25	114.9	109.8	108.8	21
福　建	Fujian	103.5	105.9	106.5	15	107.8	111.1	114.0	5
江　西	Jiangxi	107.4	106.3	106.7	13	114.1	113.7	112.1	11
山　东	Shandong	108.4	106.6	105.2	23	111.6	116.1	115.0	4
河　南	Henan	113.1	104.2	108.0	8	110.3	113.7	111.0	12
湖　北	Hubei	108.8	108.8	106.5	16	110.9	111.7	109.2	18
湖　南	Hunan	109.7	106.6	105.8	21	105.3	111.2	107.0	26
广　东	Guangdong	107.8	106.9	106.2	18	109.5	113.4	107.5	25
广　西	Guangxi	109.2	103.8	104.4	28	104.6	112.4	110.9	15
海　南	Hainan	110.6	104.8	104.5	27	109.7	115.7	116.9	3
重　庆	Chongqing	111.8	108.8	108.5	6	113.1	113.7	113.0	9
四　川	Sichuan	109.6	106.6	104.7	26	116.5	110.0	111.0	14
贵　州	Guizhou	106.9	110.2	106.7	12	114.7	111.9	110.1	16
云　南	Yunnan	109.6	102.3	109.4	3	112.5	114.8	108.6	22
西　藏	Tibet	105.2	103.6	109.1	5	107.7	112.8	117.3	2
陕　西	Shaanxi	109.0	107.9	104.2	29	108.9	111.4	108.1	23
甘　肃	Gansu	103.6	109.6	107.1	10	108.5	107.3	109.0	19
青　海	Qinghai	103.4	106.7	112.0	2	103.5	113.2	108.0	24
宁　夏	Ningxia	107.2	107.7	108.2	7	104.6	117.7	120.0	1
新　疆	Xinjiang	111.9	102.8	106.2	19	115.4	113.5	108.8	20

注：本表按不变价格计算。

Note: Data in this table are calculated at constant prices.

3-18 地区生产总值收入法构成项目（一）
Components of Gross Regional Product by Income Approach（1）

单位：亿元 (100 million yuan)

地区	Region	劳动者报酬 Compensation of Employees 2010	2014	2015	2015排名 Ranking	生产税净额 Net Taxes on Production 2010	2014	2015	2015排名 Ranking
北京	Beijing	6919.99	11118.38	12697.30	12	2197.19	3227.50	3298.69	15
天津	Tianjin	3556.17	6300.31	6723.99	21	1402.91	2614.63	2741.47	18
河北	Hebei	11280.60	14840.75	15398.55	6	2487.22	3934.51	3826.50	12
山西	Shanxi	3638.33	5991.22	6077.62	24	1502.52	2153.86	2139.10	22
内蒙古	Inner Mongolia	5086.28	8757.22	8797.51	16	1560.30	2267.38	2239.12	21
辽宁	Liaoning	8982.04	13263.78	12806.48	11	3096.30	5290.62	4903.83	7
吉林	Jilin	3370.41	5682.25	6124.75	23	1337.77	2094.65	2112.24	23
黑龙江	Heilongjiang	3823.13	6551.02	7090.23	18	1665.41	2151.11	1853.13	25
上海	Shanghai	6742.05	10296.45	11085.40	13	3298.73	4716.76	4919.88	6
江苏	Jiangsu	17141.63	28660.21	31163.93	2	6278.34	8697.30	9146.17	2
浙江	Zhejiang	10788.87	18534.26	20573.26	4	4274.03	6191.46	6238.29	4
安徽	Anhui	6058.54	9608.91	10275.97	14	1779.83	3385.00	3425.34	14
福建	Fujian	7400.03	12504.55	13845.37	10	1867.67	3653.71	3884.42	11
江西	Jiangxi	4258.71	6384.22	7067.88	19	1616.83	2572.53	2734.90	20
山东	Shandong	15457.01	23810.53	28000.54	3	6274.22	9779.50	8262.94	3
河南	Henan	11503.22	17469.02	18735.19	5	3071.13	3848.12	4138.55	10
湖北	Hubei	6827.85	13346.53	14417.12	9	2284.90	3992.32	4359.19	9
湖南	Hunan	8040.19	13781.80	14709.62	7	2553.68	4175.01	4456.93	8
广东	Guangdong	20452.36	32361.55	35775.58	1	6841.07	10669.94	10204.88	1
广西	Guangxi	5682.23	8132.36	8887.67	15	1237.65	3014.84	3148.86	16
海南	Hainan	1039.62	2034.80	2055.73	28	341.65	464.46	513.48	28
重庆	Chongqing	3901.69	5869.83	6590.24	22	1183.97	2576.50	2737.72	19
四川	Sichuan	8089.35	12661.64	14503.68	8	2684.50	4528.47	5019.28	5
贵州	Guizhou	2444.38	5021.84	5845.79	25	698.54	1709.57	1864.82	24
云南	Yunnan	3344.07	6438.29	6825.92	20	1499.72	2595.83	2797.31	17
西藏	Tibet	325.38	594.40	657.04	31	37.64	78.92	90.29	31
陕西	Shaanxi	4028.24	7317.68	7725.36	17	1695.80	3480.67	3501.37	13
甘肃	Gansu	2145.94	3342.35	3473.12	27	666.78	1095.15	985.64	27
青海	Qinghai	635.34	1071.61	1125.20	30	197.71	304.77	298.63	30
宁夏	Ningxia	921.35	1409.99	1604.29	29	183.49	387.92	350.26	29
新疆	Xinjiang	2829.07	5100.34	5499.12	26	791.23	1354.85	1250.87	26

注：本表按当年价格计算。

Note: Data in this table are calculated at current prices.

3-19 地区生产总值收入法构成项目（二）
Components of Gross Regional Product by Income Approach（2）

单位：亿元 (100 million yuan)

地区	Region	固定资产折旧 Depreciation of Fixed Assets 2010	2014	2015	2015排名 Ranking	营业盈余 Operating Surplus 2010	2014	2015	2015排名 Ranking
北京	Beijing	1925.96	2418.66	2678.24	15	3070.44	4566.29	4340.36	18
天津	Tianjin	1155.18	1754.58	1795.37	23	3110.20	5057.41	5277.36	13
河北	Hebei	2342.65	3904.60	4168.20	7	4283.79	6741.29	6412.86	8
山西	Shanxi	1245.86	2261.12	2277.66	17	2814.15	2355.29	2272.11	24
内蒙古	Inner Mongolia	1416.21	1977.12	1973.48	21	3574.21	4768.48	4821.40	15
辽宁	Liaoning	2685.24	4289.48	4713.85	5	3693.69	5782.70	6244.86	11
吉林	Jilin	1467.62	2313.71	2349.04	16	2491.78	3712.53	3477.10	21
黑龙江	Heilongjiang	1274.49	1815.87	2071.15	19	3605.57	4521.37	4069.16	19
上海	Shanghai	2275.95	2580.36	2715.36	14	4849.25	5974.12	6402.81	9
江苏	Jiangsu	5483.65	8235.55	8918.59	3	12521.86	19495.26	20887.69	1
浙江	Zhejiang	3316.63	5077.79	5427.75	4	9342.78	10369.52	10647.19	4
安徽	Anhui	1405.25	2849.36	3134.88	10	3115.70	5005.47	5169.44	14
福建	Fujian	1562.99	2491.08	2895.55	13	3906.43	5406.42	5354.48	12
江西	Jiangxi	1183.45	2239.00	2214.17	18	2392.27	4518.88	4706.83	16
山东	Shandong	5384.36	8676.86	9049.20	2	12054.33	17159.70	17689.65	2
河南	Henan	2867.95	4187.97	4398.35	6	5650.06	9433.13	9730.07	5
湖北	Hubei	2237.63	3373.01	3538.26	9	4617.23	6667.36	7235.61	6
湖南	Hunan	1701.50	2732.45	3020.68	11	3742.59	6348.07	6714.98	7
广东	Guangdong	6159.34	8930.36	9644.88	1	12560.29	15848.00	17187.21	3
广西	Guangxi	1248.21	1689.07	1919.23	22	1401.76	2836.62	2847.36	22
海南	Hainan	331.81	480.66	594.62	28	351.42	520.80	538.93	28
重庆	Chongqing	850.58	1764.26	2002.42	20	1989.34	4052.01	4386.89	17
四川	Sichuan	2212.51	3563.00	4129.65	8	4199.12	7783.55	6400.49	10
贵州	Guizhou	655.93	1179.48	1305.70	26	803.32	1355.50	1486.25	25
云南	Yunnan	907.75	1296.56	1524.44	25	1472.64	2483.91	2471.50	23
西藏	Tibet	73.13	117.67	129.00	31	71.31	129.84	150.06	31
陕西	Shaanxi	1125.97	2458.18	2905.33	12	3273.47	4433.41	3889.80	20
甘肃	Gansu	622.36	1121.35	1049.38	27	685.67	1277.97	1282.17	26
青海	Qinghai	199.80	559.25	590.26	29	317.58	367.70	402.96	30
宁夏	Ningxia	231.41	461.02	480.88	30	353.40	493.17	476.34	29
新疆	Xinjiang	676.21	1424.48	1565.01	24	1140.96	1393.79	1009.80	27

注：本表按当年价格计算。

Note: Data in this table are calculated at current prices.

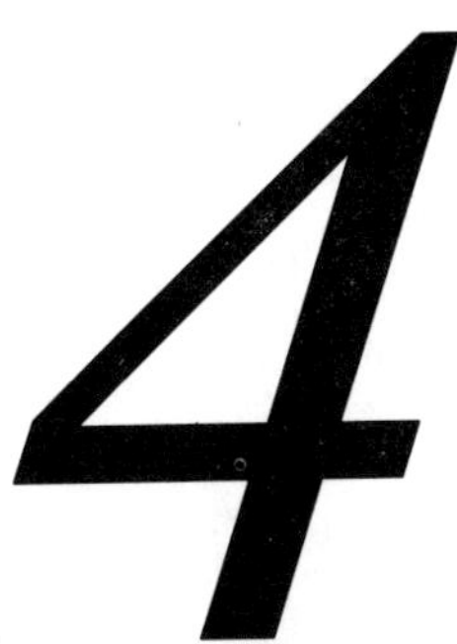

固定资产投资

Investment in Fixed Assets

4-1 全社会固定资产投资和全社会住宅投资

Total Investment in Fixed Assets in the Whole Country and Total Investment in Residential Buildings in the Whole Country

单位：亿元 (100 million yuan)

地区	Region	全社会固定资产投资 Total Investment in Fixed Assets 2010	2014	2015	2015排名 Ranking	全社会住宅投资 Total Investment in Residential Buildings 2010	2014	2015	2015排名 Ranking
全　国	National Total	**278121.9**	**512020.7**	**561999.8**		**45936.1**	**80615.1**	**80247.7**	
北　京	Beijing	5403.0	6924.2	7496.0	26	1662.2	2102.6	2072.6	17
天　津	Tianjin	6278.1	10518.2	11832.0	21	700.5	1292.9	1521.1	22
河　北	Hebei	15083.4	26671.9	29448.3	5	2614.8	3648.8	3944.1	7
山　西	Shanxi	6063.2	12354.5	14074.2	17	900.3	2004.5	2106.8	16
内蒙古	Inner Mongolia	8926.5	17591.8	13702.2	18	961.8	1250.5	1107.4	25
辽　宁	Liaoning	16043.0	24730.8	17917.9	13	2724.1	4077.2	2775.3	11
吉　林	Jilin	7870.4	11339.6	12705.3	20	872.0	841.4	782.9	28
黑龙江	Heilongjiang	6812.6	9829.0	10182.9	24	1066.2	1118.7	819.4	26
上　海	Shanghai	5108.9	6016.4	6352.7	27	1233.0	1730.8	1822.7	19
江　苏	Jiangsu	23184.3	41938.6	46246.9	2	3665.2	6633.0	6775.4	1
浙　江	Zhejiang	12376.0	24262.8	27323.3	6	2785.5	5782.4	5717.3	3
安　徽	Anhui	11542.9	21875.6	24386.0	10	2248.7	3636.3	3559.8	8
福　建	Fujian	8199.1	18177.9	21301.4	11	1254.1	3277.4	3287.7	10
江　西	Jiangxi	8772.3	15079.3	17388.1	14	876.7	1705.0	1604.9	21
山　东	Shandong	23280.5	42495.5	48312.4	1	3706.9	5396.5	5542.4	4
河　南	Henan	16585.9	30782.2	35660.3	3	2721.5	4309.8	4533.6	5
湖　北	Hubei	10262.7	22915.3	26563.9	7	1400.1	3371.9	3555.7	9
湖　南	Hunan	9663.6	21242.9	25045.1	9	1505.9	2726.6	2504.8	15
广　东	Guangdong	15623.7	26293.9	30343.0	4	3161.7	5907.5	6527.6	2
广　西	Guangxi	7057.6	13843.2	16227.8	15	1218.6	1786.1	1913.6	18
海　南	Hainan	1317.0	3112.2	3451.2	29	495.3	1243.0	1384.5	23
重　庆	Chongqing	6688.9	12285.4	14353.2	16	1325.9	2717.7	2600.9	12
四　川	Sichuan	13116.7	23318.6	25525.9	8	2354.1	4087.6	4034.1	6
贵　州	Guizhou	3104.9	9025.8	10945.5	22	530.4	1605.5	1682.3	20
云　南	Yunnan	5528.7	11498.5	13500.6	19	920.5	2524.9	2549.3	14
西　藏	Tibet	462.7	1069.2	1295.7	31	42.1	61.6	68.1	31
陕　西	Shaanxi	7963.7	17191.9	18582.2	12	1486.6	2777.0	2568.1	13
甘　肃	Gansu	3158.3	7884.1	8754.2	25	486.5	770.1	792.0	27
青　海	Qinghai	1016.9	2861.2	3210.6	30	177.9	331.0	322.9	30
宁　夏	Ningxia	1444.2	3173.8	3505.4	28	238.8	526.7	501.5	29
新　疆	Xinjiang	3423.2	9447.7	10813.0	23	561.3	1368.9	1269.0	24

注：2010年固定资产投资的统计起点为50万元；自2011年起，投资的统计起点由50万元提高到500万元(以下有关各表同)。

Note: The starting point for the 2010 investment in fixed assets is 500000 yuan; since 2011, investment statistics point raised from 500000 yuan to 5 million yuan. The same applies to the relevant tables followed.

4-2 城镇固定资产投资（不含农户）和房地产开发投资
Total Investment in Urban Area and Real Estate Development

单位：亿元 (100 million yuan)

地区	Region	城镇固定资产投资（不含农户） Investment in Fixed Assets in Urban Area				其中：房地产开发投资 Investment in Real Estate Development			
		2010	2014	2015	2015排名 Ranking	2010	2014	2015	2015排名 Ranking
全　国	**National Total**	**241430.9**	**501264.9**	**551590.0**		**48259.4**	**95035.6**	**95978.8**	
北　京	Beijing	4916.5	6873.4	7446.0	26	2901.1	3715.3	4177.0	11
天　津	Tianjin	5896.5	10490.4	11814.6	21	866.6	1699.6	1871.5	20
河　北	Hebei	12922.7	26147.2	28905.7	5	2264.9	4059.7	4285.3	9
山　西	Shanxi	5526.6	12035.5	13744.6	17	592.2	1403.6	1494.9	23
内蒙古	Inner Mongolia	8688.0	17437.8	13529.2	18	1120.0	1370.9	1081.1	24
辽　宁	Liaoning	15106.3	24426.8	17640.4	13	3465.8	5301.3	3558.6	13
吉　林	Jilin	7395.2	11107.9	12508.6	20	921.0	1030.1	924.2	27
黑龙江	Heilongjiang	6292.7	9537.9	9884.3	24	843.1	1324.1	992.1	26
上　海	Shanghai	4630.5	6013.0	6349.4	27	1980.7	3206.5	3468.9	14
江　苏	Jiangsu	17416.5	41552.8	45905.2	2	4299.4	8240.2	8153.7	2
浙　江	Zhejiang	8438.1	23554.8	26664.7	6	3025.4	7262.4	7111.9	3
安　徽	Anhui	10281.3	21256.3	23803.9	10	2251.8	4339.0	4424.9	8
福　建	Fujian	7385.8	17869.8	20974.0	11	1818.9	4567.4	4469.6	7
江　西	Jiangxi	7856.9	14646.3	16993.9	14	706.8	1322.5	1520.1	22
山　东	Shandong	18844.4	41599.1	47381.5	1	3249.4	5818.0	5892.2	4
河　南	Henan	13934.8	30012.3	34951.3	3	2114.1	4375.7	4818.9	5
湖　北	Hubei	9405.6	22441.7	26086.4	7	1618.2	3983.8	4249.2	10
湖　南	Hunan	8618.0	20548.6	24324.2	9	1469.1	2883.6	2613.7	16
广　东	Guangdong	12599.3	25843.1	29950.5	4	3659.7	7638.5	8538.5	1
广　西	Guangxi	6383.3	13287.6	15654.9	15	1206.2	1838.5	1909.1	19
海　南	Hainan	1257.5	3039.5	3355.4	29	467.9	1431.7	1704.0	21
重　庆	Chongqing	6170.6	12140.8	14208.1	16	1620.3	3630.2	3751.3	12
四　川	Sichuan	11061.4	22662.1	24965.6	8	2194.6	4380.1	4813.0	6
贵　州	Guizhou	2609.4	8778.4	10676.7	22	556.7	2187.7	2205.1	18
云　南	Yunnan	5052.6	11073.8	13069.4	19	900.4	2846.7	2669.0	15
西　藏	Tibet	405.0	1069.2	1295.7	31	9.0	52.9	50.0	31
陕　西	Shaanxi	7569.9	16840.3	18231.0	12	1159.5	2426.5	2494.3	17
甘　肃	Gansu	2808.6	7759.6	8626.6	25	266.4	721.5	768.1	28
青　海	Qinghai	840.0	2788.9	3144.2	30	108.2	308.3	336.0	30
宁　夏	Ningxia	1292.8	3093.9	3426.4	28	254.4	654.8	633.6	29
新　疆	Xinjiang	3065.1	9067.8	10525.4	23	347.7	1014.8	998.9	25

注：2010年统计口径为城镇固定资产投资；自2011年起，城镇固定资产投资数据发布口径改为固定资产投资(不含农户)。固定资产投资(不含农户)等于原口径的城镇固定资产投资加上农村企事业组织的项目投资(以下有关各表同)。

Note: The statistics for 2010 urban fixed asset investment, Since 2011, published coverage of investment infixed assets in urban area changed into investment in fixed assets (excluding rural households) which included investment in urban area and investment in rural enterprises (units). The same applies to the relevant tables followed.

4-3 城镇住宅投资和房地产开发投资

Urban Area Investment in Residential Buildings and Real Estate Development

单位：亿元 (100 million yuan)

地区	Region	城镇住宅投资 Investment in Residential Buildings in Urban Area 2010	2014	2015	2015排名 Ranking	其中：房地产开发投资 Investment in Real Estate Development 2014	2015	2015排名 Ranking
全国	**National Total**	**39473.7**	**72888.4**	**72746.0**		**64352.2**	**64595.2**	
北京	Beijing	1569.1	2056.7	2028.0	15	1846.1	1889.5	13
天津	Tianjin	652.2	1284.6	1514.0	20	1122.3	1251.5	20
河北	Hebei	2173.1	3234.3	3541.8	7	3010.4	3162.5	6
山西	Shanxi	731.6	1791.0	1889.8	17	1010.7	1098.3	23
内蒙古	Inner Mongolia	928.6	1183.0	1016.4	25	936.8	758.5	24
辽宁	Liaoning	2562.1	3888.3	2641.6	11	3844.3	2603.3	11
吉林	Jilin	800.3	787.9	685.2	28	732.5	648.8	26
黑龙江	Heilongjiang	939.7	1031.7	715.2	27	946.0	681.2	25
上海	Shanghai	1230.8	1727.4	1820.0	18	1724.6	1813.3	15
江苏	Jiangsu	3380.7	6367.4	6527.2	1	5924.5	6080.2	1
浙江	Zhejiang	2271.8	5169.6	5145.2	3	4594.2	4450.7	3
安徽	Anhui	1836.3	3196.6	3150.2	9	2847.6	2849.2	10
福建	Fujian	1077.8	3029.4	3010.9	10	2917.2	2865.0	9
江西	Jiangxi	640.1	1333.2	1273.1	23	971.9	1113.1	22
山东	Shandong	3140.0	4964.0	5098.3	4	4184.3	4399.4	4
河南	Henan	1992.0	3707.5	3976.7	5	3289.2	3529.2	5
湖北	Hubei	1190.1	3006.6	3202.6	8	2755.4	3020.5	8
湖南	Hunan	1207.5	2163.9	1937.6	16	1998.5	1802.9	16
广东	Guangdong	2824.3	5489.7	6168.9	2	5187.3	5890.5	2
广西	Guangxi	969.8	1397.9	1514.1	19	1292.6	1407.8	18
海南	Hainan	469.1	1178.6	1296.9	22	1122.1	1246.8	21
重庆	Chongqing	1245.8	2604.9	2490.5	12	2451.4	2390.5	12
四川	Sichuan	1898.0	3553.3	3601.2	6	2847.8	3048.7	7
贵州	Guizhou	393.1	1416.1	1480.3	21	1350.3	1327.8	19
云南	Yunnan	761.5	2206.6	2202.8	14	1830.1	1670.3	17
西藏	Tibet	7.0	61.6	68.1	31	29.4	39.6	31
陕西	Shaanxi	1334.8	2514.5	2274.5	13	1869.7	1827.8	14
甘肃	Gansu	389.1	705.6	725.2	26	496.4	526.6	28
青海	Qinghai	114.2	275.8	273.2	30	190.7	201.4	30
宁夏	Ningxia	209.3	476.5	444.2	29	411.6	396.7	29
新疆	Xinjiang	481.9	1082.6	1032.5	24	616.3	603.7	27

4-4 按登记注册类型分全社会固定资产投资（一）
Total Investment in Fixed Assets by Status of Registration（1）

单位：亿元 (100 million yuan)

地区	Region	全社会内资投资额 Domestic Investment in Fixed Assets 2010	2014	2015	2015排名 Ranking	国有投资额 State-owned Investment 2010	2014	2015	2015排名 Ranking
全　国	**National Total**	**260914.4**	**489033.6**	**539323.0**		**83316.5**	**125005.2**	**139711.3**	
北　京	Beijing	5009.6	6331.0	6961.3	26	1253.4	1579.3	1631.7	27
天　津	Tianjin	5827.0	9865.4	11153.0	21	2455.5	2122.0	2739.8	25
河　北	Hebei	14691.0	26068.0	28854.1	4	3478.2	3743.7	4674.2	15
山　西	Shanxi	5953.5	12177.6	13835.3	16	2726.0	3915.4	4021.4	18
内蒙古	Inner Mongolia	8764.4	17413.9	13628.2	17	3345.9	6459.7	5281.3	11
辽　宁	Liaoning	14329.4	23116.1	16801.1	14	3463.2	4400.6	3013.6	22
吉　林	Jilin	7609.5	11170.0	12530.6	20	2214.0	2457.9	2871.5	24
黑龙江	Heilongjiang	6648.5	9692.7	10055.7	24	2736.9	2994.4	2877.1	23
上　海	Shanghai	4370.4	4903.7	5177.6	27	1830.4	1405.8	1567.1	28
江　苏	Jiangsu	20169.9	37794.6	42344.4	2	4054.1	7540.4	8031.5	2
浙　江	Zhejiang	11233.9	22320.7	25336.6	7	2801.6	5216.3	6289.2	5
安　徽	Anhui	11091.5	21195.9	23651.8	10	2809.8	4635.9	4872.1	14
福　建	Fujian	7103.0	16941.7	20000.2	11	2496.8	4508.1	5531.6	9
江　西	Jiangxi	8314.9	14682.2	17087.8	13	2096.1	3054.4	3471.8	21
山　东	Shandong	21975.5	41072.1	46867.0	1	3394.0	5010.9	5717.4	8
河　南	Henan	16181.6	30476.9	35372.4	3	2692.6	3649.8	4226.8	17
湖　北	Hubei	9809.6	22267.5	25721.9	6	3187.7	4732.7	5743.7	7
湖　南	Hunan	9440.7	20819.7	24630.5	9	3258.5	5612.0	6873.7	4
广　东	Guangdong	13309.7	23127.6	26864.0	5	4399.1	4904.7	5265.4	12
广　西	Guangxi	6712.7	13464.5	15776.6	15	2164.8	3183.7	3954.4	19
海　南	Hainan	1149.1	2788.6	3162.4	30	345.9	688.7	804.3	31
重　庆	Chongqing	6276.9	11407.8	13410.1	18	2434.8	3706.8	4512.5	16
四　川	Sichuan	12579.8	22640.7	24876.5	8	4998.8	7620.4	8781.1	1
贵　州	Guizhou	3033.6	8891.0	10864.2	22	1350.9	4138.9	5452.4	10
云　南	Yunnan	5422.1	11295.0	13382.7	19	2559.7	4575.5	6046.4	6
西　藏	Tibet	460.0	1068.3	1258.4	31	333.1	736.0	934.8	30
陕　西	Shaanxi	7777.8	16622.0	18042.4	12	3639.2	6658.7	7447.1	3
甘　肃	Gansu	3104.1	7850.7	8717.4	25	1684.4	3206.8	3635.0	20
青　海	Qinghai	993.6	2806.0	3191.8	29	465.9	1346.6	1797.6	26
宁　夏	Ningxia	1426.2	3149.8	3484.9	28	464.7	957.9	1197.3	29
新　疆	Xinjiang	3385.6	9343.8	10729.6	23	1421.4	3972.5	4895.3	13

4-5 按登记注册类型分全社会固定资产投资（二）

Total Investment in Fixed Assets by Status of Registration（2）

单位：亿元 (100 million yuan)

地区	Region	集体投资额 Collective-owned Investment				股份合作投资额 Cooperative Investment			
		2010	2014	2015	2015排名 Ranking	2010	2014	2015	2015排名 Ranking
全　国	**National Total**	**10041.9**	**15188.9**	**15447.8**		**1445.6**	**1992.5**	**1780.3**	
北　京	Beijing	105.9	131.2	126.1	19	6.5	11.0	2.8	29
天　津	Tianjin	346.4	758.5	736.6	8	24.5	73.1	45.8	14
河　北	Hebei	1072.2	1015.8	676.2	9	67.0	159.5	148.4	4
山　西	Shanxi	308.0	787.0	866.5	7	35.7	59.3	22.1	21
内蒙古	Inner Mongolia	108.7	121.7	124.0	20	61.2	19.6	19.5	23
辽　宁	Liaoning	418.2	259.3	223.0	16	84.2	26.8	21.4	22
吉　林	Jilin	65.2	69.2	90.0	21	24.5	17.3	30.6	19
黑龙江	Heilongjiang	46.6	68.8	76.9	24	19.6	27.4	38.5	16
上　海	Shanghai	99.1	49.5	50.8	25	8.5	3.4	2.8	28
江　苏	Jiangsu	850.5	1703.5	1767.4	2	91.3	80.3	91.7	7
浙　江	Zhejiang	311.9	945.5	886.9	6	37.0	71.0	72.3	9
安　徽	Anhui	283.5	287.5	295.0	15	44.9	53.2	52.4	12
福　建	Fujian	227.8	576.8	958.3	5	39.0	34.7	33.4	17
江　西	Jiangxi	122.8	98.6	86.0	23	96.5	50.2	31.3	18
山　东	Shandong	2335.1	3137.9	2870.3	1	149.4	224.8	224.6	1
河　南	Henan	1072.1	1358.2	1354.5	3	160.1	235.1	163.3	2
湖　北	Hubei	451.7	611.8	545.7	11	81.5	81.5	82.0	8
湖　南	Hunan	189.0	392.1	518.3	12	154.8	174.4	142.6	5
广　东	Guangdong	724.7	1081.9	1263.0	4	49.8	128.1	108.3	6
广　西	Guangxi	145.5	205.1	194.8	17	39.2	58.3	56.5	11
海　南	Hainan	2.0	3.4	0.8	31	16.9	13.7	16.7	25
重　庆	Chongqing	49.0	103.2	89.6	22	13.8	57.3	160.1	3
四　川	Sichuan	123.5	181.6	152.0	18	41.0	94.7	49.1	13
贵　州	Guizhou	9.4	5.4	29.4	27	18.5	20.0	12.8	26
云　南	Yunnan	88.2	282.9	453.8	13	18.5	20.8	22.1	20
西　藏	Tibet	3.0	2.9	1.6	30	2.3	1.4	0.0	31
陕　西	Shaanxi	399.4	603.9	627.5	10	37.8	77.9	59.8	10
甘　肃	Gansu	58.3	301.0	334.0	14	11.2	62.2	18.1	24
青　海	Qinghai	10.5	14.3	15.4	28	5.6	4.9	6.3	27
宁　夏	Ningxia	2.8	13.7	2.8	29	0.5	2.5	1.8	30
新　疆	Xinjiang	10.8	16.4	30.8	26	4.2	48.3	43.2	15

4-6 按登记注册类型分全社会固定资产投资（三）
Total Investment in Fixed Assets by Status of Registration（3）

单位：亿元

(100 million yuan)

地区	Region	联营投资额 Joint Investment				有限责任公司投资额 Limited Liability Investment			
		2010	2014	2015	2015排名 Ranking	2010	2014	2015	2015排名 Ranking
全　国	**National Total**	**831.0**	**1562.1**	**1613.4**		**70321.5**	**136462.2**	**146057.4**	
北　京	Beijing	1.8	2.3	2.2	30	2919.3	3930.5	4381.6	15
天　津	Tianjin	20.2	75.5	96.3	8	1921.9	3572.1	3457.1	18
河　北	Hebei	50.2	57.5	110.9	7	3688.3	6873.0	7449.6	7
山　西	Shanxi	35.1	36.5	37.2	18	1522.3	2828.9	2944.4	22
内蒙古	Inner Mongolia	20.0	5.8	27.9	22	3178.1	6354.8	4716.4	13
辽　宁	Liaoning	32.8	38.2	35.6	19	3730.1	5876.8	4105.9	16
吉　林	Jilin	8.4	35.4	17.8	24	2895.4	3680.7	3936.0	17
黑龙江	Heilongjiang	5.9	57.0	34.0	20	1759.2	2809.0	2899.3	23
上　海	Shanghai	59.5	80.4	23.7	23	1298.6	2052.6	2254.6	26
江　苏	Jiangsu	28.6	134.5	122.4	4	4846.2	7649.4	8566.2	4
浙　江	Zhejiang	50.5	35.5	53.7	10	3729.4	7438.2	8144.3	5
安　徽	Anhui	27.7	59.9	37.5	17	3166.6	5849.5	5993.7	9
福　建	Fujian	57.2	60.9	40.8	13	1609.4	5277.8	5856.7	10
江　西	Jiangxi	19.8	71.4	66.0	9	2437.4	3969.7	4874.1	12
山　东	Shandong	48.1	98.2	134.5	1	6151.8	10801.8	11576.6	1
河　南	Henan	43.8	113.9	114.7	6	3760.9	8727.7	10978.1	2
湖　北	Hubei	51.4	38.4	46.1	11	2321.2	6068.5	6760.8	8
湖　南	Hunan	43.2	120.0	130.7	2	1903.0	4731.6	5147.9	11
广　东	Guangdong	75.1	38.0	39.8	15	3804.4	8385.7	10200.5	3
广　西	Guangxi	27.3	65.7	44.5	12	1605.9	3167.8	3421.5	19
海　南	Hainan	2.1	2.3	5.1	28	451.2	1342.5	1571.1	28
重　庆	Chongqing	25.8	26.7	15.8	25	1701.3	2940.5	3071.8	21
四　川	Sichuan	41.5	105.5	127.7	3	3850.2	6795.2	7553.6	6
贵　州	Guizhou	16.2	10.3	11.6	26	806.9	2567.2	2698.2	24
云　南	Yunnan	5.4	13.9	37.8	16	1194.3	2964.8	3179.0	20
西　藏	Tibet	0.1	5.9	3.1	29	13.7	43.7	26.2	31
陕　西	Shaanxi	20.3	91.8	116.7	5	1973.6	4231.8	4657.4	14
甘　肃	Gansu	9.0	54.6	40.4	14	624.8	1696.6	1683.8	27
青　海	Qinghai	0.5	1.6	2.0	31	249.4	635.1	627.2	30
宁　夏	Ningxia	0.5	3.1	5.8	27	471.3	686.4	724.3	29
新　疆	Xinjiang	3.0	21.4	31.0	21	735.7	2512.3	2599.7	25

4-7 按登记注册类型分全社会固定资产投资（四）

Total Investment in Fixed Assets by Status of Registration（4）

单位：亿元 (100 million yuan)

地区	Region	股份有限公司投资额 Share-holding Investment				私营投资额 Private Investment			
		2010	2014	2015	2015排名 Ranking	2010	2014	2015	2015排名 Ranking
全 国	**National Total**	**17203.0**	**22371.5**	**20832.4**		**60572.3**	**149539.3**	**171345.4**	
北 京	Beijing	388.9	290.8	191.8	27	255.1	311.8	513.7	28
天 津	Tianjin	477.0	515.6	423.1	20	485.8	2360.8	3194.4	19
河 北	Hebei	969.6	1307.5	1383.8	3	4439.9	10632.1	11673.8	3
山 西	Shanxi	306.7	567.7	374.7	22	692.2	2977.5	3874.8	16
内蒙古	Inner Mongolia	703.7	726.3	577.0	14	1123.0	3035.4	2332.4	22
辽 宁	Liaoning	940.1	1035.7	523.0	16	5158.3	10151.0	7850.6	8
吉 林	Jilin	433.7	546.5	568.3	15	1584.3	3246.2	3641.8	17
黑龙江	Heilongjiang	573.0	311.1	148.4	28	929.8	2483.1	2772.9	20
上 海	Shanghai	173.4	131.3	248.3	26	882.9	1157.0	1017.1	27
江 苏	Jiangsu	979.1	1376.9	1210.2	5	8387.2	18075.4	21162.0	1
浙 江	Zhejiang	421.8	684.1	669.5	10	3109.1	6842.5	7714.5	9
安 徽	Anhui	693.4	1013.7	1130.8	6	3203.5	7802.1	9570.7	5
福 建	Fujian	256.8	491.3	520.0	17	2015.2	5042.8	5795.0	12
江 西	Jiangxi	612.0	551.7	459.4	18	2377.8	5812.7	6891.3	10
山 东	Shandong	1556.8	2135.7	2154.2	2	6114.6	15272.3	19260.2	2
河 南	Henan	1313.0	2229.8	2215.5	1	5027.5	9847.5	11116.0	4
湖 北	Hubei	901.1	1168.7	1090.4	7	2134.8	7522.8	8801.5	6
湖 南	Hunan	788.6	908.0	892.0	9	2280.2	6779.1	8447.0	7
广 东	Guangdong	974.5	1310.0	1300.6	4	2203.1	5652.9	6772.7	11
广 西	Guangxi	492.5	608.0	591.8	13	1485.7	4286.6	5379.7	14
海 南	Hainan	164.8	284.0	271.8	23	109.6	312.8	315.9	30
重 庆	Chongqing	364.5	401.5	425.3	19	1417.3	3454.4	4073.3	15
四 川	Sichuan	865.8	986.1	991.1	8	1746.3	4588.7	5401.4	13
贵 州	Guizhou	130.9	310.5	266.3	24	486.4	1452.0	1935.0	24
云 南	Yunnan	342.0	492.6	415.7	21	864.6	2266.7	2461.2	21
西 藏	Tibet	11.5	77.3	96.3	30	18.4	87.2	84.2	31
陕 西	Shaanxi	453.2	639.0	632.7	12	807.1	3077.9	3465.9	18
甘 肃	Gansu	168.1	265.5	258.6	25	322.4	1616.4	1898.7	25
青 海	Qinghai	99.9	210.2	101.0	29	96.2	468.3	487.9	29
宁 夏	Ningxia	61.2	95.1	51.2	31	372.3	1296.5	1400.1	26
新 疆	Xinjiang	585.6	699.3	649.4	11	441.9	1626.6	2039.5	23

4-8 按登记注册类型分全社会固定资产投资（五）
Total Investment in Fixed Assets by Status of Registration（5）

单位：亿元

(100 million yuan)

地区	Region	个体投资额 Self-employed Individual Investment				其他投资额 Others Investment			
		2010	2014	2015	2015排名 Ranking	2010	2014	2015	2015排名 Ranking
全　国	**National Total**	**9506.7**	**12602.5**	**12439.3**		**7676.0**	**24309.3**	**30095.8**	
北　京	Beijing	53.1	50.8	50.3	28	25.6	23.4	61.0	29
天　津	Tianjin	26.4	27.8	17.4	30	69.4	359.9	442.5	21
河　北	Hebei	491.3	555.2	657.6	7	434.3	1723.7	2079.6	4
山　西	Shanxi	232.4	379.0	401.9	15	95.2	626.2	1292.2	7
内蒙古	Inner Mongolia	105.4	216.6	222.4	22	118.3	473.9	327.4	22
辽　宁	Liaoning	279.2	429.7	335.8	18	223.5	898.1	692.2	19
吉　林	Jilin	227.2	401.6	309.8	19	156.7	715.1	1064.8	11
黑龙江	Heilongjiang	454.7	372.6	373.3	17	122.7	569.2	835.3	15
上　海	Shanghai	2.0	3.5	3.3	31	16.0	20.3	9.8	31
江　苏	Jiangsu	409.4	437.7	431.9	13	523.5	796.5	961.3	12
浙　江	Zhejiang	564.0	762.8	716.8	6	208.6	324.7	789.4	16
安　徽	Anhui	498.6	670.5	634.1	9	363.4	823.5	1065.7	10
福　建	Fujian	222.6	349.8	405.4	14	178.3	599.5	858.9	14
江　西	Jiangxi	367.2	534.4	473.1	12	185.3	539.1	734.7	17
山　东	Shandong	745.6	943.2	1008.6	1	1480.2	3447.3	3920.6	2
河　南	Henan	987.3	854.5	826.4	3	1124.3	3460.3	4377.1	1
湖　北	Hubei	377.7	495.9	492.6	11	302.5	1547.2	2159.1	3
湖　南	Hunan	443.7	783.3	829.4	2	379.8	1319.2	1648.8	5
广　东	Guangdong	679.7	722.7	737.3	5	399.2	903.6	1176.3	9
广　西	Guangxi	472.5	749.7	790.1	4	279.3	1139.4	1343.2	6
海　南	Hainan	44.6	77.0	97.1	25	11.9	64.2	79.5	27
重　庆	Chongqing	148.4	179.9	172.7	23	122.0	537.6	889.1	13
四　川	Sichuan	622.0	726.3	635.6	8	290.9	1542.1	1185.0	8
贵　州	Guizhou	176.3	247.3	276.9	21	38.2	139.3	181.8	24
云　南	Yunnan	244.4	484.4	510.2	10	104.9	193.4	256.5	23
西　藏	Tibet	20.9	37.5	18.4	29	57.0	76.1	93.9	26
陕　西	Shaanxi	261.1	417.5	396.8	16	186.3	823.6	638.5	20
甘　肃	Gansu	110.9	143.8	151.3	24	115.0	503.7	697.6	18
青　海	Qinghai	49.8	82.7	75.9	27	15.9	42.4	78.5	28
宁　夏	Ningxia	47.4	81.3	81.8	26	5.6	13.4	19.8	30
新　疆	Xinjiang	141.0	383.4	304.9	20	42.1	63.6	135.8	25

4-9 按登记注册类型分全社会固定资产投资（六）
Total Investment in Fixed Assets by Status of Registration（6）

单位：亿元 (100 million yuan)

地区	Region	港、澳、台商投资额 Hong Kong, Macao and Taiwan Investment				外商投资额 Foreign Investment			
		2010	2014	2015	2015排名 Ranking	2010	2014	2015	2015排名 Ranking
全 国	**National Total**	**8295.1**	**11934.5**	**11930.4**		**8912.4**	**11052.6**	**10746.3**	
北 京	Beijing	155.6	373.1	210.5	15	237.8	220.1	324.2	13
天 津	Tianjin	166.6	256.9	297.5	13	284.4	395.9	381.5	10
河 北	Hebei	137.6	265.7	343.8	11	254.7	338.3	250.3	15
山 西	Shanxi	46.4	110.0	143.0	19	63.3	67.0	95.8	21
内蒙古	Inner Mongolia	45.0	83.9	43.4	26	117.0	94.0	30.6	27
辽 宁	Liaoning	795.0	1018.4	644.8	5	918.6	596.3	472.0	6
吉 林	Jilin	106.9	88.1	81.8	22	154.0	81.5	92.8	22
黑龙江	Heilongjiang	43.8	85.5	71.2	24	120.3	50.8	56.0	23
上 海	Shanghai	253.6	492.6	632.0	7	484.9	620.1	543.1	5
江 苏	Jiangsu	1283.5	1658.1	1648.7	2	1730.9	2485.9	2253.7	1
浙 江	Zhejiang	584.7	1200.6	1186.0	3	557.4	741.4	800.7	4
安 徽	Anhui	242.1	379.0	468.0	9	209.4	300.7	266.1	14
福 建	Fujian	652.8	805.1	863.0	4	443.3	431.0	438.2	8
江 西	Jiangxi	231.5	267.1	181.7	17	225.9	130.0	118.6	19
山 东	Shandong	488.6	621.2	639.6	6	816.4	802.3	805.9	3
河 南	Henan	239.9	139.2	142.0	20	164.3	166.1	145.9	18
湖 北	Hubei	208.3	354.8	390.9	10	244.8	292.9	451.2	7
湖 南	Hunan	121.1	208.9	192.9	16	101.7	214.3	221.7	17
广 东	Guangdong	1464.8	1844.3	2081.0	1	849.3	1322.0	1398.0	2
广 西	Guangxi	193.8	218.8	225.6	14	151.1	160.0	225.6	16
海 南	Hainan	108.7	206.4	176.7	18	59.3	117.3	112.2	20
重 庆	Chongqing	257.4	474.1	618.2	8	154.7	403.6	325.0	12
四 川	Sichuan	218.8	323.5	315.1	12	318.1	354.3	334.3	11
贵 州	Guizhou	39.9	109.3	65.1	25	31.4	25.5	16.2	29
云 南	Yunnan	58.7	127.3	77.2	23	48.0	76.3	40.8	25
西 藏	Tibet	1.8	0.9	0.3	31	0.8	0.03	37.01	26
陕 西	Shaanxi	92.2	139.9	108.1	21	93.7	430.0	431.7	9
甘 肃	Gansu	36.3	17.1	20.4	28	18.0	16.4	16.5	28
青 海	Qinghai	1.3	24.6	18.6	29	22.0	30.6	0.2	31
宁 夏	Ningxia	2.1	17.7	11.9	30	15.8	6.3	8.7	30
新 疆	Xinjiang	16.3	22.3	31.6	27	21.3	81.6	51.8	24

4-10 全社会固定资产投资实际到位资金（一）
Actual Funds for Investment in Fixed Assets in the Whole Country (1)

单位：亿元 (100 million yuan)

地区	Region	实际到位资金小计 Subtotal of Actual Funds for Investment				国家预算资金 State Budget			
		2010	2014	2015	2015排名 Ranking	2010	2014	2015	2015排名 Ranking
全　国	**National Total**	**310964.2**	**543480.6**	**584198.8**		**14677.8**	**26745.4**	**30924.3**	
北　京	Beijing	8316.9	9648.6	10417.2	24	91.2	859.2	964.2	17
天　津	Tianjin	6887.3	11634.0	13073.7	18	53.0	169.8	163.9	31
河　北	Hebei	16550.0	26321.5	29108.4	5	373.5	684.7	1044.6	16
山　西	Shanxi	6147.8	10664.7	12154.0	20	456.8	625.2	721.0	21
内蒙古	Inner Mongolia	9069.1	17269.4	13558.8	17	378.7	848.6	705.0	22
辽　宁	Liaoning	18626.3	26449.0	18305.2	13	603.2	1111.5	821.7	18
吉　林	Jilin	7850.8	11493.2	12912.0	19	292.4	290.8	436.5	28
黑龙江	Heilongjiang	7295.4	10366.9	10791.4	22	381.0	370.1	500.0	27
上　海	Shanghai	6383.3	7961.6	8180.0	27	116.2	417.9	501.6	26
江　苏	Jiangsu	27246.2	47097.7	50396.6	1	282.1	627.3	806.9	19
浙　江	Zhejiang	14981.7	26574.5	28684.4	6	468.0	1403.6	1658.6	2
安　徽	Anhui	12266.7	23176.5	24434.6	10	715.4	1167.6	1145.9	11
福　建	Fujian	8922.2	19142.3	21756.3	11	641.4	1334.6	1498.7	5
江　西	Jiangxi	9933.1	16790.3	18634.9	12	472.4	550.7	678.0	23
山　东	Shandong	25399.2	44732.4	50156.6	2	528.6	818.8	752.4	20
河　南	Henan	16943.2	30932.7	35560.9	4	363.5	861.2	1228.7	9
湖　北	Hubei	11274.8	24094.3	27010.0	7	794.3	909.1	1050.4	15
湖　南	Hunan	10289.9	22685.4	26487.6	8	687.3	1149.8	1331.4	7
广　东	Guangdong	18264.5	30486.3	36584.9	3	361.6	1366.5	1755.3	1
广　西	Guangxi	7453.2	14936.4	17125.0	15	331.1	929.4	1207.5	10
海　南	Hainan	1747.7	3551.1	3783.1	28	114.3	173.6	209.7	30
重　庆	Chongqing	8304.7	14561.4	16196.3	16	606.8	773.7	1145.7	12
四　川	Sichuan	14941.5	25231.6	26333.0	9	1398.4	1357.6	1656.8	3
贵　州	Guizhou	3644.1	9665.0	10369.1	25	292.1	491.8	598.2	25
云　南	Yunnan	6375.6	10269.2	11777.9	21	526.8	986.8	1463.2	6
西　藏	Tibet	518.0	1248.7	1662.3	31	321.5	814.1	1137.3	13
陕　西	Shaanxi	9302.4	17154.9	18194.8	14	819.0	1064.6	1238.4	8
甘　肃	Gansu	3240.6	7599.4	8597.6	26	555.7	844.5	1101.9	14
青　海	Qinghai	1040.3	2781.0	3145.1	29	141.5	530.5	609.0	24
宁　夏	Ningxia	1446.0	2961.7	3077.9	30	89.0	237.3	307.0	29
新　疆	Xinjiang	3667.4	9482.1	10734.9	23	578.8	1361.0	1561.5	4

4-11 全社会固定资产投资实际到位资金（二）
Actual Funds for Investment in Fixed Assets in the Whole Country (2)

单位：亿元 (100 million yuan)

地区	Region	国内贷款 Domestic Loans 2010	2014	2015	2015排名 Ranking	利用外资 Foreign Investment 2010	2014	2015	2015排名 Ranking
全　国	**National Total**	**47258.0**	**65221.0**	**61054.0**		**4986.8**	**4052.9**	**2854.4**	
北　京	Beijing	2189.3	2732.9	2360.4	9	43.8	28.8	13.2	23
天　津	Tianjin	1678.2	2016.3	2209.9	12	125.0	92.5	101.4	8
河　北	Hebei	2161.5	1966.3	1922.8	15	87.8	104.9	42.7	15
山　西	Shanxi	918.5	833.7	650.2	27	32.7	43.6	2.5	29
内蒙古	Inner Mongolia	1090.3	1913.9	1719.4	18	7.5	14.7	6.9	25
辽　宁	Liaoning	2768.7	3645.7	2399.8	7	440.8	180.6	97.1	9
吉　林	Jilin	470.6	535.4	457.0	29	53.9	11.4	24.9	19
黑龙江	Heilongjiang	542.1	219.9	288.7	30	35.9	31.4	12.6	24
上　海	Shanghai	1493.3	2068.1	2050.8	14	236.2	205.0	130.1	7
江　苏	Jiangsu	3343.5	5382.2	4823.3	1	1154.9	1152.0	926.2	1
浙　江	Zhejiang	2466.1	3766.3	3030.8	5	241.8	214.5	160.4	5
安　徽	Anhui	1193.1	1562.2	1255.4	21	111.9	82.8	62.7	11
福　建	Fujian	1512.8	2001.4	2173.9	13	289.2	187.3	85.6	10
江　西	Jiangxi	1059.3	1206.9	835.2	24	191.6	85.8	40.3	16
山　东	Shandong	2865.3	4299.2	4109.5	3	545.3	342.9	274.4	2
河　南	Henan	1574.3	4000.9	4076.2	4	46.0	94.7	46.5	13
湖　北	Hubei	1699.4	2737.8	2698.4	6	156.2	77.6	43.7	14
湖　南	Hunan	1392.8	1908.4	1840.7	16	86.3	55.4	33.8	18
广　东	Guangdong	3066.3	4387.1	4568.2	2	623.4	405.0	204.1	4
广　西	Guangxi	1050.3	1887.4	2274.8	10	68.6	14.0	36.5	17
海　南	Hainan	479.9	744.7	623.4	28	23.2	15.3	3.8	27
重　庆	Chongqing	1683.3	2562.1	2261.8	11	149.1	282.4	139.2	6
四　川	Sichuan	2411.4	2407.5	2374.5	8	99.9	95.1	53.3	12
贵　州	Guizhou	897.3	1620.0	1812.5	17	11.4	34.4	15.7	22
云　南	Yunnan	1399.3	1226.3	1498.6	20	11.3	25.9	20.1	21
西　藏	Tibet	9.9	5.8	10.8	31	1.4	1.4	1.1	30
陕　西	Shaanxi	1075.8	1292.3	1226.2	22	29.5	110.3	224.2	3
甘　肃	Gansu	510.1	954.5	997.5	23	18.8	34.5	21.4	20
青　海	Qinghai	178.6	596.0	681.4	26	5.2	4.2	2.7	28
宁　夏	Ningxia	410.9	734.0	712.8	25	4.1	2.9	0.3	31
新　疆	Xinjiang	532.7	1314.5	1607.4	19	12.0	3.1	4.1	26

4-12 全社会固定资产投资实际到位资金（三）
Actual Funds for Investment in Fixed Assets in the Whole Country (3)

单位：亿元 (100 million yuan)

地区	Region	自筹资金 Self-raised Funds 2010	2014	2015	2015排名 Ranking	其他资金 Others 2010	2014	2015	2015排名 Ranking
全 国	**National Total**	**197099.2**	**379737.8**	**414802.4**		**46942.4**	**67723.4**	**74563.6**	
北 京	Beijing	3240.2	3212.8	3759.3	26	2752.4	2814.9	3320.0	6
天 津	Tianjin	3998.9	7753.6	9075.9	21	1032.1	1601.9	1522.7	20
河 北	Hebei	12331.8	21687.4	24321.7	4	1595.3	1878.2	1776.7	17
山 西	Shanxi	3974.8	8329.8	9948.6	18	765.0	832.4	831.7	25
内蒙古	Inner Mongolia	7188.5	13699.0	10453.5	17	404.0	793.3	674.0	27
辽 宁	Liaoning	12998.8	19569.3	13517.8	14	1814.7	1941.9	1468.7	21
吉 林	Jilin	6501.6	9873.8	11260.8	16	532.2	781.8	732.8	26
黑龙江	Heilongjiang	5569.5	9109.4	9333.5	20	766.8	636.1	656.6	28
上 海	Shanghai	3180.4	3243.6	3011.0	27	1357.2	2027.1	2486.5	11
江 苏	Jiangsu	17552.9	33686.9	36633.3	2	4912.8	6249.3	7206.9	2
浙 江	Zhejiang	8299.4	16666.4	18435.7	9	3506.4	4523.7	5398.9	3
安 徽	Anhui	8541.5	17167.9	18767.0	8	1704.9	3196.1	3203.6	7
福 建	Fujian	5039.9	12647.4	14972.3	12	1439.1	2971.5	3025.9	9
江 西	Jiangxi	7212.4	13079.7	15152.2	11	997.4	1867.2	1929.3	15
山 东	Shandong	18466.2	35414.3	41006.9	1	2993.9	3857.2	4013.4	5
河 南	Henan	13247.9	23784.4	27936.7	3	1711.5	2191.5	2272.7	13
湖 北	Hubei	7263.2	18222.9	20913.7	6	1361.8	2146.8	2303.9	12
湖 南	Hunan	6726.8	17106.0	20570.5	7	1396.7	2465.7	2711.2	10
广 东	Guangdong	10450.7	18054.4	21266.7	5	3762.6	6273.2	8790.6	1
广 西	Guangxi	4784.0	10161.0	11530.7	15	1219.2	1944.6	2075.5	14
海 南	Hainan	571.4	1838.7	2045.6	28	558.9	778.8	900.6	23
重 庆	Chongqing	3833.1	7980.8	9492.3	19	2032.4	2962.3	3157.3	8
四 川	Sichuan	8470.5	16848.0	17569.0	10	2561.4	4523.4	4679.3	4
贵 州	Guizhou	1822.6	5963.7	6263.4	24	620.7	1555.1	1679.3	19
云 南	Yunnan	3327.6	6538.8	7042.3	22	1110.6	1491.4	1753.6	18
西 藏	Tibet	158.7	367.6	458.1	31	26.4	59.8	55.1	31
陕 西	Shaanxi	6100.7	12969.9	13601.2	13	1277.4	1717.9	1904.8	16
甘 肃	Gansu	1788.0	4971.5	5606.8	25	368.0	794.5	870.0	24
青 海	Qinghai	540.3	1353.8	1578.1	30	174.7	296.6	273.9	30
宁 夏	Ningxia	702.0	1608.7	1700.7	29	240.0	378.8	357.0	29
新 疆	Xinjiang	1959.4	5819.4	6517.2	23	584.6	984.1	1044.6	22

4-13 全社会农林牧渔业和采矿业固定资产投资

Total Investment in Agriculture, Forestry, Animal Husbandry and Fishery, and Mining

单位：亿元 (100 million yuan)

地区	Region	农林牧渔业 Agriculture, Forestry, Animal Husbandry and Fishery				采矿业 Mining			
		2010	2014	2015	2015排名 Ranking	2010	2014	2015	2015排名 Ranking
全　国	National Total	7923.1	16573.8	21042.7		11000.9	14538.9	12970.8	
北　京	Beijing	43.2	145.8	111.0	28	9.3	7.2	2.6	30
天　津	Tianjin	91.9	214.3	262.6	25	308.6	314.9	265.1	21
河　北	Hebei	565.2	1204.3	1599.8	3	439.7	659.8	561.6	8
山　西	Shanxi	281.3	997.7	1631.3	2	1068.9	1414.8	1410.9	1
内蒙古	Inner Mongolia	446.2	1125.7	893.4	9	992.9	1702.0	943.6	3
辽　宁	Liaoning	358.3	662.2	510.3	19	634.3	617.4	382.8	14
吉　林	Jilin	243.5	608.5	632.4	15	488.6	505.5	532.7	9
黑龙江	Heilongjiang	479.5	841.6	1076.7	6	587.5	508.4	459.2	11
上　海	Shanghai	16.4	11.9	3.9	31	0.4	0.1	0.2	31
江　苏	Jiangsu	221.9	323.3	365.2	23	83.1	106.5	103.2	26
浙　江	Zhejiang	99.6	305.0	393.0	22	20.7	45.1	59.3	28
安　徽	Anhui	221.8	667.0	899.7	8	389.2	319.2	324.1	17
福　建	Fujian	155.0	472.8	638.9	14	114.1	247.1	278.1	20
江　西	Jiangxi	250.7	394.7	515.2	18	265.4	289.4	245.5	22
山　东	Shandong	628.3	1166.3	1451.0	4	532.6	646.7	649.0	5
河　南	Henan	824.1	1343.2	1738.9	1	737.1	574.0	568.3	7
湖　北	Hubei	330.4	639.6	826.9	12	192.1	320.0	346.5	15
湖　南	Hunan	353.9	811.4	1019.1	7	411.2	626.2	570.3	6
广　东	Guangdong	219.0	366.6	525.9	17	79.1	248.7	162.0	24
广　西	Guangxi	242.4	630.9	860.0	11	191.9	337.3	389.8	13
海　南	Hainan	21.4	47.4	58.6	30	4.5	25.5	7.6	29
重　庆	Chongqing	276.1	414.2	441.4	20	137.1	282.6	285.6	19
四　川	Sichuan	473.4	608.9	868.7	10	437.0	423.1	517.2	10
贵　州	Guizhou	71.3	135.6	330.9	24	389.1	236.1	339.2	16
云　南	Yunnan	225.9	512.8	792.4	13	251.4	383.2	427.2	12
西　藏	Tibet	23.6	48.2	73.4	29	20.3	52.4	75.0	27
陕　西	Shaanxi	290.2	891.4	1239.5	5	691.5	1088.7	1080.8	2
甘　肃	Gansu	139.4	430.4	557.5	16	135.9	403.6	306.4	18
青　海	Qinghai	76.4	128.1	143.3	27	73.8	167.0	204.1	23
宁　夏	Ningxia	41.2	128.7	166.5	26	117.0	167.4	107.7	25
新　疆	Xinjiang	211.4	295.4	415.1	21	610.5	1024.0	888.7	4

4-14 全社会制造业和电力、热力、燃气、水业固定资产投资
Total Investment in Manufacturing, Production and Supply of Electricity, Heat, Gas and Water

单位：亿元 (100 million yuan)

地区	Region	制造业 Manufacturing				电力、热力、燃气及水生产和供应业 Production and Supply of Electricity, Heat,Gas and Water			
		2010	2014	2015	2015排名 Ranking	2010	2014	2015	2015排名 Ranking
全　国	**National Total**	**88619.2**	**167025.3**	**180370.4**		**15679.7**	**22829.7**	**26722.8**	
北　京	Beijing	355.3	303.4	362.5	29	150.1	353.1	293.2	28
天　津	Tianjin	2263.0	2851.1	3380.4	19	243.4	277.7	368.5	26
河　北	Hebei	5462.6	11420.2	12579.8	4	669.0	1030.3	1528.7	5
山　西	Shanxi	1016.3	2678.3	2515.5	21	525.7	959.7	1355.9	7
内蒙古	Inner Mongolia	1931.2	5249.4	3709.8	17	1375.6	1849.3	1732.5	2
辽　宁	Liaoning	5839.6	8869.1	6568.3	11	828.7	771.8	520.6	21
吉　林	Jilin	3427.3	5102.8	5820.0	13	547.4	485.0	463.2	22
黑龙江	Heilongjiang	1755.9	2610.9	2819.2	20	438.9	444.1	344.1	27
上　海	Shanghai	1150.9	978.4	757.8	27	235.6	178.0	199.2	29
江　苏	Jiangsu	11656.4	19170.4	21248.2	1	633.3	1018.3	1444.7	6
浙　江	Zhejiang	4357.2	6827.5	7609.1	10	590.7	1012.3	1108.9	11
安　徽	Anhui	4222.5	8378.3	9458.1	6	400.4	573.0	782.2	15
福　建	Fujian	2313.2	5108.6	6108.5	12	505.5	909.2	902.3	12
江　西	Jiangxi	4433.7	7230.6	8101.1	9	303.9	387.5	573.2	20
山　东	Shandong	9459.0	18717.7	20923.8	2	640.8	1280.2	1729.2	3
河　南	Henan	6967.9	14112.7	15348.0	3	523.1	702.2	1114.4	10
湖　北	Hubei	3406.8	9146.5	10204.6	5	489.4	544.2	690.7	19
湖　南	Hunan	3114.2	7157.8	8565.4	8	429.8	724.3	855.7	13
广　东	Guangdong	3772.5	7056.9	8785.3	7	1329.3	1095.5	1198.7	8
广　西	Guangxi	1944.9	4623.2	5209.4	14	404.0	625.9	736.4	17
海　南	Hainan	88.6	166.7	119.0	30	84.6	147.4	118.5	31
重　庆	Chongqing	1754.4	3215.0	3950.8	16	287.1	413.7	462.0	23
四　川	Sichuan	3368.7	4991.1	5193.4	15	1000.4	1538.9	1585.1	4
贵　州	Guizhou	438.6	1215.9	1204.8	25	296.8	423.2	418.0	25
云　南	Yunnan	758.1	1537.2	1526.9	23	756.8	866.6	1129.0	9
西　藏	Tibet	35.5	62.1	28.9	31	56.0	232.2	157.0	30
陕　西	Shaanxi	1543.2	3379.6	3596.9	18	378.4	735.8	847.6	14
甘　肃	Gansu	521.7	1356.8	1232.4	24	554.7	905.1	762.7	16
青　海	Qinghai	278.3	699.9	647.6	28	92.9	334.8	449.3	24
宁　夏	Ningxia	361.6	789.7	824.7	26	236.0	440.3	696.2	18
新　疆	Xinjiang	620.2	2017.8	1970.1	22	395.1	1481.8	2091.5	1

4-15 全社会建筑业和交通运输业固定资产投资
Total Investment in Construction and Transport, Storage and Post

单位：亿元 (100 million yuan)

地区	Region	建筑业 Construction 2010	2014	2015	2015排名 Ranking	交通运输、仓储和邮政业 Transport, Storage and Post 2010	2014	2015	2015排名 Ranking
全 国	**National Total**	**2802.2**	**4125.8**	**4956.6**		**30074.5**	**43215.7**	**49200.0**	
北 京	Beijing	5.7	4.8	5.7	28	694.4	768.0	715.0	27
天 津	Tianjin	26.6	171.4	138.8	11	539.3	750.6	757.2	26
河 北	Hebei	53.8	5.4	21.6	22	1521.2	2046.5	2077.5	8
山 西	Shanxi	17.2	6.0	11.8	25	895.8	855.7	920.7	22
内蒙古	Inner Mongolia	111.7	180.2	163.5	8	1043.0	1342.5	1251.2	18
辽 宁	Liaoning	195.5	149.1	22.8	21	1080.8	1808.5	1263.6	17
吉 林	Jilin	88.6	213.2	203.8	7	580.9	779.9	961.3	21
黑龙江	Heilongjiang	98.2	266.5	257.8	4	794.9	733.0	995.0	20
上 海	Shanghai	13.3	0.8	1.7	30	655.2	459.2	794.6	25
江 苏	Jiangsu	90.3	58.8	133.5	13	1162.1	2169.7	2432.5	4
浙 江	Zhejiang	44.8	83.1	55.4	20	1068.7	1736.6	2312.8	5
安 徽	Anhui	346.5	154.2	132.4	14	477.9	1136.7	1350.9	16
福 建	Fujian	25.5	209.5	228.1	6	1189.0	1783.7	2230.7	7
江 西	Jiangxi	43.6	85.2	134.4	12	488.4	703.4	822.9	23
山 东	Shandong	351.0	739.2	889.7	2	1362.3	2196.1	2787.5	3
河 南	Henan	14.7	8.2	11.3	26	791.4	1427.6	1937.5	9
湖 北	Hubei	43.2	106.5	148.5	10	935.3	1879.7	2279.8	6
湖 南	Hunan	163.9	249.0	402.2	3	1178.6	1435.3	1723.0	11
广 东	Guangdong	73.7	52.3	55.8	19	1820.0	2589.9	3037.6	2
广 西	Guangxi	22.3	68.4	236.7	5	842.5	1301.6	1532.9	13
海 南	Hainan	13.9	109.2	79.1	17	164.1	351.2	421.8	28
重 庆	Chongqing	186.2	4.5	10.1	27	645.3	1202.7	1436.5	15
四 川	Sichuan	138.8	13.5	64.1	18	1576.2	2979.8	3087.7	1
贵 州	Guizhou	11.2	6.6	20.1	23	518.5	1319.9	1588.9	12
云 南	Yunnan	6.8	1.6	1.9	29	977.6	1538.9	1815.2	10
西 藏	Tibet	22.4		0.7	31	115.5	209.5	346.9	30
陕 西	Shaanxi	203.0	126.9	98.6	16	739.6	987.6	1439.5	14
甘 肃	Gansu	325.2	870.9	1136.9	1	208.6	793.7	814.9	24
青 海	Qinghai	20.2	75.1	157.1	9	146.4	446.8	419.8	29
宁 夏	Ningxia	9.6	15.5	14.1	24	120.9	217.2	261.7	31
新 疆	Xinjiang	34.8	89.9	118.6	15	415.6	753.5	1017.4	19

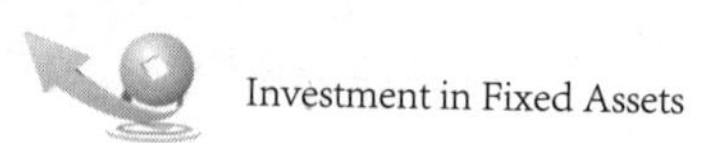

4-16 全社会信息传输软件信息技术服务业和批发零售业固定资产投资
Total Investment in Information Transmission, Software and Information Technology Services and Wholesale and Retail Trades

单位：亿元 (100 million yuan)

地区	Region	信息传输、软件和信息技术服务业 Information Transmission, Software and Information Technology Services				批发和零售业 Wholesale and Retail Trades			
		2010	2014	2015	2015排名 Ranking	2010	2014	2015	2015排名 Ranking
全　国	**National Total**	**2454.5**	**4110.0**	**5521.9**		**6032.2**	**15800.2**	**18924.9**	
北　京	Beijing	143.3	178.0	240.0	9	30.8	33.9	60.8	26
天　津	Tianjin	47.7	126.4	140.2	17	91.2	337.5	528.8	16
河　北	Hebei	41.2	133.5	147.2	16	464.4	879.8	971.7	6
山　西	Shanxi	41.7	58.6	104.3	22	83.8	254.5	349.0	21
内蒙古	Inner Mongolia	60.2	246.9	84.2	23	254.3	638.4	401.3	20
辽　宁	Liaoning	146.5	213.1	202.6	10	323.9	1060.0	848.7	9
吉　林	Jilin	49.6	112.7	191.2	11	252.3	501.9	594.4	14
黑龙江	Heilongjiang	64.5	169.4	164.7	13	175.4	501.7	596.1	13
上　海	Shanghai	116.6	110.0	127.3	19	73.1	31.9	34.8	28
江　苏	Jiangsu	169.8	504.9	662.9	1	578.3	987.4	1448.1	2
浙　江	Zhejiang	158.7	210.3	275.2	4	209.5	432.8	411.4	19
安　徽	Anhui	85.4	150.5	255.4	8	252.5	797.9	956.1	7
福　建	Fujian	141.4	142.0	261.9	6	157.9	396.0	520.6	17
江　西	Jiangxi	66.4	73.9	125.4	21	206.7	689.2	973.1	5
山　东	Shandong	58.4	171.4	287.4	3	881.4	2050.8	2801.7	1
河　南	Henan	58.9	106.7	161.7	14	465.9	981.4	1177.0	3
湖　北	Hubei	75.6	84.1	136.9	18	304.2	633.6	793.5	10
湖　南	Hunan	111.5	112.4	259.3	7	141.6	870.9	1152.6	4
广　东	Guangdong	254.6	430.8	477.8	2	273.6	848.3	917.2	8
广　西	Guangxi	84.0	134.6	151.1	15	139.7	479.4	608.1	12
海　南	Hainan	17.6	27.7	79.8	26	5.8	54.4	34.6	29
重　庆	Chongqing	76.7	57.8	82.4	24	91.5	210.2	253.4	23
四　川	Sichuan	111.8	91.8	267.4	5	163.0	577.7	573.9	15
贵　州	Guizhou	46.7	14.0	45.3	30	17.3	105.6	193.7	24
云　南	Yunnan	51.8	75.8	63.8	28	123.1	265.8	278.6	22
西　藏	Tibet	11.1	6.6	8.2	31	6.5	9.2	14.5	31
陕　西	Shaanxi	79.4	164.3	188.8	12	139.9	652.7	694.8	11
甘　肃	Gansu	23.1	55.4	72.5	27	64.3	289.0	479.3	18
青　海	Qinghai	2.5	15.0	80.2	25	7.4	23.0	40.6	27
宁　夏	Ningxia	15.5	30.9	51.4	29	24.3	53.1	33.0	30
新　疆	Xinjiang	42.0	100.6	125.6	20	28.4	152.3	183.7	25

4-17 全社会住宿餐饮业和金融业固定资产投资
Total Investment in Hotels and Catering Services and Financial Intermediation

单位：亿元 (100 million yuan)

地区	Region	住宿和餐饮业 Hotels and Catering Services 2010	2014	2015	2015排名 Ranking	金融业 Financial Intermediation 2010	2014	2015	2015排名 Ranking
全　国	**National Total**	**3366.8**	**6230.1**	**6546.7**		**489.4**	**1363.0**	**1367.2**	
北　京	Beijing	36.1	65.1	40.9	27	30.3	54.3	73.3	6
天　津	Tianjin	64.5	66.9	83.5	25	2.9	64.8	47.1	12
河　北	Hebei	147.7	242.6	221.7	16	12.8	25.9	47.9	11
山　西	Shanxi	39.4	56.8	79.6	26	2.6	2.3	4.5	29
内蒙古	Inner Mongolia	77.0	163.3	101.3	23	38.1	37.9	36.4	17
辽　宁	Liaoning	210.2	406.8	296.4	7	32.5	106.0	71.6	8
吉　林	Jilin	67.7	101.1	104.2	22	11.4	56.7	36.7	16
黑龙江	Heilongjiang	53.8	201.9	179.7	18	9.5	29.0	32.0	18
上　海	Shanghai	45.5	33.3	28.3	28	30.1	20.5	24.5	19
江　苏	Jiangsu	282.4	424.4	541.5	1	42.0	173.3	150.8	1
浙　江	Zhejiang	145.1	254.8	232.3	15	36.3	92.5	102.2	3
安　徽	Anhui	158.7	234.0	254.8	12	22.2	102.4	72.7	7
福　建	Fujian	101.9	232.8	269.0	10	27.0	46.6	57.1	9
江　西	Jiangxi	212.1	258.1	293.3	8	26.4	33.7	41.1	14
山　东	Shandong	343.1	340.6	348.1	5	23.1	83.8	99.4	4
河　南	Henan	213.4	319.0	411.1	4	15.1	28.8	19.7	22
湖　北	Hubei	191.3	285.4	312.5	6	18.7	84.2	53.2	10
湖　南	Hunan	114.4	288.5	292.1	9	5.6	68.4	88.2	5
广　东	Guangdong	246.2	472.2	467.0	2	36.0	96.2	113.2	2
广　西	Guangxi	85.6	232.1	205.4	17	19.7	45.4	39.0	15
海　南	Hainan	109.3	135.2	144.6	21	5.4	1.6	1.9	30
重　庆	Chongqing	36.1	194.9	255.3	11	3.7	3.7	21.6	21
四　川	Sichuan	121.1	371.9	424.9	3	10.6	27.7	23.0	20
贵　州	Guizhou	21.8	107.0	160.2	20	6.2	2.9	7.7	27
云　南	Yunnan	82.1	224.0	247.8	13	4.9	7.0	9.0	26
西　藏	Tibet	14.7	28.1	14.6	31	0.8	12.6	46.2	13
陕　西	Shaanxi	91.8	298.7	246.3	14	3.3	31.9	14.4	23
甘　肃	Gansu	26.8	105.3	170.0	19	3.3	17.2	13.3	24
青　海	Qinghai	7.3	18.9	19.7	29	1.2	0.8	1.6	31
宁　夏	Ningxia	5.7	14.8	16.0	30	0.3	2.9	5.9	28
新　疆	Xinjiang	13.9	51.6	84.4	24	7.2	2.0	11.9	25

4-18 全社会房地产业和租赁、商务服务业固定资产投资
Total Investment in Real Estate and Leasing and Business Services

单位：亿元 (100 million yuan)

地区	Region	房地产业 Real Estate 2010	2014	2015	2015排名 Ranking	租赁和商务服务业 Leasing and Business Services 2010	2014	2015	2015排名 Ranking
全　国	National Total	**64877.3**	**131348.2**	**134284.3**		**2692.6**	**7965.2**	**9447.9**	
北　京	Beijing	3196.2	4068.8	4479.3	13	27.7	47.5	64.0	27
天　津	Tianjin	1143.2	2646.1	2788.7	21	294.9	955.9	798.4	3
河　北	Hebei	3549.6	5538.7	5690.2	9	109.8	320.5	416.9	9
山　西	Shanxi	1136.5	3039.4	3331.7	19	34.2	78.8	72.1	26
内蒙古	Inner Mongolia	1316.8	1987.6	1636.6	25	43.4	125.8	100.1	25
辽　宁	Liaoning	3755.5	5789.7	3797.3	16	340.8	557.7	343.5	11
吉　林	Jilin	1131.3	1297.2	1196.0	28	38.6	116.4	196.9	16
黑龙江	Heilongjiang	1279.3	1687.4	1345.4	26	57.6	153.3	180.1	18
上　海	Shanghai	2080.3	3224.1	3486.7	17	53.7	186.6	116.2	23
江　苏	Jiangsu	5182.9	10128.6	9935.8	2	325.2	880.2	1131.5	1
浙　江	Zhejiang	4005.6	9415.5	9679.6	3	131.2	447.4	572.0	5
安　徽	Anhui	3199.9	5845.4	6046.4	8	71.8	333.3	429.1	8
福　建	Fujian	2246.2	5606.3	5643.1	10	97.1	233.2	269.4	15
江　西	Jiangxi	1094.7	2309.5	2428.3	22	83.1	270.7	330.1	12
山　东	Shandong	5260.3	8638.1	8774.9	4	222.0	671.0	898.8	2
河　南	Henan	3775.0	7387.1	8161.9	5	56.1	311.4	441.4	7
湖　北	Hubei	2134.3	5560.4	6142.6	7	117.5	451.7	650.4	4
湖　南	Hunan	1965.0	4272.1	4180.3	15	51.5	394.0	523.8	6
广　东	Guangdong	4574.1	9527.9	10479.4	1	160.0	250.1	315.5	13
广　西	Guangxi	1676.6	2686.7	2905.6	20	57.7	231.3	350.3	10
海　南	Hainan	530.6	1663.1	1953.0	24	14.1	16.4	16.5	30
重　庆	Chongqing	1962.6	4382.4	4429.9	14	60.4	103.2	174.3	19
四　川	Sichuan	3157.5	7546.9	7992.8	6	111.3	235.6	274.4	14
贵　州	Guizhou	782.1	2989.7	3469.8	18	5.8	81.4	187.0	17
云　南	Yunnan	1222.5	4117.9	4618.1	12	14.5	78.8	118.0	22
西　藏	Tibet	45.8	136.8	129.5	31	1.8	10.4	6.1	31
陕　西	Shaanxi	1827.7	5168.4	4760.3	11	67.9	245.7	171.1	20
甘　肃	Gansu	505.0	1186.6	1284.9	27	25.9	77.6	126.6	21
青　海	Qinghai	175.4	462.3	484.4	30	2.5	47.8	45.7	28
宁　夏	Ningxia	333.2	907.8	880.1	29	3.2	19.6	23.3	29
新　疆	Xinjiang	631.6	2129.4	2151.8	23	11.4	31.7	104.7	24

4-19 全社会科学研究、技术服务业和水利、环境、公共设施管理业固定资产投资

Total Investment in Scientific Research, Technical Services, and Management of Water Conservancy, Environment and Public Facilities

单位：亿元 (100 million yuan)

地区	Region	科学研究和技术服务业 Scientific Research and Technical Services 2010	2014	2015	2015排名 Ranking	水利、环境和公共设施管理业 Management of Water Conservancy, Environment and Public Facilities 2010	2014	2015	2015排名 Ranking
全　国	**National Total**	**1379.3**	**4219.1**	**4752.0**		**24827.6**	**46225.0**	**55679.6**	
北　京	Beijing	85.3	115.8	80.1	20	352.7	451.4	550.5	26
天　津	Tianjin	20.7	168.8	107.9	15	826.3	1061.9	1670.2	19
河　北	Hebei	60.9	207.6	185.6	8	1396.5	1865.9	2219.2	12
山　西	Shanxi	27.0	45.8	76.9	21	489.5	1416.9	1607.4	20
内蒙古	Inner Mongolia	43.7	147.1	98.6	17	664.4	1956.6	1772.1	17
辽　宁	Liaoning	122.3	261.0	246.7	5	1377.5	2459.3	2081.9	13
吉　林	Jilin	48.6	123.8	119.0	13	529.3	819.8	938.8	23
黑龙江	Heilongjiang	35.5	92.3	125.3	12	591.9	926.1	922.5	24
上　海	Shanghai	32.6	54.7	46.1	23	450.0	471.4	474.4	27
江　苏	Jiangsu	138.7	606.6	592.3	2	1755.3	3541.3	3868.8	1
浙　江	Zhejiang	38.2	91.5	99.9	16	1047.8	2229.3	3092.0	4
安　徽	Anhui	65.0	219.5	261.4	4	975.4	1908.5	2021.0	14
福　建	Fujian	18.0	52.7	83.0	19	707.9	1787.8	2669.1	8
江　西	Jiangxi	43.9	54.4	96.0	18	839.6	1478.0	1691.1	18
山　东	Shandong	156.0	691.1	1026.6	1	1287.5	2139.0	2339.0	11
河　南	Henan	52.7	132.6	184.7	9	1303.8	2179.4	2782.9	6
湖　北	Hubei	47.6	94.3	133.0	11	1084.2	1894.2	2714.7	7
湖　南	Hunan	29.2	206.1	304.2	3	1045.0	2564.5	3377.7	2
广　东	Guangdong	100.2	164.8	218.1	6	1908.5	2025.9	2443.4	9
广　西	Guangxi	19.1	70.5	110.8	14	878.2	1456.4	1826.5	16
海　南	Hainan	1.8	11.8	10.8	29	113.9	195.0	241.6	29
重　庆	Chongqing	11.0	29.7	33.5	24	776.0	1325.3	1926.8	15
四　川	Sichuan	25.9	83.1	151.9	10	1548.8	2723.1	3255.4	3
贵　州	Guizhou	7.8	15.2	24.2	26	350.5	2002.1	2373.1	10
云　南	Yunnan	7.8	32.2	22.1	27	632.3	1138.7	1485.0	21
西　藏	Tibet	1.8	11.3	10.7	31	25.3	75.1	143.8	31
陕　西	Shaanxi	81.2	338.3	191.8	7	982.9	2030.1	2806.9	5
甘　肃	Gansu	24.8	66.2	58.4	22	140.6	608.1	762.6	25
青　海	Qinghai	4.9	6.9	11.3	28	53.1	230.0	236.5	30
宁　夏	Ningxia	1.4	7.0	10.7	30	85.2	260.1	269.7	28
新　疆	Xinjiang	17.2	13.0	30.1	25	195.8	894.5	1068.2	22

4-20 全社会居民服务、修理、其他服务业和教育固定资产投资
Total Investment in Services to Households, Repair and Other Services and Education

单位：亿元 (100 million yuan)

地区	Region	居民服务、修理和其他服务业 Services to Households, Repair and Other Services				教育 Education			
		2010	2014	2015	2015排名 Ranking	2010	2014	2015	2015排名 Ranking
全　国	**National Total**	**1114.1**	**2371.7**	**2730.3**		**4033.6**	**6708.7**	**7726.8**	
北　京	Beijing	6.8	11.6	21.7	26	88.8	124.2	142.2	24
天　津	Tianjin	96.5	120.1	85.3	15	59.7	180.1	172.0	21
河　北	Hebei	51.3	57.7	88.6	13	149.1	254.6	260.3	14
山　西	Shanxi	8.3	52.8	49.5	22	241.5	140.7	182.6	18
内蒙古	Inner Mongolia	19.8	78.6	88.9	12	151.3	153.2	140.6	25
辽　宁	Liaoning	89.9	211.9	138.9	5	132.7	254.4	178.4	20
吉　林	Jilin	30.8	76.9	86.5	14	87.5	116.0	111.5	26
黑龙江	Heilongjiang	15.4	60.0	89.1	11	71.3	135.8	161.9	22
上　海	Shanghai	2.4	5.3	2.8	31	50.1	107.2	89.2	27
江　苏	Jiangsu	125.4	152.9	263.5	2	214.9	479.8	543.3	2
浙　江	Zhejiang	14.7	50.1	67.7	18	128.8	340.6	400.9	7
安　徽	Anhui	29.2	95.9	95.5	10	194.0	235.8	276.4	11
福　建	Fujian	14.9	53.4	72.1	17	116.5	214.5	273.4	12
江　西	Jiangxi	54.9	70.2	126.1	6	112.2	182.4	243.6	15
山　东	Shandong	226.7	337.5	380.7	1	251.3	518.1	607.0	1
河　南	Henan	72.2	179.9	204.1	3	265.1	361.8	417.9	5
湖　北	Hubei	39.5	176.7	111.4	8	160.3	198.3	213.1	16
湖　南	Hunan	37.4	83.1	112.8	7	115.1	366.3	439.9	4
广　东	Guangdong	18.3	49.9	49.9	21	255.7	408.5	415.3	6
广　西	Guangxi	22.0	86.9	102.9	9	175.4	308.9	381.3	8
海　南	Hainan	1.5	0.8	5.0	29	25.5	44.2	41.7	30
重　庆	Chongqing	11.4	25.3	35.6	24	121.2	162.4	178.9	19
四　川	Sichuan	63.1	55.0	60.8	19	264.4	411.7	483.7	3
贵　州	Guizhou	5.6	11.8	48.7	23	48.7	205.4	267.7	13
云　南	Yunnan	8.0	59.6	54.5	20	181.2	236.3	297.5	10
西　藏	Tibet	1.3	17.7	11.7	27	11.7	28.8	31.5	31
陕　西	Shaanxi	26.0	77.4	82.1	16	179.2	221.6	299.3	9
甘　肃	Gansu	14.1	86.4	159.8	4	68.4	107.2	205.3	17
青　海	Qinghai	1.6	10.5	4.7	30	22.0	50.8	56.1	28
宁　夏	Ningxia	1.3	6.2	7.0	28	33.0	29.0	53.0	29
新　疆	Xinjiang	3.8	9.7	22.6	25	56.8	129.9	161.2	23

4-21 全社会卫生社会工作和文化、体育、娱乐业固定资产投资

Total Investment in Health and Social Service, Culture, and Sports and Entertainment

单位：亿元 (100 million yuan)

地区	Region	卫生和社会工作 Healt and Social Service 2010	2014	2015	2015排名 Ranking	文化、体育和娱乐业 Culture, and Sports and Entertainment 2010	2014	2015	2015排名 Ranking
全　国	**National Total**	**2119.0**	**3991.5**	**5175.6**		**2959.4**	**6178.4**	**6728.3**	
北　京	Beijing	39.1	67.0	60.6	26	71.9	80.2	133.3	23
天　津	Tianjin	19.7	49.7	85.9	24	60.6	85.1	93.3	26
河　北	Hebei	112.2	231.7	261.5	6	128.9	362.8	461.5	3
山　西	Shanxi	56.0	69.5	126.0	17	66.0	171.3	195.4	15
内蒙古	Inner Mongolia	53.4	116.4	113.5	19	117.6	184.3	135.5	22
辽　宁	Liaoning	86.3	127.3	125.5	18	186.6	254.0	181.7	16
吉　林	Jilin	57.5	84.4	112.8	20	83.1	80.7	112.5	24
黑龙江	Heilongjiang	64.8	141.8	130.3	16	41.0	107.8	155.1	20
上　海	Shanghai	38.0	31.8	45.6	27	45.5	104.7	108.0	25
江　苏	Jiangsu	111.6	271.4	450.5	1	187.6	578.9	560.1	2
浙　江	Zhejiang	83.3	175.4	219.5	10	75.3	284.9	311.5	5
安　徽	Anhui	103.0	171.2	224.7	9	108.8	195.1	203.6	13
福　建	Fujian	60.1	118.6	171.9	12	79.5	257.9	265.7	10
江　西	Jiangxi	58.4	105.3	159.7	14	84.4	251.7	261.3	11
山　东	Shandong	157.2	340.0	429.7	2	510.4	860.2	755.0	1
河　南	Henan	139.2	244.0	416.5	3	165.6	309.5	371.0	4
湖　北	Hubei	92.8	177.2	179.0	11	115.1	253.0	289.5	7
湖　南	Hunan	101.2	226.3	278.9	5	98.1	248.0	280.0	8
广　东	Guangdong	129.6	231.8	254.7	7	231.7	260.3	292.6	6
广　西	Guangxi	74.1	140.9	164.0	13	63.5	164.7	180.2	17
海　南	Hainan	18.7	27.1	30.6	28	41.6	65.9	69.2	28
重　庆	Chongqing	44.9	90.7	108.3	21	53.1	83.2	142.1	21
四　川	Sichuan	150.2	208.0	310.6	4	157.0	183.0	203.6	14
贵　州	Guizhou	17.8	35.3	74.3	25	21.3	87.3	165.9	19
云　南	Yunnan	67.1	101.5	139.3	15	50.8	194.1	176.6	18
西　藏	Tibet	3.7	14.2	14.4	31	6.9	12.8	17.8	31
陕　西	Shaanxi	83.3	227.7	243.5	8	41.6	203.6	273.6	9
甘　肃	Gansu	42.5	69.3	102.2	22	27.0	140.9	204.5	12
青　海	Qinghai	7.7	13.2	25.1	30	10.4	20.2	27.2	29
宁　夏	Ningxia	14.5	28.5	28.9	29	10.9	22.5	20.7	30
新　疆	Xinjiang	31.4	54.3	87.5	23	17.2	69.9	80.3	27

4-22 全社会房屋施工面积
Floor Space of Buildings under Construction

单位：万平方米 (10 000 sq.m)

地区	Region	房屋施工面积 Floor Space of Buildings under Construction 2010	2014	2015	2015排名 Ranking	其中：住宅施工面积 Floor Space of Residential Buildings under Construction 2010	2014	2015	2015排名 Ranking
全　国	**National Total**	**885173.4**	**1355559.7**	**1292371.7**		**492763.6**	**689041.2**	**669297.1**	
北　京	Beijing	15572.1	20570.8	19428.6	24	7932.9	8630.0	7673.5	27
天　津	Tianjin	13166.2	23029.1	21965.7	22	5821.8	8282.2	7892.8	26
河　北	Hebei	48769.2	66068.4	57974.1	9	26410.4	30962.8	30392.7	8
山　西	Shanxi	17138.3	32645.1	31549.8	19	11700.1	19818.8	19859.4	17
内蒙古	Inner Mongolia	19808.3	25542.3	23619.9	21	11398.5	14723.9	13481.9	21
辽　宁	Liaoning	49050.3	68646.3	50299.9	11	24867.6	32316.8	24010.0	11
吉　林	Jilin	14624.4	18426.0	16935.8	27	7748.1	10042.3	9269.0	23
黑龙江	Heilongjiang	17575.3	20547.2	19570.2	23	10719.4	11746.0	9880.7	22
上　海	Shanghai	15015.9	18010.1	17886.0	25	7343.3	8573.0	8443.8	25
江　苏	Jiangsu	72050.7	112433.5	101627.1	2	31278.7	47411.4	47717.1	2
浙　江	Zhejiang	61194.5	93906.3	91186.0	3	25960.2	36546.6	35519.4	6
安　徽	Anhui	38478.6	63985.7	60895.5	7	22293.2	32425.7	31378.5	7
福　建	Fujian	30772.7	57149.3	58632.8	8	15359.3	23558.5	23098.1	13
江　西	Jiangxi	23932.7	39119.5	36391.9	14	13578.8	19738.2	17976.9	18
山　东	Shandong	71397.4	110268.2	106744.8	1	37278.3	53755.3	55528.0	1
河　南	Henan	68129.6	89258.2	80816.9	5	38514.9	44616.4	42087.2	4
湖　北	Hubei	25074.4	55383.8	53370.3	10	14964.1	25995.0	26463.8	10
湖　南	Hunan	32554.5	43123.8	43616.6	12	21563.1	27904.9	28967.0	9
广　东	Guangdong	55201.2	85344.2	87521.5	4	30156.5	44102.4	45959.0	3
广　西	Guangxi	24365.0	31527.5	33477.5	17	16273.6	19893.8	20657.6	16
海　南	Hainan	4488.6	9519.0	10269.3	28	3204.3	7030.6	7591.5	28
重　庆	Chongqing	24821.8	35549.4	35091.0	15	17596.3	23082.0	21803.4	15
四　川	Sichuan	50696.3	70053.4	70789.9	6	31364.1	38419.2	37929.7	5
贵　州	Guizhou	14335.9	30576.9	32052.4	18	10184.3	17420.7	17948.9	19
云　南	Yunnan	20903.3	39447.2	38755.3	13	13302.6	24806.7	23626.5	12
西　藏	Tibet	1296.7	972.3	854.8	31	701.5	581.2	505.0	31
陕　西	Shaanxi	23643.4	35076.0	34247.3	16	15394.1	22765.4	22202.2	14
甘　肃	Gansu	10463.1	16254.3	16984.3	26	6353.6	8998.0	8677.5	24
青　海	Qinghai	4198.2	5498.9	4950.2	30	2985.1	3337.9	2910.1	30
宁　夏	Ningxia	4800.2	9495.1	9200.3	29	2874.3	5474.9	5282.3	29
新　疆	Xinjiang	11362.0	27744.9	25539.8	20	7640.6	16070.4	14563.6	20

4-23 全社会房屋竣工面积
Floor Space of Buildings Completed

单位：万平方米 (10 000 sq.m)

地区	Region	房屋竣工面积 Floor Space of Buildings Completed 2010	2014	2015	2015排名 Ranking	其中：住宅竣工面积 Floor Space of Residential Buildings Completed 2010	2014	2015	2015排名 Ranking
全　国	**National Total**	**304306.1**	**355068.4**	**350973.0**		**183172.3**	**192545.0**	**179737.8**	
北　京	Beijing	3908.4	4898.7	3993.6	26	2263.5	2523.6	1879.1	26
天　津	Tianjin	3271.6	5549.1	5292.2	22	1872.4	2553.5	2355.4	23
河　北	Hebei	15945.2	16444.9	19635.8	5	9156.4	8003.1	8463.3	8
山　西	Shanxi	6139.9	8328.2	8978.8	16	3980.7	5919.6	6062.4	14
内蒙古	Inner Mongolia	5823.4	5640.0	4507.1	24	3415.1	3075.2	2712.9	22
辽　宁	Liaoning	13603.7	16931.0	13215.8	11	7504.3	8176.7	4971.7	17
吉　林	Jilin	5967.6	5119.8	4673.1	23	3052.3	2076.0	1906.0	25
黑龙江	Heilongjiang	8582.4	6136.0	8316.3	18	5205.6	3301.5	3084.0	21
上　海	Shanghai	2776.2	2682.2	2923.4	27	1414.6	1549.7	1617.8	27
江　苏	Jiangsu	28291.2	37242.3	39090.7	1	10087.4	10900.6	11896.6	3
浙　江	Zhejiang	19681.5	23107.6	21753.4	3	9177.1	9031.0	8222.4	9
安　徽	Anhui	13365.6	17455.4	16154.6	9	8528.3	9407.6	9265.8	6
福　建	Fujian	7176.3	13087.1	14747.6	10	3624.9	4777.6	4722.9	19
江　西	Jiangxi	9609.9	13745.4	11349.6	14	6016.1	8393.8	6491.8	12
山　东	Shandong	22560.9	28297.2	28715.4	2	13439.8	16815.8	17184.6	1
河　南	Henan	30198.4	24051.1	20640.6	4	20077.4	15667.2	12560.1	2
湖　北	Hubei	11434.4	17827.0	17994.3	7	6996.4	7161.2	6454.6	13
湖　南	Hunan	11522.3	10709.6	12024.2	13	9286.5	8598.5	9394.2	5
广　东	Guangdong	18359.6	20355.6	18065.5	6	10377.1	9261.8	7714.5	10
广　西	Guangxi	8437.6	9257.7	9307.1	15	6750.3	7214.7	7045.8	11
海　南	Hainan	1037.6	1849.8	1851.8	29	873.9	1651.9	1587.1	28
重　庆	Chongqing	6409.3	6029.1	6776.3	21	4905.9	4470.3	4683.0	20
四　川	Sichuan	20904.1	17080.2	16496.6	8	13260.1	11242.9	9743.7	4
贵　州	Guizhou	5205.6	6893.8	8022.9	19	4130.7	4505.2	4829.5	18
云　南	Yunnan	7791.1	11547.8	12795.6	12	5938.0	8551.2	8956.0	7
西　藏	Tibet	517.5	343.8	235.5	31	408.0	293.8	163.4	31
陕　西	Shaanxi	4625.9	7376.4	7224.7	20	3451.2	5647.9	5193.2	16
甘　肃	Gansu	3625.2	3755.5	4110.5	25	2368.0	2441.5	2343.4	24
青　海	Qinghai	1368.7	1723.7	1454.0	30	1192.3	1356.3	1067.3	30
宁　夏	Ningxia	1494.3	1902.7	1962.1	28	1126.2	1258.5	1220.6	29
新　疆	Xinjiang	4649.9	9572.2	8663.7	17	3291.9	6707.6	5944.5	15

4-24 全社会商品住宅施工和竣工面积
Floor Space of Commercial Residential Buildings under Construction and Completed

单位：万平方米

(10 000 sq.m)

地区	Region	全社会商品住宅施工面积 Floor Space of Commercial Buildings under Construction				全社会商品住宅竣工面积 Floor Space of Commercialized Buildings Completed			
		2010	2014	2015	2015排名 Ranking	2010	2014	2015	2015排名 Ranking
全　国	**National Total**	**314760.1**	**515096.4**	**511569.5**		**63443.1**	**80868.3**	**73777.4**	
北　京	Beijing	6176.0	6978.0	6261.2	27	1498.5	1804.3	1378.2	21
天　津	Tianjin	5117.7	7204.5	6968.7	25	1603.6	2130.2	2183.0	14
河　北	Hebei	17159.6	24456.1	23674.4	7	3130.1	3195.1	3226.9	7
山　西	Shanxi	6254.4	11471.8	11450.0	19	991.3	1701.6	1574.7	19
内蒙古	Inner Mongolia	8272.9	12386.9	11554.2	18	1868.5	1496.7	1281.4	24
辽　宁	Liaoning	20677.3	28524.5	21406.8	9	3691.4	4940.5	2529.3	11
吉　林	Jilin	5758.9	9067.1	8282.7	23	1695.0	1309.3	1000.8	26
黑龙江	Heilongjiang	6107.4	10424.1	8785.0	21	2199.0	2295.7	2126.8	15
上　海	Shanghai	7313.8	8525.9	8372.1	22	1396.1	1535.5	1589.0	18
江　苏	Jiangsu	26347.1	41579.8	42316.0	1	6553.5	7259.1	7930.2	1
浙　江	Zhejiang	16138.4	25874.5	25117.2	6	2798.4	4158.3	3938.0	6
安　徽	Anhui	13838.5	23193.7	23233.4	8	2408.3	3829.6	4099.2	5
福　建	Fujian	10572.5	19718.4	19558.9	12	1715.9	2568.0	2399.0	12
江　西	Jiangxi	6064.6	9975.7	11157.7	20	1550.5	1511.3	1531.4	20
山　东	Shandong	22728.1	40648.8	42276.5	2	4270.8	6090.7	6185.6	2
河　南	Henan	16902.0	29831.3	31210.6	4	3852.6	5767.2	4237.9	4
湖　北	Hubei	9172.4	19610.1	20906.6	10	2129.3	2812.4	2193.4	13
湖　南	Hunan	13772.6	20568.0	20807.9	11	2828.8	3176.9	3087.4	10
广　东	Guangdong	22253.8	38290.1	40388.8	3	4589.2	5442.5	4435.4	3
广　西	Guangxi	9767.6	13065.6	13750.5	16	1342.9	1441.8	1310.5	23
海　南	Hainan	2323.4	6008.9	6463.1	26	515.1	1051.9	918.9	27
重　庆	Chongqing	13744.8	20294.5	19390.3	13	2179.8	2771.6	3185.9	8
四　川	Sichuan	17289.7	24732.4	25300.5	5	3390.0	3871.3	3149.2	9
贵　州	Guizhou	5970.8	13792.9	13592.6	17	826.1	2046.4	1927.4	16
云　南	Yunnan	7046.4	13607.8	13867.0	15	1258.4	1255.2	1896.6	17
西　藏	Tibet	68.4	177.8	259.9	31	11.5	29.4	70.5	31
陕　西	Shaanxi	8580.5	15475.1	15558.1	14	799.1	1863.0	1351.6	22
甘　肃	Gansu	2557.7	5644.4	6087.7	28	501.0	652.0	765.1	28
青　海	Qinghai	1179.4	1712.0	1650.3	30	242.1	447.5	320.8	30
宁　夏	Ningxia	2285.6	4622.9	4550.4	29	746.3	818.9	746.8	29
新　疆	Xinjiang	3317.7	7632.9	7370.4	24	859.9	1594.3	1206.4	25

4-25 农林牧渔业和采矿业固定资产投资（不含农户）

Investment in Fixed Assets (Excluding Rural Households) in Agriculture, Forestry, Animal Husbandry and Fishery and Mining

单位：亿元 (100 million yuan)

地区	Region	农林牧渔业 Agriculture, Forestry, Animal Husbandry and Fishery				采矿业 Mining			
		2010	2014	2015	2015排名 Ranking	2010	2014	2015	2015排名 Ranking
全　国	**National Total**	**3926.2**	**14574.0**	**19062.3**		**9694.7**	**14537.2**	**12970.2**	
北　京	Beijing	4.2	142.5	109.4	28	8.3	7.2	2.6	30
天　津	Tianjin	41.0	211.7	261.1	25	308.4	314.9	265.1	21
河　北	Hebei	310.4	1120.9	1510.1	3	357.9	659.8	561.6	8
山　西	Shanxi	160.9	938.8	1567.7	2	1027.3	1414.8	1410.9	1
内蒙古	Inner Mongolia	309.6	1043.1	820.5	8	979.9	1702.0	943.6	3
辽　宁	Liaoning	216.4	572.4	419.3	20	562.9	617.4	382.8	14
吉　林	Jilin	140.8	432.0	540.7	15	439.4	505.5	532.7	9
黑龙江	Heilongjiang	229.1	682.9	904.2	7	583.5	508.4	459.2	11
上　海	Shanghai	5.5	11.8	3.4	31	0.3	0.1	0.2	31
江　苏	Jiangsu	55.2	253.4	296.1	24	63.8	106.5	103.2	26
浙　江	Zhejiang	22.1	263.5	339.2	22	2.1	45.1	59.3	28
安　徽	Anhui	100.3	542.0	758.8	10	336.4	319.2	323.9	17
福　建	Fujian	64.7	442.2	617.1	14	63.2	246.9	277.9	20
江　西	Jiangxi	116.9	351.3	469.1	18	192.3	289.4	245.5	22
山　东	Shandong	207.0	893.5	1155.8	5	418.9	646.7	649.0	5
河　南	Henan	311.5	1264.8	1666.4	1	658.3	574.0	568.3	7
湖　北	Hubei	192.6	563.4	723.0	12	151.9	320.0	346.5	15
湖　南	Hunan	222.2	730.7	919.1	6	326.7	626.2	570.3	6
广　东	Guangdong	65.5	340.0	501.1	17	43.4	248.7	162.0	24
广　西	Guangxi	148.4	520.2	747.2	11	164.7	335.8	389.8	13
海　南	Hainan	7.2	42.7	51.7	30	4.5	25.5	7.6	29
重　庆	Chongqing	169.9	393.0	421.6	19	108.8	282.6	285.6	19
四　川	Sichuan	228.7	543.1	770.4	9	271.7	423.1	517.1	10
贵　州	Guizhou	17.3	99.1	302.4	23	200.1	236.1	339.2	16
云　南	Yunnan	118.2	440.5	720.1	13	230.7	383.2	427.2	12
西　藏	Tibet	18.3	48.2	73.4	29	18.0	52.4	75.0	27
陕　西	Shaanxi	212.8	828.2	1205.5	4	682.4	1088.7	1080.8	2
甘　肃	Gansu	84.0	409.1	534.9	16	130.8	403.5	306.3	18
青　海	Qinghai	26.7	122.0	139.2	27	62.8	167.0	204.1	23
宁　夏	Ningxia	19.5	113.2	147.6	26	113.4	167.4	107.7	25
新　疆	Xinjiang	99.3	213.7	366.3	21	595.7	1024.0	888.7	4

4-26 制造业和电力、热力、燃气及水业固定资产投资（不含农户）

Investment in Fixed Assets (Excluding Rural Households) in Manufacturing, and Production and Supply of Electricity, Heat, Gas and Water

单位：亿元 (100 million yuan)

地区	Region	制造业 Manufacturing				电力、热力、燃气及水生产和供应业 Production and Supply of Electricity, Heat, Gas and Water			
		2010	2014	2015	2015排名 Ranking	2010	2014	2015	2015排名 Ranking
全　国	**National Total**	**74485.2**	**166897.7**	**180233.4**		**14591.3**	**22825.0**	**26709.6**	
北　京	Beijing	296.6	303.4	362.2	29	136.6	353.1	293.2	28
天　津	Tianjin	2059.3	2837.7	3374.7	19	241.8	277.7	368.5	26
河　北	Hebei	4513.3	11420.2	12578.8	4	637.7	1030.3	1528.7	5
山　西	Shanxi	973.1	2678.0	2515.2	21	519.7	959.7	1355.9	7
内蒙古	Inner Mongolia	1926.2	5249.4	3709.8	17	1373.3	1849.3	1732.5	2
辽　宁	Liaoning	5504.7	8866.4	6565.5	11	787.1	771.8	520.6	21
吉　林	Jilin	3324.8	5102.8	5820.0	13	497.6	484.9	463.2	22
黑龙江	Heilongjiang	1724.6	2610.9	2817.9	20	436.4	444.1	344.1	27
上　海	Shanghai	862.7	978.4	757.8	27	234.4	178.0	199.2	29
江　苏	Jiangsu	7648.5	19134.3	21228.0	1	485.2	1018.3	1444.7	6
浙　江	Zhejiang	1821.0	6821.5	7579.1	10	486.5	1012.3	1108.9	11
安　徽	Anhui	3883.6	8372.9	9455.1	6	367.8	573.0	774.8	15
福　建	Fujian	2078.2	5105.8	6102.9	12	486.0	909.0	902.3	12
江　西	Jiangxi	4265.7	7230.1	8099.6	9	281.2	387.5	573.2	20
山　东	Shandong	7606.5	18669.9	20876.6	2	529.9	1279.5	1728.6	3
河　南	Henan	6402.8	14106.7	15341.4	3	485.4	701.6	1113.6	10
湖　北	Hubei	3242.4	9146.3	10200.9	5	474.4	543.4	690.7	19
湖　南	Hunan	2910.5	7157.3	8561.9	8	392.0	724.3	855.7	13
广　东	Guangdong	2346.8	7056.9	8785.3	7	1132.0	1094.6	1198.7	8
广　西	Guangxi	1857.7	4620.0	5206.2	14	374.1	625.9	736.4	17
海　南	Hainan	87.8	166.5	119.0	30	81.8	147.4	118.5	31
重　庆	Chongqing	1670.6	3215.0	3950.8	16	266.5	413.6	461.9	23
四　川	Sichuan	3076.2	4989.8	5193.4	15	921.9	1537.9	1583.0	4
贵　州	Guizhou	415.8	1215.7	1204.3	25	284.9	423.2	417.9	25
云　南	Yunnan	735.3	1537.1	1526.3	23	749.2	866.4	1126.9	9
西　藏	Tibet	34.8	62.1	28.9	31	55.1	232.2	157.0	30
陕　西	Shaanxi	1530.5	3379.2	3596.9	18	374.1	735.8	847.6	14
甘　肃	Gansu	496.6	1356.8	1232.4	24	529.2	905.0	762.7	16
青　海	Qinghai	263.4	699.9	647.6	28	89.6	334.8	449.3	24
宁　夏	Ningxia	342.9	789.2	824.7	26	225.0	440.3	696.2	18
新　疆	Xinjiang	582.3	2017.8	1970.1	22	378.5	1481.8	2091.5	1

4-27 建筑业和交通运输业固定资产投资（不含农户）

Investment in Fixed Assets (Excluding Rural Households) in Construction and Transportation

单位：亿元 (100 million yuan)

地区	Region	建筑业 Construction 2010	2014	2015	2015排名 Ranking	交通运输、仓储和邮政业 Transport Storage and Post 2010	2014	2015	2015排名 Ranking
全 国	**National Total**	**2241.7**	**4034.0**	**4896.7**		**27883.1**	**42889.5**	**48974.8**	
北 京	Beijing	4.2	4.6	5.6	27	645.6	767.5	714.7	27
天 津	Tianjin	21.4	171.4	138.6	11	518.5	749.6	755.7	26
河 北	Hebei	47.8	5.4	20.1	21	1388.1	2024.6	2035.7	8
山 西	Shanxi	16.6	5.2	11.1	24	859.5	824.6	888.8	22
内蒙古	Inner Mongolia	107.4	180.2	163.5	8	1032.5	1342.5	1251.2	18
辽 宁	Liaoning	171.7	136.7	11.7	23	1048.2	1800.9	1255.3	17
吉 林	Jilin	81.5	213.2	203.8	7	525.8	779.0	955.5	21
黑龙江	Heilongjiang	91.7	265.9	257.0	4	747.4	707.3	985.6	20
上 海	Shanghai	10.7	0.8	1.7	29	640.4	459.2	794.6	25
江 苏	Jiangsu	59.7	58.1	133.5	12	991.8	2169.0	2428.9	4
浙 江	Zhejiang	31.3	50.2	55.3	20	908.6	1729.2	2311.4	5
安 徽	Anhui	284.2	152.2	131.8	13	414.0	1098.7	1341.2	16
福 建	Fujian	19.1	205.8	223.9	6	1123.8	1783.7	2230.7	7
江 西	Jiangxi	34.8	81.4	130.7	14	420.7	703.4	818.0	23
山 东	Shandong	266.2	737.4	887.9	2	1133.5	2196.1	2787.5	3
河 南	Henan	12.0	3.4	6.7	26	661.9	1394.3	1906.3	9
湖 北	Hubei	34.2	106.0	148.3	10	871.6	1849.5	2264.7	6
湖 南	Hunan	139.0	240.5	401.1	3	1103.9	1435.3	1723.0	11
广 东	Guangdong	38.3	52.3	55.8	19	1636.9	2589.9	3037.6	2
广 西	Guangxi	21.2	67.9	236.1	5	759.9	1275.6	1509.0	13
海 南	Hainan	13.6	107.3	77.8	17	161.8	351.2	421.8	28
重 庆	Chongqing	148.4	3.6	7.8	25	604.3	1200.0	1433.8	14
四 川	Sichuan	25.4	11.9	61.4	18	1358.9	2934.8	3074.4	1
贵 州	Guizhou	7.6		3.2	28	489.2	1319.9	1588.9	12
云 南	Yunnan	6.8	1.4	0.7	30	933.6	1513.5	1809.3	10
西 藏	Tibet	22.1		0.7	31	110.4	209.5	346.9	30
陕 西	Shaanxi	192.8	125.7	98.6	16	696.0	972.5	1427.7	15
甘 肃	Gansu	284.8	867.7	1133.4	1	192.0	793.7	814.9	24
青 海	Qinghai	14.9	72.9	156.3	9	126.6	446.8	419.8	29
宁 夏	Ningxia	5.5	15.5	14.1	22	83.9	203.5	258.9	31
新 疆	Xinjiang	26.9	89.2	118.6	15	368.9	753.5	1017.4	19

4-28 信息传输、软件、信息技术服务业和批发零售业固定资产投资（不含农户）

Investment in Fixed Assets (Excluding Rural Households) in Information Transmission, Software and Information Technology of Wholesale and Retail Trades

单位：亿元 (100 million yuan)

地区	Region	信息传输、软件和信息技术服务业 Information Transmission, Software and Information Technology				批发和零售业 Wholesale and Retail Trades			
		2010	2014	2015	2015排名 Ranking	2010	2014	2015	2015排名 Ranking
全 国	**National Total**	**2392.9**	**4103.0**	**5516.4**		**5233.4**	**15552.5**	**18681.4**	
北 京	Beijing	142.4	178.0	240.0	9	22.8	33.3	58.2	26
天 津	Tianjin	47.7	126.4	140.2	17	86.7	336.6	527.9	16
河 北	Hebei	40.8	133.5	147.2	16	409.2	875.9	967.4	6
山 西	Shanxi	40.9	58.6	104.3	22	75.8	249.5	343.2	21
内蒙古	Inner Mongolia	60.2	246.9	84.2	23	251.4	635.2	396.8	20
辽 宁	Liaoning	146.5	213.1	202.6	10	309.9	1037.6	827.0	9
吉 林	Jilin	48.1	112.7	191.2	11	248.1	501.8	593.4	13
黑龙江	Heilongjiang	64.5	169.4	164.7	13	172.6	482.8	586.4	14
上 海	Shanghai	115.6	110.0	127.3	19	28.1	31.9	34.8	27
江 苏	Jiangsu	152.6	504.9	662.9	1	442.5	985.5	1447.5	2
浙 江	Zhejiang	155.8	210.3	275.2	4	155.5	427.5	410.7	19
安 徽	Anhui	83.5	150.5	255.4	8	231.2	793.6	946.7	7
福 建	Fujian	140.3	141.0	260.8	6	145.6	382.2	511.6	17
江 西	Jiangxi	62.8	73.7	125.4	21	194.3	679.0	971.6	5
山 东	Shandong	54.1	168.0	283.8	3	730.2	1972.0	2720.3	1
河 南	Henan	56.3	106.7	161.7	14	385.1	977.4	1173.0	3
湖 北	Hubei	74.6	84.1	136.9	18	291.0	633.3	793.2	10
湖 南	Hunan	108.7	110.7	259.3	7	127.7	848.0	1120.2	4
广 东	Guangdong	253.0	430.8	477.8	2	170.2	843.7	914.9	8
广 西	Guangxi	78.1	134.6	151.1	15	135.7	477.0	605.1	12
海 南	Hainan	17.6	27.7	79.7	26	5.3	52.9	34.6	28
重 庆	Chongqing	76.7	57.8	82.4	24	90.4	206.0	245.7	23
四 川	Sichuan	107.0	91.8	267.4	5	137.3	574.5	569.4	15
贵 州	Guizhou	45.3	13.6	44.7	30	15.6	96.0	184.2	24
云 南	Yunnan	51.2	75.8	63.8	28	118.4	260.2	277.9	22
西 藏	Tibet	9.8	6.6	8.2	31	6.3	9.2	14.5	31
陕 西	Shaanxi	77.8	164.3	188.8	12	134.5	651.8	685.2	11
甘 肃	Gansu	22.1	55.1	72.2	27	56.4	282.5	472.1	18
青 海	Qinghai	2.2	14.9	80.2	25	6.9	18.4	32.9	30
宁 夏	Ningxia	15.5	30.9	51.4	29	22.4	53.1	33.0	29
新 疆	Xinjiang	41.4	100.5	125.6	20	26.0	144.1	182.1	25

4-29 住宿、餐饮业和金融业固定资产投资（不含农户）

Investment in Fixed Assets (Excluding Rural Households) in Hotels and Catering Services and Financial Intermediation

单位：亿元 (100 million yuan)

地区	Region	住宿和餐饮业 Hotels and Catering Services				金融业 Financial Intermediation			
		2010	2014	2015	2015排名 Ranking	2010	2014	2015	2015排名 Ranking
全 国	**National Total**	**2980.2**	**6188.7**	**6504.2**		**477.7**	**1363.0**	**1367.2**	
北 京	Beijing	19.2	64.8	40.6	27	30.3	54.3	73.3	6
天 津	Tianjin	60.9	66.8	83.5	25	2.9	64.8	47.1	12
河 北	Hebei	139.6	242.5	221.5	16	12.7	25.9	47.9	11
山 西	Shanxi	37.2	54.6	77.4	26	2.6	2.3	4.5	29
内蒙古	Inner Mongolia	69.3	163.3	99.6	23	38.1	37.9	36.4	17
辽 宁	Liaoning	196.6	406.8	296.4	7	32.5	106.0	71.6	8
吉 林	Jilin	65.8	101.1	104.2	22	10.9	56.7	36.7	16
黑龙江	Heilongjiang	52.3	201.9	179.7	18	9.3	29.0	32.0	18
上 海	Shanghai	32.3	33.3	28.3	28	29.0	20.5	24.5	19
江 苏	Jiangsu	223.3	424.4	541.5	1	38.8	173.3	150.8	1
浙 江	Zhejiang	111.4	254.0	232.3	15	34.7	92.5	102.2	3
安 徽	Anhui	150.1	233.7	254.8	11	22.1	102.4	72.7	7
福 建	Fujian	96.0	226.5	263.4	10	26.7	46.6	57.1	9
江 西	Jiangxi	201.5	256.6	293.1	8	25.8	33.7	41.1	14
山 东	Shandong	298.5	336.2	343.2	5	22.7	83.8	99.4	4
河 南	Henan	195.1	318.8	407.4	4	14.3	28.8	19.7	22
湖 北	Hubei	180.9	285.4	312.5	6	18.2	84.2	53.2	10
湖 南	Hunan	99.3	272.5	278.8	9	5.5	68.4	88.2	5
广 东	Guangdong	185.6	472.1	462.5	2	35.3	96.2	113.2	2
广 西	Guangxi	82.2	231.8	205.1	17	19.7	45.4	39.0	15
海 南	Hainan	108.8	135.1	144.6	21	5.4	1.6	1.9	30
重 庆	Chongqing	34.1	194.7	254.4	12	3.7	3.7	21.6	21
四 川	Sichuan	107.6	371.8	422.9	3	9.6	27.7	23.0	20
贵 州	Guizhou	21.2	103.6	159.2	20	6.0	2.9	7.7	27
云 南	Yunnan	63.4	222.8	247.7	13	4.8	7.0	9.0	26
西 藏	Tibet	14.7	28.1	14.6	31	0.8	12.6	46.2	13
陕 西	Shaanxi	84.5	297.6	246.2	14	3.3	31.9	14.4	23
甘 肃	Gansu	23.6	105.3	170.0	19	3.3	17.2	13.3	24
青 海	Qinghai	6.6	18.9	19.1	29	1.2	0.8	1.6	31
宁 夏	Ningxia	5.4	14.8	16.0	30	0.3	2.9	5.9	28
新 疆	Xinjiang	13.3	49.2	83.8	24	7.1	2.0	11.9	25

4-30 房地产业和租赁、商务服务业固定资产投资（不含农户）

Investment in Fixed Assets (Excluding Rural Households) in Real Estate and Leasing Services

单位：亿元

(100 million yuan)

地区	Region	房地产业 Real Estate				租赁和商务服务业 Leasing and Business Services			
		2010	2014	2015	2015排名 Ranking	2010	2014	2015	2015排名 Ranking
全　国	**National Total**	**57633.1**	**123558.2**	**126706.2**		**2486.4**	**7953.5**	**9435.8**	
北　京	Beijing	3039.0	4022.9	4434.7	12	22.4	47.5	63.9	27
天　津	Tianjin	1129.6	2637.7	2781.6	20	281.3	954.8	798.3	3
河　北	Hebei	3044.1	5124.3	5287.8	10	104.7	320.4	416.9	9
山　西	Shanxi	943.6	2825.8	3114.6	19	34.2	76.7	69.7	26
内蒙古	Inner Mongolia	1282.4	1920.1	1545.6	25	43.4	125.8	100.1	25
辽　宁	Liaoning	3599.6	5628.9	3663.5	15	333.6	557.7	343.5	11
吉　林	Jilin	1048.6	1243.7	1098.2	28	38.6	116.4	196.9	16
黑龙江	Heilongjiang	1132.7	1600.4	1240.5	26	57.3	153.2	180.1	18
上　海	Shanghai	2050.8	3220.7	3483.9	17	39.0	186.6	116.2	23
江　苏	Jiangsu	4751.6	9853.1	9687.5	2	269.0	879.3	1131.5	1
浙　江	Zhejiang	3389.4	8802.7	9107.5	3	112.8	446.9	571.7	5
安　徽	Anhui	2785.5	5405.7	5636.8	8	64.6	333.3	428.5	8
福　建	Fujian	2065.8	5358.4	5366.2	9	95.5	232.2	269.0	15
江　西	Jiangxi	866.4	1937.7	2096.5	22	76.3	270.7	330.0	12
山　东	Shandong	4520.4	8165.6	8292.5	4	201.7	670.2	898.1	2
河　南	Henan	2907.0	6774.9	7602.6	5	52.2	308.8	438.6	7
湖　北	Hubei	1871.8	5195.1	5789.5	7	115.6	451.7	650.4	4
湖　南	Hunan	1670.6	3709.5	3613.2	16	49.9	394.0	522.7	6
广　东	Guangdong	4223.9	9110.1	10120.5	1	134.4	250.1	315.4	13
广　西	Guangxi	1410.5	2298.5	2506.2	21	55.4	230.9	349.9	10
海　南	Hainan	503.3	1598.7	1865.3	24	14.1	16.4	16.5	30
重　庆	Chongqing	1871.8	4269.3	4319.5	13	59.3	102.3	174.0	19
四　川	Sichuan	2717.3	7014.9	7559.9	6	103.5	234.8	273.7	14
贵　州	Guizhou	646.7	2800.3	3259.4	18	5.4	81.4	186.1	17
云　南	Yunnan	1060.5	3799.4	4271.3	14	13.4	78.5	117.8	22
西　藏	Tibet	25.8	136.8	129.5	31	1.8	10.4	6.1	31
陕　西	Shaanxi	1674.2	4899.4	4465.4	11	67.2	245.6	170.2	20
甘　肃	Gansu	416.3	1099.3	1196.7	27	25.3	77.6	126.6	21
青　海	Qinghai	125.3	403.6	431.6	30	2.4	47.8	45.7	28
宁　夏	Ningxia	305.1	857.6	822.7	29	1.9	19.6	23.3	29
新　疆	Xinjiang	553.6	1843.1	1915.3	23	10.2	31.7	104.7	24

4-31 科学研究、服务技术业和水利环境、公共设施管理业固定资产投资（不含农户）

Investment in Fixed Assets (Excluding Rural Households) in Scientific Research, Technical Services, and Management of Water Conservancy, Environment and Public Facilities

单位：亿元 (100 million yuan)

地区	Region	科学研究和技术服务业 Scientific Research and Technical Services				水利环境和公共设施管理业 Management of Water Conservancy, Environment and Public Facilities			
		2010	2014	2015	2015排名 Ranking	2010	2014	2015	2015排名 Ranking
全 国	**National Total**	**1269.2**	**4219.1**	**4751.5**		**22333.7**	**46224.4**	**55679.0**	
北 京	Beijing	81.9	115.8	80.1	20	263.9	451.4	550.5	26
天 津	Tianjin	20.7	168.8	107.9	15	813.4	1061.9	1670.2	19
河 北	Hebei	58.2	207.6	185.6	8	1337.9	1865.9	2219.2	12
山 西	Shanxi	25.2	45.8	76.9	21	426.6	1416.9	1607.4	20
内蒙古	Inner Mongolia	42.8	147.1	98.6	17	651.6	1956.6	1772.1	17
辽 宁	Liaoning	122.0	261.0	246.7	5	1313.9	2459.3	2081.9	13
吉 林	Jilin	47.3	123.8	119.0	13	521.4	819.8	938.8	23
黑龙江	Heilongjiang	35.4	92.3	125.3	12	575.9	926.1	922.5	24
上 海	Shanghai	25.4	54.7	46.1	23	422.2	471.4	474.4	27
江 苏	Jiangsu	114.3	606.6	592.3	2	1442.8	3541.3	3868.8	1
浙 江	Zhejiang	31.1	91.5	99.9	16	846.7	2229.3	3092.0	4
安 徽	Anhui	63.2	219.5	261.4	4	911.2	1908.5	2021.0	14
福 建	Fujian	17.4	52.7	83.0	19	626.0	1787.8	2669.1	8
江 西	Jiangxi	43.9	54.4	96.0	18	724.2	1478.0	1691.1	18
山 东	Shandong	140.8	691.1	1026.6	1	1067.2	2139.0	2339.0	11
河 南	Henan	41.7	132.6	184.7	9	1108.9	2178.8	2782.6	6
湖 北	Hubei	46.3	94.3	133.0	11	1015.8	1894.2	2714.7	7
湖 南	Hunan	25.0	206.1	304.2	3	968.2	2564.5	3377.7	2
广 东	Guangdong	84.8	164.8	218.1	6	1602.3	2025.9	2443.4	9
广 西	Guangxi	18.3	70.5	110.8	14	844.3	1456.4	1826.5	16
海 南	Hainan	1.1	11.8	10.8	29	111.6	195.0	241.6	29
重 庆	Chongqing	10.5	29.7	33.5	24	716.5	1325.2	1926.8	15
四 川	Sichuan	23.4	83.1	151.5	10	1307.6	2723.1	3255.2	3
贵 州	Guizhou	7.3	15.2	24.2	26	326.4	2002.1	2373.1	10
云 南	Yunnan	6.8	32.2	22.1	27	584.7	1138.7	1485.0	21
西 藏	Tibet	0.9	11.3	10.7	31	23.7	75.1	143.8	31
陕 西	Shaanxi	80.8	338.3	191.8	7	947.8	2030.1	2806.9	5
甘 肃	Gansu	23.5	66.2	58.4	22	128.9	608.1	762.6	25
青 海	Qinghai	2.9	6.9	11.3	28	43.6	230.0	236.5	30
宁 夏	Ningxia	1.1	7.0	10.7	30	70.5	260.1	269.7	28
新 疆	Xinjiang	16.4	13.0	30.1	25	176.2	894.5	1068.2	22

4-32 居民服务、修理、其他服务业和教育固定资产投资（不含农户）

Investment in Fixed Assets (Excluding Rural Households) in Services to Households, Repair and Other Services and Education

单位：亿元

(100 million yuan)

地区	Region	居民服务修理和其他服务业 Services to Households, Repair and Other Services				教育 Education			
		2010	2014	2015	2015排名 Ranking	2010	2014	2015	2015排名 Ranking
全　国	**National Total**	**757.1**	**2275.6**	**2628.2**		**3718.1**	**6705.6**	**7723.2**	
北　京	Beijing	3.8	11.5	21.7	26	72.4	124.2	142.2	24
天　津	Tianjin	93.1	119.7	84.8	14	58.8	180.1	172.0	21
河　北	Hebei	39.5	56.8	87.2	11	144.0	254.6	260.3	14
山　西	Shanxi	7.4	49.9	46.2	23	236.8	139.3	181.1	18
内蒙古	Inner Mongolia	18.1	77.9	85.9	13	149.9	153.2	140.6	25
辽　宁	Liaoning	82.7	203.9	130.2	5	131.9	254.4	178.4	20
吉　林	Jilin	30.6	76.6	86.2	12	87.5	116.0	111.5	26
黑龙江	Heilongjiang	14.6	59.9	89.1	10	71.3	135.8	161.9	22
上　海	Shanghai	1.9	5.3	2.7	31	45.1	107.2	89.2	27
江　苏	Jiangsu	58.5	152.6	263.5	2	185.9	479.8	543.3	2
浙　江	Zhejiang	5.6	49.5	67.6	18	103.5	340.6	400.9	7
安　徽	Anhui	24.2	93.1	95.0	9	175.2	235.8	276.4	11
福　建	Fujian	10.3	53.1	69.6	17	100.8	214.5	273.4	12
江　西	Jiangxi	28.6	68.7	121.6	6	107.7	182.4	243.6	15
山　东	Shandong	157.6	327.9	370.9	1	229.2	516.6	605.7	1
河　南	Henan	43.2	152.9	180.7	3	237.1	361.8	417.9	5
湖　北	Hubei	35.9	176.5	110.1	8	156.1	198.3	213.1	16
湖　南	Hunan	19.6	81.8	110.8	7	106.0	366.2	439.5	4
广　东	Guangdong	12.5	49.0	48.0	22	199.5	408.5	415.3	6
广　西	Guangxi	9.1	64.4	73.7	16	171.9	308.9	381.3	8
海　南	Hainan	0.5	0.8	5.0	29	25.1	44.2	41.7	30
重　庆	Chongqing	8.5	24.3	35.1	24	117.0	162.4	178.9	19
四　川	Sichuan	7.7	49.4	58.8	19	229.0	411.7	483.5	3
贵　州	Guizhou	3.6	10.6	48.3	21	46.7	205.4	267.7	13
云　南	Yunnan	4.4	58.4	53.1	20	168.5	236.3	297.5	10
西　藏	Tibet	0.7	17.7	11.7	27	11.3	28.8	31.5	31
陕　西	Shaanxi	21.6	76.7	82.1	15	178.7	221.6	299.3	9
甘　肃	Gansu	7.4	81.3	154.5	4	64.3	107.2	205.3	17
青　海	Qinghai	1.2	10.1	4.5	30	20.8	50.8	56.1	28
宁　夏	Ningxia	1.0	6.2	7.0	28	32.4	29.0	53.0	29
新　疆	Xinjiang	3.6	9.1	22.5	25	53.7	129.9	161.2	23

4-33 卫生、社会工作和文化体育娱乐业固定资产投资（不含农户）

Investment in Fixed Assets (Excluding Rural Households) in Health and Social Service and Culture, Sports and Entertainment

单位：亿元 (100 million yuan)

地区	Region	卫生和社会工作 Health and Social Service				文化、体育和娱乐业 Culture, Sports and Entertainment			
		2010	2014	2015	2015排名 Ranking	2010	2014	2015	2015排名 Ranking
全　国	**National Total**	**1959.5**	**3991.0**	**5174.7**		**2605.9**	**6174.1**	**6724.1**	
北　京	Beijing	36.1	67.0	60.6	26	59.5	80.2	133.3	23
天　津	Tianjin	19.4	49.7	85.9	24	49.9	85.1	93.3	26
河　北	Hebei	106.6	231.7	261.4	6	119.9	362.8	461.5	3
山　西	Shanxi	54.2	69.0	125.6	17	60.4	171.2	195.2	15
内蒙古	Inner Mongolia	53.2	116.4	113.5	19	117.1	184.3	135.5	22
辽　宁	Liaoning	84.4	127.3	125.5	18	181.3	253.7	181.4	16
吉　林	Jilin	56.1	84.4	112.8	20	82.0	80.7	112.5	24
黑龙江	Heilongjiang	64.5	141.8	130.3	16	38.1	107.8	155.1	20
上　海	Shanghai	36.1	31.8	45.6	27	35.3	104.7	108.0	25
江　苏	Jiangsu	96.2	271.4	450.5	1	158.9	578.9	560.1	2
浙　江	Zhejiang	74.9	175.4	219.5	10	60.6	284.6	311.4	5
安　徽	Anhui	97.1	171.2	224.7	9	101.2	195.1	203.6	13
福　建	Fujian	54.1	118.6	171.9	12	71.2	257.4	265.7	10
江　西	Jiangxi	51.3	105.3	159.7	14	77.8	251.7	261.3	11
山　东	Shandong	141.4	340.0	429.7	2	392.5	857.9	753.1	1
河　南	Henan	122.1	244.0	416.5	3	141.4	309.5	371.0	4
湖　北	Hubei	90.1	177.2	179.0	11	106.8	253.0	289.5	7
湖　南	Hunan	94.9	226.3	278.9	5	85.0	248.0	280.0	8
广　东	Guangdong	119.3	231.8	254.7	7	204.7	260.3	292.6	6
广　西	Guangxi	71.6	140.9	164.0	13	58.3	164.7	180.2	17
海　南	Hainan	18.7	27.1	30.6	28	41.5	65.9	69.2	28
重　庆	Chongqing	38.2	90.6	108.3	21	52.1	83.1	141.9	21
四　川	Sichuan	126.8	208.0	310.2	4	135.6	183.0	202.9	14
贵　州	Guizhou	15.9	35.3	74.3	25	18.9	87.3	165.9	19
云　南	Yunnan	63.0	101.5	139.3	15	49.5	194.1	176.6	18
西　藏	Tibet	3.4	14.2	14.4	31	6.7	12.8	17.8	31
陕　西	Shaanxi	82.1	227.7	243.5	8	40.1	203.4	273.6	9
甘　肃	Gansu	39.4	69.3	102.2	22	23.8	140.4	203.8	12
青　海	Qinghai	6.8	13.2	25.1	30	9.5	20.2	26.9	29
宁　夏	Ningxia	12.5	28.5	28.9	29	10.6	22.5	20.7	30
新　疆	Xinjiang	28.8	54.3	87.5	23	16.1	69.8	80.3	27

4-34 全社会公共管理、社会保障投资
Total Investment in Public Management and Social Security

单位：亿元 (100 million yuan)

地区	Region	公共管理、社会保障和社会组织 Public Management，Social Security and Social Organization 2010	2014	2015	2015排名 Ranking	公共管理、社会保障和社会组织（不含农户） Public Management，Social Security and Social Organization 2010	2014	2015	2015排名 Ranking
全　国	**National Total**	**5676.6**	**7200.5**	**7851.1**		**4761.6**	**7198.6**	**7850.9**	
北　京	Beijing	36.0	44.0	59.3	25	27.3	44.0	59.3	25
天　津	Tianjin	77.3	75.0	58.0	26	41.6	75.0	58.0	26
河　北	Hebei	147.4	184.1	106.8	24	110.3	184.1	106.8	24
山　西	Shanxi	31.5	54.8	49.1	27	24.6	54.7	49.0	27
内蒙古	Inner Mongolia	185.8	306.8	299.1	10	181.5	306.8	299.1	10
辽　宁	Liaoning	301.0	151.4	136.4	21	280.4	151.4	136.4	21
吉　林	Jilin	106.3	156.9	291.4	12	100.3	156.9	291.4	12
黑龙江	Heilongjiang	197.8	218.0	148.8	20	191.6	218.0	148.8	20
上　海	Shanghai	19.2	6.5	11.6	31	15.7	6.5	11.6	31
江　苏	Jiangsu	223.0	362.0	370.5	3	177.8	362.0	370.5	3
浙　江	Zhejiang	119.6	228.0	320.6	7	84.4	228.0	320.6	7
安　徽	Anhui	218.7	357.7	341.2	5	186.0	355.9	341.2	5
福　建	Fujian	128.7	305.2	358.4	4	101.0	305.2	358.4	4
江　西	Jiangxi	103.9	211.5	226.8	14	84.7	211.5	226.8	14
山　东	Shandong	929.2	907.8	1134.0	1	726.4	907.8	1134.0	1
河　南	Henan	144.3	72.6	192.1	16	98.6	72.6	192.1	16
湖　北	Hubei	484.5	385.7	337.1	6	435.4	385.7	337.1	6
湖　南	Hunan	196.3	538.2	619.6	2	163.3	538.2	619.6	2
广　东	Guangdong	141.7	117.2	133.5	22	110.8	117.2	133.5	22
广　西	Guangxi	113.8	218.0	237.2	13	102.4	218.0	237.2	13
海　南	Hainan	54.2	21.6	17.5	30	47.8	21.6	17.5	30
重　庆	Chongqing	154.2	83.8	124.7	23	123.3	83.8	124.7	23
四　川	Sichuan	237.5	247.7	187.5	17	166.1	247.7	187.5	17
贵　州	Guizhou	47.9	30.8	26.1	29	35.5	30.8	26.1	29
云　南	Yunnan	106.0	126.7	297.8	11	90.1	126.7	297.8	11
西　藏	Tibet	58.0	101.3	164.9	18	40.5	101.3	164.9	18
陕　西	Shaanxi	513.5	321.8	306.5	8	488.6	321.8	306.5	8
甘　肃	Gansu	307.0	314.3	304.1	9	256.9	314.3	304.1	9
青　海	Qinghai	32.8	110.0	156.3	19	26.5	110.0	156.3	19
宁　夏	Ningxia	29.5	32.9	34.8	28	23.9	32.9	34.8	28
新　疆	Xinjiang	78.9	146.4	199.5	15	67.1	146.4	199.5	15

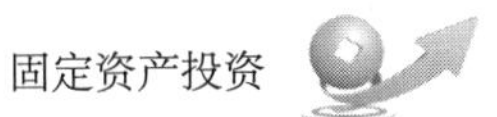

4-35 固定资产投资（不含农户）房屋施工面积
Floor Space of Buildings under Construction (Excluding Rural Households)

单位：万平方米 (10 000 sq.m)

地区	Region	房屋施工面积 Floor Space of Buildings under Construction				其中：住宅施工面积 Floor Space of Residential Buildings			
		2010	2014	2015	2015排名 Ranking	2010	2014	2015	2015排名 Ranking
全 国	**National Total**	**706379.2**	**1251886.6**	**1193995.0**		**376588.5**	**594324.9**	**579855.6**	
北 京	Beijing	13558.7	20142.6	19099.1	23	6649.8	8229.2	7354.3	27
天 津	Tianjin	12294.7	22810.0	21826.8	22	5525.5	8088.6	7789.8	25
河 北	Hebei	39543.2	61197.7	52677.3	9	20460.5	26553.7	25692.3	8
山 西	Shanxi	13940.3	29772.5	28642.4	18	9156.6	17062.7	17123.1	16
内蒙古	Inner Mongolia	18060.6	24639.1	22624.5	21	9892.4	14011.1	12607.0	20
辽 宁	Liaoning	44138.5	64532.5	47189.7	11	21222.0	28953.3	21744.2	11
吉 林	Jilin	13381.0	17916.3	16173.2	26	6746.1	9628.2	8534.5	23
黑龙江	Heilongjiang	15587.8	19762.2	18775.0	24	9204.2	11147.9	9138.4	22
上 海	Shanghai	13688.6	17991.9	17868.5	25	7325.0	8555.3	8426.9	24
江 苏	Jiangsu	57837.1	109353.6	98850.0	1	28004.9	44641.1	45370.6	2
浙 江	Zhejiang	41954.3	88663.9	86742.0	3	18768.6	31877.1	31425.6	6
安 徽	Anhui	31567.2	58502.7	55074.6	8	16696.8	27372.7	25871.7	7
福 建	Fujian	26140.0	54202.2	55935.0	7	12006.4	20682.5	20436.5	13
江 西	Jiangxi	16318.7	33301.0	31171.7	16	7290.6	14095.9	13150.8	19
山 东	Shandong	55009.9	100173.2	96246.8	2	28034.8	45579.3	46799.0	1
河 南	Henan	46409.9	79978.9	73693.4	5	21286.9	35889.3	35452.8	4
湖 北	Hubei	20410.7	50839.9	49081.1	10	10920.9	22142.8	22671.1	9
湖 南	Hunan	23685.8	37135.1	36485.6	12	14881.0	22256.6	22127.6	10
广 东	Guangdong	44695.4	81680.1	84133.3	4	25200.1	40563.1	42641.2	3
广 西	Guangxi	18972.6	25532.4	27313.4	19	11243.9	14183.2	14803.1	18
海 南	Hainan	4121.6	8825.6	9435.8	28	2875.7	6403.0	6810.4	28
重 庆	Chongqing	22359.1	34167.4	33693.7	13	15628.6	21812.7	20496.0	12
四 川	Sichuan	38585.2	64141.6	65385.5	6	22558.6	32938.7	33074.1	5
贵 州	Guizhou	11183.3	28149.9	29273.4	17	7304.2	15099.7	15310.9	17
云 南	Yunnan	15875.8	31486.6	33053.2	14	8949.8	17286.0	18710.3	15
西 藏	Tibet	936.4	972.3	854.8	31	354.3	581.2	505.0	31
陕 西	Shaanxi	21067.0	32301.7	31240.8	15	13085.6	20082.1	19222.2	14
甘 肃	Gansu	8066.4	14986.3	15664.3	27	4880.7	7825.0	7459.5	26
青 海	Qinghai	2929.7	4748.3	4208.5	30	1828.4	2655.6	2274.1	30
宁 夏	Ningxia	4386.3	9142.1	8766.3	29	2570.6	5145.9	4914.3	29
新 疆	Xinjiang	9381.0	24450.0	22688.6	20	6035.0	12971.3	11917.9	21

4-36 固定资产投资（不含农户）房屋竣工面积

Investment in Fixed Assets (Excluding Rural Households) Floor Space of Buildings and Residential Buildings Completed

单位：万平方米 (10 000 sq.m)

地区	Region	房屋竣工面积 Floor Space of Buildings Completed				其中：住宅竣工面积 Floor Space of Residential Buildings Completed			
		2010	2014	2015	2015排名 Ranking	2010	2014	2015	2015排名 Ranking
全　国	**National Total**	**175429.6**	**264780.9**	**265656.3**		**86879.8**	**108775.5**	**100357.6**	
北　京	Beijing	2935.3	4492.4	3689.8	23	1566.4	2143.4	1582.9	25
天　津	Tianjin	2917.2	5367.4	5195.2	20	1702.8	2398.1	2272.6	21
河　北	Hebei	9194.2	12007.7	14883.6	5	4129.2	3970.6	4304.8	9
山　西	Shanxi	3802.2	5740.2	6271.3	15	2056.8	3415.1	3527.3	12
内蒙古	Inner Mongolia	4814.5	4768.2	3519.6	25	2582.3	2365.6	1834.1	22
辽　宁	Liaoning	9245.7	13246.9	10332.3	11	3865.9	5070.2	2675.2	17
吉　林	Jilin	4830.1	4615.8	3914.0	22	2054.6	1665.2	1174.9	27
黑龙江	Heilongjiang	6758.7	5388.4	7566.2	13	3760.2	2722.1	2380.3	19
上　海	Shanghai	2402.4	2667.6	2908.0	26	1397.2	1535.6	1602.9	24
江　苏	Jiangsu	18825.0	34562.4	36541.4	1	7264.3	8426.3	9349.4	1
浙　江	Zhejiang	8522.1	19231.3	18862.7	2	3266.5	5381.9	5528.0	4
安　徽	Anhui	7842.2	13001.4	11815.6	9	3822.4	5156.6	5079.8	6
福　建	Fujian	4693.3	11194.7	12848.2	8	1952.7	2916.1	2851.4	15
江　西	Jiangxi	5029.0	8962.2	6996.5	14	1912.4	3751.7	2313.0	20
山　东	Shandong	11665.3	18397.2	18524.4	3	5577.5	8295.8	8252.6	2
河　南	Henan	12808.7	16037.4	14203.6	7	5617.8	8004.0	6424.8	3
湖　北	Hubei	7238.3	14155.6	14327.6	6	3250.1	3772.9	3049.9	14
湖　南	Hunan	5031.4	5400.5	5959.9	16	3201.4	3552.6	3561.0	10
广　东	Guangdong	11694.5	17294.7	15304.0	4	6657.8	6304.3	4998.1	7
广　西	Guangxi	3360.5	3796.9	3675.9	24	1861.3	1958.0	1620.9	23
海　南	Hainan	746.1	1297.6	1240.3	29	601.2	1122.9	997.8	28
重　庆	Chongqing	4301.5	4853.3	5578.9	18	3120.4	3368.8	3548.2	11
四　川	Sichuan	11449.6	11285.5	11811.2	10	6269.7	6103.0	5451.5	5
贵　州	Guizhou	2398.2	4642.8	5489.9	19	1506.0	2360.2	2402.5	18
云　南	Yunnan	3433.7	5167.8	8074.1	12	2024.3	2471.0	4702.3	8
西　藏	Tibet	219.1	343.8	235.5	31	119.3	293.8	163.4	31
陕　西	Shaanxi	2353.2	5080.8	4780.1	21	1276.1	3419.2	2777.2	16
甘　肃	Gansu	2023.0	2535.5	2858.5	27	1173.7	1336.5	1233.4	26
青　海	Qinghai	548.0	1000.2	784.0	30	423.0	701.6	452.6	30
宁　夏	Ningxia	1164.8	1549.7	1528.1	28	838.1	929.5	852.6	29
新　疆	Xinjiang	3160.7	6567.5	5935.8	17	2028.3	3853.6	3392.3	13

4-37 农村农户固定资产投资额
Investment in Fixed Assets by Rural Households

单位：亿元 (100 million yuan)

地区	Region	农村农户投资额 Total Investment by Rural Households				其中：竣工房屋投资额 Investment in Buildings Completed by Rural Households			
		2010	2014	2015	2015排名 Ranking	2010	2014	2015	2015排名 Ranking
全　国	**National Total**	**7886.0**	**10755.8**	**10409.8**		**5247.0**	**7387.5**	**7157.1**	
北　京	Beijing	52.1	50.8	50.0	28	42.7	46.0	43.7	28
天　津	Tianjin	26.4	27.8	17.4	29	12.0	27.1	13.7	29
河　北	Hebei	460.8	524.7	542.5	8	324.5	423.6	382.1	7
山　西	Shanxi	217.9	319.1	329.6	15	110.8	206.1	218.8	16
内蒙古	Inner Mongolia	91.2	154.0	173.1	22	38.6	88.1	94.5	23
辽　宁	Liaoning	249.4	304.0	277.5	19	187.8	207.7	168.9	19
吉　林	Jilin	174.8	231.7	196.7	21	63.3	58.8	99.7	22
黑龙江	Heilongjiang	316.7	291.1	298.7	17	89.3	75.4	104.7	20
上　海	Shanghai	2.0	3.5	3.3	30	2.0	2.5	2.6	30
江　苏	Jiangsu	377.7	385.9	341.7	14	229.4	269.9	269.7	13
浙　江	Zhejiang	507.8	708.0	658.6	4	436.4	497.4	433.1	5
安　徽	Anhui	439.1	619.3	582.0	5	281.7	407.7	335.3	10
福　建	Fujian	206.1	308.1	327.4	16	101.2	189.2	204.7	17
江　西	Jiangxi	305.3	432.9	394.2	11	194.1	322.2	290.2	12
山　东	Shandong	697.8	896.4	931.0	1	421.1	510.0	525.8	2
河　南	Henan	786.6	769.9	709.1	3	648.0	603.3	493.9	3
湖　北	Hubei	302.8	473.6	477.5	9	234.9	351.8	343.9	8
湖　南	Hunan	362.5	694.4	720.9	2	293.5	542.7	537.7	1
广　东	Guangdong	353.3	450.9	392.6	12	251.7	327.4	332.7	11
广　西	Guangxi	338.3	555.6	572.8	6	239.8	330.0	339.0	9
海　南	Hainan	38.4	72.8	95.8	25	24.7	60.6	71.9	25
重　庆	Chongqing	94.6	144.6	145.1	23	63.1	98.2	100.1	21
四　川	Sichuan	566.9	656.4	560.3	7	374.9	537.6	417.6	6
贵　州	Guizhou	159.1	247.3	268.8	20	112.2	184.0	198.9	18
云　南	Yunnan	219.8	424.7	431.2	10	139.7	334.7	466.0	4
西　藏	Tibet								
陕　西	Shaanxi	220.3	351.7	351.2	13	137.9	235.1	242.2	14
甘　肃	Gansu	103.6	124.5	127.6	24	77.1	71.6	74.0	24
青　海	Qinghai	49.4	72.3	66.5	27	39.6	57.5	52.9	27
宁　夏	Ningxia	46.6	79.9	79.0	26	26.7	51.2	63.0	26
新　疆	Xinjiang	118.5	380.0	287.6	18	48.6	270.0	235.9	15

4-38 农村农户房屋施工和竣工面积
Floor Space of Buildings under Construction and Completed in Rural Areas

单位：万平方米 (10 000 sq.m)

地区	Region	农村农户房屋施工面积 Floor Space of Buildings under Construction in Rural Area				农村农户房屋竣工面积 Floor Space of Buildings Completed in Rural Area			
		2010	2014	2015	2015排名 Ranking	2010	2014	2015	2015排名 Ranking
全　国	**National Total**	**106679.8**	**103672.9**	**98376.7**		**94114.8**	**90287.4**	**85316.8**	
北　京	Beijing	948.1	428.2	329.5	28	630.5	406.3	303.8	28
天　津	Tianjin	134.6	219.1	138.9	29	104.6	181.7	97.0	29
河　北	Hebei	5630.6	4870.7	5296.8	8	4815.0	4437.2	4752.2	5
山　西	Shanxi	2486.0	2872.6	2907.4	15	1899.0	2588.0	2707.6	15
内蒙古	Inner Mongolia	507.0	903.2	995.5	22	469.0	871.8	987.5	22
辽　宁	Liaoning	4068.1	4113.8	3110.2	13	4068.1	3684.1	2883.6	12
吉　林	Jilin	949.6	509.7	762.6	25	949.6	504.0	759.1	23
黑龙江	Heilongjiang	1156.2	785.0	795.2	24	1086.0	747.6	750.1	24
上　海	Shanghai	17.6	18.2	17.4	30	17.6	14.6	15.4	30
江　苏	Jiangsu	2544.0	3079.9	2777.0	18	2469.0	2679.9	2549.3	16
浙　江	Zhejiang	5978.0	5242.4	4444.0	10	5626.0	3876.3	2890.7	11
安　徽	Anhui	4968.0	5483.0	5820.8	5	4511.0	4454.0	4339.0	9
福　建	Fujian	3367.9	2947.1	2697.8	19	1724.9	1892.4	1899.4	19
江　西	Jiangxi	6686.6	5818.5	5220.2	9	4069.8	4783.2	4353.1	8
山　东	Shandong	8362.1	10095.0	10498.0	1	8278.1	9900.0	10191.0	1
河　南	Henan	16653.0	9279.3	7123.4	3	15077.0	8013.7	6437.1	2
湖　北	Hubei	4086.9	4543.9	4289.2	11	3755.7	3671.4	3666.8	10
湖　南	Hunan	6810.0	5988.7	7131.0	2	6299.0	5309.1	6064.2	3
广　东	Guangdong	4484.0	3664.1	3388.2	12	3437.0	3060.9	2761.5	13
广　西	Guangxi	4959.9	5995.1	6164.2	4	4850.5	5460.8	5631.2	4
海　南	Hainan	341.8	693.4	833.5	23	279.5	552.2	611.5	26
重　庆	Chongqing	1353.7	1382.0	1397.3	20	1389.2	1175.8	1197.4	21
四　川	Sichuan	8020.9	5911.8	5404.4	7	6862.1	5794.7	4685.4	7
贵　州	Guizhou	2397.0	2427.0	2779.0	17	2193.0	2251.0	2533.0	17
云　南	Yunnan	3883.0	7960.6	5702.1	6	3716.0	6380.0	4721.5	6
西　藏	Tibet								
陕　西	Shaanxi	2306.7	2774.3	3006.5	14	2201.6	2295.6	2444.6	18
甘　肃	Gansu	1480.0	1268.0	1320.0	21	1326.0	1220.0	1252.0	20
青　海	Qinghai	710.4	750.6	741.7	26	707.5	723.5	670.1	25
宁　夏	Ningxia	264.0	353.0	434.0	27	264.0	353.0	434.0	27
新　疆	Xinjiang	1124.4	3294.9	2851.2	16	1038.6	3004.7	2727.9	14

4-39 农村农户住宅投资额和竣工面积

Investment by Rural Households and Floor Space of Residential Buildings Completed in Rural Areas

地区	Region	农村农户住宅投资额（亿元） Farm Households Investment in Residential Buildings (100 million yuan)				农村农户住宅竣工面积（万平方米） Floor Space of Residential Buildings Completed in Rural Area (10 000 sq.m)			
		2010	2014	2015	2015排名 Ranking	2010	2014	2015	2015排名 Ranking
全 国	**National Total**	**4931.7**	**6843.0**	**6709.6**		**87947.1**	**83769.6**	**79380.2**	
北 京	Beijing	41.6	43.6	43.0	28	611.0	380.2	296.2	28
天 津	Tianjin	11.9	23.6	12.1	29	98.7	155.4	82.8	29
河 北	Hebei	300.2	393.9	351.4	7	4702.7	4032.5	4158.5	9
山 西	Shanxi	102.2	202.0	215.9	16	1714.0	2504.5	2535.0	15
内蒙古	Inner Mongolia	35.2	78.2	90.4	23	360.0	709.6	878.9	22
辽 宁	Liaoning	171.2	181.9	140.7	19	3638.1	3106.5	2296.6	18
吉 林	Jilin	61.9	52.1	97.6	21	922.6	410.8	731.1	23
黑龙江	Heilongjiang	81.8	64.7	100.4	20	969.6	579.4	703.7	24
上 海	Shanghai	1.9	2.5	2.5	30	16.8	14.1	15.0	30
江 苏	Jiangsu	193.4	237.2	269.5	13	2409.0	2474.3	2547.2	14
浙 江	Zhejiang	424.9	460.2	404.5	5	5457.0	3649.1	2694.4	12
安 徽	Anhui	274.1	378.2	323.9	10	4344.0	4251.0	4186.0	7
福 建	Fujian	97.6	185.9	202.1	17	1601.7	1861.5	1871.5	19
江 西	Jiangxi	183.9	312.7	276.4	12	3974.3	4642.1	4178.8	8
山 东	Shandong	386.0	421.6	441.4	3	7228.9	8520.0	8932.0	1
河 南	Henan	632.6	576.4	462.6	2	14002.0	7663.2	6135.3	2
湖 北	Hubei	193.0	329.6	319.4	11	3604.9	3388.3	3404.8	10
湖 南	Hunan	284.3	517.6	511.9	1	6041.0	5045.9	5833.3	3
广 东	Guangdong	247.8	314.0	325.0	9	3378.0	2957.5	2716.4	11
广 西	Guangxi	238.0	323.6	332.2	8	4801.0	5256.7	5424.9	4
海 南	Hainan	24.1	58.8	64.8	25	271.8	529.0	589.4	26
重 庆	Chongqing	55.1	90.5	93.1	22	1373.2	1101.5	1134.8	20
四 川	Sichuan	331.8	490.4	386.7	6	5697.4	5139.9	4292.2	5
贵 州	Guizhou	111.1	177.4	191.9	18	2159.0	2145.0	2427.0	16
云 南	Yunnan	123.6	290.1	425.3	4	3458.0	6080.2	4253.7	6
西 藏	Tibet								
陕 西	Shaanxi	136.5	207.7	234.6	14	2155.2	2228.7	2416.0	17
甘 肃	Gansu	74.5	64.5	66.8	24	1057.0	1105.0	1110.0	21
青 海	Qinghai	38.3	54.0	49.7	27	661.7	654.7	614.7	25
宁 夏	Ningxia	26.3	50.2	56.2	26	244.0	329.0	368.0	27
新 疆	Xinjiang	46.7	260.1	217.6	15	994.4	2854.0	2552.2	13

4-40 农村农户竣工房屋造价
Cost of Residential Buildings Completed in Rural Areas

单位：元/平方米 (yuan/sq.m)

地区	Region	农村农户竣工房屋造价 Cost of Buildings Completed in Rural Areas				其中：住宅造价 Residential Buildings			
		2010	2014	2015	2015排名 Ranking	2010	2014	2015	2015排名 Ranking
全　国	**National Total**	**557.5**	**818.2**	**838.9**		**560.8**	**816.9**	**845.2**	
北　京	Beijing	677.6	1132.9	1438.3	4	680.7	1147.1	1451.5	5
天　津	Tianjin	1147.3	1491.2	1414.3	5	1203.4	1519.9	1459.2	4
河　北	Hebei	673.9	954.6	804.1	21	638.4	976.8	845.1	20
山　西	Shanxi	583.4	796.5	808.3	20	596.5	806.4	851.8	19
内蒙古	Inner Mongolia	822.4	1010.6	957.3	14	978.8	1101.9	1029.0	12
辽　宁	Liaoning	461.7	563.9	585.6	29	470.6	585.6	612.6	27
吉　林	Jilin	666.4	1166.5	1313.1	7	671.1	1267.2	1334.7	7
黑龙江	Heilongjiang	822.3	1007.9	1395.1	6	844.1	1117.1	1426.4	6
上　海	Shanghai	1127.5	1741.6	1661.4	1	1127.5	1763.9	1662.9	1
江　苏	Jiangsu	929.2	1007.1	1058.0	11	802.9	958.5	1058.0	11
浙　江	Zhejiang	775.7	1283.3	1498.2	2	778.6	1261.2	1501.4	3
安　徽	Anhui	624.4	915.4	772.7	24	631.0	889.6	773.8	24
福　建	Fujian	586.6	999.7	1077.5	10	609.2	998.6	1080.1	10
江　西	Jiangxi	476.8	673.6	666.6	26	462.8	673.6	661.3	26
山　东	Shandong	508.7	515.2	516.0	30	534.0	494.8	494.2	30
河　南	Henan	429.8	752.8	767.3	25	451.8	752.1	753.9	25
湖　北	Hubei	625.4	958.2	938.0	15	535.4	972.9	938.2	15
湖　南	Hunan	465.9	1022.2	886.7	17	470.6	1025.8	877.6	17
广　东	Guangdong	732.2	1069.7	1204.7	8	733.6	1061.7	1196.4	8
广　西	Guangxi	494.3	604.3	602.1	27	495.7	615.6	612.3	28
海　南	Hainan	883.2	1096.9	1175.8	9	888.5	1111.4	1099.2	9
重　庆	Chongqing	454.0	835.4	836.0	19	401.5	821.3	820.7	21
四　川	Sichuan	546.4	927.8	891.2	16	582.5	954.1	900.9	16
贵　州	Guizhou	511.4	817.6	785.2	23	514.8	826.9	790.9	23
云　南	Yunnan	376.0	524.6	987.0	13	357.4	477.1	999.9	13
西　藏	Tibet								
陕　西	Shaanxi	626.4	1024.1	990.7	12	633.3	932.0	971.0	14
甘　肃	Gansu	581.3	586.6	591.4	28	704.5	583.3	601.4	29
青　海	Qinghai	560.0	794.3	789.1	22	578.3	824.5	808.3	22
宁　夏	Ningxia	1013.2	1451.1	1451.8	3	1078.6	1525.8	1527.8	2
新　疆	Xinjiang	467.8	898.6	864.7	18	469.4	911.5	852.6	18

5

财政和税收

Government Finance and Tax Revenue

5-1　公共财政预算收入和税收收入
Public Budgetary Revenue and Tax Revenue

单位：亿元　　(100 million yuan)

地区	Region	地方公共财政预算收入 Public Budgetary Revenue				税收收入 Tax Revenue			
		2010	2014	2015	2015排名 Ranking	2010	2014	2015	2015排名 Ranking
地方合计	**Region Total**	**40613.04**	**75876.58**	**83002.04**		**32701.49**	**59139.91**	**62661.93**	
北　京	Beijing	2353.93	4027.16	4723.86	6	2251.59	3861.29	4263.91	4
天　津	Tianjin	1068.81	2390.35	2667.11	10	776.65	1486.88	1578.07	14
河　北	Hebei	1331.85	2446.62	2649.18	11	1074.04	1866.06	1934.29	11
山　西	Shanxi	969.67	1820.64	1642.35	21	692.71	1134.34	1056.60	22
内蒙古	Inner Mongolia	1069.98	1843.67	1964.48	19	752.81	1251.07	1320.75	18
辽　宁	Liaoning	2004.84	3192.78	2127.39	17	1516.65	2330.57	1650.45	13
吉　林	Jilin	602.41	1203.38	1229.35	25	439.31	884.40	867.12	25
黑龙江	Heilongjiang	755.58	1301.31	1165.88	26	556.97	977.40	880.34	24
上　海	Shanghai	2873.58	4585.55	5519.50	4	2707.80	4219.05	4858.16	3
江　苏	Jiangsu	4079.86	7233.14	8028.59	2	.	6006.05	6610.12	2
浙　江	Zhejiang	2608.47	4122.02	4809.94	5	2464.96	3853.96	4168.22	6
安　徽	Anhui	1149.40	2218.44	2454.30	14	866.55	1692.52	1799.89	12
福　建	Fujian	1151.49	2362.21	2544.24	12	966.09	1893.73	1938.71	10
江　西	Jiangxi	778.09	1881.83	2165.74	15	585.11	1381.13	1517.03	16
山　东	Shandong	2749.38	5026.83	5529.33	3	2149.90	3965.76	4203.12	5
河　南	Henan	1381.32	2739.26	3016.05	8	1016.55	1951.46	2101.17	8
湖　北	Hubei	1011.23	2566.90	3005.53	9	777.96	1873.11	2086.50	9
湖　南	Hunan	1081.69	2262.79	2515.43	13	730.84	1438.52	1527.52	15
广　东	Guangdong	4517.04	8065.08	9366.78	1	3803.47	6510.47	7377.07	1
广　西	Guangxi	771.99	1422.28	1515.16	22	533.87	978.07	1031.65	23
海　南	Hainan	270.99	555.31	627.70	28	237.10	480.55	514.31	28
重　庆	Chongqing	952.07	1922.02	2154.83	16	621.56	1281.83	1450.93	17
四　川	Sichuan	1561.67	3061.07	3355.44	7	1180.58	2312.46	2353.51	7
贵　州	Guizhou	533.73	1366.67	1503.38	23	395.57	1026.70	1126.03	21
云　南	Yunnan	871.19	1698.06	1808.15	20	702.16	1233.23	1210.54	20
西　藏	Tibet	36.65	124.27	137.13	31	25.28	85.86	92.00	31
陕　西	Shaanxi	958.21	1890.40	2059.95	18	710.57	1335.68	1290.33	19
甘　肃	Gansu	353.58	672.67	743.86	27	220.29	490.26	529.79	27
青　海	Qinghai	110.22	251.68	267.13	30	88.94	199.39	205.81	30
宁　夏	Ningxia	153.55	339.86	373.45	29	126.79	250.33	256.31	29
新　疆	Xinjiang	500.58	1282.34	1330.85	24	416.23	887.79	861.73	26

5-2 国内增值税和营业税收入
Domestic Value-added Tax and Business Revenue

单位：亿元 (100 million yuan)

地区	Region	国内增值税收入 Domestic Value-added Tax				营业税收入 Business Revenue			
		2010	2014	2015	2015排名 Ranking	2010	2014	2015	2015排名 Ranking
地方合计	**Region Total**	**5196.27**	**9752.33**	**10112.52**		**11004.57**	**17712.79**	**19162.11**	
北　京	Beijing	210.01	646.69	716.12	5	855.40	1068.64	1186.13	6
天　津	Tianjin	119.20	252.92	252.04	14	283.87	478.47	501.41	13
河　北	Hebei	203.84	310.07	315.35	8	362.65	592.64	651.54	10
山　西	Shanxi	198.26	238.33	201.14	18	191.91	345.82	299.81	23
内蒙古	Inner Mongolia	135.95	174.02	167.58	21	234.57	339.01	317.89	22
辽　宁	Liaoning	188.84	291.33	286.17	9	453.75	562.24	471.30	16
吉　林	Jilin	78.15	139.78	134.43	24	145.97	228.78	242.05	26
黑龙江	Heilongjiang	123.52	168.89	129.46	25	165.80	250.51	256.98	25
上　海	Shanghai	388.62	969.14	1012.80	3	933.91	1001.92	1215.49	4
江　苏	Jiangsu	562.60	987.54	1046.92	2	1023.92	2084.66	2442.82	1
浙　江	Zhejiang	398.82	743.40	809.91	4	816.68	1086.58	1201.33	5
安　徽	Anhui	129.48	260.55	273.11	11	291.93	539.97	586.80	12
福　建	Fujian	141.10	262.73	271.75	12	319.70	581.85	608.24	11
江　西	Jiangxi	84.79	219.60	240.63	15	204.38	443.57	498.44	14
山　东	Shandong	378.23	596.96	594.98	6	631.51	1135.92	1252.40	3
河　南	Henan	155.79	256.47	263.73	13	319.34	627.33	659.16	9
湖　北	Hubei	125.57	263.66	285.48	10	249.49	586.00	678.30	8
湖　南	Hunan	112.57	212.22	218.63	17	256.80	470.94	475.18	15
广　东	Guangdong	657.82	1233.17	1339.16	1	1244.26	1730.87	2054.00	2
广　西	Guangxi	77.48	126.45	139.99	23	207.44	321.26	321.90	21
海　南	Hainan	18.53	54.72	61.56	28	112.35	154.33	169.35	28
重　庆	Chongqing	77.72	153.29	175.92	20	242.45	444.09	468.82	17
四　川	Sichuan	149.65	306.45	324.48	7	475.80	805.24	780.26	7
贵　州	Guizhou	66.00	117.03	120.47	26	136.73	344.49	353.08	20
云　南	Yunnan	112.78	186.11	190.25	19	237.26	396.31	367.68	19
西　藏	Tibet	3.50	15.91	17.34	31	11.96	31.98	41.61	31
陕　西	Shaanxi	140.27	250.63	233.92	16	265.94	399.28	398.44	18
甘　肃	Gansu	44.09	88.40	89.79	27	86.84	194.98	207.15	27
青　海	Qinghai	17.52	30.93	22.95	30		77.85	89.61	30
宁　夏	Ningxia	20.25	38.56	35.73	29		105.03	99.83	29
新　疆	Xinjiang	75.31	156.39	140.72	22	151.27	282.23	265.12	24

5-3 企业所得税和个人所得税收入

Corporate Income Tax and Individual Income Tax

单位：亿元 (100 million yuan)

地区	Region	企业所得税收入 Corporate Income Tax				个人所得税收入 Individual Income Tax			
		2010	2014	2015	2015排名 Ranking	2010	2014	2015	2015排名 Ranking
地方合计	**Region Total**	**5048.37**	**8828.64**	**9493.79**		**1934.30**	**2950.58**	**3446.75**	
北 京	Beijing	513.09	915.84	1024.73	3	215.33	383.52	478.12	3
天 津	Tianjin	125.89	234.91	260.00	12	42.96	71.98	81.76	9
河 北	Hebei	145.93	256.23	266.94	11	47.05	56.12	62.86	13
山 西	Shanxi	117.75	167.38	143.05	20	31.95	47.20	36.25	22
内蒙古	Inner Mongolia	101.27	109.64	101.77	24	39.34	40.20	44.62	19
辽 宁	Liaoning	174.06	252.10	235.26	14	64.20	70.28	72.43	11
吉 林	Jilin	60.82	143.22	134.92	21	23.39	34.92	34.11	25
黑龙江	Heilongjiang	61.60	103.22	100.64	25	25.07	36.98	35.57	23
上 海	Shanghai	606.05	942.46	1104.08	2	261.20	408.61	487.61	2
江 苏	Jiangsu	554.43	821.04	917.58	4	180.94	306.33	360.89	4
浙 江	Zhejiang	374.13	635.25	662.21	5	151.08	217.54	265.74	5
安 徽	Anhui	106.59	218.32	235.57	13	31.97	52.14	53.14	17
福 建	Fujian	156.91	322.92	341.72	7	56.34	86.67	94.86	8
江 西	Jiangxi	63.72	152.47	157.21	17	20.27	35.94	42.41	21
山 东	Shandong	293.22	483.01	498.72	6	81.01	115.18	143.12	6
河 南	Henan	136.63	261.00	281.41	9	40.29	58.01	62.03	14
湖 北	Hubei	106.91	255.02	276.78	10	34.41	64.69	78.53	10
湖 南	Hunan	60.28	155.01	169.53	16	37.62	56.56	62.90	12
广 东	Guangdong	678.75	1136.19	1303.11	1	287.26	408.91	510.14	1
广 西	Guangxi	58.92	109.35	109.74	23	25.84	30.22	34.76	24
海 南	Hainan	28.04	67.68	64.03	27	8.05	13.42	17.00	28
重 庆	Chongqing	74.25	157.72	179.42	15	26.24	43.24	50.36	18
四 川	Sichuan	141.49	286.06	295.31	8	57.76	97.20	109.14	7
贵 州	Guizhou	51.02	123.84	127.35	22	27.42	32.52	33.27	26
云 南	Yunnan	82.28	159.63	147.44	18	32.23	48.18	44.16	20
西 藏	Tibet	4.53	18.14	11.50	31	1.98	9.44	8.48	30
陕 西	Shaanxi	84.78	156.53	147.42	19	35.54	46.87	53.34	16
甘 肃	Gansu	19.98	46.00	59.20	28	11.13	15.81	18.94	27
青 海	Qinghai	10.98	19.82	20.23	30	3.46	6.28	5.70	31
宁 夏	Ningxia	14.08	28.33	24.56	29	5.57	7.46	8.97	29
新 疆	Xinjiang	40.02	90.29	92.34	26	27.38	48.13	55.55	15

5-4 资源税和城市维护建设税收入
Resource Tax and City Maintenance and Construction Tax

单位：亿元

(100 million yuan)

地区 Region		资源税收入 Resource Tax				城市维护建设税收入 City Maintenance and Construction Tax			
		2010	2014	2015	2015排名 Ranking	2010	2014	2015	2015排名 Ranking
地方合计	**Region Total**	**417.57**	**1039.38**	**997.07**		**1736.27**	**3461.82**	**3707.04**	
北　京	Beijing	0.37	0.78	0.91	30	80.00	187.24	204.36	6
天　津	Tianjin	0.56	2.76	2.10	28	37.40	88.98	96.17	16
河　北	Hebei	25.77	54.68	28.36	11	64.30	105.94	111.89	13
山　西	Shanxi	32.65	58.90	143.18	1	47.39	67.26	56.39	24
内蒙古	Inner Mongolia	36.82	72.69	105.30	2	44.59	61.05	57.73	23
辽　宁	Liaoning	46.45	102.14	37.63	8	71.62	118.22	117.56	10
吉　林	Jilin	4.80	13.39	10.00	26	26.30	59.67	63.13	21
黑龙江	Heilongjiang	15.34	108.33	53.75	6	43.89	59.38	54.56	25
上　海	Shanghai					87.66	177.24	221.27	5
江　苏	Jiangsu	10.06	25.33	26.48	12	164.81	376.15	421.46	2
浙　江	Zhejiang	6.36	9.30	11.53	23	143.06	246.11	274.92	3
安　徽	Anhui	12.65	20.82	20.60	15	54.40	98.00	106.05	15
福　建	Fujian	6.46	11.96	11.45	24	43.11	101.30	108.60	14
江　西	Jiangxi	12.91	46.75	47.97	7	30.75	66.26	70.86	19
山　东	Shandong	33.29	119.57	103.81	3	130.74	231.33	243.71	4
河　南	Henan	26.08	39.19	35.35	9	61.35	106.67	112.72	11
湖　北	Hubei	8.40	18.83	17.69	18	50.49	124.87	138.62	7
湖　南	Hunan	6.14	10.47	10.23	25	62.01	115.15	119.15	9
广　东	Guangdong	9.35	15.45	16.55	20	135.97	413.75	457.05	1
广　西	Guangxi	6.97	17.10	18.06	17	29.67	53.14	63.56	20
海　南	Hainan	1.24	2.63	2.68	27	9.42	18.82	23.26	28
重　庆	Chongqing	5.02	9.71	11.76	22	34.94	74.35	78.79	17
四　川	Sichuan	12.83	29.10	28.72	10	66.61	126.55	126.30	8
贵　州	Guizhou	11.01	17.05	24.67	13	29.18	57.64	59.80	22
云　南	Yunnan	12.92	17.13	18.23	16	67.66	118.42	112.10	12
西　藏	Tibet	0.66	0.70	0.96	29	1.87	5.73	6.70	31
陕　西	Shaanxi	22.30	84.90	90.70	4	50.22	86.93	77.61	18
甘　肃	Gansu	6.18	22.98	16.81	19	21.22	37.69	44.17	27
青　海	Qinghai	9.58	23.15	21.92	14	5.69	12.03	11.83	30
宁　夏	Ningxia	1.92	5.43	13.31	21	8.10	14.02	14.96	29
新　疆	Xinjiang	32.47	78.17	66.36	5	31.84	51.92	51.76	26

5-5 房产税和印花税收入
House Property Tax and Stamp Tax

单位：亿元 (100 million yuan)

地区	Region	房产税收入 House Property Tax 2010	2014	2015	2015排名 Ranking	印花税收入 Stamp Tax 2010	2014	2015	2015排名 Ranking
地方合计	**Region Total**	**894.07**	**1851.64**	**2050.90**		**512.52**	**893.12**	**965.29**	
北　京	Beijing	83.83	140.22	152.06	4	32.14	61.33	68.69	5
天　津	Tianjin	25.28	65.86	71.81	9	17.80	30.94	34.19	7
河　北	Hebei	21.27	47.18	51.34	14	18.81	31.34	29.94	9
山　西	Shanxi	13.50	34.29	35.20	20	11.20	22.25	18.44	18
内蒙古	Inner Mongolia	18.47	38.39	42.87	17	10.82	16.60	14.85	21
辽　宁	Liaoning	45.91	82.20	82.37	7	22.81	30.53	25.98	13
吉　林	Jilin	13.60	23.96	27.61	24	6.94	11.88	10.46	25
黑龙江	Heilongjiang	18.03	27.62	31.38	22	7.19	12.50	10.33	26
上　海	Shanghai	62.30	99.95	123.81	6	48.17	70.99	103.01	2
江　苏	Jiangsu	92.11	228.73	248.01	1	49.28	81.97	85.27	3
浙　江	Zhejiang	71.97	158.43	179.98	3	40.37	61.77	70.73	4
安　徽	Anhui	17.62	38.64	46.15	15	11.15	20.87	21.60	14
福　建	Fujian	31.74	61.91	63.23	10	17.12	29.77	29.50	10
江　西	Jiangxi	9.13	27.71	34.29	21	6.23	14.41	15.20	20
山　东	Shandong	64.65	122.49	133.86	5	33.74	60.56	59.41	6
河　南	Henan	22.77	45.91	52.52	12	14.23	26.80	27.94	12
湖　北	Hubei	18.83	43.83	53.14	11	12.28	25.12	27.97	11
湖　南	Hunan	17.92	40.08	44.02	16	9.48	18.16	19.01	17
广　东	Guangdong	122.44	233.89	241.00	2	69.93	112.00	141.41	1
广　西	Guangxi	11.65	23.56	27.52	25	7.03	13.96	14.27	22
海　南	Hainan	5.39	12.52	15.87	28	2.83	6.84	6.45	28
重　庆	Chongqing	14.02	40.37	52.46	13	9.63	20.68	20.56	15
四　川	Sichuan	26.05	65.80	73.91	8	16.52	31.69	30.03	8
贵　州	Guizhou	8.41	23.43	29.48	23	4.34	11.64	13.08	24
云　南	Yunnan	17.18	34.53	35.90	19	9.00	17.29	16.04	19
西　藏	Tibet					0.31	1.65	1.96	31
陕　西	Shaanxi	15.35	37.61	41.59	18	10.01	19.95	19.53	16
甘　肃	Gansu	8.36	14.28	17.71	27	4.42	7.86	8.43	27
青　海	Qinghai	1.58	5.37	5.52	30	1.09	3.02	2.73	30
宁　夏	Ningxia	2.35	8.30	9.69	29	2.10	4.36	4.86	29
新　疆	Xinjiang	12.35	24.57	26.62	26	5.55	14.38	13.42	23

5-6 城镇土地使用税和土地增值税收入
Urban Land Use Tax and Land Appreciation Tax

单位：亿元 (100 million yuan)

地区	Region	城镇土地使用税收入 Urban Land Use Tax 2010	2014	2015	2015排名 Ranking	土地增值税收入 Land Appreciation Tax 2010	2014	2015	2015排名 Ranking
地方合计	**Region Total**	**1004.01**	**1992.62**	**2142.04**		**1278.29**	**3914.68**	**3832.18**	
北京	Beijing	16.13	17.76	17.88	27	85.86	214.33	174.86	8
天津	Tianjin	11.71	25.19	25.07	24	24.39	117.04	139.99	10
河北	Hebei	34.49	104.04	106.84	8	32.47	116.09	118.58	13
山西	Shanxi	21.97	40.40	36.02	18	4.65	30.92	29.57	27
内蒙古	Inner Mongolia	44.58	86.74	93.20	10	20.56	51.29	39.89	24
辽宁	Liaoning	108.05	248.05	125.41	6	77.59	177.57	46.14	22
吉林	Jilin	19.45	33.07	30.60	20	11.25	48.47	36.15	25
黑龙江	Heilongjiang	28.91	49.65	61.41	12	8.64	65.40	63.46	19
上海	Shanghai	27.28	34.69	37.44	17	96.96	266.18	253.31	4
江苏	Jiangsu	104.57	176.06	180.06	2	170.36	444.89	437.01	2
浙江	Zhejiang	67.54	121.04	132.86	5	106.70	205.72	210.16	5
安徽	Anhui	32.52	100.38	133.05	4	30.22	96.67	90.42	15
福建	Fujian	26.33	38.34	37.59	16	62.81	213.37	196.43	6
江西	Jiangxi	15.67	40.62	44.12	15	25.72	113.84	128.84	12
山东	Shandong	137.69	264.69	358.75	1	66.19	257.74	259.51	3
河南	Henan	49.80	95.90	102.81	9	37.96	132.51	139.43	11
湖北	Hubei	21.38	44.92	50.33	14	30.54	174.07	187.76	7
湖南	Hunan	17.14	35.17	53.59	13	19.54	76.75	84.20	17
广东	Guangdong	87.78	151.00	143.69	3	189.79	505.90	576.75	1
广西	Guangxi	9.57	23.45	26.05	23	22.27	68.30	57.09	20
海南	Hainan	7.95	20.71	30.97	19	21.23	75.22	75.55	18
重庆	Chongqing	18.50	63.36	121.31	7	29.80	96.22	94.36	14
四川	Sichuan	34.08	61.11	64.64	11	47.78	150.53	149.14	9
贵州	Guizhou	10.83	18.44	27.91	22	11.98	64.64	86.57	16
云南	Yunnan	13.99	23.98	25.04	25	14.36	43.86	56.34	21
西藏	Tibet		0.16	0.17	31	0.13	1.06	1.08	31
陕西	Shaanxi	15.73	28.07	28.34	21	15.43	50.07	40.86	23
甘肃	Gansu	4.42	16.06	18.84	26	3.02	14.35	16.97	28
青海	Qinghai	1.83	3.75	4.19	30	0.45	3.14	3.53	30
宁夏	Ningxia	4.40	10.00	9.01	29	1.67	6.15	6.61	29
新疆	Xinjiang	9.73	15.83	14.85	28	7.99	32.40	31.60	26

5-7 车船税和耕地占用税收入
Tax on Vehicles and Boat Operation and Farm Land Occupancy Tax

单位：亿元 (100 million yuan)

地区	Region	车船税收入 Tax on Vehicles and Boat Operation				耕地占用税收入 Farm Land Occupancy Tax			
		2010	2014	2015	2015排名 Ranking	2010	2014	2015	2015排名 Ranking
地方合计	**Region Total**	**241.62**	**541.06**	**613.29**		**888.64**	**2059.05**	**2097.21**	
北　京	Beijing	14.92	27.72	25.27	9	10.19	4.69	4.54	30
天　津	Tianjin	4.39	9.91	10.53	24	12.33	11.51	10.41	26
河　北	Hebei	15.93	27.61	31.95	5	21.44	49.12	49.37	16
山　西	Shanxi	6.96	14.22	15.77	15	3.87	20.30	11.43	24
内蒙古	Inner Mongolia	6.21	14.13	15.76	16	31.53	201.21	282.44	1
辽　宁	Liaoning	12.28	26.31	28.81	7	96.43	203.89	15.07	22
吉　林	Jilin	4.72	11.13	13.08	20	11.58	56.98	63.21	12
黑龙江	Heilongjiang	6.60	14.00	15.53	17	15.76	22.74	18.57	21
上　海	Shanghai	9.93	19.05	21.10	10	12.14	14.48	7.26	28
江　苏	Jiangsu	15.82	36.91	41.74	4	58.98	34.74	31.76	19
浙　江	Zhejiang	16.20	38.46	42.96	3	44.05	63.24	62.51	13
安　徽	Anhui	5.95	12.83	14.85	19	45.57	35.76	45.12	18
福　建	Fujian	5.99	14.78	16.47	13	18.11	33.67	28.13	20
江　西	Jiangxi	4.15	9.71	11.78	23	35.74	76.83	86.30	9
山　东	Shandong	23.27	46.65	53.31	2	81.31	255.42	251.52	2
河　南	Henan	9.79	25.00	30.06	6	48.96	125.31	184.74	3
湖　北	Hubei	5.50	15.56	17.97	11	56.25	107.32	116.42	7
湖　南	Hunan	5.18	13.73	16.68	12	53.21	75.72	59.83	14
广　东	Guangdong	27.38	61.44	69.97	1	56.03	86.35	95.38	8
广　西	Guangxi	4.33	10.59	12.49	21	30.95	104.18	128.25	5
海　南	Hainan	1.04	2.56	2.97	29	4.25	13.68	12.74	23
重　庆	Chongqing	1.71	8.33	10.03	25	30.31	38.26	48.80	17
四　川	Sichuan	10.73	22.46	26.63	8	36.17	107.95	121.96	6
贵　州	Guizhou	2.84	7.30	8.64	27	10.72	122.03	146.26	4
云　南	Yunnan	5.66	13.39	15.49	18	33.73	55.35	67.06	11
西　藏	Tibet	0.23	0.76	0.89	31	0.12	0.34	1.32	31
陕　西	Shaanxi	6.93	13.73	15.98	14	22.32	78.72	71.55	10
甘　肃	Gansu	2.58	7.72	9.22	26	1.95	4.88	5.46	29
青　海	Qinghai	0.40	1.88	2.26	30	0.48	4.52	9.24	27
宁　夏	Ningxia	0.91	2.92	3.30	28	0.24	3.71	10.93	25
新　疆	Xinjiang	3.11	10.27	11.84	22	3.93	46.16	49.62	15

5-8 契税烟叶税和其他税收入
Deed Tax, Tobacco Leaf Tax and Other Tax Revenue

单位：亿元 (100 million yuan)

地区	Region	契税收入 Deed Tax				烟叶税和其他税收收入 Tobacco Leaf Tax and Other Tax Revenue			
		2010	2014	2015	2015排名 Ranking	2010	2014	2015	2015排名 Ranking
地方合计	**Region Total**	**2464.85**	**4000.70**	**3898.55**		**80.13**	**141.50**	**142.78**	
北　京	Beijing	134.27	192.52	210.23	7	0.06	0.01		
天　津	Tianjin	70.87	96.40	92.59	17				
河　北	Hebei	79.65	114.84	109.20	15	0.46	0.14	0.14	21
山　西	Shanxi	10.50	46.82	30.10	27	0.15	0.23	0.25	18
内蒙古	Inner Mongolia	27.91	45.85	36.60	25	0.21	0.27	0.24	20
辽　宁	Liaoning	152.94	163.84	105.05	16	1.73	1.86	1.08	14
吉　林	Jilin	31.53	78.00	66.35	21	0.79	1.14	0.93	15
黑龙江	Heilongjiang	34.46	55.05	45.13	23	2.16	3.14	3.58	9
上　海	Shanghai	173.58	214.33	270.99	3		0.02		
江　苏	Jiangsu	324.72	401.69	370.11	2	0.02			
浙　江	Zhejiang	227.94	267.09	243.37	5	0.07	0.02	0.01	23
安　徽	Anhui	95.91	195.66	172.52	9	0.57	1.92	0.93	15
福　建	Fujian	77.09	126.66	123.90	14	3.29	7.80	6.82	6
江　西	Jiangxi	70.59	130.62	136.33	12	1.05	2.80	2.55	10
山　东	Shandong	193.51	273.67	247.76	4	1.51	2.58	2.26	12
河　南	Henan	88.98	142.01	138.75	11	4.58	9.36	10.53	3
湖　北	Hubei	54.61	145.89	153.50	10	3.30	3.33	4.02	7
湖　南	Hunan	67.47	148.46	184.76	8	5.48	10.10	9.80	5
广　东	Guangdong	235.51	419.91	427.24	1	1.20	1.62	1.62	13
广　西	Guangxi	41.18	75.24	77.15	18	0.57	1.26	0.83	17
海　南	Hainan	16.78	37.42	31.88	26				
重　庆	Chongqing	54.65	128.96	134.48	13	2.32	3.25	3.84	8
四　川	Sichuan	97.94	211.83	213.10	6	7.17	10.49	9.87	4
贵　州	Guizhou	13.98	66.93	73.40	19	11.11	19.73	22.05	2
云　南	Yunnan	32.53	60.96	56.16	22	30.57	58.08	58.65	1
西　藏	Tibet								
陕　西	Shaanxi	24.13	80.27	68.53	20	1.60	2.11	2.50	11
甘　肃	Gansu	5.98	19.06	16.85	28	0.12	0.19	0.25	18
青　海	Qinghai	1.44	7.66	6.07	30				
宁　夏	Ningxia	8.94	16.03	14.53	29	0.01	0.04	0.03	22
新　疆	Xinjiang	15.26	37.04	41.93	24	0.02			

5-9 公共财政非税收入和专项收入

Non-Tax Revenues from Public Finance and Special Program Revenue

单位：亿元 (100 million yuan)

地区	Region	非税收入 Non-Tax Revenue				专项收入 Special Program Receipts			
		2010	2014	2015	2015排名 Ranking	2010	2014	2015	2015排名 Ranking
地方合计	**Region Total**	**7911.56**	**16736.67**	**20340.11**		**1742.71**	**3304.76**	**6410.36**	
北　京	Beijing	102.34	165.87	459.95	23	48.16	103.38	283.39	8
天　津	Tianjin	292.16	903.47	1089.05	4	20.73	44.69	161.50	19
河　北	Hebei	257.81	580.56	714.89	10	75.98	95.25	217.22	13
山　西	Shanxi	276.96	686.29	585.75	19	153.60	444.21	386.54	4
内蒙古	Inner Mongolia	317.16	592.60	643.74	15	124.50	162.51	198.17	15
辽　宁	Liaoning	488.18	862.21	476.94	21	55.02	105.53	161.04	20
吉　林	Jilin	163.10	318.98	362.23	25	20.11	47.63	94.11	25
黑龙江	Heilongjiang	198.61	323.92	285.53	26	36.49	47.91	76.37	26
上　海	Shanghai	165.78	366.50	661.34	12	49.94	124.60	324.86	6
江　苏	Jiangsu	767.25	1227.10	1418.47	2	107.37	209.33	463.64	2
浙　江	Zhejiang	143.51	268.06	641.72	16	83.75	128.33	446.68	3
安　徽	Anhui	282.84	525.92	654.41	13	73.79	129.45	226.69	12
福　建	Fujian	185.40	468.48	605.53	17	35.23	80.70	193.09	17
江　西	Jiangxi	192.98	500.70	648.71	14	35.45	67.21	128.09	21
山　东	Shandong	599.48	1061.07	1326.21	3	103.90	153.52	336.88	5
河　南	Henan	364.77	787.80	914.88	8	89.04	101.42	201.29	14
湖　北	Hubei	233.27	693.78	919.03	7	34.45	77.39	196.76	16
湖　南	Hunan	350.85	824.27	987.91	6	52.48	61.53	187.93	18
广　东	Guangdong	713.57	1554.61	1989.71	1	97.35	255.71	598.77	1
广　西	Guangxi	238.13	444.21	483.51	20	22.67	42.99	127.31	22
海　南	Hainan	33.89	74.75	113.39	29	7.93	12.11	39.35	28
重　庆	Chongqing	330.52	640.19	703.90	11	38.50	48.53	106.27	23
四　川	Sichuan	381.09	748.61	1001.93	5	61.16	110.74	304.45	7
贵　州	Guizhou	138.16	339.97	377.35	24	59.07	65.08	96.34	24
云　南	Yunnan	169.02	464.83	597.61	18	52.80	168.16	244.58	10
西　藏	Tibet	11.37	38.41	45.13	31	1.18	3.76	6.16	31
陕　西	Shaanxi	247.64	554.72	769.63	9	88.40	123.42	228.68	11
甘　肃	Gansu	133.30	182.41	214.07	27	59.02	42.64	65.14	27
青　海	Qinghai	21.27	52.28	61.33	30	13.30	19.26	26.15	30
宁　夏	Ningxia	26.77	89.54	117.13	28	8.92	22.07	37.58	29
新　疆	Xinjiang	84.34	394.54	469.12	22	32.44	205.71	245.31	9

5-10 行政事业性收费和罚没收入
Administrative Charges and Incomes from Fines and Confiscations

单位：亿元 (100 million yuan)

地区	Region	行政事业性收费收入 Charge of Administrative and Institutional Units				罚没收入 Penalty Receipts			
		2010	2014	2015	2015排名 Ranking	2010	2014	2015	2015排名 Ranking
地方合计	**Region Total**	**2600.37**	**4840.37**	**4412.08**		**1042.85**	**1632.89**	**1762.90**	
北 京	Beijing	39.84	53.90	64.38	24	22.93	38.67	55.78	12
天 津	Tianjin	141.29	236.47	208.99	7	8.80	18.21	22.40	26
河 北	Hebei	66.09	186.98	185.80	9	61.61	103.14	113.27	4
山 西	Shanxi	54.54	97.56	76.36	21	43.23	60.94	50.08	16
内蒙古	Inner Mongolia	62.09	166.57	123.25	15	25.86	41.54	38.87	20
辽 宁	Liaoning	131.92	182.46	112.81	16	60.10	69.63	76.64	9
吉 林	Jilin	54.70	86.37	77.79	20	28.76	34.57	31.33	23
黑龙江	Heilongjiang	68.84	78.23	69.32	23	25.71	42.98	38.62	21
上 海	Shanghai	97.04	114.23	127.41	14	17.34	27.96	30.81	24
江 苏	Jiangsu	224.57	426.52	390.01	2	89.31	120.63	131.66	2
浙 江	Zhejiang	44.59	33.90	43.47	27	70.60	93.64	107.76	5
安 徽	Anhui	94.46	148.43	148.86	12	26.77	49.16	54.40	13
福 建	Fujian	48.18	115.95	103.25	17	29.22	50.99	46.41	17
江 西	Jiangxi	70.91	179.73	190.50	8	30.48	73.18	69.96	10
山 东	Shandong	203.02	302.20	296.74	5	77.62	121.45	123.86	3
河 南	Henan	122.42	263.89	238.34	6	50.83	82.20	89.11	7
湖 北	Hubei	93.63	333.37	329.03	3	39.54	73.71	94.40	6
湖 南	Hunan	127.05	184.20	154.32	11	45.54	81.22	76.86	8
广 东	Guangdong	293.43	497.67	408.19	1	95.62	134.69	155.77	1
广 西	Guangxi	65.07	114.04	97.81	18	31.29	35.30	40.01	18
海 南	Hainan	8.58	21.30	14.30	29	4.74	9.50	11.29	28
重 庆	Chongqing	214.01	348.86	312.38	4	21.41	32.50	39.60	19
四 川	Sichuan	118.82	199.52	184.69	10	35.25	61.50	65.51	11
贵 州	Guizhou	30.06	70.73	75.72	22	16.66	33.29	32.60	22
云 南	Yunnan	33.49	103.58	95.74	19	33.92	49.57	53.27	14
西 藏	Tibet	1.59	3.25	3.47	31	0.83	2.54	2.19	31
陕 西	Shaanxi	39.02	146.48	133.81	13	22.06	36.21	50.21	15
甘 肃	Gansu	19.02	54.34	53.44	26	8.12	16.93	17.72	27
青 海	Qinghai	3.05	9.09	9.32	30	2.16	4.57	6.88	30
宁 夏	Ningxia	9.44	21.87	19.02	28	4.16	7.71	8.79	29
新 疆	Xinjiang	19.61	58.65	63.56	25	12.38	24.77	26.86	25

5-11 国有资本经营和国有资源有偿使用收入

Operation Income of State-owned Assets and Income from Use of State-owned Resources

单位：亿元 (100 million yuan)

地区	Region	国有资本经营收入 Operation Income of State-owned Assets				国有资源(资产)有偿使用收入 Income from Use of State-owned Resources (Assets)			
		2010	2014	2015	2015排名 Ranking	2010	2014	2015	2015排名 Ranking
地方合计	**Region Total**	**1012.74**	**1146.34**	**690.76**		**1073.96**	**4187.65**	**5220.74**	
北　京	Beijing	-27.79	-94.79	-64.99	28	14.39	55.31	89.08	22
天　津	Tianjin	7.08	53.19	27.85	10	83.37	355.79	449.44	2
河　北	Hebei	29.07	32.12	22.83	15	17.60	127.76	142.31	16
山　西	Shanxi	3.36	25.15	1.93	23	10.35	34.16	53.34	26
内蒙古	Inner Mongolia	58.92	103.86	78.07	3	33.62	102.46	189.41	11
辽　宁	Liaoning	131.19	199.73	22.99	13	97.84	257.46	87.45	23
吉　林	Jilin	24.48	24.03	28.02	9	26.57	112.96	122.10	17
黑龙江	Heilongjiang	38.42	34.27	24.47	12	24.81	100.17	70.69	25
上　海	Shanghai	-11.25	-1.08			8.76	87.72	163.35	15
江　苏	Jiangsu	257.53	242.34			79.75	186.63	365.17	3
浙　江	Zhejiang	-72.91	-56.00	-61.53	27	16.77	50.43	95.52	21
安　徽	Anhui	20.05	28.11	22.87	14	59.80	141.29	173.85	14
福　建	Fujian	21.95	46.15	54.51	6	41.47	153.04	179.30	12
江　西	Jiangxi	24.08	2.61	3.21	21	20.09	145.39	212.39	8
山　东	Shandong	79.82	55.69	54.18	7	93.06	381.95	469.42	1
河　南	Henan	60.36	108.25	103.28	1	23.98	156.27	195.26	10
湖　北	Hubei	29.39	31.41	26.04	11	22.17	141.93	213.76	7
湖　南	Hunan	8.58	15.97	14.39	18	74.10	325.29	363.80	4
广　东	Guangdong	90.00	60.90	62.70	5	81.88	281.69	355.19	5
广　西	Guangxi	66.16	103.89	88.24	2	35.87	106.73	96.59	20
海　南	Hainan	7.73	10.76	11.86	19	3.95	14.75	31.06	29
重　庆	Chongqing	-0.01				42.53	170.19	207.04	9
四　川	Sichuan	41.67	40.90	44.95	8	90.67	236.83	269.63	6
贵　州	Guizhou	4.88	12.91	15.80	17	16.23	96.74	114.17	18
云　南	Yunnan	10.94	0.80	9.61	20	14.28	76.77	113.47	19
西　藏	Tibet	-0.43	-0.16	-0.20	26	3.09	16.20	23.67	30
陕　西	Shaanxi	76.35	44.56	74.40	4	14.97	126.81	177.32	13
甘　肃	Gansu	23.38	3.15	1.69	24	9.10	43.29	51.54	27
青　海	Qinghai	0.56	0.81	0.39	25	1.69	13.30	14.34	31
宁　夏	Ningxia	0.57	0.66	3.12	22	2.71	32.07	44.96	28
新　疆	Xinjiang	8.59	16.15	20.07	16	8.50	56.30	86.11	24

5-12 公共财政非税其他收入与地方财政收入占地区生产总值的比重
Other Non-Tax Receipts and Proportion of Budgetary Revenue over GDP

地区	Region	非税其他收入（亿元） Other Non-Tax Receipts (100 million yuan)				地方财政收入占地区生产总值的比重（%） Proportion of Budgetary Revenue Over GDP (%)			
		2010	2014	2015	2015排名 Ranking	2010	2014	2015	2015排名 Ranking
地方合计	**Region Total**	**438.92**	**1624.66**	**1843.27**					
北　京	Beijing	4.82	9.39	32.32	16	22.77	24.00	25.40	2
天　津	Tianjin	30.89	195.14	218.87	2	17.35	19.50	20.20	5
河　北	Hebei	7.46	35.31	33.47	15	10.49	11.20	11.90	27
山　西	Shanxi	11.88	24.27	17.50	21	17.53	18.80	16.60	14
内蒙古	Inner Mongolia	12.17	15.66	15.96	23	13.11	13.10	13.70	22
辽　宁	Liaoning	12.10	47.39	16.01	22	16.76	15.30	11.80	28
吉　林	Jilin	8.48	13.41	8.88	27	12.05	13.20	12.80	24
黑龙江	Heilongjiang	4.33	20.37	6.06	28	12.77	12.80	11.30	30
上　海	Shanghai	3.94	13.09	14.92	24	26.99	29.90	32.10	1
江　苏	Jiangsu	8.72	41.64	67.99	8	15.03	15.70	16.00	17
浙　江	Zhejiang	0.70	17.76	9.82	26	15.20	15.70	16.80	13
安　徽	Anhui	7.97	29.48	27.74	18	13.97	14.40	15.00	18
福　建	Fujian	9.36	21.65	28.96	17	12.12	13.40	13.40	23
江　西	Jiangxi	11.98	32.58	44.56	11	11.99	15.30	16.30	16
山　东	Shandong	42.07	46.25	45.12	10	10.81	11.60	11.80	28
河　南	Henan	18.14	75.76	87.60	6	8.84	10.40	10.60	31
湖　北	Hubei	14.10	35.96	59.05	9	10.87	13.20	14.10	20
湖　南	Hunan	43.11	156.07	190.61	3	10.87	12.20	12.60	25
广　东	Guangdong	55.29	323.95	409.09	1	15.51	17.10	18.00	9
广　西	Guangxi	17.06	41.27	33.55	14	11.53	12.40	12.50	26
海　南	Hainan	0.96	6.34	5.53	29	19.60	19.80	21.90	3
重　庆	Chongqing	14.08	40.10	38.60	13	16.10	16.80	17.00	11
四　川	Sichuan	33.53	99.14	132.71	4	12.76	13.90	14.30	19
贵　州	Guizhou	11.27	61.21	42.70	12	18.08	20.00	19.10	7
云　南	Yunnan	23.59	65.95	80.95	7	22.68	22.20	21.60	4
西　藏	Tibet	5.11	12.82	9.84	25	9.46	17.20	16.90	12
陕　西	Shaanxi	6.85	77.25	105.20	5	16.17	15.80	16.40	15
甘　肃	Gansu	14.66	22.06	24.55	20	15.44	15.80	17.90	10
青　海	Qinghai	0.52	5.26	4.25	30	13.22	14.90	14.10	20
宁　夏	Ningxia	0.96	5.15	3.66	31	14.49	17.60	18.40	8
新　疆	Xinjiang	2.83	32.97	27.20	19	16.55	19.70	20.20	5

5-13 公共财政支出和一般公共服务支出
Public Budgetary Expenditure and Expenditure for General Public Services

单位：亿元 (100 million yuan)

地区	Region	公共财政支出 Public Budgetary Expenditure				一般公共服务支出 Expenditure for General Public Services			
		2010	2014	2015	2015排名 Ranking	2010	2014	2015	2015排名 Ranking
地方合计	**Region Total**	**73884.43**	**129215.49**	**150335.62**		**8499.74**	**12217.07**	**12492.49**	
北 京	Beijing	2717.32	4524.67	5737.70	9	239.57	272.23	300.12	19
天 津	Tianjin	1376.84	2884.70	3232.35	25	98.07	158.08	178.30	28
河 北	Hebei	2820.24	4677.30	5632.19	11	358.13	476.59	503.32	9
山 西	Shanxi	1931.36	3085.28	3422.97	24	215.83	237.94	245.51	25
内蒙古	Inner Mongolia	2273.50	3879.98	4252.96	17	254.53	297.55	299.14	20
辽 宁	Liaoning	3195.82	5080.49	4481.61	14	352.40	436.29	356.51	17
吉 林	Jilin	1787.25	2913.25	3217.10	26	198.04	253.50	247.13	24
黑龙江	Heilongjiang	2253.27	3434.22	4020.66	19	222.57	256.20	242.67	26
上 海	Shanghai	3302.89	4923.44	6191.56	7	226.02	248.84	259.84	23
江 苏	Jiangsu	4914.06	8472.45	9687.58	2	631.24	856.70	845.68	2
浙 江	Zhejiang	3207.88	5159.57	6645.98	6	434.29	527.74	584.45	8
安 徽	Anhui	2587.61	4664.10	5239.01	12	273.72	408.15	400.09	12
福 建	Fujian	1695.09	3306.70	4001.58	20	211.91	293.40	308.02	18
江 西	Jiangxi	1923.26	3882.70	4412.55	15	218.75	361.36	410.83	11
山 东	Shandong	4145.03	7177.31	8250.01	3	544.31	725.33	738.11	3
河 南	Henan	3416.14	6028.69	6799.35	5	478.69	700.71	695.32	4
湖 北	Hubei	2501.40	4934.15	6132.84	8	314.93	598.45	618.14	7
湖 南	Hunan	2702.48	5017.38	5728.72	10	367.20	627.24	634.17	5
广 东	Guangdong	5421.54	9152.64	12827.80	1	685.39	959.44	1018.91	1
广 西	Guangxi	2007.59	3479.79	4065.51	18	268.76	405.99	395.30	13
海 南	Hainan	581.34	1099.74	1239.43	30	62.44	111.40	113.32	30
重 庆	Chongqing	1709.04	3304.39	3792.00	23	168.49	288.27	270.17	22
四 川	Sichuan	4257.98	6796.61	7497.51	4	407.31	575.67	622.22	6
贵 州	Guizhou	1631.48	3542.80	3939.50	21	212.69	422.49	428.61	10
云 南	Yunnan	2285.72	4437.98	4712.83	13	246.50	399.48	388.51	14
西 藏	Tibet	551.04	1185.51	1381.46	29	72.35	164.09	205.92	27
陕 西	Shaanxi	2218.83	3962.50	4376.06	16	287.29	366.32	359.36	16
甘 肃	Gansu	1468.58	2541.49	2958.31	27	145.75	300.48	272.01	21
青 海	Qinghai	743.40	1347.43	1515.16	28	55.20	100.57	117.33	29
宁 夏	Ningxia	557.53	1000.45	1138.49	31	51.77	61.68	67.09	31
新 疆	Xinjiang	1698.91	3317.79	3804.87	22	195.57	324.88	366.41	15

5-14 国防支出和公共安全支出
Expenditure for National Defense and Public Security

单位：亿元

(100 million yuan)

地区	Region	国防支出 Expenditure for National Defense				公共安全支出 Expenditure for Public Security			
		2010	2014	2015	2015排名 Ranking	2010	2014	2015	2015排名 Ranking
地方合计	**Region Total**	**157.02**	**234.40**	**219.33**		**4642.50**	**6879.47**	**7795.79**	
北　京	Beijing	4.70	8.49	7.81	10	180.94	279.78	319.75	6
天　津	Tianjin	0.88	1.16	1.02	30	84.92	139.31	157.87	26
河　北	Hebei	7.08	12.38	10.31	6	176.08	248.29	287.08	9
山　西	Shanxi	3.30	5.44	5.34	21	121.84	160.80	173.79	24
内蒙古	Inner Mongolia	3.88	4.77	5.40	19	120.45	180.45	188.37	21
辽　宁	Liaoning	7.58	11.97	7.90	9	191.29	235.67	256.72	12
吉　林	Jilin	3.70	5.18	5.39	20	109.30	154.63	168.87	25
黑龙江	Heilongjiang	4.92	4.88	5.34	21	134.85	170.77	180.94	23
上　海	Shanghai	7.25	6.57	6.73	15	187.25	250.91	269.20	11
江　苏	Jiangsu	12.93	22.00	18.10	1	326.80	473.83	519.92	2
浙　江	Zhejiang	6.43	7.93	9.20	8	260.67	370.69	423.55	4
安　徽	Anhui	4.63	5.70	5.66	18	119.48	179.60	196.06	19
福　建	Fujian	3.27	6.56	6.85	14	120.60	191.63	225.24	15
江　西	Jiangxi	4.09	6.53	7.13	12	107.49	175.96	195.44	20
山　东	Shandong	10.41	15.47	14.96	3	244.03	380.57	425.75	3
河　南	Henan	4.16	6.79	6.08	17	189.72	274.12	301.12	7
湖　北	Hubei	2.00	4.18	4.25	25	166.87	259.05	295.24	8
湖　南	Hunan	7.49	13.05	11.70	5	159.14	246.11	271.54	10
广　东	Guangdong	11.09	19.05	16.48	2	495.80	697.23	834.54	1
广　西	Guangxi	7.26	9.93	9.87	7	125.14	192.22	220.55	16
海　南	Hainan	1.91	4.28	6.59	16	43.94	67.71	77.14	29
重　庆	Chongqing	6.18	6.86	7.40	11	91.84	159.56	203.29	18
四　川	Sichuan	8.53	14.59	11.90	4	218.38	319.19	369.74	5
贵　州	Guizhou	3.66	5.25	5.09	23	101.46	187.97	215.95	17
云　南	Yunnan	6.53	9.41	7.06	13	145.42	219.66	242.54	14
西　藏	Tibet	3.06	1.88	2.26	28	41.33	69.36	103.23	28
陕　西	Shaanxi	2.90	3.90	3.25	26	111.50	161.43	187.07	22
甘　肃	Gansu	1.77	2.89	3.03	27	70.45	107.42	123.10	27
青　海	Qinghai	0.79	0.71	1.00	31	35.48	55.63	59.02	30
宁　夏	Ningxia	0.63	1.00	1.25	29	31.49	47.64	51.23	31
新　疆	Xinjiang	4.03	5.60	4.98	24	128.56	222.28	251.95	13

5-15 教育支出和科学技术支出
Expenditure for Education and Science and Technology

单位：亿元 (100 million yuan)

地区	Region	教育支出 Expenditure for Education				科学技术支出 Expenditure for Science and Technology			
		2010	2014	2015	2015排名 Ranking	2010	2014	2015	2015排名 Ranking
地方合计	**Region Total**	**11829.06**	**21788.09**	**24913.71**		**1588.88**	**2877.79**	**3384.18**	
北　京	Beijing	450.22	742.05	855.67	11	178.92	282.71	287.80	3
天　津	Tianjin	229.56	517.01	507.44	25	43.25	109.00	120.82	9
河　北	Hebei	514.30	868.87	1041.16	7	29.65	51.32	45.50	21
山　西	Shanxi	328.58	507.28	602.85	21	20.12	54.26	37.47	25
内蒙古	Inner Mongolia	322.11	477.77	536.53	23	21.39	32.87	35.72	26
辽　宁	Liaoning	405.39	604.49	610.24	20	68.90	108.82	68.92	14
吉　林	Jilin	250.20	407.10	477.57	27	19.12	36.45	41.39	24
黑龙江	Heilongjiang	299.14	505.94	549.66	22	27.69	39.46	42.91	22
上　海	Shanghai	417.28	695.63	767.32	16	202.03	262.29	271.85	4
江　苏	Jiangsu	865.36	1504.86	1746.22	2	150.35	327.10	371.96	2
浙　江	Zhejiang	606.54	1030.99	1264.93	5	121.40	207.99	250.79	5
安　徽	Anhui	386.31	743.07	856.73	10	57.98	129.59	147.94	8
福　建	Fujian	327.77	634.60	757.51	18	32.31	67.40	76.60	12
江　西	Jiangxi	297.50	711.72	793.27	12	18.26	58.37	74.79	13
山　东	Shandong	770.45	1461.05	1690.62	3	84.36	147.06	159.05	6
河　南	Henan	609.37	1201.38	1271.00	4	44.67	81.25	83.25	11
湖　北	Hubei	366.57	773.35	913.05	9	30.09	134.46	157.36	7
湖　南	Hunan	403.10	833.27	928.54	8	35.04	59.38	66.26	15
广　东	Guangdong	921.48	1808.97	2040.65	1	214.44	274.33	569.55	1
广　西	Guangxi	366.84	660.53	789.69	13	21.66	59.93	49.63	18
海　南	Hainan	98.33	175.95	206.84	28	7.47	13.53	12.38	29
重　庆	Chongqing	240.46	469.98	536.24	24	17.90	38.16	45.67	20
四　川	Sichuan	540.65	1056.91	1252.33	6	34.71	81.76	96.69	10
贵　州	Guizhou	292.06	637.03	772.91	14	16.66	44.34	58.68	16
云　南	Yunnan	374.79	674.94	767.46	15	21.43	43.15	48.56	19
西　藏	Tibet	60.80	142.08	167.27	29	2.71	4.42	5.41	31
陕　西	Shaanxi	377.79	693.83	758.07	17	25.25	44.86	57.28	17
甘　肃	Gansu	228.23	401.26	498.33	26	10.89	21.16	29.85	27
青　海	Qinghai	82.47	156.31	163.19	30	4.08	10.39	11.22	30
宁　夏	Ningxia	81.59	122.68	142.51	31	5.97	11.66	17.25	28
新　疆	Xinjiang	313.84	567.20	647.93	19	20.19	40.34	41.64	23

5-16 文化体育传媒支出和社会保障就业支出
Expenditure for Culture, Sports and Media and Social Safety Net and Employment Effort

单位：亿元 (100 million yuan)

地区	Region	文化体育与传媒支出 Expenditure for Culture, Sport and Media				社会保障和就业支出 Expenditure for Social Safety Net and Employment Effort			
		2010	2014	2015	2015排名 Ranking	2010	2014	2015	2015排名 Ranking
地方合计	**Region Total**	**1392.57**	**2468.48**	**2804.65**		**8680.32**	**15268.94**	**18295.62**	
北　京	Beijing	79.36	163.90	188.50	3	275.90	509.01	700.48	11
天　津	Tianjin	24.28	47.87	51.73	26	137.74	259.56	314.77	27
河　北	Hebei	37.09	82.66	88.34	13	358.78	585.62	763.68	9
山　西	Shanxi	31.24	63.95	73.08	19	274.46	450.72	533.45	19
内蒙古	Inner Mongolia	52.96	91.90	95.81	11	292.44	531.76	605.26	15
辽　宁	Liaoning	56.76	92.60	88.59	12	579.84	895.91	995.10	3
吉　林	Jilin	32.93	61.16	73.01	20	253.36	390.20	462.28	21
黑龙江	Heilongjiang	39.50	45.63	53.17	25	306.06	602.68	728.73	10
上　海	Shanghai	54.95	86.38	108.22	8	362.56	498.13	543.16	17
江　苏	Jiangsu	88.67	190.86	196.06	1	364.48	709.59	838.06	7
浙　江	Zhejiang	77.15	115.36	165.38	4	206.39	435.54	541.70	18
安　徽	Anhui	51.68	82.25	88.19	14	334.15	575.82	691.54	12
福　建	Fujian	27.10	64.18	84.82	15	148.24	258.71	341.77	25
江　西	Jiangxi	28.38	60.03	68.90	21	233.02	422.35	510.18	20
山　东	Shandong	74.03	127.75	137.26	6	416.77	763.53	904.64	5
河　南	Henan	54.99	91.16	105.38	9	461.22	790.87	945.83	4
湖　北	Hubei	36.67	76.65	84.03	16	368.42	717.63	858.70	6
湖　南	Hunan	39.66	80.01	111.74	7	396.40	661.97	781.79	8
广　东	Guangdong	166.16	168.16	194.58	2	469.58	797.01	1064.91	2
广　西	Guangxi	32.77	68.52	79.00	17	217.07	387.18	460.63	22
海　南	Hainan	11.61	23.51	25.48	30	73.80	142.52	174.77	29
重　庆	Chongqing	24.04	36.02	47.01	27	236.98	502.94	569.63	16
四　川	Sichuan	59.37	135.65	139.41	5	513.65	927.01	1111.75	1
贵　州	Guizhou	23.98	54.69	61.20	24	140.76	299.72	340.33	26
云　南	Yunnan	35.53	56.21	61.66	23	304.69	584.08	648.69	13
西　藏	Tibet	12.48	34.10	34.73	28	31.91	85.98	103.00	31
陕　西	Shaanxi	47.86	93.23	103.09	10	315.61	541.40	631.99	14
甘　肃	Gansu	29.78	49.60	62.76	22	215.09	376.22	421.31	23
青　海	Qinghai	11.57	34.16	33.60	29	189.50	148.01	189.34	28
宁　夏	Ningxia	16.09	16.02	20.97	31	35.03	116.43	146.23	30
新　疆	Xinjiang	33.92	74.32	78.96	18	166.40	300.85	371.90	24

5-17 医疗卫生与计划生育支出和节能环保支出
Expenditure for Medical and Health Care, Family Planning and Environment Protection

单位：亿元 (100 million yuan)

地区	Region	医疗卫生与计划生育支出 Expenditure for Medical and Health Care, Family Planning				节能环保支出 Expenditure for Environment Protection			
		2010	2014	2015	2015排名 Ranking	2010	2014	2015	2015排名 Ranking
地方合计	**Region Total**	**4730.62**	**10086.56**	**11868.67**		**2372.50**	**3470.90**	**4402.48**	
北　京	Beijing	186.82	322.29	370.52	14	60.85	213.36	303.26	3
天　津	Tianjin	70.07	161.33	195.02	27	27.10	57.93	73.10	27
河　北	Hebei	235.48	446.79	535.09	6	115.16	193.43	282.72	4
山　西	Shanxi	113.86	243.94	290.71	20	82.37	95.26	99.46	20
内蒙古	Inner Mongolia	120.72	227.78	257.15	23	107.99	142.75	175.25	7
辽　宁	Liaoning	151.36	273.61	281.96	21	77.44	106.10	116.79	18
吉　林	Jilin	110.91	206.44	245.81	25	71.55	140.30	117.70	17
黑龙江	Heilongjiang	135.18	235.31	273.96	22	89.00	111.57	155.52	10
上　海	Shanghai	160.07	264.75	303.46	19	47.31	77.32	104.35	19
江　苏	Jiangsu	249.69	560.93	649.31	5	139.89	237.78	308.45	2
浙　江	Zhejiang	224.53	433.80	485.50	10	82.07	120.65	167.89	9
安　徽	Anhui	184.22	425.00	485.60	9	64.72	104.76	124.83	16
福　建	Fujian	117.58	292.14	351.19	17	39.79	61.80	95.57	23
江　西	Jiangxi	150.02	338.45	398.79	13	49.14	68.13	87.43	25
山　东	Shandong	250.77	605.67	701.43	3	112.93	166.67	217.08	5
河　南	Henan	270.21	602.95	717.74	2	96.38	119.95	177.77	6
湖　北	Hubei	179.13	401.32	515.25	7	96.31	103.78	145.84	13
湖　南	Hunan	180.44	422.40	493.74	8	90.82	137.49	149.00	12
广　东	Guangdong	304.04	777.55	918.36	1	239.16	259.04	322.33	1
广　西	Guangxi	165.49	355.33	413.87	12	63.99	84.00	98.68	21
海　南	Hainan	34.82	88.46	100.54	28	14.89	23.28	31.54	31
重　庆	Chongqing	94.87	246.34	313.98	18	69.01	105.51	140.73	14
四　川	Sichuan	263.34	584.10	686.42	4	112.99	168.69	169.31	8
贵　州	Guizhou	127.68	303.25	360.80	16	54.32	85.34	96.49	22
云　南	Yunnan	183.70	352.41	422.66	11	86.41	108.88	134.08	15
西　藏	Tibet	32.04	48.86	62.80	31	11.77	29.23	56.83	29
陕　西	Shaanxi	156.66	313.45	369.38	15	82.88	112.51	150.77	11
甘　肃	Gansu	100.40	204.19	250.10	24	68.31	73.21	95.35	24
青　海	Qinghai	38.94	80.13	99.43	29	36.15	56.73	87.36	26
宁　夏	Ningxia	34.02	65.27	74.11	30	30.79	34.60	45.49	30
新　疆	Xinjiang	103.56	202.32	244.01	26	51.02	70.86	71.51	28

5-18 城乡社区事务支出和农林水事务支出
Expenditure for Urban and Rural Community Affairs and Agriculture, Forestry and Water Conservancy

单位：亿元

(100 million yuan)

地区	Region	城乡社区事务支出 Expenditure for Urban and Rural Community Affairs 2010	2014	2015	2015排名 Ranking	农林水事务支出 Expenditure for Agriculture, Forestry and Water Conservancy 2010	2014	2015	2015排名 Ranking
地方合计	**Region Total**	**5977.29**	**12942.31**	**15875.53**		**7741.69**	**13634.16**	**16641.71**	
北　京	Beijing	294.30	567.40	995.39	4	158.64	343.67	424.78	22
天　津	Tianjin	355.29	823.70	922.16	5	67.14	134.91	156.08	31
河　北	Hebei	178.75	367.83	476.59	16	312.66	583.52	712.49	7
山　西	Shanxi	111.57	219.05	255.47	24	201.71	327.85	394.46	24
内蒙古	Inner Mongolia	237.75	540.30	560.20	10	281.00	517.69	675.58	10
辽　宁	Liaoning	360.31	849.50	494.34	15	289.00	443.85	446.07	20
吉　林	Jilin	108.90	273.29	341.86	20	238.94	308.68	408.61	23
黑龙江	Heilongjiang	141.13	332.11	350.52	19	338.06	487.67	681.48	8
上　海	Shanghai	475.47	801.29	1173.88	3	151.93	202.34	267.37	26
江　苏	Jiangsu	624.53	1221.64	1535.59	1	489.16	899.31	1008.60	1
浙　江	Zhejiang	272.30	389.01	541.21	13	290.37	524.59	739.08	6
安　徽	Anhui	236.18	558.55	609.65	9	292.52	502.69	577.74	14
福　建	Fujian	107.68	269.74	378.70	18	160.34	320.32	441.86	21
江　西	Jiangxi	102.47	226.81	331.44	21	232.34	500.15	557.30	15
山　东	Shandong	388.40	777.92	920.57	6	465.98	772.84	964.42	2
河　南	Henan	165.30	431.74	645.21	7	399.19	661.94	791.63	5
湖　北	Hubei	119.63	364.31	545.16	12	305.44	483.80	616.57	12
湖　南	Hunan	186.98	463.96	551.26	11	322.65	557.59	676.24	9
广　东	Guangdong	407.64	770.11	1174.16	2	325.02	557.59	811.90	4
广　西	Guangxi	103.87	269.34	317.52	23	260.26	391.29	497.53	18
海　南	Hainan	36.81	72.97	83.03	31	87.68	146.30	164.24	30
重　庆	Chongqing	251.26	577.79	627.82	8	159.18	291.62	331.33	25
四　川	Sichuan	179.19	528.13	514.08	14	401.76	826.59	926.65	3
贵　州	Guizhou	53.00	101.29	127.71	28	246.76	447.19	534.26	16
云　南	Yunnan	86.66	182.22	183.62	25	327.21	594.45	641.52	11
西　藏	Tibet	20.51	67.12	93.34	30	89.11	169.24	200.27	28
陕　西	Shaanxi	126.84	330.57	406.01	17	267.16	445.97	520.58	17
甘　肃	Gansu	56.82	78.75	121.61	29	196.27	366.17	497.05	19
青　海	Qinghai	30.60	95.04	128.45	27	69.50	190.04	204.41	27
宁　夏	Ningxia	61.89	104.07	145.96	26	94.23	157.05	166.27	29
新　疆	Xinjiang	95.28	286.76	323.04	22	220.50	477.27	605.34	13

5-19 交通运输支出和资源勘探支出
Expenditure for Transportation and Affairs of Exploration

单位：亿元 (100 million yuan)

地区	Region	交通运输支出 Expenditure for Transportation				资源勘探信息等事务支出 Expenditure for Resource Exploration, and Information			
		2010	2014	2015	2015排名 Ranking	2010	2014	2015	2015排名 Ranking
地方合计	**Region Total**	**3998.89**	**9669.26**	**11503.27**		**2996.65**	**4634.73**	**5663.56**	
北 京	Beijing	154.99	214.55	295.63	15	138.95	158.59	167.05	13
天 津	Tianjin	46.95	94.95	98.88	30	79.13	183.10	204.30	9
河 北	Hebei	155.72	310.23	323.82	13	58.70	104.13	111.93	19
山 西	Shanxi	131.65	170.35	208.84	25	36.07	49.60	54.42	27
内蒙古	Inner Mongolia	121.05	292.72	292.78	17	57.37	92.09	76.63	24
辽 宁	Liaoning	140.29	310.89	269.98	22	208.94	225.32	114.42	18
吉 林	Jilin	89.78	229.11	191.83	27	53.15	99.58	127.26	17
黑龙江	Heilongjiang	147.72	236.97	272.07	20	73.34	91.34	106.45	22
上 海	Shanghai	80.43	157.20	274.73	19	357.85	468.20	539.02	1
江 苏	Jiangsu	276.00	496.93	547.81	5	262.96	364.33	448.45	4
浙 江	Zhejiang	233.37	388.33	553.65	4	125.67	191.68	346.80	5
安 徽	Anhui	124.86	338.38	383.97	9	124.94	150.93	181.20	12
福 建	Fujian	125.21	310.93	346.20	12	64.07	177.75	159.66	14
江 西	Jiangxi	107.31	289.46	247.18	23	117.53	244.38	275.79	7
山 东	Shandong	230.50	399.14	460.69	6	161.12	255.98	276.06	6
河 南	Henan	173.84	364.85	371.01	10	89.81	117.62	149.98	15
湖 北	Hubei	124.03	396.04	452.05	7	109.84	221.62	451.36	3
湖 南	Hunan	153.03	322.16	318.93	14	96.99	159.69	190.78	11
广 东	Guangdong	318.17	882.86	1982.63	1	163.98	275.37	525.38	2
广 西	Guangxi	93.71	204.92	237.83	24	69.86	119.58	128.61	16
海 南	Hainan	26.23	86.39	99.46	29	14.60	31.86	34.61	29
重 庆	Chongqing	81.85	260.87	294.06	16	83.28	147.66	193.50	10
四 川	Sichuan	192.98	543.83	601.14	3	153.73	201.50	251.52	8
贵 州	Guizhou	109.61	432.01	392.25	8	48.34	85.82	94.46	23
云 南	Yunnan	139.88	640.16	604.01	2	46.22	78.92	110.19	20
西 藏	Tibet	64.06	173.17	178.61	28	17.24	56.73	32.92	30
陕 西	Shaanxi	129.06	371.49	350.89	11	71.63	95.12	107.30	21
甘 肃	Gansu	66.58	257.12	278.24	18	27.89	43.40	47.73	28
青 海	Qinghai	46.68	204.70	205.49	26	23.27	56.31	55.47	26
宁 夏	Ningxia	21.80	73.00	97.85	31	21.66	29.78	28.22	31
新 疆	Xinjiang	91.54	215.53	270.75	21	38.53	56.75	72.11	25

5-20 商业服务支出和金融支出
Expenditure for Commercial Services and Financial

单位：亿元 (100 million yuan)

地区	Region	商业服务业等支出 Expenditure for Affairs of Commerce and Services				金融支出 Expenditure for Financial Affairs			
		2010	2014	2015	2015排名 Ranking	2010	2014	2015	2015排名 Ranking
地方合计	**Region Total**	**1273.35**	**1319.78**	**1724.76**		**148.88**	**258.70**	**496.22**	
北京	Beijing	26.65	39.90	58.85	10	2.01	4.09	12.80	12
天津	Tianjin	17.77	26.24	50.38	15	1.50	2.93	3.67	23
河北	Hebei	44.84	29.06	36.53	21	0.97	1.98	3.19	24
山西	Shanxi	26.98	13.95	15.31	29	8.80	2.91	5.61	20
内蒙古	Inner Mongolia	21.45	27.96	45.79	16	2.44	3.21	13.16	10
辽宁	Liaoning	43.23	59.34	45.76	17	4.18	3.89	12.37	13
吉林	Jilin	24.75	28.30	28.68	24	5.50	18.62	5.54	21
黑龙江	Heilongjiang	35.70	21.45	23.89	26	12.65	1.15	0.80	29
上海	Shanghai	46.85	79.10	86.85	5	16.81	15.20	17.87	7
江苏	Jiangsu	106.18	118.11	136.15	3	9.74	14.84	18.05	6
浙江	Zhejiang	85.58	103.63	143.57	2	4.22	10.13	30.51	5
安徽	Anhui	45.84	62.09	63.43	9	5.17	5.02	6.93	18
福建	Fujian	40.28	65.24	79.48	7	0.14	2.98	4.86	22
江西	Jiangxi	35.43	32.94	55.70	12	1.06	4.32	10.22	15
山东	Shandong	99.49	94.13	116.88	4	2.96	11.89	48.74	2
河南	Henan	73.88	31.50	57.71	11	11.99	27.71	40.92	3
湖北	Hubei	60.25	36.06	52.17	14	3.41	9.79	10.51	14
湖南	Hunan	46.52	44.43	63.47	8	8.96	5.76	8.83	16
广东	Guangdong	99.33	89.21	147.85	1	12.71	45.56	141.17	1
广西	Guangxi	29.48	31.35	45.56	18	1.07	2.65	33.79	4
海南	Hainan	7.82	8.76	9.56	31	0.01	1.64	0.53	31
重庆	Chongqing	30.66	34.79	41.92	20	4.62	9.76	13.51	9
四川	Sichuan	69.29	69.92	82.52	6	4.79	7.33	17.40	8
贵州	Guizhou	21.52	21.12	24.97	25	0.06	0.52	0.79	30
云南	Yunnan	35.30	29.74	33.59	22	7.79	4.73	2.32	26
西藏	Tibet	5.84	10.45	12.40	30	0.35	2.62	2.84	25
陕西	Shaanxi	34.96	33.29	44.56	19	2.22	5.32	12.86	11
甘肃	Gansu	17.66	17.63	29.69	23	7.24	1.89	2.16	27
青海	Qinghai	7.85	13.03	19.06	28	0.55	12.93	6.00	19
宁夏	Ningxia	10.33	18.64	20.08	27	0.93	16.12	7.11	17
新疆	Xinjiang	21.64	28.42	52.40	13	4.00	1.20	1.18	28

5-21 援助其他地区和国土海洋气象等支出

Expenditure for Other Regional Assistance and for Affairs of Land, Ocean and Weather

单位：亿元 (100 million yuan)

地区	Region	援助其他地区支出 Expenditure for Other Regional Assistance				国土海洋气象等支出 Expenditure for Affairs of Land, Ocean and Weather			
		2010	2014	2015	2015排名 Ranking	2010	2014	2015	2015排名 Ranking
地方合计	**Region Total**	**1094.64**	**216.50**	**261.41**		**1153.99**	**1722.56**	**1766.76**	
北　京	Beijing	14.22	18.03	23.07	4	9.66	31.82	30.51	26
天　津	Tianjin	8.14	6.61	11.48	7	24.39	25.24	21.80	27
河　北	Hebei		6.04	5.65	10	56.48	66.32	73.29	9
山　西	Shanxi	5.61	2.37	2.68	16	114.49	319.71	222.95	1
内蒙古	Inner Mongolia		0.78	0.25	22	72.64	89.19	81.94	5
辽　宁	Liaoning	0.05	11.45	10.40	8	54.26	72.92	54.72	14
吉　林	Jilin	4.33	2.59	2.67	17	20.52	29.77	38.70	20
黑龙江	Heilongjiang	0.58	2.75	3.75	14	30.60	32.81	34.92	24
上　海	Shanghai	22.10	29.29	33.36	2	14.16	16.43	47.89	15
江　苏	Jiangsu	21.23	26.93	29.70	3	33.38	65.01	64.56	10
浙　江	Zhejiang	18.68	19.20	21.57	5	20.96	38.06	91.66	4
安　徽	Anhui		3.70	4.13	13	61.69	53.80	61.53	11
福　建	Fujian	4.06	2.15	2.03	18	27.50	42.78	33.43	25
江　西	Jiangxi	0.18	1.00	1.00	20	25.43	33.50	36.84	22
山　东	Shandong	26.14	15.49	17.59	6	65.90	100.39	110.88	3
河　南	Henan	3.10	2.62	2.84	15	75.36	54.00	55.72	13
湖　北	Hubei	4.93	5.19	6.28	9	36.52	55.41	61.24	12
湖　南	Hunan		3.70	4.62	12	40.39	65.72	74.44	8
广　东	Guangdong	24.99	49.75	70.42	1	45.89	61.59	117.20	2
广　西	Guangxi					38.90	39.04	45.75	16
海　南	Hainan					9.10	14.25	13.12	30
重　庆	Chongqing	4.52	1.89	1.82	19	31.99	39.02	37.12	21
四　川	Sichuan	808.82	4.21	5.33	11	48.37	77.44	77.87	7
贵　州	Guizhou					24.51	26.31	40.73	19
云　南	Yunnan	0.04	0.08	0.04	24	31.93	98.65	79.67	6
西　藏	Tibet		0.01			6.92	9.47	15.46	29
陕　西	Shaanxi	17.78	0.07	0.64	21	32.12	50.94	41.54	17
甘　肃	Gansu	94.15				36.77	41.02	35.20	23
青　海	Qinghai	0.12	0.04	0.09	23	22.39	21.81	16.52	28
宁　夏	Ningxia					7.15	8.39	8.12	31
新　疆	Xinjiang	10.86	0.56			33.65	41.76	41.46	18

5-22 住房保障支出和粮油物资储备支出
Expenditure for Affairs of Housing Security and Management of Grain & Oil Reserves

单位：亿元 (100 million yuan)

地区	Region	住房保障支出 Expenditure for Affairs of Housing Security				粮油物资储备事务支出 Expenditure for Affairs of Management of Grain & Oil Reserves			
		2010	2014	2015	2015排名 Ranking	2010	2014	2015	2015排名 Ranking
地方合计	**Region Total**	**1990.40**	**4638.31**	**5395.84**		**676.84**	**778.39**	**777.01**	
北京	Beijing	45.81	66.96	104.69	24	6.14	5.64	20.74	16
天津	Tianjin	6.32	15.57	46.82	31	4.59	5.60	7.81	27
河北	Hebei	52.00	126.86	161.15	17	23.71	28.60	37.43	5
山西	Shanxi	53.30	93.38	126.61	22	12.15	19.07	20.69	17
内蒙古	Inner Mongolia	83.72	157.61	190.36	15	60.41	76.23	20.07	18
辽宁	Liaoning	83.79	174.33	136.93	19	25.42	33.21	21.32	15
吉林	Jilin	86.84	137.30	135.91	20	60.52	55.28	49.29	3
黑龙江	Heilongjiang	108.94	147.19	212.34	10	63.93	71.64	65.86	2
上海	Shanghai	52.45	119.30	123.39	23	13.53	15.41	17.55	22
江苏	Jiangsu	72.77	189.53	247.18	7	27.70	33.53	25.97	12
浙江	Zhejiang	29.60	99.82	140.73	18	11.75	14.59	24.67	13
安徽	Anhui	93.36	232.76	276.63	5	30.71	39.85	32.21	9
福建	Fujian	28.13	91.46	81.65	26	13.86	15.63	28.08	11
江西	Jiangxi	68.08	197.11	241.38	9	45.21	23.67	17.23	23
山东	Shandong	35.25	181.15	204.14	14	30.81	39.61	31.38	10
河南	Henan	77.25	247.57	242.04	8	45.35	45.12	36.21	6
湖北	Hubei	56.59	147.06	204.78	13	24.58	38.78	44.12	4
湖南	Hunan	81.75	208.13	277.26	4	28.20	35.97	34.06	8
广东	Guangdong	88.57	264.88	357.29	1	39.32	31.03	67.60	1
广西	Guangxi	58.93	114.67	173.96	16	11.98	20.61	23.28	14
海南	Hainan	23.83	39.37	48.26	30	1.64	3.21	3.17	30
重庆	Chongqing	79.91	64.39	85.90	25	9.91	10.40	13.39	25
四川	Sichuan	107.03	307.62	288.90	3	26.80	39.88	35.95	7
贵州	Guizhou	87.62	289.00	298.44	2	5.72	8.43	14.83	24
云南	Yunnan	112.12	164.84	210.92	11	6.35	11.93	17.62	21
西藏	Tibet	10.46	70.49	54.53	29	1.89	2.61	3.41	29
陕西	Shaanxi	68.72	227.89	249.10	6	15.92	17.35	19.78	19
甘肃	Gansu	58.10	113.66	127.87	21	9.81	9.76	13.32	26
青海	Qinghai	61.09	67.73	65.25	28	4.43	4.58	7.55	28
宁夏	Ningxia	28.05	81.39	72.25	27	2.29	2.83	2.67	31
新疆	Xinjiang	90.02	199.31	209.19	12	12.20	18.34	19.75	20

5-23 国债还本付息支出和财政其他支出
Interest Payment for Domestic and Foreign Debts and Other Expenditures

单位：亿元 (100 million yuan)

地区	Region	国债还本付息支出 Interest Payment for Domestic and Foreign Debts				其他支出 Other Expenditures			
		2010	2014	2015	2015排名 Ranking	2010	2014	2015	2015排名 Ranking
地方合计	**Region Total**	**335.36**	**983.10**	**681.68**		**2602.06**	**3124.54**	**3341.38**	
北　京	Beijing		8.49	11.83	27	208.64	271.72	258.45	3
天　津	Tianjin			6.75	29	49.74	114.61	101.84	7
河　北	Hebei	3.06	28.54	46.52	2	101.62	58.24	85.49	11
山　西	Shanxi	2.98	9.30	16.61	22	34.44	38.13	37.19	20
内蒙古	Inner Mongolia	4.14	21.72	24.53	9	35.03	72.84	72.01	12
辽　宁	Liaoning	22.01	41.35	59.25	1	73.38	88.98	31.88	22
吉　林	Jilin	31.88	60.12	23.71	12	13.01	15.66	23.31	25
黑龙江	Heilongjiang	1.28	13.10	17.14	21	40.38	23.62	17.99	27
上　海	Shanghai	26.51	11.45	4.31	30	380.09	617.42	971.23	1
江　苏	Jiangsu	3.04	18.52	22.21	14	157.94	140.11	107.17	6
浙　江	Zhejiang	2.65	9.66	20.43	16	93.19	120.18	96.86	8
安　徽	Anhui	7.62	22.16	26.27	7	87.83	40.21	17.72	28
福　建	Fujian	0.93	16.18	18.25	18	94.34	121.13	178.10	5
江　西	Jiangxi	6.63	32.05	20.45	15	74.95	94.41	70.43	15
山　东	Shandong	31.58	53.45	43.39	3	98.85	82.20	64.71	16
河　南	Henan	10.67	94.41	29.92	6	80.97	80.46	71.58	13
湖　北	Hubei	9.45	37.49	24.31	10	85.75	69.74	71.24	14
湖　南	Hunan	9.33	27.90	36.10	4	48.36	41.45	42.81	19
广　东	Guangdong	57.18	66.81	22.45	13	331.54	297.09	428.10	2
广　西	Guangxi	6.47	23.39	16.44	23	64.07	39.33	26.73	23
海　南	Hainan	2.53	6.07	7.56	28	21.51	37.46	25.97	24
重　庆	Chongqing	1.18	8.71	12.33	26	20.90	3.69	4.27	30
四　川	Sichuan	11.83	90.27	17.51	20	94.45	236.32	217.80	4
贵　州	Guizhou	9.49	16.42	23.98	11	51.57	74.62	45.57	17
云　南	Yunnan	34.23	116.56	19.26	17	52.93	67.46	87.92	10
西　藏	Tibet	0.01	0.87	1.40	31	66.15	42.43	44.49	18
陕　西	Shaanxi	13.99	21.32	17.80	19	30.70	32.23	-15.97	31
甘　肃	Gansu	5.53	41.67	15.09	24	21.10	34.00	34.12	21
青　海	Qinghai	5.34	22.86	25.93	8	17.38	15.70	19.10	26
宁　夏	Ningxia	8.21	16.41	14.08	25	13.62	15.80	9.53	29
新　疆	Xinjiang	5.61	45.82	35.88	5	57.62	137.26	93.74	9

5-24 人均财政收入和人均财政支出
Per Capita Revenue and Expenditure

单位：元/人 (yuan/person)

地区	Region	人均财政收入 Per Capita Revenue 2010	2014	2015	2015排名 Ranking	人均财政支出 Per Capita Expenditure 2010	2014	2015	2015排名 Ranking
地方合计	**Region Total**								
北　京	Beijing	12668.35	18876.00	21857.00	2	14624.03	21208.00	26548.00	2
天　津	Tianjin	8476.48	15994.00	17410.00	3	10919.40	19302.00	21099.00	5
河　北	Hebei	1873.29	3325.00	3578.00	27	3966.75	6356.00	7606.00	30
山　西	Shanxi	2771.18	5003.00	4492.00	19	5519.59	8478.00	9362.00	24
内蒙古	Inner Mongolia	4373.83	7370.00	7833.00	7	9293.58	15511.00	16957.00	7
辽　宁	Liaoning	4612.19	7272.00	4850.00	16	7352.08	11572.00	10216.00	21
吉　林	Jilin	2196.08	4374.00	4466.00	20	6515.40	10588.00	11687.00	14
黑龙江	Heilongjiang	1973.51	3394.00	3050.00	30	5885.34	8957.00	10519.00	18
上　海	Shanghai	13609.48	18945.00	22802.00	1	15642.68	20341.00	25578.00	4
江　苏	Jiangsu	5233.61	9099.00	10076.00	4	6303.72	10658.00	12158.00	11
浙　江	Zhejiang	4911.12	7490.00	8708.00	5	6039.68	9376.00	12032.00	12
安　徽	Anhui	1902.81	3663.00	4015.00	24	4283.76	7701.00	8570.00	26
福　建	Fujian	3147.69	6233.00	6656.00	10	4633.66	8725.00	10468.00	20
江　西	Jiangxi	1750.74	4152.00	4756.00	17	4327.41	8567.00	9690.00	23
山　东	Shandong	2886.60	5150.00	5632.00	12	4351.90	7353.00	8403.00	29
河　南	Henan	1462.54	2907.00	3189.00	28	3617.00	6397.00	7189.00	31
湖　北	Hubei	1767.30	4420.00	5152.00	15	4371.64	8496.00	10513.00	19
湖　南	Hunan	1667.43	3370.00	3721.00	26	4165.87	7473.00	8474.00	28
广　东	Guangdong	4501.67	7549.00	8684.00	6	5403.09	8567.00	11892.00	13
广　西	Guangxi	1632.35	3003.00	3173.00	29	4244.98	7347.00	8514.00	27
海　南	Hainan	3130.77	6177.00	6921.00	9	6716.20	12233.00	13667.00	9
重　庆	Chongqing	3315.24	6449.00	7174.00	8	5951.08	11087.00	12624.00	10
四　川	Sichuan	1924.80	3768.00	4106.00	23	5248.08	8367.00	9175.00	25
贵　州	Guizhou	1467.78	3899.00	4272.00	21	4486.62	10108.00	11196.00	17
云　南	Yunnan	1900.57	3613.00	3824.00	25	4986.51	9442.00	9968.00	22
西　藏	Tibet	1241.83	3945.00	4272.00	21	18672.34	37635.00	43038.00	1
陕　西	Shaanxi	2553.60	5015.00	5444.00	14	5913.14	10512.00	11565.00	15
甘　肃	Gansu	1361.89	2601.00	2866.00	31	5656.52	9826.00	11399.00	16
青　海	Qinghai	1968.71	4336.00	4561.00	18	13278.95	23212.00	25869.00	3
宁　夏	Ningxia	2446.76	5165.00	5616.00	13	8883.96	15204.00	17122.00	6
新　疆	Xinjiang	2306.62	5622.00	5715.00	11	7828.49	14545.00	16338.00	8

5-25 预算外资金收入和预算外资金支出
Extra-budgetary Revenue and Expenditure

单位：亿元 (100 million yuan)

地区	Region	预算外资金收入 Extra-budgetary Revenue 2010	2010排名 Ranking	预算外资金支出 Extra-budgetary Expenditure 2010	2010排名 Ranking
地方合计	**Region Total**	**5794.42**		**5754.69**	
北　京	Beijing	132.45	16	95.57	19
天　津	Tianjin	50.95	27	52.15	27
河　北	Hebei	158.80	11	163.02	12
山　西	Shanxi	119.24	18	106.25	18
内蒙古	Inner Mongolia	142.72	14	113.15	17
辽　宁	Liaoning	148.82	13	139.53	14
吉　林	Jilin	65.41	26	59.74	26
黑龙江	Heilongjiang	87.72	22	90.64	20
上　海	Shanghai	130.33	17	185.96	10
江　苏	Jiangsu	684.49	1	643.20	2
浙　江	Zhejiang	591.17	3	683.79	1
安　徽	Anhui	154.79	12	151.95	13
福　建	Fujian	226.31	6	282.61	4
江　西	Jiangxi	137.96	15	128.66	15
山　东	Shandong	243.96	4	237.71	5
河　南	Henan	219.92	8	224.32	8
湖　北	Hubei	163.22	10	163.79	11
湖　南	Hunan	209.55	9	198.80	9
广　东	Guangdong	661.26	2	637.83	3
广　西	Guangxi	117.14	19	114.84	16
海　南	Hainan	26.43	28	22.36	28
重　庆	Chongqing	77.28	24	72.06	24
四　川	Sichuan	222.26	7	226.64	7
贵　州	Guizhou	89.59	21	87.38	21
云　南	Yunnan	90.43	20	85.24	22
西　藏	Tibet	4.96	31	5.76	31
陕　西	Shaanxi	242.11	5	227.88	6
甘　肃	Gansu	79.38	23	73.96	23
青　海	Qinghai	25.07	29	9.93	30
宁　夏	Ningxia	22.58	30	18.80	29
新　疆	Xinjiang	68.79	25	64.82	25

5-26 全国税收总收入和第一产业税收收入
Total Tax Revenue and Primary Industry Tax Revenue

单位：亿元 (100 million yuan)

地区	Region	全国税收总收入 Total Tax Revenue 2010	2014	2015	2015排名 Ranking	第一产业税收收入 The Primary Industry 2010	2014	2015	2015排名 Ranking
地方合计	**Region Total**	**77394**	**129541**	**136022**		**78.21**	**203.91**	**179.22**	
北　京	Beijing	6230	11534	12278	3	8.89	8.22	10.57	4
天　津	Tianjin	2730	4294	3956	9	0.44	3.05	3.47	18
河　北	Hebei	2377	3750	3759	11	0.87	4.37	1.95	22
山　西	Shanxi	1635	2104	1864	25	0.72	1.82	1.86	24
内蒙古	Inner Mongolia	1556	2078	2166	20	2.29	3.93	3.67	16
辽　宁	Liaoning	3314	3203	2591	17	4.91	21.44	1.79	25
吉　林	Jilin	1072	1968	1876	24	0.95	5.98	4.40	14
黑龙江	Heilongjiang	1302	2208	1885	23	0.39	3.09	1.91	23
上　海	Shanghai	8003	12084	13990	1	0.98	1.43	2.19	20
江　苏	Jiangsu	7234	12068	13031	2	13.12	32.98	35.31	1
浙　江	Zhejiang	5635	6158	6479	5	4.59	5.97	7.24	7
安　徽	Anhui	1655	3090	3295	12	0.64	6.53	5.73	10
福　建	Fujian	2155	2958	2978	14	1.77	3.14	3.58	17
江　西	Jiangxi	1121	2283	2485	18	1.04	5.48	7.88	6
山　东	Shandong	5135	6394	6399	6	9.01	19.03	15.80	2
河　南	Henan	1923	3641	3935	10	1.34	1.84	3.72	15
湖　北	Hubei	1779	3633	4034	8	0.26	0.58	0.89	28
湖　南	Hunan	1515	2955	3168	13	1.42	3.56	5.66	11
广　东	Guangdong	10051	11146	11781	4	5.85	13.25	10.46	5
广　西	Guangxi	1065	1980	2070	21	0.19	0.69	1.63	26
海　南	Hainan	476	846	898	28	1.40	4.41	6.63	8
重　庆	Chongqing	1085	2231	2481	19	0.72	2.37	3.46	19
四　川	Sichuan	2073	4059	4147	7	7.68	23.54	13.37	3
贵　州	Guizhou	811	1795	1916	22	1.26	3.06	5.85	9
云　南	Yunnan	1637	2793	2735	15	2.07	6.18	4.73	12
西　藏	Tibet	50	171	192	31	0.03	0.35	0.06	31
陕　西	Shaanxi	1622	2684	2625	16	3.65	2.31	2.03	21
甘　肃	Gansu	605	1045	1171	27	0.22	0.37	0.29	30
青　海	Qinghai	201	355	343	30	0.11	0.20	0.31	29
宁　夏	Ningxia	254	477	498	29	0.20	3.88	1.33	27
新　疆	Xinjiang	1093	1897	1795	26	1.20	5.49	4.58	13

5-27 第二产业税收收入和第三产业税收收入
Secondary Industry Tax Revenue and Tertiary Industry Tax Revenue

单位：亿元 (100 million yuan)

地区	Region	第二产业税收收入 The Second Industry				第三产业税收收入 The Tertiary Industry			
		2010	2014	2015	2015排名 Ranking	2010	2014	2015	2015排名 Ranking
地方合计	**Region Total**	**40615**	**60015**	**61477**		**36701**	**69322**	**74366**	
北　京	Beijing	994	1500	1556	13	5226	10027	10711	1
天　津	Tianjin	2025	2859	2437	6	705	1432	1515	12
河　北	Hebei	1526	2053	1948	8	851	1692	1809	10
山　西	Shanxi	1145	1234	1059	20	489	869	804	26
内蒙古	Inner Mongolia	876	1119	1116	19	677	955	1047	21
辽　宁	Liaoning	1947	1662	1474	17	1362	1519	1116	18
吉　林	Jilin	714	1190	1057	21	357	771	814	25
黑龙江	Heilongjiang	860	1289	1023	23	441	916	861	23
上　海	Shanghai	3875	5371	5359	3	4127	6711	8629	2
江　苏	Jiangsu	4263	6462	6906	1	2958	5573	6090	3
浙　江	Zhejiang	2755	2949	3091	5	2875	3204	3381	5
安　徽	Anhui	922	1497	1626	11	733	1586	1664	11
福　建	Fujian	1206	1500	1504	16	947	1454	1471	14
江　西	Jiangxi	566	1073	1156	18	553	1205	1321	16
山　东	Shandong	3244	3296	3628	4	1882	3078	2756	6
河　南	Henan	1077	1600	1648	10	845	2039	2283	8
湖　北	Hubei	1073	1860	2035	7	706	1772	1998	9
湖　南	Hunan	918	1597	1658	9	595	1355	1504	13
广　东	Guangdong	4361	5290	6293	2	5685	5843	5477	4
广　西	Guangxi	550	930	979	24	515	1049	1089	19
海　南	Hainan	236	328	343	28	238	514	549	27
重　庆	Chongqing	560	930	1025	22	524	1299	1453	15
四　川	Sichuan	951	1593	1617	12	1114	2442	2516	7
贵　州	Guizhou	449	835	899	26	361	956	1012	22
云　南	Yunnan	1023	1565	1538	15	611	1221	1192	17
西　藏	Tibet	18	39	46	31	32	131	146	30
陕　西	Shaanxi	1082	1618	1549	14	537	1064	1074	20
甘　肃	Gansu	430	664	727	27	175	381	444	28
青　海	Qinghai	144	223	199	30	56	133	143	31
宁　夏	Ningxia	151	268	291	29	103	205	206	29
新　疆	Xinjiang	672	1006	961	25	420	886	830	24

5-28 采矿业和制造业税收收入
Tax Revenues from Mining and Manufacturing

单位：亿元 (100 million yuan)

地区	Region	采矿业 Mining 2010	2014	2015	2015排名 Ranking	制造业 Manufacturing 2010	2014	2015	2015排名 Ranking
地方合计	**Region Total**	**4826**	**5618**	**3863**		**29511**	**42515**	**44922**	
北　京	Beijing	28	33	-8	31	713	1034	1137	11
天　津	Tianjin	254	406	268	6	1636	2212	1935	6
河　北	Hebei	254	228	111	10	1012	1365	1332	8
山　西	Shanxi	707	620	492	1	287	295	269	27
内蒙古	Inner Mongolia	425	421	374	3	236	336	367	26
辽　宁	Liaoning	283	269	125	9	1413	1091	1091	14
吉　林	Jilin	79	68	40	22	540	959	848	17
黑龙江	Heilongjiang	356	657	338	4	397	439	480	23
上　海	Shanghai	2	5	5	30	3612	5011	4975	3
江　苏	Jiangsu	55	60	50	18	3567	5086	5452	1
浙　江	Zhejiang	16	17	19	27	2281	2371	2479	5
安　徽	Anhui	142	120	99	12	621	1019	1120	12
福　建	Fujian	38	52	36	25	951	1087	1108	13
江　西	Jiangxi	58	73	59	17	362	639	685	20
山　东	Shandong	471	512	309	5	2437	2148	2567	4
河　南	Henan	258	218	154	8	611	917	940	15
湖　北	Hubei	37	53	45	20	815	1315	1423	7
湖　南	Hunan	59	63	39	23	687	1177	1250	9
广　东	Guangdong	104	104	88	13	3526	4334	5270	2
广　西	Guangxi	32	43	37	24	361	644	684	21
海　南	Hainan	11	13	7	28	178	207	224	28
重　庆	Chongqing	34	36	34	26	399	652	699	19
四　川	Sichuan	113	124	105	11	554	921	915	16
贵　州	Guizhou	118	116	86	14	226	407	431	25
云　南	Yunnan	101	95	70	16	773	1163	1170	10
西　藏	Tibet	4	5	5	29	5	8	8	31
陕　西	Shaanxi	392	597	431	2	555	705	784	18
甘　肃	Gansu	60	101	81	15	303	397	471	24
青　海	Qinghai	47	57	49	19	64	79	66	30
宁　夏	Ningxia	31	58	43	21	75	114	152	29
新　疆	Xinjiang	255	370	251	7	313	405	487	22

5-29 电力、热力、燃气及水业和建筑业税收收入
Tax Revenues in Production and Supply of Electricity, Heat, Gas and Water and Construction

单位：亿元 (100 million yuan)

地区	Region	电力、热力、燃气及水生产和供应业 Production and Supply of Electricity, Heat,Gas and Water				建筑业 Construction			
		2010	2014	2015	2015排名 Ranking	2010	2014	2015	2015排名 Ranking
地方合计	**Region Total**	**2477**	**4074**	**4348**		**3801**	**7807**	**8344**	
北京	Beijing	119	217	205	6	134	216	223	14
天津	Tianjin	33	67	68	23	102	174	166	22
河北	Hebei	109	188	193	7	150	273	312	9
山西	Shanxi	68	128	137	12	83	190	162	23
内蒙古	Inner Mongolia	110	139	165	10	105	223	210	18
辽宁	Liaoning	84	108	100	18	167	194	157	24
吉林	Jilin	33	41	47	26	61	122	121	27
黑龙江	Heilongjiang	31	51	53	24	77	142	151	25
上海	Shanghai	65	109	111	16	197	247	267	12
江苏	Jiangsu	203	376	411	2	439	941	993	1
浙江	Zhejiang	203	233	235	4	254	328	357	7
安徽	Anhui	51	113	130	13	107	246	278	11
福建	Fujian	89	140	144	11	129	222	215	17
江西	Jiangxi	36	63	83	21	110	298	330	8
山东	Shandong	155	271	318	3	181	365	434	3
河南	Henan	76	148	187	8	132	317	367	6
湖北	Hubei	117	146	166	9	104	346	401	4
湖南	Hunan	57	97	105	17	116	260	263	13
广东	Guangdong	341	395	415	1	391	457	520	2
广西	Guangxi	61	77	87	19	96	165	172	21
海南	Hainan	8	20	20	30	38	88	92	28
重庆	Chongqing	48	64	72	22	78	178	220	16
四川	Sichuan	111	187	205	5	173	361	392	5
贵州	Guizhou	61	72	86	20	44	241	296	10
云南	Yunnan	67	141	122	14	82	166	175	19
西藏	Tibet	1	1	2	31	8	25	31	31
陕西	Shaanxi	50	103	112	15	84	213	222	15
甘肃	Gansu	25	43	44	27	42	122	130	26
青海	Qinghai	14	36	22	29	18	50	62	29
宁夏	Ningxia	24	38	39	28	21	58	57	30
新疆	Xinjiang	28	47	49	25	75	184	174	20

5-30 交通运输业和信息传输、软件、信息技术服务业税收收入
Tax Revenues from Transportation and Information Transmission, Software and Information Technology Service

单位：亿元 (100 million yuan)

地区	Region	交通运输、仓储和邮政业 Transport, Storage and Post				信息传输、软件和信息技术服务业 Information Transmission, Software and Information Technology Service			
		2010	2014	2015	2015排名 Ranking	2010	2014	2015	2015排名 Ranking
地方合计	**Region Total**	**1763**	**2527**	**2561**		**1132**	**2192**	**2294**	
北 京	Beijing	208	280	285	2	125	430	423	1
天 津	Tianjin	49	81	69	12	19	39	46	12
河 北	Hebei	76	121	117	6	33	55	58	8
山 西	Shanxi	74	92	76	11	17	25	21	21
内蒙古	Inner Mongolia	47	48	43	20	10	20	13	26
辽 宁	Liaoning	61	45	39	21	37	33	33	16
吉 林	Jilin	19	24	22	26	12	16	12	27
黑龙江	Heilongjiang	24	26	25	25	19	25	20	22
上 海	Shanghai	192	301	313	1	123	219	278	2
江 苏	Jiangsu	97	152	169	4	80	135	144	5
浙 江	Zhejiang	97	85	93	9	74	182	241	3
安 徽	Anhui	48	99	100	8	27	46	49	10
福 建	Fujian	45	36	36	22	45	56	48	11
江 西	Jiangxi	47	103	106	7	13	28	28	19
山 东	Shandong	110	114	120	5	58	66	64	7
河 南	Henan	60	55	54	14	33	54	49	9
湖 北	Hubei	31	42	45	16	25	44	42	13
湖 南	Hunan	27	29	34	24	25	41	38	14
广 东	Guangdong	189	169	188	3	201	207	207	4
广 西	Guangxi	27	33	35	23	20	23	22	20
海 南	Hainan	19	40	45	17	7	10	14	24
重 庆	Chongqing	25	45	44	18	14	25	29	18
四 川	Sichuan	51	76	80	10	30	80	76	6
贵 州	Guizhou	16	19	19	27	12	14	15	23
云 南	Yunnan	32	40	46	15	20	41	34	15
西 藏	Tibet	1	3	3	31	1	3	3	30
陕 西	Shaanxi	35	48	43	19	24	34	32	17
甘 肃	Gansu	15	14	14	28	9	12	10	28
青 海	Qinghai	4	5	5	30	2	3	2	31
宁 夏	Ningxia	8	7	7	29	4	4	4	29
新 疆	Xinjiang	30	61	55	13	9	15	14	25

5-31 批发、零售业和住宿、餐饮业税收收入

Tax Revenues from Wholesale and Retail Trades and Hotels and Catering Services

单位：亿元 (100 million yuan)

地区	Region	批发和零售业 Wholesale and Retail Trades				住宿和餐饮业 Hotels and Catering Services			
		2010	2014	2015	2015排名 Ranking	2010	2014	2015	2015排名 Ranking
地方合计	**Region Total**	**9910**	**16542**	**16734**		**655**	**819**	**802**	
北　京	Beijing	1181	1650	1634	2	65	81	82	2
天　津	Tianjin	217	333	334	13	10	14	13	19
河　北	Hebei	240	331	342	12	18	20	18	11
山　西	Shanxi	172	219	204	26	10	11	9	26
内蒙古	Inner Mongolia	312	254	253	20	10	11	10	23
辽　宁	Liaoning	222	349	308	14	25	19	16	15
吉　林	Jilin	111	187	215	25	8	9	9	25
黑龙江	Heilongjiang	143	285	234	22	12	10	11	22
上　海	Shanghai	1473	2313	2296	1	59	79	83	1
江　苏	Jiangsu	1123	1364	1412	3	49	69	75	4
浙　江	Zhejiang	484	594	637	6	47	48	47	5
安　徽	Anhui	234	270	287	15	14	19	18	12
福　建	Fujian	189	216	222	24	20	18	15	17
江　西	Jiangxi	253	212	233	23	10	12	11	21
山　东	Shandong	536	990	489	8	34	31	29	7
河　南	Henan	281	509	660	5	18	22	20	10
湖　北	Hubei	268	408	462	9	16	28	28	8
湖　南	Hunan	212	289	386	11	19	23	23	9
广　东	Guangdong	767	1111	1221	4	90	79	76	3
广　西	Guangxi	188	267	271	17	12	13	13	20
海　南	Hainan	45	86	100	27	10	18	17	14
重　庆	Chongqing	132	221	270	18	11	15	14	18
四　川	Sichuan	310	464	497	7	29	37	34	6
贵　州	Guizhou	136	290	286	16	7	10	9	27
云　南	Yunnan	237	403	438	10	16	17	16	16
西　藏	Tibet	16	62	63	29	1	2	2	31
陕　西	Shaanxi	131	232	260	19	16	19	18	13
甘　肃	Gansu	56	88	99	28	6	8	7	28
青　海	Qinghai	18	30	30	31	1	2	2	30
宁　夏	Ningxia	26	38	40	30	2	3	3	29
新　疆	Xinjiang	196	298	234	21	8	10	10	24

5-32 金融业和房地产业税收收入

Tax Revenues from Financial Industry and Real Estate Industry

单位：亿元 (100 million yuan)

地区	Region	金融业 Financial Industry 2010	2014	2015	2015排名 Ranking	房地产业 Real Estate Industry 2010	2014	2015	2015排名 Ranking
地方合计	**Region Total**	**6221**	**14261**	**18458**		**6855**	**16619**	**16475**	
北　京	Beijing	2101	4733	5140	1	503	878	835	5
天　津	Tianjin	84	267	317	11	158	338	364	16
河　北	Hebei	113	277	338	10	199	541	557	11
山　西	Shanxi	57	153	168	20	46	181	164	25
内蒙古	Inner Mongolia	61	145	166	21	102	216	152	26
辽　宁	Liaoning	135	246	238	16	341	360	229	21
吉　林	Jilin	48	123	150	24	80	216	185	24
黑龙江	Heilongjiang	49	146	159	22	93	282	266	19
上　海	Shanghai	835	1332	2754	2	657	1112	1285	3
江　苏	Jiangsu	293	812	966	3	788	1847	1967	1
浙　江	Zhejiang	338	569	625	5	564	835	872	4
安　徽	Anhui	79	237	272	14	200	585	558	10
福　建	Fujian	135	333	397	8	240	532	528	12
江　西	Jiangxi	50	159	189	18	113	435	433	15
山　东	Shandong	234	454	506	6	370	773	794	6
河　南	Henan	104	299	352	9	189	734	697	8
湖　北	Hubei	73	243	292	12	156	600	645	9
湖　南	Hunan	70	193	249	15	111	488	487	13
广　东	Guangdong	847	650	762	4	855	1460	1404	2
广　西	Guangxi	48	140	152	23	123	325	305	17
海　南	Hainan	12	40	54	28	97	236	242	20
重　庆	Chongqing	75	229	290	13	165	484	464	14
四　川	Sichuan	123	377	433	7	298	835	778	7
贵　州	Guizhou	39	129	148	25	70	218	208	23
云　南	Yunnan	65	194	175	19	110	266	214	22
西　藏	Tibet	3	8	11	31	1	6	5	31
陕　西	Shaanxi	64	161	200	17	113	351	294	18
甘　肃	Gansu	22	77	110	27	25	92	105	28
青　海	Qinghai	8	27	33	30	8	31	30	30
宁　夏	Ningxia	16	45	45	29	26	69	54	29
新　疆	Xinjiang	40	129	144	26	55	169	152	27

5-33 租赁、商务服务业和居民服务、修理、其他服务业税收收入

Tax Revenues from Leasing and Business Service and Service to Households, Repair and Other Services

单位：亿元 (100 million yuan)

地区	Region	租赁和商务服务业 Leasing and Business Services				居民服务、修理和其他服务业 Service to Households, Repair and Other Services			
		2010	2014	2015	2015排名 Ranking	2010	2014	2015	2015排名 Ranking
地方合计	**Region Total**	**1998**	**4674**	**5842**		**1713**	**2636**	**2818**	
北　京	Beijing	303	734	936	2	207	379	412	1
天　津	Tianjin	49	140	153	8	27	66	71	12
河　北	Hebei	20	69	70	19	29	65	59	16
山　西	Shanxi	16	23	22	28	30	52	47	19
内蒙古	Inner Mongolia	10	29	51	21	50	88	62	15
辽　宁	Liaoning	57	68	35	26	32	48	26	25
吉　林	Jilin	18	31	39	25	13	20	21	26
黑龙江	Heilongjiang	28	37	41	23	10	11	13	30
上　海	Shanghai	481	903	1093	1	62	112	124	4
江　苏	Jiangsu	203	403	543	3	146	309	387	2
浙　江	Zhejiang	109	210	262	5	95	111	122	5
安　徽	Anhui	30	108	126	12	15	45	53	18
福　建	Fujian	30	64	70	20	37	34	27	23
江　西	Jiangxi	11	85	116	13	16	55	67	13
山　东	Shandong	76	176	224	6	49	74	105	6
河　南	Henan	51	75	83	15	28	81	86	8
湖　北	Hubei	46	138	178	7	23	78	75	11
湖　南	Hunan	26	60	82	16	37	77	77	10
广　东	Guangdong	225	295	341	4	530	217	183	3
广　西	Guangxi	26	98	99	14	17	26	46	20
海　南	Hainan	12	29	28	27	15	18	18	27
重　庆	Chongqing	19	87	127	11	37	71	90	7
四　川	Sichuan	47	111	132	10	55	73	80	9
贵　州	Guizhou	18	84	140	9	10	58	42	21
云　南	Yunnan	30	60	81	17	37	65	66	14
西　藏	Tibet	3	35	47	22	1	2	2	31
陕　西	Shaanxi	19	36	39	24	67	55	53	17
甘　肃	Gansu	15	17	18	29	10	26	26	24
青　海	Qinghai	3	5	5	31	5	15	15	29
宁　夏	Ningxia	2	7	9	30	6	11	16	28
新　疆	Xinjiang	14	51	79	18	19	38	41	22

5-34 教育和卫生、社会工作税收收入
Tax Revenues from Education, Health and Social Service

单位：亿元 (100 million yuan)

地区	Region	教育 Education				卫生和社会工作 Health and Social Service			
		2010	2014	2015	2015排名 Ranking	2010	2014	2015	2015排名 Ranking
地方合计	**Region Total**	**158.72**	**254.09**	**306.11**		**98.33**	**199.29**	**257.87**	
北　京	Beijing	25.30	45.07	55.69	1	11.23	26.77	31.79	1
天　津	Tianjin	5.49	6.43	8.17	9	2.67	5.89	6.57	12
河　北	Hebei	2.67	3.26	4.78	19	3.01	3.71	4.56	19
山　西	Shanxi	0.85	2.46	3.16	25	0.91	1.57	2.13	26
内蒙古	Inner Mongolia	1.73	1.78	3.42	24	1.21	2.25	3.05	25
辽　宁	Liaoning	6.28	16.04	4.41	21	4.05	5.74	5.35	17
吉　林	Jilin	2.84	3.99	5.09	16	1.42	3.42	4.49	20
黑龙江	Heilongjiang	2.52	3.82	4.61	20	2.26	2.27	3.11	24
上　海	Shanghai	19.19	26.84	30.49	2	7.76	14.63	17.79	3
江　苏	Jiangsu	11.25	15.08	19.07	4	6.69	9.52	11.93	7
浙　江	Zhejiang	12.62	13.29	16.97	5	6.29	11.17	14.74	4
安　徽	Anhui	2.08	4.52	5.52	15	2.11	4.31	5.42	16
福　建	Fujian	4.25	4.22	5.58	14	3.03	4.93	5.47	15
江　西	Jiangxi	2.10	3.29	5.09	17	0.97	2.33	3.14	23
山　东	Shandong	6.00	7.96	9.48	8	5.19	8.70	10.96	8
河　南	Henan	2.80	3.64	5.07	18	2.50	5.55	8.56	9
湖　北	Hubei	4.10	7.87	11.28	7	2.09	5.93	13.32	6
湖　南	Hunan	2.91	4.60	6.31	13	2.48	5.25	8.06	10
广　东	Guangdong	22.75	21.68	27.84	3	16.12	19.86	24.75	2
广　西	Guangxi	2.48	3.18	3.66	23	1.88	5.13	6.24	13
海　南	Hainan	0.50	0.87	1.49	28	0.41	1.14	1.62	27
重　庆	Chongqing	3.12	5.39	7.15	10	2.59	6.48	7.16	11
四　川	Sichuan	4.74	10.75	13.14	6	3.69	10.60	13.70	5
贵　州	Guizhou	1.14	2.78	2.79	26	1.61	3.28	4.04	21
云　南	Yunnan	3.02	6.49	7.10	12	2.19	4.97	5.99	14
西　藏	Tibet	0.01	0.02	0.04	31	0.07	0.07	0.12	31
陕　西	Shaanxi	2.91	5.22	7.15	11	0.97	2.49	3.92	22
甘　肃	Gansu	0.85	1.51	2.48	27	0.53	0.91	1.44	28
青　海	Qinghai	0.13	0.23	0.31	30	0.26	0.20	0.18	30
宁　夏	Ningxia	0.26	0.43	0.55	29	0.25	0.43	0.72	29
新　疆	Xinjiang	1.84	2.66	3.68	22	1.89	3.84	5.01	18

5-35 文化体育娱乐业和公共管理社会保障税收收入

Tax Revenues from Culture, Sports and Entertainment and Public Management, Social Security

单位：亿元 (100 million yuan)

地区	Region	文化、体育和娱乐业 Culture, Sports and Entertainment 2010	2014	2015	2015排名 Ranking	公共管理、社会保障和社会组织 Public Management, Social Security and Social Organization 2010	2014	2015	2015排名 Ranking
地方合计	**Region Total**	**261.6**	**397.5**	**413.3**		**837.1**	**2393.6**	**2517.1**	
北　京	Beijing	81.3	120.6	124.5	1	38.8	140.4	200.8	4
天　津	Tianjin	3.2	5.7	7.1	13	5.8	45.7	28.5	22
河　北	Hebei	4.1	4.9	5.1	18	7.3	29.9	62.0	12
山　西	Shanxi	1.3	2.3	3.4	24	1.2	71.8	61.9	13
内蒙古	Inner Mongolia	1.6	1.8	1.8	28	10.4	61.7	217.1	3
辽　宁	Liaoning	7.3	6.5	5.1	17	21.1	76.5	10.4	27
吉　林	Jilin	2.2	2.5	4.6	20	3.5	45.8	31.4	20
黑龙江	Heilongjiang	2.1	5.7	4.2	23	5.9	6.1	6.0	29
上　海	Shanghai	18.0	23.6	29.9	3	16.8	19.6	16.2	24
江　苏	Jiangsu	12.5	24.9	27.0	5	27.7	55.1	53.8	15
浙　江	Zhejiang	15.6	33.5	37.1	2	25.3	37.6	48.0	16
安　徽	Anhui	5.2	7.3	7.9	10	7.0	42.2	57.8	14
福　建	Fujian	8.0	7.2	6.3	15	10.9	53.1	31.7	19
江　西	Jiangxi	3.4	5.7	5.4	16	4.7	31.1	40.9	17
山　东	Shandong	9.7	13.8	11.1	8	32.2	120.4	132.6	5
河　南	Henan	8.0	9.7	9.5	9	5.2	19.7	223.4	2
湖　北	Hubei	5.2	8.8	7.9	11	7.9	30.0	32.5	18
湖　南	Hunan	4.5	11.3	14.7	6	10.6	25.0	66.2	11
广　东	Guangdong	31.5	29.9	28.7	4	536.4	1063.7	651.0	1
广　西	Guangxi	3.8	4.5	4.5	21	7.0	38.6	89.6	6
海　南	Hainan	3.9	4.1	4.8	19	1.8	7.7	14.4	25
重　庆	Chongqing	3.1	3.9	4.5	22	4.7	85.2	81.9	7
四　川	Sichuan	9.7	10.9	11.2	7	19.3	64.1	77.8	8
贵　州	Guizhou	2.4	3.4	3.3	25	6.4	58.8	67.5	10
云　南	Yunnan	5.7	7.0	7.0	14	7.6	30.4	74.3	9
西　藏	Tibet	0.3	0.4	0.5	31	0.2	0.1	1.8	31
陕　西	Shaanxi	5.0	7.7	7.6	12	1.2	7.4	13.0	26
甘　肃	Gansu	1.2	2.1	2.3	27	1.3	2.6	6.5	28
青　海	Qinghai	0.2	0.4	0.5	30	0.4	0.2	5.0	30
宁　夏	Ningxia	0.4	0.5	0.6	29	1.2	1.9	20.3	23
新　疆	Xinjiang	1.4	2.3	2.4	26	7.2	26.6	29.2	21

5-36 国家税务局和地方税务局税收收入
Tax Revenues of National Taxation Bureau and Local Taxation Bureau

单位：亿元　　(100 million yuan)

地区	Region	国家税务局 National Taxation Bureau				地方税务局 Local Taxation Bureau			
		2010	2014	2015	2015排名 Ranking	2010	2014	2015	2015排名 Ranking
地方合计	**Region Total**	**51504**	**78231**	**81173**		**25890**	**51311**	**54849**	
北　京	Beijing	4347	8325	8655	2	1883	3209	3623	4
天　津	Tianjin	2159	3063	2644	7	571	1231	1312	14
河　北	Hebei	1538	2136	2078	9	839	1614	1681	10
山　西	Shanxi	1052	1122	972	24	583	982	892	23
内蒙古	Inner Mongolia	941	938	943	25	615	1140	1224	17
辽　宁	Liaoning	2157	1695	1609	16	1156	1508	982	21
吉　林	Jilin	736	1230	1134	20	336	738	741	26
黑龙江	Heilongjiang	866	1328	1065	22	436	880	820	24
上　海	Shanghai	5773	8727	9999	1	2231	3357	3991	3
江　苏	Jiangsu	4784	6898	7279	4	2450	5170	5752	1
浙　江	Zhejiang	3669	3496	3582	5	1966	2662	2897	6
安　徽	Anhui	1030	1586	1706	13	625	1504	1589	11
福　建	Fujian	1393	1679	1683	14	763	1278	1295	15
江　西	Jiangxi	686	1049	1128	21	435	1234	1357	13
山　东	Shandong	3552	3638	3428	6	1583	2756	2971	5
河　南	Henan	1136	1889	2053	10	787	1752	1883	8
湖　北	Hubei	1221	1974	2174	8	558	1659	1859	9
湖　南	Hunan	978	1694	1802	12	537	1261	1366	12
广　东	Guangdong	6796	7158	7441	3	3255	3988	4339	2
广　西	Guangxi	647	1087	1135	19	418	893	935	22
海　南	Hainan	271	399	429	28	205	447	469	28
重　庆	Chongqing	608	1078	1188	18	476	1153	1293	16
四　川	Sichuan	1093	1911	1989	11	980	2147	2157	7
贵　州	Guizhou	462	813	845	26	349	981	1071	19
云　南	Yunnan	1086	1710	1675	15	551	1083	1060	20
西　藏	Tibet	50	171	192	30				
陕　西	Shaanxi	1050	1583	1544	17	573	1101	1081	18
甘　肃	Gansu	414	605	688	27	191	440	483	27
青　海	Qinghai	126	177	148	31	74	178	195	30
宁　夏	Ningxia	160	275	288	29	94	202	211	29
新　疆	Xinjiang	723	1095	999	23	370	802	796	25

5-37 国家税务局和地方税务局第一产业税收收入

Tax Revenues of National Taxation Bureau and Local Taxation Bureau from Primary Industry

单位：亿元 (100 million yuan)

地区	Region	国家税务局第一产业 Primary Industry in National Taxation Bureau				地方税务局第一产业 Primary Industry in Local Taxation Bureau			
		2010	2014	2015	2015排名 Ranking	2010	2014	2015	2015排名 Ranking
地方合计	**Region Total**	**42.92**	**87.33**	**74.16**		**35.28**	**116.58**	**105.06**	
北　京	Beijing	5.80	0.91	2.50	8	3.10	7.31	8.08	3
天　津	Tianjin	0.18	1.29	1.67	11	0.26	1.76	1.80	18
河　北	Hebei		2.60	1.28	15	0.87	1.77	0.67	25
山　西	Shanxi	0.43	0.26	0.24	25	0.29	1.56	1.62	19
内蒙古	Inner Mongolia	1.22	0.53	0.12	28	1.07	3.40	3.55	11
辽　宁	Liaoning	0.53	1.12	0.18	26	4.39	20.31	1.61	20
吉　林	Jilin	0.15	1.96	0.16	27	0.80	4.02	4.24	9
黑龙江	Heilongjiang	0.12	2.27	1.14	16	0.27	0.81	0.77	24
上　海	Shanghai	0.29	0.48	0.83	19	0.69	0.95	1.36	21
江　苏	Jiangsu	11.95	30.35	32.16	1	1.17	2.63	3.15	13
浙　江	Zhejiang	3.31	2.73	3.94	3	1.28	3.24	3.31	12
安　徽	Anhui	0.46	2.51	2.66	7	0.18	4.03	3.06	14
福　建	Fujian	0.64	1.27	1.38	13	1.13	1.87	2.21	17
江　西	Jiangxi	0.29	0.85	0.99	18	0.75	4.63	6.89	4
山　东	Shandong	5.23	3.68	2.95	6	3.77	15.34	12.85	1
河　南	Henan	1.34	1.76	3.15	4		0.08	0.56	26
湖　北	Hubei	0.15	0.04	0.03	31	0.11	0.53	0.86	23
湖　南	Hunan	0.62	0.48	0.43	23	0.80	3.08	5.23	6
广　东	Guangdong	2.04	2.86	3.96	2	3.81	10.40	6.50	5
广　西	Guangxi	0.05	0.45	0.56	21	0.14	0.24	1.07	22
海　南	Hainan	0.55	0.79	2.14	9	0.84	3.61	4.49	8
重　庆	Chongqing	0.35	0.67	0.55	22	0.38	1.71	2.91	16
四　川	Sichuan	0.42	12.01	3.03	5	7.26	11.54	10.34	2
贵　州	Guizhou	1.16	2.45	1.35	14	0.10	0.62	4.51	7
云　南	Yunnan	1.40	3.71	1.75	10	0.67	2.47	2.97	15
西　藏	Tibet	0.03	0.35	0.06	29				30
陕　西	Shaanxi	3.60	2.03	1.58	12	0.05	0.28	0.45	27
甘　肃	Gansu	0.22	0.37	0.29	24	0.07	0.00	0.00	30
青　海	Qinghai	0.04	0.03	0.03	30		0.17	0.28	29
宁　夏	Ningxia	0.12	3.57	1.00	17	0.07	0.31	0.33	28
新　疆	Xinjiang	0.23	1.94	0.74	20	0.97	3.55	3.84	10

5-38 国家税务局和地方税务局第二产业税收收入
Tax Revenues of National Taxation Bureau and Local Taxation Bureau from Secondary Industry

单位：亿元 (100 million yuan)

地区	Region	国家税务局第二产业 Secondary Industry in National Taxation Bureau				地方税务局第二产业 Secondary Industry in Local Taxation Bureau			
		2010	2014	2015	2015排名 Ranking	2010	2014	2015	2015排名 Ranking
地方合计	**Region Total**	**31555**	**43976**	**44801**		**9060**	**16039**	**16675**	
北 京	Beijing	779	1159	1182	10	215	340	374	20
天 津	Tianjin	1856	2520	2062	6	169	339	376	19
河 北	Hebei	1169	1462	1363	8	357	591	585	9
山 西	Shanxi	802	726	588	24	344	507	471	14
内蒙古	Inner Mongolia	566	577	581	25	310	542	535	10
辽 宁	Liaoning	1488	1148	1090	14	458	514	383	17
吉 林	Jilin	576	937	812	18	138	253	245	26
黑龙江	Heilongjiang	663	912	694	20	198	378	328	24
上 海	Shanghai	3430	4794	4726	3	445	577	633	5
江 苏	Jiangsu	3318	4746	5075	1	946	1716	1831	1
浙 江	Zhejiang	2076	2106	2183	5	679	842	907	4
安 徽	Anhui	677	1021	1099	13	245	476	527	11
福 建	Fujian	950	1114	1123	12	256	386	381	18
江 西	Jiangxi	388	613	651	22	178	460	505	12
山 东	Shandong	2570	2201	2481	4	674	1096	1146	3
河 南	Henan	731	1026	1038	16	346	574	610	8
湖 北	Hubei	870	1295	1410	7	203	565	625	7
湖 南	Hunan	701	1183	1234	9	217	413	424	15
广 东	Guangdong	3310	4123	5053	2	1050	1167	1241	2
广 西	Guangxi	394	676	712	19	156	254	268	25
海 南	Hainan	187	211	221	28	49	117	122	28
重 庆	Chongqing	410	626	676	21	150	304	349	22
四 川	Sichuan	632	982	987	17	319	612	630	6
贵 州	Guizhou	313	479	485	27	136	356	414	16
云 南	Yunnan	818	1198	1181	11	205	367	357	21
西 藏	Tibet	18	39	46	31				
陕 西	Shaanxi	830	1145	1077	15	252	473	472	13
甘 肃	Gansu	335	448	502	26	95	215	225	27
青 海	Qinghai	101	122	89	30	43	101	110	29
宁 夏	Ningxia	113	187	202	29	38	81	89	30
新 疆	Xinjiang	484	647	619	23	187	359	342	23

5-39 国家税务局和地方税务局第三产业税收收入

Tax Revenues of National Taxation Bureau and Local Taxation Bureau from Tertiary Industry

单位：亿元 (100 million yuan)

地区	Region	国家税务局税第三产业 Tertiary Industry in National Taxation Bureau				地方税务局第三产业 Tertiary Industry in Local Taxation Bureau			
		2010	2014	2015	2015排名 Ranking	2010	2014	2015	2015排名 Ranking
地方合计	**Region Total**	**19906**	**34167**	**36297**		**16795**	**35155**	**38069**	
北　京	Beijing	3562	7165	7471	1	1665	2862	3241	3
天　津	Tianjin	303	542	581	12	402	891	935	14
河　北	Hebei	369	672	714	10	482	1021	1095	10
山　西	Shanxi	250	396	384	21	239	473	419	26
内蒙古	Inner Mongolia	373	361	362	24	304	594	685	18
辽　宁	Liaoning	669	545	518	15	694	974	598	22
吉　林	Jilin	160	290	322	26	198	481	492	23
黑龙江	Heilongjiang	203	414	370	23	238	502	491	24
上　海	Shanghai	2343	3932	5272	2	1785	2779	3356	2
江　苏	Jiangsu	1455	2121	2172	4	1503	3452	3918	1
浙　江	Zhejiang	1590	1387	1394	5	1286	1817	1986	5
安　徽	Anhui	353	562	605	11	380	1023	1059	11
福　建	Fujian	442	564	559	14	505	891	912	15
江　西	Jiangxi	297	435	476	18	256	770	845	16
山　东	Shandong	977	1433	944	8	905	1645	1812	6
河　南	Henan	404	861	1011	6	441	1178	1272	8
湖　北	Hubei	351	679	765	9	355	1093	1233	9
湖　南	Hunan	276	510	568	13	319	845	937	13
广　东	Guangdong	3484	3032	2385	3	2201	2811	3092	4
广　西	Guangxi	252	411	423	20	262	638	667	19
海　南	Hainan	83	187	206	27	155	326	343	27
重　庆	Chongqing	198	451	512	16	326	847	942	12
四　川	Sichuan	460	918	1000	7	654	1524	1516	7
贵　州	Guizhou	148	332	359	25	213	625	652	20
云　南	Yunnan	267	508	493	17	344	714	699	17
西　藏	Tibet	32	131	146	29				
陕　西	Shaanxi	216	437	466	19	321	627	609	21
甘　肃	Gansu	79	157	185	28	96	224	258	28
青　海	Qinghai	25	55	59	31	31	77	84	30
宁　夏	Ningxia	47	84	84	30	57	121	122	29
新　疆	Xinjiang	239	447	380	22	181	439	450	25

5-40 国家税务局和地方税务局采矿业税收收入
Tax Revenues of National Taxation Bureau and Local Taxation Bureau from Mining

单位：亿元 (100 million yuan)

地区	Region	国家税务局采矿业 Mining in National Taxation Bureau				地方税务局采矿业 Mining in Local Taxation Bureau			
		2010	2014	2015	2015排名 Ranking	2010	2014	2015	2015排名 Ranking
地方合计	**Region Total**	**3511**	**3789**	**2296**		**1315**	**1829**	**1567**	
北　京	Beijing	21	25	-16	31	7	8	8	28
天　津	Tianjin	251	391	220	4	3	14	48	9
河　北	Hebei	187	139	64	12	67	89	48	10
山　西	Shanxi	495	388	257	2	212	232	235	1
内蒙古	Inner Mongolia	295	233	199	5	130	187	175	2
辽　宁	Liaoning	195	166	76	10	88	103	49	8
吉　林	Jilin	62	46	24	19	17	22	17	21
黑龙江	Heilongjiang	295	508	244	3	61	149	94	6
上　海	Shanghai	2	5	5	29				
江　苏	Jiangsu	39	30	20	22	16	30	30	18
浙　江	Zhejiang	8	8	7	27	9	9	12	25
安　徽	Anhui	102	78	58	13	39	42	41	11
福　建	Fujian	23	32	20	23	14	20	16	22
江　西	Jiangxi	40	37	25	18	18	36	34	16
山　东	Shandong	318	312	146	7	154	200	163	3
河　南	Henan	162	136	86	8	96	83	68	7
湖　北	Hubei	24	25	20	24	13	28	25	19
湖　南	Hunan	44	44	23	20	15	19	16	24
广　东	Guangdong	93	92	79	9	11	12	9	27
广　西	Guangxi	25	27	19	25	8	16	18	20
海　南	Hainan	7	6	3	30	5	7	4	29
重　庆	Chongqing	25	25	22	21	9	11	12	26
四　川	Sichuan	75	74	65	11	37	50	41	12
贵　州	Guizhou	70	66	47	15	48	50	39	13
云　南	Yunnan	66	54	36	16	35	41	34	15
西　藏	Tibet	4	5	5	28				
陕　西	Shaanxi	298	445	295	1	94	152	135	4
甘　肃	Gansu	41	62	50	14	20	39	31	17
青　海	Qinghai	26	18	12	26	21	39	37	14
宁　夏	Ningxia	26	50	27	17	5	8	16	23
新　疆	Xinjiang	192	255	152	6	63	114	99	5

5-41 国家税务局和地方税务局制造业税收收入

Tax Revenues of National Taxation Bureau and Local Taxation Bureau from Manufacturing

单位：亿元 (100 million yuan)

地区	Region	国家税务局制造业 Manufacturing in National Taxation Bureau				地方税务局制造业 Manufacturing in Local Taxation Bureau			
		2010	2014	2015	2015排名 Ranking	2010	2014	2015	2015排名 Ranking
地方合计	**Region Total**	**25859.0**	**36578.1**	**38660.9**		**3652.5**	**5937.4**	**6260.8**	
北　京	Beijing	623.2	889.5	963.2	12	89.8	144.2	173.4	9
天　津	Tianjin	1570.3	2059.2	1771.0	6	66.0	152.7	163.7	10
河　北	Hebei	888.7	1164.4	1133.9	8	123.0	200.3	198.0	6
山　西	Shanxi	248.5	229.2	214.5	27	38.7	65.8	54.1	26
内蒙古	Inner Mongolia	185.4	245.2	273.1	26	50.4	90.9	93.7	20
辽　宁	Liaoning	1224.9	895.1	930.4	13	188.4	196.2	160.5	11
吉　林	Jilin	485.9	857.1	749.9	17	54.1	102.1	98.3	19
黑龙江	Heilongjiang	344.0	365.9	408.6	24	53.1	73.5	71.2	22
上　海	Shanghai	3339.7	4656.6	4580.0	3	271.9	354.4	395.0	5
江　苏	Jiangsu	3089.4	4357.2	4659.5	1	477.8	728.7	792.4	1
浙　江	Zhejiang	1889.4	1897.4	1974.2	5	391.9	473.5	505.0	3
安　徽	Anhui	529.1	842.3	927.1	14	92.4	176.5	192.9	7
福　建	Fujian	847.2	952.9	970.4	11	103.7	133.6	137.3	14
江　西	Jiangxi	317.3	521.6	562.8	21	45.2	117.0	121.9	16
山　东	Shandong	2125.9	1669.3	2073.6	4	311.4	478.7	493.1	4
河　南	Henan	505.3	753.3	781.4	15	105.9	163.4	158.3	12
湖　北	Hubei	737.4	1138.1	1237.6	7	77.3	176.5	185.2	8
湖　南	Hunan	606.9	1053.7	1117.2	9	79.7	123.0	133.0	15
广　东	Guangdong	2960.5	3713.5	4637.2	2	565.4	620.4	632.7	2
广　西	Guangxi	315.6	581.6	616.1	19	45.3	62.8	67.5	24
海　南	Hainan	172.0	188.9	203.1	28	6.3	18.0	21.2	28
重　庆	Chongqing	345.9	548.1	592.8	20	53.4	104.1	106.6	18
四　川	Sichuan	461.9	763.0	757.4	16	92.2	158.0	158.0	13
贵　州	Guizhou	189.9	351.6	361.5	25	36.2	55.0	69.7	23
云　南	Yunnan	695.0	1035.5	1052.1	10	78.0	127.9	118.1	17
西　藏	Tibet	4.8	8.5	7.6	31				
陕　西	Shaanxi	486.7	612.1	691.0	18	68.4	93.3	93.4	21
甘　肃	Gansu	274.2	352.4	418.8	23	28.7	44.7	52.7	27
青　海	Qinghai	61.4	72.3	59.6	30	2.7	7.1	6.3	30
宁　夏	Ningxia	63.9	97.0	132.9	29	11.1	16.5	19.0	29
新　疆	Xinjiang	268.6	353.1	428.7	22	44.0	51.9	58.2	25

5-42 国家税务局和地方税务局电力、热力、燃气及水业税收收入

Tax Revenues of National Taxation Bureau and Local Taxation Bureau from Production and Supply of Electricity, Heat, Gas and Water

单位：亿元

(100 million yuan)

地区	Region	国家税务局电力、热力、燃气及水生产和供应业 Electricity,Heat,Gas and Water in National Taxation Bureau				地方税务局电力、热力、燃气及水生产和供应业 Electricity,Heat,Gas and Water in Local Taxation Bureau			
		2010	2014	2015	2015排名 Ranking	2010	2014	2015	2015排名 Ranking
地方合计	**Region Total**	**1972.8**	**3259.5**	**3458.3**		**503.8**	**814.6**	**890.1**	
北京	Beijing	105.2	194.1	171.2	5	14.2	23.4	33.4	8
天津	Tianjin	26.3	55.9	56.1	22	6.5	11.4	12.4	25
河北	Hebei	87.0	152.9	158.5	7	22.4	35.3	34.8	7
山西	Shanxi	56.7	105.5	113.7	11	11.6	22.9	23.0	16
内蒙古	Inner Mongolia	83.7	97.9	108.5	12	25.9	41.4	56.8	3
辽宁	Liaoning	61.1	81.1	76.7	18	22.5	26.6	23.4	15
吉林	Jilin	25.1	30.4	34.1	25	8.3	11.1	13.1	24
黑龙江	Heilongjiang	23.3	37.3	41.0	24	7.6	14.1	12.3	26
上海	Shanghai	51.3	83.6	85.0	17	13.6	25.7	26.3	10
江苏	Jiangsu	169.7	324.6	358.9	1	33.1	51.3	52.4	5
浙江	Zhejiang	169.1	190.5	190.3	4	34.1	42.8	44.9	6
安徽	Anhui	41.7	92.7	105.9	13	9.2	20.4	23.7	14
福建	Fujian	72.1	118.8	122.3	10	16.5	21.0	22.2	17
江西	Jiangxi	29.9	52.5	61.7	21	6.2	10.7	20.9	18
山东	Shandong	117.3	210.1	253.5	3	37.2	61.4	64.2	2
河南	Henan	59.6	125.3	161.5	6	16.0	22.2	25.4	11
湖北	Hubei	102.8	123.8	142.1	9	14.4	22.5	23.8	13
湖南	Hunan	47.5	80.7	88.5	15	9.5	15.8	16.9	21
广东	Guangdong	241.3	306.3	319.2	2	99.4	88.2	95.5	1
广西	Guangxi	50.9	63.7	72.4	19	10.1	13.2	14.2	23
海南	Hainan	6.4	12.3	11.9	30	1.5	7.7	7.8	29
重庆	Chongqing	36.4	49.2	54.8	23	11.2	14.8	17.1	20
四川	Sichuan	86.9	135.2	151.5	8	24.2	52.2	53.3	4
贵州	Guizhou	50.7	55.9	70.9	20	10.0	15.9	15.3	22
云南	Yunnan	53.8	104.3	89.0	14	13.2	36.9	33.2	9
西藏	Tibet	0.7	1.2	1.8	31				
陕西	Shaanxi	42.5	84.0	86.5	16	7.5	18.6	25.2	12
甘肃	Gansu	20.0	32.9	33.1	26	5.0	10.2	11.0	27
青海	Qinghai	12.8	30.6	16.8	29	1.6	5.2	5.1	30
宁夏	Ningxia	19.5	30.0	30.7	28	4.6	7.9	7.9	28
新疆	Xinjiang	21.4	33.3	31.7	27	6.7	13.3	17.6	19

5-43 国家税务局和地方税务局建筑业税收收入

Tax Revenues of National Taxation Bureau and Local Taxation Bureau from Construction

单位：亿元 (100 million yuan)

地区	Region	国家税务局建筑业 Construction in National Taxation Bureau 2010	2014	2015	2015排名 Ranking	地方税务局建筑业 Construction in Lcoal Taxation Bureau 2010	2014	2015	2015排名 Ranking
地方合计	**Region Total**	**212.5**	**349.8**	**386.5**		**3588.8**	**7457.4**	**7957.3**	
北京	Beijing	30.1	50.9	63.9	1	104.0	164.7	159.3	21
天津	Tianjin	8.3	14.0	14.3	6	94.2	160.1	151.7	23
河北	Hebei	5.8	5.9	6.8	16	144.2	266.6	304.8	9
山西	Shanxi	1.5	3.4	2.9	25	81.7	186.5	158.6	22
内蒙古	Inner Mongolia	1.8	0.5	0.6	30	103.5	222.7	209.5	16
辽宁	Liaoning	7.3	6.1	6.8	15	159.2	187.7	150.4	25
吉林	Jilin	2.8	3.6	4.3	21	58.2	118.0	116.7	27
黑龙江	Heilongjiang	0.9	0.8	0.7	28	75.9	141.0	150.7	24
上海	Shanghai	37.5	49.3	55.5	2	159.9	197.3	211.7	15
江苏	Jiangsu	20.0	34.5	36.2	3	418.8	906.1	956.5	1
浙江	Zhejiang	9.5	10.5	11.8	8	244.8	317.5	345.4	7
安徽	Anhui	4.1	8.6	7.8	14	103.4	237.0	269.8	11
福建	Fujian	7.2	10.0	10.1	10	121.6	211.9	205.1	17
江西	Jiangxi	1.3	2.0	1.6	27	108.8	295.7	328.3	8
山东	Shandong	8.9	9.2	8.0	13	171.8	355.6	426.5	3
河南	Henan	4.2	12.0	9.5	12	128.1	305.2	357.7	6
湖北	Hubei	5.8	7.8	9.9	11	98.1	338.0	391.3	4
湖南	Hunan	2.2	5.0	5.0	20	113.6	255.1	258.5	12
广东	Guangdong	15.6	12.0	17.1	5	375.0	445.4	503.0	2
广西	Guangxi	3.0	3.2	3.7	23	92.8	162.2	167.8	19
海南	Hainan	1.6	3.6	2.7	26	36.8	84.1	88.8	28
重庆	Chongqing	2.5	3.7	6.1	17	76.0	174.4	213.4	14
四川	Sichuan	8.2	9.9	13.3	7	164.8	351.3	378.5	5
贵州	Guizhou	1.7	5.4	5.5	19	42.4	235.3	290.2	10
云南	Yunnan	2.5	4.0	3.2	24	79.6	161.7	172.0	18
西藏	Tibet	8.2	24.6	31.4	4				
陕西	Shaanxi	2.7	3.3	4.0	22	81.7	209.5	218.2	13
甘肃	Gansu	0.3	0.5	0.4	31	41.7	121.5	130.0	26
青海	Qinghai	0.5	1.0	0.6	29	17.9	49.4	61.9	29
宁夏	Ningxia	4.1	10.5	11.4	9	17.4	47.9	46.1	30
新疆	Xinjiang	2.3	5.0	5.9	18	73.2	179.3	167.8	20

5-44 国家税务局和地方税务局交通运输业税收收入

Tax Revenues of National Taxation Bureau and Local Taxation Bureau from Transport

单位：亿元 (100 million yuan)

地区	Region	国家税务局交通运输、仓储和邮政业 Transport, Storage and Post in National Taxation Bureau				地方税务局交通运输、仓储和邮政业 Transport, Storage and Post in Local Taxation Bureau			
		2010	2014	2015	2015排名 Ranking	2010	2014	2015	2015排名 Ranking
地方合计	**Region Total**	**529.8**	**1703.5**	**1755.3**		**1233.6**	**823.4**	**806.0**	
北　京	Beijing	157.9	242.6	242.6	1	49.7	36.9	42.2	4
天　津	Tianjin	5.9	44.9	36.5	15	43.5	35.7	32.3	9
河　北	Hebei	27.0	87.6	83.5	6	48.7	33.3	33.6	8
山　西	Shanxi	26.5	65.1	56.2	9	47.9	27.2	19.7	14
内蒙古	Inner Mongolia	7.1	31.4	29.0	17	40.1	16.9	13.8	20
辽　宁	Liaoning	12.9	25.5	23.2	21	48.2	19.8	16.0	16
吉　林	Jilin	3.4	16.0	14.2	25	15.7	7.8	7.6	26
黑龙江	Heilongjiang	4.2	14.2	12.5	26	19.7	11.4	12.4	22
上　海	Shanghai	81.9	223.2	227.0	2	110.0	77.4	86.0	1
江　苏	Jiangsu	16.3	104.0	121.6	3	80.5	47.7	47.4	3
浙　江	Zhejiang	17.0	47.5	54.2	10	79.5	37.1	38.4	5
安　徽	Anhui	13.9	74.4	75.5	8	34.1	24.7	24.2	10
福　建	Fujian	8.1	19.2	21.1	24	36.6	16.5	14.9	18
江　西	Jiangxi	6.7	80.2	83.6	5	40.2	23.2	22.3	11
山　东	Shandong	23.6	74.4	83.3	7	86.4	39.3	36.7	6
河　南	Henan	19.3	33.0	37.0	13	41.1	22.4	17.1	15
湖　北	Hubei	4.5	28.8	31.1	16	26.1	13.6	14.2	19
湖　南	Hunan	4.4	20.4	23.0	22	22.6	8.7	11.0	24
广　东	Guangdong	37.9	90.9	118.7	4	151.5	77.6	69.1	2
广　西	Guangxi	6.1	18.8	21.6	23	21.1	13.9	13.8	21
海　南	Hainan	4.5	31.1	36.7	14	14.1	8.9	8.0	25
重　庆	Chongqing	4.3	22.6	23.3	20	20.4	22.0	20.3	12
四　川	Sichuan	9.1	42.3	43.7	11	42.3	33.8	35.9	7
贵　州	Guizhou	2.5	12.6	11.7	27	13.6	6.8	6.9	27
云　南	Yunnan	4.9	23.9	25.8	19	26.9	15.7	20.0	13
西　藏	Tibet	1.1	2.9	3.1	31				
陕　西	Shaanxi	7.4	31.3	27.2	18	27.3	16.4	15.8	17
甘　肃	Gansu	2.5	9.7	8.5	28	12.4	4.2	5.2	28
青　海	Qinghai	0.9	3.3	4.3	30	3.5	1.5	1.0	30
宁　夏	Ningxia	1.8	5.5	5.2	29	6.3	1.9	1.5	29
新　疆	Xinjiang	6.3	47.6	43.4	12	23.5	13.6	11.6	23

5-45 国家税务局和地方税务局信息传输、软件信息技术服务业税收收入
Tax Revenues of National Taxation Bureau and Local Taxation Bureau from Information Transmission, Software and Information Technology Services

单位：亿元 (100 million yuan)

地区	Region	国家税务局信息传输、软件信息技术服务业 Information Transmission, Software and Information Technology Services in National Taxation Bureau				地方税务局信息传输、软件信息技术服务业 Information Transmission, Software and Information Technology Services in Local Taxation Bureau			
		2010	2014	2015	2015排名 Ranking	2010	2014	2015	2015排名 Ranking
地方合计	**Region Total**	**518.4**	**1362.3**	**1556.5**		**613.6**	**829.5**	**737.1**	
北　京	Beijing	30.8	296.2	285.0	1	94.6	133.8	137.8	1
天　津	Tianjin	9.6	19.9	29.4	14	9.8	18.9	16.4	7
河　北	Hebei	17.9	39.2	49.9	8	15.6	16.0	8.5	14
山　西	Shanxi	9.4	16.0	16.5	21	7.8	9.3	4.0	24
内蒙古	Inner Mongolia	3.1	12.1	9.4	24	6.9	7.5	3.8	27
辽　宁	Liaoning	15.4	20.9	26.2	16	21.3	12.5	6.5	18
吉　林	Jilin	5.9	9.1	7.9	26	6.2	6.8	4.0	25
黑龙江	Heilongjiang	8.7	14.7	14.7	22	9.8	9.9	4.9	22
上　海	Shanghai	44.5	108.6	146.5	4	79.0	110.4	131.3	2
江　苏	Jiangsu	47.7	89.5	104.8	5	32.7	45.8	39.0	5
浙　江	Zhejiang	34.7	124.6	169.4	2	39.8	57.6	72.0	3
安　徽	Anhui	14.7	31.2	37.2	10	11.9	14.4	11.5	10
福　建	Fujian	23.6	37.7	37.0	11	21.5	18.6	10.8	11
江　西	Jiangxi	5.8	18.2	21.2	18	7.6	9.9	6.6	17
山　东	Shandong	33.3	42.5	50.3	7	25.2	23.1	14.1	8
河　南	Henan	17.2	37.7	41.7	9	15.4	16.6	7.2	16
湖　北	Hubei	13.0	28.8	31.7	12	12.0	14.8	10.4	12
湖　南	Hunan	11.9	26.5	29.8	13	12.9	14.0	7.7	15
广　东	Guangdong	99.8	137.8	151.9	3	101.0	68.8	54.6	4
广　西	Guangxi	11.5	14.7	17.8	19	8.5	8.2	4.0	26
海　南	Hainan	3.6	7.0	7.8	27	3.1	3.3	5.8	20
重　庆	Chongqing	6.9	11.8	16.9	20	7.5	13.3	11.9	9
四　川	Sichuan	6.1	42.8	52.1	6	23.7	36.8	23.6	6
贵　州	Guizhou	6.2	6.1	11.0	23	6.0	7.6	4.4	23
云　南	Yunnan	11.3	29.7	27.8	15	9.1	11.7	5.9	19
西　藏	Tibet	1.3	2.5	2.5	30				
陕　西	Shaanxi	12.8	20.2	22.2	17	11.4	13.5	9.7	13
甘　肃	Gansu	5.0	6.7	7.6	28	4.4	5.6	2.8	28
青　海	Qinghai	1.2	1.4	1.6	31	1.3	1.4	0.5	30
宁　夏	Ningxia	2.5	2.7	2.7	29	1.7	1.6	1.1	29
新　疆	Xinjiang	3.2	7.3	8.4	25	6.1	7.9	5.1	21

5-46 国家税务局和地方税务局批发零售业税收收入

Tax Revenues of National Taxation Bureau and Local Taxation Bureau from Wholesale and Retail Industry

单位：亿元 (100 million yuan)

地区	Region	国家税务局批发和零售业 Wholesale and Retail Industry in National Taxation Bureau				地方税务局批发和零售业 Wholesale and Retail Industry in Local Taxation Bureau			
		2010	2014	2015	2015排名 Ranking	2010	2014	2015	2015排名 Ranking
地方合计	**Region Total**	**10000.4**	**13934.0**	**13986.9**		**1577.1**	**2608.4**	**2747.0**	
北　京	Beijing	1081.6	1474.0	1420.6	2	99.2	175.5	213.0	3
天　津	Tianjin	187.2	254.2	249.9	14	30.2	78.3	84.5	9
河　北	Hebei	205.6	258.8	269.3	12	33.9	72.3	72.5	11
山　西	Shanxi	147.0	173.6	167.4	26	24.8	45.2	36.5	21
内蒙古	Inner Mongolia	284.2	213.3	218.3	18	28.1	40.8	34.8	22
辽　宁	Liaoning	476.3	295.3	266.8	13	49.7	53.5	41.6	20
吉　林	Jilin	96.2	157.1	181.3	24	14.7	30.0	33.4	23
黑龙江	Heilongjiang	122.3	254.4	203.0	22	20.6	30.4	31.0	24
上　海	Shanghai	1240.5	1972.8	1915.1	1	232.8	340.1	380.4	1
江　苏	Jiangsu	1007.5	1161.5	1178.9	3	115.6	202.2	233.6	2
浙　江	Zhejiang	591.6	423.3	468.9	6	151.6	170.5	168.4	5
安　徽	Anhui	205.5	221.8	233.8	16	28.1	48.6	53.7	14
福　建	Fujian	239.4	168.4	173.1	25	50.2	47.3	48.5	16
江　西	Jiangxi	232.8	171.2	186.1	23	20.7	40.7	47.0	17
山　东	Shandong	532.5	849.7	357.4	9	82.2	140.1	131.7	6
河　南	Henan	244.7	451.9	596.3	5	36.2	56.8	63.3	13
湖　北	Hubei	241.2	352.6	395.5	8	26.4	55.2	66.0	12
湖　南	Hunan	185.9	243.4	335.2	10	26.2	46.0	50.6	15
广　东	Guangdong	1448.3	896.2	1008.5	4	243.6	214.3	212.3	4
广　西	Guangxi	172.9	238.1	241.1	15	15.3	29.3	29.8	25
海　南	Hainan	37.9	74.3	88.4	27	7.5	11.3	11.8	28
重　庆	Chongqing	109.0	178.8	223.3	17	22.8	42.3	46.4	18
四　川	Sichuan	253.3	375.1	408.7	7	57.0	88.4	88.3	8
贵　州	Guizhou	92.9	196.0	209.9	20	42.9	94.2	76.1	10
云　南	Yunnan	174.4	290.0	327.1	11	62.9	112.7	110.8	7
西　藏	Tibet	15.8	62.3	63.4	29				
陕　西	Shaanxi	109.9	191.8	216.9	19	21.5	40.2	42.8	19
甘　肃	Gansu	48.7	73.8	83.9	28	7.6	14.1	15.0	27
青　海	Qinghai	15.3	26.1	26.0	31	2.5	3.9	4.3	30
宁　夏	Ningxia	21.4	30.6	31.8	30	4.3	7.9	7.8	29
新　疆	Xinjiang	178.6	268.9	206.7	21	17.6	28.9	27.7	26

5-47 国家税务局和地方税务局住宿餐饮业税收收入

Tax Revenues of National Taxation Bureau and Local Taxation Bureau from Hotels and Catering Services

单位：亿元 (100 million yuan)

地区	Region	国家税务局住宿和餐饮业 Hotels and Catering Services in National Taxation Bureau				地方税务局住宿和餐饮业 Hotels and Catering Services in Lcoal Taxation Bureau			
		2010	2014	2015	2015排名 Ranking	2010	2014	2015	2015排名 Ranking
地方合计	**Region Total**	**50.5**	**61.6**	**63.3**		**604.6**	**757.1**	**738.2**	
北　京	Beijing	9.6	11.9	9.8	3	55.8	69.5	71.8	1
天　津	Tianjin	1.7	1.6	1.3	9	8.2	11.9	12.1	20
河　北	Hebei	0.5	0.5	0.4	21	17.2	19.5	18.0	11
山　西	Shanxi	0.6	0.4	0.2	26	9.7	10.8	8.7	25
内蒙古	Inner Mongolia	0.3	0.2	0.2	29	10.1	10.9	10.1	23
辽　宁	Liaoning	2.0	1.2	1.0	10	23.4	17.3	15.0	16
吉　林	Jilin	0.5	0.6	0.4	20	7.7	8.6	8.6	26
黑龙江	Heilongjiang	0.4	0.4	0.3	23	11.8	10.0	10.3	22
上　海	Shanghai	8.6	13.2	14.4	1	50.2	65.8	68.3	3
江　苏	Jiangsu	3.8	3.9	11.2	2	44.9	65.1	64.2	4
浙　江	Zhejiang	3.1	3.2	2.8	5	44.4	44.8	44.0	5
安　徽	Anhui	0.8	0.8	0.8	13	13.6	17.9	17.2	12
福　建	Fujian	1.5	1.0	0.9	11	18.8	16.7	14.6	17
江　西	Jiangxi	0.2	0.3	0.2	27	9.9	11.9	11.3	21
山　东	Shandong	1.7	0.7	0.5	17	32.7	29.8	29.0	7
河　南	Henan	0.5	0.5	0.3	24	17.7	21.1	20.0	10
湖　北	Hubei	0.9	1.3	0.8	12	15.0	27.0	27.3	8
湖　南	Hunan	0.8	0.6	0.6	15	17.8	22.5	22.2	9
广　东	Guangdong	6.6	5.8	5.5	4	83.5	73.6	70.6	2
广　西	Guangxi	0.3	0.5	0.4	19	11.6	12.8	12.1	19
海　南	Hainan	1.2	1.6	1.6	7	9.1	16.1	15.8	14
重　庆	Chongqing	0.7	0.4	0.5	18	9.8	14.2	13.3	18
四　川	Sichuan	1.1	1.7	1.8	6	27.8	35.2	32.6	6
贵　州	Guizhou	0.1	0.2	0.1	30	7.1	9.6	8.4	27
云　南	Yunnan	0.5	0.7	0.5	16	15.1	16.8	15.4	15
西　藏	Tibet	1.0	1.6	1.6	8				
陕　西	Shaanxi	0.7	1.3	0.6	14	15.3	17.7	17.1	13
甘　肃	Gansu	0.1	0.2	0.2	28	5.5	7.3	6.9	28
青　海	Qinghai		0.04	0.03	31	1.4	1.9	2.0	30
宁　夏	Ningxia	0.3	0.3	0.3	22	2.1	2.8	2.5	29
新　疆	Xinjiang	0.2	0.2	0.2	25	7.4	9.7	9.7	24

5-48 国家税务局和地方税务局金融业税收收入

Tax Revenues of National Taxation Bureau and Local Taxation Bureau from Financial

单位：亿元 (100 million yuan)

地区	Region	国家税务局金融业 Financial in National Taxation Bureau				地方税务局金融业 Financial in Local Taxation Bureau			
		2010	2014	2015	2015排名 Ranking	2010	2014	2015	2015排名 Ranking
地方合计	**Region Total**	**3521.5**	**7957.5**	**10904.0**		**2699.8**	**6303.3**	**7553.6**	
北　京	Beijing	1831.2	4153.2	4401.4	1	269.4	580.3	738.6	2
天　津	Tianjin	24.5	103.2	130.8	9	59.1	163.3	186.3	13
河　北	Hebei	24.8	86.8	110.6	11	88.0	189.9	227.5	8
山　西	Shanxi	13.8	52.7	63.6	19	42.8	100.3	104.4	22
内蒙古	Inner Mongolia	17.1	37.8	42.1	26	44.2	107.0	123.6	19
辽　宁	Liaoning	37.8	73.3	86.8	15	97.2	172.5	151.4	16
吉　林	Jilin	13.2	36.0	47.9	23	34.8	87.0	102.0	23
黑龙江	Heilongjiang	11.7	48.4	57.3	20	36.8	97.9	101.3	24
上　海	Shanghai	502.5	753.1	1904.5	2	332.2	578.6	849.9	1
江　苏	Jiangsu	84.2	216.7	265.1	3	208.6	595.6	700.5	3
浙　江	Zhejiang	105.4	197.4	218.2	5	232.2	371.5	407.1	5
安　徽	Anhui	23.6	76.6	97.2	12	55.6	160.8	174.7	14
福　建	Fujian	52.5	163.1	184.0	6	82.9	170.3	212.8	10
江　西	Jiangxi	12.1	65.4	73.9	17	38.3	93.5	115.0	20
山　东	Shandong	67.0	144.7	168.3	7	167.2	309.6	337.2	6
河　南	Henan	27.0	107.8	127.0	10	76.9	190.9	225.0	9
湖　北	Hubei	17.2	75.2	92.2	14	55.5	167.4	199.4	11
湖　南	Hunan	15.1	63.7	86.4	16	55.0	129.2	162.4	15
广　东	Guangdong	504.5	223.9	256.5	4	342.7	425.9	505.3	4
广　西	Guangxi	12.6	39.2	42.9	25	35.9	100.5	108.9	21
海　南	Hainan	1.7	8.4	13.5	29	10.5	32.0	40.3	28
重　庆	Chongqing	25.0	77.0	95.5	13	50.2	151.6	194.5	12
四　川	Sichuan	28.4	113.7	157.3	8	94.4	263.5	275.7	7
贵　州	Guizhou	11.4	41.5	51.8	21	27.7	87.6	95.8	25
云　南	Yunnan	13.4	61.0	45.6	24	51.6	132.9	129.2	18
西　藏	Tibet	3.2	7.9	11.0	30				
陕　西	Shaanxi	16.0	53.8	65.8	18	48.4	107.2	134.1	17
甘　肃	Gansu	4.2	22.0	40.8	27	17.7	54.7	69.6	27
青　海	Qinghai	1.6	7.8	9.3	31	6.6	19.6	23.6	30
宁　夏	Ningxia	6.0	18.7	14.9	28	10.3	26.4	30.0	29
新　疆	Xinjiang	12.7	40.9	49.7	22	27.5	88.3	94.6	26

5-49 国家税务局和地方税务局房地产业税收收入

Tax Revenues of National Taxation Bureau and Local Taxation Bureau from Real Estate Industry

单位：亿元 (100 million yuan)

地区	Region	国家税务局房地产业 Real Estate Industry in National Taxation Bureau				地方税务局房地产业 Real Estate Industry in Local Taxation Bureau			
		2010	2014	2015	2015排名 Ranking	2010	2014	2015	2015排名 Ranking
地方合计	**Region Total**	**1144.0**	**1443.9**	**1305.5**		**5711.5**	**15175.2**	**15169.7**	
北京	Beijing	107.6	156.9	104.3	4	394.9	721.2	731.0	6
天津	Tianjin	29.9	30.2	28.4	15	128.3	307.3	335.6	16
河北	Hebei	16.8	22.8	20.4	19	182.0	517.9	536.9	10
山西	Shanxi	5.2	9.6	5.7	26	40.7	171.2	157.9	25
内蒙古	Inner Mongolia	7.8	8.3	4.3	28	93.8	207.2	148.1	26
辽宁	Liaoning	57.1	29.1	15.2	20	283.5	331.2	213.9	20
吉林	Jilin	10.6	9.9	6.7	25	69.0	206.3	178.2	24
黑龙江	Heilongjiang	4.5	4.1	1.9	30	88.2	278.4	264.2	18
上海	Shanghai	181.9	180.5	211.9	1	474.8	931.7	1073.1	3
江苏	Jiangsu	130.6	121.0	116.6	3	657.8	1725.7	1850.1	1
浙江	Zhejiang	96.4	71.4	59.5	5	468.0	763.7	812.3	4
安徽	Anhui	39.1	39.6	29.3	14	161.1	545.1	528.3	11
福建	Fujian	50.9	43.5	51.0	6	189.5	488.1	477.4	12
江西	Jiangxi	12.1	22.5	21.1	18	101.0	412.6	411.5	15
山东	Shandong	43.4	31.1	22.3	17	326.6	741.8	771.5	5
河南	Henan	27.4	41.6	35.4	11	161.9	692.0	661.9	8
湖北	Hubei	26.5	46.0	45.0	9	129.6	553.5	600.0	9
湖南	Hunan	11.8	35.8	29.7	13	98.8	451.8	457.6	13
广东	Guangdong	138.7	183.4	169.2	2	716.2	1276.9	1234.7	2
广西	Guangxi	18.1	29.6	23.6	16	104.6	295.2	281.8	17
海南	Hainan	17.3	36.9	37.9	10	79.5	199.3	204.3	21
重庆	Chongqing	21.3	51.4	48.2	8	143.6	432.5	415.7	14
四川	Sichuan	38.6	58.8	50.4	7	259.7	775.8	728.0	7
贵州	Guizhou	10.7	11.6	9.9	23	59.2	206.2	197.7	23
云南	Yunnan	14.0	12.2	10.6	21	96.0	254.1	203.2	22
西藏	Tibet	1.3	5.6	5.5	27				
陕西	Shaanxi	11.0	33.0	31.3	12	101.8	317.8	262.7	19
甘肃	Gansu	2.2	4.3	2.4	29	22.7	87.7	102.5	28
青海	Qinghai	0.4	0.8	1.4	31	8.0	30.1	29.0	30
宁夏	Ningxia	3.2	8.2	7.2	24	22.7	60.5	46.8	29
新疆	Xinjiang	7.6	13.6	10.4	22	47.8	155.7	141.6	27

5-50 国家税务局和地方税务局租赁商务服务业税收收入

Tax Revenues of National Taxation Bureau and Local Taxation Bureau from Leasing and Business Services

单位：亿元

(100 million yuan)

地区	Region	国家税务局租赁和商务服务业 Leasing and Business Services in National Taxation Bureau				地方税务局租赁和商务服务业 Leasing and Business Services in Local Taxation Bureau			
		2010	2014	2015	2015排名 Ranking	2010	2014	2015	2015排名 Ranking
地方合计	**Region Total**	**391.1**	**1460.7**	**1917.9**		**1607.1**	**3213.1**	**3923.6**	
北　京	Beijing	101.3	448.9	581.2	1	202.0	285.5	355.3	3
天　津	Tianjin	7.1	33.4	46.5	7	41.8	106.4	106.1	10
河　北	Hebei	1.5	14.9	20.5	12	18.3	54.5	49.7	20
山　西	Shanxi	1.4	8.1	8.9	25	14.2	14.8	12.8	27
内蒙古	Inner Mongolia	1.3	7.4	9.7	22	8.7	22.0	41.4	21
辽　宁	Liaoning	4.5	9.1	10.0	21	52.7	58.5	24.5	25
吉　林	Jilin	0.8	7.8	8.7	27	17.3	22.9	30.2	23
黑龙江	Heilongjiang	2.4	4.8	7.7	28	25.9	31.9	33.3	22
上　海	Shanghai	146.0	441.2	551.7	2	335.4	461.8	541.1	1
江　苏	Jiangsu	14.6	54.8	70.1	4	188.3	348.0	473.3	2
浙　江	Zhejiang	14.9	44.1	52.4	5	94.0	166.1	209.5	5
安　徽	Anhui	3.0	13.6	18.6	15	27.1	94.2	107.9	9
福　建	Fujian	3.9	8.1	9.2	23	26.5	55.7	60.8	19
江　西	Jiangxi	0.3	12.4	20.2	13	10.4	73.0	95.7	13
山　东	Shandong	8.3	27.5	44.0	8	67.9	148.5	179.9	6
河　南	Henan	2.7	14.0	19.1	14	48.3	60.7	63.6	18
湖　北	Hubei	3.0	25.7	31.5	9	42.8	111.9	146.8	7
湖　南	Hunan	2.0	11.8	14.5	17	23.8	48.7	67.8	15
广　东	Guangdong	35.3	67.1	105.7	3	190.0	227.7	235.7	4
广　西	Guangxi	3.0	10.2	10.8	19	22.9	87.8	87.9	14
海　南	Hainan	3.3	5.4	9.1	24	8.3	23.2	19.3	26
重　庆	Chongqing	2.5	18.5	23.7	11	16.3	68.2	102.8	11
四　川	Sichuan	13.0	24.4	30.7	10	33.9	86.3	101.6	12
贵　州	Guizhou	1.9	6.2	8.9	26	15.7	77.4	131.4	8
云　南	Yunnan	4.3	9.7	14.6	16	26.2	49.9	66.5	16
西　藏	Tibet	3.2	34.8	47.5	6				
陕　西	Shaanxi	0.8	8.5	10.8	20	18.5	27.4	28.3	24
甘　肃	Gansu	1.2	4.5	5.3	29	13.8	12.6	12.6	28
青　海	Qinghai	0.3	1.6	2.2	31	2.7	3.6	3.3	30
宁　夏	Ningxia	0.6	1.7	3.2	30	1.9	5.2	5.6	29
新　疆	Xinjiang	2.6	8.8	14.5	18	11.6	41.9	64.9	17

5-51 国家税务局和地方税务局居民服务、修理、其他服务业税收收入

Tax Revenues of National Taxation Bureau and Local Taxation Bureau from Service to Households, Repair and Other Services

单位：亿元 (100 million yuan)

地区	Region	国家税务局居民服务、修理和其他服务业 Service to Househo201es, Repair and Other Services in National Taxation Bureau				地方税务局居民服务、修理和其他服务业 Service to Househo201es, Repair and Other Services in Local Taxation Bureau			
		2010	2014	2015	2015排名 Ranking	2010	2014	2015	2015排名 Ranking
地方合计	**Region Total**	**555.7**	**355.4**	**386.7**		**1157.4**	**2281.0**	**2431.8**	
北　京	Beijing	31.9	57.0	67.2	2	175.1	321.6	345.1	2
天　津	Tianjin	6.4	7.3	4.7	16	20.6	58.5	66.4	11
河　北	Hebei	4.5	5.4	5.2	13	24.3	59.5	54.1	15
山　西	Shanxi	0.7	4.2	4.8	14	29.4	48.0	42.3	19
内蒙古	Inner Mongolia	10.6	3.8	2.7	25	39.6	84.6	59.6	14
辽　宁	Liaoning	3.6	4.2	4.0	17	28.2	44.2	21.6	24
吉　林	Jilin	0.5	0.4	0.8	31	12.0	19.5	20.3	26
黑龙江	Heilongjiang	2.9	2.2	2.9	24	6.9	8.9	9.8	29
上　海	Shanghai	21.9	57.1	75.9	1	39.9	55.1	48.1	17
江　苏	Jiangsu	21.1	33.0	32.3	4	124.6	276.0	354.8	1
浙　江	Zhejiang	9.2	16.2	17.1	6	86.0	95.2	104.7	4
安　徽	Anhui	2.3	4.0	3.6	20	13.1	41.2	49.0	16
福　建	Fujian	5.7	4.5	3.8	18	31.7	29.5	23.3	22
江　西	Jiangxi	2.9	4.9	4.8	15	12.9	50.0	61.9	12
山　东	Shandong	6.4	7.1	6.2	9	42.1	66.7	99.0	5
河　南	Henan	3.9	17.7	3.6	21	23.8	63.1	82.2	7
湖　北	Hubei	5.1	5.5	5.2	12	17.5	73.0	70.0	10
湖　南	Hunan	1.9	2.5	2.0	28	34.8	74.8	74.7	9
广　东	Guangdong	391.7	44.0	38.5	3	138.8	172.7	144.7	3
广　西	Guangxi	1.1	2.0	25.5	5	16.1	24.1	20.8	25
海　南	Hainan	1.5	1.8	2.0	27	13.1	15.9	15.9	27
重　庆	Chongqing	2.0	5.0	3.8	19	35.3	65.8	86.4	6
四　川	Sichuan	5.6	5.3	5.3	11	49.3	67.9	74.8	8
贵　州	Guizhou	0.8	2.1	2.0	29	9.7	55.7	40.4	20
云　南	Yunnan	2.6	4.1	5.5	10	33.9	61.1	60.1	13
西　藏	Tibet	0.7	1.8	2.1	26				
陕　西	Shaanxi	3.0	7.4	7.5	8	64.1	47.2	45.9	18
甘　肃	Gansu	1.4	2.6	3.1	22	8.3	23.0	23.2	23
青　海	Qinghai	0.5	1.1	1.4	30	4.3	13.5	14.0	28
宁　夏	Ningxia	1.7	2.2	8.3	7	4.5	9.3	7.8	30
新　疆	Xinjiang	1.5	3.2	2.9	23	17.4	35.1	38.4	21

5-52 国家税务局和地方税务局教育税收收入

Tax Revenues of National Taxation Bureau and Local Taxation Bureau from Education

单位：亿元 (100 million yuan)

地区	Region	国家税务局教育 Education in National Taxation Bureau 2010	2014	2015	2015排名 Ranking	地方税务局教育 Education in Local Taxation Bureau 2010	2014	2015	2015排名 Ranking
地方合计	**Region Total**	**7.79**	**20.42**	**23.92**		**150.93**	**233.67**	**282.19**	
北　京	Beijing	1.41	6.63	8.05	1	23.88	38.44	47.65	1
天　津	Tianjin	0.17	0.22	0.21	15	5.33	6.21	7.95	9
河　北	Hebei	0.19	0.18	0.21	16	2.48	3.08	4.57	18
山　西	Shanxi	0.04	0.11	0.10	25	0.81	2.35	3.06	25
内蒙古	Inner Mongolia	0.06	0.09	0.08	26	1.67	1.68	3.35	24
辽　宁	Liaoning	0.27	0.22	0.20	18	6.00	15.82	4.22	21
吉　林	Jilin	0.12	0.14	0.13	23	2.72	3.85	4.95	16
黑龙江	Heilongjiang	0.08	0.05	0.04	29	2.44	3.77	4.56	19
上　海	Shanghai	1.40	3.51	3.42	2	17.80	23.33	27.06	2
江　苏	Jiangsu	0.40	0.99	1.10	4	10.85	14.09	17.97	4
浙　江	Zhejiang	0.34	0.85	0.96	6	12.28	12.44	16.01	5
安　徽	Anhui	0.20	0.32	0.52	9	1.87	4.19	5.00	15
福　建	Fujian	0.20	0.82	0.23	12	4.05	3.40	5.35	14
江　西	Jiangxi	0.11	0.36	0.22	13	1.99	2.93	4.87	17
山　东	Shandong	0.34	0.51	0.50	10	5.66	7.45	8.98	8
河　南	Henan	0.17	0.21	0.60	8	2.63	3.43	4.47	20
湖　北	Hubei	0.15	0.35	0.62	7	3.96	7.52	10.65	7
湖　南	Hunan	0.21	0.09	0.21	17	2.69	4.51	6.11	13
广　东	Guangdong	0.79	1.28	2.63	3	21.96	20.39	25.21	3
广　西	Guangxi	0.10	0.10	0.14	22	2.38	3.08	3.53	23
海　南	Hainan	0.05	0.11	0.22	14	0.45	0.76	1.27	28
重　庆	Chongqing	0.12	0.24	0.16	20	2.99	5.15	6.99	10
四　川	Sichuan	0.15	0.86	1.00	5	4.60	9.89	12.14	6
贵　州	Guizhou	0.09	0.13	0.19	19	1.05	2.65	2.60	26
云　南	Yunnan	0.11	0.22	0.16	21	2.91	6.28	6.94	11
西　藏	Tibet	0.01	0.02	0.04	30				
陕　西	Shaanxi	0.28	0.48	0.49	11	2.62	4.74	6.66	12
甘　肃	Gansu	0.07	0.05	0.05	28	0.79	1.46	2.43	27
青　海	Qinghai	0.02	0.03	0.02	31	0.11	0.20	0.29	30
宁　夏	Ningxia	0.04	0.04	0.07	27	0.22	0.38	0.48	29
新　疆	Xinjiang	0.10	0.18	0.11	24	1.74	2.48	3.57	22

5-53 国家税务局和地方税务局卫生、社会工作税收收入

Tax Revenues of National Taxation Bureau and Local Taxation Bureau from Health and Social Work

单位：亿元 (100 million yuan)

地区	Region	国家税务局卫生社会工作 Health and Social Work Tax Revenues in National Taxation Bureau				地方税务局卫生社会工作 Health and Social Work Tax Revenues in Local Taxation Bureau			
		2010	2014	2015	2015排名 Ranking	2010	2014	2015	2015排名 Ranking
地方合计	**Region Total**	**6.66**	**10.61**	**12.03**		**91.67**	**188.68**	**245.84**	
北京	Beijing	1.57	2.73	2.85	1	9.66	24.03	28.94	1
天津	Tianjin	0.06	0.40	0.21	9	2.61	5.50	6.36	12
河北	Hebei	0.13	0.12	0.09	20	2.88	3.59	4.46	19
山西	Shanxi	0.14	0.06	0.04	29	0.77	1.51	2.09	26
内蒙古	Inner Mongolia	0.05	0.07	0.07	22	1.16	2.18	2.98	25
辽宁	Liaoning	0.13	0.19	0.19	10	3.92	5.55	5.16	17
吉林	Jilin	0.07	0.04	0.06	25	1.35	3.38	4.43	20
黑龙江	Heilongjiang	0.09	0.06	0.05	27	2.17	2.21	3.06	24
上海	Shanghai	0.83	1.82	1.97	2	6.93	12.81	15.82	3
江苏	Jiangsu	0.26	0.69	0.97	4	6.43	8.83	10.96	7
浙江	Zhejiang	0.28	0.87	0.70	6	6.00	10.30	14.04	4
安徽	Anhui	0.15	0.14	0.11	15	1.96	4.17	5.31	16
福建	Fujian	0.10	0.05	0.06	23	2.92	4.87	5.41	15
江西	Jiangxi	0.07	0.07	0.06	24	0.90	2.26	3.08	23
山东	Shandong	0.22	0.09	0.11	16	4.97	8.61	10.85	8
河南	Henan	0.12	0.05	0.26	8	2.38	5.50	8.30	9
湖北	Hubei	0.12	0.14	0.10	18	1.97	5.79	13.22	6
湖南	Hunan	0.47	0.75	1.04	3	2.01	4.50	7.02	11
广东	Guangdong	0.62	0.44	0.84	5	15.49	19.42	23.92	2
广西	Guangxi	0.10	0.06	0.06	26	1.78	5.07	6.18	13
海南	Hainan	0.01	0.01	0.01	30	0.39	1.13	1.61	27
重庆	Chongqing	0.13	0.10	0.08	21	2.46	6.39	7.08	10
四川	Sichuan	0.25	0.42	0.40	7	3.44	10.18	13.30	5
贵州	Guizhou	0.10	0.25	0.18	11	1.51	3.03	3.86	21
云南	Yunnan	0.19	0.24	0.17	12	2.00	4.73	5.83	14
西藏	Tibet	0.07	0.07	0.12	13				
陕西	Shaanxi	0.02	0.05	0.11	14	0.95	2.45	3.80	22
甘肃	Gansu	0.14	0.05	0.04	28	0.39	0.86	1.40	28
青海	Qinghai	0.03	0.00	0.00	31	0.22	0.20	0.18	30
宁夏	Ningxia	0.03	0.08	0.11	17	0.22	0.35	0.61	29
新疆	Xinjiang	0.09	0.10	0.10	19	1.80	3.75	4.92	18

5-54 国家税务局和地方税务局文化、体育、娱乐业税收收入
Tax Revenues of National Taxation Bureau and Local Taxation Bureau from Culture, Sports and Entertainment

单位：亿元

(100 million yuan)

地区	Region	国家税务局文化、体育和娱乐业 Culture, Sports and Entertainment in National Taxation Bureau				地方税务局文化、体育和娱乐业 Culture, Sports and Entertainment in Local Taxation Bureau			
		2010	2014	2015	2015排名 Ranking	2010	2014	2015	2015排名 Ranking
地方合计	**Region Total**	**47.22**	**154.04**	**159.19**		**214.42**	**243.47**	**254.12**	
北　京	Beijing	27.37	73.02	68.30	1	53.93	47.61	56.18	1
天　津	Tianjin	0.15	1.22	1.61	12	3.03	4.51	5.46	14
河　北	Hebei	0.54	1.14	1.20	17	3.60	3.80	3.85	20
山　西	Shanxi	0.15	0.63	0.66	22	1.17	1.70	2.79	24
内蒙古	Inner Mongolia	0.04	0.43	0.46	27	1.53	1.32	1.37	28
辽　宁	Liaoning	0.78	1.10	1.05	20	6.55	5.45	4.02	19
吉　林	Jilin	0.18	0.43	0.44	28	2.02	2.04	4.12	18
黑龙江	Heilongjiang	0.11	1.88	1.13	18	1.95	3.80	3.04	23
上　海	Shanghai	3.42	10.76	13.99	3	14.59	12.86	15.87	5
江　苏	Jiangsu	2.30	6.52	9.57	4	10.20	18.42	17.47	3
浙　江	Zhejiang	2.34	17.47	20.74	2	13.27	16.02	16.38	4
安　徽	Anhui	0.73	1.42	1.71	10	4.45	5.92	6.22	11
福　建	Fujian	1.15	2.36	1.51	14	6.84	4.85	4.75	15
江　西	Jiangxi	0.43	0.85	1.03	21	3.01	4.86	4.36	16
山　东	Shandong	0.60	2.39	2.53	8	9.06	11.39	8.56	6
河　南	Henan	0.69	1.75	1.84	9	7.34	7.96	7.66	7
湖　北	Hubei	0.13	1.47	1.36	15	5.05	7.37	6.55	10
湖　南	Hunan	0.73	5.90	7.38	5	3.80	5.45	7.31	9
广　东	Guangdong	1.93	5.27	4.63	6	29.58	24.58	24.09	2
广　西	Guangxi	0.11	0.18	0.36	29	3.68	4.29	4.13	17
海　南	Hainan	0.35	1.20	1.32	16	3.54	2.89	3.53	21
重　庆	Chongqing	0.18	1.17	1.12	19	2.90	2.72	3.33	22
四　川	Sichuan	1.04	3.11	3.60	7	8.64	7.80	7.63	8
贵　州	Guizhou	0.18	0.99	0.65	23	2.18	2.39	2.68	25
云　南	Yunnan	0.61	1.70	1.56	13	5.07	5.35	5.48	13
西　藏	Tibet	0.28	0.37	0.50	25				
陕　西	Shaanxi	0.43	1.82	1.71	11	4.52	5.87	5.94	12
甘　肃	Gansu	0.08	0.61	0.47	26	1.09	1.44	1.87	27
青　海	Qinghai	0.04	0.09	0.08	31	0.21	0.34	0.46	29
宁　夏	Ningxia	0.11	0.30	0.34	30	0.25	0.24	0.23	30
新　疆	Xinjiang	0.05	0.37	0.54	24	1.36	1.93	1.90	26

5-55 国家税务局和地方税务局公共管理和社会组织税收收入

Tax Revenues of National Taxation Bureau and Local Taxation Bureau from Public Management and Social Organization

单位：亿元 (100 million yuan)

地区	Region	国家税务局公共管理、社会保障和社会组织 Public Management, Social Security and Social Organization in National Taxation Bureau				地方税务局公共管理、社会保障和社会组织 Public Management, Social Security and Social Organization in Local Taxation Bureau			
		2010	2014	2015	2015排名 Ranking	2010	2014	2015	2015排名 Ranking
地方合计	**Region Total**	**534.5**	**1215.5**	**658.7**		**302.6**	**1178.0**	**1858.4**	
北　京	Beijing	3.1	6.3	7.4	13	35.7	134.0	193.4	3
天　津	Tianjin	0.5	0.2	0.2	27	5.3	45.4	28.3	18
河　北	Hebei	1.2	0.3	0.8	22	6.2	29.6	61.2	8
山　西	Shanxi	0.8	53.0	51.5	4	0.4	18.8	10.4	26
内蒙古	Inner Mongolia	0.8	0.2	12.8	9	9.7	61.5	204.3	2
辽　宁	Liaoning	1.6	0.5	0.4	25	19.5	76.0	10.0	27
吉　林	Jilin	0.7	0.1	0.1	31	2.8	45.7	31.2	17
黑龙江	Heilongjiang	0.7	0.2	0.2	30	5.2	5.9	5.9	28
上　海	Shanghai	0.6	1.5	1.4	20	16.1	18.2	14.9	22
江　苏	Jiangsu	5.4	3.7	4.4	14	22.2	51.4	49.4	12
浙　江	Zhejiang	2.3	1.1	1.2	21	23.0	36.5	46.8	13
安　徽	Anhui	1.3	0.8	0.5	24	5.7	41.5	57.3	10
福　建	Fujian	0.8	41.6	15.9	7	10.0	11.4	15.8	21
江　西	Jiangxi	1.3	0.4	0.2	29	3.5	30.7	40.7	14
山　东	Shandong	3.7	47.4	14.5	8	28.6	73.0	118.1	4
河　南	Henan	1.9	0.3	133.2	2	3.3	19.3	90.3	5
湖　北	Hubei	1.0	0.6	0.2	26	6.9	29.4	32.3	16
湖　南	Hunan	3.6	5.2	27.1	5	7.0	19.8	39.2	15
广　东	Guangdong	487.1	960.8	254.6	1	49.3	102.9	396.4	1
广　西	Guangxi	0.7	0.2	12.8	10	6.3	38.4	76.9	6
海　南	Hainan	0.1	0.05	3.64	17	1.7	7.6	10.8	25
重　庆	Chongqing	0.6	73.0	62.5	3	4.1	12.2	19.5	20
四　川	Sichuan	3.6	3.3	3.7	16	15.7	60.9	74.1	7
贵　州	Guizhou	2.1	3.4	9.7	11	4.2	55.4	57.8	9
云　南	Yunnan	3.8	4.3	22.6	6	3.8	26.0	51.7	11
西　藏	Tibet	0.2	0.1	1.8	19				
陕　西	Shaanxi	0.2	0.2	0.2	28	0.9	7.2	12.8	24
甘　肃	Gansu	0.7	0.4	2.7	18	0.6	2.2	3.8	30
青　海	Qinghai	0.4	0.0	0.6	23		0.2	4.4	29
宁　夏	Ningxia	0.6	0.4	7.4	12	0.5	1.5	12.9	23
新　疆	Xinjiang	3.0	5.1	4.3	15	4.3	21.5	24.9	19

5-56 国家税务局和地方税务局其他行业税收收入

Tax Revenues of National Taxation Bureau and Local Taxation Bureau from Other Industries

单位：亿元 (100 million yuan)

地区	Region	国家税务局其他行业 Other Industries in National Taxation Bureau				地方税务局其他行业 Other Industries in Local Taxation Bureau			
		2010	2014	2015	2015排名 Ranking	2010	2014	2015	2015排名 Ranking
地方合计	**Region Total**	**2598.6**	**3883.9**	**2862.4**		**830.4**	**529.9**	**450.9**	
北京	Beijing	176.6	88.5	110.6	7	200.6	74.4	18.9	7
天津	Tianjin	29.5	25.7	27.2	20	43.9	14.3	10.4	14
河北	Hebei	68.5	142.5	139.9	6	38.4	3.1	3.9	25
山西	Shanxi	44.5	6.0	2.7	26	18.2	14.5	6.9	18
内蒙古	Inner Mongolia	40.9	41.4	27.5	19	18.5	22.8	29.6	4
辽宁	Liaoning	56.2	77.6	75.8	11	53.5	150.2	73.4	1
吉林	Jilin	27.3	47.2	46.3	15	11.4	30.7	57.0	2
黑龙江	Heilongjiang	44.8	43.2	43.8	16	6.3	1.4	0.9	28
上海	Shanghai	108.5	72.8	90.9	10	74.9	8.1	6.2	21
江苏	Jiangsu	120.4	290.9	211.3	3	0.3	13.4	14.6	9
浙江	Zhejiang	712.1	417.4	303.5	1	35.6	10.1	8.9	15
安徽	Anhui	47.1	87.1	94.2	9	21.6	7.3	6.3	20
福建	Fujian	54.4	66.9	54.6	14	23.6	6.7	5.4	24
江西	Jiangxi	22.5	53.5	57.6	13	5.8	7.9	12.0	13
山东	Shandong	256.0	193.8	181.1	5	26.2	25.7	45.5	3
河南	Henan	58.6	144.1	3.3	25	3.7	4.6	7.3	17
湖北	Hubei	37.8	98.7	110.3	8	12.1	8.9	12.6	11
湖南	Hunan	37.7	85.9	0.5	29	11.5	5.4	13.0	10
广东	Guangdong	330.8	382.5	221.9	2	116.9	34.1	21.7	6
广西	Guangxi	25.7	51.2	18.1	22	12.0	4.8	7.9	16
海南	Hainan	12.0	17.4	1.5	27	3.7	2.0	1.8	27
重庆	Chongqing	25.2	0.4	0.8	28	7.8	4.8	6.5	19
四川	Sichuan	99.6	219.9	210.4	4	33.8	21.0	22.0	5
贵州	Guizhou	19.2	44.4	36.1	17	21.9	5.6	14.9	8
云南	Yunnan	36.8	61.3	0.4	30	9.0	2.1	5.4	23
西藏	Tibet	4.1	6.0	4.4	24				
陕西	Shaanxi	53.4	75.4	66.5	12	3.8	3.2	5.4	22
甘肃	Gansu	12.5	27.6	25.1	21	0.5	0.1	2.6	26
青海	Qinghai	4.5	11.3	9.8	23		0.1	0.3	30
宁夏	Ningxia	8.3	12.0	0.4	31	1.7	0.4	0.4	29
新疆	Xinjiang	22.9	41.3	29.7	18	13.2	18.5	12.1	12

价格指数

Price Indices

6-1 居民消费价格指数和商品零售价格指数
Consumer Price Indices and Retail Price Indices

(上年=100) (preceding year=100)

地区	Region	居民消费价格指数 Consumer Price Index 2010	2014	2015	2015排名 Ranking	商品零售价格指数 Retail Price Index 2010	2014	2015	2015排名 Ranking
全　国	**National Total**	**103.3**	**102.0**	**101.4**		**103.1**	**101.0**	**100.1**	
北　京	Beijing	102.4	101.6	101.8	5	100.4	99.1	98.5	31
天　津	Tianjin	103.5	101.9	101.7	9	103.4	100.9	100.3	11
河　北	Hebei	103.1	101.7	100.9	29	103.1	101.0	100.2	14
山　西	Shanxi	103.0	101.7	100.6	30	102.3	100.6	99.3	30
内蒙古	Inner Mongolia	103.2	101.6	101.1	25	103.0	100.7	100.5	9
辽　宁	Liaoning	103.0	101.7	101.4	19	103.2	101.0	100.5	10
吉　林	Jilin	103.7	102.0	101.7	10	104.1	101.2	99.8	23
黑龙江	Heilongjiang	103.9	101.5	101.1	26	103.1	100.8	100.1	16
上　海	Shanghai	103.1	102.7	102.4	2	101.7	100.9	101.1	2
江　苏	Jiangsu	103.8	102.2	101.7	8	103.2	101.6	100.6	6
浙　江	Zhejiang	103.8	102.1	101.4	17	103.9	100.9	99.9	21
安　徽	Anhui	103.1	101.6	101.3	21	103.2	100.4	99.7	27
福　建	Fujian	103.2	102.0	101.7	7	103.4	101.1	99.9	20
江　西	Jiangxi	103.0	102.3	101.5	15	102.7	101.2	100.5	8
山　东	Shandong	102.9	101.9	101.2	23	102.7	101.0	100.2	13
河　南	Henan	103.5	101.9	101.3	20	103.7	101.0	99.8	26
湖　北	Hubei	102.9	102.0	101.5	13	103.1	100.9	100.5	7
湖　南	Hunan	103.1	101.9	101.4	18	103.1	101.2	99.9	22
广　东	Guangdong	103.1	102.3	101.5	12	103.3	101.4	99.6	28
广　西	Guangxi	103.0	102.1	101.5	14	103.0	101.4	100.1	18
海　南	Hainan	104.8	102.4	101.0	27	104.6	101.2	99.8	25
重　庆	Chongqing	103.2	101.8	101.3	22	101.7	100.9	100.2	15
四　川	Sichuan	103.2	101.6	101.5	16	103.0	100.6	100.2	12
贵　州	Guizhou	102.9	102.4	101.8	6	103.0	101.2	100.1	17
云　南	Yunnan	103.7	102.4	101.9	4	103.6	101.6	100.8	5
西　藏	Tibet	102.2	102.9	102.0	3	101.0	102.2	101.4	1
陕　西	Shaanxi	104.0	101.6	101.0	28	103.6	100.7	99.8	24
甘　肃	Gansu	104.1	102.1	101.6	11	104.6	101.7	101.0	3
青　海	Qinghai	105.4	102.8	102.6	1	104.3	101.5	101.0	4
宁　夏	Ningxia	104.1	101.9	101.1	24	103.2	100.9	100.1	19
新　疆	Xinjiang	104.3	102.1	100.6	31	104.6	101.7	99.6	29

6-2 居民消费价格分类指数（一）
Consumer Price Indices by Category (1)

（上年=100）　　(preceding year=100)

地区	Region	食品 Food 2010	2014	2015	2015排名 Ranking	烟酒及用品 Tobacco, Liquor and Articles 2010	2014	2015	2015排名 Ranking
全　国	**National Total**	**107.2**	**103.1**	**102.3**		**101.6**	**99.4**	**102.1**	
北　京	Beijing	105.5	103.2	101.6	23	101.1	99.7	102.0	18
天　津	Tianjin	108.0	103.0	101.7	21	104.3	98.7	101.9	21
河　北	Hebei	107.8	102.3	100.8	28	101.5	98.8	101.7	26
山　西	Shanxi	108.5	102.8	100.4	30	102.8	100.1	102.6	13
内蒙古	Inner Mongolia	109.5	102.9	101.4	24	101.9	100.4	103.7	3
辽　宁	Liaoning	107.9	102.7	102.5	14	100.7	100.3	103.0	10
吉　林	Jilin	109.2	103.0	102.0	18	100.7	100.1	103.1	8
黑龙江	Heilongjiang	108.1	102.0	101.1	26	101.2	100.9	102.1	17
上　海	Shanghai	107.7	103.2	102.9	10	101.1	101.0	104.2	1
江　苏	Jiangsu	107.4	102.6	103.0	7	102.4	98.6	101.9	20
浙　江	Zhejiang	107.3	103.1	103.3	4	100.7	99.6	103.3	5
安　徽	Anhui	106.6	102.5	102.3	16	102.0	97.5	101.9	22
福　建	Fujian	107.8	103.3	102.3	15	101.4	99.2	102.3	16
江　西	Jiangxi	105.6	103.7	103.3	3	100.3	100.1	103.0	9
山　东	Shandong	108.3	102.6	101.2	25	102.5	100.3	101.8	24
河　南	Henan	107.9	102.6	101.8	19	101.2	98.3	101.1	29
湖　北	Hubei	105.8	102.3	102.2	17	101.5	99.7	102.6	12
湖　南	Hunan	105.4	102.6	103.0	6	100.7	99.5	102.4	14
广　东	Guangdong	105.9	104.4	103.5	1	102.3	99.6	101.7	25
广　西	Guangxi	107.1	104.3	102.6	11	101.6	99.2	101.3	28
海　南	Hainan	107.6	103.7	102.9	9	100.6	97.9	101.8	23
重　庆	Chongqing	106.5	103.3	101.8	20	104.3	97.8	99.1	31
四　川	Sichuan	106.1	102.1	102.9	8	101.8	97.9	100.1	30
贵　州	Guizhou	107.7	104.2	102.6	12	102.0	99.8	103.2	6
云　南	Yunnan	108.4	104.3	103.4	2	101.0	100.5	103.9	2
西　藏	Tibet	104.5	105.3	103.1	5	101.1	100.1	103.6	4
陕　西	Shaanxi	108.5	102.8	100.9	27	101.0	98.8	102.4	15
甘　肃	Gansu	109.4	103.6	101.7	22	102.8	99.9	103.1	7
青　海	Qinghai	108.3	104.0	102.5	13	101.1	98.7	101.4	27
宁　夏	Ningxia	108.3	102.7	100.4	29	101.4	99.1	102.6	11
新　疆	Xinjiang	110.7	103.6	99.2	31	102.0	100.6	102.0	19

6-3 居民消费价格分类指数（二）
Consumer Price Indices by Category (2)

（上年=100） (preceding year=100)

地区	Region	衣着 Clothing 2010	2014	2015	2015排名 Ranking	家庭设备用品及维修服务 Household Facilities, Articles and Services 2010	2014	2015	2015排名 Ranking
全　国	**National Total**	**99.0**	**102.4**	**102.7**		**100.0**	**101.2**	**101.0**	
北　京	Beijing	98.4	100.4	103.6	5	99.4	100.3	99.9	30
天　津	Tianjin	102.8	101.8	103.0	12	99.5	103.3	101.0	10
河　北	Hebei	97.5	104.1	103.1	11	99.8	101.2	101.0	12
山　西	Shanxi	96.8	102.4	102.2	24	98.5	101.4	100.1	28
内蒙古	Inner Mongolia	99.4	102.1	102.8	16	98.8	100.6	100.9	16
辽　宁	Liaoning	96.2	102.2	102.0	26	99.8	100.3	100.5	24
吉　林	Jilin	100.7	103.1	103.2	9	99.6	100.8	100.4	27
黑龙江	Heilongjiang	98.0	102.9	101.6	28	100.0	100.8	100.8	17
上　海	Shanghai	98.6	103.7	107.8	1	101.1	101.8	102.9	1
江　苏	Jiangsu	100.7	103.9	103.0	13	100.1	103.3	102.8	2
浙　江	Zhejiang	99.3	101.8	101.8	27	100.4	101.5	100.9	14
安　徽	Anhui	98.1	101.0	101.4	30	98.9	101.3	100.7	20
福　建	Fujian	95.7	102.6	102.9	14	99.2	100.4	100.8	18
江　西	Jiangxi	98.8	102.4	103.2	8	99.3	99.9	101.0	9
山　东	Shandong	97.6	102.9	103.5	6	99.6	101.1	101.7	3
河　南	Henan	101.1	102.5	102.3	21	99.6	100.9	100.5	25
湖　北	Hubei	100.9	102.0	102.7	18	101.4	101.5	100.6	23
湖　南	Hunan	100.7	101.7	102.2	23	100.5	101.3	100.9	13
广　东	Guangdong	99.6	103.0	102.3	22	100.0	100.8	100.9	15
广　西	Guangxi	99.8	100.4	105.0	3	98.8	100.3	100.8	19
海　南	Hainan	101.2	102.3	103.7	4	104.6	101.4	100.6	21
重　庆	Chongqing	98.4	102.0	102.8	17	100.2	100.5	100.0	29
四　川	Sichuan	99.1	102.5	101.4	29	100.8	101.2	100.4	26
贵　州	Guizhou	97.4	102.1	100.8	31	99.3	100.7	101.3	8
云　南	Yunnan	96.8	100.9	102.0	25	99.6	101.3	101.0	11
西　藏	Tibet	102.1	102.3	102.4	19	100.6	101.3	101.5	5
陕　西	Shaanxi	99.1	101.1	102.3	20	100.0	101.0	99.8	31
甘　肃	Gansu	100.0	102.4	103.1	10	100.6	102.2	101.6	4
青　海	Qinghai	106.7	104.9	105.1	2	101.5	99.8	101.4	7
宁　夏	Ningxia	101.3	102.7	102.8	15	100.9	101.1	101.4	6
新　疆	Xinjiang	99.2	101.9	103.4	7	101.2	101.1	100.6	22

6-4 居民消费价格分类指数（三）
Consumer Price Indices by Category (3)

（上年=100）　　(preceding year=100)

地区	Region	医疗保健 Health Care				个人用品及服务 Personal Articles and Services			
		2010	2014	2015	2015排名 Ranking	2010	2014	2015	2015排名 Ranking
全　国	**National Total**	**103.3**	**101.7**	**102.0**		**103.0**	**100.4**	**100.6**	
北　京	Beijing	100.6	101.1	100.2	29	104.6	97.7	98.3	29
天　津	Tianjin	104.1	100.9	99.8	30	102.8	99.5	97.1	31
河　北	Hebei	102.4	101.7	102.7	6	102.7	100.9	101.9	3
山　西	Shanxi	102.2	100.9	101.8	17	102.7	100.8	100.4	23
内蒙古	Inner Mongolia	101.4	101.0	102.3	12	102.7	100.4	103.0	1
辽　宁	Liaoning	102.4	101.2	101.5	23	102.6	102.4	101.1	8
吉　林	Jilin	101.6	100.6	103.0	4	102.2	100.5	102.0	2
黑龙江	Heilongjiang	107.2	103.0	102.7	7	104.6	100.2	100.7	18
上　海	Shanghai	100.8	101.7	99.3	31	107.1	99.2	98.0	30
江　苏	Jiangsu	102.4	102.4	101.6	21	104.0	100.8	100.9	14
浙　江	Zhejiang	106.2	102.5	102.7	5	103.3	99.9	99.4	27
安　徽	Anhui	103.7	101.9	104.1	2	102.6	101.0	101.2	4
福　建	Fujian	103.5	101.3	104.5	1	102.4	99.8	101.0	12
江　西	Jiangxi	102.3	101.3	101.4	25	103.4	100.6	101.2	5
山　东	Shandong	102.0	101.2	101.6	22	101.8	101.4	101.1	9
河　南	Henan	103.6	101.3	102.4	10	102.4	100.4	101.0	10
湖　北	Hubei	103.4	100.9	101.7	19	102.6	100.4	99.8	26
湖　南	Hunan	101.8	102.9	101.9	15	101.9	100.1	100.6	19
广　东	Guangdong	104.4	101.2	101.8	18	102.4	100.4	100.5	21
广　西	Guangxi	101.3	101.6	101.8	16	102.0	99.9	100.6	20
海　南	Hainan	101.9	102.5	103.2	3	102.4	100.3	98.5	28
重　庆	Chongqing	103.4	102.8	102.6	8	101.0	99.8	99.9	25
四　川	Sichuan	104.8	101.4	102.1	13	103.3	100.3	101.2	6
贵　州	Guizhou	100.9	101.3	100.7	28	101.8	102.1	100.8	15
云　南	Yunnan	104.8	101.2	102.5	9	101.9	100.7	101.0	11
西　藏	Tibet	100.3	101.7	101.4	26	102.1	100.1	100.1	24
陕　西	Shaanxi	106.5	103.5	102.0	14	104.1	100.6	101.1	7
甘　肃	Gansu	103.9	101.6	101.6	20	102.8	100.1	100.5	22
青　海	Qinghai	104.0	101.6	102.3	11	106.8	101.0	100.8	16
宁　夏	Ningxia	101.7	101.7	101.0	27	102.2	101.2	100.9	13
新　疆	Xinjiang	101.7	101.9	101.5	24	102.5	100.7	100.8	17

6-5 居民消费价格分类指数（四）
Consumer Price Indices by Category (4)

(上年=100) (preceding year=100)

地区	Region	交通 Transportation				通信 Communication			
		2010	2014	2015	2015排名 Ranking	2010	2014	2015	2015排名 Ranking
全 国	**National Total**	**101.7**	**100.2**	**97.5**		**97.3**	**99.4**	**99.5**	
北 京	Beijing	103.3	100.0	104.6	1	95.9	97.4	98.4	29
天 津	Tianjin	101.9	99.7	96.1	27	92.6	99.6	99.7	12
河 北	Hebei	101.1	99.9	96.7	26	96.9	100.2	100.4	2
山 西	Shanxi	101.0	100.3	95.6	29	96.4	99.2	99.5	19
内蒙古	Inner Mongolia	101.5	99.9	97.3	19	97.6	98.5	99.2	23
辽 宁	Liaoning	102.3	100.9	98.4	8	97.7	99.9	99.7	13
吉 林	Jilin	100.7	100.3	98.3	10	97.5	99.9	100.1	4
黑龙江	Heilongjiang	101.5	99.5	98.2	11	97.3	99.7	99.9	7
上 海	Shanghai	98.7	100.6	97.3	18	95.3	98.7	98.2	30
江 苏	Jiangsu	101.7	99.6	95.9	28	96.7	100.1	100.0	5
浙 江	Zhejiang	102.3	99.7	94.7	30	97.6	99.7	99.6	15
安 徽	Anhui	102.1	100.2	98.2	12	97.3	98.2	98.1	31
福 建	Fujian	101.7	100.2	96.9	25	97.9	100.2	99.9	8
江 西	Jiangxi	102.0	100.7	98.3	9	96.7	98.8	99.3	21
山 东	Shandong	101.0	100.1	97.3	20	97.1	99.4	100.5	1
河 南	Henan	101.9	99.7	97.1	21	97.4	100.2	99.2	24
湖 北	Hubei	101.7	100.9	100.6	4	98.9	99.4	99.6	14
湖 南	Hunan	101.9	100.6	96.9	24	98.8	99.7	99.8	10
广 东	Guangdong	101.3	99.9	97.1	22	97.5	99.2	99.1	25
广 西	Guangxi	102.8	100.5	97.5	16	98.1	99.3	99.5	17
海 南	Hainan	103.7	100.3	94.4	31	96.9	99.4	99.5	18
重 庆	Chongqing	103.6	102.0	97.6	15	96.4	98.5	98.4	28
四 川	Sichuan	102.7	100.8	99.1	6	97.3	99.3	99.8	11
贵 州	Guizhou	102.6	101.1	101.8	3	99.1	99.1	99.3	22
云 南	Yunnan	102.7	100.6	96.9	23	97.1	99.8	100.1	3
西 藏	Tibet	102.9	101.1	97.4	17	94.0	99.8	100.0	6
陕 西	Shaanxi	101.5	101.5	100.5	5	98.1	98.3	98.9	26
甘 肃	Gansu	101.8	100.9	97.6	14	95.9	99.0	99.6	16
青 海	Qinghai	107.6	101.1	101.9	2	98.0	99.3	98.6	27
宁 夏	Ningxia	103.3	100.1	97.8	13	96.0	98.7	99.9	9
新 疆	Xinjiang	101.7	101.1	99.1	7	98.4	99.6	99.4	20

6-6 居民消费价格分类指数（五）
Consumer Price Indices by Category (5)

（上年=100） (preceding year=100)

地区	Region	教育 Education 2010	2014	2015	2015排名 Ranking	文化娱乐 Cultural and Recreational Articles 2010	2014	2015	2015排名 Ranking
全 国	**National Total**	**101.4**	**102.4**	**102.7**		**101.0**	**101.3**	**101.8**	
北 京	Beijing	102.9	106.4	104.5	5	99.7	101.9	101.8	11
天 津	Tianjin	101.8	104.3	108.2	2	100.5	100.4	102.4	5
河 北	Hebei	102.0	101.9	101.1	28	100.3	101.8	101.8	10
山 西	Shanxi	102.9	102.8	103.5	7	101.5	99.7	101.6	12
内蒙古	Inner Mongolia	101.0	101.5	102.6	15	100.6	100.0	100.7	27
辽 宁	Liaoning	100.7	101.8	102.5	16	100.4	101.1	101.0	23
吉 林	Jilin	101.9	102.6	100.4	31	101.1	100.3	100.7	28
黑龙江	Heilongjiang	100.7	101.5	101.0	29	102.0	99.8	100.2	30
上 海	Shanghai	101.2	102.4	102.5	18	101.0	101.0	100.7	29
江 苏	Jiangsu	102.7	101.8	102.1	22	102.5	102.5	102.6	3
浙 江	Zhejiang	100.9	101.6	102.8	12	101.3	100.6	101.5	16
安 徽	Anhui	101.8	102.6	102.8	13	100.8	101.0	101.1	20
福 建	Fujian	100.6	102.3	102.3	20	100.6	100.8	101.3	18
江 西	Jiangxi	101.3	103.6	101.7	25	101.4	101.4	101.5	15
山 东	Shandong	100.3	102.0	102.5	17	100.4	101.0	102.4	6
河 南	Henan	101.1	103.4	103.3	8	100.3	102.3	101.4	17
湖 北	Hubei	101.3	102.6	102.1	23	101.6	100.4	101.0	21
湖 南	Hunan	102.5	102.9	103.1	11	101.1	100.8	101.0	24
广 东	Guangdong	100.4	102.2	102.8	14	100.3	101.4	103.2	1
广 西	Guangxi	97.0	102.4	102.0	24	101.5	101.0	100.9	25
海 南	Hainan	98.6	103.3	104.3	6	99.9	101.8	102.3	7
重 庆	Chongqing	105.9	101.1	103.2	10	101.6	101.0	101.6	14
四 川	Sichuan	101.2	102.0	102.3	21	100.8	100.8	102.6	4
贵 州	Guizhou	101.0	104.4	106.0	3	100.3	101.4	101.0	22
云 南	Yunnan	105.2	100.3	102.4	19	101.6	101.4	102.1	9
西 藏	Tibet	100.8	101.5	100.9	30	101.1	100.3	100.1	31
陕 西	Shaanxi	101.3	101.8	103.3	9	100.4	102.8	101.6	13
甘 肃	Gansu	101.5	102.0	101.2	27	100.9	101.0	100.9	26
青 海	Qinghai	105.3	103.5	104.8	4	110.7	101.1	102.1	8
宁 夏	Ningxia	110.0	107.3	109.9	1	101.9	101.2	102.8	2
新 疆	Xinjiang	101.9	100.8	101.2	26	100.9	102.6	101.3	19

6-7 居民消费价格分类指数（六）
Consumer Price Indices by Category (6)

(上年=100) (preceding year=100)

地区	Region	旅游 Touring and Outing				居住 Residence			
		2010	2014	2015	2015排名 Ranking	2010	2014	2015	2015排名 Ranking
全 国	**National Total**	**104.9**	**105.0**	**99.5**		**104.5**	**102.0**	**100.7**	
北 京	Beijing	102.6	104.5	94.2	30	105.0	101.4	102.6	3
天 津	Tianjin	101.3	102.5	100.7	13	102.3	102.0	102.6	4
河 北	Hebei	106.6	104.9	101.1	11	104.1	101.1	99.9	25
山 西	Shanxi	99.1	104.7	97.4	28	103.8	100.8	100.2	22
内蒙古	Inner Mongolia	100.6	104.5	100.5	14	102.2	101.0	99.7	26
辽 宁	Liaoning	105.8	102.0	93.4	31	103.4	101.3	100.3	20
吉 林	Jilin	99.4	104.1	100.2	15	102.4	102.0	101.5	7
黑龙江	Heilongjiang	95.5	101.0	102.9	3	105.6	100.6	100.7	15
上 海	Shanghai	115.9	107.9	97.9	26	103.5	104.6	104.6	1
江 苏	Jiangsu	107.3	106.1	101.2	10	105.0	102.4	100.9	11
浙 江	Zhejiang	109.6	108.1	97.9	27	106.0	102.4	100.8	13
安 徽	Anhui	103.5	106.5	98.7	22	105.5	102.0	99.6	27
福 建	Fujian	105.3	105.0	101.0	12	105.4	102.3	101.3	8
江 西	Jiangxi	101.4	106.1	99.7	19	106.9	102.5	98.5	30
山 东	Shandong	101.4	108.1	99.6	20	103.6	102.1	100.8	12
河 南	Henan	103.7	108.6	101.7	7	104.3	102.2	101.0	10
湖 北	Hubei	102.0	104.3	101.4	9	103.4	103.3	100.6	16
湖 南	Hunan	104.1	111.0	98.5	23	105.1	101.4	99.2	29
广 东	Guangdong	104.0	101.4	100.0	17	104.8	101.9	100.0	24
广 西	Guangxi	103.3	103.4	102.3	4	105.7	101.5	99.6	28
海 南	Hainan	105.2	99.7	99.4	21	109.7	102.6	97.7	31
重 庆	Chongqing	112.5	99.1	98.0	25	105.4	101.6	101.2	9
四 川	Sichuan	104.2	106.5	97.3	29	103.1	101.9	100.5	19
贵 州	Guizhou	106.2	104.2	104.9	2	102.4	101.8	100.6	18
云 南	Yunnan	98.5	103.1	100.1	16	104.6	102.7	100.6	17
西 藏	Tibet	107.5	108.3	106.4	1	102.8	102.4	100.7	14
陕 西	Shaanxi	108.9	99.1	98.1	24	104.0	101.2	100.2	23
甘 肃	Gansu	103.4	104.3	99.7	18	104.1	101.5	101.9	6
青 海	Qinghai	102.3	109.1	102.3	5	102.8	103.0	103.2	2
宁 夏	Ningxia	104.4	100.5	101.7	6	103.4	101.2	100.3	21
新 疆	Xinjiang	105.2	99.2	101.6	8	102.7	101.9	102.0	5

6-8 居民消费价格分类指数（七）
Consumer Price Indices by Category (7)

(上年=100)　　(preceding year=100)

地区	Region	住房租金 Renting				水电燃料 Water, Electricity and Fuels			
		2010	2014	2015	2015排名 Ranking	2010	2014	2015	2015排名 Ranking
全 国	**National Total**	**104.9**	**103.3**	**102.6**		**105.5**	**100.7**	**98.0**	
北 京	Beijing	110.0	101.3	103.8	5	102.0	103.1	101.2	2
天 津	Tianjin	103.6	103.7	107.2	2	101.4	101.3	99.9	11
河 北	Hebei	104.8	100.6	100.3	26	106.1	99.2	98.2	22
山 西	Shanxi	106.0	104.6	101.7	18	103.5	98.3	99.0	16
内蒙古	Inner Mongolia	101.5	102.1	99.9	29	103.8	99.0	98.6	20
辽 宁	Liaoning	109.1	101.8	100.7	24	104.0	100.3	99.5	14
吉 林	Jilin	100.8	102.6	102.9	6	103.9	101.7	100.8	3
黑龙江	Heilongjiang	103.9	101.1	100.4	25	107.1	99.9	98.4	21
上 海	Shanghai	106.8	105.2	107.3	1	103.8	105.9	102.4	1
江 苏	Jiangsu	106.0	102.8	101.9	16	104.5	101.1	98.1	23
浙 江	Zhejiang	104.3	102.6	102.2	14	106.4	101.2	98.0	25
安 徽	Anhui	111.3	103.7	102.4	11	105.1	100.9	97.0	26
福 建	Fujian	102.5	102.1	102.2	13	106.4	101.5	98.1	24
江 西	Jiangxi	105.6	104.3	102.0	15	110.2	101.6	96.0	27
山 东	Shandong	103.4	102.8	100.8	22	104.3	100.5	99.8	12
河 南	Henan	104.7	103.8	102.6	9	103.4	99.2	98.8	17
湖 北	Hubei	101.2	105.4	102.8	7	104.9	101.2	98.7	19
湖 南	Hunan	106.9	103.0	102.3	12	107.0	100.0	95.6	28
广 东	Guangdong	103.0	103.8	104.6	3	107.7	100.3	94.4	30
广 西	Guangxi	100.0	101.9	102.4	10	108.3	101.4	95.2	29
海 南	Hainan	111.2	100.7	101.8	17	108.5	99.9	94.1	31
重 庆	Chongqing	103.2	102.5	101.4	20	106.9	100.3	100.1	8
四 川	Sichuan	111.2	103.9	101.1	21	104.2	100.2	99.9	10
贵 州	Guizhou	102.5	104.3	99.9	28	105.0	101.2	100.3	7
云 南	Yunnan	103.5	103.9	100.8	23	105.2	101.6	99.8	13
西 藏	Tibet	105.2	102.2	100.0	27	101.3	101.1	100.8	4
陕 西	Shaanxi	110.3	103.4	99.7	30	102.7	99.8	100.0	9
甘 肃	Gansu	113.7	103.0	102.7	8	105.5	99.9	99.3	15
青 海	Qinghai	104.8	105.9	104.4	4	104.6	100.3	98.7	18
宁 夏	Ningxia	106.8	107.0	94.6	31	106.2	100.5	100.6	5
新 疆	Xinjiang	103.3	103.0	101.7	19	102.5	100.4	100.6	6

6-9 城乡居民消费价格指数
Consumer Price Indices of Urban and Rural Households

（上年=100） (preceding year=100)

地区	Region	城市 Urban Household 2010	2014	2015	2015排名 Ranking	农村 Rural Household 2010	2014	2015	2015排名 Ranking
全　国	**National Total**	**103.2**	**102.1**	**101.5**		**103.6**	**101.8**	**101.3**	
北　京	Beijing	102.4	101.6	101.8	6				
天　津	Tianjin	103.5	101.9	101.7	10				
河　北	Hebei	102.8	101.7	101.1	28	103.6	101.8	100.5	27
山　西	Shanxi	103.1	101.8	100.6	30	102.8	101.4	100.7	24
内蒙古	Inner Mongolia	103.0	101.7	101.1	27	103.5	101.2	101.1	19
辽　宁	Liaoning	102.8	101.8	101.4	19	104.0	101.4	101.4	13
吉　林	Jilin	103.4	102.1	101.7	9	104.1	101.5	101.6	6
黑龙江	Heilongjiang	103.6	101.4	101.1	26	104.9	101.6	101.1	21
上　海	Shanghai	103.1	102.7	102.4	2				
江　苏	Jiangsu	103.6	102.2	101.7	8	104.3	102.2	101.5	8
浙　江	Zhejiang	104.0	102.0	101.4	17	103.7	102.2	101.4	12
安　徽	Anhui	103.0	101.7	101.3	22	103.4	101.5	101.3	14
福　建	Fujian	103.1	102.1	101.7	7	103.4	101.9	101.7	4
江　西	Jiangxi	102.9	102.4	101.5	13	103.3	102.2	101.5	10
山　东	Shandong	102.6	102.1	101.4	20	103.5	101.5	100.9	23
河　南	Henan	103.4	102.0	101.3	21	103.8	101.6	101.2	17
湖　北	Hubei	102.8	102.0	101.4	16	103.1	101.9	101.7	5
湖　南	Hunan	103.1	102.1	101.5	14	103.2	101.4	101.1	18
广　东	Guangdong	103.1	102.3	101.6	11	103.2	102.1	101.3	16
广　西	Guangxi	102.9	102.2	101.5	12	103.4	101.9	101.5	9
海　南	Hainan	104.5	102.2	101.2	24	105.8	102.8	100.5	26
重　庆	Chongqing	103.2	101.8	101.3	23				
四　川	Sichuan	103.3	101.7	101.4	18	103.1	101.3	101.6	7
贵　州	Guizhou	103.1	102.4	102.0	5	102.6	102.5	101.5	11
云　南	Yunnan	103.8	102.6	102.2	3	103.6	101.9	101.3	15
西　藏	Tibet	102.2	103.3	102.1	4	102.2	102.5	101.8	2
陕　西	Shaanxi	103.7	101.6	100.9	29	104.7	101.8	101.1	20
甘　肃	Gansu	104.4	102.2	101.4	15	103.6	102.1	101.8	3
青　海	Qinghai	105.1	102.9	102.8	1	105.8	102.6	102.2	1
宁　夏	Ningxia	103.7	102.0	101.2	25	104.6	101.6	101.0	22
新　疆	Xinjiang	103.6	102.3	100.5	31	105.8	101.7	100.6	25

6-10 城市居民消费价格分类指数（一）
Urban Consumer Price Indices by Category (1)

（上年=100） (preceding year=100)

地区	Region	食品 Food				烟酒及用品 Tobacco, Liquor and Articles			
		2010	2014	2015	2015排名 Ranking	2010	2014	2015	2015排名 Ranking
全　国	**National Total**	**107.1**	**103.3**	**102.3**		**101.7**	**99.3**	**102.0**	
北　京	Beijing	105.5	103.2	101.6	22	101.1	99.7	102.0	17
天　津	Tianjin	108.0	103.0	101.7	21	104.3	98.7	101.9	18
河　北	Hebei	107.7	102.3	101.0	27	101.6	98.7	101.1	28
山　西	Shanxi	108.6	103.0	100.3	29	103.0	100.5	102.5	12
内蒙古	Inner Mongolia	109.1	103.2	101.4	23	102.4	100.4	104.1	2
辽　宁	Liaoning	107.3	102.9	102.5	13	100.6	100.1	102.7	8
吉　林	Jilin	109.0	103.0	101.9	18	100.9	99.9	102.7	8
黑龙江	Heilongjiang	107.7	102.1	101.2	26	101.6	100.0	101.4	24
上　海	Shanghai	107.7	103.2	102.9	8	101.1	101.0	104.2	1
江　苏	Jiangsu	106.9	102.7	102.8	9	102.3	98.6	101.7	19
浙　江	Zhejiang	107.5	103.1	103.1	7	101.1	99.7	103.4	5
安　徽	Anhui	106.5	102.6	101.9	18	102.3	97.6	102.5	12
福　建	Fujian	107.9	103.2	102.2	14	101.6	99.0	102.4	14
江　西	Jiangxi	105.6	104.2	103.2	4	100.0	100.0	103.1	6
山　东	Shandong	108.2	103.0	101.3	24	102.8	100.2	101.6	22
河　南	Henan	107.7	102.8	102.0	16	101.5	97.8	101.1	28
湖　北	Hubei	105.3	102.4	102.0	16	101.7	99.9	102.4	14
湖　南	Hunan	105.6	102.7	103.2	4	101.0	98.9	101.7	19
广　东	Guangdong	105.9	104.5	103.5	2	102.3	99.2	101.6	22
广　西	Guangxi	107.2	104.7	102.6	12	101.4	99.2	101.3	26
海　南	Hainan	107.5	103.5	103.3	3	100.2	97.2	101.4	24
重　庆	Chongqing	106.5	103.3	101.8	20	104.3	97.8	99.1	31
四　川	Sichuan	106.6	102.6	102.2	14	101.2	98.0	99.7	30
贵　州	Guizhou	107.3	104.2	102.7	10	101.9	98.9	102.6	10
云　南	Yunnan	108.9	104.3	103.8	1	101.1	100.8	103.8	3
西　藏	Tibet	104.6	105.8	103.2	4	101.4	100.1	103.7	4
陕　西	Shaanxi	107.9	102.9	100.8	28	100.7	98.7	102.2	16
甘　肃	Gansu	110.3	103.7	101.3	24	104.2	99.5	102.9	7
青　海	Qinghai	107.6	104.2	102.7	10	100.8	98.5	101.2	27
宁　夏	Ningxia	107.9	103.0	100.1	30	101.8	99.0	102.6	10
新　疆	Xinjiang	109.5	104.1	99.0	31	102.6	101.0	101.7	19

6-11 城市居民消费价格分类指数（二）
Urban Consumer Price Indices by Category (2)

(上年=100) (preceding year=100)

地区	Region	衣着 Clothing 2010	2014	2015	2015排名 Ranking	家庭设备用品及维修服务 Household Facilities, Articles and Maintenance Services 2010	2014	2015	2015排名 Ranking
全　国	**National Total**	**98.9**	**102.4**	**102.8**		**99.9**	**101.2**	**101.0**	
北　京	Beijing	98.4	100.4	103.6	7	99.4	100.3	99.9	29
天　津	Tianjin	102.8	101.8	103.0	12	99.5	103.3	101.0	14
河　北	Hebei	97.5	104.2	103.8	5	99.7	101.3	101.2	10
山　西	Shanxi	96.6	102.4	102.1	25	98.7	101.7	99.7	30
内蒙古	Inner Mongolia	99.5	102.0	102.8	17	98.9	100.4	100.9	16
辽　宁	Liaoning	95.5	102.1	102.2	24	99.9	100.3	100.6	21
吉　林	Jilin	100.9	103.2	102.9	15	99.5	100.9	100.2	27
黑龙江	Heilongjiang	97.2	102.8	101.2	29	100.0	100.7	100.8	18
上　海	Shanghai	98.6	103.7	107.8	1	101.1	101.8	102.9	2
江　苏	Jiangsu	101.6	104.0	103.1	11	100.4	103.4	103.0	1
浙　江	Zhejiang	98.5	102.1	101.6	28	101.3	101.4	100.9	16
安　徽	Anhui	98.3	101.1	101.9	27	98.1	101.2	100.5	24
福　建	Fujian	95.6	102.9	102.8	17	99.0	100.5	101.1	12
江　西	Jiangxi	98.4	101.9	103.0	12	99.0	99.6	101.4	6
山　东	Shandong	97.8	102.7	103.4	8	99.6	101.1	101.2	10
河　南	Henan	101.0	102.5	102.3	21	99.2	100.8	100.4	26
湖　北	Hubei	101.6	102.2	103.3	9	101.8	101.8	100.7	20
湖　南	Hunan	100.5	101.7	102.3	21	100.5	101.6	101.4	6
广　东	Guangdong	99.9	103.2	102.3	21	99.9	100.7	100.8	18
广　西	Guangxi	99.5	100.2	105.3	2	98.6	99.9	101.0	14
海　南	Hainan	99.9	102.5	105.2	4	105.1	100.6	100.5	24
重　庆	Chongqing	98.4	102.0	102.8	17	100.2	100.5	100.0	28
四　川	Sichuan	97.3	102.3	101.2	29	100.7	101.3	100.6	21
贵　州	Guizhou	98.3	102.3	100.7	31	99.8	101.1	101.3	8
云　南	Yunnan	96.0	100.7	102.0	26	99.9	101.2	101.3	8
西　藏	Tibet	102.4	102.9	103.7	6	100.9	101.8	102.3	3
陕　西	Shaanxi	98.4	100.9	103.0	12	99.5	101.1	99.6	31
甘　肃	Gansu	99.5	102.6	102.5	20	100.4	101.6	101.5	5
青　海	Qinghai	107.7	106.0	105.3	2	101.6	99.5	101.1	12
宁　夏	Ningxia	100.1	102.8	102.9	15	100.7	101.0	101.8	4
新　疆	Xinjiang	98.2	101.7	103.3	9	100.9	101.0	100.6	21

6-12 城市居民消费价格分类指数（三）
Urban Consumer Price Indices by Category (3)

（上年=100） (preceding year=100)

地区	Region	医疗保健 Health Care				个人用品及服务 Personal Articles and Services			
		2010	2014	2015	2015排名 Ranking	2010	2014	2015	2015排名 Ranking
全 国	**National Total**	**103.2**	**101.7**	**102.6**		**103.0**	**100.2**	**100.3**	
北 京	Beijing	100.6	101.1	101.1	27	104.6	97.7	98.3	28
天 津	Tianjin	104.1	100.9	101.2	26	102.8	99.5	97.1	31
河 北	Hebei	102.7	101.4	103.0	11	102.0	100.2	101.6	4
山 西	Shanxi	102.5	100.8	101.7	23	102.0	100.9	99.6	24
内蒙古	Inner Mongolia	100.7	101.2	100.8	29	102.3	99.9	101.8	2
辽 宁	Liaoning	102.3	101.1	101.4	24	102.2	102.8	101.1	6
吉 林	Jilin	101.3	100.7	103.3	10	101.9	100.7	102.5	1
黑龙江	Heilongjiang	107.8	103.1	103.5	8	104.8	99.8	100.2	20
上 海	Shanghai	100.8	101.7	100.7	30	107.1	99.2	98.0	29
江 苏	Jiangsu	102.2	101.6	102.1	21	104.5	100.8	100.8	12
浙 江	Zhejiang	106.5	102.7	104.1	3	103.1	100.4	98.9	27
安 徽	Anhui	103.0	101.8	105.6	2	102.5	100.5	101.0	10
福 建	Fujian	103.8	101.3	105.8	1	102.0	99.8	101.0	10
江 西	Jiangxi	102.2	101.5	101.4	24	103.0	101.0	101.8	2
山 东	Shandong	101.9	101.4	102.2	19	101.6	101.2	100.8	12
河 南	Henan	103.6	101.2	102.9	12	102.3	99.9	100.6	16
湖 北	Hubei	103.3	100.3	102.6	15	103.0	99.6	99.2	26
湖 南	Hunan	102.1	103.6	102.1	21	101.6	100.5	100.8	12
广 东	Guangdong	104.4	101.3	102.6	15	102.6	100.2	100.5	18
广 西	Guangxi	101.1	101.7	102.3	18	102.0	100.1	100.1	21
海 南	Hainan	101.8	102.9	103.8	5	99.6	99.8	97.8	30
重 庆	Chongqing	103.4	102.8	104.1	3	101.0	99.8	99.9	22
四 川	Sichuan	106.0	101.4	102.9	12	103.1	100.2	101.2	5
贵 州	Guizhou	100.8	100.7	100.5	31	101.9	102.1	101.1	6
云 南	Yunnan	106.0	101.9	103.7	6	102.3	100.5	101.1	6
西 藏	Tibet	99.9	102.6	103.7	6	102.4	99.6	99.8	23
陕 西	Shaanxi	107.1	104.1	102.4	17	104.3	100.6	101.1	6
甘 肃	Gansu	103.7	101.8	102.7	14	101.9	99.0	99.3	25
青 海	Qinghai	103.0	101.2	103.4	9	107.6	100.6	100.6	16
宁 夏	Ningxia	101.1	101.8	100.9	28	102.0	101.3	100.7	15
新 疆	Xinjiang	101.8	101.9	102.2	19	102.3	100.1	100.5	18

6-13 城市居民消费价格分类指数（四）
Urban Consumer Price Indices by Category (4)

（上年=100） (preceding year=100)

地区	Region	交通 Transportation				通信 Communication			
		2010	2014	2015	2015排名 Ranking	2010	2014	2015	2015排名 Ranking
全　国	**National Total**	**101.5**	**100.2**	**97.7**		**97.1**	**99.3**	**99.5**	
北　京	Beijing	103.3	100.0	104.6	1	95.9	97.4	98.4	27
天　津	Tianjin	101.9	99.7	96.1	28	92.6	99.6	99.7	13
河　北	Hebei	100.7	99.7	96.7	25	96.2	100.1	100.6	1
山　西	Shanxi	101.2	100.3	96.2	27	96.3	99.3	99.6	15
内蒙古	Inner Mongolia	101.3	99.9	97.9	16	97.6	98.6	99.5	16
辽　宁	Liaoning	102.3	100.9	98.4	10	97.5	99.9	99.7	13
吉　林	Jilin	100.9	100.3	98.0	15	96.8	100.2	100.3	3
黑龙江	Heilongjiang	101.4	99.5	98.5	9	96.8	99.5	100.1	5
上　海	Shanghai	98.7	100.6	97.3	20	95.3	98.7	98.2	29
江　苏	Jiangsu	101.7	99.7	96.0	29	97.0	100.1	100.1	5
浙　江	Zhejiang	102.3	99.5	94.4	30	98.2	99.6	99.5	16
安　徽	Anhui	101.9	100.0	98.1	14	97.5	98.3	98.0	30
福　建	Fujian	101.3	100.3	97.1	22	97.9	100.2	100.0	7
江　西	Jiangxi	101.7	100.5	98.4	10	96.3	98.7	99.3	22
山　东	Shandong	100.5	99.9	97.1	22	96.6	99.4	100.4	2
河　南	Henan	102.0	99.6	96.7	25	97.2	100.0	99.4	18
湖　北	Hubei	100.8	100.7	101.2	4	98.7	99.4	99.4	18
湖　南	Hunan	101.8	100.5	97.5	18	98.7	99.6	99.8	10
广　东	Guangdong	101.1	99.8	97.0	24	97.6	99.2	99.1	24
广　西	Guangxi	102.7	100.7	98.3	12	98.2	99.4	99.8	10
海　南	Hainan	103.7	100.0	94.0	31	97.7	99.3	99.3	22
重　庆	Chongqing	103.6	102.0	97.6	17	96.4	98.5	98.4	27
四　川	Sichuan	103.3	100.9	99.5	6	97.0	99.3	99.8	10
贵　州	Guizhou	103.2	101.1	104.0	2	99.1	99.2	98.9	25
云　南	Yunnan	102.2	100.5	97.5	18	96.7	99.8	100.3	3
西　藏	Tibet	102.3	101.2	97.3	20	91.9	99.7	100.0	7
陕　西	Shaanxi	101.0	101.6	100.6	5	98.2	98.3	98.9	25
甘　肃	Gansu	101.5	100.5	98.3	12	95.0	98.7	99.4	18
青　海	Qinghai	109.5	100.5	103.8	3	98.1	99.4	97.9	31
宁　夏	Ningxia	103.7	99.8	98.7	8	96.7	98.8	99.9	9
新　疆	Xinjiang	101.1	101.5	98.8	7	98.5	99.7	99.4	18

6-14 城市居民消费价格分类指数（五）
Urban Consumer Price Indices by Category (5)

（上年=100） (preceding year=100)

地区	Region	教育 Education 2010	2014	2015	2015排名 Ranking	文化娱乐 Cultural and Recreational 2010	2014	2015	2015排名 Ranking
全　国	**National Total**	**101.2**	**102.6**	**102.9**		**101.0**	**101.3**	**101.9**	
北　京	Beijing	102.9	106.4	104.5	6	99.7	101.9	101.8	10
天　津	Tianjin	101.8	104.3	108.2	2	100.5	100.4	102.4	7
河　北	Hebei	102.2	102.1	100.7	29	100.0	102.3	102.4	7
山　西	Shanxi	103.9	103.5	104.3	7	101.7	99.1	100.7	26
内蒙古	Inner Mongolia	100.5	101.0	101.9	23	100.9	99.9	100.5	29
辽　宁	Liaoning	100.6	101.8	102.5	19	100.4	101.2	101.0	21
吉　林	Jilin	101.2	103.3	100.4	30	100.9	100.2	100.8	24
黑龙江	Heilongjiang	100.9	101.7	100.8	28	102.1	99.8	100.2	30
上　海	Shanghai	101.2	102.4	102.5	19	101.0	101.0	100.7	26
江　苏	Jiangsu	101.8	102.0	102.7	17	102.9	102.6	102.9	2
浙　江	Zhejiang	100.5	101.3	103.2	10	101.4	100.3	101.6	13
安　徽	Anhui	101.6	102.7	102.9	16	100.9	101.4	101.3	19
福　建	Fujian	100.6	102.6	102.3	21	100.7	100.9	101.4	18
江　西	Jiangxi	100.9	103.1	101.5	25	101.6	101.4	101.6	13
山　东	Shandong	100.5	102.3	103.2	10	100.5	100.9	102.6	5
河　南	Henan	100.7	103.7	103.1	13	100.1	102.3	101.5	17
湖　北	Hubei	100.3	102.4	101.7	24	101.8	100.5	101.1	20
湖　南	Hunan	101.5	104.0	103.9	8	101.0	100.8	101.0	21
广　东	Guangdong	100.1	102.1	103.0	15	100.2	101.5	103.2	1
广　西	Guangxi	96.5	102.8	102.3	21	101.6	100.9	100.7	26
海　南	Hainan	98.0	103.4	105.5	5	100.0	101.4	102.7	4
重　庆	Chongqing	105.9	101.1	103.2	10	101.6	101.0	101.6	13
四　川	Sichuan	101.4	102.5	102.7	17	100.9	100.9	102.8	3
贵　州	Guizhou	101.7	105.1	107.0	3	99.7	101.2	100.8	24
云　南	Yunnan	105.1	101.2	103.3	9	101.7	101.8	102.2	9
西　藏	Tibet	100.5	100.6	100.0	31	101.0	100.2	99.9	31
陕　西	Shaanxi	101.3	101.5	103.1	13	100.2	103.2	101.6	13
甘　肃	Gansu	100.3	102.6	100.9	27	100.7	100.9	100.9	23
青　海	Qinghai	103.8	103.1	105.6	4	111.3	100.9	101.7	11
宁　夏	Ningxia	110.0	108.0	110.9	1	102.2	101.1	102.5	6
新　疆	Xinjiang	102.3	100.4	101.1	26	100.8	103.0	101.7	11

6-15 城市居民消费价格分类指数（六）
Urban Consumer Price Indices by Category (6)

（上年=100） (preceding year=100)

地区	Region	旅游 Touring				居住 Residence			
		2010	2014	2015	2015排名 Ranking	2010	2014	2015	2015排名 Ranking
全　国	**National Total**	**105.0**	**104.8**	**99.3**		**104.5**	**102.1**	**101.0**	
北　京	Beijing	102.6	104.5	94.2	30	105.0	101.4	102.6	3
天　津	Tianjin	101.3	102.5	100.7	11	102.3	102.0	102.6	3
河　北	Hebei	106.4	104.6	101.1	10	103.6	100.7	99.9	25
山　西	Shanxi	99.6	103.0	96.4	29	104.2	100.8	100.4	20
内蒙古	Inner Mongolia	100.7	104.8	100.7	11	102.3	101.1	100.0	24
辽　宁	Liaoning	106.3	101.8	92.7	31	103.8	101.3	100.3	22
吉　林	Jilin	99.2	104.7	100.1	15	101.8	102.2	102.1	7
黑龙江	Heilongjiang	95.3	100.7	104.6	2	104.7	100.4	100.8	16
上　海	Shanghai	115.9	107.9	97.9	24	103.5	104.6	104.6	1
江　苏	Jiangsu	107.0	105.4	101.3	8	104.6	102.4	101.2	10
浙　江	Zhejiang	109.2	107.9	97.5	25	106.4	102.2	101.2	10
安　徽	Anhui	104.7	106.6	98.8	21	105.5	102.0	99.9	25
福　建	Fujian	104.9	104.9	101.7	5	104.9	102.5	101.6	8
江　西	Jiangxi	101.4	106.5	99.5	19	107.4	102.3	98.6	30
山　东	Shandong	101.3	108.2	99.4	20	102.4	102.2	101.4	9
河　南	Henan	104.0	108.8	101.3	8	104.4	102.3	101.2	10
湖　北	Hubei	102.5	104.4	100.4	13	103.4	103.4	100.4	20
湖　南	Hunan	104.3	111.7	98.3	22	105.6	101.4	99.2	29
广　东	Guangdong	104.1	101.1	99.8	16	104.7	102.0	100.3	22
广　西	Guangxi	103.2	103.7	101.4	7	105.5	101.4	99.3	28
海　南	Hainan	106.8	99.1	96.5	28	108.0	102.8	98.1	31
重　庆	Chongqing	112.5	99.1	98.0	23	105.4	101.6	101.2	10
四　川	Sichuan	104.0	106.8	96.9	26	105.0	101.4	101.2	10
贵　州	Guizhou	106.1	104.0	108.0	1	103.3	101.8	100.8	16
云　南	Yunnan	96.6	103.0	99.6	17	105.1	104.1	100.9	15
西　藏	Tibet	109.3	108.8	101.7	5	103.7	103.5	100.8	16
陕　西	Shaanxi	109.3	97.3	96.7	27	104.3	100.9	99.9	25
甘　肃	Gansu	103.0	103.5	99.6	17	105.5	101.9	102.6	3
青　海	Qinghai	104.1	110.0	101.8	4	102.2	103.3	103.6	2
宁　夏	Ningxia	104.4	100.0	102.1	3	103.5	101.5	100.5	19
新　疆	Xinjiang	107.5	98.6	100.4	13	101.7	101.9	102.4	6

6-16 城市居民消费价格分类指数（七）
Urban Consumer Price Indices by Category (7)

（上年=100） (preceding year=100)

地区	Region	住房租金 Rent 2010	2014	2015	2015排名 Ranking	居住水电燃料 Water, Eletricity and Fuels 2010	2014	2015	2015排名 Ranking
全　国	**National Total**	**105.0**	**103.2**	**102.8**		**105.2**	**100.9**	**98.4**	
北　京	Beijing	110.0	101.3	103.8	6	102.0	103.1	101.2	4
天　津	Tianjin	103.6	103.7	107.2	2	101.4	101.3	99.9	12
河　北	Hebei	105.8	99.7	100.0	27	105.2	100.0	99.6	17
山　西	Shanxi	110.6	103.7	100.6	23	102.6	98.7	100.0	10
内蒙古	Inner Mongolia	100.7	101.8	100.4	25	103.7	99.3	98.6	22
辽　宁	Liaoning	109.5	101.8	100.8	22	104.3	100.3	99.7	16
吉　林	Jilin	101.0	102.6	103.1	7	103.3	102.5	102.0	2
黑龙江	Heilongjiang	104.0	100.9	100.3	26	106.2	100.1	99.1	19
上　海	Shanghai	106.8	105.2	107.3	1	103.8	105.9	102.4	1
江　苏	Jiangsu	105.9	102.7	102.0	14	104.0	101.2	98.6	22
浙　江	Zhejiang	105.5	102.3	102.7	10	106.7	100.6	99.2	18
安　徽	Anhui	112.0	104.2	102.8	9	103.7	100.7	98.0	25
福　建	Fujian	103.1	101.6	101.9	15	105.5	101.7	98.3	24
江　西	Jiangxi	106.8	103.9	101.5	18	110.4	101.7	96.1	27
山　东	Shandong	102.0	102.5	100.6	23	103.0	101.1	101.1	6
河　南	Henan	105.1	103.2	101.8	16	103.9	99.6	98.9	20
湖　北	Hubei	100.9	105.4	102.1	12	104.7	101.4	98.8	21
湖　南	Hunan	107.1	103.5	103.0	8	107.6	100.2	95.2	29
广　东	Guangdong	103.2	103.9	104.9	3	107.1	100.4	94.7	30
广　西	Guangxi	99.8	101.6	102.1	12	108.4	101.0	95.3	28
海　南	Hainan	111.3	100.4	101.8	16	108.7	99.6	94.2	31
重　庆	Chongqing	103.2	102.5	101.4	19	106.9	100.3	100.1	8
四　川	Sichuan	111.2	104.1	101.3	20	105.5	100.6	100.0	10
贵　州	Guizhou	102.6	103.8	99.7	29	105.7	100.3	100.1	8
云　南	Yunnan	106.4	104.7	101.0	21	103.9	101.6	99.9	12
西　藏	Tibet	105.4	103.2	99.9	28	103.2	101.2	101.2	4
陕　西	Shaanxi	111.0	103.2	99.0	30	103.0	99.7	99.8	15
甘　肃	Gansu	114.6	104.1	104.6	4	107.8	99.9	99.9	12
青　海	Qinghai	103.9	105.2	103.9	5	103.6	99.8	98.0	25
宁　夏	Ningxia	107.0	107.0	93.0	31	105.3	101.6	100.8	7
新　疆	Xinjiang	102.3	103.1	102.2	11	101.9	100.9	101.8	3

6-17 商品零售价格分类指数（一）
Retail Price Indices by Category (1)

（上年=100） (preceding year=100)

地区	Region	食品 Food 2010	2014	2015	2015排名 Ranking	饮料烟酒 Beverages, Tobacco and Liquor 2010	2014	2015	2015排名 Ranking
全　国	**National Total**	**107.6**	**103.0**	**102.2**		**101.7**	**99.9**	**101.9**	
北　京	Beijing	105.7	103.3	101.6	21	101.4	100.3	102.2	12
天　津	Tianjin	108.3	103.0	101.7	18	103.8	99.4	102.0	17
河　北	Hebei	108.1	102.4	100.8	28	101.1	99.4	101.2	26
山　西	Shanxi	108.6	102.7	100.2	30	102.3	100.4	102.6	4
内蒙古	Inner Mongolia	109.7	103.2	100.8	27	101.7	100.5	102.9	3
辽　宁	Liaoning	108.7	102.6	102.6	12	101.0	100.5	102.1	14
吉　林	Jilin	109.6	103.2	101.7	19	100.5	100.0	101.9	18
黑龙江	Heilongjiang	108.3	102.2	101.0	25	102.2	100.3	101.1	28
上　海	Shanghai	107.6	103.2	102.8	10	101.9	101.4	103.9	1
江　苏	Jiangsu	108.0	102.7	102.9	8	102.1	99.9	102.3	9
浙　江	Zhejiang	107.5	103.1	103.3	3	101.1	99.8	102.5	5
安　徽	Anhui	106.9	101.8	102.5	14	101.9	98.1	101.6	22
福　建	Fujian	108.2	103.4	101.9	17	101.1	99.5	101.7	20
江　西	Jiangxi	106.0	103.7	103.4	2	100.3	100.4	102.1	13
山　东	Shandong	108.9	102.5	101.1	24	101.8	100.7	101.5	24
河　南	Henan	108.7	102.5	101.5	22	101.5	99.6	101.0	29
湖　北	Hubei	106.1	102.3	102.3	16	101.9	100.2	102.1	15
湖　南	Hunan	105.4	102.8	102.9	7	100.6	99.7	101.7	21
广　东	Guangdong	106.4	104.4	103.3	4	101.7	100.2	101.8	19
广　西	Guangxi	107.2	104.3	102.4	15	101.5	100.1	101.4	25
海　南	Hainan	108.4	103.8	103.1	5	100.9	97.5	102.0	16
重　庆	Chongqing	106.5	101.8	101.4	23	104.5	99.2	99.6	31
四　川	Sichuan	106.4	102.1	102.9	9	102.3	98.7	100.2	30
贵　州	Guizhou	108.2	103.6	102.6	13	101.1	99.8	102.5	6
云　南	Yunnan	108.6	104.8	103.1	6	101.6	100.2	102.3	8
西　藏	Tibet	104.5	105.7	103.4	1	101.2	100.9	103.0	2
陕　西	Shaanxi	108.9	102.6	100.8	26	101.9	99.9	102.4	7
甘　肃	Gansu	109.7	103.8	101.6	20	103.6	99.4	102.2	10
青　海	Qinghai	108.6	103.9	102.8	11	100.8	99.1	101.6	23
宁　夏	Ningxia	108.4	102.8	100.6	29	101.4	99.5	101.1	27
新　疆	Xinjiang	110.6	104.0	99.3	31	101.7	101.1	102.2	11

6-18 商品零售价格分类指数（二）
Retail Price Indices by Category (2)

（上年=100） (preceding year=100)

地区	Region	服装鞋帽 Garments, Shoes and Hats				纺织品 Textiles			
		2010	2014	2015	2015排名 Ranking	2010	2014	2015	2015排名 Ranking
全　国	**National Total**	**98.8**	**102.4**	**102.8**		**101.2**	**100.9**	**100.6**	
北　京	Beijing	98.4	100.3	103.6	4	100.5	95.9	97.3	31
天　津	Tianjin	102.7	101.9	103.0	13	108.6	100.4	104.5	1
河　北	Hebei	98.0	103.9	103.1	11	101.9	101.0	101.9	6
山　西	Shanxi	96.6	102.1	102.3	22	100.7	101.2	100.3	18
内蒙古	Inner Mongolia	98.9	102.4	103.3	8	99.7	100.0	100.6	15
辽　宁	Liaoning	95.6	102.3	101.9	26	101.7	100.0	100.4	17
吉　林	Jilin	100.8	102.7	103.0	15	101.1	101.3	100.1	20
黑龙江	Heilongjiang	98.2	102.9	101.0	29	100.1	101.8	100.7	14
上　海	Shanghai	98.4	103.6	107.9	1	103.9	99.1	104.1	2
江　苏	Jiangsu	101.0	103.9	103.0	12	103.4	103.3	102.3	4
浙　江	Zhejiang	98.8	101.6	101.9	25	102.2	101.8	99.7	25
安　徽	Anhui	97.4	101.0	101.4	27	100.5	99.7	99.9	22
福　建	Fujian	96.2	102.6	103.5	6	98.1	98.3	99.1	29
江　西	Jiangxi	99.1	102.5	103.1	9	101.9	100.8	102.2	5
山　东	Shandong	96.9	103.0	103.4	7	100.3	103.2	100.6	16
河　南	Henan	100.9	102.4	102.3	21	104.0	100.5	101.0	11
湖　北	Hubei	101.0	101.9	102.4	20	101.8	102.2	101.0	12
湖　南	Hunan	100.8	101.5	102.0	24	101.0	101.1	101.6	10
广　东	Guangdong	99.5	103.1	102.4	19	97.9	99.5	98.6	30
广　西	Guangxi	99.1	100.4	104.6	3	100.2	100.0	101.6	9
海　南	Hainan	101.1	102.2	103.6	5	101.8	101.8	99.9	23
重　庆	Chongqing	98.4	102.1	102.9	16	100.6	98.2	100.0	21
四　川	Sichuan	99.2	102.0	101.2	28	101.9	101.4	99.8	24
贵　州	Guizhou	98.3	102.3	100.7	30	99.5	99.3	99.2	28
云　南	Yunnan	96.5	100.5	102.2	23	100.3	99.1	101.6	8
西　藏	Tibet	101.8	101.6	100.5	31	102.2	101.2	100.8	13
陕　西	Shaanxi	99.5	100.8	102.8	18	99.8	101.4	99.5	26
甘　肃	Gansu	99.7	102.5	103.0	14	100.8	102.6	100.2	19
青　海	Qinghai	106.2	105.7	105.1	2	105.6	100.9	101.6	7
宁　夏	Ningxia	100.9	102.5	103.1	10	101.0	98.7	102.7	3
新　疆	Xinjiang	98.0	101.6	102.9	17	103.5	102.0	99.5	27

6-19 商品零售价格分类指数（三）
Retail Price Indices by Category (3)

(上年=100) (preceding year=100)

地区	Region	家用电器及音像器材 Household Appliances, Music and Video Equipment 2010	2014	2015	2015排名 Ranking	文化办公用品 Cultural and Office Appliances 2010	2014	2015	2015排名 Ranking
全 国	**National Total**	**96.1**	**98.5**	**98.9**		**97.8**	**99.0**	**99.6**	
北 京	Beijing	92.9	94.7	96.2	31	92.6	93.6	98.3	29
天 津	Tianjin	93.8	94.6	96.5	29	90.8	96.4	97.2	31
河 北	Hebei	95.7	100.1	99.9	6	97.3	100.0	100.1	8
山 西	Shanxi	93.4	98.5	98.3	21	97.7	98.4	99.2	20
内蒙古	Inner Mongolia	95.6	98.3	99.4	10	98.1	98.2	100.7	5
辽 宁	Liaoning	95.7	98.0	99.5	9	97.3	99.6	100.3	7
吉 林	Jilin	97.4	99.9	99.3	13	100.3	98.9	99.6	17
黑龙江	Heilongjiang	93.6	98.4	98.2	23	95.5	99.4	102.0	1
上 海	Shanghai	92.4	96.5	99.3	12	97.7	98.2	99.2	21
江 苏	Jiangsu	95.6	101.4	101.4	2	96.5	100.5	100.7	4
浙 江	Zhejiang	97.4	98.7	98.7	18	98.1	99.6	100.0	11
安 徽	Anhui	94.9	99.7	98.8	17	99.1	99.0	99.1	22
福 建	Fujian	96.3	97.3	98.2	22	98.3	97.9	99.1	23
江 西	Jiangxi	96.1	98.1	98.5	20	97.9	99.2	99.8	15
山 东	Shandong	98.4	99.1	101.3	3	98.5	99.3	99.9	12
河 南	Henan	97.8	99.6	98.9	15	98.7	100.0	99.0	24
湖 北	Hubei	96.1	98.2	97.9	25	97.4	98.8	99.9	13
湖 南	Hunan	98.6	99.6	98.9	16	99.9	100.4	99.8	14
广 东	Guangdong	96.6	97.4	97.3	28	98.4	99.2	98.5	28
广 西	Guangxi	96.2	98.7	98.6	19	98.9	99.8	99.6	18
海 南	Hainan	99.0	97.5	100.0	5	98.5	103.7	101.1	3
重 庆	Chongqing	88.4	98.7	97.8	26	95.0	99.7	100.1	9
四 川	Sichuan	97.4	98.4	98.1	24	98.5	97.4	98.8	27
贵 州	Guizhou	97.9	98.3	97.8	27	100.1	98.6	98.8	26
云 南	Yunnan	95.4	98.9	99.1	14	99.5	99.5	99.5	19
西 藏	Tibet	94.7	100.1	100.0	4	96.2	96.9	100.5	6
陕 西	Shaanxi	95.0	98.1	96.5	30	98.3	98.5	101.8	2
甘 肃	Gansu	98.0	99.5	99.6	7	98.6	99.6	100.1	10
青 海	Qinghai	97.3	95.5	99.5	8	96.9	96.9	99.6	16
宁 夏	Ningxia	96.2	97.7	101.4	1	94.8	96.1	98.9	25
新 疆	Xinjiang	97.8	98.8	99.3	11	99.2	100.1	98.0	30

6-20 商品零售价格分类指数（四）
Retail Price Indices by Category (4)

（上年=100） (preceding year=100)

地区	Region	日用品 Articles for Daily Use				体育娱乐用品 Sports and Recreation Articles			
		2010	2014	2015	2015排名 Ranking	2010	2014	2015	2015排名 Ranking
全　国	**National Total**	**100.3**	**100.5**	**100.6**		**98.3**	**100.5**	**100.6**	
北　京	Beijing	100.5	99.7	99.1	31	92.9	101.6	99.8	28
天　津	Tianjin	100.5	99.4	99.9	29	94.9	99.9	102.7	1
河　北	Hebei	100.2	100.4	100.5	15	99.4	100.9	100.5	16
山　西	Shanxi	99.3	100.3	99.8	30	97.6	100.8	100.2	22
内蒙古	Inner Mongolia	99.9	100.4	101.9	1	99.2	100.2	101.1	4
辽　宁	Liaoning	100.4	100.8	100.3	22	97.4	100.4	100.5	17
吉　林	Jilin	100.6	100.6	100.4	20	99.2	100.1	100.3	18
黑龙江	Heilongjiang	100.5	100.1	100.9	10	98.4	99.6	100.3	19
上　海	Shanghai	100.3	99.9	101.5	3	95.9	98.6	99.4	30
江　苏	Jiangsu	100.0	101.3	101.3	6	95.6	102.1	100.6	15
浙　江	Zhejiang	100.1	100.5	100.6	14	99.0	101.1	100.1	23
安　徽	Anhui	100.4	100.7	100.1	25	99.0	99.9	100.8	9
福　建	Fujian	100.7	100.8	99.9	28	98.6	100.2	99.8	26
江　西	Jiangxi	100.3	100.9	100.3	23	98.7	100.4	100.3	20
山　东	Shandong	99.9	100.6	100.7	12	99.1	99.5	101.0	5
河　南	Henan	100.1	100.9	100.4	19	99.8	100.6	100.6	14
湖　北	Hubei	100.7	100.9	100.5	16	98.5	100.1	100.2	21
湖　南	Hunan	100.6	100.9	100.5	17	100.8	101.0	100.9	8
广　东	Guangdong	100.0	100.1	100.6	13	98.5	101.0	100.7	11
广　西	Guangxi	99.9	100.4	100.0	26	98.9	100.9	100.7	12
海　南	Hainan	100.0	101.4	99.9	27	100.2	101.1	98.5	31
重　庆	Chongqing	99.5	100.3	101.2	7	96.8	99.8	100.0	24
四　川	Sichuan	100.9	100.2	100.1	24	97.9	100.5	101.3	3
贵　州	Guizhou	100.8	100.4	101.5	5	99.2	100.4	99.7	29
云　南	Yunnan	100.4	100.1	101.5	4	99.8	100.1	100.9	6
西　藏	Tibet	98.7	101.2	101.1	8	96.3	100.3	100.6	13
陕　西	Shaanxi	101.7	100.8	100.8	11	98.1	100.2	101.4	2
甘　肃	Gansu	100.2	101.8	101.6	2	100.1	100.7	100.8	10
青　海	Qinghai	102.1	99.2	101.0	9	100.7	102.3	100.9	7
宁　夏	Ningxia	100.8	101.0	100.5	18	94.8	99.9	99.8	27
新　疆	Xinjiang	100.7	100.3	100.3	21	97.5	100.0	100.0	25

6-21 商品零售价格分类指数（五）
Retail Price Indices by Category (5)

（上年=100） (preceding year=100)

地区	Region	交通、通信用品 Transportation and Communication Appliances				家具 Furniture			
		2010	2014	2015	2015排名 Ranking	2010	2014	2015	2015排名 Ranking
全 国	**National Total**	**95.6**	**98.6**	**98.3**		**100.1**	**101.5**	**101.1**	
北 京	Beijing	92.4	95.5	96.1	29	99.4	101.6	101.7	4
天 津	Tianjin	96.1	101.1	97.7	22	93.4	107.6	101.1	15
河 北	Hebei	95.1	98.8	98.7	14	99.6	101.5	101.3	13
山 西	Shanxi	92.5	98.7	98.0	19	98.7	102.5	100.9	17
内蒙古	Inner Mongolia	95.7	94.5	99.3	9	98.5	100.9	101.7	5
辽 宁	Liaoning	95.2	100.5	99.3	8	100.9	99.9	99.8	29
吉 林	Jilin	95.6	99.4	100.0	1	100.5	100.4	100.4	23
黑龙江	Heilongjiang	90.7	97.6	99.5	6	99.4	105.3	106.5	1
上 海	Shanghai	94.0	98.8	97.8	21	101.1	102.6	101.8	3
江 苏	Jiangsu	96.3	99.7	99.6	5	100.1	104.1	101.9	2
浙 江	Zhejiang	97.9	99.3	98.1	18	101.3	100.7	100.9	16
安 徽	Anhui	96.6	96.8	97.5	25	100.6	101.0	100.4	24
福 建	Fujian	96.2	99.2	99.6	4	100.9	101.2	101.5	9
江 西	Jiangxi	95.3	97.6	98.3	17	99.7	100.9	100.6	21
山 东	Shandong	96.2	98.7	99.5	7	100.0	101.1	101.6	7
河 南	Henan	96.1	99.3	95.5	31	99.6	101.4	100.7	20
湖 北	Hubei	97.2	96.3	97.6	23	104.7	101.1	99.9	28
湖 南	Hunan	99.3	99.9	99.0	12	100.6	101.4	100.5	22
广 东	Guangdong	94.0	98.8	97.5	24	100.1	101.0	101.6	6
广 西	Guangxi	97.3	98.7	98.4	16	98.3	100.1	100.7	19
海 南	Hainan	93.4	96.3	96.0	30	103.5	103.1	98.5	31
重 庆	Chongqing	92.3	98.5	96.4	28	101.0	100.3	101.4	10
四 川	Sichuan	96.9	98.5	97.9	20	99.6	101.3	100.2	25
贵 州	Guizhou	97.6	98.2	98.4	15	99.8	104.2	101.3	11
云 南	Yunnan	96.1	99.6	99.3	10	99.4	100.4	100.2	26
西 藏	Tibet	92.8	99.5	99.8	2	102.9	101.3	101.3	12
陕 西	Shaanxi	96.6	98.3	96.8	27	105.0	99.1	99.4	30
甘 肃	Gansu	103.4	96.9	99.2	11	100.2	102.0	100.7	18
青 海	Qinghai	97.0	97.9	97.1	26	100.7	100.7	101.2	14
宁 夏	Ningxia	94.7	96.6	98.7	13	98.8	101.7	100.2	27
新 疆	Xinjiang	96.8	99.1	99.7	3	101.3	99.6	101.5	8

6-22 商品零售价格分类指数（六）
Retail Price Indices by Category (6)

（上年=100）　　(preceding year=100)

地区	Region	化妆品 Cosmetics 2010	2014	2015	2015排名 Ranking	金银珠宝 Gold, Silver and Jewelry 2010	2014	2015	2015排名 Ranking
全　国	**National Total**	**100.4**	**100.8**	**100.6**		**114.5**	**91.6**	**93.3**	
北　京	Beijing	101.1	98.2	99.9	27	120.3	88.5	91.6	27
天　津	Tianjin	102.5	97.6	99.7	29	125.4	91.8	87.6	31
河　北	Hebei	100.9	101.6	100.9	7	114.7	90.8	93.3	17
山　西	Shanxi	99.9	100.6	100.1	22	111.6	91.5	94.8	8
内蒙古	Inner Mongolia	100.5	100.1	100.1	24	116.8	92.6	98.2	2
辽　宁	Liaoning	100.1	101.0	101.4	4	114.6	90.5	93.9	14
吉　林	Jilin	100.1	100.2	101.7	2	118.1	89.2	92.6	23
黑龙江	Heilongjiang	101.4	100.8	100.0	26	115.5	87.1	93.1	19
上　海	Shanghai	101.0	102.3	100.1	23	111.7	93.7	95.2	7
江　苏	Jiangsu	100.2	101.7	102.1	1	114.4	91.9	92.8	21
浙　江	Zhejiang	99.6	100.9	99.6	31	115.6	91.8	93.1	18
安　徽	Anhui	101.1	100.6	100.4	16	117.4	91.9	91.2	28
福　建	Fujian	100.0	100.5	101.0	6	112.3	94.1	96.5	3
江　西	Jiangxi	100.9	100.9	100.6	13	116.6	91.6	94.2	12
山　东	Shandong	99.9	101.1	100.9	10	110.5	94.5	94.2	11
河　南	Henan	100.3	101.0	100.4	14	111.3	91.6	93.6	16
湖　北	Hubei	100.5	100.5	100.0	25	116.8	91.8	92.5	24
湖　南	Hunan	100.6	100.1	100.3	19	114.4	90.7	96.3	4
广　东	Guangdong	100.1	100.8	100.7	11	112.6	91.9	92.1	25
广　西	Guangxi	100.7	100.3	100.6	12	114.0	91.5	92.8	20
海　南	Hainan	98.3	100.8	100.2	20	113.7	92.0	91.1	29
重　庆	Chongqing	100.1	100.9	100.2	21	119.2	94.3	95.4	6
四　川	Sichuan	100.5	100.9	100.3	18	114.3	90.4	93.6	15
贵　州	Guizhou	99.7	100.1	99.6	30	108.9	91.3	91.8	26
云　南	Yunnan	99.6	101.3	101.2	5	117.1	88.8	94.5	10
西　藏	Tibet	99.6	99.9	99.8	28	105.1	97.8	98.6	1
陕　西	Shaanxi	101.7	101.5	100.9	8	113.8	91.1	89.4	30
甘　肃	Gansu	100.4	102.4	101.6	3	111.4	92.2	92.7	22
青　海	Qinghai	101.1	99.1	100.4	15	112.8	92.2	94.8	9
宁　夏	Ningxia	101.1	101.1	100.9	9	111.9	90.7	94.1	13
新　疆	Xinjiang	99.5	100.9	100.4	17	110.7	94.7	95.6	5

6-23 商品零售价格分类指数（七） Retail Price Indices by Category (7)

(上年=100) (preceding year=100)

地区	Region	中西药品及医疗保健用品 Traditional Chinese and Western Medicines and Health Care Articles				书报杂志及电子出版物 Books, Newspapers, Magazines and Electronic Publications			
		2010	2014	2015	2015排名 Ranking	2010	2014	2015	2015排名 Ranking
全 国	**National Total**	**104.3**	**101.7**	**102.4**		**101.3**	**101.1**	**102.6**	
北 京	Beijing	100.9	101.5	101.6	23	98.8	102.6	102.6	11
天 津	Tianjin	106.4	101.4	101.9	21	100.0	100.4	101.9	16
河 北	Hebei	104.0	102.6	104.8	3	105.4	100.8	103.0	9
山 西	Shanxi	103.0	101.2	102.6	14	102.8	101.6	103.5	7
内蒙古	Inner Mongolia	101.9	101.6	101.1	26	100.5	100.2	100.6	30
辽 宁	Liaoning	104.3	101.7	102.2	18	101.1	101.0	102.1	14
吉 林	Jilin	102.1	100.8	104.6	4	99.5	101.1	101.8	18
黑龙江	Heilongjiang	108.1	101.6	104.1	5	101.1	101.2	101.5	25
上 海	Shanghai	99.8	101.7	100.6	29	103.2	100.6	101.7	20
江 苏	Jiangsu	101.5	101.4	100.5	30	104.4	102.7	104.0	5
浙 江	Zhejiang	108.1	100.4	103.1	11	100.9	100.0	104.3	3
安 徽	Anhui	106.2	102.2	101.5	24	103.1	101.4	101.5	23
福 建	Fujian	104.9	101.7	100.8	27	101.2	100.1	102.0	15
江 西	Jiangxi	102.8	101.4	101.3	25	100.8	100.8	101.0	27
山 东	Shandong	102.8	101.4	101.6	22	100.5	101.1	103.0	10
河 南	Henan	104.0	101.7	103.8	7	99.4	100.7	102.1	13
湖 北	Hubei	104.8	101.6	103.3	9	100.3	100.8	101.4	26
湖 南	Hunan	102.0	103.2	102.4	17	100.8	100.4	101.6	22
广 东	Guangdong	105.7	101.4	102.1	20	99.7	101.0	103.6	6
广 西	Guangxi	101.7	101.8	102.9	12	99.5	101.0	100.1	31
海 南	Hainan	106.1	105.1	106.7	1	101.5	101.6	101.6	21
重 庆	Chongqing	104.3	104.3	105.5	2	100.6	100.9	103.0	8
四 川	Sichuan	106.4	101.2	102.1	19	101.1	101.6	105.8	2
贵 州	Guizhou	102.6	101.6	100.7	28	100.5	100.4	101.5	24
云 南	Yunnan	104.5	101.0	103.6	8	106.7	100.9	101.8	19
西 藏	Tibet	100.1	102.4	104.0	6	100.3	100.7	100.7	29
陕 西	Shaanxi	107.0	104.7	103.1	10	100.4	103.1	101.9	17
甘 肃	Gansu	103.6	103.2	102.4	15	102.3	100.8	100.9	28
青 海	Qinghai	105.3	102.3	102.6	13	103.5	102.0	104.2	4
宁 夏	Ningxia	103.6	102.7	100.3	31	101.0	103.3	108.4	1
新 疆	Xinjiang	102.6	101.8	102.4	16	103.0	100.3	102.3	12

6-24 商品零售价格分类指数（八）
Retail Price Indices by Category (8)

（上年=100）　　(preceding year=100)

地区	Region	燃料 Fuels 2010	2014	2015	2015排名 Ranking	建筑材料及五金电料 Building Materials and Hardware 2010	2014	2015	2015排名 Ranking
全　国	**National Total**	**112.3**	**99.2**	**87.7**		**103.5**	**100.4**	**99.1**	
北　京	Beijing	109.9	97.8	85.7	26	101.5	99.7	99.3	14
天　津	Tianjin	106.8	102.8	90.0	11	101.4	101.0	99.4	13
河　北	Hebei	112.5	97.1	89.4	16	102.7	100.1	99.2	17
山　西	Shanxi	111.8	97.2	88.7	20	100.9	98.5	96.8	30
内蒙古	Inner Mongolia	109.5	96.0	90.9	10	102.5	100.5	100.0	5
辽　宁	Liaoning	111.6	98.7	89.2	17	101.2	99.8	98.7	21
吉　林	Jilin	111.7	99.8	88.9	18	100.4	101.1	99.5	10
黑龙江	Heilongjiang	113.9	98.6	88.9	19	102.8	101.0	102.0	2
上　海	Shanghai	112.8	99.8	91.2	8	103.3	99.3	99.6	8
江　苏	Jiangsu	112.5	101.5	87.8	21	105.3	100.9	99.6	9
浙　江	Zhejiang	114.3	100.0	85.4	27	104.5	100.1	98.9	20
安　徽	Anhui	112.2	99.7	86.6	24	103.5	100.1	97.5	28
福　建	Fujian	116.7	99.6	86.5	25	104.5	99.5	98.3	23
江　西	Jiangxi	112.4	99.9	87.5	23	105.3	100.5	97.7	27
山　东	Shandong	110.0	99.1	89.4	15	103.2	100.1	99.1	18
河　南	Henan	110.5	98.5	87.8	22	104.3	100.4	99.5	11
湖　北	Hubei	112.2	99.7	89.9	13	103.4	101.1	99.7	7
湖　南	Hunan	113.5	99.2	83.5	31	104.0	101.5	99.8	6
广　东	Guangdong	115.4	98.4	84.2	29	103.5	100.7	99.0	19
广　西	Guangxi	115.3	99.4	85.3	28	104.8	100.1	97.8	26
海　南	Hainan	114.5	98.4	83.8	30	111.9	102.1	95.1	31
重　庆	Chongqing	109.2	99.4	93.4	3	103.1	102.6	99.5	12
四　川	Sichuan	110.9	99.7	91.1	9	102.6	100.0	97.2	29
贵　州	Guizhou	111.2	100.6	93.1	4	102.5	99.4	98.5	22
云　南	Yunnan	109.3	101.0	90.0	12	102.8	100.7	99.3	15
西　藏	Tibet	106.1	99.7	93.5	2	102.0	101.5	102.3	1
陕　西	Shaanxi	108.5	98.2	92.6	5	103.1	96.5	98.1	24
甘　肃	Gansu	111.1	99.0	95.8	1	102.3	100.4	100.0	4
青　海	Qinghai	109.6	98.8	89.7	14	101.1	100.6	99.3	16
宁　夏	Ningxia	109.9	99.8	91.4	7	102.3	99.5	97.9	25
新　疆	Xinjiang	107.7	100.1	91.8	6	103.0	100.7	100.1	3

6-25 城乡商品零售价格指数
Retail Price Indices of Urban and Rural Commodity

(上年=100) (preceding year=100)

地区	Region	城市 Urban Household				农村 Rural Household			
		2010	2014	2015	2015排名 Ranking	2010	2014	2015	2015排名 Ranking
全　国	**National Total**	**102.8**	**101.0**	**100.0**		**103.6**	**101.0**	**100.3**	
北　京	Beijing	100.4	99.1						
天　津	Tianjin	103.4	100.9						
河　北	Hebei	102.7	101.0	100.3	10	103.5	101.1	100.0	20
山　西	Shanxi	102.5	100.7	99.0	27	102.0	100.5	99.7	26
内蒙古	Inner Mongolia	102.9	100.5	100.6	5	103.3	101.1	100.2	14
辽　宁	Liaoning	102.9	101.0	100.5	7	104.8	100.9	100.4	9
吉　林	Jilin	104.1	101.2	99.8	19	104.3	101.0	100.0	19
黑龙江	Heilongjiang	102.5	100.8	100.1	12	105.5	100.7	100.2	15
上　海	Shanghai	101.7	100.9						
江　苏	Jiangsu	103.0	101.7	100.6	6	103.6	101.2	100.6	6
浙　江	Zhejiang	103.9	100.8	99.8	21	103.9	101.1	100.2	11
安　徽	Anhui	102.6	100.4	99.6	24	104.0	100.5	99.9	23
福　建	Fujian	103.3	101.0	99.9	18	103.6	101.3	100.0	18
江　西	Jiangxi	102.6	101.1	100.4	8	102.9	101.4	100.6	7
山　东	Shandong	102.4	101.3	100.2	11	103.2	100.5	100.2	13
河　南	Henan	103.5	101.0	99.6	23	104.0	101.0	100.0	21
湖　北	Hubei	103.0	100.8	100.4	9	103.4	101.0	100.7	5
湖　南	Hunan	102.9	101.3	99.7	22	103.3	101.1	100.0	17
广　东	Guangdong	103.4	101.4	99.5	26	103.1	101.4	100.2	12
广　西	Guangxi	103.0	101.5	100.1	14	103.2	101.1	100.1	16
海　南	Hainan	104.0	101.2	99.9	16	106.0	101.8	98.6	27
重　庆	Chongqing	101.7	100.9						
四　川	Sichuan	102.7	100.7	99.9	17	103.3	100.4	101.0	4
贵　州	Guizhou	102.9	101.1	100.1	15	103.1	101.3	100.3	10
云　南	Yunnan	103.5	101.6	100.9	2	103.7	101.7	100.6	8
西　藏	Tibet	101.0	102.4	101.4	1	101.0	101.9	101.3	3
陕　西	Shaanxi	103.1	100.7	99.8	20	104.5	100.6	100.0	22
甘　肃	Gansu	105.3	101.6	100.8	4	103.2	102.0	101.5	1
青　海	Qinghai	104.0	101.3	100.8	3	105.0	101.7	101.5	2
宁　夏	Ningxia	102.7	100.9	100.1	13	104.5	100.3	99.9	24
新　疆	Xinjiang	103.9	102.0	99.5	25	106.4	101.0	99.8	25

6-26 城市商品零售价格分类指数（一）
Urban Retail Price Indices by Category (1)

（上年=100） (preceding year=100)

地区	Region	食品 Food 2010	2014	2015	2015排名 Ranking	饮料烟酒 Beverages, Tobacco and Liquor 2010	2014	2015	2015排名 Ranking
全国	**National Total**	**107.5**	**103.2**	**102.1**		**101.8**	**99.9**	**101.8**	
北京	Beijing	105.7	103.3	101.6	19	101.4	100.3	102.2	9
天津	Tianjin	108.3	103.0	101.7	17	103.8	99.4	102.0	15
河北	Hebei	108.0	102.4	100.8	27	101.3	99.3	100.9	28
山西	Shanxi	108.6	103.1	100.2	30	102.5	100.8	102.5	5
内蒙古	Inner Mongolia	109.6	103.3	100.9	26	101.9	100.3	103.0	2
辽宁	Liaoning	108.1	102.7	102.6	11	101.0	100.4	102.1	13
吉林	Jilin	109.6	103.3	101.6	19	100.6	99.9	101.8	20
黑龙江	Heilongjiang	107.9	102.5	101.0	25	102.5	100.1	100.9	28
上海	Shanghai	107.6	103.2	102.8	8	101.9	101.4	103.9	1
江苏	Jiangsu	107.2	102.9	102.7	10	102.2	99.8	102.1	13
浙江	Zhejiang	107.7	103.1	103.1	6	101.2	99.9	102.7	4
安徽	Anhui	106.7	101.9	102.2	14	102.0	98.2	102.2	9
福建	Fujian	108.1	103.1	101.7	17	101.2	99.0	101.6	21
江西	Jiangxi	106.0	103.9	103.3	3	100.0	100.3	102.2	9
山东	Shandong	108.8	103.1	101.2	24	102.5	101.0	101.4	23
河南	Henan	108.1	102.7	101.6	19	101.6	99.3	101.1	25
湖北	Hubei	105.8	102.4	102.1	16	101.8	99.9	102.0	15
湖南	Hunan	105.7	103.2	103.1	6	100.9	99.4	101.1	25
广东	Guangdong	106.5	104.6	103.2	5	101.6	100.0	101.9	18
广西	Guangxi	107.3	104.6	102.3	13	101.5	100.1	101.5	22
海南	Hainan	108.0	103.7	103.3	3	100.8	97.3	102.0	15
重庆	Chongqing	106.5	101.8	101.4	22	104.5	99.2	99.6	31
四川	Sichuan	106.7	102.7	102.2	14	102.0	99.0	100.3	30
贵州	Guizhou	107.3	103.4	102.6	11	101.5	99.6	102.3	7
云南	Yunnan	109.1	104.8	103.5	2	101.9	100.0	102.3	7
西藏	Tibet	104.7	106.0	103.6	1	101.3	101.2	102.9	3
陕西	Shaanxi	107.9	102.7	100.8	27	101.8	99.9	102.4	6
甘肃	Gansu	111.1	103.9	101.4	22	104.5	99.3	101.9	18
青海	Qinghai	107.9	103.7	102.8	8	100.6	98.7	101.4	23
宁夏	Ningxia	108.1	102.9	100.6	29	101.2	99.4	101.1	25
新疆	Xinjiang	109.4	104.8	99.3	31	101.8	101.5	102.2	9

6-27 城市商品零售价格分类指数（二）
Urban Retail Price Indices by Category (2)

(上年=100) (preceding year=100)

地区	Region	服装鞋帽 Garments, Shoes and Hats 2010	2014	2015	2015排名 Ranking	纺织品 Textiles 2010	2014	2015	2015排名 Ranking
全　国	**National Total**	**98.8**	**102.5**	**102.9**		**101.0**	**100.6**	**100.5**	
北　京	Beijing	98.4	100.3	103.6	7	100.5	95.9	97.3	31
天　津	Tianjin	102.7	101.9	103.0	14	108.6	100.4	104.5	1
河　北	Hebei	97.8	104.0	103.7	5	101.3	100.8	102.4	6
山　西	Shanxi	96.4	102.1	102.1	24	101.3	101.1	100.5	14
内蒙古	Inner Mongolia	98.9	102.1	103.4	8	99.4	99.5	100.3	16
辽　宁	Liaoning	94.9	102.3	102.1	24	101.6	99.6	100.5	14
吉　林	Jilin	101.0	102.7	102.7	17	100.7	101.5	100.0	19
黑龙江	Heilongjiang	97.7	102.6	100.5	30	99.7	101.9	100.3	16
上　海	Shanghai	98.4	103.6	107.9	1	103.9	99.1	104.1	2
江　苏	Jiangsu	101.9	104.0	103.1	11	104.2	103.5	102.5	5
浙　江	Zhejiang	98.1	102.0	101.7	27	102.8	102.4	99.8	24
安　徽	Anhui	97.8	101.0	101.8	26	98.2	99.4	99.5	25
福　建	Fujian	96.5	103.1	103.7	5	97.9	98.8	98.8	29
江　西	Jiangxi	98.8	101.9	102.9	15	102.5	100.9	102.7	4
山　东	Shandong	97.2	102.6	103.2	10	100.8	101.7	99.9	22
河　南	Henan	100.9	102.4	102.2	22	102.0	100.1	100.6	13
湖　北	Hubei	102.1	102.3	103.3	9	102.8	103.1	101.5	10
湖　南	Hunan	100.5	101.6	102.2	22	100.6	100.5	100.2	18
广　东	Guangdong	100.1	103.7	102.5	18	96.4	99.2	97.7	30
广　西	Guangxi	99.1	100.4	105.0	3	99.7	99.9	101.8	8
海　南	Hainan	99.8	102.2	104.0	4	100.6	101.7	100.0	19
重　庆	Chongqing	98.4	102.1	102.9	15	100.6	98.2	100.0	19
四　川	Sichuan	96.2	101.6	100.9	28	98.3	101.3	99.9	22
贵　州	Guizhou	98.9	102.6	100.8	29	97.0	100.8	100.8	12
云　南	Yunnan	95.5	100.0	102.4	20	100.8	98.4	102.3	7
西　藏	Tibet	101.9	101.7	100.5	30	102.7	101.6	101.1	11
陕　西	Shaanxi	99.1	100.7	103.1	11	97.4	101.4	99.4	26
甘　肃	Gansu	98.8	102.8	102.5	18	100.5	100.9	99.4	26
青　海	Qinghai	108.5	106.8	105.4	2	106.8	101.1	101.6	9
宁　夏	Ningxia	99.7	102.6	103.1	11	100.7	98.6	102.9	3
新　疆	Xinjiang	96.4	101.2	102.4	20	104.0	102.4	98.9	28

6-28 城市商品零售价格分类指数（三）
Urban Retail Price Indices by Category (3)

（上年=100）

(preceding year=100)

地区	Region	家用电器及音像器材 Households Appliances, Music and Video Equipment				文化办公用品 Cultural and Office Appliances			
		2010	2014	2015	2015排名 Ranking	2010	2014	2015	2015排名 Ranking
全　国	**National Total**	**95.5**	**98.2**	**98.6**		**97.2**	**98.7**	**99.5**	
北　京	Beijing	92.9	94.7	96.2	30	92.6	93.6	98.3	27
天　津	Tianjin	93.8	94.6	96.5	29	90.8	96.4	97.2	30
河　北	Hebei	94.7	100.4	100.0	7	96.3	100.0	100.3	8
山　西	Shanxi	93.1	98.0	98.1	19	97.7	97.9	98.3	27
内蒙古	Inner Mongolia	95.2	98.2	99.8	8	97.6	97.5	100.8	4
辽　宁	Liaoning	95.6	97.8	99.6	9	97.0	99.5	100.4	7
吉　林	Jilin	97.3	100.0	99.1	14	100.2	98.7	99.6	13
黑龙江	Heilongjiang	92.9	98.1	97.9	23	94.5	98.8	101.3	2
上　海	Shanghai	92.4	96.5	99.3	11	97.7	98.2	99.2	19
江　苏	Jiangsu	95.2	101.1	101.7	1	96.5	100.4	100.5	6
浙　江	Zhejiang	97.1	98.3	98.0	21	97.8	99.2	99.8	10
安　徽	Anhui	92.8	99.4	98.5	17	97.6	99.0	99.1	20
福　建	Fujian	96.7	96.8	98.0	21	97.8	97.3	98.8	23
江　西	Jiangxi	96.2	98.4	98.7	16	97.7	98.6	99.7	12
山　东	Shandong	97.6	99.4	100.5	3	98.0	99.3	99.6	13
河　南	Henan	97.1	99.1	98.5	17	98.2	99.7	99.0	21
湖　北	Hubei	94.3	97.4	97.0	27	96.0	98.1	99.5	15
湖　南	Hunan	99.0	100.3	100.3	4	99.3	100.2	99.8	10
广　东	Guangdong	96.6	96.7	96.6	28	98.2	99.1	98.3	27
广　西	Guangxi	96.2	98.6	98.8	15	98.9	99.9	99.5	15
海　南	Hainan	99.9	97.0	100.2	5	99.5	104.1	101.1	3
重　庆	Chongqing	88.4	98.7	97.8	25	95.0	99.7	100.1	9
四　川	Sichuan	97.1	98.5	97.9	23	97.4	97.0	98.6	24
贵　州	Guizhou	98.1	98.4	97.6	26	99.5	98.6	98.6	24
云　南	Yunnan	95.0	97.4	98.1	19	99.2	99.3	98.5	26
西　藏	Tibet	93.9	100.1	100.1	6	96.3	95.2	100.7	5
陕　西	Shaanxi	93.9	98.1	96.2	30	98.3	98.3	102.1	1
甘　肃	Gansu	97.5	99.4	99.6	9	97.4	99.5	99.3	17
青　海	Qinghai	96.6	93.7	99.3	11	96.6	96.1	99.3	17
宁　夏	Ningxia	96.5	97.7	101.7	1	94.4	96.1	98.9	22
新　疆	Xinjiang	97.0	98.8	99.2	13	98.3	99.7	96.8	31

6-29 城市商品零售价格分类指数（四）
Urban Retail Price Indices by Category (4)

（上年=100） (preceding year=100)

地区	Region	日用品 Articles for Daily Use				体育娱乐用品 Sports and Recreation Articles			
		2010	2014	2015	2015排名 Ranking	2010	2014	2015	2015排名 Ranking
全　国	**National Total**	**100.2**	**100.4**	**100.6**		**97.7**	**100.7**	**100.4**	
北　京	Beijing	100.5	99.7	99.1	31	92.9	101.6	99.8	25
天　津	Tianjin	100.5	99.4	99.9	26	94.9	99.9	102.7	1
河　北	Hebei	99.7	100.2	100.5	17	97.5	100.9	100.4	14
山　西	Shanxi	99.3	99.9	99.6	30	98.3	101.1	100.1	19
内蒙古	Inner Mongolia	99.9	100.1	102.3	1	98.9	100.0	100.8	7
辽　宁	Liaoning	100.3	100.9	100.4	20	96.8	100.5	100.4	14
吉　林	Jilin	100.9	100.6	100.4	20	99.7	100.2	100.3	18
黑龙江	Heilongjiang	100.5	99.9	100.6	14	98.1	99.4	100.4	14
上　海	Shanghai	100.3	99.9	101.5	3	95.9	98.6	99.4	30
江　苏	Jiangsu	100.2	101.4	101.3	4	94.3	102.2	100.5	12
浙　江	Zhejiang	99.9	100.3	100.6	14	98.5	101.1	99.9	24
安　徽	Anhui	99.7	100.5	100.1	23	98.3	99.8	100.7	9
福　建	Fujian	100.1	100.9	99.9	26	97.9	100.2	99.8	25
江　西	Jiangxi	100.3	100.4	100.1	23	98.4	100.2	100.1	19
山　东	Shandong	100.0	100.8	100.7	12	98.4	100.8	100.4	14
河　南	Henan	99.7	100.5	99.9	26	99.9	100.4	100.5	12
湖　北	Hubei	100.5	100.5	100.9	8	97.1	100.1	100.1	19
湖　南	Hunan	100.8	101.1	100.8	11	101.1	100.5	101.6	2
广　东	Guangdong	99.8	99.9	100.6	14	98.1	101.1	100.8	7
广　西	Guangxi	99.8	100.5	100.1	23	99.1	101.2	100.1	19
海　南	Hainan	98.9	101.2	99.7	29	99.9	100.5	97.7	31
重　庆	Chongqing	99.5	100.3	101.2	6	96.8	99.8	100.0	23
四　川	Sichuan	100.9	100.2	100.2	22	97.3	100.3	101.4	3
贵　州	Guizhou	99.6	99.9	101.3	4	99.0	100.4	99.5	29
云　南	Yunnan	100.3	99.9	102.0	2	100.3	100.3	101.3	4
西　藏	Tibet	100.0	101.4	101.1	7	97.4	100.4	100.7	9
陕　西	Shaanxi	102.0	100.7	100.7	12	97.8	99.9	101.3	4
甘　肃	Gansu	99.7	101.0	100.9	8	99.9	101.1	100.7	9
青　海	Qinghai	102.4	98.8	100.9	8	101.0	102.8	101.1	6
宁　夏	Ningxia	101.2	101.0	100.5	17	93.9	99.9	99.7	28
新　疆	Xinjiang	100.7	100.2	100.5	17	96.5	100.0	99.8	25

6-30 城市商品零售价格分类指数（五）
Urban Retail Price Indices by Category (5)

（上年=100） (preceding year=100)

地区	Region	交通、通信用品 Transportation and Communication Appliances 2010	2014	2015	2015排名 Ranking	家具 Furniture 2010	2014	2015	2015排名 Ranking
全　国	**National Total**	**95.3**	**98.5**	**98.1**		**100.2**	**101.6**	**101.1**	
北　京	Beijing	92.4	95.5	96.1	28	99.4	101.6	101.7	5
天　津	Tianjin	96.1	101.1	97.7	21	93.4	107.6	101.1	15
河　北	Hebei	93.8	98.5	98.5	13	100.3	101.7	101.4	9
山　西	Shanxi	93.4	98.9	97.8	18	99.9	103.6	99.5	29
内蒙古	Inner Mongolia	95.1	93.3	100.0	2	98.6	100.9	101.9	3
辽　宁	Liaoning	94.9	100.7	99.4	8	101.1	99.9	99.6	28
吉　林	Jilin	94.9	99.5	100.2	1	100.6	100.5	100.4	20
黑龙江	Heilongjiang	88.6	97.0	99.5	7	99.2	106.0	107.7	1
上　海	Shanghai	94.0	98.8	97.8	18	101.1	102.6	101.8	4
江　苏	Jiangsu	96.7	99.8	99.7	4	101.5	105.1	102.2	2
浙　江	Zhejiang	97.7	99.2	97.8	18	101.7	100.7	101.0	16
安　徽	Anhui	96.5	96.8	97.5	23	100.7	101.0	100.1	25
福　建	Fujian	96.4	99.1	99.7	4	99.2	101.1	101.6	6
江　西	Jiangxi	94.7	97.3	98.3	16	99.4	100.1	100.4	20
山　东	Shandong	95.4	98.4	98.8	10	99.9	101.1	101.3	14
河　南	Henan	96.7	99.0	95.4	31	100.1	101.8	100.3	22
湖　北	Hubei	96.7	96.5	97.2	25	107.6	101.3	99.7	27
湖　南	Hunan	99.4	99.7	98.7	11	100.2	101.9	101.0	16
广　东	Guangdong	93.9	99.0	97.4	24	99.8	100.6	101.5	7
广　西	Guangxi	97.4	98.8	98.5	13	98.1	99.6	100.7	18
海　南	Hainan	93.6	96.4	96.0	29	103.1	103.2	98.5	31
重　庆	Chongqing	92.3	98.5	96.4	27	101.0	100.3	101.4	9
四　川	Sichuan	96.2	98.3	97.7	21	98.1	101.4	100.3	22
贵　州	Guizhou	97.5	98.2	98.1	17	100.1	104.9	101.4	9
云　南	Yunnan	95.7	99.4	99.1	9	100.0	99.9	99.9	26
西　藏	Tibet	91.2	99.5	100.0	2	103.6	101.5	101.4	9
陕　西	Shaanxi	97.1	98.7	96.8	26	107.3	98.9	99.2	30
甘　肃	Gansu	106.5	95.4	98.5	13	100.2	102.6	100.7	18
青　海	Qinghai	97.6	98.2	95.6	30	100.6	100.7	101.4	9
宁　夏	Ningxia	95.2	96.6	98.6	12	98.2	101.9	100.3	22
新　疆	Xinjiang	95.8	99.1	99.6	6	101.2	99.3	101.5	7

6-31 城市商品零售价格分类指数（六）
Urban Retail Price Indices by Category (6)

（上年=100） (preceding year=100)

地区	Region	化妆品 Cosmetics				金银珠宝 Gold, Silver and Jewelry			
		2010	2014	2015	2015排名 Ranking	2010	2014	2015	2015排名 Ranking
全　国	**National Total**	**100.4**	**100.7**	**100.6**		**114.3**	**91.8**	**93.0**	
北　京	Beijing	101.1	98.2	99.9	25	120.3	88.5	91.6	24
天　津	Tianjin	102.5	97.6	99.7	28	125.4	91.8	87.6	31
河　北	Hebei	100.2	101.6	101.1	6	112.6	91.2	93.1	16
山　西	Shanxi	99.8	100.8	100.3	15	109.8	91.7	94.9	8
内蒙古	Inner Mongolia	100.3	99.9	100.1	22	118.4	92.6	98.4	1
辽　宁	Liaoning	100.2	101.2	101.7	3	114.2	91.1	93.6	11
吉　林	Jilin	100.1	100.1	101.8	2	118.6	88.9	92.4	21
黑龙江	Heilongjiang	101.6	100.8	99.9	25	115.2	86.1	92.9	17
上　海	Shanghai	101.0	102.3	100.1	22	111.7	93.7	95.2	7
江　苏	Jiangsu	100.6	101.8	102.2	1	115.5	92.2	92.4	21
浙　江	Zhejiang	99.6	101.0	99.4	30	114.7	92.8	93.2	15
安　徽	Anhui	100.3	100.8	100.4	13	117.8	91.5	91.0	27
福　建	Fujian	100.7	100.1	101.2	5	108.9	94.9	97.1	3
江　西	Jiangxi	101.4	100.5	100.0	24	117.1	92.4	93.5	12
山　东	Shandong	99.7	101.1	100.8	10	108.1	95.8	92.9	17
河　南	Henan	100.2	100.8	100.4	13	110.5	91.5	92.7	19
湖　北	Hubei	100.8	100.2	99.8	27	115.8	92.6	90.3	29
湖　南	Hunan	100.4	100.3	100.3	15	115.6	90.7	96.0	4
广　东	Guangdong	100.2	100.7	100.7	11	113.3	91.8	92.2	23
广　西	Guangxi	100.6	100.4	100.5	12	113.9	92.1	92.6	20
海　南	Hainan	97.2	100.8	100.2	18	111.3	91.6	90.9	28
重　庆	Chongqing	100.1	100.9	100.2	18	119.2	94.3	95.4	6
四　川	Sichuan	100.0	101.1	100.2	18	117.7	90.4	93.4	14
贵　州	Guizhou	101.3	100.1	99.5	29	109.6	90.9	91.3	26
云　南	Yunnan	99.8	101.8	101.5	4	118.8	88.6	93.5	12
西　藏	Tibet	99.5	98.8	99.4	30	105.6	97.8	97.3	2
陕　西	Shaanxi	101.8	101.6	101.0	8	112.4	91.2	88.6	30
甘　肃	Gansu	100.6	101.6	101.1	6	112.7	92.5	91.6	24
青　海	Qinghai	101.3	98.7	100.2	18	112.3	92.3	94.1	9
宁　夏	Ningxia	101.2	101.1	100.9	9	111.9	90.9	94.0	10
新　疆	Xinjiang	99.6	100.9	100.3	15	108.0	95.0	95.8	5

6-32 城市商品零售价格分类指数（七）
Urban Retail Price Indices by Category (7)

（上年=100） (preceding year=100)

地区	Region	中西药品及医疗保健用品 Traditional Chinese and Western Medicines and Health Care Articles				书报杂志及电子出版物 Books, Newspapers, Magazines and Electrionic Publications			
		2010	2014	2015	2015排名 Ranking	2010	2014	2015	2015排名 Ranking
全　国	**National Total**	**104.1**	**101.8**	**102.4**		**101.1**	**101.2**	**102.7**	
北　京	Beijing	100.9	101.5	101.6	23	98.8	102.6	102.6	12
天　津	Tianjin	106.4	101.4	101.9	22	100.0	100.4	101.9	17
河　北	Hebei	104.3	102.4	104.4	6	106.2	101.1	103.6	7
山　西	Shanxi	103.6	101.1	102.5	14	102.8	101.9	103.6	7
内蒙古	Inner Mongolia	101.2	101.6	101.0	26	100.3	99.9	100.4	30
辽　宁	Liaoning	104.4	101.6	102.1	19	101.2	101.1	102.3	14
吉　林	Jilin	101.8	100.8	104.7	4	99.3	101.2	101.9	17
黑龙江	Heilongjiang	108.7	101.7	104.4	6	101.1	101.5	101.8	21
上　海	Shanghai	99.8	101.7	100.6	28	103.2	100.6	101.7	22
江　苏	Jiangsu	100.9	102.2	100.5	30	104.5	102.9	103.9	5
浙　江	Zhejiang	108.1	99.7	102.9	13	101.2	100.1	105.5	3
安　徽	Anhui	104.3	102.0	100.6	28	102.6	101.6	102.1	15
福　建	Fujian	105.5	101.7	101.3	24	101.3	100.5	102.1	15
江　西	Jiangxi	102.9	101.4	101.2	25	100.9	100.3	101.0	26
山　东	Shandong	102.8	101.8	102.2	17	100.6	101.3	103.8	6
河　南	Henan	104.0	101.6	103.8	8	98.7	100.7	101.9	17
湖　北	Hubei	103.7	100.4	103.2	9	100.2	100.2	100.8	28
湖　南	Hunan	101.8	103.9	102.2	17	101.1	100.5	101.1	25
广　东	Guangdong	105.7	101.6	102.1	19	99.5	101.1	103.5	9
广　西	Guangxi	101.5	101.9	103.0	12	99.5	100.6	100.7	29
海　南	Hainan	106.7	105.5	106.7	1	102.2	101.8	101.7	22
重　庆	Chongqing	104.3	104.3	105.5	3	100.6	100.9	103.0	10
四　川	Sichuan	107.2	101.2	102.0	21	99.7	101.3	105.6	2
贵　州	Guizhou	102.9	101.4	100.8	27	100.3	100.2	101.6	24
云　南	Yunnan	105.9	102.1	104.6	5	105.4	101.2	102.6	12
西　藏	Tibet	99.9	103.3	105.7	2	100.3	100.0	100.0	31
陕　西	Shaanxi	107.8	104.9	103.2	9	100.6	103.3	101.9	17
甘　肃	Gansu	104.2	103.1	103.2	9	102.4	100.7	101.0	26
青　海	Qinghai	105.8	102.1	102.3	16	103.6	101.8	104.0	4
宁　夏	Ningxia	103.1	102.8	100.1	31	100.3	103.2	108.7	1
新　疆	Xinjiang	102.3	101.8	102.5	14	103.9	100.3	102.9	11

6-33 城市商品零售价格分类指数（八）
Urban Retail Price Indices by Category (8)

（上年=100） (preceding year=100)

地区	Region	燃料 Fuels				建筑材料及五金电料 Building Materials and Hardware			
		2010	2014	2015	2015排名 Ranking	2010	2014	2015	2015排名 Ranking
全 国	**National Total**	**112.3**	**99.3**	**87.9**		**103.4**	**100.4**	**99.2**	
北 京	Beijing	109.9	97.8	85.7	27	101.5	99.7	99.3	15
天 津	Tianjin	106.8	102.8	90.0	12	101.4	101.0	99.4	12
河 北	Hebei	113.3	96.9	89.9	13	101.9	100.1	99.1	19
山 西	Shanxi	112.1	97.4	88.6	20	100.8	98.4	96.4	30
内蒙古	Inner Mongolia	109.6	95.9	90.8	10	102.9	100.6	100.8	3
辽 宁	Liaoning	112.0	98.7	88.9	17	101.1	99.6	98.5	21
吉 林	Jilin	111.4	99.8	89.3	15	100.2	101.3	99.4	12
黑龙江	Heilongjiang	111.7	98.9	88.7	19	101.9	101.2	102.4	1
上 海	Shanghai	112.8	99.8	91.2	8	103.3	99.3	99.6	10
江 苏	Jiangsu	111.6	101.8	88.8	18	105.5	101.1	99.8	8
浙 江	Zhejiang	115.1	99.7	85.1	28	104.5	99.8	98.5	21
安 徽	Anhui	111.6	99.7	87.0	23	102.7	100.3	97.7	28
福 建	Fujian	116.8	99.4	86.0	25	103.7	99.9	99.3	15
江 西	Jiangxi	112.8	99.6	87.3	22	106.0	100.7	98.2	25
山 东	Shandong	109.1	100.1	90.6	11	102.4	100.2	99.2	18
河 南	Henan	110.8	98.8	86.9	24	103.7	100.7	100.1	5
湖 北	Hubei	112.6	99.8	89.9	13	104.4	101.4	99.7	9
湖 南	Hunan	112.3	99.4	83.2	31	104.1	101.2	99.9	7
广 东	Guangdong	115.4	98.3	84.3	29	103.6	100.6	99.0	20
广 西	Guangxi	115.1	99.4	85.9	26	104.7	100.2	98.2	25
海 南	Hainan	113.6	98.2	84.0	30	108.5	102.1	95.2	31
重 庆	Chongqing	109.2	99.4	93.4	2	103.1	102.6	99.5	11
四 川	Sichuan	111.9	99.6	91.1	9	103.3	99.8	97.8	27
贵 州	Guizhou	113.7	100.9	93.2	3	102.2	99.7	98.3	24
云 南	Yunnan	109.4	101.2	89.3	15	102.9	100.7	100.1	5
西 藏	Tibet	106.9	99.5	92.4	5	102.9	102.3	101.9	2
陕 西	Shaanxi	108.0	98.1	92.7	4	102.6	95.9	97.5	29
甘 肃	Gansu	114.4	98.9	96.4	1	102.9	99.9	99.4	12
青 海	Qinghai	109.6	98.6	88.5	21	100.9	100.7	99.3	15
宁 夏	Ningxia	109.3	100.4	91.4	7	102.7	100.0	98.4	23
新 疆	Xinjiang	107.1	100.3	91.6	6	101.4	101.0	100.3	4

6-34 农业生产资料价格指数和农产品生产价格指数
Price Indices for Means of Agricultural Production and Farm Products

(上年=100) (preceding year=100)

地区	Region	农业生产资料价格指数 Price Index for Means of Agricultural Production				农产品生产价格指数 Price Index for Farm Products			
		2010	2014	2015	2015排名 Ranking	2010	2014	2015	2015排名 Ranking
全　国	**National Total**	**102.9**	**99.1**	**100.4**		**110.9**	**99.8**	**101.7**	
北　京	Beijing					106.5	99.7	99.8	18
天　津	Tianjin					110.2	102.9	100.7	14
河　北	Hebei	104.4	99.1	99.8	18	115.1	100.2	97.5	26
山　西	Shanxi	102.0	99.2	99.6	21	110.2	101.5	95.8	29
内蒙古	Inner Mongolia	102.0	99.9	98.7	25	111.4	102.7	98.0	25
辽　宁	Liaoning	103.7	98.9	99.5	22	110.6	101.7	99.5	20
吉　林	Jilin	99.1	95.1	100.2	17	111.8	102.9	100.6	15
黑龙江	Heilongjiang	105.6	100.3	101.3	8	109.2	101.0	98.7	23
上　海	Shanghai					107.1	99.5	102.4	5
江　苏	Jiangsu	104.2	100.2	99.6	20	108.8	101.3	102.3	8
浙　江	Zhejiang	102.9	99.8	100.9	11	114.8	99.5	102.0	10
安　徽	Anhui	102.0	99.6	101.6	3	110.8	100.2	99.8	18
福　建	Fujian	102.4	99.5	101.4	6	111.5	100.3	101.2	12
江　西	Jiangxi	101.9	99.6	101.4	7	107.5	100.3	103.7	3
山　东	Shandong	103.0	99.5	99.3	23	118.8	100.5	100.1	16
河　南	Henan	103.1	97.9	100.3	16	112.5	97.5	100.7	13
湖　北	Hubei	101.9	97.9	100.4	15	112.3	100.0	99.5	21
湖　南	Hunan	101.4	100.2	104.1	1	109.9	98.6	104.1	2
广　东	Guangdong	101.7	99.9	101.2	9	107.6	102.2	102.3	7
广　西	Guangxi	101.9	98.9	100.9	12	107.6	98.1	102.0	9
海　南	Hainan	107.3	105.3	101.6	4	107.9	105.6	99.1	22
重　庆	Chongqing					103.2	100.2	102.4	6
四　川	Sichuan	103.6	98.8	101.5	5	105.9	99.9	103.3	4
贵　州	Guizhou	101.1	99.0	103.1	2	106.7	99.5	104.6	1
云　南	Yunnan	101.4	98.4	101.1	10	112.5	100.6	101.3	11
西　藏	Tibet	100.6	100.9	99.7	19				
陕　西	Shaanxi	105.3	100.9	100.6	14	121.7	102.1	96.3	27
甘　肃	Gansu	101.7	99.0	98.6	26	113.8	102.1	99.8	17
青　海	Qinghai	103.5	99.8	100.8	13	124.3	100.0	96.1	28
宁　夏	Ningxia	104.4	96.9	98.7	24	117.0	98.3	98.4	24
新　疆	Xinjiang	103.1	97.7	98.6	27	131.5	97.8	90.4	30

6-35 工业生产者出厂价格指数和工业生产者购进价格指数

Producer Price Indices for Industrial Products and Purchasing Price Indices for Industrial Producers

(上年=100) (preceding year=100)

地区	Region	工业生产者出厂价格指数 Producer Price Indices for Industrial Products				工业生产者购进价格指数 Purchasing Price Indices for Industrial Producers			
		2010	2014	2015	2015排名 Ranking	2010	2014	2015	2015排名 Ranking
全　国	**National Total**	**105.5**	**98.1**	**94.8**		**109.6**	**97.8**	**93.9**	
北　京	Beijing	102.2	99.1	96.9	4	110.5	98.8	93.7	16
天　津	Tianjin	105.1	96.3	90.3	25	110.0	97.1	92.4	22
河　北	Hebei	109.0	95.2	89.1	27	110.9	95.6	90.3	26
山　西	Shanxi	109.5	91.4	87.7	28	109.0	96.2	93.1	20
内蒙古	Inner Mongolia	106.7	97.3	94.0	17	105.0	98.4	95.9	8
辽　宁	Liaoning	107.4	98.2	93.9	18	108.6	98.0	93.5	18
吉　林	Jilin	105.2	99.1	95.3	13	108.6	99.2	96.6	6
黑龙江	Heilongjiang	115.0	97.1	86.0	30	114.5	97.6	88.2	28
上　海	Shanghai	102.3	98.9	96.1	10	111.2	95.9	90.6	25
江　苏	Jiangsu	107.3	98.3	95.3	13	112.8	97.0	92.1	23
浙　江	Zhejiang	106.2	98.8	96.4	7	112.0	98.2	94.5	14
安　徽	Anhui	109.0	97.4	93.9	18	111.8	97.2	93.5	18
福　建	Fujian	103.2	98.6	97.0	2	107.7	98.3	96.1	7
江　西	Jiangxi	115.3	97.8	93.7	20	111.8	98.4	93.6	17
山　东	Shandong	107.2	98.4	95.2	15	109.3	98.2	95.0	13
河　南	Henan	107.8	98.1	95.4	12	110.2	98.4	95.4	10
湖　北	Hubei	104.9	98.4	96.7	6	110.4	97.8	92.8	21
湖　南	Hunan	106.9	98.4	96.3	9	110.0	97.9	94.5	14
广　东	Guangdong	103.2	98.9	96.8	5	107.3	98.8	95.3	11
广　西	Guangxi	112.0	98.4	97.0	2	111.2	98.2	95.7	9
海　南	Hainan	107.7	97.6	89.8	26	110.3	99.0	88.5	27
重　庆	Chongqing	103.1	98.3	97.2	1	106.9	98.1	97.1	3
四　川	Sichuan	105.0	98.7	96.4	7	106.1	98.7	96.7	5
贵　州	Guizhou	104.7	98.3	96.1	10	109.8	98.6	97.5	2
云　南	Yunnan	108.8	97.8	94.9	16	109.0	99.0	96.9	4
西　藏	Tibet	105.8	99.0	93.2	22				
陕　西	Shaanxi	108.7	97.1	90.8	24	109.7	98.5	95.2	12
甘　肃	Gansu	115.0	96.7	87.0	29	114.4	97.6	87.0	29
青　海	Qinghai	109.3	96.1	93.1	23	108.6	97.6	97.7	1
宁　夏	Ningxia	109.1	96.3	93.7	20	114.1	97.0	92.1	23
新　疆	Xinjiang	125.3	96.2	82.4	31	123.9	97.5	84.3	30

注：从2011年起工业品出厂价格指数改为工业生产者出厂价格指数，原材料、燃料、动力购进价格指数改为工业生产者购进价格指数(以下相关表同)。

Note: From 2011, the producer price Indices for manufactured goods and the purchasing price Indices for raw materials, fuel and power changed to the producer price Indices for industrial products and the purchasing price Indices for industrial producers. The same applies to the tables followed.

6-36 工业生产者出厂价格分类指数（一）
Producer Price Indices for Industrial Products by Category (1)

（上年=100） (preceding year=100)

地区	Region	轻工业 Light Industry 2010	2014	2015	2015排名 Ranking	重工业 Heavy Industry 2010	2014	2015	2015排名 Ranking
全 国	**National Total**	**102.7**	**99.7**	**98.9**		**108.0**	**97.5**	**93.2**	
北 京	Beijing	98.7	100.8	100.0	10	103.8	98.8	96.4	2
天 津	Tianjin	99.7	99.3	97.7	30	107.4	95.8	88.9	25
河 北	Hebei	104.7	99.8	98.3	26	110.9	94.1	87.0	27
山 西	Shanxi	101.8	101.2	98.1	29	110.2	91.0	87.2	26
内蒙古	Inner Mongolia	102.7	101.6	98.4	24	108.3	96.3	92.9	16
辽 宁	Liaoning	102.9	99.2	98.8	19	109.2	97.9	92.9	16
吉 林	Jilin	105.2	100.2	100.1	8	105.2	98.8	94.0	13
黑龙江	Heilongjiang	106.4	99.5	97.5	31	117.9	96.4	82.7	30
上 海	Shanghai	97.1	99.1	98.6	23	106.9	98.8	95.5	5
江 苏	Jiangsu	104.9	99.0	98.3	26	109.7	98.1	94.3	12
浙 江	Zhejiang	104.8	99.4	98.2	28	108.2	98.5	95.1	8
安 徽	Anhui	104.8	100.4	99.6	14	111.4	96.3	91.8	21
福 建	Fujian	101.5	99.8	99.7	13	106.9	97.6	94.8	11
江 西	Jiangxi	104.3	99.9	99.1	17	121.3	97.0	91.7	22
山 东	Shandong	104.7	99.5	98.4	24	109.5	97.9	93.7	14
河 南	Henan	104.3	100.9	99.8	12	110.7	96.9	93.6	15
湖 北	Hubei	103.5	99.9	99.3	15	105.6	97.9	95.7	3
湖 南	Hunan	103.6	100.4	99.9	11	109.0	97.7	95.0	9
广 东	Guangdong	101.7	99.9	99.3	15	105.7	98.3	95.3	7
广 西	Guangxi	115.0	97.4	100.6	3	110.3	98.7	95.7	3
海 南	Hainan	105.5	96.4	101.2	1	109.4	98.0	86.1	28
重 庆	Chongqing	102.5	99.3	98.9	18	103.5	98.0	96.6	1
四 川	Sichuan	103.3	99.9	98.7	21	106.3	98.2	95.5	5
贵 州	Guizhou	100.5	100.2	101.1	2	106.2	97.9	95.0	9
云 南	Yunnan	102.4	100.2	100.6	3	112.0	96.9	92.8	19
西 藏	Tibet	102.5	100.6	100.4	6	108.0	98.4	90.4	23
陕 西	Shaanxi	102.2	101.4	100.5	5	109.9	96.5	89.4	24
甘 肃	Gansu	104.0	101.3	100.1	8	116.7	96.2	85.6	29
青 海	Qinghai	104.0	101.9	100.4	6	110.1	95.7	92.6	20
宁 夏	Ningxia	107.1	99.9	98.8	19	109.8	95.6	92.9	16
新 疆	Xinjiang	108.9	98.3	98.7	21	128.7	95.9	79.7	31

6-37 工业生产者出厂价格分类指数（二）
Producer Price Indices for Industrial Products by Category (2)

（上年=100）　　(preceding year=100)

地区	Region	生产资料 Means of Production				生活资料 Consumption Goods			
		2010	2014	2015	2015排名 Ranking	2010	2014	2015	2015排名 Ranking
全　国	**National Total**	**106.6**	**97.5**	**93.9**		**102.0**	**100.0**	**99.7**	
北　京	Beijing	102.7	98.7	96.1	2	100.3	100.9	99.9	14
天　津	Tianjin	106.6	95.5	88.3	25	99.3	99.4	97.9	30
河　北	Hebei	109.8	94.3	87.4	26	104.2	100.4	99.2	22
山　西	Shanxi	109.7	91.0	87.2	27	104.9	101.3	99.3	20
内蒙古	Inner Mongolia	107.5	96.3	93.0	16	103.1	102.1	98.8	25
辽　宁	Liaoning	108.2	98.0	92.9	17	103.0	99.2	98.9	24
吉　林	Jilin	108.8	98.4	92.5	19	100.9	100.1	99.2	22
黑龙江	Heilongjiang	116.9	96.4	82.8	30	106.7	99.8	98.8	25
上　海	Shanghai	102.7	98.7	95.1	8	100.7	99.4	99.3	20
江　苏	Jiangsu	108.2	98.0	94.4	12	103.1	99.5	99.6	18
浙　江	Zhejiang	107.9	98.5	95.2	5	101.7	99.8	99.6	18
安　徽	Anhui	110.9	96.2	91.7	22	103.0	100.7	100.2	11
福　建	Fujian	104.1	97.7	95.0	10	101.7	100.0	100.5	3
江　西	Jiangxi	117.9	97.0	91.9	21	103.1	100.6	100.3	9
山　东	Shandong	108.4	98.0	93.8	14	103.4	99.8	99.7	17
河　南	Henan	108.8	97.2	93.9	13	103.9	100.9	100.4	7
湖　北	Hubei	105.8	97.8	95.2	5	101.9	100.1	100.5	3
湖　南	Hunan	108.1	97.9	95.2	5	102.7	100.6	100.4	7
广　东	Guangdong	104.1	98.4	95.1	8	101.4	99.9	99.8	15
广　西	Guangxi	110.3	98.7	95.5	3	118.2	97.5	101.3	1
海　南	Hainan	108.6	97.0	86.2	28	104.6	99.2	100.2	11
重　庆	Chongqing	103.9	98.2	96.6	1	100.5	98.6	98.8	25
四　川	Sichuan	105.7	98.1	95.3	4	102.8	100.6	99.8	15
贵　州	Guizhou	105.5	97.8	94.8	11	100.9	100.3	100.9	2
云　南	Yunnan	111.2	96.9	92.8	18	102.0	100.2	100.5	3
西　藏	Tibet	107.8	99.5	91.4	23	102.6	98.2	96.4	31
陕　西	Shaanxi	109.5	96.5	89.1	24	102.2	100.9	100.3	9
甘　肃	Gansu	116.1	96.1	85.6	29	102.4	101.5	100.2	11
青　海	Qinghai	109.7	95.7	92.5	19	104.2	101.6	100.5	3
宁　夏	Ningxia	109.4	96.1	93.4	15	106.6	98.5	98.2	29
新　疆	Xinjiang	127.1	95.8	80.9	31	104.1	100.3	98.6	28

6-38 工业生产者购进价格分类指数（一）
Purchasing Price Indices for Industrial Producer by Category (1)

（上年=100） (preceding year=100)

地区	Region	燃料、动力类 Fuel and Power				黑色金属材料类 Ferrous Metals			
		2010	2014	2015	2015排名 Ranking	2010	2014	2015	2015排名 Ranking
全 国	**National Total**	**116.3**	**97.1**	**88.7**		**106.6**	**94.6**	**88.4**	
北 京	Beijing	121.3	99.4	85.6	23	115.4	95.3	87.2	24
天 津	Tianjin	111.5	97.0	81.7	25	110.2	93.8	86.3	26
河 北	Hebei	113.5	94.2	87.3	20	111.1	91.9	83.5	29
山 西	Shanxi	104.9	94.3	93.2	9	110.1	96.2	90.6	11
内蒙古	Inner Mongolia	104.1	97.4	95.8	6	103.6	98.1	94.9	4
辽 宁	Liaoning	112.4	98.1	86.8	21	106.8	96.1	90.0	14
吉 林	Jilin	113.5	98.5	86.8	21	105.0	97.7	94.3	5
黑龙江	Heilongjiang	119.0	95.6	80.4	27	103.8	96.7	90.9	8
上 海	Shanghai	129.0	93.9	68.3	30	113.9	89.7	81.7	30
江 苏	Jiangsu	119.6	96.0	85.1	24	110.3	94.9	87.8	22
浙 江	Zhejiang	113.9	98.4	91.6	10	108.7	95.3	89.5	16
安 徽	Anhui	110.9	93.3	89.4	15	113.5	95.9	88.2	21
福 建	Fujian	108.1	97.8	93.6	8	113.5	92.7	86.1	27
江 西	Jiangxi	106.6	97.8	89.6	14	108.0	95.0	87.8	22
山 东	Shandong	116.4	96.3	88.1	17	108.1	93.8	89.6	15
河 南	Henan	108.9	96.8	91.0	13	108.4	93.6	85.4	28
湖 北	Hubei	115.3	96.8	88.1	17	107.2	95.9	90.7	10
湖 南	Hunan	113.6	97.4	87.9	19	108.0	95.3	91.0	6
广 东	Guangdong	107.8	98.4	91.6	10	106.6	96.1	89.2	17
广 西	Guangxi	109.3	98.4	95.1	7	103.7	96.0	90.9	8
海 南	Hainan	110.1	97.8	72.5	28	111.4	101.2	99.1	1
重 庆	Chongqing	108.7	98.2	96.8	5	107.1	94.9	90.5	12
四 川	Sichuan	107.5	100.2	97.1	4	104.0	95.6	91.0	6
贵 州	Guizhou	110.1	100.3	98.0	2	104.0	98.0	88.5	20
云 南	Yunnan	106.7	99.4	99.2	1	107.4	97.1	90.2	13
西 藏	Tibet								
陕 西	Shaanxi	111.9	97.1	91.3	12	105.5	97.7	95.5	3
甘 肃	Gansu	118.4	98.5	81.5	26	109.4	93.4	86.9	25
青 海	Qinghai	105.8	100.0	97.8	3	110.3	99.3	98.6	2
宁 夏	Ningxia	112.3	96.4	89.0	16	111.7	93.4	88.7	18
新 疆	Xinjiang	137.6	97.0	69.9	29	105.0	95.2	88.7	18

6-39 工业生产者购进价格分类指数（二）
Purchasing Price Indices for Industrial Producer by Category (2)

（上年=100） (preceding year=100)

地区	Region	有色金属材料类 Nonferrous Metals 2010	2014	2015	2015排名 Ranking	化工原料类 Chemical Raw Materials 2010	2014	2015	2015排名 Ranking
全　国	**National Total**	**122.2**	**96.1**	**92.7**		**107.0**	**98.3**	**93.7**	
北　京	Beijing	121.6	95.3	93.7	17	111.7	99.2	94.1	20
天　津	Tianjin	134.3	95.2	94.6	14	112.6	99.0	93.1	22
河　北	Hebei	120.2	95.8	94.6	14	113.2	98.0	91.7	27
山　西	Shanxi	119.9	97.5	93.0	20	112.2	96.5	90.0	29
内蒙古	Inner Mongolia	112.5	97.2	96.0	7	103.0	98.7	98.0	3
辽　宁	Liaoning	111.1	97.1	96.3	5	108.1	98.9	96.1	12
吉　林	Jilin	113.9	97.9	97.4	1	114.1	99.1	98.7	2
黑龙江	Heilongjiang	108.4	98.8	97.4	1	121.5	101.2	92.8	23
上　海	Shanghai	129.4	93.4	88.8	29	116.0	96.8	89.4	30
江　苏	Jiangsu	118.4	95.3	90.2	27	117.0	97.8	91.1	28
浙　江	Zhejiang	125.2	96.4	92.1	24	113.2	97.7	91.8	26
安　徽	Anhui	124.9	95.6	90.6	26	111.3	98.3	94.0	21
福　建	Fujian	116.6	93.1	94.9	12	110.8	98.2	94.6	18
江　西	Jiangxi	135.0	94.8	88.4	30	111.9	99.4	94.9	16
山　东	Shandong	114.0	96.6	92.4	23	104.8	99.6	95.7	15
河　南	Henan	123.2	97.9	95.4	8	116.8	97.1	92.7	24
湖　北	Hubei	124.1	95.2	92.8	21	106.6	98.9	97.3	7
湖　南	Hunan	118.5	96.2	93.6	18	112.3	98.5	97.3	7
广　东	Guangdong	117.8	97.0	93.2	19	109.4	98.7	94.2	19
广　西	Guangxi	128.6	96.7	95.4	8	112.3	99.6	98.0	3
海　南	Hainan	124.6	85.0	89.2	28	112.1	97.7	97.2	9
重　庆	Chongqing	116.4	96.7	95.4	8	108.6	98.6	96.1	12
四　川	Sichuan	115.5	96.4	95.0	11	108.0	98.4	94.7	17
贵　州	Guizhou	122.5	95.8	94.7	13	110.2	92.9	98.9	1
云　南	Yunnan	126.4	96.8	92.5	22	105.3	99.7	97.4	5
西　藏	Tibet								
陕　西	Shaanxi	117.3	98.9	96.5	3	107.8	96.6	97.2	9
甘　肃	Gansu	118.8	95.3	94.0	16	112.0	96.1	96.1	12
青　海	Qinghai	120.5	93.0	96.4	4	101.5	99.7	97.4	5
宁　夏	Ningxia	129.9	97.2	96.3	5	109.3	95.6	92.5	25
新　疆	Xinjiang	139.6	96.9	91.5	25	106.8	98.5	96.4	11

6-40 工业生产者购进价格分类指数（三）
Purchasing Price Indices for Industrial Producer by Category (3)

（上年=100）　　(preceding year=100)

地区	Region	木材及纸浆类 Timber and Paper Pulp 2010	2014	2015	2015排名 Ranking	建筑材料及非金属类 Building Materials 2010	2014	2015	2015排名 Ranking
全　国	**National Total**	**103.0**	**99.4**	**99.3**		**103.8**	**99.8**	**95.9**	
北　京	Beijing	104.2	99.9	99.0	22	102.7	96.8	95.7	18
天　津	Tianjin	107.5	100.4	98.7	25	103.8	96.9	93.9	26
河　北	Hebei	105.6	100.0	99.0	22	100.3	97.2	91.8	28
山　西	Shanxi	103.5	100.4	99.3	16	98.2	98.0	94.7	23
内蒙古	Inner Mongolia	100.8	100.3	100.1	5	102.9	98.6	98.3	6
辽　宁	Liaoning	101.2	100.7	100.1	5	105.3	99.5	98.1	7
吉　林	Jilin	105.6	100.5	100.3	2	103.9	99.7	101.3	1
黑龙江	Heilongjiang	106.7	101.3	100.2	3	105.5	101.0	100.6	2
上　海	Shanghai	103.4	99.3	99.3	16	105.4	102.3	94.2	25
江　苏	Jiangsu	111.3	98.7	102.5	1	103.1	99.0	91.7	29
浙　江	Zhejiang	106.7	98.8	99.4	14	103.9	100.9	96.3	15
安　徽	Anhui	103.9	100.4	99.7	9	106.9	99.8	98.7	3
福　建	Fujian	99.4	98.5	99.3	16	102.8	99.9	97.6	11
江　西	Jiangxi	106.6	100.5	99.0	22	104.5	99.3	95.1	22
山　东	Shandong	108.3	99.8	98.1	29	105.0	98.5	96.7	14
河　南	Henan	104.7	98.5	98.2	28	103.9	99.5	98.7	3
湖　北	Hubei	105.8	99.6	100.2	3	104.2	97.5	97.0	12
湖　南	Hunan	102.7	100.0	99.5	13	104.9	100.1	97.8	9
广　东	Guangdong	107.6	99.4	99.1	21	113.6	103.5	90.7	30
广　西	Guangxi	111.2	100.3	99.6	12	114.6	100.2	95.7	18
海　南	Hainan	103.7	98.1	98.6	27	110.4	104.0	96.2	16
重　庆	Chongqing	107.3	99.3	99.3	16	103.5	99.4	98.7	3
四　川	Sichuan	101.2	96.3	97.3	30	98.7	101.1	97.8	9
贵　州	Guizhou	105.2	100.2	98.7	25	96.7	98.1	94.7	23
云　南	Yunnan	105.5	100.0	99.7	9	105.2	96.7	96.2	16
西　藏	Tibet								
陕　西	Shaanxi	103.4	99.6	99.3	16	95.3	97.5	95.5	20
甘　肃	Gansu	104.4	99.2	99.4	14	102.3	98.2	93.8	27
青　海	Qinghai	99.7	99.7	99.8	7	110.2	97.0	97.0	12
宁　夏	Ningxia	107.9	98.3	99.8	7	103.7	95.1	95.5	20
新　疆	Xinjiang	104.0	98.8	99.7	9	103.0	98.7	98.1	7

6-41 工业生产者购进价格分类指数（四）
Purchasing Price Indices for Industrial Producer by Category (4)

（上年=100） (preceding year=100)

地区	Region	农副产品类 Agricultural Products				纺织原料类 Textile Materials			
		2010	2014	2015	2015排名 Ranking	2010	2014	2015	2015排名 Ranking
全　国	**National Total**	**110.4**	**99.4**	**97.7**		**106.7**	**98.9**	**97.8**	
北　京	Beijing	106.6	97.5	103.1	1	102.8	100.7	99.8	8
天　津	Tianjin	120.2	97.9	94.1	26	109.1	99.6	99.7	9
河　北	Hebei	111.9	97.3	97.8	18	110.0	98.9	96.5	22
山　西	Shanxi	118.8	99.6	98.8	15	111.4	96.6	93.4	27
内蒙古	Inner Mongolia	105.9	101.4	99.3	9	102.6	100.6	97.3	20
辽　宁	Liaoning	110.8	98.8	96.6	23	105.2	99.3	98.9	13
吉　林	Jilin	106.4	99.8	99.9	6	105.2	100.3	100.1	6
黑龙江	Heilongjiang	115.1	100.4	99.3	9	107.5	100.4	99.7	9
上　海	Shanghai	108.2	97.1	94.1	26	106.4	99.9	100.2	4
江　苏	Jiangsu	110.8	97.7	93.5	30	107.6	97.7	98.0	16
浙　江	Zhejiang	110.5	101.1	99.5	8	110.5	99.9	98.3	15
安　徽	Anhui	110.1	100.8	96.7	22	108.5	99.1	96.9	21
福　建	Fujian	117.8	97.1	96.4	24	106.9	100.3	98.0	16
江　西	Jiangxi	119.8	100.4	99.1	13	112.7	99.7	97.8	18
山　东	Shandong	116.6	99.7	98.7	16	107.6	99.8	98.9	13
河　南	Henan	108.3	97.9	97.0	20	118.1	96.2	93.4	27
湖　北	Hubei	106.9	102.4	99.8	7	109.5	99.3	91.3	30
湖　南	Hunan	109.6	99.1	99.2	11	104.6	98.3	93.3	29
广　东	Guangdong	112.9	100.9	99.0	14	109.3	97.8	97.5	19
广　西	Guangxi	116.6	98.1	93.8	29	121.4	99.8	99.7	9
海　南	Hainan	119.8	97.1	97.5	19	103.3	100.0	99.7	9
重　庆	Chongqing	112.4	104.0	101.6	4	113.5	100.7	100.7	3
四　川	Sichuan	109.8	99.5	99.2	11	113.1	98.4	95.7	23
贵　州	Guizhou	115.1	101.7	102.4	2	105.0	105.1	101.7	2
云　南	Yunnan	110.9	104.0	98.1	17	103.7	101.4	100.2	4
西　藏	Tibet								
陕　西	Shaanxi	109.4	101.0	96.8	21	109.9	101.6	95.4	24
甘　肃	Gansu	111.5	104.2	101.6	4	108.0	99.7	102.5	1
青　海	Qinghai	108.4	99.2	101.7	3	117.6	103.8	95.2	26
宁　夏	Ningxia	118.7	101.0	96.3	25	108.6	100.3	99.9	7
新　疆	Xinjiang	118.7	99.2	94.1	26	144.2	99.1	95.3	25

6-42 固定资产投资价格指数（一）
Price Indices for Investment in Fixed Assets (1)

（上年=100） (preceding year=100)

地区	Region	固定资产投资 Investment in Fixed Assets 2010	2014	2015	2015排名 Ranking	建筑安装工程 Construction and Installation 2010	2014	2015	2015排名 Ranking
全 国	**National Total**	**103.6**	**100.5**	**98.2**		**104.9**	**100.6**	**97.3**	
北 京	Beijing	102.5	100.0	97.6	23	104.0	98.5	94.4	29
天 津	Tianjin	102.6	100.5	99.9	2	104.2	100.5	99.6	2
河 北	Hebei	103.7	100.2	98.0	17	105.0	100.2	97.1	18
山 西	Shanxi	103.7	99.6	98.2	14	105.5	99.5	97.7	11
内蒙古	Inner Mongolia	105.4	99.8	98.0	16	107.3	99.8	97.3	17
辽 宁	Liaoning	103.3	99.7	97.9	18	104.2	99.3	97.0	19
吉 林	Jilin	102.4	100.2	97.6	23	103.2	100.4	96.3	24
黑龙江	Heilongjiang	105.2	100.0	99.0	7	106.7	99.9	98.7	6
上 海	Shanghai	103.8	100.5	97.0	27	106.1	100.3	94.9	28
江 苏	Jiangsu	105.1	101.1	96.2	30	106.9	101.7	93.4	30
浙 江	Zhejiang	104.7	100.6	97.4	26	106.7	100.3	95.4	26
安 徽	Anhui	105.4	100.3	96.9	28	107.5	100.4	95.5	25
福 建	Fujian	103.3	100.4	98.3	11	104.9	100.4	97.6	13
江 西	Jiangxi	104.8	100.1	96.8	29	105.6	100.0	95.4	27
山 东	Shandong	103.6	100.3	97.7	20	105.3	100.2	96.6	21
河 南	Henan	103.5	100.0	97.6	22	104.9	100.1	96.5	22
湖 北	Hubei	104.7	101.0	99.4	3	105.9	101.1	99.1	4
湖 南	Hunan	104.0	101.5	100.4	1	104.8	101.5	100.3	1
广 东	Guangdong	103.0	101.5	99.0	6	104.3	102.0	98.4	7
广 西	Guangxi	103.0	101.6	98.8	9	103.8	102.2	98.0	10
海 南	Hainan	105.2	100.6	99.4	4	105.5	100.6	99.2	3
重 庆	Chongqing	102.1	100.3	98.2	13	102.7	100.4	97.5	15
四 川	Sichuan	102.5	100.5	97.9	19	103.2	100.6	96.4	23
贵 州	Guizhou	102.7	101.1	98.4	10	103.6	101.3	98.1	9
云 南	Yunnan	102.7	101.0	99.1	5	103.5	101.2	98.7	5
西 藏	Tibet								
陕 西	Shaanxi	103.6	101.1	98.8	8	105.3	101.2	98.4	8
甘 肃	Gansu	103.5	100.1	97.7	21	105.0	100.2	97.5	16
青 海	Qinghai	103.8	100.9	98.2	15	104.5	101.1	97.7	12
宁 夏	Ningxia	104.2	100.8	97.5	25	105.3	101.1	96.9	20
新 疆	Xinjiang	104.6	100.3	98.3	12	105.9	100.2	97.6	13

6-43 固定资产投资价格指数（二）
Price Indices for Investment in Fixed Assets (2)

（上年=100） (preceding year=100)

地区	Region	设备工器具购置 Purchase of Equipment, Tools and Instruments				其他费用 Others			
		2010	2014	2015	2015排名 Ranking	2010	2014	2015	2015排名 Ranking
全 国	**National Total**	**100.3**	**99.7**	**99.3**		**103.1**	**101.4**	**100.7**	
北 京	Beijing	99.1	99.4	99.5	10	101.9	101.7	100.5	19
天 津	Tianjin	100.2	99.3	99.3	20	100.5	101.6	101.2	5
河 北	Hebei	101.2	99.5	99.3	17	102.8	101.9	100.4	22
山 西	Shanxi	100.3	99.7	99.3	13	100.9	100.2	99.3	30
内蒙古	Inner Mongolia	100.1	99.7	99.3	13	103.0	100.9	100.6	18
辽 宁	Liaoning	100.3	99.6	99.3	18	104.8	101.7	101.1	8
吉 林	Jilin	99.9	99.7	99.3	19	104.8	100.6	100.1	27
黑龙江	Heilongjiang	100.4	99.7	99.2	23	107.6	101.4	101.9	2
上 海	Shanghai	98.6	99.5	99.8	2	102.4	101.5	100.6	17
江 苏	Jiangsu	101.7	99.6	99.5	6	105.6	101.9	101.8	3
浙 江	Zhejiang	101.3	99.5	99.2	21	102.6	102.0	100.9	13
安 徽	Anhui	101.2	99.6	99.3	16	101.5	101.0	100.8	14
福 建	Fujian	99.8	99.7	99.5	9	102.4	100.7	100.1	25
江 西	Jiangxi	102.0	99.6	99.2	21	105.4	102.1	101.1	7
山 东	Shandong	100.2	99.9	99.2	23	103.6	101.4	100.9	12
河 南	Henan	100.5	99.4	99.0	28	101.3	100.7	100.5	20
湖 北	Hubei	99.8	99.5	99.5	6	106.1	102.6	101.2	6
湖 南	Hunan	101.7	100.0	99.9	1	103.0	103.4	101.7	4
广 东	Guangdong	99.8	99.7	99.4	11	101.4	101.3	101.1	9
广 西	Guangxi	101.2	100.4	99.8	3	102.5	100.7	100.4	21
海 南	Hainan	100.3	99.7	99.3	13	109.7	101.1	100.3	23
重 庆	Chongqing	99.6	99.7	99.4	12	101.9	100.4	100.8	15
四 川	Sichuan	100.8	99.9	99.7	4	101.9	101.1	100.2	24
贵 州	Guizhou	100.1	99.3	99.5	8	102.5	101.1	99.4	29
云 南	Yunnan	100.4	99.4	98.8	29	102.0	100.7	101.0	10
西 藏	Tibet								
陕 西	Shaanxi	100.4	99.9	99.1	26	100.8	101.8	100.7	16
甘 肃	Gansu	100.8	99.1	97.9	30	103.2	101.6	99.6	28
青 海	Qinghai	101.5	99.4	99.5	5	102.3	102.2	100.9	11
宁 夏	Ningxia	100.2	99.6	99.1	25	100.0	100.0	100.1	25
新 疆	Xinjiang	100.4	99.3	99.1	27	105.2	103.7	102.6	1

7

居民生活

People's Living Conditions

7-1 全体居民人均可支配收入和消费支出

Per Capita Disposable Income and Consumption Expenses of Nationwide

单位：元 (yuan)

地区	Region	可支配收入 Disposable Income 2014	2015	2015排名 Ranking	消费支出 Consumption Expenses 2014	2015	2015排名 Ranking
全　国	**National Total**	**20167.12**	**21966.19**		**14491.40**	**15712.41**	
北　京	Beijing	44488.57	48457.99	2	31102.90	33802.77	2
天　津	Tianjin	28832.29	31291.36	4	22343.00	24162.46	3
河　北	Hebei	16647.40	18118.09	19	11931.50	13030.69	21
山　西	Shanxi	16538.32	17853.67	20	10863.80	11729.05	26
内蒙古	Inner Mongolia	20559.34	22310.09	10	16258.10	17178.53	9
辽　宁	Liaoning	22820.15	24575.58	8	16068.00	17199.80	8
吉　林	Jilin	17520.39	18683.70	15	13026.00	13763.91	15
黑龙江	Heilongjiang	17404.39	18592.65	16	12768.80	13402.54	19
上　海	Shanghai	45965.83	49867.17	1	33064.80	34783.55	1
江　苏	Jiangsu	27172.77	29538.85	5	19163.60	20555.56	6
浙　江	Zhejiang	32657.57	35537.09	3	22552.00	24116.88	4
安　徽	Anhui	16795.52	18362.57	18	11727.00	12840.11	23
福　建	Fujian	23330.85	25404.36	7	17644.50	18850.19	7
江　西	Jiangxi	16734.17	18437.11	17	11088.90	12403.37	24
山　东	Shandong	20864.21	22703.19	9	13328.90	14578.36	11
河　南	Henan	15695.18	17124.75	24	11000.40	11835.13	25
湖　北	Hubei	18283.23	20025.56	12	12928.30	14316.50	12
湖　南	Hunan	17621.74	19317.49	13	13288.70	14267.34	13
广　东	Guangdong	25684.96	27858.86	6	19205.50	20975.70	5
广　西	Guangxi	15557.08	16873.42	25	10274.30	11401.00	27
海　南	Hainan	17476.46	18978.97	14	12470.60	13575.02	18
重　庆	Chongqing	18351.90	20110.11	11	13810.60	15139.54	10
四　川	Sichuan	15749.01	17220.96	23	12368.40	13632.10	16
贵　州	Guizhou	12371.06	13696.61	29	9303.40	10413.75	30
云　南	Yunnan	13772.21	15222.57	28	9869.50	11005.41	28
西　藏	Tibet	10730.22	12254.30	31	7317.00	8245.76	31
陕　西	Shaanxi	15836.75	17394.98	21	12203.60	13087.22	20
甘　肃	Gansu	12184.71	13466.59	30	9874.60	10950.76	29
青　海	Qinghai	14373.98	15812.70	27	12604.80	13611.34	17
宁　夏	Ningxia	15906.78	17329.09	22	12484.50	13815.63	14
新　疆	Xinjiang	15096.62	16859.11	26	11903.70	12867.40	22

7-2 全体居民人均工资性收入和经营净收入
Per Capita Income from Wages and Salaries and Net Business Income of Nationwide

单位：元 (yuan)

地区	Region	工资性收入 Income from Wages and Salaries 2014	2015	2015排名 Ranking	经营净收入 Net Business Income 2014	2015	2015排名 Ranking
全　国	**National Total**	**11420.60**	**12459.05**		**3732.00**	**3955.64**	
北　京	Beijing	27554.90	30240.42	2	1452.20	1421.26	30
天　津	Tianjin	17163.00	19256.22	5	2875.60	2906.08	24
河　北	Hebei	9829.30	10910.01	12	2681.40	2814.97	25
山　西	Shanxi	10168.30	10893.14	13	2593.10	2709.24	26
内蒙古	Inner Mongolia	10904.00	11992.15	10	5104.30	5379.73	2
辽　宁	Liaoning	12082.50	12868.49	9	4062.60	4285.80	9
吉　林	Jilin	8289.30	8977.74	24	4835.10	5047.41	4
黑龙江	Heilongjiang	8794.90	9182.35	22	4208.90	4462.62	8
上　海	Shanghai	28752.50	30499.10	1	1376.40	1319.17	31
江　苏	Jiangsu	15706.70	17187.86	6	4421.30	4466.56	7
浙　江	Zhejiang	19068.80	20654.13	3	5958.90	6181.78	1
安　徽	Anhui	9068.50	10041.67	18	3937.90	4194.68	11
福　建	Fujian	13658.50	14845.26	7	4593.20	4928.64	5
江　西	Jiangxi	9386.10	10304.17	16	3106.30	3327.53	20
山　东	Shandong	12044.40	13143.93	8	4708.30	5078.79	3
河　南	Henan	7963.00	8796.05	25	3854.10	4069.12	12
湖　北	Hubei	9094.20	10079.02	17	4216.00	4480.22	6
湖　南	Hunan	8930.80	9827.50	19	3605.80	3949.90	16
广　东	Guangdong	18439.30	19878.15	4	3458.10	3748.05	18
广　西	Guangxi	7305.00	8061.40	27	3782.70	4055.96	13
海　南	Hainan	9854.20	11044.12	11	3929.90	3920.23	17
重　庆	Chongqing	9888.70	10673.89	14	2981.00	3315.12	21
四　川	Sichuan	7932.10	8610.79	26	3459.10	3697.84	19
贵　州	Guizhou	6336.20	7032.86	30	2833.10	3191.06	23
云　南	Yunnan	6309.00	7067.75	29	3743.40	4051.42	14
西　藏	Tibet	5212.80	6227.09	31	3503.80	3956.82	15
陕　西	Shaanxi	8848.90	9535.63	20	2404.40	2531.02	28
甘　肃	Gansu	6414.60	7102.07	28	2346.30	2551.82	27
青　海	Qinghai	8291.70	9191.51	21	2397.40	2444.97	29
宁　夏	Ningxia	9612.70	10395.46	15	3161.00	3255.78	22
新　疆	Xinjiang	7810.10	9107.59	23	3997.20	4204.33	10

7-3 全体居民人均财产净收入和转移净收入

Per Capita Net Income from Properties and Net Income from Transfers of Nationwide

单位：元 (yuan)

地区	Region	财产净收入 Net Income from Properties			转移净收入 Net Income from Transfers		
		2014	2015	2015排名 Ranking	2014	2015	2015排名 Ranking
全　国	**National Total**	**1587.80**	**1739.58**		**3426.80**	**3811.92**	
北　京	Beijing	7000.90	7498.91	1	8480.60	9297.40	2
天　津	Tianjin	2781.70	2928.00	4	6012.00	6201.06	3
河　北	Hebei	1138.50	1212.50	16	2998.20	3180.60	21
山　西	Shanxi	935.50	986.57	22	2841.40	3264.72	19
内蒙古	Inner Mongolia	1202.80	1265.92	14	3348.30	3672.29	15
辽　宁	Liaoning	1478.20	1490.62	9	5196.80	5930.67	4
吉　林	Jilin	754.20	832.69	26	3641.80	3825.80	13
黑龙江	Heilongjiang	973.10	991.62	21	3427.50	3956.07	11
上　海	Shanghai	6504.10	7172.78	2	9332.80	10876.12	1
江　苏	Jiangsu	2299.90	2536.92	6	4744.80	5347.51	5
浙　江	Zhejiang	3586.20	4078.89	3	4043.60	4622.30	7
安　徽	Anhui	904.50	966.80	24	2884.70	3159.42	22
福　建	Fujian	2238.60	2371.97	7	2840.50	3258.50	20
江　西	Jiangxi	1242.70	1328.21	13	2999.10	3477.19	16
山　东	Shandong	1314.90	1454.64	10	2796.70	3025.83	24
河　南	Henan	863.20	937.96	25	3014.90	3321.62	18
湖　北	Hubei	1079.40	1142.35	18	3893.50	4323.97	8
湖　南	Hunan	1293.60	1399.55	11	3791.40	4140.55	9
广　东	Guangdong	2376.20	2683.22	5	1411.30	1549.43	31
广　西	Guangxi	1003.90	1073.85	19	3465.50	3682.22	14
海　南	Hainan	1253.90	1244.81	15	2438.50	2769.81	27
重　庆	Chongqing	1256.20	1366.76	12	4225.90	4754.34	6
四　川	Sichuan	918.50	1073.73	20	3439.40	3838.60	12
贵　州	Guizhou	672.50	738.58	28	2529.20	2734.10	28
云　南	Yunnan	1450.00	1644.83	8	2269.80	2458.57	29
西　藏	Tibet	453.60	498.79	31	1560.00	1571.60	30
陕　西	Shaanxi	1033.40	1194.07	17	3550.10	4134.26	10
甘　肃	Gansu	872.20	968.61	23	2551.60	2844.09	26
青　海	Qinghai	699.30	802.55	27	2985.60	3373.67	17
宁　夏	Ningxia	589.90	645.51	30	2543.20	3032.35	23
新　疆	Xinjiang	673.60	676.44	29	2615.80	2870.76	25

7-4 全体居民人均现金工资性收入和现金经营净收入 Per Capita Cash Income of Wages and Salaries and Cash Net Business Income of Nationwide

单位：元 (yuan)

地区	Region	现金工资性收入 Cash Income of Wages and Salaries			现金经营净收入 Cash Net Business Income		
		2014	2015	2015排名 Ranking	2014	2015	2015排名 Ranking
全　国	**National Total**	**11352.70**	**12386.20**		**3571.50**	**3782.70**	
北　京	Beijing	27439.90	30096.80	2	1652.90	1618.40	30
天　津	Tianjin	16941.40	19070.70	5	3100.20	3118.50	20
河　北	Hebei	9812.10	10897.20	12	2653.00	2652.40	25
山　西	Shanxi	10132.10	10872.10	13	2591.60	2614.00	26
内蒙古	Inner Mongolia	10897.50	11984.60	10	5398.60	5647.10	2
辽　宁	Liaoning	11900.50	12678.20	9	4280.10	4464.60	7
吉　林	Jilin	8243.70	8916.80	24	4493.40	4483.00	6
黑龙江	Heilongjiang	8780.30	9161.20	22	4248.00	4647.60	5
上　海	Shanghai	28462.40	30198.90	1	1424.80	1357.60	31
江　苏	Jiangsu	15605.90	17085.80	6	4491.70	4410.00	8
浙　江	Zhejiang	18963.50	20520.20	3	6588.00	6668.00	1
安　徽	Anhui	9023.00	9976.00	18	3813.30	3999.50	10
福　建	Fujian	13568.90	14777.70	7	4596.70	4968.20	4
江　西	Jiangxi	9367.80	10283.00	16	2687.10	2852.70	23
山　东	Shandong	12015.00	13115.10	8	4615.80	5002.40	3
河　南	Henan	7942.50	8784.40	25	3320.80	3597.50	17
湖　北	Hubei	9001.70	10001.00	17	3912.60	4075.40	9
湖　南	Hunan	8882.00	9780.10	19	3265.40	3662.20	14
广　东	Guangdong	18228.00	19616.30	4	3363.40	3718.60	13
广　西	Guangxi	7279.30	8028.20	27	3216.10	3637.80	15
海　南	Hainan	9811.80	11017.70	11	3896.00	3929.80	12
重　庆	Chongqing	9853.20	10625.60	14	2538.60	2954.30	22
四　川	Sichuan	7884.80	8562.20	26	2880.70	3155.80	19
贵　州	Guizhou	6322.90	7022.70	30	2417.70	2820.00	24
云　南	Yunnan	6301.40	7056.90	29	3381.10	3609.70	16
西　藏	Tibet	5210.90	6227.00	31	2783.40	3082.30	21
陕　西	Shaanxi	8801.90	9493.20	20	2203.20	2367.90	28
甘　肃	Gansu	6404.10	7090.60	28	2034.70	2328.00	29
青　海	Qinghai	8279.30	9167.60	21	2350.50	2477.80	27
宁　夏	Ningxia	9584.50	10368.40	15	3090.60	3336.80	18
新　疆	Xinjiang	7790.90	9094.20	23	3826.60	3939.90	11

7-5 全体居民人均现金财产净收入和现金转移净收入

Per Capita Cash Net Income from Properties and Cash Net Income from Transfers of Nationwide

单位：元 (yuan)

地区	Region	现金财产净收入 Cash Net Income from Properties 2014	2015	2015排名 Ranking	现金转移净收入 Cash Net Income from Transfers 2014	2015	2015排名 Ranking
全　国	**National Total**	**621.80**	**689.50**		**3201.30**	**3565.90**	
北　京	Beijing	1116.80	1345.60	2	8130.10	8824.60	2
天　津	Tianjin	968.50	986.20	5	5651.10	5805.90	3
河　北	Hebei	423.50	452.50	19	2847.10	2985.20	21
山　西	Shanxi	492.40	442.80	21	2532.10	3010.30	20
内蒙古	Inner Mongolia	596.10	610.30	11	3192.90	3456.30	15
辽　宁	Liaoning	429.90	428.00	22	4824.30	5607.80	4
吉　林	Jilin	256.40	281.10	28	3499.70	3629.20	12
黑龙江	Heilongjiang	401.00	396.70	23	3271.30	3817.90	11
上　海	Shanghai	456.20	671.70	10	8300.90	9749.70	1
江　苏	Jiangsu	798.40	916.00	6	4320.80	4942.90	5
浙　江	Zhejiang	1497.60	1881.60	1	3685.70	4222.00	7
安　徽	Anhui	326.70	323.90	25	2652.40	2949.30	22
福　建	Fujian	875.10	860.90	7	2630.20	3048.70	18
江　西	Jiangxi	565.50	546.20	15	2893.40	3366.40	16
山　东	Shandong	516.80	604.40	12	2663.40	2830.90	23
河　南	Henan	445.60	465.90	18	2855.20	3135.50	17
湖　北	Hubei	321.40	310.80	26	3655.10	4006.60	8
湖　南	Hunan	745.70	821.00	8	3625.80	3990.10	9
广　东	Guangdong	1206.60	1301.10	3	1256.20	1398.30	31
广　西	Guangxi	501.50	545.10	16	3277.80	3467.40	14
海　南	Hainan	500.90	518.00	17	2162.50	2458.00	28
重　庆	Chongqing	500.00	560.20	13	4022.90	4565.00	6
四　川	Sichuan	432.10	547.00	14	3226.90	3593.90	13
贵　州	Guizhou	302.70	303.70	27	2418.70	2611.70	27
云　南	Yunnan	955.70	1086.50	4	2120.10	2268.10	29
西　藏	Tibet	199.60	243.80	29	1517.40	1524.90	30
陕　西	Shaanxi	592.80	722.60	9	3324.00	3845.90	10
甘　肃	Gansu	389.70	443.90	20	2428.50	2673.80	26
青　海	Qinghai	299.40	381.50	24	2611.50	3013.60	19
宁　夏	Ningxia	125.70	162.40	31	2251.10	2681.40	25
新　疆	Xinjiang	205.20	197.60	30	2424.90	2682.00	24

7-6 全体居民人均消费支出情况（一）
Per Capita Consumption Expenses of Nationwide (1)

单位：元 (yuan)

地区	Region	食品烟酒 Food Alcohol and Tobacco 2014	2015	2015排名 Ranking	其他用品及服务 Miscellaneous Goods and Servises 2014	2015	2015排名 Ranking
全　国	**National Total**	**4493.90**	**4814.00**		**358.00**	**389.20**	
北　京	Beijing	7467.80	7584.20	3	975.20	991.40	1
天　津	Tianjin	7376.60	7709.90	2	615.50	712.60	3
河　北	Hebei	3263.70	3515.50	27	273.50	293.66	20
山　西	Shanxi	2940.50	3089.40	31	312.40	291.50	21
内蒙古	Inner Mongolia	4746.40	4919.80	11	481.50	528.90	7
辽　宁	Liaoning	4554.80	4858.00	12	512.90	502.20	8
吉　林	Jilin	3531.60	3683.50	24	369.60	393.70	10
黑龙江	Heilongjiang	3537.90	3704.10	22	324.10	339.80	13
上　海	Shanghai	9011.60	9271.50	1	987.60	904.30	2
江　苏	Jiangsu	5591.70	5936.00	7	514.00	596.50	5
浙　江	Zhejiang	6569.20	6975.80	5	503.10	548.40	6
安　徽	Anhui	4003.10	4424.20	15	265.30	268.80	25
福　建	Fujian	6081.90	6440.00	6	493.10	471.30	9
江　西	Jiangxi	3785.80	4181.70	16	243.40	275.50	23
山　东	Shandong	3932.30	4166.20	17	293.70	352.70	12
河　南	Henan	3202.40	3373.70	30	287.10	305.40	18
湖　北	Hubei	4139.70	4499.90	14	279.30	315.30	16
湖　南	Hunan	4240.50	4535.50	13	291.40	336.80	14
广　东	Guangdong	6589.80	7236.70	4	533.90	599.80	4
广　西	Guangxi	3680.10	3960.80	19	185.30	200.70	30
海　南	Hainan	4915.00	5364.10	8	248.80	268.70	26
重　庆	Chongqing	4971.90	5325.50	9	268.10	294.00	19
四　川	Sichuan	4548.20	5001.40	10	286.50	331.80	15
贵　州	Guizhou	3151.90	3375.80	29	164.70	169.50	31
云　南	Yunnan	3211.50	3587.70	26	154.40	211.50	29
西　藏	Tibet	3370.20	3919.80	21	241.50	223.10	28
陕　西	Shaanxi	3405.10	3646.40	25	257.90	269.10	24
甘　肃	Gansu	3218.20	3447.60	28	203.30	225.70	27
青　海	Qinghai	3854.40	3958.20	20	335.00	310.00	17
宁　夏	Ningxia	3555.60	3694.80	23	326.70	393.40	11
新　疆	Xinjiang	3855.00	4092.80	18	242.40	280.60	22

7-7 全体居民人均消费支出情况（二）
Per Capita Consumption Expenses of Nationwide (2)

单位：元 (yuan)

地区	Region	衣着 Clothing 2014	衣着 Clothing 2015	2015排名 Ranking	居住 Residence 2014	居住 Residence 2015	2015排名 Ranking
全　国	**National Total**	**1099.30**	**1164.10**		**3200.50**	**3419.20**	
北　京	Beijing	2359.80	2425.70	1	9497.70	10350.20	2
天　津	Tianjin	1859.30	1949.40	2	4873.00	5237.50	4
河　北	Hebei	971.80	1055.30	21	2727.70	2995.80	10
山　西	Shanxi	1084.80	1146.70	15	2198.80	2297.40	26
内蒙古	Inner Mongolia	1688.00	1759.70	3	2795.20	2918.90	11
辽　宁	Liaoning	1477.80	1561.60	6	3400.50	3471.60	8
吉　林	Jilin	1228.90	1254.90	12	2561.30	2692.30	17
黑龙江	Heilongjiang	1292.80	1288.30	9	2689.60	2619.60	20
上　海	Shanghai	1613.00	1622.70	5	10789.10	11307.50	1
江　苏	Jiangsu	1385.20	1415.10	7	4126.70	4551.60	7
浙　江	Zhejiang	1587.10	1646.50	4	5577.20	5964.20	3
安　徽	Anhui	870.30	924.60	26	2541.80	2630.00	18
福　建	Fujian	1097.50	1134.60	17	4278.50	4638.20	6
江　西	Jiangxi	853.40	929.10	25	2576.60	2783.40	15
山　东	Shandong	1168.90	1276.60	10	2825.80	2903.30	12
河　南	Henan	1111.80	1141.90	16	2208.60	2387.90	24
湖　北	Hubei	1009.70	1073.10	19	2810.20	3007.00	9
湖　南	Hunan	914.10	1028.00	22	2708.40	2810.80	13
广　东	Guangdong	1014.60	1103.40	18	4300.20	4677.10	5
广　西	Guangxi	460.50	503.10	31	2341.50	2559.90	22
海　南	Hainan	549.90	568.30	30	2558.20	2628.00	19
重　庆	Chongqing	1275.90	1334.70	8	2554.40	2743.40	16
四　川	Sichuan	974.30	1071.30	20	2217.30	2400.90	23
贵　州	Guizhou	666.30	719.20	28	1826.90	2185.70	28
云　南	Yunnan	567.00	625.70	29	2018.50	2146.40	29
西　藏	Tibet	733.70	764.30	27	1311.50	1374.60	31
陕　西	Shaanxi	944.60	989.40	23	2585.80	2786.10	14
甘　肃	Gansu	884.20	967.70	24	2015.00	2120.80	30
青　海	Qinghai	1153.00	1232.00	14	2374.50	2352.80	25
宁　夏	Ningxia	1170.00	1237.90	13	2214.40	2607.30	21
新　疆	Xinjiang	1205.60	1274.50	11	2226.40	2227.90	27

7-8 全体居民人均消费支出情况（三）
Per Capita Consumption Expenses of Nationwide (3)

单位：元 (yuan)

地区	Region	生活用品及服务 Household Facilities, Articles and Services 2014	2015	2015排名 Ranking	交通和通信 Transport and Communications 2014	2015	2015排名 Ranking
全 国	**National Total**	**889.70**	**951.40**		**1869.30**	**2086.90**	
北 京	Beijing	2041.40	2098.30	1	3578.60	4489.60	1
天 津	Tianjin	1295.50	1514.00	2	2904.70	3185.90	4
河 北	Hebei	773.60	832.20	18	1749.30	1807.60	14
山 西	Shanxi	619.40	672.50	26	1214.70	1501.40	25
内蒙古	Inner Mongolia	1008.90	1030.90	10	2405.10	2569.00	7
辽 宁	Liaoning	918.70	1028.70	11	1949.70	2282.00	9
吉 林	Jilin	689.50	718.40	22	1636.30	1810.10	13
黑龙江	Heilongjiang	670.90	672.40	28	1588.40	1675.10	19
上 海	Shanghai	1531.60	1484.60	3	3596.50	4206.50	2
江 苏	Jiangsu	1107.20	1238.20	5	2869.30	2984.70	6
浙 江	Zhejiang	1117.70	1159.30	6	3670.60	3961.30	3
安 徽	Anhui	694.20	698.80	24	1324.90	1622.30	23
福 建	Fujian	1032.30	1047.50	8	2067.00	2305.30	8
江 西	Jiangxi	679.30	736.60	21	1164.30	1444.40	27
山 东	Shandong	993.60	1038.10	9	1821.90	2104.20	11
河 南	Henan	875.10	910.60	13	1225.50	1355.40	28
湖 北	Hubei	813.40	868.60	17	1339.80	1722.50	18
湖 南	Hunan	796.90	883.60	16	1600.20	1624.60	22
广 东	Guangdong	1116.50	1245.30	4	2795.10	3020.20	5
广 西	Guangxi	614.00	672.50	26	1198.30	1445.70	26
海 南	Hainan	686.00	697.90	25	1437.40	1783.10	16
重 庆	Chongqing	978.80	1064.30	7	1476.20	1746.40	17
四 川	Sichuan	879.60	918.40	12	1437.00	1629.20	21
贵 州	Guizhou	619.10	636.20	30	1080.40	1321.60	29
云 南	Yunnan	568.40	644.30	29	1513.60	1632.60	20
西 藏	Tibet	399.70	394.90	31	796.00	1025.90	31
陕 西	Shaanxi	796.20	887.30	14	1535.40	1537.10	24
甘 肃	Gansu	652.10	708.80	23	1072.20	1214.70	30
青 海	Qinghai	733.50	793.40	19	1790.10	2263.30	10
宁 夏	Ningxia	797.90	885.40	15	1763.50	1806.10	15
新 疆	Xinjiang	669.20	788.80	20	1624.50	1842.40	12

7-9 全体居民人均消费支出情况（四）
Per Capita Consumption Expenses of Nationwide (4)

单位：元 (yuan)

地区	Region	教育、文化和娱乐 Education, Culture and Recreation 2014	2015	2015排名 Ranking	医疗保健 Health Care and Medical Services 2014	2015	2015排名 Ranking
全　国	**National Total**	**1535.90**	**1723.10**		**1044.80**	**1164.50**	
北　京	Beijing	3268.30	3634.60	2	1914.20	2228.60	2
天　津	Tianjin	1833.80	2096.00	6	1584.50	1757.10	3
河　北	Hebei	1144.50	1338.60	23	1027.50	1192.00	14
山　西	Shanxi	1484.60	1628.00	13	1008.60	1102.00	17
内蒙古	Inner Mongolia	1813.20	2067.10	7	1319.70	1384.30	10
辽　宁	Liaoning	1834.40	1973.30	9	1419.20	1522.40	6
吉　林	Jilin	1550.80	1683.60	12	1458.00	1527.50	5
黑龙江	Heilongjiang	1406.80	1526.20	17	1258.30	1577.00	4
上　海	Shanghai	3311.40	3718.10	1	2223.90	2268.30	1
江　苏	Jiangsu	2238.20	2423.80	4	1331.30	1409.60	9
浙　江	Zhejiang	2169.00	2428.30	3	1358.20	1433.00	8
安　徽	Anhui	1157.30	1339.30	22	870.00	932.30	26
福　建	Fujian	1667.20	1784.70	10	926.80	1028.60	20
江　西	Jiangxi	1151.10	1354.00	21	635.00	698.80	29
山　东	Shandong	1303.00	1557.30	16	989.60	1180.10	15
河　南	Henan	1160.80	1337.20	24	929.00	1023.10	21
湖　北	Hubei	1479.80	1577.60	15	1056.20	1252.50	13
湖　南	Hunan	1764.90	2049.70	8	972.20	998.30	22
广　东	Guangdong	1965.00	2117.30	5	890.50	976.10	24
广　西	Guangxi	1115.30	1280.10	28	679.30	778.10	28
海　南	Hainan	1358.40	1278.00	29	716.80	987.00	23
重　庆	Chongqing	1319.30	1513.40	18	966.10	1117.90	16
四　川	Sichuan	1061.00	1207.90	30	964.50	1071.20	19
贵　州	Guizhou	1222.00	1401.20	19	572.00	604.60	30
云　南	Yunnan	1096.70	1281.50	27	739.40	875.70	27
西　藏	Tibet	266.70	314.10	31	197.60	229.20	31
陕　西	Shaanxi	1500.40	1608.40	14	1178.20	1363.50	11
甘　肃	Gansu	1092.40	1315.90	25	737.20	949.50	25
青　海	Qinghai	1293.00	1383.40	20	1071.20	1318.20	12
宁　夏	Ningxia	1416.40	1707.90	11	1239.90	1482.90	7
新　疆	Xinjiang	1102.00	1282.10	26	978.30	1078.30	18

7-10 全体居民人均现金消费支出情况（一）
Per Capita Cash Consumption Expenditure of Nationwide (1)

单位：元

(yuan)

地区	Region	现金消费支出 Cash Consumption Expenditure 2014	2015	2015排名 Ranking	食品烟酒 Food, Alcohol and Tobacco 2014	2015	2015排名 Ranking
全　国	**National Total**	**11975.70**	**12988.70**		**4185.60**	**4505.00**	
北　京	Beijing	23254.60	25262.70	1	7370.60	7447.70	3
天　津	Tianjin	18677.40	20215.90	3	7187.40	7552.50	2
河　北	Hebei	10128.30	10995.80	22	3150.10	3417.40	25
山　西	Shanxi	9234.30	10025.10	26	2746.00	2909.00	29
内蒙古	Inner Mongolia	14495.70	15285.20	7	4492.00	4702.20	10
辽　宁	Liaoning	13486.20	14564.90	9	4317.50	4621.20	11
吉　林	Jilin	11374.30	11920.20	14	3363.30	3489.10	22
黑龙江	Heilongjiang	11178.00	11793.40	15	3474.00	3628.40	20
上　海	Shanghai	23375.00	24389.50	2	8750.00	9020.50	1
江　苏	Jiangsu	15660.00	16780.70	6	5333.80	5695.60	7
浙　江	Zhejiang	18014.80	19278.30	4	6361.70	6741.20	5
安　徽	Anhui	9677.20	10665.30	23	3755.40	4148.70	13
福　建	Fujian	14389.10	15273.10	8	5759.60	6170.60	6
江　西	Jiangxi	8917.90	10047.40	25	3397.90	3795.60	17
山　东	Shandong	11383.50	12465.10	11	3795.60	4042.80	16
河　南	Henan	9480.20	10213.50	24	3085.60	3263.70	26
湖　北	Hubei	10587.50	11707.00	17	3743.00	4103.90	14
湖　南	Hunan	11099.40	11997.40	13	3752.50	4068.80	15
广　东	Guangdong	16224.60	17567.80	5	6199.80	6799.90	4
广　西	Guangxi	8147.60	9174.10	28	3150.10	3474.00	24
海　南	Hainan	10423.90	11372.80	18	4680.80	5125.20	8
重　庆	Chongqing	11383.90	12603.50	10	4476.70	4817.30	9
四　川	Sichuan	10111.90	11123.30	21	3891.40	4276.90	12
贵　州	Guizhou	7491.50	8484.40	30	2551.20	2857.00	30
云　南	Yunnan	7911.20	8860.10	29	2728.70	3054.30	28
西　藏	Tibet	5296.90	6193.10	31	2322.00	2841.80	31
陕　西	Shaanxi	10487.40	11236.20	19	3203.30	3485.70	23
甘　肃	Gansu	8342.80	9278.90	27	2862.00	3116.60	27
青　海	Qinghai	10769.00	11783.90	16	3398.00	3629.40	19
宁　夏	Ningxia	10873.50	12074.60	12	3331.60	3504.10	21
新　疆	Xinjiang	10309.70	11164.90	20	3534.40	3737.70	18

7-11 全体居民人均现金消费支出情况（二）
Per Capita Cash Consumption Expenditure of Nationwide (2)

单位：元 (yuan)

地区	Region	衣着 Clothing 2014	衣着 Clothing 2015	2015排名 Ranking	居住 Residence 2014	居住 Residence 2015	2015排名 Ranking
全　国	**National Total**	**1098.60**	**1163.50**		**1215.70**	**1251.90**	
北　京	Beijing	2358.60	2424.50	1	2092.10	2426.00	1
天　津	Tianjin	1859.10	1949.10	2	1780.30	1903.30	3
河　北	Hebei	971.20	1054.30	21	1188.80	1252.40	12
山　西	Shanxi	1081.80	1143.10	15	1021.30	1005.70	22
内蒙古	Inner Mongolia	1687.40	1759.40	3	1438.20	1426.90	8
辽　宁	Liaoning	1477.30	1561.10	6	1438.80	1424.60	9
吉　林	Jilin	1228.80	1254.90	12	1224.20	1242.20	13
黑龙江	Heilongjiang	1290.40	1288.20	9	1319.50	1218.50	15
上　海	Shanghai	1612.00	1622.60	5	2430.70	2322.50	2
江　苏	Jiangsu	1384.60	1414.80	7	1304.70	1444.00	7
浙　江	Zhejiang	1586.60	1645.60	4	1616.20	1762.70	5
安　徽	Anhui	868.90	923.60	26	962.80	944.60	24
福　建	Fujian	1097.20	1134.40	17	1558.70	1554.90	6
江　西	Jiangxi	853.10	928.90	25	899.70	924.50	26
山　东	Shandong	1167.70	1275.40	10	1145.30	1106.20	18
河　南	Henan	1111.60	1141.90	16	967.40	1063.80	19
湖　北	Hubei	1008.70	1072.40	19	1097.60	1109.00	17
湖　南	Hunan	913.80	1027.50	22	1176.20	1161.70	16
广　东	Guangdong	1014.10	1102.90	18	1865.50	1863.50	4
广　西	Guangxi	460.30	503.00	31	910.50	1006.20	21
海　南	Hainan	549.60	567.60	30	950.70	954.90	23
重　庆	Chongqing	1275.50	1334.50	8	832.90	906.60	27
四　川	Sichuan	973.80	1070.70	20	823.80	856.90	29
贵　州	Guizhou	666.20	719.00	28	728.00	887.20	28
云　南	Yunnan	566.90	625.50	29	686.70	722.80	30
西　藏	Tibet	732.80	763.70	27	385.10	448.60	31
陕　西	Shaanxi	944.40	989.10	23	1294.90	1386.60	11
甘　肃	Gansu	884.10	967.50	24	940.20	929.10	25
青　海	Qinghai	1152.90	1231.90	14	1356.50	1235.80	14
宁　夏	Ningxia	1169.90	1237.10	13	1104.10	1405.50	10
新　疆	Xinjiang	1203.90	1272.80	11	1123.30	1063.20	20

7-12 全体居民人均现金消费支出情况（三）
Per Capita Cash Consumption Expenditure of Nationwide (3)

单位：元 (yuan)

地区	Region	生活用品及服务 Household Facilities, Articles and Services			交通和通信 Transport and Communications		
		2014	2015	2015排名 Ranking	2014	2015	2015排名 Ranking
全　国	**National Total**	**882.60**	**943.80**		**1866.20**	**2083.70**	
北　京	Beijing	2027.50	2094.40	1	3575.00	4485.20	1
天　津	Tianjin	1293.80	1510.70	2	2867.00	3149.30	4
河　北	Hebei	770.50	829.60	18	1746.60	1806.70	14
山　西	Shanxi	610.30	667.30	27	1214.10	1500.30	25
内蒙古	Inner Mongolia	1008.30	1030.80	9	2405.10	2568.80	7
辽　宁	Liaoning	908.30	1015.80	11	1937.10	2266.40	9
吉　林	Jilin	685.70	713.90	22	1631.10	1807.10	13
黑龙江	Heilongjiang	670.20	672.00	25	1587.30	1674.40	19
上　海	Shanghai	1525.90	1481.20	3	3576.20	4183.30	2
江　苏	Jiangsu	1094.00	1220.90	5	2865.00	2982.00	6
浙　江	Zhejiang	1097.50	1136.60	6	3666.60	3956.00	3
安　徽	Anhui	691.30	692.40	24	1323.80	1620.60	23
福　建	Fujian	1026.10	1042.90	8	2064.50	2299.70	8
江　西	Jiangxi	678.80	736.30	21	1164.10	1444.10	26
山　东	Shandong	988.60	1029.10	10	1821.50	2103.60	11
河　南	Henan	874.80	909.80	12	1224.70	1355.10	28
湖　北	Hubei	810.00	866.80	17	1338.80	1721.30	18
湖　南	Hunan	793.00	880.20	15	1597.00	1622.50	22
广　东	Guangdong	1104.60	1236.80	4	2789.70	3016.00	5
广　西	Guangxi	606.60	662.80	28	1197.60	1441.50	27
海　南	Hainan	652.50	669.20	26	1437.30	1782.60	16
重　庆	Chongqing	975.10	1060.50	7	1475.70	1743.70	17
四　川	Sichuan	868.60	898.10	13	1434.40	1627.50	21
贵　州	Guizhou	600.60	632.00	30	1079.80	1321.10	29
云　南	Yunnan	561.60	637.20	29	1513.00	1631.40	20
西　藏	Tibet	398.30	393.10	31	796.00	1025.90	31
陕　西	Shaanxi	792.40	882.10	14	1533.50	1535.20	24
甘　肃	Gansu	649.60	697.50	23	1071.50	1214.20	30
青　海	Qinghai	708.50	791.00	19	1790.10	2263.30	10
宁　夏	Ningxia	783.00	871.80	16	1759.60	1793.10	15
新　疆	Xinjiang	667.80	787.40	20	1624.50	1842.30	12

7-13 全体居民人均现金消费支出情况（四）
Per Capita Cash Consumption Expenditure of Nationwide (4)

单位：元 (yuan)

地区	Region	教育、文化和娱乐 Education, Culture and Recreation			医疗保健 Health Care and Medical Services		
		2014	2015	2015排名 Ranking	2014	2015	2015排名 Ranking
全　国	**National Total**	**1534.90**	**1722.00**		**838.30**	**933.30**	
北　京	Beijing	3267.50	3633.60	2	1593.00	1763.20	1
天　津	Tianjin	1832.00	2094.00	6	1257.60	1356.80	3
河　北	Hebei	1144.30	1338.20	23	884.80	1005.40	12
山　西	Shanxi	1484.20	1627.90	13	773.90	886.50	18
内蒙古	Inner Mongolia	1812.90	2066.60	7	1176.30	1203.80	6
辽　宁	Liaoning	1833.40	1961.50	9	1073.20	1221.30	5
吉　林	Jilin	1550.70	1683.50	12	1320.90	1335.90	4
黑龙江	Heilongjiang	1406.60	1526.20	17	1107.50	1447.90	2
上　海	Shanghai	3298.00	3713.40	1	1200.70	1145.40	8
江　苏	Jiangsu	2237.40	2422.40	4	930.30	1007.60	11
浙　江	Zhejiang	2167.90	2426.20	3	1022.80	1066.30	10
安　徽	Anhui	1155.80	1338.90	22	656.50	731.60	25
福　建	Fujian	1665.80	1784.60	10	729.70	818.00	23
江　西	Jiangxi	1151.00	1354.00	21	530.90	590.30	29
山　东	Shandong	1302.50	1556.80	16	872.20	1003.10	13
河　南	Henan	1160.70	1337.20	24	768.50	837.70	22
湖　北	Hubei	1478.80	1577.20	15	835.40	944.80	14
湖　南	Hunan	1764.90	2048.90	8	813.60	854.30	20
广　东	Guangdong	1961.90	2114.80	5	763.50	839.60	21
广　西	Guangxi	1115.00	1279.40	28	526.10	609.20	28
海　南	Hainan	1357.90	1277.50	29	549.20	727.80	26
重　庆	Chongqing	1319.20	1513.10	18	765.00	937.30	16
四　川	Sichuan	1060.40	1207.30	30	776.80	857.00	19
贵　州	Guizhou	1221.80	1401.20	19	481.40	499.70	30
云　南	Yunnan	1096.70	1281.50	27	606.00	698.50	27
西　藏	Tibet	266.70	314.10	31	154.50	183.30	31
陕　西	Shaanxi	1500.00	1607.80	14	963.70	1084.60	9
甘　肃	Gansu	1092.30	1315.80	25	642.30	816.90	24
青　海	Qinghai	1292.70	1382.60	20	737.10	942.30	15
宁　夏	Ningxia	1416.10	1707.80	11	1006.00	1179.20	7
新　疆	Xinjiang	1100.80	1282.00	26	814.10	899.60	17

7-14 城镇居民年人均可支配收入和消费支出
Per Capita Disposable Income and Consumption Expenditure of Urban Households

单位：元 (yuan)

地区	Region	可支配收入 Disposable Income				消费支出 Consumption Expenditure		
		2010	2014	2015	2015排名 Ranking	2014	2015	2015排名 Ranking
全　国	**National Total**	**19109.44**	**28843.90**	**31194.83**		**19968.10**	**21392.36**	
北　京	Beijing	29072.93	48531.80	52859.17	2	33717.50	36642.00	2
天　津	Tianjin	24292.60	31506.00	34101.35	6	24289.60	26229.52	4
河　北	Hebei	16263.43	24141.30	26152.16	22	16203.80	17586.62	22
山　西	Shanxi	15647.66	24069.40	25827.72	23	14636.90	15818.61	31
内蒙古	Inner Mongolia	17698.15	28349.60	30594.10	10	20885.20	21876.47	8
辽　宁	Liaoning	17712.58	29081.70	31125.73	9	20519.60	21556.72	9
吉　林	Jilin	15411.47	23217.80	24900.86	27	17156.10	17972.62	20
黑龙江	Heilongjiang	13856.51	22609.00	24202.62	30	16466.60	17152.07	26
上　海	Shanghai	31838.08	48841.40	52961.86	1	35182.40	36946.12	1
江　苏	Jiangsu	22944.26	34346.30	37173.48	4	23476.30	24966.04	6
浙　江	Zhejiang	27359.02	40392.70	43714.48	3	27241.70	28661.27	3
安　徽	Anhui	15788.17	24838.50	26935.76	14	16107.10	17233.53	24
福　建	Fujian	21781.31	30722.40	33275.34	7	22204.10	23520.19	7
江　西	Jiangxi	15481.12	24309.20	26500.12	15	15141.80	16731.81	29
山　东	Shandong	19945.83	29221.90	31545.27	8	18322.60	19853.77	10
河　南	Henan	15930.26	23672.10	25575.61	24	16184.50	17154.30	25
湖　北	Hubei	16058.37	24852.30	27051.47	13	16681.40	18192.28	19
湖　南	Hunan	16565.70	26570.20	28838.07	11	18334.70	19501.37	12
广　东	Guangdong	23897.80	32148.10	34757.16	5	23611.70	25673.08	5
广　西	Guangxi	17063.89	24669.00	26415.87	17	15045.40	16321.16	30
海　南	Hainan	15581.05	24486.50	26356.42	19	17513.80	18448.35	18
重　庆	Chongqing	17532.43	25147.20	27238.84	12	18279.50	19742.29	11
四　川	Sichuan	15461.16	24234.40	26205.25	21	17759.90	19276.85	14
贵　州	Guizhou	14142.74	22548.20	24579.64	28	15254.60	16914.20	28
云　南	Yunnan	16064.54	24299.00	26373.23	18	16268.30	17674.99	21
西　藏	Tibet	14980.47	22015.80	25456.63	25	15669.40	17022.01	27
陕　西	Shaanxi	15695.21	24365.80	26420.21	16	17546.00	18463.87	17
甘　肃	Gansu	13188.55	21803.90	23767.08	31	15942.30	17450.86	23
青　海	Qinghai	13854.99	22306.60	24542.35	29	17492.90	19200.65	15
宁　夏	Ningxia	15344.49	23284.60	25186.01	26	17216.20	18983.88	16
新　疆	Xinjiang	13643.77	23214.00	26274.66	20	17684.50	19414.74	13

7-15 城镇居民年人均工资性收入和经营净收入
Per Capita Annual Income from Wages and Salaries and Net Business Income of Urban Households

单位：元 (yuan)

地区	Region	工资性收入 Income from Wages and Salaries 2010	2014	2015	2015排名 Ranking	经营净收入 Net Business Income 2010	2014	2015	2015排名 Ranking
全　国	**National Total**	**13707.68**	**17936.80**	**19337.10**		**1713.51**	**3279.00**	**3476.08**	
北　京	Beijing	23099.09	29652.90	32568.00	1	1170.65	1388.70	1336.47	29
天　津	Tianjin	16780.41	18796.90	21060.43	6	931.81	2442.20	2457.85	23
河　北	Hebei	10566.30	15275.90	16705.34	18	1043.72	1806.80	1828.55	26
山　西	Shanxi	10784.74	15623.70	16561.81	19	1044.85	2701.10	2789.82	18
内蒙古	Inner Mongolia	12614.46	17406.20	18989.33	10	2013.77	4538.80	4801.08	2
辽　宁	Liaoning	11712.68	16239.60	17126.74	13	1797.82	3421.90	3611.94	12
吉　林	Jilin	10621.43	13658.20	14791.80	28	1363.73	2628.50	2655.45	21
黑龙江	Heilongjiang	9087.59	13741.30	14371.77	30	1266.72	2421.00	2526.75	22
上　海	Shanghai	25439.97	30212.10	32009.96	2	1628.22	1369.00	1302.55	30
江　苏	Jiangsu	14816.87	20720.10	22460.48	5	2519.06	4063.50	4133.72	6
浙　江	Zhejiang	18313.60	23317.30	24947.73	4	3640.87	6379.40	6645.62	1
安　徽	Anhui	11442.43	15515.00	16928.73	14	1172.36	3881.70	4172.24	5
福　建	Fujian	15682.48	19197.20	20714.28	7	2135.92	4246.80	4571.46	3
江　西	Jiangxi	10613.83	15623.10	16834.91	17	1266.21	1961.40	2108.09	25
山　东	Shandong	15731.23	18866.20	20386.07	9	1703.72	4035.70	4375.21	4
河　南	Henan	10804.88	14510.80	15624.35	23	1478.06	3264.40	3539.44	13
湖　北	Hubei	11460.49	14215.30	15571.59	24	1391.83	3515.10	3792.21	9
湖　南	Hunan	10782.04	14661.70	15902.75	21	1880.90	3566.70	3993.56	7
广　东	Guangdong	18902.43	24315.60	26136.85	3	2666.53	3547.40	3823.19	8
广　西	Guangxi	12061.82	13892.70	15163.07	27	1474.90	3431.30	3665.05	11
海　南	Hainan	10957.92	15654.20	17214.87	12	1716.74	3166.60	2927.42	17
重　庆	Chongqing	12738.20	15020.20	15936.19	20	1263.20	2658.30	2974.06	16
四　川	Sichuan	11310.70	14262.40	15242.25	25	1198.69	2903.80	3054.36	15
贵　州	Guizhou	9627.99	13147.50	14166.15	31	1174.02	3172.50	3729.81	10
云　南	Yunnan	10845.21	13530.90	14658.99	29	1122.89	2911.90	3173.83	14
西　藏	Tibet	14707.14	17404.60	20560.50	8	395.66	631.10	728.06	31
陕　西	Shaanxi	12078.35	14925.90	15742.46	22	573.19	2030.60	2139.58	24
甘　肃	Gansu	9882.50	13999.90	15189.33	26	687.96	1670.00	1805.09	27
青　海	Qinghai	10061.58	15283.50	16899.17	15	943.96	1699.70	1765.25	28
宁　夏	Ningxia	10821.22	15735.60	16884.69	16	2238.13	2685.10	2699.59	19
新　疆	Xinjiang	11327.91	15404.30	17943.27	11	1131.78	2491.40	2693.15	20

7-16 城镇居民年人均财产净收入和转移净收入

Per Capita Net Income from Properties and Income from Transfers of Urban Households

单位：元 (yuan)

地区	Region	财产净收入 Net Income from Properties				转移净收入 Net Income from Transfers			
		2010	2014	2015	2015排名 Ranking	2010	2014	2015	2015排名 Ranking
全　国	**National Total**	**520.33**	**2812.10**	**3041.93**		**5091.90**	**4815.90**	**5339.72**	
北　京	Beijing	655.91	7976.70	8492.34	1	8434.77	9513.50	10462.37	2
天　津	Tianjin	333.17	3230.20	3400.28	8	8896.61	7036.80	7182.78	4
河　北	Hebei	323.97	2222.40	2322.64	12	5400.43	4836.30	5295.63	14
山　西	Shanxi	198.59	1727.10	1788.57	25	4864.81	4017.40	4687.51	19
内蒙古	Inner Mongolia	432.82	1802.10	1869.66	23	3953.19	4602.60	4934.03	17
辽　宁	Liaoning	249.59	2147.70	2149.29	19	6254.48	7272.50	8237.76	3
吉　林	Jilin	163.83	1238.00	1368.49	27	4645.45	5693.10	6085.12	9
黑龙江	Heilongjiang	102.05	1318.20	1340.82	28	4639.19	5128.50	5963.29	11
上　海	Shanghai	512.12	7179.40	7915.35	2	8158.20	10080.90	11734.00	1
江　苏	Jiangsu	471.04	3373.50	3681.80	7	7308.57	6189.20	6897.48	5
浙　江	Zhejiang	1470.13	5358.30	6048.34	3	6710.19	5337.70	6072.78	10
安　徽	Anhui	427.01	1787.70	1881.90	22	4584.91	3654.10	3952.89	29
福　建	Fujian	1420.84	3648.60	3822.24	5	4910.35	3629.80	4167.37	27
江　西	Jiangxi	344.77	2489.70	2591.75	10	4333.20	4235.00	4965.37	16
山　东	Shandong	490.22	2271.20	2475.48	11	3811.78	4048.90	4308.51	26
河　南	Henan	222.07	1861.70	1990.31	20	4636.80	4035.20	4421.52	24
湖　北	Hubei	378.34	1922.40	1985.26	21	4342.17	5199.40	5702.40	13
湖　南	Hunan	541.11	2628.60	2800.98	9	4453.02	5713.10	6140.78	8
广　东	Guangdong	956.60	3376.80	3799.54	6	4371.30	908.30	997.58	31
广　西	Guangxi	576.87	2235.00	2307.89	13	4628.62	5110.00	5279.86	15
海　南	Hainan	559.76	2252.20	2198.67	16	3695.21	3413.50	4015.47	28
重　庆	Chongqing	312.64	2026.00	2174.71	17	4676.51	5442.70	6153.88	7
四　川	Sichuan	378.08	1891.20	2168.96	18	4241.43	5177.00	5739.68	12
贵　州	Guizhou	213.83	1746.60	1868.13	24	4122.96	4481.60	4815.55	18
云　南	Yunnan	1162.12	3642.20	4036.10	4	4348.70	4214.10	4504.31	22
西　藏	Tibet	233.04	1537.80	1657.25	26	1203.14	2442.30	2510.82	30
陕　西	Shaanxi	187.39	2018.80	2273.87	15	4225.78	2390.40	6264.30	6
甘　肃	Gansu	72.23	2109.50	2294.53	14	3664.59	4024.50	4478.14	23
青　海	Qinghai	73.90	1159.60	1330.84	29	4401.37	4164.10	4547.09	20
宁　夏	Ningxia	189.52	1023.90	1081.46	31	4287.91	3840.00	4520.28	21
新　疆	Xinjiang	151.94	1240.20	1267.84	30	2809.96	4078.10	4370.39	25

7-17 城镇居民年人均食品与其他用品及服务支出

Per Capita Consumption Expenditure for Food and Miscellaneous Goods and Services of Urban Households

单位：元 (yuan)

地区	Region	食品（元） Food				其他用品及服务 Miscellaneous Goods and Services		
		2010	2014	2015	2015排名 Ranking	2014	2015	2015排名 Ranking
全　国	**National Total**	**4804.71**	**5874.90**	**6359.68**		**532.9**	**577.5**	
北　京	Beijing	6392.90	7919.20	8091.12	5	1095.2	1117.4	1
天　津	Tianjin	5940.44	7868.50	8447.71	3	682.6	803.4	3
河　北	Hebei	3335.23	4207.90	4581.13	30	376.5	413.1	23
山　西	Shanxi	3052.57	3718.20	3981.03	31	452.9	414.9	22
内蒙古	Inner Mongolia	4211.48	5975.50	6210.34	12	687.7	739.9	6
辽　宁	Liaoning	4658.00	5596.50	6092.46	13	711.4	673.6	8
吉　林	Jilin	3767.85	4402.40	4640.58	29	523.2	551.7	12
黑龙江	Heilongjiang	3784.72	4506.10	4749.65	28	469.6	474.5	18
上　海	Shanghai	7776.98	9197.10	9690.68	1	1058.3	968.9	2
江　苏	Jiangsu	5243.14	6536.90	7003.78	9	631.3	747.2	5
浙　江	Zhejiang	6118.46	7556.40	8092.03	4	639.7	682.0	7
安　徽	Anhui	4369.63	5244.50	5802.05	17	395.4	389.5	27
福　建	Fujian	5790.72	7233.00	7759.14	6	670.9	622.1	9
江　西	Jiangxi	4195.38	4903.90	5407.85	21	370.9	418.8	21
山　东	Shandong	4205.88	5219.50	5527.45	19	442.4	543.5	13
河　南	Henan	3575.75	4616.60	4818.75	27	512.3	533.1	14
湖　北	Hubei	4429.30	5251.20	5828.55	16	342.1	389.0	28
湖　南	Hunan	4322.09	5488.80	6075.50	14	421.0	526.6	15
广　东	Guangdong	6746.62	7612.30	8533.35	2	678.1	771.4	4
广　西	Guangxi	4372.75	5144.30	5610.15	18	282.1	323.1	30
海　南	Hainan	4895.96	6528.10	7051.76	8	343.8	355.6	29
重　庆	Chongqing	5012.56	6179.90	6627.56	11	368.6	404.2	24
四　川	Sichuan	4779.60	6008.10	6783.10	10	495.2	556.4	11
贵　州	Guizhou	4013.67	4730.20	5282.68	24	294.3	304.5	31
云　南	Yunnan	4593.49	4884.70	5346.39	22	288.2	421.6	20
西　藏	Tibet	4847.58	6158.20	7237.53	7	547.9	514.6	16
陕　西	Shaanxi	4381.40	4719.10	5146.37	25	388.5	402.6	25
甘　肃	Gansu	3702.18	4921.20	5345.88	23	375.3	395.5	26
青　海	Qinghai	3784.81	5198.40	5502.58	20	550.4	439.0	19
宁　夏	Ningxia	3768.09	4746.10	4883.35	26	442.3	604.5	10
新　疆	Xinjiang	3694.81	5493.20	5954.87	15	433.5	501.6	17

7-18 城镇居民年人均衣着和居住支出
Per Capita Consumption Expenditure for Clothing and Residence of Urban Households

单位：元 (yuan)

地区	Region	衣着 Clothing 2010	2014	2015	2015排名 Ranking	居住 Residence 2010	2014	2015	2015排名 Ranking
全　国	**National Total**	**1444.34**	**1626.60**	**1701.13**		**1332.14**	**1625.60**	**4725.98**	
北　京	Beijing	2087.91	2586.10	2651.28	1	1577.35	2123.40	11252.02	2
天　津	Tianjin	1567.58	2050.60	2144.43	3	1615.57	1820.20	5667.17	6
河　北	Hebei	1225.94	1424.20	1544.24	21	1344.47	1390.80	4111.59	9
山　西	Shanxi	1205.89	1613.70	1705.09	17	1245.00	1334.90	3019.53	31
内蒙古	Inner Mongolia	2203.59	2394.30	2474.00	2	1384.45	1766.70	3710.27	13
辽　宁	Liaoning	1586.81	1986.60	2065.55	4	1314.79	1802.50	4416.13	8
吉　林	Jilin	1570.68	1800.50	1812.94	10	1344.41	1689.60	3532.25	22
黑龙江	Heilongjiang	1608.37	1811.00	1773.49	14	1128.14	1770.50	3416.44	26
上　海	Shanghai	1794.06	1699.30	1711.59	16	2166.22	2535.10	12136.95	1
江　苏	Jiangsu	1465.54	1752.40	1781.40	13	1234.05	1435.50	5644.72	7
浙　江	Zhejiang	1802.29	1997.10	2041.30	5	1418.00	1896.20	7230.52	3
安　徽	Anhui	1225.56	1333.20	1403.29	27	1229.64	1346.60	3460.05	25
福　建	Fujian	1281.25	1460.50	1489.82	24	1606.27	2019.90	5811.38	4
江　西	Jiangxi	1138.84	1394.50	1478.34	25	1109.82	1196.00	3619.92	17
山　东	Shandong	1745.20	1799.80	1943.04	7	1408.64	1489.60	4058.38	10
河　南	Henan	1444.63	1823.30	1797.63	11	1080.10	1374.50	3391.14	27
湖　北	Hubei	1415.68	1463.40	1523.08	22	1187.54	1294.40	3742.72	12
湖　南	Hunan	1277.47	1441.70	1638.14	19	1182.33	1555.40	3519.57	23
广　东	Guangdong	1230.72	1344.10	1453.68	26	1925.21	2277.80	5715.35	5
广　西	Guangxi	926.42	794.20	845.80	30	1166.85	1367.00	3629.33	16
海　南	Hainan	636.14	829.40	828.64	31	1103.76	1412.10	3679.83	14
重　庆	Chongqing	1697.55	1877.60	1931.70	8	1275.96	1196.10	3679.61	15
四　川	Sichuan	1259.49	1538.70	1703.84	18	1126.65	1237.40	3335.46	29
贵　州	Guizhou	1102.41	1245.90	1346.73	28	890.75	1209.00	3468.42	24
云　南	Yunnan	1158.82	1066.30	1138.24	29	835.45	1114.60	3612.37	18
西　藏	Tibet	1158.60	1656.20	1611.56	20	726.59	1083.30	3588.89	20
陕　西	Shaanxi	1428.20	1470.20	1500.47	23	1126.92	1922.00	3823.44	11
甘　肃	Gansu	1255.69	1654.20	1758.55	15	910.34	1542.80	3539.94	21
青　海	Qinghai	1185.56	1754.10	1902.48	9	923.52	1881.80	3340.12	28
宁　夏	Ningxia	1417.47	1728.70	1786.99	12	1181.71	1318.10	3608.31	19
新　疆	Xinjiang	1513.42	1912.40	2013.11	6	898.38	1462.90	3166.92	30

7-19 城镇居民年人均家庭设备用品和医疗保健支出

Per Capita Household Facilities and Articles and Health Care and Medical Services of Urban Households

单位：元 (yuan)

地区	Region	家庭设备及用品 Household Facilities and Articles				医疗保健 Health Care and Medical Services			
		2010	2014	2015	2015排名 Ranking	2010	2014	2015	2015排名 Ranking
全　国	**National Total**	**908.01**	**1225.60**	**1306.48**		**871.77**	**1038.50**	**1443.37**	
北　京	Beijing	1377.77	2191.90	2272.74	1	1327.22	1700.10	2369.50	1
天　津	Tianjin	1119.93	1385.40	1593.03	2	1275.64	1354.10	1888.09	6
河　北	Hebei	693.56	1078.70	1178.69	19	923.83	1140.80	1500.63	13
山　西	Shanxi	612.59	879.30	947.93	28	774.89	978.90	1394.09	17
内蒙古	Inner Mongolia	948.87	1435.60	1430.25	7	1126.03	1309.00	1575.70	10
辽　宁	Liaoning	785.67	1222.80	1359.46	11	1079.81	1164.40	1761.91	8
吉　林	Jilin	710.28	968.10	1026.65	24	1171.25	1695.30	1924.20	5
黑龙江	Heilongjiang	618.76	912.20	908.13	30	948.44	1274.00	1924.29	4
上　海	Shanghai	1800.19	1624.00	1573.11	3	1005.54	1248.00	2361.66	2
江　苏	Jiangsu	1026.32	1321.60	1516.57	5	805.73	1072.10	1594.26	9
浙　江	Zhejiang	916.16	1308.50	1360.48	10	1033.70	1117.40	1538.97	11
安　徽	Anhui	678.75	919.50	926.42	29	737.05	725.80	1073.34	27
福　建	Fujian	972.24	1297.50	1336.95	12	617.36	801.70	1165.30	25
江　西	Jiangxi	854.60	990.30	1007.50	25	524.22	640.60	841.37	30
山　东	Shandong	915.00	1425.90	1476.52	6	885.79	1111.00	1416.10	16
河　南	Henan	866.72	1388.60	1382.18	8	941.32	997.90	1365.49	21
湖　北	Hubei	867.33	1020.80	1099.31	21	709.58	930.10	1482.05	14
湖　南	Hunan	903.81	1094.40	1202.56	16	776.85	1025.10	1174.63	24
广　东	Guangdong	1208.03	1350.50	1526.29	4	929.50	854.80	1096.42	26
广　西	Guangxi	853.59	899.80	952.05	27	625.45	683.20	866.24	29
海　南	Hainan	616.33	917.10	964.28	26	579.89	688.20	1307.10	23
重　庆	Chongqing	1072.38	1289.90	1370.59	9	1021.48	904.10	1394.06	18
四　川	Sichuan	876.34	1204.30	1251.42	15	661.03	1047.20	1369.30	20
贵　州	Guizhou	673.33	1088.90	1078.55	22	546.84	803.40	872.24	28
云　南	Yunnan	509.41	909.70	1061.44	23	637.89	953.60	1351.91	22
西　藏	Tibet	376.43	891.00	739.54	31	385.63	499.30	534.43	31
陕　西	Shaanxi	723.73	1169.10	1297.87	13	935.38	1184.60	1783.61	7
甘　肃	Gansu	597.72	1087.00	1124.88	20	828.57	954.80	1390.75	19
青　海	Qinghai	644.01	959.50	1179.94	18	718.78	759.10	1459.27	15
宁　夏	Ningxia	716.22	1084.60	1185.42	17	890.05	1331.50	2015.95	3
新　疆	Xinjiang	669.87	1085.30	1286.34	14	708.16	1142.40	1517.11	12

7-20 城镇居民年人均交通通信和文教娱乐支出

Per Capita Consumption Expenditure on Transportation, Communications, Education, Culture and Recreation of Urban Households

单位：元 (yuan)

地区	Region	交通通信 Transport and Communications				文教娱乐 Education, Culture and Recreation			
		2010	2014	2015	2015排名 Ranking	2010	2014	2015	2015排名 Ranking
全　国	**National Total**	**1983.70**	**2631.50**	**2895.38**		**1220.68**	**2140.70**	**2382.84**	
北　京	Beijing	3420.91	3853.10	4860.42	1	2068.79	3610.00	4027.56	2
天　津	Tianjin	2454.38	3067.80	3403.04	6	1331.92	2010.90	2282.65	12
河　北	Hebei	1398.35	2442.70	2386.40	18	732.96	1591.80	1870.83	26
山　西	Shanxi	1340.90	1708.80	2148.07	26	942.04	2026.30	2207.93	13
内蒙古	Inner Mongolia	1768.66	3095.30	3231.27	8	1185.23	2177.20	2504.74	7
辽　宁	Liaoning	1773.26	2415.00	2768.95	11	1145.78	2274.80	2418.70	8
吉　林	Jilin	1363.91	2223.10	2322.47	20	981.11	1980.80	2161.81	15
黑龙江	Heilongjiang	1191.32	2052.40	2058.89	28	771.95	1722.90	1846.72	28
上　海	Shanghai	4076.46	3779.40	4457.22	3	2307.37	3589.90	4046.00	1
江　苏	Jiangsu	1935.07	3497.50	3619.76	5	1575.36	2837.70	3058.38	3
浙　江	Zhejiang	3437.14	4487.90	4753.15	2	2055.78	2641.70	2962.79	4
安　徽	Anhui	1356.57	1922.70	2265.65	22	1158.98	1647.80	1913.27	24
福　建	Fujian	2196.88	2733.70	3021.53	9	1335.05	2168.30	2314.00	10
江　西	Jiangxi	1270.28	1627.40	2083.66	27	901.22	1653.60	1874.41	25
山　东	Shandong	2140.42	2375.90	2747.73	12	979.16	1768.90	2141.11	16
河　南	Henan	1374.76	1733.00	1874.12	30	792.67	1721.60	1991.87	21
湖　北	Hubei	1205.48	1800.00	2155.38	25	1034.22	1893.20	1972.20	22
湖　南	Hunan	1541.40	2455.70	2430.22	16	1117.69	2537.50	2934.13	5
广　东	Guangdong	3419.74	3617.40	3905.05	4	1843.19	2464.40	2671.54	6
广　西	Guangxi	1973.04	1844.20	2249.48	23	854.39	1688.40	1844.98	29
海　南	Hainan	1805.10	2156.10	2643.41	14	778.42	1912.20	1617.76	30
重　庆	Chongqing	1384.27	2008.90	2383.24	19	1064.04	1713.50	1951.29	23
四　川	Sichuan	1674.15	2163.00	2414.36	17	906.72	1671.40	1862.96	27
贵　州	Guizhou	1270.49	1871.40	2248.35	24	985.21	2071.20	2312.69	11
云　南	Yunnan	2039.66	2606.70	2663.96	13	767.63	1816.30	2079.03	18
西　藏	Tibet	1230.93	1730.10	2037.50	29	333.32	727.30	757.91	31
陕　西	Shaanxi	1194.77	2443.10	2308.37	21	1217.45	2146.90	2201.09	14
甘　肃	Gansu	1076.62	1627.10	1850.48	31	823.33	1644.20	2044.89	19
青　海	Qinghai	1116.56	2235.20	3354.78	7	633.13	2055.80	2022.50	20
宁　夏	Ningxia	1574.57	2545.10	2509.59	15	915.04	1957.10	2389.75	9
新　疆	Xinjiang	1255.87	2406.70	2869.35	10	706.98	1740.00	2105.41	17

7-21 城市家庭户住房间数和面积
Number and Area of Rooms of Urban Household in Cities

地区	Region	城市家庭户平均每户住房间数（间/户） Number Between Urban Housing Average per Household (room/household) 2010	2010排名 Ranking	城市家庭户人均住房面积（平方米/人） Urban Family per Capita Housing Area (sq.m/person) 2010	2010排名 Ranking
全　国	**National Total**	**2.37**		**29.15**	
北　京	Beijing	2.04	25	27.81	19
天　津	Tianjin	1.88	30	25.51	26
河　北	Hebei	2.71	6	30.10	12
山　西	Shanxi	2.33	18	25.77	24
内蒙古	Inner Mongolia	1.95	27	24.86	30
辽　宁	Liaoning	1.96	26	25.76	25
吉　林	Jilin	1.93	28	25.21	28
黑龙江	Heilongjiang	1.90	29	23.72	31
上　海	Shanghai	1.86	31	25.11	29
江　苏	Jiangsu	2.55	10	33.86	2
浙　江	Zhejiang	2.26	23	30.97	8
安　徽	Anhui	2.41	14	29.42	15
福　建	Fujian	2.48	11	30.29	11
江　西	Jiangxi	2.71	6	29.76	14
山　东	Shandong	2.96	3	32.41	5
河　南	Henan	3.17	1	34.02	1
湖　北	Hubei	2.57	9	33.22	4
湖　南	Hunan	2.87	4	33.45	3
广　东	Guangdong	2.17	24	26.37	22
广　西	Guangxi	2.75	5	30.71	9
海　南	Hainan	2.40	15	25.42	27
重　庆	Chongqing	2.31	20	29.77	13
四　川	Sichuan	2.45	12	30.70	10
贵　州	Guizhou	2.34	17	25.94	23
云　南	Yunnan	2.66	8	31.27	7
西　藏	Tibet	2.97	2	31.81	6
陕　西	Shaanxi	2.40	15	28.81	16
甘　肃	Gansu	2.32	19	26.69	21
青　海	Qinghai	2.43	13	27.77	20
宁　夏	Ningxia	2.28	21	28.38	17
新　疆	Xinjiang	2.28	21	28.00	18

注：本表来自2000和2010年全国人口普查数据。

Note: Data of 2000 and 2010 are based on the National Population Census.

7-22 农村居民年人均可支配收入和消费支出
Per Capita Disposable Income and Consumption Expenditure of Rural Households

单位：元 (yuan)

地区	Region	可支配收入（元） Disposable Income				消费支出 Consumption Expenditure			
		2010	2014	2015	2015排名 Ranking	2010	2014	2015	2015排名 Ranking
全　国	**National Total**	**5919.01**	**10488.90**	**11421.71**		**4381.80**	**8382.60**	**9222.59**	
北　京	Beijing	13262.29	18867.30	20568.72	3	9254.80	14535.10	15811.22	3
天　津	Tianjin	10074.86	17014.20	18481.63	4	4936.70	13738.60	14739.44	4
河　北	Hebei	5957.98	10186.10	11050.51	14	3844.90	8248.00	9022.84	12
山　西	Shanxi	4736.25	8809.40	9453.91	23	3663.90	6991.70	7421.16	27
内蒙古	Inner Mongolia	5529.59	9976.30	10775.89	19	4460.80	9972.20	10637.39	8
辽　宁	Liaoning	6907.93	11191.50	12056.87	9	4489.50	7800.70	8872.84	15
吉　林	Jilin	6237.44	10780.10	11326.17	11	4147.40	8139.80	8783.31	16
黑龙江	Heilongjiang	6210.72	10453.20	11095.22	13	4391.20	7830.00	8391.48	21
上　海	Shanghai	13977.96	21191.60	23205.20	1	10210.50	14820.10	16152.29	1
江　苏	Jiangsu	9118.24	14958.40	16256.70	5	6542.90	11820.30	12882.55	5
浙　江	Zhejiang	11302.55	19373.30	21125.00	2	8928.90	14497.80	16107.72	2
安　徽	Anhui	5285.17	9916.40	10820.73	18	4013.30	7980.80	8975.21	13
福　建	Fujian	7426.86	12650.20	13792.70	6	5498.30	11055.90	11960.79	6
江　西	Jiangxi	5788.56	10116.60	11139.08	12	3911.60	7548.30	8485.59	19
山　东	Shandong	6990.28	11882.30	12930.37	8	4807.20	7962.20	8747.63	17
河　南	Henan	5523.73	9966.10	10852.86	17	3682.20	7277.20	7887.45	24
湖　北	Hubei	5832.27	10849.10	11843.89	10	4090.80	8680.90	9803.15	9
湖　南	Hunan	5621.96	10060.20	10992.55	15	4310.40	9024.80	9690.64	10
广　东	Guangdong	7890.25	12245.60	13360.44	7	5515.60	10043.20	11103.03	7
广　西	Guangxi	4543.41	8683.20	9466.58	22	3455.30	6675.10	7581.98	26
海　南	Hainan	5275.37	9912.60	10857.55	16	3446.20	7029.00	8210.25	22
重　庆	Chongqing	5276.66	9489.80	10504.71	20	3624.60	7982.60	8937.71	14
四　川	Sichuan	5086.89	9347.70	10247.35	21	3897.50	8301.10	9250.65	11
贵　州	Guizhou	3471.93	6671.20	7386.87	30	2852.50	8970.30	6644.93	30
云　南	Yunnan	3952.03	7456.10	8242.08	28	3398.30	6030.30	6830.14	28
西　藏	Tibet	4138.71	7359.20	8243.68	27	2666.90	4822.10	5579.71	31
陕　西	Shaanxi	4104.98	7932.20	8688.91	26	3793.80	7252.40	7900.71	23
甘　肃	Gansu	3424.65	6276.60	6936.21	31	2942.00	6147.80	6829.79	29
青　海	Qinghai	3862.68	7282.70	7933.41	29	3774.50	8235.10	8566.49	18
宁　夏	Ningxia	4674.89	8410.00	9118.69	25	4013.20	7676.50	8414.87	20
新　疆	Xinjiang	4642.67	8723.80	9425.08	24	3457.90	7365.30	7697.95	25

注：本表绝对数按当年价格计算，指数按可比价格计算。

Note: Level in this table are calculated at current prices, while indices are calculated at constant prices.

7-23 农村居民年人均工资性收入和家庭经营性收入

Per Capita Net Income of Rural Households from Wages and Salaries and Net Business Incomes

单位：元 (yuan)

地区	Region	工资性收入 Income from Wages and Salaries				经营性收入 Net Business Income			
		2010	2014	2015	2015排名 Ranking	2010	2014	2015	2015排名 Ranking
全　国	**National Total**	**2431.05**	**4152.20**	**4600.31**		**2832.80**	**4237.40**	**4503.58**	
北　京	Beijing	8229.19	14260.20	15491.08	2	1816.84	1854.30	1958.54	30
天　津	Tianjin	5261.97	9941.10	11031.43	4	3895.19	4791.40	4949.40	12
河　北	Hebei	2653.42	5133.30	5811.87	8	2729.80	3435.50	3682.73	23
山　西	Shanxi	2108.60	4569.60	4921.83	10	2028.46	2482.30	2624.36	29
内蒙古	Inner Mongolia	1036.78	2070.80	2249.66	25	3669.93	5872.40	6185.41	3
辽　宁	Liaoning	2649.97	4362.30	4730.09	11	3486.14	5252.40	5573.69	5
吉　林	Jilin	1072.14	1937.60	2097.36	29	4085.92	7445.60	7878.07	1
黑龙江	Heilongjiang	1241.59	2188.50	2246.96	26	3941.65	6596.70	7049.82	2
上　海	Shanghai	9605.73	16177.00	17482.54	1	589.74	1440.60	1462.32	31
江　苏	Jiangsu	4896.39	7170.30	8014.95	5	3215.02	5030.50	5045.61	10
浙　江	Zhejiang	5822.48	11772.50	13086.94	3	4307.13	5236.70	5364.28	8
安　徽	Anhui	2203.94	3554.90	3983.12	15	2626.42	3985.90	4214.42	18
福　建	Fujian	3094.60	5655.20	6187.00	7	3558.44	5093.60	5455.57	6
江　西	Jiangxi	2394.62	3937.40	4393.04	13	2919.42	4106.50	4431.28	16
山　东	Shandong	2958.06	4713.10	5139.46	9	3456.89	5431.00	5856.44	4
河　南	Henan	1943.86	3260.20	3728.36	16	3240.43	4277.60	4462.22	15
湖　北	Hubei	2186.11	3298.60	3682.91	17	3234.94	5009.30	5281.41	9
湖　南	Hunan	2655.59	4088.10	4515.20	12	2463.90	3638.90	3911.72	20
广　东	Guangdong	4799.52	6220.30	6724.01	6	2203.74	3272.40	3590.14	24
广　西	Guangxi	1707.18	2335.40	2549.08	23	2510.15	4047.80	4359.38	17
海　南	Hainan	1261.86	3596.00	4251.10	14	3563.31	4753.50	5013.15	11
重　庆	Chongqing	2335.23	3196.50	3583.36	19	2323.51	3401.90	3774.67	22
四　川	Sichuan	2248.18	3156.50	3463.46	21	2263.34	3877.90	4197.30	19
贵　州	Guizhou	1303.85	2521.50	2897.14	22	1706.33	2643.10	2878.71	28
云　南	Yunnan	930.00	1975.80	2315.50	24	2510.12	4242.40	4600.81	14
西　藏	Tibet	1108.84	1571.10	1872.87	31	2308.78	4361.80	4937.66	13
陕　西	Shaanxi	1734.48	3216.80	3548.29	20	1882.21	2750.70	2908.62	27
甘　肃	Gansu	1199.45	1755.80	1974.86	30	1855.99	2761.60	3025.23	26
青　海	Qinghai	1269.81	2041.40	2234.66	27	1973.12	3021.40	3058.47	25
宁　夏	Ningxia	1788.28	3391.00	3614.27	18	2421.50	3644.60	3837.00	21
新　疆	Xinjiang	556.26	1848.00	2131.37	28	3649.98	5179.40	5397.48	7

7-24 农村居民年人均财产净收入和转移净收入
Per Capita Net Income of Rural Households from Properties and Income from Transfers

单位：元 (yuan)

地区	Region	财产净收入 Net Income from Properties 2010	2014	2015	2015排名 Ranking	转移净收入 Net Income from Transfers 2010	2014	2015	2015排名 Ranking
全 国	**National Total**	**202.25**	**222.10**	**251.53**		**452.92**	**1877.20**	**2066.30**	
北 京	Beijing	1339.88	817.80	1203.83	1	1876.38	1935.00	1915.27	17
天 津	Tianjin	368.41	799.10	775.05	3	549.29	1482.60	1725.75	20
河 北	Hebei	182.45	204.00	235.91	12	392.31	1413.40	1320.00	27
山 西	Shanxi	214.17	123.20	141.75	28	385.01	1634.40	1765.97	19
内蒙古	Inner Mongolia	164.26	388.70	425.30	7	658.61	1644.40	1915.51	16
辽 宁	Liaoning	234.15	234.70	231.75	14	537.67	1342.10	1521.34	24
吉 林	Jilin	377.45	181.80	198.63	17	701.93	1215.00	1152.10	31
黑龙江	Heilongjiang	344.10	512.20	524.93	6	683.39	1155.80	1273.51	29
上 海	Shanghai	970.25	686.10	775.23	2	2812.24	2887.90	3485.11	1
江 苏	Jiangsu	398.94	472.00	545.15	5	607.89	2285.60	2650.98	5
浙 江	Zhejiang	525.38	542.80	607.86	4	647.57	1821.20	2065.92	14
安 徽	Anhui	141.95	149.10	161.78	22	312.86	2226.60	2461.41	7
福 建	Fujian	245.10	201.30	232.46	13	528.71	1700.10	1917.68	15
江 西	Jiangxi	100.21	153.30	184.55	20	374.31	1919.30	2130.20	12
山 东	Shandong	238.29	287.20	326.34	9	337.04	1450.90	1608.13	22
河 南	Henan	59.29	146.10	156.96	24	280.14	2282.10	2505.33	6
湖 北	Hubei	106.92	125.40	160.78	23	304.30	2415.70	2718.79	3
湖 南	Hunan	101.58	165.60	174.11	21	400.89	2167.50	2391.52	9
广 东	Guangdong	401.15	295.50	337.01	8	485.85	2457.30	2709.27	4
广 西	Guangxi	33.78	75.20	115.98	30	292.30	2224.90	2442.13	8
海 南	Hainan	107.77	176.70	194.76	18	342.43	1386.40	1398.54	26
重 庆	Chongqing	90.50	252.40	278.11	11	527.41	2639.10	2868.57	2
四 川	Sichuan	144.01	184.70	223.61	15	431.36	2128.50	2362.98	10
贵 州	Guizhou	117.19	71.00	83.70	31	344.56	1435.70	1527.32	23
云 南	Yunnan	176.84	134.70	147.86	26	335.07	1103.30	1177.91	30
西 藏	Tibet	169.12	129.80	146.87	27	551.97	1296.50	1286.28	28
陕 西	Shaanxi	97.02	120.10	152.44	25	391.27	1844.50	2079.55	13
甘 肃	Gansu	39.87	112.30	127.99	29	329.34	1646.90	1808.13	18
青 海	Qinghai	120.68	287.80	325.72	10	499.07	1932.10	2314.56	11
宁 夏	Ningxia	98.66	148.90	189.95	19	366.45	1225.40	1477.48	25
新 疆	Xinjiang	126.53	228.70	209.49	16	309.91	1467.70	1686.74	21

7-25 农村居民年人均食品和其他用品及服务支出

Per Capita Consumption Expenditure of Rural Households on Food and the Miscellaneous Goods and Services

单位：元 (yuan)

地区	Region	食品 Food 2010	2014	2015	2015排名 Ranking	其他用品及服务 Miscellaneous Goods and Services 2010	2014	2015	2015排名 Ranking
全　国	**National Total**	**1800.67**	**2814.00**	**3048.00**		**94.02**	**162.96**	**173.96**	
北　京	Beijing	2994.66	4048.00	4372.08	5	193.21	215.13	193.22	11
天　津	Tianjin	2060.83	4314.40	4346.31	6	98.50	319.24	298.74	4
河　北	Hebei	1351.41	2421.20	2578.07	20	78.87	184.72	188.43	12
山　西	Shanxi	1372.49	2054.30	2150.25	31	80.40	168.18	161.53	18
内蒙古	Inner Mongolia	1675.04	3039.00	3122.99	13	97.41	201.52	235.07	7
辽　宁	Liaoning	1714.15	2210.90	2498.80	23	112.87	144.23	174.76	13
吉　林	Jilin	1523.32	2411.20	2550.80	22	104.47	187.98	206.77	9
黑龙江	Heilongjiang	1483.95	2210.20	2306.66	26	101.86	129.72	159.77	19
上　海	Shanghai	3806.82	5332.70	5660.03	1	209.66	378.32	347.64	1
江　苏	Jiangsu	2491.51	3711.90	4078.27	7	146.87	314.27	334.47	2
浙　江	Zhejiang	3055.59	4618.50	5008.41	2	172.34	268.44	312.99	3
安　徽	Anhui	1632.96	2842.30	3212.02	11	82.11	154.10	162.63	17
福　建	Fujian	2537.15	4222.50	4493.83	4	141.23	236.16	248.87	5
江　西	Jiangxi	1812.66	2755.10	3071.83	14	75.48	131.98	145.80	21
山　东	Shandong	1804.45	2464.50	2661.56	18	84.51	133.84	141.76	23
河　南	Henan	1371.17	2153.80	2301.27	27	90.14	125.45	136.45	25
湖　北	Hubei	1763.05	2724.10	2952.69	15	116.73	208.28	229.48	8
湖　南	Hunan	2087.85	3095.20	3188.95	12	96.23	181.91	170.73	16
广　东	Guangdong	2630.05	3968.90	4511.34	3	177.27	233.82	239.09	6
广　西	Guangxi	1675.41	2462.90	2680.58	17	62.30	112.36	105.71	29
海　南	Hainan	1724.47	3037.20	3506.35	10	90.49	146.40	172.97	14
重　庆	Chongqing	1750.01	3229.00	3571.07	9	50.70	137.09	145.39	22
四　川	Sichuan	1881.18	3299.30	3618.44	8	69.59	129.09	157.54	20
贵　州	Guizhou	1319.43	2223.50	2270.16	28	44.21	92.14	91.20	30
云　南	Yunnan	1604.50	2145.90	2486.71	24	43.11	74.12	79.92	31
西　藏	Tibet	1325.71	2534.90	2912.00	16	75.77	149.94	134.51	26
陕　西	Shaanxi	1299.22	2112.20	2199.49	30	75.77	136.81	140.21	24
甘　肃	Gansu	1315.25	2145.70	2244.13	29	46.09	97.70	118.08	27
青　海	Qinghai	1442.88	2626.00	2564.22	21	62.55	142.52	193.56	10
宁　夏	Ningxia	1541.77	2296.00	2452.68	25	101.22	209.23	172.87	15
新　疆	Xinjiang	1394.38	2540.20	2622.52	19	59.94	92.43	106.11	28

7-26 农村居民年人均衣着和居住支出

Per Capita Consumption Expenditure of Rural Households on Clothing and Residence

单位：元 (yuan)

地区	Region	衣着 Clothing 2010	2014	2015	2015排名 Ranking	居住 Residence 2010	2014	2015	2015排名 Ranking
全　国	**National Total**	**264.03**	**510.40**	**550.48**		**835.19**	**1762.75**	**1926.17**	
北　京	Beijing	699.42	917.76	996.13	2	1990.21	4360.65	4635.97	1
天　津	Tianjin	365.86	1013.09	1060.48	1	888.32	3200.39	3278.83	4
河　北	Hebei	250.92	581.61	625.26	12	839.66	1858.48	2014.16	11
山　西	Shanxi	315.78	539.69	558.51	17	614.70	1480.46	1536.77	23
内蒙古	Inner Mongolia	317.71	728.07	765.07	6	751.99	1675.75	1817.07	13
辽　宁	Liaoning	369.15	531.68	598.56	14	745.03	1491.75	1666.41	18
吉　林	Jilin	309.75	552.60	594.56	15	752.79	1650.88	1698.29	16
黑龙江	Heilongjiang	387.17	597.44	639.91	10	793.80	1602.14	1554.78	22
上　海	Shanghai	554.13	860.44	857.13	4	2070.25	3615.71	4161.31	2
江　苏	Jiangsu	350.01	758.86	777.86	5	1170.88	2466.98	2649.92	6
浙　江	Zhejiang	551.53	881.78	950.79	3	2044.32	3302.10	3732.34	3
安　徽	Anhui	232.20	473.95	503.44	22	867.51	1686.02	1899.77	12
福　建	Fujian	310.14	572.36	610.58	13	865.50	2607.83	2907.57	5
江　西	Jiangxi	174.61	380.55	431.90	26	782.72	1877.26	2026.30	10
山　东	Shandong	305.56	489.31	539.99	19	832.95	1547.07	1626.55	20
河　南	Henan	261.52	600.71	655.17	9	765.18	1542.58	1643.28	19
湖　北	Hubei	217.61	495.73	549.14	18	816.42	1944.56	2150.27	9
湖　南	Hunan	209.85	468.01	494.54	24	719.20	1982.41	2191.02	8
广　东	Guangdong	215.51	328.15	367.13	27	986.70	2238.82	2494.84	7
广　西	Guangxi	110.46	208.56	237.13	31	692.51	1550.76	1729.87	15
海　南	Hainan	117.36	247.88	281.68	30	609.77	1328.48	1470.03	26
重　庆	Chongqing	224.13	490.45	530.18	20	548.00	1294.16	1481.83	25
四　川	Sichuan	226.62	548.06	580.39	16	625.28	1486.45	1675.43	17
贵　州	Guizhou	137.49	341.63	355.36	28	621.80	1202.08	1442.02	28
云　南	Yunnan	160.72	267.19	304.90	29	638.09	1147.84	1228.60	29
西　藏	Tibet	326.65	458.12	506.91	21	352.88	688.42	701.90	31
陕　西	Shaanxi	237.87	457.33	496.32	23	837.54	1627.03	1785.51	14
甘　肃	Gansu	184.23	411.21	466.30	25	551.63	1079.78	1221.13	30
青　海	Qinghai	255.19	615.48	626.86	11	944.23	1416.29	1461.71	27
宁　夏	Ningxia	302.61	602.02	664.04	8	776.44	1388.07	1561.22	21
新　疆	Xinjiang	303.66	650.72	691.27	7	695.17	1412.83	1486.55	24

7-27 农村居民年人均家庭设备用品和交通通信支出
Per Capita Consumption Expenditure of Rural Households on Household Facilities and Articles, Transportation and Communications

单位：元 (yuan)

地区	Region	家庭设备及用品 Household Facilities and Articles				交通通信 Transport and Communications			
		2010	2014	2015	2015排名 Ranking	2010	2014	2015	2015排名 Ranking
全　国	**National Total**	**234.06**	**506.50**	**545.61**		**461.10**	**1012.63**	**1163.10**	
北　京	Beijing	473.62	994.60	992.88	2	1112.44	1812.97	2140.03	3
天　津	Tianjin	233.02	891.00	1153.72	1	467.48	1979.37	2196.21	2
河　北	Hebei	218.90	508.00	527.48	15	464.80	1146.52	1298.46	9
山　西	Shanxi	173.62	343.90	382.40	27	357.74	706.50	820.27	27
内蒙古	Inner Mongolia	177.91	427.90	474.96	19	598.61	1467.54	1646.84	6
辽　宁	Liaoning	185.23	331.70	396.54	24	448.97	1049.68	1351.22	8
吉　林	Jilin	171.92	355.70	353.53	30	368.64	931.21	1203.56	13
黑龙江	Heilongjiang	164.63	348.00	357.46	29	455.90	966.21	1162.19	14
上　海	Shanghai	528.01	689.50	722.50	5	1459.45	1830.31	2046.09	4
江　苏	Jiangsu	327.69	719.00	754.04	4	785.53	1788.50	1879.91	5
浙　江	Zhejiang	410.62	746.60	804.84	3	1145.99	2256.76	2565.66	1
安　徽	Anhui	231.23	498.70	498.49	16	338.99	811.71	1056.28	17
福　建	Fujian	292.71	642.70	620.57	9	638.07	1097.70	1248.58	11
江　西	Jiangxi	205.27	406.80	491.47	17	331.81	759.39	865.75	24
山　东	Shandong	324.70	523.90	553.48	14	649.21	1225.76	1393.02	7
河　南	Henan	254.47	505.90	560.58	13	401.44	859.57	970.34	21
湖　北	Hubei	262.26	574.30	599.92	11	331.35	816.43	1218.42	12
湖　南	Hunan	243.90	541.90	604.70	10	343.82	871.88	920.24	22
广　东	Guangdong	235.01	599.70	654.65	7	637.08	1068.68	1160.44	15
广　西	Guangxi	192.77	394.80	455.55	20	310.30	709.75	821.82	26
海　南	Hainan	135.22	392.80	404.57	23	312.53	661.77	836.04	25
重　庆	Chongqing	260.71	569.40	651.70	8	281.73	780.39	888.23	23
四　川	Sichuan	239.48	629.80	659.89	6	360.70	884.90	1019.79	19
贵　州	Guizhou	135.64	355.10	379.80	28	229.66	636.47	784.23	30
云　南	Yunnan	167.66	359.60	383.09	26	337.85	856.80	986.99	20
西　藏	Tibet	181.27	252.90	290.17	31	282.43	516.99	718.55	31
陕　西	Shaanxi	233.37	442.00	491.19	18	336.22	690.47	793.16	29
甘　肃	Gansu	146.93	383.40	444.98	21	256.70	730.40	811.70	28
青　海	Qinghai	193.59	487.50	444.59	22	369.60	1392.26	1278.07	10
宁　夏	Ningxia	188.12	496.10	571.82	12	444.02	961.45	1070.92	16
新　疆	Xinjiang	137.69	340.80	396.00	25	382.14	1010.43	1031.63	18

7-28 农村居民年人均文教娱乐和医疗保健支出

Per Capita Consumption Expenditure of Rural Households on Education, Culture and Recreation, Health Care and Medical Services

单位：元 (yuan)

地区	Region	文教娱乐 Education, Culture and Recreation 2010	2014	2015	2015排名 Ranking	医疗保健 Health Care and Medical Services 2010	2014	2015	2015排名 Ranking
全　国	**National Total**	**366.72**	**859.50**	**969.31**		**326.04**	**753.85**	**845.97**	
北　京	Beijing	950.61	1097.28	1144.87	6	840.61	1088.64	1336.03	2
天　津	Tianjin	462.25	1041.40	1245.30	5	360.47	979.68	1159.86	5
河　北	Hebei	296.11	758.74	870.43	22	344.25	788.71	920.54	14
山　西	Shanxi	420.21	928.48	1017.11	12	328.92	770.21	794.33	20
内蒙古	Inner Mongolia	374.19	1318.04	1457.70	2	467.97	1114.39	1117.71	6
辽　宁	Liaoning	500.28	1014.46	1122.01	7	413.83	1026.38	1064.54	9
吉　林	Jilin	454.05	1042.19	1117.70	9	462.42	1008.05	1058.10	10
黑龙江	Heilongjiang	560.71	984.22	1097.94	10	443.16	992.06	1112.77	7
上　海	Shanghai	997.65	782.75	893.29	19	584.51	1330.33	1464.29	1
江　苏	Jiangsu	908.10	1215.48	1319.87	3	362.28	845.33	1088.22	8
浙　江	Zhejiang	839.19	1355.30	1486.37	1	709.30	1068.33	1246.32	3
安　徽	Anhui	363.92	735.12	834.39	26	264.39	778.84	808.20	19
福　建	Fujian	462.17	940.72	1003.87	13	251.36	735.94	826.94	18
江　西	Jiangxi	285.23	711.93	882.87	20	243.84	525.21	569.67	29
山　东	Shandong	421.91	801.40	912.10	17	383.89	776.42	919.18	15
河　南	Henan	250.47	757.83	851.38	24	287.83	731.37	768.98	21
湖　北	Hubei	288.12	1010.19	1118.15	8	295.24	907.33	985.09	11
湖　南	Hunan	315.93	1112.12	1276.39	4	293.59	771.41	844.07	16
广　东	Guangdong	326.53	918.22	952.41	15	307.43	686.95	723.15	24
广　西	Guangxi	182.55	682.50	841.69	25	228.99	553.51	709.65	25
海　南	Hainan	318.04	760.31	904.07	18	138.35	454.12	634.54	27
重　庆	Chongqing	239.03	805.08	923.45	16	270.31	677.02	745.86	22
四　川	Sichuan	218.62	599.77	699.36	29	276.06	723.74	839.81	17
贵　州	Guizhou	186.19	746.36	872.71	21	178.07	372.98	449.46	30
云　南	Yunnan	206.45	664.85	782.31	28	239.94	513.95	577.63	28
西　藏	Tibet	51.06	129.09	179.27	31	71.16	91.65	136.42	31
陕　西	Shaanxi	397.61	900.63	1036.59	11	376.20	883.70	958.25	12
甘　肃	Gansu	238.03	753.36	853.67	23	203.13	546.20	669.80	26
青　海	Qinghai	198.53	610.58	806.60	27	307.92	944.46	1190.87	4
宁　夏	Ningxia	241.08	866.64	995.36	14	417.92	856.93	925.95	13
新　疆	Xinjiang	170.15	600.71	632.02	30	314.73	717.18	731.85	23

7-29 每百户城镇居民拥有摩托车和家用汽车
Ownership of Motorcycle and Automobile Per 100 Urban Households

地区	Region	摩托车（辆）Motorcycle (unit)				家用汽车（台）Automobile (set)			
		2010	2014	2015	2015排名 Ranking	2010	2014	2015	2015排名 Ranking
全　国	**National Total**	**22.51**	**24.50**	**22.70**		**13.07**	**25.70**	**30.00**	
北　京	Beijing		2.00	2.90	31	33.83	45.00	46.80	3
天　津	Tianjin	1.70	6.60	6.20	29	15.96	32.10	37.30	6
河　北	Hebei	28.85	18.82	14.40	23	12.46	33.40	36.90	7
山　西	Shanxi	27.54	23.48	18.90	16	11.53	24.24	30.30	11
内蒙古	Inner Mongolia		27.46	24.70	10	11.17	28.71	32.10	9
辽　宁	Liaoning		9.97	8.40	28	9.00	16.35	21.10	26
吉　林	Jilin			17.00	21	7.11	17.00	20.90	27
黑龙江	Heilongjiang	8.00	12.00	10.50	27	3.60	10.00	11.80	31
上　海	Shanghai			4.10	30	16.81		25.60	16
江　苏	Jiangsu		22.34	18.40	17	13.83	34.58	39.10	5
浙　江	Zhejiang	25.82	16.60	13.70	25	26.37	43.50	47.90	2
安　徽	Anhui	23.00	23.07	19.7	15	4.95	15.97	21.9	24
福　建	Fujian	51.30	46.33	46.00	2	10.97	23.25	28.30	14
江　西	Jiangxi	20.77	33.53	28.70	8	5.31	18.79	23.10	22
山　东	Shandong		26.60	22.70	11	19.82	43.60	49.40	1
河　南	Henan	19.97	29.42	25.60	9	6.75	20.23	24.10	19
湖　北	Hubei		31.64	30.40	7	5.53	13.65	17.70	30
湖　南	Hunan			32.00	5	7.69		25.40	17
广　东	Guangdong	44.90	39.21	40.10	3	26.58	25.53	29.70	13
广　西	Guangxi	48.11	58.32	46.30	1	13.26	24.03	30.90	10
海　南	Hainan	45.27	39.49	37.60	4	11.76	19.88	22.90	23
重　庆	Chongqing		16.63	17.60	19	6.60	17.53	20.90	27
四　川	Sichuan	9.78	24.14	21.00	13	8.60	20.46	23.80	20
贵　州	Guizhou	5.79	20.83	17.90	18	5.96	19.66	23.70	21
云　南	Yunnan			31.40	6	18.26		40.00	4
西　藏	Tibet	12.00	16.00	11.80	26	16.46	26.00	32.50	8
陕　西	Shaanxi		19.90	17.40	20	7.07	18.90	21.70	25
甘　肃	Gansu	7.75	21.00	20.10	14	3.53	13.80	18.20	29
青　海	Qinghai	4.00	15.50	16.00	22	5.49	17.70	25.00	18
宁　夏	Ningxia	19.19	25.95	21.40	12	7.00	25.65	30.00	12
新　疆	Xinjiang	18.53	17.78	13.90	24	8.63	19.72	26.50	15

7-30 每百户城镇居民拥有洗衣机和电冰箱
Ownership of Washing Machine and Refrigerator Per 100 Urban Households

单位：台 (set)

地区	Region	洗衣机 Washing Machine 2010	2014	2015	2015排名 Ranking	电冰箱 Refrigerator 2010	2014	2015	2015排名 Ranking
全 国	**National Total**	**96.92**	**90.70**	**92.30**		**96.61**	**91.70**	**94.00**	
北 京	Beijing		101.00	95.90	11		104.00	98.30	4
天 津	Tianjin	100.20	100.00	95.00	17	107.50	103.10	97.70	6
河 北	Hebei	97.66	97.43	98.40	5	98.28	97.59	97.50	7
山 西	Shanxi	100.73	97.87	99.50	1	90.19	87.68	93.40	23
内蒙古	Inner Mongolia		93.39	95.00	17		92.57	94.70	16
辽 宁	Liaoning		89.29	91.90	24		92.92	95.60	14
吉 林	Jilin		95.00	95.30	13		92.00	94.00	19
黑龙江	Heilongjiang	94.00	86.70	92.50	23	86.00	83.30	91.90	27
上 海	Shanghai			91.60	25			97.40	8
江 苏	Jiangsu		98.81	99.40	2		99.52	101.10	1
浙 江	Zhejiang	94.26	87.10	88.00	28	100.36	94.50	96.40	12
安 徽	Anhui	97.35	93.93	94.10	20	96.61	96.94	97.20	9
福 建	Fujian	101.46	84.47	84.50	29	105.49	92.47	94.30	18
江 西	Jiangxi	93.84	88.72	93.70	21	96.57	96.00	96.90	10
山 东	Shandong		95.10	96.10	10		96.90	98.20	5
河 南	Henan	97.43	97.64	98.60	4	90.70	90.20	94.00	19
湖 北	Hubei		88.04	91.00	26		93.24	95.20	15
湖 南	Hunan			96.50	9			98.90	3
广 东	Guangdong	97.68	67.57	70.90	31	96.62	71.67	75.30	31
广 西	Guangxi	97.77	87.59	92.60	22	97.41	90.06	94.70	16
海 南	Hainan	69.69	75.30	80.00	30	77.93	83.11	89.30	30
重 庆	Chongqing		94.92	95.40	12		98.68	99.80	2
四 川	Sichuan	96.09	95.30	96.70	8	95.36	93.47	96.80	11
贵 州	Guizhou	99.23	95.70	97.90	6	94.56	90.69	93.90	21
云 南	Yunnan			95.30	13			91.50	28
西 藏	Tibet	84.00	84.00	89.30	27	81.00	86.00	92.60	26
陕 西	Shaanxi		95.00	95.20	16		88.50	89.50	29
甘 肃	Gansu	98.09	97.40	99.00	3	85.84	89.40	92.80	25
青 海	Qinghai	97.00	92.90	94.70	19	92.00	88.40	93.80	22
宁 夏	Ningxia	94.32	95.25	95.30	13	88.65	92.38	93.40	23
新 疆	Xinjiang	93.43	94.01	97.30	7	90.20	94.86	96.00	13

7-31 每百户城镇居民拥有微波炉和助力车
Ownership of Microwave Oven and Powered Bicycle Per 100 Urban Households

地区	Region	微波炉（台）Microwave Oven （set）				助力车（辆）Powered Bicycle （unit）			
		2010	2014	2015	2015排名 Ranking	2010	2014	2015	2015排名 Ranking
全　国	**National Total**	**59.00**	**52.60**	**53.80**			**42.50**	**45.80**	
北　京	Beijing		87.00	81.10	3		12.00	18.90	23
天　津	Tianjin	88.50	77.50	72.50	4	28.50		34.80	15
河　北	Hebei	50.13	56.26	58.40	10	49.98	68.77	73.50	4
山　西	Shanxi	32.66	32.98	40.40	23			39.40	14
内蒙古	Inner Mongolia		38.60	37.90	28		43.59	46.10	11
辽　宁	Liaoning		52.59	55.10	12		13.82	15.20	26
吉　林	Jilin			44.70	20			7.00	28
黑龙江	Heilongjiang	36.00	36.00	36.10	31			8.40	27
上　海	Shanghai			86.80	2			50.50	10
江　苏	Jiangsu		86.06	88.70	1		98.81	107.50	1
浙　江	Zhejiang	71.28		59.10	9	45.73		70.80	5
安　徽	Anhui	57.77	58.25	59.70	8	31.84	61.65	67.90	7
福　建	Fujian	79.65		63.10	6	37.76		40.80	13
江　西	Jiangxi	55.86	49.93	54.00	13			55.70	9
山　东	Shandong			50.10	15			86.40	3
河　南	Henan	38.88	39.79	40.10	25	48.96	82.73	90.30	2
湖　北	Hubei		44.98	47.60	17		22.83	24.30	18
湖　南	Hunan			44.30	21			20.60	21
广　东	Guangdong	69.90	38.52	39.40	26			20.20	22
广　西	Guangxi	66.82	52.87	64.90	5		63.55	70.50	6
海　南	Hainan	31.26	36.30	36.30	30			63.80	8
重　庆	Chongqing		62.09	62.90	7			4.50	31
四　川	Sichuan	54.50	42.41	45.10	19	13.56		22.80	20
贵　州	Guizhou	45.71	40.91	42.80	22			5.90	30
云　南	Yunnan			57.10	11			31.90	16
西　藏	Tibet	27.00	38.00	40.30	24	5.00	12.00	15.80	25
陕　西	Shaanxi		38.60	36.90	29		24.70	23.80	19
甘　肃	Gansu	36.18		47.30	18	8.21	21.86	18.30	24
青　海	Qinghai	47.00	48.60	52.60	14		6.00	6.90	29
宁　夏	Ningxia	42.10	47.22	48.20	16	24.71	40.15	42.60	12
新　疆	Xinjiang	34.84	44.62	39.40	26	8.60	20.32	24.80	17

7-32 每百户城镇居民拥有热水器和空调机

Ownership of Water Heater and Air Conditioner Per 100 Urban Households

单位：台 （set）

地区	Region	热水器 Water Heater 2010	2014	2015	2015排名 Ranking	空调机 Air Conditioner 2010	2014	2015	2015排名 Ranking
全　国	**National Total**	**84.82**	**83.00**	**85.60**		**112.07**	**107.40**	**114.60**	
北　京	Beijing		99.00	92.60	8		186.00	160.80	5
天　津	Tianjin	96.40	93.70	92.20	9	143.00	134.20	131.30	11
河　北	Hebei	78.09	85.46	88.50	15	90.39	112.40	117.90	15
山　西	Shanxi			65.10	26	34.90	29.64	38.10	20
内蒙古	Inner Mongolia		56.14	56.40	27		12.81	12.10	25
辽　宁	Liaoning		68.10	72.00	24		25.31	30.50	21
吉　林	Jilin			53.70	28			10.30	27
黑龙江	Heilongjiang	36.00	45.00	47.30	30	9.00	11.00	9.80	28
上　海	Shanghai			91.00	13			190.90	2
江　苏	Jiangsu		101.29	104.50	1		183.36	194.30	1
浙　江	Zhejiang	101.19	88.90	91.70	11	186.62	177.40	185.00	3
安　徽	Anhui	86.78	93.86	96.60	3	120.04	140.37	144.40	7
福　建	Fujian	110.48	94.22	97.50	2	184.55	146.20	157.20	6
江　西	Jiangxi	92.28	91.88	93.90	5	107.67	119.59	128.10	13
山　东	Shandong		91.50	93.90	5		103.70	109.40	16
河　南	Henan	66.83	79.04	82.80	20	120.28	124.63	135.70	10
湖　北	Hubei		84.27	87.40	17		119.26	128.40	12
湖　南	Hunan			90.10	14			140.50	9
广　东	Guangdong			83.50	19	206.86	132.26	144.30	8
广　西	Guangxi	104.28	90.93	95.50	4	112.40	94.81	121.10	14
海　南	Hainan	86.19	83.42	87.60	16	72.26	82.82	97.60	18
重　庆	Chongqing		91.07	93.10	7		160.65	170.10	4
四　川	Sichuan	88.66	88.46	91.20	12	101.47	97.50	108.20	17
贵　州	Guizhou	72.42	76.63	82.30	21	17.00	20.48	27.80	22
云　南	Yunnan			92.10	10			3.60	30
西　藏	Tibet	26.00	41.00	42.20	31	6.00	8.00	9.30	29
陕　西	Shaanxi		71.20	72.60	23		85.20	88.40	19
甘　肃	Gansu	62.34	69.50	71.50	25	5.43	10.80	10.50	26
青　海	Qinghai	44.00	5.00	48.90	29		1.80	2.20	31
宁　夏	Ningxia	75.07	85.96	87.40	17	10.19	13.43	13.10	24
新　疆	Xinjiang	74.27	80.33	81.60	22	12.42	16.06	16.50	23

7-33 每百户城镇居民拥有彩色电视机和家用计算机
Ownership of Color TV Set and Computer Per 100 Urban Households

单位：台 （set）

地区	Region	彩色电视机 Color TV Set				家用计算机 Computer			
		2010	2014	2015	2015排名 Ranking	2010	2014	2015	2015排名 Ranking
全 国	**National Total**	**137.43**	**122.00**	**122.30**		**71.16**	**76.20**	**78.50**	
北 京	Beijing		141.00	129.90	7	103.93	114.00	106.60	2
天 津	Tianjin	130.80	115.00	109.60	16	90.68	76.70	73.50	16
河 北	Hebei	117.97	111.28	111.10	15	61.32	76.58	76.60	11
山 西	Shanxi	111.75	107.25	106.00	21	54.08	68.62	76.60	11
内蒙古	Inner Mongolia		102.37	102.40	26	46.76	56.00	58.40	29
辽 宁	Liaoning		107.47	108.00	18	67.72	60.71	65.70	21
吉 林	Jilin		107.00	105.40	23	54.18	65.00	68.50	18
黑龙江	Heilongjiang	109.00	103.00	102.00	27	47.21	58.00	56.80	30
上 海	Shanghai			177.40	1	128.19		126.10	1
江 苏	Jiangsu		166.85	170.60	3	81.36	91.66	91.40	4
浙 江	Zhejiang	185.70	173.20	173.80	2	89.84	96.00	95.70	3
安 徽	Anhui	141.50	130.04	129.60	9	63.79	69.14	74.00	14
福 建	Fujian	180.19	136.88	138.70	5	94.81	91.27	88.70	5
江 西	Jiangxi	148.00	143.25	141.10	4	59.91	75.91	77.50	9
山 东	Shandong		108.10	108.00	18	77.21	78.20	79.30	8
河 南	Henan	126.51	118.33	118.20	11	56.98	74.58	74.40	13
湖 北	Hubei		116.59	116.90	12	58.53	69.95	74.00	14
湖 南	Hunan			116.20	13	52.68		77.00	10
广 东	Guangdong	142.99	98.68	99.50	31	96.80	81.55	84.50	7
广 西	Guangxi	136.07	120.39	115.90	14	78.98	75.88	88.20	6
海 南	Hainan	119.79	108.93	104.60	24	52.88	61.61	67.00	20
重 庆	Chongqing		131.75	129.80	8	69.03	69.46	72.10	17
四 川	Sichuan	137.97	123.75	124.20	10	61.35	59.96	63.20	25
贵 州	Guizhou	121.93	105.05	106.20	20	56.79	63.56	64.40	24
云 南	Yunnan			109.00	17	53.64		62.20	27
西 藏	Tibet	129.00	127.00	133.70	6	39.08	51.00	54.40	31
陕 西	Shaanxi		108.50	105.70	22	68.06	65.50	67.30	19
甘 肃	Gansu	109.99	102.20	104.60	24	42.90	55.50	64.70	23
青 海	Qinghai	106.00	100.70	100.20	29	39.94	58.00	60.20	28
宁 夏	Ningxia	105.24	102.72	101.80	28	51.32	70.02	65.60	22
新 疆	Xinjiang	105.61	100.61	100.20	29	47.68	60.30	62.50	26

7-34 每百户城镇居民拥有照相机和移动电话

Ownership of Camera and Mobile Phone Per 100 Urban Households

地区	Region	照相机（架）Camera （unit）				移动电话（部）Mobile Phone （unit）			
		2010	2014	2015	2015排名 Ranking	2010	2014	2015	2015排名 Ranking
全　国	**National Total**	**43.70**	**35.20**	**33.00**		**188.86**	**216.60**	**223.80**	
北　京	Beijing		88.00	65.00	1		229.00	219.90	21
天　津	Tianjin	63.20	41.10	35.20	8	205.20	220.40	219.50	22
河　北	Hebei	39.28	35.84	34.70	9	173.70	218.95	220.50	19
山　西	Shanxi	29.34	21.91	24.50	23	146.61	216.72	219.20	23
内蒙古	Inner Mongolia		6.87	24.00	25		212.13	216.90	25
辽　宁	Liaoning		31.54	32.90	12		187.02	198.80	30
吉　林	Jilin		26.00	24.40	24		212.00	219.00	24
黑龙江	Heilongjiang	25.00	23.00	20.00	29	171.00	194.00	197.60	31
上　海	Shanghai			54.90	2			221.00	18
江　苏	Jiangsu		39.00	38.20	5		231.41	234.90	8
浙　江	Zhejiang	50.07	44.00	38.70	4	198.01	223.50	228.60	10
安　徽	Anhui	29.71	30.29	27.50	19	168.46	208.12	216.70	26
福　建	Fujian	46.45	33.35	29.80	15	223.74	232.78	240.10	2
江　西	Jiangxi	33.82	30.03	26.40	20	181.18	225.82	224.00	15
山　东	Shandong		45.70	43.80	3		213.90	220.40	20
河　南	Henan	33.61	26.42	25.00	22	175.12	222.10	225.30	12
湖　北	Hubei		28.35	25.40	21		212.26	223.10	16
湖　南	Hunan			28.70	18			237.40	4
广　东	Guangdong			37.10	7	222.12	210.70	221.50	17
广　西	Guangxi	43.52	26.25	33.40	10	210.37	250.45	249.90	1
海　南	Hainan	21.85	19.45	16.60	31	174.02	223.81	235.00	7
重　庆	Chongqing			31.30	13		228.34	237.70	3
四　川	Sichuan	33.05	25.40	23.40	26	191.82	220.15	228.10	11
贵　州	Guizhou	28.03	21.87	18.90	30	183.54	228.15	236.50	6
云　南	Yunnan			33.10	11			234.10	9
西　藏	Tibet	37.00	39.00	37.80	6	156.00	192.00	212.30	27
陕　西	Shaanxi		32.70	29.10	17		225.00	225.00	13
甘　肃	Gansu	26.49	32.20	29.80	15	159.58	205.30	224.50	14
青　海	Qinghai	25.00	22.30	23.30	27	153.00	201.60	210.90	28
宁　夏	Ningxia	20.31	25.92	21.60	28	185.48	230.36	237.30	5
新　疆	Xinjiang	26.83	33.06	29.90	14	159.79	204.72	209.10	29

7-35 每百户农村居民拥有摩托车和家用汽车
Ownership of Motorcycles and Automobile Per 100 Rural Households

地区	Region	摩托车（辆） Motorcycle (unit)				家用汽车（台） Automobile (set)			
		2010	2014	2015	2015排名 Ranking	2010	2014	2015	2015排名 Ranking
全　国	**National Total**	**59.02**	**67.60**	**67.50**			**11.00**	**13.30**	
北　京	Beijing	29.20	11.00	11.60	30		35.00	32.00	2
天　津	Tianjin	51.67	39.70	41.50	27	14.00	27.50	39.90	1
河　北	Hebei	61.43	70.03	66.40	17		20.15	23.60	4
山　西	Shanxi	56.57	55.94	57.50	22	1.86	10.63	10.10	19
内蒙古	Inner Mongolia	68.16	76.38	75.20	13			23.10	7
辽　宁	Liaoning	59.21	60.00	63.90	20	1.43	8.90	11.60	17
吉　林	Jilin	60.94	73.99	74.10	15	1.25	12.81	16.90	10
黑龙江	Heilongjiang	52.86	59.40	58.90	21			9.00	24
上　海	Shanghai	45.50		11.40	31			13.80	12
江　苏	Jiangsu	63.26	47.84	43.70	26	3.00	9.10	18.00	9
浙　江	Zhejiang	53.11	36.70	31.30	29	7.80	19.20	25.40	3
安　徽	Anhui	55.61	51.20	47.00	25		6.89	8.50	26
福　建	Fujian	92.58	90.08	91.50	4	3.24	10.08	12.90	13
江　西	Jiangxi	60.49	78.54	77.10	11		9.50	10.00	20
山　东	Shandong	72.62	71.10	68.90	16		19.30	23.60	4
河　南	Henan	54.88	70.01	65.20	19	1.76	10.13	12.00	15
湖　北	Hubei	64.12	76.52	77.90	10			7.20	29
湖　南	Hunan	45.76		75.00	14			8.10	27
广　东	Guangdong	107.11	108.06	117.00	1			10.70	18
广　西	Guangxi	76.04	100.87	100.50	3	0.26	7.15	6.80	30
海　南	Hainan	100.56	100.90	102.30	2	1.10	4.60	6.20	31
重　庆	Chongqing	27.06	37.90	40.20	28		5.82	8.00	28
四　川	Sichuan	37.88	52.06	51.50	24		7.54	8.60	25
贵　州	Guizhou	30.76	48.40	54.90	23			9.20	22
云　南	Yunnan	46.63		76.10	12			11.80	16
西　藏	Tibet	43.13	79.10	80.30	9			15.90	11
陕　西	Shaanxi	49.68	66.30	66.20	18		7.90	9.10	23
甘　肃	Gansu	58.00	85.40	88.60	6			10.00	20
青　海	Qinghai	79.33	86.00	90.50	5		18.80	23.50	6
宁　夏	Ningxia	85.83	85.87	83.00	8			18.40	8
新　疆	Xinjiang	62.84	85.41	87.90	7		12.59	12.60	14

7-36 每百户农村居民拥有洗衣机和电冰箱
Ownership of Washing Machine and Refrigerator Per 100 Rural Households

单位：台 （set）

地区	Region	洗衣机 Washing Machine				电冰箱 Refrigerator			
		2010	2014	2015	2015排名 Ranking	2010	2014	2015	2015排名 Ranking
全国	**National Total**	**57.32**	**74.80**	**78.80**		**45.19**	**77.60**	**82.60**	
北京	Beijing		97.00	90.30	7		103.00	94.70	4
天津	Tianjin	101.00	98.00	101.70	1	103.00	98.60	100.10	1
河北	Hebei	86.33	95.07	96.70	4	50.45	86.95	90.10	10
山西	Shanxi	81.05	80.74	82.00	17	29.19	54.41	57.90	27
内蒙古	Inner Mongolia		81.52	85.70	14		84.63	89.60	11
辽宁	Liaoning	76.24	76.53	80.10	18	58.73	79.94	86.00	15
吉林	Jilin	77.75	85.61	89.40	8	44.88	84.89	89.10	12
黑龙江	Heilongjiang	82.60	86.70	86.70	12	54.00	83.30	86.30	14
上海	Shanghai			70.20	24			84.00	19
江苏	Jiangsu	91.50	90.43	91.90	6	59.30	89.55	95.20	2
浙江	Zhejiang	68.30	67.80	74.70	20	89.40	91.70	94.50	5
安徽	Anhui	56.52	71.37	73.60	21	63.26	86.36	90.60	8
福建	Fujian	63.85	68.46	73.20	22	72.53	91.96	93.80	6
江西	Jiangxi		36.92	42.10	30		82.81	84.00	19
山东	Shandong		82.90	86.80	11		85.90	90.80	7
河南	Henan	84.64	89.84	92.90	5	46.12	73.07	79.10	23
湖北	Hubei	47.97	57.94	65.00	26	51.48	79.53	84.80	18
湖南	Hunan			71.90	23			87.40	13
广东	Guangdong	45.78	54.43	64.80	27	49.10	68.36	78.30	24
广西	Guangxi	15.17	51.90	54.70	28	30.71	75.87	79.60	22
海南	Hainan	8.50	21.60	23.60	31	15.00	48.20	55.80	28
重庆	Chongqing		70.47	74.80	19		86.49	90.30	9
四川	Sichuan	65.75	77.98	82.10	16	49.38	77.64	82.70	21
贵州	Guizhou	55.20	75.20	85.50	15	27.20	58.60	69.20	25
云南	Yunnan			68.10	25			52.30	30
西藏	Tibet	10.41	35.30	45.40	29	14.73	38.10	45.30	31
陕西	Shaanxi		87.50	88.00	9		62.50	68.80	26
甘肃	Gansu	60.06	84.80	86.00	13	17.39	51.70	55.30	29
青海	Qinghai	75.00	93.70	97.10	3	44.80	86.90	95.00	3
宁夏	Ningxia		94.88	98.20	2		77.19	85.20	17
新疆	Xinjiang	47.94	84.11	87.80	10	43.48	80.86	85.60	16

7-37 每百户农村居民拥有微波炉和抽油烟机

Ownership of Microwave Oven and Smoke Exhauster Per 100 Rural Households

单位：台 (set)

地区	Region	微波炉 Microwave Oven				抽油烟机 Smoke Exhauster			
		2010	2014	2015	2015排名 Ranking	2010	2014	2015	2015排名 Ranking
全　国	**National Total**		**14.70**	**15.00**		**11.11**	**13.90**	**15.30**	
北　京	Beijing		61.00	50.50	3		75.00	66.60	1
天　津	Tianjin	37.00	36.30	32.60	5	28.00		44.10	3
河　北	Hebei	4.48	15.59	15.80	9	8.05	16.29	17.20	9
山　西	Shanxi	3.38	7.00	5.70	30			7.10	22
内蒙古	Inner Mongolia			6.00	26			12.10	14
辽　宁	Liaoning	7.25	7.08	8.70	19	10.74	9.61	12.50	13
吉　林	Jilin	2.31	6.90	6.50	23	2.94	7.93	8.30	21
黑龙江	Heilongjiang	5.20	4.60	6.00	26	9.00	10.90	10.40	16
上　海	Shanghai			64.80	1			37.70	4
江　苏	Jiangsu		57.94	61.50	2	24.10	30.38	31.60	5
浙　江	Zhejiang	23.00		32.30	6	52.70		55.10	2
安　徽	Anhui			15.40	10	7.19	9.67	10.90	15
福　建	Fujian	26.54		33.50	4	20.38		27.40	7
江　西	Jiangxi		9.13	8.00	21		13.58	13.30	12
山　东	Shandong			12.30	12			22.80	8
河　南	Henan	5.12	10.04	9.00	17	3.02	5.08	6.30	25
湖　北	Hubei			9.20	16	10.03	13.59	14.90	10
湖　南	Hunan			6.90	22			14.60	11
广　东	Guangdong			19.10	7			29.50	6
广　西	Guangxi	3.72	16.29	15.40	10	1.34	6.67	6.30	25
海　南	Hainan	12.80	12.00	12.30	12	1.50	4.40	6.60	24
重　庆	Chongqing		16.14	16.30	8		8.55	8.60	20
四　川	Sichuan		9.73	9.50	15		5.21	6.20	27
贵　州	Guizhou			8.30	20			3.90	29
云　南	Yunnan			10.70	14			3.30	30
西　藏	Tibet			1.30	31			0.20	31
陕　西	Shaanxi		6.80	6.00	26		6.10	6.90	23
甘　肃	Gansu			6.10	25			5.80	28
青　海	Qinghai		6.90	6.50	23	2.20	7.70	9.00	18
宁　夏	Ningxia			9.00	17			9.80	17
新　疆	Xinjiang	1.81	5.86	5.90	29	2.77	6.79	9.00	18

7-38 每百户农村居民拥有热水器和空调机

Ownership of Water Heater and Air Conditioner Per 100 Rural Households

单位：台 (set)

地区	Region	热水器 Water Heater 2010	2014	2015	2015排名 Ranking	空调机 Air Conditioner 2010	2014	2015	2015排名 Ranking
全　国	**National Total**		**48.20**	**52.50**		**16.00**	**34.20**	**38.80**	
北　京	Beijing		96.00	92.60	2		127.00	118.40	1
天　津	Tianjin	58.00	90.60	95.20	1	77.00	71.10	85.40	5
河　北	Hebei		54.25	56.40	12		50.18	55.30	8
山　西	Shanxi			18.10	26	4.62	9.13	9.60	20
内蒙古	Inner Mongolia			16.70	27			0.80	24
辽　宁	Liaoning	10.26	12.02	16.30	28	1.01	1.74	2.10	22
吉　林	Jilin	3.44	9.91	9.50	29		0.85	0.30	28
黑龙江	Heilongjiang	5.00	6.40	6.50	30			0.50	27
上　海	Shanghai			66.20	9			100.70	3
江　苏	Jiangsu	62.60	82.62	87.70	3	47.40	98.58	107.70	2
浙　江	Zhejiang	69.90	75.00	80.10	5	78.60	88.10	100.20	4
安　徽	Anhui	43.87	63.09	66.40	8	26.16	53.64	58.40	7
福　建	Fujian	65.55	79.76	81.60	4	33.02	47.55	54.30	10
江　西	Jiangxi		52.01	54.70	13		39.18	38.60	14
山　东	Shandong		65.50	72.10	7		32.90	38.80	13
河　南	Henan	16.26	41.55	48.30	18	22.86	48.05	54.80	9
湖　北	Hubei	32.00	58.01	61.70	10	18.36	37.79	43.50	11
湖　南	Hunan			44.60	19			36.20	15
广　东	Guangdong	57.89	69.36	77.70	6	36.17	46.67	62.20	6
广　西	Guangxi	20.24	47.48	50.50	16	4.33	15.34	16.90	19
海　南	Hainan	24.40	37.30	41.40	21	3.10	18.80	23.70	16
重　庆	Chongqing		49.49	54.40	14		37.13	42.80	12
四　川	Sichuan		46.46	50.00	17		19.10	22.40	18
贵　州	Guizhou	6.20	19.60	29.00	22			2.50	21
云　南	Yunnan			57.00	11			0.30	28
西　藏	Tibet			1.50	31			0.10	31
陕　西	Shaanxi		38.30	41.50	20		21.80	23.10	17
甘　肃	Gansu	8.30	17.50	20.30	25			0.70	26
青　海	Qinghai		16.30	23.80	23		0.30	0.30	28
宁　夏	Ningxia			54.30	15			0.80	24
新　疆	Xinjiang		17.71	21.50	24	0.65	0.94	1.10	23

7-39 每百户农村居民拥有彩色电视机和家用计算机
Ownership of Color TV Set and Computer Per 100 Rural Households

单位：台 （set）

地区	Region	彩色电视机 Color TV Set				家用计算机 Computer			
		2010	2014	2015	2015排名 Ranking	2010	2014	2015	2015排名 Ranking
全　国	**National Total**	**111.79**	**115.60**	**116.90**		**10.37**	**23.50**	**25.70**	
北　京	Beijing		132.00	131.00	5	59.33	75.00	69.40	1
天　津	Tianjin	131.00	120.30	121.60	7	15.17	45.50	38.20	5
河　北	Hebei	116.55	120.12	120.80	9	9.69	35.32	37.80	6
山　西	Shanxi	109.00	105.20	104.70	26	8.71	26.03	28.70	12
内蒙古	Inner Mongolia		105.31	104.60	27	3.69		20.80	19
辽　宁	Liaoning	111.69	109.81	111.00	21	9.95	22.07	28.90	11
吉　林	Jilin	108.56	111.18	111.70	17	7.81	29.03	31.80	10
黑龙江	Heilongjiang	109.40	106.50	105.40	24	11.38	22.10	24.40	15
上　海	Shanghai			148.50	2	59.83		46.50	2
江　苏	Jiangsu	142.10	141.66	146.80	3	10.97	37.70	42.30	4
浙　江	Zhejiang	161.40	156.80	161.30	1	38.41	39.70	45.50	3
	Anhui	112.13	119.63	121.30	8	7.94	18.13	19.40	21
福　建	Fujian	128.85	139.92	139.30	4	23.57	34.67	34.90	7
江　西	Jiangxi		125.97	126.10	6	5.22	22.31	22.30	16
山　东	Shandong		108.40	109.50	22	16.69	31.20	34.80	8
河　南	Henan	106.26	112.00	112.60	14	7.50	24.42	26.60	13
湖　北	Hubei	109.18	116.50	118.50	10	7.39	25.72	26.20	14
湖　南	Hunan			112.60	14	4.39		19.80	20
广　东	Guangdong	119.26	114.28	117.20	12	19.53	30.40	33.90	9
广　西	Guangxi	99.22	114.49	111.10	19	4.50	17.42	17.30	23
海　南	Hainan	102.10	106.70	104.90	25	1.94	9.40	11.60	28
重　庆	Chongqing		110.51	111.30	18	4.06	16.70	18.90	22
四　川	Sichuan	102.95	109.18	112.40	16	4.85	9.85	13.20	26
贵　州	Guizhou	91.10	98.90	101.80	29	1.65		9.70	29
云　南	Yunnan			101.70	30	2.38		6.20	30
西　藏	Tibet	73.45	102.10	103.90	28	0.21		0.30	31
陕　西	Shaanxi		113.60	113.20	13	6.69	20.30	22.00	17
甘　肃	Gansu	104.00	109.80	109.00	23	4.42	13.90	14.20	25
青　海	Qinghai	99.50	107.00	111.10	19	2.00	9.60	11.90	27
宁　夏	Ningxia		116.76	117.50	11	7.17		22.00	17
新　疆	Xinjiang	89.87	96.30	99.90	31	2.90	12.83	14.30	24

7-40 每百户农村居民拥有照相机和移动电话
Ownership of Camera and Mobile Phone Per 100 Rural Households

地区	Region	照相机（架）Camera（unit）				移动电话（部）Mobile Phone（unit）			
		2010	2014	2015	2015排名 Ranking	2010	2014	2015	2015排名 Ranking
全　国	**National Total**	**5.17**	**4.50**	**4.10**		**136.54**	**215.00**	**226.10**	
北　京	Beijing		32.00	20.80	1		222.00	230.00	15
天　津	Tianjin	25.00	12.40	8.20	4	182.00	203.40	219.60	20
河　北	Hebei	4.24	4.85	4.50	8		218.09	226.20	16
山　西	Shanxi	4.57	2.81	2.10	26	107.71	190.89	195.50	27
内蒙古	Inner Mongolia		4.23	4.50	8		206.74	220.60	19
辽　宁	Liaoning	7.30	3.80	4.10	12	117.72	174.69	191.20	28
吉　林	Jilin	2.69	4.22	2.90	19	157.63	226.61	240.60	10
黑龙江	Heilongjiang	2.50	3.10	3.20	17	140.40	199.00	202.80	26
上　海	Shanghai			12.10	2			187.30	29
江　苏	Jiangsu	12.50	11.14	9.50	3	171.00	210.08	217.60	21
浙　江	Zhejiang	12.60	8.80	8.10	5	189.10	201.90	216.40	23
安　徽	Anhui	3.71	3.97	3.50	15	136.90	193.21	205.30	25
福　建	Fujian	5.99	8.92	6.30	6	195.88	238.89	246.40	6
江　西	Jiangxi			3.40	16			232.70	13
山　东	Shandong		4.60	5.10	7		200.30	207.80	24
河　南	Henan	2.83	3.10	3.10	18	151.67	214.84	221.00	18
湖　北	Hubei	2.64	4.89	3.80	13	152.27	223.46	232.20	14
湖　南	Hunan			4.30	11			242.10	9
广　东	Guangdong			4.50	8	203.83	248.41	267.20	2
广　西	Guangxi	2.42	2.95	1.80	28	140.35	252.26	262.00	4
海　南	Hainan	0.80	1.90	2.10	26	125.10	229.90	235.70	12
重　庆	Chongqing			2.90	19		210.07	225.00	17
四　川	Sichuan		2.42	2.60	21	168.75	202.23	216.50	22
贵　州	Guizhou			1.50	29	102.10	218.10	245.40	7
云　南	Yunnan			1.40	30			235.90	11
西　藏	Tibet	0.95	0.81	0.90	31	98.04	189.40	172.10	31
陕　西	Shaanxi		4.40	3.80	13		242.00	251.30	5
甘　肃	Gansu	2.05	2.20	2.50	23	112.39	227.50	244.60	8
青　海	Qinghai	3.20	3.60	2.40	25	143.80	249.90	262.30	3
宁　夏	Ningxia		3.02	2.50	23			281.50	1
新　疆	Xinjiang	3.29	2.24	2.60	21	84.32	173.84	174.40	30

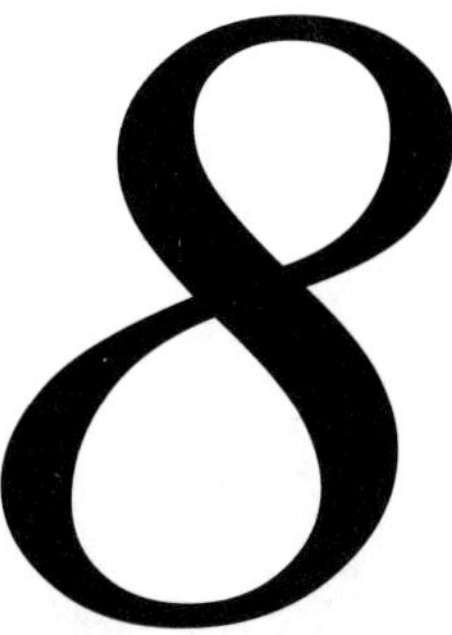

城市建设

Urban Construction

8-1 城市城区面积和城区人口
Urban Area and Population

地区	Region	城区面积（平方公里）Urban Area (sq.km) 2010	2014	2015	2015排名 Ranking	城区人口（万人）Urban Population (10 000 persons) 2010	2014	2015	2015排名 Ranking
全国	**National Total**	**178691.73**	**184098.59**	**191775.54**		**35373.54**	**38576.50**	**39437.84**	
北京	Beijing	12187.00	12187.00	12187.00	5	1685.90	1859.00	1877.70	7
天津	Tianjin	2236.12	2363.05	2506.11	24	587.40	642.91	676.84	24
河北	Hebei	6521.74	6412.43	6398.70	10	1454.60	1521.44	1575.07	10
山西	Shanxi	3348.34	2728.99	2837.08	20	896.05	994.52	1017.56	17
内蒙古	Inner Mongolia	8537.05	6764.56	5372.72	14	704.37	691.12	687.75	23
辽宁	Liaoning	11655.67	14084.17	14316.30	4	1981.97	2106.38	2109.28	5
吉林	Jilin	7376.83	3642.86	3668.37	18	989.47	1058.30	1058.08	15
黑龙江	Heilongjiang	2589.48	2786.78	2578.26	23	1293.52	1306.07	1310.58	13
上海	Shanghai	6340.50	6340.50	6340.50	11	2301.91	2425.68	2415.27	4
江苏	Jiangsu	12462.84	14609.84	15110.50	3	2390.58	2679.84	2745.30	3
浙江	Zhejiang	10256.38	11094.63	11326.51	6	1408.04	1503.45	1547.58	11
安徽	Anhui	5041.16	5929.72	6059.40	12	1108.37	1147.25	1172.58	14
福建	Fujian	4361.84	4318.09	4368.15	17	750.41	850.75	869.77	20
江西	Jiangxi	1719.32	2114.76	2178.89	26	762.29	890.58	945.00	18
山东	Shandong	19631.65	21310.86	21567.91	1	2581.23	2837.76	2880.07	2
河南	Henan	4101.39	4662.51	4810.01	15	1798.62	1970.66	2038.81	6
湖北	Hubei	9057.18	7680.61	8114.59	8	1618.09	1636.75	1719.90	9
湖南	Hunan	4121.85	4285.84	4582.33	16	1151.41	1333.74	1362.09	12
广东	Guangdong	18130.10	17036.40	16825.74	2	3478.55	3727.04	3758.88	1
广西	Guangxi	5656.72	5886.63	5728.04	13	701.58	799.98	848.35	21
海南	Hainan	833.03	1276.68	1427.88	29	203.37	199.82	212.48	29
重庆	Chongqing	5695.83	6643.39	7026.55	9	831.69	967.22	1032.63	16
四川	Sichuan	5772.84	6426.21	10777.66	7	1500.15	1760.04	1797.09	8
贵州	Guizhou	1658.36	2643.57	2679.97	22	483.09	536.93	529.39	26
云南	Yunnan	1929.97	2903.33	3029.44	19	577.70	759.46	798.76	22
西藏	Tibet	782.00	361.60	432.60	31	25.68	35.33	40.45	31
陕西	Shaanxi	1430.60	1610.32	2311.70	25	754.86	838.16	883.04	19
甘肃	Gansu	1426.32	1554.78	1569.92	28	494.90	517.78	521.79	27
青海	Qinghai	512.28	635.78	688.15	30	109.83	150.34	166.86	30
宁夏	Ningxia	2049.72	2110.95	2119.18	27	198.79	229.62	235.47	28
新疆	Xinjiang	1267.62	1691.75	2835.38	21	549.12	598.58	603.42	25

注：城市建设的统计范围为该市的城区（以下有关各表同）。

Note: The statistical range of city construction is city district. The same applies to the relevant tables followed.

8-2 城市建成区面积和人口密度
Area of Built District and Population Density

地区	Region	建成区面积（平方公里） Area of Built District (sq.km) 2010	2014	2015	2015排名 Ranking	人口密度（人/平方公里） Population Density (person/sq.km) 2010	2014	2015	2015排名 Ranking
全　国	**National Total**	**40058.01**	**49772.63**	**52102.31**		**2209**	**2419**	**2399**	
北　京	Beijing		1385.58	1401.01	14	1383	1525	1541	29
天　津	Tianjin	686.71	797.10	885.43	25	2752	3328	3492	8
河　北	Hebei	1619.67	1833.17	1944.42	9	2354	2540	2646	15
山　西	Shanxi	864.73	1097.36	1123.46	21	2890	3974	3920	6
内蒙古	Inner Mongolia	1038.32	1184.81	1225.21	19	981	1291	1629	27
辽　宁	Liaoning	2220.53	2422.02	2461.95	6	1814	1615	1590	28
吉　林	Jilin	1237.38	1362.79	1399.07	15	1449	3171	3193	10
黑龙江	Heilongjiang	1637.98	1785.08	1772.24	11	5239	4946	5504	1
上　海	Shanghai	998.75	998.75	998.75	24	3630	3826	3809	7
江　苏	Jiangsu	3271.09	4019.83	4189.17	3	2027	2038	2034	21
浙　江	Zhejiang	2128.96	2489.22	2590.74	4	1773	1828	1914	22
安　徽	Anhui	1491.32	1835.15	1926.36	10	2469	2416	2458	17
福　建	Fujian	1059.00	1326.42	1413.54	13	2290	2627	2704	13
江　西	Jiangxi	933.78	1201.26	1295.65	17	4786	4671	4822	3
山　东	Shandong	3566.15	4400.09	4609.32	2	1389	1426	1452	30
河　南	Henan	2014.40	2374.67	2503.08	5	5178	5149	5155	2
湖　北	Hubei	1701.03	2077.64	2197.00	8	1929	2448	2430	18
湖　南	Hunan	1321.05	1540.21	1572.52	12	2992	3402	3261	9
广　东	Guangdong	4618.07	5398.07	5633.19	1	2428	2999	3060	11
广　西	Guangxi	940.47	1192.82	1275.16	18	1498	1684	1823	25
海　南	Hainan	221.32	303.06	337.81	29	2739	2069	2045	20
重　庆	Chongqing	870.23	1231.44	1329.45	16	1860	1872	1904	23
四　川	Sichuan	1629.73	2216.56	2281.64	7	2743	3068	1902	24
贵　州	Guizhou	463.96	723.76	789.06	27	3266	2393	2396	19
云　南	Yunnan	751.34	977.04	1060.14	23	3795	2853	2943	12
西　藏	Tibet	84.88	126.34	144.52	31	575	1857	1750	26
陕　西	Shaanxi	758.48	967.56	1073.36	22	5506	5474	4031	5
甘　肃	Gansu	632.80	779.28	834.39	26	3793	3682	4049	4
青　海	Qinghai	113.88	165.84	194.26	30	2320	2604	2692	14
宁　夏	Ningxia	343.79	441.31	455.05	28	1093	1295	1336	31
新　疆	Xinjiang	838.21	118.40	1185.36	20	4977	4280	2557	16

8-3 按项目分城市建设用地面积（一）
Area of Urban Construction Land by Items (1)

单位：平方公里 (sq.km)

地区	Region	城市建设用地面积 Area of Urban Construction Land				居住用地 Residential			
		2010	2014	2015	2015排名 Ranking	2010	2014	2015	2015排名 Ranking
全　国	National Total	39758.42	49982.74	51584.10		12404.04	15783.05	16282.49	
北　京	Beijing		1586.39	1454.69	14		408.52	417.17	16
天　津	Tianjin	686.71	786.80	870.18	25	186.53	199.93	222.34	25
河　北	Hebei	1571.72	1719.10	1816.10	11	507.37	591.97	628.93	11
山　西	Shanxi	847.15	1034.25	1079.30	22	260.94	336.44	339.09	23
内蒙古	Inner Mongolia	1123.44	1265.68	1164.76	20	332.55	391.56	341.14	22
辽　宁	Liaoning	2171.23	2444.94	2405.24	6	729.12	819.22	814.59	5
吉　林	Jilin	1171.77	1281.82	1330.14	16	413.19	467.63	486.51	14
黑龙江	Heilongjiang	1737.50	1773.74	1788.87	12	625.94	635.35	634.56	10
上　海	Shanghai		2915.56	2915.56	4		1058.89	1058.89	4
江　苏	Jiangsu	3424.75	4067.87	4207.60	3	1024.54	1260.07	1269.08	3
浙　江	Zhejiang	2245.93	2532.02	2469.74	5	614.53	708.89	700.45	7
安　徽	Anhui	1539.96	1830.06	1920.12	10	488.33	590.44	609.43	12
福　建	Fujian	1019.07	1208.14	1346.58	15	316.42	375.67	456.66	15
江　西	Jiangxi	966.32	1123.46	1231.02	17	278.27	346.98	373.26	19
山　东	Shandong	3526.37	4278.53	4407.70	2	1040.88	1302.87	1308.03	2
河　南	Henan	1947.18	2232.91	2363.14	7	578.68	660.49	699.13	8
湖　北	Hubei	1968.81	2422.71	2045.85	9	580.36	693.07	637.25	9
湖　南	Hunan	1458.58	1479.54	1483.37	13	475.45	517.05	513.48	13
广　东	Guangdong	4774.76	4415.55	4958.73	1	1446.64	1373.73	1535.05	1
广　西	Guangxi	908.64	1141.25	1229.79	18	283.69	349.45	374.68	18
海　南	Hainan	260.73	258.33	398.70	28	83.03	95.10	115.17	29
重　庆	Chongqing	855.67	1028.82	1115.93	21	282.15	326.81	350.77	21
四　川	Sichuan	1610.31	2138.49	2226.67	8	526.12	685.56	719.08	6
贵　州	Guizhou	477.07	635.65	702.18	27	128.29	202.46	222.23	26
云　南	Yunnan	832.86	910.52	975.18	24	353.74	325.64	353.51	20
西　藏	Tibet	82.51	124.68	143.36	31	28.97	35.58	39.82	31
陕　西	Shaanxi	704.86	946.44	1037.89	23	217.69	226.06	246.20	24
甘　肃	Gansu	594.35	756.59	771.42	26	168.15	210.27	209.50	27
青　海	Qinghai	113.45	156.47	173.10	30	43.93	71.37	75.69	30
宁　夏	Ningxia	284.37	376.37	384.45	29	104.13	125.72	126.65	28
新　疆	Xinjiang	852.35	1110.06	1166.74	19	284.41	390.26	404.15	17

注：从2012年起，城市建设用地面积按新标准进行分类。

Note: From 2012 onwards, the city construction land area in accordance with the new standards for classification.

8-4 按项目分城市建设用地面积（二）
Area of Urban Construction Land by Items (2)

单位：平方公里 (sq.km)

地区	Region	公共管理与公共服务设施用地 Administration and Public Services				工业用地 Industrial, Manufacturing			
		2010	2014	2015	2015排名 Ranking	2010	2014	2015	2015排名 Ranking
全　国	**National Total**	**4832.57**	**4717.75**	**4848.13**		**8689.49**	**9934.11**	**10298.65**	
北　京	Beijing		164.35	173.45	10		240.03	263.55	13
天　津	Tianjin	81.54	57.95	64.93	28	155.66	185.93	208.89	18
河　北	Hebei	190.41	168.04	172.92	11	314.84	249.79	279.52	12
山　西	Shanxi	98.68	124.23	127.45	17	171.35	181.71	176.59	21
内蒙古	Inner Mongolia	147.57	108.79	103.96	22	205.62	170.58	164.37	23
辽　宁	Liaoning	216.03	178.68	176.47	9	506.75	570.49	565.04	5
吉　林	Jilin	125.90	105.48	101.46	23	242.87	268.97	260.58	14
黑龙江	Heilongjiang	181.71	178.49	167.00	12	338.80	334.28	350.60	10
上　海	Shanghai		161.73	161.73	13		733.11	733.11	4
江　苏	Jiangsu	402.94	331.63	357.07	3	896.33	923.64	973.83	3
浙　江	Zhejiang	242.27	217.18	212.12	6	573.55	610.71	562.29	6
安　徽	Anhui	196.13	158.23	145.71	14	327.39	341.59	349.00	11
福　建	Fujian	135.19	153.06	138.03	15	219.32	246.88	247.46	15
江　西	Jiangxi	142.49	101.79	114.53	18	193.07	207.54	220.45	17
山　东	Shandong	491.44	442.26	458.04	1	775.69	934.60	1044.10	2
河　南	Henan	287.38	258.28	272.03	4	338.30	347.80	370.70	9
湖　北	Hubei	271.19	246.01	202.68	7	434.55	549.88	443.59	7
湖　南	Hunan	223.37	195.24	182.07	8	257.27	192.79	198.07	20
广　东	Guangdong	406.95	343.74	412.16	2	1364.34	1121.46	1298.28	1
广　西	Guangxi	124.11	126.02	132.17	16	171.89	174.64	199.84	19
海　南	Hainan	44.54	34.11	89.32	25	20.47	20.09	25.63	29
重　庆	Chongqing	88.63	91.51	98.38	24	200.94	218.58	235.96	16
四　川	Sichuan	218.19	229.09	218.81	5	344.84	428.11	410.56	8
贵　州	Guizhou	65.53	60.00	69.76	27	86.25	109.71	122.19	26
云　南	Yunnan	84.59	104.20	104.95	21	121.51	104.39	106.74	27
西　藏	Tibet	21.64	28.38	32.76	30	7.95	13.01	13.45	30
陕　西	Shaanxi	124.85	101.42	106.62	20	136.29	118.16	129.50	24
甘　肃	Gansu	68.73	81.50	78.43	26	99.73	129.80	122.61	25
青　海	Qinghai	6.17	12.83	14.51	31	17.94	12.42	13.14	31
宁　夏	Ningxia	43.24	51.86	50.55	29	26.21	35.42	38.56	28
新　疆	Xinjiang	101.16	101.67	108.06	19	139.77	158.00	170.45	22

注：城市公共管理与公共服务设施用地面积2011年及以前统计口径为城市公共设施用地面积。

Note: City Public Management and public service facilities land area in 2011 and before the statistics for the city public facilities land area.

8-5 按项目分城市建设用地面积（三）
Area of Urban Construction Land by Items (3)

单位：平方公里 (sq.km)

地区	Region	物流仓储用地 Logistics and Warehouse 2010	2014	2015	2015排名 Ranking	道路交通设施用地 Road, Street and Transportation 2010	2014	2015	2015排名 Ranking
全　国	**National Total**	**1186.99**	**1553.03**	**1585.82**		**4679.90**	**6666.26**	**7452.98**	
北　京	Beijing		49.46	51.64	13		260.74	269.06	11
天　津	Tianjin	23.46	57.52	62.76	9	70.00	139.94	154.03	22
河　北	Hebei	60.53	71.47	60.00	11	177.82	231.07	251.32	13
山　西	Shanxi	30.13	37.07	39.35	19	78.23	105.22	138.93	24
内蒙古	Inner Mongolia	42.73	44.70	38.11	20	164.75	201.08	235.01	14
辽　宁	Liaoning	77.03	70.97	67.71	7	215.83	287.86	286.46	10
吉　林	Jilin	40.76	39.60	41.97	18	128.79	150.27	190.38	18
黑龙江	Heilongjiang	81.83	81.82	74.18	6	176.36	211.99	261.40	12
上　海	Shanghai		85.54	85.54	4		418.86	418.86	4
江　苏	Jiangsu	95.52	117.58	115.36	3	387.86	493.10	562.84	2
浙　江	Zhejiang	47.34	56.29	61.83	10	307.88	357.30	354.37	6
安　徽	Anhui	37.29	51.12	56.18	12	192.74	268.52	299.02	9
福　建	Fujian	22.05	33.17	34.34	21	120.34	133.97	188.15	19
江　西	Jiangxi	24.23	27.88	28.33	23	129.16	153.25	191.46	17
山　东	Shandong	110.87	123.43	136.93	1	414.24	533.54	537.44	3
河　南	Henan	61.54	75.46	79.78	5	249.34	352.69	372.29	5
湖　北	Hubei	59.36	70.43	64.84	8	231.58	243.90	303.48	8
湖　南	Hunan	54.99	48.28	45.66	17	167.82	174.96	183.84	20
广　东	Guangdong	102.92	110.59	126.66	2	571.60	602.23	680.25	1
广　西	Guangxi	30.17	43.35	45.95	16	107.57	208.62	220.76	15
海　南	Hainan	3.58	4.42	6.25	30	33.79	44.67	72.64	28
重　庆	Chongqing	16.87	22.24	25.88	25	131.55	174.09	192.59	16
四　川	Sichuan	34.97	48.75	47.07	15	203.11	255.49	334.59	7
贵　州	Guizhou	17.57	21.45	21.12	27	45.74	75.47	101.60	27
云　南	Yunnan	22.34	31.60	30.59	22	66.28	115.71	126.22	25
西　藏	Tibet	2.60	4.11	4.64	31	8.75	14.12	17.31	30
陕　西	Shaanxi	22.76	21.24	23.97	26	80.09	156.45	172.47	21
甘　肃	Gansu	22.14	29.19	28.05	24	73.49	90.24	111.26	26
青　海	Qinghai	5.02	17.19	19.12	28	5.34	14.66	16.98	31
宁　夏	Ningxia	10.64	12.80	13.45	29	35.58	60.35	65.04	29
新　疆	Xinjiang	28.75	44.31	48.56	14	104.27	135.90	142.93	23

注：城市道路交通设施用地面积2011年及以前统计口径为城市道路广场用地面积。

Note: City road traffic land area in 2011 and before the statistics for city roads square area.

8-6 按项目分城市建设用地面积（四）（2015）
Area of Urban Construction Land by Items (4) (2015)

单位：平方公里 (sq.km)

地区	Region	商业服务业设施用地面积 Commercial and Business Facilities	排名 Ranking	公用设施用地面积 Municipal Utilities	排名 Ranking	绿地与广场用地面积 Green Space and Square	排名 Ranking
全　国	**National Total**	**3637.65**		**1897.50**		**5580.88**	
北　京	Beijing	133.45	9	32.05	23	114.32	22
天　津	Tianjin	47.12	27	23.35	26	86.76	27
河　北	Hebei	123.24	12	88.81	7	211.36	10
山　西	Shanxi	70.60	22	81.69	9	105.60	25
内蒙古	Inner Mongolia	92.32	17	38.93	21	150.92	15
辽　宁	Liaoning	181.06	5	69.69	12	244.22	7
吉　林	Jilin	87.38	18	53.78	17	108.08	24
黑龙江	Heilongjiang	86.53	19	62.18	14	152.42	14
上　海	Shanghai	137.54	8	130.28	3	189.61	11
江　苏	Jiangsu	334.47	2	124.99	4	469.96	2
浙　江	Zhejiang	212.59	4	94.11	6	271.98	5
安　徽	Anhui	170.81	6	58.86	15	231.11	9
福　建	Fujian	96.83	14	53.79	16	131.32	20
江　西	Jiangxi	109.47	13	44.62	19	148.90	16
山　东	Shandong	291.22	3	148.81	1	483.13	1
河　南	Henan	128.02	11	97.05	5	344.14	4
湖　北	Hubei	131.96	10	80.79	10	181.26	13
湖　南	Hunan	94.47	15	82.63	8	183.15	12
广　东	Guangdong	346.89	1	141.00	2	418.44	3
广　西	Guangxi	68.14	24	51.44	18	136.81	18
海　南	Hainan	44.93	28	13.80	29	30.96	29
重　庆	Chongqing	70.07	23	31.10	25	111.18	23
四　川	Sichuan	163.36	7	70.79	11	262.41	6
贵　州	Guizhou	54.28	26	21.22	27	89.78	26
云　南	Yunnan	83.56	20	31.92	24	137.69	17
西　藏	Tibet	20.36	29	6.16	31	8.86	31
陕　西	Shaanxi	82.66	21	37.64	22	238.83	8
甘　肃	Gansu	55.06	25	40.23	20	126.28	21
青　海	Qinghai	8.85	31	6.37	30	18.44	30
宁　夏	Ningxia	17.95	30	14.17	28	58.08	28
新　疆	Xinjiang	92.46	16	65.25	13	134.88	19

8-7 城市征用土地面积和征用耕地面积
Area of Urban Land Requisition and Farm Land Requisition

单位：平方公里 (sq.km)

地区	Region	征用土地面积 Area of Urban Land Requisition This Year				征用耕地面积 Farm Land Requisition			
		2010	2014	2015	2015排名 Ranking	2010	2014	2015	2015排名 Ranking
全　国	**National Total**	**1641.57**	**1475.88**	**1548.53**		**708.95**	**671.65**	**707.86**	
北　京	Beijing	46.48	14.38	8.73	27	17.53	2.56	2.43	29
天　津	Tianjin	43.96	16.57	22.95	22	18.65	8.16	10.82	22
河　北	Hebei	37.08	33.03	38.54	15	12.86	15.46	16.64	16
山　西	Shanxi	16.61	25.34	24.84	20	8.02	12.17	15.15	17
内蒙古	Inner Mongolia	14.12	25.21	19.57	24	1.39	11.38	11.55	20
辽　宁	Liaoning	128.20	70.01	67.87	10	60.24	35.85	41.21	7
吉　林	Jilin	59.00	36.11	34.37	17	40.73	24.18	25.41	11
黑龙江	Heilongjiang	28.30	24.33	14.66	26	3.37	8.20	6.76	26
上　海	Shanghai		35.51	24.52	21		21.01	12.43	18
江　苏	Jiangsu	195.45	146.88	141.26	1	88.21	68.06	70.49	1
浙　江	Zhejiang	107.36	105.49	99.58	5	65.94	53.79	52.81	3
安　徽	Anhui	109.30	107.33	114.14	3	61.18	56.54	64.32	2
福　建	Fujian	23.79	75.63	100.22	4	7.41	23.48	25.23	12
江　西	Jiangxi	20.97	39.65	53.07	11	4.16	13.41	28.98	9
山　东	Shandong	98.71	88.13	86.39	6	38.05	39.82	39.09	8
河　南	Henan	67.01	36.74	46.85	14	27.02	16.22	24.71	13
湖　北	Hubei	79.94	115.26	83.99	8	15.23	54.34	41.33	6
湖　南	Hunan	48.92	48.89	52.63	12	11.65	10.84	11.64	19
广　东	Guangdong	95.74	78.80	138.68	2	26.43	23.29	44.92	4
广　西	Guangxi	101.44	62.02	74.77	9	40.43	24.14	28.12	10
海　南	Hainan	0.10	5.80	7.84	28		0.66	1.11	30
重　庆	Chongqing	48.02	88.64	85.36	7	14.23	51.35	41.39	5
四　川	Sichuan	86.33	50.84	49.45	13	45.58	20.73	23.19	14
贵　州	Guizhou	5.26	16.05	21.05	23	0.28	8.07	10.73	23
云　南	Yunnan	85.23	40.33	18.82	25	43.95	17.95	9.31	24
西　藏	Tibet	2.94		5.05	31	0.71		2.50	28
陕　西	Shaanxi	41.52	22.50	31.11	19	30.59	8.88	11.21	21
甘　肃	Gansu	23.83	39.42	31.90	18	12.62	28.01	21.73	15
青　海	Qinghai	0.01	4.22	6.68	29		2.80	0.20	31
宁　夏	Ningxia	8.30	2.89	5.95	30	6.70	1.56	4.77	27
新　疆	Xinjiang	17.65	19.88	37.69	16	5.80	8.74	7.68	25

8-8 城市维护建设资金总收入
National Revenue of Urban Maintenance and Construction Funds

单位：万元 (10 000 yuan)

地区	Region	城市维护建设资金总收入 Total National Revenue 2010	2014	2015	2015排名 Ranking	其他财政资金收入 Others 2010	2014	2015	2015排名 Ranking
全　国	**National Total**	**85704996**	**138005449**	**160735509**		**4437068**	**9087110**	**9652471**	
北　京	Beijing	5886970		21002851	1				
天　津	Tianjin	1516602	1626502	2206103	21	158352	240894	374384	8
河　北	Hebei	3115491	3378756	3936578	15	190621	20026	27370	23
山　西	Shanxi	1890382	2955134	2431823	19	163886	112522	31476	21
内蒙古	Inner Mongolia	2016567	1919616	2081355	23	15937	9642	371105	9
辽　宁	Liaoning	4617395	5230764	4726607	14	196935	44816	63768	17
吉　林	Jilin	883223	1217209	1685380	25	70925	89835	15672	25
黑龙江	Heilongjiang	1186674	1716356	1530215	26	55217	151138	156625	13
上　海	Shanghai	1960933	3358903	3657873	16	423300	7360	2588	28
江　苏	Jiangsu	8008899	13386774	17545425	2	346908	1405507	718029	4
浙　江	Zhejiang	6108113	8016579	8761243	5	65425	589799	1305108	3
安　徽	Anhui	2902962	6735412	7915597	6	78092	212275	171809	12
福　建	Fujian	4656971	10852589	6735656	8	153802	8001	21321	24
江　西	Jiangxi	2422959	3957685	4875877	13	126116	47269	81058	16
山　东	Shandong	10377521	11777166	10534867	4	196407	182139	431822	6
河　南	Henan	2381809	4001624	2553620	18	910317	943676	302867	10
湖　北	Hubei	1561968	6356547	5886705	10	18309	1233967	608442	5
湖　南	Hunan	2004494	3250849	3468328	17	134696	80073	105936	14
广　东	Guangdong	9315084	20133006	14880108	3	45358	640442	429737	7
广　西	Guangxi	2722649	5004714	5248781	12	684385	1288307	230821	11
海　南	Hainan	245421	1025788	1295332	27	18604	30087	48139	18
重　庆	Chongqing	1950298	2950656	5384683	11	58961	72073	43961	19
四　川	Sichuan	1929600	5437876	7613624	7	76623	1224153	2400346	1
贵　州	Guizhou	389972	1009443	1967186	24	4146	4486	5236	27
云　南	Yunnan	1923960	2984654	2137330	22	22365	11438	35686	20
西　藏	Tibet	13138	133707	608748	29		20	638	30
陕　西	Shaanxi	2060164	5189644	5893677	9	192888	224083	1534374	2
甘　肃	Gansu	421293	965239	570054	30	9884	16006	29323	22
青　海	Qinghai	154783	473973	664297	28		242	1600	29
宁　夏	Ningxia	385876	538359	551251	31	186	86032	13393	26
新　疆	Xinjiang	692825	2419925	2384335	20	18423	110802	89837	15

8-9 城市维护建设资金中央与地方财政拨款

Financial Allocation from Central Government Budget and Provincial Government Budget

单位：万元 (10 000 yuan)

地区	Region	中央预算资金 Central Budgetary Fund				省级预算资金 Provincial Budgetary Fund			
		2010	2014	2015	2015排名 Ranking	2010	2014	2015	2015排名 Ranking
全　国	**National Total**	**1747961**	**2119735**	**3132417**		**985885**	**2645941**	**4616060**	
北　京	Beijing								
天　津	Tianjin	21370	9100	23149	24	91831	213148	22660	24
河　北	Hebei	76838	21255	45009	21	1628	56923	141391	7
山　西	Shanxi	12479	7777	3882	29	41203	9800	3871	28
内蒙古	Inner Mongolia	13990	23608	25227	23	63709	31208	28302	22
辽　宁	Liaoning	132097	227829	131978	5	30880	83318	62948	16
吉　林	Jilin	61824	50990	71842	16	34222	18717	90587	12
黑龙江	Heilongjiang	144233	92381	113193	10	14078	81924	71628	15
上　海	Shanghai	20066	15000	19965	25				#N/A
江　苏	Jiangsu	56721	16233	113644	9	46993	88730	126915	9
浙　江	Zhejiang	36762	33959	105714	11	28884	36491	96875	10
安　徽	Anhui	40377	81542	86829	12	12905	40538	38285	18
福　建	Fujian	48560	29920	14162	26	9879	21053	24014	23
江　西	Jiangxi	191414	11379	632936	1	5779	7738	213934	4
山　东	Shandong	46488	32370	54450	18	24649	56025	30536	21
河　南	Henan	24252	60836	56126	17	5163	8600	2724	29
湖　北	Hubei	62865	28204	49680	19	14744	18539	42559	17
湖　南	Hunan	52700	125549	125882	7	29279	30639	38062	19
广　东	Guangdong	18395	130972	9046	27	90933	415615	20203	25
广　西	Guangxi	46031	83152	127605	6	61881	46901	75843	13
海　南	Hainan	13549	6944	7358	28	2796	26866	37838	20
重　庆	Chongqing	20332	5559	41849	22	256541	336448	1880642	1
四　川	Sichuan	326065	75800	47504	20	7699	414387	637464	2
贵　州	Guizhou	23103	25237	237269	4	5314	9527	94371	11
云　南	Yunnan	123495	342836	306249	3	29114	238358	237901	3
西　藏	Tibet		101452	322401	2		28049	174452	6
陕　西	Shaanxi	26728	331273	120008	8	1713	93891	129151	8
甘　肃	Gansu	37086	37421	74072	15	21114	53704	74325	14
青　海	Qinghai	24652	32954	78834	14	32376	155319	194629	5
宁　夏	Ningxia	29098	715	2929	30	15402	12614	15359	26
新　疆	Xinjiang	16391	77488	83625	13	5176	10871	8591	27

8-10 按项目分城市维护建设市财政资金来源（一）
City Fiscal Fund by Items (1)

单位：万元 (10 000 yuan)

地区	Region	市级预算资金 City-level Budgetary Fund				城市维护建设税 Urban Maintenance and Construction Tax			
		2010	2014	2015	2015排名 Ranking	2010	2014	2015	2015排名 Ranking
全　国	**National Total**	**78534082**	**124152663**	**143334561**		**9970340**	**17843612**	**19421884**	
北　京	Beijing	5886970		21002851	1	800033		2043646	3
天　津	Tianjin	1245049	1163360	1785910	21	219462	134837	333232	19
河　北	Hebei	2846404	3280552	3722808	14	650837	622527	618111	12
山　西	Shanxi	1672814	2825035	2392594	18	166345	253456	244651	23
内蒙古	Inner Mongolia	1922931	1855158	1656721	22	464352	262830	187652	25
辽　宁	Liaoning	4257483	4874801	4467913	11	508321	889045	947238	5
吉　林	Jilin	716252	1057667	1507279	25	201091	456129	478579	13
黑龙江	Heilongjiang	973146	1390913	1188769	27	293437	455758	411685	15
上　海	Shanghai	1517567	3336543	3635320	15				
江　苏	Jiangsu	7558277	11876304	16586837	2	946046	2169817	2453305	2
浙　江	Zhejiang	5977042	7356330	7253546	6	595049	973094	885450	6
安　徽	Anhui	2771588	6401057	7618674	5	352397	1962283	674800	11
福　建	Fujian	4444730	10793615	6676159	7	293621	633986	707889	10
江　西	Jiangxi	2099650	3891299	3947949	13	151139	163948	228932	24
山　东	Shandong	10109977	11506632	10018059	4	872852	1761908	1376123	4
河　南	Henan	1442077	2988512	2191903	20	290618	445404	450329	14
湖　北	Hubei	1466050	5075837	5186024	8	312893	569259	710345	9
湖　南	Hunan	1787819	3014588	3198448	17	540596	771859	864522	7
广　东	Guangdong	9160398	18945977	14421122	3	992008	2565689	2518498	1
广　西	Guangxi	1930352	3586354	4814512	9	185171	213986	319638	20
海　南	Hainan	210472	961891	1201997	26	22576	94542	133461	27
重　庆	Chongqing	1614464	2536576	3418231	16	185504	342509	371117	18
四　川	Sichuan	1519213	3723536	4528310	10	265853	739631	832864	8
贵　州	Guizhou	357409	970193	1630310	23	52592	111725	303641	21
云　南	Yunnan	1748986	2392022	1557494	24	155802	277882	290618	22
西　藏	Tibet	13138	4186	111257	31	522	211	20024	30
陕　西	Shaanxi	1838835	4540397	4110144	12	176260	370983	374949	17
甘　肃	Gansu	353209	858108	392334	29	72190	139671	71681	28
青　海	Qinghai	97755	285458	389234	30	29031	44360	137503	26
宁　夏	Ningxia	341190	438998	519570	28	38166	56850	51224	29
新　疆	Xinjiang	652835	2220764	2202282	19	135576	359433	380177	16

8-11 按项目分城市维护建设市财政资金来源（二）
City Fiscal Fund by Items (2)

单位：万元 (10 000 yuan)

地区	Region	城市公用事业附加 Extra-charges for Municipal Utilities				城市基础设施配套费 Fees for Supporting Urban Infrastructure			
		2010	2014	2015	2015排名 Ranking	2010	2014	2015	2015排名 Ranking
全　国	**National Total**	**1090649**	**1819986**	**2255346**		**4912066**	**10418170**	**9748759**	
北　京	Beijing	114083		206880	4			449609	8
天　津	Tianjin		3621			224637	506488	278175	12
河　北	Hebei	55948	75391	98247	7	61658	124706	155031	21
山　西	Shanxi	19163	19980	23348	18	97285	163615	116169	23
内蒙古	Inner Mongolia	6838	20195	17408	23	16711	183976	209517	15
辽　宁	Liaoning	47117	80381	151024	6	294515	392497	242901	13
吉　林	Jilin	18483	21741	18077	22	88608	195089	214119	14
黑龙江	Heilongjiang	23961	22929	18362	21	110537	126128	88176	25
上　海	Shanghai		214078	277074	2	73040	79820	8975	30
江　苏	Jiangsu	121506	198186	208348	3	651844	768673	837679	3
浙　江	Zhejiang	27724	82734	72718	10	81205	177258	172460	19
安　徽	Anhui	22589	26535	59538	13	142277	322790	351825	11
福　建	Fujian	42294	65982	61776	12	179790	148217	114199	24
江　西	Jiangxi	8849	13547	20433	20	75209	736013	745803	4
山　东	Shandong	91045	213036	190486	5	941781	1838311	1395285	1
河　南	Henan	48536	98117	86965	9	263666	441701	441133	9
湖　北	Hubei	17800	51360	87202	8	86137	140073	183380	18
湖　南	Hunan	32262	51202	50655	16	114259	328189	415681	10
广　东	Guangdong	221774	339053	325310	1	417934	982380	858982	2
广　西	Guangxi	55109	59103	55827	14	28064	77738	123091	22
海　南	Hainan	909	3686	3753	27	47181	132396	170254	20
重　庆	Chongqing	14655	46015	41363	17	333255	630306	590993	5
四　川	Sichuan	34963	42630	53283	15	178489	650604	471417	7
贵　州	Guizhou	17061	11628	13723	25	24374	34829	39935	27
云　南	Yunnan	256	2005	2706	28	79857	421640	207561	16
西　藏	Tibet		80	80	30	90	3685	8998	29
陕　西	Shaanxi	16574	15143	21448	19	176429	532001	538953	6
甘　肃	Gansu	1782	2343	2009	29	32924	49152	85797	26
青　海	Qinghai	4879	6049	62160	11	14158	2569	6170	31
宁　夏	Ningxia	16984	18518	8855	26	10427	32009	21665	28
新　疆	Xinjiang	7505	14718	16288	24	65725	195317	204826	17

8-12 按项目分城市维护建设市财政资金来源（三）
City Fiscal Fund by Items (3)

单位：万元 (10 000 yuan)

地区	Region	国有土地使用权出让收入 Income Generated from The Transfer of State-owned Land-use Right 2010	2014	2015	2015排名 Ranking	市政公用设施有偿使用费 Fee for Use of Municipal Utilities 2010	2014	2015	2015排名 Ranking
全　国	**National Total**	**40710682**	**74515103**	**87057559**		**3049903**	**4476920**	**4427311**	
北　京	Beijing			18150065	1	80974		152651	8
天　津	Tianjin	100000	342288	885176	19	3625			
河　北	Hebei	1479224	2067453	2016625	11	52199	76001	141390	10
山　西	Shanxi	1045718	1882905	1328324	18	22846	46439	50734	20
内蒙古	Inner Mongolia	1000816	649886	269104	27	11755	12210	17896	28
辽　宁	Liaoning	3054536	2954535	1965787	12	56479	66990	72628	16
吉　林	Jilin	235761	239096	684808	22	23093	41929	36367	25
黑龙江	Heilongjiang	326007	584513	336753	26	36995	35580	34307	26
上　海	Shanghai	334500	470000	535293	24	311198	856000	30000	27
江　苏	Jiangsu	3626033	7173832	10068527	2	409667	637563	512407	3
浙　江	Zhejiang	3586522	4707651	4246882	7	412077	348192	389077	4
安　徽	Anhui	1857775	3484721	5633122	5	67770	142875	138536	11
福　建	Fujian	3308164	7803706	5417085	6	166226	137063	144523	9
江　西	Jiangxi	1490022	2559370	2304128	10	26680	48304	65028	17
山　东	Shandong	6759864	5985936	5924841	4	154169	215157	255694	6
河　南	Henan	480751	1724253	729258	21	78701	115667	111913	13
湖　北	Hubei	671479	3616629	2926831	9	94853	275588	261462	5
湖　南	Hunan	700093	1542094	1481133	16	83485	132298	107624	14
广　东	Guangdong	5993365	14348627	9386411	3	497859	537234	596129	1
广　西	Guangxi	1115757	2096471	3703726	8	75742	96297	121883	12
海　南	Hainan	45910	404466	514515	25	2297	41540	41651	23
重　庆	Chongqing	587589	1183571	1841547	13	35920	52375	53118	19
四　川	Sichuan	437148	1618226	1745719	14	137212	129179	207369	7
贵　州	Guizhou	44750	525730	650468	23	13272	32475	45828	21
云　南	Yunnan	1176207	1425388	805541	20	30855	47559	96510	15
西　藏	Tibet	985	100	17700	31	310	110	1058	30
陕　西	Shaanxi	831441	2736355	1720028	15	57670	288427	585851	2
甘　肃	Gansu	78690	595571	145129	28	18397	20729	43378	22
青　海	Qinghai	20367	34943	117513	30	8922	12501	60491	18
宁　夏	Ningxia	144706	241920	128931	29	7224	2987	12048	29
新　疆	Xinjiang	176502	1514867	1376589	17	71431	27651	39760	24

8-13 按项目分城市维护建设市财政资金来源（四）
City Fiscal Fund by Items (4)

单位：万元 (10 000 yuan)

地区	Region	污水处理费 Wastewater Treatment Fee 2014	2015	2015排名 Ranking	垃圾处理费 Garbage Treatment Fee 2014	2015	2015排名 Ranking
全 国	**National Total**	**2204995**	**2636962**		**694024**	**793824**	
北 京	Beijing		152367	5		284	29
天 津	Tianjin						
河 北	Hebei	65944	60935	14	8086	9921	18
山 西	Shanxi	29672	18044	24	15884	18837	13
内蒙古	Inner Mongolia	8073	11751	25	4137	6065	22
辽 宁	Liaoning	55229	60935	14	11405	11342	17
吉 林	Jilin	22421	10595	26	7242	6355	21
黑龙江	Heilongjiang	22294	21534	22	5058	5217	24
上 海	Shanghai						
江 苏	Jiangsu	381417	386525	1	97883	109550	2
浙 江	Zhejiang	263315	312894	3	39957	40344	5
安 徽	Anhui	103205	102005	9	31920	30216	8
福 建	Fujian	109335	105435	7	25000	28839	9
江 西	Jiangxi	32008	48787	16	5996	6696	20
山 东	Shandong	154221	177393	4	42649	59188	4
河 南	Henan	85122	78498	13	15308	15595	14
湖 北	Hubei	98984	126726	6	67894	62338	3
湖 南	Hunan	90089	82182	12	31689	22617	11
广 东	Guangdong	362585	385724	2	148359	185444	1
广 西	Guangxi	62685	94694	10	28925	22203	12
海 南	Hainan	35063	28044	20	6312	11651	16
重 庆	Chongqing	26863	25173	21	23412	25167	10
四 川	Sichuan	89604	103586	8	24582	40319	6
贵 州	Guizhou	23893	40245	18	8091	4239	26
云 南	Yunnan	39456	86398	11	8103	8963	19
西 藏	Tibet	40	160	29	70	446	28
陕 西	Shaanxi	16081	47025	17	10725	34831	7
甘 肃	Gansu	10563	31033	19	3633	5938	23
青 海	Qinghai	4543	6958	28	4109	5159	25
宁 夏	Ningxia	1511	10355	27	1031	1692	27
新 疆	Xinjiang	10779	20961	23	16564	14368	15

8-14 按项目分城市维护建设资金支出（一）
Expenditure of Urban Maintenance and Construction Fund by Items (1)

单位：万元 (10 000 yuan)

地区	Region	城市维护建设资金总支出 Total Expenditure 2010	2014	2015	2015排名 Ranking	城乡社区规划与管理 Planning and Management of Urban and Rural Communities 2014	2015	2015排名 Ranking
全　国	**National Total**	**75080799**	**106589135**	**124386269**		**5597658**	**5734301**	
北　京	Beijing	6215691		15536209	1		113014	13
天　津	Tianjin	1592922	1668808	2283693	16			
河　北	Hebei	3043449	2602461	1980683	19	66897	56933	21
山　西	Shanxi	2080377	1709289	2183414	18	99985	97122	15
内蒙古	Inner Mongolia	1755347	1382055	1729153	21	32822	66341	18
辽　宁	Liaoning	2429628	3237272	3246034	15	168936	168993	10
吉　林	Jilin	953627	1335060	1173123	25	22586	343391	5
黑龙江	Heilongjiang	1185874	1233016	1454195	23	28944	31536	26
上　海	Shanghai	3503084	2661719	1281899	24			
江　苏	Jiangsu	7679303	11915342	11364807	3	1923708	1528735	1
浙　江	Zhejiang	5732752	6645984	6525407	6	90845	84163	16
安　徽	Anhui	2677535	5773609	7138710	4	239955	189673	8
福　建	Fujian	3355289	8234273	5992877	8	268519	295015	6
江　西	Jiangxi	2405355	3205263	4094343	13	641708	624369	2
山　东	Shandong	5474926	7289225	6363538	7	392196	169047	9
河　南	Henan	2078148	2810399	2219983	17	136458	153429	11
湖　北	Hubei	1307256	4726117	5750513	9	135258	538138	3
湖　南	Hunan	2028183	2774070	3392782	14	136932	117658	12
广　东	Guangdong	6977019	11884743	11421946	2	583508	408651	4
广　西	Guangxi	2694094	5188188	5045918	12	44938	64795	20
海　南	Hainan	249151	691782	1154630	26	33184	81594	17
重　庆	Chongqing	1917066	2919924	5099675	11	54206	65884	19
四　川	Sichuan	1818786	4155980	5343109	10	300984	198263	7
贵　州	Guizhou	447265	399356	247842	30	8422	42004	25
云　南	Yunnan	1685076	2325506	1638290	22	36523	49809	23
西　藏	Tibet	11353	26542	62845	31	750	1135	29
陕　西	Shaanxi	2239864	6282997	7108004	5	66671	44627	24
甘　肃	Gansu	442365	525632	517791	28	15516	22463	27
青　海	Qinghai	154783	468043	650757	27	10496	20366	28
宁　夏	Ningxia	305836	464486	467400	29	2003	106546	14
新　疆	Xinjiang	639395	2051994	1916699	20	54708	50607	22

8-15 按项目分城市维护建设资金支出（二）
Expenditure of Urban Maintenance and Construction Fund by Items (2)

单位：万元 (10 000 yuan)

地区	Region	市政公用行业市场监督 Market Supervision of Municipal Public Utilities Industry			市政公用设施建设维护与管理 Construction, Maintenance and Management of Municipal Public Utilities Facilities		
		2014	2015	2015排名 Ranking	2014	2015	2015排名 Ranking
全 国	**National Total**	**3068185**	**1598777**		**66648757**	**83245685**	
北 京	Beijing		3579	28		9858195	1
天 津	Tianjin				1428881	2279386	13
河 北	Hebei	75876	82930	6	2079900	1637367	18
山 西	Shanxi	3347	19426	21	1532664	1976809	15
内蒙古	Inner Mongolia	110255	11876	25	1001003	1069767	22
辽 宁	Liaoning	143662	61580	11	2305104	2802905	10
吉 林	Jilin	58936	17374	23	924364	706414	23
黑龙江	Heilongjiang	28351	22414	20	549062	1074753	21
上 海	Shanghai				223244	219581	28
江 苏	Jiangsu	290133	150392	3	7721984	6961333	2
浙 江	Zhejiang	85353	39283	16	5100076	5461099	7
安 徽	Anhui	43673	46178	14	5152260	6707977	3
福 建	Fujian	37738	30771	18	2071080	2626786	12
江 西	Jiangxi	58691	46105	15	1598245	1279075	20
山 东	Shandong	151354	121418	4	6091937	5672413	6
河 南	Henan	53468	73876	7	2217246	1664707	16
湖 北	Hubei	65583	66650	8	4147123	4683436	8
湖 南	Hunan	64530	118659	5	1665247	2271051	14
广 东	Guangdong	1249459	57730	12	5467242	6701361	4
广 西	Guangxi	23136	24608	19	2842015	2799061	11
海 南	Hainan	17035	65120	10	220457	201819	29
重 庆	Chongqing	4663	9599	26	2170676	4059817	9
四 川	Sichuan	208323	182658	1	1453018	1647109	17
贵 州	Guizhou	16741	19145	22	277533	129044	30
云 南	Yunnan	4151	12012	24	430397	393786	25
西 藏	Tibet	190	510	29	240	2775	31
陕 西	Shaanxi	97695	57397	13	5644887	5971170	5
甘 肃	Gansu	60003	65543	9	254920	250793	27
青 海	Qinghai	81427	151417	2	365775	478876	24
宁 夏	Ningxia	16836	5210	27	368507	333274	26
新 疆	Xinjiang	17576	35317	17	1343670	1323746	19

8-16 按项目分城市维护建设资金支出（三）
Expenditure of Urban Maintenance and Construction Fund by Items (3)

单位：万元 (10 000 yuan)

地区	Region	风景名胜区规划与保护 Planning and Protection of National Parks 2014	2015	2015排名 Ranking	其他支出 Others 2014	2015	2015排名 Ranking
全　国	**National Total**	**805435**	**1252328**		**30469100**	**32555178**	
北　京	Beijing		29	28		5561392	1
天　津	Tianjin				239927	4307	30
河　北	Hebei	18272	9626	18	361516	193827	22
山　西	Shanxi	1000	8262	20	72293	81795	25
内蒙古	Inner Mongolia	741	724	25	237234	580445	15
辽　宁	Liaoning	4364	6668	22	615206	205888	21
吉　林	Jilin	36319	30525	9	292855	75419	26
黑龙江	Heilongjiang	3529	3468	23	623130	322024	19
上　海	Shanghai				2438475	1062318	9
江　苏	Jiangsu	101912	672352	1	1877605	2051995	7
浙　江	Zhejiang	10138	12148	15	1359572	928714	12
安　徽	Anhui	57898	33374	8	279823	161508	24
福　建	Fujian	25365	22165	12	5831571	3018140	4
江　西	Jiangxi	69637	85809	2	836982	2058985	6
山　东	Shandong	62886	73802	3	590852	326858	18
河　南	Henan	16599	14537	14	386628	313434	20
湖　北	Hubei	140702	48533	5	237451	413756	17
湖　南	Hunan	58590	26869	10	848771	858545	13
广　东	Guangdong	30823	38474	6	4553711	4215730	2
广　西	Guangxi	5890	6978	21	2272209	2150476	5
海　南	Hainan	3358	18	29	417748	806079	14
重　庆	Chongqing	7421	9568	19	682958	954807	11
四　川	Sichuan	50459	33713	7	2143196	3281366	3
贵　州	Guizhou	881	756	24	95779	56893	27
云　南	Yunnan	3250	23830	11	1851185	1158853	8
西　藏	Tibet	22473	49664	4	2889	8761	29
陕　西	Shaanxi	38916	11130	16	434828	1023680	10
甘　肃	Gansu	10465	10636	17	184728	168356	23
青　海	Qinghai	9870	98	27	475		
宁　夏	Ningxia		660	26	77140	21710	28
新　疆	Xinjiang	13677	17912	13	622363	489117	16

8-17 城市市政公用设施建设固定资产投资和新增固定资产

Fixed Assets Investment in Urban Service Facilities and Newly Added Fixed Assets

单位：万元 (10 000 yuan)

地区	Region	本年完成固定资产投资 Completed Investment of This Year				本年新增固定资产 Newly Added Fixed Assets of This Year			
		2010	2014	2015	2015排名 Ranking	2010	2014	2015	2015排名 Ranking
全　国	**National Total**	**143058687**	**162450334**	**162044401**		**88147149**	**106559938**	**102570410**	
北　京	Beijing	8541126	13229081	10215405	3	3345022	5195542	3275026	11
天　津	Tianjin	6009490	5966507	4548928	18	1901462	1003481	2199016	18
河　北	Hebei	8526761	3844970	3738577	20	5136977	2217440	2848573	15
山　西	Shanxi	2258567	3433505	2375634	26	1208573	2859811	2109369	19
内蒙古	Inner Mongolia	3663044	5130338	4989745	15	2683104	3907182	4266219	7
辽　宁	Liaoning	6746292	3948997	3148514	22	5310915	2124383	1927006	20
吉　林	Jilin	2152685	2002999	2377965	25	1590440	3055356	1498963	24
黑龙江	Heilongjiang	3048439	2127621	1790461	27	1872650	1554759	1410809	25
上　海	Shanghai	4769428	3727712	6583404	9	3704836	2057140	399803	29
江　苏	Jiangsu	13299989	19253176	14853651	1	11141951	18753781	14450222	1
浙　江	Zhejiang	5339364	7934651	9376203	4	3446333	6473162	7121697	3
安　徽	Anhui	4756917	6615895	6324122	12	2577343	4119952	4115453	8
福　建	Fujian	3850761	4818860	6485406	11	2069601	3148191	2794024	16
江　西	Jiangxi	4210145	4811227	4874121	16	2843733	2172708	4472737	5
山　东	Shandong	7896810	9652843	8610951	5	4620312	7358899	6847832	4
河　南	Henan	2242336	3745970	4606411	17	1294903	3564741	3725710	10
湖　北	Hubei	6148789	10706897	10827794	2	4540902	10083538	10459941	2
湖　南	Hunan	5197309	6731958	7261671	8	3650309	3230240	3254763	12
广　东	Guangdong	20425281	8067818	8496440	6	12204434	1487608	1220513	26
广　西	Guangxi	4391407	4502643	5762041	13	2023461	2119700	2489033	17
海　南	Hainan	296222	390954	1091047	28	102202	334942	518458	28
重　庆	Chongqing	5756056	5305685	6524147	10	2798739	4018972	4086323	9
四　川	Sichuan	3664555	6575770	7360790	7	2078176	5331944	4429091	6
贵　州	Guizhou	911371	5348947	5528630	14	758257	1213452	1832959	22
云　南	Yunnan	2908548	2184917	2636462	24	1803397	1041027	1655954	23
西　藏	Tibet	28344	5265	208258	31	20019	5265	13471	31
陕　西	Shaanxi	3457448	5106489	3759642	19	1946436	2277392	3055094	14
甘　肃	Gansu	944242	2993848	3093449	23	363108	2058187	1904784	21
青　海	Qinghai	265163	471117	648225	29	238657	462691	638046	27
宁　夏	Ningxia	356655	290577	338736	30	227034	267915	343998	30
新　疆	Xinjiang	995143	3523097	3607571	21	643863	3060537	3205523	13

8-18 按项目分城市市政公用设施建设固定资产投资（一）
National Fixed Assets Investment in Urban Service Facilities by Items (1)

单位：万元 (10 000 yuan)

地区	Region	供水投资 Water Supply				燃气投资 Gas Supply			
		2010	2014	2015	2015排名 Ranking	2010	2014	2015	2015排名 Ranking
全 国	**National Total**	**4268294**	**4752595**	**6199335**		**2907816**	**4159612**	**3504671**	
北 京	Beijing	259746	705194	569714	1	182583	315683	280908	2
天 津	Tianjin	83758	32948	17683	29	133368	544500	363637	1
河 北	Hebei	82966	111562	130175	19	240440	105364	132275	10
山 西	Shanxi	48653	58645	109651	20	97264	84187	62658	22
内蒙古	Inner Mongolia	116720	152729	311513	10	84233	162288	204297	5
辽 宁	Liaoning	328914	190012	180863	15	123984	119823	93507	18
吉 林	Jilin	53759	171941	339170	7	108001	51714	71552	20
黑龙江	Heilongjiang	49260	138901	77272	22	53238	95386	67883	21
上 海	Shanghai	397909	138864	455936	2	187926	127486	144078	8
江 苏	Jiangsu	635100	629560	424910	4	209311	300684	246037	3
浙 江	Zhejiang	240451	179937	331623	8	119041	196091	184223	6
安 徽	Anhui	93108	177918	173678	16	82614	204145	158247	7
福 建	Fujian	92791	202240	435599	3	60834	78156	101746	17
江 西	Jiangxi	95408	135788	104708	21	66967	63297	39997	24
山 东	Shandong	384331	288408	290861	11	355215	284124	245872	4
河 南	Henan	40624	94314	150949	17	85960	85197	129078	11
湖 北	Hubei	49351	146815	328605	9	144094	101474	109387	16
湖 南	Hunan	116825	111905	218300	12	64237	101308	62026	23
广 东	Guangdong	569854	35565	74290	24	110079	326912	117418	14
广 西	Guangxi	79997	246279	147395	18	31474	113600	86374	19
海 南	Hainan	11967	9712	22054	27	7896	3968	5152	29
重 庆	Chongqing	100880	96978	204551	14	86081	159344	141110	9
四 川	Sichuan	88770	186971	342683	5	47388	72932	114080	15
贵 州	Guizhou	7795	20641	46499	26	6085	23414	32203	25
云 南	Yunnan	41916	61110	56995	25	11054	28246	8277	28
西 藏	Tibet			4925	31				
陕 西	Shaanxi	47115	80981	74720	23	34435	92913	123684	13
甘 肃	Gansu	20839	42115	205805	13	12261	25410	31081	26
青 海	Qinghai	33422	9201	18632	28	3729	2249	19329	27
宁 夏	Ningxia	40224	11413	7912	30	100133	15585	3852	30
新 疆	Xinjiang	55841	283948	341664	6	57891	274132	124703	12

8-19 按项目分城市市政公用设施建设固定资产投资（二）
National Fixed Assets Investment in Urban Service Facilities by Items (2)

单位：万元 (10 000 yuan)

地区 Region	集中供热投资 Central Heating				轨道交通投资 Urban Rail Trainsit System			
	2010	2014	2015	2015排名 Ranking	2010	2014	2015	2015排名 Ranking
全 国 National Total	4332455	5754469	5168328		18125781	32211964	37071463	
北 京 Beijing	496568	802190	397765	7	3914519	4413750	3559098	3
天 津 Tianjin	70439	226879	11761	15	702058	958654	1240588	10
河 北 Hebei	768645	390400	495832	5		424538	660019	19
山 西 Shanxi	224561	730938	547565	3				
内蒙古 Inner Mongolia	374920	434475	554270	2				
辽 宁 Liaoning	717638	567133	474938	6	1301484	1148750	809092	15
吉 林 Jilin	294835	211055	158395	11	239493	288297	722844	17
黑龙江 Heilongjiang	239959	462518	523843	4	252769	111260	164804	23
上 海 Shanghai					2296190	1830777	2959246	5
江 苏 Jiangsu	2033		350	19	1317628	4838047	4120230	2
浙 江 Zhejiang	5131	5299	2115	17	928898	1807237	2510178	6
安 徽 Anhui	12092	32218	55164	14	57493	320700	582264	20
福 建 Fujian					354200	317829	984429	12
江 西 Jiangxi					112894	482661	491755	21
山 东 Shandong	643338	916530	929793	1	156160	504248	1194009	11
河 南 Henan	141445	224769	284885	9	280000	740554	958167	13
湖 北 Hubei	759	11430			1012900	2032737	3112908	4
湖 南 Hunan					183386	500507	1614384	9
广 东 Guangdong					2816178	4751400	4371904	1
广 西 Guangxi					10393	553342	949096	14
海 南 Hainan								
重 庆 Chongqing	16025				1169406	1793105	2275772	7
四 川 Sichuan					392454	1776913	1963654	8
贵 州 Guizhou			4468	16		680744	688752	18
云 南 Yunnan					176370	810325	806770	16
西 藏 Tibet								
陕 西 Shaanxi	79313	223367	138830	12	450908	765289		
甘 肃 Gansu	66474	197407	220814	10		210300	331500	22
青 海 Qinghai	433		500	18				
宁 夏 Ningxia	33403	33564	72563	13				
新 疆 Xinjiang	144444	284297	294477	8		150000		

8-20 按项目分城市市政公用设施建设固定资产投资（三）
National Fixed Assets Investment in Urban Service Facilities by Items (3)

单位：万元 (10 000 yuan)

地区	Region	道路桥梁投资 Road and Bridge 2010	2014	2015	2015排名 Ranking	排水投资 Sewerage 2010	2014	2015	2015排名 Ranking
全　国	**National Total**	**66956858**	**76438824**	**74140045**		**9015609**	**8999973**	**9826842**	
北　京	Beijing	1778292	2409984	1460356	22	172688	1136523	1489182	1
天　津	Tianjin	4120952	3169104	2208205	15	249114	158021	164808	20
河　北	Hebei	4671358	1891307	1538339	21	538504	210697	201583	17
山　西	Shanxi	1297255	2008676	1203984	24	201559	101535	245324	14
内蒙古	Inner Mongolia	1789918	2769441	2063927	17	398943	410917	378320	9
辽　宁	Liaoning	2447279	1318382	1216988	23	135585	98768	84271	25
吉　林	Jilin	1127066	823002	588301	28	113705	105635	197636	18
黑龙江	Heilongjiang	1511906	814600	596479	27	228375	112683	132143	23
上　海	Shanghai	1022470	882620	1731030	20	342661	96140	84236	26
江　苏	Jiangsu	7862161	7599414	5978148	1	847735	1232587	1233404	2
浙　江	Zhejiang	2786719	3899845	4677155	3	343652	678685	653121	4
安　徽	Anhui	3065935	3953079	3340719	9	241288	424378	466515	6
福　建	Fujian	2394391	3173713	3524341	7	145390	251175	302962	11
江　西	Jiangxi	2539040	3336901	3219824	10	177934	209785	191042	19
山　东	Shandong	3924985	4049379	3093927	12	592851	729347	692349	3
河　南	Henan	1193887	1733683	2096765	16	200684	218625	244412	15
湖　北	Hubei	3064360	6590951	5251137	2	244247	681288	511357	5
湖　南	Hunan	3430888	3505905	3832413	5	195493	393767	454725	7
广　东	Guangdong	3279124	2040239	3034333	13	2123562	260058	253136	13
广　西	Guangxi	3221009	2503723	3491588	8	392515	313031	387012	8
海　南	Hainan	135874	323249	875903	26	62734	27237	62408	27
重　庆	Chongqing	3128742	2615832	3146054	11	71549	54298	58782	28
四　川	Sichuan	2373445	2863040	3574396	6	121658	301670	269771	12
贵　州	Guizhou	835059	4167015	4074884	4	25876	233887	207214	16
云　南	Yunnan	1808022	935128	1090327	25	436480	114452	124968	24
西　藏	Tibet	15203		110203	30		5265	51327	29
陕　西	Shaanxi	996486	3030909	2736904	14	150391	231638	153874	21
甘　肃	Gansu	494608	1991061	1889317	19	100885	52457	139324	22
青　海	Qinghai	147522	396163	494729	29	32691	20653	36579	30
宁　夏	Ningxia	75452	97901	77463	31	16544	13662	15806	31
新　疆	Xinjiang	417450	1544578	1921906	18	110316	121109	339251	10

8-21 按项目分城市市政公用设施建设固定资产投资（四）
National Fixed Assets Investment in Urban Service Facilities by Items (4)

单位：万元 (10 000 yuan)

地区	Region	再生水利用投资 Wastewater Recycled and Reused			园林绿化投资 Landscaping			
		2014	2015	2015排名 Ranking	2010	2014	2015	2015排名 Ranking
全　国	**National Total**	**993150**	**1340923**		**22970392**	**18175758**	**15946541**	
北　京	Beijing	890699	1015118	1	654687	1129674	996539	5
天　津	Tianjin		9404	8	140439	561026	259163	20
河　北	Hebei	2500	2850	16	1139362	449240	302232	18
山　西	Shanxi	3200	407	19	297291	388534	143721	26
内蒙古	Inner Mongolia	32165	24203	3	784633	1180479	1248593	4
辽　宁	Liaoning	282			288607	311088	171034	24
吉　林	Jilin	3277			120506	165650	257406	21
黑龙江	Heilongjiang		7239	9	172685	127730	58141	29
上　海	Shanghai				282119	407600	574111	12
江　苏	Jiangsu	13845	22770	4	1792150	3463800	2219972	1
浙　江	Zhejiang	10995	3722	12	389492	854625	728576	6
安　徽	Anhui		4680	10	908628	1242180	1329214	2
福　建	Fujian				360633	405715	511158	13
江　西	Jiangxi				948889	539854	490477	14
山　东	Shandong	3560	3668	14	1083450	1689355	1293530	3
河　南	Henan	1666	9724	7	252500	607111	654183	7
湖　北	Hubei				312204	977930	631924	9
湖　南	Hunan				228165	537744	582928	11
广　东	Guangdong		735	18	9805087	162429	127455	27
广　西	Guangxi				482261	667525	642129	8
海　南	Hainan		4513	11	26765	15951	112304	28
重　庆	Chongqing	1100	1098	17	1060050	523062	598251	10
四　川	Sichuan				227904	383110	431576	15
贵　州	Guizhou		3600	15	21513	193211	294829	19
云　南	Yunnan	16301	3700	13	106647	109031	214697	22
西　藏	Tibet				2923		4900	31
陕　西	Shaanxi	5000	10330	5	758271	502165	346312	17
甘　肃	Gansu	2960	9764	6	152514	165391	177664	23
青　海	Qinghai				17796	16086	39506	30
宁　夏	Ningxia				43094	97882	150794	25
新　疆	Xinjiang	5600	203398	2	109127	300580	353222	16

8-22 按项目分城市市政公用设施建设固定资产投资（五）
National Fixed Assets Investment in Urban Service Facilities by Items (5)

单位：万元 (10 000 yuan)

地区	Region	市容环境卫生投资 Environmental Sanitation				其他投资 Other			
		2010	2014	2015	2015排名 Ranking	2010	2014	2015	2015排名 Ranking
全　国	**National Total**	**3015940**	**4948436**	**3980393**		**9521895**	**7008703**	**6206783**	
北　京	Beijing	223438	1971974	669182	1	744187	344109	792661	1
天　津	Tianjin	64495	260931	14869	28	444867	54444	268214	10
河　北	Hebei	111998	65704	104103	13	450410	196158	174019	12
山　西	Shanxi	40630	16135	45731	22	51354	44855	17000	27
内蒙古	Inner Mongolia	113277	20009	174420	7			54405	19
辽　宁	Liaoning	150367	55119	69955	18	1227652	139922	47866	22
吉　林	Jilin	70564	35405	24961	26	24696	150300	17700	26
黑龙江	Heilongjiang	33730	115866	120896	11	505052	148677	49000	21
上　海	Shanghai	58236	188394	285577	4	88800	55831	349190	6
江　苏	Jiangsu	149205	246456	506206	2	381150	942628	124394	15
浙　江	Zhejiang	95147	136517	210375	5	218743	176415	78837	16
安　徽	Anhui	79827	146797	165838	8	162739	114480	52483	20
福　建	Fujian	213498	71805	89560	15	207110	318227	535611	5
江　西	Jiangxi	61536	18620	100327	14	33942	24321	235991	11
山　东	Shandong	171077	263057	320802	3	439851	928395	549808	4
河　南	Henan	29467	41717	61069	20	9035		26903	24
湖　北	Hubei	198154	93904	116729	12	1116426	70368	765747	2
湖　南	Hunan	133458	295057	163517	9	726633	1285765	333378	8
广　东	Guangdong	588574	178553	181566	6	979638	312662	336338	7
广　西	Guangxi	84073	96946	54397	21	26175	8197	4050	29
海　南	Hainan	18106	7222	13226	29	11970	3615		
重　庆	Chongqing	12527	28713	33305	24	60966	34353	66322	17
四　川	Sichuan	46199	97398	79921	17	346745	893736	584709	3
贵　州	Guizhou	14000	30035	30682	25	1043		149099	14
云　南	Yunnan	39905	20456	16697	27	281513	106169	317731	9
西　藏	Tibet			13060	30	10218		23843	25
陕　西	Shaanxi	68258	179227	130008	10	868941		55310	18
甘　肃	Gansu	88815	20151	64491	19	3450	289556	33453	23
青　海	Qinghai	8789	26765	35230	23			3720	30
宁　夏	Ningxia	7910	3627	998	31	39195	16943	9348	28
新　疆	Xinjiang	40680	215876	82695	16	59394	348577	149653	13

8-23 城市供水情况（一）
Urban Water Supplies (1)

地区	Region	综合生产能力（万立方米 / 日） Integrated Production Capacity (10 000 cu.m/day)				供水管道长度（公里） Length of Water Supply Pipelines (km)			
		2010	2014	2015	2015排名 Ranking	2010	2014	2015	2015排名 Ranking
全　国	**National Total**	**27601.5**	**28673.3**	**29678.3**		**539778.0**	**676727.4**	**710206.4**	
北　京	Beijing	1604.1	2439.8	2496.7	3	25147.0	27285.9	27622.8	9
天　津	Tianjin	405.2	447.2	456.6	22	10744.0	14369.1	16619.6	14
河　北	Hebei	888.9	809.0	855.6	13	14288.0	15527.7	16445.0	15
山　西	Shanxi	356.0	453.7	460.1	21	7414.0	9727.2	10715.0	21
内蒙古	Inner Mongolia	341.6	425.5	410.2	23	8561.0	10619.4	9213.8	25
辽　宁	Liaoning	1391.1	1338.1	1289.3	7	29123.0	36706.2	38264.6	5
吉　林	Jilin	735.5	680.2	653.5	17	8935.0	11764.1	12155.1	20
黑龙江	Heilongjiang	830.2	811.1	828.4	14	11413.0	14120.0	14355.3	19
上　海	Shanghai	1465.6	1137.0	1137.0	8	32462.0	35067.7	36383.2	6
江　苏	Jiangsu	2714.7	2961.6	3104.1	2	63807.0	78476.6	78585.1	2
浙　江	Zhejiang	1519.9	1720.5	1794.0	4	38982.0	53604.2	56455.7	3
安　徽	Anhui	1992.8	1074.8	1094.8	10	14730.0	22247.1	23842.2	10
福　建	Fujian	676.4	717.2	710.0	15	14650.0	16539.4	15981.9	16
江　西	Jiangxi	459.2	457.7	473.1	20	9807.0	13713.6	15629.7	17
山　东	Shandong	1477.6	1725.2	1776.7	5	37313.0	47372.9	48910.9	4
河　南	Henan	1010.3	1083.6	1121.4	9	17299.0	20590.4	21338.2	12
湖　北	Hubei	1326.3	1354.3	1393.8	6	22827.0	29644.2	30579.0	7
湖　南	Hunan	979.4	1031.8	1038.4	11	14400.0	20498.5	21393.1	11
广　东	Guangdong	3497.4	3555.4	3913.8	1	79816.0	95463.1	99921.5	1
广　西	Guangxi	604.4	644.6	676.0	16	12843.0	15856.9	16957.8	13
海　南	Hainan	173.0	153.4	168.4	28	2525.0	3864.0	4149.9	28
重　庆	Chongqing	412.3	506.9	529.9	19	9190.0	11601.4	15054.3	18
四　川	Sichuan	804.5	950.5	970.0	12	20656.0	27460.8	30058.2	8
贵　州	Guizhou	241.1	246.2	257.6	27	5979.0	8684.6	9765.9	23
云　南	Yunnan	299.3	357.0	381.4	26	6559.0	9586.6	10577.8	22
西　藏	Tibet	31.2	64.5	56.5	31	753.0	1059.1	1396.4	31
陕　西	Shaanxi	371.1	379.4	405.0	24	4926.0	6820.2	8068.1	26
甘　肃	Gansu	398.2	380.8	392.1	25	4357.0	5265.3	5625.3	27
青　海	Qinghai	84.6	95.0	98.5	30	1383.0	2230.7	2455.5	29
宁　夏	Ningxia	136.4	146.8	161.4	29	2382.0	2308.7	2355.5	30
新　疆	Xinjiang	373.1	524.7	574.3	18	6507.0	8651.9	9330.2	24

8-24 城市供水情况（二）
Urban Water Supplies (2)

单位：万立方米 (10 000 cu.m)

地区	Region	供水总量 Total Quantity of Water Supply 2010	2014	2015	2015排名 Ranking	生活用水 Domestic Water Use 2010	2014	2015	2015排名 Ranking
全　国	**National Total**	**5078745.0**	**5466612.6**	**5604728.4**		**2387525.1**	**2756911.4**	**2872695.0**	
北　京	Beijing	155557.0	182418.8	182517.3	11	107635.2	127239.2	125978.8	8
天　津	Tianjin	68970.0	81249.5	85260.4	22	29654.7	35691.1	38202.5	24
河　北	Hebei	166430.0	151478.4	179177.5	12	68889.9	69005.1	73300.9	15
山　西	Shanxi	76772.0	83155.4	83613.6	23	36549.4	44694.9	45120.5	21
内蒙古	Inner Mongolia	62757.0	73863.6	74789.0	25	23798.9	32267.8	33577.3	26
辽　宁	Liaoning	261879.0	272641.3	251064.5	7	90968.2	108025.4	111309.9	9
吉　林	Jilin	100743.0	106812.5	106201.8	19	42308.1	48546.4	48950.9	20
黑龙江	Heilongjiang	164235.0	150272.4	148852.6	16	54236.1	56400.6	58571.4	18
上　海	Shanghai	336637.0	317259.7	312224.4	5	146891.1	165033.8	167669.5	3
江　苏	Jiangsu	482821.0	488061.6	506719.4	2	202342.6	227292.5	235951.9	2
浙　江	Zhejiang	270044.0	308411.4	327216.7	4	122840.5	145736.5	155160.0	5
安　徽	Anhui	160816.0	167780.8	174263.4	13	70183.2	85972.6	90691.6	13
福　建	Fujian	132627.0	156464.0	161598.2	15	67698.5	74538.7	75944.2	14
江　西	Jiangxi	91278.0	106052.9	110874.4	18	53948.3	63006.7	64069.0	17
山　东	Shandong	290866.0	347781.3	355902.6	3	128361.9	153802.5	158151.4	4
河　南	Henan	179122.0	191000.7	196710.0	10	76986.2	87545.6	93594.5	12
湖　北	Hubei	253421.0	269557.9	277995.3	6	131676.9	142700.9	146054.0	6
湖　南	Hunan	189223.0	192647.1	197922.1	9	94413.9	104817.4	110285.0	10
广　东	Guangdong	806144.0	840259.1	852512.3	1	395034.3	448943.2	460655.6	1
广　西	Guangxi	147291.0	162236.3	173265.7	14	73080.4	80236.2	94998.5	11
海　南	Hainan	33546.0	42579.7	43652.9	28	19703.4	23034.5	27725.3	28
重　庆	Chongqing	86926.0	112858.6	121493.8	17	49741.5	64189.8	71896.6	16
四　川	Sichuan	173858.0	221021.4	220009.5	8	103223.4	141621.7	142103.4	7
贵　州	Guizhou	44117.0	55793.2	60111.8	26	24274.7	34821.9	36625.6	25
云　南	Yunnan	66444.0	77708.0	81875.0	24	37726.2	38183.2	42058.0	23
西　藏	Tibet	7681.0	12436.6	15606.7	31	3499.0	7181.8	9821.9	31
陕　西	Shaanxi	81335.0	92910.7	97663.5	20	47350.1	47733.6	51434.5	19
甘　肃	Gansu	62713.0	54565.0	55844.1	27	28051.3	29014.8	29792.5	27
青　海	Qinghai	18572.0	25030.6	25674.2	30	7755.4	10637.7	11303.6	30
宁　夏	Ningxia	28656.0	30343.4	31870.6	29	14266.1	14425.2	17103.4	29
新　疆	Xinjiang	77263.0	91960.6	92245.4	21	34435.5	44570.1	44593.0	22

8-25 城市供水情况（三）
Urban Water Supplies (3)

地区	Region	人均日生活用水量（升） Daliy Water Consumption Per Capita (liter)				用水普及率（%） Water Coverage Rate (%)			
		2010	2014	2015	2015排名 Ranking	2010	2014	2015	2015排名 Ranking
全　国	**National Total**	**171.43**	**173.73**	**174.46**		**96.68**	**97.64**	**98.07**	
北　京	Beijing	174.92	187.52	183.81	11	100.00	100.00	100.00	1
天　津	Tianjin	132.04	124.33	119.58	26	100.00	100.00	100.00	1
河　北	Hebei	122.96	116.91	119.13	27	99.97	99.29	99.56	7
山　西	Shanxi	106.39	114.59	112.44	29	97.26	98.54	98.85	10
内蒙古	Inner Mongolia	88.49	103.49	106.71	31	87.97	97.79	98.47	16
辽　宁	Liaoning	120.96	131.79	135.50	22	97.44	98.72	98.84	11
吉　林	Jilin	121.03	122.79	122.27	25	89.60	93.79	93.64	28
黑龙江	Heilongjiang	123.87	116.54	116.34	28	88.43	96.20	97.20	23
上　海	Shanghai	174.83	186.40	190.19	10	100.00	100.00	100.00	1
江　苏	Jiangsu	220.37	209.62	210.66	5	99.56	99.75	99.83	6
浙　江	Zhejiang	185.43	197.01	196.18	9	99.79	99.93	99.95	4
安　徽	Anhui	160.83	166.72	168.90	16	96.06	98.63	98.79	14
福　建	Fujian	186.62	180.98	176.93	12	99.50	99.49	99.55	8
江　西	Jiangxi	184.35	178.71	171.28	14	97.43	97.78	97.55	18
山　东	Shandong	129.52	138.78	138.47	21	99.57	99.92	99.95	4
河　南	Henan	109.10	107.44	111.07	30	91.03	92.99	93.10	29
湖　北	Hubei	211.54	210.60	205.32	7	97.59	98.75	98.83	12
湖　南	Hunan	220.38	202.96	207.79	6	95.17	97.05	97.30	21
广　东	Guangdong	249.96	247.51	248.95	4	98.37	97.26	98.46	17
广　西	Guangxi	249.70	234.97	255.65	3	94.65	94.40	97.50	19
海　南	Hainan	264.50	243.54	263.78	2	89.43	98.10	98.64	15
重　庆	Chongqing	136.75	146.13	151.97	20	94.05	96.78	96.87	25
四　川	Sichuan	196.69	216.00	204.13	8	90.80	91.12	93.05	30
贵　州	Guizhou	130.47	159.65	163.78	18	94.10	94.47	95.43	27
云　南	Yunnan	146.24	129.06	132.77	23	96.50	97.85	97.33	20
西　藏	Tibet	218.86	328.98	403.62	1	97.42	89.07	88.06	31
陕　西	Shaanxi	165.70	154.05	155.71	19	99.39	96.31	97.12	24
甘　肃	Gansu	155.12	146.25	132.00	24	91.57	94.95	97.28	22
青　海	Qinghai	179.03	176.52	168.76	17	99.87	99.71	99.06	9
宁　夏	Ningxia	177.55	148.60	171.67	13	98.23	97.26	96.40	26
新　疆	Xinjiang	150.79	171.82	170.55	15	99.17	98.15	98.81	13

8-26 城市燃气情况（一）
Urban Gas Supplies (1)

地区	Region	人工煤气全年供气总量（万立方米） Total Coal Gas Supply (10 000 cu.m)				人工煤气用气户数（万户） Number of Household with Access to Coal Gas (10 000 households)			
		2010	2014	2015	2015排名 Ranking	2010	2014	2015	2015排名 Ranking
全　国	**National Total**	**2799380**	**559513**	**471378**		**896.14**	**601.62**	**466.17**	
北　京	Beijing								
天　津	Tianjin								
河　北	Hebei	89834	56763	53538	3	52.96	53.21	54.15	3
山　西	Shanxi	87203	46851	39450	5	67.91	23.69	12.79	8
内蒙古	Inner Mongolia	3069	3500	3090	13	14.84	13.87	13.92	6
辽　宁	Liaoning	55177	63604	57394	2	190.48	214.97	204.16	1
吉　林	Jilin	16727	12827	7945	8	54.05	38.94	13.00	7
黑龙江	Heilongjiang	7587	7783	7202	9	16.46	30.49	19.25	4
上　海	Shanghai	142167	31379	5309	11	135.09	14.12		
江　苏	Jiangsu	1931995	612			29.72	3.08		
浙　江	Zhejiang	484	478	488	18	1.55	1.49	1.49	17
安　徽	Anhui								
福　建	Fujian	2673	2977	3000	14	4.22	6.40	6.45	13
江　西	Jiangxi	58208	30991	25097	7	44.39	7.64	5.69	14
山　东	Shandong	35730	9438	59	19	49.61	6.93	0.04	18
河　南	Henan	109500	59436	53100	4	44.78	8.77	4.80	15
湖　北	Hubei	12042				13.12			
湖　南	Hunan	3044	2765	2767	15	7.96	7.88	8.00	11
广　东	Guangdong	7037				3.90			
广　西	Guangxi	4517	4739	4439	12	12.17	13.55	12.55	9
海　南	Hainan								
重　庆	Chongqing								
四　川	Sichuan	159719	165113	165604	1	12.71	15.82	17.45	5
贵　州	Guizhou	26963	16034	5540	10	52.83	46.99	10.95	10
云　南	Yunnan	33818	40722	33959	6	75.83	83.02	71.39	2
西　藏	Tibet								
陕　西	Shaanxi								
甘　肃	Gansu	9438	1676	1644	17	7.59	7.44	7.59	12
青　海	Qinghai								
宁　夏	Ningxia	697	70			1.50	0.81		
新　疆	Xinjiang	1752	1752	1752	16	2.50	2.50	2.50	16

8-27 城市燃气情况（二）
Urban Gas Supplies (2)

地区	Region	天然气全年供气总量（万立方米）Total Natural Gas Supply (10 000 cu.m)				天然气用气户数（万户）Number of Household with Access to Natural Gas (10 000 households)			
		2010	2014	2015	2015排名 Ranking	2010	2014	2015	2015排名 Ranking
全 国	**National Total**	**4875808**	**9643783**	**10407906**		**5695.47**	**9559.33**	**10775.61**	
北 京	Beijing	719740	1136874	1444924	1	458.71	573.30	594.94	6
天 津	Tianjin	169453	301000	306630	14	252.53	340.87	371.16	13
河 北	Hebei	106740	257439	314237	12	220.70	358.41	453.23	9
山 西	Shanxi	141440	177638	247397	15	119.74	247.87	289.46	19
内蒙古	Inner Mongolia	69531	110922	133207	22	65.08	140.66	171.43	21
辽 宁	Liaoning	66173	126814	170434	19	273.97	379.53	428.76	11
吉 林	Jilin	43462	115404	111432	25	92.65	199.58	233.64	20
黑龙江	Heilongjiang	72497	116623	113245	24	190.06	282.71	292.88	18
上 海	Shanghai	450032	696093	734776	4	410.04	622.05	660.78	4
江 苏	Jiangsu	472309	842071	969799	3	461.82	826.97	908.14	1
浙 江	Zhejiang	118884	328121	319276	11	166.98	312.69	362.23	15
安 徽	Anhui	112190	219684	234585	16	207.71	386.29	432.25	10
福 建	Fujian	51101	132312	148807	21	69.13	113.39	130.23	24
江 西	Jiangxi	11263	69115	73570	26	41.48	140.31	160.27	22
山 东	Shandong	326931	627532	633917	5	458.36	810.00	890.26	2
河 南	Henan	158928	305240	332808	9	234.76	450.38	508.44	7
湖 北	Hubei	152833	309438	330397	10	211.99	367.61	402.82	12
湖 南	Hunan	111757	217162	215488	17	115.07	251.76	300.20	17
广 东	Guangdong	170266	1291347	1232938	2	288.59	534.22	609.29	5
广 西	Guangxi	10320	28510	38789	27	35.60	79.28	109.39	25
海 南	Hainan	14264	27635	29004	29	24.39	41.75	47.66	28
重 庆	Chongqing	254021	321485	349378	8	328.27	430.12	498.34	8
四 川	Sichuan	525686	610050	627976	6	503.10	734.87	834.61	3
贵 州	Guizhou	3546	29011	32906	28	3.15	47.31	93.70	26
云 南	Yunnan	119	4414	7345	30	4.29	14.74	47.12	30
西 藏	Tibet		16	1346	31		2.65	6.50	31
陕 西	Shaanxi	164654	285839	311286	13	192.53	346.34	366.62	14
甘 肃	Gansu	72917	159230	161907	20	63.80	117.62	133.86	23
青 海	Qinghai	61557	129793	133022	23	8.70	40.40	47.19	29
宁 夏	Ningxia	108485	218700	199279	18	40.00	84.08	88.61	27
新 疆	Xinjiang	134711	448271	447797	7	152.28	281.54	301.59	16

8-28 城市燃气情况（三）
Urban Gas Supplies (3)

地区	Region	液化石油气全年供气总量（万吨） Total LPG Supply (10 000 tons)				液化石油气用气户数（万户） Number of Household with Access to LPG (10 000 households)			
		2010	2014	2015	2015排名 Ranking	2010	2014	2015	2015排名 Ranking
全　国	**National Total**	**1268.01**	**1082.85**	**1039.22**		**5344.86**	**4996.94**	**4892.75**	
北　京	Beijing	32.31	54.63	57.63	5	183.66	281.74	299.91	4
天　津	Tianjin	5.34	4.32	5.05	28	8.26	6.86	12.65	29
河　北	Hebei	20.50	16.19	16.64	18	134.10	87.59	108.36	16
山　西	Shanxi	6.33	6.96	6.62	25	45.74	40.16	37.88	23
内蒙古	Inner Mongolia	7.43	6.31	5.80	27	99.17	81.33	76.63	19
辽　宁	Liaoning	39.51	49.24	46.89	6	228.19	231.44	215.53	6
吉　林	Jilin	21.48	18.46	15.78	19	139.69	125.05	112.62	15
黑龙江	Heilongjiang	21.98	21.44	21.05	15	164.97	120.69	127.43	13
上　海	Shanghai	39.84	41.80	42.41	7	320.30	334.68	339.45	3
江　苏	Jiangsu	76.66	65.18	59.36	4	412.27	328.73	264.82	5
浙　江	Zhejiang	87.80	70.18	69.59	3	486.79	467.37	446.19	2
安　徽	Anhui	61.58	75.26	73.63	2	157.25	101.78	87.47	18
福　建	Fujian	33.38	29.83	28.69	10	227.22	213.50	191.13	8
江　西	Jiangxi	18.88	23.73	22.89	13	132.40	123.19	127.04	14
山　东	Shandong	76.03	39.55	36.67	8	376.38	247.61	190.74	9
河　南	Henan	24.16	22.35	21.74	14	163.65	154.17	149.85	12
湖　北	Hubei	42.15	35.01	35.21	9	263.86	176.52	165.05	10
湖　南	Hunan	25.29	18.92	24.15	12	189.99	165.87	163.87	11
广　东	Guangdong	505.60	368.44	334.04	1	1003.08	1111.90	1171.76	1
广　西	Guangxi	30.38	26.76	26.23	11	186.91	192.84	194.12	7
海　南	Hainan	6.40	8.94	8.22	22	27.98	57.77	54.39	21
重　庆	Chongqing	9.28	9.57	7.64	23	31.14	28.74	30.92	25
四　川	Sichuan	19.11	17.51	17.37	17	49.11	51.72	51.30	22
贵　州	Guizhou	6.38	7.60	8.87	20	54.14	63.64	68.64	20
云　南	Yunnan	16.61	21.06	21.01	16	84.13	93.64	100.24	17
西　藏	Tibet	0.55	6.25	6.67	24	10.11	6.50	6.74	30
陕　西	Shaanxi	4.34	2.86	2.88	29	40.51	16.39	19.52	27
甘　肃	Gansu	18.55	5.97	8.53	21	46.99	34.57	32.84	24
青　海	Qinghai	0.71	0.62	0.64	31	7.11	6.05	5.85	31
宁　夏	Ningxia	1.50	1.99	1.32	30	22.54	19.94	18.78	28
新　疆	Xinjiang	7.96	5.91	6.02	26	47.23	24.96	21.05	26

8-29 城市燃气普及率和城市轨道交通线路长度
Gas Coverage Rate and Total Length of Urban Rail Transit

地区	Region	燃气普及率（%） Gas Coverage Rate (%)				轨道交通线路长度（公里） Total Length of Lines (km)			
		2010	2014	2015	2015排名 Ranking	2010	2014	2015	2015排名 Ranking
全 国	**National Total**	**92.04**	**94.57**	**95.30**		**1428.87**	**2714.79**	**3069.23**	
北 京	Beijing	100.00	100.00	100.00	1	336.00	527.00	554.00	2
天 津	Tianjin	100.00	100.00	100.00	1	79.40	147.14	147.14	6
河 北	Hebei	99.07	94.26	98.81	7				
山 西	Shanxi	89.94	95.77	97.31	13				
内蒙古	Inner Mongolia	79.26	92.28	94.09	20				
辽 宁	Liaoning	94.19	96.19	94.76	16	114.67	136.77	136.63	7
吉 林	Jilin	85.64	91.98	92.46	21	31.96	47.17	47.17	13
黑龙江	Heilongjiang	84.67	86.23	86.61	25		17.53		
上 海	Shanghai	100.00	100.00	100.00	1	450.44	548.18	614.23	1
江 苏	Jiangsu	99.12	99.49	99.56	5	83.46	311.61	370.47	4
浙 江	Zhejiang	99.07	99.81	99.91	4		20.88	133.80	8
安 徽	Anhui	90.52	96.81	97.55	12				
福 建	Fujian	98.92	98.83	98.56	8				
江 西	Jiangxi	92.36	95.18	94.83	15			28.75	14
山 东	Shandong	99.30	99.49	99.37	6			8.77	17
河 南	Henan	73.43	83.76	86.02	26		26.20	26.20	16
湖 北	Hubei	91.75	94.71	94.49	18	28.68	95.64	125.64	9
湖 南	Hunan	86.50	91.24	92.28	23		22.26	26.79	15
广 东	Guangdong	95.75	96.64	97.60	11	286.84	450.28	447.92	3
广 西	Guangxi	92.35	92.99	94.46	19				
海 南	Hainan	82.44	96.49	97.77	9				
重 庆	Chongqing	92.02	94.27	95.34	14	17.42	198.87	201.87	5
四 川	Sichuan	84.39	90.89	92.46	21		71.60	88.12	10
贵 州	Guizhou	69.72	76.30	84.06	29				
云 南	Yunnan	76.40	76.18	76.79	31		42.00	60.07	11
西 藏	Tibet	79.83	57.13	79.98	30				
陕 西	Shaanxi	90.39	95.08	94.73	17		51.66	51.66	12
甘 肃	Gansu	74.29	83.48	85.77	28				
青 海	Qinghai	90.79	88.81	85.96	27				
宁 夏	Ningxia	88.01	89.23	87.26	24				
新 疆	Xinjiang	95.80	96.87	97.63	10				

8-30 城市集中供热情况
Urban Central Heating

单位：万平方米 (10 000 sq.m)

地区	Region	集中供热面积 Heated Area 2010	2014	2015	2015排名 Ranking	住宅供热面积 Residential Heating Area 2010	2014	2015	2015排名 Ranking
全 国	**National Total**	**435668**	**611246**	**672205**		**307773**	**449989**	**494771**	
北 京	Beijing	46715	56786	58465	5	32305	38085	39031	6
天 津	Tianjin	24034	34240	37678	9	18186	25985	28485	9
河 北	Hebei	38683	52296	58751	4	27913	39288	43228	3
山 西	Shanxi	28739	42916	54059	6	17933	32388	42506	5
内蒙古	Inner Mongolia	25340	41967	44869	8	16312	28491	29903	8
辽 宁	Liaoning	74526	96587	104543	1	57297	74885	78041	1
吉 林	Jilin	31718	45006	47990	7	23774	33020	34037	7
黑龙江	Heilongjiang	37513	57656	62457	3	25924	39337	42750	4
上 海	Shanghai								
江 苏	Jiangsu	9946				1191			
浙 江	Zhejiang	3992	8001	4429	15	39	29	29	18
安 徽	Anhui	2464	2304	2684	16	906	988	1040	16
福 建	Fujian								
江 西	Jiangxi								
山 东	Shandong	54710	83003	90150	2	43779	67517	73893	2
河 南	Henan	10738	18993	22375	12	7963	15249	17396	12
湖 北	Hubei	978	1765	2396	17	824	1183	1691	15
湖 南	Hunan								
广 东	Guangdong								
广 西	Guangxi								
海 南	Hainan								
重 庆	Chongqing								
四 川	Sichuan	14				5			
贵 州	Guizhou		191				33		
云 南	Yunnan								
西 藏	Tibet		22	22	19				
陕 西	Shaanxi	9263	19825	24030	11	7111	16790	20650	11
甘 肃	Gansu	10544	15270	16137	13	7763	11199	11940	13
青 海	Qinghai	208	456	461	18	146	343	347	17
宁 夏	Ningxia	6380	8757	9979	14	5107	7072	7905	14
新 疆	Xinjiang	19162	25205	30728	10	13298	18107	21901	10

8-31 城市道路和桥梁情况（一）
Urban Road and Bridges (1)

地区	Region	道路长度（公里）Length of Roads (km)				道路面积（万平方米）Surface Area of Roads (10 000 sq.m)			
		2010	2014	2015	2015排名 Ranking	2010	2014	2015	2015排名 Ranking
全　国	**National Total**	**294443**	**352333**	**364978**		**521322**	**683028**	**717675**	
北　京	Beijing	6355	8107	8104	18	9395	13834	14302	21
天　津	Tianjin	5439	7275	7636	20	9159	13144	14019	22
河　北	Hebei	11639	12859	13402	7	26639	30113	31570	6
山　西	Shanxi	5733	7107	7323	22	10312	14470	15039	19
内蒙古	Inner Mongolia	6447	8612	9281	13	12476	18432	19793	12
辽　宁	Liaoning	14238	16692	16914	6	23658	28997	30585	8
吉　林	Jilin	8543	8922	8854	14	13243	16887	17010	15
黑龙江	Heilongjiang	10091	12252	12364	10	13569	18359	18651	13
上　海	Shanghai	4713	4851	4989	25	9299	9964	10317	25
江　苏	Jiangsu	31899	39070	40749	1	53723	71151	75052	2
浙　江	Zhejiang	15550	19382	20475	4	30381	37323	39293	4
安　徽	Anhui	10157	12932	13375	9	19927	29124	31010	7
福　建	Fujian	6756	7987	8415	15	12560	15436	16303	17
江　西	Jiangxi	5742	7250	8185	17	11330	15578	17436	14
山　东	Shandong	32944	39404	40426	2	60615	78308	80847	1
河　南	Henan	9414	11627	12318	11	21768	28017	29915	9
湖　北	Hubei	14168	18209	17920	5	24599	31145	31852	5
湖　南	Hunan	8585	10947	11437	12	15972	20062	21333	11
广　东	Guangdong	40847	38213	38894	3	55869	67446	70003	3
广　西	Guangxi	6439	7638	8187	16	12118	15614	17003	16
海　南	Hainan	1435	2188	2350	28	3152	4747	5070	29
重　庆	Chongqing	5130	6893	7712	19	9931	14528	16128	18
四　川	Sichuan	9584	12488	13378	8	18743	26264	27937	10
贵　州	Guizhou	2257	3295	3538	27	3604	6531	7201	27
云　南	Yunnan	4049	7338	6166	24	7983	14182	12690	24
西　藏	Tibet	341	585	1037	30	596	970	1891	31
陕　西	Shaanxi	4810	6170	6508	23	10537	13557	14602	20
甘　肃	Gansu	3399	4151	4489	26	6599	8758	9650	26
青　海	Qinghai	711	925	987	31	1357	1835	1970	30
宁　夏	Ningxia	1852	2134	2146	29	3889	6332	6376	28
新　疆	Xinjiang	5178	6831	7418	21	8323	11917	12827	23

8-32 城市道路和桥梁情况（二）
Urban Road and Bridges (2)

地区	Region	人均道路面积（平方米） Road Surface Area Per Capita (sq.m)				桥梁数（座） Number of Bridges (unit)			
		2010	2014	2015	2015排名 Ranking	2010	2014	2015	2015排名 Ranking
全　国	**National Total**	**13.21**	**15.34**	**15.60**		**52548**	**61863**	**64512**	
北　京	Beijing	5.57	7.44	7.62	30	1855	2244	2271	6
天　津	Tianjin	14.89	16.71	16.02	14	530	869	953	16
河　北	Hebei	17.35	18.49	18.65	7	1455	1378	1410	13
山　西	Shanxi	10.66	13.34	13.52	23	482	640	657	24
内蒙古	Inner Mongolia	14.89	21.10	22.61	4	319	374	349	27
辽　宁	Liaoning	11.19	12.75	13.43	24	1514	1663	1637	10
吉　林	Jilin	12.39	14.62	14.52	17	626	750	776	20
黑龙江	Heilongjiang	10.00	13.32	13.14	25	767	1032	1065	15
上　海	Shanghai	4.04	4.11	4.27	31	2073	2439	2524	5
江　苏	Jiangsu	21.26	23.89	24.42	3	13093	14013	14630	1
浙　江	Zhejiang	16.70	18.40	18.12	8	7761	9732	10283	2
安　徽	Anhui	16.01	20.33	20.82	6	1104	1441	1620	11
福　建	Fujian	12.58	13.61	13.80	20	1233	1799	1816	9
江　西	Jiangxi	13.77	15.77	16.60	11	565	659	827	18
山　东	Shandong	22.23	25.77	25.82	1	4316	5109	5212	4
河　南	Henan	10.25	11.67	12.06	26	1026	1287	1374	14
湖　北	Hubei	14.08	16.57	16.15	13	1697	1917	1952	8
湖　南	Hunan	12.95	13.76	14.27	18	588	728	827	18
广　东	Guangdong	12.69	13.20	13.60	22	5608	6377	6259	3
广　西	Guangxi	14.31	15.75	16.28	12	584	735	832	17
海　南	Hainan	13.81	17.97	17.37	10	148	151	226	28
重　庆	Chongqing	9.37	11.68	12.05	27	1136	1379	1433	12
四　川	Sichuan	11.84	13.32	13.63	21	1573	2027	2081	7
贵　州	Guizhou	6.65	10.33	11.22	28	385	573	683	23
云　南	Yunnan	10.90	17.12	14.23	19	549	653	693	22
西　藏	Tibet	13.25	14.44	24.98	2	38	1	18	31
陕　西	Shaanxi	13.38	15.38	15.67	15	545	678	743	21
甘　肃	Gansu	12.20	15.30	15.18	16	358	445	540	25
青　海	Qinghai	11.42	11.08	10.63	29	68	127	144	30
宁　夏	Ningxia	17.35	23.16	22.52	5	168	183	188	29
新　疆	Xinjiang	13.19	16.46	17.69	9	384	460	489	26

8-33 城市排水和污水处理情况（一）
Urban Drainage and Wastewater Treatment (1)

地区	Region	污水排放量（万立方米） Annual Quantity of Wastewater Discharged (10 000 cu.m)				排水管道长度（公里） Length of Drainage Piplines (km)			
		2010	2014	2015	2015排名 Ranking	2010	2014	2015	2015排名 Ranking
全 国	**National Total**	**3786983**	**4453428**	**4666210**		**369553**	**511179**	**539567**	
北 京	Beijing	141651	161548	164231	12	10172	14290	15528	13
天 津	Tianjin	65235	82316	93979	19	15140	18748	19543	9
河 北	Hebei	132798	157348	167057	10	14576	15924	16964	11
山 西	Shanxi	60181	67093	72746	23	5459	7428	7860	24
内蒙古	Inner Mongolia	46543	57212	59052	25	8514	12123	12542	17
辽 宁	Liaoning	204370	239889	243528	5	14070	16783	17074	10
吉 林	Jilin	75270	83347	86386	21	7738	9870	10319	22
黑龙江	Heilongjiang	108443	121559	122699	15	7504	9922	10345	21
上 海	Shanghai	231374	231685	230423	6	11483	20972	16920	12
江 苏	Jiangsu	363096	396336	412277	2	46867	66256	70048	1
浙 江	Zhejiang	206415	250146	269386	4	26367	35960	38203	4
安 徽	Anhui	124449	144249	150642	13	13136	24580	24399	5
福 建	Fujian	95884	119013	119392	16	9686	12709	13340	14
江 西	Jiangxi	70453	81271	88945	20	7340	10814	11983	18
山 东	Shandong	244417	295243	302131	3	34301	49554	52183	3
河 南	Henan	147413	169502	194710	8	14733	19348	20467	8
湖 北	Hubei	169150	192893	203363	7	16577	21484	23042	6
湖 南	Hunan	153696	161784	165003	11	8882	12612	13199	15
广 东	Guangdong	506546	652251	671363	1	42507	50320	53587	2
广 西	Guangxi	115256	125341	130447	14	6417	8771	10588	20
海 南	Hainan	27811	28454	32054	28	2946	3522	3792	28
重 庆	Chongqing	64622	93517	96951	18	7073	11081	12961	16
四 川	Sichuan	136520	172892	186332	9	14498	20606	22486	7
贵 州	Guizhou	32533	45013	49075	26	3327	5577	5895	26
云 南	Yunnan	58711	78196	85425	22	4419	10136	11477	19
西 藏	Tibet	6770	10639	12991	31	293	610	1422	31
陕 西	Shaanxi	68104	86823	96977	17	5666	7237	8026	23
甘 肃	Gansu	41940	39211	41331	27	3092	5016	5558	27
青 海	Qinghai	12889	17700	18579	30	1014	1469	1668	29
宁 夏	Ningxia	28047	27114	27751	29	1384	1460	1608	30
新 疆	Xinjiang	46396	63843	70984	24	4372	5997	6538	25

8-34 城市排水和污水处理情况（二）
Urban Drainage and Wastewater Treatment (2)

地区	Region	污水处理总量（万立方米） Total Quantity of Wastewater Treated (10 000 cu.m)				污水处理率（%） Wastewater Treatment Rate (%)			
		2010	2014	2015	2015排名 Ranking	2010	2014	2015	2015排名 Ranking
全　国	**National Total**	**3117032**	**4016198**	**4288251**		**82.31**	**90.18**	**91.90**	
北　京	Beijing	116288	139108	145189	13	82.09	86.11	88.41	25
天　津	Tianjin	55645	74944	86030	19	85.30	91.04	91.54	17
河　北	Hebei	122567	149579	159274	10	92.30	95.06	95.34	3
山　西	Shanxi	51111	59292	64891	23	84.93	88.37	89.20	23
内蒙古	Inner Mongolia	39.5	51041	55003	25	80.55	89.21	93.14	10
辽　宁	Liaoning	153131	213632	226685	5	74.93	89.05	93.08	11
吉　林	Jilin	55641	75092	78072	20	73.92	90.10	90.38	19
黑龙江	Heilongjiang	61513	93865	103566	16	56.72	77.22	84.41	27
上　海	Shanghai	192714	207865	213946	6	83.29	89.72	92.85	13
江　苏	Jiangsu	317926	370429	387207	2	87.56	93.46	93.92	6
浙　江	Zhejiang	170781	226844	247695	4	82.74	90.68	91.95	15
安　徽	Anhui	110082	138779	145634	12	88.46	96.21	96.68	1
福　建	Fujian	80960	105511	106819	15	84.44	88.66	89.47	22
江　西	Jiangxi	56948	68069	78041	21	80.83	83.76	87.74	26
山　东	Shandong	222691	281283	289341	3	91.11	95.27	95.77	2
河　南	Henan	129134	156817	182194	8	87.60	92.52	93.57	8
湖　北	Hubei	137043	177622	189957	7	81.02	92.08	93.41	9
湖　南	Hunan	115194	145779	153025	11	74.95	90.11	92.74	14
广　东	Guangdong	436041	597118	628706	1	86.08	91.55	93.65	7
广　西	Guangxi	96160	109615	117426	14	83.43	87.45	90.02	20
海　南	Hainan	15260	20321	23798	29	54.87	71.42	74.24	29
重　庆	Chongqing	59229	86961	91887	17	91.65	92.99	94.78	5
四　川	Sichuan	102163	147578	164938	9	74.83	85.36	88.52	24
贵　州	Guizhou	28249	42669	46706	26	86.83	94.79	95.17	4
云　南	Yunnan	54829	71267	77763	22	93.39	91.14	91.03	18
西　藏	Tibet		1710	2478	31		16.07	19.07	31
陕　西	Shaanxi	50522	79492	88779	18	74.18	91.56	91.55	16
甘　肃	Gansu	26250	33330	37040	27	62.59	85.00	89.62	21
青　海	Qinghai	5611	10476	11143	30	43.53	59.19	59.98	30
宁　夏	Ningxia	21876	25049	25822	28	78.00	92.38	93.05	12
新　疆	Xinjiang	33983	55061	59196	24	73.25	86.24	83.39	28

8-35 城市园林绿化情况（一）
Urban Landscaping (1)

单位：公顷 (hectare)

地区	Region	绿化覆盖面积 Green Coverage Area				绿地面积 Area of Parks and Green Space			
		2010	2014	2015	2015排名 Ranking	2010	2014	2015	2015排名 Ranking
全　国	**National Total**	**2452658**	**2937863**	**3074461**		**2134339**	**2539748**	**2669567**	
北　京	Beijing	65348	86945	86809	13	62672	80223	81305	12
天　津	Tianjin	23265	27843	32208	26	19221	25307	28406	26
河　北	Hebei	81819	90136	90724	11	68958	79393	81346	11
山　西	Shanxi	34607	46692	48150	23	31061	40448	42033	23
内蒙古	Inner Mongolia	41059	62720	67322	18	38143	57372	63090	16
辽　宁	Liaoning	106020	196122	198213	4	92751	121982	124193	6
吉　林	Jilin	43820	50909	54180	22	37895	45263	47251	22
黑龙江	Heilongjiang	78727	85312	85963	14	69581	76346	76501	14
上　海	Shanghai	130160	136427	138810	6	120148	125741	127332	5
江　苏	Jiangsu	258969	297376	307000	2	227584	265543	274071	2
浙　江	Zhejiang	91111	149641	155192	5	79459	132619	138039	4
安　徽	Anhui	85281	107540	112303	7	71463	89512	93786	7
福　建	Fujian	55914	67984	72093	15	47904	60396	64466.02	15
江　西	Jiangxi	58924	55327	58510	21	42288	50809	54147	21
山　东	Shandong	179333	232174	240024	3	156243	205208	213517	3
河　南	Henan	78108	98862	102700	9	66790	85661	89952	8
湖　北	Hubei	80294	96603	104844	8	57883	75546	80309	13
湖　南	Hunan	54509	67118	68156	16	46028	57273	59359	18
广　东	Guangdong	488980	486241	503411	1	420370	421884	438376	1
广　西	Guangxi	65692	79421	89662	12	60225	72414	82382	10
海　南	Hainan	50564	16623	16968	29	49029	14672	14883	29
重　庆	Chongqing	41244	57805	61327	20	37695	52515	55934	20
四　川	Sichuan	80157	92272	96795	10	72259	82116	87096	9
贵　州	Guizhou	34190	41085	40698	25	28675	35721	36739	25
云　南	Yunnan	31903	41284	43608	24	28126	37309	39416	24
西　藏	Tibet	2778	5630	6334	30	2090	4195	5332	31
陕　西	Shaanxi	33232	44104	67334	17	26063	36354	56108	19
甘　肃	Gansu	19898	26404	27708	27	15275	22342	23560	28
青　海	Qinghai	3409	5442	6011	31	3387	5340	5732	30
宁　夏	Ningxia	19672	24944	25923	28	17387	23195	24132	27
新　疆	Xinjiang	43671	60879	65480	19	37686	57050	60775	17

8-36 城市园林绿化情况（二）
Urban Landscaping (2)

单位：公顷 (hectare)

地区	Region	公园绿地面积 Area of Public Recreational Green Space				公园面积 Park Area			
		2010	2014	2015	2015排名 Ranking	2010	2014	2015	2015排名 Ranking
全　国	**National Total**	**441276**	**582392**	**614090**		**258177**	**367926**	**383805**	
北　京	Beijing	19020	28798	29503	4	9960	28798	29448	3
天　津	Tianjin	5266	7652	8865	24	1666	2124	2299	28
河　北	Hebei	21849	23541	24014	9	12164	16373	17339	5
山　西	Shanxi	9061	12253	12910	20	5698	9417	9552	17
内蒙古	Inner Mongolia	10352	16423	16876	15	7715	12090	13725	7
辽　宁	Liaoning	21593	26406	26233	6	11005	13829	13629	8
吉　林	Jilin	10974	13912	14650	19	4402	6231	6446	22
黑龙江	Heilongjiang	15284	16681	16997	14	9066	9626	9777	16
上　海	Shanghai	16053	17789	18395	13	1915	2301	2407	27
江　苏	Jiangsu	33585	42901	44713	3	12433	21879	25935	4
浙　江	Zhejiang	20090	26155	28593	5	12631	15949	16655	6
安　徽	Anhui	13630	18909	19913	12	8685	11303	12043	11
福　建	Fujian	10972	14475	15327	16	8819	11402	11913	13
江　西	Jiangxi	10733	13955	14663	18	6442	8596	8764	18
山　东	Shandong	43191	51952	54345	2	21350	32621	34112	2
河　南	Henan	18361	23834	25201	7	9296	12002	12653	10
湖　北	Hubei	16818	20866	21719	11	8078	11206	11997	12
湖　南	Hunan	10969	14355	14930	17	6763	9555	10145	15
广　东	Guangdong	58514	83195	89591	1	58341	70151	65318	1
广　西	Guangxi	8331	11086	12111	21	5842	7767	8579	19
海　南	Hainan	2561	3437	3784	29	1863	2074	1972	29
重　庆	Chongqing	14032	21107	22733	10	5532	10751	11502	14
四　川	Sichuan	16133	22191	24512	8	7900	12369	13343	9
贵　州	Guizhou	3969	7906	8308	26	3645	5066	7021	21
云　南	Yunnan	6811	9113	9427	23	5246	6673	7558	20
西　藏	Tibet	260	725	882	31	681	723	978	31
陕　西	Shaanxi	8402	10999	11714	22	2924	5417	5877	23
甘　肃	Gansu	4392	7320	7773	27	2451	4079	4335	25
青　海	Qinghai	1014	1786	1942	30	478	949	1350	30
宁　夏	Ningxia	3626	4897	5126	28	2030	2282	2411	26
新　疆	Xinjiang	5430	7774	8338	25	3156	4325	4721	24

8-37 城市人均公园绿地面积和每万人拥有公共厕所
Public Green Areas Per Capita and Number of Public Lavatories Per 10 000 Population in Cities

地区	Region	人均公园绿地面积（平方米）Public Green Areas Per Capita (sq.m)				每万人拥有公共厕所（座）Number of Public Lavatories Per 10 000 Population (unit)			
		2010	2014	2015	2015排名 Ranking	2010	2014	2015	2015排名 Ranking
全 国	**National Total**	**11.18**	**13.08**	**13.35**		**3.02**	**2.79**	**2.75**	
北 京	Beijing	11.28	15.94	16.00	6	3.54	2.92	2.88	14
天 津	Tianjin	8.56	9.73	10.13	29	2.01	1.53	1.52	30
河 北	Hebei	14.23	14.45	14.18	8	4.22	3.92	3.72	8
山 西	Shanxi	9.36	11.30	11.61	21	3.32	2.98	2.93	13
内蒙古	Inner Mongolia	12.36	18.80	19.28	1	4.73	4.67	4.76	1
辽 宁	Liaoning	10.21	11.61	11.52	23	2.99	2.35	2.22	23
吉 林	Jilin	10.27	12.05	12.51	16	4.53	3.23	3.11	10
黑龙江	Heilongjiang	11.27	12.10	11.98	18	6.56	5.13	4.66	2
上 海	Shanghai	6.97	7.33	7.62	31	2.62	2.54	2.57	18
江 苏	Jiangsu	13.29	14.41	14.55	7	3.75	3.75	3.82	5
浙 江	Zhejiang	11.05	12.90	13.19	11	4.01	3.96	3.78	6
安 徽	Anhui	10.95	13.20	13.37	10	2.55	2.23	2.16	24
福 建	Fujian	10.99	12.76	12.98	12	2.64	2.74	2.70	16
江 西	Jiangxi	13.04	14.13	13.96	9	2.17	2.01	1.80	28
山 东	Shandong	15.84	17.10	17.36	4	2.05	2.00	2.03	26
河 南	Henan	8.65	9.93	10.16	28	3.32	3.01	3.04	11
湖 北	Hubei	9.62	11.10	11.01	25	2.91	2.73	2.78	15
湖 南	Hunan	8.89	9.85	9.99	30	2.35	2.31	2.26	21
广 东	Guangdong	13.29	16.28	17.40	3	2.06	1.89	1.90	27
广 西	Guangxi	9.83	11.19	11.60	22	1.76	2.15	1.43	31
海 南	Hainan	11.22	13.01	12.96	13	1.73	1.83	1.57	29
重 庆	Chongqing	13.24	16.97	16.99	5	1.55	2.29	2.40	19
四 川	Sichuan	10.19	11.26	11.96	19	2.93	2.17	2.14	25
贵 州	Guizhou	7.33	12.50	12.94	14	2.21	2.17	2.24	22
云 南	Yunnan	9.30	11.00	10.57	26	2.26	2.87	2.94	12
西 藏	Tibet	5.78	10.80	11.65	20	4.16	4.51	4.19	4
陕 西	Shaanxi	10.67	12.48	12.57	15	3.13	4.30	4.58	3
甘 肃	Gansu	8.12	12.79	12.23	17	2.17	2.50	2.39	20
青 海	Qinghai	8.53	10.78	10.48	27	4.65	4.04	3.73	7
宁 夏	Ningxia	16.18	17.91	18.11	2	4.18	2.51	2.63	17
新 疆	Xinjiang	8.61	10.74	11.50	24	3.23	3.36	3.44	9

8-38 城市市容环境卫生情况（一）
Urban Environmental Sanitation (1)

地区	Region	道路清扫保洁面积（万平方米） Surface Area of Roads Cleaned and Maintained (10 000 sq.m)				生活垃圾清运量（万吨） Consumption Wastes Collected and Transported (10 000 tons)			
		2010	2014	2015	2015排名 Ranking	2010	2014	2015	2015排名 Ranking
全　国	**National Total**	**485033**	**676093**	**730333**		**15804.80**	**17860.18**	**19141.87**	
北　京	Beijing	13804	15104	15122	21	632.98	733.84	790.33	9
天　津	Tianjin	7322	10879	11769	25	183.71	215.89	240.68	27
河　北	Hebei	20050	24549	26358	10	589.28	614.10	635.88	11
山　西	Shanxi	10609	15527	16083	18	361.22	445.01	446.97	18
内蒙古	Inner Mongolia	9674	18207	19799	13	333.96	324.56	329.12	24
辽　宁	Liaoning	28122	33721	36637	5	837.26	917.14	933.20	5
吉　林	Jilin	13037	14504	16957	16	499.43	504.60	490.25	17
黑龙江	Heilongjiang	14937	22716	23484	11	782.35	553.38	523.00	14
上　海	Shanghai	15879	17490	17366	15	732.00	608.41	613.20	12
江　苏	Jiangsu	44088	55132	57992	3	1017.05	1352.44	1456.07	2
浙　江	Zhejiang	27805	36843	39195	4	959.01	1229.05	1332.63	4
安　徽	Anhui	17339	26370	29216	9	435.25	464.79	491.94	16
福　建	Fujian	11433	16243	14881	22	417.30	598.89	608.06	13
江　西	Jiangxi	9911	12893	14019	24	284.00	308.45	329.25	23
山　东	Shandong	48528	65422	68631	2	992.00	958.47	1377.47	3
河　南	Henan	20892	27197	29490	8	694.61	832.75	891.83	6
湖　北	Hubei	16941	30527	33304	6	711.12	739.34	832.15	7
湖　南	Hunan	12331	18032	19979	12	505.22	600.79	638.15	10
广　东	Guangdong	62768	84873	92161	1	1938.55	2214.23	2320.40	1
广　西	Guangxi	11005	14065	18189	14	245.06	338.86	385.46	20
海　南	Hainan	4076	6084	5289	30	97.66	144.21	160.06	28
重　庆	Chongqing	6136	12304	15313	20	256.68	399.37	440.03	19
四　川	Sichuan	15173	28574	30196	7	656.03	779.99	823.57	8
贵　州	Guizhou	3405	5129	7098	28	213.26	273.77	268.34	25
云　南	Yunnan	9726	15547	16769	17	265.47	349.54	371.04	22
西　藏	Tibet	539	2413	5714	29	16.30	30.78	32.92	31
陕　西	Shaanxi	10546	15338	15884	19	388.32	517.93	522.74	15
甘　肃	Gansu	5816	7478	8294	26	278.25	252.97	262.68	26
青　海	Qinghai	1951	2529	2699	31	86.31	77.60	82.24	30
宁　夏	Ningxia	3347	7482	7956	27	91.89	118.41	132.24	29
新　疆	Xinjiang	7843	12921	14489	23	303.27	360.63	380.04	21

8-39　城市市容环境卫生情况（二）
Urban Environmental Sanitation (2)

地区	Region	生活垃圾处理量（万吨）Volume of Domestic Garbage Treated (10 000 tons)				生活垃圾处理率（%）Domestic Garbage Treatment (%)			
		2010	2014	2015	2015排名 Ranking	2010	2014	2015	2015排名 Ranking
全　国	**National Total**	**14337.98**	**17221.81**	**18750.36**		**90.72**	**96.43**	**97.95**	
北　京	Beijing	613.67	730.83	788.73	9	96.95	99.59	99.80	7
天　津	Tianjin	183.71	208.71	223.21	27	100.00	96.67	92.74	28
河　北	Hebei	571.28	566.60	620.35	11	96.95	92.26	97.56	20
山　西	Shanxi	265.77	409.71	434.33	19	73.58	92.07	97.17	23
内蒙古	Inner Mongolia	310.52	311.81	322.37	24	92.98	96.07	97.95	17
辽　宁	Liaoning	752.29	899.57	913.05	5	89.85	98.08	97.84	18
吉　林	Jilin	457.35	492.47	482.07	16	91.57	97.60	98.33	14
黑龙江	Heilongjiang	315.74	385.33	458.18	17	40.36	69.63	87.61	30
上　海	Shanghai	599.22	608.41	613.20	12	81.86	100.00	100.00	1
江　苏	Jiangsu	1016.75	1347.30	1456.07	2	99.97	99.62	100.00	1
浙　江	Zhejiang	958.41	1229.04	1332.63	4	99.94	100.00	100.00	1
安　徽	Anhui	416.07	462.49	489.74	15	95.59	99.51	99.55	9
福　建	Fujian	416.52	586.45	603.14	13	99.81	97.92	99.19	11
江　西	Jiangxi	284.00	308.45	329.06	23	100.00	100.00	99.94	5
山　东	Shandong	955.31	958.47	1377.47	3	96.30	100.00	100.00	1
河　南	Henan	616.46	773.12	856.08	6	88.75	92.84	95.99	25
湖　北	Hubei	677.08	725.08	818.22	7	95.21	98.07	98.33	14
湖　南	Hunan	464.09	598.97	636.89	10	91.86	99.70	99.80	7
广　东	Guangdong	1764.21	2096.02	2265.41	1	91.01	94.66	97.63	19
广　西	Guangxi	227.92	331.62	380.27	20	93.01	97.86	98.65	13
海　南	Hainan	77.66	143.96	159.81	28	79.52	99.83	99.84	6
重　庆	Chongqing	254.44	396.17	435.77	18	99.13	99.20	99.03	12
四　川	Sichuan	619.84	758.44	801.15	8	94.48	97.24	97.28	22
贵　州	Guizhou	203.59	255.31	251.73	26	95.47	93.26	93.81	27
云　南	Yunnan	253.03	340.36	361.33	22	95.31	97.37	97.38	21
西　藏	Tibet	14.23	28.49	4.17	31	87.30	92.54	12.66	31
陕　西	Shaanxi	334.02	496.05	512.38	14	86.02	95.78	98.02	16
甘　肃	Gansu	272.25	249.00	261.00	25	97.84	98.43	99.36	10
青　海	Qinghai	71.07	74.01	79.11	30	82.34	95.37	96.19	24
宁　夏	Ningxia	85.03	110.42	118.91	29	92.53	93.25	89.92	29
新　疆	Xinjiang	286.45	339.14	364.53	21	94.45	94.04	95.92	26

8-40 城市公共交通情况（一）
Statistics on Public Transportation in Cities (1)

地区	Region	年末公共交通车辆运营数（辆）Number of Public Vehicles under Operation at Year-end (unit)				公共交通运营线路总长度（公里）Length of Public Transportation under Operation (km)			
		2010	2014	2015	2015排名 Ranking	2010	2014	2015	2015排名 Ranking
全　国	**National Total**	**383161**	**476255**	**502916**		**490283**	**620051**	**669639**	
北　京	Beijing	24011	28331	28311	5	19079	20776	20740	11
天　津	Tianjin	7413	11770	12245	17	12320	15028	16013	15
河　北	Hebei	14630	15977	18927	11	14869	20305	22940	7
山　西	Shanxi	6609	8301	8153	22	12200	13658	13176	20
内蒙古	Inner Mongolia	5771	6836	6877	25	9272	11109	10731	23
辽　宁	Liaoning	19770	21872	22358	6	19219	23603	25344	5
吉　林	Jilin	10421	11723	12057	18	10175	13129	12312	21
黑龙江	Heilongjiang	13567	15706	16365	13	11956	17930	19390	14
上　海	Shanghai	20297	19832	20328	9	23583	24475	24645	6
江　苏	Jiangsu	27561	36016	38598	3	41351	54797	58796	4
浙　江	Zhejiang	21589	27048	29700	4	39989	50273	60102	3
安　徽	Anhui	9626	13915	13916	15	8948	12319	13709	17
福　建	Fujian	10306	13426	15065	14	13555	19675	21757	9
江　西	Jiangxi	6266	7307	7665	24	9934	11718	13467	19
山　东	Shandong	27752	34138	39782	2	39470	59238	70922	2
河　南	Henan	16096	20417	22063	7	16362	20866	19697	13
湖　北	Hubei	16544	18249	19705	10	16735	18541	20773	10
湖　南	Hunan	12344	15745	17365	12	14791	14698	15981	16
广　东	Guangdong	41933	56862	58747	1	69785	94568	96224	1
广　西	Guangxi	6839	7774	8094	23	8099	10699	11465	22
海　南	Hainan	1964	2879	2938	29	3818	4758	5856	28
重　庆	Chongqing	7660	11769	12491	16	11200	12191	13544	18
四　川	Sichuan	15288	22797	21998	8	15258	20883	22831	8
贵　州	Guizhou	4584	5834	6168	26	5143	6269	6990	26
云　南	Yunnan	7135	9334	10108	20	13218	16679	19883	12
西　藏	Tibet	940	451	544	31	949	997	1035	31
陕　西	Shaanxi	9953	11647	11940	19	8697	9470	9883	24
甘　肃	Gansu	4382	5488	5275	27	4173	5872	5935	27
青　海	Qinghai	2175	2113	2071	30	1554	1978	2276	30
宁　夏	Ningxia	2382	3296	3475	28	4325	5890	5036	29
新　疆	Xinjiang	7353	9402	9587	21	10258	7663	8184	25

8-41 城市公共交通情况（二）
Statistics on Public Transportation in Cities (2)

地区	Region	出租汽车数（辆） Number of Taxi (unit) 2010	2014	2015	2015排名 Ranking	每万人拥有公共交通车辆（标台） Number of Public Transportation Vehicles Per 10 000 Population (unit) 2010	2014	2015	2015排名 Ranking
全　国	**National Total**	**986190**	**1074386**	**1092083**		**9.71**	**12.99**	**13.29**	
北　京	Beijing	66646	67546	68284	2	14.24	24.84	24.58	1
天　津	Tianjin	31940	31940	31940	16	12.05	18.14	16.30	2
河　北	Hebei	46016	50435	51407	8	9.53	11.34	12.94	15
山　西	Shanxi	28848	30401	30696	18	6.83	8.85	8.53	31
内蒙古	Inner Mongolia	37131	38347	39359	11	6.89	9.01	9.10	26
辽　宁	Liaoning	79890	80951	80997	1	9.35	11.79	12.30	18
吉　林	Jilin	54933	55725	56447	6	9.75	10.32	10.62	24
黑龙江	Heilongjiang	61129	65068	65421	4	10.00	12.78	13.11	14
上　海	Shanghai	50007	50738	49586	9	8.82	11.97	12.36	17
江　苏	Jiangsu	46075	53488	53399	7	10.91	15.08	15.81	5
浙　江	Zhejiang	32532	36732	37416	13	11.87	15.46	15.99	4
安　徽	Anhui	36681	38792	39190	12	7.73	11.60	11.39	20
福　建	Fujian	16782	20380	21449	21	10.32	13.33	14.44	7
江　西	Jiangxi	10854	13369	13587	27	7.61	8.56	8.69	30
山　东	Shandong	57687	60119	61231	5	10.18	13.17	14.43	8
河　南	Henan	44525	46247	46342	10	7.58	9.75	10.14	25
湖　北	Hubei	31325	35182	36127	14	9.47	11.91	11.84	19
湖　南	Hunan	23778	25846	25945	19	10.01	12.46	13.64	10
广　东	Guangdong	59972	66135	68137	3	9.53	13.28	13.52	11
广　西	Guangxi	13566	16592	17025	26	8.07	9.19	9.10	27
海　南	Hainan	3978	6105	6296	30	8.61	11.97	11.25	22
重　庆	Chongqing	14021	19629	20631	23	7.23	11.18	11.03	23
四　川	Sichuan	27022	34304	35342	15	9.65	14.22	13.52	12
贵　州	Guizhou	9091	15967	17399	25	8.46	10.61	11.27	21
云　南	Yunnan	15164	17746	18793	24	9.74	12.36	12.62	16
西　藏	Tibet	1357	1554	1882	31	20.91	8.43	9.05	28
陕　西	Shaanxi	21288	23766	24052	20	12.64	15.85	15.51	6
甘　肃	Gansu	19309	20337	21422	22	8.10	9.67	9.00	29
青　海	Qinghai	7119	7269	8006	29	18.30	14.40	13.25	13
宁　夏	Ningxia	12978	12831	12571	28	10.63	13.17	13.97	9
新　疆	Xinjiang	24546	30845	31704	17	11.66	15.54	16.08	3

9

资源、能源和环境

Resources, Energy and Environment

9-1 石油和天然气基础储量

Basic Reserves of Petroleum and Natural Gas

地区	Region	石油（万吨） Petroleum (10 000 tons)				天然气（亿立方米） Natural Gas (100 million cu.m)			
		2010	2014	2015	2015排名 Ranking	2010	2014	2015	2015排名 Ranking
全　国	**National Total**	**317435.27**	**343335.00**	**349610.70**		**37793.20**	**49451.78**	**51939.50**	
北　京	Beijing								
天　津	Tianjin	3415.91	3048.60	3005.60	12	288.64	278.53	274.30	12
河　北	Hebei	27780.80	26724.90	26422.20	5	359.32	324.49	317.00	11
山　西	Shanxi						75.95	419.10	9
内蒙古	Inner Mongolia	7643.80	8354.40	8208.50	9	7149.44	8098.14	8149.10	3
辽　宁	Liaoning	18799.01	15777.40	15052.80	8	209.43	156.57	149.90	15
吉　林	Jilin	18861.77	18122.30	17798.70	7	681.26	667.81	685.00	8
黑龙江	Heilongjiang	54516.41	45373.80	44048.70	2	1454.98	1344.51	1317.90	7
上　海	Shanghai								
江　苏	Jiangsu	2689.35	2965.40	2906.90	13	23.66	24.02	23.20	18
浙　江	Zhejiang								
安　徽	Anhui	186.73	253.10	247.00	19	0.06	0.26	0.30	24
福　建	Fujian								
江　西	Jiangxi								
山　东	Shandong	34310.68	32627.40	31123.50	4	366.99	348.35	342.40	10
河　南	Henan	5051.21	4876.80	4631.10	11	99.21	70.79	72.20	16
湖　北	Hubei	1307.97	1284.90	1241.60	15	4.68	4.42	47.40	17
湖　南	Hunan								
广　东	Guangdong	8.16	13.80	13.70	21	0.31	0.50	0.50	22
广　西	Guangxi	146.41	131.60	128.90	20	3.39	1.32	1.40	21
海　南	Hainan	-17.27	277.90	326.60	17	0.70	3.69	3.10	20
重　庆	Chongqing	160.44	267.70	267.10	18	1921.02	2456.55	2641.80	5
四　川	Sichuan	514.74	661.80	648.40	16	6763.11	11708.56	12654.50	1
贵　州	Guizhou					10.61	6.31	6.10	19
云　南	Yunnan	12.21	12.20	12.20	22	2.41	0.80	0.50	22
西　藏	Tibet								
陕　西	Shaanxi	24947.67	36300.80	38445.30	3	5628.11	8047.88	7587.10	4
甘　肃	Gansu	16085.39	21878.40	24109.80	6	191.80	256.09	272.00	14
青　海	Qinghai	5635.18	7524.50	7955.80	10	1321.89	1457.94	1396.90	6
宁　夏	Ningxia	202.77	2180.60	2370.60	14	2.75	272.76	272.90	13
新　疆	Xinjiang	51163.47	58878.60	60112.70	1	8616.43	9746.20	10202.00	2

9-2 煤炭和铁矿石基础储量
Basic Reserves of Coal and Iron

地区	Region	煤炭（亿吨） Coal (100 million tons)				铁矿（矿石，亿吨） Iron (Ore, 100 million tons)			
		2010	2014	2015	2015排名 Ranking	2010	2014	2015	2015排名 Ranking
全　国	**National Total**	**2793.93**	**2399.93**	**2440.10**		**222.32**	**206.56**	**207.60**	
北　京	Beijing	3.79	3.75	3.90	22	0.89	1.33	1.50	17
天　津	Tianjin	2.97	2.97	3.00	25				
河　北	Hebei	60.59	40.97	42.50	12	37.49	28.54	27.30	2
山　西	Shanxi	844.01	920.89	921.30	1	12.13	16.92	16.80	5
内蒙古	Inner Mongolia	769.86	490.02	492.80	2	12.12	25.32	25.20	4
辽　宁	Liaoning	46.63	27.57	26.80	15	75.46	51.67	51.60	1
吉　林	Jilin	12.40	9.71	9.80	19	2.31	4.67	4.80	9
黑龙江	Heilongjiang	68.17	62.12	61.60	9	0.42	0.35	0.40	23
上　海	Shanghai								
江　苏	Jiangsu	14.23	10.71	10.50	18	1.72	1.72	1.70	16
浙　江	Zhejiang	0.49	0.43	0.40	28	0.16	0.54	0.60	22
安　徽	Anhui	81.93	83.96	84.00	7	8.19	8.75	8.70	7
福　建	Fujian	4.06	4.22	4.10	21	3.54	3.24	3.10	14
江　西	Jiangxi	6.74	3.43	3.40	23	1.91	1.47	1.50	17
山　东	Shandong	77.56	77.22	77.60	8	10.31	9.06	9.20	6
河　南	Henan	113.49	86.49	86.00	6	1.65	1.36	1.40	19
湖　北	Hubei	3.30	3.19	3.20	24	3.73	4.51	4.30	10
湖　南	Hunan	18.76	6.68	6.60	20	1.63	1.78	1.80	15
广　东	Guangdong	1.89	0.23	0.20	29	1.59	1.00	1.00	20
广　西	Guangxi	7.74	2.27	0.90	27	1.10	0.29	0.30	24
海　南	Hainan	0.90	1.19	1.20	26	1.04	0.90	0.90	21
重　庆	Chongqing	22.49	18.03	17.60	16	0.01	0.13	0.20	25
四　川	Sichuan	54.37	54.10	53.80	11	28.73	25.92	25.60	3
贵　州	Guizhou	118.46	93.98	101.70	5	0.51	0.13	0.20	25
云　南	Yunnan	62.47	59.47	59.60	10	3.82	4.18	4.10	11
西　藏	Tibet	0.12	0.12	0.10	30	0.27	0.17	0.20	25
陕　西	Shaanxi	119.89	95.48	126.60	4	4.04	3.98	4.00	12
甘　肃	Gansu	58.05	32.86	32.50	14	3.91	3.39	3.30	13
青　海	Qinghai	16.22	11.82	12.50	17	0.07	0.03		
宁　夏	Ningxia	54.03	38.04	37.40	13				
新　疆	Xinjiang	148.31	158.01	158.70	3	3.57	5.21	8.30	8

9-3 锰矿石和铬矿石基础储量

Basic Reserves of Manganese Ore and Chromites Ore

单位：矿石，万吨 (Ore, 10 000 tons)

地区	Region	锰矿 Manganese Ore				铬矿 Chromites Ore			
		2010	2014	2015	2015排名 Ranking	2010	2014	2015	2015排名 Ranking
全　国	**National Total**	**19515.64**	**21415.44**	**27626.20**		**442.10**	**419.75**	**419.80**	
北　京	Beijing								
天　津	Tianjin								
河　北	Hebei	4.80	7.05	7.10	16	6.90	4.64	4.60	5
山　西	Shanxi	12.90	12.90	20.10	15				
内蒙古	Inner Mongolia	566.00	567.55	567.60	8	60.35	56.29	56.30	3
辽　宁	Liaoning	1412.41	1386.50	1410.60	5				
吉　林	Jilin	0.40	0.40	0.40	19				
黑龙江	Heilongjiang								
上　海	Shanghai								
江　苏	Jiangsu								
浙　江	Zhejiang								
安　徽	Anhui	8.80	4.06	4.10	17				
福　建	Fujian	64.48	132.04	118.90	13				
江　西	Jiangxi								
山　东	Shandong								
河　南	Henan		0.82	3.60	18				
湖　北	Hubei	807.10	657.44	649.00	7				
湖　南	Hunan	5711.10	1913.92	2056.00	3				
广　东	Guangdong	215.81	75.23	75.20	14				
广　西	Guangxi	4033.44	8486.60	14019.50	1				
海　南	Hainan								
重　庆	Chongqing	2252.62	1393.33	1414.80	4				
四　川	Sichuan	97.74	100.04	131.50	12				
贵　州	Guizhou	2468.87	4417.10	4841.10	2				
云　南	Yunnan	905.86	1152.27	1196.80	6				
西　藏	Tibet					199.49	169.22	169.20	1
陕　西	Shaanxi	279.74	289.02	288.40	10	1.10			
甘　肃	Gansu	263.14	259.00	259.00	11	124.83	141.24	141.20	2
青　海	Qinghai					0.48	3.68	3.70	6
宁　夏	Ningxia								
新　疆	Xinjiang	410.43	560.17	562.40	9	48.95	44.68	44.70	4

9-4 钒矿和原生钛铁矿基础储量
Basic Reserves of Vanadium Ore and Titanium Ore

单位：万吨 (10 000 tons)

地区	Region	钒矿 Vanadium Ore 2010	2014	2015	2015排名 Ranking	原生钛铁矿 Titanium Ore 2010	2014	2015	2015排名 Ranking
全 国	**National Total**	**1242.63**	**900.17**	**887.30**		**23042.96**	**21611.22**	**21434.00**	
北 京	Beijing								
天 津	Tianjin			10.00	5				
河 北	Hebei	13.18	10.28			361.05	283.68	275.30	4
山 西	Shanxi			0.80	12				
内蒙古	Inner Mongolia	0.77	0.77						
辽 宁	Liaoning								
吉 林	Jilin								
黑龙江	Heilongjiang								
上 海	Shanghai								
江 苏	Jiangsu	2.48	4.51	4.30	9				
浙 江	Zhejiang		3.75	3.80	10				
安 徽	Anhui	8.27	5.89	6.60	7				
福 建	Fujian								
江 西	Jiangxi	2.16	6.52	6.50	8				
山 东	Shandong					99.67	786.87	899.40	3
河 南	Henan					0.46	0.46	0.50	7
湖 北	Hubei	40.49	29.22	29.90	4		1053.23	1053.20	2
湖 南	Hunan	226.03	2.90	2.90	11				
广 东	Guangdong								
广 西	Guangxi	171.49	171.49	171.50	2				
海 南	Hainan								
重 庆	Chongqing								
四 川	Sichuan	686.77	567.27	553.80	1	22534.64	19438.13	19157.10	1
贵 州	Guizhou								
云 南	Yunnan	0.07	0.07	0.10	14		3.12	3.10	6
西 藏	Tibet								
陕 西	Shaanxi	0.89	7.47	7.20	6				
甘 肃	Gansu	89.87	89.87	89.90	3				
青 海	Qinghai								
宁 夏	Ningxia								
新 疆	Xinjiang	0.16	0.16	0.20	13	47.14	45.73	45.30	5

9-5 铜和铅基础储量
Basic Reserves of Copper Ore and Lead Ore

地区	Region	铜矿(铜，万吨) Copper Ore (Metal, 10 000 tons)				铅矿（铅，万吨） Lead Ore (Metal, 10 000 tons)			
		2010	2014	2015	2015排名 Ranking	2010	2014	2015	2015排名 Ranking
全　国	**National Total**	**2870.69**	**2836.36**	**2721.80**		**1272.04**	**1720.82**	**1738.80**	
北　京	Beijing	0.02	0.02						
天　津	Tianjin								
河　北	Hebei	15.29	13.54	13.70	18	18.66	23.69	23.30	16
山　西	Shanxi	215.67	156.01	152.70	7	0.55	0.46	0.60	26
内蒙古	Inner Mongolia	365.93	415.67	421.20	2	301.12	584.78	593.20	1
辽　宁	Liaoning	16.13	29.26	28.40	13	13.62	13.19	13.40	18
吉　林	Jilin	20.44	20.65	20.30	15	10.19	13.95	13.80	17
黑龙江	Heilongjiang	119.61	111.45	111.40	9	5.35	6.37	6.30	23
上　海	Shanghai								
江　苏	Jiangsu	5.50	5.75	5.60	22	15.03	24.34	23.50	15
浙　江	Zhejiang	8.44	5.33	5.00	23	41.26	8.21	7.90	21
安　徽	Anhui	192.53	167.01	162.10	6	5.09	13.27	12.50	19
福　建	Fujian	83.11	127.02	65.20	11	24.28	28.10	27.50	14
江　西	Jiangxi	698.58	576.82	557.90	1	58.25	53.18	51.70	9
山　东	Shandong	29.60	8.83	8.30	21	7.11	0.63	0.60	26
河　南	Henan	14.15	11.23	11.30	19	36.29	57.74	59.20	8
湖　北	Hubei	120.71	102.14	94.30	10	1.49	5.13	5.10	24
湖　南	Hunan	39.31	10.11	10.10	20	111.64	51.13	48.90	10
广　东	Guangdong	58.14	30.11	18.30	17	105.66	119.38	110.80	3
广　西	Guangxi	14.41	3.33	3.20	25	17.72	44.54	34.10	13
海　南	Hainan	2.67	3.52	3.50	24	1.15	6.68	6.70	22
重　庆	Chongqing					3.94	5.41	2.50	25
四　川	Sichuan	75.61	67.77	51.80	12	82.95	99.28	100.80	5
贵　州	Guizhou	0.34	0.28	0.20	26	6.32	9.53	12.40	20
云　南	Yunnan	274.25	295.59	297.00	3	191.01	213.43	221.80	2
西　藏	Tibet	199.38	274.40	274.30	4		92.93	92.50	6
陕　西	Shaanxi	16.03	19.95	20.00	16	14.82	29.92	36.60	12
甘　肃	Gansu	171.98	144.62	138.60	8	84.15	76.60	82.50	7
青　海	Qinghai	41.19	25.08	20.60	14	79.38	51.58	48.00	11
宁　夏	Ningxia								
新　疆	Xinjiang	71.67	210.87	226.70	5	35.01	87.37	102.60	4

9-6 锌和铝土矿石基础储量
Basic Reserves of Zinc Ore and Bauxite Ore

地区	Region	锌矿（锌，万吨） Zinc Ore (Metal, 10 000 tons)				铝土矿（矿石，万吨） Bauxite Ore (Ore, 10 000 tons)			
		2010	2014	2015	2015排名 Ranking	2010	2014	2015	2015排名 Ranking
全　国	**National Total**	**3251.42**	**4034.06**	**4102.70**		**89732.66**	**98321.90**	**99758.20**	
北　京	Beijing								
天　津	Tianjin								
河　北	Hebei	154.62	72.92	71.10	12	393.80	28.01	28.00	11
山　西	Shanxi	0.32	0.17	0.60	27	13592.14	14481.50	14467.90	3
内蒙古	Inner Mongolia	588.89	1178.88	1248.50	1				
辽　宁	Liaoning	39.83	46.74	46.70	16				
吉　林	Jilin	13.55	18.92	18.60	21				
黑龙江	Heilongjiang	21.55	26.61	26.50	19				
上　海	Shanghai								
江　苏	Jiangsu	24.80	40.51	39.10	18				
浙　江	Zhejiang	67.37	18.44	17.70	22				
安　徽	Anhui	12.07	12.63	11.60	24				
福　建	Fujian	48.65	69.96	60.40	14	65.00			
江　西	Jiangxi	85.91	77.56	75.40	11				
山　东	Shandong	2.58	0.75	0.80	26	412.70	158.90	158.90	9
河　南	Henan	38.58	46.37	47.00	15	21525.87	14933.61	14514.90	2
湖　北	Hubei	4.02	20.23	20.20	20	244.20	502.87	502.90	7
湖　南	Hunan	178.99	73.12	70.90	13	174.10	311.43	311.40	8
广　东	Guangdong	192.26	210.48	200.00	5				
广　西	Guangxi	149.25	147.08	105.50	8	27236.89	46644.67	48722.30	1
海　南	Hainan	0.61	16.99	17.00	23				
重　庆	Chongqing	14.78	17.30	8.80	25	3639.10	6409.21	6409.20	5
四　川	Sichuan	222.40	231.42	230.20	4	14.40	51.60	54.60	10
贵　州	Guizhou	15.62	85.24	108.00	7	20157.04	13322.27	13189.90	4
云　南	Yunnan	682.05	905.84	928.20	2	1551.84	1476.94	1397.10	6
西　藏	Tibet		43.34	43.10	17				
陕　西	Shaanxi	84.92	72.19	97.40	10	725.58	0.89	0.90	12
甘　肃	Gansu	379.51	312.75	316.70	3				
青　海	Qinghai	137.76	109.74	104.50	9				
宁　夏	Ningxia								
新　疆	Xinjiang	90.53	177.88	188.30	6				

9-7 菱镁矿和硫铁矿石基础储量
Basic Reserves of Magnesite Ore and Pyrite Ore

单位：矿石，万吨 (Ore, 10 000 tons)

地区	Region	菱镁矿 Magnesite Ore 2010	2014	2015	2015排名 Ranking	硫铁矿 Pyrite Ore 2010	2014	2015	2015排名 Ranking
全　国	**National Total**	**182936.82**	**108366.98**	**103923.60**		**159152.07**	**133859.93**	**131101.30**	
北　京	Beijing								
天　津	Tianjin								
河　北	Hebei	866.26	882.34	872.80	3	1765.86	1089.31	1083.60	14
山　西	Shanxi					614.98	1058.11	1058.10	15
内蒙古	Inner Mongolia					15745.76	14865.81	12428.20	5
辽　宁	Liaoning	165672.68	92453.66	88019.80	1	2504.88	1240.03	1262.30	13
吉　林	Jilin	1.10	1.10	1.10	6	728.39	730.70	730.70	17
黑龙江	Heilongjiang					48.20	48.20	48.20	23
上　海	Shanghai								
江　苏	Jiangsu					412.78	566.97	536.70	19
浙　江	Zhejiang					717.64	461.66	434.10	20
安　徽	Anhui					14912.71	14848.78	14604.30	2
福　建	Fujian					1011.72	1160.20	1034.90	16
江　西	Jiangxi					14892.60	13996.05	13655.30	3
山　东	Shandong	16158.28	14793.49	14793.50	2	311.70	3.18	3.20	24
河　南	Henan	2.11				8726.70	5960.77	5961.50	7
湖　北	Hubei					3841.20	4717.38	4717.40	10
湖　南	Hunan					6303.31	728.04	713.60	18
广　东	Guangdong					27903.63	16013.29	12591.50	4
广　西	Guangxi					4556.91	6141.93	6025.00	6
海　南	Hainan								
重　庆	Chongqing					1976.80	1453.10	1453.10	12
四　川	Sichuan	186.49	186.49	186.50	4	42807.04	37956.92	38052.90	1
贵　州	Guizhou					5623.90	5721.90	5893.60	8
云　南	Yunnan					3099.18	4878.86	4878.90	9
西　藏	Tibet								
陕　西	Shaanxi					577.62	108.30	108.30	21
甘　肃	Gansu					1.00	1.00	1.00	25
青　海	Qinghai	49.90	49.90	49.90	5	50.20	50.08	50.10	22
宁　夏	Ningxia								
新　疆	Xinjiang					17.36	59.36	3774.90	11

9-8 磷矿石和高岭土石基础储量
Basic Reserves of Phosphorus Ore and Kaolin Ore

地区	Region	磷矿（矿石，亿吨） Phosphorus Ore (Ore, 100 million tons)				高岭土（矿石，万吨） Kaolin Ore (Ore, 10 000 tons)			
		2010	2014	2015	2015排名 Ranking	2010	2014	2015	2015排名 Ranking
全　国	**National Total**	**29.63**	**30.73**	**33.10**		**63933.24**	**57521.17**	**57402.80**	
北　京	Beijing								
天　津	Tianjin								
河　北	Hebei	2.12	1.93	1.90	5	58.30	58.30	58.30	17
山　西	Shanxi		0.17	0.20	10	160.20	160.20	160.20	15
内蒙古	Inner Mongolia	0.02	0.11	0.10	12	433.18	4813.18	4586.90	4
辽　宁	Liaoning	0.81	0.81	0.80	6	525.00	536.93	536.90	9
吉　林	Jilin					50.38	47.90	47.70	19
黑龙江	Heilongjiang								
上　海	Shanghai								
江　苏	Jiangsu	0.25	0.13	0.10	12	749.44	148.99	250.20	13
浙　江	Zhejiang					750.87	830.02	820.60	8
安　徽	Anhui	0.38	0.20	0.20	10	303.37	176.51	176.50	14
福　建	Fujian	0.04				5608.66	5363.15	5311.70	3
江　西	Jiangxi	0.72	0.62	0.60	7	3137.89	2975.75	3037.70	5
山　东	Shandong	0.67				533.96	314.08	314.10	11
河　南	Henan	0.07	0.03			31.31			
湖　北	Hubei	7.17	8.00	10.40	1	467.03	418.37	418.40	10
湖　南	Hunan	2.79	0.24	0.30	9	2109.18	1986.07	2004.40	6
广　东	Guangdong					27853.43	5396.73	5375.10	2
广　西	Guangxi					18733.32	31906.65	31925.50	1
海　南	Hainan	0.04				1872.60	1916.80	1907.00	7
重　庆	Chongqing						0.40	0.40	22
四　川	Sichuan	3.45	4.70	4.80	4	71.87	56.10	56.10	18
贵　州	Guizhou	3.62	6.64	6.70	2	11.45	15.00	15.00	20
云　南	Yunnan	6.66	6.48	6.30	3	390.70	311.10	311.10	12
西　藏	Tibet								
陕　西	Shaanxi	0.21	0.06	0.10	12	81.10	81.10	81.10	16
甘　肃	Gansu								
青　海	Qinghai	0.60	0.60	0.60	7				
宁　夏	Ningxia	0.01	0.01						
新　疆	Xinjiang						7.84	7.80	21

9-9 草原建设利用情况和湿地面积

Construction and Use of Grassland and Area of Wetlands

单位：千公顷 (1 000 hectares)

地区	Region	草原建设利用情况 Grassland Construction				湿地面积（1995-2003） Area of Wetlands (1995-2003)			
		草原总面积 Area of Grassland	可利用草原面积 Grassland Available	累计种草保留面积 Accumulated Grass Land Reserved	当年新增种草面积 Newly Increased Grassland This Year	湿地面积 Area of Wetlands	天然湿地 Natural Wetlands	人工湿地 Man-made Wetlands	湿地面积占辖区面积比重（%） Proportion of Wetlands in Total Area of Territory (%)
全 国	**National Total**	**392832.67**	**330995.40**	**20867.09**	**6915.29**	**53602.60**	**46674.70**	**6745.90**	**5.56**
北 京	Beijing	394.82	336.31	19.58	18.25	48.10	24.20	23.90	2.86
天 津	Tianjin	146.60	135.40	8.98	8.29	295.60	151.10	144.50	23.94
河 北	Hebei	4712.14	4085.32	626.04	147.69	941.90	694.60	247.30	5.04
山 西	Shanxi	4552.00	4552.00	434.89	147.90	151.90	108.10	43.80	0.97
内蒙古	Inner Mongolia	78804.48	63591.09	4499.41	1926.41	6010.60	5878.80	131.80	5.08
辽 宁	Liaoning	3388.85	3239.29	725.51	366.79	1394.80	1077.70	317.10	9.42
吉 林	Jilin	5842.18	4378.99	663.56	263.27	997.60	862.90	134.70	5.32
黑龙江	Heilongjiang	7531.77	6081.65	462.08	195.95	5143.30	4953.80	189.50	11.31
上 海	Shanghai	73.33	37.33	47.74	41.28	464.60	409.00	55.60	73.27
江 苏	Jiangsu	412.71	325.67	115.25	70.54	2822.80	1948.80	874.00	27.51
浙 江	Zhejiang	3169.85	2075.18	55.00	30.47	1110.10	843.30	266.80	10.91
安 徽	Anhui	1663.18	1485.18	233.03	132.28	1041.80	713.60	328.20	7.46
福 建	Fujian	2047.96	1957.06	168.19	68.77	871.00	711.20	159.80	7.18
江 西	Jiangxi	4442.33	3847.56	235.83	150.44	910.10	710.70	199.40	5.45
山 东	Shandong	1637.97	1329.16	238.52	97.83	1737.50	1103.00	634.50	11.07
河 南	Henan	4433.79	4043.25	224.43	42.55	627.90	380.70	247.20	3.76
湖 北	Hubei	6352.22	5071.54	48.42	36.98	1445.00	764.20	680.80	7.77
湖 南	Hunan	6372.67	5666.31	89.15	24.19	1019.70	813.50	206.20	4.81
广 东	Guangdong	3266.24	2677.24	18.32	0.31	1753.40	1158.10	595.30	9.76
广 西	Guangxi	8698.34	6500.35	94.73	42.84	754.30	536.60	217.70	3.20
海 南	Hainan	949.77	843.27	2183.37		320.00	242.00	78.00	9.14
重 庆	Chongqing	2158.44	1867.23	620.67	158.67	207.20	87.70	119.50	2.51
四 川	Sichuan	20380.38	17753.08	974.89	315.73	1747.80	1665.60	82.20	3.61
贵 州	Guizhou	4287.26	3759.74	154.41	64.76	209.70	151.60	58.10	1.19
云 南	Yunnan	15308.43	11925.59	856.33	136.87	563.50	392.50	171.00	1.43
西 藏	Tibet	82051.94	70846.78	2828.53	537.27	6529.00	6524.00	5.00	5.35
陕 西	Shaanxi	5206.18	4349.22	1560.86	826.39	308.50	276.20	32.30	1.50
甘 肃	Gansu	17904.21	16071.61	732.93	281.87	1693.90	1642.40	51.50	3.73
青 海	Qinghai	36369.75	31530.67	1712.88	731.02	8143.60	8001.00	142.60	11.27
宁 夏	Ningxia	3014.07	2625.56	233.56	49.69	207.20	169.50	37.70	4.00
新 疆	Xinjiang	57258.80	48006.80	1767.55	586.91	3948.20	3678.30	269.90	2.38

注：湿地面积为中国首次湿地调查(1995-2003)资料，不包括台湾省、香港和澳门特别行政区；湿地面积不包括水稻田湿地。

Note: Area of wetlands is the figures of China First Wetlands Survey (1995-2003), excluding the wetlands of Taiwan province, Hong Kong SAR and Macao SAR. Area of wetlands excludes the wetland of paddyfield.

9-10 水资源总量和人均水资源量
Total Amount of Water Resources and Per Capita Water Resources

地区	Region	水资源总量（亿立方米）Total Amount of Water Resources (100 million cu.m)				人均水资源量（立方米/人）Per Capita Water Resources (cu.m/person)			
		2010	2014	2015	2015排名 Ranking	2010	2014	2015	2015排名 Ranking
全　国	**National Total**	**30906.41**	**27266.90**	**27962.60**		**2310.41**	**1998.64**	**2039.25**	
北　京	Beijing	23.08	20.30	26.80	29	124.19	95.15	124.01	30
天　津	Tianjin	9.20	11.37	12.80	30	72.80	76.08	83.56	31
河　北	Hebei	138.92	106.16	135.10	26	195.28	144.27	182.46	27
山　西	Shanxi	91.55	111.01	94.00	27	261.52	305.06	257.11	26
内蒙古	Inner Mongolia	388.54	537.79	537.00	17	1576.08	2149.89	2141.21	13
辽　宁	Liaoning	606.67	145.93	179.00	23	1392.10	332.37	408.05	23
吉　林	Jilin	686.68	306.03	331.30	20	2503.32	1112.23	1203.48	19
黑龙江	Heilongjiang	853.48	944.34	814.10	14	2228.59	2463.08	2129.84	14
上　海	Shanghai	36.81	47.15	64.10	28	163.13	194.79	264.82	25
江　苏	Jiangsu	383.53	399.34	582.10	16	489.21	502.34	730.53	21
浙　江	Zhejiang	1398.55	1132.15	1407.10	8	2608.75	2057.33	2547.48	11
安　徽	Anhui	922.82	778.48	914.10	13	1526.87	1285.36	1495.28	18
福　建	Fujian	1652.71	1219.62	1325.90	9	4491.74	3217.99	3468.67	7
江　西	Jiangxi	2275.49	1631.81	2001.20	4	5116.68	3600.64	4394.48	4
山　东	Shandong	309.12	148.44	168.40	24	324.40	152.07	171.52	28
河　南	Henan	534.89	283.36	287.20	21	566.25	300.67	303.66	24
湖　北	Hubei	1268.72	914.29	1015.60	11	2216.51	1574.33	1740.90	16
湖　南	Hunan	1906.61	1799.43	1919.30	6	2938.66	2680.11	2839.14	9
广　东	Guangdong	1998.79	1718.45	1933.40	5	1943.31	1608.43	1792.43	15
广　西	Guangxi	1823.57	1990.90	2433.60	2	3852.88	4203.31	5096.54	3
海　南	Hainan	479.82	383.51	198.20	22	5538.66	4265.96	2184.86	12
重　庆	Chongqing	464.30	642.58	456.20	18	1616.75	2155.94	1518.65	17
四　川	Sichuan	2575.29	2557.66	2220.50	3	3173.51	3148.47	2717.17	10
贵　州	Guizhou	956.54	1213.12	1153.70	10	2726.76	3461.12	3278.70	8
云　南	Yunnan	1941.45	1726.63	1871.90	7	4233.15	3673.28	3959.30	6
西　藏	Tibet	4592.95	4416.30	3853.00	1	153681.9	140200.0	120121.0	1
陕　西	Shaanxi	507.50	351.64	333.40	19	1360.25	932.84	881.06	20
甘　肃	Gansu	215.25	198.38	164.80	25	841.66	766.99	635.03	22
青　海	Qinghai	741.11	793.86	589.30	15	13225.01	13675.45	10057.60	2
宁　夏	Ningxia	9.32	10.07	9.20	31	148.18	152.98	138.41	29
新　疆	Xinjiang	1113.14	726.93	930.30	12	5125.24	3186.91	3994.25	5

9-11 供水总量和地表水供应量
Total Water Supply and Surface Water Supply

单位：亿立方米 (100 million cu.m)

地区	Region	供水总量 Water Supply 2010	2014	2015	2015排名 Ranking	其中：地表水供应量 Surface Water Supply 2010	2014	2015	2015排名 Ranking
全　国	**National Total**	**6021.99**	**6094.88**	**6103.20**		**4881.57**	**4920.46**	**4971.50**	
北　京	Beijing	35.20	37.49	38.20	28	7.21	9.29	10.50	31
天　津	Tianjin	22.49	24.09	25.70	31	16.17	15.94	17.90	30
河　北	Hebei	193.68	192.82	187.20	14	36.14	46.79	48.70	25
山　西	Shanxi	63.78	71.37	73.60	25	29.29	32.77	37.10	27
内蒙古	Inner Mongolia	181.90	182.01	185.80	16	92.59	89.06	95.20	17
辽　宁	Liaoning	143.67	141.77	140.80	18	72.07	79.98	78.00	21
吉　林	Jilin	120.04	132.98	133.60	19	75.87	87.53	88.90	20
黑龙江	Heilongjiang	325.00	364.13	355.30	4	178.86	196.29	196.70	10
上　海	Shanghai	126.29	105.92	103.80	21	126.09	105.86	103.80	15
江　苏	Jiangsu	552.19	591.29	574.50	2	543.52	574.70	558.00	1
浙　江	Zhejiang	203.04	192.87	186.10	15	198.14	189.73	183.40	12
安　徽	Anhui	293.12	272.09	288.70	8	265.62	239.93	253.90	7
福　建	Fujian	202.45	205.63	201.30	13	197.54	198.51	194.70	11
江　西	Jiangxi	239.75	259.30	245.80	10	229.84	248.27	235.60	9
山　东	Shandong	222.47	214.52	212.80	12	127.15	121.26	122.00	14
河　南	Henan	224.61	209.29	222.80	11	88.60	88.62	100.60	16
湖　北	Hubei	287.99	288.34	301.30	6	278.15	279.10	292.20	5
湖　南	Hunan	325.17	332.41	330.40	5	304.03	314.55	314.20	4
广　东	Guangdong	469.01	442.54	443.10	3	446.40	425.52	426.00	3
广　西	Guangxi	301.58	307.60	299.30	7	289.32	295.23	286.40	6
海　南	Hainan	44.35	45.02	45.80	27	41.04	41.90	42.90	26
重　庆	Chongqing	86.39	80.47	79.00	24	84.56	78.87	77.40	22
四　川	Sichuan	230.27	236.87	265.50	9	210.74	217.91	250.40	8
贵　州	Guizhou	101.45	95.31	97.50	22	93.75	90.86	94.50	18
云　南	Yunnan	147.47	149.41	150.10	17	139.01	142.53	144.70	13
西　藏	Tibet	35.20	30.47	30.80	29	32.43	26.71	27.70	28
陕　西	Shaanxi	83.40	89.81	91.20	23	49.51	55.16	56.00	24
甘　肃	Gansu	121.82	120.57	119.20	20	96.14	90.90	90.10	19
青　海	Qinghai	30.77	26.34	26.80	30	25.63	22.63	22.20	29
宁　夏	Ningxia	72.37	70.31	70.40	26	66.95	64.67	65.00	23
新　疆	Xinjiang	535.08	581.82	577.20	1	439.19	449.40	456.90	2

9-12 用水总量和人均用水量
Total Water Use and Per Capita Water Use

地区	Region	用水总量（亿立方米） Water Use (100 million cu.m)				人均用水量（立方米/人） Per Capita Water Use (cu.m/person)			
		2010	2014	2015	2015排名 Ranking	2010	2014	2015	2015排名 Ranking
全　国	**National Total**	**6021.99**	**6094.86**	**6103.20**		**450.17**	**446.75**	**445.09**	
北　京	Beijing	35.20	37.49	38.20	28	189.39	175.72	176.77	30
天　津	Tianjin	22.49	24.09	25.70	31	177.93	161.17	167.77	31
河　北	Hebei	193.68	192.82	187.20	14	272.25	262.04	252.82	25
山　西	Shanxi	63.78	71.37	73.60	25	182.18	196.14	201.31	29
内蒙古	Inner Mongolia	181.90	182.01	185.80	16	737.89	727.61	740.85	5
辽　宁	Liaoning	143.67	141.77	140.80	18	329.67	322.90	320.97	21
吉　林	Jilin	120.04	132.98	133.60	19	437.61	483.30	485.32	13
黑龙江	Heilongjiang	325.00	364.13	355.30	4	848.64	949.74	929.53	4
上　海	Shanghai	126.29	105.92	103.80	21	559.67	437.58	428.84	17
江　苏	Jiangsu	552.19	591.29	574.50	2	704.36	743.81	720.99	6
浙　江	Zhejiang	203.04	192.87	186.10	15	378.73		336.92	19
安　徽	Anhui	293.12	272.09	288.70	8	484.99	449.25	472.25	14
福　建	Fujian	202.45	205.63	201.30	13	550.23	542.56	526.62	9
江　西	Jiangxi	239.75	259.30	245.80	10	539.09	572.15	539.76	8
山　东	Shandong	222.47	214.52	212.80	12	233.46	219.77	216.74	28
河　南	Henan	224.61	209.28	222.80	11	237.77	222.06	235.57	27
湖　北	Hubei	287.99	288.34	301.30	6	503.14	496.50	516.48	10
湖　南	Hunan	325.17	332.41	330.40	5	501.19	495.10	488.75	12
广　东	Guangdong	469.01	442.54	443.10	3	455.99	414.21	410.79	18
广　西	Guangxi	301.58	307.60	299.30	7	637.18	649.43	626.81	7
海　南	Hainan	44.35	45.02	45.80	27	511.94	500.73	504.88	11
重　庆	Chongqing	86.39	80.47	79.00	24	300.81	269.98	262.98	24
四　川	Sichuan	230.27	236.87	265.50	9	283.76	291.58	324.89	20
贵　州	Guizhou	101.45	95.31	97.50	22	289.19	271.92	277.09	23
云　南	Yunnan	147.47	149.41	150.10	17	321.56	317.87	317.48	22
西　藏	Tibet	35.20	30.47	30.80	29	1177.67	967.33	960.22	3
陕　西	Shaanxi	83.40	89.81	91.20	23	223.53	238.26	241.01	26
甘　肃	Gansu	121.82	120.57	119.20	20	476.35	466.16	459.32	15
青　海	Qinghai	30.77	26.34	26.80	30	549.15	453.83	457.40	16
宁　夏	Ningxia	72.37	70.31	70.40	26	1150.41	1068.59	1059.11	2
新　疆	Xinjiang	535.08	581.82	577.20	1	2463.66	2550.72	2478.21	1

9-13 农业用水量和工业用水量
Water Consumption of Agriculture and Industry

单位：亿立方米 (100 million cu.m)

地区	Region	农业 Agriculture 2010	2014	2015	2015排名 Ranking	工业 Industry 2010	2014	2015	2015排名 Ranking
全 国	**National Total**	**3689.14**	**3868.98**	**3851.50**		**1447.30**	**1356.10**	**1334.80**	
北 京	Beijing	10.83	8.18	6.40	31	5.06	5.09	3.80	28
天 津	Tianjin	10.97	11.66	12.50	30	4.83	5.36	5.30	26
河 北	Hebei	143.77	139.17	135.30	13	23.06	24.48	22.50	19
山 西	Shanxi	37.98	41.54	45.10	24	12.58	14.19	13.70	23
内蒙古	Inner Mongolia	134.52	137.54	140.10	12	22.58	19.73	18.80	21
辽 宁	Liaoning	89.82	89.65	88.80	19	24.99	22.82	21.40	20
吉 林	Jilin	73.84	89.76	90.20	18	26.12	26.80	23.20	17
黑龙江	Heilongjiang	249.60	316.14	312.50	2	56.02	28.96	23.80	16
上 海	Shanghai	16.76	14.57	14.30	29	84.85	66.20	64.60	7
江 苏	Jiangsu	304.23	297.77	279.10	3	191.85	237.97	239.00	1
浙 江	Zhejiang	94.64	88.21	84.70	20	59.70	55.67	51.60	12
安 徽	Anhui	166.70	142.83	157.50	8	94.01	92.71	93.50	3
福 建	Fujian	97.19	95.65	93.30	17	81.26	75.27	72.50	6
江 西	Jiangxi	151.02	168.61	154.10	10	57.35	61.25	61.60	8
山 东	Shandong	154.76	146.72	143.30	11	26.84	28.64	29.60	14
河 南	Henan	125.59	117.61	125.90	14	55.57	52.60	52.50	11
湖 北	Hubei	138.29	156.89	158.10	7	117.10	90.16	93.30	4
湖 南	Hunan	185.79	200.19	195.20	6	89.75	87.75	90.20	5
广 东	Guangdong	227.47	224.33	227.00	4	138.76	117.02	112.50	2
广 西	Guangxi	194.57	209.21	201.70	5	55.23	56.79	55.50	9
海 南	Hainan	33.88	33.40	34.40	25	3.83	3.85	3.20	29
重 庆	Chongqing	19.84	23.74	25.80	27	47.40	36.73	32.50	13
四 川	Sichuan	127.26	145.38	156.70	9	62.92	44.73	55.40	10
贵 州	Guizhou	50.05	50.39	54.30	23	34.32	27.66	25.50	15
云 南	Yunnan	95.32	103.30	104.60	15	25.48	24.59	23.00	18
西 藏	Tibet	31.72	27.65	27.20	26	1.47	1.67	1.40	31
陕 西	Shaanxi	55.47	57.86	57.90	22	12.06	14.02	14.20	22
甘 肃	Gansu	94.28	97.78	96.20	16	13.75	12.76	11.60	25
青 海	Qinghai	23.19	21.01	20.90	28	3.26	2.39	2.90	30
宁 夏	Ningxia	65.05	61.26	62.00	21	4.12	4.98	4.40	27
新 疆	Xinjiang	484.64	550.99	546.40	1	11.20	13.25	11.80	24

9-14 生活用水量和生态环境补水

Water Consumption for Residential Use and Environmental Water Supplement

单位：亿立方米

(100 million cu.m)

地区	Region	生活 Consumption				生态 Ecological Protection			
		2010	2014	2015	2015排名 Ranking	2010	2014	2015	2015排名 Ranking
全　国	**National Total**	**765.83**	**766.58**	**794.20**		**119.77**	**103.20**	**122.70**	
北　京	Beijing	15.30	16.98	17.50	18	3.97	7.25	10.40	2
天　津	Tianjin	5.48	5.00	4.90	28	1.22	2.07	2.90	15
河　北	Hebei	23.98	24.11	24.40	14	2.87	5.06	5.00	11
山　西	Shanxi	10.57	12.21	12.30	24	2.65	3.44	2.30	20
内蒙古	Inner Mongolia	15.02	10.46	10.40	25	9.78	14.28	16.40	1
辽　宁	Liaoning	25.48	24.40	25.00	13	3.38	4.91	5.60	7
吉　林	Jilin	16.36	12.82	12.80	23	3.72	3.60	7.40	4
黑龙江	Heilongjiang	17.61	17.74	16.20	20	1.76	1.28	2.60	18
上　海	Shanghai	23.46	24.36	24.10	15	1.22	0.79	0.80	26
江　苏	Jiangsu	52.91	52.83	54.40	2	3.21	2.72	2.00	24
浙　江	Zhejiang	39.40	43.82	44.30	5	9.30	5.16	5.50	8
安　徽	Anhui	30.19	31.90	32.80	10	2.22	4.65	4.90	12
福　建	Fujian	22.70	31.53	32.20	11	1.29	3.18	3.30	13
江　西	Jiangxi	27.49	27.36	27.90	12	3.89	2.08	2.10	23
山　东	Shandong	36.23	33.38	33.00	9	4.64	5.78	6.90	5
河　南	Henan	36.11	33.42	35.40	8	7.34	5.66	9.10	3
湖　北	Hubei	32.40	40.65	49.20	3	0.21	0.63	0.80	26
湖　南	Hunan	46.43	41.80	42.20	6	3.20	2.68	2.70	17
广　东	Guangdong	94.23	96.05	98.30	1	8.55	5.14	5.30	9
广　西	Guangxi	46.45	39.24	39.70	7	5.32	2.35	2.40	19
海　南	Hainan	6.53	7.53	8.00	27	0.09	0.24	0.30	30
重　庆	Chongqing	18.63	19.07	19.60	17	0.53	0.93	1.00	25
四　川	Sichuan	37.98	42.55	48.30	4	2.11	4.21	5.10	10
贵　州	Guizhou	16.47	16.56	17.00	19	0.62	0.70	0.70	28
云　南	Yunnan	22.79	19.51	20.20	16	3.88	2.02	2.30	20
西　藏	Tibet	2.01	1.10	2.00	30		0.05	0.10	31
陕　西	Shaanxi	14.83	15.41	16.10	21	1.03	2.52	2.90	15
甘　肃	Gansu	10.76	8.23	8.20	26	3.03	1.80	3.10	14
青　海	Qinghai	3.50	2.53	2.60	29	0.82	0.42	0.50	29
宁　夏	Ningxia	1.78	1.75	1.80	31	1.42	2.33	2.20	22
新　疆	Xinjiang	12.75	12.31	13.20	22	26.48	5.26	5.80	6

注：1.生态用水仅包括部分河湖、湿地人工补水和城市环境用水。

2. 2012年起，生活用水量中的畜牧用水量调整至农业用水量中。

Notes: 1. Water use by ecological protection only includes artficial supplement of rivers, lakes, wetlands and city entironment.

2. Since 2012, water use for animal husbandry in water use for consumption is moved to rural water use.

9-15 焦炭生产量和原油生产量
Coke and Crude Oil Production

单位：万吨 (10 000 tons)

地区	Region	焦炭生产量 Coke Production 2010	2014	2015	2015排名 Ranking	原油生产量 Crude Oil Production 2010	2014	2015	2015排名 Ranking
全 国	**National Total**	**38864**	**47983**	**44918**		**20301.4**	**21142.8**	**21455.6**	
北 京	Beijing	161							
天 津	Tianjin	238	229	196	26	3332.7	3074.8	3496.8	3
河 北	Hebei	5046	5614	5481	2	599.0	592.3	580.1	9
山 西	Shanxi	8505	8766	8040	1				
内蒙古	Inner Mongolia	2034	3446	3041	5		21.5	45.8	16
辽 宁	Liaoning	1876	2141	2097	8	950.0	1021.9	1037.1	7
吉 林	Jilin	411	448	372	22	702.3	663.9	665.5	8
黑龙江	Heilongjiang	957	803	687	17	4004.9	4000.0	3838.6	1
上 海	Shanghai	631	489	634	19	8.3	5.7	6.8	20
江 苏	Jiangsu	1394	2396	2433	7	186.0	206.0	190.5	12
浙 江	Zhejiang	282	297	294	23				
安 徽	Anhui	875	930	958	12				
福 建	Fujian	143	196	152	27				
江 西	Jiangxi	799	868	815	14				
山 东	Shandong	3429	4608	4365	3	2786.0	2713.2	2608.0	5
河 南	Henan	2572	2898	2942	6	497.9	470.5	412.1	10
湖 北	Hubei	947	932	920	13	86.5	79.0	71.0	13
湖 南	Hunan	582	660	657	18				
广 东	Guangdong	195	193	244	24	1287.1	1245.4	1572.6	6
广 西	Guangxi	392	606	586	20	2.7	58.7	50.5	15
海 南	Hainan					20.0	28.5	30.0	17
重 庆	Chongqing	359	267	218	25				
四 川	Sichuan	1159	1356	1304	10	15.1	19.2	15.4	18
贵 州	Guizhou	713	762	729	16				
云 南	Yunnan	1607	1508	1150	11				
西 藏	Tibet								
陕 西	Shaanxi	1571	3835	3658	4	3017.3	3767.8	3736.7	2
甘 肃	Gansu	244	583	525	21	58.2	71.2	66.6	14
青 海	Qinghai	130	133			186.1	220.0	223.0	11
宁 夏	Ningxia	424	784	758	15	3.1	7.9	13.4	19
新 疆	Xinjiang	1188	2235	1662	9	2558.2	2875.3	2795.1	4

9-16 天然气生产量和发电量
Natural Gas Production and Power Generation

地区	Region	天然气生产量（亿立方米） Natrual Gas Production (100 million cu.m)				发电量（亿千瓦时） Power Generation (100 million kW·h)			
		2010	2014	2015	2015排名 Ranking	2010	2014	2015	2015排名 Ranking
全　国	**National Total**	**948.50**	**1301.58**	**1346.07**		**42072**	**42338**	**57149**	
北　京	Beijing		12.80	16.88	11	269	354	421	29
天　津	Tianjin	17.20	21.15	20.54	9	589	618	623	27
河　北	Hebei	12.70	17.50	10.43	12	1993	2293	2498	8
山　西	Shanxi		31.60	43.08	6	2151	2546	2449	10
内蒙古	Inner Mongolia		15.45	9.24	13	2489	3409	3929	4
辽　宁	Liaoning	8.00	8.11	6.59	14	1295	1364	1665	15
吉　林	Jilin	13.70	22.28	20.31	10	605	627	731	25
黑龙江	Heilongjiang	30.00	35.39	35.82	7	777	782	874	23
上　海	Shanghai	3.30	2.12	1.88	17	876	787	793	24
江　苏	Jiangsu	0.60	0.52	0.37	21	3359	4050	4361	2
浙　江	Zhejiang					2568	2315	3011	6
安　徽	Anhui					1444	1956	2062	12
福　建	Fujian					1356	1246	1901	13
江　西	Jiangxi		0.43	0.35	22	664	729	982	22
山　东	Shandong	5.33	4.92	4.57	15	3043	3534	4685	1
河　南	Henan	6.72	4.87	4.19	16	2192	2613	2625	7
湖　北	Hubei	2.00	1.45	1.35	19	2043	933	2341	11
湖　南	Hunan					1226	750	1314	18
广　东	Guangdong	78.40	83.66	96.57	4	3237	2961	4035	3
广　西	Guangxi		0.16	0.16	23	1032	647	1300	19
海　南	Hainan	1.80	1.58	1.88	17	153	213	261	30
重　庆	Chongqing	1.20	7.78	33.32	8	504	431	680	26
四　川	Sichuan	237.65	253.53	267.22	3	1795	582	3130	5
贵　州	Guizhou	0.12	0.40	0.93	20	1386	1047	1815	14
云　南	Yunnan	0.06	0.02			1365	391	1553	17
西　藏	Tibet					21	4	45	31
陕　西	Shaanxi	223.50	410.11	415.92	1	1112	1491	1623	16
甘　肃	Gansu	0.20	0.15	0.08	24	792	731	1242	20
青　海	Qinghai	56.10	68.90	61.37	5	468	130	566	28
宁　夏	Ningxia					587	1042	1155	21
新　疆	Xinjiang	249.90	296.70	293.02	2	679	1760	2479	9

9-17 能源消费总量
Energy Consumption

单位:万吨标准煤 (10 000 tce)

地区	Region	2009	2010	2011	2012	2013	2014	2015	2015排名 Ranking
全 国	**National Total**	**306604**	**324939**	**348002**	**361732**	**416913**	**426000**	**447317**	
北 京	Beijing	6570	6954	6995	7178	6724	6831	6853	27
天 津	Tianjin	5874	6818	7598	8208	7882	8145	8260	24
河 北	Hebei	25419	27531	29498	30250	29664	29320	29395	4
山 西	Shanxi	15576	16808	18315	19336	19761	19863	19384	9
内蒙古	Inner Mongolia	15344	16820	18737	19786	17681	18309	18927	10
辽 宁	Liaoning	19112	20947	22712	23526	21721	21803	21667	6
吉 林	Jilin	7698	8297	9103	9443	8645	8560	8142	25
黑龙江	Heilongjiang	10467	11234	12119	12758	11853	11955	12126	16
上 海	Shanghai	10367	11201	11270	11362	11346	11085	11387	18
江 苏	Jiangsu	23709	25774	27589	28850	29205	29863	30235	2
浙 江	Zhejiang	15567	16865	17827	18076	18640	18826	19610	8
安 徽	Anhui	8896	9707	10570	11358	11696	12011	12332	14
福 建	Fujian	8916	9809	10653	11185	11190	12110	12180	15
江 西	Jiangxi	5813	6355	6928	7233	7583	8055	8440	23
山 东	Shandong	32420	34808	37132	38899	35358	36511	37945	1
河 南	Henan	19751	21438	23062	23647	21909	22890	23161	5
湖 北	Hubei	13708	15138	16579	17675	15703	16320	16404	11
湖 南	Hunan	13331	14880	16161	16744	14919	15317	15469	13
广 东	Guangdong	24654	26908	28480	29144	28480	29593	30145	3
广 西	Guangxi	7075	7919	8591	9155	9100	9515	9761	21
海 南	Hainan	1233	1359	1601	1688	1720	1820	1938	30
重 庆	Chongqing	7030	7856	8792	9278	8049	8593	8934	22
四 川	Sichuan	16322	17892	19696	20575	19212	19879	19888	7
贵 州	Guizhou	7566	8175	9068	9878	9299	9709	9948	20
云 南	Yunnan	8032	8674	9540	10434	10072	10455	10357	19
西 藏	Tibet								
陕 西	Shaanxi	8044	8882	9761	10626	10610	11222	11716	17
甘 肃	Gansu	5482	5923	6496	7007	7287	7521	7523	26
青 海	Qinghai	2348	2568	3189	3524	3768	3992	4134	29
宁 夏	Ningxia	3388	3681	4316	4562	4781	4946	5405	28
新 疆	Xinjiang	7526	8290	9927	11831	13632	14926	15651	12

注：由于折算系数的不同，各地区相加数与全国数不等。

Note: As the conversion factors,the sum of the data by region is not equaltothe total.

9-18 煤炭消费量和原油消费量
Coal and Crude Oil Consumption

单位：万吨 (10 000 tons)

地区	Region	煤炭消费量 Coal				原油消费量 Crude Oil			
		2010	2014	2015	2015排名 Ranking	2010	2014	2015	2015排名 Ranking
全　国	**National Total**	**312237**	**411614**	**397014**		**42875**	**51547**	**54088**	
北　京	Beijing	2635	1737	1165	29	1116	1035	992	17
天　津	Tianjin	4807	5027	4539	27	1567	1603	1617	12
河　北	Hebei	27465	29636	28943	4	1397	1357	1667	11
山　西	Shanxi	29865	37587	37115	2				
内蒙古	Inner Mongolia	27004	36466	36500	3	141	411	384	25
辽　宁	Liaoning	16908	18002	17336	9	6559	6365	6440	2
吉　林	Jilin	9583	10379	9805	17	940	999	960	19
黑龙江	Heilongjiang	12219	13596	13433	13	2107	2142	2124	9
上　海	Shanghai	5876	4896	4728	26	2127	2242	2526	6
江　苏	Jiangsu	23100	26913	27209	5	2999	3511	3823	4
浙　江	Zhejiang	13950	13824	13826	12	2835	2732	2847	5
安　徽	Anhui	13376	15787	15671	11	478	749	691	22
福　建	Fujian	7026	8198	7660	22	1142	2044	2165	8
江　西	Jiangxi	6246	7477	7698	21	470	472	556	23
山　东	Shandong	37328	39562	40927	1	5593	7816	8607	1
河　南	Henan	26050	24250	23720	6	835	845	847	21
湖　北	Hubei	13470	11888	11766	15	1034	1291	1299	15
湖　南	Hunan	11323	10900	11142	16	588	801	878	20
广　东	Guangdong	15984	17014	16587	10	4455	4766	4900	3
广　西	Guangxi	6207	6797	6047	25	396	1390	1429	14
海　南	Hainan	647	1018	1072	30	859	943	1116	16
重　庆	Chongqing	6397	6096	6047	24				
四　川	Sichuan	11520	11045	9289	18	352	865	990	18
贵　州	Guizhou	10908	13118	12833	14			0	28
云　南	Yunnan	9349	8675	7713	20		0.04	0.03	27
西　藏	Tibet								
陕　西	Shaanxi	11639	18375	18374	7	2105	2250	2101	10
甘　肃	Gansu	5390	6716	6557	23	1400	1468	1447	13
青　海	Qinghai	1271	1817	1508	28	128	143	154	26
宁　夏	Ningxia	5765	8857	8907	19	176	426	477	24
新　疆	Xinjiang	8106	16088	17359	8	2308	2693	2489	7

9-19 汽油消费量和柴油消费量
Gasoline and Diesel Oil Consumption

单位：万吨 (10 000 tons)

地区	Region	汽油消费量 Gasoline				柴油消费量 Diesel Oil			
		2010	2014	2015	2015排名 Ranking	2010	2014	2015	2015排名 Ranking
全　国	**National Total**	**6886.21**	**9776.37**	**11368.46**		**14633.80**	**17165.30**	**17360.31**	
北　京	Beijing	371.53	440.62	462.75	13	237.42	196.46	182.35	27
天　津	Tianjin	205.12	226.82	263.73	21	333.54	334.43	353.43	24
河　北	Hebei	238.75	314.64	475.32	11	691.94	788.80	749.18	9
山　西	Shanxi	228.35	202.32	208.48	24	474.38	497.55	517.22	17
内蒙古	Inner Mongolia	325.68	271.66	305.76	17	863.56	577.25	475.13	20
辽　宁	Liaoning	593.17	704.73	742.72	5	963.90	1060.16	1109.26	3
吉　林	Jilin	166.61	193.36	178.01	26	363.30	378.42	347.19	25
黑龙江	Heilongjiang	363.79	314.28	342.07	15	598.38	466.11	510.02	18
上　海	Shanghai	415.37	577.03	607.69	9	509.04	548.41	561.87	15
江　苏	Jiangsu	749.84	974.61	1003.89	2	727.96	814.06	819.38	7
浙　江	Zhejiang	586.70	710.38	754.05	4	958.33	932.06	968.37	4
安　徽	Anhui	157.40	352.68	456.60	14	365.75	663.02	611.80	12
福　建	Fujian	333.20	440.45	465.09	12	510.57	515.59	445.30	23
江　西	Jiangxi	155.23	251.80	284.00	20	368.75	526.52	537.51	16
山　东	Shandong	802.40	705.32	726.02	6	1448.12	1264.62	1335.26	2
河　南	Henan	297.49	529.82	676.63	8	561.22	800.47	835.30	6
湖　北	Hubei	457.80	660.05	699.92	7	648.96	863.69	859.02	5
湖　南	Hunan	262.36	456.80	514.65	10	502.98	599.17	686.59	10
广　东	Guangdong	1086.12	1118.90	1229.09	1	1668.56	1575.28	1587.87	1
广　西	Guangxi	247.68	244.30	290.89	19	442.37	506.17	573.34	14
海　南	Hainan	52.63	80.16	92.77	28	139.98	112.15	116.82	29
重　庆	Chongqing	102.63	181.64	199.98	25	338.51	425.53	491.21	19
四　川	Sichuan	541.82	829.84	894.98	3	525.10	748.57	814.78	8
贵　州	Guizhou	143.36	217.38	293.99	18	264.66	380.34	453.96	22
云　南	Yunnan	232.49	297.74	312.95	16	562.04	569.13	582.87	13
西　藏	Tibet								
陕　西	Shaanxi	255.23	229.92	249.51	23	531.50	539.43	465.71	21
甘　肃	Gansu	56.57	128.98	158.20	27	210.64	374.80	335.60	26
青　海	Qinghai	26.19	37.17	44.96	29	89.89	113.73	114.53	30
宁　夏	Ningxia	22.68	21.77	36.08	30	105.82	123.38	122.75	28
新　疆	Xinjiang	131.17	215.84	254.50	22	363.72	561.52	637.14	11

9-20 天然气消费量和电力消费量
Natural Gas and Electricity Consumption

地区	Region	天然气消费量（亿立方米）Natural Gas (100 million cu.m)				电力消费量（亿千瓦时）Electricity (100 million kw·h)			
		2010	2014	2015	2015排名 Ranking	2010	2014	2015	2015排名 Ranking
全　国	**National Total**	**1069.41**	**1868.94**	**1931.75**		**41935**	**56384**	**58020**	
北　京	Beijing	74.79	113.70	146.88	3	831	933	951	23
天　津	Tianjin	23.10	45.49	63.98	14	675	824	851	27
河　北	Hebei	29.74	56.08	72.97	12	2692	3314	3176	6
山　西	Shanxi	28.93	50.35	64.92	13	1460	1827	1737	13
内蒙古	Inner Mongolia	45.32	44.53	39.15	20	1537	2417	2543	7
辽　宁	Liaoning	19.06	84.00	55.35	15	1715	2039	1985	10
吉　林	Jilin	22.01	22.58	21.34	25	577	668	652	29
黑龙江	Heilongjiang	29.90	35.48	35.82	21	763	833	869	26
上　海	Shanghai	45.08	72.43	77.41	11	1296	1369	1406	17
江　苏	Jiangsu	72.14	127.70	165.02	2	3864	5013	5115	3
浙　江	Zhejiang	32.62	78.16	80.35	9	2821	3506	3554	4
安　徽	Anhui	12.54	34.46	34.83	22	1078	1585	1640	14
福　建	Fujian	29.10	50.26	45.38	17	1315	1859	1879	11
江　西	Jiangxi	5.27	15.19	18.02	27	701	1019	1087	22
山　东	Shandong	47.75	74.96	82.32	8	3298	4223	5182	2
河　南	Henan	47.21	76.87	78.77	10	2464	3161	3248	5
湖　北	Hubei	19.64	40.24	40.26	19	1418	1854	1862	12
湖　南	Hunan	11.88	24.40	26.51	23	1353	1514	1533	15
广　东	Guangdong	95.71	133.83	145.16	5	4060	5235	5311	1
广　西	Guangxi	1.82	8.25	8.37	29	993	1308	1334	18
海　南	Hainan	29.72	46.00	46.00	16	158	252	272	30
重　庆	Chongqing	56.59	82.15	88.37	6	625	867	875	25
四　川	Sichuan	175.39	165.17	170.98	1	1549	2055	2013	9
贵　州	Guizhou	4.19	10.62	13.32	28	836	1174	1174	20
云　南	Yunnan	3.64	4.63	6.34	30	1004	1529	1439	16
西　藏	Tibet								
陕　西	Shaanxi	59.19	74.26	82.69	7	859	1226	1222	19
甘　肃	Gansu	14.42	25.20	26.04	24	804	1095	1099	21
青　海	Qinghai	23.72	40.59	44.38	18	465	723	658	28
宁　夏	Ningxia	15.48	17.88	20.65	26	547	849	878	24
新　疆	Xinjiang	80.15	169.87	145.84	4	662	1916	2191	8

9-21 能源工业投资和能源工业固定资产投资
Investment and Fixed Asset Investment in Energy Industry

单位：亿元 (100 million yuan)

地区	Region	能源工业投资 Investment in Energy Industry 2010	2014	2015	2015排名 Ranking	国有经济能源工业固定资产投资 Investment in Fixed Assets in Energy Industry 2010	2014	2015	2015排名 Ranking
全 国	**National Total**	**21627**	**31515**	**32562**		**11219**	**15425**	**15419**	
北 京	Beijing	134	258	181	28	94	168	140	28
天 津	Tianjin	546	596	591	25	235	164	224	26
河 北	Hebei	882	1296	1643	6	370	463	584	10
山 西	Shanxi	1521	2313	2582	2	797	1178	1194	2
内蒙古	Inner Mongolia	2093	2887	2133	4	906	1224	766	6
辽 宁	Liaoning	1191	970	701	19	407	330	286	23
吉 林	Jilin	774	758	785	16	321	307	314	21
黑龙江	Heilongjiang	1014	835	680	20	586	528	444	13
上 海	Shanghai	199	165	145	30	140	143	127	29
江 苏	Jiangsu	479	1019	1455	8	294	447	681	8
浙 江	Zhejiang	430	881	919	12	326	529	509	11
安 徽	Anhui	527	614	757	17	321	340	424	14
福 建	Fujian	637	946	862	13	268	435	401	15
江 西	Jiangxi	281	368	464	27	150	168	195	27
山 东	Shandong	972	2047	2332	3	407	890	675	9
河 南	Henan	773	764	1154	11	298	220	268	25
湖 北	Hubei	512	510	643	22	334	284	327	19
湖 南	Hunan	496	774	733	18	195	265	276	24
广 东	Guangdong	966	1310	1282	10	691	874	812	5
广 西	Guangxi	368	560	662	21	256	266	296	22
海 南	Hainan	61	167	127	31	27	59	65	31
重 庆	Chongqing	316	680	633	23	151	385	452	12
四 川	Sichuan	1050	1574	1603	7	513	919	901	4
贵 州	Guizhou	467	584	622	24	263	331	319	20
云 南	Yunnan	832	1073	1364	9	348	545	722	7
西 藏	Tibet	53	229	154	29	44	202	107	30
陕 西	Shaanxi	1043	1676	1697	5	667	1037	1021	3
甘 肃	Gansu	667	1138	826	14	416	463	401	15
青 海	Qinghai	141	429	511	26	57	218	344	18
宁 夏	Ningxia	351	606	786	15	199	286	398	17
新 疆	Xinjiang	988	2603	2998	1	277	877	1210	1

9-22 废水排放总量（一）
Total Volume of Waste Water Discharge (1)

单位：万吨 (10 000 tons)

地区	Region	废水排放总量 Total Volume of Waste Water Discharged 2014	2015	2015排名 Ranking	工业废水排放量 Industrial Waste Water 2010	2014	2015	2015排名 Ranking
全 国	**National Total**	**7161751**	**7353227**		**2374732**	**2053430**	**1994983**	
北 京	Beijing	150714	151733	18	8198	9174	8978	28
天 津	Tianjin	89361	93008	26	19680	19011	18973	25
河 北	Hebei	309824	310568	9	114232	108562	94110	6
山 西	Shanxi	145033	145252	21	49881	49250	41356	17
内蒙古	Inner Mongolia	111917	110861	24	39536	39325	35753	21
辽 宁	Liaoning	262879	260045	11	71521	90631	83140	8
吉 林	Jilin	122171	126908	22	38656	42192	38772	18
黑龙江	Heilongjiang	149644	148595	20	38921	41984	36410	20
上 海	Shanghai	221160	224147	13	36696	43939	46939	15
江 苏	Jiangsu	601158	621303	2	263760	204890	206427	1
浙 江	Zhejiang	418262	433822	4	217426	149380	147353	4
安 徽	Anhui	272313	280626	10	70971	69580	71436	13
福 建	Fujian	260579	256868	12	124168	102052	90741	7
江 西	Jiangxi	208289	223232	14	72526	64856	76412	11
山 东	Shandong	514423	559908	3	208257	180022	186440	2
河 南	Henan	422832	433487	5	150406	128048	129809	5
湖 北	Hubei	301704	313785	8	94593	81657	80817	9
湖 南	Hunan	309960	314107	7	95605	82271	76888	10
广 东	Guangdong	905082	911523	1	187031	177554	161455	3
广 西	Guangxi	219304	220066	15	165211	72936	63253	14
海 南	Hainan	39351	39123	28	5782	7956	6879	30
重 庆	Chongqing	145822	149799	19	45180	34968	35524	22
四 川	Sichuan	331277	341607	6	93444	67577	71647	12
贵 州	Guizhou	110912	112803	23	14130	32674	29174	23
云 南	Yunnan	157544	173333	16	30926	40443	45933	16
西 藏	Tibet	5450	5883	31	736	431	481	31
陕 西	Shaanxi	145785	168122	17	45487	36163	37730	19
甘 肃	Gansu	65973	67072	27	15352	19742	18760	26
青 海	Qinghai	23001	23663	30	9031	8214	8546	29
宁 夏	Ningxia	37277	32025	29	21977	15147	16443	27
新 疆	Xinjiang	102748	99952	25	25413	32799	28402	24

9-23 废水排放总量（二）
Total Volume of Waste Water Discharge (2)

单位：万吨 (10 000 tons)

地区	Region	城镇生活污水排放量 Household Waste Water				集中式污染治理设施排放量 Centralized Pollution Control Facilities		
		2010	2014	2015	2015排名 Ranking	2014	2015	2015排名 Ranking
全 国	**National Total**	**3797830**	**5102788**	**5352038**		**5533**	**6206**	
北 京	Beijing	128217	141374	142555	16	166	200	13
天 津	Tianjin	48516	70303	73972	25	48	63	22
河 北	Hebei	148311	201162	216342	9	100	115	18
山 西	Shanxi	68418	95746	103854	21	37	43	25
内蒙古	Inner Mongolia	53012	72556	75070	24	36	38	27
辽 宁	Liaoning	146668	172115	176707	12	133	197	14
吉 林	Jilin	75775	79913	88027	22	66	110	19
黑龙江	Heilongjiang	79654	107618	112126	20	41	59	23
上 海	Shanghai	211554	176940	176800	11	281	408	4
江 苏	Jiangsu	291740	395931	414514	2	337	361	6
浙 江	Zhejiang	177402	268360	285848	5	521	622	2
安 徽	Anhui	113729	202522	208928	10	211	263	10
福 建	Fujian	114334	158310	165861	13	218	266	9
江 西	Jiangxi	88135	143079	146450	15	354	370	5
山 东	Shandong	228115	334100	373129	3	301	338	7
河 南	Henan	208273	294643	303540	4	141	138	17
湖 北	Hubei	176162	219798	232730	8	249	238	11
湖 南	Hunan	172505	227181	236795	7	509	425	3
广 东	Guangdong	535947	726799	749300	1	729	767	1
广 西	Guangxi	147419	146198	156653	14	170	160	15
海 南	Hainan	30907	31361	32206	28	34	39	26
重 庆	Chongqing	82933	110705	114118	19	149	157	16
四 川	Sichuan	162651	263468	269725	6	232	235	12
贵 州	Guizhou	46693	78141	83576	23	97	53	24
云 南	Yunnan	61066	116905	127082	18	196	318	8
西 藏	Tibet	3089	5017	5398	31	1	4	31
陕 西	Shaanxi	70186	109536	130303	17	86	90	20
甘 肃	Gansu	35889	46209	48275	27	22	36	28
青 海	Qinghai	13578	14779	15109	30	8	8	30
宁 夏	Ningxia	18676	22120	15573	29	11	9	29
新 疆	Xinjiang	58277	69900	71473	26	49	78	21

9-24 工业废水治理设施数和处理能力
Number and Capacity of Industrial Waste Water Treatment Facilities

地区	Region	工业废水治理设施数（套） Number of Industrial Waste Water Treatment Facilities (set)				工业废水治理设施处理能力（万吨/日） Capacity of Industrial Waste Water Treatment Facilities (10 000 tons/day)			
		2010	2014	2015	2015排名 Ranking	2010	2014	2015	2015排名 Ranking
全　国	**National Total**	**80332**	**82084**	**83227**		**24762.0**	**25316.5**	**24728.0**	
北　京	Beijing	481	586	609	27	170.0	61.0	65.0	29
天　津	Tianjin	912	1184	1085	22	273.0	133.7	152.0	26
河　北	Hebei	4008	4606	4668	5	2750.0	3644.0	3625.0	1
山　西	Shanxi	2633	3049	2818	11	798.0	753.5	607.0	16
内蒙古	Inner Mongolia	956	1220	1170	21	465.0	472.8	500.0	20
辽　宁	Liaoning	2793	2411	2248	16	1331.0	1306.3	1393.0	4
吉　林	Jilin	659	666	674	25	234.0	247.6	274.0	23
黑龙江	Heilongjiang	1192	1111	1060	23	940.0	672.7	659.0	15
上　海	Shanghai	1749	1774	1728	19	510.0	339.6	330.0	22
江　苏	Jiangsu	6973	7498	7844	3	1801.0	2050.8	2009.0	2
浙　江	Zhejiang	8214	8158	7894	2	1265.0	1342.7	1290.0	5
安　徽	Anhui	2084	2692	2811	12	1064.0	962.2	961.0	11
福　建	Fujian	3153	3529	3547	8	1135.0	718.4	661.0	14
江　西	Jiangxi	2014	2597	3655	7	597.0	1107.8	933.0	12
山　东	Shandong	5142	5382	5672	4	1864.0	1981.4	1852.0	3
河　南	Henan	3105	3488	3483	9	933.0	1178.7	1137.0	8
湖　北	Hubei	2093	2238	2562	13	1037.0	1043.1	1052.0	10
湖　南	Hunan	3155	3094	3044	10	1198.0	1243.1	1217.0	7
广　东	Guangdong	9651	9861	9733	1	1394.0	1551.4	1269.0	6
广　西	Guangxi	2405	2321	2318	15	1455.0	960.3	1089.0	9
海　南	Hainan	278	338	319	29	40.0	44.6	40.0	30
重　庆	Chongqing	1498	1775	1879	18	221.0	250.4	245.0	24
四　川	Sichuan	4437	4014	4043	6	990.0	989.5	913.0	13
贵　州	Guizhou	1755	1845	1601	20	539.0	576.3	586.0	17
云　南	Yunnan	2044	2553	2423	14	738.0	680.6	540.0	19
西　藏	Tibet	16	40	42	31	1.0	7.5	9.0	31
陕　西	Shaanxi	4827	1893	2105	17	373.0	348.7	372.0	21
甘　肃	Gansu	672	618	666	26	148.0	170.5	164.0	25
青　海	Qinghai	103	188	177	30	40.0	78.8	91.0	28
宁　夏	Ningxia	359	380	359	28	145.0	132.4	130.0	27
新　疆	Xinjiang	971	975	990	24	313.0	266.0	565.0	18

9-25 工业废水处理量和治理运行费用

Industrial Waste Water Treated and Expenditure of Industrial Waste Water Treatment Facilities

地区	Region	工业废水处理量（万吨）Industrial Waste Water Treated (10 000 tons)			工业废水治理设施本年运行费用（万元）Expenditure of Industrial Waste Water Treatment Facilities (10 000 yuan)			
		2014	2015	2015排名 Ranking	2010	2014	2015	2015排名 Ranking
全 国	**National Total**	**4998694**	**4445821**		**5453464**	**6608918**	**6853282**	
北 京	Beijing	9526	9932	29	68059	38723	39938	28
天 津	Tianjin	32530	34268	24	69321	92064	107517	22
河 北	Hebei	788496	598193	1	388592	501389	571309	4
山 西	Shanxi	120428	93437	17	200390	198807	166770	17
内蒙古	Inner Mongolia	75285	70141	19	69555	133239	159595	18
辽 宁	Liaoning	317135	340623	3	271325	296203	326341	6
吉 林	Jilin	52798	48128	22	51562	65991	59117	25
黑龙江	Heilongjiang	107523	102629	16	140588	269743	284951	7
上 海	Shanghai	63561	61220	20	157318	188144	181476	13
江 苏	Jiangsu	407334	418384	2	549108	777079	883032	1
浙 江	Zhejiang	255326	226421	7	437506	598458	627685	2
安 徽	Anhui	191790	191980	8	184235	230107	258602	8
福 建	Fujian	163572	143089	14	126817	173517	173625	16
江 西	Jiangxi	165078	173597	11	129042	176759	201138	12
山 东	Shandong	385566	333680	4	487353	559522	598018	3
河 南	Henan	176175	181597	10	208840	234247	239467	9
湖 北	Hubei	236179	226840	6	137920	232870	224053	10
湖 南	Hunan	253637	253798	5	129125	161041	175233	15
广 东	Guangdong	334112	188722	9	516684	528259	532992	5
广 西	Guangxi	208939	173493	12	123368	233665	177572	14
海 南	Hainan	8069	6474	30	43135	34086	33571	29
重 庆	Chongqing	37740	33998	25	56492	71922	73667	23
四 川	Sichuan	183402	145827	13	328447	241902	211703	11
贵 州	Guizhou	106155	83512	18	137058	63757	67897	24
云 南	Yunnan	141438	128343	15	94573	168295	114237	21
西 藏	Tibet	968	1089	31	234	976	1241	31
陕 西	Shaanxi	61843	60562	21	89129	100511	125581	20
甘 肃	Gansu	21827	19917	28	32770	50266	44914	27
青 海	Qinghai	26146	26513	26	7806	13318	12932	30
宁 夏	Ningxia	20517	21605	27	47493	48276	46585	26
新 疆	Xinjiang	45602	47807	23	169622	125781	132525	19

9-26 废气排放量（一）
Volume of Waste Gas Emission (1)

单位：万吨 (10 000 tons)

地区	Region	二氧化硫排放总量 Total Volume of Sulphur Dioxide Emission				工业二氧化硫排放量 Industry Total Volume of Sulphur Dioxide Emission			
		2010	2014	2015	2015排名 Ranking	2010	2014	2015	2015排名 Ranking
全　国	**National Total**	**2185.10**	**1974.42**	**1859.12**		**1864.40**	**1740.35**	**1556.74**	
北　京	Beijing	11.50	7.89	7.12	29	5.70	4.03	2.21	30
天　津	Tianjin	23.50	20.92	18.59	26	21.80	19.54	15.46	26
河　北	Hebei	123.40	118.99	110.84	5	99.40	104.74	82.94	6
山　西	Shanxi	124.90	120.82	112.06	4	114.70	107.80	90.08	4
内蒙古	Inner Mongolia	139.40	131.24	123.09	2	119.30	116.71	106.10	2
辽　宁	Liaoning	102.20	99.46	96.88	6	85.90	92.60	86.93	5
吉　林	Jilin	35.60	37.23	36.29	23	30.10	31.96	30.21	24
黑龙江	Heilongjiang	49.00	47.22	45.63	21	41.70	31.75	28.10	25
上　海	Shanghai	35.80	18.81	17.08	27	22.10	15.54	10.49	28
江　苏	Jiangsu	105.00	90.47	83.51	8	100.20	87.02	79.47	7
浙　江	Zhejiang	67.80	57.40	53.78	17	65.40	56.01	52.40	13
安　徽	Anhui	53.20	49.30	48.01	20	48.40	44.06	42.00	20
福　建	Fujian	40.90	35.60	33.79	25	39.10	33.76	31.71	22
江　西	Jiangxi	55.70	53.44	52.81	18	47.10	51.74	51.57	16
山　东	Shandong	153.80	159.02	152.57	1	138.30	135.89	122.09	1
河　南	Henan	133.90	119.82	114.43	3	116.30	103.17	91.50	3
湖　北	Hubei	63.30	58.38	55.14	16	51.60	50.62	47.07	17
湖　南	Hunan	80.10	62.37	59.55	13	62.70	55.95	51.59	15
广　东	Guangdong	105.10	73.01	67.83	12	98.90	69.91	64.90	8
广　西	Guangxi	90.40	46.66	42.12	22	84.80	43.11	38.55	21
海　南	Hainan	2.90	3.26	3.23	30	2.80	3.19	3.17	29
重　庆	Chongqing	71.90	52.69	49.58	19	57.30	47.48	42.68	19
四　川	Sichuan	113.10	79.64	71.76	11	93.80	72.57	62.24	9
贵　州	Guizhou	114.90	92.58	85.30	7	63.80	70.24	59.89	12
云　南	Yunnan	50.10	63.67	58.37	14	44.00	58.26	52.38	14
西　藏	Tibet	0.40	0.43	0.54	31	0.10	0.14	0.16	31
陕　西	Shaanxi	77.90	78.10	73.50	10	70.70	67.16	59.93	11
甘　肃	Gansu	55.20	57.56	57.06	15	45.20	47.70	46.70	18
青　海	Qinghai	14.30	15.43	15.08	28	13.30	11.80	11.64	27
宁　夏	Ningxia	31.10	37.71	35.76	24	28.00	34.10	30.38	23
新　疆	Xinjiang	58.80	85.30	77.83	9	51.80	71.81	62.21	10

9-27 废气排放量（二）
Volume of Waste Gas Emission (2)

单位：万吨 (10 000 tons)

地区	Region	生活二氧化硫排放量 Household Sulphur Dioxide Emission				集中式污染治理设施二氧化硫排放量 Centralized Pollution Control Facilities Emission		
		2010	2014	2015	2015排名 Ranking	2014	2015	2015排名 Ranking
全　国	**National Total**	**320.70**	**233.87**	**296.87**		**0.1985**	**0.1673**	
北　京	Beijing	5.80	3.85	4.91	20	0.0084	0.0038	11
天　津	Tianjin	1.80	1.38	1.38	27	0.0038	0.0128	5
河　北	Hebei	24.00	14.25	27.89	2	0.0021	0.0026	14
山　西	Shanxi	10.20	13.02	21.99	5	0.0017	0.0021	16
内蒙古	Inner Mongolia	20.10	14.53	16.99	7	0.0001	0.0001	30
辽　宁	Liaoning	16.30	6.85	9.93	11	0.0068	0.0113	7
吉　林	Jilin	5.60	5.26	6.08	16	0.0001	0.0100	8
黑龙江	Heilongjiang	7.30	15.47	17.54	6	0.0101	0.0009	23
上　海	Shanghai	13.70	3.28	2.99	24	0.0024	0.0015	18
江　苏	Jiangsu	4.80	3.43	4.03	21	0.0300	0.0127	6
浙　江	Zhejiang	2.40	1.36	1.37	28	0.0363	0.0140	4
安　徽	Anhui	4.80	5.23	6.00	17	0.0020	0.0038	11
福　建	Fujian	1.80	1.83	2.08	26	0.0011	0.0011	21
江　西	Jiangxi	8.60	1.69	1.24	29	0.0152	0.0013	19
山　东	Shandong	15.50	23.11	30.45	1	0.0206	0.0218	2
河　南	Henan	17.60	16.65	22.92	4	0.0054	0.0044	10
湖　北	Hubei	11.70	7.56	8.07	13	0.0004	0.0009	23
湖　南	Hunan	17.40	6.42	7.95	14	0.0030	0.0031	13
广　东	Guangdong	6.10	3.08	2.90	25	0.0205	0.0359	1
广　西	Guangxi	5.60	3.55	3.56	22	0.0045	0.0069	9
海　南	Hainan	0.10	0.07	0.06	31	0.0005	0.0005	27
重　庆	Chongqing	14.70	5.21	6.90	15	0.0010	0.0010	22
四　川	Sichuan	19.30	7.05	9.50	12	0.0157	0.0161	3
贵　州	Guizhou	51.10	22.34	25.41	3	0.0007	0.0007	25
云　南	Yunnan	6.10	5.41	6.00	18	0.0023	0.0019	17
西　藏	Tibet	0.30	0.29	0.37	30	0.0004	0.0001	30
陕　西	Shaanxi	7.20	10.93	13.57	9	0.0027	0.0007	25
甘　肃	Gansu	9.90	9.87	10.36	10		0.0002	29
青　海	Qinghai	1.00	3.62	3.44	23	0.0001	0.0012	20
宁　夏	Ningxia	3.00	3.61	5.38	19	0.0001	0.0022	15
新　疆	Xinjiang	7.00	13.49	15.62	8	0.0005	0.0005	27

注：2010年计量单位与2014年不同，以2014年为准。

Note: In 2010 and 2014 different units of measurement, in order to prevail in 2014.

9-28 废气排放量（三）
Volume of Waste Gas Emission (3)

单位：万吨 (10 000 tons)

地区	Region	氮氧化物排放总量 Nitrogen Oxides Emission			工业氮氧化物排放量 Industrial Nitrogen Oxides Emission		
		2014	2015	2015排名 Ranking	2014	2015	2015排名 Ranking
全 国	**National Total**	**2078.0**	**1851.0**		**1404.8**	**1190.9**	
北 京	Beijing	15.1	13.8	28	6.4	2.7	30
天 津	Tianjin	28.2	24.7	27	21.7	15.0	26
河 北	Hebei	151.2	135.1	2	98.7	80.0	3
山 西	Shanxi	107.0	93.1	7	77.8	64.8	6
内蒙古	Inner Mongolia	125.8	113.9	4	98.3	86.5	2
辽 宁	Liaoning	90.2	82.8	8	63.2	55.4	8
吉 林	Jilin	54.9	50.2	16	36.3	33.3	14
黑龙江	Heilongjiang	73.1	64.5	11	42.9	35.0	13
上 海	Shanghai	33.3	30.1	26	22.9	12.1	27
江 苏	Jiangsu	123.3	106.8	5	88.8	75.4	4
浙 江	Zhejiang	68.8	60.8	13	51.9	45.9	10
安 徽	Anhui	80.7	72.1	10	55.7	48.9	9
福 建	Fujian	41.2	37.9	22	30.1	28.0	20
江 西	Jiangxi	54.0	49.3	18	31.0	27.9	21
山 东	Shandong	159.3	142.4	1	112.3	94.8	1
河 南	Henan	142.2	126.2	3	88.0	72.0	5
湖 北	Hubei	58.0	51.4	15	36.7	31.9	16
湖 南	Hunan	55.3	49.7	17	35.9	31.4	17
广 东	Guangdong	112.2	99.7	6	68.3	58.8	7
广 西	Guangxi	44.2	37.3	23	30.0	24.0	24
海 南	Hainan	9.5	9.0	30	6.5	6.0	29
重 庆	Chongqing	35.5	32.1	25	23.4	15.9	25
四 川	Sichuan	58.5	52.6	14	36.9	32.8	15
贵 州	Guizhou	49.1	41.9	20	36.9	30.0	18
云 南	Yunnan	49.9	44.9	19	29.2	25.3	22
西 藏	Tibet	4.8	5.3	31	0.4	0.6	31
陕 西	Shaanxi	70.6	62.7	12	51.0	43.4	11
甘 肃	Gansu	41.8	38.7	21	28.0	24.7	23
青 海	Qinghai	13.5	11.8	29	9.3	7.9	28
宁 夏	Ningxia	40.4	36.8	24	32.3	29.2	19
新 疆	Xinjiang	86.3	73.7	9	53.9	41.5	12

9-29 废气排放量（四）
Volume of Waste Gas Emission (4)

单位：万吨 (10 000 tons)

地区	Region	生活氮氧化物排放量 Household Nitrogen Oxides Emission			机动车氮氧化物排放量 Motor Vehicle Nitrogen Oxides Emission		
		2014	2015	2015排名 Ranking	2014	2015	2015排名 Ranking
全 国	**National Total**	**45.1**	**65.1**		**627.8**	**580.1**	
北 京	Beijing	1.4	1.9	10	7.2	6.7	27
天 津	Tianjin	1.0	1.0	20	5.6	4.9	28
河 北	Hebei	3.6	7.7	1	49.0	47.3	2
山 西	Shanxi	3.5	4.7	5	25.7	23.6	9
内蒙古	Inner Mongolia	3.0	3.8	6	24.5	23.7	8
辽 宁	Liaoning	1.4	3.1	8	25.5	24.3	7
吉 林	Jilin	1.2	1.4	15	17.4	15.4	18
黑龙江	Heilongjiang	5.1	6.7	3	25.0	22.8	10
上 海	Shanghai	1.9	1.0	18	8.5	8.3	25
江 苏	Jiangsu	0.6	0.9	22	33.7	30.5	5
浙 江	Zhejiang	0.3	0.3	28	16.5	14.5	19
安 徽	Anhui	1.2	1.4	17	23.9	21.9	11
福 建	Fujian	0.2	0.3	29	10.8	9.6	24
江 西	Jiangxi	0.5	0.4	27	22.6	20.9	12
山 东	Shandong	3.2	7.2	2	43.8	40.4	3
河 南	Henan	2.6	5.1	4	51.6	49.2	1
湖 北	Hubei	1.4	1.5	14	19.9	18.1	15
湖 南	Hunan	0.9	1.4	16	18.4	16.9	16
广 东	Guangdong	0.7	0.8	23	43.2	40.1	4
广 西	Guangxi	0.4	0.4	26	13.8	12.9	20
海 南	Hainan				3.0	2.9	31
重 庆	Chongqing	0.4	0.5	25	11.7	10.8	22
四 川	Sichuan	1.2	1.6	12	20.5	18.1	14
贵 州	Guizhou	1.1	1.7	11	11.1	10.2	23
云 南	Yunnan	0.6	0.9	21	20.0	18.8	13
西 藏	Tibet				4.4	4.6	29
陕 西	Shaanxi	2.6	3.4	7	17.0	15.9	17
甘 肃	Gansu	1.6	1.6	13	12.3	12.5	21
青 海	Qinghai	0.9	1.0	19	3.2	2.9	30
宁 夏	Ningxia	0.4	0.8	24	7.7	6.8	26
新 疆	Xinjiang	2.2	2.9	9	30.2	29.3	6

9-30 废气排放量（五）
Volume of Waste Gas Emission (5)

单位：万吨 (10 000 tons)

地区	Region	烟(粉)尘排放总量 Soot (Dust) Emission 2010	2014	2015	2015排名 Ranking	工业烟(粉)尘排放量 Industrial Soot (Dust) Emission 2010	2014	2015	2015排名 Ranking
全　国	**National Total**	**829.1**	**1740.8**	**1538.0**		**603.2**	**1456.1**	**1232.6**	
北　京	Beijing	4.9	5.7	4.9	29	2.1	2.3	1.3	30
天　津	Tianjin	6.5	14.0	10.1	28	5.4	11.2	7.4	28
河　北	Hebei	50.0	179.8	157.5	1	32.3	145.1	111.1	1
山　西	Shanxi	62.1	150.7	144.9	2	43.2	114.5	107.3	2
内蒙古	Inner Mongolia	64.7	102.2	87.9	5	47.6	81.9	65.7	6
辽　宁	Liaoning	63.3	112.1	100.0	4	39.8	95.8	83.7	4
吉　林	Jilin	30.1	47.5	44.7	14	21.0	36.8	33.8	16
黑龙江	Heilongjiang	42.2	79.4	64.4	8	29.7	53.5	37.3	15
上　海	Shanghai	10.2	14.2	12.1	27	4.2	13.1	11.1	27
江　苏	Jiangsu	33.5	76.4	65.5	7	29.9	72.0	61.2	7
浙　江	Zhejiang	17.4	38.0	33.0	20	16.5	35.9	31.1	19
安　徽	Anhui	25.5	65.3	54.6	11	20.7	58.5	47.8	8
福　建	Fujian	13.9	36.8	34.2	19	10.0	34.9	32.2	18
江　西	Jiangxi	16.4	46.2	48.1	12	13.9	42.9	44.6	11
山　东	Shandong	39.2	120.8	108.2	3	29.1	102.4	90.3	3
河　南	Henan	54.7	88.2	84.6	6	47.4	71.5	66.6	5
湖　北	Hubei	19.3	50.4	44.7	15	14.5	43.8	37.8	13
湖　南	Hunan	31.2	49.6	45.4	13	23.5	45.2	41.2	12
广　东	Guangdong	31.1	45.0	34.8	18	25.3	39.5	30.0	20
广　西	Guangxi	26.2	40.3	35.6	17	25.0	37.6	32.9	17
海　南	Hainan	0.8	2.3	2.0	30	0.7	1.9	1.6	29
重　庆	Chongqing	20.8	22.6	20.9	26	10.2	21.5	19.6	24
四　川	Sichuan	34.1	42.9	41.3	16	26.0	39.9	37.6	14
贵　州	Guizhou	25.2	37.8	28.6	23	11.3	34.3	23.1	22
云　南	Yunnan	13.8	36.7	31.3	21	8.9	33.0	26.1	21
西　藏	Tibet	0.2	1.4	1.7	31	0.1	0.8	1.1	31
陕　西	Shaanxi	16.3	70.9	60.4	9	11.5	53.8	45.5	10
甘　肃	Gansu	16.3	34.6	29.5	22	9.8	26.1	20.8	23
青　海	Qinghai	7.7	24.0	24.6	24	5.2	17.6	18.0	26
宁　夏	Ningxia	17.2	23.9	23.0	25	13.6	21.2	18.5	25
新　疆	Xinjiang	34.4	81.4	59.6	10	24.8	67.6	46.3	9

9-31 废气排放量（六）
Volume of Waste Gas Emission (6)

单位：万吨 (10 000 tons)

地区	Region	生活烟(粉)尘排放量 Household Soot (Dust) Emission				机动车烟(粉)尘排放量 Motor Vehicle Soot (Dust) Emission		
		2010	2014	2015	2015排名 Ranking	2014	2015	2015排名 Ranking
全　国	**National Total**	**225.9**	**227.1**	**249.7**		**57.4**	**55.5**	
北　京	Beijing	2.7	3.2	3.4	17	0.3	0.2	31
天　津	Tianjin	1.1	2.1	2.1	21	0.6	0.6	26
河　北	Hebei	17.7	30.2	41.9	1	4.5	4.5	2
山　西	Shanxi	18.9	34.0	35.4	2	2.2	2.1	12
内蒙古	Inner Mongolia	17.1	17.4	19.3	4	2.9	2.9	5
辽　宁	Liaoning	23.5	13.7	13.9	6	2.6	2.5	7
吉　林	Jilin	9.1	9.0	9.2	10	1.7	1.7	14
黑龙江	Heilongjiang	12.5	23.3	24.7	3	2.5	2.4	8
上　海	Shanghai	6.0	0.4	0.4	29	0.6	0.5	27
江　苏	Jiangsu	3.6	1.8	1.9	22	2.5	2.3	11
浙　江	Zhejiang	0.9	0.7	0.6	27	1.4	1.3	19
安　徽	Anhui	4.8	4.4	4.4	14	2.3	2.3	9
福　建	Fujian	3.9	1.0	1.2	24	0.9	0.8	24
江　西	Jiangxi	2.5	0.8	0.9	26	2.6	2.6	6
山　东	Shandong	10.0	14.1	14.1	5	4.3	3.8	3
河　南	Henan	7.3	11.5	13.0	8	5.2	5.0	1
湖　北	Hubei	4.8	4.9	5.2	13	1.7	1.7	15
湖　南	Hunan	7.7	2.8	2.6	19	1.6	1.7	16
广　东	Guangdong	5.8	1.2	1.1	25	4.2	3.7	4
广　西	Guangxi	1.1	1.4	1.4	23	1.3	1.3	20
海　南	Hainan	0.2	0.1	0.1	31	0.4	0.4	29
重　庆	Chongqing	10.6	0.4	0.5	28	0.7	0.7	25
四　川	Sichuan	8.2	1.5	2.2	20	1.5	1.5	17
贵　州	Guizhou	13.9	2.4	4.4	15	1.1	1.1	21
云　南	Yunnan	4.9	1.9	3.3	18	1.8	1.8	13
西　藏	Tibet	0.2	0.1	0.2	30	0.5	0.5	28
陕　西	Shaanxi	4.8	15.8	13.5	7	1.4	1.3	18
甘　肃	Gansu	6.5	7.6	7.9	11	0.9	0.9	22
青　海	Qinghai	2.5	6.1	6.4	12	0.3	0.3	30
宁　夏	Ningxia	3.6	1.9	3.6	16	0.9	0.8	23
新　疆	Xinjiang	9.6	11.5	11.0	9	2.2	2.3	10

9-32 工业废气排放量和工业废气治理设施数
Industrial Waste Gas Emission and Number of Industrial Waste Gas Treatment Facilities

地区	Region	工业废气排放量（亿立方米） Industrial Waste Gas Emission (100 million cu.m)				工业废气治理设施数（套） Number of Industrial Waste Gas Treatment Facilities (set)			
		2010	2014	2015	2015排名 Ranking	2010	2014	2015	2015排名 Ranking
全 国	**National Total**	**519168**	**694190**	**685190**		**187401**	**261367**	**290886**	
北 京	Beijing	4750	3569	3676	29	2468	4311	3996	27
天 津	Tianjin	7686	8800	8355	27	3126	4621	5140	23
河 北	Hebei	56324	72732	78570	1	13743	19519	22095	2
山 西	Shanxi	35190	36025	33721	7	9517	16748	16943	6
内蒙古	Inner Mongolia	27488	36117	35855	5	5183	9110	10070	9
辽 宁	Liaoning	26955	34528	34017	6	9641	14248	16449	7
吉 林	Jilin	8240	9451	10524	24	3144	3878	4022	26
黑龙江	Heilongjiang	10111	12091	10843	23	4396	5077	5177	21
上 海	Shanghai	12969	13007	12802	22	4319	5518	6171	18
江 苏	Jiangsu	31213	59653	57883	2	11631	19179	22037	3
浙 江	Zhejiang	20434	26958	26841	10	21702	18598	20108	5
安 徽	Anhui	17849	29233	30794	8	4933	7993	9646	11
福 建	Fujian	13507	18383	17204	15	6470	8579	9016	12
江 西	Jiangxi	9812	15613	17055	16	4141	6359	8615	13
山 东	Shandong	43837	52095	56808	3	11886	18517	21612	4
河 南	Henan	22709	39629	36286	4	9079	11736	12821	8
湖 北	Hubei	13865	21702	23643	11	5478	7131	8174	15
湖 南	Hunan	14673	16051	15320	20	5154	6369	7048	16
广 东	Guangdong	24092	29794	30547	9	12789	22311	25673	1
广 西	Guangxi	14520	18631	16773	17	6017	6359	6743	17
海 南	Hainan	1360	2638	2339	30	472	1058	1032	30
重 庆	Chongqing	10943	9290	9928	25	3511	4787	5250	20
四 川	Sichuan	20107	20054	16538	18	7346	9604	9851	10
贵 州	Guizhou	10192	23208	18288	13	2910	4192	5160	22
云 南	Yunnan	10978	16664	15549	19	5649	7809	8388	14
西 藏	Tibet	16	170	183	31	46	273	288	31
陕 西	Shaanxi	13510	16543	17303	14	3983	4284	4578	25
甘 肃	Gansu	6252	12290	13293	21	2769	3937	4669	24
青 海	Qinghai	3952	6439	5405	28	981	1620	1583	29
宁 夏	Ningxia	16324	10717	8760	26	1370	1821	2551	28
新 疆	Xinjiang	9310	22116	20087	12	3547	5821	5980	19

9-33 工业废气治理设施处理能力和运行费用

Capacity and Annual Expenditure of Industrial Waste Gas Treatment Facilities

地区	Region	工业废气治理设施处理能力（万立方米/时） Capacity of Industrial Waste Gas Treatment Facilities (10 000 cu.m/hour)			工业废气治理设施本年运行费用（万元） Annual Expenditure of Industrial Waste Gas Treatment Facilities (10 000 yuan)			
		2014	2015	2015排名 Ranking	2010	2014	2015	2015排名 Ranking
全　国	**National Total**	**1533917**	**1688675**		**10545256**	**17309816**	**18660243**	
北　京	Beijing	12027	12752	28	90590	102783	43155	30
天　津	Tianjin	20050	19085	26	185777	316250	335052	21
河　北	Hebei	169969	181189	1	901331	1635201	1741038	2
山　西	Shanxi	87132	89937	7	501017	1001884	889202	7
内蒙古	Inner Mongolia	99709	109913	5	439299	755994	841783	8
辽　宁	Liaoning	98288	123883	3	426449	709141	811169	9
吉　林	Jilin	25132	25083	25	88059	231859	239065	25
黑龙江	Heilongjiang	32854	38524	19	283756	154827	175191	27
上　海	Shanghai	33941	35471	20	288713	403708	432503	14
江　苏	Jiangsu	109031	114055	4	931675	1537266	1628453	3
浙　江	Zhejiang	62893	67908	9	598701	987769	1046056	4
安　徽	Anhui	43086	49889	12	230684	730205	753021	10
福　建	Fujian	38345	39819	16	237265	422186	432124	15
江　西	Jiangxi	31452	33006	21	243783	389367	454686	12
山　东	Shandong	132032	137540	2	1039839	1614630	1843486	1
河　南	Henan	69590	77580	8	490262	799232	956014	5
湖　北	Hubei	38927	59074	10	315735	531113	578526	11
湖　南	Hunan	38375	39197	17	223270	403179	926564	6
广　东	Guangdong	82411	93504	6	973400	1081250	101595	29
广　西	Guangxi	34239	32684	22	183402	336777	405485	17
海　南	Hainan	3618	4197	30	26069	68705	175295	26
重　庆	Chongqing	23704	25966	24	163085	252945	248907	24
四　川	Sichuan	46770	44001	14	564881	471598	453603	13
贵　州	Guizhou	19337	44463	13	218128	440884	392874	18
云　南	Yunnan	40984	38940	18	277464	412808	336865	20
西　藏	Tibet	420	438	31	1712	2398	2882	31
陕　西	Shaanxi	35307	41347	15	181976	363506	425819	16
甘　肃	Gansu	28930	27894	23	131994	279308	284692	23
青　海	Qinghai	8267	9646	29	55217	108586	103226	28
宁　夏	Ningxia	19496	18148	27	129330	277916	309836	22
新　疆	Xinjiang	47603	53538	11	122396	486543	348176	19

9-34 固体废物产生和排放情况（一）
Generation and Discharge of Solid Wastes (1)

单位：万吨 (10 000 tons)

地区	Region	一般工业固体废物生产量 Common Industrial Solid Wastes Produced				一般工业固体废物综合利用量 Common Industrial Solid Wastes Utilized			
		2010	2014	2015	2015排名 Ranking	2010	2014	2015	2015排名 Ranking
全　国	**National Total**	**240944**	**325620**	**327079**		**161772**	**204330**	**198807**	
北　京	Beijing	1269	1021	710	29	835	895	592	29
天　津	Tianjin	1862	1735	1546	28	1845	1724	1524	28
河　北	Hebei	31688	41928	35372	1	17973	18228	19900	1
山　西	Shanxi	18270	30199	31794	3	12059	19681	17617	3
内蒙古	Inner Mongolia	16996	23191	26669	4	9562	13260	12306	4
辽　宁	Liaoning	17273	28666	32434	2	8210	10719	10029	8
吉　林	Jilin	4642	4944	5385	22	3114	3478	2986	24
黑龙江	Heilongjiang	5405	6312	7495	15	4169	4069	4308	18
上　海	Shanghai	2448	1925	1868	27	2367	1877	1796	27
江　苏	Jiangsu	9064	10925	10701	12	8761	10578	10207	7
浙　江	Zhejiang	4268	4542	4486	24	4033	4303	4263	20
安　徽	Anhui	9158	12000	13059	9	7849	10466	11763	5
福　建	Fujian	7487	4835	4956	23	6215	4278	3784	22
江　西	Jiangxi	9407	10821	10777	11	4379	6121	6152	11
山　东	Shandong	16039	19199	19798	5	15297	18380	18309	2
河　南	Henan	10714	15917	14722	7	8380	12319	11456	6
湖　北	Hubei	6813	8006	7750	14	5521	6139	5253	14
湖　南	Hunan	5773	6934	7126	17	4797	4410	4683	16
广　东	Guangdong	5456	5665	5609	21	4953	4893	5103	15
广　西	Guangxi	6232	8038	6977	19	4231	5058	4388	17
海　南	Hainan	212	515	422	30	178	274	268	30
重　庆	Chongqing	2837	3068	2828	26	2317	2648	2424	25
四　川	Sichuan	11239	14246	12316	10	6159	6185	5507	13
贵　州	Guizhou	8188	7394	7055	18	4174	4313	4289	19
云　南	Yunnan	9392	14481	14109	8	4798	7216	7198	10
西　藏	Tibet	11	383	400	31	0	8	12	31
陕　西	Shaanxi	6892	8682	9330	13	3753	5464	6102	12
甘　肃	Gansu	3746	6141	5824	20	1783	3086	3079	23
青　海	Qinghai	1783	12423	14868	6	759	6999	7247	9
宁　夏	Ningxia	2466	3694	3430	25	1422	2928	2131	26
新　疆	Xinjiang	3914	7790	7263	16	1877	4334	4133	21

9-35 固体废物产生和排放情况（二）
Generation and Discharge of Solid Wastes (2)

单位：万吨 (10 000 tons)

地区	Region	一般工业固体废物处置量 Common Industrial Solid Wastes Disposed				一般工业固体废物贮存量 Stock of Common Industrial Solid Wastes			
		2010	2014	2015	2015排名 Ranking	2010	2014	2015	2015排名 Ranking
全　国	**National Total**	**57264**	**80388**	**73034**		**23918**	**45033**	**58365**	
北　京	Beijing	780	126	118	26	40			
天　津	Tianjin	27	11	22	30				
河　北	Hebei	12007	22927	14729	1	1831	1512	884	15
山　西	Shanxi	5273	7716	11305	2	997	2867	2956	5
内蒙古	Inner Mongolia	5295	8272	7554	4	2152	2256	6921	3
辽　宁	Liaoning	6767	9422	8067	3	2535	8725	14630	1
吉　林	Jilin	578	1116	1571	13	952	593	843	16
黑龙江	Heilongjiang	445	1558	1273	14	835	776	1979	10
上　海	Shanghai	94	47	72	27	1	2	1	29
江　苏	Jiangsu	139	279	407	22	215	183	98	24
浙　江	Zhejiang	175	205	205	25	69	41	25	28
安　徽	Anhui	916	1079	1049	16	518	893	518	18
福　建	Fujian	1181	585	1157	15	108	51	87	25
江　西	Jiangxi	4487	232	272	24	557	4476	4363	4
山　东	Shandong	475	582	737	19	384	428	945	13
河　南	Henan	1770	3013	2786	7	722	717	561	17
湖　北	Hubei	1097	1701	2078	9	238	221	488	19
湖　南	Hunan	448	1876	2014	10	769	707	468	20
广　东	Guangdong	351	631	439	21	177	150	74	26
广　西	Guangxi	1563	1454	546	20	439	1792	2668	8
海　南	Hainan	0	34	42	28	33	207	117	23
重　庆	Chongqing	155	407	383	23	288	72	57	27
四　川	Sichuan	3759	5512	4177	5	1323	2849	2745	7
贵　州	Guizhou	2498	1382	1902	12	1473	1819	1052	12
云　南	Yunnan	2911	4633	4163	6	1845	2826	2894	6
西　藏	Tibet		34	41	29	7	358	367	22
陕　西	Shaanxi	2177	2136	1977	11	1030	1093	1265	11
甘　肃	Gansu	1150	2044	2260	8	1012	1014	914	14
青　海	Qinghai	1	3	4	31	1035	5449	7636	2
宁　夏	Ningxia	490	563	929	17	564	329	439	21
新　疆	Xinjiang	256	807	755	18	1771	2628	2368	9

9-36 环境污染治理投资情况（一）
Investment in Treatment of Environmental Pollution (1)

单位：亿元 (100 million yuan)

地区	Region	环境污染治理投资总额 Total Investment in Treatment of Environmental Pollution				城镇环境基础设施建设投资 Investment in Urban Environment Infrastructure Facilities			
		2010	2014	2015	2015排名 Ranking	2010	2014	2015	2015排名 Ranking
全 国	**National Total**	**6654.2**	**9575.5**	**8806.4**		**4224.2**	**5463.9**	**4946.8**	
北 京	Beijing	231.4	624.4	412.5	7	173.0	535.6	343.4	4
天 津	Tianjin	109.7	278.9	126.4	25	65.8	177.2	82.3	23
河 北	Hebei	370.9	455.5	397.5	8	279.9	266.3	218.1	7
山 西	Shanxi	206.9	293.2	257.6	14	86.1	178.7	155.7	13
内蒙古	Inner Mongolia	238.9	562.3	536.4	4	175.6	319.4	374.0	3
辽 宁	Liaoning	206.5	271.5	291.1	11	141.6	129.5	101.0	20
吉 林	Jilin	124.2	98.1	110.8	27	70.8	66.4	77.5	25
黑龙江	Heilongjiang	131.3	182.1	156.9	21	72.8	124.1	119.0	18
上 海	Shanghai	134.0	250.0	220.3	19	87.1	82.0	108.8	19
江 苏	Jiangsu	466.4	880.6	952.5	1	300.0	579.3	452.1	1
浙 江	Zhejiang	333.7	474.2	439.7	5	95.2	229.0	219.6	6
安 徽	Anhui	179.9	428.7	439.7	5	132.4	303.0	324.7	5
福 建	Fujian	129.7	193.4	229.7	18	78.0	142.4	139.4	16
江 西	Jiangxi	156.5	231.2	235.5	17	125.5	172.3	157.1	12
山 东	Shandong	483.9	823.8	693.2	2	284.6	490.1	425.1	2
河 南	Henan	132.2	295.1	295.8	9	71.0	172.9	193.4	8
湖 北	Hubei	146.8	316.5	246.8	15	89.9	211.7	152.5	14
湖 南	Hunan	106.6	213.7	537.6	3	62.1	167.8	161.3	10
广 东	Guangdong	1416.2	303.1	292.6	10	1262.7	95.3	70.7	26
广 西	Guangxi	164.1	200.4	261.2	13	99.0	147.9	148.5	15
海 南	Hainan	23.6	21.1	22.2	30	11.6	7.1	20.4	30
重 庆	Chongqing	176.3	168.4	139.0	23	124.6	92.6	94.8	21
四 川	Sichuan	89.0	288.2	216.0	20	44.3	148.1	133.4	17
贵 州	Guizhou	30.0	170.4	137.5	24	6.7	84.0	87.7	22
云 南	Yunnan	106.2	152.0	140.8	22	59.4	56.4	70.0	27
西 藏	Tibet	0.3	14.4	8.4	31	0.3	2.2	7.7	31
陕 西	Shaanxi	179.2	285.4	240.4	16	109.1	203.5	169.9	9
甘 肃	Gansu	63.9	143.5	122.6	26	42.1	68.1	82.3	23
青 海	Qinghai	17.0	30.0	34.9	29	6.3	15.0	20.9	29
宁 夏	Ningxia	34.5	78.6	86.9	28	20.1	24.6	35.1	28
新 疆	Xinjiang	78.4	392.4	288.7	12	46.2	171.4	160.4	11

9-37 环境污染治理投资情况（二）
Investment in Treatment of Environmental Pollution (2)

单位：亿元 (100 million yuan)

地区	Region	工业污染源治理投资 Investment in Treatment of Industrial Pollution Sources 2010	2014	2015	2015排名 Ranking	当年完成环保验收项目环保投资 Environmental Protection Investment in the Environmental Protection Acceptance Projects in the Year 2014	2015	2015排名 Ranking
全　国	**National Total**	**397.0**	**997.7**	**773.7**		**3313.9**	**3085.8**	
北　京	Beijing	1.9	7.6	10.0	26	81.2	19.1	27
天　津	Tianjin	16.5	22.1	24.0	13	79.6	20.2	26
河　北	Hebei	10.9	89.0	54.2	4	100.2	125.3	7
山　西	Shanxi	28.0	31.1	27.9	10	83.4	74.1	14
内蒙古	Inner Mongolia	13.2	77.5	43.9	6	165.4	118.5	8
辽　宁	Liaoning	14.8	38.2	19.0	17	103.8	171.1	5
吉　林	Jilin	6.3	16.4	12.1	22	15.3	21.1	25
黑龙江	Heilongjiang	4.9	17.8	19.3	16	40.3	18.5	28
上　海	Shanghai	9.4	17.8	21.2	15	150.2	90.3	11
江　苏	Jiangsu	18.6	48.5	62.2	2	252.8	438.2	1
浙　江	Zhejiang	12.0	67.6	58.6	3	177.6	161.5	6
安　徽	Anhui	5.9	17.6	17.9	18	108.1	97.1	10
福　建	Fujian	15.3	42.4	44.7	5	8.6	45.6	19
江　西	Jiangxi	6.4	12.3	14.8	21	46.5	63.6	17
山　东	Shandong	45.7	141.6	94.6	1	192.0	173.6	4
河　南	Henan	12.5	55.5	33.0	8	66.8	69.4	16
湖　北	Hubei	27.7	26.3	15.8	19	78.5	78.5	13
湖　南	Hunan	13.8	17.3	26.1	11	28.6	350.1	2
广　东	Guangdong	31.1	37.9	34.7	7	170.0	187.2	3
广　西	Guangxi	9.3	17.9	24.7	12	34.7	88.0	12
海　南	Hainan	0.4	5.6	1.3	30	8.4	0.5	30
重　庆	Chongqing	7.8	5.0	6.0	27	70.8	38.2	23
四　川	Sichuan	7.2	23.2	11.8	23	116.8	70.8	15
贵　州	Guizhou	6.8	18.5	10.7	24	67.9	39.1	22
云　南	Yunnan	10.6	24.4	21.6	14	71.2	49.2	18
西　藏	Tibet		1.0	0.3	31	11.1	0.4	31
陕　西	Shaanxi	33.7	33.4	28.0	9	48.4	42.5	20
甘　肃	Gansu	14.6	17.6	4.1	29	57.7	36.2	24
青　海	Qinghai	1.0	7.5	4.9	28	7.5	9.0	29
宁　夏	Ningxia	4.1	27.3	10.4	25	26.8	41.4	21
新　疆	Xinjiang	6.7	31.7	15.8	19	189.3	112.5	9

10

农　业

Agriculture

10-1 耕地面积和森林资源情况（2008年）
Farmland Area and Forest Resources (2008)

地区	Region	耕地面积（万公顷） Farmland (10 000 hectares)	人均耕地面积（亩） Farmland per Capita (a unit of area)	林地面积（万公顷） Area of Afforested Land (10 000 hectares)	森林面积（万公顷） Forest Resources (10 000 hectares)	森林覆盖率（%） Forest Coverage Rate (%)	活立木总蓄积量（万立方米） Total Standing Forest Stock (10 000 cu.m)	森林蓄积量（万立方米） Stock Volume of Forest (10 000 cu.m)	耕地面积排名 Arable Land Ranking
全　国	**National Total**	**12171.60**	**1.37**	**30590.41**	**19545.22**	**20.36**	**1491268.19**	**1372080.36**	
北　京	Beijing	23.20	0.21	101.46	52.05	31.72	1291.29	1038.58	31
天　津	Tianjin	44.10	0.56	14.22	9.32	8.24	277.01	198.89	28
河　北	Hebei	631.70	1.36	705.37	418.33	22.29	10183.91	8374.08	5
山　西	Shanxi	405.60	1.78	754.58	221.11	14.12	8846.96	7643.67	17
内蒙古	Inner Mongolia	714.70	4.44	4394.93	2366.40	20.00	136073.62	117720.51	4
辽　宁	Liaoning	408.50	1.42	666.28	511.98	35.13	21174.91	20226.85	16
吉　林	Jilin	553.50	3.04	848.73	736.57	38.93	88244.21	84412.29	9
黑龙江	Heilongjiang	1183.00	4.64	2184.16	1926.97	42.39	165191.60	152104.96	1
上　海	Shanghai	24.40	0.19	7.46	5.97	9.41	275.20	100.95	30
江　苏	Jiangsu	476.40	0.93	128.64	107.51	10.48	5022.59	3501.75	10
浙　江	Zhejiang	192.10	0.56	667.97	584.42	57.41	19382.93	17223.14	23
安　徽	Anhui	573.00	1.40	439.40	360.07	26.06	16258.35	13755.41	8
福　建	Fujian	133.00	0.55	914.81	766.65	63.10	53226.01	48436.28	24
江　西	Jiangxi	282.70	0.96	1054.92	973.63	58.32	45045.51	39529.64	21
山　东	Shandong	751.50	1.20	342.12	254.46	16.72	8627.99	6338.53	3
河　南	Henan	792.60	1.26	502.02	336.59	20.16	18051.16	12936.12	2
湖　北	Hubei	466.40	1.23	822.01	578.82	31.14	23121.55	20942.49	11
湖　南	Hunan	378.90	0.89	1234.21	948.17	44.76	38177.20	34906.67	19
广　东	Guangdong	283.10	0.44	1073.07	873.98	49.44	32160.74	30183.37	20
广　西	Guangxi	421.80	1.31	1496.45	1252.50	52.71	51056.78	46875.18	14
海　南	Hainan	72.80	1.28	208.73	176.26	51.98	7940.93	7274.23	26
重　庆	Chongqing	223.60	1.18	400.18	286.92	34.85	13803.63	11331.85	22
四　川	Sichuan	594.70	1.10	2311.66	1659.52	34.31	168753.49	159572.37	7
贵　州	Guizhou	448.50	1.77	841.23	556.92	31.61	27911.53	24007.96	13
云　南	Yunnan	607.20	2.00	2476.11	1817.73	47.50	171216.68	155380.09	6
西　藏	Tibet	36.20	1.89	1746.63	1462.65	11.91	227271.36	224550.91	29
陕　西	Shaanxi	405.00	1.61	1205.80	767.56	37.26	36144.16	33820.54	18
甘　肃	Gansu	465.90	2.66	955.44	468.78	10.42	21708.26	19363.83	12
青　海	Qinghai	54.30	1.47	634.00	329.56	4.57	4413.80	3915.64	27
宁　夏	Ningxia	110.70	2.69	179.03	51.10	9.84	625.93	492.14	25
新　疆	Xinjiang	412.50	2.90	1066.57	661.65	4.02	33914.50	30100.54	15

注：前两列为2008年底数，其余均为第七次全国森林资源清查(2004-2008)资料。

Note: The first two columns are for the 2008 base, the rest are the Seventh National Forest Resources Inventory (2004-2008) data.

10-2 农林牧渔业总产值和指数

Gross Output Value of Agriculture, Forestry, Animal Husbandry and Fishery and Related Indices

地区	Region	农林牧渔业总产值（亿元）Gross Output Value (100 million yuan)				指数（上年=100）Indices (preceding year=100)			
		2010	2014	2015	2015排名 Ranking	2010	2014	2015	2015排名 Ranking
全　国	**National Total**	**69319.8**	**102226.1**	**107056.4**		**104.4**	**104.2**	**103.9**	
北　京	Beijing	328.0	420.1	368.2	28	98.3	100.0	88.3	31
天　津	Tianjin	317.3	441.7	467.4	27	103.5	103.0	102.6	24
河　北	Hebei	4309.4	5994.8	5978.9	5	103.5	104.0	102.7	23
山　西	Shanxi	1047.8	1530.5	1522.6	24	106.2	104.0	101.1	29
内蒙古	Inner Mongolia	1843.6	2779.8	2751.6	20	106.2	103.1	102.4	26
辽　宁	Liaoning	3106.5	4498.4	4686.7	10	105.8	102.4	103.8	18
吉　林	Jilin	1850.3	2763.0	2880.6	16	103.6	104.1	104.3	13
黑龙江	Heilongjiang	2536.3	4894.8	5044.9	9	105.8	105.5	105.2	7
上　海	Shanghai	287.0	322.2	302.6	30	94.9	101.0	93.3	30
江　苏	Jiangsu	4297.1	6443.4	7030.8	3	104.4	103.1	102.6	25
浙　江	Zhejiang	2172.9	2844.6	2933.4	15	102.9	101.0	101.2	28
安　徽	Anhui	2955.4	4223.7	4390.8	11	104.5	104.6	104.2	15
福　建	Fujian	2307.1	3522.3	3717.9	13	103.5	104.5	103.9	17
江　西	Jiangxi	1900.6	2726.5	2859.1	17	104.0	104.8	104.0	16
山　东	Shandong	6650.9	9198.3	9549.6	1	103.6	104.0	104.3	14
河　南	Henan	5734.2	7549.1	7641.3	2	104.6	104.2	104.6	9
湖　北	Hubei	3502.0	5452.8	5728.6	6	104.5	105.6	105.4	6
湖　南	Hunan	3787.5	5304.8	5630.7	7	104.3	104.7	103.7	20
广　东	Guangdong	3754.9	5234.2	5520.0	8	104.3	103.0	103.1	22
广　西	Guangxi	2721.0	3947.7	4197.1	12	104.7	103.7	103.7	19
海　南	Hainan	821.3	1252.2	1323.9	25	106.1	104.9	105.5	5
重　庆	Chongqing	1021.1	1595.0	1738.1	22	105.9	104.3	104.6	10
四　川	Sichuan	4081.8	5888.1	6377.8	4	104.5	104.0	103.6	21
贵　州	Guizhou	997.8	2118.5	2738.7	21	105.2	106.6	106.8	1
云　南	Yunnan	1810.5	3263.3	3383.1	14	104.7	106.2	106.0	3
西　藏	Tibet	100.8	138.7	149.5	31	103.5	104.2	104.5	11
陕　西	Shaanxi	1666.1	2741.8	2813.5	18	105.8	105.1	105.0	8
甘　肃	Gansu	1057.0	1618.8	1722.1	23	105.7	105.4	105.7	4
青　海	Qinghai	201.3	327.5	319.3	29	106.7	105.4	101.8	27
宁　夏	Ningxia	305.9	445.5	483.0	26	107.8	106.1	104.4	12
新　疆	Xinjiang	1846.2	2744.0	2804.4	19	104.9	106.8	106.3	2

注：本表绝对数按当年价格计算，指数按可比价格计算。

Note: Data in value terms in this table are calculated at current prices, while the indices are calculated at constant prices.

10-3 农业总产值和林业总产值
Gross Output Value of Farming and Forestry

单位：亿元 (100 million yuan)

地区	Region	农业总产值 Gross Output Value of Farming				林业总产值 Gross Output Value of Forestry			
		2010	2014	2015	2015排名 Ranking	2010	2014	2015	2015排名 Ranking
全 国	**National Total**	**36941.1**	**54771.5**	**57635.8**		**2595.5**	**4256.0**	**4436.4**	
北 京	Beijing	154.2	155.1	154.5	29	16.8	90.7	57.3	24
天 津	Tianjin	168.3	230.7	238.0	27	2.4	3.2	7.7	29
河 北	Hebei	2470.1	3453.4	3441.4	4	51.3	108.1	121.5	17
山 西	Shanxi	669.0	984.0	969.5	24	65.0	98.5	97.4	21
内蒙古	Inner Mongolia	900.4	1408.4	1418.3	19	76.6	96.4	99.4	19
辽 宁	Liaoning	1140.3	1734.1	2068.6	12	82.5	152.4	166.1	11
吉 林	Jilin	866.9	1342.5	1400.4	20	68.3	104.4	109.8	18
黑龙江	Heilongjiang	1369.2	3015.6	2911.9	7	95.5	195.7	204.2	9
上 海	Shanghai	155.3	169.5	162.0	28	7.5	8.8	12.2	27
江 苏	Jiangsu	2269.6	3362.8	3722.1	3	78.1	118.2	129.1	16
浙 江	Zhejiang	1041.3	1386.0	1434.7	18	119.4	147.0	151.6	12
安 徽	Anhui	1544.4	2119.2	2174.6	10	135.3	283.1	290.1	7
福 建	Fujian	976.6	1529.6	1618.6	17	189.4	323.3	314.3	3
江 西	Jiangxi	801.4	1144.1	1326.9	21	186.8	274.2	293.7	6
山 东	Shandong	3670.1	4765.8	4929.9	1	86.5	131.5	139.9	13
河 南	Henan	3540.8	4492.0	4610.7	2	115.3	152.4	134.3	15
湖 北	Hubei	1921.7	2761.7	2780.4	9	65.4	157.0	180.6	10
湖 南	Hunan	2059.6	2884.7	3043.5	6	207.4	304.8	317.4	1
广 东	Guangdong	1760.2	2613.2	2793.8	8	176.3	279.8	296.7	5
广 西	Guangxi	1339.6	1994.0	2146.4	11	173.5	303.2	313.9	4
海 南	Hainan	341.7	568.2	613.9	25	123.8	103.2	99.2	20
重 庆	Chongqing	623.3	967.9	1033.7	23	30.4	53.6	60.4	23
四 川	Sichuan	2069.3	3078.6	3335.5	5	112.9	196.0	205.8	8
贵 州	Guizhou	587.3	1321.9	1772.6	16	41.0	99.6	137.7	14
云 南	Yunnan	925.6	1806.3	1841.5	15	184.2	303.1	317.1	2
西 藏	Tibet	46.1	63.3	68.0	31	2.5	2.6	2.1	31
陕 西	Shaanxi	1107.2	1870.8	1910.7	14	35.2	73.6	75.8	22
甘 肃	Gansu	757.6	1174.9	1252.5	22	18.5	25.5	28.6	26
青 海	Qinghai	92.1	144.2	145.0	30	3.8	6.6	7.4	30
宁 夏	Ningxia	195.1	274.0	311.0	26	8.7	10.0	11.6	28
新 疆	Xinjiang	1376.9	1955.1	2005.4	13	35.3	49.4	53.2	25

10-4 牧业总产值和渔业总产值
Gross Output Value of Animal Husbandry and Fishery

单位：亿元 (100 million yuan)

地区	Region	牧业总产值 Gross Output Value of Animal Husbandry 2010	2014	2015	2015排名 Ranking	渔业总产值 Gross Output Value of Fishery 2010	2014	2015	2015排名 Ranking
全 国	**National Total**	**20825.7**	**28956.3**	**29780.4**		**6422.4**	**10334.3**	**10880.6**	
北 京	Beijing	139.6	152.7	135.9	27	11.5	13.2	11.9	27
天 津	Tianjin	87.5	117.6	130.2	28	50.3	79.5	80.4	18
河 北	Hebei	1443.8	1952.0	1904.1	4	142.5	191.0	198.7	14
山 西	Shanxi	250.8	354.6	359.0	23	6.1	9.8	9.9	28
内蒙古	Inner Mongolia	822.4	1205.7	1160.9	12	15.9	29.1	30.8	23
辽 宁	Liaoning	1270.6	1717.5	1561.4	7	491.0	699.8	689.8	7
吉 林	Jilin	831.5	1195.0	1244.9	11	25.3	40.1	39.9	22
黑龙江	Heilongjiang	965.8	1486.1	1704.8	5	53.7	102.7	117.6	16
上 海	Shanghai	62.9	69.9	65.6	31	52.6	62.5	51.8	21
江 苏	Jiangsu	923.3	1182.7	1262.1	9	805.2	1426.7	1517.5	2
浙 江	Zhejiang	448.4	472.2	426.2	22	522.2	779.4	855.9	6
安 徽	Anhui	865.0	1182.1	1259.0	10	294.8	459.7	475.1	8
福 建	Fujian	380.3	522.9	571.3	20	674.2	1025.2	1082.3	4
江 西	Jiangxi	584.1	814.9	719.8	16	255.6	400.7	420.0	10
山 东	Shandong	1774.5	2418.3	2523.2	1	847.4	1481.7	1524.7	1
河 南	Henan	1805.9	2505.2	2445.3	3	71.2	105.1	123.6	15
湖 北	Hubei	925.0	1427.7	1503.3	8	458.6	844.2	922.8	5
湖 南	Hunan	1118.2	1503.2	1601.7	6	232.7	338.9	366.9	11
广 东	Guangdong	947.2	1077.4	1117.1	14	741.4	1080.3	1117.2	3
广 西	Guangxi	870.7	1087.2	1140.3	13	247.2	413.1	429.8	9
海 南	Hainan	158.6	228.0	238.5	25	173.5	310.2	324.9	12
重 庆	Chongqing	326.6	486.4	542.9	21	27.2	64.9	74.9	19
四 川	Sichuan	1705.2	2318.8	2515.6	2	129.8	192.4	210.5	13
贵 州	Guizhou	304.2	569.3	665.2	18	13.8	47.0	55.9	20
云 南	Yunnan	588.8	975.8	1031.0	15	48.1	78.1	81.7	17
西 藏	Tibet	48.9	69.3	75.3	30	0.2	0.2	0.2	31
陕 西	Shaanxi	435.0	648.3	665.5	17	8.3	19.9	23.6	24
甘 肃	Gansu	181.8	268.4	279.4	24	1.2	2.1	2.2	30
青 海	Qinghai	101.5	169.1	158.4	26	0.1	2.2	2.8	29
宁 夏	Ningxia	82.1	126.8	122.9	29	8.0	14.9	15.8	26
新 疆	Xinjiang	375.8	651.2	649.5	19	12.7	19.6	21.8	25

10-5 农林牧渔业增加值和指数
Added Value of Agriculture, Forestry, Animal Husbandry and Fishery and Indices

地区	Region	农林牧渔业增加值（亿元） The Added Value (100 million yuan)				指数（上年=100） Indices (preceding year=100)		
		2010	2014	2015	2015排名 Ranking	2010	2011	2011排名 Ranking
全　国	**National Total**	**40533.6**	**60158.0**	**62904.1**		**104.3**	**104.5**	
北　京	Beijing	124.5	161.3	142.6	29	98.4	103.2	27
天　津	Tianjin	145.6	201.5	210.5	28	103.3	103.0	28
河　北	Hebei	2562.8	3576.5	3578.7	5	103.5	104.0	24
山　西	Shanxi	554.5	828.2	824.1	25	106.1	106.3	6
内蒙古	Inner Mongolia	1095.3	1651.7	1642.5	20	106.1	105.6	10
辽　宁	Liaoning	1631.1	2403.2	2505.1	12	105.8	105.1	16
吉　林	Jilin	1050.2	1570.2	1644.6	19	103.7	105.3	13
黑龙江	Heilongjiang	1302.9	2659.6	2687.8	9	106.2	106.5	5
上　海	Shanghai	114.7	128.6	114.0	30	93.4	100.5	31
江　苏	Jiangsu	2540.1	3835.2	4209.5	3	104.9	104.6	19
浙　江	Zhejiang	1360.6	1806.6	1865.3	15	103.2	102.0	30
安　徽	Anhui	1729.0	2481.9	2550.3	11	104.6	105.5	12
福　建	Fujian	1363.7	2085.0	2194.1	13	103.3	104.2	23
江　西	Jiangxi	1207.0	1735.3	1827.8	16	104	104.6	19
山　东	Shandong	3588.3	4992.9	5182.9	1	103.6	104.7	17
河　南	Henan	3258.1	3261.7	4348.4	2	104.5	104.5	21
湖　北	Hubei	2147.0	3256.0	3417.3	8	104.6	104.7	17
湖　南	Hunan	2325.5	3266.9	3462.0	6	104.3	103.0	28
广　东	Guangdong	2287.0	3242.6	3426.1	7	104.5	103.8	25
广　西	Guangxi	1675.1	2473.9	2633.0	10	104.6	105.6	10
海　南	Hainan	539.8	832.6	880.5	24	106.3	106.3	6
重　庆	Chongqing	685.4	1076.7	1168.7	22	106.1	105.3	13
四　川	Sichuan	2482.9	3594.2	3745.3	4	104.4	104.5	21
贵　州	Guizhou	625.0	1316.1	1712.7	17	104.7	108.6	1
云　南	Yunnan	1108.4	2027.3	2098.3	14	104.2	106.7	4
西　藏	Tibet	68.7	93.9	100.8	31	103.2	103.4	26
陕　西	Shaanxi	988.5	1635.8	1673.2	18	105.8	106.0	8
甘　肃	Gansu	599.3	939.2	995.5	23	105.5	106.8	3
青　海	Qinghai	134.9	219.0	212.2	27	105.9	105.2	15
宁　夏	Ningxia	159.3	229.6	251.7	26	107.4	105.8	9
新　疆	Xinjiang	1078.6	1574.6	1598.7	21	104.5	107.0	2

注：本表绝对数按当年价格计算，指数按不变价格计算。

Note: Level data in this table are calculated at current prices while indices at constant prices.

10-6 农业增加值和林业增加值
Added Value of Agriculture and Forestry

单位：亿元 (100 million yuan)

地区	Region	农业增加值 Added Value of Agriculture				林业增加值 Added Value of Forestry			
		2010	2014	2015	2015排名 Ranking	2010	2014	2015	2015排名 Ranking
全 国	**National Total**	**23684.5**	**35257.5**	**37029.7**		**1744.2**	**2793.0**	**2895.8**	
北 京	Beijing	71.6	70.9	70.3	29	7.2	39.8	26.5	25
天 津	Tianjin	81.9	111.4	116.1	27	1.4	1.9	4.6	27
河 北	Hebei	1670.5	2335.4	2337.5	4	36.7	77.4	86.2	15
山 西	Shanxi	374.5	561.7	553.8	24	25.0	42.0	41.8	23
内蒙古	Inner Mongolia	586.4	918.6	926.9	19	53.8	66.5	68.2	18
辽 宁	Liaoning	675.5	1047.6	1212.2	13	48.1	89.1	86.3	14
吉 林	Jilin	577.0	888.6	926.3	20	43.0	65.3	66.8	19
黑龙江	Heilongjiang	876.3	1925.0	1852.8	8	44.3	90.5	95.0	11
上 海	Shanghai	66.9	74.1	66.7	30	2.5	2.8	3.9	30
江 苏	Jiangsu	1556.2	2313.9	2566.2	3	43.9	66.1	72.4	17
浙 江	Zhejiang	747.7	1000.7	1032.6	17	86.9	107.3	109.2	9
安 徽	Anhui	952.5	1306.9	1333.2	11	94.2	197.2	200.6	7
福 建	Fujian	616.3	963.2	1017.1	18	122.1	207.7	201.6	6
江 西	Jiangxi	534.5	762.3	869.1	21	145.0	212.5	220.3	4
山 东	Shandong	2146.6	2799.3	2900.8	1	60.7	92.5	98.4	10
河 南	Henan	2080.8	2627.4	2704.7	2	69.5	91.9	84.4	16
湖 北	Hubei	1244.7	1773.0	1795.5	9	37.6	71.0	92.6	13
湖 南	Hunan	1432.9	2020.3	2130.4	6	153.4	225.5	234.6	2
广 东	Guangdong	1229.3	1823.7	1949.8	7	131.4	208.5	221.1	3
广 西	Guangxi	911.3	1372.1	1478.7	10	136.8	227.4	235.0	1
海 南	Hainan	219.8	375.2	407.3	25	85.6	68.1	64.1	20
重 庆	Chongqing	465.3	722.5	771.5	22	22.2	39.1	44.3	22
四 川	Sichuan	1436.7	2130.4	2296.7	5	79.7	134.7	131.7	8
贵 州	Guizhou	385.6	851.9	1096.5	16	28.1	68.1	92.9	12
云 南	Yunnan	609.2	1208.4	1231.3	12	129.0	206.1	215.8	5
西 藏	Tibet	30.5	41.3	44.3	31	1.6	1.7	1.3	31
陕 西	Shaanxi	684.9	1157.1	1178.6	14	22.4	46.8	47.0	21
甘 肃	Gansu	441.3	705.1	753.8	23	7.8	12.0	12.9	26
青 海	Qinghai	55.1	85.3	85.6	28	2.5	4.2	4.5	28
宁 夏	Ningxia	110.5	154.1	175.7	26	3.1	3.6	4.1	29
新 疆	Xinjiang	812.4	1130.1	1147.6	15	18.7	25.7	27.7	24

10-7 牧业增加值和渔业增加值
Added Value of Animal Husbandry and Fishery

单位：亿元 (100 million yuan)

地区	Region	牧业增加值 Added Value of Animal Husbandry				渔业增加值 Added Value of Fishery			
		2010	2014	2015	2015排名 Ranking	2010	2014	2015	2015排名 Ranking
全　国	**National Total**	**10022.1**	**14025.3**	**14360.0**		**3903.8**	**6260.2**	**6569.1**	
北　京	Beijing	40.0	43.7	38.9	30	4.0	4.6	4.4	28
天　津	Tianjin	36.8	48.9	50.0	29	24.1	37.7	38.1	19
河　北	Hebei	681.7	921.8	898.1	4	84.2	112.9	117.6	14
山　西	Shanxi	125.7	179.9	182.1	24	3.0	5.4	5.5	27
内蒙古	Inner Mongolia	427.7	623.6	602.0	10	10.6	19.3	20.3	22
辽　宁	Liaoning	513.4	694.0	639.0	8	320.3	455.0	446.4	7
吉　林	Jilin	381.5	546.1	578.5	11	15.6	24.5	24.6	21
黑龙江	Heilongjiang	335.7	557.3	641.5	7	20.2	38.5	44.3	18
上　海	Shanghai	21.8	23.9	20.2	31	20.2	23.4	19.0	23
江　苏	Jiangsu	373.4	473.7	515.9	14	444.9	780.7	831.6	2
浙　江	Zhejiang	202.2	212.5	190.4	22	303.4	456.7	500.7	6
安　徽	Anhui	430.3	585.2	610.0	9	194.3	303.0	312.9	8
福　建	Fujian	198.5	272.4	297.4	19	376.4	571.4	602.0	4
江　西	Jiangxi	307.1	428.5	289.7	20	179.8	280.4	293.9	9
山　东	Shandong	727.0	997.7	1043.7	3	521.4	908.8	936.2	1
河　南	Henan	993.8	1369.8	1337.0	1	48.4	70.9	83.4	15
湖　北	Hubei	539.9	821.0	875.0	5	283.6	512.0	546.7	5
湖　南	Hunan	514.4	682.4	727.8	6	151.5	220.6	238.8	12
广　东	Guangdong	429.5	488.7	506.7	15	443.3	645.9	668.0	3
广　西	Guangxi	423.0	533.8	560.6	12	168.6	280.1	291.1	10
海　南	Hainan	91.4	135.0	142.0	25	130.1	231.3	241.3	11
重　庆	Chongqing	167.0	248.8	275.9	21	21.2	50.6	58.5	16
四　川	Sichuan	844.1	1144.3	1121.9	2	82.7	121.6	127.0	13
贵　州	Guizhou	179.5	331.2	415.9	16	9.0	29.3	35.3	20
云　南	Yunnan	317.1	527.9	559.7	13	28.8	46.9	48.9	17
西　藏	Tibet	34.3	48.5	52.3	27	0.1	0.1	0.1	31
陕　西	Shaanxi	233.7	349.7	358.8	18	4.7	11.3	13.3	24
甘　肃	Gansu	123.9	182.2	185.8	23	0.8	1.5	1.5	30
青　海	Qinghai	74.9	124.8	116.6	26	0.1	1.7	2.2	29
宁　夏	Ningxia	34.9	53.6	51.9	28	3.1	5.7	6.1	26
新　疆	Xinjiang	218.0	374.4	374.5	17	5.4	8.4	9.3	25

10-8 农业机械总动力和有效灌溉面积
Total Power of Agricultural Machinery and Irrigation Area

地区	Region	农业机械总动力（万千瓦）Total Power of Agricultural Machinery (10 000 kw)				有效灌溉面积（千公顷）Irrigation Area (1 000 hectares)			
		2010	2014	2015	2015排名 Ranking	2010	2014	2015	2015排名 Ranking
全 国	**National Total**	**92780.5**	**108056.6**	**111728.1**		**60347.7**	**64539.5**	**65872.6**	
北 京	Beijing	276.0	195.8	186.1	30	211.4	143.1	137.4	31
天 津	Tianjin	587.8	552.3	546.9	27	344.6	308.9	308.9	26
河 北	Hebei	10151.3	10942.9	11102.8	3	4548.0	4404.2	4448.0	5
山 西	Shanxi	2809.2	3286.2	3351.7	12	1274.2	1408.2	1460.3	18
内蒙古	Inner Mongolia	3033.6	3632.6	3805.1	10	3027.5	3011.9	3086.9	9
辽 宁	Liaoning	2248.7	2730.2	2813.9	15	1537.5	1474.0	1520.3	17
吉 林	Jilin	2145.0	2919.1	3152.5	14	1726.8	1628.4	1790.9	13
黑龙江	Heilongjiang	3736.3	5155.5	5442.3	6	3875.2	5305.2	5530.8	1
上 海	Shanghai	104.1	117.8	119.0	31	201.0	184.1	188.2	30
江 苏	Jiangsu	3937.3	4650.0	4825.5	7	3819.7	3890.5	3952.5	7
浙 江	Zhejiang	2427.5	2420.1	2360.7	21	1451.0	1425.4	1432.2	19
安 徽	Anhui	5409.8	6365.8	6581.0	4	3519.8	4331.7	4400.3	6
福 建	Fujian	1206.2	1368.4	1384.1	23	967.5	1116.1	1061.7	23
江 西	Jiangxi	3805.0	2118.4	2260.8	22	1852.4	2001.6	2027.7	12
山 东	Shandong	11629.0	13101.4	13353.0	1	4955.3	4901.9	4964.4	3
河 南	Henan	10195.9	11476.8	11710.1	2	5081.0	5101.1	5210.6	2
湖 北	Hubei	3371.0	4292.9	4468.1	8	2379.8	2855.3	2899.1	10
湖 南	Hunan	4651.5	5672.1	5894.1	5	2739.0	3101.7	3113.3	8
广 东	Guangdong	2345.3	2632.4	2696.8	16	1872.5	1771.0	1771.3	14
广 西	Guangxi	2767.7	3567.5	3803.2	11	1523.0	1600.0	1618.8	16
海 南	Hainan	425.2	517.3	511.6	28	243.8	259.9	264.0	27
重 庆	Chongqing	1071.1	1243.3	1299.7	24	685.3	677.3	687.2	24
四 川	Sichuan	3155.1	4160.1	4404.5	9	2553.1	2666.3	2735.1	11
贵 州	Guizhou	1730.3	2458.4	2575.2	19	1131.7	981.8	1065.4	22
云 南	Yunnan	2411.1	3215.0	3333.0	13	1588.4	1709.0	1757.7	15
西 藏	Tibet	378.1	570.8	619.7	26	237.0	244.0	247.8	28
陕 西	Shaanxi	2000.0	2552.1	2667.3	18	1284.9	1226.5	1236.8	21
甘 肃	Gansu	1977.6	2545.7	2685.0	17	1278.4	1297.1	1306.7	20
青 海	Qinghai	421.3	440.9	453.9	29	251.7	182.5	197.0	29
宁 夏	Ningxia	729.1	813.0	831.3	25	464.6	498.9	506.5	25
新 疆	Xinjiang	1643.7	2341.8	2489.3	20	3721.6	4831.9	4944.9	4

10-9 化肥施用量和农村用电量

Consumption of Chemical Fertilizers and Electricity Consumption in Rural Areas

地区	Region	化肥施用量（万吨） Consumption of Chemical Fertilizers (10 000 tons)				农村用电量（亿千瓦时） Electricity Consumption in Rural Areas (100 million kwh)			
		2010	2014	2015	2015排名 Ranking	2010	2014	2015	2015排名 Ranking
全　国	**National Total**	**5561.7**	**5995.9**	**6022.6**		**6632.3**	**8884.4**	**9026.9**	
北　京	Beijing	13.7	11.6	10.5	28	44.4	50.6	51.7	26
天　津	Tianjin	25.5	23.3	21.8	27	51.0	109.0	102.4	16
河　北	Hebei	322.9	335.6	335.5	4	511.8	631.3	611.8	5
山　西	Shanxi	110.4	119.6	118.5	20	81.2	97.1	96.8	18
内蒙古	Inner Mongolia	177.2	222.7	229.4	16	48.4	63.1	72.3	24
辽　宁	Liaoning	140.1	151.6	152.1	17	359.5	433.1	457.8	7
吉　林	Jilin	182.8	226.7	231.2	15	39.5	48.8	49.6	27
黑龙江	Heilongjiang	214.9	251.9	255.3	9	55.7	69.6	72.6	23
上　海	Shanghai	11.8	10.2	9.9	30	195.5	885.6	919.2	3
江　苏	Jiangsu	341.1	323.6	320.0	6	1472.9	1834.9	1836.2	1
浙　江	Zhejiang	92.2	89.6	87.5	24	765.1	905.3	905.6	4
安　徽	Anhui	319.8	341.4	338.7	3	107.4	147.5	156.7	11
福　建	Fujian	121.0	122.6	123.8	19	257.5	367.7	381.1	8
江　西	Jiangxi	137.6	142.9	143.6	18	71.6	97.6	99.9	17
山　东	Shandong	475.3	468.1	463.5	2	439.0	480.0	482.3	6
河　南	Henan	655.2	705.8	716.1	1	269.4	313.2	321.0	9
湖　北	Hubei	350.8	348.3	333.9	5	109.8	142.2	149.1	12
湖　南	Hunan	236.6	247.8	246.5	12	98.6	123.8	123.9	13
广　东	Guangdong	237.3	249.6	256.5	8	1044.3	1314.0	1326.2	2
广　西	Guangxi	237.2	258.7	259.9	7	50.2	76.2	83.9	20
海　南	Hainan	46.4	49.5	51.1	25	5.9	10.9	13.0	29
重　庆	Chongqing	91.8	97.3	97.7	23	64.8	78.3	78.1	22
四　川	Sichuan	248.0	250.2	249.8	10	141.7	169.6	174.8	10
贵　州	Guizhou	86.5	101.3	103.7	21	41.7	71.3	80.1	21
云　南	Yunnan	184.6	226.9	231.9	14	61.7	87.1	91.4	19
西　藏	Tibet	4.7	5.3	6.0	31	0.8	1.2	1.3	31
陕　西	Shaanxi	196.8	230.2	231.9	13	121.0	109.0	110.2	14
甘　肃	Gansu	85.3	97.6	97.9	22	42.9	51.3	54.0	25
青　海	Qinghai	8.8	9.7	10.1	29	3.8	5.0	5.9	30
宁　夏	Ningxia	37.9	39.7	40.1	26	11.0	13.6	13.8	28
新　疆	Xinjiang	167.6	237.0	248.1	11	64.3	96.5	104.1	15

10-10 水库总库容量和除涝面积
Capacity of Reservoirs and Area with Flood Prevention Measures

地区	Region	水库总库容量（亿立方米） Capacity of Reservoirs (100 million cu.m)				除涝面积（千公顷） Area with Flood Prevention Measures (1 000 hectares)			
		2010	2014	2015	2015排名 Ranking	2010	2014	2015	2015排名 Ranking
全　国	**National Total**	**7162.4**	**8395.6**	**8580.8**		**21691.7**	**22369.3**	**22712.7**	
北　京	Beijing	93.9	52.0	52.2	26	149.8	149.8	1.2	28
天　津	Tianjin	26.2	27.0	26.5	30	377.2	369.3	369.3	14
河　北	Hebei	161.4	206.0	206.0	17	1648.6	1639.3	1641.1	6
山　西	Shanxi	57.5	68.8	69.2	25	89.1	89.1	89.1	23
内蒙古	Inner Mongolia	167.9	103.0	103.1	21	277.0	277.0	277.0	16
辽　宁	Liaoning	359.3	367.0	364.0	9	985.3	911.0	911.5	9
吉　林	Jilin	320.4	334.0	325.3	10	1021.4	1026.5	1031.1	8
黑龙江	Heilongjiang	178.7	268.3	268.1	15	3334.9	3382.1	3385.2	1
上　海	Shanghai		5.0			55.4	58.8	60.2	24
江　苏	Jiangsu	189.2	35.4	35.4	27	2802.5	2962.0	3017.7	2
浙　江	Zhejiang	398.1	444.0	444.2	6	496.7	523.5	537.7	10
安　徽	Anhui	326.5	324.0	325.1	11	2269.1	2315.8	2334.3	4
福　建	Fujian	185.4	199.0	193.5	19	129.6	147.1	145.6	19
江　西	Jiangxi	293.7	304.2	306.2	13	375.7	392.8	404.8	13
山　东	Shandong	227.6	218.6	211.9	16	2651.8	2946.5	2930.2	3
河　南	Henan	402.2	419.0	419.7	7	1959.0	2031.7	2074.6	5
湖　北	Hubei	992.1	1248.5	1262.9	1	1219.2	1286.9	1313.9	7
湖　南	Hunan	402.3	499.3	496.6	4	486.3	424.0	425.4	12
广　东	Guangdong	429.0	448.5	448.3	5	514.5	526.1	536.5	11
广　西	Guangxi	378.4	674.0	658.2	3	209.6	231.4	234.5	18
海　南	Hainan	100.0	106.2	75.0	24	17.5	12.8	13.3	27
重　庆	Chongqing	74.1	117.0	120.1	20				
四　川	Sichuan	214.9	364.4	381.0	8	94.0	100.7	103.1	21
贵　州	Guizhou	354.3	434.7	291.8	14	54.0	89.5	97.6	22
云　南	Yunnan	131.7	375.3	741.6	2	254.0	264.6	270.8	17
西　藏	Tibet	12.9	34.0	29.1	29	22.3	22.0	338.7	15
陕　西	Shaanxi	77.1	87.6	86.8	23	130.8	132.5	132.7	20
甘　肃	Gansu	103.1	105.0	96.1	22	12.5	11.1	13.6	26
青　海	Qinghai	341.9	316.0	318.8	12				
宁　夏	Ningxia	26.9	27.0	29.1	28	10.5	24.0		
新　疆	Xinjiang	135.7	182.9	195.0	18	43.6	21.3	21.7	25

10-11 农作物总播种面积和粮食播种面积
Total Sown Areas and Sown Areas of Grain Crops

单位：千公顷 (1 000 hectares)

地区	Region	农作物总播种面积 Total Sown Areas 2010	2014	2015	2015排名 Ranking	粮食作物播种面积 Sown Areas of Grain Crops 2010	2014	2015	2015排名 Ranking
全 国	National Total	160674.8	165446.2	166373.8		109876.1	112722.6	113342.9	
北 京	Beijing	317.3	196.1	173.7	31	223.5	120.2	104.5	31
天 津	Tianjin	459.3	479.0	469.0	28	311.8	345.8	350.0	27
河 北	Hebei	8718.4	8713.1	8739.8	6	6282.2	6332.0	6392.5	6
山 西	Shanxi	3763.9	3783.4	3767.7	21	3239.2	3286.4	3287.2	15
内蒙古	Inner Mongolia	7002.5	7356.0	7567.9	10	5498.7	5651.0	5726.7	7
辽 宁	Liaoning	4073.8	4164.1	4219.9	20	3179.3	3235.1	3297.4	14
吉 林	Jilin	5221.4	5615.3	5679.1	14	4492.2	5000.7	5078.0	9
黑龙江	Heilongjiang	12156.2	12225.9	12294.0	2	11454.7	11696.4	11765.2	1
上 海	Shanghai	401.2	357.0	340.2	29	179.2	164.9	161.9	30
江 苏	Jiangsu	7619.6	7678.6	7745.0	9	5282.4	5376.1	5424.6	8
浙 江	Zhejiang	2484.7	2274.0	2290.5	24	1275.8	1266.8	1277.8	23
安 徽	Anhui	9053.4	8945.5	8950.5	5	6616.4	6628.9	6632.9	4
福 建	Fujian	2270.8	2305.2	2331.3	23	1232.3	1197.7	1193.2	24
江 西	Jiangxi	5457.7	5570.5	5579.1	15	3639.1	3697.3	3705.6	13
山 东	Shandong	10818.2	11037.9	11026.5	3	7084.8	7440.0	7492.1	3
河 南	Henan	14248.7	14378.3	14425.0	1	9740.2	10209.8	10267.2	2
湖 北	Hubei	7997.6	8112.3	7952.4	8	4068.4	4370.4	4466.0	12
湖 南	Hunan	8216.1	8764.5	8717.0	7	4809.1	4975.1	4944.7	10
广 东	Guangdong	4524.5	4744.9	4784.7	17	2531.9	2507.0	2505.8	20
广 西	Guangxi	5896.9	5929.9	6134.7	12	3061.1	3067.7	3059.3	18
海 南	Hainan	833.7	859.6	845.3	26	437.2	394.0	375.6	26
重 庆	Chongqing	3359.4	3540.4	3575.8	22	2243.9	2242.5	2234.0	22
四 川	Sichuan	9478.8	9668.6	9689.9	4	6402.0	6467.4	6453.9	5
贵 州	Guizhou	4889.1	5516.5	5542.2	16	3039.5	3138.4	3114.9	16
云 南	Yunnan	6437.3	7194.4	7185.6	11	4274.4	4508.2	4487.3	11
西 藏	Tibet	240.2	251.0	252.8	30	170.2	176.4	178.9	29
陕 西	Shaanxi	4185.6	4262.1	4284.5	18	3159.7	3076.5	3073.5	17
甘 肃	Gansu	3995.2	4197.5	4229.3	19	2799.8	2842.5	2849.6	19
青 海	Qinghai	546.9	553.7	558.4	27	274.5	280.1	277.1	28
宁 夏	Ningxia	1247.9	1253.2	1264.6	25	844.1	771.3	770.4	25
新 疆	Xinjiang	4758.6	5517.6	5757.3	13	2028.6	2255.9	2395.0	21

10-12 棉花和油料播种面积
Sown Areas of Cotton and Oil-bearing Crops

单位：千公顷 (1 000 hectares)

地区	Region	棉花播种面积 Sown Areas of Cotton 2010	2014	2015	2015排名 Ranking	油料播种面积 Sown Areas of Oil-bearing Crops 2010	2014	2015	2015排名 Ranking
全 国	**National Total**	**4848.7**	**4222.3**	**3796.7**		**13889.6**	**14042.7**	**14034.6**	
北 京	Beijing	0.4	0.1	0.1	22	5.4	2.6	2.1	30
天 津	Tianjin	51.8	30.2	18.8	12	2.2	1.7	1.3	31
河 北	Hebei	581.6	410.9	359.3	3	464.4	466.3	461.6	11
山 西	Shanxi	58.7	18.7	10.6	14	157.0	129.7	121.2	23
内蒙古	Inner Mongolia	0.9	1.0	0.1	19	693.6	862.3	913.4	5
辽 宁	Liaoning	0.4	0.1	0.1	23	347.4	314.0	285.3	17
吉 林	Jilin	3.3	0.5			303.1	266.3	269.2	18
黑龙江	Heilongjiang					167.2	87.3	94.6	25
上 海	Shanghai	2.4	0.8	0.4	18	10.3	5.7	5.1	29
江 苏	Jiangsu	235.7	131.8	94.3	8	574.4	499.2	475.5	10
浙 江	Zhejiang	20.8	17.3	13.8	13	208.8	145.0	146.1	21
安 徽	Anhui	344.4	265.2	232.5	5	944.3	788.4	772.1	6
福 建	Fujian	0.1	0.1	0.1	21	111.7	117.1	119.0	24
江 西	Jiangxi	79.7	84.9	81.1	9	731.7	741.5	739.9	8
山 东	Shandong	766.4	592.9	515.5	2	815.9	773.2	758.3	7
河 南	Henan	467.3	153.3	120.0	6	1564.1	1598.2	1600.8	1
湖 北	Hubei	480.1	344.8	264.7	4	1448.7	1542.5	1524.2	2
湖 南	Hunan	175.0	130.1	113.7	7	1211.4	1424.7	1445.1	3
广 东	Guangdong					337.4	366.8	375.6	12
广 西	Guangxi	2.2	2.3	2.3	16	192.9	237.1	248.4	19
海 南	Hainan					40.7	40.4	40.1	27
重 庆	Chongqing	0.1				255.0	300.0	309.3	15
四 川	Sichuan	16.2	13.2	10.1	15	1218.9	1285.3	1298.3	4
贵 州	Guizhou	1.5	1.6	1.6	17	529.1	582.1	591.0	9
云 南	Yunnan	0.3	0.1	0.1	20	333.3	359.5	356.0	13
西 藏	Tibet					24.0	24.5	23.8	28
陕 西	Shaanxi	50.9	31.0	27.4	10	301.2	300.8	298.8	16
甘 肃	Gansu	47.9	38.1	25.7	11	345.7	329.0	320.2	14
青 海	Qinghai					177.9	150.9	144.9	22
宁 夏	Ningxia					98.8	80.2	75.4	26
新 疆	Xinjiang	1460.6	1953.3	1904.3	1	273.4	220.5	218.3	20

10-13 糖料和蔬菜播种面积
Sown Areas of Sugar Crops and Vegetables

单位：千公顷 (1 000 hectares)

地区	Region	糖料播种面积 Sown Areas of Sugar Crops				蔬菜播种面积 Sown Areas of Vegetables			
		2010	2014	2015	2015排名 Ranking	2010	2014	2015	2015排名 Ranking
全国	**National Total**	**1905.0**	**1899.2**	**1736.5**		**18999.9**	**21404.8**	**21999.7**	
北京	Beijing					67.5	57.5	54.3	29
天津	Tianjin					84.9	90.1	86.1	28
河北	Hebei	14.1	15.3	17.1	8	1138.6	1237.5	1242.1	7
山西	Shanxi	4.9	1.8	1.2	22	228.5	257.1	256.7	23
内蒙古	Inner Mongolia	36.8	39.5	49.9	5	263.6	281.7	277.3	21
辽宁	Liaoning	1.1	2.1	1.8	20	430.2	473.7	500.0	19
吉林	Jilin	3.3	1.9	0.6	23	245.5	211.1	200.5	25
黑龙江	Heilongjiang	77.9	10.2	2.1	19	184.5	268.9	245.3	24
上海	Shanghai	0.4	0.1	0.1	24	132.1	127.4	114.3	27
江苏	Jiangsu	1.8	1.6	1.6	21	1229.8	1372.4	1431.4	3
浙江	Zhejiang	12.0	10.1	10.0	12	618.6	606.0	618.1	15
安徽	Anhui	5.7	5.0	5.1	15	774.2	862.1	899.8	12
福建	Fujian	9.8	8.6	7.5	14	666.9	723.9	755.8	13
江西	Jiangxi	13.6	14.3	14.5	9	521.2	572.3	585.4	16
山东	Shandong		0.0			1770.8	1862.4	1888.6	1
河南	Henan	3.9	3.9	3.5	16	1704.1	1725.6	1751.7	2
湖北	Hubei	8.1	7.6	8.5	13	1020.8	1173.5	1212.9	9
湖南	Hunan	15.3	13.4	13.3	11	1133.1	1330.0	1372.9	5
广东	Guangdong	154.9	168.5	162.4	3	1179.8	1350.4	1382.0	4
广西	Guangxi	1069.3	1081.5	973.7	1	1007.6	1162.5	1221.0	8
海南	Hainan	60.1	61.9	45.5	6	214.6	248.8	264.0	22
重庆	Chongqing	3.1	2.7	2.4	18	589.1	708.1	731.7	14
四川	Sichuan	19.7	13.8	13.5	10	1166.2	1315.5	1349.6	6
贵州	Guizhou	13.7	27.9	26.8	7	647.9	924.3	980.2	11
云南	Yunnan	295.2	339.7	311.5	2	671.3	947.5	1004.0	10
西藏	Tibet					21.3	23.9	23.1	31
陕西	Shaanxi	0.1	0.1	0.1	25	444.0	502.6	521.4	18
甘肃	Gansu	5.1	5.0	2.9	17	395.0	506.9	527.2	17
青海	Qinghai		0.0	0.0	26	43.5	48.1	49.7	30
宁夏	Ningxia					101.4	123.4	129.3	26
新疆	Xinjiang	75.3	62.9	61.2	4	303.6	310.1	323.7	20

10-14 果园播种面积和粮食产量
Sown Areas of Orchards and Output of Grain

地区	Region	果园播种面积（千公顷）Sown Areas of Orchards (1 000 hectares)				粮食产量（万吨）Output of Grain (10 000 tons)			
		2010	2014	2015	2015排名 Ranking	2010	2014	2015	2015排名 Ranking
全　国	**National Total**	**11543.9**	**13127.2**	**12816.7**		**54647.7**	**60702.6**	**62143.9**	
北　京	Beijing	64.9	57.5	57.1	25	115.7	63.9	62.6	31
天　津	Tianjin	34.4	33.0	33.3	28	159.7	176.0	181.7	27
河　北	Hebei	1064.4	1119.0	1094.2	4	2975.9	3360.2	3363.8	8
山　西	Shanxi	294.4	360.3	362.8	16	1085.1	1330.8	1259.6	18
内蒙古	Inner Mongolia	65.9	71.2	75.8	24	2158.2	2753.0	2827.0	10
辽　宁	Liaoning	354.2	403.0	405.5	15	1765.4	1753.9	2002.5	13
吉　林	Jilin	58.7	52.9	48.0	26	2842.5	3532.8	3647.0	4
黑龙江	Heilongjiang	36.2	34.7	33.9	27	5012.8	6242.2	6324.0	1
上　海	Shanghai	23.2	20.3	19.0	29	118.4	112.5	112.1	28
江　苏	Jiangsu	191.5	214.3	209.4	20	3235.1	3490.6	3561.3	5
浙　江	Zhejiang	320.9	330.1	332.5	17	770.7	757.4	752.2	23
安　徽	Anhui	107.1	124.2	128.1	23	3080.5	3415.8	3538.1	6
福　建	Fujian	536.2	541.9	545.7	8	661.9	667.0	661.1	24
江　西	Jiangxi	373.6	414.4	414.7	13	1954.7	2143.5	2148.7	12
山　东	Shandong	581.0	643.3	652.6	6	4335.7	4596.6	4712.7	3
河　南	Henan	455.3	458.4	455.6	12	5437.1	5772.3	6067.1	2
湖　北	Hubei	375.7	423.3	413.4	14	2315.8	2584.2	2703.3	11
湖　南	Hunan	519.7	583.9	533.1	9	2847.5	3001.3	3002.9	9
广　东	Guangdong	1084.8	1121.8	1136.6	3	1316.5	1357.3	1358.1	17
广　西	Guangxi	938.1	1088.5	1165.5	2	1412.3	1534.4	1524.8	15
海　南	Hainan	174.5	165.4	162.2	21	180.4	186.6	184.0	26
重　庆	Chongqing	248.7	315.4	295.5	19	1156.1	1144.5	1154.9	22
四　川	Sichuan	552.3	627.9	646.1	7	3222.9	3374.9	3442.8	7
贵　州	Guizhou	151.8	262.1	300.5	18	1112.3	1138.5	1180.0	20
云　南	Yunnan	315.2	431.7	472.3	10	1531.0	1860.7	1876.4	14
西　藏	Tibet	1.9	3.2	3.2	31	91.2	98.0	100.6	30
陕　西	Shaanxi	1083.3	1224.5	1243.5	1	1164.9	1197.8	1226.8	19
甘　肃	Gansu	420.0	456.9	458.7	11	958.3	1158.7	1171.1	21
青　海	Qinghai	5.1	7.7	8.2	30	102.0	104.8	102.7	29
宁　夏	Ningxia	119.5	139.4	137.8	22	356.5	377.9	372.6	25
新　疆	Xinjiang	991.7	1397.2	971.8	5	1170.7	1414.5	1521.3	16

10-15 棉花和油料产量
Output of Cotton and Oil-bearing Crops

单位：万吨 (10 000 tons)

地区	Region	棉花产量 Output of Cotton 2010	2014	2015	2015排名 Ranking	油料产量 Output of Oil-bearing Crops 2010	2014	2015	2015排名 Ranking
全　国	**National Total**	**596.1**	**617.8**	**560.3**		**3230.1**	**3507.4**	**3537.0**	
北　京	Beijing					1.6	0.7	0.6	30
天　津	Tianjin	6.3	3.8	2.6	12	0.6	0.5	0.4	31
河　北	Hebei	57.0	43.1	37.3	3	140.3	150.2	151.5	8
山　西	Shanxi	6.9	2.4	1.4	14	17.6	17.3	15.3	25
内蒙古	Inner Mongolia	0.1	0.2			128.1	170.3	193.6	7
辽　宁	Liaoning	0.1				99.6	63.7	46.1	20
吉　林	Jilin	0.5	0.1			70.4	85.7	76.4	13
黑龙江	Heilongjiang					27.5	17.1	18.3	24
上　海	Shanghai	0.4	0.1			2.3	1.3	1.2	29
江　苏	Jiangsu	26.1	16.0	11.7	8	152.0	146.6	143.1	9
浙　江	Zhejiang	2.9	2.5	2.0	13	39.5	30.7	31.3	21
安　徽	Anhui	31.6	26.3	23.4	5	227.6	228.8	227.9	6
福　建	Fujian					26.6	29.8	30.7	22
江　西	Jiangxi	13.1	13.4	11.5	9	107.6	121.7	124.0	10
山　东	Shandong	72.4	66.5	53.7	2	342.2	335.9	324.1	3
河　南	Henan	44.7	14.7	12.6	7	540.7	584.3	599.7	1
湖　北	Hubei	47.2	36.0	29.8	4	311.8	341.7	339.6	2
湖　南	Hunan	22.7	12.9	14.5	6	195.3	233.8	242.9	5
广　东	Guangdong					88.2	105.5	110.3	11
广　西	Guangxi	0.2	0.3	0.3	16	45.8	61.3	64.7	16
海　南	Hainan					9.5	11.6	11.3	27
重　庆	Chongqing					44.4	56.9	59.9	19
四　川	Sichuan	1.4	1.2	1.0	15	268.5	300.8	307.6	4
贵　州	Guizhou	0.1	0.1	0.1	17	60.3	98.0	101.3	12
云　南	Yunnan					34.2	64.7	65.9	15
西　藏	Tibet					5.9	6.4	6.4	28
陕　西	Shaanxi	6.9	4.2	3.9	11	56.1	62.3	62.7	18
甘　肃	Gansu	7.6	6.4	4.3	10	64.1	72.4	71.6	14
青　海	Qinghai					34.4	31.5	30.5	23
宁　夏	Ningxia					20.8	16.5	15.3	26
新　疆	Xinjiang	247.9	367.7	350.3	1	66.6	59.3	62.9	17

10-16 糖料和水果产量
Output of Sugar Crops and Fruits

单位：万吨 (10 000 tons)

地区	Region	糖料产量 Output of Sugar Crops 2010	2014	2015	2015排名 Ranking	水果产量 Output of Fruits 2010	2014	2015	2015排名 Ranking
全　国	**National Total**	**12008.5**	**13361.2**	**12500.0**		**21401.4**	**26142.2**	**27375.0**	
北　京	Beijing					115.2	96.5	87.9	27
天　津	Tianjin					60.0	62.7	62.7	28
河　北	Hebei	49.0	75.6	89.2	8	1612.4	2019.0	2117.2	3
山　西	Shanxi	22.6	8.0	5.5	21	474.9	770.8	842.6	14
内蒙古	Inner Mongolia	161.0	160.2	230.1	6	278.2	322.3	296.7	23
辽　宁	Liaoning	4.9	10.1	5.2	22	733.1	870.6	882.0	13
吉　林	Jilin	7.7	6.4	1.3	23	218.0	229.7	209.0	26
黑龙江	Heilongjiang	175.0	41.1	7.3	20	279.6	258.7	213.5	25
上　海	Shanghai	2.7	0.6	0.6	24	101.9	86.2	61.5	29
江　苏	Jiangsu	10.3	10.1	9.5	19	738.6	861.6	914.8	12
浙　江	Zhejiang	74.3	62.7	62.2	11	701.3	714.8	740.9	16
安　徽	Anhui	22.4	19.7	20.3	16	805.3	965.3	1029.8	8
福　建	Fujian	61.6	53.1	43.6	13	642.8	790.8	837.0	15
江　西	Jiangxi	59.1	64.5	65.8	10	468.4	627.1	663.4	19
山　东	Shandong					2793.8	3134.0	3218.6	1
河　南	Henan	26.1	27.3	24.3	15	2394.0	2560.2	2665.1	2
湖　北	Hubei	32.4	30.4	32.0	14	778.5	972.3	966.3	10
湖　南	Hunan	76.6	65.9	66.0	9	788.4	920.0	981.0	9
广　东	Guangdong	1300.1	1504.7	1452.9	3	1235.9	1560.7	1648.5	6
广　西	Guangxi	7119.6	7952.6	7504.9	1	1094.4	1560.6	1720.0	5
海　南	Hainan	385.4	424.9	264.8	5	375.1	413.0	405.9	20
重　庆	Chongqing	11.7	10.3	9.8	18	238.5	347.6	375.9	21
四　川	Sichuan	93.6	55.8	54.2	12	722.9	884.5	934.2	11
贵　州	Guizhou	52.2	168.3	156.1	7	123.5	196.4	224.9	24
云　南	Yunnan	1750.9	2110.4	1930.1	2	397.9	669.0	726.5	17
西　藏	Tibet					2.2	1.4	1.5	31
陕　西	Shaanxi	0.2	0.1	0.2	25	1476.5	1849.9	1930.9	4
甘　肃	Gansu	22.0	26.4	16.0	17	488.5	636.6	679.0	18
青　海	Qinghai		0.1			3.8	2.6	3.6	30
宁　夏	Ningxia					228.9	290.2	298.9	22
新　疆	Xinjiang	487.0	471.9	448.3	4	1028.8	1466.9	1635.0	7

10-17 茶叶和木材产量
Output of Tea and Timber

地区	Region	茶叶产量（万吨） Output of Tea (10 000 tons)				木材产量（万立方米） Output of Timber (10 000 cu.m)			
		2010	2014	2015	2015排名 Ranking	2010	2014	2015	2015排名 Ranking
全　国	**National Total**	**147.5**	**209.6**	**224.9**		**8089.6**	**8233.3**	**7200.3**	
北　京	Beijing					9.7	13.0	12.9	25
天　津	Tianjin					21.5	14.7	17.0	23
河　北	Hebei					71.3	90.2	80.4	20
山　西	Shanxi					4.8	15.6	14.1	24
内蒙古	Inner Mongolia					320.6	178.7	142.6	16
辽　宁	Liaoning					194.6	200.0	165.9	14
吉　林	Jilin					475.9	345.2	287.9	7
黑龙江	Heilongjiang					571.4	212.8	156.8	15
上　海	Shanghai								
江　苏	Jiangsu	1.5	1.5	1.4	16	150.9	141.3	131.8	17
浙　江	Zhejiang	16.3	16.5	17.3	6	198.2	136.8	123.7	18
安　徽	Anhui	8.3	11.1	11.3	8	458.2	465.5	458.0	4
福　建	Fujian	27.3	37.2	40.2	1	684.6	575.1	497.0	3
江　西	Jiangxi	3.0	4.7	5.2	13	340.7	259.6	232.2	9
山　东	Shandong	1.2	1.8	1.9	15	301.3	429.6	364.0	5
河　南	Henan	4.3	6.1	6.5	10	238.0	256.3	228.9	10
湖　北	Hubei	16.6	25.0	26.9	3	221.1	227.5	227.1	11
湖　南	Hunan	11.8	16.2	17.6	5	557.6	478.2	262.7	8
广　东	Guangdong	5.3	7.4	7.9	9	654.9	841.5	790.8	2
广　西	Guangxi	3.9	5.9	6.4	11	1270.4	2302.8	2105.7	1
海　南	Hainan	0.1	0.1	0.1	18	95.7	134.9	106.6	19
重　庆	Chongqing	2.5	3.4	3.5	14	26.1	35.1	50.1	21
四　川	Sichuan	16.9	23.4	24.8	4	162.6	207.7	169.7	13
贵　州	Guizhou	5.2	10.7	11.8	7	181.1	191.4	175.3	12
云　南	Yunnan	20.7	33.5	36.6	2	532.2	393.6	348.5	6
西　藏	Tibet					69.9	5.8	4.2	27
陕　西	Shaanxi	2.5	4.9	5.4	12	32.7	6.7	6.8	26
甘　肃	Gansu	0.1	0.1	0.1	17	3.0	4.0	3.4	28
青　海	Qinghai					1.6	1.0	1.2	29
宁　夏	Ningxia							1.0	30
新　疆	Xinjiang					36.5	43.9	33.9	22

10-18 谷物和棉花每公顷产量
Output of Cereals and Cotton Per Hectare

单位：公斤/公顷 (kg/hectare)

地区	Region	谷物 Cereals 2010	2014	2015	2015排名 Ranking	棉花 Cotton 2010	2014	2015	2015排名 Ranking
全　国	**National Total**	**5524**	**5892**	**5984**		**1229**	**1463**	**1476**	
北　京	Beijing	5297	5490	6174	13	1150	1071	1045	17
天　津	Tianjin	5311	5177	5245	24	1211	1265	1357	10
河　北	Hebei	4877	5455	5415	22	979	1049	1039	19
山　西	Shanxi	3813	4545	4290	30	1180	1259	1365	9
内蒙古	Inner Mongolia	4912	5596	5697	19	1261	1463	1493	4
辽　宁	Liaoning	5688	5523	6217	11	1523	1111	1621	3
吉　林	Jilin	6867	7445	7494	1	1566	1651		
黑龙江	Heilongjiang	5744	6414	6376	7				
上　海	Shanghai	6739	6973	7042	2	1454	1525	1088	15
江　苏	Jiangsu	6365	6753	6819	3	1107	1210	1240	12
浙　江	Zhejiang	6641	6588	6489	4	1412	1438	1446	5
安　徽	Anhui	5367	5881	6021	16	918	993	1005	20
福　建	Fujian	5823	6037	5998	17	436	797	804	22
江　西	Jiangxi	5581	6023	6025	15	1640	1574	1421	7
山　东	Shandong	6154	6218	6327	9	945	1122	1042	18
河　南	Henan	5837	5957	6214	12	957	958	1053	16
湖　北	Hubei	6036	6313	6437	6	983	1043	1124	13
湖　南	Hunan	6135	6282	6311	10	1297	992	1272	11
广　东	Guangdong	5348	5635	5636	21				
广　西	Guangxi	5032	5456	5403	23	928	1083	1109	14
海　南	Hainan	4272	4979	5120	25				
重　庆	Chongqing	6229	6241	6339	8	628			
四　川	Sichuan	5557	5898	6033	14	876	944	970	21
贵　州	Guizhou	4978	4364	4571	27	660	673	714	23
云　南	Yunnan	4172	4688	4733	26	1237	2341	1441	6
西　藏	Tibet	5430	5612	5669	20				
陕　西	Shaanxi	3992	4227	4386	29	1361	1359	1407	8
甘　肃	Gansu	3772	4474	4520	28	1578	1692	1656	2
青　海	Qinghai	3756	3945	3893	31				
宁　夏	Ningxia	5411	5876	5806	18				
新　疆	Xinjiang	5969	6374	6454	5	1697	1883	1840	1

10-19 花生和油菜籽每公顷产量
Output of Peanuts and Rapeseeds Per Hectare

单位：公斤/公顷 (kg/hectare)

地区	Region	花生 Peanuts 2010	2014	2015	2015排名 Ranking	油菜籽 Rapeseeds 2010	2014	2015	2015排名 Ranking
全 国	**National Total**	**3455**	**3580**	**3562**		**1775**	**1947**	**1982**	
北 京	Beijing	2990	2766	2905	15	440			
天 津	Tianjin	3573	3340	3512	8			1814	17
河 北	Hebei	3517	3667	3716	6	1312	1611	1683	20
山 西	Shanxi	2332	2235	1819	27	1048	1551	1563	22
内蒙古	Inner Mongolia	1751	2315	2527	24	1003	1264	1323	25
辽 宁	Liaoning	2893	2030	1612	29	1950	1712	1723	18
吉 林	Jilin	2739	3630	3223	10				
黑龙江	Heilongjiang	2175	2911	3090	11	2251	31500		
上 海	Shanghai	2762	2726	2753	19	2195	2182	2277	9
江 苏	Jiangsu	3646	3800	3871	5	2444	2765	2831	1
浙 江	Zhejiang	2827	2823	2906	14	1803	2049	2053	14
安 徽	Anhui	4440	4955	4941	2	1935	2319	2372	7
福 建	Fujian	2527	2693	2728	20	1293	1467	1479	23
江 西	Jiangxi	2677	2808	2827	18	1167	1320	1357	24
山 东	Shandong	4212	4386	4314	4	2792	2541	2596	3
河 南	Henan	4322	4453	4516	3	2260	2389	2473	5
湖 北	Hubei	3405	3478	3410	9	2005	2059	2071	13
湖 南	Hunan	2413	2576	2579	23	1530	1561	1604	21
广 东	Guangdong	2652	2919	2980	13	1171	1201	1263	26
广 西	Guangxi	2554	2818	2832	17	943	1034	1059	27
海 南	Hainan	2420	2908	2848	16				
重 庆	Chongqing	1836	2057	2098	25	1784	1890	1927	15
四 川	Sichuan	2373	2553	2579	22	2166	2293	2322	8
贵 州	Guizhou	1882	1986	2046	26	1077	1662	1686	19
云 南	Yunnan	1430	1625	1659	28	963	1855	1912	16
西 藏	Tibet	2450	2813	2704	21	2442	2604	2690	2
陕 西	Shaanxi	2884	2987	2992	12	1847	2041	2114	11
甘 肃	Gansu	2522	3613	3667	7	1816	2058	2102	12
青 海	Qinghai					1948	2095	2116	10
宁 夏	Ningxia	1575				1782	2695	2495	4
新 疆	Xinjiang	4350	4564	5953	1	2158	2124	2471	6

10-20 甘蔗和甜菜每公顷产量
Output of Sugarcane and Beetroots Per Hectare

单位：公斤/公顷 (kg/hectare)

地区	Region	甘蔗 Sugarcane 2010	2014	2015	2015排名 Ranking	甜菜 Beetroots 2010	2014	2015	2015排名 Ranking
全　国	**National Total**	**65700**	**71352**	**73121**		**42498**	**57647**	**58680**	
北　京	Beijing								
天　津	Tianjin								
河　北	Hebei					34810	49584	52015	2
山　西	Shanxi					46169	45772	46467	3
内蒙古	Inner Mongolia					43707	40508	46147	4
辽　宁	Liaoning					45970	49457	29701	7
吉　林	Jilin					23479	34175	23440	8
黑龙江	Heilongjiang					22476	40099	35541	5
上　海	Shanghai	66951	48481	51996	10				
江　苏	Jiangsu	59848	61953	61360	6	11775	10000	15967	9
浙　江	Zhejiang	61700	62049	62432	4				
安　徽	Anhui	39074	39506	39689	15	8000			
福　建	Fujian	62491	61892	58090	9				
江　西	Jiangxi	43583	45125	45553	12				
山　东	Shandong						36429		
河　南	Henan	66622	70655	68742	3				
湖　北	Hubei	40204	40064	37818	16		2450	2500	12
湖　南	Hunan	49997	49336	49741	11				
广　东	Guangdong	83956	89291	89484	1				
广　西	Guangxi	66583	73530	77073	2				
海　南	Hainan	64172	68610	58214	8				
重　庆	Chongqing	37315	38713	40962	13				
四　川	Sichuan	47920	40643	40182	14	13461	22136	15449	10
贵　州	Guizhou	38133	60441	58258	7	6806	3778	3636	11
云　南	Yunnan	59328	62123	61966	5	10248	1000	1000	14
西　藏	Tibet								
陕　西	Shaanxi	28814	35650	35775	17		1300	1840	13
甘　肃	Gansu					43594	52918		
青　海	Qinghai					14633	24500	30000	6
宁　夏	Ningxia					12433			
新　疆	Xinjiang					64688	75042	73218	1

10-21 造林面积
Area of Afforestation

单位：公顷 (hectare)

地区	Region	造林总面积 Total Area of Afforestation 2010	2014	2015	2015排名 Ranking	其中：人工造林 Manual Planting 2010	2014	2015	2015排名 Ranking
全 国	**National Total**	**5909919**	**5549612**	**7683695**		**3872762**	**4052912**	**4362589**	
北 京	Beijing	13887	22937	20331	29	7765	22937	8133	29
天 津	Tianjin	11315	7061	8032	30	11315	7061	8032	30
河 北	Hebei	283878	340042	366523	8	138365	274554	284083	4
山 西	Shanxi	282371	303501	285944	11	156785	233191	220945	8
内蒙古	Inner Mongolia	655180	559247	704054	1	229930	320254	360896	1
辽 宁	Liaoning	190669	226471	215277	19	102903	126407	102615	19
吉 林	Jilin	82584	108523	199851	20	39329	108523	112003	18
黑龙江	Heilongjiang	233777	101079	134972	22	166411	49276	41093	23
上 海	Shanghai	1349	899	3241	31	1349	899	3241	31
江 苏	Jiangsu	86256	59209	45216	27	73234	59209	42576	22
浙 江	Zhejiang	15214	39396	71595	26	12999	26720	20985	27
安 徽	Anhui	48711	157745	236941	15	28465	150871	146000	15
福 建	Fujian	29875	44346	253824	13	29125	44346	33919	25
江 西	Jiangxi	200778	131973	233694	16	170875	130751	141678	16
山 东	Shandong	205131	224972	221207	17	198998	223560	206552	10
河 南	Henan	231700	260003	216820	18	178850	201251	154749	12
湖 北	Hubei	192213	243799	288117	10	119075	168867	186022	11
湖 南	Hunan	213448	391942	559829	3	178146	229614	215728	9
广 东	Guangdong	95144	151473	401331	6	91952	133218	118463	17
广 西	Guangxi	143254	143651	197575	21	125341	117985	100764	20
海 南	Hainan	14166	8802	23385	28	14166	8802	11003	28
重 庆	Chongqing	255235	191001	246695	14	173188	138820	150853	13
四 川	Sichuan	382225	98226	408942	5	206421	67812	264567	5
贵 州	Guizhou	206603	320000	483246	4	72714	233361	329509	3
云 南	Yunnan	661500	400355	582529	2	596879	334593	350510	2
西 藏	Tibet	62299	82668	82786	24	42010	32140	29436	26
陕 西	Shaanxi	364312	335362	379086	7	199534	251125	222564	7
甘 肃	Gansu	232761	214025	319364	9	148567	152502	254308	6
青 海	Qinghai	117804	132044	112668	23	33720	28444	53042	21
宁 夏	Ningxia	94932	84191	81313	25	71001	49723	37895	24
新 疆	Xinjiang	251601	151336	279615	12	203603	112763	149553	14

注：2014年全国合计造林面积中包括军事管理区20000公顷退耕还林工程荒山荒地造林。

Note: The areas of afforestation in 2014 include 20000 hectares plantation of barren mountains and wasteland in the Conversion of Cropland to Forest Program.

10-22 按造林方式分造林面积（一）
Area of Afforestation by Approach (1)

单位：公顷 (hectare)

地区	Region	飞播造林 Airplane Planting 2015	2015排名 Ranking	新封山育林 New Closing Hillsides for Afforestation 2015	2015排名 Ranking
全　国	**National Total**	**128390**		**2152877**	
北　京	Beijing			7798	25
天　津	Tianjin				
河　北	Hebei			58840	19
山　西	Shanxi			59999	15
内蒙古	Inner Mongolia	79389	1	227733	1
辽　宁	Liaoning			100257	7
吉　林	Jilin			4667	26
黑龙江	Heilongjiang			67038	13
上　海	Shanghai				
江　苏	Jiangsu			400	28
浙　江	Zhejiang			31739	24
安　徽	Anhui			80002	11
福　建	Fujian			139412	5
江　西	Jiangxi			59368	18
山　东	Shandong			1333	27
河　南	Henan	13332	3	31931	23
湖　北	Hubei			98177	8
湖　南	Hunan			188577	2
广　东	Guangdong			124885	6
广　西	Guangxi			47959	21
海　南	Hainan				
重　庆	Chongqing			88921	9
四　川	Sichuan			59496	17
贵　州	Guizhou			153737	3
云　南	Yunnan			151574	4
西　藏	Tibet			53350	20
陕　西	Shaanxi	34670	2	69799	12
甘　肃	Gansu			62283	14
青　海	Qinghai			59626	16
宁　夏	Ningxia			36743	22
新　疆	Xinjiang	999	4	87233	10

10-23 按造林方式分造林面积（二）
Area of Afforestation by Approach (2)

单位：公顷 (hectare)

地区	Region	退化林修复 Restoration of Degraded Forest 2015	2015排名 Ranking	人工更新 Artificial Regeneration 2015	2015排名 Ranking
全 国	**National Total**	**739334**		**300505**	
北 京	Beijing	4338	20	62	20
天 津	Tianjin				
河 北	Hebei	18338	11	5262	12
山 西	Shanxi	5000	19		
内蒙古	Inner Mongolia	26774	8	9262	9
辽 宁	Liaoning	840	23	11565	7
吉 林	Jilin	59633	5	23548	4
黑龙江	Heilongjiang	24775	10	2066	18
上 海	Shanghai				
江 苏	Jiangsu	299	25	1941	19
浙 江	Zhejiang	6931	16	11940	6
安 徽	Anhui	7954	14	2985	14
福 建	Fujian	26308	9	54185	2
江 西	Jiangxi	27129	7	5519	11
山 东	Shandong	10417	13	2905	15
河 南	Henan	16808	12		
湖 北	Hubei			3918	13
湖 南	Hunan	134710	1	20814	5
广 东	Guangdong	76846	3	81137	1
广 西	Guangxi	7185	15	41667	3
海 南	Hainan	1493	22	10889	8
重 庆	Chongqing	6921	17		
四 川	Sichuan	82328	2	2551	17
贵 州	Guizhou				
云 南	Yunnan	74864	4	5581	10
西 藏	Tibet				
陕 西	Shaanxi	521	24		
甘 肃	Gansu	2773	21		
青 海	Qinghai				
宁 夏	Ningxia	6675	18		
新 疆	Xinjiang	39122	6	2708	16

10-24 大牲畜年底头数和肉类总产量
Large Animals at Year-end and Output of Meat

地区	Region	大牲畜年底头数（万头） Large Animals at year-end (10 000 heads)				肉类总产量（万吨） Output of Meat (10 000 tons)			
		2010	2014	2015	2015排名 Ranking	2010	2014	2015	2015排名 Ranking
全　国	**National Total**	**12238.5**	**12022.9**	**12195.7**		**7925.8**	**8706.7**	**8625.0**	
北　京	Beijing	21.9	20.3	18.1	29	46.3	39.3	36.4	27
天　津	Tianjin	29.6	30.4	30.0	28	42.6	46.4	45.8	26
河　北	Hebei	503.9	488.2	493.2	13	416.7	468.1	462.5	5
山　西	Shanxi	127.6	123.9	122.0	23	72.4	87.5	85.6	24
内蒙古	Inner Mongolia	883.4	839.9	884.6	4	238.7	252.3	245.7	15
辽　宁	Liaoning	525.9	502.2	499.7	12	406.7	429.2	429.4	7
吉　林	Jilin	537.6	490.7	501.0	11	238.9	262.0	261.1	14
黑龙江	Heilongjiang	573.6	536.6	543.5	9	197.9	230.2	228.7	16
上　海	Shanghai	6.8	5.9	5.9	31	26.2	23.4	20.3	31
江　苏	Jiangsu	40.9	34.5	34.2	27	365.8	379.5	369.4	12
浙　江	Zhejiang	19.9	15.8	15.0	30	175.1	157.1	131.1	21
安　徽	Anhui	151.5	153.0	165.0	20	376.9	414.0	419.4	9
福　建	Fujian	70.2	67.8	67.3	26	180.2	213.7	216.6	17
江　西	Jiangxi	277.1	305.1	313.3	18	289.9	339.8	336.5	13
山　东	Shandong	502.4	511.0	518.4	10	704.4	770.2	774.0	1
河　南	Henan	1044.8	943.8	955.3	2	638.4	719.0	711.1	2
湖　北	Hubei	327.5	353.2	362.2	17	379.3	440.4	433.3	6
湖　南	Hunan	440.3	462.2	478.0	16	494.8	546.5	540.1	4
广　东	Guangdong	229.3	242.0	242.3	19	441.1	429.4	424.2	8
广　西	Guangxi	495.6	484.7	479.6	15	387.8	420.0	417.3	10
海　南	Hainan	92.6	79.1	84.2	25	68.5	79.5	78.0	25
重　庆	Chongqing	131.4	143.6	151.4	22	192.5	214.2	213.8	18
四　川	Sichuan	1085.0	1082.0	1082.8	1	656.6	714.7	706.8	3
贵　州	Guizhou	627.6	573.6	609.2	7	179.1	201.8	201.9	19
云　南	Yunnan	923.1	922.3	922.4	3	321.4	378.5	378.3	11
西　藏	Tibet	662.2	652.5	654.2	5	25.0	26.4	28.0	30
陕　西	Shaanxi	186.4	168.2	163.9	21	102.6	116.7	116.2	22
甘　肃	Gansu	595.0	618.8	614.1	6	84.4	95.5	96.3	23
青　海	Qinghai	485.7	484.7	485.5	14	28.3	33.4	34.7	28
宁　夏	Ningxia	103.0	110.9	114.4	24	25.7	28.5	29.2	29
新　疆	Xinjiang	536.8	575.9	584.9	8	121.7	149.3	153.2	20

10-25 猪牛羊肉产量（一）
Output of Pork, Beef and Mutton (1)

单位：万吨 (10 000 tons)

地区	Region	猪牛羊肉产量 Output of Pork, Beef and Mutton				其中：猪肉产量 Output of Pork			
		2010	2014	2015	2015排名 Ranking	2010	2014	2015	2015排名 Ranking
全 国	**National Total**	**6123.1**	**6788.8**	**6627.5**		**5071.2**	**5671.4**	**5486.5**	
北 京	Beijing	27.5	26.9	25.2	30	24.1	24.0	22.5	27
天 津	Tianjin	32.6	34.8	34.2	26	28.0	29.9	29.2	26
河 北	Hebei	332.6	364.1	359.9	6	245.2	281.2	275.0	7
山 西	Shanxi	63.6	76.7	73.0	24	53.1	64.2	60.3	22
内蒙古	Inner Mongolia	210.8	221.2	216.3	14	71.9	73.3	70.8	21
辽 宁	Liaoning	277.9	292.0	275.8	11	228.4	240.3	227.1	12
吉 林	Jilin	166.9	190.8	187.4	16	119.8	140.4	136.0	17
黑龙江	Heilongjiang	165.7	195.0	192.3	15	114.5	142.6	138.4	16
上 海	Shanghai	18.4	19.4	16.7	31	17.9	18.8	16.1	28
江 苏	Jiangsu	223.9	243.6	237.2	13	213.1	232.4	225.8	13
浙 江	Zhejiang	134.9	129.9	106.3	21	131.9	127.0	103.3	19
安 徽	Anhui	271.3	298.2	291.9	8	238.8	264.8	259.1	9
福 建	Fujian	150.7	156.2	140.0	19	146.6	151.1	134.5	18
江 西	Jiangxi	233.4	274.0	268.3	12	221.1	259.8	253.5	11
山 东	Shandong	454.5	509.4	502.4	3	353.2	406.8	397.4	4
河 南	Henan	516.5	585.5	576.5	1	408.3	478.0	468.0	2
湖 北	Hubei	312.7	370.1	363.3	5	287.0	339.6	331.5	5
湖 南	Hunan	439.3	488.1	479.5	4	412.4	458.1	448.0	3
广 东	Guangdong	282.6	290.5	282.0	9	275.5	282.6	274.2	8
广 西	Guangxi	258.5	283.9	276.4	10	241.5	266.3	258.8	10
海 南	Hainan	44.6	52.3	49.4	25	41.2	48.6	45.8	24
重 庆	Chongqing	156.3	170.3	168.8	18	147.6	158.5	156.2	15
四 川	Sichuan	546.4	585.9	574.1	2	492.2	527.2	512.4	1
贵 州	Guizhou	163.5	184.0	181.7	17	148.1	165.6	160.7	14
云 南	Yunnan	285.3	340.5	337.8	7	242.5	292.4	288.6	6
西 藏	Tibet	24.7	25.5	26.3	29	1.3	1.5	1.5	31
陕 西	Shaanxi	93.7	107.0	106.1	22	79.1	91.8	90.4	20
甘 肃	Gansu	78.0	88.7	89.2	23	46.3	52.7	50.8	23
青 海	Qinghai	27.4	32.1	33.4	27	9.2	10.5	10.3	29
宁 夏	Ningxia	23.3	26.0	26.9	28	8.5	7.7	7.1	30
新 疆	Xinjiang	105.5	126.6	129.0		23.0	33.9	33.1	25

10-26 猪牛羊肉产量（二）
Output of Pork, Beef and Mutton (2)

单位：万吨 (10 000 tons)

地区	Region	其中：牛肉产量 Output of Beef 2010	2014	2015	2015排名 Ranking	其中：羊肉产量 Output of Mutton 2010	2014	2015	2015排名 Ranking
全　国	**National Total**	**653.1**	**689.2**	**700.1**		**398.9**	**428.2**	**440.8**	
北　京	Beijing	2.0	1.7	1.5	29	1.4	1.2	1.2	27
天　津	Tianjin	3.1	3.4	3.4	25	1.5	1.6	1.6	26
河　北	Hebei	58.1	52.4	53.2	3	29.3	30.4	31.7	4
山　西	Shanxi	4.9	5.8	5.9	24	5.6	6.7	6.9	19
内蒙古	Inner Mongolia	49.7	54.5	52.9	4	89.2	93.3	92.6	1
辽　宁	Liaoning	41.6	42.8	40.3	8	7.9	8.9	8.5	15
吉　林	Jilin	43.2	46.0	46.6	5	3.8	4.5	4.8	20
黑龙江	Heilongjiang	39.0	40.6	41.6	6	12.1	11.9	12.3	10
上　海	Shanghai		0.1	0.1	31	0.5	0.5	0.6	31
江　苏	Jiangsu	3.5	3.3	3.2	26	7.4	8.0	8.1	17
浙　江	Zhejiang	1.1	1.2	1.2	30	1.9	1.7	1.8	25
安　徽	Anhui	18.3	17.9	16.2	16	14.2	15.5	16.6	8
福　建	Fujian	2.3	2.9	3.1	27	1.8	2.2	2.4	24
江　西	Jiangxi	11.2	13.1	13.6	18	1.1	1.1	1.2	28
山　东	Shandong	68.7	66.6	67.9	2	32.7	36.0	37.1	3
河　南	Henan	83.0	82.1	82.6	1	25.2	25.4	25.9	6
湖　北	Hubei	17.7	21.9	23.0	11	8.1	8.6	8.8	14
湖　南	Hunan	16.3	18.9	19.9	12	10.6	11.1	11.6	11
广　东	Guangdong	6.3	7.0	7.0	23	0.9	0.9	0.9	30
广　西	Guangxi	13.7	14.4	14.4	17	3.3	3.2	3.2	23
海　南	Hainan	2.2	2.6	2.6	28	1.1	1.1	1.0	29
重　庆	Chongqing	6.3	8.4	8.8	21	2.4	3.4	3.8	22
四　川	Sichuan	29.4	33.4	35.4	9	24.8	25.3	26.3	5
贵　州	Guizhou	12.0	14.7	16.8	14	3.4	3.8	4.2	21
云　南	Yunnan	29.9	33.6	34.3	10	12.9	14.6	15.0	9
西　藏	Tibet	14.8	16.0	16.5	15	8.7	7.9	8.2	16
陕　西	Shaanxi	7.3	7.7	7.9	22	7.3	7.5	7.8	18
甘　肃	Gansu	16.1	18.1	18.8	13	15.6	17.9	19.6	7
青　海	Qinghai	8.5	10.6	11.5	19	9.8	10.9	11.6	12
宁　夏	Ningxia	7.5	8.8	9.7	20	7.3	9.5	10.1	13
新　疆	Xinjiang	35.5	39.2	40.4	7	47.0	53.6	55.4	2

10-27 奶类和禽蛋总产量
Output of Milk and Poultry Eggs

单位：万吨 (10 000 tons)

地区	Region	奶类总产量 Output of Milk				禽蛋总产量 Output of Poultry Eggs			
		2010	2014	2015	2015排名 Ranking	2010	2014	2015	2015排名 Ranking
全　国	**National Total**	**3748.0**	**3841.2**	**3870.3**		**2762.7**	**2893.9**	**2999.2**	
北　京	Beijing	64.1	59.5	57.2	15	15.1	19.7	19.6	24
天　津	Tianjin	69.3	68.9	68.0	11	18.7	19.4	20.2	23
河　北	Hebei	449.1	496.1	480.9	3	339.1	362.7	373.6	3
山　西	Shanxi	74.9	97.2	92.7	10	70.5	83.7	87.2	12
内蒙古	Inner Mongolia	945.7	797.1	812.2	1	50.0	53.5	56.4	14
辽　宁	Liaoning	126.7	134.5	142.6	8	275.7	279.3	276.5	4
吉　林	Jilin	44.6	49.8	52.8	16	95.6	98.5	107.3	9
黑龙江	Heilongjiang	558.8	560.1	574.4	2	105.3	98.2	99.9	11
上　海	Shanghai	24.7	27.1	27.7	21	6.3	5.2	4.9	28
江　苏	Jiangsu	57.3	60.7	59.6	14	190.6	194.6	196.2	5
浙　江	Zhejiang	20.3	15.9	16.5	23	44.3	39.0	33.3	18
安　徽	Anhui	20.5	27.9	30.6	20	119.0	122.5	134.7	8
福　建	Fujian	15.7	15.4	15.4	24	26.3	25.4	25.5	21
江　西	Jiangxi	11.9	12.9	13.0	25	42.0	47.8	49.3	15
山　东	Shandong	271.6	289.6	284.9	5	384.3	388.0	423.9	1
河　南	Henan	307.9	342.4	352.3	4	388.6	404.0	410.0	2
湖　北	Hubei	30.4	16.4	16.9	22	132.6	155.1	165.3	6
湖　南	Hunan	7.8	9.3	9.7	28	91.7	97.9	101.5	10
广　东	Guangdong	14.5	13.8	12.9	26	34.4	33.0	33.8	17
广　西	Guangxi	8.2	9.7	10.1	27	20.0	22.2	22.9	22
海　南	Hainan	0.2	0.2	0.2	31	3.5	3.8	4.4	29
重　庆	Chongqing	8.0	5.7	5.4	30	37.2	43.2	45.4	16
四　川	Sichuan	70.3	71.3	67.5	12	144.4	145.3	146.7	7
贵　州	Guizhou	4.6	5.7	6.2	29	12.5	16.2	17.3	25
云　南	Yunnan	54.1	64.6	62.5	13	20.8	24.3	26.0	20
西　藏	Tibet	29.4	34.3	35.0	18	0.3	0.5	0.5	31
陕　西	Shaanxi	177.6	192.3	189.9	6	47.1	54.5	58.1	13
甘　肃	Gansu	36.3	40.3	39.9	17	13.8	15.5	15.3	26
青　海	Qinghai	26.3	31.3	32.7	19	1.6	2.2	2.3	30
宁　夏	Ningxia	84.5	135.7	136.5	9	7.2	8.3	8.8	27
新　疆	Xinjiang	132.8	155.6	163.8	7	24.4	30.5	32.6	19

10-28 水产养殖面积和水产品总产量
Aquaculture Area and Total Aquatic Products

地区	Region	水产养殖面积（千公顷） Aquaculture Area (1 000 hectares)				水产品总产量（万吨） Total Aquatic Products (10 000 tons)			
		2010	2014	2015	2015排名 Ranking	2010	2014	2015	2015排名 Ranking
全 国	**National Total**	**7645.2**	**8386.4**	**8465.0**		**5373.0**	**6461.5**	**6699.6**	
北 京	Beijing	5.0	3.9	3.6	30	6.3	6.8	6.6	27
天 津	Tianjin	41.5	40.6	39.9	26	34.5	40.8	40.1	19
河 北	Hebei	198.8	201.0	194.0	16	106.3	126.4	129.7	14
山 西	Shanxi	14.8	15.8	15.7	28	3.2	5.1	5.2	28
内蒙古	Inner Mongolia	108.6	118.6	119.6	18	11.4	14.8	15.4	25
辽 宁	Liaoning	961.2	1145.4	1152.2	1	430.4	525.7	531.3	5
吉 林	Jilin	273.8	313.1	316.9	10	16.6	19.0	19.5	22
黑龙江	Heilongjiang	308.8	376.2	388.8	9	40.0	51.4	54.2	17
上 海	Shanghai	25.3	20.5	19.4	27	29.0	33.0	32.4	20
江 苏	Jiangsu	750.1	761.0	753.4	3	460.4	518.8	521.0	6
浙 江	Zhejiang	312.9	298.1	298.9	11	478.0	574.2	597.8	4
安 徽	Anhui	528.7	575.9	580.2	5	193.3	223.7	230.4	11
福 建	Fujian	231.5	261.9	267.9	13	587.0	695.8	733.9	3
江 西	Jiangxi	425.5	435.3	437.5	8	215.3	253.7	264.2	9
山 东	Shandong	757.7	835.1	846.2	2	783.8	903.7	931.3	1
河 南	Henan	209.8	269.7	276.6	12	57.9	91.8	102.4	15
湖 北	Hubei	656.7	688.0	688.7	4	353.1	433.3	455.9	7
湖 南	Hunan	394.0	454.3	467.7	7	198.0	248.2	259.4	10
广 东	Guangdong	563.4	565.0	565.7	6	729.0	836.3	858.2	2
广 西	Guangxi	221.7	236.2	239.2	14	275.5	332.4	345.9	8
海 南	Hainan	54.2	53.9	54.7	22	149.5	197.4	204.9	12
重 庆	Chongqing	76.4	93.6	96.7	19	22.4	44.3	48.1	18
四 川	Sichuan	183.2	199.4	211.5	15	105.1	132.6	138.7	13
贵 州	Guizhou	29.9	58.9	59.9	21	8.8	21.0	25.0	21
云 南	Yunnan	107.8	138.5	142.2	17	29.8	58.2	69.7	16
西 藏	Tibet					0.1	0.03	0.03	31
陕 西	Shaanxi	39.8	50.5	50.6	23	6.0	13.9	15.5	24
甘 肃	Gansu	12.6	14.4	15.5	29	1.2	1.4	1.5	29
青 海	Qinghai	38.0	42.4	42.4	25	0.2	0.9	1.1	30
宁 夏	Ningxia	40.4	46.7	46.8	24	9.0	16.3	17.0	23
新 疆	Xinjiang	73.3	72.4	72.7	20	10.1	14.4	15.1	26

10-29 海水产品和淡水产品产量
Output of Seawater and Freshwater Products

单位：万吨 (10 000 tons)

地区	Region	海水产品 Seawater Aquatic Products 2010	2014	2015	2015排名 Ranking	淡水产品 Freshwater Aquatic Products 2010	2014	2015	2015排名 Ranking
全　国	**National Total**	**2797.5**	**3296.2**	**3409.6**		**2575.5**	**3165.3**	**3290.0**	
北　京	Beijing	0.9	1.3	1.7	12	5.4	5.5	4.9	28
天　津	Tianjin	3.9	7.7	7.6	11	30.6	33.1	32.5	19
河　北	Hebei	58.3	73.2	76.1	9	48.1	53.2	53.6	16
山　西	Shanxi					3.2	5.1	5.2	27
内蒙古	Inner Mongolia					11.4	14.8	15.4	25
辽　宁	Liaoning	349.7	429.7	432.0	5	80.6	96.0	99.3	12
吉　林	Jilin					16.6	19.0	19.5	21
黑龙江	Heilongjiang					40.0	51.4	54.2	15
上　海	Shanghai	12.1	17.0	17.0	10	16.8	16.1	15.4	24
江　苏	Jiangsu	136.4	150.4	148.2	8	324.0	368.4	372.9	3
浙　江	Zhejiang	381.2	467.3	487.0	3	96.7	106.8	110.8	10
安　徽	Anhui					193.3	223.7	230.4	6
福　建	Fujian	512.8	603.4	636.3	2	74.2	92.5	97.6	13
江　西	Jiangxi					215.3	253.7	264.2	4
山　东	Shandong	646.3	746.1	774.7	1	137.5	157.6	156.6	8
河　南	Henan					57.9	91.8	102.4	11
湖　北	Hubei					353.1	433.3	455.9	1
湖　南	Hunan					198.0	248.2	259.4	5
广　东	Guangdong	401.5	450.6	459.2	4	327.5	385.7	399.0	2
广　西	Guangxi	154.4	174.4	179.7	6	121.1	158.0	166.2	7
海　南	Hainan	117.9	149.0	162.0	7	31.6	48.4	42.9	18
重　庆	Chongqing					22.4	44.3	48.1	17
四　川	Sichuan					105.1	132.6	138.7	9
贵　州	Guizhou					8.8	21.0	25.0	20
云　南	Yunnan					29.8	58.2	69.7	14
西　藏	Tibet					0.1		0.0	31
陕　西	Shaanxi					6.0	13.9	15.5	23
甘　肃	Gansu					1.2	1.4	1.5	29
青　海	Qinghai					0.2	0.9	1.1	30
宁　夏	Ningxia					9.0	16.3	17.0	22
新　疆	Xinjiang					10.1	14.4	15.1	26

10-30 水产品捕捞和养殖产量
Output of Fishing and Aquaculture

单位：万吨 (10 000 tons)

地区	Region	水产品捕捞产量 Fishing				水产品养殖产量 Aquaculture			
		2010	2014	2015	2015排名 Ranking	2010	2014	2015	2015排名 Ranking
全　国	**National Total**	**1544.17**	**1713.11**	**1761.75**		**3828.84**	**4748.41**	**4937.90**	
北　京	Beijing	1.32	1.73	2.11	21	5.02	5.09	4.50	28
天　津	Tianjin	3.44	7.73	7.74	15	31.05	33.09	32.36	19
河　北	Hebei	34.55	34.13	35.72	9	71.78	92.27	93.99	14
山　西	Shanxi	0.08	0.11	0.11	27	3.09	5.02	5.14	27
内蒙古	Inner Mongolia	3.07	2.99	2.94	20	8.31	11.80	12.42	26
辽　宁	Liaoning	123.95	146.20	143.38	5	306.43	379.47	387.90	6
吉　林	Jilin	1.98	2.07	1.97	23	14.62	16.95	17.55	21
黑龙江	Heilongjiang	4.69	5.41	5.72	18	35.28	45.94	48.52	17
上　海	Shanghai	12.72	17.30	17.31	13	16.25	15.75	15.13	23
江　苏	Jiangsu	91.17	89.36	91.37	7	369.28	429.39	429.67	5
浙　江	Zhejiang	307.88	386.63	402.54	1	170.08	187.54	195.29	11
安　徽	Anhui	31.59	32.85	31.64	10	161.72	190.84	198.79	10
福　建	Fujian	217.09	232.70	240.95	3	369.87	463.14	492.94	3
江　西	Jiangxi	29.25	25.98	26.40	11	186.09	227.68	237.84	9
山　东	Shandong	263.16	277.42	285.40	2	520.67	626.32	645.87	2
河　南	Henan	3.24	4.93	5.11	19	54.62	86.83	97.26	13
湖　北	Hubei	26.37	20.81	19.10	12	326.73	412.49	436.79	4
湖　南	Hunan	9.67	10.77	10.89	14	188.33	237.39	248.48	8
广　东	Guangdong	165.29	168.79	168.44	4	563.74	667.56	689.78	1
广　西	Guangxi	78.39	78.80	79.34	8	197.11	253.60	266.58	7
海　南	Hainan	101.42	124.22	138.40	6	48.06	73.22	66.49	15
重　庆	Chongqing	1.10	2.03	2.04	22	21.33	42.31	46.05	18
四　川	Sichuan	5.80	6.02	5.96	16	99.26	126.62	132.72	12
贵　州	Guizhou	1.21	1.39	1.39	24	7.58	19.60	23.59	20
云　南	Yunnan	2.31	4.69	5.81	17	27.46	53.51	63.90	16
西　藏	Tibet	0.04	0.03	0.03	29	0.0072	0.0061	0.0061	31
陕　西	Shaanxi	0.42	0.60	0.72	26	5.61	13.33	14.80	24
甘　肃	Gansu						1.45	1.49	29
青　海	Qinghai	0.004				0.16	0.90	1.06	30
宁　夏	Ningxia	0.02	0.03	0.04	28	8.98	16.22	16.93	22
新　疆	Xinjiang	1.02	1.31	1.08	25	9.09	13.09	14.06	25

10-31 受灾面积和成灾面积
Total Areas Covered and Affected by Disasters

单位：千公顷 (1 000 hectares)

地区	Region	受灾面积 Areas Covered				成灾面积 Areas Affected			
		2010	2014	2015	2015排名 Ranking	2010	2014	2015	2015排名 Ranking
全 国	**National Total**	**37426**	**24891**	**21770**		**18538**	**12678**	**12380**	
北 京	Beijing	3	53	6	30	2	36	5	28
天 津	Tianjin	33	10			7	9		
河 北	Hebei	1527	1436	1799	2	833	816	968	3
山 西	Shanxi	1396	1174	1143	6	891	495	548	10
内蒙古	Inner Mongolia	2033	1878	2701	1	1290	1145	1740	1
辽 宁	Liaoning	756	1931	1483	3	567	1319	973	2
吉 林	Jilin	896	689	846	12	563	318	415	15
黑龙江	Heilongjiang	1432	810	1175	5	974	458	844	4
上 海	Shanghai			12	28			5	28
江 苏	Jiangsu	648	554	616	16	193	199	285	17
浙 江	Zhejiang	283	204	393	20	61	99	184	20
安 徽	Anhui	1752	641	967	10	485	250	556	9
福 建	Fujian	605	103	203	25	302	59	116	24
江 西	Jiangxi	2075	487	455	19	993	329	331	16
山 东	Shandong	2582	886	1379	4	1052	337	664	5
河 南	Henan	1568	1905	225	21	585	824	73	25
湖 北	Hubei	2466	1059	1116	7	897	344	515	11
湖 南	Hunan	2841	1136	765	14	1405	660	420	14
广 东	Guangdong	724	842	846	12	183	403	495	12
广 西	Guangxi	1665	1213	546	18	869	433	252	18
海 南	Hainan	306	309	41	27	83	208	20	27
重 庆	Chongqing	575	281	71	26	186	162	42	26
四 川	Sichuan	2324	919	563	17	851	368	228	19
贵 州	Guizhou	1681	627	224	22	1146	351	118	23
云 南	Yunnan	3215	882	1028	8	2137	512	607	6
西 藏	Tibet	51	13	12	28	22	11	5	28
陕 西	Shaanxi	1122	772	744	15	536	435	465	13
甘 肃	Gansu	1304	1618	1011	9	663	804	584	8
青 海	Qinghai	111	170	221	23	58	77	164	22
宁 夏	Ningxia	145	438	219	24	56	156	167	21
新 疆	Xinjiang	1307	1849	960	11	649	1062	589	7

10-32 受灾面积中旱灾和洪涝灾面积
Drought and Flood Covered Area

单位：千公顷 (1 000 hectares)

地区	Region	旱灾受灾面积 Drought Covered Area				洪涝灾受灾面积 Flood Covered Area			
		2010	2014	2015	2015排名 Ranking	2010	2014	2015	2015排名 Ranking
全　国	**National Total**	**13259**	**12272**	**10610**		**17525**	**4718**	**5620**	
北　京	Beijing		26			1		1	29
天　津	Tianjin								
河　北	Hebei	596	1028	1113	3	285	48	282	6
山　西	Shanxi	728	722	1023	4	209	90	31	21
内蒙古	Inner Mongolia	1434	1314	2172	1	216	78	185	12
辽　宁	Liaoning	18	1811	1430	2	708	14	7	26
吉　林	Jilin	349	568	700	6	373	24	24	22
黑龙江	Heilongjiang	1012	62	484	10	221	513	482	4
上　海	Shanghai							4	28
江　苏	Jiangsu	70	474			528	2	200	11
浙　江	Zhejiang	2				245	135	24	22
安　徽	Anhui	41	283			1277	269	691	3
福　建	Fujian	5				310	49	77	18
江　西	Jiangxi					1813	381	399	5
山　东	Shandong	586	689	883	5	1545	66	239	8
河　南	Henan	50	1809			1130	48	53	20
湖　北	Hubei	204	634	118	17	1999	294	874	1
湖　南	Hunan	352				2279	1041	753	2
广　东	Guangdong	120		148	15	466	122	78	17
广　西	Guangxi	1079	16	160	14	467	116	222	10
海　南	Hainan	42		4	19	254	2	1	29
重　庆	Chongqing	176	8			321	251	61	19
四　川	Sichuan	628	577	223	12	1508	292	258	7
贵　州	Guizhou	1271	10	19	18	363	390	161	13
云　南	Yunnan	2957	332	515	9	168	144	231	9
西　藏	Tibet	40	4	1	20	4	3	8	25
陕　西	Shaanxi	421	435	562	7	391	143	91	14
甘　肃	Gansu	715	644	533	8	223	155	81	16
青　海	Qinghai	46	24	127	16	22	14	10	24
宁　夏	Ningxia	16	228	172	13	17	2	5	27
新　疆	Xinjiang	300	576	224	11	183	31	90	15

10-33 受灾面积中风雹灾和冷冻灾面积
Hail Storms and Frozen Covered Area

单位：千公顷 (1 000 hectares)

地区	Region	风雹灾受灾面积 The Wind Hail Covered Area				冷冻灾受灾面积 Frozen Disaster Covered Area			
		2010	2014	2015	2015排名 Ranking	2010	2014	2015	2015排名 Ranking
全　国	**National Total**	**2180**	**3225**	**2918**		**4121**	**2133**	**900**	
北　京	Beijing		27	5	23	3			
天　津	Tianjin		10			33			
河　北	Hebei	236	254	347	2	411	105	57	8
山　西	Shanxi	80	154	56	13	379	208	32	12
内蒙古	Inner Mongolia	268	439	302	3	115	48	42	10
辽　宁	Liaoning	31	24	47	16		73		
吉　林	Jilin	115	89	122	7	58	8		
黑龙江	Heilongjiang	109	235	17	19	91		63	5
上　海	Shanghai								
江　苏	Jiangsu	20	56	97	10	30	1	59	6
浙　江	Zhejiang	4	5	1	26	19	7		
安　徽	Anhui	41	10	119	8	393	41	58	7
福　建	Fujian	35	3			150	2		
江　西	Jiangxi	120	42	16	20	143	28		
山　东	Shandong	76	58	208	5	376		43	9
河　南	Henan	101	38	153	6	287	10	20	13
湖　北	Hubei	33	49	51	14	229	83	74	4
湖　南	Hunan	78	21	12	21	133	73	1	19
广　东	Guangdong	1	15	4	24	11	5		
广　西	Guangxi	18	15	3	25	14	15		
海　南	Hainan								
重　庆	Chongqing	75	21	10	22	3	2		
四　川	Sichuan	50	30	72	12	138	18	10	15
贵　州	Guizhou	43	161	41	17	4	44	4	17
云　南	Yunnan	63	157	112	9	27	75	170	1
西　藏	Tibet	6	5	1	26	1		2	18
陕　西	Shaanxi	13	190	76	11	296	5	16	14
甘　肃	Gansu	73	143	263	4	292	676	135	2
青　海	Qinghai	43	68	50	15		64	34	11
宁　夏	Ningxia	58	94	38	18	54	115	7	16
新　疆	Xinjiang	392	812	569		431	430	77	3

10-34 成灾面积中旱灾和洪涝灾面积
Droughts and Floods Affected Area

单位：千公顷 (1 000 hectares)

地区	Region	旱灾成灾面积 Drought Affected Area 2010	2014	2015	2015排名 Ranking	洪涝成灾面积 Flood Affected Area 2010	2014	2015	2015排名 Ranking
全　国	**National Total**	**8987**	**5677**	**5863**		**7024**	**2704**	**3327**	
北 京	Beijing		17					1	29
天　津	Tianjin								
河　北	Hebei	432	593	533	3	49	16	236	6
山 西	Shanxi	543	208	478	4	33	67	23	21
内蒙古	Inner Mongolia	1059	740	1347	1	87	60	133	8
辽　宁	Liaoning	13	1262	928	2	531	3	2	27
吉　林	Jilin	225	233	330	8	266	18	16	23
黑龙江	Heilongjiang	776	31	371	6	125	269	320	4
上 海	Shanghai							3	25
江　苏	Jiangsu	39	156			140	2	93	12
浙　江	Zhejiang	1				58	68	9	24
安　徽	Anhui		60			365	150	442	1
福　建	Fujian	1				175	30	49	18
江　西	Jiangxi					919	263	294	5
山　东	Shandong	332	231	405	5	703	22	106	11
河　南	Henan	25	775			445	22	17	22
湖　北	Hubei	98	179	59	15	739	131	410	3
湖　南	Hunan	218				1084	615	411	2
广　东	Guangdong	5		104	12	90	63	30	20
广　西	Guangxi	748	4	52	17	92	60	127	10
海　南	Hainan	9		2	19	73	1		
重　庆	Chongqing	44	5			113	145	36	19
四　川	Sichuan	384	166	54	16	423	175	128	9
贵　州	Guizhou	1025	3	8	18	111	221	85	13
云　南	Yunnan	2051	194	301	9	59	98	164	7
西　藏	Tibet	21	4	1	20		3	2	27
陕　西	Shaanxi	272	275	335	7	172	43	63	15
甘　肃	Gansu	428	291	253	10	83	117	64	14
青　海	Qinghai	29	1	79	14	7	11	63	15
宁　夏	Ningxia	0	59	139	11	14		3	25
新　疆	Xinjiang	209	191	85	13	71	33	55	17

10-35 成灾面积中风雹灾和冷冻灾面积
Hailstorms and Frozen Affected Area

单位：千公顷 (1 000 hectares)

地区	Region	风雹灾成灾面积 Wind Hailstorm Affected Area				冷冻灾成灾面积 Frozen Disaster Affected Area			
		2010	2014	2015	2015排名 Ranking	2010	2014	2015	2015排名 Ranking
全　国	**National Total**	**916**	**2193**	**1825**		**1444**	**933**	**474**	
北　京	Beijing		19	4	23	2			
天　津	Tianjin		9			7			
河　北	Hebei	81	160	167	4	271	48	31	6
山　西	Shanxi	67	124	20	19	248	96	28	8
内蒙古	Inner Mongolia	89	337	221	2	56	7	40	5
辽　宁	Liaoning	23	19	43	15		27		
吉　林	Jilin	72	67	69	8		1		
黑龙江	Heilongjiang	58	158	100	6	15		53	3
上　海	Shanghai								
江　苏	Jiangsu	5	37	50	11	8		27	9
浙　江	Zhejiang		3	1	25	2	3		
安　徽	Anhui	20	7	44	14	100	11	14	11
福　建	Fujian	11	2			54	2		
江　西	Jiangxi	16	29	12	20	58	12		
山　东	Shandong	9	39	144	5	8		9	13
河　南	Henan	73	26	54	9	42	1	2	15
湖　北	Hubei	22	3	26	16	37	31	21	10
湖　南	Hunan	45	10	9	21	58	35	1	16
广　东	Guangdong		6	1	25	2	2		
广　西	Guangxi	4	9	2	24	7	6		
海　南	Hainan								
重　庆	Chongqing	28	11	6	22	2	1		
四　川	Sichuan	28	22	46	13	15	5		
贵　州	Guizhou	10	100	25	17	1	16	1	16
云　南	Yunnan	24	76	76	7	4	30	66	2
西　藏	Tibet	1	4	1	25			1	16
陕　西	Shaanxi	5	114	53	10	87	3	14	11
甘　肃	Gansu	63	119	181	3	89	277	86	1
青　海	Qinghai	22	46	49	12		19	30	7
宁　夏	Ningxia	38	59	22	18	4	38	3	14
新　疆	Xinjiang	103	576	400	1	267	263	49	4

11

工 业

Industry

11-1 规模以上工业企业单位数和平均用工人数

Number of Enterprise and Average Number of Employed Persons of Industrial Enterprises above Designated Size

地区	Region	企业单位数（个） Number of Enterprise （unit）			平均用工人数（万人） Average Number of Employed Persons (10 000 persons)		
		2014	2015	2015排名 Ranking	2014	2015	2015排名 Ranking
全　国	**National Total**	**377888**	**383148**		**9977.21**	**9775.02**	
北　京	Beijing	3686	3548	25	116.77	110.44	23
天　津	Tianjin	5501	5525	17	167.51	159.83	19
河　北	Hebei	14792	15295	9	389.15	380.64	7
山　西	Shanxi	3906	3845	24	210.05	198.14	15
内蒙古	Inner Mongolia	4413	4404	21	128.41	124.57	22
辽　宁	Liaoning	15707	12304	12	378.77	297.23	12
吉　林	Jilin	5311	5682	16	151.17	149.01	20
黑龙江	Heilongjiang	4305	4162	22	134.25	124.92	21
上　海	Shanghai	9469	8994	14	247.18	233.71	14
江　苏	Jiangsu	48708	48488	1	1147.96	1138.22	2
浙　江	Zhejiang	40841	41167	4	722.78	705.17	5
安　徽	Anhui	17762	19077	6	335.45	339.84	10
福　建	Fujian	16744	17240	7	433.95	436.17	6
江　西	Jiangxi	8996	9941	13	250.45	263.41	13
山　东	Shandong	40756	41485	3	957.31	950.75	3
河　南	Henan	21748	22892	5	689.85	717.31	4
湖　北	Hubei	15957	16413	8	379.01	355.71	8
湖　南	Hunan	13723	13992	10	335.11	330.29	11
广　东	Guangdong	41133	42113	2	1470.51	1463.80	1
广　西	Guangxi	5447	5518	18	169.26	171.86	18
海　南	Hainan	382	380	30	11.65	11.64	30
重　庆	Chongqing	6158	6608	15	183.29	191.99	16
四　川	Sichuan	13267	13525	11	375.93	355.35	9
贵　州	Guizhou	3895	4482	20	102.42	102.18	24
云　南	Yunnan	3797	3876	23	99.75	94.71	25
西　藏	Tibet	97	104	31	1.98	1.99	31
陕　西	Shaanxi	5081	5413	19	188.02	176.55	17
甘　肃	Gansu	2091	2148	27	68.60	63.83	27
青　海	Qinghai	568	575	29	21.64	20.94	29
宁　夏	Ningxia	1170	1245	28	33.81	32.80	28
新　疆	Xinjiang	2477	2707	26	75.24	72.01	26

11-2 规模以上工业企业工业销售产值
Sales Value of Industrial Enterprises Above Designated Size

单位：亿元

(100 million yuan)

地区	Region	工业销售产值（当年价格） Sales Value (current prices) 2010	2014	2015	2015排名 Ranking	其中：出口交货值 Among Them:Value of Export Delivery 2010	2014	2015	2015排名 Ranking
全　国	**National Total**	**684735.20**	**1092197.99**	**1104026.70**		**89910.12**	**118414.25**	**116013.09**	
北　京	Beijing	13526.57	18228.21	17279.27	21	1641.68	1426.88	1078.39	17
天　津	Tianjin	16571.45	27391.31	27460.49	15	2161.99	2850.77	2665.89	9
河　北	Hebei	30437.94	46685.47	45407.38	6	1154.22	1707.67	1548.57	14
山　西	Shanxi	12006.55	15213.51	12566.97	22	281.81	684.68	650.98	19
内蒙古	Inner Mongolia	13095.32	19516.65	18702.20	20	252.05	188.97	162.96	24
辽　宁	Liaoning	35441.68	48764.29	32926.82	12	2921.89	3113.20	2340.75	10
吉　林	Jilin	12911.00	22963.51	22529.20	16	227.37	412.44	395.52	21
黑龙江	Heilongjiang	9269.34	13139.38	11523.87	23	199.15	181.22	155.99	25
上　海	Shanghai	29838.11	32457.78	31214.32	13	8204.27	7620.49	7595.16	5
江　苏	Jiangsu	90804.96	141193.63	147391.94	1	18563.78	23311.45	23214.06	2
浙　江	Zhejiang	50196.32	64914.41	64279.38	5	10642.80	11927.07	11440.24	3
安　徽	Anhui	18277.48	36505.46	38798.25	10	818.50	2159.12	2177.81	11
福　建	Fujian	21410.83	37373.10	40216.04	8	4699.23	6603.85	6722.12	6
江　西	Jiangxi	13741.58	28727.02	30618.43	14	1124.91	2118.72	2113.21	12
山　东	Shandong	82652.14	139626.62	144233.55	2	6638.05	8671.02	8389.55	4
河　南	Henan	34532.45	67148.67	73367.30	4	632.48	3213.40	4004.25	7
湖　北	Hubei	21118.44	42012.20	44113.44	7	958.14	1456.40	1688.02	13
湖　南	Hunan	18731.35	34393.66	36231.56	11	494.65	1330.17	1411.32	16
广　东	Guangdong	83646.51	116336.46	121049.68	3	25919.08	32885.91	32035.16	1
广　西	Guangxi	9150.03	19629.10	21412.39	17	385.26	734.52	804.24	18
海　南	Hainan	1354.09	1901.15	1833.26	30	96.99	203.45	177.11	22
重　庆	Chongqing	8970.37	18438.72	20944.81	18	425.09	2725.64	2666.32	8
四　川	Sichuan	22634.86	37400.29	39213.22	9	862.20	1910.45	1411.95	15
贵　州	Guizhou	4014.54	9052.59	9821.08	24	90.06	122.94	140.15	26
云　南	Yunnan	6247.87	10022.04	9667.86	25	115.14	153.60	172.50	23
西　藏	Tibet	60.06	109.27	126.12	31	0.03	0.41	0.03	31
陕　西	Shaanxi	10853.25	19946.75	20248.22	19	244.01	479.53	580.13	20
甘　肃	Gansu	4691.45	7886.10	6942.06	27	47.54	84.84	97.99	27
青　海	Qinghai	1455.89	2475.45	2358.69	29	1.42	3.68	15.51	30
宁　夏	Ningxia	1866.09	3584.14	3604.23	28	52.14	82.66	93.79	28
新　疆	Xinjiang	5226.66	9161.04	7944.66	26	54.19	49.11	62.97	29

11-3 规模以上工业企业资产总计和利润总额

Total Assets and Total Profits of Industrial Enterprises Above Designated Size

单位：亿元 (100 million yuan)

地区	Region	资产总计 Total Assets 2010	2014	2015	2015排名 Ranking	利润总额 Total Profits 2010	2014	2015	2015排名 Ranking
全 国	**National Total**	**592881.89**	**956777.20**	**1023398.12**		**53049.66**	**68154.89**	**66187.07**	
北 京	Beijing	22750.58	33557.05	38609.76	8	1028.34	1515.75	1597.71	15
天 津	Tianjin	14584.31	23988.63	25242.98	17	1552.05	2261.83	2221.82	10
河 北	Hebei	24943.75	42555.67	42717.82	6	2141.47	2610.90	2360.99	8
山 西	Shanxi	18505.94	30574.37	32068.45	12	958.25	256.31	-30.69	30
内蒙古	Inner Mongolia	14691.38	27788.21	29458.05	15	1688.44	1299.32	1048.55	21
辽 宁	Liaoning	29076.78	39246.62	38573.04	9	2371.35	2107.63	1069.66	20
吉 林	Jilin	10196.15	16686.60	17993.28	22	843.21	1445.89	1208.47	19
黑龙江	Heilongjiang	10471.17	14995.19	15407.96	24	1248.82	1007.08	465.09	24
上 海	Shanghai	27555.88	35512.24	37306.95	10	2299.66	2650.00	2680.53	6
江 苏	Jiangsu	66134.06	101259.53	107061.73	1	5970.56	9057.17	9686.84	1
浙 江	Zhejiang	47282.79	64078.22	66626.71	4	3174.75	3729.13	3839.99	5
安 徽	Anhui	15930.28	28831.52	31359.95	13	1445.57	1943.62	2000.12	13
福 建	Fujian	16058.70	27978.35	29647.54	14	1754.18	2344.27	2359.82	9
江 西	Jiangxi	8637.45	16061.44	19217.51	19	909.77	2130.41	2114.65	12
山 东	Shandong	53761.28	93330.87	101343.50	2	6107.99	8843.91	8660.48	2
河 南	Henan	23467.42	50540.15	55710.97	5	3302.22	4946.19	4900.60	4
湖 北	Hubei	20894.32	32940.84	35399.12	11	1668.55	2402.63	2456.00	7
湖 南	Hunan	13038.95	22025.57	23575.75	18	1451.45	1688.30	1808.70	14
广 东	Guangdong	62626.90	87590.27	95411.22	3	6239.64	7014.99	7723.16	3
广 西	Guangxi	8667.45	14225.92	15122.30	25	771.59	1085.71	1279.06	18
海 南	Hainan	1621.38	2444.80	2788.06	30	140.04	113.36	103.61	26
重 庆	Chongqing	8099.01	15652.47	17846.08	23	518.59	1229.65	1411.86	17
四 川	Sichuan	22564.76	38359.92	40401.38	7	1661.85	2237.00	2171.26	11
贵 州	Guizhou	5960.13	11747.39	13540.06	26	317.63	628.68	732.76	22
云 南	Yunnan	9611.09	17458.16	18180.58	20	599.34	516.08	465.53	23
西 藏	Tibet	315.24	668.52	895.00	31	10.82	12.56	6.93	29
陕 西	Shaanxi	14688.70	26169.19	28227.39	16	1469.57	1877.44	1441.30	16
甘 肃	Gansu	6487.35	11348.25	11918.33	27	231.51	243.17	-91.89	31
青 海	Qinghai	3053.61	5414.09	5781.41	29	182.02	106.19	67.85	28
宁 夏	Ningxia	3293.16	6976.46	7801.07	28	138.00	118.06	85.34	27
新 疆	Xinjiang	7911.97	16770.69	18164.16	21	852.43	731.65	340.97	25

11-4 规模以上工业企业固定资产合计和流动资产合计

Total Fixed Assets and Total Current Assets of Industrial Enterprises Above Designated Size

单位：亿元 (100 million yuan)

地区	Region	固定资产合计 Total Fixed Assets 2015	2015排名 Ranking	流动资产合计 Total Current Assets 2015	2015排名 Ranking
全　国	**National Total**	**377568.47**		**469207.26**	
北　京	Beijing	6660.18	24	15221.43	11
天　津	Tianjin	8452.57	18	13068.21	14
河　北	Hebei	19745.87	5	16589.33	8
山　西	Shanxi	12749.59	12	12771.27	15
内蒙古	Inner Mongolia	12880.19	10	9824.82	18
辽　宁	Liaoning	14251.63	8	17661.38	7
吉　林	Jilin	7366.03	21	7872.21	21
黑龙江	Heilongjiang	6975.82	23	6246.43	24
上　海	Shanghai	8680.63	17	21374.44	6
江　苏	Jiangsu	36790.78	2	55376.44	1
浙　江	Zhejiang	18480.92	6	36808.14	4
安　徽	Anhui	12386.88	13	13988.02	13
福　建	Fujian	9657.01	15	14767.63	12
江　西	Jiangxi	8292.85	20	8047.34	20
山　东	Shandong	39913.79	1	45503.77	3
河　南	Henan	24065.68	4	25075.84	5
湖　北	Hubei	13328.90	9	15976.10	10
湖　南	Hunan	9903.94	14	10247.43	16
广　东	Guangdong	26943.69	3	54715.38	2
广　西	Guangxi	5749.81	26	6981.52	22
海　南	Hainan	1222.10	29	968.46	30
重　庆	Chongqing	7092.53	22	8094.98	19
四　川	Sichuan	16768.95	7	16015.98	9
贵　州	Guizhou	5440.98	27	5623.13	25
云　南	Yunnan	8350.96	19	6365.64	23
西　藏	Tibet	466.60	30	188.51	31
陕　西	Shaanxi	12874.63	11	10097.67	17
甘　肃	Gansu	5833.88	25	4246.87	27
青　海	Qinghai	3412.13	28	1518.32	29
宁　夏	Ningxia	9421.34	16	2623.56	28
新　疆	Xinjiang			5347.02	26

11-5 规模以上工业企业负债合计和流动负债合计

Total Liabilities and Current Liabilities of Industrial Enterprises above Designated Size

单位：亿元 (100 million yuan)

地区	Region	负债合计 Total Liabilities 2010	2014	2015	2015排名 Ranking	流动负债合计 Total Current Liabilities 2015	2015排名 Ranking
全　国	**National Total**	**340396.39**	**547031.43**	**579310.47**		**431884.87**	
北　京	Beijing	11548.07	17137.57	18102.44	13	12228.18	14
天　津	Tianjin	8825.23	14804.62	15863.30	17	13034.02	13
河　北	Hebei	15136.72	24172.80	23988.85	8	18693.91	6
山　西	Shanxi	12142.27	22514.07	24358.13	6	16309.47	8
内蒙古	Inner Mongolia	8642.76	17698.22	18677.23	11	11399.13	15
辽　宁	Liaoning	16896.14	22769.62	23787.06	9	17819.97	7
吉　林	Jilin	5474.03	9133.40	9862.29	22	6968.30	24
黑龙江	Heilongjiang	5776.59	8540.95	8688.38	25	6399.12	25
上　海	Shanghai	14500.46	17858.30	18111.05	12	16057.96	9
江　苏	Jiangsu	37878.51	55612.13	56888.77	1	48699.63	1
浙　江	Zhejiang	28681.36	37663.38	38086.78	4	32484.81	4
安　徽	Anhui	9565.86	16718.69	18028.15	14	13295.40	12
福　建	Fujian	8469.33	15213.14	15879.22	16	11302.15	16
江　西	Jiangxi	4840.00	8403.60	9599.03	23	7249.48	21
山　东	Shandong	28969.89	50842.84	54979.47	2	40400.28	3
河　南	Henan	12960.96	23717.27	26189.58	5	19615.51	5
湖　北	Hubei	12259.18	18193.00	19459.99	10	14914.59	11
湖　南	Hunan	7504.26	11688.15	12240.94	18	8477.96	18
广　东	Guangdong	35073.74	51173.28	54747.90	3	44295.88	2
广　西	Guangxi	5413.29	8871.08	9402.81	24	6983.02	23
海　南	Hainan	861.92	1318.16	1544.97	30	976.37	30
重　庆	Chongqing	4879.66	9761.43	11053.75	21	8244.91	19
四　川	Sichuan	13889.83	23413.64	24238.90	7	15127.72	10
贵　州	Guizhou	3865.34	7480.21	8600.79	26	5410.11	26
云　南	Yunnan	5735.24	10991.96	11782.30	19	7092.18	22
西　藏	Tibet	91.89	267.16	447.88	31	274.16	31
陕　西	Shaanxi	8348.75	14936.32	15940.52	15	10275.98	17
甘　肃	Gansu	4060.57	7205.54	7790.62	27	4894.72	27
青　海	Qinghai	1946.26	3690.85	3999.09	29	2188.74	29
宁　夏	Ningxia	2139.47	4677.35	5325.38	28	3268.85	28
新　疆	Xinjiang	4018.78	10562.69	11644.88	20	7502.39	20

11-6 规模以上工业企业所有者权益合计和实收资本

Total Owner's Equity and Paid-in Capital of Industrial Enterprises Above Designated Size

单位：亿元 (100 million yuan)

地区	Region	所有者权益合计 Total Owner's Equity				实收资本 Paid-in Capital	
		2010	2014	2015	2015排名 Ranking	2015	2015排名 Ranking
全 国	**National Total**	**251160.35**	**405981.71**	**440932.66**		**213182.37**	
北 京	Beijing	11202.50	16389.10	20480.19	6	10808.95	6
天 津	Tianjin	5759.04	9328.10	9344.82	18	5190.85	17
河 北	Hebei	9687.76	18196.23	18575.56	8	8740.72	8
山 西	Shanxi	6330.97	7975.81	7675.51	20	4629.72	19
内蒙古	Inner Mongolia	5982.08	10133.80	10728.44	16	6655.77	14
辽 宁	Liaoning	12082.43	16266.41	14743.93	11	7792.61	9
吉 林	Jilin	4678.85	7494.47	8105.08	19	4045.90	21
黑龙江	Heilongjiang	4668.40	6413.56	6707.89	22	2651.73	26
上 海	Shanghai	13055.42	17558.51	19088.40	7	9227.39	7
江 苏	Jiangsu	28255.55	45596.53	50021.44	1	24200.23	1
浙 江	Zhejiang	18601.43	26199.51	28430.76	5	13569.82	4
安 徽	Anhui	6308.09	11947.41	13082.98	13	6124.05	15
福 建	Fujian	7567.00	12525.08	13587.42	12	7363.48	10
江 西	Jiangxi	3752.06	7494.87	9537.70	17	4354.48	20
山 东	Shandong	24552.79	41562.21	45789.90	2	15633.94	3
河 南	Henan	10362.25	26438.56	28872.96	4	13071.82	5
湖 北	Hubei	8577.11	14624.35	15875.33	10	7132.11	11
湖 南	Hunan	5534.59	10255.09	11311.45	15	5257.40	16
广 东	Guangdong	27461.84	36149.22	40239.01	3	18754.95	2
广 西	Guangxi	3211.63	5285.64	5693.82	25	2915.26	24
海 南	Hainan	757.79	1128.08	1242.62	30	627.97	30
重 庆	Chongqing	3205.78	5789.71	6754.15	21	2863.37	25
四 川	Sichuan	8571.93	14703.51	16075.60	9	7037.99	12
贵 州	Guizhou	2081.15	4177.65	4927.23	26	3358.27	23
云 南	Yunnan	3857.72	6459.49	6386.35	24	3783.35	22
西 藏	Tibet	223.22	401.01	447.12	31	141.17	31
陕 西	Shaanxi	6311.19	11218.30	12329.59	14	6734.26	13
甘 肃	Gansu	2393.97	4079.08	4117.45	27	2436.36	27
青 海	Qinghai	1084.12	1701.96	1781.25	29	812.45	29
宁 夏	Ningxia	1153.29	2287.17	2459.99	28	2298.71	28
新 疆	Xinjiang	3888.40	6201.28	6518.53	23	4967.29	18

11-7 规模以上工业企业主营业务收入和主营业务成本
Revenue from Principal Business and Cost of Principal Business of Industrial Enterprises Above Designated Size

单位：亿元 (100 million yuan)

地区	Region	主营业务收入 Revenue from Principal Business				主营业务成本 Cost of Principal Business			
		2010	2014	2015	2015排名 Ranking	2010	2014	2015	2015排名 Ranking
全国	**National Total**	**697744.00**	**1107032.52**	**1109852.97**		**585256.80**	**943369.58**	**944857.26**	
北京	Beijing	14807.11	19776.67	18864.90	21	12611.21	16699.44	15710.97	20
天津	Tianjin	17319.62	28382.59	27969.58	15	14774.72	24276.11	23673.83	15
河北	Hebei	31628.93	47207.76	45648.10	6	27049.79	40935.69	39832.04	6
山西	Shanxi	12712.50	17801.12	14624.14	22	10235.84	15274.88	12663.46	22
内蒙古	Inner Mongolia	13387.83	19556.56	18925.61	20	10247.67	16095.48	15677.20	21
辽宁	Liaoning	36049.59	48801.56	33243.29	13	30578.87	42575.06	28635.12	13
吉林	Jilin	12647.34	23312.77	22321.96	16	10447.58	19411.85	18762.02	16
黑龙江	Heilongjiang	9899.14	13407.09	11719.03	23	7412.20	10732.56	9877.42	23
上海	Shanghai	32084.08	35473.82	34172.22	12	26937.73	29125.03	27596.43	14
江苏	Jiangsu	91077.41	141955.99	147074.45	1	78460.64	122437.72	126043.56	2
浙江	Zhejiang	50536.31	64371.53	63214.41	5	43300.73	54934.41	53346.93	5
安徽	Anhui	18164.60	36838.37	39064.41	9	15208.67	31708.03	33753.80	9
福建	Fujian	21479.37	37097.44	39591.28	8	18223.27	31768.28	33757.32	8
江西	Jiangxi	14250.47	31077.54	32954.82	14	12145.77	27270.11	29005.57	11
山东	Shandong	83663.00	143140.27	145628.87	2	71239.28	125137.46	127729.85	1
河南	Henan	36163.12	68037.47	73365.96	4	30316.67	58959.69	63992.81	4
湖北	Hubei	21151.56	41401.49	43179.21	7	17730.34	34843.30	36564.31	7
湖南	Hunan	18669.79	33489.43	35410.45	11	14925.93	27737.94	28807.96	12
广东	Guangdong	84114.85	115451.13	119157.86	3	71251.44	97844.17	100383.91	3
广西	Guangxi	9235.85	18916.79	20442.50	18	7707.42	16051.05	17198.14	18
海南	Hainan	1322.83	1756.99	1661.72	30	1008.13	1423.75	1299.18	30
重庆	Chongqing	9039.03	18688.63	20902.24	17	7593.51	15832.60	17665.06	17
四川	Sichuan	23062.82	38063.87	38645.91	10	19003.96	31963.29	32514.83	10
贵州	Guizhou	3926.01	8655.87	9876.81	24	3042.80	6732.87	7723.95	25
云南	Yunnan	6356.24	10358.22	9829.69	25	4853.23	8043.73	7585.45	26
西藏	Tibet	59.71	117.14	136.38	31	48.31	88.48	108.99	31
陕西	Shaanxi	10888.80	19524.89	19690.66	19	7982.21	15133.95	15798.81	19
甘肃	Gansu	5148.40	9275.09	8689.37	26	4196.71	8137.80	7756.67	24
青海	Qinghai	1525.08	2246.62	2170.66	29	1182.27	1874.95	1810.00	29
宁夏	Ningxia	1879.99	3526.51	3472.75	28	1590.95	3021.55	2990.59	28
新疆	Xinjiang	5492.61	9321.35	8203.73	27	3948.96	7298.33	6591.07	27

11-8 规模以上工业企业销售费用和管理费用

Sales Expenses and Administrative Expenses of Industrial Enterprises Above Designated Size

单位：亿元 (100 million yuan)

地区	Region	销售费用 Sales Expenses			管理费用 Administrative Expenses			
		2014	2015	2015排名 Ranking	2010	2014	2015	2015排名 Ranking
全　国	**National Total**	**28001.07**	**29150.24**		**28872.99**	**41120.97**	**43125.30**	
北　京	Beijing	867.55	925.25	12	644.83	919.14	956.61	15
天　津	Tianjin	646.11	655.37	16	561.06	827.24	890.93	18
河　北	Hebei	812.20	823.61	14	932.51	1384.93	1333.33	13
山　西	Shanxi	572.70	521.41	19	803.45	918.98	766.10	20
内蒙古	Inner Mongolia	461.67	464.04	22	489.45	826.73	727.95	22
辽　宁	Liaoning	1039.01	819.88	15	1550.11	1758.98	1438.35	11
吉　林	Jilin	899.74	864.07	13	658.00	980.69	990.54	14
黑龙江	Heilongjiang	308.45	303.55	24	495.93	619.43	629.63	23
上　海	Shanghai	1287.17	1313.33	6	1561.91	2140.66	2217.88	5
江　苏	Jiangsu	3293.15	3619.25	2	3022.39	5043.06	5484.02	2
浙　江	Zhejiang	1642.51	1707.04	4	2066.04	2872.91	3102.22	4
安　徽	Anhui	890.00	954.71	11	845.21	1282.91	1371.02	12
福　建	Fujian	946.53	1005.30	10	860.64	1330.05	1458.55	10
江　西	Jiangxi	516.53	561.68	18	384.24	753.24	765.09	21
山　东	Shandong	2663.62	2909.33	3	3191.97	3705.79	3825.63	3
河　南	Henan	1265.24	1368.46	5	956.14	1565.13	1653.82	7
湖　北	Hubei	1269.28	1281.28	7	1178.03	1704.51	1811.39	6
湖　南	Hunan	954.57	1064.86	9	1002.13	1358.22	1565.74	9
广　东	Guangdong	3954.80	4068.63	1	3280.67	5213.16	5901.68	1
广　西	Guangxi	441.67	473.07	21	648.30	766.55	846.80	19
海　南	Hainan	60.92	67.04	30	47.93	59.66	64.15	30
重　庆	Chongqing	531.43	604.36	17	486.63	777.87	899.71	17
四　川	Sichuan	1102.91	1157.77	8	1215.96	1494.21	1592.69	8
贵　州	Guizhou	296.89	329.40	23	228.56	435.90	496.23	24
云　南	Yunnan	267.73	275.24	25	371.07	463.00	450.86	25
西　藏	Tibet	8.84	6.29	31	5.97	10.35	10.11	31
陕　西	Shaanxi	491.96	501.52	20	712.14	987.22	926.23	16
甘　肃	Gansu	140.76	135.24	27	245.17	290.56	283.67	27
青　海	Qinghai	76.15	68.17	29	82.88	89.08	83.35	29
宁　夏	Ningxia	69.15	72.44	28	81.95	134.74	136.78	28
新　疆	Xinjiang	221.84	228.65	26	261.70	406.07	444.24	26

11-9 规模以上工业企业财务费用和营业利润

Financial Expenses and Operating Profits of Industrial Enterprises Above Designated Size

单位：亿元 (100 million yuan)

地区	Region	财务费用 Financial Expenses				营业利润 Operating Profits			
		2010	2014	2015	2015排名 Ranking	2010	2014	2015	2015排名 Ranking
全　国	**National Total**	**7024.68**	**13482.25**	**13494.24**		**55537.22**	**67254.92**	**63925.89**	
北　京	Beijing	125.23	214.49	211.66	23	956.01	1374.76	1381.06	16
天　津	Tianjin	111.20	231.33	203.63	24	1503.75	2235.12	2204.16	10
河　北	Hebei	341.92	646.38	585.37	8	2551.59	2570.05	2311.85	9
山　西	Shanxi	279.87	621.36	604.28	7	1035.50	223.90	-89.39	30
内蒙古	Inner Mongolia	203.60	487.31	446.97	12	2106.84	1531.23	1254.41	18
辽　宁	Liaoning	312.58	563.05	577.03	9	2458.90	2001.07	896.30	21
吉　林	Jilin	103.97	238.24	247.39	19	924.94	1421.90	1145.24	20
黑龙江	Heilongjiang	80.24	157.81	145.14	27	1256.31	973.99	397.66	24
上　海	Shanghai	110.07	102.25	146.28	26	2234.34	2468.88	2526.52	6
江　苏	Jiangsu	745.18	1298.13	1289.71	2	6526.75	9131.63	9636.43	1
浙　江	Zhejiang	753.30	1053.23	938.52	3	3092.69	3518.88	3590.24	5
安　徽	Anhui	199.97	435.93	460.12	11	1621.28	2014.39	2003.22	13
福　建	Fujian	218.12	409.12	431.07	13	1855.04	2360.50	2364.93	7
江　西	Jiangxi	107.69	209.75	203.63	24	920.32	2124.51	2071.25	11
山　东	Shandong	856.21	1612.28	1667.65	1	6355.76	8762.34	8467.69	2
河　南	Henan	385.65	721.28	775.26	4	3402.23	4928.83	4917.87	4
湖　北	Hubei	285.89	522.40	516.99	10	1817.98	2357.20	2313.30	8
湖　南	Hunan	217.43	394.07	426.25	14	1633.53	1765.92	1868.56	14
广　东	Guangdong	445.93	736.98	728.79	5	6199.89	6861.70	7247.08	3
广　西	Guangxi	134.77	240.83	240.28	21	799.89	1124.28	1230.02	19
海　南	Hainan	17.07	31.07	36.04	30	135.53	104.01	95.43	26
重　庆	Chongqing	97.26	216.53	217.20	22	571.19	1155.83	1307.87	17
四　川	Sichuan	292.99	696.40	690.41	6	1764.24	2196.92	2028.11	12
贵　州	Guizhou	96.56	238.95	248.47	18	301.28	599.93	669.03	22
云　南	Yunnan	128.93	356.27	363.41	15	602.64	465.98	406.64	23
西　藏	Tibet	0.29	1.91	4.90	31	2.90	6.22	5.23	29
陕　西	Shaanxi	121.35	327.46	329.96	16	1495.83	1903.00	1473.14	15
甘　肃	Gansu	74.69	210.93	241.99	20	236.07	208.04	-149.78	31
青　海	Qinghai	54.20	113.69	108.11	29	211.70	81.50	32.05	28
宁　夏	Ningxia	50.74	129.65	128.88	28	131.70	110.91	65.63	27
新　疆	Xinjiang	71.80	263.19	278.88	17	830.60	671.51	254.15	25

11-10 规模以上工业企业投资收益和亏损企业亏损额

Investment Income and Loss Ratio of Unprofitable Firms of Industrial Enterprises Above Designated Size

单位：亿元 (100 million yuan)

地区	Region	投资收益（损失以"-"号记）Investment Income (Loss is Marked as "-") 2015	2015排名 Ranking	亏损企业亏损额 Loss Ratio of Unprofitable Firms 2015	2015排名 Ranking
全　国	**National Total**	**3027.94**		**9366.84**	
北　京	Beijing	636.00	2	214.26	20
天　津	Tianjin	-18.16	28	209.40	21
河　北	Hebei	-293.86	31	480.84	7
山　西	Shanxi	42.96	15	619.52	2
内蒙古	Inner Mongolia	-6.15	26	532.28	4
辽　宁	Liaoning	71.12	11	608.97	3
吉　林	Jilin	126.08	8	274.24	17
黑龙江	Heilongjiang	11.04	21	220.92	19
上　海	Shanghai	697.99	1	320.60	13
江　苏	Jiangsu	148.66	7	715.73	1
浙　江	Zhejiang	245.32	4	347.72	11
安　徽	Anhui	100.19	9	279.73	16
福　建	Fujian	-3.98	25	259.40	18
江　西	Jiangxi	15.52	18	73.66	29
山　东	Shandong	211.81	5	525.14	5
河　南	Henan	58.93	14	444.67	8
湖　北	Hubei	192.19	6	310.78	14
湖　南	Hunan	31.02	16	185.89	22
广　东	Guangdong	580.99	3	510.18	6
广　西	Guangxi	-63.80	30	154.97	25
海　南	Hainan	12.30	20	23.45	30
重　庆	Chongqing	69.98	12	164.58	24
四　川	Sichuan	1.65	23	387.99	9
贵　州	Guizhou	15.33	19	152.72	26
云　南	Yunnan	68.86	13	298.25	15
西　藏	Tibet	0.91	24	17.49	31
陕　西	Shaanxi	90.39	10	181.43	23
甘　肃	Gansu	-41.48	29	329.94	12
青　海	Qinghai	-8.44	27	76.22	28
宁　夏	Ningxia	7.28	22	88.83	27
新　疆	Xinjiang	27.29	17	357.04	10

11-11 大型工业企业工业销售产值和资产总计
Sales Value and Total Assets of Large Industrial Enterprises

单位：亿元 (100 million yuan)

地区	Region	工业销售产值（当年价格）Sales Value (current prices) 2010	2014	2015	2015排名 Ranking	资产总计 Total Assets 2010	2014	2015	2015排名 Ranking
全 国	**National Total**	**226845.40**	**416600.15**	**405225.93**		**236257.00**	**450366.93**	**476028.20**	
北 京	Beijing	6489.42	11875.65	11305.66	12	7465.36	23515.43	27499.75	4
天 津	Tianjin	7236.53	14887.79	13985.58	9	6579.94	13183.01	14154.03	15
河 北	Hebei	11996.53	18330.09	16211.60	6	13426.10	22945.42	21328.24	6
山 西	Shanxi	5933.79	7606.30	6241.38	21	9826.62	16743.22	17178.07	12
内蒙古	Inner Mongolia	3539.24	5851.12	5335.58	22	5431.41	12242.76	12662.04	16
辽 宁	Liaoning	11080.37	14185.07	11212.85	14	13746.01	18605.73	19326.19	8
吉 林	Jilin	5884.90	9619.14	8047.90	18	4941.41	8733.22	9190.74	20
黑龙江	Heilongjiang	4618.18	5994.83	4519.17	24	5902.77	8802.46	8499.36	21
上 海	Shanghai	12776.78	17275.36	16674.77	5	11233.08	18785.83	19997.96	7
江 苏	Jiangsu	28449.35	54221.68	55513.92	1	22294.86	43531.04	45579.93	2
浙 江	Zhejiang	9344.65	15676.05	15299.49	8	7814.47	15164.62	16519.47	13
安 徽	Anhui	6348.04	12309.62	12296.54	11	6832.07	14114.65	15159.91	14
福 建	Fujian	4892.53	10755.95	11234.99	13	3806.52	9201.30	10104.12	18
江 西	Jiangxi	3259.50	6932.07	6830.62	20	3241.51	6239.66	6986.96	24
山 东	Shandong	26034.07	49997.29	49563.77	3	24163.79	45646.00	48482.24	1
河 南	Henan	9922.56	23152.70	24383.03	4	10750.10	21231.68	23223.45	5
湖 北	Hubei	8479.37	15656.00	15460.32	7	10988.42	16801.15	17866.20	11
湖 南	Hunan	4694.59	9489.15	9548.97	16	5075.53	10004.67	10465.31	17
广 东	Guangdong	27955.07	52291.72	53844.12	2	23503.23	39792.03	43265.74	3
广 西	Guangxi	2557.77	6626.68	7369.49	19	2531.13	5356.84	5585.74	26
海 南	Hainan	167.29	325.04	362.13	30	375.30	691.09	717.69	30
重 庆	Chongqing	3049.87	8592.10	9082.64	17	3164.98	7516.47	8492.02	22
四 川	Sichuan	5859.28	13624.26	13061.50	10	8112.69	18334.24	18116.10	9
贵 州	Guizhou	1463.11	2605.69	2320.18	27	2515.53	4875.15	5345.24	27
云 南	Yunnan	2233.43	4602.59	4203.25	25	3032.25	7714.59	7952.51	23
西 藏	Tibet	8.19		13.47	31	128.75		411.57	31
陕 西	Shaanxi	5202.64	10376.99	9884.73	15	8487.24	16953.12	17976.23	10
甘 肃	Gansu	2901.18	4898.27	4131.51	26	3694.90	6967.73	6870.65	25
青 海	Qinghai	767.10	1099.89	899.97	29	1814.96	2925.32	3153.84	29
宁 夏	Ningxia	756.72	1919.75	1836.88	28	1330.60	3921.11	4080.94	28
新 疆	Xinjiang	2943.35	5810.04	4549.93	23	4045.49	9563.87	9835.96	19

11-12 大型工业企业固定资产合计和流动资产合计
Total Fixed Assets and Total Current Assets of Large Industrial Enterprises

单位：亿元 (100 million yuan)

地区	Region	固定资产合计 Total Fixed Assets 2015	2015排名 Ranking	流动资产合计 Total Current Assets 2015	2015排名 Ranking
全　国	**National Total**	**171743.14**		**212169.27**	
北　京	Beijing	4968.61	16	8459.57	8
天　津	Tianjin	5224.50	13	6797.99	13
河　北	Hebei	10108.17	4	7662.89	9
山　西	Shanxi	6374.21	11	7544.84	10
内蒙古	Inner Mongolia	5132.19	14	4377.07	18
辽　宁	Liaoning	6487.17	9	8918.78	7
吉　林	Jilin	3636.15	20	4141.86	19
黑龙江	Heilongjiang	3960.59	18	3341.99	22
上　海	Shanghai	5021.40	15	10159.64	5
江　苏	Jiangsu	15524.70	2	22767.75	3
浙　江	Zhejiang	4015.92	17	9149.01	6
安　徽	Anhui	6379.87	10	6150.26	14
福　建	Fujian	3328.76	22	4942.47	17
江　西	Jiangxi	2731.83	25	3471.41	21
山　东	Shandong	17515.33	1	22928.63	2
河　南	Henan	9415.63	5	11125.26	4
湖　北	Hubei	6911.15	8	7479.63	11
湖　南	Hunan	3719.89	19	5363.37	16
广　东	Guangdong	11379.71	3	25735.38	1
广　西	Guangxi	2085.49	28	2653.69	24
海　南	Hainan	362.20	30	243.55	30
重　庆	Chongqing	3155.55	24	3959.17	20
四　川	Sichuan	7153.00	7	7064.71	12
贵　州	Guizhou	2117.28	27	2251.82	27
云　南	Yunnan	3334.17	21	2816.06	23
西　藏	Tibet	262.66	31	51.76	31
陕　西	Shaanxi	8784.93	6	5893.21	15
甘　肃	Gansu	3289.72	23	2375.78	26
青　海	Qinghai	2138.88	26	656.62	29
宁　夏	Ningxia	1756.67	29	1115.85	28
新　疆	Xinjiang	5466.82	12	2569.25	25

11-13 大型工业企业负债合计和流动负债合计
Total Liabilities and Current Liability Assets of Large Industrial Enterprises

单位：亿元 (100 million yuan)

地区	Region	负债合计 Total Liabilities 2010	2014	2015	2015排名 Ranking	流动负债合计 Current Liability Assets 2015	2015排名 Ranking
全　国	**National Total**	**138521.92**	**267845.66**	**281147.08**		**207775.02**	
北　京	Beijing	3962.04	12020.79	12456.57	8	7434.44	11
天　津	Tianjin	4125.85	8381.79	9262.62	14	7551.60	10
河　北	Hebei	8629.08	14009.12	13346.21	5	10632.24	5
山　西	Shanxi	6290.80	12084.45	12715.27	7	7823.89	9
内蒙古	Inner Mongolia	3087.60	7524.94	7742.28	16	5017.57	16
辽　宁	Liaoning	8714.62	11911.90	13064.42	6	9639.84	6
吉　林	Jilin	2811.54	5086.63	5184.09	21	3931.93	19
黑龙江	Heilongjiang	3015.58	4946.48	4745.03	22	3557.60	22
上　海	Shanghai	5735.42	9042.16	9276.34	13	8315.99	7
江　苏	Jiangsu	13107.30	24379.06	24864.64	3	20888.72	3
浙　江	Zhejiang	4355.30	7946.02	8435.98	15	7136.86	13
安　徽	Anhui	4380.28	8894.20	9503.44	12	6630.42	14
福　建	Fujian	2237.58	5367.46	5818.99	19	3793.18	20
江　西	Jiangxi	2055.37	3836.23	4260.81	25	3369.98	23
山　东	Shandong	13761.62	27217.45	28855.37	1	21422.40	2
河　南	Henan	6760.49	12714.74	14036.07	4	11110.82	4
湖　北	Hubei	6580.95	9744.73	10502.12	10	8231.50	8
湖　南	Hunan	3235.25	6206.49	6482.16	17	4544.23	17
广　东	Guangdong	12800.06	24138.85	25805.22	2	21725.29	1
广　西	Guangxi	1701.37	3504.98	3677.12	26	2879.59	25
海　南	Hainan	235.43	415.09	413.10	30	274.91	30
重　庆	Chongqing	1942.91	4836.37	5446.37	20	4052.47	18
四　川	Sichuan	5124.58	11544.02	11427.76	9	7229.15	12
贵　州	Guizhou	1611.55	2917.86	3194.08	27	2019.35	27
云　南	Yunnan	1499.38	4633.49	4739.36	23	2745.24	26
西　藏	Tibet	19.95		154.14	31	62.99	31
陕　西	Shaanxi	4690.18	9670.32	10195.09	11	6284.82	15
甘　肃	Gansu	2272.82	4354.96	4464.00	24	3037.74	24
青　海	Qinghai	1196.11	1993.30	2179.89	29	952.22	29
宁　夏	Ningxia	866.01	2686.98	2868.08	28	1743.71	28
新　疆	Xinjiang	1714.87	5760.17	6030.46	18	3734.33	21

11-14 大型工业企业所有者权益合计和实收资本
Total Owner's Equity and Paid-in Capital of Large Industrial Enterprises

单位：亿元 (100 million yuan)

地区	Region	所有者权益合计 Total Owner's Equity 2010	2014	2015	2015排名 Ranking	实收资本 Paid-in Capital 2015	2015排名 Ranking
全　国	**National Total**	**97415.22**	**182322.71**	**194826.78**		**81128.91**	
北　京	Beijing	3503.32	11494.65	15043.18	4	8270.93	2
天　津	Tianjin	2454.08	5032.70	4877.29	15	2367.58	13
河　北	Hebei	4757.36	8915.76	7982.03	8	3123.52	9
山　西	Shanxi	3534.96	4636.38	4462.80	16	1955.26	17
内蒙古	Inner Mongolia	2333.18	4704.36	4919.76	14	2274.09	16
辽　宁	Liaoning	5017.71	6667.85	6254.71	12	3480.47	7
吉　林	Jilin	2113.11	3674.88	4010.47	18	1002.43	25
黑龙江	Heilongjiang	2878.30	3855.88	3754.32	21	1244.12	23
上　海	Shanghai	5497.65	9724.47	10680.80	5	4635.71	5
江　苏	Jiangsu	9187.57	19151.97	20715.28	1	8518.72	1
浙　江	Zhejiang	3459.16	7208.60	8083.49	7	2997.89	11
安　徽	Anhui	2451.77	5200.70	5622.32	13	2279.68	15
福　建	Fujian	1568.90	3797.37	4285.13	17	1906.04	18
江　西	Jiangxi	1165.07	2393.32	2726.15	24	992.78	26
山　东	Shandong	10323.27	18274.27	19626.87	2	5128.37	4
河　南	Henan	3929.89	8479.63	9187.38	6	3467.26	8
湖　北	Hubei	4402.11	7115.99	7364.08	10	2280.24	14
湖　南	Hunan	1840.28	3756.19	3983.15	19	1401.47	20
广　东	Guangdong	10690.24	15653.40	17453.68	3	6643.68	3
广　西	Guangxi	824.76	1823.13	1908.63	27	746.34	27
海　南	Hainan	139.86	276.00	304.60	30	172.05	30
重　庆	Chongqing	1219.95	2679.21	3046.93	23	1221.22	24
四　川	Sichuan	2970.20	6767.55	6688.34	11	2455.17	12
贵　州	Guizhou	37.66	1940.32	2147.43	26	638.03	28
云　南	Yunnan	1532.72	3080.11	3213.15	22	1322.49	21
西　藏	Tibet	108.80		257.43	31	47.60	31
陕　西	Shaanxi	3796.03	7279.26	7828.42	9	4304.91	6
甘　肃	Gansu	1410.95	2589.88	2406.65	25	1295.54	22
青　海	Qinghai	605.35	924.61	973.95	29	344.66	29
宁　夏	Ningxia	464.59	1231.77	1212.87	28	1528.29	19
新　疆	Xinjiang	2330.62	3803.60	3805.49	20	3082.37	10

11-15 大型工业企业主营业务收入和主营业务成本

Revenue from Principal Business and Cost of Principal Business of Large Industrial Enterprises

单位：亿元 (100 million yuan)

地区	Region	主营业务收入 Revenue from Principal Business				主营业务成本 Cost of Principal Business			
		2010	2014	2015	2015排名 Ranking	2010	2014	2015	2015排名 Ranking
全　国	**National Total**	**238016.82**	**436745.72**	**421567.32**		**198078.38**	**367371.93**	**354972.97**	
北　京	Beijing	7200.85	12698.62	12017.79	12	6362.47	10974.54	10243.44	12
天　津	Tianjin	7570.35	15443.62	14232.19	9	6293.19	12969.57	11865.76	9
河　北	Hebei	13134.42	19203.84	17070.58	6	11501.62	16819.39	15118.36	5
山　西	Shanxi	6550.60	10335.32	8442.60	20	5216.20	8854.31	7313.88	19
内蒙古	Inner Mongolia	3789.85	6257.36	5609.53	23	2864.52	5037.55	4606.55	23
辽　宁	Liaoning	11620.77	14424.21	11638.10	13	9779.19	12233.30	9669.01	13
吉　林	Jilin	5704.11	10411.19	8735.02	18	4750.45	8440.15	7128.84	20
黑龙江	Heilongjiang	5142.44	6284.72	4827.90	24	3511.74	4557.63	3908.46	24
上　海	Shanghai	14198.13	19341.36	18776.75	5	12096.62	15766.34	15062.37	6
江　苏	Jiangsu	28653.42	55165.54	55800.22	1	24839.95	47828.80	48052.10	1
浙　江	Zhejiang	9573.37	15512.80	15001.54	8	8075.40	13011.66	12187.50	8
安　徽	Anhui	6417.61	13141.10	13224.00	10	5301.60	11233.23	11323.25	10
福　建	Fujian	4946.43	10731.03	11184.70	14	4199.90	9084.80	9289.22	14
江　西	Jiangxi	3676.81	8725.50	8642.02	19	3167.34	7684.68	7607.29	17
山　东	Shandong	27316.67	53054.30	51666.73	3	22992.76	45889.62	44937.52	2
河　南	Henan	11122.44	24698.90	25831.88	4	9463.51	21679.96	22889.73	4
湖　北	Hubei	8665.21	15963.28	15881.60	7	7268.03	13128.19	13316.35	7
湖　南	Hunan	4770.85	9295.36	9298.45	16	3782.15	7487.92	7317.54	18
广　东	Guangdong	28450.38	51880.81	52877.20	2	23956.89	42885.61	43439.36	3
广　西	Guangxi	2639.06	6426.89	7174.42	21	2194.74	5449.82	6068.83	21
海　南	Hainan	159.53	343.59	350.35	30	116.05	265.59	272.72	30
重　庆	Chongqing	3117.76	8783.13	9093.01	17	2623.82	7515.88	7729.60	16
四　川	Sichuan	6370.42	14732.75	12855.59	11	5155.93	12275.94	10735.35	11
贵　州	Guizhou	1511.71	2794.97	2982.30	27	1116.11	1951.10	2099.85	27
云　南	Yunnan	2289.78	4943.03	4437.80	26	1590.71	3529.15	3041.03	26
西　藏	Tibet	9.26		25.93	31	17.77		36.69	31
陕　西	Shaanxi	5215.81	10440.89	10003.63	15	3653.55	7780.88	7894.73	15
甘　肃	Gansu	3494.35	6821.03	6398.11	22	2846.38	6012.61	5765.51	22
青　海	Qinghai	835.39	1049.80	994.55	29	644.61	827.78	776.87	29
宁　夏	Ningxia	757.83	1876.97	1727.22	28	616.74	1619.10	1483.13	28
新　疆	Xinjiang	3111.21	5948.40	4765.61	25	2078.44	4548.78	3792.13	25

11-16 大型工业企业销售费用和管理费用
Sales Expenses and Administrative Expenses of Large Industrial Enterprises

单位：亿元 (100 million yuan)

地区	Region	销售费用 Sales Expenses 2014	销售费用 Sales Expenses 2015	2015排名 Ranking	管理费用 Administrative Expenses 2010	管理费用 Administrative Expenses 2014	管理费用 Administrative Expenses 2015	2015排名 Ranking
全　国	**National Total**	**12108.81**	**12192.79**		**9870.73**	**16723.25**	**17176.93**	
北　京	Beijing	501.35	533.31	5	183.00	389.47	394.95	19
天　津	Tianjin	379.55	391.55	11	187.34	368.31	414.81	16
河　北	Hebei	298.73	307.66	16	414.08	657.89	602.94	9
山　西	Shanxi	388.29	348.15	12	465.91	559.39	430.81	14
内蒙古	Inner Mongolia	195.48	212.58	19	155.56	296.36	280.84	21
辽　宁	Liaoning	354.44	342.73	13	602.34	686.32	640.53	8
吉　林	Jilin	489.99	444.52	8	264.10	413.51	395.64	18
黑龙江	Heilongjiang	123.88	102.87	25	301.80	357.17	355.23	20
上　海	Shanghai	567.77	547.02	4	450.41	992.24	1017.26	4
江　苏	Jiangsu	1312.18	1382.70	2	784.24	1730.75	1845.98	2
浙　江	Zhejiang	516.60	532.23	6	287.17	671.29	750.96	5
安　徽	Anhui	307.30	339.33	14	425.03	536.60	552.53	11
福　建	Fujian	320.08	333.66	15	228.45	380.84	419.29	15
江　西	Jiangxi	174.75	182.16	22	121.48	243.90	259.58	24
山　东	Shandong	1084.34	1135.80	3	1225.86	1553.11	1533.10	3
河　南	Henan	416.42	435.30	9	407.45	676.36	673.78	6
湖　北	Hubei	523.77	469.45	7	528.05	650.99	664.72	7
湖　南	Hunan	240.24	248.36	18	215.35	409.72	432.34	13
广　东	Guangdong	2397.68	2371.20	1	1059.08	2493.06	2848.10	1
广　西	Guangxi	170.08	199.18	21	107.33	213.80	268.29	22
海　南	Hainan	16.14	16.51	30	6.42	10.84	12.69	30
重　庆	Chongqing	259.88	276.50	17	150.94	366.23	408.68	17
四　川	Sichuan	422.01	392.06	10	334.04	579.71	579.87	10
贵　州	Guizhou	90.74	94.30	26	77.80	136.46	140.41	27
云　南	Yunnan	99.75	112.05	23	124.60	204.96	197.92	25
西　藏	Tibet		0.04	31			1.12	31
陕　西	Shaanxi	214.44	201.86	20	396.16	587.31	493.87	12
甘　肃	Gansu	76.04	69.84	27	143.81	191.74	182.17	26
青　海	Qinghai	37.29	35.94	28	35.35	43.12	40.27	29
宁　夏	Ningxia	27.52	28.37	29	40.11	77.02	71.25	28
新　疆	Xinjiang	102.07	105.57	24	147.45	244.79	266.97	23

11-17 大型工业企业财务费用和营业利润

Financial Expenses and Operating Profit of Large Industrial Enterprises

单位：亿元 (100 million yuan)

地区	Region	财务费用 Financial Expenses 2010	2014	2015	2015排名 Ranking	营业利润 Operating Profit 2010	2014	2015	2015排名 Ranking
全　国	**National Total**	**2259.68**	**5572.06**	**5563.80**		**18425.16**	**25589.81**	**22063.23**	
北　京	Beijing	49.15	151.53	133.00	19	294.88	914.22	970.16	8
天　津	Tianjin	50.19	120.56	93.78	20	817.16	1428.23	1279.47	5
河　北	Hebei	173.82	355.15	298.58	6	774.71	547.61	333.49	18
山　西	Shanxi	133.74	338.53	325.16	5	529.09	122.55	-51.39	30
内蒙古	Inner Mongolia	55.59	221.32	177.30	12	635.86	386.68	187.88	22
辽　宁	Liaoning	123.39	280.30	330.69	4	549.65	308.68	-11.06	28
吉　林	Jilin	34.43	70.64	77.69	22	502.75	764.98	484.49	13
黑龙江	Heilongjiang	25.92	66.97	59.28	27	828.67	590.80	60.37	24
上　海	Shanghai	-2.19	-14.13	46.34	29	1036.13	1573.09	1624.69	4
江　苏	Jiangsu	222.01	464.50	466.22	2	2058.00	3361.65	3433.84	2
浙　江	Zhejiang	107.39	169.62	145.04	14	629.36	1058.18	1165.30	6
安　徽	Anhui	73.88	199.54	229.25	8	549.85	559.35	431.22	15
福　建	Fujian	45.33	117.82	135.79	18	422.32	641.78	672.48	11
江　西	Jiangxi	34.44	78.22	67.80	25	190.70	418.93	336.75	17
山　东	Shandong	320.98	768.97	784.12	1	2187.17	3126.37	2799.25	3
河　南	Henan	160.25	327.88	359.06	3	653.74	1262.34	1123.52	7
湖　北	Hubei	115.61	216.26	209.73	10	737.11	842.39	741.61	9
湖　南	Hunan	64.00	160.61	167.00	13	405.21	356.12	304.72	20
广　东	Guangdong	113.92	219.31	210.84	9	1820.12	3318.73	3535.72	1
广　西	Guangxi	41.58	77.10	75.19	23	169.87	379.99	399.50	16
海　南	Hainan	4.09	13.16	14.16	30	23.81	34.83	34.41	25
重　庆	Chongqing	28.95	75.91	74.76	24	149.76	463.48	479.25	14
四　川	Sichuan	72.75	269.88	257.39	7	388.39	784.93	503.12	12
贵　州	Guizhou	36.91	99.47	90.26	21	134.71	300.09	319.08	19
云　南	Yunnan	21.02	150.25	141.66	15	222.05	210.60	223.78	21
西　藏	Tibet	-0.13		1.34	31	-8.54		-13.20	29
陕　西	Shaanxi	42.10	194.20	192.26	11	811.45	1124.07	724.68	10
甘　肃	Gansu	34.91	118.30	140.53	17	151.80	138.57	-163.47	31
青　海	Qinghai	36.18	59.20	58.50	28	98.39	68.07	28.51	26
宁　夏	Ningxia	16.33	59.98	59.47	26	76.96	42.67	16.78	27
新　疆	Xinjiang	23.15	140.42	140.71	16	584.04	472.89	88.28	23

11-18 大型工业企业利润总额和平均用工人数

Total Profit and Value Added Tax Payable of Large Industrial Enterprises

地区	Region	利润总额（亿元） Total Profit (100 million yuan) 2010	2014	2015	2015排名 Ranking	平均用工人数（万人） Average Number of Employed Persons (10 000 persons) 2014	2015	2015排名 Ranking
全　国	**National Total**	**17630.35**	**26350.78**	**23582.32**		**3030.70**	**2951.81**	
北　京	Beijing	299.89	969.24	1070.90	8	32.14	31.34	23
天　津	Tianjin	848.13	1443.87	1297.12	5	44.89	42.33	18
河　北	Hebei	619.61	590.19	380.39	17	104.37	101.55	9
山　西	Shanxi	513.33	141.48	-16.95	30	58.99	59.65	17
内蒙古	Inner Mongolia	573.32	350.19	199.85	22	36.80	34.46	20
辽　宁	Liaoning	523.12	382.20	85.02	25	100.99	72.74	13
吉　林	Jilin	431.00	796.77	551.56	13	30.31	28.57	25
黑龙江	Heilongjiang	825.55	612.32	98.58	24	29.48	29.17	24
上　海	Shanghai	1049.72	1642.26	1709.19	4	72.04	66.66	15
江　苏	Jiangsu	1815.78	3289.15	3412.59	2	320.04	313.60	2
浙　江	Zhejiang	631.99	1146.29	1263.29	6	225.64	214.50	5
安　徽	Anhui	442.79	525.75	451.46	15	76.21	75.84	12
福　建	Fujian	416.17	648.07	668.56	11	163.41	159.11	6
江　西	Jiangxi	192.37	442.90	370.96	18	91.94	95.31	11
山　东	Shandong	2143.19	3212.00	2925.77	3	241.96	234.10	4
河　南	Henan	646.72	1267.03	1083.60	7	236.22	251.03	3
湖　北	Hubei	684.44	873.79	831.85	9	100.70	97.22	10
湖　南	Hunan	311.99	394.78	334.74	20	118.92	121.86	7
广　东	Guangdong	1869.17	3439.55	3902.18	1	540.00	523.67	1
广　西	Guangxi	181.61	348.00	416.12	16	70.09	71.52	14
海　南	Hainan	25.09	36.15	35.60	27	5.59	5.11	30
重　庆	Chongqing	128.46	522.34	544.94	14	57.78	61.79	16
四　川	Sichuan	374.85	841.15	593.98	12	117.52	110.13	8
贵　州	Guizhou	140.04	312.07	356.72	19	31.35	31.52	22
云　南	Yunnan	224.40	234.50	243.45	21	34.99	33.90	21
西　藏	Tibet	-1.97		-12.91	29	0.73	0.69	31
陕　西	Shaanxi	813.67	1113.93	694.54	10	43.02	40.93	19
甘　肃	Gansu	141.03	161.19	-123.57	31	13.28	13.09	27
青　海	Qinghai	98.81	82.46	52.20	26	5.74	5.45	29
宁　夏	Ningxia	73.49	41.21	24.65	28	7.67	7.81	28
新　疆	Xinjiang	592.58	500.11	135.93	23	17.91	17.14	26

11-19 大型工业企业投资收益和亏损企业亏损额

Return on Investment Income and Amount of Loss of Large-sized Industrial Enterprises

单位：亿元 (100 million yuan)

地区	Region	投资收益（损失以"-"号记） Investment Income (Loss is Marked as "-") 2015	2015排名 Ranking	亏损企业亏损额 Loss Ratio of Unprofitable Firms 2015	2015排名 Ranking
全 国	**National Total**	**2977.33**		**4419.14**	
北 京	Beijing	511.98	2	48.07	24
天 津	Tianjin	22.53	20	71.67	22
河 北	Hebei	-38.42	30	290.34	3
山 西	Shanxi	32.09	18	253.11	4
内蒙古	Inner Mongolia	38.27	17	246.38	5
辽 宁	Liaoning	89.47	10	406.08	1
吉 林	Jilin	94.00	8	194.12	12
黑龙江	Heilongjiang	2.15	27	133.17	14
上 海	Shanghai	588.89	1	89.45	19
江 苏	Jiangsu	92.74	9	234.39	7
浙 江	Zhejiang	121.45	6	48.79	23
安 徽	Anhui	97.30	7	187.06	13
福 建	Fujian	41.67	16	105.02	17
江 西	Jiangxi	18.47	21	36.69	27
山 东	Shandong	223.20	4	225.72	9
河 南	Henan	54.62	14	299.39	2
湖 北	Hubei	194.17	5	207.10	10
湖 南	Hunan	41.86	15	100.03	18
广 东	Guangdong	501.64	3	126.83	15
广 西	Guangxi	17.79	22	38.74	26
海 南	Hainan	3.44	26	2.43	31
重 庆	Chongqing	62.05	13	88.02	20
四 川	Sichuan	27.32	19	199.32	11
贵 州	Guizhou	12.22	24	25.52	29
云 南	Yunnan	63.78	12	113.86	16
西 藏	Tibet	0.02	29	13.05	30
陕 西	Shaanxi	87.08	11	85.91	21
甘 肃	Gansu	-43.89	31	244.85	6
青 海	Qinghai	1.21	28	30.58	28
宁 夏	Ningxia	5.58	25	45.29	25
新 疆	Xinjiang	12.64	23	228.18	8

11-20 中型工业企业工业销售产值和资产总计
Sales Value and Total Assets of Medium-sized Industrial Enterprises

单位：亿元 (100 million yuan)

地区	Region	工业销售产值（当年价格） Sales Value (current prices) 2010	2014	2015	2015排名 Ranking	资产总计 Total Assets 2010	2014	2015	2015排名 Ranking
全 国	**National Total**	**199057.02**	**269375.63**	**275163.79**		**191194.55**	**229069.82**	**242810.41**	
北 京	Beijing	3879.69	2996.54	3075.64	22	11607.66	4934.94	5481.19	16
天 津	Tianjin	5254.66	6316.98	6483.39	15	4320.15	5227.18	5184.44	19
河 北	Hebei	7760.96	10724.33	10739.87	8	6113.44	8379.04	9207.52	7
山 西	Shanxi	4032.00	4053.86	3390.56	21	6060.32	8937.77	9557.48	6
内蒙古	Inner Mongolia	4573.75	5839.31	5814.32	17	5527.96	7724.59	8515.40	10
辽 宁	Liaoning	6971.18	9993.51	6396.45	16	6372.92	8174.00	8157.00	11
吉 林	Jilin	2235.40	3235.56	3485.93	20	2340.49	2891.79	2929.92	25
黑龙江	Heilongjiang	2096.43	2310.35	2249.41	24	2505.92	2540.87	2841.25	26
上 海	Shanghai	9146.95	6895.51	6542.37	14	8550.34	7572.79	7896.06	12
江 苏	Jiangsu	25363.62	34977.87	36925.42	1	21845.14	25184.23	26542.62	1
浙 江	Zhejiang	18462.54	20344.40	20061.78	5	18337.41	19912.56	20502.39	3
安 徽	Anhui	4679.31	6938.97	7522.98	12	4520.48	5486.35	5891.16	14
福 建	Fujian	7927.10	12330.83	11897.00	6	6572.93	10038.12	9034.98	8
江 西	Jiangxi	2901.53	9859.35	10871.45	7	2438.38	4604.67	5805.70	15
山 东	Shandong	21425.29	28514.53	28736.23	3	15102.49	19223.83	20382.66	4
河 南	Henan	10829.48	21185.15	23761.95	4	7077.57	14806.79	16290.04	5
湖 北	Hubei	5710.47	9352.23	9821.25	10	5370.46	6485.11	6630.87	13
湖 南	Hunan	3880.14	8261.39	9127.16	11	3687.13	4814.48	5325.13	17
广 东	Guangdong	27446.62	30367.55	31941.74	2	22246.28	24011.05	26211.64	2
广 西	Guangxi	3164.26	6791.91	6979.94	13	3458.33	5039.31	5239.44	18
海 南	Hainan	896.58	1153.01	1105.95	26	913.55	1036.97	1288.17	29
重 庆	Chongqing	2882.05	4757.36	5630.86	18	2816.22	3860.41	4391.22	21
四 川	Sichuan	7511.92	9829.01	10281.72	9	7828.10	8395.78	8560.60	9
贵 州	Guizhou	1294.76	2251.43	2411.33	23	2168.69	3521.25	3896.09	23
云 南	Yunnan	2450.18	2161.87	2213.19	25	4101.00	4169.29	4003.37	22
西 藏	Tibet	23.62	50.01	47.87	31	96.75	215.43	173.97	31
陕 西	Shaanxi	2891.40	4216.62	4185.13	19	3576.36	4725.64	5123.70	20
甘 肃	Gansu	1008.24	1066.37	994.69	28	1375.55	1438.89	1677.47	27
青 海	Qinghai	435.43	585.39	588.68	30	781.43	1170.03	1201.55	30
宁 夏	Ningxia	660.90	799.88	781.96	29	1391.26	1562.10	1621.64	28
新 疆	Xinjiang	1260.60	1214.53	1097.59	27	2089.85	2984.56	3245.73	24

11-21 中型工业企业固定资产合计和流动资产合计

Total Fixed Assets and Total Current Assets of Medium-sized Industrial Enterprises

单位：亿元 (100 million yuan)

地区	Region	固定资产合计 Total Fixed Assets 2015	2015排名 Ranking	流动资产合计 Total Current Assets 2015	2015排名 Ranking
全　国	**National Total**	**90770.92**		**113295.12**	
北　京	Beijing	870.92	26	3283.34	12
天　津	Tianjin	1639.50	20	2689.67	15
河　北	Hebei	4214.46	7	3871.79	10
山　西	Shanxi	4215.88	6	2951.57	13
内蒙古	Inner Mongolia	3751.75	8	2726.00	14
辽　宁	Liaoning	3016.94	10	4047.40	8
吉　林	Jilin	1246.87	25	1171.85	25
黑龙江	Heilongjiang	1256.99	24	1182.57	24
上　海	Shanghai	1603.80	22	5034.50	6
江　苏	Jiangsu	9520.47	1	13517.70	2
浙　江	Zhejiang	6096.87	5	10609.24	3
安　徽	Anhui	2294.19	15	2625.91	16
福　建	Fujian	2871.30	12	4594.99	7
江　西	Jiangxi	2924.49	11	2013.85	19
山　东	Shandong	7737.66	3	10018.36	4
河　南	Henan	7852.95	2	6850.72	5
湖　北	Hubei	2411.28	14	3351.72	11
湖　南	Hunan	2627.91	13	2006.82	20
广　东	Guangdong	7634.50	4	14508.15	1
广　西	Guangxi	2126.59	17	2314.02	17
海　南	Hainan	628.71	29	413.75	30
重　庆	Chongqing	1767.99	19	2024.81	18
四　川	Sichuan	3210.96	9	3920.44	9
贵　州	Guizhou	1806.02	18	1379.20	23
云　南	Yunnan	1633.65	21	1501.08	22
西　藏	Tibet	44.75	31	48.87	31
陕　西	Shaanxi	2215.80	16	1905.62	21
甘　肃	Gansu	829.78	27	645.23	27
青　海	Qinghai	483.97	30	432.89	29
宁　夏	Ningxia	754.88	28	624.65	28
新　疆	Xinjiang	1479.09	23	1028.42	26

11-22 中型工业企业负债合计和流动负债合计

Total Liabilities and Current Liability Assets of Medium-sized Industrial Enterprises

单位：亿元 (100 million yuan)

地区	Region	负债合计 Total Liabilities 2010	2014	2015	2015排名 Ranking	流动负债合计 Current Liability Assets 2015	2015排名 Ranking
全　国	**National Total**	**111326.24**	**129958.66**	**135561.25**		**104357.48**	
北　京	Beijing	5518.13	2434.85	2792.99	20	2284.11	16
天　津	Tianjin	2592.72	3125.49	2986.48	16	2486.92	15
河　北	Hebei	3732.70	4658.88	4844.21	9	3753.00	8
山　西	Shanxi	4088.82	6900.05	7730.07	5	5706.33	5
内蒙古	Inner Mongolia	3238.87	5027.77	5588.33	7	3218.40	12
辽　宁	Liaoning	3840.18	4689.88	4935.07	8	3817.76	7
吉　林	Jilin	1363.68	1571.55	1645.28	26	1243.38	26
黑龙江	Heilongjiang	1598.29	1581.88	1719.22	25	1286.32	25
上　海	Shanghai	4626.81	3950.30	3982.70	12	3494.84	11
江　苏	Jiangsu	12439.74	13620.63	13819.70	2	11799.02	1
浙　江	Zhejiang	11089.94	11649.18	11589.64	3	9804.88	3
安　徽	Anhui	2755.84	2981.09	3238.91	14	2497.20	14
福　建	Fujian	3346.54	5447.32	4608.73	11	3544.47	10
江　西	Jiangxi	1385.14	2168.21	2466.19	22	1826.48	21
山　东	Shandong	8849.18	11043.97	11492.95	4	8982.89	4
河　南	Henan	3955.06	6184.66	6656.65	6	4733.40	6
湖　北	Hubei	3338.37	3624.71	3571.64	13	2772.54	13
湖　南	Hunan	2219.91	2354.30	2428.78	23	1729.54	23
广　东	Guangdong	12503.93	13403.47	14218.85	1	11539.73	2
广　西	Guangxi	2099.02	3008.11	3126.60	15	2263.00	17
海　南	Hainan	460.53	540.61	742.58	30	435.48	30
重　庆	Chongqing	1678.99	2354.24	2668.49	21	2101.11	19
四　川	Sichuan	4832.34	4793.48	4748.37	10	3578.67	9
贵　州	Guizhou	1454.93	2445.62	2850.45	19	1778.74	22
云　南	Yunnan	2623.32	2645.89	2861.12	18	2069.67	20
西　藏	Tibet	45.29	109.50	77.45	31	44.29	31
陕　西	Shaanxi	2209.69	2824.87	2962.22	17	2102.02	18
甘　肃	Gansu	868.97	986.58	1121.80	27	718.68	28
青　海	Qinghai	465.84	779.49	833.34	29	587.97	29
宁　夏	Ningxia	908.38	1064.40	1093.93	28	725.69	27
新　疆	Xinjiang	1195.10	1987.67	2158.51	24	1430.94	24

11-23 中型工业企业所有者权益合计和实收资本

Total Owner's Equity and Paid-in Capital of Medium-sized Industrial Enterprises

单位：亿元 (100 million yuan)

地区	Region	所有者权益合计 Total Owner's Equity 2010	2014	2015	2015排名 Ranking	实收资本 Paid-in Capital 2015	2015排名 Ranking
全 国	**National Total**	**79401.38**	**98589.22**	**107120.92**		**51803.53**	
北 京	Beijing	6089.54	2500.09	2688.20	15	1212.15	18
天 津	Tianjin	1727.43	2047.16	2192.43	17	1202.30	19
河 北	Hebei	2340.08	3689.60	4340.10	7	1719.78	8
山 西	Shanxi	1949.82	2024.87	1817.22	20	1469.10	13
内蒙古	Inner Mongolia	2251.21	2680.09	2927.08	13	1523.15	11
辽 宁	Liaoning	2511.63	3476.10	3238.24	11	1557.11	10
吉 林	Jilin	970.10	1315.69	1291.26	22	525.29	25
黑龙江	Heilongjiang	899.67	949.20	1122.04	24	513.41	26
上 海	Shanghai	3923.53	3617.58	3904.17	8	1937.39	7
江 苏	Jiangsu	9405.40	11563.59	12722.92	1	6123.51	1
浙 江	Zhejiang	7247.47	8266.00	8911.77	4	4155.60	4
安 徽	Anhui	1746.27	2477.33	2621.64	16	1408.84	14
福 建	Fujian	3208.98	4556.62	4424.99	6	2084.75	6
江 西	Jiangxi	1042.88	2414.96	3334.92	10	1360.36	17
山 东	Shandong	6175.34	8098.29	8881.06	5	3441.51	5
河 南	Henan	3080.49	8594.52	9623.53	3	4292.50	3
湖 北	Hubei	2010.92	2849.20	3059.10	12	1395.07	15
湖 南	Hunan	1467.21	2449.31	2899.29	14	1639.93	9
广 东	Guangdong	9702.49	10552.58	11946.54	2	6102.81	2
广 西	Guangxi	1341.53	1995.82	2112.08	19	1373.30	16
海 南	Hainan	452.85	499.29	545.60	28	315.48	28
重 庆	Chongqing	1132.86	1494.08	1720.78	21	732.00	22
四 川	Sichuan	2965.32	3580.11	3811.22	9	1518.29	12
贵 州	Guizhou	705.18	1055.88	1045.71	26	716.69	23
云 南	Yunnan	1467.49	1518.08	1142.25	23	785.80	21
西 藏	Tibet	51.46	105.93	96.53	31	46.03	31
陕 西	Shaanxi	1356.96	1899.48	2161.48	18	1109.08	20
甘 肃	Gansu	492.44	439.67	555.66	27	308.57	29
青 海	Qinghai	308.83	387.97	368.20	30	210.45	30
宁 夏	Ningxia	482.71	493.90	527.71	29	325.89	27
新 疆	Xinjiang	893.27	996.22	1087.22	25	697.40	24

11-24 中型工业企业主营业务收入和主营业务成本
Revenue from Principal Business and Cost of Principal Business of Medium-sized Industrial Enterprises

单位：亿元 (100 million yuan)

地区	Region	主营业务收入 Revenue from Principal Business				主营业务成本 Cost of Principal Business			
		2010	2014	2015	2015排名 Ranking	2010	2014	2015	2015排名 Ranking
全　国	**National Total**	**200996.90**	**268281.40**	**272360.51**		**167138.16**	**228113.79**	**230665.36**	
北　京	Beijing	4186.60	3341.15	3522.90	20	3386.33	2591.53	2765.21	21
天　津	Tianjin	5454.09	6398.77	6720.86	14	4699.16	5526.06	5667.82	13
河　北	Hebei	7796.98	10619.11	10546.00	8	6478.53	8948.56	8950.89	8
山　西	Shanxi	4094.92	4035.08	3312.17	21	3245.19	3415.03	2813.80	20
内蒙古	Inner Mongolia	4647.36	5766.58	5843.28	17	3485.25	4785.50	4893.50	17
辽　宁	Liaoning	7042.25	9994.97	6392.93	16	5955.22	8555.75	5396.52	16
吉　林	Jilin	2273.33	3155.19	3151.32	22	1746.20	2583.55	2603.38	22
黑龙江	Heilongjiang	2232.77	2370.61	2280.26	23	1772.17	1972.86	1881.33	24
上　海	Shanghai	9619.98	7361.81	6933.27	13	7918.91	6000.36	5507.64	14
江　苏	Jiangsu	25405.22	35214.88	37014.00	1	21258.96	29898.85	31156.28	1
浙　江	Zhejiang	18647.45	20099.54	19676.02	5	15815.82	17341.25	16898.63	5
安　徽	Anhui	4615.46	6830.06	7347.30	12	3739.01	5790.74	6220.18	12
福　建	Fujian	7933.81	12193.84	11749.87	6	6631.91	10455.59	9994.55	6
江　西	Jiangxi	2943.53	10101.75	11026.42	7	2485.76	8746.14	9637.08	7
山　东	Shandong	21507.20	28924.84	28927.98	3	18524.86	25426.09	25334.75	3
河　南	Henan	11028.25	20912.65	23411.80	4	9343.99	18075.09	20334.42	4
湖　北	Hubei	5608.34	9076.63	9427.55	10	4657.10	7663.54	7910.31	10
湖　南	Hunan	3841.55	8025.34	8807.73	11	3102.17	6683.90	7157.40	11
广　东	Guangdong	27623.46	30119.45	31367.20	2	23170.48	25644.65	26567.83	2
广　西	Guangxi	3201.47	6569.01	6602.00	15	2653.94	5528.58	5429.61	15
海　南	Hainan	868.19	1007.52	950.66	27	664.51	838.29	728.60	28
重　庆	Chongqing	2882.78	4807.34	5719.66	18	2427.81	4058.11	4824.78	18
四　川	Sichuan	7484.54	9706.94	10044.76	9	6084.93	8159.04	8453.92	9
贵　州	Guizhou	1241.25	2016.45	2183.98	25	991.08	1621.63	1761.62	25
云　南	Yunnan	2471.16	2182.84	2219.20	24	1946.74	1813.82	1919.61	23
西　藏	Tibet	22.71	52.84	46.73	31	13.21	29.85	30.81	31
陕　西	Shaanxi	2945.20	3955.29	3891.51	19	2243.49	3065.92	3050.89	19
甘　肃	Gansu	956.48	928.47	840.33	28	788.21	803.72	741.98	27
青　海	Qinghai	439.75	492.25	499.25	30	328.06	429.39	444.85	30
宁　夏	Ningxia	665.11	786.24	789.76	29	572.52	659.08	678.23	29
新　疆	Xinjiang	1315.71	1233.94	1113.82	26	1006.64	1001.32	908.92	26

11-25 中型工业企业销售费用和管理费用
Sales Expenses and of Administrative Expenses Medium-sized Industrial Enterprises

单位：亿元 (100 million yuan)

地区	Region	销售费用 Sales Expenses			管理费用 Administrative Expenses			
		2014	2015	2015排名 Ranking	2010	2014	2015	2015排名 Ranking
全　国	**National Total**	**6982.49**	**7373.18**		**9037.52**	**10667.02**	**11193.02**	
北　京	Beijing	212.32	222.24	11	231.26	254.15	270.70	14
天　津	Tianjin	126.00	116.29	21	207.44	208.79	208.18	20
河　北	Hebei	203.86	199.28	13	260.00	329.87	319.16	12
山　西	Shanxi	85.11	82.30	24	255.39	251.38	230.58	18
内蒙古	Inner Mongolia	132.88	121.61	20	180.86	227.26	211.57	19
辽　宁	Liaoning	277.87	202.36	12	301.88	423.70	329.03	11
吉　林	Jilin	136.86	124.16	19	140.75	170.22	167.66	22
黑龙江	Heilongjiang	86.59	91.91	22	102.24	120.72	124.82	24
上　海	Shanghai	371.68	409.08	6	579.70	515.87	536.21	5
江　苏	Jiangsu	906.08	1058.44	1	977.38	1385.04	1520.17	2
浙　江	Zhejiang	504.20	521.32	4	778.98	876.24	928.84	3
安　徽	Anhui	184.65	185.68	14	190.54	248.59	268.25	15
福　建	Fujian	284.04	303.55	9	294.61	423.07	441.26	9
江　西	Jiangxi	165.05	181.23	15	109.73	223.09	236.36	16
山　东	Shandong	552.96	606.13	3	841.11	780.19	802.87	4
河　南	Henan	387.68	436.79	5	282.04	458.76	503.19	6
湖　北	Hubei	275.06	287.17	10	340.83	425.55	446.48	8
湖　南	Hunan	275.36	314.32	8	250.54	364.10	454.14	7
广　东	Guangdong	789.53	861.56	2	1159.18	1408.16	1564.71	1
广　西	Guangxi	127.99	127.46	17	274.94	312.78	315.77	13
海　南	Hainan	30.78	36.67	27	26.95	31.44	31.35	28
重　庆	Chongqing	134.12	157.78	16	190.90	197.25	231.81	17
四　川	Sichuan	301.43	326.65	7	458.16	410.23	440.08	10
贵　州	Guizhou	84.49	77.35	25	79.28	128.61	127.08	23
云　南	Yunnan	92.15	82.74	23	160.31	131.45	119.25	25
西　藏	Tibet	5.36	1.68	31	2.44	4.32	3.88	31
陕　西	Shaanxi	124.40	124.51	18	178.44	191.57	191.70	21
甘　肃	Gansu	27.59	27.58	28	67.07	45.08	44.78	27
青　海	Qinghai	24.77	19.81	30	31.81	23.86	23.13	30
宁　夏	Ningxia	19.65	19.92	29	24.88	27.29	30.04	29
新　疆	Xinjiang	51.97	45.61	26	57.87	68.40	69.96	26

11-26 中型工业企业财务费用和营业利润
Financial Expenses and Operating Profit of Medium-sized Industrial Enterprises

单位：亿元 (100 million yuan)

地区	Region	财务费用 Financial Expenses				营业利润 Operating Profit			
		2010	2014	2015	2015排名 Ranking	2010	2014	2015	2015排名 Ranking
全　国	**National Total**	**2418.07**	**3441.19**	**3305.70**		**17965.42**	**17609.31**	**17511.70**	
北　京	Beijing	58.20	32.93	45.80	24	477.76	284.76	251.15	20
天　津	Tianjin	35.53	55.34	51.66	21	443.28	491.36	592.37	10
河　北	Hebei	85.98	122.55	115.33	10	767.97	868.24	800.93	8
山　西	Shanxi	107.14	192.72	187.65	6	402.62	0.98	-70.35	31
内蒙古	Inner Mongolia	84.02	137.30	135.61	8	795.58	495.26	431.48	16
辽　宁	Liaoning	83.45	118.70	108.32	11	603.14	484.12	260.86	19
吉　林	Jilin	27.29	48.20	47.15	23	150.97	189.77	175.28	21
黑龙江	Heilongjiang	31.67	40.69	39.64	25	212.62	140.82	131.37	22
上　海	Shanghai	60.00	45.73	31.97	26	676.67	478.85	503.20	14
江　苏	Jiangsu	229.44	330.42	321.49	2	2173.02	2625.52	2829.16	1
浙　江	Zhejiang	294.48	333.24	291.66	3	1322.17	1074.26	1056.59	5
安　徽	Anhui	61.23	81.48	74.07	17	556.62	486.86	531.51	12
福　建	Fujian	82.40	144.03	130.37	9	803.59	880.02	804.72	7
江　西	Jiangxi	30.38	64.83	64.39	19	214.48	845.55	835.75	6
山　东	Shandong	249.12	353.72	342.81	1	1582.35	1623.43	1577.19	4
河　南	Henan	117.35	211.23	216.35	5	1070.47	1677.66	1780.94	3
湖　北	Hubei	89.73	113.34	106.38	12	571.06	612.25	617.70	9
湖　南	Hunan	66.13	90.98	96.58	13	391.66	463.66	520.71	13
广　东	Guangdong	182.65	236.35	231.20	4	2394.18	1818.11	1890.84	2
广　西	Guangxi	46.33	88.10	83.51	15	306.30	412.78	452.29	15
海　南	Hainan	10.79	10.61	15.58	30	73.38	26.21	37.04	24
重　庆	Chongqing	37.53	68.75	59.43	20	212.68	340.64	418.09	17
四　川	Sichuan	108.52	153.23	141.38	7	716.94	601.48	589.69	11
贵　州	Guizhou	41.96	77.67	85.12	14	91.38	95.41	108.97	23
云　南	Yunnan	67.66	73.60	80.99	16	262.02	76.56	5.10	28
西　藏	Tibet	0.35	0.66	0.33	31	6.58	11.66	9.33	27
陕　西	Shaanxi	47.16	74.71	71.69	18	370.16	411.75	355.21	18
甘　肃	Gansu	18.33	31.07	28.99	28	51.12	15.56	-14.60	30
青　海	Qinghai	12.24	25.48	19.54	29	81.05	-2.16	-12.69	29
宁　夏	Ningxia	24.72	37.90	31.50	27	35.49	33.78	21.93	25
新　疆	Xinjiang	26.29	45.62	49.21	22	148.13	44.17	19.94	26

11-27 中型工业企业利润总额和平均用工人数

Total Profit and Average Number of Employed Persons of Medium-sized Industrial Enterprises

地区	Region	利润总额（亿元） Total Profit (100 million yuan)				平均用工人数（万人） Average Number of Employed Persons (10 000 persons)		
		2010	2014	2015	2015排名 Ranking	2014	2015	2015排名 Ranking
全　国	**National Total**	**17346.83**	**17802.13**	**17982.59**		**3030.70**	**2951.81**	
北　京	Beijing	514.34	334.26	305.27	20	32.14	31.34	23
天　津	Tianjin	459.37	502.89	597.43	11	44.89	42.33	18
河　北	Hebei	646.41	861.81	799.68	7	104.37	101.55	9
山　西	Shanxi	368.25	3.53	-57.01	31	58.99	59.65	17
内蒙古	Inner Mongolia	656.92	453.17	385.75	17	36.80	34.46	20
辽　宁	Liaoning	590.74	504.64	319.47	19	100.99	72.74	13
吉　林	Jilin	153.95	195.86	182.07	21	30.31	28.57	25
黑龙江	Heilongjiang	216.34	150.65	147.88	22	29.48	29.17	24
上　海	Shanghai	700.79	548.90	535.70	12	72.04	66.66	15
江　苏	Jiangsu	2044.47	2627.15	2868.08	1	320.04	313.60	2
浙　江	Zhejiang	1366.01	1121.74	1113.21	5	225.64	214.50	5
安　徽	Anhui	522.39	455.91	487.25	14	76.21	75.84	12
福　建	Fujian	773.90	867.42	796.88	8	163.41	159.11	6
江　西	Jiangxi	212.64	845.50	849.56	6	91.94	95.31	11
山　东	Shandong	1459.59	1632.04	1635.14	4	241.96	234.10	4
河　南	Henan	1019.36	1690.09	1795.13	3	236.22	251.03	3
湖　北	Hubei	516.24	627.03	650.79	9	100.70	97.22	10
湖　南	Hunan	379.35	433.62	497.37	13	118.92	121.86	7
广　东	Guangdong	2444.39	1830.89	1960.27	2	540.00	523.67	1
广　西	Guangxi	295.74	410.83	476.06	15	70.09	71.52	14
海　南	Hainan	74.88	33.17	43.34	24	5.59	5.11	30
重　庆	Chongqing	191.74	347.16	431.05	16	57.78	61.79	16
四　川	Sichuan	694.20	605.97	613.90	10	117.52	110.13	8
贵　州	Guizhou	100.85	103.52	118.88	23	31.35	31.52	22
云　南	Yunnan	257.80	85.88	21.05	27	34.99	33.90	21
西　藏	Tibet	7.11	12.99	9.67	28	0.73	0.69	31
陕　西	Shaanxi	357.38	395.55	350.11	18	43.02	40.93	19
甘　肃	Gansu	55.66	20.82	-7.78	30	13.28	13.09	27
青　海	Qinghai	65.86	3.79	-6.20	29	5.74	5.45	29
宁　夏	Ningxia	42.35	36.55	24.74	26	7.67	7.81	28
新　疆	Xinjiang	157.81	58.78	37.85	25	17.91	17.14	26

11-28 中型工业企业投资收益和亏损企业亏损额

Return on Investment Income and Amount of Loss of Medium-sized Industrial Enterprises

单位：亿元 (100 million yuan)

地区	Region	投资收益（损失以“-”号记） Investment Income (Loss is Marked as "-") 2015	2015排名 Ranking	亏损企业亏损额 Loss Ratio of Unprofitable Firms 2015	2015排名 Ranking
全　国	**National Total**	**179.18**		**2434.61**	
北　京	Beijing	88.86	1	107.81	7
天　津	Tianjin	-19.92	30	47.69	20
河　北	Hebei	-136.94	31	90.36	11
山　西	Shanxi	7.07	11	248.87	1
内蒙古	Inner Mongolia	6.61	12	181.15	2
辽　宁	Liaoning	3.40	17	97.19	8
吉　林	Jilin	16.99	6	40.53	24
黑龙江	Heilongjiang	7.60	10	41.23	23
上　海	Shanghai	64.31	3	80.93	14
江　苏	Jiangsu	37.43	4	180.26	3
浙　江	Zhejiang	72.05	2	83.48	13
安　徽	Anhui	3.60	16	36.59	25
福　建	Fujian	-15.78	29	91.27	10
江　西	Jiangxi	-0.72	24	14.31	29
山　东	Shandong	14.43	7	163.73	4
河　南	Henan	1.90	20	96.62	9
湖　北	Hubei	5.96	13	42.17	22
湖　南	Hunan	-5.87	26	47.99	19
广　东	Guangdong	18.39	5	162.49	5
广　西	Guangxi	-11.86	27	62.99	16
海　南	Hainan	4.99	15	11.37	30
重　庆	Chongqing	7.90	9	31.30	27
四　川	Sichuan	-11.97	28	89.84	12
贵　州	Guizhou	2.59	19	69.28	15
云　南	Yunnan	3.22	18	112.69	6
西　藏	Tibet	0.17	23	0.12	31
陕　西	Shaanxi	5.35	14	48.52	18
甘　肃	Gansu	1.29	21	45.13	21
青　海	Qinghai	-3.30	25	31.41	26
宁　夏	Ningxia	1.15	22	23.01	28
新　疆	Xinjiang	10.27	8	54.27	17

11-29 小型工业企业工业销售产值和资产总计
Sales Value and Total Assets of Small Industrial Enterprises

单位：亿元 (100 million yuan)

地区	Region	工业销售产值（当年价格） Sales Value (current prices) 2010	2014	2015	2015排名 Ranking	资产总计 Total Assets 2010	2014	2015	2015排名 Ranking
全 国	National Total	258832.78	406222.21	423636.98		165430.34	277340.46	304559.51	
北 京	Beijing	3157.45	3356.02	2897.97	25	3677.55	5106.67	5628.83	19
天 津	Tianjin	4080.26	6186.54	6991.52	18	3684.22	5578.45	5904.51	17
河 北	Hebei	10680.45	17631.06	18455.91	8	5404.20	11231.21	12182.07	7
山 西	Shanxi	2040.77	3553.36	2935.03	24	2618.99	4893.38	5332.90	20
内蒙古	Inner Mongolia	4982.34	7826.22	7552.31	16	3732.00	7820.86	8280.60	13
辽 宁	Liaoning	17390.13	24585.71	15317.51	12	8957.86	12466.89	11089.86	8
吉 林	Jilin	4790.71	10108.81	10995.38	14	2914.25	5061.60	5872.62	18
黑龙江	Heilongjiang	2554.73	4834.21	4755.29	22	2062.48	3651.86	4067.35	26
上 海	Shanghai	7914.38	8286.91	7997.18	15	7772.46	9153.62	9412.93	12
江 苏	Jiangsu	36992.00	51994.09	54952.60	2	21994.06	32544.27	34939.18	1
浙 江	Zhejiang	22389.13	28893.95	28918.12	4	21130.91	29001.04	29604.85	3
安 徽	Anhui	7250.13	17256.86	18978.73	6	4577.74	9230.51	10308.88	11
福 建	Fujian	8591.20	14286.31	17084.05	10	5679.26	8738.92	10508.43	10
江 西	Jiangxi	7580.56	11935.61	12916.35	13	2957.57	5217.11	6424.85	15
山 东	Shandong	35192.78	61114.80	65933.55	1	14495.00	28461.05	32478.60	2
河 南	Henan	13780.41	22810.82	25222.32	5	5639.75	14501.69	16197.47	5
湖 北	Hubei	6928.60	17003.97	18831.87	7	4535.43	9654.58	10902.06	9
湖 南	Hunan	10156.62	16643.12	17555.44	9	4276.30	7206.42	7785.31	14
广 东	Guangdong	28244.82	33677.18	35263.82	3	16877.38	23787.19	25933.84	4
广 西	Guangxi	3428.01	6210.51	7062.96	17	2677.99	3829.77	4297.12	25
海 南	Hainan	290.22	423.10	365.18	30	332.54	716.74	782.20	30
重 庆	Chongqing	3038.46	5089.26	6231.32	19	2117.81	4275.59	4962.84	23
四 川	Sichuan	9263.65	13947.02	15870.00	11	6623.96	11629.91	13724.69	6
贵 州	Guizhou	1256.68	4195.48	5089.56	21	1275.91	3350.99	4298.73	24
云 南	Yunnan	1564.27	3257.57	3251.41	23	2477.84	5574.28	6224.70	16
西 藏	Tibet	28.25	47.97	64.78	31	89.74	189.55	309.46	31
陕 西	Shaanxi	2759.21	5353.14	6178.37	20	2625.10	4490.43	5217.46	21
甘 肃	Gansu	782.03	1921.46	1815.87	27	1416.89	2941.64	3370.21	27
青 海	Qinghai	253.36	790.16	870.03	29	457.22	1318.73	1426.02	29
宁 夏	Ningxia	448.47	864.52	985.39	28	571.30	1493.26	2098.49	28
新 疆	Xinjiang	1022.71	2136.46	2297.15	26	1776.62	4222.25	5082.47	22

11-30 小型工业企业固定资产合计和流动资产合计
Total Fixed Assets and Total Current Assets of Small-sized Industrial Enterprises

单位：亿元 (100 million yuan)

地区	Region	固定资产合计 Total Fixed Assets 2015	2015排名 Ranking	流动资产合计 Total Current Assets 2015	2015排名 Ranking
全　国	**National Total**	**115054.41**		**143742.87**	
北　京	Beijing	820.65	28	3478.52	14
天　津	Tianjin	1588.56	24	3580.55	13
河　北	Hebei	5423.24	7	5054.65	10
山　西	Shanxi	2159.50	19	2274.86	20
内蒙古	Inner Mongolia	3996.25	10	2721.75	16
辽　宁	Liaoning	4747.51	8	4695.20	12
吉　林	Jilin	2483.01	16	2558.50	18
黑龙江	Heilongjiang	1758.24	22	1721.86	26
上　海	Shanghai	2055.43	20	6180.29	6
江　苏	Jiangsu	11745.61	2	19090.99	1
浙　江	Zhejiang	8368.12	3	17049.89	2
安　徽	Anhui	3712.83	11	5211.85	8
福　建	Fujian	3456.95	13	5230.16	7
江　西	Jiangxi	2636.53	15	2562.08	17
山　东	Shandong	14660.81	1	12556.78	4
河　南	Henan	6797.09	5	7099.86	5
湖　北	Hubei	4006.47	9	5144.74	9
湖　南	Hunan	3556.15	12	2877.25	15
广　东	Guangdong	7929.48	4	14471.85	3
广　西	Guangxi	1537.73	25	2013.81	23
海　南	Hainan	231.19	30	311.17	30
重　庆	Chongqing	2168.99	18	2111.00	21
四　川	Sichuan	6405.00	6	5030.83	11
贵　州	Guizhou	1517.68	26	1992.10	24
云　南	Yunnan	3383.14	14	2048.51	22
西　藏	Tibet	159.19	31	87.88	31
陕　西	Shaanxi	1873.90	21	2298.84	19
甘　肃	Gansu	1714.38	23	1225.87	27
青　海	Qinghai	789.28	29	428.80	29
宁　夏	Ningxia	896.06	27	883.07	28
新　疆	Xinjiang	2475.42	17	1749.35	25

11-31 小型工业企业负债合计和流动负债合计

Total Liabilities and Current Liability Assets of Small-sized Industrial Enterprises

单位：亿元 (100 million yuan)

地区	Region	负债合计 Total Liabilities 2010	2014	2015	2015排名 Ranking	流动负债合计 Current Liability Assets 2015	2015排名 Ranking
全　国	**National Total**	**90548.23**	**149227.11**	**162602.13**		**119752.38**	
北　京	Beijing	2067.91	2681.93	2852.88	22	2509.63	16
天　津	Tianjin	2106.66	3297.34	3614.20	16	2995.51	14
河　北	Hebei	2774.93	5504.80	5798.43	6	4308.67	7
山　西	Shanxi	1762.65	3529.57	3912.79	15	2779.25	15
内蒙古	Inner Mongolia	2316.29	5145.51	5346.62	11	3163.16	13
辽　宁	Liaoning	4341.34	6167.84	5787.56	7	4362.37	5
吉　林	Jilin	1298.81	2475.22	3032.91	19	1793.00	24
黑龙江	Heilongjiang	1162.71	2012.58	2224.13	26	1555.20	26
上　海	Shanghai	4138.22	4865.84	4852.01	13	4247.13	8
江　苏	Jiangsu	12331.48	17612.43	18204.43	1	16011.89	1
浙　江	Zhejiang	13236.12	18068.18	18061.16	2	15543.06	2
安　徽	Anhui	2429.74	4843.41	5285.81	12	4167.78	9
福　建	Fujian	2885.21	4398.36	5451.51	9	3964.50	10
江　西	Jiangxi	1399.50	2399.16	2872.03	21	2053.02	21
山　东	Shandong	6359.09	12581.42	14631.14	4	9994.99	4
河　南	Henan	2245.41	4817.86	5496.85	8	3771.29	12
湖　北	Hubei	2339.86	4823.56	5386.23	10	3910.54	11
湖　南	Hunan	2049.10	3127.37	3330.00	18	2204.19	19
广　东	Guangdong	9769.75	13630.96	14723.84	3	11030.86	3
广　西	Guangxi	1612.91	2358.00	2599.10	24	1840.43	23
海　南	Hainan	165.96	362.47	389.29	30	265.98	30
重　庆	Chongqing	1257.76	2570.81	2938.90	20	2091.32	20
四　川	Sichuan	3932.91	7076.14	8062.78	5	4319.90	6
贵　州	Guizhou	798.86	2116.73	2556.26	25	1612.01	25
云　南	Yunnan	1612.54	3712.58	4181.82	14	2277.27	18
西　藏	Tibet	26.65	83.04	216.29	31	166.88	31
陕　西	Shaanxi	1448.88	2441.13	2783.20	23	1889.14	22
甘　肃	Gansu	918.79	1864.00	2204.82	27	1138.30	27
青　海	Qinghai	284.31	918.06	985.86	29	648.54	29
宁　夏	Ningxia	365.08	925.98	1363.38	28	799.45	28
新　疆	Xinjiang	1108.81	2814.85	3455.91	17	2337.12	17

11-32 小型工业企业所有者权益合计和实收资本
Total Owner's Equity and Paid-in Capital of Small-sized Industrial Enterprises

单位：亿元

(100 million yuan)

地区	Region	所有者权益合计 Total Owner's Equity 2010	2014	2015	2015排名 Ranking	实收资本 Paid-in Capital 2015	2015排名 Ranking
全　国	**National Total**	**74343.74**	**125069.78**	**138984.95**		**80249.93**	
北　京	Beijing	1609.65	2394.36	2748.82	17	1325.87	20
天　津	Tianjin	1577.52	2248.23	2275.11	19	1620.98	19
河　北	Hebei	2590.32	5590.87	6253.43	6	3897.43	6
山　西	Shanxi	846.19	1314.56	1395.49	26	1205.36	22
内蒙古	Inner Mongolia	1397.68	2749.36	2881.60	15	2858.52	10
辽　宁	Liaoning	4553.09	6122.47	5250.98	9	2755.03	11
吉　林	Jilin	1595.64	2503.89	2803.35	16	2518.18	13
黑龙江	Heilongjiang	890.43	1608.49	1831.53	22	894.20	25
上　海	Shanghai	3634.24	4216.47	4503.44	12	2654.29	12
江　苏	Jiangsu	9662.58	14880.96	16583.23	2	9558.00	1
浙　江	Zhejiang	7894.80	10724.91	11435.49	3	6416.33	3
安　徽	Anhui	2110.05	4269.37	4839.02	11	2435.52	14
福　建	Fujian	2789.12	4171.08	4877.30	10	3372.69	8
江　西	Jiangxi	1544.11	2686.59	3476.83	14	2001.35	17
山　东	Shandong	8054.18	15189.65	17281.97	1	7064.06	2
河　南	Henan	3351.88	9364.41	10062.05	5	5312.06	5
湖　北	Hubei	2164.07	4659.16	5452.15	8	3456.80	7
湖　南	Hunan	2227.10	4049.59	4429.01	13	2216.00	15
广　东	Guangdong	7069.10	9943.24	10838.79	4	6008.47	4
广　西	Guangxi	1045.35	1466.69	1673.11	24	795.62	27
海　南	Hainan	165.08	352.78	392.43	30	140.43	30
重　庆	Chongqing	852.97	1616.41	1986.44	21	910.15	24
四　川	Sichuan	2636.40	4355.85	5576.04	7	3064.52	9
贵　州	Guizhou	472.52	1181.45	1734.09	23	2003.55	16
云　南	Yunnan	857.51	1861.31	2030.95	20	1675.05	18
西　藏	Tibet	62.97	106.16	93.16	31	47.55	31
陕　西	Shaanxi	1158.19	2039.56	2339.68	18	1320.28	21
甘　肃	Gansu	490.58	1049.54	1155.14	27	832.25	26
青　海	Qinghai	169.93	389.38	439.10	29	257.34	29
宁　夏	Ningxia	205.99	561.51	719.41	28	444.53	28
新　疆	Xinjiang	664.51	1401.47	1625.82	25	1187.52	23

11-33 小型工业企业主营业务收入和主营业务成本
Revenue from Principal Business and Cost of Principal Business of Small Industrial Enterprises

单位：亿元 (100 million yuan)

地区	Region	主营业务收入 Revenue from Principal Business 2010	2014	2015	2015排名 Ranking	主营业务成本 Cost of Principal Business 2010	2014	2015	2015排名 Ranking
全　国	**National Total**	**258730.27**	**402005.40**	**415925.14**		**220040.26**	**347883.86**	**359218.93**	
北　京	Beijing	3419.66	3736.89	3324.21	23	2862.42	3133.38	2702.32	23
天　津	Tianjin	4295.17	6540.20	7016.53	17	3782.37	5780.48	6140.25	17
河　北	Hebei	10697.53	17384.82	18031.52	7	9069.64	15167.74	15762.79	7
山　西	Shanxi	2066.98	3430.72	2869.36	25	1774.45	3005.54	2535.77	25
内蒙古	Inner Mongolia	4950.62	7532.62	7472.80	16	3897.90	6272.43	6177.15	16
辽　宁	Liaoning	17386.56	24382.37	15212.26	12	14844.45	21786.02	13569.59	11
吉　林	Jilin	4669.90	9746.39	10435.62	14	3950.93	8388.15	9029.80	14
黑龙江	Heilongjiang	2523.93	4751.76	4610.87	22	2128.29	4202.07	4087.63	21
上　海	Shanghai	8265.98	8770.64	8462.21	15	6922.21	7358.34	7026.42	15
江　苏	Jiangsu	37018.78	51575.57	54260.23	2	32361.72	44710.07	46835.17	2
浙　江	Zhejiang	22315.49	28759.19	28536.84	4	19409.51	24581.50	24260.80	4
安　徽	Anhui	7131.53	16867.21	18493.11	6	6168.06	14684.06	16210.37	6
福　建	Fujian	8599.13	14172.57	16656.71	10	7391.47	12227.90	14473.55	9
江　西	Jiangxi	7630.13	12250.29	13286.37	13	6492.67	10839.29	11761.20	13
山　东	Shandong	34839.13	61161.13	65034.16	1	29721.66	53821.75	57457.58	1
河　南	Henan	14012.43	22425.91	24122.27	5	11509.16	19204.64	20768.66	5
湖　北	Hubei	6878.01	16361.58	17870.07	8	5805.21	14051.57	15337.65	8
湖　南	Hunan	10057.39	16168.73	17304.28	9	8041.61	13566.12	14333.02	10
广　东	Guangdong	28041.02	33450.87	34913.46	3	24124.07	29313.91	30376.71	3
广　西	Guangxi	3395.32	5920.89	6666.09	18	2858.74	5072.64	5699.70	18
海　南	Hainan	295.12	405.87	360.71	30	227.56	319.88	297.87	30
重　庆	Chongqing	3038.48	5098.16	6089.58	19	2541.87	4258.62	5110.68	19
四　川	Sichuan	9207.85	13624.17	15745.56	11	7763.10	11528.32	13325.56	12
贵　州	Guizhou	1173.05	3844.44	4710.53	21	935.61	3160.14	3862.48	22
云　南	Yunnan	1595.30	3232.35	3172.69	24	1315.78	2700.76	2624.81	24
西　藏	Tibet	27.74	48.89	63.72	31	17.33	30.59	41.49	31
陕　西	Shaanxi	2727.79	5128.70	5795.52	20	2085.17	4287.15	4853.18	20
甘　肃	Gansu	697.57	1525.59	1450.92	27	562.12	1321.47	1249.18	27
青　海	Qinghai	249.94	704.57	676.87	29	209.60	617.77	588.28	29
宁　夏	Ningxia	457.05	863.30	955.78	28	401.69	743.36	829.23	28
新　疆	Xinjiang	1065.69	2139.00	2324.31	26	863.88	1748.22	1890.02	26

11-34 小型工业企业销售费用和管理费用
Sales Expenses and Administrative Expenses of Small Industrial Enterprises

单位：亿元 (100 million yuan)

地区	Region	销售费用 Sales Expenses			管理费用 Administrative Expenses			
		2014	2015	2015排名 Ranking	2010	2014	2015	2015排名 Ranking
全　国	**National Total**	**8909.77**	**9584.27**		**9964.74**	**13730.71**	**14755.35**	
北　京	Beijing	153.88	169.70	18	230.57	275.53	290.96	15
天　津	Tianjin	140.56	147.53	20	166.27	250.14	267.94	17
河　北	Hebei	309.61	316.68	12	258.43	397.17	411.22	14
山　西	Shanxi	99.30	90.96	24	82.15	108.22	104.70	26
内蒙古	Inner Mongolia	133.31	129.85	22	153.03	303.10	235.54	21
辽　宁	Liaoning	406.70	274.79	14	645.89	648.97	468.79	12
吉　林	Jilin	272.89	295.39	13	253.14	396.97	427.24	13
黑龙江	Heilongjiang	97.98	108.77	23	91.89	141.55	149.59	23
上　海	Shanghai	347.73	357.23	11	531.80	632.55	664.41	7
江　苏	Jiangsu	1074.89	1178.11	1	1260.77	1927.28	2117.88	1
浙　江	Zhejiang	621.71	653.50	4	999.89	1325.38	1422.42	4
安　徽	Anhui	398.04	429.69	9	229.64	497.71	550.24	10
福　建	Fujian	342.41	368.08	10	337.58	526.14	597.99	8
江　西	Jiangxi	176.72	198.30	15	153.02	286.25	269.14	16
山　东	Shandong	1026.31	1167.40	2	1125.01	1372.49	1489.66	2
河　南	Henan	461.15	496.38	7	266.65	430.01	476.85	11
湖　北	Hubei	470.44	524.65	5	309.15	627.97	700.19	5
湖　南	Hunan	438.97	502.19	6	536.24	584.41	679.26	6
广　东	Guangdong	767.59	835.87	3	1062.42	1311.95	1488.87	3
广　西	Guangxi	143.60	146.43	21	266.03	239.96	262.74	18
海　南	Hainan	14.00	13.86	29	14.56	17.37	20.11	29
重　庆	Chongqing	137.43	170.08	17	144.79	214.39	259.23	19
四　川	Sichuan	379.47	439.06	8	423.76	504.27	572.74	9
贵　州	Guizhou	121.66	157.76	19	71.48	170.83	228.74	22
云　南	Yunnan	75.82	80.45	25	86.16	126.59	133.69	24
西　藏	Tibet	3.49	4.56	31	3.53	6.02	5.11	31
陕　西	Shaanxi	153.12	175.14	16	137.53	208.34	240.67	20
甘　肃	Gansu	37.13	37.83	27	34.30	53.73	56.71	27
青　海	Qinghai	14.09	12.42	30	15.71	22.10	19.95	30
宁　夏	Ningxia	21.98	24.15	28	16.95	30.43	35.48	28
新　疆	Xinjiang	67.80	77.47	26	56.38	92.89	107.31	25

11-35　小型工业企业财务费用和营业利润
Financial Expenses and Operating Profit of Small Industrial Enterprises

单位：亿元　　(100 million yuan)

地区	Region	财务费用 Financial Expenses				营业利润 Operating Profit			
		2010	2014	2015	2015排名 Ranking	2010	2014	2015	2015排名 Ranking
全　国	**National Total**	**2346.93**	**4469.01**	**4624.75**		**19146.63**	**24055.80**	**24350.96**	
北　京	Beijing	17.88	30.03	31.96	28	183.38	175.78	159.74	24
天　津	Tianjin	25.48	55.43	58.20	25	243.31	315.53	332.32	20
河　北	Hebei	82.12	168.68	171.46	8	1008.90	1154.20	1177.42	6
山　西	Shanxi	38.99	90.11	91.46	16	103.79	100.36	32.35	26
内蒙古	Inner Mongolia	63.99	128.69	134.06	14	675.41	649.29	635.06	14
辽　宁	Liaoning	105.73	164.05	138.02	13	1306.12	1208.28	646.51	13
吉　林	Jilin	42.26	119.40	122.55	15	271.22	467.15	485.48	15
黑龙江	Heilongjiang	22.65	50.15	46.23	26	215.02	242.37	205.91	22
上　海	Shanghai	52.25	70.65	67.97	23	521.54	416.94	398.62	17
江　苏	Jiangsu	293.74	503.21	502.00	2	2295.72	3144.46	3373.43	2
浙　江	Zhejiang	351.43	550.37	501.82	3	1141.17	1386.43	1368.35	5
安　徽	Anhui	64.85	154.90	156.79	11	514.82	968.18	1040.49	8
福　建	Fujian	90.39	147.26	164.91	9	629.13	838.70	887.73	12
江　西	Jiangxi	42.87	66.70	71.45	22	515.13	860.03	898.76	11
山　东	Shandong	286.10	489.58	540.72	1	2586.24	4012.54	4091.25	1
河　南	Henan	108.06	182.17	199.85	7	1678.03	1988.83	2013.40	3
湖　北	Hubei	80.55	192.80	200.88	6	509.81	902.55	953.99	9
湖　南	Hunan	87.31	142.48	162.66	10	836.66	946.15	1043.14	7
广　东	Guangdong	149.36	281.32	286.75	5	1985.59	1724.86	1820.52	4
广　西	Guangxi	46.87	75.63	81.58	19	323.72	331.51	378.24	19
海　南	Hainan	2.19	7.31	6.30	30	38.34	42.97	23.98	29
重　庆	Chongqing	30.77	71.87	83.01	18	208.76	351.71	410.54	16
四　川	Sichuan	111.72	273.29	291.63	4	658.91	810.51	935.30	10
贵　州	Guizhou	17.69	61.80	73.09	20	75.20	204.43	240.98	21
云　南	Yunnan	40.24	132.41	140.77	12	118.57	178.82	177.75	23
西　藏	Tibet	0.07	0.68	3.23	31	4.86	7.62	9.10	31
陕　西	Shaanxi	32.10	58.55	66.01	24	314.22	367.17	393.24	18
甘　肃	Gansu	21.45	61.56	72.46	21	33.15	53.91	28.29	27
青　海	Qinghai	5.78	29.01	30.07	29	32.26	15.59	16.22	30
宁　夏	Ningxia	9.68	31.77	37.92	27	19.25	34.46	26.92	28
新　疆	Xinjiang	22.36	77.15	88.96	17	98.43	154.46	145.94	25

11-36 小型工业企业利润总额和平均用工人数

Total Profit and Average Number of Employed Persons of Small Industrial Enterprises

地区	Region	利润总额（亿元） Total Profit (100 million yuan)				平均用工人数（万人） Average Number of Employed Persons (10 000 persons)		
		2010	2014	2015	2015排名 Ranking	2014	2015	2015排名 Ranking
全　国	**National Total**	**18072.48**	**24001.98**	**24622.16**		**3541.96**	**3529.79**	
北　京	Beijing	214.11	212.25	221.53	22	32.68	31.86	24
天　津	Tianjin	244.56	315.07	327.27	20	45.83	45.80	19
河　北	Hebei	875.45	1158.90	1180.92	6	137.06	139.44	10
山　西	Shanxi	76.66	111.30	43.26	26	30.63	29.35	25
内蒙古	Inner Mongolia	458.21	495.96	462.95	15	41.47	42.66	20
辽　宁	Liaoning	1257.50	1220.79	665.17	13	156.73	115.73	12
吉　林	Jilin	258.26	453.25	474.84	14	57.27	58.65	16
黑龙江	Heilongjiang	206.93	244.11	218.63	23	34.05	32.70	23
上　海	Shanghai	549.15	458.84	435.64	17	88.73	83.02	14
江　苏	Jiangsu	2110.31	3140.86	3406.17	2	447.89	447.37	1
浙　江	Zhejiang	1176.74	1461.11	1463.49	5	366.48	361.35	4
安　徽	Anhui	480.39	961.95	1061.41	7	148.12	153.81	7
福　建	Fujian	564.11	828.77	894.38	11	157.79	164.78	6
江　西	Jiangxi	504.76	842.01	894.13	12	92.18	97.87	13
山　东	Shandong	2505.21	3999.87	4099.57	1	383.87	401.59	3
河　南	Henan	1636.13	1989.07	2021.87	3	205.46	215.71	5
湖　北	Hubei	467.87	901.81	973.37	9	157.65	141.37	9
湖　南	Hunan	760.11	859.90	976.59	8	141.87	143.38	8
广　东	Guangdong	1926.07	1744.55	1860.71	4	394.08	405.27	2
广　西	Guangxi	294.24	326.88	386.88	19	49.70	50.78	17
海　南	Hainan	40.07	44.04	24.67	29	3.54	3.47	30
重　庆	Chongqing	198.39	360.15	435.87	16	61.12	63.80	15
四　川	Sichuan	592.80	789.88	963.39	10	123.67	123.24	11
贵　州	Guizhou	76.74	213.08	257.16	21	39.41	41.74	21
云　南	Yunnan	117.14	195.71	201.02	24	33.84	33.15	22
西　藏	Tibet	5.69	9.72	10.17	31	0.88	0.80	31
陕　西	Shaanxi	298.53	367.96	396.65	18	58.12	49.16	18
甘　肃	Gansu	34.82	61.16	39.46	27	16.66	15.24	27
青　海	Qinghai	17.34	19.94	21.84	30	4.98	4.92	29
宁　夏	Ningxia	22.16	40.31	35.95	28	8.48	8.95	28
新　疆	Xinjiang	102.04	172.76	167.19	25	21.72	22.83	26

11-37 小型工业企业投资收益和亏损企业亏损额
Return on Investment Income and Amount of Loss of Small-sized Industrial Enterprises

单位：亿元 (100 million yuan)

地区	Region	投资收益（损失以"-"号记） Investment Income (Loss is Marked as "-") 2015	2015排名 Ranking	亏损企业亏损额 Loss Ratio of Unprofitable Firms 2015	2015排名 Ranking
全　国	**National Total**	**-128.57**		**2513.09**	
北　京	Beijing	35.15	4	58.38	16
天　津	Tianjin	-20.77	25	90.04	11
河　北	Hebei	-118.51	31	100.15	9
山　西	Shanxi	3.80	9	117.54	6
内蒙古	Inner Mongolia	-51.03	29	104.75	8
辽　宁	Liaoning	-21.74	26	105.70	7
吉　林	Jilin	15.10	6	39.59	25
黑龙江	Heilongjiang	1.28	13	46.53	22
上　海	Shanghai	44.79	3	150.22	4
江　苏	Jiangsu	18.48	5	301.08	1
浙　江	Zhejiang	51.81	2	215.45	3
安　徽	Anhui	-0.71	18	56.09	18
福　建	Fujian	-29.87	28	63.11	14
江　西	Jiangxi	-2.24	20	22.66	27
山　东	Shandong	-25.82	27	135.68	5
河　南	Henan	2.41	10	48.66	20
湖　北	Hubei	-7.94	23	61.51	15
湖　南	Hunan	-4.97	21	37.86	26
广　东	Guangdong	60.96	1	220.86	2
广　西	Guangxi	-69.73	30	53.24	19
海　南	Hainan	3.87	8	9.65	30
重　庆	Chongqing	0.03	17	45.26	23
四　川	Sichuan	-13.70	24	98.83	10
贵　州	Guizhou	0.53	16	57.92	17
云　南	Yunnan	1.87	11	71.70	13
西　藏	Tibet	1.72	12	4.33	31
陕　西	Shaanxi	-2.04	19	47.00	21
甘　肃	Gansu	1.12	14	39.96	24
青　海	Qinghai	-6.34	22	14.23	29
宁　夏	Ningxia	0.55	15	20.53	28
新　疆	Xinjiang	4.37	7	74.60	12

11-38 采掘业工业企工业销售产值和资产总计
Sales Value and Total Assets of Extractive Industry

单位：亿元 (100 million yuan)

地区	Region	工业销售产值（当年价格）Sales Value (current prices) 2014	2015	2015排名 Ranking	资产总计 Total Assets 2014	2015	2015排名 Ranking
全　国	**National Total**	**60599.20**	**49498.49**		**94507.62**	**97632.54**	
北　京	Beijing	900.03	296.42	26	3077.81	3211.23	11
天　津	Tianjin	3064.92	2005.05	8	3197.55	3021.90	13
河　北	Hebei	3948.21	3021.61	6	4975.60	4957.46	6
山　西	Shanxi	5762.48	4472.69	3	15984.23	17127.22	1
内蒙古	Inner Mongolia	5420.64	5064.54	1	7713.66	7713.29	4
辽　宁	Liaoning	3335.41	1751.92	10	3022.53	3036.28	12
吉　林	Jilin	1313.62	1150.82	16	1816.05	1810.07	15
黑龙江	Heilongjiang	2433.91	1482.43	11	4058.05	4000.89	10
上　海	Shanghai	9.18	6.42	31	34.84	34.24	31
江　苏	Jiangsu	706.17	607.97	22	1227.35	1269.31	20
浙　江	Zhejiang	189.21	177.56	28	182.95	207.08	29
安　徽	Anhui	1515.16	1328.90	14	3916.79	4111.39	9
福　建	Fujian	544.89	558.79	24	339.83	332.89	27
江　西	Jiangxi	1024.23	1018.57	18	669.49	793.68	24
山　东	Shandong	5839.94	4679.73	2	9583.75	10219.37	2
河　南	Henan	4656.95	4002.52	5	5387.78	5301.44	5
湖　北	Hubei	1289.00	1209.93	15	821.42	1052.05	21
湖　南	Hunan	1724.20	1337.65	13	920.98	837.28	23
广　东	Guangdong	1277.62	1113.49	17	1510.69	1456.38	19
广　西	Guangxi	787.54	797.10	20	470.93	638.65	25
海　南	Hainan	46.67	31.69	29	187.86	192.39	30
重　庆	Chongqing	505.30	566.95	23	820.49	966.32	22
四　川	Sichuan	2953.19	2711.74	7	4115.60	4220.09	8
贵　州	Guizhou	1825.20	1900.72	9	2467.80	2606.35	14
云　南	Yunnan	782.13	753.58	21	1710.59	1697.87	16
西　藏	Tibet	25.04	19.16	30	205.03	222.54	28
陕　西	Shaanxi	4735.39	4414.88	4	7961.45	8486.02	3
甘　肃	Gansu	994.71	811.04	19	1441.05	1474.15	18
青　海	Qinghai	413.73	271.70	27	853.02	630.50	26
宁　夏	Ningxia	493.48	468.58	25	1355.33	1494.40	17
新　疆	Xinjiang	2081.04	1464.34	12	4477.10	4509.90	7

11-39 采掘业工业企业固定资产合计和流动资产合计

Total Fixed Assets and Total Current Assets of Extractive Industry

单位：亿元 (100 million yuan)

地区	Region	固定资产合计 Total Fixed Assets 2015	2015排名 Ranking	流动资产合计 Total Current Assets 2015	2015排名 Ranking
全 国	**National Total**	**43443.24**		**31858.34**	
北 京	Beijing	557.56	19	1188.53	9
天 津	Tianjin	1489.03	11	1258.36	7
河 北	Hebei	2081.23	9	1803.62	6
山 西	Shanxi	5940.52	1	6946.38	1
内蒙古	Inner Mongolia	2760.30	5	2926.49	3
辽 宁	Liaoning	1383.63	12	1047.05	10
吉 林	Jilin	1186.56	13	447.98	16
黑龙江	Heilongjiang	2427.86	7	1025.29	11
上 海	Shanghai	0.08	31	21.85	31
江 苏	Jiangsu	644.72	17	340.90	19
浙 江	Zhejiang	47.89	29	92.87	28
安 徽	Anhui	2187.28	8	870.91	14
福 建	Fujian	143.75	27	107.49	27
江 西	Jiangxi	325.88	25	258.88	22
山 东	Shandong	4388.10	3	3222.70	2
河 南	Henan	2454.85	6	1985.90	5
湖 北	Hubei	433.35	23	383.90	17
湖 南	Hunan	440.75	22	237.21	23
广 东	Guangdong	713.55	16	236.95	24
广 西	Guangxi	198.29	26	286.32	21
海 南	Hainan	38.93	30	32.37	30
重 庆	Chongqing	495.86	20	234.77	25
四 川	Sichuan	1751.70	10	1210.05	8
贵 州	Guizhou	906.30	15	962.97	12
云 南	Yunnan	492.90	21	703.22	15
西 藏	Tibet	50.41	28	41.98	29
陕 西	Shaanxi	5122.89	2	2173.54	4
甘 肃	Gansu	933.91	14	379.31	18
青 海	Qinghai	353.86	24	182.62	26
宁 夏	Ningxia	606.28	18	295.19	20
新 疆	Xinjiang	2885.04	4	952.71	13

11-40 采掘业工业企业负债合计和流动负债合计
Total Liabilities and Current Liabilities Assets of Extractive Industry

单位：亿元 (100 million yuan)

地区	Region	负债合计 Total Liabilities 2014	2015		流动负债合计 Current Liability Assets 2015	2015排名 Ranking
全 国	**National Total**	**55738.42**	**59154.06**		**37764.78**	
北 京	Beijing	1661.44	1686.63	13	1038.02	13
天 津	Tianjin	2199.19	2193.47	9	1737.63	7
河 北	Hebei	2951.05	2826.08	7	2025.33	6
山 西	Shanxi	11794.26	13142.40	1	8496.48	1
内蒙古	Inner Mongolia	4085.70	4134.35	4	2391.66	4
辽 宁	Liaoning	1601.00	1761.29	12	1180.13	11
吉 林	Jilin	996.55	1001.14	18	674.81	17
黑龙江	Heilongjiang	1519.92	1466.67	14	893.67	14
上 海	Shanghai	5.16	7.70	31	2.79	31
江 苏	Jiangsu	696.18	762.68	20	512.16	20
浙 江	Zhejiang	109.02	135.39	28	111.02	28
安 徽	Anhui	2767.18	2997.24	6	1691.92	8
福 建	Fujian	150.15	143.00	27	113.97	27
江 西	Jiangxi	335.41	408.32	23	273.42	24
山 东	Shandong	5802.37	6452.19	2	3666.95	2
河 南	Henan	2846.13	3045.18	5	2238.03	5
湖 北	Hubei	411.78	601.08	21	497.64	21
湖 南	Hunan	400.64	365.64	25	234.00	25
广 东	Guangdong	1227.16	1116.29	15	696.10	16
广 西	Guangxi	234.81	371.93	24	283.65	23
海 南	Hainan	31.20	32.98	30	25.21	30
重 庆	Chongqing	478.34	528.48	22	343.62	22
四 川	Sichuan	2126.69	2069.27	10	1425.54	10
贵 州	Guizhou	1595.73	1773.24	11	1137.98	12
云 南	Yunnan	995.73	1021.10	17	853.06	15
西 藏	Tibet	110.03	130.06	29	47.52	29
陕 西	Shaanxi	4040.81	4285.97	3	2426.23	3
甘 肃	Gansu	812.77	838.60	19	516.38	19
青 海	Qinghai	441.90	320.92	26	186.14	26
宁 夏	Ningxia	888.62	1055.49	16	569.98	18
新 疆	Xinjiang	2421.48	2479.30	8	1473.71	9

11-41 采掘业工业企业所有者权益合计和实收资本

Total Owner's Equities and Paid-in Capital of Extractive Industry

单位：亿元 (100 million yuan)

地区	Region	所有者权益合计 Total Owner's Equity 2014	2015	2015排名 Ranking	实收资本 Paid-in Capital 2015	2015排名 Ranking
全 国	**National Total**	**38436.32**	**38315.82**		**18045.41**	
北 京	Beijing	1416.37	1524.60	10	609.56	11
天 津	Tianjin	987.08	830.01	14	330.56	17
河 北	Hebei	2004.24	2123.73	8	642.62	9
山 西	Shanxi	4163.73	3973.39	2	2068.99	2
内蒙古	Inner Mongolia	3585.75	3574.67	4	1090.07	5
辽 宁	Liaoning	1399.36	1272.04	11	783.40	8
吉 林	Jilin	810.68	802.89	15	268.31	20
黑龙江	Heilongjiang	2536.38	2533.94	5	623.77	10
上 海	Shanghai	29.68	26.55	31	9.00	31
江 苏	Jiangsu	531.15	505.49	18	268.98	19
浙 江	Zhejiang	73.49	71.69	30	46.40	29
安 徽	Anhui	1146.72	1106.47	12	581.43	13
福 建	Fujian	186.51	187.87	27	65.34	26
江 西	Jiangxi	323.16	383.87	23	172.35	22
山 东	Shandong	3754.48	3728.45	3	1204.51	4
河 南	Henan	2499.76	2212.61	6	837.20	7
湖 北	Hubei	402.85	447.89	20	170.06	23
湖 南	Hunan	517.88	466.64	19	294.10	18
广 东	Guangdong	280.98	332.19	24	186.76	21
广 西	Guangxi	229.02	262.44	26	61.27	28
海 南	Hainan	156.66	159.21	28	22.40	30
重 庆	Chongqing	332.55	430.78	22	153.83	24
四 川	Sichuan	1963.24	2139.41	7	599.06	12
贵 州	Guizhou	842.93	830.13	13	362.65	16
云 南	Yunnan	708.45	674.77	16	366.70	15
西 藏	Tibet	94.94	92.48	29	62.20	27
陕 西	Shaanxi	3906.24	4208.82	1	2625.30	1
甘 肃	Gansu	623.54	634.56	17	409.41	14
青 海	Qinghai	408.89	309.58	25	66.64	25
宁 夏	Ningxia	466.67	438.25	21	1041.08	6
新 疆	Xinjiang	2052.95	2030.38	9	2021.45	3

11-42 采掘业工业企业主营业务收入和主营业务成本
Revenue from Principal Business and Cost of Principal Business of Extractive Industry

单位：亿元 (100 million yuan)

地区	Region	主营业务收入 Revenue from Principal Business 2014	2015	2015排名 Ranking	主营业务成本 Cost of Principal Business 2014	2015	2015排名 Ranking
全　国	**National Total**	**64796.40**	**52300.39**		**49834.37**	**42690.30**	
北　京	Beijing	1102.29	420.36	25	1064.55	387.26	24
天　津	Tianjin	3125.58	2130.63	8	2283.07	1673.80	9
河　北	Hebei	4635.21	3537.84	6	3807.32	3048.38	5
山　西	Shanxi	7551.81	6106.38	1	6254.05	5110.66	1
内蒙古	Inner Mongolia	5555.87	5092.82	2	4175.11	3955.86	4
辽　宁	Liaoning	3582.69	1866.98	9	3041.83	1684.07	8
吉　林	Jilin	1310.31	1165.34	15	1069.76	1049.89	15
黑龙江	Heilongjiang	2443.22	1495.74	13	1181.72	1102.55	13
上　海	Shanghai	9.18	6.42	31	6.70	8.25	31
江　苏	Jiangsu	692.21	623.84	21	544.93	531.29	21
浙　江	Zhejiang	188.08	177.14	28	149.60	142.16	27
安　徽	Anhui	1841.90	1744.14	10	1656.43	1591.27	10
福　建	Fujian	540.54	546.64	24	446.25	462.42	22
江　西	Jiangxi	1036.87	1033.13	18	877.08	889.08	17
山　东	Shandong	6791.15	5007.83	3	5312.34	4199.68	2
河　南	Henan	5366.99	4689.45	4	4561.55	4179.36	3
湖　北	Hubei	1246.34	1134.96	16	1007.42	943.09	16
湖　南	Hunan	1720.60	1310.40	14	1396.55	1072.94	14
广　东	Guangdong	1244.38	1083.78	17	824.77	778.30	18
广　西	Guangxi	749.88	817.87	19	584.62	661.38	19
海　南	Hainan	44.71	29.20	29	24.34	19.95	29
重　庆	Chongqing	512.87	561.60	23	410.15	452.62	23
四　川	Sichuan	3043.02	2692.00	7	2508.96	2185.81	7
贵　州	Guizhou	1562.76	1631.85	11	1201.51	1305.25	11
云　南	Yunnan	772.40	722.47	20	597.39	581.53	20
西　藏	Tibet	23.83	26.75	30	11.63	16.84	30
陕　西	Shaanxi	4337.08	3902.91	5	2617.47	2725.76	6
甘　肃	Gansu	782.10	576.87	22	490.36	365.36	25
青　海	Qinghai	344.97	245.74	27	182.55	129.66	28
宁　夏	Ningxia	423.41	346.39	26	323.28	290.68	26
新　疆	Xinjiang	2214.15	1572.91	12	1221.09	1145.15	12

11-43 采掘业工业企业销售费用和管理费用
Sales Expenses and Administrative Expenses of Extractive Industry

单位：亿元 (100 million yuan)

地区	Region	销售费用 Sales Expenses 2014	2015	2015排名 Ranking	管理费用 Administrative Expenses 2014	2015	2015排名 Ranking
全 国	**National Total**	**1300.56**	**1166.94**		**3703.82**	**3248.28**	
北 京	Beijing	2.80	2.35	28	33.67	29.51	26
天 津	Tianjin	3.11	3.89	26	35.42	43.30	19
河 北	Hebei	54.18	46.48	8	199.67	159.96	8
山 西	Shanxi	336.59	306.16	1	545.33	422.13	1
内蒙古	Inner Mongolia	156.67	130.99	2	259.59	252.35	4
辽 宁	Liaoning	42.91	26.40	14	170.63	132.67	11
吉 林	Jilin	23.16	22.56	15	75.56	72.57	14
黑龙江	Heilongjiang	20.96	18.70	18	195.61	183.34	6
上 海	Shanghai	0.03	0.02	31	0.55	0.66	31
江 苏	Jiangsu	14.06	14.86	22	71.02	66.30	15
浙 江	Zhejiang	4.03	3.92	25	11.90	11.15	28
安 徽	Anhui	34.15	35.71	10	140.19	133.22	10
福 建	Fujian	17.05	17.04	21	32.70	31.89	25
江 西	Jiangxi	16.35	17.30	20	34.52	32.36	24
山 东	Shandong	82.02	78.75	3	441.31	373.85	2
河 南	Henan	65.05	57.45	6	215.28	193.68	5
湖 北	Hubei	37.93	35.55	11	62.55	60.02	16
湖 南	Hunan	47.55	40.36	9	84.35	72.72	13
广 东	Guangdong	17.49	18.15	19	34.50	42.16	20
广 西	Guangxi	24.67	26.54	13	39.45	47.47	18
海 南	Hainan	0.95	0.65	29	3.81	5.22	29
重 庆	Chongqing	18.14	18.86	17	36.48	40.85	21
四 川	Sichuan	70.22	59.12	5	155.49	139.89	9
贵 州	Guizhou	53.60	49.51	7	120.46	105.80	12
云 南	Yunnan	25.87	21.67	16	66.27	56.67	17
西 藏	Tibet	0.50	0.46	30	4.47	4.03	30
陕 西	Shaanxi	70.43	61.14	4	354.78	261.27	3
甘 肃	Gansu	12.68	10.56	23	35.84	32.52	23
青 海	Qinghai	7.08	3.50	27	30.22	23.52	27
宁 夏	Ningxia	8.85	9.93	24	40.31	35.02	22
新 疆	Xinjiang	31.47	28.38	12	171.92	182.19	7

11-44 采掘业工业企业财务费用和营业利润

Financial Expenses and Operating Profit of Extractive Industry

单位：亿元 (100 million yuan)

地区	Region	财务费用 Financial Expenses 2014	2015	2015排名 Ranking	营业利润 Operating Profit 2014	2015	2015排名 Ranking
全　国	**National Total**	**1355.96**	**1311.57**		**6410.46**	**2410.93**	
北　京	Beijing	30.96	19.14	16	34.38	20.51	21
天　津	Tianjin	33.45	32.86	12	689.12	340.93	3
河　北	Hebei	89.71	77.03	7	380.16	153.87	6
山　西	Shanxi	314.29	305.92	1	79.57	-140.41	31
内蒙古	Inner Mongolia	90.90	77.30	6	732.45	539.53	2
辽　宁	Liaoning	35.21	44.09	11	144.99	-78.12	29
吉　林	Jilin	30.56	27.78	13	33.87	-54.78	28
黑龙江	Heilongjiang	9.18	14.22	20	644.08	77.08	11
上　海	Shanghai	-0.50	-0.54	31	1.61	-2.08	25
江　苏	Jiangsu	12.18	11.74	21	23.39	-17.77	26
浙　江	Zhejiang	2.79	3.40	27	15.09	10.88	22
安　徽	Anhui	85.21	97.76	3	-47.86	-89.78	30
福　建	Fujian	3.67	3.13	28	33.60	25.10	20
江　西	Jiangxi	6.56	6.00	25	92.27	78.69	10
山　东	Shandong	142.68	139.33	2	591.21	93.47	8
河　南	Henan	84.62	88.00	4	348.70	103.45	7
湖　北	Hubei	15.23	15.52	19	61.17	55.16	14
湖　南	Hunan	13.77	11.58	22	108.23	68.90	12
广　东	Guangdong	14.80	18.78	17	289.97	175.69	5
广　西	Guangxi	6.76	9.56	24	86.17	68.57	13
海　南	Hainan	0.56	0.38	30	9.35	1.74	24
重　庆	Chongqing	10.52	10.52	23	30.99	30.20	18
四　川	Sichuan	53.53	48.68	9	194.63	185.44	4
贵　州	Guizhou	48.70	44.12	10	85.62	81.73	9
云　南	Yunnan	28.00	25.53	14	44.30	25.96	19
西　藏	Tibet	0.64	0.49	29	6.09	4.34	23
陕　西	Shaanxi	89.96	87.64	5	952.57	548.11	1
甘　肃	Gansu	20.69	19.97	15	159.88	36.18	17
青　海	Qinghai	8.53	4.98	26	73.82	47.29	15
宁　夏	Ningxia	16.66	17.24	18	30.11	-18.10	27
新　疆	Xinjiang	56.15	49.39	8	480.93	39.16	16

11-45 采掘业工业企业利润总额和平均用工人数
Total Profit and Average Number of Employed Persons of Extractive Industry

地区	Region	利润总额（亿元） Total Profit (100 million yuan)			平均用工人数（万人） Average Number of Employed Persons (10 000 persons)		
		2014	2015	2015排名 Ranking	2014	2015	2015排名 Ranking
全　国	**National Total**	**6439.58**	**2541.21**		**776.99**	**710.93**	
北　京	Beijing	37.30	31.72	19	6.30	5.64	25
天　津	Tianjin	690.88	340.48	3	6.95	6.41	24
河　北	Hebei	398.89	179.02	6	39.99	37.40	6
山　西	Shanxi	81.65	-121.05	31	103.99	99.20	1
内蒙古	Inner Mongolia	704.23	495.87	2	33.01	33.06	10
辽　宁	Liaoning	165.66	-57.90	29	43.78	35.33	7
吉　林	Jilin	41.11	-40.48	28	19.13	17.48	14
黑龙江	Heilongjiang	645.85	87.88	9	38.03	33.08	9
上　海	Shanghai	1.62	-1.96	25	0.02	0.02	31
江　苏	Jiangsu	26.11	-13.78	26	12.68	11.83	20
浙　江	Zhejiang	15.12	11.99	22	1.54	1.52	28
安　徽	Anhui	-42.14	-58.05	30	37.15	35.30	8
福　建	Fujian	33.68	25.16	21	8.38	7.49	21
江　西	Jiangxi	86.12	72.32	11	14.79	13.91	17
山　东	Shandong	598.75	106.50	7	83.86	73.79	2
河　南	Henan	357.61	103.87	8	74.73	68.24	3
湖　北	Hubei	60.41	55.23	15	15.13	13.12	18
湖　南	Hunan	98.50	64.14	13	30.48	23.88	12
广　东	Guangdong	291.95	180.52	5	5.13	5.36	26
广　西	Guangxi	84.45	70.18	12	7.26	7.18	22
海　南	Hainan	8.97	1.84	24	0.68	0.65	29
重　庆	Chongqing	36.27	49.54	17	16.13	14.89	15
四　川	Sichuan	199.87	201.22	4	43.84	38.52	5
贵　州	Guizhou	82.80	84.57	10	34.60	31.59	11
云　南	Yunnan	42.04	28.78	20	17.90	14.80	16
西　藏	Tibet	6.29	4.89	23	0.49	0.46	30
陕　西	Shaanxi	935.62	507.84	1	36.84	39.40	4
甘　肃	Gansu	160.48	34.74	18	12.96	12.18	19
青　海	Qinghai	73.17	51.87	16	4.37	3.98	27
宁　夏	Ningxia	27.54	-18.74	27	7.01	6.64	23
新　疆	Xinjiang	488.74	62.97	14	19.85	18.57	13

11-46 采掘业工业企业投资收益和亏损企业亏损额
Return on Investment Income and Amount of Loss of Extractive Industry

单位：亿元 (100 million yuan)

地区	Region	投资收益（损失以“-”号记） Investment Income (Loss is Marked as "-") 2015	2015排名 Ranking	亏损企业亏损额 Loss Ratio of Unprofitable Firms 2015	2015排名 Ranking
全　国	**National Total**	**148.70**		**1840.74**	
北　京	Beijing	44.34	2	4.60	25
天　津	Tianjin	-6.16	29	30.70	15
河　北	Hebei	13.95	5	142.40	6
山　西	Shanxi	41.71	3	315.51	1
内蒙古	Inner Mongolia	4.28	11	119.20	7
辽　宁	Liaoning	3.91	12	151.59	4
吉　林	Jilin	-0.07	24	88.04	9
黑龙江	Heilongjiang	-0.08	25	53.59	10
上　海	Shanghai			1.96	29
江　苏	Jiangsu	4.49	10	39.81	13
浙　江	Zhejiang	0.11	21	3.76	27
安　徽	Anhui	56.11	1	108.00	8
福　建	Fujian	0.09	22	5.24	24
江　西	Jiangxi	0.93	15	9.56	21
山　东	Shandong	29.26	4	155.16	3
河　南	Henan	8.39	7	206.93	2
湖　北	Hubei	-0.23	26	23.85	17
湖　南	Hunan	-1.58	27	12.74	20
广　东	Guangdong	0.19	19	3.51	28
广　西	Guangxi	5.39	9	8.87	22
海　南	Hainan	0.22	17	0.57	31
重　庆	Chongqing	1.73	13	5.74	23
四　川	Sichuan	1.02	14	30.60	16
贵　州	Guizhou	0.03	23	44.04	12
云　南	Yunnan	6.24	8	32.02	14
西　藏	Tibet	0.22	17	0.71	30
陕　西	Shaanxi	10.44	6	46.45	11
甘　肃	Gansu	-73.26	30	20.46	19
青　海	Qinghai	-3.60	28	4.56	26
宁　夏	Ningxia	0.16	20	22.04	18
新　疆	Xinjiang	0.49	16	148.55	5

11-47 制造业工业企工业销售产值和资产总计
Sales Value and Total Assets of Manufacturing

单位：亿元 (100 million yuan)

地区	Region	工业销售产值（当年价格）Sales Value (current prices) 2014	2015	2015排名 Ranking	资产总计 Total Assets 2014	2015	2015排名 Ranking
全　国	**National Total**	**968373.30**	**989362.24**		**735088.43**	**782521.90**	
北　京	Beijing	12881.38	12424.97	20	16694.24	17791.34	15
天　津	Tianjin	23381.54	24481.92	15	18693.10	19988.77	13
河　北	Hebei	39602.33	39384.87	7	33270.31	33284.38	7
山　西	Shanxi	7739.80	6453.58	25	11452.40	11324.74	22
内蒙古	Inner Mongolia	11508.07	11208.03	21	13555.02	14432.83	19
辽　宁	Liaoning	43639.11	29462.66	13	32116.19	31391.49	8
吉　林	Jilin	20632.94	20393.03	16	13086.88	14282.71	20
黑龙江	Heilongjiang	9390.90	8809.30	22	8367.24	8690.95	25
上　海	Shanghai	31015.56	29700.41	12	32377.51	33579.17	6
江　苏	Jiangsu	135576.36	141770.96	1	92255.21	97321.32	1
浙　江	Zhejiang	59859.98	59216.72	5	57347.65	59201.92	4
安　徽	Anhui	32989.73	35437.74	9	22149.60	24151.54	12
福　建	Fujian	34617.76	37140.31	8	23502.91	24870.84	11
江　西	Jiangxi	26525.71	28382.42	14	13944.01	16805.69	16
山　东	Shandong	129172.26	134249.83	2	77674.36	84192.46	2
河　南	Henan	59496.75	66031.84	4	41251.03	46127.01	5
湖　北	Hubei	38992.30	41134.69	6	27906.88	29915.36	9
湖　南	Hunan	31151.23	33365.69	11	18169.33	19631.12	14
广　东	Guangdong	107689.93	112357.51	3	74598.07	81676.43	3
广　西	Guangxi	17517.43	19303.77	18	11368.83	11925.61	21
海　南	Hainan	1656.37	1555.85	30	1866.88	1868.24	30
重　庆	Chongqing	17070.29	19419.76	17	12777.83	14634.08	18
四　川	Sichuan	32643.25	33622.89	10	25704.90	25884.83	10
贵　州	Guizhou	5879.80	7057.55	24	6525.98	7774.07	26
云　南	Yunnan	7768.67	7483.72	23	9448.53	9640.28	23
西　藏	Tibet	68.62	86.23	31	160.26	196.02	31
陕　西	Shaanxi	13825.08	14454.86	19	15511.90	16768.26	17
甘　肃	Gansu	6064.64	5339.69	27	7442.47	7746.14	27
青　海	Qinghai	1689.06	1738.55	29	3136.83	3503.87	29
宁　夏	Ningxia	2351.21	2465.39	28	3868.86	4295.84	28
新　疆	Xinjiang	5975.23	5427.52	26	8863.22	9624.59	24

11-48　制造业工业企业固定资产合计和流动资产合计
Total Fixed Assets and Total Current Assets of Manufacturing

单位：亿元　　(100 million yuan)

地区	Region	固定资产合计 Total Fixed Assets 2015	2015排名 Ranking	流动资产合计 Total Current Assets 2015	2015排名 Ranking
全　国	**National Total**	**247274.94**		**413777.81**	
北　京	Beijing	2728.14	25	11085.91	14
天　津	Tianjin	5578.78	16	11278.07	13
河　北	Hebei	14491.12	5	14027.72	9
山　西	Shanxi	4114.59	20	5238.02	22
内蒙古	Inner Mongolia	5459.19	17	5485.62	21
辽　宁	Liaoning	10110.94	7	15854.33	7
吉　林	Jilin	4731.10	19	7120.53	19
黑龙江	Heilongjiang	2909.33	23	4588.72	24
上　海	Shanghai	6622.58	14	20796.93	6
江　苏	Jiangsu	30846.99	2	53448.82	1
浙　江	Zhejiang	13966.48	6	35436.13	4
安　徽	Anhui	7788.20	10	12744.86	12
福　建	Fujian	6723.45	13	13936.83	10
江　西	Jiangxi	6935.08	12	7472.40	16
山　东	Shandong	31534.51	1	40936.50	3
河　南	Henan	18553.23	3	22208.39	5
湖　北	Hubei	9563.76	8	15122.60	8
湖　南	Hunan	7158.99	11	9621.19	15
广　东	Guangdong	18383.46	4	52178.92	2
广　西	Guangxi	3954.18	21	6262.84	20
海　南	Hainan	690.10	30	866.21	30
重　庆	Chongqing	5129.30	18	7438.68	17
四　川	Sichuan	8363.42	9	13720.62	11
贵　州	Guizhou	2421.89	27	4175.55	25
云　南	Yunnan	2710.35	26	5013.30	23
西　藏	Tibet	51.99	31	97.52	31
陕　西	Shaanxi	5646.58	15	7398.53	18
甘　肃	Gansu	2889.62	24	3488.09	27
青　海	Qinghai	1796.63	28	1109.35	29
宁　夏	Ningxia	1513.99	29	1928.49	28
新　疆	Xinjiang	3906.98	22	3696.15	26

11-49 制造业工业企业负债合计和流动负债合计
Total Liabilities and Current Liabilities Assets of Manufacturing

单位：亿元 (100 million yuan)

地区	Region	负债合计 Total Liabilities 2014	2015	2015排名 Ranking	流动负债合计 Current Liability Assets 2015	2015排名 Ranking
全 国	**National Total**	**410141.37**	**432015.01**		**353206.31**	
北 京	Beijing	8869.39	9520.66	15	8353.82	14
天 津	Tianjin	11300.88	12268.41	13	10381.99	12
河 北	Hebei	18503.96	18342.47	7	15030.25	8
山 西	Shanxi	8338.81	8530.42	19	6516.85	19
内蒙古	Inner Mongolia	8811.62	9305.21	17	6808.04	17
辽 宁	Liaoning	18460.47	19287.99	6	15176.61	6
吉 林	Jilin	6903.82	7618.00	21	5684.73	22
黑龙江	Heilongjiang	5198.79	5225.51	24	4369.45	25
上 海	Shanghai	16635.12	16769.10	8	15068.77	7
江 苏	Jiangsu	50182.80	51140.27	1	44980.65	1
浙 江	Zhejiang	33668.04	33728.47	4	30268.64	4
安 徽	Anhui	12112.06	13111.29	11	10569.13	11
福 建	Fujian	12416.68	12905.28	12	10159.45	13
江 西	Jiangxi	7058.93	8099.45	20	6373.52	20
山 东	Shandong	41063.26	44082.37	3	34163.65	3
河 南	Henan	18094.41	20184.93	5	15747.34	5
湖 北	Hubei	15388.09	16466.69	9	13084.54	9
湖 南	Hunan	9215.60	9777.07	14	7338.67	15
广 东	Guangdong	43747.09	47206.36	2	40861.88	2
广 西	Guangxi	7024.91	7376.88	22	5964.89	21
海 南	Hainan	999.84	960.34	30	750.99	30
重 庆	Chongqing	7939.30	9055.13	18	7106.99	16
四 川	Sichuan	15103.56	14873.32	10	11446.88	10
贵 州	Guizhou	3627.88	4302.59	26	3210.84	27
云 南	Yunnan	5337.95	5654.85	23	4746.64	24
西 藏	Tibet	60.86	82.67	31	64.01	31
陕 西	Shaanxi	8881.35	9501.66	16	6742.21	18
甘 肃	Gansu	4595.67	4972.67	25	3711.82	26
青 海	Qinghai	2241.31	2474.32	29	1566.61	29
宁 夏	Ningxia	2603.78	2912.59	28	2181.56	28
新 疆	Xinjiang	5755.11	3278.03	27	4774.91	23

11-50 制造业工业企业所有者权益合计和实收资本
Total Owner's Equity and Paid-in Capital of Manufacturing

单位：亿元 (100 million yuan)

地区	Region	所有者权益合计 Total Owner's Equity 2014	所有者权益合计 Total Owner's Equity 2015	2015排名 Ranking	实收资本 Paid-in Capital 2015	2015排名 Ranking
全 国	**National Total**	**321396.53**	**347577.73**		**160903.53**	
北 京	Beijing	7794.47	8244.21	15	3661.24	17
天 津	Tianjin	7553.95	7684.82	16	4254.50	14
河 北	Hebei	14602.03	14811.73	7	7164.57	7
山 西	Shanxi	3059.70	2771.53	26	1872.96	24
内蒙古	Inner Mongolia	4691.26	5079.51	20	4113.72	15
辽 宁	Liaoning	13469.06	12064.47	9	5934.11	10
吉 林	Jilin	6100.36	6645.64	18	3414.84	19
黑龙江	Heilongjiang	3135.09	3454.03	24	1557.05	26
上 海	Shanghai	15655.09	16702.56	6	7403.18	6
江 苏	Jiangsu	42021.68	46032.50	1	22123.35	1
浙 江	Zhejiang	23473.40	25364.28	4	11698.49	4
安 徽	Anhui	9878.41	10794.31	12	4816.68	11
福 建	Fujian	10852.78	11787.17	10	6299.24	8
江 西	Jiangxi	6733.54	8628.47	14	3873.56	16
山 东	Shandong	35729.23	39595.00	2	13115.71	3
河 南	Henan	22805.74	25339.80	5	11469.25	5
湖 北	Hubei	12406.15	13388.15	8	6168.56	9
湖 南	Hunan	8878.85	9835.67	13	4387.36	13
广 东	Guangdong	30598.23	34079.15	3	15411.02	2
广 西	Guangxi	4239.00	4527.70	21	2370.78	20
海 南	Hainan	864.22	907.63	30	468.05	30
重 庆	Chongqing	4757.44	5549.26	19	2299.34	21
四 川	Sichuan	10391.17	10936.56	11	4659.91	12
贵 州	Guizhou	2839.37	3462.42	23	1574.88	25
云 南	Yunnan	4112.44	3975.51	22	2119.21	23
西 藏	Tibet	99.11	113.35	31	41.49	31
陕 西	Shaanxi	6631.74	7297.34	17	3574.68	18
甘 肃	Gansu	2789.73	2765.20	27	1447.75	27
青 海	Qinghai	878.47	1028.49	29	488.59	29
宁 夏	Ningxia	1251.99	1368.20	28	872.61	28
新 疆	Xinjiang	3102.83	3343.05	25	2246.87	22

11-51 制造业工业企业主营业务收入和主营业务成本
Revenue from Principal Business and Cost of Principal Business of Manufacture

单位：亿元 (100 million yuan)

地区	Region	主营业务收入 Revenue from Principal Business 2014	2015	2015排名 Ranking	主营业务成本 Cost of Principal Business 2014	2015	2015排名 Ranking
全　国	**National Total**	**978229.96**	**992673.81**		**837722.05**	**846178.78**	
北　京	Beijing	14204.34	13853.44	20	11448.75	10999.32	20
天　津	Tianjin	24300.52	24846.64	15	21115.46	21106.17	15
河　北	Hebei	39435.51	39130.87	7	34351.02	34175.26	7
山　西	Shanxi	8443.62	6852.71	26	7527.48	6136.77	24
内蒙古	Inner Mongolia	11716.22	11346.25	21	9962.09	9622.46	21
辽　宁	Liaoning	43405.84	29650.17	14	37912.83	25408.19	14
吉　林	Jilin	20985.77	20157.45	16	17411.07	16795.08	16
黑龙江	Heilongjiang	9560.43	8891.59	22	8229.63	7523.41	22
上　海	Shanghai	33946.88	32572.16	11	27718.17	26129.29	13
江　苏	Jiangsu	136346.02	141448.16	1	117646.19	121243.02	1
浙　江	Zhejiang	59321.62	58159.19	5	50482.82	48943.13	5
安　徽	Anhui	33024.46	35320.25	9	28380.30	30453.75	9
福　建	Fujian	34351.13	36825.39	8	29409.97	31435.51	8
江　西	Jiangxi	28853.36	30686.80	13	25329.23	27025.53	11
山　东	Shandong	131822.71	135995.38	2	115882.79	119554.82	2
河　南	Henan	59620.73	65700.03	4	51630.13	57157.66	4
湖　北	Hubei	38417.70	40287.07	6	32446.40	34231.05	6
湖　南	Hunan	30254.26	32571.02	12	25060.90	26463.19	12
广　东	Guangdong	106839.05	110548.00	3	90544.92	93081.85	3
广　西	Guangxi	16849.02	18339.30	18	14305.64	15436.95	18
海　南	Hainan	1488.41	1389.00	30	1233.11	1092.94	30
重　庆	Chongqing	17307.40	19383.20	17	14646.40	16355.47	17
四　川	Sichuan	32488.35	32771.20	10	27508.98	27853.06	10
贵　州	Guizhou	5764.86	6893.84	25	4416.94	5334.23	26
云　南	Yunnan	8112.16	7722.75	23	6291.28	5927.19	25
西　藏	Tibet	74.35	80.68	31	45.68	51.89	31
陕　西	Shaanxi	13727.55	14350.12	19	11292.21	11869.84	19
甘　肃	Gansu	7681.77	7357.11	24	6932.33	6715.80	23
青　海	Qinghai	1513.98	1516.02	29	1354.43	1358.58	29
宁　夏	Ningxia	2371.67	2439.30	28	2082.05	2114.65	28
新　疆	Xinjiang	6000.25	5588.70	27	5122.85	4582.70	27

11-52 制造业工业企业销售费用和管理费用
Sales Expenses and Administrative Expenses of Manufacture

单位：亿元 (100 million yuan)

地区	Region	销售费用 Sales Expenses 2014	2015	2015排名 Ranking	管理费用 Administrative Expenses 2014	2015	2015排名 Ranking
全　国	**National Total**	**26313.21**	**27589.02**		**35962.56**	**38466.51**	
北　京	Beijing	860.27	918.08	11	846.46	880.89	15
天　津	Tianjin	638.73	647.55	16	769.92	824.71	17
河　北	Hebei	748.84	768.32	15	1102.47	1107.98	13
山　西	Shanxi	227.83	205.95	25	340.56	310.67	25
内蒙古	Inner Mongolia	273.78	313.29	21	408.44	416.14	21
辽　宁	Liaoning	982.25	781.78	14	1537.00	1256.44	11
吉　林	Jilin	857.66	827.51	13	880.60	887.14	14
黑龙江	Heilongjiang	278.00	275.11	22	389.68	407.76	22
上　海	Shanghai	1273.38	1299.35	5	2118.97	2196.49	5
江　苏	Jiangsu	3242.03	3564.66	2	4900.93	5337.01	2
浙　江	Zhejiang	1617.98	1681.02	4	2759.27	2980.88	4
安　徽	Anhui	847.79	909.02	12	1107.51	1199.26	12
福　建	Fujian	918.18	978.07	10	1251.52	1372.23	9
江　西	Jiangxi	495.39	538.35	18	697.16	711.54	19
山　东	Shandong	2563.26	2810.43	3	3125.46	3315.93	3
河　南	Henan	1186.13	1294.13	6	1281.58	1393.11	8
湖　北	Hubei	1222.17	1235.15	7	1608.44	1713.57	6
湖　南	Hunan	892.73	1010.85	9	1228.25	1448.61	7
广　东	Guangdong	3886.86	4001.98	1	5053.86	5728.99	1
广　西	Guangxi	408.61	441.66	19	686.29	757.68	18
海　南	Hainan	58.44	64.26	28	52.21	55.39	29
重　庆	Chongqing	506.17	577.09	17	721.72	839.04	16
四　川	Sichuan	1010.94	1056.77	8	1271.39	1366.04	10
贵　州	Guizhou	233.73	273.42	23	291.06	363.42	23
云　南	Yunnan	234.20	246.35	24	354.27	351.40	24
西　藏	Tibet	8.29	5.77	31	5.16	5.73	31
陕　西	Shaanxi	409.04	428.29	20	591.60	629.47	20
甘　肃	Gansu	126.04	122.60	27	240.63	236.73	26
青　海	Qinghai	68.54	64.20	29	55.09	55.28	30
宁　夏	Ningxia	58.72	60.34	30	79.69	87.10	28
新　疆	Xinjiang	177.26	187.69	26	205.36	229.86	27

11-53 制造业工业企业财务费用和营业利润

Financial Expenses and Operating Profit of Manufacture

单位：亿元 (100 million yuan)

地区	Region	财务费用 Financial Expenses 2014	2015	2015排名 Ranking	营业利润 Operating Profit 2014	2015	2015排名 Ranking
全 国	**National Total**	**9641.56**	**9668.48**		**56393.46**	**56396.91**	
北 京	Beijing	80.66	108.61	25	886.84	840.04	19
天 津	Tianjin	177.25	149.02	21	1504.93	1816.18	12
河 北	Hebei	483.55	440.83	7	1977.77	1933.28	9
山 西	Shanxi	221.15	209.48	14	14.57	-66.40	30
内蒙古	Inner Mongolia	247.74	221.12	13	688.10	552.67	21
辽 宁	Liaoning	461.48	463.92	6	1797.37	919.99	18
吉 林	Jilin	160.20	174.54	16	1387.04	1216.71	16
黑龙江	Heilongjiang	97.74	84.87	27	328.88	328.50	23
上 海	Shanghai	81.75	126.37	24	2382.39	2425.73	6
江 苏	Jiangsu	1180.06	1180.50	2	8590.99	9078.98	1
浙 江	Zhejiang	938.69	802.59	3	3172.52	3210.64	5
安 徽	Anhui	300.04	310.87	12	1913.37	1886.54	11
福 建	Fujian	333.25	344.36	10	2136.44	2164.87	7
江 西	Jiangxi	171.70	166.87	18	1956.26	1904.25	10
山 东	Shandong	1362.86	1426.93	1	7871.42	7893.34	2
河 南	Henan	537.65	597.19	4	4471.64	4662.97	4
湖 北	Hubei	417.31	420.04	8	2063.63	1993.95	8
湖 南	Hunan	300.83	332.18	11	1580.17	1703.75	13
广 东	Guangdong	515.77	496.18	5	5960.14	6422.15	3
广 西	Guangxi	170.48	172.93	17	976.82	1075.53	17
海 南	Hainan	22.69	27.52	30	50.58	52.03	26
重 庆	Chongqing	165.19	165.56	19	1097.23	1236.38	15
四 川	Sichuan	411.53	396.56	9	1742.09	1519.63	14
贵 州	Guizhou	87.58	99.11	26	488.97	522.34	22
云 南	Yunnan	158.21	162.06	20	318.35	295.19	24
西 藏	Tibet		0.43	31	14.22	16.34	28
陕 西	Shaanxi	178.40	185.48	15	817.27	798.18	20
甘 肃	Gansu	120.59	146.74	22	33.05	-171.04	31
青 海	Qinghai	58.61	54.31	29	-11.44	-43.28	29
宁 夏	Ningxia	63.59	64.46	28	26.75	39.92	27
新 疆	Xinjiang	134.96	136.83	23	155.09	167.54	25

11-54 制造业工业企业利润总额和平均用工人数
Total Profit and Average Number of Employed Persons of Manufacture

地区	Region	利润总额（亿元） Total Profit (100 million yuan) 2014	2015	2015排名 Ranking	平均用工人数（万人） Average Number of Employed Persons (10 000 persons) 2014	2015	2015排名 Ranking
全　国	**National Total**	**56898.46**	**57974.69**		**8849.87**	**8710.93**	
北　京	Beijing	972.07	940.87	19	102.24	97.05	20
天　津	Tianjin	1520.76	1828.70	12	156.11	149.19	17
河　北	Hebei	1991.73	1947.43	10	330.25	324.18	8
山　西	Shanxi	37.64	-40.80	30	95.82	88.49	21
内蒙古	Inner Mongolia	462.33	358.66	23	81.31	77.06	22
辽　宁	Liaoning	1864.55	1047.03	18	318.90	246.18	12
吉　林	Jilin	1385.23	1241.85	16	120.82	119.99	19
黑龙江	Heilongjiang	345.31	360.69	22	78.39	73.58	23
上　海	Shanghai	2553.49	2574.33	6	243.13	229.96	14
江　苏	Jiangsu	8528.59	9110.88	1	1120.75	1111.63	2
浙　江	Zhejiang	3371.29	3440.81	5	707.70	690.62	4
安　徽	Anhui	1836.64	1848.66	11	288.22	293.03	11
福　建	Fujian	2113.16	2151.45	7	417.06	420.11	6
江　西	Jiangxi	1964.03	1950.68	9	227.52	240.91	13
山　东	Shandong	7942.87	8061.41	2	850.67	851.87	3
河　南	Henan	4459.53	4639.26	4	594.36	627.61	5
湖　北	Hubei	2087.35	2106.38	8	351.84	330.05	7
湖　南	Hunan	1496.34	1641.46	13	288.96	296.71	10
广　东	Guangdong	6110.88	6844.73	3	1437.58	1430.36	1
广　西	Guangxi	916.75	1105.19	17	149.65	152.63	16
海　南	Hainan	60.17	59.18	26	9.34	9.09	30
重　庆	Chongqing	1147.18	1315.83	15	159.92	170.10	15
四　川	Sichuan	1755.04	1603.52	14	316.64	297.74	9
贵　州	Guizhou	508.42	576.23	21	56.71	59.92	25
云　南	Yunnan	351.25	322.91	24	72.63	70.39	24
西　藏	Tibet	17.09	17.24	28	1.05	1.04	31
陕　西	Shaanxi	803.71	787.94	20	139.92	125.05	18
甘　肃	Gansu	59.78	-123.73	31	46.46	42.60	27
青　海	Qinghai	12.27	-14.00	29	15.67	15.02	29
宁　夏	Ningxia	35.28	58.63	27	23.23	22.82	28
新　疆	Xinjiang	187.70	211.29	25	47.00	45.93	26

11-55　制造业工业企业投资收益和亏损企业亏损额
Return on Investment and Amount of Loss Ratio of Manufacturing

单位：亿元　　(100 million yuan)

地区	Region	投资收益（损失以"-"号记） Investment Income (Loss is Marked as "-") 2015	2015排名 Ranking	亏损企业亏损额 Loss Ratio of Unprofitable Firms 2015	2015排名 Ranking
全　国	**National Total**	**2115.39**		**6926.53**	
北　京	Beijing	182.27	4	206.01	16
天　津	Tianjin	-15.05	27	164.87	19
河　北	Hebei	-309.70	31	321.26	7
山　西	Shanxi	-1.17	24	287.68	10
内蒙古	Inner Mongolia	-32.12	29	302.41	9
辽　宁	Liaoning	63.21	11	440.23	3
吉　林	Jilin	124.93	6	159.28	21
黑龙江	Heilongjiang	8.91	21	141.02	23
上　海	Shanghai	676.67	1	314.58	8
江　苏	Jiangsu	112.13	7	670.53	1
浙　江	Zhejiang	234.01	3	322.48	6
安　徽	Anhui	30.02	15	168.62	18
福　建	Fujian	-17.73	28	241.91	13
江　西	Jiangxi	12.04	18	61.39	29
山　东	Shandong	100.96	8	344.65	4
河　南	Henan	46.89	13	217.56	14
湖　北	Hubei	166.92	5	278.95	11
湖　南	Hunan	29.81	16	164.53	20
广　东	Guangdong	514.52	2	475.63	2
广　西	Guangxi	-77.69	30	136.00	24
海　南	Hainan	10.63	19	20.88	30
重　庆	Chongqing	63.30	10	142.23	22
四　川	Sichuan	-5.40	25	329.08	5
贵　州	Guizhou	9.99	20	85.28	26
云　南	Yunnan	59.02	12	211.03	15
西　藏	Tibet	0.69	23	0.94	31
陕　西	Shaanxi	76.19	9	125.14	25
甘　肃	Gansu	30.72	14	273.19	12
青　海	Qinghai	-5.72	26	70.32	27
宁　夏	Ningxia	2.14	22	62.89	28
新　疆	Xinjiang	23.99	17	185.93	17

11-56 电力、热力、燃气及水生产和供应业工业销售产值和资产总计

Sales Value and Total Assets of Production and Supply of Electricity, Heat, Gas and Water

单位：亿元 (100 million yuan)

地区	Region	工业销售产值（当年价格） Sales Value (current prices)			资产总计 Total Assets		
		2014	2015	2015排名 Ranking	2014	2015	2015排名 Ranking
全　国	**National Total**	**63225.48**	**65165.97**		**127181.16**	**143243.68**	
北　京	Beijing	4446.80	4557.88	5	13785.00	17607.19	1
天　津	Tianjin	944.84	973.51	24	2097.97	2232.42	25
河　北	Hebei	3134.94	3000.91	7	4309.77	4475.98	9
山　西	Shanxi	1711.22	1640.71	14	3137.75	3616.49	16
内蒙古	Inner Mongolia	2587.93	2429.63	10	6519.54	7311.93	5
辽　宁	Liaoning	1789.76	1712.23	13	4107.90	4145.28	13
吉　林	Jilin	1016.95	985.35	23	1783.68	1900.51	27
黑龙江	Heilongjiang	1314.56	1232.14	20	2569.90	2716.12	21
上　海	Shanghai	1433.04	1507.49	16	3099.88	3693.54	15
江　苏	Jiangsu	4911.10	5013.02	3	7776.96	8471.10	4
浙　江	Zhejiang	4865.22	4885.11	4	6547.61	7217.70	6
安　徽	Anhui	2000.56	2031.61	11	2765.13	3097.02	19
福　建	Fujian	2210.46	2516.94	9	4135.60	4443.80	10
江　西	Jiangxi	1177.08	1217.44	21	1447.93	1618.14	29
山　东	Shandong	4614.41	5303.99	2	6072.76	6931.66	7
河　南	Henan	2994.97	3332.93	6	3901.34	4282.52	12
湖　北	Hubei	1730.89	1768.82	12	4212.54	4431.71	11
湖　南	Hunan	1518.22	1528.22	15	2935.26	3107.35	18
广　东	Guangdong	7368.91	7578.69	1	11481.51	12278.42	2
广　西	Guangxi	1324.13	1311.52	19	2386.16	2558.04	23
海　南	Hainan	198.11	245.72	30	390.06	727.43	30
重　庆	Chongqing	863.14	958.10	25	2054.15	2245.68	24
四　川	Sichuan	1803.86	2878.59	8	8539.42	10296.47	3
贵　州	Guizhou	1347.60	862.81	26	2753.60	3159.64	17
云　南	Yunnan	1471.24	1430.56	17	6299.04	6842.42	8
西　藏	Tibet	15.61	20.73	31	303.23	476.43	31
陕　西	Shaanxi	1386.29	1378.49	18	2695.83	2973.11	20
甘　肃	Gansu	826.75	791.34	27	2464.73	2698.05	22
青　海	Qinghai	372.66	348.43	29	1424.23	1647.03	28
宁　夏	Ningxia	739.45	670.25	28	1752.27	2010.84	26
新　疆	Xinjiang	1104.77	1052.80	22	3430.38	4029.67	14

11-57 电力、热力、燃气及水生产和供应业固定资产合计和流动资产合计

Total Fixed Assets and Total Current Assets of Production and Supply of Electricity, Heat, Gas and Water

单位：亿元 (100 million yuan)

地区	Region	固定资产合计 Total Fixed Assets 2015	2015排名 Ranking	流动资产合计 Total Current Assets 2015	2015排名 Ranking
全　国	**National Total**	**86850.29**		**23571.11**	
北　京	Beijing	3374.48	8	2946.99	1
天　津	Tianjin	1384.76	26	531.77	17
河　北	Hebei	3173.52	10	757.99	10
山　西	Shanxi	2694.48	14	586.87	15
内蒙古	Inner Mongolia	4660.70	5	1412.72	4
辽　宁	Liaoning	2757.06	13	760.00	9
吉　林	Jilin	1448.37	25	303.70	28
黑龙江	Heilongjiang	1638.63	22	632.42	14
上　海	Shanghai	2057.97	20	555.65	16
江　苏	Jiangsu	5299.08	3	1586.72	3
浙　江	Zhejiang	4466.54	6	1279.14	6
安　徽	Anhui	2411.41	16	372.24	26
福　建	Fujian	2789.81	12	723.31	11
江　西	Jiangxi	1031.89	29	316.06	27
山　东	Shandong	3991.19	7	1344.57	5
河　南	Henan	3057.59	11	881.55	8
湖　北	Hubei	3331.79	9	469.59	20
湖　南	Hunan	2304.20	17	389.03	24
广　东	Guangdong	7846.68	1	2299.51	2
广　西	Guangxi	1597.34	23	432.36	21
海　南	Hainan	493.08	30	69.88	30
重　庆	Chongqing	1467.37	24	421.52	22
四　川	Sichuan	6653.83	2	1085.31	7
贵　州	Guizhou	2112.79	18	484.61	19
云　南	Yunnan	5147.72	4	649.12	13
西　藏	Tibet	364.19	31	49.01	31
陕　西	Shaanxi	2105.16	19	525.60	18
甘　肃	Gansu	2010.35	21	379.47	25
青　海	Qinghai	1261.63	28	226.35	29
宁　夏	Ningxia	1287.34	27	399.89	23
新　疆	Xinjiang	2629.32	15	698.16	12

11-58 电力、热力、燃气及水生产和供应业负债合计和流动负债合计

Total Liabilities and Current Liability Assets of Production and Supply of Electricity, Heat, Gas and Water

单位：亿元 (100 million yuan)

地区	Region	负债合计 Total Liabilities 2014	负债合计 Total Liabilities 2015	2015排名 Ranking	流动负债合计 Current Liability Assets 2015	2015排名 Ranking
全　国	**National Total**	**81151.64**	**88141.39**		**40913.78**	
北　京	Beijing	6606.73	6895.16	2	2836.34	2
天　津	Tianjin	1304.54	1401.42	24	914.40	21
河　北	Hebei	2717.80	2820.30	12	1638.32	8
山　西	Shanxi	2381.00	2685.31	14	1296.14	13
内蒙古	Inner Mongolia	4800.90	5237.68	4	2199.43	6
辽　宁	Liaoning	2708.15	2737.77	13	1463.24	11
吉　林	Jilin	1233.04	1243.14	27	608.76	26
黑龙江	Heilongjiang	1822.23	1996.20	19	1136.01	15
上　海	Shanghai	1218.01	1334.26	26	986.40	20
江　苏	Jiangsu	4733.15	4985.82	6	3206.82	1
浙　江	Zhejiang	3886.31	4222.92	8	2105.15	7
安　徽	Anhui	1839.46	1919.63	21	1034.35	18
福　建	Fujian	2646.31	2830.94	11	1028.73	19
江　西	Jiangxi	1009.26	1091.26	29	602.54	27
山　东	Shandong	3977.21	4444.91	7	2569.69	4
河　南	Henan	2776.73	2959.47	9	1630.13	9
湖　北	Hubei	2393.12	2392.22	16	1332.41	12
湖　南	Hunan	2071.91	2098.22	18	905.29	22
广　东	Guangdong	6199.02	6425.25	3	2737.89	3
广　西	Guangxi	1611.36	1654.00	22	734.47	24
海　南	Hainan	287.12	551.65	30	200.17	30
重　庆	Chongqing	1343.79	1470.14	23	794.31	23
四　川	Sichuan	6183.39	7296.31	1	2255.30	5
贵　州	Guizhou	2256.60	2524.96	15	1061.29	17
云　南	Yunnan	4658.27	5106.35	5	1492.47	10
西　藏	Tibet	96.26	235.15	31	162.63	31
陕　西	Shaanxi	2014.16	2152.88	17	1107.54	16
甘　肃	Gansu	1797.10	1979.35	20	666.52	25
青　海	Qinghai	1007.64	1203.85	28	435.99	29
宁　夏	Ningxia	1184.95	1357.31	25	517.31	28
新　疆	Xinjiang	2386.09	2887.56	10	1253.76	14

11-59 电力、热力、燃气及水生产和供应业所有者权益合计和实收资本

Total Owner's Equity and Paid-in Capital of Production and Supply of Electricity, Heat, Gas and Water

单位：亿元 (100 million yuan)

地区	Region	所有者权益合计 Total Owner's Equity 2014	2015	2015排名 Ranking	实收资本 Paid-in Capital 2015	2015排名 Ranking
全　国	**National Total**	**46148.86**	**55039.10**		**34233.42**	
北　京	Beijing	7178.27	10711.37	1	6538.15	1
天　津	Tianjin	787.07	829.99	20	605.79	19
河　北	Hebei	1589.95	1640.10	11	933.53	13
山　西	Shanxi	752.39	930.58	18	687.78	18
内蒙古	Inner Mongolia	1856.79	2074.25	8	1451.98	7
辽　宁	Liaoning	1397.99	1407.41	13	1075.10	11
吉　林	Jilin	583.43	656.56	25	362.75	27
黑龙江	Heilongjiang	742.09	719.92	23	470.91	24
上　海	Shanghai	1873.74	2359.29	7	1815.21	4
江　苏	Jiangsu	3043.69	3483.45	3	1807.89	5
浙　江	Zhejiang	2652.62	2994.78	5	1824.93	3
安　徽	Anhui	922.27	1182.20	15	725.94	16
福　建	Fujian	1485.79	1612.38	12	998.90	12
江　西	Jiangxi	438.17	525.57	28	308.57	28
山　东	Shandong	2078.50	2466.45	6	1313.72	9
河　南	Henan	1133.06	1320.54	14	765.37	15
湖　北	Hubei	1815.35	2039.28	9	793.48	14
湖　南	Hunan	858.35	1009.13	17	575.94	21
广　东	Guangdong	5270.01	5827.67	2	3157.17	2
广　西	Guangxi	817.63	903.68	19	483.21	23
海　南	Hainan	107.20	175.78	31	137.52	30
重　庆	Chongqing	699.73	774.11	22	410.20	25
四　川	Sichuan	2349.10	2999.63	4	1779.02	6
贵　州	Guizhou	495.35	634.68	27	1420.74	8
云　南	Yunnan	1638.60	1736.07	10	1297.43	10
西　藏	Tibet	206.96	241.28	30	37.48	31
陕　西	Shaanxi	680.32	823.43	21	534.28	22
甘　肃	Gansu	665.81	717.69	24	579.20	20
青　海	Qinghai	414.61	443.18	29	257.22	29
宁　夏	Ningxia	568.52	653.53	26	385.02	26
新　疆	Xinjiang	1045.50	1145.10	16	698.97	17

11-60 电力、热力、燃气及水生产和供应业主营业务收入和主营业务成本

Revenue from Principal Business and Cost of Principal Business of Production and Supply of Electricity, Heat, Gas and Water

单位：亿元 (100 million yuan)

地区	Region	主营业务收入 Revenue from Principal Business 2014	2015	2015排名 Ranking	主营业务成本 Cost of Principal Business 2014	2015	2015排名 Ranking
全 国	**National Total**	**64006.17**	**64878.78**		**55813.16**	**55988.17**	
北 京	Beijing	4470.04	4591.09	5	4186.14	4324.39	2
天 津	Tianjin	956.49	992.31	25	877.58	893.86	24
河 北	Hebei	3137.04	2979.38	7	2777.35	2608.39	7
山 西	Shanxi	1805.69	1665.05	14	1493.36	1416.03	14
内蒙古	Inner Mongolia	2284.47	2486.54	9	1958.28	2098.88	9
辽 宁	Liaoning	1813.03	1726.15	13	1620.40	1542.86	12
吉 林	Jilin	1016.69	999.17	24	931.03	917.05	23
黑龙江	Heilongjiang	1403.44	1331.70	20	1321.21	1251.46	17
上 海	Shanghai	1517.76	1593.65	15	1400.17	1458.89	13
江 苏	Jiangsu	4917.75	5002.45	2	4246.60	4269.24	3
浙 江	Zhejiang	4861.83	4878.09	3	4301.99	4261.64	4
安 徽	Anhui	1972.01	2000.01	11	1671.30	1708.79	11
福 建	Fujian	2205.77	2219.25	10	1912.06	1859.39	10
江 西	Jiangxi	1187.32	1234.89	22	1063.80	1090.96	20
山 东	Shandong	4526.41	4625.65	4	3942.33	3975.36	5
河 南	Henan	3049.75	2976.48	8	2768.01	2655.79	6
湖 北	Hubei	1737.45	1757.18	12	1389.47	1390.16	15
湖 南	Hunan	1514.56	1529.04	16	1280.50	1271.83	16
广 东	Guangdong	7367.70	7526.07	1	6474.49	6523.77	1
广 西	Guangxi	1317.89	1285.33	21	1160.79	1099.81	19
海 南	Hainan	223.87	243.52	30	166.30	186.30	30
重 庆	Chongqing	868.36	957.45	26	776.05	856.96	26
四 川	Sichuan	2532.49	3182.71	6	1945.35	2475.95	8
贵 州	Guizhou	1328.25	1351.11	19	1114.42	1084.48	21
云 南	Yunnan	1473.65	1384.47	18	1155.06	1076.73	22
西 藏	Tibet	18.96	28.96	31	31.17	40.27	31
陕 西	Shaanxi	1460.26	1437.64	17	1224.27	1203.21	18
甘 肃	Gansu	811.22	755.38	27	715.11	675.50	27
青 海	Qinghai	387.67	408.89	29	337.97	321.75	29
宁 夏	Ningxia	731.42	687.06	28	616.22	585.26	28
新 疆	Xinjiang	1106.95	1042.12	23	954.39	863.23	25

11-61 电力、热力、燃气及水生产和供应业销售费用和管理费用

Sales Expenses and Administrative Expenses of Production and Supply of Electricity, Heat, Gas and Water

单位：亿元 (100 million yuan)

地区	Region	销售费用 Sales Expenses			管理费用 Administrative Expenses		
		2014	2015	2015排名 Ranking	2014	2015	2015排名 Ranking
全　国	**National Total**	**387.30**	**394.28**		**1454.59**	**1410.51**	
北　京	Beijing	4.49	4.82	25	39.01	46.20	11
天　津	Tianjin	4.28	3.92	26	21.89	22.92	23
河　北	Hebei	9.17	8.81	19	82.79	65.38	7
山　西	Shanxi	8.28	9.30	18	33.09	33.29	19
内蒙古	Inner Mongolia	31.22	19.77	6	158.70	59.46	8
辽　宁	Liaoning	13.85	11.70	13	51.35	49.25	10
吉　林	Jilin	18.92	14.00	8	24.52	30.82	21
黑龙江	Heilongjiang	9.49	9.75	17	34.15	38.53	15
上　海	Shanghai	13.77	13.96	9	21.15	20.73	25
江　苏	Jiangsu	37.05	39.72	3	71.11	80.72	5
浙　江	Zhejiang	20.50	22.11	4	101.74	110.20	3
安　徽	Anhui	8.06	9.98	16	35.21	38.53	15
福　建	Fujian	11.31	10.18	15	45.83	54.43	9
江　西	Jiangxi	4.79	6.04	23	21.56	21.20	24
山　东	Shandong	18.34	20.15	5	139.02	135.86	1
河　南	Henan	14.06	16.89	7	68.28	67.03	6
湖　北	Hubei	9.17	10.58	14	33.52	37.80	17
湖　南	Hunan	14.29	13.66	10	45.63	44.41	12
广　东	Guangdong	50.46	48.51	1	124.80	130.52	2
广　西	Guangxi	8.39	4.87	24	40.81	41.65	14
海　南	Hainan	1.53	2.13	28	3.64	3.54	30
重　庆	Chongqing	7.12	8.42	20	19.67	19.82	26
四　川	Sichuan	21.75	41.88	2	67.34	86.76	4
贵　州	Guizhou	9.56	6.47	22	24.38	27.02	22
云　南	Yunnan	7.66	7.22	21	42.45	42.79	13
西　藏	Tibet	0.05	0.06	31	0.71	0.35	31
陕　西	Shaanxi	12.49	12.09	12	40.83	35.48	18
甘　肃	Gansu	2.04	2.08	29	14.09	14.42	28
青　海	Qinghai	0.53	0.47	30	3.78	4.54	29
宁　夏	Ningxia	1.59	2.17	27	14.74	14.66	27
新　疆	Xinjiang	13.10	12.58	11	28.80	32.19	20

11-62 电力、热力、燃气及水生产和供应业财务费用和营业利润

Financial Expenses and Operating Profit of Production and Supply of Electricity, Heat, Gas and Water

单位：亿元 (100 million yuan)

地区	Region	财务费用 Financial Expenses			营业利润 Operating Profit		
		2014	2015	2015排名 Ranking	2014	2015	2015排名 Ranking
全 国	**National Total**	**2484.73**	**2514.20**		**4450.99**	**5118.05**	
北 京	Beijing	102.87	83.91	12	453.54	520.50	3
天 津	Tianjin	20.64	21.76	28	41.07	47.05	23
河 北	Hebei	73.12	67.50	18	212.12	224.70	8
山 西	Shanxi	85.92	88.88	11	129.75	117.42	14
内蒙古	Inner Mongolia	148.66	148.55	4	110.68	162.21	11
辽 宁	Liaoning	66.36	69.02	17	58.71	54.43	21
吉 林	Jilin	47.47	45.06	25	1.00	-16.69	31
黑龙江	Heilongjiang	50.88	46.05	24	1.04	-7.92	28
上 海	Shanghai	21.00	20.45	29	84.89	102.87	15
江 苏	Jiangsu	105.89	97.48	8	517.25	575.21	2
浙 江	Zhejiang	111.75	132.54	5	331.27	368.73	5
安 徽	Anhui	50.68	51.48	21	148.88	206.46	9
福 建	Fujian	72.19	83.57	13	190.46	174.96	10
江 西	Jiangxi	31.49	30.76	27	75.97	88.32	17
山 东	Shandong	106.74	101.38	7	299.71	480.89	4
河 南	Henan	99.01	90.06	10	108.50	151.45	12
湖 北	Hubei	89.86	81.42	15	232.39	264.19	7
湖 南	Hunan	79.47	82.48	14	77.51	95.91	16
广 东	Guangdong	206.41	213.83	2	611.58	649.25	1
广 西	Guangxi	63.59	57.79	19	61.29	85.92	18
海 南	Hainan	7.82	8.13	30	44.07	41.65	25
重 庆	Chongqing	40.82	41.11	26	27.61	41.30	26
四 川	Sichuan	231.33	245.18	1	260.20	323.04	6
贵 州	Guizhou	102.68	105.25	6	25.34	64.96	20
云 南	Yunnan	170.06	175.82	3	103.33	85.48	19
西 藏	Tibet	1.27	3.98	31	-14.09	-15.45	30
陕 西	Shaanxi	59.10	56.84	20	133.15	126.84	13
甘 肃	Gansu	69.64	75.27	16	15.11	-14.92	29
青 海	Qinghai	46.56	48.81	22	19.12	28.04	27
宁 夏	Ningxia	49.40	47.19	23	54.06	43.81	24
新 疆	Xinjiang	72.08	92.66	9	35.49	47.45	22

11-63 电力、热力、燃气及水生产和供应业利润总额和平均用工人数

Total Profit and Average Number of Employed Persons of Production and Supply of Electricity, Heat, Gas and Water

地区	Region	利润总额（亿元） Total Profit (100 million yuan) 2014	2015	2015排名 Ranking	平均用工人数（万人） Average Number of Employed Persons (10 000 persons) 2014	2015	2015排名 Ranking
全　国	National Total	4816.85	5671.18		350.35	353.15	
北　京	Beijing	506.38	625.12	2	8.23	7.74	23
天　津	Tianjin	50.19	52.64	23	4.45	4.23	26
河　北	Hebei	220.27	234.55	8	18.92	19.06	5
山　西	Shanxi	137.02	131.16	14	10.24	10.45	17
内蒙古	Inner Mongolia	132.77	194.02	10	14.09	14.45	9
辽　宁	Liaoning	77.42	80.53	20	16.08	15.72	7
吉　林	Jilin	19.54	7.11	29	11.22	11.54	14
黑龙江	Heilongjiang	15.92	16.52	28	17.84	18.26	6
上　海	Shanghai	94.89	108.16	16	4.03	3.73	27
江　苏	Jiangsu	502.47	589.74	3	14.54	14.76	8
浙　江	Zhejiang	342.72	387.20	5	13.54	13.03	10
安　徽	Anhui	149.12	209.51	9	10.08	11.51	15
福　建	Fujian	197.43	183.22	11	8.51	8.57	22
江　西	Jiangxi	80.25	91.66	19	8.14	8.59	21
山　东	Shandong	302.28	492.56	4	22.79	25.08	2
河　南	Henan	129.05	157.47	12	20.76	21.45	3
湖　北	Hubei	254.87	294.40	7	12.04	12.54	11
湖　南	Hunan	93.46	103.10	18	15.68	9.69	18
广　东	Guangdong	612.15	697.92	1	27.80	28.07	1
广　西	Guangxi	84.50	103.68	17	12.34	12.04	13
海　南	Hainan	44.22	42.59	26	1.62	1.91	30
重　庆	Chongqing	46.19	46.49	24	7.24	7.00	25
四　川	Sichuan	282.09	366.51	6	15.45	19.08	4
贵　州	Guizhou	37.46	71.96	21	11.11	10.67	16
云　南	Yunnan	122.78	113.84	15	9.21	9.52	19
西　藏	Tibet	-10.82	-15.21	31	0.44	0.49	31
陕　西	Shaanxi	138.11	145.52	13	11.25	12.10	12
甘　肃	Gansu	22.91	-2.90	30	9.18	9.05	20
青　海	Qinghai	20.74	29.97	27	1.60	1.94	29
宁　夏	Ningxia	55.24	45.45	25	3.56	3.34	28
新　疆	Xinjiang	55.22	66.71	22	8.39	7.51	24

11-64 电力、热力、燃气及水生产和供应业投资收益和亏损企业亏损额

Return on Investment Income and Amount of Loss of Production and Supply of Electricity, Heat, Gas and Water

单位：亿元 (100 million yuan)

地区	Region	投资收益（损失以"-"号记） Investment Income (Loss is Marked as "-") 2015	2015排名 Ranking	亏损企业亏损额 Loss Ratio of Unprofitable Firms 2015	2015排名 Ranking
全 国	**National Total**	**763.85**		**599.57**	
北 京	Beijing	409.38	1	3.65	27
天 津	Tianjin	3.05	20	13.83	18
河 北	Hebei	1.88	26	17.18	13
山 西	Shanxi	2.42	24	16.33	16
内蒙古	Inner Mongolia	21.68	6	110.68	1
辽 宁	Liaoning	4.00	16	17.15	14
吉 林	Jilin	1.23	28	26.92	6
黑龙江	Heilongjiang	2.21	25	26.31	7
上 海	Shanghai	21.33	7	4.06	25
江 苏	Jiangsu	32.03	4	5.39	24
浙 江	Zhejiang	11.19	10	21.48	11
安 徽	Anhui	14.06	8	3.11	28
福 建	Fujian	13.66	9	12.25	19
江 西	Jiangxi	2.55	23	2.72	29
山 东	Shandong	81.59	2	25.33	8
河 南	Henan	3.65	18	20.19	12
湖 北	Hubei	25.50	5	7.98	23
湖 南	Hunan	2.79	22	8.61	22
广 东	Guangdong	66.29	3	31.04	4
广 西	Guangxi	8.50	11	10.10	20
海 南	Hainan	1.45	27	2.00	30
重 庆	Chongqing	4.95	15	16.60	15
四 川	Sichuan	6.03	12	28.31	5
贵 州	Guizhou	5.31	13	23.39	9
云 南	Yunnan	3.61	19	55.20	2
西 藏	Tibet			15.84	17
陕 西	Shaanxi	3.76	17	9.85	21
甘 肃	Gansu	1.06	29	36.29	3
青 海	Qinghai	0.89	30	1.34	31
宁 夏	Ningxia	4.98	14	3.90	26
新 疆	Xinjiang	2.81	21	22.56	10

11-65 煤炭开采和洗选业工业销售产值和资产总计
Sales Value and Total Assets of Mining and Washing of Coal

单位：亿元 (100 million yuan)

地区	Region	工业销售产值（当年价格） Sales Value (current prices) 2010	2014	2015	2015排名 Ranking	资产总计 Total Assets 2010	2014	2015	2015排名 Ranking
全国	**National Total**	**21538.61**	**26025.16**	**20793.30**		**29941.66**	**52319.40**	**53788.48**	
北京	Beijing	572.96	547.82	21.20	25	150.15	307.16	140.56	22
天津	Tianjin	633.28	1651.94	717.99	9	429.27	1283.61	739.13	14
河北	Hebei	1046.56	1120.57	944.71	7	1293.76	1911.25	1957.54	8
山西	Shanxi	4513.96	5312.74	4149.65	1	8179.38	15218.05	16406.84	1
内蒙古	Inner Mongolia	2514.55	3337.27	2931.13	2	3561.74	6260.76	6310.94	3
辽宁	Liaoning	447.69	274.96	257.19	16	695.70	746.05	1008.50	10
吉林	Jilin	291.33	278.31	241.83	18	226.14	340.63	329.01	19
黑龙江	Heilongjiang	602.19	335.59	272.66	15	681.11	809.80	783.87	13
上海	Shanghai								
江苏	Jiangsu	277.59	257.70	207.84	20	459.83	680.17	720.70	15
浙江	Zhejiang	6.85	0.93	0.54	27	10.52	0.39	0.38	27
安徽	Anhui	918.93	751.57	617.73	10	2258.80	3117.87	3236.55	6
福建	Fujian	150.93	121.92	120.07	22	85.45	109.87	107.94	23
江西	Jiangxi	198.17	191.58	173.12	21	137.71	206.20	228.89	21
山东	Shandong	2417.75	2524.63	1918.76	4	3279.84	6160.21	6675.23	2
河南	Henan	1937.21	1922.70	1421.84	6	2498.48	3390.43	3328.68	5
湖北	Hubei	59.18	120.29	104.67	23	45.81	77.66	60.13	26
湖南	Hunan	646.55	685.58	465.47	11	278.13	366.04	303.41	20
广东	Guangdong		5.26				5.47		
广西	Guangxi	21.53	42.22	52.17	24	35.44	86.07	81.09	25
海南	Hainan								
重庆	Chongqing	320.55	361.32	348.29	13	270.59	590.78	607.85	18
四川	Sichuan	1050.45	949.94	823.75	8	595.90	912.77	862.35	12
贵州	Guizhou	633.68	1554.95	1577.22	5	912.83	2301.91	2426.80	7
云南	Yunnan	244.15	311.14	317.28	14	346.15	679.90	636.55	16
西藏	Tibet								
陕西	Shaanxi	1371.62	2230.90	2161.41	3	1915.96	3631.78	3746.73	4
甘肃	Gansu	172.01	307.61	243.72	17	292.09	517.33	629.34	17
青海	Qinghai	85.24	88.76	17.07	26	182.73	343.14	107.12	24
宁夏	Ningxia	265.57	477.58	454.29	12	712.55	1335.96	1478.65	9
新疆	Xinjiang	138.14	259.38	231.71	19	405.60	928.15	873.68	11

11-66 煤炭开采和洗选业固定资产合计和流动资产合计

Total Fixed Assets and Total Current Assets of Mining and Washing of Coal

单位：亿元 (100 million yuan)

地区	Region	固定资产合计 Total Fixed Assets 2015	2015排名 Ranking	流动资产合计 Total Current Assets 2015	2015排名 Ranking
全　国	**National Total**	**20122.63**		**19852.98**	
北　京	Beijing	4.15	26	60.44	21
天　津	Tianjin	116.82	21	599.79	9
河　北	Hebei	643.21	8	793.58	7
山　西	Shanxi	5700.80	1	6657.41	1
内蒙古	Inner Mongolia	2101.52	2	2426.99	3
辽　宁	Liaoning	365.71	11	359.68	10
吉　林	Jilin	182.01	18	104.91	19
黑龙江	Heilongjiang	321.86	15	268.79	13
上　海	Shanghai				
江　苏	Jiangsu	338.97	14	215.89	16
浙　江	Zhejiang	0.13	27	0.21	27
安　徽	Anhui	1908.79	4	623.96	8
福　建	Fujian	41.71	22	36.26	23
江　西	Jiangxi	120.71	20	56.85	22
山　东	Shandong	2078.85	3	2450.94	2
河　南	Henan	1536.61	5	1179.74	5
湖　北	Hubei	27.14	24	20.64	26
湖　南	Hunan	181.82	19	67.61	20
广　东	Guangdong				
广　西	Guangxi	28.88	23	23.97	25
海　南	Hainan				
重　庆	Chongqing	233.72	16	173.21	18
四　川	Sichuan	355.23	12	317.10	11
贵　州	Guizhou	856.07	7	879.16	6
云　南	Yunnan	195.58	17	240.02	14
西　藏	Tibet				
陕　西	Shaanxi	1408.47	6	1563.28	4
甘　肃	Gansu	405.04	10	186.92	17
青　海	Qinghai	20.33	25	34.50	24
宁　夏	Ningxia	598.91	9	287.04	12
新　疆	Xinjiang	349.58	13	224.09	15

11-67 煤炭开采和洗选业负债合计和流动负债合计
Total Liabilities and Current Liability of Mining and Washing of Coal

单位：亿元 (100 million yuan)

地区	Region	负债合计 Total Liabilities 2010	2014	2015	2015排名 Ranking	流动负债合计 Current Liability Assets 2015	2015排名 Ranking
全　国	**National Total**	**17418.53**	**34631.81**	**36955.15**		**23178.99**	
北　京	Beijing	47.23	159.75	72.61	22	40.72	24
天　津	Tianjin	358.72	1130.57	626.93	13	574.79	10
河　北	Hebei	760.59	1290.35	1356.92	8	997.48	8
山　西	Shanxi	4924.82	11278.34	12673.54	1	8143.82	1
内蒙古	Inner Mongolia	1705.03	3398.79	3466.26	3	1919.41	3
辽　宁	Liaoning	358.33	452.61	667.22	11	485.56	13
吉　林	Jilin	132.07	256.61	270.51	19	214.17	18
黑龙江	Heilongjiang	577.94	664.59	688.32	10	621.16	9
上　海	Shanghai						
江　苏	Jiangsu	271.21	406.34	466.86	15	289.56	17
浙　江	Zhejiang	6.57	0.25	0.24	27	0.24	27
安　徽	Anhui	1548.29	2347.52	2520.56	4	1332.00	5
福　建	Fujian	40.31	49.91	51.28	24	42.26	23
江　西	Jiangxi	71.95	136.63	162.17	20	120.81	20
山　东	Shandong	2037.28	4152.45	4641.88	2	2293.68	2
河　南	Henan	1441.72	2094.53	2221.95	5	1561.80	4
湖　北	Hubei	22.64	35.73	26.40	26	18.83	26
湖　南	Hunan	122.32	145.96	122.63	21	91.36	21
广　东	Guangdong		4.82				
广　西	Guangxi	16.43	46.17	50.31	25	30.32	25
海　南	Hainan						
重　庆	Chongqing	140.87	308.33	313.75	18	163.43	19
四　川	Sichuan	358.24	613.82	570.66	14	377.60	14
贵　州	Guizhou	499.50	1508.54	1677.87	7	1070.87	7
云　南	Yunnan	189.92	384.14	369.87	17	296.09	15
西　藏	Tibet						
陕　西	Shaanxi	799.00	1727.01	1809.97	6	1101.14	6
甘　肃	Gansu	183.29	331.41	386.70	16	294.53	16
青　海	Qinghai	91.90	177.35	62.84	23	51.45	22
宁　夏	Ningxia	460.76	875.17	1045.52	9	560.01	11
新　疆	Xinjiang	251.60	654.12	631.38	12	485.91	12

11-68 煤炭开采和洗选业所有者权益合计和实收资本

Total Owner's Equity and Paid-in Capital of Mining and Washing of Coal

单位：亿元 (100 million yuan)

地区	Region	所有者权益合计 Total Owner's Equity 2014	2015	2015排名 Ranking	实收资本 Paid-in Capital 2015	2015排名 Ranking
全　国	**National Total**	**17539.65**	**16771.88**		**7182.22**	
北　京	Beijing	147.41	67.95	20	12.00	25
天　津	Tianjin	153.03	112.19	18	16.89	23
河　北	Hebei	618.57	600.62	8	264.76	9
山　西	Shanxi	3916.24	3722.42	1	1874.57	1
内蒙古	Inner Mongolia	2848.85	2844.23	2	813.80	3
辽　宁	Liaoning	291.32	341.22	10	94.49	16
吉　林	Jilin	78.31	57.37	22	59.35	18
黑龙江	Heilongjiang	144.09	95.27	19	108.46	15
上　海	Shanghai					
江　苏	Jiangsu	273.80	253.42	14	58.95	19
浙　江	Zhejiang	0.14	0.15	27	0.06	27
安　徽	Anhui	771.04	714.93	7	364.54	6
福　建	Fujian	59.49	56.60	23	22.93	22
江　西	Jiangxi	66.04	66.47	21	50.68	20
山　东	Shandong	1996.48	2011.10	3	316.41	8
河　南	Henan	1277.85	1099.87	5	425.68	5
湖　北	Hubei	40.67	31.92	25	15.84	24
湖　南	Hunan	219.53	176.28	17	114.23	14
广　东	Guangdong	0.65				
广　西	Guangxi	39.64	30.78	26	6.39	26
海　南	Hainan					
重　庆	Chongqing	273.50	287.43	11	130.79	11
四　川	Sichuan	286.42	283.31	12	119.09	12
贵　州	Guizhou	765.40	746.47	6	332.21	7
云　南	Yunnan	291.00	264.51	13	114.86	13
西　藏	Tibet					
陕　西	Shaanxi	1895.40	1946.48	4	529.86	4
甘　肃	Gansu	185.30	242.06	16	69.29	17
青　海	Qinghai	164.77	44.29	24	42.72	21
宁　夏	Ningxia	460.75	432.47	9	1039.56	2
新　疆	Xinjiang	273.98	242.07	15	183.83	10

11-69 煤炭开采和洗选业主营业务收入和主营业务成本

Revenue from Principal Business and Cost of Principal Business of Mining and Washing of Coal

单位：亿元 (100 million yuan)

地区	Region	主营业务收入 Revenue from Principal Business			主营业务成本 Cost of Principal Business			
		2014	2015	2015排名 Ranking	2010	2014	2015	2015排名 Ranking
全　国	**National Total**	**30321.97**	**23770.31**		**16788.74**	**25029.00**	**19766.74**	
北　京	Beijing	548.89	21.20	26	510.18	537.14	15.20	26
天　津	Tianjin	1746.79	819.04	9	584.65	1561.01	724.69	9
河　北	Hebei	1845.26	1485.15	6	1489.91	1738.46	1409.02	5
山　西	Shanxi	7133.87	5792.41	1	3323.45	5907.21	4839.84	1
内蒙古	Inner Mongolia	3508.51	2989.36	2	1588.08	2504.30	2168.98	2
辽　宁	Liaoning	344.67	258.96	16	337.54	269.61	214.66	17
吉　林	Jilin	250.42	236.83	17	245.07	226.41	223.98	16
黑龙江	Heilongjiang	335.58	279.42	15	480.53	334.58	275.98	14
上　海	Shanghai							
江　苏	Jiangsu	243.11	205.60	19	191.35	189.52	168.15	19
浙　江	Zhejiang	0.83	0.58	27	8.07	0.73	0.47	27
安　徽	Anhui	1112.94	1052.02	8	698.91	1048.26	1001.24	8
福　建	Fujian	126.59	120.86	22	114.57	101.03	98.80	22
江　西	Jiangxi	183.25	162.45	20	145.70	152.35	138.22	21
山　东	Shandong	3459.50	2259.93	3	1931.32	2933.29	1793.71	4
河　南	Henan	2758.15	2178.95	4	1879.75	2412.56	2012.38	3
湖　北	Hubei	116.49	102.20	23	45.98	93.22	83.66	23
湖　南	Hunan	697.59	456.15	11	484.16	578.64	383.93	11
广　东	Guangdong	5.34				4.71		
广　西	Guangxi	34.47	48.98	24	11.44	29.46	47.20	24
海　南	Hainan							
重　庆	Chongqing	366.13	344.55	12	256.80	300.16	287.74	12
四　川	Sichuan	909.38	772.30	10	817.50	771.14	665.20	10
贵　州	Guizhou	1314.70	1327.55	7	364.53	1006.66	1071.88	7
云　南	Yunnan	305.02	299.40	14	172.84	244.18	245.18	15
西　藏	Tibet							
陕　西	Shaanxi	1979.22	1814.66	5	668.00	1304.50	1275.10	6
甘　肃	Gansu	224.03	149.58	21	105.14	180.48	140.37	20
青　海	Qinghai	79.82	23.36	25	53.48	72.71	19.82	25
宁　夏	Ningxia	408.12	332.16	13	187.23	309.84	279.29	13
新　疆	Xinjiang	283.30	236.64	18	92.53	216.81	182.01	18

11-70 煤炭开采和洗选业销售费用和管理费用
Sales Expenses and Administrative Expenses of Mining and Washing of Coal

单位：亿元 (100 million yuan)

地区	Region	销售费用 Sales Expenses 2014	2015	2015排名 Ranking	管理费用 Administrative Expenses 2010	2014	2015	2015排名 Ranking
全　国	**National Total**	**809.48**	**708.95**		**2083.52**	**1976.12**	**1667.45**	
北　京	Beijing	0.92	0.77	24	5.48	5.18	3.28	24
天　津	Tianjin	0.54	0.52	25	4.23	9.56	11.01	21
河　北	Hebei	26.37	24.45	7	93.89	82.54	69.56	8
山　西	Shanxi	333.37	303.33	1	480.07	520.01	399.10	1
内蒙古	Inner Mongolia	132.00	106.70	2	145.41	199.62	197.12	2
辽　宁	Liaoning	5.25	6.08	16	54.85	52.68	54.14	9
吉　林	Jilin	4.20	3.90	19	29.57	21.29	14.37	19
黑龙江	Heilongjiang	5.07	4.65	18	70.28	42.34	38.06	11
上　海	Shanghai							
江　苏	Jiangsu	4.28	4.84	17	45.70	38.33	30.21	13
浙　江	Zhejiang		0.01	27	1.62	0.03	0.02	27
安　徽	Anhui	12.17	13.50	9	233.98	102.80	98.91	6
福　建	Fujian	3.47	3.57	20	15.20	13.24	12.75	20
江　西	Jiangxi	3.10	2.98	21	10.50	9.18	8.05	22
山　东	Shandong	51.51	49.09	3	299.86	249.65	190.96	3
河　南	Henan	30.48	24.60	6	133.00	126.98	103.34	5
湖　北	Hubei	3.07	2.31	22	5.69	6.54	4.99	23
湖　南	Hunan	19.03	11.15	10	39.12	31.17	19.86	17
广　东	Guangdong	0.42				0.14		
广　西	Guangxi	0.46	0.26	26	4.00	4.03	2.59	26
海　南	Hainan							
重　庆	Chongqing	9.47	9.86	11	26.50	25.09	23.16	15
四　川	Sichuan	22.94	17.44	8	87.02	53.15	46.24	10
贵　州	Guizhou	45.35	39.44	5	66.46	106.71	87.79	7
云　南	Yunnan	11.02	8.99	13	28.92	29.87	25.69	14
西　藏	Tibet							
陕　西	Shaanxi	56.71	46.10	4	134.59	157.39	148.10	4
甘　肃	Gansu	7.44	6.22	15	20.54	19.71	19.16	18
青　海	Qinghai	3.80	1.01	23	6.60	6.37	2.82	25
宁　夏	Ningxia	8.36	9.23	12	23.71	39.76	34.11	12
新　疆	Xinjiang	8.70	7.96	14	16.75	22.76	22.06	16

11-71 煤炭开采和洗选业财务费用和营业利润

Financial Expenses and Operating Profit of Mining and Washing of Coal

单位：亿元 (100 million yuan)

地区	Region	财务费用 Financial Expenses 2010	2014	2015	2015排名 Ranking	营业利润 Operating Profit 2010	2014	2015	2015排名 Ranking
全　国	**National Total**	**328.63**	**874.87**	**847.09**		**3599.29**	**1395.01**	**327.03**	
北　京	Beijing	0.55	0.72	0.80	23	47.36	9.81	0.76	13
天　津	Tianjin	3.61	15.62	9.27	14	38.64	152.46	67.94	4
河　北	Hebei	17.67	39.34	33.75	8	81.77	-54.92	-45.32	24
山　西	Shanxi	98.92	298.16	296.23	1	787.55	54.30	-147.46	27
内蒙古	Inner Mongolia	29.51	68.56	58.13	5	708.12	496.72	340.70	1
辽　宁	Liaoning	4.20	9.33	20.20	9	46.59	-7.18	-36.01	22
吉　林	Jilin	2.96	6.04	3.33	20	13.58	-6.64	-10.61	19
黑龙江	Heilongjiang	6.70	13.67	11.02	12	56.65	-60.71	-55.63	25
上　海	Shanghai								
江　苏	Jiangsu	1.46	5.19	4.22	18	29.72	2.83	-6.31	18
浙　江	Zhejiang	0.08	0.04	0.02	27	0.06	0.03	0.04	14
安　徽	Anhui	31.67	70.99	85.31	3	90.05	-87.71	-130.83	26
福　建	Fujian	0.54	0.91	0.71	24	18.82	6.20	3.17	12
江　西	Jiangxi	1.32	1.94	1.69	21	19.70	16.24	11.27	9
山　东	Shandong	46.32	105.50	98.66	2	385.34	162.47	68.47	3
河　南	Henan	30.95	64.92	68.19	4	349.43	103.28	-42.10	23
湖　北	Hubei	0.57	0.86	0.56	25	5.77	10.64	8.92	10
湖　南	Hunan	2.75	4.50	3.40	19	79.59	45.51	26.06	6
广　东	Guangdong		0.03				0.03		
广　西	Guangxi	0.26	0.96	0.48	26	2.21	-1.02	-2.27	16
海　南	Hainan								
重　庆	Chongqing	2.67	7.97	5.44	17	33.13	20.64	16.04	8
四　川	Sichuan	8.55	17.76	16.08	11	89.31	41.09	21.81	7
贵　州	Guizhou	10.23	46.01	41.28	7	85.65	65.40	50.89	5
云　南	Yunnan	4.14	8.14	8.57	15	34.54	6.69	3.59	11
西　藏	Tibet								
陕　西	Shaanxi	11.42	45.69	42.39	6	475.08	374.49	224.22	2
甘　肃	Gansu	2.33	7.86	8.45	16	19.65	2.73	-15.35	20
青　海	Qinghai	1.71	4.47	0.92	22	26.14	-4.47	-2.11	15
宁　夏	Ningxia	4.75	16.56	17.14	10	57.73	29.44	-19.08	21
新　疆	Xinjiang	2.79	13.12	10.86	13	17.09	16.67	-3.79	17

11-72 煤炭开采和洗选业利润总额和平均用工人数
Total Profit and Average Number of Employed Persons of Mining and Washing of Coal

地区	Region	利润总额（亿元） Total Profit (100 million yuan)				平均用工人数（万人） Average Number of Employed Persons (10 000 persons)		
		2010	2014	2015	2015排名 Ranking	2014	2015	2015排名 Ranking
全　国	**National Total**	**3446.52**	**1424.34**	**405.07**		**488.43**	**443.21**	
北　京	Beijing	47.52	9.94	0.71	13	1.40	1.05	24
天　津	Tianjin	44.17	151.60	67.33	4	1.98	1.13	23
河　北	Hebei	85.34	-35.46	-33.73	23	19.29	18.95	10
山　西	Shanxi	753.93	53.14	-134.99	27	99.67	95.86	1
内蒙古	Inner Mongolia	634.41	481.61	318.47	1	22.39	21.82	6
辽　宁	Liaoning	52.89	0.74	-30.61	22	15.50	14.91	11
吉　林	Jilin	13.20	-4.51	-6.78	19	8.75	7.76	15
黑龙江	Heilongjiang	58.10	-53.57	-39.64	24	24.32	19.58	9
上　海	Shanghai							
江　苏	Jiangsu	30.67	4.10	-4.88	18	7.78	7.17	16
浙　江	Zhejiang	0.14	0.03	0.04	14			
安　徽	Anhui	91.91	-75.60	-90.57	26	29.34	27.46	4
福　建	Fujian	16.77	6.65	3.30	12	4.16	3.79	21
江　西	Jiangxi	20.15	14.75	9.43	9	7.51	6.88	18
山　东	Shandong	378.19	167.90	80.90	3	52.39	47.15	2
河　南	Henan	323.66	111.37	-39.89	25	51.20	45.76	3
湖　北	Hubei	4.44	10.51	8.97	10	3.19	2.33	22
湖　南	Hunan	75.75	41.99	27.45	7	18.20	12.33	13
广　东	Guangdong		0.03			0.02		
广　西	Guangxi	2.24	-1.36	-1.24	15	1.57	0.87	25
海　南	Hainan							
重　庆	Chongqing	31.54	24.91	22.85	8	14.11	12.70	12
四　川	Sichuan	81.88	41.58	27.51	6	24.16	20.26	8
贵　州	Guizhou	84.22	63.17	53.74	5	28.17	25.01	5
云　南	Yunnan	36.07	5.23	3.67	11	10.58	8.99	14
西　藏	Tibet							
陕　西	Shaanxi	468.93	361.65	200.54	2	20.81	21.43	7
甘　肃	Gansu	19.53	3.16	-13.67	20	7.72	7.13	17
青　海	Qinghai	25.75	-3.47	-1.66	16	1.09	0.78	26
宁　夏	Ningxia	53.51	26.84	-19.71	21	6.88	6.47	19
新　疆	Xinjiang	11.59	17.42	-2.46	17	6.25	5.62	20

11-73 煤炭开采和洗选业投资收益和亏损企业亏损额

Return on Investment and Amount of Loss of Mining and Washing of Coal

单位：亿元 (100 million yuan)

地区	Region	投资收益（损失以"-"号记） Investment Income (Loss is Marked as "-")		亏损企业亏损额 Loss Ratio of Unprofitable Firms	
		2015	2015排名 Ranking	2015	2015排名 Ranking
全　国	**National Total**	**138.33**		**989.37**	
北　京	Beijing	0.44	12		
天　津	Tianjin	-4.99	24		
河　北	Hebei	11.32	4	55.60	5
山　西	Shanxi	40.72	1	303.65	1
内蒙古	Inner Mongolia	4.64	7	88.06	4
辽　宁	Liaoning	2.34	9	32.20	10
吉　林	Jilin	0.11	17	12.03	16
黑龙江	Heilongjiang	-0.33	20	48.83	6
上　海	Shanghai				
江　苏	Jiangsu	3.59	8	8.12	17
浙　江	Zhejiang				
安　徽	Anhui	40.55	2	95.38	3
福　建	Fujian	0.81	11	3.89	20
江　西	Jiangxi	0.20	15	4.44	19
山　东	Shandong	26.53	3	46.56	7
河　南	Henan	7.66	6	106.39	2
湖　北	Hubei			0.45	24
湖　南	Hunan	-1.43	22	3.89	20
广　东	Guangdong				
广　西	Guangxi			2.29	22
海　南	Hainan				
重　庆	Chongqing	1.63	10	4.79	18
四　川	Sichuan	-3.59	23	16.60	14
贵　州	Guizhou	-0.38	21	42.96	8
云　南	Yunnan	0.01	18	17.77	12
西　藏	Tibet				
陕　西	Shaanxi	8.41	5	39.51	9
甘　肃	Gansu	-0.03	19	14.90	15
青　海	Qinghai	0.26	13	2.22	23
宁　夏	Ningxia	0.16	16	21.63	11
新　疆	Xinjiang	0.21	14	17.20	13

11-74 石油和天然气开采业工业销售产值和资产总计
Sales Value and Total Assets of Extraction of Petroleum and Natural Gas

单位：亿元 (100 million yuan)

地区	Region	工业销售产值（当年价格）Sales Value (current prices) 2010	2014	2015	2015排名 Ranking	资产总计 Total Assets 2010	2014	2015	2015排名 Ranking
全　国	**National Total**	**9819.15**	**11663.82**	**8042.76**		**16692.05**	**20266.99**	**20570.46**	
北　京	Beijing	167.11	15.74	22.96	19	413.70	143.24	157.20	18
天　津	Tianjin	1392.40	1212.46	742.02	4	1521.57	1475.79	1422.90	6
河　北	Hebei	228.53	283.29	165.37	13	620.25	683.60	664.76	9
山　西	Shanxi	18.60	36.08	51.90	16	76.42	218.74	247.74	15
内蒙古	Inner Mongolia	85.27	679.53	715.34	5	167.73	303.21	288.88	14
辽　宁	Liaoning	334.34	361.50	204.86	11	807.10	624.80	636.61	10
吉　林	Jilin	354.76	439.20	319.49	10	784.22	915.91	905.51	8
黑龙江	Heilongjiang	1574.98	1801.34	933.57	2	2499.18	2865.66	2826.47	3
上　海	Shanghai	11.79	9.18	6.42	22	37.63	34.84	34.24	21
江　苏	Jiangsu	67.02	86.65	43.24	17	176.53	219.61	208.17	17
浙　江	Zhejiang								
安　徽	Anhui								
福　建	Fujian								
江　西	Jiangxi								
山　东	Shandong	1021.87	1185.82	642.63	6	1250.86	1713.93	1678.53	5
河　南	Henan	406.54	296.94	162.13	14	537.13	422.66	340.99	13
湖　北	Hubei	180.93	75.82	40.08	18	265.32	117.12	149.26	19
湖　南	Hunan								
广　东	Guangdong	598.91	623.79	518.92	8	535.86	1131.79	1054.27	7
广　西	Guangxi		23.86	10.04	20		14.37	32.69	22
海　南	Hainan	9.25	14.58	8.92	21	25.65	33.50	39.87	20
重　庆	Chongqing	71.78	22.22	61.10	15	18.88	126.75	236.27	16
四　川	Sichuan	510.44	486.71	540.75	7	1520.97	1651.91	1806.21	4
贵　州	Guizhou								
云　南	Yunnan								
西　藏	Tibet								
陕　西	Shaanxi	1189.54	1940.57	1408.76	1	2724.16	3887.14	4096.19	1
甘　肃	Gansu	273.50	424.50	363.69	9	316.67	587.12	514.86	11
青　海	Qinghai	177.23	258.69	192.57	12	259.89	365.26	388.48	12
宁　夏	Ningxia	1.41	3.54	3.55	23	3.01	5.23	5.07	23
新　疆	Xinjiang	1142.94	1381.83	884.44	3	2129.32	2724.78	2835.27	2

11-75 石油和天然气开采业固定资产合计和流动资产合计

Total Fixed Assets and Total Current Assets of Extraction of Petroleum and Natural Gas

单位：亿元 (100 million yuan)

地区	Region	固定资产合计 Total Fixed Assets		流动资产合计 Total Current Assets	
		2015	2015排名 Ranking	2015	2015排名 Ranking
全　国	**National Total**	**15390.20**		**2632.28**	
北　京	Beijing	40.83	19	21.02	18
天　津	Tianjin	1242.03	5	83.78	11
河　北	Hebei	553.45	9	75.87	12
山　西	Shanxi	73.99	18	85.51	10
内蒙古	Inner Mongolia	165.82	15	101.68	8
辽　宁	Liaoning	531.42	10	105.19	7
吉　林	Jilin	710.37	7	172.17	4
黑龙江	Heilongjiang	1861.11	3	680.57	1
上　海	Shanghai	0.08	23	21.85	17
江　苏	Jiangsu	158.41	16	4.08	20
浙　江	Zhejiang				
安　徽	Anhui				
福　建	Fujian				
江　西	Jiangxi				
山　东	Shandong	1538.17	4	134.39	6
河　南	Henan	187.11	14	66.19	14
湖　北	Hubei	96.94	17	39.08	15
湖　南	Hunan				
广　东	Guangdong	562.28	8	69.25	13
广　西	Guangxi	11.60	21	3.41	21
海　南	Hainan	26.71	20	1.63	23
重　庆	Chongqing	221.45	13	13.00	19
四　川	Sichuan	931.48	6	160.76	5
贵　州	Guizhou				
云　南	Yunnan				
西　藏	Tibet				
陕　西	Shaanxi	3486.39	1	283.24	3
甘　肃	Gansu	420.38	11	39.03	16
青　海	Qinghai	291.69	12	88.25	9
宁　夏	Ningxia	2.17	22	2.89	22
新　疆	Xinjiang	2276.32	2	379.44	2

11-76 石油和天然气开采业负债合计和流动负债合计

Total Liabilities and Total Current Liabilities Assets of Extraction of Petroleum and Natural Gas

单位：亿元 (100 million yuan)

地区	Region	负债合计 Total Liabilities 2010	2014	2015	2015排名 Ranking	流动负债合计 Current Liability Assets 2015	2015排名 Ranking
全　国	**National Total**	**7292.66**	**9425.60**	**9639.93**		**4887.62**	
北　京	Beijing	170.62	73.19	68.88	18	16.94	19
天　津	Tianjin	787.72	826.91	935.60	3	560.01	4
河　北	Hebei	277.00	281.30	258.44	10	52.06	16
山　西	Shanxi	37.30	146.31	141.75	15	112.70	11
内蒙古	Inner Mongolia	59.93	55.56	60.29	19	22.38	18
辽　宁	Liaoning	412.16	310.03	323.51	9	37.83	17
吉　林	Jilin	384.52	396.43	360.74	8	147.85	9
黑龙江	Heilongjiang	597.29	696.76	605.72	7	158.43	8
上　海	Shanghai	7.34	5.16	7.70	20	2.79	21
江　苏	Jiangsu	68.51	101.69	105.71	17	92.53	13
浙　江	Zhejiang						
安　徽	Anhui						
福　建	Fujian						
江　西	Jiangxi						
山　东	Shandong	149.24	732.78	793.35	5	577.80	2
河　南	Henan	280.48	162.61	192.69	12	171.49	7
湖　北	Hubei	139.60	20.50	113.17	16	101.41	12
湖　南	Hunan						
广　东	Guangdong	451.71	1047.71	929.31	4	561.70	3
广　西	Guangxi		1.54	4.05	22		
海　南	Hainan	1.60	5.72	6.80	21	4.51	20
重　庆	Chongqing	2.82	115.20	147.30	14	128.01	10
四　川	Sichuan	862.14	673.89	715.61	6	407.83	6
贵　州	Guizhou						
云　南	Yunnan						
西　藏	Tibet						
陕　西	Shaanxi	1535.41	2052.13	2129.04	1	1051.75	1
甘　肃	Gansu	157.77	288.37	240.27	11	58.10	15
青　海	Qinghai	143.51	179.99	178.86	13	71.28	14
宁　夏	Ningxia	1.08	1.32	0.08	23	0.08	22
新　疆	Xinjiang	764.90	1250.47	1321.06	2	550.12	5

11-77 石油和天然气开采业所有者权益合计和实收资本

Total Owner's Equity and Paid-in Capital of Extraction of Petroleum and Natural Gas

单位：亿元 (100 million yuan)

地区	Region	所有者权益合计 Total Owner's Equity 2010	2014	2015	2015排名 Ranking	实收资本 Paid-in Capital 2015	2015排名 Ranking
全　国	**National Total**	**9389.69**	**10830.32**	**10925.90**		**6110.79**	
北　京	Beijing	243.08	70.05	88.32	18	23.11	15
天　津	Tianjin	733.85	648.88	487.30	7	174.87	7
河　北	Hebei	343.25	402.30	406.32	8		
山　西	Shanxi	39.11	72.44	105.98	15	90.52	11
内蒙古	Inner Mongolia	107.30	239.37	228.58	11	68.97	13
辽　宁	Liaoning	394.89	314.77	313.11	9	313.11	5
吉　林	Jilin	394.78	519.29	540.14	6	33.96	14
黑龙江	Heilongjiang	1898.98	2168.90	2220.75	1	475.00	4
上　海	Shanghai	30.28	29.68	26.55	22	9.00	16
江　苏	Jiangsu	108.02	117.91	102.46	16	135.60	8
浙　江	Zhejiang						
安　徽	Anhui						
福　建	Fujian						
江　西	Jiangxi						
山　东	Shandong	1101.63	981.06	885.18	5	659.76	3
河　南	Henan	256.64	260.05	148.30	13	94.43	10
湖　北	Hubei	125.67	96.62	36.09	19		
湖　南	Hunan						
广　东	Guangdong	84.14	84.08	124.96	14	118.55	9
广　西	Guangxi		12.83	28.65	21		
海　南	Hainan	24.05	27.77	33.07	20	0.50	18
重　庆	Chongqing	16.06	11.55	88.97	17	2.65	17
四　川	Sichuan	658.83	977.69	1090.60	4	81.37	12
贵　州	Guizhou						
云　南	Yunnan						
西　藏	Tibet						
陕　西	Shaanxi	1187.51	1834.92	1967.15	2	1998.73	1
甘　肃	Gansu	158.90	296.65	274.59	10	263.11	6
青　海	Qinghai	116.36	185.28	209.62	12		
宁　夏	Ningxia	1.93	3.90	4.98	23	0.10	19
新　疆	Xinjiang	1364.42	1474.32	1514.21	3	1567.46	2

11-78 石油和天然气开采业主营业务收入和主营业务成本

Revenue from Principal Business and Cost of Principal Business of Extraction of Petroleum and Natural Gas

单位：亿元 (100 million yuan)

地区	Region	主营业务收入 Revenue from Principal Business				主营业务成本 Cost of Principal Business			
		2010	2014	2015	2015排名 Ranking	2010	2014	2015	2015排名 Ranking
全　国	**National Total**	**10617.59**	**11425.21**	**7908.52**		**5729.87**	**5686.00**	**5503.62**	
北　京	Beijing	177.97	10.45	15.52	20	160.11	6.87	11.22	20
天　津	Tianjin	1348.81	1181.30	733.37	4	791.71	533.21	429.83	6
河　北	Hebei	235.85	287.41	161.70	12	115.37	144.69	138.06	12
山　西	Shanxi	19.29	40.64	58.12	16	11.96	26.88	44.31	16
内蒙古	Inner Mongolia	88.04	671.10	703.06	5	56.84	555.86	616.91	3
辽　宁	Liaoning	339.83	342.54	199.04	11	247.87	226.69	225.69	10
吉　林	Jilin	381.23	435.01	304.11	9	255.90	309.76	283.47	9
黑龙江	Heilongjiang	1973.95	1814.94	942.43	3	867.60	625.64	607.21	4
上　海	Shanghai	11.79	9.18	6.42	22	7.41	6.70	8.25	21
江　苏	Jiangsu	71.51	101.92	56.28	17	33.60	61.03	53.13	15
浙　江	Zhejiang								
安　徽	Anhui								
福　建	Fujian								
江　西	Jiangxi								
山　东	Shandong	1048.33	1130.46	639.06	6	477.91	497.63	557.50	5
河　南	Henan	456.88	215.15	134.18	14	347.58	143.47	139.99	11
湖　北	Hubei	225.32	75.97	40.09	18	169.82	48.68	42.86	18
湖　南	Hunan								
广　东	Guangdong	747.71	606.89	493.02	8	336.06	323.13	310.15	8
广　西	Guangxi		25.18	22.28	19		16.78	16.00	19
海　南	Hainan	9.25	14.58	8.92	21	2.15	4.00	4.45	22
重　庆	Chongqing	71.16	21.55	61.10	15	47.26	14.34	42.94	17
四　川	Sichuan	609.63	598.81	587.65	7	467.16	427.23	363.33	7
贵　州	Guizhou								
云　南	Yunnan								
西　藏	Tibet								
陕　西	Shaanxi	1175.25	1807.76	1314.78	1	591.94	853.51	775.77	1
甘　肃	Gansu	201.87	348.55	277.22	10	72.77	137.60	97.16	13
青　海	Qinghai	137.45	194.22	160.94	13	62.62	59.71	60.67	14
宁　夏	Ningxia	1.49	3.50	3.55	23	0.74	2.21	1.38	23
新　疆	Xinjiang	1284.96	1488.09	985.67	2	605.48	660.37	673.35	2

11-79 石油和天然气开采业销售费用和管理费用

Sales Expenses and Administrative Expenses of Extraction of Petroleum and Natural Gas

单位：亿元 (100 million yuan)

地区	Region	销售费用 Sales Expenses			管理费用 Administrative Expenses			
		2014	2015	2015排名 Ranking	2010	2014	2015	2015排名 Ranking
全 国	**National Total**	**48.83**	**46.14**		**677.94**	**790.67**	**692.98**	
北 京	Beijing				8.40	2.25	4.19	17
天 津	Tianjin	1.96	2.05	6	23.70	17.26	18.21	11
河 北	Hebei	0.38	0.33	18	33.45	38.85	29.03	7
山 西	Shanxi	0.54	0.39	17	2.88	4.73	4.12	18
内蒙古	Inner Mongolia	0.91	1.33	9	2.30	6.42	4.12	18
辽 宁	Liaoning	1.66	0.81	13	31.79	34.17	26.69	8
吉 林	Jilin	6.06	5.47	3	21.20	20.74	21.46	9
黑龙江	Heilongjiang	11.49	10.61	1	113.29	130.71	125.67	2
上 海	Shanghai	0.03	0.02	21	0.46	0.55	0.66	21
江 苏	Jiangsu	0.55	0.53	15	17.47	15.76	18.91	10
浙 江	Zhejiang							
安 徽	Anhui							
福 建	Fujian							
江 西	Jiangxi							
山 东	Shandong	3.46	3.24	5	72.97	105.79	98.52	3
河 南	Henan	1.82	1.94	7	39.68	33.90	36.45	6
湖 北	Hubei	0.94	0.86	11	16.69	9.31	8.28	15
湖 南	Hunan							
广 东	Guangdong	1.01	1.05	10	7.45	3.20	9.90	13
广 西	Guangxi	1.31	0.03	20		0.31	0.15	23
海 南	Hainan	0.01			0.44	0.50	1.79	20
重 庆	Chongqing	0.36	0.82	12	1.00	3.50	9.16	14
四 川	Sichuan	5.54	4.44	4	28.42	39.13	36.89	5
贵 州	Guizhou							
云 南	Yunnan							
西 藏	Tibet							
陕 西	Shaanxi	1.88	1.47	8	141.86	172.85	79.84	4
甘 肃	Gansu	0.62	0.43	16	12.91	7.74	6.32	16
青 海	Qinghai	0.66	0.59	14	8.77	18.22	16.13	12
宁 夏	Ningxia	0.12	0.19	19	0.19	0.25	0.62	22
新 疆	Xinjiang	7.54	9.56	2	92.62	124.54	135.88	1

11-80 石油和天然气开采业财务费用和营业利润

Financial Expenses and Operating Profit of Extraction of Petroleum and Natural Gas

单位：亿元 (100 million yuan)

地区	Region	财务费用 Financial Expenses				营业利润 Operating Profit			
		2010	2014	2015	2015排名 Ranking	2010	2014	2015	2015排名 Ranking
全　国	**National Total**	**42.11**	**158.99**	**180.96**		**3028.51**	**3117.56**	**656.59**	
北　京	Beijing	2.49	1.64	1.67	16	4.39	0.33	-1.23	15
天　津	Tianjin	3.27	14.52	16.23	5	538.47	548.22	237.71	2
河　北	Hebei	0.83	7.08	7.38	9	38.63	41.93	-49.25	19
山　西	Shanxi	0.77	4.46	3.28	11	3.20	5.96	6.37	10
内蒙古	Inner Mongolia	0.40	2.71	2.35	14	33.12	99.58	75.03	6
辽　宁	Liaoning	3.12	7.66	8.53	8	-13.75	-5.28	-99.60	23
吉　林	Jilin	2.98	9.36	11.15	7	38.65	32.78	-50.95	20
黑龙江	Heilongjiang	-5.04	-7.96	-0.73	22	705.95	676.74	112.74	4
上　海	Shanghai	-0.50	-0.50	-0.54	21	3.40	1.61	-2.08	16
江　苏	Jiangsu	0.26	1.59	2.30	15	8.31	3.34	-25.31	18
浙　江	Zhejiang								
安　徽	Anhui								
福　建	Fujian								
江　西	Jiangxi								
山　东	Shandong	6.21	11.91	16.33	4	303.52	267.65	-92.19	22
河　南	Henan	3.18	0.55	1.07	17	-2.69	-18.37	-86.94	21
湖　北	Hubei	2.11	0.54	0.98	18	7.83	-20.81	-19.42	17
湖　南	Hunan								
广　东	Guangdong	2.03	8.54	11.67	6	364.68	221.89	119.09	3
广　西	Guangxi		0.56	0.25	19		7.44	5.19	11
海　南	Hainan	-0.25	-0.07	-0.02	20	6.61	5.41	2.21	13
重　庆	Chongqing	0.03	0.23	2.51	13	0.60	2.52	3.22	12
四　川	Sichuan	9.49	18.69	17.68	3	42.03	70.11	112.47	5
贵　州	Guizhou								
云　南	Yunnan								
西　藏	Tibet								
陕　西	Shaanxi	2.94	39.54	39.93	1	368.70	537.75	284.87	1
甘　肃	Gansu	1.09	7.21	6.52	10	68.88	142.83	46.71	7
青　海	Qinghai	0.34	2.26	2.52	12	42.68	68.56	46.05	8
宁　夏	Ningxia	-0.01	-0.01			0.44	0.90	1.30	14
新　疆	Xinjiang	6.36	28.50	29.90	2	464.84	426.47	30.60	9

11-81 石油和天然气开采业利润总额和平均用工人数

Total Profit and Average Number of Employed Persons of Extraction of Petroleum and Natural Gas

地区	Region	利润总额（亿元） Total Profit (100 million yuan)				平均用工人数（万人） Average Number of Employed Persons (10 000 persons)		
		2010	2014	2015	2015排名 Ranking	2014	2015	2015排名 Ranking
全　国	**National Total**	**3026.76**	**3114.29**	**692.37**		**76.93**	**73.52**	
北　京	Beijing	5.69	2.37	4.07	13	0.20	0.20	18
天　津	Tianjin	543.20	543.51	229.49	2	2.01	2.09	12
河　北	Hebei	36.01	40.74	-42.06	19	2.98	2.84	9
山　西	Shanxi	3.29	10.72	13.90	11	0.36	0.50	17
内蒙古	Inner Mongolia	29.73	99.35	74.84	6	0.64	0.72	15
辽　宁	Liaoning	-22.52	-3.87	-94.95	23	4.76	4.78	6
吉　林	Jilin	41.18	32.08	-49.07	20	3.99	3.74	7
黑龙江	Heilongjiang	698.97	670.91	108.01	5	11.35	11.32	2
上　海	Shanghai	3.44	1.62	-1.96	16	0.02	0.02	20
江　苏	Jiangsu	7.86	3.52	-25.18	18	1.03	1.07	14
浙　江	Zhejiang							
安　徽	Anhui							
福　建	Fujian							
江　西	Jiangxi							
山　东	Shandong	303.03	265.32	-93.81	22	14.06	10.53	3
河　南	Henan	-2.72	-19.36	-88.77	21	5.87	5.50	5
湖　北	Hubei	6.95	-20.53	-19.62	17	1.80	1.76	13
湖　南	Hunan							
广　东	Guangdong	364.74	225.18	124.53	3	0.52	0.57	16
广　西	Guangxi		7.44	5.19	12	0.01	0.01	22
海　南	Hainan	6.60	4.95	2.09	14	0.01		
重　庆	Chongqing	0.47	3.61	15.83	10	0.14	0.15	19
四　川	Sichuan	43.20	69.98	117.10	4	3.73	3.66	8
贵　州	Guizhou							
云　南	Yunnan							
西　藏	Tibet							
陕　西	Shaanxi	370.20	534.39	267.72	1	11.13	11.98	1
甘　肃	Gansu	68.80	142.83	43.43	9	2.59	2.6	10
青　海	Qinghai	42.54	66.76	49.55	8	2.38	2.38	11
宁　夏	Ningxia	0.44	0.90	1.30	15	0.03	0.02	20
新　疆	Xinjiang	475.67	431.88	50.74	7	7.31	7.07	4

11-82 石油和天然气开采业投资收益和亏损企业亏损额
Return on Investment and Amount of Loss of Unprofitable Firms of Extraction of Petroleum and Natural Gas

单位：亿元 (100 million yuan)

地区	Region	投资收益（损失以"-"号记） Investment Income (Loss is Marked as "-") 2015	2015排名 Ranking	亏损企业亏损额 Loss Ratio of Unprofitable Firms 2015	2015排名 Ranking
全　国	**National Total**	**-68.61**		**592.03**	
北　京	Beijing	0.04	8		
天　津	Tianjin			26.81	7
河　北	Hebei	0.15	6	42.06	6
山　西	Shanxi	0.99	2	1.17	13
内蒙古	Inner Mongolia			15.56	10
辽　宁	Liaoning	-0.02	12	94.95	3
吉　林	Jilin	-0.66	13	58.77	5
黑龙江	Heilongjiang	0.02	10		
上　海	Shanghai			1.96	11
江　苏	Jiangsu			25.18	8
浙　江	Zhejiang				
安　徽	Anhui				
福　建	Fujian				
江　西	Jiangxi				
山　东	Shandong	0.03	9	96.68	2
河　南	Henan	0.49	3	88.86	4
湖　北	Hubei			19.62	9
湖　南	Hunan				
广　东	Guangdong	0.09	7		
广　西	Guangxi				
海　南	Hainan				
重　庆	Chongqing	0.02	10		
四　川	Sichuan	4.14	1		
贵　州	Guizhou				
云　南	Yunnan				
西　藏	Tibet				
陕　西	Shaanxi	0.22	5	1.59	12
甘　肃	Gansu	-74.35	14		
青　海	Qinghai				
宁　夏	Ningxia				
新　疆	Xinjiang	0.23	4	118.83	1

11-83 黑色金属矿采选业工业销售产值和资产总计

Sales Value and Total Assets of Mining and Processing of Ferrous Metal Ores

单位：亿元 (100 million yuan)

地区	Region	工业销售产值（当年价格） Sales Value (current prices)				资产总计 Total Assets			
		2010	2014	2015	2015排名 Ranking	2010	2014	2015	2015排名 Ranking
全　国	**National Total**	**5803.16**	**9331.05**	**7216.98**		**5985.13**	**10216.54**	**10558.32**	
北　京	Beijing	189.72	131.60	80.31	20	1694.61	2124.79	2362.52	1
天　津	Tianjin	36.43	90.53	456.47	5	77.67	147.81	575.03	6
河　北	Hebei	1586.27	2365.84	1753.43	1	1032.52	2254.19	2185.22	2
山　西	Shanxi	145.81	370.94	246.76	10	155.85	422.74	412.18	9
内蒙古	Inner Mongolia	342.36	590.35	555.50	3	260.82	489.94	457.60	8
辽　宁	Liaoning	977.84	1694.81	631.29	2	394.91	911.24	731.43	3
吉　林	Jilin	121.79	265.16	263.91	9	116.41	206.16	210.65	12
黑龙江	Heilongjiang	28.77	48.96	41.93	24	23.21	40.19	61.53	22
上　海	Shanghai								
江　苏	Jiangsu	60.85	87.80	56.97	22	48.76	60.52	44.06	24
浙　江	Zhejiang	16.67	13.69	10.98	26	36.89	16.34	15.85	29
安　徽	Anhui	181.28	439.87	372.46	7	301.48	596.61	640.41	4
福　建	Fujian	232.65	140.02	152.90	15	116.35	96.85	94.18	19
江　西	Jiangxi	131.53	216.39	193.25	12	46.60	74.63	87.28	20
山　东	Shandong	429.64	496.59	406.66	6	391.99	535.68	578.08	5
河　南	Henan	156.65	200.35	157.14	14	75.23	149.56	144.95	14
湖　北	Hubei	211.70	414.63	326.66	8	88.85	147.34	133.71	16
湖　南	Hunan	105.88	174.92	130.59	16	43.50	88.20	71.04	21
广　东	Guangdong	169.41	163.63	121.83	18	142.21	136.87	139.92	15
广　西	Guangxi	101.78	225.39	195.21	11	45.44	104.03	111.10	17
海　南	Hainan	28.81	21.99	12.45	25	42.83	62.93	60.28	23
重　庆	Chongqing	18.08	11.29	10.74	27	45.33	20.52	22.14	27
四　川	Sichuan	256.31	581.67	522.22	4	244.38	535.00	503.62	7
贵　州	Guizhou	7.01	42.62	56.25	23	8.33	17.84	16.58	28
云　南	Yunnan	115.81	162.25	128.29	17	295.17	345.81	337.52	10
西　藏	Tibet	3.64	0.32	1.94	30	15.78	36.50	26.88	26
陕　西	Shaanxi	32.85	139.87	166.71	13	58.83	142.67	145.22	13
甘　肃	Gansu	19.55	85.32	66.06	21	20.02	98.67	96.60	18
青　海	Qinghai	6.55	9.20	5.29	29	8.23	35.73	28.81	25
宁　夏	Ningxia	2.09	11.02	9.36	28	1.06	13.05	9.66	30
新　疆	Xinjiang	85.46	134.01	83.40	19	151.87	304.15	254.29	11

11-84 黑色金属矿采选业固定资产合计和流动资产合计

Total Fixed Assets and Total Current Assets of Mining and Processing of Ferrous Metal Ores

单位：亿元 (100 million yuan)

地区	Region	固定资产合计 Total Fixed Assets 2015	2015排名 Ranking	流动资产合计 Total Current Assets 2015	2015排名 Ranking
全　国	**National Total**	**3209.91**		**4188.27**	
北　京	Beijing	395.98	2	827.79	2
天　津	Tianjin	80.50	11	380.07	3
河　北	Hebei	817.08	1	883.51	1
山　西	Shanxi	149.83	7	167.37	8
内蒙古	Inner Mongolia	202.35	5	191.80	7
辽　宁	Liaoning	223.82	4	308.11	4
吉　林	Jilin	92.60	9	53.80	14
黑龙江	Heilongjiang	26.78	22	10.21	24
上　海	Shanghai				
江　苏	Jiangsu	23.02	23	16.73	23
浙　江	Zhejiang	3.24	29	8.21	28
安　徽	Anhui	193.55	6	146.82	10
福　建	Fujian	49.21	16	27.62	19
江　西	Jiangxi	33.95	21	25.15	21
山　东	Shandong	251.60	3	203.89	6
河　南	Henan	58.44	14	57.46	13
湖　北	Hubei	64.55	13	52.78	16
湖　南	Hunan	36.42	19	23.04	22
广　东	Guangdong	37.45	18	63.60	12
广　西	Guangxi	44.16	17	51.43	18
海　南	Hainan	9.27	25	25.39	20
重　庆	Chongqing	8.36	26	10.11	25
四　川	Sichuan	138.26	8	233.29	5
贵　州	Guizhou	3.27	28	9.47	27
云　南	Yunnan	84.11	10	163.97	9
西　藏	Tibet	1.37	30	4.52	30
陕　西	Shaanxi	55.99	15	52.43	17
甘　肃	Gansu	35.87	20	53.11	15
青　海	Qinghai	13.47	24	9.96	26
宁　夏	Ningxia	4.88	27	4.56	29
新　疆	Xinjiang	70.51	12	122.07	11

11-85 黑色金属矿采选业负债合计和流动负债合计

Total Liabilities and Current Liability Assets of Mining and Processing of Ferrous Metal Ores

单位：亿元 (100 million yuan)

地区	Region	负债合计 Total Liabilities 2010	2014	2015	2015排名 Ranking	流动负债合计 Current Liability Assets 2015	2015排名 Ranking
全　国	**National Total**	**3007.82**	**5825.44**	**6126.44**		**4627.45**	
北　京	Beijing	864.59	1236.09	1323.97	1	770.53	2
天　津	Tianjin	50.06	117.31	508.44	3	485.22	3
河　北	Hebei	545.82	1307.23	1123.01	2	913.58	1
山　西	Shanxi	77.47	269.88	274.84	8	191.75	9
内蒙古	Inner Mongolia	130.87	290.63	263.17	9	201.82	8
辽　宁	Liaoning	181.82	459.93	436.35	4	357.08	4
吉　林	Jilin	64.62	109.57	119.39	12	93.46	12
黑龙江	Heilongjiang	11.59	20.00	37.64	21	15.64	25
上　海	Shanghai						
江　苏	Jiangsu	26.29	40.11	33.95	22	27.15	21
浙　江	Zhejiang	22.83	5.49	5.88	29	5.69	29
安　徽	Anhui	124.15	323.47	362.29	5	271.65	5
福　建	Fujian	36.27	48.90	47.45	19	35.48	19
江　西	Jiangxi	22.32	34.55	45.22	20	31.47	20
山　东	Shandong	192.79	262.14	296.43	7	212.61	7
河　南	Henan	24.65	54.69	55.14	18	42.37	17
湖　北	Hubei	37.25	82.52	71.14	16	55.80	15
湖　南	Hunan	17.24	44.23	29.57	23	16.67	23
广　东	Guangdong	75.23	63.89	75.75	15	48.59	16
广　西	Guangxi	18.85	47.83	56.86	17	41.54	18
海　南	Hainan	17.05	16.22	16.59	26	12.61	26
重　庆	Chongqing	19.12	15.63	18.09	25	15.69	24
四　川	Sichuan	151.54	334.57	304.27	6	245.06	6
贵　州	Guizhou	4.50	11.87	9.81	27	8.30	28
云　南	Yunnan	151.28	194.17	215.35	10	184.45	10
西　藏	Tibet	3.22	10.13	4.64	30	2.43	30
陕　西	Shaanxi	30.81	87.05	93.25	13	71.88	13
甘　肃	Gansu	8.50	72.63	76.33	14	65.40	14
青　海	Qinghai	4.69	29.06	22.86	24	19.29	22
宁　夏	Ningxia	0.58	11.88	9.29	28	9.29	27
新　疆	Xinjiang	91.84	223.76	189.48	11	174.94	11

11-86 黑色金属矿采选业所有者权益合计和实收资本

Total Owner's Equity and Paid-in Capital of Mining and Processing of Ferrous Metal Ores

单位：亿元 (100 million yuan)

地区	Region	所有者权益合计 Total Owner's Equity 2010	2014	2015	2015排名 Ranking	实收资本 Paid-in Capital 2015	2015排名 Ranking
全　国	**National Total**	**2954.03**	**4305.86**	**4400.47**		**1663.76**	
北　京	Beijing	830.02	888.69	1038.55	2	290.24	2
天　津	Tianjin	27.61	19.22	68.54	12	28.42	14
河　北	Hebei	478.36	929.36	1055.08	1	352.35	1
山　西	Shanxi	77.78	150.09	136.80	8	96.90	5
内蒙古	Inner Mongolia	129.25	195.67	192.98	7	86.95	7
辽　宁	Liaoning	209.72	437.85	293.24	3	73.93	8
吉　林	Jilin	50.66	95.08	91.22	10	44.32	10
黑龙江	Heilongjiang	11.55	20.05	23.89	22	11.81	20
上　海	Shanghai						
江　苏	Jiangsu	22.47	20.41	9.78	26	7.42	24
浙　江	Zhejiang	14.05	10.86	9.98	25	3.00	27
安　徽	Anhui	172.62	271.35	277.18	4	167.86	3
福　建	Fujian	80.08	47.95	46.73	18	11.08	21
江　西	Jiangxi	24.18	36.64	40.84	21	11.84	19
山　东	Shandong	198.62	266.51	269.03	5	108.70	4
河　南	Henan	48.62	85.81	86.75	11	29.04	13
湖　北	Hubei	51.23	63.50	62.13	15	35.14	12
湖　南	Hunan	26.27	43.57	41.16	20	27.36	15
广　东	Guangdong	66.76	72.12	62.30	14	17.11	17
广　西	Guangxi	26.20	54.79	54.10	16	8.29	23
海　南	Hainan	25.78	46.71	43.49	19	18.79	16
重　庆	Chongqing	26.21	4.88	3.99	29	2.89	28
四　川	Sichuan	92.57	196.37	198.65	6	56.27	9
贵　州	Guizhou	3.83	5.82	6.76	27	2.36	29
云　南	Yunnan	143.61	150.05	122.60	9	88.06	6
西　藏	Tibet	12.55	26.37	22.24	23	6.76	26
陕　西	Shaanxi	27.91	55.57	51.05	17	15.15	18
甘　肃	Gansu	11.51	25.10	20.28	24	10.64	22
青　海	Qinghai	3.54	6.54	5.96	28	7.13	25
宁　夏	Ningxia	0.48	1.17	0.36	30	1.20	30
新　疆	Xinjiang	60.00	77.78	64.81	13	42.74	11

11-87 黑色金属矿采选业主营业务收入和主营业务成本

Revenue from Principal Business and Cost of Principal Business of Mining and Processing of Ferrous Metal Ores

单位：亿元 (100 million yuan)

地区	Region	主营业务收入 Revenue from Principal Business				主营业务成本 Cost of Principal Business			
		2010	2014	2015	2015排名 Ranking	2010	2014	2015	2015排名 Ranking
全　国	**National Total**	**6135.22**	**9340.81**	**7207.49**		**4722.34**	**7724.38**	**6120.29**	
北　京	Beijing	502.27	358.78	217.71	11	469.69	355.92	213.67	10
天　津	Tianjin	47.86	88.42	489.65	4	33.12	78.62	425.63	4
河　北	Hebei	1589.50	2326.37	1728.39	1	1155.04	1781.06	1364.16	1
山　西	Shanxi	148.17	335.16	232.21	10	108.63	284.59	206.39	11
内蒙古	Inner Mongolia	343.03	584.63	555.75	3	263.29	481.51	478.55	3
辽　宁	Liaoning	974.84	1730.59	643.65	2	787.57	1491.37	553.59	2
吉　林	Jilin	118.06	250.07	253.65	9	93.71	214.71	225.25	9
黑龙江	Heilongjiang	28.74	49.07	42.89	23	22.83	41.41	37.37	23
上　海	Shanghai								
江　苏	Jiangsu	58.86	74.16	53.23	21	48.34	67.18	48.60	21
浙　江	Zhejiang	17.81	12.86	10.69	27	13.94	11.36	10.44	25
安　徽	Anhui	178.74	406.26	356.98	7	136.38	347.69	314.99	7
福　建	Fujian	231.73	138.54	149.47	15	164.92	119.51	133.89	14
江　西	Jiangxi	131.58	214.43	203.49	12	101.86	182.39	176.18	12
山　东	Shandong	437.85	502.54	410.56	6	344.45	413.65	356.31	6
河　南	Henan	155.88	185.82	153.97	14	129.86	154.52	129.80	15
湖　北	Hubei	208.73	409.67	315.65	8	177.04	349.18	275.99	8
湖　南	Hunan	103.85	175.54	128.85	16	79.06	142.63	106.58	17
广　东	Guangdong	160.37	164.05	119.37	19	109.29	125.16	94.50	19
广　西	Guangxi	101.43	206.33	195.31	13	76.16	175.73	170.30	13
海　南	Hainan	30.36	20.12	11.02	26	10.78	11.12	7.23	27
重　庆	Chongqing	26.01	13.71	11.26	25	17.10	8.42	7.09	28
四　川	Sichuan	251.80	549.48	480.06	5	194.35	455.76	415.26	5
贵　州	Guizhou	8.31	42.66	52.87	22	6.26	36.57	42.59	22
云　南	Yunnan	122.01	160.92	127.61	17	77.39	126.01	105.81	18
西　藏	Tibet	4.64	2.20	2.90	30	2.43	1.65	2.44	30
陕　西	Shaanxi	32.65	121.53	124.60	18	25.37	101.26	107.71	16
甘　肃	Gansu	18.26	63.16	36.14	24	7.47	55.13	32.80	24
青　海	Qinghai	9.36	8.70	5.60	29	7.35	7.44	4.41	29
宁　夏	Ningxia	1.98	10.67	9.34	28	1.79	10.34	9.08	26
新　疆	Xinjiang	90.57	134.38	84.60	20	56.87	92.48	63.67	20

11-88　黑色金属矿采选业销售费用和管理费用

Sales Expenses and Administrative Expenses of Mining and Processing of Ferrous Metal Ores

单位：亿元　　(100 million yuan)

地区	Region	销售费用 Sales Expenses 2014	销售费用 Sales Expenses 2015	2015排名 Ranking	管理费用 Administrative Expenses 2010	管理费用 Administrative Expenses 2014	管理费用 Administrative Expenses 2015	2015排名 Ranking
全　国	**National Total**	**151.45**	**117.74**		**266.08**	**345.40**	**279.49**	
北　京	Beijing	0.91	0.89	24	9.84	16.84	14.17	8
天　津	Tianjin	0.37	1.15	21	1.75	2.56	8.52	11
河　北	Hebei	22.53	17.11	2	53.19	69.09	52.62	1
山　西	Shanxi	1.71	1.27	20	8.06	18.38	17.62	5
内蒙古	Inner Mongolia	7.22	5.91	7	11.46	18.13	17.27	6
辽　宁	Liaoning	13.21	4.27	10	24.53	48.75	25.98	2
吉　林	Jilin	4.64	4.39	8	7.15	11.15	10.13	9
黑龙江	Heilongjiang	1.25	0.92	23	1.02	1.78	1.57	26
上　海	Shanghai							
江　苏	Jiangsu	0.68	0.75	25	3.56	3.35	2.49	23
浙　江	Zhejiang	0.31	0.30	27	1.13	1.07	1.06	27
安　徽	Anhui	6.79	6.58	5	15.11	22.59	19.03	4
福　建	Fujian	3.57	3.32	13	5.87	6.66	6.60	13
江　西	Jiangxi	2.86	3.13	14	3.76	4.30	3.72	20
山　东	Shandong	6.48	4.39	8	31.36	19.90	14.38	7
河　南	Henan	2.31	2.37	15	4.48	5.84	5.08	19
湖　北	Hubei	14.20	10.96	3	13.00	15.25	10.02	10
湖　南	Hunan	5.22	3.55	12	5.06	7.93	5.37	18
广　东	Guangdong	4.14	3.60	11	6.64	9.26	6.40	14
广　西	Guangxi	3.82	2.23	16	11.71	5.64	6.07	16
海　南	Hainan	0.34	0.13	29	2.59	2.93	3.01	21
重　庆	Chongqing	2.61	1.98	18	3.16	2.45	2.08	24
四　川	Sichuan	22.28	19.39	1	16.64	21.60	19.82	3
贵　州	Guizhou	1.18	1.09	22	0.94	1.99	2.84	22
云　南	Yunnan	6.69	6.68	4	13.20	10.58	8.48	12
西　藏	Tibet	0.03	0.02	30	0.61	0.82	0.52	29
陕　西	Shaanxi	2.38	2.20	17	1.84	5.14	5.66	17
甘　肃	Gansu	2.65	1.84	19	2.48	2.23	1.68	25
青　海	Qinghai	0.62	0.56	26	0.58	1.22	0.65	28
宁　夏	Ningxia	0.25	0.19	28	0.04	0.27	0.25	30
新　疆	Xinjiang	10.20	6.54	6	5.32	7.70	6.38	15

11-89 黑色金属矿采选业财务费用和营业利润

Financial Expenses and Operating Profit of Mining and Processing of Ferrous Metal Ores

单位：亿元 (100 million yuan)

地区	Region	财务费用 Financial Expenses				营业利润 Operating Profit			
		2010	2014	2015	2015排名 Ranking	2010	2014	2015	2015排名 Ranking
全 国	**National Total**	**57.33**	**167.80**	**131.46**		**929.01**	**866.27**	**522.31**	
北 京	Beijing	7.67	25.92	15.76	2	22.88	23.52	12.26	11
天 津	Tianjin	0.91	3.79	7.63	6	11.53	2.65	44.67	2
河 北	Hebei	17.22	42.24	34.18	1	320.22	376.20	239.03	1
山 西	Shanxi	1.30	9.94	5.88	8	27.92	16.99	-0.29	23
内蒙古	Inner Mongolia	3.10	8.72	7.09	7	53.67	55.04	40.94	3
辽 宁	Liaoning	2.59	10.72	9.20	3	137.99	128.37	38.79	4
吉 林	Jilin	1.37	5.88	4.59	10	13.82	11.55	6.62	15
黑龙江	Heilongjiang	0.25	0.41	0.21	27	2.88	4.23	2.68	20
上 海	Shanghai								
江 苏	Jiangsu	0.34	0.44	0.53	22	4.76	1.99	-2.53	30
浙 江	Zhejiang	-0.38	0.11	0.12	28	3.14	-0.07	-1.25	27
安 徽	Anhui	0.72	9.70	8.03	5	30.39	16.80	20.30	6
福 建	Fujian	0.54	0.94	0.69	20	54.73	6.65	4.19	17
江 西	Jiangxi	0.26	0.58	0.51	23	13.98	20.90	14.90	7
山 东	Shandong	6.44	7.05	4.31	11	55.01	45.52	24.65	5
河 南	Henan	1.09	2.06	1.67	17	17.01	18.52	13.33	9
湖 北	Hubei	1.39	3.81	3.62	12	13.85	18.88	11.31	12
湖 南	Hunan	0.69	2.00	1.11	18	8.59	9.28	8.30	14
广 东	Guangdong	2.61	2.93	2.54	14	29.36	19.47	10.79	13
广 西	Guangxi	0.74	1.30	1.10	19	18.11	18.27	14.20	8
海 南	Hainan	0.33	0.55	0.26	26	14.89	4.22	-0.39	25
重 庆	Chongqing	0.25	0.57	0.51	23	1.51	-0.18	-0.18	22
四 川	Sichuan	3.63	10.92	8.99	4	27.26	34.61	12.70	10
贵 州	Guizhou	0.02	0.25	0.31	25	0.87	2.53	3.18	18
云 南	Yunnan	0.70	6.58	5.27	9	19.55	8.93	-1.49	28
西 藏	Tibet	0.01	0.09	0.12	28	2.13	-0.25	-0.01	21
陕 西	Shaanxi	0.63	1.73	1.69	16	2.63	8.08	6.09	16
甘 肃	Gansu	0.85	1.89	1.83	15	1.74	0.64	-2.48	29
青 海	Qinghai	0.21	0.77	0.59	21	1.12	-1.52	-0.76	26
宁 夏	Ningxia	0.03	0.10	0.09	30	0.01	-0.32	-0.38	24
新 疆	Xinjiang	1.82	5.82	3.04	13	17.46	14.80	3.14	19

11-90 黑色金属矿采选业利润总额和平均用工人数
Total Profit and Average Number of Employed Persons of Mining and Processing of Ferrous Metal Ores

地区	Region	利润总额（亿元） Total Profit (100 million yuan)				平均用工人数（万人） Average Number of Employed Persons (10 000 persons)		
		2010	2014	2015	2015排名 Ranking	2014	2015	2015排名 Ranking
全　国	**National Total**	**893.05**	**851.14**	**519.26**		**68.34**	**57.80**	
北　京	Beijing	22.63	21.81	16.46	6	2.56	2.36	8
天　津	Tianjin	11.53	3.07	44.76	2	0.54	0.73	20
河　北	Hebei	310.91	374.39	242.35	1	15.58	13.63	1
山　西	Shanxi	21.60	15.57	-0.85	27	3.27	2.45	7
内蒙古	Inner Mongolia	40.44	50.37	35.91	4	4.04	4.37	4
辽　宁	Liaoning	137.73	128.65	38.63	3	9.24	4.84	2
吉　林	Jilin	13.36	11.53	7.45	15	1.86	1.62	11
黑龙江	Heilongjiang	2.99	4.23	2.68	20	0.34	0.35	26
上　海	Shanghai							
江　苏	Jiangsu	4.34	1.99	-2.43	30	0.69	0.54	21
浙　江	Zhejiang	3.21	-0.11	-1.17	28	0.17	0.16	27
安　徽	Anhui	22.84	12.85	12.92	11	4.42	4.39	3
福　建	Fujian	59.32	6.32	4.22	17	1.04	0.93	18
江　西	Jiangxi	14.04	20.07	14.93	7	1.52	1.35	13
山　东	Shandong	54.46	46.93	25.13	5	4.39	3.96	5
河　南	Henan	16.59	18.47	13.35	9	1.70	1.36	12
湖　北	Hubei	13.13	18.83	11.09	12	2.73	2.35	9
湖　南	Hunan	7.89	9.23	8.01	14	2.00	1.78	10
广　东	Guangdong	29.00	19.17	10.53	13	0.99	0.92	19
广　西	Guangxi	17.85	17.21	14.00	8	1.22	1.12	16
海　南	Hainan	14.88	4.17	-0.11	22	0.54	0.51	23
重　庆	Chongqing	1.36	-0.25	-0.18	23	0.47	0.40	25
四　川	Sichuan	26.24	34.58	13.18	10	3.18	2.90	6
贵　州	Guizhou	1.01	2.50	3.18	19	0.55	0.53	22
云　南	Yunnan	19.55	8.89	-0.73	26	1.81	1.18	15
西　藏	Tibet	2.16	-0.37	-0.02	21	0.11	0.10	29
陕　西	Shaanxi	2.50	7.31	6.11	16	1.36	1.29	14
甘　肃	Gansu	1.75	0.70	-2.41	29	0.55	0.45	24
青　海	Qinghai	1.17	-1.32	-0.59	25	0.18	0.09	30
宁　夏	Ningxia	0.02	-0.29	-0.38	24	0.10	0.15	28
新　疆	Xinjiang	18.53	14.63	3.25	18	1.20	0.99	17

11-91 黑色金属矿采选业投资收益和亏损企业亏损额

Return on Investment and Amount of Loss of Mining and Processing of Ferrous Metal Ores

单位：亿元 (100 million yuan)

地区	Region	投资收益（损失以"-"号记） Investment Income (Loss is Marked as "-") 2015	2015排名 Ranking	亏损企业亏损额 Loss Ratio of Unprofitable Firms 2015	2015排名 Ranking
全 国	**National Total**	**61.49**		**145.73**	
北 京	Beijing	43.01	1	2.94	14
天 津	Tianjin	-1.87	22	0.54	24
河 北	Hebei	2.55	3	43.10	1
山 西	Shanxi	-0.11	18	9.99	5
内蒙古	Inner Mongolia	0.05	14	10.72	4
辽 宁	Liaoning	1.53	4	11.99	2
吉 林	Jilin	-0.12	19	3.61	11
黑龙江	Heilongjiang			0.39	25
上 海	Shanghai				
江 苏	Jiangsu	-0.39	21	5.63	9
浙 江	Zhejiang	0.06	13	1.28	18
安 徽	Anhui	15.14	2	11.10	3
福 建	Fujian	0.15	10	0.73	20
江 西	Jiangxi			0.28	27
山 东	Shandong	0.50	6	7.30	8
河 南	Henan	0.20	8	1.57	16
湖 北	Hubei	0.09	12	1.49	17
湖 南	Hunan	-0.01	16	0.21	29
广 东	Guangdong			1.81	15
广 西	Guangxi	-0.28	20	1.04	19
海 南	Hainan	0.22	7	0.22	28
重 庆	Chongqing			0.65	21
四 川	Sichuan	-0.03	17	8.25	6
贵 州	Guizhou			0.57	23
云 南	Yunnan	0.10	11	7.53	7
西 藏	Tibet	0.17	9	0.12	30
陕 西	Shaanxi	0.01	15	3.50	12
甘 肃	Gansu			2.98	13
青 海	Qinghai			0.63	22
宁 夏	Ningxia			0.38	26
新 疆	Xinjiang	0.52	5	5.17	10

11-92 有色金属矿采选业工业销售产值和资产总计
Sales Value and Total Assets of Mining and Processing of Non-Ferrous Metal Ores

单位：亿元 (100 million yuan)

地区	Region	工业销售产值（当年价格） Sales Value (current prices)				资产总计 Total Assets			
		2010	2014	2015	2015排名 Ranking	2010	2014	2015	2015排名 Ranking
全　国	**National Total**	**3695.82**	**6348.32**	**6344.87**		**3083.47**	**5313.01**	**5829.68**	
北　京	Beijing								
天　津	Tianjin								
河　北	Hebei	37.17	49.99	42.73	19	34.88	44.32	52.64	21
山　西	Shanxi	12.28	37.17	20.91	23	24.06	108.41	56.02	18
内蒙古	Inner Mongolia	339.23	569.07	613.17	3	321.25	534.15	519.40	3
辽　宁	Liaoning	231.13	341.93	208.00	10	135.30	179.64	155.98	13
吉　林	Jilin	70.33	138.64	135.48	11	75.02	123.13	139.71	14
黑龙江	Heilongjiang	8.14	25.22	25.13	21	20.84	99.54	81.81	16
上　海	Shanghai								
江　苏	Jiangsu	6.57	10.76	7.40	26	7.87	15.78	11.56	25
浙　江	Zhejiang	26.39	25.69	23.67	22	25.80	29.31	32.03	24
安　徽	Anhui	57.43	93.63	93.42	12	49.20	79.41	85.56	15
福　建	Fujian	57.76	71.45	60.79	16	46.47	41.03	32.46	23
江　西	Jiangxi	190.37	386.24	386.24	5	139.78	246.45	277.60	8
山　东	Shandong	551.09	969.12	1105.02	2	349.29	754.64	873.73	2
河　南	Henan	880.53	1643.37	1687.47	1	367.41	919.39	1017.24	1
湖　北	Hubei	46.41	51.32	52.67	18	30.79	41.45	54.75	19
湖　南	Hunan	295.99	479.45	374.71	6	169.40	277.74	272.97	9
广　东	Guangdong	120.54	126.45	70.93	13	67.18	58.33	54.43	20
广　西	Guangxi	122.58	277.81	302.74	7	97.88	160.79	294.84	6
海　南	Hainan	9.45	8.90	9.06	25	9.01	7.35	8.48	26
重　庆	Chongqing	4.37	6.01	5.69	27	5.11	4.14	5.07	27
四　川	Sichuan	165.67	295.26	238.09	8	183.02	317.92	364.96	5
贵　州	Guizhou	11.05	55.76	63.24	15	10.11	36.86	38.77	22
云　南	Yunnan	119.33	223.44	220.20	9	251.65	457.70	456.07	4
西　藏	Tibet	9.85	24.59	17.13	24	69.44	167.58	194.67	11
陕　西	Shaanxi	122.63	223.46	414.55	4	100.55	160.79	283.17	7
甘　肃	Gansu	41.89	105.15	68.46	14	103.98	169.49	165.05	12
青　海	Qinghai	113.02	44.09	42.12	20	274.24	81.59	74.57	17
宁　夏	Ningxia								
新　疆	Xinjiang	44.61	64.35	55.87	17	113.94	196.07	226.13	10

11-93 有色金属矿采选业固定资产合计和流动资产合计

Total Fixed Assets and Total Current Assets of Mining and Processing of Non-Ferrous Metal Ores

单位：亿元 (100 million yuan)

地区	Region	固定资产合计 Total Fixed Assets 2015	2015排名 Ranking	流动资产合计 Total Current Assets 2015	2015排名 Ranking
全　国	**National Total**	**2212.02**		**2153.30**	
北　京	Beijing				
天　津	Tianjin				
河　北	Hebei	35.87	16	11.53	22
山　西	Shanxi	14.97	21	32.81	16
内蒙古	Inner Mongolia	221.70	3	151.67	5
辽　宁	Liaoning	51.56	12	71.41	9
吉　林	Jilin	72.13	10	35.75	15
黑龙江	Heilongjiang	49.27	14	8.38	24
上　海	Shanghai				
江　苏	Jiangsu	5.12	25	4.51	26
浙　江	Zhejiang	7.36	24	15.03	21
安　徽	Anhui	26.30	17	44.43	13
福　建	Fujian	14.29	22	9.93	23
江　西	Jiangxi	106.96	7	110.95	8
山　东	Shandong	324.18	2	265.39	2
河　南	Henan	443.47	1	469.85	1
湖　北	Hubei	15.53	20	18.47	19
湖　南	Hunan	142.77	5	71.21	10
广　东	Guangdong	19.24	19	22.55	18
广　西	Guangxi	69.03	11	151.85	4
海　南	Hainan	2.54	26	4.74	25
重　庆	Chongqing	1.80	27	2.09	27
四　川	Sichuan	87.29	9	118.99	7
贵　州	Guizhou	12.63	23	17.00	20
云　南	Yunnan	158.50	4	191.04	3
西　藏	Tibet	48.97	15	36.97	14
陕　西	Shaanxi	113.01	6	138.12	6
甘　肃	Gansu	50.81	13	59.20	11
青　海	Qinghai	19.61	18	31.95	17
宁　夏	Ningxia				
新　疆	Xinjiang	97.12	8	57.46	12

11-94 有色金属矿采选业负债合计和流动负债合计
Total Liabilities and Current Liability Assets of Mining and Processing of Non-Ferrous Metal Ores

单位：亿元 (100 million yuan)

地区	Region	负债合计 Total Liabilities 2010	2014	2015	2015排名 Ranking	流动负债合计 Current Liability Assets 2015	2015排名 Ranking
全　国	**National Total**	**1445.01**	**2698.52**	**3055.33**		**2278.65**	
北　京	Beijing						
天　津	Tianjin						
河　北	Hebei	18.06	26.94	21.01	22	12.40	22
山　西	Shanxi	18.03	83.91	48.14	16	44.18	15
内蒙古	Inner Mongolia	139.53	264.09	267.27	4	188.90	4
辽　宁	Liaoning	62.82	94.78	93.49	12	80.54	10
吉　林	Jilin	31.41	57.13	72.49	14	53.93	13
黑龙江	Heilongjiang	6.78	69.74	66.72	15	39.41	16
上　海	Shanghai						
江　苏	Jiangsu	4.11	11.17	7.62	25	7.12	25
浙　江	Zhejiang	17.17	15.87	18.09	23	15.86	21
安　徽	Anhui	19.30	38.82	45.87	17	37.56	17
福　建	Fujian	24.47	19.79	13.84	24	11.16	24
江　西	Jiangxi	60.44	113.94	130.26	9	84.81	9
山　东	Shandong	141.57	435.28	494.40	1	384.02	1
河　南	Henan	152.10	317.56	379.97	2	293.30	2
湖　北	Hubei	18.60	21.72	26.61	20	21.55	20
湖　南	Hunan	62.85	117.76	126.75	10	64.63	12
广　东	Guangdong	37.83	34.98	35.11	19	30.80	18
广　西	Guangxi	42.45	77.19	193.75	5	160.76	5
海　南	Hainan	5.37	5.97	6.21	26	5.89	26
重　庆	Chongqing	2.82	3.36	4.15	27	3.50	27
四　川	Sichuan	106.74	174.58	181.81	6	146.22	6
贵　州	Guizhou	5.53	17.75	21.59	21	11.86	23
云　南	Yunnan	135.69	263.48	275.39	3	246.72	3
西　藏	Tibet	39.61	99.44	125.07	11	44.75	14
陕　西	Shaanxi	52.00	95.78	134.60	8	97.97	7
甘　肃	Gansu	53.66	90.80	93.21	13	70.37	11
青　海	Qinghai	133.98	39.76	35.96	18	27.27	19
宁　夏	Ningxia						
新　疆	Xinjiang	52.09	106.92	135.97	7	93.18	8

11-95 有色金属矿采选业所有者权益合计和实收资本

Total Owner's Equity and Paid-in Capital of Mining and Processing of Non-Ferrous Metal Ores

单位：亿元 (100 million yuan)

地区	Region	所有者权益合计 Total Owner's Equity				实收资本 Paid-in Capital	
		2010	2014	2015	2015排名 Ranking	2015	2015排名 Ranking
全　国	National Total	1622.68	2585.44	2729.46		1028.03	
北　京	Beijing						
天　津	Tianjin						
河　北	Hebei	16.82	17.37	31.63	17	5.78	23
山　西	Shanxi	6.03	24.50	7.88	24	6.05	22
内蒙古	Inner Mongolia	181.60	254.66	249.98	3	94.20	2
辽　宁	Liaoning	72.17	83.33	61.83	14	26.96	14
吉　林	Jilin	43.46	65.67	67.21	13	30.71	12
黑龙江	Heilongjiang	14.06	29.76	15.09	22	10.62	16
上　海	Shanghai						
江　苏	Jiangsu	3.75	4.61	3.95	25	2.05	26
浙　江	Zhejiang	8.64	13.14	13.94	23	8.44	19
安　徽	Anhui	28.90	40.25	38.39	16	12.51	15
福　建	Fujian	21.97	20.55	16.90	21	7.35	20
江　西	Jiangxi	78.25	131.15	147.33	7	40.57	10
山　东	Shandong	207.72	318.83	378.15	2	70.30	6
河　南	Henan	215.67	596.54	605.68	1	203.40	1
湖　北	Hubei	11.85	19.61	27.38	18	8.87	18
湖　南	Hunan	106.55	159.50	146.15	8	84.76	4
广　东	Guangdong	29.21	23.35	19.30	19	4.46	24
广　西	Guangxi	52.89	81.65	98.15	9	30.29	13
海　南	Hainan	3.60	1.37	2.27	26	2.28	25
重　庆	Chongqing	2.28	0.77	0.63	27	0.20	27
四　川	Sichuan	75.21	143.43	181.25	4	75.77	5
贵　州	Guizhou	4.56	19.08	17.18	20	7.26	21
云　南	Yunnan	115.66	194.18	180.40	5	87.23	3
西　藏	Tibet	29.83	68.14	69.60	12	55.28	7
陕　西	Shaanxi	48.25	64.45	148.57	6	35.41	11
甘　肃	Gansu	49.26	79.65	71.85	11	53.99	8
青　海	Qinghai	132.78	40.75	38.61	15	9.75	17
宁　夏	Ningxia						
新　疆	Xinjiang	61.71	89.15	90.17	10	53.54	9

11-96 有色金属矿采选业主营业务收入和主营业务成本
Revenue from Principal Business and Cost of Principal Business of Mining and Processing of Non-ferrous Metal Ores

单位：亿元 (100 million yuan)

地区	Region	主营业务收入 Revenue from Principal Business				主营业务成本 Cost of Principal Business			
		2010	2014	2015	2015排名 Ranking	2010	2014	2015	2015排名 Ranking
全　国	**National Total**	**3836.10**	**6296.76**	**6234.91**		**2921.12**	**5186.87**	**5277.44**	
北　京	Beijing								
天　津	Tianjin								
河　北	Hebei	36.51	48.86	46.56	18	25.83	37.22	36.47	17
山　西	Shanxi	13.46	36.72	20.47	24	10.45	31.02	17.44	23
内蒙古	Inner Mongolia	338.66	547.30	597.10	3	246.94	439.06	488.20	3
辽　宁	Liaoning	236.05	339.47	211.34	9	189.54	289.71	175.44	9
吉　林	Jilin	68.74	135.45	141.22	11	46.03	108.66	111.59	11
黑龙江	Heilongjiang	8.32	24.78	24.94	21	6.28	17.63	21.32	21
上　海	Shanghai								
江　苏	Jiangsu	6.61	10.93	7.35	26	4.16	9.85	6.54	26
浙　江	Zhejiang	26.07	25.80	23.81	22	20.73	21.12	19.83	22
安　徽	Anhui	57.70	95.32	94.55	12	43.75	74.89	77.59	12
福　建	Fujian	56.36	66.01	54.83	17	45.12	55.27	48.34	15
江　西	Jiangxi	191.72	403.71	396.95	4	157.67	348.73	352.75	4
山　东	Shandong	573.96	1015.74	1082.20	2	457.24	888.31	955.96	2
河　南	Henan	891.24	1630.61	1664.99	1	701.24	1370.34	1424.47	1
湖　北	Hubei	46.14	48.09	44.42	19	33.34	34.59	31.98	20
湖　南	Hunan	293.62	484.56	361.01	6	227.16	385.00	286.19	6
广　东	Guangdong	118.90	122.20	76.08	13	80.47	101.42	62.88	13
广　西	Guangxi	124.65	272.53	318.41	7	93.69	208.74	261.77	7
海　南	Hainan	9.35	8.90	8.10	25	7.57	8.29	7.36	25
重　庆	Chongqing	6.16	6.18	6.08	27	4.43	5.43	5.69	27
四　川	Sichuan	162.18	279.28	220.67	8	107.81	228.19	189.29	8
贵　州	Guizhou	11.23	47.18	61.43	14	8.95	35.81	45.34	16
云　南	Yunnan	120.43	216.74	199.76	10	81.17	169.25	168.27	10
西　藏	Tibet	9.91	21.46	23.75	23	4.30	9.82	14.31	24
陕　西	Shaanxi	122.16	214.45	394.68	5	89.19	174.46	350.97	5
甘　肃	Gansu	41.72	82.70	57.49	15	25.81	66.23	48.55	14
青　海	Qinghai	219.19	47.43	40.90	20	183.82	31.09	32.49	19
宁　夏	Ningxia								
新　疆	Xinjiang	45.04	64.36	55.83	16	18.42	36.74	36.42	18

11-97 有色金属矿采选业销售费用和管理费用

Sales Expenses and Administrative Expenses of Mining and Processing of Non-ferrous Metal Ores

单位：亿元 (100 million yuan)

地区	Region	销售费用 Sales Expenses			管理费用 Administrative Expenses			
		2014	2015	2015排名 Ranking	2010	2014	2015	2015排名 Ranking
全　国	**National Total**	**86.18**	**83.27**		**224.40**	**283.31**	**280.51**	
北　京	Beijing							
天　津	Tianjin							
河　北	Hebei	0.27	0.47	21	2.91	3.15	2.93	19
山　西	Shanxi	0.84	1.08	14	1.07	1.87	1.17	24
内蒙古	Inner Mongolia	9.40	9.59	2	24.04	27.86	26.35	4
辽　宁	Liaoning	6.16	4.77	6	9.85	13.67	11.57	10
吉　林	Jilin	2.80	3.71	8	4.73	10.86	10.50	11
黑龙江	Heilongjiang	0.47	0.46	22	1.02	2.41	2.24	22
上　海	Shanghai							
江　苏	Jiangsu	0.23	0.26	25	0.73	0.85	0.72	25
浙　江	Zhejiang	0.26	0.34	24	1.86	1.93	1.76	23
安　徽	Anhui	3.53	3.67	9	3.50	6.07	6.23	13
福　建	Fujian	1.12	0.57	18	3.50	3.64	2.74	20
江　西	Jiangxi	2.62	2.94	10	8.11	14.69	13.93	7
山　东	Shandong	6.42	6.09	5	26.71	42.14	46.89	1
河　南	Henan	20.26	19.34	1	19.19	32.01	32.61	2
湖　北	Hubei	0.72	0.65	17	3.20	3.57	4.81	14
湖　南	Hunan	8.25	7.85	3	20.56	26.81	27.54	3
广　东	Guangdong	1.18	0.51	20	4.73	3.78	3.44	18
广　西	Guangxi	4.02	7.06	4	19.30	16.65	19.80	5
海　南	Hainan	0.30	0.22	26	0.67	0.13	0.18	26
重　庆	Chongqing	0.08	0.02	27	0.28	0.11	0.05	27
四　川	Sichuan	5.95	3.72	7	19.78	19.81	13.76	8
贵　州	Guizhou	2.19	2.60	11	0.69	3.78	4.59	15
云　南	Yunnan	3.41	1.89	13	12.87	17.41	12.48	9
西　藏	Tibet	0.47	0.43	23	1.76	3.59	3.47	17
陕　西	Shaanxi	2.05	2.57	12	13.81	12.17	17.36	6
甘　肃	Gansu	1.07	0.82	16	4.33	4.56	3.90	16
青　海	Qinghai	0.94	0.56	19	10.43	2.97	2.50	21
宁　夏	Ningxia							
新　疆	Xinjiang	1.18	1.07	15	4.79	6.83	6.97	12

11-98 有色金属矿采选业财务费用和营业利润

Financial Expenses and Operating Profit of Mining and Processing of Non-ferrous Metal Ores

单位：亿元 (100 million yuan)

地区	Region	财务费用 Financial Expenses				营业利润 Operating Profit			
		2010	2014	2015	2015排名 Ranking	2010	2014	2015	2015排名 Ranking
全　国	**National Total**	**35.14**	**74.69**	**79.68**		**595.38**	**592.06**	**460.74**	
北　京	Beijing								
天　津	Tianjin								
河　北	Hebei	0.29	0.43	0.90	17	6.99	7.78	5.40	15
山　西	Shanxi	0.04	1.45	0.39	22	1.55	2.05	0.89	23
内蒙古	Inner Mongolia	3.09	8.40	7.83	3	74.02	59.93	60.15	2
辽　宁	Liaoning	1.43	2.72	2.56	11	22.97	23.63	14.93	7
吉　林	Jilin	0.28	1.76	1.55	15	13.19	8.89	8.60	10
黑龙江	Heilongjiang	0.07	2.10	2.96	8	1.17	1.23	-3.67	27
上　海	Shanghai								
江　苏	Jiangsu	0.05	0.05	0.08	26	1.53	-0.15	-0.38	26
浙　江	Zhejiang	0.59	0.45	0.62	19	3.99	1.74	0.98	22
安　徽	Anhui	0.36	2.53	2.36	13	7.69	6.78	4.09	19
福　建	Fujian	0.45	0.57	0.44	21	6.53	4.75	2.07	20
江　西	Jiangxi	1.11	2.57	2.26	14	21.89	33.62	27.51	4
山　东	Shandong	6.60	12.74	14.29	1	77.23	65.27	58.51	3
河　南	Henan	5.50	11.26	11.91	2	149.06	187.92	169.10	1
湖　北	Hubei	0.56	0.39	0.36	23	7.97	8.36	6.54	13
湖　南	Hunan	2.10	3.69	3.95	7	30.63	28.49	13.43	8
广　东	Guangdong	1.22	0.74	1.29	16	29.74	13.94	6.97	12
广　西	Guangxi	0.90	2.33	5.90	5	19.64	36.99	24.97	5
海　南	Hainan	0.05	0.04	0.11	25	0.63	0.14	0.24	25
重　庆	Chongqing	0.08				0.36	0.46	0.27	24
四　川	Sichuan	1.96	4.12	4.20	6	30.46	18.53	7.90	11
贵　州	Guizhou	0.10	0.66	0.67	18	1.41	3.05	5.19	16
云　南	Yunnan	2.49	7.17	6.19	4	21.99	19.29	12.15	9
西　藏	Tibet	0.24	0.55	0.36	23	3.47	6.26	4.39	18
陕　西	Shaanxi	0.61	1.84	2.50	12	11.32	20.53	17.80	6
甘　肃	Gansu	1.44	2.72	2.59	10	6.91	6.01	2.05	21
青　海	Qinghai	2.93	0.69	0.60	20	22.91	11.32	4.50	17
宁　夏	Ningxia								
新　疆	Xinjiang	0.59	2.74	2.82	9	20.14	15.23	6.16	14

11-99 有色金属矿采选业利润总额和平均用工人数

Total Profit and Average Number of Employed Persons of Mining and Processing of Non-ferrous Metal Ores

地区	Region	利润总额（亿元） Total Profit (100 million yuan)				平均用工人数（万人） Average Number of Employed Persons (10 000 persons)		
		2010	2014	2015	2015排名 Ranking	2014	2015	2015排名 Ranking
全　国	**National Total**	**572.05**	**582.46**	**450.82**		**53.86**	**49.90**	
北　京	Beijing							
天　津	Tianjin							
河　北	Hebei	6.77	7.62	5.59	15	0.36	0.38	19
山　西	Shanxi	1.48	1.96	0.82	23	0.58	0.32	23
内蒙古	Inner Mongolia	62.83	56.88	51.95	3	4.09	3.84	4
辽　宁	Liaoning	24.65	23.90	15.10	7	4.30	2.51	9
吉　林	Jilin	13.16	8.29	9.43	9	1.57	1.58	11
黑龙江	Heilongjiang	1.43	2.42	-3.17	27	0.35	0.27	24
上　海	Shanghai							
江　苏	Jiangsu	1.81	0.04	-0.06	26	0.17	0.16	25
浙　江	Zhejiang	3.75	1.77	1.01	22	0.29	0.32	22
安　徽	Anhui	7.11	6.10	4.09	19	1.18	1.21	12
福　建	Fujian	5.84	4.74	2.11	21	0.79	0.48	17
江　西	Jiangxi	22.17	30.50	23.77	5	3.77	3.62	5
山　东	Shandong	73.84	66.75	58.93	2	5.27	5.14	3
河　南	Henan	146.19	188.28	169.94	1	8.58	8.60	1
湖　北	Hubei	7.85	8.50	6.44	13	0.67	0.73	16
湖　南	Hunan	26.02	24.01	8.39	10	6.08	5.48	2
广　东	Guangdong	29.98	13.88	7.00	12	0.77	0.78	15
广　西	Guangxi	18.97	36.73	25.92	4	2.46	2.89	7
海　南	Hainan	0.79	0.15	0.20	25	0.03	0.04	27
重　庆	Chongqing	0.32	0.46	0.27	24	0.09	0.13	26
四　川	Sichuan	29.83	18.77	8.20	11	3.15	2.70	8
贵　州	Guizhou	1.39	2.82	5.27	16	0.37	0.40	18
云　南	Yunnan	22.03	18.31	13.72	8	4.19	3.35	6
西　藏	Tibet	3.35	6.59	4.95	17	0.37	0.35	20
陕　西	Shaanxi	10.66	20.58	17.98	6	1.79	2.33	10
甘　肃	Gansu	7.34	6.10	2.15	20	1.26	0.98	13
青　海	Qinghai	22.34	11.23	4.75	18	0.38	0.34	21
宁　夏	Ningxia							
新　疆	Xinjiang	20.14	15.08	6.09	14	0.95	0.95	14

11-100 有色金属矿采选业投资收益和亏损企业亏损额

Return on Investment and Amount of Loss Ratio of Mining and Processing of Non-ferrous Metal Ores

单位：亿元 (100 million yuan)

地区	Region	投资收益（损失以“-”号记） Investment Income (Loss is Marked as "-") 2015	2015排名 Ranking	亏损企业亏损额 Loss Ratio of Unprofitable Firms 2015	2015排名 Ranking
全　国	**National Total**	**12.14**		**62.88**	
北　京	Beijing				
天　津	Tianjin				
河　北	Hebei	-0.01	19	0.40	23
山　西	Shanxi	0.10	11	0.58	19
内蒙古	Inner Mongolia	1.31	5	3.35	9
辽　宁	Liaoning	0.08	13	3.22	10
吉　林	Jilin	0.60	7	1.17	15
黑龙江	Heilongjiang	0.23	10	3.46	8
上　海	Shanghai				
江　苏	Jiangsu			0.21	24
浙　江	Zhejiang	0.03	16	0.57	20
安　徽	Anhui	0.36	9	0.96	17
福　建	Fujian	-0.60	23	0.51	22
江　西	Jiangxi	0.57	8	4.83	4
山　东	Shandong	2.94	2	1.23	14
河　南	Henan	0.04	15	8.19	1
湖　北	Hubei	-0.07	21	0.70	18
湖　南	Hunan	-0.30	22	7.55	2
广　东	Guangdong	0.03	16	1.32	13
广　西	Guangxi	5.73	1	4.80	5
海　南	Hainan				
重　庆	Chongqing	0.10	11		
四　川	Sichuan	-0.05	20	4.41	6
贵　州	Guizhou	0.01	18	0.17	25
云　南	Yunnan	2.73	3	5.61	3
西　藏	Tibet	0.05	14	0.56	21
陕　西	Shaanxi	1.78	4	1.45	12
甘　肃	Gansu	1.08	6	2.37	11
青　海	Qinghai	-3.34	25	1.10	16
宁　夏	Ningxia				
新　疆	Xinjiang	-1.25	24	4.16	7

11-101 非金属矿采选业工业销售产值和资产总计
Sales Value and Total Assets of Mining and Processing of Non-metal Ores

单位：亿元 (100 million yuan)

地区	Region	工业销售产值（当年价格） Sales Value (current prices)				资产总计 Total Assets			
		2010	2014	2015	2015排名 Ranking	2010	2014	2015	2015排名 Ranking
全　国	**National Total**	**2994.72**	**5419.94**	**5539.19**		**1882.30**	**3716.12**	**4110.94**	
北　京	Beijing	3.65	1.94	1.11	29	16.17	6.77	6.30	27
天　津	Tianjin	11.49	12.70	12.84	25	77.89	181.11	183.27	10
河　北	Hebei	67.66	128.52	115.36	18	56.13	82.24	97.31	18
山　西	Shanxi	2.89	5.55	3.47	26	6.05	16.29	4.44	28
内蒙古	Inner Mongolia	144.66	234.15	237.46	11	76.80	120.02	130.74	14
辽　宁	Liaoning	269.49	509.90	316.89	7	105.26	242.12	199.84	7
吉　林	Jilin	72.19	109.13	107.25	19	25.07	33.24	33.29	22
黑龙江	Heilongjiang	16.87	39.50	41.90	22	10.66	24.58	30.33	24
上　海	Shanghai								
江　苏	Jiangsu	154.63	258.90	289.81	8	161.07	246.97	280.45	3
浙　江	Zhejiang	104.24	148.89	142.37	15	83.15	136.91	158.82	12
安　徽	Anhui	101.11	228.52	240.36	10	60.44	122.67	143.93	13
福　建	Fujian	94.88	211.50	225.03	13	52.10	92.08	98.31	17
江　西	Jiangxi	109.58	229.71	265.48	9	50.68	142.03	199.58	8
山　东	Shandong	360.26	482.43	484.33	2	192.37	255.35	251.66	6
河　南	Henan	263.13	457.39	465.76	3	78.52	334.90	309.06	2
湖　北	Hubei	221.32	556.70	621.25	1	166.27	357.79	537.54	1
湖　南	Hunan	216.41	382.20	364.12	6	70.15	188.32	189.33	9
广　东	Guangdong	257.70	312.34	374.31	4	95.17	128.63	160.60	11
广　西	Guangxi	77.87	212.93	232.42	12	49.72	103.89	117.48	16
海　南	Hainan	2.48	1.20	1.26	28	51.93	84.09	83.75	20
重　庆	Chongqing	76.23	104.46	140.91	16	50.70	78.30	94.91	19
四　川	Sichuan	228.95	360.19	370.21	5	151.48	254.37	266.55	5
贵　州	Guizhou	27.49	171.87	204.01	14	23.05	111.19	124.21	15
云　南	Yunnan	60.23	85.30	87.81	20	117.26	227.17	267.73	4
西　藏	Tibet	0.28	0.13	0.10	30	0.56	0.95	1.00	30
陕　西	Shaanxi	20.72	91.50	117.21	17	13.96	49.18	51.61	21
甘　肃	Gansu	9.34	48.37	42.16	21	9.84	34.64	29.06	25
青　海	Qinghai	4.99	12.71	14.66	24	17.59	27.09	31.51	23
宁　夏	Ningxia	0.98	1.34	1.38	27	1.32	1.10	1.02	29
新　疆	Xinjiang	13.00	19.95	17.95	23	10.96	32.14	27.32	26

11-102 非金属矿采选业固定资产合计和流动资产合计

Total Fixed Assets and Total Current Assets of Mining and Processing of Non-metal Ores

单位：亿元 (100 million yuan)

地区	Region	固定资产合计 Total Fixed Assets 2015	2015排名 Ranking	流动资产合计 Total Current Assets 2015	2015排名 Ranking
全　国	**National Total**	**1449.39**		**1636.12**	
北　京	Beijing	0.59	27	3.72	26
天　津	Tianjin	10.57	23	140.73	2
河　北	Hebei	31.61	17	39.13	17
山　西	Shanxi	0.92	26	3.27	27
内蒙古	Inner Mongolia	65.27	9	52.81	15
辽　宁	Liaoning	93.10	5	60.72	12
吉　林	Jilin	18.07	20	12.74	25
黑龙江	Heilongjiang	14.49	21	12.91	24
上　海	Shanghai				
江　苏	Jiangsu	116.77	3	97.75	7
浙　江	Zhejiang	37.17	15	69.41	9
安　徽	Anhui	57.19	11	52.21	16
福　建	Fujian	38.54	14	33.68	19
江　西	Jiangxi	64.12	10	65.79	10
山　东	Shandong	100.43	4	101.39	6
河　南	Henan	161.47	2	121.98	3
湖　北	Hubei	187.59	1	186.00	1
湖　南	Hunan	79.49	7	75.08	8
广　东	Guangdong	68.07	8	63.16	11
广　西	Guangxi	44.02	13	54.83	14
海　南	Hainan	0.42	28	0.62	29
重　庆	Chongqing	30.51	18	36.30	18
四　川	Sichuan	86.55	6	117.09	4
贵　州	Guizhou	34.32	16	57.34	13
云　南	Yunnan	54.70	12	108.19	5
西　藏	Tibet	0.08	30	0.49	30
陕　西	Shaanxi	22.41	19	21.57	20
甘　肃	Gansu	11.78	22	14.55	22
青　海	Qinghai	8.76	25	17.96	21
宁　夏	Ningxia	0.31	29	0.70	28
新　疆	Xinjiang	10.08	24	14.00	23

11-103 非金属矿采选业负债合计和流动负债合计

Total Liabilities and Current Liability Assets of Mining and Processing of Non-metal Ores

单位：亿元 (100 million yuan)

地区	Region	负债合计 Total Liabilities				流动负债合计 Current Liability Assets	
		2010	2014	2015	2015排名 Ranking	2015	2015排名 Ranking
全　国	**National Total**	**868.74**	**1726.03**	**1903.75**		**1410.39**	
北　京	Beijing	5.07	3.48	3.38	27	3.38	27
天　津	Tianjin	32.76	57.25	58.76	16	57.92	9
河　北	Hebei	36.12	45.22	66.70	12	49.81	12
山　西	Shanxi	4.35	15.83	4.14	26	4.04	26
内蒙古	Inner Mongolia	43.21	75.09	75.69	9	57.60	10
辽　宁	Liaoning	40.64	70.59	54.27	17	36.39	16
吉　林	Jilin	6.29	10.45	11.39	25	6.79	25
黑龙江	Heilongjiang	6.03	12.04	15.53	23	12.55	23
上　海	Shanghai						
江　苏	Jiangsu	76.90	133.51	145.38	3	93.00	4
浙　江	Zhejiang	52.97	87.41	111.19	6	89.23	5
安　徽	Anhui	27.90	57.28	65.98	14	48.47	13
福　建	Fujian	16.63	31.54	30.43	19	25.07	19
江　西	Jiangxi	19.12	50.20	70.56	10	36.23	17
山　东	Shandong	90.24	108.99	113.85	5	87.80	6
河　南	Henan	18.10	101.19	86.91	7	60.55	8
湖　北	Hubei	94.15	189.29	275.33	1	212.32	1
湖　南	Hunan	28.04	92.32	86.41	8	61.15	7
广　东	Guangdong	35.54	59.16	68.17	11	47.26	14
广　西	Guangxi	24.84	61.69	66.70	12	50.82	11
海　南	Hainan	0.92	3.29	3.37	28	2.19	28
重　庆	Chongqing	21.21	35.81	45.12	18	32.92	18
四　川	Sichuan	90.41	136.26	142.67	4	100.02	3
贵　州	Guizhou	11.17	57.56	63.97	15	46.96	15
云　南	Yunnan	59.18	153.95	160.48	2	125.80	2
西　藏	Tibet	0.02	0.47	0.35	30	0.35	30
陕　西	Shaanxi	6.70	19.73	21.57	20	15.70	22
甘　肃	Gansu	3.51	15.37	14.33	24	9.79	24
青　海	Qinghai	10.11	15.64	20.40	21	16.85	21
宁　夏	Ningxia	0.87	0.25	0.59	29	0.59	29
新　疆	Xinjiang	5.74	25.17	20.12	22	18.81	20

11-104 非金属矿采选业所有者权益合计和实收资本

Total Owner's Equity and Paid-in Capital of Mining and Processing of Non-metal Ores

单位：亿元 (100 million yuan)

地区	Region	所有者权益合计 Total Owner's Equity 2010	2014	2015	2015排名 Ranking	实收资本 Paid-in Capital 2015	2015排名 Ranking
全　国	**National Total**	**1004.75**	**1932.54**	**2187.69**		**867.61**	
北　京	Beijing	11.10	3.29	2.91	27	0.62	28
天　津	Tianjin	45.13	123.86	124.51	7	22.32	15
河　北	Hebei	19.96	36.64	30.09	20	19.74	17
山　西	Shanxi	1.70	0.46	0.30	30	0.96	26
内蒙古	Inner Mongolia	33.37	43.40	54.84	16	24.58	13
辽　宁	Liaoning	64.08	166.47	145.17	3	24.97	12
吉　林	Jilin	18.69	22.00	21.65	22	8.35	21
黑龙江	Heilongjiang	4.41	12.10	14.80	23	8.17	22
上　海	Shanghai						
江　苏	Jiangsu	84.17	113.46	134.68	5	63.43	6
浙　江	Zhejiang	30.18	49.35	47.63	19	34.90	10
安　徽	Anhui	32.43	63.94	74.06	13	35.64	9
福　建	Fujian	35.35	58.52	67.64	14	23.98	14
江　西	Jiangxi	31.37	89.24	129.02	6	69.14	4
山　东	Shandong	101.63	138.40	135.12	4	41.36	8
河　南	Henan	58.09	224.22	220.02	2	77.63	2
湖　北	Hubei	71.54	164.42	262.14	1	94.61	1
湖　南	Hunan	42.10	94.99	102.82	10	67.50	5
广　东	Guangdong	59.24	67.78	86.43	11	33.88	11
广　西	Guangxi	24.41	39.51	49.58	18	15.41	19
海　南	Hainan	51.00	80.80	80.38	12	0.82	27
重　庆	Chongqing	29.39	41.86	49.74	17	17.28	18
四　川	Sichuan	58.72	109.26	123.46	8	53.03	7
贵　州	Guizhou	11.81	52.64	59.72	15	20.82	16
云　南	Yunnan	58.08	73.22	107.26	9	76.54	3
西　藏	Tibet	0.55	0.42	0.65	28	0.16	30
陕　西	Shaanxi	7.21	25.13	30.00	21	12.84	20
甘　肃	Gansu	5.90	17.90	14.32	24	4.52	25
青　海	Qinghai	7.45	11.45	11.10	25	7.05	24
宁　夏	Ningxia	0.45	0.85	0.44	29	0.23	29
新　疆	Xinjiang	5.22	6.96	7.20	26	7.13	23

11-105 非金属矿采选业主营业务收入和主营业务成本
Revenue from Principal Business and Cost of Principal Business of Mining and Processing of Non-metal Ores

单位：亿元 (100 million yuan)

地区	Region	主营业务收入 Revenue from Principal Business				主营业务成本 Cost of Principal Business			
		2010	2014	2015	2015排名 Ranking	2010	2014	2015	2015排名 Ranking
全　国	**National Total**	**3005.11**	**5287.58**	**5414.60**		**2360.56**	**4271.26**	**4397.04**	
北　京	Beijing	4.06	2.98	2.03	27	3.53	2.06	1.48	27
天　津	Tianjin	10.40	11.49	11.56	25	8.13	9.97	10.17	25
河　北	Hebei	68.25	127.31	116.05	17	52.97	105.89	100.67	17
山　西	Shanxi	3.17	5.42	3.17	26	2.81	4.36	2.68	26
内蒙古	Inner Mongolia	142.65	234.40	236.17	10	111.35	186.92	194.39	10
辽　宁	Liaoning	274.44	494.60	310.74	7	226.64	424.64	266.80	7
吉　林	Jilin	72.24	106.43	104.38	19	59.84	91.25	91.05	18
黑龙江	Heilongjiang	17.90	39.26	41.22	21	13.98	30.36	34.62	21
上　海	Shanghai								
江　苏	Jiangsu	159.19	257.75	298.67	8	126.35	213.90	252.75	8
浙　江	Zhejiang	104.72	148.58	142.06	15	85.87	116.39	111.43	15
安　徽	Anhui	100.26	225.82	235.95	11	78.01	184.15	193.27	11
福　建	Fujian	94.88	209.41	221.49	13	73.99	170.43	181.39	12
江　西	Jiangxi	109.73	235.19	269.76	9	91.35	193.41	221.51	9
山　东	Shandong	362.51	496.00	487.16	2	288.79	417.43	415.68	2
河　南	Henan	265.02	441.54	450.61	3	211.57	364.00	375.94	3
湖　北	Hubei	218.25	521.14	563.80	1	160.73	413.80	450.92	1
湖　南	Hunan	214.04	360.66	361.63	6	165.84	288.69	294.26	4
广　东	Guangdong	259.47	299.77	367.80	4	203.89	236.36	290.74	6
广　西	Guangxi	75.25	206.04	228.35	12	58.20	149.89	162.91	13
海　南	Hainan	2.74	1.11	1.16	29	1.71	0.93	0.90	29
重　庆	Chongqing	72.16	105.30	138.38	16	58.74	81.80	108.93	16
四　川	Sichuan	224.94	352.57	363.71	5	173.29	284.80	294.15	5
贵　州	Guizhou	28.86	158.22	190.00	14	19.63	122.47	145.44	14
云　南	Yunnan	67.75	89.73	95.69	20	46.18	57.95	62.27	20
西　藏	Tibet	0.28	0.16	0.10	30	0.10	0.16	0.09	30
陕　西	Shaanxi	20.59	88.57	109.76	18	16.04	66.88	84.79	19
甘　肃	Gansu	10.95	33.31	28.41	22	8.50	27.89	23.34	22
青　海	Qinghai	5.67	13.52	14.94	24	3.10	10.34	12.27	23
宁　夏	Ningxia	1.43	1.13	1.34	28	0.86	0.89	0.93	28
新　疆	Xinjiang	13.31	20.19	18.52	23	8.56	13.24	11.28	24

11-106 非金属矿采选业销售费用和管理费用
Sales Expenses and Administrative Expenses of Mining and Processing of Non-metal Ores

单位：亿元 (100 million yuan)

地区	Region	销售费用 Sales Expenses			管理费用 Administrative Expenses			
		2014	2015	2015排名 Ranking	2010	2014	2015	2015排名 Ranking
全　国	**National Total**	**197.02**	**204.11**		**160.03**	**225.23**	**245.62**	
北　京	Beijing	0.03	0.09	29	0.41	0.55	0.35	26
天　津	Tianjin	0.16	0.14	27	2.99	3.39	3.55	21
河　北	Hebei	4.63	4.12	17	4.04	6.04	5.83	19
山　西	Shanxi	0.12	0.10	28	0.10	0.32	0.12	28
内蒙古	Inner Mongolia	6.41	6.84	14	4.49	6.68	6.85	15
辽　宁	Liaoning	15.97	9.99	8	10.62	16.18	10.40	9
吉　林	Jilin	3.44	2.95	20	4.35	4.41	3.98	20
黑龙江	Heilongjiang	2.58	1.94	22	0.82	2.50	1.79	23
上　海	Shanghai							
江　苏	Jiangsu	8.29	8.45	11	8.38	12.45	13.72	7
浙　江	Zhejiang	3.45	3.27	19	6.72	8.87	8.30	14
安　徽	Anhui	11.62	11.79	7	4.68	8.70	8.85	12
福　建	Fujian	8.89	9.58	9	4.90	9.16	9.80	11
江　西	Jiangxi	7.73	8.23	13	3.08	6.35	6.65	16
山　东	Shandong	14.07	15.87	4	17.24	14.59	15.17	6
河　南	Henan	9.72	9.02	10	6.37	8.32	8.48	13
湖　北	Hubei	18.92	20.73	1	13.11	22.78	26.97	1
湖　南	Hunan	14.72	17.49	2	14.02	18.08	19.61	3
广　东	Guangdong	10.58	12.74	6	9.35	15.48	20.67	2
广　西	Guangxi	14.85	16.66	3	9.74	12.58	18.58	4
海　南	Hainan	0.30	0.29	26	0.29	0.23	0.24	27
重　庆	Chongqing	5.63	6.19	16	4.64	5.33	6.40	17
四　川	Sichuan	13.31	14.02	5	15.08	15.74	18.25	5
贵　州	Guizhou	4.89	6.38	15	2.27	7.98	10.57	8
云　南	Yunnan	4.75	4.11	18	7.46	8.42	10.03	10
西　藏	Tibet				0.04	0.06	0.04	29
陕　西	Shaanxi	6.97	8.33	12	1.54	5.56	6.18	18
甘　肃	Gansu	0.65	1.09	23	0.53	0.85	0.65	25
青　海	Qinghai	1.05	0.78	24	1.13	1.43	1.42	24
宁　夏	Ningxia	0.12	0.32	25	0.05	0.03	0.03	30
新　疆	Xinjiang	3.17	2.59	21	1.60	2.21	2.12	22

11-107 非金属矿采选业财务费用和营业利润

Financial Expenses and Operating Profit of Mining and Processing of Non-metal Ores

单位：亿元 (100 million yuan)

地区	Region	财务费用 Financial Expenses				营业利润 Operating Profit			
		2010	2014	2015	2015排名 Ranking	2010	2014	2015	2015排名 Ranking
全　国	**National Total**	**29.83**	**59.32**	**59.21**		**296.60**	**422.35**	**429.04**	
北　京	Beijing		0.02	0.03	27	0.41	0.31	0.19	25
天　津	Tianjin	-0.05	0.14	0.16	25	1.79	0.68	0.67	24
河　北	Hebei	0.45	0.61	0.82	19	7.80	9.17	4.01	20
山　西	Shanxi	0.12	0.29	0.14	26	0.03	0.26	0.08	26
内蒙古	Inner Mongolia	1.66	2.42	1.81	14	18.02	20.25	21.69	9
辽　宁	Liaoning	2.57	2.79	1.86	12	23.03	29.18	17.69	11
吉　林	Jilin	0.27	0.92	0.73	20	3.61	5.09	4.58	19
黑龙江	Heilongjiang	0.06	0.15	0.21	24	1.61	3.08	2.48	22
上　海	Shanghai								
江　苏	Jiangsu	2.07	4.85	4.58	4	12.83	14.88	16.53	13
浙　江	Zhejiang	1.03	2.19	2.64	9	5.91	13.40	11.10	16
安　徽	Anhui	0.78	1.99	2.06	11	6.19	16.22	16.57	12
福　建	Fujian	0.45	1.25	1.29	17	8.67	16.00	15.66	14
江　西	Jiangxi	0.71	1.47	1.54	16	8.49	21.48	24.98	6
山　东	Shandong	3.22	3.80	4.05	5	34.05	37.98	37.13	3
河　南	Henan	1.89	3.77	3.27	6	36.66	49.90	50.52	1
湖　北	Hubei	4.61	8.67	9.11	1	29.78	43.85	42.99	2
湖　南	Hunan	2.05	3.56	3.10	7	14.74	24.85	21.04	10
广　东	Guangdong	1.18	2.33	3.09	8	32.22	26.35	34.21	4
广　西	Guangxi	0.73	1.58	1.81	14	6.48	24.04	25.78	5
海　南	Hainan	0.01	0.04	0.03	27	0.44	-0.41	-0.33	29
重　庆	Chongqing	0.79	1.74	2.07	10	7.75	7.56	10.85	17
四　川	Sichuan	2.83	4.58	5.17	3	20.56	24.44	24.59	7
贵　州	Guizhou	0.26	1.78	1.86	12	4.23	14.64	22.47	8
云　南	Yunnan	1.57	6.11	5.50	2	7.23	9.39	11.71	15
西　藏	Tibet	0.01	0.01	0.01	29	0.07	0.08	-0.03	28
陕　西	Shaanxi	0.19	0.87	1.04	18	1.39	6.86	8.02	18
甘　肃	Gansu	0.07	0.41	0.33	23	0.87	2.43	2.78	21
青　海	Qinghai	0.22	0.35	0.36	22	0.26	-0.07	-0.39	30
宁　夏	Ningxia		0.01	0.01	29	0.06	0.08	0.05	27
新　疆	Xinjiang	0.08	0.62	0.53	21	1.39	0.42	1.42	23

11-108 非金属矿采选业利润总额和平均用工人数

Total Profit and Average Number of Employed Persons of Mining and Processing of Non-metal Ores

地区	Region	利润总额（亿元） Total Profit (100 million yuan)				平均用工人数（万人） Average Number of Employed Persons (10 000 persons)		
		2010	2014	2015	2015排名 Ranking	2014	2015	2015排名 Ranking
全　国	**National Total**	**276.16**	**413.42**	**422.24**		**58.20**	**57.06**	
北　京	Beijing	0.58	0.87	0.20	25	0.04	0.03	28
天　津	Tianjin	1.89	0.73	0.75	24	0.74	0.79	20
河　北	Hebei	8.23	11.60	6.86	19	1.78	1.60	15
山　西	Shanxi	0.01	0.26	0.08	26	0.10	0.05	27
内蒙古	Inner Mongolia	6.78	15.16	13.97	14	1.77	2.23	12
辽　宁	Liaoning	25.30	29.21	16.71	11	4.28	3.01	7
吉　林	Jilin	3.57	5.32	4.46	20	0.67	0.59	21
黑龙江	Heilongjiang	1.56	2.58	2.45	22	0.54	0.48	22
上　海	Shanghai							
江　苏	Jiangsu	12.58	15.96	18.53	10	2.98	2.86	8
浙　江	Zhejiang	6.22	13.44	12.10	16	1.08	1.04	19
安　徽	Anhui	5.83	14.46	15.44	13	2.18	2.07	13
福　建	Fujian	7.55	15.97	15.52	12	2.39	2.29	10
江　西	Jiangxi	8.38	20.77	24.16	7	1.99	2.05	14
山　东	Shandong	33.40	37.97	37.46	3	4.57	4.11	6
河　南	Henan	36.60	50.20	49.05	1	4.53	4.33	4
湖　北	Hubei	24.56	42.27	43.09	2	4.87	4.91	2
湖　南	Hunan	13.30	23.23	20.22	9	4.15	4.27	5
广　东	Guangdong	31.53	24.88	33.39	4	2.71	2.84	9
广　西	Guangxi	5.79	23.91	25.61	5	1.96	2.25	11
海　南	Hainan	0.48	-0.31	-0.34	30	0.10	0.09	26
重　庆	Chongqing	7.46	7.54	10.78	17	1.32	1.51	16
四　川	Sichuan	18.97	23.50	25.15	6	4.33	4.41	3
贵　州	Guizhou	4.16	14.31	22.38	8	5.51	5.65	1
云　南	Yunnan	7.26	9.61	12.13	15	1.33	1.28	17
西　藏	Tibet	0.07	0.07	-0.04	28	0.01	0.01	29
陕　西	Shaanxi	1.38	6.90	8.00	18	1.07	1.17	18
甘　肃	Gansu	0.87	2.45	2.80	21	0.46	0.42	23
青　海	Qinghai	0.39	-0.03	-0.18	29	0.35	0.37	24
宁　夏	Ningxia	0.05	0.09	0.05	27	0.02	0.01	29
新　疆	Xinjiang	1.41	0.50	1.43	23	0.38	0.31	25

11-109 非金属矿采选业投资收益和亏损企业亏损额

Return on Investment and Amount of Loss of Mining and Processing of Non-metal Ores

单位：亿元　　(100 million yuan)

地区	Region	投资收益（损失以"-"号记） Investment Income (Loss is Marked as "-") 2015	2015排名 Ranking	亏损企业亏损额 Loss Ratio of Unprofitable Firms 2015	2015排名 Ranking
全　国	**National Total**	**3.18**		**17.88**	
北　京	Beijing	0.05	9	0.07	25
天　津	Tianjin	0.72	3	0.06	26
河　北	Hebei	-0.06	16	1.24	6
山　西	Shanxi			0.11	23
内蒙古	Inner Mongolia	-1.73	21	1.50	2
辽　宁	Liaoning	0.02	10	1.26	5
吉　林	Jilin			0.01	30
黑龙江	Heilongjiang			0.18	21
上　海	Shanghai				
江　苏	Jiangsu	1.30	2	0.68	11
浙　江	Zhejiang	0.02	10	1.90	1
安　徽	Anhui	0.06	8	0.55	14
福　建	Fujian	-0.26	19	0.11	23
江　西	Jiangxi	0.16	5	0.02	28
山　东	Shandong	-0.85	20	1.03	9
河　南	Henan			0.50	15
湖　北	Hubei	-0.25	18	1.38	3
湖　南	Hunan	0.15	6	1.09	8
广　东	Guangdong	0.01	12	0.37	16
广　西	Guangxi	-0.06	16	0.75	10
海　南	Hainan			0.35	17
重　庆	Chongqing	-0.03	15	0.31	19
四　川	Sichuan	0.13	7	1.34	4
贵　州	Guizhou	0.40	4	0.34	18
云　南	Yunnan	3.39	1	1.11	7
西　藏	Tibet			0.04	27
陕　西	Shaanxi	0.01	12	0.14	22
甘　肃	Gansu			0.20	20
青　海	Qinghai	-0.01	14	0.60	13
宁　夏	Ningxia			0.02	28
新　疆	Xinjiang			0.63	12

11-110 农副食品加工业销售产值和主营业务收入
Sales Value and Revenue from Principal Business of Processing of Food from Agricultural Products

单位：亿元 (100 million yuan)

地区	Region	工业销售产值(当年价格) Sales Value (current prices)				主营业务收入 Revenue from Principal Business			
		2010	2014	2015	2015排名 Ranking	2010	2014	2015	2015排名 Ranking
全　国	**National Total**	**34228.93**	**63595.75**	**65835.97**		**34668.26**	**63665.12**	**65378.24**	
北　京	Beijing	277.43	375.74	354.15	24	312.95	432.35	513.23	22
天　津	Tianjin	374.51	842.18	960.69	19	402.00	742.22	934.42	19
河　北	Hebei	1340.13	2197.73	2179.64	13	1347.52	2186.32	2162.30	13
山　西	Shanxi	184.97	350.87	311.70	27	192.29	356.13	317.73	25
内蒙古	Inner Mongolia	961.00	1487.15	1615.77	16	955.44	1582.97	1576.07	16
辽　宁	Liaoning	2716.43	4267.95	2870.84	9	2744.94	4243.15	2871.83	9
吉　林	Jilin	1577.63	3172.79	3276.98	5	1554.44	3075.51	3070.03	5
黑龙江	Heilongjiang	1164.15	2686.43	2691.78	11	1266.67	2755.33	2777.23	10
上　海	Shanghai	259.86	351.60	335.46	25	279.28	421.85	378.42	24
江　苏	Jiangsu	2226.68	4171.24	4614.11	4	2258.84	4190.02	4615.55	3
浙　江	Zhejiang	748.76	1037.29	1019.13	18	761.33	1049.01	1004.88	17
安　徽	Anhui	1276.12	2801.52	2959.61	8	1270.53	2753.34	2899.21	8
福　建	Fujian	1203.21	2368.40	2648.00	12	1205.35	2356.45	2651.50	12
江　西	Jiangxi	659.01	1704.73	1964.27	15	667.26	1752.67	1966.98	15
山　东	Shandong	7379.64	12036.48	12473.75	1	7287.00	12238.51	12666.43	1
河　南	Henan	2743.19	5409.13	5845.17	2	3024.34	5587.43	6009.86	2
湖　北	Hubei	1494.91	4425.31	4705.89	3	1488.45	4280.41	4513.03	4
湖　南	Hunan	1396.04	2664.30	3006.88	6	1385.23	2599.82	2953.49	7
广　东	Guangdong	1779.18	2884.28	3004.60	7	1786.01	2902.74	3006.57	6
广　西	Guangxi	1067.53	2010.99	2141.65	14	1064.13	1968.13	2025.66	14
海　南	Hainan	91.89	120.94	117.25	29	94.27	121.04	114.92	29
重　庆	Chongqing	346.96	767.41	891.94	20	348.81	773.21	883.07	20
四　川	Sichuan	1803.04	2697.73	2720.55	10	1838.16	2669.02	2680.06	11
贵　州	Guizhou	78.92	255.46	323.22	26	79.32	242.43	300.69	26
云　南	Yunnan	235.85	530.24	595.86	21	242.57	524.50	589.16	21
西　藏	Tibet	1.85	3.34	3.78	31	2.00	2.60	3.75	31
陕　西	Shaanxi	393.27	990.96	1084.54	17	381.76	923.66	989.15	18
甘　肃	Gansu	161.44	346.68	398.12	23	129.40	306.76	300.17	27
青　海	Qinghai	21.44	66.47	91.47	30	22.74	57.54	67.77	30
宁　夏	Ningxia	45.56	128.64	133.19	28	47.94	127.17	127.54	28
新　疆	Xinjiang	218.32	441.79	495.97	22	227.31	442.85	507.53	23

11-111 农副食品加工业主营业务成本和利润总额

Cost of Principal Business and Total Profit of Processing of Food from Agricultural Products

单位：亿元 (100 million yuan)

地区	Region	主营业务成本 Cost of Principal Business 2010	2014	2015	2015排名 Ranking	利润总额 Total Profit 2010	2014	2015	2015排名 Ranking
全　国	**National Total**	**30338.53**	**56780.86**	**58042.50**		**2343.61**	**3263.56**	**3423.92**	
北　京	Beijing	278.71	366.53	342.48	23	7.99	15.63	14.19	24
天　津	Tianjin	373.18	700.18	805.01	19	11.61	11.29	7.67	27
河　北	Hebei	1173.02	1959.66	1934.71	13	80.36	86.85	97.66	15
山　西	Shanxi	168.45	318.29	283.62	25	15.69	21.94	19.66	22
内蒙古	Inner Mongolia	791.36	1368.48	1350.25	16	74.33	80.16	86.41	16
辽　宁	Liaoning	2405.88	3847.86	2589.58	8	215.29	192.16	120.02	11
吉　林	Jilin	1357.36	2738.70	2762.78	5	73.00	114.46	115.37	12
黑龙江	Heilongjiang	1129.40	2511.05	2531.63	9	80.30	112.10	105.78	14
上　海	Shanghai	245.73	373.83	331.45	24	11.44	13.16	12.41	25
江　苏	Jiangsu	2029.03	3735.73	4075.62	3	125.09	253.56	290.93	3
浙　江	Zhejiang	687.88	954.06	916.78	17	31.46	34.97	37.03	20
安　徽	Anhui	1132.86	2484.85	2631.34	7	93.21	131.48	129.27	10
福　建	Fujian	1067.05	2087.31	2368.37	11	79.82	129.89	142.03	6
江　西	Jiangxi	587.92	1566.05	1771.31	14	38.91	116.68	113.00	13
山　东	Shandong	6416.13	11030.25	11432.66	1	440.10	621.36	642.18	1
河　南	Henan	2599.30	4899.03	5255.47	2	291.53	415.86	452.20	2
湖　北	Hubei	1300.77	3830.88	3979.87	4	125.25	231.45	234.01	4
湖　南	Hunan	1150.24	2229.17	2507.51	10	93.04	107.31	140.94	7
广　东	Guangdong	1605.18	2612.09	2716.56	6	115.08	121.79	136.41	9
广　西	Guangxi	883.84	1727.79	1717.00	15	124.37	115.58	145.60	5
海　南	Hainan	82.97	115.75	106.67	29	6.34	-2.62	0.10	31
重　庆	Chongqing	299.57	669.54	761.29	20	23.08	48.30	62.28	18
四　川	Sichuan	1610.63	2339.00	2349.15	12	102.00	149.98	140.50	8
贵　州	Guizhou	71.88	216.07	266.43	27	4.15	11.66	14.79	23
云　南	Yunnan	191.52	473.31	519.39	21	32.37	8.13	24.46	21
西　藏	Tibet	1.61	2.10	2.92	31	0.25	0.19	0.42	30
陕　西	Shaanxi	332.57	805.90	861.57	18	21.13	59.81	73.23	17
甘　肃	Gansu	106.21	274.56	268.64	26	9.46	16.62	8.08	26
青　海	Qinghai	20.99	52.66	62.26	30	1.33	2.02	2.46	29
宁　夏	Ningxia	43.45	112.86	113.83	28	1.92	6.04	6.41	28
新　疆	Xinjiang	193.83	377.32	426.34	22	13.70	35.73	48.43	19

11-112 农副食品加工业销售费用和管理费用

Sales Expenses and Administrative Expenses of Processing of Food from Agricultural Products

单位：亿元 (100 million yuan)

地区	Region	销售费用 Sales Expenses 2014	2015	2015排名 Ranking	管理费用 Administrative Expenses 2010	2014	2015	2015排名 Ranking
全　国	**National Total**	**1306.33**	**1375.55**		**1016.33**	**1448.03**	**1513.49**	
北　京	Beijing	26.79	28.92	16	10.83	18.75	20.15	20
天　津	Tianjin	15.60	15.23	23	8.17	14.19	17.56	22
河　北	Hebei	45.57	40.17	13	24.82	41.70	37.59	14
山　西	Shanxi	5.30	5.13	27	4.12	6.36	5.87	27
内蒙古	Inner Mongolia	23.69	26.25	18	21.71	38.01	37.59	14
辽　宁	Liaoning	76.56	54.83	10	70.43	80.83	63.21	10
吉　林	Jilin	65.17	65.44	7	64.08	82.55	82.11	6
黑龙江	Heilongjiang	48.15	54.53	11	22.61	51.43	61.23	11
上　海	Shanghai	19.53	25.18	19	8.01	13.80	15.61	24
江　苏	Jiangsu	76.18	91.43	4	39.73	80.09	94.33	4
浙　江	Zhejiang	24.95	22.24	21	20.61	29.17	29.64	17
安　徽	Anhui	59.24	62.17	8	30.80	51.42	54.08	13
福　建	Fujian	50.50	53.48	12	27.16	54.74	60.24	12
江　西	Jiangxi	28.30	32.58	15	14.14	79.05	36.07	16
山　东	Shandong	199.40	221.60	1	238.88	217.26	227.16	1
河　南	Henan	99.93	106.34	2	48.24	79.53	84.76	5
湖　北	Hubei	102.73	103.84	3	53.54	109.51	138.10	2
湖　南	Hunan	77.70	90.05	5	73.57	91.86	113.68	3
广　东	Guangdong	54.16	58.71	9	40.71	63.09	70.23	9
广　西	Guangxi	39.82	37.67	14	61.52	80.66	77.43	7
海　南	Hainan	1.92	2.06	29	3.50	3.92	4.19	28
重　庆	Chongqing	23.37	28.73	17	14.07	19.72	24.51	18
四　川	Sichuan	71.54	73.29	6	74.96	66.22	76.31	8
贵　州	Guizhou	6.05	7.45	26	2.08	6.82	8.95	26
云　南	Yunnan	15.98	17.34	22	12.75	19.64	19.90	21
西　藏	Tibet	0.05	0.08	31	0.18	0.25	0.34	31
陕　西	Shaanxi	20.90	22.75	20	9.52	19.82	22.08	19
甘　肃	Gansu	9.08	8.95	25	3.50	9.45	9.50	25
青　海	Qinghai	1.11	1.27	30	1.42	1.50	1.82	30
宁　夏	Ningxia	3.15	3.15	28	1.65	3.67	3.61	29
新　疆	Xinjiang	13.90	14.68	24	9.04	13.03	15.65	23

11-113 农副食品加工业财务费用和营业利润
Financial Expenses and Operating Profit of Processing of Food from Agricultural Products

单位：亿元 (100 million yuan)

地区	Region	财务费用 Financial Expenses 2010	2014	2015	2015排名 Ranking	营业利润 Operating Profit 2010	2014	2015	2015排名 Ranking
全　国	**National Total**	**271.09**	**537.86**	**554.71**		**2560.32**	**3377.16**	**3469.13**	
北　京	Beijing	1.59	4.57	4.36	24	5.46	12.44	12.39	24
天　津	Tianjin	0.48	5.08	8.32	19	12.46	9.86	5.87	27
河　北	Hebei	4.99	16.68	14.47	14	116.19	86.67	96.52	16
山　西	Shanxi	2.57	4.64	4.72	23	15.01	20.99	18.51	22
内蒙古	Inner Mongolia	7.03	11.13	10.91	16	114.05	123.31	122.68	11
辽　宁	Liaoning	15.01	30.39	28.71	5	236.35	194.09	115.23	12
吉　林	Jilin	14.75	23.07	25.38	9	73.60	119.49	113.08	13
黑龙江	Heilongjiang	10.69	20.76	21.34	12	76.17	110.53	100.58	15
上　海	Shanghai	1.32	1.81	2.29	29	10.48	11.38	10.49	25
江　苏	Jiangsu	12.66	27.53	36.79	4	137.20	256.17	294.22	3
浙　江	Zhejiang	9.99	15.61	14.24	15	29.86	29.62	31.45	20
安　徽	Anhui	9.04	20.52	21.35	11	93.04	129.70	126.71	10
福　建	Fujian	9.25	22.78	21.79	10	88.16	131.28	138.36	8
江　西	Jiangxi	3.29	8.57	10.27	18	39.48	118.13	112.26	14
山　东	Shandong	67.58	106.55	106.18	1	481.14	625.32	638.86	1
河　南	Henan	17.26	35.92	41.90	2	294.75	451.46	495.75	2
湖　北	Hubei	17.54	38.18	38.97	3	145.98	238.16	233.29	4
湖　南	Hunan	13.09	25.29	27.52	6	102.12	125.45	162.26	5
广　东	Guangdong	5.53	23.16	26.30	8	111.42	139.55	133.61	9
广　西	Guangxi	13.00	28.82	27.43	7	130.93	113.05	142.23	6
海　南	Hainan	1.31	3.11	2.56	27	5.56	-2.69	0.02	31
重　庆	Chongqing	1.66	3.74	4.08	25	24.97	50.21	61.13	18
四　川	Sichuan	15.67	23.13	20.16	13	123.99	151.99	140.04	7
贵　州	Guizhou	0.55	2.20	2.60	26	3.50	10.55	13.46	23
云　南	Yunnan	4.26	11.58	10.53	17	30.70	4.64	20.01	21
西　藏	Tibet	0.01	0.02	0.04	31	0.19	0.17	0.36	30
陕　西	Shaanxi	3.46	7.77	7.63	20	32.19	61.30	71.55	17
甘　肃	Gansu	2.49	5.32	5.43	21	9.44	14.84	6.33	26
青　海	Qinghai	0.15	0.68	0.69	30	2.12	1.72	1.59	29
宁　夏	Ningxia	0.86	2.16	2.34	28	1.32	5.14	4.74	28
新　疆	Xinjiang	3.99	7.09	5.40	22	12.53	32.61	45.53	19

11-114 农副食品加工业资产总计和负债合计

Total Assets and Liabilities of Processing of Food from Agricultural Products

单位：亿元 (100 million yuan)

地区	Region	资产总计 Total Assets 2015	2015排名 Ranking	负债合计 Total Liabilities 2015	2015排名 Ranking
全国	**National Total**	**32888.25**		**16637.94**	
北京	Beijing	428.11	22	241.73	21
天津	Tianjin	709.57	17	520.40	12
河北	Hebei	1239.20	10	629.43	11
山西	Shanxi	258.00	26	126.90	26
内蒙古	Inner Mongolia	696.58	18	309.26	19
辽宁	Liaoning	1677.04	6	911.83	5
吉林	Jilin	1208.98	11	665.49	10
黑龙江	Heilongjiang	1499.03	7	900.70	6
上海	Shanghai	263.44	25	135.12	25
江苏	Jiangsu	1713.83	4	885.13	7
浙江	Zhejiang	799.91	15	499.09	15
安徽	Anhui	1105.70	12	507.67	13
福建	Fujian	1360.03	9	764.01	8
江西	Jiangxi	716.57	16	317.96	18
山东	Shandong	5876.39	1	2714.11	1
河南	Henan	3307.10	2	1084.80	3
湖北	Hubei	1711.59	5	692.44	9
湖南	Hunan	1075.21	13	403.59	16
广东	Guangdong	2039.54	3	1379.62	2
广西	Guangxi	1479.92	8	932.02	4
海南	Hainan	149.06	28	124.30	27
重庆	Chongqing	342.17	24	139.56	24
四川	Sichuan	1012.05	14	501.33	14
贵州	Guizhou	149.93	27	74.05	28
云南	Yunnan	540.06	19	350.38	17
西藏	Tibet	5.67	31	2.24	31
陕西	Shaanxi	451.66	20	226.36	22
甘肃	Gansu	422.95	23	218.98	23
青海	Qinghai	88.01	30	45.24	30
宁夏	Ningxia	120.96	29	59.64	29
新疆	Xinjiang	440.00	21	274.55	20

11-115 食品制造业工业销售产值和主营业务收入

Sales Value and Revenue from Principal Businesses of Manufacture of Foods

单位：亿元 (100 million yuan)

地区	Region	工业销售产值(当年价格) Sales Value (current prices)				主营业务收入 Revenue from Principal Businesses			
		2010	2014	2015	2015排名 Ranking	2010	2014	2015	2015排名 Ranking
全 国	**National Total**	**11049.45**	**19914.00**	**21871.59**		**11133.50**	**20399.89**	**21957.58**	
北 京	Beijing	189.05	276.46	281.77	21	245.69	466.40	500.83	16
天 津	Tianjin	328.69	1299.45	1347.53	4	331.54	1259.50	1300.77	4
河 北	Hebei	413.41	918.84	1022.72	7	439.29	945.54	1030.70	7
山 西	Shanxi	76.66	132.24	117.97	27	74.84	126.57	101.94	27
内蒙古	Inner Mongolia	614.57	612.89	680.96	11	612.35	887.17	922.50	11
辽 宁	Liaoning	471.92	679.57	441.95	19	478.29	670.75	424.10	18
吉 林	Jilin	202.86	385.12	460.30	18	205.59	354.50	408.16	19
黑龙江	Heilongjiang	414.58	552.78	649.73	13	409.42	538.44	535.68	15
上 海	Shanghai	437.28	621.67	598.65	14	484.58	719.38	706.29	12
江 苏	Jiangsu	405.48	849.06	946.01	10	414.24	861.53	944.87	8
浙 江	Zhejiang	381.39	524.94	534.74	16	382.93	559.95	264.10	21
安 徽	Anhui	214.58	578.76	661.64	12	230.24	564.91	627.89	13
福 建	Fujian	541.24	1088.21	1258.45	5	535.02	1076.53	1250.96	5
江 西	Jiangxi	241.54	474.93	536.63	15	241.57	499.53	550.68	14
山 东	Shandong	1854.51	2479.47	2637.18	2	1843.02	2502.04	2620.73	2
河 南	Henan	1177.84	2330.26	2803.26	1	1131.84	2320.67	2772.49	1
湖 北	Hubei	373.76	949.86	1172.91	6	378.52	943.54	1153.13	6
湖 南	Hunan	429.74	883.68	1020.43	8	425.20	856.88	941.98	9
广 东	Guangdong	1073.96	1639.43	1751.52	3	1074.73	1671.28	1775.40	3
广 西	Guangxi	117.16	315.42	363.58	20	116.13	309.45	353.87	20
海 南	Hainan	37.92	44.21	43.71	29	38.33	45.10	44.81	29
重 庆	Chongqing	99.32	191.32	232.13	22	110.34	199.77	241.24	22
四 川	Sichuan	436.56	876.21	971.35	9	428.73	868.44	940.98	10
贵 州	Guizhou	55.00	124.48	157.05	25	54.94	118.51	150.60	25
云 南	Yunnan	65.18	184.27	201.29	24	64.97	182.33	200.70	24
西 藏	Tibet	0.87	5.55	5.92	31	0.92	5.69	5.90	31
陕 西	Shaanxi	192.25	411.45	487.94	17	184.68	386.94	445.04	17
甘 肃	Gansu	40.82	110.07	77.90	28	34.46	105.97	66.52	28
青 海	Qinghai	18.04	24.81	32.68	30	17.66	15.48	18.90	30
宁 夏	Ningxia	45.72	141.57	154.76	26	43.88	130.09	137.42	26
新 疆	Xinjiang	97.57	207.01	218.92	23	99.59	207.02	218.41	23

11-116 食品制造业主营业务成本和利润总额
Cost of Principal Businesses and Total Profit of Manufacture of Foods

单位：亿元 (100 million yuan)

地区	Region	主营业务成本 Cost of Principal Business 2010	2014	2015	2015排名 Ranking	利润总额 Total Profit 2010	2014	2015	2015排名 Ranking
全　国	**National Total**	**8760.31**	**16293.88**	**17453.11**		**1015.45**	**1744.68**	**1876.57**	
北　京	Beijing	172.03	307.21	325.32	20	8.86	17.10	24.26	20
天　津	Tianjin	257.52	929.28	889.28	6	50.15	196.03	210.59	3
河　北	Hebei	351.66	768.71	841.89	7	30.04	78.79	77.30	7
山　西	Shanxi	62.30	102.90	83.06	27	6.68	8.78	2.70	29
内蒙古	Inner Mongolia	481.04	716.35	730.94	10	80.61	80.47	89.05	6
辽　宁	Liaoning	411.07	580.93	359.91	17	44.78	39.10	31.63	18
吉　林	Jilin	169.16	304.84	351.00	18	11.59	19.66	22.88	21
黑龙江	Heilongjiang	302.36	415.81	423.92	16	38.39	51.87	41.43	16
上　海	Shanghai	329.76	476.18	459.55	14	32.22	39.23	44.26	15
江　苏	Jiangsu	336.55	660.29	713.93	11	27.25	65.54	70.87	9
浙　江	Zhejiang	295.43	444.30	443.22	15	29.99	51.60	46.88	11
安　徽	Anhui	189.81	478.55	537.97	12	18.08	30.44	32.43	17
福　建	Fujian	436.33	888.16	1037.13	4	41.62	84.33	99.23	5
江　西	Jiangxi	193.16	420.27	462.77	13	17.94	44.47	45.16	13
山　东	Shandong	1537.74	2146.67	2234.11	2	144.46	181.07	190.88	4
河　南	Henan	915.88	1971.64	2362.34	1	138.33	224.35	259.01	1
湖　北	Hubei	305.61	778.92	957.84	5	32.97	59.80	71.10	8
湖　南	Hunan	340.42	714.34	782.15	8	34.09	47.36	46.03	12
广　东	Guangdong	714.42	1123.40	1211.48	3	136.65	226.31	233.69	2
广　西	Guangxi	90.52	248.74	277.84	21	12.41	21.97	26.91	19
海　南	Hainan	24.05	29.48	29.36	29	4.71	3.89	4.02	28
重　庆	Chongqing	87.29	159.83	192.61	22	9.79	15.62	19.91	22
四　川	Sichuan	355.99	708.81	766.71	9	27.93	63.22	67.37	10
贵　州	Guizhou	41.96	91.53	116.68	25	8.89	16.55	18.75	24
云　南	Yunnan	50.68	144.06	156.93	24	4.70	13.77	16.25	25
西　藏	Tibet	0.74	3.74	4.55	31	0.03	1.98	0.95	31
陕　西	Shaanxi	147.74	310.66	349.75	19	13.32	36.65	44.56	14
甘　肃	Gansu	27.76	87.85	52.11	28	0.77	5.31	6.08	27
青　海	Qinghai	15.67	12.22	14.89	30	1.30	0.55	1.41	30
宁　夏	Ningxia	36.08	106.87	108.90	26	3.47	5.84	11.68	26
新　疆	Xinjiang	79.60	161.36	174.97	23	3.43	13.03	19.29	23

11-117 食品制造业销售费用和管理费用
Sales Expenses and Administrative Expenses of Manufacture of Foods

单位：亿元 (100 million yuan)

地区	Region	销售费用 Sales Expenses 2014	销售费用 Sales Expenses 2015	2015排名 Ranking	管理费用 Administrative Expenses 2010	2014	2015	2015排名 Ranking
全　国	**National Total**	**1439.57**	**1575.42**		**446.05**	**740.56**	**819.41**	
北　京	Beijing	112.12	124.21	4	19.21	26.04	26.77	14
天　津	Tianjin	93.90	135.74	3	13.65	22.88	38.93	9
河　北	Hebei	69.75	78.42	8	11.58	24.56	27.32	13
山　西	Shanxi	7.70	6.43	28	4.22	5.39	4.86	27
内蒙古	Inner Mongolia	67.07	83.86	7	19.49	29.95	27.84	12
辽　宁	Liaoning	23.69	15.17	23	16.59	20.13	14.88	20
吉　林	Jilin	16.19	18.88	20	11.09	18.78	21.18	17
黑龙江	Heilongjiang	53.82	53.10	13	13.53	16.81	15.92	19
上　海	Shanghai	155.73	153.12	2	27.15	53.78	50.43	4
江　苏	Jiangsu	94.19	110.38	5	15.57	39.32	45.75	6
浙　江	Zhejiang	37.39	40.11	15	16.94	28.37	32.38	11
安　徽	Anhui	29.81	29.87	16	7.67	20.04	21.63	15
福　建	Fujian	51.71	58.35	11	19.65	40.66	44.89	7
江　西	Jiangxi	17.99	19.51	19	8.46	13.83	14.57	21
山　东	Shandong	73.97	86.90	6	61.28	62.10	71.89	2
河　南	Henan	60.07	71.97	9	22.47	38.89	47.50	5
湖　北	Hubei	50.50	59.15	10	18.66	49.78	54.38	3
湖　南	Hunan	38.42	42.89	14	22.47	35.47	41.40	8
广　东	Guangdong	222.27	208.30	1	59.43	87.45	94.28	1
广　西	Guangxi	18.49	21.55	18	7.22	18.11	21.37	16
海　南	Hainan	11.05	10.61	25	1.68	1.72	1.88	29
重　庆	Chongqing	13.51	15.40	22	4.11	8.06	9.85	22
四　川	Sichuan	50.99	53.76	12	20.84	34.44	37.07	10
贵　州	Guizhou	4.49	7.04	27	2.13	3.79	5.65	26
云　南	Yunnan	14.39	16.50	21	2.66	6.90	8.11	24
西　藏	Tibet	0.37	0.51	31	0.05	0.17	0.24	31
陕　西	Shaanxi	20.99	23.49	17	8.88	14.39	19.09	18
甘　肃	Gansu	5.85	4.15	29	1.43	4.83	2.79	28
青　海	Qinghai	1.05	1.15	30	1.39	1.56	1.26	30
宁　夏	Ningxia	10.18	10.30	26	2.11	5.01	6.10	25
新　疆	Xinjiang	11.90	14.57	24	4.45	7.36	9.21	23

11-118 食品制造业财务费用和营业利润
Financial Expenses and Operating Profit of Manufacture of Foods

单位：亿元 (100 million yuan)

地区	Region	财务费用 Financial Expenses 2010	2014	2015	2015排名 Ranking	营业利润 Operating Profit 2010	2014	2015	2015排名 Ranking
全 国	**National Total**	**83.64**	**141.00**	**152.89**		**1053.99**	**1716.24**	**1843.67**	
北 京	Beijing	1.41	1.95	1.45	25	7.40	16.01	22.46	20
天 津	Tianjin	1.57	-1.86	-1.79	31	49.39	192.44	209.08	3
河 北	Hebei	2.36	5.59	5.03	11	36.63	73.88	74.30	7
山 西	Shanxi	0.79	2.22	1.80	24	7.03	8.26	5.77	27
内蒙古	Inner Mongolia	2.51	1.39	3.59	15	86.34	82.98	87.93	6
辽 宁	Liaoning	2.57	3.80	3.30	17	45.41	37.29	30.82	18
吉 林	Jilin	2.66	7.10	8.43	7	11.84	20.36	22.21	21
黑龙江	Heilongjiang	2.02	2.16	2.56	20	43.60	51.01	38.37	16
上 海	Shanghai	1.49	1.92	3.16	18	31.54	34.97	43.25	15
江 苏	Jiangsu	2.57	7.48	7.48	8	29.44	63.19	68.38	9
浙 江	Zhejiang	3.99	6.05	6.07	9	27.85	48.82	44.55	14
安 徽	Anhui	1.67	4.05	4.39	13	19.63	29.14	32.49	17
福 建	Fujian	4.38	9.16	8.83	5	45.39	82.84	97.42	5
江 西	Jiangxi	1.69	2.65	2.76	19	18.29	45.03	45.06	12
山 东	Shandong	18.28	23.04	23.17	1	146.09	174.60	185.72	4
河 南	Henan	10.91	15.78	19.84	2	138.01	224.04	257.90	1
湖 北	Hubei	3.78	8.95	9.10	4	36.66	60.52	70.23	8
湖 南	Hunan	3.03	7.86	9.37	3	35.77	47.97	46.61	11
广 东	Guangdong	2.50	2.57	5.20	10	138.33	223.75	232.11	2
广 西	Guangxi	1.37	3.14	3.64	14	12.02	21.27	25.76	19
海 南	Hainan	-0.04	-0.15	-0.20	30	4.69	3.87	3.88	29
重 庆	Chongqing	0.74	2.21	2.01	23	10.19	15.34	19.19	22
四 川	Sichuan	4.07	8.52	8.65	6	28.88	62.57	66.64	10
贵 州	Guizhou	0.57	0.81	1.21	27	8.54	16.67	18.62	23
云 南	Yunnan	0.83	3.28	3.31	16	4.52	13.36	15.18	25
西 藏	Tibet	0.01	0.01	0.02	29	0.03	1.37	0.55	31
陕 西	Shaanxi	1.04	1.16	2.09	21	22.13	36.45	44.82	13
甘 肃	Gansu	1.19	2.38	1.29	26	0.34	4.97	5.59	28
青 海	Qinghai	0.11	0.16	0.23	28	2.04	0.29	1.18	30
宁 夏	Ningxia	0.66	2.28	2.05	22	2.93	5.11	10.65	26
新 疆	Xinjiang	2.91	5.34	4.84	12	3.03	17.85	16.95	24

11-119 食品制造业资产总计和负债总计
Total Assets and Liabilities of Food Manufacturing Industry

单位：亿元 (100 million yuan)

地区	Region	资产总计 Total Assets 2015	2015排名 Ranking	负债合计 Total Liabilities 2015	2015排名 Ranking
全　国	**National Total**	**14677.48**		**6570.94**	
北　京	Beijing	408.75	15	224.37	11
天　津	Tianjin	544.91	11	238.34	10
河　北	Hebei	632.54	8	244.06	9
山　西	Shanxi	117.33	26	61.22	26
内蒙古	Inner Mongolia	907.30	4	477.93	4
辽　宁	Liaoning	385.30	16	204.33	15
吉　林	Jilin	284.23	19	129.57	19
黑龙江	Heilongjiang	429.01	13	170.97	16
上　海	Shanghai	689.57	6	411.55	5
江　苏	Jiangsu	709.93	5	334.53	6
浙　江	Zhejiang	626.38	9	295.65	7
安　徽	Anhui	309.72	18	151.86	18
福　建	Fujian	674.66	7	284.53	8
江　西	Jiangxi	264.23	20	86.61	23
山　东	Shandong	1596.78	2	673.49	1
河　南	Henan	1656.82	1	594.21	2
湖　北	Hubei	550.76	10	223.77	12
湖　南	Hunan	423.04	14	160.43	17
广　东	Guangdong	1342.13	3	589.95	3
广　西	Guangxi	253.86	21	114.52	20
海　南	Hainan	47.14	29	23.11	29
重　庆	Chongqing	149.20	25	69.44	25
四　川	Sichuan	521.29	12	205.60	14
贵　州	Guizhou	87.33	28	45.62	28
云　南	Yunnan	178.67	24	86.31	24
西　藏	Tibet	9.21	31	1.86	31
陕　西	Shaanxi	232.35	22	91.33	22
甘　肃	Gansu	95.19	27	47.82	27
青　海	Qinghai	44.45	30	17.58	30
宁　夏	Ningxia	181.96	23	103.17	21
新　疆	Xinjiang	323.43	17	207.23	13

11-120 酒、饮料和精制茶制造业工业销售产值和主营业务收入

Sales Value and Revenue from Principal Business of Manufacture of Liquor, Beverages and Refined Tea

单位：亿元 (100 million yuan)

地区	Region	工业销售产值(当年价格) Sales Value（current prices）				主营业务收入 Revenue from Principal Business			
		2010	2014	2015	2015排名 Ranking	2010	2014	2015	2015排名 Ranking
全　国	**National Total**	**8915.26**	**16372.18**	**17626.59**		**9165.70**	**16369.97**	**17373.35**	
北　京	Beijing	161.48	193.98	183.40	22	185.47	208.52	194.81	23
天　津	Tianjin	101.91	176.53	159.53	23	113.81	187.70	168.20	24
河　北	Hebei	264.84	486.21	492.55	13	257.35	475.58	493.29	12
山　西	Shanxi	87.23	120.19	114.84	26	109.64	196.12	200.16	21
内蒙古	Inner Mongolia	184.01	303.78	289.94	19	182.71	301.44	282.79	19
辽　宁	Liaoning	339.18	479.12	338.02	16	329.35	464.04	323.40	16
吉　林	Jilin	280.83	494.27	546.48	11	267.66	483.68	534.69	11
黑龙江	Heilongjiang	189.43	319.97	315.46	17	194.53	319.26	319.99	18
上　海	Shanghai	159.76	108.88	108.74	27	170.59	131.63	135.52	25
江　苏	Jiangsu	594.71	986.49	1080.26	6	584.19	970.43	1068.28	5
浙　江	Zhejiang	417.35	470.28	452.01	15	480.23	463.05	451.39	14
安　徽	Anhui	284.52	602.61	654.62	10	280.18	577.26	618.77	10
福　建	Fujian	368.82	761.91	854.28	7	367.04	813.71	894.65	7
江　西	Jiangxi	125.76	297.26	305.63	18	129.65	315.25	320.47	17
山　东	Shandong	925.94	1387.60	1457.08	4	991.36	1431.57	1504.47	3
河　南	Henan	668.63	1395.07	1530.25	3	672.84	1394.20	1480.15	4
湖　北	Hubei	553.44	1480.60	1685.20	2	549.84	1411.95	1634.74	2
湖　南	Hunan	293.77	613.65	663.48	9	289.38	553.23	640.18	9
广　东	Guangdong	635.80	1064.09	1112.79	5	639.98	1048.90	1062.76	6
广　西	Guangxi	185.81	406.12	482.55	14	179.05	374.34	446.10	15
海　南	Hainan	16.31	22.17	19.03	31	19.62	24.07	20.57	31
重　庆	Chongqing	104.70	164.99	191.44	21	104.71	171.23	195.62	22
四　川	Sichuan	1287.44	2380.19	2592.07	1	1413.32	2463.45	2597.99	1
贵　州	Guizhou	192.01	629.14	831.87	8	184.25	628.88	739.75	8
云　南	Yunnan	90.60	222.56	249.74	20	92.10	224.32	248.06	20
西　藏	Tibet	9.98	16.96	22.29	30	9.37	17.00	21.42	30
陕　西	Shaanxi	222.12	447.06	532.14	12	199.23	434.58	483.32	13
甘　肃	Gansu	73.61	160.19	145.05	24	73.06	119.11	104.64	27
青　海	Qinghai	16.24	37.76	46.51	28	15.76	29.57	32.24	29
宁　夏	Ningxia	17.08	31.35	40.26	29	15.84	27.84	32.32	28
新　疆	Xinjiang	61.96	111.20	129.08	25	63.56	108.08	122.66	26

11-121 酒、饮料和精制茶制造业主营业务成本和利润总额

Cost of Principal Business and Total Profit of Manufacture of Liquor, Beverages and Refined Tea

单位：亿元 (100 million yuan)

地区	Region	主营业务成本 Cost of Principal Business 2010	2014	2015	2015排名 Ranking	利润总额 Total Profit 2010	2014	2015	2015排名 Ranking
全 国	**National Total**	**6669.36**	**12164.42**	**13006.73**		**991.33**	**1670.75**	**1779.65**	
北 京	Beijing	126.77	152.67	138.21	23	14.32	7.98	6.84	25
天 津	Tianjin	85.82	152.61	133.96	24	4.83	-0.69	2.53	30
河 北	Hebei	191.59	354.08	361.61	11	23.72	51.51	62.84	11
山 西	Shanxi	72.70	146.63	152.91	21	12.12	8.89	9.35	24
内蒙古	Inner Mongolia	135.03	221.14	204.96	19	17.34	23.57	21.65	20
辽 宁	Liaoning	263.48	380.04	254.99	17	32.13	36.76	26.75	16
吉 林	Jilin	218.64	397.09	440.55	9	10.63	20.76	23.00	18
黑龙江	Heilongjiang	153.17	255.51	257.57	16	15.62	16.70	21.89	19
上 海	Shanghai	91.98	88.50	86.96	25	7.49	9.02	16.23	22
江 苏	Jiangsu	429.05	707.00	774.28	5	60.25	146.75	160.22	3
浙 江	Zhejiang	366.35	338.99	328.81	14	35.55	46.14	38.59	13
安 徽	Anhui	192.04	406.14	428.18	10	35.00	62.27	71.05	9
福 建	Fujian	271.87	624.17	697.72	7	42.12	72.07	81.81	8
江 西	Jiangxi	91.64	263.61	254.37	18	13.99	26.32	30.27	15
山 东	Shandong	756.14	1146.27	1207.64	4	95.92	123.46	135.79	4
河 南	Henan	533.53	1145.39	1238.63	3	79.01	128.81	117.58	5
湖 北	Hubei	392.18	1049.19	1311.18	2	53.61	103.10	114.08	6
湖 南	Hunan	228.22	438.55	511.34	8	27.13	28.94	37.43	14
广 东	Guangdong	467.55	709.45	726.28	6	40.77	85.67	92.04	7
广 西	Guangxi	127.58	283.65	331.94	13	28.03	40.50	54.50	12
海 南	Hainan	12.83	18.63	14.95	30	3.14	0.59	0.12	31
重 庆	Chongqing	75.05	125.66	145.21	22	9.31	13.98	15.91	23
四 川	Sichuan	1007.07	1852.27	1952.32	1	189.12	228.53	246.05	2
贵 州	Guizhou	49.78	236.81	301.02	15	91.24	261.58	279.72	1
云 南	Yunnan	64.48	157.69	185.00	20	11.93	31.65	25.45	17
西 藏	Tibet	5.58	9.92	12.62	31	1.89	5.83	5.33	26
陕 西	Shaanxi	144.82	301.58	350.45	12	17.40	60.58	67.63	10
甘 肃	Gansu	51.48	90.95	76.72	27	4.98	5.47	4.85	27
青 海	Qinghai	10.71	20.62	23.34	28	-0.77	2.94	4.77	28
宁 夏	Ningxia	11.00	16.86	20.82	29	2.08	4.03	3.79	29
新 疆	Xinjiang	41.24	72.73	82.18	26	11.44	17.03	21.25	21

11-122 酒、饮料和精制茶制造业销售费用和管理费用

Sales Expenses and Administrative Expenses of Manufacture of Liquor, Beverages and Refined Tea

单位：亿元 (100 million yuan)

地区	Region	销售费用 Sales Expenses			管理费用 Administrative Expenses			
		2014	2015	2015排名 Ranking	2010	2014	2015	2015排名 Ranking
全 国	**National Total**	**1283.99**	**1292.13**		**444.21**	**730.41**	**765.92**	
北 京	Beijing	36.23	31.56	13	11.44	13.29	14.05	17
天 津	Tianjin	24.17	22.81	17	5.40	7.22	7.86	25
河 北	Hebei	37.16	38.36	11	10.01	16.14	17.60	15
山 西	Shanxi	18.27	15.67	22	7.37	11.28	11.44	20
内蒙古	Inner Mongolia	10.18	9.43	27	6.66	12.07	10.95	21
辽 宁	Liaoning	19.77	15.88	21	14.81	13.93	12.61	18
吉 林	Jilin	21.63	25.20	15	14.78	22.73	26.30	11
黑龙江	Heilongjiang	18.79	18.58	19	8.89	15.56	15.24	16
上 海	Shanghai	22.84	23.89	16	18.34	8.82	9.68	24
江 苏	Jiangsu	55.41	60.92	6	19.70	40.27	47.62	5
浙 江	Zhejiang	61.98	58.95	7	17.84	19.95	20.49	14
安 徽	Anhui	50.55	51.81	9	14.52	27.75	29.31	10
福 建	Fujian	66.38	63.08	5	20.80	39.91	42.31	6
江 西	Jiangxi	16.44	14.63	24	5.42	9.32	9.71	23
山 东	Shandong	91.72	95.41	4	35.97	39.49	42.01	7
河 南	Henan	49.96	52.01	8	15.38	32.72	35.50	8
湖 北	Hubei	122.99	121.17	3	25.44	78.65	71.92	2
湖 南	Hunan	32.46	32.85	12	17.32	24.60	30.44	9
广 东	Guangdong	199.94	209.13	1	28.22	46.44	48.97	4
广 西	Guangxi	19.92	21.45	18	12.56	25.36	25.31	12
海 南	Hainan	2.35	2.72	29	2.61	2.26	2.17	28
重 庆	Chongqing	14.74	14.90	23	6.11	10.14	10.43	22
四 川	Sichuan	174.97	174.88	2	79.78	111.65	113.68	1
贵 州	Guizhou	37.77	40.98	10	18.48	53.04	61.01	3
云 南	Yunnan	17.14	18.16	20	5.22	10.39	12.49	19
西 藏	Tibet	1.05	2.02	31	0.60	0.94	1.46	31
陕 西	Shaanxi	32.80	29.85	14	12.32	23.43	21.50	13
甘 肃	Gansu	9.95	9.98	26	2.72	5.07	5.09	26
青 海	Qinghai	3.70	2.44	30	1.84	1.75	1.91	30
宁 夏	Ningxia	3.34	3.26	28	0.87	1.97	2.02	29
新 疆	Xinjiang	9.38	10.13	25	2.79	4.24	4.93	27

11-123 酒、饮料和精制茶制造业财务费用和营业利润

Financial Expenses and Operating Profit of Manufacture of Liquor, Beverages and Refined Tea

单位：亿元 (100 million yuan)

地区	Region	财务费用 Financial Expenses				营业利润 Operating Profit			
		2010	2014	2015	2015排名 Ranking	2010	2014	2015	2015排名 Ranking
全　国	**National Total**	**66.19**	**127.18**	**140.12**		**1018.43**	**1670.03**	**1782.00**	
北　京	Beijing	1.76	0.65	0.26	28	12.42	7.44	6.08	25
天　津	Tianjin	0.35	0.64	1.47	24	4.34	-0.89	2.37	30
河　北	Hebei	1.97	5.43	5.03	9	22.97	50.35	62.32	11
山　西	Shanxi	1.46	1.79	1.59	23	12.30	9.15	9.23	24
内蒙古	Inner Mongolia	2.21	3.33	3.03	18	32.69	31.63	30.08	15
辽　宁	Liaoning	1.39	2.47	3.31	17	32.30	37.31	26.61	17
吉　林	Jilin	3.09	4.71	5.65	6	10.90	22.63	24.72	18
黑龙江	Heilongjiang	1.50	2.71	2.56	20	15.56	15.93	16.95	21
上　海	Shanghai	0.32	0.39	0.41	27	7.24	8.95	15.78	23
江　苏	Jiangsu	2.81	6.56	10.24	4	65.30	144.47	159.38	3
浙　江	Zhejiang	3.97	5.29	5.23	8	34.13	43.49	34.82	14
安　徽	Anhui	1.63	3.82	4.65	11	34.44	60.26	68.46	9
福　建	Fujian	1.83	3.43	4.02	14	42.21	72.11	77.25	8
江　西	Jiangxi	0.79	1.90	2.48	21	13.86	25.30	29.16	16
山　东	Shandong	6.82	10.55	10.14	5	95.84	120.79	132.25	4
河　南	Henan	7.40	17.16	17.08	1	78.56	128.22	116.60	5
湖　北	Hubei	4.78	14.66	14.37	3	69.35	103.37	112.52	6
湖　南	Hunan	2.06	5.08	5.51	7	28.28	30.51	39.16	13
广　东	Guangdong	3.21	3.83	4.78	10	38.28	82.74	91.72	7
广　西	Guangxi	1.37	3.15	3.88	15	27.67	43.20	53.54	12
海　南	Hainan	0.07	-0.09	-0.07	31	3.50	0.44	-0.05	31
重　庆	Chongqing	1.02	1.67	2.43	22	9.29	13.98	15.93	22
四　川	Sichuan	8.50	13.24	15.10	2	190.26	231.62	249.47	2
贵　州	Guizhou	-0.74	3.26	4.43	12	91.08	264.57	279.89	1
云　南	Yunnan	1.84	4.10	4.29	13	12.09	30.97	23.56	19
西　藏	Tibet	0.05	-0.22	0.02	29	1.69	4.89	5.06	26
陕　西	Shaanxi	1.84	3.45	3.74	16	17.78	59.22	65.96	10
甘　肃	Gansu	1.46	2.66	2.69	19	4.79	4.56	4.34	28
青　海	Qinghai	0.05	-0.06	-0.02	30	-0.82	3.02	4.74	27
宁　夏	Ningxia	0.38	0.68	0.95	25	1.86	3.65	3.28	29
新　疆	Xinjiang	0.98	0.96	0.87	26	8.26	16.15	20.78	20

11-124 酒、饮料和精制茶制造业利润总额和应交增值税

Total Assets and Liabilities of Manufacture of Liquor, Beverages and Refined Tea

单位：亿元 (100 million yuan)

地区	Region	资产总计 Total Assets		负债合计 Total Liabilities	
		2015	2015排名 Ranking	2015	2015排名 Ranking
全　国	**National Total**	**15599.80**		**7054.92**	
北　京	Beijing	416.24	12	164.07	16
天　津	Tianjin	154.93	25	96.67	23
河　北	Hebei	492.03	11	251.39	10
山　西	Shanxi	223.08	22	105.27	22
内蒙古	Inner Mongolia	257.23	21	139.64	18
辽　宁	Liaoning	267.80	20	124.57	21
吉　林	Jilin	353.05	14	173.61	14
黑龙江	Heilongjiang	301.92	17	165.15	15
上　海	Shanghai	130.21	27	63.53	27
江　苏	Jiangsu	1110.66	5	559.96	3
浙　江	Zhejiang	568.63	9	283.63	8
安　徽	Anhui	576.91	8	262.04	9
福　建	Fujian	516.29	10	202.19	11
江　西	Jiangxi	289.28	18	159.03	17
山　东	Shandong	1091.37	6	436.83	6
河　南	Henan	1197.31	3	488.51	4
湖　北	Hubei	1129.17	4	673.02	2
湖　南	Hunan	333.73	15	134.56	19
广　东	Guangdong	807.35	7	441.17	5
广　西	Guangxi	276.61	19	129.16	20
海　南	Hainan	34.75	31	19.75	31
重　庆	Chongqing	151.35	26	82.33	26
四　川	Sichuan	2214.72	1	860.75	1
贵　州	Guizhou	1475.36	2	384.38	7
云　南	Yunnan	328.65	16	174.64	13
西　藏	Tibet	69.26	29	35.34	29
陕　西	Shaanxi	367.35	13	184.36	12
甘　肃	Gansu	167.03	23	96.57	24
青　海	Qinghai	65.85	30	30.51	30
宁　夏	Ningxia	76.13	28	48.00	28
新　疆	Xinjiang	155.55	24	84.29	25

11-125 烟草制品业工业销售产值和主营业务收入

Sales Value and Revenue from Principal Business of Tobacco Manufacturing Industry

单位：亿元 (100 million yuan)

地 区	Region	工业销售产值（当年价格）Sales Value (current prices)				主营业务收入 Revenue from Principal Business			
		2010	2014	2015	2015排名 Ranking	2010	2014	2015	2015排名 Ranking
全 国	**National Total**	**5846.40**	**9116.64**	**9620.49**		**5628.19**	**8962.65**	**9340.79**	
北 京	Beijing	36.86	48.91	50.13	24	36.56	48.92	50.16	25
天 津	Tianjin	26.61	51.06	52.01	23	26.61	51.06	52.01	24
河 北	Hebei	116.45	180.00	176.17	17	113.54	170.21	170.93	17
山 西	Shanxi	26.06	43.19	47.61	26	26.36	43.71	47.53	27
内蒙古	Inner Mongolia	50.41	92.32	44.49	27	49.96	90.44	98.12	22
辽 宁	Liaoning	50.98	78.97	86.16	22	50.91	78.27	86.07	23
吉 林	Jilin	96.14	155.43	150.74	20	88.77	153.26	149.37	19
黑龙江	Heilongjiang	63.64	105.47	104.31	21	63.34	105.39	104.21	21
上 海	Shanghai	539.69	934.58	1001.53	2	538.16	932.03	999.37	2
江 苏	Jiangsu	345.17	517.51	550.67	6	345.16	572.94	546.71	5
浙 江	Zhejiang	280.69	422.20	470.12	7	279.33	420.59	453.03	7
安 徽	Anhui	225.41	341.87	347.01	11	225.04	341.47	346.24	10
福 建	Fujian	164.43	249.11	254.44	12	167.77	248.77	254.59	12
江 西	Jiangxi	94.12	178.65	197.56	16	94.00	178.63	197.41	16
山 东	Shandong	355.69	334.74	454.09	9	259.14	334.90	324.75	11
河 南	Henan	281.22	458.63	467.48	8	280.93	457.89	468.38	6
湖 北	Hubei	360.60	573.62	610.48	4	359.47	559.04	592.38	4
湖 南	Hunan	526.12	818.87	874.91	3	520.78	816.49	873.00	3
广 东	Guangdong	376.97	549.60	563.61	5	312.16	424.94	434.68	8
广 西	Guangxi	118.69	214.53	224.33	14	118.99	214.16	223.77	14
海 南	Hainan	13.43	26.82	29.72	28	13.43	26.82	29.72	28
重 庆	Chongqing	99.83	163.17	156.41	19	97.56	151.79	144.92	20
四 川	Sichuan	171.95	275.01	252.30	13	171.16	265.09	227.76	13
贵 州	Guizhou	206.76	359.82	374.61	10	212.11	359.53	375.28	9
云 南	Yunnan	990.79	1515.43	1637.65	1	949.58	1490.77	1649.40	1
西 藏	Tibet								
陕 西	Shaanxi	121.24	215.52	216.14	15	120.59	213.92	214.97	15
甘 肃	Gansu	78.14	154.18	161.10	18	78.47	154.15	161.15	18
青 海	Qinghai								
宁 夏	Ningxia	4.69	14.49	17.03	29	4.69	14.50	17.18	29
新 疆	Xinjiang	23.60	42.95	47.69	25	23.60	42.95	47.69	26

11-126 烟草制品业主营业务成本和利润总额
Cost, Tax and Total Profit of Tobacco Manufacturing Industry

单位：亿元 (100 million yuan)

地区	Region	主营业务成本 Cost of Principal Business				利润总额 Total Profit			
		2010	2014	2015	2015排名 Ranking	2010	2014	2015	2015排名 Ranking
全　国	**National Total**	**1737.77**	**2394.77**	**2542.90**		**734.00**	**1221.09**	**1199.60**	
北　京	Beijing	13.02	15.99	16.17	26	3.40	3.86	3.95	25
天　津	Tianjin	10.87	17.73	18.05	24	1.91	7.20	6.60	22
河　北	Hebei	42.44	60.28	62.14	17	11.06	14.74	10.88	18
山　西	Shanxi	10.09	14.38	16.07	27	2.89	7.50	7.32	21
内蒙古	Inner Mongolia	16.98	28.19	31.31	22	5.47	9.73	10.22	19
辽　宁	Liaoning	18.16	24.12	27.73	23	3.44	3.51	2.97	27
吉　林	Jilin	33.08	51.13	52.56	19	6.92	17.13	12.86	17
黑龙江	Heilongjiang	26.71	42.90	47.05	20	9.41	10.34	8.03	20
上　海	Shanghai	68.14	99.77	106.14	9	141.76	231.91	246.49	2
江　苏	Jiangsu	78.36	182.25	112.33	7	65.15	92.22	91.35	4
浙　江	Zhejiang	58.45	80.86	92.36	11	19.44	37.58	38.08	9
安　徽	Anhui	72.69	102.59	106.04	10	25.53	30.76	21.93	13
福　建	Fujian	52.84	73.32	76.74	14	16.69	23.67	19.19	14
江　西	Jiangxi	33.37	56.14	66.55	16	8.65	30.16	27.19	11
山　东	Shandong	96.64	117.76	117.70	6	20.73	37.45	32.62	10
河　南	Henan	110.06	135.24	146.84	3	27.36	79.03	71.60	6
湖　北	Hubei	104.64	117.60	117.97	5	18.89	67.80	73.83	5
湖　南	Hunan	202.29	157.58	171.76	2	68.47	117.30	108.21	3
广　东	Guangdong	97.90	135.57	131.29	4	47.21	46.34	46.59	7
广　西	Guangxi	42.30	63.71	69.40	15	11.75	26.42	24.81	12
海　南	Hainan	5.67	9.63	11.43	28	1.03	3.80	3.84	26
重　庆	Chongqing	35.86	53.23	53.57	18	8.59	12.54	5.96	23
四　川	Sichuan	63.64	88.38	84.22	12	15.04	14.20	0.04	29
贵　州	Guizhou	78.32	99.65	107.92	8	17.71	44.87	38.82	8
云　南	Yunnan	283.47	433.47	553.08	1	156.20	200.50	247.04	1
西　藏	Tibet								
陕　西	Shaanxi	45.24	71.43	77.50	13	11.42	25.87	17.61	15
甘　肃	Gansu	25.06	41.46	44.88	21	5.99	16.28	13.47	16
青　海	Qinghai								
宁　夏	Ningxia	2.57	5.31	6.15	29	-0.43	2.23	2.81	28
新　疆	Xinjiang	8.89	15.09	17.96	25	2.34	6.15	5.28	24

11-127 烟草制品业销售费用和管理费用

Sales Expenses and Administrative Expenses of Tobacco Manufacturing Industry

单位：亿元 (100 million yuan)

地区	Region	销售费用 Sales Expenses			管理费用 Administrative Expenses			
		2014	2015	2015排名 Ranking	2010	2014	2015	2015排名 Ranking
全　国	**National Total**	**146.34**	**149.15**		**363.92**	**457.20**	**497.80**	
北　京	Beijing	1.19	1.37	19	2.32	3.35	3.59	25
天　津	Tianjin	0.76	0.89	24	1.79	3.08	3.62	24
河　北	Hebei	1.25	1.19	22	8.58	11.71	13.00	14
山　西	Shanxi	0.37	0.38	26	1.90	2.60	2.83	26
内蒙古	Inner Mongolia	0.94	1.26	21	3.37	5.17	5.69	22
辽　宁	Liaoning	1.21	1.33	20	5.31	7.77	7.99	21
吉　林	Jilin	3.13	3.24	14	7.19	10.68	11.07	17
黑龙江	Heilongjiang	1.28	1.58	18	6.24	8.05	8.72	20
上　海	Shanghai	5.16	5.46	11	25.35	36.45	42.51	3
江　苏	Jiangsu	6.21	7.07	9	17.98	16.91	20.67	9
浙　江	Zhejiang	12.09	13.25	3	14.64	17.90	18.54	11
安　徽	Anhui	6.90	6.96	10	15.16	20.31	22.58	8
福　建	Fujian	2.25	2.70	15	8.65	12.19	12.78	15
江　西	Jiangxi	2.27	2.61	16	5.90	9.52	10.87	18
山　东	Shandong	9.43	8.80	6	18.64	21.34	22.69	7
河　南	Henan	12.16	13.71	2	18.20	26.59	24.47	6
湖　北	Hubei	12.28	7.34	7	22.47	22.54	19.24	10
湖　南	Hunan	11.82	11.97	4	31.98	41.81	46.90	2
广　东	Guangdong	9.66	9.85	5	24.73	27.05	30.19	4
广　西	Guangxi	3.52	4.22	13	7.48	9.74	11.53	16
海　南	Hainan	0.17	0.20	29	0.82	1.34	1.69	28
重　庆	Chongqing	0.34	0.49	25	6.67	8.56	9.58	19
四　川	Sichuan	0.26	1.17	23	9.36	12.70	13.87	12
贵　州	Guizhou	6.20	7.19	8	15.49	21.58	24.68	5
云　南	Yunnan	28.29	27.57	1	66.79	80.11	87.49	1
西　藏	Tibet							
陕　西	Shaanxi	4.88	4.91	12	11.38	11.48	13.25	13
甘　肃	Gansu	1.67	1.88	17	3.55	3.78	4.73	23
青　海	Qinghai							
宁　夏	Ningxia	0.22	0.22	28	0.43	0.66	0.76	29
新　疆	Xinjiang	0.42	0.34	27	1.55	2.25	2.28	27

11-128 烟草制品业财务费用和营业利润

Financial Expenses and Operating Profit of Tobacco Manufacturing Industry

单位：亿元 (100 million yuan)

地区	Region	财务费用 Financial Expenses 2010	2014	2015	2015排名 Ranking	营业利润 Operating Profit 2010	2014	2015	2015排名 Ranking
全 国	**National Total**	**-2.94**	**-18.18**	**-16.78**		**739.13**	**1238.02**	**1212.74**	
北 京	Beijing	0.16	0.06	-0.06	13	3.72	3.87	3.96	25
天 津	Tianjin	-0.01	-0.26	-0.28	20	1.90	7.20	6.60	22
河 北	Hebei	0.07	-0.04	-0.03	11	11.04	14.82	10.95	18
山 西	Shanxi	-0.04	-0.46	-0.45	22	2.86	7.58	7.40	21
内蒙古	Inner Mongolia		-0.54	-0.78	24	6.10	10.26	10.41	19
辽 宁	Liaoning	0.03	-0.28	-0.15	16	3.29	3.44	3.01	26
吉 林	Jilin	0.67	1.21	0.92	5	7.21	17.98	13.41	17
黑龙江	Heilongjiang	0.08	-0.17	-0.15	16	9.65	10.28	8.14	20
上 海	Shanghai	-4.96	-12.52	-12.62	29	142.41	234.56	247.16	2
江 苏	Jiangsu	-2.39	-6.01	-4.00	28	63.91	92.31	90.63	4
浙 江	Zhejiang	-1.15	-0.30	-0.06	13	20.23	39.58	39.78	8
安 徽	Anhui	-0.31	0.66	1.33	3	25.27	30.97	21.99	13
福 建	Fujian	0.20	0.71	1.23	4	17.16	24.26	19.04	14
江 西	Jiangxi	0.52	-0.15	-0.14	15	8.80	29.53	26.99	11
山 东	Shandong	0.88	0.27	0.59	6	21.06	38.68	33.25	10
河 南	Henan	1.56	0.28	0.04	9	25.77	78.65	71.42	6
湖 北	Hubei	1.98	1.25	-0.60	23	19.54	68.76	74.86	5
湖 南	Hunan	-0.87	-1.27	-1.26	25	70.62	115.03	111.64	3
广 东	Guangdong	-0.06	1.95	1.58	2	45.12	46.81	47.28	7
广 西	Guangxi	-0.07	-0.60	-0.38	21	12.14	27.09	24.91	12
海 南	Hainan	-0.05	0.07	0.01	10	1.05	3.38	2.83	27
重 庆	Chongqing	0.59	1.09	1.97	1	9.08	20.56	6.08	23
四 川	Sichuan	0.02	0.61	0.47	7	15.30	14.34	0.04	29
贵 州	Guizhou	0.81	-0.73	-1.44	26	18.56	45.08	39.34	9
云 南	Yunnan	-1.03	-3.25	-2.25	27	157.81	202.46	251.42	1
西 藏	Tibet								
陕 西	Shaanxi	0.28	0.08	-0.19	18	11.55	25.67	18.25	15
甘 肃	Gansu	0.18	0.27	0.20	8	6.05	16.50	13.75	16
青 海	Qinghai								
宁 夏	Ningxia		-0.01	-0.03	11	-0.43	2.23	2.81	28
新 疆	Xinjiang	-0.04	-0.11	-0.23	19	2.37	6.15	5.38	24

11-129 烟草制品业资产总计和负债合计
Total Assets and Liabilities of Tobacco Manufacturing Industry

单位：亿元 (100 million yuan)

地区	Region	资产总计 Total Assets 2015	2015排名 Ranking	负债合计 Total Liabilities 2015	2015排名 Ranking
全　国	**National Total**	**9190.25**		**2341.17**	
北　京	Beijing	34.05	27	5.88	29
天　津	Tianjin	38.95	25	38.95	21
河　北	Hebei	137.03	19	45.79	20
山　西	Shanxi	38.88	26	6.19	28
内蒙古	Inner Mongolia	67.38	22	14.74	23
辽　宁	Liaoning	58.79	23	55.25	17
吉　林	Jilin	181.32	15	103.38	9
黑龙江	Heilongjiang	89.64	21	13.43	25
上　海	Shanghai	1232.39	2	156.84	2
江　苏	Jiangsu	577.33	4	64.63	14
浙　江	Zhejiang	457.19	6	114.43	7
安　徽	Anhui	345.03	10	101.32	10
福　建	Fujian	263.13	12	91.36	12
江　西	Jiangxi	195.97	13	48.11	19
山　东	Shandong	362.45	9	114.33	8
河　南	Henan	442.72	7	144.78	3
湖　北	Hubei	422.51	8	136.67	5
湖　南	Hunan	779.96	3	118.92	6
广　东	Guangdong	527.29	5	137.43	4
广　西	Guangxi	194.63	14	50.83	18
海　南	Hainan	24.98	28	6.34	27
重　庆	Chongqing	117.12	20	62.49	15
四　川	Sichuan	165.47	16	92.69	11
贵　州	Guizhou	296.46	11	73.68	13
云　南	Yunnan	1776.88	1	442.52	1
西　藏	Tibet				
陕　西	Shaanxi	156.11	17	23.82	22
甘　肃	Gansu	146.25	18	56.01	16
青　海	Qinghai				
宁　夏	Ningxia	9.77	29	6.77	26
新　疆	Xinjiang	50.57	24	13.58	24

11-130 纺织业工业销售产值和主营业务收入
Sales Value and Revenue from Principal Business of Textile Manufacturing Industry

单位：亿元 (100 million yuan)

地区	Region	工业销售产值(当年价格) Sales Value (current prices)				主营业务收入 Revenue from Principal Business			
		2010	2014	2015	2015排名 Ranking	2010	2014	2015	2015排名 Ranking
全　国	**National Total**	**27972.91**	**37704.25**	**39392.98**		**28110.07**	**38294.75**	**39986.96**	
北　京	Beijing	68.78	21.69	13.01	29	78.76	37.25	25.52	26
天　津	Tianjin	82.06	98.82	116.67	22	88.33	110.27	156.24	21
河　北	Hebei	948.99	1677.20	1652.26	8	948.53	1736.80	1727.33	8
山　西	Shanxi	26.07	41.92	37.77	25	25.75	41.64	36.95	25
内蒙古	Inner Mongolia	415.11	427.72	428.76	13	414.44	411.31	420.65	13
辽　宁	Liaoning	361.12	423.13	227.72	16	364.11	421.17	221.07	18
吉　林	Jilin	69.00	152.45	163.26	20	62.05	145.30	163.18	20
黑龙江	Heilongjiang	30.99	97.14	95.04	23	31.02	89.29	90.98	23
上　海	Shanghai	410.15	230.45	219.66	18	434.43	240.83	232.24	17
江　苏	Jiangsu	5894.61	6675.72	6976.34	2	5920.56	6704.74	7029.56	2
浙　江	Zhejiang	5441.13	5855.36	5826.30	3	5472.51	5832.14	5767.25	3
安　徽	Anhui	474.20	911.78	975.23	10	477.05	903.99	976.09	10
福　建	Fujian	1090.91	2088.13	2305.57	6	1086.81	2060.45	2266.72	6
江　西	Jiangxi	532.51	989.49	1131.10	9	538.88	1027.50	1161.81	9
山　东	Shandong	5695.91	8479.09	9129.65	1	5768.25	8996.00	9746.07	1
河　南	Henan	1297.53	2406.42	2582.18	4	1316.69	2469.26	2583.99	4
湖　北	Hubei	924.53	2147.77	2211.36	7	918.17	2109.70	2153.37	7
湖　南	Hunan	412.45	604.42	644.58	12	404.29	588.76	614.59	12
广　东	Guangdong	2524.23	2459.67	2579.36	5	2490.56	2434.38	2530.24	5
广　西	Guangxi	110.50	230.88	257.79	15	108.58	225.39	254.19	15
海　南	Hainan	3.29	3.70	4.39	30	3.17	3.44	4.23	30
重　庆	Chongqing	166.10	182.99	190.17	19	168.91	182.85	187.64	19
四　川	Sichuan	617.85	861.98	894.86	11	616.42	858.89	879.84	11
贵　州	Guizhou	4.58	12.37	17.03	28	4.56	8.66	16.53	29
云　南	Yunnan	10.60	22.25	24.98	27	11.27	23.60	25.38	27
西　藏	Tibet	0.66	0.92	0.72	31	0.37	0.92	0.48	31
陕　西	Shaanxi	120.87	213.04	261.57	14	114.54	214.46	256.98	14
甘　肃	Gansu	14.71	34.52	26.64	26	14.00	32.79	23.71	28
青　海	Qinghai	20.58	35.36	38.20	24	20.22	35.44	39.38	24
宁　夏	Ningxia	83.35	185.54	221.66	17	80.92	212.81	246.87	16
新　疆	Xinjiang	119.56	132.34	139.14	21	125.92	134.71	147.93	22

11-131 纺织业主营业务成本和利润总额
Cost, Tax and Total Profit of Textile Manufacturing Industry

单位：亿元 (100 million yuan)

地区	Region	主营业务成本 Cost of Principal Business 2010	2014	2015	2015排名 Ranking	利润总额 Total Profit 2010	2014	2015	2015排名 Ranking
全　国	**National Total**	**24709.88**	**33990.06**	**35584.19**		**1697.91**	**2167.98**	**2224.26**	
北　京	Beijing	60.59	32.57	21.45	27	5.04	1.29	0.02	29
天　津	Tianjin	78.72	93.79	131.79	22	2.89	7.60	9.77	19
河　北	Hebei	823.65	1528.12	1531.03	8	69.63	127.20	120.71	6
山　西	Shanxi	23.45	37.13	34.05	25	0.22	1.07	0.07	26
内蒙古	Inner Mongolia	344.13	332.44	359.08	13	40.37	35.84	37.57	12
辽　宁	Liaoning	316.52	381.87	199.27	17	25.49	20.17	8.85	21
吉　林	Jilin	53.51	129.55	142.84	20	2.93	4.22	4.94	23
黑龙江	Heilongjiang	27.05	79.15	80.32	23	1.11	4.74	5.84	22
上　海	Shanghai	367.37	202.12	193.80	18	25.01	15.95	14.06	17
江　苏	Jiangsu	5312.30	5992.61	6261.09	2	282.48	342.27	360.00	2
浙　江	Zhejiang	4864.16	5160.37	5085.61	3	268.74	289.76	308.35	3
安　徽	Anhui	420.73	808.19	877.59	10	35.25	52.91	49.59	10
福　建	Fujian	955.28	1821.17	2012.01	6	74.76	113.96	118.06	7
江　西	Jiangxi	459.76	906.77	1032.66	9	34.18	78.71	85.14	9
山　东	Shandong	5057.55	8119.53	8879.86	1	395.32	510.35	508.06	1
河　南	Henan	1120.75	2162.78	2269.71	4	128.60	183.41	197.84	4
湖　北	Hubei	783.24	1836.31	1873.55	7	66.88	105.36	103.48	8
湖　南	Hunan	337.09	512.73	532.61	12	15.50	20.04	23.99	14
广　东	Guangdong	2199.86	2145.07	2223.13	5	140.75	132.51	135.84	5
广　西	Guangxi	96.17	201.32	228.32	14	4.97	8.71	8.99	20
海　南	Hainan	2.44	2.93	3.56	30	0.08	0.21	0.07	26
重　庆	Chongqing	147.87	159.21	163.43	19	10.15	15.72	14.87	16
四　川	Sichuan	538.85	762.29	786.29	11	37.35	46.66	43.97	11
贵　州	Guizhou	4.20	7.42	14.33	29	0.16	0.75	0.79	24
云　南	Yunnan	9.32	21.04	23.33	26	0.78	0.32	-0.06	30
西　藏	Tibet	0.27	0.79	0.39	31	0.02	0.03	0.06	28
陕　西	Shaanxi	98.81	179.96	215.53	15	7.76	24.64	30.17	13
甘　肃	Gansu	11.27	29.81	20.90	28	0.42	0.72	-0.12	31
青　海	Qinghai	18.88	33.78	37.74	24	0.62	0.61	0.50	25
宁　夏	Ningxia	68.28	183.76	215.30	16	9.53	16.88	20.74	15
新　疆	Xinjiang	107.80	125.47	133.64	21	10.93	5.37	12.09	18

11-132 纺织业销售费用和管理费用

Sales Expenses and Administration Expenses of Textile Manufacturing Industry

单位：亿元　(100 million yuan)

地区	Region	销售费用 Sales Expenses 2014	2015	2015排名 Ranking	管理费用 Administrative Expenses 2010	2014	2015	2015排名 Ranking
全　国	**National Total**	**556.18**	**573.18**		**859.91**	**971.01**	**1026.58**	
北　京	Beijing	0.81	0.56	26	6.53	2.94	2.87	23
天　津	Tianjin	2.39	2.19	21	4.26	4.67	5.19	20
河　北	Hebei	29.43	24.35	8	20.21	28.64	28.86	8
山　西	Shanxi	0.57	0.61	25	1.32	1.19	1.26	26
内蒙古	Inner Mongolia	6.08	6.00	14	9.88	9.61	9.58	16
辽　宁	Liaoning	5.59	3.23	18	14.43	9.18	6.35	17
吉　林	Jilin	2.89	3.39	16	4.45	10.41	10.55	15
黑龙江	Heilongjiang	1.61	1.65	23	1.72	2.75	2.66	24
上　海	Shanghai	10.15	9.50	13	27.94	16.13	15.69	13
江　苏	Jiangsu	95.68	105.43	1	161.46	187.84	200.79	1
浙　江	Zhejiang	71.91	72.14	3	181.37	189.45	199.47	2
安　徽	Anhui	14.18	15.23	10	14.88	22.81	24.35	9
福　建	Fujian	30.38	32.42	7	30.43	63.64	66.49	6
江　西	Jiangxi	11.44	13.74	12	19.31	16.96	19.45	12
山　东	Shandong	84.57	88.36	2	125.16	131.92	143.59	3
河　南	Henan	40.42	40.42	6	22.71	39.71	41.35	7
湖　北	Hubei	53.71	52.84	4	42.53	75.72	77.23	5
湖　南	Hunan	18.29	18.35	9	23.97	22.19	22.07	10
广　东	Guangdong	47.17	51.18	5	91.33	84.37	94.38	4
广　西	Guangxi	2.69	2.11	22	8.22	10.21	10.64	14
海　南	Hainan	0.12	0.13	30	0.45	0.34	0.51	29
重　庆	Chongqing	2.37	2.25	20	6.65	3.32	3.80	22
四　川	Sichuan	14.65	14.38	11	27.23	20.41	19.89	11
贵　州	Guizhou	0.30	0.49	27	0.25	0.49	0.66	28
云　南	Yunnan	0.19	0.17	29	0.92	1.21	1.23	27
西　藏	Tibet	0.05	0.02	31	0.02	0.05	0.02	31
陕　西	Shaanxi	2.04	2.80	19	4.47	4.59	5.55	19
甘　肃	Gansu	0.83	0.97	24	1.35	1.22	1.30	25
青　海	Qinghai	0.23	0.19	28	0.64	0.34	0.41	30
宁　夏	Ningxia	1.69	3.38	17	1.62	3.51	4.61	21
新　疆	Xinjiang	3.75	4.68	15	4.20	5.19	5.79	18

11-133 纺织业财务费用和营业利润
Financial Expenses and Operating Profit of Textile Manufacturing Industry

单位：亿元 (100 million yuan)

地区	Region	财务费用 Financial Expenses				营业利润 Operating Profit			
		2010	2014	2015	2015排名 Ranking	2010	2014	2015	2015排名 Ranking
全　国	**National Total**	**335.74**	**504.36**	**473.98**		**1736.57**	**2161.38**	**2194.04**	
北　京	Beijing	1.01	0.70	0.57	24	3.05	0.63	0.07	26
天　津	Tianjin	1.08	1.83	2.44	16	2.74	7.83	9.70	18
河　北	Hebei	6.92	12.23	11.21	8	76.73	127.42	122.02	6
山　西	Shanxi	0.73	1.20	1.08	21	0.67	1.03	-0.02	29
内蒙古	Inner Mongolia	7.96	8.14	8.25	12	54.03	41.49	41.21	12
辽　宁	Liaoning	3.23	2.46	2.06	17	26.49	19.75	7.50	20
吉　林	Jilin	0.30	0.87	1.01	22	3.04	3.61	4.96	22
黑龙江	Heilongjiang	0.39	0.51	0.48	26	1.12	4.65	5.82	21
上　海	Shanghai	2.99	1.78	0.44	27	22.41	14.74	12.86	17
江　苏	Jiangsu	64.41	80.58	73.47	3	299.10	340.94	359.05	2
浙　江	Zhejiang	101.02	115.50	98.65	2	262.88	287.85	299.46	3
安　徽	Anhui	5.81	10.01	9.31	9	36.03	52.10	48.83	10
福　建	Fujian	13.75	28.96	27.89	5	79.00	112.02	117.85	7
江　西	Jiangxi	3.42	5.48	5.50	14	34.83	80.26	85.04	9
山　东	Shandong	63.78	129.07	130.19	1	394.68	503.84	500.93	1
河　南	Henan	13.33	23.43	21.96	6	130.76	183.17	197.18	4
湖　北	Hubei	14.06	32.67	28.65	4	65.60	106.56	103.40	8
湖　南	Hunan	4.96	8.27	7.54	13	18.24	23.52	25.42	14
广　东	Guangdong	11.27	12.93	15.37	7	143.19	134.77	135.69	5
广　西	Guangxi	1.12	2.05	2.01	18	5.04	9.12	9.10	19
海　南	Hainan	0.07	0.13	0.07	30	0.03	-0.07	0.04	28
重　庆	Chongqing	1.17	1.16	1.44	20	11.07	15.64	14.89	16
四　川	Sichuan	6.09	9.04	8.52	11	39.50	48.87	45.04	11
贵　州	Guizhou	0.01	0.16	0.24	29	0.16	0.53	0.79	24
云　南	Yunnan	0.22	0.99	0.85	23	0.59	0.13	-0.27	31
西　藏	Tibet		0.02	0.01	31	0.10	0.02	0.05	27
陕　西	Shaanxi	1.41	2.52	2.61	15	7.44	24.18	28.60	13
甘　肃	Gansu	0.16	0.43	0.43	28	0.09	0.47	-0.15	30
青　海	Qinghai	0.40	0.54	0.54	25	1.33	0.57	0.49	25
宁　夏	Ningxia	2.47	8.49	9.29	10	8.41	15.59	16.09	15
新　疆	Xinjiang	2.21	2.20	1.89	19	8.24	0.14	2.41	23

11-134 纺织业资产总计和负债合计

Total Assets and Liabilities of Textile Manufacturing Industry

单位：亿元 (100 million yuan)

地区	Region	资产总计 Total Assets 2015	2015排名 Ranking	负债合计 Total Liabilities 2015	2015排名 Ranking
全　国	**National Total**	**24304.04**		**12686.46**	
北　京	Beijing	47.44	25	24.21	26
天　津	Tianjin	146.81	19	84.79	20
河　北	Hebei	762.79	8	335.24	8
山　西	Shanxi	60.83	24	40.35	22
内蒙古	Inner Mongolia	390.78	13	230.75	12
辽　宁	Liaoning	190.80	17	97.07	17
吉　林	Jilin	97.30	21	42.15	21
黑龙江	Heilongjiang	61.41	23	24.93	25
上　海	Shanghai	217.03	16	94.26	18
江　苏	Jiangsu	4408.05	2	2449.15	2
浙　江	Zhejiang	5178.87	1	3172.15	1
安　徽	Anhui	576.98	9	267.41	9
福　建	Fujian	1464.33	5	718.41	5
江　西	Jiangxi	521.35	10	236.39	11
山　东	Shandong	4123.27	3	1968.03	3
河　南	Henan	1767.45	4	689.50	6
湖　北	Hubei	900.06	7	415.98	7
湖　南	Hunan	341.05	14	159.76	15
广　东	Guangdong	1376.94	6	729.83	4
广　西	Guangxi	141.76	20	99.54	16
海　南	Hainan	12.49	30	3.70	30
重　庆	Chongqing	88.02	22	37.45	23
四　川	Sichuan	416.46	12	191.99	13
贵　州	Guizhou	14.29	29	8.02	29
云　南	Yunnan	43.79	26	26.56	24
西　藏	Tibet	1.76	31	0.96	31
陕　西	Shaanxi	157.97	18	85.06	19
甘　肃	Gansu	29.95	27	16.95	27
青　海	Qinghai	29.92	28	14.72	28
宁　夏	Ningxia	466.42	11	261.11	10
新　疆	Xinjiang	267.65	15	160.00	14

11-135 造纸和纸制品业工业销售产值和主营业务收入

Sales Value and Revenue from Principal Business of Manufacture of Paper and Paper Products

单位：亿元 (100 million yuan)

地区	Region	工业销售产值(当年价格) Sales Value (current prices)				主营业务收入 Revenue from Principal Business			
		2010	2014	2015	2015排名 Ranking	2010	2014	2015	2015排名 Ranking
全　国	National Total	10246.30	13774.99	14215.55		10201.82	13535.18	13942.34	
北　京	Beijing	66.89	64.16	61.96	25	73.73	74.93	63.45	25
天　津	Tianjin	126.61	229.30	229.42	16	125.37	228.23	226.43	16
河　北	Hebei	343.15	504.81	501.68	9	339.21	496.36	486.39	9
山　西	Shanxi	10.92	16.48	15.56	29	10.55	17.51	14.84	29
内蒙古	Inner Mongolia	83.16	98.68	92.92	21	80.96	88.38	82.52	21
辽　宁	Liaoning	287.11	346.26	216.75	17	287.19	340.70	212.34	17
吉　林	Jilin	84.40	135.59	150.04	18	79.78	126.65	147.47	18
黑龙江	Heilongjiang	58.80	82.03	71.34	23	64.25	85.23	70.14	23
上　海	Shanghai	257.19	291.95	245.04	15	269.01	302.83	262.24	15
江　苏	Jiangsu	1106.38	1447.67	1556.01	3	1099.29	1436.63	1538.07	3
浙　江	Zhejiang	1033.06	1167.99	1264.91	4	1025.74	1099.69	1174.44	4
安　徽	Anhui	184.77	309.81	359.84	12	183.80	306.25	359.61	11
福　建	Fujian	526.95	845.23	900.03	6	525.77	841.20	881.21	6
江　西	Jiangxi	168.26	298.51	330.86	13	168.36	312.88	341.51	12
山　东	Shandong	1840.30	2444.53	2524.65	1	1838.69	2453.08	2551.33	1
河　南	Henan	808.73	990.99	1012.73	5	807.64	980.13	998.80	5
湖　北	Hubei	235.37	504.99	545.34	8	230.05	488.22	521.03	8
湖　南	Hunan	453.49	692.53	665.07	7	455.83	620.17	624.58	7
广　东	Guangdong	1617.33	1802.32	1913.75	2	1595.57	1777.27	1893.14	2
广　西	Guangxi	161.43	362.75	364.50	11	160.73	338.16	324.05	13
海　南	Hainan	80.05	113.42	124.22	20	75.20	113.74	124.53	20
重　庆	Chongqing	134.81	244.16	268.21	14	138.16	241.15	266.84	14
四　川	Sichuan	373.78	477.37	436.15	10	367.85	478.77	426.52	10
贵　州	Guizhou	23.61	59.44	82.87	22	24.75	57.52	81.45	22
云　南	Yunnan	47.15	57.74	65.10	24	46.36	56.97	64.34	24
西　藏	Tibet		0.77	3.04	30		0.91	3.45	30
陕　西	Shaanxi	62.54	112.21	136.82	19	58.64	104.71	131.52	19
甘　肃	Gansu	8.93	20.36	20.29	28	9.63	16.91	16.69	28
青　海	Qinghai		0.27	0.25	31		0.27	0.26	31
宁　夏	Ningxia	42.80	18.13	21.42	27	41.63	17.97	19.63	27
新　疆	Xinjiang	18.35	34.54	34.76	26	18.07	31.78	33.51	26

11-136 造纸和纸制品业主营业务成本和利润总额

Cost of Principal Business Tax and Total Profit of Manufacture of Paper and Paper Products

单位：亿元 (100 million yuan)

地区	Region	主营业务成本 Cost of Principal Business				利润总额 Total Profit			
		2010	2014	2015	2015排名 Ranking	2010	2014	2015	2015排名 Ranking
全　国	**National Total**	**8727.67**	**11714.37**	**12036.71**		**727.08**	**726.99**	**792.82**	
北　京	Beijing	60.68	59.88	49.60	25	7.16	9.31	8.38	19
天　津	Tianjin	111.25	197.37	195.83	16	5.93	12.68	14.07	15
河　北	Hebei	285.34	429.21	422.85	9	25.98	35.76	36.80	7
山　西	Shanxi	9.61	15.86	13.32	29	0.24	0.25	0.27	30
内蒙古	Inner Mongolia	65.04	69.53	65.77	22	7.61	11.19	8.90	18
辽　宁	Liaoning	248.50	299.43	183.36	17	23.94	19.45	14.18	14
吉　林	Jilin	71.32	108.42	128.96	18	1.76	4.71	7.73	21
黑龙江	Heilongjiang	53.89	73.48	58.80	23	2.79	3.41	3.95	25
上　海	Shanghai	217.39	238.74	212.76	15	15.08	7.81	7.78	20
江　苏	Jiangsu	924.59	1241.72	1328.91	3	79.49	77.32	81.06	3
浙　江	Zhejiang	894.17	940.48	1010.72	4	58.08	55.59	56.60	6
安　徽	Anhui	156.99	269.95	319.39	11	14.45	16.04	19.38	13
福　建	Fujian	455.41	712.12	740.22	6	45.58	64.80	70.20	5
江　西	Jiangxi	141.83	275.12	301.24	12	12.13	21.64	24.30	11
山　东	Shandong	1589.06	2154.11	2235.96	1	141.18	136.41	130.34	1
河　南	Henan	677.52	849.47	868.53	5	89.01	73.48	78.69	4
湖　北	Hubei	195.82	430.87	455.72	8	15.37	19.82	24.74	10
湖　南	Hunan	372.43	528.46	516.01	7	25.23	24.39	26.76	8
广　东	Guangdong	1398.01	1566.65	1650.21	2	98.13	75.52	92.23	2
广　西	Guangxi	141.98	293.19	278.92	13	8.97	-2.06	11.77	16
海　南	Hainan	55.54	96.93	102.40	20	9.45	2.25	6.44	22
重　庆	Chongqing	114.33	200.63	222.96	14	7.53	22.69	24.82	9
四　川	Sichuan	320.61	421.06	375.32	10	22.54	24.29	20.71	12
贵　州	Guizhou	21.45	48.84	69.94	21	0.29	3.06	4.58	24
云　南	Yunnan	36.13	45.44	55.66	24	4.24	0.42	0.37	28
西　藏	Tibet		0.77	2.85	30		0.10	0.36	29
陕　西	Shaanxi	50.51	88.12	110.63	19	3.47	9.66	9.90	17
甘　肃	Gansu	8.06	15.14	15.02	28	0.16	0.48	0.45	27
青　海	Qinghai		0.26	0.23	31		0.01	0.02	31
宁　夏	Ningxia	34.93	16.68	17.55	27	-0.05	-6.12	2.35	26
新　疆	Xinjiang	15.28	26.45	27.06	26	1.32	2.65	4.68	23

11-137 造纸和纸制品业销售费用和管理费用

Sales Expenses and Administrative Expenses of Manufacture of Paper and Paper Products

单位：亿元 (100 million yuan)

地区	Region	销售费用 Sales Expenses			管理费用 Administrative Expenses			
		2014	2015	2015排名 Ranking	2010	2014	2015	2015排名 Ranking
全 国	**National Total**	**373.44**	**378.56**		**375.83**	**464.30**	**495.64**	
北 京	Beijing	2.34	2.40	22	3.56	3.52	3.38	22
天 津	Tianjin	5.45	4.11	18	4.58	9.86	8.21	15
河 北	Hebei	8.31	7.72	12	8.33	14.33	13.59	12
山 西	Shanxi	0.43	0.35	28	0.35	0.52	0.46	29
内蒙古	Inner Mongolia	1.67	2.17	24	3.62	5.07	3.62	21
辽 宁	Liaoning	8.18	5.30	16	10.71	10.69	7.40	16
吉 林	Jilin	3.93	3.89	19	4.27	6.86	5.49	18
黑龙江	Heilongjiang	3.09	3.00	21	3.01	3.61	3.16	23
上 海	Shanghai	33.94	20.77	8	14.80	20.57	18.40	9
江 苏	Jiangsu	49.62	53.63	2	36.32	50.06	55.72	3
浙 江	Zhejiang	27.40	29.25	4	37.05	46.89	52.74	4
安 徽	Anhui	7.24	6.27	14	5.18	9.12	9.93	13
福 建	Fujian	24.41	24.25	5	18.43	31.26	31.44	6
江 西	Jiangxi	4.79	4.62	17	3.44	7.06	7.33	17
山 东	Shandong	51.75	56.62	1	65.21	61.50	66.31	2
河 南	Henan	19.87	22.06	6	13.42	18.40	16.42	10
湖 北	Hubei	15.25	16.89	9	9.00	15.46	19.96	7
湖 南	Hunan	19.96	21.85	7	33.16	27.64	37.08	5
广 东	Guangdong	45.31	51.78	3	56.43	66.40	79.75	1
广 西	Guangxi	10.49	10.42	10	9.51	18.19	18.58	8
海 南	Hainan	6.10	5.63	15	1.91	1.89	1.94	25
重 庆	Chongqing	6.23	7.33	13	3.65	6.81	9.20	14
四 川	Sichuan	9.42	9.24	11	19.53	14.49	14.76	11
贵 州	Guizhou	1.66	2.40	22	1.25	2.48	2.76	24
云 南	Yunnan	3.09	2.12	25	3.64	4.93	3.99	19
西 藏	Tibet		0.10	30		0.03	0.13	30
陕 西	Shaanxi	2.13	3.28	20	2.53	2.73	3.93	20
甘 肃	Gansu	0.34	0.29	29	0.42	0.63	0.52	28
青 海	Qinghai							
宁 夏	Ningxia	0.39	0.43	26	1.33	1.91	1.58	26
新 疆	Xinjiang	0.64	0.40	27	1.21	1.39	0.86	27

11-138 造纸和纸制品业财务费用和营业利润

Financial Expenses and Operating Profit of Manufacture of Paper and Paper Products

单位：亿元 (100 million yuan)

地区	Region	财务费用 Financial Expenses				营业利润 Operating Profit			
		2010	2014	2015	2015排名 Ranking	2010	2014	2015	2015排名 Ranking
全 国	**National Total**	**142.68**	**242.13**	**257.71**		**739.77**	**709.19**	**752.25**	
北 京	Beijing	-0.07	0.06	0.05	29	7.01	9.21	8.25	19
天 津	Tianjin	2.09	3.45	4.03	13	5.99	12.25	14.10	14
河 北	Hebei	2.86	4.39	3.75	14	31.84	35.97	35.97	7
山 西	Shanxi	0.25	0.46	0.48	25	0.32	0.22	0.25	28
内蒙古	Inner Mongolia	0.31	0.18	0.20	28	10.98	11.61	10.28	17
辽 宁	Liaoning	2.34	2.03	1.53	19	24.26	19.24	13.73	15
吉 林	Jilin	0.83	1.73	1.50	20	0.91	4.26	7.02	21
黑龙江	Heilongjiang	0.62	1.80	1.48	21	2.94	3.06	3.42	25
上 海	Shanghai	1.64	1.63	2.85	16	14.24	7.91	8.19	20
江 苏	Jiangsu	16.70	23.26	27.50	4	82.62	75.40	77.28	3
浙 江	Zhejiang	23.56	33.76	32.66	2	55.86	51.95	50.87	6
安 徽	Anhui	3.07	5.36	5.77	10	14.26	14.79	18.19	13
福 建	Fujian	6.87	11.38	12.77	7	42.68	61.75	67.89	5
江 西	Jiangxi	1.55	2.48	2.50	18	13.31	21.76	24.12	10
山 东	Shandong	29.09	54.23	59.98	1	141.68	133.01	127.99	1
河 南	Henan	6.05	11.84	11.23	8	89.95	73.82	74.94	4
湖 北	Hubei	2.04	5.73	5.37	11	16.57	21.05	23.84	11
湖 南	Hunan	11.42	15.59	14.62	6	25.82	20.19	24.78	8
广 东	Guangdong	12.37	24.46	29.63	3	99.11	70.91	78.64	2
广 西	Guangxi	2.23	14.33	15.50	5	8.61	-2.05	12.01	16
海 南	Hainan	4.37	8.51	10.15	9	8.35	1.40	6.18	22
重 庆	Chongqing	1.27	2.54	2.70	17	8.54	23.98	24.19	9
四 川	Sichuan	4.34	6.54	4.66	12	24.53	24.49	20.75	12
贵 州	Guizhou	1.41	1.09	1.24	23	0.15	2.87	4.54	24
云 南	Yunnan	0.93	2.67	2.90	15	3.97	0.93		
西 藏	Tibet			0.01	30		0.10	0.36	27
陕 西	Shaanxi	0.60	1.06	1.37	22	3.72	9.54	9.79	18
甘 肃	Gansu	0.09	0.25	0.34	26	0.17	0.46	0.43	26
青 海	Qinghai						0.01	0.02	29
宁 夏	Ningxia	3.54	0.83	0.67	24	0.14	-3.58	-0.56	30
新 疆	Xinjiang	0.29	0.48	0.27	27	1.22	2.68	4.81	23

11-139 造纸和纸制品业资产总计和负债合计

Total Assets and Liabilities of Manufacture of Paper and Paper Products

单位：亿元 (100 million yuan)

地区	Region	资产总计 Total Assets 2015	2015排名 Ranking	负债合计 Total Liabilities 2015	2015排名 Ranking
全　国	**National Total**	**14024.04**		**7962.71**	
北　京	Beijing	55.33	24	29.42	22
天　津	Tianjin	240.32	16	159.76	13
河　北	Hebei	356.22	10	170.42	11
山　西	Shanxi	22.51	28	15.27	27
内蒙古	Inner Mongolia	45.17	25	21.77	26
辽　宁	Liaoning	155.95	18	79.23	18
吉　林	Jilin	104.90	20	60.58	20
黑龙江	Heilongjiang	87.52	21	38.43	21
上　海	Shanghai	283.15	13	137.49	16
江　苏	Jiangsu	1797.87	3	911.37	4
浙　江	Zhejiang	1558.71	4	948.47	3
安　徽	Anhui	337.32	11	169.80	12
福　建	Fujian	733.70	6	422.23	5
江　西	Jiangxi	239.53	17	111.47	17
山　东	Shandong	2714.81	1	1711.41	1
河　南	Henan	733.99	5	288.75	8
湖　北	Hubei	336.97	12	182.72	10
湖　南	Hunan	542.80	8	311.44	7
广　东	Guangdong	1908.63	2	1099.04	2
广　西	Guangxi	569.65	7	392.72	6
海　南	Hainan	360.51	9	231.21	9
重　庆	Chongqing	263.40	14	142.96	15
四　川	Sichuan	257.59	15	154.24	14
贵　州	Guizhou	59.36	23	25.87	24
云　南	Yunnan	107.06	19	72.65	19
西　藏	Tibet	3.62	30	1.09	30
陕　西	Shaanxi	69.16	22	26.71	23
甘　肃	Gansu	18.16	29	9.32	29
青　海	Qinghai	0.23	31	0.16	31
宁　夏	Ningxia	32.09	26	24.97	25
新　疆	Xinjiang	27.82	27	14.76	28

11-140 石油加工、炼焦和核燃料加工业工业销售产值和主营业务收入

Sales Value and Revenue from Principal Business of Processing of Petroleum, Coking and Processing of Nuclear Fuel

单位：亿元 (100 million yuan)

地区	Region	工业销售产值（当年价格） Sales Value（current prices）				主营业务收入 Revenue from Principal Business			
		2010	2014	2015	2015排名 Ranking	2010	2014	2015	2015排名 Ranking
全 国	**National Total**	**28901.13**	**40802.63**	**34304.56**		**29310.73**	**41094.41**	**34604.49**	
北 京	Beijing	839.01	839.85	592.14	21	854.50	882.72	626.11	19
天 津	Tianjin	949.70	1146.57	1316.02	8	980.31	1154.98	1276.23	7
河 北	Hebei	1513.84	1891.70	1738.95	5	1560.61	1887.91	1665.22	6
山 西	Shanxi	1399.73	1095.07	785.03	15	1450.06	1054.01	780.50	15
内蒙古	Inner Mongolia	354.56	840.53	592.90	20	356.35	766.18	556.10	21
辽 宁	Liaoning	3116.24	4285.5	3276.77	2	3153.72	4285.68	3343.92	2
吉 林	Jilin	128.55	219.09	185.06	27	128.68	230.14	180.54	26
黑龙江	Heilongjiang	1230.00	1335.68	976.01	13	1258.64	1376.58	1000.32	12
上 海	Shanghai	1358.26	1408.11	1147.07	10	1389.42	1432.18	1166.06	10
江 苏	Jiangsu	1473.74	2303.39	2152.04	4	1463.77	2371.47	2170.61	4
浙 江	Zhejiang	1330.69	1788.96	1348.84	7	1386.65	1535.75	1191.08	9
安 徽	Anhui	330.78	581.59	459.18	25	338.59	568.39	455.10	24
福 建	Fujian	647.90	1080.45	1047.78	11	648.04	1074.39	1046.51	11
江 西	Jiangxi	360.93	533.61	479.13	24	365.94	545.22	480.53	23
山 东	Shandong	4029.42	7461.07	7092.44	1	4063.78	7929.68	7415.25	1
河 南	Henan	946.18	1183.24	1026.54	12	994.53	1163.54	973.56	13
湖 北	Hubei	605.91	909.67	744.47	17	618.81	896.76	765.49	17
湖 南	Hunan	488.81	739.09	673.92	18	501.25	695.72	638.24	18
广 东	Guangdong	2752.55	3210.78	2313.11	3	2771.35	3230.95	2321.45	3
广 西	Guangxi	217.95	836.06	620.76	19	218.09	837.52	591.67	20
海 南	Hainan	472.53	637.65	549.73	22	426.47	479.22	387.59	25
重 庆	Chongqing	43.15	64.36	67.74	29	43.02	65.56	66.29	29
四 川	Sichuan	423.83	823.86	780.43	16	408.01	811.80	768.29	16
贵 州	Guizhou	57.25	159.15	194.09	26	55.06	124.85	176.95	27
云 南	Yunnan	207.41	227.37	156.42	28	202.46	224.40	155.47	28
西 藏	Tibet								
陕 西	Shaanxi	1265.25	1850.32	1446.79	6	1285.41	2132.54	1875.05	5
甘 肃	Gansu	882.31	1087.30	831.35	14	880.59	1052.37	803.79	14
青 海	Qinghai	21.64	17.54	6.14	30	16.61	16.87	5.49	30
宁 夏	Ningxia	213.78	486.96	503.19	23	211.40	489.75	495.17	22
新 疆	Xinjiang	1239.22	1758.10	1200.52	9	1278.61	1777.29	1225.92	8

11-141 石油加工、炼焦和核燃料加工业主营业务成本和利润总额

Cost of Principal Business and Total Profit of Processing of Petroleum, Coking and Processing of Nuclear Fuel

单位：亿元 (100 million yuan)

地区	Region	主营业务成本 Cost of Principal Business 2010	2014	2015	2015排名 Ranking	利润总额 Total Profit 2010	2014	2015	2015排名 Ranking
全　国	**National Total**	**24200.53**	**36082.13**	**27668.51**		**1221.11**	**78.08**	**732.49**	
北　京	Beijing	688.80	770.58	475.89	19	49.86	15.49	29.19	9
天　津	Tianjin	828.82	1014.45	1010.07	7	29.65	6.98	85.42	4
河　北	Hebei	1344.66	1713.40	1430.78	6	49.23	-13.44	-11.63	25
山　西	Shanxi	1311.76	976.62	741.40	13	14.30	-66.37	-74.19	30
内蒙古	Inner Mongolia	277.49	658.22	452.44	20	13.76	-35.08	-47.98	29
辽　宁	Liaoning	2603.75	3803.97	2623.23	2	79.08	-115.14	-11.85	26
吉　林	Jilin	113.70	202.70	153.89	27	4.80	6.28	2.91	18
黑龙江	Heilongjiang	962.75	1194.39	730.51	14	84.86	-34.77	-3.50	24
上　海	Shanghai	1153.16	1242.52	821.37	11	70.16	-22.43	50.29	7
江　苏	Jiangsu	1246.98	2099.06	1815.35	3	65.67	62.50	79.35	5
浙　江	Zhejiang	1142.80	1329.94	852.88	8	75.58	41.44	105.96	3
安　徽	Anhui	278.52	481.29	333.41	24	1.45	1.10	2.63	19
福　建	Fujian	548.55	949.19	768.68	12	16.25	-7.35	36.83	8
江　西	Jiangxi	306.52	466.29	371.24	23	-3.97	5.96	4.77	16
山　东	Shandong	3475.03	7220.76	6556.43	1	151.31	177.50	263.60	1
河　南	Henan	821.41	1027.73	826.71	9	52.32	30.21	28.79	10
湖　北	Hubei	509.61	789.74	598.51	16	9.15	-9.07	2.58	20
湖　南	Hunan	394.69	603.13	477.64	18	20.62	-12.37	5.14	15
广　东	Guangdong	2298.42	2793.30	1698.20	4	132.63	48.68	125.92	2
广　西	Guangxi	190.30	728.66	412.72	21	-3.18	-29.06	1.21	22
海　南	Hainan	325.69	426.45	286.67	25	29.10	-10.46	6.45	14
重　庆	Chongqing	35.11	56.11	57.87	29	3.45	4.57	3.69	17
四　川	Sichuan	336.74	747.15	634.81	15	25.35	-34.88	14.23	12
贵　州	Guizhou	42.80	115.23	155.44	26	3.34	3.46	13.08	13
云　南	Yunnan	182.83	214.30	150.06	28	10.33	-5.33	-15.75	27
西　藏	Tibet								
陕　西	Shaanxi	878.21	1652.41	1458.05	5	167.02	95.39	2.44	21
甘　肃	Gansu	711.66	868.16	567.57	17	0.64	-24.51	-41.08	28
青　海	Qinghai	11.78	18.00	5.07	30	3.77	-4.08	-0.54	23
宁　夏	Ningxia	172.23	419.60	379.14	22	4.53	-1.46	16.78	11
新　疆	Xinjiang	1005.76	1498.78	822.47	10	60.03	4.33	57.73	6

11-142 石油加工、炼焦和核燃料加工业销售费用和管理费用

Sales Expenses and Administrative Expenses of Processing of Petroleum, Coking and Processing of Nuclear Fuel

单位：亿元 (100 million yuan)

地区	Region	销售费用 Sales Expenses			管理费用 Administrative Expenses			
		2014	2015	2015排名 Ranking	2010	2014	2015	2015排名 Ranking
全 国	**National Total**	**364.95**	**357.81**		**758.30**	**854.85**	**852.56**	
北 京	Beijing	6.24	5.73	17	21.73	14.77	16.22	17
天 津	Tianjin	6.42	5.78	16	24.48	28.44	34.21	10
河 北	Hebei	16.83	16.28	8	26.43	39.56	30.49	13
山 西	Shanxi	57.55	50.69	1	59.48	35.32	30.53	12
内蒙古	Inner Mongolia	12.23	14.45	10	13.87	37.80	35.00	9
辽 宁	Liaoning	23.54	25.34	4	87.38	106.64	110.33	1
吉 林	Jilin	2.21	1.82	26	4.97	6.98	7.50	25
黑龙江	Heilongjiang	11.75	10.77	11	51.17	53.68	51.61	4
上 海	Shanghai	9.91	8.93	12	40.46	44.97	42.66	7
江 苏	Jiangsu	17.66	21.09	5	20.26	39.46	40.47	8
浙 江	Zhejiang	3.63	3.92	21	17.01	19.80	19.48	16
安 徽	Anhui	1.49	1.82	26	9.51	11.14	10.94	24
福 建	Fujian	4.47	7.76	14	7.77	9.49	13.58	20
江 西	Jiangxi	7.74	6.99	15	8.74	13.55	13.65	19
山 东	Shandong	48.88	48.23	2	89.76	96.13	102.79	2
河 南	Henan	15.50	15.14	9	15.43	20.75	23.96	14
湖 北	Hubei	3.15	3.88	22	13.51	12.44	12.95	21
湖 南	Hunan	4.17	4.71	19	20.49	23.19	21.38	15
广 东	Guangdong	19.31	16.94	6	42.89	44.12	45.63	5
广 西	Guangxi	3.89	4.16	20	40.50	11.08	11.86	22
海 南	Hainan	0.58	1.49	29	4.64	5.83	6.63	26
重 庆	Chongqing	1.66	1.59	28	2.17	1.91	1.77	29
四 川	Sichuan	9.70	8.20	13	8.87	15.46	14.99	18
贵 州	Guizhou	2.56	2.49	24	2.20	2.27	2.84	28
云 南	Yunnan	3.11	2.22	25	6.35	6.55	6.08	27
西 藏	Tibet							
陕 西	Shaanxi	43.26	41.20	3	23.40	46.80	33.66	11
甘 肃	Gansu	6.07	5.48	18	45.63	44.55	44.03	6
青 海	Qinghai	1.20	0.40	30	0.41	0.99	0.37	30
宁 夏	Ningxia	2.57	3.53	23	7.81	11.10	10.96	23
新 疆	Xinjiang	17.67	16.78	7	40.98	50.08	55.98	3

11-143 石油加工、炼焦和核燃料加工业财务费用和营业利润

Financial Expenses and Operating Profit of Processing of Petroleum, Coking and Processing of Nuclear Fuel

单位：亿元 (100 million yuan)

地区	Region	财务费用 Financial Expenses 2010	2014	2015	2015排名 Ranking	营业利润 Operating Profit 2010	2014	2015	2015排名 Ranking
全　国	**National Total**	**199.19**	**468.44**	**416.86**		**1366.33**	**97.90**	**753.02**	
北　京	Beijing	3.26	2.59	2.37	26	49.72	15.66	29.17	10
天　津	Tianjin	4.08	4.30	9.01	14	28.20	4.26	76.67	4
河　北	Hebei	15.14	26.31	21.82	7	57.65	-18.95	-8.58	26
山　西	Shanxi	39.80	61.95	44.22	2	18.63	-68.02	-76.78	30
内蒙古	Inner Mongolia	6.41	40.58	25.38	6	32.38	-33.82	-42.30	29
辽　宁	Liaoning	9.31	45.65	38.71	3	81.11	-108.53	-5.68	25
吉　林	Jilin	0.84	1.73	1.53	27	4.67	6.41	2.85	20
黑龙江	Heilongjiang	4.91	14.16	10.31	12	86.12	-32.34	0.16	22
上　海	Shanghai	2.64	6.23	4.55	20	70.30	-24.37	48.82	7
江　苏	Jiangsu	5.51	12.97	10.80	11	68.27	63.09	73.43	5
浙　江	Zhejiang	4.39	1.73	3.34	22	71.41	36.13	104.73	3
安　徽	Anhui	2.16	3.64	3.78	21	3.84	4.05	3.81	18
福　建	Fujian	9.68	18.52	32.86	4	15.24	-7.54	36.09	8
江　西	Jiangxi	3.57	7.41	6.98	18	-4.06	5.23	4.61	16
山　东	Shandong	38.11	89.04	87.77	1	201.75	173.72	257.22	1
河　南	Henan	6.48	12.40	14.89	8	74.92	32.46	28.11	11
湖　北	Hubei	1.52	2.12	1.06	28	9.50	-8.79	1.90	21
湖　南	Hunan	2.35	4.87	4.86	19	21.03	-12.66	4.51	17
广　东	Guangdong	9.37	8.66	8.08	15	147.70	48.01	121.87	2
广　西	Guangxi	0.28	2.71	2.42	25	1.00	-27.24	-0.18	23
海　南	Hainan	2.51	1.08	3.03	23	29.29	-11.63	4.80	15
重　庆	Chongqing	0.33	0.53	0.54	29	3.71	4.56	3.68	19
四　川	Sichuan	3.47	13.58	11.82	9	27.29	-34.99	14.33	13
贵　州	Guizhou	0.83	1.72	2.59	24	3.37	3.09	13.00	14
云　南	Yunnan	4.33	8.05	7.40	17	10.70	-7.23	-15.89	27
西　藏	Tibet								
陕　西	Shaanxi	10.51	42.83	27.28	5	174.93	123.10	34.20	9
甘　肃	Gansu	0.96	12.68	10.04	13	7.84	-26.57	-38.58	28
青　海	Qinghai	0.55	1.09	0.29	30	3.61	-4.40	-0.57	24
宁　夏	Ningxia	3.20	7.27	11.31	10	5.21	1.84	20.33	12
新　疆	Xinjiang	2.67	12.03	7.80	16	61.02	3.36	57.30	6

11-144 石油加工、炼焦和核燃料加工业资产总计和负债合计

Total Assets and Liabilities of Processing of Petroleum, Coking and Processing of Nuclear Fuel

单位：亿元 (100 million yuan)

地区	Region	资产总计 Total Assets 2015	2015排名 Ranking	负债合计 Total Liabilities 2015	2015排名 Ranking
全　国	**National Total**	**24795.95**		**16461.74**	
北　京	Beijing	274.28	22	153.20	21
天　津	Tianjin	766.89	11	444.02	12
河　北	Hebei	1137.38	6	917.29	5
山　西	Shanxi	2224.15	3	1957.36	2
内蒙古	Inner Mongolia	1076.74	7	820.22	7
辽　宁	Liaoning	1777.02	4	1264.42	4
吉　林	Jilin	73.39	28	44.14	28
黑龙江	Heilongjiang	661.56	14	436.00	13
上　海	Shanghai	420.75	18	169.81	20
江　苏	Jiangsu	941.51	9	549.53	8
浙　江	Zhejiang	665.36	13	340.77	17
安　徽	Anhui	175.74	26	114.39	26
福　建	Fujian	771.19	10	518.64	10
江　西	Jiangxi	391.18	19	276.04	18
山　东	Shandong	4235.83	1	2897.44	1
河　南	Henan	556.03	17	370.48	14
湖　北	Hubei	228.11	24	120.71	24
湖　南	Hunan	272.87	23	150.54	22
广　东	Guangdong	1185.06	5	870.99	6
广　西	Guangxi	373.51	20	142.09	23
海　南	Hainan	200.09	25	119.00	25
重　庆	Chongqing	28.23	29	15.01	29
四　川	Sichuan	583.82	15	348.89	16
贵　州	Guizhou	128.88	27	100.68	27
云　南	Yunnan	280.03	21	218.72	19
西　藏	Tibet				
陕　西	Shaanxi	3005.47	2	1743.97	3
甘　肃	Gansu	567.50	16	351.79	15
青　海	Qinghai	17.90	30	11.10	30
宁　夏	Ningxia	750.16	12	519.15	9
新　疆	Xinjiang	1025.34	8	475.34	11

11-145 化学原料和化学制品制造业工业销售产值和主营业务收入

Sales Value and Revenue from Principal Business of Manufacture of Raw Chemical Materials and Chemical Products

单位：亿元 (100 million yuan)

地区	Region	工业销售产值(当年价格) Sales Value (current prices)				主营业务收入 Revenue from Principal Business			
		2010	2014	2015	2015排名 Ranking	2010	2014	2015	2015排名 Ranking
全　国	**National Total**	**46854.79**	**82352.92**	**83256.38**		**47452.35**	**83104.14**	**83564.54**	
北　京	Beijing	353.27	342.32	308.21	27	377.96	367.32	353.69	26
天　津	Tianjin	896.15	1421.49	1333.29	17	909.64	1455.02	1325.79	17
河　北	Hebei	1462.91	2481.08	2685.58	8	1441.50	2457.00	2585.18	9
山　西	Shanxi	490.51	646.17	513.76	25	530.39	770.57	350.73	27
内蒙古	Inner Mongolia	740.48	1448.92	1369.99	16	752.67	1465.39	1377.92	16
辽　宁	Liaoning	2047.53	2812.53	2028.99	13	2046.49	2743.49	2034.77	13
吉　林	Jilin	1058.99	1611.54	1522.42	15	1097.60	1602.20	1455.74	15
黑龙江	Heilongjiang	310.02	550.92	517.85	24	339.86	560.05	526.03	24
上　海	Shanghai	2290.54	2645.78	2500.57	10	2386.91	2821.14	2652.47	8
江　苏	Jiangsu	9009.41	15997.66	16573.10	2	9087.43	16158.44	16591.41	2
浙　江	Zhejiang	3431.85	5692.73	5134.07	4	3550.41	5928.60	5265.47	4
安　徽	Anhui	1115.32	2132.94	2204.64	12	1030.77	2007.69	2092.45	12
福　建	Fujian	766.54	1712.92	1537.24	14	780.74	1665.32	1521.20	14
江　西	Jiangxi	1221.48	2188.11	2292.34	11	1235.08	2223.65	2344.49	11
山　东	Shandong	8137.34	16229.88	16792.06	1	8213.79	16475.92	17045.50	1
河　南	Henan	1744.77	3660.44	3961.32	6	1832.32	3780.68	4069.44	5
湖　北	Hubei	1546.84	3824.90	4091.64	5	1532.32	3792.76	4033.29	6
湖　南	Hunan	1529.96	2835.65	2927.25	7	1515.02	2755.68	2851.72	7
广　东	Guangdong	3961.39	5876.45	6085.91	3	3972.36	5861.37	5862.76	3
广　西	Guangxi	520.82	963.93	1128.82	18	528.96	939.56	1089.05	18
海　南	Hainan	81.80	188.97	181.60	30	85.31	183.80	194.99	30
重　庆	Chongqing	520.90	815.10	880.59	20	517.48	807.90	885.13	21
四　川	Sichuan	1558.17	2395.12	2510.61	9	1570.72	2330.04	2400.43	10
贵　州	Guizhou	328.91	651.38	741.73	22	390.14	808.41	967.30	20
云　南	Yunnan	536.20	785.53	818.39	21	539.47	769.71	822.77	22
西　藏	Tibet	0.75	1.38	3.07	31	1.08	2.76	2.57	31
陕　西	Shaanxi	330.15	831.59	1033.00	19	341.42	804.35	991.22	19
甘　肃	Gansu	247.19	343.45	267.89	29	249.70	325.90	261.99	29
青　海	Qinghai	144.61	301.82	287.33	28	134.39	254.19	293.02	28
宁　夏	Ningxia	162.35	310.43	356.01	26	156.65	305.87	360.32	25
新　疆	Xinjiang	307.66	651.78	667.12	23	303.74	679.36	655.69	23

11-146 化学原料和化学制品制造业主营业务成本和利润总额

Cost of Principal Business and Total Profit of Manufacture of Raw Chemical Materials and Chemical Products

单位：亿元 (100 million yuan)

地区	Region	主营业务成本 Cost of Principal Business 2010	2014	2015	2015排名 Ranking	利润总额 Total Profit 2010	2014	2015	2015排名 Ranking
全　国	**National Total**	**39710.50**	**71865.88**	**71617.13**		**3638.41**	**4450.25**	**4669.98**	
北　京	Beijing	298.87	299.20	278.06	27	23.34	27.45	12.41	23
天　津	Tianjin	797.19	1278.24	1105.44	17	62.07	56.88	97.18	12
河　北	Hebei	1201.23	2114.95	2219.19	8	125.53	158.56	168.90	9
山　西	Shanxi	471.20	690.71	596.67	23	10.45	-5.35	-19.49	31
内蒙古	Inner Mongolia	603.34	1209.01	1140.49	16	65.65	38.85	39.01	16
辽　宁	Liaoning	1770.92	2507.00	1858.47	12	94.49	65.39	29.12	19
吉　林	Jilin	926.92	1396.92	1220.45	15	26.91	2.44	0.34	27
黑龙江	Heilongjiang	289.69	487.96	465.16	25	27.08	33.71	21.95	20
上　海	Shanghai	1953.38	2350.86	2078.38	9	180.10	135.47	178.05	8
江　苏	Jiangsu	7713.79	14108.13	14275.34	2	673.48	962.69	1101.25	1
浙　江	Zhejiang	2961.07	5149.98	4508.72	4	326.43	324.34	282.87	4
安　徽	Anhui	864.41	1693.94	1763.12	13	104.36	126.17	129.23	11
福　建	Fujian	658.92	1492.89	1346.47	14	70.27	49.65	38.97	17
江　西	Jiangxi	1013.77	1929.81	2025.38	11	111.76	176.57	180.21	7
山　东	Shandong	7098.67	14576.01	15103.38	1	588.69	1051.48	1035.91	2
河　南	Henan	1566.34	3325.79	3581.87	5	144.46	237.43	254.15	5
湖　北	Hubei	1305.71	3301.80	3524.66	6	121.91	196.80	196.40	6
湖　南	Hunan	1196.97	2272.38	2328.81	7	104.48	147.51	156.66	10
广　东	Guangdong	3012.19	4654.68	4574.99	3	409.19	419.37	478.76	3
广　西	Guangxi	450.14	792.00	927.12	18	45.01	61.71	65.02	14
海　南	Hainan	62.12	154.48	172.14	30	20.11	16.22	11.86	25
重　庆	Chongqing	435.54	698.80	767.21	21	32.58	17.02	16.40	21
四　川	Sichuan	1318.31	2020.74	2075.15	10	112.87	79.79	93.07	13
贵　州	Guizhou	336.68	717.82	847.93	19	18.59	18.08	35.55	18
云　南	Yunnan	444.64	671.72	707.05	22	37.29	-6.97	-9.84	30
西　藏	Tibet	0.63	1.46	1.49	31	0.25	0.69	0.61	26
陕　西	Shaanxi	294.30	653.16	813.50	20	7.18	24.68	58.71	15
甘　肃	Gansu	225.51	302.85	245.69	28	6.39	-6.90	-8.72	29
青　海	Qinghai	67.66	182.54	194.93	29	39.97	12.41	12.01	24
宁　夏	Ningxia	141.13	275.07	329.08	26	4.39	0.08	0.33	28
新　疆	Xinjiang	229.23	554.97	540.80	24	43.12	28.02	13.10	22

11-147 化学原料和化学制品制造业销售费用和管理费用

Sales Expenses and Administrative Expenses of Manufacture of Raw Chemical Materials and Chemical Products

单位：亿元 (100 million yuan)

地区	Region	销售费用 Sales Expenses 2014	2015	2015排名 Ranking	管理费用 Administrative Expenses 2010	2014	2015	2015排名 Ranking
全　国	**National Total**	**2361.23**	**2506.92**		**1923.48**	**2894.99**	**3067.57**	
北　京	Beijing	28.53	30.57	20	25.95	30.37	28.90	25
天　津	Tianjin	31.51	29.72	23	44.51	60.07	61.87	15
河　北	Hebei	62.80	65.74	11	58.17	88.17	93.39	10
山　西	Shanxi	22.12	17.25	26	27.07	37.84	35.11	22
内蒙古	Inner Mongolia	51.17	50.80	13	27.43	60.91	65.37	14
辽　宁	Liaoning	52.71	41.21	15	88.30	77.73	68.70	13
吉　林	Jilin	30.83	31.77	19	57.18	77.65	78.78	12
黑龙江	Heilongjiang	8.17	9.87	27	12.80	19.82	18.62	26
上　海	Shanghai	181.92	209.23	4	117.52	181.89	164.58	5
江　苏	Jiangsu	318.69	343.10	2	301.22	514.08	560.65	1
浙　江	Zhejiang	159.02	168.93	5	141.67	228.36	242.62	4
安　徽	Anhui	69.11	75.43	9	49.82	95.16	98.52	9
福　建	Fujian	43.26	42.39	14	25.07	52.37	61.43	16
江　西	Jiangxi	33.63	37.08	16	30.53	51.73	55.45	17
山　东	Shandong	252.27	268.37	3	254.79	338.95	362.71	2
河　南	Henan	64.51	71.83	10	49.22	85.40	93.39	10
湖　北	Hubei	106.58	110.29	6	60.33	127.90	134.44	7
湖　南	Hunan	92.16	104.06	7	90.34	121.65	134.78	6
广　东	Guangdong	456.94	477.44	1	176.50	263.39	291.39	3
广　西	Guangxi	27.43	28.05	24	36.70	38.84	45.54	20
海　南	Hainan	2.94	4.74	30	2.58	5.04	4.13	30
重　庆	Chongqing	28.05	29.84	22	41.55	43.30	49.27	19
四　川	Sichuan	69.15	75.65	8	88.11	103.76	110.01	8
贵　州	Guizhou	18.43	19.12	25	17.98	28.91	32.89	24
云　南	Yunnan	40.16	51.40	12	31.23	41.88	40.32	21
西　藏	Tibet	0.24	0.15	31	0.15	0.35	0.26	31
陕　西	Shaanxi	28.17	33.41	18	21.82	44.21	51.27	18
甘　肃	Gansu	7.85	7.20	28	13.94	16.88	15.66	29
青　海	Qinghai	32.79	34.80	17	11.35	14.53	15.97	28
宁　夏	Ningxia	7.79	7.20	28	5.19	11.13	17.36	27
新　疆	Xinjiang	32.30	30.29	21	14.47	32.69	34.21	23

11-148 化学原料和化学制品制造业财务费用和营业利润

Financial Expenses and Operating Profit of Manufacture of Raw Chemical Materials and Chemical Products

单位：亿元 (100 million yuan)

地区	Region	财务费用 Financial Expenses				营业利润 Operating Profit			
		2010	2014	2015	2015排名 Ranking	2010	2014	2015	2015排名 Ranking
全　国	**National Total**	**516.97**	**1216.08**	**1266.03**		**3792.42**	**4349.75**	**4529.21**	
北　京	Beijing	3.20	5.73	5.47	28	22.12	25.90	10.90	22
天　津	Tianjin	9.77	27.96	24.02	20	63.24	55.27	99.44	12
河　北	Hebei	16.46	33.62	35.79	11	121.67	153.91	171.29	8
山　西	Shanxi	13.94	33.57	29.51	15	9.80	-8.30	-21.99	31
内蒙古	Inner Mongolia	15.24	84.79	71.18	4	93.92	57.15	49.92	16
辽　宁	Liaoning	24.30	39.94	42.54	9	82.73	40.52	-4.15	28
吉　林	Jilin	5.70	15.61	14.05	24	26.45	4.39	0.62	25
黑龙江	Heilongjiang	3.67	5.45	6.36	27	29.92	36.15	22.96	19
上　海	Shanghai	15.77	18.41	25.60	19	176.64	124.55	166.25	10
江　苏	Jiangsu	76.05	176.72	189.26	2	753.98	958.54	1088.47	1
浙　江	Zhejiang	43.35	89.35	98.92	3	314.09	302.08	268.64	4
安　徽	Anhui	12.17	30.28	28.26	18	103.88	118.54	119.22	11
福　建	Fujian	9.35	26.32	28.73	16	70.93	49.13	36.13	17
江　西	Jiangxi	6.98	15.79	16.53	23	112.87	179.45	181.76	7
山　东	Shandong	91.38	196.76	206.88	1	606.39	1037.16	1010.90	2
河　南	Henan	21.62	52.11	54.29	6	146.62	234.07	251.31	5
湖　北	Hubei	20.42	65.33	58.60	5	164.98	193.42	190.79	6
湖　南	Hunan	14.11	31.04	32.01	13	123.19	157.98	170.53	9
广　东	Guangdong	16.74	30.59	39.63	10	406.86	430.38	474.27	3
广　西	Guangxi	7.83	11.51	10.61	25	48.02	62.09	62.91	14
海　南	Hainan	0.51	3.85	4.93	30	20.15	16.09	11.57	21
重　庆	Chongqing	10.50	18.57	22.55	22	36.38	16.87	13.36	20
四　川	Sichuan	22.83	46.44	44.73	7	115.50	80.25	89.57	13
贵　州	Guizhou	9.07	25.19	28.67	17	18.47	16.65	23.59	18
云　南	Yunnan	14.45	29.94	31.43	14	40.07	-16.88	-11.91	30
西　藏	Tibet	0.01	0.02	0.03	31	0.26	0.68	0.60	26
陕　西	Shaanxi	7.79	22.16	34.70	12	6.50	12.32	57.12	15
甘　肃	Gansu	2.69	4.21	4.99	29	-0.44	-8.42	-10.35	29
青　海	Qinghai	7.79	24.60	23.40	21	33.53	1.64	1.98	24
宁　夏	Ningxia	3.28	10.90	9.67	26	3.32	-1.19	-0.91	27
新　疆	Xinjiang	10.02	39.31	42.68	8	40.42	19.37	4.43	23

11-149 化学原料和化学制品制造业资产总计和负债合计

Total Assets and Liabilities of Manufacture of Raw Chemical Materials and Chemical Products

单位：亿元 (100 million yuan)

地区	Region	资产总计 Total Assets 2015	2015排名 Ranking	负债合计 Total Liabilities 2015	2015排名 Ranking
全　国	**National Total**	**72573.12**		**41378.31**	
北　京	Beijing	455.95	28	244.67	28
天　津	Tianjin	1445.93	18	856.02	20
河　北	Hebei	2170.25	11	1205.44	13
山　西	Shanxi	1265.49	21	987.01	16
内蒙古	Inner Mongolia	2960.35	7	2111.37	4
辽　宁	Liaoning	2316.87	10	1576.37	8
吉　林	Jilin	882.40	24	433.16	25
黑龙江	Heilongjiang	487.06	27	304.51	27
上　海	Shanghai	2661.52	8	1210.68	12
江　苏	Jiangsu	10802.19	2	5476.66	2
浙　江	Zhejiang	5393.68	3	2939.97	3
安　徽	Anhui	1738.57	14	974.92	17
福　建	Fujian	1472.93	16	888.07	19
江　西	Jiangxi	1564.44	15	796.46	21
山　东	Shandong	10984.16	1	6082.06	1
河　南	Henan	3559.23	5	1822.38	6
湖　北	Hubei	2978.76	6	1763.67	7
湖　南	Hunan	1354.29	19	557.83	23
广　东	Guangdong	4274.18	4	2078.06	5
广　西	Guangxi	724.37	26	418.98	26
海　南	Hainan	310.42	30	114.87	30
重　庆	Chongqing	1086.98	23	740.04	22
四　川	Sichuan	2333.81	9	1334.15	11
贵　州	Guizhou	1339.44	20	1013.69	15
云　南	Yunnan	1257.43	22	925.48	18
西　藏	Tibet	7.34	31	1.96	31
陕　西	Shaanxi	2141.40	12	1389.60	9
甘　肃	Gansu	359.95	29	227.60	29
青　海	Qinghai	1455.35	17	1032.18	14
宁　夏	Ningxia	795.58	25	513.92	24
新　疆	Xinjiang	1992.82	13	1356.56	10

11-150 医药制造业工业销售产值和主营业务收入
Sales Value and Revenue from Principal Business of Medicine Manufacturing Industry

单位：亿元 (100 million yuan)

地区	Region	工业销售产值（当年价格） Sales Value（current prices）				主营业务收入 Revenue from Principal Business			
		2010	2014	2015	2015排名 Ranking	2010	2014	2015	2015排名 Ranking
全　国	**National Total**	**11168.50**	**23200.28**	**25738.22**		**11417.30**	**23350.33**	**25729.53**	
北　京	Beijing	350.52	641.39	689.40	13	369.16	662.63	715.68	12
天　津	Tianjin	282.78	466.11	486.20	18	314.66	538.75	571.25	16
河　北	Hebei	441.12	708.95	773.68	11	524.97	893.72	905.32	11
山　西	Shanxi	91.27	166.24	171.60	25	91.75	167.19	173.81	25
内蒙古	Inner Mongolia	156.86	280.48	316.53	21	165.62	254.58	262.45	23
辽　宁	Liaoning	369.58	766.69	604.01	15	428.15	783.09	617.97	15
吉　林	Jilin	564.92	1550.62	1769.95	4	516.49	1480.44	1639.18	4
黑龙江	Heilongjiang	211.29	337.05	301.12	22	281.97	401.10	389.68	19
上　海	Shanghai	385.89	584.83	623.80	14	409.89	616.07	659.35	14
江　苏	Jiangsu	1376.63	3048.67	3449.67	2	1394.29	3043.49	3479.50	2
浙　江	Zhejiang	731.02	1098.68	1163.08	7	732.24	1092.46	1158.12	7
安　徽	Anhui	235.06	624.85	713.25	12	259.92	631.99	715.57	13
福　建	Fujian	138.15	234.34	276.19	23	138.10	226.84	263.23	22
江　西	Jiangxi	458.92	995.16	1126.07	8	466.26	1027.73	1148.29	8
山　东	Shandong	1582.76	3736.40	4179.30	1	1564.42	3715.78	4161.66	1
河　南	Henan	722.60	1671.09	2008.37	3	707.04	1663.66	1976.15	3
湖　北	Hubei	392.44	956.59	1068.16	9	405.49	946.29	1067.38	9
湖　南	Hunan	369.41	787.56	938.99	10	363.31	771.21	924.54	10
广　东	Guangdong	729.32	1290.76	1412.55	5	741.46	1294.58	1407.88	5
广　西	Guangxi	157.51	356.20	395.17	19	153.08	333.08	354.81	20
海　南	Hainan	60.81	115.99	138.64	26	58.67	114.15	137.63	26
重　庆	Chongqing	170.42	375.25	522.84	17	170.32	376.08	518.64	17
四　川	Sichuan	596.77	1125.59	1193.56	6	593.07	1104.36	1164.59	6
贵　州	Guizhou	146.49	313.32	351.35	20	136.93	297.57	334.58	21
云　南	Yunnan	127.83	251.85	262.66	24	130.93	247.91	255.31	24
西　藏	Tibet	6.20	10.79	11.74	31	5.13	15.91	9.91	31
陕　西	Shaanxi	214.01	473.88	538.33	16	195.77	452.16	507.53	18
甘　肃	Gansu	47.19	109.80	120.05	27	47.86	103.60	109.14	27
青　海	Qinghai	19.03	62.51	63.53	28	19.10	42.13	35.43	30
宁　夏	Ningxia	21.62	30.15	38.77	29	21.77	27.51	36.62	29
新　疆	Xinjiang	10.07	28.46	29.66	30	9.49	24.27	38.32	28

11-151 医药制造业主营业务成本和利润总额
Cost of Principal Business and Total Profit of Medicine Manufacturing Industry

单位：亿元 (100 million yuan)

地区	Region	主营业务成本 Cost of Principal Business 2010	2014	2015	2015排名 Ranking	利润总额 Total Profit 2010	2014	2015	2015排名 Ranking
全　国	**National Total**	**7902.42**	**16576.64**	**18207.88**		**1331.09**	**2382.47**	**2717.35**	
北　京	Beijing	176.97	306.17	330.57	18	58.49	112.58	131.88	7
天　津	Tianjin	201.50	335.94	353.43	16	40.48	64.27	63.16	14
河　北	Hebei	390.08	704.26	699.80	11	55.32	67.74	75.71	12
山　西	Shanxi	59.36	106.55	109.08	25	9.65	16.17	17.44	27
内蒙古	Inner Mongolia	123.81	186.27	194.12	22	25.94	32.05	30.69	23
辽　宁	Liaoning	314.81	572.84	417.38	13	36.73	81.69	72.90	13
吉　林	Jilin	361.13	994.08	1095.45	4	49.26	122.63	170.55	5
黑龙江	Heilongjiang	183.02	272.15	250.37	19	41.50	41.42	55.40	18
上　海	Shanghai	247.66	354.15	366.26	15	57.08	82.64	108.39	9
江　苏	Jiangsu	881.70	1983.43	2261.51	2	146.97	318.93	362.89	2
浙　江	Zhejiang	486.82	697.73	725.74	9	92.50	131.68	135.52	6
安　徽	Anhui	212.93	512.00	581.66	12	20.86	54.35	60.79	16
福　建	Fujian	96.96	154.78	177.49	23	17.99	26.85	34.27	22
江　西	Jiangxi	348.15	799.95	892.48	6	33.54	80.70	91.41	10
山　东	Shandong	1167.88	2853.19	3194.11	1	184.24	377.31	426.52	1
河　南	Henan	560.67	1375.57	1653.61	3	87.74	157.89	176.53	3
湖　北	Hubei	309.39	729.86	801.90	8	42.32	72.61	89.71	11
湖　南	Hunan	267.93	600.75	718.03	10	37.77	53.79	63.15	15
广　东	Guangdong	490.42	881.40	957.70	5	102.28	145.76	175.97	4
广　西	Guangxi	97.27	221.57	250.06	20	23.97	44.41	39.19	20
海　南	Hainan	32.49	65.39	81.45	26	13.08	17.23	21.13	25
重　庆	Chongqing	117.52	277.28	394.60	14	13.18	33.01	47.69	19
四　川	Sichuan	437.88	824.37	861.05	7	64.46	101.24	108.59	8
贵　州	Guizhou	77.03	169.50	194.56	21	20.48	34.68	38.43	21
云　南	Yunnan	69.84	154.23	158.48	24	17.65	29.96	29.70	24
西　藏	Tibet	1.83	6.20	3.24	31	2.14	3.00	3.69	29
陕　西	Shaanxi	122.77	301.08	336.05	17	20.19	54.65	60.01	17
甘　肃	Gansu	28.68	71.16	73.13	27	8.56	17.29	19.51	26
青　海	Qinghai	15.91	24.53	22.29	29	0.95	6.19	6.12	28
宁　夏	Ningxia	13.93	23.02	31.59	28	4.78	-0.78	-0.03	31
新　疆	Xinjiang	6.06	17.23	20.70	30	1.00	0.55	0.44	30

11-152 医药制造业销售费用和管理费用

Sales Expenses and Administration Expenses of Medicine Manufacturing Industry

单位：亿元 (100 million yuan)

地区	Region	销售费用 Sales Expenses 2014	2015	2015排名 Ranking	管理费用 Administrative Expenses 2010	2014	2015	2015排名 Ranking
全 国	**National Total**	**2719.26**	**2959.88**		**810.39**	**1410.40**	**1594.53**	
北 京	Beijing	183.58	191.48	4	37.63	65.54	71.43	7
天 津	Tianjin	101.42	104.57	9	25.65	40.90	48.56	12
河 北	Hebei	74.25	81.42	12	36.27	37.07	41.29	15
山 西	Shanxi	23.31	25.21	24	9.36	16.28	17.36	24
内蒙古	Inner Mongolia	12.27	13.48	26	8.26	11.95	14.63	25
辽 宁	Liaoning	74.90	73.15	14	29.35	44.64	42.08	14
吉 林	Jilin	262.07	265.74	3	41.40	98.44	105.21	4
黑龙江	Heilongjiang	49.90	40.33	20	24.41	35.93	39.94	16
上 海	Shanghai	131.91	135.14	7	38.58	58.85	68.71	9
江 苏	Jiangsu	506.25	574.73	1	107.65	216.26	258.36	1
浙 江	Zhejiang	158.88	174.60	5	67.72	111.42	122.56	3
安 徽	Anhui	32.46	34.27	21	13.34	28.96	32.47	18
福 建	Fujian	24.13	28.30	23	11.26	17.71	21.22	21
江 西	Jiangxi	98.66	112.16	8	21.49	36.61	42.50	13
山 东	Shandong	267.71	319.25	2	75.47	149.99	163.79	2
河 南	Henan	58.88	64.67	17	22.65	45.04	54.09	10
湖 北	Hubei	74.12	89.62	11	31.48	59.58	70.54	8
湖 南	Hunan	56.54	70.61	16	25.17	41.95	51.87	11
广 东	Guangdong	148.70	155.62	6	52.57	86.58	95.32	5
广 西	Guangxi	37.31	31.51	22	16.09	21.48	24.50	20
海 南	Hainan	20.06	23.34	25	5.54	11.75	12.73	26
重 庆	Chongqing	32.08	41.12	19	17.77	26.11	32.85	17
四 川	Sichuan	90.21	98.86	10	49.20	68.10	74.17	6
贵 州	Guizhou	71.15	76.44	13	8.41	17.03	20.16	23
云 南	Yunnan	43.20	45.23	18	9.97	19.17	20.26	22
西 藏	Tibet	5.37	1.56	30	0.89	1.50	1.53	31
陕 西	Shaanxi	64.55	73.09	15	11.82	25.89	28.96	19
甘 肃	Gansu	5.42	5.94	27	5.26	6.76	7.02	27
青 海	Qinghai	6.08	3.96	28	2.49	2.78	3.06	30
宁 夏	Ningxia	0.72	0.85	31	1.97	3.07	3.91	28
新 疆	Xinjiang	3.17	3.63	29	1.26	3.06	3.46	29

11-153　医药制造业财务费用和营业利润

Financial Expenses and Operating Profit of Medicine Manufacturing Industry

单位：亿元 (100 million yuan)

地区	Region	财务费用 Financial Expenses 2010	2014	2015	2015排名 Ranking	营业利润 Operating Profit 2010	2014	2015	2015排名 Ranking
全　国	**National Total**	**115.12**	**231.29**	**244.47**		**1349.98**	**2328.02**	**2653.09**	
北　京	Beijing	4.67	10.31	13.39	5	57.97	109.92	128.64	6
天　津	Tianjin	3.25	6.31	6.79	13	39.27	61.39	63.32	15
河　北	Hebei	8.20	9.05	9.25	10	55.31	64.70	75.49	12
山　西	Shanxi	2.64	4.57	4.92	18	10.47	14.87	16.62	27
内蒙古	Inner Mongolia	0.83	2.47	3.34	22	31.05	32.61	30.60	23
辽　宁	Liaoning	3.87	6.62	6.54	14	37.76	79.70	70.92	13
吉　林	Jilin	3.84	10.69	13.14	7	52.47	124.99	182.58	3
黑龙江	Heilongjiang	0.99	1.86	2.49	24	40.87	39.54	52.18	18
上　海	Shanghai	1.74	5.74	4.15	19	54.08	77.54	104.66	9
江　苏	Jiangsu	7.26	12.62	14.99	4	145.25	313.48	354.01	2
浙　江	Zhejiang	11.90	19.07	13.19	6	88.79	124.45	125.99	7
安　徽	Anhui	2.34	5.32	5.25	16	20.40	53.64	57.95	17
福　建	Fujian	2.06	2.98	2.34	25	17.41	25.89	33.06	22
江　西	Jiangxi	3.39	6.71	7.07	11	36.00	77.46	85.68	10
山　东	Shandong	16.19	40.21	43.24	1	184.53	374.55	421.54	1
河　南	Henan	9.13	18.21	21.14	2	87.88	155.67	174.86	4
湖　北	Hubei	4.43	11.73	12.66	8	50.88	68.55	80.53	11
湖　南	Hunan	3.08	5.54	6.93	12	38.88	52.95	63.82	14
广　东	Guangdong	4.05	10.16	11.15	9	108.18	142.89	169.03	5
广　西	Guangxi	2.28	3.01	2.58	23	25.71	43.55	38.33	20
海　南	Hainan	0.12	0.36	1.03	28	12.37	16.34	20.27	25
重　庆	Chongqing	3.20	6.41	6.45	15	13.43	32.09	44.38	19
四　川	Sichuan	7.27	14.50	15.54	3	65.24	101.38	106.65	8
贵　州	Guizhou	2.08	3.07	3.75	20	19.84	33.25	36.58	21
云　南	Yunnan	0.85	3.95	3.55	21	19.15	27.96	28.00	24
西　藏	Tibet	-0.05	0.06	0.05	31	1.69	2.53	3.62	29
陕　西	Shaanxi	3.72	4.50	5.08	17	19.28	54.47	60.02	16
甘　肃	Gansu	0.45	1.91	1.51	27	8.13	16.81	18.80	26
青　海	Qinghai	0.18	0.38	0.17	30	2.03	5.93	5.69	28
宁　夏	Ningxia	0.96	2.33	2.08	26	4.89	-1.31	-0.67	31
新　疆	Xinjiang	0.19	0.61	0.69	29	0.78	0.25	-0.06	30

11-154 医药制造业资产总计和负债合计

Total Assets and Liabilities of Medicine Manufacturing Industry

单位：亿元 (100 million yuan)

地区	Region	资产总计 Total Assets 2015	2015排名 Ranking	负债合计 Total Liabilities 2015	2015排名 Ranking
全　国	**National Total**	**25071.09**		**10399.81**	
北　京	Beijing	1151.50	7	476.86	8
天　津	Tianjin	845.13	12	323.53	12
河　北	Hebei	1019.47	10	503.18	6
山　西	Shanxi	335.51	22	196.64	19
内蒙古	Inner Mongolia	321.61	23	179.42	22
辽　宁	Liaoning	784.69	13	302.32	13
吉　林	Jilin	1286.07	6	473.46	9
黑龙江	Heilongjiang	542.32	16	230.03	17
上　海	Shanghai	1036.23	9	387.43	11
江　苏	Jiangsu	2458.47	2	979.16	2
浙　江	Zhejiang	1781.80	4	749.06	4
安　徽	Anhui	557.43	15	266.29	14
福　建	Fujian	285.54	25	94.92	25
江　西	Jiangxi	630.58	14	254.82	15
山　东	Shandong	3243.32	1	1259.36	1
河　南	Henan	1379.09	5	495.06	7
湖　北	Hubei	979.15	11	459.72	10
湖　南	Hunan	497.80	18	180.57	21
广　东	Guangdong	1975.89	3	795.49	3
广　西	Guangxi	291.27	24	138.86	24
海　南	Hainan	209.31	27	68.58	29
重　庆	Chongqing	506.72	17	244.25	16
四　川	Sichuan	1097.99	8	512.06	5
贵　州	Guizhou	372.27	21	145.89	23
云　南	Yunnan	466.67	19	223.24	18
西　藏	Tibet	33.89	31	10.24	31
陕　西	Shaanxi	429.81	20	189.52	20
甘　肃	Gansu	233.47	26	87.01	26
青　海	Qinghai	78.75	30	24.14	30
宁　夏	Ningxia	113.23	29	79.80	27
新　疆	Xinjiang	126.12	28	68.88	28

11-155 化学纤维制造业工业销售产值和主营业务收入
Sales Value and Revenue from Principal Business of Manufacture of Chemical Fibers

单位：亿元 (100 million yuan)

地区	Region	工业销售产值（当年价格） Sales Value（current prices） 2010	2014	2015	2015排名 Ranking	主营业务收入 Revenue from Principal Business 2010	2014	2015	2015排名 Ranking
全　国	**National Total**	**4868.20**	**7157.88**	**7320.83**		**5020.29**	**7158.81**	**7206.21**	
北　京	Beijing	2.56	2.34	0.51	25	2.64	2.35	0.52	24
天　津	Tianjin	6.47	16.24	19.13	17	6.88	15.46	18.79	17
河　北	Hebei	55.38	80.58	91.47	8	55.64	81.22	92.31	9
山　西	Shanxi	1.01				1.01			
内蒙古	Inner Mongolia		0.35	0.52	24		0.41	0.51	25
辽　宁	Liaoning	39.12	48.85	40.62	14	49.62	48.61	40.85	14
吉　林	Jilin	78.62	55.82	57.58	13	67.85	54.60	51.68	13
黑龙江	Heilongjiang	0.54	1.71	1.98	21	0.53	1.74	2.00	21
上　海	Shanghai	40.79	41.52	31.03	15	40.83	41.63	32.04	15
江　苏	Jiangsu	1668.15	2525.11	2597.88	1	1695.08	2517.74	2561.72	1
浙　江	Zhejiang	1831.74	2487.28	2443.02	2	1863.90	2487.21	2408.29	2
安　徽	Anhui	52.99	81.61	91.38	9	53.95	94.84	99.45	7
福　建	Fujian	314.30	847.51	960.56	3	312.14	822.74	895.27	3
江　西	Jiangxi	34.21	77.06	86.15	10	38.56	77.73	86.62	10
山　东	Shandong	152.51	250.86	256.97	4	155.76	251.22	261.66	4
河　南	Henan	118.52	80.75	93.30	7	164.20	82.49	93.07	8
湖　北	Hubei	32.13	80.98	74.84	11	32.67	80.14	73.62	11
湖　南	Hunan	29.13	27.53	30.58	16	29.37	26.40	27.07	16
广　东	Guangdong	180.22	133.39	124.85	6	187.08	134.29	122.87	6
广　西	Guangxi	0.12	0.23	0.86	23	0.12	0.21	0.85	23
海　南	Hainan	5.23				5.26			
重　庆	Chongqing	6.87	5.66	10.64	20	5.86	5.79	10.83	20
四　川	Sichuan	96.65	183.84	200.08	5	107.99	199.56	222.60	5
贵　州	Guizhou			0.19	26			0.28	26
云　南	Yunnan	12.22	15.21	15.23	19	12.22	15.22	15.23	19
西　藏	Tibet								
陕　西	Shaanxi	10.99	16.89	15.90	18	11.10	16.61	15.88	18
甘　肃	Gansu	7.01	4.57	1.68	22	15.06	3.33	1.21	22
青　海	Qinghai								
宁　夏	Ningxia								
新　疆	Xinjiang	90.74	91.98	73.91	12	104.93	97.28	70.96	12

11-156 化学纤维制造业主营业务成本和利润总额
Cost of Principal Business and Total Profit of Manufacture of Chemical Fibers

单位：亿元

地区	Region	主营业务成本 Cost of Principal Business				利润总额 Total Profit			
		2010	2014	2015	2015排名 Ranking	2010	2014	2015	2015排名 Ranking
全　国	**National Total**	**4456.75**	**6481.83**	**6505.03**		**359.31**	**292.57**	**306.79**	
北　京	Beijing	2.06	1.77	0.45	24	0.03	0.22	-0.02	23
天　津	Tianjin	6.15	12.88	15.35	17	0.43	1.66	2.27	15
河　北	Hebei	49.11	73.15	83.11	7	3.18	3.48	4.02	12
山　西	Shanxi	0.93				0.01			
内蒙古	Inner Mongolia		0.36	0.44	25				
辽　宁	Liaoning	45.24	43.44	35.51	14	1.80	0.97	2.36	14
吉　林	Jilin	59.04	50.68	44.37	13	0.47	-0.43	1.78	17
黑龙江	Heilongjiang	0.44	1.35	1.65	21	0.02	0.05	0.07	21
上　海	Shanghai	34.10	36.03	25.73	15	3.11	1.56	0.77	20
江　苏	Jiangsu	1474.52	2302.57	2319.84	1	141.11	84.24	102.53	1
浙　江	Zhejiang	1692.42	2282.94	2224.68	2	126.80	114.48	96.21	2
安　徽	Anhui	46.06	78.88	83.06	8	3.68	5.13	5.24	9
福　建	Fujian	277.37	729.62	796.48	3	27.53	24.96	29.10	3
江　西	Jiangxi	32.79	67.82	78.46	10	2.90	6.66	4.59	10
山　东	Shandong	138.26	222.94	231.20	4	6.52	10.13	15.09	4
河　南	Henan	147.13	70.30	79.22	9	11.03	6.44	7.37	7
湖　北	Hubei	30.40	72.63	64.85	11	1.81	5.07	5.74	8
湖　南	Hunan	26.02	23.42	24.33	16	1.43	1.00	0.92	19
广　东	Guangdong	165.07	113.25	101.99	6	11.89	10.03	10.85	5
广　西	Guangxi	0.09	0.24	0.80	23		-0.04	-0.02	23
海　南	Hainan	4.68				0.04			
重　庆	Chongqing	5.22	5.16	8.78	20	0.48	0.27	1.15	18
四　川	Sichuan	96.14	178.30	199.32	5	4.83	7.29	7.62	6
贵　州	Guizhou			0.29	26			-0.02	23
云　南	Yunnan	8.04	10.61	10.25	19	3.27	3.76	4.18	11
西　藏	Tibet								
陕　西	Shaanxi	9.48	13.74	12.70	18	1.30	2.34	2.14	16
甘　肃	Gansu	13.58	3.19	1.13	22	-0.34	0.04	0.03	22
青　海	Qinghai								
宁　夏	Ningxia								
新　疆	Xinjiang	92.40	86.56	61.04	12	5.99	3.27	2.80	13

11-157　化学纤维制造业销售费用和管理费用

Sales Expenses and Administration Expenses of Manufacture of Chemical Fibers

单位：亿元　　　　(100 million yuan)

地区	Region	销售费用 Sales Expenses			管理费用 Administrative Expenses			
		2014	2015	2015排名 Ranking	2010	2014	2015	2015排名 Ranking
全　国	**National Total**	**75.98**	**82.08**		**113.64**	**196.84**	**207.28**	
北　京	Beijing	0.09	0.02	23	0.38	0.25	0.08	22
天　津	Tianjin	0.15	0.20	17	0.39	0.65	0.71	17
河　北	Hebei	1.58	1.58	12	2.37	2.77	2.37	13
山　西	Shanxi				0.03			
内蒙古	Inner Mongolia	0.01				0.03	0.06	23
辽　宁	Liaoning	0.48	0.65	15	1.88	3.03	1.34	15
吉　林	Jilin	1.48	1.70	11	3.64	2.49	2.69	12
黑龙江	Heilongjiang	0.11	0.08	20	0.05	0.17	0.16	21
上　海	Shanghai	2.48	2.24	8	2.15	2.72	4.57	8
江　苏	Jiangsu	27.61	31.94	1	32.17	60.23	71.45	1
浙　江	Zhejiang	13.00	13.84	2	28.05	45.46	47.33	2
安　徽	Anhui	2.04	2.08	10	2.43	5.73	5.73	6
福　建	Fujian	6.28	6.62	3	6.52	41.94	37.15	3
江　西	Jiangxi	0.77	0.98	14	1.53	1.35	1.70	14
山　东	Shandong	4.86	4.64	5	5.14	7.77	6.93	4
河　南	Henan	1.96	2.32	7	4.08	3.44	3.52	10
湖　北	Hubei	1.21	1.38	13	4.12	1.83	4.30	9
湖　南	Hunan	0.42	0.47	16	2.20	0.50	0.62	18
广　东	Guangdong	2.28	2.23	9	6.41	6.61	6.02	5
广　西	Guangxi	0.01	0.03	22	0.02	0.01	0.02	25
海　南	Hainan				0.04			
重　庆	Chongqing	0.09	0.19	18	0.18	0.19	0.51	20
四　川	Sichuan	5.19	5.56	4	3.63	5.59	5.22	7
贵　州	Guizhou		0.01	24			0.01	26
云　南	Yunnan	0.09	0.05	21	0.60	0.81	0.73	16
西　藏	Tibet							
陕　西	Shaanxi	0.11	0.09	19	0.31	0.43	0.54	19
甘　肃	Gansu	0.01	0.01	24	1.12	0.04	0.03	24
青　海	Qinghai							
宁　夏	Ningxia							
新　疆	Xinjiang	3.67	3.17	6	4.16	2.81	3.50	11

11-158 化学纤维制造业财务费用和营业利润
Financial Expenses and Operating Profit of Manufacture of Chemical Fibers

单位：亿元 (100 million yuan)

地区	Region	财务费用 Financial Expenses				营业利润 Operating Profit			
		2010	2014	2015	2015排名 Ranking	2010	2014	2015	2015排名 Ranking
全　国	**National Total**	**71.07**	**130.13**	**132.71**		**363.85**	**279.68**	**287.82**	
北　京	Beijing	0.08	0.02			0.01	0.20	-0.02	24
天　津	Tianjin	0.05	-0.03	0.09	18	0.42	1.69	2.29	13
河　北	Hebei	0.40	0.89	0.65	14	3.65	3.06	4.10	12
山　西	Shanxi	0.03				0.01			
内蒙古	Inner Mongolia						-0.02		
辽　宁	Liaoning	0.60	0.90	1.07	13	1.73	0.81	2.25	14
吉　林	Jilin	2.35	3.68	2.42	7	0.56	-1.40	0.74	19
黑龙江	Heilongjiang		0.06	0.04	19	0.02	0.05	0.07	21
上　海	Shanghai	0.36	0.48	0.28	15	2.44	1.30	0.54	20
江　苏	Jiangsu	25.09	48.23	46.34	1	147.94	80.56	96.81	1
浙　江	Zhejiang	23.41	38.72	39.47	2	125.57	109.58	89.54	2
安　徽	Anhui	1.51	3.29	2.33	8	3.53	4.70	4.71	10
福　建	Fujian	4.95	16.92	19.93	3	27.74	24.89	28.22	3
江　西	Jiangxi	0.38	1.20	2.10	9	2.84	6.15	4.72	9
山　东	Shandong	3.79	4.59	3.73	5	6.86	10.04	14.67	4
河　南	Henan	1.58	1.87	1.68	11	10.95	6.35	7.21	6
湖　北	Hubei	0.39	1.19	1.09	12	1.63	4.53	5.55	8
湖　南	Hunan	0.31	0.20	0.21	17	1.73	1.19	0.93	17
广　东	Guangdong	1.51	1.59	1.81	10	11.59	9.95	10.30	5
广　西	Guangxi		0.01	0.01	21		-0.04	-0.01	23
海　南	Hainan					0.04			
重　庆	Chongqing	0.03	0.04	0.04	19	0.52	0.27	1.10	16
四　川	Sichuan	1.68	3.65	6.79	4	4.60	6.94	7.00	7
贵　州	Guizhou							-0.03	25
云　南	Yunnan	-0.07	-0.14	-0.09	23	3.26	3.76	4.18	11
西　藏	Tibet								
陕　西	Shaanxi	0.02	0.02	0.27	16	1.33	2.25	2.12	15
甘　肃	Gansu	0.48	0.02	0.01	21	-0.40	0.05	0.03	22
青　海	Qinghai								
宁　夏	Ningxia								
新　疆	Xinjiang	2.16	2.71	2.46	6	5.26	2.81	0.81	18

11-159 化学纤维制造业资产总计和负债合计
Total Assets and Liabilities of Manufacture of Chemical Fibers

单位：亿元 (100 million yuan)

地区	Region	资产总计 Total Assets 2015	2015排名 Ranking	负债合计 Total Liabilities 2015	2015排名 Ranking
全 国	**National Total**	**6695.12**		**4018.15**	
北 京	Beijing	0.65	23	0.31	24
天 津	Tianjin	6.05	20	3.88	19
河 北	Hebei	66.72	12	34.80	12
山 西	Shanxi				
内蒙古	Inner Mongolia	0.37	25	0.29	25
辽 宁	Liaoning	50.39	14	34.69	13
吉 林	Jilin	73.79	11	47.71	10
黑龙江	Heilongjiang	3.34	21	1.31	22
上 海	Shanghai	48.48	15	21.17	15
江 苏	Jiangsu	2136.46	2	1268.26	2
浙 江	Zhejiang	2343.54	1	1415.22	1
安 徽	Anhui	144.38	6	75.57	7
福 建	Fujian	807.55	3	522.04	3
江 西	Jiangxi	98.98	10	63.65	8
山 东	Shandong	219.36	4	117.27	5
河 南	Henan	107.35	9	45.42	11
湖 北	Hubei	62.56	13	26.43	14
湖 南	Hunan	19.23	17	11.25	16
广 东	Guangdong	121.47	8	55.50	9
广 西	Guangxi	0.43	24	0.43	23
海 南	Hainan				
重 庆	Chongqing	21.65	16	9.15	18
四 川	Sichuan	195.56	5	156.44	4
贵 州	Guizhou	0.16	26	0.08	26
云 南	Yunnan	10.95	19	1.76	20
西 藏	Tibet				
陕 西	Shaanxi	18.42	18	10.13	17
甘 肃	Gansu	2.01	22	1.38	21
青 海	Qinghai				
宁 夏	Ningxia				
新 疆	Xinjiang	135.27	7	94.02	6

11-160 非金属矿物制品业工业销售产值和主营业务收入
Sales Value and Revenue from Principal Business of Manufacture of Non-metallic Mineral Products

单位：亿元 (100 million yuan)

地区	Region	工业销售产值(当年价格) Sales Value (current prices) 2010	2014	2015	2015排名 Ranking	主营业务收入 Revenue from Principal Business 2010	2014	2015	2015排名 Ranking
全　国	**National Total**	**31326.46**	**58239.63**	**59988.20**		**31267.20**	**57436.70**	**58877.11**	
北　京	Beijing	384.26	486.31	391.99	25	404.19	539.60	451.13	22
天　津	Tianjin	253.43	362.55	400.21	23	258.79	377.88	382.11	25
河　北	Hebei	1269.84	1963.90	1969.25	12	1242.78	1905.60	1910.93	12
山　西	Shanxi	281.81	375.99	326.59	27	277.37	370.73	321.56	26
内蒙古	Inner Mongolia	551.91	769.27	720.54	19	546.61	761.69	718.01	19
辽　宁	Liaoning	2246.73	3505.11	2216.83	11	2260.90	3498.23	2243.78	11
吉　林	Jilin	709.32	1574.52	1635.35	15	732.81	1498.08	1552.30	14
黑龙江	Heilongjiang	278.55	529.76	507.62	21	277.29	522.40	493.44	21
上　海	Shanghai	520.79	575.08	543.90	20	535.19	604.34	569.60	20
江　苏	Jiangsu	2579.88	4582.52	4723.32	4	2565.95	4561.11	4668.92	4
浙　江	Zhejiang	1431.08	2065.35	1938.82	13	1442.83	2041.58	1874.60	13
安　徽	Anhui	906.73	2223.41	2323.27	10	890.25	2161.34	2284.37	10
福　建	Fujian	1308.76	2566.19	2843.77	6	1318.47	2576.86	2851.72	6
江　西	Jiangxi	1040.35	2480.42	2691.47	9	1051.91	2521.22	2705.88	9
山　东	Shandong	4601.28	7627.03	7927.89	2	4594.94	7743.39	7978.30	2
河　南	Henan	3729.01	7829.81	8780.77	1	3775.69	7724.79	8618.09	1
湖　北	Hubei	1052.67	2953.68	3138.38	5	1004.77	2809.28	2944.03	5
湖　南	Hunan	1153.56	2621.08	2759.45	8	1129.04	2540.52	2735.39	7
广　东	Guangdong	2931.62	4575.27	4826.13	3	2917.90	4503.64	4697.52	3
广　西	Guangxi	580.70	1423.19	1640.68	14	569.06	1349.53	1548.59	15
海　南	Hainan	82.69	140.69	126.48	29	80.72	137.32	113.44	29
重　庆	Chongqing	451.37	989.01	1118.61	17	445.10	991.25	1103.35	16
四　川	Sichuan	1635.94	2529.79	2765.85	7	1620.94	2485.83	2710.50	8
贵　州	Guizhou	166.82	844.18	985.78	18	159.60	800.76	941.83	18
云　南	Yunnan	235.72	466.22	453.69	22	233.01	454.30	436.80	23
西　藏	Tibet	12.41	23.86	28.35	31	11.76	23.59	26.77	31
陕　西	Shaanxi	395.35	1031.42	1159.11	16	381.05	962.46	1077.42	17
甘　肃	Gansu	162.33	416.79	365.09	26	156.51	326.88	300.27	27
青　海	Qinghai	66.83	150.78	159.02	28	70.60	99.38	100.62	30
宁　夏	Ningxia	106.91	142.72	123.35	30	108.82	134.05	115.56	28
新　疆	Xinjiang	197.81	413.69	396.65	24	202.36	409.05	400.27	24

11-161 非金属矿物制品业主营业务成本和利润总额

Cost of Principal Business and Total Profit of Manufacture of Non-metallic Mineral Products

单位：亿元 (100 million yuan)

地区	Region	主营业务成本 Cost of Principal Business				利润总额 Total Profit			
		2010	2014	2015	2015排名 Ranking	2010	2014	2015	2015排名 Ranking
全　国	**National Total**	**25862.07**	**48709.90**	**50230.86**		**2858.59**	**4130.53**	**3789.36**	
北　京	Beijing	342.83	462.63	387.76	22	26.64	17.94	14.82	23
天　津	Tianjin	218.66	325.25	322.08	25	21.51	19.18	22.60	22
河　北	Hebei	1018.75	1643.78	1648.35	12	118.42	86.64	83.46	14
山　西	Shanxi	236.90	323.57	284.54	26	11.36	-2.29	-11.64	31
内蒙古	Inner Mongolia	431.59	624.83	597.56	19	48.70	39.43	25.79	21
辽　宁	Liaoning	1903.55	3068.80	1958.03	10	193.68	195.52	100.38	13
吉　林	Jilin	629.45	1303.59	1351.96	14	44.33	64.70	56.13	17
黑龙江	Heilongjiang	226.11	440.01	421.84	21	27.76	37.59	33.48	19
上　海	Shanghai	449.31	506.56	476.64	20	31.65	35.53	29.30	20
江　苏	Jiangsu	2170.20	3919.30	4020.32	4	183.18	291.57	295.55	3
浙　江	Zhejiang	1206.25	1711.48	1585.69	13	110.50	138.57	109.12	12
安　徽	Anhui	718.79	1808.07	1942.41	11	101.31	182.10	151.83	9
福　建	Fujian	1102.96	2156.83	2409.73	6	129.69	212.23	201.56	6
江　西	Jiangxi	825.66	2138.35	2319.15	7	93.09	245.18	234.87	5
山　东	Shandong	3844.91	6689.87	6940.13	2	437.50	585.52	556.64	2
河　南	Henan	3020.42	6539.73	7380.30	1	487.16	725.23	734.24	1
湖　北	Hubei	831.23	2326.98	2465.62	5	79.13	212.00	191.41	7
湖　南	Hunan	904.53	2069.01	2209.76	9	82.78	152.29	154.39	8
广　东	Guangdong	2474.70	3839.54	4036.36	3	251.09	319.48	291.65	4
广　西	Guangxi	456.99	1084.35	1257.01	15	66.80	140.48	148.54	10
海　南	Hainan	62.91	108.41	97.98	29	11.15	19.31	2.78	29
重　庆	Chongqing	360.91	816.57	909.14	17	33.51	75.06	83.12	15
四　川	Sichuan	1366.47	2106.50	2318.35	8	125.91	150.14	139.16	11
贵　州	Guizhou	135.62	662.04	800.27	18	6.14	53.75	40.07	18
云　南	Yunnan	191.81	385.52	377.58	23	17.92	18.14	6.13	26
西　藏	Tibet	8.15	16.62	18.35	31	2.75	4.77	5.22	27
陕　西	Shaanxi	302.04	815.14	918.40	16	47.68	59.97	64.38	16
甘　肃	Gansu	119.23	272.10	253.74	27	16.68	17.20	8.86	25
青　海	Qinghai	58.48	82.61	79.60	30	7.39	6.13	3.06	28
宁　夏	Ningxia	85.22	112.90	98.08	28	12.57	6.01	2.45	30
新　疆	Xinjiang	157.44	348.97	344.11	24	30.60	21.19	9.99	24

11-162 非金属矿物制品业销售费用和管理费用

Sales Expenses and Administrative Expenses of Manufacture of Non-metallic Mineral Products

单位：亿元 (100 million yuan)

地区	Region	销售费用 Sales Expenses 2014	2015	2015排名 Ranking	管理费用 Administrative Expenses 2010	2014	2015	2015排名 Ranking
全　国	**National Total**	**1556.25**	**1637.60**		**1230.53**	**2003.26**	**2124.96**	
北　京	Beijing	22.71	19.89	20	27.00	35.85	36.13	21
天　津	Tianjin	9.65	10.06	27	10.71	18.91	19.99	26
河　北	Hebei	47.62	48.01	13	50.68	83.73	85.57	11
山　西	Shanxi	14.84	12.43	26	13.57	20.57	21.54	25
内蒙古	Inner Mongolia	17.33	16.32	21	26.92	40.69	36.96	20
辽　宁	Liaoning	79.48	62.74	11	69.08	101.18	79.85	12
吉　林	Jilin	41.06	42.49	15	35.48	63.80	65.16	14
黑龙江	Heilongjiang	13.10	12.71	25	14.24	22.63	21.62	24
上　海	Shanghai	25.30	23.34	19	32.87	41.26	44.07	17
江　苏	Jiangsu	109.63	112.29	4	97.78	164.59	171.53	3
浙　江	Zhejiang	67.21	65.13	10	59.97	86.31	90.63	9
安　徽	Anhui	67.83	73.31	9	33.46	80.39	87.34	10
福　建	Fujian	80.13	89.59	7	54.71	100.18	113.92	7
江　西	Jiangxi	48.37	52.89	12	24.94	55.88	64.99	15
山　东	Shandong	157.10	167.80	2	145.89	190.52	204.46	1
河　南	Henan	197.16	206.74	1	85.71	157.75	171.52	4
湖　北	Hubei	96.87	103.32	6	48.51	111.57	118.28	6
湖　南	Hunan	92.55	107.49	5	61.71	107.46	122.43	5
广　东	Guangdong	113.34	123.58	3	106.84	172.99	183.48	2
广　西	Guangxi	41.46	47.38	14	38.29	60.34	67.80	13
海　南	Hainan	4.45	4.53	30	2.96	4.58	4.90	30
重　庆	Chongqing	28.30	32.36	17	23.31	42.30	50.42	16
四　川	Sichuan	71.87	81.06	8	92.08	89.49	100.77	8
贵　州	Guizhou	26.78	32.51	16	10.28	37.19	41.97	18
云　南	Yunnan	15.91	15.11	23	13.20	22.67	23.74	22
西　藏	Tibet	1.09	1.25	31	0.76	1.47	1.28	31
陕　西	Shaanxi	26.77	31.24	18	16.13	37.04	41.38	19
甘　肃	Gansu	12.98	13.75	24	10.93	18.54	18.57	27
青　海	Qinghai	3.90	5.86	29	4.02	5.51	5.46	29
宁　夏	Ningxia	7.55	7.11	28	5.47	7.06	6.62	28
新　疆	Xinjiang	13.91	15.30	22	13.00	20.84	22.57	23

11-163 非金属矿物制品业财务费用和营业利润

Financial Expenses and Operating Profit of Manufacture of Non-metallic Mineral Products

单位：亿元 (100 million yuan)

地区	Region	财务费用 Financial Expenses				营业利润 Operating Profit			
		2010	2014	2015	2015排名 Ranking	2010	2014	2015	2015排名 Ranking
全 国	**National Total**	**357.60**	**756.27**	**741.67**		**2907.53**	**4035.09**	**3682.09**	
北 京	Beijing	2.50	7.26	6.06	25	15.11	10.46	9.49	23
天 津	Tianjin	2.35	5.37	4.91	26	19.37	17.83	21.56	22
河 北	Hebei	17.95	48.25	42.86	5	122.00	74.95	73.70	15
山 西	Shanxi	7.60	15.48	15.78	17	10.60	-5.75	-14.37	31
内蒙古	Inner Mongolia	8.05	12.59	13.17	21	69.56	47.11	41.60	18
辽 宁	Liaoning	18.26	28.14	24.21	13	220.84	193.71	99.04	13
吉 林	Jilin	9.65	31.71	29.56	10	44.08	61.52	55.02	17
黑龙江	Heilongjiang	2.19	9.11	6.86	23	26.61	34.40	28.11	20
上 海	Shanghai	4.25	5.14	3.63	28	28.02	31.84	26.84	21
江 苏	Jiangsu	28.31	63.51	55.26	3	192.63	277.04	281.72	4
浙 江	Zhejiang	31.22	44.07	39.79	8	100.99	130.11	101.25	12
安 徽	Anhui	12.24	25.69	27.71	11	98.88	172.99	138.00	11
福 建	Fujian	13.81	29.07	24.67	12	132.94	214.25	202.80	6
江 西	Jiangxi	7.32	16.94	19.39	15	93.13	242.72	231.58	5
山 东	Shandong	50.59	83.18	82.42	1	439.70	573.55	543.15	2
河 南	Henan	34.32	67.85	73.34	2	488.34	720.97	722.76	1
湖 北	Hubei	17.38	40.63	41.22	6	82.64	207.31	183.23	7
湖 南	Hunan	12.32	30.37	34.07	9	92.75	158.60	157.52	8
广 东	Guangdong	18.06	36.03	40.55	7	255.65	320.86	287.12	3
广 西	Guangxi	5.08	12.45	14.16	19	67.35	142.08	147.19	9
海 南	Hainan	0.93	2.64	2.41	30	10.34	16.15	1.82	28
重 庆	Chongqing	7.81	20.70	21.06	14	36.37	79.63	80.23	14
四 川	Sichuan	20.27	44.71	44.81	4	131.55	151.75	140.10	10
贵 州	Guizhou	3.45	16.08	19.01	16	5.36	51.08	38.61	19
云 南	Yunnan	4.79	13.59	13.80	20	17.32	16.35	3.53	27
西 藏	Tibet	0.14	0.10	0.22	31	2.51	4.01	5.24	26
陕 西	Shaanxi	4.97	13.83	12.07	22	43.14	58.51	61.56	16
甘 肃	Gansu	3.08	6.62	6.25	24	14.29	13.09	6.08	25
青 海	Qinghai	1.23	4.62	3.85	27	7.85	3.99	1.44	29
宁 夏	Ningxia	2.58	3.37	3.18	29	9.83	2.76	-0.37	30
新 疆	Xinjiang	4.93	17.19	15.38	18	27.78	11.20	6.55	24

11-164 非金属矿物制品业资产总计和负债合计

Total Assets and Liabilities of Manufacture of Non-metallic Mineral Products

单位：亿元 (100 million yuan)

地区	Region	资产总计 Total Assets 2015	2015排名 Ranking	负债合计 Total Liabilities 2015	2015排名 Ranking
全　国	**National Total**	**49076.71**		**25725.10**	
北　京	Beijing	956.49	18	586.65	18
天　津	Tianjin	497.82	27	298.84	27
河　北	Hebei	2278.78	6	1301.99	6
山　西	Shanxi	678.33	24	515.34	20
内蒙古	Inner Mongolia	844.18	20	537.68	19
辽　宁	Liaoning	1834.77	11	1026.94	9
吉　林	Jilin	1172.05	14	692.57	16
黑龙江	Heilongjiang	608.56	25	375.97	25
上　海	Shanghai	728.75	22	417.99	23
江　苏	Jiangsu	3658.19	3	2040.62	3
浙　江	Zhejiang	2459.62	5	1487.17	5
安　徽	Anhui	2116.69	8	1093.96	8
福　建	Fujian	2101.29	9	993.00	10
江　西	Jiangxi	1789.15	12	772.84	12
山　东	Shandong	5007.49	2	2348.19	1
河　南	Henan	6074.14	1	2279.74	2
湖　北	Hubei	1912.18	10	866.33	11
湖　南	Hunan	1633.76	13	741.92	13
广　东	Guangdong	3577.27	4	2024.45	4
广　西	Guangxi	1013.39	17	505.64	22
海　南	Hainan	184.81	30	83.77	30
重　庆	Chongqing	1125.64	15	708.34	14
四　川	Sichuan	2141.23	7	1132.97	7
贵　州	Guizhou	922.64	19	606.76	17
云　南	Yunnan	726.38	23	510.91	21
西　藏	Tibet	46.16	31	20.27	31
陕　西	Shaanxi	794.19	21	386.60	24
甘　肃	Gansu	583.78	26	327.94	26
青　海	Qinghai	282.34	28	204.75	28
宁　夏	Ningxia	231.89	29	131.71	29
新　疆	Xinjiang	1094.75	16	703.26	15

11-165 黑色金属冶炼和压延加工业销售产值和主营业务收入

Sales Value and Revenue from Principal Business of Smelting and Pressing of Ferrous Metals

单位：亿元 (100 million yuan)

地区	Region	工业销售产值（当年价格） Sales Value（current prices）				主营业务收入 Revenue from Principal Business			
		2010	2014	2015	2015排名 Ranking	2010	2014	2015	2015排名 Ranking
全　国	**National Total**	**51167.55**	**71026.51**	**61257.31**		**54490.93**	**74332.77**	**63001.33**	
北　京	Beijing	433.36	133.59	101.64	29	453.40	141.67	106.76	29
天　津	Tianjin	2723.47	4219.28	4156.11	4	3105.95	4899.46	4493.92	4
河　北	Hebei	8890.02	11355.58	10131.21	1	9171.74	11116.85	10075.51	1
山　西	Shanxi	1970.61	2373.02	1767.75	13	2055.38	2893.77	1938.73	13
内蒙古	Inner Mongolia	1239.37	1534.21	1454.53	15	1282.27	1533.54	1431.18	15
辽　宁	Liaoning	3982.40	5011.98	3179.54	6	4506.83	5071.69	3315.82	6
吉　林	Jilin	525.25	883.74	712.53	20	497.47	712.18	548.08	24
黑龙江	Heilongjiang	264.80	221.14	134.21	28	281.07	242.10	140.30	28
上　海	Shanghai	1711.90	1491.20	1182.83	17	2086.98	1811.22	1423.86	16
江　苏	Jiangsu	7085.40	10054.56	9153.52	2	7197.18	10547.97	9554.59	2
浙　江	Zhejiang	1848.92	2574.39	2129.15	10	1871.45	2556.25	2054.99	10
安　徽	Anhui	1349.12	2220.53	1911.77	12	1462.44	2337.04	1965.09	12
福　建	Fujian	933.52	1863.58	1560.84	14	954.55	1792.82	1557.20	14
江　西	Jiangxi	928.12	1209.53	1068.03	18	1007.39	1427.18	1258.42	18
山　东	Shandong	3742.99	5469.17	4564.07	3	4218.89	5934.41	4809.38	3
河　南	Henan	1923.33	3661.95	3484.17	5	2022.26	3752.33	3453.35	5
湖　北	Hubei	2409.21	2549.18	2054.82	11	2662.94	2627.63	2046.69	11
湖　南	Hunan	1194.71	1567.98	1411.36	16	1249.43	1594.19	1374.44	17
广　东	Guangdong	1903.59	2487.48	2250.01	8	1932.55	2422.46	2143.78	9
广　西	Guangxi	1033.23	2406.45	2397.21	7	1046.44	2347.69	2283.89	7
海　南	Hainan	5.35	9.19	12.21	30	5.77	6.62	8.58	30
重　庆	Chongqing	486.40	744.11	690.05	22	484.61	745.24	662.51	21
四　川	Sichuan	1628.47	2435.84	2132.65	9	1761.41	2638.59	2283.16	8
贵　州	Guizhou	390.07	625.22	631.29	23	394.43	600.91	581.05	23
云　南	Yunnan	753.50	963.52	630.91	24	781.15	1021.61	650.64	22
西　藏	Tibet		0.42	0.56	31		0.32	0.56	31
陕　西	Shaanxi	409.81	852.25	908.15	19	465.86	915.70	962.76	20
甘　肃	Gansu	596.45	1059.64	706.38	21	704.57	1586.48	1131.00	19
青　海	Qinghai	144.86	191.14	169.75	27	153.11	197.54	172.04	27
宁　夏	Ningxia	113.77	233.37	243.78	26	119.03	235.29	232.26	26
新　疆	Xinjiang	545.54	623.29	326.29	25	554.38	622.02	340.79	25

11-166 黑色金属冶炼和压延加工业主营业务成本和利润总额
Cost of Principal Business and Total Profit of Smelting and Pressing of Ferrous Metals

单位：亿元　　(100 million yuan)

地区	Region	主营业务成本 Cost of Principal Business 2010	2014	2015	2015排名 Ranking	利润总额 Total Profit 2010	2014	2015	2015排名 Ranking
全　国	**National Total**	**49814.60**	**68288.60**	**58497.93**		**2149.03**	**1832.91**	**589.94**	
北　京	Beijing	440.33	131.05	105.82	29	-5.50	1.64	-8.03	22
天　津	Tianjin	2912.19	4608.90	4164.47	4	139.01	186.51	223.20	2
河　北	Hebei	8370.94	10131.60	9331.41	1	307.10	242.43	103.20	5
山　西	Shanxi	1905.83	2724.54	1859.26	12	52.38	-5.89	-81.32	29
内蒙古	Inner Mongolia	1162.32	1397.30	1370.91	15	55.08	17.72	-54.53	27
辽　宁	Liaoning	3941.23	4549.86	3066.32	6	191.33	116.50	-39.97	24
吉　林	Jilin	485.07	674.92	525.57	24	-10.80	1.42	-2.46	18
黑龙江	Heilongjiang	259.14	228.17	130.78	28	4.67	-14.79	-7.61	21
上　海	Shanghai	1887.21	1682.76	1325.01	16	154.93	65.49	16.61	10
江　苏	Jiangsu	6548.25	9591.54	8634.03	2	350.05	410.20	333.65	1
浙　江	Zhejiang	1724.38	2360.85	1900.12	11	78.09	91.00	53.86	8
安　徽	Anhui	1367.93	2148.60	1841.05	13	71.60	85.98	13.22	12
福　建	Fujian	876.23	1667.88	1472.17	14	39.34	37.13	9.87	13
江　西	Jiangxi	916.72	1314.39	1180.37	18	34.87	53.25	24.85	9
山　东	Shandong	3844.44	5496.06	4480.14	3	165.60	173.96	116.05	4
河　南	Henan	1848.68	3398.49	3142.22	5	98.44	190.61	147.79	3
湖　北	Hubei	2602.41	2384.92	1931.46	10	68.78	35.35	-88.59	30
湖　南	Hunan	1132.31	1424.82	1231.00	17	40.79	48.99	14.66	11
广　东	Guangdong	1754.19	2229.46	1962.46	9	89.29	72.54	62.33	6
广　西	Guangxi	951.57	2117.48	2061.85	8	38.56	73.19	62.24	7
海　南	Hainan	4.79	6.27	8.53	30	0.63	0.15	-0.65	17
重　庆	Chongqing	440.63	680.36	637.76	22	11.62	40.08	-6.44	19
四　川	Sichuan	1581.49	2447.72	2139.84	7	48.62	-15.73	-52.72	26
贵　州	Guizhou	367.31	579.52	556.92	23	6.40	-3.85	0.27	15
云　南	Yunnan	708.37	996.86	654.84	21	47.12	-25.81	-47.79	25
西　藏	Tibet		0.31	0.51	31			0.01	16
陕　西	Shaanxi	404.12	821.04	896.73	20	14.91	13.04	4.81	14
甘　肃	Gansu	624.34	1479.02	1127.70	19	17.94	-10.15	-108.02	31
青　海	Qinghai	141.98	181.02	168.36	27	10.02	-1.83	-18.64	23
宁　夏	Ningxia	110.06	225.52	225.80	26	0.44	-2.96	-7.15	20
新　疆	Xinjiang	500.12	607.36	364.53	25	27.71	-43.27	-72.76	28

11-167 黑色金属冶炼和压延加工业销售费用和管理费用

Sales Expenses and Administrative Expenses of Smelting and Pressing of Ferrous Metals

单位：亿元 (100 million yuan)

地区	Region	销售费用 Sales Expenses			管理费用 Administrative Expenses			
		2014	2015	2015排名 Ranking	2010	2014	2015	2015排名 Ranking
全　国	**National Total**	**792.49**	**796.38**		**1549.07**	**1741.21**	**1663.40**	
北　京	Beijing	5.13	4.04	29	13.20	3.73	3.15	29
天　津	Tianjin	13.29	15.49	16	38.02	53.89	53.51	12
河　北	Hebei	57.08	60.64	3	147.90	214.14	207.46	2
山　西	Shanxi	34.77	31.99	10	70.91	80.89	70.58	8
内蒙古	Inner Mongolia	22.09	29.45	11	38.85	40.70	42.97	16
辽　宁	Liaoning	77.95	75.22	2	212.81	182.35	144.21	3
吉　林	Jilin	8.58	5.32	25	11.74	16.64	16.58	23
黑龙江	Heilongjiang	6.83	4.45	28	5.43	7.93	6.05	26
上　海	Shanghai	14.08	12.97	19	39.93	69.72	61.18	10
江　苏	Jiangsu	113.85	126.20	1	109.17	226.34	214.94	1
浙　江	Zhejiang	21.13	18.50	15	34.98	61.27	56.01	11
安　徽	Anhui	25.51	25.37	14	22.34	37.50	38.96	17
福　建	Fujian	15.70	14.05	17	17.58	30.13	27.72	19
江　西	Jiangxi	10.67	9.71	22	26.58	28.02	29.08	18
山　东	Shandong	53.30	55.55	4	198.20	107.66	101.26	4
河　南	Henan	43.39	45.47	5	38.57	67.08	65.77	9
湖　北	Hubei	38.06	36.32	8	171.42	105.34	89.96	7
湖　南	Hunan	25.08	25.58	13	45.35	49.96	46.23	14
广　东	Guangdong	33.13	32.12	9	36.77	42.26	45.58	15
广　西	Guangxi	18.76	39.14	7	63.66	65.27	98.00	5
海　南	Hainan	0.05	0.11	30	0.33	0.13	0.21	30
重　庆	Chongqing	11.25	7.35	23	27.69	16.81	13.52	24
四　川	Sichuan	47.69	40.76	6	81.26	92.03	94.74	6
贵　州	Guizhou	6.66	5.77	24	11.45	13.47	12.91	25
云　南	Yunnan	11.71	10.24	21	16.16	25.87	18.47	21
西　藏	Tibet					0.02	0.04	31
陕　西	Shaanxi	10.28	13.45	18	17.80	15.31	21.54	20
甘　肃	Gansu	36.18	28.73	12	32.84	54.97	52.88	13
青　海	Qinghai	5.47	4.84	27	6.60	6.01	5.83	28
宁　夏	Ningxia	4.39	5.09	26	3.71	5.74	5.90	27
新　疆	Xinjiang	20.42	12.48	20	7.84	20.04	18.17	22

11-168 黑色金属冶炼及压延加工业财务费用和营业利润

Financial Expenses and Operating Profit of Smelting and Pressing of Ferrous Metals

单位：亿元 (100 million yuan)

地区	Region	财务费用 Financial Expenses 2010	2014	2015	2015排名 Ranking	营业利润 Operating Profit 2010	2014	2015	2015排名 Ranking
全　国	**National Total**	**635.34**	**1164.39**	**1142.59**		**2753.13**	**1882.11**	**588.56**	
北　京	Beijing	3.32	2.43	1.77	29	-5.44	0.88	-8.90	21
天　津	Tianjin	31.41	65.50	51.50	8	138.63	184.17	224.35	2
河　北	Hebei	97.93	179.54	158.89	1	553.51	261.64	113.67	4
山　西	Shanxi	33.46	48.97	55.73	6	71.58	-8.47	-84.41	29
内蒙古	Inner Mongolia	18.79	36.26	37.04	11	112.01	29.45	-58.17	25
辽　宁	Liaoning	61.89	110.38	128.74	2	226.50	118.13	-75.92	27
吉　林	Jilin	8.82	11.25	6.82	25	-6.32	0.62	-6.42	18
黑龙江	Heilongjiang	6.20	10.01	5.34	28	4.82	-16.38	-8.58	19
上　海	Shanghai	7.46	1.53	22.18	18	151.76	58.65	15.96	12
江　苏	Jiangsu	81.56	121.98	122.80	3	408.38	500.17	411.67	1
浙　江	Zhejiang	23.34	34.54	26.64	14	82.19	80.07	51.11	8
安　徽	Anhui	9.61	24.96	17.82	19	100.92	75.29	1.77	14
福　建	Fujian	13.67	25.70	22.28	17	44.77	54.86	18.83	11
江　西	Jiangxi	8.80	13.78	10.81	22	36.64	51.76	22.74	10
山　东	Shandong	57.06	98.97	101.84	4	199.18	164.08	89.81	5
河　南	Henan	20.03	42.53	41.67	9	107.62	187.22	144.57	3
湖　北	Hubei	33.53	60.01	71.36	5	73.43	20.62	-96.95	30
湖　南	Hunan	16.66	27.41	30.90	12	113.27	47.60	14.42	13
广　东	Guangdong	19.89	26.58	29.41	13	92.99	69.86	62.30	6
广　西	Guangxi	12.92	22.19	24.04	15	45.42	70.76	61.94	7
海　南	Hainan	0.01	0.04	0.38	30	0.67	0.21	-0.64	16
重　庆	Chongqing	5.92	17.99	7.94	24	15.39	12.00	-8.80	20
四　川	Sichuan	25.76	73.52	53.52	7	47.38	-22.10	-58.51	26
贵　州	Guizhou	2.83	6.43	5.51	27	5.72	-6.25	-3.57	17
云　南	Yunnan	6.63	17.75	16.71	20	46.93	-29.54	-48.37	24
西　藏	Tibet							0.01	15
陕　西	Shaanxi	5.06	9.47	12.33	21	26.15	46.07	28.33	9
甘　肃	Gansu	12.64	37.62	40.25	10	17.13	-15.62	-109.39	31
青　海	Qinghai	4.02	7.96	8.73	23	12.47	-4.27	-19.15	23
宁　夏	Ningxia	1.66	5.81	6.52	26	0.25	-4.55	-9.13	22
新　疆	Xinjiang	4.44	23.28	23.09	16	29.20	-44.83	-76.02	28

11-169 黑色金属冶炼和压延加工工业资产总计和负债合计
Total Assets and Liabilities of Smelting and Pressing of Ferrous Metals

单位：亿元 (100 million yuan)

地区	Region	资产总计 Total Assets 2015	2015排名 Ranking	负债合计 Total Liabilities 2015	2015排名 Ranking
全　国	**National Total**	**64748.32**		**43762.63**	
北　京	Beijing	110.56	29	102.81	29
天　津	Tianjin	4768.77	5	3726.08	4
河　北	Hebei	10883.52	1	6968.34	1
山　西	Shanxi	2672.85	8	2131.27	7
内蒙古	Inner Mongolia	3305.10	6	2175.17	6
辽　宁	Liaoning	5795.51	3	3972.60	2
吉　林	Jilin	783.10	21	608.38	21
黑龙江	Heilongjiang	432.46	25	400.45	25
上　海	Shanghai	2224.19	11	929.99	13
江　苏	Jiangsu	6444.10	2	3951.61	3
浙　江	Zhejiang	1571.95	13	966.46	12
安　徽	Anhui	1550.19	14	895.80	15
福　建	Fujian	1018.39	18	680.81	19
江　西	Jiangxi	764.61	22	493.50	23
山　东	Shandong	5068.53	4	3302.19	5
河　南	Henan	2423.33	10	1207.08	11
湖　北	Hubei	2705.68	7	1933.12	9
湖　南	Hunan	1115.02	17	822.38	17
广　东	Guangdong	1818.16	12	1240.35	10
广　西	Guangxi	1152.02	16	819.59	18
海　南	Hainan	11.34	30	8.14	30
重　庆	Chongqing	723.53	23	553.11	22
四　川	Sichuan	2446.46	9	2012.08	8
贵　州	Guizhou	414.84	26	303.37	28
云　南	Yunnan	887.71	20	664.83	20
西　藏	Tibet	0.26	31	0.25	31
陕　西	Shaanxi	603.28	24	463.96	24
甘　肃	Gansu	1274.69	15	920.33	14
青　海	Qinghai	365.29	28	311.70	27
宁　夏	Ningxia	398.81	27	323.40	26
新　疆	Xinjiang	1014.06	19	873.48	16

11-170 有色金属冶炼和压延加工业销售产值和主营业务收入

Sales Value and Revenue from Principal Business of Smelting and Pressing of Non-ferrous Metals

单位：亿元 (100 million yuan)

地区	Region	工业销售产值(当年价格) Sales Value（current prices）				主营业务收入 Revenue from Principal Business			
		2010	2014	2015	2015排名 Ranking	2010	2014	2015	2015排名 Ranking
全　国	**National Total**	**27557.16**	**46154.64**	**46480.99**		**29175.20**	**51312.09**	**51367.23**	
北　京	Beijing	71.56	65.10	64.21	28	72.07	74.39	70.63	28
天　津	Tianjin	456.19	856.26	892.73	15	473.58	1158.97	978.57	15
河　北	Hebei	369.73	543.01	502.73	23	369.67	541.20	494.69	23
山　西	Shanxi	385.41	545.09	577.54	22	394.30	568.16	577.54	22
内蒙古	Inner Mongolia	1251.56	1489.70	1447.92	10	1271.94	1478.29	1458.36	12
辽　宁	Liaoning	913.34	1249.05	799.11	18	929.35	1231.10	766.23	18
吉　林	Jilin	106.57	180.75	179.87	27	91.62	211.91	201.53	27
黑龙江	Heilongjiang	41.05	37.72	36.01	29	42.87	37.84	36.86	29
上　海	Shanghai	434.97	439.65	379.49	25	440.64	454.83	398.02	24
江　苏	Jiangsu	2876.35	3715.35	4029.72	4	2880.62	3750.58	4054.26	4
浙　江	Zhejiang	1790.11	2468.62	2443.47	7	1806.88	2481.83	2434.97	9
安　徽	Anhui	1164.09	2003.05	2077.95	8	1291.20	2615.85	2795.34	7
福　建	Fujian	465.20	1196.48	1412.29	11	468.14	1238.01	1369.14	14
江　西	Jiangxi	2484.57	4730.44	4635.24	3	2784.00	6208.80	6110.57	2
山　东	Shandong	2757.16	6460.24	6607.06	1	2830.77	6608.75	6597.52	1
河　南	Henan	2733.72	4677.85	4914.65	2	2885.99	4756.11	5018.82	3
湖　北	Hubei	572.45	920.63	837.39	16	725.75	1504.84	1502.29	11
湖　南	Hunan	1676.85	2723.81	2802.51	6	1668.08	2738.14	2771.27	8
广　东	Guangdong	2256.27	3163.75	3112.68	5	2244.17	3122.71	2943.67	6
广　西	Guangxi	596.97	1052.01	1129.49	14	620.97	939.91	929.23	16
海　南	Hainan	1.03	3.72	3.50	30	0.99	3.72	3.62	30
重　庆	Chongqing	394.02	667.35	736.86	19	384.35	647.58	702.49	19
四　川	Sichuan	567.04	700.16	643.86	20	598.57	716.08	632.39	20
贵　州	Guizhou	216.52	406.79	421.45	24	212.41	350.71	361.75	25
云　南	Yunnan	968.70	1474.25	1295.96	12	1063.94	1856.36	1525.51	10
西　藏	Tibet								
陕　西	Shaanxi	606.18	1341.33	1288.83	13	669.52	1430.45	1411.53	13
甘　肃	Gansu	815.54	1392.39	1468.88	9	1342.12	2937.06	3447.27	5
青　海	Qinghai	301.48	616.05	638.82	21	302.00	610.98	580.15	21
宁　夏	Ningxia	217.55	344.38	296.53	26	241.65	369.85	313.22	26
新　疆	Xinjiang	64.99	689.64	804.25	17	67.02	667.06	879.79	17

11-171 有色金属冶炼和压延加工业主营业务成本和利润总额

Cost of Principal Business and Total Profit of Smelting and Pressing of Non-ferrous Metals

单位：亿元 (100 million yuan)

地区	Region	主营业务成本 Cost of Principal Business				利润总额 Total Profit			
		2010	2014	2015	2015排名 Ranking	2010	2014	2015	2015排名 Ranking
全　国	**National Total**	**26124.85**	**47203.18**	**47469.62**		**1620.62**	**1656.54**	**1459.53**	
北　京	Beijing	64.96	65.85	63.36	28	2.65	2.92	1.94	23
天　津	Tianjin	447.18	1054.89	876.12	15	20.28	82.50	79.22	6
河　北	Hebei	324.12	477.79	447.01	23	25.88	24.71	16.17	17
山　西	Shanxi	353.70	531.59	513.16	22	12.61	-14.03	17.88	15
内蒙古	Inner Mongolia	1106.02	1344.37	1346.14	12	127.05	22.05	20.77	13
辽　宁	Liaoning	780.78	1093.75	655.75	18	89.25	73.02	51.10	10
吉　林	Jilin	75.38	178.95	178.96	27	7.47	5.74	-25.21	28
黑龙江	Heilongjiang	36.00	31.58	30.53	29	1.25	0.57	1.10	25
上　海	Shanghai	408.95	420.73	363.00	24	12.10	13.71	9.12	20
江　苏	Jiangsu	2651.87	3449.87	3688.94	4	112.66	141.29	171.43	3
浙　江	Zhejiang	1677.53	2334.00	2296.50	9	72.06	67.47	57.48	9
安　徽	Anhui	1107.63	2380.31	2521.20	7	39.84	23.14	17.19	16
福　建	Fujian	394.39	1104.69	1240.96	14	66.39	64.99	46.72	11
江　西	Jiangxi	2536.87	5788.48	5745.90	2	157.57	281.57	240.68	2
山　东	Shandong	2537.17	6015.17	6011.93	1	197.00	394.92	389.33	1
河　南	Henan	2625.31	4401.88	4681.75	3	140.35	125.69	129.79	4
湖　北	Hubei	681.34	1440.69	1439.03	11	23.28	14.21	3.87	22
湖　南	Hunan	1377.60	2396.84	2429.78	8	133.56	88.62	78.56	7
广　东	Guangdong	2040.53	2852.57	2681.55	6	136.02	117.48	110.88	5
广　西	Guangxi	537.51	853.57	856.82	16	40.83	-1.40	13.07	18
海　南	Hainan	0.83	2.75	2.21	30	0.11	0.87	1.30	24
重　庆	Chongqing	353.32	583.64	628.74	19	16.94	25.62	34.11	12
四　川	Sichuan	539.14	670.44	588.85	21	21.41	12.80	12.90	19
贵　州	Guizhou	198.76	321.42	330.88	25	6.05	5.34	20.57	14
云　南	Yunnan	956.64	1722.29	1450.09	10	60.63	17.40	-17.00	27
西　藏	Tibet								
陕　西	Shaanxi	604.86	1272.39	1268.51	13	24.65	65.73	77.60	8
甘　肃	Gansu	1168.58	2863.32	3420.70	5	41.37	-4.63	-63.95	30
青　海	Qinghai	263.67	606.30	594.69	20	18.42	-16.77	-29.10	29
宁　夏	Ningxia	218.81	351.18	305.21	26	5.70	-11.31	-14.40	26
新　疆	Xinjiang	55.37	591.89	811.34	17	7.26	32.29	6.36	21

11-172 有色金属冶炼和压延加工业销售费用和管理费用

Sales Expenses and Administrative Expenses of Smelting and Pressing of Non-ferrous Metals

单位：亿元 (100 million yuan)

地区	Region	销售费用 Sales Expenses			管理费用 Administrative Expenses			
		2014	2015	2015排名 Ranking	2010	2014	2015	2015排名 Ranking
全　国	**National Total**	**416.10**	**425.97**		**747.89**	**915.80**	**912.06**	
北　京	Beijing	1.30	1.12	28	3.25	4.36	4.58	28
天　津	Tianjin	3.52	3.02	27	4.96	11.66	11.08	25
河　北	Hebei	4.44	4.07	26	7.72	11.45	10.70	26
山　西	Shanxi	9.63	10.22	14	12.57	15.61	12.89	21
内蒙古	Inner Mongolia	15.17	21.32	8	24.44	35.15	35.83	10
辽　宁	Liaoning	13.56	9.11	18	27.30	33.65	27.34	15
吉　林	Jilin	4.01	4.77	25	7.70	8.87	11.17	24
黑龙江	Heilongjiang	0.78	0.80	29	3.64	3.82	3.33	29
上　海	Shanghai	5.43	5.92	23	12.77	15.95	16.58	17
江　苏	Jiangsu	38.13	41.59	2	47.91	71.55	93.03	1
浙　江	Zhejiang	12.35	12.79	12	31.61	41.98	43.59	7
安　徽	Anhui	9.38	9.84	16	15.42	27.05	30.95	12
福　建	Fujian	9.85	10.15	15	13.31	25.71	28.64	14
江　西	Jiangxi	24.27	22.49	7	34.79	66.24	60.59	5
山　东	Shandong	36.74	39.99	3	41.60	66.93	66.25	4
河　南	Henan	39.18	42.00	1	54.46	78.47	78.09	2
湖　北	Hubei	7.54	7.08	21	27.24	35.14	30.36	13
湖　南	Hunan	25.91	29.36	5	76.52	63.32	72.07	3
广　东	Guangdong	32.29	30.18	4	39.67	60.52	59.91	6
广　西	Guangxi	14.42	13.33	10	73.65	36.30	26.31	16
海　南	Hainan				0.04	0.43	0.44	30
重　庆	Chongqing	8.71	9.79	17	11.78	13.21	14.31	20
四　川	Sichuan	7.09	7.17	20	16.22	15.84	14.95	18
贵　州	Guizhou	6.29	7.60	19	6.98	15.82	11.26	23
云　南	Yunnan	14.48	13.19	11	54.77	51.37	42.23	8
西　藏	Tibet							
陕　西	Shaanxi	19.77	11.89	13	42.63	35.81	37.45	9
甘　肃	Gansu	13.50	19.24	9	29.89	34.99	33.86	11
青　海	Qinghai	10.21	6.64	22	15.70	13.40	12.22	22
宁　夏	Ningxia	7.26	5.81	24	6.81	8.41	7.40	27
新　疆	Xinjiang	20.87	25.40	6	2.54	12.80	14.64	19

11-173 有色金属冶炼和压延加工业财务费用和营业利润
Financial Expenses and Operating Profit of Smelting and Pressing of Non-ferrous Metals

单位：亿元 (100 million yuan)

地区	Region	财务费用 Financial Expenses				营业利润 Operating Profit			
		2010	2014	2015	2015排名 Ranking	2010	2014	2015	2015排名 Ranking
全 国	**National Total**	**317.58**	**687.43**	**742.75**		**1914.82**	**1916.77**	**1576.68**	
北 京	Beijing	0.49	0.41	0.27	29	2.43	2.01	1.45	22
天 津	Tianjin	2.81	5.47	5.16	27	20.45	83.14	79.36	8
河 北	Hebei	3.53	7.21	6.49	25	32.13	24.23	15.78	15
山 西	Shanxi	10.77	21.33	23.82	14	16.34	-11.97	15.76	16
内蒙古	Inner Mongolia	13.26	25.12	27.09	9	143.55	43.69	30.90	14
辽 宁	Liaoning	15.48	16.27	19.32	17	87.91	69.86	54.25	12
吉 林	Jilin	2.87	21.21	25.97	12	12.03	4.09	-26.63	27
黑龙江	Heilongjiang	0.50	1.17	1.34	28	1.56	0.36	0.85	25
上 海	Shanghai	3.29	5.54	5.60	26	11.26	8.24	6.90	18
江 苏	Jiangsu	22.21	29.87	35.34	5	154.92	158.38	185.02	4
浙 江	Zhejiang	19.07	31.51	32.10	7	75.42	64.23	54.29	11
安 徽	Anhui	11.42	23.84	32.91	6	153.90	167.47	185.45	3
福 建	Fujian	4.90	14.87	15.05	18	70.98	102.00	75.20	9
江 西	Jiangxi	14.30	33.50	28.57	8	159.02	291.45	240.47	2
山 东	Shandong	34.75	82.76	90.17	1	198.83	398.08	387.32	1
河 南	Henan	40.12	88.98	85.73	2	159.39	118.57	120.11	5
湖 北	Hubei	5.29	9.77	9.79	23	25.03	12.36	1.83	21
湖 南	Hunan	16.10	23.10	23.35	15	142.93	102.63	83.69	7
广 东	Guangdong	14.51	30.77	25.75	13	153.87	123.22	111.46	6
广 西	Guangxi	17.11	26.77	26.07	10	40.65	51.58	1.40	23
海 南	Hainan	0.01	0.02	0.01	30	0.09	0.50	0.89	24
重 庆	Chongqing	4.58	14.45	11.73	20	19.35	26.10	31.24	13
四 川	Sichuan	8.27	10.20	8.21	24	29.79	14.09	12.27	17
贵 州	Guizhou	3.40	8.95	10.98	22	5.05	-2.52	2.63	20
云 南	Yunnan	17.97	51.91	57.05	4	68.25	13.05	-28.78	28
西 藏	Tibet								
陕 西	Shaanxi	5.14	21.47	21.94	16	24.13	63.79	72.40	10
甘 肃	Gansu	10.26	33.80	61.46	3	50.43	-5.66	-81.46	30
青 海	Qinghai	7.22	16.55	14.45	19	43.94	-23.46	-43.45	29
宁 夏	Ningxia	7.35	14.34	11.02	21	4.06	-13.79	-16.79	26
新 疆	Xinjiang	0.59	16.27	26.00	11	7.16	31.08	2.86	19

11-174 有色金属冶炼和压延加工业资产总计和负债合计
Total Assets and Liabilities of Smelting and Pressing of Non-ferrous Metals

单位：亿元 (100 million yuan)

地区	Region	资产总计 Total Assets 2015	2015排名 Ranking	负债合计 Total Liabilities 2015	2015排名 Ranking
全　国	**National Total**	**37996.29**		**24594.53**	
北　京	Beijing	79.67	29	34.76	29
天　津	Tianjin	348.83	25	237.94	25
河　北	Hebei	296.68	27	167.41	27
山　西	Shanxi	854.14	17	637.25	18
内蒙古	Inner Mongolia	1592.09	8	1037.04	8
辽　宁	Liaoning	1292.86	11	783.24	13
吉　林	Jilin	638.34	20	489.32	20
黑龙江	Heilongjiang	88.40	28	60.75	28
上　海	Shanghai	300.57	26	170.92	26
江　苏	Jiangsu	1951.50	5	1161.97	7
浙　江	Zhejiang	1487.96	9	989.96	10
安　徽	Anhui	1265.03	12	901.95	12
福　建	Fujian	1237.67	13	729.36	14
江　西	Jiangxi	2937.63	3	1572.73	4
山　东	Shandong	4467.69	1	2453.07	2
河　南	Henan	4238.31	2	2760.60	1
湖　北	Hubei	597.92	22	406.70	21
湖　南	Hunan	1219.46	14	661.56	15
广　东	Guangdong	1916.58	6	1341.25	5
广　西	Guangxi	1166.15	15	960.21	11
海　南	Hainan	5.30	30	2.71	30
重　庆	Chongqing	538.97	23	362.19	22
四　川	Sichuan	600.34	21	354.66	23
贵　州	Guizhou	471.99	24	335.28	24
云　南	Yunnan	1829.23	7	1277.30	6
西　藏	Tibet				
陕　西	Shaanxi	1148.92	16	661.33	16
甘　肃	Gansu	2541.37	4	1792.56	3
青　海	Qinghai	827.97	18	659.75	17
宁　夏	Ningxia	666.82	19	578.22	19
新　疆	Xinjiang	1387.92	10	1012.54	9

11-175 金属制品业工业销售产值和主营业务收入

Sales Value and Revenue from Principal Business of Manufacture of Metal Products

单位：亿元 (100 million yuan)

地区	Region	工业销售产值（当年价格） Sales Value（current prices）				主营业务收入 Revenue from Principal Business			
		2010	2014	2015	2015排名 Ranking	2010	2014	2015	2015排名 Ranking
全　国	**National Total**	**19649.67**	**36612.45**	**37671.69**		**19642.38**	**36396.44**	**37257.26**	
北　京	Beijing	235.32	303.72	295.96	21	272.03	343.07	336.62	20
天　津	Tianjin	667.47	1207.66	1309.14	8	703.80	1308.18	1411.34	7
河　北	Hebei	1064.85	2705.14	2742.49	4	1069.34	2661.66	2686.89	4
山　西	Shanxi	48.30	116.79	112.82	25	47.21	114.15	112.21	24
内蒙古	Inner Mongolia	153.77	505.41	470.50	17	160.74	509.89	492.16	17
辽　宁	Liaoning	1226.12	1899.23	1132.26	10	1156.33	1894.04	1158.14	10
吉　林	Jilin	175.77	297.11	349.19	19	175.98	289.44	340.08	19
黑龙江	Heilongjiang	71.32	179.65	168.58	23	71.39	182.48	159.18	23
上　海	Shanghai	891.69	950.58	889.75	14	922.05	994.86	926.53	14
江　苏	Jiangsu	3480.20	5834.43	6101.35	1	3492.25	5827.46	6080.31	1
浙　江	Zhejiang	1911.19	2468.31	2373.74	5	1896.40	2455.42	2330.45	5
安　徽	Anhui	477.44	1211.50	1259.68	9	470.82	1189.28	1226.88	9
福　建	Fujian	435.16	852.35	1042.84	13	430.91	852.68	1030.77	13
江　西	Jiangxi	251.90	647.13	711.04	15	253.07	675.30	720.25	15
山　东	Shandong	1939.46	5394.22	5670.21	2	1941.20	5387.10	5613.50	2
河　南	Henan	616.66	1673.40	1976.86	6	625.44	1678.73	1916.14	6
湖　北	Hubei	512.68	1413.60	1439.85	7	517.90	1336.23	1331.21	8
湖　南	Hunan	400.28	1020.88	1112.85	11	387.72	970.91	1099.88	11
广　东	Guangdong	3974.03	5333.35	5645.02	3	3929.27	5229.68	5535.43	3
广　西	Guangxi	97.74	319.46	389.11	18	96.39	309.48	369.46	18
海　南	Hainan	22.55	25.01	21.76	29	22.45	24.39	21.24	29
重　庆	Chongqing	157.24	463.59	579.28	16	158.24	460.24	575.09	16
四　川	Sichuan	529.86	993.14	1047.58	12	522.31	968.33	1034.30	12
贵　州	Guizhou	43.23	147.44	181.72	22	42.69	140.80	171.32	22
云　南	Yunnan	48.90	102.45	98.86	26	53.09	104.55	100.27	25
西　藏	Tibet								
陕　西	Shaanxi	74.10	299.32	298.81	20	88.96	288.44	279.00	21
甘　肃	Gansu	63.28	106.77	123.29	24	51.92	71.25	76.00	27
青　海	Qinghai	7.10	7.09	14.80	30	7.19	5.06	8.62	30
宁　夏	Ningxia	20.98	40.16	35.23	28	21.98	39.72	33.49	28
新　疆	Xinjiang	51.07	93.60	77.11	27	53.32	83.63	80.48	26

11-176 金属制品业主营业务成本和利润总额
Cost of principal Business and Total Profit of Manufacture of Metal Products

单位：亿元 (100 million yuan)

地区	Region	主营业务成本 Cost of Principal Business 2010	2014	2015	2015排名 Ranking	利润总额 Total Profit 2010	2014	2015	2015排名 Ranking
全　国	**National Total**	**16835.48**	**31666.73**	**32283.47**		**1364.73**	**2160.81**	**2239.34**	
北　京	Beijing	229.86	291.35	280.72	20	15.66	14.74	25.61	18
天　津	Tianjin	633.20	1148.36	1230.52	7	42.56	97.84	113.84	7
河　北	Hebei	903.59	2320.32	2388.46	4	72.87	149.95	130.03	5
山　西	Shanxi	42.60	100.32	98.11	24	0.85	2.54	2.43	26
内蒙古	Inner Mongolia	136.74	456.51	430.69	17	14.21	17.62	20.49	19
辽　宁	Liaoning	980.03	1679.48	1009.41	10	93.03	82.63	43.34	16
吉　林	Jilin	144.14	247.23	289.40	19	12.37	16.59	18.81	20
黑龙江	Heilongjiang	59.88	159.86	138.33	23	5.10	9.10	6.70	22
上　海	Shanghai	789.64	842.10	769.63	14	58.95	54.34	52.90	12
江　苏	Jiangsu	3019.61	5043.19	5251.74	1	220.08	363.62	389.58	1
浙　江	Zhejiang	1641.54	2117.51	2000.62	5	103.73	122.22	117.53	6
安　徽	Anhui	401.83	1029.50	1068.09	9	40.97	73.99	71.29	10
福　建	Fujian	373.63	726.37	880.90	13	33.04	67.59	77.88	9
江　西	Jiangxi	212.77	594.94	635.32	15	17.27	45.77	47.69	14
山　东	Shandong	1675.82	4763.36	4950.30	2	139.87	333.37	335.01	3
河　南	Henan	524.22	1445.81	1661.72	6	66.20	133.81	143.89	4
湖　北	Hubei	426.91	1156.52	1126.67	8	42.24	61.22	69.58	11
湖　南	Hunan	317.01	830.79	903.64	11	37.49	55.79	78.38	8
广　东	Guangdong	3379.43	4558.51	4803.67	3	277.43	314.29	342.87	2
广　西	Guangxi	80.18	269.47	308.60	18	9.35	21.53	27.02	17
海　南	Hainan	20.16	21.10	18.48	29	1.09	1.75	0.40	29
重　庆	Chongqing	131.44	392.32	490.95	16	10.55	37.28	45.35	15
四　川	Sichuan	437.65	834.21	893.51	12	35.52	51.55	52.00	13
贵　州	Guizhou	36.12	120.90	149.00	22	1.30	4.93	5.94	24
云　南	Yunnan	47.86	91.77	86.61	25	2.26	5.53	3.80	25
西　藏	Tibet								
陕　西	Shaanxi	75.82	247.40	242.92	21	4.85	13.92	8.29	21
甘　肃	Gansu	39.69	62.69	68.34	27	2.80	2.89	1.02	28
青　海	Qinghai	6.22	4.22	7.70	30	0.47	0.24	0.24	30
宁　夏	Ningxia	19.86	35.49	29.27	28	0.31	0.89	1.27	27
新　疆	Xinjiang	48.02	75.12	70.15	26	2.29	3.28	6.16	23

11-177 金属制品业销售费用和管理费用

Sales Expenses and Administrative Expenses of Manufacture of Metal Products

单位：亿元 (100 million yuan)

地区	Region	销售费用 Sales Expenses			管理费用 Administrative Expenses			
		2014	2015	2015排名 Ranking	2010	2014	2015	2015排名 Ranking
全　国	**National Total**	**726.20**	**775.02**		**775.25**	**1340.55**	**1417.26**	
北　京	Beijing	10.37	10.68	17	16.82	27.69	27.23	15
天　津	Tianjin	15.92	14.52	14	20.85	37.02	38.59	14
河　北	Hebei	39.67	38.45	7	32.46	55.84	53.31	8
山　西	Shanxi	2.91	2.91	24	3.15	6.55	7.15	24
内蒙古	Inner Mongolia	5.43	4.66	22	4.14	22.98	22.39	17
辽　宁	Liaoning	35.93	25.63	11	57.79	72.74	61.81	7
吉　林	Jilin	6.99	8.74	18	8.81	13.12	16.29	21
黑龙江	Heilongjiang	2.15	3.87	23	3.46	8.77	8.62	22
上　海	Shanghai	30.74	30.23	8	52.33	69.42	72.95	5
江　苏	Jiangsu	116.25	130.64	1	121.60	212.85	233.45	2
浙　江	Zhejiang	54.60	55.70	4	80.97	111.55	119.56	4
安　徽	Anhui	23.90	23.15	12	17.98	39.76	41.73	10
福　建	Fujian	17.17	21.40	13	17.79	30.25	39.02	13
江　西	Jiangxi	9.80	10.84	16	6.42	16.50	17.55	20
山　东	Shandong	86.56	92.86	3	65.58	158.15	143.88	3
河　南	Henan	37.04	43.70	6	13.67	36.16	39.35	12
湖　北	Hubei	40.81	47.10	5	25.32	65.92	63.98	6
湖　南	Hunan	26.23	29.58	9	17.90	40.01	50.43	9
广　东	Guangdong	106.08	114.96	2	149.48	207.97	235.70	1
广　西	Guangxi	5.46	8.24	19	7.54	12.79	22.72	16
海　南	Hainan	0.84	0.80	29	0.39	0.71	0.66	29
重　庆	Chongqing	9.06	10.97	15	6.74	18.29	19.93	18
四　川	Sichuan	25.84	28.12	10	28.07	38.17	40.27	11
贵　州	Guizhou	4.85	5.13	21	2.43	7.54	8.58	23
云　南	Yunnan	2.01	2.65	25	2.87	4.06	4.78	25
西　藏	Tibet							
陕　西	Shaanxi	5.46	5.80	20	4.78	16.72	18.05	19
甘　肃	Gansu	1.69	1.55	26	2.42	2.93	3.41	27
青　海	Qinghai	0.21	0.25	30	0.46	0.38	0.26	30
宁　夏	Ningxia	0.94	0.90	28	0.99	2.10	2.05	28
新　疆	Xinjiang	1.31	0.99	27	2.04	3.58	3.54	26

11-178 金属制品业财务费用和营业利润

Financial Expenses and Operating Profit of Manufacture of Metal Products

单位：亿元 (100 million yuan)

地区	Region	财务费用 Financial Expenses				营业利润 Operating Profit			
		2010	2014	2015	2015排名 Ranking	2010	2014	2015	2015排名 Ranking
全 国	**National Total**	**167.93**	**346.78**	**322.97**		**1470.82**	**2159.03**	**2213.14**	
北 京	Beijing	1.88	3.64	3.65	19	14.48	12.96	24.18	18
天 津	Tianjin	3.96	9.24	6.90	13	41.56	97.37	113.71	6
河 北	Hebei	6.36	18.44	16.91	5	101.57	152.94	133.19	5
山 西	Shanxi	0.79	1.86	1.37	24	0.87	2.31	2.26	26
内蒙古	Inner Mongolia	0.71	5.30	5.10	17	18.27	28.60	23.55	19
辽 宁	Liaoning	10.33	17.14	11.57	10	101.91	79.71	38.52	16
吉 林	Jilin	1.88	3.92	4.33	18	12.12	17.83	18.51	20
黑龙江	Heilongjiang	0.30	1.22	1.24	25	5.61	8.36	6.44	21
上 海	Shanghai	5.79	6.86	8.30	11	57.15	52.01	51.10	13
江 苏	Jiangsu	35.40	63.37	57.54	1	246.70	367.95	387.96	1
浙 江	Zhejiang	32.06	46.36	35.78	3	105.66	120.02	113.12	7
安 徽	Anhui	4.77	12.55	12.34	9	40.47	74.65	68.85	10
福 建	Fujian	3.29	5.78	5.45	16	42.29	67.18	77.43	9
江 西	Jiangxi	1.36	2.84	2.92	20	17.71	46.28	47.65	14
山 东	Shandong	17.13	54.04	53.19	2	152.96	332.82	335.44	3
河 南	Henan	4.65	13.84	15.12	7	67.12	132.57	142.96	4
湖 北	Hubei	5.49	17.18	16.31	6	41.92	58.06	63.39	11
湖 南	Hunan	3.36	6.72	7.58	12	38.33	55.72	78.97	8
广 东	Guangdong	17.85	25.52	23.22	4	284.27	310.24	341.79	2
广 西	Guangxi	0.82	2.99	2.79	21	9.55	20.64	25.64	17
海 南	Hainan	0.02	0.35	0.67	29	1.09	1.67	0.28	29
重 庆	Chongqing	1.44	4.41	5.49	15	11.86	36.72	43.68	15
四 川	Sichuan	5.10	11.78	12.64	8	42.53	51.70	51.45	12
贵 州	Guizhou	0.42	1.74	1.67	22	1.20	4.59	5.40	23
云 南	Yunnan	0.47	1.55	1.16	28	2.24	5.35	3.83	25
西 藏	Tibet								
陕 西	Shaanxi	0.50	4.22	5.78	14	5.72	13.41	6.44	21
甘 肃	Gansu	0.76	1.30	1.43	23	2.61	3.48	0.77	28
青 海	Qinghai	0.06	0.06	0.06	30	0.35	0.19	0.19	30
宁 夏	Ningxia	0.57	1.02	1.24	25	0.31	0.71	1.08	27
新 疆	Xinjiang	0.41	1.52	1.20	27	2.37	2.99	5.38	24

11-179 金属制品业资产总计和负债合计

Total Assets and Liabilities of Manufacture of Metal Products

单位：亿元 (100 million yuan)

地区	Region	资产总计 Total Assets 2015	2015排名 Ranking	负债合计 Total Liabilities 2015	2015排名 Ranking
全　国	**National Total**	**25889.81**		**13367.84**	
北　京	Beijing	589.56	14	319.64	14
天　津	Tianjin	898.16	10	515.56	9
河　北	Hebei	1873.43	5	772.71	5
山　西	Shanxi	152.90	22	92.84	21
内蒙古	Inner Mongolia	454.90	17	337.81	13
辽　宁	Liaoning	1028.48	7	576.48	6
吉　林	Jilin	187.38	21	86.52	23
黑龙江	Heilongjiang	143.40	24	88.59	22
上　海	Shanghai	999.05	8	516.07	8
江　苏	Jiangsu	4071.68	1	2121.28	1
浙　江	Zhejiang	2237.91	4	1336.31	4
安　徽	Anhui	738.97	11	373.44	12
福　建	Fujian	651.94	13	295.33	16
江　西	Jiangxi	292.18	19	100.17	20
山　东	Shandong	3136.61	3	1559.48	3
河　南	Henan	1286.10	6	397.54	10
湖　北	Hubei	958.88	9	549.14	7
湖　南	Hunan	507.39	16	204.60	18
广　东	Guangdong	3207.61	2	1692.49	2
广　西	Guangxi	217.12	20	120.30	19
海　南	Hainan	21.07	29	10.63	29
重　庆	Chongqing	437.41	18	275.86	17
四　川	Sichuan	704.68	12	379.28	11
贵　州	Guizhou	145.78	23	77.43	25
云　南	Yunnan	123.02	25	86.20	24
西　藏	Tibet				
陕　西	Shaanxi	515.28	15	298.66	15
甘　肃	Gansu	102.50	27	55.35	27
青　海	Qinghai	16.78	30	4.61	30
宁　夏	Ningxia	71.79	28	49.02	28
新　疆	Xinjiang	117.85	26	74.50	26

11-180 通用设备制造业工业销售产值和主营业务收入

Sales Value and Revenue from Principal Business of Manufacture of General Purpose Machinery

单位：亿元 (100 million yuan)

地区	Region	工业销售产值（当年价格） Sales Value（current prices）				主营业务收入 Revenue from Principal Business			
		2010	2014	2015	2015排名 Ranking	2010	2014	2015	2015排名 Ranking
全　国	**National Total**	**34262.90**	**47150.91**	**47172.70**		**34400.11**	**47016.78**	**47039.64**	
北　京	Beijing	527.30	534.37	480.24	17	560.63	585.29	537.60	17
天　津	Tianjin	724.47	1069.95	1163.24	13	768.19	1115.41	1187.93	13
河　北	Hebei	1149.57	1365.60	1362.47	11	1147.98	1337.11	1332.05	11
山　西	Shanxi	222.02	191.74	133.22	22	220.08	174.24	137.16	23
内蒙古	Inner Mongolia	165.03	218.18	247.34	21	167.42	218.53	251.65	22
辽　宁	Liaoning	3507.53	3968.53	2302.20	7	3527.61	3879.58	2259.09	7
吉　林	Jilin	267.32	431.25	477.98	18	266.54	424.58	464.29	19
黑龙江	Heilongjiang	443.85	435.42	344.41	19	431.93	430.78	341.82	20
上　海	Shanghai	2353.13	2617.57	2491.97	6	2409.32	2763.15	2586.10	6
江　苏	Jiangsu	6064.09	8169.18	8678.36	1	6076.90	8226.90	8676.20	1
浙　江	Zhejiang	3657.86	4376.03	4141.88	3	3681.07	4348.29	4101.17	3
安　徽	Anhui	856.77	1858.74	2111.98	8	861.73	1827.41	2061.47	8
福　建	Fujian	602.51	931.73	97.00	24	609.70	925.06	985.56	14
江　西	Jiangxi	245.00	641.74	732.95	14	249.61	666.14	773.83	15
山　东	Shandong	5773.77	7812.10	8174.48	2	5756.39	7801.04	8243.74	2
河　南	Henan	1612.16	2775.85	3165.79	5	1654.90	2791.28	3193.61	5
湖　北	Hubei	772.36	1325.63	1303.16	12	726.89	1205.12	1208.35	12
湖　南	Hunan	818.68	1490.60	1579.55	10	818.51	1424.75	1546.95	10
广　东	Guangdong	1857.51	3398.54	3514.43	4	1853.75	3406.94	3448.07	4
广　西	Guangxi	175.64	335.23	328.41	20	180.14	321.66	306.97	21
海　南	Hainan	7.64	0.51	0.47	30	7.88	0.51	0.38	30
重　庆	Chongqing	424.14	583.01	661.60	15	438.91	607.82	662.04	16
四　川	Sichuan	1474.25	1781.35	1939.47	9	1439.11	1792.54	1971.38	9
贵　州	Guizhou	30.21	88.89	109.77	23	29.26	78.80	100.88	24
云　南	Yunnan	72.17	84.74	49.21	27	74.99	80.38	48.16	26
西　藏	Tibet								
陕　西	Shaanxi	329.72	499.64	533.58	16	314.00	441.91	472.72	18
甘　肃	Gansu	55.15	74.26	64.71	25	51.92	52.27	46.00	27
青　海	Qinghai	19.29	22.66	17.87	29	19.18	20.00	14.29	29
宁　夏	Ningxia	41.12	48.85	61.69	26	41.74	51.92	59.25	25
新　疆	Xinjiang	12.64	19.02	23.27	28	13.84	17.39	20.33	28

11-181 通用设备制造业主营业务成本和利润总额

Cost of Principal Business and Total Profit of Manufacture of General Purpose Machinery

单位：亿元 (100 million yuan)

地区	Region	主营业务成本 Cost of Principal Business 2010	2014	2015	2015排名 Ranking	利润总额 Total Profit 2010	2014	2015	2015排名 Ranking
全　国	**National Total**	**28726.15**	**39522.43**	**39563.09**		**2710.67**	**3149.34**	**3142.93**	
北　京	Beijing	435.49	451.82	410.88	17	65.78	55.74	58.09	16
天　津	Tianjin	623.00	921.09	972.67	13	85.25	100.70	105.89	8
河　北	Hebei	956.14	1139.03	1136.69	11	103.89	105.11	99.46	11
山　西	Shanxi	191.81	143.64	110.61	23	11.58	12.18	9.91	21
内蒙古	Inner Mongolia	143.63	189.44	203.80	22	10.62	7.26	6.06	23
辽　宁	Liaoning	2967.86	3332.34	1923.18	7	249.22	215.19	104.68	9
吉　林	Jilin	229.09	366.02	397.38	19	15.91	25.41	30.79	18
黑龙江	Heilongjiang	370.87	378.35	293.00	20	23.05	1.87	9.55	22
上　海	Shanghai	1976.13	2227.24	2061.81	6	174.69	182.31	161.54	6
江　苏	Jiangsu	5090.76	6821.98	7181.22	2	468.95	598.47	669.88	1
浙　江	Zhejiang	3074.08	3582.37	3361.94	3	269.35	296.18	275.13	3
安　徽	Anhui	713.73	1571.05	1787.94	8	88.61	112.57	129.29	7
福　建	Fujian	516.90	767.89	814.10	14	46.97	75.00	71.84	13
江　西	Jiangxi	206.57	565.72	667.89	15	18.38	52.72	59.27	14
山　东	Shandong	4857.24	6740.90	7186.87	1	436.40	510.26	528.56	2
河　南	Henan	1383.23	2414.69	2778.14	5	166.55	219.63	231.77	5
湖　北	Hubei	580.27	958.51	1022.75	12	72.55	74.31	58.12	15
湖　南	Hunan	654.41	1188.64	1260.11	10	75.74	79.01	90.27	12
广　东	Guangdong	1576.71	2901.27	2909.91	4	135.63	214.80	235.39	4
广　西	Guangxi	150.85	266.11	252.06	21	13.49	21.43	17.02	20
海　南	Hainan	7.34	0.43	0.34	30	0.35		-0.05	30
重　庆	Chongqing	355.25	481.25	542.24	16	37.14	49.45	47.61	17
四　川	Sichuan	1223.88	1491.67	1646.42	9	99.81	102.07	103.90	10
贵　州	Guizhou	22.55	65.40	84.42	24	3.35	4.29	4.31	24
云　南	Yunnan	61.19	71.20	41.21	26	6.27	0.08	0.71	28
西　藏	Tibet								
陕　西	Shaanxi	253.01	367.48	398.52	18	25.57	26.96	30.03	19
甘　肃	Gansu	43.03	42.34	37.57	27	2.06	2.22	0.86	27
青　海	Qinghai	16.15	17.03	11.31	29	0.79	-0.05	0.19	29
宁　夏	Ningxia	33.61	43.21	50.97	25	1.75	2.49	1.46	25
新　疆	Xinjiang	11.36	14.30	17.13	28	0.99	1.67	1.37	26

11-182 通用设备制造业销售费用和管理费用

Sales Expenses and Administrative Expenses of Manufacture of General Purpose Machinery

单位：亿元 (100 million yuan)

地区	Region	销售费用 Sales Expenses 2014	2015	2015排名 Ranking	管理费用 Administrative Expenses 2010	2014	2015	2015排名 Ranking
全　国	**National Total**	**1329.17**	**1350.04**		**1752.90**	**2349.75**	**2434.38**	
北　京	Beijing	32.23	32.87	13	38.02	46.76	49.47	13
天　津	Tianjin	31.42	36.49	12	45.48	61.89	70.76	11
河　北	Hebei	31.02	31.92	14	39.93	45.73	44.90	15
山　西	Shanxi	4.72	4.53	22	11.66	10.32	9.84	22
内蒙古	Inner Mongolia	2.52	2.84	24	8.08	7.27	7.08	23
辽　宁	Liaoning	103.75	68.44	6	166.12	173.37	119.44	6
吉　林	Jilin	9.75	11.12	20	16.80	17.39	19.79	21
黑龙江	Heilongjiang	11.17	9.39	21	22.54	33.35	24.99	19
上　海	Shanghai	116.71	112.09	4	174.16	237.41	242.79	4
江　苏	Jiangsu	249.33	260.51	1	287.88	453.29	479.72	1
浙　江	Zhejiang	130.60	129.60	3	208.61	289.01	298.37	2
安　徽	Anhui	39.58	42.34	10	42.32	74.90	84.13	8
福　建	Fujian	28.11	29.93	15	23.27	45.47	49.31	14
江　西	Jiangxi	13.29	14.61	17	10.18	26.49	28.30	18
山　东	Shandong	179.57	184.64	2	244.92	245.65	261.38	3
河　南	Henan	54.56	64.93	7	43.53	72.17	82.78	9
湖　北	Hubei	36.02	37.47	11	55.18	59.35	66.38	12
湖　南	Hunan	40.19	46.89	9	47.30	63.57	73.97	10
广　东	Guangdong	102.36	108.83	5	93.36	179.20	196.80	5
广　西	Guangxi	14.43	14.26	18	15.62	20.24	20.04	20
海　南	Hainan	0.03	0.02	30	0.33	0.05	0.05	30
重　庆	Chongqing	18.33	21.50	16	26.65	33.13	38.46	16
四　川	Sichuan	53.83	59.48	8	83.69	100.55	107.77	7
贵　州	Guizhou	3.08	3.18	23	3.88	6.18	7.04	24
云　南	Yunnan	3.11	2.03	27	4.38	5.18	3.51	27
西　藏	Tibet							
陕　西	Shaanxi	13.58	14.10	19	26.68	31.62	36.91	17
甘　肃	Gansu	2.32	2.39	25	4.08	3.93	4.24	25
青　海	Qinghai	0.83	0.73	28	2.83	1.81	1.60	28
宁　夏	Ningxia	2.08	2.32	26	4.33	3.30	3.53	26
新　疆	Xinjiang	0.66	0.57	29	1.07	1.17	1.04	29

11-183 通用设备制造业财务费用和营业利润

Financial Expenses and Operating Profit of Manufacture of General Purpose Machinery

单位：亿元 (100 million yuan)

地区	Region	财务费用 Financial Expenses				营业利润 Operating Profit			
		2010	2014	2015	2015排名 Ranking	2010	2014	2015	2015排名 Ranking
全　国	**National Total**	**268.15**	**425.23**	**407.54**		**2816.42**	**3122.56**	**3076.53**	
北　京	Beijing	2.22	4.29	3.85	16	62.36	50.39	56.27	15
天　津	Tianjin	1.43	4.93	3.52	18	85.24	99.01	105.86	9
河　北	Hebei	8.67	11.02	10.65	11	115.87	104.51	98.93	10
山　西	Shanxi	2.34	2.33	1.91	20	12.05	11.30	9.10	22
内蒙古	Inner Mongolia	2.58	1.77	1.70	23	17.24	28.72	34.41	18
辽　宁	Liaoning	29.30	37.56	35.67	4	264.84	209.87	96.23	12
吉　林	Jilin	1.29	3.34	3.69	17	16.69	27.30	30.45	19
黑龙江	Heilongjiang	1.20	9.08	1.80	22	24.44	-7.12	7.43	23
上　海	Shanghai	9.07	17.51	17.24	8	166.61	172.36	153.35	6
江　苏	Jiangsu	41.61	75.99	81.82	1	496.64	594.69	663.34	1
浙　江	Zhejiang	53.10	70.41	50.81	3	267.29	281.75	258.34	3
安　徽	Anhui	6.99	14.78	15.85	9	87.03	107.75	119.91	7
福　建	Fujian	5.23	8.92	8.08	13	52.44	73.34	69.59	13
江　西	Jiangxi	1.40	3.34	2.61	19	19.04	52.01	56.99	14
山　东	Shandong	46.51	65.99	66.06	2	454.88	515.17	519.39	2
河　南	Henan	11.98	20.31	24.63	5	171.01	215.88	225.58	4
湖　北	Hubei	8.34	15.07	17.57	7	75.84	70.08	50.91	16
湖　南	Hunan	6.37	10.98	11.33	10	77.72	85.88	98.07	11
广　东	Guangdong	8.57	8.53	8.14	12	137.35	211.62	211.49	5
广　西	Guangxi	1.90	1.81	1.87	21	16.70	20.37	16.49	21
海　南	Hainan	-0.03	0.02	0.02	30	0.24		-0.05	30
重　庆	Chongqing	3.05	7.73	7.51	14	39.54	45.98	42.61	17
四　川	Sichuan	10.85	19.76	20.62	6	119.81	115.94	115.35	8
贵　州	Guizhou	0.33	0.86	1.33	25	2.62	3.31	4.03	24
云　南	Yunnan	0.67	1.17	0.96	27	6.05	-0.37	0.08	29
西　藏	Tibet								
陕　西	Shaanxi	1.28	3.79	4.87	15	21.98	28.02	29.36	20
甘　肃	Gansu	0.76	2.28	1.64	24	1.62	1.25	0.70	27
青　海	Qinghai	0.20	0.39	0.31	29	0.78	-0.13	0.12	28
宁　夏	Ningxia	0.90	1.15	1.10	26	1.55	2.12	1.10	25
新　疆	Xinjiang	0.05	0.12	0.38	28	0.96	1.54	1.10	25

11-184 通用设备制造业资产总计和负债合计

Total Assets and Liabilities of Manufacture of General Purpose Machinery

单位：亿元 (100 million yuan)

地区	Region	资产总计 Total Assets 2015	2015排名 Ranking	负债合计 Total Liabilities 2015	2015排名 Ranking
全 国	**National Total**	**41842.85**		**21855.18**	
北 京	Beijing	1004.02	12	452.54	13
天 津	Tianjin	1046.83	11	589.70	11
河 北	Hebei	998.65	13	428.51	14
山 西	Shanxi	192.20	22	131.54	21
内蒙古	Inner Mongolia	157.16	23	96.84	24
辽 宁	Liaoning	2530.84	6	1438.76	6
吉 林	Jilin	216.98	21	101.97	22
黑龙江	Heilongjiang	707.10	16	496.08	12
上 海	Shanghai	3496.83	4	2049.04	4
江 苏	Jiangsu	7624.66	1	3877.40	1
浙 江	Zhejiang	4862.59	3	2586.67	2
安 徽	Anhui	1525.61	9	792.81	9
福 建	Fujian	745.50	15	320.71	18
江 西	Jiangxi	444.35	19	212.68	19
山 东	Shandong	5274.44	2	2350.37	3
河 南	Henan	2065.79	7	791.38	10
湖 北	Hubei	1386.09	10	869.94	8
湖 南	Hunan	878.31	14	415.72	15
广 东	Guangdong	2948.46	5	1591.51	5
广 西	Guangxi	322.23	20	178.12	20
海 南	Hainan	0.75	30	0.56	30
重 庆	Chongqing	577.89	18	341.78	17
四 川	Sichuan	1642.22	8	1049.11	7
贵 州	Guizhou	96.21	26	63.45	25
云 南	Yunnan	81.37	27	49.50	27
西 藏	Tibet				
陕 西	Shaanxi	698.02	17	371.46	16
甘 肃	Gansu	132.81	24	100.31	23
青 海	Qinghai	46.12	28	18.92	29
宁 夏	Ningxia	99.17	25	57.62	26
新 疆	Xinjiang	39.63	29	30.13	28

11-185 专用设备制造业工业销售产值主营业务收入

Sales Value and Revenue from Principal Business of Manufacture of Special Purpose Machinery

单位：亿元 (100 million yuan)

地区	Region	工业销售产值(当年价格) Sales Value（current prices）				主营业务收入 Revenue from Principal Business			
		2010	2014	2015	2015排名 Ranking	2010	2014	2015	2015排名 Ranking
全　国	**National Total**	**20878.51**	**35039.02**	**36185.03**		**21312.97**	**34826.39**	**35873.75**	
北　京	Beijing	495.36	581.76	540.86	17	551.60	655.06	620.60	16
天　津	Tianjin	494.44	1031.10	1066.03	12	496.85	1004.21	1075.65	12
河　北	Hebei	723.11	1383.20	1482.14	8	728.04	1360.71	1455.09	8
山　西	Shanxi	355.75	331.34	209.65	23	364.15	380.77	245.14	22
内蒙古	Inner Mongolia	206.92	172.43	221.46	22	350.76	165.72	213.64	23
辽　宁	Liaoning	1532.35	2238.24	1514.03	7	1500.31	2193.76	1476.75	7
吉　林	Jilin	272.46	582.70	632.67	15	259.13	566.92	620.76	15
黑龙江	Heilongjiang	306.67	277.78	274.02	21	281.24	258.91	269.15	21
上　海	Shanghai	1067.13	1078.89	1039.54	13	1103.38	1114.10	1084.52	11
江　苏	Jiangsu	3256.24	5486.82	5845.96	2	3260.62	5495.20	5833.51	2
浙　江	Zhejiang	1280.60	1596.24	1583.49	6	1270.80	1577.62	1551.98	6
安　徽	Anhui	517.39	1318.53	1437.77	9	478.03	1288.60	1401.12	9
福　建	Fujian	468.87	669.07	768.16	14	492.30	676.65	768.57	14
江　西	Jiangxi	172.84	456.28	513.67	18	172.20	468.48	518.99	17
山　东	Shandong	2963.97	5942.54	6193.86	1	3049.14	5977.25	6190.26	1
河　南	Henan	1586.16	3180.08	3567.56	3	1678.41	3212.84	3585.70	3
湖　北	Hubei	345.73	1045.89	1094.62	11	333.99	957.02	1020.52	13
湖　南	Hunan	1571.66	2645.92	2694.40	4	1533.84	2570.75	2600.60	4
广　东	Guangdong	1419.70	2098.02	2402.00	5	1404.86	2079.21	2367.23	5
广　西	Guangxi	316.90	496.29	488.00	19	350.49	482.89	478.87	19
海　南	Hainan	1.90	2.48	2.30	30	2.04	2.58	2.26	30
重　庆	Chongqing	206.74	325.97	392.07	20	207.85	325.70	375.28	20
四　川	Sichuan	748.25	1203.72	1236.19	10	872.32	1174.96	1194.35	10
贵　州	Guizhou	33.58	95.65	108.40	25	32.43	86.14	102.31	26
云　南	Yunnan	67.18	86.05	100.92	26	66.09	86.46	104.23	25
西　藏	Tibet			0.22	31			0.22	31
陕　西	Shaanxi	350.62	491.40	571.33	16	350.79	466.25	508.44	18
甘　肃	Gansu	59.75	129.91	122.43	24	64.24	108.34	129.77	24
青　海	Qinghai	2.22	4.21	4.62	29	1.24	3.69	3.54	29
宁　夏	Ningxia	33.55	40.79	39.95	27	33.75	42.14	37.07	28
新　疆	Xinjiang	20.47	45.74	36.74	28	22.08	43.49	37.65	27

11-186 专用设备制造业主营业务成本和利润总额
Cost of principal Business and Total Profit of Manufacture of Special Purpose Machinery

单位：亿元 (100 million yuan)

地区	Region	主营业务成本 Cost of Principal Business 2010	2014	2015	2015排名 Ranking	利润总额 Total Profit 2010	2014	2015	2015排名 Ranking
全　国	**National Total**	**17475.24**	**29270.92**	**30181.76**		**1855.05**	**2261.53**	**2186.65**	
北　京	Beijing	430.30	492.66	453.19	16	50.50	75.34	53.75	12
天　津	Tianjin	410.32	855.47	941.74	11	34.52	59.25	57.81	11
河　北	Hebei	583.47	1150.68	1240.76	8	66.60	98.65	97.93	6
山　西	Shanxi	313.91	328.25	205.47	22	14.38	7.95	3.72	25
内蒙古	Inner Mongolia	308.71	143.40	165.85	23	12.32	7.45	8.54	20
辽　宁	Liaoning	1257.54	1903.71	1301.74	6	117.28	95.71	-9.49	30
吉　林	Jilin	214.78	490.24	534.87	15	16.25	25.24	31.65	18
黑龙江	Heilongjiang	214.07	219.87	234.98	21	38.64	5.72	-12.04	31
上　海	Shanghai	877.54	859.06	843.57	13	106.83	83.39	60.60	10
江　苏	Jiangsu	2685.21	4563.61	4821.69	2	276.36	401.85	436.49	1
浙　江	Zhejiang	1031.05	1278.94	1257.15	7	108.67	113.65	104.61	5
安　徽	Anhui	401.54	1094.44	1201.17	9	56.71	75.68	81.63	9
福　建	Fujian	406.55	561.20	646.06	14	45.38	53.32	43.23	14
江　西	Jiangxi	143.22	404.57	448.19	17	11.13	36.74	40.51	15
山　东	Shandong	2562.52	5154.08	5359.84	1	247.04	426.35	405.73	2
河　南	Henan	1407.18	2795.02	3133.81	3	158.29	223.49	230.93	3
湖　北	Hubei	269.07	802.26	868.18	12	29.53	48.35	49.69	13
湖　南	Hunan	1162.22	2197.82	2188.43	4	193.79	119.18	96.08	7
广　东	Guangdong	1151.79	1667.76	1906.24	5	117.14	169.16	194.67	4
广　西	Guangxi	284.31	399.28	394.48	19	37.59	31.90	27.33	19
海　南	Hainan	1.50	1.77	1.39	30	0.19	0.31	0.38	27
重　庆	Chongqing	174.33	256.41	294.36	20	10.42	37.39	39.48	16
四　川	Sichuan	721.85	974.31	990.61	10	64.37	12.30	86.38	8
贵　州	Guizhou	25.74	64.68	76.88	26	2.84	3.83	5.32	22
云　南	Yunnan	56.36	74.19	92.26	25	6.06	5.11	4.07	24
西　藏	Tibet			0.18	31			0.02	28
陕　西	Shaanxi	283.56	372.97	405.56	18	23.56	27.45	32.11	17
甘　肃	Gansu	51.52	95.43	113.16	24	2.88	6.35	7.42	21
青　海	Qinghai	0.83	3.12	3.12	29	0.45	0.35	-0.01	29
宁　夏	Ningxia	26.50	31.52	27.93	28	3.70	4.54	3.68	26
新　疆	Xinjiang	17.71	34.20	28.87	27	1.61	5.52	4.43	23

11-187 专用设备制造业销售费用和管理费用

Sales Expenses and Administrative Expenses of Manufacture of Special Purpose Machinery

单位：亿元 (100 million yuan)

地区	Region	销售费用 Sales Expenses			管理费用 Administrative Expenses			
		2014	2015	2015排名 Ranking	2010	2014	2015	2015排名 Ranking
全　国	**National Total**	**1024.32**	**1073.80**		**1231.44**	**1820.03**	**1930.17**	
北　京	Beijing	39.67	39.41	8	56.60	73.26	74.69	9
天　津	Tianjin	21.70	24.43	14	43.30	66.48	70.25	10
河　北	Hebei	36.70	37.69	9	39.25	56.67	57.79	13
山　西	Shanxi	9.87	7.03	22	27.75	26.66	23.18	20
内蒙古	Inner Mongolia	3.29	6.56	23	13.89	6.93	12.80	23
辽　宁	Liaoning	48.15	32.66	12	93.43	101.84	81.63	8
吉　林	Jilin	13.90	16.82	17	15.92	26.66	29.38	18
黑龙江	Heilongjiang	9.05	8.46	21	23.69	19.20	25.72	19
上　海	Shanghai	60.69	60.17	6	91.52	115.29	119.70	6
江　苏	Jiangsu	150.80	174.12	1	168.20	317.53	340.98	1
浙　江	Zhejiang	52.21	53.15	7	82.06	120.36	125.99	4
安　徽	Anhui	34.54	35.85	11	23.15	57.81	62.06	12
福　建	Fujian	19.64	22.20	16	22.48	36.03	43.19	15
江　西	Jiangxi	8.71	9.49	20	4.75	12.82	13.51	22
山　东	Shandong	128.70	143.79	2	134.63	181.12	195.27	2
河　南	Henan	65.20	74.29	5	61.24	96.76	104.78	7
湖　北	Hubei	29.36	29.32	13	21.07	50.47	56.09	14
湖　南	Hunan	101.01	99.86	3	77.32	112.93	120.26	5
广　东	Guangdong	87.84	98.15	4	88.16	156.44	182.89	3
广　西	Guangxi	21.19	16.05	18	21.79	30.23	31.30	17
海　南	Hainan	0.26	0.26	29	0.23	0.36	0.33	29
重　庆	Chongqing	10.39	12.11	19	19.45	17.28	20.89	21
四　川	Sichuan	38.99	36.39	10	48.76	73.83	70.25	10
贵　州	Guizhou	4.30	4.82	24	3.27	6.52	7.05	25
云　南	Yunnan	2.59	2.43	26	5.57	4.66	5.13	26
西　藏	Tibet							
陕　西	Shaanxi	19.58	22.22	15	33.14	35.43	41.97	16
甘　肃	Gansu	2.59	2.60	25	6.48	9.85	8.18	24
青　海	Qinghai	0.11	0.06	30	0.10	0.08	0.15	30
宁　夏	Ningxia	1.66	1.62	28	2.62	3.83	3.49	27
新　疆	Xinjiang	1.60	1.80	27	1.61	2.70	3.06	28

11-188 专用设备制造业财务费用和营业利润

Financial Expenses and Operating Profit of Manufacture of Special Purpose Machinery

单位：亿元 (100 million yuan)

地区	Region	财务费用 Financial Expenses				营业利润 Operating Profit			
		2010	2014	2015	2015排名 Ranking	2010	2014	2015	2015排名 Ranking
全　国	**National Total**	**166.06**	**361.75**	**351.79**		**1901.09**	**2193.42**	**2061.32**	
北　京	Beijing	2.58	9.77	14.68	8	46.57	67.78	47.98	12
天　津	Tianjin	2.87	-0.49	-16.58	30	33.01	54.64	57.75	9
河　北	Hebei	5.93	11.32	11.80	10	76.74	97.17	95.38	6
山　西	Shanxi	3.63	10.94	9.67	14	18.32	5.14	0.89	26
内蒙古	Inner Mongolia	1.86	1.38	1.31	24	14.55	19.56	22.81	20
辽　宁	Liaoning	11.43	24.96	25.23	5	118.03	97.59	-13.41	30
吉　林	Jilin	1.59	5.24	5.91	17	16.64	25.45	30.92	17
黑龙江	Heilongjiang	3.32	3.37	9.88	12	33.61	5.03	-13.79	31
上　海	Shanghai	6.39	5.85	3.99	19	98.36	74.97	53.85	10
江　苏	Jiangsu	26.33	54.69	48.79	2	295.47	406.02	420.60	1
浙　江	Zhejiang	17.43	25.57	22.04	6	105.35	105.74	95.71	5
安　徽	Anhui	4.09	12.64	11.11	11	56.57	69.93	71.89	8
福　建	Fujian	3.76	8.53	8.01	15	49.07	47.48	41.68	14
江　西	Jiangxi	0.81	3.12	3.34	20	11.33	36.75	39.76	15
山　东	Shandong	21.93	47.16	51.58	1	255.56	424.72	402.34	2
河　南	Henan	9.19	26.30	28.85	4	160.82	208.48	223.76	3
湖　北	Hubei	3.52	13.63	12.14	9	29.78	45.68	46.53	13
湖　南	Hunan	14.68	37.59	47.02	3	214.37	109.47	87.46	7
广　东	Guangdong	6.48	12.17	7.33	16	115.17	162.49	182.29	4
广　西	Guangxi	1.55	6.94	5.06	18	37.74	31.65	25.60	19
海　南	Hainan			0.01	29	0.15	0.23	0.26	27
重　庆	Chongqing	2.54	2.77	3.12	22	11.85	36.32	38.17	16
四　川	Sichuan	9.11	22.38	20.35	7	64.20	13.97	53.45	11
贵　州	Guizhou	0.24	2.30	2.56	23	1.87	5.39	5.23	21
云　南	Yunnan	0.86	1.08	0.73	25	5.65	3.68	3.54	24
西　藏	Tibet							0.02	28
陕　西	Shaanxi	3.22	9.23	9.71	13	22.45	24.78	28.97	18
甘　肃	Gansu	0.52	2.71	3.20	21	2.39	3.67	4.73	22
青　海	Qinghai	0.02	0.03	0.17	28	0.45	0.34	-0.02	29
宁　夏	Ningxia	0.05	0.45	0.52	26	3.46	4.05	3.14	25
新　疆	Xinjiang	0.16	0.08	0.26	27	1.57	5.26	3.80	23

11-189 专用设备制造业资产总计和负债合计

Total Assets and Liabilities of Manufacture of Special Purpose Machinery

单位：亿元 (100 million yuan)

地区	Region	资产总计 Total Assets 2015	2015排名 Ranking	负债合计 Total Liabilities 2015	2015排名 Ranking
全　国	**National Total**	**35455.17**		**18817.64**	
北　京	Beijing	1667.21	8	864.36	9
天　津	Tianjin	1361.04	11	718.63	10
河　北	Hebei	1488.38	10	615.22	13
山　西	Shanxi	654.07	18	488.68	16
内蒙古	Inner Mongolia	147.65	24	67.43	26
辽　宁	Liaoning	2253.12	6	1538.93	4
吉　林	Jilin	266.23	23	120.16	23
黑龙江	Heilongjiang	728.60	16	400.64	17
上　海	Shanghai	1619.40	9	914.73	8
江　苏	Jiangsu	4889.78	1	2520.69	1
浙　江	Zhejiang	1995.01	7	1102.47	6
安　徽	Anhui	1008.42	14	550.82	14
福　建	Fujian	690.14	17	364.69	18
江　西	Jiangxi	269.49	22	120.22	22
山　东	Shandong	3961.74	2	1862.70	2
河　南	Henan	2521.10	4	1040.13	7
湖　北	Hubei	1032.23	13	619.56	12
湖　南	Hunan	2842.88	3	1650.84	3
广　东	Guangdong	2470.00	5	1244.80	5
广　西	Guangxi	478.62	19	256.19	19
海　南	Hainan	6.71	30	3.03	30
重　庆	Chongqing	325.40	21	175.75	21
四　川	Sichuan	1117.20	12	648.88	11
贵　州	Guizhou	112.35	26	74.08	24
云　南	Yunnan	95.38	27	70.01	25
西　藏	Tibet	0.45	31	0.42	31
陕　西	Shaanxi	921.58	15	494.83	15
甘　肃	Gansu	330.53	20	204.17	20
青　海	Qinghai	7.13	29	5.08	29
宁　夏	Ningxia	80.08	28	39.67	28
新　疆	Xinjiang	113.25	25	39.81	27

11-190 汽车制造业主要经济指标（2015年）（一）
Main Economic Indicators of Manufacture of Automobiles (2015) (1)

单位：亿元 (100 million yuan)

地区	Region	工业销售产值（当年价格） Sales Value (current prices)	排名 Ranking	主营业务收入 Revenue from Principal Business	排名 Ranking	主营业务成本 Cost of Principal Business	排名 Ranking	利润总额 Total Profit	排名 Ranking
全国	**National Total**	**70225.35**		**71069.40**		**59073.16**		**6243.25**	
北京	Beijing	3875.37	8	3954.02	8	3281.37	8	349.73	8
天津	Tianjin	2346.14	14	2237.69	15	1872.08	15	215.75	11
河北	Hebei	2164.22	16	2207.97	16	1841.93	16	185.82	14
山西	Shanxi	86.87	25	88.55	25	80.53	25	0.60	24
内蒙古	Inner Mongolia	150.96	24	149.38	24	115.36	24	-19.02	30
辽宁	Liaoning	2772.60	11	2734.99	11	2125.76	11	240.81	10
吉林	Jilin	5453.56	5	6044.09	4	4916.57	4	619.78	2
黑龙江	Heilongjiang	195.20	22	192.15	22	163.15	22	0.06	26
上海	Shanghai	5203.41	6	6574.19	1	5253.87	3	1078.11	1
江苏	Jiangsu	6811.93	1	6487.01	2	5314.94	2	595.43	3
浙江	Zhejiang	3543.21	9	3495.68	9	2797.93	9	282.51	9
安徽	Anhui	2428.94	12	2283.83	13	2017.96	12	104.80	15
福建	Fujian	1065.01	19	1053.07	19	886.28	19	73.55	18
江西	Jiangxi	1131.34	18	1226.16	18	1039.36	17	79.23	17
山东	Shandong	6380.79	2	6460.89	3	5697.34	1	384.29	7
河南	Henan	2812.52	10	2776.01	10	2408.11	10	201.05	13
湖北	Hubei	5797.40	4	5594.32	6	4680.04	6	504.79	4
湖南	Hunan	1362.34	17	1262.41	17	1033.95	18	50.25	19
广东	Guangdong	5887.83	3	5724.30	5	4802.69	5	468.72	6
广西	Guangxi	2395.68	13	2298.38	12	1973.81	13	103.32	16
海南	Hainan	69.58	26	64.73	26	59.92	26	1.42	23
重庆	Chongqing	4560.31	7	4637.49	7	3673.46	7	487.91	5
四川	Sichuan	2331.48	15	2272.08	14	1909.55	14	202.07	12
贵州	Guizhou	219.67	21	219.50	21	191.00	21	11.77	21
云南	Yunnan	191.74	23	181.68	23	162.01	23	9.60	22
西藏	Tibet								
陕西	Shaanxi	934.39	20	802.82	20	731.18	20	16.63	20
甘肃	Gansu	25.57	27	22.55	27	20.65	27	0.58	25
青海	Qinghai	6.66	29	0.43	30	0.41	30	-0.06	28
宁夏	Ningxia	2.05	30	1.94	29	1.81	29	0.05	27
新疆	Xinjiang	18.55	28	21.09	28	20.17	28	-5.29	29

11-191 汽车制造业主要经济指标（2015年）（二）
Main Economic Indicators of Manufacture of Automobiles (2015) (2)

单位：亿元 (100 million yuan)

地区	Region	销售费用 Sales Expenses	排名 Ranking	管理费用 Administrative Expenses	排名 Ranking	资产总计 Total Assets	排名 Ranking	负债合计 Total Liabilities	排名 Ranking
全　国	**National Total**	**2015.42**		**3396.48**		**59940.81**		**34595.23**	
北　京	Beijing	154.19	5	148.23	9	3716.09	8	2148.42	9
天　津	Tianjin	22.83	19	88.72	14	1472.72	16	829.58	17
河　北	Hebei	46.13	14	103.23	12	1941.72	12	1079.51	13
山　西	Shanxi	2.19	25	6.71	25	139.43	25	77.97	25
内蒙古	Inner Mongolia	5.59	21	8.02	23	382.58	21	344.47	21
辽　宁	Liaoning	145.23	6	117.46	10	2648.39	10	1774.50	10
吉　林	Jilin	247.34	1	252.97	5	4792.36	3	2484.59	6
黑龙江	Heilongjiang	3.32	23	28.84	21	306.45	22	304.07	22
上　海	Shanghai	132.20	7	493.71	1	6033.16	1	2644.70	5
江　苏	Jiangsu	170.38	4	306.37	2	4749.25	4	2808.88	2
浙　江	Zhejiang	81.54	10	226.41	7	3986.48	7	2375.41	7
安　徽	Anhui	70.53	12	111.07	11	2181.51	11	1426.07	11
福　建	Fujian	35.62	18	44.88	19	809.13	20	456.98	20
江　西	Jiangxi	41.70	15	73.06	17	915.89	18	515.90	19
山　东	Shandong	119.27	9	174.67	8	4701.71	5	2801.14	3
河　南	Henan	67.65	13	82.35	15	1816.18	13	849.95	16
湖　北	Hubei	172.37	3	283.88	4	5697.43	2	2952.16	1
湖　南	Hunan	37.57	16	78.16	16	1239.81	17	852.61	15
广　东	Guangdong	126.07	8	291.46	3	4239.66	6	2676.50	4
广　西	Guangxi	79.24	11	97.45	13	1505.39	15	1142.10	12
海　南	Hainan	0.32	26	4.41	26	97.56	26	39.30	26
重　庆	Chongqing	190.11	2	246.80	6	3572.90	9	2287.77	8
四　川	Sichuan	36.80	17	71.42	18	1733.76	14	949.08	14
贵　州	Guizhou	4.99	22	10.52	22	162.96	24	99.14	23
云　南	Yunnan	3.32	23	6.82	24	173.43	23	98.31	24
西　藏	Tibet								
陕　西	Shaanxi	18.65	20	34.94	20	852.53	19	517.24	18
甘　肃	Gansu	0.07	28	0.55	28	27.30	28	22.57	28
青　海	Qinghai	0.01	29	0.04	29	7.10	29	3.41	29
宁　夏	Ningxia	0.01	29	0.04	29	1.86	30	1.13	30
新　疆	Xinjiang	0.18	27	3.29	27	36.08	27	31.76	27

11-192 铁路、船舶、航空航天和其他运输设备制造业主要经济指标（2015年）（一）

Main Economic Indicators of Manufacture of Railway, Ship, Aerospace and Other Transport Equipments (2015) (1)

单位：亿元 (100 million yuan)

地区	Region	工业销售产值（当年价格）		主营业务收入		主营业务成本		利润总额	
		Sales Value(current prices)	排名 Ranking	Revenue from Principal Business	排名 Ranking	Cost of Principal Business	排名 Ranking	Total Profit	排名 Ranking
全　国	**National Total**	**19935.91**		**19087.69**		**16468.48**		**1106.68**	
北　京	Beijing	373.94	17	403.84	15	325.42	16	38.42	9
天　津	Tianjin	1199.15	5	1136.16	4	986.27	5	75.17	6
河　北	Hebei	535.06	14	541.69	14	451.04	14	45.88	8
山　西	Shanxi	142.05	22	139.96	22	115.55	23	9.27	19
内蒙古	Inner Mongolia	29.28	25	29.03	25	25.33	25	0.79	26
辽　宁	Liaoning	1012.43	8	1041.14	6	947.87	6	37.23	10
吉　林	Jilin	379.24	16	379.03	17	301.63	17	36.29	12
黑龙江	Heilongjiang	196.49	19	208.37	19	179.21	19	4.91	22
上　海	Shanghai	794.92	10	783.17	10	700.86	10	3.86	23
江　苏	Jiangsu	3897.21	1	3798.03	1	3268.05	1	264.66	1
浙　江	Zhejiang	1311.21	4	953.65	8	864.14	7	9.32	18
安　徽	Anhui	298.34	18	294.37	18	261.89	18	15.94	16
福　建	Fujian	404.69	15	397.91	16	349.85	15	19.46	14
江　西	Jiangxi	123.95	23	127.59	23	115.97	22	7.79	20
山　东	Shandong	2189.57	2	2187.13	2	1908.94	2	114.47	2
河　南	Henan	910.34	9	890.07	9	763.78	8	77.84	5
湖　北	Hubei	684.46	12	624.30	12	557.87	12	17.87	15
湖　南	Hunan	1095.90	7	994.05	7	741.44	9	94.42	3
广　东	Guangdong	1196.42	6	1120.84	5	998.90	4	58.97	7
广　西	Guangxi	173.55	21	167.20	21	135.27	21	14.34	17
海　南	Hainan	0.30	30	0.83	30	0.81	28	-0.42	30
重　庆	Chongqing	1418.36	3	1381.81	3	1181.77	3	82.05	4
四　川	Sichuan	589.69	13	557.73	13	475.58	13	30.13	13
贵　州	Guizhou	182.16	20	168.98	20	138.57	20	3.64	24
云　南	Yunnan	37.84	24	42.42	24	34.99	24	6.04	21
西　藏	Tibet								
陕　西	Shaanxi	739.61	11	701.12	11	625.19	11	36.46	11
甘　肃	Gansu	15.43	26	13.53	26	9.55	26	1.59	25
青　海	Qinghai	2.28	27	1.84	27	1.64	27	0.02	29
宁　夏	Ningxia	1.07	28	0.97	28	0.71	30	0.11	28
新　疆	Xinjiang	0.96	29	0.94	29	0.72	29	0.15	27

11-193 铁路、船舶、航空航天和其他运输设备制造业主要经济指标（2015年）（二）

Main Economic Indicators of Manufacture of Railway, Ship, Aerospace and Other Transport Equipments (2015) (2)

单位：亿元 (100 million yuan)

地区	Region	销售费用 Sales Expenses	排名 Ranking	管理费用 Administrative Expenses	排名 Ranking	资产总计 Total Assets	排名 Ranking	负债合计 Total Liabilities	排名 Ranking
全国	**National Total**	**324.10**		**1022.95**		**22416.91**		**14259.20**	
北京	Beijing	6.72	16	34.26	12	650.45	14	403.27	12
天津	Tianjin	10.24	11	42.77	10	1037.51	10	644.27	9
河北	Hebei	9.67	12	26.12	15	598.27	15	392.94	14
山西	Shanxi	3.56	20	11.53	21	210.33	20	156.49	20
内蒙古	Inner Mongolia	0.73	24	2.75	24	52.67	25	18.03	24
辽宁	Liaoning	9.25	13	62.52	6	2229.10	2	1548.34	2
吉林	Jilin	8.40	15	27.47	14	499.90	16	342.49	15
黑龙江	Heilongjiang	4.47	18	23.24	16	388.00	18	248.61	18
上海	Shanghai	12.03	9	65.72	5	1560.82	4	1187.50	3
江苏	Jiangsu	57.96	1	154.13	1	3595.65	1	2180.82	1
浙江	Zhejiang	15.98	7	51.59	8	1486.07	5	1075.54	5
安徽	Anhui	3.84	19	10.60	22	189.55	21	121.57	21
福建	Fujian	6.25	17	14.65	19	364.88	19	251.07	17
江西	Jiangxi	0.85	23	2.55	25	105.65	23	42.71	23
山东	Shandong	40.35	2	97.09	2	1789.20	3	1182.32	4
河南	Henan	16.75	6	22.41	17	663.61	13	191.39	19
湖北	Hubei	9.01	14	33.66	13	847.73	11	612.49	10
湖南	Hunan	32.53	3	77.51	4	1078.29	8	572.42	11
广东	Guangdong	19.17	5	55.06	7	1074.92	9	698.66	8
广西	Guangxi	1.96	22	14.50	20	123.14	22	69.13	22
海南	Hainan	0.01	29	0.07	30	8.76	27	8.19	27
重庆	Chongqing	26.80	4	82.65	3	1380.38	6	851.99	6
四川	Sichuan	12.71	8	36.53	11	736.17	12	396.42	13
贵州	Guizhou	2.73	21	20.10	18	400.27	17	300.62	16
云南	Yunnan	0.54	25	3.63	23	69.27	24	15.07	25
西藏	Tibet								
陕西	Shaanxi	11.12	10	47.85	9	1247.01	7	732.96	7
甘肃	Gansu	0.33	26	1.66	26	25.36	26	12.03	26
青海	Qinghai	0.08	27	0.10	28	0.82	30	0.19	30
宁夏	Ningxia	0.03	28	0.09	29	2.07	28	1.23	28
新疆	Xinjiang	0.01	29	0.12	27	1.09	29	0.42	29

11-194 电气机械和器材制造业工业销售产值和主营业务收入

Sales Value and Revenue from Principal Business of Manufacture of Electrical Machinery and Apparatus

单位：亿元 (100 million yuan)

地区	Region	工业销售产值(当年价格) Sales Value（current prices）				主营业务收入 Revenue from Principal Business			
		2010	2014	2015	2015排名 Ranking	2010	2014	2015	2015排名 Ranking
全　国	**National Total**	**42057.21**	**66921.57**	**69558.22**		**42152.59**	**66977.77**	**69183.18**	
北　京	Beijing	685.65	715.60	767.83	19	718.89	774.27	838.33	17
天　津	Tianjin	650.54	1100.81	1118.71	15	656.63	1037.69	1115.02	16
河　北	Hebei	1208.91	1948.07	2032.97	9	1301.56	1968.97	2049.59	9
山　西	Shanxi	86.13	172.19	171.18	25	90.12	129.51	131.18	25
内蒙古	Inner Mongolia	173.62	261.23	308.35	22	178.69	253.86	311.11	22
辽　宁	Liaoning	1733.72	2101.92	1301.50	13	1713.20	2127.93	1372.20	13
吉　林	Jilin	162.90	343.29	385.22	21	160.36	338.76	380.28	21
黑龙江	Heilongjiang	170.13	243.40	216.87	23	158.90	241.86	219.38	23
上　海	Shanghai	1935.83	2308.59	2147.24	8	2013.26	2311.95	2215.65	8
江　苏	Jiangsu	8606.24	15454.75	16014.64	1	8553.34	15450.87	15871.35	1
浙　江	Zhejiang	4578.09	5826.34	6087.13	4	4604.48	5822.93	5992.42	4
安　徽	Anhui	1936.58	4296.22	4624.86	5	1757.56	4159.95	4445.51	5
福　建	Fujian	935.77	1615.38	1698.17	11	927.74	1578.29	1671.63	12
江　西	Jiangxi	896.29	2360.43	2615.76	7	913.81	2420.70	2743.68	7
山　东	Shandong	4190.32	6185.58	6472.58	3	4352.35	6433.12	6518.35	3
河　南	Henan	1121.24	2764.11	3059.70	6	1127.12	2711.98	3050.42	6
湖　北	Hubei	781.44	1721.96	1813.06	10	743.65	1623.97	1700.57	11
湖　南	Hunan	738.42	1440.93	1686.76	12	727.19	1427.52	1701.57	10
广　东	Guangdong	8898.77	11540.88	11869.62	2	9024.15	11837.52	11757.43	2
广　西	Guangxi	259.69	705.60	849.00	17	255.94	701.70	829.97	18
海　南	Hainan	30.01	61.33	60.17	30	30.12	62.61	63.81	29
重　庆	Chongqing	486.69	950.33	1093.04	16	475.16	981.35	1152.75	15
四　川	Sichuan	752.03	1135.90	1286.73	14	730.24	1100.67	1238.55	14
贵　州	Guizhou	72.44	164.28	196.45	24	57.96	145.03	176.80	24
云　南	Yunnan	73.93	112.99	114.45	27	74.25	114.58	115.61	26
西　藏	Tibet	0.10		1.17	31	0.09	0.93	0.72	31
陕　西	Shaanxi	392.33	694.19	783.42	18	345.31	628.06	730.27	19
甘　肃	Gansu	197.96	216.84	123.88	26	150.43	104.64	100.96	27
青　海	Qinghai	9.40	50.64	70.39	28	9.12	46.48	62.45	30
宁　夏	Ningxia	46.84	57.52	65.23	29	48.54	53.58	70.02	28
新　疆	Xinjiang	245.20	370.31	522.15	20	252.43	386.49	555.61	20

11-195 电气机械和器材制造业主营业务成本和利润总额

Cost of Principal Business and Total Profit of Manufacture of Electrical Machinery and Apparatus

单位：亿元 (100 million yuan)

地区	Region	主营业务成本 Cost of Principal Business				利润总额 Total Profit			
		2010	2014	2015	2015排名 Ranking	2010	2014	2015	2015排名 Ranking
全　国	National Total	**35494.98**	**56891.49**	**58624.13**		**3116.20**	**4162.98**	**4524.31**	
北　京	Beijing	584.99	613.11	665.97	18	81.94	60.36	33.20	20
天　津	Tianjin	546.44	908.76	984.41	16	64.77	66.46	65.62	15
河　北	Hebei	1048.15	1688.36	1768.37	9	139.60	35.93	111.44	10
山　西	Shanxi	72.42	111.18	110.93	25	7.60	3.34	4.09	25
内蒙古	Inner Mongolia	150.56	215.88	258.66	22	12.20	12.94	12.84	22
辽　宁	Liaoning	1453.70	1858.86	1201.39	13	115.38	91.44	58.07	18
吉　林	Jilin	131.29	297.77	335.70	21	10.00	14.30	14.65	21
黑龙江	Heilongjiang	119.69	205.46	192.81	23	21.84	12.34	5.08	24
上　海	Shanghai	1677.40	1902.58	1809.85	8	148.63	182.74	151.84	8
江　苏	Jiangsu	7264.34	13287.16	13596.89	1	587.22	1003.11	1095.77	1
浙　江	Zhejiang	3922.78	4907.90	5015.47	4	277.42	323.49	360.97	4
安　徽	Anhui	1457.92	3493.45	3730.43	5	172.00	263.43	292.28	5
福　建	Fujian	783.35	1310.69	1366.44	12	79.53	127.94	150.43	9
江　西	Jiangxi	790.17	2130.73	2419.69	7	67.56	178.91	191.03	7
山　东	Shandong	3607.10	5497.62	5547.50	3	304.34	399.98	413.79	3
河　南	Henan	928.30	2343.84	2617.48	6	108.25	222.07	227.14	6
湖　北	Hubei	620.61	1392.35	1448.94	10	69.41	88.69	102.20	11
湖　南	Hunan	602.72	1212.70	1402.23	11	52.05	56.37	79.05	13
广　东	Guangdong	7724.63	9828.88	9828.31	2	585.99	762.02	820.83	2
广　西	Guangxi	215.63	602.33	702.43	17	26.54	46.25	68.12	14
海　南	Hainan	22.58	52.81	54.71	30	3.41	1.73	-2.33	31
重　庆	Chongqing	423.91	844.50	984.62	15	26.28	64.89	81.85	12
四　川	Sichuan	603.39	927.87	1048.13	14	50.87	52.82	60.24	17
贵　州	Guizhou	48.75	124.60	150.24	24	1.79	5.48	7.87	23
云　南	Yunnan	62.19	100.50	102.09	26	4.93	4.16	2.77	26
西　藏	Tibet	0.03	0.81	0.57	31	0.01	0.04	0.19	30
陕　西	Shaanxi	272.79	534.23	612.64	19	26.98	30.27	49.88	19
甘　肃	Gansu	130.60	91.34	90.81	27	4.91	3.29	0.65	29
青　海	Qinghai	8.62	43.08	57.34	29	0.43	0.91	1.74	28
宁　夏	Ningxia	41.80	43.60	62.70	28	3.37	4.77	1.96	27
新　疆	Xinjiang	178.12	318.53	456.41	20	60.93	42.50	61.06	16

11-196　电气机械和器材制造业销售费用和管理费用

Sales Expenses and Administrative Expenses of Manufacture of Electrical Machinery and Apparatus

单位：亿元　(100 million yuan)

地区	Region	销售费用 Sales Expenses			管理费用 Administrative Expenses			
		2014	2015	2015排名 Ranking	2010	2014	2015	2015排名 Ranking
全　国	**National Total**	**2355.86**	**2378.88**		**1844.36**	**2840.21**	**3076.89**	
北　京	Beijing	39.50	54.08	10	37.62	56.24	58.88	15
天　津	Tianjin	20.33	21.15	19	32.82	55.58	44.58	17
河　北	Hebei	40.56	42.23	12	46.61	71.13	73.26	11
山　西	Shanxi	2.93	3.15	26	8.22	10.07	11.56	24
内蒙古	Inner Mongolia	5.85	5.62	24	7.20	11.16	12.87	23
辽　宁	Liaoning	49.77	35.88	14	96.07	81.67	62.60	14
吉　林	Jilin	8.54	9.29	21	10.57	13.88	15.25	21
黑龙江	Heilongjiang	7.10	8.11	22	12.54	13.75	13.74	22
上　海	Shanghai	91.17	87.64	6	116.52	171.09	174.10	5
江　苏	Jiangsu	384.67	409.55	2	305.82	561.27	617.33	1
浙　江	Zhejiang	194.80	211.72	4	238.57	333.89	368.73	3
安　徽	Anhui	170.39	181.80	5	56.42	144.87	163.30	6
福　建	Fujian	54.36	55.09	9	37.81	76.01	92.82	7
江　西	Jiangxi	30.46	41.47	13	20.55	54.43	67.09	12
山　东	Shandong	235.86	257.35	3	199.43	226.18	242.45	4
河　南	Henan	68.84	79.60	7	31.88	78.37	88.12	9
湖　北	Hubei	48.09	49.92	11	37.26	79.68	90.48	8
湖　南	Hunan	50.26	56.82	8	42.95	61.82	75.20	10
广　东	Guangdong	723.17	618.46	1	379.78	548.74	582.65	2
广　西	Guangxi	13.15	13.18	20	19.31	24.04	25.57	19
海　南	Hainan	3.16	2.99	28	1.64	3.17	3.98	28
重　庆	Chongqing	24.34	29.79	16	15.39	34.57	45.14	16
四　川	Sichuan	32.96	33.86	15	43.21	57.83	64.80	13
贵　州	Guizhou	4.96	6.56	23	2.91	6.55	8.63	25
云　南	Yunnan	3.61	3.81	25	4.57	5.94	6.10	26
西　藏	Tibet	0.02	0.04	31	0.05	0.05	0.07	31
陕　西	Shaanxi	25.39	27.18	17	25.81	37.94	40.66	18
甘　肃	Gansu	4.01	3.15	26	4.54	5.29	5.57	27
青　海	Qinghai	0.47	0.67	30	1.00	1.63	2.28	30
宁　夏	Ningxia	1.75	1.85	29	2.01	2.55	2.46	29
新　疆	Xinjiang	15.40	26.86	18	5.29	10.83	16.61	20

11-197 电气机械和器材制造业财务费用和营业利润

Financial Expenses and Operating Profit of Manufacture of Electrical Machinery and Apparatus

单位：亿元 (100 million yuan)

地区	Region	财务费用 Financial Expenses 2010	2014	2015	2015排名 Ranking	营业利润 Operating Profit 2010	2014	2015	2015排名 Ranking
全　国	**National Total**	**353.68**	**605.56**	**501.50**		**3210.31**	**4134.27**	**4433.36**	
北　京	Beijing	2.66	8.35	5.10	17	78.00	59.36	32.88	20
天　津	Tianjin	5.49	8.21	5.47	16	61.72	65.30	69.30	14
河　北	Hebei	23.42	36.93	25.47	5	159.41	43.05	110.36	10
山　西	Shanxi	1.12	3.40	3.57	21	7.96	3.10	3.83	25
内蒙古	Inner Mongolia	0.41	1.60	1.19	27	15.33	22.22	26.65	21
辽　宁	Liaoning	10.37	15.85	12.31	11	118.57	87.96	51.72	18
吉　林	Jilin	1.83	2.87	3.74	19	10.23	14.44	15.69	22
黑龙江	Heilongjiang	0.35	1.98	1.76	23	22.20	11.51	5.13	24
上　海	Shanghai	12.74	15.72	10.18	12	145.31	143.76	144.27	9
江　苏	Jiangsu	73.88	149.56	131.13	1	650.65	1032.88	1090.56	1
浙　江	Zhejiang	66.61	100.44	73.72	2	262.35	307.32	341.25	4
安　徽	Anhui	12.51	27.60	24.53	6	180.32	276.34	293.13	5
福　建	Fujian	6.35	12.09	9.22	13	86.07	132.14	147.66	8
江　西	Jiangxi	6.84	18.56	15.89	9	66.73	178.25	188.35	7
山　东	Shandong	37.70	59.05	64.68	3	308.95	393.86	397.84	3
河　南	Henan	11.68	21.32	28.71	4	107.00	213.91	222.91	6
湖　北	Hubei	7.29	12.69	14.11	10	73.91	95.56	95.24	11
湖　南	Hunan	6.36	20.49	20.69	7	58.28	66.12	85.48	12
广　东	Guangdong	42.46	42.27	5.95	15	574.87	736.16	790.01	2
广　西	Guangxi	2.93	5.07	5.00	18	26.64	45.58	67.18	15
海　南	Hainan	0.38	2.22	2.10	22	3.32	0.89	-2.51	31
重　庆	Chongqing	3.91	8.28	8.59	14	29.63	65.21	80.29	13
四　川	Sichuan	7.06	16.92	17.05	8	48.13	53.72	57.73	17
贵　州	Guizhou	0.37	1.34	1.48	26	1.67	6.31	7.85	23
云　南	Yunnan	1.28	1.86	1.65	24	4.51	2.93	2.11	26
西　藏	Tibet		0.01			0.01	0.04	0.20	29
陕　西	Shaanxi	4.67	4.20	3.72	20	27.43	28.06	46.79	19
甘　肃	Gansu	0.37	1.31	0.90	29	5.69	2.59	0.04	30
青　海	Qinghai	0.06	0.89	0.87	30	1.60	0.83	0.78	28
宁　夏	Ningxia	0.75	1.09	1.14	28	3.30	4.35	1.62	27
新　疆	Xinjiang	1.84	3.42	1.58	25	60.53	40.53	59.00	16

11-198 电气机械和器材制造业资产总计和负债合计
Total Assets and Liabilities of Manufacture of Electrical Machinery and Apparatus

单位：亿元 (100 million yuan)

地区	Region	资产总计 Total Assets 2015	2015排名 Ranking	负债合计 Total Liabilities 2015	2015排名 Ranking
全　国	**National Total**	**57153.76**		**32322.06**	
北　京	Beijing	1221.56	14	722.41	10
天　津	Tianjin	841.49	18	448.68	19
河　北	Hebei	1694.28	8	905.13	8
山　西	Shanxi	241.00	23	175.69	22
内蒙古	Inner Mongolia	362.97	21	206.27	21
辽　宁	Liaoning	1237.54	13	660.59	15
吉　林	Jilin	198.99	24	98.19	27
黑龙江	Heilongjiang	432.07	20	237.16	20
上　海	Shanghai	2329.55	6	1271.43	6
江　苏	Jiangsu	11715.49	1	6343.06	1
浙　江	Zhejiang	6248.31	3	3582.33	3
安　徽	Anhui	2857.04	5	1579.58	5
福　建	Fujian	1370.31	10	711.07	12
江　西	Jiangxi	1447.55	9	711.16	11
山　东	Shandong	5207.98	4	3093.71	4
河　南	Henan	2189.60	7	972.90	7
湖　北	Hubei	1283.99	12	697.08	13
湖　南	Hunan	1307.00	11	741.76	9
广　东	Guangdong	10079.31	2	6225.76	2
广　西	Guangxi	347.42	22	171.73	23
海　南	Hainan	105.57	28	52.24	29
重　庆	Chongqing	756.98	19	453.85	18
四　川	Sichuan	1047.39	15	674.69	14
贵　州	Guizhou	162.37	26	115.70	25
云　南	Yunnan	155.03	27	98.52	26
西　藏	Tibet	3.32	31	1.40	31
陕　西	Shaanxi	938.24	17	499.16	17
甘　肃	Gansu	173.57	25	126.90	24
青　海	Qinghai	89.21	29	59.81	28
宁　夏	Ningxia	67.14	30	38.48	30
新　疆	Xinjiang	1041.49	16	645.64	16

11-199 计算机、通信和其他电子设备制造业工业销售产值和主营业务收入

Sales Value and Revenue from Principal Business of Manufacture of Computers, Communication and Other Electronic Equipment

单位：亿元 (100 million yuan)

地区	Region	工业销售产值(当年价格) Sales Value（current prices）				主营业务收入 Revenue from Principal Business			
		2010	2014	2015	2015排名 Ranking	2010	2014	2015	2015排名 Ranking
全 国	**National Total**	**54190.95**	**85274.75**	**91378.86**		**55161.16**	**85486.30**	**91606.58**	
北 京	Beijing	2184.16	2354.85	2042.25	11	2549.87	2815.51	2519.79	11
天 津	Tianjin	1718.70	2885.92	2537.73	10	1740.11	2902.92	2586.43	10
河 北	Hebei	267.28	448.56	514.10	19	265.30	442.19	520.51	20
山 西	Shanxi	114.33	591.84	636.31	17	123.42	591.95	654.81	17
内蒙古	Inner Mongolia	48.25	82.23	61.27	22	54.97	86.55	60.07	23
辽 宁	Liaoning	866.54	889.77	573.34	18	861.93	915.55	606.57	18
吉 林	Jilin	73.06	79.42	88.58	21	73.58	77.95	89.10	22
黑龙江	Heilongjiang	18.02	23.64	22.75	26	17.06	24.90	22.72	26
上 海	Shanghai	5961.72	5316.28	5335.03	4	6132.25	5733.03	5706.66	3
江 苏	Jiangsu	12856.41	17321.31	18390.31	2	12859.82	17391.49	18200.18	2
浙 江	Zhejiang	1921.05	2620.71	2789.03	9	1937.53	2716.91	2854.30	9
安 徽	Anhui	283.66	1574.95	1991.25	12	263.68	1593.18	1949.73	13
福 建	Fujian	2263.04	3020.57	3150.37	8	2281.22	2969.70	3102.85	8
江 西	Jiangxi	376.41	1125.49	1282.33	15	379.77	1176.22	1374.65	15
山 东	Shandong	3084.47	4843.31	5431.80	3	3128.52	4854.71	5483.17	4
河 南	Henan	194.87	2925.82	3668.27	6	207.87	2897.92	3642.94	5
湖 北	Hubei	747.46	1655.53	1917.46	13	734.35	1606.38	1962.16	12
湖 南	Hunan	309.23	1660.02	1816.85	14	311.56	1612.47	1853.43	14
广 东	Guangdong	18914.36	27356.42	29731.72	1	19217.10	26757.51	29421.29	1
广 西	Guangxi	214.68	951.15	1241.82	16	201.10	923.60	1262.61	16
海 南	Hainan	18.80	10.74	11.31	27	18.05	10.74	11.31	27
重 庆	Chongqing	215.55	2854.63	3260.74	7	216.36	2865.36	3253.21	7
四 川	Sichuan	1226.95	4094.73	3908.93	5	1260.23	3916.22	3481.09	6
贵 州	Guizhou	42.67	121.80	322.82	20	41.27	127.38	307.66	21
云 南	Yunnan	12.63	26.43	30.39	25	14.43	33.65	39.35	25
西 藏	Tibet								
陕 西	Shaanxi	217.71	382.50	55.47	24	233.90	388.57	578.25	19
甘 肃	Gansu	21.73	51.35	60.23	23	20.07	48.81	55.06	24
青 海	Qinghai	1.28	3.35	4.89	28	1.28	3.34	3.57	28
宁 夏	Ningxia								
新 疆	Xinjiang	15.93	1.42	1.50	29	14.56	1.54	3.13	29

11-200 计算机、通信和其他电子设备制造业主营业务成本和利润总额

Cost of Principal Business and Total Profit of Manufacture of Computers, Communication and Other Electronic Equipment

单位：亿元 (100 million yuan)

地区	Region	主营业务成本 Cost of Principal Business				利润总额 Total Profit			
		2010	2014	2015	2015排名 Ranking	2010	2014	2015	2015排名 Ranking
全　国	**National Total**	**48920.84**	**75460.82**	**80532.58**		**2873.03**	**4282.57**	**4563.74**	
北　京	Beijing	2335.16	2488.56	2215.90	11	71.05	98.84	63.76	14
天　津	Tianjin	1551.32	2547.38	2260.18	10	67.23	163.52	184.52	5
河　北	Hebei	225.60	359.37	433.29	20	22.06	51.46	54.64	16
山　西	Shanxi	114.66	470.90	574.16	17	0.88	21.23	34.55	19
内蒙古	Inner Mongolia	40.64	79.48	56.89	23	4.93	2.97	-1.40	28
辽　宁	Liaoning	730.85	792.44	510.09	18	71.49	66.10	38.88	18
吉　林	Jilin	56.22	60.67	70.97	22	4.95	8.75	9.23	21
黑龙江	Heilongjiang	12.19	18.36	17.33	26	2.21	2.79	2.23	25
上　海	Shanghai	5777.55	5351.54	5311.82	3	142.68	155.40	121.27	7
江　苏	Jiangsu	11645.60	15798.53	16514.44	2	639.82	886.82	882.16	2
浙　江	Zhejiang	1632.77	2189.69	2289.04	9	145.32	259.10	279.24	4
安　徽	Anhui	217.51	1371.16	1701.98	13	28.08	107.12	116.64	8
福　建	Fujian	2026.57	2667.64	2760.05	8	167.40	140.92	106.66	10
江　西	Jiangxi	331.52	1047.95	1239.44	15	19.24	75.38	77.50	13
山　东	Shandong	2771.09	4314.33	4870.06	4	156.97	278.88	302.57	3
河　南	Henan	175.40	2724.57	3391.52	5	15.41	122.34	164.72	6
湖　北	Hubei	605.71	1406.61	1734.71	12	98.21	41.29	60.68	15
湖　南	Hunan	255.53	1419.79	1541.43	14	28.42	67.96	82.45	12
广　东	Guangdong	16815.07	22931.53	24921.36	1	1039.83	1272.15	1680.27	1
广　西	Guangxi	166.61	800.06	1115.42	16	28.40	78.04	115.37	9
海　南	Hainan	14.31	7.04	6.28	27	1.44	1.42	1.24	26
重　庆	Chongqing	196.54	2707.62	3007.56	7	2.87	62.04	96.66	11
四　川	Sichuan	965.95	3412.05	3176.13	6	72.47	280.23	34.20	20
贵　州	Guizhou	32.73	101.40	244.42	21	2.78	7.04	5.82	23
云　南	Yunnan	10.51	27.39	33.08	25	2.55	3.14	2.91	24
西　藏	Tibet								
陕　西	Shaanxi	187.58	320.02	484.70	19	31.54	22.77	40.92	17
甘　肃	Gansu	14.06	40.02	43.86	24	1.99	4.79	6.11	22
青　海	Qinghai	1.06	3.27	3.50	28	0.03	0.01		
宁　夏	Ningxia								
新　疆	Xinjiang	10.54	1.42	2.97	29	2.80	0.05	-0.07	27

11-201 计算机、通信和其他电子设备制造业销售费用和管理费用

Sales Expenses and Administrative Expenses of Manufacture of Computers, Communication and Other Electronic Equipment

单位：亿元 (100 million yuan)

地区	Region	销售费用 Sales Expenses			管理费用 Administrative Expenses			
		2014	2015	2015排名 Ranking	2010	2014	2015	2015排名 Ranking
全 国	**National Total**	**1862.26**	**2075.40**		**2176.90**	**3807.76**	**4423.17**	
北 京	Beijing	104.00	109.00	4	90.86	144.47	148.71	6
天 津	Tianjin	105.02	54.79	10	57.73	81.16	78.17	12
河 北	Hebei	9.38	10.49	18	11.55	20.32	24.34	19
山 西	Shanxi	1.15	0.97	23	9.44	23.56	14.30	21
内蒙古	Inner Mongolia	1.67	0.95	24	0.71	2.04	2.56	26
辽 宁	Liaoning	19.59	16.25	16	41.12	48.34	43.15	17
吉 林	Jilin	2.66	2.66	21	4.93	6.18	6.63	22
黑龙江	Heilongjiang	0.89	0.52	27	2.09	2.80	2.71	25
上 海	Shanghai	84.47	93.71	6	157.52	181.70	218.27	4
江 苏	Jiangsu	179.57	186.94	2	365.16	558.83	595.12	2
浙 江	Zhejiang	84.63	95.83	5	112.22	197.58	221.97	3
安 徽	Anhui	21.96	27.35	13	20.32	71.63	75.28	13
福 建	Fujian	64.38	73.72	8	161.58	120.46	134.22	8
江 西	Jiangxi	12.22	13.03	17	10.39	35.02	38.63	18
山 东	Shandong	108.51	125.27	3	103.98	144.11	167.81	5
河 南	Henan	16.56	21.51	14	9.14	43.22	52.44	14
湖 北	Hubei	66.46	63.94	9	41.81	93.45	111.13	9
湖 南	Hunan	24.33	40.74	12	15.04	62.48	81.92	11
广 东	Guangdong	811.34	957.80	1	844.34	1694.79	2040.55	1
广 西	Guangxi	8.84	9.84	20	11.53	24.17	20.10	20
海 南	Hainan	2.11	2.52	22	1.28	1.17	1.85	27
重 庆	Chongqing	32.09	47.32	11	14.25	65.94	90.60	10
四 川	Sichuan	83.10	90.10	7	62.75	123.64	144.17	7
贵 州	Guizhou	6.69	18.19	15	3.49	10.48	47.82	16
云 南	Yunnan	0.78	0.74	26	1.17	2.85	3.00	24
西 藏	Tibet							
陕 西	Shaanxi	8.97	10.17	19	19.50	42.08	51.29	15
甘 肃	Gansu	0.83	0.88	25	2.25	5.19	6.09	23
青 海	Qinghai	0.01	0.02	29	0.01	0.02	0.04	29
宁 夏	Ningxia							
新 疆	Xinjiang	0.04	0.12	28	0.78	0.10	0.24	28

11-202 计算机、通信和其他电子设备制造业财务费用和营业利润

Financial Expenses and Operating Profit of Manufacture of Computers, Communication and Other Electronic Equipment

单位：亿元 (100 million yuan)

地区	Region	财务费用 Financial Expenses				营业利润 Operating Profit			
		2010	2014	2015	2015排名 Ranking	2010	2014	2015	2015排名 Ranking
全 国	**National Total**	**153.25**	**236.84**	**328.69**		**2946.15**	**3976.63**	**4143.94**	
北 京	Beijing	8.78	5.67	19.75	4	63.79	80.33	43.90	15
天 津	Tianjin	5.05	11.63	4.76	15	64.46	166.23	183.45	5
河 北	Hebei	1.05	1.94	2.95	18	22.52	46.91	49.28	14
山 西	Shanxi	0.29	-1.03	3.08	17	2.81	18.32	29.18	18
内蒙古	Inner Mongolia	0.03	0.06	1.31	19	10.43	2.77	-1.51	28
辽 宁	Liaoning	4.51	5.57	4.04	16	70.26	57.00	32.30	17
吉 林	Jilin	0.75	0.74	0.71	21	4.85	8.52	8.42	21
黑龙江	Heilongjiang	0.23	0.39	0.43	23	2.06	2.51	2.01	24
上 海	Shanghai	-0.33	-2.56	13.66	9	135.64	139.65	89.83	11
江 苏	Jiangsu	36.42	35.86	41.91	2	759.93	853.50	867.51	2
浙 江	Zhejiang	17.36	23.10	11.36	11	133.05	229.92	242.33	4
安 徽	Anhui	2.20	7.56	19.42	5	31.71	92.48	102.67	9
福 建	Fujian	5.95	7.48	14.30	8	164.22	122.51	111.18	8
江 西	Jiangxi	1.32	5.21	5.51	14	19.99	71.38	73.61	13
山 东	Shandong	5.16	14.35	18.66	6	172.85	266.74	287.88	3
河 南	Henan	3.66	-5.17	15.07	7	15.12	116.98	164.32	6
湖 北	Hubei	1.20	7.71	6.94	13	95.75	27.17	43.07	16
湖 南	Hunan	2.15	6.49	7.18	12	29.82	73.93	91.70	10
广 东	Guangdong	45.62	87.63	94.25	1	998.08	1175.88	1473.84	1
广 西	Guangxi	0.45	0.89	-0.63	28	28.41	87.72	117.40	7
海 南	Hainan		0.03	0.08	26	1.08	1.02	0.93	25
重 庆	Chongqing	2.39	-1.19	1.27	20	4.12	55.81	89.63	12
四 川	Sichuan	6.28	17.65	29.48	3	75.32	253.92	12.04	20
贵 州	Guizhou	0.02	0.38	-1.09	29	2.40	6.30	-4.58	29
云 南	Yunnan	0.11	0.19	0.17	24	2.35	2.79	2.60	23
西 藏	Tibet								
陕 西	Shaanxi	2.04	5.81	13.26	10	30.03	12.46	26.97	19
甘 肃	Gansu	0.46	0.45	0.71	21	2.13	3.92	4.29	22
青 海	Qinghai	0.01		0.01	27	0.43	0.01	-0.01	26
宁 夏	Ningxia								
新 疆	Xinjiang	0.15	0.01	0.12	25	2.53	-0.04	-0.33	27

11-203 计算机、通信和其他电子设备制造业资产总计和负债合计

Total Assets and Liabilities of Manufacture of Computers, Communication and Other Electronic Equipment

单位：亿元 (100 million yuan)

地区	Region	资产总计 Total Assets 2015	2015排名 Ranking	负债合计 Total Liabilities 2015	2015排名 Ranking
全 国	**National Total**	**67231.29**		**38631.60**	
北 京	Beijing	3065.73	5	1602.21	7
天 津	Tianjin	1348.47	13	661.42	14
河 北	Hebei	767.48	18	424.84	18
山 西	Shanxi	691.79	19	461.03	16
内蒙古	Inner Mongolia	70.25	24	33.77	24
辽 宁	Liaoning	834.00	17	376.49	19
吉 林	Jilin	95.35	23	41.82	23
黑龙江	Heilongjiang	39.95	26	18.42	26
上 海	Shanghai	3835.42	3	2222.97	3
江 苏	Jiangsu	11180.05	2	5596.48	2
浙 江	Zhejiang	3266.00	4	1630.90	6
安 徽	Anhui	2094.94	9	1222.58	9
福 建	Fujian	2050.22	10	1151.83	10
江 西	Jiangxi	893.37	15	517.56	15
山 东	Shandong	2600.46	8	1347.32	8
河 南	Henan	2886.64	6	2160.84	4
湖 北	Hubei	1875.95	11	1115.34	11
湖 南	Hunan	853.40	16	437.07	17
广 东	Guangdong	22256.73	1	13660.42	1
广 西	Guangxi	341.10	21	205.87	21
海 南	Hainan	21.83	27	13.50	27
重 庆	Chongqing	1445.56	12	967.42	12
四 川	Sichuan	2825.18	7	1793.44	5
贵 州	Guizhou	535.97	20	222.55	20
云 南	Yunnan	64.30	25	27.38	25
西 藏	Tibet				
陕 西	Shaanxi	1146.92	14	670.70	13
甘 肃	Gansu	137.83	22	43.74	22
青 海	Qinghai	1.70	29	1.10	29
宁 夏	Ningxia				
新 疆	Xinjiang	4.72	28	2.59	28

11-204 仪器仪表制造业工业销售产值和主营业务收入
Sales Value and Revenue from Principal Business of Manufacture of Measuring Instruments and Machinery

单位：亿元 (100 million yuan)

地区	Region	工业销售产值(当年价格) Sales Value（current prices）				主营业务收入 Revenue from Principal Business			
		2010	2014	2015	2015排名 Ranking	2010	2014	2015	2015排名 Ranking
全　国	**National Total**	**6267.36**	**8286.27**	**8749.31**		**6322.87**	**8347.58**	**8741.75**	
北　京	Beijing	224.15	255.62	256.11	7	254.54	302.35	307.38	7
天　津	Tianjin	143.51	58.30	76.84	18	161.77	84.36	86.26	17
河　北	Hebei	70.57	84.20	104.51	16	70.73	85.49	105.12	16
山　西	Shanxi	18.25	24.97	23.06	23	18.02	27.24	23.00	23
内蒙古	Inner Mongolia	3.21	7.82	8.89	26	3.14	6.90	9.40	25
辽　宁	Liaoning	179.03	224.03	160.21	13	184.16	222.27	160.70	12
吉　林	Jilin	29.36	41.81	53.23	19	27.50	39.65	49.97	19
黑龙江	Heilongjiang	27.54	24.51	28.11	22	23.13	24.73	29.55	22
上　海	Shanghai	355.63	323.81	331.04	6	372.79	349.25	354.44	6
江　苏	Jiangsu	1701.41	3310.72	3355.86	1	1707.57	3337.33	3341.22	1
浙　江	Zhejiang	709.21	701.99	791.65	4	707.01	690.33	784.78	4
安　徽	Anhui	90.53	172.18	199.40	9	91.18	171.57	194.49	9
福　建	Fujian	212.27	170.50	191.99	10	213.24	168.39	190.26	10
江　西	Jiangxi	56.92	111.21	132.97	15	64.26	111.27	131.98	15
山　东	Shandong	340.75	769.48	864.08	2	335.41	760.16	845.14	2
河　南	Henan	177.55	338.74	393.31	5	174.47	339.69	393.14	5
湖　北	Hubei	61.94	152.47	184.84	11	58.67	146.00	181.95	11
湖　南	Hunan	183.46	230.88	233.34	8	184.81	226.97	225.25	8
广　东	Guangdong	1373.58	794.29	841.10	3	1363.85	788.45	837.92	3
广　西	Guangxi	23.19	38.44	46.67	20	21.70	38.14	45.99	20
海　南	Hainan	0.61	1.32	1.56	29	0.61	2.42	2.24	29
重　庆	Chongqing	111.16	155.87	162.24	12	109.06	152.02	154.71	13
四　川	Sichuan	61.51	67.58	78.24	17	59.81	66.36	73.80	18
贵　州	Guizhou	8.39	10.32	12.89	24	8.32	9.67	12.06	24
云　南	Yunnan	14.73	27.83	39.12	21	14.70	23.37	37.83	21
西　藏	Tibet								
陕　西	Shaanxi	74.85	174.20	158.21	14	79.01	160.58	144.39	14
甘　肃	Gansu	2.11	1.90	5.38	27	2.12	1.59	5.23	27
青　海	Qinghai	1.03	1.29	3.17	28	0.91	1.06	3.01	28
宁　夏	Ningxia	9.80	8.86	10.06	25	9.25	8.93	9.09	26
新　疆	Xinjiang	1.11	1.13	1.22	30	1.11	1.06	1.47	30

11-205 仪器仪表制造业主营业务成本和利润总额
Cost of Principal Business and Total Profit of Manufacture of Measuring Instruments and Machinery

单位：亿元 (100 million yuan)

地区	Region	主营业务成本 Cost of Principal Business				利润总额 Total Profit			
		2010	2014	2015	2015排名 Ranking	2010	2014	2015	2015排名 Ranking
全　国	**National Total**	**5209.71**	**6719.29**	**6962.59**		**538.01**	**720.76**	**743.75**	
北　京	Beijing	189.58	216.36	217.41	7	32.38	35.70	39.19	5
天　津	Tianjin	139.10	66.98	67.02	16	9.10	4.98	4.57	18
河　北	Hebei	53.80	64.12	77.75	15	10.32	10.46	13.72	13
山　西	Shanxi	13.36	19.26	17.85	23	2.19	4.09	1.85	22
内蒙古	Inner Mongolia	2.97	6.77	6.56	26	0.13	0.01	0.24	26
辽　宁	Liaoning	148.41	178.21	124.57	12	19.08	21.34	16.34	10
吉　林	Jilin	20.88	31.87	42.10	19	2.61	3.87	4.16	19
黑龙江	Heilongjiang	16.13	19.39	23.31	22	2.19	1.47	2.20	21
上　海	Shanghai	286.74	255.63	258.06	6	39.25	36.80	37.73	6
江　苏	Jiangsu	1434.82	2756.40	2737.72	1	137.05	287.99	288.95	1
浙　江	Zhejiang	565.96	522.99	596.34	4	57.86	67.63	77.42	2
安　徽	Anhui	64.22	132.71	152.03	10	17.22	17.91	22.15	8
福　建	Fujian	179.62	139.47	158.62	9	15.23	10.13	5.76	17
江　西	Jiangxi	53.96	93.97	110.35	14	4.84	10.60	13.86	12
山　东	Shandong	279.40	644.79	717.03	2	28.32	52.91	59.19	4
河　南	Henan	142.88	277.09	326.95	5	16.60	30.26	33.17	7
湖　北	Hubei	43.00	114.62	144.07	11	8.08	12.64	15.16	11
湖　南	Hunan	138.04	176.51	175.19	8	19.74	17.57	17.15	9
广　东	Guangdong	1198.77	638.00	673.98	3	89.23	56.64	61.63	3
广　西	Guangxi	16.43	30.69	37.94	20	3.87	2.89	3.32	20
海　南	Hainan	0.29	0.80	0.24	30	0.22	0.24	0.60	24
重　庆	Chongqing	83.92	118.97	122.96	13	7.67	11.55	10.93	14
四　川	Sichuan	47.10	51.52	56.15	18	5.62	5.38	5.89	16
贵　州	Guizhou	6.23	7.49	9.84	24	1.13	0.47	0.41	25
云　南	Yunnan	11.06	20.70	35.11	21	1.32	0.13	-2.18	30
西　藏	Tibet								
陕　西	Shaanxi	62.45	124.60	58.40	17	4.67	15.67	9.19	15
甘　肃	Gansu	1.61	1.04	3.85	27	0.24	0.22	0.11	28
青　海	Qinghai	0.69	0.85	2.73	28	0.22	0.30	0.02	29
宁　夏	Ningxia	7.54	6.76	7.29	25	1.19	0.77	0.89	23
新　疆	Xinjiang	0.73	0.75	1.19	29	0.44	0.14	0.12	27

11-206 仪器仪表制造业销售费用和管理费用

Sales Expenses and Administrative Expenses of Manufacture of Measuring Instruments and Machinery

单位：亿元 (100 million yuan)

地区	Region	销售费用 Sales Expenses 2014	2015	2015排名 Ranking	管理费用 Administrative Expenses 2010	2014	2015	2015排名 Ranking
全　国	**National Total**	**306.32**	**351.30**		**395.03**	**563.56**	**608.87**	
北　京	Beijing	21.83	22.59	5	26.54	35.43	35.27	6
天　津	Tianjin	4.68	6.35	11	7.93	8.53	9.41	15
河　北	Hebei	3.77	4.41	15	4.31	6.68	8.16	16
山　西	Shanxi	1.27	1.21	22	2.16	2.49	2.15	23
内蒙古	Inner Mongolia	0.02	0.16	28	0.05	0.06	0.17	28
辽　宁	Liaoning	7.16	6.31	12	14.39	14.53	13.94	11
吉　林	Jilin	1.20	1.25	21	2.77	2.15	2.55	22
黑龙江	Heilongjiang	1.29	1.58	19	3.21	3.02	3.38	20
上　海	Shanghai	20.51	21.40	6	37.20	40.22	42.87	4
江　苏	Jiangsu	95.22	120.36	1	76.27	165.57	176.21	1
浙　江	Zhejiang	34.86	38.63	3	54.35	68.19	77.00	2
安　徽	Anhui	5.13	6.02	13	5.84	14.56	13.27	12
福　建	Fujian	4.92	5.28	14	12.96	11.36	12.46	14
江　西	Jiangxi	2.79	3.40	18	3.19	4.26	5.19	18
山　东	Shandong	21.82	25.07	4	15.27	31.47	35.88	5
河　南	Henan	9.84	10.34	8	9.13	20.42	21.12	7
湖　北	Hubei	6.45	7.61	10	6.03	11.97	14.37	10
湖　南	Hunan	10.48	10.47	7	17.02	14.24	15.56	8
广　东	Guangdong	33.97	38.75	2	64.18	64.09	73.89	3
广　西	Guangxi	1.21	1.34	20	1.63	3.03	3.07	21
海　南	Hainan	0.83	0.94	23	0.08	0.52	0.60	26
重　庆	Chongqing	8.42	8.26	9	10.33	13.21	12.65	13
四　川	Sichuan	2.96	3.41	17	5.55	5.90	7.01	17
贵　州	Guizhou	0.57	0.44	25	0.76	1.36	1.24	24
云　南	Yunnan	0.31	0.88	24	2.07	2.52	3.77	19
西　藏	Tibet							
陕　西	Shaanxi	4.10	4.07	16	10.58	16.56	15.46	9
甘　肃	Gansu	0.09	0.21	27	0.20	0.41	0.98	25
青　海	Qinghai	0.07	0.11	29	0.10	0.12	0.15	30
宁　夏	Ningxia	0.50	0.39	26	0.78	0.54	0.60	26
新　疆	Xinjiang	0.07	0.07	30	0.14	0.16	0.16	29

11-207 仪器仪表制造业财务费用和营业利润

Financial Expenses and Operating Profit of Manufacture of Measuring Instruments and Machinery

单位：亿元 (100 million yuan)

地区	Region	财务费用 Financial Expenses				营业利润 Operating Profit			
		2010	2014	2015	2015排名 Ranking	2010	2014	2015	2015排名 Ranking
全　国	**National Total**	**35.53**	**58.56**	**52.52**		**534.16**	**686.85**	**704.76**	
北　京	Beijing	0.75	1.27	1.12	10	29.55	31.79	33.81	6
天　津	Tianjin	0.44	0.42	0.23	20	7.95	4.06	3.33	19
河　北	Hebei	0.36	0.46	0.49	15	9.78	9.67	12.60	13
山　西	Shanxi	0.23	0.16	0.15	24	2.14	3.84	1.14	23
内蒙古	Inner Mongolia	0.40	0.01	0.02	27	0.15	1.80	2.48	21
辽　宁	Liaoning	1.28	2.19	1.73	7	17.87	19.70	14.17	10
吉　林	Jilin	0.19	0.31	0.31	19	2.47	4.22	3.74	18
黑龙江	Heilongjiang	0.16	0.58	0.34	18	2.22	0.66	1.48	22
上　海	Shanghai	1.27	0.26	0.47	16	38.15	35.00	35.62	5
江　苏	Jiangsu	8.48	22.42	19.47	1	141.91	281.49	281.20	1
浙　江	Zhejiang	9.91	7.54	6.89	3	52.21	60.88	67.03	2
安　徽	Anhui	0.45	1.07	1.21	9	16.78	17.46	21.81	8
福　建	Fujian	0.68	1.17	0.92	11	25.70	9.67	8.65	16
江　西	Jiangxi	0.33	0.33	0.38	17	4.71	10.25	12.65	12
山　东	Shandong	2.25	5.97	7.59	2	30.48	51.75	58.08	3
河　南	Henan	1.68	2.54	2.23	5	16.40	29.73	31.91	7
湖　北	Hubei	0.67	1.56	1.76	6	7.60	10.22	13.87	11
湖　南	Hunan	1.49	2.54	3.18	4	18.30	19.11	17.34	9
广　东	Guangdong	1.55	2.97	0.12	25	84.75	52.75	55.75	4
广　西	Guangxi	0.19	0.11	0.21	21	3.85	2.83	3.30	20
海　南	Hainan	0.01	0.12	-0.01	29	0.21	0.11	0.48	25
重　庆	Chongqing	1.53	1.49	1.29	8	7.56	10.69	10.10	15
四　川	Sichuan	0.36	0.72	0.74	13	5.63	5.25	5.45	17
贵　州	Guizhou	0.04	0.17	0.21	21	1.01	0.27	0.19	26
云　南	Yunnan	0.11	0.55	0.73	14	1.23	-0.50	-2.62	30
西　藏	Tibet								
陕　西	Shaanxi	0.45	1.35	0.78	12	3.92	13.30	10.28	14
甘　肃	Gansu	0.02	0.09	0.18	23	0.23	0.07	0.02	28
青　海	Qinghai	0.01				0.11	0.02	0.02	28
宁　夏	Ningxia	0.25	0.14	0.09	26	1.06	0.69	0.81	24
新　疆	Xinjiang	0.01	0.02	0.02	27	0.22	0.08	0.08	27

11-208 仪器仪表制造业资产总计和负债合计

Total Assets and Liabilities of Manufacture of Measuring Instruments and Machinery

单位：亿元 (100 million yuan)

地区	Region	资产总计 Total Assets 2015	2015排名 Ranking	负债合计 Total Liabilities 2015	2015排名 Ranking
全　国	**National Total**	**8024.43**		**3609.18**	
北　京	Beijing	502.44	5	234.48	5
天　津	Tianjin	116.88	16	65.29	13
河　北	Hebei	123.35	14	38.58	19
山　西	Shanxi	43.33	21	21.66	21
内蒙古	Inner Mongolia	0.37	30	0.15	30
辽　宁	Liaoning	236.66	8	89.90	11
吉　林	Jilin	34.96	22	12.45	23
黑龙江	Heilongjiang	60.06	20	24.55	20
上　海	Shanghai	380.49	6	165.77	6
江　苏	Jiangsu	2422.79	1	1110.12	1
浙　江	Zhejiang	1056.04	2	482.09	2
安　徽	Anhui	138.66	13	57.46	14
福　建	Fujian	117.31	15	43.85	16
江　西	Jiangxi	107.66	17	40.76	18
山　东	Shandong	520.01	4	236.67	4
河　南	Henan	338.96	7	119.23	8
湖　北	Hubei	201.63	10	101.48	9
湖　南	Hunan	176.45	11	68.14	12
广　东	Guangdong	804.62	3	351.58	3
广　西	Guangxi	27.85	23	12.60	22
海　南	Hainan	3.41	29	1.36	28
重　庆	Chongqing	166.46	12	92.61	10
四　川	Sichuan	84.08	18	41.83	17
贵　州	Guizhou	18.54	25	11.35	24
云　南	Yunnan	65.88	19	47.21	15
西　藏	Tibet				
陕　西	Shaanxi	233.53	9	119.73	7
甘　肃	Gansu	20.48	24	8.14	25
青　海	Qinghai	5.35	28	0.25	29
宁　夏	Ningxia	8.57	26	4.36	27
新　疆	Xinjiang	7.61	27	5.53	26

11-209 电力、热力生产和供应业工业销售产值和主营业务收入

Sales Value and Revenue from Principal Business of Production and Supply of Electric Power and Heat Power

单位：亿元 (100 million yuan)

地区	Region	工业销售产值（当年价格）Sales Value（current prices） 2010	2014	2015	2015排名 Ranking	主营业务收入 Revenue from Principal Business 2010	2014	2015	2015排名 Ranking
全　国	**National Total**	**40449.23**	**56512.33**	**57451.07**		**40561.29**	**57065.54**	**56625.81**	
北　京	Beijing	2119.89	4086.86	4084.68	5	2127.93	4091.53	4102.65	5
天　津	Tianjin	593.12	793.41	822.66	24	593.39	799.34	828.54	25
河　北	Hebei	2127.60	2930.32	2771.30	7	2125.35	2926.81	2744.01	6
山　西	Shanxi	1068.48	1578.41	1481.52	14	1063.87	1667.18	1501.24	14
内蒙古	Inner Mongolia	1379.77	2325.31	2080.69	10	1269.16	2008.40	2113.18	9
辽　宁	Liaoning	1436.64	1652.32	1586.94	12	1445.19	1669.18	1600.84	12
吉　林	Jilin	574.33	914.89	861.82	23	676.84	903.12	878.59	24
黑龙江	Heilongjiang	884.45	1178.51	1146.10	19	914.81	1262.53	1238.74	19
上　海	Shanghai	1454.74	1084.26	1105.79	20	1454.05	1094.77	1126.70	21
江　苏	Jiangsu	3164.94	4352.27	4413.86	3	3184.93	4361.44	4412.72	2
浙　江	Zhejiang	3306.64	4274.69	4313.88	4	3302.63	4262.82	4299.12	3
安　徽	Anhui	1445.52	1835.11	1847.67	11	1454.10	1805.00	1812.90	11
福　建	Fujian	1246.36	1924.41	2235.22	8	1240.83	1916.61	1936.27	10
江　西	Jiangxi	685.77	1041.77	1058.24	21	685.46	1042.97	1066.39	22
山　东	Shandong	3149.80	4250.37	4898.66	2	3177.91	4145.77	4204.65	4
河　南	Henan	2243.02	2720.44	3028.66	6	2320.35	2768.68	2650.44	7
湖　北	Hubei	1459.12	1550.98	1559.07	13	1475.29	1550.55	1546.58	13
湖　南	Hunan	947.20	1341.99	1337.04	16	975.31	1335.11	1322.68	15
广　东	Guangdong	4452.04	6321.03	6405.77	1	4444.99	6318.06	6374.43	1
广　西	Guangxi	875.00	1262.89	1241.38	17	911.27	1255.09	1214.63	20
海　南	Hainan	115.69	175.81	215.82	30	115.50	200.67	212.19	30
重　庆	Chongqing	450.31	721.66	746.90	26	446.79	721.84	740.97	26
四　川	Sichuan	1365.77	1433.92	2195.90	9	1349.83	2157.58	2155.50	8
贵　州	Guizhou	911.23	1295.04	816.18	25	831.25	1269.87	1300.19	17
云　南	Yunnan	803.42	1413.00	1352.64	15	786.57	1397.85	1311.39	16
西　藏	Tibet	9.23	14.39	19.96	31	10.11	18.27	28.19	31
陕　西	Shaanxi	800.66	1217.89	1184.89	18	801.23	1304.07	1247.41	18
甘　肃	Gansu	508.02	776.39	737.19	27	498.24	766.78	712.79	27
青　海	Qinghai	229.25	367.33	342.59	29	228.18	382.33	403.17	29
宁　夏	Ningxia	303.37	681.70	618.45	28	302.90	670.92	610.31	28
新　疆	Xinjiang	337.85	994.98	939.62	22	347.00	990.39	928.38	23

11-210 电力、热力生产和供应业主营业务成本和利润总额
Cost of Principal Business and Total Profit of Production and Supply of Electric Power and Heat Power

单位：亿元 (100 million yuan)

地区	Region	主营业务成本 Cost of Principal Business				利润总额 Total Profit			
		2010	2014	2015	2015排名 Ranking	2010	2014	2015	2015排名 Ranking
全　国	**National Total**	**36755.16**	**49977.35**	**49063.35**		**1968.48**	**4235.81**	**4976.28**	
北　京	Beijing	1982.46	3853.74	3887.05	2	220.48	451.63	558.24	2
天　津	Tianjin	564.23	726.72	737.97	25	8.30	49.55	51.06	23
河　北	Hebei	1991.78	2602.76	2413.94	6	39.37	204.93	219.81	8
山　西	Shanxi	1022.67	1374.02	1278.34	13	-19.71	131.34	122.70	14
内蒙古	Inner Mongolia	929.14	1719.61	1762.99	8	199.26	113.19	177.54	10
辽　宁	Liaoning	1362.62	1495.03	1436.44	12	25.66	72.69	74.90	19
吉　林	Jilin	517.60	834.23	815.80	23	9.59	16.41	6.57	29
黑龙江	Heilongjiang	864.79	1194.74	1173.77	15	13.48	12.44	11.49	28
上　海	Shanghai	1405.88	1005.67	1027.91	20	32.05	88.95	93.85	17
江　苏	Jiangsu	2908.51	3812.95	3808.60	3	172.08	428.51	510.38	3
浙　江	Zhejiang	3001.14	3762.71	3744.95	4	179.69	319.80	364.32	5
安　徽	Anhui	1248.77	1535.23	1557.64	11	88.20	131.58	189.87	9
福　建	Fujian	1109.20	1660.73	1621.39	10	63.17	169.97	158.85	11
江　西	Jiangxi	652.81	947.01	953.64	22	3.10	63.45	73.12	20
山　东	Shandong	3022.54	3615.92	3614.47	5	41.06	275.52	463.20	4
河　南	Henan	2226.22	2541.04	2391.44	7	-16.55	102.84	127.42	13
湖　北	Hubei	1242.91	1238.52	1221.28	14	128.07	235.59	270.99	6
湖　南	Hunan	845.45	1141.90	1113.55	16	29.89	78.16	86.39	18
广　东	Guangdong	3960.77	5607.73	5575.87	1	395.42	511.19	586.55	1
广　西	Guangxi	793.23	1111.79	1046.58	18	55.24	77.96	93.92	16
海　南	Hainan	100.89	149.51	463.34	29	1.47	40.42	38.27	25
重　庆	Chongqing	409.07	653.69	660.90	26	15.52	29.03	34.25	26
四　川	Sichuan	1107.25	1665.71	1648.58	9	121.20	225.20	244.90	7
贵　州	Guizhou	766.87	1063.43	1045.14	19	14.27	37.86	69.78	21
云　南	Yunnan	745.31	1096.85	1021.00	21	54.85	113.58	104.72	15
西　藏	Tibet	19.25	30.69	39.73	31	-2.48	-10.81	-15.18	31
陕　西	Shaanxi	727.89	1103.75	1048.77	17	39.35	118.26	128.83	12
甘　肃	Gansu	459.35	677.06	638.19	27	1.02	20.24	-5.93	30
青　海	Qinghai	192.67	334.54	318.30	30	3.51	19.54	28.58	27
宁　夏	Ningxia	277.67	565.73	521.85	28	22.32	50.77	41.34	24
新　疆	Xinjiang	296.23	854.35	773.96	24	29.59	56.02	65.55	22

11-211 电力、热力生产和供应业销售费用和管理费用

Sales Expenses and Administrative Expenses of Production and Supply of Electric Power and Heat Power

单位：亿元 (100 million yuan)

地区	Region	销售费用 Sales Expenses			管理费用 Administrative Expenses			
		2014	2015	2015排名 Ranking	2010	2014	2015	2015排名 Ranking
全　国	**National Total**	**152.40**	**117.63**		**979.28**	**1088.07**	**982.60**	
北　京	Beijing	0.89	1.05	25	14.47	20.60	24.66	17
天　津	Tianjin	2.66	2.17	16	10.91	13.37	14.04	23
河　北	Hebei	2.52	1.36	21	40.02	66.68	48.30	5
山　西	Shanxi	2.97	1.10	24	11.46	24.64	25.16	16
内蒙古	Inner Mongolia	25.03	14.91	2	35.68	150.02	45.56	7
辽　宁	Liaoning	4.01	2.04	17	23.46	34.87	33.16	12
吉　林	Jilin	12.04	7.52	4	14.71	17.51	22.74	21
黑龙江	Heilongjiang	3.65	3.68	11	21.54	27.41	31.32	13
上　海	Shanghai	0.12	0.01	30	51.48	6.81	8.19	28
江　苏	Jiangsu	2.41	2.04	17	35.50	40.42	47.55	6
浙　江	Zhejiang	8.84	8.63	3	75.42	77.93	83.26	3
安　徽	Anhui	1.75	2.53	15	45.58	25.57	27.28	15
福　建	Fujian	3.71	1.29	22	31.85	37.62	45.33	8
江　西	Jiangxi	0.72	1.44	20	14.82	14.51	13.30	24
山　东	Shandong	6.43	6.65	6	116.71	115.53	108.76	1
河　南	Henan	3.14	4.54	7	56.83	54.79	50.67	4
湖　北	Hubei	1.31	1.19	23	48.28	22.68	22.90	20
湖　南	Hunan	6.17	4.50	8	32.15	30.86	27.72	14
广　东	Guangdong	26.35	23.39	1	70.70	83.67	85.08	2
广　西	Guangxi	6.32	2.67	14	40.95	35.96	36.55	11
海　南	Hainan		0.02	29	4.78	1.33	1.18	30
重　庆	Chongqing	1.49	1.64	19	10.67	11.06	10.38	27
四　川	Sichuan	7.26	7.32	5	42.16	38.56	38.50	9
贵　州	Guizhou	7.33	3.91	9	15.05	19.44	21.13	22
云　南	Yunnan	4.30	3.24	13	44.01	37.62	36.94	10
西　藏	Tibet				0.10	0.53	0.14	31
陕　西	Shaanxi	5.08	3.80	10	27.64	31.68	24.49	18
甘　肃	Gansu	0.81	0.72	27	20.92	10.35	10.55	26
青　海	Qinghai	0.27	0.20	28	2.58	2.71	3.39	29
宁　夏	Ningxia	0.68	0.77	26	5.00	12.11	11.11	25
新　疆	Xinjiang	4.12	3.31	12	13.83	21.21	23.27	19

11-212 电力、热力生产和供应业财务费用和营业利润

Financial Expenses and Operating Profit of Production and Supply of Electric Power and Heat Power

单位：亿元 (100 million yuan)

地区	Region	财务费用 Financial Expenses				营业利润 Operating Profit			
		2010	2014	2015	2015排名 Ranking	2010	2014	2015	2015排名 Ranking
全　国	**National Total**	**1414.64**	**2341.40**	**2326.81**		**1922.55**	**3953.07**	**4534.93**	
北　京	Beijing	61.60	98.88	80.13	12	211.76	413.41	476.54	3
天　津	Tianjin	14.93	16.31	17.01	28	9.12	44.20	50.03	22
河　北	Hebei	54.79	70.40	63.26	18	37.51	197.88	210.99	8
山　西	Shanxi	51.63	82.35	84.67	9	-17.87	124.81	109.61	14
内蒙古	Inner Mongolia	69.14	143.97	141.33	4	204.14	92.52	147.58	11
辽　宁	Liaoning	42.59	61.72	64.52	17	23.64	66.59	60.91	21
吉　林	Jilin	19.33	45.73	43.04	24	7.09	-0.39	-17.32	30
黑龙江	Heilongjiang	30.24	48.92	43.94	23	6.90	-0.22	-9.97	28
上　海	Shanghai	18.52	15.50	15.48	29	35.86	84.76	92.61	15
江　苏	Jiangsu	71.33	92.15	84.26	10	165.11	447.69	502.62	2
浙　江	Zhejiang	71.67	97.57	117.23	5	179.69	314.90	354.47	5
安　徽	Anhui	36.88	49.76	50.11	21	92.51	131.78	187.72	9
福　建	Fujian	47.28	68.83	78.55	13	68.07	163.99	149.29	10
江　西	Jiangxi	22.88	28.68	27.96	27	3.08	59.65	70.92	19
山　东	Shandong	76.13	100.76	94.01	7	40.02	278.96	459.03	4
河　南	Henan	73.76	94.44	85.17	8	-17.71	83.56	124.18	12
湖　北	Hubei	89.73	86.20	77.67	15	165.94	213.84	242.44	6
湖　南	Hunan	55.25	75.09	77.68	14	33.39	63.88	79.88	16
广　东	Guangdong	118.88	174.65	163.42	3	345.15	512.34	546.18	1
广　西	Guangxi	46.95	61.39	55.00	19	45.66	56.35	78.42	18
海　南	Hainan	6.11	7.88	7.92	30	1.23	40.28	37.75	25
重　庆	Chongqing	20.65	40.60	40.24	26	18.65	13.07	30.78	26
四　川	Sichuan	77.07	225.97	228.30	1	125.40	205.38	215.69	7
贵　州	Guizhou	52.79	100.88	103.67	6	7.02	25.99	62.88	20
云　南	Yunnan	57.32	168.55	174.75	2	51.61	95.20	78.57	17
西　藏	Tibet	-0.13	1.27	3.98	31	-9.15	-14.06	-15.42	29
陕　西	Shaanxi	38.25	56.30	53.10	20	36.39	113.90	110.72	13
甘　肃	Gansu	28.34	69.81	75.28	16	1.33	12.39	-17.73	31
青　海	Qinghai	26.43	46.54	48.82	22	3.75	17.97	26.79	27
宁　夏	Ningxia	14.52	45.71	42.43	25	19.96	50.70	40.00	24
新　疆	Xinjiang	19.78	64.58	83.92	11	27.32	41.76	48.79	23

11-213 电力、热力生产和供应业资产总计和负债合计

Total Assets and Liabilities of Production and Supply of Electric Power and Heat Power

单位：亿元 (100 million yuan)

地区	Region	资产总计 Total Assets 2015	2015排名 Ranking	负债合计 Total Liabilities 2015	2015排名 Ranking
全国	**National Total**	**124622.83**		**77834.19**	
北京	Beijing	16183.69	1	6323.05	2
天津	Tianjin	1778.06	25	1120.16	27
河北	Hebei	3971.89	9	2498.95	12
山西	Shanxi	3253.40	15	2438.57	14
内蒙古	Inner Mongolia	6748.50	4	4865.21	5
辽宁	Liaoning	3609.52	13	2474.29	13
吉林	Jilin	1732.14	26	1148.96	25
黑龙江	Heilongjiang	2511.95	22	1873.84	19
上海	Shanghai	2605.43	21	919.38	29
江苏	Jiangsu	6728.00	5	3881.94	7
浙江	Zhejiang	5746.40	8	3343.12	8
安徽	Anhui	2746.05	17	1723.94	21
福建	Fujian	3964.07	10	2577.06	10
江西	Jiangxi	1342.96	29	943.01	28
山东	Shandong	6034.78	7	3944.78	6
河南	Henan	3694.23	12	2625.96	9
湖北	Hubei	3895.48	11	2078.52	16
湖南	Hunan	2691.47	18	1825.58	20
广东	Guangdong	9965.13	2	5062.88	3
广西	Guangxi	2370.82	23	1547.25	22
海南	Hainan	593.15	30	484.04	30
重庆	Chongqing	1866.01	24	1261.36	23
四川	Sichuan	8895.91	3	6638.08	1
贵州	Guizhou	2912.63	16	2356.43	15
云南	Yunnan	6228.91	6	4899.97	4
西藏	Tibet	474.25	31	235.13	31
陕西	Shaanxi	2609.76	19	1927.12	18
甘肃	Gansu	2609.42	20	1938.27	17
青海	Qinghai	1622.33	28	1193.30	24
宁夏	Ningxia	1685.00	27	1135.96	26
新疆	Xinjiang	3551.46	14	2548.07	11

11-214 燃气生产和供应业主要经济指标（2015年）（一）
Main Economic Indicators of Production and Supply of Gas (2015) (1)

单位：亿元 (100 million yuan)

地区	Region	工业销售产值（当年价格） Sales Value(current prices)	排名 Ranking	主营业务收入 Revenue from Principal Business	排名 Ranking	主营业务成本 Cost of Principal Business	排名 Ranking	利润总额 Total Profit	排名 Ranking
全　国	**National Total**	**5876.47**		**6364.74**		**5493.62**		**507.21**	
北　京	Beijing	407.76	5	408.26	5	373.64	4	39.17	4
天　津	Tianjin	108.84	18	115.02	18	109.32	17	4.34	23
河　北	Hebei	183.93	11	189.97	12	160.51	12	13.69	13
山　西	Shanxi	140.68	16	145.36	15	121.15	14	10.60	15
内蒙古	Inner Mongolia	316.79	7	333.39	7	305.77	7	16.69	9
辽　宁	Liaoning	70.46	22	70.81	23	60.84	23	5.82	19
吉　林	Jilin	86.60	21	84.94	21	72.16	21	-0.13	29
黑龙江	Heilongjiang	70.14	23	76.31	22	66.45	22	5.19	21
上　海	Shanghai	335.96	6	385.13	6	362.85	6	7.81	18
江　苏	Jiangsu	452.48	3	443.39	3	363.23	5	60.77	2
浙　江	Zhejiang	413.24	4	418.86	4	387.84	3	16.02	10
安　徽	Anhui	142.93	15	144.56	16	119.11	15	15.89	11
福　建	Fujian	237.45	10	236.34	10	202.47	10	21.34	7
江　西	Jiangxi	104.44	19	110.84	19	94.04	19	9.78	16
山　东	Shandong	273.14	8	284.91	8	243.05	8	24.22	6
河　南	Henan	246.67	9	264.19	9	214.76	9	26.31	5
湖　北	Hubei	145.97	14	145.49	14	117.49	16	18.53	8
湖　南	Hunan	114.98	17	125.43	17	98.71	18	13.23	14
广　东	Guangdong	778.23	1	755.28	2	677.13	2	55.74	3
广　西	Guangxi	42.26	27	40.40	26	34.43	26	4.96	22
海　南	Hainan	22.00	29	22.23	29	17.62	29	2.69	25
重　庆	Chongqing	179.57	12	194.87	11	170.27	11	8.34	17
四　川	Sichuan	571.67	2	912.40	1	750.50	1	98.85	1
贵　州	Guizhou	26.37	28	32.72	28	27.76	28	-0.09	28
云　南	Yunnan	46.82	24	43.77	25	37.62	25	5.62	20
西　藏	Tibet								
陕　西	Shaanxi	167.22	13	164.32	13	134.80	13	15.48	12
甘　肃	Gansu	46.59	25	35.08	27	30.86	27	3.29	24
青　海	Qinghai	3.41	30	3.19	30	2.46	30	0.53	27
宁　夏	Ningxia	44.18	26	68.54	24	58.38	24	2.67	26
新　疆	Xinjiang	95.67	20	97.75	20	78.40	20	-0.15	30

11-215 燃气生产和供应业主要经济指标（2015年）（二）

Main Economic Indicators of Production and Supply of Gas (2015) (2)

单位：亿元 (100 million yuan)

地区	Region	销售费用 Sales Expenses	排名 Ranking	管理费用 Administrative Expenses	排名 Ranking	资产总计 Total Assets	排名 Ranking	负债合计 Total Liabilities	排名 Ranking
全国	**National Total**	**166.22**		**218.88**		**7928.92**		**4293.84**	
北京	Beijing	3.39	20	14.75	3	491.33	4	149.46	13
天津	Tianjin	0.53	29	3.62	21	183.45	21	94.36	20
河北	Hebei	5.35	11	9.41	7	325.87	10	220.93	7
山西	Shanxi	7.34	7	4.40	18	283.07	13	208.77	10
内蒙古	Inner Mongolia	2.39	22	8.46	9	319.43	11	210.65	8
辽宁	Liaoning	5.41	10	7.15	13	204.73	16	104.60	19
吉林	Jilin	4.39	17	3.65	20	88.25	25	57.43	23
黑龙江	Heilongjiang	4.73	15	3.00	23	64.39	27	29.96	27
上海	Shanghai	7.99	6	7.67	11	375.49	8	179.04	12
江苏	Jiangsu	14.13	2	15.90	2	524.58	3	291.26	3
浙江	Zhejiang	5.07	13	8.71	8	429.96	5	254.06	4
安徽	Anhui	4.55	16	5.53	16	185.64	20	119.54	16
福建	Fujian	4.94	14	3.77	19	203.36	17	116.02	17
江西	Jiangxi	2.59	21	3.50	22	96.92	24	51.55	25
山东	Shandong	9.86	3	12.82	5	398.29	7	210.46	9
河南	Henan	8.95	5	10.63	6	404.39	6	233.61	5
湖北	Hubei	5.15	12	7.61	12	199.96	18	132.64	15
湖南	Hunan	4.21	18	6.15	15	120.42	22	76.03	21
广东	Guangdong	9.77	4	13.40	4	575.61	2	332.59	1
广西	Guangxi	1.02	27	1.28	29	45.84	29	28.66	28
海南	Hainan	1.05	26	1.33	28	99.46	23	56.66	24
重庆	Chongqing	3.67	19	4.99	17	190.19	19	112.70	18
四川	Sichuan	30.86	1	35.78	1	783.52	1	308.40	2
贵州	Guizhou	1.31	24	2.53	26	78.97	26	62.11	22
云南	Yunnan	1.40	23	2.68	24	372.19	9	42.93	26
西藏	Tibet								
陕西	Shaanxi	6.79	9	7.86	10	241.30	15	149.13	14
甘肃	Gansu	1.10	25	2.23	27	46.64	28	27.83	29
青海	Qinghai	0.15	30	0.30	30	6.25	30	3.44	30
宁夏	Ningxia	0.91	28	2.63	25	279.45	14	197.43	11
新疆	Xinjiang	7.23	8	7.13	14	309.97	12	231.58	6

11-216 水的生产和供应业主要经济指标（2015年）（一）
Main Economic Indicators of Production and Supply of Water (2015) (1)

单位：亿元 (100 million yuan)

地区	Region	工业销售产值（当年价格） Sales Value(current prices)	排名 Ranking	主营业务收入 Revenue from Principal Business	排名 Ranking	主营业务成本 Cost of Principal Business	排名 Ranking	利润总额 Total Profit	排名 Ranking
全　国	**National Total**	**1838.43**		**1909.23**		**1431.20**		**187.69**	
北　京	Beijing	65.44	8	80.18	8	63.70	7	27.71	2
天　津	Tianjin	42.01	15	48.76	13	46.57	11	-2.76	31
河　北	Hebei	45.67	13	45.39	15	33.95	15	1.05	22
山　西	Shanxi	18.51	24	18.46	23	16.53	23	-2.15	30
内蒙古	Inner Mongolia	32.15	18	39.97	17	30.13	17	-0.22	28
辽　宁	Liaoning	54.84	11	54.49	12	45.57	12	-0.19	27
吉　林	Jilin	36.94	17	35.64	18	29.09	18	0.67	24
黑龙江	Heilongjiang	15.90	26	16.65	25	11.24	25	-0.16	26
上　海	Shanghai	65.74	7	81.82	6	68.13	6	6.51	7
江　苏	Jiangsu	146.67	3	146.34	3	97.41	4	18.58	4
浙　江	Zhejiang	157.98	2	160.10	2	128.85	2	6.85	6
安　徽	Anhui	41.02	16	42.56	16	32.05	16	3.75	12
福　建	Fujian	44.27	14	46.63	14	35.53	14	3.03	16
江　西	Jiangxi	54.76	12	57.65	11	43.28	13	8.75	5
山　东	Shandong	132.18	4	136.09	4	117.84	3	5.14	8
河　南	Henan	57.61	10	61.85	10	49.59	10	3.75	12
湖　北	Hubei	63.78	9	65.11	9	51.40	9	4.89	9
湖　南	Hunan	76.20	6	80.92	7	59.58	8	3.48	15
广　东	Guangdong	394.68	1	396.37	1	270.76	1	55.63	1
广　西	Guangxi	27.88	21	30.31	20	18.80	21	4.80	10
海　南	Hainan	7.90	27	9.09	27	5.34	28	1.62	18
重　庆	Chongqing	31.63	19	31.61	19	25.79	19	3.90	11
四　川	Sichuan	111.03	5	114.81	5	76.87	5	22.76	3
贵　州	Guizhou	20.26	23	18.20	24	11.58	24	2.27	17
云　南	Yunnan	31.09	20	29.30	21	18.11	22	3.50	14
西　藏	Tibet	0.77	31	0.77	31	0.54	31	-0.03	25
陕　西	Shaanxi	26.38	22	25.91	22	19.63	20	1.21	21
甘　肃	Gansu	7.55	29	7.51	29	6.45	27	-0.25	29
青　海	Qinghai	2.44	30	2.53	30	0.99	30	0.85	23
宁　夏	Ningxia	7.63	28	8.21	28	5.03	29	1.44	19
新　疆	Xinjiang	17.51	25	15.99	26	10.87	26	1.32	20

11-217 水的生产和供应业主要经济指标（2015年）（二）

Main Economic Indicators of Production and Supply of Water (2015) (2)

单位：亿元 (100 million yuan)

地区	Region	销售费用		管理费用		资产总计		负债合计	
		Cost of Sales	排名 Ranking	Administrative Cost	排名 Ranking	Total Assets	排名 Ranking	Total Liabilities	排名 Ranking
全 国	**National Total**	**110.43**		**209.03**		**10691.94**		**6013.36**	
北 京	Beijing	0.38	28	6.80	10	932.17	4	422.64	4
天 津	Tianjin	1.23	23	5.26	15	270.91	12	186.90	9
河 北	Hebei	2.11	16	7.67	8	178.22	18	100.43	17
山 西	Shanxi	0.86	26	3.73	22	80.02	26	37.97	25
内蒙古	Inner Mongolia	2.47	15	5.45	13	244.00	13	161.82	12
辽 宁	Liaoning	4.24	6	8.93	7	331.03	9	158.88	13
吉 林	Jilin	2.09	17	4.43	18	80.11	25	36.76	26
黑龙江	Heilongjiang	1.34	21	4.21	20	139.79	23	92.39	21
上 海	Shanghai	5.96	4	4.87	16	712.62	5	235.85	7
江 苏	Jiangsu	23.55	1	17.27	3	1218.51	2	812.62	2
浙 江	Zhejiang	8.42	3	18.23	2	1041.34	3	625.75	3
安 徽	Anhui	2.90	13	5.73	11	165.32	21	76.15	24
福 建	Fujian	3.96	8	5.33	14	276.37	11	137.86	14
江 西	Jiangxi	2.01	19	4.40	19	178.26	17	96.71	19
山 东	Shandong	3.65	10	14.28	4	498.59	7	289.67	6
河 南	Henan	3.40	11	5.73	11	183.90	16	99.90	18
湖 北	Hubei	4.24	6	7.29	9	336.28	8	181.06	10
湖 南	Hunan	4.95	5	10.55	6	295.46	10	196.60	8
广 东	Guangdong	15.34	2	32.04	1	1737.67	1	1029.78	1
广 西	Guangxi	1.17	24	3.82	21	141.37	22	78.08	22
海 南	Hainan	1.06	25	1.03	28	34.83	29	10.95	29
重 庆	Chongqing	3.11	12	4.45	17	189.48	15	96.07	20
四 川	Sichuan	3.70	9	12.48	5	617.03	6	349.84	5
贵 州	Guizhou	1.25	22	3.35	23	168.04	20	106.41	16
云 南	Yunnan	2.59	14	3.17	24	241.32	14	163.45	11
西 藏	Tibet	0.06	31	0.21	31	2.18	31	0.02	31
陕 西	Shaanxi	1.50	20	3.13	25	122.04	24	76.63	23
甘 肃	Gansu	0.26	29	1.64	27	41.98	28	13.25	28
青 海	Qinghai	0.12	30	0.85	30	18.46	30	7.10	30
宁 夏	Ningxia	0.50	27	0.92	29	46.38	27	23.92	27
新 疆	Xinjiang	2.03	18	1.79	26	168.24	19	107.91	15

11-218 规模以上工业企业主要经济效益指标

Main Indicators on Economic Benefit of Industrial Enterprises above Designated Size

单位：%　　　　(%)

地区	Region	工业企业总资产贡献率 Ratio of Profits,Tax and Interests to Average Assets				工业企业产品销售率 Sales Ratio of Products	
		2010	2013	2014	2014排名 Ranking	2012	2012排名 Ranking
全　国	**National Total**	**15.68**	**15.00**	**13.69**		**98.00**	
北　京	Beijing	7.64	7.66	7.70	27	99.04	4
天　津	Tianjin	17.30	16.09	15.73	8	98.89	6
河　北	Hebei	14.75	13.56	11.33	21	97.79	15
山　西	Shanxi	11.20	7.33	5.19	30	97.34	23
内蒙古	Inner Mongolia	18.22	13.92	9.94	25	97.10	24
辽　宁	Liaoning	14.84	14.14	11.89	20	97.79	15
吉　林	Jilin	16.30	17.47	17.04	3	98.28	11
黑龙江	Heilongjiang	22.05	19.08	15.41	9	97.52	20
上　海	Shanghai	13.85	13.71	12.99	17	98.94	5
江　苏	Jiangsu	15.10	16.22	15.87	6	98.82	7
浙　江	Zhejiang	12.21	11.83	11.33	21	97.45	21
安　徽	Anhui	16.22	14.46	13.15	15	97.74	18
福　建	Fujian	17.21	15.97	15.02	11	97.83	14
江　西	Jiangxi	18.70	24.38	22.69	1	99.27	3
山　东	Shandong	19.45	20.21	16.85	4	98.61	8
河　南	Henan	22.43	18.49	15.78	7	98.32	10
湖　北	Hubei	15.38	15.00	14.93	12	97.08	25
湖　南	Hunan	23.18	21.64	19.05	2	98.45	9
广　东	Guangdong	15.63	13.85	13.97	14	98.07	12
广　西	Guangxi	16.76	15.70	16.51	5	95.49	27
海　南	Hainan	18.28	12.89	11.07	23	103.00	1
重　庆	Chongqing	13.57	15.57	15.37	10	97.84	13
四　川	Sichuan	14.43	14.10	12.49	18	97.40	22
贵　州	Guizhou	12.84	13.96	13.00	16	94.30	29
云　南	Yunnan	16.28	14.59	12.32	19	95.21	28
西　藏	Tibet	5.40	3.66	3.56	31	101.96	2
陕　西	Shaanxi	17.11	16.97	14.75	13	96.34	26
甘　肃	Gansu	10.24	9.54	8.75	26	93.14	30
青　海	Qinghai	11.57	8.23	6.48	28	92.99	31
宁　夏	Ningxia	8.87	8.06	5.89	29	97.77	17
新　疆	Xinjiang	18.21	12.82	10.95	24	97.55	19

12

建筑业

Construction

12-1 建筑业企业单位数和从业人员

Number of Enterprises and Employed Persons of Construction Enterprises

地区	Region	企业单位数（个） Number of Construction Enterprises (unit)				从业人员（万人） Number of Employed Persons (10 000 persons)			
		2010	2014	2015	2015排名 Ranking	2010	2014	2015	2015排名 Ranking
全 国	**National Total**	**71863**	**81141**	**80911**		**4160.44**	**4536.97**	**5093.67**	
北 京	Beijing	3262	3043	2909	10	59.38	50.08	58.57	22
天 津	Tianjin	1438	1629	1551	22	47.84	33.36	78.66	19
河 北	Hebei	2132	2395	2375	15	128.47	114.11	130.45	14
山 西	Shanxi	1727	2357	2285	16	75.16	61.84	76.45	20
内蒙古	Inner Mongolia	787	863	841	26	43.56	33.42	29.51	27
辽 宁	Liaoning	4612	6028	5563	4	165.07	170.55	148.26	12
吉 林	Jilin	932	2195	2270	17	40.99	46.11	62.97	21
黑龙江	Heilongjiang	1945	1825	1601	21	56.19	36.29	46.89	25
上 海	Shanghai	2983	2888	2779	11	95.73	76.53	110.78	16
江 苏	Jiangsu	8893	9025	8909	1	591.50	787.23	752.48	2
浙 江	Zhejiang	5052	6057	6133	2	566.00	723.40	783.19	1
安 徽	Anhui	2432	2747	2763	12	157.82	171.35	168.69	11
福 建	Fujian	2180	3109	3402	8	185.04	250.51	294.81	4
江 西	Jiangxi	1276	1712	1739	20	85.80	132.66	142.18	13
山 东	Shandong	6135	5758	5945	3	314.29	268.23	300.14	3
河 南	Henan	4294	4762	4684	5	234.95	239.96	259.51	7
湖 北	Hubei	2846	3217	3218	9	155.52	193.03	261.46	6
湖 南	Hunan	1822	2030	2022	18	150.34	138.29	209.86	9
广 东	Guangdong	4249	4387	4311	6	188.24	199.83	220.12	8
广 西	Guangxi	977	1079	1071	25	59.00	77.81	95.64	18
海 南	Hainan	104	149	148	31	11.00	7.29	7.43	30
重 庆	Chongqing	2326	2426	2492	13	139.22	166.90	192.75	10
四 川	Sichuan	3414	3415	3449	7	305.18	227.07	273.63	5
贵 州	Guizhou	550	708	742	27	33.77	44.61	56.12	24
云 南	Yunnan	1932	2304	2417	14	74.75	79.33	97.28	17
西 藏	Tibet	175	172	167	30	4.49	2.53	2.80	31
陕 西	Shaanxi	982	1656	1878	19	104.67	89.44	115.00	15
甘 肃	Gansu	757	1281	1264	23	45.30	58.67	56.47	23
青 海	Qinghai	369	391	366	29	8.91	11.01	10.88	29
宁 夏	Ningxia	474	524	503	28	9.69	11.01	12.60	28
新 疆	Xinjiang	806	1009	1114	24	22.57	34.54	38.06	26

12-2 建筑业总产值和建筑业增加值
Gross Output Value and Value-added of Construction Enterprises

单位：亿元 (100 million yuan)

地区	Region	建筑业总产值 Gross Output Value of Construction				建筑业增加值 Value-added of Construction			
		2010	2014	2015	2015排名 Ranking	2010	2014	2015	2015排名 Ranking
全　国	**National Total**	**96031.13**	**176713.42**	**180757.47**		**18983.54**	**35270.15**	**36064.66**	
北　京	Beijing	5196.02	8209.80	8436.73	7	578.71	1155.67	1237.42	11
天　津	Tianjin	2424.49	4123.49	4488.90	18	302.22	677.36	663.37	18
河　北	Hebei	3231.46	5625.75	5252.57	15	524.89	770.32	754.96	17
山　西	Shanxi	2143.46	3103.49	2931.26	21	339.11	493.24	461.34	22
内蒙古	Inner Mongolia	1125.58	1402.93	1123.47	27	326.08	327.71	252.42	26
辽　宁	Liaoning	4690.31	7851.12	5413.76	14	989.75	1343.61	1065.38	13
吉　林	Jilin	1348.78	2521.00	2216.31	23	263.25	394.80	374.16	23
黑龙江	Heilongjiang	1769.70	2150.75	1680.39	26	507.06	285.72	247.11	27
上　海	Shanghai	4300.19	5499.94	5652.47	13	583.10	791.94	834.17	16
江　苏	Jiangsu	12405.92	24592.93	24785.81	1	2698.05	5907.54	5996.52	1
浙　江	Zhejiang	12007.89	22668.19	23980.59	2	2304.12	4653.56	4713.14	2
安　徽	Anhui	2864.96	5482.93	5695.94	12	683.96	1258.45	1206.51	12
福　建	Fujian	2935.94	6689.21	7605.81	9	874.25	1996.49	2270.88	3
江　西	Jiangxi	1690.02	4122.63	4602.49	17	292.83	769.61	841.22	15
山　东	Shandong	5496.59	9313.46	9381.72	4	1231.89	2159.49	2078.52	4
河　南	Henan	4400.61	7911.89	8047.65	8	1003.92	1553.71	1618.36	7
湖　北	Hubei	4345.20	10059.59	10592.86	3	767.98	1694.39	1960.37	6
湖　南	Hunan	3161.73	6020.97	6630.82	10	585.09	1265.89	1277.14	10
广　东	Guangdong	4715.46	8356.50	8865.68	5	953.47	1891.04	1962.72	5
广　西	Guangxi	1222.31	2608.91	2953.42	20	227.47	510.30	535.19	20
海　南	Hainan	199.48	276.33	278.63	30	21.61	52.22	52.99	30
重　庆	Chongqing	2534.36	5552.21	6256.94	11	634.55	1265.85	1501.25	8
四　川	Sichuan	4163.07	8066.66	8768.24	6	816.24	1305.74	1373.79	9
贵　州	Guizhou	622.96	1640.24	1947.74	24	121.29	272.06	274.90	25
云　南	Yunnan	1510.96	3054.67	3268.93	19	243.70	551.46	551.65	19
西　藏	Tibet	122.07	71.25	106.92	31	27.69	18.91	23.74	31
陕　西	Shaanxi	3063.61	4557.71	4752.61	16	606.51	894.48	903.27	14
甘　肃	Gansu	751.99	1814.52	1849.02	25	156.56	337.54	328.03	24
青　海	Qinghai	279.61	432.91	409.51	29	53.81	82.36	79.54	29
宁　夏	Ningxia	342.69	625.16	524.53	28	71.56	106.74	91.94	28
新　疆	Xinjiang	963.72	2306.28	2255.74	22	192.82	481.95	532.66	21

12-3 按建筑业总产值和增加值计算的劳动生产率

Labor Productivity in Terms of Total Output Value and Value-added of Construction Enterprises

单位：元/人 (yuan/person)

地区	Region	按建筑业总产值计算的劳动生产率 Overall Labor Productivity in Terms of Total Output Value				按建筑业增加值计算的劳动生产率 Overall Labor Productivity in Terms of Value-added			
		2010	2014	2015	2015排名 Ranking	2010	2014	2015	2015排名 Ranking
全 国	**National Total**	**203962**	**317633**	**324026**		**40319**	**63396**	**64650**	
北 京	Beijing	254836	510339	519350	1	28382	71839	76173	4
天 津	Tianjin	370312	406863	495814	2	46160	66835	73271	6
河 北	Hebei	236052	384614	377267	6	38342	52665	54225	22
山 西	Shanxi	222319	291332	294641	22	35172	46302	46372	28
内蒙古	Inner Mongolia	151321	275055	276794	27	43838	64249	62191	16
辽 宁	Liaoning	173666	324360	316831	12	36647	55510	62350	15
吉 林	Jilin	170603	312369	251269	30	33297	48919	42420	30
黑龙江	Heilongjiang	183395	251080	228326	31	52547	33355	33577	31
上 海	Shanghai	344720	416802	447075	4	46744	60016	65978	14
江 苏	Jiangsu	207116	296918	297437	20	45044	71324	71960	8
浙 江	Zhejiang	214019	305410	306583	15	41067	62698	60256	18
安 徽	Anhui	177486	313575	340948	10	42372	71972	72219	7
福 建	Fujian	157807	239231	259016	29	46991	71402	77335	3
江 西	Jiangxi	187612	304449	277758	26	32508	56834	50767	24
山 东	Shandong	159439	280111	301452	17	35733	64949	66787	13
河 南	Henan	183664	307390	287718	24	41900	60364	57859	19
湖 北	Hubei	268719	487456	454961	3	47494	82105	84197	2
湖 南	Hunan	193661	284618	299667	18	35838	59840	57718	20
广 东	Guangdong	246971	374990	395039	5	49938	84859	87455	1
广 西	Guangxi	212407	294770	299354	19	39528	57656	54246	21
海 南	Hainan	175249	380624	359672	8	18981	71926	68399	11
重 庆	Chongqing	175245	303363	312848	13	43878	69164	75063	5
四 川	Sichuan	148526	265047	295780	21	29121	42903	46342	29
贵 州	Guizhou	196170	328962	349670	9	38196	54563	49351	25
云 南	Yunnan	192488	283468	287764	23	31046	51174	48562	26
西 藏	Tibet	209126	249846	308317	14	47429	66319	68448	10
陕 西	Shaanxi	269631	328689	373123	7	53380	64507	70915	9
甘 肃	Gansu	149820	281917	303636	16	31193	52442	53868	23
青 海	Qinghai	221885	307456	319874	11	42700	58492	62128	17
宁 夏	Ningxia	148544	262545	266856	28	31019	44827	46773	27
新 疆	Xinjiang	179823	282925	284124	25	35979	59124	67092	12

12-4 建筑业企业利税总额和利润总额
Total Pre-Tax Profits and Total Profits of Construction Enterprises

单位：亿元 （100 million yuan）

地区	Region	利税总额 Total Pre-Tax Profits 2010	2014	2015	2015排名 Ranking	其中：利润总额 Total Profits 2010	2014	2015	2015排名 Ranking
全 国	**National Total**	**6760.39**	**11954.25**	**12124.64**		**3409.07**	**6407.13**	**6451.23**	
北 京	Beijing	373.26	687.27	734.96	4	198.62	435.96	479.38	3
天 津	Tianjin	144.12	277.74	279.97	18	66.05	158.56	159.41	16
河 北	Hebei	211.88	335.00	316.88	16	104.93	163.13	155.67	17
山 西	Shanxi	118.71	192.08	179.15	20	48.38	93.92	93.81	21
内蒙古	Inner Mongolia	130.75	124.93	87.64	27	82.67	73.25	46.62	25
辽 宁	Liaoning	341.15	486.18	355.59	14	173.96	254.68	168.79	14
吉 林	Jilin	95.11	198.66	169.90	21	46.06	110.36	96.96	20
黑龙江	Heilongjiang	178.14	113.90	100.99	26	56.49	50.89	46.53	26
上 海	Shanghai	298.20	383.05	385.06	12	159.79	200.09	194.46	12
江 苏	Jiangsu	875.39	1719.72	1741.26	1	496.63	980.44	985.39	1
浙 江	Zhejiang	711.12	1197.89	1186.02	2	348.22	576.26	550.88	2
安 徽	Anhui	209.98	359.12	360.58	13	98.25	193.39	186.87	13
福 建	Fujian	190.85	466.60	523.95	8	87.35	234.12	263.11	9
江 西	Jiangxi	116.03	296.62	324.37	15	56.19	156.45	162.89	15
山 东	Shandong	453.99	714.05	696.53	5	266.40	424.86	407.13	5
河 南	Henan	323.44	589.85	607.69	7	161.51	321.01	337.46	7
湖 北	Hubei	335.88	732.18	858.18	3	180.84	391.02	472.61	4
湖 南	Hunan	228.88	429.02	454.65	11	104.79	208.18	216.34	11
广 东	Guangdong	392.40	659.56	682.57	6	204.94	372.55	384.88	6
广 西	Guangxi	69.77	133.06	148.00	22	25.76	50.64	54.32	23
海 南	Hainan	10.08	20.50	20.98	30	4.78	11.50	11.40	30
重 庆	Chongqing	208.75	448.31	504.70	9	120.18	274.20	306.93	8
四 川	Sichuan	275.34	475.81	477.37	10	125.60	231.17	221.50	10
贵 州	Guizhou	34.02	89.76	104.82	25	10.56	35.23	45.61	27
云 南	Yunnan	105.59	215.76	219.27	19	50.53	120.96	123.53	19
西 藏	Tibet	14.92	7.37	11.73	31	9.15	4.59	7.84	31
陕 西	Shaanxi	167.19	284.15	285.79	17	58.30	129.33	128.64	18
甘 肃	Gansu	55.39	124.94	122.31	23	26.00	63.77	62.10	22
青 海	Qinghai	15.48	26.78	26.68	29	6.25	13.91	14.17	29
宁 夏	Ningxia	21.04	41.77	37.08	28	8.92	21.14	17.87	28
新 疆	Xinjiang	53.55	122.30	119.96	24	20.97	51.58	48.13	24

12-5 建筑业企业技术装备情况（一）

Number and Power of Machinery and Equipment Owned by Construction Enterprises (1)

地区	Region	施工机械设备总台数（万台） Number of Machinery and Equipment (10 000 set)				施工机械设备总功率（万千瓦） Power of Machinery and Equipment (10 000 kw)			
		2010	2014	2015	2015排名 Ranking	2010	2014	2015	2015排名 Ranking
全　国	**National Total**	**1120.95**	**1203.06**	**964.37**		**19386.4**	**29601.3**	**26736.8**	
北　京	Beijing	16.07	12.94	9.93	22	429.3	458.0	375.5	19
天　津	Tianjin	12.85	11.54	14.27	20	418.5	442.7	478.4	17
河　北	Hebei	96.69	63.84	53.05	7	1034.0	1604.1	1250.5	8
山　西	Shanxi	20.59	22.93	19.31	15	526.5	694.3	692.0	13
内蒙古	Inner Mongolia	9.41	9.85	8.61	24	207.6	344.2	188.9	27
辽　宁	Liaoning	37.09	42.07	32.51	10	948.6	1767.1	1550.4	6
吉　林	Jilin	7.07	8.31	6.69	27	163.6	277.3	234.7	24
黑龙江	Heilongjiang	14.33	12.67	13.06	21	327.8	339.4	332.1	21
上　海	Shanghai	17.28	15.80	9.71	23	362.0	396.7	228.1	25
江　苏	Jiangsu	143.18	193.66	142.65	1	3056.7	5390.1	3975.2	1
浙　江	Zhejiang	96.19	104.49	108.03	2	1591.4	2209.7	2085.5	3
安　徽	Anhui	41.55	53.44	33.80	9	663.5	1286.7	786.0	12
福　建	Fujian	28.48	26.42	29.24	12	577.5	1022.6	1014.6	11
江　西	Jiangxi	18.56	17.96	21.61	14	261.2	483.8	525.9	15
山　东	Shandong	74.87	79.84	71.35	4	1519.6	1977.6	1742.1	4
河　南	Henan	70.99	78.93	64.75	5	1267.5	1650.0	3257.5	2
湖　北	Hubei	54.24	151.99	58.32	6	1291.9	1687.9	1321.9	7
湖　南	Hunan	52.06	60.57	73.89	3	841.3	1319.9	1108.3	9
广　东	Guangdong	62.42	57.55	47.99	8	877.4	1299.8	1639.5	5
广　西	Guangxi	18.12	18.37	14.83	19	290.6	320.9	279.0	22
海　南	Hainan	0.92	1.12	0.92	30	23.2	24.2	28.7	30
重　庆	Chongqing	17.75	18.62	17.93	17	337.3	461.0	416.6	18
四　川	Sichuan	29.51	38.56	30.85	11	681.5	1023.7	1018.6	10
贵　州	Guizhou	7.97	7.65	8.13	25	142.8	217.8	217.3	26
云　南	Yunnan	15.15	19.29	16.82	18	289.8	689.2	520.3	16
西　藏	Tibet	0.61	0.44	0.49	31	25.5	14.3	20.4	31
陕　西	Shaanxi	21.00	35.85	23.78	13	598.5	1114.9	688.4	14
甘　肃	Gansu	14.80	20.05	18.28	16	245.8	440.0	365.4	20
青　海	Qinghai	108.16	2.90	2.93	28	67.0	126.0	96.7	28
宁　夏	Ningxia	3.32	3.01	2.86	29	80.3	111.6	60.9	29
新　疆	Xinjiang	9.75	12.40	7.78	26	238.1	406.4	237.3	23

12-6 建筑业企业技术装备情况（二）

Number and Power of Machinery and Equipment Owned by Construction Enterprises (2)

地区	Region	施工机械设备年末净值（亿元）Net Value of Machinery and Equipment（100 million yuan）				技术装备率（元/人）Value of Machines per Laborer (yuan/person)			
		2010	2014	2015	2015排名 Ranking	2010	2014	2015	2015排名 Ranking
全 国	**National Total**	**3971.99**	**5679.97**	**5662.00**		**9547**	**12519**	**11116**	
北 京	Beijing	98.75	110.61	102.14	20	16630	22088	17439	7
天 津	Tianjin	198.01	175.14	213.50	10	41391	52504	27140	1
河 北	Hebei	181.01	182.12	208.84	11	14090	15960	16009	10
山 西	Shanxi	109.87	183.80	139.05	15	14618	23254	18189	5
内蒙古	Inner Mongolia	50.41	52.38	70.02	24	11572	15672	23725	2
辽 宁	Liaoning	192.41	259.19	173.98	13	11657	15197	11735	18
吉 林	Jilin	44.26	64.36	88.40	21	10798	13960	14039	12
黑龙江	Heilongjiang	74.99	80.36	82.14	22	13347	22143	17519	6
上 海	Shanghai	144.42	133.87	103.05	19	15087	17493	9302	23
江 苏	Jiangsu	507.20	746.49	781.90	1	8575	9482	10391	22
浙 江	Zhejiang	364.84	457.76	478.07	2	6446	6328	6104	29
安 徽	Anhui	146.62	210.02	146.82	14	9290	12257	8703	24
福 建	Fujian	115.30	186.51	231.36	9	6231	7445	7848	27
江 西	Jiangxi	56.75	132.98	117.80	18	6614	10024	8285	25
山 东	Shandong	256.22	375.29	362.80	4	8152	13992	12088	16
河 南	Henan	238.91	310.59	416.50	3	10168	12943	16049	9
湖 北	Hubei	231.86	394.48	312.86	7	14909	20437	11966	17
湖 南	Hunan	139.60	206.75	276.33	8	9286	14950	13168	14
广 东	Guangdong	223.34	361.36	317.80	6	11864	18084	14437	11
广 西	Guangxi	41.79	5.67	57.82	25	7083	728	6045	30
海 南	Hainan	3.38	4.11	4.22	31	3069	5634	5683	31
重 庆	Chongqing	84.71	104.57	133.44	16	6085	6265	6923	28
四 川	Sichuan	144.79	406.86	318.98	5	4745	17918	11657	19
贵 州	Guizhou	27.82	33.79	44.45	26	8239	7575	7920	26
云 南	Yunnan	74.10	172.56	127.74	17	9913	21751	13131	15
西 藏	Tibet	6.10	3.67	5.15	30	13581	14498	18374	4
陕 西	Shaanxi	104.79	192.18	190.30	12	10011	21486	16548	8
甘 肃	Gansu	35.62	59.60	76.12	23	7864	10159	13479	13
青 海	Qinghai	20.51	28.47	22.13	28	23034	25866	20347	3
宁 夏	Ningxia	15.28	14.53	14.03	29	15756	13202	11128	21
新 疆	Xinjiang	38.32	69.69	44.27	27	16980	20177	11631	20

12-7 建筑业企业收入情况（一）
Income Situation of Construction Enterprises (1)

单位：亿元 (100 million yuan)

地区	Region	建筑业企业主营业务收入 Revenue from Principal Business				建筑业企业其他业务收入 Revenue from Other Businesses			
		2010	2014	2015	2015排名 Ranking	2010	2014	2015	2015排名 Ranking
全　国	**National Total**	**92196.4**	**164015.7**	**168392.2**		**1440.2**	**1659.6**	**2313.2**	
北　京	Beijing	6483.3	10387.9	10895.0	4	128.2	65.2	62.0	14
天　津	Tianjin	2646.9	4206.7	4283.9	17	52.1	27.0	38.3	19
河　北	Hebei	2972.8	5063.7	4778.8	15	90.7	40.7	103.6	8
山　西	Shanxi	2123.9	3110.4	2893.9	19	33.4	63.2	52.5	16
内蒙古	Inner Mongolia	1112.5	1369.6	1110.8	27	22.6	29.2	22.9	23
辽　宁	Liaoning	4420.9	6836.7	5483.7	12	34.0	30.5	460.9	1
吉　林	Jilin	1282.1	2324.1	2052.4	23	21.1	21.0	79.8	10
黑龙江	Heilongjiang	1594.6	1727.3	1452.9	26	13.7	9.0	14.7	28
上　海	Shanghai	4871.7	6882.2	7242.8	9	62.9	62.3	47.2	17
江　苏	Jiangsu	10103.5	20250.8	20671.5	1	218.1	176.3	144.3	4
浙　江	Zhejiang	10285.3	17851.7	18225.6	2	73.6	87.4	73.2	12
安　徽	Anhui	2716.4	4770.3	4946.2	14	37.9	41.9	78.6	11
福　建	Fujian	2680.4	6020.9	6700.4	10	14.3	15.9	19.3	24
江　西	Jiangxi	1354.0	3715.4	4073.5	18	10.2	83.1	121.1	7
山　东	Shandong	5170.9	8775.3	8929.6	6	114.0	156.7	131.2	5
河　南	Henan	4185.6	7434.5	7450.7	8	34.0	117.8	151.4	3
湖　北	Hubei	4449.4	9594.9	11017.9	3	204.2	117.7	121.7	6
湖　南	Hunan	2995.8	5632.8	6090.5	11	12.3	56.0	16.5	27
广　东	Guangdong	5487.5	9171.6	9801.1	5	82.9	55.8	63.6	13
广　西	Guangxi	1170.8	2367.2	2610.7	21	11.8	35.1	42.1	18
海　南	Hainan	175.2	257.7	266.1	30	0.2	10.9	6.2	29
重　庆	Chongqing	2430.4	5038.1	5445.7	13	23.3	86.7	93.5	9
四　川	Sichuan	3959.8	7239.2	7521.9	7	49.3	109.4	173.3	2
贵　州	Guizhou	637.0	1524.7	1821.8	24	9.5	14.6	33.9	20
云　南	Yunnan	1392.4	2637.9	2739.9	20	22.7	34.4	57.0	15
西　藏	Tibet	118.0	72.4	104.6	31	0.9	1.1	0.7	31
陕　西	Shaanxi	3085.6	4601.4	4723.8	16	19.1	31.5	17.0	26
甘　肃	Gansu	696.9	1748.8	1763.2	25	11.0	32.4	31.0	22
青　海	Qinghai	275.1	463.3	461.3	29	3.8	13.0	18.1	25
宁　夏	Ningxia	362.8	648.4	610.0	28	4.6	4.2	5.3	30
新　疆	Xinjiang	954.8	2289.8	2221.9	22	23.6	29.4	32.6	21

12-8 建筑业企业收入情况（二）
Income Situation of Construction Enterprises (2)

单位：亿元 （100 million yuan）

地区	Region	主营业务成本 Costs of Principal Business				主营业务税金及附加 Tax and Extra Charges on Project Settlement Accounts			
		2010	2014	2015	2015排名 Ranking	2010	2014	2015	2015排名 Ranking
全国	**National Total**	**81929.5**	**144604.5**	**148559.4**		**3192.7**	**5325.5**	**5425.2**	
北京	Beijing	5956.3	9507.1	9921.6	3	169.5	246.2	249.8	7
天津	Tianjin	2407.8	3674.3	3807.3	17	75.6	116.1	116.5	18
河北	Hebei	2659.3	4485.6	4227.9	15	101.9	166.1	155.6	15
山西	Shanxi	1913.3	2753.6	2552.4	19	68.2	94.8	82.2	21
内蒙古	Inner Mongolia	923.4	1160.9	945.3	27	45.4	49.2	38.7	27
辽宁	Liaoning	3847.1	5839.5	4697.5	12	155.4	214.4	171.6	13
吉林	Jilin	1127.4	1916.7	1766.6	23	45.6	83.1	68.0	23
黑龙江	Heilongjiang	1369.6	1536.0	1274.0	26	114.4	59.2	50.4	26
上海	Shanghai	4432.9	6231.0	6598.7	8	134.9	179.1	186.2	12
江苏	Jiangsu	8791.0	17730.9	18090.8	1	357.4	709.5	721.8	1
浙江	Zhejiang	9291.9	16139.4	16495.5	2	351.5	606.1	616.9	2
安徽	Anhui	2393.5	4181.9	4348.1	14	104.4	159.0	166.7	14
福建	Fujian	2396.8	5323.7	5964.5	10	99.7	223.6	248.6	8
江西	Jiangxi	1190.0	3241.6	3577.7	18	57.0	134.1	153.4	16
山东	Shandong	4478.5	7583.3	7701.1	6	175.4	272.5	272.8	5
河南	Henan	3654.3	6435.0	6423.6	9	151.3	253.3	253.5	6
湖北	Hubei	3920.7	8344.8	9575.1	4	148.3	328.3	371.0	3
湖南	Hunan	2667.4	4965.1	5360.4	11	119.5	213.0	227.1	10
广东	Guangdong	4905.3	8078.6	8716.5	5	179.5	276.0	285.3	4
广西	Guangxi	1060.2	2140.8	2355.4	20	42.3	79.7	89.3	20
海南	Hainan	161.6	228.9	239.6	30	5.2	8.8	9.4	30
重庆	Chongqing	2129.7	4274.3	4611.0	13	83.1	165.8	187.8	11
四川	Sichuan	3495.1	6377.5	6618.7	7	142.4	233.7	243.6	9
贵州	Guizhou	582.6	1375.7	1644.6	24	22.7	53.3	57.6	24
云南	Yunnan	1232.0	2270.1	2340.9	21	52.6	90.4	91.0	19
西藏	Tibet	99.7	60.2	84.7	31	5.0	2.6	3.8	31
陕西	Shaanxi	2785.7	4124.3	4152.2	16	105.5	148.9	149.8	17
甘肃	Gansu	603.9	1546.4	1487.4	25	27.1	57.7	56.7	25
青海	Qinghai	251.1	411.2	408.3	29	8.9	12.6	11.8	29
宁夏	Ningxia	331.8	580.8	547.6	28	11.7	19.8	18.3	28
新疆	Xinjiang	869.7	2082.3	2024.3	22	31.5	68.8	69.9	22

12-9 建筑业企业营业额
Turnover of Construction Enterprises

单位：亿元 (100 million yuan)

地区	Region	建筑业企业营业额 Turnover of Construction Enterprise				其中：在境外完成的营业额 Among Them: Complete Turnover Overseas			
		2010	2012	2013	2013排名 Ranking	2010	2012	2013	2013排名 Ranking
全　国	**National Total**	**103516.44**	**154517.06**	**208068.17**		**2784.85**	**3127.10**	**3479.99**	
北　京	Beijing	6672.48	7721.47	9273.91	6	1088.81	743.47	939.78	1
天　津	Tianjin	2699.45	3529.32	3984.84	17	113.60	102.53	98.31	11
河　北	Hebei	3435.76	5148.20	5542.19	11	57.98	28.97	46.23	17
山　西	Shanxi	2256.69	2795.80	3154.41	19	30.08	24.46	20.99	24
内蒙古	Inner Mongolia	1226.74	1517.78	1607.37	26	17.77	9.66	18.06	25
辽　宁	Liaoning	4817.55	7726.87	9455.29	3	40.51	87.49	50.18	16
吉　林	Jilin	1357.56	2056.32	2282.66	23	0.62	21.33	25.71	23
黑龙江	Heilongjiang	1855.70	2525.96	2628.72	21	55.92	75.42	56.97	15
上　海	Shanghai	4991.16	5784.00	6195.22	10	77.89	117.56	99.04	9
江　苏	Jiangsu	13278.84	21889.22	58824.89	1	81.13	368.67	445.46	2
浙　江	Zhejiang	12411.87	17746.28	20702.76	2	114.33	76.22	66.56	14
安　徽	Anhui	2987.44	4457.07	5308.50	14	43.29	104.08	165.91	5
福　建	Fujian	2984.49	4499.53	5536.62	12	27.71	24.83	28.55	21
江　西	Jiangxi	1771.39	2924.44	3613.32	18	35.30	47.10	44.04	19
山　东	Shandong	6136.09	8320.64	9426.15	4	260.16	244.86	240.77	4
河　南	Henan	4747.86	6335.56	7540.25	9	126.26	116.03	120.21	7
湖　北	Hubei	4845.92	7856.10	9324.60	5	198.66	269.27	328.11	3
湖　南	Hunan	3307.99	4578.97	5475.88	13	79.49	101.63	106.90	8
广　东	Guangdong	5071.34	6871.98	8374.50	7	61.00	91.35	98.48	10
广　西	Guangxi	1345.31	1942.67	2399.97	22	29.61	14.00	32.05	20
海　南	Hainan	204.64	287.83	305.16	30			1.16	29
重　庆	Chongqing	2634.51	4145.25	4990.25	15	6.25	43.98	27.51	22
四　川	Sichuan	4399.72	6668.50	7981.48	8	85.16	162.99	157.70	6
贵　州	Guizhou	641.45	1055.48	1398.46	27	8.47	4.63	7.69	28
云　南	Yunnan	1649.35	2542.07	3096.37	20	45.74	74.48	95.67	12
西　藏	Tibet	122.57	92.57	82.15	31		0.52	0.19	30
陕　西	Shaanxi	3147.46	3806.37	4310.79	16	45.01	89.59	83.56	13
甘　肃	Gansu	781.16	7050.37	1952.02	25	12.22	8.57	15.74	26
青　海	Qinghai	351.86	401.12	445.33	29	9.97	20.72	13.89	27
宁　夏	Ningxia	348.95	476.05	580.77	28			0.17	31
新　疆	Xinjiang	1033.17	1763.28	2273.32	24	31.89	52.72	44.41	18

12-10 建筑业企业费用情况
Cost of Construction Enterprises

单位：亿元 （100 million yuan）

地区	Region	管理费用 Administrative Expenses 2010	2014	2015	2015排名 Ranking	财务费用 Finance Charges 2010	2014	2015	2015排名 Ranking
全　国	**National Total**	**2960.10**	**5087.41**	**5386.58**		**437.02**	**1234.64**	**1239.82**	
北　京	Beijing	230.82	349.78	398.54	2	20.32	71.10	78.35	5
天　津	Tianjin	89.18	156.45	172.43	14	14.55	41.50	34.18	13
河　北	Hebei	90.40	139.12	156.19	16	13.57	32.06	32.77	14
山　西	Shanxi	89.18	137.79	139.72	18	5.49	22.12	19.06	20
内蒙古	Inner Mongolia	40.01	51.08	48.86	26	8.07	19.35	14.27	25
辽　宁	Liaoning	175.74	278.09	251.71	9	15.59	43.74	40.75	10
吉　林	Jilin	46.34	80.89	76.01	21	3.88	14.97	16.27	22
黑龙江	Heilongjiang	52.76	71.41	59.68	24	4.94	7.49	6.61	27
上　海	Shanghai	165.93	242.66	262.35	7	14.00	30.31	24.99	17
江　苏	Jiangsu	343.89	587.78	601.60	1	56.13	162.92	167.88	1
浙　江	Zhejiang	218.54	352.89	368.14	4	61.98	131.28	126.98	2
安　徽	Anhui	91.93	150.28	156.96	15	10.23	35.02	34.87	12
福　建	Fujian	71.84	158.96	184.77	12	7.01	23.29	28.54	15
江　西	Jiangxi	37.12	95.88	102.45	20	6.92	20.85	24.02	18
山　东	Shandong	183.36	283.53	298.43	6	38.42	73.14	82.48	4
河　南	Henan	141.78	263.08	261.25	8	19.76	56.04	57.10	8
湖　北	Hubei	163.97	321.75	376.66	3	28.93	77.20	74.75	7
湖　南	Hunan	83.44	180.53	193.45	11	13.47	29.73	27.71	16
广　东	Guangdong	187.38	309.40	332.23	5	17.90	90.22	84.33	3
广　西	Guangxi	37.48	65.59	70.74	22	3.95	18.07	20.73	19
海　南	Hainan	2.83	6.24	6.06	30	0.01	0.41	0.38	31
重　庆	Chongqing	69.40	151.45	172.88	13	12.23	50.50	53.76	9
四　川	Sichuan	118.18	220.90	241.62	10	21.97	71.50	77.83	6
贵　州	Guizhou	19.52	40.45	44.96	27	2.70	15.84	13.10	26
云　南	Yunnan	47.01	94.20	105.62	19	9.28	36.50	39.64	11
西　藏	Tibet	3.49	4.47	5.15	31	0.35	0.44	0.53	30
陕　西	Shaanxi	81.74	139.86	144.82	17	14.82	24.00	18.92	21
甘　肃	Gansu	25.24	58.65	57.92	25	5.09	14.81	15.84	23
青　海	Qinghai	7.30	17.03	16.34	29	0.85	3.66	3.36	29
宁　夏	Ningxia	10.13	17.51	16.93	28	1.64	4.83	5.09	28
新　疆	Xinjiang	34.19	59.72	62.10	23	2.98	11.66	14.72	24

12-11 建筑业企业应收工程款及企业亏损情况
Payment Receivable and Loss Case of Construction Enterprises

地区	Region	建筑业企业应收工程款(亿元) Payment Receivable (100 million yuan)				亏损企业的比重(%) Proportion of Loss-making Enterprise (%)			
		2010	2014	2015	2015排名 Ranking	2010	2014	2015	2015排名 Ranking
全 国	**National Total**	**13898.77**	**32053.85**	**36163.29**		**10.90**	**13.40**	**14.50**	
北 京	Beijing	1113.44	2053.36	2268.84	4	22.20	20.90	21.70	6
天 津	Tianjin	462.71	1344.94	1368.54	10	15.50	18.00	19.00	10
河 北	Hebei	509.62	1113.01	1216.07	12	9.50	11.90	11.90	24
山 西	Shanxi	471.01	1129.52	1157.46	15	17.20	19.40	22.10	5
内蒙古	Inner Mongolia	217.24	479.87	475.92	23	3.60	15.50	18.70	13
辽 宁	Liaoning	697.87	1545.92	1758.40	7	11.60	16.10	19.00	10
吉 林	Jilin	213.46	712.16	691.80	20	9.30	15.90	14.90	20
黑龙江	Heilongjiang	236.31	485.80	457.16	25	19.70	21.40	21.30	7
上 海	Shanghai	891.70	1295.25	1567.83	8	16.20	19.70	20.70	8
江 苏	Jiangsu	1474.56	4253.69	4874.72	1	4.30	4.50	5.20	31
浙 江	Zhejiang	1037.08	2067.56	2288.85	3	6.70	11.50	12.50	23
安 徽	Anhui	406.11	911.49	1138.34	16	9.10	10.80	10.90	27
福 建	Fujian	272.40	600.66	726.53	19	9.90	13.10	13.20	22
江 西	Jiangxi	118.61	423.68	542.11	22	7.30	8.50	8.10	30
山 东	Shandong	1211.68	2437.95	2640.46	2	7.50	10.60	13.40	21
河 南	Henan	280.92	1128.92	1262.35	11	7.20	8.50	10.20	28
湖 北	Hubei	599.86	1660.96	2010.66	6	8.30	10.00	11.40	25
湖 南	Hunan	379.42	737.67	811.39	17	8.20	9.10	9.60	29
广 东	Guangdong	759.52	1779.58	2056.59	5	15.80	16.80	16.80	17
广 西	Guangxi	132.29	271.83	288.39	27	20.80	19.60	20.50	9
海 南	Hainan	12.82	38.50	43.99	30	3.80	21.50	18.90	12
重 庆	Chongqing	326.83	1051.78	1189.91	13	10.30	13.60	16.10	18
四 川	Sichuan	524.92	1238.93	1440.06	9	9.60	13.20	15.20	19
贵 州	Guizhou	105.71	383.51	447.68	26	20.70	22.90	23.70	4
云 南	Yunnan	336.99	586.54	809.66	18	16.50	17.40	18.70	13
西 藏	Tibet	16.13	25.95	29.15	31	4.60	11.60	11.40	25
陕 西	Shaanxi	626.26	1037.51	1181.74	14	5.70	15.50	18.60	15
甘 肃	Gansu	143.84	426.12	459.50	24	15.70	18.00	16.90	16
青 海	Qinghai	43.39	104.93	113.34	29	35.20	30.40	26.50	2
宁 夏	Ningxia	89.44	219.98	240.39	28	18.60	21.80	25.00	3
新 疆	Xinjiang	186.65	506.26	605.49	21	25.20	24.20	27.10	1

12-12 建筑业企业房屋建筑面积
Floor Space of Buildings Constructed by Construction Enterprises

单位：万平方米 (10 000 sq.m)

地区	Region	建筑业施工面积 Floor Space under Construction				建筑业竣工面积 Floor Space Completed			
		2010	2014	2015	2015排名 Ranking	2010	2014	2015	2015排名 Ranking
全　国	**National Total**	**708024**	**1249826**	**1239718**		**277450**	**423357**	**420785**	
北　京	Beijing	29440	56477	59777	5	5933	9275	9886	15
天　津	Tianjin	7564	14159	15645	20	2419	3232	3547	24
河　北	Hebei	23471	37113	35616	13	9101	12583	11613	13
山　西	Shanxi	7290	13929	13943	22	2585	3940	3634	23
内蒙古	Inner Mongolia	7578	8053	6975	26	3805	3649	3103	26
辽　宁	Liaoning	26807	47861	28937	15	13003	16514	10398	14
吉　林	Jilin	5901	13993	12237	23	4273	7335	5603	20
黑龙江	Heilongjiang	7171	7035	5524	27	3620	3885	2968	27
上　海	Shanghai	22997	34995	36660	12	6217	7581	7259	17
江　苏	Jiangsu	119036	213039	215592	1	48560	76795	76824	1
浙　江	Zhejiang	123587	201851	201542	2	45099	66483	68316	2
安　徽	Anhui	23296	39488	41476	11	10512	15339	15554	9
福　建	Fujian	28407	57386	59277	6	9096	15393	16631	8
江　西	Jiangxi	13670	27732	28895	16	6488	12725	14256	11
山　东	Shandong	44829	71083	69479	3	19180	24221	23657	4
河　南	Henan	28677	48825	53132	7	13156	19818	17964	6
湖　北	Hubei	25047	62228	62205	4	12813	24867	26829	3
湖　南	Hunan	27680	47433	47504	10	10537	16583	17390	7
广　东	Guangdong	33140	53443	50462	9	10164	13885	14373	10
广　西	Guangxi	10742	21168	23432	18	4094	6733	7721	16
海　南	Hainan	1430	2016	2132	29	509	779	745	29
重　庆	Chongqing	19489	32887	32802	14	8292	12816	13543	12
四　川	Sichuan	29441	53363	52795	8	12086	19544	20667	5
贵　州	Guizhou	5756	13890	16770	19	1350	2801	3196	25
云　南	Yunnan	8872	15824	15437	21	4393	7247	6941	19
西　藏	Tibet	272	225	295	31	128	158	174	31
陕　西	Shaanxi	11491	23031	23991	17	3781	6918	7087	18
甘　肃	Gansu	5033	11531	10757	25	2014	4172	4083	22
青　海	Qinghai	693	1073	909	30	273	479	350	30
宁　夏	Ningxia	2597	4355	3285	28	1076	1493	1227	28
新　疆	Xinjiang	6620	14340	12233	24	2891	6115	5247	21

13

运输和邮电

Transport, Postal and Telecommunication Services

13-1 交通运输和邮政业就业人员（一）

Number of Employed Persons in Transport and Post Industry at Year-end (1)

单位：人 (person)

地区	Region	交通运输和邮政业就业人员合计 Total number of Employed Persons				其中：铁路运输业 Railway Transport			
		2010	2014	2015	2015排名 Ranking	2010	2014	2015	2015排名 Ranking
全 国	**National Total**	**4937171**	**8614300**	**8543893**		**1756385**	**1902500**	**1874448**	
北 京	Beijing	278660	602262	600266	2	116901	110883	111210	4
天 津	Tianjin	92056	143421	150084	25	19804	21202	20890	28
河 北	Hebei	212911	289603	291791	11	60233	57000	58150	16
山 西	Shanxi	178096	245916	241216	17	107817	123050	120233	2
内蒙古	Inner Mongolia	144157	213081	206365	20	92318	108515	104535	7
辽 宁	Liaoning	253710	375739	361120	8	102274	119016	113752	3
吉 林	Jilin	115048	164287	165889	24	69227	67959	65815	12
黑龙江	Heilongjiang	219521	277461	274955	13	118915	135965	134674	1
上 海	Shanghai	189108	513694	514541	3	27223	42045	41758	19
江 苏	Jiangsu	260603	497774	492318	4	61423	24197	23299	26
浙 江	Zhejiang	196872	326864	319560	10	25788	29421	28719	25
安 徽	Anhui	121312	217155	222641	18	37140	40656	40261	20
福 建	Fujian	132004	240407	245012	15	33765	40401	38941	22
江 西	Jiangxi	134045	207779	211666	19	64038	61338	61409	14
山 东	Shandong	274927	497497	483949	5	70233	81304	82517	9
河 南	Henan	228642	444852	452694	6	103114	117956	110423	5
湖 北	Hubei	207653	344273	344077	9	88502	86947	86920	8
湖 南	Hunan	178582	251949	244052	16	76653	77848	79466	10
广 东	Guangdong	412839	853999	827938	1	60660	62602	60949	15
广 西	Guangxi	158083	209094	200340	21	53163	65814	62758	13
海 南	Hainan	39255	54286	65287	28	4253	5240	5672	30
重 庆	Chongqing	118098	272817	271210	14	25009	28304	29220	24
四 川	Sichuan	193069	413341	407058	7	54950	63606	67264	11
贵 州	Guizhou	78473	110875	116431	27	29146	32061	34325	23
云 南	Yunnan	117098	171080	171272	22	41108	38552	38976	21
西 藏	Tibet	6291	8972	8927	31	162	85	71	31
陕 西	Shaanxi	165354	287338	279930	12	101513	115063	105059	6
甘 肃	Gansu	84978	124382	125717	26	45864	53722	55377	17
青 海	Qinghai	26998	40890	42732	29	13108	19513	21604	27
宁 夏	Ningxia	24265	39414	37757	30	12046	16058	16849	29
新 疆	Xinjiang	94463	173796	167098	23	40035	56177	53352	18

注：2014年部分行业就业人员增加较多，系将原属于乡镇企业的规模以上法人单位纳入劳动工资统计范围所致。

Note: The new inclusion of the town and township enterprises above the designated size in the labour and wages statistics leads to large increases of employment in some industries in 2014.

13-2 交通运输和邮政业就业人员（二）
Number of Employed Persons in Transport and Post Industry at Year-end (2)

单位：人 (person)

地区	Region	其中：道路运输业 Road Transport				其中：水上运输业 Water Transport			
		2010	2014	2015	2015排名 Ranking	2010	2014	2015	2015排名 Ranking
全　国	**National Total**	**1616625**	**3881462**	**3879657**		**444930**	**491124**	**466509**	
北　京	Beijing	51532	282196	288787	2	95	269	279	21
天　津	Tianjin	17526	51638	56129	25	23780	20070	19046	8
河　北	Hebei	90642	144943	150198	11	26909	25734	24393	7
山　西	Shanxi	45638	84807	84688	18	42	72	70	26
内蒙古	Inner Mongolia	33012	69230	66565	23	178	24	23	28
辽　宁	Liaoning	65815	136190	134523	12	31549	46028	39813	5
吉　林	Jilin	26025	54719	56383	24	181	123	143	23
黑龙江	Heilongjiang	64412	74614	74505	22	3235	2521	3751	18
上　海	Shanghai	24698	209885	206868	6	55668	55938	54707	3
江　苏	Jiangsu	81189	253433	253790	3	58536	81064	79482	1
浙　江	Zhejiang	89728	165213	165240	9	22970	32188	31376	6
安　徽	Anhui	51578	116732	123153	13	8283	12401	11675	12
福　建	Fujian	41650	108676	107797	15	12716	16482	16678	9
江　西	Jiangxi	48205	103656	104811	16	3475	9246	8554	14
山　东	Shandong	104576	234715	224541	5	50869	62345	64010	2
河　南	Henan	93380	242084	249899	4	1386	5096	4441	17
湖　北	Hubei	62321	156845	160326	10	18351	14582	15410	10
湖　南	Hunan	62099	107524	103606	17	4368	4549	2809	19
广　东	Guangdong	171423	383629	385321	1	72695	60873	51963	4
广　西	Guangxi	59559	79232	78600	21	16439	10777	7150	15
海　南	Hainan	11895	19568	19668	28	4969	5799	6454	16
重　庆	Chongqing	49304	181971	179925	8	21585	12832	12775	11
四　川	Sichuan	78388	207857	192997	7	4665	10501	10410	13
贵　州	Guizhou	25472	54836	55655	26	1212	707	637	20
云　南	Yunnan	44379	78844	80384	20	504	542	262	22
西　藏	Tibet	2840	5573	5685	31	24	130		
陕　西	Shaanxi	45847	111184	112248	14	139	121	79	25
甘　肃	Gansu	28393	48691	48834	27	60	24	24	27
青　海	Qinghai	9204	14738	15041	29			4	29
宁　夏	Ningxia	8188	15682	12640	30	47	86	91	24
新　疆	Xinjiang	27707	82557	80850	19				

13-3 交通运输和邮政业就业人员（三）

Number of Employed Persons in Transport and Post Industry at Year-end (3)

单位：人 (person)

地区	Region	其中：航空运输业 Air Transport				其中：管道运输业 Pipeline Transport			
		2010	2014	2015	2015排名 Ranking	2010	2014	2015	2015排名 Ranking
全　国	**National Total**	**272023**	**507789**	**553358**		**27341**	**37632**	**38536**	
北　京	Beijing	37309	68975	70708	3	2325	6183	6249	2
天　津	Tianjin	3868	9154	9768	16	216	232	414	14
河　北	Hebei	1943	4151	5538	23	1694	647	1235	8
山　西	Shanxi	3373	4933	5121	24		440	438	13
内蒙古	Inner Mongolia	3746	4064	4241	25				
辽　宁	Liaoning	9949	19601	19728	7	2418	3112	3227	5
吉　林	Jilin	4700	5491	6397	22	1245	1104	1084	9
黑龙江	Heilongjiang	4188	7154	7161	21	521	656	632	10
上　海	Shanghai	36763	61645	73429	2		1389	1345	7
江　苏	Jiangsu	8574	13249	14552	10	11291	11553	11043	1
浙　江	Zhejiang	8385	11979	11490	13		108	171	20
安　徽	Anhui	2601	2761	4139	26				
福　建	Fujian	11707	16389	16818	8		12	12	25
江　西	Jiangxi	2587	2693	2872	27		276	78	22
山　东	Shandong	11033	14758	16125	9	1507	3326	3768	3
河　南	Henan	281	11035	10391	14		147	205	18
湖　北	Hubei	5853	6686	7232	20	1035	738	546	12
湖　南	Hunan	3954	8334	8452	18	124	170	208	17
广　东	Guangdong	44182	108539	114637	1	176	270	287	16
广　西	Guangxi	4140	9416	9496	17			35	23
海　南	Hainan	9634	12575	20715	6		30	28	24
重　庆	Chongqing	7093	8638	10157	15	1027		12	25
四　川	Sichuan	17673	41694	42815	4	735	621	627	11
贵　州	Guizhou	4043	6391	7649	19			192	19
云　南	Yunnan	11519	19614	20870	5	222	355	345	15
西　藏	Tibet	870	582	807	31		176		
陕　西	Shaanxi	604	9004	12082	12	2066	2391	2592	6
甘　肃	Gansu	1153	2560	2433	29		55	88	21
青　海	Qinghai	162	1821	2045	30	549			
宁　夏	Ningxia	1253	2150	2726	28				
新　疆	Xinjiang	8883	11753	12764	11	190	3639	3675	4

13-4 交通运输和邮政业就业人员（四）

Number of Employed Persons in Transport and Post Industry at Year-end (4)

单位：人 (person)

地区	Region	其中：装卸搬运和运输代理业 Loading,Unloading and Forwarding Agency				其中：邮政业 Post			
		2010	2014	2015	2015排名 Ranking	2010	2014	2015	2015排名 Ranking
全　国	**National Total**	**285980**	**436132**	**431191**		**533887**	**1029294**	**974473**	
北　京	Beijing	32614	42874	41671	3	37884	79706	69749	3
天　津	Tianjin	23111	14154	15829	9	3751	6852	8728	27
河　北	Hebei	4152	12706	10666	13	27338	32129	30125	13
山　西	Shanxi	4455	2635	2437	24	16771	22288	21476	20
内蒙古	Inner Mongolia	1659	2632	3165	22	13244	23734	21968	19
辽　宁	Liaoning	22876	17398	18292	8	18829	23283	20694	21
吉　林	Jilin	1862	1201	1093	27	11808	19509	18841	22
黑龙江	Heilongjiang	6706	4597	4279	21	21544	31334	29652	14
上　海	Shanghai	18208	73288	70974	1	26548	35052	33369	11
江　苏	Jiangsu	8714	36763	35368	4	30876	59899	56177	4
浙　江	Zhejiang	16084	22750	23056	7	33917	53162	48106	6
安　徽	Anhui	3539	4861	6154	18	18171	30004	27512	16
福　建	Fujian	13263	22800	24111	6	18903	29950	34541	10
江　西	Jiangxi	2341	1795	1765	26	13399	21331	24635	17
山　东	Shandong	12770	28632	28567	5	23939	51077	44323	7
河　南	Henan	7023	10941	12535	11	23458	31586	35353	9
湖　北	Hubei	13801	9277	8824	15	17790	57998	53781	5
湖　南	Hunan	13100	6953	6407	17	18284	39954	38096	8
广　东	Guangdong	28095	56691	56017	2	35608	147963	126622	1
广　西	Guangxi	7972	13896	13238	10	16810	23903	23579	18
海　南	Hainan	5296	6024	4852	20	3208	4411	7329	28
重　庆	Chongqing	3112	7296	7279	16	10968	30250	28330	15
四　川	Sichuan	11679	9831	10518	14	24979	72163	75827	2
贵　州	Guizhou	5144	3453	2465	23	13456	10448	13051	24
云　南	Yunnan	6900	13580	12142	12	12466	17094	16192	23
西　藏	Tibet		15	15	31	2395	2046	2061	31
陕　西	Shaanxi	2688	4958	5694	19	12497	35877	32737	12
甘　肃	Gansu	84	1046	870	28	9424	13577	13021	25
青　海	Qinghai	1744	246	239	30	2231	3682	2893	30
宁　夏	Ningxia	719	496	478	29	2012	4225	4069	29
新　疆	Xinjiang	6269	2343	2191	25	11379	14807	11636	26

13-5 运输线路长度（一）

Length of Transport Routes at Year-end (1)

单位：公里 (km)

地区	Region	铁路营业里程 Length of Railways in Operation				内河航道里程 Length of Navigable Inland Waterways			
		2010	2014	2015	2015排名 Ranking	2010	2014	2015	2015排名 Ranking
全　国	**National Total**	**91178.5**	**111821.1**	**120970.4**		**124241.8**	**126280.0**	**127001.1**	
北　京	Beijing	1169.4	1284.8	1284.8	27				
天　津	Tianjin	781.5	970.9	1043.7	28	88.5	88.5	88.5	27
河　北	Hebei	4916.4	6252.8	6958.1	2				
山　西	Shanxi	3752.4	4979.5	5085.8	9	467.1	467.1	467.1	23
内蒙古	Inner Mongolia	8947.1	10226.0	12094.2	1	2402.8	2402.8	2402.8	15
辽　宁	Liaoning	4278.6	5129.6	5773.4	5	413.0	413.0	413.0	24
吉　林	Jilin	4024.4	4520.5	5052.7	10	1456.3	1456.3	1456.3	17
黑龙江	Heilongjiang	5785.0	6019.3	6233.8	3	5097.5	5097.5	5097.5	10
上　海	Shanghai	422.4	465.0	465.1	31	2226.1	2190.9	2175.8	16
江　苏	Jiangsu	1921.2	2678.0	2723.8	22	24228.1	24359.7	24388.8	1
浙　江	Zhejiang	1774.6	2347.2	2563.7	23	9703.3	9765.0	9765.0	5
安　徽	Anhui	2849.9	3548.4	4168.8	14	5595.7	5641.8	5641.1	8
福　建	Fujian	2111.4	2759.1	3200.8	19	3245.3	3245.3	3245.3	14
江　西	Jiangxi	2834.5	3702.3	4009.7	17	5637.9	5637.9	5637.9	9
山　东	Shandong	3833.4	5028.9	5434.5	6	1150.2	1117.3	1117.3	20
河　南	Henan	4282.0	5199.8	5296.2	7	1266.7	1266.7	1402.7	18
湖　北	Hubei	3360.3	4059.3	4062.3	15	8259.9	8433.3	8433.3	6
湖　南	Hunan	3695.1	4550.5	4539.6	12	11495.4	11496.4	11496.4	3
广　东	Guangdong	2726.9	4027.0	4035.2	16	11843.7	12151.4	12151.4	2
广　西	Guangxi	3205.0	4741.5	5117.2	8	5432.5	5704.1	5707.5	7
海　南	Hainan	693.7	693.7	1033.4	29	343.0	343.0	343.0	25
重　庆	Chongqing	1396.2	1781.2	1922.8	25	4331.5	4331.5	4331.5	11
四　川	Sichuan	3549.2	3976.0	4442.2	13	10720.4	10720.4	10817.9	4
贵　州	Guizhou	2001.9	2373.1	2810.1	21	3442.3	3660.6	3664.0	13
云　南	Yunnan	2473.4	2915.9	2929.4	20	2877.2	3551.0	3938.7	12
西　藏	Tibet	531.5	786.3	786.3	30				
陕　西	Shaanxi	4079.0	4524.1	4549.2	11	1065.7	1065.7	1145.6	19
甘　肃	Gansu	2441.4	3403.4	3847.2	18	913.8	913.8	913.8	21
青　海	Qinghai	1863.3	2124.6	2349.5	24	421.1	629.4	629.4	22
宁　夏	Ningxia	1248.4	1289.5	1289.5	26	116.9	129.9	129.9	26
新　疆	Xinjiang	4228.8	5462.8	5867.6	4				

13-6 运输线路长度（二）
Length of Transport Routes at Year-end (2)

单位：公里 (km)

地区	Region	公路里程 Total Length of Highways 2010	2014	2015	2015排名 Ranking	其中：高速 Express way 2010	2014	2015	2015排名 Ranking
全　国	**National Total**	**4008229**	**4463913**	**4577296**		**74113**	**111936**	**123523**	
北　京	Beijing	21114	21849	21885	29	903	982	982	28
天　津	Tianjin	14832	16110	16550	30	982	1113	1130	27
河　北	Hebei	154344	179200	184553	10	4307	5888	6333	2
山　西	Shanxi	131644	140436	140960	17	3003	5011	5028	11
内蒙古	Inner Mongolia	157994	172167	175374	12	2365	4237	5016	12
辽　宁	Liaoning	101545	115430	120365	20	3056	4172	4195	19
吉　林	Jilin	90437	96041	97326	24	1850	2348	2630	24
黑龙江	Heilongjiang	151945	162464	163233	14	1357	4084	4346	15
上　海	Shanghai	11974	12945	13195	31	775	825	825	29
江　苏	Jiangsu	150307	157521	158805	15	4059	4488	4539	14
浙　江	Zhejiang	110177	116367	118015	21	3383	3884	3917	21
安　徽	Anhui	149382	174373	186940	8	2925	3752	4249	18
福　建	Fujian	91015	101190	104585	23	2351	4053	4813	13
江　西	Jiangxi	140597	155515	156625	16	3051	4484	5058	10
山　东	Shandong	229859	259515	263447	2	4285	5108	5348	7
河　南	Henan	245089	249857	250584	4	5016	5859	6305	3
湖　北	Hubei	206211	236933	252980	3	3674	5096	6204	4
湖　南	Hunan	227998	236250	236886	5	2386	5493	5653	6
广　东	Guangdong	190144	212094	216023	7	4839	6266	7021	1
广　西	Guangxi	101782	114900	117993	22	2574	3722	4288	17
海　南	Hainan	21236	26002	26860	28	660	757	803	30
重　庆	Chongqing	116949	127392	140551	18	1861	2401	2525	25
四　川	Sichuan	266082	309742	315582	1	2682	5506	6020	5
贵　州	Guizhou	151644	179079	186407	9	1507	4007	5128	8
云　南	Yunnan	209231	230398	236007	6	2630	3255	4006	20
西　藏	Tibet	60810	75470	78348	25		38	38	31
陕　西	Shaanxi	147461	167145	170069	13	3403	4466	5094	9
甘　肃	Gansu	118879	138084	140052	19	1993	3262	3522	22
青　海	Qinghai	62185	72703	75593	26	235	1719	2662	23
宁　夏	Ningxia	22518	31276	33240	27	1159	1343	1527	26
新　疆	Xinjiang	152843	175468	178263	11	843	4316	4316	16

13-7 客运量（一）
Passenger Traffic Volume (1)

单位：万人 (10 000 persons)

地区	Region	客运总量 Total Passenger Traffic 2010	2014	2015	2015排名 Ranking	铁路客运量 Railway Passenger Traffic 2010	2014	2015	2015排名 Ranking
全　国	**National Total**	**3269508**	**2209391**	**1943271**		**167609**	**235704**	**253484**	
北　京	Beijing	135045	65063	62849	12	8915	12709	12918	6
天　津	Tianjin	24525	18300	18345	25	2594	3687	4054	23
河　北	Hebei	90847	60725	53274	16	7558	9571	9706	11
山　西	Shanxi	38424	34168	29612	24	5754	6949	7418	18
内蒙古	Inner Mongolia	24043	18283	16125	26	4213	4789	5108	21
辽　宁	Liaoning	101525	94172	73692	10	13336	12841	12919	5
吉　林	Jilin	64486	35004	36359	22	5770	6935	7158	19
黑龙江	Heilongjiang	46895	46841	42869	20	10602	10096	9865	10
上　海	Shanghai	10233	13317	13844	27	6095	9194	9692	12
江　苏	Jiangsu	226073	155207	138308	1	9711	15374	16116	2
浙　江	Zhejiang	226946	130145	111369	6	8083	13648	15224	3
安　徽	Anhui	159388	139553	86810	9	5552	7972	8553	15
福　建	Fujian	75798	58719	51646	17	3640	8345	9256	13
江　西	Jiangxi	76447	67795	62418	13	5588	7840	8458	16
山　东	Shandong	249358	74378	60356	15	6679	10304	11397	8
河　南	Henan	167223	140180	125015	4	8338	11647	12200	7
湖　北	Hubei	103268	100730	102035	7	6013	12379	13508	4
湖　南	Hunan	156404	161837	131311	3	7250	9806	10511	9
广　东	Guangdong	456139	180789	123926	5	11674	20942	23149	1
广　西	Guangxi	75751	51904	49101	18	3148	4770	7046	20
海　南	Hainan	44209	14210	13728	28	84	1543	1651	28
重　庆	Chongqing	126066	68399	62282	14	2664	4057	3994	24
四　川	Sichuan	241868	138274	135969	2	8148	8905	9207	14
贵　州	Guizhou	70819	86571	87541	8	3437	4409	4901	22
云　南	Yunnan	39407	49080	48794	19	2446	3479	3949	25
西　藏	Tibet	8165	1571	1092	31	99	163	221	31
陕　西	Shaanxi	93171	74188	69680	11	5411	7077	7866	17
甘　肃	Gansu	53771	38986	40453	21	2273	2672	3123	26
青　海	Qinghai	10951	5444	5602	30	474	615	936	29
宁　夏	Ningxia	13560	9186	9300	29	539	657	661	30
新　疆	Xinjiang	31937	37176	35948	23	1524	2329	2719	27

13-8 客运量（二）
Passenger Traffic Volume (2)

单位：万人 (10 000 persons)

地区	Region	公路客运量 Highway Passenger Traffic 2010	2014	2015	2015排名 Ranking	水运客运量 Waterway Passenger Traffic 2010	2014	2015	2015排名 Ranking
全　国	**National Total**	**3052738**	**1908198**	**1619097**		**22392**	**26293**	**27072**	
北　京	Beijing	126130	52354	49931	14				
天　津	Tianjin	21883	14530	14219	25	48	83	72	25
河　北	Hebei	83289	51151	43563	17		4	5	27
山　西	Shanxi	32606	27091	22085	24	64	128	109	23
内蒙古	Inner Mongolia	19830	13494	11017	26				
辽　宁	Liaoning	87699	80789	60269	11	490	542	504	14
吉　林	Jilin	58577	27866	29013	23	139	203	188	21
黑龙江	Heilongjiang	36001	36379	32632	22	292	366	372	17
上　海	Shanghai	3634	3754	3766	30	504	369	386	15
江　苏	Jiangsu	215850	137270	119800	2	512	2563	2392	4
浙　江	Zhejiang	215708	112915	92304	6	3155	3581	3841	1
安　徽	Anhui	153697	131403	78072	9	139	178	185	22
福　建	Fujian	70714	48580	40394	19	1444	1794	1996	7
江　西	Jiangxi	70628	59674	53687	13	231	281	273	19
山　东	Shandong	240044	62052	46960	15	2635	2022	1999	6
河　南	Henan	158630	128279	112535	4	255	254	280	18
湖　北	Hubei	96873	87803	87953	7	382	548	574	12
湖　南	Hunan	148235	150583	119266	3	919	1449	1534	9
广　东	Guangdong	442224	157234	98050	5	2241	2613	2727	3
广　西	Guangxi	72208	46623	41522	18	395	512	533	13
海　南	Hainan	42785	11042	10363	27	1340	1624	1714	8
重　庆	Chongqing	122125	63630	57556	12	1277	712	732	11
四　川	Sichuan	230988	126691	124014	1	2732	2678	2748	2
贵　州	Guizhou	65452	80231	80621	8	1930	1931	2019	5
云　南	Yunnan	36230	44502	43688	16	731	1099	1157	10
西　藏	Tibet	8066	1408	871	31				
陕　西	Shaanxi	87457	66720	61436	10	303	391	378	16
甘　肃	Gansu	51404	36224	37240	20	94	89	90	24
青　海	Qinghai	10439	4769	4596	29	38	60	70	26
宁　夏	Ningxia	12919	8311	8444	28	102	219	195	20
新　疆	Xinjiang	30413	34847	33229	21				

13-9 旅客周转量（一）
Passenger Turnover (1)

单位：亿人公里 (100 million passenger-km)

地区	Region	旅客周转量总计 Total Passenger-Kilometers 2010	2014	2015	2015排名 Ranking	铁路旅客周转量 Railway Passenger-Kilometers 2010	2014	2015	2015排名 Ranking
全 国	**National Total**	**27894.3**	**30097.4**	**30058.9**		**8762.2**	**11604.8**	**11960.6**	
北 京	Beijing	390.2	273.9	279.4	25	99.5	135.6	149.3	25
天 津	Tianjin	269.0	246.7	252.3	26	136.9	158.1	170.5	23
河 北	Hebei	1172.9	1276.7	1213.2	7	730.6	985.9	944.4	1
山 西	Shanxi	371.8	384.5	380.0	23	156.0	202.4	215.4	21
内蒙古	Inner Mongolia	388.5	363.1	371.1	24	170.3	201.7	210.8	22
辽 宁	Liaoning	905.3	991.2	923.8	12	510.2	609.1	604.7	10
吉 林	Jilin	475.7	424.5	430.3	22	205.9	251.0	252.2	18
黑龙江	Heilongjiang	503.0	493.1	487.5	19	259.5	261.4	257.6	17
上 海	Shanghai	181.0	209.9	215.2	27	60.2	84.5	89.0	27
江 苏	Jiangsu	1549.5	1455.2	1453.7	4	351.6	600.2	625.5	9
浙 江	Zhejiang	1250.7	1076.8	1092.5	9	362.7	513.1	541.9	11
安 徽	Anhui	1478.5	1417.3	1218.2	6	468.1	617.6	642.9	8
福 建	Fujian	486.5	622.7	575.5	17	137.7	284.9	305.3	16
江 西	Jiangxi	895.6	971.3	953.8	11	564.8	654.5	668.7	6
山 东	Shandong	1658.3	1143.6	1147.3	8	434.9	620.4	664.3	7
河 南	Henan	1797.7	1746.0	1630.6	2	766.0	900.6	886.1	3
湖 北	Hubei	1064.7	1209.0	1218.7	5	430.5	722.2	726.1	5
湖 南	Hunan	1402.6	1660.7	1527.5	3	717.3	881.4	888.8	2
广 东	Guangdong	2203.4	2315.4	1796.5	1	458.8	674.9	751.1	4
广 西	Guangxi	879.1	652.7	731.8	14	182.0	237.0	318.2	14
海 南	Hainan	154.9	120.5	112.9	30	2.1	28.1	30.2	30
重 庆	Chongqing	461.7	507.1	533.6	18	100.4	147.0	151.0	24
四 川	Sichuan	1066.1	954.7	987.8	10	261.6	322.0	313.5	15
贵 州	Guizhou	475.0	635.5	658.2	15	189.4	217.4	229.9	19
云 南	Yunnan	439.9	437.3	456.6	21	86.1	113.9	123.9	26
西 藏	Tibet	32.2	45.1	38.3	31	9.4	12.3	14.1	31
陕 西	Shaanxi	747.1	804.4	758.3	13	362.6	464.7	464.4	12
甘 肃	Gansu	539.7	607.1	619.7	16	319.3	377.9	370.7	13
青 海	Qinghai	94.9	102.9	119.2	28	44.6	56.3	74.4	28
宁 夏	Ningxia	98.8	114.2	115.5	29	33.4	48.5	47.4	29
新 疆	Xinjiang	420.8	500.0	477.3	20	149.7	220.2	228.0	20

13-10 旅客周转量（二）
Passenger Turnover (2)

单位：亿人公里 (100 million passenger-km)

地区	Region	公路旅客周转量 Highway Passenger-Kilometers				水运旅客周转量 Waterway Passenger-Kilometers			
		2010	2014	2015	2015排名 Ranking	2010	2014	2015	2015排名 Ranking
全　国	**National Total**	**15020.8**	**12084.1**	**10742.7**		**72.3**	**74.3**	**73.1**	
北　京	Beijing	290.6	138.3	130.1	25				
天　津	Tianjin	131.8	88.5	81.7	27	0.3	0.1	0.1	24
河　北	Hebei	442.2	290.5	268.4	17		0.3	0.3	21
山　西	Shanxi	215.7	182.0	164.5	23		0.1	0.1	26
内蒙古	Inner Mongolia	218.2	161.4	160.3	24				
辽　宁	Liaoning	388.8	375.6	313.1	14	6.4	6.5	6.0	4
吉　林	Jilin	269.6	173.3	177.8	22	0.2	0.2	0.3	22
黑龙江	Heilongjiang	243.2	231.2	229.6	21	0.3	0.4	0.4	18
上　海	Shanghai	115.4	124.3	125.5	26	5.4	1.1	0.8	15
江　苏	Jiangsu	1196.6	852.0	825.5	2	1.4	3.0	2.7	12
浙　江	Zhejiang	882.0	558.1	544.8	7	6.0	5.6	5.8	5
安　徽	Anhui	1010.2	799.4	574.9	6	0.3	0.3	0.4	19
福　建	Fujian	346.7	334.9	267.3	18	2.1	2.9	2.8	10
江　西	Jiangxi	330.5	316.5	284.7	16	0.3	0.4	0.3	20
山　东	Shandong	1211.5	511.4	471.4	9	11.9	11.8	11.6	1
河　南	Henan	1031.2	844.9	743.9	3	0.6	0.5	0.5	17
湖　北	Hubei	631.4	483.9	489.3	8	2.8	2.9	3.3	8
湖　南	Hunan	683.6	776.5	635.6	5	1.7	2.8	3.1	9
广　东	Guangdong	1736.3	1629.8	1034.9	1	8.3	10.7	10.5	2
广　西	Guangxi	695.3	413.2	410.8	11	1.8	2.5	2.7	11
海　南	Hainan	150.0	89.1	79.3	28	2.7	3.3	3.5	7
重　庆	Chongqing	351.0	352.6	376.4	12	10.2	7.6	6.1	3
四　川	Sichuan	802.2	630.0	671.6	4	2.3	2.7	2.6	13
贵　州	Guizhou	281.0	412.9	422.8	10	4.6	5.2	5.5	6
云　南	Yunnan	352.1	321.1	330.2	13	1.8	2.4	2.5	14
西　藏	Tibet	22.8	32.8	24.2	31				
陕　西	Shaanxi	384.0	339.0	293.2	15	0.4	0.7	0.6	16
甘　肃	Gansu	220.1	229.0	248.7	20	0.2	0.2	0.2	23
青　海	Qinghai	50.2	46.5	44.6	30	0.1	0.1	0.1	27
宁　夏	Ningxia	65.3	65.7	68.0	29	0.1	0.1	0.1	25
新　疆	Xinjiang	271.1	279.8	249.3	19				

13-11 货运量（一）
Freight Traffic (1)

单位：万吨 (10 000 tons)

地区	Region	货运总量 Total Freight Traffic				铁路货运量 Railway Freight Traffic			
		2010	2014	2015	2015排名 Ranking	2010	2014	2015	2015排名 Ranking
全　国	**National Total**	**3241807**	**4386800**	**4175886**		**364271**	**381334**	**335801**	
北　京	Beijing	21762	26551	20078	29	1578	1135	1034	28
天　津	Tianjin	40013	49753	48779	25	7242	8874	8378	10
河　北	Hebei	156596	209946	198024	8	18508	20619	17843	5
山　西	Shanxi	124367	164918	161765	11	63530	76411	70509	1
内蒙古	Inner Mongolia	137231	191869	175112	10	52069	65165	55612	2
辽　宁	Liaoning	158484	222138	202021	4	20689	19154	16442	6
吉　林	Jilin	40729	48311	43333	26	7490	6074	4432	20
黑龙江	Heilongjiang	59314	60213	54478	24	17717	11777	9033	9
上　海	Shanghai	87256	89980	90893	20	959	549	496	30
江　苏	Jiangsu	179014	196153	198998	7	6812	6376	5304	18
浙　江	Zhejiang	171038	194250	201231	5	4386	4343	3887	24
安　徽	Anhui	228104	434298	345756	1	12091	10488	10158	7
福　建	Fujian	66083	111757	111041	17	3705	3402	2820	25
江　西	Jiangxi	100635	151878	130349	16	5677	4934	4019	23
山　东	Shandong	301313	264459	261849	3	21314	20268	19191	4
河　南	Henan	202962	200801	192859	9	14721	11770	9969	8
湖　北	Hubei	93422	150762	153904	13	6249	4689	4135	22
湖　南	Hunan	149540	203053	199716	6	6094	4753	4407	21
广　东	Guangdong	192343	343491	339225	2	8562	9136	8117	11
广　西	Guangxi	115476	163023	149714	14	9092	6684	5779	15
海　南	Hainan	22455	23632	22287	28	542	854	779	29
重　庆	Chongqing	81377	97377	103833	19	2279	2054	1862	27
四　川	Sichuan	134305	159034	154597	12	8051	8541	7287	12
贵　州	Guizhou	39735	85672	84540	21	7991	6317	5736	16
云　南	Yunnan	51564	108544	107608	18	5497	4823	5108	19
西　藏	Tibet	982	1914	2125	31	30	43	48	31
陕　西	Shaanxi	104414	157012	140900	15	27121	37483	32951	3
甘　肃	Gansu	30270	57240	58251	23	6188	6448	5936	14
青　海	Qinghai	11057	14638	15962	30	3095	3608	2729	26
宁　夏	Ningxia	32325	41308	42626	27	6872	6990	5631	17
新　疆	Xinjiang	48459	72168	70673	22	6777	7410	6168	13

13-12 货运量（二）
Freight Traffic (2)

单位：万吨 (10 000 tons)

地区	Region	公路货运量 Highway Freight Traffic				水运货运量 Waterway Freight Traffic			
		2010	2014	2015	2015排名 Ranking	2010	2014	2015	2015排名 Ranking
全　国	**National Total**	**2448052**	**3332838**	**3150019**		**378949**	**598283**	**613567**	
北　京	Beijing	20184	25416	19044	28				
天　津	Tianjin	20855	31130	30551	27	11916	9749	9850	16
河　北	Hebei	135938	185286	175637	4	2150	4041	4544	18
山　西	Shanxi	60819	88491	91240	17	18	17	16	25
内蒙古	Inner Mongolia	85162	126704	119500	10				
辽　宁	Liaoning	127361	189174	172140	7	10434	13810	13439	12
吉　林	Jilin	33013	41830	38708	25	226	407	193	23
黑龙江	Heilongjiang	40582	47173	44200	23	1015	1262	1245	20
上　海	Shanghai	40890	42848	40627	24	45407	46583	49770	5
江　苏	Jiangsu	123500	114449	113351	14	48702	75328	80343	2
浙　江	Zhejiang	103394	117070	122547	9	63258	72837	74797	4
安　徽	Anhui	183658	315223	230649	2	32355	108587	104949	1
福　建	Fujian	45575	82573	79802	19	16803	25782	28419	7
江　西	Jiangxi	88445	137782	115436	13	6513	9162	10894	13
山　东	Shandong	264366	230018	227934	3	15633	14172	14724	11
河　南	Henan	183291	179680	172431	5	4950	9351	10459	14
湖　北	Hubei	71020	116279	115801	12	16153	29794	33968	6
湖　南	Hunan	127635	172613	172248	6	15811	25687	23061	9
广　东	Guangdong	140689	257136	255995	1	43092	77219	75113	3
广　西	Guangxi	93552	134330	119194	11	12832	22009	24741	8
海　南	Hainan	13947	11015	11279	30	7966	11763	10229	15
重　庆	Chongqing	69438	81206	86931	18	9660	14117	15040	10
四　川	Sichuan	121017	142132	138622	8	5237	8361	8688	17
贵　州	Guizhou	30834	78017	77341	20	910	1338	1463	19
云　南	Yunnan	45665	103161	101993	16	402	560	507	21
西　藏	Tibet	952	1871	2077	31				
陕　西	Shaanxi	77123	119343	107731	15	170	186	218	22
甘　肃	Gansu	24050	50781	52281	22	32	10	34	24
青　海	Qinghai	7962	11030	13233	29				
宁　夏	Ningxia	25453	34318	36995	26				
新　疆	Xinjiang	41682	64758	64505	21				

13-13 货物周转量（一）
Freight Ton-kilometers (1)

单位：亿吨公里 (100 million ton-km)

地区	Region	货物周转量总计 Total Freight Ton-kilometers 2010	2014	2015	2015排名 Ranking	铁路货物周转量 Railway Freight Ton-kilometers 2010	2014	2015	2015排名 Ranking
全　国	**National Total**	**141837.4**	**185837.4**	**178355.9**		**27644.1**	**27530.2**	**23754.3**	
北　京	Beijing	876.9	1036.7	901.4	28	775.3	871.5	745.1	11
天　津	Tianjin	10065.1	3602.4	2519.2	19	509.5	519.3	444.8	19
河　北	Hebei	8071.1	12684.5	12007.3	3	3618.4	4183.1	3633.0	1
山　西	Shanxi	2840.0	3710.8	3438.5	16	1870.1	2347.6	2063.7	2
内蒙古	Inner Mongolia	4712.9	4471.1	4190.3	12	2451.8	2367.6	1950.3	3
辽　宁	Liaoning	9029.1	12235.7	11711.9	4	1403.0	1181.3	898.1	8
吉　林	Jilin	1282.2	1703.8	1425.3	25	597.8	511.7	373.5	21
黑龙江	Heilongjiang	1826.2	1811.1	1545.3	23	1056.7	794.7	608.0	16
上　海	Shanghai	18918.2	18633.4	19495.9	1	25.8	12.4	10.8	31
江　苏	Jiangsu	5589.5	10417.9	8270.2	8	344.7	352.3	310.5	22
浙　江	Zhejiang	7117.1	9539.7	9869.7	6	342.2	223.1	213.2	26
安　徽	Anhui	7153.4	13500.6	10402.3	5	1016.5	810.0	739.4	12
福　建	Fujian	2976.7	4780.2	5447.5	11	179.5	149.7	128.7	28
江　西	Jiangxi	2719.5	3828.0	3753.5	15	686.9	539.3	497.2	18
山　东	Shandong	11832.5	8253.0	8418.0	7	1533.2	1314.2	1161.2	7
河　南	Henan	7202.5	7401.1	6948.1	9	2041.6	1963.2	1700.1	4
湖　北	Hubei	3097.3	5503.6	5674.1	10	872.6	846.8	762.6	9
湖　南	Hunan	2926.8	4138.4	3895.5	14	1045.3	849.5	761.7	10
广　东	Guangdong	5711.4	14801.0	14882.2	2	333.8	279.4	258.9	23
广　西	Guangxi	2926.8	4089.7	4061.8	13	891.3	770.4	674.5	15
海　南	Hainan	995.0	1488.1	1181.7	27	6.6	12.4	12.1	30
重　庆	Chongqing	2015.6	2595.0	2709.5	18	186.0	165.8	158.2	27
四　川	Sichuan	1807.9	2465.1	2387.4	20	747.7	800.4	723.4	13
贵　州	Guizhou	1005.9	1441.8	1379.0	26	706.5	633.9	561.3	17
云　南	Yunnan	947.3	1445.6	1500.3	24	391.9	430.1	410.0	20
西　藏	Tibet	38.5	110.4	119.6	31	12.0	24.4	23.5	29
陕　西	Shaanxi	2464.6	3521.5	3263.5	17	1267.9	1603.4	1435.9	5
甘　肃	Gansu	1763.8	2515.5	2225.8	21	1239.8	1522.9	1313.6	6
青　海	Qinghai	419.7	506.9	445.6	30	192.2	272.6	223.4	25
宁　夏	Ningxia	818.6	836.8	816.9	29	280.4	306.4	245.1	24
新　疆	Xinjiang	1358.9	1880.9	1772.9	22	705.9	843.6	712.5	14

13-14 货物周转量（二）
Freight Ton-kilometers (2)

单位：亿吨公里 (100 million ton-km)

地区	Region	公路货物周转量 Highway Freight Ton-kilometers 2010	2014	2015	2015排名 Ranking	水运货物周转量 Waterway Freight Ton-kilometers 2010	2014	2015	2015排名 Ranking
全　国	**National Total**	**43389.7**	**61016.6**	**57955.7**		**68427.5**	**92774.6**	**91772.5**	
北　京	Beijing	101.6	165.2	156.4	29				
天　津	Tianjin	231.2	349.0	345.2	26	9324.3	2734.0	1729.2	9
河　北	Hebei	4011.2	7019.6	6821.5	1	441.5	1481.8	1552.8	11
山　西	Shanxi	969.9	1363.2	1374.8	16	0.1		0.1	25
内蒙古	Inner Mongolia	2261.1	2103.5	2240.0	10				
辽　宁	Liaoning	1930.3	3074.9	2850.7	7	5695.7	7979.5	7963.2	4
吉　林	Jilin	683.1	1190.8	1051.2	19	1.3	1.4	0.6	23
黑龙江	Heilongjiang	762.4	1008.5	929.3	21	7.0	7.9	8.1	21
上　海	Shanghai	265.9	300.8	289.6	27	18626.4	18320.1	19195.5	1
江　苏	Jiangsu	1149.1	1978.5	2073.0	12	4095.7	8087.1	5886.7	5
浙　江	Zhejiang	1298.7	1419.4	1513.9	14	5476.2	7897.2	8142.6	3
安　徽	Anhui	5004.9	7392.4	4721.9	3	1132.0	5298.2	4941.0	6
福　建	Fujian	578.3	974.8	1020.3	20	2218.9	3655.7	4298.5	7
江　西	Jiangxi	1850.2	3073.3	3022.7	6	182.4	215.4	233.6	17
山　东	Shandong	6216.8	5711.4	5877.0	2	4082.5	1227.4	1379.9	12
河　南	Henan	4860.6	4822.4	4542.7	4	300.3	615.6	705.3	15
湖　北	Hubei	1079.1	2340.6	2380.6	9	1145.6	2316.2	2530.9	8
湖　南	Hunan	1539.4	2578.9	2553.5	8	342.1	709.9	580.3	16
广　东	Guangdong	1735.4	3113.8	3108.8	5	3642.2	11407.8	11514.5	2
广　西	Guangxi	1173.4	2068.5	2122.6	11	862.0	1250.7	1264.7	13
海　南	Hainan	90.8	81.5	78.7	31	897.6	1394.2	1090.9	14
重　庆	Chongqing	610.3	797.8	851.2	23	1219.3	1631.3	1700.1	10
四　川	Sichuan	985.1	1510.5	1480.6	15	75.1	154.2	183.5	18
贵　州	Guizhou	286.7	776.9	782.5	24	12.7	30.9	35.3	19
云　南	Yunnan	548.5	1002.3	1077.9	17	6.9	13.1	12.4	20
西　藏	Tibet	26.6	86.0	96.1	30				
陕　西	Shaanxi	1195.9	1917.5	1826.8	13	0.8	0.6	0.8	22
甘　肃	Gansu	524.1	992.6	912.1	22			0.1	24
青　海	Qinghai	227.5	234.4	222.1	28				
宁　夏	Ningxia	538.3	530.5	571.8	25				
新　疆	Xinjiang	653.0	1037.3	1060.5	18				

13-15 民用汽车和私人汽车拥有量
Possession of Civil Vehicles and Private Vehicles

单位：万辆 (10 000 units)

地区	Region	民用汽车 Civil Vehicles				私人汽车 Private Vehicles			
		2010	2014	2015	2015排名 Ranking	2010	2014	2015	2015排名 Ranking
全　国	**National Total**	**7801.83**	**14598.11**	**16284.45**		**5938.71**	**12339.36**	**14099.10**	
北　京	Beijing	449.72	530.83	533.81	9	371.51	435.79	439.33	10
天　津	Tianjin	158.24	274.14	273.62	26	125.70	235.15	234.68	23
河　北	Hebei	492.88	930.08	1075.03	5	404.16	834.90	978.65	4
山　西	Shanxi	247.89	424.36	468.97	14	186.60	367.02	414.68	13
内蒙古	Inner Mongolia	187.80	342.14	373.61	17	147.47	300.49	334.90	17
辽　宁	Liaoning	296.32	520.04	582.50	8	198.81	416.98	478.94	8
吉　林	Jilin	152.89	284.57	313.74	21	114.49	242.18	275.21	21
黑龙江	Heilongjiang	194.79	322.78	351.75	19	139.65	265.03	299.11	19
上　海	Shanghai	175.51	255.03	282.23	24	103.71	183.30	208.65	26
江　苏	Jiangsu	550.80	1095.45	1240.91	3	418.13	927.48	1070.12	3
浙　江	Zhejiang	542.05	1012.05	1120.58	4	431.52	869.95	976.99	5
安　徽	Anhui	209.81	422.46	498.70	11	136.85	335.40	411.36	14
福　建	Fujian	197.08	386.60	435.37	16	151.93	329.53	377.95	16
江　西	Jiangxi	137.43	287.68	338.94	20	87.38	234.17	286.21	20
山　东	Shandong	705.89	1350.25	1510.81	1	577.11	1191.62	1351.83	1
河　南	Henan	399.73	969.28	952.01	6	294.76	775.77	836.73	6
湖　北	Hubei	207.49	422.23	498.63	12	148.65	349.64	428.31	12
湖　南	Hunan	211.06	434.48	507.88	10	169.24	384.71	457.79	9
广　东	Guangdong	782.26	1331.84	1471.40	2	628.12	1149.83	1292.68	2
广　西	Guangxi	152.06	316.53	363.82	18	108.33	266.87	314.12	18
海　南	Hainan	39.24	75.11	83.29	29	28.09	61.65	70.69	29
重　庆	Chongqing	114.30	237.04	278.61	25	74.15	190.58	231.64	25
四　川	Sichuan	354.97	666.92	767.13	7	280.95	576.10	676.09	7
贵　州	Guizhou	115.76	244.72	292.61	23	87.81	207.47	254.41	22
云　南	Yunnan	233.91	429.74	484.23	13	185.57	373.78	429.86	11
西　藏	Tibet	16.62	29.47	33.18	31	11.03	23.01	26.74	31
陕　西	Shaanxi	190.64	384.88	438.12	15	144.11	331.66	386.02	15
甘　肃	Gansu	85.04	185.31	239.36	27	52.74	141.96	171.12	27
青　海	Qinghai	30.99	68.84	78.18	30	19.95	54.10	63.12	30
宁　夏	Ningxia	41.52	91.05	100.94	28	30.94	77.61	88.87	28
新　疆	Xinjiang	127.14	272.21	294.47	22	79.25	205.60	232.32	24

13-16 载客汽车拥有量
Possession of Passenger Vehicles

单位：万辆 (10 000 units)

地区	Region	民用载客汽车 Civil Passenger Vehicles				私人载客汽车 Private Passenger Vehicles			
		2010	2014	2015	2015排名 Ranking	2010	2014	2015	2015排名 Ranking
全　国	**National Total**	**6124.13**	**12326.70**	**14095.88**		**4989.50**	**10945.39**	**12737.23**	
北　京	Beijing	425.74	496.92	498.13	8	363.13	425.98	429.39	9
天　津	Tianjin	137.64	245.40	244.22	23	112.99	215.21	214.27	23
河　北	Hebei	365.36	780.56	923.33	5	323.27	732.04	873.23	5
山　西	Shanxi	189.93	362.84	409.41	12	154.14	326.13	374.45	12
内蒙古	Inner Mongolia	137.19	288.62	322.04	17	115.59	263.02	298.28	17
辽　宁	Liaoning	225.67	436.52	496.09	9	170.75	376.72	437.35	8
吉　林	Jilin	118.78	240.74	271.03	21	94.20	211.84	245.20	21
黑龙江	Heilongjiang	143.66	258.34	288.69	19	110.24	222.71	256.50	19
上　海	Shanghai	146.24	228.58	256.26	22	103.57	182.81	208.22	25
江　苏	Jiangsu	472.78	991.13	1143.57	3	383.94	875.50	1022.22	3
浙　江	Zhejiang	450.83	895.99	1012.46	4	376.53	797.75	910.40	4
安　徽	Anhui	140.99	333.37	408.16	13	107.82	293.40	367.07	13
福　建	Fujian	150.30	318.06	367.79	16	122.57	282.34	330.87	16
江　西	Jiangxi	95.65	227.02	276.48	20	69.63	200.56	250.41	20
山　东	Shandong	566.09	1168.25	1339.12	1	485.36	1075.52	1243.55	1
河　南	Henan	304.90	750.08	817.06	6	244.76	660.04	751.37	6
湖　北	Hubei	151.52	345.84	424.70	11	115.37	300.61	379.67	11
湖　南	Hunan	161.23	365.66	437.81	10	130.65	328.42	399.96	10
广　东	Guangdong	629.30	1144.18	1290.57	2	536.79	1033.42	1181.29	2
广　西	Guangxi	113.13	256.99	302.56	18	88.01	229.16	274.28	18
海　南	Hainan	30.23	61.52	70.07	29	21.57	51.09	60.33	29
重　庆	Chongqing	78.54	198.38	239.43	25	59.86	171.72	211.82	24
四　川	Sichuan	281.60	572.33	673.91	7	234.22	513.54	614.51	7
贵　州	Guizhou	82.19	195.17	240.35	24	64.14	170.46	214.86	22
云　南	Yunnan	169.08	346.66	400.17	14	135.87	306.38	360.89	14
西　藏	Tibet	10.15	18.30	20.88	31	6.28	13.85	16.67	31
陕　西	Shaanxi	151.64	331.64	383.03	15	121.01	293.83	346.05	15
甘　肃	Gansu	57.52	139.91	167.55	27	36.74	112.34	139.66	27
青　海	Qinghai	21.45	54.26	63.16	30	14.37	44.26	52.79	30
宁　夏	Ningxia	27.23	65.55	75.77	28	21.14	57.76	68.57	28
新　疆	Xinjiang	87.56	207.89	232.10	26	64.98	177.00	203.11	26

13-17 载货汽车拥有量
Possession of Trucks

单位：万辆 (10 000 units)

地区	Region	民用载货汽车 Civil Trucks 2010	2014	2015	2015排名 Ranking	私人载货汽车 Private Trucks 2010	2014	2015	2015排名 Ranking
全　国	**National Total**	**1597.55**	**2125.46**	**2065.62**		**931.52**	**1352.78**	**1330.65**	
北　京	Beijing	19.39	28.91	30.59	25	7.56	8.83	8.96	30
天　津	Tianjin	19.15	27.09	27.63	26	12.38	19.44	19.88	24
河　北	Hebei	121.50	143.54	146.64	3	79.08	100.40	103.41	3
山　西	Shanxi	55.82	59.11	57.18	18	31.96	40.03	39.34	15
内蒙古	Inner Mongolia	48.51	51.17	49.23	21	31.12	36.53	35.68	19
辽　宁	Liaoning	67.42	80.04	82.66	9	27.53	39.43	40.65	14
吉　林	Jilin	32.85	42.22	41.00	23	19.98	29.81	29.45	22
黑龙江	Heilongjiang	48.98	61.77	60.31	14	29.02	41.67	41.92	13
上　海	Shanghai	23.81	19.56	19.49	28	0.11	0.28	0.25	31
江　苏	Jiangsu	72.50	97.17	90.39	6	32.87	49.66	45.55	11
浙　江	Zhejiang	87.29	111.56	104.00	5	54.46	71.36	65.76	6
安　徽	Anhui	66.34	86.15	87.56	8	28.50	41.01	43.21	12
福　建	Fujian	45.11	66.48	65.50	13	29.04	46.56	46.41	10
江　西	Jiangxi	40.17	58.40	59.96	15	17.43	33.04	35.20	20
山　东	Shandong	134.45	175.39	165.06	2	90.03	113.34	105.41	2
河　南	Henan	90.75	165.63	129.72	4	48.67	102.44	83.00	4
湖　北	Hubei	53.29	72.73	70.16	11	32.75	47.88	47.35	9
湖　南	Hunan	48.22	66.40	67.40	12	38.04	55.14	56.51	8
广　东	Guangdong	147.53	181.81	174.90	1	90.06	114.47	109.32	1
广　西	Guangxi	36.82	57.22	58.71	16	20.00	36.89	38.99	16
海　南	Hainan	8.58	13.02	12.66	30	6.42	10.38	10.16	27
重　庆	Chongqing	34.03	36.94	37.42	24	14.00	18.48	19.41	26
四　川	Sichuan	70.45	91.02	89.57	7	45.98	61.28	60.23	7
贵　州	Guizhou	32.73	47.77	50.33	20	23.44	36.42	38.88	17
云　南	Yunnan	63.39	80.94	81.72	10	49.27	66.56	68.02	5
西　藏	Tibet	6.32	10.96	12.05	31	4.75	9.04	9.97	29
陕　西	Shaanxi	36.32	49.86	51.42	19	22.42	36.72	38.75	18
甘　肃	Gansu	26.37	43.79	45.39	22	15.77	29.09	30.87	21
青　海	Qinghai	8.99	13.82	14.24	29	5.48	9.59	10.06	28
宁　夏	Ningxia	13.52	24.45	24.11	27	9.54	19.39	19.82	25
新　疆	Xinjiang	36.96	60.55	58.64	17	13.86	27.62	28.22	23

13-18 其他汽车拥有量
Possession of Other Private Vehicles

单位：万辆 (10 000 units)

地区	Region	民用其他汽车 Other Civil Vehicles 2010	2014	2015	2015排名 Ranking	私人其他汽车 Other Private Vehicles 2010	2014	2015	2015排名 Ranking
全　国	**National Total**	**80.14**	**97.94**	**122.95**		**17.69**	**29.20**	**31.22**	
北　京	Beijing	4.59	5.00	5.09	7	0.82	0.98	0.99	11
天　津	Tianjin	1.45	1.65	1.77	25	0.33	0.50	0.53	25
河　北	Hebei	6.02	5.99	5.06	8	1.81	2.45	2.01	5
山　西	Shanxi	2.15	2.42	2.39	20	0.50	0.86	0.89	16
内蒙古	Inner Mongolia	2.09	2.36	2.35	21	0.77	0.93	0.94	14
辽　宁	Liaoning	3.22	3.48	3.75	11	0.54	0.84	0.94	15
吉　林	Jilin	1.26	1.61	1.71	27	0.31	0.53	0.57	24
黑龙江	Heilongjiang	2.15	2.66	2.75	16	0.39	0.66	0.69	19
上　海	Shanghai	5.46	6.89	6.47	4	0.02	0.21	0.18	30
江　苏	Jiangsu	5.52	7.15	6.95	2	1.32	2.33	2.35	3
浙　江	Zhejiang	3.93	4.49	4.13	9	0.53	0.84	0.83	18
安　徽	Anhui	2.48	2.94	2.98	15	0.52	0.99	1.07	10
福　建	Fujian	1.67	2.07	2.08	23	0.33	0.62	0.67	20
江　西	Jiangxi	1.61	2.25	2.50	19	0.32	0.57	0.60	22
山　东	Shandong	5.35	6.61	6.63	3	1.73	2.76	2.87	1
河　南	Henan	4.08	5.56	5.23	6	1.33	1.29	2.36	2
湖　北	Hubei	2.69	3.65	3.78	10	0.53	1.16	1.29	8
湖　南	Hunan	1.61	2.42	2.67	17	0.56	1.15	1.32	7
广　东	Guangdong	5.43	5.85	5.93	5	1.27	1.94	2.08	4
广　西	Guangxi	2.11	2.32	2.55	18	0.32	0.83	0.85	17
海　南	Hainan	0.44	0.56	0.57	30	0.10	0.19	0.20	29
重　庆	Chongqing	1.72	1.72	1.77	26	0.29	0.38	0.41	27
四　川	Sichuan	2.93	3.57	3.65	14	0.76	1.28	1.35	6
贵　州	Guizhou	0.84	1.78	1.93	24	0.23	0.59	0.67	21
云　南	Yunnan	1.44	2.15	2.34	22	0.42	0.84	0.95	13
西　藏	Tibet	0.15	0.20	0.25	31		0.12	0.09	31
陕　西	Shaanxi	2.68	3.38	3.67	13	0.68	1.11	1.22	9
甘　肃	Gansu	1.15	1.61	26.43	1	0.23	0.53	0.59	23
青　海	Qinghai	0.54	0.76	0.77	29	0.10	0.26	0.27	28
宁　夏	Ningxia	0.76	1.05	1.06	28	0.25	0.46	0.48	26
新　疆	Xinjiang	2.62	3.77	3.74	12	0.41	0.98	0.99	12

13-19 新注册民用汽车数量（一）
Statistics on New Registrations of Civil Vehicles (1)

单位：万辆 (10 000 units)

地区	Region	新注册民用汽车数量 Total Civil Vehicles				其中：载客汽车 Passenger Vehicles			
		2010	2014	2015	2015排名 Ranking	2010	2014	2015	2015排名 Ranking
全　国	**National Total**	**1528.82**	**2205.19**	**2331.75**		**1254.69**	**1936.68**	**2120.28**	
北　京	Beijing	86.95	50.33	54.35	17	83.29	46.06	50.20	17
天　津	Tianjin	31.09	23.54	22.61	27	27.38	18.81	18.10	27
河　北	Hebei	13.27	154.24	163.64	4	10.88	132.49	147.34	4
山　西	Shanxi	47.71	58.42	60.24	15	37.39	52.09	55.05	14
内蒙古	Inner Mongolia	39.85	40.45	39.53	23	31.35	36.20	36.56	23
辽　宁	Liaoning	54.58	50.17	67.32	11	42.31	44.12	62.64	11
吉　林	Jilin	30.98	38.79	39.23	24	24.85	34.38	36.43	24
黑龙江	Heilongjiang	36.31	39.31	42.24	22	27.44	35.36	38.02	22
上　海	Shanghai	34.57	37.20	44.93	21	31.22	32.04	41.22	21
江　苏	Jiangsu	122.26	177.53	185.18	3	108.60	166.60	176.07	3
浙　江	Zhejiang	122.47	147.49	150.99	6	106.30	131.94	136.01	6
安　徽	Anhui	48.20	76.47	87.90	9	35.46	64.61	78.72	10
福　建	Fujian	40.43	60.85	60.42	14	32.04	52.71	54.50	15
江　西	Jiangxi	32.49	50.99	57.82	16	24.51	42.26	52.09	16
山　东	Shandong	140.07	201.29	204.45	2	116.00	175.90	183.70	2
河　南	Henan	88.99	146.84	153.23	5	70.57	128.08	140.26	5
湖　北	Hubei	42.85	77.44	91.76	8	33.24	68.41	85.03	8
湖　南	Hunan	46.94	76.01	85.26	10	37.38	66.80	79.12	9
广　东	Guangdong	131.94	200.30	208.87	1	112.51	176.82	185.61	1
广　西	Guangxi	32.88	48.40	51.61	18	25.17	41.61	46.03	19
海　南	Hainan	8.90	11.78	12.54	29	6.97	10.23	11.25	28
重　庆	Chongqing	27.54	53.22	50.29	19	21.59	48.10	46.47	18
四　川	Sichuan	80.56	112.76	124.65	7	67.23	103.28	116.67	7
贵　州	Guizhou	25.25	47.35	49.87	20	19.47	39.26	45.35	20
云　南	Yunnan	48.49	65.45	66.95	12	37.47	55.83	60.45	12
西　藏	Tibet	2.39	4.34	4.33	31	1.60	2.93	2.78	31
陕　西	Shaanxi	47.42	63.75	62.52	13	37.97	57.18	58.08	13
甘　肃	Gansu	22.04	31.30	33.40	25	15.22	25.15	28.90	25
青　海	Qinghai	7.05	11.64	10.92	30	5.09	9.51	9.42	30
宁　夏	Ningxia	10.24	13.20	13.65	28	6.97	10.22	11.14	29
新　疆	Xinjiang	24.13	34.37	31.05	26	17.21	27.69	27.06	26

13-20 新注册民用汽车数量（二）
Statistics on New Registrations of Civil Vehicles (2)

单位：万辆 (10 000 units)

地区	Region	其中:载货汽车 Trucks 2010	2014	2015	2015排名 Ranking	其中：其他汽车 Others 2010	2014	2015	2015排名 Ranking
全　国	**National Total**	**263.76**	**254.23**	**204.33**		**10.37**	**14.28**	**7.14**	
北　京	Beijing	3.14	4.08	3.91	22	0.53	0.20	0.23	12
天　津	Tianjin	3.54	4.61	4.29	19	0.17	0.12	0.21	14
河　北	Hebei	2.34	21.29	15.91	3	0.05	0.46	0.39	6
山　西	Shanxi	10.05	6.15	5.07	15	0.26	0.18	0.12	26
内蒙古	Inner Mongolia	8.10	4.11	2.87	26	0.40	0.13	0.10	27
辽　宁	Liaoning	11.86	5.87	4.52	16	0.41	0.18	0.16	19
吉　林	Jilin	5.94	4.30	2.67	27	0.19	0.11	0.13	23
黑龙江	Heilongjiang	8.59	3.81	4.06	21	0.28	0.14	0.16	18
上　海	Shanghai	2.56	3.25	3.06	25	0.79	1.90	0.66	1
江　苏	Jiangsu	12.29	10.24	8.63	7	1.37	0.69	0.49	2
浙　江	Zhejiang	15.72	15.19	14.57	4	0.45	0.36	0.41	5
安　徽	Anhui	12.42	11.57	8.98	6	0.32	0.29	0.21	15
福　建	Fujian	8.21	7.98	5.79	12	0.17	0.17	0.13	24
江　西	Jiangxi	7.75	8.42	5.38	14	0.23	0.31	0.35	7
山　东	Shandong	23.51	24.81	20.28	2	0.56	0.58	0.47	3
河　南	Henan	17.97	14.21	12.64	5	0.45	4.54	0.34	8
湖　北	Hubei	9.25	8.58	6.40	9	0.36	0.44	0.33	9
湖　南	Hunan	9.34	8.77	5.90	11	0.22	0.44	0.24	11
广　东	Guangdong	18.87	23.05	22.80	1	0.55	0.43	0.45	4
广　西	Guangxi	7.51	6.62	5.43	13	0.20	0.18	0.15	21
海　南	Hainan	1.86	1.50	1.25	31	0.07	0.05	0.04	30
重　庆	Chongqing	5.62	4.74	3.69	24	0.33	0.37	0.13	25
四　川	Sichuan	12.94	9.20	7.76	8	0.39	0.28	0.22	13
贵　州	Guizhou	5.64	7.51	4.36	18	0.14	0.58	0.17	17
云　南	Yunnan	10.73	9.40	6.31	10	0.29	0.22	0.18	16
西　藏	Tibet	0.79	1.38	1.52	29	0.01	0.04	0.03	31
陕　西	Shaanxi	9.03	6.23	4.18	20	0.41	0.34	0.25	10
甘　肃	Gansu	6.62	5.97	4.36	17	0.20	0.18	0.14	22
青　海	Qinghai	1.86	2.06	1.44	30	0.10	0.07	0.06	28
宁　夏	Ningxia	3.13	2.91	2.45	28	0.13	0.06	0.05	29
新　疆	Xinjiang	6.59	6.41	3.84	23	0.33	0.26	0.15	20

13-21 机动车驾驶员数
Number of Motor Drivers

单位：万人 (10 000 persons)

地区	Region	机动车驾驶员数 Number of Motor Drivers				其中：汽车驾驶员 Automobile Drivers			
		2010	2014	2015	2015排名 Ranking	2010	2014	2015	2015排名 Ranking
全　国	**National Total**	**20068.47**	**29892.32**	**32853.05**		**15129.89**	**24812.07**	**28012.99**	
北　京	Beijing	625.30	907.71	977.59	16	607.24	889.07	973.55	11
天　津	Tianjin	252.00	366.12	389.25	27	245.42	254.48	388.58	26
河　北	Hebei	1058.89	1573.42	1746.31	7	952.95	1495.97	1680.15	5
山　西	Shanxi	455.92	682.59	763.92	18	417.01	661.41	745.80	16
内蒙古	Inner Mongolia	332.77	573.67	628.09	24	280.67	511.80	571.20	22
辽　宁	Liaoning	748.26	1048.31	1134.22	12	624.25	936.55	1054.22	9
吉　林	Jilin	461.41	591.83	651.55	22	360.77	517.19	583.44	21
黑龙江	Heilongjiang	455.96	654.47	725.67	19	407.12	610.99	685.31	19
上　海	Shanghai	448.48	625.63	650.67	23	412.56	602.57	631.09	20
江　苏	Jiangsu	1531.46	2191.96	2385.62	3	1045.89	1844.30	2072.50	3
浙　江	Zhejiang	1086.94	1583.05	1776.09	6	824.22	1422.09	1632.06	6
安　徽	Anhui	692.42	1007.53	1121.82	13	475.65	844.12	977.45	10
福　建	Fujian	692.10	981.19	1014.52	15	395.26	666.65	743.58	17
江　西	Jiangxi	695.35	1027.24	1137.39	11	391.19	692.41	822.18	13
山　东	Shandong	1579.00	2232.26	2467.52	2	1280.41	2083.99	2340.45	2
河　南	Henan	1243.31	1969.32	1996.80	4	958.96	1816.97	1813.99	4
湖　北	Hubei	795.49	1128.85	1284.95	8	555.54	886.45	1058.33	8
湖　南	Hunan	690.78	1106.64	1239.67	9	444.21	815.86	957.96	12
广　东	Guangdong	1956.02	2642.32	2874.75	1	1343.29	2120.21	2379.73	1
广　西	Guangxi	429.97	1130.66	1205.75	10	400.82	678.81	768.18	15
海　南	Hainan	138.72	199.38	204.98	28	86.37	135.47	145.16	29
重　庆	Chongqing	321.43	579.36	660.77	21	210.32	407.13	496.15	23
四　川	Sichuan	1137.66	1616.35	1791.39	5	767.82	1181.92	1362.60	7
贵　州	Guizhou	313.33	525.03	699.19	20	239.15	397.52	477.31	24
云　南	Yunnan	716.08	1010.93	1115.94	14	407.30	641.38	739.79	18
西　藏	Tibet	18.16	25.63	27.36	31	16.04	21.64	25.30	31
陕　西	Shaanxi	507.35	818.80	885.36	17	424.02	738.26	807.97	14
甘　肃	Gansu	200.66	352.27	489.56	26	172.59	319.32	381.06	27
青　海	Qinghai	81.77	130.14	131.91	30	62.64	99.08	113.04	30
宁　夏	Ningxia	90.42	155.12	175.70	29	76.39	132.44	152.83	28
新　疆	Xinjiang	311.07	454.54	498.75	25	243.82	386.01	432.07	25

13-22 交通事故情况（一）
Basic Statistics of Traffic Accidents (1)

地区	Region	道路交通事故发生数（起） Number of Traffic Accidents (case)				道路交通事故死亡人数（人） Number of Deaths (person)			
		2010	2014	2015	2015排名 Ranking	2010	2014	2015	2015排名 Ranking
全　国	**National Total**	**219521**	**196812**	**187781**		**65225**	**58523**	**58022**	
北　京	Beijing	4279	3196	2637	25	974	851	922	24
天　津	Tianjin	3165	5322	5358	12	950	828	826	26
河　北	Hebei	5959	5009	4852	16	2693	2499	2498	8
山　西	Shanxi	6962	5121	5099	14	2449	2080	2015	10
内蒙古	Inner Mongolia	4780	3406	3215	21	1375	1006	973	22
辽　宁	Liaoning	6781	5650	5150	13	2129	2012	1993	11
吉　林	Jilin	4438	2794	2779	24	1454	1323	1301	20
黑龙江	Heilongjiang	3466	3451	3276	20	1395	1153	1151	21
上　海	Shanghai	2176	1172	1070	28	1009	902	869	25
江　苏	Jiangsu	13793	13187	12999	5	5031	4668	4642	2
浙　江	Zhejiang	21698	17135	16270	2	5382	4403	4275	3
安　徽	Anhui	7901	16077	13770	3	2877	2647	2651	6
福　建	Fujian	12714	8684	7943	8	2822	1995	1890	12
江　西	Jiangxi	4126	2873	3058	23	1603	1389	1439	18
山　东	Shandong	14560	13570	13376	4	4268	3703	3652	4
河　南	Henan	7890	6355	6171	9	1825	1642	1776	15
湖　北	Hubei	6543	5271	4624	18	1944	1772	1695	16
湖　南	Hunan	8413	8542	9044	6	2162	1794	1792	14
广　东	Guangdong	30370	26445	24676	1	6203	5491	5562	1
广　西	Guangxi	4351	3942	3978	19	2342	2154	2099	9
海　南	Hainan	1488	2058	2103	26	471	576	629	28
重　庆	Chongqing	5908	5220	4829	17	1017	970	969	23
四　川	Sichuan	13072	9193	8571	7	2931	2664	2640	7
贵　州	Guizhou	1764	1145	1035	30	1136	795	741	27
云　南	Yunnan	4739	5725	5375	11	1886	3053	3036	5
西　藏	Tibet	781	388	334	31	409	247	168	31
陕　西	Shaanxi	6004	5055	5406	10	1944	1655	1615	17
甘　肃	Gansu	3090	3035	3063	22	1506	1430	1396	19
青　海	Qinghai	1206	1029	1036	29	573	532	531	29
宁　夏	Ningxia	1806	1752	1692	27	442	393	395	30
新　疆	Xinjiang	5298	5010	4992	15	2023	1896	1881	13

13-23 交通事故情况（二）
Basic Statistics of Traffic Accidents (2)

地区	Region	道路交通事故受伤人数（人） Number of Injuries (person)				道路交通事故直接经济损失（万元） Direct Property Losses (10 000 yuan)			
		2010	2014	2015	2015排名 Ranking	2010	2014	2015	2015排名 Ranking
全　国	**National Total**	**254075**	**211882**	**199880**		**92633.5**	**107542.9**	**103691.7**	
北　京	Beijing	4857	3333	2617	26	2431.3	3064.7	2088.4	20
天　津	Tianjin	3671	6171	5954	11	1987.1	4256.3	3925.5	11
河　北	Hebei	5785	4533	4319	18	3890.8	4947.9	3995.3	10
山　西	Shanxi	8200	5422	5495	14	3593.7	2952.2	3646.8	14
内蒙古	Inner Mongolia	5202	3236	3121	23	2359.8	1491.9	1587.2	23
辽　宁	Liaoning	6428	5404	4774	16	3124.9	2623.6	1914.2	21
吉　林	Jilin	5178	2694	2697	25	2666.1	3448.5	3188.1	17
黑龙江	Heilongjiang	3740	3600	3442	21	2456.6	4069.3	3824.6	12
上　海	Shanghai	1862	624	454	30	956.6	462.9	469.6	30
江　苏	Jiangsu	13234	12101	11698	5	4951.1	6328	6680.4	3
浙　江	Zhejiang	23589	17219	16157	2	9047.2	6655.3	6355.4	4
安　徽	Anhui	9596	18199	15382	3	2417.7	6733.9	6176.4	6
福　建	Fujian	15430	9817	8737	8	4839.2	3756.2	2703.9	18
江　西	Jiangxi	4938	2901	3136	22	4184.0	4010.6	5120.3	9
山　东	Shandong	14611	12815	13002	4	5261.2	4927.6	5276.8	7
河　南	Henan	8710	6459	6129	10	3186.8	3360.9	3524.4	15
湖　北	Hubei	7884	5471	4638	17	3436.5	5072.4	5174.9	8
湖　南	Hunan	11621	11134	11615	6	4104.4	7012.1	7253.7	1
广　东	Guangdong	36518	30219	27754	1	8048.8	7200.1	6783.4	2
广　西	Guangxi	5375	3902	4009	19	1678.4	1694.9	2145.2	19
海　南	Hainan	2205	2872	2903	24	552.6	1457.1	1123.1	27
重　庆	Chongqing	8728	7281	6577	9	1225.9	1531.1	1844.7	22
四　川	Sichuan	16980	11026	10188	7	5398.5	7320.4	6317.4	5
贵　州	Guizhou	2906	1412	1150	29	1296.0	1282.5	1197	26
云　南	Yunnan	5900	6351	5914	12	2530.2	3460.9	3414	16
西　藏	Tibet	969	508	435	31	620.4	509.1	301.6	31
陕　西	Shaanxi	6144	4609	5137	15	3319.8	3652.4	3741.9	13
甘　肃	Gansu	3728	3569	3553	20	1116.2	1290.9	1236.3	25
青　海	Qinghai	1494	1209	1183	28	390.4	884.8	614.2	29
宁　夏	Ningxia	2564	2026	1963	27	658.0	856	803.6	28
新　疆	Xinjiang	6028	5765	5747	13	903.3	1228.3	1263.4	24

13-24 邮政业网点和邮电业务总量

Number of Postal Offices and Business Volume of Postal and Telecommunication Services

地区	Region	邮政业营业网点（处）Number of Postal Offices (unit)				邮电业务总量（亿元）Business Volume of Postal and Telecommunication Services (100 million yuan)			
		2010	2014	2015	2015排名 Ranking	2010	2014	2015	2015排名 Ranking
全 国	**National Total**	**75739**	**137562**	**188637**		**31978.48**	**21834.41**	**28425.02**	
北 京	Beijing	2205	4129	6121	12	1227.34	889.89	1181.88	7
天 津	Tianjin	749	1386	1831	27	433.30	243.61	321.05	27
河 北	Hebei	2353	4339	5663	14	1351.63	825.53	997.93	10
山 西	Shanxi	1502	4100	5906	13	735.93	431.13	515.93	20
内蒙古	Inner Mongolia	1733	2981	3562	26	601.37	336.04	400.30	24
辽 宁	Liaoning	2172	3846	5301	15	1171.63	647.29	804.47	14
吉 林	Jilin	1302	2369	4081	22	613.17	328.20	387.26	25
黑龙江	Heilongjiang	1974	3156	4348	21	745.58	430.47	511.44	22
上 海	Shanghai	4210	4480	7796	7	1275.24	906.01	1164.51	8
江 苏	Jiangsu	4808	11861	10898	4	2328.76	1680.33	2316.49	3
浙 江	Zhejiang	3734	7499	11959	3	2101.84	1682.62	2424.55	2
安 徽	Anhui	2309	4008	7229	10	887.55	630.02	823.46	13
福 建	Fujian	2256	4341	6467	11	1214.39	856.93	1077.84	9
江 西	Jiangxi	2046	3852	4724	20	692.00	445.81	620.07	18
山 东	Shandong	4206	6498	8605	6	1960.68	1212.65	1474.59	4
河 南	Henan	3908	6526	7434	8	1473.45	1011.06	1328.15	5
湖 北	Hubei	2422	5581	9198	5	1039.03	719.09	965.75	11
湖 南	Hunan	3095	5190	7249	9	1057.99	744.88	906.66	12
广 东	Guangdong	8526	14476	22018	1	4553.38	3353.35	4378.78	1
广 西	Guangxi	1739	3419	4849	17	821.89	502.10	651.53	17
海 南	Hainan	488	1109	1516	28	224.66	139.43	183.92	28
重 庆	Chongqing	3016	3623	3725	24	581.30	417.90	554.56	19
四 川	Sichuan	5286	10767	13220	2	1450.69	1026.97	1297.59	6
贵 州	Guizhou	1796	3461	4982	16	512.47	381.67	515.16	21
云 南	Yunnan	2235	3638	4802	18	773.04	566.85	792.58	15
西 藏	Tibet	302	406	888	30	64.34	47.83	56.38	31
陕 西	Shaanxi	1934	3548	4801	19	857.24	566.60	760.97	16
甘 肃	Gansu	1282	2708	4016	23	423.15	277.52	365.61	26
青 海	Qinghai	226	708	877	31	114.30	80.75	105.38	30
宁 夏	Ningxia	462	808	1004	29	135.20	102.63	135.42	29
新 疆	Xinjiang	1463	2749	3567	25	555.95	349.26	404.80	23

注：邮电业务总量2010年数据按2000年不变价格计算；从2001年开始按2010年不变价格计算，按可比价格比上年增长16.3%(下表同)。

Note: The business volume of postal and telecommunication services before 2010 was calculated at 2000 constant prices and that from 2001 to 2010 was calculated at 2000 constant prices. The rate of increase at constant prices in 2010 was 16.3%. The same applies to the table followed.

13-25 邮政业务总量和电信业务总量

Business Volume of Postal Services and Business Volume of Telecommunication Services

单位：亿元 (100 million yuan)

地区	Region	邮政业务总量 Business Volume of Postal Services				电信业务总量 Business Volume of Telecommunication Services			
		2010	2014	2015	2015排名 Ranking	2010	2014	2015	2015排名 Ranking
全 国	**National Total**	**1985.30**	**3696.08**	**5078.72**		**29993.18**	**18138.33**	**23346.30**	
北 京	Beijing	107.34	203.22	258.52	5	1120.00	686.67	923.36	7
天 津	Tianjin	33.84	36.08	60.05	18	399.46	207.53	261.00	27
河 北	Hebei	58.12	97.44	131.47	11	1293.51	728.09	866.46	8
山 西	Shanxi	39.24	36.56	43.13	21	696.69	394.57	472.80	21
内蒙古	Inner Mongolia	16.62	19.47	23.23	25	584.75	316.57	377.07	24
辽 宁	Liaoning	58.41	59.49	75.07	14	1113.22	587.80	729.40	14
吉 林	Jilin	25.77	30.66	36.13	22	587.40	297.54	351.13	25
黑龙江	Heilongjiang	47.71	44.55	52.15	19	697.87	385.92	459.29	22
上 海	Shanghai	176.45	310.53	385.75	4	1098.79	595.48	778.76	12
江 苏	Jiangsu	188.34	359.00	516.02	3	2140.42	1321.33	1800.47	2
浙 江	Zhejiang	154.07	538.75	811.01	2	1947.77	1143.87	1613.54	3
安 徽	Anhui	45.93	80.84	116.19	12	841.62	549.18	707.27	15
福 建	Fujian	69.06	162.67	217.23	6	1145.33	694.26	860.61	9
江 西	Jiangxi	36.85	51.43	69.70	15	655.15	394.38	550.37	18
山 东	Shandong	104.82	145.81	205.53	7	1855.86	1066.84	1269.06	4
河 南	Henan	89.80	116.54	163.78	8	1383.65	894.52	1164.37	5
湖 北	Hubei	55.71	98.66	137.41	10	983.32	620.43	828.34	10
湖 南	Hunan	49.05	81.21	104.15	13	1008.94	663.67	802.51	11
广 东	Guangdong	378.00	859.81	1228.75	1	4175.38	2493.54	3150.03	1
广 西	Guangxi	28.58	36.23	43.64	20	793.31	465.87	607.89	17
海 南	Hainan	9.90	10.68	12.61	28	214.76	128.75	171.31	28
重 庆	Chongqing	30.72	47.02	61.01	17	550.58	370.88	493.55	19
四 川	Sichuan	69.99	117.38	138.57	9	1380.70	909.59	1159.02	6
贵 州	Guizhou	15.50	27.75	33.77	24	496.97	353.92	481.39	20
云 南	Yunnan	18.91	27.95	35.30	23	754.13	538.90	757.28	13
西 藏	Tibet	1.88	2.40	2.59	31	62.46	45.43	53.79	31
陕 西	Shaanxi	37.42	45.94	61.48	16	819.82	520.66	699.49	16
甘 肃	Gansu	11.32	13.51	16.32	27	411.83	264.01	349.29	26
青 海	Qinghai	3.23	3.54	3.73	30	111.07	77.21	101.65	30
宁 夏	Ningxia	4.10	10.74	12.19	29	131.10	91.89	123.23	29
新 疆	Xinjiang	18.63	20.23	22.25	26	537.32	329.03	382.55	23

13-26 函件和包裹量
Number of Letters and Package

单位：万件 (10 000 pcs)

地区	Region	函件 Letters 2010	2014	2015	2015排名 Ranking	包裹 Package 2010	2014	2015	2015排名 Ranking
全 国	**National Total**	**740140.95**	**560955.67**	**458142.16**		**6642.5**	**6024.15**	**4243.38**	
北 京	Beijing	67664.75	66090.92	61244.42	3	636.9	499.78	383.58	1
天 津	Tianjin	10552.84	7794.38	5583.42	15	109.5	130.60	94.19	19
河 北	Hebei	24335.03	25605.08	14318.50	7	358.1	300.12	214.85	7
山 西	Shanxi	7732.14	3565.67	3891.82	18	120.6	98.01	61.68	25
内蒙古	Inner Mongolia	3370.33	1638.51	1454.60	27	103.9	103.21	56.07	26
辽 宁	Liaoning	8462.87	10423.17	6864.80	11	223.5	203.90	160.09	11
吉 林	Jilin	9319.05	3033.90	1923.40	25	116.0	130.43	94.76	18
黑龙江	Heilongjiang	9305.08	6842.09	4608.32	16	237.6	208.52	121.10	14
上 海	Shanghai	116600.85	110282.51	100618.21	1	536.0	408.52	341.30	2
江 苏	Jiangsu	93600.21	62633.87	48768.96	4	406.4	326.98	220.30	6
浙 江	Zhejiang	84856.82	59208.19	45207.81	5	438.0	429.17	280.86	4
安 徽	Anhui	21121.49	11804.52	8392.00	10	150.9	126.68	91.91	20
福 建	Fujian	25198.77	18030.02	12923.01	8	177.0	154.10	107.03	15
江 西	Jiangxi	17970.89	4770.84	3632.04	20	122.5	103.91	83.44	22
山 东	Shandong	53951.02	29232.68	19491.60	6	349.2	338.32	253.52	5
河 南	Henan	24704.64	15828.18	12010.51	9	253.1	263.85	198.22	8
湖 北	Hubei	9929.77	6675.00	6757.44	12	210.9	141.57	105.81	16
湖 南	Hunan	8357.61	4534.94	4553.72	17	167.3	235.75	89.24	21
广 东	Guangdong	76311.89	69168.06	64546.63	2	659.7	529.61	311.48	3
广 西	Guangxi	7210.26	4993.74	3602.54	21	126.2	117.30	95.91	17
海 南	Hainan	1224.54	739.75	541.92	29	40.6	38.87	28.25	28
重 庆	Chongqing	5423.35	4699.87	3118.98	22	101.6	107.21	80.63	23
四 川	Sichuan	22545.65	10509.65	6335.02	14	240.1	230.79	169.81	9
贵 州	Guizhou	5938.83	3809.38	3795.23	19	59.4	57.26	37.51	27
云 南	Yunnan	5498.61	9549.73	6664.71	13	135.4	162.80	135.87	13
西 藏	Tibet	291.02	391.39	215.99	31	36.6	41.56	21.94	29
陕 西	Shaanxi	9733.73	3309.55	2499.41	23	199.1	160.03	136.32	12
甘 肃	Gansu	3802.33	2664.10	1582.42	26	89.7	89.61	67.55	24
青 海	Qinghai	471.51	404.78	370.80	30	34.6	40.89	19.39	30
宁 夏	Ningxia	1730.89	813.97	574.80	28	28.6	27.42	16.51	31
新 疆	Xinjiang	2924.22	1907.83	2049.13	24	173.6	217.43	164.26	10

13-27 报刊期发数和快递业务量

Issue of Newspapers and Magazines and Pieces of Express Mail Services

地区	Region	报刊期发数（万份） Issue of Newspapers and Magazines （10 000 copies）				快递业务量（万件） Pieces of Express Mail Services （10 000 pcs）			
		2010	2014	2015	2015排名 Ranking	2010	2014	2015	2015排名 Ranking
全　国	**National Total**	**17158.3**	**14936.8**	**15539.5**		**233892.0**	**1395925.3**	**2066636.8**	
北　京	Beijing	726.6	564.7	514.4	13	18002.5	111011.9	141447.3	5
天　津	Tianjin	210.4	169.4	160.4	27	3670.1	12404.2	25624.4	14
河　北	Hebei	509.1	785.8	1179.3	2	4573.7	34019.1	54911.9	8
山　西	Shanxi	345.4	393.4	352.0	18	1479.3	9130.4	11477.3	21
内蒙古	Inner Mongolia	190.5	261.8	384.1	16	1432.1	4363.6	5410.1	26
辽　宁	Liaoning	383.7	385.8	405.1	14	4585.6	16656.4	24674.1	15
吉　林	Jilin	185.1	196.9	186.7	26	1855.0	6640.2	9017.0	23
黑龙江	Heilongjiang	367.7	312.3	297.3	23	2308.2	7014.5	12636.8	19
上　海	Shanghai	980.4	810.8	774.0	7	24318.9	128366.1	170778.0	4
江　苏	Jiangsu	1091.6	1192.1	1104.1	3	23796.5	148435.2	229047.7	3
浙　江	Zhejiang	1050.1	1141.4	1034.2	4	24898.2	245744.8	383145.9	2
安　徽	Anhui	602.2	688.5	597.0	10	3604.2	23859.1	39935.6	12
福　建	Fujian	503.3	538.8	1198.1	1	10069.0	65417.3	88786.2	6
江　西	Jiangxi	361.1	346.9	346.5	20	2350.5	15993.6	23471.8	16
山　东	Shandong	1618.0	975.7	943.2	6	11783.5	44685.0	73424.9	7
河　南	Henan	802.8	1028.5	980.4	5	5765.0	29484.0	51449.7	9
湖　北	Hubei	556.2	725.0	586.8	11	5476.6	33143.8	50847.3	10
湖　南	Hunan	717.9	513.2	536.0	12	4227.7	22716.2	31786.4	13
广　东	Guangdong	1904.6	772.6	763.4	8	59107.5	335555.9	501335.2	1
广　西	Guangxi	360.2	372.5	396.7	15	2277.9	9055.4	12540.9	20
海　南	Hainan	83.9	107.0	102.4	28	681.2	2248.6	2953.0	28
重　庆	Chongqing	1132.7	311.3	341.6	21	2829.4	13886.3	20525.4	17
四　川	Sichuan	577.3	659.6	697.8	9	5810.6	37941.8	48796.6	11
贵　州	Guizhou	195.6	290.1	252.7	24	1120.9	4669.1	7034.3	25
云　南	Yunnan	300.8	298.5	327.7	22	2108.5	8546.1	11109.1	22
西　藏	Tibet	41.9	48.3	51.5	30	195.3	484.3	578.2	31
陕　西	Shaanxi	517.2	367.1	378.9	17	2582.5	13762.3	20351.0	18
甘　肃	Gansu	210.1	210.3	189.8	25	1012.9	2655.6	3541.4	27
青　海	Qinghai	47.3	47.8	50.7	31	162.7	579.8	716.6	30
宁　夏	Ningxia	277.8	62.8	57.3	29	474.9	1514.1	2231.9	29
新　疆	Xinjiang	306.7	357.6	349.6	19	1331.1	5940.5	7050.7	24

13-28 邮路总长度和农村投递路线长度
Length of Postal Routes and Rural Delivery Routes

单位：公里 (km)

地区	Region	邮路总长度 Length of Postal Routes 2010	2014	2015	2015排名 Ranking	农村投递路线长度 Rural Delivery Routes 2010	2014	2015	2015排名 Ranking
全　国	**National Total**	**4635569**	**6305556**	**6376429**		**3690561**	**3775875**	**3756043**	
北　京	Beijing	342767	425591	273171	6	17373	19771	19429	30
天　津	Tianjin	75097	133348	110688	23	16872	19382	20311	29
河　北	Hebei	113496	169077	170096	18	200437	192081	180440	9
山　西	Shanxi	92499	55370	93321	26	113916	123081	102496	19
内蒙古	Inner Mongolia	92391	199086	222550	12	114545	115219	114098	15
辽　宁	Liaoning	198335	295151	277348	5	95582	116326	112625	16
吉　林	Jilin	84349	127662	92147	27	95524	96668	95231	20
黑龙江	Heilongjiang	101025	163633	160630	20	115499	120421	123120	14
上　海	Shanghai	137618	207970	242349	11	23554	22755	22992	28
江　苏	Jiangsu	223253	383630	405531	3	261298	259663	260729	2
浙　江	Zhejiang	234673	501588	618999	1	179456	182704	181748	7
安　徽	Anhui	84200	134963	150960	22	150902	151640	148849	12
福　建	Fujian	218405	192848	203778	14	89432	93057	92262	21
江　西	Jiangxi	98020	85252	86390	29	97950	99595	90019	22
山　东	Shandong	252049	322284	369063	4	271512	269973	266895	1
河　南	Henan	142133	157955	158490	21	193690	199992	194476	6
湖　北	Hubei	243416	161205	163136	19	194656	207494	205502	5
湖　南	Hunan	134386	172200	183302	17	199222	212111	214428	4
广　东	Guangdong	550662	705444	413740	2	214877	224371	229473	3
广　西	Guangxi	159853	234766	251304	10	112713	113702	104185	17
海　南	Hainan	62316	92629	96833	25	22155	28330	28895	27
重　庆	Chongqing	108976	149337	191486	16	63126	58016	54061	24
四　川	Sichuan	185703	251631	255526	9	176657	177035	181600	8
贵　州	Guizhou	96174	99562	99684	24	58872	67892	66344	23
云　南	Yunnan	145715	253942	269144	7	159623	165029	170368	10
西　藏	Tibet	20085	53144	56211	30	117612	104314	103768	18
陕　西	Shaanxi	151470	64780	208078	13	134262	125548	124903	13
甘　肃	Gansu	87997	183221	192349	15	110385	133743	148872	11
青　海	Qinghai	30065	83865	87978	28	10451	6770	34993	26
宁　夏	Ningxia	34074	12208	12541	31	14290	11370	9805	31
新　疆	Xinjiang	134367	232215	259607	8	64120	57822	53126	25

13-29 城市固定电话用户
Urban Fixed Telephone Subscribers

单位:万户 (10 000 subscribers)

地区	Region	城市固定电话用户 Urban Fixed Telephone Subscribers 2010	2014	2015	2015排名 Ranking	其中：住宅电话用户 Household Fixed Telephone Subscribers 2010	2014	2015	2015排名 Ranking
全　国	**National Total**	**19658.1**	**17627.9**	**17320.8**		**11973.4**	**9896.1**	**9240.8**	
北　京	Beijing	696.4	713.4	638.0	10	416.7	373.1	323.4	9
天　津	Tianjin	363.0	351.0	340.7	22	259.4	209.7	171.4	22
河　北	Hebei	811.8	807.5	766.7	8	541.8	545.2	500.9	5
山　西	Shanxi	488.0	462.1	354.2	21	374.5	267.9	183.9	20
内蒙古	Inner Mongolia	353.8	296.7	277.6	25	237.8	173.6	141.3	25
辽　宁	Liaoning	985.8	671.5	906.5	5	779.5	541.1	643.3	2
吉　林	Jilin	433.1	507.5	448.6	17	299.8	291.7	278.1	18
黑龙江	Heilongjiang	620.4	514.8	503.8	16	464.1	451.6	404.7	8
上　海	Shanghai	920.1	830.1	797.3	6	574.5	483.3	456.8	7
江　苏	Jiangsu	1527.8	1222.9	1218.0	2	861.9	610.0	552.9	4
浙　江	Zhejiang	1200.0	1128.5	1095.6	3	584.3	483.1	457.2	6
安　徽	Anhui	612.9	532.2	505.3	15	366.5	315.6	282.9	17
福　建	Fujian	661.2	516.8	563.9	12	353.9	268.8	284.8	16
江　西	Jiangxi	439.7	354.1	363.8	20	235.6	189.0	183.6	21
山　东	Shandong	1162.6	816.0	774.1	7	720.2	432.8	323.0	10
河　南	Henan	926.5	736.6	679.5	9	688.7	355.7	302.6	12
湖　北	Hubei	670.7	613.0	632.5	11	388.7	328.0	322.5	11
湖　南	Hunan	735.2	582.4	559.2	13	417.4	329.3	296.7	14
广　东	Guangdong	2236.1	2166.5	2131.3	1	1187.2	1047.6	984.0	1
广　西	Guangxi	430.3	336.9	312.0	23	243.4	146.7	130.0	27
海　南	Hainan	124.9	119.9	122.5	28	66.5	66.1	66.4	28
重　庆	Chongqing	376.4	437.8	431.2	18	247.7	294.7	297.2	13
四　川	Sichuan	895.4	917.4	939.1	4	551.4	569.3	601.9	3
贵　州	Guizhou	246.8	261.4	249.6	27	149.3	159.9	149.2	23
云　南	Yunnan	357.7	312.3	294.1	24	193.7	160.8	137.6	26
西　藏	Tibet	41.9	325.8	34.7	31	22.2	21.5	22.3	31
陕　西	Shaanxi	519.6	165.1	558.0	14	270.6	302.8	292.3	15
甘　肃	Gansu	265.4	472.9	261.9	26	145.8	137.8	143.2	24
青　海	Qinghai	80.8	224.8	91.5	29	48.8	46.1	48.0	29
宁　夏	Ningxia	77.9	85.6	73.8	30	44.2	54.4	37.2	30
新　疆	Xinjiang	395.9	144.5	395.8	19	237.3	223.5	221.4	19

13-30 农村固定电话用户
Rural Fixed Telephone Subscribers

单位：万户 (10 000 subscribers)

地区	Region	农村固定电话用户 Rural Fixed Telephone Subscribers				其中：住宅电话用户 Household Fixed Telephone Subscribers			
		2010	2014	2015	2015排名 Ranking	2010	2014	2015	2015排名 Ranking
全　国	**National Total**	**9776.1**	**7315.1**	**5778.9**		**8325.0**	**5769.2**	**4659.0**	
北　京	Beijing	189.3	160.2	146.7	14	151.8	127.9	111.6	16
天　津	Tianjin	3.8	10.1	3.1	29	0.6	0.9	0.8	29
河　北	Hebei	439.5	263.8	211.5	11	391.7	233.3	177.4	12
山　西	Shanxi	232.6	128.5	90.4	21	208.7	90.6	62.8	21
内蒙古	Inner Mongolia	60.3	60.6	47.0	26	52.3	46.4	37.7	26
辽　宁	Liaoning	442.2	408.5	129.8	15	429.8	392.2	116.9	14
吉　林	Jilin	162.2	141.5	123.7	18	150.9	115.2	94.4	18
黑龙江	Heilongjiang	193.1	102.8	92.2	20	177.1	100.9	88.6	19
上　海	Shanghai	11.7	10.1						
江　苏	Jiangsu	971.0	910.7	755.0	1	809.9	715.0	606.1	1
浙　江	Zhejiang	785.5	513.4	375.4	4	588.8	346.7	272.2	4
安　徽	Anhui	618.1	307.6	234.1	9	561.7	255.5	197.9	9
福　建	Fujian	384.5	416.5	324.7	7	312.7	292.3	237.6	7
江　西	Jiangxi	269.9	223.3	204.6	12	233.9	187.7	182.4	11
山　东	Shandong	829.6	528.2	343.9	5	746.9	439.9	254.9	5
河　南	Henan	500.4	437.1	330.1	6	424.4	337.6	253.6	6
湖　北	Hubei	355.7	294.4	240.0	8	315.0	240.4	209.6	8
湖　南	Hunan	341.7	261.7	227.8	10	280.4	212.1	196.1	10
广　东	Guangdong	933.1	784.0	675.8	2	695.6	555.2	514.0	2
广　西	Guangxi	278.6	163.0	127.7	17	250.3	133.7	109.7	17
海　南	Hainan	54.9	50.1	48.5	25	43.6	36.6	38.1	25
重　庆	Chongqing	206.3	141.8	128.3	16	186.3	121.5	115.2	15
四　川	Sichuan	523.6	376.8	414.4	3	467.5	317.7	368.2	3
贵　州	Guizhou	184.4	77.8	62.9	24	166.8	63.6	56.3	23
云　南	Yunnan	204.8	117.5	83.4	22	164.7	80.1	61.2	22
西　藏	Tibet	2.0	121.1	0.2	30	0.8	0.4	0.2	30
陕　西	Shaanxi	262.3	2.6	165.2	13	227.9	154.1	140.2	13
甘　肃	Gansu	146.5	193.4	64.1	23	126.0	60.3	54.9	24
青　海	Qinghai	22.4	79.9	12.7	27	19.9	10.7	10.5	27
宁　夏	Ningxia	34.0	13.8	10.6	28	29.8	10.7	8.0	28
新　疆	Xinjiang	132.1	14.7	105.4	19	109.2	90.3	82.2	20

13-31 移动电话用户和移动短信业务量
Number of Mobile Telephone Subscribers and Short Message Services

地区	Region	移动电话用户（万户） Number of Mobile Telephone Subscribers (10 000 subscribers)				移动短信业务量（亿条） Short Message Services (100 milloin messages)			
		2010	2014	2015	2015排名 Ranking	2010	2014	2015	2015排名 Ranking
全　国	**National Total**	**85900.3**	**128609.3**	**127139.7**		**8277.5**	**7674.2**	**6991.8**	
北　京	Beijing	2129.8	4076.4	3944.4	13	369.6	453.4	517.2	4
天　津	Tianjin	1089.8	1351.8	1369.7	27	124.9	62.1	47.4	27
河　北	Hebei	4353.6	6229.1	6135.6	7	352.5	267.0	220.5	9
山　西	Shanxi	2205.2	3332.3	3241.4	18	219.8	253.5	197.2	12
内蒙古	Inner Mongolia	2034.0	2634.6	2377.1	24	181.9	128.3	106.1	22
辽　宁	Liaoning	3341.8	4535.6	4289.8	10	257.9	178.3	141.2	19
吉　林	Jilin	1805.4	2612.3	2511.5	23	177.5	127.7	101.6	24
黑龙江	Heilongjiang	2072.0	3457.8	3329.8	17	177.6	101.0	76.5	26
上　海	Shanghai	2361.6	3292.7	3132.4	19	369.0	222.6	211.9	11
江　苏	Jiangsu	5923.1	8070.4	7993.1	3	680.8	524.6	512.0	5
浙　江	Zhejiang	5047.4	7370.6	7283.7	5	621.6	770.9	731.4	2
安　徽	Anhui	2798.7	4215.9	4188.3	11	317.2	219.3	177.4	16
福　建	Fujian	3021.8	4276.7	4154.0	12	306.6	544.8	614.7	3
江　西	Jiangxi	1811.3	2938.5	3030.4	20	160.5	133.4	122.8	20
山　东	Shandong	6190.4	8664.1	9088.8	2	447.8	413.3	380.1	6
河　南	Henan	4402.0	7712.9	7537.4	4	317.2	251.4	212.0	10
湖　北	Hubei	3454.7	4606.8	4530.5	9	253.5	194.9	160.3	17
湖　南	Hunan	3257.0	4726.1	4692.0	8	251.9	243.7	229.5	8
广　东	Guangdong	9624.6	14943.4	14479.7	1	931.5	880.5	821.5	1
广　西	Guangxi	2214.5	3553.8	3594.9	15	188.2	172.9	145.3	18
海　南	Hainan	594.3	907.4	894.1	28	49.5	49.9	46.6	28
重　庆	Chongqing	1664.4	2589.9	2737.7	22	128.7	120.3	104.3	23
四　川	Sichuan	4156.4	6608.5	6798.3	6	406.4	327.5	271.0	7
贵　州	Guizhou	1800.6	2885.3	2941.5	21	120.8	123.5	116.7	21
云　南	Yunnan	2244.5	3748.5	3740.1	14	270.0	356.1	187.2	14
西　藏	Tibet	157.6	291.8	268.7	31	15.8	18.7	17.6	31
陕　西	Shaanxi	2518.2	3607.2	3567.1	16	230.2	197.8	184.5	15
甘　肃	Gansu	1390.1	2058.6	2105.3	25	180.7	184.9	190.1	13
青　海	Qinghai	397.8	544.0	517.1	30	27.5	29.0	24.5	30
宁　夏	Ningxia	437.3	688.3	636.6	29	44.1	43.0	37.7	29
新　疆	Xinjiang	1359.9	2077.4	2028.4	26	96.4	79.8	85.1	25

13-32 互联网宽带接入用户和上网人数

Broadband Subscribers of Internet and Number of Internet Users

地区	Region	互联网宽带接入用户（万户） Broadband Subscribers of Internet (10 000 subscribers)				互联网上网人数（万人） Number of Internet Users (10 000 persons)			
		2010	2014	2015	2015排名 Ranking	2010	2014	2015	2015排名 Ranking
全　国	**National Total**	**12629.1**	**20048.3**	**25946.6**		**45730**	**64875**	**68826**	
北　京	Beijing	498.4	482.4	491.9	21	1218	1593	1647	20
天　津	Tianjin	173.0	208.8	249.8	27	648	904	956	27
河　北	Hebei	667.0	1127.6	1317.2	7	2197	3603	3731	4
山　西	Shanxi	353.1	571.1	723.9	13	1250	1838	1975	14
内蒙古	Inner Mongolia	190.5	316.8	365.7	25	747	1142	1259	25
辽　宁	Liaoning	595.6	772.1	860.5	12	1916	2580	2731	8
吉　林	Jilin	285.1	414.9	427.3	22	882	1243	1313	23
黑龙江	Heilongjiang	326.1	484.6	519.5	20	1127	1599	1707	19
上　海	Shanghai	486.7	532.2	568.8	18	1239	1716	1773	16
江　苏	Jiangsu	1048.4	1523.4	2346.3	2	3306	4274	4416	3
浙　江	Zhejiang	869.5	1276.1	1906.8	4	2786	3458	3596	6
安　徽	Anhui	341.9	563.8	913.3	10	1392	2225	2395	12
福　建	Fujian	471.6	899.2	1044.8	8	1848	2471	2648	11
江　西	Jiangxi	253.4	434.2	710.9	15	950	1543	1759	18
山　东	Shandong	966.9	1523.9	1980.8	3	3332	4634	4789	2
河　南	Henan	642.5	1087.9	1489.0	5	2417	3474	3703	5
湖　北	Hubei	459.4	869.7	1014.4	9	1902	2625	2723	9
湖　南	Hunan	374.5	744.9	910.5	11	1747	2579	2685	10
广　东	Guangdong	1400.0	2174.1	2682.7	1	5324	7286	7768	1
广　西	Guangxi	330.1	592.4	715.8	14	1226	1848	2033	13
海　南	Hainan	67.6	120.3	149.5	28	303	421	466	28
重　庆	Chongqing	263.1	475.4	602.7	17	990	1357	1445	21
四　川	Sichuan	521.8	883.1	1424.0	6	1998	3022	3260	7
贵　州	Guizhou	149.7	310.9	386.8	24	751	1222	1346	22
云　南	Yunnan	224.1	424.9	537.3	19	1021	1643	1761	17
西　藏	Tibet	10.4	22.1	29.6	31	81	123	142	31
陕　西	Shaanxi	308.3	552.4	689.9	16	1295	1745	1886	15
甘　肃	Gansu	112.2	213.9	302.7	26	655	951	1005	26
青　海	Qinghai	34.9	61.4	82.3	30	188	289	318	30
宁　夏	Ningxia	43.0	78.2	92.5	29	175	295	326	29
新　疆	Xinjiang	160.4	305.7	409.5	23	819	1139	1262	24

13-33 固定长途电话交换机容量和移动电话交换机容量

Capacity of Long-distance Telephone Exchanges and Capacity of Mobile Telephone Exchanges

地区	Region	固定长途电话交换机容量（万路端） Capacity of Long-distance Telephone Exchanges (10 000 circuit)				移动电话交换机容量（万户） Capacity of Mobile Telephone Exchanges (10 000 subscribers)			
		2010	2014	2015	2015排名 Ranking	2010	2014	2015	2015排名 Ranking
全　国	**National Total**	**1641.46**	**982.91**	**811.08**		**150284.9**	**205024.9**	**218150.0**	
北　京	Beijing	55.08	56.57	51.47	4	4134.0	4910.0	5102.0	19
天　津	Tianjin	13.72	11.78	11.78	21	1910.0	2355.0	2435.0	27
河　北	Hebei	34.30	31.82	26.95	14	8080.0	11550.7	11781.7	5
山　西	Shanxi	32.21	30.24	30.24	12	3772.5	5021.2	5021.2	20
内蒙古	Inner Mongolia	20.25	21.20	12.79	20	3565.4	5885.3	6257.3	15
辽　宁	Liaoning	43.32	48.57	48.57	5	5425.0	6406.2	13111.2	3
吉　林	Jilin	28.67	8.62	8.63	24	3340.0	3895.0	3731.0	25
黑龙江	Heilongjiang	48.91	36.00	36.00	9	4493.1	7185.2	7318.7	12
上　海	Shanghai	73.04	71.63	71.63	2	3995.0	4228.0	4424.0	22
江　苏	Jiangsu	109.67	37.56	37.56	7	8795.1	10473.1	10633.1	8
浙　江	Zhejiang	93.23	85.15	85.15	1	8666.2	11141.2	11423.7	7
安　徽	Anhui	71.67	14.41	14.41	19	6058.6	7561.9	8407.8	10
福　建	Fujian	65.03	9.51	9.51	22	6282.2	7895.0	8203.6	11
江　西	Jiangxi	55.48	20.75	20.75	15	3333.0	4085.9	4085.9	23
山　东	Shandong	45.66	40.08	31.25	11	10477.7	11824.4	11970.4	4
河　南	Henan	150.75	133.74	32.90	10	7948.0	11097.0	11713.0	6
湖　北	Hubei	49.28	17.00	17.00	18	5862.7	8255.8	8753.3	9
湖　南	Hunan	50.36	46.37	46.37	6	4719.0	7266.4	7276.4	13
广　东	Guangdong	269.11	64.00	64.00	3	14766.9	21418.1	22025.8	1
广　西	Guangxi	62.03	32.45	28.73	13	3567.1	4623.3	5181.1	17
海　南	Hainan	9.16	4.11	4.11	29	1099.4	1532.4	1572.4	28
重　庆	Chongqing	21.90	6.50	6.50	26	2746.2	3887.6	3887.6	24
四　川	Sichuan	52.86	37.39	37.39	8	9624.1	15269.3	15691.3	2
贵　州	Guizhou	28.54	18.32	6.28	27	2724.5	4928.0	4908.0	21
云　南	Yunnan	32.09	22.44	19.90	17	4812.7	5894.1	5894.1	16
西　藏	Tibet	3.45	1.43	1.29	31	199.0	393.0	448.0	31
陕　西	Shaanxi	39.49	19.99	19.97	16	3724.1	5136.1	5105.5	18
甘　肃	Gansu	25.36	7.61	7.20	25	1940.0	2633.8	2997.0	26
青　海	Qinghai	13.32	9.76	9.26	23	549.0	1268.0	1308.0	29
宁　夏	Ningxia	7.36	6.14	6.14	28	823.4	1146.0	1224.0	30
新　疆	Xinjiang	31.60	27.22	2.79	30	2851.0	5858.0	6258.0	14

13-34 长途光缆线路长度和互联网宽带接入端口
Length of Long Distance Optical Cable Lines and Broadband Access Port of Internet

地区	Region	长途光缆线路长度（公里）Length of Long Distance Optical Cable Lines (km)				互联网宽带接入端口（万个）Broadband Access Port of Internet (10 000 ports)			
		2010	2014	2015	2015排名 Ranking	2010	2014	2015	2015排名 Ranking
全 国	**National Total**	**818133**	**928398**	**965283**		**18781.1**	**40546.1**	**57709.4**	
北 京	Beijing	4142	3977	4088	29	633.4	1159.9	1580.5	14
天 津	Tianjin	3106	3481	3714	30	230.0	397.7	470.2	27
河 北	Hebei	30471	35736	36794	11	924.3	2204.7	2948.5	7
山 西	Shanxi	27681	29809	30891	19	502.8	996.8	1345.9	19
内蒙古	Inner Mongolia	46831	66744	71490	1	267.0	739.9	916.0	24
辽 宁	Liaoning	23922	24583	24636	22	793.4	2083.5	2710.8	8
吉 林	Jilin	21810	23544	23877	23	362.2	806.0	987.2	23
黑龙江	Heilongjiang	39785	45619	46513	5	498.4	1044.0	1308.8	20
上 海	Shanghai	4670	5098	5142	28	819.1	1404.5	1464.8	17
江 苏	Jiangsu	33034	36249	38840	9	1806.4	3503.3	4697.3	3
浙 江	Zhejiang	23534	25744	26300	21	1316.6	2632.6	4768.9	1
安 徽	Anhui	24866	29537	30944	18	609.5	1175.7	2211.5	10
福 建	Fujian	21061	22471	23278	24	747.1	1618.7	2335.3	9
江 西	Jiangxi	21201	19998	21115	25	358.9	975.1	1693.2	13
山 东	Shandong	30060	34873	36737	12	1424.0	2949.1	4003.4	4
河 南	Henan	36672	31430	33578	14	875.8	2016.4	3241.9	5
湖 北	Hubei	27035	30344	31706	17	588.4	1266.1	2061.1	11
湖 南	Hunan	36189	38778	40875	6	468.7	1498.3	1931.8	12
广 东	Guangdong	46289	50650	56136	3	2185.8	3597.7	4765.5	2
广 西	Guangxi	34379	38472	38953	8	494.1	1126.2	1530.9	16
海 南	Hainan	3256	3302	3376	31	111.3	223.9	398.4	28
重 庆	Chongqing	11054	7134	7606	27	401.1	963.4	1349.4	18
四 川	Sichuan	47849	56905	60268	2	767.8	2200.4	3117.9	6
贵 州	Guizhou	30178	36252	35562	13	228.9	580.6	875.8	25
云 南	Yunnan	34510	43676	49361	4	325.9	741.3	1151.1	21
西 藏	Tibet	22488	38297	33073	15	17.8	48.1	51.0	31
陕 西	Shaanxi	26595	28926	29199	20	484.9	1070.4	1539.3	15
甘 肃	Gansu	29358	31377	32446	16	172.4	473.2	820.5	26
青 海	Qinghai	27971	38975	40560	7	51.6	134.2	208.1	29
宁 夏	Ningxia	10110	9600	10848	26	56.6	180.3	200.8	30
新 疆	Xinjiang	38026	36819	37375	10	256.7	734.3	1023.8	22

13-35 电话普及率和移动电话普及率
Popularization Rate of Telephone and Mobile Telephone

单位：部/百人 (set/100 persons)

地区	Region	电话普及率(包括移动电话) Popularization Rate of Telephone (Include Mobile Telephone)				移动电话普及率 Popularization Rate of Mobile Telephone			
		2010	2014	2015	2015排名 Ranking	2010	2014	2015	2015排名 Ranking
全　国	**National Total**	**86.41**	**112.26**	**109.30**		**64.36**	**94.03**	**92.49**	
北　京	Beijing	171.82	228.09	217.88	1	121.36	189.46	181.73	1
天　津	Tianjin	118.62	112.90	110.77	11	88.75	89.12	88.54	15
河　北	Hebei	79.68	99.06	95.81	21	61.89	84.36	82.63	23
山　西	Shanxi	85.38	106.54	100.60	19	64.35	91.35	88.46	16
内蒙古	Inner Mongolia	101.08	119.52	107.59	14	83.98	105.18	94.66	10
辽　宁	Liaoning	110.43	129.51	121.53	7	77.37	103.29	97.89	8
吉　林	Jilin	87.61	115.79	112.00	10	65.89	94.91	91.22	13
黑龙江	Heilongjiang	75.42	106.92	102.99	18	54.16	90.21	87.36	18
上　海	Shanghai	171.43	170.38	162.70	2	122.93	135.74	129.69	4
江　苏	Jiangsu	109.02	128.19	124.95	6	76.67	101.39	100.21	6
浙　江	Zhejiang	135.77	163.63	158.05	4	97.44	133.82	131.50	3
安　徽	Anhui	65.73	83.11	80.21	30	45.65	69.31	68.17	30
福　建	Fujian	112.14	136.89	131.35	5	83.31	112.37	108.20	5
江　西	Jiangxi	56.88	77.40	78.82	31	40.87	64.69	66.37	31
山　东	Shandong	86.41	102.99	103.65	17	65.37	88.50	92.30	12
河　南	Henan	61.44	93.85	90.16	26	46.40	81.74	79.51	25
湖　北	Hubei	78.34	94.81	92.34	24	60.40	79.21	77.42	27
湖　南	Hunan	67.65	82.68	80.78	29	50.84	70.15	69.17	29
广　东	Guangdong	132.74	166.86	159.34	3	99.86	139.35	133.47	2
广　西	Guangxi	60.20	85.27	84.12	28	45.60	74.75	74.96	28
海　南	Hainan	89.60	119.25	116.93	8	68.79	100.44	98.16	7
重　庆	Chongqing	78.60	105.95	109.31	12	58.22	86.58	90.76	14
四　川	Sichuan	68.12	97.08	99.36	20	50.78	81.18	82.87	22
贵　州	Guizhou	58.76	91.92	92.20	25	47.41	82.25	83.34	20
云　南	Yunnan	61.41	88.64	86.84	27	49.10	79.52	78.87	26
西　藏	Tibet	69.49	103.19	93.71	22	54.36	91.90	82.93	21
陕　西	Shaanxi	87.49	115.44	113.11	9	66.76	95.55	94.04	11
甘　肃	Gansu	68.38	92.63	93.53	23	52.75	79.46	80.99	24
青　海	Qinghai	89.94	110.41	105.58	16	71.42	93.24	87.88	17
宁　夏	Ningxia	87.87	119.57	107.95	13	69.97	104.04	95.32	9
新　疆	Xinjiang	87.44	112.71	107.20	15	62.99	90.38	85.96	19

13-36　互联网普及率和平均每一营业网点服务人口
Popularization Rate of Internet and Average People Served by Each Postal Office

地区	Region	互联网普及率（%） Popularization Rate of Internet (%)				平均每一营业网点服务人口（万人） Average People Served by Each Postal Office (10 000 persons)			
		2010	2014	2015	2015排名 Ranking	2010	2014	2015	2015排名 Ranking
全　国	**National Total**	**34.3**	**47.9**	**50.3**		**1.77**	**0.99**	**0.73**	
北　京	Beijing	69.4	75.3	76.5	1	0.89	0.52	0.35	30
天　津	Tianjin	52.7	61.4	63.0	6	1.73	1.09	0.84	10
河　北	Hebei	31.2	49.1	50.5	13	3.05	1.70	1.31	1
山　西	Shanxi	36.5	50.6	54.2	11	2.38	0.89	0.62	24
内蒙古	Inner Mongolia	30.8	45.7	50.3	14	1.43	0.84	0.70	16
辽　宁	Liaoning	44.4	58.8	62.2	7	2.01	1.14	0.83	11
吉　林	Jilin	32.2	45.2	47.7	19	2.11	1.16	0.67	17
黑龙江	Heilongjiang	29.5	41.7	44.5	22	1.94	1.21	0.88	8
上　海	Shanghai	64.5	71.1	73.1	2	0.55	0.54	0.31	31
江　苏	Jiangsu	42.8	53.8	55.5	8	1.64	0.67	0.73	14
浙　江	Zhejiang	53.8	62.9	65.3	5	1.46	0.73	0.46	28
安　徽	Anhui	22.7	36.9	39.4	26	2.58	1.52	0.85	9
福　建	Fujian	50.9	65.5	69.6	4	1.64	0.88	0.59	26
江　西	Jiangxi	20.2	34.1	38.7	29	2.18	1.18	0.97	6
山　东	Shandong	35.2	47.6	48.9	17	2.28	1.51	1.14	3
河　南	Henan	25.5	36.9	39.2	27	2.41	1.45	1.28	2
湖　北	Hubei	33.3	45.3	46.8	20	2.36	1.04	0.64	22
湖　南	Hunan	27.3	38.6	39.9	25	2.12	1.30	0.94	7
广　东	Guangdong	55.3	68.5	72.4	3	1.22	0.74	0.49	27
广　西	Guangxi	25.2	39.4	42.8	23	2.65	1.39	0.99	4
海　南	Hainan	35.1	47.6	51.6	12	1.78	0.81	0.60	25
重　庆	Chongqing	34.6	45.7	48.3	18	0.96	0.83	0.81	12
四　川	Sichuan	24.4	37.3	40.0	24	1.52	0.76	0.62	23
贵　州	Guizhou	19.8	34.9	38.4	30	1.93	1.01	0.71	15
云　南	Yunnan	22.3	35.1	37.4	31	2.06	1.30	0.99	5
西　藏	Tibet	27.9	39.4	44.6	21	0.99	0.78	0.36	29
陕　西	Shaanxi	34.3	46.4	50.0	15	1.93	1.06	0.79	13
甘　肃	Gansu	24.8	36.8	38.8	28	1.99	0.96	0.65	21
青　海	Qinghai	33.6	50.0	54.5	10	2.49	0.82	0.67	18
宁　夏	Ningxia	28.0	45.1	49.3	16	1.36	0.82	0.67	19
新　疆	Xinjiang	37.9	50.3	54.9	9	1.49	0.84	0.66	20

14

贸易和旅游

Trade and Tourism

14-1 社会消费品零售总额和增长率
Total Retail Sales and Growth Rate of Consumer Goods

地区	Region	社会消费品零售总额（亿元）Total Retail Sales of Consumer Goods (100 million yuan)				增长率（%）Growth Rate (%)			
		2010	2014	2015	2015排名 Ranking	2010	2014	2015	2015排名 Ranking
全　国	**National Total**	**156998.4**	**271896.1**	**300930.8**		**18.3**	**12.0**	**10.7**	
北　京	Beijing	6229.3	9638.0	10338.0	12	17.3	8.6	7.3	28
天　津	Tianjin	2860.2	4738.7	5257.3	23	19.4	6.0	10.9	13
河　北	Hebei	6821.8	11820.5	12990.7	8	18.3	12.4	9.9	20
山　西	Shanxi	3318.2	5717.9	6033.7	21	18.1	11.3	5.5	31
内蒙古	Inner Mongolia	3384.0	5657.6	6107.7	20	18.5	10.6	8.0	26
辽　宁	Liaoning	6887.6	11857.0	12787.2	9	18.5	12.1	7.8	27
吉　林	Jilin	3504.9	6080.9	6651.9	16	18.5	12.1	9.4	21
黑龙江	Heilongjiang	4039.2	7015.3	7640.2	15	18.7	12.2	8.9	23
上　海	Shanghai	6070.5	9303.5	10131.5	13	17.3	8.7	8.9	23
江　苏	Jiangsu	13606.8	23458.1	25876.8	3	18.5	12.4	10.3	17
浙　江	Zhejiang	10245.4	17835.3	19784.7	4	18.8	11.7	10.9	13
安　徽	Anhui	4197.7	7957.0	8908.0	14	19.0	13.0	12.0	7
福　建	Fujian	5310.0	9346.7	10505.9	11	18.5	12.9	12.4	3
江　西	Jiangxi	2956.2	5292.6	5925.5	22	19.0	12.7	12.0	7
山　东	Shandong	14620.3	25111.5	27761.4	2	18.3	12.6	10.6	16
河　南	Henan	8004.2	14005.0	15740.4	5	18.6	12.7	12.4	3
湖　北	Hubei	7013.9	12449.3	14003.2	6	18.3	12.8	12.5	1
湖　南	Hunan	5839.5	10723.5	12024.0	10	18.8	12.8	12.1	5
广　东	Guangdong	17458.4	28471.1	31517.6	1	17.2	11.9	10.7	15
广　西	Guangxi	3312.0	5772.8	6348.1	19	18.7	12.5	10.0	19
海　南	Hainan	639.3	1224.5	1325.1	28	18.9	12.2	8.2	25
重　庆	Chongqing	2938.6	5710.7	6424.0	18	18.5	13.0	12.5	1
四　川	Sichuan	6810.1	12393.0	13877.7	7	18.3	12.7	12.0	7
贵　州	Guizhou	1482.7	2936.9	3283.0	25	18.9	12.9	11.8	10
云　南	Yunnan	2542.4	4632.9	5103.2	24	21.9	12.7	10.2	18
西　藏	Tibet	185.3	364.5	408.5	31	18.3	13.1	12.1	5
陕　西	Shaanxi	3195.7	5918.7	6578.1	17	18.4	12.8	11.1	12
甘　肃	Gansu	1394.5	2668.3	2907.2	26	17.9	12.6	9.0	22
青　海	Qinghai	350.8	620.8	691.0	30	16.8	13.0	11.3	11
宁　夏	Ningxia	403.6	737.2	789.6	29	19.0	10.3	7.1	29
新　疆	Xinjiang	1375.1	2436.5	2606.0	27	16.8	11.8	7.0	30

14-2 城乡社会消费品零售总额构成
Total Urban and Rural Retail Sales of Consumer Goods

单位：亿元 (100 million yuan)

地区	Region	城市社会消费品零售额 Urban Retail Sales of Consumer Goods				乡村社会消费品零售额 Rural Retail Sales of Consumer Goods			
		2010	2014	2015	2015排名 Ranking	2010	2014	2015	2015排名 Ranking
全　国	**National Total**	**136123.3**	**271896.1**	**258998.7**		**20875.1**	**36947.9**	**41932.1**	
北　京	Beijing	6128.9	9638.0	10012.8	10	100.4	311.4	325.2	24
天　津	Tianjin	2749.6	4738.7	5033.3	21	153.0	189.0	224.0	27
河　北	Hebei	5203.0	11820.5	9975.4	11	1618.8	2748.4	3015.2	4
山　西	Shanxi	2669.9	5717.9	4917.2	22	648.3	1056.1	1116.4	12
内蒙古	Inner Mongolia	2961.3	5657.6	5343.0	20	422.7	708.2	764.7	18
辽　宁	Liaoning	6358.3	11857.0	11588.6	7	529.3	1057.0	1198.6	10
吉　林	Jilin	3107.2	6080.9	5875.6	17	397.7	695.5	776.3	17
黑龙江	Heilongjiang	3585.9	7015.3	6685.9	15	453.3	866.5	954.3	15
上　海	Shanghai	5677.0	9303.5	9690.0	12	393.5	419.0	441.5	23
江　苏	Jiangsu	12090.0	23458.1	23252.3	2	1516.8	2367.4	2624.5	7
浙　江	Zhejiang	9013.9	17835.3	16522.6	4	1231.5	2902.2	3262.2	3
安　徽	Anhui	3527.2	7957.0	7188.3	14	670.5	1499.9	1719.8	9
福　建	Fujian	4735.9	9346.7	9448.6	13	574.1	927.0	1057.4	13
江　西	Jiangxi	2466.0	5292.6	4915.1	23	490.2	891.2	1010.4	14
山　东	Shandong	11797.1	25111.5	22179.4	3	2823.2	5011.6	5582.0	1
河　南	Henan	6906.9	14005.0	12886.6	5	1097.3	2501.9	2853.8	5
湖　北	Hubei	5937.8	12449.3	11775.4	6	1076.1	1954.5	2227.9	8
湖　南	Hunan	5268.6	10723.5	10883.8	9	570.9	1015.9	1140.2	11
广　东	Guangdong	14896.9	28471.1	27610.4	1	2561.5	3531.2	3907.1	2
广　西	Guangxi	2898.7	5772.8	5600.3	19	413.3	675.2	747.8	19
海　南	Hainan	570.8	1224.5	1102.9	28	68.5	158.5	222.2	28
重　庆	Chongqing	2779.3	5710.7	6105.6	16	159.3	282.9	318.4	25
四　川	Sichuan	5493.4	12393.0	11151.7	8	1316.7	2407.7	2726.1	6
贵　州	Guizhou	1217.1	2936.9	2691.7	25	265.6	511.6	591.4	21
云　南	Yunnan	2138.9	4632.9	4405.8	24	361.2	623.8	697.3	20
西　藏	Tibet	137.7	364.5	336.4	31	47.6	61.5	72.1	30
陕　西	Shaanxi	2780.3	5918.7	5794.9	18	415.4	685.1	783.2	16
甘　肃	Gansu	1123.3	2668.3	2316.8	27	271.2	525.6	590.4	22
青　海	Qinghai	304.4	620.8	600.2	30	46.4	81.2	90.8	29
宁　夏	Ningxia	366.3	737.2	726.7	29	37.3	65.0	62.8	31
新　疆	Xinjiang	1231.9	2436.5	2373.8	26	143.2	215.7	232.2	26

14-3 限额以上批发和零售业法人企业数和年末从业人员

Number of Corporation Enterprises and Engaged Persons at Year-end of Enterprises above Designated Size in Wholesale and Retail Trades

地区	Region	法人企业数（个） Number of Corporation Enterprises (unit)				年末从业人员（万人） Engaged Persons at Year-end (10 000 persons)			
		2010	2014	2015	2015排名 Ranking	2010	2014	2015	2015排名 Ranking
全 国	**National Total**	**111770**	**181612**	**183077**		**852.2**	**1181.9**	**1173.6**	
北 京	Beijing	8935	8609	6245	10	59.5	76.8	72.9	6
天 津	Tianjin	3802	5197	5167	15	16.6	22.0	22.1	19
河 北	Hebei	2548	4027	3947	16	26.6	36.7	35.7	14
山 西	Shanxi	2214	3186	2993	19	24.0	25.8	24.1	17
内蒙古	Inner Mongolia	1353	1939	1976	24	13.4	13.9	13.4	24
辽 宁	Liaoning	4785	6691	6020	11	30.1	37.5	35.9	13
吉 林	Jilin	1124	1428	1714	26	10.8	12.2	11.7	26
黑龙江	Heilongjiang	1547	2059	1933	25	15.5	14.8	14.1	22
上 海	Shanghai	5530	6123	5795	13	53.6	83.0	81.5	4
江 苏	Jiangsu	12374	19535	19043	2	71.7	99.5	96.6	3
浙 江	Zhejiang	10053	15852	16574	4	51.7	73.9	75.7	5
安 徽	Anhui	2451	6055	6530	9	26.2	37.4	37.5	11
福 建	Fujian	3924	9275	10554	5	28.1	41.1	42.7	10
江 西	Jiangxi	1187	2031	2594	21	12.1	19.6	21.4	20
山 东	Shandong	11792	17474	17157	3	85.5	102.3	98.1	2
河 南	Henan	6305	8797	10251	6	44.5	57.7	63.2	7
湖 北	Hubei	3479	8839	8178	7	36.0	56.3	52.9	8
湖 南	Hunan	2625	5535	5834	12	23.7	35.8	36.7	12
广 东	Guangdong	11343	20930	21270	1	88.8	137.3	138.7	1
广 西	Guangxi	1465	2705	2920	20	12.3	17.5	18.0	21
海 南	Hainan	626	434	357	29	3.9	4.5	4.2	28
重 庆	Chongqing	2585	5147	5554	14	22.2	33.0	33.5	15
四 川	Sichuan	3001	6600	6537	8	30.2	48.6	47.8	9
贵 州	Guizhou	800	2243	2429	22	7.9	13.6	14.1	23
云 南	Yunnan	1842	3161	3088	18	16.3	22.7	22.5	18
西 藏	Tibet	60	98	99	31	0.6	1.0	1.1	31
陕 西	Shaanxi	1569	3406	3764	17	19.5	28.9	28.7	16
甘 肃	Gansu	705	1484	1595	27	6.7	9.8	10.0	27
青 海	Qinghai	179	292	335	30	1.7	2.6	2.8	30
宁 夏	Ningxia	392	473	443	28	3.0	4.0	3.9	29
新 疆	Xinjiang	1175	1987	2181	23	9.5	12.2	12.0	25

注：限额以上批发和零售业统计单位是指：批发业，年主营业务收入2000万元及以上；零售业，年主营业务收入500万元及以上（以下有关各表同）。

Note: The criteria for wholesale and retail sale trades above designated size are as follows: wholesale trade with annual principal sales over 20 million yuan; retail trade, with annual principal business sales over 5 million yuan.The same applies to the table followed.

14-4 限额以上批发和零售业商品购进总额和商品销售总额
Total Purchases Value and Total Sales Value of Enterprises above Designated Size in Wholesale and Retail Trades

单位：亿元 (100 million yuan)

地区	Region	商品购进总额 Total Purchases Value				商品销售总额 Total Sales Value			
		2010	2014	2015	2015排名 Ranking	2010	2014	2015	2015排名 Ranking
全　国	**National Total**	**248040.9**	**493664.0**	**468071.7**		**276635.7**	**541319.8**	**515567.5**	
北　京	Beijing	34438.7	56414.0	47822.3	3	37203.9	59425.9	51224.6	3
天　津	Tianjin	12346.0	30385.4	30510.4	6	13642.5	32342.9	32840.4	6
河　北	Hebei	4745.7	10632.3	9061.2	14	5463.5	11579.1	9857.8	15
山　西	Shanxi	4206.9	10886.9	9440.5	13	5549.5	11930.1	10097.5	14
内蒙古	Inner Mongolia	2710.1	3772.4	3282.7	25	2951.5	4392.0	3811.7	26
辽　宁	Liaoning	9688.4	15756.4	13203.1	10	10630.0	17151.1	14577.1	10
吉　林	Jilin	1846.9	3175.6	3066.9	27	2230.4	3513.4	3500.6	27
黑龙江	Heilongjiang	2486.8	4776.4	4032.7	22	3034.1	5498.0	4728.2	22
上　海	Shanghai	28876.3	65508.2	62677.4	1	31678.2	71812.7	70318.1	1
江　苏	Jiangsu	24076.0	40910.9	39521.2	4	26994.9	45350.5	41992.9	5
浙　江	Zhejiang	21399.6	40136.3	38432.7	5	23472.2	43668.2	42058.1	4
安　徽	Anhui	4653.8	8463.6	8389.5	16	5144.8	9427.5	9454.9	16
福　建	Fujian	7707.1	16719.5	18567.8	8	8304.1	18709.0	20516.4	8
江　西	Jiangxi	1585.0	3110.0	3183.2	26	2019.3	3835.4	3875.1	25
山　东	Shandong	13833.6	29227.4	27089.1	7	16105.6	32106.2	29650.1	7
河　南	Henan	6179.8	10400.1	11713.9	11	6340.3	12113.6	13191.7	11
湖　北	Hubei	7022.5	15420.9	15199.8	9	8013.1	16338.1	16659.3	9
湖　南	Hunan	3426.2	7833.1	7567.9	17	3764.5	8582.1	8427.1	17
广　东	Guangdong	28553.6	60251.1	59007.8	2	31759.8	66788.1	64201.0	2
广　西	Guangxi	2439.3	4641.5	4863.1	21	2589.3	5191.9	5743.4	21
海　南	Hainan	1202.0	2676.8	2401.9	28	1406.7	2844.1	2609.1	28
重　庆	Chongqing	5133.1	8580.5	8925.2	15	5610.1	9643.2	10275.2	13
四　川	Sichuan	4674.8	12693.2	10891.7	12	5508.6	13798.1	12176.4	12
贵　州	Guizhou	1200.1	3182.2	3553.0	24	1582.7	4149.7	4711.7	23
云　南	Yunnan	3623.1	7229.3	6406.9	19	4295.5	8410.8	7450.5	19
西　藏	Tibet	77.3	166.2	160.1	31	92.1	223.8	209.6	31
陕　西	Shaanxi	3544.2	7778.0	7326.2	18	4224.1	8388.8	8334.2	18
甘　肃	Gansu	1727.2	3862.9	3570.9	23	2021.4	4457.7	4232.7	24
青　海	Qinghai	315.1	1158.0	884.2	30	409.8	1277.2	1029.9	30
宁　夏	Ningxia	614.9	1111.0	1015.7	29	652.4	1180.9	1055.9	29
新　疆	Xinjiang	3706.8	6803.9	6302.6	20	3941.1	7189.9	6756.2	20

14-5 限额以上批发和零售业期末商品库存额

Stock of Enterprises above Designated Size in Wholesale and Retail Trades

单位：亿元 (100 million yuan)

地区	Region	批发业期末商品库存额 Wholesale Stock				零售业期末商品库存额 Retail Stock			
		2010	2014	2015	2015排名 Ranking	2010	2014	2015	2015排名 Ranking
全 国	**National Total**	**14712.2**	**26080.9**	**25378.5**		**5104.6**	**12042.9**	**11213.2**	
北 京	Beijing	3197.5	4642.2	4913.4	1	451.2	701.7	635.8	8
天 津	Tianjin	520.9	1335.8	1115.9	7	103.4	182.6	168.0	20
河 北	Hebei	264.5	368.3	296.4	21	135.0	295.2	444.6	10
山 西	Shanxi	213.0	297.5	255.1	22	124.8	220.7	217.2	17
内蒙古	Inner Mongolia	108.4	267.2	333.5	20	132.8	149.3	146.4	23
辽 宁	Liaoning	429.7	579.0	473.2	13	190.9	279.8	735.8	5
吉 林	Jilin	137.6	319.4	365.1	18	76.9	133.9	114.4	26
黑龙江	Heilongjiang	205.6	374.9	338.2	19	94.2	139.1	126.9	24
上 海	Shanghai	1780.0	3934.6	3281.7	2	480.2	815.6	808.8	2
江 苏	Jiangsu	1154.3	1758.2	1636.2	4	382.8	792.4	806.1	3
浙 江	Zhejiang	954.1	1507.2	1545.5	5	347.8	764.0	800.6	4
安 徽	Anhui	236.4	458.1	431.5	15	161.1	1092.3	325.6	13
福 建	Fujian	487.8	807.3	830.6	10	169.6	315.6	297.8	14
江 西	Jiangxi	70.5	158.4	215.8	25	44.7	142.7	165.0	21
山 东	Shandong	608.0	974.9	1015.5	9	417.1	718.2	685.8	6
河 南	Henan	388.0	499.5	498.6	12	188.6	422.3	380.7	12
湖 北	Hubei	306.4	607.9	1039.9	8	192.3	982.3	641.2	7
湖 南	Hunan	172.9	419.4	1251.2	6	102.9	428.7	499.5	9
广 东	Guangdong	1394.7	2951.2	2767.0	3	541.4	1761.7	1440.9	1
广 西	Guangxi	122.1	242.2	232.3	24	66.7	172.7	146.9	22
海 南	Hainan	42.3	76.2	50.9	28	27.6	63.5	48.5	29
重 庆	Chongqing	215.8	1091.1	366.7	17	100.6	220.1	249.2	15
四 川	Sichuan	275.8	532.2	459.1	14	164.3	384.9	434.2	11
贵 州	Guizhou	93.5	230.5	239.5	23	42.1	151.3	177.5	19
云 南	Yunnan	594.5	618.2	584.7	11	100.1	220.6	188.7	18
西 藏	Tibet	3.3	8.5	10.1	31	11.3	13.7	14.2	31
陕 西	Shaanxi	170.6	239.7	189.6	26	119.0	222.7	234.6	16
甘 肃	Gansu	161.3	191.6	158.9	27	44.5	79.5	81.7	27
青 海	Qinghai	31.8	41.8	34.0	29	9.0	22.9	24.8	30
宁 夏	Ningxia	30.8	40.7	29.0	30	26.4	43.3	52.3	28
新 疆	Xinjiang	340.1	507.0	419.4	16	55.2	109.7	119.7	25

14-6 限额以上批发和零售业主要财务指标（一）
Main Financial Indicators of Enterprises above Designated Size in Wholesale and Retail Trades (1)

单位：亿元 (100 million yuan)

地区	Region	主营业务收入 Revenue from Principal Business				主营业务成本 Cost of Principal Business			
		2010	2014	2015	2015排名 Ranking	2010	2014	2015	2015排名 Ranking
全　国	**National Total**	**248874.4**	**484213.9**	**457933.9**		**228663.1**	**448760.2**	**421738.6**	
北　京	Beijing	31933.8	50677.1	43964.0	3	29474.2	47298.0	40772.7	3
天　津	Tianjin	11864.6	27971.5	28566.9	6	11371.5	26753.9	27285.5	6
河　北	Hebei	4979.3	10472.5	9421.5	14	4633.5	9880.7	8797.9	13
山　西	Shanxi	5312.1	10623.9	8914.4	15	4860.0	10175.1	8501.5	14
内蒙古	Inner Mongolia	2937.8	4050.7	3592.0	25	2481.6	3677.1	3272.7	25
辽　宁	Liaoning	9294.0	15181.0	13154.5	10	8696.6	14343.3	12331.1	10
吉　林	Jilin	2129.9	3171.5	3082.3	27	1948.5	2881.0	2777.3	27
黑龙江	Heilongjiang	2741.9	5030.2	4498.4	22	2409.2	4586.6	4056.6	22
上　海	Shanghai	28823.0	64891.0	62098.5	1	26622.3	60043.2	57228.8	1
江　苏	Jiangsu	24034.3	40280.1	36870.5	5	22184.2	37123.2	33773.1	5
浙　江	Zhejiang	20927.1	38870.4	37314.0	4	19729.8	36886.2	35200.4	4
安　徽	Anhui	4438.7	8362.4	8407.4	16	4050.9	7611.8	7578.1	16
福　建	Fujian	7548.2	16103.3	17702.5	8	7006.5	15010.6	16488.0	8
江　西	Jiangxi	1847.0	3472.5	3554.1	26	1642.6	3116.8	3142.0	26
山　东	Shandong	15634.9	30172.3	27511.0	7	13939.2	27304.2	24785.2	7
河　南	Henan	5724.8	10933.4	12069.1	11	5240.9	9788.9	10698.3	11
湖　北	Hubei	6982.2	14118.8	13876.7	9	6345.6	12714.1	12395.6	9
湖　南	Hunan	3537.5	7601.3	7647.0	17	3033.1	6722.8	6734.8	18
广　东	Guangdong	28695.5	60056.3	57257.2	2	26555.7	56014.9	52933.9	2
广　西	Guangxi	2303.5	4629.9	5055.3	21	2097.3	4301.3	4695.3	21
海　南	Hainan	1255.4	2439.9	2341.5	28	1167.6	2289.4	2168.3	28
重　庆	Chongqing	5079.9	8834.6	9506.5	13	4573.1	7922.8	8494.4	15
四　川	Sichuan	5113.3	12644.2	11005.9	12	4594.7	11412.3	9886.7	12
贵　州	Guizhou	1411.1	3541.7	4299.9	23	1159.1	3017.2	3535.8	23
云　南	Yunnan	3939.2	7716.4	6748.4	19	3512.7	6901.4	6026.7	19
西　藏	Tibet	88.8	211.4	192.7	31	72.3	163.7	154.6	31
陕　西	Shaanxi	3927.3	7556.1	7571.5	18	3293.1	6912.0	6933.6	17
甘　肃	Gansu	1992.0	4979.8	3693.6	24	1852.5	4702.3	3493.8	24
青　海	Qinghai	353.0	1361.3	1038.1	29	325.5	1297.2	961.0	29
宁　夏	Ningxia	531.4	1057.0	960.1	30	488.6	998.7	892.1	30
新　疆	Xinjiang	3492.9	7201.3	6018.3	20	3300.6	6909.5	5742.8	20

14-7 限额以上批发和零售业主要财务指标（二）
Main Financial Indicators of Enterprises above Designated Size in Wholesale and Retail Trades (2)

单位：亿元 (100 million yuan)

地区	Region	主营业务税金及附加 Tax and Other Charges on Principal Business				主营业务利润 Profits from Principal Business			
		2010	2014	2015	2015排名 Ranking	2010	2014	2015	2015排名 Ranking
全 国	**National Total**	**1050.2**	**2050.1**	**2702.0**		**18202.6**	**33403.7**	**33493.3**	
北 京	Beijing	52.4	89.6	101.2	12	2407.2	3289.4	3090.1	3
天 津	Tianjin	15.6	167.7	181.4	3	475.8	1049.8	1099.9	10
河 北	Hebei	23.5	46.0	70.1	17	304.4	545.9	553.6	19
山 西	Shanxi	38.2	31.9	46.0	23	354.8	416.9	366.9	21
内蒙古	Inner Mongolia	25.3	30.3	40.4	24	306.6	343.4	278.9	24
辽 宁	Liaoning	36.2	64.4	77.9	14	488.3	773.3	745.4	15
吉 林	Jilin	12.5	22.1	33.9	25	151.8	268.4	271.1	25
黑龙江	Heilongjiang	36.9	40.2	52.3	21	261.8	403.3	389.5	20
上 海	Shanghai	41.3	95.4	111.3	10	2159.3	4752.5	4758.5	1
江 苏	Jiangsu	84.0	133.1	178.2	4	1681.1	3023.8	2919.2	4
浙 江	Zhejiang	63.7	104.3	154.0	6	1134.7	1879.9	1959.6	6
安 徽	Anhui	31.8	52.7	76.9	15	343.8	697.9	752.5	14
福 建	Fujian	32.8	62.4	89.7	13	503.8	1030.3	1124.7	9
江 西	Jiangxi	23.1	33.2	62.0	19	150.3	322.5	350.1	22
山 东	Shandong	106.4	208.9	233.5	1	1536.3	2659.2	2492.2	5
河 南	Henan	59.7	110.0	155.9	5	424.3	1034.4	1215.0	8
湖 北	Hubei	40.1	107.6	119.7	8	521.3	1297.0	1361.4	7
湖 南	Hunan	40.8	89.8	124.7	7	275.2	788.7	787.6	13
广 东	Guangdong	78.1	169.5	231.8	2	2045.2	3871.9	4091.5	2
广 西	Guangxi	15.8	26.6	46.8	22	169.2	302.0	313.3	23
海 南	Hainan	5.3	8.9	16.1	28	75.6	141.7	157.0	28
重 庆	Chongqing	39.2	82.1	111.4	9	360.1	829.7	900.8	12
四 川	Sichuan	41.1	89.9	107.9	11	477.5	1142.0	1011.2	11
贵 州	Guizhou	18.2	37.8	65.7	18	220.6	486.6	698.5	16
云 南	Yunnan	23.3	43.0	60.2	20	404.4	772.0	661.6	17
西 藏	Tibet	1.2	3.8	6.4	31	15.3	43.9	31.6	31
陕 西	Shaanxi	35.6	52.9	72.0	16	588.9	591.2	565.8	18
甘 肃	Gansu	10.8	17.1	25.8	26	129.1	260.4	174.0	27
青 海	Qinghai	5.9	4.3	15.1	29	25.3	59.8	62.0	29
宁 夏	Ningxia	3.1	5.0	8.1	30	38.9	53.3	60.0	30
新 疆	Xinjiang	8.3	19.3	25.7	27	171.7	272.6	249.8	26

14-8 限额以上批发和零售业主要财务指标（三）
Main Financial Indicators of Enterprises above Designated Size in Wholesale and Retail Trades (3)

单位：亿元 (100 million yuan)

地区	Region	其他业务利润 Profits from Other Business				销售费用 Sales Expenses			
		2010	2014	2015	2015排名 Ranking	2010	2014	2015	2015排名 Ranking
全　国	**National Total**	**1114.29**	**2374.28**	**1807.66**		**8057.61**	**15158.58**	**15619.40**	
北　京	Beijing	227.81	329.40	362.49	1	1170.17	1942.07	1887.00	3
天　津	Tianjin	32.20	48.95	99.04	6	207.37	430.65	409.15	10
河　北	Hebei	20.21	31.67	34.15	14	151.41	247.51	246.05	16
山　西	Shanxi	26.31	36.01	20.51	20	149.92	210.18	186.14	19
内蒙古	Inner Mongolia	8.10	18.68	13.60	23	78.24	144.29	124.39	25
辽　宁	Liaoning	25.54	33.12	37.07	13	259.56	332.66	311.30	15
吉　林	Jilin	8.03	24.23	20.38	21	67.10	121.04	120.61	26
黑龙江	Heilongjiang	15.75	15.28	14.66	22	121.03	130.44	130.51	24
上　海	Shanghai	163.29	211.29	193.11	2	1198.06	2851.62	2966.65	1
江　苏	Jiangsu	98.56	316.79	145.34	4	664.61	1168.35	1275.64	4
浙　江	Zhejiang	79.69	93.09	101.49	5	546.72	925.63	982.08	5
安　徽	Anhui	15.38	31.50	30.72	15	180.62	354.78	374.39	11
福　建	Fujian	22.67	37.92	53.76	10	218.45	449.84	503.61	8
江　西	Jiangxi	5.21	15.44	24.28	16	61.49	133.13	150.19	22
山　东	Shandong	50.96	100.70	83.04	9	474.28	770.43	791.52	6
河　南	Henan	24.19	43.87	44.45	12	161.05	312.12	362.85	12
湖　北	Hubei	26.73	145.67	86.83	8	214.51	521.82	591.19	7
湖　南	Hunan	11.83	24.64	21.73	19	164.45	312.45	338.88	13
广　东	Guangdong	132.79	606.15	167.41	3	931.84	1742.47	1899.22	2
广　西	Guangxi	9.65	18.29	23.66	17	79.22	143.03	150.98	21
海　南	Hainan	7.29	5.33	5.82	29	36.60	59.45	71.66	28
重　庆	Chongqing	19.30	35.70	97.69	7	178.64	299.13	325.06	14
四　川	Sichuan	23.19	50.46	45.22	11	212.85	617.07	464.47	9
贵　州	Guizhou	8.81	13.42	10.42	27	64.96	141.34	159.08	20
云　南	Yunnan	11.74	18.67	10.99	25	146.66	238.24	237.38	18
西　藏	Tibet	0.27	1.69	0.95	31	7.35	33.55	20.21	31
陕　西	Shaanxi	20.88	36.32	22.40	18	120.73	240.09	245.10	17
甘　肃	Gansu	2.52	8.92	13.22	24	71.19	82.80	87.56	27
青　海	Qinghai	1.77	4.48	7.79	28	8.15	25.00	23.35	30
宁　夏	Ningxia	3.95	4.92	4.95	30	17.40	33.39	33.71	29
新　疆	Xinjiang	9.65	11.66	10.51	26	92.96	144.02	149.48	23

14-9 限额以上批发和零售业主要财务指标（四）

Main Financial Indicators of Enterprises above Designated Size in Wholesale and Retail Trades (4)

单位：亿元 (100 million yuan)

地区	Region	管理费用 Administrative Expenses 2010	2014	2015	2015排名 Ranking	财务费用 Financial Expenses 2010	2014	2015	2015排名 Ranking
全　国	**National Total**	**4418.02**	**7954.25**	**8094.37**		**855.22**	**2484.54**	**2500.55**	
北　京	Beijing	655.67	887.46	834.66	3	69.88	209.06	313.11	1
天　津	Tianjin	97.52	200.15	216.22	12	40.71	149.98	180.61	7
河　北	Hebei	83.53	150.58	149.53	16	18.49	72.95	60.33	13
山　西	Shanxi	95.20	140.55	121.28	18	28.76	59.07	53.69	14
内蒙古	Inner Mongolia	46.70	79.98	81.76	25	8.45	33.66	31.08	24
辽　宁	Liaoning	149.40	258.07	249.38	10	31.90	92.66	79.66	9
吉　林	Jilin	41.45	83.24	89.49	23	9.13	30.28	36.84	21
黑龙江	Heilongjiang	79.79	96.18	91.46	20	10.60	37.38	42.85	17
上　海	Shanghai	497.21	1083.47	1131.59	1	49.14	147.67	220.05	3
江　苏	Jiangsu	384.35	683.72	704.15	4	83.24	220.52	201.48	4
浙　江	Zhejiang	293.83	514.58	558.07	5	114.34	224.45	189.63	5
安　徽	Anhui	88.14	160.43	167.20	15	15.93	42.36	46.66	16
福　建	Fujian	117.64	253.40	272.99	8	28.78	94.06	106.58	8
江　西	Jiangxi	35.38	74.24	90.19	22	4.84	15.25	18.41	26
山　东	Shandong	342.91	530.42	520.72	6	77.81	197.25	184.80	6
河　南	Henan	131.56	237.66	252.51	9	23.61	69.20	75.05	10
湖　北	Hubei	128.41	292.69	296.81	7	22.51	84.71	72.38	11
湖　南	Hunan	133.92	199.40	198.75	13	17.22	45.88	48.64	15
广　东	Guangdong	433.76	991.32	1038.26	2	98.40	255.74	224.21	2
广　西	Guangxi	48.84	83.83	90.22	21	8.77	35.42	33.92	23
海　南	Hainan	19.52	29.07	28.00	28	1.64	9.78	11.53	28
重　庆	Chongqing	113.37	162.23	177.20	14	17.24	46.60	41.25	18
四　川	Sichuan	107.03	250.79	229.31	11	21.55	124.38	65.41	12
贵　州	Guizhou	49.97	86.67	87.77	24	2.36	24.75	22.23	25
云　南	Yunnan	81.55	127.28	114.92	19	11.57	53.22	40.89	19
西　藏	Tibet	3.45	7.59	7.33	31	0.18	0.15	-0.06	31
陕　西	Shaanxi	77.18	129.57	134.22	17	16.84	35.09	37.73	20
甘　肃	Gansu	24.37	52.15	50.95	27	6.33	31.05	15.09	27
青　海	Qinghai	6.59	14.92	14.45	30	0.84	2.91	3.59	30
宁　夏	Ningxia	9.24	15.56	16.35	29	2.16	6.44	7.53	29
新　疆	Xinjiang	40.55	77.06	78.63	26	12.01	32.63	35.39	22

14-10 限额以上批发和零售业主要财务指标（五）
Main Financial Indicators of Enterprises above Designated Size in Wholesale and Retail Trades (5)

单位：亿元 (100 million yuan)

地区	Region	营业利润 Operating Profits 2010	2014	2015	2015排名 Ranking	利润总额 Total Profits 2010	2014	2015	2015排名 Ranking
全　国	**National Total**	**6897.73**	**10160.50**	**9856.55**		**7023.82**	**10426.61**	**10075.43**	
北　京	Beijing	943.55	892.56	714.88	5	1122.11	1012.49	874.08	5
天　津	Tianjin	166.86	304.36	259.33	14	183.31	322.76	277.35	14
河　北	Hebei	77.35	119.30	107.06	21	91.63	121.57	99.52	21
山　西	Shanxi	125.97	72.62	19.45	28	118.38	61.46	28.73	28
内蒙古	Inner Mongolia	205.56	82.13	44.51	25	158.40	72.77	58.84	25
辽　宁	Liaoning	149.16	154.19	137.91	19	149.09	149.47	136.12	18
吉　林	Jilin	56.53	59.50	51.99	24	59.18	74.39	75.47	22
黑龙江	Heilongjiang	129.71	160.33	218.68	16	83.53	238.06	124.46	20
上　海	Shanghai	581.11	997.20	876.70	4	692.79	1018.64	1011.56	2
江　苏	Jiangsu	705.28	1067.15	951.12	3	634.27	1023.16	991.86	3
浙　江	Zhejiang	292.86	461.43	481.05	7	376.72	520.93	545.83	6
安　徽	Anhui	89.04	187.34	182.19	18	103.27	190.84	180.16	16
福　建	Fujian	176.41	332.87	408.61	10	197.62	337.28	416.80	10
江　西	Jiangxi	62.96	105.62	111.61	20	70.90	116.78	131.64	19
山　东	Shandong	704.09	1196.85	1088.45	2	601.31	1224.76	956.90	4
河　南	Henan	132.12	458.34	545.01	6	137.30	459.79	538.02	7
湖　北	Hubei	196.42	444.99	435.71	9	198.92	427.67	422.28	9
湖　南	Hunan	154.98	258.07	243.20	15	125.38	251.86	231.31	15
广　东	Guangdong	772.87	1125.17	1160.62	1	720.63	1166.12	1169.31	1
广　西	Guangxi	60.02	62.49	60.24	23	55.32	73.68	70.05	24
海　南	Hainan	27.16	56.10	67.04	22	31.67	60.26	70.47	23
重　庆	Chongqing	128.11	342.40	383.69	11	118.58	326.52	358.64	11
四　川	Sichuan	159.24	202.64	294.36	12	165.18	190.82	283.33	13
贵　州	Guizhou	128.50	251.91	441.38	8	135.42	253.80	449.36	8
云　南	Yunnan	158.25	373.86	293.38	13	176.48	333.16	304.40	12
西　藏	Tibet	4.58	5.18	5.01	31	6.29	9.34	6.66	31
陕　西	Shaanxi	395.94	223.81	189.93	17	380.35	192.42	162.70	17
甘　肃	Gansu	29.81	87.26	35.62	26	27.76	88.00	34.63	26
青　海	Qinghai	11.75	25.17	31.00	27	18.52	22.79	29.32	27
宁　夏	Ningxia	14.02	9.25	5.23	30	14.94	12.02	7.07	30
新　疆	Xinjiang	57.51	40.44	11.55	29	68.59	72.98	28.54	29

14-11 限额以上批发和零售业主要财务指标（六）

Main Financial Indicators of Enterprises above Designated Size in Wholesale and Retail Trades (6)

单位：亿元 (100 million yuan)

地区	Region	应交所得税 Income Tax Payable 2010	2014	2015	2015排名 Ranking	应付职工薪酬 Salaries Payable 2010	2014	2015	2015排名 Ranking
全　国	**National Total**	**1313.54**	**2333.30**	**2139.93**		**79.63**	**7571.08**	**7769.23**	
北　京	Beijing	220.79	239.56	233.96	3	9.47	893.89	713.92	3
天　津	Tianjin	44.44	57.40	63.29	11	1.99	150.55	169.87	15
河　北	Hebei	18.67	81.28	30.94	18	2.60	167.78	146.41	18
山　西	Shanxi	26.29	20.94	18.57	21	1.51	125.93	105.10	20
内蒙古	Inner Mongolia	15.39	15.43	11.26	25	1.21	69.51	65.52	25
辽　宁	Liaoning	29.86	39.45	34.33	17	4.56	336.34	192.38	12
吉　林	Jilin	10.81	17.31	13.73	24	0.85	72.08	59.82	26
黑龙江	Heilongjiang	20.34	19.88	17.36	22	1.54	92.19	95.05	22
上　海	Shanghai	151.91	296.50	281.72	1	7.33	864.93	1001.40	1
江　苏	Jiangsu	112.34	199.78	208.21	4	11.24	530.66	556.36	4
浙　江	Zhejiang	87.21	137.76	138.64	6	4.70	504.63	518.75	5
安　徽	Anhui	22.68	38.94	37.11	16	1.75	162.06	252.88	10
福　建	Fujian	39.28	64.51	70.05	9	1.61	226.25	263.20	8
江　西	Jiangxi	14.17	25.81	25.52	20	0.39	100.77	125.92	19
山　东	Shandong	86.62	252.07	158.62	5	4.56	492.52	459.95	6
河　南	Henan	28.09	59.31	61.18	12	3.72	219.09	260.44	9
湖　北	Hubei	47.37	76.02	85.58	8	1.86	386.14	292.13	7
湖　南	Hunan	23.10	42.86	43.99	15	2.55	196.12	177.06	14
广　东	Guangdong	129.44	304.30	249.94	2	5.98	855.74	938.49	2
广　西	Guangxi	12.40	19.47	5.57	29	1.04	90.23	93.19	24
海　南	Hainan	6.26	12.37	10.77	26	0.29	27.49	29.55	29
重　庆	Chongqing	17.78	41.21	45.23	14	1.11	179.17	186.24	13
四　川	Sichuan	31.35	59.97	55.52	13	3.37	245.10	241.83	11
贵　州	Guizhou	31.28	59.25	106.40	7	1.34	93.71	94.35	23
云　南	Yunnan	43.11	78.71	65.17	10	1.01	148.70	158.74	16
西　藏	Tibet	0.45	1.11	0.97	31	0.04	8.99	8.68	31
陕　西	Shaanxi	22.47	32.73	29.23	19	0.70	123.59	149.41	17
甘　肃	Gansu	6.00	9.90	9.35	27	0.40	75.86	56.88	27
青　海	Qinghai	1.88	3.78	8.35	28	0.16	24.18	39.34	28
宁　夏	Ningxia	2.26	3.83	3.18	30	0.14	21.08	19.14	30
新　疆	Xinjiang	9.52	21.87	16.20	23	0.59	85.79	97.25	21

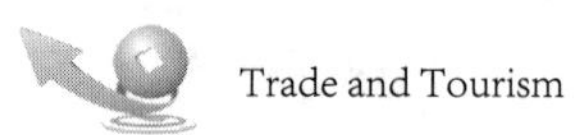

14-12 连锁零售企业基本情况（一）
Basic Conditions of Chain Retail Enterprises (1)

单位：个 (unit)

地区	Region	总店数 Number of Head Stores 2010	2014	2015	2015排名 Ranking	门店总数 Number of Stores 2010	2014	2015	2015排名 Ranking
全　国	**National Total**	**2361**	**2663**	**2690**		**176792**	**206415**	**209812**	
北　京	Beijing	149	151	152	4	6875	7433	7577	11
天　津	Tianjin	39	39	37	22	1924	2324	2237	22
河　北	Hebei	92	81	84	16	4168	4537	4750	16
山　西	Shanxi	41	55	60	20	2029	3425	3727	20
内蒙古	Inner Mongolia	19	17	18	27	1775	262	628	29
辽　宁	Liaoning	91	98	94	13	5629	6157	6136	12
吉　林	Jilin	25	26	25	25	852	833	995	25
黑龙江	Heilongjiang	30	36	36	23	1082	1857	1895	23
上　海	Shanghai	99	95	97	11	19196	18254	18080	3
江　苏	Jiangsu	172	168	168	3	17822	18350	17868	4
浙　江	Zhejiang	230	230	227	2	24147	27307	26453	1
安　徽	Anhui	66	72	72	17	8120	9594	9818	8
福　建	Fujian	125	146	142	6	2942	5250	5782	13
江　西	Jiangxi	66	88	87	15	2793	4242	4574	17
山　东	Shandong	116	147	151	5	9224	10733	11383	7
河　南	Henan	153	138	135	7	6277	5321	5368	14
湖　北	Hubei	99	138	133	8	4919	7357	7765	10
湖　南	Hunan	90	99	113	10	3775	6825	8294	9
广　东	Guangdong	206	299	299	1	23096	24576	21970	2
广　西	Guangxi	52	62	62	18	3391	3799	3989	19
海　南	Hainan	4	6	6	30	224	715	766	28
重　庆	Chongqing	83	93	94	13	10672	12233	12570	5
四　川	Sichuan	91	106	125	9	6401	9869	12094	6
贵　州	Guizhou	25	29	27	24	672	1257	1267	24
云　南	Yunnan	43	41	41	21	3265	4689	5120	15
西　藏	Tibet	1	1	1	31	13	3	3	31
陕　西	Shaanxi	26	59	61	19	586	2206	2407	21
甘　肃	Gansu	27	16	16	28	867	741	782	27
青　海	Qinghai	11	10	10	29	94	141	214	30
宁　夏	Ningxia	18	23	22	26	1491	1639	854	26
新　疆	Xinjiang	72	94	95	12	2471	4486	4446	18

14-13 连锁零售企业基本情况（二）
Basic Conditions of Chain Retail Enterprises (2)

地区	Region	零售营业面积（万平方米） Operating Area of Retail Enterprises (10 000 sq.m)				商品销售额（亿元） Total Sales of Commodities (100 million yuan)			
		2010	2014	2015	2015排名 Ranking	2010	2014	2015	2015排名 Ranking
全 国	**National Total**	**12756.8**	**16221.3**	**16862.4**		**27385.4**	**37340.6**	**35400.4**	
北 京	Beijing	595.7	736.8	748.2	7	1964.8	2544.3	2733.3	4
天 津	Tianjin	256.2	203.5	198.5	21	619.0	753.1	613.6	20
河 北	Hebei	528.5	645.9	606.6	10	839.1	1145.3	989.0	12
山 西	Shanxi	115.6	269.2	262.6	20	229.5	577.4	514.7	21
内蒙古	Inner Mongolia	37.4	24.5	27.7	29	467.5	39.8	31.0	29
辽 宁	Liaoning	352.7	470.7	463.2	13	690.4	941.7	787.1	16
吉 林	Jilin	155.8	32.5	30.2	28	104.7	157.8	141.8	26
黑龙江	Heilongjiang	57.7	77.1	93.3	23	170.2	234.7	238.7	23
上 海	Shanghai	895.7	1040.9	1061.6	5	3071.7	3007.9	2991.1	3
江 苏	Jiangsu	1734.2	1954.3	1933.0	2	4392.6	3483.9	4475.4	2
浙 江	Zhejiang	1022.2	1131.6	1147.9	4	1700.5	2614.8	2004.9	6
安 徽	Anhui	382.9	557.8	559.9	12	1038.6	1663.3	1571.5	8
福 建	Fujian	457.2	629.9	889.3	6	707.3	1363.4	1234.7	9
江 西	Jiangxi	240.9	334.0	326.4	18	713.4	1214.3	1174.8	10
山 东	Shandong	983.2	1590.2	1702.8	3	2098.5	2818.6	2017.9	5
河 南	Henan	513.6	687.6	657.8	9	589.1	903.5	855.4	15
湖 北	Hubei	492.2	724.8	718.2	8	914.5	1871.6	1882.5	7
湖 南	Hunan	405.2	472.1	571.9	11	734.6	1075.1	1087.2	11
广 东	Guangdong	2015.7	2494.5	2610.1	1	3502.1	5351.7	4969.4	1
广 西	Guangxi	339.5	356.3	426.9	14	567.3	832.6	772.3	17
海 南	Hainan	2.8	40.9	41.4	26	1.9	186.8	151.2	25
重 庆	Chongqing	287.3	427.8	424.4	15	614.8	1163.2	904.9	14
四 川	Sichuan	191.7	336.4	358.4	16	346.1	589.8	721.2	18
贵 州	Guizhou	8.5	33.4	34.3	27	19.9	57.0	63.5	28
云 南	Yunnan	179.1	196.9	196.3	22	346.4	522.5	513.9	22
西 藏	Tibet	0.4	2.2	2.2	31	0.6	2.2	3.6	31
陕 西	Shaanxi	49.6	252.1	290.6	19	194.4	1036.7	909.5	13
甘 肃	Gansu	90.5	78.4	67.8	24	234.5	223.3	183.4	24
青 海	Qinghai	11.3	21.2	22.1	30	14.2	25.3	27.2	30
宁 夏	Ningxia	55.6	66.3	49.9	25	127.0	138.6	126.2	27
新 疆	Xinjiang	297.7	331.6	339.1	17	370.3	800.1	709.5	19

14-14 亿元以上商品交易市场数量和总摊位数

Total Number of Booths and Number of Commodity Exchange Markets Over 100 Million Yuan

单位：个 (unit)

地区	Region	商品交易市场数量 Number of Markets				商品交易市场总摊位数 Total Number of Booths			
		2010	2014	2015	2015排名 Ranking	2010	2014	2015	2015排名 Ranking
全　国	**National Total**	**4940**	**5023**	**4952**		**3547581**	**3956270**	**3946112**	
北　京	Beijing	135	131	125	15	129132	122894	113312	11
天　津	Tianjin	81	65	56	23	56419	46402	42197	22
河　北	Hebei	281	244	236	6	338928	355813	362252	4
山　西	Shanxi	44	39	36	27	34993	31616	30049	28
内蒙古	Inner Mongolia	71	72	73	20	41272	41657	40116	25
辽　宁	Liaoning	222	215	206	7	196337	191295	189662	8
吉　林	Jilin	71	60	57	22	71979	55599	53504	21
黑龙江	Heilongjiang	89	84	82	19	61628	61187	61420	18
上　海	Shanghai	179	158	155	9	76560	73532	71932	17
江　苏	Jiangsu	553	536	513	3	362831	393990	394860	3
浙　江	Zhejiang	695	766	751	1	444617	515910	496206	1
安　徽	Anhui	135	130	136	12	96722	127388	134502	10
福　建	Fujian	159	155	135	13	62956	61960	56598	20
江　西	Jiangxi	93	94	93	17	69195	76512	76737	15
山　东	Shandong	543	579	595	2	373177	422248	434074	2
河　南	Henan	170	164	151	11	125237	156601	149380	9
湖　北	Hubei	160	153	157	8	86895	82595	87244	14
湖　南	Hunan	290	326	328	5	194601	197269	196945	6
广　东	Guangdong	378	344	336	4	220384	253988	258026	5
广　西	Guangxi	89	92	91	18	68918	75977	75320	16
海　南	Hainan	7	8	7	30	4089	4993	4656	30
重　庆	Chongqing	119	149	153	10	89250	109363	111651	12
四　川	Sichuan	105	125	134	14	110280	190869	194735	7
贵　州	Guizhou	33	62	60	21	20835	46383	41342	23
云　南	Yunnan	53	48	49	25	56245	68147	59108	19
西　藏	Tibet								
陕　西	Shaanxi	41	52	54	24	25620	36721	40969	24
甘　肃	Gansu	42	40	40	26	43686	35802	35359	26
青　海	Qinghai	9	8	9	29	7314	4731	6952	29
宁　夏	Ningxia	26	35	36	27	21555	27678	30056	27
新　疆	Xinjiang	67	89	98	16	55926	87150	96948	13

14-15 亿元以上商品交易市场营业面积和成交额

Operating Area and Turnover of Commodity Exchange Markets Over 100 Million Yuan

地区	Region	商品交易市场营业面积（万平方米） Operating Area (10 000 sq.m)				商品交易市场成交额（万元） Market Turnover (10 000 yuan)			
		2010	2014	2015	2015排名 Ranking	2010	2014	2015	2015排名 Ranking
全　国	**National Total**	**24832.3**	**29567.9**	**30065.7**		**72703.53**	**100309.9**	**100133.8**	
北　京	Beijing	689.9	692.7	692.3	15	2489.75	3390.27	3482.49	8
天　津	Tianjin	537.0	458.6	413.7	19	2671.86	1790.93	1598.36	17
河　北	Hebei	2599.0	2699.8	2621.2	4	4125.16	5193.01	5365.62	6
山　西	Shanxi	254.3	279.3	272.3	27	487.45	611.12	630.37	24
内蒙古	Inner Mongolia	692.5	768.5	763.2	14	632.81	579.82	606.53	26
辽　宁	Liaoning	821.2	912.9	905.5	11	3465.98	3947.31	3761.36	7
吉　林	Jilin	298.3	295.3	294.1	25	534.03	708.34	668.62	23
黑龙江	Heilongjiang	307.2	319.0	343.4	23	852.78	1104.01	1064.20	19
上　海	Shanghai	784.7	782.6	788.7	13	6479.87	8916.80	9113.90	4
江　苏	Jiangsu	2965.8	3266.6	3183.7	2	11754.31	17084.95	15973.11	2
浙　江	Zhejiang	2511.5	3015.3	3062.3	3	11592.24	15524.97	16131.44	1
安　徽	Anhui	778.5	1139.9	1293.0	7	1737.32	2697.24	2566.88	13
福　建	Fujian	351.6	381.1	360.5	21	1333.95	1733.66	1582.61	18
江　西	Jiangxi	337.3	413.0	413.5	20	1237.87	1762.94	1808.73	15
山　东	Shandong	3447.6	3972.5	4150.2	1	6676.18	9663.27	9866.29	3
河　南	Henan	1019.1	1268.1	1274.1	8	1539.79	3138.43	3348.90	10
湖　北	Hubei	593.2	554.3	623.6	16	1268.77	2095.49	2030.37	14
湖　南	Hunan	883.8	1055.6	1092.8	10	2074.56	3190.03	3256.24	11
广　东	Guangdong	1897.1	1980.2	2012.0	5	4827.40	5657.02	5576.63	5
广　西	Guangxi	338.8	449.3	437.3	17	960.93	1149.55	913.67	20
海　南	Hainan	9.7	76.9	76.6	29	16.30	50.81	52.57	30
重　庆	Chongqing	586.0	806.1	827.7	12	2457.95	3406.31	3412.87	9
四　川	Sichuan	545.9	1187.8	1189.8	9	1152.01	2704.09	2748.93	12
贵　州	Guizhou	131.1	302.2	285.9	26	289.62	691.59	686.34	22
云　南	Yunnan	269.2	372.6	352.0	22	602.64	725.89	613.74	25
西　藏	Tibet								
陕　西	Shaanxi	98.4	246.9	332.7	24	199.44	447.56	691.19	21
甘　肃	Gansu	209.4	179.0	181.7	28	375.17	462.92	410.64	27
青　海	Qinghai	44.5	27.8	53.8	30	30.88	27.31	63.34	29
宁　夏	Ningxia	300.1	398.2	424.8	18	203.48	314.36	314.25	28
新　疆	Xinjiang	529.6	1265.8	1343.5	6	633.03	1539.89	1793.61	16

14-16 限额以上住宿和餐饮业法人企业数和年末从业人员

Number of Corporation Enterprises and Engaged Persons at Year-end of Enterprises above Designated Size in Hotels and Catering Services

地区	Region	法人企业数（个）Number of Corporation Enterprises (unit)				年末从业人员（万人）Engaged Persons at Year-end (10 000 persons)			
		2010	2014	2015	2015排名 Ranking	2010	2014	2015	2015排名 Ranking
全　国	**National Total**	**37308**	**45508**	**44884**		**431.1**	**432.4**	**413.2**	
北　京	Beijing	3377	3035	2395	9	38.0	37.5	36.1	2
天　津	Tianjin	613	635	606	24	8.0	7.6	6.4	21
河　北	Hebei	833	961	916	17	10.7	9.4	8.5	16
山　西	Shanxi	878	908	841	19	12.2	9.6	8.2	18
内蒙古	Inner Mongolia	787	693	691	22	7.7	6.0	5.8	23
辽　宁	Liaoning	1189	1216	1061	15	11.3	9.3	8.4	17
吉　林	Jilin	438	347	366	26	3.8	2.9	2.9	28
黑龙江	Heilongjiang	479	403	379	25	4.7	3.1	2.9	27
上　海	Shanghai	1856	2639	2509	6	27.9	32.6	31.3	3
江　苏	Jiangsu	2461	3148	3122	3	29.5	32.7	29.4	4
浙　江	Zhejiang	2161	2817	2831	4	29.5	27.0	26.4	5
安　徽	Anhui	1021	1676	1780	10	10.2	12.6	12.6	13
福　建	Fujian	1073	1673	1770	11	14.7	15.6	15.2	10
江　西	Jiangxi	733	635	732	21	7.0	6.2	6.4	20
山　东	Shandong	4130	3354	3211	2	31.2	24.8	23.0	6
河　南	Henan	2295	2464	2617	5	16.8	16.7	16.7	8
湖　北	Hubei	1409	2727	2479	7	14.7	17.6	16.2	9
湖　南	Hunan	1205	1312	1438	14	14.1	13.8	13.7	12
广　东	Guangdong	3910	4977	4981	1	61.0	59.8	58.6	1
广　西	Guangxi	581	818	828	20	7.1	7.8	7.6	19
海　南	Hainan	412	321	305	28	6.6	6.0	5.9	22
重　庆	Chongqing	833	1497	1675	13	10.3	12.2	12.3	14
四　川	Sichuan	1532	2511	2464	8	17.6	20.9	19.6	7
贵　州	Guizhou	368	849	879	18	3.5	5.1	4.8	24
云　南	Yunnan	603	914	917	16	7.1	8.7	8.5	15
西　藏	Tibet	46	68	68	31	0.5	0.6	0.5	31
陕　西	Shaanxi	1182	1686	1767	12	14.9	15.9	15.2	11
甘　肃	Gansu	399	619	629	23	4.4	4.6	4.6	25
青　海	Qinghai	90	111	120	30	1.1	1.1	1.1	30
宁　夏	Ningxia	140	159	159	29	1.7	1.5	1.4	29
新　疆	Xinjiang	274	335	348	27	3.4	3.2	3.3	26

注：限额以上住宿和餐饮业统计单位为：年主营业务收入200万元及以上(以下有关各表同)。

Note: The statistical unit of the enterprises of hotel and catering services above the designated size is the annual income of main business at and over 2 million yuan. The same applies to the tables followed.

14-17 限额以上住宿和餐饮业营业额

Business Revenue of Enterprises above Designated Size in Hotels and Catering Services

单位：亿元 (100 million yuan)

地区	Region	营业额 Business Revenue 2010	2014	2015	2015排名 Ranking	其中：餐费收入 From Meals 2010	2014	2015	2015排名 Ranking
全　国	**National Total**	**5992.9**	**8150.5**	**8512.2**		**4037.1**	**5453.7**	**5709.5**	
北　京	Beijing	698.9	871.0	883.2	3	469.2	592.3	604.8	3
天　津	Tianjin	109.5	135.8	134.7	16	83.8	101.3	101.6	16
河　北	Hebei	101.3	104.9	101.5	20	63.8	62.7	59.7	19
山　西	Shanxi	121.1	95.9	80.9	23	79.1	60.3	50.8	22
内蒙古	Inner Mongolia	87.4	88.8	89.4	22	58.0	59.8	58.9	20
辽　宁	Liaoning	189.2	238.4	219.5	14	134.5	169.8	154.9	14
吉　林	Jilin	46.8	47.4	60.0	26	28.5	26.7	36.8	24
黑龙江	Heilongjiang	62.7	52.9	51.4	27	39.7	27.4	25.2	27
上　海	Shanghai	557.5	844.3	889.4	2	392.3	640.4	674.8	2
江　苏	Jiangsu	423.3	572.2	589.5	4	302.8	412.1	418.2	4
浙　江	Zhejiang	470.1	550.0	571.8	5	318.5	366.5	377.7	5
安　徽	Anhui	106.7	182.3	191.5	15	67.6	120.8	132.0	15
福　建	Fujian	197.7	299.3	320.8	10	138.4	201.6	215.4	10
江　西	Jiangxi	76.7	86.1	123.9	18	44.4	48.0	81.7	17
山　东	Shandong	480.7	538.0	547.3	6	347.6	369.2	374.7	6
河　南	Henan	199.0	305.8	326.9	9	129.7	192.9	203.4	11
湖　北	Hubei	169.3	363.5	386.7	7	117.2	256.9	275.3	7
湖　南	Hunan	178.0	248.7	269.0	12	108.5	147.6	162.1	12
广　东	Guangdong	843.6	1129.2	1181.5	1	582.4	746.1	783.7	1
广　西	Guangxi	67.6	93.2	100.4	21	37.2	49.6	53.0	21
海　南	Hainan	88.7	104.7	107.6	19	33.9	35.3	35.6	25
重　庆	Chongqing	134.4	259.3	302.9	11	98.0	192.9	229.8	9
四　川	Sichuan	215.1	370.4	379.3	8	144.3	247.4	253.7	8
贵　州	Guizhou	32.1	69.4	74.5	24	17.9	33.1	34.8	26
云　南	Yunnan	73.7	122.6	128.4	17	36.4	64.3	65.0	18
西　藏	Tibet	4.4	7.0	7.3	31	1.5	2.1	2.2	31
陕　西	Shaanxi	156.8	233.8	246.0	13	102.0	151.2	160.4	13
甘　肃	Gansu	37.1	64.9	71.7	25	23.8	38.4	42.7	23
青　海	Qinghai	9.0	11.7	13.0	30	4.9	5.2	6.4	30
宁　夏	Ningxia	16.0	16.0	15.7	29	10.0	9.7	9.8	29
新　疆	Xinjiang	38.9	43.0	46.8	28	21.3	22.2	24.5	28

14-18 限额以上住宿业和餐饮业主要财务指标（一）

Main Financial Indicators of Enterprises above Designated Size in Hotels and Catering Services (1)

单位：亿元 (100 million yuan)

地区	Region	主营业务收入 Revenue from Principal Business				主营业务成本 Cost of Principal Business			
		2010	2014	2015	2015排名 Ranking	2010	2014	2015	2015排名 Ranking
全　国	**National Total**	**5991.95**	**8029.89**	**8421.68**		**2577.94**	**3660.72**	**3880.24**	
北　京	Beijing	702.04	869.18	883.15	2	257.57	312.08	313.76	3
天　津	Tianjin	108.11	133.10	133.22	17	45.74	61.52	61.45	17
河　北	Hebei	100.93	103.40	99.56	20	47.22	47.99	45.41	19
山　西	Shanxi	120.41	95.36	80.07	23	56.40	45.80	37.46	22
内蒙古	Inner Mongolia	88.70	87.37	88.59	22	44.98	43.29	45.17	20
辽　宁	Liaoning	187.58	237.22	218.10	14	85.05	121.23	108.37	14
吉　林	Jilin	46.48	46.87	58.89	26	22.87	21.87	28.70	26
黑龙江	Heilongjiang	62.71	51.14	51.40	27	25.54	22.45	23.47	27
上　海	Shanghai	554.14	836.59	872.97	3	197.65	336.76	342.06	2
江　苏	Jiangsu	420.19	559.99	576.57	4	186.46	262.24	271.35	5
浙　江	Zhejiang	506.89	542.45	567.94	5	227.66	221.53	235.05	6
安　徽	Anhui	105.45	179.42	190.57	15	49.85	93.23	101.17	15
福　建	Fujian	195.90	293.93	313.40	11	84.83	145.65	157.64	11
江　西	Jiangxi	74.07	85.52	141.98	16	39.35	39.19	76.93	16
山　东	Shandong	473.94	533.45	543.68	6	242.05	284.45	297.04	4
河　南	Henan	197.88	295.58	319.38	10	108.70	163.60	183.29	8
湖　北	Hubei	166.67	364.21	363.01	8	78.97	195.29	190.82	7
湖　南	Hunan	174.52	237.29	263.47	12	79.05	117.20	136.04	12
广　东	Guangdong	840.87	1113.98	1164.21	1	337.68	488.47	503.97	1
广　西	Guangxi	66.92	91.20	98.40	21	23.82	35.75	39.75	21
海　南	Hainan	88.78	103.08	109.91	19	23.53	25.92	28.76	25
重　庆	Chongqing	131.28	255.41	322.45	9	72.84	138.06	182.66	9
四　川	Sichuan	212.96	358.22	371.90	7	85.01	165.40	178.13	10
贵　州	Guizhou	31.58	68.27	73.10	24	12.53	32.83	36.06	24
云　南	Yunnan	73.25	116.83	122.58	18	28.40	57.62	58.76	18
西　藏	Tibet	4.35	6.86	7.33	31	1.29	2.38	2.24	31
陕　西	Shaanxi	155.30	229.19	240.65	13	68.47	113.69	124.26	13
甘　肃	Gansu	37.05	64.41	69.93	25	16.58	32.38	36.21	23
青　海	Qinghai	8.83	11.71	13.12	30	3.41	4.88	5.93	30
宁　夏	Ningxia	15.83	15.93	15.55	29	6.81	7.08	6.81	29
新　疆	Xinjiang	38.35	42.74	46.60	28	17.64	20.89	21.50	28

14-19 限额以上住宿业和餐饮业主要财务指标（二）

Main Financial Indicators of Enterprises above Designated Size in Hotels and Catering Services (2)

单位：亿元 (100 million yuan)

地区	Region	主营业务税金及附加 Tax and Other Charges on Principal Business				主营业务利润 Profits from Principal Business			
		2010	2014	2015	2015排名 Ranking	2010	2014	2015	2015排名 Ranking
全　国	**National Total**	**314.88**	**417.62**	**437.14**		**3029.39**	**3951.54**	**4104.30**	
北　京	Beijing	37.05	47.12	47.70	2	407.36	509.98	521.69	2
天　津	Tianjin	5.82	6.96	6.94	17	56.40	64.61	64.83	17
河　北	Hebei	5.64	5.71	5.45	20	46.93	49.70	48.70	21
山　西	Shanxi	8.27	4.99	4.26	22	49.69	44.57	38.35	23
内蒙古	Inner Mongolia	4.34	3.96	3.81	24	40.03	40.12	39.61	22
辽　宁	Liaoning	9.53	12.13	10.70	14	83.76	103.86	99.03	14
吉　林	Jilin	2.33	2.24	2.58	28	20.56	22.77	27.61	26
黑龙江	Heilongjiang	4.58	3.34	2.69	26	31.34	25.35	25.24	27
上　海	Shanghai	28.95	46.67	46.61	3	327.54	453.16	484.30	3
江　苏	Jiangsu	21.42	28.35	29.29	5	206.42	269.40	275.93	5
浙　江	Zhejiang	25.72	29.66	30.86	4	253.44	291.26	302.03	4
安　徽	Anhui	5.76	8.66	9.33	15	48.32	77.53	80.07	15
福　建	Fujian	10.84	14.67	15.05	9	96.68	133.61	140.71	9
江　西	Jiangxi	4.37	4.41	7.39	16	51.34	41.92	57.67	18
山　东	Shandong	22.51	25.97	25.22	7	207.67	223.04	221.43	6
河　南	Henan	8.94	13.74	13.92	11	80.23	118.24	122.16	11
湖　北	Hubei	8.50	18.92	26.31	6	75.46	150.00	145.87	8
湖　南	Hunan	8.43	12.00	12.66	12	46.13	108.09	114.77	12
广　东	Guangdong	46.45	58.82	61.67	1	458.79	566.68	598.57	1
广　西	Guangxi	3.75	5.09	5.37	21	36.31	50.36	53.27	20
海　南	Hainan	4.85	5.83	6.17	19	53.95	71.33	74.98	16
重　庆	Chongqing	4.90	11.49	14.03	10	48.07	105.87	125.76	10
四　川	Sichuan	11.68	18.21	18.55	8	116.28	174.61	175.22	7
贵　州	Guizhou	1.86	3.68	3.86	23	16.89	31.76	33.17	24
云　南	Yunnan	3.93	6.04	6.26	18	40.84	53.16	57.56	19
西　藏	Tibet	0.24	0.40	0.43	31	2.82	4.08	4.67	31
陕　西	Shaanxi	8.45	11.48	12.47	13	77.83	104.03	103.93	13
甘　肃	Gansu	2.24	3.28	3.54	25	18.23	28.75	30.18	25
青　海	Qinghai	0.48	0.62	0.61	30	4.72	6.21	6.58	30
宁　夏	Ningxia	0.85	0.86	0.82	29	8.13	7.99	7.93	29
新　疆	Xinjiang	2.20	2.33	2.60	27	17.19	19.51	22.49	28

14-20 限额以上住宿业和餐饮业主要财务指标（三）

Main Financial Indicators of Enterprises above Designated Size in Hotels and Catering Services (3)

单位：亿元 (100 million yuan)

地区	Region	其他业务利润 Profits from Other Business				销售费用 Sales Expenses			
		2010	2014	2015	2015排名 Ranking	2010	2014	2015	2015排名 Ranking
全　国	**National Total**	**33.36**	**123.73**	**136.85**		**1707.93**	**2297.64**	**2371.63**	
北　京	Beijing	3.44	7.82	8.21	5	239.42	330.15	331.14	2
天　津	Tianjin	1.52	0.56	1.20	25	35.09	45.31	45.66	15
河　北	Hebei	0.37	1.88	1.54	22	30.17	36.56	34.69	18
山　西	Shanxi	0.74	4.27	1.41	24	39.35	32.97	30.04	21
内蒙古	Inner Mongolia	0.29	1.94	1.80	18	17.30	23.33	23.16	23
辽　宁	Liaoning	0.27	4.46	23.59	1	48.07	59.19	57.23	12
吉　林	Jilin	0.14	0.81	1.07	26	10.20	12.37	14.58	26
黑龙江	Heilongjiang	0.12	1.52	0.70	27	11.28	13.10	13.73	28
上　海	Shanghai	3.30	15.97	21.22	2	188.40	283.26	307.83	3
江　苏	Jiangsu	1.31	4.16	6.25	7	119.36	155.30	157.88	5
浙　江	Zhejiang	4.34	11.46	9.50	4	139.95	172.79	175.48	4
安　徽	Anhui	0.57	3.13	1.93	16	28.52	44.18	45.17	16
福　建	Fujian	1.57	2.16	2.27	15	54.72	75.69	79.02	8
江　西	Jiangxi	0.11	1.06	1.46	23	14.73	23.07	37.77	17
山　东	Shandong	2.27	6.70	5.79	8	88.86	103.79	103.08	6
河　南	Henan	0.96	3.52	3.49	11	37.86	49.07	49.56	14
湖　北	Hubei	0.66	6.25	5.28	9	45.71	76.66	76.96	9
湖　南	Hunan	1.00	6.09	3.48	12	33.82	51.52	54.53	13
广　东	Guangdong	4.67	15.46	14.76	3	279.33	359.20	366.15	1
广　西	Guangxi	0.85	1.72	1.59	20	23.14	31.56	33.80	19
海　南	Hainan	0.24	2.28	2.43	14	24.43	30.13	31.04	20
重　庆	Chongqing	0.55	2.93	1.56	21	24.18	45.86	60.52	10
四　川	Sichuan	1.26	7.39	6.77	6	64.67	93.57	94.93	7
贵　州	Guizhou	0.20	1.30	1.67	19	9.93	15.18	14.30	27
云　南	Yunnan	1.02	1.75	2.43	13	22.01	29.71	30.03	22
西　藏	Tibet	0.10	0.32	0.17	31	1.69	2.94	3.34	31
陕　西	Shaanxi	0.96	3.71	4.06	10	43.78	62.49	59.14	11
甘　肃	Gansu	0.10	2.16	1.92	17	11.03	14.56	15.60	24
青　海	Qinghai	0.08	0.15	0.39	30	3.03	4.31	4.14	30
宁　夏	Ningxia	0.07	0.41	0.40	29	5.55	5.97	5.85	29
新　疆	Xinjiang	0.27	0.40	0.55	28	12.35	13.87	15.30	25

14-21 限额以上住宿业和餐饮业主要财务指标（四）

Main Financial Indicators of Enterprises above Designated Size in Hotels and Catering Services (4)

单位：亿元 (100 million yuan)

地区	Region	管理费用 Administrative Expenses				财务费用 Financial Expenses			
		2010	2014	2015	2015排名 Ranking	2010	2014	2015	2015排名 Ranking
全　国	**National Total**	**1069.56**	**1515.77**	**1547.61**		**143.47**	**265.41**	**280.50**	
北　京	Beijing	151.19	187.25	185.95	2	15.05	24.19	25.86	3
天　津	Tianjin	17.51	23.69	26.65	19	1.47	2.63	3.34	22
河　北	Hebei	19.77	28.12	26.94	18	3.35	6.11	6.64	16
山　西	Shanxi	30.76	24.40	20.77	22	3.39	3.72	3.18	23
内蒙古	Inner Mongolia	14.29	20.18	20.14	23	1.51	2.47	2.36	24
辽　宁	Liaoning	35.81	42.86	38.67	15	3.34	6.27	6.33	17
吉　林	Jilin	9.02	11.98	13.29	25	1.04	1.94	2.10	25
黑龙江	Heilongjiang	7.97	11.52	11.66	27	0.60	1.39	1.06	28
上　海	Shanghai	101.23	149.82	149.43	3	11.92	17.70	17.80	5
江　苏	Jiangsu	77.83	111.84	116.90	5	11.20	19.01	19.18	4
浙　江	Zhejiang	91.96	120.66	123.78	4	18.02	26.23	28.22	2
安　徽	Anhui	18.00	31.46	31.75	17	3.49	8.95	8.07	13
福　建	Fujian	35.23	51.67	54.71	8	5.07	8.21	8.83	11
江　西	Jiangxi	9.53	16.96	20.82	21	1.68	4.31	5.21	20
山　东	Shandong	61.12	80.53	78.19	6	10.00	13.91	14.81	6
河　南	Henan	26.13	39.58	41.72	11	4.35	8.91	9.38	9
湖　北	Hubei	25.49	50.83	48.13	9	4.26	10.49	9.03	10
湖　南	Hunan	28.98	46.02	47.91	10	5.94	10.62	10.93	8
广　东	Guangdong	139.47	194.15	198.44	1	17.40	37.01	42.57	1
广　西	Guangxi	15.63	23.12	23.43	20	2.10	5.67	5.44	18
海　南	Hainan	24.93	40.87	40.79	13	1.85	4.90	5.31	19
重　庆	Chongqing	16.49	31.05	40.63	14	2.46	7.02	7.12	14
四　川	Sichuan	39.79	62.23	64.30	7	5.96	14.04	13.42	7
贵　州	Guizhou	7.28	15.51	15.96	24	0.99	4.03	4.45	21
云　南	Yunnan	17.80	27.19	32.12	16	1.72	5.19	8.17	12
西　藏	Tibet	0.87	2.80	3.13	30	0.05	0.20	0.05	31
陕　西	Shaanxi	26.87	39.94	41.54	12	3.01	5.67	6.91	15
甘　肃	Gansu	6.05	9.92	10.90	28	0.62	1.70	1.72	26
青　海	Qinghai	2.08	2.86	2.87	31	0.53	0.48	0.57	30
宁　夏	Ningxia	3.05	4.31	4.37	29	0.67	1.09	0.88	29
新　疆	Xinjiang	7.43	12.45	11.70	26	0.44	1.34	1.58	27

14-22 限额以上住宿业和餐饮业主要财务指标（五）

Main Financial Indicators of Enterprises above Designated Size in Hotels and Catering Services (5)

单位：亿元 (100 million yuan)

地区	Region	营业利润 Operating Profits 2010	2014	2015	2015排名 Ranking	利润总额 Total Profits 2010	2014	2015	2015排名 Ranking
全　国	**National Total**	**243.20**	**-44.23**	**30.55**		**244.33**	**-71.25**	**47.25**	
北　京	Beijing	8.41	-21.50	-5.88	25	10.27	-18.62	-1.91	19
天　津	Tianjin	4.01	-4.00	-10.58	28	3.82	-3.50	-9.87	28
河　北	Hebei	-4.70	-18.27	-18.34	31	-4.47	-15.71	-15.48	31
山　西	Shanxi	0.72	-15.75	-14.77	29	-0.84	-22.25	-12.28	30
内蒙古	Inner Mongolia	8.75	-8.06	-5.06	23	6.59	-7.73	-6.50	25
辽　宁	Liaoning	8.69	-4.06	-3.25	21	7.55	-2.13	-1.62	18
吉　林	Jilin	1.34	-2.59	-1.54	17	2.04	-1.57	-1.94	20
黑龙江	Heilongjiang	12.80	-0.40	0.01	12	11.41	-18.28	-0.82	16
上　海	Shanghai	29.29	24.01	20.42	4	35.12	31.32	25.80	2
江　苏	Jiangsu	4.03	-11.55	15.96	5	5.96	-8.71	18.64	4
浙　江	Zhejiang	8.52	-19.34	-16.40	30	14.09	-16.96	-11.32	29
安　徽	Anhui	0.10	-5.36	-2.90	19	1.28	-7.40	-2.07	21
福　建	Fujian	7.29	1.79	0.47	11	7.79	2.41	0.52	10
江　西	Jiangxi	5.14	-2.35	-5.67	24	4.28	-1.88	-7.05	26
山　东	Shandong	52.31	27.00	27.12	1	47.79	26.19	25.86	1
河　南	Henan	12.86	22.63	22.87	3	11.35	21.62	24.76	3
湖　北	Hubei	3.81	14.07	14.22	6	3.06	11.92	11.29	6
湖　南	Hunan	18.91	0.35	2.52	9	7.28	-2.83	-0.44	14
广　东	Guangdong	30.74	-10.89	2.75	8	31.97	-12.43	4.62	8
广　西	Guangxi	-0.38	-8.64	-7.00	26	-0.64	-7.34	-7.22	27
海　南	Hainan	9.97	-6.21	-0.30	13	9.54	-10.96	0.33	11
重　庆	Chongqing	8.90	22.90	25.11	2	7.46	19.24	15.53	5
四　川	Sichuan	7.12	6.05	9.50	7	16.07	5.21	8.98	7
贵　州	Guizhou	0.12	-2.98	-0.54	14	0.12	-3.16	0.23	13
云　南	Yunnan	0.68	-7.49	-8.62	27	1.27	-6.44	0.28	12
西　藏	Tibet	0.30	-1.43	-1.42	16	0.28	-1.26	-1.31	17
陕　西	Shaanxi	5.65	-2.36	-1.92	18	4.83	-11.05	-3.79	24
甘　肃	Gansu	0.63	2.45	2.11	10	0.59	0.76	1.40	9
青　海	Qinghai	-0.12	-1.37	-0.91	15	-0.09	-1.06	-0.81	15
宁　夏	Ningxia	-1.01	-3.33	-2.91	20	-0.82	-3.28	-2.79	22
新　疆	Xinjiang	-1.64	-7.55	-4.49	22	-0.61	-5.37	-3.76	23

14-23 限额以上住宿业和餐饮业主要财务指标（六）
Main Financial Indicators of Enterprises above Designated Size in Hotels and Catering Services (6)

单位：亿元 (100 million yuan)

地区	Region	应交所得税 Income Tax Payable				应付职工薪酬 Salaries Payable			
		2010	2014	2015	2015排名 Ranking	2010	2014	2015	2015排名 Ranking
全　国	**National Total**	**75.71**	**78.15**	**85.66**		**900.97**	**1729.07**	**1776.37**	
北　京	Beijing	9.88	9.12	10.26	4	117.80	222.27	232.94	2
天　津	Tianjin	1.74	1.24	0.90	20	15.96	28.21	30.46	17
河　北	Hebei	0.53	0.52	0.58	22	18.46	27.60	28.72	20
山　西	Shanxi	2.15	0.44	0.28	27	18.17	42.77	22.35	23
内蒙古	Inner Mongolia	1.07	0.40	0.42	24	15.15	17.93	21.21	24
辽　宁	Liaoning	2.74	2.37	1.11	18	22.95	30.69	32.83	16
吉　林	Jilin	0.31	0.21	0.35	26	6.96	9.46	10.23	28
黑龙江	Heilongjiang	0.46	0.57	1.47	14	9.13	11.56	11.82	27
上　海	Shanghai	8.68	11.59	12.11	2	72.68	142.49	156.41	3
江　苏	Jiangsu	4.81	4.76	12.51	1	64.12	111.51	112.77	5
浙　江	Zhejiang	6.36	4.28	4.52	6	64.03	113.32	118.73	4
安　徽	Anhui	1.14	1.65	1.18	16	17.19	36.86	40.89	14
福　建	Fujian	2.78	2.79	2.47	10	29.38	57.89	62.96	9
江　西	Jiangxi	0.58	0.51	1.78	12	10.99	36.16	39.71	15
山　东	Shandong	8.15	9.59	7.54	5	57.80	122.16	87.13	6
河　南	Henan	2.49	2.00	1.94	11	24.96	47.48	50.80	12
湖　北	Hubei	1.70	3.94	3.24	7	25.73	62.13	80.37	7
湖　南	Hunan	1.83	1.15	1.12	17	26.47	46.33	47.22	13
广　东	Guangdong	10.56	10.14	10.31	3	140.32	251.14	262.19	1
广　西	Guangxi	0.52	0.50	0.37	25	11.95	31.57	23.36	22
海　南	Hainan	0.56	0.76	1.47	13	13.38	32.23	29.99	18
重　庆	Chongqing	1.17	2.32	2.53	9	17.85	46.86	54.38	10
四　川	Sichuan	2.72	3.95	3.18	8	17.48	71.78	66.44	8
贵　州	Guizhou	0.19	0.52	0.47	23	6.06	16.70	15.51	26
云　南	Yunnan	0.87	0.80	0.65	21	13.52	27.69	29.98	19
西　藏	Tibet	0.02	0.02	0.02	31	1.01	2.39	2.67	31
陕　西	Shaanxi	1.05	1.11	1.09	19	26.24	47.75	51.54	11
甘　肃	Gansu	0.22	0.57	1.46	15	6.76	12.39	28.35	21
青　海	Qinghai	0.02	0.01	0.02	30	1.90	3.87	4.43	29
宁　夏	Ningxia	0.09	0.06	0.04	29	3.09	4.99	4.37	30
新　疆	Xinjiang	0.34	0.27	0.28	28	7.08	12.87	15.60	25

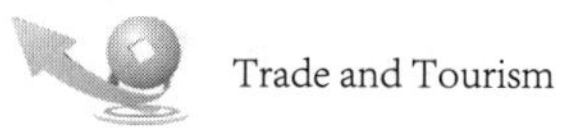

14-24 连锁餐饮企业基本情况（一）
Basic Conditions of Chain Catering Enterprises (1)

单位：个 (unit)

地区	Region	总店数 Number of Head Stores				门店总数 Number of Stores			
		2010	2014	2015	2015排名 Ranking	2010	2014	2015	2015排名 Ranking
全　国	**National Total**	**415**	**465**	**455**		**15333**	**22494**	**23721**	
北　京	Beijing	78	84	79	1	2316	3871	4239	1
天　津	Tianjin	12	11	8	16	307	503	497	13
河　北	Hebei	1	1	1	26	7	6	6	27
山　西	Shanxi	7	6	5	21	93	115	109	22
内蒙古	Inner Mongolia	7	7	5	21	1153	213	162	20
辽　宁	Liaoning	9	13	12	11	394	706	706	10
吉　林	Jilin	1	1	1	26	14	23	23	25
黑龙江	Heilongjiang	8	7	7	18	69	68	67	23
上　海	Shanghai	27	28	28	5	1773	2685	3127	3
江　苏	Jiangsu	23	22	22	7	1065	1460	1491	6
浙　江	Zhejiang	34	28	30	3	1289	1728	1736	5
安　徽	Anhui	7	9	9	15	186	583	650	11
福　建	Fujian	16	14	12	11	764	786	548	12
江　西	Jiangxi	8	8	7	18	69	112	113	21
山　东	Shandong	15	10	12	11	290	438	466	14
河　南	Henan	17	20	19	9	183	210	205	16
湖　北	Hubei	25	34	30	3	310	649	784	9
湖　南	Hunan	9	13	21	8	160	621	844	8
广　东	Guangdong	56	78	73	2	1990	3403	3706	2
广　西	Guangxi	2	3	3	23	63	170	176	18
海　南	Hainan		1	1	26		5	5	28
重　庆	Chongqing	18	26	25	6	2038	2596	2360	4
四　川	Sichuan	10	14	14	10	369	845	959	7
贵　州	Guizhou	1	2	2	25	10	18	17	26
云　南	Yunnan	7	8	11	14	213	295	319	15
西　藏	Tibet	1	1	1	26	3	3	3	29
陕　西	Shaanxi	4	5	6	20	77	181	199	17
甘　肃	Gansu	1	3	3	23	4	37	35	24
青　海	Qinghai	4				12			
宁　夏	Ningxia	1				6			
新　疆	Xinjiang	6	8	8	16	106	164	169	19

14-25 连锁餐饮企业基本情况（二）
Basic Conditions of Chain Catering Enterprises (2)

地区	Region	餐饮营业面积（万平方米） Operating Area of Catering Enterprises (10 000 sq.m)				营业额（亿元） Business Revenue (100 million yuan)			
		2010	2014	2015	2015排名 Ranking	2010	2014	2015	2015排名 Ranking
全　国	**National Total**	**742.65**	**1020.00**	**970.89**		**955.42**	**1391.02**	**1526.61**	
北　京	Beijing	130.33	189.54	174.86	1	160.82	265.28	301.99	1
天　津	Tianjin	6.74	20.27	20.13	13	31.03	39.45	38.86	12
河　北	Hebei	1.49	2.46	2.46	24	1.78	1.21	0.59	28
山　西	Shanxi	8.37	6.96	6.40	19	8.44	8.06	7.50	21
内蒙古	Inner Mongolia	62.23	10.97	8.12	18	49.16	13.73	12.69	16
辽　宁	Liaoning	15.83	26.98	26.65	11	38.48	59.73	58.46	8
吉　林	Jilin	0.63	1.29	1.29	26	0.44	0.93	0.86	26
黑龙江	Heilongjiang	5.18	3.52	3.19	23	3.61	3.66	3.72	23
上　海	Shanghai	42.24	75.12	89.68	4	104.18	165.04	191.27	3
江　苏	Jiangsu	38.82	48.54	49.71	7	64.06	96.67	91.34	7
浙　江	Zhejiang	87.03	94.34	81.87	5	85.09	94.06	93.71	6
安　徽	Anhui	26.14	46.40	40.52	9	7.77	15.58	16.58	15
福　建	Fujian	18.07	22.36	15.43	15	37.78	30.90	22.46	14
江　西	Jiangxi	4.55	7.33	5.90	20	5.56	8.80	8.29	20
山　东	Shandong	14.46	19.93	25.05	12	21.91	30.14	43.16	11
河　南	Henan	9.24	11.44	9.74	16	8.58	11.26	10.58	18
湖　北	Hubei	29.06	47.42	36.48	10	32.76	54.27	55.39	9
湖　南	Hunan	8.10	44.17	56.38	6	12.37	38.04	52.84	10
广　东	Guangdong	71.42	104.34	102.68	3	133.82	221.12	247.38	2
广　西	Guangxi	2.40	3.70	4.04	22	4.65	8.68	9.81	19
海　南	Hainan		0.19	0.19	28		0.59	0.64	27
重　庆	Chongqing	128.66	174.56	129.66	2	99.23	128.35	115.80	4
四　川	Sichuan	14.14	26.03	45.84	8	21.70	49.82	98.11	5
贵　州	Guizhou	2.21	2.31	2.20	25	1.60	1.26	0.92	25
云　南	Yunnan	7.95	16.87	17.72	14	8.72	22.83	22.72	13
西　藏	Tibet	0.05	0.05	0.05	29	0.03	0.05	0.06	29
陕　西	Shaanxi	3.19	7.72	8.97	17	7.50	13.30	12.59	17
甘　肃	Gansu	0.54	1.15	1.10	27	0.60	2.97	3.00	24
青　海	Qinghai	1.10				0.57			
宁　夏	Ningxia	0.21				0.07			
新　疆	Xinjiang	2.28	4.06	4.57	21	3.09	5.24	5.29	22

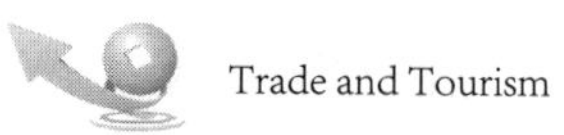

14-26 货物进出口总额
Total Value of Imports and Exports of Goods

单位：亿美元 (100 million USD)

地区	Region	按经营单位所在地分货物进出口总额 By Location of Imports/Exports 2010	2014	2015	2015排名 Ranking	按境内目的地和货源地分货物进出口总额 By Place of Destination or Origin in China 2010	2014	2015	2015排名 Ranking
全　国	**National Total**	**29739.98**	**43015.27**	**39530.33**		**29739.98**	**43015.27**	**39530.33**	
北　京	Beijing	3017.22	4155.19	3194.41	5	1106.94	1431.11	1307.75	7
天　津	Tianjin	821.00	1338.86	1142.83	8	916.12	1444.21	1189.60	8
河　北	Hebei	420.60	598.77	515.14	12	620.52	942.69	802.49	10
山　西	Shanxi	125.76	162.33	146.81	24	138.60	185.12	174.47	23
内蒙古	Inner Mongolia	87.30	145.56	127.31	26	116.82	152.95	139.06	26
辽　宁	Liaoning	807.12	1139.98	959.47	9	952.92	1253.89	1070.73	9
吉　林	Jilin	168.45	263.81	188.77	23	170.23	270.37	199.79	21
黑龙江	Heilongjiang	255.15	389.01	210.12	21	183.39	294.24	163.24	24
上　海	Shanghai	3689.51	4664.00	4492.41	3	3654.43	4526.03	4230.37	3
江　苏	Jiangsu	4657.99	5635.53	5455.60	2	4987.83	6091.29	5809.73	2
浙　江	Zhejiang	2535.35	3550.40	3467.84	4	2872.50	3782.70	3590.59	4
安　徽	Anhui	242.73	491.77	478.45	15	233.80	432.03	424.93	16
福　建	Fujian	1087.83	1774.08	1688.46	7	1105.50	1645.04	1475.66	6
江　西	Jiangxi	216.19	427.31	424.00	17	209.53	391.13	406.51	17
山　东	Shandong	1891.56	2769.29	2406.08	6	2251.60	3284.10	2783.74	5
河　南	Henan	178.32	649.72	737.81	11	200.15	684.75	769.57	11
湖　北	Hubei	259.32	430.40	455.53	16	260.29	408.47	445.63	15
湖　南	Hunan	146.56	308.32	293.02	19	156.08	283.00	293.04	19
广　东	Guangdong	7848.96	10765.84	10224.96	1	8340.06	12419.43	11651.88	1
广　西	Guangxi	177.39	405.49	510.91	14	195.49	448.88	462.12	14
海　南	Hainan	86.49	158.63	139.67	25	103.71	169.28	155.15	25
重　庆	Chongqing	124.27	954.32	744.67	10	118.29	825.59	587.12	12
四　川	Sichuan	326.94	702.03	511.89	13	262.96	612.37	469.42	13
贵　州	Guizhou	31.47	107.71	122.21	27	34.58	51.38	78.30	27
云　南	Yunnan	134.30	296.07	244.91	20	103.33	199.14	189.91	22
西　藏	Tibet	8.36	22.55	9.14	31	5.89	21.36	6.65	30
陕　西	Shaanxi	121.02	273.64	304.99	18	117.04	276.88	298.77	18
甘　肃	Gansu	74.03	86.41	79.52	28	73.88	52.67	43.63	28
青　海	Qinghai	7.89	17.18	19.34	30	8.18	6.20	5.91	31
宁　夏	Ningxia	19.60	54.35	37.39	29	25.67	40.13	33.89	29
新　疆	Xinjiang	171.30	276.72	196.69	22	213.63	388.89	270.68	20

14-27 按经营单位所在地分货物进出口总额构成
Composition of Total Imports and Exports by Location of Business Unit

单位：亿美元 （100 million USD）

地区	Region	货物出口总额 Total Exports 2010	2014	2015	2015排名 Ranking	货物进口总额 Total Imports 2010	2014	2015	2015排名 Ranking
全　国	**National Total**	**15777.54**	**23422.93**	**22734.68**		**13962.44**	**19592.35**	**16795.64**	
北　京	Beijing	554.36	623.38	546.67	8	2462.85	3531.80	2647.74	2
天　津	Tianjin	374.85	525.91	511.63	9	446.15	812.95	631.20	7
河　北	Hebei	225.56	357.10	329.33	14	195.04	241.67	185.81	13
山　西	Shanxi	47.03	89.41	84.21	23	78.73	72.92	62.61	25
内蒙古	Inner Mongolia	33.34	63.94	56.50	26	53.95	81.63	70.81	24
辽　宁	Liaoning	430.99	587.45	507.11	10	376.13	552.53	452.36	9
吉　林	Jilin	44.76	57.78	46.14	27	123.69	206.03	142.64	18
黑龙江	Heilongjiang	162.81	173.35	80.35	24	92.35	215.66	129.77	19
上　海	Shanghai	1807.14	2101.34	1959.13	4	1882.37	2562.66	2533.28	3
江　苏	Jiangsu	2705.39	3418.33	3386.45	2	1952.60	2217.21	2069.16	4
浙　江	Zhejiang	1804.65	2733.27	2763.32	3	730.70	817.13	704.52	6
安　徽	Anhui	124.13	314.85	322.70	15	118.60	176.92	155.74	17
福　建	Fujian	714.93	1134.52	1126.80	6	372.90	639.56	561.66	8
江　西	Jiangxi	134.16	320.25	331.17	12	82.03	107.06	92.83	22
山　东	Shandong	1042.26	1447.09	1439.26	5	849.31	1322.21	966.82	5
河　南	Henan	105.29	393.83	430.61	11	73.02	255.89	307.19	10
湖　北	Hubei	144.42	266.42	292.12	16	114.90	163.97	163.41	15
湖　南	Hunan	79.56	199.43	191.37	18	67.00	108.89	101.65	21
广　东	Guangdong	4531.91	6460.87	6431.72	1	3317.05	4304.97	3793.24	1
广　西	Guangxi	96.03	243.27	279.34	17	81.36	162.21	231.57	11
海　南	Hainan	23.20	44.17	37.43	28	63.28	114.46	102.24	20
重　庆	Chongqing	74.89	634.01	551.87	7	49.38	320.31	192.80	12
四　川	Sichuan	188.41	448.39	330.93	13	138.53	253.64	180.96	14
贵　州	Guizhou	19.20	93.97	99.49	22	12.27	13.74	22.73	26
云　南	Yunnan	76.06	187.87	166.16	20	58.24	108.20	78.76	23
西　藏	Tibet	7.71	21.01	5.87	31	0.65	1.54	3.27	30
陕　西	Shaanxi	62.08	139.30	147.89	21	58.93	134.35	157.10	16
甘　肃	Gansu	16.38	53.29	58.12	25	57.65	33.11	21.40	28
青　海	Qinghai	4.66	11.28	16.42	30	3.23	5.90	2.93	31
宁　夏	Ningxia	11.70	43.03	29.63	29	7.90	11.32	7.76	29
新　疆	Xinjiang	129.69	234.81	174.96	19	41.61	41.92	21.73	27

14-28 按境内目的地和货源地分货物进出口总额构成
Composition of Total Imports and Exports by Place of Destination or Origin in China

单位：亿美元 （100 million USD）

地区	Region	货物出口总额 Total Exports				货物进口总额 Total Imports			
		2010	2014	2015	2015排名 Ranking	2010	2014	2015	2015排名 Ranking
全 国	**National Total**	**15777.54**	**23422.93**	**22734.68**		**13962.44**	**19592.35**	**16795.64**	
北 京	Beijing	307.17	316.49	290.01	13	799.77	1114.62	1017.74	5
天 津	Tianjin	377.71	520.11	483.60	8	538.41	924.09	706.00	7
河 北	Hebei	279.74	491.38	476.56	9	340.79	451.31	325.93	10
山 西	Shanxi	67.41	116.09	114.39	21	71.19	69.02	60.08	26
内蒙古	Inner Mongolia	43.57	64.00	61.34	24	73.25	88.95	77.72	25
辽 宁	Liaoning	429.43	556.61	511.00	7	523.49	697.28	559.73	8
吉 林	Jilin	45.07	62.46	53.63	26	125.17	207.91	146.16	18
黑龙江	Heilongjiang	85.06	121.67	63.17	23	98.33	172.57	100.06	23
上 海	Shanghai	1732.55	1919.47	1786.99	4	1921.89	2606.56	2443.39	2
江 苏	Jiangsu	2814.49	3505.58	3488.33	2	2173.34	2585.71	2321.40	3
浙 江	Zhejiang	2009.44	2811.04	2830.03	3	863.06	971.66	760.56	6
安 徽	Anhui	109.27	265.09	276.54	15	124.53	166.93	148.39	17
福 建	Fujian	666.19	975.85	937.95	6	439.31	669.19	537.71	9
江 西	Jiangxi	118.07	270.89	301.40	12	91.46	120.25	105.10	21
山 东	Shandong	1103.01	1549.97	1484.94	5	1148.60	1734.13	1298.80	4
河 南	Henan	121.94	425.34	457.79	10	78.21	259.42	311.78	12
湖 北	Hubei	139.10	239.80	270.98	16	121.19	168.67	174.65	15
湖 南	Hunan	85.78	170.91	190.85	17	70.31	112.09	102.19	22
广 东	Guangdong	4671.77	7453.10	7301.88	1	3668.29	4966.33	4350.01	1
广 西	Guangxi	65.25	130.43	140.56	19	130.24	318.45	321.57	11
海 南	Hainan	21.62	41.85	42.68	27	82.09	127.43	112.47	20
重 庆	Chongqing	69.94	519.03	399.38	11	48.35	306.56	187.74	13
四 川	Sichuan	124.03	366.84	283.87	14	138.93	245.53	185.55	14
贵 州	Guizhou	20.16	35.80	54.50	25	14.43	15.58	23.80	27
云 南	Yunnan	51.08	105.17	106.65	22	52.25	93.97	83.26	24
西 藏	Tibet	5.38	20.47	5.27	30	0.52	0.88	1.38	31
陕 西	Shaanxi	56.35	141.37	146.22	18	60.69	135.51	152.55	16
甘 肃	Gansu	12.75	20.80	21.59	29	61.13	31.86	22.04	28
青 海	Qinghai	3.18	3.16	3.67	31	5.00	3.05	2.24	30
宁 夏	Ningxia	15.52	26.67	23.69	28	10.15	13.46	10.20	29
新 疆	Xinjiang	125.55	175.50	125.23	20	88.09	213.39	145.45	19

14-29 外商投资企业进出口额构成
Composition of Imports and Exports of foreign-funded Enterprises

单位：亿美元 （100 million USD）

地区	Region	出口额 Exports 2010	2014	2015	2015排名 Ranking	进口额 Imports 2010	2014	2015	2015排名 Ranking
全　国	**National Total**	**8622.29**	**10746.20**	**10046.14**		**7383.86**	**9089.38**	**8288.66**	
北　京	Beijing	221.52	207.41	147.54	12	476.77	586.17	504.08	4
天　津	Tianjin	264.38	336.78	321.28	7	323.71	437.25	351.07	6
河　北	Hebei	92.16	89.37	76.89	15	82.93	74.97	62.94	16
山　西	Shanxi	8.80	41.95	44.20	19	13.26	27.16	31.86	21
内蒙古	Inner Mongolia	9.60	8.54	7.01	23	6.51	7.77	6.17	23
辽　宁	Liaoning	206.40	217.30	187.30	10	183.52	268.48	226.05	10
吉　林	Jilin	12.78	15.45	13.99	22	63.27	108.04	79.63	15
黑龙江	Heilongjiang	6.99	5.91	6.43	24	4.14	7.40	5.72	24
上　海	Shanghai	1259.33	1414.46	1310.31	3	1239.86	1686.69	1696.72	2
江　苏	Jiangsu	1923.14	1987.80	1938.81	2	1548.90	1510.23	1434.17	3
浙　江	Zhejiang	581.37	625.80	566.50	4	342.60	341.92	274.93	7
安　徽	Anhui	32.53	83.56	81.19	14	48.66	55.83	46.55	20
福　建	Fujian	349.52	425.93	399.57	6	233.84	319.85	265.61	8
江　西	Jiangxi	49.95	68.51	69.73	16	69.36	63.12	57.93	18
山　东	Shandong	565.63	622.87	561.29	5	397.62	447.56	364.92	5
河　南	Henan	25.56	245.29	294.48	8	19.64	192.75	226.43	9
湖　北	Hubei	56.95	77.19	67.47	17	53.59	68.10	55.38	19
湖　南	Hunan	12.92	34.41	35.58	20	18.10	33.06	26.80	22
广　东	Guangdong	2818.47	3560.75	3329.96	1	2026.45	2327.71	2097.52	1
广　西	Guangxi	20.33	43.71	44.29	18	28.90	62.31	59.12	17
海　南	Hainan	12.77	28.51	24.27	21	49.60	98.34	81.16	14
重　庆	Chongqing	16.51	314.34	264.19	9	31.06	116.68	96.72	13
四　川	Sichuan	44.43	204.08	152.80	11	83.41	139.37	114.57	12
贵　州	Guizhou	1.05	0.90	1.41	27	0.69	0.98	1.25	27
云　南	Yunnan	3.30	3.39	3.22	25	3.15	3.09	1.82	25
西　藏	Tibet		0.002						
陕　西	Shaanxi	21.57	78.79	92.80	13	29.05	101.51	116.42	11
甘　肃	Gansu	0.98	0.24	0.24	29	0.47	0.17	0.13	29
青　海	Qinghai	0.10	0.01	0.03	30	1.25	0.16	0.10	30
宁　夏	Ningxia	1.49	2.08	2.61	26	1.72	1.48	1.12	28
新　疆	Xinjiang	1.79	0.89	0.74	28	1.76	1.24	1.77	26

14-30 中外合资企业进出口额构成

Composition of Imports and Exports of Sino-foreign Joint Ventures

单位：亿美元 （100 million USD）

地区	Region	出口额 Exports				进口额 Imports			
		2010	2014	2015	2015排名 Ranking	2010	2014	2015	2015排名 Ranking
全　国	**National Total**	**2375.82**	**3054.93**	**2824.49**		**2097.87**	**2855.79**	**2450.71**	
北　京	Beijing	147.44	122.31	66.88	10	107.06	120.86	101.13	9
天　津	Tianjin	120.67	155.94	158.25	7	139.49	195.03	164.91	5
河　北	Hebei	52.70	47.28	38.57	13	39.00	32.24	30.79	17
山　西	Shanxi	4.34	40.59	42.55	12	10.13	25.32	30.77	18
内蒙古	Inner Mongolia	3.78	2.31	2.13	24	4.94	5.98	4.65	23
辽　宁	Liaoning	107.83	104.33	84.64	9	101.68	184.01	151.96	7
吉　林	Jilin	6.73	6.06	5.25	22	54.97	97.18	70.17	12
黑龙江	Heilongjiang	4.92	3.85	4.11	23	2.32	3.59	2.49	24
上　海	Shanghai	194.14	219.57	203.63	6	203.52	252.99	204.55	4
江　苏	Jiangsu	379.21	446.65	401.10	2	374.27	335.19	325.92	2
浙　江	Zhejiang	317.59	319.37	283.23	3	156.28	177.42	133.61	8
安　徽	Anhui	15.68	31.38	35.95	14	28.23	40.54	33.06	16
福　建	Fujian	80.17	110.22	98.38	8	56.87	139.46	99.14	10
江　西	Jiangxi	17.04	15.58	14.90	18	53.36	37.98	33.55	15
山　东	Shandong	267.22	282.19	253.39	5	184.31	219.28	164.04	6
河　南	Henan	15.30	231.91	281.56	4	13.64	186.70	221.11	3
湖　北	Hubei	39.05	55.82	45.26	11	43.11	56.68	44.54	13
湖　南	Hunan	5.89	18.91	20.53	16	11.59	24.79	17.69	20
广　东	Guangdong	547.47	766.09	712.33	1	400.26	498.97	447.97	1
广　西	Guangxi	6.58	21.71	24.04	15	8.70	36.44	34.30	14
海　南	Hainan	6.92	13.32	9.34	20	48.26	95.70	76.20	11
重　庆	Chongqing	10.14	15.76	15.43	17	23.30	40.42	30.70	19
四　川	Sichuan	10.05	11.46	11.07	19	17.12	15.73	15.33	21
贵　州	Guizhou	0.42	0.37	0.36	28	0.48	0.82	0.40	27
云　南	Yunnan	1.56	0.97	0.89	26	1.31	2.27	1.11	25
西　藏	Tibet		0.0005						
陕　西	Shaanxi	9.76	9.29	8.32	21	9.81	29.43	9.40	22
甘　肃	Gansu	0.61	0.12	0.17	29	0.40	0.07	0.04	30
青　海	Qinghai	0.10	0.01	0.02	30	1.24	0.12	0.10	29
宁　夏	Ningxia	0.97	1.03	1.76	25	0.91	0.36	0.14	28
新　疆	Xinjiang	1.53	0.54	0.46	27	1.26	0.23	0.92	26

14-31 外商独资企业进出口额构成

Composition of Imports and Exports of Foreign-owned Enterprises

单位：亿美元 （100 million USD）

地区	Region	出口额 Exports				进口额 Imports			
		2010	2014	2015	2015排名 Ranking	2010	2014	2015	2015排名 Ranking
全 国	**National Total**	**6081.77**	**7554.82**	**7107.85**		**5212.18**	**6147.10**	**5775.61**	
北 京	Beijing	73.30	84.53	80.20	12	369.10	464.57	402.40	4
天 津	Tianjin	141.17	179.78	162.26	8	181.15	240.38	184.55	6
河 北	Hebei	37.62	40.27	36.28	15	39.43	34.17	25.43	13
山 西	Shanxi	4.28	1.21	1.47	25	2.98	1.84	1.08	24
内蒙古	Inner Mongolia	5.81	6.21	4.87	22	1.57	1.79	1.52	23
辽 宁	Liaoning	93.73	109.43	99.96	10	80.70	83.44	73.36	11
吉 林	Jilin	5.46	8.64	7.91	21	8.19	10.63	9.20	18
黑龙江	Heilongjiang	2.04	2.05	2.32	23	1.82	3.81	3.22	22
上 海	Shanghai	1040.19	1172.83	1089.48	3	1019.09	1422.24	1483.40	2
江 苏	Jiangsu	1535.29	1530.74	1527.62	2	1166.26	1156.19	1091.65	3
浙 江	Zhejiang	258.30	301.78	279.24	6	184.46	161.58	138.87	8
安 徽	Anhui	16.39	51.76	44.84	14	19.97	15.26	13.45	16
福 建	Fujian	267.73	314.37	299.95	5	175.37	178.88	165.19	7
江 西	Jiangxi	32.67	52.26	54.42	13	15.94	25.11	24.29	15
山 东	Shandong	293.91	334.74	303.25	4	211.06	226.32	199.08	5
河 南	Henan	10.16	13.18	12.72	20	5.68	5.21	4.72	21
湖 北	Hubei	17.74	20.36	20.35	16	10.48	11.39	10.76	17
湖 南	Hunan	7.01	15.44	15.03	18	6.48	8.13	9.03	19
广 东	Guangdong	2168.12	2715.75	2553.51	1	1594.68	1793.32	1630.00	1
广 西	Guangxi	13.46	21.75	20.07	17	20.19	25.82	24.74	14
海 南	Hainan	1.68	13.43	13.71	19	1.14	2.63	4.95	20
重 庆	Chongqing	6.36	298.13	248.23	7	7.76	76.26	66.01	12
四 川	Sichuan	34.31	192.50	141.63	9	66.20	123.36	99.06	10
贵 州	Guizhou	0.61	0.48	1.01	26	0.19	0.16	0.85	26
云 南	Yunnan	1.57	2.22	1.88	24	1.84	0.55	0.25	28
西 藏	Tibet		0.001						
陕 西	Shaanxi	11.79	69.46	84.44	11	19.22	72.08	107.03	9
甘 肃	Gansu	0.37	0.12	0.07	29	0.06	0.10	0.09	29
青 海	Qinghai						0.04		
宁 夏	Ningxia	0.46	1.05	0.84	27	0.81	1.12	0.98	25
新 疆	Xinjiang	0.26	0.35	0.28	28	0.39	0.74	0.46	27

14-32　外商直接投资情况
Direct Foreign Investment

地区	Region	外商直接投资当年新签项目（合同）数（个）Number of Projects (Contracts) new signed (unit)				外商直接投资实际使用额（亿美元）Amount of Foreign Capital Actually Utilized (100 million USD)			
		2010	2014	2015	2015排名 Ranking	2010	2014	2015	2015排名 Ranking
全　国	**National Total**	**27406**	**25448**	**26575**		**1057.35**	**2865.01**	**1262.67**	
北　京	Beijing	1629	1318	1386	7	63.64	90.41	129.96	9
天　津	Tianjin	592	674	1035	8	108.49	188.67	211.34	3
河　北	Hebei	246	817	683	10	38.31	70.09	65.89	17
山　西	Shanxi	133	47	39	26	12.83	29.22	27.14	22
内蒙古	Inner Mongolia	95	53	57	23	33.40	38.50	33.44	21
辽　宁	Liaoning	1511	526	476	13	207.50	251.77	51.85	19
吉　林	Jilin	228	72	51	24	19.23	72.82	80.18	15
黑龙江	Heilongjiang	184	286	276	18	16.46	51.87	55.32	18
上　海	Shanghai	3906	4697	6007	2	111.21	181.66	184.59	4
江　苏	Jiangsu	4663	3352	2689	3	295.81	281.74	243.29	2
浙　江	Zhejiang	2075	1628	1857	4	109.89	160.47	169.63	5
安　徽	Anhui	294	345	325	16	55.14	123.02	136.19	8
福　建	Fujian	1139	816	1424	6	56.99	70.36	75.87	16
江　西	Jiangxi	1095	834	646	11	59.02	93.52	96.66	13
山　东	Shandong	1630	1352	1509	5	93.77	232.79	162.89	6
河　南	Henan	492	367	294	17	61.73	146.49	157.99	7
湖　北	Hubei	479	291	272	19	50.72	89.94	101.35	12
湖　南	Hunan	650	543	559	12	52.08	102.59	115.58	10
广　东	Guangdong	5637	6015	7032	1	203.54	268.71	268.75	1
广　西	Guangxi	189	139	147	21	12.00	11.66	17.22	24
海　南	Hainan	47	44	46	25	9.14	5.60	4.41	26
重　庆	Chongqing	232	203	242	20	63.44	106.29	107.65	11
四　川	Sichuan	381	316	340	15	59.11	102.71	90.18	14
贵　州	Guizhou	26	61	980	9	2.07	15.84	16.77	25
云　南	Yunnan	103	94	97	22	11.54	25.63	25.97	23
西　藏	Tibet								
陕　西	Shaanxi	487	495	438	14	18.43	48.31	42.80	20
甘　肃	Gansu	445	11	20	28	1.32	0.98	1.87	28
青　海	Qinghai	11	6	7	30	0.10	0.11	0.61	30
宁　夏	Ningxia	23	14	20	28	0.55	0.66	1.67	29
新　疆	Xinjiang	30	32	22	27	1.39	2.58	2.87	27

注：本表全国数据来自商务部，各地区数据来自各省。

Note: The national total data in this table come from the Ministry of Commerce, other data are from each region.

14-33 外商投资企业年底注册登记情况（一）
Registration Status of Foreign Funded Enterprises at Year-end (1)

地区	Region	外商投资企业数（户）Number of Enterprises (unit)				外商投资企业投资总额（亿美元）Total Investment (100 million USD)			
		2010	2014	2015	2015排名 Ranking	2010	2014	2015	2015排名 Ranking
全　国	**National Total**	**445244**	**460699**	**481179**		**27059**	**37977**	**45390**	
北　京	Beijing	24853	28041	29396	5	1192	2010	3810	4
天　津	Tianjin	12918	11507	12278	9	1096	1441	1813	9
河　北	Hebei	9531	6811	6867	14	403	621	736	14
山　西	Shanxi	3665	3531	3606	23	229	391	411	20
内蒙古	Inner Mongolia	3693	3036	2967	25	232	264	351	22
辽　宁	Liaoning	18377	17091	17745	8	1476	1986	2066	7
吉　林	Jilin	4309	4370	4437	19	223	333	352	21
黑龙江	Heilongjiang	5814	5016	4149	21	196	240	223	25
上　海	Shanghai	55666	68952	74885	2	3394	5305	6613	2
江　苏	Jiangsu	51666	51634	53551	3	5081	7181	7822	1
浙　江	Zhejiang	28769	31005	32778	4	1832	2629	2918	5
安　徽	Anhui	5633	4721	5063	17	303	480	1065	10
福　建	Fujian	23463	24322	25895	7	1248	1732	1967	8
江　西	Jiangxi	7574	7020	7094	13	439	670	726	15
山　东	Shandong	29486	26023	27240	6	1245	1992	2193	6
河　南	Henan	10254	10056	8316	12	379	589	687	16
湖　北	Hubei	7486	8160	8646	11	429	777	892	11
湖　南	Hunan	5410	5353	5865	16	324	463	521	17
广　东	Guangdong	93756	104555	111169	1	4213	5621	6443	3
广　西	Guangxi	5327	3949	4215	20	280	374	425	19
海　南	Hainan	4171	3038	3111	24	259	279	312	24
重　庆	Chongqing	4827	5147	5009	18	349	675	788	13
四　川	Sichuan	12050	10253	10594	10	544	828	884	12
贵　州	Guizhou	1936	1515	1662	27	41	155	181	26
云　南	Yunnan	3833	4046	3901	22	179	253	327	23
西　藏	Tibet	264	255	221	31	5	13	20	31
陕　西	Shaanxi	5378	6782	6017	15	180	447	516	18
甘　肃	Gansu	2116	2282	2130	26	63	68	77	29
青　海	Qinghai	499	363	404	30	23	31	74	30
宁　夏	Ningxia	529	538	584	29	40	52	90	27
新　疆	Xinjiang	1751	1325	1384	28	52	76	85	28

14-34 外商投资企业年底注册登记情况（二）
Registration Status of Foreign Funded Enterprises at Year-end (2)

单位：亿美元 (100 million USD)

地区	Region	外商投资企业注册资本 Registered Capital				其中：外方注册资本 Foreign Registered Capital			
		2010	2014	2015	2015排名 Ranking	2010	2014	2015	2015排名 Ranking
全　国	**National Total**	**15738**	**21835**	**26682**		**12590**	**17414**	**20757**	
北　京	Beijing	715	1192	2457	4	579	923	1722	4
天　津	Tianjin	620	825	1120	8	521	674	881	9
河　北	Hebei	217	311	380	14	159	225	280	14
山　西	Shanxi	111	223	228	19	69	102	109	21
内蒙古	Inner Mongolia	122	123	173	23	91	83	106	22
辽　宁	Liaoning	975	1204	1264	7	802	986	1029	6
吉　林	Jilin	123	158	167	24	84	97	104	23
黑龙江	Heilongjiang	120	143	127	25	91	110	97	25
上　海	Shanghai	2009	3360	4497	1	1640	2707	3515	2
江　苏	Jiangsu	2739	3839	4229	2	2326	3256	3573	1
浙　江	Zhejiang	1069	1527	1714	5	825	1196	1364	5
安　徽	Anhui	173	261	309	16	129	188	223	16
福　建	Fujian	694	945	1109	9	594	779	900	8
江　西	Jiangxi	281	438	481	13	243	380	416	10
山　东	Shandong	729	1131	1272	6	545	871	993	7
河　南	Henan	205	297	348	15	149	223	248	15
湖　北	Hubei	243	410	482	12	181	299	359	13
湖　南	Hunan	161	242	281	18	115	184	201	17
广　东	Guangdong	2495	3377	3906	3	2091	2733	3081	3
广　西	Guangxi	155	194	215	20	125	157	176	19
海　南	Hainan	145	157	180	21	98	117	117	20
重　庆	Chongqing	204	425	494	11	157	334	388	11
四　川	Sichuan	335	467	510	10	259	357	385	12
贵　州	Guizhou	25	78	102	26	19	61	83	26
云　南	Yunnan	105	144	177	22	78	109	103	24
西　藏	Tibet	3	8	16	31	3	4	10	31
陕　西	Shaanxi	110	241	284	17	83	181	194	18
甘　肃	Gansu	28	30	33	29	19	19	23	29
青　海	Qinghai	14	13	28	30	9	8	13	30
宁　夏	Ningxia	18	32	52	27	10	19	27	28
新　疆	Xinjiang	33	41	48	28	25	30	36	27

14-35 签订对外承包工程合同数及金额

Number of Contracts and Contracted Value of Contracts Signed for Foreign Engineering Projects

地区	Region	签订对外承包工程合同数（份） Number of Contracts (unit)				签订对外承包工程合同金额（亿美元） Contracted Value (100 million USD)			
		2010	2014	2015	2015排名 Ranking	2010	2014	2015	2015排名 Ranking
全 国	**National Total**	**9544**	**7740**	**8662**		**1343.67**	**1917.56**	**2100.74**	
北 京	Beijing	170	283	209	9	25.11	42.94	46.48	8
天 津	Tianjin	74	100	215	8	17.38	38.03	31.08	13
河 北	Hebei	190	190	185	11	29.46	48.53	38.65	10
山 西	Shanxi	1	14	26	25	4.75	3.46	3.49	26
内蒙古	Inner Mongolia	3		2	28	0.07		0.07	28
辽 宁	Liaoning	137	556	129	14	17.24	18.06	27.61	15
吉 林	Jilin	9	4	19	26	3.82	0.85	6.83	22
黑龙江	Heilongjiang	22	38	121	16	1.76	5.61	23.46	16
上 海	Shanghai	3397	222	323	5	101.03	108.89	111.00	4
江 苏	Jiangsu	967	1067	875	3	54.47	96.61	77.96	5
浙 江	Zhejiang	337	1134	1276	2	24.15	38.79	59.86	6
安 徽	Anhui	42	108	136	13	15.11	26.68	30.70	14
福 建	Fujian	21	27	35	24	0.86	3.58	5.77	24
江 西	Jiangxi	102	209	230	6	13.57	26.48	40.41	9
山 东	Shandong	257	348	352	4	100.84	106.06	119.83	2
河 南	Henan	156	132	151	12	23.75	23.98	37.69	11
湖 北	Hubei	64	130	80	19	76.55	127.00	114.54	3
湖 南	Hunan	28	53	89	18	6.26	9.53	19.38	17
广 东	Guangdong	605	1139	1937	1	98.67	152.49	207.24	1
广 西	Guangxi	38	81	59	21	6.10	8.64	6.56	23
海 南	Hainan	2	20	4	27	0.19	0.08	0.01	30
重 庆	Chongqing	20	52	40	22	7.90	7.81	6.99	21
四 川	Sichuan	544	123	189	10	68.49	33.56	59.69	7
贵 州	Guizhou	24	44	36	23	3.24	6.18	5.76	25
云 南	Yunnan	24	38	95	17	10.61	13.44	12.86	18
西 藏	Tibet								
陕 西	Shaanxi	96	133	221	7	8.88	11.69	32.89	12
甘 肃	Gansu	31	57	75	20	4.11	2.90	8.48	20
青 海	Qinghai			1	29		0.00	0.24	27
宁 夏	Ningxia	2	2	1	29	0.30	0.95	0.02	29
新 疆	Xinjiang	54	124	122	15	4.69	17.71	8.93	19

14-36 对外承包工程营业额
Turnover of Foreign Contracted Projects

单位：亿美元 (100 million USD)

地区	Region	2009	2010	2011	2012	2013	2014	2015	2015排名 Ranking
全　国	**National Total**	**777.06**	**921.70**	**1034.24**	**1165.97**	**1371.43**	**1424.11**	**1540.74**	
北　京	Beijing	18.50	22.25	24.81	28.99	33.59	35.74	35.49	10
天　津	Tianjin	20.86	24.52	29.91	31.02	31.29	40.33	47.63	8
河　北	Hebei	28.72	28.54	24.36	28.63	43.46	40.87	35.99	9
山　西	Shanxi	11.43	7.20	6.97	4.46	7.65	7.35	7.38	22
内蒙古	Inner Mongolia	0.17	0.32	0.00	0.09	0.45	0.17	0.07	29
辽　宁	Liaoning	15.79	13.23	15.08	18.47	23.73	23.66	24.38	16
吉　林	Jilin	2.35	2.64	2.95	4.67	5.13	5.65	3.68	25
黑龙江	Heilongjiang	7.86	10.51	10.92	9.50	6.25	8.98	25.34	15
上　海	Shanghai	66.57	68.96	59.41	68.12	80.69	74.02	74.55	4
江　苏	Jiangsu	43.58	51.67	60.01	64.68	72.63	79.54	87.61	3
浙　江	Zhejiang	22.23	27.51	28.99	37.13	44.16	51.76	61.87	5
安　徽	Anhui	14.94	19.27	23.67	28.11	29.14	32.27	26.93	14
福　建	Fujian	1.75	2.35	5.04	6.42	6.49	7.16	9.27	21
江　西	Jiangxi	7.11	10.43	15.85	18.41	22.73	28.51	35.11	11
山　东	Shandong	42.54	52.38	74.73	81.14	85.01	92.50	101.71	2
河　南	Henan	15.98	20.71	29.13	22.86	29.18	29.97	28.00	13
湖　北	Hubei	27.59	38.13	40.67	45.62	52.07	57.96	52.34	7
湖　南	Hunan	5.48	10.91	14.60	17.28	22.11	25.79	31.15	12
广　东	Guangdong	75.88	82.08	113.42	160.53	228.65	124.11	198.78	1
广　西	Guangxi	4.35	5.64	6.53	7.50	8.30	8.77	9.40	20
海　南	Hainan	0.22	0.08	0.14	0.11	0.04	0.01		
重　庆	Chongqing	1.76	3.60	4.18	5.84	6.38	10.32	6.28	24
四　川	Sichuan	33.56	39.93	49.87	56.36	63.48	70.63	55.96	6
贵　州	Guizhou	2.83	2.20	3.00	4.00	4.59	5.01	6.81	23
云　南	Yunnan	7.38	9.92	11.45	15.48	18.17	20.70	23.42	17
西　藏	Tibet				0.05				
陕　西	Shaanxi	6.25	8.10	13.63	16.79	17.87	17.88	22.04	18
甘　肃	Gansu	2.83	2.24	2.97	2.62	3.09	3.39	2.92	26
青　海	Qinghai			0.46	2.21	1.16	1.55	1.25	27
宁　夏	Ningxia	0.15	0.17	0.18	0.16	14.48	0.52	0.19	28
新　疆	Xinjiang	4.46	6.29	6.32	10.14	5.42	15.91	15.82	19

14-37 在境外从事承包工程人数和劳务合作人数
Personnel Abroad for Engineering Projects Classified and Labor Services Classified

单位：人 （person）

地区	Region	年末在境外从事承包工程人数 Foreign Engineering Projects Classified				年末在境外从事劳务合作人数 Foreign Labor Services Classified			
		2010	2014	2015	2015排名 Ranking	2010	2014	2015	2015排名 Ranking
全　国	**National Total**	**376510**	**408851**	**408565**		**470095**	**596881**	**618295**	
北　京	Beijing	17145	21683	19287	5	5354	7774	14896	10
天　津	Tianjin	5911	11374	12428	8	6772	7029	6865	15
河　北	Hebei	8791	9049	8414	15	4533	2231	2340	21
山　西	Shanxi	4943	4220	4998	18	1204	12	12	28
内蒙古	Inner Mongolia	362	592	206	28	4344	3554	1716	23
辽　宁	Liaoning	7374	8624	6993	17	34074	38328	40213	6
吉　林	Jilin	9500	3397	3284	23	57066	31941	28275	8
黑龙江	Heilongjiang	3152	5245	10339	11	9733	6943	8609	13
上　海	Shanghai	9430	12483	10565	10	17417	23245	23002	9
江　苏	Jiangsu	36285	36552	37907	1	60051	59850	63911	4
浙　江	Zhejiang	18485	24733	26008	3	7776	6546	6226	16
安　徽	Anhui	11727	13527	14082	7	8509	11182	9609	12
福　建	Fujian	367	4074	3714	20	23873	52125	55499	5
江　西	Jiangxi	7467	8860	9072	12	7148	6023	6188	17
山　东	Shandong	26176	31832	31452	2	75737	83496	84648	2
河　南	Henan	16349	14258	16032	6	39707	75305	85257	1
湖　北	Hubei	21968	21386	22629	4	7510	10864	10895	11
湖　南	Hunan	3989	8555	7505	16	16381	23705	29113	7
广　东	Guangdong	4554	3405	3633	22	33901	72788	81600	3
广　西	Guangxi	5526	3527	3656	21	432	213	1295	24
海　南	Hainan	2	42	10	30				
重　庆	Chongqing	2220	1654	1712	26	1846	4001	3963	19
四　川	Sichuan	11249	11604	10968	9	10734	6810	7041	14
贵　州	Guizhou	1789	2677	4857	19		60	63	27
云　南	Yunnan	14560	10995	8629	13	2629	1283	1831	22
西　藏	Tibet								
陕　西	Shaanxi	3959	7942	8488	14	4594	7003	5950	18
甘　肃	Gansu	824	2028	2068	25	87	2805	3702	20
青　海	Qinghai		629	970	27	51	83	71	26
宁　夏	Ningxia	265	305	158	29	427	318	576	25
新　疆	Xinjiang	3077	3377	2941	24				

14-38 旅行社单位数和旅游业从业人员
Number of Travel Agencies and Tourism Employees

地区	Region	旅行社单位数（家） Number of Travel Agencies (number)				旅游业从业人员（万人） Tourism Employees (10 000 persons)			
		2010	2014	2015	2015排名 Ranking	2010	2014	2015	2015排名 Ranking
全　国	**National Total**	**22784**	**26650**	**27621**		**185.82**	**291.86**	**290.78**	
北　京	Beijing	905	1302	1397	5	14.73	16.20	15.96	6
天　津	Tianjin	310	377	400	26	2.23	3.11	2.80	28
河　北	Hebei	1148	1343	1360	6	3.72	10.59	11.17	10
山　西	Shanxi	755	771	783	15	5.03	5.45	4.55	23
内蒙古	Inner Mongolia	677	887	953	12	3.05	3.89	4.83	21
辽　宁	Liaoning	1145	1210	1253	7	5.79	22.02	12.37	7
吉　林	Jilin	521	582	651	20	2.58	2.89	3.02	27
黑龙江	Heilongjiang	601	663	672	19	2.47	4.62	4.68	22
上　海	Shanghai	867	1185	1225	8	8.61	8.91	8.91	15
江　苏	Jiangsu	1805	2099	2160	1	12.60	19.63	17.06	4
浙　江	Zhejiang	1639	2036	2028	3	13.32	17.59	16.89	5
安　徽	Anhui	904	1046	1068	10	5.45	8.72	8.48	17
福　建	Fujian	718	805	846	13	6.96	10.15	9.84	13
江　西	Jiangxi	699	751	750	17	3.30	8.51	8.85	16
山　东	Shandong	1842	2054	2109	2	13.83	22.73	24.38	2
河　南	Henan	1096	1100	1082	9	6.58	6.81	6.57	18
湖　北	Hubei	931	1050	1037	11	5.96	9.69	10.45	11
湖　南	Hunan	681	751	835	14	6.99	22.14	21.24	3
广　东	Guangdong	1247	1792	1901	4	22.18	27.66	27.86	1
广　西	Guangxi	428	537	539	21	4.83	6.54	10.18	12
海　南	Hainan	299	352	363	27	3.07	3.55	4.01	26
重　庆	Chongqing	379	504	522	22	4.22	5.98	6.10	19
四　川	Sichuan	730	457	502	23	6.16	10.29	12.05	8
贵　州	Guizhou	261	299	306	28	2.36	3.88	4.35	25
云　南	Yunnan	531	704	766	16	5.31	10.09	11.71	9
西　藏	Tibet	78	102	196	30	0.59	0.63	0.84	31
陕　西	Shaanxi	596	687	680	18	5.07	7.82	9.69	14
甘　肃	Gansu	352	423	445	24	3.15	4.14	4.41	24
青　海	Qinghai	197	237	238	29	1.00	1.34	1.45	29
宁　夏	Ningxia	86	114	111	31	0.86	1.23	1.15	30
新　疆	Xinjiang	356	430	443	25	3.83	5.01	4.91	20

14-39 星级饭店数和营业收入总额
Number and Total Revenue of Star-Rated Hotels

地区	Region	星级饭店数（家） Number of Star-Rated Hotels (number)				星级饭店营业收入总额（亿元） Total Revenue (100 million yuan)			
		2010	2014	2015	2015排名 Ranking	2010	2014	2015	2015排名 Ranking
全　国	**National Total**	**11779**	**11180**	**10550**		**21226.55**	**2151.45**	**2106.75**	
北　京	Beijing	644	523	509	6	2529.20	260.83	271.90	1
天　津	Tianjin	99	93	87	29	232.49	26.13	23.69	26
河　北	Hebei	198	391	377	11	286.64	55.79	52.54	11
山　西	Shanxi	255	251	196	25	372.43	33.73	22.31	27
内蒙古	Inner Mongolia	239	272	278	21	272.03	26.46	27.63	23
辽　宁	Liaoning	432	405	382	10	655.58	59.68	57.42	10
吉　林	Jilin	207	187	164	26	269.50	18.31	17.24	29
黑龙江	Heilongjiang	246	203	206	24	197.85	18.82	19.89	28
上　海	Shanghai	291	240	228	22	1904.73	189.20	192.47	4
江　苏	Jiangsu	702	650	608	5	1607.77	163.83	165.59	5
浙　江	Zhejiang	814	792	688	2	2261.03	220.25	200.41	3
安　徽	Anhui	417	367	339	16	492.01	51.41	50.25	13
福　建	Fujian	374	374	352	15	715.43	90.57	90.01	7
江　西	Jiangxi	311	322	311	17	258.90	33.50	35.91	22
山　东	Shandong	895	724	650	3	1422.37	124.15	115.59	6
河　南	Henan	386	303	303	18	519.21	35.06	36.95	21
湖　北	Hubei	455	416	361	12	439.28	49.75	46.48	15
湖　南	Hunan	433	420	429	7	662.45	76.27	64.44	9
广　东	Guangdong	1008	832	735	1	2534.98	230.89	211.28	2
广　西	Guangxi	379	401	400	8	392.55	38.40	39.56	19
海　南	Hainan	186	133	123	28	362.77	42.22	43.64	17
重　庆	Chongqing	246	236	212	23	388.96	44.95	42.96	18
四　川	Sichuan	395	388	395	9	653.18	66.86	70.99	8
贵　州	Guizhou	324	282	298	19	185.07	24.12	25.53	25
云　南	Yunnan	560	624	614	4	367.49	43.70	45.37	16
西　藏	Tibet	105	113	55	31	41.39	6.62	51.31	12
陕　西	Shaanxi	269	325	353	14	459.30	43.80	49.67	14
甘　肃	Gansu	311	313	296	20	210.41	23.14	26.17	24
青　海	Qinghai	105	144	158	27	64.31	8.75	9.56	30
宁　夏	Ningxia	57	90	86	30	68.96	7.88	7.82	31
新　疆	Xinjiang	436	366	357	13	398.26	36.36	38.26	20

14-40 接待入境过夜游客人数（一）
Number of Oversea and Overnight Tourists Arrivals (1)

单位：万人次 (10 000 person-times)

地区	Region	接待入境过夜游客人数 Overnight Tourists 2010	2014	2015	2015排名 Ranking	其中：接待外国人 Foreigners 2010	2014	2015	2015排名 Ranking
全　国	**National Total**	**5566.45**	**5562.20**	**5688.57**		**2612.69**	**2636.08**	**2598.54**	
北　京	Beijing	490.07	427.45	419.96	6	421.63	365.45	357.56	4
天　津	Tianjin	166.07	76.63	78.48	22	153.05	67.49	69.03	21
河　北	Hebei	97.74	75.61	76.64	23	85.31	60.26	59.89	22
山　西	Shanxi	130.29	56.56	59.38	26	82.09	36.13	38.04	25
内蒙古	Inner Mongolia	142.80	167.31	160.78	16	140.02	160.22	153.35	14
辽　宁	Liaoning	361.80	260.70	264.01	14	307.01	200.62	204.64	9
吉　林	Jilin	82.01	130.63	148.10	18	72.16	113.26	129.21	16
黑龙江	Heilongjiang	172.42	141.72	83.47	21	164.83	132.29	78.68	20
上　海	Shanghai	733.72	639.62	653.59	2	593.12	523.34	540.69	2
江　苏	Jiangsu	653.55	297.10	305.01	10	473.50	197.04	200.84	10
浙　江	Zhejiang	684.71	370.88	459.02	4	447.41	269.83	333.96	5
安　徽	Anhui	198.42	280.18	291.12	12	117.40	160.83	171.17	13
福　建	Fujian	368.14	318.90	332.71	7	115.27	127.44	133.73	15
江　西	Jiangxi	113.97	147.67	155.88	17	39.92	44.74	44.88	24
山　东	Shandong	366.79	300.19	312.22	8	277.87	218.08	226.44	8
河　南	Henan	146.84	124.76	135.30	20	96.09	71.82	84.36	19
湖　北	Hubei	181.74	277.07	311.76	9	138.55	213.26	239.79	6
湖　南	Hunan	189.87	219.55	226.05	15	103.30	100.07	118.19	17
广　东	Guangdong	3140.93	3355.43	3450.35	1	733.28	775.18	783.58	1
广　西	Guangxi	250.24	295.76	450.06	5	141.39	146.75	239.23	7
海　南	Hainan	66.33	66.14	60.84	25	47.40	42.15	35.60	26
重　庆	Chongqing	137.02	126.36	148.10	18	103.96	80.65	98.98	18
四　川	Sichuan	104.93	240.17	273.20	13	74.97	169.66	193.44	12
贵　州	Guizhou	50.01	65.31	68.59	24	18.61	28.49	29.89	27
云　南	Yunnan	329.15	286.56	570.08	3	231.23	206.16	420.00	3
西　藏	Tibet	22.83	24.44	29.26	28	21.41	20.00	14.26	28
陕　西	Shaanxi	212.17	266.30	293.03	11	155.24	185.83	194.15	11
甘　肃	Gansu	7.02	4.88	5.45	30	4.99	2.89	3.16	30
青　海	Qinghai	4.67	5.15	6.53	29	3.39	4.06	4.52	29
宁　夏	Ningxia	1.80	3.37	3.73	31	1.29	1.51	1.84	31
新　疆	Xinjiang	50.94	54.01	53.14	27	45.44	47.66	45.94	23

14-41 接待入境过夜游客人数（二）
Number of Oversea and Overnight Tourists Arrivals (2)

单位：万人次 (10 000 person-times)

地区	Region	其中：港澳同胞 Hongkong and Macao Compatriots				其中：台湾同胞 Taiwan Compatriots			
		2010	2014	2015	2015排名 Ranking	2010	2014	2015	2015排名 Ranking
全　国	**National Total**	**2994.20**	**3204.87**	**3553.74**		**1253.66**	**1128.51**	**1218.03**	
北　京	Beijing	41.66	36.43	37.05	14	26.79	25.66	25.54	17
天　津	Tianjin	5.66	4.67	4.74	25	7.36	4.47	4.71	25
河　北	Hebei	6.30	9.31	10.26	23	6.13	6.05	6.49	23
山　西	Shanxi	30.34	12.21	12.70	21	17.85	8.23	8.64	21
内蒙古	Inner Mongolia	1.78	4.44	4.52	26	1.00	2.65	2.91	28
辽　宁	Liaoning	30.87	35.55	32.41	15	23.92	24.53	26.96	16
吉　林	Jilin	6.59	9.39	10.57	22	3.26	7.98	8.32	22
黑龙江	Heilongjiang	3.99	2.70	0.77	29	3.60	6.73	4.02	27
上　海	Shanghai	66.40	50.95	47.32	11	74.20	65.33	65.57	7
江　苏	Jiangsu	64.12	15.03	14.75	19	115.93	85.02	89.42	4
浙　江	Zhejiang	108.54	45.48	52.45	8	128.77	55.58	72.62	5
安　徽	Anhui	36.37	56.59	53.59	7	44.65	62.77	66.37	6
福　建	Fujian	95.94	79.27	82.91	5	156.92	112.19	116.07	2
江　西	Jiangxi	53.39	76.77	83.14	4	20.65	26.16	27.86	15
山　东	Shandong	48.93	45.41	47.95	10	39.99	36.70	37.83	10
河　南	Henan	25.98	27.73	27.78	16	24.77	25.21	23.15	18
湖　北	Hubei	24.14	36.38	37.71	13	19.05	27.43	34.26	12
湖　南	Hunan	49.36	77.77	273.57	2	37.21	41.70	37.90	9
广　东	Guangdong	2090.81	2301.16	2385.53	1	316.84	279.09	281.24	1
广　西	Guangxi	50.59	86.10	119.08	3	58.26	62.91	91.74	3
海　南	Hainan	12.10	11.98	12.93	20	6.83	12.01	12.32	20
重　庆	Chongqing	17.97	17.92	15.79	18	15.10	27.79	33.33	13
四　川	Sichuan	15.11	39.00	43.49	12	14.85	31.51	36.27	11
贵　州	Guizhou	13.64	20.13	21.21	17	17.76	16.69	17.49	19
云　南	Yunnan	56.17	49.53	50.04	9	41.75	30.87	31.22	14
西　藏	Tibet	0.82	2.49	8.55	24	0.60	1.96	6.45	24
陕　西	Shaanxi	32.90	46.46	58.08	6	24.04	34.00	40.80	8
甘　肃	Gansu	0.80	0.52	0.70	30	1.23	1.47	1.59	29
青　海	Qinghai	0.42	0.58	1.17	28	0.86	0.51	0.84	31
宁　夏	Ningxia	0.25	0.82	0.48	31	0.26	1.04	1.42	30
新　疆	Xinjiang	2.25	2.07	2.51	27	3.25	4.27	4.69	26

14-42 国际旅游（外汇）收入
International Tourism Receipts

单位：百万美元 (USD million)

地区	Region	2009	2010	2011	2012	2013	2014	2015	2015排名 Ranking
全　国	**National Total**	**39675.00**	**45814.00**	**48464.00**	**50028.00**	**51664.00**	**56913.00**	**113650.00**	
北　京	Beijing	4356.68	5044.61	5416.00	5149.00	4794.68	4608.00	4605.00	5
天　津	Tianjin	1182.64	1419.51	1755.53	2226.41	2591.28	2992.10	3298.11	7
河　北	Hebei	307.81	350.71	447.65	544.94	585.78	534.19	501.91	23
山　西	Shanxi	377.94	464.60	567.19	720.24	822.68	280.73	297.10	25
内蒙古	Inner Mongolia	558.31	601.90	670.97	771.96	962.29	1002.96	962.49	17
辽　宁	Liaoning	1856.21	2259.33	2713.14	3263.69	3477.14	1618.00	1636.50	14
吉　林	Jilin	242.94	304.92	385.28	494.77	552.37	583.90	724.14	19
黑龙江	Heilongjiang	638.68	762.50	917.62	835.48	604.36	563.56	395.33	24
上　海	Shanghai	4744.02	6340.92	5751.18	5493.23	5244.70	5601.85	5860.44	3
江　苏	Jiangsu	4016.01	4783.43	5652.97	6299.72	2379.89	3032.71	3527.29	6
浙　江	Zhejiang	3223.58	3930.20	4541.73	5151.74	5392.93	5753.48	6788.47	2
安　徽	Anhui	565.84	708.98	1179.18	1562.67	1660.42	1840.26	2262.87	10
福　建	Fujian	2599.23	2978.24	3634.44	4225.67	4573.38	4911.80	5561.40	4
江　西	Jiangxi	289.75	346.03	415.00	484.73	525.08	556.87	567.00	21
山　东	Shandong	1765.30	2155.04	2550.76	2923.65	2731.20	2330.10	2896.48	8
河　南	Henan	433.03	498.77	549.03	611.41	659.98	538.37	623.60	20
湖　北	Hubei	510.20	751.16	940.18	1202.97	1218.92	1238.51	1671.90	13
湖　南	Hunan	672.70	906.22	1014.34	928.36	822.69	799.99	857.72	18
广　东	Guangdong	10028.13	12382.61	13906.2	15610.67	16278.07	17106.36	17884.66	1
广　西	Guangxi	643.34	806.15	1051.88	1278.87	1547.30	1572.07	1916.86	12
海　南	Hainan	276.66	322.36	376.15	348.02	337.48	268.63	248.52	26
重　庆	Chongqing	537.21	703.20	968.06	1168.32	1268.31	1354.44	1468.57	15
四　川	Sichuan	288.56	354.09	593.83	798.15	764.76	857.68	1180.87	16
贵　州	Guizhou	110.44	129.58	135.07	168.94	201.43	188.80	231.33	27
云　南	Yunnan	1172.21	1323.65	1608.61	1947.08	2418.18	2420.65	2875.50	9
西　藏	Tibet	78.73	103.59	129.63	105.70	127.86	144.69	176.66	28
陕　西	Shaanxi	771.07	1015.96	1295.05	1597.47	1676.19	1768.73	2000.22	11
甘　肃	Gansu	12.54	14.81	17.40	22.35	20.39	10.17	14.18	31
青　海	Qinghai	15.42	20.45	26.59	24.32	19.42	24.74	38.76	29
宁　夏	Ningxia	4.43	5.99	6.20	5.45	12.08	18.48	20.84	30
新　疆	Xinjiang	136.63	185.42	465.19	550.57	585.02	497.04	555.89	22

14-43 接待国内过夜游客人数和旅游收入
Number of Domestic Overnight Tourists and Earnings

地区	Region	接待国内过夜游客人数（亿人次） Number of Domestic Overnight Tourists (100 million person-times)				国内旅游收入（亿元） Earnings (100 million yuan)			
		2010	2013	2014	2014排名 Ranking	2010	2013	2014	2014排名 Ranking
全　国	**National Total**	**21.03**	**32.62**	**36.11**		**12579.77**	**26276.12**	**30311.86**	
北　京	Beijing	1.79	2.50	2.60	17	2425.10	3666.30	3997.00	6
天　津	Tianjin	0.92				1151.90			
河　北	Hebei	1.49	2.70	3.10	12	890.68	1973.80	2528.70	14
山　西	Shanxi	1.25	2.50	3.00	13	1052.26	2253.70	2829.30	12
内蒙古	Inner Mongolia	0.45	0.66	0.74	22	692.92	1343.73	1745.00	20
辽　宁	Liaoning	2.83	4.04	4.59	6	2533.40	4432.80	5190.20	4
吉　林	Jilin	0.64	1.02	1.20	20	712.39	1441.64	1766.55	19
黑龙江	Heilongjiang	1.57	2.90	1.05	21	831.55	1348.50	1031.50	21
上　海	Shanghai	2.15	2.60	2.68	16	2522.94	2968.00	2950.13	10
江　苏	Jiangsu	3.55	5.20	5.70	2	4287.90	6940.10	7863.50	2
浙　江	Zhejiang	2.95	4.34	4.79	4	3045.50	5202.00	5947.00	3
安　徽	Anhui	1.53	3.36	3.80	8	1094.81	2903.20	3309.70	8
福　建	Fujian	1.14	1.95	2.29	18	1135.07	2003.41	2405.84	18
江　西	Jiangxi	1.07	2.48	3.11	11		1863.60	2615.20	13
山　东	Shandong	3.49				2915.80			
河　南	Henan								
湖　北	Hubei		4.06	4.69	5		3130.13	3675.98	7
湖　南	Hunan	2.01	3.60	4.10	7	1365.54	2630.90	3001.50	9
广　东	Guangdong	3.95	5.97	6.58	1	2964.59	7297.00	8220.00	1
广　西	Guangxi	1.40	2.43	2.86	14	898.10	1961.32	2494.99	16
海　南	Hainan	0.25	0.37	0.41	24	235.61	408.05	506.50	24
重　庆	Chongqing	1.60				868.40			
四　川	Sichuan	2.71	4.90	5.40	3	1862.03	3830.00	4838.30	5
贵　州	Guizhou	1.28	2.67	3.20	10	1052.64	2358.18	2882.66	11
云　南	Yunnan	1.38	2.40	2.81	15	916.82	1961.55	2516.87	15
西　藏	Tibet	0.07	0.13	0.15	27	71.40	165.18	204.00	25
陕　西	Shaanxi	1.44	2.82	3.29	9	915.92	2031.10	2435.00	17
甘　肃	Gansu	0.43	1.01	1.27	19	236.20	618.90	779.60	22
青　海	Qinghai	0.12	0.18	0.20	25	69.63	157.34	200.31	26
宁　夏	Ningxia	0.10	0.08	0.17	26	67.30	126.55	141.56	27
新　疆	Xinjiang	0.30	0.50	0.48	23	281.13	637.38	619.53	23

14-44 旅行社外联和接待入境游客人数
Number of Tourists Liaised and Received by Travel Agencies

单位：万人 (10 000 persons)

地区	Region	旅行社外联入境游客人数 Liaised Persons				旅行社接待入境游客人数 Received Persons			
		2010	2014	2015	2015排名 Ranking	2010	2014	2015	2015排名 Ranking
全 国	**National Total**	**1352.04**	**1410.04**	**1416.34**		**2408.06**	**2002.56**	**1978.83**	
北 京	Beijing	161.00	151.97	129.69	3	183.94	108.43	109.72	7
天 津	Tianjin	8.25	3.60	4.54	23	10.85	8.02	7.16	25
河 北	Hebei	11.53	11.73	11.40	19	14.34	12.98	11.74	21
山 西	Shanxi	1.21	5.40	8.13	20	5.63	13.28	11.90	20
内蒙古	Inner Mongolia	37.70	15.74	7.52	21	40.32	18.74	8.92	22
辽 宁	Liaoning	143.50	85.26	117.47	4	272.67	89.16	114.24	6
吉 林	Jilin	20.66	15.49	12.82	16	34.14	21.74	24.98	17
黑龙江	Heilongjiang	32.79	19.57	12.58	18	48.41	32.79	27.64	15
上 海	Shanghai	76.34	52.27	60.50	9	103.87	69.92	74.00	11
江 苏	Jiangsu	40.50	51.99	46.91	10	259.64	224.51	201.82	2
浙 江	Zhejiang	100.77	106.61	85.71	6	116.52	122.44	106.58	8
安 徽	Anhui	6.69	8.56	12.73	17	20.93	26.06	34.07	14
福 建	Fujian	37.62	99.44	105.18	5	44.15	84.13	84.73	10
江 西	Jiangxi	2.14	1.38	2.39	27	4.39	13.52	7.45	24
山 东	Shandong	107.95	127.53	166.73	2	139.52	170.64	183.16	3
河 南	Henan	14.85	18.36	17.83	13	34.84	22.77	23.50	18
湖 北	Hubei	11.00	30.80	31.57	12	120.35	149.80	138.99	4
湖 南	Hunan	49.21	62.08	61.22	8	101.70	120.10	120.54	5
广 东	Guangdong	297.82	350.06	363.68	1	406.20	391.97	401.31	1
广 西	Guangxi	30.70	17.15	14.06	15	54.27	25.99	26.74	16
海 南	Hainan	11.31	9.60	3.17	25	21.38	13.55	8.39	23
重 庆	Chongqing	43.69	39.91	15.73	14	130.67	66.86	61.64	12
四 川	Sichuan	47.46	46.83	39.55	11	82.18	54.59	50.23	13
贵 州	Guizhou	1.64	3.60	3.72	24	4.74	3.88	4.72	27
云 南	Yunnan	18.36	16.98	6.41	22	68.62	34.10	21.69	19
西 藏	Tibet	4.01	1.98	1.36	28	7.00	3.38	3.34	29
陕 西	Shaanxi	30.10	50.37	68.58	7	67.58	86.94	95.00	9
甘 肃	Gansu	0.84	2.34	0.85	30	2.72	4.73	3.81	28
青 海	Qinghai	0.37	0.43	1.06	29	1.98	1.63	2.63	30
宁 夏	Ningxia	0.03	0.16	0.27	31	0.93	1.86	1.97	31
新 疆	Xinjiang	1.98	2.83	2.98	26	3.60	4.07	6.23	26

14-45　旅行社组团和接待国内游客人数
Domestic Tourist Groups Organized and Received by Travel Agencies

单位：万人 (10 000 persons)

地区	Region	旅行社组团人数 Organized				旅行社接待国内游客人数 Received			
		2010	2014	2015	2015排名 Ranking	2010	2014	2015	2015排名 Ranking
全　国	**National Total**	**11953.31**	**13116.66**	**13676.14**		**14147.25**	**14457.77**	**15335.46**	
北　京	Beijing	375.43	453.72	303.24	14	360.61	316.48	296.90	17
天　津	Tianjin	139.03	140.43	172.13	17	79.89	80.29	114.46	25
河　北	Hebei	250.83	276.26	377.84	13	234.73	193.17	231.61	18
山　西	Shanxi	124.23	167.09	161.86	18	166.89	169.38	168.28	20
内蒙古	Inner Mongolia	54.72	46.89	48.58	25	69.23	157.33	138.79	22
辽　宁	Liaoning	386.84	497.37	525.08	10	482.78	390.32	391.48	14
吉　林	Jilin	74.10	78.39	78.58	23	84.46	59.81	66.93	26
黑龙江	Heilongjiang	76.28	69.10	85.00	22	88.69	97.81	125.52	23
上　海	Shanghai	1086.07	964.10	1080.12	5	1060.89	641.99	703.50	8
江　苏	Jiangsu	1334.87	1378.72	1524.83	2	1848.53	1868.90	2118.16	1
浙　江	Zhejiang	1363.94	1369.50	1447.66	3	1220.67	1416.83	1566.12	2
安　徽	Anhui	377.99	329.47	394.74	12	454.71	478.39	587.66	9
福　建	Fujian	255.91	679.96	712.75	8	433.42	1088.07	1164.30	4
江　西	Jiangxi	158.78	139.98	130.79	19	223.02	147.70	169.24	19
山　东	Shandong	822.26	1091.04	1119.54	4	760.80	918.53	907.45	7
河　南	Henan	297.85	214.38	220.01	16	313.09	149.98	159.70	21
湖　北	Hubei	464.25	771.21	743.75	7	564.03	973.31	1018.85	5
湖　南	Hunan	424.03	475.54	549.89	9	519.18	516.51	551.17	11
广　东	Guangdong	1874.98	2120.39	2078.88	1	1701.30	1396.01	1403.45	3
广　西	Guangxi	178.09	90.42	109.56	21	347.98	341.12	370.74	15
海　南	Hainan	127.87	28.01	15.55	30	246.61	484.04	552.93	10
重　庆	Chongqing	264.46	740.88	761.40	6	323.64	662.23	465.07	13
四　川	Sichuan	964.87	441.50	453.38	11	1528.08	532.26	499.61	12
贵　州	Guizhou	55.60	63.17	66.83	24	51.13	73.40	121.81	24
云　南	Yunnan	173.67	147.01	120.14	20	623.56	874.64	920.66	6
西　藏	Tibet	4.15	2.72	12.31	31	20.04	8.16	27.37	31
陕　西	Shaanxi	139.84	240.36	273.28	15	176.13	279.99	314.72	16
甘　肃	Gansu	40.93	40.37	34.75	27	46.72	40.34	46.22	29
青　海	Qinghai	9.83	13.44	16.51	29	27.42	36.55	50.39	27
宁　夏	Ningxia	23.62	17.21	18.09	28	41.88	40.86	46.36	28
新　疆	Xinjiang	27.97	28.02	39.08	26	47.13	23.40	36.00	30

14-46 旅行社营业收入和营业税金及附加
Operating Income, Taxes and Extra Charges of Travel Agencies

单位：亿元 (100 million yuan)

地区	Region	旅行社营业收入 Operating Income				旅行社营业税金及附加 Taxes and Extra Charges			
		2010	2014	2015	2015排名 Ranking	2010	2014	2015	2015排名 Ranking
全　国	**National Total**	**23566.74**	**4029.59**	**4189.01**		**197.01**	**16.60**	**16.12**	
北　京	Beijing	4006.86	756.02	710.28	1	20.15	2.76	3.04	1
天　津	Tianjin	196.75	57.36	41.02	17	1.99	0.15	0.17	15
河　北	Hebei	258.17	42.31	34.24	21	2.81	0.22	0.14	19
山　西	Shanxi	211.83	36.85	58.41	16	1.75	0.13	0.11	24
内蒙古	Inner Mongolia	135.81	16.36	21.35	26	1.46	0.15	0.12	22
辽　宁	Liaoning	520.22	89.11	125.04	10	4.22	0.33	0.49	9
吉　林	Jilin	97.60	13.94	18.80	27	2.07	0.06	0.11	23
黑龙江	Heilongjiang	218.75	28.11	31.62	22	3.26	0.21	0.13	21
上　海	Shanghai	2979.86	594.31	702.22	2	20.28	1.90	2.42	3
江　苏	Jiangsu	1839.75	253.96	324.62	4	18.12	1.13	0.85	5
浙　江	Zhejiang	2056.69	256.67	258.53	5	18.32	1.25	1.13	4
安　徽	Anhui	433.18	50.34	70.95	14	5.95	0.30	0.24	14
福　建	Fujian	759.14	157.96	205.18	6	7.21	0.68	0.76	6
江　西	Jiangxi	183.01	42.69	37.89	20	1.53	0.19	0.15	18
山　东	Shandong	1063.18	144.78	170.54	7	12.98	0.76	0.74	7
河　南	Henan	534.86	30.51	23.76	24	6.36	0.16	0.10	25
湖　北	Hubei	592.35	113.65	131.14	8	9.30	0.56	0.64	8
湖　南	Hunan	933.98	134.29	119.25	11	5.80	0.50	0.42	10
广　东	Guangdong	3499.54	638.93	607.73	3	29.98	2.97	2.76	2
广　西	Guangxi	337.21	58.43	39.88	19	1.52	0.27	0.15	17
海　南	Hainan	286.63	53.22	40.63	18	1.17	0.16	0.14	20
重　庆	Chongqing	552.12	126.76	127.31	9	5.49	0.32	0.35	11
四　川	Sichuan	348.43	57.81	74.11	12	2.70	0.42	0.24	13
贵　州	Guizhou	111.68	20.61	24.24	23	0.56	0.08	0.10	26
云　南	Yunnan	679.40	158.39	71.60	13	4.32	0.52	0.27	12
西　藏	Tibet	27.45	2.89	9.21	28	0.21	0.01	0.03	28
陕　西	Shaanxi	350.90	45.31	63.48	15	1.51	0.18	0.17	16
甘　肃	Gansu	132.83	11.16	7.63	31	4.59	0.07	0.02	30
青　海	Qinghai	33.79	6.91	8.16	30	0.19	0.03	0.02	29
宁　夏	Ningxia	51.38	9.57	8.60	29	0.26	0.03	0.02	30
新　疆	Xinjiang	133.41	20.39	21.65	25	0.96	0.10	0.09	27

14-47 旅游景区基本情况（一）
Major Statistics of Tourist Attraction (1)

地区	Region	旅游景区总数（家） Number of Tourist Attractions (number)				旅游景区接待游客总数（亿人次） Visitors Received (100 million person-times)			
		2010	2014	2015	2015排名 Ranking	2010	2014	2015	2015排名 Ranking
全　国	**National Total**	**4521**	**7359**	**7951**		**22.43**	**31.88**	**37.77**	
北　京	Beijing	194	207	193	22	2.12	1.51	1.67	7
天　津	Tianjin	43	101	102	26	0.25	0.27	0.45	24
河　北	Hebei	240	324	329	6	0.85	0.75	0.98	17
山　西	Shanxi	78	108	106	25	0.33	0.40	0.47	23
内蒙古	Inner Mongolia	164	265	294	11	0.18	0.28	0.43	25
辽　宁	Liaoning	195	267	281	13	1.16	0.85	1.00	16
吉　林	Jilin	103	176	230	17	0.18	0.34	0.36	27
黑龙江	Heilongjiang	155	404	410	5	0.27	0.47	0.60	22
上　海	Shanghai	55	87	89	27	0.55	0.76	0.73	20
江　苏	Jiangsu	366	602	622	2	3.28	4.05	4.72	1
浙　江	Zhejiang	257	378	445	3	1.96	2.47	2.99	3
安　徽	Anhui	276	483	443	4	0.71	1.76	1.89	6
福　建	Fujian	83	168	188	23	0.46	0.91	1.15	13
江　西	Jiangxi	99	189	212	19	0.54	1.36	1.46	9
山　东	Shandong	408	651	795	1	2.34	2.58	3.39	2
河　南	Henan	192	243	249	15	0.98	1.28	1.32	11
湖　北	Hubei	193	288	301	10	0.53	1.06	1.21	12
湖　南	Hunan	184	232	257	14	0.81	1.28	1.54	8
广　东	Guangdong	136	268	286	12	1.34	1.83	1.97	5
广　西	Guangxi	128	224	249	15	0.59	0.90	1.07	14
海　南	Hainan	33	44	55	29	0.19	0.27	0.33	28
重　庆	Chongqing	91	175	198	21	0.51	0.68	0.87	18
四　川	Sichuan	188	299	327	7	0.64	2.01	2.38	4
贵　州	Guizhou	80	118	135	24	0.18	0.58	0.84	19
云　南	Yunnan	137	165	199	20	0.64	0.78	1.01	15
西　藏	Tibet		29	4	31		0.03		
陕　西	Shaanxi	93	257	313	8	0.29	1.13	1.46	9
甘　肃	Gansu	133	197	217	18	0.28	0.47	0.71	21
青　海	Qinghai	10	79	79	28	0.03	0.40	0.20	29
宁　夏	Ningxia	31	36	40	30	0.07	0.12	0.17	30
新　疆	Xinjiang	176	295	303	9	0.14	0.30	0.40	26

14-48 旅游景区基本情况（二）
Major Statistics of Tourist Attraction (2)

单位：亿元 (100 million yuan)

地区	Region	旅游景区营业收入 Total Revenue 2010	2014	2015	2015排名 Ranking	旅游景区门票收入 Tickets 2010	2014	2015	2015排名 Ranking
全　国	**National Total**	**3960.81**	**3159.00**	**3479.08**		**874.50**	**755.77**	**801.16**	
北　京	Beijing	47.73	61.00	50.56	21	32.69	20.89	22.70	14
天　津	Tianjin	13.49	16.00	16.74	29	0.76	7.49	6.09	28
河　北	Hebei	19.34	68.00	84.18	14	5.73	18.60	19.50	16
山　西	Shanxi	36.11	105.00	96.88	12	7.88	11.51	15.38	20
内蒙古	Inner Mongolia	11.54	20.00	31.77	24	2.14	5.29	7.05	26
辽　宁	Liaoning	317.03	104.00	97.83	11	8.02	25.28	44.93	7
吉　林	Jilin	52.37	24.00	28.67	27	5.81	3.92	7.44	25
黑龙江	Heilongjiang	12.58	43.00	48.75	22	2.87	9.36	12.11	24
上　海	Shanghai	24.01	33.00	31.47	25	10.35	19.94	18.23	18
江　苏	Jiangsu	13.44	204.00	212.92	6	6.38	46.54	51.63	3
浙　江	Zhejiang	120.05	206.00	178.56	7	35.19	64.14	62.11	1
安　徽	Anhui	93.24	203.00	233.33	3	18.40	56.71	33.96	10
福　建	Fujian	20.81	74.00	60.12	18	8.16	22.29	22.24	15
江　西	Jiangxi	126.14	485.00	537.09	1	15.55	45.01	47.03	6
山　东	Shandong	137.78	255.00	226.36	4	33.88	61.90	41.97	8
河　南	Henan	32.54	98.00	82.91	15	17.13	34.39	29.11	12
湖　北	Hubei	75.08	111.00	143.12	8	12.04	34.16	34.26	9
湖　南	Hunan	33.54	169.00	213.25	5	18.25	34.10	47.46	5
广　东	Guangdong	55.61	162.00	137.14	9	25.93	52.92	59.92	2
广　西	Guangxi	22.01	38.00	52.88	20	10.42	16.17	18.91	17
海　南	Hainan	11.52	23.00	26.38	28	8.21	12.33	12.35	23
重　庆	Chongqing	467.98	49.00	91.32	13	454.54	13.04	13.42	21
四　川	Sichuan	1832.53	294.00	367.66	2	92.04	45.72	47.99	4
贵　州	Guizhou	15.13	85.00	121.24	10	1.92	14.30	17.91	19
云　南	Yunnan	32.07	63.00	82.63	16	18.47	30.35	29.05	13
西　藏	Tibet		3.00	0.03	31		1.10		
陕　西	Shaanxi	12.35	62.00	82.29	17	8.87	28.45	30.58	11
甘　肃	Gansu	30.55	36.00	54.18	19	4.71	8.72	12.43	22
青　海	Qinghai	0.35	27.00	29.75	26	0.17	2.86	4.12	30
宁　夏	Ningxia	191.11	9.00	10.40	30	1.89	4.36	4.67	29
新　疆	Xinjiang	102.77	29.00	48.67	23	6.09	3.93	6.61	27

15

金融业

Financial Intermediation

15-1 金融机构本外币存款余额（一）
Savings Deposit in Renminbi and Foreign Currencies in Financial Institutions (1)

单位：亿元 (100 million yuan)

地区	Region	金融机构本外币存款余额 Deposit in Renminbi and Foreign Currencies				金融机构人民币存款余额 Renminbi Total Deposit			
		2010	2014	2015	2015排名 Ranking	2010	2014	2015	2015排名 Ranking
全　国	**National Total**	**733382.03**	**1173734.59**	**1397752.11**		**718237.93**	**1138645.00**	**1357021.61**	
北　京	Beijing	66584.60	100095.50	128573.00	2	63025.20	95370.50	122284.29	2
天　津	Tianjin	16499.25	24777.75	28148.39	18	15912.21	23484.54	27145.93	18
河　北	Hebei	26270.58	43764.00	48927.60	8	26099.00	43454.90	47676.35	8
山　西	Shanxi	18639.77	26942.93	28641.40	17	18575.65	26779.47	28357.54	16
内蒙古	Inner Mongolia	10278.69	16290.60	18172.17	25	10278.69	16217.60	16681.40	24
辽　宁	Liaoning	28057.38	42053.00	47758.00	10	27372.55	41133.10	46873.12	10
吉　林	Jilin	9702.55	16526.30	18683.80	24	9605.72	16400.10	17087.58	23
黑龙江	Heilongjiang	12924.20	19423.20	21429.80	22	12835.67	19254.80	21040.44	21
上　海	Shanghai	52190.04	73882.45	103760.60	4	46678.13	65840.04	103760.60	4
江　苏	Jiangsu	58455.43	96471.63	107873.03	3	58984.14	93735.60	107873.03	3
浙　江	Zhejiang	54482.29	79241.90	90301.61	5	53441.45	77145.38	87393.30	5
安　徽	Anhui	16477.60	30088.80	34826.20	14	16366.10	29817.70	34223.22	14
福　建	Fujian	18753.20	31858.40	36845.50	12	18309.45	30747.61	35537.41	12
江　西	Jiangxi	11907.80	21754.90	25042.97	20	11846.18	21537.70	24734.84	19
山　东	Shandong	41515.88	69151.90	76795.48	6	41104.96	67498.30	74328.88	6
河　南	Henan	23148.83	41931.10	48269.67	9	23148.83	41374.91	46983.41	9
湖　北	Hubei	21716.59	36407.00	41345.87	11	21203.00	36153.65	38444.09	11
湖　南	Hunan	16643.27	30255.60	36220.60	13	16553.78	30073.40	34929.69	13
广　东	Guangdong	101927.43	165231.97	218167.12	1	79957.97	118907.82	159660.79	1
广　西	Guangxi	11813.90	20298.54	22793.54	21	11746.77	20078.97	22566.96	20
海　南	Hainan	4217.30	6427.88	7637.27	28	4166.47	6363.57	5411.95	28
重　庆	Chongqing	13454.98	25160.10	28778.80	16	13454.98	24501.54	28093.37	17
四　川	Sichuan	30504.05	53935.80	60117.72	7	30299.67	53282.00	56414.67	7
贵　州	Guizhou	7387.79	15307.38	19537.12	23	7363.92	15263.26	16143.21	25
云　南	Yunnan	13478.86	22528.00	25204.56	19	13411.49	22338.00	18843.37	22
西　藏	Tibet	1296.73	3089.19	3671.22	31	1295.55	3082.38	2123.10	31
陕　西	Shaanxi	16590.50	28288.72	32685.32	15	16456.05	28111.34	32010.36	15
甘　肃	Gansu	7146.66	13957.98	16299.50	27	7115.37	13921.36	15368.61	26
青　海	Qinghai	2326.96	4529.87	5212.80	29	2319.64	4529.87	4070.48	30
宁　夏	Ningxia	2586.66	4228.84	4822.96	30	2573.64	4209.06	4805.15	29
新　疆	Xinjiang	8898.57	15216.98	17822.14	26	8870.02	15055.39	8271.38	27

15-2 金融机构本外币存款余额（二）

Savings Deposit in Renminbi and Foreign Currencies in Financial Institutions (2)

单位：亿元 (100 million yuan)

地区	Region	金融机构人民币储蓄存款余额 Renminbi Savings Deposit				金融机构外汇储蓄余额 Savings Deposit of Foreign Exchange			
		2010	2014	2015	2015排名 Ranking	2010	2014	2015	2015排名 Ranking
全　国	**National Total**	**303302.49**	**485261.34**	**546077.85**		**583.43**	**741.48**	**901.05**	
北　京	Beijing	17003.11	24158.42	26740.58	7	87.90	113.96	148.34	1
天　津	Tianjin	5558.23	7916.00	8743.79	24	11.49	14.71	20.55	9
河　北	Hebei	15678.43	25690.09	29116.67	5	7.14	11.44	15.96	14
山　西	Shanxi	9222.97	14145.18	15675.85	14	5.51	7.95	11.10	18
内蒙古	Inner Mongolia	4618.11	8013.74	8999.44	23	2.40	4.14	5.50	24
辽　宁	Liaoning	13690.27	21183.81	23700.97	9	28.50	34.81	45.40	6
吉　林	Jilin	5147.26	8556.71	9543.80	22	8.44	10.16	13.85	15
黑龙江	Heilongjiang	7254.71	10856.88	12439.77	17	7.74	12.31	16.45	12
上　海	Shanghai	15650.24	21269.32	22473.81	10	90.45	118.68	140.28	2
江　苏	Jiangsu	23334.48	36580.59	40562.97	2	30.00	43.62	59.76	5
浙　江	Zhejiang	20612.16	30666.41	34218.62	4	72.70	81.89	87.58	4
安　徽	Anhui	7788.48	14599.43	17015.27	13	3.82	6.07	8.79	19
福　建	Fujian	8101.02	12578.95	13931.21	16	23.73	27.11	31.04	8
江　西	Jiangxi	6113.24	10790.70	12389.73	18	3.98	5.71	7.82	20
山　东	Shandong	19648.21	33178.56	37320.02	3	18.89	30.88	42.47	7
河　南	Henan	12883.70	22417.16	26048.49	8	7.79	11.33	16.24	13
湖　北	Hubei	9798.05	17247.58	19566.11	11	8.04	11.70	17.56	11
湖　南	Hunan	9022.58	16413.56	18726.28	12	5.66	8.15	11.46	17
广　东	Guangdong	36318.66	52410.55	54238.30	1	97.71	131.61	118.64	3
广　西	Guangxi	5702.43	10023.05	11392.17	20	3.97	5.22	6.49	23
海　南	Hainan	1667.14	2672.31	2974.91	28	1.92	2.46	3.14	27
重　庆	Chongqing	5839.66	10774.12	12207.28	19	3.53	4.73	7.38	22
四　川	Sichuan	13650.83	25312.53	28575.90	6	7.90	12.44	20.37	10
贵　州	Guizhou	3244.99	6620.56	7394.86	26	1.13	1.87	2.47	28
云　南	Yunnan	5719.97	9699.85	10737.59	21	3.73	5.56	7.70	21
西　藏	Tibet	267.13	559.28	653.63	31	0.07	0.08	0.08	31
陕　西	Shaanxi	7957.78	13428.86	15412.33	15	7.65	9.34	13.01	16
甘　肃	Gansu	3598.24	6674.68	7776.80	25	2.03	3.52	4.27	26
青　海	Qinghai	868.22	1640.73	1816.76	30	0.42	0.84	0.96	30
宁　夏	Ningxia	1170.25	2054.65	2357.71	29	0.57	1.07	1.35	29
新　疆	Xinjiang	3713.47	6187.67	6791.62	27	1.90	3.79	4.80	25

15-3 金融机构本外币存款余额（三）
Savings Deposit in Renminbi and Foreign Currencies in Financial Institutions (3)

单位：亿元 (100 million yuan)

地区	Region	人民币城镇储蓄存款余额 Renminbi Savings Deposit of Urban Household				人民币农户储蓄存款余额 Renminbi Savings Deposit of Rural Household			
		2010	2013	2014	2014排名 Ranking	2010	2013	2014	2014排名 Ranking
全国	National Total	244221.79	346332.87	369157.17		59080.36	101268.71	116104.17	
北京	Beijing	15701.10	21141.29	21968.86	4	1302.01	1945.12	2189.56	21
天津	Tianjin	4862.72	6606.94	6802.19	21	695.51	1005.37	1114.71	27
河北	Hebei	11520.05	16767.11	18205.18	9	4158.38	6590.06	7484.91	5
山西	Shanxi	7051.12	9693.21	10108.96	15	2171.85	3646.16	4036.22	10
内蒙古	Inner Mongolia	3575.86	5469.05	5809.20	24	1042.25	1986.12	2204.53	20
辽宁	Liaoning	12085.21	17032.25	18213.08	8	1605.06	2627.26	2970.73	17
吉林	Jilin	4140.94	6219.33	6790.70	22	1006.31	1526.00	1766.01	25
黑龙江	Heilongjiang	6335.86	8458.88	8841.95	17	918.85	1599.72	2014.93	22
上海	Shanghai	14638.13	18857.37	19480.25	6	1012.11	1628.89	1789.08	24
江苏	Jiangsu	19264.56	26709.32	28217.54	2	4069.92	7114.58	8363.06	4
浙江	Zhejiang	15649.27	20804.54	21605.55	5	4962.89	8118.43	9060.87	3
安徽	Anhui	6019.77	9419.55	10397.45	13	1768.71	3505.36	4201.98	9
福建	Fujian	6921.62	9778.84	10188.08	14	1179.40	2068.42	2390.87	18
江西	Jiangxi	4659.10	6927.19	7520.99	19	1454.15	2797.98	3269.71	13
山东	Shandong	14040.94	20804.48	22960.59	3	5607.27	8991.61	10217.97	2
河南	Henan	9648.85	14561.60	15898.38	10	3234.85	5670.52	6518.78	7
湖北	Hubei	8394.96	12805.18	14029.96	11	1403.09	2701.84	3217.62	15
湖南	Hunan	6811.26	10756.88	11959.93	12	2211.32	3782.80	4453.63	8
广东	Guangdong	29357.03	39407.08	40861.08	1	6961.63	10484.27	11549.48	1
广西	Guangxi	4199.60	6369.04	6803.26	20	1502.83	2749.87	3219.78	14
海南	Hainan	1456.32	2023.65	2138.31	28	210.82	441.73	534.01	29
重庆	Chongqing	4388.60	7085.17	7783.51	18	1451.06	2537.14	2990.61	16
四川	Sichuan	10561.22	16668.32	18215.07	7	3089.60	5928.99	7097.46	6
贵州	Guizhou	2317.95	3854.39	4254.50	27	927.04	2064.66	2366.06	19
云南	Yunnan	4059.10	5786.87	6084.88	23	1660.86	3182.94	3614.98	11
西藏	Tibet	267.13	403.91	559.28	31				
陕西	Shaanxi	6309.68	9277.12	10021.67	16	1648.11	2972.24	3407.19	12
甘肃	Gansu	2742.14	4202.56	4746.66	26	856.09	1675.91	1928.02	23
青海	Qinghai	768.01	1292.38	1390.20	30	100.21	211.79	250.53	30
宁夏	Ningxia	900.15	1359.72	1451.43	29	270.10	527.51	603.22	28
新疆	Xinjiang	3115.38	4699.07	4910.00	25	598.09	1185.43	1277.67	26

15-4 金融机构本外币贷款余额（一）
Balance of Loans in Renminbi and Foreign Currencies in Financial Institutions (1)

单位：亿元 (100 million yuan)

地区	Region	金融机构本外币贷款余额 Loans of Renminbi and Foreign Currencies				金融机构人民币贷款余额 Renminbi Loans			
		2010	2014	2015	2015排名 Ranking	2010	2014	2015	2015排名 Ranking
全　国	**National Total**	**509225.95**	**867867.89**	**964233.56**		**479195.55**	**816770.00**	**909655.00**	
北　京	Beijing	36479.58	53650.60	58559.40	5	28748.10	45458.70	48853.17	6
天　津	Tianjin	13774.11	23223.42	25994.68	14	12864.75	21189.30	24500.91	14
河　北	Hebei	15948.91	28052.30	32608.50	10	15755.74	27593.80	28475.55	11
山　西	Shanxi	9728.68	16559.41	18574.83	19	9634.32	16432.70	18259.28	18
内蒙古	Inner Mongolia	7919.47	15066.00	17264.33	22	7919.47	14947.10	15733.00	23
辽　宁	Liaoning	19622.04	33024.00	36283.00	8	18689.77	31250.50	34766.35	8
吉　林	Jilin	7279.62	12695.30	15308.80	24	7205.94		14423.61	24
黑龙江	Heilongjiang	7390.62	13791.50	16646.90	23	7230.47	13391.70	16225.83	22
上　海	Shanghai	34154.17	47915.81	53387.21	6	27970.18	40375.78	53387.21	5
江　苏	Jiangsu	42522.92	71949.80	78866.34	2	42121.04	69572.67	78866.34	2
浙　江	Zhejiang	46938.54	71361.00	76466.32	3	45288.07	68566.32	74070.20	3
安　徽	Anhui	11737.80	22754.70	26144.40	13	11452.29	22088.30	25378.97	13
福　建	Fujian	15920.80	30051.30	33694.42	9	15231.36	28417.70	31878.65	9
江　西	Jiangxi	7843.28	15696.80	18561.09	20	7757.12	15466.10	17933.99	19
山　东	Shandong	32329.60	53662.20	59063.27	4	30722.64	50058.64	55067.67	4
河　南	Henan	15871.30	27583.30	31798.60	11	15871.32	27228.27	30696.87	10
湖　北	Hubei	14589.34	25170.10	29514.56	12	13037.12	24239.96	28104.21	12
湖　南	Hunan	11521.67	20783.10	24221.90	15	11303.76	20356.40	22992.54	15
广　东	Guangdong	66298.14	112843.92	128110.16	1	46099.26	76096.24	95177.81	1
广　西	Guangxi	8979.87	16070.95	18119.03	21	8867.52	15585.46	17656.76	20
海　南	Hainan	2509.72	5391.51	6650.66	28	2262.19	4684.32	4672.25	29
重　庆	Chongqing	10888.15	20630.70	22955.21	16	10888.15	20011.50	22393.93	16
四　川	Sichuan	19485.74	34750.70	38703.99	7	19129.79	33884.10	36431.57	7
贵　州	Guizhou	5771.74	12438.00	15120.99	25	5747.53	12368.30	12792.31	25
云　南	Yunnan	10705.99	18368.40	21243.17	18	10568.78	17978.74	16647.62	21
西　藏	Tibet	301.82	1619.46	2124.49	31	301.49	1618.72	1205.45	31
陕　西	Shaanxi	10222.20	19174.05	22096.84	17	10033.12	18837.20	21227.66	17
甘　肃	Gansu	4576.68	11075.78	13728.89	26	4433.05	10681.62	12738.17	26
青　海	Qinghai	1823.81	4171.73	4988.01	30	1822.65	4171.73	4349.72	30
宁　夏	Ningxia	2419.89	4608.28	5150.32	29	2398.70	4578.49	5117.82	28
新　疆	Xinjiang	5211.38	12237.63	13650.96	27	4973.16	11671.39	5467.17	27

15-5 金融机构本外币贷款余额（二）
Balance of Loans in Renminbi and Foreign Currencies in Financial Institutions (2)

单位：亿元 (100 million yuan)

地区	Region	人民币境内贷款余额 Renminbi Domestic Loans				人民币境外贷款余额 Renminbi Overseas Loans			
		2010	2013	2014	2014排名 Ranking	2010	2013	2014	2014排名 Ranking
全　国	**National Total**	**479196.00**	**717088.00**	**814780.00**		**219.08**	**1874.00**	**1990.00**	
北　京	Beijing	27362.24	45052.16				2828.77		
天　津	Tianjin	12864.73	19447.70	18982.47	6	0.02	5.61	5.07	7
河　北	Hebei	15755.74							
山　西	Shanxi	9634.32	14887.41	16432.61	8		0.12	0.13	13
内蒙古	Inner Mongolia	7079.67	12944.10	14947.02	11		0.07	0.06	14
辽　宁	Liaoning	18688.44	29484.20			1.32	237.80		
吉　林	Jilin	7205.94							
黑龙江	Heilongjiang	7230.47	11359.40	13391.50	12		0.20	0.20	12
上　海	Shanghai	30514.74	36882.94	40226.87	4	58.57	150.94	148.91	3
江　苏	Jiangsu	42120.18	61787.95	69533.21	2	0.86			
浙　江	Zhejiang	45287.67				0.40		11.70	4
安　徽	Anhui	11452.29	19082.32				6.48		
福　建	Fujian	15229.95	24425.61			1.41	61.93		
江　西	Jiangxi	7757.12	12953.50	15465.04	10		1.19	1.06	10
山　东	Shandong			49900.20	3			158.40	2
河　南	Henan	15871.32							
湖　北	Hubei	13037.12	20794.32	24237.66	5		2.54	2.30	9
湖　南	Hunan	11303.76							
广　东	Guangdong	47161.53	66472.65	75660.88	1	30.03	416.11	435.36	1
广　西	Guangxi	8867.51	13649.60	15582.77	9	0.01	3.77	2.69	8
海　南	Hainan	2262.13	3973.05	4678.63	15	0.06	5.10	5.69	6
重　庆	Chongqing	10887.96				0.19			
四　川	Sichuan	19129.13				0.66			
贵　州	Guizhou								
云　南	Yunnan	10564.28				4.50			
西　藏	Tibet	301.49							
陕　西	Shaanxi	10033.09		18836.43	7	0.04		0.77	11
甘　肃	Gansu	4433.05	8430.08	10981.62	14		0.01	0.01	15
青　海	Qinghai	1822.65	3398.17						
宁　夏	Ningxia	2398.70							
新　疆	Xinjiang	4973.02	9836.67	11664.11	13	0.14	3.79	7.28	5

15-6 金融机构本外币贷款余额（三）
Balance of Loans in Renminbi and Foreign Currencies in Financial Institutions (3)

单位：亿元 (100 million yuan)

地区	Region	本外币短期贷款余额 Short-term Loans				本外币中长期贷款余额 Medium & Long-term Loans			
		2010	2014	2015	2015排名 Ranking	2010	2014	2015	2015排名 Ranking
全国	**National Total**	**166233.38**	**336371.27**			**288930.43**	**471818.36**		
北京	Beijing	8597.00	17639.00	17907.00	5	26180.20	30882.30	33671.30	3
天津	Tianjin	3016.51	6579.54	6762.10	17	9264.71	12837.16	14452.48	16
河北	Hebei	6142.44	11766.40	12527.80	10	9100.01	15117.90	17903.50	10
山西	Shanxi	3742.52	6479.08	7535.00	14	5409.30	8774.58	9496.17	22
内蒙古	Inner Mongolia	2709.41	6005.20	6798.63	16	5136.53	8632.10	9628.15	21
辽宁	Liaoning	6303.00	12704.00	13669.00	8	11901.00	18714.00	20319.00	7
吉林	Jilin	2815.66	4906.30	6123.30	20	4310.84	7456.50	8425.70	24
黑龙江	Heilongjiang	2916.10	6108.30	7982.90	13	4098.40	6948.80	7189.10	27
上海	Shanghai	9278.11	13412.75	14182.34	6	21693.69	28451.63	30416.78	5
江苏	Jiangsu	16951.69	31202.54	30678.41	3	23367.87	37244.51	42744.42	2
浙江	Zhejiang	26044.53	40233.20	40254.91	1	18800.18	28267.40	31641.68	4
安徽	Anhui	4142.00	7933.20	8515.50	12	7175.00	13481.10	15477.10	13
福建	Fujian	6614.90	12684.00	12861.00	9	8485.90	16330.00	18873.30	8
江西	Jiangxi	2851.89	6618.50	7347.31	15	4753.75	8623.50	10329.74	20
山东	Shandong	14592.64	6922.40	28192.48	4	15864.26	22771.20	26168.76	6
河南	Henan	6995.81	13093.90	14021.88	7	7806.31	13671.90	16474.66	12
湖北	Hubei	4197.92	8551.20	8896.22	11	9130.98	15476.70	18291.14	9
湖南	Hunan	3540.80	6059.00	6569.90	18	7585.55	14312.70	16674.90	11
广东	Guangdong	15169.58	36556.48	39524.84	2	46698.23	67106.66	76881.71	1
广西	Guangxi	1720.22	4689.54	4774.00	23	7057.58	10803.27	12406.05	18
海南	Hainan	397.99	774.39	1057.61	29	2062.76	4238.42	5374.72	28
重庆	Chongqing	1686.11	5905.90	5539.43	21	8705.32	13723.10	15394.18	14
四川	Sichuan	4948.04	10971.10	2265.22	27	14040.82	23000.70	9414.96	23
贵州	Guizhou	1018.05	2834.51	3162.81	26	4585.34	9403.98	11680.51	19
云南	Yunnan	2702.92	5763.90	6225.97	19	7771.89	11935.60	13485.73	17
西藏	Tibet	58.71	297.93	333.32	30	213.60	1201.60	1619.93	30
陕西	Shaanxi	2513.90	5161.80	5481.10	22	7273.10	13171.80	15355.00	15
甘肃	Gansu	1690.32	3913.44	4662.34	24	2728.71	6454.35	8066.60	25
青海	Qinghai	401.70	889.67	154.49	31	1347.95	3035.96	295.32	31
宁夏	Ningxia	704.25	1672.96	1801.13	28	1611.99	2731.58	3025.24	29
新疆	Xinjiang	1849.44	3919.74	.4089.96	25	3132.26	6889.15	7653.69	26

15-7 金融机构人民币个人贷款(年底余额)
Personal Loans in Renminbi of Financial Institutions at Year-end

单位：亿元 (100 million yuan)

地区	Region	个人贷款 Personal Loans				个人消费贷款 Consumer loans			
		2010	2013	2014	2014排名 Ranking	2010	2013	2014	2014排名 Ranking
全 国	**National Total**								
北 京	Beijing								
天 津	Tianjin		1976.67	2237.86	9		1820.97	2064.15	8
河 北	Hebei								
山 西	Shanxi								
内蒙古	Inner Mongolia		1897.53	2071.79	10			1862.60	9
辽 宁	Liaoning	2572.30	4386.30			2135.00	3543.00		
吉 林	Jilin							188.61	16
黑龙江	Heilongjiang		2252.80	2455.70	8		1460.60	1693.00	10
上 海	Shanghai		9561.26	9475.62	2		7700.47		
江 苏	Jiangsu	2308.61	4021.97	4359.27	5	328.14	754.90	994.06	13
浙 江	Zhejiang								
安 徽	Anhui	2372.20	4200.40			1906.55	3453.28		
福 建	Fujian		5930.75					7489.61	2
江 西	Jiangxi							3255.50	5
山 东	Shandong			7220.40	3			1120.30	12
河 南	Henan							4658.82	3
湖 北	Hubei		3789.81	4561.18	4				
湖 南	Hunan								
广 东	Guangdong		16985.36	19573.90	1		14222.02	16142.00	1
广 西	Guangxi		3478.44	4061.80	6		2550.68	2992.32	6
海 南	Hainan	336.29	502.93	601.50	13	296.43	397.52	458.21	14
重 庆	Chongqing						3781.67	4634.63	4
四 川	Sichuan								
贵 州	Guizhou			3770.9	7				
云 南	Yunnan							2769.43	7
西 藏	Tibet		148.16	198.21	14		80.77	78.92	17
陕 西	Shaanxi								
甘 肃	Gansu	532.73	1357.51						
青 海	Qinghai	73.92	178.91	141.04	15	53.06	110.36	192.36	15
宁 夏	Ningxia		555.73	673.37	12				
新 疆	Xinjiang		1437.47	1731.89	11		993.49	1224.63	11

15-8 境内上市公司数和股票市价总值

Number of Domestic Listed Companies and Total Market Capitalization

地区	Region	境内上市公司数（家） Number of Listed Companies in Mainland (household)				股票市价总值（亿元） Total Market Capitalization (100 million yuan)			
		2010	2014	2015	2015排名 Ranking	2010	2014	2015	2015排名 Ranking
全　国	**National Total**	**2063**	**2613**			**265423.00**	**372547.00**		
北　京	Beijing	164	235	264	4	114891.60	158109.30	133059.03	1
天　津	Tianjin	36	42	42	18	3953.00	5321.99	6221.40	17
河　北	Hebei	42	50	53	14	3482.97	6180.00	8272.81	13
山　西	Shanxi	31	35	37	20	6249.15	5624.09	5863.70	19
内蒙古	Inner Mongolia	20	25	26	27	3570.68	4046.50	5357.45	20
辽　宁	Liaoning	61	72	79	12	4501.90	5812.50	9016.83	12
吉　林	Jilin	35	41	41	19	2291.09	3489.10	4948.60	22
黑龙江	Heilongjiang	30	32	35	21	2122.50	2555.30	4910.70	23
上　海	Shanghai	177	206	224	5	24286.00	43141.00	61384.00	3
江　苏	Jiangsu	169	254	276	3	13000.00	19630.99	36720.48	5
浙　江	Zhejiang	186	266	299	2	13815.20	21286.60	41217.53	4
安　徽	Anhui	65	80	88	9	5337.30	7042.20	11527.00	9
福　建	Fujian	73	92	99	8	6568.78	10402.70	15561.32	7
江　西	Jiangxi	30	32	35	21	3670.22	2631.60	4004.30	25
山　东	Shandong	124	152	162	6	11111.21	12314.70	18893.91	6
河　南	Henan	51	67	68	13	4351.00	5531.60	6549.12	15
湖　北	Hubei	73	86	87	10	5123.99	7469.90	11092.03	10
湖　南	Hunan	63	74	82	11	4965.14	6347.50	10142.40	11
广　东	Guangdong	443	580	647	1	55354.20	83286.00	128630.74	2
广　西	Guangxi	27	32	35	21	1521.95	2234.19	4074.52	24
海　南	Hainan	22	27	27	25	1506.68	2758.77	3551.45	27
重　庆	Chongqing	34	40	43	15	2645.10	4456.67	6495.93	16
四　川	Sichuan	83	92	103	7	7492.84	8449.80	13787.10	8
贵　州	Guizhou	19	21	20	28	3075.80	4002.23	5245.97	21
云　南	Yunnan	28	29	30	24	2791.58	3097.60	3875.95	26
西　藏	Tibet	9	10	11	30	801.90	835.33	1407.61	29
陕　西	Shaanxi	36	42	43	15	1258.22	4850.93	6946.30	14
甘　肃	Gansu	22	26	27	25	1303.00	2698.70	2846.62	28
青　海	Qinghai	10	10	10	31	2082.03	966.67	963.38	30
宁　夏	Ningxia	12	12	12	29	535.67	489.90	817.34	31
新　疆	Xinjiang	37	40	43	15	3703.07	4479.91	6141.01	18

15-9 保险机构数和从业人员数(年底数)

Number of Insurance Institutions and Employed Persons at Year-end

地区	Region	保险机构总数（家） Number of Insurance Institutions (household)				保险机构从业人员（人） Employed Persons (person)			
		2010	2014	2015	2015排名 Ranking	2010	2014	2015	2015排名 Ranking
全 国	**National Total**	**28729**				**2910436**			
北 京	Beijing	88	104	142	15	19436	22958	25210	25
天 津	Tianjin	43	57	61	22	38307	49770	63600	20
河 北	Hebei	3725	4241	4562	2	200000	262600	360000	5
山 西	Shanxi	31	47	48	25	109804	144400	255000	8
内蒙古	Inner Mongolia	1768	2160	2460	6	60800	106000	156000	15
辽 宁	Liaoning	47	64	65	21	145585	182620	213630	11
吉 林	Jilin	26	30	32	30	93215	13753	19352	26
黑龙江	Heilongjiang	30	41	44	27	114000	120000	180000	13
上 海	Shanghai	115	138	150	14	30523	50676	58709	21
江 苏	Jiangsu	76	93	93	16	220000	270000	365300	4
浙 江	Zhejiang	61	79	84	19		177000	236800	9
安 徽	Anhui	37	54	56	23	22315	36760	33955	22
福 建	Fujian	2218	2389	2446	7	119144	138310	186347	12
江 西	Jiangxi	28	38	42	28	70000	95200	14922	29
山 东	Shandong	63	79	88	17	347000	407000	536000	3
河 南	Henan	5433	5700	6004	1	250000	282127	540000	2
湖 北	Hubei	3194	3832	3918	3	146000	183000	334100	6
湖 南	Hunan	39	83	86	18	152800	157000	217000	10
广 东	Guangdong	136	155	160	13	314400	412000	620000	1
广 西	Guangxi	27	34	37	29	62000	85800	135655	16
海 南	Hainan	302	408	441	11	14011	19488	26601	24
重 庆	Chongqing	38	46	48	25	88000		100000	18
四 川	Sichuan	54	76	83	20	177000	213000	327000	7
贵 州	Guizhou	883	1052	1102	9	10472	12827	16493	28
云 南	Yunnan	5622	9196	3059	4	65000	86683	112447	17
西 藏	Tibet	35	48	56	23	1420	2275	3049	31
陕 西	Shaanxi	2343	2697	2792	5	89379	121492	167251	14
甘 肃	Gansu	1264	1492	1567	8	53873	66680	91298	19
青 海	Qinghai	217	252	252	12	7626	8946	8835	30
宁 夏	Ningxia	13	17	19	31	15854	20572	30839	23
新 疆	Xinjiang	547	841	903	10	11651	16863	18592	27

15-10 保险机构原保险保费收入和赔付支出情况（一）
Premium of Primary Insurance and Payment (1)

单位：亿元 (100 million yuan)

地区	Region	保险机构原保险费收入 Premium of Primary Insurance 2010	2014	2015	2015排名 Ranking	保险机构财产险业务收入 Property Insurance 2010	2014	2015	2015排名 Ranking
全国	**National Total**	**14527.97**	**20234.81**	**24282.52**		**3895.64**	**7203.38**	**7994.97**	
北京	Beijing	966.46	1207.24	1403.89	4	212.30	314.76	344.66	8
天津	Tianjin	214.01	317.75	398.34	22	65.13	108.87	120.28	26
河北	Hebei	365.30	465.37	586.73	16	92.94	156.03	159.55	18
山西	Shanxi	746.40	931.94	1163.10	8	192.91	356.72	399.50	6
内蒙古	Inner Mongolia	215.54	313.97	395.48	23	96.27	138.26	149.28	20
辽宁	Liaoning	453.81	557.70	708.01	12	118.58	187.42	206.90	13
吉林	Jilin	239.25	330.00	431.32	21	60.89	107.66	120.57	25
黑龙江	Heilongjiang	343.22	507.09	591.77	15	71.86	122.03	133.57	24
上海	Shanghai	883.86	986.75	1125.16	9	189.22	320.36	355.40	7
江苏	Jiangsu	1162.67	1683.76	1989.92	2	311.91	606.29	672.19	1
浙江	Zhejiang	690.34	1051.08	1207.08	7	259.47	472.91	525.42	3
安徽	Anhui	438.25	572.29	698.92	13	119.62	241.45	273.35	10
福建	Fujian	346.07	554.61	631.22	14	99.89	182.19	199.26	15
江西	Jiangxi	253.26	400.37	508.43	19	69.24	138.75	162.02	17
山东	Shandong	876.22	1251.79	1543.49	3	241.57	426.51	473.76	4
河南	Henan	793.28	1036.08	1248.76	6	134.72	278.38	320.16	9
湖北	Hubei	500.33	700.23	843.63	10	98.21	204.55	238.24	12
湖南	Hunan	438.53	587.73	712.18	11	100.70	211.27	243.21	11
广东	Guangdong	1231.76	1792.97	2166.82	1	309.06	590.00	665.32	2
广西	Guangxi	190.94	313.30	385.75	24	65.76	130.62	147.14	21
海南	Hainan	47.95	85.15	114.25	28	17.85	37.83	44.28	28
重庆	Chongqing	321.08	407.26	514.58	18	65.96	138.87	155.93	19
四川	Sichuan	765.77	1060.63	1267.30	5	191.56	371.76	421.44	5
贵州	Guizhou	122.63	213.06	257.80	26	46.92	112.43	133.95	23
云南	Yunnan	235.68	375.99	434.60	20	94.22	177.26	201.19	14
西藏	Tibet	5.06	12.76	17.36	31	4.11	9.01	11.14	31
陕西	Shaanxi	333.81	476.75	572.45	17	85.42	160.00	176.75	16
甘肃	Gansu	146.34	208.44	256.89	27	38.82	80.00	90.30	27
青海	Qinghai	25.70	46.09	56.30	30	10.38	22.99	26.12	30
宁夏	Ningxia	52.75	83.92	103.31	29	17.50	36.37	41.01	29
新疆	Xinjiang	190.92	317.41	367.43	25	63.00	131.63	142.96	22

15-11 保险机构原保险保费收入和赔付支出情况（二）
Premium of Primary Insurance and Payment (2)

单位：亿元 (100 million yuan)

地区	Region	保险机构人身险业务收入 Life Insurance				保险机构保险赔付支出 Total Payment			
		2010	2014	2015	2015排名 Ranking	2010	2014	2015	2015排名 Ranking
全 国	**National Total**	**10632.33**	**13031.43**	**16287.55**		**3200.43**	**7216.21**	**8674.14**	
北 京	Beijing	754.15	892.49	1059.23	4	199.65	407.25	506.62	4
天 津	Tianjin	148.87	208.88	278.06	21	54.19	104.39	139.53	21
河 北	Hebei	272.36	309.35	427.18	15	79.85	182.47	200.22	15
山 西	Shanxi	553.50	575.22	763.61	8	147.64	395.03	461.92	6
内蒙古	Inner Mongolia	119.27	175.71	246.20	22	61.70	110.45	124.54	25
辽 宁	Liaoning	335.24	370.28	501.11	11	110.27	229.56	289.69	10
吉 林	Jilin	178.36	222.34	310.75	20	56.27	112.01	126.38	24
黑龙江	Heilongjiang	271.36	385.06	458.20	13	77.55	154.75	169.25	20
上 海	Shanghai	694.64	666.39	769.77	7	194.54	378.66	473.59	5
江 苏	Jiangsu	850.77	1077.47	1317.72	2	251.78	616.78	732.59	1
浙 江	Zhejiang	430.87	578.17	681.66	9	177.94	379.96	452.22	8
安 徽	Anhui	318.63	330.84	425.57	16	104.63	234.41	276.90	12
福 建	Fujian	246.17	372.42	431.95	14	85.34	170.02	192.34	17
江 西	Jiangxi	184.01	261.62	346.41	19	61.91	142.06	178.06	18
山 东	Shandong	634.64	825.28	1069.72	3	189.81	442.09	534.07	3
河 南	Henan	658.56	757.70	928.60	5	153.91	324.03	447.71	9
湖 北	Hubei	402.12	495.67	605.38	10	87.01	230.60	283.26	11
湖 南	Hunan	337.83	376.46	468.97	12	84.73	226.25	256.99	13
广 东	Guangdong	922.70	1202.98	1501.50	1	252.41	546.69	705.57	2
广 西	Guangxi	125.17	182.68	238.60	23	45.13	109.15	132.77	23
海 南	Hainan	30.10	47.32	69.97	28	11.34	36.93	38.87	28
重 庆	Chongqing	255.12	268.39	358.65	18	62.10	151.43	220.19	14
四 川	Sichuan	574.21	688.87	845.87	6	150.94	373.94	454.08	7
贵 州	Guizhou	75.71	100.63	123.85	27	31.81	89.67	106.97	26
云 南	Yunnan	141.46	198.73	233.41	24	66.31	150.88	173.23	19
西 藏	Tibet	0.95	3.75	6.22	31	2.22	6.06	8.05	31
陕 西	Shaanxi	248.38	316.75	395.70	17	69.61	179.74	193.96	16
甘 肃	Gansu	107.51	128.44	166.59	26	31.18	84.42	92.75	27
青 海	Qinghai	15.32	23.09	30.18	30	6.66	18.08	20.32	30
宁 夏	Ningxia	35.24	47.55	62.31	29	11.68	29.31	34.21	29
新 疆	Xinjiang	127.92	185.78	224.47	25	50.13	121.17	136.85	22

15-12 保险机构原保险保费收入和赔付支出情况（三）
Premium of Primary Insurance and Payment (3)

单位：亿元 (100 million yuan)

地区	Region	保险机构财产险业务赔付支出 Property Insurance Payment 2010	2014	2015	2015排名 Ranking	保险机构人身险业务赔付支出 Life Insurance Payment 2010	2014	2015	2015排名 Ranking
全　国	**National Total**	**1756.03**	**3788.21**	**4194.17**		**1444.40**	**3428.00**	**4479.97**	
北　京	Beijing	93.71	182.67	206.63	6	105.94	224.57	299.98	3
天　津	Tianjin	31.93	59.91	66.46	25	22.26	44.47	73.07	21
河　北	Hebei	41.33	83.56	89.37	17	38.53	98.91	110.85	15
山　西	Shanxi	84.10	172.30	201.32	7	63.54	222.72	260.60	7
内蒙古	Inner Mongolia	42.04	66.22	75.55	21	19.66	44.23	48.99	25
辽　宁	Liaoning	55.83	110.69	129.17	11	54.43	118.87	160.51	10
吉　林	Jilin	28.72	54.19	61.44	26	27.55	57.82	64.94	22
黑龙江	Heilongjiang	33.05	65.40	66.98	23	44.50	89.35	102.27	16
上　海	Shanghai	84.26	177.24	191.38	8	110.28	201.42	282.22	6
江　苏	Jiangsu	134.41	336.30	403.04	1	117.37	280.48	329.56	2
浙　江	Zhejiang	116.48	275.80	301.56	3	61.46	104.16	150.66	11
安　徽	Anhui	57.91	127.39	140.16	10	46.72	107.02	136.75	12
福　建	Fujian	51.52	92.60	102.98	14	33.83	77.42	89.36	19
江　西	Jiangxi	30.97	72.98	81.31	19	30.94	69.08	96.75	18
山　东	Shandong	107.80	214.08	238.94	4	82.01	228.01	295.13	4
河　南	Henan	70.72	141.01	156.14	9	83.19	183.01	291.57	5
湖　北	Hubei	45.13	100.90	114.38	13	41.87	129.69	168.88	9
湖　南	Hunan	43.87	108.49	125.02	12	40.87	117.75	131.97	14
广　东	Guangdong	141.86	292.35	330.85	2	110.55	254.35	374.73	1
广　西	Guangxi	25.73	67.53	72.34	22	19.40	41.62	60.43	23
海　南	Hainan	6.74	27.83	26.23	28	4.60	9.10	12.64	29
重　庆	Chongqing	32.05	77.36	84.65	18	30.05	74.07	135.54	13
四　川	Sichuan	85.90	195.90	218.86	5	65.04	178.04	235.22	8
贵　州	Guizhou	19.49	55.93	66.64	24	12.32	33.74	40.33	27
云　南	Yunnan	37.96	90.98	99.27	15	28.35	59.90	73.96	20
西　藏	Tibet	1.93	4.10	5.82	31	0.30	1.96	2.23	31
陕　西	Shaanxi	38.24	85.15	92.30	16	31.37	94.60	101.66	17
甘　肃	Gansu	16.32	38.92	45.68	27	14.86	45.50	47.07	26
青　海	Qinghai	4.39	10.53	12.09	30	2.27	7.55	8.23	30
宁　夏	Ningxia	7.65	19.40	20.87	29	4.03	9.91	13.35	28
新　疆	Xinjiang	29.21	76.60	76.91	20	20.91	44.57	59.95	24

15-13 地方财政收入和支出
Local Financial Revenue and Expenditure

单位：亿元 (100 million yuan)

地区	Region	地方财政收入 Local Financial Revenue				地方财政支出 Local Financial Expenditure			
		2010	2014	2015	2015排名 Ranking	2010	2014	2015	2015排名 Ranking
全　国	National Total								
北　京	Beijing	2353.90	4027.20	4723.90	6	2716.00	4510.50	5751.40	9
天　津	Tianjin	1068.81	2390.02	2666.99	11	1315.30	2884.70	3231.40	25
河　北	Hebei	1330.80	2446.60	2648.50	12	2778.90	4638.10	5675.30	11
山　西	Shanxi	969.66	1820.10	1642.21	23	1928.38	3096.30	3443.40	24
内蒙古	Inner Mongolia	1738.13	1843.20	1964.40	20	2280.47	3884.20	4290.10	17
辽　宁	Liaoning	2004.80	3190.70	2125.60	18	3194.40	5075.20	4617.80	14
吉　林	Jilin	602.40	1203.40	1229.30	26	1787.20	2906.90	3217.10	26
黑龙江	Heilongjiang	1223.30	1301.00	1165.20	27	2690.70	3434.20	4022.10	20
上　海	Shanghai	2873.58	4585.55	5519.50	4	3302.89	4923.44	6191.56	7
江　苏	Jiangsu	4079.86	7233.14	8028.59	2	4843.80	8466.48	9681.47	2
浙　江	Zhejiang	2608.47	4121.20	4809.53	5	3208.41	5159.20	6648.09	6
安　徽	Anhui	2063.80	2218.40	2454.20	14	2566.90	4663.60	5230.40	12
福　建	Fujian	1151.49	2362.30	2544.10	13	1678.71	3300.70	3995.80	21
江　西	Jiangxi	777.90	1903.80	2165.50	16	1911.00	4528.80	4419.90	15
山　东	Shandong	2749.31	5026.70	5529.30	3	4144.50	7175.90	8249.20	3
河　南	Henan	1381.01	2738.50	4426.96	7	3413.22	6042.60	6806.46	5
湖　北	Hubei	1011.23	2566.90	3005.39	10	2465.18	5008.90	6094.21	8
湖　南	Hunan	1862.88	3629.70	4008.10	8	2702.50	5024.50	5684.50	10
广　东	Guangdong	5623.86	10142.50	12091.82	1	6686.81	11300.47	16321.59	1
广　西	Guangxi	772.30	2162.40	2332.96	15	1994.42	3475.92	4076.42	19
海　南	Hainan	271.06	555.28	627.69	28	578.45	1094.15	1009.99	31
重　庆	Chongqing	1990.62	1922.01	2155.10	17	2749.53	4922.78	3793.80	23
四　川	Sichuan	1561.00	3058.50	3329.10	9	4242.50	6784.30	7511.70	4
贵　州	Guizhou	533.89	1366.42	1503.35	24	1640.17	3542.13	3930.21	22
云　南	Yunnan	871.19	1697.80	1808.14	21	2285.72	4438.30	4712.90	13
西　藏	Tibet	42.47	164.79	175.83	31	562.58	1237.77	1424.81	29
陕　西	Shaanxi	957.90	1890.00	2059.87	19	2217.60	3961.70	4375.53	16
甘　肃	Gansu	745.25	1234.54	1386.32	25	1466.66	2538.41	2964.63	27
青　海	Qinghai	110.22	385.74	381.13	29	743.40	1368.98	1505.54	28
宁　夏	Ningxia	153.64	339.81	373.74	30	555.87	1000.49	1138.18	30
新　疆	Xinjiang	500.58	1710.56	1666.00	22	1698.91	3782.97	4169.00	18

16

房地产业

Real Estate

16-1 房地产开发企业个数(一)
Number of Enterprises for Real Estate Development（1）

单位：个 (unit)

地区	Region	企业个数 Number of Enterprises 2010	2014	2015	2015排名 Ranking	其中：内资企业 Domestic Funded Enterprises 2010	2014	2015	2015排名 Ranking
全　国	**National Total**	**85218**	**94197**	**93426**		**79489**	**89218**	**88773**	
北　京	Beijing	3173	2811	2784	13	2888	2560	2545	15
天　津	Tianjin	1279	1246	1267	27	1169	1142	1164	27
河　北	Hebei	2997	3387	3181	11	2933	3332	3130	11
山　西	Shanxi	1990	2452	2430	18	1968	2434	2410	17
内蒙古	Inner Mongolia	2119	2079	2048	22	2109	2073	2043	21
辽　宁	Liaoning	4181	4021	3514	10	3725	3617	3166	10
吉　林	Jilin	1352	1681	1727	25	1319	1653	1702	25
黑龙江	Heilongjiang	1890	2154	2041	23	1848	2119	2012	23
上　海	Shanghai	3247	2938	2758	14	2773	2486	2354	18
江　苏	Jiangsu	6070	6829	6642	2	5450	6215	6056	4
浙　江	Zhejiang	5577	6383	6252	4	5279	6037	5911	5
安　徽	Anhui	3281	3731	3620	9	3149	3634	3537	9
福　建	Fujian	3634	3280	3151	12	2926	2857	2773	12
江　西	Jiangxi	2141	2077	2187	20	1989	1985	2095	20
山　东	Shandong	5798	6373	6606	3	5536	6150	6395	2
河　南	Henan	4176	5662	6158	5	4039	5559	6069	3
湖　北	Hubei	3558	4214	4212	6	3397	4104	4107	6
湖　南	Hunan	3437	3808	3710	8	3286	3707	3623	8
广　东	Guangdong	6527	7138	7341	1	5567	6232	6451	1
广　西	Guangxi	3212	2491	2423	19	3035	2383	2329	19
海　南	Hainan	545	1180	1103	28	504	1099	1037	28
重　庆	Chongqing	2391	2695	2585	17	2275	2560	2450	16
四　川	Sichuan	3915	4061	4032	7	3762	3919	3903	7
贵　州	Guizhou	1876	2591	2633	16	1832	2552	2595	14
云　南	Yunnan	2344	2783	2649	15	2303	2745	2610	13
西　藏	Tibet	61	45	45	31	61	45	45	31
陕　西	Shaanxi	1274	1941	2070	21	1243	1904	2031	22
甘　肃	Gansu	1185	1479	1533	26	1158	1460	1516	26
青　海	Qinghai	395	325	330	30	382	322	329	30
宁　夏	Ningxia	360	534	539	29	357	530	535	29
新　疆	Xinjiang	1233	1808	1855	24	1227	1803	1850	24

16-2 房地产开发企业个数(二)
Number of Enterprises for Real Estate Development（2）

单位：个 (unit)

地区	Region	其中：国有企业 State-owned Enterprises 2010	2014	2015	2015排名 Ranking	其中：集体企业 Collective-owned Enterprises 2010	2014	2015	2015排名 Ranking
全 国	**National Total**	**3685**	**1476**	**1329**		**1220**	**457**	**409**	
北 京	Beijing	83	61	60	10	23	19	16	5
天 津	Tianjin	270	59	56	11	19	7	6	14
河 北	Hebei	50	16	9	26	6			
山 西	Shanxi	117	71	66	6	21	8	7	13
内蒙古	Inner Mongolia	27	10	7	27	4	1	1	23
辽 宁	Liaoning	108	24	19	24	28	6	4	19
吉 林	Jilin	25	6	6	28	6	1	1	23
黑龙江	Heilongjiang	97	47	39	17	9	1	1	23
上 海	Shanghai	316	68	54	12	91	17	15	6
江 苏	Jiangsu	227	79	69	5	103	33	32	3
浙 江	Zhejiang	162	56	51	14	52	18	15	6
安 徽	Anhui	130	58	46	15	23	6	6	14
福 建	Fujian	216	74	71	4	52	19	17	4
江 西	Jiangxi	132	42	37	18	20	5	5	18
山 东	Shandong	240	112	104	1	161	64	59	2
河 南	Henan	120	73	66	6	35	11	6	14
湖 北	Hubei	166	84	75	3	45	17	14	8
湖 南	Hunan	165	72	65	8	28	6	6	14
广 东	Guangdong	261	113	103	2	327	164	146	1
广 西	Guangxi	159	59	52	13	42	12	11	10
海 南	Hainan	23	28	24	23	2		1	23
重 庆	Chongqing	101	35	31	20	10	2	2	22
四 川	Sichuan	131	47	43	16	34	11	8	12
贵 州	Guizhou	78	29	29	22	16	3	3	21
云 南	Yunnan	83	44	37	18	11	4	4	19
西 藏	Tibet	9	1	1	30	1			
陕 西	Shaanxi	90	61	62	9	23	8	10	11
甘 肃	Gansu	60	31	30	21	24	13	12	9
青 海	Qinghai	14	3	3	29	1			
宁 夏	Ningxia	1	1	1	30	2			
新 疆	Xinjiang	24	12	13	25	1	1	1	23

16-3　房地产开发企业个数(三)
Number of Enterprises for Real Estate Development（3）

单位：个　(unit)

地区	Region	其中：港、澳、台投资企业 Enterprises with Funds from Hong Kong, Macao and Taiwan				其中：外商投资企业 Foreign Funded Enterprises			
		2010	2014	2015	2015排名 Ranking	2010	2014	2015	2015排名 Ranking
全　国	**National Total**	**3677**	**3414**	**3235**		**2052**	**1565**	**1418**	
北　京	Beijing	174	149	141	8	111	102	98	6
天　津	Tianjin	58	59	58	15	52	45	45	10
河　北	Hebei	34	35	33	19	30	20	18	18
山　西	Shanxi	16	12	13	25	6	6	7	25
内蒙古	Inner Mongolia	6	3	2	28	4	3	3	27
辽　宁	Liaoning	245	263	233	5	211	141	115	5
吉　林	Jilin	23	21	17	24	10	7	8	24
黑龙江	Heilongjiang	23	24	19	23	19	11	10	21
上　海	Shanghai	305	303	273	4	169	149	131	3
江　苏	Jiangsu	352	408	396	2	268	206	190	2
浙　江	Zhejiang	163	222	225	6	135	124	116	4
安　徽	Anhui	78	62	55	17	54	35	28	14
福　建	Fujian	529	315	283	3	179	108	95	7
江　西	Jiangxi	109	69	71	12	43	23	21	17
山　东	Shandong	157	154	145	7	105	69	66	8
河　南	Henan	70	67	60	14	67	36	29	13
湖　北	Hubei	106	82	78	10	55	28	27	15
湖　南	Hunan	98	73	62	13	53	28	25	16
广　东	Guangdong	737	697	689	1	223	209	201	1
广　西	Guangxi	99	64	57	16	78	44	37	11
海　南	Hainan	27	61	51	18	14	20	15	20
重　庆	Chongqing	77	96	99	9	39	39	36	12
四　川	Sichuan	79	76	75	11	74	66	54	9
贵　州	Guizhou	29	30	29	21	15	9	9	22
云　南	Yunnan	36	31	30	20	5	7	9	22
西　藏	Tibet								
陕　西	Shaanxi	17	18	23	22	14	19	16	19
甘　肃	Gansu	16	13	12	26	11	6	5	26
青　海	Qinghai	10	2			3	1	1	29
宁　夏	Ningxia		1	2	28	3	3	2	28
新　疆	Xinjiang	4	4	4	27	2	1	1	29

16-4 房地产开发企业土地开发及购置（一）
Land Development and Purchase of Enterprises for Real Estate Development (1)

单位：万平方米 (10 000 sq.m)

地区	Region	待开发土地面积 Land Space Pending Development				本年土地购置面积 Land Space Purchased This Year			
		2010	2014	2015	2015排名 Ranking	2010	2014	2015	2015排名 Ranking
全　国	**National Total**	**31458.00**	**42136.28**	**36638.48**		**39953.10**	**33383.03**	**22810.79**	
北　京	Beijing	401.30	617.66	520.51	23	858.70	580.76	390.96	22
天　津	Tianjin	617.20	583.10	425.77	25	652.50	122.74	173.98	29
河　北	Hebei	630.40	854.52	861.99	16	3024.20	1081.72	756.86	14
山　西	Shanxi	588.80	818.51	840.31	18	874.40	431.71	431.66	20
内蒙古	Inner Mongolia	614.00	508.77	468.63	24	1993.00	534.48	316.27	23
辽　宁	Liaoning	1415.30	1470.83	1033.88	12	3134.60	1670.85	957.02	9
吉　林	Jilin	97.80	364.60	380.71	27	861.30	928.40	793.19	13
黑龙江	Heilongjiang	172.40	302.41	192.66	29	1174.30	416.58	270.40	24
上　海	Shanghai	315.40	648.15	682.12	20	432.40	313.18	263.39	25
江　苏	Jiangsu	3798.80	5373.41	4044.91	2	2055.70	3454.27	1693.35	3
浙　江	Zhejiang	1488.90	1770.46	1302.72	9	1959.90	1887.92	1012.58	8
安　徽	Anhui	1235.10	3024.17	2472.35	4	2451.00	3029.58	1805.94	1
福　建	Fujian	1577.40	1076.79	995.97	14	1540.40	1294.16	1056.72	7
江　西	Jiangxi	983.40	668.17	646.01	21	777.20	918.20	542.89	18
山　东	Shandong	2206.80	2870.49	2831.90	3	2850.10	2225.50	1787.97	2
河　南	Henan	1222.10	1343.57	1627.82	8	2864.30	1116.16	951.41	10
湖　北	Hubei	1283.20	1717.46	1198.60	10	1422.10	1244.99	729.91	16
湖　南	Hunan	1318.10	2213.97	2426.46	5	1096.00	1111.98	860.96	11
广　东	Guangdong	4643.80	4736.77	4115.09	1	1726.30	1956.99	1478.80	5
广　西	Guangxi	823.30	784.02	765.61	19	1198.70	610.01	415.94	21
海　南	Hainan	116.30	1422.14	1058.17	11	516.50	288.47	252.70	26
重　庆	Chongqing	2025.70	2474.73	2020.24	6	1354.90	1864.59	1626.77	4
四　川	Sichuan	1191.00	1506.51	1638.12	7	1043.00	1535.43	1061.98	6
贵　州	Guizhou	1058.00	1243.70	1005.77	13	1004.60	936.36	601.20	17
云　南	Yunnan	407.50	1272.44	954.21	15	1031.40	1218.23	826.89	12
西　藏	Tibet	27.00	2.42	15.62	31	2.90	58.10	30.82	31
陕　西	Shaanxi	387.80	604.02	591.71	22	552.40	487.52	447.59	19
甘　肃	Gansu	119.90	327.87	219.10	28	286.70	567.49	239.72	27
青　海	Qinghai	38.70	104.24	64.00	30	107.20	99.87	48.35	30
宁　夏	Ningxia	154.00	457.82	383.81	26	548.80	332.77	230.51	28
新　疆	Xinjiang	498.50	972.54	853.72	17	557.70	1064.02	754.07	15

16-5 房地产开发企业土地开发及购置（二）
Land Development and Purchase of Enterprises for Real Estate Development (2)

单位：亿元 (100 million yuan)

地区	Region	本年土地成交价款 Transaction Value of Land This Year				土地购置费用 Total Value of Land Purchased			
		2010	2014	2015	2015排名 Ranking	2010	2014	2015	2015排名 Ranking
全　国	**National Total**	**8206.71**	**10019.88**	**7621.61**		**9999.90**	**17458.53**	**17675.44**	
北　京	Beijing	1040.63	763.67	811.13	2	1292.70	1378.94	2052.92	2
天　津	Tianjin	173.33	121.09	74.20	24	134.10	281.37	319.02	16
河　北	Hebei	462.93	232.92	168.45	16	368.30	511.39	405.93	12
山　西	Shanxi	85.82	65.46	84.84	21	92.50	160.50	163.27	22
内蒙古	Inner Mongolia	164.03	87.19	52.62	27	129.90	154.48	87.62	27
辽　宁	Liaoning	487.88	411.23	246.07	10	508.00	535.15	308.16	17
吉　林	Jilin	108.79	188.75	191.72	13	125.30	155.20	150.29	23
黑龙江	Heilongjiang	87.81	68.89	54.11	26	90.70	167.14	99.50	25
上　海	Shanghai	257.85	395.63	179.98	14	449.30	873.61	1004.41	7
江　苏	Jiangsu	613.85	1094.55	530.42	5	960.40	1745.93	1505.17	4
浙　江	Zhejiang	979.90	964.49	574.93	3	1138.00	2680.59	2510.48	1
安　徽	Anhui	352.31	711.02	479.32	7	517.20	832.88	641.99	11
福　建	Fujian	846.49	476.05	490.12	6	765.20	1170.49	1072.93	5
江　西	Jiangxi	93.54	208.87	147.48	17	109.90	179.64	210.54	21
山　东	Shandong	420.94	524.73	473.45	8	600.40	889.55	1035.67	6
河　南	Henan	269.56	233.94	198.21	12	293.20	352.80	362.68	13
湖　北	Hubei	156.17	334.87	238.74	11	291.00	509.28	665.36	10
湖　南	Hunan	144.42	211.43	176.66	15	176.60	338.51	243.42	19
广　东	Guangdong	435.00	856.58	890.97	1	634.00	1591.35	1711.53	3
广　西	Guangxi	156.75	160.94	108.45	20	150.60	255.37	282.07	18
海　南	Hainan	29.93	57.75	75.32	23	48.90	185.63	345.50	14
重　庆	Chongqing	232.16	679.99	539.12	4	371.40	649.64	733.81	9
四　川	Sichuan	239.41	475.97	332.42	9	368.90	823.54	846.96	8
贵　州	Guizhou	73.23	111.05	83.75	22	60.90	140.33	118.20	24
云　南	Yunnan	108.41	214.58	146.38	18	121.30	508.46	323.51	15
西　藏	Tibet	1.06	6.98	0.95	31	1.70	7.96	0.36	31
陕　西	Shaanxi	89.76	157.31	134.79	19	107.40	185.31	226.76	20
甘　肃	Gansu	24.57	58.48	28.71	28	29.30	39.63	53.95	29
青　海	Qinghai	9.57	13.38	11.14	30	9.90	27.02	50.64	30
宁　夏	Ningxia	24.59	35.00	25.70	29	21.60	39.88	54.58	28
新　疆	Xinjiang	36.04	97.11	71.49	25	31.40	86.93	88.21	26

16-6 房地产开发企业投资总规模及完成情况（一）

General Scale of Constrnction and Actually Completed Investment of Enterprises for Real Estate Development (1)

单位：亿元 (100 million yuan)

地区	Region	计划总投资 Total Investment Planed 2010	2014	2015	2015排名 Ranking	自开始建设至本年底累计完成投资 Accumulative Investment Actually Completed Since Starting of Construction up to the End of This Year 2010	2014	2015	2015排名 Ranking
全　国	**National Total**	**223823.35**	**493066.50**	**536853.75**		**133249.41**	**330830.08**	**378089.48**	
北　京	Beijing	17140.64	21752.37	23192.24	8	11136.25	16381.85	18036.55	5
天　津	Tianjin	5687.35	13190.09	14094.61	17	3287.38	7914.28	8957.81	17
河　北	Hebei	7617.69	16813.56	17578.58	14	4290.04	11109.02	12001.97	14
山　西	Shanxi	2459.70	6969.80	7902.71	24	1434.71	4449.43	5075.83	24
内蒙古	Inner Mongolia	3409.50	7938.88	8147.17	23	2092.96	5056.79	5449.23	23
辽　宁	Liaoning	14469.21	26088.28	23120.45	9	8346.44	19313.41	17402.30	7
吉　林	Jilin	2801.64	6332.27	6750.58	25	1767.27	4152.82	4531.70	25
黑龙江	Heilongjiang	2341.12	6456.37	6060.52	26	1434.82	4576.63	4287.53	26
上　海	Shanghai	12818.48	20617.82	23212.56	7	8530.33	14728.69	17110.21	9
江　苏	Jiangsu	21924.85	46967.70	50613.49	1	12808.76	30606.82	35253.66	2
浙　江	Zhejiang	13296.39	32628.07	33281.85	4	8420.28	23757.74	26208.77	3
安　徽	Anhui	8956.29	22643.46	25105.30	5	5908.60	14762.45	17167.71	8
福　建	Fujian	8649.46	20041.24	22017.23	10	5319.92	15139.07	18031.78	6
江　西	Jiangxi	3297.92	7307.53	9096.57	22	2204.83	4689.81	5811.08	22
山　东	Shandong	13756.20	32068.04	35191.13	3	7947.60	20855.66	23907.76	4
河　南	Henan	8013.13	21485.29	24450.90	6	4371.74	12471.37	14530.53	12
湖　北	Hubei	7185.16	17610.53	19986.24	13	3430.07	11769.24	14093.70	13
湖　南	Hunan	6829.88	16181.72	17474.36	15	3686.42	10291.60	11552.76	15
广　东	Guangdong	21757.06	44095.87	50293.61	2	12925.08	30627.28	37218.78	1
广　西	Guangxi	5253.28	10284.68	11380.05	20	3016.16	7044.48	8101.75	20
海　南	Hainan	1968.15	8169.67	9834.05	21	1132.38	4888.21	6363.63	21
重　庆	Chongqing	9184.45	19291.40	21344.93	12	5080.88	13353.27	15418.90	11
四　川	Sichuan	9739.66	18621.22	21542.31	11	6045.85	13059.19	15757.12	10
贵　州	Guizhou	2915.74	11682.70	12855.29	19	1482.38	6991.78	8451.48	19
云　南	Yunnan	3795.58	12054.48	13481.11	18	2262.83	7539.46	9357.17	16
西　藏	Tibet	49.30	143.23	179.73	31	26.56	73.26	119.08	31
陕　西	Shaanxi	4705.40	12862.22	14631.80	16	2888.91	7680.11	8916.48	18
甘　肃	Gansu	1483.56	3490.29	3897.53	28	653.96	2191.61	2619.16	28
青　海	Qinghai	434.75	1334.55	1484.32	30	217.92	849.28	1058.62	30
宁　夏	Ningxia	867.71	3315.05	3652.24	29	447.88	1985.45	2398.71	29
新　疆	Xinjiang	1014.09	4628.15	5000.27	27	650.23	2520.03	2897.73	27

16-7 房地产开发企业投资总规模及完成情况（二）

General Scale of Constrnction and Actually Completed Investment of Enterprises for Real Estate Development (2)

单位：亿元　　(100 million yuan)

地区	Region	本年完成投资 Investment Completed This Year				其中：建筑安装工程 Construction and Installation		
		2010	2014	2015	2015排名 Ranking	2014	2015	2015排名 Ranking
全　国	**National Total**	**48259.40**	**95035.61**	**95978.85**		**70561.11**	**71195.57**	
北　京	Beijing	2901.07	3715.33	4177.05	11	1601.18	1297.87	20
天　津	Tianjin	866.64	1699.65	1871.55	20	1180.88	1328.30	19
河　北	Hebei	2264.94	4059.72	4285.27	9	3265.74	3591.35	7
山　西	Shanxi	592.24	1403.55	1494.87	23	1142.91	1176.94	23
内蒙古	Inner Mongolia	1119.99	1370.88	1081.05	24	1167.85	959.70	24
辽　宁	Liaoning	3465.76	5301.31	3558.64	13	4524.98	3109.79	11
吉　林	Jilin	921.01	1030.13	924.24	27	821.95	717.09	27
黑龙江	Heilongjiang	843.12	1324.09	992.15	26	1101.40	856.94	25
上　海	Shanghai	1980.68	3206.48	3468.94	14	2076.59	2212.04	13
江　苏	Jiangsu	4299.38	8240.22	8153.68	2	6025.88	6186.30	1
浙　江	Zhejiang	3025.43	7262.38	7111.93	3	3935.07	3922.53	5
安　徽	Anhui	2251.80	4338.96	4424.86	8	3316.71	3578.86	8
福　建	Fujian	1818.86	4567.40	4469.61	7	3195.56	3168.04	10
江　西	Jiangxi	706.82	1322.49	1520.10	22	1065.23	1227.03	21
山　东	Shandong	3249.37	5817.95	5892.16	4	4663.72	4607.70	3
河　南	Henan	2114.08	4375.71	4818.93	5	3704.57	4125.77	4
湖　北	Hubei	1618.24	3983.79	4249.23	10	3092.49	3243.50	9
湖　南	Hunan	1469.07	2883.57	2613.75	16	2283.92	2166.15	15
广　东	Guangdong	3659.69	7638.45	8538.47	1	5427.18	6048.40	2
广　西	Guangxi	1206.22	1838.49	1909.09	19	1465.53	1526.23	18
海　南	Hainan	467.87	1431.65	1704.00	21	1087.71	1183.32	22
重　庆	Chongqing	1620.26	3630.23	3751.28	12	2600.24	2632.39	12
四　川	Sichuan	2194.63	4380.09	4813.03	6	3295.85	3685.76	6
贵　州	Guizhou	556.69	2187.67	2205.09	18	1832.46	1900.01	17
云　南	Yunnan	900.44	2846.65	2669.01	15	2183.87	2191.00	14
西　藏	Tibet	8.96	52.91	50.02	31	41.68	48.05	31
陕　西	Shaanxi	1159.47	2426.49	2494.29	17	2095.31	2153.66	16
甘　肃	Gansu	266.41	721.47	768.06	28	647.84	678.49	28
青　海	Qinghai	108.19	308.27	336.00	30	266.14	266.16	30
宁　夏	Ningxia	254.37	654.80	633.64	29	579.44	553.20	29
新　疆	Xinjiang	347.72	1014.81	998.88	25	871.25	853.01	26

16-8 房地产开发企业投资总规模及完成情况（三）

General Scale of Constrnction and Actually Completed Investment of Enterprises for Real Estate Development (3)

单位：亿元 (100 million yuan)

地区	Region	其中：设备工器具购置 Purchase of Equipment and Instruments			其中：其他费用 Others		
		2014	2015	2015排名 Ranking	2014	2015	2015排名 Ranking
全　国	**National Total**	**1306.91**	**1211.52**		**23167.59**	**23571.75**	
北　京	Beijing	47.34	22.97	20	2066.82	2856.21	2
天　津	Tianjin	10.88	13.04	24	507.89	530.21	14
河　北	Hebei	90.37	91.52	4	703.61	602.40	12
山　西	Shanxi	22.81	23.80	17	237.84	294.13	21
内蒙古	Inner Mongolia	17.33	8.77	28	185.70	112.58	27
辽　宁	Liaoning	110.31	44.11	10	666.02	404.74	18
吉　林	Jilin	12.81	8.11	29	195.37	199.04	24
黑龙江	Heilongjiang	24.95	11.41	26	197.75	123.79	26
上　海	Shanghai	17.05	15.15	22	1112.84	1241.75	6
江　苏	Jiangsu	129.41	118.93	1	2084.93	1848.46	4
浙　江	Zhejiang	67.99	62.38	7	3259.31	3127.01	1
安　徽	Anhui	51.60	58.45	9	970.65	787.54	11
福　建	Fujian	34.83	39.87	12	1337.01	1261.70	5
江　西	Jiangxi	17.66	23.15	19	239.60	269.92	23
山　东	Shandong	64.93	58.45	8	1089.31	1226.01	7
河　南	Henan	87.05	117.27	2	584.10	575.89	13
湖　北	Hubei	67.78	68.09	6	823.51	937.64	10
湖　南	Hunan	50.73	40.17	11	548.91	407.42	17
广　东	Guangdong	78.03	99.21	3	2133.25	2390.86	3
广　西	Guangxi	41.42	23.30	18	331.54	359.57	19
海　南	Hainan	21.42	13.61	23	322.53	507.07	15
重　庆	Chongqing	40.74	38.59	13	989.25	1080.30	8
四　川	Sichuan	78.35	84.85	5	1005.89	1042.42	9
贵　州	Guizhou	19.15	24.67	15	336.05	280.41	22
云　南	Yunnan	32.15	29.46	14	630.64	448.56	16
西　藏	Tibet	1.56	0.78	31	9.67	1.19	31
陕　西	Shaanxi	29.21	24.57	16	301.98	316.05	20
甘　肃	Gansu	12.30	11.17	27	61.33	78.40	28
青　海	Qinghai	3.27	12.34	25	38.86	57.51	30
宁　夏	Ningxia	5.08	6.02	30	70.27	74.43	29
新　疆	Xinjiang	18.41	17.33	21	125.15	128.53	25

16-9 房地产开发企业从业人员和房地产开发投资额
Number of Employed Persons in Real Estate Enterprises and Investment in Real Estate Development

地区	Region	从业人数（万人） Number of Employed Persons (10 000 persons)				房地产本年完成投资额（亿元） Investment Completed This Year (100 million yuan)			
		2010	2014	2015	2015排名 Ranking	2010	2014	2015	2015排名 Ranking
全 国	**National Total**	**209.11**	**276.01**	**273.85**		**48259.40**	**95035.61**	**95978.85**	
北 京	Beijing	8.92	9.37	9.07	13	2901.07	3715.33	4177.05	11
天 津	Tianjin	3.67	3.90	3.74	28	866.64	1699.65	1871.55	20
河 北	Hebei	7.52	11.16	10.71	10	2264.94	4059.72	4285.27	9
山 西	Shanxi	4.29	6.06	5.88	21	592.24	1403.55	1494.87	23
内蒙古	Inner Mongolia	5.52	5.01	4.48	22	1119.99	1370.88	1081.05	24
辽 宁	Liaoning	7.37	9.77	7.95	15	3465.76	5301.31	3558.64	13
吉 林	Jilin	3.38	5.33	4.17	27	921.01	1030.13	924.24	27
黑龙江	Heilongjiang	4.15	4.71	4.36	23	843.12	1324.09	992.15	26
上 海	Shanghai	9.14	6.86	6.46	20	1980.68	3206.48	3468.94	14
江 苏	Jiangsu	13.17	18.61	17.96	4	4299.38	8240.22	8153.68	2
浙 江	Zhejiang	9.66	12.66	12.17	7	3025.43	7262.38	7111.93	3
安 徽	Anhui	7.15	11.39	11.01	9	2251.80	4338.96	4424.86	8
福 建	Fujian	6.33	9.59	9.52	12	1818.86	4567.40	4469.61	7
江 西	Jiangxi	5.25	6.42	6.95	19	706.82	1322.49	1520.10	22
山 东	Shandong	17.30	20.78	21.13	2	3249.37	5817.95	5892.16	4
河 南	Henan	9.38	17.11	19.08	3	2114.08	4375.71	4818.93	5
湖 北	Hubei	9.00	12.98	13.25	6	1618.24	3983.79	4249.23	10
湖 南	Hunan	8.24	11.40	11.61	8	1469.07	2883.57	2613.75	16
广 东	Guangdong	18.96	22.46	22.89	1	3659.69	7638.45	8538.47	1
广 西	Guangxi	5.68	7.59	7.78	17	1206.22	1838.49	1909.09	19
海 南	Hainan	1.77	4.37	4.33	24	467.87	1431.65	1704.00	21
重 庆	Chongqing	9.18	9.96	9.64	11	1620.26	3630.23	3751.28	12
四 川	Sichuan	14.37	13.69	14.00	5	2194.63	4380.09	4813.03	6
贵 州	Guizhou	3.67	7.14	7.68	18	556.69	2187.67	2205.09	18
云 南	Yunnan	4.60	8.10	7.93	16	900.44	2846.65	2669.01	15
西 藏	Tibet	0.49	0.21	0.19	31	8.96	52.91	50.02	31
陕 西	Shaanxi	4.54	8.14	8.49	14	1159.47	2426.49	2494.29	17
甘 肃	Gansu	2.42	4.10	4.31	25	266.41	721.47	768.06	28
青 海	Qinghai	0.44	1.06	1.04	30	108.19	308.27	336.00	30
宁 夏	Ningxia	1.09	1.88	1.79	29	254.37	654.80	633.64	29
新 疆	Xinjiang	2.45	4.19	4.28	26	347.72	1014.81	998.88	25

16-10 房地产开发住宅投资和办公楼投资
Investment in Real Estate Development of Residential Buildings and Office Buildings

单位：亿元 (100 million yuan)

地区	Region	其中：住宅投资 Residential Buildings				其中：办公楼投资 Office Buildings			
		2010	2014	2015	2015排名 Ranking	2010	2014	2015	2015排名 Ranking
全　国	**National Total**	**34026.23**	**64352.15**	**64595.24**		**1807.38**	**5641.19**	**6209.74**	
北　京	Beijing	1508.95	1846.08	1889.54	13	259.10	712.98	899.07	1
天　津	Tianjin	565.39	1122.26	1251.53	20	77.18	123.58	107.70	19
河　北	Hebei	1785.76	3010.35	3162.55	6	51.27	153.85	175.87	13
山　西	Shanxi	457.43	1010.69	1098.32	23	12.54	69.21	85.50	20
内蒙古	Inner Mongolia	782.80	936.76	758.51	24	53.44	51.01	39.68	24
辽　宁	Liaoning	2481.35	3844.26	2603.32	11	102.93	179.22	116.61	18
吉　林	Jilin	731.73	732.47	648.81	26	13.87	30.16	38.63	25
黑龙江	Heilongjiang	657.54	946.03	681.15	25	10.92	25.25	25.32	29
上　海	Shanghai	1229.83	1724.65	1813.32	15	224.46	534.77	654.54	2
江　苏	Jiangsu	3158.46	5924.51	6080.21	1	154.61	378.47	344.07	5
浙　江	Zhejiang	2058.19	4594.17	4450.73	3	192.99	487.62	513.31	4
安　徽	Anhui	1595.47	2847.63	2849.19	10	65.61	168.96	204.25	11
福　建	Fujian	975.13	2917.17	2864.95	9	49.67	358.58	327.76	7
江　西	Jiangxi	544.77	971.92	1113.09	22	11.01	53.97	52.11	23
山　东	Shandong	2511.17	4184.33	4399.44	4	73.40	358.58	331.88	6
河　南	Henan	1685.21	3289.20	3529.15	5	56.74	198.84	218.54	9
湖　北	Hubei	1040.25	2755.42	3020.54	8	32.44	171.65	215.70	10
湖　南	Hunan	1134.56	1998.51	1802.94	16	17.81	110.65	120.80	17
广　东	Guangdong	2539.03	5187.32	5890.51	2	144.54	489.44	564.00	3
广　西	Guangxi	878.89	1292.63	1407.75	18	15.14	70.90	72.58	21
海　南	Hainan	417.11	1122.14	1246.78	21	7.03	10.51	20.54	30
重　庆	Chongqing	1091.49	2451.37	2390.49	12	31.53	176.96	203.56	12
四　川	Sichuan	1535.28	2847.82	3048.72	7	55.31	195.11	229.79	8
贵　州	Guizhou	328.63	1350.34	1327.77	19	8.78	151.97	164.06	14
云　南	Yunnan	654.67	1830.07	1670.27	17	22.21	133.78	162.04	15
西　藏	Tibet	6.99	29.44	39.60	31	0.07	3.49	2.49	31
陕　西	Shaanxi	938.15	1869.69	1827.80	14	36.57	105.15	160.95	16
甘　肃	Gansu	187.93	496.37	526.56	28	5.61	26.65	28.01	28
青　海	Qinghai	75.20	190.67	201.38	30	2.15	27.32	37.43	26
宁　夏	Ningxia	187.29	411.58	396.68	29	8.17	21.17	34.29	27
新　疆	Xinjiang	281.56	616.30	603.66	27	10.29	61.39	58.66	22

16-11 房地产开发商业营业用房投资和其他投资
Investment in Real Estate Development for Business Use and Others

单位：亿元 (100 million yuan)

地区	Region	商业营业用房 Houses for Business Use 2010	2014	2015	2015排名 Ranking	其他 Others 2010	2014	2015	2015排名 Ranking
全　国	**National Total**	**5648.40**	**14346.25**	**14607.49**		**6777.39**	**10696.02**	**10566.37**	
北　京	Beijing	336.29	380.84	463.67	16	796.73	775.43	924.77	3
天　津	Tianjin	127.35	217.93	249.01	20	96.72	235.88	263.31	16
河　北	Hebei	276.01	502.02	509.40	12	151.90	393.50	437.45	9
山　西	Shanxi	60.46	191.31	171.21	25	61.81	132.34	139.84	22
内蒙古	Inner Mongolia	202.46	254.44	187.50	24	81.28	128.67	95.37	24
辽　宁	Liaoning	588.65	950.80	608.64	10	292.83	327.03	230.08	18
吉　林	Jilin	116.02	186.72	162.74	26	59.39	80.79	74.07	26
黑龙江	Heilongjiang	105.34	236.88	210.23	23	69.32	115.93	75.44	25
上　海	Shanghai	244.70	457.92	467.67	15	281.69	489.14	533.42	8
江　苏	Jiangsu	611.08	1286.71	1130.91	1	375.23	650.53	598.50	6
浙　江	Zhejiang	356.36	949.34	1021.09	4	417.88	1231.25	1126.79	1
安　徽	Anhui	292.16	930.56	1025.86	3	298.56	391.81	345.55	13
福　建	Fujian	162.33	654.88	670.97	8	631.72	636.77	605.92	4
江　西	Jiangxi	78.14	198.65	239.39	22	72.90	97.95	115.51	23
山　东	Shandong	378.81	805.07	764.96	6	285.99	469.97	395.88	11
河　南	Henan	192.77	531.22	694.23	7	179.36	356.46	377.00	12
湖　北	Hubei	187.08	639.20	593.85	11	358.47	417.52	419.13	10
湖　南	Hunan	129.74	427.39	430.63	17	186.97	347.02	259.38	17
广　东	Guangdong	389.31	958.43	1085.78	2	586.82	1003.27	998.19	2
广　西	Guangxi	92.85	254.00	243.83	21	219.34	220.96	184.93	20
海　南	Hainan	20.54	137.57	140.99	28	23.18	161.43	295.69	15
重　庆	Chongqing	134.40	534.00	616.19	9	362.84	467.90	541.03	7
四　川	Sichuan	185.88	777.06	928.76	5	418.16	560.10	605.75	5
贵　州	Guizhou	57.06	443.98	506.74	14	162.21	241.38	206.53	19
云　南	Yunnan	97.88	533.14	508.91	13	125.67	349.67	327.80	14
西　藏	Tibet	1.86	10.13	4.47	31	0.05	9.85	3.46	31
陕　西	Shaanxi	106.41	285.73	346.70	18	78.34	165.93	158.83	21
甘　肃	Gansu	27.02	134.66	162.05	27	45.85	63.79	51.45	29
青　海	Qinghai	15.83	64.28	64.62	30	15.00	26.00	32.58	30
宁　夏	Ningxia	35.56	144.20	129.52	29	23.35	77.85	73.14	27
新　疆	Xinjiang	38.03	267.21	266.97	19	17.84	69.90	69.59	28

16-12 房地产开发企业实际到位资金（一）
Actual Funds in Place of Enterprises for Real Estate Development (1)

单位：亿元 (100 million yuan)

地区	Region	本年实际到位资金小计 Total Actual Funds in Place This Year				国内贷款 Domestic Loans			
		2010	2014	2015	2015排名 Ranking	2010	2014	2015	2015排名 Ranking
全　国	**National Total**	**72944.04**	**121991.48**	**125203.06**		**12563.70**	**21242.61**	**20214.38**	
北　京	Beijing	5790.61	6622.01	7282.11	5	1439.08	2158.03	1970.97	2
天　津	Tianjin	1665.54	2823.48	3208.66	16	539.59	817.16	954.00	7
河　北	Hebei	2710.89	4438.48	4666.67	13	288.89	312.47	456.70	17
山　西	Shanxi	796.15	1393.49	1442.67	23	88.33	123.63	108.82	27
内蒙古	Inner Mongolia	1166.54	1439.17	1196.07	26	45.94	145.62	97.51	28
辽　宁	Liaoning	5070.81	5890.97	4231.78	14	648.35	720.70	551.43	13
吉　林	Jilin	957.17	1229.42	1211.74	25	68.16	126.19	180.82	23
黑龙江	Heilongjiang	1050.36	1408.40	1220.96	24	48.90	97.82	126.46	25
上　海	Shanghai	3229.29	5269.90	5531.86	8	819.57	1638.84	1516.59	4
江　苏	Jiangsu	8022.33	12100.16	12039.99	2	1515.66	2249.68	1877.93	3
浙　江	Zhejiang	5451.60	8956.31	8675.58	3	1023.60	1817.77	1274.79	5
安　徽	Anhui	2850.13	5231.17	4990.78	11	323.25	567.93	564.23	12
福　建	Fujian	2631.31	5726.13	5639.33	7	432.46	752.62	846.73	10
江　西	Jiangxi	1008.16	1945.85	2101.33	22	146.40	255.97	230.82	21
山　东	Shandong	4452.03	6991.18	7342.90	4	754.80	995.83	952.50	8
河　南	Henan	2468.79	4688.97	5076.92	9	244.50	527.01	475.69	16
湖　北	Hubei	2219.50	4322.24	4880.42	12	415.43	737.54	777.89	11
湖　南	Hunan	2002.43	3565.99	3586.49	15	314.06	584.28	481.83	15
广　东	Guangdong	5782.46	11326.60	14164.30	1	1256.11	2432.61	2577.81	1
广　西	Guangxi	1538.56	2410.75	2339.29	19	248.60	340.03	332.04	20
海　南	Hainan	807.28	1930.87	2139.51	21	136.35	385.91	339.83	19
重　庆	Chongqing	2859.53	5344.98	5024.58	10	584.72	1190.77	1033.07	6
四　川	Sichuan	3148.03	5863.11	6079.00	6	436.83	817.88	916.21	9
贵　州	Guizhou	925.49	2336.62	2248.27	20	160.10	242.62	220.30	22
云　南	Yunnan	1300.66	2917.43	2850.09	17	160.82	414.90	528.40	14
西　藏	Tibet	15.02	47.90	43.93	31	0.08	0.80	1.20	31
陕　西	Shaanxi	1683.75	2684.78	2815.01	18	215.17	391.28	372.82	18
甘　肃	Gansu	317.56	854.65	939.65	28	56.60	120.51	153.02	24
青　海	Qinghai	124.84	351.07	361.04	30	26.90	51.56	72.94	30
宁　夏	Ningxia	359.14	742.91	737.39	29	56.07	120.04	96.59	29
新　疆	Xinjiang	538.07	1136.48	1134.72	27	68.42	104.58	124.46	26

16-13 房地产开发企业实际到位资金（二）
Actual Funds in Place of Enterprises for Real Estate Development (2)

单位：亿元 (100 million yuan)

地区	Region	利用外资 Foreign Investment				其中：外商直接投资 Foreign Direct Investment			
		2010	2014	2015	2015排名 Ranking	2010	2014	2015	2015排名 Ranking
全　国	**National Total**	**790.68**	**639.26**	**296.53**		**673.45**	**598.91**	**286.08**	
北　京	Beijing	13.90	7.78	5.75	13	13.41	7.78	5.75	12
天　津	Tianjin	8.34	7.19	6.54	10	5.79	1.38	4.84	13
河　北	Hebei	3.00	26.34	2.31	15	0.50	23.43	2.31	14
山　西	Shanxi								
内蒙古	Inner Mongolia	0.16				0.16			
辽　宁	Liaoning	174.28	70.63	37.61	3	140.69	61.82	37.32	3
吉　林	Jilin	0.04	0.50	0.02	24	0.04			
黑龙江	Heilongjiang	1.50	2.70	1.32	18	1.50	2.70	1.32	18
上　海	Shanghai	96.05	69.61	33.92	4	65.52	67.73	32.36	4
江　苏	Jiangsu	92.76	80.79	44.91	2	86.60	79.33	41.26	2
浙　江	Zhejiang	23.96	71.68	15.65	6	19.13	71.61	15.65	6
安　徽	Anhui	6.18	2.78	1.02	19	5.55	2.78	0.90	20
福　建	Fujian	18.17	23.32	7.98	9	15.23	23.32	7.98	9
江　西	Jiangxi	2.90	0.39	6.14	12	2.90	0.39	6.14	11
山　东	Shandong	18.87	14.13	15.25	7	16.18	13.80	15.25	7
河　南	Henan	1.76	0.67	3.22	14	1.71	0.67	1.92	15
湖　北	Hubei	97.29	19.63	0.90	21	92.92	19.63	0.70	22
湖　南	Hunan	4.35	4.78	0.71	23	1.43	1.48	0.60	23
广　东	Guangdong	90.85	63.65	26.65	5	72.77	57.07	26.38	5
广　西	Guangxi	8.59	0.21	1.57	16	7.24	0.21	1.55	16
海　南	Hainan	0.71	0.62	1.35	17	0.71	0.56	1.35	17
重　庆	Chongqing	83.93	113.13	65.90	1	83.57	113.08	64.85	1
四　川	Sichuan	33.33	39.34	0.97	20	30.99	31.75	0.96	19
贵　州	Guizhou	0.72	3.41	0.85	22	0.72	3.05	0.80	21
云　南	Yunnan	0.85	16.00	9.67	8		15.35	9.57	8
西　藏	Tibet								
陕　西	Shaanxi	5.62		6.32	11	5.62		6.32	10
甘　肃	Gansu								
青　海	Qinghai	2.32				2.32			
宁　夏	Ningxia	0.25				0.25			
新　疆	Xinjiang								

16-14 房地产开发企业实际到位资金（三）
Actual Funds in Place of Enterprises for Real Estate Development (3)

单位：亿元 (100 million yuan)

地区	Region	自筹资金 Self-raising Funds 2010	2014	2015	2015排名 Ranking	其他资金来源 Others 2010	2014	2015	2015排名 Ranking
全　国	**National Total**	**26637.21**	**50419.80**	**49037.56**		**32952.45**	**49689.81**	**55654.60**	
北　京	Beijing	1762.97	1815.41	2277.20	10	2574.66	2640.80	3028.19	5
天　津	Tianjin	457.74	875.23	932.39	19	659.88	1123.91	1315.72	15
河　北	Hebei	1462.58	2819.53	3099.11	4	956.43	1280.14	1108.55	19
山　西	Shanxi	291.70	743.32	809.31	23	416.12	526.54	524.53	23
内蒙古	Inner Mongolia	939.85	1022.39	838.47	21	180.60	271.16	260.09	29
辽　宁	Liaoning	2785.75	3368.50	2269.32	11	1462.43	1731.14	1373.42	14
吉　林	Jilin	591.63	658.92	557.72	26	297.34	443.81	473.19	25
黑龙江	Heilongjiang	651.35	909.94	730.67	25	348.61	397.94	362.51	26
上　海	Shanghai	1070.88	1560.83	1519.99	14	1242.78	2000.62	2461.37	9
江　苏	Jiangsu	2031.38	4154.86	3416.80	2	4382.54	5614.83	6700.36	2
浙　江	Zhejiang	1288.89	3202.31	2659.44	6	3115.16	3864.55	4725.70	3
安　徽	Anhui	1196.59	2203.85	1860.13	12	1324.11	2456.60	2565.40	6
福　建	Fujian	1099.64	2479.19	2300.58	9	1081.04	2471.00	2484.05	8
江　西	Jiangxi	391.29	606.50	730.78	24	467.57	1082.99	1133.59	17
山　东	Shandong	1794.88	3105.00	3328.96	3	1883.48	2876.22	3046.20	4
河　南	Henan	1336.57	2601.55	2956.20	5	885.96	1559.74	1641.82	13
湖　北	Hubei	784.39	1971.63	2357.67	8	922.40	1593.44	1743.96	12
湖　南	Hunan	698.87	1350.42	1246.05	17	985.15	1626.51	1857.90	11
广　东	Guangdong	1580.81	3705.57	3933.40	1	2854.68	5124.77	7626.44	1
广　西	Guangxi	547.42	901.60	823.72	22	733.96	1168.91	1181.96	16
海　南	Hainan	163.58	886.66	1007.98	18	506.65	657.69	790.36	22
重　庆	Chongqing	685.00	1824.41	1666.53	13	1505.89	2216.67	2259.07	10
四　川	Sichuan	1208.26	2513.68	2645.83	7	1469.62	2492.22	2515.99	7
贵　州	Guizhou	267.74	964.86	898.35	20	496.94	1125.72	1128.77	18
云　南	Yunnan	461.22	1549.46	1337.54	16	677.78	937.07	974.48	21
西　藏	Tibet	10.75	35.03	28.70	31	4.19	12.07	14.03	31
陕　西	Shaanxi	642.80	1274.57	1405.06	15	820.16	1018.94	1030.81	20
甘　肃	Gansu	132.80	411.45	429.93	28	128.17	322.68	356.70	27
青　海	Qinghai	56.78	139.36	153.80	30	38.83	160.15	134.30	30
宁　夏	Ningxia	103.32	275.47	323.68	29	199.50	347.39	317.12	28
新　疆	Xinjiang	139.80	488.30	492.26	27	329.86	543.60	518.00	24

16-15 房地产开发企业房屋施工面积和竣工面积

Floor Space of Buildings under Construction and Completed by Enterprises of Real Estate Development

单位：万平方米 (10 000 sq.m)

地区	Region	房屋施工面积 Floor Space of Buildings under Construction				房屋竣工面积 Floor Space of Buildings Completed			
		2010	2014	2015	2015排名 Ranking	2010	2014	2015	2015排名 Ranking
全 国	**National Total**	**405356.4**	**726482.3**	**735693.4**		**78743.9**	**107459.0**	**100039.1**	
北 京	Beijing	10300.9	13588.1	12993.1	22	2386.7	3054.1	2631.5	17
天 津	Tianjin	7160.8	10652.4	10230.2	26	2098.5	2924.8	2903.6	14
河 北	Hebei	20700.0	31628.4	30434.8	9	3614.7	4037.6	4039.3	9
山 西	Shanxi	7599.8	15476.9	15734.5	19	1203.7	2182.5	2114.5	20
内蒙古	Inner Mongolia	11535.3	18474.2	17641.3	18	2297.7	2012.1	1697.2	22
辽 宁	Liaoning	26831.1	38616.9	29283.2	10	4497.4	6147.0	3237.5	12
吉 林	Jilin	7069.5	12268.4	11566.5	24	2030.5	1573.9	1287.4	26
黑龙江	Heilongjiang	7532.9	14218.1	12410.4	23	2645.8	3000.9	2924.2	13
上 海	Shanghai	11295.0	14690.2	15095.3	21	1941.2	2313.3	2647.2	16
江 苏	Jiangsu	35106.9	57637.7	58118.4	1	8696.3	9620.5	10297.0	1
浙 江	Zhejiang	23781.9	42144.4	41687.3	4	4115.8	6390.2	5892.9	4
安 徽	Anhui	17620.0	33479.1	34244.7	7	3026.7	5196.4	5537.7	5
福 建	Fujian	14189.7	30051.8	30891.1	8	2242.5	3583.6	3436.6	11
江 西	Jiangxi	7229.9	13332.6	15293.6	20	1817.7	1871.8	1907.9	21
山 东	Shandong	28081.2	54508.4	57206.4	3	5074.3	7787.3	8277.8	2
河 南	Henan	20394.0	38857.6	40994.4	5	4426.9	7324.3	5390.3	6
湖 北	Hubei	11589.4	26322.0	28296.3	13	2541.2	3431.2	2785.2	15
湖 南	Hunan	16801.9	27747.7	28322.1	12	3347.9	4022.9	3970.0	10
广 东	Guangdong	29301.4	53977.5	57941.9	2	5659.1	7328.0	6044.4	3
广 西	Guangxi	12048.7	17472.2	18608.4	17	1564.3	1866.0	1675.2	24
海 南	Hainan	2699.5	7557.1	8317.0	28	609.1	1203.9	1068.6	28
重 庆	Chongqing	17138.5	28623.9	28985.7	11	2626.6	3717.8	4630.3	7
四 川	Sichuan	21158.5	36499.4	38981.4	6	3966.8	5334.5	4545.7	8
贵 州	Guizhou	7905.5	20369.4	20877.7	14	1048.0	2842.3	2582.7	18
云 南	Yunnan	8785.0	20034.6	20722.2	16	1536.0	1788.6	2546.7	19
西 藏	Tibet	75.3	273.2	380.6	31	12.2	52.5	92.3	31
陕 西	Shaanxi	9947.9	19466.1	20752.2	15	900.1	2188.9	1681.5	23
甘 肃	Gansu	3130.4	7660.3	8586.2	27	598.7	813.2	962.2	29
青 海	Qinghai	1424.2	2545.9	2585.6	30	267.7	559.5	454.4	30
宁 夏	Ningxia	2940.5	7019.4	7045.7	29	936.9	1203.7	1169.0	27
新 疆	Xinjiang	3980.8	11288.7	11465.4	25	1012.9	2086.1	1608.6	25

16-16 房地产开发企业房屋竣工造价
Cost of Buildings Completed by Enterprises of Real Estate Development

地区	Region	房屋竣工价值（亿元）Value of Buildings Completed (100 million yuan)				房屋竣工造价（元/平方米）Cost of Buildings Completed (yuan/sq.m)			
		2010	2014	2015	2015排名 Ranking	2010	2014	2015	2015排名 Ranking
全　国	**National Total**	**17542.73**	**30261.99**	**30552.38**		**2228**	**2816**	**3054**	
北　京	Beijing	575.59	984.00	965.55	12	2412	3222	3669	5
天　津	Tianjin	670.67	759.42	885.83	16	3196	2596	3051	12
河　北	Hebei	816.11	1138.41	1253.87	9	2258	2820	3104	10
山　西	Shanxi	208.10	655.30	571.32	20	1729	3003	2702	22
内蒙古	Inner Mongolia	442.45	538.79	459.82	25	1926	2678	2709	20
辽　宁	Liaoning	971.14	1548.47	910.18	14	2159	2519	2811	16
吉　林	Jilin	340.22	327.54	307.85	27	1676	2081	2391	27
黑龙江	Heilongjiang	454.53	730.01	675.33	19	1718	2433	2309	28
上　海	Shanghai	779.93	1058.42	1488.32	7	4018	4575	5622	1
江　苏	Jiangsu	2307.27	2978.17	3503.00	1	2653	3096	3402	8
浙　江	Zhejiang	1068.33	2291.56	2301.64	2	2596	3586	3906	3
安　徽	Anhui	679.22	1416.19	1499.29	6	2244	2725	2707	21
福　建	Fujian	415.32	883.63	938.70	13	1852	2466	2732	19
江　西	Jiangxi	301.12	447.54	505.90	22	1657	2391	2652	23
山　东	Shandong	1077.58	1786.02	1909.34	4	2124	2294	2307	29
河　南	Henan	630.25	1417.52	1079.75	11	1424	1935	2003	31
湖　北	Hubei	564.66	958.11	798.57	17	2222	2792	2867	14
湖　南	Hunan	646.81	1006.23	1221.38	10	1932	2501	3077	11
广　东	Guangdong	1587.46	2634.41	2256.69	3	2805	3595	3734	4
广　西	Guangxi	230.69	456.01	470.43	23	1475	2444	2808	17
海　南	Hainan	180.26	682.69	514.16	21	2959	5671	4812	2
重　庆	Chongqing	647.98	1243.33	1595.40	5	2467	3344	3446	7
四　川	Sichuan	742.46	1439.17	1289.09	8	1872	2698	2836	15
贵　州	Guizhou	169.01	625.48	890.87	15	1613	2201	3449	6
云　南	Yunnan	330.24	520.62	739.50	18	2150	2911	2904	13
西　藏	Tibet	2.71	14.96	30.68	31	2225	2851	3324	9
陕　西	Shaanxi	220.12	595.88	463.65	24	2446	2722	2757	18
甘　肃	Gansu	109.45	174.80	244.34	29	1828	2149	2539	25
青　海	Qinghai	49.84	160.20	120.36	30	1862	2863	2649	24
宁　夏	Ningxia	175.51	299.33	291.60	28	1873	2487	2494	26
新　疆	Xinjiang	147.71	489.80	370.00	26	1458	2348	2300	30

16-17 按用途分房地产开发企业房屋施工面积(一)

Construction Area of Buildings Started by Enterprises of Real Estate Development by Use (1)

单位：万平方米 (10 000 sq.m)

地区	Region	住宅 Residential Buildings 2010	2014	2015	2015排名 Ranking	办公楼 Office Buildings 2010	2014	2015	2015排名 Ranking
全　国	**National Total**	**314760.12**	**515096.45**	**51159.52**		**12144.40**	**29927.54**	**33044.37**	
北　京	Beijing	6176.02	6977.99	6261.21	27	1054.84	2253.98	2409.63	3
天　津	Tianjin	5117.69	7204.46	6968.75	25	396.61	864.64	872.41	14
河　北	Hebei	17159.60	24456.15	23674.38	7	384.39	676.79	641.45	19
山　西	Shanxi	6254.41	11471.77	11449.97	19	181.34	462.29	502.20	24
内蒙古	Inner Mongolia	8272.86	12386.94	11554.23	18	485.54	641.90	624.55	20
辽　宁	Liaoning	20677.33	28524.54	21406.76	9	582.95	816.08	648.78	18
吉　林	Jilin	5758.87	9067.10	8282.66	23	104.67	349.78	423.26	25
黑龙江	Heilongjiang	6107.45	10424.11	8784.98	21	75.26	250.54	249.14	27
上　海	Shanghai	7313.85	8525.85	8372.12	22	1103.18	1779.04	1978.49	7
江　苏	Jiangsu	26347.13	41579.79	42315.98	1	1169.80	2310.53	2342.87	5
浙　江	Zhejiang	16138.35	25874.49	25117.15	6	1477.65	2925.46	2963.96	1
安　徽	Anhui	13838.54	23193.68	23233.38	8	521.83	1084.97	1184.59	10
福　建	Fujian	10572.53	19718.43	19558.92	12	452.89	1810.02	2150.88	6
江　西	Jiangxi	6064.62	9975.73	11157.74	20	114.25	471.78	533.71	23
山　东	Shandong	22728.09	40648.82	42276.51	2	478.14	1978.01	2364.71	4
河　南	Henan	16901.99	29831.26	31210.56	4	510.84	1489.02	1568.02	8
湖　北	Hubei	9172.43	19610.09	20906.65	10	239.55	786.87	921.05	13
湖　南	Hunan	13772.56	20567.96	20807.90	11	210.43	702.83	746.39	17
广　东	Guangdong	22253.76	38290.06	40388.82	3	946.33	2137.02	2607.81	2
广　西	Guangxi	9767.64	13065.65	13750.52	16	183.04	445.65	536.45	22
海　南	Hainan	2323.40	6008.91	6463.07	26	35.94	133.40	160.35	29
重　庆	Chongqing	13744.78	20294.49	19390.32	13	247.56	1072.22	1145.29	11
四　川	Sichuan	17289.74	24732.35	25300.45	5	413.26	1300.71	1489.51	9
贵　州	Guizhou	5970.81	13792.94	13592.65	17	149.32	722.15	850.35	15
云　南	Yunnan	7046.37	13607.78	13867.01	15	154.77	735.83	770.80	16
西　藏	Tibet	68.40	177.79	259.94	31	1.31	17.51	20.81	31
陕　西	Shaanxi	8580.55	15475.10	15558.06	14	229.63	705.15	1033.44	12
甘　肃	Gansu	2557.70	5644.35	6087.70	28	50.96	178.95	241.60	28
青　海	Qinghai	1179.41	1711.99	1650.31	30	23.64	122.47	151.72	30
宁　夏	Ningxia	2285.56	4622.94	4550.38	29	74.17	248.16	333.83	26
新　疆	Xinjiang	3317.68	7632.93	7370.42	24	90.29	453.78	576.32	21

16-18 按用途分房地产开发企业房屋施工面积(二)

Construction Area of Buildings Started by Enterprises of Real Estate Development by Use (2)

单位：万平方米 (10 000 sq.m)

地区	Region	商业营业用房 Houses for Business Use 2010	2014	2015	2015排名 Ranking	其他用房 Others 2010	2014	2015	2015排名 Ranking
全　国	**National Total**	**44631.92**	**94320.05**	**100111.38**		**33819.96**	**87138.30**	**90968.10**	
北　京	Beijing	1229.33	1278.52	1326.24	26	1840.67	3077.59	2996.00	11
天　津	Tianjin	1004.47	1217.15	1163.11	28	642.07	1366.11	1225.95	24
河　北	Hebei	1970.08	3422.20	3183.02	16	1185.96	3073.24	2935.90	12
山　西	Shanxi	769.36	1871.53	1915.07	23	394.74	1671.30	1867.25	20
内蒙古	Inner Mongolia	2027.82	3478.37	3522.03	13	749.13	1966.96	1940.48	19
辽　宁	Liaoning	3954.14	6095.79	4767.07	8	1616.66	3180.47	2460.56	17
吉　林	Jilin	810.47	1759.35	1754.17	24	395.46	1092.21	1106.38	25
黑龙江	Heilongjiang	862.27	2086.29	2113.14	20	487.90	1457.15	1263.09	23
上　海	Shanghai	1292.96	1751.99	1944.02	22	1585.04	2633.29	2800.71	14
江　苏	Jiangsu	4867.56	7929.02	7569.39	1	2722.43	5818.37	5890.21	4
浙　江	Zhejiang	2619.51	5073.43	5198.93	6	3546.34	8270.97	8407.29	2
安　徽	Anhui	2307.22	5963.25	6364.11	3	952.42	3237.21	3462.58	8
福　建	Fujian	1273.66	3622.17	3875.01	10	1890.66	4901.14	5306.33	6
江　西	Jiangxi	734.09	1707.34	2193.82	19	316.98	1177.80	1408.33	22
山　东	Shandong	3280.25	6810.56	7121.65	2	1594.69	5071.07	5443.58	5
河　南	Henan	1952.08	4220.45	4831.74	7	1029.07	3316.87	3384.08	9
湖　北	Hubei	1268.35	3347.13	3747.75	11	909.11	2577.90	2720.83	16
湖　南	Hunan	1550.10	3253.43	3500.32	14	1268.77	3223.53	3267.52	10
广　东	Guangdong	2621.92	5441.59	6208.54	4	3479.35	8108.79	8736.69	1
广　西	Guangxi	1110.02	1913.63	2112.66	21	988.03	2047.22	2208.73	18
海　南	Hainan	180.97	672.58	783.22	29	159.16	742.25	910.33	27
重　庆	Chongqing	1549.77	3316.67	4111.50	9	1596.38	3940.54	4338.57	7
四　川	Sichuan	1593.47	4880.91	5664.03	5	1862.00	5585.39	6527.36	3
贵　州	Guizhou	909.04	3123.45	3644.04	12	876.36	2730.82	2790.63	15
云　南	Yunnan	934.79	3006.23	3208.14	15	649.03	2684.75	2876.24	13
西　藏	Tibet	4.61	44.35	58.15	31	0.93	33.53	41.73	31
陕　西	Shaanxi	707.45	1935.20	2556.18	17	430.26	1350.65	1604.48	21
甘　肃	Gansu	332.15	1114.76	1395.17	25	189.59	722.24	861.70	29
青　海	Qinghai	142.08	434.78	472.65	30	79.09	276.67	310.91	30
宁　夏	Ningxia	360.99	1344.36	1289.90	27	219.81	803.91	871.57	28
新　疆	Xinjiang	410.96	2203.59	2516.62	18	161.87	998.36	1002.08	26

16-19 按用途分房地产开发企业房屋新开工面积（一）
Floor Space of Buildings Started This Year by Enterprises of Real Estate Development by Use (1)

单位：万平方米 (10 000 sq.m)

地区	Region	本年房屋新开工面积 Floor Space Started This Year				住宅 Residential Buildings			
		2010	2014	2015	2015排名 Ranking	2010	2014	2015	2015排名 Ranking
全　国	**National Total**	**163646.87**	**179592.49**	**154453.68**		**129359.31**	**124877.00**	**106651.30**	
北　京	Beijing	2974.24	2449.39	2706.91	22	2063.40	1282.28	1158.17	28
天　津	Tianjin	2911.67	2815.27	2817.19	21	2026.89	1986.56	1966.85	20
河　北	Hebei	9629.16	8239.03	7219.81	7	7866.40	6361.42	5542.98	6
山　西	Shanxi	2782.05	3887.51	3700.64	19	2270.52	2739.99	2624.64	15
内蒙古	Inner Mongolia	6270.34	3114.00	2341.67	24	4473.39	2151.45	1683.29	22
辽　宁	Liaoning	12647.90	8192.17	4699.42	13	9870.37	6137.69	3604.71	12
吉　林	Jilin	3525.30	3257.60	2063.66	27	2893.52	2283.82	1457.98	26
黑龙江	Heilongjiang	5021.43	3281.38	2181.79	26	4083.52	2327.27	1475.92	25
上　海	Shanghai	3030.59	2782.02	2605.08	23	2111.11	1547.29	1560.28	23
江　苏	Jiangsu	13745.42	14220.35	11542.56	3	10586.39	10377.91	8819.98	2
浙　江	Zhejiang	7841.27	9676.14	6533.77	9	5223.94	5602.77	3746.31	10
安　徽	Anhui	7353.95	8736.77	7759.35	6	5797.58	5929.47	5254.68	7
福　建	Fujian	4679.56	6754.06	5244.85	12	3399.53	4193.81	3185.57	13
江　西	Jiangxi	2344.98	3348.42	3704.87	18	1956.47	2559.77	2603.26	16
山　东	Shandong	12330.21	13328.07	12043.38	2	10241.55	9821.37	8984.21	1
河　南	Henan	8610.57	10586.54	10974.12	4	7299.94	8079.35	8375.26	4
湖　北	Hubei	5725.77	7598.69	6734.67	8	4454.36	5817.89	5120.37	8
湖　南	Hunan	6443.30	8067.05	6394.58	10	5365.96	5735.60	4747.20	9
广　东	Guangdong	9904.38	13384.34	12676.74	1	7826.80	9174.08	8681.76	3
广　西	Guangxi	4750.57	4138.43	3850.07	16	3905.84	2958.26	2793.57	14
海　南	Hainan	1136.12	1583.64	1644.72	28	980.63	1200.74	1281.55	27
重　庆	Chongqing	6312.64	6254.04	5810.85	11	5268.76	4275.96	3668.92	11
四　川	Sichuan	7731.66	11328.04	9587.21	5	6270.79	7335.98	6026.32	5
贵　州	Guizhou	2871.15	4616.49	4206.12	14	2250.29	2829.30	2381.20	19
云　南	Yunnan	3702.76	5458.43	3841.29	17	2960.81	3654.29	2517.28	18
西　藏	Tibet	16.92	191.49	119.87	31	15.30	118.43	80.88	31
陕　西	Shaanxi	3270.32	3943.16	3964.44	15	2859.51	2933.94	2526.73	17
甘　肃	Gansu	1395.98	2050.36	2312.66	25	1169.10	1486.88	1547.13	24
青　海	Qinghai	700.67	694.77	785.52	30	568.91	406.66	493.51	30
宁　夏	Ningxia	1808.73	2053.77	1391.12	29	1444.86	1396.24	863.70	29
新　疆	Xinjiang	2177.24	3561.09	2994.75	20	1852.88	2170.53	1877.08	21

16-20　按用途分房地产开发企业房屋新开工面积（二）

Floor Space of Buildings Started This Year by Enterprises of Real Estate Development by Use (2)

单位：万平方米　　(10 000 sq.m)

地区	Region	别墅高档公寓 Villas and High-grade Apartments				办公楼 Office Buildings			
		2010	2014	2015	2015排名 Ranking	2010	2014	2015	2015排名 Ranking
全　国	**National Total**	**5080.05**	**4275.01**	**3318.41**		**3668.07**	**7349.10**	**6569.12**	
北　京	Beijing	157.09	65.86	65.85	18	203.29	421.37	585.56	1
天　津	Tianjin	108.31	68.25	74.47	17	206.73	132.38	210.63	12
河　北	Hebei	113.35	74.09	58.51	19	147.43	160.41	186.40	14
山　西	Shanxi	7.72	16.10	46.18	23	58.10	169.59	94.04	21
内蒙古	Inner Mongolia	89.21	51.68	26.07	27	285.83	72.47	29.85	29
辽　宁	Liaoning	310.55	182.81	84.40	14	215.36	154.16	55.03	27
吉　林	Jilin	131.81	50.57	35.67	26	24.38	79.06	81.40	25
黑龙江	Heilongjiang	34.69	22.88	24.78	28	41.16	70.04	64.00	26
上　海	Shanghai	389.84	276.90	208.55	4	147.39	365.25	304.87	10
江　苏	Jiangsu	688.65	602.30	430.37	1	361.57	502.95	398.71	5
浙　江	Zhejiang	378.79	383.26	301.46	3	475.54	776.59	449.02	4
安　徽	Anhui	93.97	150.77	79.71	15	163.39	198.49	285.39	11
福　建	Fujian	198.50	180.45	75.74	16	183.46	495.20	345.68	7
江　西	Jiangxi	54.95	69.80	48.13	22	41.82	76.83	98.89	20
山　东	Shandong	235.30	196.43	136.64	7	161.62	456.55	496.60	3
河　南	Henan	40.39	81.39	107.62	10	171.02	342.33	329.73	9
湖　北	Hubei	111.92	92.52	127.90	8	100.62	178.85	178.93	15
湖　南	Hunan	135.94	128.80	110.47	9	62.36	193.17	139.70	18
广　东	Guangdong	775.58	594.84	419.29	2	160.47	636.11	566.83	2
广　西	Guangxi	59.51	46.93	39.36	24	59.75	151.06	141.37	17
海　南	Hainan	188.29	68.48	103.72	11	14.08	9.02	12.58	30
重　庆	Chongqing	160.28	148.36	204.37	5	57.20	264.17	157.43	16
四　川	Sichuan	135.60	135.43	87.43	13	128.53	452.51	337.88	8
贵　州	Guizhou	9.00	62.00	53.95	21	29.22	187.80	206.77	13
云　南	Yunnan	311.93	260.05	163.49	6	55.87	183.86	86.45	23
西　藏	Tibet	2.48	15.37	0.22	31	0.57	10.09	4.81	31
陕　西	Shaanxi	75.78	21.77	57.88	20	38.08	208.88	375.61	6
甘　肃	Gansu	2.32	20.78	1.23	30	11.53	51.86	88.76	22
青　海	Qinghai		2.53	20.22	29	17.26	53.11	47.29	28
宁　夏	Ningxia	10.61	34.49	35.96	25	21.25	78.37	84.24	24
新　疆	Xinjiang	67.68	169.14	88.77	12	23.16	216.54	124.69	19

16-21 按用途分房地产开发企业房屋新开工面积（三）

Floor Space of Buildings Started This Year by Enterprises of Real Estate Development by Use (3)

单位：万平方米 (10 000 sq.m)

地区	Region	商业营业用房 Houses for Business Use				其他用房 Others			
		2010	2014	2015	2015排名 Ranking	2010	2014	2015	2015排名 Ranking
全　国	**National Total**	**17472.58**	**25047.73**	**22530.29**		**13146.91**	**22318.66**	**18702.96**	
北　京	Beijing	242.42	208.17	343.62	25	465.14	537.57	619.56	11
天　津	Tianjin	407.83	275.08	292.38	27	270.21	421.25	347.32	20
河　北	Hebei	993.14	959.84	764.65	12	622.20	757.36	725.78	10
山　西	Shanxi	289.76	483.97	484.91	19	163.68	493.95	497.05	15
内蒙古	Inner Mongolia	1095.04	483.48	359.09	23	416.08	406.60	269.44	24
辽　宁	Liaoning	1834.85	1267.55	693.15	15	727.32	632.77	346.53	21
吉　林	Jilin	420.77	533.80	349.38	24	186.63	360.92	174.90	29
黑龙江	Heilongjiang	577.03	523.78	461.97	20	319.72	360.29	179.90	28
上　海	Shanghai	298.10	388.03	307.57	26	473.99	481.45	432.36	18
江　苏	Jiangsu	1742.22	1873.32	1278.80	6	1055.23	1466.16	1045.07	5
浙　江	Zhejiang	856.95	1359.26	1004.46	9	1284.85	1937.52	1333.99	3
安　徽	Anhui	966.30	1738.20	1457.58	3	426.68	870.61	761.70	9
福　建	Fujian	454.55	863.93	684.68	17	642.01	1201.12	1028.91	6
江　西	Jiangxi	250.13	438.48	663.27	18	96.56	273.34	339.46	22
山　东	Shandong	1265.47	1661.38	1357.86	5	661.57	1388.77	1204.71	4
河　南	Henan	759.29	1291.23	1452.39	4	380.32	873.63	816.74	8
湖　北	Hubei	656.98	958.80	892.37	10	513.80	643.15	543.00	14
湖　南	Hunan	557.54	1142.37	891.77	11	457.43	995.91	615.92	12
广　东	Guangdong	688.69	1400.00	1573.31	1	1228.41	2174.14	1854.85	1
广　西	Guangxi	394.85	580.15	455.30	21	390.13	448.96	459.83	17
海　南	Hainan	66.63	233.98	154.87	29	74.78	139.89	195.72	26
重　庆	Chongqing	433.68	774.73	1037.72	7	553.01	939.19	946.77	7
四　川	Sichuan	634.66	1743.46	1537.60	2	697.68	1796.09	1685.41	2
贵　州	Guizhou	304.59	849.88	1020.76	8	287.05	749.51	597.38	13
云　南	Yunnan	391.68	826.61	758.45	13	294.40	793.67	479.11	16
西　藏	Tibet	1.05	35.51	16.18	31		27.45	18.00	31
陕　西	Shaanxi	229.34	482.79	685.97	16	143.40	317.54	376.14	19
甘　肃	Gansu	160.52	362.70	443.25	22	54.83	148.92	233.51	25
青　海	Qinghai	69.48	149.39	130.33	30	45.03	85.61	114.39	30
宁　夏	Ningxia	214.55	315.77	254.25	28	128.07	263.38	188.93	27
新　疆	Xinjiang	214.50	842.10	722.41	14	86.70	331.91	270.58	23

16-22 按用途分房地产开发企业房屋竣工面积(一)

Completed Area of Buildings Started by Enterprises of Real Estate Development by Use (1)

单位：万平方米 (10 000 sq.m)

地区	Region	住宅 Residential Buildings 2010	2014	2015	2015排名 Ranking	办公楼 Office Buildings 2010	2014	2015	2015排名 Ranking
全　国	**National Total**	**63443.10**	**80868.26**	**73777.36**		**1815.85**	**3144.18**	**3419.49**	
北　京	Beijing	1498.48	1804.34	1378.22	21	198.42	387.45	385.38	1
天　津	Tianjin	1603.65	2130.25	2182.99	14	102.42	117.15	171.18	8
河　北	Hebei	3130.09	3195.11	3226.91	7	36.30	63.13	90.00	13
山　西	Shanxi	991.31	1701.64	1574.68	19	20.79	29.97	52.16	16
内蒙古	Inner Mongolia	1868.45	1496.66	1281.45	24	29.07	34.02	33.44	20
辽　宁	Liaoning	3691.37	4940.48	2529.29	11	75.29	74.11	22.44	26
吉　林	Jilin	1694.96	1309.26	1000.75	26	12.74	11.27	34.57	19
黑龙江	Heilongjiang	2198.99	2295.70	2126.82	15	24.28	53.49	26.21	25
上　海	Shanghai	1396.05	1535.55	1588.95	18	150.69	165.03	219.23	6
江　苏	Jiangsu	6553.53	7259.11	7930.21	1	318.91	269.53	324.46	3
浙　江	Zhejiang	2798.43	4158.30	3938.03	6	199.70	370.71	295.95	4
安　徽	Anhui	2408.32	3829.60	4099.21	5	49.89	120.97	155.24	9
福　建	Fujian	1715.87	2568.02	2398.99	12	35.20	145.51	142.78	11
江　西	Jiangxi	1550.46	1511.27	1531.36	20	23.41	25.45	28.39	22
山　东	Shandong	4270.80	6090.74	6185.56	2	87.55	182.93	355.49	2
河　南	Henan	3852.60	5767.18	4237.92	4	56.17	228.49	143.35	10
湖　北	Hubei	2129.33	2812.35	2193.44	13	50.86	36.12	27.16	23
湖　南	Hunan	2828.81	3176.87	3087.42	10	34.71	71.48	72.14	15
广　东	Guangdong	4589.22	5442.49	4435.40	3	120.07	211.26	237.18	5
广　西	Guangxi	1342.87	1441.84	1310.52	23	13.01	40.78	32.61	21
海　南	Hainan	515.07	1051.90	918.87	27	19.28	6.54	11.74	30
重　庆	Chongqing	2179.81	2771.55	3185.90	8	30.03	115.03	195.72	7
四　川	Sichuan	3390.01	3871.28	3149.25	9	35.16	144.31	109.05	12
贵　州	Guizhou	826.13	2046.43	1927.37	16	18.36	73.69	81.86	14
云　南	Yunnan	1258.44	1255.20	1896.56	17	16.73	37.30	47.71	17
西　藏	Tibet	11.51	29.45	70.54	31		6.78	4.06	31
陕　西	Shaanxi	799.15	1863.01	1351.57	22	11.79	22.95	35.98	18
甘　肃	Gansu	501.05	652.04	765.12	28	7.94	11.50	14.49	29
青　海	Qinghai	242.12	447.50	320.84	30	3.86	14.10	21.56	27
宁　夏	Ningxia	746.32	818.86	746.78	29	17.34	28.35	26.53	24
新　疆	Xinjiang	859.92	1594.27	1206.44	25	15.87	44.79	21.45	28

16-23 按用途分房地产开发企业房屋竣工面积(二)

Completed Area of Buildings Started by Enterprises of Real Estate Development by Use (2)

单位：万平方米 (10 000 sq.m)

地区	Region	商业营业用房 Houses for Business Use 2010	2014	2015	2015排名 Ranking	其他用房 Others 2010	2014	2015	2015排名 Ranking
全　国	**National Total**	**8282.63**	**12084.08**	**12026.67**		**5202.30**	**11362.54**	**10815.59**	
北　京	Beijing	271.92	216.24	259.92	19	417.90	646.09	607.93	7
天　津	Tianjin	235.29	267.75	247.78	21	157.19	409.67	301.62	14
河　北	Hebei	298.14	439.14	360.64	14	150.12	340.18	361.75	12
山　西	Shanxi	136.86	257.71	242.30	22	54.77	193.16	245.36	16
内蒙古	Inner Mongolia	307.12	311.13	254.27	20	93.01	170.27	128.00	24
辽　宁	Liaoning	538.56	741.14	483.39	10	192.16	391.22	202.41	18
吉　林	Jilin	224.53	172.54	153.09	26	98.28	80.79	98.98	27
黑龙江	Heilongjiang	303.30	360.79	532.74	8	119.26	290.92	238.44	17
上　海	Shanghai	176.41	208.36	306.45	17	218.09	404.36	532.55	9
江　苏	Jiangsu	1217.78	1213.10	1141.39	1	606.05	878.74	900.89	2
浙　江	Zhejiang	565.35	708.44	566.27	7	552.35	1152.71	1092.60	1
安　徽	Anhui	429.37	834.63	856.80	3	139.07	411.17	426.49	10
福　建	Fujian	165.39	308.55	341.16	15	326.01	561.48	553.64	8
江　西	Jiangxi	173.97	249.47	239.70	23	69.89	85.61	108.45	26
山　东	Shandong	509.99	837.67	981.21	2	206.00	675.97	755.49	4
河　南	Henan	369.63	652.77	688.87	4	148.54	675.91	320.18	13
湖　北	Hubei	271.57	389.91	387.07	13	89.45	192.79	177.49	20
湖　南	Hunan	284.95	435.23	408.82	12	199.44	339.31	401.59	11
广　东	Guangdong	474.79	684.38	504.54	9	475.01	989.86	867.30	3
广　西	Guangxi	121.89	204.63	145.16	27	86.54	178.73	186.89	19
海　南	Hainan	44.36	64.02	70.79	29	30.41	81.44	67.20	28
重　庆	Chongqing	229.44	340.59	606.07	6	187.31	490.61	642.61	5
四　川	Sichuan	283.94	653.93	646.92	5	257.66	664.93	640.49	6
贵　州	Guizhou	128.59	364.03	409.69	11	74.90	358.16	163.75	22
云　南	Yunnan	157.72	283.25	317.64	16	103.11	212.87	284.83	15
西　藏	Tibet	0.67	5.83	10.94	31		10.42	6.73	31
陕　西	Shaanxi	61.65	183.55	158.91	25	27.53	119.40	135.05	23
甘　肃	Gansu	60.42	100.23	131.51	28	29.25	49.45	51.12	29
青　海	Qinghai	18.12	66.17	70.10	30	3.57	31.71	41.91	30
宁　夏	Ningxia	122.50	214.56	230.67	24	50.70	141.92	165.00	21
新　疆	Xinjiang	98.40	314.32	271.86	18	38.71	132.70	108.83	25

16-24 按用途分商品房销售面积(一)
Floor Space of Commercial Buildings Sold by Use (1)

单位：万平方米 (10 000 sq.m)

地区	Region	商品房销售面积 Floor Space of Commercial Buildings Sold 2010	2014	2015	2015排名 Ranking	住宅 Rsidential Buildings 2010	2014	2015	2015排名 Ranking
全 国	**National Total**	**104764.65**	**120648.54**	**128494.97**		**93376.60**	**105187.79**	**112412.29**	
北 京	Beijing	1639.53	1454.19	1554.25	25	1201.39	1136.53	1126.84	27
天 津	Tianjin	1514.52	1612.98	1771.07	23	1302.61	1483.64	1674.78	22
河 北	Hebei	4662.10	5706.19	5854.65	10	4325.12	5015.06	5161.65	9
山 西	Shanxi	1180.59	1576.27	1592.55	24	1070.54	1433.91	1481.14	24
内蒙古	Inner Mongolia	3057.38	2457.18	2369.37	20	2569.84	1995.68	1944.92	20
辽 宁	Liaoning	6800.45	5754.81	3916.19	13	6013.50	4932.08	3477.26	12
吉 林	Jilin	2382.10	1581.72	1491.85	26	2105.33	1387.87	1304.82	26
黑龙江	Heilongjiang	2720.95	2475.74	1996.61	21	2385.68	2131.46	1710.60	21
上 海	Shanghai	2060.96	2084.66	2431.36	19	1690.82	1780.91	2009.17	19
江 苏	Jiangsu	9485.47	9846.84	11414.05	2	8112.37	8800.93	10275.95	2
浙 江	Zhejiang	4816.53	4676.83	5985.30	9	3833.74	3941.49	5131.88	10
安 徽	Anhui	4154.26	6202.18	6174.09	8	3641.88	5364.94	5356.81	8
福 建	Fujian	2575.62	4119.48	4037.76	12	2139.26	3324.10	3315.69	13
江 西	Jiangxi	2469.73	3067.16	3478.23	16	2265.72	2775.22	3145.83	15
山 东	Shandong	9293.88	9180.12	9727.04	3	8448.26	7972.49	8526.85	3
河 南	Henan	5452.23	7879.67	8556.34	4	5092.49	7009.09	7645.84	4
湖 北	Hubei	3508.61	5601.98	6244.55	7	3236.88	5002.60	5647.72	7
湖 南	Hunan	4469.98	5439.53	6363.01	6	4140.07	4852.32	5671.19	6
广 东	Guangdong	7321.76	9315.76	11681.01	1	6552.81	8163.56	10497.62	1
广 西	Guangxi	2793.92	3156.55	3523.41	15	2607.15	2869.32	3181.51	14
海 南	Hainan	854.73	1003.97	1052.28	28	834.19	942.84	984.79	28
重 庆	Chongqing	4314.39	5100.39	5381.37	11	3986.31	4423.68	4477.71	11
四 川	Sichuan	6396.92	7142.44	7671.20	5	5849.34	6176.51	6495.43	5
贵 州	Guizhou	1730.69	3178.12	3559.81	14	1596.30	2707.09	2943.37	16
云 南	Yunnan	2959.43	3194.19	3145.13	17	2658.99	2618.02	2576.80	18
西 藏	Tibet	19.28	59.33	51.27	31	18.76	53.64	46.32	31
陕 西	Shaanxi	2590.18	3093.64	2978.94	18	2471.95	2836.69	2717.98	17
甘 肃	Gansu	756.51	1325.51	1434.96	27	692.07	1212.60	1307.48	25
青 海	Qinghai	281.04	415.77	392.96	30	266.43	362.92	329.71	30
宁 夏	Ningxia	935.98	1129.46	839.16	29	816.79	939.37	708.12	29
新 疆	Xinjiang	1564.90	1815.88	1825.18	22	1450.02	1541.25	1536.49	23

16-25 按用途分商品房销售面积(二)
Floor Space of Commercial Buildings Sold by Use (2)

单位：万平方米 (10 000 sq.m)

地区	Region	办公楼 Office Buildings				商业营业用房 Houses for Buildings Use			
		2010	2014	2015	2015排名 Ranking	2010	2014	2015	2015排名 Ranking
全　国	**National Total**	**1889.97**	**2505.45**	**2912.59**		**6994.84**	**9076.93**	**9254.79**	
北　京	Beijing	208.15	136.80	243.02	3	142.07	79.50	84.81	26
天　津	Tianjin	35.29	21.10	16.26	27	103.64	67.61	59.19	28
河　北	Hebei	39.20	75.54	90.10	12	209.09	444.33	385.34	11
山　西	Shanxi	10.76	23.89	21.49	24	84.37	81.11	59.85	27
内蒙古	Inner Mongolia	29.88	42.50	43.25	20	353.30	270.24	258.33	16
辽　宁	Liaoning	64.71	71.20	37.48	22	510.03	522.80	311.61	14
吉　林	Jilin	7.75	11.83	17.87	26	220.30	138.04	129.23	22
黑龙江	Heilongjiang	8.38	15.34	18.20	25	234.74	239.56	198.28	19
上　海	Shanghai	162.89	120.28	197.41	6	125.74	102.86	113.70	23
江　苏	Jiangsu	209.88	210.69	238.30	4	988.23	688.25	728.02	1
浙　江	Zhejiang	272.11	185.22	205.05	5	459.29	333.88	384.57	12
安　徽	Anhui	87.28	111.10	109.40	11	389.60	647.96	627.40	5
福　建	Fujian	82.20	181.01	155.42	7	176.35	286.94	296.25	15
江　西	Jiangxi	19.02	42.75	50.61	18	150.85	196.09	220.43	17
山　东	Shandong	82.47	185.53	300.04	2	607.59	674.69	635.92	4
河　南	Henan	60.79	181.67	149.50	8	246.44	554.60	639.18	3
湖　北	Hubei	24.19	65.91	61.42	14	184.41	423.25	408.07	10
湖　南	Hunan	29.27	49.47	60.41	16	247.87	423.29	468.94	7
广　东	Guangdong	163.03	230.45	311.12	1	371.91	491.06	479.21	6
广　西	Guangxi	18.58	29.91	38.83	21	108.21	181.23	197.72	20
海　南	Hainan	5.47	5.48	9.05	30	13.92	47.53	38.24	29
重　庆	Chongqing	62.60	98.15	115.84	10	194.25	348.49	463.05	8
四　川	Sichuan	83.84	141.03	123.72	9	294.25	561.42	672.00	2
贵　州	Guizhou	26.27	84.08	78.42	13	80.91	337.76	452.43	9
云　南	Yunnan	21.50	66.50	59.32	17	182.56	328.99	354.33	13
西　藏	Tibet		1.59	2.79	31	0.52	4.09	2.15	31
陕　西	Shaanxi	40.04	47.48	60.50	15	63.36	137.43	149.02	21
甘　肃	Gansu	5.67	13.00	13.24	28	53.44	80.93	96.95	25
青　海	Qinghai	1.00	8.10	23.74	23	13.21	40.18	32.27	30
宁　夏	Ningxia	15.40	8.83	13.05	29	89.94	132.44	102.20	24
新　疆	Xinjiang	12.35	39.01	47.74	19	94.42	210.38	206.10	18

16-26 按用途分商品房销售面积(三)和商品房销售额(一)

Floor Space of Commercial Buildings Sold by Use (3) and Total Sale of Commercial Buildings (1)

地区	Region	其他用房(万平方米) Others (10 000 sq.m)				商品房销售额(亿元) Total Sale of Commercial Buildings Sold (100 million yuan)			
		2010	2014	2015	2015排名 Ranking	2010	2014	2015	2015排名 Ranking
全 国	**National Total**	**2503.24**	**3878.37**	**3915.29**		**52721.24**	**76292.41**	**87280.84**	
北 京	Beijing	87.92	101.37	99.58	16	2915.36	2738.74	3517.65	10
天 津	Tianjin	72.98	40.63	20.84	26	1246.48	1486.94	1790.01	17
河 北	Hebei	88.69	171.25	217.56	7	1650.00	2928.00	3371.59	11
山 西	Shanxi	14.92	37.36	30.08	25	411.71	746.14	775.64	27
内蒙古	Inner Mongolia	104.37	148.76	122.87	12	1076.55	1064.82	1052.18	22
辽 宁	Liaoning	212.21	228.74	89.84	17	3063.32	3092.10	2254.97	15
吉 林	Jilin	48.72	43.99	39.93	23	868.80	808.58	816.87	26
黑龙江	Heilongjiang	92.15	89.38	69.53	20	1011.95	1208.54	1027.14	23
上 海	Shanghai	81.51	80.61	111.08	14	2981.01	3499.53	5093.55	5
江 苏	Jiangsu	174.99	146.97	171.78	8	5540.32	6898.42	8396.20	2
浙 江	Zhejiang	251.38	216.24	263.80	6	4459.04	4923.00	6299.46	3
安 徽	Anhui	35.50	78.18	80.48	19	1746.92	3345.19	3369.42	12
福 建	Fujian	177.81	327.44	270.40	4	1611.32	3763.52	3585.81	9
江 西	Jiangxi	34.15	53.10	61.36	21	776.41	1621.76	1863.67	16
山 东	Shandong	155.57	347.41	264.23	5	3665.12	4879.66	5408.01	4
河 南	Henan	52.51	134.30	121.82	13	1658.79	3440.58	3945.55	7
湖 北	Hubei	63.13	110.22	127.34	11	1313.20	3088.31	3661.37	8
湖 南	Hunan	52.77	114.44	162.47	9	1406.39	2299.11	2738.92	14
广 东	Guangdong	234.01	430.70	393.05	1	5480.77	8461.84	11442.80	1
广 西	Guangxi	59.99	76.08	105.34	15	995.19	1532.05	1747.77	18
海 南	Hainan	1.15	8.12	20.21	27	746.61	935.21	982.75	24
重 庆	Chongqing	71.23	230.07	324.78	3	1846.94	2814.99	2952.21	13
四 川	Sichuan	169.49	263.48	380.05	2	2647.34	3997.37	4199.84	6
贵 州	Guizhou	27.20	49.20	85.58	18	581.01	1370.31	1571.68	21
云 南	Yunnan	96.38	180.67	154.67	10	934.60	1596.37	1666.85	19
西 藏	Tibet			0.01	31	5.58	34.25	21.08	31
陕 西	Shaanxi	14.83	72.04	51.44	22	973.69	1598.04	1597.44	20
甘 肃	Gansu	5.33	18.98	17.29	28	230.14	602.34	704.93	28
青 海	Qinghai	0.41	4.57	7.24	30	84.44	211.27	206.00	30
宁 夏	Ningxia	13.86	48.82	15.80	29	309.22	464.96	370.30	29
新 疆	Xinjiang	8.11	25.24	34.85	24	483.04	840.47	849.18	25

16-27 按用途分商品房销售额(二)
Total Sale of Commercial Buildings by Use (2)

单位：亿元 (100 million yuan)

地区	Region	住宅 Residential Buildings				办公楼 Office Buildings			
		2010	2014	2015	2015排名 Ranking	2010	2014	2015	2015排名 Ranking
全 国	**National Total**	**44120.65**	**62410.95**	**72769.82**		**2155.70**	**2962.93**	**3761.42**	
北 京	Beijing	2060.52	2102.46	2512.89	12	487.34	359.32	702.74	1
天 津	Tianjin	1034.32	1309.70	1663.25	16	48.89	35.82	25.21	23
河 北	Hebei	1488.78	2501.62	2854.21	9	18.35	48.78	84.33	11
山 西	Shanxi	357.37	639.83	702.29	25	5.91	31.58	19.42	25
内蒙古	Inner Mongolia	766.47	765.04	766.06	24	18.61	27.16	26.74	22
辽 宁	Liaoning	2587.66	2518.87	1907.63	15	52.45	41.45	33.48	21
吉 林	Jilin	735.91	667.62	680.26	26	2.54	8.30	12.83	28
黑龙江	Heilongjiang	833.05	962.69	824.21	23	3.58	11.96	13.49	27
上 海	Shanghai	2416.24	2923.44	4319.93	5	307.67	300.43	488.68	3
江 苏	Jiangsu	4536.63	5969.60	7374.87	2	167.11	185.36	222.47	5
浙 江	Zhejiang	3577.49	4172.58	5519.27	3	300.22	205.92	216.35	6
安 徽	Anhui	1420.06	2691.80	2714.33	11	54.18	75.84	80.29	12
福 建	Fujian	1300.13	2939.58	2839.76	10	71.78	201.48	195.07	7
江 西	Jiangxi	670.34	1379.50	1606.67	17	15.70	38.84	34.33	20
山 东	Shandong	3218.02	4009.48	4510.76	4	54.48	179.69	278.74	4
河 南	Henan	1454.57	2739.71	3300.33	6	50.31	164.40	123.18	8
湖 北	Hubei	1134.94	2543.76	3198.53	8	13.39	69.01	48.32	17
湖 南	Hunan	1247.65	1858.58	2253.85	13	10.95	48.88	49.74	16
广 东	Guangdong	4589.82	6960.26	9967.32	1	248.43	428.75	583.87	2
广 西	Guangxi	881.70	1274.57	1459.43	18	14.54	29.48	40.56	18
海 南	Hainan	734.10	873.22	908.60	22	3.53	12.66	12.23	29
重 庆	Chongqing	1610.64	2253.28	2244.43	14	59.70	109.41	118.02	9
四 川	Sichuan	2330.85	3145.02	3269.52	7	74.16	109.51	88.73	10
贵 州	Guizhou	501.63	1000.01	1068.14	21	13.73	57.02	51.92	15
云 南	Yunnan	769.32	1165.39	1236.81	20	14.47	78.99	67.34	13
西 藏	Tibet	5.18	28.55	16.70	31		2.18	1.48	31
陕 西	Shaanxi	906.68	1368.12	1381.27	19	22.09	43.74	53.77	14
甘 肃	Gansu	203.32	513.47	603.08	28	2.15	11.13	14.86	26
青 海	Qinghai	77.10	155.83	139.83	30	0.22	6.64	22.84	24
宁 夏	Ningxia	253.76	352.03	283.98	29	8.13	6.41	10.18	30
新 疆	Xinjiang	416.41	625.35	641.62	27	11.10	32.77	40.23	19

16-28 按用途分商品房销售额(三)
Total Sale of Commercial Buildings by Use (3)

单位：亿元 (100 million yuan)

地区	Region	商业营业用房 Houses for Business Use 2010	2014	2015	2015排名 Ranking	其他用房 Others 2010	2014	2015	2015排名 Ranking
全　国	**National Total**	**5418.90**	**8910.62**	**8852.78**		**1026.08**	**2007.91**	**1896.81**	
北　京	Beijing	318.98	202.03	231.62	16	48.53	74.92	70.41	9
天　津	Tianjin	109.30	105.95	81.12	25	53.96	35.46	20.43	24
河　北	Hebei	118.28	319.13	324.03	13	24.58	58.46	109.02	6
山　西	Shanxi	45.53	61.23	45.75	28	2.90	13.51	8.18	28
内蒙古	Inner Mongolia	253.00	195.50	194.74	18	38.46	77.11	64.65	11
辽　宁	Liaoning	332.90	417.32	265.64	15	90.32	114.45	48.23	17
吉　林	Jilin	111.32	108.31	104.84	24	19.03	24.36	18.94	25
黑龙江	Heilongjiang	136.81	191.97	153.00	22	38.53	41.92	36.43	18
上　海	Shanghai	198.41	226.44	227.89	17	58.69	49.21	57.05	15
江　苏	Jiangsu	779.91	683.39	726.30	1	56.68	60.07	72.56	8
浙　江	Zhejiang	488.09	449.59	447.12	8	93.26	94.91	116.73	4
安　徽	Anhui	260.99	551.63	539.29	4	11.70	25.93	35.51	19
福　建	Fujian	180.56	373.51	374.86	11	58.86	248.95	176.13	2
江　西	Jiangxi	80.58	176.43	191.39	19	9.78	27.00	31.28	20
山　东	Shandong	346.51	554.88	507.17	5	46.11	135.60	111.33	5
河　南	Henan	137.09	437.64	457.80	7	16.82	98.83	64.24	12
湖　北	Hubei	142.22	419.71	353.65	12	22.65	55.83	60.87	14
湖　南	Hunan	130.80	343.28	378.70	10	17.00	48.37	56.63	16
广　东	Guangdong	483.00	745.57	624.73	3	159.52	327.26	266.87	1
广　西	Guangxi	75.54	183.47	184.59	20	23.40	44.54	63.18	13
海　南	Hainan	8.52	44.36	39.86	30	0.46	4.97	22.07	23
重　庆	Chongqing	155.46	373.75	483.48	6	21.13	78.55	106.28	7
四　川	Sichuan	183.05	637.65	711.92	2	59.29	105.19	129.67	3
贵　州	Guizhou	56.76	292.25	422.90	9	8.89	21.03	28.72	21
云　南	Yunnan	118.48	291.02	297.13	14	32.34	60.98	65.57	10
西　藏	Tibet	0.40	3.52	2.89	31			0.00	31
陕　西	Shaanxi	39.66	147.77	137.23	23	5.25	38.40	25.17	22
甘　肃	Gansu	23.42	68.17	77.90	26	1.25	9.57	9.09	27
青　海	Qinghai	7.00	47.02	41.35	29	0.13	1.77	1.98	30
宁　夏	Ningxia	43.96	88.99	70.17	27	3.36	17.54	5.96	29
新　疆	Xinjiang	52.32	169.12	153.70	21	3.21	13.23	13.63	26

16-29　按用途分商品房平均销售价格(一)

Average Selling Price of Commercial Buildings by Use (1)

单位：元/平方米　　　　(yuan/sq.m)

地区	Region	商品房平均销售价格 Average Selling Price of Commercial Buildings				住宅 Residential Buildings			
		2010	2014	2015	2015排名 Ranking	2010	2014	2015	2015排名 Ranking
全　国	**National Total**	**5032**	**6324**	**6793**		**4725**	**5933**	**6473**	
北　京	Beijing	17782	18833	22633	1	17151	18499	22300	1
天　津	Tianjin	8230	9219	10107	4	7940	8828	9931	4
河　北	Hebei	3539	5131	5759	10	3442	4988	5530	10
山　西	Shanxi	3487	4734	4870	24	3338	4462	4742	21
内蒙古	Inner Mongolia	3521	4333	4441	27	2983	3833	3939	29
辽　宁	Liaoning	4505	5373	5758	11	4303	5107	5486	11
吉　林	Jilin	3647	5112	5476	14	3495	4810	5213	13
黑龙江	Heilongjiang	3719	4882	5144	21	3492	4517	4818	19
上　海	Shanghai	14464	16787	20949	2	14290	16415	21501	2
江　苏	Jiangsu	5841	7006	7356	8	5592	6783	7177	8
浙　江	Zhejiang	9258	10526	10525	3	9332	10586	10755	3
安　徽	Anhui	4205	5394	5457	16	3899	5017	5067	16
福　建	Fujian	6256	9136	8881	7	6077	8843	8565	7
江　西	Jiangxi	3144	5288	5358	18	2959	4971	5107	14
山　东	Shandong	3944	5315	5560	12	3809	5029	5290	12
河　南	Henan	3042	4366	4611	26	2856	3909	4317	24
湖　北	Hubei	3743	5513	5863	9	3506	5085	5663	9
湖　南	Hunan	3146	4227	4304	30	3014	3830	3974	28
广　东	Guangdong	7486	9083	9796	5	7004	8526	9495	5
广　西	Guangxi	3562	4854	4960	22	3382	4442	4587	23
海　南	Hainan	8735	9315	9339	6	8800	9262	9226	6
重　庆	Chongqing	4281	5519	5486	13	4040	5094	5012	18
四　川	Sichuan	4138	5597	5475	15	3985	5092	5034	17
贵　州	Guizhou	3357	4312	4415	28	3142	3694	3629	30
云　南	Yunnan	3158	4998	5300	19	2893	4451	4800	20
西　藏	Tibet	2896	5774	4111	31	2761	5323	3605	31
陕　西	Shaanxi	3759	5166	5362	17	3668	4823	5082	15
甘　肃	Gansu	3042	4544	4913	23	2938	4234	4613	22
青　海	Qinghai	3005	5081	5242	20	2894	4294	4241	25
宁　夏	Ningxia	3304	4117	4413	29	3107	3747	4010	27
新　疆	Xinjiang	3087	4628	4653	25	2872	4057	4176	26

16-30 按用途分商品房平均销售价格(二)
Average Selling Price of Commercial Buildings by Use (2)

单位：元/平方米 (yuan/sq.m)

地区	Region	办公楼 Office Buildings 2010	2014	2015	2015排名 Ranking	商业营业用房 Houses for Business Use 2010	2014	2015	2015排名 Ranking
全 国	**National Total**	**11406**	**11826**	**12914**		**7747**	**9817**	**9566**	
北 京	Beijing	23413	26266	28917	1	22452	25414	27312	1
天 津	Tianjin	13855	16972	15505	4	10546	15671	13705	3
河 北	Hebei	4680	6457	9360	13	5657	7182	8409	20
山 西	Shanxi	5489	13220	9039	16	5397	7549	7644	27
内蒙古	Inner Mongolia	6229	6391	6181	30	7161	7234	7538	28
辽 宁	Liaoning	8106	5823	8931	17	6527	7982	8525	19
吉 林	Jilin	3278	7015	7180	26	5053	7847	8113	22
黑龙江	Heilongjiang	4274	7799	7415	24	5828	8013	7716	26
上 海	Shanghai	18888	24978	24754	2	15779	22014	20043	2
江 苏	Jiangsu	7962	8798	9336	14	7892	9929	9976	12
浙 江	Zhejiang	11033	11118	10551	9	10627	13466	11626	8
安 徽	Anhui	6208	6827	7339	25	6699	8513	8596	18
福 建	Fujian	8732	11131	12551	6	10239	13017	12653	7
江 西	Jiangxi	8256	9085	6785	28	5342	8998	8683	16
山 东	Shandong	6606	9686	9290	15	5703	8224	7975	25
河 南	Henan	8276	9049	8239	20	5563	7891	7162	30
湖 北	Hubei	5534	10470	7867	22	7712	9916	8667	17
湖 南	Hunan	3742	9881	8233	21	5277	8110	8076	23
广 东	Guangdong	15238	18605	18767	3	12987	15183	13037	5
广 西	Guangxi	7828	9854	10447	10	6981	10123	9336	14
海 南	Hainan	6446	23109	13515	5	6124	9333	10423	11
重 庆	Chongqing	9537	11147	10188	11	8003	10725	10441	10
四 川	Sichuan	8845	7765	7172	27	6221	11358	10594	9
贵 州	Guizhou	5228	6782	6620	29	7015	8653	9347	13
云 南	Yunnan	6732	11878	11353	7	6490	8846	8386	21
西 藏	Tibet		13643	5300	31	7740	8613	13455	4
陕 西	Shaanxi	5516	9213	8887	18	6260	10753	9209	15
甘 肃	Gansu	3795	8561	11222	8	4382	8423	8036	24
青 海	Qinghai	2193	8202	9619	12	5296	11704	12814	6
宁 夏	Ningxia	5278	7259	7802	23	4888	6719	6866	31
新 疆	Xinjiang	8989	8399	8427	19	5541	8039	7457	29

16-31 按用途分商品房平均销售价格(三)和商品房现房销售面积(一)

Average Selling Price of Commercial Buildings by Use (3) and Selling Area of Commercial Completed Buildings (1)

地区	Region	其他(元/平方米) Others (yuan/sq.m)				现房销售面积(万平方米) Selling Area of Completed Buildings (10 000 sq.m)			
		2010	2014	2015	2015排名 Ranking	2010	2014	2015	2015排名 Ranking
全国	**National Total**	**4099**	**5177**	**4845**		**26669.63**	**28869.57**	**31702.61**	
北京	Beijing	5520	7391	7070	3	411.28	488.20	510.04	22
天津	Tianjin	7394	8728	9804	2	423.54	571.39	577.72	18
河北	Hebei	2772	3414	5011	14	989.24	1454.71	1632.73	7
山西	Shanxi	1947	3615	2720	31	345.05	549.67	477.98	26
内蒙古	Inner Mongolia	3685	5183	5261	9	1577.34	1002.17	959.51	13
辽宁	Liaoning	4256	5003	5369	7	2241.30	1787.22	1326.55	9
吉林	Jilin	3905	5537	4744	17	942.84	664.88	424.60	27
黑龙江	Heilongjiang	4181	4691	5240	11	771.10	802.11	904.20	15
上海	Shanghai	7200	6105	5136	12	623.75	767.80	944.63	14
江苏	Jiangsu	3239	4088	4224	21	1970.30	2205.28	2620.43	3
浙江	Zhejiang	3710	4389	4425	18	714.70	819.18	1245.96	10
安徽	Anhui	3296	3316	4412	19	689.03	979.56	1178.15	11
福建	Fujian	3310	7603	6514	5	346.27	428.61	560.41	20
江西	Jiangxi	2863	5084	5098	13	872.72	478.17	690.79	17
山东	Shandong	2964	3903	4213	22	2537.81	1945.69	2297.39	4
河南	Henan	3203	7359	5273	8	1910.83	2890.93	2811.98	1
湖北	Hubei	3588	5066	4780	16	1239.05	1636.06	1724.62	6
湖南	Hunan	3221	4227	3485	25	1363.92	1592.11	1766.03	5
广东	Guangdong	6817	7598	6790	4	2344.38	2161.51	2627.49	2
广西	Guangxi	3901	5855	5998	6	420.31	616.64	535.53	21
海南	Hainan	4043	6120	10920	1	138.03	212.82	284.93	28
重庆	Chongqing	2967	3414	3272	28	615.67	838.32	1015.77	12
四川	Sichuan	3498	3992	3412	26	1201.19	1201.08	1350.73	8
贵州	Guizhou	3268	4274	3356	27	219.89	475.95	561.28	19
云南	Yunnan	3355	3375	4239	20	456.29	653.71	824.85	16
西藏	Tibet			2973	29	12.26	7.82	23.99	31
陕西	Shaanxi	3541	5330	4893	15	319.12	375.59	486.12	24
甘肃	Gansu	2343	5043	5260	10	252.06	386.12	496.03	23
青海	Qinghai	3113	3875	2732	30	45.55	135.14	79.27	30
宁夏	Ningxia	2426	3592	3774	24	298.33	302.63	277.40	29
新疆	Xinjiang	3957	5241	3911	23	376.49	438.47	485.52	25

16-32 按用途分商品房现房销售面积(二)
Selling Area of Commercial Buildings Completed by Use (2)

单位：万平方米 (10 000 sq.m)

地区	Region	住宅 Residential Buildings				办公楼 Office Buildings			
		2010	2014	2015	2015排名 Ranking	2010	2014	2015	2015排名 Ranking
全 国	**National Total**	**22048.82**	**23711.99**	**25906.29**		**565.99**	**634.68**	**845.12**	
北 京	Beijing	218.11	339.91	331.17	27	57.66	31.26	78.14	3
天 津	Tianjin	304.09	519.27	524.36	18	30.11	6.80	9.37	21
河 北	Hebei	879.13	1220.97	1361.53	7	5.92	42.62	51.22	7
山 西	Shanxi	293.39	466.67	407.31	25	4.20	6.67	10.19	20
内蒙古	Inner Mongolia	1301.94	780.07	781.80	12	10.01	8.58	15.60	17
辽 宁	Liaoning	1910.68	1460.97	1115.78	8	22.60	12.47	19.58	14
吉 林	Jilin	806.27	548.65	348.54	26	2.58	5.32	7.25	25
黑龙江	Heilongjiang	618.71	671.19	745.24	13	5.18	5.32	8.71	22
上 海	Shanghai	459.40	620.42	722.43	14	61.21	36.43	76.13	4
江 苏	Jiangsu	1484.88	1888.65	2197.61	2	66.08	60.53	88.51	1
浙 江	Zhejiang	388.96	598.73	964.79	10	55.15	59.42	80.06	2
安 徽	Anhui	554.44	800.01	960.59	11	14.62	22.26	33.88	9
福 建	Fujian	202.62	292.31	416.00	23	16.26	14.33	20.86	13
江 西	Jiangxi	791.06	421.79	596.69	17	11.18	2.38	11.93	19
山 东	Shandong	2225.33	1591.39	1895.06	4	27.86	54.43	63.61	6
河 南	Henan	1728.57	2528.53	2385.34	1	14.97	41.38	32.96	10
湖 北	Hubei	1085.25	1339.85	1429.15	6	20.28	24.16	23.16	12
湖 南	Hunan	1197.99	1379.79	1529.27	5	16.63	11.52	15.83	16
广 东	Guangdong	1967.06	1679.92	2196.49	3	54.74	69.97	69.59	5
广 西	Guangxi	360.33	550.21	472.04	19	3.71	1.82	7.57	23
海 南	Hainan	126.51	205.45	271.95	28	3.28	0.20	0.57	31
重 庆	Chongqing	447.48	580.09	655.08	15	27.88	37.68	34.38	8
四 川	Sichuan	1015.31	930.39	999.13	9	7.09	29.28	28.53	11
贵 州	Guizhou	186.11	384.21	418.43	22	2.54	5.52	17.14	15
云 南	Yunnan	375.89	514.55	604.53	16	7.31	22.48	14.11	18
西 藏	Tibet	11.83	6.24	20.59	31			2.51	29
陕 西	Shaanxi	300.55	343.18	421.69	21	2.71	1.66	7.51	24
甘 肃	Gansu	219.75	356.09	431.27	20	3.89	1.88	4.37	27
青 海	Qinghai	39.60	124.55	72.18	30	0.04	1.32	1.39	30
宁 夏	Ningxia	229.11	232.23	219.88	29	7.28	2.23	3.23	28
新 疆	Xinjiang	318.46	335.73	410.35	24	3.03	14.77	7.21	26

16-33 按用途分商品房现房销售面积(三)
Selling Area of Commercial Buildings Completed by Use (3)

单位：万平方米 (10 000 sq.m)

地区	Region	商业营业用房 Houses for Business Use 2010	2014	2015	2015排名 Ranking	其他 Others 2010	2014	2015	2015排名 Ranking
全　国	**National Total**	**3051.96**	**2891.99**	**3240.58**		**1002.86**	**1630.91**	**1710.61**	
北　京	Beijing	76.25	38.15	40.50	26	59.26	78.87	60.22	14
天　津	Tianjin	61.91	24.20	30.11	28	27.43	21.13	13.88	24
河　北	Hebei	70.77	154.24	141.61	11	33.41	36.88	78.37	8
山　西	Shanxi	36.39	51.85	41.93	25	11.07	24.48	18.55	21
内蒙古	Inner Mongolia	202.09	161.72	119.81	14	63.29	51.79	42.30	16
辽　宁	Liaoning	255.12	206.27	143.25	10	52.90	107.51	47.93	15
吉　林	Jilin	111.09	87.18	53.17	20	22.90	23.74	15.63	23
黑龙江	Heilongjiang	112.73	83.97	114.74	15	34.48	41.63	35.51	18
上　海	Shanghai	66.17	52.03	59.67	18	36.98	58.92	86.40	5
江　苏	Jiangsu	362.80	190.62	253.22	3	56.55	65.48	81.09	7
浙　江	Zhejiang	194.25	100.14	128.69	13	76.33	60.89	72.42	10
安　徽	Anhui	105.17	117.82	156.02	5	14.82	39.47	27.66	19
福　建	Fujian	55.05	45.12	54.27	19	72.35	76.86	69.28	11
江　西	Jiangxi	59.03	44.27	69.53	17	11.45	9.74	12.64	25
山　东	Shandong	237.87	196.70	255.07	2	46.75	103.18	83.65	6
河　南	Henan	138.46	243.32	332.44	1	28.84	77.70	61.23	12
湖　北	Hubei	108.26	189.75	185.83	4	25.26	82.30	86.47	4
湖　南	Hunan	125.00	141.26	146.43	7	24.29	59.54	74.51	9
广　东	Guangdong	181.11	172.59	144.69	9	141.47	239.03	216.71	1
广　西	Guangxi	39.51	41.47	33.53	27	16.76	23.15	22.40	20
海　南	Hainan	7.99	4.02	6.74	29	0.25	3.15	5.68	29
重　庆	Chongqing	99.00	93.92	138.11	12	41.30	126.63	188.21	2
四　川	Sichuan	114.23	127.99	154.91	6	64.56	113.43	168.16	3
贵　州	Guizhou	24.92	61.15	88.45	16	6.31	25.08	37.26	17
云　南	Yunnan	54.48	74.69	145.80	8	18.60	42.00	60.40	13
西　藏	Tibet	0.44	1.58	0.89	31				
陕　西	Shaanxi	13.01	23.89	47.07	23	2.86	6.86	9.84	26
甘　肃	Gansu	27.71	20.86	51.80	21	0.70	7.30	8.58	27
青　海	Qinghai	5.69	7.80	4.92	30	0.23	1.47	0.78	30
宁　夏	Ningxia	55.27	56.90	46.30	24	6.67	11.27	8.00	28
新　疆	Xinjiang	50.21	76.53	51.08	22	4.79	11.44	16.88	22

16-34 按用途分商品房现房销售额(一)
Sales of Commercial Buildings Completed by Use (1)

单位：亿元 (100 million yuan)

地区	Region	现房销售额 Sales of Commercial Buildings 2010	2014	2015	2015排名 Ranking	住宅 Residential Buildings 2010	2014	2015	2015排名 Ranking
全　国	**National Total**	**11024.01**	**16082.15**	**19228.34**		**8035.21**	**12094.65**	**14690.57**	
北　京	Beijing	624.30	684.86	1025.56	7	360.72	487.44	669.35	9
天　津	Tianjin	330.32	444.04	520.46	15	225.66	379.33	449.65	13
河　北	Hebei	310.35	697.82	924.90	8	263.82	537.65	714.36	7
山　西	Shanxi	86.24	204.02	183.75	28	66.60	155.72	146.34	25
内蒙古	Inner Mongolia	471.36	436.10	393.35	18	341.51	300.05	292.57	17
辽　宁	Liaoning	888.41	926.68	710.89	10	704.51	709.74	570.81	10
吉　林	Jilin	278.29	284.83	189.36	27	221.40	217.54	145.44	26
黑龙江	Heilongjiang	243.79	369.53	417.45	17	166.71	277.36	315.61	15
上　海	Shanghai	773.95	948.88	1513.92	3	557.40	767.53	1182.10	3
江　苏	Jiangsu	950.84	1268.17	1574.26	2	650.83	1030.66	1236.27	2
浙　江	Zhejiang	455.91	807.58	1184.93	4	219.12	620.03	944.69	4
安　徽	Anhui	237.12	473.34	541.48	14	165.90	359.81	388.83	14
福　建	Fujian	204.90	287.31	392.65	19	125.85	192.61	269.63	20
江　西	Jiangxi	254.78	231.40	339.19	20	213.86	191.48	270.04	19
山　东	Shandong	891.07	946.81	1133.37	5	738.86	723.75	877.68	5
河　南	Henan	438.82	1072.06	1038.88	6	359.00	815.52	793.68	6
湖　北	Hubei	387.51	825.29	886.21	9	291.33	579.75	684.86	8
湖　南	Hunan	366.79	567.42	686.95	12	286.49	437.59	551.29	11
广　东	Guangdong	1396.22	1847.88	2346.02	1	1016.14	1300.55	1927.73	1
广　西	Guangxi	129.28	244.13	225.39	24	96.80	199.74	182.28	23
海　南	Hainan	82.60	212.09	244.64	21	76.53	205.37	232.41	21
重　庆	Chongqing	250.75	446.17	542.89	13	139.80	290.31	314.89	16
四　川	Sichuan	378.47	640.69	708.17	11	299.10	440.03	487.51	12
贵　州	Guizhou	67.13	190.62	227.36	23	50.57	124.03	130.20	28
云　南	Yunnan	153.88	345.37	471.70	16	107.43	243.22	291.47	18
西　藏	Tibet	3.65	4.08	9.45	31	3.32	2.62	7.09	31
陕　西	Shaanxi	90.99	156.68	240.80	22	81.21	125.49	187.23	22
甘　肃	Gansu	70.06	142.27	211.18	25	55.94	123.54	170.17	24
青　海	Qinghai	12.50	61.63	33.59	30	10.07	52.37	28.12	29
宁　夏	Ningxia	89.10	126.48	119.31	29	59.59	85.68	8.50	30
新　疆	Xinjiang	104.64	187.90	190.28	26	79.15	118.15	143.32	27

16-35 按用途分商品房现房销售额(二)
Sales of Commercial Buildings Completed by Use (2)

单位：亿元 (100 million yuan)

地区	Region	办公楼 Office Buildings				商业营业用房 Houses for Business Use			
		2010	2014	2015	2015排名 Ranking	2010	2014	2015	2015排名 Ranking
全　国	**National Total**	**560.95**	**691.90**	**1045.43**		**2023.44**	**2443.79**	**2717.61**	
北　京	Beijing	104.85	59.49	222.69	1	128.41	74.68	90.96	15
天　津	Tianjin	41.08	7.50	16.58	16	43.73	42.37	38.56	22
河　北	Hebei	2.45	27.52	40.07	6	34.65	114.61	121.24	11
山　西	Shanxi	2.68	8.10	6.45	23	14.82	32.47	25.44	28
内蒙古	Inner Mongolia	5.34	6.50	8.80	19	103.11	105.34	74.14	18
辽　宁	Liaoning	13.31	11.10	18.94	14	144.13	153.99	101.04	12
吉　林	Jilin	0.51	2.53	3.77	26	48.36	55.11	33.28	24
黑龙江	Heilongjiang	2.47	3.56	6.45	22	60.52	70.47	77.90	16
上　海	Shanghai	102.72	66.45	191.86	2	89.92	81.11	100.24	13
江　苏	Jiangsu	47.11	51.26	73.57	5	235.39	166.14	231.82	1
浙　江	Zhejiang	53.76	58.52	83.15	4	158.70	102.05	126.87	9
安　徽	Anhui	7.05	17.02	20.45	11	58.56	84.47	123.39	10
福　建	Fujian	7.82	13.16	19.89	13	45.19	46.21	66.85	19
江　西	Jiangxi	9.35	2.00	8.14	20	28.90	31.43	55.56	20
山　东	Shandong	19.00	43.33	38.56	7	120.33	137.08	178.45	3
河　南	Henan	6.53	27.51	21.88	10	64.26	163.73	196.93	2
湖　北	Hubei	11.05	25.15	17.62	15	79.03	177.81	149.35	5
湖　南	Hunan	5.28	7.74	13.71	17	66.58	95.97	98.78	14
广　东	Guangdong	80.68	142.44	119.75	3	213.34	220.10	161.81	4
广　西	Guangxi	1.63	1.28	4.05	25	25.53	32.72	27.38	27
海　南	Hainan	1.56	0.21	1.19	30	4.43	4.72	8.10	29
重　庆	Chongqing	16.24	42.73	32.60	8	82.84	70.34	133.52	7
四　川	Sichuan	3.61	24.20	25.62	9	54.93	129.22	143.31	6
贵　州	Guizhou	0.82	2.19	9.86	18	14.22	53.84	75.71	17
云　南	Yunnan	6.59	20.81	20.00	12	33.64	67.10	131.97	8
西　藏	Tibet			1.33	29	0.33	1.46	1.03	31
陕　西	Shaanxi	1.26	1.44	5.85	24	7.33	23.83	43.19	21
甘　肃	Gansu	1.22	1.45	2.64	28	12.76	12.91	32.11	25
青　海	Qinghai	0.01	0.88	0.53	31	2.35	7.84	4.62	30
宁　夏	Ningxia	3.27	1.90	2.65	27	24.66	34.30	29.24	26
新　疆	Xinjiang	1.72	13.92	6.80	21	22.50	50.39	34.82	23

16-36 按用途分商品房现房销售额(三)和商品房期房销售面积(一)

Sales of Commercial Buildings Completed by Use (3) and Sales Area of Commercial Buildings under Construction (1)

地区	Region	其他用房(亿元) Others (100 million yuan)				期房销售面积(万平方米) Sales Area of Forward Houses (10 000 sq.m)			
		2010	2014	2015	2015排名 Ranking	2010	2014	2015	2015排名 Ranking
全　国	**National Total**	**404.41**	**851.81**	**774.72**		**78095.01**	**91778.97**	**96792.36**	
北　京	Beijing	30.31	63.25	42.56	5	1228.25	965.99	1044.21	26
天　津	Tianjin	19.85	14.84	15.68	18	1090.98	1041.59	1193.35	22
河　北	Hebei	9.43	18.03	49.23	4	3672.86	4251.48	4221.92	11
山　西	Shanxi	2.14	7.74	5.52	24	835.54	1026.59	1114.57	23
内蒙古	Inner Mongolia	21.40	24.22	17.84	16	1480.05	1455.01	1409.86	20
辽　宁	Liaoning	26.46	51.85	20.09	15	4559.15	3967.60	2589.64	16
吉　林	Jilin	8.02	9.64	6.88	22	1439.26	916.84	1067.25	25
黑龙江	Heilongjiang	14.09	18.14	17.50	17	1949.84	1673.63	1092.41	24
上　海	Shanghai	23.91	33.79	39.72	6	1437.22	1316.87	1486.73	19
江　苏	Jiangsu	17.52	20.12	32.60	10	7515.17	7641.56	8793.62	2
浙　江	Zhejiang	24.34	26.98	30.23	11	4101.83	3857.65	4739.35	7
安　徽	Anhui	5.60	12.04	8.81	21	3465.23	5222.62	4995.94	6
福　建	Fujian	26.05	35.33	36.28	8	2229.35	3690.86	3477.35	12
江　西	Jiangxi	2.67	6.50	5.45	25	1597.01	2588.99	2787.44	15
山　东	Shandong	12.89	42.63	38.69	7	6756.07	7234.43	7429.66	3
河　南	Henan	9.04	65.31	26.39	13	3541.40	4988.73	5744.37	5
湖　北	Hubei	6.10	42.59	34.38	9	2269.56	3965.92	4519.93	9
湖　南	Hunan	8.45	26.12	23.17	14	3106.06	3847.42	4596.98	8
广　东	Guangdong	86.06	184.79	136.73	1	4977.37	7154.25	9053.52	1
广　西	Guangxi	5.32	10.40	11.69	19	2373.61	2539.90	2987.87	14
海　南	Hainan	0.07	1.79	2.94	28	716.70	791.15	767.35	28
重　庆	Chongqing	11.88	42.79	61.88	2	3698.73	4262.07	4365.60	10
四　川	Sichuan	20.82	47.24	51.73	3	5195.74	5941.36	6320.47	4
贵　州	Guizhou	1.52	10.55	11.59	20	1510.80	2702.17	2998.53	13
云　南	Yunnan	6.22	14.24	28.26	12	2503.14	2540.47	2320.28	18
西　藏	Tibet					7.02	51.51	27.28	31
陕　西	Shaanxi	1.19	5.93	4.53	27	2271.06	2718.05	2492.82	17
甘　肃	Gansu	0.13	4.37	6.26	23	504.45	939.39	938.93	27
青　海	Qinghai	0.08	0.54	0.33	30	235.49	280.63	313.70	30
宁　夏	Ningxia	1.57	4.60	2.46	29	637.65	826.84	561.76	29
新　疆	Xinjiang	1.27	5.46	5.33	26	1188.42	1377.42	1339.66	21

16-37 按用途分商品房期房销售面积(二)
Sales Area of Commercial Buildings under Construction by Use (2)

单位：万平方米 (10 000 sq.m)

地区	Region	住宅 Residential Buildings 2010	2014	2015	2015排名 Ranking	办公楼 Office Buildings 2010	2014	2015	2015排名 Ranking
全　国	**National Total**	**71327.78**	**81475.80**	**86505.99**		**1323.98**	**1870.77**	**2067.47**	
北　京	Beijing	983.28	796.61	795.67	27	150.49	105.54	164.88	3
天　津	Tianjin	998.52	964.37	1150.42	21	5.18	14.30	6.88	30
河　北	Hebei	3445.99	3794.08	3800.12	11	33.28	32.92	38.87	17
山　西	Shanxi	777.15	967.24	1073.82	23	6.56	17.22	11.30	24
内蒙古	Inner Mongolia	1267.90	1215.61	1163.13	20	19.86	33.92	27.65	21
辽　宁	Liaoning	4102.82	3471.11	2361.48	16	42.11	58.73	17.90	23
吉　林	Jilin	1299.05	839.22	956.29	25	5.16	6.51	10.62	25
黑龙江	Heilongjiang	1766.97	1460.27	965.36	24	3.20	10.02	9.48	27
上　海	Shanghai	1231.42	1160.49	1286.74	19	101.69	83.85	121.28	7
江　苏	Jiangsu	6627.49	6912.29	8078.33	2	143.81	150.16	149.79	4
浙　江	Zhejiang	3444.78	3342.76	4167.09	8	216.96	125.80	124.99	6
安　徽	Anhui	3087.45	4564.93	4396.21	6	72.67	88.84	75.52	11
福　建	Fujian	1936.64	3031.79	2899.68	12	65.95	166.68	134.56	5
江　西	Jiangxi	1474.66	2353.43	2549.14	14	7.83	40.38	38.67	18
山　东	Shandong	6222.93	6381.10	6631.79	3	54.61	131.10	236.43	2
河　南	Henan	3363.92	4480.56	5260.50	5	45.83	140.29	116.55	8
湖　北	Hubei	2151.64	3662.75	4218.57	7	3.91	41.75	38.26	19
湖　南	Hunan	2942.07	3472.53	4141.92	9	12.64	37.95	44.59	15
广　东	Guangdong	4585.74	6483.64	8301.13	1	108.29	160.48	241.53	1
广　西	Guangxi	2246.82	2319.11	2709.48	13	14.86	28.09	31.26	20
海　南	Hainan	707.67	737.39	712.84	28	2.20	5.28	8.48	29
重　庆	Chongqing	3538.83	3843.58	3822.63	10	34.72	60.47	81.46	10
四　川	Sichuan	4834.03	5246.12	5496.30	4	76.76	111.76	95.19	9
贵　州	Guizhou	1410.19	2322.88	2524.94	15	23.73	78.57	61.28	12
云　南	Yunnan	2283.09	2103.48	1972.27	18	14.18	44.02	45.20	14
西　藏	Tibet	6.93	47.40	25.73	31		1.59	0.28	31
陕　西	Shaanxi	2171.40	2493.52	2296.29	17	37.34	45.82	52.99	13
甘　肃	Gansu	472.31	856.51	876.21	26	1.78	11.13	8.87	28
青　海	Qinghai	226.83	238.37	257.53	30	0.96	6.78	22.36	22
宁　夏	Ningxia	587.67	707.14	488.24	29	8.11	6.60	9.82	26
新　疆	Xinjiang	1131.57	1205.53	1126.15	22	9.32	24.24	40.53	16

16-38 按用途分商品房期房销售面积(三)
Sales Area of Commercial Buildings under Construction by Use (3)

单位：万平方米 (10 000 sq.m)

地区	Region	商业营业用房 Houses for Business Use				其他 Others			
		2010	2014	2015	2015排名 Ranking	2010	2014	2015	2015排名 Ranking
全　国	**National Total**	**3942.88**	**6184.94**	**6014.21**		**1500.38**	**2247.46**	**2204.68**	
北　京	Beijing	65.82	41.35	44.30	26	28.67	22.49	39.36	20
天　津	Tianjin	41.73	43.42	29.08	28	45.54	19.50	6.96	29
河　北	Hebei	138.32	290.10	243.74	11	55.28	134.37	139.19	6
山　西	Shanxi	47.98	29.26	17.92	30	3.85	12.88	11.53	26
内蒙古	Inner Mongolia	151.21	108.51	138.52	19	41.07	96.97	80.56	12
辽　宁	Liaoning	254.91	316.53	168.36	15	159.31	121.23	41.90	17
吉　林	Jilin	109.22	50.86	76.05	22	25.83	20.25	24.30	23
黑龙江	Heilongjiang	122.00	155.59	83.54	21	57.67	47.75	34.02	21
上　海	Shanghai	59.57	50.83	54.03	24	44.53	21.70	24.68	22
江　苏	Jiangsu	625.43	497.63	474.81	2	118.44	81.48	90.69	9
浙　江	Zhejiang	265.04	233.73	255.88	10	175.05	155.36	191.38	3
安　徽	Anhui	284.43	530.14	471.38	3	20.68	38.71	52.83	14
福　建	Fujian	121.30	241.82	241.98	12	105.46	250.58	201.13	2
江　西	Jiangxi	91.81	151.82	150.91	18	22.70	43.36	48.72	15
山　东	Shandong	369.72	477.99	380.85	4	108.82	244.23	180.59	4
河　南	Henan	107.98	311.28	306.74	9	23.67	56.61	60.59	13
湖　北	Hubei	76.15	233.50	222.23	13	37.87	27.92	40.87	19
湖　南	Hunan	122.87	282.04	322.51	8	28.48	54.90	87.96	10
广　东	Guangdong	190.80	318.47	334.52	6	92.54	191.67	176.35	5
广　西	Guangxi	68.70	139.77	164.20	16	43.23	52.93	82.94	11
海　南	Hainan	5.93	43.51	31.51	27	0.90	4.96	14.53	25
重　庆	Chongqing	95.25	254.57	324.94	7	29.92	103.44	136.57	7
四　川	Sichuan	180.02	433.43	517.09	1	104.93	150.05	211.89	1
贵　州	Guizhou	55.99	276.61	363.98	5	20.89	24.12	48.32	16
云　南	Yunnan	128.08	254.30	208.53	14	77.78	138.67	94.28	8
西　藏	Tibet	0.08	2.51	1.26	31			0.01	31
陕　西	Shaanxi	50.35	113.53	101.95	20	11.96	65.18	41.60	18
甘　肃	Gansu	25.74	60.07	45.14	25	4.63	11.68	8.71	27
青　海	Qinghai	7.53	32.38	27.35	29	0.18	3.10	6.46	30
宁　夏	Ningxia	34.68	75.54	55.90	23	7.19	37.56	7.80	28
新　疆	Xinjiang	44.21	133.85	155.02	17	3.32	13.80	17.97	24

16-39 按用途分商品房期房销售额(一)
Sales of Commercial Buildings under Construction by Use (1)

单位：亿元 (100 million yuan)

地区	Region	期房销售额 Sales of Forward Houses 2010	2014	2015	2015排名 Ranking	住宅 Residential Buildings 2010	2014	2015	2015排名 Ranking
全　国	**National Total**	**41697.23**	**60210.26**	**68052.50**		**36085.44**	**50316.31**	**58079.25**	
北　京	Beijing	2291.07	2053.88	2492.09	11	1699.80	1615.02	1843.53	13
天　津	Tianjin	916.16	1042.89	1269.55	20	808.66	930.37	1213.60	18
河　北	Hebei	1339.65	2230.18	2446.69	12	1224.96	1963.98	2139.85	11
山　西	Shanxi	325.47	542.12	591.89	27	290.76	484.11	555.94	23
内蒙古	Inner Mongolia	605.20	628.71	658.83	24	424.97	464.99	473.49	27
辽　宁	Liaoning	2174.91	2165.42	1544.08	15	1883.15	1809.13	1336.81	15
吉　林	Jilin	590.51	523.76	627.51	25	514.51	450.08	534.82	24
黑龙江	Heilongjiang	768.16	839.02	609.69	26	666.34	685.34	508.61	25
上　海	Shanghai	2207.06	2550.65	3579.62	5	1858.84	2155.92	3137.83	5
江　苏	Jiangsu	4589.48	5630.24	6821.94	2	3885.80	4938.94	6138.59	2
浙　江	Zhejiang	4003.14	4115.42	5114.52	3	3358.37	3552.55	4574.58	3
安　徽	Anhui	1509.80	2871.85	2827.95	9	1254.15	2331.99	2325.50	10
福　建	Fujian	1406.42	3476.21	3193.17	7	1174.28	2746.97	2570.13	7
江　西	Jiangxi	521.63	1390.37	1524.48	16	456.48	1188.02	1336.63	16
山　东	Shandong	2774.05	3932.86	4274.63	4	2479.17	3285.73	3633.08	4
河　南	Henan	1219.97	2368.52	2906.67	8	1095.57	1924.19	2506.65	9
湖　北	Hubei	925.69	2263.01	2775.16	10	843.62	1964.00	2513.67	8
湖　南	Hunan	1039.60	1731.69	2051.97	14	961.16	1420.99	1702.56	14
广　东	Guangdong	4084.54	6613.95	9096.78	1	3573.68	5659.71	8039.60	1
广　西	Guangxi	865.90	1287.92	1522.37	17	784.90	1074.83	1277.15	17
海　南	Hainan	664.01	723.13	738.12	22	657.56	667.85	676.19	22
重　庆	Chongqing	1596.19	2368.82	2409.33	13	1470.85	1962.97	1929.54	12
四　川	Sichuan	2268.87	3356.69	3491.68	6	2031.75	2704.99	2782.01	6
贵　州	Guizhou	513.88	1179.70	1344.31	19	451.06	875.98	937.94	21
云　南	Yunnan	780.72	1251.00	1195.15	21	661.89	922.16	945.34	20
西　藏	Tibet	1.93	30.17	11.63	31	1.86	25.93	9.61	31
陕　西	Shaanxi	882.69	1441.35	1356.63	18	825.47	1242.64	1194.04	19
甘　肃	Gansu	160.08	460.07	493.75	28	147.38	389.92	432.91	28
青　海	Qinghai	71.94	149.64	172.40	30	67.03	103.46	111.71	30
宁　夏	Ningxia	220.12	338.48	250.98	29	194.18	266.35	199.02	29
新　疆	Xinjiang	378.40	652.56	658.91	23	337.26	507.20	498.30	26

16-40 按用途分商品房期房销售额(二)
Sales of Commercial Buildings under Construction by Use (2)

单位：亿元 (100 million yuan)

地区	Region	办公楼 Office Buildings 2010	2014	2015	2015排名 Ranking	商业营业用房 Houses for Business Use 2010	2014	2015	2015排名 Ranking
全　国	**National Total**	**1594.75**	**2271.02**	**2715.99**		**3395.38**	**6466.83**	**6135.17**	
北　京	Beijing	382.47	299.84	480.05	1	190.57	127.36	140.66	17
天　津	Tianjin	7.82	28.32	8.63	28	65.58	63.58	42.56	26
河　北	Hebei	15.90	21.26	44.26	14	83.64	204.52	202.80	13
山　西	Shanxi	3.23	23.48	12.98	24	30.71	28.76	20.31	30
内蒙古	Inner Mongolia	13.27	20.66	17.94	22	149.90	90.17	120.59	20
辽　宁	Liaoning	39.15	30.36	14.53	23	188.75	263.34	164.59	15
吉　林	Jilin	2.03	5.77	9.07	27	62.97	53.20	71.56	24
黑龙江	Heilongjiang	1.11	8.40	7.04	30	76.28	121.49	75.10	23
上　海	Shanghai	204.96	233.98	296.81	3	108.49	145.34	127.65	19
江　苏	Jiangsu	119.99	134.10	148.90	6	544.52	517.24	494.48	2
浙　江	Zhejiang	246.46	147.40	133.20	7	329.39	347.54	320.25	8
安　徽	Anhui	47.14	58.82	59.84	11	202.41	467.15	415.90	4
福　建	Fujian	63.96	188.32	175.18	5	135.38	327.30	308.00	9
江　西	Jiangxi	6.35	36.85	26.19	20	51.68	145.00	135.83	18
山　东	Shandong	35.48	136.36	240.19	4	226.19	417.80	328.72	7
河　南	Henan	43.78	136.89	101.30	8	72.83	273.91	260.87	11
湖　北	Hubei	2.34	43.86	30.69	19	63.18	241.90	204.30	12
湖　南	Hunan	5.68	41.14	36.03	17	64.21	247.31	279.92	10
广　东	Guangdong	167.75	286.31	464.12	2	269.66	525.47	462.93	3
广　西	Guangxi	12.91	28.19	36.52	16	50.01	150.75	157.21	16
海　南	Hainan	1.97	12.46	11.04	26	4.09	39.64	31.77	29
重　庆	Chongqing	43.46	66.68	85.42	9	72.62	303.41	349.96	5
四　川	Sichuan	70.55	85.32	63.11	10	128.11	508.43	568.61	1
贵　州	Guizhou	12.91	54.83	42.05	15	42.54	238.41	347.19	6
云　南	Yunnan	7.88	58.17	47.34	13	84.84	223.92	165.16	14
西　藏	Tibet		2.18	0.15	31	0.08	2.06	1.87	31
陕　西	Shaanxi	20.83	42.30	47.91	12	32.33	123.95	94.04	22
甘　肃	Gansu	0.93	9.68	12.22	25	10.65	55.26	45.79	25
青　海	Qinghai	0.21	5.77	22.32	21	4.65	39.19	36.73	28
宁　夏	Ningxia	4.85	4.51	7.53	29	19.30	54.69	40.93	27
新　疆	Xinjiang	9.39	18.85	33.43	18	29.81	118.73	118.88	21

16-41 按用途分商品房期房销售额(三)和商品房期房销售平均单价

Sales of Commercial Buildings under Construction by Use (3) and Average Price of Commercial Buildings under Construction

地区	Region	其他用房（亿元） Others (100 million yuan)				商品房期房销售平均单价（元/平方米） Average Price of Commercial Buildings under Construction (yuan/sq.m)			
		2010	2014	2015	2015排名 Ranking	2010	2014	2015	2015排名 Ranking
全　国	**National Total**	**621.66**	**1156.10**	**1122.09**		**5339**	**6560**	**7031**	
北　京	Beijing	18.23	11.67	27.85	15	18653	21262	23866	2
天　津	Tianjin	34.10	20.62	4.75	26	8398	10013	10639	4
河　北	Hebei	15.15	40.43	59.78	6	3647	5246	5795	12
山　西	Shanxi	0.77	5.77	2.66	29	3895	5281	5310	21
内蒙古	Inner Mongolia	17.06	52.89	46.81	8	4089	4321	4673	27
辽　宁	Liaoning	63.86	62.60	28.14	14	4770	5458	5963	10
吉　林	Jilin	11.01	14.72	12.06	24	4103	5713	5880	11
黑龙江	Heilongjiang	24.43	23.79	18.93	21	3940	5013	5581	15
上　海	Shanghai	34.78	15.42	17.33	22	15357	19369	24077	1
江　苏	Jiangsu	39.16	39.96	39.96	10	6107	7368	7758	8
浙　江	Zhejiang	68.91	67.93	86.50	3	9759	10668	10792	3
安　徽	Anhui	6.10	13.89	26.71	16	4357	5499	5660	14
福　建	Fujian	32.80	213.62	139.85	1	6309	9418	9183	7
江　西	Jiangxi	7.11	20.50	25.83	18	3266	5370	5469	19
山　东	Shandong	33.22	92.97	72.65	5	4106	5436	5753	13
河　南	Henan	7.78	33.53	37.86	11	3445	4748	5060	25
湖　北	Hubei	16.55	13.25	26.49	17	4079	5706	6140	9
湖　南	Hunan	8.55	22.24	33.46	13	3347	4501	4464	30
广　东	Guangdong	73.45	142.46	130.14	2	8206	9245	10048	5
广　西	Guangxi	18.08	34.15	51.49	7	3648	5071	5095	24
海　南	Hainan	0.39	3.18	19.12	20	9265	9140	9619	6
重　庆	Chongqing	9.25	35.76	44.41	9	4316	5558	5519	17
四　川	Sichuan	38.47	57.94	77.95	4	4367	5650	5524	16
贵　州	Guizhou	7.37	10.48	17.13	23	3401	4366	4483	28
云　南	Yunnan	26.11	46.74	37.31	12	3119	4924	5151	23
西　藏	Tibet					2756	5857	4263	31
陕　西	Shaanxi	4.06	32.47	20.64	19	3887	5303	5442	20
甘　肃	Gansu	1.11	5.20	2.83	28	3173	4898	5259	22
青　海	Qinghai	0.05	1.23	1.64	30	3055	5332	5496	18
宁　夏	Ningxia	1.79	12.94	3.50	27	3452	4094	4468	29
新　疆	Xinjiang	1.94	7.77	8.30	25	3184	4738	4918	26

16-42 房地产开发企业主营业务收入和主营业务成本
Revenue and Cost from Principle Business in Enterprises for Real Estate Development

单位：亿元 (100 million yuan)

地区	Region	主营业务收入 Revenue from Principle Business				主营业务成本 Cost from Principle Business			
		2010	2014	2015	2015排名 Ranking	2010	2014	2015	2015排名 Ranking
全　国	**National Total**	**42996.48**	**66463.80**	**70174.34**		**30023.66**	**47827.21**	**51449.50**	
北　京	Beijing	2907.03	3757.78	3827.48	6	1788.74	2405.97	2407.75	6
天　津	Tianjin	933.78	1533.25	1633.07	16	638.36	1122.05	1240.06	16
河　北	Hebei	1199.86	1957.95	2305.92	12	884.83	1510.51	1775.54	12
山　西	Shanxi	286.25	602.55	633.52	26	229.43	451.95	493.51	26
内蒙古	Inner Mongolia	826.59	784.24	651.87	25	619.16	620.04	517.53	24
辽　宁	Liaoning	2059.80	2327.64	2104.15	14	1582.90	1774.12	1678.58	14
吉　林	Jilin	563.85	800.97	795.81	23	443.45	617.07	625.54	22
黑龙江	Heilongjiang	675.57	891.93	816.35	22	532.26	692.91	617.37	23
上　海	Shanghai	3265.77	4248.41	4388.06	5	1872.32	2693.31	2783.86	5
江　苏	Jiangsu	5384.70	7540.12	8200.59	2	3822.78	5779.11	6483.66	1
浙　江	Zhejiang	3199.94	4992.50	5442.00	3	2165.19	3848.63	4426.86	3
安　徽	Anhui	1315.93	2527.22	2645.52	11	967.29	1941.72	2024.44	8
福　建	Fujian	1261.82	2613.97	2852.12	8	854.62	1758.26	1886.17	11
江　西	Jiangxi	666.49	1249.54	1414.36	17	478.36	886.04	1016.76	18
山　东	Shandong	2751.52	4709.78	4662.13	4	2047.02	3539.16	3594.69	4
河　南	Henan	1200.56	2529.22	2839.59	9	858.81	1709.00	1959.13	9
湖　北	Hubei	1105.94	2471.08	2744.21	10	787.59	1711.23	1934.69	10
湖　南	Hunan	1115.81	1934.72	1912.93	15	848.18	1448.40	1493.63	15
广　东	Guangdong	4168.07	7064.08	8238.36	1	2671.58	4558.96	5392.65	2
广　西	Guangxi	643.31	929.96	1122.11	19	447.96	659.35	767.52	20
海　南	Hainan	403.70	617.93	593.67	27	246.80	393.05	396.81	28
重　庆	Chongqing	1473.22	2425.25	2278.70	13	1104.02	1743.06	1722.28	13
四　川	Sichuan	2188.18	3035.60	3111.54	7	1600.67	2200.58	2333.90	7
贵　州	Guizhou	933.21	720.82	926.36	21	650.43	635.57	716.02	21
云　南	Yunnan	733.91	1146.97	1034.45	20	553.54	839.17	841.94	19
西　藏	Tibet	13.77	23.05	21.45	31	8.42	21.15	18.70	31
陕　西	Shaanxi	889.45	1383.90	1359.59	18	685.78	1009.36	1051.54	17
甘　肃	Gansu	190.68	426.49	533.77	28	147.65	334.43	418.61	27
青　海	Qinghai	47.49	152.96	114.23	30	39.90	122.12	89.41	30
宁　夏	Ningxia	178.35	344.09	291.87	29	141.54	269.58	231.47	29
新　疆	Xinjiang	411.94	719.83	678.41	24	304.07	531.36	508.90	25

16-43 房地产开发企业主营业务税金及附加和其他业务利润
Tax and Other Charges on Principal Business and Other Business Profits in Enterprises for Real Estate Development

单位：亿元 (100 million yuan)

地区	Region	主营业务税金及附加 Tax and Other Charges on Principal Business				其他业务利润 Other Business Profits			
		2010	2014	2015	2015排名 Ranking	2010	2014	2015	2015排名 Ranking
全 国	**National Total**	**3464.66**	**5968.43**	**6202.38**		**251.49**	**202.72**	**176.34**	
北 京	Beijing	310.44	395.51	395.34	5	35.09	43.06	35.47	1
天 津	Tianjin	76.47	124.63	131.78	16	17.40	4.81	9.04	7
河 北	Hebei	92.41	175.21	202.28	12	3.21	-2.41	3.16	16
山 西	Shanxi	21.04	45.68	50.59	27	2.04	1.43	1.17	26
内蒙古	Inner Mongolia	55.15	68.94	54.24	26	1.98	0.68	0.37	28
辽 宁	Liaoning	142.15	192.86	161.26	14	12.76	7.53	6.31	10
吉 林	Jilin	32.15	64.57	62.58	24	1.84	1.84	-1.15	29
黑龙江	Heilongjiang	42.30	76.77	76.08	21	0.86	3.51	0.89	27
上 海	Shanghai	300.26	375.09	445.41	4	40.45	17.20	12.61	4
江 苏	Jiangsu	413.99	620.96	658.12	2	18.07	14.59	17.16	3
浙 江	Zhejiang	273.97	429.99	455.78	3	26.28	14.76	11.49	6
安 徽	Anhui	97.23	198.77	208.13	11	3.63	0.29	1.42	25
福 建	Fujian	122.99	282.51	299.62	7	5.19	2.37	4.30	14
江 西	Jiangxi	51.23	110.02	118.29	17	0.65	2.17	1.56	23
山 东	Shandong	193.22	373.14	363.26	6	8.23	12.05	7.28	8
河 南	Henan	89.55	205.67	243.62	9	7.55	9.44	2.37	21
湖 北	Hubei	89.10	224.96	264.63	8	5.28	7.53	12.47	5
湖 南	Hunan	75.97	154.22	150.92	15	3.64	1.66	3.51	15
广 东	Guangdong	399.09	838.14	898.40	1	22.28	24.18	25.17	2
广 西	Guangxi	51.89	84.30	104.12	18	3.25	3.33	2.73	19
海 南	Hainan	34.69	66.15	65.32	23	1.46	1.77	7.26	9
重 庆	Chongqing	96.71	204.65	179.71	13	6.80	8.87	5.42	11
四 川	Sichuan	160.45	251.04	239.52	10	10.51	6.59	5.30	12
贵 州	Guizhou	69.93	63.73	68.60	22	2.01	1.71	-3.70	30
云 南	Yunnan	56.13	96.46	83.93	20	3.98	5.35	5.21	13
西 藏	Tibet	0.82	1.91	1.78	31	0.26	-0.0045	2.4670	20
陕 西	Shaanxi	57.43	117.14	92.76	19	1.53	3.10	3.05	17
甘 肃	Gansu	13.78	32.03	41.78	28	1.51	1.38	1.63	22
青 海	Qinghai	2.61	11.22	9.48	30	0.11	0.31	-11.91	31
宁 夏	Ningxia	12.02	22.68	20.39	29	0.78	1.72	2.83	18
新 疆	Xinjiang	29.50	59.48	54.67	25	2.86	1.91	1.47	24

16-44 房地产开发企业销售费用和管理费用
Sales and Administrative Cost in Enterprises for Real Estate Development

单位：亿元 (100 million yuan)

地区	Region	销售费用 Sales Cost 2010	2014	2015	2015排名 Ranking	管理费用 Administration Cost 2010	2014	2015	2015排名 Ranking
全　国	**National Total**	**1280.60**	**2403.50**	**2585.06**		**2161.86**	**3520.54**	**3579.61**	
北　京	Beijing	104.92	120.95	126.53	7	212.54	283.52	289.57	3
天　津	Tianjin	33.07	56.50	57.18	17	54.15	75.33	78.39	17
河　北	Hebei	49.09	73.81	74.39	15	56.74	103.14	96.98	15
山　西	Shanxi	7.98	21.00	22.25	26	20.02	52.43	37.20	27
内蒙古	Inner Mongolia	12.03	19.99	16.19	27	29.77	47.93	44.44	25
辽　宁	Liaoning	59.56	85.06	77.82	14	89.75	139.17	117.00	11
吉　林	Jilin	9.40	27.05	28.96	24	34.61	55.57	49.60	24
黑龙江	Heilongjiang	10.94	31.23	27.06	25	26.09	47.33	42.82	26
上　海	Shanghai	104.60	136.49	146.30	4	195.60	232.75	224.10	5
江　苏	Jiangsu	131.72	237.98	243.96	2	184.02	303.76	293.27	2
浙　江	Zhejiang	82.95	163.13	179.92	3	168.32	237.21	229.85	4
安　徽	Anhui	32.64	85.96	93.45	11	53.92	118.87	118.43	10
福　建	Fujian	28.87	96.09	87.35	12	56.83	115.01	113.84	13
江　西	Jiangxi	14.75	42.99	50.57	20	24.96	52.48	52.97	23
山　东	Shandong	59.97	135.90	138.60	6	117.97	211.36	214.73	6
河　南	Henan	35.13	97.05	117.86	8	69.80	149.51	159.20	7
湖　北	Hubei	36.69	87.51	100.77	10	60.71	109.30	115.52	12
湖　南	Hunan	28.38	73.94	86.47	13	52.75	107.46	105.24	14
广　东	Guangdong	137.90	286.48	346.32	1	229.67	354.97	463.79	1
广　西	Guangxi	22.71	48.44	55.55	18	42.47	73.67	71.64	18
海　南	Hainan	18.13	53.88	59.24	16	20.38	65.64	68.63	19
重　庆	Chongqing	41.71	97.98	101.45	9	57.97	122.13	124.45	9
四　川	Sichuan	92.75	134.10	142.59	5	113.14	146.93	137.94	8
贵　州	Guizhou	56.70	38.39	42.21	21	70.77	56.17	59.70	21
云　南	Yunnan	20.84	48.18	41.57	22	40.89	86.41	85.51	16
西　藏	Tibet	0.40	0.60	0.88	31	1.13	1.10	1.41	31
陕　西	Shaanxi	25.93	47.62	53.37	19	29.31	62.92	66.53	20
甘　肃	Gansu	5.18	10.34	13.79	28	11.75	24.89	27.43	28
青　海	Qinghai	1.22	4.08	4.25	30	2.41	9.11	8.98	30
宁　夏	Ningxia	4.35	12.06	11.26	29	10.84	23.49	22.61	29
新　疆	Xinjiang	10.09	28.72	36.94	23	22.57	50.98	57.82	22

16-45 房地产开发企业财务费用和营业利润
Financial Cost and Operating Profit in Enterprises for Real Estate Development

单位：亿元 (100 million yuan)

地区	Region	财务费用 Financial Cost				营业利润 Operating Profit			
		2010	2014	2015	2015排名 Ranking	2010	2014	2015	2015排名 Ranking
全　国	**National Total**	**763.09**	**2026.84**	**2350.95**		**6111.48**	**6143.13**	**6165.54**	
北　京	Beijing	107.39	232.45	270.76	2	545.91	631.31	720.33	3
天　津	Tianjin	31.42	71.34	93.89	11	141.65	129.28	191.67	9
河　北	Hebei	18.18	46.58	55.80	16	101.79	45.45	138.58	13
山　西	Shanxi	4.84	16.46	21.06	25	4.97	12.41	8.68	25
内蒙古	Inner Mongolia	8.83	23.38	19.97	26	116.01	3.91	4.39	26
辽　宁	Liaoning	25.43	72.06	64.74	13	198.83	145.10	39.18	19
吉　林	Jilin	5.25	26.48	23.66	24	40.30	8.40	35.28	20
黑龙江	Heilongjiang	5.70	34.55	30.46	20	67.08	15.07	27.39	23
上　海	Shanghai	94.02	190.83	213.29	3	973.74	812.91	885.02	2
江　苏	Jiangsu	45.92	131.70	154.70	4	793.91	519.70	433.33	5
浙　江	Zhejiang	45.11	140.69	153.85	5	545.19	268.52	97.71	15
安　徽	Anhui	16.65	65.89	61.07	14	153.45	111.20	165.78	10
福　建	Fujian	16.42	58.06	66.91	12	193.96	387.16	538.36	4
江　西	Jiangxi	11.09	27.43	31.96	19	76.45	142.44	151.31	12
山　东	Shandong	42.15	103.42	116.23	6	310.75	368.85	301.73	8
河　南	Henan	21.00	75.96	99.33	10	135.17	300.45	327.39	6
湖　北	Hubei	19.34	61.55	110.39	8	123.03	338.81	305.91	7
湖　南	Hunan	19.93	44.62	58.31	15	95.74	115.72	33.46	21
广　东	Guangdong	93.96	216.22	270.85	1	676.31	1123.65	1279.88	1
广　西	Guangxi	7.61	24.54	28.21	21	70.92	51.55	80.37	17
海　南	Hainan	1.47	30.21	36.23	18	83.41	11.93	-15.91	30
重　庆	Chongqing	24.60	100.83	113.95	7	164.34	189.06	162.05	11
四　川	Sichuan	54.81	86.44	107.16	9	214.87	202.86	130.43	14
贵　州	Guizhou	6.04	23.90	24.28	23	81.02	25.81	12.22	24
云　南	Yunnan	17.22	56.20	53.43	17	48.08	-2.74	-44.59	31
西　藏	Tibet	0.10	0.34	0.38	31	3.41	-2.07	-0.96	29
陕　西	Shaanxi	6.96	26.00	28.10	22	85.48	114.34	83.65	16
甘　肃	Gansu	5.25	13.11	16.02	27	11.12	12.29	30.26	22
青　海	Qinghai	0.45	2.83	2.58	30	1.20	4.50	0.98	28
宁　夏	Ningxia	2.79	8.69	7.59	29	7.62	9.52	1.17	27
新　疆	Xinjiang	3.17	14.06	15.78	28	45.77	45.76	40.50	18

16-46 房地产开发企业利润总额和应交所得税
Total Profit and Income Tax Payable in Enterprises for Real Estate Development

单位：亿元 (100 million yuan)

地区	Region	利润总额 Total Profit 2010	2014	2015	2015排名 Ranking	应交所得税 Income Tax Payable 2010	2014	2015	2015排名 Ranking
全 国	**National Total**	**6235.77**	**6446.06**	**6473.12**		**1358.82**	**1793.18**	**1728.91**	
北 京	Beijing	570.25	674.17	750.21	3	156.23	167.09	195.85	3
天 津	Tianjin	161.16	148.89	229.28	9	39.90	37.80	34.77	16
河 北	Hebei	101.78	44.15	132.29	14	28.43	41.08	41.12	13
山 西	Shanxi	3.47	9.94	9.49	25	7.15	14.85	12.14	24
内蒙古	Inner Mongolia	122.10	7.95	7.58	26	19.93	11.46	8.68	28
辽 宁	Liaoning	186.57	154.30	41.70	21	50.65	38.41	32.26	18
吉 林	Jilin	44.71	15.07	35.93	22	10.93	12.25	16.50	20
黑龙江	Heilongjiang	65.00	25.71	42.06	20	13.53	15.21	15.66	21
上 海	Shanghai	989.12	904.29	936.62	2	181.98	199.00	206.87	2
江 苏	Jiangsu	785.66	547.08	479.19	5	150.66	134.49	124.53	4
浙 江	Zhejiang	557.24	278.62	115.18	15	119.02	94.04	76.62	7
安 徽	Anhui	133.47	144.02	199.43	10	27.01	50.16	56.73	10
福 建	Fujian	196.19	383.19	547.63	4	44.98	96.47	102.82	5
江 西	Jiangxi	72.83	152.67	157.92	12	16.99	42.44	45.54	12
山 东	Shandong	306.64	385.54	307.78	8	59.88	98.00	80.11	6
河 南	Henan	132.89	305.63	332.29	6	33.80	64.67	64.41	9
湖 北	Hubei	125.31	341.38	311.40	7	35.47	72.42	72.38	8
湖 南	Hunan	92.80	108.88	51.43	18	16.50	33.75	33.05	17
广 东	Guangdong	755.06	1112.98	1266.63	1	169.19	285.70	296.31	1
广 西	Guangxi	68.91	56.01	80.77	17	15.21	27.16	34.81	15
海 南	Hainan	76.72	11.05	-17.97	30	11.28	16.27	12.18	23
重 庆	Chongqing	158.81	208.37	181.82	11	35.78	61.34	37.96	14
四 川	Sichuan	219.63	204.42	136.72	13	52.26	74.98	52.92	11
贵 州	Guizhou	82.15	30.93	14.03	24	12.24	12.72	11.76	26
云 南	Yunnan	62.96	5.24	-40.65	31	18.29	22.33	14.28	22
西 藏	Tibet	0.75	-1.79	-0.83	29	0.08	0.37	0.26	31
陕 西	Shaanxi	100.27	110.70	87.99	16	14.14	36.12	22.73	19
甘 肃	Gansu	10.09	12.39	29.52	23	2.09	6.17	9.01	27
青 海	Qinghai	-0.01	5.45	0.67	28	0.33	2.63	1.70	30
宁 夏	Ningxia	7.76	10.94	3.68	27	3.47	5.42	2.90	29
新 疆	Xinjiang	45.48	47.91	43.31	19	11.41	18.38	12.05	25

16-47 建设用地土地供应总面积和新增土地供应面积
Total Land Area and Newly Increased Area of Construction-used Land Supplied

单位：公顷 (hectare)

地区	Region	土地供应总面积 Total Land Supplied Area 2010	2014	2015	2015排名 Ranking	新增土地供应面积 Newly Increased Area 2010	2014	2015	2015排名 Ranking
全 国	**National Total**	**432561.42**	**647996.14**	**504327.28**		**171368.54**	**311650.02**	**252438.22**	
北 京	Beijing	2412.63	2074.80	6463.50	28	1130.34	1407.38	879.07	29
天 津	Tianjin	6655.00	5675.89	8380.65	27	2382.25	2932.22	3061.81	26
河 北	Hebei	18126.85	25417.62	19440.49	11	5547.48	14112.42	10854.94	10
山 西	Shanxi	7114.75	10675.93	10360.45	25	2746.97	5405.93	3599.37	25
内蒙古	Inner Mongolia	21938.08	23234.30	21021.25	10	7674.26	8850.30	9137.37	14
辽 宁	Liaoning	29268.68	18825.36	18038.31	14	9525.07	8188.98	6554.78	17
吉 林	Jilin	9310.63	17539.20	11218.04	22	2876.76	7439.33	4624.24	24
黑龙江	Heilongjiang	14530.55	10309.46	10437.74	24	3247.91	5249.00	4713.33	23
上 海	Shanghai	2926.14	3655.75	3090.37	29	324.60	1619.70	944.23	28
江 苏	Jiangsu	37873.85	41808.60	41764.09	2	24696.91	25151.86	25476.37	1
浙 江	Zhejiang	27932.57	27315.73	21240.07	9	21372.30	18511.67	13885.38	4
安 徽	Anhui	17524.25	33804.70	26673.76	5	6055.72	11292.36	10000.90	12
福 建	Fujian	12391.84	19105.33	14003.78	19	5038.62	17077.53	11717.88	7
江 西	Jiangxi	17908.29	17399.32	18040.89	13	6079.74	11738.16	11004.86	9
山 东	Shandong	45372.12	39531.68	30251.22	4	17218.03	20900.56	17620.98	3
河 南	Henan	17546.75	27861.42	24617.74	6	6235.64	11504.09	10087.79	11
湖 北	Hubei	16872.89	32889.87	23711.97	7	8096.48	14476.36	11853.80	6
湖 南	Hunan	13425.50	27406.12	21709.46	8	3424.41	11219.89	9323.22	13
广 东	Guangdong	16395.55	27681.37	16150.87	17	4939.61	22282.49	11902.47	5
广 西	Guangxi	10399.88	20296.86	15931.52	18	2154.61	7127.12	5832.24	20
海 南	Hainan	2646.82	1516.14	1950.24	30	674.85	742.85	829.02	30
重 庆	Chongqing	11240.07	18228.84	12182.19	21	3221.62	5056.16	5007.45	21
四 川	Sichuan	14630.73	51795.56	47857.38	1	5276.08	24260.49	17928.88	2
贵 州	Guizhou	16492.75	19509.26	16153.80	16	4230.89	6983.38	6509.99	18
云 南	Yunnan	9979.03	52679.10	18052.74	12	4478.90	11434.20	6622.70	16
西 藏	Tibet	1121.91	891.45	513.80	31	987.97	497.89	276.16	31
陕 西	Shaanxi	7544.49	13393.96	12282.21	20	2764.83	6556.56	6142.80	19
甘 肃	Gansu	6135.91	18048.20	16172.94	15	2566.13	8621.50	8225.22	15
青 海	Qinghai	2026.61	4344.44	8576.02	26	924.68	1866.75	1359.13	27
宁 夏	Ningxia	6324.18	8187.54	10719.38	23	2050.58	3203.18	4886.13	22
新 疆	Xinjiang	8492.12	26892.34	33320.44	3	3424.28	15939.70	11575.75	8

16-48 土地划拨面积和土地出让面积
Land Area of Allocation and Granting

单位：公顷 (hectare)

地区	Region	土地划拨面积 Allocation				土地出让面积 Granting			
		2010	2014	2015	2015排名 Ranking	2010	2014	2015	2015排名 Ranking
全　国	**National Total**	**138267.34**	**369833.12**	**314535.83**		**293717.81**	**277346.56**	**224885.95**	
北　京	Beijing	260.10	550.99	5672.81	25	2152.53	1523.81	790.69	30
天　津	Tianjin	1372.41	2168.32	6040.13	24	5282.59	3507.57	2340.51	26
河　北	Hebei	2408.36	11313.93	7307.09	21	15710.71	14103.68	12133.40	5
山　西	Shanxi	2337.87	5222.06	7289.05	22	4768.03	5453.86	3070.26	25
内蒙古	Inner Mongolia	6777.34	12809.05	12879.79	7	15160.56	10425.25	8024.76	14
辽　宁	Liaoning	7100.75	8495.95	9767.16	14	22160.40	10222.69	8254.10	12
吉　林	Jilin	2543.82	12648.47	7998.39	18	6750.32	4819.62	3179.42	23
黑龙江	Heilongjiang	7116.18	4038.77	5581.70	26	7350.06	6025.43	4652.46	21
上　海	Shanghai	992.20	2181.77	1984.58	29	1933.94	1473.98	1105.79	28
江　苏	Jiangsu	8570.35	16055.68	17409.60	3	29262.40	25749.71	24085.29	1
浙　江	Zhejiang	9992.24	15896.25	12826.22	8	17607.47	11273.64	8384.74	10
安　徽	Anhui	4936.19	19130.05	14070.12	5	12588.06	14674.64	12603.65	4
福　建	Fujian	4069.25	11145.50	8886.89	16	8278.63	7886.80	5112.61	19
江　西	Jiangxi	8858.34	7578.73	8162.53	17	9049.66	9815.60	9878.36	8
山　东	Shandong	7424.50	12894.24	9193.66	15	37945.58	26637.32	21057.05	2
河　南	Henan	5543.79	11943.60	12660.01	9	11992.83	15917.82	11957.73	6
湖　北	Hubei	3695.44	18513.54	10825.16	11	13176.29	14372.58	12868.75	3
湖　南	Hunan	5065.29	17775.03	13359.18	6	8354.97	9631.08	8350.28	11
广　东	Guangdong	3454.49	15813.10	5137.85	27	12937.06	11868.27	11010.96	7
广　西	Guangxi	4074.59	13622.03	10085.86	12	6325.14	6674.82	5845.65	17
海　南	Hainan	837.53	523.40	893.05	30	1809.29	991.99	991.48	29
重　庆	Chongqing	5746.01	10613.27	4860.37	28	5494.06	7615.57	7321.82	15
四　川	Sichuan	3358.72	39665.51	38116.80	1	11272.01	12014.18	9738.66	9
贵　州	Guizhou	13139.45	11699.41	10014.52	13	3353.30	7800.13	6030.98	16
云　南	Yunnan	3994.05	46549.06	14829.48	4	5984.99	6130.04	3223.25	22
西　藏	Tibet	781.77	112.46	237.06	31	338.81	778.30	276.74	31
陕　西	Shaanxi	3487.35	7130.19	6939.53	23	4057.15	6263.77	5342.68	18
甘　肃	Gansu	3374.86	11387.02	11297.65	10	2761.05	6660.18	4875.29	20
青　海	Qinghai	1085.02	2358.25	7430.48	20	931.69	1955.38	1130.93	27
宁　夏	Ningxia	2931.69	4506.49	7575.46	19	3392.49	3681.05	3143.92	24
新　疆	Xinjiang	2937.41	15490.97	25203.66	2	5535.74	11397.83	8103.74	13

16-49 按用地类型分建设用地土地供应面积(一)
Construction-used Land Area Supplied by Land Type (1)

单位：公顷 (hectare)

地区	Region	工矿仓储用地 Land for Industry, Mining and Warehousing				商服用地 Land for Commercial and Service			
		2010	2014	2015	2015排名 Ranking	2010	2014	2015	2015排名 Ranking
全　国	National Total	153977.63	149556.13	127269.96		38905.15	50216.97	36949.57	
北　京	Beijing	844.49	408.08	110.11	31	400.08	458.37	152.63	28
天　津	Tianjin	2642.73	2329.43	1646.85	25	590.24	292.67	138.46	30
河　北	Hebei	8679.30	8263.76	6657.17	6	1694.86	1849.17	1421.58	10
山　西	Shanxi	2460.12	2836.68	1603.24	26	743.08	945.30	524.92	23
内蒙古	Inner Mongolia	7779.21	6520.65	5349.48	10	3154.32	2099.01	1167.42	15
辽　宁	Liaoning	10274.76	5340.69	4255.65	13	3260.02	1697.57	1333.06	11
吉　林	Jilin	3344.29	3857.43	2079.53	24	892.22	764.04	496.61	24
黑龙江	Heilongjiang	3066.40	3688.57	3301.50	16	1040.96	1247.97	881.48	19
上　海	Shanghai	692.58	711.39	289.22	28	561.45	229.58	142.61	29
江　苏	Jiangsu	16100.98	12154.88	12255.13	1	3699.52	4856.80	4413.86	1
浙　江	Zhejiang	10505.67	5590.08	4521.11	12	1830.49	2177.49	1315.47	12
安　徽	Anhui	7437.57	7230.12	6231.03	8	1761.66	2862.41	2542.69	3
福　建	Fujian	5439.26	5197.00	3226.75	18	935.02	977.79	625.48	22
江　西	Jiangxi	5694.95	4952.72	5569.02	9	1084.78	1646.86	1455.65	9
山　东	Shandong	19632.25	12317.16	11134.15	2	5069.53	4980.34	3354.25	2
河　南	Henan	6645.83	8961.67	6952.26	5	1069.34	2038.48	1634.92	7
湖　北	Hubei	7664.18	8174.27	7158.30	4	1666.36	2146.79	2282.38	4
湖　南	Hunan	3386.83	4481.43	3758.82	15	1238.49	2003.99	1950.75	5
广　东	Guangdong	6453.45	5907.19	6442.37	7	1385.03	1827.01	1291.68	13
广　西	Guangxi	3083.94	3063.68	2860.16	20	769.25	1170.35	888.18	18
海　南	Hainan	463.33	197.69	137.75	30	437.10	290.61	294.81	26
重　庆	Chongqing	2891.81	3562.31	3290.32	17	354.89	1107.10	917.96	17
四　川	Sichuan	5493.80	5961.75	4614.13	11	1362.91	2601.84	1767.09	6
贵　州	Guizhou	1792.53	3480.00	2413.87	23	452.82	1811.62	1480.80	8
云　南	Yunnan	2646.93	2102.72	1420.98	27	1005.05	1705.77	790.61	20
西　藏	Tibet	101.92	166.34	172.60	29	113.63	444.14	71.81	31
陕　西	Shaanxi	2532.25	3401.68	3157.69	19	353.29	1115.50	751.91	21
甘　肃	Gansu	1520.82	5153.63	2614.04	21	320.69	1895.78	1201.43	14
青　海	Qinghai	606.41	1370.57	3977.59	14	108.35	413.97	212.30	27
宁　夏	Ningxia	1632.91	2686.06	2558.47	22	774.78	626.44	356.96	25
新　疆	Xinjiang	2466.15	9485.69	7510.67	3	774.96	1932.21	1089.81	16

16-50 按用地类型分建设用地土地供应面积(二)
Construction-used Land Area Supplied by Land Type (2)

单位：公顷 (hectare)

地区	Region	住宅用地 Land for Residential Uses 2010	2014	2015	2015排名 Ranking	其他用地 Others 2010	2014	2015	2015排名 Ranking
全　国	**National Total**	**115272.54**	**104499.35**	**83782.66**		**124406.10**	**343723.70**	**292325.10**	
北　京	Beijing	786.19	622.27	575.36	29	381.87	586.07	5625.40	24
天　津	Tianjin	2571.90	1029.16	940.37	26	850.13	2024.63	5654.97	23
河　北	Hebei	5413.39	4356.78	4210.33	7	2339.31	10947.91	7151.41	20
山　西	Shanxi	1816.40	1720.55	1055.75	23	2095.15	5173.40	7176.54	19
内蒙古	Inner Mongolia	4940.09	2329.35	1584.22	19	6064.46	12285.41	12920.14	5
辽　宁	Liaoning	9105.20	3768.34	2042.06	16	6628.70	8018.76	10407.53	11
吉　林	Jilin	2837.72	1766.69	967.46	24	2236.40	11151.05	7674.44	17
黑龙江	Heilongjiang	4624.75	2321.58	1402.80	21	5798.43	3051.34	4851.95	26
上　海	Shanghai	704.13	520.97	700.16	27	967.99	2193.81	1958.38	29
江　苏	Jiangsu	10874.29	10842.76	9759.48	1	7199.06	13954.16	15335.61	3
浙　江	Zhejiang	7466.36	4866.22	3576.97	9	8130.05	14681.94	11826.52	8
安　徽	Anhui	4766.31	7692.12	5470.75	3	3558.71	16020.04	12429.30	6
福　建	Fujian	2112.92	2124.75	1433.25	20	3904.64	10804.89	8718.30	16
江　西	Jiangxi	2891.21	3687.95	3425.75	10	8237.35	7111.79	7590.47	18
山　东	Shandong	12857.15	10307.29	7025.38	2	7813.19	11926.89	8737.44	15
河　南	Henan	5174.84	6246.17	4359.32	6	4656.74	10615.10	11671.25	9
湖　北	Hubei	4278.38	5116.27	5110.83	4	3263.97	17452.54	9160.46	13
湖　南	Hunan	3869.41	4104.88	3740.05	8	4930.77	16815.82	12259.84	7
广　东	Guangdong	4818.47	3955.54	3313.82	11	3738.61	15991.63	5103.00	25
广　西	Guangxi	2876.33	2451.82	2280.64	15	3670.36	13611.00	9902.53	12
海　南	Hainan	1017.90	540.78	622.08	28	728.49	487.06	895.61	30
重　庆	Chongqing	2958.44	3452.33	3306.60	12	5034.92	10107.09	4667.30	27
四　川	Sichuan	4669.47	4716.04	4413.30	5	3104.55	38515.93	37062.85	1
贵　州	Guizhou	1635.32	3356.99	3194.13	14	12612.08	10860.65	9065.01	14
云　南	Yunnan	2429.46	2758.85	1314.58	22	3897.59	46111.76	14526.57	4
西　藏	Tibet	133.46	144.16	57.14	31	772.91	136.81	212.25	31
陕　西	Shaanxi	1583.05	2768.81	1831.37	17	3075.90	6107.98	6541.24	22
甘　肃	Gansu	1285.37	1951.85	1613.67	18	3009.03	9046.95	10743.80	10
青　海	Qinghai	545.06	570.38	245.68	30	766.78	1989.53	4140.45	28
宁　夏	Ningxia	1479.34	1074.97	949.64	25	2437.16	3800.08	6854.30	21
新　疆	Xinjiang	2750.22	3332.76	3259.71	13	2500.79	12141.68	21460.24	2

16-51 按用地类型分建设用地住宅供应面积(一)
Construction-used Residential Land Supplied by Land Type (1)

单位：公顷 (hectare)

地区	Region	普通商品住房 Ordinary Commercial House 2010	2014	2015	2015排名 Ranking	其中：中低价位、中小套型 Medium-and Low-price, Medium-and Small-sized Ordinary Commercial Houses 2010	2014	2015	2015排名 Ranking
全 国	**National Total**	**97887.90**	**81680.46**	**62868.57**		**20749.97**	**28500.74**	**20126.39**	
北 京	Beijing	684.65	484.53	440.96	27	8.46	87.94	60.20	28
天 津	Tianjin	2010.94	636.71	407.43	28	118.55	33.94	8.01	29
河 北	Hebei	5045.79	3953.90	3681.26	5	680.84	903.85	811.47	7
山 西	Shanxi	1217.12	1450.47	671.72	24	162.80	249.15	196.23	23
内蒙古	Inner Mongolia	4231.72	1871.49	1199.67	18	1676.99	890.47	532.26	14
辽 宁	Liaoning	8353.39	3336.79	1884.69	14	1757.28	1289.88	770.01	9
吉 林	Jilin	2376.41	1418.27	791.77	23	234.45	423.46	201.88	22
黑龙江	Heilongjiang	3602.05	1561.71	894.93	22	655.18	352.01	274.70	20
上 海	Shanghai	669.40	467.70	597.17	25	181.89	150.32	329.88	18
江 苏	Jiangsu	8908.12	8538.76	7292.26	1	1136.82	3811.29	3011.01	2
浙 江	Zhejiang	6100.29	2567.39	1979.61	13	710.61	2657.39	1979.61	3
安 徽	Anhui	3409.49	4861.36	3836.79	3	835.06	1222.68	903.38	6
福 建	Fujian	1960.82	2098.16	1398.32	16	231.43	791.49	593.69	13
江 西	Jiangxi	2421.31	3055.15	2916.71	9	316.30	757.20	381.15	16
山 东	Shandong	11986.78	9291.04	6177.95	2	5677.91	5285.19	3034.07	1
河 南	Henan	4062.05	5419.41	3464.54	6	1008.41	1114.77	786.65	8
湖 北	Hubei	3976.82	4142.53	3794.28	4	879.72	1352.02	1088.77	5
湖 南	Hunan	3420.62	2896.09	2432.47	11	200.38	319.97	122.76	25
广 东	Guangdong	4571.79	3789.93	3060.29	8	722.30	749.58	447.00	15
广 西	Guangxi	2520.83	2050.48	1635.40	15	415.02	812.21	629.83	12
海 南	Hainan	804.20	359.73	512.06	26	31.90	148.12	122.04	26
重 庆	Chongqing	2148.40	2953.24	2880.13	10	123.34	925.21	642.06	10
四 川	Sichuan	4297.51	3548.72	3455.50	7	534.41	747.83	632.33	11
贵 州	Guizhou	1135.41	2877.47	2412.99	12	809.95	1777.06	1428.39	4
云 南	Yunnan	2325.93	2181.11	1092.14	20	232.63	260.34	83.09	27
西 藏	Tibet	108.84	132.83	30.35	31	108.84		3.21	31
陕 西	Shaanxi	1099.94	1772.01	1373.03	17	226.16	325.40	205.50	21
甘 肃	Gansu	961.17	1469.31	1101.24	19	268.39	393.47	328.63	19
青 海	Qinghai	231.12	463.25	116.55	30	38.53	35.51	7.72	30
宁 夏	Ningxia	1140.24	615.93	306.47	29	99.16	158.73	138.86	24
新 疆	Xinjiang	2104.74	1325.00	1029.89	21	666.29	474.24	371.97	17

16-52 按用地类型分建设用地住宅供应面积(二)
Construction-used Residential Land Supplied by Land Type (2)

单位：公顷 (hectare)

地区	Region	经济适用住房 Economically Affordable House				廉租住房用地 Cheap Rent House			
		2010	2014	2015	2015排名 Ranking	2010	2014	2015	2015排名 Ranking
全　国	**National Total**	**13292.14**	**17525.23**	**16143.80**		**3380.87**	**2244.99**	**1605.30**	
北　京	Beijing	96.83	115.24	107.54	26	0.63	0.29		
天　津	Tianjin	560.77	392.45	532.83	11				
河　北	Hebei	272.30	308.20	342.14	15	92.67	27.05	55.90	14
山　西	Shanxi	241.84	151.74	260.04	17	311.66	90.51	70.40	9
内蒙古	Inner Mongolia	516.50	330.13	226.07	19	191.02	77.43	74.88	8
辽　宁	Liaoning	738.51	396.45	136.22	24	13.30	13.43	0.68	28
吉　林	Jilin	407.77	277.23	147.42	23	53.27	60.99	11.97	22
黑龙江	Heilongjiang	829.79	702.23	392.28	13	191.29	25.64	57.21	13
上　海	Shanghai	31.08	47.71	85.73	28				
江　苏	Jiangsu	1380.63	2201.72	2316.37	1	430.88	64.66	129.50	3
浙　江	Zhejiang	1290.01	2168.99	1572.34	3	41.10	2.43	8.28	26
安　徽	Anhui	1274.11	1916.09	1310.54	4	82.72	322.19	60.99	12
福　建	Fujian	78.65	5.78	14.34	30	52.96	8.90	9.95	25
江　西	Jiangxi	278.88	313.90	248.37	18	167.18	134.55	70.25	10
山　东	Shandong	775.92	911.11	733.20	8	85.92	7.97	31.93	16
河　南	Henan	973.82	549.12	599.50	9	138.97	90.26	93.36	7
湖　北	Hubei	243.49	771.32	1017.14	5	48.44	35.56	132.72	2
湖　南	Hunan	338.93	1002.78	875.26	6	66.68	107.69	193.46	1
广　东	Guangdong	151.50	122.26	168.25	22	14.73	0.66	7.57	27
广　西	Guangxi	304.59	314.13	581.47	10	50.91	20.60	24.77	19
海　南	Hainan	124.48	89.67	96.84	27	52.25	5.72	10.89	24
重　庆	Chongqing	542.87	424.97	327.30	16	136.50	14.24	35.90	15
四　川	Sichuan	274.83	987.25	795.73	7	72.37	124.99	69.92	11
贵　州	Guizhou	411.83	187.77	374.29	14	88.08	122.78	118.14	5
云　南	Yunnan	38.37	309.71	107.56	25	64.20	44.26	12.34	21
西　藏	Tibet	5.39		0.12	31	19.23	11.34	26.67	17
陕　西	Shaanxi	279.65	578.86	216.40	21	127.41	253.83	117.34	6
甘　肃	Gansu	204.86	241.67	224.03	20	119.35	15.47	11.69	23
青　海	Qinghai	48.77	80.65	82.35	29	265.17	23.97	21.29	20
宁　夏	Ningxia	269.27	326.18	420.15	12	62.44	17.04	25.48	18
新　疆	Xinjiang	305.91	1296.92	1831.95	2	339.57	520.55	121.83	4

16-53 按用地类型分建设用地住宅供应面积(三)
Construction-used Residential Land Supplied by Land Type (3)

单位：公顷 (hectare)

地区	Region	公共租赁住房 Public Rental Housing			高档住宅用地 High-grade Residence			
		2014	2015	2015排名 Ranking	2010	2014	2015	2015排名 Ranking
全 国	**National Total**	**2935.93**	**2927.73**		**711.63**	**112.73**	**237.27**	
北 京	Beijing	22.21	26.86	21	4.08			
天 津	Tianjin				0.19		0.11	17
河 北	Hebei	67.32	121.35	11	2.61	0.31	9.67	8
山 西	Shanxi	27.83	53.59	17	45.78			
内蒙古	Inner Mongolia	50.30	83.60	14	0.86			
辽 宁	Liaoning	21.66	4.56	28			15.91	5
吉 林	Jilin	10.21	16.30	25	0.28			
黑龙江	Heilongjiang	29.00	45.89	18	1.63		12.48	6
上 海	Shanghai	5.55	17.26	24	3.65			
江 苏	Jiangsu	37.61	20.15	23	154.65	0.01	1.20	16
浙 江	Zhejiang	30.17	15.06	26	34.96	7.25	1.67	15
安 徽	Anhui	592.48	191.75	7			70.68	1
福 建	Fujian	8.23	6.10	27	20.50	3.69	4.53	12
江 西	Jiangxi	184.35	185.41	8	23.85		5.01	10
山 东	Shandong	95.78	72.08	15	8.52	1.38	10.20	7
河 南	Henan	187.38	201.92	5				
湖 北	Hubei	166.87	163.34	9	9.63		3.35	13
湖 南	Hunan	98.32	238.86	4	43.18			
广 东	Guangdong	41.92	36.78	20	80.46	0.78	40.92	2
广 西	Guangxi	66.60	39.01	19				
海 南	Hainan	6.27	2.29	29	36.97	79.40		
重 庆	Chongqing	59.88	63.26	16	130.67			
四 川	Sichuan	55.08	92.15	13	24.75			
贵 州	Guizhou	168.97	272.61	2			16.10	4
云 南	Yunnan	223.73	96.99	12	0.96	0.04	5.55	9
西 藏	Tibet							
陕 西	Shaanxi	164.00	124.58	10	76.06	0.11	0.02	18
甘 肃	Gansu	225.39	276.71	1				
青 海	Qinghai	2.13	23.17	22		0.39	2.32	14
宁 夏	Ningxia	115.82	192.75	6	7.38		4.80	11
新 疆	Xinjiang	170.90	243.32	3		19.39	32.72	3

16-54 土地出让成交价款和平均单价
Transaction Price Value and Average Unit Price of Land Granting

地区	Region	土地出让成交价款（亿元） Transaction Price Value (100 million yuan) 2010	2014	2015	2015排名 Ranking	土地出让平均单价（万元/公顷） Average Unit Price (10 000 yuan/hectare) 2010	2014	2015	2015排名 Ranking
全　国	**National Total**	**27464.48**	**34377.37**	**31220.65**		**935.06**	**1239.51**	**1388.29**	
北　京	Beijing	1318.87	2027.60	2059.78	3	6127.08	13306.15	26050.37	1
天　津	Tianjin	852.96	802.00	580.89	18	1614.67	2286.48	2481.88	4
河　北	Hebei	1076.32	1101.33	1140.07	13	685.09	780.88	939.61	17
山　西	Shanxi	265.95	442.36	273.36	22	557.78	811.09	890.35	19
内蒙古	Inner Mongolia	487.98	369.09	220.25	25	321.88	354.04	274.46	30
辽　宁	Liaoning	1916.70	1121.24	665.29	16	864.92	1096.81	806.01	22
吉　林	Jilin	406.22	363.27	227.18	24	601.78	753.73	714.54	24
黑龙江	Heilongjiang	356.43	490.41	220.21	26	484.94	813.90	473.32	26
上　海	Shanghai	880.09	1486.36	1608.81	6	4550.78	10083.99	14549.00	2
江　苏	Jiangsu	3821.81	4430.71	4652.37	1	1306.05	1720.68	1931.62	9
浙　江	Zhejiang	3640.02	2332.98	1951.03	5	2067.32	2069.41	2326.88	5
安　徽	Anhui	1092.93	1813.77	1516.02	7	868.23	1235.99	1202.85	11
福　建	Fujian	1138.42	1085.18	1186.87	11	1375.14	1375.94	2321.46	6
江　西	Jiangxi	602.72	1013.95	1013.49	14	666.01	1033.00	1025.97	15
山　东	Shandong	2544.35	2756.91	1977.98	4	670.53	1034.98	939.34	18
河　南	Henan	651.35	1422.54	1141.80	12	543.12	893.68	954.86	16
湖　北	Hubei	765.88	1266.56	1483.84	8	581.26	881.23	1153.06	13
湖　南	Hunan	499.59	1033.29	971.18	15	597.95	1072.87	1163.05	12
广　东	Guangdong	1350.02	3031.58	2970.13	2	1043.53	2554.36	2697.43	3
广　西	Guangxi	424.68	631.30	607.76	17	671.42	945.79	1039.68	14
海　南	Hainan	202.50	161.39	214.32	27	1119.20	1626.92	2161.65	7
重　庆	Chongqing	732.88	1331.38	1436.22	9	1333.96	1748.24	1961.56	8
四　川	Sichuan	1116.80	1554.68	1316.07	10	990.77	1294.04	1351.39	10
贵　州	Guizhou	197.34	661.01	534.23	19	588.50	847.44	885.81	20
云　南	Yunnan	438.16	475.89	282.32	21	732.10	776.33	875.88	21
西　藏	Tibet	6.67	16.65	10.08	31	196.97	213.96	364.21	27
陕　西	Shaanxi	265.33	574.84	407.60	20	653.99	917.72	762.90	23
甘　肃	Gansu	135.47	192.75	238.33	23	490.64	289.41	488.85	25
青　海	Qinghai	47.54	73.19	34.32	30	510.25	374.29	303.46	28
宁　夏	Ningxia	89.92	97.73	90.23	29	265.05	265.51	287.01	29
新　疆	Xinjiang	138.55	215.41	188.62	28	250.27	188.99	232.75	31

16-55 土地协议出让面积和成交价款

Land Area and Transaction Price Value of Granting through Agreement

地区	Region	土地协议出让面积（公顷） Area (hectare)				土地协议出让成交价款（亿元） Transaction Price Value (100 million yuan)			
		2010	2014	2015	2015排名 Ranking	2010	2014	2015	2015排名 Ranking
全　国	**National Total**	**34206.94**	**20807.31**	**17555.67**		**1101.06**	**1612.22**	**1465.14**	
北　京	Beijing	569.02	510.41	205.17	23	48.86	51.33	67.61	5
天　津	Tianjin	278.68	252.52	67.80	29	15.50	17.81	4.07	27
河　北	Hebei	3303.35	1048.30	727.44	8	75.76	52.31	33.29	13
山　西	Shanxi	667.34	586.63	430.67	18	24.93	21.64	14.40	19
内蒙古	Inner Mongolia	3115.71	683.49	798.61	5	25.33	12.96	11.21	24
辽　宁	Liaoning	2251.16	706.70	1839.46	2	49.57	23.75	54.44	7
吉　林	Jilin	933.17	594.21	458.57	17	10.80	11.23	7.61	25
黑龙江	Heilongjiang	911.27	891.50	980.73	4	17.01	216.05	22.05	15
上　海	Shanghai	46.52	55.47	11.33	30	28.29	11.73	3.96	29
江　苏	Jiangsu	1233.79	552.32	530.51	13	74.66	30.79	19.70	16
浙　江	Zhejiang	1092.22	1023.23	678.87	9	80.46	84.87	62.64	6
安　徽	Anhui	1132.72	568.88	533.99	12	60.66	74.30	36.55	10
福　建	Fujian	506.34	421.61	507.03	14	20.45	22.75	125.57	2
江　西	Jiangxi	216.60	364.76	153.13	24	3.69	58.75	13.71	20
山　东	Shandong	5147.62	1454.20	2577.23	1	142.11	90.98	105.21	3
河　南	Henan	2036.17	876.29	767.60	6	58.60	61.62	47.70	8
湖　北	Hubei	766.05	557.58	464.18	16	22.96	43.54	34.96	12
湖　南	Hunan	1636.38	755.88	498.47	15	56.62	46.96	42.02	9
广　东	Guangdong	1986.03	2475.74	1626.24	3	76.72	451.68	515.46	1
广　西	Guangxi	1218.38	1160.89	675.79	10	51.60	53.97	96.61	4
海　南	Hainan	115.89	93.38	6.71	31	3.70	4.95	0.08	31
重　庆	Chongqing	70.76	69.56	150.63	25	1.49	6.58	6.97	26
四　川	Sichuan	1219.99	1204.72	738.88	7	68.24	66.75	30.32	14
贵　州	Guizhou	346.91	270.41	142.49	26	6.08	7.30	11.52	23
云　南	Yunnan	669.42	671.83	250.68	22	11.59	27.72	12.13	21
西　藏	Tibet	127.09	516.76	112.56	27	2.00	1.86	1.00	30
陕　西	Shaanxi	704.81	260.61	290.36	21	41.82	13.96	18.13	17
甘　肃	Gansu	410.53	576.32	351.15	19	4.25	15.44	35.59	11
青　海	Qinghai	250.19	898.81	344.08	20	2.15	5.53	4.07	28
宁　夏	Ningxia	272.07	169.37	94.12	28	5.51	9.01	11.88	22
新　疆	Xinjiang	970.75	534.92	541.21	11	9.64	14.12	14.68	18

16-56 土地协议出让平均单价和土地“招拍挂”出让面积
Average Unit Price of Land Granting through Agreement and Land Area of Granting through Bidding, Auction and Listing

地区	Region	土地协议出让平均单价（万元/公顷） Average Unit Price of Land Granting through Agreement (10 000 yuan/hectare)				土地"招拍挂"出让面积（公顷） Land Area of Granting through Bidding, Auction and Listing (hectare)			
		2010	2014	2015	2015排名 Ranking	2010	2014	2015	2015排名 Ranking
全　国	**National Total**	**321.88**	**774.83**	**834.57**		**259510.87**	**256539.25**	**207330.28**	
北　京	Beijing	858.64	1005.57	3295.20	2	1583.50	1013.39	585.52	30
天　津	Tianjin	556.17	705.39	600.28	16	5003.92	3255.04	2272.72	26
河　北	Hebei	229.36	498.95	457.67	19	12407.36	13055.37	11405.95	5
山　西	Shanxi	373.64	368.91	334.40	23	4100.69	4867.23	2639.59	25
内蒙古	Inner Mongolia	81.31	189.68	140.42	28	12044.85	9741.75	7226.16	13
辽　宁	Liaoning	220.20	336.03	295.94	24	19909.24	9515.99	6414.63	15
吉　林	Jilin	115.69	189.04	165.86	27	5817.14	4225.40	2720.85	24
黑龙江	Heilongjiang	186.70	2423.48	224.82	26	6438.80	5133.92	3671.73	21
上　海	Shanghai	6081.66	2115.09	3494.55	1	1887.42	1418.52	1094.47	27
江　苏	Jiangsu	605.09	557.39	371.25	22	28028.60	25197.39	23554.78	1
浙　江	Zhejiang	736.64	829.47	922.69	8	16515.25	10250.41	7705.87	11
安　徽	Anhui	535.56	1306.08	684.49	13	11455.34	14105.76	12069.65	4
福　建	Fujian	403.78	539.71	2476.61	4	7772.29	7465.18	4605.58	19
江　西	Jiangxi	170.33	1610.61	895.37	9	8833.06	9450.84	9725.23	7
山　东	Shandong	276.07	625.62	408.25	21	32797.97	25183.13	18479.82	2
河　南	Henan	287.78	703.18	621.41	15	9956.66	15041.53	11190.13	6
湖　北	Hubei	299.72	780.85	753.26	12	12410.24	13815.00	12404.57	3
湖　南	Hunan	346.00	621.27	842.99	10	6718.59	8875.21	7851.81	10
广　东	Guangdong	386.30	1824.41	3169.62	3	10951.03	9392.53	9384.72	8
广　西	Guangxi	423.53	464.88	1429.55	5	5106.77	5513.94	5169.87	17
海　南	Hainan	319.42	529.75	125.02	29	1693.40	898.61	984.78	28
重　庆	Chongqing	211.01	945.85	463.05	18	5423.29	7546.00	7171.19	14
四　川	Sichuan	559.36	554.03	410.35	20	10052.02	10809.46	8999.78	9
贵　州	Guizhou	175.29	269.81	808.55	11	3006.38	7529.72	5888.49	16
云　南	Yunnan	173.09	412.56	483.96	17	5315.56	5458.21	2972.58	23
西　藏	Tibet	157.57	36.06	88.74	31	211.72	261.54	164.18	31
陕　西	Shaanxi	593.40	535.48	624.32	14	3352.33	6003.16	5052.32	18
甘　肃	Gansu	103.48	267.95	1013.39	7	2350.52	6083.86	4524.14	20
青　海	Qinghai	85.87	61.49	118.18	30	681.51	1056.57	786.85	29
宁　夏	Ningxia	202.45	531.76	1262.41	6	3120.42	3511.67	3049.80	22
新　疆	Xinjiang	99.32	264.04	271.31	25	4564.99	10862.90	7562.53	12

16-57 土地“招拍挂”出让成交价款和平均单价
Transaction Price Value of Land Granting through Bidding, Auction and Listing and Average Unit Price

地区	Region	土地“招拍挂”出让成交价款（亿元） Transaction Price (100 million yuan)				土地“招拍挂”出让平均单价（万元/公顷） Average Unit Price (10 000 yuan/hectare)			
		2010	2014	2015	2015排名 Ranking	2010	2014	2015	2015排名 Ranking
全　国	**National Total**	**26363.42**	**32765.15**	**29755.50**		**1015.89**	**1277.20**	**1435.17**	
北　京	Beijing	1270.01	1976.28	1992.17	3	8020.30	19501.66	34023.93	1
天　津	Tianjin	837.46	784.19	576.82	17	1673.61	2409.15	2538.01	4
河　北	Hebei	1000.56	1049.03	1106.78	11	806.42	803.52	970.35	19
山　西	Shanxi	241.02	420.71	258.96	22	587.75	864.38	981.06	17
内蒙古	Inner Mongolia	462.65	356.13	209.04	25	384.11	365.57	289.28	29
辽　宁	Liaoning	1867.13	1097.49	610.85	16	937.82	1153.31	952.28	20
吉　林	Jilin	395.42	352.04	219.58	23	679.76	833.14	807.01	23
黑龙江	Heilongjiang	339.42	274.35	198.16	27	527.15	534.39	539.70	26
上　海	Shanghai	851.80	1474.63	1604.86	6	4513.05	10395.54	14663.31	2
江　苏	Jiangsu	3747.15	4399.93	4632.68	1	1336.90	1746.18	1966.77	9
浙　江	Zhejiang	3559.57	2248.11	1888.39	4	2155.32	2193.19	2450.59	5
安　徽	Anhui	1032.26	1739.47	1479.47	7	901.12	1233.16	1225.78	11
福　建	Fujian	1117.98	1062.42	1061.30	13	1438.42	1423.17	2304.37	6
江　西	Jiangxi	599.03	955.20	999.78	14	678.17	1010.70	1028.03	14
山　东	Shandong	2402.24	2665.93	1872.77	5	732.43	1058.62	1013.41	15
河　南	Henan	592.76	1360.92	1094.10	12	595.34	904.78	977.74	18
湖　北	Hubei	742.92	1223.02	1448.88	8	598.64	885.29	1168.02	13
湖　南	Hunan	442.97	986.33	929.16	15	659.32	1111.33	1183.36	12
广　东	Guangdong	1273.30	2579.91	2454.68	2	1162.72	2746.76	2615.61	3
广　西	Guangxi	373.08	577.33	511.15	19	730.56	1047.04	988.72	16
海　南	Hainan	198.79	156.44	214.24	24	1173.93	1740.93	2175.51	7
重　庆	Chongqing	731.39	1324.81	1429.24	9	1348.61	1755.64	1993.03	8
四　川	Sichuan	1048.56	1487.94	1285.75	10	1043.14	1376.51	1428.65	10
贵　州	Guizhou	191.26	653.72	522.71	18	636.18	868.18	887.68	22
云　南	Yunnan	426.57	448.18	270.18	21	802.50	821.10	908.92	21
西　藏	Tibet	4.67	14.79	9.08	31	220.63	565.48	553.07	25
陕　西	Shaanxi	223.51	560.88	389.47	20	666.73	934.31	770.87	24
甘　肃	Gansu	131.22	177.31	202.74	26	558.25	291.44	448.14	27
青　海	Qinghai	45.39	67.66	30.25	30	666.03	640.40	384.48	28
宁　夏	Ningxia	84.41	88.73	78.35	29	270.51	252.67	256.91	30
新　疆	Xinjiang	128.90	201.28	173.93	28	282.38	185.29	229.99	31

17

科学技术

Science and Technology

17-1 研究与试验发展(R&D)人员

R&D Personnel

单位：万人 (10 000 persons)

地区	Region	研究与试验发展人员 R&D Personnel 2010	2014	2015	2015排名 Ranking	研究与开发机构人员 Personnel in R&D Instituions 2010	2014	2015	2015排名 Ranking
全　国	**National Total**	**354.22**	**535.15**	**548.25**		**34.15**	**42.31**	**43.63**	
北　京	Beijing	26.99	34.32	35.07	5	9.20	10.94	11.13	1
天　津	Tianjin	8.64	16.41	17.77	12	0.72	1.02	1.03	12
河　北	Hebei	9.18	15.51	16.40	14	0.66	0.88	0.94	13
山　西	Shanxi	6.70	7.39	6.61	22	0.64	0.53	0.55	21
内蒙古	Inner Mongolia	3.29	5.02	5.07	24	0.40	0.31	0.35	26
辽　宁	Liaoning	12.64	16.26	13.88	15	1.30	1.47	1.48	9
吉　林	Jilin	6.54	7.73	8.09	18	0.82	0.90	0.91	14
黑龙江	Heilongjiang	8.31	8.82	8.09	19	0.76	0.79	0.78	18
上　海	Shanghai	17.75	23.68	24.27	6	2.66	3.30	3.39	3
江　苏	Jiangsu	40.62	67.65	69.96	1	2.01	2.60	2.53	5
浙　江	Zhejiang	28.68	44.47	48.96	3	0.53	0.77	0.86	15
安　徽	Anhui	9.46	20.11	20.48	9	0.60	1.10	1.15	11
福　建	Fujian	10.14	18.50	18.28	11	0.34	0.48	0.50	23
江　西	Jiangxi	5.35	7.62	7.88	20	0.46	0.58	0.60	20
山　东	Shandong	27.54	43.24	44.72	4	1.12	1.30	1.27	10
河　南	Henan	14.40	23.21	24.12	7	1.15	1.46	1.54	8
湖　北	Hubei	14.29	21.81	22.10	8	1.34	1.60	1.63	6
湖　南	Hunan	10.97	16.25	17.35	13	0.69	0.83	0.84	16
广　东	Guangdong	44.66	67.52	68.02	2	0.95	1.59	1.57	7
广　西	Guangxi	5.25	6.54	6.48	23	0.40	0.52	0.53	22
海　南	Hainan	0.72	1.19	1.29	29	0.11	0.09	0.12	28
重　庆	Chongqing	5.89	9.32	9.78	17	0.36	0.38	0.49	24
四　川	Sichuan	13.04	19.80	19.87	10	2.20	3.46	3.73	2
贵　州	Guizhou	2.34	3.82	4.05	26	0.24	0.33	0.35	27
云　南	Yunnan	3.78	5.29	6.75	21	0.60	0.76	0.83	17
西　藏	Tibet	0.16	0.25	0.21	31	0.05	0.04	0.06	31
陕　西	Shaanxi	9.87	14.03	13.25	16	2.72	3.09	3.15	4
甘　肃	Gansu	3.13	4.11	4.08	25	0.69	0.70	0.74	19
青　海	Qinghai	0.76	0.79	0.67	30	0.08	0.09	0.09	29
宁　夏	Ningxia	1.04	1.64	1.61	28	0.05	0.06	0.06	30
新　疆	Xinjiang	2.11	2.83	3.08	27	0.34	0.37	0.43	25

17-2 规模以上工业企业和高等学校(R&D)人员

R&D Personnel in Industrial Enterprises above Designated Size and Institutions of Higher Education

单位：万人 (10 000 persons)

地区	Region	规模以上工业企业(R&D)人员 R&D Personnel in Industrial Enterprises above Designated Size				高等学校(R&D)人员 R&D Personnel in Higher Education			
		2010	2014	2015	2015排名 Ranking	2010	2014	2015	2015排名 Ranking
全　国	**National Total**	**175.85**	**363.26**	**364.59**		**59.36**	**76.28**	**83.88**	
北　京	Beijing	3.87	7.99	7.28	15	6.20	7.73	8.07	1
天　津	Tianjin	3.88	11.13	11.72	11	1.81	2.34	2.45	17
河　北	Hebei	5.11	10.96	11.34	12	1.68	2.33	2.76	13
山　西	Shanxi	3.93	4.87	3.94	20	1.27	1.41	1.52	22
内蒙古	Inner Mongolia	1.64	3.52	3.59	21	0.66	0.78	0.68	27
辽　宁	Liaoning	6.33	10.22	7.65	14	3.04	3.55	3.71	8
吉　林	Jilin	2.22	3.18	3.38	22	2.65	3.12	3.27	11
黑龙江	Heilongjiang	4.17	5.03	4.29	19	2.28	2.61	2.63	14
上　海	Shanghai	6.64	12.43	12.48	9	3.82	4.04	4.36	6
江　苏	Jiangsu	23.94	55.29	57.12	1	3.58	5.67	6.00	2
浙　江	Zhejiang	13.82	36.23	40.26	3	3.12	3.83	4.49	5
安　徽	Anhui	4.81	14.58	14.65	6	1.96	2.56	2.77	12
福　建	Fujian	5.41	14.40	13.41	8	1.23	1.82	2.60	16
江　西	Jiangxi	2.59	5.00	5.18	18	1.08	1.27	1.31	23
山　东	Shandong	17.29	34.23	35.46	4	2.71	4.11	4.30	7
河　南	Henan	9.04	18.19	18.51	5	1.54	2.07	2.63	15
湖　北	Hubei	6.43	13.86	14.04	7	2.76	3.28	3.41	10
湖　南	Hunan	4.95	11.00	11.78	10	2.58	3.10	3.46	9
广　东	Guangdong	31.42	54.49	53.43	2	3.39	4.75	5.73	3
广　西	Guangxi	1.61	3.26	2.70	24	1.94	1.96	2.45	18
海　南	Hainan	0.10	0.51	0.56	29	0.16	0.29	0.32	28
重　庆	Chongqing	3.10	6.43	6.51	17	1.59	1.73	2.00	20
四　川	Sichuan	5.05	10.06	9.44	13	2.95	4.52	4.93	4
贵　州	Guizhou	1.13	2.08	2.25	25	0.68	1.21	1.22	24
云　南	Yunnan	1.13	2.17	2.85	23	1.13	1.52	1.80	21
西　藏	Tibet		0.03	0.02	31	0.07	0.16	0.11	31
陕　西	Shaanxi	3.67	7.58	6.61	16	1.97	2.33	2.37	19
甘　肃	Gansu	1.25	2.11	1.89	26	0.58	0.80	0.96	26
青　海	Qinghai	0.26	0.33	0.21	30	0.14	0.12	0.13	30
宁　夏	Ningxia	0.37	1.01	0.97	28	0.23	0.30	0.30	29
新　疆	Xinjiang	0.68	1.06	1.11	27	0.55	1.00	1.13	25

17-3 研发与试验发展（R&D)经费内部支出（一）
Internal Expenditure on R&D (1)

单位：亿元 (100 million yuan)

地区	Region	研发(R&D)经费内部支出合计 Total Internal Expenditure on R&D 2010	2014	2015	2015排名 Ranking	其中：基础研究支出 Basic Research 2010	2014	2015	2015排名 Ranking
全 国	**National Total**	**7062.58**	**13015.63**	**14169.88**		**324.49**	**613.54**	**716.12**	
北 京	Beijing	821.82	1268.80	1384.02	4	95.61	159.49	190.99	1
天 津	Tianjin	229.56	464.69	510.18	8	9.42	16.08	20.77	11
河 北	Hebei	155.45	313.09	350.87	16	5.28	5.89	6.63	24
山 西	Shanxi	89.88	152.19	132.53	22	2.28	6.26	7.22	23
内蒙古	Inner Mongolia	63.72	122.13	136.06	21	1.12	2.24	2.61	27
辽 宁	Liaoning	287.47	435.19	363.40	15	7.30	20.01	26.66	7
吉 林	Jilin	75.80	130.72	141.41	20	6.17	14.71	12.35	17
黑龙江	Heilongjiang	123.04	161.35	157.67	19	9.59	12.40	17.77	13
上 海	Shanghai	481.70	861.95	936.14	6	31.05	61.20	76.95	2
江 苏	Jiangsu	857.95	1652.82	1801.23	1	22.51	45.85	47.25	4
浙 江	Zhejiang	494.23	907.85	1011.18	5	11.34	21.95	26.62	8
安 徽	Anhui	163.72	393.61	431.75	11	12.24	22.45	24.31	9
福 建	Fujian	170.90	355.03	392.93	14	4.19	7.54	10.00	19
江 西	Jiangxi	87.15	153.11	173.18	18	2.44	4.28	4.99	25
山 东	Shandong	672.00	1304.07	1427.19	3	13.28	24.39	29.75	5
河 南	Henan	211.17	400.01	435.04	10	3.10	7.68	8.05	21
湖 北	Hubei	264.12	510.90	561.74	7	10.25	18.62	23.06	10
湖 南	Hunan	186.56	367.93	412.67	12	6.91	11.53	13.60	14
广 东	Guangdong	808.75	1605.45	1798.17	2	16.72	42.41	54.21	3
广 西	Guangxi	62.87	111.90	105.91	24	3.60	7.86	10.83	18
海 南	Hainan	7.02	16.92	16.97	29	1.07	1.20	0.97	31
重 庆	Chongqing	100.27	201.85	247.00	17	6.50	6.94	8.96	20
四 川	Sichuan	264.27	449.33	502.88	9	15.42	40.09	29.73	6
贵 州	Guizhou	29.97	55.48	62.32	26	2.18	5.98	7.78	22
云 南	Yunnan	44.17	85.93	109.36	23	5.52	8.50	13.17	15
西 藏	Tibet	1.46	2.35	3.12	31	0.20	0.40	1.25	30
陕 西	Shaanxi	217.50	366.77	393.17	13	10.14	19.54	19.68	12
甘 肃	Gansu	41.94	76.87	82.72	25	5.65	11.15	12.78	16
青 海	Qinghai	9.94	14.32	11.58	30	0.98	1.69	1.75	29
宁 夏	Ningxia	11.51	23.86	25.48	28	0.99	1.86	1.82	28
新 疆	Xinjiang	26.65	49.16	52.00	27	1.43	3.35	3.58	26

17-4 研发与试验发展(R&D)经费内部支出（二）
Internal Expenditure on R&D (2)

单位：亿元 (100 million yuan)

地区	Region	其中：应用研究支出 Applied Research 2010	2014	2015	2015排名 Ranking	其中：试验发展支出 Experimental Development 2010	2014	2015	2015排名 Ranking
全　国	**National Total**	**893.79**	**1398.53**	**1528.64**		**5844.30**	**11003.56**	**11925.13**	
北　京	Beijing	216.86	274.94	318.26	1	509.35	834.36	874.77	5
天　津	Tianjin	37.82	61.26	75.36	7	182.32	387.35	414.05	8
河　北	Hebei	23.09	27.57	29.87	15	127.08	279.62	314.37	14
山　西	Shanxi	16.43	15.64	14.55	20	71.17	130.28	110.76	20
内蒙古	Inner Mongolia	6.03	9.35	8.24	26	56.57	110.55	125.21	19
辽　宁	Liaoning	36.16	62.32	61.14	10	244.01	352.85	275.60	16
吉　林	Jilin	18.05	40.11	27.73	16	51.58	75.91	101.33	22
黑龙江	Heilongjiang	18.92	30.59	31.91	14	94.53	118.36	107.98	21
上　海	Shanghai	68.99	104.43	127.84	3	381.67	696.32	731.35	6
江　苏	Jiangsu	53.23	94.90	102.92	4	782.21	1512.07	1651.06	1
浙　江	Zhejiang	30.25	41.10	43.92	11	452.64	844.80	940.65	4
安　徽	Anhui	15.66	41.10	33.48	13	135.83	330.06	373.96	11
福　建	Fujian	9.49	16.23	20.53	19	157.22	331.26	362.40	12
江　西	Jiangxi	7.89	9.68	11.80	24	76.82	139.14	156.40	18
山　东	Shandong	36.61	79.46	77.42	6	622.12	1200.21	1320.02	3
河　南	Henan	9.41	17.71	21.82	18	198.66	374.63	405.17	9
湖　北	Hubei	47.25	69.13	70.56	9	206.62	423.15	468.12	7
湖　南	Hunan	24.91	40.40	40.04	12	154.74	316.00	359.02	13
广　东	Guangdong	37.32	126.50	165.00	2	754.71	1436.53	1578.96	2
广　西	Guangxi	9.56	12.99	13.18	21	49.71	91.05	81.90	24
海　南	Hainan	2.48	2.47	2.60	28	3.47	13.25	13.39	29
重　庆	Chongqing	13.18	18.90	24.24	17	80.59	176.01	213.79	17
四　川	Sichuan	83.00	88.36	83.89	5	165.85	320.88	389.25	10
贵　州	Guizhou	3.60	6.38	6.67	27	24.19	43.12	47.87	26
云　南	Yunnan	11.04	13.44	12.43	23	27.61	63.99	83.75	23
西　藏	Tibet	0.53	0.54	1.35	31	0.73	1.41	0.52	31
陕　西	Shaanxi	38.35	68.81	73.81	8	169.01	278.42	299.68	15
甘　肃	Gansu	8.80	11.61	12.90	22	27.49	54.11	57.04	25
青　海	Qinghai	1.56	2.79	2.01	30	7.41	9.84	7.82	30
宁　夏	Ningxia	1.03	2.26	2.48	29	9.49	19.74	21.18	28
新　疆	Xinjiang	6.30	7.53	10.69	25	18.92	38.28	37.74	27

17-5 按支出用途分研究与试验发展(R&D)经费内部支出（一）
Internal Expenditure on R&D by Use (1)

单位：亿元 (100 million yuan)

地区	Region	研发(R&D)经费日常性支出 Routine Expenses				其中:劳务费支出 Labor Cost			
		2010	2014	2015	2015排名 Ranking	2010	2014	2015	2015排名 Ranking
全　国	**National Total**	**5925.25**	**11212.08**	**12311.72**		**1667.00**	**3546.40**	**3988.38**	
北　京	Beijing	655.93	1073.86	1167.75	4	189.11	353.53	388.97	3
天　津	Tianjin	185.36	372.73	417.91	9	44.34	111.33	129.30	7
河　北	Hebei	125.17	266.85	298.57	16	30.07	77.59	88.82	14
山　西	Shanxi	74.49	130.53	111.67	22	18.26	28.50	26.92	24
内蒙古	Inner Mongolia	54.14	108.17	115.03	21	12.07	26.84	27.15	23
辽　宁	Liaoning	251.27	393.94	329.01	15	47.15	90.98	85.22	15
吉　林	Jilin	66.83	117.38	127.22	20	14.37	27.25	37.35	19
黑龙江	Heilongjiang	104.16	135.77	136.03	19	25.75	36.28	37.03	20
上　海	Shanghai	420.49	749.90	838.77	6	139.12	260.00	285.29	6
江　苏	Jiangsu	729.24	1411.84	1577.24	2	184.65	463.39	512.37	2
浙　江	Zhejiang	432.36	816.62	921.46	5	145.63	298.85	349.02	4
安　徽	Anhui	134.09	321.20	354.21	12	33.20	106.16	117.66	10
福　建	Fujian	137.70	302.97	336.15	13	42.71	105.39	119.14	9
江　西	Jiangxi	69.79	126.04	145.05	18	17.41	33.01	41.16	18
山　东	Shandong	580.73	1131.65	1220.64	3	135.18	285.45	322.91	5
河　南	Henan	173.98	339.62	370.37	10	44.34	98.34	108.36	13
湖　北	Hubei	225.48	441.26	480.74	7	49.92	109.41	126.14	8
湖　南	Hunan	162.85	331.57	366.92	11	40.42	95.51	110.37	12
广　东	Guangdong	695.77	1440.34	1636.16	1	286.43	610.02	693.76	1
广　西	Guangxi	52.70	94.64	91.29	24	15.03	31.34	31.44	21
海　南	Hainan	5.33	14.15	15.55	29	1.73	4.66	5.79	29
重　庆	Chongqing	77.87	165.04	203.86	17	21.82	56.77	69.12	17
四　川	Sichuan	197.35	357.76	427.41	8	56.10	97.61	112.45	11
贵　州	Guizhou	26.78	47.13	51.73	26	6.09	14.10	16.87	26
云　南	Yunnan	35.10	73.67	92.59	23	9.86	19.44	28.24	22
西　藏	Tibet	1.22	2.16	2.89	31	0.38	0.92	1.19	31
陕　西	Shaanxi	172.37	307.37	333.02	14	33.80	63.71	74.90	16
甘　肃	Gansu	35.88	64.29	69.56	25	9.83	19.30	19.93	25
青　海	Qinghai	8.17	10.52	8.81	30	2.09	2.90	2.73	30
宁　夏	Ningxia	9.30	19.96	21.61	28	2.79	6.33	7.68	28
新　疆	Xinjiang	23.35	43.15	42.53	27	7.34	11.50	11.12	27

17-6 按支出用途分研究与试验发展(R&D)经费内部支出（二）
Internal Expenditure on R&D by Use (2)

单位：亿元 (100 million yuan)

地区	Region	研发(R&D)经费资产性支出 Assets Expenditure				其中:仪器和设备支出 Equipment			
		2010	2014	2015	2015排名 Ranking	2010	2014	2015	2015排名 Ranking
全　国	**National Total**	**1137.32**	**1803.55**	**1858.17**		**934.81**	**1527.81**	**1601.18**	
北　京	Beijing	165.89	194.93	216.28	2	118.79	135.61	163.99	3
天　津	Tianjin	44.21	91.96	92.28	6	34.96	64.34	65.50	8
河　北	Hebei	30.28	46.23	52.30	14	22.44	41.54	46.38	13
山　西	Shanxi	15.40	21.66	20.86	21	13.77	18.06	17.55	20
内蒙古	Inner Mongolia	9.58	13.96	21.03	20	9.17	13.25	19.39	19
辽　宁	Liaoning	36.20	41.24	34.39	17	30.39	34.30	26.62	17
吉　林	Jilin	8.97	13.34	14.19	24	7.29	11.11	11.92	24
黑龙江	Heilongjiang	18.88	25.58	21.63	19	16.45	18.58	16.98	21
上　海	Shanghai	61.22	112.05	97.37	5	50.86	88.58	79.15	6
江　苏	Jiangsu	128.71	240.98	223.99	1	113.04	221.17	208.53	1
浙　江	Zhejiang	61.87	91.23	89.72	7	58.79	83.32	83.46	5
安　徽	Anhui	29.63	72.41	77.54	9	23.30	61.26	64.49	9
福　建	Fujian	33.20	52.06	56.78	13	32.10	49.77	52.47	12
江　西	Jiangxi	17.36	27.07	28.13	18	15.55	25.78	26.39	18
山　东	Shandong	91.28	172.42	206.55	3	80.53	158.80	197.82	2
河　南	Henan	37.18	60.39	64.67	11	32.79	57.24	61.51	10
湖　北	Hubei	38.64	69.64	81.00	8	31.25	58.39	70.79	7
湖　南	Hunan	23.70	36.36	45.75	15	21.04	33.30	42.96	14
广　东	Guangdong	112.98	165.11	162.01	4	103.30	151.41	149.17	4
广　西	Guangxi	10.17	17.26	14.63	23	8.89	15.84	12.87	23
海　南	Hainan	1.70	2.77	1.42	30	1.10	2.14	1.23	30
重　庆	Chongqing	22.39	36.81	43.15	16	19.18	33.05	35.32	16
四　川	Sichuan	66.92	91.57	75.46	10	35.08	73.80	57.77	11
贵　州	Guizhou	3.19	8.35	10.59	26	2.52	6.33	7.61	27
云　南	Yunnan	9.07	12.26	16.77	22	7.39	9.05	13.54	22
西　藏	Tibet	0.24	0.19	0.24	31	0.22	0.17	0.21	31
陕　西	Shaanxi	45.13	59.41	60.15	12	32.76	39.54	42.70	15
甘　肃	Gansu	6.05	12.59	13.16	25	5.12	9.47	9.94	25
青　海	Qinghai	1.77	3.80	2.78	29	1.54	3.00	2.14	29
宁　夏	Ningxia	2.21	3.90	3.88	28	2.14	3.85	3.72	28
新　疆	Xinjiang	3.30	6.01	9.47	27	3.09	5.74	9.05	26

17-7 按资金来源分研究与试验发展(R&D)经费内部支出（一）
Internal Expenditure on R&D by Sources (1)

单位：亿元 (100 million yuan)

地区	Region	政府资金 Government Funds 2010	2014	2015	2015排名 Ranking	企业资金 Self-raised Funds 2010	2014	2015	2015排名 Ranking
全　国	**National Total**	**1696.30**	**2636.08**	**3013.20**		**5063.14**	**9816.51**	**10588.58**	
北　京	Beijing	472.07	700.07	791.64	1	270.43	434.69	472.24	6
天　津	Tianjin	44.14	74.58	104.76	8	170.20	365.89	375.58	8
河　北	Hebei	27.39	42.71	53.61	14	122.02	263.95	285.12	13
山　西	Shanxi	13.16	20.33	24.29	24	74.87	128.86	104.28	20
内蒙古	Inner Mongolia	9.38	14.16	16.10	25	52.34	105.29	115.80	19
辽　宁	Liaoning	65.59	92.70	103.98	9	214.33	335.84	251.82	14
吉　林	Jilin	29.11	45.53	51.20	15	43.57	80.43	88.09	21
黑龙江	Heilongjiang	37.58	62.52	66.55	13	80.10	92.88	84.59	22
上　海	Shanghai	142.78	292.36	340.80	2	318.28	513.15	540.88	5
江　苏	Jiangsu	114.54	133.31	153.34	5	710.60	1426.66	1557.34	2
浙　江	Zhejiang	48.00	70.65	75.29	12	435.45	817.35	911.30	4
安　徽	Anhui	36.07	85.42	86.42	11	118.86	289.15	331.07	12
福　建	Fujian	17.61	29.80	33.99	20	148.45	316.47	346.51	11
江　西	Jiangxi	17.31	26.01	25.99	22	67.33	122.64	143.22	18
山　东	Shandong	58.88	101.38	111.02	7	600.17	1179.37	1287.22	3
河　南	Henan	31.71	45.50	48.33	17	172.49	341.63	371.97	9
湖　北	Hubei	61.94	97.84	102.39	10	192.68	398.59	440.52	7
湖　南	Hunan	26.57	50.09	50.89	16	150.98	307.42	352.59	10
广　东	Guangdong	65.76	116.66	145.85	6	708.93	1445.72	1606.21	1
广　西	Guangxi	15.21	23.48	24.97	23	45.19	82.66	75.92	23
海　南	Hainan	4.10	5.69	5.39	29	2.59	10.88	11.14	29
重　庆	Chongqing	20.82	23.25	36.45	19	75.53	173.58	204.39	16
四　川	Sichuan	149.50	193.23	230.22	3	108.90	221.78	244.00	15
贵　州	Guizhou	7.53	13.27	16.03	26	20.27	38.85	41.89	26
云　南	Yunnan	17.46	24.91	37.83	18	24.38	55.78	67.81	24
西　藏	Tibet	1.06	1.98	2.67	31	0.37	0.31	0.42	31
陕　西	Shaanxi	131.00	199.98	220.22	4	76.73	155.29	162.95	17
甘　肃	Gansu	16.27	26.77	29.76	21	24.00	47.58	50.01	25
青　海	Qinghai	3.12	4.20	3.93	30	6.41	9.83	7.41	30
宁　夏	Ningxia	2.67	5.39	5.47	28	8.65	17.96	19.65	28
新　疆	Xinjiang	7.98	12.30	13.82	27	18.05	36.07	36.65	27

17-8 按资金来源分研究与试验发展(R&D)经费内部支出（二）
Internal Expenditure on R&D by Sources (2)

单位：亿元 (100 million yuan)

地区	Region	国外资金 Foreign Funds 2010	2014	2015	2015排名 Ranking	其他资金 Other Funds 2010	2014	2015	2015排名 Ranking
全　国	**National Total**	**92.14**	**107.55**	**105.17**		**210.99**	**455.49**	**462.95**	
北　京	Beijing	30.06	40.56	40.32	1	49.26	93.48	79.82	2
天　津	Tianjin	8.24	9.84	15.02	3	6.99	14.38	14.83	9
河　北	Hebei	0.05	0.19	0.18	21	5.99	6.25	11.97	12
山　西	Shanxi	0.09	0.05	0.18	22	1.77	2.95	3.78	22
内蒙古	Inner Mongolia	1.09	0.01	0.10	24	0.92	2.68	4.06	21
辽　宁	Liaoning	0.64	1.66	1.73	8	6.91	4.99	5.87	16
吉　林	Jilin	0.17	1.45	0.16	23	2.95	3.32	1.96	26
黑龙江	Heilongjiang	0.11	1.20	0.93	10	5.25	4.75	5.60	17
上　海	Shanghai	6.80	16.03	15.12	2	13.83	40.41	39.33	3
江　苏	Jiangsu	11.55	10.11	9.16	4	21.27	82.74	81.39	1
浙　江	Zhejiang	3.27	2.58	2.00	7	7.53	17.27	22.60	7
安　徽	Anhui	0.22	4.70	0.77	13	8.57	14.33	13.49	11
福　建	Fujian	1.38	0.64	0.68	14	3.46	8.13	11.74	13
江　西	Jiangxi	0.24	0.20	0.27	18	2.26	4.26	3.70	23
山　东	Shandong	2.84	5.29	5.67	6	10.10	18.03	23.28	6
河　南	Henan	0.13	0.53	0.21	20	6.83	12.36	14.54	10
湖　北	Hubei	0.90	0.68	0.79	12	8.60	13.79	18.04	8
湖　南	Hunan	1.31	1.18	0.30	16	7.71	9.24	8.89	15
广　东	Guangdong	21.34	7.95	8.45	5	12.71	35.12	37.66	4
广　西	Guangxi	0.09	0.06	0.03	26	2.38	5.71	4.99	19
海　南	Hainan	0.01				0.32	0.35	0.43	28
重　庆	Chongqing	0.31	0.41	0.87	11	3.61	4.62	5.29	18
四　川	Sichuan	0.60	1.38	1.29	9	5.27	32.93	27.36	5
贵　州	Guizhou	0.02	0.05	0.01	27	2.15	3.31	4.38	20
云　南	Yunnan	0.21	0.41	0.36	15	2.12	4.83	3.36	24
西　藏	Tibet					0.03	0.06	0.04	31
陕　西	Shaanxi	0.13	0.12	0.21	19	9.65	11.38	9.79	14
甘　肃	Gansu	0.12	0.09	0.28	17	1.55	2.44	2.68	25
青　海	Qinghai	0.15				0.27	0.29	0.24	30
宁　夏	Ningxia					0.19	0.51	0.36	29
新　疆	Xinjiang	0.07	0.19	0.06	25	0.55	0.61	1.47	27

17-9 研究与试验发展(R&D)经费外部支出（一）
External Expenditure on R&D (1)

单位：亿元 (100 million yuan)

地区	Region	研发(R&D)经费外部支出合计 Total External Expenditure				其中：对国内研究机构支出 To Domestic Research Institutions		
		2011	2014	2015	2015排名 Ranking	2014	2015	2015排名 Ranking
全　国	**National Total**	**494.34**	**656.35**	**719.37**		**290.85**	**318.25**	
北　京	Beijing	81.21	108.83	94.32	2	69.24	42.57	2
天　津	Tianjin	10.63	16.99	22.57	9	7.15	13.83	8
河　北	Hebei	7.68	15.31	11.11	16	5.83	4.53	17
山　西	Shanxi	6.70	9.61	6.93	22	4.99	3.38	19
内蒙古	Inner Mongolia	3.81	5.19	6.15	23	2.11	2.21	26
辽　宁	Liaoning	11.04	19.94	19.37	10	7.39	5.85	14
吉　林	Jilin	4.34	7.19	9.16	19	3.86	3.26	20
黑龙江	Heilongjiang	11.06	11.09	10.04	17	5.78	4.62	16
上　海	Shanghai	31.16	47.18	72.05	3	8.28	7.12	11
江　苏	Jiangsu	51.47	83.94	70.83	4	27.26	30.60	3
浙　江	Zhejiang	36.24	34.75	48.11	6	14.96	20.59	5
安　徽	Anhui	15.39	21.20	19.08	11	8.70	8.75	9
福　建	Fujian	11.35	18.61	18.37	12	6.68	5.89	13
江　西	Jiangxi	9.21	9.29	8.02	21	3.10	3.04	21
山　东	Shandong	48.17	64.42	59.42	5	27.27	22.53	4
河　南	Henan	11.00	9.10	9.20	18	4.05	4.48	18
湖　北	Hubei	9.27	22.54	30.64	7	13.56	15.66	6
湖　南	Hunan	8.68	13.26	13.04	15	6.99	7.15	10
广　东	Guangdong	65.58	57.06	104.28	1	23.31	72.20	1
广　西	Guangxi	4.29	3.97	4.31	25	2.46	2.30	23
海　南	Hainan	0.84	1.77	2.53	27	1.62	2.29	24
重　庆	Chongqing	7.90	9.34	9.14	20	4.98	2.91	22
四　川	Sichuan	12.78	23.40	28.31	8	10.43	14.45	7
贵　州	Guizhou	1.41	2.35	3.28	26	1.08	1.64	27
云　南	Yunnan	3.00	4.06	4.82	24	1.93	2.23	25
西　藏	Tibet	0.09	0.13	0.14	31	0.06	0.08	31
陕　西	Shaanxi	15.81	18.71	17.30	13	9.05	5.74	15
甘　肃	Gansu	5.45	10.65	13.21	14	5.93	6.68	12
青　海	Qinghai	2.54	0.88	0.47	30	0.59	0.19	30
宁　夏	Ningxia	0.71	0.88	1.20	29	0.38	0.43	29
新　疆	Xinjiang	5.55	4.68	1.99	28	1.82	1.03	28

17-10 研究与试验发展(R&D)经费外部支出（二）
External Expenditure on R&D (2)

单位：亿元 (100 million yuan)

地区	Region	其中：对国内高等学校支出 To Domestic Higher Education				其中：对国内企业支出 To Domestic Enterprises			
		2011	2014	2015	2015排名 Ranking	2011	2014	2015	2015排名 Ranking
全 国	**National Total**	**101.25**	**114.09**	**109.13**		**113.91**	**164.85**	**185.65**	
北 京	Beijing	9.94	10.21	11.16	3	19.46	21.26	28.15	2
天 津	Tianjin	1.12	3.01	2.82	16	2.29	3.47	3.54	13
河 北	Hebei	2.38	5.75	3.27	12	0.99	2.97	2.72	17
山 西	Shanxi	2.11	2.46	1.72	19	1.19	2.01	1.49	22
内蒙古	Inner Mongolia	1.13	0.92	0.90	24	0.91	0.42	0.36	28
辽 宁	Liaoning	1.79	4.45	4.47	8	3.36	4.05	5.10	11
吉 林	Jilin	1.15	1.14	1.32	21	0.28	0.80	3.11	15
黑龙江	Heilongjiang	2.98	2.90	1.59	20	3.02	1.51	2.59	19
上 海	Shanghai	2.80	3.23	3.79	10	7.84	19.54	32.96	1
江 苏	Jiangsu	11.25	12.15	13.72	2	11.68	31.25	14.86	5
浙 江	Zhejiang	6.61	6.35	6.27	4	10.91	9.54	16.66	3
安 徽	Anhui	2.78	3.82	3.84	9	4.77	5.22	3.01	16
福 建	Fujian	2.11	2.13	2.53	17	1.83	5.03	5.39	10
江 西	Jiangxi	1.47	1.23	1.24	22	0.85	4.55	3.18	14
山 东	Shandong	15.75	19.55	15.07	1	8.16	9.87	15.35	4
河 南	Henan	2.62	3.63	3.26	13	2.21	0.85	1.22	23
湖 北	Hubei	3.03	3.81	5.87	6	2.51	3.57	6.35	9
湖 南	Hunan	2.30	3.44	3.28	11	1.12	2.23	2.25	20
广 东	Guangdong	12.79	4.70	5.61	7	20.24	19.73	12.28	6
广 西	Guangxi	1.11	0.53	0.59	26	0.93	0.50	0.98	24
海 南	Hainan	0.04	0.09	0.08	30	0.01	0.04	0.12	29
重 庆	Chongqing	1.22	1.36	1.73	18	0.35	1.30	3.72	12
四 川	Sichuan	4.31	6.06	6.02	5	2.45	6.35	6.97	8
贵 州	Guizhou	0.57	0.63	0.75	25	0.12	0.60	0.89	25
云 南	Yunnan	0.68	1.02	1.04	23	0.63	0.97	1.50	21
西 藏	Tibet	0.05	0.04	0.06	31		0.02		
陕 西	Shaanxi	2.57	2.70	3.09	14	1.06	5.94	7.30	7
甘 肃	Gansu	1.38	4.36	2.95	15	0.44	0.09	2.71	18
青 海	Qinghai	2.21	0.27	0.21	29	0.01	0.00	0.07	30
宁 夏	Ningxia	0.33	0.38	0.33	28	0.03	0.12	0.42	26
新 疆	Xinjiang	0.69	1.78	0.54	27	4.25	1.03	0.41	27

17-11 研究与试验发展(R&D)经费外部支出（三）

External Expenditure on R&D (3)

地区	Region	对国外机构支出(亿元) To Foreign Institutions (100 million yuan)				研究与试验发展（R&D）项目（课题）数（项） R&D Projects (item)			
		2011	2014	2015	2015排名 Ranking	2011	2014	2015	2015排名 Ranking
全　国	**National Total**	**60.78**	**79.44**	**89.99**		**953124**	**1242429**	**1304534**	
北　京	Beijing	1.03	3.12	2.63	10	103526	127017	136969	1
天　津	Tianjin	1.75	3.35	2.19	11	28882	39007	37267	15
河　北	Hebei	0.68	0.76	0.58	18	22603	29130	30693	16
山　西	Shanxi	0.21	0.14	0.14	24	11823	13584	13711	25
内蒙古	Inner Mongolia	0.09	1.74	2.69	9	8211	10213	9990	27
辽　宁	Liaoning	1.28	4.05	3.52	7	31235	38779	38098	14
吉　林	Jilin	0.46	1.39	1.46	12	19356	23503	25060	19
黑龙江	Heilongjiang	1.11	0.91	1.04	14	21374	24890	24341	21
上　海	Shanghai	10.79	15.63	27.82	1	61757	75627	75575	5
江　苏	Jiangsu	10.77	13.24	10.57	3	79100	118332	122629	2
浙　江	Zhejiang	3.79	3.88	4.47	6	74091	97478	112206	4
安　徽	Anhui	2.85	3.40	3.33	8	32520	45535	46455	9
福　建	Fujian	2.87	4.61	4.55	5	26138	36401	43264	12
江　西	Jiangxi	2.51	0.40	0.43	21	17722	24022	25100	18
山　东	Shandong	4.81	7.68	6.44	4	59183	74979	75572	6
河　南	Henan	0.26	0.57	0.24	23	28422	35926	39956	13
湖　北	Hubei	0.24	1.07	1.38	13	45457	55777	56218	8
湖　南	Hunan	0.88	0.59	0.34	22	37020	45358	43373	11
广　东	Guangdong	9.80	9.13	12.91	2	78772	108109	112680	3
广　西	Guangxi	0.30	0.49	0.43	20	20350	23147	24771	20
海　南	Hainan		0.02	0.03	26	3466	4930	4744	29
重　庆	Chongqing	2.74	1.50	0.76	16	19375	27709	30181	17
四　川	Sichuan	0.61	0.49	0.66	17	41012	54867	56338	7
贵　州	Guizhou	0.06	0.04	0.00	29	10975	15649	16912	23
云　南	Yunnan	0.01	0.09	0.05	25	14363	17835	23446	22
西　藏	Tibet					564	918	1137	31
陕　西	Shaanxi	0.13	0.85	0.45	19	32166	42558	45017	10
甘　肃	Gansu	0.69	0.26	0.87	15	11545	13626	14036	24
青　海	Qinghai	0.02	0.01			1357	2052	2028	30
宁　夏	Ningxia	0.05	0.00	0.02	27	4053	5280	5306	28
新　疆	Xinjiang	0.01	0.05	0.01	28	6706	10191	11461	26

17-12 研究与试验发展(R&D)项目情况
R&D Projects

地区	Region	R&D项目（课题）参加人员折合全时当量(人年) Participants (man-year)				R&D项目（课题）经费内部支出(亿元) Expenditure (100 million yuan)			
		2010	2014	2015	2015排名 Ranking	2010	2014	2015	2015排名 Ranking
全　国	**National Total**	**2553829**	**3326423**	**3388926**		**7062.58**	**10666.97**	**12202.55**	
北　京	Beijing	193718	228260	223637	5	821.82	953.07	1049.80	4
天　津	Tianjin	58771	103600	113560	11	229.56	375.54	440.42	8
河　北	Hebei	62305	89240	95188	14	155.45	264.79	290.96	16
山　西	Shanxi	46279	43933	38408	21	89.88	121.26	103.21	22
内蒙古	Inner Mongolia	24765	26985	32746	24	63.72	96.43	122.32	20
辽　宁	Liaoning	84654	84331	73239	16	287.47	320.54	295.09	15
吉　林	Jilin	45313	43484	41169	19	75.80	103.56	110.86	21
黑龙江	Heilongjiang	61854	53682	48296	18	123.04	105.83	131.63	19
上　海	Shanghai	134952	152964	155817	6	481.70	702.29	805.55	6
江　苏	Jiangsu	315831	464850	478788	1	857.95	1434.69	1640.75	2
浙　江	Zhejiang	223484	320718	345470	3	494.23	831.45	944.03	5
安　徽	Anhui	64169	121055	121291	8	163.72	315.05	391.05	9
福　建	Fujian	76737	122487	113736	10	170.90	308.69	342.50	12
江　西	Jiangxi	34823	36120	39636	20	87.15	119.78	156.39	18
山　东	Shandong	190329	262276	266570	4	672.00	1111.83	1239.77	3
河　南	Henan	101467	142074	144023	7	211.17	348.45	389.86	10
湖　北	Hubei	97924	120099	115759	9	264.12	376.87	450.45	7
湖　南	Hunan	72637	93976	101294	13	186.56	302.27	341.84	13
广　东	Guangdong	344692	459189	452244	2	808.75	1446.88	1660.53	1
广　西	Guangxi	33987	37152	34079	23	62.87	91.70	87.60	24
海　南	Hainan	4893	6751	6509	29	7.02	12.52	13.81	29
重　庆	Chongqing	37078	48188	55964	17	100.27	158.82	212.17	17
四　川	Sichuan	83800	101792	101507	12	264.27	307.79	380.86	11
贵　州	Guizhou	15087	16855	21361	26	29.97	37.04	49.73	26
云　南	Yunnan	22552	27703	36115	22	44.17	65.90	91.23	23
西　藏	Tibet	1259	1041	812	31	1.46	1.72	2.06	31
陕　西	Shaanxi	73218	66978	82918	15	217.50	230.41	328.47	14
甘　肃	Gansu	21661	23594	22189	25	41.94	55.91	63.17	25
青　海	Qinghai	4858	4277	3455	30	9.94	11.36	9.13	30
宁　夏	Ningxia	6378	8598	8281	28	11.51	18.93	22.05	28
新　疆	Xinjiang	14382	14171	14870	27	26.65	35.59	39.90	27

17-13　国家产业化计划项目
Projects of National Industrialization Program

地区	Region	项目数（项）Number of Projects (item)				当年落实资金（亿元）Funds Arranged (100 million yuan)			
		2010	2012	2013	2013排名 Ranking	2010	2012	2013	2013排名 Ranking
全　国	**National Total**	**8238**	**9585**	**10481**		**865.04**	**1045.31**	**1022.06**	
北　京	Beijing	256	241	307	6	15.25	12.01	15.38	14
天　津	Tianjin	117	151	159	16	6.04	20.24	14.55	15
河　北	Hebei	132	112	107	26	37.07	15.81	6.06	26
山　西	Shanxi	125	112	130	18	11.98	11.06	14.23	17
内蒙古	Inner Mongolia	73	78	87	27	35.40	12.35	8.99	22
辽　宁	Liaoning	209	229	248	9	37.62	41.28	43.16	7
吉　林	Jilin	162	137	124	21	24.53	16.65	11.35	20
黑龙江	Heilongjiang	198	150	153	17	13.36	14.20	12.42	19
上　海	Shanghai	146	172	161	15	9.31	14.07	10.63	21
江　苏	Jiangsu	1542	2194	2171	2	172.58	242.71	216.49	1
浙　江	Zhejiang	1575	2036	2266	1	91.85	101.64	106.97	3
安　徽	Anhui	313	448	528	5	39.34	57.97	97.38	4
福　建	Fujian	223	262	249	8	13.54	13.33	14.29	16
江　西	Jiangxi	167	153	188	13	17.09	14.96	20.72	10
山　东	Shandong	787	862	962	3	132.94	175.25	137.73	2
河　南	Henan	173	216	205	11	21.30	58.67	53.98	5
湖　北	Hubei	246	241	274	7	27.22	39.33	42.96	8
湖　南	Hunan	147	89	121	23	23.89	10.12	18.75	11
广　东	Guangdong	448	472	631	4	30.68	38.00	37.91	9
广　西	Guangxi	83	98	124	21	10.95	6.91	6.06	27
海　南	Hainan	50	44	55	29	1.98	3.49	4.16	30
重　庆	Chongqing	118	106	110	25	15.74	9.50	8.33	23
四　川	Sichuan	231	171	182	14	22.76	28.02	43.61	6
贵　州	Guizhou	75	97	128	20	3.20	8.81	5.62	28
云　南	Yunnan	114	131	117	24	12.25	24.76	14.11	18
西　藏	Tibet	13	21	24	31	0.21	0.31	0.35	31
陕　西	Shaanxi	186	180	231	10	12.16	13.22	16.79	13
甘　肃	Gansu	124	112	130	18	3.49	4.63	4.90	29
青　海	Qinghai	42	50	63	28	7.85	13.22	7.79	25
宁　夏	Ningxia	63	46	49	30	6.86	5.47	7.86	24
新　疆	Xinjiang	100	174	197	12	6.59	17.31	18.52	12

17-14 国内专利申请受理数（一）
Number of Domestic Patent Applications Accepted (1)

单位：件 (piece)

地区	Region	国内专利申请受理数 Number of Domestic Patent Applications Accepted 2010	2014	2015	2015排名 Ranking	其中：发明 Invention 2010	2014	2015	2015排名 Ranking
全　国	**National Total**	**1109428**	**2210616**	**2639446**		**293066**	**801135**	**968251**	
北　京	Beijing	57296	138111	156312	5	33466	78129	88930	4
天　津	Tianjin	25973	63422	79963	11	7347	23391	28510	12
河　北	Hebei	12295	30000	44060	16	3270	8332	11259	19
山　西	Shanxi	7927	15687	14948	23	3046	6107	5680	24
内蒙古	Inner Mongolia	2912	6359	8876	27	932	1924	2254	28
辽　宁	Liaoning	34216	37860	42153	18	9884	18417	19332	15
吉　林	Jilin	6445	11933	14800	24	2789	5288	6154	22
黑龙江	Heilongjiang	10269	31856	34611	20	4070	13468	14663	18
上　海	Shanghai	71196	81664	100006	8	26165	39133	46976	7
江　苏	Jiangsu	235873	421907	428337	1	50298	146660	154608	1
浙　江	Zhejiang	120742	261435	307264	3	18027	52406	67674	6
安　徽	Anhui	47128	99160	127709	6	6396	49960	68314	5
福　建	Fujian	21994	58075	83146	9	5117	12529	17663	16
江　西	Jiangxi	6307	25594	36936	19	1968	4688	5722	23
山　东	Shandong	80856	158619	193220	4	17259	77298	93475	3
河　南	Henan	25149	62434	74373	13	6408	19646	21338	13
湖　北	Hubei	31311	59050	74240	14	7411	22536	30204	11
湖　南	Hunan	22381	44194	54501	15	6438	14474	19499	14
广　东	Guangdong	152907	278358	355939	2	40866	75147	103941	2
广　西	Guangxi	5117	32298	43696	17	1574	22237	30815	10
海　南	Hainan	1019	2416	3127	29	572	969	1211	29
重　庆	Chongqing	22825	55298	82791	10	5150	19418	35086	9
四　川	Sichuan	40230	91167	110746	7	8342	29926	40437	8
贵　州	Guizhou	4414	22467	18295	21	1322	8203	7538	20
云　南	Yunnan	5645	13343	17603	22	2333	4732	6301	21
西　藏	Tibet	162	248	309	31	76	92	128	31
陕　西	Shaanxi	22949	56235	74904	12	8138	24399	17322	17
甘　肃	Gansu	3558	12020	14584	25	1412	4986	5504	25
青　海	Qinghai	602	1534	2590	30	193	660	1103	30
宁　夏	Ningxia	739	3532	4394	28	268	2183	2626	27
新　疆	Xinjiang	3560	10210	12250	26	914	2360	3024	26

17-15 国内专利申请受理数（二）

Number of Domestic Patent Applications Accepted (2)

单位：件 (piece)

地区	Region	其中：实用新型 Utility Model				其中：外观设计 Design			
		2010	2014	2015	2015排名 Ranking	2010	2014	2015	2015排名 Ranking
全　国	**National Total**	**407238**	**861053**	**1119714**		**409124**	**548428**	**551481**	
北　京	Beijing	18637	48228	53243	5	5193	11754	14139	7
天　津	Tianjin	11064	35068	46845	7	7562	4963	4608	17
河　北	Hebei	7089	16693	24646	14	1936	4975	8155	15
山　西	Shanxi	3533	7055	7911	23	1348	2525	1357	25
内蒙古	Inner Mongolia	1406	3562	5609	27	574	873	1013	27
辽　宁	Liaoning	14994	16404	19554	17	9338	3039	3267	18
吉　林	Jilin	2993	5658	7345	24	663	987	1301	26
黑龙江	Heilongjiang	4815	14557	16914	19	1384	3831	3034	20
上　海	Shanghai	23188	33264	41736	10	21843	9267	11294	12
江　苏	Jiangsu	51436	124980	154281	1	134139	150267	119448	1
浙　江	Zhejiang	50231	116011	150172	2	52484	93018	89418	3
安　徽	Anhui	17367	41889	51559	6	23365	7311	7836	16
福　建	Fujian	10846	25410	44339	8	6031	20136	21144	6
江　西	Jiangxi	2947	11596	18620	18	1392	9310	12594	9
山　东	Shandong	43441	69323	85872	4	20156	11998	13873	8
河　南	Henan	13856	30716	40778	11	4885	12072	12257	10
湖　北	Hubei	12791	27829	35676	13	11109	8685	8360	14
湖　南	Hunan	9601	19248	23641	15	6342	10472	11361	11
广　东	Guangdong	47706	96144	135717	3	64335	107067	116281	2
广　西	Guangxi	2512	7911	9740	20	1031	2150	3141	19
海　南	Hainan	312	957	1521	29	135	490	395	28
重　庆	Chongqing	11985	25114	38533	12	5690	10766	9172	13
四　川	Sichuan	16671	32085	41859	9	15217	29156	28450	5
贵　州	Guizhou	2441	7331	8317	22	651	6933	2440	22
云　南	Yunnan	2212	6508	9147	21	1100	2103	2155	24
西　藏	Tibet	33	65	90	31	53	91	91	31
陕　西	Shaanxi	7939	16067	21449	16	6872	15769	36133	4
甘　肃	Gansu	1592	5144	6825	25	554	1890	2255	23
青　海	Qinghai	129	590	1184	30	280	284	303	29
宁　夏	Ningxia	397	1195	1591	28	74	154	177	30
新　疆	Xinjiang	2272	4935	6354	26	374	2915	2872	21

17-16 国内专利申请授权数（一）
Number of Domestic Patents Applications Granted (1)

单位：件 (piece)

地区	Region	国内专利申请授权数 Number of Domestic Patents Applications Granted 2010	2014	2015	2015排名 Ranking	其中：发明 Invention 2010	2014	2015	2015排名 Ranking
全　国	**National Total**	**740620**	**1209402**	**1596977**		**79767**	**162680**	**263436**	
北　京	Beijing	33511	74661	94031	5	11209	23237	35308	2
天　津	Tianjin	11006	26351	37342	13	1930	3279	4624	15
河　北	Hebei	10061	20132	30130	16	954	2286	3840	19
山　西	Shanxi	4752	8371	10020	23	739	1559	2432	20
内蒙古	Inner Mongolia	2096	4031	5522	27	262	458	797	27
辽　宁	Liaoning	17093	19525	25182	17	2357	3975	6569	12
吉　林	Jilin	4343	6696	8878	24	785	1434	2240	21
黑龙江	Heilongjiang	6780	15412	18943	19	1512	2454	4024	16
上　海	Shanghai	48215	50488	60623	8	6867	11614	17601	5
江　苏	Jiangsu	138382	200032	250290	1	7210	19671	36015	1
浙　江	Zhejiang	114643	188544	234983	3	6410	13372	23345	4
安　徽	Anhui	16012	48380	59039	9	1111	5184	11180	7
福　建	Fujian	18063	37857	61621	7	1224	3426	5730	13
江　西	Jiangxi	4349	13831	24161	18	411	1033	1639	23
山　东	Shandong	51490	72818	98101	4	4106	10538	16881	6
河　南	Henan	16539	33366	47766	10	1498	3493	5384	14
湖　北	Hubei	17362	28290	38781	12	2025	4855	7766	9
湖　南	Hunan	13873	26637	34075	14	1920	4160	6776	11
广　东	Guangdong	119343	179953	241176	2	13691	22276	33477	3
广　西	Guangxi	3647	9664	13573	21	426	1933	4017	17
海　南	Hainan	714	1597	2061	28	190	380	417	29
重　庆	Chongqing	12080	24312	38914	11	1143	2321	3964	18
四　川	Sichuan	32212	47120	64953	6	2204	5682	9105	8
贵　州	Guizhou	3086	10107	14115	20	441	1047	1501	24
云　南	Yunnan	3823	8124	11658	22	652	1423	2079	22
西　藏	Tibet	124	146	198	31	16	50	40	31
陕　西	Shaanxi	10034	22820	33350	15	1887	4885	6812	10
甘　肃	Gansu	1868	5097	6912	26	349	812	1238	25
青　海	Qinghai	264	619	1217	30	41	110	207	30
宁　夏	Ningxia	1081	1424	1865	29	61	243	442	28
新　疆	Xinjiang	2562	5238	8761	25	189	605	950	26

17-17 国内专利申请授权数（二）
Number of Domestic Patent Applications Granted (2)

单位：件 (piece)

地区	Region	其中：实用新型 Utility Model				其中：外观设计 Design			
		2010	2014	2015	2015排名 Ranking	2010	2014	2015	2015排名 Ranking
全　国	**National Total**	**342256**	**699971**	**868734**		**318597**	**346751**	**464807**	
北　京	Beijing	16579	44071	45773	5	5723	7353	12950	6
天　津	Tianjin	6718	20122	28486	11	2358	2950	4232	18
河　北	Hebei	6838	14253	19103	14	2269	3593	7187	14
山　西	Shanxi	3096	5569	6037	23	917	1243	1551	24
内蒙古	Inner Mongolia	1276	2908	3757	27	558	665	968	27
辽　宁	Liaoning	12067	13432	15706	17	2669	2118	2907	19
吉　林	Jilin	2806	4533	5638	24	752	729	1000	26
黑龙江	Heilongjiang	4391	11036	12502	19	877	1922	2417	22
上　海	Shanghai	21821	30704	33131	8	19527	8170	9891	9
江　苏	Jiangsu	41161	100810	119513	2	90011	79551	94762	2
浙　江	Zhejiang	47617	99508	124465	1	60616	75664	87173	3
安　徽	Anhui	8839	36748	41094	6	6062	6448	6765	15
福　建	Fujian	9664	21013	34086	7	7175	13418	21805	5
江　西	Jiangxi	2588	7637	13408	18	1350	5161	9114	12
山　东	Shandong	36391	53555	68776	4	10993	8725	12444	7
河　南	Henan	11048	23539	32592	9	3993	6334	9790	10
湖　北	Hubei	10431	19801	25298	13	4906	3634	5717	16
湖　南	Hunan	7861	15967	18467	15	4092	6510	8832	13
广　东	Guangdong	43900	83202	105254	3	61752	74475	102445	1
广　西	Guangxi	2167	6138	7091	21	1054	1593	2465	21
海　南	Hainan	305	848	1148	29	219	369	496	28
重　庆	Chongqing	6704	15885	25444	12	4233	6106	9506	11
四　川	Sichuan	12724	24060	31420	10	17284	17378	24428	4
贵　州	Guizhou	1936	5207	7007	22	709	3853	5607	17
云　南	Yunnan	2026	5438	7437	20	1145	1263	2142	23
西　藏	Tibet	49	47	51	31	59	49	107	31
陕　西	Shaanxi	6093	15405	16151	16	2054	2530	10387	8
甘　肃	Gansu	1131	3538	4478	26	388	747	1196	25
青　海	Qinghai	134	357	687	30	89	152	323	29
宁　夏	Ningxia	307	1048	1267	28	713	133	156	30
新　疆	Xinjiang	2012	3850	5049	25	361	783	2762	20

17-18 国内有效专利数（一）
Number of Domestic Patents in Force (1)

单位：件 (piece)

地区	Region	国内有效专利数 Number of Domestic Patents in Force 2010	2014	2015	2015排名 Ranking	其中：发明 Invention 2010	2014	2015	2015排名 Ranking
全　国	**National Total**	**1825403**	**4032362**	**4792356**		**257893**	**708690**	**921757**	
北　京	Beijing	100623	274667	344916	4	38996	103638	133040	2
天　津	Tianjin	29672	83628	103775	13	6516	14736	18493	13
河　北	Hebei	27472	66529	86360	16	3122	9066	12279	18
山　西	Shanxi	11998	29077	34009	23	2473	6284	8104	20
内蒙古	Inner Mongolia	5935	13734	16799	27	838	2411	3051	27
辽　宁	Liaoning	45241	80089	90970	15	8155	18417	23242	10
吉　林	Jilin	13201	24668	29046	24	2954	6305	7705	21
黑龙江	Heilongjiang	21010	56451	58789	18	4362	9816	12955	16
上　海	Shanghai	126178	218156	251157	6	23843	56515	69982	5
江　苏	Jiangsu	273249	594186	674053	2	19682	81114	113160	3
浙　江	Zhejiang	268471	597051	668889	3	17955	52418	70981	4
安　徽	Anhui	32460	135785	162177	9	2972	15939	26075	8
福　建	Fujian	44116	126232	162451	8	3295	13057	17868	14
江　西	Jiangxi	10931	34458	51824	19	1322	4091	5322	24
山　东	Shandong	111295	226424	270920	5	11080	34775	47694	6
河　南	Henan	39972	99590	126381	10	4501	13535	17571	15
湖　北	Hubei	40580	96682	119345	11	6315	18825	24998	9
湖　南	Hunan	32516	88779	107088	12	6289	16958	22183	12
广　东	Guangdong	325566	670131	802493	1	41891	111878	138878	1
广　西	Guangxi	10503	28303	37215	20	1332	5643	9418	19
海　南	Hainan	2097	5059	6416	28	446	1792	2111	28
重　庆	Chongqing	30947	73780	94975	14	3136	10010	12810	17
四　川	Sichuan	66644	135209	169203	7	6533	21209	28723	7
贵　州	Guizhou	8995	27965	34909	21	1616	4193	5428	23
云　南	Yunnan	11363	26736	34045	22	2344	6102	7608	22
西　藏	Tibet	529	588	724	31	60	261	298	31
陕　西	Shaanxi	24158	66573	86053	17	5604	17575	22662	11
甘　肃	Gansu	5318	15077	18580	26	1143	3252	4093	25
青　海	Qinghai	857	1946	2975	30	159	456	655	30
宁　夏	Ningxia	2790	4221	5317	29	256	790	1148	29
新　疆	Xinjiang	7225	16466	21681	25	665	2353	3072	26

17-19 国内有效专利数（二）
Number of Domestic Patents in Force (2)

单位：件 (piece)

地区	Region	其中：实用新型 Utility Model				其中：外观设计 Design			
		2010	2014	2015	2015排名 Ranking	2010	2014	2015	2015排名 Ranking
全 国	**National Total**	**849454**	**2265224**	**2700833**		**718056**	**1058448**	**1169766**	
北 京	Beijing	46830	143723	175610	5	14797	27306	36266	8
天 津	Tianjin	17341	58611	73557	12	5815	10281	11725	17
河 北	Hebei	18375	45768	57744	16	5975	11695	16337	14
山 西	Shanxi	7460	19088	21773	20	2065	3705	4132	24
内蒙古	Inner Mongolia	3367	8375	10769	27	1730	2948	2979	26
辽 宁	Liaoning	30790	53582	58904	15	6296	8090	8824	19
吉 林	Jilin	7931	15076	17693	24	2316	3287	3648	25
黑龙江	Heilongjiang	14075	34196	37013	18	2573	12439	8821	20
上 海	Shanghai	57406	126222	144098	6	44929	35419	37077	6
江 苏	Jiangsu	92315	311279	370168	2	161252	201793	190725	3
浙 江	Zhejiang	105336	312625	363027	3	145180	232008	234881	2
安 徽	Anhui	17357	98658	114736	7	12131	21188	21366	12
福 建	Fujian	22496	73303	93335	8	18325	39872	51248	4
江 西	Jiangxi	6315	19708	29514	19	3294	10659	16988	13
山 东	Shandong	73761	160315	186544	4	26454	31334	36682	7
河 南	Henan	25431	68924	87001	10	10040	17131	21809	11
湖 北	Hubei	23873	65102	79125	11	10392	12755	15222	16
湖 南	Hunan	17900	54033	63061	13	8327	17788	21844	10
广 东	Guangdong	125237	307088	370988	1	158438	251165	292627	1
广 西	Guangxi	6041	17137	20921	21	3130	5523	6876	21
海 南	Hainan	918	2218	2953	29	733	1049	1352	28
重 庆	Chongqing	15732	45165	59821	14	12079	18605	22344	9
四 川	Sichuan	26264	73088	90146	9	33847	40912	50334	5
贵 州	Guizhou	5564	15170	19428	23	1815	8602	10053	18
云 南	Yunnan	5461	15805	20543	22	3558	4829	5894	22
西 藏	Tibet	112	128	161	31	357	199	265	31
陕 西	Shaanxi	14325	42018	48040	17	4229	6980	15351	15
甘 肃	Gansu	3235	9888	12013	26	940	1937	2474	27
青 海	Qinghai	366	981	1557	30	332	509	763	29
宁 夏	Ningxia	1026	2900	3612	28	1508	531	557	30
新 疆	Xinjiang	5211	11284	13936	25	1349	2829	4673	23

17-20 商标注册申请数和核准注册量
Number of Registrations Applications and Approved of Trademark

单位：件 (piece)

地区	Region	商标注册申请数 Registrations Applications 2010	2014	2015	2015排名 Ranking	商标核准注册量 Registrations Approved 2010	2014	2015	2015排名 Ranking
全 国	**National Total**	**973460**	**2076469**	**2658674**		**1211428**	**1242840**	**2077037**	
北 京	Beijing	74954	191152	302456	2	101093	91252	164964	3
天 津	Tianjin	13683	25195	28289	20	12014	16324	25896	19
河 北	Hebei	24400	55460	66580	10	32496	30710	56160	10
山 西	Shanxi	8209	16852	19380	26	11101	10146	18117	24
内蒙古	Inner Mongolia	9325	17609	20811	25	11319	9788	17074	26
辽 宁	Liaoning	18854	37088	45481	17	25262	24591	35367	16
吉 林	Jilin	8851	18813	24637	23	11942	10252	18308	23
黑龙江	Heilongjiang	10862	23672	31094	19	16860	12861	23262	20
上 海	Shanghai	60243	137615	207394	4	70417	76482	131545	4
江 苏	Jiangsu	66306	122817	155670	5	83666	79943	127553	5
浙 江	Zhejiang	123739	196993	231125	3	173403	133874	210905	2
安 徽	Anhui	19527	47243	60054	12	22861	29568	48570	13
福 建	Fujian	56931	101530	123930	7	67586	73181	107259	7
江 西	Jiangxi	14443	31637	38971	18	16194	19013	32036	18
山 东	Shandong	49941	107620	132613	6	66944	64841	109015	6
河 南	Henan	32475	73789	89253	9	36282	40853	70922	9
湖 北	Hubei	19863	46054	59331	13	24744	25851	45516	14
湖 南	Hunan	21018	51147	63638	11	25709	29364	51095	12
广 东	Guangdong	171352	406393	512877	1	213550	223470	395539	1
广 西	Guangxi	9490	18828	25338	21	10907	11882	18864	22
海 南	Hainan	3810	10510	10343	27	4371	4946	10505	27
重 庆	Chongqing	20082	46001	54040	14	19373	33960	51577	11
四 川	Sichuan	32688	73864	94289	8	39488	46523	75105	8
贵 州	Guizhou	6968	19000	22846	24	6859	14307	19352	21
云 南	Yunnan	15102	33099	46850	15	15958	20059	33271	17
西 藏	Tibet	494	1824	3469	31	820	906	1769	31
陕 西	Shaanxi	21562	38903	45857	16	18107	28496	43672	15
甘 肃	Gansu	2975	8600	10112	28	3856	4224	8145	28
青 海	Qinghai	1609	3480	4091	30	2600	2094	3362	30
宁 夏	Ningxia	2418	4698	7443	29	2228	2506	4678	29
新 疆	Xinjiang	7632	17051	25305	22	10898	11760	17949	25

17-21 技术市场成交合同数和合同金额
Number of Contract Deals and Value of Contract Deals in Domestic Technical Markets

地区	Region	技术市场成交合同数（项） Number of Contract Deals (item)				技术市场成交合同金额（亿元） Value of Contract Deals (100 million yuan)			
		2010	2014	2015	2015排名 Ranking	2010	2014	2015	2015排名 Ranking
全 国	**National Total**	**229601**	**297037**	**307132**		**3906.58**	**8577.18**	**9835.79**	
北 京	Beijing	50847	67284	72306	1	1579.54	3137.19	3453.89	1
天 津	Tianjin	9540	14947	12456	9	119.34	388.56	503.44	7
河 北	Hebei	4517	3232	3298	17	19.29	29.22	39.54	23
山 西	Shanxi	835	667	698	25	18.49	48.46	51.20	20
内蒙古	Inner Mongolia	1231	535	498	29	27.15	13.94	15.39	26
辽 宁	Liaoning	15589	11173	11878	10	130.68	217.46	267.49	10
吉 林	Jilin	3424	2891	2420	20	18.81	28.58	26.47	24
黑龙江	Heilongjiang	1983	2131	1857	21	52.91	120.28	127.26	13
上 海	Shanghai	25945	24864	22119	5	431.44	592.45	663.78	4
江 苏	Jiangsu	19815	24094	32508	2	249.34	543.16	572.92	6
浙 江	Zhejiang	12826	11923	11273	11	60.35	87.25	98.10	15
安 徽	Anhui	4831	7092	12488	8	46.15	169.83	190.47	11
福 建	Fujian	5120	3708	4132	14	35.66	39.19	52.14	18
江 西	Jiangxi	2250	1429	1137	23	23.05	50.76	64.85	16
山 东	Shandong	7865	17331	20422	6	100.68	249.29	307.55	8
河 南	Henan	4611	2942	3482	16	27.20	40.79	45.04	22
湖 北	Hubei	6638	21507	22532	3	90.72	580.68	789.34	2
湖 南	Hunan	5137	4879	3704	15	40.09	97.93	105.06	14
广 东	Guangdong	17493	18577	17316	7	235.89	413.25	662.58	5
广 西	Guangxi	258	2347	1577	22	4.14	11.58	7.31	27
海 南	Hainan	213	36	257	30	3.27	0.65	2.19	30
重 庆	Chongqing	2201	4016	2638	19	79.44	156.20	57.24	17
四 川	Sichuan	9003	11932	11228	12	54.74	199.05	282.32	9
贵 州	Guizhou	650	658	650	28	7.72	20.04	25.96	25
云 南	Yunnan	1047	2785	2666	18	10.88	47.92	51.84	19
西 藏	Tibet								
陕 西	Shaanxi	9470	25969	22508	4	102.41	640.02	721.82	3
甘 肃	Gansu	2503	3354	4712	13	43.08	114.52	129.70	12
青 海	Qinghai	460	801	952	24	11.41	29.10	46.88	21
宁 夏	Ningxia	501	544	661	26	1.00	3.18	3.52	28
新 疆	Xinjiang	1700	704	658	27	4.52	2.82	3.03	29

17-22 技术市场技术流向地域的合同数和合同金额

Number and Value of Contract Inflows and Value of Contract Inflows to Domestic Technical Markets

地区	Region	技术流向地域合同数（项） Contract Inflows to Domestic Technical Markets (item)				技术流向地域合同金额（亿元） Value of Contract Inflows to Domestic Technical Markets (100 million yuan)			
		2010	2014	2015	2015排名 Ranking	2010	2014	2015	2015排名 Ranking
全 国	**National Total**	**229601**	**297037**	**307132**		**3906.58**	**8577.18**	**9835.79**	
北 京	Beijing	33370	47015	50140	1	497.95	1234.71	1147.53	1
天 津	Tianjin	7291	11594	9439	12	103.85	340.77	330.71	8
河 北	Hebei	5664	6115	5989	13	129.17	152.83	145.31	19
山 西	Shanxi	2627	3228	2999	23	50.92	207.68	97.24	25
内蒙古	Inner Mongolia	2901	2840	2609	25	86.26	156.49	188.60	13
辽 宁	Liaoning	12691	11377	10883	11	184.06	250.49	231.27	11
吉 林	Jilin	3529	3537	3446	19	41.40	50.80	54.52	27
黑龙江	Heilongjiang	2824	3312	3161	22	56.24	108.57	107.68	24
上 海	Shanghai	24162	25378	22689	3	329.12	447.24	510.13	4
江 苏	Jiangsu	19463	27196	36607	2	327.79	700.19	1016.34	2
浙 江	Zhejiang	15313	16097	14999	6	106.40	198.55	201.91	12
安 徽	Anhui	5318	8146	12687	8	51.63	127.91	169.67	17
福 建	Fujian	5305	5332	5629	14	44.22	357.36	367.60	7
江 西	Jiangxi	2774	2523	2356	26	31.51	74.57	107.71	23
山 东	Shandong	9993	19835	21874	5	126.90	403.16	386.56	6
河 南	Henan	5410	5343	5082	15	44.05	118.55	127.60	20
湖 北	Hubei	6591	12852	14831	7	137.04	328.37	494.95	5
湖 南	Hunan	5124	5149	4291	17	38.25	123.05	151.61	18
广 东	Guangdong	19910	23016	22396	4	243.54	560.72	652.11	3
广 西	Guangxi	1351	4108	3299	21	14.81	115.05	57.66	26
海 南	Hainan	756	981	1404	30	19.30	64.98	28.18	30
重 庆	Chongqing	2310	3960	3340	20	88.49	191.16	184.34	14
四 川	Sichuan	8331	11267	11195	10	72.33	230.52	293.26	10
贵 州	Guizhou	1849	2658	2346	27	21.88	125.84	176.10	15
云 南	Yunnan	2824	4564	4278	18	37.72	97.78	173.58	16
西 藏	Tibet	211	294	382	31	3.24	10.20	16.98	31
陕 西	Shaanxi	6775	14713	12657	9	59.75	279.68	298.52	9
甘 肃	Gansu	2462	3640	4869	16	30.77	123.81	118.10	22
青 海	Qinghai	882	1538	1997	28	24.52	50.09	47.10	28
宁 夏	Ningxia	1012	1283	1451	29	12.61	28.55	28.61	29
新 疆	Xinjiang	3103	2912	2673	24	27.60	101.04	121.26	21

17-23 国外技术引进合同数和合同金额
Number and Value of Foreign Technology Contracts Imported

地区	Region	国外技术引进合同数（项） Number of Contracts Imported (item)				国外技术引进合同金额（亿美元） Value of Contracts Imported （100 million USD）			
		2010	2014	2015	2015排名 Ranking	2010	2014	2015	2015排名 Ranking
全　国	**National Total**	**11253**	**9340**	**7676**		**256.36**	**310.85**	**281.54**	
北　京	Beijing	1359	859	634	6	29.95	29.00	27.23	4
天　津	Tianjin	510	332	245	10	12.20	21.85	11.50	5
河　北	Hebei	97	70	68	16	1.13	1.28	1.27	16
山　西	Shanxi	41	21	17	23	1.85	3.19	0.29	23
内蒙古	Inner Mongolia	17	6	5	27	0.53	0.47	0.37	21
辽　宁	Liaoning	767	406	306	7	12.21	11.10	7.18	10
吉　林	Jilin	400	384	119	15	4.55	6.95	2.55	14
黑龙江	Heilongjiang	23	23	15	24	1.07	0.30	1.02	18
上　海	Shanghai	2548	2122	1792	1	34.11	50.47	37.47	3
江　苏	Jiangsu	907	868	754	3	33.89	33.01	53.27	2
浙　江	Zhejiang	866	725	644	5	9.30	10.66	9.75	8
安　徽	Anhui	207	229	203	12	5.41	2.67	7.12	11
福　建	Fujian	276	149	134	13	6.68	6.42	3.27	13
江　西	Jiangxi	95	133	132	14	1.01	1.33	1.71	15
山　东	Shandong	738	989	849	2	8.00	8.43	9.60	9
河　南	Henan	60	50	53	17	2.71	0.75	0.54	20
湖　北	Hubei	142	157	212	11	2.84	6.80	11.30	6
湖　南	Hunan	61	69	47	18	1.52	0.90	1.16	17
广　东	Guangdong	1059	833	720	4	33.04	61.44	79.02	1
广　西	Guangxi	76	59	38	21	1.68	0.37	0.24	24
海　南	Hainan	31	77	41	19	0.68	1.22	0.74	19
重　庆	Chongqing	276	311	280	8	20.54	38.28	10.19	7
四　川	Sichuan	434	335	278	9	4.04	4.47	3.61	12
贵　州	Guizhou	10	3	14	25	0.05	0.11	0.17	26
云　南	Yunnan	104	41	39	20	0.93	0.33	0.19	25
西　藏	Tibet								
陕　西	Shaanxi	51	26	10	26	1.40	2.34	0.31	22
甘　肃	Gansu	6	5	3	28	0.07	0.10	0.01	30
青　海	Qinghai	13	9	2	29	0.51	1.38	0.07	29
宁　夏	Ningxia	7	7	2	29	0.18	0.36	0.13	28
新　疆	Xinjiang	16	17	18	22	0.60	0.60	0.16	27

17-24 规模以上工业企业R&D经费内部支出和项目经费支出

Intramural Expenditure on R&D and Expenditure on R&D Project in Industrial Enterprises above Designated Size

单位：亿元 (100 million yuan)

地区	Region	R&D经费内部支出 Intramural Expenditure on R&D				R&D项目经费支出 Expenditure on R&D Project			
		2010	2014	2015	2015排名 Ranking	2010	2014	2015	2015排名 Ranking
全　国	**National Total**	**4015.40**	**9254.26**	**10013.93**		**3446.22**	**8162.98**	**9146.71**	
北　京	Beijing	106.14	233.50	244.09	13	84.32	180.16	204.07	14
天　津	Tianjin	139.22	322.81	352.67	8	108.92	277.89	327.85	8
河　北	Hebei	107.89	260.67	285.81	12	92.65	233.60	249.30	12
山　西	Shanxi	67.57	124.70	100.89	20	53.14	106.88	85.24	20
内蒙古	Inner Mongolia	47.43	108.03	118.63	19	39.13	95.21	111.46	19
辽　宁	Liaoning	191.34	324.23	241.88	14	144.51	276.01	211.46	13
吉　林	Jilin	35.54	78.94	86.15	22	32.53	68.07	73.99	22
黑龙江	Heilongjiang	72.85	95.58	88.04	21	53.94	74.99	80.31	21
上　海	Shanghai	237.75	449.22	474.24	5	214.64	401.33	451.95	5
江　苏	Jiangsu	551.35	1376.54	1506.51	2	486.43	1225.95	1409.70	2
浙　江	Zhejiang	272.34	768.15	853.57	4	258.59	724.14	816.58	4
安　徽	Anhui	104.02	284.73	322.14	11	82.47	246.22	295.23	11
福　建	Fujian	116.12	315.38	346.98	10	95.23	278.44	311.29	9
江　西	Jiangxi	58.94	128.46	147.50	18	48.82	110.20	137.80	18
山　东	Shandong	526.92	1175.55	1291.77	3	451.94	1031.70	1156.78	3
河　南	Henan	148.59	337.23	368.83	7	134.36	308.95	339.05	6
湖　北	Hubei	142.90	362.95	407.27	6	119.38	274.57	333.80	7
湖　南	Hunan	113.77	310.04	352.55	9	101.54	273.04	300.22	10
广　东	Guangdong	626.88	1375.29	1520.55	1	584.72	1280.08	1456.49	1
广　西	Guangxi	35.89	84.88	76.92	23	30.42	78.35	73.78	23
海　南	Hainan	1.83	11.10	11.18	29	1.47	9.31	10.44	29
重　庆	Chongqing	67.24	166.47	199.66	16	53.30	145.16	184.10	15
四　川	Sichuan	80.98	196.01	223.81	15	59.94	161.55	176.43	16
贵　州	Guizhou	21.78	41.01	45.73	26	16.95	36.35	40.56	26
云　南	Yunnan	18.07	51.66	61.96	24	12.72	45.00	58.79	24
西　藏	Tibet	0.12	0.29	0.26	31	0.09	0.24	0.15	31
陕　西	Shaanxi	71.02	160.69	172.58	17	47.26	132.13	154.58	17
甘　肃	Gansu	20.87	46.44	48.61	25	15.43	36.03	41.28	25
青　海	Qinghai	6.02	9.25	6.50	30	3.96	8.03	5.88	30
宁　夏	Ningxia	7.30	18.65	20.05	28	6.09	16.05	18.52	28
新　疆	Xinjiang	16.73	35.78	36.62	27	11.33	27.33	29.65	27

注：2010年数据为大中型工业企业数据，从2011年起，规模以上工业企业的统计范围为年主营业务收入为2000万元及以上的法人工业企业(以下各有关表同）。

Note: Before 2000, data only included large and medium-sized industrial enterprises. From 2011, the statistics range of the enterprises above designated size change from the industrial enterprises with the sales revenue above 5 million RMB to the industrial enterprises with the sales revenue above 20 million RMB. The same applies to the followed table.

17-25 规模以上工业企业R&D项目情况
R&D Projects in Industrial Enterprises above Designated Size

地区	Region	R&D项目数（项） R&D Projects (item)				项目人员折合全时当量（人年） FTE of R&D Personnel (man-year)			
		2010	2014	2015	2015排名 Ranking	2010	2014	2015	2015排名 Ranking
全　国	**National Total**	**145589**	**342507**	**309895**		**1548555**	**2413202**	**2366856**	
北　京	Beijing	4194	9010	7554	12	33696	49463	44112	14
天　津	Tianjin	5665	15055	11393	7	33177	70563	75435	9
河　北	Hebei	4346	8714	8358	11	42893	67629	70791	12
山　西	Shanxi	2194	2726	2232	22	34882	32589	25547	19
内蒙古	Inner Mongolia	1030	2265	1801	24	14077	23521	25018	21
辽　宁	Liaoning	6063	8608	5422	16	54077	56325	39964	16
吉　林	Jilin	1621	2264	2014	23	16091	21009	17986	22
黑龙江	Heilongjiang	4113	4324	3080	19	34970	33722	25169	20
上　海	Shanghai	6397	13821	11089	8	57973	87007	85158	8
江　苏	Jiangsu	17826	53117	51720	2	213469	393553	404744	1
浙　江	Zhejiang	11046	45679	51940	1	129429	276180	299772	3
安　徽	Anhui	4446	14648	14100	5	42393	89008	87197	7
福　建	Fujian	3309	10949	10929	9	47161	99723	89475	6
江　西	Jiangxi	1917	4385	4403	17	20902	25019	26182	18
山　东	Shandong	17192	34353	30778	4	155932	211475	214490	4
河　南	Henan	6082	12635	11764	6	80271	122747	119200	5
湖　北	Hubei	4602	9955	8647	10	55542	82317	73187	11
湖　南	Hunan	3982	9393	6646	13	44563	70304	73836	10
广　东	Guangdong	22117	42941	37375	3	280259	383994	371511	2
广　西	Guangxi	1747	3260	2397	21	14412	21008	17225	23
海　南	Hainan	197	934	570	29	844	2898	2284	29
重　庆	Chongqing	3230	7879	6544	15	26526	39090	41025	15
四　川	Sichuan	4392	11027	6609	14	43426	57087	47792	13
贵　州	Guizhou	1018	1682	1619	25	9342	14070	13449	25
云　南	Yunnan	1082	2102	3017	20	9912	12001	15225	24
西　藏	Tibet	9	30	21	31	16	114	36	31
陕　西	Shaanxi	3419	6668	4054	18	30265	44756	38498	17
甘　肃	Gansu	1090	1894	1572	26	10899	13075	10780	26
青　海	Qinghai	151	156	150	30	2097	1887	1005	30
宁　夏	Ningxia	433	1136	1125	27	3321	5175	4821	28
新　疆	Xinjiang	679	897	972	28	5738	5893	5943	27

17-26 规模以上工业企业办研发机构数和人员数
R&D Institutions and Personnel in Industrial Enterprises above Designated Size

地区	Region	研发机构数（个） R&D Institutions (unit)				研发机构人员数（人） Personnel (person)			
		2010	2014	2015	2015排名 Ranking	2010	2014	2015	2015排名 Ranking
全　国	**National Total**	**16717**	**57199**	**62954**		**1485379**	**2464413**	**2668376**	
北　京	Beijing	305	805	809	15	30691	58783	56246	13
天　津	Tianjin	320	839	1062	11	25813	43132	54701	14
河　北	Hebei	365	1094	1245	10	39860	77351	79049	7
山　西	Shanxi	178	254	243	23	18729	16814	21158	20
内蒙古	Inner Mongolia	144	235	238	25	13661	17877	19499	21
辽　宁	Liaoning	358	709	560	17	39362	44909	50325	15
吉　林	Jilin	95	198	199	27	16028	20154	14672	24
黑龙江	Heilongjiang	155	260	247	22	22496	24023	23817	19
上　海	Shanghai	638	818	738	16	68273	72356	73884	8
江　苏	Jiangsu	2702	20411	21542	1	165658	566593	571930	1
浙　江	Zhejiang	2733	9049	9737	2	155730	299955	319500	3
安　徽	Anhui	692	3326	3986	4	46769	102481	115523	5
福　建	Fujian	551	1524	1595	8	42374	75888	73032	9
江　西	Jiangxi	184	845	838	14	15843	35453	32304	18
山　东	Shandong	1548	4134	3971	5	152607	236026	216493	4
河　南	Henan	852	1687	1997	6	65262	98768	108784	6
湖　北	Hubei	457	1137	1333	9	50091	56366	64287	12
湖　南	Hunan	471	1632	1765	7	33295	58543	69090	10
广　东	Guangdong	2092	3930	6553	3	305027	330119	477750	2
广　西	Guangxi	211	421	367	20	12892	19053	17793	22
海　南	Hainan	34	34	43	29	1849	1665	2015	30
重　庆	Chongqing	280	753	896	13	23761	38800	42105	16
四　川	Sichuan	460	1210	1022	12	61410	68975	66631	11
贵　州	Guizhou	109	224	242	24	11407	14036	15446	23
云　南	Yunnan	154	388	479	19	10950	13824	14512	25
西　藏	Tibet	2	3	2	31	20	30	30	31
陕　西	Shaanxi	299	574	552	18	28931	37388	35860	17
甘　肃	Gansu	127	311	284	21	10653	15069	12113	26
青　海	Qinghai	35	47	41	30	2526	2502	2132	29
宁　夏	Ningxia	82	160	160	28	5516	7655	6942	28
新　疆	Xinjiang	84	187	208	26	7895	9825	10753	27

17-27 规模以上工业企业办研发机构硕博人数和经费支出

Number of Doctors and Masters and Expenditure on S&T Institutions in Industrial Enterprises above Designated Size

地区	Region	博士和硕士数（人）Doctor and Master (person)				机构经费支出（亿元）Expenditure on S&T Institutions (100 million yuan)			
		2010	2014	2015	2015排名 Ranking	2010	2014	2015	2015排名 Ranking
全　国	**National Total**	**178095**	**313346**	**359859**		**3276.88**	**6257.63**	**6793.87**	
北　京	Beijing	7149	14037	13602	6	81.05	169.28	203.97	7
天　津	Tianjin	2866	5783	6938	16	68.58	108.64	126.26	13
河　北	Hebei	4355	9122	9478	11	73.72	149.00	151.42	11
山　西	Shanxi	1942	2595	3330	20	28.87	31.09	33.98	22
内蒙古	Inner Mongolia	1457	2502	3262	21	36.57	38.39	33.58	23
辽　宁	Liaoning	4907	6242	7568	14	92.17	105.05	105.51	16
吉　林	Jilin	1981	3401	2010	24	31.77	49.97	35.28	21
黑龙江	Heilongjiang	2838	3892	4114	19	32.67	33.94	37.17	20
上　海	Shanghai	12387	16587	19258	5	220.69	304.20	328.22	5
江　苏	Jiangsu	15617	58161	55967	2	417.05	1376.54	1393.99	2
浙　江	Zhejiang	10413	20336	20242	4	309.42	715.23	709.45	3
安　徽	Anhui	4576	11116	12934	7	108.99	225.64	256.40	6
福　建	Fujian	3293	6782	7126	15	93.80	158.99	164.35	10
江　西	Jiangxi	1343	3960	4335	18	30.33	74.86	74.54	17
山　东	Shandong	16581	34056	33462	3	430.53	785.24	705.83	4
河　南	Henan	6179	11244	12710	8	110.28	195.44	203.64	8
湖　北	Hubei	7365	10503	10993	10	103.16	141.78	148.68	12
湖　南	Hunan	5529	10821	11850	9	62.92	140.26	178.63	9
广　东	Guangdong	52004	52450	87421	1	583.18	961.62	1433.80	1
广　西	Guangxi	971	2241	2092	23	26.09	44.01	42.45	19
海　南	Hainan	141	553	343	29	3.33	3.38	3.79	30
重　庆	Chongqing	2059	4479	5398	17	61.00	104.91	123.34	14
四　川	Sichuan	4849	8587	8908	12	115.17	141.38	113.86	15
贵　州	Guizhou	726	1705	1695	27	18.88	35.95	33.06	25
云　南	Yunnan	762	1544	1837	25	21.87	34.29	33.52	24
西　藏	Tibet	5	12	9	31	0.03	0.03	0.02	31
陕　西	Shaanxi	3072	6200	8131	13	66.56	66.31	65.49	18
甘　肃	Gansu	1083	1796	1704	26	9.75	25.23	16.79	27
青　海	Qinghai	140	309	329	30	8.39	4.63	4.57	29
宁　夏	Ningxia	434	755	706	28	10.78	10.20	9.20	28
新　疆	Xinjiang	1071	1575	2107	22	19.31	22.14	23.09	26

17-28 规模以上工业企业新产品开发项目数和经费支出

New Products Development and Expenditure of Industrial Enterprises above Designated Size

地区	Region	新产品开发项目数（项） New Products (unit)				新产品开发经费支出（亿元） Expenditure on New Products Development (100 million yuan)			
		2010	2014	2015	2015排名 Ranking	2010	2014	2015	2015排名 Ranking
全　国	**National Total**	**159637**	**375863**	**326286**		**4420.69**	**10123.16**	**10270.83**	
北　京	Beijing	4848	12259	10580	7	126.92	297.12	305.39	10
天　津	Tianjin	6181	13213	9800	8	122.38	255.94	268.46	12
河　北	Hebei	4048	8024	7489	12	98.38	233.46	246.54	13
山　西	Shanxi	1927	2426	1910	23	69.10	100.45	68.17	22
内蒙古	Inner Mongolia	936	1570	1228	26	35.41	68.87	64.07	23
辽　宁	Liaoning	5997	8857	5494	16	196.68	317.32	244.20	14
吉　林	Jilin	895	2356	2548	21	21.98	78.33	116.79	19
黑龙江	Heilongjiang	3280	3624	2760	20	70.24	84.46	72.23	21
上　海	Shanghai	8573	18927	14378	6	302.45	587.55	571.62	5
江　苏	Jiangsu	20817	62306	57204	1	719.96	1764.91	1711.74	2
浙　江	Zhejiang	13842	51466	55123	2	349.64	896.05	898.93	4
安　徽	Anhui	5919	18185	17025	5	166.77	368.52	380.44	6
福　建	Fujian	3708	10736	9737	10	127.19	284.70	297.40	11
江　西	Jiangxi	2084	5139	4635	17	57.50	129.18	144.51	18
山　东	Shandong	17019	34050	28306	4	506.91	1160.31	1122.14	3
河　南	Henan	5762	11341	9780	9	144.96	297.17	306.55	9
湖　北	Hubei	5856	11678	8934	11	176.10	364.63	364.44	7
湖　南	Hunan	4145	9758	6402	15	113.82	315.11	331.51	8
广　东	Guangdong	24443	49177	43456	3	591.68	1623.33	1831.04	1
广　西	Guangxi	2150	3328	2781	19	38.72	85.05	90.40	20
海　南	Hainan	228	843	500	29	5.07	11.69	10.58	29
重　庆	Chongqing	3264	8580	7352	13	84.02	186.38	238.85	15
四　川	Sichuan	5718	13374	6971	14	104.42	234.70	214.57	16
贵　州	Guizhou	1344	1802	1623	24	26.43	38.39	42.42	25
云　南	Yunnan	806	2123	2503	22	25.89	60.57	63.20	24
西　藏	Tibet		16	16	31		0.18	0.30	31
陕　西	Shaanxi	3809	6684	4434	18	83.62	171.01	163.79	17
甘　肃	Gansu	1014	1817	1291	25	19.79	48.03	39.30	26
青　海	Qinghai	83	130	121	30	4.75	9.98	9.88	30
宁　夏	Ningxia	567	1049	981	27	10.35	17.65	18.23	28
新　疆	Xinjiang	374	1025	924	28	19.57	32.13	33.14	27

17-29 规模以上工业企业新产品销售收入
Sales Revenue of New Products in Industrial Enterprises above Designated Size

单位：亿元 (100 million yuan)

地区	Region	新产品销售收入 Sales Revenue of New Products				其中：出口销售收入 Exports			
		2010	2014	2015	2015排名 Ranking	2010	2014	2015	2015排名 Ranking
全 国	**National Total**	**72863.90**	**142895.30**	**150856.55**		**14773.64**	**26904.38**	**29132.68**	
北 京	Beijing	2495.53	4247.00	3564.04	12	674.23	460.42	243.90	14
天 津	Tianjin	3170.50	5665.11	5727.77	9	840.51	1268.39	1130.88	6
河 北	Hebei	1306.22	3334.03	3476.24	14	142.81	320.91	326.89	13
山 西	Shanxi	597.09	924.68	833.34	21	42.14	58.10	158.36	17
内蒙古	Inner Mongolia	526.14	557.32	664.84	22	39.72	31.95	57.11	20
辽 宁	Liaoning	2161.04	4036.96	3337.35	15	267.41	435.67	343.09	12
吉 林	Jilin	1654.17	1659.99	1822.75	18	62.88	56.24	40.56	24
黑龙江	Heilongjiang	551.93	527.28	511.05	25	28.47	27.44	35.39	25
上 海	Shanghai	6180.81	8446.96	7470.93	5	1023.11	1028.81	1079.84	8
江 苏	Jiangsu	9387.21	23540.93	24463.27	1	2196.55	5362.47	5810.42	2
浙 江	Zhejiang	6282.62	16507.86	18839.14	3	1775.97	3493.62	3728.68	3
安 徽	Anhui	1997.12	5280.88	5882.23	7	140.61	275.55	466.52	11
福 建	Fujian	1985.34	3511.71	3525.55	13	647.18	817.91	1102.20	7
江 西	Jiangxi	762.04	1756.38	2058.60	17	100.20	166.86	216.56	15
山 东	Shandong	8905.67	14555.82	14698.43	4	1307.70	1845.29	1794.81	5
河 南	Henan	1828.74	5168.95	5789.42	8	117.95	2376.03	2873.03	4
湖 北	Hubei	2330.16	5274.59	5676.92	10	150.45	182.55	193.95	16
湖 南	Hunan	2350.13	6310.37	7349.80	6	115.90	409.97	509.69	10
广 东	Guangdong	11301.70	20313.32	22642.50	2	4656.20	7434.07	7484.14	1
广 西	Guangxi	951.58	1348.42	1633.37	19	40.50	46.76	45.77	23
海 南	Hainan	94.05	148.26	133.09	29	1.24	16.39	15.35	28
重 庆	Chongqing	2478.03	3610.78	4535.12	11	120.81	387.38	1073.20	9
四 川	Sichuan	1435.78	2711.30	2892.48	16	134.56	165.86	150.81	18
贵 州	Guizhou	310.65	408.37	394.48	27	21.79	56.08	47.39	22
云 南	Yunnan	232.88	518.26	513.20	24	17.94	17.09	19.89	27
西 藏	Tibet			5.64	31				
陕 西	Shaanxi	868.28	1126.76	1040.99	20	57.98	85.18	103.10	19
甘 肃	Gansu	344.24	719.35	574.10	23	25.10	43.14	50.72	21
青 海	Qinghai	17.07	8.57	22.82	30	0.06	0.02	0.09	30
宁 夏	Ningxia	101.20	191.28	282.69	28	22.66	19.35	25.99	26
新 疆	Xinjiang	255.98	483.79	494.39	26	1.04	14.89	4.35	29

17-30 规模以上工业企业技术获取和技术改造（一）

Technology Acquisition and Renovation in Industrial Enterprises above Designated Size (1)

单位：亿元 (100 million yuan)

地区	Region	引进技术经费支出 Expenditure for Acquisition of Foreign Technology 2010	2014	2015	2015排名 Ranking	消化吸收经费支出 Expenditure for Assimilation of Technology 2010	2014	2015	2015排名 Ranking
全　国	**National Total**	**386.13**	**387.51**	**414.06**		**165.20**	**143.18**	**108.39**	
北　京	Beijing	19.86	39.00	30.02	5	0.73	7.66	7.52	4
天　津	Tianjin	23.31	7.67	8.26	13	7.02	4.98	2.22	15
河　北	Hebei	13.30	4.21	4.20	17	18.96	3.12	1.66	20
山　西	Shanxi	7.10	3.36	5.58	16	8.59	1.63	0.81	23
内蒙古	Inner Mongolia	3.08	15.33	10.19	12	2.22	3.14	2.77	12
辽　宁	Liaoning	6.39	7.44	5.58	15	4.59	3.43	3.31	9
吉　林	Jilin	1.16	0.89	26.84	6	0.57	0.24	0.68	24
黑龙江	Heilongjiang	5.99	2.04	2.57	22	3.86	0.27	1.66	19
上　海	Shanghai	61.09	66.77	50.44	2	28.68	26.75	25.96	1
江　苏	Jiangsu	36.05	45.46	36.21	3	13.10	24.87	12.47	2
浙　江	Zhejiang	21.33	12.47	12.16	11	10.59	4.87	3.57	8
安　徽	Anhui	4.47	7.18	4.18	18	3.34	4.00	2.60	13
福　建	Fujian	23.32	20.89	14.71	10	2.40	2.51	3.22	10
江　西	Jiangxi	7.35	3.83	5.84	14	0.71	3.43	1.91	17
山　东	Shandong	25.00	21.70	17.82	8	16.10	16.00	8.58	3
河　南	Henan	6.09	5.33	3.74	19	3.09	4.05	1.50	22
湖　北	Hubei	19.04	14.68	16.51	9	2.97	4.25	1.75	18
湖　南	Hunan	5.96	2.41	3.42	20	6.62	6.23	4.03	7
广　东	Guangdong	55.66	56.80	87.30	1	7.77	6.44	5.23	6
广　西	Guangxi	0.39	1.24	0.57	26	0.57	0.63	0.26	26
海　南	Hainan	0.00	0.04	0.34	29	0.17	0.21	0.03	29
重　庆	Chongqing	14.17	31.56	36.05	4	2.10	3.73	2.97	11
四　川	Sichuan	7.55	3.16	3.19	21	4.03	2.01	1.55	21
贵　州	Guizhou	1.35	1.31	0.66	25	0.28	0.14	0.39	25
云　南	Yunnan	5.48	2.06	0.47	28	0.92	0.72	2.50	14
西　藏	Tibet				30				
陕　西	Shaanxi	3.47	3.77	2.33	23	1.08	2.25	1.97	16
甘　肃	Gansu	5.99	2.76	2.14	24	12.18	4.42	6.91	5
青　海	Qinghai	0.74	0.00	0.00	30	0.84	0.003		
宁　夏	Ningxia	1.39	3.89	22.21	7	0.84	0.13	0.21	27
新　疆	Xinjiang	0.06	0.27	0.52	27	0.29	1.05	0.16	28

17-31 规模以上工业企业技术获取和技术改造（二）

Technology Acquisition and Renovation in Industrial Enterprises above Designated Size (2)

单位：亿元 (100 million yuan)

地区	Region	购买国内技术经费支出 Expenditure for Purchase of Domestic Technology				技术改造经费支出 Expenditure for Technical Renovation			
		2010	2014	2015	2015排名 Ranking	2010	2014	2015	2015排名 Ranking
全　国	**National Total**	**221.41**	**213.53**	**229.94**		**3638.49**	**3797.98**	**3147.64**	
北　京	Beijing	2.53	2.95	4.54	14	102.49	50.02	42.06	21
天　津	Tianjin	5.66	2.03	1.21	22	85.97	43.70	31.86	25
河　北	Hebei	3.10	3.21	2.11	20	170.14	154.56	123.60	8
山　西	Shanxi	3.55	2.61	1.99	21	118.31	99.35	73.87	16
内蒙古	Inner Mongolia	35.25	1.36	0.77	25	120.72	52.19	41.14	22
辽　宁	Liaoning	15.84	4.85	6.18	10	208.70	187.10	131.21	7
吉　林	Jilin	1.48	1.45	8.65	9	24.48	102.46	28.63	27
黑龙江	Heilongjiang	0.94	0.47	0.33	28	73.78	44.21	30.24	26
上　海	Shanghai	22.65	31.79	26.04	2	123.21	152.06	122.06	9
江　苏	Jiangsu	14.78	34.44	20.16	5	483.95	603.13	507.20	1
浙　江	Zhejiang	10.70	14.43	20.63	4	226.64	278.09	233.72	4
安　徽	Anhui	3.87	6.50	5.19	12	83.23	145.24	143.32	6
福　建	Fujian	8.67	17.14	11.77	7	73.62	118.04	106.30	10
江　西	Jiangxi	4.14	14.93	9.05	8	45.57	95.36	63.98	17
山　东	Shandong	12.32	20.82	15.91	6	301.26	315.30	276.65	2
河　南	Henan	3.66	4.45	2.18	19	136.39	125.92	105.02	11
湖　北	Hubei	2.16	5.72	5.26	11	132.65	97.91	88.60	14
湖　南	Hunan	3.91	6.78	3.40	18	278.03	266.68	267.78	3
广　东	Guangdong	10.83	9.91	40.90	1	180.95	179.58	172.02	5
广　西	Guangxi	0.74	1.60	1.16	23	99.09	85.09	91.59	13
海　南	Hainan	0.75	0.41	0.29	29	1.58	1.37	1.79	30
重　庆	Chongqing	3.80	3.55	4.89	13	55.11	74.37	63.03	18
四　川	Sichuan	11.54	8.85	3.44	17	246.21	165.03	95.97	12
贵　州	Guizhou	1.97	0.69	0.82	24	54.37	103.00	82.01	15
云　南	Yunnan	4.62	0.89	0.63	26	45.16	40.15	34.80	24
西　藏	Tibet						0.11	0.05	31
陕　西	Shaanxi	25.63	5.75	3.99	15	82.72	53.80	56.92	20
甘　肃	Gansu	4.20	5.00	3.60	16	37.17	80.07	57.18	19
青　海	Qinghai	0.03	0.08	0.01	30	4.07	2.64	8.84	29
宁　夏	Ningxia	1.77	0.67	24.27	3	27.07	60.48	25.65	28
新　疆	Xinjiang	0.33	0.22	0.57	27	15.85	20.94	40.56	23

17-32 研究与开发机构R&D课题数和人员
R&D Projects and Input of Personnel of R&D Institutions

地区	Region	R&D课题数（项） R&D Projects (item)				R&D课题投入人员（人年） Input of Personnel (man-year)			
		2010	2014	2015	2015排名 Ranking	2010	2014	2015	2015排名 Ranking
全　国	**National Total**	**67050**	**91465**	**99559**		**253719**	**339874**	**348699**	
北　京	Beijing	21075	27286	28534	1	66961	89867	91376	1
天　津	Tianjin	890	1434	1614	19	6132	9812	9783	11
河　北	Hebei	572	821	857	26	5690	7494	7958	13
山　西	Shanxi	935	1172	1256	23	4469	3745	3999	21
内蒙古	Inner Mongolia	658	545	667	27	2546	1959	2305	27
辽　宁	Liaoning	1466	2197	2292	14	9947	12081	11640	8
吉　林	Jilin	1726	2435	2539	12	5722	6177	5856	18
黑龙江	Heilongjiang	1785	1959	2045	16	6205	6186	6133	16
上　海	Shanghai	5933	8401	8946	2	18799	26651	26267	4
江　苏	Jiangsu	3823	6005	6490	3	14139	22069	22252	5
浙　江	Zhejiang	1738	2369	3060	8	4028	5474	6890	15
安　徽	Anhui	888	1616	1563	20	5061	8938	9219	12
福　建	Fujian	2113	2572	2703	10	2326	3194	3272	23
江　西	Jiangxi	684	823	1016	24	3807	4858	5092	20
山　东	Shandong	3227	4094	4469	5	7600	10482	11180	9
河　南	Henan	672	810	900	25	7832	10334	10021	10
湖　北	Hubei	2305	3152	3161	6	11190	13662	13413	6
湖　南	Hunan	1100	1418	1422	21	5926	6787	7201	14
广　东	Guangdong	3499	5412	6172	4	6424	10817	11693	7
广　西	Guangxi	1729	1902	1996	18	2993	3628	3211	24
海　南	Hainan	662	512	572	28	914	673	982	28
重　庆	Chongqing	868	1340	2014	17	2504	2674	3282	22
四　川	Sichuan	1661	2476	2729	9	16431	27720	29178	2
贵　州	Guizhou	841	1317	1397	22	1577	2544	2532	26
云　南	Yunnan	1486	2079	3091	7	3875	5206	6092	17
西　藏	Tibet	91	105	129	31	321	296	338	31
陕　西	Shaanxi	1492	2223	2407	13	22171	27626	27808	3
甘　肃	Gansu	1545	2445	2637	11	5033	5190	5632	19
青　海	Qinghai	229	397	453	29	466	416	492	29
宁　夏	Ningxia	153	363	358	30	268	433	433	30
新　疆	Xinjiang	1204	1785	2070	15	2362	2884	3170	25

17-33 研究与开发机构R&D课题投入经费和发表科技论文
Input of Funds and Scientific Papers Published by R&D Institutions

地区	Region	R&D课题投入经费（亿元）Input of Funds (100 million yuan)				发表科技论文（篇）Scientific Papers Issued (piece)			
		2010	2014	2015	2015排名 Ranking	2010	2014	2015	2015排名 Ranking
全　国	**National Total**	**681.47**	**1272.69**	**1513.79**		**140818**	**171928**	**169989**	
北　京	Beijing	224.49	451.99	517.69	1	44537	56277	57061	1
天　津	Tianjin	16.95	26.09	29.07	10	2447	3085	2781	19
河　北	Hebei	10.61	19.75	26.65	11	1935	2304	2352	22
山　西	Shanxi	5.55	5.68	7.73	20	2390	2349	2493	20
内蒙古	Inner Mongolia	3.19	4.33	5.14	25	828	984	1126	28
辽　宁	Liaoning	24.84	33.05	36.82	8	4312	6079	4228	10
吉　林	Jilin	11.38	14.77	16.41	15	4204	4608	3548	14
黑龙江	Heilongjiang	6.22	13.65	14.52	17	3332	3374	2959	18
上　海	Shanghai	58.99	166.38	201.17	2	7896	9910	10107	2
江　苏	Jiangsu	47.59	90.67	107.29	5	7915	10152	9895	3
浙　江	Zhejiang	9.60	13.66	17.22	14	3775	4707	4754	9
安　徽	Anhui	12.50	28.08	33.84	9	2695	3426	3077	17
福　建	Fujian	4.12	6.89	6.83	22	2895	3190	4147	11
江　西	Jiangxi	5.46	6.81	7.62	21	1638	1627	1829	25
山　东	Shandong	10.43	25.04	26.51	12	6509	7284	7007	5
河　南	Henan	16.84	23.09	23.52	13	3498	3552	3454	15
湖　北	Hubei	26.31	42.23	44.76	6	4988	6046	6741	6
湖　南	Hunan	8.66	11.66	14.38	18	1653	1903	2332	23
广　东	Guangdong	10.16	25.28	36.93	7	5305	8094	7703	4
广　西	Guangxi	3.47	5.31	5.03	26	2850	3441	3302	16
海　南	Hainan	2.07	1.33	1.46	28	1080	1672	1675	27
重　庆	Chongqing	4.28	3.20	6.16	23	1301	1603	1795	26
四　川	Sichuan	68.47	110.74	156.61	3	5548	6771	6697	7
贵　州	Guizhou	1.66	3.56	3.33	27	1454	2026	2063	24
云　南	Yunnan	6.64	8.17	11.84	19	2591	3998	3951	13
西　藏	Tibet	0.40	0.99	1.26	29	246	136	206	31
陕　西	Shaanxi	70.00	111.97	131.81	4	4594	5900	5296	8
甘　肃	Gansu	6.97	12.57	14.85	16	5147	3915	4121	12
青　海	Qinghai	0.54	0.86	0.94	30	550	510	448	30
宁　夏	Ningxia	0.29	0.66	0.74	31	337	542	485	29
新　疆	Xinjiang	2.81	4.22	5.67	24	2368	2463	2356	21

17-34 研究与开发机构国外发表科技论文和出版科技著作

Scientific Papers or Works Published in Foreign Periodicals or Presses by R&D Institutions

地区	Region	国外发表科技论文(篇) Published in Foreign Periodicals (piece)				出版科技著作(种) Publication on S&T (kind)			
		2010	2014	2015	2015排名 Ranking	2010	2014	2015	2015排名 Ranking
全　国	**National Total**	**26862**	**47032**	**47301**		**3922**	**5023**	**5662**	
北　京	Beijing	12123	19345	19988	1	1626	2118	2385	1
天　津	Tianjin	88	263	344	18	101	50	62	19
河　北	Hebei	82	198	167	25	35	104	124	11
山　西	Shanxi	218	275	338	19	99	62	53	24
内蒙古	Inner Mongolia	21	53	28	29	24	12	59	22
辽　宁	Liaoning	1334	1947	1602	7	73	104	60	21
吉　林	Jilin	704	1544	1356	9	94	66	24	29
黑龙江	Heilongjiang	133	312	271	23	70	82	111	13
上　海	Shanghai	2758	4507	4253	2	197	220	218	4
江　苏	Jiangsu	1161	2368	2556	4	148	169	147	9
浙　江	Zhejiang	526	1018	1160	11	100	142	162	7
安　徽	Anhui	760	852	959	13	32	67	31	28
福　建	Fujian	333	799	1097	12	62	54	61	20
江　西	Jiangxi	450	101	99	28	38	39	76	18
山　东	Shandong	982	2127	2001	5	191	203	222	3
河　南	Henan	168	194	254	24	123	107	174	5
湖　北	Hubei	720	1463	1578	8	114	157	154	8
湖　南	Hunan	137	244	312	21	35	122	84	16
广　东	Guangdong	883	2939	2777	3	186	189	565	2
广　西	Guangxi	146	397	363	17	70	95	86	15
海　南	Hainan	137	275	330	20	46	49	33	27
重　庆	Chongqing	56	249	161	27	41	65	45	25
四　川	Sichuan	742	1663	1301	10	85	163	139	10
贵　州	Guizhou	151	209	277	22	21	70	56	23
云　南	Yunnan	640	995	899	14	61	101	163	6
西　藏	Tibet	7	4	16	31	40	18	19	30
陕　西	Shaanxi	475	741	592	15	72	91	89	14
甘　肃	Gansu	691	1487	1631	6	67	122	121	12
青　海	Qinghai	86	170	167	25	15	13	11	31
宁　夏	Ningxia	1	1	24	30	3	52	44	26
新　疆	Xinjiang	149	292	400	16	53	117	84	16

17-35　研究与开发机构科技产出
S&T Output of R&D Institutions

地区	Region	专利所有权转让及许可收入（万元）Revenue from Transfer and Licensing of Patent Ownership (10 000 yuan)				形成国家或行业标准数（项）Number of National and Industrial Standard (item)			
		2010	2014	2015	2015排名 Ranking	2010	2014	2015	2015排名 Ranking
全　国	**National Total**	**290655**	**46905**	**72435**		**3594**	**3816**	**3813**	
北　京	Beijing	110816	19698	19800	1	2138	1768	1857	1
天　津	Tianjin	702	1581	4570	5	89	53	39	17
河　北	Hebei	150	151	110	21	22	26	15	26
山　西	Shanxi		815	584	15	10	40	43	16
内蒙古	Inner Mongolia					3	61	39	17
辽　宁	Liaoning	68410	5247	7114	3	18	41	83	11
吉　林	Jilin			360	17	15	92	36	19
黑龙江	Heilongjiang	90	7	12	26	17	47	54	12
上　海	Shanghai	30664	6043	15597	2	243	278	232	2
江　苏	Jiangsu	3650	1676	3858	6	131	162	170	5
浙　江	Zhejiang	12647	1518	6698	4	39	95	96	8
安　徽	Anhui	1030	355	2116	8	36	130	95	9
福　建	Fujian	160	524	1249	11	37	36	35	20
江　西	Jiangxi	38	52	360	17	14	23	21	23
山　东	Shandong	17141	1374	1707	9	150	136	116	6
河　南	Henan		370	438	16	13	42	45	14
湖　北	Hubei	2149	144	834	13	67	83	103	7
湖　南	Hunan	450	750	330	19	25	36	46	13
广　东	Guangdong	11393	1711	1128	12	94	242	223	3
广　西	Guangxi		8	7	28	15	32	24	22
海　南	Hainan	2000		1	29	33	21	21	23
重　庆	Chongqing	507	1	34	23	31	20	6	29
四　川	Sichuan	4443	728	616	14	160	96	202	4
贵　州	Guizhou			20	25	21	7	10	28
云　南	Yunnan	1400	26	216	20	6	17	21	23
西　藏	Tibet							3	30
陕　西	Shaanxi		2570	1511	10	103	111	45	14
甘　肃	Gansu	19060	1436	3084	7	24	24	15	26
青　海	Qinghai		55	8	27				
宁　夏	Ningxia		50	50	22	31	21	30	21
新　疆	Xinjiang	3755	15	25	24	9	76	88	10

17-36 高等学校R&D课题数和投入人员

R&D Projects and Input of Personnel of Higher Education Institutions

地区	Region	R&D课题数（项） R&D Projects (item)				R&D课题投入人员（人年） Input of Personnel (man-year)			
		2010	2014	2015	2015排名 Ranking	2010	2014	2015	2015排名 Ranking
全 国	**National Total**	**547717**	**766731**	**841520**		**288940**	**334868**	**354475**	
北 京	Beijing	60477	83455	92243	1	30046	33533	34424	1
天 津	Tianjin	14289	20268	21801	15	8879	11149	11359	14
河 北	Hebei	13301	18737	20395	17	7385	9414	10022	16
山 西	Shanxi	7286	9278	9783	24	5912	5862	6425	22
内蒙古	Inner Mongolia	5031	7376	7071	27	3499	4279	3254	27
辽 宁	Liaoning	20876	27863	29611	11	15657	16723	16741	7
吉 林	Jilin	13040	18206	19913	18	13582	13861	14876	10
黑龙江	Heilongjiang	14632	18534	18634	21	12867	14699	14825	11
上 海	Shanghai	36656	50323	52167	5	21541	22186	23268	4
江 苏	Jiangsu	35481	54894	59887	3	17508	23083	23869	2
浙 江	Zhejiang	38269	46285	54236	4	12991	14006	16139	8
安 徽	Anhui	19706	27444	28685	12	9638	12319	13524	13
福 建	Fujian	15925	20736	27715	13	5889	7552	9912	17
江 西	Jiangxi	12579	18196	18902	20	5036	5387	5723	23
山 东	Shandong	22810	33303	37093	9	14500	20846	20950	5
河 南	Henan	14846	21650	25932	14	5930	6576	7846	19
湖 北	Hubei	30613	41376	42709	7	13965	15386	15276	9
湖 南	Hunan	25253	33857	34304	10	10945	13532	14313	12
广 东	Guangdong	35749	53138	61677	2	16083	20890	23594	3
广 西	Guangxi	11801	16850	19233	19	9790	8688	9785	18
海 南	Hainan	1956	3315	3420	29	522	938	984	29
重 庆	Chongqing	13415	18417	20651	16	7126	6909	7807	20
四 川	Sichuan	29498	41311	45656	6	14592	16457	17604	6
贵 州	Guizhou	7160	12938	13567	23	2868	4372	4316	24
云 南	Yunnan	10183	12588	15399	22	5072	5902	7087	21
西 藏	Tibet	352	765	966	31	412	539	318	31
陕 西	Shaanxi	23212	34930	37790	8	9923	10834	10602	15
甘 肃	Gansu	6744	8769	9319	25	2641	3356	3809	25
青 海	Qinghai	688	1309	1225	30	700	609	629	30
宁 夏	Ningxia	2617	3583	3604	28	1100	1485	1420	28
新 疆	Xinjiang	3272	7037	7932	26	2340	3499	3780	26

17-37　高等学校R&D课题投入经费和发表科技论文

Input of Funds and Scientific Papers Issued of Higher Education Institutions

地区	Region	R&D课题投入经费（亿元） Input of Funds (100 million yuan)				发表科技论文（篇） Scientific Papers Issued (piece)			
		2010	2014	2015	2015排名 Ranking	2010	2014	2015	2015排名 Ranking
全　国	**National Total**	**467.00**	**701.83**	**765.64**		**1062512**	**1152147**	**1220467**	
北　京	Beijing	89.38	118.94	125.17	1	104784	115143	118985	1
天　津	Tianjin	17.95	45.10	46.44	4	22861	28769	32619	16
河　北	Hebei	5.50	7.51	6.95	21	30426	29222	30563	17
山　西	Shanxi	4.74	5.74	6.14	23	13896	14648	15600	25
内蒙古	Inner Mongolia	2.12	3.69	2.90	27	9867	13123	14310	27
辽　宁	Liaoning	18.84	33.71	36.42	9	43629	49885	53488	9
吉　林	Jilin	13.14	18.96	18.98	14	28785	27489	34501	15
黑龙江	Heilongjiang	21.98	31.89	34.68	10	36453	38081	38123	14
上　海	Shanghai	32.96	56.03	63.61	2	70290	74108	78275	3
江　苏	Jiangsu	40.80	61.53	61.11	3	90125	109495	114407	2
浙　江	Zhejiang	26.23	37.16	40.20	7	46236	39632	43304	12
安　徽	Anhui	10.52	17.66	37.68	8	31760	38440	39406	13
福　建	Fujian	6.05	9.45	11.88	18	18137	19566	23109	21
江　西	Jiangxi	6.43	8.82	9.06	20	22482	25021	20724	22
山　东	Shandong	14.65	25.02	26.81	13	48926	54839	53793	8
河　南	Henan	7.42	14.96	15.65	16	43718	46659	51017	10
湖　北	Hubei	29.76	39.42	44.34	5	67352	72728	72464	4
湖　南	Hunan	15.00	18.93	17.85	15	48569	46555	48417	11
广　东	Guangdong	19.63	34.92	43.38	6	60176	59360	70934	5
广　西	Guangxi	4.29	5.80	6.38	22	23394	24732	25619	19
海　南	Hainan	0.59	1.40	1.43	29	3766	4924	5466	28
重　庆	Chongqing	11.01	14.29	14.66	17	27482	31641	30373	18
四　川	Sichuan	32.07	35.26	34.40	11	52512	58965	66867	6
贵　州	Guizhou	2.52	5.04	4.85	25	12933	15089	16359	24
云　南	Yunnan	4.10	7.54	9.38	19	18577	22743	24681	20
西　藏	Tibet	0.20	0.30	0.39	31	684	1185	1024	31
陕　西	Shaanxi	21.12	31.58	33.31	12	49206	50399	56985	7
甘　肃	Gansu	5.80	5.97	5.55	24	17307	18026	17459	23
青　海	Qinghai	0.28	1.14	1.00	30	2024	2011	2261	30
宁　夏	Ningxia	0.47	1.31	1.64	28	5513	6056	4909	29
新　疆	Xinjiang	1.45	2.76	3.37	26	10642	13613	14425	26

17-38 高等学校国外发表科技论文和出版科技著作

Scientific Papers or Works Published in Foreign Periodicals and Publication by Higher Education Institutions

地区	Region	国外发表科技论文（篇）Scientific Papers or Works Published in Foreign Periodicals (piece)				出版科技著作（种）Publication on S&T (kind)			
		2010	2014	2015	2015排名 Ranking	2010	2014	2015	2015排名 Ranking
全　国	**National Total**	**182247**	**278599**	**313698**		**38101**	**39326**	**43136**	
北　京	Beijing	19170	31082	34855	2	5747	5357	5225	1
天　津	Tianjin	6046	9464	11024	12	959	750	739	22
河　北	Hebei	2926	4958	5039	19	743	939	1112	16
山　西	Shanxi	1598	2946	3261	23	613	601	505	26
内蒙古	Inner Mongolia	654	1232	930	27	385	491	885	19
辽　宁	Liaoning	5787	12580	11900	11	2536	2146	2590	4
吉　林	Jilin	4013	4181	9077	14	934	924	963	17
黑龙江	Heilongjiang	11042	12669	14050	8	1234	1301	1267	14
上　海	Shanghai	18418	27784	32095	3	3020	2690	2877	3
江　苏	Jiangsu	20396	30093	35059	1	2017	3131	3236	2
浙　江	Zhejiang	12020	12170	13945	9	1549	1374	1822	10
安　徽	Anhui	4380	8521	9023	15	1457	1186	1177	15
福　建	Fujian	4108	5361	6064	18	706	678	814	21
江　西	Jiangxi	2187	4277	4712	20	621	583	737	23
山　东	Shandong	8671	15385	16497	6	1690	1990	2186	7
河　南	Henan	4196	6840	7668	17	1645	1941	2356	6
湖　北	Hubei	13980	19217	19863	4	2415	2608	2529	5
湖　南	Hunan	4860	8825	9131	13	1621	1542	1683	11
广　东	Guangdong	8898	16211	18400	5	1991	1826	2042	8
广　西	Guangxi	1798	2908	3360	22	481	588	708	24
海　南	Hainan	223	658	837	28	264	348	325	27
重　庆	Chongqing	3905	8214	8281	16	990	1106	1288	13
四　川	Sichuan	10200	13962	16367	7	1361	1366	1828	9
贵　州	Guizhou	372	1045	1131	26	276	456	514	25
云　南	Yunnan	1452	2635	3422	21	696	882	898	18
西　藏	Tibet	28	44	78	30	31	40	26	31
陕　西	Shaanxi	7687	10762	12914	10	1275	1318	1548	12
甘　肃	Gansu	2494	3194	3170	24	522	747	848	20
青　海	Qinghai	63	77	76	31	64	74	58	30
宁　夏	Ningxia	268	358	331	29	102	126	99	29
新　疆	Xinjiang	407	946	1138	25	156	217	251	28

17-39　高等学校科技产出
S&T Output of Higher Education Institutions

地区	Region	专利所有权转让及许可收入（万元） Revenue from Transfer and Licensing of Patent Ownership (10 000 yuan)				形成国家或行业标准数（项） Number of National and Industrial Standard (item)			
		2010	2014	2015	2015排名 Ranking	2010	2014	2015	2015排名 Ranking
全　国	**National Total**	**35943**	**54122**	**66942**		**230**	**366**	**427**	
北　京	Beijing	5924	13991	28442	1	64	100	193	1
天　津	Tianjin	4109	1358	297	19			23	3
河　北	Hebei	1354	1667	276	20	9	3	7	12
山　西	Shanxi	205	450	375	18		4	7	12
内蒙古	Inner Mongolia	40		90	23		1	3	18
辽　宁	Liaoning	1436	528	692	16		13	20	5
吉　林	Jilin	598	292	86	24	9			
黑龙江	Heilongjiang	232	814	424	17	8	2	11	9
上　海	Shanghai	3122	2707	3570	4	1			
江　苏	Jiangsu	3629	13297	6586	2	10	122	47	2
浙　江	Zhejiang	2999	1335	2627	7	9	6	16	6
安　徽	Anhui	212	1551	4996	3	25	3		
福　建	Fujian	498	1361	1023	14		13		
江　西	Jiangxi	310	287	1363	12	1			
山　东	Shandong	890	916	977	15	6	5	3	18
河　南	Henan	856	1681	1373	11	9	4	6	15
湖　北	Hubei	1368	845	2969	6	28	3	1	22
湖　南	Hunan	1558	1090	1225	13	11	14	21	4
广　东	Guangdong	1575	5301	1705	9		20	11	9
广　西	Guangxi	370	32	182	21	2	3	3	18
海　南	Hainan	49		4	28		1		
重　庆	Chongqing	1389	301	1467	10		23	15	7
四　川	Sichuan	1070	1940	3504	5		2	2	21
贵　州	Guizhou	11	142	120	22			8	11
云　南	Yunnan	514	257	52	26			1	22
西　藏	Tibet								
陕　西	Shaanxi	1517	1834	2432	8		5		
甘　肃	Gansu	97	88	73	25		5	5	16
青　海	Qinghai					38	14	7	12
宁　夏	Ningxia	10						4	17
新　疆	Xinjiang		58	13	27			13	8

18

教　育

Education

18-1 6岁及以上受教育程度的人口（一）
Educational Attainment of Population Aged 6 and Over (1)

单位：人 (person)

地区	Region	6岁及以上人口 Population Aged 6 and Over				其中：大专及以上人口 College and Higher Level			
		2010	2014①	2015②	2015排名 Ranking	2010	2014①	2015②	2015排名 Ranking
全　国	**National Total**	**1242546122**	**1047090**	**19833469**		**118374897**	**120698**	**1351837**	
北　京	Beijing	18813279	16828	316773	26	6177772	6420	42735	13
天　津	Tianjin	12388491	11935	228196	27	2261701	2727	23755	26
河　北	Hebei	66150575	55991	1066111	6	5242511	4447	66187	6
山　西	Shanxi	33521349	28424	536025	18	3114389	2799	42620	14
内蒙古	Inner Mongolia	23362679	19516	368717	23	2522759	2126	31630	21
辽　宁	Liaoning	41873047	34931	652806	13	5234081	6013	54269	11
吉　林	Jilin	26136514	21697	409572	21	2715172	2578	26892	23
黑龙江	Heilongjiang	36619463	30313	572233	15	3492275	3744	38202	16
上　海	Shanghai	22085668	19008	355996	24	5039565	5156	41476	15
江　苏	Jiangsu	74119475	61601	1163203	5	8511408	8796	94557	2
浙　江	Zhejiang	51484414	43110	810517	10	5078506	6510	62059	8
安　徽	Anhui	55103738	46366	884086	8	4006203	4862	57909	10
福　建	Fujian	34366573	28801	546001	17	3084680	3366	33047	18
江　西	Jiangxi	40413800	34372	651438	14	3055988	2801	36854	17
山　东	Shandong	89358154	75500	1423779	2	8328681	7415	94518	3
河　南	Henan	85563558	71223	1353044	3	6016007	7380	69018	5
湖　北	Hubei	53724341	44681	846998	9	5456838	5107	60718	9
湖　南	Hunan	60715957	51363	976881	7	4991904	4725	62297	7
广　东	Guangdong	97649498	82029	1559777	1	8905508	7693	108571	1
广　西	Guangxi	41837842	35659	675146	12	2751201	2855	32652	20
海　南	Hainan	7949791	6826	129047	28	670160	555	7693	28
重　庆	Chongqing	26962605	23263	441611	20	2445439	2991	30627	22
四　川	Sichuan	75277913	62975	1200274	4	5366709	5706	71454	4
贵　州	Guizhou	31837765	26616	501212	19	1853345	2763	21646	27
云　南	Yunnan	42475720	36038	682247	11	2636038	2454	33019	19
西　藏	Tibet	2705849	2343	45898	31	165324	61	1587	31
陕　西	Shaanxi	35187233	29130	549196	16	3940301	3217	43218	12
甘　肃	Gansu	23912906	19984	377237	22	1923282	2061	24794	25
青　海	Qinghai	5184022	4422	84198	30	484794	567	4396	30
宁　夏	Ningxia	5798346	5062	95349	29	587054	540	7262	29
新　疆	Xinjiang	19965557	17083	329900	25	2315302	2263	26173	24

注：1.2010年数据为第六次人口普查数据，2014年和2015年数据为抽样调查数据。
2.为2014年全国人口变动情况抽样调查样本数据，抽样比为0.822(‰)(以下有关各表同)。
3.为2015年全国人口变动情况抽样调查样本数据，抽样比为1.55(‰)(以下有关各表同)。

Notes: 1. 2010's data from comes the sixth census data. Data of 2014 and 2015 is sampling survey data.
2. Data in this table are obtained from the 2014 National Sample Survey on Changes. The sampling fraction is 0.822‰. The same applies to the relevant tables followed.
3. Data in this table are obtained from the 2015 National Sample Survey on Changes. The sampling fraction is 1.55‰. The same applies to the relevant tables followed.

18-2 6岁及以上受教育程度的人口（二）
Educational Attainment of Population Aged 6 and Over (2)

单位：人 (person)

地区	Region	其中：高中文化人口 Senior Secondary School				其中：初中文化人口 Junior Secondary School			
		2010	2014①	2015②	2015排名 Ranking	2010	2014①	2015②	2015排名 Ranking
全 国	**National Total**	**186646865**	**174847**	**2434365**		**518176222**	**420432**	**7600489**	
北 京	Beijing	4161674	3684	42868	24	6157444	4658	80272	27
天 津	Tianjin	2672387	2712	30811	27	4936137	4158	85899	26
河 北	Hebei	9131670	8032	129334	6	31902985	26964	468196	4
山 西	Shanxi	5618618	5410	81434	12	16115283	13048	230264	15
内蒙古	Inner Mongolia	3740299	3132	46638	22	9689532	8186	138368	22
辽 宁	Liaoning	6469305	5769	74717	13	19829444	15573	293115	10
吉 林	Jilin	4630133	4031	54707	19	11549212	9189	174513	20
黑龙江	Heilongjiang	5756969	4784	70680	14	17245267	13826	257250	13
上 海	Shanghai	4823221	3951	52278	20	8406458	6729	120392	24
江 苏	Jiangsu	12703757	10802	148594	5	30423013	24496	425735	5
浙 江	Zhejiang	7384253	5788	88734	10	19961827	15978	284255	11
安 徽	Anhui	6449846	6948	97055	9	22969845	18727	352751	8
福 建	Fujian	5119371	4294	60067	17	13977601	10598	189992	18
江 西	Jiangxi	5488361	6040	82379	11	16787837	14194	252488	14
山 东	Shandong	13322584	14062	160761	3	38468023	31654	569311	3
河 南	Henan	12423541	11546	191204	2	39925272	30610	579625	2
湖 北	Hubei	9503078	8894	112916	8	22677927	16854	310274	9
湖 南	Hunan	10133885	8969	155211	4	25977062	21688	369554	7
广 东	Guangdong	18267539	17540	245678	1	44075971	35212	630674	1
广 西	Guangxi	5078715	5518	62958	16	17840416	15202	277465	12
海 南	Hainan	1288237	1378	15974	28	3642423	3130	57970	28
重 庆	Chongqing	3814455	4141	55244	18	9646397	7386	146462	21
四 川	Sichuan	9045928	8696	123250	7	28058292	22054	406996	6
贵 州	Guizhou	2617659	2773	36519	25	10506809	9483	174867	19
云 南	Yunnan	3813068	3569	49715	21	12591002	12096	220696	16
西 藏	Tibet	131027	93	2145	31	385793	304	6639	31
陕 西	Shaanxi	5887718	5882	70284	15	14981471	11578	207427	17
甘 肃	Gansu	3244504	2612	44169	23	7982874	6948	112808	25
青 海	Qinghai	586713	533	6769	30	1427740	1223	22619	30
宁 夏	Ningxia	792711	717	10361	29	2130699	1882	32026	29
新 疆	Xinjiang	2545639	2548	30910	26	7906166	6805	121585	23

18-3 6岁及以上受教育程度的人口（三）
Educational Attainment of Population Aged 6 and Over (3)

单位：人 (person)

地区	Region	其中：小学文化人口 Primary School				其中：未上过学人口 No Schooling			
		2010	2014①	2015②	2015排名 Ranking	2010	2014①	2015②	2015排名 Ranking
全 国	**National Total**	**357211733**	**274858**	**5199574**		**62136405**	**56255**	**1128946**	
北 京	Beijing	1952619	1772	32650	27	363770	295	6180	30
天 津	Tianjin	2205954	1962	35688	26	312312	375	5738	31
河 北	Hebei	17719711	14382	274871	5	2153698	2167	44629	11
山 西	Shanxi	7804836	6185	110913	21	868223	981	17212	21
内蒙古	Inner Mongolia	6278818	5046	89268	24	1131271	1024	21579	19
辽 宁	Liaoning	9364681	6759	131839	18	975536	817	15151	24
吉 林	Jilin	6604755	5171	100760	22	637242	728	12954	26
黑龙江	Heilongjiang	9211366	6968	134603	17	913586	992	18889	20
上 海	Shanghai	3121808	2519	46582	25	694616	653	11792	27
江 苏	Jiangsu	19033077	14189	270803	6	3448220	3320	65122	4
浙 江	Zhejiang	15687367	12175	239672	10	3372461	2662	52902	9
安 徽	Anhui	16518988	12497	245444	9	5158856	3331	59704	7
福 建	Fujian	10994768	8745	160778	15	1190153	1799	38145	13
江 西	Jiangxi	13399357	10003	195947	13	1682257	1335	31679	16
山 东	Shandong	23912234	17650	345693	4	5326632	4719	96731	2
河 南	Henan	22669174	18146	350004	3	4529564	3541	77360	3
湖 北	Hubei	13092079	11160	203950	12	2994419	2666	51048	10
湖 南	Hunan	17600932	14146	259381	7	2012174	1837	36205	14
广 东	Guangdong	23788746	18495	352377	2	2611734	3088	53925	8
广 西	Guangxi	14579571	10547	210679	11	1587939	1537	32658	15
海 南	Hainan	1958821	1420	27457	29	390150	340	6574	29
重 庆	Chongqing	9707595	7385	139391	16	1348719	1362	24737	18
四 川	Sichuan	27846551	21926	399659	1	4960433	4591	97796	1
贵 州	Guizhou	13546008	8758	172357	14	3313944	2841	60459	6
云 南	Yunnan	20042984	14943	255239	8	3392628	2977	63598	5
西 藏	Tibet	1098468	844	16848	31	925237	1040	16503	22
陕 西	Shaanxi	8740957	6663	126830	19	1636786	1790	29519	17
甘 肃	Gansu	8313301	6573	115600	20	2448945	1790	41499	12
青 海	Qinghai	1984288	1514	29610	28	700487	587	13950	25
宁 夏	Ningxia	1868716	1515	26334	30	419166	407	8397	28
新 疆	Xinjiang	6563203	4799	98351	23	635247	666	16311	23

18-4 6岁及以上城市受教育程度的人口（一）
Educational Attainment of City Population Aged 6 and Over (1)

单位：人 (person)

地区	Region	6岁及以上城市人口 Population Aged 6 and Over				其中：大专及以上人口 College and Higher Level			
		2010	2014①	2015②	2015排名 Ranking	2010	2014①	2015②	2015排名 Ranking
全　国	**National Total**	**384147858**	**343164**	**6554785**		**82609537**	**84200**	**838800**	
北　京	Beijing	14931905	13344	253293	10	5719710	5696	37537	8
天　津	Tianjin	8557876	8021	166994	16	1955233	2409	20961	18
河　北	Hebei	13610266	10461	232984	11	3252344	2660	35046	11
山　西	Shanxi	8923504	7999	151900	19	1971616	1730	22385	16
内蒙古	Inner Mongolia	7621744	6684	125634	22	1488541	1274	17309	20
辽　宁	Liaoning	21238725	19016	352844	4	4505346	5427	45794	4
吉　林	Jilin	9829437	8540	145594	20	2163396	2031	17112	21
黑龙江	Heilongjiang	13671158	11555	226181	12	2699338	2876	28294	14
上　海	Shanghai	16947917	15084	264847	9	4593448	4859	35799	10
江　苏	Jiangsu	28756641	23844	457066	2	6298307	6329	58825	3
浙　江	Zhejiang	19341538	17495	330475	5	3565320	4300	39627	5
安　徽	Anhui	11570801	11614	203010	14	2421397	2975	30021	13
福　建	Fujian	11811304	10541	200182	15	1989438	2127	21205	17
江　西	Jiangxi	7019212	7469	118515	24	1341937	1434	16704	23
山　东	Shandong	26769277	25963	452772	3	5886987	5234	60479	2
河　南	Henan	17199491	15841	277370	7	3848678	4495	38041	7
湖　北	Hubei	17096493	13967	305346	6	3739648	3421	38385	6
湖　南	Hunan	12056671	12701	224273	13	2793617	3109	30313	12
广　东	Guangdong	49812159	35222	834300	1	7376944	5985	84225	1
广　西	Guangxi	7831847	9739	143638	21	1587538	1785	16934	22
海　南	Hainan	2174301	1571	38312	28	422600	282	4485	29
重　庆	Chongqing	8296022	7401	162814	17	1737668	2185	20775	19
四　川	Sichuan	15241250	17255	269388	8	3139205	3074	36311	9
贵　州	Guizhou	5201758	5117	92813	26	1027308	1845	9580	27
云　南	Yunnan	5969107	6276	124230	23	1259875	1429	15068	24
西　藏	Tibet	261564	190	5696	31	50752	25	526	31
陕　西	Shaanxi	8434216	7603	153534	18	2443851	1854	23719	15
甘　肃	Gansu	5011236	3589	86100	27	1171855	949	12177	26
青　海	Qinghai	1294462	1241	21526	30	274360	406	2240	30
宁　夏	Ningxia	1938545	1680	34305	29	427952	349	4798	28
新　疆	Xinjiang	5727431	6143	98849	25	1455328	1645	14125	25

18-5 6岁及以上城市受教育程度的人口（二）

Educational Attainment of City Population Aged 6 and Over (2)

单位：人 (person)

地区	Region	其中：高中文化人口 Senior Secondary School				其中：初中文化人口 Junior Secondary School			
		2010	2014①	2015②	2015排名 Ranking	2010	2014①	2015②	2015排名 Ranking
全　国	**National Total**	**93632752**	**86169**	**1096187**		**138590585**	**113443**	**2080344**	
北　京	Beijing	3419387	2961	35171	13	4276980	3256	52768	16
天　津	Tianjin	2220636	2155	25588	19	3091612	2326	56230	15
河　北	Hebei	3451788	2403	43046	11	4687010	3645	74858	11
山　西	Shanxi	2360499	1932	29605	16	3207370	2911	47941	19
内蒙古	Inner Mongolia	1827275	1493	20781	23	2882167	2715	40458	21
辽　宁	Liaoning	4781286	4456	54576	5	8961344	6987	132013	4
吉　林	Jilin	2959933	2669	32601	15	3404708	2817	49276	17
黑龙江	Heilongjiang	3548928	2875	43865	9	5444782	4012	82223	8
上　海	Shanghai	4099573	3445	43822	10	5952396	4806	78829	9
江　苏	Jiangsu	6792400	5427	71418	2	10057146	7771	138019	3
浙　江	Zhejiang	3639292	2739	41519	12	7240604	6379	108221	5
安　徽	Anhui	2599561	2626	34190	14	4095548	3948	61300	14
福　建	Fujian	2497009	2181	27385	18	4556611	3643	63355	13
江　西	Jiangxi	1826160	2046	21973	22	2370446	2328	37339	23
山　东	Shandong	6545016	7585	68355	3	9319501	8568	146005	2
河　南	Henan	4634895	4044	60618	4	5781643	4659	84304	7
湖　北	Hubei	4781427	4384	53504	6	5823530	3905	84671	6
湖　南	Hunan	3289412	3215	44309	7	3925457	3762	64498	12
广　东	Guangdong	12343702	10264	152370	1	21242368	13408	313573	1
广　西	Guangxi	1990384	2983	22348	21	2794057	3249	46654	20
海　南	Hainan	595567	595	7357	28	787331	480	13280	28
重　庆	Chongqing	1990330	2169	29594	17	2770694	1937	48741	18
四　川	Sichuan	3559631	4225	44048	8	5140166	6023	77441	10
贵　州	Guizhou	1022208	913	10805	27	1805762	1451	32828	25
云　南	Yunnan	1247478	1256	15176	25	1920826	2161	36328	24
西　藏	Tibet	38621	25	587	31	68162	37	1058	31
陕　西	Shaanxi	2251823	2216	24287	20	2584611	2329	39007	22
甘　肃	Gansu	1312321	826	16049	24	1550590	1170	23260	27
青　海	Qinghai	269124	264	2834	30	430443	330	7131	30
宁　夏	Ningxia	433639	346	5138	29	684596	605	10572	29
新　疆	Xinjiang	1303447	1450	13270	26	1732124	1826	28165	26

18-6 6岁及以上城市受教育程度的人口（三）
Educational Attainment of City Population Aged 6 and Over (3)

单位：人 (person)

地区	Region	其中：小学文化人口 Primary School 2010	2014①	2015②	2015排名 Ranking	其中：未上过学人口 No Schooling 2010	2014①	2015②	2015排名 Ranking
全 国	**National Total**	**61280552**	**51264**	**993344**		**8034432**	**8088**	**150109**	
北 京	Beijing	1315882	1256	22268	18	199946	176	3341	18
天 津	Tianjin	1129187	938	20251	20	161208	194	2940	20
河 北	Hebei	2018691	1519	33894	10	200433	237	4094	12
山 西	Shanxi	1263763	1275	19158	21	120256	151	2161	27
内蒙古	Inner Mongolia	1236914	1046	16867	25	186847	155	3342	17
辽 宁	Liaoning	2694119	1884	42931	6	296630	263	4475	11
吉 林	Jilin	1166861	891	17818	24	134539	133	2518	24
黑龙江	Heilongjiang	1761028	1592	26856	15	217082	199	3777	13
上 海	Shanghai	1924658	1669	26960	14	377842	303	5937	9
江 苏	Jiangsu	4844314	3632	71320	3	764474	683	13058	3
浙 江	Zhejiang	4204382	3450	72756	2	691940	626	12207	4
安 徽	Anhui	2003675	1655	31160	12	450620	409	5318	10
福 建	Fujian	2509463	2223	39600	9	258783	368	6808	7
江 西	Jiangxi	1336154	1517	21551	19	144515	144	2995	19
山 东	Shandong	4325179	3808	67774	4	692594	766	13080	2
河 南	Henan	2583016	2328	39792	8	351259	315	6103	8
湖 北	Hubei	2371093	1900	40334	7	380795	356	7437	5
湖 南	Hunan	1904464	2421	33721	11	143721	194	2664	22
广 东	Guangdong	8160352	4911	138129	1	688793	654	15601	1
广 西	Guangxi	1337765	1550	23833	17	122103	171	2497	25
海 南	Hainan	327194	195	5289	28	41609	19	858	31
重 庆	Chongqing	1630161	971	30160	13	167169	139	3570	15
四 川	Sichuan	3054024	3446	50242	5	348224	487	6947	6
贵 州	Guizhou	1173605	799	18603	23	172875	108	3492	16
云 南	Yunnan	1362663	1268	24015	16	178265	162	3676	14
西 藏	Tibet	68803	73	1693	31	35226	29	1212	28
陕 西	Shaanxi	1020330	954	16122	26	133601	250	2589	23
甘 肃	Gansu	828420	507	11970	27	148050	141	2343	26
青 海	Qinghai	271588	207	4295	30	48947	33	1161	29
宁 夏	Ningxia	340790	291	5267	29	51568	88	1010	30
新 疆	Xinjiang	1112014	1089	18714	22	124518	135	2896	21

18-7　6岁及以上乡村受教育程度的人口（一）
Educational Attainment of Rural Population Aged 6 and Over (1)

单位：人　　(person)

地区	Region	6岁及以上乡村人口 Population Aged 6 and Over				其中：大专及以上人口 College and Higher Level			
		2010	2014①	2015②	2015排名 Ranking	2010	2014①	2015②	2015排名 Ranking
全　国	**National Total**	**609708623**	**462521**	**8661427**		**12553411**	**11650**	**198925**	
北　京	Beijing	2641925	2293	43851	27	219140	201	3042	24
天　津	Tianjin	2485102	2061	39843	30	69174	96	1068	29
河　北	Hebei	36700056	28250	521958	4	640291	546	9596	10
山　西	Shanxi	17347218	13167	244358	16	364546	358	8313	11
内蒙古	Inner Mongolia	10350768	7971	149044	24	353787	262	4583	20
辽　宁	Liaoning	15686075	11459	215746	18	296321	224	3762	21
吉　林	Jilin	12042553	9744	184715	21	216244	167	2854	25
黑龙江	Heilongjiang	16027742	12680	237652	17	214734	195	3218	23
上　海	Shanghai	2360676	1978	45290	26	112663	110	1827	26
江　苏	Jiangsu	29201895	21300	394126	8	937346	837	14075	1
浙　江	Zhejiang	19714793	15138	282753	14	527359	703	10568	7
安　徽	Anhui	31033930	23289	438365	7	559587	677	10043	9
福　建	Fujian	14616969	10985	205815	20	408379	554	4763	19
江　西	Jiangxi	22409231	16937	315803	12	482929	319	6316	14
山　东	Shandong	44639307	33774	618832	3	785863	989	11184	6
河　南	Henan	51915505	38491	721119	1	930026	784	12789	3
湖　北	Hubei	26734699	19675	366360	10	767607	537	11484	5
湖　南	Hunan	34067748	25933	482211	6	753244	721	10352	8
广　东	Guangdong	32276810	25566	488021	5	589435	390	12333	4
广　西	Guangxi	24790268	19030	358771	11	363829	262	5084	16
海　南	Hainan	3949076	3115	58492	25	82304	65	1598	27
重　庆	Chongqing	12471632	9301	174542	22	169091	141	3724	22
四　川	Sichuan	44533729	33286	632267	2	642748	575	13521	2
贵　州	Guizhou	20913860	15806	292425	13	292091	270	5050	18
云　南	Yunnan	27544959	20850	389012	9	509007	355	6553	13
西　藏	Tibet	2064821	1728	32922	31	46144	26	530	31
陕　西	Shaanxi	19005704	13693	255359	15	504925	512	8280	12
甘　肃	Gansu	15196092	11579	214822	19	249449	337	5341	15
青　海	Qinghai	2818280	2187	41783	29	45664	54	748	30
宁　夏	Ningxia	2973616	2330	42818	28	73949	54	1243	28
新　疆	Xinjiang	11193584	8919	172351	23	345535	329	5079	17

18-8 6岁及以上乡村受教育程度的人口（二）
Educational Attainment of Rural Population Aged 6 and Over (2)

单位：人 (person)

地区	Region	其中：高中文化人口 Senior Secondary School				其中：初中文化人口 Junior Secondary School			
		2010	2014①	2015②	2015排名 Ranking	2010	2014①	2015②	2015排名 Ranking
全　国	**National Total**	**47099999**	**45700**	**714372**		**273812219**	**205349**	**3662251**	
北　京	Beijing	478272	476	4721	26	1339348	1103	20041	28
天　津	Tianjin	242304	242	2922	29	1264472	1057	20531	27
河　北	Hebei	2961138	2991	43907	5	19706145	14723	259508	3
山　西	Shanxi	1713935	1575	27183	11	9514516	6950	122709	13
内蒙古	Inner Mongolia	825317	650	13216	19	4567200	3390	60762	23
辽　宁	Liaoning	865746	775	11832	22	8282585	6181	115585	15
吉　林	Jilin	775385	697	10057	24	6100382	4796	91527	19
黑龙江	Heilongjiang	849808	764	12278	21	8372888	6965	121602	14
上　海	Shanghai	268723	230	3452	27	1146727	993	21597	26
江　苏	Jiangsu	3031869	2566	37672	7	13249085	9474	163015	8
浙　江	Zhejiang	1769516	1602	23905	13	7664772	5595	103363	17
安　徽	Anhui	1857717	2037	32522	8	13536502	10506	191843	7
福　建	Fujian	1284426	1012	18376	15	6122360	3825	74412	20
江　西	Jiangxi	1665126	1990	29707	10	9973006	7796	129777	11
山　东	Shandong	3662693	3940	48419	4	21472686	15862	281337	2
河　南	Henan	4373066	4460	71644	1	26700825	18906	337599	1
湖　北	Hubei	2529312	2086	30773	9	12689777	8655	155332	10
湖　南	Hunan	3631040	3546	59763	2	16034321	12029	203858	6
广　东	Guangdong	3038990	2801	57003	3	15744383	12267	216180	5
广　西	Guangxi	1465786	1487	21661	14	11096978	8893	156255	9
海　南	Hainan	349531	330	4726	25	2024022	1714	29924	25
重　庆	Chongqing	754785	842	13058	20	4473853	3031	58880	24
四　川	Sichuan	2569618	2302	41259	6	16946055	11900	221594	4
贵　州	Guizhou	777015	974	15628	18	6584467	5827	99586	18
云　南	Yunnan	1246725	1198	17254	17	7664553	6769	125134	12
西　藏	Tibet	47960	51	1011	31	239406	227	4293	31
陕　西	Shaanxi	1889394	2011	26722	12	9257241	6094	112091	16
甘　肃	Gansu	1119030	970	17268	16	5164564	4050	66782	22
青　海	Qinghai	128669	131	1741	30	715823	638	9716	30
宁　夏	Ningxia	218145	213	3210	28	1095114	879	14617	29
新　疆	Xinjiang	708958	748	11480	23	5068163	4255	72799	21

18-9 6岁及以上乡村受教育程度的人口（三）
Educational Attainment of Rural Population Aged 6 and Over (3)

单位：人 (person)

地区	Region	其中：小学文化人口 Primary School				其中：未上过学人口 No Schooling			
		2010	2014①	2015②	2015排名 Ranking	2010	2014①	2015②	2015排名 Ranking
全　国	**National Total**	**232068330**	**162090**	**3062787**		**44174664**	**37734**	**749286**	
北　京	Beijing	474343	413	7736	31	130822	101	2340	30
天　津	Tianjin	794848	555	11173	30	114304	112	2015	31
河　北	Hebei	11866526	8682	167963	5	1525956	1308	29010	10
山　西	Shanxi	5123519	3611	65794	22	630702	671	11933	22
内蒙古	Inner Mongolia	3850235	3036	52277	24	754229	631	14132	19
辽　宁	Liaoning	5661922	3851	71058	20	579501	430	8687	25
吉　林	Jilin	4552305	3592	68263	21	398237	494	8204	26
黑龙江	Heilongjiang	6057330	4118	84825	16	532982	640	12021	21
上　海	Shanghai	645574	417	11566	29	186989	229	3870	29
江　苏	Jiangsu	10033805	6533	125653	10	1949790	1889	33400	8
浙　江	Zhejiang	7757613	5704	104291	14	1995533	1536	28420	11
安　徽	Anhui	11265233	7805	153407	8	3814891	2263	40229	6
福　建	Fujian	6099939	4436	77894	18	701865	1158	21727	15
江　西	Jiangxi	9092090	5944	119866	12	1196080	889	21312	16
山　东	Shandong	15041231	9992	197252	3	3676834	2991	60247	2
河　南	Henan	16395156	11641	230574	2	3516432	2700	54432	3
湖　北	Hubei	8621975	6662	122192	11	2126028	1734	34858	7
湖　南	Hunan	12124177	8372	163923	6	1524966	1267	26051	13
广　东	Guangdong	11438862	8453	153784	7	1465140	1654	27885	12
广　西	Guangxi	10641000	7246	141640	9	1222675	1144	24625	14
海　南	Hainan	1224372	785	15562	27	268847	220	3964	28
重　庆	Chongqing	6126264	4400	77729	19	947639	888	16402	18
四　川	Sichuan	20368887	14875	265314	1	4006421	3633	74054	1
贵　州	Guizhou	10488785	6363	118053	13	2771502	2372	46487	5
云　南	Yunnan	15430944	10225	178919	4	2693730	2305	49063	4
西　藏	Tibet	913991	588	12969	28	817320	838	13450	20
陕　西	Shaanxi	6097790	4003	78642	17	1256354	1073	19943	17
甘　肃	Gansu	6568534	4807	85365	15	2094515	1414	33318	9
青　海	Qinghai	1394925	920	18527	25	533199	444	10048	24
宁　夏	Ningxia	1268248	915	16028	26	318160	267	6216	27
新　疆	Xinjiang	4647907	3145	64549	23	423021	441	10942	23

18-10 普通高等学校学校数和招生数
Number of Regular Schools (Institutions) of Higher Education and Entrants

地区	Region	普通高等学校学校数（所） Number of Schools (unit)				普通高等学校学校招生数（万人） Number of Entrants (10 000 persons)			
		2010	2014	2015	2015排名 Ranking	2010	2014	2015	2015排名 Ranking
全　国	**National Total**	**2358**	**2529**	**2560**		**661.76**	**721.40**	**737.85**	
北　京	Beijing	87	89	91	14	15.51	15.69	15.35	22
天　津	Tianjin	55	55	55	24	12.86	13.92	13.86	23
河　北	Hebei	110	118	118	8	33.91	31.82	32.91	8
山　西	Shanxi	73	79	79	17	18.07	20.55	21.35	15
内蒙古	Inner Mongolia	44	50	53	25	11.25	11.56	11.90	26
辽　宁	Liaoning	112	116	116	9	24.75	27.38	26.33	13
吉　林	Jilin	56	58	58	23	15.11	16.89	17.00	20
黑龙江	Heilongjiang	79	80	81	16	19.27	19.71	19.85	18
上　海	Shanghai	67	68	67	20	14.46	13.80	13.68	24
江　苏	Jiangsu	150	159	162	1	44.86	44.49	44.86	4
浙　江	Zhejiang	101	104	105	11	25.36	26.79	26.44	12
安　徽	Anhui	111	118	119	7	28.76	31.03	32.65	9
福　建	Fujian	84	88	88	15	19.87	20.84	20.67	16
江　西	Jiangxi	85	95	97	12	24.85	28.32	28.68	11
山　东	Shandong	132	141	143	2	47.52	53.36	54.08	2
河　南	Henan	107	129	129	4	45.71	47.42	51.47	3
湖　北	Hubei	120	123	126	5	38.76	39.31	38.54	6
湖　南	Hunan	117	124	124	6	30.27	32.66	33.63	7
广　东	Guangdong	131	141	143	2	43.73	53.54	55.06	1
广　西	Guangxi	70	70	71	18	18.26	22.00	23.42	14
海　南	Hainan	17	17	17	29	4.76	5.45	5.24	28
重　庆	Chongqing	53	63	64	21	16.41	19.72	20.55	17
四　川	Sichuan	92	107	109	10	33.21	38.62	41.33	5
贵　州	Guizhou	47	55	59	22	9.93	13.94	15.42	21
云　南	Yunnan	61	67	69	19	14.10	16.82	17.66	19
西　藏	Tibet	6	6	6	31	0.92	0.88	0.99	31
陕　西	Shaanxi	90	92	92	13	26.71	28.83	28.75	10
甘　肃	Gansu	40	43	45	26	11.41	12.93	12.43	25
青　海	Qinghai	9	12	12	30	1.30	1.55	1.80	30
宁　夏	Ningxia	15	18	18	28	2.50	3.28	3.22	29
新　疆	Xinjiang	37	44	44	27	7.36	8.28	8.72	27

注：2010年学生数包括成人高校的普通本专科学生数(下表同)。

Note: The number of students includes normal and short-cycle courses in regular higher education for adults in 2010.

18-11 普通高等学校在校学生数和毕业生数

Number of Enrolment and Graduates in Regular Schools (Institutions) of Higher Education

单位：万人 (10 000 persons)

地区	Region	在校学生数 Enrolment 2010	2014	2015	2015排名 Ranking	毕业生数 Graduates 2010	2014	2015	2015排名 Ranking
全　国	**National Total**	**2231.79**	**2547.70**	**2625.30**		**575.42**	**659.37**	**680.89**	
北　京	Beijing	58.71	60.46	60.36	21	15.27	14.92	15.44	20
天　津	Tianjin	42.92	50.58	51.29	22	10.54	12.35	13.21	22
河　北	Hebei	110.51	116.43	117.92	8	29.71	34.45	32.80	7
山　西	Shanxi	56.29	71.32	74.02	16	16.55	17.41	19.13	16
内蒙古	Inner Mongolia	37.14	40.64	42.08	26	9.47	11.17	10.79	26
辽　宁	Liaoning	88.02	99.83	100.57	11	21.96	24.75	25.83	12
吉　林	Jilin	54.44	61.83	63.27	19	13.60	15.18	15.70	19
黑龙江	Heilongjiang	71.91	73.06	73.52	17	18.10	18.54	19.40	15
上　海	Shanghai	51.57	50.66	51.16	23	13.37	13.24	12.87	23
江　苏	Jiangsu	164.94	169.86	171.57	4	47.89	47.87	48.41	1
浙　江	Zhejiang	88.49	97.82	99.11	12	23.37	25.37	26.40	11
安　徽	Anhui	93.90	108.05	113.07	9	23.22	29.99	29.25	10
福　建	Fujian	64.78	74.85	75.85	14	15.34	19.01	19.47	14
江　西	Jiangxi	81.65	91.64	98.45	13	22.59	24.03	23.45	13
山　东	Shandong	163.14	179.67	190.06	1	44.40	46.41	47.42	3
河　南	Henan	145.67	167.97	176.69	3	38.25	44.53	46.58	4
湖　北	Hubei	129.69	141.97	141.06	5	33.13	39.09	38.92	5
湖　南	Hunan	104.72	113.63	118.06	7	27.61	29.59	30.05	8
广　东	Guangdong	142.66	179.42	185.64	2	33.42	44.10	47.69	2
广　西	Guangxi	56.75	70.19	75.12	15	13.81	17.41	18.27	17
海　南	Hainan	15.08	18.06	18.29	28	3.68	4.48	4.82	28
重　庆	Chongqing	52.27	69.16	71.66	18	12.28	16.58	18.11	18
四　川	Sichuan	108.62	132.83	138.79	6	27.86	33.86	36.15	6
贵　州	Guizhou	32.33	46.04	50.09	24	7.48	9.86	11.68	25
云　南	Yunnan	43.90	57.70	61.46	20	9.54	14.20	14.60	21
西　藏	Tibet	3.11	3.35	3.42	31	0.83	0.91	0.95	31
陕　西	Shaanxi	92.78	109.96	109.97	10	23.55	27.74	29.97	9
甘　肃	Gansu	38.15	45.23	45.05	25	9.22	11.87	12.40	24
青　海	Qinghai	4.50	5.29	5.75	30	1.12	1.27	1.34	30
宁　夏	Ningxia	8.02	11.14	11.50	29	1.92	2.45	2.82	29
新　疆	Xinjiang	25.12	29.04	30.47	27	6.35	6.75	6.97	27

18-12 普通高等学校教职工数和专业教师数
Number of Educational Personnel and Full-time Teachers in Regular Schools (Institutions) of Higher Education

单位：万人 (10 000 persons)

地区	Region	教职工数 Educational Personnel 2010	2014	2015	2015排名 Ranking	其中：专任教师数 Full-time Teachers 2010	2014	2015	2015排名 Ranking
全　国	**National Total**	**215.66**	**233.57**	**236.93**		**134.31**	**153.45**	**157.26**	
北　京	Beijing	13.39	14.23	14.24	4	5.92	6.84	6.87	8
天　津	Tianjin	4.52	4.70	4.71	23	2.81	3.10	3.11	23
河　北	Hebei	9.45	10.23	10.28	9	6.08	6.86	6.94	7
山　西	Shanxi	5.69	6.04	5.95	20	3.65	4.03	4.04	18
内蒙古	Inner Mongolia	3.64	3.77	3.86	25	2.33	2.50	2.55	26
辽　宁	Liaoning	9.32	9.79	9.79	11	5.74	6.42	6.52	11
吉　林	Jilin	5.95	6.29	6.30	18	3.40	3.85	3.92	20
黑龙江	Heilongjiang	7.57	7.70	7.61	15	4.42	4.69	4.68	15
上　海	Shanghai	7.42	7.34	7.36	16	3.92	4.06	4.16	17
江　苏	Jiangsu	15.86	16.05	16.23	1	10.20	10.45	10.72	1
浙　江	Zhejiang	7.98	8.74	8.87	12	5.10	5.81	5.95	12
安　徽	Anhui	7.13	8.03	7.94	13	4.93	5.65	5.81	13
福　建	Fujian	5.87	6.58	6.72	17	3.77	4.39	4.48	16
江　西	Jiangxi	7.08	7.60	7.89	14	4.90	5.44	5.73	14
山　东	Shandong	13.91	14.39	14.70	2	9.14	10.14	10.47	2
河　南	Henan	11.04	13.00	13.34	5	7.75	9.51	9.80	4
湖　北	Hubei	12.35	12.89	12.91	6	7.47	8.28	8.34	6
湖　南	Hunan	9.49	9.77	9.87	10	5.96	6.49	6.66	9
广　东	Guangdong	12.14	14.03	14.54	3	7.86	9.52	9.89	3
广　西	Guangxi	5.07	5.75	6.02	19	3.17	3.77	3.86	21
海　南	Hainan	1.24	1.40	1.41	28	0.78	0.89	0.90	28
重　庆	Chongqing	4.84	5.54	5.63	21	3.11	3.89	3.99	19
四　川	Sichuan	10.05	11.93	12.21	7	6.50	8.14	8.44	5
贵　州	Guizhou	2.97	3.89	4.21	24	2.04	2.81	3.05	24
云　南	Yunnan	3.97	4.83	5.03	22	2.65	3.54	3.69	22
西　藏	Tibet	0.33	0.36	0.36	31	0.22	0.26	0.26	31
陕　西	Shaanxi	9.85	10.33	10.39	8	5.83	6.50	6.65	10
甘　肃	Gansu	3.29	3.69	3.86	26	2.08	2.53	2.61	25
青　海	Qinghai	0.67	0.62	0.64	30	0.37	0.39	0.41	30
宁　夏	Ningxia	0.92	1.13	1.15	29	0.59	0.78	0.80	29
新　疆	Xinjiang	2.68	2.94	2.89	27	1.65	1.91	1.94	27

18-13 普通高中学校数和招生数
Regular Senior Secondary Schools and Entrants

地区	Region	学校数（所） Schools (unit) 2010	2014	2015	2015排名 Ranking	招生数（万人） Entrants (10 000 persons) 2010	2014	2015	2015排名 Ranking
全 国	**National Total**	**14058**	**13253**	**13240**		**836.24**	**796.60**	**796.61**	
北 京	Beijing	289	306	306	22	6.56	5.52	5.67	26
天 津	Tianjin	214	181	180	27	6.21	5.47	5.38	27
河 北	Hebei	615	567	578	5	42.02	38.23	40.77	5
山 西	Shanxi	534	499	505	12	28.10	25.56	24.84	16
内蒙古	Inner Mongolia	289	278	284	23	16.64	15.53	14.84	23
辽 宁	Liaoning	419	415	412	18	24.04	20.89	20.98	18
吉 林	Jilin	257	240	239	26	16.30	13.23	13.52	24
黑龙江	Heilongjiang	416	378	377	20	20.75	18.16	18.10	22
上 海	Shanghai	261	246	253	25	5.39	5.29	5.34	28
江 苏	Jiangsu	653	567	569	7	44.03	31.98	31.95	10
浙 江	Zhejiang	569	561	563	8	30.09	25.17	25.99	15
安 徽	Anhui	743	694	666	4	42.41	37.06	36.33	7
福 建	Fujian	575	542	540	10	24.31	20.86	21.57	17
江 西	Jiangxi	452	442	460	15	25.65	31.62	32.04	9
山 东	Shandong	592	544	555	9	52.82	55.92	55.37	3
河 南	Henan	825	774	770	2	62.85	64.49	67.98	1
湖 北	Hubei	603	541	532	11	39.55	29.53	27.86	12
湖 南	Hunan	622	580	575	6	37.05	36.55	38.03	6
广 东	Guangdong	1026	1012	1019	1	75.59	69.68	66.44	2
广 西	Guangxi	463	445	445	16	27.07	30.46	31.04	11
海 南	Hainan	107	104	106	28	5.60	5.69	5.74	25
重 庆	Chongqing	268	258	261	24	22.76	20.98	19.86	20
四 川	Sichuan	747	732	726	3	52.55	49.77	49.00	4
贵 州	Guizhou	444	438	430	17	24.02	34.90	34.35	8
云 南	Yunnan	451	446	465	14	22.90	26.81	27.45	13
西 藏	Tibet	29	29	30	31	1.51	1.84	1.96	31
陕 西	Shaanxi	569	506	488	13	33.84	27.98	26.43	14
甘 肃	Gansu	452	402	386	19	21.96	20.81	19.94	19
青 海	Qinghai	119	102	101	29	3.62	3.92	4.00	30
宁 夏	Ningxia	70	61	62	30	4.74	5.29	5.08	29
新 疆	Xinjiang	385	363	357	21	15.32	17.39	18.77	21

18-14 普通高中在校学生数和毕业生数
Total Enrolment and Graduates in Regular Senior Secondary Schools

单位：万人 (10 000 persons)

地区	Region	在校学生数 Enrolment				毕业生数 Graduates			
		2010	2014	2015	2015排名 Ranking	2010	2014	2015	2015排名 Ranking
全 国	**National Total**	**2427.34**	**2400.47**	**2374.40**		**794.43**	**799.62**	**797.65**	
北 京	Beijing	19.84	17.76	16.94	26	6.23	5.78	5.77	27
天 津	Tianjin	18.52	16.96	16.56	27	6.60	6.11	5.84	26
河 北	Hebei	127.51	110.41	115.79	5	42.66	36.20	35.24	7
山 西	Shanxi	82.29	82.78	79.38	14	25.94	27.35	28.36	12
内蒙古	Inner Mongolia	49.93	48.40	46.30	23	17.48	16.21	16.59	22
辽 宁	Liaoning	71.54	65.26	63.48	17	22.61	23.15	22.35	19
吉 林	Jilin	47.09	41.57	40.63	24	15.22	15.55	13.99	23
黑龙江	Heilongjiang	61.69	56.68	55.42	21	19.55	19.90	19.39	21
上 海	Shanghai	16.89	15.74	15.82	29	6.24	5.10	5.12	29
江 苏	Jiangsu	135.66	103.42	97.80	9	48.64	39.67	36.88	6
浙 江	Zhejiang	88.02	79.08	77.34	16	27.37	29.66	27.10	14
安 徽	Anhui	127.60	120.13	113.55	6	44.38	42.94	43.30	5
福 建	Fujian	70.64	62.91	62.63	19	24.03	22.73	20.81	20
江 西	Jiangxi	73.96	90.47	92.91	10	26.25	27.70	28.74	11
山 东	Shandong	152.51	171.27	169.12	3	54.69	54.32	56.89	3
河 南	Henan	192.16	189.55	194.31	2	70.43	60.28	61.05	2
湖 北	Hubei	123.74	91.90	87.60	11	43.45	34.95	31.69	9
湖 南	Hunan	101.90	105.70	107.44	7	36.18	32.04	33.50	8
广 东	Guangdong	208.95	214.02	205.40	1	56.76	72.87	72.67	1
广 西	Guangxi	75.40	83.82	86.57	12	23.90	25.33	25.73	15
海 南	Hainan	16.05	17.65	17.23	25	5.06	5.85	6.06	25
重 庆	Chongqing	62.64	64.79	62.32	20	16.95	22.12	22.36	18
四 川	Sichuan	146.23	148.98	147.06	4	45.00	50.49	49.78	4
贵 州	Guizhou	62.02	94.27	97.89	8	17.17	23.85	28.07	13
云 南	Yunnan	63.28	76.85	78.28	15	18.44	22.16	24.07	16
西 藏	Tibet	4.07	5.57	5.80	31	1.22	1.62	1.81	31
陕 西	Shaanxi	95.59	85.10	80.49	13	31.03	30.44	29.01	10
甘 肃	Gansu	64.70	65.44	62.94	18	19.50	22.38	22.44	17
青 海	Qinghai	10.77	11.35	11.66	30	3.41	3.24	3.59	30
宁 夏	Ningxia	14.24	16.35	15.97	28	4.49	5.50	5.54	28
新 疆	Xinjiang	41.91	46.30	49.79	22	13.57	14.13	13.91	24

18-15 普通高中教职工数和专任教师数

Educational Personnel and Full-time Teachers in Regular Senior Secondary Schools

单位：万人 (10 000 persons)

地区	Region	教职工数 Educational Personnel				其中：专任教师数 Full-time Teachers			
		2010	2014	2015	2015排名 Ranking	2010	2014	2015	2015排名 Ranking
全　国	**National Total**	**585.93**	**250.94**	**254.32**		**151.82**	**166.27**	**169.54**	
北　京	Beijing	7.04	5.40	5.53	23	1.96	2.11	2.13	25
天　津	Tianjin	5.18	2.93	2.93	27	1.48	1.60	1.62	27
河　北	Hebei	30.53	12.35	12.67	5	8.30	8.34	8.54	6
山　西	Shanxi	20.45	9.55	9.72	10	5.36	6.09	6.19	11
内蒙古	Inner Mongolia	12.31	5.20	5.26	24	3.16	3.36	3.41	23
辽　宁	Liaoning	18.03	6.32	6.41	20	4.47	4.89	5.01	18
吉　林	Jilin	12.11	4.18	4.22	25	2.76	2.84	2.88	24
黑龙江	Heilongjiang	17.12	5.95	5.90	22	4.07	4.25	4.23	20
上　海	Shanghai	6.73	3.05	3.09	26	1.67	1.70	1.74	26
江　苏	Jiangsu	33.56	12.92	12.64	6	9.82	9.65	9.54	4
浙　江	Zhejiang	20.82	8.88	8.89	11	6.23	6.56	6.64	10
安　徽	Anhui	26.26	11.70	11.60	7	6.69	7.52	7.63	7
福　建	Fujian	17.22	9.77	9.80	9	5.21	5.09	5.05	17
江　西	Jiangxi	18.44	8.29	8.63	13	4.69	5.12	5.32	14
山　东	Shandong	43.88	15.26	15.68	3	11.14	12.16	12.52	2
河　南	Henan	43.14	14.73	15.07	4	10.43	11.08	11.40	3
湖　北	Hubei	26.31	9.04	8.76	12	7.11	6.81	6.70	9
湖　南	Hunan	28.17	10.24	10.39	8	6.78	6.85	7.00	8
广　东	Guangdong	44.53	24.25	24.80	1	12.51	14.84	15.09	1
广　西	Guangxi	19.01	7.03	7.26	17	4.21	4.84	5.07	16
海　南	Hainan	4.07	2.44	2.49	28	0.95	1.22	1.26	28
重　庆	Chongqing	12.44	6.63	6.71	18	3.22	3.84	3.92	21
四　川	Sichuan	32.18	15.58	15.90	2	8.03	9.21	9.43	5
贵　州	Guizhou	15.53	7.28	7.63	16	3.31	5.24	5.62	13
云　南	Yunnan	17.95	7.72	8.06	15	4.12	4.95	5.15	15
西　藏	Tibet	1.28	0.50	0.54	31	0.32	0.44	0.47	31
陕　西	Shaanxi	19.85	8.54	8.45	14	5.40	5.69	5.71	12
甘　肃	Gansu	13.27	6.13	6.10	21	3.75	4.38	4.48	19
青　海	Qinghai	2.39	1.21	1.29	30	0.76	0.80	0.87	30
宁　夏	Ningxia	3.05	1.28	1.31	29	0.89	1.03	1.05	29
新　疆	Xinjiang	13.06	6.58	6.58	19	3.02	3.78	3.89	22

注：教职工数为普通初中和普通高中之和。

Note: The staff number is the sum of ordinary junior high school and ordinary high school.

18-16 中等职业学校招生数和在校学生数
Entrants and Enrolment in Secondary Vocational Schools (Institutions)

单位：万人 (10 000 persons)

地区	Region	招生数 Entrants				在校学生数 Enrolment			
		2010	2014	2015	2015排名 Ranking	2010	2014	2015	2015排名 Ranking
全　国	**National Total**	**711.40**	**495.36**	**479.82**		**1816.44**	**1416.31**	**1335.24**	
北　京	Beijing	5.06	2.98	2.71	29	16.18	12.60	9.63	28
天　津	Tianjin	3.87	3.08	3.80	27	11.61	9.38	9.77	27
河　北	Hebei	40.95	22.41	24.32	7	112.05	65.54	61.29	9
山　西	Shanxi	23.65	13.18	11.89	17	57.52	39.92	36.68	15
内蒙古	Inner Mongolia	12.42	8.24	7.62	23	33.47	23.19	21.46	23
辽　宁	Liaoning	14.44	10.83	11.12	18	42.78	33.32	32.53	18
吉　林	Jilin	10.73	4.35	4.55	24	29.24	15.00	13.42	24
黑龙江	Heilongjiang	11.59	7.84	7.63	22	36.00	24.32	22.94	20
上　海	Shanghai	4.89	4.10	3.88	26	16.39	13.10	11.97	25
江　苏	Jiangsu	36.26	23.44	22.87	9	102.04	72.36	68.02	7
浙　江	Zhejiang	24.15	17.91	18.71	11	64.22	53.38	52.36	11
安　徽	Anhui	34.91	33.42	30.68	4	87.27	91.47	83.78	5
福　建	Fujian	20.15	14.09	14.08	14	53.60	43.76	39.67	14
江　西	Jiangxi	22.00	14.94	15.71	13	61.81	43.72	43.12	13
山　东	Shandong	42.70	31.91	29.40	5	113.16	94.82	85.73	4
河　南	Henan	62.56	39.34	37.82	3	163.60	110.39	104.04	2
湖　北	Hubei	28.36	12.67	13.26	15	90.38	37.26	36.49	16
湖　南	Hunan	30.29	22.71	23.78	8	76.48	64.48	64.80	8
广　东	Guangdong	74.13	41.70	39.54	2	154.78	128.22	117.21	1
广　西	Guangxi	38.09	27.12	25.69	6	80.95	78.27	73.64	6
海　南	Hainan	5.47	4.54	4.31	25	13.69	12.95	11.71	26
重　庆	Chongqing	13.25	11.60	11.90	16	39.16	33.91	32.80	17
四　川	Sichuan	51.16	44.38	40.08	1	123.69	107.92	98.75	3
贵　州	Guizhou	15.55	23.58	22.81	10	37.57	54.45	60.25	10
云　南	Yunnan	27.90	17.60	17.56	12	57.53	49.06	48.42	12
西　藏	Tibet	0.73	0.71	0.56	31	2.26	1.70	1.58	31
陕　西	Shaanxi	25.18	13.53	10.64	19	62.83	37.71	32.23	19
甘　肃	Gansu	13.74	8.82	8.18	21	34.74	26.26	22.93	21
青　海	Qinghai	3.07	2.73	2.70	30	7.91	7.72	7.64	30
宁　夏	Ningxia	4.25	3.04	3.08	28	10.19	8.20	8.21	29
新　疆	Xinjiang	9.89	8.59	8.95	20	23.33	21.95	22.17	22

18-17 中等职业学校毕业生数和专任教师数
Number of Graduates and Full-time Teachers in Secondary Vocational Schools (Institutions)

单位：万人 (10 000 persons)

地区	Region	毕业生数 Graduates 2010	2014	2015	2015排名 Ranking	专任教师数 Full-time Teachers 2010	2014	2015	2015排名 Ranking
全 国	**National Total**	**543.65**	**516.15**	**473.27**		**68.10**	**66.38**	**65.24**	
北 京	Beijing	5.13	6.70	4.14	26	0.84	0.72	0.70	26
天 津	Tianjin	5.15	3.32	3.06	28	0.79	0.67	0.65	27
河 北	Hebei	34.82	29.77	25.41	6	4.91	4.42	4.39	4
山 西	Shanxi	18.18	15.42	13.61	14	2.33	2.51	2.54	10
内蒙古	Inner Mongolia	8.53	8.13	8.29	22	1.47	1.46	1.40	23
辽 宁	Liaoning	14.26	11.53	10.75	19	2.19	2.06	2.04	13
吉 林	Jilin	9.18	7.69	5.35	24	1.93	1.75	1.63	17
黑龙江	Heilongjiang	12.20	9.97	8.43	21	1.83	1.70	1.42	22
上 海	Shanghai	5.55	5.58	4.42	25	0.81	0.84	0.83	25
江 苏	Jiangsu	28.18	26.59	24.25	7	4.40	4.33	4.23	5
浙 江	Zhejiang	18.74	20.27	17.96	10	3.05	3.32	3.35	7
安 徽	Anhui	29.25	32.64	34.10	4	2.44	3.21	3.03	8
福 建	Fujian	15.53	15.21	13.84	13	1.80	1.71	1.71	16
江 西	Jiangxi	18.84	15.41	13.96	12	2.00	1.54	1.49	21
山 东	Shandong	43.93	35.40	32.04	5	5.55	4.93	4.89	2
河 南	Henan	52.63	41.96	38.83	3	6.04	5.18	5.17	1
湖 北	Hubei	33.58	14.72	12.57	15	2.85	2.19	2.06	12
湖 南	Hunan	28.29	20.51	20.41	9	2.80	2.51	2.60	9
广 东	Guangdong	33.17	45.70	41.73	2	4.35	4.52	4.50	3
广 西	Guangxi	16.36	23.05	23.19	8	2.05	2.04	2.03	14
海 南	Hainan	2.97	4.37	3.94	27	0.38	0.48	0.46	28
重 庆	Chongqing	12.50	11.57	10.87	18	1.39	1.52	1.51	20
四 川	Sichuan	31.41	46.81	42.31	1	3.62	4.07	3.96	6
贵 州	Guizhou	10.10	10.85	11.88	17	1.13	1.63	1.78	15
云 南	Yunnan	12.89	14.62	14.99	11	2.01	2.13	2.13	11
西 藏	Tibet	0.73	0.64	0.61	31	0.06	0.10	0.11	31
陕 西	Shaanxi	19.83	16.06	12.51	16	2.09	1.76	1.59	18
甘 肃	Gansu	10.25	8.89	8.76	20	1.49	1.58	1.56	19
青 海	Qinghai	1.98	2.01	1.95	30	0.24	0.25	0.24	30
宁 夏	Ningxia	2.85	3.68	2.59	29	0.24	0.25	0.25	29
新 疆	Xinjiang	6.64	7.08	6.52	23	1.01	0.99	0.99	24

18-18 初中学校数和在校学生数
Number of Schools and Enrolment in Regular Junior Secondary Schools

地区	Region	学校数（所） Schools (unit)				在校学生数（万人） Enrolment (10 000 persons)			
		2010	2014	2015	2015排名 Ranking	2010	2014	2015	2015排名 Ranking
全　国	**National Total**	**54823**	**52623**	**52405**		**5275.91**	**4384.63**	**4311.95**	
北　京	Beijing	345	337	340	27	30.99	30.68	28.34	27
天　津	Tianjin	332	326	329	28	27.34	26.72	26.15	29
河　北	Hebei	2649	2391	2378	7	221.23	228.82	236.13	5
山　西	Shanxi	2213	1919	1895	12	171.38	121.90	112.68	16
内蒙古	Inner Mongolia	834	725	716	24	81.47	66.97	63.96	23
辽　宁	Liaoning	1657	1533	1517	18	127.23	105.57	101.29	18
吉　林	Jilin	1209	1195	1181	21	81.75	62.29	59.55	24
黑龙江	Heilongjiang	1758	1569	1564	17	129.09	91.63	89.98	22
上　海	Shanghai	494	522	537	25	42.55	42.68	41.23	25
江　苏	Jiangsu	2123	2077	2091	10	232.95	185.20	186.72	11
浙　江	Zhejiang	1745	1719	1712	15	167.13	149.91	147.94	13
安　徽	Anhui	2995	2905	2858	6	278.99	192.41	190.08	9
福　建	Fujian	1328	1239	1240	20	127.58	112.57	113.35	15
江　西	Jiangxi	2107	2127	2131	8	199.99	175.01	176.40	12
山　东	Shandong	3053	2917	2891	5	348.56	314.80	310.81	3
河　南	Henan	4616	4566	4565	1	469.40	399.36	404.81	1
湖　北	Hubei	2184	2011	2013	11	218.09	137.59	136.53	14
湖　南	Hunan	3311	3314	3331	4	214.92	220.63	222.41	6
广　东	Guangdong	3308	3387	3415	3	500.10	376.75	355.32	2
广　西	Guangxi	1974	1843	1839	13	200.39	195.08	196.31	8
海　南	Hainan	424	392	391	26	42.16	33.74	32.89	26
重　庆	Chongqing	1005	921	906	23	128.17	97.94	96.04	19
四　川	Sichuan	3991	3901	3864	2	343.86	258.33	246.39	4
贵　州	Guizhou	2148	2166	2128	9	213.66	206.83	197.97	7
云　南	Yunnan	1732	1670	1682	16	207.35	189.80	189.43	10
西　藏	Tibet	93	96	97	31	13.90	12.43	11.75	31
陕　西	Shaanxi	1867	1714	1727	14	164.32	111.73	107.08	17
甘　肃	Gansu	1586	1538	1491	19	138.40	97.09	90.93	20
青　海	Qinghai	315	268	270	29	21.95	21.20	21.32	30
宁　夏	Ningxia	267	235	237	30	30.68	27.83	27.43	28
新　疆	Xinjiang	1160	1100	1069	22	100.33	91.15	90.74	21

18-19　初中毕业生数和专任教师数

Number of Graduates and Full-time Teachers in Regular Junior Secondary Schools

单位：万人 (10 000 persons)

地区	Region	毕业生数 Graduates 2010	2014	2015	2015排名 Ranking	专任教师数 Full-time Teachers 2010	2014	2015	2015排名 Ranking
全　国	**National Total**	**1748.57**	**1413.51**	**1417.59**		**352.34**	**348.84**	**347.56**	
北　京	Beijing	10.10	9.01	9.28	27	3.03	3.25	3.29	26
天　津	Tianjin	9.35	7.94	8.39	29	2.59	2.62	2.63	27
河　北	Hebei	87.68	60.25	69.19	7	17.77	17.01	17.38	5
山　西	Shanxi	57.54	44.87	42.76	15	11.92	11.59	11.31	15
内蒙古	Inner Mongolia	26.90	22.76	22.24	23	6.40	6.08	5.91	24
辽　宁	Liaoning	45.53	33.55	33.73	18	10.07	9.89	9.88	17
吉　林	Jilin	29.44	21.03	20.14	24	6.70	6.70	6.47	23
黑龙江	Heilongjiang	40.52	26.96	26.71	22	10.14	9.54	9.38	19
上　海	Shanghai	9.89	9.22	9.43	26	3.40	3.71	3.76	25
江　苏	Jiangsu	91.40	61.46	61.21	10	18.64	17.48	17.34	6
浙　江	Zhejiang	58.60	46.06	47.83	13	12.05	11.91	12.02	13
安　徽	Anhui	92.19	66.63	64.09	8	16.32	15.52	15.09	8
福　建	Fujian	47.85	34.31	36.32	17	9.93	9.79	9.80	18
江　西	Jiangxi	53.68	55.12	55.65	12	12.04	12.14	12.07	12
山　东	Shandong	102.21	99.40	99.12	3	26.07	26.53	26.49	3
河　南	Henan	154.92	114.66	123.62	2	27.67	28.35	28.59	1
湖　北	Hubei	85.44	47.71	46.14	14	15.68	13.36	13.13	9
湖　南	Hunan	69.75	65.24	69.98	6	17.27	17.01	16.82	7
广　东	Guangdong	153.47	138.30	129.29	1	26.64	27.85	27.58	2
广　西	Guangxi	62.66	61.86	62.75	9	11.87	11.78	11.90	14
海　南	Hainan	14.63	11.03	10.77	25	2.51	2.53	2.57	28
重　庆	Chongqing	41.66	34.81	32.51	20	7.71	7.57	7.56	22
四　川	Sichuan	113.76	91.80	88.14	4	20.46	20.09	19.88	4
贵　州	Guizhou	63.58	67.40	70.24	5	10.94	11.96	12.37	11
云　南	Yunnan	64.16	56.77	57.72	11	11.98	12.26	12.39	10
西　藏	Tibet	4.61	4.19	4.01	31	0.89	0.95	0.97	31
陕　西	Shaanxi	62.74	40.73	37.95	16	11.65	10.75	10.47	16
甘　肃	Gansu	45.46	35.17	33.24	19	8.32	8.48	8.39	21
青　海	Qinghai	6.62	6.17	6.53	30	1.43	1.53	1.61	30
宁　夏	Ningxia	8.48	9.12	8.88	28	1.86	1.91	1.94	29
新　疆	Xinjiang	33.75	29.99	29.75	21	8.38	8.71	8.57	20

18-20 普通小学学校数和招生数
Number of Schools and Entrants in Regular Primary Schools

地区	Region	学校数（所） Schools (unit) 2010	2014	2015	2015排名 Ranking	招生数（万人） Entrants (10 000 persons) 2010	2014	2015	2015排名 Ranking
全　国	**National Total**	**257410**	**201377**	**190525**		**1691.70**	**1619.38**	**1729.04**	
北　京	Beijing	1104	1040	996	27	11.37	15.32	14.59	26
天　津	Tianjin	956	842	849	29	8.26	10.96	11.09	28
河　北	Hebei	13563	12529	12126	3	95.60	98.61	109.27	4
山　西	Shanxi	12776	6885	6403	13	45.14	34.37	37.66	18
内蒙古	Inner Mongolia	2767	2174	1853	24	22.18	22.29	22.37	23
辽　宁	Liaoning	5523	4429	4234	18	34.85	33.12	32.55	20
吉　林	Jilin	5837	4806	4493	17	24.97	18.74	20.60	24
黑龙江	Heilongjiang	6490	3115	2802	23	34.14	22.42	24.91	22
上　海	Shanghai	766	757	764	31	15.05	16.29	15.58	25
江　苏	Jiangsu	4498	4023	4068	20	73.13	88.83	91.96	6
浙　江	Zhejiang	3989	3344	3303	22	60.21	59.79	59.88	14
安　徽	Anhui	13997	10547	9119	8	81.90	72.65	74.55	9
福　建	Fujian	6974	5167	5141	16	42.60	52.68	53.63	15
江　西	Jiangxi	12772	9764	9465	7	74.84	67.62	71.59	10
山　东	Shandong	12405	10770	10404	5	111.30	124.67	124.43	3
河　南	Henan	28603	25578	24673	1	187.76	159.40	169.30	1
湖　北	Hubei	7749	5513	5398	15	68.02	58.47	62.56	12
湖　南	Hunan	12692	8560	8412	10	86.38	80.87	88.67	7
广　东	Guangdong	16806	10731	10126	6	135.92	148.86	165.80	2
广　西	Guangxi	13942	12946	11849	4	74.11	73.16	77.08	8
海　南	Hainan	2313	1619	1556	26	10.36	12.76	13.91	27
重　庆	Chongqing	5544	4586	4170	19	32.97	35.58	33.46	19
四　川	Sichuan	9282	6959	6487	12	96.49	88.94	93.48	5
贵　州	Guizhou	12422	9275	8520	9	65.69	51.46	60.77	13
云　南	Yunnan	14059	12608	12413	2	66.93	54.08	63.41	11
西　藏	Tibet	872	829	826	30	5.07	3.22	5.17	31
陕　西	Shaanxi	9710	6574	5851	14	40.86	40.01	42.58	16
甘　肃	Gansu	11582	8979	8052	11	36.13	24.50	31.30	21
青　海	Qinghai	1792	1114	978	28	8.15	6.99	7.71	30
宁　夏	Ningxia	2027	1763	1693	25	10.15	8.79	9.42	29
新　疆	Xinjiang	3598	3551	3501	21	31.19	33.89	39.77	17

18-21 普通小学在校学生数和毕业生数

Number of Student Enrollment and Graduates in Regular Primary Schools

单位：万人 (10 000 persons)

地区	Region	在校学生数 Enrolment 2010	2014	2015	2015排名 Ranking	毕业生数 Graduates 2010	2014	2015	2015排名 Ranking
全 国	**National Total**	**9940.70**	**9451.07**	**9692.18**		**1739.64**	**1476.63**	**1509.54**	
北 京	Beijing	65.33	82.12	85.03	25	10.30	11.28	11.34	27
天 津	Tianjin	50.59	57.32	60.21	28	8.72	8.67	8.50	29
河 北	Hebei	511.59	564.29	596.24	4	72.18	82.04	87.24	4
山 西	Shanxi	291.06	224.50	226.95	17	57.35	38.81	38.03	16
内蒙古	Inner Mongolia	143.08	129.65	131.36	23	26.98	22.11	19.83	24
辽 宁	Liaoning	218.25	198.46	199.96	20	39.75	35.73	32.06	19
吉 林	Jilin	144.46	126.88	127.98	24	25.27	23.15	21.96	23
黑龙江	Heilongjiang	187.96	148.60	147.80	22	36.39	26.71	27.86	22
上 海	Shanghai	70.16	80.30	79.87	26	12.44	13.12	14.89	25
江 苏	Jiangsu	398.78	471.48	499.64	6	70.58	62.19	71.80	7
浙 江	Zhejiang	333.33	354.50	356.99	12	54.13	53.75	57.11	13
安 徽	Anhui	460.44	415.14	422.50	9	87.41	63.41	66.94	9
福 建	Fujian	238.89	274.63	288.31	15	39.61	37.89	41.64	15
江 西	Jiangxi	426.02	412.98	422.31	10	67.85	59.65	64.56	11
山 东	Shandong	629.25	648.47	674.63	3	110.26	101.00	107.34	3
河 南	Henan	1070.53	928.60	937.05	1	165.35	140.81	143.95	1
湖 北	Hubei	365.55	321.16	335.81	14	61.16	45.19	50.30	14
湖 南	Hunan	479.16	473.84	488.86	7	72.81	74.10	76.98	6
广 东	Guangdong	848.55	831.91	868.88	2	174.19	124.35	127.16	2
广 西	Guangxi	430.06	431.81	440.10	8	71.82	67.54	69.94	8
海 南	Hainan	78.05	75.26	77.32	27	14.69	11.73	11.36	26
重 庆	Chongqing	199.94	203.42	207.33	18	39.83	31.71	32.16	18
四 川	Sichuan	592.11	531.32	541.74	5	111.34	83.07	84.16	5
贵 州	Guizhou	433.50	346.31	346.31	13	79.82	66.48	60.39	12
云 南	Yunnan	435.21	382.69	377.78	11	73.69	69.28	65.15	10
西 藏	Tibet	29.94	29.51	29.23	31	5.06	4.63	4.46	31
陕 西	Shaanxi	261.04	226.41	233.11	16	50.59	37.46	36.00	17
甘 肃	Gansu	237.04	180.24	180.24	21	47.43	31.93	29.86	20
青 海	Qinghai	51.90	46.11	45.40	30	8.25	7.81	7.26	30
宁 夏	Ningxia	65.37	58.87	58.35	29	10.97	10.06	9.62	28
新 疆	Xinjiang	193.58	194.29	204.89	19	33.44	30.91	29.69	21

18-22　普通小学教职工数和专任教师数

Number of Educational Personnel and Full-time Teachers in Regular Primary Schools

单位：万人 (10 000 persons)

地区	Region	教职工数 Educational Personnel 2010	2014	2015	2015排名 Ranking	其中：专任教师数 Full-time Teachers 2010	2014	2015	2015排名 Ranking
全　国	**National Total**	**610.98**	**548.89**	**548.94**		**561.71**	**563.39**	**568.51**	
北　京	Beijing	6.00	5.81	5.83	25	4.95	5.69	5.93	25
天　津	Tianjin	4.40	4.23	4.31	28	3.73	3.90	4.02	28
河　北	Hebei	34.24	33.94	34.46	4	31.90	33.35	33.89	4
山　西	Shanxi	20.64	17.71	17.36	15	19.05	17.68	17.30	15
内蒙古	Inner Mongolia	13.85	12.22	11.81	23	11.36	10.73	10.17	24
辽　宁	Liaoning	16.72	13.62	13.40	18	14.69	14.10	14.00	20
吉　林	Jilin	14.78	11.73	11.41	24	12.45	11.27	11.01	23
黑龙江	Heilongjiang	17.27	13.04	12.36	21	15.13	13.16	12.59	21
上　海	Shanghai	5.58	5.06	5.10	26	4.52	5.15	5.23	26
江　苏	Jiangsu	27.57	26.05	26.50	5	24.96	27.02	27.79	6
浙　江	Zhejiang	18.61	18.15	18.11	14	17.19	19.04	19.48	13
安　徽	Anhui	25.62	22.51	22.11	10	24.57	23.79	23.83	8
福　建	Fujian	16.63	16.06	16.32	16	15.66	15.87	16.25	16
江　西	Jiangxi	21.00	19.68	19.96	11	20.29	21.03	21.59	11
山　东	Shandong	41.75	37.89	37.92	3	38.75	38.91	39.64	3
河　南	Henan	51.82	49.67	50.20	1	49.04	49.40	50.09	1
湖　北	Hubei	21.12	19.90	19.76	12	19.61	19.92	20.02	12
湖　南	Hunan	26.69	22.63	22.61	8	25.00	24.81	24.91	7
广　东	Guangdong	48.78	41.82	42.51	2	43.07	45.44	46.86	2
广　西	Guangxi	24.46	22.91	23.16	7	22.02	21.73	22.20	10
海　南	Hainan	5.71	4.69	4.59	27	5.21	5.02	4.98	27
重　庆	Chongqing	12.59	11.77	11.88	22	11.61	11.64	11.89	22
四　川	Sichuan	32.97	26.05	26.07	6	30.57	30.49	30.81	5
贵　州	Guizhou	20.72	19.46	19.44	13	19.79	19.29	19.35	14
云　南	Yunnan	25.01	22.79	22.60	9	23.75	22.59	22.48	9
西　藏	Tibet	1.93	2.03	2.09	31	1.89	2.03	2.09	31
陕　西	Shaanxi	19.05	16.03	15.58	17	17.52	15.94	15.61	17
甘　肃	Gansu	14.46	13.33	13.22	19	14.04	14.05	14.03	19
青　海	Qinghai	2.75	2.15	2.24	30	2.66	2.52	2.65	30
宁　夏	Ningxia	3.38	3.22	3.24	29	3.32	3.34	3.38	29
新　疆	Xinjiang	14.89	12.72	12.79	20	13.40	14.51	14.48	18

18-23 每十万人口各级学校平均在校生数（一）
Number of Students Per 100 000 Population Average (1)

单位：人 (person)

地区	Region	高等教育 Higher Education				高中阶段 Senior Secondary			
		2010	2014	2015	2015排名 Ranking	2010	2014	2015	2015排名 Ranking
全　国	**National Total**	**2189**	**2488**	**2524**		**3499**	**3065**	**2965**	
北　京	Beijing	6196	5429	5218	1	2363	1630	1426	30
天　津	Tianjin	4412	4283	4185	2	2776	1924	1866	29
河　北	Hebei	1951	2098	2141	25	3647	2579	2555	22
山　西	Shanxi	2132	2519	2504	14	4478	3686	3486	8
内蒙古	Inner Mongolia	1884	2156	2035	26	3581	2941	2779	19
辽　宁	Liaoning	2671	2933	2876	9	2900	2427	2334	24
吉　林	Jilin	2716	3168	3169	5	2944	2207	2111	28
黑龙江	Heilongjiang	2447	2555	2518	11	2881	2381	2313	26
上　海	Shanghai	4300	3348	3330	4	1878	1197	1149	31
江　苏	Jiangsu	2819	2858	2896	8	3527	2542	2407	23
浙　江	Zhejiang	2285	2408	2414	16	3189	2726	2647	21
安　徽	Anhui	1841	2245	2309	18	3657	3583	3318	13
福　建	Fujian	2144	2513	2508	13	3655	3030	2889	18
江　西	Jiangxi	2162	2527	2654	10	3469	3286	3308	14
山　东	Shandong	2202	2421	2516	12	3224	3099	2941	16
河　南	Henan	1839	2203	2293	19	4024	3480	3454	9
湖　北	Hubei	2906	3121	3038	7	4155	2393	2294	27
湖　南	Hunan	2051	2160	2215	22	3048	2712	2720	20
广　东	Guangdong	2037	2356	2434	15	4446	3802	3589	6
广　西	Guangxi	1530	2052	2178	24	3432	3676	3611	5
海　南	Hainan	2036	2317	2290	20	3799	3648	3433	10
重　庆	Chongqing	2413	3017	3071	6	4000	3849	3702	2
四　川	Sichuan	1790	2244	2312	17	3496	3312	3162	15
贵　州	Guizhou	1109	1690	1819	28	2716	4422	4683	1
云　南	Yunnan	1391	1731	1819	27	2835	2897	2897	17
西　藏	Tibet	1373	1676	1766	29	2184	2329	2319	25
陕　西	Shaanxi	3208	3652	3628	3	4931	3598	3320	12
甘　肃	Gansu	1882	2219	2194	23	4044	3755	3517	7
青　海	Qinghai	1119	1220	1275	31	3790	3651	3659	4
宁　夏	Ningxia	1868	2255	2244	21	4223	3772	3672	3
新　疆	Xinjiang	1467	1749	1759	30	3249	3277	3385	11

注：1.高等教育包括普通高等学校和成人高等学校。

2.高中阶段合计数据包括普通高中、成人高中、普通中专、职业高中、技工学校和成人中专。

Notes: 1. Institutions of higher education include that of regular institutions of higher education and institutions of higher education for adults.

2. Total of senior schools include that of regular senior schools, adult senior schools, regular secondary technical schools, vocational secondary schools, technical worker school, adult technical secondary schools.

18-24 每十万人口各级学校平均在校生数（二）
Number of Students Per 100 000 Population Average (2)

单位：人 (person)

地区	Region	初中阶段 Junior Secondary				小学 Primary Education			
		2010	2014	2015	2015排名 Ranking	2010	2014	2015	2015排名 Ranking
全　国	**National Total**	**3955**	**3222**	**3152**		**7448**	**6946**	**7086**	
北　京	Beijing	1766	1451	1317	31	3722	3883	3951	29
天　津	Tianjin	2226	1815	1724	29	4119	3893	3969	28
河　北	Hebei	3145	3121	3198	15	7273	7696	8075	10
山　西	Shanxi	5004	3358	3089	18	8492	6185	6221	22
内蒙古	Inner Mongolia	3364	2681	2553	23	5907	5191	5244	25
辽　宁	Liaoning	2946	2405	2307	27	5053	4521	4554	27
吉　林	Jilin	3011	2264	2164	28	5273	4612	4650	26
黑龙江	Heilongjiang	3377	2389	2348	25	4913	3875	3856	30
上　海	Shanghai	2216	1767	1700	30	3652	3325	3292	31
江　苏	Jiangsu	3016	2333	2346	26	5162	5938	6277	21
浙　江	Zhejiang	3226	2727	2686	22	6435	6448	6481	20
安　徽	Anhui	4551	3191	3125	17	7510	6885	6946	16
福　建	Fujian	3517	2983	2978	20	6586	7277	7575	13
江　西	Jiangxi	4514	3870	3884	7	9612	9132	9298	3
山　东	Shandong	3681	3234	3175	16	6644	6662	6892	18
河　南	Henan	4948	4242	4290	2	11284	9865	9931	1
湖　北	Hubei	3813	2373	2348	24	6391	5538	5774	24
湖　南	Hunan	3355	3298	3301	13	7480	7082	7256	14
广　东	Guangdong	5189	3540	3313	12	8804	7816	8102	9
广　西	Guangxi	4127	4134	4129	4	8856	9150	9258	4
海　南	Hainan	4879	3768	3642	10	9033	8407	8563	8
重　庆	Chongqing	4483	3298	3211	14	6993	6849	6932	17
四　川	Sichuan	4207	3187	3027	19	7234	6554	6655	19
贵　州	Guizhou	5654	5906	5643	1	11414	9888	9872	2
云　南	Yunnan	4551	4050	4018	5	9521	8166	8014	11
西　藏	Tibet	4792	3983	3696	8	10323	9458	9192	5
陕　西	Shaanxi	4356	2968	2837	21	6920	6015	6175	23
甘　肃	Gansu	5252	3760	3509	11	8994	6980	6956	15
青　海	Qinghai	3938	3669	3656	9	9313	7980	7787	12
宁　夏	Ningxia	4919	4254	4144	3	10455	8999	8814	7
新　疆	Xinjiang	4648	4025	3949	6	8968	8581	8916	6

注：初中阶段包括普通初中和职业初中。

Note: Junior secondary schools include regular junior schools and junior vocational schools.

18-25 教育经费总收入和国家财政性教育经费
Total Educational Funds and Government Appropriation on Education

单位：亿元 (100 million yuan)

地区	Region	教育经费总收入 Total Educational Funds				国家财政性教育经费 Government Appropriation on Education			
		2010	2013	2014	2014排名 Ranking	2010	2013	2014	2014排名 Ranking
全　国	**National Total**	**19271.20**	**30364.72**	**32330.87**		**14379.42**	**24488.22**	**25944.99**	
北　京	Beijing	1175.65	1772.18	1930.58	4	889.08	1383.89	1524.41	4
天　津	Tianjin	337.44	636.53	708.66	23	257.23	542.65	603.21	21
河　北	Hebei	736.84	1050.52	1104.11	11	576.25	866.39	905.27	10
山　西	Shanxi	451.13	691.99	704.45	24	353.20	571.79	576.99	24
内蒙古	Inner Mongolia	414.99	613.12	640.70	25	359.05	555.65	574.84	25
辽　宁	Liaoning	680.79	1009.83	953.65	14	520.54	828.94	760.97	15
吉　林	Jilin	389.33	606.68	600.53	26	303.74	507.21	492.76	26
黑龙江	Heilongjiang	474.80	709.52	720.85	21	360.88	581.05	593.09	22
上　海	Shanghai	744.09	1128.71	1225.74	8	558.54	891.07	934.29	8
江　苏	Jiangsu	1455.76	2166.78	2277.13	2	1012.34	1692.81	1804.38	2
浙　江	Zhejiang	1116.39	1524.57	1710.75	5	767.31	1127.54	1234.97	7
安　徽	Anhui	631.59	1083.51	1092.67	12	473.84	890.33	899.74	11
福　建	Fujian	564.70	869.68	943.51	15	409.60	679.97	745.35	16
江　西	Jiangxi	451.26	829.49	894.30	17	319.18	694.05	740.77	17
山　东	Shandong	1097.36	185.50	1969.49	3	839.12	1547.33	1632.53	3
河　南	Henan	912.42	1568.62	1644.94	6	681.15	1273.71	1322.69	5
湖　北	Hubei	731.32	1085.34	1189.97	10	474.16	769.24	897.75	12
湖　南	Hunan	685.94	1134.52	1190.26	9	480.57	883.03	923.71	9
广　东	Guangdong	1598.45	2572.92	2837.93	1	1080.37	1908.99	2085.69	1
广　西	Guangxi	494.79	779.42	860.36	18	399.73	654.06	718.04	18
海　南	Hainan	144.43	229.00	242.47	28	115.45	189.29	200.03	28
重　庆	Chongqing	450.12	711.51	760.37	20	312.91	556.76	591.54	23
四　川	Sichuan	995.75	1508.36	1593.35	7	734.42	1199.62	1256.95	6
贵　州	Guizhou	368.85	681.99	770.70	19	315.66	597.11	676.80	19
云　南	Yunnan	533.73	905.62	920.80	16	448.14	787.02	793.83	14
西　藏	Tibet	66.23	120.67	153.02	31	64.16	118.20	150.83	31
陕　西	Shaanxi	604.16	1016.56	1055.57	13	432.92	811.40	825.11	13
甘　肃	Gansu	329.45	510.56	550.08	27	277.46	448.35	487.36	27
青　海	Qinghai	106.22	157.09	197.96	29	98.59	147.02	184.55	29
宁　夏	Ningxia	103.34	164.12	176.43	30	87.43	143.86	155.90	30
新　疆	Xinjiang	423.87	670.32	709.56	22	376.41	612.89	650.64	20

18-26 民办学校中举办者投入和社会捐赠教育经费

Funds from Investors of Private Schools and Donations and Fund-raising for Running Schools

单位：亿元 (100 million yuan)

地区	Region	民办学校中举办者投入 Funds from Investors of Private Schools				社会捐赠经费 Donations and Fund-raising for Running Schools			
		2010	2013	2014	2014排名 Ranking	2010	2013	2014	2014排名 Ranking
全　国	**National Total**	**105.43**	**147.41**	**131.35**		**107.88**	**85.54**	**79.67**	
北　京	Beijing	0.65	0.34	1.05	23	9.63	11.25	12.76	2
天　津	Tianjin	0.12	0.08	0.29	27	0.77	1.32	1.01	17
河　北	Hebei	1.46	5.03	4.09	8	0.84	0.68	1.23	15
山　西	Shanxi	2.60	4.83	2.65	19	0.93	0.45	0.25	29
内蒙古	Inner Mongolia	0.48	0.95	1.31	22	0.20	0.40	0.39	25
辽　宁	Liaoning	4.06	1.92	3.01	15	0.56	1.06	0.63	23
吉　林	Jilin	0.77	3.48	1.50	21	0.52	0.64	0.42	24
黑龙江	Heilongjiang	1.71	0.24	0.64	25	0.36	0.27	0.30	27
上　海	Shanghai	0.76	0.07	0.23	28	2.96	2.70	3.17	7
江　苏	Jiangsu	1.46	7.12	3.65	9	19.44	14.56	13.19	1
浙　江	Zhejiang	3.38	3.59	8.06	5	14.83	7.43	5.35	5
安　徽	Anhui	6.31	4.69	3.64	10	2.30	1.63	0.91	19
福　建	Fujian	10.05	7.83	9.12	4	4.62	6.23	5.76	4
江　西	Jiangxi	6.56	2.69	3.52	13	2.06	0.94	0.93	18
山　东	Shandong	2.96	5.76	4.48	7	4.46	3.09	1.79	12
河　南	Henan	9.96	19.93	16.01	2	0.83	0.65	0.77	21
湖　北	Hubei	3.11	9.66	3.41	14	1.98	2.39	1.79	13
湖　南	Hunan	3.32	6.34	7.24	6	1.78	1.75	2.28	9
广　东	Guangdong	21.67	31.91	24.90	1	11.26	11.83	10.76	3
广　西	Guangxi	2.38	1.76	2.91	16	1.06	0.90	0.76	22
海　南	Hainan	1.54	2.55	1.96	20	1.36	0.79	0.16	30
重　庆	Chongqing	6.14	3.21	2.77	17	4.72	2.00	2.71	8
四　川	Sichuan	7.04	13.00	13.27	3	11.44	4.39	4.37	6
贵　州	Guizhou	1.59	2.54	2.75	18	0.68	1.06	1.50	14
云　南	Yunnan	1.76	3.31	3.62	11	2.35	2.56	1.81	11
西　藏	Tibet	0.07	0.39	0.06	31	0.12	0.16	0.07	31
陕　西	Shaanxi	1.45	2.63	3.52	12	1.50	1.64	1.11	16
甘　肃	Gansu	0.80	0.41	0.67	24	1.98	0.54	0.82	20
青　海	Qinghai	0.15	0.38	0.21	29	0.26	0.11	0.26	28
宁　夏	Ningxia	0.91	0.62	0.30	26	0.49	0.37	0.35	26
新　疆	Xinjiang	0.23	0.14	0.21	29	1.57	1.75	2.03	10

18-27 教育经费中事业收入和其他教育经费收入

Income from Teaching Research and Other Auxiliary Activity and Other Educational Funds

单位：亿元 (100 million yuan)

地区	Region	教育经费中事业收入 Income from Teaching Research and Other Auxiliary Activity				其他教育经费收入 Other Educational Funds			
		2010	2013	2014	2014排名 Ranking	2010	2013	2014	2014排名 Ranking
全国	**National Total**	**4106.07**	**4926.21**	**5427.16**		**572.40**	**717.34**	**747.70**	
北京	Beijing	226.28	301.37	315.40	4	50.00	75.32	76.95	3
天津	Tianjin	68.43	82.34	91.02	23	10.90	10.14	13.13	16
河北	Hebei	148.04	166.32	184.49	12	10.25	12.10	9.03	21
山西	Shanxi	85.49	104.36	118.36	19	8.90	10.56	6.20	26
内蒙古	Inner Mongolia	48.77	51.58	59.48	25	6.49	4.55	4.68	27
辽宁	Liaoning	143.51	165.70	181.74	13	12.12	12.21	7.31	23
吉林	Jilin	74.72	86.20	98.90	22	9.58	9.16	6.94	24
黑龙江	Heilongjiang	98.11	109.74	115.79	20	13.74	18.22	11.03	20
上海	Shanghai	146.98	191.42	210.04	10	34.86	43.46	78.00	2
江苏	Jiangsu	352.44	369.58	382.97	2	70.08	82.70	72.95	4
浙江	Zhejiang	264.32	299.53	336.44	3	66.56	86.48	125.92	1
安徽	Anhui	135.74	171.27	177.06	14	13.40	15.59	11.32	18
福建	Fujian	128.87	157.87	169.24	15	11.56	17.77	14.04	15
江西	Jiangxi	107.20	121.62	141.68	17	16.26	10.19	7.39	22
山东	Shandong	234.18	279.76	305.56	5	16.65	19.05	25.13	8
河南	Henan	198.20	247.67	289.45	7	22.28	26.66	16.01	14
湖北	Hubei	213.45	234.86	257.54	8	38.61	42.20	27.47	6
湖南	Hunan	178.23	212.90	231.77	9	22.04	30.50	25.26	7
广东	Guangdong	447.89	576.50	647.61	1	37.25	43.69	68.95	5
广西	Guangxi	84.72	113.68	127.58	18	6.90	9.03	11.07	19
海南	Hainan	23.48	32.66	36.63	28	2.60	3.71	3.69	29
重庆	Chongqing	101.37	126.23	142.62	16	24.98	23.30	20.72	10
四川	Sichuan	226.16	270.15	297.31	6	16.68	21.20	21.45	9
贵州	Guizhou	45.33	68.10	78.22	24	5.60	13.18	11.43	17
云南	Yunnan	67.18	91.77	102.91	21	14.29	20.96	18.64	13
西藏	Tibet	1.86	1.82	1.79	31	0.02	0.10	0.28	31
陕西	Shaanxi	154.04	178.81	206.62	11	14.25	22.08	19.20	11
甘肃	Gansu	45.06	54.58	54.76	26	4.16	6.67	6.46	25
青海	Qinghai	5.94	7.03	8.45	30	1.28	2.55	4.50	28
宁夏	Ningxia	12.29	15.38	17.87	29	2.22	3.88	1.72	30
新疆	Xinjiang	37.76	35.41	37.85	27	7.90	20.13	18.83	12

18-28 教育经费总支出和事业性教育经费支出

Total Expenditure on Educational Funds and Expenditure from Educational Funds and Other Auxiliary Activity

单位：亿元 (100 million yuan)

地区	Region	教育经费总支出 Total Expenditure on Educational Funds 2010	2013	2014	2014排名 Ranking	事业性教育经费支出 Expenditure from Educational Funds and Other Auxiliary Activity 2010	2011	2013	2013排名 Ranking
全　国	**National Total**	**18796.13**	**29430.66**	**31017.84**		**18183.37**	**22475.29**	**28770.85**	
北　京	Beijing	1102.07	1686.25	1841.32	4	1034.36	1342.74	1628.98	4
天　津	Tianjin	334.03	627.72	671.78	24	329.57	454.45	615.75	24
河　北	Hebei	726.01	1033.00	1066.40	12	716.50	834.08	1016.91	11
山　西	Shanxi	440.41	673.39	675.35	23	425.83	515.64	653.99	21
内蒙古	Inner Mongolia	407.00	612.05	621.81	25	386.23	484.44	595.81	25
辽　宁	Liaoning	664.94	980.29	905.62	14	655.21	793.70	950.16	14
吉　林	Jilin	369.98	561.94	559.87	26	363.31	451.62	557.01	26
黑龙江	Heilongjiang	462.96	697.36	697.84	21	451.75	557.15	680.13	20
上　海	Shanghai	726.65	1058.86	1175.97	8	709.36	839.52	1018.53	10
江　苏	Jiangsu	1431.56	2132.33	2187.20	2	1384.54	1707.74	2118.78	2
浙　江	Zhejiang	1078.51	1483.11	1646.06	5	1064.29	1198.33	1469.60	6
安　徽	Anhui	624.82	1061.82	1069.19	11	603.31	803.64	1048.56	9
福　建	Fujian	538.87	813.60	877.53	16	521.90	622.55	798.70	16
江　西	Jiangxi	443.37	809.10	877.32	17	430.19	557.77	795.30	17
山　东	Shandong	1090.22	1831.83	1918.38	3	1077.59	1439.91	1823.29	3
河　南	Henan	884.18	1539.50	1614.44	6	866.08	1131.90	1514.71	5
湖　北	Hubei	700.87	1044.57	1137.38	10	686.82	803.52	1010.31	12
湖　南	Hunan	673.91	1121.53	1152.74	9	658.10	818.23	1101.17	8
广　东	Guangdong	1565.79	2394.13	2598.95	1	1501.93	1783.58	2344.21	1
广　西	Guangxi	479.10	753.36	831.63	18	469.04	561.76	728.06	18
海　南	Hainan	148.41	223.04	237.38	28	133.41	163.43	217.13	28
重　庆	Chongqing	439.72	711.69	749.81	19	421.58	534.25	687.67	19
四　川	Sichuan	982.50	1466.50	1564.82	7	938.89	1097.22	1435.88	7
贵　州	Guizhou	346.56	650.24	710.25	20	336.97	417.20	630.00	22
云　南	Yunnan	540.93	885.92	890.87	15	516.32	613.13	862.42	15
西　藏	Tibet	66.57	119.67	149.47	31	60.68	77.19	99.39	31
陕　西	Shaanxi	595.97	991.23	1017.20	13	577.20	773.20	974.65	13
甘　肃	Gansu	319.77	494.32	521.67	27	297.88	368.28	476.86	27
青　海	Qinghai	102.74	156.59	191.43	29	92.21	116.72	135.09	30
宁　夏	Ningxia	97.15	159.56	166.94	30	93.02	129.97	154.34	29
新　疆	Xinjiang	410.56	656.16	691.22	22	379.32	482.44	627.49	23

18-29 事业性教育经费支出构成
Composition of Expenditure on Education Funds

单位：亿元 (100 million yuan)

地区	Region	事业性经费支出用于个人部分 Education Expenditure for Individuals 2010	2013	2014	2014排名 Ranking	事业性经费支出用于公用部分 Education Expenditure for Public 2010	2013	2014	2014排名 Ranking
全 国	**National Total**	**10495.03**	**15289.10**	**17068.42**		**7688.35**	**13481.75**	**13427.41**	
北 京	Beijing	422.33	658.11	777.66	7	612.03	970.87	1034.40	1
天 津	Tianjin	199.28	260.05	301.25	27	130.29	355.70	365.16	16
河 北	Hebei	451.37	586.83	639.42	9	265.14	430.08	417.23	13
山 西	Shanxi	258.49	370.86	398.14	23	167.33	283.12	271.42	22
内蒙古	Inner Mongolia	237.68	369.42	385.20	24	148.55	226.39	221.42	26
辽 宁	Liaoning	379.49	473.63	491.00	16	275.72	476.52	406.28	14
吉 林	Jilin	215.15	304.27	322.09	25	148.16	252.74	232.31	25
黑龙江	Heilongjiang	260.27	360.89	414.26	21	191.48	319.24	275.76	21
上 海	Shanghai	366.62	446.29	518.95	13	342.74	572.24	621.77	7
江 苏	Jiangsu	817.16	1132.34	1207.89	2	567.39	986.45	972.44	3
浙 江	Zhejiang	627.96	845.65	929.98	5	436.33	623.95	709.24	6
安 徽	Anhui	357.26	525.15	568.81	11	246.04	523.41	483.51	11
福 建	Fujian	323.38	471.63	511.60	14	198.51	327.07	357.94	17
江 西	Jiangxi	244.14	386.89	459.34	18	186.05	408.42	406.00	15
山 东	Shandong	612.58	918.04	1029.11	3	465.02	905.25	883.00	4
河 南	Henan	500.22	747.79	835.52	6	365.86	766.92	758.93	5
湖 北	Hubei	398.45	545.52	674.13	8	288.37	464.79	443.52	12
湖 南	Hunan	386.76	544.21	628.95	10	271.34	556.96	513.04	9
广 东	Guangdong	870.49	1341.59	1518.75	1	631.43	1002.62	1020.89	2
广 西	Guangxi	301.14	431.07	475.49	17	167.90	296.99	335.58	19
海 南	Hainan	76.51	110.92	127.38	28	56.90	106.21	103.33	28
重 庆	Chongqing	224.94	355.71	416.75	20	196.64	331.96	312.65	20
四 川	Sichuan	555.44	824.62	955.99	4	383.45	611.26	582.02	8
贵 州	Guizhou	211.43	383.31	456.00	19	125.54	246.69	237.84	24
云 南	Yunnan	313.25	518.16	532.14	12	203.07	344.26	338.19	18
西 藏	Tibet	39.92	64.93	76.53	31	20.77	34.46	50.17	31
陕 西	Shaanxi	321.42	484.76	507.35	15	255.78	489.89	493.25	10
甘 肃	Gansu	184.95	280.05	311.71	26	112.93	196.81	194.68	27
青 海	Qinghai	52.71	80.30	93.13	30	39.50	54.79	65.21	30
宁 夏	Ningxia	49.25	87.87	93.99	29	43.77	66.47	68.20	29
新 疆	Xinjiang	234.98	378.24	409.91	22	144.34	249.25	252.04	23

18-30 教育经费中基本建设支出和生均教育经费支出（一）

Infrastructure Expenditure on Education and Average Individual Education Expenditure (1)

地区	Region	教育经费支出中基本建设支出（亿元） Infrastructure Expenditure on Education (100 million yuan)				普通高等学校生均教育经费支出（元） Average Individual Education Expenditure (yuan)			
		2010	2013	2014	2014排名 Ranking	2010	2013	2014	2014排名 Ranking
全　国	**National Total**	**612.76**	**659.81**	**522.01**		**20498**	**26086**	**26791**	
北　京	Beijing	67.72	57.28	29.27	5	50070	58674	61557	1
天　津	Tianjin	4.46	11.97	5.37	30	25654	34611	32954	4
河　北	Hebei	9.51	16.09	9.76	20	13961	19195	19188	29
山　西	Shanxi	14.59	19.40	5.79	28	12560	19630	19318	28
内蒙古	Inner Mongolia	20.77	16.24	15.19	17	16726	22742	25318	13
辽　宁	Liaoning	9.73	30.13	8.34	21	19961	26724	25393	12
吉　林	Jilin	6.68	4.92	5.47	29	17881	21082	21867	20
黑龙江	Heilongjiang	11.21	17.23	7.82	23	18259	23961	24184	15
上　海	Shanghai	17.29	40.33	35.26	2	39553	52417	58716	2
江　苏	Jiangsu	47.01	13.54	6.86	24	24009	29995	30493	6
浙　江	Zhejiang	14.22	13.51	6.83	25	30007	33282	37771	3
安　徽	Anhui	21.51	13.26	16.87	13	13532	19442	19927	25
福　建	Fujian	16.98	14.90	7.99	22	19815	23660	26054	11
江　西	Jiangxi	13.17	13.80	11.99	18	13121	17393	18363	30
山　东	Shandong	12.63	8.54	6.27	27	14873	19950	19543	27
河　南	Henan	18.10	24.80	19.99	11	11376	17094	18347	31
湖　北	Hubei	14.05	34.26	19.73	12	20156	25387	23677	17
湖　南	Hunan	15.81	20.36	10.75	19	13504	20654	20273	23
广　东	Guangdong	63.87	49.92	59.31	1	23452	24970	26642	9
广　西	Guangxi	10.06	25.30	20.56	8	13280	19313	20190	24
海　南	Hainan	15.01	5.91	6.67	26	15650	22743	23699	16
重　庆	Chongqing	18.14	24.02	20.41	10	20097	25422	25122	14
四　川	Sichuan	43.61	30.62	26.81	6	20113	23934	23256	18
贵　州	Guizhou	9.59	20.23	16.41	15	14690	21295	19853	26
云　南	Yunnan	24.61	23.50	20.54	9	17368	20429	20652	22
西　藏	Tibet	5.89	20.28	22.77	7	22837	36837	28871	7
陕　西	Shaanxi	18.77	16.58	16.61	14	21475	26491	26608	10
甘　肃	Gansu	21.89	17.46	15.28	16	13924	19828	21625	21
青　海	Qinghai	10.53	21.50	33.09	3	18285	24260	31168	5
宁　夏	Ningxia	4.13	5.22	4.76	31	18340	25084	27432	8
新　疆	Xinjiang	31.24	28.68	29.28	4	19321	22316	21894	19

18-31　生均教育经费支出（二）
Average Individual Education Expenditure (2)

单位：元　(yuan)

地区	Region	中等职业学校生均教育经费支出 Expenditure on Educational Funds of Vocational Secondary Schools 2010	2013	2014	2014排名 Ranking	普通高中生均教育经费支出 Expenditure on Educational Funds of Regular Senior Secondary Schools 2010	2013	2014	2014排名 Ranking
全　国	**National Total**	**8962**	**13914**	**13983**		**8101**	**12862**	**13482**	
北　京	Beijing	24502	38260	48701	2	34626	59251	67180	1
天　津	Tianjin	17895	29103	30256	4	17990	30238	38352	3
河　北	Hebei	7109	9436	10704	27	6525	10038	10801	25
山　西	Shanxi	7875	11138	11976	22	7733	11784	11662	21
内蒙古	Inner Mongolia	12357	24741	19076	8	10080	15036	14859	10
辽　宁	Liaoning	10014	18005	15577	10	8721	13735	13020	14
吉　林	Jilin	9609	20445	22050	5	7350	10259	10954	24
黑龙江	Heilongjiang	9244	12155	15303	11	6724	11149	11821	19
上　海	Shanghai	17154	44528	49283	1	33116	47954	49597	2
江　苏	Jiangsu	9545	17116	16557	9	11252	20723	22170	7
浙　江	Zhejiang	12567	20071	20916	6	14036	21089	22470	5
安　徽	Anhui	7398	12953	12724	18	6227	11772	11645	22
福　建	Fujian	8354	15516	14473	14	8998	14154	14604	11
江　西	Jiangxi	5766	9977	11132	24	5695	11693	12499	17
山　东	Shandong	9203	14521	15242	12	8306	13011	12939	15
河　南	Henan	7639	8761	9407	30	4646	8511	9027	31
湖　北	Hubei	5471	11565	13614	17	5947	10730	12729	16
湖　南	Hunan	7465	13319	10845	26	7441	10895	11240	23
广　东	Guangdong	10402	11740	12085	21	9616	11988	13612	12
广　西	Guangxi	9197	9802	10133	29	5701	9775	10451	26
海　南	Hainan	8073	12358	14715	13	9502	14274	16216	8
重　庆	Chongqing	6836	14440	12130	20	7551	13314	13383	13
四　川	Sichuan	9286	11608	11011	25	6271	9842	10334	27
贵　州	Guizhou	5366	13079	9362	31	5242	9777	9618	30
云　南	Yunnan	9567	12527	11690	23	7109	10638	10306	28
西　藏	Tibet	8718	32888	33901	3	11069	20412	27965	4
陕　西	Shaanxi	8779	11008	10325	28	6487	11463	11683	20
甘　肃	Gansu	7327	10519	13773	16	6106	10161	9728	29
青　海	Qinghai	12321	16734	14388	15	12032	16381	22466	6
宁　夏	Ningxia	8386	13458	12514	19	9566	12162	12103	18
新　疆	Xinjiang	13205	21055	20696	7	10100	16199	15592	9

18-32 生均教育经费支出（三）
Average Individual Education Expenditure (3)

单位：元 (yuan)

地区	Region	普通初中生均教育经费支出 Expenditure on Educational Funds of Regular Junior Secondary Schools				普通小学生均教育经费支出 Expenditure on Educational Funds of Regular Primary Schools			
		2010	2013	2014	2014排名 Ranking	2010	2013	2014	2014排名 Ranking
全　国	**National Total**	**6527**	**11454**	**12810**		**4932**	**8401**	**9432**	
北　京	Beijing	30791	48875	56609	1	19762	31502	34877	1
天　津	Tianjin	18256	30694	32174	3	12689	19458	20881	4
河　北	Hebei	6428	9142	9442	28	4627	5949	6463	30
山　西	Shanxi	5625	9543	10737	23	4648	7719	8690	21
内蒙古	Inner Mongolia	10161	15830	16454	9	8954	14234	14857	6
辽　宁	Liaoning	8843	14827	14555	11	6533	10200	10380	15
吉　林	Jilin	7460	13180	14998	10	6653	10307	11583	11
黑龙江	Heilongjiang	6277	11610	13904	15	5882	9854	11934	10
上　海	Shanghai	22497	31677	33393	2	18983	23239	24822	2
江　苏	Jiangsu	10362	19675	21054	4	8611	13494	13803	7
浙　江	Zhejiang	11690	16590	18652	6	8974	11485	12825	8
安　徽	Anhui	5041	11126	11731	20	4047	7798	8315	24
福　建	Fujian	7460	13530	14508	12	6240	9299	10009	16
江　西	Jiangxi	4198	9060	10235	26	3049	6528	7594	26
山　东	Shandong	7026	11787	13243	17	4383	7522	8334	23
河　南	Henan	4048	8037	9362	29	2553	4774	5641	31
湖　北	Hubei	5398	10763	13801	16	3757	6899	8441	22
湖　南	Hunan	6519	10520	11511	22	3942	6484	7099	28
广　东	Guangdong	5335	9554	11718	21	4717	8484	9745	17
广　西	Guangxi	5001	7925	8640	30	3858	6124	6822	29
海　南	Hainan	7033	13079	14371	13	6392	10582	11501	12
重　庆	Chongqing	6319	10808	12749	19	5369	9699	10791	14
四　川	Sichuan	5610	9719	10668	24	4725	7767	9541	18
贵　州	Guizhou	3499	7085	7833	31	2962	6640	7479	27
云　南	Yunnan	5449	8949	9481	27	4318	8125	8252	25
西　藏	Tibet	7902	14500	20139	5	9303	16612	23041	3
陕　西	Shaanxi	6212	12959	14311	14	5295	10976	11384	13
甘　肃	Gansu	5187	9164	10371	25	4074	7575	9022	20
青　海	Qinghai	9927	14284	17953	7	6821	11632	15076	5
宁　夏	Ningxia	7434	11897	13129	18	4490	8461	9066	19
新　疆	Xinjiang	9224	16857	16770	8	6570	11539	12573	9

19

卫 生

Public Health

19-1 卫生总费用（一）

Total Expenditure on Healthcare (1)

单位：亿元 (100 million yuan)

地区	Region	卫生总费用 Total Expenditure on Healthcare				其中：政府卫生支出 Government Expenditure on Health			
		2010	2014	2015	2015排名 Ranking	2010	2014	2015	2015排名 Ranking
全 国	**National Total**	**19980.39**	**35312.40**	**35312.40**		**5732.49**	**10579.23**	**10579.23**	
北 京	Beijing	813.64	1594.64	1594.64	8	223.98	394.38	394.38	11
天 津	Tianjin	355.65	650.91	650.91	25	82.68	171.18	171.18	27
河 北	Hebei	901.96	1645.80	1645.80	7	266.83	458.64	458.64	6
山 西	Shanxi	463.72	798.49	798.49	21	132.28	250.19	250.19	21
内蒙古	Inner Mongolia	436.95	712.00	712.00	24	139.47	240.81	240.81	23
辽 宁	Liaoning	772.50	1329.95	1329.95	12	176.35	289.38	289.38	18
吉 林	Jilin	454.26	772.53	772.53	22	122.91	212.13	212.13	26
黑龙江	Heilongjiang	605.77	992.15	992.15	15	151.96	242.60	242.60	22
上 海	Shanghai		1345.50	1345.50	11		275.29	275.29	19
江 苏	Jiangsu	1232.30	2644.65	2644.65	2	293.87	581.99	581.99	5
浙 江	Zhejiang	1143.30	1976.99	1976.99	4	265.40	443.89	443.89	7
安 徽	Anhui	721.12	1321.64	1321.64	13	214.21	434.77	434.77	8
福 建	Fujian	472.74	971.93	971.93	16	140.62	296.48	296.48	17
江 西	Jiangxi	442.67	850.13	850.13	19	180.17	358.98	358.98	14
山 东	Shandong	1345.30	2484.16	2484.16	3	327.40	619.70	619.70	2
河 南	Henan	1066.57	1878.78	1878.78	5	321.19	612.55	612.55	3
湖 北	Hubei	681.77	1393.90	1393.90	10	207.13	415.91	415.91	10
湖 南	Hunan	738.76	1460.64	1460.64	9	213.19	434.09	434.09	9
广 东	Guangdong	1509.62	2832.33	2832.33	1	359.33	803.78	803.78	1
广 西	Guangxi	514.88	908.06	908.06	18	191.40	359.27	359.27	13
海 南	Hainan		220.68	220.68	28		88.92	88.92	28
重 庆	Chongqing	432.97	821.53	821.53	20	120.45	255.09	255.09	20
四 川	Sichuan		1876.97	1876.97	6		592.32	592.32	4
贵 州	Guizhou	329.33	647.85	647.85	26	153.54	310.36	310.36	16
云 南	Yunnan	509.47	927.30	927.30	17	199.38	359.63	359.63	12
西 藏	Tibet		81.93	81.93	31		57.53	57.53	31
陕 西	Shaanxi		1124.02	1124.02	14		317.92	317.92	15
甘 肃	Gansu	295.38	569.75	569.75	27	116.54	212.32	212.32	25
青 海	Qinghai		175.31	175.31	30		87.25	87.25	29
宁 夏	Ningxia		206.76	206.76	29		67.56	67.56	30
新 疆	Xinjiang	322.62	750.82	750.82	23	120.97	232.50	232.50	24

19-2 卫生总费用（二）
Total Expenditure on Healthcare (2)

单位：亿元 (100 million yuan)

地区	Region	其中：社会卫生支出 Social Health Expenditure 2010	2014	2015	2015排名 Ranking	其中：个人卫生支出 Personal Health Spending 2010	2014	2015	2015排名 Ranking
全　国	**National Total**	**7196.61**	**13437.75**	**13437.75**		**7051.29**	**11295.41**	**11295.41**	
北　京	Beijing	386.86	890.57	890.57	5	202.80	309.69	309.69	15
天　津	Tianjin	145.88	266.71	266.71	22	127.10	213.01	213.01	24
河　北	Hebei	247.58	558.25	558.25	9	387.56	628.90	628.90	5
山　西	Shanxi	152.26	266.84	266.84	21	179.18	281.46	281.46	17
内蒙古	Inner Mongolia	105.91	190.85	190.85	25	191.58	280.34	280.34	18
辽　宁	Liaoning	291.58	561.30	561.30	8	304.57	479.27	479.27	10
吉　林	Jilin	123.77	244.42	244.42	23	207.58	315.98	315.98	14
黑龙江	Heilongjiang	198.04	353.75	353.75	16	255.76	395.79	395.79	12
上　海	Shanghai		791.87	791.87	6		278.34	278.34	19
江　苏	Jiangsu	533.25	1289.48	1289.48	1	405.18	773.18	773.18	3
浙　江	Zhejiang	440.63	910.59	910.59	4	437.27	622.51	622.51	6
安　徽	Anhui	257.39	440.50	440.50	13	249.52	446.37	446.37	11
福　建	Fujian	186.64	407.52	407.52	15	145.49	267.93	267.93	20
江　西	Jiangxi	112.41	240.42	240.42	24	150.36	250.73	250.73	22
山　东	Shandong	497.02	1039.50	1039.50	3	520.88	824.97	824.97	1
河　南	Henan	272.98	533.89	533.89	10	472.40	732.35	732.35	4
湖　北	Hubei	206.42	465.85	465.85	12	268.22	512.13	512.13	9
湖　南	Hunan	202.03	471.10	471.10	11	323.54	555.45	555.45	8
广　东	Guangdong	539.10	1236.96	1236.96	2	611.20	791.58	791.58	2
广　西	Guangxi	159.53	294.79	294.79	19	163.95	254.00	254.00	21
海　南	Hainan		75.22	75.22	28		56.53	56.53	29
重　庆	Chongqing	137.22	320.20	320.20	18	175.31	246.24	246.24	23
四　川	Sichuan		688.86	688.86	7		595.79	595.79	7
贵　州	Guizhou	73.86	161.37	161.37	27	101.92	176.12	176.12	27
云　南	Yunnan	147.30	271.81	271.81	20	162.79	295.86	295.86	16
西　藏	Tibet		19.11	19.11	31		5.30	5.30	31
陕　西	Shaanxi		423.52	423.52	14		382.58	382.58	13
甘　肃	Gansu	74.22	164.19	164.19	26	104.62	193.24	193.24	25
青　海	Qinghai		46.67	46.67	30		41.38	41.38	30
宁　夏	Ningxia		71.22	71.22	29		67.98	67.98	28
新　疆	Xinjiang	115.51	325.41	325.41	17	86.14	192.91	192.91	26

19-3 卫生总费用占GDP比重和人均卫生总费用

Ration of Health Expenditure on GDP and Expenditure on Healthcare Per Capita

地区	Region	卫生总费用占GDP比重(%) Ration of Health Expenditure on GDP (%)				人均卫生总费用(元) Expenditure on Healthcare Per Capita (yuan)			
		2010	2014	2015	2015排名 Ranking	2010	2014	2015	2015排名 Ranking
全　国	**National Total**	**4.98**	**5.55**	**5.55**		**1490.06**	**2581.66**	**2581.66**	
北　京	Beijing	5.76	7.48	7.48	6	4147.20	7411.41	7411.41	1
天　津	Tianjin	3.90	4.14	4.14	28	2737.28	4291.29	4291.29	3
河　北	Hebei	4.42	5.59	5.59	19	1253.77	2228.95	2228.95	22
山　西	Shanxi	5.04	6.26	6.26	14	1297.45	2188.87	2188.87	24
内蒙古	Inner Mongolia	3.74	4.01	4.01	31	1767.46	2842.54	2842.54	11
辽　宁	Liaoning	4.19	4.65	4.65	25	1765.88	3028.54	3028.54	8
吉　林	Jilin	5.24	5.60	5.60	18	1653.88	2806.76	2806.76	12
黑龙江	Heilongjiang	5.84	6.60	6.60	9	1580.23	2588.44	2588.44	15
上　海	Shanghai		5.71	5.71	17		5546.92	5546.92	2
江　苏	Jiangsu	2.97	4.06	4.06	29	1565.95	3322.40	3322.40	5
浙　江	Zhejiang	4.12	4.92	4.92	24	2098.99	3589.30	3589.30	4
安　徽	Anhui	5.83	6.34	6.34	12	1210.54	2172.67	2172.67	25
福　建	Fujian	3.21	4.04	4.04	30	1280.11	2553.68	2553.68	17
江　西	Jiangxi	4.68	5.41	5.41	20	992.04	1871.65	1871.65	30
山　东	Shandong	3.43	4.18	4.18	26	1403.13	2537.60	2537.60	18
河　南	Henan	4.62	5.38	5.38	22	1134.04	1991.07	1991.07	27
湖　北	Hubei	4.27	5.09	5.09	23	1191.11	2396.66	2396.66	20
湖　南	Hunan	4.61	5.40	5.40	21	1042.05	2168.01	2168.01	26
广　东	Guangdong	3.28	4.18	4.18	26	1445.87	2641.11	2641.11	14
广　西	Guangxi	5.38	5.79	5.79	15	1116.88	1910.10	1910.10	29
海　南	Hainan		6.30	6.30	13		2442.50	2442.50	19
重　庆	Chongqing	5.46	5.76	5.76	16	1500.98	2746.30	2746.30	13
四　川	Sichuan		6.58	6.58	10		2305.81	2305.81	21
贵　州	Guizhou	7.16	6.99	6.99	8	946.61	1846.75	1846.75	31
云　南	Yunnan	7.05	7.24	7.24	7	1107.15	1967.16	1967.16	28
西　藏	Tibet		8.90	8.90	1		2580.03	2580.03	16
陕　西	Shaanxi		6.35	6.35	11		2977.53	2977.53	10
甘　肃	Gansu	7.17	8.34	8.34	2	1153.86	2199.13	2199.13	23
青　海	Qinghai		7.61	7.61	4		3004.89	3004.89	9
宁　夏	Ningxia		7.51	7.51	5		3125.39	3125.39	7
新　疆	Xinjiang	6.91	8.10	8.10	3	1676.79	3266.62	3266.62	6

19-4 城乡居民医疗保健支出
Health Care and Medical Services for Urban and Rural Residents

单位：元 (yuan)

地区	Region	城镇居民人均医疗保健支出 Urban Residents per Capita Health Care Spending				农村居民人均医疗保健支出 Rural Residents per Capita Health Care Spending			
		2010	2014	2015	2015排名 Ranking	2010	2014	2015	2015排名 Ranking
全 国	**National Total**	**871.8**	**1305.6**	**1443.4**		**326.0**	**753.9**	**846.0**	
北 京	Beijing	1327.2	2044.4	2044.4	2	840.6	1088.6	1088.6	3
天 津	Tianjin	1275.6	1721.3	1721.3	4	360.5	979.7	979.7	8
河 北	Hebei	923.8	1304.5	1304.5	13	344.3	788.7	788.7	14
山 西	Shanxi	774.9	1240.9	1240.9	15	328.9	770.2	770.2	18
内蒙古	Inner Mongolia	1126.0	1470.8	1470.8	10	468.0	1114.4	1114.4	2
辽 宁	Liaoning	1079.8	1630.8	1630.8	5	413.8	1026.4	1026.4	5
吉 林	Jilin	1171.3	1838.4	1838.4	3	462.4	1008.0	1008.0	6
黑龙江	Heilongjiang	948.4	1457.6	1457.6	11	443.2	992.1	992.1	7
上 海	Shanghai	1005.5	2327.6	2327.6	1	584.5	1330.3	1330.3	1
江 苏	Jiangsu	805.7	1616.7	1616.7	7	362.3	845.3	845.3	13
浙 江	Zhejiang	1033.7	1527.0	1527.0	8	709.3	1068.3	1068.3	4
安 徽	Anhui	737.1	976.5	976.5	26	264.4	778.8	778.8	15
福 建	Fujian	617.4	1059.0	1059.0	23	251.4	735.9	735.9	19
江 西	Jiangxi	524.2	760.7	760.7	30	243.8	525.2	525.2	27
山 东	Shandong	885.8	1188.0	1188.0	19	383.9	776.4	776.4	16
河 南	Henan	941.3	1204.1	1204.1	18	287.8	731.4	731.4	20
湖 北	Hubei	709.6	1187.8	1187.8	20	295.2	907.3	907.3	10
湖 南	Hunan	776.9	1209.8	1209.8	17	293.6	771.4	771.4	17
广 东	Guangdong	929.5	988.3	988.3	25	307.4	686.9	686.9	23
广 西	Guangxi	625.5	845.9	845.9	29	229.0	553.5	553.5	25
海 南	Hainan	579.9	960.3	960.3	27	138.4	454.1	454.1	29
重 庆	Chongqing	1021.5	1187.7	1187.7	21	270.3	677.0	677.0	24
四 川	Sichuan	661.0	1283.6	1283.6	14	276.1	723.7	723.7	21
贵 州	Guizhou	546.8	927.4	927.4	28	178.1	373.0	373.0	30
云 南	Yunnan	637.9	1115.2	1115.2	22	239.9	514.0	514.0	28
西 藏	Tibet	385.6	552.5	552.5	31	71.2	91.6	91.6	31
陕 西	Shaanxi	935.4	1495.9	1495.9	9	376.2	883.7	883.7	11
甘 肃	Gansu	828.6	1048.2	1048.2	24	203.1	546.2	546.2	26
青 海	Qinghai	718.8	1213.0	1213.0	16	307.9	944.5	944.5	9
宁 夏	Ningxia	890.1	1616.9	1616.9	6	417.9	856.9	856.9	12
新 疆	Xinjiang	708.2	1310.9	1310.9	12	314.7	717.2	717.2	22

19-5 医疗卫生机构总收入（一）
Gross Income of Medical Institutions (1)

单位：亿元 (100 million yuan)

地区	Region	医疗卫生机构总收入 Gross Income of Medical Institutions				其中：财政补助收入 Financial Aid			
		2010	2014	2015	2015排名 Ranking	2010	2014	2015	2015排名 Ranking
全　国	**National Total**	**13726.3**	**26434.9**	**29537.9**		**1667.9**	**3500.6**	**4321.3**	
北　京	Beijing	800.3	1509.5	1678.8	5	121.4	225.4	248.9	4
天　津	Tianjin	289.1	511.8	573.2	21	38.8	67.2	76.3	27
河　北	Hebei	525.1	1013.8	1114.0	11	46.9	104.0	130.4	14
山　西	Shanxi	259.1	510.8	548.6	23	40.2	90.6	116.3	19
内蒙古	Inner Mongolia	223.0	427.1	463.9	26	51.6	96.2	113.5	21
辽　宁	Liaoning	473.3	816.1	896.6	13	50.5	73.1	87.6	26
吉　林	Jilin	262.7	490.9	542.4	24	52.0	91.9	113.7	20
黑龙江	Heilongjiang	344.8	609.8	695.4	18	51.6	92.3	122.5	18
上　海	Shanghai	743.1	1244.7	1404.1	8	76.0	153.3	191.4	7
江　苏	Jiangsu	1038.4	1982.6	2217.4	2	80.8	201.9	253.1	2
浙　江	Zhejiang	999.0	1776.7	1931.0	4	102.9	223.5	251.2	3
安　徽	Anhui	405.0	811.3	915.6	12	46.1	95.1	125.9	17
福　建	Fujian	384.8	696.1	781.9	15	51.6	101.2	129.1	16
江　西	Jiangxi	281.8	588.9	673.5	19	38.6	82.6	108.3	22
山　东	Shandong	913.7	1780.9	1972.4	3	87.3	190.5	227.6	6
河　南	Henan	605.4	1311.6	1451.4	7	52.4	120.8	147.6	10
湖　北	Hubei	523.9	1086.8	1216.9	9	50.9	120.7	148.3	9
湖　南	Hunan	519.3	1041.0	1168.4	10	49.1	111.9	136.6	11
广　东	Guangdong	1385.2	2450.2	2753.6	1	128.0	297.3	388.5	1
广　西	Guangxi	352.8	737.7	819.4	14	46.0	109.5	133.4	13
海　南	Hainan	81.1	153.2	178.2	28	15.4	30.0	40.1	28
重　庆	Chongqing	260.1	573.7	667.5	20	33.2	74.4	100.4	23
四　川	Sichuan	654.8	1408.2	1594.3	6	83.8	183.8	227.8	5
贵　州	Guizhou	201.2	477.3	541.1	25	31.2	77.3	98.2	24
云　南	Yunnan	340.3	678.7	777.5	16	57.6	114.6	154.5	8
西　藏	Tibet	16.2	36.9	46.4	31	7.0	15.5	17.6	31
陕　西	Shaanxi	302.2	623.8	715.7	17	48.3	101.2	129.7	15
甘　肃	Gansu	161.6	355.4	373.4	27	39.8	90.3	97.8	25
青　海	Qinghai	50.4	107.2	126.0	30	13.3	25.0	35.5	29
宁　夏	Ningxia	65.1	132.4	150.9	29	15.6	27.7	35.5	30
新　疆	Xinjiang	263.3	489.8	548.6	22	60.0	111.6	133.8	12

19-6 医疗卫生机构总收入（二）
Gross Income of Medical Institutions (2)

地区	Region	其中:医疗收入/事业收入（亿元） Medical Income / Business Income (100 million yuan)				医疗收入/事业收入占总收入比重（%） Medical / Business Revenue Accounts for the Proportion of Total Revenue (%)			
		2010	2014	2015	2015排名 Ranking	2010	2014	2015	2015排名 Ranking
全　国	**National Total**	**11847.2**	**21972.1**	**24144.0**		**86.31**	**83.12**	**81.74**	
北　京	Beijing	663.1	1229.1	1354.9	5	82.85	81.42	80.71	16
天　津	Tianjin	247.9	430.7	482.5	21	85.74	84.14	84.18	8
河　北	Hebei	469.5	879.9	955.2	11	89.41	86.80	85.74	3
山　西	Shanxi	209.0	400.8	413.6	23	80.68	78.46	75.40	24
内蒙古	Inner Mongolia	168.5	320.8	337.4	26	75.57	75.10	72.74	27
辽　宁	Liaoning	418.2	722.1	787.8	12	88.35	88.49	87.86	1
吉　林	Jilin	206.9	386.5	411.7	24	78.74	78.73	75.90	23
黑龙江	Heilongjiang	283.3	499.2	548.3	18	82.17	81.86	78.85	19
上　海	Shanghai	658.0	1023.4	1139.5	8	88.55	82.22	81.15	14
江　苏	Jiangsu	941.7	1701.3	1877.1	2	90.68	85.81	84.65	6
浙　江	Zhejiang	886.9	1484.2	1603.1	4	88.78	83.54	83.02	9
安　徽	Anhui	350.5	686.3	741.3	13	86.53	84.59	80.96	15
福　建	Fujian	329.9	573.3	626.8	15	85.71	82.35	80.17	17
江　西	Jiangxi	240.4	491.6	547.0	20	85.30	83.47	81.22	13
山　东	Shandong	813.5	1532.0	1683.9	3	89.03	86.02	85.37	4
河　南	Henan	542.9	1149.8	1256.5	7	89.67	87.66	86.57	2
湖　北	Hubei	467.3	927.3	1030.5	9	89.20	85.32	84.68	5
湖　南	Hunan	463.8	889.1	987.8	10	89.32	85.41	84.54	7
广　东	Guangdong	1237.5	2056.5	2260.8	1	89.34	83.93	82.10	11
广　西	Guangxi	301.2	603.0	656.0	14	85.38	81.74	80.06	18
海　南	Hainan	64.1	118.9	133.5	28	78.99	77.59	74.93	25
重　庆	Chongqing	224.5	482.4	547.5	19	86.29	84.08	82.03	12
四　川	Sichuan	564.1	1170.3	1313.6	6	86.14	83.11	82.39	10
贵　州	Guizhou	161.8	379.3	419.6	22	80.45	79.47	77.55	21
云　南	Yunnan	278.9	539.1	595.8	16	81.94	79.42	76.63	22
西　藏	Tibet	8.9	18.9	24.9	31	55.00	51.25	53.71	31
陕　西	Shaanxi	246.4	502.9	559.7	17	81.56	80.63	78.20	20
甘　肃	Gansu	118.0	235.6	258.2	27	73.02	66.28	69.15	29
青　海	Qinghai	36.1	77.0	83.4	30	71.71	71.82	66.24	30
宁　夏	Ningxia	48.4	101.2	110.3	29	74.39	76.42	73.07	26
新　疆	Xinjiang	196.0	360.1	395.8	25	74.44	73.53	72.15	28

19-7 医疗卫生机构总支出（一）
Gross Expenditure of Medical Institutions (1)

单位：亿元 (100 million yuan)

地区	Region	医疗卫生机构总支出 Total Spending on Medical and Health Institutions				其中:业务支出和事业支出 Business Expenditure			
		2010	2014	2015	2015排名 Ranking	2010	2014	2015	2015排名 Ranking
全　国	**National Total**	**13108.8**	**25170.4**	**28413.4**		**12311.6**	**19841.6**	**22353.8**	
北　京	Beijing	787.5	1476.8	1662.9	5	710.6	1162.9	1304.0	5
天　津	Tianjin	275.7	496.3	545.6	21	263.7	388.5	437.7	21
河　北	Hebei	506.3	954.1	1068.7	11	477.1	746.6	845.2	11
山　西	Shanxi	251.8	508.6	524.8	23	234.8	380.4	394.1	23
内蒙古	Inner Mongolia	205.9	407.8	455.4	26	189.8	305.5	340.9	26
辽　宁	Liaoning	462.1	781.2	871.5	12	436.5	630.6	707.7	12
吉　林	Jilin	252.1	463.0	519.3	24	239.4	355.9	386.5	24
黑龙江	Heilongjiang	341.6	585.6	673.7	18	323.1	450.8	517.1	18
上　海	Shanghai	728.5	1204.2	1375.8	7	704.0	984.3	1121.8	7
江　苏	Jiangsu	999.0	1910.7	2158.8	2	949.9	1550.8	1742.9	2
浙　江	Zhejiang	953.2	1701.3	1882.3	4	902.5	1394.2	1523.8	4
安　徽	Anhui	380.7	757.8	862.0	13	359.2	601.9	682.1	13
福　建	Fujian	355.4	649.7	741.3	15	332.7	524.6	587.9	15
江　西	Jiangxi	268.9	566.2	639.5	19	250.6	446.5	504.2	19
山　东	Shandong	872.5	1680.4	1911.4	3	828.6	1332.9	1530.7	3
河　南	Henan	573.4	1241.2	1374.9	8	544.2	1002.7	1119.1	8
湖　北	Hubei	502.1	1027.5	1167.3	9	475.4	806.6	912.2	9
湖　南	Hunan	491.0	983.6	1128.2	10	463.8	776.9	890.1	10
广　东	Guangdong	1330.2	2365.6	2648.8	1	1264.1	1851.3	2071.2	1
广　西	Guangxi	328.7	694.4	789.2	14	305.5	539.3	607.2	14
海　南	Hainan	76.6	149.0	174.4	28	70.4	115.2	131.4	28
重　庆	Chongqing	244.0	535.8	629.1	20	224.9	422.0	487.8	20
四　川	Sichuan	605.5	1302.7	1506.9	6	559.0	1040.7	1195.6	6
贵　州	Guizhou	178.8	452.0	517.2	25	167.4	340.4	384.1	25
云　南	Yunnan	316.7	646.4	730.1	16	290.7	485.1	547.5	16
西　藏	Tibet	13.5	31.0	37.8	31	11.2	18.5	19.2	31
陕　西	Shaanxi	302.2	581.4	675.5	17	270.4	445.8	517.7	17
甘　肃	Gansu	153.2	321.8	349.2	27	136.1	225.8	255.2	27
青　海	Qinghai	45.8	96.7	117.2	30	42.9	73.4	83.6	30
宁　夏	Ningxia	61.5	129.5	145.9	29	54.5	98.1	110.4	29
新　疆	Xinjiang	244.4	468.4	528.9	22	228.5	343.4	394.9	22

19-8 医疗卫生机构总支出（二）
Gross Expenditure of Medical Institutions (2)

单位：亿元 (100 million yuan)

地区	Region	其中:财政专项支出 Special Financial Expenditure				其中:人员经费支出 Staff Spending			
		2010	2014	2015	2015排名 Ranking	2010	2014	2015	2015排名 Ranking
全　国	**National Total**	**545.4**	**1237.9**	**1551.5**		**3416.6**	**7638.0**	**9141.8**	
北　京	Beijing	65.7	108.6	102.3	4	155.1	401.7	493.9	6
天　津	Tianjin	10.0	28.1	30.9	23	66.1	136.4	157.7	26
河　北	Hebei	17.8	38.3	48.6	11	124.8	245.8	296.5	11
山　西	Shanxi	10.7	26.2	37.1	18	65.1	153.5	159.8	24
内蒙古	Inner Mongolia	10.7	28.9	34.1	21	62.1	137.3	158.7	25
辽　宁	Liaoning	17.5	33.8	35.1	20	125.5	227.4	272.0	14
吉　林	Jilin	9.1	21.9	29.9	25	67.0	143.6	163.3	23
黑龙江	Heilongjiang	13.2	23.8	32.5	22	89.0	162.8	193.0	21
上　海	Shanghai	20.9	53.8	86.0	5	205.1	375.5	439.3	7
江　苏	Jiangsu	32.5	79.6	108.4	2	250.5	558.4	650.1	2
浙　江	Zhejiang	39.3	83.3	102.8	3	247.6	537.3	638.1	3
安　徽	Anhui	12.6	27.6	38.4	17	91.5	215.9	276.8	13
福　建	Fujian	15.3	44.0	61.4	8	91.7	200.1	243.7	15
江　西	Jiangxi	10.0	24.6	30.4	24	67.6	167.9	203.6	19
山　东	Shandong	24.4	64.1	75.8	6	219.2	501.6	616.4	4
河　南	Henan	16.3	42.5	48.1	12	139.3	342.8	395.1	8
湖　北	Hubei	17.7	37.3	48.1	13	140.9	305.7	380.2	9
湖　南	Hunan	16.7	38.1	46.9	14	131.5	300.5	371.3	10
广　东	Guangdong	46.8	123.8	154.9	1	379.8	794.2	929.6	1
广　西	Guangxi	16.6	50.7	59.0	9	88.5	227.8	279.4	12
海　南	Hainan	5.2	14.2	19.3	28	19.5	45.0	56.8	28
重　庆	Chongqing	14.6	27.3	39.5	15	62.8	164.3	207.5	18
四　川	Sichuan	32.4	53.6	69.7	7	176.4	416.7	505.8	5
贵　州	Guizhou	6.4	17.2	27.5	27	49.2	155.8	182.9	22
云　南	Yunnan	18.4	44.4	53.3	10	77.9	189.5	235.5	16
西　藏	Tibet	1.7	2.1	3.3	31	5.1	12.4	15.2	31
陕　西	Shaanxi	11.7	28.2	38.9	16	80.7	180.2	220.3	17
甘　肃	Gansu	12.2	24.4	29.1	26	41.9	114.5	120.1	27
青　海	Qinghai	1.8	4.9	11.0	30	12.3	29.7	39.5	30
宁　夏	Ningxia	4.8	10.4	12.9	29	15.1	36.5	45.2	29
新　疆	Xinjiang	12.4	32.1	36.3	19	67.7	157.1	194.6	20

19-9 医疗卫生机构数和医院数
Number of Medical Institutions and Hospitals

单位：个 (unit)

地区	Region	医疗卫生机构数 Number of Medical Institutions				其中：医院数 Hospitals			
		2010	2014	2015	2015排名 Ranking	2010	2014	2015	2015排名 Ranking
全国	**National Total**	**936927**	**981432**	**983528**		**20918**	**25860**	**27587**	
北京	Beijing	9411	9638	9771	25	544	608	631	19
天津	Tianjin	4542	4990	5223	28	277	373	402	26
河北	Hebei	81403	78895	78594	2	1226	1341	1543	4
山西	Shanxi	41098	40777	41002	7	1198	1234	1274	7
内蒙古	Inner Mongolia	22565	23426	23886	20	467	639	702	18
辽宁	Liaoning	34805	35441	35236	11	821	962	1020	12
吉林	Jilin	19385	19891	20612	22	568	582	616	21
黑龙江	Heilongjiang	22073	21229	20752	21	917	1002	1012	15
上海	Shanghai	4708	4984	5016	30	306	332	338	27
江苏	Jiangsu	30956	31995	31925	13	1155	1524	1581	3
浙江	Zhejiang	29939	30358	31137	14	687	935	1049	11
安徽	Anhui	22997	24824	24853	18	728	968	1018	13
福建	Fujian	27017	28030	27921	16	455	557	570	22
江西	Jiangxi	34068	38873	38557	8	504	565	568	23
山东	Shandong	66967	77012	77259	3	1377	1854	1927	2
河南	Henan	75741	71154	71394	4	1198	1412	1521	5
湖北	Hubei	34269	36077	36179	10	602	771	869	17
湖南	Hunan	59359	61571	62646	5	752	1018	1173	9
广东	Guangdong	44880	48085	48320	6	1088	1260	1323	6
广西	Guangxi	32741	34667	34439	12	450	486	527	24
海南	Hainan	4678	5075	5046	29	188	191	202	28
重庆	Chongqing	17495	18767	19806	23	417	565	631	19
四川	Sichuan	74283	81070	80109	1	1261	1814	1942	1
贵州	Guizhou	25420	28995	28712	15	554	1067	1188	8
云南	Yunnan	22888	24281	24181	19	780	1060	1101	10
西藏	Tibet	4960	6795	6814	26	101	112	139	31
陕西	Shaanxi	35696	37247	37030	9	828	977	1014	14
甘肃	Gansu	26673	27916	27799	17	381	427	443	25
青海	Qinghai	5781	6241	6223	27	129	185	181	29
宁夏	Ningxia	4129	4255	4288	31	157	161	168	30
新疆	Xinjiang	16000	18873	18798	24	802	878	914	16

19-10 医院数中三级医院和二级医院
Number of Tertiary and Secondary Hospitals

单位：个 (unit)

地区	Region	三级医院 Tertiary Hospitals 2010	2014	2015	2015排名 Ranking	二级医院 Secondary Hospitals 2010	2014	2015	2015排名 Ranking
全　国	**National Total**	**1284**	**1954**	**2123**		**6472**	**6850**	**7494**	
北　京	Beijing	51	73	87	9	91	113	117	25
天　津	Tianjin	34	39	41	24	49	54	55	29
河　北	Hebei	44	62	72	11	419	419	459	3
山　西	Shanxi	46	50	51	20	225	264	292	12
内蒙古	Inner Mongolia	34	55	63	15	208	222	251	15
辽　宁	Liaoning	86	116	116	7	271	258	275	13
吉　林	Jilin	25	43	46	23	206	197	212	19
黑龙江	Heilongjiang	69	86	91	8	325	320	335	7
上　海	Shanghai	35	44	47	22	112	107	105	26
江　苏	Jiangsu	66	135	140	2	272	326	351	5
浙　江	Zhejiang	76	123	131	4	227	220	223	17
安　徽	Anhui	33	61	65	12	237	278	299	11
福　建	Fujian	40	59	65	12	146	160	181	23
江　西	Jiangxi	43	52	55	18	177	187	206	20
山　东	Shandong	77	116	132	3	381	425	470	2
河　南	Henan	44	87	86	10	431	422	449	4
湖　北	Hubei	62	101	121	6	241	253	269	14
湖　南	Hunan	48	66	65	12	287	288	312	10
广　东	Guangdong	79	132	149	1	293	300	339	6
广　西	Guangxi	46	56	61	17	173	184	203	21
海　南	Hainan	6	11	18	28	24	25	34	30
重　庆	Chongqing	16	23	28	26	106	106	133	24
四　川	Sichuan	56	125	130	5	378	434	488	1
贵　州	Guizhou	23	49	48	21	158	188	222	18
云　南	Yunnan	37	54	63	15	232	271	324	8
西　藏	Tibet	2	4	8	30	13	10	11	31
陕　西	Shaanxi	46	50	54	19	275	282	314	9
甘　肃	Gansu	28	37	39	25	163	167	187	22
青　海	Qinghai	10	14	16	29	82	85	89	27
宁　夏	Ningxia	4	8	7	31	59	58	61	28
新　疆	Xinjiang	18	23	28	26	211	227	228	16

19-11 医院数中一级医院和未定级医院
Level l Hospitals and Undetermined Level Hospitals

单位：个 (unit)

地区	Region	一级医院 Level 1 Hospitals				未定级医院 Undetermined Level Hospitals			
		2010	2014	2015	2015排名 Ranking	2010	2014	2015	2015排名 Ranking
全　国	**National Total**	**5271**	**7009**	**8759**		**7891**	**10047**	**9211**	
北　京	Beijing	334	370	406	7	68	52	21	30
天　津	Tianjin	117	164	189	20	77	116	117	24
河　北	Hebei	395	508	774	1	368	352	238	17
山　西	Shanxi	172	206	235	17	755	714	696	2
内蒙古	Inner Mongolia	128	215	257	15	97	147	131	22
辽　宁	Liaoning	250	319	367	9	214	269	262	13
吉　林	Jilin	84	78	89	23	253	264	269	12
黑龙江	Heilongjiang	297	313	342	10	226	283	244	16
上　海	Shanghai	11	11	12	30	148	170	174	20
江　苏	Jiangsu	509	646	664	3	308	417	426	9
浙　江	Zhejiang	16	27	35	29	368	565	660	4
安　徽	Anhui	249	374	396	8	209	255	258	14
福　建	Fujian	58	69	318	12	211	269	6	31
江　西	Jiangxi	41	67	83	25	243	259	224	19
山　东	Shandong	384	581	653	4	535	732	672	3
河　南	Henan	417	603	757	2	306	300	229	18
湖　北	Hubei	123	178	233	18	176	239	246	15
湖　南	Hunan	186	264	333	11	231	400	463	7
广　东	Guangdong	211	222	301	13	505	606	534	5
广　西	Guangxi	66	107	140	22	165	139	123	23
海　南	Hainan	24	27	72	26	134	128	78	26
重　庆	Chongqing	68	111	160	21	227	325	310	11
四　川	Sichuan	129	242	294	14	698	1013	1030	1
贵　州	Guizhou	159	347	486	6	214	483	432	8
云　南	Yunnan	84	144	192	19	427	591	522	6
西　藏	Tibet	42	45	85	24	44	53	35	29
陕　西	Shaanxi	173	192	257	15	334	453	389	10
甘　肃	Gansu	16	20	43	27	174	203	174	20
青　海	Qinghai	2	1	1	31	35	85	75	27
宁　夏	Ningxia	46	38	42	28	48	57	58	28
新　疆	Xinjiang	480	520	543	5	93	108	115	25

19-12 基层医疗卫生机构和专业公共卫生机构数

Number of Primary and Professional Medical Institutions

单位：个 (unit)

地区	Region	基层医疗卫生机构数 Primary Medical Institutions				专业公共卫生机构数 Professional Medical Institutions			
		2010	2014	2015	2015排名 Ranking	2010	2014	2015	2015排名 Ranking
全　国	**National Total**	**901709**	**917335**	**920770**		**11835**	**35029**	**31927**	
北　京	Beijing	8651		8912	25	114	117	113	31
天　津	Tianjin	4115	4419	4618	29	93	145	151	26
河　北	Hebei	79493	75623	75562	2	592	1657	1264	13
山　西	Shanxi	39351	39010	39196	7	470	463	460	22
内蒙古	Inner Mongolia	21571	22053	22421	18	450	660	664	19
辽　宁	Liaoning	33300	33297	33105	11	487	1031	955	16
吉　林	Jilin	18475	18856	19409	21	259	348	432	23
黑龙江	Heilongjiang	20461	18725	18386	23	642	1443	1301	12
上　海	Shanghai	4261	4489	4480	30	101	116	116	30
江　苏	Jiangsu	29095	28921	28841	14	449	1290	1244	14
浙　江	Zhejiang	28642	28673	29431	13	378	577	483	21
安　徽	Anhui	21751	22014	22030	19	440	1755	1721	8
福　建	Fujian	26193	25994	25876	16	297	1404	1401	10
江　西	Jiangxi	33019	37372	37066	8	471	827	812	17
山　东	Shandong	64797	72834	73041	3	676	2108	2086	3
河　南	Henan	73865	66952	67092	4	547	2478	2471	2
湖　北	Hubei	33164	34503	34563	9	427	696	578	20
湖　南	Hunan	57972	57637	58586	5	523	2810	2778	1
广　东	Guangdong	43018	44675	45013	6	674	1978	1831	4
广　西	Guangxi	31856	32497	32216	12	389	1646	1657	9
海　南	Hainan	4379	4754	4714	28	99	121	119	29
重　庆	Chongqing	16900	17886	18986	22	158	298	159	25
四　川	Sichuan	72244	76110	76214	1	705	2962	1801	6
贵　州	Guizhou	24498	26432	26175	15	333	1464	1318	11
云　南	Yunnan	21505	21835	21833	20	518	1324	1183	15
西　藏	Tibet	4718	6542	6531	26	139	139	142	27
陕　西	Shaanxi	34389	34202	34098	10	375	1949	1804	5
甘　肃	Gansu	25930	25254	25459	17	328	2082	1774	7
青　海	Qinghai	5503	5878	5860	27	143	174	178	24
宁　夏	Ningxia	3878	3918	3981	31	84	166	129	28
新　疆	Xinjiang	14715	17178	17075	24	474	801	802	18

19-13 卫生人员和卫生技术人员数
Number of Health Personnel and Health Technical Personnel

单位：万人 (10 000 persons)

地区	Region	卫生人员数 Health Personnel				其中：卫生技术人员数 Health Technical Personnel			
		2010	2014	2015	2015排名 Ranking	2010	2014	2015	2015排名 Ranking
全　国	**National Total**	**8207502**	**10234213**	**10693881**		**5876158**	**7589790**	**8007537**	
北　京	Beijing	223586	274036	289204	17	171326	213245	225440	15
天　津	Tianjin	96732	111672	118111	27	70460	84880	90748	27
河　北	Hebei	437415	512877	533286	6	292157	351513	372747	7
山　西	Shanxi	275955	289266	294851	15	193891	209474	213995	17
内蒙古	Inner Mongolia	168884	202999	212499	23	125831	154483	162327	23
辽　宁	Liaoning	316828	339187	348525	13	232079	256284	264419	13
吉　林	Jilin	187106	206092	214193	22	138393	151427	158963	25
黑龙江	Heilongjiang	262600	283494	285914	18	192048	212207	215264	16
上　海	Shanghai	171935	201735	208444	25	137131	164054	170125	21
江　苏	Jiangsu	459025	589559	618945	5	328243	458503	487005	4
浙　江	Zhejiang	352871	455809	491008	8	288481	375902	405620	6
安　徽	Anhui	309318	365662	377387	10	211539	268039	280768	10
福　建	Fujian	199519	273602	281330	19	142916	206516	212931	18
江　西	Jiangxi	230945	280766	291574	16	158007	201362	210927	19
山　东	Shandong	645889	838474	855706	1	448861	603785	618192	1
河　南	Henan	591059	745144	771088	2	372818	494815	519939	3
湖　北	Hubei	349495	438164	475747	9	255793	335583	367902	9
湖　南	Hunan	370261	462694	494175	7	269219	341404	370788	8
广　东	Guangdong	592800	732573	768482	3	454799	583009	617975	2
广　西	Guangxi	266138	357622	374817	11	189554	258599	274659	11
海　南	Hainan	51985	66556	71288	28	39520	50580	54710	28
重　庆	Chongqing	160055	210501	227095	21	111079	154278	166708	22
四　川	Sichuan	467126	626938	646542	4	325608	451938	472169	5
贵　州	Guizhou	154246	237518	259144	20	103954	169963	187282	20
云　南	Yunnan	207663	282760	304551	14	143139	208905	227998	14
西　藏	Tibet	16694	26531	29094	31	10083	12882	14341	31
陕　西	Shaanxi	260056	336288	349892	12	181438	252611	265381	12
甘　肃	Gansu	137501	178968	181445	26	98865	126396	129454	26
青　海	Qinghai	35224	46363	48440	30	24909	33936	35422	30
宁　夏	Ningxia	39674	50714	52568	29	29962	39800	41497	29
新　疆	Xinjiang	158917	199649	208536	24	124055	153417	161841	24

19-14 城市卫生人员和城市卫生技术人员数
Number of Urban Health Personnel and Health Technical Personnel

单位：人 (person)

地区	Region	城市卫生人员数 Urban Health Personnel				其中：城市卫生技术人员数 Urban Health Technical Personnel			
		2010	2014	2015	2015排名 Ranking	2010	2014	2015	2015排名 Ranking
全　国	**National Total**	**3647861**	**4770561**	**5127704**		**2954913**	**3922453**	**4220110**	
北　京	Beijing	213652	263811	278510	4	166064	207455	219248	4
天　津	Tianjin	81143	94627	101046	21	60796	74720	80569	22
河　北	Hebei	145772	180324	198083	11	119034	149065	164119	11
山　西	Shanxi	119386	134338	140501	17	98179	111876	116539	17
内蒙古	Inner Mongolia	70764	92474	98772	22	58571	76121	81500	21
辽　宁	Liaoning	193637	214362	220806	8	155139	177254	182863	8
吉　林	Jilin	78015	85562	95914	23	62468	69605	77564	23
黑龙江	Heilongjiang	135960	149716	151988	16	107948	121203	123390	16
上　海	Shanghai	164485	194939	201528	10	131843	158915	164975	10
江　苏	Jiangsu	206509	299244	323765	3	167494	247730	268031	3
浙　江	Zhejiang	160501	227470	252884	7	132646	188343	208265	7
安　徽	Anhui	126152	156708	164017	14	103172	131305	137649	14
福　建	Fujian	84844	124925	130774	19	70172	104209	109608	18
江　西	Jiangxi	74230	95295	102170	20	61328	80855	86621	20
山　东	Shandong	215151	327668	349433	2	180744	276794	294842	2
河　南	Henan	182813	250921	266401	5	147082	204605	217357	5
湖　北	Hubei	155150	188760	215354	9	126326	158141	179612	9
湖　南	Hunan	127153	165571	177300	12	104605	137163	147459	12
广　东	Guangdong	377891	496754	539612	1	306290	410041	446653	1
广　西	Guangxi	101050	142493	155468	15	82269	115562	127204	15
海　南	Hainan	20980	28399	35984	28	16917	22483	28727	28
重　庆	Chongqing	75821	119198	132479	18	61225	97092	106245	19
四　川	Sichuan	172206	251512	265973	6	139034	202665	215391	6
贵　州	Guizhou	46618	69179	77709	25	38418	57474	64807	25
云　南	Yunnan	57810	81974	92032	24	47313	68507	76861	24
西　藏	Tibet	3359	3770	7416	31	2483	2938	5647	31
陕　西	Shaanxi	114563	156845	168317	13	92098	128389	138689	13
甘　肃	Gansu	55724	73770	76030	26	45496	60470	62012	26
青　海	Qinghai	14097	19713	21558	30	11495	16501	18062	30
宁　夏	Ningxia	24578	32380	33889	29	20307	27220	28434	29
新　疆	Xinjiang	47847	47859	51991	27	37957	37752	41167	27

19-15 农村卫生人员和农村卫生技术人员数
Number of Rural Health Personnel and Health Technical Personnel

单位：人 (person)

地区	Region	农村卫生人员数 Rural Health Personnel 2010	2014	2015	2015排名 Ranking	其中：农村卫生技术人员数 Rural Health Technical Personnel 2010	2014	2015	2015排名 Ranking
全　国	**National Total**	**4549641**	**5453652**	**5556177**		**2911245**	**3657337**	**3777427**	
北　京	Beijing	9934	10225	10694	30	5262	5790	6192	30
天　津	Tianjin	15589	17045	17065	29	9664	10160	10179	28
河　北	Hebei	291643	332553	335203	4	173123	202448	208628	6
山　西	Shanxi	156569	154928	154350	17	95712	97598	97456	18
内蒙古	Inner Mongolia	98120	110525	113727	22	67260	78362	80827	22
辽　宁	Liaoning	123191	124825	127719	20	76940	79030	81556	20
吉　林	Jilin	109091	120530	118279	21	75925	81822	81399	21
黑龙江	Heilongjiang	126640	133778	133926	19	84100	91004	91874	19
上　海	Shanghai	7450	6796	6916	31	5288	5139	5150	31
江　苏	Jiangsu	252516	290315	295180	6	160749	210773	218974	5
浙　江	Zhejiang	192370	228339	238124	8	155835	187559	197355	7
安　徽	Anhui	183166	208954	213370	11	108367	136734	143119	12
福　建	Fujian	114675	148677	150556	18	72744	102307	103323	17
江　西	Jiangxi	156715	185471	189404	13	96679	120507	124306	14
山　东	Shandong	430738	510806	506273	1	268117	326991	323350	1
河　南	Henan	408246	494223	504687	2	225736	290210	302582	2
湖　北	Hubei	194345	249404	260393	7	129467	177442	188290	8
湖　南	Hunan	243108	297123	316875	5	164614	204241	223329	4
广　东	Guangdong	214909	235819	228870	9	148509	172968	171322	9
广　西	Guangxi	165088	215129	219349	10	107285	143037	147455	11
海　南	Hainan	31005	38157	35304	25	22603	28097	25983	25
重　庆	Chongqing	84234	91303	94616	24	49854	57186	60463	24
四　川	Sichuan	294920	375426	380569	3	186574	249273	256778	3
贵　州	Guizhou	107628	168339	181435	15	65536	112489	122475	15
云　南	Yunnan	149853	200786	212519	12	95826	140398	151137	10
西　藏	Tibet	13335	22761	21678	27	7600	9944	8694	29
陕　西	Shaanxi	145493	179443	181575	14	89340	124222	126692	13
甘　肃	Gansu	81777	105198	105415	23	53369	65926	67442	23
青　海	Qinghai	21127	26650	26882	26	13414	17435	17360	26
宁　夏	Ningxia	15096	18334	18679	28	9655	12580	13063	27
新　疆	Xinjiang	111070	151790	156545	16	86098	115665	120674	16

19-16　执业（助理）医师和注册护士数

Number of Occupational Certified (Assistant) Medical Practioners and Registered Nurses

单位：人　　(person)

地区	Region	执业（助理）医师数 (Assistant) Practicing Doctors 2010	2014	2015	2015排名 Ranking	注册护士数 Registered Nurses 2010	2014	2015	2015排名 Ranking
全　国	**National Total**	**2413259**	**2892518**	**3039135**		**2048071**	**3004144**	**3241469**	
北　京	Beijing	66163	79949	85232	14	67332	88488	94626	14
天　津	Tianjin	28892	33340	35871	27	24199	31577	33804	27
河　北	Hebei	133994	157725	166881	6	87351	121845	132837	9
山　西	Shanxi	88007	89835	90216	13	62628	79055	83344	18
内蒙古	Inner Mongolia	56245	62182	64238	21	38251	56723	61223	24
辽　宁	Liaoning	96862	101636	104552	11	88882	105828	110976	12
吉　林	Jilin	62050	63234	67245	20	45776	57433	60719	25
黑龙江	Heilongjiang	80282	81371	82708	15	62759	77720	80955	19
上　海	Shanghai	53009	61202	62983	23	55866	71929	75436	21
江　苏	Jiangsu	128943	178551	189216	4	122509	188767	203998	4
浙　江	Zhejiang	120440	145725	158056	7	99610	145141	159945	7
安　徽	Anhui	86511	103742	107792	10	77317	111497	119303	10
福　建	Fujian	58630	75324	77984	18	53511	85664	90450	16
江　西	Jiangxi	61887	74647	76807	19	58405	84140	89579	17
山　东	Shandong	185164	230883	237118	1	156692	245711	254170	1
河　南	Henan	154801	189335	198616	3	121384	191117	205366	3
湖　北	Hubei	99542	126123	135997	9	93844	144109	165077	6
湖　南	Hunan	110444	133372	150840	8	92346	136247	149345	8
广　东	Guangdong	174536	216799	228539	2	167882	233483	254098	2
广　西	Guangxi	70816	86525	91585	12	70243	103955	113202	11
海　南	Hainan	14456	17609	19002	28	16319	22383	24662	28
重　庆	Chongqing	47969	58084	60973	24	37611	62739	69954	22
四　川	Sichuan	145194	179523	181480	5	104886	175520	190602	5
贵　州	Guizhou	43389	57845	63384	22	36165	67204	76032	20
云　南	Yunnan	63306	75426	79567	16	49408	82823	93278	15
西　藏	Tibet	4469	5609	6213	31	1988	2715	3190	31
陕　西	Shaanxi	66040	76460	79496	17	61816	97221	104317	13
甘　肃	Gansu	39331	47681	49610	26	29868	45472	47782	26
青　海	Qinghai	10564	12953	13791	30	8339	12750	13194	30
宁　夏	Ningxia	12267	15023	15860	29	10341	15096	16135	29
新　疆	Xinjiang	49056	54805	57283	25	44543	59792	63870	23

19-17 城市执业（助理）医师和城市注册护士数

Number of Occupational Certified (Assistant) Practicing Doctors and Registered Nurses in Urban Areas

单位：人 (person)

地区	Region	城市执业（助理）医师数 (Assistant) Practicing Doctors				城市注册护士数 Registered Nurses			
		2010	2014	2015	2015排名 Ranking	2010	2014	2015	2015排名 Ranking
全　国	**National Total**	**1152103**	**1431691**	**1537630**		**1200343**	**1737367**	**1892835**	
北　京	Beijing	63847	77268	82461	4	65735	86629	92502	6
天　津	Tianjin	24120	28264	30839	21	22229	28888	31072	24
河　北	Hebei	50241	60548	65536	9	47458	64890	72327	11
山　西	Shanxi	40880	44530	45249	14	38873	48808	52238	17
内蒙古	Inner Mongolia	24116	28341	30100	22	21991	32559	35213	21
辽　宁	Liaoning	61373	67871	69994	8	66310	79162	82639	9
吉　林	Jilin	27270	28449	32662	20	23716	29804	32702	23
黑龙江	Heilongjiang	42621	43957	45136	15	42142	51996	53729	16
上　海	Shanghai	49823	58355	60234	11	54571	70352	73785	10
江　苏	Jiangsu	63013	88969	95675	3	68710	110834	121384	3
浙　江	Zhejiang	51993	69682	77743	5	52298	79107	87943	8
安　徽	Anhui	39277	46311	48319	13	45467	62857	66684	13
福　建	Fujian	28042	37863	40457	18	28615	46076	48878	18
江　西	Jiangxi	23165	27799	29180	23	26396	38888	41735	20
山　东	Shandong	73737	104005	111656	2	73239	124046	132804	2
河　南	Henan	57017	70403	75159	7	60372	95734	102292	4
湖　北	Hubei	47929	56116	62566	10	53059	74932	88565	7
湖　南	Hunan	38752	48390	52826	12	46543	65979	71401	12
广　东	Guangdong	112046	146287	158968	1	122216	174865	193102	1
广　西	Guangxi	30490	39377	43759	17	34564	51396	57803	15
海　南	Hainan	6008	7705	9770	29	7547	10788	13746	28
重　庆	Chongqing	24477	34798	37259	19	24237	43528	48630	19
四　川	Sichuan	55631	74098	77408	6	56475	91191	99239	5
贵　州	Guizhou	15000	20572	23338	26	16757	26239	29635	25
云　南	Yunnan	20625	26043	28080	24	17830	29565	34681	22
西　藏	Tibet	1093	1293	2513	31	869	1005	1824	31
陕　西	Shaanxi	33641	41158	44554	16	37292	56605	61733	14
甘　肃	Gansu	18657	23041	23707	25	17457	25568	26626	26
青　海	Qinghai	4280	5982	6643	30	4733	7630	8154	30
宁　夏	Ningxia	7706	9898	10502	28	7638	11247	12032	29
新　疆	Xinjiang	15233	14318	15337	27	15004	16199	17737	27

19-18 农村执业（助理）医师和农村注册护士数

Number of Occupational Certified (Assistant) Practicing Doctors and Registered Nurses in Rural Areas

单位：人 (person)

地区	Region	农村执业（助理）医师数 Rural (Assistant) Practicing Doctors				农村注册护士数 Registered Nurses			
		2010	2014	2015	2015排名 Ranking	2010	2014	2015	2015排名 Ranking
全 国	**National Total**	**1261156**	**1460827**	**1501505**		**847728**	**1266777**	**1348634**	
北 京	Beijing	2316	2681	2771	30	1597	1859	2124	29
天 津	Tianjin	4772	5076	5032	28	1970	2689	2732	28
河 北	Hebei	83753	97177	101345	4	39893	56955	60510	9
山 西	Shanxi	47127	45305	44967	14	23755	30247	31106	18
内蒙古	Inner Mongolia	32129	33841	34138	22	16260	24164	26010	22
辽 宁	Liaoning	35489	33765	34558	21	22572	26666	28337	19
吉 林	Jilin	34780	34785	34583	20	22060	27629	28017	20
黑龙江	Heilongjiang	37661	37414	37572	17	20617	25724	27226	21
上 海	Shanghai	3186	2847	2749	31	1295	1577	1651	30
江 苏	Jiangsu	65930	89582	93541	6	53799	77933	82614	4
浙 江	Zhejiang	68447	76043	80313	7	47312	66034	72002	7
安 徽	Anhui	47234	57431	59473	10	31850	48640	52619	12
福 建	Fujian	30588	37461	37527	18	24896	39588	41572	17
江 西	Jiangxi	38722	46848	47627	13	32009	45252	47844	13
山 东	Shandong	111427	126878	125462	1	83453	121665	121366	1
河 南	Henan	97784	118932	123457	2	61012	95383	103074	2
湖 北	Hubei	51613	70007	73431	8	40785	69177	76512	6
湖 南	Hunan	71692	87982	98014	5	45803	70268	77944	5
广 东	Guangdong	62490	70512	69571	9	45666	58618	60996	8
广 西	Guangxi	40326	47148	47826	12	35679	52559	55399	11
海 南	Hainan	8448	9904	9232	25	8772	11595	10916	25
重 庆	Chongqing	23492	23286	23714	24	13374	19211	21324	23
四 川	Sichuan	89563	105425	104072	3	48411	84329	91363	3
贵 州	Guizhou	28389	37273	40046	16	19408	40965	46397	14
云 南	Yunnan	42681	49383	51487	11	31578	53258	58597	10
西 藏	Tibet	3376	4316	3700	29	1119	1710	1366	31
陕 西	Shaanxi	32399	35302	34942	19	24524	40616	42584	16
甘 肃	Gansu	20674	24640	25903	23	12411	19904	21156	24
青 海	Qinghai	6284	6971	7148	26	3606	5120	5040	26
宁 夏	Ningxia	4561	5125	5358	27	2703	3849	4103	27
新 疆	Xinjiang	33823	40487	41946	15	29539	43593	46133	15

19-19 农村药师（士）和乡村医生卫生员数
Number of Pharmacists and Medics in Rural Areas

单位：人 (person)

地区	Region	农村药师（士）数 Rural Pharmacists				乡村医生和卫生员数 Rural Medics			
		2010	2014	2015	2015排名 Ranking	2010	2014	2015	2015排名 Ranking
全　国	**National Total**	**184726**	**204389**	**206828**		**1091863**	**1058182**	**1031525**	
北　京	Beijing	427	477	480	29	3697	3406	3438	29
天　津	Tianjin	461	506	514	28	4266	5205	5150	27
河　北	Hebei	8458	8708	8853	10	84566	83519	82362	3
山　西	Shanxi	5200	5052	4924	20	45145	39450	38534	9
内蒙古	Inner Mongolia	4602	4925	5197	18	19580	18422	18278	21
辽　宁	Liaoning	5057	4436	4406	21	26787	24642	24599	17
吉　林	Jilin	4727	4535	4356	22	15238	18954	17489	22
黑龙江	Heilongjiang	5573	5904	5735	16	25283	24359	23816	18
上　海	Shanghai	210	254	258	31	1274	802	885	31
江　苏	Jiangsu	11526	12166	12272	6	57443	37796	34615	13
浙　江	Zhejiang	10974	12827	13123	5	10995	8546	8170	25
安　徽	Anhui	5955	7127	7423	12	55733	48271	45914	7
福　建	Fujian	5436	7116	7103	14	28954	27201	26922	15
江　西	Jiangxi	8370	9098	9139	9	43541	46841	46116	6
山　东	Shandong	17297	17961	17980	1	129113	132234	128735	1
河　南	Henan	12822	14687	15184	2	128780	119307	116512	2
湖　北	Hubei	9899	10047	9828	8	41512	42264	40896	8
湖　南	Hunan	14233	13759	13549	3	48324	48020	47932	5
广　东	Guangdong	10984	11245	10882	7	34188	28515	26011	16
广　西	Guangxi	6131	8249	8781	11	36386	36757	36112	10
海　南	Hainan	1150	1511	1381	25	2663	3565	3393	30
重　庆	Chongqing	2594	2681	2857	24	24610	22775	22294	19
四　川	Sichuan	10873	12740	13172	4	73963	72998	70425	4
贵　州	Guizhou	2898	4553	4979	19	31517	36294	35997	11
云　南	Yunnan	4220	5735	6112	15	36194	35666	35749	12
西　藏	Tibet	326	444	369	30	4325	11109	11434	24
陕　西	Shaanxi	5732	7292	7292	13	38847	33372	33173	14
甘　肃	Gansu	2544	3111	3129	23	20351	21682	21364	20
青　海	Qinghai	835	907	918	27	5937	6938	7022	26
宁　夏	Ningxia	761	910	949	26	3998	3930	3632	28
新　疆	Xinjiang	4451	5426	5681	17	8653	15342	14556	23

19-20 医疗卫生机构床位数和医院床位数
Number of Beds in Medical Institutions and Hospitals

单位：张 (piece)

地区	Region	医疗卫生机构床位数 Beds in Medical and Health Institutions				其中：医院床位数 Hospital Beds			
		2010	2014	2015	2015排名 Ranking	2010	2014	2015	2015排名 Ranking
全　国	**National Total**	**4786831**	**6601214**	**7015214**		**3387437**	**4961161**	**5330580**	
北　京	Beijing	92764	109811	111555	26	85775	102852	104644	24
天　津	Tianjin	48828	60869	63693	27	40387	52350	55556	27
河　北	Hebei	249725	322909	342096	8	172956	236889	253825	7
山　西	Shanxi	155885	177442	183209	18	108260	133957	140257	17
内蒙古	Inner Mongolia	93350	129011	133889	23	67016	99050	105185	23
辽　宁	Liaoning	204208	255513	266986	11	160894	210154	222644	10
吉　林	Jilin	115057	140995	144500	22	89341	113960	117699	22
黑龙江	Heilongjiang	159914	201337	212590	14	123928	163122	173642	13
上　海	Shanghai	105083	117510	122813	25	84825	98261	103526	25
江　苏	Jiangsu	269548	392293	413612	5	195340	309301	328500	5
浙　江	Zhejiang	184097	245756	272509	9	150986	213365	239444	9
安　徽	Anhui	188010	252044	267405	10	123427	187730	202713	11
福　建	Fujian	113043	164781	173007	20	80896	122838	129559	19
江　西	Jiangxi	124640	186727	197837	16	77805	125110	134277	18
山　东	Shandong	382254	500631	519369	1	255764	359637	378884	1
河　南	Henan	327569	459338	489621	2	220974	332705	358341	2
湖　北	Hubei	200394	317500	343147	7	135006	222388	243481	8
湖　南	Hunan	233510	355485	396950	6	150141	247018	275881	6
广　东	Guangdong	300083	405751	435666	4	224114	319729	345258	4
广　西	Guangxi	143695	201600	214485	13	88913	129383	140306	16
海　南	Hainan	25981	34466	38698	28	18807	26456	30251	28
重　庆	Chongqing	103624	160579	176549	19	64827	109299	123855	20
四　川	Sichuan	301227	459596	488755	3	184828	319155	345771	3
贵　州	Guizhou	105277	182189	196422	17	69343	135561	148112	15
云　南	Yunnan	157143	224899	237597	12	112493	169722	181269	12
西　藏	Tibet	8838	11929	14013	31	5444	7984	9944	31
陕　西	Shaanxi	142334	199372	211885	15	104819	154871	167248	14
甘　肃	Gansu	90410	122412	127743	24	63773	90528	94596	26
青　海	Qinghai	20451	33007	34546	29	16226	26936	28322	30
宁　夏	Ningxia	23659	32506	33804	30	20258	28493	29566	29
新　疆	Xinjiang	116230	142956	150263	21	89871	112357	118024	21

19-21 基层医疗卫生机构和专业公共卫生机构床位数

Number of Beds in Primary Medical Institutions and Professional Medical Institutions

单位：张 (piece)

地区	Region	基层医疗卫生机构床位数 Beds in Primary Basic Medical and Health Institutions				专业公共卫生机构床位数 Beds in Professional Public Health Institution			
		2010	2014	2015	2015排名 Ranking	2010	2014	2015	2015排名 Ranking
全　国	**National Total**	**1192242**	**1381197**	**1413842**		**164515**	**223033**	**236342**	
北　京	Beijing	4291	4515	4442	29	2190	2444	2469	25
天　津	Tianjin	6970	7111	6990	26	1070	992	846	29
河　北	Hebei	66505	73108	74993	7	8526	11907	12273	7
山　西	Shanxi	40848	38053	37567	15	4525	3727	3535	20
内蒙古	Inner Mongolia	22728	25460	24032	22	2966	3811	3828	18
辽　宁	Liaoning	32288	35295	35256	17	2752	3728	3376	21
吉　林	Jilin	20245	21250	21042	24	2748	3027	3061	23
黑龙江	Heilongjiang	27381	29286	30016	19	5956	7329	7982	11
上　海	Shanghai	18630	17074	17099	25	1363	1452	1465	26
江　苏	Jiangsu	68614	74803	76133	6	3420	5572	6530	14
浙　江	Zhejiang	25053	23061	23393	23	6225	7813	8150	10
安　徽	Anhui	57665	58561	58563	10	5334	4831	5302	17
福　建	Fujian	26210	32727	33518	18	4167	6842	7421	13
江　西	Jiangxi	36336	48987	50074	11	8689	10820	11676	9
山　东	Shandong	107329	117092	116196	2	15301	20670	21208	2
河　南	Henan	91503	106408	109941	3	14187	20080	21194	3
湖　北	Hubei	56850	80287	83932	5	8436	14825	15734	5
湖　南	Hunan	72002	93562	103475	4	11179	14778	17494	4
广　东	Guangdong	58667	60605	63792	8	15535	23852	25031	1
广　西	Guangxi	45701	59733	60853	9	8070	11683	12425	6
海　南	Hainan	5782	6178	6373	27	1042	1350	1427	27
重　庆	Chongqing	35378	47407	48727	13	2499	3058	3242	22
四　川	Sichuan	106996	128645	130741	1	8946	11303	11708	8
贵　州	Guizhou	32488	41699	42050	14	3248	4831	6160	16
云　南	Yunnan	38247	47895	48916	12	5186	6255	6412	15
西　藏	Tibet	3012	3374	3393	30	342	531	626	30
陕　西	Shaanxi	30323	34900	35636	16	5444	8035	7579	12
甘　肃	Gansu	23661	27629	28671	21	2286	3605	3826	19
青　海	Qinghai	4009	5730	5843	28	216	341	381	31
宁　夏	Ningxia	2457	3052	3198	31	844	861	940	28
新　疆	Xinjiang	24073	27710	28987	20	1823	2680	3041	24

19-22 其他医疗卫生机构床位数和医院病床使用率
Number of Beds in Other Medical Institutions and Utilization of Hospital Beds

地区	Region	其他医疗卫生机构床位数（张）Beds in Other Medical Institutions (piece)				医院病床使用率（%）Hospital Bed Utilization Rate (%)			
		2010	2014	2015	2015排名 Ranking	2010	2014	2015	2015排名 Ranking
全　国	**National Total**	**42637**	**35823**	**34450**		**86.7**	**88.0**	**85.4**	
北　京	Beijing	508				84.5	83.2	80.6	25
天　津	Tianjin	401	416	301	22	86.3	83.9	81.6	22
河　北	Hebei	1738	1005	1005	11	82.9	86.7	83.6	15
山　西	Shanxi	2252	1705	1850	6	73.1	81.1	76.9	28
内蒙古	Inner Mongolia	640	690	844	15	78.0	76.0	73.2	30
辽　宁	Liaoning	8274	6336	5710	1	83.2	87.7	85.4	12
吉　林	Jilin	2723	2758	2698	3	70.8	80.3	78.5	27
黑龙江	Heilongjiang	2649	1600	950	13	76.7	82.4	81.4	23
上　海	Shanghai	265	723	723	18	98.0	97.1	95.7	1
江　苏	Jiangsu	2174	2617	2449	5	94.3	90.3	88.6	7
浙　江	Zhejiang	1833	1517	1522	9	94.4	92.5	88.9	6
安　徽	Anhui	1584	922	827	16	87.3	87.7	85.0	13
福　建	Fujian	1770	2374	2509	4	89.6	86.8	82.6	20
江　西	Jiangxi	1810	1810	1810	7	87.6	93.2	90.4	3
山　东	Shandong	3860	3232	3081	2	81.6	86.9	84.3	14
河　南	Henan	905	145	145	24	85.4	91.2	87.2	8
湖　北	Hubei	102				96.1	96.1	92.4	2
湖　南	Hunan	188	127	100	25	93.3	89.5	86.4	11
广　东	Guangdong	1767	1565	1585	8	87.2	86.3	83.5	16
广　西	Guangxi	1011	801	901	14	89.9	95.1	89.8	4
海　南	Hainan	350	482	647	20	88.0	80.5	79.4	26
重　庆	Chongqing	920	815	725	17	90.1	88.5	86.8	10
四　川	Sichuan	457	493	535	21	95.1	92.0	89.6	5
贵　州	Guizhou	198	98	100	25	86.4	82.7	80.9	24
云　南	Yunnan	1217	1027	1000	12	88.1	85.5	82.9	19
西　藏	Tibet	40	40	50	28	65.3	75.4	73.2	30
陕　西	Shaanxi	1748	1566	1422	10	82.2	86.7	83.4	17
甘　肃	Gansu	690	650	650	19	78.6	83.4	82.2	21
青　海	Qinghai					79.6	81.3	76.0	29
宁　夏	Ningxia	100	100	100	25	89.8	87.7	83.2	18
新　疆	Xinjiang	463	209	211	23	89.2	86.8	86.9	9

19-23 医疗卫生机构门诊量和入院人次数
Number of Outpatients and Inpatients of Medical and Health Institutions

单位：万人次 (10 000 person-times)

地区	Region	医疗卫生机构门诊诊疗人次数 Outpatients				医疗卫生机构入院人次数 Inpatients			
		2010	2014	2015	2015排名 Ranking	2010	2014	2015	2015排名 Ranking
全　国	**National Total**	**583761.6**	**760186.6**	**769342.5**		**14173.5**	**20441.2**	**21053.8**	
北　京	Beijing	14637.1	21359.9	21780.3	14	183.2	269.8	276.4	26
天　津	Tianjin	7497.2	11577.5	11880.7	23	109.3	148.7	150.8	27
河　北	Hebei	31317.7	41289.4	42134.1	7	735.9	980.6	991.3	8
山　西	Shanxi	10903.2	12767.4	12521.3	22	290.1	391.3	381.4	21
内蒙古	Inner Mongolia	8395.3	10033.6	10024.9	27	216.4	300.5	295.9	25
辽　宁	Liaoning	14709.0	18451.3	18551.0	17	447.1	635.2	646.4	14
吉　林	Jilin	8613.7	10634.9	10469.2	25	247.3	335.5	341.4	23
黑龙江	Heilongjiang	10509.9	12084.5	11474.9	24	373.2	489.6	514.9	19
上　海	Shanghai	20039.9	25059.7	25616.0	11	232.5	318.6	335.1	24
江　苏	Jiangsu	38465.6	52578.6	54579.2	4	742.8	1152.0	1217.6	6
浙　江	Zhejiang	36099.8	50425.0	52973.4	5	499.4	756.3	791.2	11
安　徽	Anhui	19854.2	26282.0	26124.0	9	551.1	821.4	843.0	9
福　建	Fujian	16407.5	21211.9	21190.0	15	402.3	533.7	523.0	18
江　西	Jiangxi	15637.8	21087.1	20838.3	16	500.1	696.6	712.1	13
山　东	Shandong	48024.4	63126.6	61521.3	2	1106.7	1501.8	1521.8	2
河　南	Henan	41877.6	54963.1	55553.0	3	1027.8	1447.1	1501.6	3
湖　北	Hubei	23920.4	34475.2	34839.4	8	649.6	1053.5	1107.5	7
湖　南	Hunan	20769.2	25050.7	25696.1	10	797.8	1226.6	1304.1	5
广　东	Guangdong	60210.7	78094.8	78526.1	1	1026.3	1392.8	1441.5	4
广　西	Guangxi	19583.8	24932.6	25188.4	12	590.2	832.8	831.2	10
海　南	Hainan	3356.7	4531.3	4640.9	28	70.0	97.1	104.6	28
重　庆	Chongqing	11623.9	13798.0	14500.3	19	336.6	551.3	591.1	17
四　川	Sichuan	36173.0	44520.6	45081.9	6	1058.3	1508.8	1546.8	1
贵　州	Guizhou	10280.9	13016.0	13201.2	20	420.0	640.1	633.9	15
云　南	Yunnan	17613.2	21890.2	22836.6	13	483.6	728.5	748.9	12
西　藏	Tibet	959.2	1313.1	1376.2	31	16.7	22.9	29.0	31
陕　西	Shaanxi	14331.7	17508.5	17501.1	18	369.8	595.7	625.5	16
甘　肃	Gansu	10044.8	12328.7	12530.8	21	215.4	338.6	351.8	22
青　海	Qinghai	1876.1	2253.4	2281.7	30	54.8	86.5	84.1	30
宁　夏	Ningxia	2591.0	3562.1	3577.0	29	66.2	96.4	98.0	29
新　疆	Xinjiang	7437.3	9979.0	10333.3	26	353.0	490.8	512.2	20

19-24 医院病床工作日和出院者平均住院日
Working Days of Hospital Beds and Average Length of Stay

地区	Region	医院病床工作日（天）Hospital Beds Working Days (day)				出院者平均住院日（日/人）Average Length of Stay (day/person)			
		2010	2014	2015	2015排名 Ranking	2010	2014	2015	2015排名 Ranking
全　国	**National Total**	**316.5**	**321.4**	**311.6**		**10.5**	**9.6**	**9.6**	
北　京	Beijing	308.5	303.6	294.1	25	16.2	11.0	10.9	2
天　津	Tianjin	314.9	306.1	297.9	22	12.6	10.9	10.9	2
河　北	Hebei	302.4	316.3	305.3	15	9.4	9.0	9.1	22
山　西	Shanxi	266.9	295.9	280.6	28	11.6	10.8	10.8	4
内蒙古	Inner Mongolia	284.6	277.3	267.2	31	11.0	9.9	10.1	8
辽　宁	Liaoning	303.6	320.1	311.8	12	12.2	11.2	11.1	1
吉　林	Jilin	258.6	293.2	286.7	27	10.5	9.8	9.8	12
黑龙江	Heilongjiang	279.9	300.6	297.1	23	11.8	11.1	10.8	4
上　海	Shanghai	357.9	354.4	349.4	1	13.0	11.1	10.6	7
江　苏	Jiangsu	344.4	329.5	323.4	7	11.3	10.1	9.8	12
浙　江	Zhejiang	344.7	337.6	324.6	6	11.3	10.0	10.1	8
安　徽	Anhui	318.8	320.0	310.1	13	9.7	9.2	9.1	22
福　建	Fujian	327.2	317.0	301.5	20	9.4	8.7	8.7	30
江　西	Jiangxi	319.8	340.1	329.8	3	9.2	9.2	9.1	22
山　东	Shandong	298.0	317.3	307.7	14	9.4	9.5	9.4	17
河　南	Henan	311.5	332.8	318.3	8	10.3	9.9	9.9	11
湖　北	Hubei	350.7	350.9	337.4	2	10.5	9.7	9.8	12
湖　南	Hunan	340.7	326.7	315.5	11	9.9	9.4	9.4	17
广　东	Guangdong	318.4	314.9	304.9	16	9.4	8.8	8.8	25
广　西	Guangxi	328.2	347.0	327.9	4	9.6	9.0	8.8	25
海　南	Hainan	321.3	293.7	289.8	26	10.3	9.5	9.3	20
重　庆	Chongqing	328.7	322.9	317.0	10	11.0	9.5	9.3	20
四　川	Sichuan	347.0	335.8	327.1	5	10.7	10.0	10.1	8
贵　州	Guizhou	315.4	301.9	295.2	24	9.7	8.5	8.3	31
云　南	Yunnan	321.7	312.2	302.6	19	10.0	9.0	8.8	25
西　藏	Tibet	238.5	275.2	267.3	30	11.3	9.8	8.8	25
陕　西	Shaanxi	300.1	316.5	304.4	17	10.5	9.6	9.4	17
甘　肃	Gansu	286.9	304.5	300.0	21	10.5	9.5	9.7	15
青　海	Qinghai	290.5	296.9	277.6	29	10.3	9.6	9.5	16
宁　夏	Ningxia	327.7	320.3	303.8	18	10.8	9.8	10.7	6
新　疆	Xinjiang	325.5	316.8	317.3	9	10.3	8.8	8.8	25

19-25 医院门诊和住院病人次均医药费用（一）
Average Expense of Outpatients and Inpatients Each time (1)

单位：元 (yuan)

地区	Region	医院门诊病人次均医药费用 Average Medical Expenses of Outpatient				医院门诊病人次均药费 Average Medical Expenses of Outpatient			
		2010	2014	2015	2015排名 Ranking	2010	2014	2015	2015排名 Ranking
全　国	**National Total**	**173.8**	**220.0**	**233.9**		**88.1**	**106.3**	**110.5**	
北　京	Beijing	337.4	415.9	440.9	1	220.9	250.6	261.6	1
天　津	Tianjin	235.0	265.9	290.9	3	146.2	166.4	182.0	2
河　北	Hebei	168.5	200.8	210.2	21	73.2	89.0	93.5	19
山　西	Shanxi	158.0	219.8	230.3	10	64.9	97.9	100.4	14
内蒙古	Inner Mongolia	148.9	210.9	218.0	15	56.8	87.7	88.4	24
辽　宁	Liaoning	199.8	247.2	259.4	5	92.1	113.1	117.9	5
吉　林	Jilin	164.9	221.5	240.3	8	64.0	89.4	95.0	18
黑龙江	Heilongjiang	178.1	224.8	241.2	7	65.8	88.8	92.3	20
上　海	Shanghai	243.7	295.6	316.0	2	137.0	159.3	167.6	3
江　苏	Jiangsu	183.6	222.3	235.5	9	92.4	108.1	111.9	6
浙　江	Zhejiang	189.6	217.2	225.5	13	108.9	110.7	109.7	8
安　徽	Anhui	157.2	194.3	203.2	25	71.8	90.3	89.0	23
福　建	Fujian	143.1	188.2	209.1	22	75.7	91.1	95.8	16
江　西	Jiangxi	144.6	196.7	213.0	19	73.5	99.8	106.2	10
山　东	Shandong	176.3	216.0	229.4	11	86.5	101.1	107.2	9
河　南	Henan	127.5	155.8	164.4	30	54.7	66.2	69.6	30
湖　北	Hubei	162.1	204.9	214.3	18	82.0	100.8	102.7	13
湖　南	Hunan	191.9	241.5	253.6	6	90.4	111.0	111.6	7
广　东	Guangdong	150.9	200.4	216.4	16	75.7	90.5	95.7	17
广　西	Guangxi	125.5	165.3	173.2	28	59.3	74.7	76.0	29
海　南	Hainan	172.0	198.2	215.8	17	90.7	88.6	96.0	15
重　庆	Chongqing	188.7	251.6	266.1	4	93.5	118.7	120.6	4
四　川	Sichuan	143.4	201.4	219.2	14	63.5	84.5	91.3	21
贵　州	Guizhou	178.7	216.6	228.9	12	74.9	84.9	85.8	25
云　南	Yunnan	125.3	165.1	179.7	27	57.1	73.3	78.9	27
西　藏	Tibet	76.0	108.8	123.0	31	35.2	55.2	56.1	31
陕　西	Shaanxi	156.0	198.4	211.5	20	73.2	87.5	89.1	22
甘　肃	Gansu	100.6	154.4	169.7	29	44.9	73.5	79.5	26
青　海	Qinghai	98.8	171.2	181.1	26	43.0	76.6	78.7	28
宁　夏	Ningxia	153.5	185.1	203.9	24	78.6	95.3	103.8	11
新　疆	Xinjiang	155.3	195.5	208.4	23	72.2	97.6	103.3	12

19-26 医院门诊和住院病人次均医药费用（二）
Average Expense of Outpatients and Inpatients Each time (2)

单位：元 (yuan)

地区	Region	医院门诊病人次均检查治疗费 Expense of Check Treatment of Outpatients				医院住院病人次均医药费用 Average Medical Expenses of Inpatients			
		2010	2014	2015	2015排名 Ranking	2010	2014	2015	2015排名 Ranking
全　国	**National Total**	**53.7**	**40.3**	**42.7**		**6525.6**	**7832.3**	**8268.1**	
北　京	Beijing	67.1	42.6	46.0	14	14740.5	18786.6	20149.2	1
天　津	Tianjin	40.3	19.4	20.9	30	11177.0	13825.6	15250.2	3
河　北	Hebei	65.8	49.6	49.9	9	5534.1	7004.8	7517.0	18
山　西	Shanxi	62.4	49.9	50.6	8	5688.9	7841.9	8045.5	14
内蒙古	Inner Mongolia	61.4	50.6	53.4	5	5483.7	7775.3	8146.5	13
辽　宁	Liaoning	72.7	54.3	56.8	3	7486.4	8019.3	8604.9	8
吉　林	Jilin	73.0	50.7	53.9	4	6839.7	8202.4	8406.9	10
黑龙江	Heilongjiang	74.7	58.1	63.8	1	6480.4	7831.9	8285.7	11
上　海	Shanghai	49.1	32.8	34.7	28	12225.0	15078.7	16084.6	2
江　苏	Jiangsu	56.0	36.0	38.1	22	9073.3	9673.9	10060.3	5
浙　江	Zhejiang	39.6	26.8	28.2	29	9300.5	10318.2	10578.0	4
安　徽	Anhui	58.5	44.1	46.0	14	5664.7	6610.8	6809.2	25
福　建	Fujian	42.3	37.8	41.5	18	6222.5	7452.8	8173.5	12
江　西	Jiangxi	49.2	43.6	46.9	13	5096.0	6485.2	6956.0	23
山　东	Shandong	61.4	49.9	51.9	7	5951.9	7913.7	8589.7	9
河　南	Henan	51.0	39.1	40.2	20	4789.9	6642.5	6874.4	24
湖　北	Hubei	58.1	38.9	40.5	19	6171.8	7411.3	7823.0	16
湖　南	Hunan	67.2	54.2	57.1	2	5789.2	6658.8	6980.1	22
广　东	Guangdong	46.8	36.3	39.6	21	7843.2	9312.8	9982.2	6
广　西	Guangxi	43.3	34.8	36.9	25	5088.5	6835.0	7154.6	20
海　南	Hainan	55.6	43.4	47.6	11	6709.7	8704.0	8887.9	7
重　庆	Chongqing	61.0	42.2	43.6	17	6488.4	7376.5	7481.8	19
四　川	Sichuan	53.1	44.7	47.6	11	5677.7	6691.4	7091.2	21
贵　州	Guizhou	69.6	50.5	53.0	6	4641.3	5175.8	5387.7	31
云　南	Yunnan	46.6	35.0	37.1	24	5007.7	5565.5	5849.5	28
西　藏	Tibet	20.1	15.0	18.3	31	3899.0	5046.1	5506.8	29
陕　西	Shaanxi	57.7	44.5	48.0	10	5361.5	6246.3	6604.3	26
甘　肃	Gansu	34.4	35.2	37.6	23	3792.6	5205.7	5447.1	30
青　海	Qinghai	35.7	32.8	36.0	27	6139.0	7254.8	7980.2	15
宁　夏	Ningxia	46.8	34.4	36.8	26	5537.8	6976.8	7541.2	17
新　疆	Xinjiang	53.7	42.4	45.0	16	4894.1	5919.9	6318.8	27

19-27 医药门诊和住院病人次均医药费用（三）

Average Expense of Outpatients and Inpatients Each time (3)

单位：元 (yuan)

地区	Region	医院住院病人次均药费 Average Medical Expenses of Inpatients 2010	2014	2015	2015排名 Ranking	医院住院病人次均检查治疗费 Expense of Check Treatment of Inpatients 2010	2014	2015	2015排名 Ranking
全　国	**National Total**	**2834.4**	**2998.5**	**3042.0**		**1691.5**	**640.6**	**697.2**	
北　京	Beijing	5547.7	6131.3	6377.3	1	5551.5	1269.7	1346.0	1
天　津	Tianjin	4835.9	5322.5	5810.1	2	2720.2	673.3	738.6	8
河　北	Hebei	2581.4	3053.9	3215.5	12	1524.9	593.8	665.0	19
山　西	Shanxi	2453.4	3185.0	3119.5	15	1430.4	686.1	751.2	7
内蒙古	Inner Mongolia	2542.3	3270.2	3345.2	10	1605.4	647.3	724.1	10
辽　宁	Liaoning	3276.8	3222.3	3370.3	9	1853.9	773.2	855.4	4
吉　林	Jilin	3126.4	3493.2	3419.3	7	2041.4	649.6	701.2	12
黑龙江	Heilongjiang	3293.3	3788.7	3951.7	5	1350.9	581.4	626.9	21
上　海	Shanghai	4816.9	5190.1	5460.0	3	1489.8	880.1	939.0	3
江　苏	Jiangsu	4190.8	4058.9	4101.7	4	2419.0	681.9	725.4	9
浙　江	Zhejiang	4443.8	3709.1	3536.0	6	1209.5	578.3	620.2	22
安　徽	Anhui	2539.9	2545.3	2389.1	25	1510.0	514.4	536.0	29
福　建	Fujian	2939.9	2827.7	2785.4	19	1465.0	722.8	793.9	5
江　西	Jiangxi	2366.6	2781.4	2876.4	17	1333.3	475.5	528.3	30
山　东	Shandong	2797.2	3179.5	3331.6	11	1613.8	599.3	676.7	18
河　南	Henan	2192.9	2576.3	2605.4	21	1400.2	557.5	606.8	23
湖　北	Hubei	2458.8	2732.0	2789.2	18	1888.2	630.1	689.9	15
湖　南	Hunan	2572.6	2622.7	2558.8	22	1353.5	528.3	572.2	25
广　东	Guangdong	2922.3	3021.0	3130.8	14	2397.5	863.1	946.3	2
广　西	Guangxi	1947.6	2380.6	2420.0	24	1592.0	634.0	689.9	15
海　南	Hainan	2967.9	3441.0	3418.7	8	1783.5	662.0	697.1	13
重　庆	Chongqing	2853.7	2902.7	2743.9	20	1946.0	677.9	715.3	11
四　川	Sichuan	2181.5	2321.9	2339.1	26	1783.9	621.2	680.9	17
贵　州	Guizhou	1802.0	1757.2	1782.7	31	1385.6	551.7	569.3	26
云　南	Yunnan	2133.3	2081.2	2126.5	28	1361.2	544.0	594.8	24
西　藏	Tibet	1709.3	2045.1	2124.7	29	608.9	402.4	435.5	31
陕　西	Shaanxi	2270.5	2463.3	2504.5	23	1156.0	570.7	644.3	20
甘　肃	Gansu	1615.1	2033.9	2063.9	30	891.4	518.8	540.9	28
青　海	Qinghai	3073.3	3111.6	3165.1	13	1187.7	624.9	696.7	14
宁　夏	Ningxia	2511.8	2776.8	2890.5	16	1221.4	532.4	556.7	27
新　疆	Xinjiang	2081.0	2178.6	2262.5	27	1094.9	698.4	775.1	6

20

文化和体育

Culture and Sports

20-1 公共财政预算支出中文化体育与传媒支出额和比例

Expenditure for Culture, Sport and Media and Percentage of Public Budgetary Expenditure

地区	Region	文化体育与传媒支出额（亿元） Expenditure for Culture, Sport and Media (100 million yuan)				文化体育与传媒支出占公共财政支出比例（%） Percentage (%)			
		2010	2014	2015	2015排名 Ranking	2010	2014	2015	2015排名 Ranking
全　国	**National Total**	**1392.57**	**2468.48**	**2804.65**		**1.88**	**1.91**	**1.87**	
北　京	Beijing	79.36	163.90	188.50	3	2.92	3.62	3.29	1
天　津	Tianjin	24.28	47.87	51.73	26	1.76	1.66	1.60	22
河　北	Hebei	37.09	82.66	88.34	13	1.32	1.77	1.57	23
山　西	Shanxi	31.24	63.95	73.08	19	1.62	2.07	2.13	8
内蒙古	Inner Mongolia	52.96	91.90	95.81	11	2.33	2.37	2.25	6
辽　宁	Liaoning	56.76	92.60	88.59	12	1.78	1.82	1.98	14
吉　林	Jilin	32.93	61.16	73.01	20	1.84	2.10	2.27	5
黑龙江	Heilongjiang	39.50	45.63	53.17	25	1.75	1.33	1.32	29
上　海	Shanghai	54.95	86.38	108.22	8	1.66	1.75	1.75	19
江　苏	Jiangsu	88.67	190.86	196.06	1	1.80	2.25	2.02	13
浙　江	Zhejiang	77.15	115.36	165.38	4	2.40	2.24	2.49	3
安　徽	Anhui	51.68	82.25	88.19	14	2.00	1.76	1.68	20
福　建	Fujian	27.10	64.18	84.82	15	1.60	1.94	2.12	10
江　西	Jiangxi	28.38	60.03	68.90	21	1.48	1.55	1.56	24
山　东	Shandong	74.03	127.75	137.26	6	1.79	1.78	1.66	21
河　南	Henan	54.99	91.16	105.38	9	1.61	1.51	1.55	26
湖　北	Hubei	36.67	76.65	84.03	16	1.47	1.55	1.37	28
湖　南	Hunan	39.66	80.01	111.74	7	1.47	1.59	1.95	15
广　东	Guangdong	166.16	168.16	194.58	2	3.06	1.84	1.52	27
广　西	Guangxi	32.77	68.52	79.00	17	1.63	1.97	1.94	16
海　南	Hainan	11.61	23.51	25.48	30	2.00	2.14	2.06	12
重　庆	Chongqing	24.04	36.02	47.01	27	1.41	1.09	1.24	31
四　川	Sichuan	59.37	135.65	139.41	5	1.39	2.00	1.86	17
贵　州	Guizhou	23.98	54.69	61.20	24	1.47	1.54	1.55	25
云　南	Yunnan	35.53	56.21	61.66	23	1.55	1.27	1.31	30
西　藏	Tibet	12.48	34.10	34.73	28	2.26	2.88	2.51	2
陕　西	Shaanxi	47.86	93.23	103.09	10	2.16	2.35	2.36	4
甘　肃	Gansu	29.78	49.60	62.76	22	2.03	1.95	2.12	9
青　海	Qinghai	11.57	34.16	33.60	29	1.56	2.54	2.22	7
宁　夏	Ningxia	16.09	16.02	20.97	31	2.89	1.60	1.84	18
新　疆	Xinjiang	33.92	74.32	78.96	18	2.00	2.24	2.08	11

20-2 艺术表演团体和表演场馆
Art Performance Troupes and Art Performance Places

单位：个 (unit)

地区	Region	艺术表演团体数 Number of Art Performance Troupes				艺术表演场馆数 Number of Art Performance Places			
		2010	2014	2015	2015排名 Ranking	2010	2014	2015	2015排名 Ranking
全　国	**National Total**	**6864**	**8769**	**10787**		**2112**	**1338**	**2143**	
北　京	Beijing	18	344	395	10	73	17	54	16
天　津	Tianjin	36	66	86	26	37	28	50	17
河　北	Hebei	284	458	596	6	113	77	108	5
山　西	Shanxi	342	351	456	8	103	99	137	4
内蒙古	Inner Mongolia	123	177	175	21	26	19	25	23
辽　宁	Liaoning	239	207	263	16	58	33	105	6
吉　林	Jilin	68	56	49	30	32	28	49	19
黑龙江	Heilongjiang	89	39	51	29	44	34	38	21
上　海	Shanghai	89	158	180	19	96	24	50	17
江　苏	Jiangsu	408	287	369	12	201	111	207	2
浙　江	Zhejiang	471	891	1024	2	242	62	308	1
安　徽	Anhui	1255	988	1617	1	60	48	76	10
福　建	Fujian	449	393	397	9	57	57	56	15
江　西	Jiangxi	99	219	236	17	57	49	57	14
山　东	Shandong	119	481	623	5	91	93	101	7
河　南	Henan	371	598	824	3	150	140	150	3
湖　北	Hubei	204	273	282	13	68	52	58	13
湖　南	Hunan	201	271	273	15	63	57	71	11
广　东	Guangdong	397	325	391	11	124	44	66	12
广　西	Guangxi	141	67	92	24	24	17	29	22
海　南	Hainan	67	71	66	27	10	7	11	29
重　庆	Chongqing	381	512	730	4	46	15	22	25
四　川	Sichuan	348	492	543	7	94	41	99	8
贵　州	Guizhou	52	105	95	23	7	7	8	30
云　南	Yunnan	142	284	276	14	36	17	40	20
西　藏	Tibet	37	88	87	25	21	14	14	28
陕　西	Shaanxi	127	143	177	20	97	85	88	9
甘　肃	Gansu	82	190	191	18	27	22	24	24
青　海	Qinghai	32	64	54	28	20	16	16	26
宁　夏	Ningxia	45	31	40	31	15	3	3	31
新　疆	Xinjiang	132	122	132	22	15	15	16	26

20-3 艺术表演团体国内演出场次和观众人次

Number of Domestic Performances and Domestic Audience

地区	Region	艺术表演团体国内演出场次（万场次） Number of Domestic Performances (10 000 shows)				艺术表演团体国内演出观众人次（万人次） Number of Domestic Audience (10 000 person-times)			
		2010	2014	2015	2015排名 Ranking	2010	2014	2015	2015排名 Ranking
全　国	**National Total**	**127.78**	**171.08**	**209.27**		**88456**	**91020**	**95799**	
北　京	Beijing	0.68	2.23	2.70	19	430	1026	1085	21
天　津	Tianjin	0.38	1.09	1.72	22	318	418	673	26
河　北	Hebei	4.70	7.63	8.12	9	4948	5370	4559	4
山　西	Shanxi	5.23	5.36	6.07	11	5755	3592	3952	6
内蒙古	Inner Mongolia	1.83	2.41	3.88	14	1623	1779	1123	20
辽　宁	Liaoning	1.61	1.51	2.34	20	811	826	906	22
吉　林	Jilin	0.81	0.57	0.57	29	886	503	372	29
黑龙江	Heilongjiang	0.89	0.49	0.71	27	818	311	328	31
上　海	Shanghai	1.98	2.78	2.87	18	1037	1017	863	23
江　苏	Jiangsu	7.49	6.12	8.51	8	3941	2606	2809	9
浙　江	Zhejiang	10.23	18.24	21.77	3	10573	14670	15337	2
安　徽	Anhui	38.94	28.90	39.04	1	10786	14096	10686	3
福　建	Fujian	9.47	10.80	8.53	7	4100	4182	2760	10
江　西	Jiangxi	1.86	3.39	2.99	17	1585	2239	1544	18
山　东	Shandong	2.00	16.41	13.26	4	2538	3747	3872	7
河　南	Henan	7.60	20.61	35.60	2	8406	11110	19416	1
湖　北	Hubei	3.57	3.82	3.77	15	3892	3344	2902	8
湖　南	Hunan	3.19	4.91	6.55	10	2174	1712	1911	16
广　东	Guangdong	4.15	4.64	4.09	13	5609	2742	2142	12
广　西	Guangxi	1.49	0.90	1.32	24	1508	664	1824	17
海　南	Hainan	0.84	0.97	0.76	25	683	1673	701	24
重　庆	Chongqing	5.28	6.12	9.50	6	2097	1557	2223	11
四　川	Sichuan	5.06	6.37	10.25	5	3304	1887	2012	14
贵　州	Guizhou	0.47	0.88	0.76	26	568	611	682	25
云　南	Yunnan	1.54	5.28	4.52	12	1741	2606	1940	15
西　藏	Tibet	0.22	0.45	0.55	30	380	412	390	28
陕　西	Shaanxi	2.05	2.32	3.32	16	3093	2110	4322	5
甘　肃	Gansu	1.60	2.21	2.27	21	2299	2150	2034	13
青　海	Qinghai	0.32	0.30	0.33	31	226	261	333	30
宁　夏	Ningxia	0.47	1.41	0.61	28	598	414	493	27
新　疆	Xinjiang	1.52	1.64	1.72	23	1052	923	1207	19

20-4 博物馆和文物藏品
Number of Museums and Collections

地区	Region	博物馆数（个）Number of Museums (unit)				博物馆文物藏品（件/套）Number of Collections (piece/set)			
		2010	2014	2015	2015排名 Ranking	2010	2014	2015	2015排名 Ranking
全　国	**National Total**	**2435**	**3658**	**3852**		**17552482**	**29299673**	**30441422**	
北　京	Beijing	41	41	40	26	1138476	1251584	1229829	7
天　津	Tianjin	18	22	22	28	579740	669665	673291	15
河　北	Hebei	65	105	107	15	232455	375522	406132	25
山　西	Shanxi	89	99	100	16	453355	803379	808896	12
内蒙古	Inner Mongolia	54	75	84	21	408471	493522	505570	20
辽　宁	Liaoning	61	63	64	25	351402	467050	453489	21
吉　林	Jilin	57	78	76	23	237522	374808	416815	23
黑龙江	Heilongjiang	76	158	158	10	192158	694942	750650	13
上　海	Shanghai	27	103	99	17	327455	2359064	2152643	3
江　苏	Jiangsu	213	301	312	1	1527507	1721406	1754310	4
浙　江	Zhejiang	100	187	224	6	676477	1061045	1186230	9
安　徽	Anhui	120	164	171	9	503247	715617	733703	14
福　建	Fujian	94	98	98	18	382327	483880	514057	19
江　西	Jiangxi	108	137	137	12	425788	476469	415473	24
山　东	Shandong	114	243	312	1	692829	1502130	1619903	5
河　南	Henan	111	248	248	4	725093	917092	928893	11
湖　北	Hubei	120	174	175	8	1211525	1894926	1602377	6
湖　南	Hunan	81	109	113	14	443174	554636	531079	18
广　东	Guangdong	169	176	177	7	844627	1080018	958465	10
广　西	Guangxi	64	106	124	13	279452	411224	422677	22
海　南	Hainan	16	18	18	29	57299	43715	43375	31
重　庆	Chongqing	37	78	78	22	488955	646125	607418	16
四　川	Sichuan	108	206	225	5	885543	3283205	3414417	1
贵　州	Guizhou	59	74	73	24	74826	115588	95327	28
云　南	Yunnan	120	86	86	19	358457	1245402	1206919	8
西　藏	Tibet	2	4	7	31	32605	66126	68026	30
陕　西	Shaanxi	106	238	249	3	767086	1436898	2675637	2
甘　肃	Gansu	102	147	150	11	439654	543923	558789	17
青　海	Qinghai	18	22	23	27	118984	181009	154674	27
宁　夏	Ningxia	6	12	12	30	66209	80080	77592	29
新　疆	Xinjiang	71	82	86	19	119370	188833	204454	26

20-5 博物馆基本陈列展览和参观人次
Dsiplay Exhibition and Spectators of Museums

地区	Region	基本陈列展览（个）Dsiplay Exhibition (unit)			参观人次（万人次）Spectators (10 000 person-times)			
		2014	2015	2015排名 Ranking	2010	2014	2015	2015排名 Ranking
全　国	**National Total**	**19565**	**21154**		**406793**	**71774**	**78112**	
北　京	Beijing	236	269	25	4995	498	579	27
天　津	Tianjin	150	157	27	4007	926	1003	24
河　北	Hebei	532	607	14	12460	2494	2646	11
山　西	Shanxi	296	352	23	10815	1222	1466	21
内蒙古	Inner Mongolia	429	455	17	5839	990	1150	23
辽　宁	Liaoning	364	429	21	10336	1152	1158	22
吉　林	Jilin	428	381	22	5078	959	949	25
黑龙江	Heilongjiang	708	749	12	7163	2066	2092	16
上　海	Shanghai	864	835	10	6246	1967	1935	17
江　苏	Jiangsu	1891	1890	2	45568	7044	7850	1
浙　江	Zhejiang	1417	1709	3	19572	4121	4577	6
安　徽	Anhui	880	862	9	12054	2406	2680	10
福　建	Fujian	689	788	11	16002	2308	2412	13
江　西	Jiangxi	525	510	15	20730	2476	2949	9
山　东	Shandong	1833	2172	1	13844	4818	5130	3
河　南	Henan	1096	1073	5	17942	4532	4728	5
湖　北	Hubei	857	964	7	19051	2600	2624	12
湖　南	Hunan	464	438	20	21999	3574	4758	4
广　东	Guangdong	1404	1460	4	25825	4021	4252	7
广　西	Guangxi	397	445	19	7441	1508	1655	19
海　南	Hainan	114	92	28	985	157	137	30
重　庆	Chongqing	421	449	18	15509	2154	2299	14
四　川	Sichuan	768	928	8	33571	5329	5997	2
贵　州	Guizhou	183	225	26	11771	1293	1581	20
云　南	Yunnan	452	466	16	15291	1679	1700	18
西　藏	Tibet	18	24	31	149	38	49	31
陕　西	Shaanxi	790	1044	6	14981	3831	4208	8
甘　肃	Gansu	708	705	13	6467	2008	2191	15
青　海	Qinghai	67	70	30	832	233	147	29
宁　夏	Ningxia	72	80	29	740	128	198	28
新　疆	Xinjiang	332	342	24	3664	652	756	26

20-6 公共图书馆和总藏量
Number of Public Libraries and Total Collections

地区	Region	公共图书馆数（个）Number of Public Libraries (unit) 2010	2014	2015	2015排名 Ranking	总藏量（万册件）Total Collections (10 000 copies) 2010	2014	2015	2015排名 Ranking
全 国	**National Total**	**2884**	**3117**	**3139**		**61726**	**79092**	**83844**	
北 京	Beijing	24	24	24	30	1715	2223	2425	13
天 津	Tianjin	31	31	31	27	1258	1598	1697	20
河 北	Hebei	165	172	172	2	1611	2105	2200	14
山 西	Shanxi	126	126	126	9	1208	1472	1548	21
内蒙古	Inner Mongolia	113	116	117	11	940	1449	1513	22
辽 宁	Liaoning	128	129	129	8	2953	3563	3736	6
吉 林	Jilin	65	66	66	24	1380	1662	1768	19
黑龙江	Heilongjiang	107	107	107	17	1644	1721	1827	18
上 海	Shanghai	28	25	25	29	6809	7363	7568	1
江 苏	Jiangsu	111	114	114	12	4370	6280	6847	3
浙 江	Zhejiang	97	98	100	20	3761	5634	6250	4
安 徽	Anhui	88	113	122	10	1236	1753	1942	17
福 建	Fujian	86	88	90	22	1682	2660	2821	9
江 西	Jiangxi	108	114	114	12	1520	2127	2159	15
山 东	Shandong	149	153	154	4	3636	4480	4727	5
河 南	Henan	142	157	158	3	1837	2312	2472	12
湖 北	Hubei	107	112	112	14	2361	2822	3003	8
湖 南	Hunan	124	136	137	7	1961	2422	2555	11
广 东	Guangdong	132	138	140	6	4615	6367	7008	2
广 西	Guangxi	108	112	112	14	1881	2482	2606	10
海 南	Hainan	20	21	21	31	285	412	424	29
重 庆	Chongqing	43	43	43	26	1031	1242	1304	25
四 川	Sichuan	161	198	203	1	2599	3162	3328	7
贵 州	Guizhou	93	95	96	21	812	1217	1221	27
云 南	Yunnan	150	151	151	5	1566	1864	1944	16
西 藏	Tibet	4	78	79	23	53	125	162	31
陕 西	Shaanxi	112	114	110	16	1127	1514	1506	23
甘 肃	Gansu	94	103	103	19	1042	1307	1340	24
青 海	Qinghai	44	49	49	25	358	394	415	30
宁 夏	Ningxia	20	26	26	28	462	690	706	28
新 疆	Xinjiang	103	107	107	17	1113	1292	1303	26

20-7 人均公共图书馆藏量和累计发放借书证数

Collections of Public Libraries Owned Per Person and Accumlative Number of Library Cards Distributed

地区	Region	人均拥有公共图书馆藏量（册） Collections of Public Libraries Owned Per Person (copy)				有效借书证数（万个） Accumlative Number of Library Cards Distributed (10 000 units)			
		2010	2014	2015	2015排名 Ranking	2010	2014	2015	2015排名 Ranking
全　国	**National Total**	**0.46**	**0.58**	**0.61**		**2019.52**	**3943.80**	**5721.08**	
北　京	Beijing	0.87	1.03	1.12	3	92.32	98.10	103.66	9
天　津	Tianjin	0.97	1.05	1.10	4	36.43	67.34	73.60	18
河　北	Hebei	0.22	0.29	0.30	30	56.49	73.07	89.27	15
山　西	Shanxi	0.34	0.40	0.42	23	23.35	45.79	73.90	17
内蒙古	Inner Mongolia	0.38	0.58	0.60	12	14.73	26.07	28.49	26
辽　宁	Liaoning	0.68	0.81	0.85	7	86.24	109.99	126.15	7
吉　林	Jilin	0.50	0.60	0.64	11	17.98	72.29	88.43	16
黑龙江	Heilongjiang	0.43	0.45	0.48	19	76.40	54.75	61.36	20
上　海	Shanghai	2.96	3.04	3.13	1	107.99	172.95	304.92	4
江　苏	Jiangsu	0.56	0.79	0.86	6	206.73	525.77	1107.32	2
浙　江	Zhejiang	0.69	1.02	1.13	2	177.43	925.60	1638.60	1
安　徽	Anhui	0.21	0.29	0.32	29	24.62	75.25	96.64	11
福　建	Fujian	0.46	0.70	0.73	8	47.18	91.57	102.49	10
江　西	Jiangxi	0.34	0.47	0.47	20	50.62	80.97	93.04	14
山　东	Shandong	0.38	0.46	0.48	18	128.42	165.95	188.88	5
河　南	Henan	0.20	0.25	0.26	31	68.03	97.36	94.26	13
湖　北	Hubei	0.41	0.49	0.51	16	104.16	127.90	144.32	6
湖　南	Hunan	0.30	0.36	0.38	27	81.44	98.98	106.41	8
广　东	Guangdong	0.44	0.59	0.65	10	258.40	438.43	524.41	3
广　西	Guangxi	0.41	0.52	0.54	14	26.24	61.49	58.42	21
海　南	Hainan	0.33	0.46	0.47	21	11.28	11.52	21.97	28
重　庆	Chongqing	0.36	0.42	0.43	22	15.99	57.70	70.01	19
四　川	Sichuan	0.32	0.39	0.41	25	48.24	75.95	95.30	12
贵　州	Guizhou	0.23	0.35	0.35	28	18.95	39.17	42.23	23
云　南	Yunnan	0.34	0.40	0.41	24	31.84	40.73	44.45	22
西　藏	Tibet	0.18	0.39	0.50	17	0.55	1.11	2.34	31
陕　西	Shaanxi	0.30	0.40	0.40	26	30.41	31.64	35.72	24
甘　肃	Gansu	0.41	0.50	0.52	15	20.26	28.06	31.46	25
青　海	Qinghai	0.63	0.67	0.70	9	7.73	12.26	13.39	30
宁　夏	Ningxia	0.73	1.04	1.06	5	12.52	13.44	14.47	29
新　疆	Xinjiang	0.51	0.56	0.55	13	22.99	22.66	24.11	27

20-8 公共图书馆总流通人次
Total Number of Circulation of Public Libraries

单位：万人次 (10 000 person-times)

地区	Region	总流通人次 Total Number of Circulation 2010	2014	2015	2015排名 Ranking	其中：书刊文献外借人次 Borrowing from Libraries 2010	2014	2015	2015排名 Ranking
全　国	**National Total**	**32823**	**53036**	**58892**		**13934**	**22737**	**23085**	
北　京	Beijing	775	1146	1264	15	360	395	394	18
天　津	Tianjin	606	681	789	22	254	285	306	24
河　北	Hebei	736	1210	1428	14	360	443	596	14
山　西	Shanxi	374	676	830	21	190	298	305	25
内蒙古	Inner Mongolia	312	621	649	25	196	262	267	26
辽　宁	Liaoning	1457	1892	2068	8	601	724	751	12
吉　林	Jilin	503	599	732	23	213	323	353	20
黑龙江	Heilongjiang	622	893	968	20	242	311	330	22
上　海	Shanghai	1853	3961	3931	4	579	1899	1922	3
江　苏	Jiangsu	3006	5425	6001	3	1596	3217	2882	1
浙　江	Zhejiang	3454	5480	7942	1	1376	1953	2253	2
安　徽	Anhui	760	1546	1739	12	383	846	914	9
福　建	Fujian	1193	2052	2396	6	583	851	981	8
江　西	Jiangxi	639	1213	1258	16	360	655	691	13
山　东	Shandong	1717	2558	2729	5	915	1540	1508	5
河　南	Henan	1026	1968	2233	7	519	1060	1107	6
湖　北	Hubei	1516	1868	1955	11	938	1052	992	7
湖　南	Hunan	1028	1570	1617	13	506	792	823	11
广　东	Guangdong	4540	7657	7855	2	1166	1698	1697	4
广　西	Guangxi	1343	1998	2065	9	356	754	521	16
海　南	Hainan	172	268	445	28	69	72	81	29
重　庆	Chongqing	621	1221	1235	17	340	471	435	17
四　川	Sichuan	1168	1867	2010	10	544	836	890	10
贵　州	Guizhou	369	525	594	26	143	306	307	23
云　南	Yunnan	907	1210	1223	18	403	530	534	15
西　藏	Tibet	3	17	20	31	1	7	5	31
陕　西	Shaanxi	519	927	982	19	196	354	389	19
甘　肃	Gansu	468	658	678	24	220	335	344	21
青　海	Qinghai	89	120	112	30	20	60	75	30
宁　夏	Ningxia	163	266	282	29	53	137	152	28
新　疆	Xinjiang	350	544	474	27	171	256	235	27

20-9 公共图书馆书刊文献外借册次和阅览室坐席数

Number of Books and Periodicals Lent to Readers and Seats of Reading Rooms in Public Libraries

地区	Region	书刊文献外借册次（万册次） Number of Books and Periodicals Lent to Readers (10 000 copies-times)				阅览室坐席数（个） Seats of Reading Rooms (unit)			
		2010	2014	2015	2015排名 Ranking	2010	2014	2015	2015排名 Ranking
全　国	**National Total**	**26392**	**46734**	**50896**		**630683**	**855520**	**910679**	
北　京	Beijing	804	953	940	18	12852	15908	15469	26
天　津	Tianjin	572	779	859	19	9072	14258	14500	27
河　北	Hebei	493	838	972	16	21858	32120	33112	9
山　西	Shanxi	282	446	547	25	15983	25925	26910	15
内蒙古	Inner Mongolia	312	571	574	24	16537	25577	26251	17
辽　宁	Liaoning	1456	1623	1708	8	30220	31073	35125	8
吉　林	Jilin	412	608	748	20	13820	18953	19138	24
黑龙江	Heilongjiang	479	631	688	21	18013	23310	23324	18
上　海	Shanghai	1461	7854	8681	1	19427	21656	22037	20
江　苏	Jiangsu	2542	4481	4980	3	38912	44782	50707	4
浙　江	Zhejiang	2924	4936	5727	2	35068	50930	60777	2
安　徽	Anhui	683	1394	1481	12	15778	29453	32944	10
福　建	Fujian	1097	2118	2465	5	25136	30453	31799	12
江　西	Jiangxi	562	1059	1119	14	22042	31506	31309	13
山　东	Shandong	1514	2623	2331	6	37061	50094	55991	3
河　南	Henan	915	1569	1676	9	23595	41448	42060	6
湖　北	Hubei	1846	1755	1816	7	26814	36643	37098	7
湖　南	Hunan	1059	1476	1540	11	30031	31244	32591	11
广　东	Guangdong	2267	3848	4377	4	59148	80527	89864	1
广　西	Guangxi	733	1099	1155	13	24665	26991	27856	14
海　南	Hainan	86	188	222	29	4173	5352	5557	29
重　庆	Chongqing	706	990	949	17	13568	19177	21363	21
四　川	Sichuan	924	1536	1617	10	26281	41680	45739	5
贵　州	Guizhou	222	384	476	26	12220	19816	20215	22
云　南	Yunnan	702	892	1072	15	21034	27456	26255	16
西　藏	Tibet	4	9	7	31	295	2359	2910	31
陕　西	Shaanxi	305	635	681	22	14355	18792	20015	23
甘　肃	Gansu	345	537	588	23	13352	18974	18873	25
青　海	Qinghai	42	105	91	30	3108	3422	3962	30
宁　夏	Ningxia	182	282	302	28	5201	8034	8568	28
新　疆	Xinjiang	317	407	440	27	14187	22452	23057	19

20-10 公共广播节目套数和播出时间

Number of Public Radio Programs and Length of Public Radio Programs Broadcasted

地区	Region	公共广播节目套数（套） Number of Public Radio Programs (set)				公共广播节目播出时间（小时） Length of Public Radio Programs Broadcasted (hour)			
		2010	2014	2015	2015排名 Ranking	2010	2014	2015	2015排名 Ranking
全　国	**National Total**	**2549**	**2686**	**2782**		**12660314**	**14058328**	**14218253**	
北　京	Beijing	18	25	25	25	118558	172504	171702	24
天　津	Tianjin	22	22	22	28	133283	150143	147288	26
河　北	Hebei	125	137	134	5	584136	674058	652789	10
山　西	Shanxi	104	112	111	10	371296	404706	413217	17
内蒙古	Inner Mongolia	126	125	126	7	635987	674675	683783	6
辽　宁	Liaoning	118	110	110	11	715680	672435	679549	7
吉　林	Jilin	65	73	73	20	407529	486655	495163	13
黑龙江	Heilongjiang	94	95	101	16	419096	489208	488597	14
上　海	Shanghai	21	21	21	29	131433	137668	136049	27
江　苏	Jiangsu	126	130	123	8	775021	824366	780001	3
浙　江	Zhejiang	107	111	113	9	709854	749740	761835	4
安　徽	Anhui	106	105	106	14	503775	521869	540463	11
福　建	Fujian	88	90	90	18	505775	516507	524134	12
江　西	Jiangxi	103	107	108	12	345482	399906	408004	19
山　东	Shandong	155	158	162	3	839382	903748	938687	1
河　南	Henan	150	152	154	4	626072	662681	675088	8
湖　北	Hubei	85	87	87	19	447360	473395	477551	15
湖　南	Hunan	97	102	105	15	334883	395924	411447	18
广　东	Guangdong	127	148	206	1	764902	766094	747117	5
广　西	Guangxi	62	70	72	21	276734	358516	376961	20
海　南	Hainan	24	24	24	27	107875	117618	122468	28
重　庆	Chongqing	26	37	31	24	108812	167824	167962	25
四　川	Sichuan	119	126	134	5	527030	606917	658195	9
贵　州	Guizhou	27	40	46	23	157799	227434	253308	23
云　南	Yunnan	48	50	52	22	271724	301879	305922	22
西　藏	Tibet	7	9	10	31	38743	48614	58231	31
陕　西	Shaanxi	101	107	107	13	405855	484669	470310	16
甘　肃	Gansu	86	91	94	17	271809	323485	342009	21
青　海	Qinghai	9	12	15	30	56103	73912	94924	30
宁　夏	Ningxia	24	24	25	25	101625	107148	115835	29
新　疆	Xinjiang	155		172	2	730236	821669	856699	2

20-11　制作广播节目时间和电视节目时间
Length of Radio Programs Produced and Length of TV Programs Produced

单位：小时　　　　(hour)

地区	Region	全年制作广播节目时间 Length of Radio Programs Produced				全年制作电视节目时间 Length of TV Programs Produced			
		2010	2014	2015	2015排名 Ranking	2010	2014	2015	2015排名 Ranking
全　国	**National Total**	**6814226**	**7647267**	**7718163**		**2742949**	**3277394**	**3520190**	
北　京	Beijing	143678	139281	178853	20	84255	100528	179737	5
天　津	Tianjin	76124	82132	81689	26	21818	29145	33208	27
河　北	Hebei	310045	362449	355714	6	131228	175990	180765	4
山　西	Shanxi	153874	180308	196004	17	94932	87647	84463	19
内蒙古	Inner Mongolia	227323	268903	244138	14	64697	71592	73302	23
辽　宁	Liaoning	457602	389989	384688	5	188895	178639	173285	6
吉　林	Jilin	227369	250944	265548	9	76906	98307	107843	12
黑龙江	Heilongjiang	170420	292229	219863	16	81482	109622	97437	16
上　海	Shanghai	85262	84673	85966	25	49507	60664	73454	22
江　苏	Jiangsu	569636	603552	589282	2	226743	193135	189430	3
浙　江	Zhejiang	445425	500325	513856	4	143104	156268	162061	7
安　徽	Anhui	228141	179639	169776	22	82427	76278	77470	20
福　建	Fujian	250854	256277	253719	10	55424	67806	73986	21
江　西	Jiangxi	179194	196820	195887	18	67067	103273	99849	14
山　东	Shandong	476527	505499	533480	3	157852	219338	221502	2
河　南	Henan	289526	312758	317586	7	140552	142405	140658	9
湖　北	Hubei	235413	242883	246270	12	94909	109228	107747	13
湖　南	Hunan	158755	179588	191771	19	127606	141941	136246	10
广　东	Guangdong	539670	607736	678389	1	126595	192758	334712	1
广　西	Guangxi	176577	221858	220838	15	80594	104166	97532	15
海　南	Hainan	51869	59506	57383	29	9723	12040	31371	28
重　庆	Chongqing	58279	74646	81073	27	54125	71960	61086	25
四　川	Sichuan	180246	237558	249803	11	109491	144360	161620	8
贵　州	Guizhou	65312	125038	138116	23	43501	42660	42579	26
云　南	Yunnan	164695	157862	171846	21	95029	96711	90818	18
西　藏	Tibet	28060	32379	36552	31	5623	11612	13918	30
陕　西	Shaanxi	197299	241756	245921	13	83275	110336	117762	11
甘　肃	Gansu	107782	124480	133739	24	58860	62877	67384	24
青　海	Qinghai	38636	39864	46490	30	19093	20446	12044	31
宁　夏	Ningxia	41011	52095	58454	28	28362	29974	28428	29
新　疆	Xinjiang	260510	292470	310239	8	76467	93188	93441	17

20-12 公共电视节目套数和节目播出时间

Number of Public TV Programs and Length of TV Programs Broadcasted

地区	Region	公共电视节目套数（套） Number of Public TV Programs (set)				公共电视节目播出时间（万小时） Length of Public TV Programs Broadcasted (10 000 hours)			
		2010	2014	2015	2015排名 Ranking	2010	2014	2015	2015排名 Ranking
全 国	**National Total**	**3272**	**3329**	**3442**		**1635.5**	**1747.6**	**1779.6**	
北 京	Beijing	25	26	26	26	10.8	12.6	12.8	27
天 津	Tianjin	28	24	24	28	15.2	16.6	16.9	26
河 北	Hebei	177	178	178	5	74.2	81.3	80.2	6
山 西	Shanxi	113	116	116	15	46.9	48.5	48.8	20
内蒙古	Inner Mongolia	125	121	120	11	63.2	65.1	64.7	14
辽 宁	Liaoning	118	118	119	12	70.4	73.8	74.3	10
吉 林	Jilin	75	76	76	23	48.8	52.5	52.6	19
黑龙江	Heilongjiang	124	118	117	13	66.1	52.8	60.5	16
上 海	Shanghai	25	25	25	27	17.5	17.9	17.8	24
江 苏	Jiangsu	130	126	122	10	81.1	82.0	78.5	7
浙 江	Zhejiang	113	115	115	17	71.2	75.6	75.4	9
安 徽	Anhui	118	112	111	19	64.1	61.0	61.4	15
福 建	Fujian	101	101	101	22	33.4	34.9	36.5	22
江 西	Jiangxi	113	113	116	15	65.1	65.7	67.4	13
山 东	Shandong	169	194	224	1	95.3	107.6	115.5	1
河 南	Henan	166	167	167	6	86.9	90.9	90.9	4
湖 北	Hubei	114	114	113	18	65.6	68.4	67.6	12
湖 南	Hunan	139	139	138	8	71.4	75.5	76.0	8
广 东	Guangdong	159	163	222	2	66.3	75.1	72.8	11
广 西	Guangxi	116	117	117	13	48.1	54.9	57.6	18
海 南	Hainan	14	15	16	30	8.0	8.3	8.9	29
重 庆	Chongqing	45	46	46	24	25.1	29.5	29.6	23
四 川	Sichuan	205	208	212	4	99.3	111.3	114.7	2
贵 州	Guizhou	101	102	103	21	24.7			
云 南	Yunnan	158	158	163	7	74.4	79.2	81.2	5
西 藏	Tibet	10	12	14	31	4.7	5.9	8.1	30
陕 西	Shaanxi	123	123	123	9	57.8	61.1	59.5	17
甘 肃	Gansu	104	107	110	20	41.5	45.3	48.7	21
青 海	Qinghai	13	16	17	29	7.0	9.2	11.2	28
宁 夏	Ningxia	28	28	28	25	15.3	15.9	17.2	25
新 疆	Xinjiang	196	216	220	3	93.7	106.1	109.3	3

20-13 电视剧播出部数和播出集数
Number of TV Plays Broadcasted

地区	Region	电视剧播出数（部） Number of TV Plays Broadcasted (set)				电视剧播出集数（集） Number of Plays Broadcasted (serie)			
		2010	2014	2015	2015排名 Ranking	2010	2014	2015	2015排名 Ranking
全　国	**National Total**	**249164**	**232802**	**233105**		**6358559**	**6690010**	**6863633**	
北　京	Beijing	812	505	483	31	24076	18237	17834	31
天　津	Tianjin	2200	2752	2844	24	45231	45884	46935	26
河　北	Hebei	13834	13127	13049	5	397004	386822	403590	5
山　西	Shanxi	5458	5932	5758	18	146971	154985	166659	20
内蒙古	Inner Mongolia	13024	12694	11881	7	302297	303092	286006	10
辽　宁	Liaoning	9811	8598	8739	13	267134	256280	262555	14
吉　林	Jilin	7611	6899	6804	17	216969	217573	217219	17
黑龙江	Heilongjiang	4303	4365	4061	21	112131	121639	125578	21
上　海	Shanghai	1420	1191	993	28	44811	42509	37476	28
江　苏	Jiangsu	11228	8765	8314	15	296686	270380	270408	13
浙　江	Zhejiang	9614	8811	8996	12	268657	283133	287772	9
安　徽	Anhui	10872	8604	8426	14	285537	251915	248275	15
福　建	Fujian	3600	3133	3021	23	105903	101173	108101	23
江　西	Jiangxi	9318	9777	9273	11	247239	295122	282163	12
山　东	Shandong	12536	13603	13560	4	361233	460957	461437	2
河　南	Henan	13670	15157	14712	3	342965	438667	437697	3
湖　北	Hubei	14147	13154	12800	6	356410	349417	350656	6
湖　南	Hunan	10136	11251	11342	8	264516	294323	303335	7
广　东	Guangdong	7413	5446	4989	20	204161	191004	192886	19
广　西	Guangxi	6367	5439	5666	19	168408	177853	193069	18
海　南	Hainan	647	875	733	29	20852	26935	29329	30
重　庆	Chongqing	3792	5142	3651	22	96239	104244	109372	22
四　川	Sichuan	19094	18079	20465	1	496762	443416	430622	4
贵　州	Guizhou	3003	2141	2381	25	72443	46736	63423	25
云　南	Yunnan	9812	10359	10951	9	251246	289488	301033	8
西　藏	Tibet	495	738	711	30	11245	23905	30320	29
陕　西	Shaanxi	7550	7243	9278	10	176025	215723	282564	11
甘　肃	Gansu	6293	6646	7414	16	172196	201021	228603	16
青　海	Qinghai	1033	1048	1240	27	33297	28904	44603	27
宁　夏	Ningxia	1773	2492	2111	26	43103	68706	64275	24
新　疆	Xinjiang	26705	17389	17092	2	483959	530529	508643	1

20-14 动画电视播出时间和有线广播电视传输干线网络总长

Number of Cartoons Broadcasted and Total Length of Transportantion Trunk for Cable Radios

地区	Region	动画电视播出时间（小时）Number of Cartoons Broadcasted (hour)				有线广播电视传输干线网络总长（万公里）Total Length of Transportantion Trunk for Cable Radios (10 000 km)			
		2011	2014	2015	2015排名 Ranking	2010	2014	2015	2015排名 Ranking
全　国	**National Total**	**280254.62**	**304838.58**	**309060.17**		**356.34**	**415.34**	**426.18**	
北　京	Beijing	3105.00	6995.00	7604.33	18	14.89	18.29	23.32	6
天　津	Tianjin	3803.73	2813.32	2434.27	28	0.65	0.65	0.67	29
河　北	Hebei	7761.83	6888.58	4894.42	23	13.44	17.36	18.09	9
山　西	Shanxi	6156.42	9804.83	9839.33	11	9.33	10.21	10.91	18
内蒙古	Inner Mongolia	7664.93	8578.00	7285.08	19	4.54	3.65	3.56	26
辽　宁	Liaoning	6657.33	5891.67	4755.42	24	11.47	12.98	13.37	13
吉　林	Jilin	1239.67	1373.83	462.83	31	8.51	9.33	9.69	20
黑龙江	Heilongjiang	3018.88	2739.33	3219.27	26	16.15	17.56	17.86	10
上　海	Shanghai	12849.83	14559.30	14262.98	9	3.62	4.41	5.50	23
江　苏	Jiangsu	14080.15	12803.73	15409.82	7	45.76	34.94	38.77	2
浙　江	Zhejiang	20203.08	20660.52	20139.57	4	21.45	27.53	28.75	4
安　徽	Anhui	9334.70	7699.43	6540.27	20	4.29	5.10	5.95	21
福　建	Fujian	7399.33	8365.97	7776.63	17	14.41	10.29	12.38	17
江　西	Jiangxi	14956.75	13935.55	16970.50	5	7.61	12.26	13.20	15
山　东	Shandong	11471.70	13579.83	14901.97	8	29.63	32.48	36.47	3
河　南	Henan	6753.33	8502.25	8721.85	16	13.98	17.76	18.29	8
湖　北	Hubei	7381.28	10109.38	9419.07	14	20.91	24.47	25.03	5
湖　南	Hunan	21434.67	22151.25	24131.65	1	10.05	12.46	13.17	16
广　东	Guangdong	21279.32	24744.67	22600.42	3	21.31	22.53	18.58	7
广　西	Guangxi	7863.43	10580.15	12336.78	10	4.03	10.98	13.34	14
海　南	Hainan	2575.22	1377.08	4350.47	25	0.75	0.58	0.87	28
重　庆	Chongqing	7874.72	7928.25	9161.28	15	14.38	14.77	15.16	12
四　川	Sichuan	17890.93	18023.13	16199.17	6	33.16	46.61	38.83	1
贵　州	Guizhou	2733.25	2001.25	2505.85	27	3.29	16.43	16.87	11
云　南	Yunnan	10162.33	10287.80	9655.87	12	7.52	10.75	10.37	19
西　藏	Tibet	514.00	652.00	837.00	30	0.32	0.39	0.43	31
陕　西	Shaanxi	7503.73	7709.73	6476.10	21	6.32	3.84	3.84	25
甘　肃	Gansu	9121.13	9562.33	9644.10	13	4.35	4.82	5.65	22
青　海	Qinghai	1334.33	2407.63	2156.83	29	0.35	0.59	0.59	30
宁　夏	Ningxia	4857.00	4290.45	5359.83	22	1.29	1.31	1.31	27
新　疆	Xinjiang	16899.22	22507.17	23819.97	2	2.85	5.66	5.36	24

20-15 有线广播电视用户数和电视入户率

Users of Cable Radios and TVs, Popularization Rate of Cable TV Programs

地区	Region	有线广播电视用户数（万户）Users of Cable Radios and TVs (10 000 households)				有线广播电视入户率（%）Popularization Rate of Cable TV Programs (%)			
		2010	2014	2015	2015排名 Ranking	2010	2014	2015	2015排名 Ranking
全　国	**National Total**	**18872.18**	**23458.23**	**23566.75**		**46.40**	**54.82**	**54.63**	
北　京	Beijing	448.12	551.57	569.13	19	91.68	106.85	108.88	2
天　津	Tianjin	262.19	312.68	344.44	25	77.98	88.95	97.99	3
河　北	Hebei	670.38	914.40	922.47	10	31.13	39.31	39.19	23
山　西	Shanxi	424.03	515.25	519.80	20	37.86	39.23	39.55	21
内蒙古	Inner Mongolia	313.93	342.04	347.34	24	41.23	40.59	41.61	20
辽　宁	Liaoning	752.58	935.33	934.63	9	51.08	62.13	61.69	8
吉　林	Jilin	452.41	574.78	595.43	18	48.77	57.60	59.06	9
黑龙江	Heilongjiang	521.30	764.60	685.68	15	42.89	59.86	45.71	16
上　海	Shanghai	573.02	687.79	745.45	12	112.36	130.38	139.98	1
江　苏	Jiangsu	1885.88	2291.47	2225.85	1	78.48	94.55	91.40	5
浙　江	Zhejiang	1183.65	1499.71	1562.57	4	74.13	92.43	95.83	4
安　徽	Anhui	461.10	769.48	829.97	11	22.60	35.89	39.10	24
福　建	Fujian	613.16	724.03	730.68	13	61.39	69.26	69.07	7
江　西	Jiangxi	439.47	609.44	669.78	17	34.00	48.64	52.82	13
山　东	Shandong	1650.88	1889.75	1806.77	3	57.28	61.90	58.53	10
河　南	Henan	725.14	1030.47	1013.31	8	24.28	32.97	31.89	28
湖　北	Hubei	894.07	1056.67	1067.80	7	45.29	51.32	52.05	14
湖　南	Hunan	641.46	878.03	1133.61	6	30.17	43.81	55.47	11
广　东	Guangdong	1701.53	2161.86	1972.78	2	71.18	91.45	90.38	6
广　西	Guangxi	467.91	639.12	669.99	16	31.22	40.86	42.77	19
海　南	Hainan	79.75	117.80	115.31	28	34.16	44.85	43.45	17
重　庆	Chongqing	492.12	504.07	478.02	21	44.31	40.76	38.28	25
四　川	Sichuan	1299.70	1471.09	1367.37	5	45.19	46.89	43.02	18
贵　州	Guizhou	335.23	386.18	421.92	23	29.97	30.79	33.10	27
云　南	Yunnan	495.99	489.77	442.40	22	40.18	34.40	30.95	30
西　藏	Tibet	17.54	22.18	23.51	31	25.85	30.50	31.75	29
陕　西	Shaanxi	507.43	654.72	694.86	14	43.23	51.82	54.90	12
甘　肃	Gansu	206.89	206.41	233.58	27	27.37	25.19	28.19	31
青　海	Qinghai	39.76	70.00	69.16	30	27.16	40.69	39.31	22
宁　夏	Ningxia	70.57	96.37	102.36	29	37.23	46.66	48.77	15
新　疆	Xinjiang	192.45	291.21	270.78	26	32.76	34.97	34.47	26

20-16 农村和数字电视有线广播电视用户数

Rural and Digital TV Users of Cable Radios and TVs

单位：万户 (10 000 households)

地区	Region	农村 Rural 2014	农村 Rural 2015	农村 2015排名 Ranking	数字电视 Digital TV 2014	数字电视 Digital TV 2015	数字电视 2015排名 Ranking
全　国	**National Total**	**7986**	**8250**		**19143**	**19776**	
北　京	Beijing	76	79	22	469	507	18
天　津	Tianjin	29	26	28	284	319	24
河　北	Hebei	297	261	12	750	822	8
山　西	Shanxi	172	173	17	368	382	23
内蒙古	Inner Mongolia	81	46	24	272	306	25
辽　宁	Liaoning	239	230	13	716	783	9
吉　林	Jilin	207	208	14	513	543	15
黑龙江	Heilongjiang	89	162	18	701	620	12
上　海	Shanghai	70	62	23	555	671	11
江　苏	Jiangsu	1255	1204	1	1787	1761	1
浙　江	Zhejiang	906	974	2	1443	1520	3
安　徽	Anhui	371	403	6	386	507	17
福　建	Fujian	396	356	8	595	689	10
江　西	Jiangxi	436	326	10	499	573	14
山　东	Shandong	466	837	3	1731	1701	2
河　南	Henan	383	399	7	453	587	13
湖　北	Hubei	450	464	5	896	984	7
湖　南	Hunan	242	329	9	768	1013	6
广　东	Guangdong	289	204	15	1971	1487	4
广　西	Guangxi	287	305	11	429	480	19
海　南	Hainan	36	40	26	91	99	28
重　庆	Chongqing	145	131	20	390	386	22
四　川	Sichuan	541	497	4	1132	1085	5
贵　州	Guizhou	98	120	21	386	422	21
云　南	Yunnan	171	146	19	473	427	20
西　藏	Tibet	3	3	29	15	17	31
陕　西	Shaanxi	177	189	16	501	543	16
甘　肃	Gansu	25	29	27	197	192	27
青　海	Qinghai	3	3	30	64	69	30
宁　夏	Ningxia				96	72	29
新　疆	Xinjiang	48	42	25	210	208	26

20-17 全年电视节目制作投资额和国内销售额
Investment on Production and Domestic Sales of TV Programs

单位：万元 (10 000 yuan)

地区	Region	全年电视节目制作投资额 Investment on Production of TV Programs			全年电视节目国内销售额 Domestic Sales of TV Programs		
		2014	2015	2015排名 Ranking	2014	2015	2015排名 Ranking
全　国	**National Total**	**16477475**	**3271287**		**2378540**	**2283104**	
北　京	Beijing	797247	727555	1	501358	662575	2
天　津	Tianjin	9310	7678	20	7060	5387	15
河　北	Hebei	22609	11838	16	4303	14900	12
山　西	Shanxi	4218	32926	10	3036	5125	16
内蒙古	Inner Mongolia	968	786	25	27	28	25
辽　宁	Liaoning	34742	11726	17	2048	3804	18
吉　林	Jilin	607	540	27	382	377	21
黑龙江	Heilongjiang	2900	723	26		146	24
上　海	Shanghai	53864	174285	3	150797	184422	3
江　苏	Jiangsu	65489	69353	5	146453	105401	5
浙　江	Zhejiang	450426	393719	2	817290	831501	1
安　徽	Anhui	50078	41479	9	34547	41549	7
福　建	Fujian	27273	18938	14	17363	19388	11
江　西	Jiangxi	10441	7677	21	7383	6403	14
山　东	Shandong	13151970	54763	7	166476	55446	6
河　南	Henan	28456	28405	11		23	26
湖　北	Hubei	161567	67498	6	16001	33465	9
湖　南	Hunan	52485	46942	8	34851	40959	8
广　东	Guangdong	115842	147087	4	105902	108115	4
广　西	Guangxi		11303	18	362	1057	20
海　南	Hainan	20040	22019	13		236	22
重　庆	Chongqing	17078	14381	15	11150	13457	13
四　川	Sichuan	13519	10295	19	6749	4231	17
贵　州	Guizhou	1423	1351	23	184	199	23
云　南	Yunnan	10403	868	24	8290		
西　藏	Tibet		199	29			
陕　西	Shaanxi	164997	22913	12	171307	22155	10
甘　肃	Gansu	5076	4165	22	1418	2250	19
青　海	Qinghai	35	69	31			
宁　夏	Ningxia	760	284	28	164		
新　疆	Xinjiang	185	92	30			

20-18 电视剧制作投资额和国内销售额
Investment on Production and Domestic Sales of TV Plays

单位：万元 (10 000 yuan)

地区	Region	电视剧制作投资额 Investment on Production of TV Plays 2014	2015	2015排名 Ranking	电视剧国内销售额 Domestic Sales of TV Plays 2014	2015	2015排名 Ranking
全 国	**National Total**	**1242552**	**1203629**		**1556941**	**2283104**	
北 京	Beijing	505165	425615	1	365352	662575	2
天 津	Tianjin	69	458	20	5043	5387	15
河 北	Hebei	10565	3750	17	967	14900	12
山 西	Shanxi	2577	31720	6	2329	5125	16
内蒙古	Inner Mongolia					28	25
辽 宁	Liaoning	190	10400	11	302	3804	18
吉 林	Jilin				382	377	21
黑龙江	Heilongjiang					146	24
上 海	Shanghai	7390	127502	3	72632	184422	3
江 苏	Jiangsu	53326	61220	4	72150	105401	5
浙 江	Zhejiang	390360	353456	2	664050	831501	1
安 徽	Anhui	12943	12410	10	8796	41549	7
福 建	Fujian	12072	7044	13	8127	19388	11
江 西	Jiangxi		5200	15	1439	6403	14
山 东	Shandong	45882	27532	7	165415	55446	6
河 南	Henan					23	26
湖 北	Hubei	24851	19162	9	8301	33465	9
湖 南	Hunan	1862	1131	19	265	40959	8
广 东	Guangdong	45924	47085	5	34456	108115	4
广 西	Guangxi	3920	5295	14		1057	20
海 南	Hainan	20000	3000	18		236	22
重 庆	Chongqing	4625	4779	16	3216	13457	13
四 川	Sichuan	11634	9553	12	6749	4231	17
贵 州	Guizhou					199	23
云 南	Yunnan	9035	220	21	8196		
西 藏	Tibet						
陕 西	Shaanxi	62649	22134	8	65587	22155	10
甘 肃	Gansu	30	34	23		2250	19
青 海	Qinghai						
宁 夏	Ningxia	200			80		
新 疆	Xinjiang	95	92	22			

20-19 动画电视制作投资额和国内销售额
Investment on Production and Domestic Sales of Animations

单位：万元 (10 000 yuan)

地区	Region	动画电视制作投资额 Investment on Production of Animations 2014	2015	2015排名 Ranking	动画电视国内销售额 Domestic Sales of Animations 2014	2015	2015排名 Ranking
全 国	**National Total**	**149049**	**129417**		**110871**	**146258**	
北 京	Beijing	22520	16320	3	7721	15368	4
天 津	Tianjin						
河 北	Hebei	7880	3161	11	59	1188	12
山 西	Shanxi	38	9	20	45	25	17
内蒙古	Inner Mongolia	4	5	21			
辽 宁	Liaoning	505	1206	14	317	1644	11
吉 林	Jilin						
黑龙江	Heilongjiang						
上 海	Shanghai	1277	5299	7	418	847	14
江 苏	Jiangsu	10515	3379	10	1477	2194	10
浙 江	Zhejiang	22691	23941	2	7307	25038	2
安 徽	Anhui	9250	3470	9	14658	6364	7
福 建	Fujian	11691	4403	8	7915	7411	5
江 西	Jiangxi	2260	2062	12	5591	4227	8
山 东	Shandong	182	1016	15	90	876	13
河 南	Henan						
湖 北	Hubei	14217	7273	4	5341	18064	3
湖 南	Hunan	8651	6618	6	2884	3540	9
广 东	Guangdong	27119	32287	1	44955	40357	1
广 西	Guangxi	1072	1743	13	32	382	16
海 南	Hainan						
重 庆	Chongqing	2238	7252	5	4490	6625	6
四 川	Sichuan						
贵 州	Guizhou						
云 南	Yunnan						
西 藏	Tibet		100	17			
陕 西	Shaanxi						
甘 肃	Gansu	594	264	16	473	427	15
青 海	Qinghai		19	19			
宁 夏	Ningxia	285	84	18	73		
新 疆	Xinjiang						

20-20 全国广播电视从业人员和收入情况

Persons Engaged and Revenue of Radio and TV Industry

地区	Region	从业人员(人) Number of Engaged Persons (person) 2014	2015	2015排名 Ranking	总收入(万元) Total Revenue (10 000 yuan) 2014	2015	2015排名 Ranking
全　国	**National Total**	**864351**	**900664**		**36355079**	**39522681**	
北　京	Beijing	46028	57243	2	4042157	4936097	1
天　津	Tianjin	8160	8094	27	400328	339906	23
河　北	Hebei	38018	41100	8	552926	588205	16
山　西	Shanxi	21558	21656	16	244197	297452	24
内蒙古	Inner Mongolia	18625	18373	21	211902	212941	25
辽　宁	Liaoning	28700	28165	12	708760	653454	14
吉　林	Jilin	20289	19957	18	384815	351770	22
黑龙江	Heilongjiang	19283	25194	14	525221	481039	18
上　海	Shanghai	27703	32053	11	3598099	4420952	2
江　苏	Jiangsu	53699	53226	4	2676868	2819836	4
浙　江	Zhejiang	46634	51332	5	3801994	4346788	3
安　徽	Anhui	23071	22614	15	709766	716175	12
福　建	Fujian	25912	27073	13	637540	719558	11
江　西	Jiangxi	20180	21005	17	576546	607894	15
山　东	Shandong	57026	58054	1	1504066	1549779	7
河　南	Henan	50649	50209	6	554057	556924	17
湖　北	Hubei	38247	40513	9	890206	893985	9
湖　南	Hunan	44312	43822	7	1984606	2324676	6
广　东	Guangdong	51862	53547	3	2353170	2376075	5
广　西	Guangxi	15907	16974	22	391910	420638	20
海　南	Hainan	4931	5337	28	114274	120978	28
重　庆	Chongqing	12128	11950	26	408043	449309	19
四　川	Sichuan	39439	40028	10	945677	920883	8
贵　州	Guizhou	16019	16460	23	638597	732505	10
云　南	Yunnan	19135	18470	20	398590	375375	21
西　藏	Tibet	4509	4518	30	28135	16010	31
陕　西	Shaanxi	19432	19499	19	727206	709913	13
甘　肃	Gansu	15274	15878	25	154636	159829	27
青　海	Qinghai	3755	3833	31	41319	48892	30
宁　夏	Ningxia	4725	4834	29	92424	103502	29
新　疆	Xinjiang	16179	15937	24	151443	179611	26

20-21 分地区广播电视收入情况（一）

Revenue of Radio and TV Broadcasting Industry by Region（1）

单位：万元 (10 000 yuan)

地区	Region	广告收入 Revenue of Advertising			广播广告收入 Radio Advertising Revenue		
		2014	2015	2015排名 Ranking	2014	2015	2015排名 Ranking
全 国	**National Total**	**14644911**	**15295391**		**1599361**	**1564218**	
北 京	Beijing	1753933	2153546	1	103782	127065	2
天 津	Tianjin	178269	128538	19	53176	36609	17
河 北	Hebei	249521	199304	16	62011	48577	12
山 西	Shanxi	105332	96771	24	24609	23703	20
内蒙古	Inner Mongolia	57486	39068	28	13271	11762	26
辽 宁	Liaoning	297629	252207	12	76251	68993	8
吉 林	Jilin	140152	123653	20	30506	30510	18
黑龙江	Heilongjiang	222609	207280	14	53854	60986	10
上 海	Shanghai	885452	1417103	3	65205	90263	6
江 苏	Jiangsu	1031615	1076639	5	138528	121739	4
浙 江	Zhejiang	1134254	1474524	2	146446	132195	1
安 徽	Anhui	366947	349863	8	34355	30217	19
福 建	Fujian	222479	198479	17	36076	40549	15
江 西	Jiangxi	220261	187307	18	20224	38113	16
山 东	Shandong	612107	593335	7	114969	94456	5
河 南	Henan	310267	266741	10	51918	75770	7
湖 北	Hubei	358474	267309	9	49927	45028	13
湖 南	Hunan	994563	1276593	4	58783	54625	11
广 东	Guangdong	933288	821530	6	123016	125689	3
广 西	Guangxi	123285	106659	23	17041	16796	25
海 南	Hainan	71631	74325	25	5562	6754	28
重 庆	Chongqing	136716	112219	22	20141	22273	21
四 川	Sichuan	300382	256145	11	44357	44538	14
贵 州	Guizhou	191993	215103	13	42244	17840	24
云 南	Yunnan	154908	120809	21	24395	20494	23
西 藏	Tibet	20790	7384	31	187	227	31
陕 西	Shaanxi	215254	204827	15	66798	61035	9
甘 肃	Gansu	54015	46759	27	9380	9452	27
青 海	Qinghai	7047	8301	30	1642	2015	30
宁 夏	Ningxia	35621	27015	29	3003	3244	29
新 疆	Xinjiang	56928	68078	26	19726	21476	22

20-22 分地区广播电视收入情况（二）
Revenue of Radio and TV Broadcasting Industry by Region（2）

单位：万元 (10 000 yuan)

地区	Region	电视广告收入 TV Advertising Revenue 2014	2015	2015排名 Ranking	三网融合业务收入 Revenue of Three-network Convergence 2014	2015	2015排名 Ranking
全 国	**National Total**	**11161883**	**10651632**		**579657**	**845340**	
北 京	Beijing	781716	620022	4	55179	57299	2
天 津	Tianjin	119527	87945	21	24392	26094	11
河 北	Hebei	174413	132066	18	3892	23098	13
山 西	Shanxi	77538	70950	24	300	2205	25
内蒙古	Inner Mongolia	43768	27289	28		150	29
辽 宁	Liaoning	218146	181003	12	9923	12366	16
吉 林	Jilin	109120	92697	20	5502	4845	22
黑龙江	Heilongjiang	160115	139565	16	3253	498	27
上 海	Shanghai	588477	586831	5	9012	40227	9
江 苏	Jiangsu	821762	869088	3	67011	52416	5
浙 江	Zhejiang	735268	1054868	2	98224	145668	1
安 徽	Anhui	319548	301431	8	2591	3191	23
福 建	Fujian	163281	136600	17	5535	9401	17
江 西	Jiangxi	195077	145640	14	1256	2272	24
山 东	Shandong	431835	460370	7	7889	20542	14
河 南	Henan	249282	182605	11	4841	5711	20
湖 北	Hubei	293108	198240	9	23040	42931	8
湖 南	Hunan	903651	1120281	1	31577	54021	4
广 东	Guangdong	710005	543287	6	40896	49176	6
广 西	Guangxi	99383	85023	23	11024	23250	12
海 南	Hainan	51728	67457	25			
重 庆	Chongqing	100852	86597	22	30544	44958	7
四 川	Sichuan	234898	189284	10	32103	56971	3
贵 州	Guizhou	119521	146241	13	1383	5163	21
云 南	Yunnan	128263	97498	19	14541	18602	15
西 藏	Tibet	20486	7092	30			
陕 西	Shaanxi	144864	143495	15	35472	39000	10
甘 肃	Gansu	43262	35979	27	1731	7860	18
青 海	Qinghai	5164	6139	31	281	202	28
宁 夏	Ningxia	30109	20744	29	565	7160	19
新 疆	Xinjiang	36640	46490	26	3108	2088	26

20-23 分地区广播电视收入情况（三）
Revenue of Radio and TV Broadcasting Industry by Region（3）

单位：万元 (10 000 yuan)

地区	Region	网络收入 Revenue of Network Services			广播电视节目销售收入 Revenue of Sales of Radio and TV Programs		
		2014	2015	2015排名 Ranking	2014	2015	2015排名 Ranking
全　国	**National Total**	**8272101**	**8660586**		**2470826**	**2805745**	
北　京	Beijing	383274	261703	11	529221	687921	2
天　津	Tianjin	103239	109488	25	12239	5387	16
河　北	Hebei	237699	277669	10	2876	14900	12
山　西	Shanxi	114415	117476	24	3043	5364	17
内蒙古	Inner Mongolia	147832	163911	22	27	28	27
辽　宁	Liaoning	296049	308468	9	2389	4008	19
吉　林	Jilin	216570	215466	16	382	377	25
黑龙江	Heilongjiang	237979	229525	15	859	3171	20
上　海	Shanghai	330337	346931	8	150797	184422	5
江　苏	Jiangsu	774281	824628	1	180230	121819	7
浙　江	Zhejiang	629018	705455	3	818007	842390	1
安　徽	Anhui	147398	158029	23	37480	42450	9
福　建	Fujian	233636	261129	12	19864	36476	10
江　西	Jiangxi	168648	203066	18	8940	6403	14
山　东	Shandong	594846	624543	4	37229	69242	8
河　南	Henan	172297	196658	19	98	23	28
湖　北	Hubei	333655	353373	7	13162	31553	11
湖　南	Hunan	371987	353653	6	88286	132768	6
广　东	Guangdong	793469	777572	2	167670	268121	3
广　西	Guangxi	200537	243436	14	749	1057	24
海　南	Hainan	37000	39370	29		236	26
重　庆	Chongqing	208944	249676	13	11150	13606	13
四　川	Sichuan	497443	506303	5	10195	5137	18
贵　州	Guizhou	153199	179608	21	2542	2568	21
云　南	Yunnan	178892	188532	20	8290	6081	15
西　藏	Tibet	5273	5391	31			
陕　西	Shaanxi	203844	206412	17	199109	196069	4
甘　肃	Gansu	81656	83325	27	1553	2478	22
青　海	Qinghai	25281	23650	30			
宁　夏	Ningxia	32808	41049	28	585	1817	23
新　疆	Xinjiang	84278	99513	26			

20-24 分地区广播电视收入情况（四）
Revenue of Radio and TV Broadcasting Industry by Region（4）

单位：万元 (10 000 yuan)

地区	Region	有线广播电视收视费收入 Revenue of Subscription of Cable Radio and TV			付费数字电视收入 Revenue of Pay Digital TV		
		2014	2015	2015排名 Ranking	2014	2015	2015排名 Ranking
全　国	**National Total**	**4573905**	**4751534**		**665108**	**702337**	
北　京	Beijing	108649	115111	16	20529	5704	27
天　津	Tianjin	51033	47921	27	3514	6725	25
河　北	Hebei	173035	185092	9	8442	9359	22
山　西	Shanxi	94675	90350	23	526	9734	21
内蒙古	Inner Mongolia	103596	112829	17	13879	2405	30
辽　宁	Liaoning	229852	239134	5	11256	14996	16
吉　林	Jilin	121783	123558	15	30707	25260	10
黑龙江	Heilongjiang	173807	148679	11	10223	15118	15
上　海	Shanghai	149318	157111	10	36394	45494	4
江　苏	Jiangsu	396384	400334	2	41403	51973	3
浙　江	Zhejiang	306722	322758	4	46593	44804	5
安　徽	Anhui	43008	97824	22	67363	14156	18
福　建	Fujian	95326	112388	18	21774	40183	6
江　西	Jiangxi	121274	130180	13	13767	14676	17
山　东	Shandong	364569	387906	3	36875	61179	1
河　南	Henan	124304	142515	12	4903	5819	26
湖　北	Hubei	226476	220693	7	20719	22376	12
湖　南	Hunan	188914	202659	8	23357	37707	8
广　东	Guangdong	474340	479533	1	36678	55845	2
广　西	Guangxi	91701	98449	21	14045	12879	20
海　南	Hainan	26851	27410	28	1123	2533	29
重　庆	Chongqing	106574	125457	14	19858	19964	13
四　川	Sichuan	231229	230913	6	47851	38507	7
贵　州	Guizhou	90697	88561	24	29196	31317	9
云　南	Yunnan	103815	104719	19	26228	24721	11
西　藏	Tibet	4669	4820	31	107	144	31
陕　西	Shaanxi	104287	99367	20	20394	19000	14
甘　肃	Gansu	55173	50728	26	9507	7234	24
青　海	Qinghai	16280	15240	30	2734	3779	28
宁　夏	Ningxia	27401	21329	29		7673	23
新　疆	Xinjiang	47508	57789	25	12754	12993	19

20-25 图书出版情况
Number of Books Published

地区	Region	图书出版种数（种） Number of Publication (kind)				图书总印数（亿册） Printed Copies of Books Published (100 million copies)			
		2010	2014	2015	2015排名 Ranking	2010	2014	2015	2015排名 Ranking
全　国	**National Total**	**328387**	**448431**	**475768**		**71.7**	**81.8**	**86.6**	
北　京	Beijing	5670	10802	11907	7	0.9	1.7	2.2	14
天　津	Tianjin	4550	5745	6421	20	0.4	0.5	0.6	28
河　北	Hebei	2264	7022	6817	18	1.7	2.2	2.2	15
山　西	Shanxi	2683	3458	3812	23	1.3	1.3	1.2	21
内蒙古	Inner Mongolia	2885	3157	3125	27	0.6	1	1	26
辽　宁	Liaoning	9060	11942	10964	10	1.5	1.3	1.3	20
吉　林	Jilin	15553	21565	23823	3	2.0	2.6	2.5	11
黑龙江	Heilongjiang	3515	5043	6087	22	0.7	0.7	0.7	24
上　海	Shanghai	19256	24420	24492	2	2.8	3.2	3.3	5
江　苏	Jiangsu	14400	23936	26503	1	5.5	6	6	1
浙　江	Zhejiang	8084	12687	13701	6	2.8	3.7	3.7	4
安　徽	Anhui	5646	9934	8902	14	2.4	2.6	2.7	8
福　建	Fujian	3415	3456	3395	25	0.8	0.9	0.9	23
江　西	Jiangxi	3870	5890	6729	19	1.6	2.0	1.9	17
山　东	Shandong	6987	14282	14760	5	3.4	4.6	5.3	2
河　南	Henan	4876	7705	7410	17	2.0	2.0	2.3	12
湖　北	Hubei	10464	15910	15543	4	2.8	2.7	2.6	9
湖　南	Hunan	7395	11340	11815	8	3.1	4.2	4.9	3
广　东	Guangdong	6354	9495	10088	12	2.3	3.0	3.1	6
广　西	Guangxi	7344	7871	7532	16	2.5	4.0	3.0	7
海　南	Hainan	2629	3747	3198	26	0.7	0.6	0.6	27
重　庆	Chongqing	4690	6062	6156	21	1.6	1.5	1.5	19
四　川	Sichuan	6645	9095	10038	13	1.9	2.0	2.5	10
贵　州	Guizhou	823	845	738	30	0.8	1.0	1.0	22
云　南	Yunnan	4598	6958	8465	15	1.5	1.5	1.9	18
西　藏	Tibet	570	547	648	31	0.1	0.1	0.1	30
陕　西	Shaanxi	6378	9334	10459	11	2.0	1.9	2.1	16
甘　肃	Gansu	1930	2410	3412	24	0.7	0.5	0.7	25
青　海	Qinghai	429	597	779	29	0.1	0.1	0.1	31
宁　夏	Ningxia	905	1987	2686	28	0.2	0.4	0.5	29
新　疆	Xinjiang	4980	7732	11278	9	0.5	1.0	2.3	13

20-26 期刊出版情况
Number of Magazines Published

地区	Region	期刊出版种数（种） Number of Publication (kind)				期刊总印数（亿册） Total Printed Copies (100 million copies)			
		2010	2014	2015	2015排名 Ranking	2010	2014	2015	2015排名 Ranking
全　国	**National Total**	**9884**	**9966**	**10014**		**32.2**	**30.9**	**28.8**	
北　京	Beijing	173	172	172	21	0.4	0.4	0.4	22
天　津	Tianjin	257	254	254	10	0.4	0.4	0.3	23
河　北	Hebei	230	229	227	14	0.5	0.5	0.5	17
山　西	Shanxi	201	201	201	17	0.4	0.3	0.3	24
内蒙古	Inner Mongolia	149	147	147	23	0.1	0	0	25
辽　宁	Liaoning	326	323	320	6	1.0	0.9	0.9	8
吉　林	Jilin	236	239	242	13	1.0	0.9	0.8	10
黑龙江	Heilongjiang	314	315	314	7	0.5	0.5	0.4	18
上　海	Shanghai	633	636	637	1	1.8	1.4	1.3	4
江　苏	Jiangsu	464	468	468	2	1.0	1.2	1.1	5
浙　江	Zhejiang	221	225	226	15	0.7	0.8	0.8	11
安　徽	Anhui	184	186	186	18	0.6	0.6	0.5	14
福　建	Fujian	179	176	176	20	0.3	0.4	0.4	19
江　西	Jiangxi	160	164	165	22	0.7	0.8	0.7	12
山　东	Shandong	271	269	270	9	1.1	1.2	1.1	6
河　南	Henan	250	248	248	12	0.9	0.9	0.9	9
湖　北	Hubei	423	424	425	3	3.0	2.8	2.5	1
湖　南	Hunan	252	253	254	10	1.3	1.3	1.4	3
广　东	Guangdong	387	388	389	4	2.1	1.6	1.4	2
广　西	Guangxi	185	185	184	19	0.4	0.5	0.5	16
海　南	Hainan	42	44	44	29	0.1	0.1	0.1	29
重　庆	Chongqing	139	138	138	24	0.5	0.5	0.5	15
四　川	Sichuan	349	353	354	5	1.1	0.6	0.6	13
贵　州	Guizhou	89	90	90	27	0.1	0.2	0.2	26
云　南	Yunnan	127	127	127	26	0.4	0.4	0.4	20
西　藏	Tibet	36	35	35	31		0.0	0.0	31
陕　西	Shaanxi	286	286	287	8	0.8	0.5	0.4	21
甘　肃	Gansu	138	136	134	25	1.09	1.09	0.97	7
青　海	Qinghai	48	53	54	28		0.04	0.03	30
宁　夏	Ningxia	36	37	37	30	0.1	0.1	0.1	28
新　疆	Xinjiang	209	214	213	16	0.1	0.2	0.2	27

20-27 报纸出版情况
Number of Newspapers Published

地区	Region	报纸出版种数（种） Number of Publication (kind)				报纸总印数（亿份） Total Printed Copies (100 million copies)			
		2010	2014	2015	2015排名 Ranking	2010	2014	2015	2015排名 Ranking
全　国	**National Total**	**1939**	**1912**	**1906**		**452.1**	**463.9**	**430.1**	
北　京	Beijing	35	35	35	24	8.0	9.5	7.9	17
天　津	Tianjin	28	24	24	29	9.4	7.6	6.2	20
河　北	Hebei	66	65	65	12	14.7	15.8	14.6	9
山　西	Shanxi	60	60	60	13	20.6	21.6	20.4	6
内蒙古	Inner Mongolia	61	58	58	14	2.7	3.4	3.3	27
辽　宁	Liaoning	75	70	70	8	15.7	15.1	13.3	11
吉　林	Jilin	52	52	52	16	8.7	9.3	8.1	16
黑龙江	Heilongjiang	70	68	68	10	7.8	6.9	6.6	19
上　海	Shanghai	72	72	70	8	15.8	11.4	10.8	13
江　苏	Jiangsu	80	81	81	5	27.0	28.2	26.4	4
浙　江	Zhejiang	70	69	68	10	32.5	33.7	31.1	2
安　徽	Anhui	51	51	51	17	11.7	12.1	10.5	15
福　建	Fujian	43	42	42	21	10.0	11.2	10.6	14
江　西	Jiangxi	40	41	41	23	7.0	11.3	11.4	12
山　东	Shandong	88	87	87	4	33.4	30.7	29.2	3
河　南	Henan	79	78	78	6	21.2	21.0	20.4	5
湖　北	Hubei	74	74	73	7	18.2	19.0	15.4	8
湖　南	Hunan	50	48	48	19	12.9	13.7	13.4	10
广　东	Guangdong	100	101	100	2	45.6	39.0	32.8	1
广　西	Guangxi	55	54	54	15	7.0	7.3	6.9	18
海　南	Hainan	14	14	14	30	2.1	2.5	2.4	28
重　庆	Chongqing	26	27	27	26	5.9	6.2	5.8	22
四　川	Sichuan	87	88	88	3	17.0	16.8	16.3	7
贵　州	Guizhou	31	30	30	25	3.7	3.6	3.3	26
云　南	Yunnan	43	42	42	21	6.4	6.1	4.6	25
西　藏	Tibet	23	25	25	28	0.7	0.8	0.8	31
陕　西	Shaanxi	44	43	43	20	6.2	6.8	6.0	21
甘　肃	Gansu	56	50	50	18	4.1	5.1	5.1	23
青　海	Qinghai	25	26	26	27	1.0	1.4	1.1	30
宁　夏	Ningxia	15	14	14	30	1.1	1.1	1.1	29
新　疆	Xinjiang	99	102	104	1	4.6	5.5	5.0	24

20-28 录像制品出版情况
Number of Video Products Published

地区	Region	录像制品出版品种(种) Nunber of Publication of Video Producets (kind) 2014	2015	2015排名 Ranking	录像制品出版数量（万盒、万张） Volume of Publication of Video Producets (10 000 cassettes, 10 000 discs) 2014	2015	2015排名 Ranking
全　国	**National Total**	**5850**	**5512**		**10453.8**	**6034.8**	
北　京	Beijing	54	53	16	287.0	25.2	14
天　津	Tianjin	2	5	29	0.4	1.9	28
河　北	Hebei	61	18	27	35.0	11.2	22
山　西	Shanxi	44	45	19	7.9	7.8	24
内蒙古	Inner Mongolia	54	20	25	15.0	4.6	25
辽　宁	Liaoning	158	137	7	4293.6	119.3	4
吉　林	Jilin	93	109	10	54.1	21.3	17
黑龙江	Heilongjiang	7	20	25	1.5	2.1	27
上　海	Shanghai	729	874	1	327.0	880.7	1
江　苏	Jiangsu	167	114	9	97.0	50.7	8
浙　江	Zhejiang	162	96	11	123.4	36.1	11
安　徽	Anhui	55	55	15	12.9	10.4	23
福　建	Fujian	35	28	23	29.7	16.7	19
江　西	Jiangxi	77	60	14	52.3	21.7	16
山　东	Shandong	259	190	3	175.4	109.6	5
河　南	Henan	107	137	7	110.9	43.8	9
湖　北	Hubei	93	65	12	53.0	36.7	10
湖　南	Hunan	265	219	2	126.6	180.7	2
广　东	Guangdong	637	165	4	563.6	109.4	6
广　西	Guangxi	58	41	20	52.3	22.8	15
海　南	Hainan	4	3	30	4.4	0.4	30
重　庆	Chongqing	16	47	17	2.5	12.9	21
四　川	Sichuan	54	46	18	47.9	67.5	7
贵　州	Guizhou						
云　南	Yunnan	131	143	6	57.8	34.4	12
西　藏	Tibet	63	41	20	23.7	18.3	18
陕　西	Shaanxi	54	62	13	24.2	25.8	13
甘　肃	Gansu	12	23	24	2.4	4.2	26
青　海	Qinghai	12	30	22	6.7	13.6	20
宁　夏	Ningxia		6	28		1.6	29
新　疆	Xinjiang	26	159	5	8.2	152.6	3

20-29 电子出版物出版情况
Number of Electronic Products Published

地区	Region	电子出版物出版品种(种) Electronic Publications (kind) 2014	2015	2015排名 Ranking	电子出版物出版数量(万张) Number of Electronic Publications (10000 discs) 2014	2015	2015排名 Ranking
全　国	**National Total**	**11823**	**10091**		**35048.8**	**21438.4**	
北　京	Beijing	92	54	14	27.9	29.3	16
天　津	Tianjin	82	42	15	25.5	13.6	19
河　北	Hebei	79			164.5		
山　西	Shanxi	266	156	9	32.3	11.5	20
内蒙古	Inner Mongolia	10	4	24	1.0	0.4	26
辽　宁	Liaoning	287	222	6	365.3	311.9	5
吉　林	Jilin	60	104	11	8.4	43.3	14
黑龙江	Heilongjiang						
上　海	Shanghai	797	754	1	1656.6	1404.0	2
江　苏	Jiangsu	458	472	2	2812.6	2727.7	1
浙　江	Zhejiang	366	282	3	839.5	141.0	9
安　徽	Anhui	23	18	21	74.3	3.5	22
福　建	Fujian	32	41	16	8.1	24.6	17
江　西	Jiangxi	32	10	23	19.1	8.1	21
山　东	Shandong	489	246	4	254.6	233.3	7
河　南	Henan	91	180	8	29.6	553.0	3
湖　北	Hubei	216	224	5	489.8	248.7	6
湖　南	Hunan	51	91	12	198.7	329.5	4
广　东	Guangdong	209	82	13	1217.6	93.9	11
广　西	Guangxi	12	26	20	1.2	2.7	23
海　南	Hainan	1	3	25	0.2	1.4	24
重　庆	Chongqing	121	154	10	116.2	200.4	8
四　川	Sichuan	334	185	7	96.4	42.5	15
贵　州	Guizhou						
云　南	Yunnan	28	29	19	4.5	52.4	12
西　藏	Tibet						
陕　西	Shaanxi	44	33	18	14.7	44.3	13
甘　肃	Gansu	3	11	22	0.1	17.7	18
青　海	Qinghai	4	1	26	1.0	0.6	25
宁　夏	Ningxia	4			0.4		
新　疆	Xinjiang		41	16		109.1	10

20-30 技术等级运动员人数（一）
Number of Certified Athletes by Technical Grade (1)

单位：人 (person)

地区	Region	技术等级运动员总数 Total 2010	2014	2015	2015排名 Ranking	其中：女运动员数 Female 2010	2014	2015	2015排名 Ranking
全　国	**National Total**	**46341**	**45141**	**42264**		**17543**	**16667**	**15023**	
北　京	Beijing	1644	1826	1449	14	682	793	588	10
天　津	Tianjin	1062	1540	740	23	496	592	278	22
河　北	Hebei	2877	2460	2246	5	1107	925	766	8
山　西	Shanxi	1050	1567	1399	15	406	627	549	13
内蒙古	Inner Mongolia	1037	1214	1132	18	435	360	374	20
辽　宁	Liaoning	2193	2099	1669	10	1016	797	625	9
吉　林	Jilin	1464	776	904	22	389	267	254	23
黑龙江	Heilongjiang	1548	1152	1483	12	656	371	390	17
上　海	Shanghai	2265	2157	1913	8	1005	898	790	6
江　苏	Jiangsu	2205	2452	1963	7	880	1067	798	5
浙　江	Zhejiang	1952	2407	2420	2	841	894	1003	3
安　徽	Anhui	1014	1436	1271	17	446	598	409	16
福　建	Fujian	1443	1282	1468	13	497	541	564	12
江　西	Jiangxi	815	1078	1123	19	278	376	379	19
山　东	Shandong	4847	3582	4006	1	1687	1241	1135	1
河　南	Henan	2640	2302	2386	4	812	674	773	7
湖　北	Hubei	1654	3646	2054	6	334	938	535	14
湖　南	Hunan	1269	1415	1524	11	475	585	573	11
广　东	Guangdong	3001	1382	2419	3	1228	619	1035	2
广　西	Guangxi	1711	705	607	24	597	303	251	24
海　南	Hainan	177	323	324	28	64	136	113	28
重　庆	Chongqing	1030	1470	1356	16	414	526	508	15
四　川	Sichuan	2363	2175	1903	9	902	927	841	4
贵　州	Guizhou	437	279	403	27	182	82	141	27
云　南	Yunnan	950	1098	1115	20	268	324	386	18
西　藏	Tibet	1	4	52	31	1	2	22	31
陕　西	Shaanxi	739	753	563	25	282	312	207	25
甘　肃	Gansu	612	590	516	26	191	203	161	26
青　海	Qinghai	42	155	297	29	23	56	76	30
宁　夏	Ningxia	75	440	281	30	24	152	102	29
新　疆	Xinjiang	622	1122	1103	21	231	399	338	21

20-31 技术等级运动员人数（二）

Number of Certified Athletes by Technical Grade (2)

单位：人 (person)

地区	Region	国际级运动健将数 International Master of Sports				其中：女运动员数 Female			
		2010	2014	2015	2015排名 Ranking	2010	2014	2015	2015排名 Ranking
全　国	**National Total**	**306**	**127**	**209**		**153**	**62**	**128**	
北　京	Beijing		12	15	7		3	9	6
天　津	Tianjin	7				5			
河　北	Hebei								
山　西	Shanxi	2	4	3	16		3	1	18
内蒙古	Inner Mongolia		1	3	16			3	14
辽　宁	Liaoning		15	23	1		10	17	1
吉　林	Jilin		9	2	18		6	2	15
黑龙江	Heilongjiang		17	11	8		7	5	9
上　海	Shanghai	19	4	17	4	5	1	10	4
江　苏	Jiangsu		17	16	5		9	11	3
浙　江	Zhejiang		3	16	5		2	9	6
安　徽	Anhui		2				1		
福　建	Fujian		15	7	10		5	5	9
江　西	Jiangxi		1	2	18		1		
山　东	Shandong	3		21	2	3		16	2
河　南	Henan			11	8			8	8
湖　北	Hubei	2		4	14	1		2	15
湖　南	Hunan	3	6	6	12		3	4	12
广　东	Guangdong	27		18	3	14		10	4
广　西	Guangxi	7		7	10	5		5	9
海　南	Hainan								
重　庆	Chongqing			1	23			1	18
四　川	Sichuan	2	9	6	12		3	4	12
贵　州	Guizhou		1	4	14		1		
云　南	Yunnan	7		2	18	1			
西　藏	Tibet								
陕　西	Shaanxi	3	5	2	18	3	2	2	15
甘　肃	Gansu								
青　海	Qinghai		1				1		
宁　夏	Ningxia		2				2		
新　疆	Xinjiang			2	18				

20-32 技术等级运动员人数（三）
Number of Certified Athletes by Technical Grade (3)

单位：人 (person)

地区	Region	运动健将数 Master of Sports				其中：女运动员数 Female			
		2010	2014	2015	2015排名 Ranking	2010	2014	2015	2015排名 Ranking
全　国	**National Total**	**1712**	**910**	**1663**		**719**	**395**	**744**	
北　京	Beijing		93	118	5		38	62	4
天　津	Tianjin	70				34			
河　北	Hebei	22				3			
山　西	Shanxi	42	15	25	20	18	8	8	21
内蒙古	Inner Mongolia		60	49	13		22	17	14
辽　宁	Liaoning		144	94	7		59	39	7
吉　林	Jilin	4	18	34	15	2	7	16	15
黑龙江	Heilongjiang	21	88	70	8	12	50	36	9
上　海	Shanghai	69	46	61	12	35	28	28	11
江　苏	Jiangsu		113	136	2		45	74	1
浙　江	Zhejiang		5	125	4		2	64	3
安　徽	Anhui	1	37			1	16		
福　建	Fujian	1	62	65	11		27	31	10
江　西	Jiangxi	21	29	30	18	8	9	12	17
山　东	Shandong	4		134	3			49	6
河　南	Henan			70	8			39	7
湖　北	Hubei	21		68	10	10		28	11
湖　南	Hunan	17	28	45	14	5	16	16	15
广　东	Guangdong	183	8	178	1	38	2	66	2
广　西	Guangxi	45		31	17	18		11	18
海　南	Hainan	6		9	25	1		4	24
重　庆	Chongqing		27	21	22		5	11	18
四　川	Sichuan	49	33	100	6	26	16	58	5
贵　州	Guizhou		9	15	24		3		
云　南	Yunnan	24	18	23	21	5	8	8	21
西　藏	Tibet		4				2		
陕　西	Shaanxi	14	30	33	16	5	12	19	13
甘　肃	Gansu		18	17	23		10	7	23
青　海	Qinghai	7	10			3	5		
宁　夏	Ningxia		4	4	26		1	2	25
新　疆	Xinjiang	18		27	19	5		11	18

20-33 技术等级运动员人数（四）
Number of Certified Athletes by Technical Grade (4)

单位：人 (person)

地区	Region	一级运动员数 First Grade				其中：女运动员数 Female			
		2010	2014	2015	2015排名 Ranking	2010	2014	2015	2015排名 Ranking
全　国	**National Total**	**8953**	**11410**	**11277**		**3977**	**5030**	**4355**	
北　京	Beijing	450	528	374	11	193	274	155	12
天　津	Tianjin	148	421	231	22	75	175	99	19
河　北	Hebei	528	592	596	5	259	274	274	3
山　西	Shanxi	150	329	356	13	78	141	164	9
内蒙古	Inner Mongolia	35	306	276	20	18	128	125	16
辽　宁	Liaoning	444	525	437	9	222	216	202	8
吉　林	Jilin	201	239	247	21	69	89	86	21
黑龙江	Heilongjiang	445	299	333	16	194	133	126	15
上　海	Shanghai	679	788	629	3	327	346	287	2
江　苏	Jiangsu	632	754	581	6	347	386	268	4
浙　江	Zhejiang	472	619	922	1	225	256	397	1
安　徽	Anhui	2	354	361	12	1	154	134	14
福　建	Fujian	278	320	405	10	124	171	163	10
江　西	Jiangxi	210	277	322	17	90	118	120	18
山　东	Shandong	1215	1019	907	2	475	479	73	24
河　南	Henan	626	598	613	4	265	229	232	6
湖　北	Hubei	194	388	335	15	66	164	93	20
湖　南	Hunan	277	391	353	14	116	176	161	11
广　东	Guangdong	625	83	568	7	293	31	215	7
广　西	Guangxi	184	214	199	23	84	108	79	23
海　南	Hainan	10	140	117	30		58	48	28
重　庆	Chongqing	145	353	322	17	61	160	144	13
四　川	Sichuan	371	669	523	8	179	312	243	5
贵　州	Guizhou	47	85	155	26	19	34	63	26
云　南	Yunnan	83	177	305	19		46	125	16
西　藏	Tibet	1		22	31	1		11	31
陕　西	Shaanxi	184	382	195	24	78	175	84	22
甘　肃	Gansu	97	122	151	27	26	41	50	27
青　海	Qinghai	26	65	135	28	15	25	30	30
宁　夏	Ningxia	9	107	128	29	1	39	36	29
新　疆	Xinjiang	167	254	177	25	70	89	68	25

20-34 技术等级运动员人数（五）
Number of Certified Athletes by Technical Grade (5)

单位：人 (person)

地区	Region	二级运动员数 Second Grade 2010	2014	2015	2015排名 Ranking	其中：女运动员数 Female 2010	2014	2015	2015排名 Ranking
全　国	**National Total**	**35370**	**32694**	**28834**		**12694**	**11180**	**9683**	
北　京	Beijing	1194	1193	942	16	489	478	362	14
天　津	Tianjin	837	1119	509	23	382	417	179	21
河　北	Hebei	2327	1868	1650	4	845	651	492	6
山　西	Shanxi	856	1219	1015	13	310	475	376	11
内蒙古	Inner Mongolia	1002	847	804	18	417	210	229	19
辽　宁	Liaoning	1749	1415	1115	11	794	512	367	12
吉　林	Jilin	1259	510	621	21	318	165	150	23
黑龙江	Heilongjiang	1082	748	1069	12	450	181	223	20
上　海	Shanghai	1498	1319	1206	9	638	523	465	7
江　苏	Jiangsu	1573	1568	1230	8	533	627	445	8
浙　江	Zhejiang	1480	1780	1357	6	616	634	533	4
安　徽	Anhui	1011	1043	910	17	444	427	275	16
福　建	Fujian	1164	885	991	15	373	338	365	13
江　西	Jiangxi	584	771	769	20	180	248	247	18
山　东	Shandong	3625	2563	2944	1	1209	762	997	1
河　南	Henan	2014	1704	1692	2	547	445	494	5
湖　北	Hubei	1437	3258	1647	5	257	774	412	9
湖　南	Hunan	972	990	1120	10	354	390	392	10
广　东	Guangdong	2166	1291	1655	3	883	586	744	2
广　西	Guangxi	1475	491	370	24	490	195	156	22
海　南	Hainan	161	183	198	28	63	78	61	29
重　庆	Chongqing	885	1090	1012	14	353	361	352	15
四　川	Sichuan	1941	1464	1274	7	697	596	536	3
贵　州	Guizhou	390	184	229	27	163	44	78	27
云　南	Yunnan	836	903	797	19	262	270	253	17
西　藏	Tibet			30	31			11	31
陕　西	Shaanxi	538	336	333	26	196	123	102	26
甘　肃	Gansu	515	450	348	25	165	152	104	25
青　海	Qinghai	9	79	162	29	5	25	46	30
宁　夏	Ningxia	66	327	149	30	23	110	64	28
新　疆	Xinjiang	437	868	604	22	156	310	146	24

20-35 等级教练员人数（一）
Number of Certified Coaches by Grade (1)

单位：人 (person)

地区	Region	等级教练员总数 Total				其中：女教练员数 Female			
		2010	2014	2015	2015排名 Ranking	2010	2014	2015	2015排名 Ranking
全　国	**National Total**	**1451**	**1648**	**1610**		**388**	**475**	**460**	
北　京	Beijing	99	26	27	24	31	7	7	22
天　津	Tianjin	6	40	43	16		9	12	19
河　北	Hebei	8	36	37	21	2	10	13	17
山　西	Shanxi		47	60	9		14	20	6
内蒙古	Inner Mongolia	1	43	29	23		15	10	20
辽　宁	Liaoning	220	112	115	3	56	33	35	3
吉　林	Jilin	11	47	53	12	3	11	8	21
黑龙江	Heilongjiang	215	61	59	10	57	17	15	13
上　海	Shanghai	76	42	40	20	25	16	16	11
江　苏	Jiangsu	178	111	104	5	57	27	27	4
浙　江	Zhejiang	28	65	71	7	12	23	20	6
安　徽	Anhui	29	14	17	26	6	4	6	23
福　建	Fujian	23	131	121	2	8	52	49	1
江　西	Jiangxi	3	45	41	19		14	14	15
山　东	Shandong	22	149	157	1	6	49	42	2
河　南	Henan	74	48	55	11	19	14	15	13
湖　北	Hubei	3	42	42	18	1	6	6	23
湖　南	Hunan	65	50	45	15	17	17	17	9
广　东	Guangdong	46	112	111	4	15	27	26	5
广　西	Guangxi	46	76	47	14	15	27	18	8
海　南	Hainan	1	9	8	29	1	2	3	28
重　庆	Chongqing	15	30	21	25	3	8	6	23
四　川	Sichuan	120	68	61	8	32	17	16	11
贵　州	Guizhou	30	14	9	27	7	4	4	27
云　南	Yunnan	9	85	74	6	4	18	17	9
西　藏	Tibet		6	5	31			1	30
陕　西	Shaanxi	6	39	52	13		11	14	15
甘　肃	Gansu	64	45	43	16	5	13	13	17
青　海	Qinghai	13	15	8	29	1	2	2	29
宁　夏	Ningxia	1	8	9	27		2	1	30
新　疆	Xinjiang	35	32	35	22	5	6	5	26

20-36 等级教练员人数（二）
Number of Certified Coaches by Grade (2)

单位：人 (person)

地区	Region	国家级教练员数 National Level				其中：女教练员数 Female			
		2010	2014	2015	2015排名 Ranking	2010	2014	2015	2015排名 Ranking
全　国	**National Total**	**74**	**35**	**46**		**24**	**10**	**9**	
北　京	Beijing	1							
天　津	Tianjin	4	2	2	6				
河　北	Hebei	5	1	1	14	1	1	1	2
山　西	Shanxi								
内蒙古	Inner Mongolia	1							
辽　宁	Liaoning	12		4	2	5			
吉　林	Jilin	1	1	1	14	1			
黑龙江	Heilongjiang	9	4	2	6	4	2	1	2
上　海	Shanghai	1	1	1	14		1	1	2
江　苏	Jiangsu	5	3	3	3		2	2	1
浙　江	Zhejiang	7		3	3	3			
安　徽	Anhui	1				1			
福　建	Fujian	3		1	14	1			
江　西	Jiangxi	1	1	1	14				
山　东	Shandong	5	1	2	6	2			
河　南	Henan	1	2	2	6				
湖　北	Hubei			2	6				
湖　南	Hunan	1	2	2	6	1	1	1	2
广　东	Guangdong	10	8	7	1	3	1	1	2
广　西	Guangxi	3	2	3	3	1	1	1	2
海　南	Hainan	1				1			
重　庆	Chongqing								
四　川	Sichuan		1	1	14				
贵　州	Guizhou		1	1	14		1	1	2
云　南	Yunnan		2	2	6				
西　藏	Tibet								
陕　西	Shaanxi		2	2	6				
甘　肃	Gansu								
青　海	Qinghai			1	14				
宁　夏	Ningxia								
新　疆	Xinjiang		1						

20-37 等级教练员人数（三）

Number of Certified Coaches by Grade (3)

单位：人 (person)

地区	Region	高级教练员数 Senior Grade				其中：女教练员数 Female			
		2010	2014	2015	2015排名 Ranking	2010	2014	2015	2015排名 Ranking
全　国	**National Total**	**292**	**293**	**297**		**72**	**81**	**80**	
北　京	Beijing	17	8	12	10	1	1	4	5
天　津	Tianjin		11	12	10		3	4	5
河　北	Hebei		3	2	26				
山　西	Shanxi		9	11	13		2	2	14
内蒙古	Inner Mongolia		7	3	23		3	1	21
辽　宁	Liaoning	68	14	16	5	19	3	3	10
吉　林	Jilin	3	20	21	3	1	5	3	10
黑龙江	Heilongjiang	57	17	16	5	16	5	4	5
上　海	Shanghai	1	10	9	16		2	2	14
江　苏	Jiangsu	57	12	14	8	15	1	2	14
浙　江	Zhejiang	3	19	19	4	1	7	5	3
安　徽	Anhui	4	4	6	19		1	2	14
福　建	Fujian	2	22	22	2	1	12	12	1
江　西	Jiangxi		9	11	13		3	4	5
山　东	Shandong	2	25	25	1	1	6	6	2
河　南	Henan	14	11	14	8	5	3	5	3
湖　北	Hubei	1	3	4	21		2	2	14
湖　南	Hunan	8	5	5	20	1	1	1	21
广　东	Guangdong	6	25	16	5	4	6	2	14
广　西	Guangxi	3	11	3	23	1	5	2	14
海　南	Hainan		1						
重　庆	Chongqing	1	2	2	26		1	1	21
四　川	Sichuan	20	13	11	13	5	4	4	5
贵　州	Guizhou	9	3	2	26				
云　南	Yunnan	1	6	9	16		1	3	10
西　藏	Tibet								
陕　西	Shaanxi	1	4	8	18				
甘　肃	Gansu	9	9	12	10		1	3	10
青　海	Qinghai	2	5	2	26		1		
宁　夏	Ningxia		3	3	23		1	1	21
新　疆	Xinjiang	3	2	4	21	1	1	1	21

21

社会服务和社会保障

Social Services and Social Security

21-1　社会服务经费总支出
Total Expenditure on Social Services

单位：亿元　(100 million Yuan)

地区	Region	2009	2010	2011	2012	2013	2014	2015	2015排名 Ranking
全　国	**National Total**	**2181.94**	**2697.51**	**3229.14**	**3683.74**	**4276.54**	**4404.12**	**4926.44**	
北　京	Beijing	74.54	98.21	103.15	126.05	155.57	160.04	222.06	9
天　津	Tianjin	24.50	31.38	37.50	44.43	55.21	59.18	76.91	27
河　北	Hebei	84.35	96.93	124.42	143.87	167.25	165.33	180.52	13
山　西	Shanxi	56.25	63.40	87.61	93.65	113.04	114.46	120.14	22
内蒙古	Inner Mongolia	57.59	76.85	96.81	112.74	123.66	140.93	141.01	19
辽　宁	Liaoning	88.74	106.65	134.74	156.78	167.29	169.41	184.45	11
吉　林	Jilin	64.28	75.06	80.17	76.53	98.62	94.20	105.74	24
黑龙江	Heilongjiang	80.09	85.44	105.05	115.24	158.96	137.34	150.46	16
上　海	Shanghai	55.72	57.25	66.29	72.79	83.22	85.73	96.65	25
江　苏	Jiangsu	99.64	126.53	171.15	197.10	233.53	246.05	260.56	3
浙　江	Zhejiang	70.41	88.49	106.16	125.39	142.88	150.26	167.47	14
安　徽	Anhui	80.40	97.16	126.31	142.18	160.11	169.96	181.22	12
福　建	Fujian	32.25	42.22	50.32	61.45	72.98	77.56	90.32	26
江　西	Jiangxi	69.37	84.77	98.66	107.51	122.44	147.22	157.19	15
山　东	Shandong	112.27	143.74	169.18	218.36	250.23	270.68	287.14	2
河　南	Henan	103.53	123.08	158.69	174.08	209.75	205.49	229.26	7
湖　北	Hubei	89.74	108.28	140.85	153.13	184.94	185.28	226.98	8
湖　南	Hunan	99.77	116.53	154.56	200.33	199.63	208.54	230.55	6
广　东	Guangdong	102.11	115.43	148.07	166.90	198.17	223.71	259.52	4
广　西	Guangxi	49.28	73.12	97.14	117.40	129.25	139.13	149.29	17
海　南	Hainan	14.23	19.03	22.38	24.03	25.44	28.78	29.66	30
重　庆	Chongqing	51.45	67.49	78.31	90.76	99.94	102.77	114.65	23
四　川	Sichuan	228.95	240.87	216.88	237.57	288.06	291.79	315.25	1
贵　州	Guizhou	56.01	72.82	111.64	124.87	134.15	139.17	147.23	18
云　南	Yunnan	93.02	122.40	143.21	173.05	184.57	197.95	231.09	5
西　藏	Tibet	8.22	8.50	13.03	15.51	15.61	13.68	17.50	31
陕　西	Shaanxi	86.70	113.94	135.64	142.42	183.84	167.90	184.79	10
甘　肃	Gansu	57.72	74.06	100.09	105.18	129.93	121.48	136.76	20
青　海	Qinghai	18.97	33.07	35.98	34.15	37.76	38.16	46.26	28
宁　夏	Ningxia	14.35	16.13	19.52	22.01	26.63	26.47	40.98	29
新　疆	Xinjiang	51.97	69.88	86.28	98.31	110.12	112.63	129.24	21

21-2 社会服务业综合指数（一）
Overall Indicators of Social Services Industry (1)

地区	Region	社会服务经费占公共财政预算支出比重（%） Fiscal Expenditure Proportion of Social Services (%)				每千人口社会服务床位数（张/千人） Per Thousand Population Beds of Social Services (piece/1000 peoples)			
		2010	2014	2015	2015排名 Ranking	2010	2014	2015	2015排名 Ranking
全　国	**National Total**	**2.74**	**2.90**	**3.28**		**2.61**	**4.49**	**5.33**	
北　京	Beijing	2.77	3.83	3.87	6	5.00	6.68	7.14	6
天　津	Tianjin	4.39	2.32	3.24	20	2.23	4.16	4.44	18
河　北	Hebei	2.91	3.75	3.21	21	2.18	6.14	7.03	7
山　西	Shanxi	3.05	3.78	3.51	13	1.68	2.44	2.69	29
内蒙古	Inner Mongolia	2.96	3.82	3.32	18	1.90	7.55	9.09	2
辽　宁	Liaoning	3.00	3.26	3.42	15	3.02	5.04	5.10	16
吉　林	Jilin	2.38	3.43	3.29	19	2.84	3.48	3.00	27
黑龙江	Heilongjiang	2.64	4.08	3.74	7	2.03	3.69	5.30	14
上　海	Shanghai	1.77	1.89	1.56	30	4.65	5.32	5.69	13
江　苏	Jiangsu	2.88	3.16	2.69	25	3.38	7.18	8.29	4
浙　江	Zhejiang	3.63	3.18	2.12	27	3.71	8.01	9.01	3
安　徽	Anhui	2.66	3.91	3.46	14	3.74	5.64	6.25	10
福　建	Fujian	4.02	2.53	1.94	28	0.84	3.27	3.79	24
江　西	Jiangxi	2.27	4.24	3.56	12	3.38	4.10	4.63	17
山　东	Shandong	2.88	4.05	3.03	23	3.48	5.81	7.15	5
河　南	Henan	2.78	3.68	3.37	17	2.92	3.77	4.06	21
湖　北	Hubei	2.31	4.24	3.70	9	4.14	4.77	5.74	11
湖　南	Hunan	2.32	4.45	4.02	5	2.22	3.01	3.62	25
广　东	Guangdong	2.70	2.66	1.59	29	1.34	2.07	2.51	30
广　西	Guangxi	2.75	4.34	3.67	10	1.24	3.25	4.06	21
海　南	Hainan	3.06	2.85	2.39	26	0.58	2.00	2.41	31
重　庆	Chongqing	2.53	3.36	3.02	24	3.29	5.49	7.00	8
四　川	Sichuan	1.77	4.69	4.20	4	3.74	5.67	6.58	9
贵　州	Guizhou	2.24	4.51	3.74	7	0.86	3.36	5.74	11
云　南	Yunnan	1.87	4.83	4.90	1	1.11	1.73	2.95	28
西　藏	Tibet	1.48	1.35	1.27	31	2.00	3.37	9.66	1
陕　西	Shaanxi	1.95	4.58	4.22	3	1.85	3.14	4.19	20
甘　肃	Gansu	1.98	5.26	4.62	2	1.05	3.56	5.25	15
青　海	Qinghai	2.25	3.11	3.05	22	1.06	3.31	4.20	19
宁　夏	Ningxia	2.46	2.87	3.60	11	0.95	1.99	3.86	23
新　疆	Xinjiang	2.43	3.67	3.40	16	2.11	2.78	3.43	26

21-3 社会服务业综合指数（二）
Overall Indicators of Social Services Industry (2)

地区	Region	每千老年人口养老床位（张/千人）Per Thousand Elderly Endowment Beds (piece/1000 peoples)				社区服务设施覆盖率（%）Community Service Facilities Coverage (%)			
		2011	2014	2015	2015排名 Ranking	2010	2014	2015	2015排名 Ranking
全 国	**National Total**	**19.09**	**27.20**	**30.30**		**22.40**	**36.90**	**53.00**	
北 京	Beijing	30.13	45.70	29.00	16	64.60	154.00	166.80	3
天 津	Tianjin	19.32	20.90	23.70	23	24.20	33.10	38.70	15
河 北	Hebei	16.80	38.90	40.90	5	10.50	48.00	70.10	8
山 西	Shanxi	13.79	16.50	16.30	30	6.90	10.10	10.60	29
内蒙古	Inner Mongolia	17.18	49.00	56.70	2	19.80	15.80	27.90	20
辽 宁	Liaoning	16.36	24.30	21.10	25	22.20	34.60	42.50	13
吉 林	Jilin	19.45	17.80	14.30	31	4.30	5.60	15.70	28
黑龙江	Heilongjiang	17.21	21.80	27.00	18	20.70	18.40	24.00	24
上 海	Shanghai	29.41	33.50	27.20	17	54.00	57.40	102.10	5
江 苏	Jiangsu	22.82	38.60	41.00	4	78.10	110.90	181.40	2
浙 江	Zhejiang	28.06	52.90	51.70	3	60.80	73.90	94.00	6
安 徽	Anhui	24.79	34.90	36.10	7	22.20	30.10	44.30	12
福 建	Fujian	9.71	25.70	24.90	20	10.70	17.40	33.50	19
江 西	Jiangxi	28.41	28.40	30.90	12	15.40	15.70	16.30	27
山 东	Shandong	23.75	31.00	37.10	6	24.50	29.50	34.40	18
河 南	Henan	21.47	25.20	24.20	22	7.40	5.70	10.40	30
湖 北	Hubei	26.85	27.30	30.10	15	33.50	28.50	41.40	14
湖 南	Hunan	14.45	16.80	19.20	28	20.90	18.60	25.20	22
广 东	Guangdong	12.16	15.30	19.90	26	62.00	175.10	217.60	1
广 西	Guangxi	8.04	21.90	25.80	19	7.50	47.00	80.80	7
海 南	Hainan	3.92	16.60	17.60	29	3.60	51.70	64.10	10
重 庆	Chongqing	19.84	25.00	33.20	10	29.30	44.40	66.90	9
四 川	Sichuan	21.88	24.50	30.70	13	4.70	10.50	35.30	17
贵 州	Guizhou	8.57	22.40	35.30	8	32.00	91.90	115.60	4
云 南	Yunnan	9.21	11.20	19.90	26	4.00	8.90	21.00	26
西 藏	Tibet	23.79	27.70	61.90	1	0.50	0.60	6.00	31
陕 西	Shaanxi	14.02	17.80	23.60	24	11.60	10.00	26.50	21
甘 肃	Gansu	9.21	24.80	33.80	9	18.20	29.80	47.10	11
青 海	Qinghai	12.58	26.70	31.60	11	3.60	3.70	24.50	23
宁 夏	Ningxia	13.07	15.10	30.40	14	16.70	28.20	36.50	16
新 疆	Xinjiang	17.02	21.00	24.80	21	16.10	18.70	22.40	25

21-4 城乡低保平均标准
Average Standard of Basic Insurance System for the Rural and Urban Living

单位：元/人，月 (yuan/person,month)

地区	Region	城市低保平均标准 Urban Low Average Standard				农村低保平均标准 The average Standard of Rural Minimal Needs			
		2010	2014	2015	2015排名 Ranking	2010	2014	2015	2015排名 Ranking
全　国	**National Total**	**183.0**	**411.0**	**451.0**		**72.9**	**231.0**	**365.0**	
北　京	Beijing	365.4	650.0	710.0	2	168.2	632.0	710.0	2
天　津	Tianjin	226.0	640.0	705.0	3	141.4	513.0	600.0	3
河　北	Hebei	164.5	432.0	441.0	19	70.3	212.0	223.0	19
山　西	Shanxi	135.4	384.0	413.0	21	68.7	205.0	230.0	17
内蒙古	Inner Mongolia	256.6	481.0	508.0	8	106.8	303.0	324.0	8
辽　宁	Liaoning	180.5	453.0	493.0	10	73.4	266.0	296.0	10
吉　林	Jilin	199.8	371.0	402.0	23	79.6	206.0	227.0	18
黑龙江	Heilongjiang	230.2	447.0	506.0	9	101.9	230.0	298.0	9
上　海	Shanghai	310.6	710.0	790.0	1	128.5	630.0	790.0	1
江　苏	Jiangsu	192.7	536.0	582.0	6	116.4	445.0	502.0	5
浙　江	Zhejiang	258.3	573.0	640.0	4	140.5	474.0	557.0	4
安　徽	Anhui	178.1	422.0	455.0	14	68.8	236.0	260.0	14
福　建	Fujian	132.4	404.0	478.0	11	66.1	228.0	284.0	11
江　西	Jiangxi	171.3	418.0	452.0	17	74.4	220.0	247.0	15
山　东	Shandong	236.7	452.0	470.0	12	95.5	245.0	278.0	12
河　南	Henan	139.0	329.0	374.0	26	62.4	152.0	186.0	31
湖　北	Hubei	164.7	411.0	447.0	18	61.8	214.0	270.0	13
湖　南	Hunan	162.6	353.0	360.0	30	55.2	194.0	204.0	26
广　东	Guangdong	147.2	454.0	514.0	7	74.4	320.0	374.0	6
广　西	Guangxi	162.3	340.0	404.0	22	51.3	169.0	213.0	24
海　南	Hainan	145.5	380.0	453.0	15	79.1	280.0	340.0	7
重　庆	Chongqing	189.6	369.0	419.0	20	73.4	222.0	237.0	16
四　川	Sichuan	181.7	336.0	367.0	28	75.0	178.0	201.0	27
贵　州	Guizhou	172.1	395.0	453.0	15	66.6	176.0	218.0	21
云　南	Yunnan	158.2	360.0	396.0	24	69.9	178.0	195.0	28
西　藏	Tibet	197.3	534.0	591.0	5	47.6	186.0	195.0	28
陕　西	Shaanxi	260.3	389.0	461.0	13	90.4	189.0	221.0	20
甘　肃	Gansu	127.7	328.0	378.0	25	58.3	190.0	218.0	21
青　海	Qinghai	168.5	351.0	370.0	27	71.8	184.0	208.0	25
宁　夏	Ningxia	105.1	305.0	362.0	29	49.9	190.0	217.0	23
新　疆	Xinjiang	171.8	329.0	349.0	31	73.6	169.0	191.0	30

21-5 养老床位数和养老机构建筑面积
Number of Beds for Elderly Pension and Construction Area of Pension Institutions

地区	Region	养老床位数（张）Endowment of Beds (piece) 2014	2015	2015排名 Ranking	养老机构建筑面积（平方米）Construction Area (sq.m) 2014	2015	2015排名 Ranking
全　国	**National Total**	**5777288**	**3581382**		**72443121**	**71808320**	
北　京	Beijing	133015	132574	11	2000558	2224343	13
天　津	Tianjin	59862	51589	22	823339	981418	24
河　北	Hebei	436839	160625	8	3569739	3867732	5
山　西	Shanxi	83126	62572	20	1742286	1636467	17
内蒙古	Inner Mongolia	182883	85107	16	1492463	1592205	18
辽　宁	Liaoning	206660	165461	6	3055765	2181611	14
吉　林	Jilin	81546	64551	19	940556	1291949	20
黑龙江	Heilongjiang	129823	112453	14	1171182	1443494	19
上　海	Shanghai	12262	112249	15	2541771	2993716	10
江　苏	Jiangsu	554479	388561	1	8631176	7683736	2
浙　江	Zhejiang	432098	220440	5	3582428	3506186	6
安　徽	Anhui	328417	142422	10	2006516	2485522	11
福　建	Fujian	115015	47592	24	826107	1051914	22
江　西	Jiangxi	179504	148315	9	3481388	3178884	8
山　东	Shandong	552549	316651	2	8356475	8484214	1
河　南	Henan	338852	115993	13	4001976	2284308	12
湖　北	Hubei	256618	224556	4	5186984	4665990	4
湖　南	Hunan	185723	126776	12	2353585	3386726	7
广　东	Guangdong	201553	161816	7	3068650	3101305	9
广　西	Guangxi	144745	37983	26	638860	1000230	23
海　南	Hainan	17279	11371	30	239930	208071	30
重　庆	Chongqing	156763	83473	18	2143379	1659996	16
四　川	Sichuan	422246	302140	3	5403246	4767051	3
贵　州	Guizhou	107439	62428	21	532195	953831	25
云　南	Yunnan	69306	50684	23	907738	870974	26
西　藏	Tibet	6943	14735	28	209116	317580	29
陕　西	Shaanxi	109784	83976	17	1392134	1693221	15
甘　肃	Gansu	84900	36627	27	431678	539834	27
青　海	Qinghai	16411	5022	31	202545	123903	31
宁　夏	Ningxia	10963	14435	29	482426	486630	28
新　疆	Xinjiang	49785	38205	25	1026931	1145277	21

21-6 城镇职工基本养老保险情况（一）
Statistics on Urban Employee Basic Pension Insurance (1)

单位：万人 (10 000 persons)

地区	Region	年末参加城镇职工基本养老保险人数 Urban Employee Basic Pension Insurance Contributors at Year-end				其中：城镇职工人数 Number of Workers			
		2010	2014	2015	2015排名 Ranking	2010	2014	2015	2015排名 Ranking
全　国	**National Total**	**25707.3**	**34124.4**	**35361.2**		**19402.3**	**25531.0**	**26219.2**	
北　京	Beijing	981.3	1392.6	1424.2	9	785.9	1163.7	1187.5	6
天　津	Tianjin	431.5	545.4	565.2	23	287.9	370.2	384.2	22
河　北	Hebei	988.4	1262.0	1320.5	10	728.9	908.3	952.0	10
山　西	Shanxi	591.0	692.0	714.3	19	443.7	501.1	512.9	19
内蒙古	Inner Mongolia	430.7	524.9	579.0	21	311.5	332.2	370.8	23
辽　宁	Liaoning	1496.9	1769.2	1780.2	6	1024.2	1167.3	1139.7	8
吉　林	Jilin	599.5	676.7	693.6	20	392.9	415.6	420.0	20
黑龙江	Heilongjiang	952.2	1090.1	1118.0	13	589.2	646.7	646.9	14
上　海	Shanghai	1049.5	1457.4	1493.8	8	657.3	1005.0	1028.4	9
江　苏	Jiangsu	2033.0	2691.9	2779.9	2	1583.9	2054.3	2098.8	2
浙　江	Zhejiang	1702.2	2548.0	2504.3	3	1478.6	2079.2	1934.0	3
安　徽	Anhui	669.5	829.2	857.5	15	492.0	596.9	610.9	15
福　建	Fujian	635.5	848.3	883.7	14	522.0	708.1	736.6	13
江　西	Jiangxi	607.6	783.9	823.1	17	462.1	562.8	587.9	16
山　东	Shandong	1773.0	2370.2	2477.5	4	1427.9	1858.7	1923.1	4
河　南	Henan	1079.3	1431.6	1508.7	7	809.0	1089.3	1149.0	7
湖　北	Hubei	1039.8	1266.2	1315.5	11	738.2	847.0	874.9	11
湖　南	Hunan	938.9	1118.9	1160.1	12	673.5	769.8	791.1	12
广　东	Guangdong	3215.2	4809.5	5086.5	1	2875.6	4363.6	4613.3	1
广　西	Guangxi	449.3	557.6	576.6	22	311.2	377.3	389.8	21
海　南	Hainan	180.8	242.3	249.8	28	135.4	182.4	187.9	28
重　庆	Chongqing	584.4	825.5	849.3	16	391.9	532.2	544.4	17
四　川	Sichuan	1300.9	1839.7	1939.0	5	861.9	1191.6	1250.1	5
贵　州	Guizhou	257.3	361.5	392.1	26	190.3	274.3	297.3	25
云　南	Yunnan	317.4	397.9	412.9	25	225.1	279.2	291.1	26
西　藏	Tibet	9.9	15.2	16.2	31	6.8	11.6	12.4	31
陕　西	Shaanxi	550.4	716.5	751.7	18	400.1	516.1	544.2	18
甘　肃	Gansu	242.5	298.8	306.2	27	171.1	193.9	197.0	27
青　海	Qinghai	74.4	94.6	100.1	30	54.4	65.7	69.9	30
宁　夏	Ningxia	107.8	151.4	157.5	29	77.3	107.2	111.1	29
新　疆	Xinjiang	393.8	490.8	499.4	24	274.5	341.6	344.7	24

21-7 城镇职工基本养老保险情况（二）
Statistics on Urban Employee Basic Pension Insurance (2)

地区	Region	城镇职工离退休人员人数（万人） Number of Retiress (10 000 persons)				城镇职工基本养老保险基金累计结余（亿元） Balance at Year-end (100 million yuan)			
		2010	2014	2015	2015排名 Ranking	2010	2014	2015	2015排名 Ranking
全　国	**National Total**	**6305.0**	**8593.4**	**9141.9**		**15365.3**	**31800.0**	**35344.8**	
北　京	Beijing	195.5	228.9	236.7	16	617.9	2160.8	2796.6	4
天　津	Tianjin	143.6	175.3	180.9	22	203.0	361.7	396.4	24
河　北	Hebei	259.5	353.6	368.5	11	562.9	818.8	755.8	15
山　西	Shanxi	147.3	190.9	201.4	20	637.4	1232.8	1264.4	8
内蒙古	Inner Mongolia	119.2	192.7	208.1	18	257.9	471.6	474.2	21
辽　宁	Liaoning	472.7	601.9	640.5	3	739.3	1283.8	1170.8	9
吉　林	Jilin	206.6	261.1	273.7	14	351.8	423.9	383.1	25
黑龙江	Heilongjiang	363.0	443.4	471.1	7	479.0	323.3	130.9	28
上　海	Shanghai	392.2	452.4	465.4	8	462.0	1260.0	1451.0	7
江　苏	Jiangsu	449.1	637.6	681.1	2	1271.8	2854.5	3163.7	2
浙　江	Zhejiang	223.6	468.8	570.3	4	1162.1	2695.5	3070.4	3
安　徽	Anhui	177.5	232.3	246.7	15	353.0	882.0	1042.4	10
福　建	Fujian	113.5	140.2	147.1	24	141.2	490.3	576.2	18
江　西	Jiangxi	145.5	221.1	235.2	17	203.6	430.5	498.9	19
山　东	Shandong	345.1	511.5	554.4	5	1077.6	1973.0	2233.4	5
河　南	Henan	270.3	342.3	359.8	12	499.0	931.3	997.5	11
湖　北	Hubei	301.6	419.2	440.6	9	427.6	821.6	850.4	14
湖　南	Hunan	265.4	349.0	369.0	10	455.9	878.6	939.3	12
广　东	Guangdong	339.6	445.9	473.3	6	2471.5	5444.2	6532.8	1
广　西	Guangxi	138.1	180.3	186.9	21	379.0	448.0	456.5	22
海　南	Hainan	45.4	59.9	62.0	28	64.9	103.7	114.2	29
重　庆	Chongqing	192.5	293.3	304.9	13	255.6	662.0	755.4	16
四　川	Sichuan	439.0	648.1	688.9	1	928.4	2013.3	2166.4	6
贵　州	Guizhou	67.0	87.1	94.8	27	177.9	407.2	480.4	20
云　南	Yunnan	92.3	118.7	121.8	25	229.3	573.0	650.5	17
西　藏	Tibet	3.2	3.7	3.8	31	9.7	40.4	49.8	31
陕　西	Shaanxi	150.3	200.3	207.5	19	215.8	445.6	453.3	23
甘　肃	Gansu	71.3	105.0	109.2	26	178.2	361.2	365.8	26
青　海	Qinghai	20.0	28.8	30.1	30	50.6	84.3	76.4	30
宁　夏	Ningxia	30.5	44.2	46.4	29	108.7	165.3	172.2	27
新　疆	Xinjiang	119.2	149.1	154.8	23	385.7	744.7	861.4	13

21-8 城镇职工基本养老保险情况（三）
Statistics on Urban Employee Basic Pension Insurance (3)

单位：亿元 (100 million yuan)

地区	Region	城镇职工基本养老保险基金收入 Revenue				城镇职工基本养老保险基金支出 Expenses			
		2010	2014	2015	2015排名 Ranking	2010	2014	2015	2015排名 Ranking
全　国	**National Total**	**13419.5**	**25309.7**	**29340.9**		**10554.9**	**21754.7**	**25812.7**	
北　京	Beijing	658.9	1331.3	1601.2	8	482.4	841.7	965.5	11
天　津	Tianjin	278.9	534.4	594.3	20	271.8	491.7	559.5	20
河　北	Hebei	584.6	958.8	1073.9	10	451.8	953.1	1137.0	9
山　西	Shanxi	404.4	663.9	688.6	16	269.4	555.9	657.0	15
内蒙古	Inner Mongolia	266.9	501.7	567.6	22	212.6	486.1	565.0	19
辽　宁	Liaoning	834.1	1534.2	1630.2	7	755.8	1477.9	1743.2	4
吉　林	Jilin	289.8	519.2	569.2	21	252.8	516.9	609.9	17
黑龙江	Heilongjiang	524.1	922.2	1030.7	11	500.1	1028.3	1223.2	8
上　海	Shanghai	889.9	1688.5	2226.1	2	847.5	1505.5	2035.2	1
江　苏	Jiangsu	1018.7	1922.6	2153.9	3	753.3	1584.2	1844.7	3
浙　江	Zhejiang	605.1	1618.6	1958.5	5	429.1	1220.0	1583.7	5
安　徽	Anhui	341.6	656.5	765.9	14	269.2	519.9	605.5	18
福　建	Fujian	204.1	453.3	519.9	23	187.7	378.9	434.0	24
江　西	Jiangxi	231.6	490.1	605.6	18	193.0	444.6	537.1	21
山　东	Shandong	942.4	1672.7	2105.6	4	748.2	1557.7	1845.2	2
河　南	Henan	519.8	922.8	1027.1	12	420.3	830.7	961.0	12
湖　北	Hubei	501.9	977.8	1132.4	9	419.8	950.6	1103.6	10
湖　南	Hunan	452.3	811.5	910.1	13	355.1	730.4	849.4	13
广　东	Guangdong	1139.1	2059.4	2563.6	1	627.7	1289.1	1475.5	7
广　西	Guangxi	287.9	413.8	479.1	24	193.5	412.4	470.9	23
海　南	Hainan	80.2	140.8	168.0	28	74.1	138.5	157.5	28
重　庆	Chongqing	310.8	678.4	758.1	15	273.6	573.8	664.6	14
四　川	Sichuan	804.0	1576.8	1680.6	6	608.7	1313.2	1527.6	6
贵　州	Guizhou	144.6	259.8	315.4	26	107.4	207.8	242.2	27
云　南	Yunnan	194.0	358.2	406.5	25	144.2	288.2	329.0	25
西　藏	Tibet	14.1	23.3	28.2	31	7.6	14.9	18.8	31
陕　西	Shaanxi	302.8	576.2	604.9	19	265.0	542.9	613.0	16
甘　肃	Gansu	166.1	298.2	312.2	27	127.2	258.6	307.6	26
青　海	Qinghai	51.8	93.1	103.3	30	43.4	90.8	111.2	30
宁　夏	Ningxia	84.7	117.2	143.9	29	48.8	118.3	137.1	29
新　疆	Xinjiang	287.5	526.1	607.0	17	211.8	426.1	490.4	22

21-9 失业保险情况（一）
Statistics on Unemployment Insurance (1)

单位：万人 （10 000 persons）

地区	Region	年末参加失业保险人数 Unemployment Insurance Contributors at Year-end				年末领取失业保险金人数 Beneficiaries of Unemployment Insurance Fund			
		2010	2014	2015	2015排名 Ranking	2010	2014	2015	2015排名 Ranking
全　国	**National Total**	**13375.6**	**17042.6**	**17326.0**		**209.1**	**207.2**	**226.8**	
北　京	Beijing	774.2	1057.1	1082.3	5	1.6	3.0	3.4	20
天　津	Tianjin	246.1	287.6	295.3	19	3.5	2.6	7.1	11
河　北	Hebei	493.4	508.7	511.0	13	9.0	7.1	8.0	9
山　西	Shanxi	305.7	407.7	411.3	16	4.6	3.0	3.1	21
内蒙古	Inner Mongolia	230.9	236.3	242.1	25	2.1	2.4	2.9	23
辽　宁	Liaoning	626.9	664.3	665.3	7	11.4	8.5	9.7	5
吉　林	Jilin	245.1	258.7	261.2	23	7.8	2.2	2.2	24
黑龙江	Heilongjiang	472.9	478.4	312.8	18	8.8	4.8	3.7	18
上　海	Shanghai	556.2	634.1	641.8	9	11.6	9.8	9.5	6
江　苏	Jiangsu	1153.8	1442.7	1490.9	2	19.7	32.1	34.2	1
浙　江	Zhejiang	875.0	1210.3	1260.2	3	5.8	8.2	9.0	7
安　徽	Anhui	384.0	422.0	436.6	15	7.8	6.5	7.7	10
福　建	Fujian	374.2	524.1	546.3	10	3.2	4.5	5.0	16
江　西	Jiangxi	265.3	271.8	281.5	21	8.2	1.3	1.4	27
山　东	Shandong	931.2	1154.3	1203.8	4	20.7	19.9	21.6	3
河　南	Henan	696.7	773.3	783.3	6	14.7	10.2	8.3	8
湖　北	Hubei	469.7	519.0	528.4	11	6.4	5.6	6.0	14
湖　南	Hunan	399.5	509.5	521.2	12	6.9	6.9	6.7	12
广　东	Guangdong	1627.3	2840.2	2930.1	1	10.6	10.9	13.9	4
广　西	Guangxi	238.4	259.0	273.2	22	6.2	6.1	6.2	13
海　南	Hainan	112.5	157.5	164.8	27	1.6	2.0	2.0	25
重　庆	Chongqing	237.4	439.1	439.5	14	3.7	2.8	3.5	19
四　川	Sichuan	464.7	635.8	661.0	8	9.1	29.8	33.2	2
贵　州	Guizhou	152.5	191.9	205.3	26	1.2	1.5	1.7	26
云　南	Yunnan	209.6	236.9	243.3	24	3.2	5.3	5.9	15
西　藏	Tibet	9.3	12.5	11.4	31		0.004	0.009	31
陕　西	Shaanxi	331.6	344.3	347.7	17	7.5	2.9	3.0	22
甘　肃	Gansu	164.2	162.4	162.8	28	2.4	1.0	1.0	29
青　海	Qinghai	36.6	39.3	40.1	30	0.4	0.4	0.4	30
宁　夏	Ningxia	47.6	73.5	76.6	29	1.0	1.3	1.3	28
新　疆	Xinjiang	242.9	290.2	294.9	20	8.3	4.7	4.9	17

21-10 失业保险情况（二）
Statistics on Unemployment Insurance (2)

单位：亿元 （100 million yuan）

地区	Region	失业保险基金收入 Revenue				失业保险基金支出 Expenses			
		2010	2014	2015	2015排名 Ranking	2010	2014	2015	2015排名 Ranking
全　国	**National Total**	**649.8**	**1379.8**	**1367.8**		**423.3**	**614.7**	**736.4**	
北　京	Beijing	30.0	62.6	81.7	6	25.1	35.9	42.8	6
天　津	Tianjin	21.1	39.4	30.1	16	13.5	32.9	31.6	8
河　北	Hebei	27.6	51.5	42.9	10	23.5	20.6	27.9	10
山　西	Shanxi	13.8	36.5	30.6	15	6.7	12.4	13.8	16
内蒙古	Inner Mongolia	11.6	27.5	26.2	22	4.7	6.4	9.8	23
辽　宁	Liaoning	39.3	52.9	49.2	8	16.3	17.7	18.2	13
吉　林	Jilin	12.0	26.8	27.1	21	5.8	11.4	7.9	25
黑龙江	Heilongjiang	13.8	33.9	29.8	17	16.4	7.0	16.7	14
上　海	Shanghai	71.7	89.8	98.7	4	60.7	83.6	85.6	1
江　苏	Jiangsu	68.5	114.9	130.1	2	37.4	70.2	76.1	2
浙　江	Zhejiang	51.8	109.5	98.1	5	23.4	50.2	61.4	3
安　徽	Anhui	16.4	38.6	36.7	12	9.6	17.6	22.9	11
福　建	Fujian	11.6	34.8	34.5	13	5.6	10.0	11.1	21
江　西	Jiangxi	8.1	13.1	13.6	27	4.7	2.3	4.2	28
山　东	Shandong	43.0	68.6	71.6	7	31.3	49.3	57.3	5
河　南	Henan	18.8	48.6	43.7	9	14.8	16.4	18.6	12
湖　北	Hubei	15.9	45.0	40.5	11	8.4	25.9	13.7	17
湖　南	Hunan	14.5	31.0	29.0	18	7.5	10.9	12.7	20
广　东	Guangdong	32.3	135.6	155.2	1	31.0	27.7	36.3	7
广　西	Guangxi	11.1	31.1	28.9	19	6.3	8.2	12.8	19
海　南	Hainan	3.7	6.0	6.5	29	1.8	4.2	4.0	29
重　庆	Chongqing	9.2	28.2	28.1	20	4.9	4.8	14.9	15
四　川	Sichuan	40.8	105.7	102.7	3	17.0	41.1	59.5	4
贵　州	Guizhou	7.6	20.3	17.7	25	5.3	9.8	8.5	24
云　南	Yunnan	8.2	26.6	23.9	24	6.5	5.9	13.6	18
西　藏	Tibet	1.4	2.5	2.6	31	0.8	0.1	0.1	31
陕　西	Shaanxi	16.6	29.9	25.8	23	11.8	4.9	10.5	22
甘　肃	Gansu	8.7	16.6	15.6	26	7.5	1.9	5.0	27
青　海	Qinghai	2.7	5.9	6.1	30	1.0	0.5	4.0	30
宁　夏	Ningxia	2.9	8.4	9.4	28	1.1	3.8	5.1	26
新　疆	Xinjiang	15.4	38.1	31.3	14	13.0	21.2	29.8	9

21-11 失业保险情况(三)和城镇登记失业人员

Statistics on Unemployment Insurance (3) and Registered Unemployed Person in Urban Areas

地区	Region	失业保险基金累计结余(亿元) Balance at Year-end (100 million yuan)				城镇登记失业人员(万人) Registered Unemployed Person in Urban Areas (10 000 persons)			
		2010	2014	2015	2015排名 Ranking	2010	2014	2015	2015排名 Ranking
全　国	**National Total**	**1749.8**	**4451.5**	**5083.0**		**908.0**			
北　京	Beijing	86.6	163.7	202.6	7	7.7	7.4	7.8	27
天　津	Tianjin	48.7	104.8	103.3	23	16.1	22.5	25.1	16
河　北	Hebei	54.8	154.1	169.1	9	35.1	38.3	39.4	7
山　西	Shanxi	45.2	133.2	150.0	14	20.4	24.5	25.6	15
内蒙古	Inner Mongolia	28.7	92.1	108.5	19	20.8	24.8	25.9	14
辽　宁	Liaoning	62.0	227.4	258.4	6	38.9	41.0	46.2	2
吉　林	Jilin	33.2	86.4	105.6	22	22.7	23.2	23.9	18
黑龙江	Heilongjiang	54.5	145.7	158.8	12	36.2	39.9	41.0	6
上　海	Shanghai	87.4	157.0	170.1	8	27.7	25.6	24.8	17
江　苏	Jiangsu	172.3	383.4	437.3	2	40.6	36.6	36.0	9
浙　江	Zhejiang	156.2	343.1	379.9	3	31.1	33.1	33.7	10
安　徽	Anhui	28.3	92.4	106.2	21	26.9	31.5	30.9	12
福　建	Fujian	52.3	128.0	151.5	13	14.5	14.3	15.4	22
江　西	Jiangxi	25.8	55.1	64.5	27	26.3	29.4	29.9	13
山　东	Shandong	143.2	261.0	275.3	5	59.5	43.1	43.7	4
河　南	Henan	42.9	133.9	159.0	11	38.2	40.0	42.5	5
湖　北	Hubei	47.0	139.4	166.2	10	55.7	37.9	33.4	11
湖　南	Hunan	37.3	98.9	115.2	18	43.2	47.3	45.1	3
广　东	Guangdong	187.5	515.7	634.6	1	39.3	36.8	37.0	8
广　西	Guangxi	43.7	110.4	126.5	16	19.1	18.7	18.1	21
海　南	Hainan	14.3	30.0	32.5	28	4.8	4.3	4.8	29
重　庆	Chongqing	27.7	94.8	108.0	20	13.0	13.4	14.3	24
四　川	Sichuan	71.3	278.6	321.8	4	34.6	54.4	54.6	1
贵　州	Guizhou	32.8	65.3	74.6	25	12.2	14.1	14.5	23
云　南	Yunnan	36.4	108.3	118.6	17	15.7	19.2	19.5	20
西　藏	Tibet	4.7	11.4	13.9	31	2.1	1.7	1.8	31
陕　西	Shaanxi	42.6	130.1	145.4	15	21.4	22.3	22.3	19
甘　肃	Gansu	16.6	61.5	72.1	26	10.7	9.7	9.5	26
青　海	Qinghai	9.4	25.1	27.2	30	4.2	4.2	4.4	30
宁　夏	Ningxia	8.9	27.3	31.5	29	4.8	5.0	4.9	28
新　疆	Xinjiang	47.8	93.3	94.8	24	11.0	11.2	10.3	25

21-12 城镇基本医疗保险参保人数（一）
Persons Covered by Urban Basic Medical Care Insurance (1)

单位：万人 (10 000 persons)

地区	Region	城镇基本医疗保险年末参保人数 Persons Covered at Year-end				其中：城镇职工参保人数 Urban Workers			
		2010	2014	2015	2015排名 Ranking	2010	2014	2015	2015排名 Ranking
全　国	**National Total**	**43262.9**	**59746.9**	**66581.6**		**23734.7**	**28296.0**	**28893.1**	
北　京	Beijing	1207.3	1604.3	1656.6	14	1063.7	1431.3	1475.7	6
天　津	Tianjin	960.9	1023.6	1054.1	23	470.0	509.6	522.0	21
河　北	Hebei	1518.1	1697.5	1663.7	13	848.0	944.5	957.0	10
山　西	Shanxi	923.5	1101.2	1113.8	21	562.0	657.3	650.5	16
内蒙古	Inner Mongolia	886.4	998.1	1008.1	24	433.5	470.7	477.4	24
辽　宁	Liaoning	2056.2	2387.2	2396.2	8	1408.7	1649.2	1651.4	5
吉　林	Jilin	1333.8	1380.0	1380.6	17	550.1	575.6	575.9	20
黑龙江	Heilongjiang	1560.8	1586.4	1594.8	15	873.7	873.9	873.7	12
上　海	Shanghai	1665.2	1678.5	1719.2	12	1405.9	1420.8	1446.4	7
江　苏	Jiangsu	3249.4	3797.5	4014.3	4	1848.3	2361.8	2429.0	2
浙　江	Zhejiang	1963.8	4847.6	4964.1	3	1344.4	1900.0	1992.7	3
安　徽	Anhui	1529.3	1756.4	1737.6	11	598.5	739.9	763.3	14
福　建	Fujian	1200.6	1293.0	1301.2	18	546.6	737.3	759.4	15
江　西	Jiangxi	1326.4	1494.2	1530.4	16	532.1	579.2	585.0	18
山　东	Shandong	2770.6	3988.0	9235.8	2	1541.3	1860.2	1904.4	4
河　南	Henan	2043.7	2340.0	2344.9	9	957.4	1182.4	1200.7	9
湖　北	Hubei	1860.0	1968.0	1972.1	10	847.8	933.3	949.4	11
湖　南	Hunan	1894.5	2300.7	2662.3	6	777.4	807.9	818.8	13
广　东	Guangdong	5043.2	9804.2	10136.0	1	3000.0	3647.1	3711.8	1
广　西	Guangxi	935.2	1067.3	1077.6	22	413.5	482.6	505.5	23
海　南	Hainan	323.3	386.8	389.8	29	166.9	191.7	196.3	28
重　庆	Chongqing	830.8	3256.8	3266.3	5	406.2	575.8	588.5	17
四　川	Sichuan	2063.1	2576.5	2650.7	7	1051.9	1329.4	1378.6	8
贵　州	Guizhou	602.5	687.1	955.5	25	293.5	354.8	372.7	26
云　南	Yunnan	820.5	1135.9	1140.8	20	414.8	462.6	468.3	25
西　藏	Tibet	38.6	58.9	61.8	31	23.5	33.0	34.3	31
陕　西	Shaanxi	947.2	1246.2	1247.3	19	474.2	574.2	580.3	19
甘　肃	Gansu	588.8	630.6	635.0	27	290.2	302.6	307.9	27
青　海	Qinghai	140.3	190.4	195.2	30	78.7	93.3	95.6	30
宁　夏	Ningxia	188.3	578.6	584.8	28	94.1	116.1	114.8	29
新　疆	Xinjiang	790.5	885.1	891.0	26	417.7	498.0	505.9	22

21-13 城镇基本医疗保险参保人数（二）

Persons Covered by Urban Basic Medical Care Insurance (2)

单位：万人 (10 000 persons)

地区	Region	城镇职工在岗人员参保人数 Staff and Workers				城镇职工退休人员参保人数 Retirees			
		2010	2014	2015	2015排名 Ranking	2010	2014	2015	2015排名 Ranking
全　国	**National Total**	**17791.2**	**21041.3**	**21362.0**		**5943.5**	**7254.8**	**7531.2**	
北　京	Beijing	848.5	1171.2	1206.1	5	215.1	260.1	269.5	12
天　津	Tianjin	312.5	326.0	331.6	24	157.5	183.6	190.4	17
河　北	Hebei	610.0	658.2	656.8	10	238.0	286.3	300.3	10
山　西	Shanxi	422.0	481.8	471.1	16	140.0	175.5	179.4	19
内蒙古	Inner Mongolia	308.9	332.1	336.1	23	124.7	138.6	141.4	24
辽　宁	Liaoning	944.6	1072.5	1053.7	6	464.1	576.7	597.7	2
吉　林	Jilin	370.3	378.1	376.2	20	179.9	197.5	199.7	16
黑龙江	Heilongjiang	595.3	549.6	543.6	14	278.4	324.3	330.1	9
上　海	Shanghai	1017.1	967.6	980.5	7	388.8	453.2	465.8	3
江　苏	Jiangsu	1405.1	1784.9	1818.2	2	443.2	577.0	610.8	1
浙　江	Zhejiang	1117.6	1576.0	1639.0	3	226.8	324.1	353.7	7
安　徽	Anhui	429.2	528.0	542.2	15	169.3	211.9	221.1	14
福　建	Fujian	425.9	594.3	612.6	12	120.7	143.0	146.8	22
江　西	Jiangxi	365.6	381.5	383.7	19	166.5	197.7	201.3	15
山　东	Shandong	1224.6	1448.8	1464.5	4	316.7	411.4	439.9	4
河　南	Henan	698.7	855.2	864.1	9	258.7	327.2	336.6	8
湖　北	Hubei	608.0	646.4	653.1	11	239.8	286.9	296.3	11
湖　南	Hunan	540.5	546.1	551.7	13	236.9	261.8	267.1	13
广　东	Guangdong	2685.6	3226.1	3272.2	1	314.5	420.9	439.7	5
广　西	Guangxi	290.5	338.8	356.7	22	123.0	143.8	148.8	21
海　南	Hainan	123.7	138.0	140.7	28	43.2	53.7	55.6	28
重　庆	Chongqing	280.6	408.8	414.5	17	125.6	167.0	174.0	20
四　川	Sichuan	703.6	921.9	959.8	8	348.3	407.5	418.8	6
贵　州	Guizhou	205.3	254.9	267.5	26	88.2	99.9	105.2	26
云　南	Yunnan	293.3	324.0	327.6	25	121.4	138.6	140.7	25
西　藏	Tibet	16.9	25.2	26.2	31	6.6	7.8	8.1	31
陕　西	Shaanxi	322.9	389.8	392.9	18	151.2	184.4	187.4	18
甘　肃	Gansu	204.4	206.4	208.1	27	85.9	96.2	99.8	27
青　海	Qinghai	53.5	64.2	65.1	30	25.2	29.1	30.4	30
宁　夏	Ningxia	67.7	85.1	82.6	29	26.4	31.0	32.2	29
新　疆	Xinjiang	298.8	359.9	363.3	21	119.0	138.2	142.6	23

21-14 城镇基本医疗保险基金收支情况（一）

Revenue and Expenses of Urban Basic Medical Care Insurance (1)

地区	Region	城镇居民参加基本医疗保险人数（万人） Contributors (10 000 persons) 2010	2014	2015	2015排名 Ranking	城镇基本医疗保险基金累计结余（亿元） Balance at the Year-end (100 million yuan) 2010	2014	2015	2015排名 Ranking
全　国	National Total	19528.3	31450.9	37688.5		5047.1	10644.8	12542.8	
北　京	Beijing	143.7	173.0	181.0	29	195.9	242.1	319.5	12
天　津	Tianjin	490.9	514.0	532.1	21	50.5	98.9	143.6	25
河　北	Hebei	670.0	753.1	706.7	15	189.9	414.6	490.2	7
山　西	Shanxi	361.5	443.9	463.3	24	115.1	239.7	268.2	18
内蒙古	Inner Mongolia	452.8	527.4	530.6	22	87.6	169.5	195.6	24
辽　宁	Liaoning	647.5	738.0	744.8	13	251.8	375.3	395.9	10
吉　林	Jilin	783.7	804.4	804.7	12	100.9	202.5	218.4	23
黑龙江	Heilongjiang	687.1	712.5	721.1	14	189.5	298.0	320.9	11
上　海	Shanghai	259.2	257.7	272.9	27	204.6	882.8	1111.4	3
江　苏	Jiangsu	1401.2	1435.7	1585.3	6	459.8	914.1	1039.4	4
浙　江	Zhejiang	619.4	2947.5	2971.4	3	372.9	921.5	1118.7	2
安　徽	Anhui	930.9	1016.5	974.3	10	126.4	246.1	278.1	15
福　建	Fujian	654.0	555.7	541.9	20	174.9	365.6	426.8	8
江　西	Jiangxi	794.3	915.0	945.5	11	84.6	183.1	223.6	21
山　东	Shandong	1229.3	2127.8	7331.4	1	262.5	626.8	752.4	5
河　南	Henan	1086.4	1157.6	1144.2	8	166.4	352.0	400.5	9
湖　北	Hubei	1012.3	1034.7	1022.7	9	159.0	253.2	297.0	14
湖　南	Hunan	1117.2	1492.8	1843.6	5	148.7	261.0	318.3	13
广　东	Guangdong	2043.2	6157.1	6424.2	2	699.7	1558.7	1831.6	1
广　西	Guangxi	521.7	584.7	572.1	19	117.7	210.2	239.1	20
海　南	Hainan	156.4	195.2	193.4	28	29.8	64.2	74.9	28
重　庆	Chongqing	424.6	2681.1	2677.8	4	92.4	228.6	260.6	19
四　川	Sichuan	1011.2	1247.1	1272.1	7	284.7	571.3	671.4	6
贵　州	Guizhou	309.0	332.4	582.7	18	55.4	85.1	117.2	26
云　南	Yunnan	405.7	673.3	672.5	16	107.6	195.1	220.6	22
西　藏	Tibet	15.1	25.9	27.5	31	12.7	30.0	34.4	31
陕　西	Shaanxi	473.1	671.9	667.0	17	105.1	230.8	271.7	17
甘　肃	Gansu	298.6	328.1	327.0	26	52.8	84.0	96.8	27
青　海	Qinghai	61.6	97.1	99.6	30	33.6	54.7	62.1	30
宁　夏	Ningxia	94.2	462.5	470.0	23	22.9	60.1	67.0	29
新　疆	Xinjiang	372.7	387.1	385.2	25	91.5	225.3	276.7	16

21-15　城镇基本医疗保险基金收支情况（二）
Revenue and Expenses of Urban Basic Medical Care Insurance (2)

单位：亿元　　(100 million yuan)

地区	Region	城镇基本医疗保险基金总收入 Revenue				城镇基本医疗保险基金总支出 Expenses			
		2010	2014	2015	2015排名 Ranking	2010	2014	2015	2015排名 Ranking
全　国	**National Total**	**4308.9**	**9687.2**	**11192.9**		**3538.1**	**8133.6**	**9312.1**	
北　京	Beijing	298.4	703.1	811.3	5	290.4	662.5	733.9	5
天　津	Tianjin	115.2	237.5	278.0	14	103.5	208.5	233.3	15
河　北	Hebei	159.1	298.3	337.4	9	117.4	232.6	261.8	12
山　西	Shanxi	87.1	182.9	199.6	21	69.6	160.0	171.2	21
内蒙古	Inner Mongolia	78.5	166.9	179.1	22	64.2	144.2	148.4	22
辽　宁	Liaoning	215.7	377.7	414.9	8	181.7	348.7	394.2	8
吉　林	Jilin	63.7	141.5	162.0	25	52.7	114.9	141.8	24
黑龙江	Heilongjiang	127.3	241.3	266.6	15	103.7	217.1	243.6	14
上　海	Shanghai	329.7	673.4	757.1	6	300.2	476.3	528.5	6
江　苏	Jiangsu	362.8	771.6	875.8	4	287.7	651.9	751.5	3
浙　江	Zhejiang	301.2	809.1	942.6	3	242.7	650.7	745.9	4
安　徽	Anhui	99.2	210.8	238.8	17	82.3	178.3	205.8	16
福　建	Fujian	108.9	235.1	266.0	16	91.1	173.8	204.8	17
江　西	Jiangxi	64.5	144.4	167.7	24	49.6	115.8	127.2	25
山　东	Shandong	264.2	770.5	942.6	2	222.2	677.2	820.2	2
河　南	Henan	132.0	277.4	317.1	11	108.0	235.9	268.6	11
湖　北	Hubei	128.0	260.1	316.5	12	104.4	247.4	272.8	10
湖　南	Hunan	113.0	258.3	314.3	13	105.8	219.9	258.9	13
广　东	Guangdong	419.2	1054.7	1204.5	1	310.8	815.4	931.5	1
广　西	Guangxi	77.9	147.9	171.3	23	56.6	124.8	142.3	23
海　南	Hainan	26.9	51.6	58.3	29	20.6	42.0	47.5	29
重　庆	Chongqing	76.0	277.7	332.7	10	61.2	248.7	301.9	9
四　川	Sichuan	226.9	495.7	587.4	7	165.0	410.1	490.7	7
贵　州	Guizhou	47.8	96.2	135.8	26	38.0	93.7	114.2	26
云　南	Yunnan	97.9	189.0	214.1	20	85.9	167.9	188.6	18
西　藏	Tibet	9.9	18.9	21.4	31	6.4	14.8	17.1	31
陕　西	Shaanxi	89.1	181.4	219.7	19	63.6	151.2	179.6	20
甘　肃	Gansu	49.2	95.2	105.5	27	37.9	85.4	92.8	27
青　海	Qinghai	25.9	47.3	52.7	30	18.3	41.1	45.3	30
宁　夏	Ningxia	19.2	62.0	68.2	28	15.5	54.0	61.4	28
新　疆	Xinjiang	94.4	209.8	234.0	18	80.9	168.8	186.8	19

21-16 城镇基本医疗保险基金收支情况（三）
Revenue and Expenses of Urban Basic Medical Care Insurance (3)

单位：亿元 (100 million yuan)

地区	Region	城镇职工基本医疗保险基金收入 Revenue for Workers				城镇职工基本医疗保险基金支出 Expenses for Workers			
		2010	2014	2015	2015排名 Ranking	2010	2014	2015	2015排名 Ranking
全　国	National Total	**3955.4**	**8037.9**	**9083.5**		**3271.6**	**6696.6**	**7531.5**	
北　京	Beijing	296.8	682.7	786.3	2	285.7	648.4	719.4	1
天　津	Tianjin	105.5	204.6	235.2	13	94.4	185.1	203.9	13
河　北	Hebei	145.8	270.9	304.7	9	109.9	212.8	237.0	9
山　西	Shanxi	80.8	167.4	178.5	21	66.4	146.4	154.0	20
内蒙古	Inner Mongolia	71.4	146.5	154.1	22	58.7	127.8	129.2	22
辽　宁	Liaoning	205.7	351.3	383.6	8	175.6	329.9	369.6	7
吉　林	Jilin	52.9	118.3	135.5	24	45.4	95.8	117.1	24
黑龙江	Heilongjiang	113.3	210.4	229.8	15	95.4	192.8	213.0	12
上　海	Shanghai	316.7	648.7	733.1	4	287.0	452.0	501.9	6
江　苏	Jiangsu	339.8	697.5	781.9	3	270.1	585.5	665.7	2
浙　江	Zhejiang	280.3	604.1	687.0	5	223.9	444.6	503.5	5
安　徽	Anhui	81.4	173.6	193.7	18	69.6	147.6	168.8	18
福　建	Fujian	101.4	215.4	243.5	12	84.1	157.5	183.8	16
江　西	Jiangxi	52.5	111.9	126.7	25	42.6	93.8	100.7	25
山　东	Shandong	248.0	501.6	563.2	6	209.9	430.4	507.1	4
河　南	Henan	119.0	235.5	268.0	10	97.7	204.1	227.5	11
湖　北	Hubei	111.5	219.5	265.8	11	95.1	216.7	236.4	10
湖　南	Hunan	97.2	199.4	230.7	14	94.8	168.4	187.0	14
广　东	Guangdong	377.9	774.4	859.3	1	275.9	580.6	653.3	3
广　西	Guangxi	70.0	128.9	147.9	23	53.0	112.6	127.2	23
海　南	Hainan	24.0	43.5	48.9	28	18.8	35.2	39.8	28
重　庆	Chongqing	69.1	171.6	204.1	17	55.2	155.8	185.4	15
四　川	Sichuan	195.2	383.0	434.8	7	142.6	309.0	356.1	8
贵　州	Guizhou	44.2	88.3	112.0	26	35.2	86.7	97.2	26
云　南	Yunnan	89.7	160.8	179.2	20	79.4	139.6	156.8	19
西　藏	Tibet	9.1	17.0	20.3	31	5.9	12.9	14.3	31
陕　西	Shaanxi	81.6	154.0	184.2	19	58.7	126.5	149.6	21
甘　肃	Gansu	44.8	83.1	91.0	27	34.2	75.8	80.6	27
青　海	Qinghai	24.4	42.3	46.7	29	17.3	36.0	38.9	29
宁　夏	Ningxia	17.3	39.1	40.4	30	13.7	31.7	35.6	30
新　疆	Xinjiang	88.2	192.6	213.6	16	75.6	154.7	171.1	17

21-17 城镇基本医疗保险基金收支情况（四）
Revenue and Expenses of Urban Basic Medical Care Insurance (4)

单位：亿元　　(100 million yuan)

地区	Region	城镇居民基本医疗保险基金收入 Revenue for Urban Residents				城镇居民基本医疗保险基金支出 Expenses for Urban Residents			
		2010	2014	2015	2015排名 Ranking	2010	2014	2015	2015排名 Ranking
全　国	**National Total**	**353.5**	**1649.3**	**2109.4**		**266.5**	**1437.0**	**1780.6**	
北　京	Beijing	1.6	20.3	25.0	20	4.7	14.1	14.6	27
天　津	Tianjin	9.8	32.9	42.8	11	9.1	23.4	29.4	14
河　北	Hebei	13.2	27.5	32.8	16	7.4	19.8	24.8	18
山　西	Shanxi	6.2	15.6	21.1	26	3.3	13.6	17.1	23
内蒙古	Inner Mongolia	7.1	20.4	24.9	21	5.5	16.4	19.3	22
辽　宁	Liaoning	10.0	26.4	31.2	17	6.2	18.8	24.6	20
吉　林	Jilin	10.8	23.2	26.5	19	7.4	19.1	24.7	19
黑龙江	Heilongjiang	14.0	30.9	36.8	13	8.3	24.3	30.6	12
上　海	Shanghai	13.0	24.7	24.0	22	13.2	24.3	26.6	15
江　苏	Jiangsu	23.0	74.1	93.8	6	17.6	66.4	85.8	6
浙　江	Zhejiang	21.0	205.0	255.5	3	18.8	206.0	242.4	3
安　徽	Anhui	17.8	37.2	45.1	10	12.7	30.8	37.1	9
福　建	Fujian	7.5	19.7	22.5	25	7.0	16.3	21.0	21
江　西	Jiangxi	12.0	32.5	41.1	12	7.0	22.1	26.5	16
山　东	Shandong	16.2	268.8	379.4	1	12.4	246.8	313.1	1
河　南	Henan	13.1	41.9	49.1	9	10.3	31.8	41.1	8
湖　北	Hubei	16.5	40.6	50.7	8	9.3	30.6	36.4	10
湖　南	Hunan	15.8	58.9	83.6	7	11.0	51.5	71.9	7
广　东	Guangdong	41.3	280.3	345.1	2	35.0	234.8	278.1	2
广　西	Guangxi	7.9	18.9	23.4	24	3.6	12.2	15.1	26
海　南	Hainan	2.9	8.1	9.4	29	1.9	6.8	7.7	29
重　庆	Chongqing	6.9	106.1	128.6	5	6.0	92.9	116.5	5
四　川	Sichuan	31.7	112.7	152.6	4	22.4	101.1	134.6	4
贵　州	Guizhou	3.6	7.9	23.8	23	2.8	7.1	17.1	24
云　南	Yunnan	8.2	28.3	34.8	15	6.5	28.3	31.8	11
西　藏	Tibet	0.9	1.9	1.2	31	0.5	1.9	2.8	31
陕　西	Shaanxi	7.5	27.4	35.5	14	4.9	24.8	30.0	13
甘　肃	Gansu	4.4	12.1	14.5	28	3.7	9.6	12.1	28
青　海	Qinghai	1.5	4.9	6.1	30	1.0	5.1	6.4	30
宁　夏	Ningxia	1.9	23.0	27.8	18	1.9	22.3	25.8	17
新　疆	Xinjiang	6.2	17.3	20.5	27	5.4	14.1	15.7	25

21-18 城镇基本医疗保险基金收支情况（五）
Revenue and Expenses of Urban Basic Medical Care Insurance (5)

单位：亿元 (100 million yuan)

地区	Region	城镇职工基本医疗保险基金累计结余 Balance at the Year-end for Workers				城镇居民基本医疗保险基金累计结余 Balance at the Year-end for Urban Residents			
		2010	2014	2015	2015排名 Ranking	2010	2014	2015	2015排名 Ranking
全　国	**National Total**	**4741.2**	**9449.8**	**10997.1**		**306.0**	**1195.0**	**1545.7**	
北　京	Beijing	191.6	227.1	294.0	11	4.4	15.1	25.5	21
天　津	Tianjin	48.8	80.3	111.6	25	1.7	18.6	32.0	18
河　北	Hebei	177.4	373.6	441.2	7	12.6	41.0	48.9	12
山　西	Shanxi	106.4	219.1	243.5	15	8.7	20.6	24.7	22
内蒙古	Inner Mongolia	80.2	148.9	169.3	23	7.4	20.6	26.3	20
辽　宁	Liaoning	242.1	344.2	358.2	9	9.8	31.1	37.7	16
吉　林	Jilin	90.3	164.4	179.2	22	10.6	38.2	39.2	15
黑龙江	Heilongjiang	174.9	256.9	273.5	12	14.6	41.1	47.4	13
上　海	Shanghai	203.4	876.1	1107.3	2	1.1	6.7	4.1	29
江　苏	Jiangsu	439.6	863.4	979.6	4	20.2	50.7	59.8	9
浙　江	Zhejiang	361.6	876.0	1059.6	3	11.2	45.4	59.1	10
安　徽	Anhui	105.7	201.2	226.1	17	20.7	44.9	52.0	11
福　建	Fujian	170.0	352.2	411.9	8	4.9	13.4	14.9	26
江　西	Jiangxi	70.4	129.2	155.2	24	14.1	53.9	68.4	6
山　东	Shandong	248.8	527.4	582.0	6	13.8	99.4	170.5	2
河　南	Henan	153.0	297.3	337.8	10	13.4	54.7	62.7	8
湖　北	Hubei	137.8	192.6	222.1	18	21.2	60.6	74.9	4
湖　南	Hunan	133.2	211.8	255.5	14	15.5	49.2	62.8	7
广　东	Guangdong	677.8	1336.9	1542.9	1	22.0	221.8	288.7	1
广　西	Guangxi	108.8	175.1	195.8	20	8.9	35.1	43.4	14
海　南	Hainan	26.2	54.2	63.3	28	3.6	10.0	11.7	28
重　庆	Chongqing	89.6	168.7	187.4	21	2.8	59.9	73.2	5
四　川	Sichuan	257.7	504.6	583.2	5	27.0	66.7	88.2	3
贵　州	Guizhou	51.5	73.1	88.0	26	3.9	11.9	29.3	19
云　南	Yunnan	100.1	181.9	204.3	19	7.6	13.2	16.2	25
西　藏	Tibet	12.0	30.0	36.0	31	0.7		-1.6	31
陕　西	Shaanxi	96.7	203.2	238.6	16	8.4	27.5	33.1	17
甘　肃	Gansu	46.8	71.6	82.1	27	6.1	12.4	14.7	27
青　海	Qinghai	32.1	53.8	61.6	29	1.5	0.8	0.6	30
宁　夏	Ningxia	21.3	45.7	50.5	30	1.6	14.5	16.5	24
新　疆	Xinjiang	85.5	209.2	255.8	13	6.0	16.1	20.8	23

21-19 工伤保险情况（一）
Statistics of Work Injury Insurance (1)

地区	Region	年末参加工伤保险人数（万人） Work Injury Insurance Contributors at Year-end (10 000 persons)				享受工伤待遇人数（万人次） Beneficiaries at Year-end (10 000 person-times)			
		2010	2014	2015	2015排名 Ranking	2010	2014	2015	2015排名 Ranking
全　国	**National Total**	**16160.7**	**20639.2**	**21432.5**		**147.5**	**198.2**	**201.9**	
北　京	Beijing	823.8	961.0	1020.1	5	4.4	5.0	4.7	17
天　津	Tianjin	304.5	345.2	385.6	21	4.1	3.3	3.4	21
河　北	Hebei	594.4	778.7	809.7	9	7.5	10.4	9.6	8
山　西	Shanxi	292.4	563.1	573.1	14	4.9	11.1	10.1	7
内蒙古	Inner Mongolia	207.5	289.9	297.1	25	1.8	2.3	2.4	25
辽　宁	Liaoning	730.0	903.1	918.6	7	10.0	13.2	13.8	4
吉　林	Jilin	300.5	415.6	435.6	18	3.7	4.6	11.3	5
黑龙江	Heilongjiang	415.1	505.5	512.0	16	6.2	6.3	6.5	14
上　海	Shanghai	961.0	920.5	932.9	6	1.7	6.9	7.0	13
江　苏	Jiangsu	1205.5	1540.1	1594.1	3	9.8	14.3	14.7	3
浙　江	Zhejiang	1475.1	1899.4	1930.1	2	20.2	22.6	20.4	1
安　徽	Anhui	351.1	508.3	528.9	15	4.4	8.3	8.3	10
福　建	Fujian	417.7	627.3	691.0	12	2.4	3.9	3.9	20
江　西	Jiangxi	371.7	461.2	500.6	17	2.7	4.7	4.6	18
山　东	Shandong	1211.2	1421.5	1473.5	4	10.2	11.8	11.1	6
河　南	Henan	551.7	805.7	856.7	8	3.0	4.6	5.0	15
湖　北	Hubei	444.0	576.7	640.1	13	3.1	4.9	4.9	16
湖　南	Hunan	516.0	747.9	778.0	10	7.4	8.7	9.3	9
广　东	Guangdong	2657.8	3092.6	3122.7	1	14.7	17.1	16.8	2
广　西	Guangxi	235.7	338.2	360.5	23	1.4	1.8	1.9	27
海　南	Hainan	95.8	126.1	131.5	28	0.3	0.3	0.3	30
重　庆	Chongqing	266.0	426.1	428.5	19	5.6	8.1	7.5	12
四　川	Sichuan	583.8	709.7	753.2	11	6.0	8.6	7.9	11
贵　州	Guizhou	162.2	275.4	290.2	26	1.9	2.3	2.8	24
云　南	Yunnan	227.4	341.7	368.1	22	4.6	4.0	4.3	19
西　藏	Tibet	8.8	24.3	26.9	31		0.1	0.1	31
陕　西	Shaanxi	278.6	404.0	427.3	20	1.6	2.9	3.0	22
甘　肃	Gansu	130.1	175.1	182.6	27	1.1	2.2	2.3	26
青　海	Qinghai	43.2	54.7	58.0	30	0.5	0.6	0.5	29
宁　夏	Ningxia	48.9	82.2	80.8	29	0.3	0.5	0.6	28
新　疆	Xinjiang	249.3	318.2	324.4	24	2.0	2.8	2.9	23

21-20 工伤保险情况（二）
Statistics of Work Injury Insurance (2)

单位：亿元 (100 million yuan)

地区	Region	工伤保险基金收入 Revenue				工伤保险基金支出 Expenses			
		2010	2014	2015	2015排名 Ranking	2010	2014	2015	2015排名 Ranking
全　国	**National Total**	**284.9**	**694.8**	**754.2**		**192.4**	**560.5**	**598.7**	
北　京	Beijing	13.0	28.7	32.9	9	10.7	22.2	26.5	10
天　津	Tianjin	5.9	10.9	11.3	25	4.7	8.9	10.6	23
河　北	Hebei	16.1	33.4	37.8	5	13.3	33.0	34.1	5
山　西	Shanxi	12.9	31.4	32.9	8	8.0	25.6	27.7	9
内蒙古	Inner Mongolia	5.4	14.2	13.9	22	2.9	8.5	8.6	25
辽　宁	Liaoning	15.4	21.4	27.8	11	10.4	28.3	30.1	7
吉　林	Jilin	4.6	14.4	18.6	16	3.9	10.4	10.4	24
黑龙江	Heilongjiang	11.6	21.7	22.3	13	9.2	20.4	21.3	12
上　海	Shanghai	12.9	32.2	36.3	6	5.2	28.2	31.2	6
江　苏	Jiangsu	18.7	73.3	79.1	1	13.9	61.1	61.1	1
浙　江	Zhejiang	22.0	48.3	56.8	3	14.1	40.4	43.1	3
安　徽	Anhui	6.0	20.0	21.6	14	3.6	15.0	16.2	15
福　建	Fujian	5.9	22.1	19.4	15	2.9	14.5	13.0	17
江　西	Jiangxi	4.6	16.4	18.5	17	2.4	10.4	10.8	22
山　东	Shandong	20.5	45.1	51.0	4	15.1	35.0	38.4	4
河　南	Henan	10.2	23.8	22.9	12	5.8	18.0	20.7	13
湖　北	Hubei	5.1	15.1	17.7	18	2.8	12.2	13.3	16
湖　南	Hunan	10.7	32.1	34.0	7	8.4	24.0	28.0	8
广　东	Guangdong	30.4	64.5	68.9	2	19.8	41.8	44.7	2
广　西	Guangxi	3.4	8.4	9.3	26	1.6	4.4	4.7	27
海　南	Hainan	0.9	2.6	2.8	30	0.5	1.2	1.4	30
重　庆	Chongqing	7.1	16.9	17.6	19	6.2	18.0	19.8	14
四　川	Sichuan	12.4	29.1	30.6	10	8.5	22.3	23.3	11
贵　州	Guizhou	6.4	14.1	14.2	20	5.0	12.0	11.5	20
云　南	Yunnan	5.8	13.4	13.5	23	4.4	12.4	12.1	18
西　藏	Tibet	0.3	0.9	1.4	31	0.1	0.3	0.6	31
陕　西	Shaanxi	5.8	13.8	11.9	24	2.6	9.9	11.8	19
甘　肃	Gansu	2.9	7.2	7.8	27	1.7	6.1	6.4	26
青　海	Qinghai	1.6	3.0	3.4	29	0.9	2.2	2.3	29
宁　夏	Ningxia	1.4	3.5	4.0	28	0.8	3.3	3.4	28
新　疆	Xinjiang	4.8	13.0	13.9	21	3.3	10.5	11.4	21

21-21 工伤保险基金和生育保险基金累计结余

Cumulative Balance at Year-end of Work Injury Insurance and Maternity Insurance

单位：亿元 (100 million yuan)

地区	Region	工伤保险基金累计结余 Work Injury Insurance				生育保险基金累计结余 Maternity Insurance			
		2010	2014	2015	2015排名 Ranking	2010	2014	2015	2015排名 Ranking
全　国	**National Total**	**561.4**	**1128.8**	**1285.3**		**261.4**	**592.7**	**684.4**	
北　京	Beijing	17.3	35.8	42.2	11	19.7	34.5	32.8	5
天　津	Tianjin	11.2	15.7	16.5	25	10.7	19.3	20.0	13
河　北	Hebei	18.8	20.2	23.9	21	6.8	19.7	24.2	9
山　西	Shanxi	18.4	50.7	55.9	6	4.0	17.2	19.6	14
内蒙古	Inner Mongolia	8.0	30.9	36.3	13	4.0	11.3	14.1	21
辽　宁	Liaoning	23.9	34.4	32.1	16	8.5	13.9	14.3	20
吉　林	Jilin	5.3	18.8	27.1	20	4.3	10.5	12.2	23
黑龙江	Heilongjiang	13.1	31.4	32.5	15	6.4	12.4	15.5	17
上　海	Shanghai	37.8	52.1	57.2	5	0.7	6.7	17.2	16
江　苏	Jiangsu	35.3	69.6	87.6	2	40.0	75.0	66.8	2
浙　江	Zhejiang	37.6	65.0	78.7	3	14.3	31.3	40.3	4
安　徽	Anhui	11.0	32.1	37.5	12	5.0	13.0	14.9	19
福　建	Fujian	22.4	47.7	54.1	8	8.2	22.7	25.4	8
江　西	Jiangxi	9.1	25.3	33.0	14	2.8	7.9	10.2	24
山　东	Shandong	26.9	60.6	73.1	4	19.0	37.9	43.8	3
河　南	Henan	20.9	47.8	50.1	9	8.1	25.9	29.3	6
湖　北	Hubei	10.6	27.3	31.7	17	8.1	20.1	23.9	10
湖　南	Hunan	14.1	43.8	49.8	10	8.5	20.7	23.8	11
广　东	Guangdong	127.1	217.1	241.3	1	30.7	73.8	105.3	1
广　西	Guangxi	12.0	24.9	29.4	19	5.8	14.0	17.6	15
海　南	Hainan	4.3	9.1	10.5	27	2.2	4.6	5.2	28
重　庆	Chongqing	3.4	6.3	4.0	30	4.1	9.7	7.3	27
四　川	Sichuan	21.9	48.1	55.4	7	10.9	24.7	25.6	7
贵　州	Guizhou	7.3	16.8	19.5	24	2.9	7.4	8.6	25
云　南	Yunnan	11.6	21.6	23.0	22	8.1	12.5	13.0	22
西　藏	Tibet	0.7	2.2	3.0	31	0.6	1.2	1.3	31
陕　西	Shaanxi	11.5	30.5	30.6	18	4.3	13.8	15.2	18
甘　肃	Gansu	5.8	10.6	12.0	26	1.9	6.7	8.3	26
青　海	Qinghai	3.0	5.2	6.3	29	0.5	3.0	4.3	29
宁　夏	Ningxia	1.5	8.7	9.3	28	0.7	2.3	2.9	30
新　疆	Xinjiang	9.8	18.4	21.8	23	9.9	19.0	21.6	12

注：工伤保险累计结合中含储备金。

Note: Balance of work injury insurance includes reserves.

21-22 生育保险情况（一）
Statistics of Maternity Insurance (1)

地区	Region	年末参加生育保险人数（万人） Maternity Insurance Contributors at Year-end (10 000 persons)				享受待遇人数（万人次） Beneficiaries at Year-end (10 000 person-times)			
		2010	2014	2015	2015排名 Ranking	2010	2014	2015	2015排名 Ranking
全　国	**National Total**	**12335.9**	**17038.7**	**17771.0**		**210.7**	**613.4**	**641.9**	
北　京	Beijing	372.2	915.6	941.6	5	12.6	53.2	52.8	3
天　津	Tianjin	212.0	260.7	269.7	23	5.6	22.2	19.4	11
河　北	Hebei	561.5	684.0	713.0	8	5.2	22.5	18.5	12
山　西	Shanxi	211.6	454.2	456.5	15	1.7	7.4	8.0	21
内蒙古	Inner Mongolia	233.9	293.7	302.6	21	2.2	8.0	7.8	22
辽　宁	Liaoning	593.0	783.9	789.3	6	13.5	28.5	29.6	6
吉　林	Jilin	310.5	367.0	367.5	16	5.6	14.0	14.0	16
黑龙江	Heilongjiang	290.1	356.1	357.1	17	3.4	7.8	6.4	25
上　海	Shanghai	657.3	717.5	735.4	7	7.7	24.0	22.9	8
江　苏	Jiangsu	1086.4	1374.6	1471.7	2	24.4	93.6	95.3	1
浙　江	Zhejiang	863.7	1248.9	1285.2	3	12.4	46.1	51.0	4
安　徽	Anhui	346.9	482.8	499.3	14	5.0	13.6	15.9	15
福　建	Fujian	374.4	556.7	598.3	11	4.9	12.8	14.0	17
江　西	Jiangxi	170.0	241.1	251.3	26	1.0	3.3	4.7	27
山　东	Shandong	774.1	1046.5	1111.3	4	18.0	56.2	48.1	5
河　南	Henan	412.9	590.2	609.5	10	5.3	15.7	16.5	14
湖　北	Hubei	381.8	480.6	500.2	13	11.0	19.9	22.3	9
湖　南	Hunan	527.1	537.6	544.0	12	12.1	17.0	20.5	10
广　东	Guangdong	2038.5	2801.3	3081.8	1	24.3	50.8	67.0	2
广　西	Guangxi	218.5	280.2	307.9	20	3.6	8.6	9.6	20
海　南	Hainan	92.6	122.0	127.1	28	1.5	3.8	4.7	28
重　庆	Chongqing	175.7	347.5	354.3	18	4.9	12.5	18.3	13
四　川	Sichuan	484.2	730.4	670.3	9	5.9	21.7	24.8	7
贵　州	Guizhou	164.3	248.8	263.6	25	2.3	6.4	7.5	23
云　南	Yunnan	210.2	279.3	289.8	22	4.0	13.2	12.0	19
西　藏	Tibet	14.8	22.8	23.8	31	0.3	0.5	0.7	31
陕　西	Shaanxi	180.1	250.8	265.3	24	2.4	5.3	6.4	24
甘　肃	Gansu	82.0	143.7	154.1	27	1.0	3.9	3.5	29
青　海	Qinghai	6.4	45.8	48.0	30	0.1	3.4	5.0	26
宁　夏	Ningxia	39.8	71.3	73.7	29	0.6	4.9	2.6	30
新　疆	Xinjiang	249.4	303.0	307.9	19	8.4	12.7	12.4	18

21-23 生育保险情况（二）
Statistics of Maternity Insurance (2)

单位：亿元 (100 million yuan)

地区	Region	基金收入 Revenue 2010	2014	2015	2015排名 Ranking	基金支出 Expenses 2010	2014	2015	2015排名 Ranking
全　国	**National Total**	**159.6**	**446.1**	**501.7**		**109.9**	**368.1**	**411.5**	
北　京	Beijing	12.2	42.4	51.0	2	7.7	44.5	52.7	1
天　津	Tianjin	5.6	10.9	11.1	14	4.6	9.4	10.4	11
河　北	Hebei	4.7	13.2	14.5	11	2.5	10.1	10.0	13
山　西	Shanxi	2.2	8.6	8.6	19	1.2	5.1	6.2	19
内蒙古	Inner Mongolia	2.7	7.5	8.0	20	1.5	5.7	5.2	21
辽　宁	Liaoning	7.4	18.6	18.9	7	5.7	18.0	18.5	7
吉　林	Jilin	2.2	5.6	6.5	23	1.1	4.6	4.8	22
黑龙江	Heilongjiang	3.0	6.7	7.1	22	1.9	5.6	4.5	23
上　海	Shanghai	12.0	43.2	48.7	3	13.3	37.6	38.2	4
江　苏	Jiangsu	19.4	40.0	34.8	6	12.3	34.2	43.0	2
浙　江	Zhejiang	12.5	31.5	38.7	4	9.8	26.7	29.8	6
安　徽	Anhui	3.6	9.6	10.8	15	2.3	7.6	8.9	14
福　建	Fujian	4.3	20.7	16.5	9	2.9	16.5	13.8	9
江　西	Jiangxi	0.8	3.7	5.0	25	0.4	1.6	2.7	26
山　东	Shandong	11.7	32.6	36.0	5	9.1	31.5	30.1	5
河　南	Henan	4.5	14.0	15.6	10	2.4	9.9	12.2	10
湖　北	Hubei	3.8	9.7	11.7	13	2.0	6.4	8.0	18
湖　南	Hunan	4.2	10.2	11.8	12	2.6	6.4	8.7	16
广　东	Guangdong	19.2	45.8	71.1	1	12.2	31.9	39.6	3
广　西	Guangxi	2.5	7.2	9.0	18	1.6	4.3	5.5	20
海　南	Hainan	0.6	2.4	2.5	28	0.3	1.5	2.0	28
重　庆	Chongqing	2.1	8.4	7.6	21	1.6	6.7	10.0	12
四　川	Sichuan	5.0	16.3	17.5	8	3.9	13.4	16.7	8
贵　州	Guizhou	1.3	4.1	4.6	26	0.5	3.1	3.4	25
云　南	Yunnan	3.0	8.7	9.2	17	1.7	8.5	8.7	15
西　藏	Tibet	0.3	0.8	0.8	31	0.2	0.6	0.7	31
陕　西	Shaanxi	2.4	6.2	5.1	24	0.9	3.3	3.7	24
甘　肃	Gansu	1.0	4.0	4.3	27	0.5	2.5	2.7	27
青　海	Qinghai	0.2	1.9	2.3	29	0.1	1.1	1.0	30
宁　夏	Ningxia	0.6	2.1	2.3	30	0.3	1.9	1.7	29
新　疆	Xinjiang	4.6	9.4	10.0	16	2.8	7.9	8.2	17

21-24 城乡居民社会养老保险情况（一）
Statistics on Basic Pension Insurance for Urban and Rural Residents (1)

单位：万人 (10 000 persons)

地区	Region	参保人数 Contributors at Year-end				其中：达到领取待遇年龄参保人数 Number of Participants Who Have Reached the Prescribed Age of Benefit Entilement			
		2010	2014	2015	2015排名 Ranking	2010	2014	2015	2015排名 Ranking
全　国	**National Total**	**10276.8**	**50107.5**	**50472.2**		**2862.6**	**14741.7**	**14800.3**	
北　京	Beijing	168.5	186.3	187.6	27	17.7	35.8	39.5	29
天　津	Tianjin	79.4	106.1	121.1	30	65.6	74.1	74.9	25
河　北	Hebei	840.3	3404.4	3440.3	3	179.5	897.9	927.3	5
山　西	Shanxi	249.8	1537.4	1540.3	15	68.8	355.6	371.0	18
内蒙古	Inner Mongolia	168.8	761.9	734.1	22	41.8	202.1	204.9	23
辽　宁	Liaoning	146.8	1032.0	1034.7	20	33.6	375.2	374.3	17
吉　林	Jilin	86.7	654.8	662.7	23	32.2	233.4	218.0	22
黑龙江	Heilongjiang	131.2	821.8	827.8	21	27.7	263.8	258.1	21
上　海	Shanghai	28.9	78.3	79.5	31	14.1	47.7	48.7	27
江　苏	Jiangsu	333.5	2347.9	2339.0	8	132.4	988.0	1023.0	4
浙　江	Zhejiang	290.8	1342.1	1285.9	17	134.2	580.1	550.8	10
安　徽	Anhui	349.3	3337.2	3396.6	4	93.0	874.2	895.1	7
福　建	Fujian	273.9	1473.0	1480.4	16	57.7	396.3	404.1	16
江　西	Jiangxi	272.3	1798.1	1829.9	11	75.2	436.6	441.3	14
山　东	Shandong	919.2	4539.9	4534.3	2	318.0	1353.4	1401.1	1
河　南	Henan	1211.8	4843.8	4855.2	1	251.1	1300.3	1305.2	2
湖　北	Hubei	380.0	2230.5	2215.0	10	115.0	640.1	653.9	9
湖　南	Hunan	581.8	3298.3	3280.1	5	217.8	913.3	899.6	6
广　东	Guangdong	157.6	2407.7	2499.7	7	51.8	835.1	776.3	8
广　西	Guangxi	220.4	1713.9	1741.5	12	59.6	529.6	538.1	11
海　南	Hainan	62.4	274.8	281.1	25	17.7	68.9	69.3	26
重　庆	Chongqing	807.4	1112.5	1111.1	19	265.0	385.8	366.7	19
四　川	Sichuan	669.6	3013.9	3020.4	6	199.6	1130.9	1095.0	3
贵　州	Guizhou	223.9	1586.6	1649.0	14	63.5	446.8	433.0	15
云　南	Yunnan	469.4	2160.5	2253.3	9	91.7	463.6	480.7	12
西　藏	Tibet	80.5	140.9	157.7	29	23.5	23.5	24.5	31
陕　西	Shaanxi	439.7	1710.8	1714.5	13	97.0	417.5	441.4	13
甘　肃	Gansu	185.5	1240.1	1236.7	18	38.0	288.3	300.1	20
青　海	Qinghai	65.1	224.6	233.5	26	16.8	43.3	43.3	28
宁　夏	Ningxia	24.7	182.1	183.1	28	4.7	36.9	37.5	30
新　疆	Xinjiang	357.9	545.2	546.1	24	58.0	103.9	103.9	24

注：2012年8月起，新型农村社会养老保险和城镇居民社会养老保险制度全覆盖工作全面启动，合并为城乡居民社会养老保险。

Note: Since August, 2012, system of new rural old-age insurance and urban basic pension insurance have started completely, and called basic pension insurance for urban and rural residents as total.

21-25 城乡居民社会养老保险情况（二）

Statistics on Basic Pension Insurance for Urban and Rural Residents (2)

单位：亿元 (100 million yuan)

地区	Region	基金收入 Revenue				基金支出 Expenses			
		2010	2014	2015	2015排名 Ranking	2010	2014	2015	2015排名 Ranking
全　国	**National Total**	**453.4**	**2310.2**	**2854.6**		**200.4**	**1571.2**	**2116.7**	
北　京	Beijing	21.2	36.7	37.3	24	7.1	21.3	26.5	25
天　津	Tianjin	28.5	41.6	46.5	22	9.7	20.3	26.9	24
河　北	Hebei	24.8	100.4	140.3	7	9.9	64.4	98.5	7
山　西	Shanxi	5.7	54.5	67.9	16	3.4	31.9	44.8	20
内蒙古	Inner Mongolia	5.6	33.8	41.4	23	2.9	29.2	36.8	21
辽　宁	Liaoning	5.5	45.8	63.1	17	2.4	37.4	56.3	13
吉　林	Jilin	2.4	21.6	29.6	26	1.2	16.1	25.0	26
黑龙江	Heilongjiang	7.2	25.7	30.8	25	2.1	19.3	27.0	23
上　海	Shanghai	6.9	42.8	48.1	21	6.8	40.6	48.4	18
江　苏	Jiangsu	27.9	215.4	274.8	2	15.7	175.7	213.5	1
浙　江	Zhejiang	16.5	136.6	148.3	6	7.3	126.6	143.3	6
安　徽	Anhui	13.9	109.3	139.6	8	7.3	65.3	95.7	9
福　建	Fujian	9.4	58.1	73.8	14	3.7	39.4	53.6	14
江　西	Jiangxi	7.0	49.0	69.3	15	3.2	29.4	49.3	17
山　东	Shandong	43.7	266.4	289.6	1	18.2	157.4	189.8	2
河　南	Henan	46.6	153.1	204.7	4	16.2	99.6	154.0	3
湖　北	Hubei	12.4	80.0	103.6	10	6.4	52.2	73.4	10
湖　南	Hunan	17.2	98.1	136.4	9	10.1	65.2	95.9	8
广　东	Guangdong	6.5	180.6	206.7	3	3.5	105.9	146.9	4
广　西	Guangxi	8.5	60.3	87.6	12	3.9	49.3	66.4	11
海　南	Hainan	2.5	14.4	21.8	28	1.1	9.2	13.2	28
重　庆	Chongqing	33.5	63.8	53.8	20	23.6	41.4	52.4	15
四　川	Sichuan	29.6	150.5	192.0	5	14.2	110.9	144.1	5
贵　州	Guizhou	7.1	47.8	62.2	18	3.7	32.0	46.1	19
云　南	Yunnan	11.1	66.4	83.5	13	3.5	36.1	51.1	16
西　藏	Tibet	2.2	5.9	6.5	31	1.7	3.5	4.1	31
陕　西	Shaanxi	23.8	73.0	91.7	11	4.4	47.2	65.3	12
甘　肃	Gansu	15.7	41.7	54.3	19	3.5	24.1	36.7	22
青　海	Qinghai	1.9	10.4	12.8	29	0.5	5.9	7.6	29
宁　夏	Ningxia	0.8	8.5	10.0	30	0.3	4.8	6.9	30
新　疆	Xinjiang	8.0	18.3	26.7	27	2.7	9.5	17.1	27

21-26 城乡居民社会养老保险情况（三）
Statistics on Basic Pension Insurance for Urban and Rural Residents (3)

地区	Region	基金累计结余（亿元）Balance at Year-end (100 million yuan)				开展新型农村合作医疗县（市、区）数（个）Number of Counties (unit)	
		2010	2014	2015	2015排名 Ranking	2012	2012排名 Ranking
全　国	**National Total**	**422.5**	**3844.6**	**4592.3**		**2566**	
北　京	Beijing	57.2	116.8	127.5	14	13	28
天　津	Tianjin	36.4	127.7	147.3	12		
河　北	Hebei	20.9	169.3	211.2	7	164	2
山　西	Shanxi	8.0	99.4	122.6	15	115	7
内蒙古	Inner Mongolia	7.7	62.7	67.3	23	92	15
辽　宁	Liaoning	3.1	50.5	57.3	24	94	12
吉　林	Jilin	1.4	35.5	40.1	27	60	23
黑龙江	Heilongjiang	3.9	50.4	54.2	25	122	6
上　海	Shanghai	25.0	74.2	74.0	22	9	30
江　苏	Jiangsu	53.9	379.9	441.2	2	81	19
浙　江	Zhejiang	16.7	139.4	144.3	13	81	19
安　徽	Anhui	10.1	176.7	220.6	6	94	12
福　建	Fujian	4.6	82.6	102.8	17	74	21
江　西	Jiangxi	4.3	89.7	109.7	16	96	11
山　东	Shandong	52.7	469.5	568.2	1	135	4
河　南	Henan	23.2	243.3	293.9	5	157	3
湖　北	Hubei	7.8	135.6	165.7	9	93	14
湖　南	Hunan	8.6	143.6	184.1	8	111	8
广　东	Guangdong	5.0	297.7	357.3	3	10	29
广　西	Guangxi	4.6	66.1	88.9	20	106	9
海　南	Hainan	1.0	20.4	34.9	28	20	27
重　庆	Chongqing	9.9	89.2	94.1	19	37	25
四　川	Sichuan	21.6	255.1	303.0	4	175	1
贵　州	Guizhou	5.2	59.8	75.8	21	88	17
云　南	Yunnan	7.3	124.7	157.1	10	127	5
西　藏	Tibet	0.2	9.1	11.5	31	73	22
陕　西	Shaanxi	13.4	122.1	148.5	11	104	10
甘　肃	Gansu	0.8	78.2	95.9	18	86	18
青　海	Qinghai	1.4	16.5	21.6	29	39	24
宁　夏	Ningxia	0.7	16.1	19.3	30	21	26
新　疆	Xinjiang	5.8	42.6	52.2	26	89	16

21-27 新型农村合作医疗情况（一）
New Cooperative Medical System (1)

地区	Region	参加新农合人数（万人）Number of Enrollees (10 000 persons)				人均筹资（元）Per Capita Premiums (yuan)			
		2010	2013	2014	2014排名 Ranking	2010	2013	2014	2014排名 Ranking
全　国	**National Total**	**83560.0**	**80209.0**	**73627.3**		**156.6**	**370.6**	**410.9**	
北　京	Beijing	278.5	254.4	242.6	27	555.4	893.9	1090.9	2
天　津	Tianjin								
河　北	Hebei	4998.1	5146.4	5235.0	3	140.0	346.2	396.7	18
山　西	Shanxi	2164.6	2193.7	2191.2	14	150.6	346.6	395.1	19
内蒙古	Inner Mongolia	1214.6	1261.5	1289.3	21	157.6	374.3	420.1	10
辽　宁	Liaoning	1953.6	1977.1	1972.6	16	158.4	354.0	407.9	14
吉　林	Jilin	1252.5	1344.3	1321.3	20	150.4	362.8	414.6	12
黑龙江	Heilongjiang	1400.8	1521.1	1530.6	18	151.2	354.3	392.9	21
上　海	Shanghai	149.0	104.7	98.7	28	757.7	1593.7	1710.0	1
江　苏	Jiangsu	4370.6	4055.1	4076.1	7	192.0	394.6	457.5	7
浙　江	Zhejiang	2972.1	2228.3	1374.6	19	251.8	665.9	523.9	3
安　徽	Anhui	4750.2	5149.6	5190.8	4	151.8	368.1	410.3	13
福　建	Fujian	2404.2	2492.1	2531.4	13	152.0	350.2	400.5	16
江　西	Jiangxi	3145.0	3358.0	3407.8	9	150.8	342.3	390.4	23
山　东	Shandong	6548.7	6378.8			135.2	361.5		
河　南	Henan	7651.5	8119.5	8262.0	1	150.6	352.9	380.9	27
湖　北	Hubei	3833.0	3925.3	3951.3	8	150.3	365.1	401.1	15
湖　南	Hunan	4911.5	4729.7	4795.8	5	141.2	350.6	384.6	26
广　东	Guangdong	3891.5				160.7			
广　西	Guangxi	3811.3	4078.9	4159.2	6	150.4	344.2	392.8	22
海　南	Hainan	474.9	490.4	501.6	23	144.2	348.3	386.3	25
重　庆	Chongqing	2200.4	2146.2	2123.4	15	141.5	437.8	499.7	5
四　川	Sichuan	6285.1	6243.8	6227.3	2	149.0	347.3	397.9	17
贵　州	Guizhou	3029.2	3214.0	3247.4	11	146.4	334.0	393.6	20
云　南	Yunnan	3412.2	3250.5	3304.5	10	140.9	346.0	387.1	24
西　藏	Tibet	233.6	242.9	253.0	26	192.6	366.7	418.2	11
陕　西	Shaanxi	2581.4	2550.3	2569.9	12	154.4	374.7	439.0	9
甘　肃	Gansu	1910.3	1930.3	369.0	24	146.3	343.7	514.6	4
青　海	Qinghai	340.8	362.7	1922.9	17	165.5	471.4	378.0	28
宁　夏	Ningxia	372.0	356.9	360.0	25	145.7	434.8	499.3	6
新　疆	Xinjiang	1019.0	1102.7	1118.1	22	158.3	371.7	440.7	8

21-28 新型农村合作医疗情况（二）
New Cooperative Medical System (2)

地区	Region	本年度筹资总额（亿元） Premiums This Year (100 million yuan)				新农合补偿受益人次（万人次） Number of Beneficiaries from Reimbursement (10 000 person-times)			
		2010	2013	2014	2014排名 Ranking	2010	2013	2014	2014排名 Ranking
全　国	**National Total**	**1308.33**	**2972.48**	**3025.28**		**108666.0**	**194218.8**	**165220.6**	
北　京	Beijing	15.47	22.74	26.46	23	694.5	562.9	582.3	26
天　津	Tianjin								
河　北	Hebei	69.95	178.19	207.66	4	6592.9	13350.1	13606.8	5
山　西	Shanxi	32.60	76.02	86.57	15	2570.6	4105.6	4062.0	14
内蒙古	Inner Mongolia	19.14	47.22	54.17	21	894.3	958.7	849.0	23
辽　宁	Liaoning	30.94	69.99	80.46	16	1399.9	2453.3	2734.9	17
吉　林	Jilin	18.83	48.77	54.78	20	627.9	665.0	674.2	25
黑龙江	Heilongjiang	21.18	53.89	60.13	19	1181.6	2457.2	2720.9	18
上　海	Shanghai	11.29	16.69	16.88	27	2035.2	1683.4	1707.3	21
江　苏	Jiangsu	83.90	160.00	186.49	5	8956.7	14449.2	15747.6	2
浙　江	Zhejiang	74.83	148.38	72.02	18	7758.4	12714.2	5263.5	12
安　徽	Anhui	72.11	189.58	212.97	3	4260.2	10382.2	10226.7	6
福　建	Fujian	36.54	87.27	101.37	14	278.5	1441.8	1752.6	20
江　西	Jiangxi	47.42	114.96	133.03	9	1968.4	5114.6	5621.0	10
山　东	Shandong	88.55	230.57			14605.7	24655.5		
河　南	Henan	115.19	286.54	314.67	1	11544.6	27128.6	26640.0	1
湖　北	Hubei	57.62	143.32	158.48	8	8659.9	14256.3	13619.3	4
湖　南	Hunan	69.34	165.84	184.46	6	2685.5	6222.9	5318.9	11
广　东	Guangdong	62.53				2909.0			
广　西	Guangxi	57.31	140.39	163.37	7	2448.3	5564.9	6059.8	8
海　南	Hainan	6.85	17.08	19.37	24	633.3	1095.7	1158.0	22
重　庆	Chongqing	31.13	93.97	106.10	13	2461.0	2243.1	2787.3	16
四　川	Sichuan	93.67	216.86	247.77	2	4905.8	14698.6	15722.8	3
贵　州	Guizhou	44.35	107.34	127.82	11	3949.9	5520.5	5755.3	9
云　南	Yunnan	48.09	112.47	127.91	10	8043.5	10041.2	10040.2	7
西　藏	Tibet	4.50	8.91	10.58	28	393.4	698.8	551.0	27
陕　西	Shaanxi	39.87	95.56	112.83	12	2433.0	4942.6	5229.5	13
甘　肃	Gansu	27.94	66.34	18.99	25	2132.4	3884.3	261.0	28
青　海	Qinghai	5.64	17.10	72.68	17	275.1	300.9	3634.2	15
宁　夏	Ningxia	5.42	15.52	17.97	26	535.8	831.9	830.3	24
新　疆	Xinjiang	16.13	40.99	49.27	22	830.9	1795.1	2064.3	19

主要统计指标解释

行政区域土地面积 是指在该行政区划内的全部土地面积（包括水面面积）。计算土地面积以行政区划为准。

常住人口 包括：（1）住本户，户口在本乡、镇、街道的人（含户口在本户，外出不满半年的人）；（2）住本户半年以上，户口在外乡、镇、街道的人；（3）住本户不满半年，户口在外乡、镇、街道，离开户口登记地半年以上的人；（4）住本户，户口待定的人。

地区生产总值（GRP） 指按市场价格计算的一个地区所有常住单位在一定时期内生产活动的最终成果。

地方财政一般预算收入 包括：（1）税收收入；（2）社会保险基金收入；（3）非税收入；（4）贷款转回收本金收入（5） 转移性收入。

地方财政一般预算内支出 包括：（1）一般公共服务；（2）外交；（3）国防；（4）公共安全；（5）教育；（6）科学技术；（7）文化体育与传媒；（8）社会保障和就业；（9）社会保险基金支出；（10）医疗卫生；（11）环境保护；（12）城乡社区事务；（13）农林水事务；（14）交通运输；（15）工业商业金融等事务；（16）其它支出；（17）转移性支出。

住宅 指专供居住的房屋，包括别墅、公寓、职工家属宿舍和集体宿舍（包括职工单身宿舍和学生宿舍）等，但不包括住宅楼中作为人防用、不住人的地下室等。住宅按照性质可以划分为普通住房、经济使用住房和别墅、高档公寓。

专利申请受理量 指经专利部门初步审查后符合受理条件的专利申请量。

专利申请授权量 指经专利部门审查合格后，一句专利法授予申请人对申请项目专有权的专利申请数量。

中等职业学校 是指按国家规定的设置标准和审批程序批准建立的，招收初中（或部分高中）毕业生或同等学历者，实施中等职业技术教育，培养中等职业技术人才的学校。招收初中毕业生的，修业年限一般为三至四年；招收高中毕业生的，修业年限一般为二年至三年。包括中等专业学校、技工学校、职业中学（高中）等。统计中等职业学校时应注意，已承担培养学生任务的中等职业技术学校和独立设置的高等学校中专部或中专学校计算校数。正在筹建、尚未招生的中等职业学校和高等学校附设的中专班不计校数。

专任教师 指主要从事教学工作的人员。包括临时（一年以内）调去帮助做其它工作的教学人员。高等学校函授部、夜大学的专任教师和承担科研任务，未担任教学工作仍属教师编制的人员，应计入专任教师中。不包括调离教学岗位，担任行政领导工作或其他工作的原教学人员。

医院、卫生院床位数 指各级各类医院本年10月底的固定实有床位（非编制床位）。包括正规床、简易床、监护床和正在消毒、修理的床位及因扩建或大修理而停用的床位（按扩建或大修理前的床位计算），但不包括产科的新生儿床、库存床、临时增设的床位、病人家属的陪床、接产室的待产床等。

公共图书馆图书总藏量 指图书馆已编目的古籍、图书、期刊和报纸的合订本、小册子、手稿以及缩微制品、录像带、录音带、光盘等听视文献资料数量总和。

2016中国省市经济发展年鉴

CHINA PROVINCES AND CITIES ECONOMIC DEVELOPMENT YEARBOOK

《中国省市经济发展年鉴》编委会 编

下册

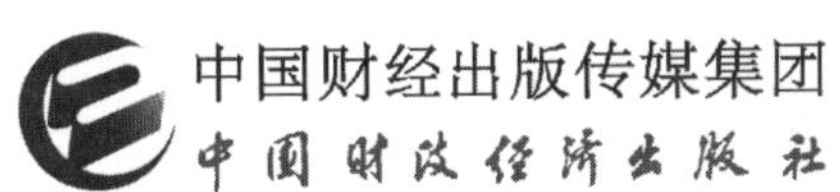

图书在版编目（C I P）数据

中国省市经济发展年鉴. 2016 ： 全 2 册 / 《中国省市经济发展年鉴》编委会编. --北京 ： 中国财政经济出版社，2017.7

ISBN 978-7-5095-7502-4

Ⅰ. ①中… Ⅱ. ①中… Ⅲ. ①区域经济发展－中国－2016－年鉴 Ⅳ. ①F127-54

中国版本图书馆 CIP 数据核字（2017）第 121341 号

责任编辑：罗亚洪
装帧设计：刘志鹏

中国财政经济出版社 出版

URL：http: //www.cfeph.cn

E - mail：cfeph@cfeph.cn

地址：北京市海淀区阜成路甲 28 号　邮政编码：100142

北京画中画印刷有限公司印刷　　各地新华书店经销

880×1230 毫米　1/16 开　125 印张　280 万字

2017 年 7 月第 1 版　2017 年 7 月北京第 1 次印刷

定价：780.00 元（上、下）

ISBN 978-7-5095-7502-4 / F · 5411

《2016中国省市经济发展年鉴（上、下）》

编委会

编 者 说 明

一、《2016 中国省市经济发展年鉴（上、下）》是一部全面反映、系统比较中国区域经济和城市经济发展状况的大型统计资料性年刊。本书分为上下册，上册收集整理了 31 个省级行政单位的数据，下册收集整理了 288 个地级及以上城市的数据。

二、本书信息量大、特别突出数据的发展性和比较性，包括连续三年的统计数据以及最后一年数据的位次排列，为讲述全国地区发展和城市发展提供了重要的参考依据。《2016 中国省市经济发展年鉴（上）》主要内容涵盖：行政区划和人口、就业和工资、国民经济核算、固定资产投资、财政和税收、价格指数、居民生活、城市建设、资源、能源和环境、农业、工业、建筑业、运输和邮电、贸易和旅游、金融业、房地产业、科学技术、教育、卫生、文化和体育、社会服务和社会保障等社会经济发展的各个方面。《2016 中国省市经济发展年鉴（下）》主要内容涵盖：行政区划和人口、就业和工资、国民经济核算、固定资产投资和房地产、财政、居民生活和社会保障、土地资源管理、城市建设、能源和环境、农业、工业、建筑业、运输和邮电、贸易和旅游、金融业、教育、卫生和文化。附录为主要统计指标解释。本书未包括香港特别行政区、澳门特别行政区和台湾省的数据。

三、本书所涉及东部、中部、西部和东北地区的具体划分为：

东部 10 省（市）包括北京、天津、河北、上海、江苏、浙江、福建、山东、广东和海南；

中部 6 省包括山西、安徽、江西、河南、湖北和湖南；

西部 12 省（区、市）包括内蒙古、广西、重庆、四川、贵州、云南、西藏、陕西、甘肃、青海、宁夏和新疆；

东北 3 省包括辽宁、吉林和黑龙江。

四、本书中部分数据合计数或相对数由于单位取舍不同而产生的计算误差，均未做机械调整。书中数据由政府机构、行业协会等公开发布的数据整理而成，数据准确权威。

Editor's Notes

I. "China Provinces and Cities Economic Development Yearbook - 2016(Volumes 1 and 2)" is a large statistical annual book which fully reflects and compares China's regional and urban economy development systematically. This book is divided into two volumes, Volume1 collects data of 31 provincial administrative units, and Volume 2 includes the data of more than 288 prefecture-level cities in China. To facilitate readers, the book contains brief explanation to the major statistical indicators.

II. The yearbook is informative and particularly prominent on its developmental and comparative data which including three consecutive years of statistical data and the ranking on data of the last year. It provides an important reference for comparing the national regional development and city development. In volume 1, the main contents include: population and land, employment and wages, national economic accounting, fixed asset investment, national finances and taxes, price index, the lives of residents, city construction, resources, energy and environment, agriculture, industry, construction, transportation and post and telecommunications, trade and tourism, finance, real estate industry, science and technology, education, health, culture and sports, social service and social security and other aspects of the social and economic development. In volume 2, the main contents include: population and land, employment and wages, national economic accounting, fixed asset investment and real estate industry, national finances, People's Living Conditions and Social Security, Land Resources Administration, city construction, resources, energy and environment, agriculture, industry, construction, transportation and post and telecommunications, trade and tourism, finance, education, Public Health and Culture. The data of this book does not include the Hong Kong special administrative region, Macao special administrative region and Taiwan province.

III. The regions involved in the book were divided as follows:

Eastern region including Beijing, Shanghai, Tianjin, Hebei, Jiangsu, Zhejiang, Fujian, Shandong, Guangdong and Hainan provinces (municipalities);

Central region including Shanxi, Anhui, Jiangxi, Henan, Hubei and Hunan provinces;

Western region including Inner Mongolia, Guangxi, Chongqing, Sichuan, Guizhou, Yunnan, Tibet, Shaanxi, Gansu, Qinghai, Ningxia and Xinjiang provinces (autonomous regions and municipalities);

Northeastern region including Liaoning, Jilin and Heilongjiang provinces.

IV. Some total numbers or relative numbers in the yearbook may have a few calculation errors due to certain units; We did not do the mechanical adjustment. The data is collected by the governing institutions and professional associations; All data is accurate and authoritative.

地级目录

CITIES CONTENTS

一、行政区划和人口
Administrative Division and Population

二、就业和工资
Employment and Wages

三、国民经济核算
National Accounts

四、固定资产投资和房地产
Investment in Fixed Assets and Real Estate

五、财政
Government Finance

六、居民生活和社会保障
People's Living Conditions and Social Security

七、土地资源管理
Land Resources Administration

八、城市建设
Urban Construction

九、能源和环境
Energy and Environment

十、农业
Agriculture

十一、工业
Industry

十二、建筑业
Construction

十三、运输和邮电
Transport, Postal and Telecommunication Services

十四、贸易和旅游
Trade and Tourism

十五、金融业
Financial Intermediation

十六、教育、卫生和文化
Education, Public Health and Culture

附录：

1

行政区划和人口

Administrative Division and Population

1-1　城市行政区划和区域分布
Administrative Division and Regional Distribution of Cities

单位：个　　　　(uint)

地名	City	城市合计 Total	按行政级别分组 Grouped by Administrative Levels(year-end) 直辖市 Municipality Directly under the Central Government	副省级市 Vice-Provincial City	地级市 Prefecture-level City
全国总计	**National Total**	**656**	**4**	**15**	**276**
北　京	Beijing	1	1		
天　津	Tianjin	1	1		
河　北	Hebei	31			
山　西	Shanxi	22			11
内蒙古	Inner Mongolia				11
		20			
辽　宁	Liaoning	30		2	9
吉　林	Jilin	28		1	12
黑龙江	Heilongjiang	30		1	7
					11
上　海	Shanghai	1	1		
江　苏	Jiangsu	34		1	12
浙　江	Zhejiang	31		2	9
安　徽	Anhui	22			16
福　建	Fujian	22		1	8
江　西	Jiangxi	21			11
山　东	Shandong	45		2	15
河　南	Henan	38			17
湖　北	Hubei	36		1	11
湖　南	Hunan	29			13
广　东	Guangdong	41		2	19
广　西	Guangxi	22			14
海　南	Hainan	9			4
重　庆	Chongqing	1	1		
四　川	Sichuan	34		1	17
贵　州	Guizhou	13			6
云　南	Yunnan	22			8
西　藏	Tibet	4			4
陕　西	Shaanxi	13		1	9
甘　肃	Gansu	16			12
青　海	Qinghai	5			2
宁　夏	Ningxia	7			5
新　疆	Xinjiang	27			3

1-2 地级及以上城市一览表
List of City at Prefecture Level and above

单位：个 (uint)

省级单位 Province	地级及以上城市	City at Prefecture Level and above	省级单位 Province	地级及以上城市	City at Prefecture Level and above
北　京 Beijing				抚顺	Fushun
天　津 Tianjin				本溪	Benxi
河　北 Hebei	石家庄	Shijiazhuang		丹东	Dandong
	唐山	Tangshan		锦州	Jinzhou
	秦皇岛	Qinhuangdao		营口	Yingkou
	邯郸	Handan		阜新	Fuxin
	邢台	Xingtai		辽阳	Liaoyang
	保定	Baoding		盘锦	Panjin
	张家口	Zhangjiakou		铁岭	Tieling
	承德	Chengde		朝阳	Chaoyang
	沧州	Cangzhou		葫芦岛	Huludao
	廊坊	Langfang	吉　林 Jilin	长春	Changchun
	衡水	Hengshui		吉林	Jilin
山　西 Shanxi	太原	Taiyuan		四平	Siping
	大同	Datong		辽源	Liaoyuan
	阳泉	Yangquan		通化	Tonghua
	长治	Changzhi		白山	Baishan
	晋城	Jincheng		松原	Songyuan
	朔州	Shuozhou		白城	Baicheng
	晋中	Jinzhong	黑龙江	哈尔滨	Harbin
	运城	Yuncheng	Heilongjiang	齐齐哈尔	Qiqihar
	忻州	Xinzhou		鸡西	Jixi
	临汾	Linfen		鹤岗	Hegang
	吕梁	Luliang		双鸭山	Shuangyashan
内蒙古	呼和浩特	Hohhot		大庆	Daqing
Inner Mongolia	包头	Baotou		伊春	Yichun
	乌海	Wuhai		佳木斯	Jiamusi
	赤峰	Chifeng		七台河	Qitaihe
	通辽	Tongliao		牡丹江	Mudanjiang
	鄂尔多斯	Erdos		黑河	Heihe
	呼伦贝尔	Hulunbuir		绥化	Suihua
	巴彦淖尔	Bayannur	上　海 Shanghai		
	乌兰察布	Ulanqab	江　苏 Jiangsu	南京	Nanjing
辽　宁 Liaoning	沈阳	Shenyang		无锡	Wuxi
	大连	Dalian		徐州	Xuzhou
	鞍山	Anshan		常州	Changzhou

1-2　地级及以上城市一览表　续表 1
List of City at Prefecture Level and above continued 1

单位：个 (uint)

省级单位 Province	地级及以上城市	City at Prefecture Level and above	省级单位 Province	地级及以上城市	City at Prefecture Level and above
	苏州	Suzhou	福　建 Fujian	福州	Fuzhou
	南通	Nantong		厦门	Xiamen
	连云港	Lianyungang		莆田	Putian
	淮安	Huaian		三明	Sanming
	盐城	Yancheng		泉州	Quanzhou
	扬州	Yangzhou		漳州	Zhangzhou
	镇江	Zhenjiang		南平	Nanping
	泰州	Taizhou		龙岩	Longyan
	宿迁	Suqian		宁德	Ningde
浙　江 Zhejiang	杭州	Hangzhou	江　西 Jiangxi	南昌	Nanchang
	宁波	Ningbo		景德镇	Jingdezhen
	温州	Wenzhou		萍乡	Pingxiang
	嘉兴	Jiaxing		九江	Jiujiang
	湖州	Huzhou		新余	Xinyu
	绍兴	Shaoxing		鹰潭	Yingtan
	金华	Jinhua		赣州	Ganzhou
	衢州	Quzhou		吉安	Jian
	舟山	Zhoushan		宜春	Yichun
	台州	Taizhou		抚州	Fuzhou
	丽水	Lishui		上饶	Shangrao
安　徽 Anhui	合肥	Hefei	山　东 Shandong	济南	Jinan
	芜湖	Wuhu		青岛	Qingdao
	蚌埠	Bengbu		淄博	Zibo
	淮南	Huainan		枣庄	Zaozhuang
	马鞍山	Maanshan		东营	Dongying
	淮北	Huaibei		烟台	Yantai
	铜陵	Tongling		潍坊	Weifang
	安庆	Anqing		济宁	Jining
	黄山	Huangshan		泰安	Taian
	滁州	Chuzhou		威海	Weihai
	阜阳	Fuyang		日照	Rizhao
	宿州	Suzhou		莱芜	Laiwu
	六安	Liuan		临沂	Linyi
	亳州	Bozhou		德州	Dezhou
	池州	Chizhou		聊城	Liaocheng
	宣城	Xuancheng		滨州	Binzhou

1-2 地级及以上城市一览表 续表 2
List of City at Prefecture Level and above continued 2

单位：个 (uint)

省级单位 Province	地级及以上城市	City at Prefecture Level and above	省级单位 Province	地级及以上城市	City at Prefecture Level and above
	菏泽	Heze		常德	Changde
河 南 Henan	郑州	Zhengzhou		张家界	Zhangjiajie
	开封	Kaifeng		益阳	Yiyang
	洛阳	Luoyang		郴州	Chenzhou
	平顶山	Pingdingshan		永州	Yongzhou
	安阳	Anyang		怀化	Huaihua
	鹤壁	Hebi		娄底	Loudi
	新乡	Xinxiang	广 东 Guangdong	广州	Guangzhou
	焦作	Jiaozuo		韶关	Shaoguan
	濮阳	Puyang		深圳	Shenzhen
	许昌	Xuchang		珠海	Zhuhai
	漯河	Luohe		汕头	Shantou
	三门峡	Sanmenxia		佛山	Foshan
	南阳	Nanyang		江门	Jiangmen
	商丘	Shangqiu		湛江	Zhanjiang
	信阳	Xinyang		茂名	Maoming
	周口	Zhoukou		肇庆	Zhaoqing
	驻马店	Zhumadian		惠州	Huizhou
湖 北 Hubei	武汉	Wuhan		梅州	Meizhou
	黄石	Huangshi		汕尾	Shanwei
	十堰	Shiyan		河源	Heyuan
	宜昌	Yichang		阳江	Yangjiang
	襄阳	Xiangyang		清远	Qingyuan
	鄂州	Ezhou		东莞	Dongguan
	荆门	Jingmen		中山	Zhongshan
	孝感	Xiaogan		潮州	Chaozhou
	荆州	Jingzhou		揭阳	Jieyang
	黄冈	Huanggang		云浮	Yunfu
	咸宁	Xianning	广 西 Guangxi	南宁	Nanning
	随州	Suizhou		柳州	Liuzhou
湖 南 Hunan	长沙	Changsha		桂林	Guilin
	株洲	Zhuzhou		梧州	Wuzhou
	湘潭	Xiangtan		北海	Beihai
	衡阳	Hengyang		防城港	Fangchenggang
	邵阳	Shaoyang		钦州	Qinzhou
	岳阳	Yueyang		贵港	Guigang

1-2 地级及以上城市一览表 续表 3
List of City at Prefecture Level and above continued 3

单位：个 (uint)

省级单位 Province	地级及以上城市	City at Prefecture Level and above	省级单位 Province	地级及以上城市	City at Prefecture Level and above
	玉林	Yulin		保山	Baoshan
	百色	Baise		昭通	Zhaotong
	贺州	Hezhou		丽江	Lijiang
	河池	Hechi		普洱	Puer
	来宾	Laibin		临沧	Lincang
	崇左	Chongzuo	西　藏 Tibet	拉萨	Lasa
海　南 Hainan	海口	Haikou	陕　西 Shaanxi	西安	Xi'an
	三亚	Sanya		铜川	Tongchuan
	三沙	Sansha		宝鸡	Baoji
重　庆 Chongqing				咸阳	Xianyang
四　川 Sichuan	成都	Chengdu		渭南	Weinan
	自贡	Zigong		延安	Yan'an
	攀枝花	Panzhihua		汉中	Hanzhong
	泸州	Luzhou		榆林	Yulin
	德阳	Deyang		安康	Ankang
	绵阳	Mianyang		商洛	Shangluo
	广元	Guangyuan	甘　肃 Gansu	兰州	Lanzhou
	遂宁	Suining		嘉峪关	Jiayuguan
	内江	Neijiang		金昌	Jinchang
	乐山	Leshan		白银	Baiyin
	南充	Nanchong		天水	Tianshui
	眉山	Meishan		武威	Wuwei
	宜宾	Yibin		张掖	Zhangye
	广安	Guangan		平凉	Pingliang
	达州	Dazhou		酒泉	Jiuquan
	雅安	Yaan		庆阳	Qingyang
	巴中	Bazhong		定西	Dingxi
	资阳	Ziyang		陇南	Longnan
贵　州 Guizhou	贵阳	Guiyang	青　海 Qinghai	西宁	Xining
	六盘水	Liupanshui		海东	Haidong
	遵义	Zunyi	宁　夏 Ningxia	银川	Yinchuan
	安顺	Anshun		石嘴山	Shizuishan
	毕节	Bijie		吴忠	Wuzhong
	铜仁	Tongren		固原	Guyuan
云　南 Yunnan	昆明	Kunming		中卫	Zhongwei
	曲靖	Qujing	新　疆 Xinjiang	乌鲁木齐	Urumqi
	玉溪	Yuxi		克拉玛依	Karamay

1-3 行政区域土地面积
Total Land Area of Administrative Region

单位：平方公里 (sq. km)

地名	City	2010	2014	2015	2015 排名 Ranking
全国	**National Total**	**9600000**	**9600000**	**9600000**	
北京	**Beijing**	**16411**	**16411**	**16411**	
天津	**Tianjin**	**11760**	**11917**	**11917**	
河北	**Hebei**	**187693**	**186661**	**186535**	
石家庄	Shijiazhuang	15848	13109	13056	126
唐山	Tangshan	13472	13472	13472	118
秦皇岛	Qinhuangdao	7523	7802	7802	209
邯郸	Handan	12062	12065	12065	147
邢台	Xingtai	12486	12433	12433	137
保定	Baoding	20584	22185	22185	51
张家口	Zhangjiakou	36873	36873	36797	18
承德	Chengde	39548	39490	39493	14
沧州	Cangzhou	14053	14035	14035	113
廊坊	Langfang	6429	6382	6382	225
衡水	Hengshui	8815	8815	8815	193
山西	**Shanxi**	**157252**	**156968**	**156921**	
太原	Taiyuan	6963	6988	6988	221
大同	Datong	14127	14176	14176	112
阳泉	Yangquan	4570	4570	4570	250
长治	Changzhi	13896	13896	13896	114
晋城	Jincheng	9425	9425	9425	184
朔州	Shuozhou	11066	10674	10625	163
晋中	Jinzhong	16392	16392	16392	92
运城	Yuncheng	14181	14181	14183	111
忻州	Xinzhou	25117	25152	25152	40
临汾	Linfen	20275	20275	20275	60
吕梁	Lvliang	21240	21239	21239	52
内蒙古	**Inner Mongolia**	**655315**	**665523**	**656579**	
呼和浩特	Hohhot	17224	17186	17186	87
包头	Baotou	27768	27768	27768	30
乌海	Wuhai	1754	1754	1669	282
赤峰	Chifeng	90021	90021	90021	3
通辽	Tongliao	59535	69625	59659	7
鄂尔多斯	Erdos	86752	86752	86752	4
呼伦贝尔	Hulunbuir	253356	252777	252777	1
巴彦淖尔	Bayannur	64413	65140	66277	6
乌兰察布	Ulanqab	54492	54500	54500	8
辽宁	**Liaoning**	**147167**	**147204**	**147256**	
沈阳	Shenyang	12980	12860	12860	130
大连	Dalian	12574	12574	12574	135
鞍山	Anshan	9252	9255	9255	187
抚顺	Fushun	11272	11272	11272	157
本溪	Benxi	8411	8411	8411	199
丹东	Dandong	15290	15290	15290	100
锦州	Jinzhou	9891	10047	10047	173
营口	Yingkou	5242	5242	5242	241
阜新	Fuxin	10355	10355	10355	169
辽阳	Liaoyang	4736	4736	4788	247
盘锦	Panjin	4071	4065	4065	257
铁岭	Tieling	12980	12985	12985	128
朝阳	Chaoyang	19698	19698	19698	64
葫芦岛	Huludao	10415	10414	10414	167
吉林	**Jilin**	**146878**	**147563**	**147792**	
长春	Changchun	20604	20594	20594	59
吉林	Jilin	27126	27711	27711	32
四平	Siping	14080	14080	14382	108
辽源	Liaoyuan	5140	5140	5140	243
通化	Tonghua	15608	15612	15612	97
白山	Baishan	17485	17505	17505	81
松原	Songyuan	21090	21089	21089	57
白城	Baicheng	25745	25832	25759	38
黑龙江	**Heilongjiang**	**406460**	**390228**	**390382**	
哈尔滨	Harbin	53068	53068	53100	9
齐齐哈尔	Qiqihar	42469	42469	42469	12
鸡西	Jixi	22531	22531	22531	47
鹤岗	Hegang	14659	14657	14679	107
双鸭山	Shuangyashan	23209	22619	22619	46
大庆	Daqing	21219	21219	21219	54
伊春	Yichun	32759	32800	32800	23
佳木斯	Jiamusi	32704	32704	32704	24
七台河	Qitaihe	6222	6221	6221	228
牡丹江	Mudanjiang	40583	38827	38827	16
黑河	Heihe	82164	68240	68340	5
绥化	Suihua	34873	34873	34873	20
上海	**Shanghai**	**6340**	**6340**	**6341**	
江苏	**Jiangsu**	**102658**	**105875**	**105875**	

1-3 行政区域土地面积 续表 1

Total Land Area of Administrative Region continued 1

单位：平方公里 (sq. km)

地名	City	2010	2014	2015	2015 排名 Ranking	地名	City	2010	2014	2015	2015 排名 Ranking
南京	Nanjing	6587	6587	6587	223	池州	Chizhou	8272	8272	8399	200
无锡	Wuxi	4627	4627	4627	248	宣城	Xuancheng	12323	12313	12313	140
徐州	Xuzhou	11259	11765	11765	150	**福建**	**Fujian**	**124563**	**124425**	**124160**	
常州	Changzhou	4372	4372	4372	253	福州	Fuzhou	13066	13066	12675	133
苏州	Suzhou	8488	8657	8657	195	厦门	Xiamen	1573	1573	1699	281
南通	Nantong	8001	10549	10549	165	莆田	Putian	4119	4131	4131	255
连云港	Lianyungang	7500	7615	7615	214	三明	Sanming	23094	22965	22965	44
淮安	Huaian	10072	10030	10030	174	泉州	Quanzhou	11015	11015	11015	160
盐城	Yancheng	16972	16931	16931	88	漳州	Zhangzhou	12873	12880	12880	129
扬州	Yangzhou	6591	6591	6591	222	南平	Nanping	26308	26280	26280	37
镇江	Zhenjiang	3847	3840	3840	261	龙岩	Longyan	19063	19063	19063	69
泰州	Taizhou	5787	5787	5787	235	宁德	Ningde	13452	13452	13452	119
宿迁	Suqian	8555	8524	8524	197	**江西**	**Jiangxi**	**166985**	**167297**	**168025**	
浙江	**Zhejiang**	**104141**	**104442**	**104460**		南昌	Nanchang	7402	7402	7402	217
杭州	Hangzhou	16596	16596	16596	90	景德镇	Jingdezhen	5256	5261	5261	240
宁波	Ningbo	9816	9816	9816	177	萍乡	Pingxiang	3824	3831	3831	262
温州	Wenzhou	11786	12065	12083	146	九江	Jiujiang	18823	19078	19798	62
嘉兴	Jiaxing	3915	3915	3915	259	新余	Xinyu	3178	3178	3178	266
湖州	Huzhou	5818	5820	5820	233	鹰潭	Yingtan	3560	3560	3560	264
绍兴	Shaoxing	8279	8279	8279	201	赣州	Ganzhou	39379	39446	39363	15
金华	Jinhua	10941	10942	10942	161	吉安	Jian	25283	25283	25373	39
衢州	Quzhou	8841	8845	8845	192	宜春	Yichun	18669	18668	18669	74
舟山	Zhoushan	1440	1455	1455	284	抚州	Fuzhou	18820	18799	18799	72
台州	Taizhou	9411	9411	9411	185	上饶	Shangrao	22791	22791	22791	45
丽水	Lishui	17298	17298	17298	85	**山东**	**Shandong**	**158157**	**158870**	**158971**	
安徽	**Anhui**	**138979**	**139942**	**140282**		济南	Jinan	8177	7998	7998	205
合肥	Hefei	7047	11445	11445	152	青岛	Qingdao	10978	11282	11282	156
芜湖	Wuhu	3317	6026	6026	229	淄博	Zibo	5965	5965	5965	230
蚌埠	Bengbu	5941	5951	5951	231	枣庄	Zaozhuang	4563	4564	4564	251
淮南	Huainan	2585	2584	2584	271	东营	Dongying	7923	8243	8243	202
马鞍山	Maanshan	1686	4049	4049	258	烟台	Yantai	13746	13852	13852	115
淮北	Huaibei	2741	2741	2741	269	潍坊	Weifang	16140	16143	16143	94
铜陵	Tongling	1113	1201	1201	285	济宁	Jining	11423	11311	11311	155
安庆	Anqing	15318	15402	15402	98	泰安	Taian	7762	7762	7762	211
黄山	Huangshan	9807	9807	9678	179	威海	Weihai	5797	5797	5797	234
滁州	Chuzhou	13523	13516	13516	117	日照	Rizhao	5348	5359	5359	237
阜阳	Fuyang	9775	9776	10118	171	莱芜	Laiwu	2246	2246	2246	274
宿州	Suzhou	9787	9939	9939	175	临沂	Linyi	17191	17191	17191	86
六安	Liuan	17976	18399	18399	78	德州	Dezhou	10356	10358	10358	168
亳州	Bozhou	8374	8521	8521	198	聊城	Liaocheng	8703	8984	8984	189

1-3 行政区域土地面积 续表 2

Total Land Area of Administrative Region continued 2

单位：平方公里 (sq. km)

地名	City	2010	2014	2015	2015 排名 Ranking	地名	City	2010	2014	2015	2015 排名 Ranking
滨州	Binzhou	9600	9660	9660	180	常德	Changde	18190	18910	18910	71
菏泽	Heze	12239	12155	12256	142	张家界	Zhangjiajie	9516	9516	9516	182
河南	**Henan**	**164405**	**164457**	**164696**		益阳	Yiyang	12144	12320	12320	139
郑州	Zhengzhou	7446	7446	7446	215	郴州	Chenzhou	19699	19342	19654	65
开封	Kaifeng	6444	6253	6444	224	永州	Yongzhou	22441	22260	22260	49
洛阳	Luoyang	15200	15236	15236	102	怀化	Huaihua	27624	27753	27756	31
平顶山	Pingdingshan	7904	7882	7882	208	娄底	Loudi	8117	8109	8119	203
安阳	Anyang	7413	7352	7352	219	**广东**	**Guangdong**	**180956**	**179650**	**179749**	
鹤壁	Hebi	2182	2182	2182	276	广州	Guangzhou	7434	7434	7434	216
新乡	Xinxiang	8169	8666	8666	194	韶关	Shaoguan	18463	18412	18412	77
焦作	Jiaozuo	4071	4071	4071	256	深圳	Shenzhen	1992	1997	1997	277
濮阳	Puyang	4266	4188	4188	254	珠海	Zhuhai	1711	1724	1732	280
许昌	Xuchang	4996	4979	4997	245	汕头	Shantou	2064	2064	2199	275
漯河	Luohe	2716	2692	2692	270	佛山	Foshan	3798	3798	3798	263
三门峡	Sanmenxia	10496	10496	10496	166	江门	Jiangmen	9568	9505	9505	183
南阳	Nanyang	26509	26509	26509	36	湛江	Zhanjiang	13225	13261	13261	122
商丘	Shangqiu	10704	10704	10704	162	茂名	Maoming	11458	11427	11429	153
信阳	Xinyang	18847	18757	18787	73	肇庆	Zhaoqing	15464	14891	14891	105
周口	Zhoukou	11959	11961	11961	148	惠州	Huizhou	11343	11346	11346	154
驻马店	Zhumadian	15083	15083	15083	103	梅州	Meizhou	16089	15865	15819	95
湖北	**Hubei**	**151522**	**151494**	**151799**		汕尾	Shanwei	5271	4865	4865	246
武汉	Wuhan	8494	8569	8569	196	河源	Heyuan	15642	15654	15654	96
黄石	Huangshi	4586	4583	4583	249	阳江	Yangjiang	7946	7956	7956	207
十堰	Shiyan	23680	23680	23694	41	清远	Qingyuan	19036	19036	19036	70
宜昌	Yichang	21084	21084	21230	53	东莞	Dongguan	2460	2460	2460	272
襄阳	Xiangyang	19724	19727	19728	63	中山	Zhongshan	1800	1784	1784	279
鄂州	Ezhou	1594	1594	1594	283	潮州	Chaozhou	3146	3146	3146	267
荆门	Jingmen	12404	12404	12404	138	揭阳	Jieyang	5266	5240	5240	242
孝感	Xiaogan	8910	8910	8910	190	云浮	Yunfu	7779	7785	7785	210
荆州	Jingzhou	14092	14099	14243	110	**广西**	**Guangxi**	**236549**	**238608**	**238576**	
黄冈	Huanggang	17457	17457	17457	82	南宁	Nanning	22112	22244	22235	50
咸宁	Xianning	9861	9751	9751	178	柳州	Liuzhou	18617	18597	18597	75
随州	Suizhou	9636	9636	9636	181	桂林	Guilin	27809	27851	27809	29
湖南	**Hunan**	**197025**	**197297**	**197622**		梧州	Wuzhou	12588	12588	12588	134
长沙	Changsha	11816	11816	11816	149	北海	Beihai	3337	3337	3337	265
株洲	Zhuzhou	11247	11272	11272	157	防城港	Fangchenggang	6222	6238	6238	227
湘潭	Xiangtan	5015	5008	5008	244	钦州	Qinzhou	10843	12154	12162	144
衡阳	Hengyang	15299	15303	15303	99	贵港	Guigang	10602	10602	10602	164
邵阳	Shaoyang	20830	20830	20830	58	玉林	Yulin	12838	12824	12835	131
岳阳	Yueyang	15087	14858	14858	106	百色	Baise	36022	36202	36201	19

1-3 行政区域土地面积 续表 3
Total Land Area of Administrative Region continued 3

单位：平方公里 (sq. km)

地名	City	2010	2014	2015	2015 排名 Ranking	地名	City	2010	2014	2015	2015 排名 Ranking
贺州	Hezhou	11855	11753	11753	151	丽江	Lijiang	21219	21219	21219	54
河池	Hechi	32907	33476	33476	21	普洱	Puer	45385	45385	45385	10
来宾	Laibin	13411	13411	13411	120	临沧	Lincang	24469	23620	23620	42
崇左	Chongzuo	17386	17331	17332	84	**西藏**	**Tibet**		**29518**	**29518**	
海南	**Hainan**	**4223**	**4216**	**7632**		拉萨	Lasa		29518	29518	26
海口	Haikou	2305	2284	2304	273	**陕西**	**Shaanxi**	**206140**	**206202**	**206196**	
三亚	Sanya	1918	1919	1921	278	西安	Xi'an	10108	10097	10097	172
三沙	Sansha		13	13	286	铜川	Tongchuan	3882	3937	3882	260
重庆	**Chongqing**	**82829**	**82374**	**82374**		宝鸡	Baoji	18131	18117	18162	79
四川	**Sichuan**	**193625**	**193158**	**193156**		咸阳	Xianyang	10196	10189	10189	170
成都	Chengdu	12132	12121	12121	145	渭南	Weinan	13134	13134	13134	124
自贡	Zigong	4373	4381	4381	252	延安	Yan'an	37037	37037	37031	17
攀枝花	Panzhihua	7440	7401	7401	218	汉中	Hanzhong	27246	27285	27246	33
泸州	Luzhou	12228	12236	12236	143	榆林	Yulin	43578	43578	43627	11
德阳	Deyang	5911	5911	5911	232	安康	Ankang	23536	23536	23536	43
绵阳	Mianyang	20249	20248	20248	61	商洛	Shangluo	19292	19292	19292	68
广元	Guangyuan	16319	16311	16311	93	**甘肃**	**Gansu**	**416103**	**415225**	**415225**	
遂宁	Suining	5325	5325	5322	238	兰州	Lanzhou	13086	13086	13086	125
内江	Neijiang	5386	5385	5386	236	嘉峪关	Jiayuguan	2935	2935	2935	268
乐山	Leshan	12826	12723	12723	132	金昌	Jinchang	8896	8896	8896	191
南充	Nanchong	12479	12477	12477	136	白银	Baiyin	21158	21158	21158	56
眉山	Meishan	7186	7140	7140	220	天水	Tianshui	14359	14277	14277	109
宜宾	Yibin	13271	13271	13271	121	武威	Wuwei	33238	33238	33238	22
广安	Guangan	6344	6341	6341	226	张掖	Zhangye	41924	41924	41924	13
达州	Dazhou	16591	16588	16588	91	平凉	Pingliang	11170	11170	11170	159
雅安	Yaan	15302	15046	15046	104	酒泉	Jiuquan	193974	193974	193974	2
巴中	Bazhong	12301	12293	12293	141	庆阳	Qingyang	27119	27119	27119	34
资阳	Ziyang	7962	7960	7960	206	定西	Dingxi	20330	19609	19609	67
贵州	**Guizhou**	**58028**	**102838**	**102838**		陇南	Longnan	27914	27839	27839	28
贵阳	Guiyang	8034	8043	8043	204	**青海**	**Qinghai**	**7655**	**20400**	**20821**	
六盘水	Liupanshui	9965	9914	9914	176	西宁	Xining	7655	7649	7660	213
遵义	Zunyi	30762	30762	30762	25	海东	Haidong		12751	13161	123
安顺	Anshun	9267	9267	9267	186	**宁夏**	**Ningxia**	**62711**	**61587**	**61588**	
毕节	Bijie		26849	26849	35	银川	Yinchuan	9025	9025	9025	188
铜仁	Tongren		18003	18003	80	石嘴山	Shizuishan	5310	5310	5310	239
云南	**Yunnan**	**198481**	**197503**	**194910**		吴忠	Wuzhong	20394	16757	16758	89
昆明	Kunming	21015	21012	18419	76	固原	Guyuan	10541	13047	13047	127
曲靖	Qujing	28904	28905	28905	27	中卫	Zhongwei	17441	17448	17448	83
玉溪	Yuxi	15285	15285	15285	101	**新疆**	**Xinjiang**	**23336**	**21523**	**21523**	
保山	Baoshan	19637	19637	19637	66	乌鲁木齐	Urumqi	13788	13788	13788	116
昭通	Zhaotong	22567	22440	22440	48	克拉玛依	Karamay	9548	7735	7735	212

1-4 市区人口
Urban District Population

单位：万人 （10 000 persons）

地名	City	2015	2015 排名 Ranking	地名	City	2015	2015 排名 Ranking
全国	**Nation Total**	**73283.6**		沈阳	Shenyang	529.9	9
北京	**Beijing**	**2170.5**		大连	Dalian	304.9	23
天津	**Tianjin**	**941.2**		鞍山	Anshan	173.0	71
河北	**Hebei**	**3097.8**		抚顺	Fushun	140.6	96
石家庄	Shijiazhuang	406.1	14	本溪	Benxi	92.5	162
唐山	Tangshan	304.8	24	丹东	Dandong	78.0	188
秦皇岛	Qinhuangdao	140.5	97	锦州	Jinzhou	94.3	157
邯郸	Handan	202.9	55	营口	Yingkou	92.8	159
邢台	Xingtai	88.1	170	阜新	Fuxin	77.2	190
保定	Baoding	282.2	31	辽阳	Liaoyang	87.2	172
张家口	Zhangjiakou	91.0	164	盘锦	Panjin	64.5	210
承德	Chengde	59.6	219	铁岭	Tieling	54.6	234
沧州	Cangzhou	64.0	212	朝阳	Chaoyang	64.1	211
廊坊	Langfang	85.1	175	葫芦岛	Huludao	69.7	198
衡水	Hengshui	54.3	236	**吉林**	**Jilin**	**1983.0**	
山西	**Shanxi**	**1644.7**		长春	Changchun	448.5	12
太原	Taiyuan	323.0	22	吉林	Jilin	181.9	68
大同	Datong	157.0	83	四平	Siping	58.0	224
阳泉	Yangquan	71.8	195	辽源	Liaoyuan	46.6	254
长治	Changzhi	73.5	193	通化	Tonghua	44.1	258
晋城	Jincheng	233.0	40	白山	Baishan	57.3	226
朔州	Shuozhou	67.3	204	松原	Songyuan	59.8	218
晋中	Jinzhong	62.6	216	白城	Baicheng	49.8	247
运城	Yuncheng	65.0	208	**黑龙江**	**Heilongjiang**	**2226.4**	
忻州	Xinzhou	54.7	233	哈尔滨	Harbin	470.1	11
临汾	Linfen	88.3	168	齐齐哈尔	Qiqihar	136.6	101
吕梁	Lvliang	33.1	273	鸡西	Jixi	83.3	182
内蒙古	**Inner Mongolia**	**980.0**		鹤岗	Hegang	66.0	207
呼和浩特	Hohhot	132.0	111	双鸭山	Shuangyashan	47.8	249
包头	Baotou	223.7	44	大庆	Daqing	135.9	104
乌海	Wuhai	51.8	241	伊春	Yichun	81.0	185
赤峰	Chifeng	134.3	107	佳木斯	Jiamusi	77.6	189
通辽	Tongliao	84.0	180	七台河	Qitaihe	57.4	225
鄂尔多斯	Erdos	31.3	275	牡丹江	Mudanjiang	88.3	168
呼伦贝尔	Hulunbuir	30.1	277	黑河	Heihe	19.9	284
巴彦淖尔	Bayannur	52.0	240	绥化	Suihua	83.5	181
乌兰察布	Ulanqab	31.6	274	**上海**	**Shanghai**	**2415.3**	
辽宁	**Liaoning**	**3033.1**		**江苏**	**Jiangsu**	**5578.2**	

1-4 市区人口 续表 1

Urban District Population continued 1

单位：万人 （10 000 persons）

地名	City	2015	2015 排名 Ranking	地名	City	2015	2015 排名 Ranking
南京	Nanjing	653.4	5	池州	Chizhou	66.2	206
无锡	Wuxi	248.5	35	宣城	Xuancheng	86.3	173
徐州	Xuzhou	333.2	20	**福建**	**Fujian**	**2082.2**	
常州	Changzhou	292.7	27	福州	Fuzhou	200.0	56
苏州	Suzhou	341.3	18	厦门	Xiamen	211.1	51
南通	Nantong	213.1	50	莆田	Putian	222.6	45
连云港	Lianyungang	230.7	42	三明	Sanming	28.3	280
淮安	Huaian	293.6	26	泉州	Quanzhou	242.5	36
盐城	Yancheng	242.1	37	漳州	Zhangzhou	59.3	222
扬州	Yangzhou	228.8	43	南平	Nanping	84.9	176
镇江	Zhenjiang	103.2	149	龙岩	Longyan	99.6	152
泰州	Taizhou	163.6	75	宁德	Ningde	44.4	257
宿迁	Suqian	174.1	70	**江西**	**Jiangxi**	**1851.2**	
浙江	**Zhejiang**	**3365.9**		南昌	Nanchang	300.5	25
杭州	Hangzhou	517.4	10	景德镇	Jingdezhen	49.3	248
宁波	Ningbo	232.1	41	萍乡	Pingxiang	91.0	163
温州	Wenzhou	165.9	73	九江	Jiujiang	67.0	205
嘉兴	Jiaxing	92.7	161	新余	Xinyu	90.1	165
湖州	Huzhou	112.8	134	鹰潭	Yingtan	23.7	281
绍兴	Shaoxing	218.4	47	赣州	Ganzhou	164.4	74
金华	Jinhua	96.1	154	吉安	Jian	60.8	217
衢州	Quzhou	84.6	178	宜春	Yichun	111.8	137
舟山	Zhoushan	71.0	196	抚州	Fuzhou	119.1	124
台州	Taizhou	158.0	82	上饶	Shangrao	145.9	92
丽水	Lishui	40.1	264	**山东**	**Shandong**	**5701.3**	
安徽	**Anhui**	**2441.7**		济南	Jinan	364.5	17
合肥	Hefei	251.0	34	青岛	Qingdao	372.8	16
芜湖	Wuhu	146.0	91	淄博	Zibo	285.8	30
蚌埠	Bengbu	113.6	133	枣庄	Zaozhuang	237.9	38
淮南	Huainan	184.3	65	东营	Dongying	85.8	174
马鞍山	Maanshan	82.2	184	烟台	Yantai	185.1	64
淮北	Huaibei	104.8	147	潍坊	Weifang	187.3	63
铜陵	Tongling	44.8	256	济宁	Jining	182.5	67
安庆	Anqing	73.7	192	泰安	Taian	162.1	77
黄山	Huangshan	51.4	242	威海	Weihai	132.1	110
滁州	Chuzhou	53.7	238	日照	Rizhao	133.6	109
阜阳	Fuyang	222.6	46	莱芜	Laiwu	128.3	112
宿州	Suzhou	188.7	62	临沂	Linyi	281.9	32
六安	Liuan	190.3	61	德州	Dezhou	122.0	120
亳州	Bozhou	163.2	76	聊城	Liaocheng	123.1	119

1-4 市区人口 续表 2
Urban District Population continued 2

单位：万人 （10 000 persons）

地名	City	2015	2015 排名 Ranking	地名	City	2015	2015 排名 Ranking
滨州	Binzhou	107.1	146	常德	Changde	148.0	89
菏泽	Heze	158.2	81	张家界	Zhangjiajie	54.2	237
河南	**Henan**	**4151.7**		益阳	Yiyang	136.3	102
郑州	Zhengzhou	549.4	7	郴州	Chenzhou	79.2	186
开封	Kaifeng	115.7	129	永州	Yongzhou	117.2	127
洛阳	Luoyang	215.3	48	怀化	Huaihua	38.5	267
平顶山	Pingdingshan	110.9	138	娄底	Loudi	54.5	235
安阳	Anyang	114.5	131	**广东**	**Guangdong**	**7799.8**	
鹤壁	Hebi	64.0	213	广州	Guangzhou	854.5	2
新乡	Xinxiang	114.8	130	韶关	Shaoguan	73.4	194
焦作	Jiaozuo	94.7	156	深圳	Shenzhen	1137.9	1
濮阳	Puyang	68.5	201	珠海	Zhuhai	112.5	135
许昌	Xuchang	41.5	261	汕头	Shantou	543.0	8
漯河	Luohe	136.8	100	佛山	Foshan	384.6	15
三门峡	Sanmenxia	59.4	221	江门	Jiangmen	140.4	98
南阳	Nanyang	210.6	52	湛江	Zhanjiang	181.7	69
商丘	Shangqiu	155.5	84	茂名	Maoming	290.2	29
信阳	Xinyang	154.2	85	肇庆	Zhaoqing	135.6	105
周口	Zhoukou	55.0	232	惠州	Huizhou	145.4	93
驻马店	Zhumadian	83.3	183	梅州	Meizhou	96.8	153
湖北	**Hubei**	**4040.4**		汕尾	Shanwei	52.2	239
武汉	Wuhan	829.3	3	河源	Heyuan	35.2	270
黄石	Huangshi	84.6	177	阳江	Yangjiang	120.0	122
十堰	Shiyan	118.2	126	清远	Qingyuan	139.6	99
宜昌	Yichang	128.3	113	东莞	Dongguan	195.0	58
襄阳	Xiangyang	194.2	60	中山	Zhongshan	158.7	78
鄂州	Ezhou	110.3	140	潮州	Chaozhou	158.3	80
荆门	Jingmen	69.5	199	揭阳	Jieyang	209.3	53
孝感	Xiaogan	90.0	166	云浮	Yunfu	328.0	21
荆州	Jingzhou	108.3	145	**广西**	**Guangxi**	**2140.4**	
黄冈	Huanggang	38.7	266	南宁	Nanning	290.5	28
咸宁	Xianning	62.6	215	柳州	Liuzhou	119.5	123
随州	Suizhou	172.1	72	桂林	Guilin	128.1	115
湖南	**Hunan**	**2628.8**		梧州	Wuzhou	78.6	187
长沙	Changsha	339.7	19	北海	Beihai	64.9	209
株洲	Zhuzhou	123.2	118	防城港	Fangchenggang	58.9	223
湘潭	Xiangtan	87.8	171	钦州	Qinzhou	147.7	90
衡阳	Hengyang	109.3	142	贵港	Guigang	198.3	57
邵阳	Shaoyang	68.3	202	玉林	Yulin	108.9	144
岳阳	Yueyang	100.5	151	百色	Baise	35.4	269

1-4 市区人口 续表 3

Urban District Population continued 3

单位：万人 （10 000 persons）

地名	City	2015	2015 排名 Ranking	地名	City	2015	2015 排名 Ranking
贺州	Hezhou	114.2	132	丽江	Lijiang	15.4	285
河池	Hechi	34.1	271	普洱	Puer	31.1	276
来宾	Laibin	112.3	136	临沧	Lincang	33.3	272
崇左	Chongzuo	37.0	268	**西藏**	**Tibet**	**55.8**	
海南	**Hainan**	**597.8**		拉萨	Lasa	28.7	279
海口	Haikou	214.1	49	**陕西**	**Shaanxi**	**1612.8**	
三亚	Sanya	57.3	227	西安	Xi'an	701.1	4
三沙	Sansha	0.2	286	铜川	Tongchuan	74.4	191
重庆	**Chongqing**	**2137.0**		宝鸡	Baoji	142.3	94
四川	**Sichuan**	**3691.2**		咸阳	Xianyang	92.7	160
成都	Chengdu	594.2	6	渭南	Weinan	134.3	108
自贡	Zigong	150.5	87	延安	Yan'an	47.2	252
攀枝花	Panzhihua	67.7	203	汉中	Hanzhong	59.6	219
泸州	Luzhou	150.1	88	榆林	Yulin	57.0	228
德阳	Deyang	69.2	200	安康	Ankang	100.8	150
绵阳	Mianyang	128.1	114	商洛	Shangluo	56.0	231
广元	Guangyuan	93.1	158	**甘肃**	**Gansu**	**886.6**	
遂宁	Suining	153.6	86	兰州	Lanzhou	204.7	54
内江	Neijiang	141.5	95	嘉峪关	Jiayuguan	20.3	283
乐山	Leshan	117.1	128	金昌	Jinchang	20.8	282
南充	Nanchong	194.5	59	白银	Baiyin	51.3	243
眉山	Meishan	121.1	121	天水	Tianshui	125.4	117
宜宾	Yibin	127.3	116	武威	Wuwei	104.2	148
广安	Guangan	109.9	141	张掖	Zhangye	50.5	244
达州	Dazhou	184.3	66	平凉	Pingliang	57.0	229
雅安	Yaan	62.6	214	酒泉	Jiuquan	43.2	259
巴中	Bazhong	136.0	103	庆阳	Qingyang	39.2	265
资阳	Ziyang	110.5	139	定西	Dingxi	46.7	253
贵州	**Guizhou**	**1071.7**		陇南	Longnan	56.4	230
贵阳	Guiyang	237.0	39	**青海**	**Qinghai**	**222.1**	
六盘水	Liupanshui	47.7	250	西宁	Xining	135.1	106
遵义	Zunyi	84.1	179	海东	Haidong	42.3	260
安顺	Anshun	118.7	125	**宁夏**	**Ningxia**	**340.2**	
毕节	Bijie	158.5	79	银川	Yinchuan	108.9	143
铜仁	Tongren	47.4	251	石嘴山	Shizuishan	50.4	245
云南	**Yunnan**	**1502.2**		吴忠	Wuzhong	41.0	262
昆明	Kunming	406.5	13	固原	Guyuan	45.6	255
曲靖	Qujing	69.8	197	中卫	Zhongwei	40.5	263
玉溪	Yuxi	50.0	246	**新疆**	**Xinjiang**	**892.8**	
保山	Baoshan	95.0	155	乌鲁木齐	Urumqi	261.7	33
昭通	Zhaotong	89.1	167	克拉玛依	Karamay	29.9	278

1-5 市区暂住人口
Urban District Temporary Population

单位：万人 （10 000 persons）

地名	City	2015	2015 排名 Ranking	地名	City	2015	2015 排名 Ranking
全国	**Nation Total**	**10050.4**		沈阳	Shenyang	52.1	33
北京	**Beijing**			大连	Dalian	25.0	58
天津	**Tianjin**	**297.4**		鞍山	Anshan	11.0	112
河北	**Hebei**	**217.1**		抚顺	Fushun	2.4	230
石家庄	Shijiazhuang	64.7	21	本溪	Benxi	4.0	196
唐山	Tangshan	4.0	196	丹东	Dandong	5.4	173
秦皇岛	Qinhuangdao	20.6	70	锦州	Jinzhou	10.4	117
邯郸	Handan	13.7	95	营口	Yingkou	6.2	162
邢台	Xingtai	6.1	163	阜新	Fuxin	0.8	270
保定	Baoding	16.9	81	辽阳	Liaoyang	4.4	190
张家口	Zhangjiakou	7.7	144	盘锦	Panjin	8.6	130
承德	Chengde	3.9	200	铁岭	Tieling	5.2	178
沧州	Cangzhou	5.0	179	朝阳	Chaoyang	3.8	203
廊坊	Langfang	15.9	85	葫芦岛	Huludao	2.3	234
衡水	Hengshui	4.8	183	**吉林**	**Jilin**	**141.7**	
山西	**Shanxi**	**152.5**		长春	Changchun	71.1	20
太原	Taiyuan	53.0	31	吉林	Jilin	2.2	237
大同	Datong	5.9	165	四平	Siping	8.0	138
阳泉	Yangquan	1.7	256	辽源	Liaoyuan	2.2	240
长治	Changzhi	5.7	167	通化	Tonghua	2.7	226
晋城	Jincheng	7.2	150	白山	Baishan	3.3	208
朔州	Shuozhou	6.7	155	松原	Songyuan	3.2	211
晋中	Jinzhong	3.0	215	白城	Baicheng	2.1	241
运城	Yuncheng	42.0	40	**黑龙江**	**Heilongjiang**	**128.6**	
忻州	Xinzhou	2.8	221	哈尔滨	Harbin	60.4	26
临汾	Linfen	7.7	145	齐齐哈尔	Qiqihar	2.1	242
吕梁	Lvliang	3.2	210	鸡西	Jixi	2.0	243
内蒙古	**Inner Mongolia**	**212.2**		鹤岗	Hegang	0.9	268
呼和浩特	Hohhot	56.1	28	双鸭山	Shuangyashan	0.8	270
包头	Baotou	61.5	25	大庆	Daqing	37.0	45
乌海	Wuhai	12.6	104	伊春	Yichun	1.8	251
赤峰	Chifeng	13.8	93	佳木斯	Jiamusi	0.5	279
通辽	Tongliao	3.1	214	七台河	Qitaihe	4.6	186
鄂尔多斯	Erdos	24.1	62	牡丹江	Mudanjiang	0.7	273
呼伦贝尔	Hulunbuir	5.5	170	黑河	Heihe	1.7	254
巴彦淖尔	Bayannur	8.1	137	绥化	Suihua	2.0	243
乌兰察布	Ulanqab	5.4	172	**上海**	**Shanghai**		
辽宁	**Liaoning**	**198.6**		**江苏**	**Jiangsu**	**857.1**	

1-5 市区暂住人口 续表 1
Urban District Temporary Population continued 1

单位：万人 （10 000 persons）

地名	City	2015	2015 排名 Ranking	地名	City	2015	2015 排名 Ranking
南京	Nanjing	39.6	42	池州	Chizhou	3.2	211
无锡	Wuxi	43.7	38	宣城	Xuancheng	12.5	105
徐州	Xuzhou	25.7	57	**福建**	**Fujian**	**689.7**	
常州	Changzhou	42.7	39	福州	Fuzhou	62.3	23
苏州	Suzhou	99.3	14	厦门	Xiamen	282.9	4
南通	Nantong	61.6	24	莆田	Putian	39.9	41
连云港	Lianyungang	14.7	90	三明	Sanming	1.9	246
淮安	Huaian	27.3	54	泉州	Quanzhou	57.5	27
盐城	Yancheng	24.8	59	漳州	Zhangzhou	12.3	109
扬州	Yangzhou	22.5	64	南平	Nanping	8.2	135
镇江	Zhenjiang	19.7	71	龙岩	Longyan	0.8	269
泰州	Taizhou	22.0	65	宁德	Ningde	7.4	148
宿迁	Suqian	3.0	218	**江西**	**Jiangxi**	**146.8**	
浙江	**Zhejiang**	**1325.4**		南昌	Nanchang	29.0	52
杭州	Hangzhou	327.7	3	景德镇	Jingdezhen	2.2	238
宁波	Ningbo	101.3	13	萍乡	Pingxiang	2.8	225
温州	Wenzhou	50.3	34	九江	Jiujiang	6.5	159
嘉兴	Jiaxing	78.4	18	新余	Xinyu	1.9	249
湖州	Huzhou	53.2	30	鹰潭	Yingtan	1.5	261
绍兴	Shaoxing	137.9	10	赣州	Ganzhou	49.5	36
金华	Jinhua	34.7	48	吉安	Jian	5.5	168
衢州	Quzhou	10.3	118	宜春	Yichun	13.2	100
舟山	Zhoushan	7.5	147	抚州	Fuzhou	2.8	221
台州	Taizhou	8.6	129	上饶	Shangrao	10.9	114
丽水	Lishui	21.7	67	**山东**	**Shandong**	**477.6**	
安徽	**Anhui**	**374.9**		济南	Jinan	5.2	177
合肥	Hefei	189.3	8	青岛	Qingdao	141.1	9
芜湖	Wuhu	35.9	46	淄博	Zibo	21.7	66
蚌埠	Bengbu	15.2	88	枣庄	Zaozhuang	6.8	154
淮南	Huainan	0.3	280	东营	Dongying	16.5	84
马鞍山	Maanshan	13.9	92	烟台	Yantai	35.2	47
淮北	Huaibei	3.0	216	潍坊	Weifang	4.3	191
铜陵	Tongling	8.0	138	济宁	Jining	20.8	69
安庆	Anqing	18.4	75	泰安	Taian	1.8	253
黄山	Huangshan	4.8	185	威海	Weihai	24.5	61
滁州	Chuzhou	6.5	158	日照	Rizhao	12.3	108
阜阳	Fuyang	4.5	189	莱芜	Laiwu	5.3	176
宿州	Suzhou	16.8	83	临沂	Linyi	32.1	51
六安	Liuan	25.8	56	德州	Dezhou	9.3	123
亳州	Bozhou	1.6	258	聊城	Liaocheng	13.4	98

1-5 市区暂住人口 续表 2
Urban District Temporary Population continued 2

单位：万人 (10 000 persons)

地名	City	2015	2015 排名 Ranking	地名	City	2015	2015 排名 Ranking
滨州	Binzhou	17.8	77	常德	Changde	13.0	102
菏泽	Heze	0.7	273	张家界	Zhangjiajie	1.9	248
河南	**Henan**	**511.1**		益阳	Yiyang	4.9	181
郑州	Zhengzhou	278.8	5	郴州	Chenzhou	10.2	119
开封	Kaifeng	9.5	122	永州	Yongzhou	8.8	128
洛阳	Luoyang	46.2	37	怀化	Huaihua	23.2	63
平顶山	Pingdingshan	2.5	228	娄底	Loudi	7.3	149
安阳	Anyang	1.8	251	**广东**	**Guangdong**	**1943.7**	
鹤壁	Hebi	2.2	236	广州	Guangzhou	794.0	1
新乡	Xinxiang	0.2	281	韶关	Shaoguan	1.3	262
焦作	Jiaozuo	4.5	187	深圳	Shenzhen		
濮阳	Puyang	2.8	220	珠海	Zhuhai	71.8	19
许昌	Xuchang	8.9	127	汕头	Shantou	21.1	68
漯河	Luohe	1.6	259	佛山	Foshan	241.6	6
三门峡	Sanmenxia	6.2	161	江门	Jiangmen	26.0	55
南阳	Nanyang	37.1	44	湛江	Zhanjiang		
商丘	Shangqiu	3.6	204	茂名	Maoming	6.9	152
信阳	Xinyang	2.8	221	肇庆	Zhaoqing	19.1	73
周口	Zhoukou	5.3	174	惠州	Huizhou	79.3	17
驻马店	Zhumadian	4.2	193	梅州	Meizhou	0.9	267
湖北	**Hubei**	**361.1**		汕尾	Shanwei	0.7	275
武汉	Wuhan	231.5	7	河源	Heyuan	7.7	146
黄石	Huangshi	1.8	250	阳江	Yangjiang	8.2	135
十堰	Shiyan	13.6	97	清远	Qingyuan	33.0	49
宜昌	Yichang	2.8	224	东莞	Dongguan	400.8	2
襄阳	Xiangyang	11.0	112	中山	Zhongshan	128.7	11
鄂州	Ezhou	2.4	232	潮州	Chaozhou	14.0	91
荆门	Jingmen	8.5	132	揭阳	Jieyang	6.6	156
孝感	Xiaogan	2.2	238	云浮	Yunfu	3.3	209
荆州	Jingzhou	7.8	142	**广西**	**Guangxi**	**217.1**	
黄冈	Huanggang	3.9	200	南宁	Nanning	86.5	16
咸宁	Xianning	4.8	182	柳州	Liuzhou	52.4	32
随州	Suizhou	13.1	101	桂林	Guilin	8.5	131
湖南	**Hunan**	**172.7**		梧州	Wuzhou	13.7	96
长沙	Changsha			北海	Beihai	7.7	143
株洲	Zhuzhou			防城港	Fangchenggang	3.0	216
湘潭	Xiangtan	2.9	219	钦州	Qinzhou	4.2	194
衡阳	Hengyang	14.8	89	贵港	Guigang	2.4	232
邵阳	Shaoyang	8.5	133	玉林	Yulin	15.4	87
岳阳	Yueyang	3.5	205	百色	Baise	5.3	175

1-5 市区暂住人口 续表 3
Urban District Temporary Population continued 3

单位：万人 （10 000 persons）

地名	City	2015	2015 排名 Ranking	地名	City	2015	2015 排名 Ranking
贺州	Hezhou	1.7	255	丽江	Lijiang	6.8	153
河池	Hechi	6.1	164	普洱	Puer	4.1	195
来宾	Laibin	0.8	272	临沧	Lincang	3.2	211
崇左	Chongzuo	0.6	278	**西藏**	**Tibet**	**39.6**	
海南	**Hainan**	**93.8**		拉萨	Lasa	28.1	53
海口	Haikou	56.0	29	**陕西**	**Shaanxi**	**80.2**	
三亚	Sanya	18.6	74	西安	Xi'an	1.0	264
三沙	Sansha	0.1	282	铜川	Tongchuan	1.0	265
重庆	**Chongqing**	**367.6**		宝鸡	Baoji	6.6	157
四川	**Sichuan**	**393.5**		咸阳	Xianyang	13.3	99
成都	Chengdu	108.8	12	渭南	Weinan	4.8	183
自贡	Zigong	15.5	86	延安	Yan'an	10.5	116
攀枝花	Panzhihua	16.9	80	汉中	Hanzhong	11.3	111
泸州	Luzhou	24.7	60	榆林	Yulin	19.5	72
德阳	Deyang	10.9	115	安康	Ankang	1.7	257
绵阳	Mianyang	37.8	43	商洛	Shangluo	4.5	187
广元	Guangyuan	9.2	125	**甘肃**	**Gansu**	**145.5**	
遂宁	Suining	7.8	141	兰州	Lanzhou	64.1	22
内江	Neijiang	9.2	124	嘉峪关	Jiayuguan	4.0	199
乐山	Leshan	17.4	79	金昌	Jinchang	4.3	191
南充	Nanchong	17.5	78	白银	Baiyin	11.8	110
眉山	Meishan	5.5	169	天水	Tianshui	9.1	126
宜宾	Yibin	18.4	75	武威	Wuwei	2.4	230
广安	Guangan	2.0	243	张掖	Zhangye	0.9	266
达州	Dazhou	6.4	160	平凉	Pingliang	1.9	247
雅安	Yaan	1.3	263	酒泉	Jiuquan	12.5	105
巴中	Bazhong	12.7	103	庆阳	Qingyang	12.4	107
资阳	Ziyang	5.5	171	定西	Dingxi	1.6	260
贵州	**Guizhou**	**151.5**		陇南	Longnan	2.5	229
贵阳	Guiyang	88.0	15	**青海**	**Qinghai**	**21.8**	
六盘水	Liupanshui	7.9	140	西宁	Xining	10.0	121
遵义	Zunyi	16.9	82	海东	Haidong	2.3	235
安顺	Anshun	7.0	151	**宁夏**	**Ningxia**	**55.3**	
毕节	Bijie	3.4	207	银川	Yinchuan	32.9	50
铜仁	Tongren	4.0	196	石嘴山	Shizuishan	3.9	202
云南	**Yunnan**	**126.3**		吴忠	Wuzhong	0.7	275
昆明	Kunming	0.6	277	固原	Guyuan	8.4	134
曲靖	Qujing	3.4	206	中卫	Zhongwei	2.6	227
玉溪	Yuxi	13.8	94	**新疆**	**Xinjiang**	**149.9**	
保山	Baoshan	5.8	166	乌鲁木齐	Urumqi	50.2	35
昭通	Zhaotong	5.0	179	克拉玛依	Karamay	10.1	120

1-6 城区人口
Urban Population

单位：万人 （10 000 persons）

地名	City	2015	2015 排名 Ranking	地名	City	2015	2015 排名 Ranking
全国	**Nation Total**	**39437.8**		沈阳	Shenyang	467.5	6
北京	**Beijing**	**1877.7**		大连	Dalian	304.9	15
天津	**Tianjin**	**676.8**		鞍山	Anshan	150.1	38
河北	**Hebei**	**1575.1**		抚顺	Fushun	129.3	45
石家庄	Shijiazhuang	262.9	18	本溪	Benxi	87.8	88
唐山	Tangshan	193.7	29	丹东	Dandong	69.0	120
秦皇岛	Qinhuangdao	94.8	79	锦州	Jinzhou	83.9	95
邯郸	Handan	148.8	39	营口	Yingkou	92.8	81
邢台	Xingtai	88.1	87	阜新	Fuxin	77.2	106
保定	Baoding	140.7	43	辽阳	Liaoyang	74.3	110
张家口	Zhangjiakou	86.0	91	盘锦	Panjin	64.5	128
承德	Chengde	53.1	158	铁岭	Tieling	40.0	206
沧州	Cangzhou	53.5	157	朝阳	Chaoyang	54.5	153
廊坊	Langfang	46.6	177	葫芦岛	Huludao	48.4	169
衡水	Hengshui	35.6	219	**吉林**	**Jilin**	**1058.1**	
山西	**Shanxi**	**1017.6**		长春	Changchun	340.5	11
太原	Taiyuan	308.0	14	吉林	Jilin	126.2	47
大同	Datong	119.3	54	四平	Siping	58.0	145
阳泉	Yangquan	58.4	143	辽源	Liaoyuan	46.6	176
长治	Changzhi	68.4	122	通化	Tonghua	44.1	189
晋城	Jincheng	48.0	170	白山	Baishan	36.7	214
朔州	Shuozhou	34.1	220	松原	Songyuan	46.3	179
晋中	Jinzhong	47.8	171	白城	Baicheng	28.0	242
运城	Yuncheng	39.0	209	**黑龙江**	**Heilongjiang**	**1310.6**	
忻州	Xinzhou	27.4	244	哈尔滨	Harbin	406.7	8
临汾	Linfen	56.5	149	齐齐哈尔	Qiqihar	108.5	60
吕梁	Lvliang	25.3	255	鸡西	Jixi	70.3	118
内蒙古	**Inner Mongolia**	**687.8**		鹤岗	Hegang	54.5	154
呼和浩特	Hohhot	132.0	44	双鸭山	Shuangyashan	47.0	174
包头	Baotou	143.2	42	大庆	Daqing	112.5	56
乌海	Wuhai	44.5	187	伊春	Yichun	75.8	109
赤峰	Chifeng	86.4	90	佳木斯	Jiamusi	59.5	140
通辽	Tongliao	42.6	194	七台河	Qitaihe	37.1	212
鄂尔多斯	Erdos	28.2	240	牡丹江	Mudanjiang	73.0	113
呼伦贝尔	Hulunbuir	27.3	245	黑河	Heihe	13.7	284
巴彦淖尔	Bayannur	34.0	221	绥化	Suihua	34.0	221
乌兰察布	Ulanqab	26.5	248	**上海**	**Shanghai**	**2415.3**	
辽宁	**Liaoning**	**2109.3**		**江苏**	**Jiangsu**	**2745.3**	

1-6 城区人口 续表 1
Urban Population continued 1

单位：万人 （10 000 persons）

地名	City	2015	2015 排名 Ranking	地名	City	2015	2015 排名 Ranking
南京	Nanjing	581.7	3	池州	Chizhou	27.1	246
无锡	Wuxi	211.3	23	宣城	Xuancheng	23.8	259
徐州	Xuzhou	170.7	33	**福建**	**Fujian**	**869.8**	
常州	Changzhou	152.7	36	福州	Fuzhou	191.6	30
苏州	Suzhou	256.8	20	厦门	Xiamen	168.2	34
南通	Nantong	113.8	55	莆田	Putian	51.5	160
连云港	Lianyungang	100.0	68	三明	Sanming	21.1	267
淮安	Huaian	124.9	50	泉州	Quanzhou	98.7	70
盐城	Yancheng	121.0	52	漳州	Zhangzhou	40.9	204
扬州	Yangzhou	95.4	77	南平	Nanping	29.4	235
镇江	Zhenjiang	79.4	99	龙岩	Longyan	41.2	203
泰州	Taizhou	83.1	96	宁德	Ningde	18.5	275
宿迁	Suqian	67.7	124	**江西**	**Jiangxi**	**945.0**	
浙江	**Zhejiang**	**1547.6**		南昌	Nanchang	241.8	21
杭州	Hangzhou	332.1	13	景德镇	Jingdezhen	49.0	167
宁波	Ningbo	151.3	37	萍乡	Pingxiang	42.3	197
温州	Wenzhou	144.5	41	九江	Jiujiang	63.7	132
嘉兴	Jiaxing	45.5	182	新余	Xinyu	45.1	184
湖州	Huzhou	52.8	159	鹰潭	Yingtan	21.5	264
绍兴	Shaoxing	97.1	73	赣州	Ganzhou	95.9	76
金华	Jinhua	47.7	172	吉安	Jian	38.2	211
衢州	Quzhou	29.5	234	宜春	Yichun	44.2	188
舟山	Zhoushan	50.3	164	抚州	Fuzhou	53.9	156
台州	Taizhou	98.2	72	上饶	Shangrao	65.8	125
丽水	Lishui	15.4	281	**山东**	**Shandong**	**2880.1**	
安徽	**Anhui**	**1172.6**		济南	Jinan	300.0	16
合肥	Hefei	209.8	24	青岛	Qingdao	298.8	17
芜湖	Wuhu	102.9	66	淄博	Zibo	159.4	35
蚌埠	Bengbu	80.8	97	枣庄	Zaozhuang	92.9	80
淮南	Huainan	107.5	64	东营	Dongying	64.4	129
马鞍山	Maanshan	59.0	142	烟台	Yantai	145.0	40
淮北	Huaibei	78.7	101	潍坊	Weifang	124.9	49
铜陵	Tongling	41.5	200	济宁	Jining	125.8	48
安庆	Anqing	65.6	126	泰安	Taian	65.5	127
黄山	Huangshan	33.5	224	威海	Weihai	78.6	102
滁州	Chuzhou	36.4	217	日照	Rizhao	58.4	143
阜阳	Fuyang	74.0	111	莱芜	Laiwu	59.2	141
宿州	Suzhou	48.5	168	临沂	Linyi	177.4	32
六安	Liuan	39.1	208	德州	Dezhou	77.9	104
亳州	Bozhou	30.5	233	聊城	Liaocheng	73.5	112

1-6 城区人口 续表 2
Urban Population continued 2

单位：万人 （10 000 persons）

地名	City	2015	2015 排名 Ranking	地名	City	2015	2015 排名 Ranking
滨州	Binzhou	76.4	108	常德	Changde	72.2	114
菏泽	Heze	68.3	123	张家界	Zhangjiajie	20.8	268
河南	**Henan**	**2038.8**		益阳	Yiyang	57.1	146
郑州	Zhengzhou	382.3	9	郴州	Chenzhou	55.7	151
开封	Kaifeng	98.5	71	永州	Yongzhou	46.4	178
洛阳	Luoyang	203.1	26	怀化	Huaihua	33.4	225
平顶山	Pingdingshan	92.2	84	娄底	Loudi	43.1	193
安阳	Anyang	72.1	115	**广东**	**Guangdong**	**3758.9**	
鹤壁	Hebi	45.3	183	广州	Guangzhou	615.1	2
新乡	Xinxiang	76.5	107	韶关	Shaoguan	62.1	135
焦作	Jiaozuo	77.9	105	深圳	Shenzhen	1137.9	1
濮阳	Puyang	49.8	165	珠海	Zhuhai	112.5	57
许昌	Xuchang	41.5	200	汕头	Shantou	239.0	22
漯河	Luohe	55.8	150	佛山	Foshan	128.0	46
三门峡	Sanmenxia	46.8	175	江门	Jiangmen	92.6	83
南阳	Nanyang	124.7	51	湛江	Zhanjiang	89.1	86
商丘	Shangqiu	96.3	74	茂名	Maoming	61.6	136
信阳	Xinyang	51.0	163	肇庆	Zhaoqing	61.0	137
周口	Zhoukou	34.0	223	惠州	Huizhou	101.3	67
驻马店	Zhumadian	43.6	191	梅州	Meizhou	43.9	190
湖北	**Hubei**	**1719.9**		汕尾	Shanwei	22.8	261
武汉	Wuhan	474.2	5	河源	Heyuan	26.9	247
黄石	Huangshi	84.6	93	阳江	Yangjiang	43.3	192
十堰	Shiyan	68.5	121	清远	Qingyuan	45.0	186
宜昌	Yichang	89.7	85	东莞	Dongguan	195.0	28
襄阳	Xiangyang	108.0	61	中山	Zhongshan	42.6	195
鄂州	Ezhou	41.7	199	潮州	Chaozhou	78.0	103
荆门	Jingmen	42.4	196	揭阳	Jieyang	84.0	94
孝感	Xiaogan	49.0	166	云浮	Yunfu	31.4	230
荆州	Jingzhou	70.4	117	**广西**	**Guangxi**	**848.4**	
黄冈	Huanggang	29.1	236	南宁	Nanning	208.5	25
咸宁	Xianning	36.5	216	柳州	Liuzhou	112.3	58
随州	Suizhou	46.2	180	桂林	Guilin	85.5	92
湖南	**Hunan**	**1362.1**		梧州	Wuzhou	47.6	173
长沙	Changsha	339.7	12	北海	Beihai	36.1	218
株洲	Zhuzhou	107.7	63	防城港	Fangchenggang	16.0	279
湘潭	Xiangtan	78.7	100	钦州	Qinzhou	32.9	226
衡阳	Hengyang	99.6	69	贵港	Guigang	40.8	205
邵阳	Shaoyang	59.8	139	玉林	Yulin	54.3	155
岳阳	Yueyang	69.0	119	百色	Baise	20.3	269

1-6 城区人口 续表 3
Urban Population continued 3

单位：万人 （10 000 persons）

地名	City	2015	2015 排名 Ranking	地名	City	2015	2015 排名 Ranking
贺州	Hezhou	22.2	263	丽江	Lijiang	10.5	285
河池	Hechi	19.5	270	普洱	Puer	19.2	271
来宾	Laibin	29.1	236	临沧	Lincang	17.8	277
崇左	Chongzuo	17.0	278	**西藏**	**Tibet**	**40.5**	
海南	**Hainan**	**212.5**		拉萨	Lasa	24.3	257
海口	Haikou	108.0	62	**陕西**	**Shaanxi**	**883.0**	
三亚	Sanya	25.4	252	西安	Xi'an	423.1	7
三沙	Sansha	0.2	286	铜川	Tongchuan	39.4	207
重庆	**Chongqing**	**1032.6**		宝鸡	Baoji	80.6	98
四川	**Sichuan**	**1797.1**		咸阳	Xianyang	92.7	82
成都	Chengdu	494.4	4	渭南	Weinan	51.2	162
自贡	Zigong	105.7	65	延安	Yan'an	25.1	256
攀枝花	Panzhihua	55.7	152	汉中	Hanzhong	41.4	202
泸州	Luzhou	96.1	75	榆林	Yulin	25.4	252
德阳	Deyang	51.5	160	安康	Ankang	30.8	231
绵阳	Mianyang	86.5	89	商洛	Shangluo	15.2	282
广元	Guangyuan	36.5	215	**甘肃**	**Gansu**	**521.8**	
遂宁	Suining	63.7	131	兰州	Lanzhou	186.6	31
内江	Neijiang	62.9	133	嘉峪关	Jiayuguan	18.1	276
乐山	Leshan	56.8	148	金昌	Jinchang	15.8	280
南充	Nanchong	95.0	78	白银	Baiyin	36.8	213
眉山	Meishan	45.9	181	天水	Tianshui	64.3	130
宜宾	Yibin	71.3	116	武威	Wuwei	32.0	227
广安	Guangan	29.1	236	张掖	Zhangye	24.1	258
达州	Dazhou	56.9	147	平凉	Pingliang	31.5	229
雅安	Yaan	25.4	254	酒泉	Jiuquan	25.8	250
巴中	Bazhong	38.6	210	庆阳	Qingyang	18.5	274
资阳	Ziyang	28.2	241	定西	Dingxi	18.6	273
贵州	**Guizhou**	**529.4**		陇南	Longnan	14.4	283
贵阳	Guiyang	196.1	27	**青海**	**Qinghai**	**166.9**	
六盘水	Liupanshui	32.0	227	西宁	Xining	120.6	53
遵义	Zunyi	62.6	134	海东	Haidong	23.0	260
安顺	Anshun	41.9	198	**宁夏**	**Ningxia**	**235.5**	
毕节	Bijie	25.9	249	银川	Yinchuan	108.9	59
铜仁	Tongren	30.6	232	石嘴山	Shizuishan	45.0	185
云南	**Yunnan**	**798.8**		吴忠	Wuzhong	22.6	262
昆明	Kunming	379.0	10	固原	Guyuan	21.3	266
曲靖	Qujing	60.2	138	中卫	Zhongwei	18.9	272
玉溪	Yuxi	21.4	265	**新疆**	**Xinjiang**	**603.4**	
保山	Baoshan	27.7	243	乌鲁木齐	Urumqi	261.7	19
昭通	Zhaotong	25.7	251	克拉玛依	Karamay	28.6	239

1-7 城区暂住人口
Urban Temporary Population

单位：万人 （10 000 persons）

地名	City	2015	2015 排名 Ranking	地名	City	2015	2015 排名 Ranking
全国	**Nation Total**	**6561.5**		沈阳	Shenyang	47.8	25
北京	**Beijing**			大连	Dalian	25.0	49
天津	**Tianjin**	**198.4**		鞍山	Anshan	8.1	112
河北	**Hebei**	**118.1**		抚顺	Fushun	1.6	232
石家庄	Shijiazhuang	19.3	56	本溪	Benxi	3.6	173
唐山	Tangshan	4.0	165	丹东	Dandong	4.2	162
秦皇岛	Qinhuangdao	13.2	77	锦州	Jinzhou	10.4	91
邯郸	Handan	10.0	94	营口	Yingkou	1.8	224
邢台	Xingtai	6.1	130	阜新	Fuxin	0.8	255
保定	Baoding	16.7	60	辽阳	Liaoyang	4.0	167
张家口	Zhangjiakou	3.5	177	盘锦	Panjin	8.6	104
承德	Chengde	3.8	169	铁岭	Tieling	5.1	148
沧州	Cangzhou	4.5	158	朝阳	Chaoyang	3.7	171
廊坊	Langfang	7.4	119	葫芦岛	Huludao	2.3	210
衡水	Hengshui	1.3	242	**吉林**	**Jilin**	**113.3**	
山西	**Shanxi**	**94.6**		长春	Changchun	61.8	12
太原	Taiyuan	52.1	17	吉林	Jilin	1.5	240
大同	Datong	4.3	161	四平	Siping	8.0	114
阳泉	Yangquan	1.7	227	辽源	Liaoyuan	2.2	215
长治	Changzhi	5.5	134	通化	Tonghua	2.7	202
晋城	Jincheng			白山	Baishan	2.8	195
朔州	Shuozhou	5.5	135	松原	Songyuan	3.2	186
晋中	Jinzhong	2.0	217	白城	Baicheng	0.3	274
运城	Yuncheng	4.0	165	**黑龙江**	**Heilongjiang**	**108.4**	
忻州	Xinzhou	2.6	205	哈尔滨	Harbin	51.2	18
临汾	Linfen	5.2	142	齐齐哈尔	Qiqihar	0.4	270
吕梁	Lvliang	1.7	228	鸡西	Jixi	2.0	217
内蒙古	**Inner Mongolia**	**187.7**		鹤岗	Hegang	0.8	257
呼和浩特	Hohhot	56.1	15	双鸭山	Shuangyashan	0.8	255
包头	Baotou	45.3	26	大庆	Daqing	37.0	34
乌海	Wuhai	11.6	87	伊春	Yichun	0.9	251
赤峰	Chifeng	11.8	85	佳木斯	Jiamusi	0.5	267
通辽	Tongliao	2.5	206	七台河	Qitaihe	3.4	178
鄂尔多斯	Erdos	24.1	51	牡丹江	Mudanjiang	0.7	261
呼伦贝尔	Hulunbuir	4.8	152	黑河	Heihe	0.8	254
巴彦淖尔	Bayannur	7.0	123	绥化	Suihua	1.5	237
乌兰察布	Ulanqab	5.4	140	**上海**	**Shanghai**		
辽宁	**Liaoning**	**167.7**		**江苏**	**Jiangsu**	**328.6**	

1-7 城区暂住人口 续表 1

Urban Temporary Population continued 1

单位：万人 （10 000 persons）

地名	City	2015	2015 排名 Ranking	地名	City	2015	2015 排名 Ranking
南京	Nanjing	36.2	35	池州	Chizhou	3.2	185
无锡	Wuxi	35.0	37	宣城	Xuancheng	11.7	86
徐州	Xuzhou	16.7	60	**福建**	**Fujian**	**311.5**	
常州	Changzhou	26.3	47	福州	Fuzhou	50.6	20
苏州	Suzhou	43.0	27	厦门	Xiamen	138.9	7
南通	Nantong	48.7	23	莆田	Putian	11.2	88
连云港	Lianyungang	5.1	147	三明	Sanming	1.1	245
淮安	Huaian	21.8	54	泉州	Quanzhou	31.2	43
盐城	Yancheng	14.9	68	漳州	Zhangzhou	9.5	97
扬州	Yangzhou	13.9	73	南平	Nanping	5.9	133
镇江	Zhenjiang	9.5	96	龙岩	Longyan	0.6	264
泰州	Taizhou	10.0	95	宁德	Ningde	7.1	122
宿迁	Suqian	2.4	209	**江西**	**Jiangxi**	**105.6**	
浙江	**Zhejiang**	**620.5**		南昌	Nanchang	28.6	46
杭州	Hangzhou	191.7	4	景德镇	Jingdezhen	1.1	248
宁波	Ningbo	38.9	30	萍乡	Pingxiang	2.7	201
温州	Wenzhou	48.3	24	九江	Jiujiang	2.9	192
嘉兴	Jiaxing	40.1	28	新余	Xinyu	1.8	222
湖州	Huzhou	37.4	33	鹰潭	Yingtan	0.6	265
绍兴	Shaoxing	48.8	22	赣州	Ganzhou	34.6	39
金华	Jinhua	17.6	59	吉安	Jian	5.4	138
衢州	Quzhou	6.3	129	宜春	Yichun	13.2	79
舟山	Zhoushan	7.5	118	抚州	Fuzhou	2.8	197
台州	Taizhou	5.2	144	上饶	Shangrao	4.6	155
丽水	Lishui	19.1	57	**山东**	**Shandong**	**250.6**	
安徽	**Anhui**	**316.6**		济南	Jinan	3.0	190
合肥	Hefei	168.4	5	青岛	Qingdao	39.5	29
芜湖	Wuhu	34.9	38	淄博	Zibo	8.3	109
蚌埠	Bengbu	14.1	71	枣庄	Zaozhuang	4.4	159
淮南	Huainan	0.3	275	东营	Dongying	3.4	183
马鞍山	Maanshan	13.2	76	烟台	Yantai	34.0	40
淮北	Huaibei	2.9	194	潍坊	Weifang	3.5	176
铜陵	Tongling	6.0	131	济宁	Jining	14.1	72
安庆	Anqing	5.1	146	泰安	Taian	1.8	224
黄山	Huangshan	3.6	172	威海	Weihai	14.3	70
滁州	Chuzhou	4.7	153	日照	Rizhao	9.1	100
阜阳	Fuyang	3.6	175	莱芜	Laiwu	2.4	208
宿州	Suzhou	10.3	93	临沂	Linyi	31.2	44
六安	Liuan	20.7	55	德州	Dezhou	9.2	98
亳州	Bozhou	1.6	234	聊城	Liaocheng	12.7	80

1-7 城区暂住人口 续表 2
Urban Temporary Population continued 2

单位：万人 （10 000 persons）

地名	City	2015	2015 排名 Ranking
滨州	Binzhou	12.4	82
菏泽	Heze	0.5	269
河南	**Henan**	**440.9**	
郑州	Zhengzhou	278.8	3
开封	Kaifeng	9.2	99
洛阳	Luoyang	38.1	31
平顶山	Pingdingshan	1.9	220
安阳	Anyang	0.4	272
鹤壁	Hebi	1.7	228
新乡	Xinxiang	0.1	276
焦作	Jiaozuo		
濮阳	Puyang	2.2	214
许昌	Xuchang	8.9	103
漯河	Luohe	0.6	262
三门峡	Sanmenxia	5.3	141
南阳	Nanyang	35.9	36
商丘	Shangqiu	0.1	276
信阳	Xinyang	2.6	204
周口	Zhoukou	4.1	163
驻马店	Zhumadian	3.4	178
湖北	**Hubei**	**252.2**	
武汉	Wuhan	166.5	6
黄石	Huangshi	1.8	223
十堰	Shiyan	12.3	83
宜昌	Yichang	2.8	200
襄阳	Xiangyang	8.0	115
鄂州	Ezhou	1.1	247
荆门	Jingmen	7.2	121
孝感	Xiaogan	1.2	244
荆州	Jingzhou	7.0	124
黄冈	Huanggang	2.2	213
咸宁	Xianning	4.6	154
随州	Suizhou	2.8	195
湖南	**Hunan**	**132.4**	
长沙	Changsha		
株洲	Zhuzhou		
湘潭	Xiangtan	2.9	193
衡阳	Hengyang	12.3	84
邵阳	Shaoyang	8.5	107
岳阳	Yueyang	2.0	217

地名	City	2015	2015 排名 Ranking
常德	Changde	8.1	113
张家界	Zhangjiajie	1.6	235
益阳	Yiyang	4.3	160
郴州	Chenzhou	7.0	125
永州	Yongzhou	7.3	120
怀化	Huaihua	23.2	52
娄底	Loudi	5.5	135
广东	**Guangdong**	**1390.1**	
广州	Guangzhou	631.7	1
韶关	Shaoguan	1.1	248
深圳	Shenzhen		
珠海	Zhuhai	71.8	9
汕头	Shantou	14.4	69
佛山	Foshan	60.4	14
江门	Jiangmen	22.4	53
湛江	Zhanjiang		
茂名	Maoming	5.2	144
肇庆	Zhaoqing	10.3	92
惠州	Huizhou	60.8	13
梅州	Meizhou	0.9	253
汕尾	Shanwei	0.5	266
河源	Heyuan	5.5	137
阳江	Yangjiang	5.1	149
清远	Qingyuan	15.4	66
东莞	Dongguan	400.8	2
中山	Zhongshan	29.8	45
潮州	Chaozhou	6.5	128
揭阳	Jieyang	6.5	126
云浮	Yunfu	1.4	241
广西	**Guangxi**	**195.8**	
南宁	Nanning	78.5	8
柳州	Liuzhou	51.1	19
桂林	Guilin	8.5	106
梧州	Wuzhou	13.2	78
北海	Beihai	7.7	116
防城港	Fangchenggang	2.5	207
钦州	Qinzhou	3.3	184
贵港	Guigang	1.6	233
玉林	Yulin	13.5	74
百色	Baise	5.0	150

1-7 城区暂住人口 续表 3
Urban Temporary Population continued 3

单位：万人 （10 000 persons）

地名	City	2015	2015 排名 Ranking	地名	City	2015	2015 排名 Ranking
贺州	Hezhou	1.3	243	丽江	Lijiang	6.5	126
河池	Hechi	3.0	190	普洱	Puer	3.4	181
来宾	Laibin	0.1	276	临沧	Lincang	1.8	226
崇左	Chongzuo	0.4	270	**西藏**	**Tibet**	**35.3**	
海南	**Hainan**	**79.5**		拉萨	Lasa	25.6	48
海口	Haikou	56.0	16	**陕西**	**Shaanxi**	**48.8**	
三亚	Sanya	11.2	89	西安	Xi'an	0.7	260
三沙	Sansha	0.1	279	铜川	Tongchuan	1.0	250
重庆	**Chongqing**	**305.3**		宝鸡	Baoji	3.1	189
四川	**Sichuan**	**252.7**		咸阳	Xianyang	13.3	75
成都	Chengdu	32.9	41	渭南	Weinan	2.8	199
自贡	Zigong	15.5	65	延安	Yan'an	8.9	102
攀枝花	Panzhihua	16.4	62	汉中	Hanzhong	2.3	212
泸州	Luzhou	24.3	50	榆林	Yulin	11.1	90
德阳	Deyang	1.5	236	安康	Ankang	1.7	230
绵阳	Mianyang	37.8	32	商洛	Shangluo	0.5	267
广元	Guangyuan	8.2	110	**甘肃**	**Gansu**	**113.9**	
遂宁	Suining	7.6	117	兰州	Lanzhou	63.9	11
内江	Neijiang	1.5	237	嘉峪关	Jiayuguan	3.8	170
乐山	Leshan	16.2	63	金昌	Jinchang	3.6	173
南充	Nanchong	15.0	67	白银	Baiyin	5.4	138
眉山	Meishan	4.1	163	天水	Tianshui	4.8	151
宜宾	Yibin	18.4	58	武威	Wuwei	0.9	252
广安	Guangan	0.8	258	张掖	Zhangye	0.4	272
达州	Dazhou	6.0	132	平凉	Pingliang	1.9	220
雅安	Yaan	1.1	245	酒泉	Jiuquan	12.5	81
巴中	Bazhong	3.9	168	庆阳	Qingyang	0.7	259
资阳	Ziyang	5.2	142	定西	Dingxi	1.5	239
贵州	**Guizhou**	**112.7**		陇南	Longnan	2.1	216
贵阳	Guiyang	69.9	10	**青海**	**Qinghai**	**18.4**	
六盘水	Liupanshui	3.1	187	西宁	Xining	8.1	111
遵义	Zunyi	16.1	64	海东	Haidong	2.3	211
安顺	Anshun	4.5	156	**宁夏**	**Ningxia**	**47.7**	
毕节	Bijie	2.8	197	银川	Yinchuan	32.9	42
铜仁	Tongren	2.7	202	石嘴山	Shizuishan	3.4	181
云南	**Yunnan**	**92.9**		吴忠	Wuzhong	0.0	280
昆明	Kunming	0.6	263	固原	Guyuan	8.4	108
曲靖	Qujing	3.4	178	中卫	Zhongwei	1.6	231
玉溪	Yuxi	8.6	105	**新疆**	**Xinjiang**	**121.6**	
保山	Baoshan	3.1	187	乌鲁木齐	Urumqi	50.2	21
昭通	Zhaotong	4.5	157	克拉玛依	Karamay	9.1	101

1-8 年末总人口
Total Population at Year-end

单位：万人 （10 000 persons）

地名	City	2010	2014	2015	2015 排名 Ranking	地名	City	2010	2014	2015	2015 排名 Ranking
全国	**Nation Total**	**134531.4**	**137691.7**	**137462.0**		沈阳	Shenyang	719.6	730.8	730.4	40
北京	**Beijing**	**1261.7**	**1334.7**	**1345.2**		大连	Dalian	586.4	594.3	593.6	66
天津	**Tianjin**	**989.6**	**1018.4**	**1547.0**		鞍山	Anshan	351.8	348.2	346.0	157
河北	**Hebei**	**7298.0**	**7592.7**	**7424.9**		抚顺	Fushun	220.9	217.4	215.8	227
石家庄	Shijiazhuang	989.2	1024.9	1028.8	8	本溪	Benxi	154.6	152.0	151.2	254
唐山	Tangshan	735.0	753.2	755.0	35	丹东	Dandong	241.4	239.5	238.1	215
秦皇岛	Qinhuangdao	288.3	295.1	295.6	184	锦州	Jinzhou	308.3	305.3	302.6	176
邯郸	Handan	963.5	1029.5	1049.7	6	营口	Yingkou	235.5	233.3	232.6	219
邢台	Xingtai	732.0	772.9	780.4	31	阜新	Fuxin	192.4	191.0	189.5	235
保定	Baoding	1161.0	1196.6	1202.2	3	辽阳	Liaoyang	183.4	179.9	179.0	239
张家口	Zhangjiakou	466.0	468.6	469.0	106	盘锦	Panjin	131.3	129.2	129.5	261
承德	Chengde	373.0	380.7	382.4	139	铁岭	Tieling	305.1	302.0	300.4	179
沧州	Cangzhou	730.9	768.4	774.4	33	朝阳	Chaoyang	339.2	340.6	340.9	161
廊坊	Langfang	419.0	450.4	461.1	109	葫芦岛	Huludao	281.8	280.7	280.1	189
衡水	Hengshui	440.2	452.6	452.3	110	**吉林**	**Jilin**	**2723.8**	**2671.3**	**2753.0**	
山西	**Shanxi**	**3473.6**	**3522.2**	**3664.0**		长春	Changchun	758.9	754.6	753.8	36
太原	Taiyuan	420.5	369.7	367.4	148	吉林	Jilin	434.0	427.7	426.2	119
大同	Datong	332.1	339.2	316.2	171	四平	Siping	340.6	328.1	326.4	167
阳泉	Yangquan	136.9	133.2	132.2	259	辽源	Liaoyuan	123.8	121.8	120.8	268
长治	Changzhi	333.7	339.2	336.9	162	通化	Tonghua	226.1	222.2	221.1	224
晋城	Jincheng	228.0	218.9	219.4	225	白山	Baishan	128.7	126.3	125.4	265
朔州	Shuozhou	171.6	175.4	161.5	250	松原	Songyuan	290.1	278.5	278.1	191
晋中	Jinzhong	325.2	330.5	329.7	165	白城	Baicheng	202.6	197.8	196.7	231
运城	Yuncheng	513.9	525.2	510.2	97	**黑龙江**	**Heilongjiang**	**3842.8**	**3747.0**	**3812.0**	
忻州	Xinzhou	307.0	312.5	306.5	173	哈尔滨	Harbin	992.0	987.3	961.4	11
临汾	Linfen	432.1	429.0	430.6	116	齐齐哈尔	Qiqihar	568.1	553.2	549.4	81
吕梁	Lvliang	373.0	390.7	387.5	134	鸡西	Jixi	189.2	183.6	181.2	236
内蒙古	**Inner Mongolia**	**2453.2**	**2458.3**	**2511.0**		鹤岗	Hegang	109.1	107.0	105.6	273
呼和浩特	Hohhot	287.4	237.9	238.6	214	双鸭山	Shuangyashan	151.6	149.0	147.4	257
包头	Baotou	265.5	223.7	223.9	223	大庆	Daqing	279.8	276.0	277.5	192
乌海	Wuhai	53.5	55.4	44.5	283	伊春	Yichun	127.0	122.0	121.2	267
赤峰	Chifeng	433.8	465.8	462.6	108	佳木斯	Jiamusi	252.7	241.4	229.2	220
通辽	Tongliao	314.0	319.4	319.4	170	七台河	Qitaihe	92.9	88.2	83.1	278
鄂尔多斯	Erdos	195.0	156.0	157.3	252	牡丹江	Mudanjiang	268.9	264.0	255.0	207
呼伦贝尔	Hulunbuir	254.6	265.9	259.3	204	黑河	Heihe	173.3	170.5	167.9	246
巴彦淖尔	Bayannur	166.9	178.6	174.7	240	绥化	Suihua	586.2	553.2	548.5	83
乌兰察布	Ulanqab	214.1	277.0	273.9	193	**上海**	**Shanghai**	**1412.3**	**1438.7**	**2415.0**	
辽宁	**Liaoning**	**4251.7**	**4244.2**	**4382.0**		**江苏**	**Jiangsu**	**7466.6**	**7684.7**	**7976.0**	

1-8 年末总人口 续表 1

Total Population at Year-end continued 1

单位：万人 （10 000 persons）

地名	City	2010	2014	2015	2015 排名 Ranking	地名	City	2010	2014	2015	2015 排名 Ranking
南京	Nanjing	632.4	648.7	653.4	52	池州	Chizhou	160.5	160.6	161.6	249
无锡	Wuxi	466.6	477.1	480.9	103	宣城	Xuancheng	278.4	279.8	280.0	190
徐州	Xuzhou	972.9	1023.5	1028.7	9	**福建**	**Fujian**	**3529.7**	**3695.8**	**3839.0**	
常州	Changzhou	360.8	368.6	370.9	146	福州	Fuzhou	645.9	674.9	678.4	49
苏州	Suzhou	637.7	661.1	667.0	51	厦门	Xiamen	180.2	203.4	211.2	228
南通	Nantong	762.9	767.6	766.8	34	莆田	Putian	323.5	341.2	344.3	159
连云港	Lianyungang	497.7	526.5	530.6	87	三明	Sanming	272.7	284.0	284.2	188
淮安	Huaian	538.7	560.3	564.5	73	泉州	Quanzhou	685.3	716.2	722.5	43
盐城	Yancheng	816.1	828.5	828.0	21	漳州	Zhangzhou	473.9	497.4	502.1	102
扬州	Yangzhou	459.1	461.3	561.1	76	南平	Nanping	313.9	319.2	319.9	169
镇江	Zhenjiang	270.7	272.1	271.7	195	龙岩	Longyan	295.7	307.1	309.4	172
泰州	Taizhou	504.6	508.5	507.9	98	宁德	Ningde	338.5	352.2	348.9	156
宿迁	Suqian	546.3	580.7	586.3	70	**江西**	**Jiangxi**	**4693.5**	**4923.3**	**4566.0**	
浙江	**Zhejiang**	**4748.0**	**4859.2**	**5539.0**		南昌	Nanchang	505.3	517.7	520.4	94
杭州	Hangzhou	689.1	715.8	723.6	42	景德镇	Jingdezhen	158.9	167.8	166.7	247
宁波	Ningbo	574.1	583.8	586.6	69	萍乡	Pingxiang	185.6	198.2	198.3	230
温州	Wenzhou	786.8	813.7	811.2	25	九江	Jiujiang	473.2	513.1	516.6	96
嘉兴	Jiaxing	341.6	348.1	349.5	154	新余	Xinyu	114.0	122.3	123.5	266
湖州	Huzhou	260.0	263.8	263.7	202	鹰潭	Yingtan	112.6	126.9	127.3	264
绍兴	Shaoxing	438.9	443.0	443.1	113	赣州	Ganzhou	838.2	954.2	960.6	13
金华	Jinhua	466.7	475.1	478.1	105	吉安	Jian	481.6	526.7	530.4	88
衢州	Quzhou	251.2	255.7	256.4	206	宜春	Yichun	542.3	595.6	597.0	65
舟山	Zhoushan	96.8	97.5	97.4	275	抚州	Fuzhou	391.7	427.5	399.3	127
台州	Taizhou	583.1	597.1	597.5	64	上饶	Shangrao	658.7	773.1	774.4	32
丽水	Lishui	259.7	265.7	266.4	200	**山东**	**Shandong**	**9536.2**	**9747.1**	**9847.0**	
安徽	**Anhui**	**6825.1**	**6935.8**	**6144.0**		济南	Jinan	604.1	621.6	625.7	59
合肥	Hefei	495.0	712.8	717.7	44	青岛	Qingdao	763.6	780.6	783.1	30
芜湖	Wuhu	229.5	384.5	384.8	136	淄博	Zibo	422.4	428.0	429.6	117
蚌埠	Bengbu	362.2	371.1	376.4	144	枣庄	Zaozhuang	391.0	401.3	407.8	124
淮南	Huainan	244.0	243.4	383.4	138	东营	Dongying	184.9	189.1	190.6	233
马鞍山	Maanshan	129.1	227.2	228.5	221	烟台	Yantai	651.1	653.4	653.3	53
淮北	Huaibei	219.6	215.3	216.5	226	潍坊	Weifang	873.8	888.3	893.7	17
铜陵	Tongling	74.0	73.8	170.4	242	济宁	Jining	843.0	860.1	867.4	18
安庆	Anqing	615.6	620.9	525.5	93	泰安	Taian	557.0	562.3	565.7	72
黄山	Huangshan	148.1	147.7	147.7	256	威海	Weihai	253.6	254.8	254.8	208
滁州	Chuzhou	450.8	449.6	449.1	111	日照	Rizhao	287.9	293.9	296.0	183
阜阳	Fuyang	1011.8	1051.4	1042.7	7	莱芜	Laiwu	126.7	127.8	128.3	262
宿州	Suzhou	642.1	642.3	649.5	54	临沂	Linyi	1072.6	1113.2	1124.0	5
六安	Liuan	704.8	720.5	580.5	71	德州	Dezhou	570.2	583.2	587.3	68
亳州	Bozhou	600.8	634.4	635.0	58	聊城	Liaocheng	597.5	612.1	622.3	60

1-8 年末总人口 续表 2

Total Population at Year-end continued 2

单位：万人 （10 000 persons）

地名	City	2010	2014	2015	2015 排名 Ranking	地名	City	2010	2014	2015	2015 排名 Ranking
滨州	Binzhou	377.9	386.7	389.1	132	常德	Changde	623.1	608.7	609.2	62
菏泽	Heze	958.8	990.6	1003.1	10	张家界	Zhangjiajie	164.8	172.1	170.0	244
河南	**Henan**	**10799.6**	**11101.6**	**9480.0**		益阳	Yiyang	476.4	483.2	480.8	104
郑州	Zhengzhou	732.0	937.8	810.5	26	郴州	Chenzhou	504.1	518.8	528.3	90
开封	Kaifeng	504.0	553.8	553.8	78	永州	Yongzhou	610.7	630.9	635.3	57
洛阳	Luoyang	681.0	696.2	728.5	41	怀化	Huaihua	509.7	525.5	518.0	95
平顶山	Pingdingshan	529.0	557.1	562.3	75	娄底	Loudi	433.0	444.9	447.7	112
安阳	Anyang	569.0	611.4	617.5	61	**广东**	**Guangdong**	**8521.5**	**8886.9**	**10849.0**	
鹤壁	Hebi	159.0	166.9	168.7	245	广州	Guangzhou	806.1	842.4	854.2	19
新乡	Xinxiang	590.0	630.5	637.4	56	韶关	Shaoguan	328.1	329.1	330.2	164
焦作	Jiaozuo	362.0	369.6	371.7	145	深圳	Shenzhen	259.9	332.2	369.6	147
濮阳	Puyang	382.0	424.5	429.0	118	珠海	Zhuhai	104.7	110.2	112.5	270
许昌	Xuchang	477.0	499.8	504.8	100	汕头	Shantou	524.1	546.6	550.5	80
漯河	Luohe	271.0	266.7	268.0	196	佛山	Foshan	370.9	385.6	389.0	133
三门峡	Sanmenxia	225.0	227.8	228.3	222	江门	Jiangmen	392.3	393.4	391.4	130
南阳	Nanyang	1158.0	1181.4	1188.5	4	湛江	Zhanjiang	777.8	819.0	823.0	22
商丘	Shangqiu	886.0	949.7	961.1	12	茂名	Maoming	747.2	772.4	785.8	29
信阳	Xinyang	846.0	890.4	898.0	16	肇庆	Zhaoqing	422.4	433.7	438.3	114
周口	Zhoukou	1115.0	1236.9	1244.4	1	惠州	Huizhou	337.3	348.5	357.1	152
驻马店	Zhumadian	883.0	920.6	930.9	14	梅州	Meizhou	514.7	528.6	543.8	85
湖北	**Hubei**	**6149.0**	**6162.3**	**5852.0**		汕尾	Shanwei	345.0	359.1	359.0	151
武汉	Wuhan	836.7	827.3	829.3	20	河源	Heyuan	358.4	365.3	366.4	150
黄石	Huangshi	260.1	265.1	268.0	197	阳江	Yangjiang	282.8	289.4	292.1	185
十堰	Shiyan	346.5	347.0	345.9	158	清远	Qingyuan	413.5	412.3	418.5	122
宜昌	Yichang	398.6	400.4	398.2	128	东莞	Dongguan	181.8	191.4	195.0	232
襄阳	Xiangyang	591.1	595.5	591.6	67	中山	Zhongshan	149.2	156.1	158.7	251
鄂州	Ezhou	108.5	110.2	110.3	272	潮州	Chaozhou	260.9	268.8	272.8	194
荆门	Jingmen	299.9	300.3	299.1	180	揭阳	Jieyang	661.8	694.2	701.7	46
孝感	Xiaogan	530.7	525.7	526.5	92	云浮	Yunfu	282.8	294.2	298.9	181
荆州	Jingzhou	657.1	658.5	643.2	55	**广西**	**Guangxi**	**5331.4**	**5475.5**	**4796.0**	
黄冈	Huanggang	742.4	741.4	744.4	37	南宁	Nanning	707.4	729.7	740.2	39
咸宁	Xianning	291.0	296.5	300.4	178	柳州	Liuzhou	372.7	377.9	381.6	140
随州	Suizhou	254.6	257.1	251.0	210	桂林	Guilin	519.0	526.5	529.0	89
湖南	**Hunan**	**7069.0**	**7202.3**	**6783.0**		梧州	Wuzhou	326.3	340.3	343.9	160
长沙	Changsha	652.4	671.4	680.4	48	北海	Beihai	166.8	169.3	172.0	241
株洲	Zhuzhou	390.3	396.1	402.9	126	防城港	Fangchenggang	91.2	94.2	95.6	276
湘潭	Xiangtan	289.0	291.5	289.3	186	钦州	Qinzhou	387.7	402.0	404.1	125
衡阳	Hengyang	791.6	791.5	799.3	27	贵港	Guigang	523.8	543.2	548.9	82
邵阳	Shaoyang	794.0	819.0	821.4	23	玉林	Yulin	674.6	708.0	710.7	45
岳阳	Yueyang	565.6	563.3	564.4	74	百色	Baise	382.6	412.0	413.2	123

1-8 年末总人口 续表 3

Total Population at Year-end continued 3

单位：万人 （10 000 persons）

地名	City	2010	2014	2015	2015 排名 Ranking
贺州	Hezhou	233.4	238.1	239.8	213
河池	Hechi	399.2	419.9	424.5	120
来宾	Laibin	249.8	266.4	265.8	201
崇左	Chongzuo	243.5	248.2	248.8	212
海南	**Hainan**	**896.1**	**916.3**	**911.0**	
海口	Haikou	160.4	165.3	164.8	248
三亚	Sanya	57.0	58.6	57.8	280
三沙	Sansha			0.0	286
重庆	**Chongqing**	**3303.4**	**3375.2**	**3017.0**	
四川	**Sichuan**	**9001.3**	**9159.1**	**8204.0**	
成都	Chengdu	1149.1	1210.7	1228.1	2
自贡	Zigong	326.0	330.0	327.5	166
攀枝花	Panzhihua	111.3	111.9	110.6	271
泸州	Luzhou	502.3	508.9	505.7	99
德阳	Deyang	389.2	392.5	390.0	131
绵阳	Mianyang	541.9	548.8	545.5	84
广元	Guangyuan	310.9	310.1	305.3	174
遂宁	Suining	381.4	380.4	378.8	142
内江	Neijiang	425.5	426.0	420.4	121
乐山	Leshan	353.3	355.7	353.8	153
南充	Nanchong	751.7	759.0	742.3	38
眉山	Meishan	349.1	353.0	349.1	155
宜宾	Yibin	539.0	554.3	552.1	79
广安	Guangan	466.2	471.7	467.4	107
达州	Dazhou	685.5	688.1	682.8	47
雅安	Yaan	154.9	157.2	154.9	253
巴中	Bazhong	388.0	383.1	379.5	141
资阳	Ziyang	501.1	507.3	503.7	101
贵州	**Guizhou**	**4189.0**	**4325.5**	**3530.0**	
贵阳	Guiyang	373.2	382.9	391.8	129
六盘水	Liupanshui	319.2	328.3	333.4	163
遵义	Zunyi	764.2	787.0	793.4	28
安顺	Anshun	279.8	290.0	296.5	182
毕节	Bijie	833.9	880.8	904.2	15
铜仁	Tongren	421.7	432.3	436.8	115
云南	**Yunnan**	**4528.2**	**4641.9**	**4742.0**	
昆明	Kunming	643.9	550.5	667.7	50
曲靖	Qujing	626.4	646.5	604.7	63
玉溪	Yuxi	214.6	216.0	236.2	216
保山	Baoshan	250.6	258.8	258.1	205
昭通	Zhaotong	574.2	594.4	543.0	86
丽江	Lijiang	124.5	121.2	128.0	263
普洱	Puer	248.9	253.8	260.5	203
临沧	Lincang	234.9	237.8	250.9	211
西藏	**Tibet**	**294.0**	**322.6**	**324.0**	
拉萨	Lasa	55.9	52.7	53.0	281
陕西	**Shaanxi**	**3873.9**	**3940.6**	**3793.0**	
西安	Xi'an	782.7	815.3	815.7	24
铜川	Tongchuan	85.4	84.1	83.6	277
宝鸡	Baoji	381.1	383.8	384.5	137
咸阳	Xianyang	520.1	526.7	527.6	91
渭南	Weinan	560.1	561.4	556.7	77
延安	Yan'an	230.2	234.3	235.5	217
汉中	Hanzhong	381.5	384.1	385.2	135
榆林	Yulin	364.5	373.8	377.5	143
安康	Ankang	304.3	306.2	304.8	175
商洛	Shangluo	244.8	251.7	251.0	209
甘肃	**Gansu**	**2712.1**	**2734.3**	**2600.0**	
兰州	Lanzhou	323.5	374.7	321.9	168
嘉峪关	Jiayuguan	19.1	24.1	20.3	285
金昌	Jinchang	45.7	47.0	45.7	282
白银	Baiyin	180.4	177.9	180.8	237
天水	Tianshui	366.7	364.5	367.2	149
武威	Wuwei	191.3	188.9	190.0	234
张掖	Zhangye	130.8	129.7	130.1	260
平凉	Pingliang	230.3	233.7	233.1	218
酒泉	Jiuquan	100.3	111.2	101.3	274
庆阳	Qingyang	259.2	265.5	267.3	198
定西	Dingxi	300.4	301.4	300.9	177
陇南	Longnan	281.8	283.2	285.8	187
青海	**Qinghai**	**550.0**	**580.2**	**588.0**	
西宁	Xining	196.0	202.6	201.2	229
海东	Haidong		172.4	170.2	243
宁夏	**Ningxia**	**642.6**	**671.6**	**668.0**	
银川	Yinchuan	200.4	196.0	179.2	238
石嘴山	Shizuishan	72.7	76.5	74.5	279
吴忠	Wuzhong	128.2	143.5	140.4	258
固原	Guyuan	123.3	153.3	149.8	255
中卫	Zhongwei	108.3	122.2	120.2	269
新疆	**Xinjiang**	**2164.4**	**2322.6**	**2360.0**	
乌鲁木齐	Urumqi	243.0	266.9	266.8	199
克拉玛依	Karamay	27.8	39.0	30.0	284

1-9 年末男性人口
Male Population at Year-end

单位：万人 （10 000 persons）

地名	City	2010	2012	2015	2015 排名 Ranking	地名	City	2010	2012	2015	2015 排名 Ranking
全国	**National Total**	**69129.0**	**69763.0**	**70414.0**		沈阳	Shenyang	358.4	360.2	361.4	40
北京	**Beijing**	**634.7**	**652.9**	**1113.4**		大连	Dalian	294.2	295.4	295.4	64
天津	**Tianjin**	**497.6**	**500.3**			鞍山	Anshan	178.1	176.8	174.2	156
河北	**Hebei**	**3718.3**	**3778.5**	**3757.2**		抚顺	Fushun	110.8	109.7	107.5	216
石家庄	Shijiazhuang	498.1	506.5	534.2	6	本溪	Benxi	77.6	76.7	75.5	242
唐山	Tangshan	372.8	376.0	394.0	25	丹东	Dandong	121.5	120.8	119.3	206
秦皇岛	Qinhuangdao	146.9	148.3	154.0	173	锦州	Jinzhou	155.2	154.7	151.7	176
邯郸	Handan	493.4	507.9	477.6	12	营口	Yingkou	119.7	119.2	117.8	208
邢台	Xingtai	374.1	383.1	371.6	37	阜新	Fuxin	96.1	95.6	94.2	224
保定	Baoding	589.7	594.7	584.3	3	辽阳	Liaoyang	93.1	91.3	90.4	228
张家口	Zhangjiakou	240.9	241.4	224.9	107	盘锦	Panjin	66.2	64.7	64.8	248
承德	Chengde	193.1	195.0	177.2	151	铁岭	Tieling	155.1	153.4	152.1	175
沧州	Cangzhou	374.4	381.8	382.6	29	朝阳	Chaoyang	174.3	174.7	174.7	155
廊坊	Langfang	212.3	219.8	234.5	100	葫芦岛	Huludao	144.4	143.3	143.7	182
衡水	Hengshui	222.7	223.9	222.5	109	**吉林**	**Jilin**	**1377.7**	**1363.4**	**1341.2**	
山西	**Shanxi**	**1780.5**	**1791.0**	**1879.1**		长春	Changchun	382.4	381.2	379.1	33
太原	Taiyuan	215.3	215.2	220.7	113	吉林	Jilin	219.7	217.4	214.6	117
大同	Datong	169.1	171.6	173.3	158	四平	Siping	172.6	170.5	165.1	164
阳泉	Yangquan	71.1	70.5	72.3	244	辽源	Liaoyuan	63.0	62.0	61.4	252
长治	Changzhi	171.2	172.9	175.1	154	通化	Tonghua	115.0	114.0	112.2	213
晋城	Jincheng	115.5	115.2	117.0	209	白山	Baishan	66.1	65.1	62.9	249
朔州	Shuozhou	89.6	89.8	91.9	226	松原	Songyuan	147.2	146.1	140.3	184
晋中	Jinzhong	169.6	169.2	173.5	157	白城	Baicheng	102.5	100.8	99.2	220
运城	Yuncheng	261.8	265.6	268.6	86	**黑龙江**	**Heilongjiang**	**1943.6**	**1924.8**	**1861.5**	
忻州	Xinzhou	158.3	160.6	162.0	166	哈尔滨	Harbin	500.9	501.5	483.5	10
临汾	Linfen	220.3	225.2	226.0	106	齐齐哈尔	Qiqihar	288.0	283.2	277.0	79
吕梁	Lvliang	193.5	195.0	198.6	130	鸡西	Jixi	95.5	93.5	91.0	227
内蒙古	**Inner Mongolia**	**1252.6**	**1254.0**	**1298.7**		鹤岗	Hegang	54.7	54.4	52.8	260
呼和浩特	Hohhot	146.6	150.2	156.0	171	双鸭山	Shuangyashan	76.7	75.9	74.0	243
包头	Baotou	137.2	140.9	145.7	179	大庆	Daqing	140.4	140.9	138.7	186
乌海	Wuhai	28.3	29.0	29.1	267	伊春	Yichun	63.6	62.0	60.3	254
赤峰	Chifeng	223.2	221.6	220.4	114	佳木斯	Jiamusi	128.1	125.4	115.7	210
通辽	Tongliao	159.6	159.1	158.3	168	七台河	Qitaihe	47.9	47.8	42.8	264
鄂尔多斯	Erdos	111.1	114.0	115.2	211	牡丹江	Mudanjiang	135.2	133.7	127.9	201
呼伦贝尔	Hulunbuir	131.0	130.2	129.5	200	黑河	Heihe	88.1	87.7	84.8	233
巴彦淖尔	Bayannur	88.6	88.5	88.4	230	绥化	Suihua	298.0	292.9	281.1	76
乌兰察布	Ulanqab	109.3	108.6	107.5	217	**上海**	**Shanghai**	**703.6**	**709.6**		
辽宁	**Liaoning**	**2144.7**	**2136.5**	**2122.7**		**江苏**	**Jiangsu**	**3787.7**	**3832.6**	**4014.7**	

1-9 年末男性人口 续表 1

Male Population at Year-end continued 1

单位：万人 （10 000 persons）

地名	City	2010	2012	2015	2015 排名 Ranking	地名	City	2010	2012	2015	2015 排名 Ranking
南京	Nanjing	319.7	321.4	326.8	54	池州	Chizhou	82.0	82.7	82.6	237
无锡	Wuxi	232.3	233.4	237.7	99	宣城	Xuancheng	144.4	144.7	144.7	180
徐州	Xuzhou	502.4	513.3	533.1	7	**福建**	**Fujian**	**1816.7**	**1842.7**	**1918.2**	
常州	Changzhou	180.3	181.6	183.6	144	福州	Fuzhou	333.1	337.1	347.8	45
苏州	Suzhou	314.4	318.9	327.4	52	厦门	Xiamen	90.2	95.1	104.6	219
南通	Nantong	377.4	377.8	377.6	34	莆田	Putian	164.1	167.6	175.9	152
连云港	Lianyungang	259.3	266.6	276.9	80	三明	Sanming	142.2	143.1	148.7	178
淮安	Huaian	276.8	281.5	289.9	69	泉州	Quanzhou	351.0	356.4	374.0	36
盐城	Yancheng	420.1	423.5	427.3	20	漳州	Zhangzhou	243.4	247.7	258.0	90
扬州	Yangzhou	230.2	230.0	330.5	51	南平	Nanping	162.5	162.3	165.2	163
镇江	Zhenjiang	135.2	134.9	134.5	192	龙岩	Longyan	152.0	153.7	160.4	167
泰州	Taizhou	257.7	258.7	258.9	89	宁德	Ningde	178.3	179.9	183.6	143
宿迁	Suqian	282.1	291.0	304.3	61	**江西**	**Jiangxi**	**2459.1**	**2515.1**	**2343.7**	
浙江	**Zhejiang**	**2413.1**	**2433.7**	**2462.8**		南昌	Nanchang	263.9	267.8	274.6	83
杭州	Hangzhou	346.6	350.9	360.7	41	景德镇	Jingdezhen	82.7	83.6	84.5	235
宁波	Ningbo	287.2	288.3	291.5	67	萍乡	Pingxiang	94.0	94.8	96.0	222
温州	Wenzhou	408.7	415.4	420.9	21	九江	Jiujiang	240.4	242.4	245.4	96
嘉兴	Jiaxing	169.1	170.1	172.0	159	新余	Xinyu	59.8	60.3	60.5	253
湖州	Huzhou	129.9	130.1	130.7	199	鹰潭	Yingtan	59.2	59.6	59.9	255
绍兴	Shaoxing	220.5	221.0	221.4	110	赣州	Ganzhou	426.5	429.1	436.2	18
金华	Jinhua	239.1	240.7	243.4	98	吉安	Jian	250.1	251.2	251.2	93
衢州	Quzhou	129.7	130.1	131.2	198	宜春	Yichun	282.6	283.1	284.1	73
舟山	Zhoushan	48.3	48.3	48.1	262	抚州	Fuzhou	203.9	205.1	206.1	121
台州	Taizhou	299.7	303.3	305.6	60	上饶	Shangrao	340.0	341.7	345.2	46
丽水	Lishui	134.5	135.6	137.2	189	**山东**	**Shandong**	**4838.9**	**4867.8**	**4999.3**	
安徽	**Anhui**	**3542.4**	**3586.9**	**3615.0**		济南	Jinan	301.3	303.3	310.9	58
合肥	Hefei	258.0	368.7	371.2	38	青岛	Qingdao	381.9	383.8	388.9	26
芜湖	Wuhu	118.1	198.1	198.9	127	淄博	Zibo	211.2	211.4	214.1	120
蚌埠	Bengbu	187.6	190.3	195.3	137	枣庄	Zaozhuang	203.2	205.9	214.5	119
淮南	Huainan	127.1	126.8	201.4	124	东营	Dongying	93.1	93.0	95.1	223
马鞍山	Maanshan	66.3	117.8	117.8	207	烟台	Yantai	326.1	325.3	325.9	55
淮北	Huaibei	112.5	112.1	111.1	214	潍坊	Weifang	441.4	443.9	451.4	14
铜陵	Tongling	37.8	37.7	87.5	231	济宁	Jining	432.5	435.9	447.8	15
安庆	Anqing	318.2	320.5	271.8	85	泰安	Taian	281.9	282.9	286.6	71
黄山	Huangshan	75.9	75.4	75.7	241	威海	Weihai	127.1	126.7	126.9	202
滁州	Chuzhou	233.1	234.0	233.2	101	日照	Rizhao	146.2	146.5	151.0	177
阜阳	Fuyang	525.8	540.7	544.5	5	莱芜	Laiwu	64.3	64.0	64.9	247
宿州	Suzhou	330.1	335.9	337.2	49	临沂	Linyi	551.3	558.1	582.7	4
六安	Liuan	371.8	375.2	307.0	59	德州	Dezhou	288.4	293.3	297.9	62
亳州	Bozhou	314.9	319.6	335.2	50	聊城	Liaocheng	302.8	303.6	320.0	56

1-9 年末男性人口 续表 2

Male Population at Year-end continued 2

单位：万人 (10 000 persons)

地名	City	2010	2012	2015	2015 排名 Ranking
滨州	Binzhou	190.5	192.2	196.3	135
菏泽	Heze	495.5	498.0	524.2	8
河南	**Henan**	**5576.1**	**5657.0**	**4805.0**	
郑州	Zhengzhou	375.2	456.5	482.0	11
开封	Kaifeng	255.5	235.1	232.0	102
洛阳	Luoyang	343.8	331.6	340.0	48
平顶山	Pingdingshan	272.1	252.9	255.0	91
安阳	Anyang	275.3	245.0	250.0	94
鹤壁	Hebi	81.5	82.1	83.0	236
新乡	Xinxiang	297.0	282.9	291.0	68
焦作	Jiaozuo	183.7	175.1	180.0	149
濮阳	Puyang	190.7	181.4	183.0	145
许昌	Xuchang	244.4	220.6	224.0	108
漯河	Luohe	138.4	130.8	138.0	188
三门峡	Sanmenxia	115.7	113.0	115.0	212
南阳	Nanyang	595.8	524.9	518.0	9
商丘	Shangqiu	443.3	367.5	365.0	39
信阳	Xinyang	424.6	325.3	327.0	53
周口	Zhoukou	551.1	433.0	445.0	16
驻马店	Zhumadian	444.6	348.7	349.0	44
湖北	**Hubei**	**3183.7**	**3194.0**		
武汉	Wuhan	429.8	421.0		
黄石	Huangshi	136.2	136.7		
十堰	Shiyan	183.2	182.7		
宜昌	Yichang	204.1	204.1		
襄阳	Xiangyang	302.6	305.6		
鄂州	Ezhou	56.3	57.5		
荆门	Jingmen	152.7	153.7		
孝感	Xiaogan	276.4	275.3		
荆州	Jingzhou	335.7	338.2		
黄冈	Huanggang	389.5	394.3		
咸宁	Xianning	152.0	155.3		
随州	Suizhou	130.5	131.9		
湖南	**Hunan**	**3668.5**	**3700.4**	**3496.1**	
长沙	Changsha	331.2	363.2	375.4	35
株洲	Zhuzhou	199.5	200.0	204.8	122
湘潭	Xiangtan	148.3	141.7	144.0	181
衡阳	Hengyang	414.9	372.9	380.1	31
邵阳	Shaoyang	415.8	379.1	379.6	32
岳阳	Yueyang	293.6	286.8	291.7	66
常德	Changde	318.0	290.9	296.4	63
张家界	Zhangjiajie	85.1	76.7	78.2	240
益阳	Yiyang	244.5	223.5	226.9	105
郴州	Chenzhou	263.5	241.0	245.9	95
永州	Yongzhou	322.1	273.6	281.3	75
怀化	Huaihua	265.3	247.5	253.6	92
娄底	Loudi	225.4	198.6	201.9	123
广东	**Guangdong**	**4388.6**	**4448.5**	**4637.1**	
广州	Guangzhou	409.0	415.8	429.3	19
韶关	Shaoguan	169.5	169.2	171.0	160
深圳	Shenzhen	137.9	157.2	190.5	139
珠海	Zhuhai	53.4	54.4	57.3	258
汕头	Shantou	262.5	267.2	276.4	81
佛山	Foshan	184.7	187.9	193.1	138
江门	Jiangmen	198.0	197.4	197.2	134
湛江	Zhanjiang	412.2	418.0	438.1	17
茂名	Maoming	397.0	400.1	420.5	22
肇庆	Zhaoqing	218.2	221.0	227.4	104
惠州	Huizhou	171.4	173.4	181.0	147
梅州	Meizhou	263.6	266.6	279.8	78
汕尾	Shanwei	180.5	180.3	186.6	142
河源	Heyuan	182.5	181.1	187.0	141
阳江	Yangjiang	149.9	150.5	154.6	172
清远	Qingyuan	212.7	209.9	217.2	115
东莞	Dongguan	92.3	94.4	98.7	221
中山	Zhongshan	74.4	75.6	78.6	239
潮州	Chaozhou	132.1	133.8	138.1	187
揭阳	Jieyang	338.6	344.4	357.8	43
云浮	Yunfu	148.3	150.3	156.8	170
广西	**Guangxi**	**2804.1**	**2832.2**	**2913.0**	
南宁	Nanning	369.8	365.5	387.5	28
柳州	Liuzhou	193.1	187.0	197.8	132
桂林	Guilin	269.9	263.1	274.7	82
梧州	Wuzhou	173.3	176.0	182.8	146
北海	Beihai	87.4	85.9	90.4	229
防城港	Fangchenggang	49.6	47.3	51.8	261
钦州	Qinzhou	211.7	210.0	221.0	112
贵港	Guigang	276.6	270.6	291.7	65
玉林	Yulin	360.2	365.0	381.1	30
百色	Baise	199.4	201.1	215.3	116

1-9 年末男性人口 续表 3

Male Population at Year-end continued 3

单位：万人 （10 000 persons）

地名	City	2010	2012	2015	2015 排名 Ranking	地名	City	2010	2012	2015	2015 排名 Ranking
贺州	Hezhou	122.2	119.4	126.5	203	丽江	Lijiang	64.2	60.6	66.1	246
河池	Hechi	207.3	209.9	221.1	111	普洱	Puer	129.5	131.0	137.2	190
来宾	Laibin	130.4	133.0	139.7	185	临沧	Lincang	121.7	122.7	131.6	196
崇左	Chongzuo	127.5	125.3	131.4	197	**西藏**	**Tibet**	**148.3**	**155.2**		
海南	**Hainan**	**467.7**	**471.7**	**475.5**		拉萨	Lasa	28.7			
海口	Haikou	82.5	83.2	84.7	234	**陕西**	**Shaanxi**	**2008.0**	**2031.0**	**2036.9**	
三亚	Sanya	29.1	29.3	29.5	266	西安	Xi'an	398.8	403.9	412.2	24
三沙	Sansha			0.0	271	铜川	Tongchuan	44.7	44.3	43.4	263
重庆	**Chongqing**	**1709.0**	**1725.9**			宝鸡	Baoji	197.5	198.5	199.2	126
四川	**Sichuan**	**4640.4**	**4684.9**	**4680.1**		咸阳	Xianyang	269.2	273.1	272.7	84
成都	Chengdu	575.8	586.0	610.2	2	渭南	Weinan	284.8	287.3	283.3	74
自贡	Zigong	166.6	167.6	166.8	162	延安	Yan'an	119.1	122.4	122.6	204
攀枝花	Panzhihua	57.2	57.3	56.4	259	汉中	Hanzhong	200.8	200.9	200.5	125
泸州	Luzhou	260.6	262.1	261.8	88	榆林	Yulin	190.0	195.5	197.3	133
德阳	Deyang	199.7	200.2	198.7	129	安康	Ankang	163.6	164.2	163.0	165
绵阳	Mianyang	279.4	281.0	280.3	77	商洛	Shangluo	129.8	131.1	133.0	194
广元	Guangyuan	160.1	159.7	156.9	169	**甘肃**	**Gansu**	**1399.8**	**1400.3**	**1326.8**	
遂宁	Suining	196.8	194.7	195.8	136	兰州	Lanzhou	165.1	163.0	188.5	140
内江	Neijiang	219.7	220.3	214.6	118	嘉峪关	Jiayuguan	10.1	10.6	12.3	270
乐山	Leshan	180.7	181.3	180.4	148	金昌	Jinchang	23.8	23.9	24.0	268
南充	Nanchong	391.5	395.8	388.0	27	白银	Baiyin	93.3	91.0	87.3	232
眉山	Meishan	178.5	179.0	178.1	150	天水	Tianshui	188.4	189.4	168.2	161
宜宾	Yibin	281.1	285.0	287.3	70	武威	Wuwei	98.7	96.6	93.5	225
广安	Guangan	243.9	245.5	244.7	97	张掖	Zhangye	67.4	67.4	62.2	250
达州	Dazhou	360.1	364.6	358.4	42	平凉	Pingliang	118.5	119.3	106.6	218
雅安	Yaan	79.4	80.1	79.2	238	酒泉	Jiuquan	51.0	51.3	57.6	257
巴中	Bazhong	201.8	203.1	198.3	131	庆阳	Qingyang	134.7	136.6	2113.9	1
资阳	Ziyang	261.0	263.4	261.9	87	定西	Dingxi	156.0	154.2	141.9	183
贵州	**Guizhou**	**2180.4**	**2157.8**	**1820.6**		陇南	Longnan	147.4	146.8	133.9	193
贵阳	Guiyang	190.9	190.7	198.8	128	**青海**	**Qinghai**	**279.8**	**286.8**		
六盘水	Liupanshui	167.6	170.8	175.8	153	西宁	Xining	99.3	100.2		
遵义	Zunyi	395.9	401.5	413.9	23	海东	Haidong				
安顺	Anshun	144.5	147.2	153.4	174	**宁夏**	**Ningxia**	**327.0**	**334.7**	**340.4**	
毕节	Bijie	435.7	449.1	474.3	13	银川	Yinchuan	103.8	102.7	110.4	215
铜仁	Tongren	221.2	224.2	229.9	103	石嘴山	Shizuishan	37.6	37.6	40.0	265
云南	**Yunnan**	**2332.3**	**2359.3**	**2461.0**		吴忠	Wuzhong	65.5	67.1	70.2	245
昆明	Kunming	331.0	275.0	343.8	47	固原	Guyuan	62.2	64.3	61.4	251
曲靖	Qujing	328.2	334.1	316.9	57	中卫	Zhongwei	55.3	56.9	58.3	256
玉溪	Yuxi	107.9	107.7	121.1	205	**新疆**	**Xinjiang**	**1104.3**	**1133.5**	**1178.4**	
保山	Baoshan	128.5	130.7	132.3	195	乌鲁木齐	Urumqi	126.5	133.6	136.9	191
昭通	Zhaotong	302.1	307.8	285.2	72	克拉玛依	Karamay	14.2	14.5	15.1	269

1-10 年末女性人口
Female Population at Year-end

单位：万人 （10 000 persons）

地名	City	2010	2012	2015	2015 排名 Ranking	地名	City	2010	2012	2015	2015 排名 Ranking
全国	**National Total**	**65402.4**	**6601.7**	**67048.0**		沈阳	Shenyang	361.2	364.6	369.0	28
北京	**Beijing**	**627.0**	**647.2**	**1057.1**		大连	Dalian	292.2	294.9	298.2	56
天津	**Tianjin**	**492.0**	**496.0**			鞍山	Anshan	173.7	173.5	171.8	149
河北	**Hebei**	**3579.8**	**3638.1**	**3667.7**		抚顺	Fushun	110.1	109.6	108.3	213
石家庄	Shijiazhuang	491.1	498.9	494.7	7	本溪	Benxi	77.0	76.5	75.7	239
唐山	Tangshan	362.2	365.7	361.0	33	丹东	Dandong	119.9	119.7	118.8	200
秦皇岛	Qinhuangdao	141.4	143.0	141.7	175	锦州	Jinzhou	153.1	153.1	150.9	166
邯郸	Handan	470.1	485.2	572.1	3	营口	Yingkou	115.8	115.9	114.8	204
邢台	Xingtai	357.9	364.6	408.8	18	阜新	Fuxin	96.3	96.0	95.3	222
保定	Baoding	571.4	577.4	617.9	1	辽阳	Liaoyang	90.3	89.0	88.6	226
张家口	Zhangjiakou	225.0	227.0	244.1	88	盘锦	Panjin	65.1	64.1	64.7	246
承德	Chengde	179.9	182.0	205.2	115	铁岭	Tieling	150.0	148.8	148.3	170
沧州	Cangzhou	356.5	362.5	391.7	22	朝阳	Chaoyang	164.9	165.9	166.2	154
廊坊	Langfang	206.8	213.4	226.6	100	葫芦岛	Huludao	137.4	136.7	136.4	182
衡水	Hengshui	217.5	218.5	229.8	98	**吉林**	**Jilin**	**1346.2**	**1338.1**	**1320.9**	
山西	**Shanxi**	**1693.1**	**1709.7**	**1785.0**		长春	Changchun	376.5	375.7	374.8	27
太原	Taiyuan	205.1	210.4	211.2	109	吉林	Jilin	214.4	213.4	211.6	108
大同	Datong	163.0	164.1	167.3	152	四平	Siping	168.0	165.8	161.4	157
阳泉	Yangquan	65.9	67.4	67.5	244	辽源	Liaoyuan	60.7	60.1	59.4	253
长治	Changzhi	162.5	164.1	167.0	153	通化	Tonghua	111.2	110.6	108.9	212
晋城	Jincheng	112.6	113.9	114.4	205	白山	Baishan	62.6	62.8	62.4	248
朔州	Shuozhou	82.0	83.7	84.3	228	松原	Songyuan	142.9	143.7	137.8	178
晋中	Jinzhong	155.6	159.4	160.0	160	白城	Baicheng	100.2	99.3	97.5	219
运城	Yuncheng	252.1	253.8	259.0	78	**黑龙江**	**Heilongjiang**	**1899.2**	**1886.3**	**1828.6**	
忻州	Xinzhou	148.7	149.3	152.1	165	哈尔滨	Harbin	491.1	492.0	477.9	10
临汾	Linfen	211.8	211.5	217.6	104	齐齐哈尔	Qiqihar	280.1	275.9	272.4	69
吕梁	Lvliang	179.5	182.1	184.6	132	鸡西	Jixi	93.7	92.4	90.2	224
内蒙古	**Inner Mongolia**	**1200.6**	**1205.9**	**1212.3**		鹤岗	Hegang	54.4	54.1	52.8	260
呼和浩特	Hohhot	140.8	144.7	150.0	167	双鸭山	Shuangyashan	74.9	74.5	73.4	242
包头	Baotou	128.4	132.3	137.3	180	大庆	Daqing	139.4	140.8	138.8	176
乌海	Wuhai	25.1	25.8	26.5	267	伊春	Yichun	63.4	62.1	60.8	250
赤峰	Chifeng	210.7	209.7	209.6	112	佳木斯	Jiamusi	124.6	122.7	113.5	206
通辽	Tongliao	154.4	154.1	153.7	164	七台河	Qitaihe	44.9	44.5	40.3	263
鄂尔多斯	Erdos	83.9	86.5	89.4	225	牡丹江	Mudanjiang	133.7	132.7	127.2	191
呼伦贝尔	Hulunbuir	123.6	123.3	123.2	198	黑河	Heihe	85.2	85.1	83.2	230
巴彦淖尔	Bayannur	78.3	78.4	79.4	236	绥化	Suihua	288.2	284.1	267.4	71
乌兰察布	Ulanqab	104.8	104.4	103.7	217	**上海**	**Shanghai**	**708.7**	**717.3**		
辽宁	**Liaoning**	**2107.0**	**2108.3**	**2107.0**		**江苏**	**Jiangsu**	**3678.9**	**3720.9**	**3961.7**	

1-10 年末女性人口 续表 1

Female Population at Year-end continued 1

单位：万人 （10 000 persons）

地名	City	2010	2012	2015	2015 排名 Ranking	地名	City	2010	2012	2015	2015 排名 Ranking
南京	Nanjing	312.8	317.1	326.6	47	池州	Chizhou	78.4	79.3	79.0	237
无锡	Wuxi	234.2	236.7	243.2	90	宣城	Xuancheng	134.0	134.9	135.3	185
徐州	Xuzhou	470.5	477.3	495.6	6	**福建**	**Fujian**	**1713.0**	**1736.5**	**1802.5**	
常州	Changzhou	180.5	183.2	187.3	127	福州	Fuzhou	312.8	318.2	330.6	44
苏州	Suzhou	323.2	328.9	339.7	42	厦门	Xiamen	90.0	95.9	106.5	214
南通	Nantong	385.6	387.4	389.2	24	莆田	Putian	159.5	161.7	168.3	151
连云港	Lianyungang	238.4	244.4	253.6	85	三明	Sanming	130.6	131.1	135.5	184
淮安	Huaian	262.0	265.3	274.5	65	泉州	Quanzhou	334.2	336.8	348.4	37
盐城	Yancheng	396.0	398.9	400.7	20	漳州	Zhangzhou	230.5	234.8	244.1	87
扬州	Yangzhou	228.9	288.4	230.7	97	南平	Nanping	151.4	151.6	154.7	163
镇江	Zhenjiang	135.5	136.5	137.2	181	龙岩	Longyan	143.7	144.1	149.0	168
泰州	Taizhou	246.9	247.7	248.9	86	宁德	Ningde	160.2	162.4	165.3	155
宿迁	Suqian	264.1	269.3	282.0	62	**江西**	**Jiangxi**	**2234.4**	**2288.4**	**2221.9**	
浙江	**Zhejiang**	**2334.8**	**2365.7**	**2410.6**		南昌	Nanchang	241.4	245.4	255.7	81
杭州	Hangzhou	342.6	349.6	362.9	31	景德镇	Jingdezhen	76.2	77.4	79.5	235
宁波	Ningbo	286.9	289.4	295.0	57	萍乡	Pingxiang	91.7	92.6	94.1	223
温州	Wenzhou	378.1	384.8	390.3	23	九江	Jiujiang	232.8	234.9	237.2	94
嘉兴	Jiaxing	172.5	174.4	177.5	144	新余	Xinyu	54.1	54.8	56.2	254
湖州	Huzhou	130.1	131.3	133.0	187	鹰潭	Yingtan	53.5	54.1	55.4	256
绍兴	Shaoxing	218.4	219.8	221.7	103	赣州	Ganzhou	411.7	416.1	418.5	17
金华	Jinhua	227.6	229.9	234.7	96	吉安	Jian	231.5	234.1	238.7	93
衢州	Quzhou	121.5	122.8	125.2	194	宜春	Yichun	259.7	263.4	267.1	72
舟山	Zhoushan	48.5	48.9	49.2	261	抚州	Fuzhou	187.7	189.8	193.2	123
台州	Taizhou	283.5	287.7	291.9	58	上饶	Shangrao	318.7	322.6	326.3	48
丽水	Lishui	125.2	127.0	129.1	189	**山东**	**Shandong**	**4697.3**	**4711.9**	**4822.5**	
安徽	**Anhui**	**3282.7**	**3325.4**	**3334.1**		济南	Jinan	302.8	305.9	314.8	51
合肥	Hefei	237.0	341.9	346.5	39	青岛	Qingdao	381.7	385.7	394.2	21
芜湖	Wuhu	111.4	185.3	185.9	128	淄博	Zibo	211.2	212.3	215.5	106
蚌埠	Bengbu	174.7	177.5	181.1	138	枣庄	Zaozhuang	187.8	188.9	193.3	122
淮南	Huainan	116.9	117.0	182.0	136	东营	Dongying	91.7	92.5	95.5	221
马鞍山	Maanshan	62.8	110.5	110.7	209	烟台	Yantai	325.0	325.0	327.4	46
淮北	Huaibei	107.1	106.2	105.4	216	潍坊	Weifang	432.4	434.9	442.3	12
铜陵	Tongling	36.2	36.5	82.9	231	济宁	Jining	410.6	411.2	419.6	16
安庆	Anqing	297.4	299.9	253.7	84	泰安	Taian	275.1	276.0	279.1	64
黄山	Huangshan	72.2	71.9	72.0	243	威海	Weihai	126.5	126.9	127.9	190
滁州	Chuzhou	217.7	218.1	215.8	105	日照	Rizhao	141.7	141.6	145.0	171
阜阳	Fuyang	486.0	499.1	498.2	5	莱芜	Laiwu	62.4	62.3	63.4	247
宿州	Suzhou	312.0	315.8	312.3	53	临沂	Linyi	521.3	525.6	541.3	4
六安	Liuan	333.0	335.1	273.6	67	德州	Dezhou	281.7	284.2	289.4	59
亳州	Bozhou	285.8	292.9	299.7	55	聊城	Liaocheng	294.7	290.8	302.3	54

1-10 年末女性人口 续表 2

Female Population at Year-end continued 2

单位：万人 （10 000 persons）

地名	City	2010	2012	2015	2015 排名 Ranking	地名	City	2010	2012	2015	2015 排名 Ranking
滨州	Binzhou	187.4	188.7	192.7	125	常德	Changde	305.1	285.1	288.0	60
菏泽	Heze	463.3	459.3	478.8	9	张家界	Zhangjiajie	79.6	73.5	74.2	241
河南	**Henan**	**5223.6**	**5274.6**	**4675.0**		益阳	Yiyang	231.9	210.7	214.1	107
郑州	Zhengzhou	356.8	446.5	475.0	11	郴州	Chenzhou	240.6	222.3	227.1	99
开封	Kaifeng	248.5	230.2	222.0	102	永州	Yongzhou	288.6	252.2	261.7	76
洛阳	Luoyang	337.2	327.4	334.0	43	怀化	Huaihua	244.4	230.0	236.6	95
平顶山	Pingdingshan	256.9	240.0	241.0	92	娄底	Loudi	207.6	182.6	185.3	130
安阳	Anyang	293.7	263.3	261.0	77	**广东**	**Guangdong**	**4132.9**	**4187.4**	**4371.3**	
鹤壁	Hebi	77.5	76.7	77.0	238	广州	Guangzhou	397.1	406.5	424.9	15
新乡	Xinxiang	293.0	284.0	281.0	63	韶关	Shaoguan	158.6	157.3	159.2	161
焦作	Jiaozuo	178.3	176.9	174.0	146	深圳	Shenzhen	122.0	141.9	179.2	142
濮阳	Puyang	191.3	178.3	178.0	143	珠海	Zhuhai	51.3	52.1	55.2	257
许昌	Xuchang	232.6	209.1	210.0	111	汕头	Shantou	261.6	265.7	274.0	66
漯河	Luohe	132.6	125.0	124.0	196	佛山	Foshan	186.2	189.8	195.9	119
三门峡	Sanmenxia	109.3	110.2	110.0	210	江门	Jiangmen	194.3	194.4	194.2	121
南阳	Nanyang	562.2	490.0	484.0	8	湛江	Zhanjiang	365.6	367.2	384.8	25
商丘	Shangqiu	442.7	364.7	362.0	32	茂名	Maoming	350.2	248.8	365.3	30
信阳	Xinyang	421.4	314.4	313.0	52	肇庆	Zhaoqing	204.2	206.6	210.8	110
周口	Zhoukou	563.9	447.7	436.0	13	惠州	Huizhou	165.9	168.5	176.1	145
驻马店	Zhumadian	438.4	345.0	346.0	40	梅州	Meizhou	251.1	254.8	264.0	75
湖北	**Hubei**	**2965.3**	**2971.4**			汕尾	Shanwei	164.5	166.9	172.4	148
武汉	Wuhan	407.0	400.7			河源	Heyuan	175.9	174.0	179.4	141
黄石	Huangshi	123.9	124.8			阳江	Yangjiang	132.9	132.0	137.5	179
十堰	Shiyan	163.3	163.3			清远	Qingyuan	200.8	195.8	201.3	117
宜昌	Yichang	194.4	194.8			东莞	Dongguan	89.5	91.7	96.3	220
襄阳	Xiangyang	288.5	288.4			中山	Zhongshan	74.8	76.5	80.0	234
鄂州	Ezhou	52.1	51.9			潮州	Chaozhou	128.8	131.0	134.7	186
荆门	Jingmen	147.2	148.6			揭阳	Jieyang	323.2	329.5	343.9	41
孝感	Xiaogan	254.4	251.7			云浮	Yunfu	134.5	136.7	142.1	173
荆州	Jingzhou	321.4	325.0			**广西**	**Guangxi**	**2527.4**	**2546.0**	**2605.0**	
黄冈	Huanggang	352.9	353.9			南宁	Nanning	337.6	333.6	352.7	36
咸宁	Xianning	139.0	142.6			柳州	Liuzhou	179.6	173.7	183.8	133
随州	Suizhou	124.1	125.0			桂林	Guilin	249.1	243.3	254.2	83
湖南	**Hunan**	**3400.5**	**3431.2**	**3286.9**		梧州	Wuzhou	153.0	155.1	161.1	158
长沙	Changsha	321.2	351.5	367.8	29	北海	Beihai	79.4	78.5	81.6	232
株洲	Zhuzhou	190.8	190.7	195.3	120	防城港	Fangchenggang	41.6	40.0	43.8	262
湘潭	Xiangtan	140.7	136.4	138.4	177	钦州	Qinzhou	175.9	175.2	183.1	134
衡阳	Hengyang	376.7	347.0	353.6	35	贵港	Guigang	247.2	240.5	257.2	80
邵阳	Shaoyang	378.2	337.9	346.6	38	玉林	Yulin	314.4	317.7	329.6	45
岳阳	Yueyang	272.0	265.5	271.3	70	百色	Baise	183.2	187.7	197.9	118

1-10　年末女性人口　续表 3
Female Population at Year-end continued 3

单位：万人　　　　　　　　　　　　　　　　　　　　　　　　　　　（10 000 persons）

地名	City	2010	2012	2015	2015 排名 Ranking
贺州	Hezhou	111.2	107.0	113.3	207
河池	Hechi	191.9	195.1	203.5	116
来宾	Laibin	119.5	120.7	126.2	192
崇左	Chongzuo	116.0	112.9	117.4	202
海南	**Hainan**	**428.4**	**430.2**	**432.2**	
海口	Haikou	78.0	78.4	80.1	233
三亚	Sanya	27.9	28.0	28.3	266
三沙	Sansha			0.0	271
重庆	**Chongqing**	**1594.4**	**1617.6**		
四川	**Sichuan**	**4360.9**	**4412.4**	**4421.9**	
成都	Chengdu	573.3	587.4	617.9	2
自贡	Zigong	159.4	160.9	160.7	159
攀枝花	Panzhihua	54.1	54.6	54.2	258
泸州	Luzhou	241.7	243.1	243.9	89
德阳	Deyang	189.5	191.3	191.3	126
绵阳	Mianyang	262.5	264.4	265.2	73
广元	Guangyuan	150.8	152.0	148.4	169
遂宁	Suining	184.6	181.4	183.0	135
内江	Neijiang	205.8	206.3	205.8	114
乐山	Leshan	172.7	173.8	173.4	147
南充	Nanchong	360.2	363.8	354.3	34
眉山	Meishan	170.5	171.4	171.0	150
宜宾	Yibin	257.9	261.6	264.8	74
广安	Guangan	222.2	223.0	222.7	101
达州	Dazhou	325.4	331.0	324.4	49
雅安	Yaan	75.5	76.4	75.7	239
巴中	Bazhong	186.2	186.9	181.2	137
资阳	Ziyang	240.1	242.5	241.8	91
贵州	**Guizhou**	**2008.6**	**1976.4**	**1708.9**	
贵阳	Guiyang	182.3	183.8	193.0	124
六盘水	Liupanshui	151.6	151.7	157.6	162
遵义	Zunyi	368.2	369.9	379.5	26
安顺	Anshun	135.3	137.2	143.1	172
毕节	Bijie	398.2	408.9	429.9	14
铜仁	Tongren	200.5	202.3	206.9	113
云南	**Yunnan**	**2195.9**	**2216.4**	**2280.8**	
昆明	Kunming	312.9	268.5	323.9	50
曲靖	Qujing	298.2	303.3	287.8	61
玉溪	Yuxi	106.6	106.4	115.1	203
保山	Baoshan	122.1	124.9	125.8	193
昭通	Zhaotong	272.1	275.5	257.8	79
丽江	Lijiang	60.2	58.4	61.9	249
普洱	Puer	119.4	120.7	123.3	197
临沧	Lincang	113.2	113.7	119.3	199
西藏	**Tibet**	**145.7**	**154.4**		
拉萨	Lasa	27.2			
陕西	**Shaanxi**	**1865.9**	**1895.2**	**1904.2**	
西安	Xi'an	383.9	392.0	403.4	19
铜川	Tongchuan	40.8	41.0	40.3	264
宝鸡	Baoji	183.6	185.4	185.3	129
咸阳	Xianyang	250.9	254.9	254.9	82
渭南	Weinan	275.3	277.7	273.5	68
延安	Yan'an	111.2	113.0	112.9	208
汉中	Hanzhong	180.8	183.4	184.7	131
榆林	Yulin	174.5	179.1	180.2	140
安康	Ankang	140.7	141.9	141.8	174
商洛	Shangluo	115.0	117.7	118.0	201
甘肃	**Gansu**	**1312.3**	**1312.7**	**1272.7**	
兰州	Lanzhou	158.4	158.5	180.8	139
嘉峪关	Jiayuguan	8.9	9.2	12.1	270
金昌	Jinchang	21.9	22.1	23.0	268
白银	Baiyin	87.1	84.7	83.7	229
天水	Tianshui	178.3	179.6	163.0	156
武威	Wuwei	92.6	89.4	88.2	227
张掖	Zhangye	63.5	63.4	59.8	251
平凉	Pingliang	111.8	112.2	103.2	218
酒泉	Jiuquan	49.3	50.0	53.9	259
庆阳	Qingyang	124.5	125.7	109.2	211
定西	Dingxi	144.4	142.1	136.0	183
陇南	Longnan	134.4	133.8	125.2	195
青海	**Qinghai**	**270.2**	**278.7**		
西宁	Xining	96.7	98.2		
海东	Haidong				
宁夏	**Ningxia**	**315.7**	**324.3**	**327.5**	
银川	Yinchuan	96.7	102.0	106.0	215
石嘴山	Shizuishan	35.1	36.6	38.8	265
吴忠	Wuzhong	62.7	64.2	67.1	245
固原	Guyuan	61.1	62.1	59.5	252
中卫	Zhongwei	52.9	53.8	55.9	255
新疆	**Xinjiang**	**1060.1**	**1092.5**	**1143.4**	
乌鲁木齐	Urumqi	116.5	124.2	130.0	188
克拉玛依	Karamay	13.6	14.1	14.9	269

1-11 年平均人口
Annual Average Population

单位：万人 （10 000 persons）

地名	City	2010	2014	2015	2015 排名 Ranking
全国	**Nation Total**	**123642.3**	**127610.8**	**128743.6**	
北京	**Beijing**	**1251.8**	**1324.9**	**1339.3**	
天津	**Tianjin**	**982.4**	**1010.3**	**1021.8**	
河北	**Hebei**	**7257.4**	**7490.7**	**7524.9**	
石家庄	Shijiazhuang	983.3	1020.1	1026.9	8
唐山	Tangshan	734.5	750.3	754.1	34
秦皇岛	Qinhuangdao	287.8	293.9	295.3	181
邯郸	Handan	953.2	1020.7	1039.6	7
邢台	Xingtai	725.3	767.9	727.5	39
保定	Baoding	1158.2	1145.3	1152.1	5
张家口	Zhangjiakou	464.1	467.8	468.8	106
承德	Chengde	372.4	379.4	381.5	138
沧州	Cangzhou	724.2	758.5	771.4	31
廊坊	Langfang	416.2	436.4	455.3	109
衡水	Hengshui	438.2	450.3	452.4	110
山西	**Shanxi**	**3458.5**	**3561.1**	**3520.8**	
太原	Taiyuan	365.3	368.6	368.6	146
大同	Datong	316.6	338.3	317.5	170
阳泉	Yangquan	130.5	133.0	132.7	258
长治	Changzhi	330.6	338.9	341.2	159
晋城	Jincheng	216.4	218.9	219.2	224
朔州	Shuozhou	158.2	174.9	175.8	242
晋中	Jinzhong	320.5	331.0	330.1	163
运城	Yuncheng	503.7	525.2	510.2	94
忻州	Xinzhou	307.2	312.0	313.5	171
临汾	Linfen	437.2	428.1	429.8	116
吕梁	Lvliang	372.4	392.3	382.3	137
内蒙古	**Inner Mongolia**	**2136.4**	**2142.2**	**2172.5**	
呼和浩特	Hohhot	228.5	236.0	238.3	214
包头	Baotou	219.7	224.4	223.8	222
乌海	Wuhai	50.5	55.4	55.5	281
赤峰	Chifeng	433.5	430.5	464.2	107
通辽	Tongliao	318.8	320.3	319.4	169
鄂尔多斯	Erdos	150.9	155.1	156.6	252
呼伦贝尔	Hulunbuir	271.5	259.6	262.6	202
巴彦淖尔	Bayannur	174.7	180.9	176.7	241
乌兰察布	Ulanqab	288.3	280.1	275.4	191
辽宁	**Liaoning**	**4253.8**	**4241.1**	**4237.0**	

地名	City	2010	2014	2015	2015 排名 Ranking
沈阳	Shenyang	718.1	729.0	730.6	38
大连	Dalian	585.6	592.9	593.9	69
鞍山	Anshan	351.9	349.0	347.1	155
抚顺	Fushun	221.8	217.7	216.6	226
本溪	Benxi	155.0	152.2	151.6	254
丹东	Dandong	242.0	239.6	238.8	213
锦州	Jinzhou	309.3	305.6	303.9	175
营口	Yingkou	235.3	232.9	233.0	219
阜新	Fuxin	192.3	191.1	190.2	233
辽阳	Liaoyang	183.4	179.9	179.4	238
盘锦	Panjin	130.6	129.1	129.4	260
铁岭	Tieling	305.6	302.0	301.2	176
朝阳	Chaoyang	340.9	340.1	340.8	160
葫芦岛	Huludao	282.0	280.3	280.4	188
吉林	**Jilin**	**2503.2**	**2460.2**	**2452.6**	
长春	Changchun	757.7	753.6	754.2	33
吉林	Jilin	434.1	428.4	427.0	118
四平	Siping	339.8	328.3	327.3	166
辽源	Liaoyuan	123.8	121.9	121.3	266
通化	Tonghua	226.5	222.2	221.7	223
白山	Baishan	129.2	126.7	125.8	263
松原	Songyuan	289.2	280.7	278.3	190
白城	Baicheng	202.9	198.4	197.2	231
黑龙江	**Heilongjiang**	**3790.3**	**3696.3**	**3696.6**	
哈尔滨	Harbin	991.8	991.3	974.3	11
齐齐哈尔	Qiqihar	569.8	555.1	551.3	81
鸡西	Jixi	189.2	183.6	181.7	236
鹤岗	Hegang	109.3	107.4	106.3	272
双鸭山	Shuangyashan	151.2	132.4	184.2	235
大庆	Daqing	278.0	271.2	270.9	193
伊春	Yichun	127.2	122.0	121.6	265
佳木斯	Jiamusi	253.0	241.7	239.5	211
七台河	Qitaihe	92.8	89.4	85.7	276
牡丹江	Mudanjiang	271.0	263.9	262.8	201
黑河	Heihe	173.9	170.8	168.0	246
绥化	Suihua	583.0	567.5	550.3	82
上海	**Shanghai**	**1406.5**	**1435.5**	**1440.8**	
江苏	**Jiangsu**	**7442.9**	**7650.8**	**7701.2**	

1-11 年平均人口 续表 1
Annual Average Population continued 1

单位：万人 (10 000 persons)

地名	City	2010	2014	2015	2015 排名 Ranking	地名	City	2010	2014	2015	2015 排名 Ranking
南京	Nanjing	631.1	645.9	651.1	53	池州	Chizhou	160.2	161.3	161.1	250
无锡	Wuxi	466.1	474.7	479.0	102	宣城	Xuancheng	278.1	280.0	280.0	189
徐州	Xuzhou	965.3	1015.2	1026.1	9	**福建**	**Fujian**	**3514.8**	**3665.3**	**3708.2**	
常州	Changzhou	360.3	367.3	369.8	145	福州	Fuzhou	641.9	670.2	676.7	49
苏州	Suzhou	635.5	657.5	664.0	51	厦门	Xiamen	178.6	200.1	207.3	228
南通	Nantong	762.8	767.1	767.2	32	莆田	Putian	321.6	337.7	342.7	157
连云港	Lianyungang	494.2	523.4	528.5	87	三明	Sanming	271.9	281.2	284.1	187
淮安	Huaian	536.5	556.6	562.4	75	泉州	Quanzhou	683.1	709.9	719.3	42
盐城	Yancheng	814.3	826.2	828.3	20	漳州	Zhangzhou	473.5	494.0	499.7	99
扬州	Yangzhou	459.0	460.6	461.2	108	南平	Nanping	312.0	317.6	319.5	168
镇江	Zhenjiang	270.3	271.9	271.9	192	龙岩	Longyan	294.5	304.9	308.3	172
泰州	Taizhou	504.3	508.2	508.2	95	宁德	Ningde	337.7	349.7	350.6	153
宿迁	Suqian	543.4	576.4	583.5	72	**江西**	**Jiangxi**	**4665.5**	**4813.9**	**4863.2**	
浙江	**Zhejiang**	**4732.1**	**4843.0**	**4866.3**		南昌	Nanchang	499.8	513.9	519.1	91
杭州	Hangzhou	686.3	711.2	719.7	41	景德镇	Jingdezhen	161.7	167.1	167.3	248
宁波	Ningbo	572.6	582.0	585.2	71	萍乡	Pingxiang	187.5	195.7	197.6	230
温州	Wenzhou	783.0	810.5	812.5	24	九江	Jiujiang	494.5	510.6	514.9	92
嘉兴	Jiaxing	340.6	347.0	348.8	154	新余	Xinyu	117.2	121.9	122.9	264
湖州	Huzhou	259.6	263.1	263.8	200	鹰潭	Yingtan	120.9	125.8	126.5	262
绍兴	Shaoxing	438.3	442.4	443.1	113	赣州	Ganzhou	902.1	941.4	957.4	13
金华	Jinhua	465.2	474.2	476.6	103	吉安	Jian	492.1	487.4	489.0	100
衢州	Quzhou	250.6	254.9	256.0	204	宜春	Yichun	553.9	586.9	596.3	67
舟山	Zhoushan	96.8	97.4	97.4	274	抚州	Fuzhou	401.6	397.0	398.5	128
台州	Taizhou	580.8	595.6	597.3	65	上饶	Shangrao	734.3	766.4	773.8	30
丽水	Lishui	258.5	264.8	266.0	198	**山东**	**Shandong**	**9320.3**	**9679.6**	**9853.0**	
安徽	**Anhui**	**6810.5**	**6932.0**	**6942.7**		济南	Jinan	603.7	617.4	623.7	60
合肥	Hefei	493.2	712.2	715.3	44	青岛	Qingdao	763.3	777.2	781.9	28
芜湖	Wuhu	229.8	384.5	384.7	135	淄博	Zibo	421.9	426.7	428.8	117
蚌埠	Bengbu	361.4	368.9	373.7	143	枣庄	Zaozhuang	388.9	398.6	405.6	125
淮南	Huainan	243.3	243.3	244.8	210	东营	Dongying	184.7	188.0	189.9	234
马鞍山	Maanshan	128.9	228.1	227.9	221	烟台	Yantai	651.6	652.3	653.3	52
淮北	Huaibei	218.5	214.9	215.9	227	潍坊	Weifang	870.8	885.6	890.9	16
铜陵	Tongling	74.0	74.0	73.8	279	济宁	Jining	837.2	854.0	863.8	18
安庆	Anqing	615.8	621.1	621.9	61	泰安	Taian	556.4	560.6	564.0	73
黄山	Huangshan	148.3	147.6	147.7	256	威海	Weihai	253.3	254.3	254.8	205
滁州	Chuzhou	450.5	449.5	449.3	111	日照	Rizhao	286.8	292.0	294.9	182
阜阳	Fuyang	1006.2	1052.3	1047.0	6	莱芜	Laiwu	128.9	127.2	128.1	261
宿州	Suzhou	638.6	642.1	645.9	56	临沂	Linyi	1004.8	1101.8	1186.3	3
六安	Liuan	705.4	718.6	719.1	43	德州	Dezhou	569.7	581.0	585.2	70
亳州	Bozhou	598.8	633.6	634.7	57	聊城	Liaocheng	594.2	604.8	617.2	62

1-11 年平均人口 续表 2
Annual Average Population continued 2

单位：万人 （10 000 persons）

地名	City	2010	2014	2015	2015 排名 Ranking
滨州	Binzhou	377.4	384.2	387.9	131
菏泽	Heze	826.8	974.0	996.8	10
河南	**Henan**	**10667.6**	**10970.2**	**11033.8**	
郑州	Zhengzhou	738.0	780.2	802.3	25
开封	Kaifeng	530.9	551.0	551.3	80
洛阳	Luoyang	699.2	694.3	698.3	46
平顶山	Pingdingshan	536.0	554.2	559.7	76
安阳	Anyang	581.4	597.8	614.4	63
鹤壁	Hebi	160.9	166.4	167.8	247
新乡	Xinxiang	600.6	627.8	634.0	58
焦作	Jiaozuo	366.4	368.7	370.7	144
濮阳	Puyang	407.0	420.9	426.7	119
许昌	Xuchang	487.6	498.2	502.3	98
漯河	Luohe	277.3	270.4	267.4	195
三门峡	Sanmenxia	229.9	227.3	228.2	220
南阳	Nanyang	1177.1	1178.0	1179.7	4
商丘	Shangqiu	914.4	946.1	955.4	14
信阳	Xinyang	865.6	887.0	867.3	17
周口	Zhoukou	1215.6	1230.4	1236.6	1
驻马店	Zhumadian	879.6	971.5	971.9	12
湖北	**Hubei**	**5319.8**	**5263.0**	**5317.2**	
武汉	Wuhan	836.1	824.7	828.3	20
黄石	Huangshi	259.4	263.7	266.6	197
十堰	Shiyan	353.2	346.8	337.8	161
宜昌	Yichang	400.0	400.2	411.0	124
襄阳	Xiangyang	590.0	595.3	595.6	68
鄂州	Ezhou	104.2	105.8	105.9	273
荆门	Jingmen	300.7	300.5	299.7	178
孝感	Xiaogan	529.9	526.6	526.1	90
荆州	Jingzhou	660.1	659.7	650.8	54
黄冈	Huanggang	738.6	683.8	742.9	36
咸宁	Xianning	290.8	298.5	298.4	179
随州	Suizhou	256.9	257.4	254.0	206
湖南	**Hunan**	**6706.8**	**6860.3**	**6868.7**	
长沙	Changsha	652.0	667.1	675.9	50
株洲	Zhuzhou	387.2	394.8	402.9	127
湘潭	Xiangtan	295.2	290.7	290.4	185
衡阳	Hengyang	765.7	788.7	790.2	26
邵阳	Shaoyang	779.1	812.5	820.2	22
岳阳	Yueyang	561.3	561.6	563.8	74

地名	City	2010	2014	2015	2015 排名 Ranking
常德	Changde	623.9	607.9	608.9	64
张家界	Zhangjiajie	164.1	151.6	171.1	244
益阳	Yiyang	473.5	481.5	482.0	101
郴州	Chenzhou	481.2	514.4	471.4	104
永州	Yongzhou	588.7	626.8	631.0	59
怀化	Huaihua	508.2	520.3	514.6	93
娄底	Loudi	426.8	442.5	446.3	112
广东	**Guangdong**	**8374.0**	**8716.5**	**8833.4**	
广州	Guangzhou	800.4	837.4	848.3	19
韶关	Shaoguan	328.1	328.6	329.7	164
深圳	Shenzhen	252.9	321.3	343.6	156
珠海	Zhuhai	103.7	109.4	111.3	270
汕头	Shantou	517.4	543.3	548.5	83
佛山	Foshan	369.3	383.6	387.3	133
江门	Jiangmen	391.9	393.2	392.4	129
湛江	Zhanjiang	699.7	719.0	722.7	40
茂名	Maoming	741.2	765.0	779.1	29
肇庆	Zhaoqing	418.1	431.8	436.0	114
惠州	Huizhou	330.8	345.9	352.8	151
梅州	Meizhou	511.1	526.8	536.2	86
汕尾	Shanwei	342.8	355.8	359.0	149
河源	Heyuan	353.7	363.1	365.9	147
阳江	Yangjiang	279.2	287.3	290.8	184
清远	Qingyuan	410.8	411.0	415.4	122
东莞	Dongguan	180.3	190.2	193.2	232
中山	Zhongshan	148.5	155.1	157.4	251
潮州	Chaozhou	259.4	268.0	269.4	194
揭阳	Jieyang	655.5	688.4	697.9	47
云浮	Yunfu	279.3	292.3	296.6	180
广西	**Guangxi**	**5232.3**	**5223.6**	**5449.3**	
南宁	Nanning	702.6	727.0	734.9	37
柳州	Liuzhou	370.1	375.2	379.8	140
桂林	Guilin	515.3	524.1	527.7	88
梧州	Wuzhou	321.2	338.2	342.1	158
北海	Beihai	163.5	169.3	172.0	243
防城港	Fangchenggang	89.1	93.6	94.9	275
钦州	Qinzhou	379.4	399.0	403.1	126
贵港	Guigang	516.8	540.7	546.1	85
玉林	Yulin	664.0	564.1	709.3	45
百色	Baise	402.1	411.8	412.6	123

1-11 年平均人口 续表 3
Annual Average Population continued 3

单位：万人 （10 000 persons）

地名	City	2010	2014	2015	2015 排名 Ranking
贺州	Hezhou	203.5	200.7	238.9	212
河池	Hechi	404.4	416.8	422.2	121
来宾	Laibin	257.5	215.6	217.2	225
崇左	Chongzuo	242.7	247.4	248.5	209
海南	**Hainan**	**215.7**	**222.4**	**319.5**	
海口	Haikou	159.3	164.3	165.1	249
三亚	Sanya	56.4	58.1	58.2	280
三沙	Sansha				
重庆	**Chongqing**	**3289.5**	**3366.8**	**3373.5**	
四川	**Sichuan**	**8317.8**	**8384.3**	**8423.0**	
成都	Chengdu	1144.4	1199.4	1219.4	2
自贡	Zigong	327.2	329.9	328.7	165
攀枝花	Panzhihua	111.5	111.9	111.3	271
泸州	Luzhou	499.1	508.7	507.3	96
德阳	Deyang	388.8	392.3	391.3	130
绵阳	Mianyang	543.3	548.1	547.1	84
广元	Guangyuan	311.8	310.2	307.7	173
遂宁	Suining	384.2	327.9	379.6	141
内江	Neijiang	425.6	426.4	423.2	120
乐山	Leshan	353.3	355.9	354.8	150
南充	Nanchong	752.6	759.0	750.7	35
眉山	Meishan	348.6	352.6	351.1	152
宜宾	Yibin	537.0	552.4	553.2	78
广安	Guangan	468.1	471.0	469.3	105
达州	Dazhou	671.5	687.9	685.5	48
雅安	Yaan	155.0	157.1	156.1	253
巴中	Bazhong	394.6	386.6	381.3	139
资阳	Ziyang	501.2	507.3	505.5	97
贵州	**Guizhou**	**1729.0**	**3083.3**	**3128.7**	
贵阳	Guiyang	370.1	381.0	387.4	132
六盘水	Liupanshui	314.7	326.9	330.9	162
遵义	Zunyi	767.5	782.8	790.2	27
安顺	Anshun	276.6	289.3	293.2	183
毕节	Bijie		875.7	892.5	15
铜仁	Tongren		427.8	434.6	115
云南	**Yunnan**	**2865.4**	**2876.8**	**2901.1**	
昆明	Kunming	579.6	548.7	553.0	79
曲靖	Qujing	621.3	634.3	647.2	55
玉溪	Yuxi	229.7	234.6	235.7	216
保山	Baoshan	251.5	257.9	259.0	203
昭通	Zhaotong	567.6	590.5	596.8	66
丽江	Lijiang	120.5	120.6	121.0	267
普洱	Puer	253.9	253.2	251.9	207
临沧	Lincang	241.4	237.1	236.6	215
西藏	**Tibet**		**61.4**	**52.9**	
拉萨	Lasa		61.4	52.9	282
陕西	**Shaanxi**	**3833.4**	**3852.7**	**3918.8**	
西安	Xi'an	782.2	811.1	815.5	23
铜川	Tongchuan	83.4	84.8	83.8	277
宝鸡	Baoji	379.9	384.7	384.2	136
咸阳	Xianyang	518.2	529.9	527.1	89
渭南	Weinan	558.5	530.2	556.0	77
延安	Yan'an	228.9	236.1	234.9	217
汉中	Hanzhong	381.5	385.2	384.7	134
榆林	Yulin	361.8	375.4	375.7	142
安康	Ankang	304.0	264.0	305.5	174
商洛	Shangluo	234.9	254.2	251.4	208
甘肃	**Gansu**	**2425.2**	**2446.2**	**2440.8**	
兰州	Lanzhou	323.6	321.5	321.8	167
嘉峪关	Jiayuguan	20.3	24.1	20.2	285
金昌	Jinchang	47.0	46.9	47.0	283
白银	Baiyin	180.0	177.5	179.3	239
天水	Tianshui	363.2	363.8	365.8	148
武威	Wuwei	191.0	188.7	181.5	237
张掖	Zhangye	130.6	130.5	129.9	259
平凉	Pingliang	230.4	233.3	233.4	218
酒泉	Jiuquan	97.2	111.2	111.5	269
庆阳	Qingyang	260.1	264.9	264.7	199
定西	Dingxi	299.9	300.8	301.1	177
陇南	Longnan	282.0	283.0	284.5	186
青海	**Qinghai**	**220.7**	**371.9**	**372.9**	
西宁	Xining	220.7	201.5	201.9	229
海东	Haidong		170.5	171.0	245
宁夏	**Ningxia**	**638.4**	**661.2**	**662.9**	
银川	Yinchuan	157.2	174.3	177.6	240
石嘴山	Shizuishan	74.7	76.6	78.0	278
吴忠	Wuzhong	137.8	143.6	142.0	257
固原	Guyuan	151.3	153.8	151.6	255
中卫	Zhongwei	117.4	112.9	113.8	268
新疆	**Xinjiang**	**280.5**	**303.4**	**306.4**	
乌鲁木齐	Urumqi	242.1	264.9	266.9	196
克拉玛依	Karamay	38.4	38.5	39.6	284

1-12 人口自然增长率
Natural Growth Rate

单位：‰ (‰)

地名	City	2010	2014	2015	2015 排名 Ranking
全国	**Nation Total**	**4.79**	**5.21**	**4.96**	
北京	**Beijing**	**3.07**	**7.20**	**3.01**	
天津	**Tianjin**	**2.60**	**6.80**	**0.23**	
河北	**Hebei**	**6.81**	**12.50**	**5.56**	
石家庄	Shijiazhuang	10.69	11.30	11.78	58
唐山	Tangshan	0.57	8.10	3.16	206
秦皇岛	Qinhuangdao	2.07	6.60	1.77	229
邯郸	Handan	20.48	16.90	17.92	10
邢台	Xingtai	16.94	16.40	13.28	36
保定	Baoding	3.21	10.50	7.46	126
张家口	Zhangjiakou	7.68	5.50	2.58	214
承德	Chengde	3.97	8.20	5.49	159
沧州	Cangzhou	15.17	19.40	10.92	71
廊坊	Langfang	8.90	16.20	10.70	74
衡水	Hengshui	6.97	11.50	-0.12	249
山西	**Shanxi**	**5.30**	**7.10**	**4.42**	
太原	Taiyuan	5.77	9.90	3.39	202
大同	Datong	9.16	8.90	0.63	241
阳泉	Yangquan	4.04	5.00	1.45	231
长治	Changzhi	3.48	6.70	2.84	211
晋城	Jincheng	-1.81	1.90	2.80	212
朔州	Shuozhou	8.33	5.60	4.72	178
晋中	Jinzhong	2.36	10.40	2.26	217
运城	Yuncheng	1.67	5.40	4.38	187
忻州	Xinzhou	2.60	4.50	1.01	235
临汾	Linfen	2.89	10.60	7.10	131
吕梁	Lvliang	5.87	5.20	4.89	175
内蒙古	**Inner Mongolia**	**3.76**	**5.40**	**2.40**	
呼和浩特	Hohhot	4.00	9.80	5.35	163
包头	Baotou	-0.38	5.60	3.21	205
乌海	Wuhai	5.54	4.90	3.43	201
赤峰	Chifeng	-2.02	5.00	4.53	182
通辽	Tongliao	1.66	4.00	2.87	209
鄂尔多斯	Erdos	12.73	9.90	9.46	97
呼伦贝尔	Hulunbuir	-0.25	1.90	-0.38	255
巴彦淖尔	Bayannur	5.13	7.10	5.46	160
乌兰察布	Ulanqab	4.40	3.50	3.53	200
辽宁	**Liaoning**	**0.42**	**1.90**	**-0.42**	
沈阳	Shenyang	-0.59	1.90	-1.58	266
大连	Dalian	-1.14	3.40	0.20	245
鞍山	Anshan	-1.65	-0.90	-3.05	277
抚顺	Fushun	-5.69	-0.90	-2.04	270
本溪	Benxi	-4.45	0.50	-1.71	267
丹东	Dandong	-5.12	0.10	-2.06	271
锦州	Jinzhou	-5.53		-3.09	278
营口	Yingkou	-1.62	2.90	0.07	248
阜新	Fuxin	-2.99	1.30	-4.95	283
辽阳	Liaoyang	-0.64	1.10	-1.29	262
盘锦	Panjin	4.38	3.40	1.93	224
铁岭	Tieling	-1.72	2.10	-0.84	258
朝阳	Chaoyang	-1.46	5.50	4.98	170
葫芦岛	Huludao	-3.91	4.00	0.88	238
吉林	**Jilin**	**2.03**	**2.50**	**0.34**	
长春	Changchun	3.81	4.80	2.15	220
吉林	Jilin	2.11	1.00	-0.39	256
四平	Siping	2.59	1.10	-0.15	251
辽源	Liaoyuan	2.41	2.00	-4.44	281
通化	Tonghua	-0.23	2.30	0.13	246
白山	Baishan	0.79	0.50	-1.33	263
松原	Songyuan	4.33	5.50	5.54	156
白城	Baicheng	-1.37	-3.40	-2.96	275
黑龙江	**Heilongjiang**	**2.32**	**0.30**	**-0.60**	
哈尔滨	Harbin	3.21	0.50	-0.17	252
齐齐哈尔	Qiqihar	-4.33	0.60	-0.72	257
鸡西	Jixi	1.03	-1.40	-5.01	284
鹤岗	Hegang	-1.07	-1.30	-3.70	279
双鸭山	Shuangyashan	0.38	-1.90	-2.95	274
大庆	Daqing	-3.73	-0.10	1.80	227
伊春	Yichun	-2.53	-3.70	-5.44	285
佳木斯	Jiamusi	2.56	1.40	-2.12	272
七台河	Qitaihe	4.04	1.50	-0.96	260
牡丹江	Mudanjiang	0.08	0.20	-0.25	253
黑河	Heihe	2.40	-1.50	-1.89	269
绥化	Suihua	6.83	2.20	0.95	236
上海	**Shanghai**	**1.98**	**0.30**	**2.45**	
江苏	**Jiangsu**	**2.85**	**7.10**	**2.02**	

1-12 人口自然增长率 续表 1
Natural Growth Rate continued 1

单位：‰ (‰)

地名	City	2010	2014	2015	2015 排名 Ranking	地名	City	2010	2014	2015	2015 排名 Ranking
南京	Nanjing	0.89	5.20	4.16	193	池州	Chizhou	1.76	5.10	5.50	158
无锡	Wuxi	0.70	3.50	1.43	232	宣城	Xuancheng	1.51	0.90	3.65	199
徐州	Xuzhou	0.93	17.30	9.06	103	**福建**	**Fujian**	**6.11**	**16.50**	**7.80**	
常州	Changzhou	-0.71	3.50	2.66	213	福州	Fuzhou	14.50	13.00	10.70	74
苏州	Suzhou	2.44	5.00	3.05	207	厦门	Xiamen	4.23	11.30	13.07	39
南通	Nantong	-0.89	-0.60	-1.38	265	莆田	Putian	11.00	20.00	12.98	42
连云港	Lianyungang	4.99	13.20	11.08	70	三明	Sanming	4.82	23.00	11.90	56
淮安	Huaian	6.70	10.90	8.95	106	泉州	Quanzhou	10.01	18.20	12.17	50
盐城	Yancheng	4.23	3.90	4.39	186	漳州	Zhangzhou	8.13	16.30	11.92	55
扬州	Yangzhou	-1.63	2.30	1.79	228	南平	Nanping	12.53	13.10	8.25	116
镇江	Zhenjiang	0.07	1.80	1.55	230	龙岩	Longyan	6.26	16.90	11.67	60
泰州	Taizhou	-1.92	1.10	0.83	239	宁德	Ningde	3.67	16.70	10.89	73
宿迁	Suqian	8.58	15.90	13.06	40	**江西**	**Jiangxi**	**7.66**	**24.80**	**6.96**	
浙江	**Zhejiang**	**4.73**	**5.10**	**5.02**		南昌	Nanchang	14.19	22.10	10.07	87
杭州	Hangzhou	3.40	6.90	4.23	189	景德镇	Jingdezhen	18.73	6.70	8.43	114
宁波	Ningbo	2.34	3.60	1.85	226	萍乡	Pingxiang	5.97	25.70	7.74	122
温州	Wenzhou	10.10	8.10	7.04	133	九江	Jiujiang	10.09	19.90	10.91	72
嘉兴	Jiaxing	0.66	3.10	0.89	237	新余	Xinyu	12.00	11.40	11.11	69
湖州	Huzhou	0.09	3.40	0.41	243	鹰潭	Yingtan	12.63	22.50	8.64	109
绍兴	Shaoxing	0.28	2.60	0.43	242	赣州	Ganzhou	11.11	30.30	11.29	66
金华	Jinhua	3.62	4.00	5.78	150	吉安	Jian	7.47	37.40	10.35	82
衢州	Quzhou	3.54	5.60	4.65	180	宜春	Yichun	5.15	26.20	9.89	89
舟山	Zhoushan	-1.21	0.40	-1.35	264	抚州	Fuzhou	8.35	20.00	17.59	13
台州	Taizhou	6.20	5.10	5.83	149	上饶	Shangrao	13.32	22.50	8.54	113
丽水	Lishui	7.55	6.10	5.76	151	**山东**	**Shandong**	**5.39**	**15.00**	**5.88**	
安徽	**Anhui**	**6.75**	**8.60**	**6.98**		济南	Jinan	2.78	11.10	5.10	166
合肥	Hefei	6.72	7.00	8.12	119	青岛	Qingdao	0.69			
芜湖	Wuhu	0.96	5.00	5.61	154	淄博	Zibo	1.05	6.60	4.20	191
蚌埠	Bengbu	6.70	27.40	14.21	25	枣庄	Zaozhuang	7.36	7.50	7.08	132
淮南	Huainan	7.83	12.40	13.47	34	东营	Dongying	1.81	10.10	7.35	127
马鞍山	Maanshan	3.11	3.60	5.04	168	烟台	Yantai	-2.43	3.30	-0.30	254
淮北	Huaibei	9.78	18.30	10.15	86	潍坊	Weifang	2.83	6.40	6.33	143
铜陵	Tongling	1.99	2.70	4.42	185	济宁	Jining	8.48	21.80	9.62	92
安庆	Anqing	-0.71	2.40	7.65	123	泰安	Taian	2.35	8.20	7.26	128
黄山	Huangshan	-1.44	3.90	4.18	192	威海	Weihai	-1.30	2.50	-1.04	261
滁州	Chuzhou	2.53	7.20	8.26	115	日照	Rizhao	3.46	14.90	8.15	118
阜阳	Fuyang	10.78	10.40	18.39	9	莱芜	Laiwu	0.62	5.50	5.70	152
宿州	Suzhou	7.98	7.50	14.07	26	临沂	Linyi	6.71	22.40	12.89	43
六安	Liuan	-0.69	11.10	10.32	83	德州	Dezhou	2.12	19.70	8.59	111
亳州	Bozhou	3.46	7.20	12.26	48	聊城	Liaocheng	6.65	25.10	17.91	11

1-12 人口自然增长率 续表 2
Natural Growth Rate continued 2

单位：‰ (‰)

地名	City	2010	2014	2015	2015 排名 Ranking	地名	City	2010	2014	2015	2015 排名 Ranking
滨州	Binzhou	-0.21	12.90	6.54	140	常德	Changde	-1.67	5.40	4.92	173
菏泽	Heze	0.23	38.80	13.64	32	张家界	Zhangjiajie	5.19	6.20	5.08	167
河南	**Henan**	**4.95**	**9.30**	**5.65**		益阳	Yiyang	-0.74	8.20	8.84	107
郑州	Zhengzhou	5.46	11.90	10.39	80	郴州	Chenzhou	6.00	5.70	6.50	141
开封	Kaifeng	10.51	15.10	12.72	45	永州	Yongzhou	5.70	10.30	7.93	121
洛阳	Luoyang	6.86	11.50	11.45	64	怀化	Huaihua	7.07	6.00	7.61	124
平顶山	Pingdingshan	8.56	13.50	12.65	46	娄底	Loudi	3.21	12.50	11.78	58
安阳	Anyang	8.07	11.10	12.33	47	**广东**	**Guangdong**	**6.97**	**10.10**	**6.80**	
鹤壁	Hebi	11.65	14.60	11.53	62	广州	Guangzhou	6.72	8.00	12.02	53
新乡	Xinxiang	5.80	8.50	9.46	97	韶关	Shaoguan	8.44	7.60	15.55	23
焦作	Jiaozuo	4.48	9.20	11.60	61	深圳	Shenzhen	12.01	17.50	20.13	5
濮阳	Puyang	6.00	6.40	13.23	37	珠海	Zhuhai	7.45	9.60	9.49	96
许昌	Xuchang	5.29	8.30	9.62	92	汕头	Shantou	4.66	7.30	7.22	129
漯河	Luohe	3.00	-0.10	3.66	198	佛山	Foshan	4.53	6.60	6.72	138
三门峡	Sanmenxia	1.62	4.40	4.26	188	江门	Jiangmen	2.49	2.30	5.70	152
南阳	Nanyang	16.18	6.20	4.93	172	湛江	Zhanjiang	19.30	6.40	6.01	147
商丘	Shangqiu	4.59	4.10	6.81	137	茂名	Maoming	11.94	18.50	18.42	8
信阳	Xinyang	7.62	8.10	13.34	35	肇庆	Zhaoqing	18.11	10.60	12.06	52
周口	Zhoukou	7.27	12.50	10.54	78	惠州	Huizhou	6.94	8.80	9.36	99
驻马店	Zhumadian	9.29	9.90	10.18	85	梅州	Meizhou	7.40	7.30	17.34	14
湖北	**Hubei**	**4.34**	**6.80**	**4.91**		汕尾	Shanwei	14.74	14.10	19.88	6
武汉	Wuhan	1.59	7.20	6.95	135	河源	Heyuan	23.06	14.50	16.44	17
黄石	Huangshi	0.91	16.80	13.16	38	阳江	Yangjiang	9.86	11.50	26.94	2
十堰	Shiyan	8.11	6.60	13.86	27	清远	Qingyuan	12.82	8.70	8.80	108
宜昌	Yichang	-4.72	2.20	1.24	234	东莞	Dongguan	6.13	5.90	6.48	142
襄阳	Xiangyang	7.26	0.70	9.36	99	中山	Zhongshan	5.33	6.00	11.90	56
鄂州	Ezhou	5.61	7.50	15.93	19	潮州	Chaozhou	13.38	7.40	17.63	12
荆门	Jingmen	-7.66	5.40	5.54	156	揭阳	Jieyang	17.40	15.10	13.83	29
孝感	Xiaogan	3.93	7.60	9.00	104	云浮	Yunfu	16.16	10.20	15.60	22
荆州	Jingzhou	-4.54	3.10	9.96	88	**广西**	**Guangxi**	**8.65**	**14.50**	**7.90**	
黄冈	Huanggang	5.60	10.80	11.29	66	南宁	Nanning	14.70	7.00	6.09	145
咸宁	Xianning	0.54	12.70	22.13	4	柳州	Liuzhou	13.09	16.40	10.54	78
随州	Suizhou	-3.97	9.00	12.26	48	桂林	Guilin	10.38	15.30	10.37	81
湖南	**Hunan**	**6.40**	**8.80**	**6.72**		梧州	Wuzhou	28.40	23.80	13.73	31
长沙	Changsha	5.41	10.00	9.72	91	北海	Beihai	31.73	23.60	14.89	24
株洲	Zhuzhou	-0.16	9.00	8.97	105	防城港	Fangchenggang	27.99	19.40	17.33	15
湘潭	Xiangtan	3.11	7.00	6.57	139	钦州	Qinzhou	40.78	4.30	15.87	20
衡阳	Hengyang	4.51	8.60	8.57	112	贵港	Guigang	26.14	19.40	15.86	21
邵阳	Shaoyang	14.76	12.00	9.53	94	玉林	Yulin	28.58	8.80	15.99	18
岳阳	Yueyang	6.68	9.40	10.20	84	百色	Baise	12.63	15.30	11.53	62

1-12 人口自然增长率 续表 3
Natural Growth Rate continued 3

单位：‰ (‰)

地名	City	2010	2014	2015	2015 排名 Ranking	地名	City	2010	2014	2015	2015 排名 Ranking
贺州	Hezhou	39.18	27.20	12.89	43	丽江	Lijiang	-0.61	7.40	4.60	181
河池	Hechi	4.24	16.90	13.76	30	普洱	Puer	-2.09	5.00	4.22	190
来宾	Laibin	20.44	16.50	12.00	54	临沧	Lincang	18.71	6.80	6.98	134
崇左	Chongzuo	4.38	12.80	11.45	64	**西藏**	**Tibet**	**10.25**	**7.00**	**10.65**	
海南	**Hainan**	**8.98**	**10.30**	**8.57**		拉萨	Lasa		7.00	10.66	77
海口	Haikou	13.74	10.70	10.70	74	**陕西**	**Shaanxi**	**3.72**	**4.80**	**3.82**	
三亚	Sanya	9.99	9.30	13.51	33	西安	Xi'an	0.68	9.30	5.32	164
三沙	Sansha			16.67	16	铜川	Tongchuan	2.19	0.80	2.50	215
重庆	**Chongqing**	**2.77**	**5.10**	**3.86**		宝鸡	Baoji	1.13	3.90	4.79	177
四川	**Sichuan**	**2.31**	**2.90**	**3.36**		咸阳	Xianyang	3.32	2.20	4.90	174
成都	Chengdu	-0.16	4.70	5.46	160	渭南	Weinan	4.34	1.60	2.14	221
自贡	Zigong	-5.30	4.00	0.74	240	延安	Yan'an	14.25	4.00	4.11	195
攀枝花	Panzhihua	-0.91	2.70	3.32	203	汉中	Hanzhong	1.36	2.40	2.16	219
泸州	Luzhou	4.39	2.90	2.86	210	榆林	Yulin	11.07	11.90	12.14	51
德阳	Deyang	-1.20	1.50	-0.13	250	安康	Ankang	2.91	1.60	2.38	216
绵阳	Mianyang	-3.59	1.50	2.04	223	商洛	Shangluo	0.74	2.00	5.36	162
广元	Guangyuan	-6.20	1.60	-3.72	280	**甘肃**	**Gansu**	**6.03**	**8.20**	**6.21**	
遂宁	Suining	-4.64	5.10	4.14	194	兰州	Lanzhou	3.05	8.10	4.87	176
内江	Neijiang	2.56	2.20	-1.88	268	嘉峪关	Jiayuguan	3.00	5.40	5.30	165
乐山	Leshan	-0.90	1.20	1.31	233	金昌	Jinchang	6.26	5.00	5.02	169
南充	Nanchong	-0.19	0.50	-2.96	275	白银	Baiyin	8.89	11.00	13.84	28
眉山	Meishan	1.24	3.30	-2.65	273	天水	Tianshui	13.21	10.50	9.18	101
宜宾	Yibin	2.91	2.30	4.05	197	武威	Wuwei	1.20	4.70	4.69	179
广安	Guangan	2.04	5.80	3.22	204	张掖	Zhangye	4.47	4.40	1.91	225
达州	Dazhou	-0.47	3.80	4.10	196	平凉	Pingliang	6.57	8.60	4.95	171
雅安	Yaan	0.62	3.10	-4.53	282	酒泉	Jiuquan	1.98	4.50	4.43	184
巴中	Bazhong	2.17	3.60	3.05	207	庆阳	Qingyang	-1.53	10.20	9.53	94
资阳	Ziyang	-3.56	1.60	-0.84	258	定西	Dingxi	5.34	5.20	6.22	144
贵州	**Guizhou**	**7.41**	**12.10**	**5.80**		陇南	Longnan	7.94	11.00	9.07	102
贵阳	Guiyang	13.07	10.20	19.49	7	**青海**	**Qinghai**	**8.63**	**10.70**	**8.55**	
六盘水	Liupanshui	17.67	7.80	6.93	136	西宁	Xining	6.49	8.20	0.11	247
遵义	Zunyi	11.80	12.10	11.28	68	海东	Haidong		13.70	8.61	110
安顺	Anshun	10.41	11.80	27.75	1	**宁夏**	**Ningxia**	**9.04**	**12.20**	**8.04**	
毕节	Bijie		17.00	25.12	3	银川	Yinchuan	8.06	9.10	2.08	222
铜仁	Tongren		7.20	7.17	130	石嘴山	Shizuishan	4.82	3.40	2.23	218
云南	**Yunnan**	**6.54**	**7.10**	**6.40**		吴忠	Wuzhong		18.20	9.75	90
昆明	Kunming	5.96	5.10	7.53	125	固原	Guyuan	14.26	16.10	0.26	244
曲靖	Qujing	15.27	7.90	7.95	120	中卫	Zhongwei	14.54	9.80	8.21	117
玉溪	Yuxi	5.61	3.30	4.50	183	**新疆**	**Xinjiang**	**10.56**	**7.40**	**11.08**	
保山	Baoshan	5.46	6.30	5.56	155	乌鲁木齐	Urumqi	4.06	7.60	6.08	146
昭通	Zhaotong	24.13	11.10	13.01	41	克拉玛依	Karamay	3.71	6.00	6.00	148

1-13 人口密度
Population Density

单位：人/平方公里 （person/sq.km）

地名	City	2010	2014	2015	2015 排名 Ranking
全国	**Nation Total**	**139.7**	**142.5**	**143.2**	
北京	**Beijing**	**1195.5**	**1311.3**	**1292.0**	
天津	**Tianjin**	**1090.3**	**1273.0**	**1406.3**	
河北	**Hebei**	**381.8**	**391.9**	**390.8**	
石家庄	Shijiazhuang	642.0	809.8	788.1	35
唐山	Tangshan	562.8	576.6	560.4	89
秦皇岛	Qinhuangdao	397.4	392.8	379.4	134
邯郸	Handan	761.7	776.9	870.3	25
邢台	Xingtai	569.8	583.6	627.4	73
保定	Baoding	544.5	517.9	541.8	95
张家口	Zhangjiakou	117.9	119.9	127.5	244
承德	Chengde	87.9	89.3	96.7	255
沧州	Cangzhou	508.3	525.5	551.5	94
廊坊	Langfang	678.8	708.5	722.3	48
衡水	Hengshui	493.0	501.8	512.8	104
山西	**Shanxi**	**228.1**	**232.8**	**244.3**	
太原	Taiyuan	603.9	615.2	525.2	98
大同	Datong	235.1	239.3	222.9	191
阳泉	Yangquan	299.6	304.7	288.8	163
长治	Changzhi	240.1	245.0	242.5	181
晋城	Jincheng	241.9	245.0	232.4	185
朔州	Shuozhou	155.1	164.3	152.5	227
晋中	Jinzhong	198.4	202.6	201.3	202
运城	Yuncheng	362.4	370.4	359.6	139
忻州	Xinzhou	122.2	124.4	122.1	247
临汾	Linfen	213.1	217.7	212.6	195
吕梁	Lvliang	175.6	179.5	182.2	213
内蒙古	**Inner Mongolia**	**21.6**	**21.9**	**22.8**	
呼和浩特	Hohhot	166.9	176.3	139.1	235
包头	Baotou	95.6	100.8	80.7	260
乌海	Wuhai	305.0	316.0	263.6	171
赤峰	Chifeng	48.2	47.8	51.4	275
通辽	Tongliao	52.7	44.9	53.5	273
鄂尔多斯	Erdos	22.5	23.5	18.1	282
呼伦贝尔	Hulunbuir	10.0	10.0	10.3	284
巴彦淖尔	Bayannur	25.9	25.7	26.4	280
乌兰察布	Ulanqab	39.3	38.8	50.3	276
辽宁	**Liaoning**	**295.5**	**296.7**	**292.2**	
沈阳	Shenyang	624.5	644.4	567.7	85
大连	Dalian	532.1	555.4	472.4	110
鞍山	Anshan	394.1	390.5	373.9	135
抚顺	Fushun	189.7	184.6	191.6	207
本溪	Benxi	203.3	205.0	179.5	215
丹东	Dandong	159.9	158.1	155.7	221
锦州	Jinzhou	316.0	306.2	301.6	159
营口	Yingkou	463.2	466.6	444.5	115
阜新	Fuxin	175.7	172.5	182.5	212
辽阳	Liaoyang	392.5	390.6	373.9	135
盘锦	Panjin	341.9	354.2	319.8	150
铁岭	Tieling	209.4	204.9	231.0	187
朝阳	Chaoyang	154.6	150.9	173.1	218
葫芦岛	Huludao	251.9	247.3	268.9	168
吉林	**Jilin**	**143.7**	**144.0**	**153.0**	
长春	Changchun	372.6	366.4	366.1	138
吉林	Jilin	162.8	154.3	153.7	224
四平	Siping	240.5	233.0	226.7	189
辽源	Liaoyuan	229.0	237.0	235.4	183
通化	Tonghua	149.0	142.3	141.6	231
白山	Baishan	74.2	72.1	71.4	264
松原	Songyuan	136.6	132.0	131.8	238
白城	Baicheng	79.0	76.6	76.5	261
黑龙江	**Heilongjiang**	**84.7**	**84.7**	**82.9**	
哈尔滨	Harbin	200.5	186.0	181.0	214
齐齐哈尔	Qiqihar	126.4	130.3	129.3	242
鸡西	Jixi	82.7	81.5	80.8	259
鹤岗	Hegang	72.2	73.0	72.2	263
双鸭山	Shuangyashan	63.0	65.9	65.0	268
大庆	Daqing	137.0	131.0	129.6	240
伊春	Yichun	35.1	37.5	36.9	278
佳木斯	Jiamusi	78.1	71.2	72.8	262
七台河	Qitaihe	148.0	141.8	133.4	236
牡丹江	Mudanjiang	69.0	66.1	67.5	267
黑河	Heihe	20.4	24.9	24.6	281
绥化	Suihua	155.4	158.6	157.4	220
上海	**Shanghai**	**2794.8**	**2944.1**	**4164.3**	
江苏	**Jiangsu**	**737.2**	**745.7**	**797.6**	

注：本表数据为常住人口与行政区域土地面积之比。

Note: Refers to the rotio of the usual residents with the land area of administrative region.

1-13 人口密度 续表 1
Population Density continued 1

单位：人/平方公里 （person/sq.km）

地名	City	2010	2014	2015	2015 排名 Ranking	地名	City	2010	2014	2015	2015 排名 Ranking
南京	Nanjing	1215.7	1247.3	991.4	15	池州	Chizhou	169.6	172.9	192.9	206
无锡	Wuxi	1378.0	1404.8	1039.6	8	宣城	Xuancheng	205.6	209.0	227.4	188
徐州	Xuzhou	762.2	733.4	874.6	24	**福建**	**Fujian**	**297.8**	**306.9**	**319.9**	
常州	Changzhou	1050.5	1074.2	848.6	28	福州	Fuzhou	544.5	568.7	534.9	97
苏州	Suzhou	1233.4	1224.9	770.5	39	厦门	Xiamen	2244.8	2422.1	1241.9	4
南通	Nantong	910.1	691.8	727.1	47	莆田	Putian	674.7	689.9	832.7	30
连云港	Lianyungang	586.3	584.6	697.3	56	三明	Sanming	108.4	109.3	126.7	246
淮安	Huaian	477.0	483.8	562.3	88	泉州	Quanzhou	738.0	766.2	655.5	65
盐城	Yancheng	428.0	426.6	489.0	105	漳州	Zhangzhou	373.7	385.1	389.8	131
扬州	Yangzhou	676.8	679.4	699.4	55	南平	Nanping	100.6	99.7	121.8	248
镇江	Zhenjiang	809.7	825.9	708.3	53	龙岩	Longyan	134.3	135.9	162.1	219
泰州	Taizhou	798.5	801.6	877.8	23	宁德	Ningde	209.8	211.9	259.4	175
宿迁	Suqian	552.1	568.2	687.5	61	**江西**	**Jiangxi**	**267.4**	**272.2**	**285.4**	
浙江	**Zhejiang**	**516.8**	**522.6**	**553.9**		南昌	Nanchang	682.7	707.9	702.5	54
杭州	Hangzhou	524.5	535.8	436.3	118	景德镇	Jingdezhen	302.3	309.8	317.4	153
宁波	Ningbo	775.4	795.7	598.0	78	萍乡	Pingxiang	485.4	493.3	516.8	102
温州	Wenzhou	775.1	751.6	671.2	62	九江	Jiujiang	251.4	252.0	261.1	173
嘉兴	Jiaxing	1150.7	1167.3	891.4	21	新余	Xinyu	358.7	365.3	390.2	130
湖州	Huzhou	497.4	503.4	453.6	112	鹰潭	Yingtan	316.3	322.4	356.7	141
绍兴	Shaoxing	593.4	598.6	535.1	96	赣州	Ganzhou	212.9	215.7	244.1	179
金华	Jinhua	490.4	496.9	436.9	117	吉安	Jian	190.5	193.1	208.9	198
衢州	Quzhou	240.1	240.1	289.4	162	宜春	Yichun	290.5	294.3	319.8	151
舟山	Zhoushan	778.5	787.6	666.7	63	抚州	Fuzhou	208.1	211.5	212.3	196
台州	Taizhou	634.8	639.1	634.4	70	上饶	Shangrao	289.0	293.4	339.6	143
丽水	Lishui	122.4	123.2	153.8	223	**山东**	**Shandong**	**610.2**	**623.0**	**656.5**	
安徽	**Anhui**	**425.1**	**434.1**	**472.6**		济南	Jinan	833.8	883.7	782.7	36
合肥	Hefei	810.0	672.4	627.4	74	青岛	Qingdao	794.2	801.8	694.0	57
芜湖	Wuhu	682.5	600.2	638.9	69	淄博	Zibo	759.9	773.7	720.9	49
蚌埠	Bengbu	533.4	547.5	631.8	72	枣庄	Zaozhuang	818.3	839.4	894.0	20
淮南	Huainan	904.1	919.1	952.0	17	东营	Dongying	257.1	254.7	231.7	186
马鞍山	Maanshan	810.8	550.5	565.6	87	烟台	Yantai	506.9	505.5	471.4	111
淮北	Huaibei	772.3	787.7	791.7	34	潍坊	Weifang	563.3	572.8	553.8	91
铜陵	Tongling	650.5	614.5	616.2	77	济宁	Jining	708.4	728.5	766.5	40
安庆	Anqing	347.0	349.0	403.8	125	泰安	Taian	708.3	719.1	729.2	46
黄山	Huangshan	138.7	139.0	152.9	226	威海	Weihai	483.9	484.6	439.9	116
滁州	Chuzhou	291.4	294.8	332.2	147	日照	Rizhao	524.1	535.6	552.3	92
阜阳	Fuyang	778.9	800.2	1030.8	9	莱芜	Laiwu	578.4	599.0	569.9	84
宿州	Suzhou	547.9	552.0	654.0	66	临沂	Linyi	585.0	594.6	653.8	67
六安	Liuan	312.5	311.2	390.2	129	德州	Dezhou	538.2	550.8	566.7	86
亳州	Bozhou	580.5	586.3	745.2	42	聊城	Liaocheng	666.2	660.7	692.3	58

1-13 人口密度 续表 2
Population Density continued 2

单位：人/平方公里　　　　(person/sq.km)

地名	City	2010	2014	2015	2015 排名 Ranking	地名	City	2010	2014	2015	2015 排名 Ranking
滨州	Binzhou	390.8	397.5	402.7	126	常德	Changde	314.2	308.3	322.1	149
菏泽	Heze	678.3	694.2	818.4	31	张家界	Zhangjiajie	155.3	159.6	178.7	217
河南	**Henan**	**568.2**	**570.0**	**592.5**		益阳	Yiyang	354.7	356.5	390.4	128
郑州	Zhengzhou	1163.2	1259.5	1087.8	6	郴州	Chenzhou	232.7	242.9	268.7	169
开封	Kaifeng	725.8	727.5	859.7	27	永州	Yongzhou	231.5	242.0	285.3	164
洛阳	Luoyang	431.2	438.3	477.8	109	怀化	Huaihua	171.7	175.5	186.6	211
平顶山	Pingdingshan	620.6	629.3	713.0	51	娄底	Loudi	466.3	475.1	551.8	93
安阳	Anyang	697.6	692.1	839.2	29	**广东**	**Guangdong**	**580.7**	**596.4**	**602.7**	
鹤壁	Hebi	720.4	732.2	774.5	38	广州	Guangzhou	1709.7	1759.6	1148.8	5
新乡	Xinxiang	699.1	658.7	735.1	45	韶关	Shaoguan	153.3	158.0	179.2	216
焦作	Jiaozuo	870.3	865.3	913.8	18	深圳	Shenzhen	5206.8	5397.5	1777.7	2
濮阳	Puyang	843.9	859.8	1024.4	10	珠海	Zhuhai	912.9	936.3	646.7	68
许昌	Xuchang	862.7	866.6	1010.6	13	汕头	Shantou	2614.3	2676.2	2501.1	1
漯河	Luohe	938.1	966.2	995.5	14	佛山	Foshan	1895.5	1935.4	1024.2	11
三门峡	Sanmenxia	212.8	214.1	217.2	193	江门	Jiangmen	465.2	474.6	411.4	124
南阳	Nanyang	387.5	376.8	448.5	114	湛江	Zhanjiang	529.6	543.9	620.6	75
商丘	Shangqiu	687.0	678.1	897.8	19	茂名	Maoming	508.5	529.4	687.7	60
信阳	Xinyang	323.7	341.6	478.0	108	肇庆	Zhaoqing	253.6	271.0	294.1	161
周口	Zhoukou	747.5	736.1	1040.1	7	惠州	Huizhou	405.6	416.6	314.7	154
驻马店	Zhumadian	479.1	459.7	617.3	76	梅州	Meizhou	263.8	272.5	343.9	142
湖北	**Hubei**	**308.1**	**312.9**	**325.1**		汕尾	Shanwei	557.6	618.0	737.9	43
武汉	Wuhan	1152.0	1206.4	967.4	16	河源	Heyuan	189.1	195.7	233.8	184
黄石	Huangshi	529.7	534.4	584.8	81	阳江	Yangjiang	305.2	314.2	367.0	137
十堰	Shiyan	141.1	142.4	146.0	229	清远	Qingyuan	194.6	200.6	220.1	192
宜昌	Yichang	192.6	194.7	187.5	209	东莞	Dongguan	3343.5	3391.5	792.7	33
襄阳	Xiangyang	278.8	283.9	300.1	160	中山	Zhongshan	1735.0	1789.6	891.3	22
鄂州	Ezhou	658.1	664.2	690.1	59	潮州	Chaozhou	849.3	864.7	867.8	26
荆门	Jingmen	231.7	232.9	241.1	182	揭阳	Jieyang	1117.2	1151.8	1339.7	3
孝感	Xiaogan	540.4	545.6	590.4	80	云浮	Yunfu	303.8	314.0	384.1	132
荆州	Jingzhou	403.9	407.4	451.5	113	**广西**	**Guangxi**	**194.1**	**200.1**	**208.5**	
黄冈	Huanggang	353.0	358.7	426.2	119	南宁	Nanning	301.3	310.8	332.8	146
咸宁	Xianning	249.8	255.3	307.7	156	柳州	Liuzhou	201.9	209.0	205.4	200
随州	Suizhou	224.4	226.6	260.5	174	桂林	Guilin	170.7	176.6	190.2	208
湖南	**Hunan**	**310.1**	**318.0**	**323.0**		梧州	Wuzhou	228.9	236.4	273.3	166
长沙	Changsha	595.9	618.8	575.5	83	北海	Beihai	461.2	480.6	515.4	103
株洲	Zhuzhou	342.9	351.4	357.5	140	防城港	Fangchenggang	139.3	145.6	153.9	222
湘潭	Xiangtan	548.8	561.7	577.1	82	钦州	Qinzhou	284.1	261.7	332.2	148
衡阳	Hengyang	467.2	477.3	522.1	99	贵港	Guigang	388.5	401.4	517.8	101
邵阳	Shaoyang	339.5	346.6	394.1	127	玉林	Yulin	427.4	441.4	554.0	90
岳阳	Yueyang	363.0	376.6	379.6	133	百色	Baise	96.2	98.6	114.1	250

1-13 人口密度 续表 3
Population Density continued 3

单位：人/平方公里 （person/sq.km）

地名	City	2010	2014	2015	2015 排名 Ranking	地名	City	2010	2014	2015	2015 排名 Ranking
贺州	Hezhou	164.8	171.3	204.2	201	丽江	Lijiang	58.0	60.1	57.0	271
河池	Hechi	102.4	103.1	127.0	245	普洱	Puer	56.1	57.2	55.1	272
来宾	Laibin	156.6	161.3	198.3	203	临沧	Lincang	99.4	105.5	99.5	253
崇左	Chongzuo	114.7	117.7	143.7	230	**西藏**	**Tibet**	**2.5**	**2.6**	**2.7**	
海南	**Hainan**	**245.7**	**255.6**	**267.9**		拉萨	Lasa		17.9	18.0	283
海口	Haikou	887.6	963.5	716.2	50	**陕西**	**Shaanxi**	**181.5**	**183.4**	**199.6**	
三亚	Sanya	357.1	386.6	301.9	157	西安	Xi'an	838.3	854.5	808.2	32
三沙	Sansha					铜川	Tongchuan	215.1	214.7	216.4	194
重庆	**Chongqing**	**350.6**	**363.6**	**366.5**		宝鸡	Baoji	205.1	207.2	212.0	197
四川	**Sichuan**	**166.2**	**168.2**	**170.9**		咸阳	Xianyang	480.4	486.5	518.2	100
成都	Chengdu	1157.9	1190.3	1013.1	12	渭南	Weinan	402.8	406.8	424.1	120
自贡	Zigong	612.6	626.8	746.4	41	延安	Yan'an	59.1	59.8	63.7	269
攀枝花	Panzhihua	163.2	166.5	150.0	228	汉中	Hanzhong	125.4	125.8	141.3	233
泸州	Luzhou	344.9	347.3	413.5	122	榆林	Yulin	77.0	77.7	86.4	256
德阳	Deyang	611.7	594.0	659.8	64	安康	Ankang	111.8	112.3	129.6	241
绵阳	Mianyang	227.9	234.1	269.2	167	商洛	Shangluo	121.4	121.9	130.1	239
广元	Guangyuan	152.2	157.9	187.0	210	**甘肃**	**Gansu**	**63.4**	**64.1**	**66.7**	
遂宁	Suining	610.9	616.4	712.1	52	兰州	Lanzhou	276.6	280.1	246.1	178
内江	Neijiang	687.5	693.1	779.8	37	嘉峪关	Jiayuguan	79.0	82.2	68.1	266
乐山	Leshan	252.3	255.4	278.2	165	金昌	Jinchang	52.2	52.8	51.7	274
南充	Nanchong	503.2	507.6	594.7	79	白银	Baiyin	80.8	80.7	85.6	257
眉山	Meishan	410.7	418.7	488.8	106	天水	Tianshui	227.5	231.4	257.1	177
宜宾	Yibin	337.0	336.8	415.9	121	武威	Wuwei	54.7	54.6	57.2	270
广安	Guangan	505.2	509.6	736.5	44	张掖	Zhangye	28.6	28.9	31.0	279
达州	Dazhou	329.6	333.4	411.7	123	平凉	Pingliang	185.3	187.3	208.6	199
雅安	Yaan	98.5	102.6	103.0	251	酒泉	Jiuquan	5.7	5.7	5.8	285
巴中	Bazhong	267.0	270.2	309.1	155	庆阳	Qingyang	81.6	82.0	98.5	254
资阳	Ziyang	460.3	445.6	633.2	71	定西	Dingxi	132.9	141.4	153.5	225
贵州	**Guizhou**	**197.5**	**199.2**	**207.6**		陇南	Longnan	92.1	92.9	102.7	252
贵阳	Guiyang	538.8	566.5	487.4	107	**青海**	**Qinghai**	**7.9**	**8.1**	**8.2**	
六盘水	Liupanshui	286.4	290.7	335.9	145	西宁	Xining	288.6	299.5	262.4	172
遵义	Zunyi	199.4	200.1	257.8	176	海东	Haidong		135.2	129.2	243
安顺	Anshun	248.2	249.1	319.4	152	**宁夏**	**Ningxia**	**121.8**	**127.3**	**101.2**	
毕节	Bijie		243.6	336.7	144	银川	Yinchuan	222.0	235.9	198.3	203
铜仁	Tongren		173.1	242.7	180	石嘴山	Shizuishan	136.9	145.5	141.2	234
云南	**Yunnan**	**120.1**	**123.0**	**124.8**		吴忠	Wuzhong	62.9	80.7	83.5	258
昆明	Kunming	306.4	315.3	301.9	158	固原	Guyuan	117.0	94.1	115.0	249
曲靖	Qujing	202.6	207.9	224.2	190	中卫	Zhongwei	62.1	65.0	68.8	265
玉溪	Yuxi	150.9	153.8	141.3	232	**新疆**	**Xinjiang**	**13.1**	**13.8**	**14.7**	
保山	Baoshan	127.6	130.7	131.9	237	乌鲁木齐	Urumqi	225.8	193.6	193.7	205
昭通	Zhaotong	231.0	240.1	266.9	170	克拉玛依	Karamay	41.0	38.2	38.8	277

2

就业和工资

Employment and Wages

2-1 城镇单位就业人员
Employed Persons in Urban Units

单位：万人 (10 000 persons)

地名	City	2010	2014	2015	2015 排名 Ranking
全国	**Nation Total**	**13051.5**	**18277.8**	**18062.5**	
北京	**Beijing**	**646.6**	**755.9**	**777.3**	
天津	**Tianjin**	**205.7**	**295.5**	**294.8**	
河北	**Hebei**	**519.6**	**656.2**	**643.6**	
石家庄	Shijiazhuang	84.2	100.6	100.3	37
唐山	Tangshan	84.0	93.7	89.4	46
秦皇岛	Qinhuangdao	29.8	33.9	32.8	153
邯郸	Handan	56.6	80.5	77.2	55
邢台	Xingtai	35.1	46.1	45.0	111
保定	Baoding	70.4	105.7	99.8	38
张家口	Zhangjiakou	33.7	38.1	37.6	136
承德	Chengde	25.7	29.9	29.9	169
沧州	Cangzhou	43.7	53.1	52.6	83
廊坊	Langfang	34.6	45.2	44.5	113
衡水	Hengshui	21.8	29.5	29.5	171
山西	**Shanxi**	**394.4**	**452.1**	**440.3**	
太原	Taiyuan	77.3	107.8	105.0	33
大同	Datong	42.1	42.0	40.7	126
阳泉	Yangquan	23.7	28.5	27.3	180
长治	Changzhi	37.3	44.5	42.7	118
晋城	Jincheng	27.1	37.7	37.3	137
朔州	Shuozhou	17.9	20.2	19.7	227
晋中	Jinzhong	35.1	35.2	35.6	143
运城	Yuncheng	32.0	38.6	36.0	141
忻州	Xinzhou	22.7	25.4	24.6	194
临汾	Linfen	33.8	38.0	37.2	138
吕梁	Lvliang	30.8	37.5	36.2	140
内蒙古	**Inner Mongolia**	**249.2**	**301.5**	**298.3**	
呼和浩特	Hohhot	71.8	42.2	41.6	122
包头	Baotou	75.0	40.8	40.2	128
乌海	Wuhai	15.9	10.0	9.5	278
赤峰	Chifeng	53.9	35.7	33.9	147
通辽	Tongliao	37.3	29.2	29.3	172
鄂尔多斯	Erdos	35.3	31.2	33.2	150
呼伦贝尔	Hulunbuir	49.8	38.2	37.8	135
巴彦淖尔	Bayannur	25.9	15.2	14.9	255
乌兰察布	Ulanqab	28.9	16.5	16.0	251
辽宁	**Liaoning**	**518.1**	**665.2**	**618.4**	
沈阳	Shenyang	109.9	153.7	146.7	17
大连	Dalian	96.3	121.3	113.7	28
鞍山	Anshan	51.2	61.3	56.0	77
抚顺	Fushun	40.3	30.7	27.4	178
本溪	Benxi	32.3	32.7	27.6	177
丹东	Dandong	24.6	28.8	25.8	190
锦州	Jinzhou	32.2	32.8	31.7	159
营口	Yingkou	20.8	27.2	24.4	197
阜新	Fuxin	25.6	21.5	19.3	230
辽阳	Liaoyang	18.9	18.5	17.4	244
盘锦	Panjin	50.3	48.3	46.4	105
铁岭	Tieling	27.2	25.4	24.5	196
朝阳	Chaoyang	25.2	30.3	26.7	184
葫芦岛	Huludao	25.4	26.5	24.8	193
吉林	**Jilin**	**267.6**	**334.4**	**325.1**	
长春	Changchun	92.8	126.8	126.1	25
吉林	Jilin	33.3	43.2	40.0	129
四平	Siping	21.1	21.8	19.8	223
辽源	Liaoyuan	8.8	13.0	12.8	267
通化	Tonghua	19.9	29.0	28.1	175
白山	Baishan	17.2	18.3	17.8	241
松原	Songyuan	21.5	26.5	26.1	189
白城	Baicheng	18.5	21.6	20.8	216
黑龙江	**Heilongjiang**	**460.0**	**450.9**	**433.5**	
哈尔滨	Harbin	160.8	136.3	133.3	21
齐齐哈尔	Qiqihar	37.3	41.6	40.7	127
鸡西	Jixi	22.6	24.5	20.8	215
鹤岗	Hegang	20.2	20.0	16.6	249
双鸭山	Shuangyashan	16.6	20.9	17.4	243
大庆	Daqing	69.2	53.1	75.5	56
伊春	Yichun	24.5	18.4	25.1	191
佳木斯	Jiamusi	22.7	17.8	27.9	176
七台河	Qitaihe	18.6	12.6	13.6	262
牡丹江	Mudanjiang	38.9	26.4	47.0	100
黑河	Heihe	15.3	31.3	17.0	247
绥化	Suihua	27.8	28.0	31.4	161
上海	**Shanghai**	**392.9**	**730.5**	**637.2**	
江苏	**Jiangsu**	**763.8**	**1602.4**	**1552.1**	

2-1 城镇单位就业人员 续表 1

Employed Persons in Urban Units continued 1

单位：万人 (10 000 persons)

地名	City	2010	2014	2015	2015 排名 Ranking	地名	City	2010	2014	2015	2015 排名 Ranking
南京	Nanjing	125.6	230.0	213.1	7	池州	Chizhou	7.1	10.9	10.7	275
无锡	Wuxi	83.0	123.5	118.8	27	宣城	Xuancheng	12.4	16.3	16.0	250
徐州	Xuzhou	61.8	107.7	105.0	34	**福建**	**Fujian**	**507.1**	**654.6**	**663.1**	
常州	Changzhou	38.2	71.7	69.9	65	福州	Fuzhou	105.5	149.2	156.3	14
苏州	Suzhou	130.9	315.4	303.9	3	厦门	Xiamen	95.3	133.9	136.8	20
南通	Nantong	63.1	221.3	209.8	8	莆田	Putian	28.8	49.1	49.7	92
连云港	Lianyungang	34.0	48.2	47.7	96	三明	Sanming	21.5	24.1	24.5	195
淮安	Huaian	39.3	74.3	72.5	60	泉州	Quanzhou	142.2	157.1	150.6	15
盐城	Yancheng	51.9	87.3	89.2	47	漳州	Zhangzhou	40.1	52.9	55.2	79
扬州	Yangzhou	40.1	113.3	108.4	29	南平	Nanping	23.6	24.5	24.8	192
镇江	Zhenjiang	37.3	50.7	50.5	89	龙岩	Longyan	30.6	30.4	30.6	165
泰州	Taizhou	37.2	107.3	107.2	30	宁德	Ningde	16.6	29.7	31.0	162
宿迁	Suqian	21.5	51.7	51.9	86	**江西**	**Jiangxi**	**297.4**	**465.3**	**480.5**	
浙江	**Zhejiang**	**883.6**	**1102.7**	**1083.4**		南昌	Nanchang	67.8	122.1	125.1	26
杭州	Hangzhou	232.7	293.4	288.6	4	景德镇	Jingdezhen	17.4	20.1	19.5	228
宁波	Ningbo	140.2	171.7	166.8	13	萍乡	Pingxiang	14.1	20.2	20.6	218
温州	Wenzhou	107.9	104.7	106.6	31	九江	Jiujiang	34.0	45.4	46.8	102
嘉兴	Jiaxing	80.4	80.1	80.9	53	新余	Xinyu	10.1	14.1	14.3	258
湖州	Huzhou	37.9	49.4	50.1	91	鹰潭	Yingtan	10.0	13.9	15.5	253
绍兴	Shaoxing	107.1	139.7	138.6	19	赣州	Ganzhou	42.4	55.3	57.9	74
金华	Jinhua	52.5	96.0	94.4	42	吉安	Jian	20.2	36.0	38.3	132
衢州	Quzhou	17.1	20.8	20.8	217	宜春	Yichun	28.1	43.2	45.9	108
舟山	Zhoushan	16.8	45.2	46.6	103	抚州	Fuzhou	21.2	38.2	39.0	130
台州	Taizhou	69.8	107.4	101.1	36	上饶	Shangrao	30.0	45.0	46.3	107
丽水	Lishui	16.8	17.8	18.5	234	**山东**	**Shandong**	**956.2**	**1266.3**	**1236.7**	
安徽	**Anhui**	**372.9**	**521.7**	**513.8**		济南	Jinan	116.9	142.3	131.9	23
合肥	Hefei	71.1	145.0	143.9	18	青岛	Qingdao	124.1	150.1	150.1	16
芜湖	Wuhu	26.7	43.9	44.5	112	淄博	Zibo	62.9	91.4	87.1	49
蚌埠	Bengbu	17.3	27.3	26.9	183	枣庄	Zaozhuang	35.8	47.8	47.3	98
淮南	Huainan	32.7	32.6	33.0	152	东营	Dongying	40.1	47.8	43.9	115
马鞍山	Maanshan	15.4	23.1	23.1	207	烟台	Yantai	90.5	109.7	105.2	32
淮北	Huaibei	20.8	27.5	23.2	206	潍坊	Weifang	74.0	86.2	87.0	50
铜陵	Tongling	11.7	15.7	17.3	245	济宁	Jining	63.2	91.5	87.9	48
安庆	Anqing	24.2	35.4	33.4	149	泰安	Taian	56.3	76.4	73.2	59
黄山	Huangshan	9.4	11.4	11.3	270	威海	Weihai	39.9	56.4	57.6	75
滁州	Chuzhou	17.9	23.0	23.8	201	日照	Rizhao	20.7	31.1	31.0	162
阜阳	Fuyang	29.1	31.6	32.3	155	莱芜	Laiwu	13.8	19.5	17.9	240
宿州	Suzhou	22.1	31.9	30.5	167	临沂	Linyi	56.2	95.0	93.9	43
六安	Liuan	22.2	23.2	20.5	220	德州	Dezhou	38.6	57.2	56.3	76
亳州	Bozhou	16.1	23.0	23.4	204	聊城	Liaocheng	35.4	47.9	47.6	97

2-1 城镇单位就业人员 续表 2

Employed Persons in Urban Units continued 2

单位：万人 (10 000 persons)

地名	City	2010	2014	2015	2015 排名 Ranking	地名	City	2010	2014	2015	2015 排名 Ranking
滨州	Binzhou	37.6	51.6	52.5	84	常德	Changde	60.5	42.1	41.4	123
菏泽	Heze	37.2	50.3	52.0	85	张家界	Zhangjiajie	15.8	9.2	8.7	280
河南	**Henan**	**751.7**	**1108.9**	**1125.9**		益阳	Yiyang	38.8	28.7	26.6	185
郑州	Zhengzhou	108.5	197.4	198.6	10	郴州	Chenzhou	62.2	36.5	35.9	142
开封	Kaifeng	33.1	47.3	48.9	94	永州	Yongzhou	54.7	32.7	32.3	154
洛阳	Luoyang	53.9	72.7	74.8	57	怀化	Huaihua	84.6	28.4	26.4	187
平顶山	Pingdingshan	48.5	57.2	55.9	78	娄底	Loudi	53.9	30.3	29.1	174
安阳	Anyang	43.5	58.9	58.6	72	**广东**	**Guangdong**	**1118.5**	**1973.3**	**1948.0**	
鹤壁	Hebi	17.8	23.5	23.5	203	广州	Guangzhou	246.4	326.4	320.3	2
新乡	Xinxiang	45.7	72.4	68.6	66	韶关	Shaoguan	30.6	35.0	34.0	146
焦作	Jiaozuo	32.3	49.4	50.3	90	深圳	Shenzhen	253.0	458.5	460.0	1
濮阳	Puyang	31.4	40.9	40.9	125	珠海	Zhuhai	63.2	75.3	74.3	58
许昌	Xuchang	28.7	45.5	45.2	110	汕头	Shantou	32.3	55.0	54.7	81
漯河	Luohe	23.1	30.9	33.2	151	佛山	Foshan	56.1	173.6	170.0	12
三门峡	Sanmenxia	24.2	28.5	27.3	179	江门	Jiangmen	44.9	59.9	58.3	73
南阳	Nanyang	70.5	93.9	95.9	41	湛江	Zhanjiang	40.7	51.7	51.0	88
商丘	Shangqiu	39.7	62.5	70.2	64	茂名	Maoming	30.9	44.9	45.7	109
信阳	Xinyang	43.2	62.2	63.1	70	肇庆	Zhaoqing	27.6	41.8	42.8	116
周口	Zhoukou	45.2	68.9	70.4	63	惠州	Huizhou	80.4	91.8	91.9	45
驻马店	Zhumadian	41.2	69.1	70.7	62	梅州	Meizhou	23.5	29.4	29.3	173
湖北	**Hubei**	**510.3**	**706.8**	**712.3**		汕尾	Shanwei	15.7	24.0	24.0	200
武汉	Wuhan	178.5	202.3	207.3	9	河源	Heyuan	24.7	26.2	27.1	181
黄石	Huangshi	27.3	33.4	32.1	157	阳江	Yangjiang	18.2	24.5	23.6	202
十堰	Shiyan	35.6	62.4	64.1	68	清远	Qingyuan	27.6	32.5	31.5	160
宜昌	Yichang	78.9	87.8	93.4	44	东莞	Dongguan	23.2	238.7	232.3	6
襄阳	Xiangyang	40.5	96.3	99.2	39	中山	Zhongshan	29.0	89.5	82.9	51
鄂州	Ezhou	30.5	20.8	21.6	212	潮州	Chaozhou	12.5	20.6	19.8	224
荆门	Jingmen	42.3	38.3	38.7	131	揭阳	Jieyang	20.7	41.0	41.8	120
孝感	Xiaogan	50.4	80.6	81.5	52	云浮	Yunfu	17.5	22.4	22.2	210
荆州	Jingzhou	63.6	43.3	42.8	116	**广西**	**Guangxi**	**316.7**	**401.5**	**405.4**	
黄冈	Huanggang	33.0	65.7	63.8	69	南宁	Nanning	70.5	95.8	96.0	40
咸宁	Xianning	32.9	23.5	23.3	205	柳州	Liuzhou	38.0	60.6	61.7	71
随州	Suizhou	43.2	14.4	14.0	260	桂林	Guilin	31.6	43.4	44.4	114
湖南	**Hunan**	**505.7**	**597.9**	**579.1**		梧州	Wuzhou	15.6	19.4	19.4	229
长沙	Changsha	179.9	131.8	130.5	24	北海	Beihai	11.9	14.4	14.7	257
株洲	Zhuzhou	64.2	45.3	46.5	104	防城港	Fangchenggang	8.9	9.7	10.8	273
湘潭	Xiangtan	44.3	49.9	30.5	166	钦州	Qinzhou	13.7	20.3	20.8	214
衡阳	Hengyang	136.3	56.4	54.1	82	贵港	Guigang	15.3	18.7	18.7	233
邵阳	Shaoyang	93.9	39.1	38.2	133	玉林	Yulin	27.3	34.7	34.6	144
岳阳	Yueyang	92.3	52.0	48.3	95	百色	Baise	18.2	20.8	21.8	211

2-1 城镇单位就业人员 续表 3

Employed Persons in Urban Units continued 3

单位：万人 (10 000 persons)

地名	City	2010	2014	2015	2015 排名 Ranking
贺州	Hezhou	8.0	10.2	9.9	276
河池	Hechi	18.2	19.4	18.8	232
来宾	Laibin	11.8	13.6	13.3	263
崇左	Chongzuo	14.0	13.6	13.7	261
海南	**Hainan**	**81.3**	**101.5**	**100.4**	
海口	Haikou	77.2	51.3	49.2	93
三亚	Sanya	14.4	12.0	12.6	268
三沙	Sansha		0.1		
重庆	**Chongqing**	**266.4**	**414.5**	**415.6**	
四川	**Sichuan**	**570.6**	**808.7**	**795.5**	
成都	Chengdu	172.1	272.8	264.7	5
自贡	Zigong	16.5	22.5	21.0	213
攀枝花	Panzhihua	17.2	24.5	19.8	225
泸州	Luzhou	25.7	37.0	37.9	134
德阳	Deyang	25.7	34.7	32.1	156
绵阳	Mianyang	34.6	51.4	51.3	87
广元	Guangyuan	14.2	16.8	16.8	248
遂宁	Suining	16.2	20.8	20.1	222
内江	Neijiang	21.4	30.8	29.8	170
乐山	Leshan	28.8	26.3	26.3	188
南充	Nanchong	25.9	43.3	46.9	101
眉山	Meishan	15.3	20.1	20.3	221
宜宾	Yibin	33.5	35.7	36.2	139
广安	Guangan	11.4	13.9	15.8	252
达州	Dazhou	25.1	32.0	30.8	164
雅安	Yaan	9.6	11.1	11.1	271
巴中	Bazhong	14.4	28.3	24.2	198
资阳	Ziyang	16.1	26.1	26.5	186
贵州	**Guizhou**	**224.3**	**304.7**	**307.5**	
贵阳	Guiyang	72.0	103.9	104.0	35
六盘水	Liupanshui	22.5	24.5	24.1	199
遵义	Zunyi	30.3	43.3	42.4	119
安顺	Anshun	12.8	17.2	18.3	235
毕节	Bijie	21.7		31.8	158
铜仁	Tongren	14.6		20.5	219
云南	**Yunnan**	**322.8**	**419.6**	**414.7**	
昆明	Kunming	92.2	121.6	132.8	22
曲靖	Qujing	33.2	51.5	47.2	99
玉溪	Yuxi	18.8	27.5	27.0	182
保山	Baoshan	14.2	18.2	18.9	231
昭通	Zhaotong	18.1	22.4	23.1	208

地名	City	2010	2014	2015	2015 排名 Ranking
丽江	Lijiang	8.4	10.8	10.8	274
普洱	Puer	14.1	17.5	17.3	246
临沧	Lincang	11.0	15.6	14.8	256
西藏	**Tibet**	**22.2**	**32.5**	**33.4**	
拉萨	Lasa	2.5		7.1	283
陕西	**Shaanxi**	**364.8**	**516.5**	**511.8**	
西安	Xi'an	140.4	199.4	198.5	11
铜川	Tongchuan	9.8	12.2	12.0	269
宝鸡	Baoji	29.8	40.2	41.0	124
咸阳	Xianyang	37.1	54.5	54.8	80
渭南	Weinan	37.4	46.9	46.4	106
延安	Yan'an	23.1	34.8	33.6	148
汉中	Hanzhong	25.0	30.9	30.3	168
榆林	Yulin	25.9	42.1	41.7	121
安康	Ankang	12.9	17.6	18.1	237
商洛	Shangluo	12.9	22.0	19.7	226
甘肃	**Gansu**	**194.3**	**264.7**	**261.8**	
兰州	Lanzhou	57.7	67.1	67.2	67
嘉峪关	Jiayuguan	5.0	7.0	7.3	282
金昌	Jinchang	7.4	11.3	11.1	272
白银	Baiyin	15.3	18.1	17.9	239
天水	Tianshui	18.9	22.8	22.8	209
武威	Wuwei	9.9	13.3	12.9	265
张掖	Zhangye	10.3	13.5	13.2	264
平凉	Pingliang	12.9	18.3	18.2	236
酒泉	Jiuquan	10.2	15.0	12.8	266
庆阳	Qingyang	9.3	18.5	18.0	238
定西	Dingxi	10.6	16.3	15.5	254
陇南	Longnan	11.3	16.6	14.3	259
青海	**Qinghai**	**52.6**	**63.2**	**62.7**	
西宁	Xining	29.0	34.9	34.2	145
海东	Haidong			7.4	281
宁夏	**Ningxia**	**59.3**	**73.2**	**73.1**	
银川	Yinchuan	53.6	78.5	78.7	54
石嘴山	Shizuishan	16.6	9.5	9.1	279
吴忠	Wuzhong	16.5	10.4	9.6	277
固原	Guyuan	11.8	6.5	6.6	284
中卫	Zhongwei	8.0	6.4	6.6	285
新疆	**Xinjiang**	**255.0**	**316.6**	**317.2**	
乌鲁木齐	Urumqi	49.1	70.4	71.4	61
克拉玛依	Karamay	16.7	17.1	17.5	242

2-2 城镇私营和个体从业人员

Employed Persons in Private Enterprises and Self-Employed Individuals in Urban Areas

单位：万人 (10 000 persons)

地名	City	2015	2015 排名 Ranking
全国	**Nation Total**		
北京	**Beijing**	**951.7**	
天津	**Tianjin**	**129.9**	
河北	**Hebei**	**439.6**	
石家庄	Shijiazhuang		
唐山	Tangshan	60.4	77
秦皇岛	Qinhuangdao	17.9	220
邯郸	Handan	129.7	23
邢台	Xingtai	20.0	210
保定	Baoding	45.4	104
张家口	Zhangjiakou	4.8	267
承德	Chengde	22.7	192
沧州	Cangzhou	43.0	111
廊坊	Langfang	44.5	108
衡水	Hengshui	21.3	202
山西	**Shanxi**	**281.2**	
太原	Taiyuan	85.2	50
大同	Datong	32.1	152
阳泉	Yangquan	15.9	227
长治	Changzhi	32.2	150
晋城	Jincheng	17.4	223
朔州	Shuozhou	39.3	120
晋中	Jinzhong	21.3	201
运城	Yuncheng		
忻州	Xinzhou	9.8	252
临汾	Linfen	28.0	166
吕梁	Lvliang		
内蒙古	**Inner Mongolia**	**354.1**	
呼和浩特	Hohhot	61.9	75
包头	Baotou	98.5	41
乌海	Wuhai	22.6	193
赤峰	Chifeng	34.5	142
通辽	Tongliao	30.9	155
鄂尔多斯	Erdos	51.2	91
呼伦贝尔	Hulunbuir	35.3	137
巴彦淖尔	Bayannur	13.9	241
乌兰察布	Ulanqab	5.5	263
辽宁	**Liaoning**	**614.0**	
沈阳	Shenyang	159.4	21
大连	Dalian	95.7	43
鞍山	Anshan	22.4	195
抚顺	Fushun	36.3	132
本溪	Benxi	20.4	207
丹东	Dandong	21.2	204
锦州	Jinzhou	70.4	66
营口	Yingkou	57.5	81
阜新	Fuxin	24.3	184
辽阳	Liaoyang	16.6	224
盘锦	Panjin	24.6	180
铁岭	Tieling	18.7	216
朝阳	Chaoyang	21.9	199
葫芦岛	Huludao	24.7	178
吉林	**Jilin**	**440.5**	
长春	Changchun	177.7	16
吉林	Jilin	81.1	51
四平	Siping	39.4	119
辽源	Liaoyuan	23.5	189
通化	Tonghua	35.5	136
白山	Baishan	28.9	163
松原	Songyuan	35.2	138
白城	Baicheng	19.2	214
黑龙江	**Heilongjiang**	**243.6**	
哈尔滨	Harbin	115.7	31
齐齐哈尔	Qiqihar		
鸡西	Jixi	1.5	271
鹤岗	Hegang	9.3	254
双鸭山	Shuangyashan	15.5	229
大庆	Daqing		
伊春	Yichun	15.4	230
佳木斯	Jiamusi	22.2	196
七台河	Qitaihe		
牡丹江	Mudanjiang	37.1	130
黑河	Heihe		
绥化	Suihua	26.8	169
上海	**Shanghai**	**586.9**	
江苏	**Jiangsu**	**1969.4**	

2-2 城镇私营和个体从业人员 续表 1

Employed Persons in Private Enterprises and Self-Employed Individuals in Urban Areas continued 1

单位：万人 (10 000 persons)

地名	City	2015	2015 排名 Ranking	地名	City	2015	2015 排名 Ranking
南京	Nanjing	320.0	5	池州	Chizhou		
无锡	Wuxi	239.5	11	宣城	Xuancheng	38.9	121
徐州	Xuzhou	112.6	33	**福建**	**Fujian**	**673.3**	
常州	Changzhou	197.5	14	福州	Fuzhou	122.8	27
苏州	Suzhou	391.3	3	厦门	Xiamen	171.8	17
南通	Nantong	96.9	42	莆田	Putian	59.3	80
连云港	Lianyungang	44.8	107	三明	Sanming	40.7	117
淮安	Huaian	76.3	57	泉州	Quanzhou	120.6	29
盐城	Yancheng	99.5	39	漳州	Zhangzhou	36.9	131
扬州	Yangzhou	125.3	26	南平	Nanping	38.5	123
镇江	Zhenjiang	79.8	55	龙岩	Longyan	35.1	139
泰州	Taizhou	105.1	34	宁德	Ningde	47.6	97
宿迁	Suqian	80.8	53	**江西**	**Jiangxi**	**552.0**	
浙江	**Zhejiang**	**1426.5**		南昌	Nanchang	75.1	60
杭州	Hangzhou	24.7	179	景德镇	Jingdezhen	18.2	218
宁波	Ningbo	191.8	15	萍乡	Pingxiang	41.5	113
温州	Wenzhou	241.2	10	九江	Jiujiang	54.0	88
嘉兴	Jiaxing	76.6	56	新余	Xinyu	20.9	205
湖州	Huzhou	67.9	70	鹰潭	Yingtan	18.2	217
绍兴	Shaoxing	127.0	25	赣州	Ganzhou	76.2	58
金华	Jinhua	270.2	8	吉安	Jian	70.3	68
衢州	Quzhou	43.4	110	宜春	Yichun	59.6	79
舟山	Zhoushan	14.0	240	抚州	Fuzhou	71.9	65
台州	Taizhou	100.2	38	上饶	Shangrao	46.2	99
丽水	Lishui	47.4	98	**山东**	**Shandong**	**1568.4**	
安徽	**Anhui**	**726.9**		济南	Jinan	159.8	20
合肥	Hefei	170.4	18	青岛	Qingdao	271.5	6
芜湖	Wuhu	54.6	86	淄博	Zibo	50.0	92
蚌埠	Bengbu	35.8	135	枣庄	Zaozhuang	37.2	129
淮南	Huainan	17.4	222	东营	Dongying	23.6	188
马鞍山	Maanshan	41.3	115	烟台	Yantai	99.0	40
淮北	Huaibei	38.1	125	潍坊	Weifang	542.6	1
铜陵	Tongling	13.7	243	济宁	Jining	38.4	124
安庆	Anqing	33.2	148	泰安	Taian	87.5	46
黄山	Huangshan	22.5	194	威海	Weihai	31.9	153
滁州	Chuzhou	73.5	63	日照	Rizhao	15.2	231
阜阳	Fuyang	86.7	47	莱芜	Laiwu	14.0	239
宿州	Suzhou	45.5	103	临沂	Linyi	62.5	74
六安	Liuan	28.7	164	德州	Dezhou	32.2	151
亳州	Bozhou	26.7	170	聊城	Liaocheng	27.4	168

2-2 城镇私营和个体从业人员 续表 2

Employed Persons in Private Enterprises and Self-Employed Individuals in Urban Areas continued 2

单位：万人 (10 000 persons)

地名	City	2015	2015 排名 Ranking	地名	City	2015	2015 排名 Ranking
滨州	Binzhou	30.8	156	常德	Changde	115.6	32
菏泽	Heze	45.0	105	张家界	Zhangjiajie	8.8	258
河南	**Henan**	**786.2**		益阳	Yiyang		
郑州	Zhengzhou	122.3	28	郴州	Chenzhou	55.5	82
开封	Kaifeng	48.6	96	永州	Yongzhou	29.6	160
洛阳	Luoyang	81.0	52	怀化	Huaihua	44.9	106
平顶山	Pingdingshan	25.3	173	娄底	Loudi	22.0	198
安阳	Anyang	46.0	101	**广东**	**Guangdong**	**1812.4**	
鹤壁	Hebi	15.8	228	广州	Guangzhou	372.9	4
新乡	Xinxiang	38.8	122	韶关	Shaoguan	34.8	140
焦作	Jiaozuo	45.6	102	深圳	Shenzhen	446.2	2
濮阳	Puyang	32.2	149	珠海	Zhuhai	27.6	167
许昌	Xuchang	34.2	144	汕头	Shantou		
漯河	Luohe	28.4	165	佛山	Foshan	136.8	22
三门峡	Sanmenxia	14.4	237	江门	Jiangmen	76.1	59
南阳	Nanyang	55.3	84	湛江	Zhanjiang		
商丘	Shangqiu	61.4	76	茂名	Maoming	29.0	162
信阳	Xinyang	41.0	116	肇庆	Zhaoqing		
周口	Zhoukou	49.9	93	惠州	Huizhou	120.6	30
驻马店	Zhumadian	46.2	100	梅州	Meizhou	16.4	225
湖北	**Hubei**	**800.2**		汕尾	Shanwei	24.9	177
武汉	Wuhan	237.3	13	河源	Heyuan	35.8	134
黄石	Huangshi	36.3	133	阳江	Yangjiang	24.0	186
十堰	Shiyan	65.7	72	清远	Qingyuan	33.8	146
宜昌	Yichang	168.9	19	东莞	Dongguan	242.0	9
襄阳	Xiangyang	34.5	143	中山	Zhongshan	101.6	37
鄂州	Ezhou	10.9	249	潮州	Chaozhou	14.4	236
荆门	Jingmen	37.3	128	揭阳	Jieyang	53.9	89
孝感	Xiaogan	70.3	67	云浮	Yunfu	21.7	200
荆州	Jingzhou	42.0	112	**广西**	**Guangxi**	**439.8**	
黄冈	Huanggang	17.7	221	南宁	Nanning	89.6	45
咸宁	Xianning	25.1	174	柳州	Liuzhou	70.0	69
随州	Suizhou	54.4	87	桂林	Guilin	49.9	94
湖南	**Hunan**	**743.8**		梧州	Wuzhou	22.7	191
长沙	Changsha	104.9	35	北海	Beihai	29.8	159
株洲	Zhuzhou	74.3	62	防城港	Fangchenggang	12.9	246
湘潭	Xiangtan	13.1	245	钦州	Qinzhou	8.9	257
衡阳	Hengyang	102.7	36	贵港	Guigang	24.4	181
邵阳	Shaoyang	86.3	48	玉林	Yulin	26.2	172
岳阳	Yueyang	86.1	49	百色	Baise	24.4	182

2-2 城镇私营和个体从业人员 续表 3

Employed Persons in Private Enterprises and Self-Employed Individuals in Urban Areas continued 3

单位：万人 (10 000 persons)

地名	City	2015	2015 排名 Ranking	地名	City	2015	2015 排名 Ranking
贺州	Hezhou	19.6	211	丽江	Lijiang	7.4	261
河池	Hechi	22.2	197	普洱	Puer	24.9	175
来宾	Laibin	24.1	185	临沧	Lincang	23.6	187
崇左	Chongzuo	14.8	232	**西藏**	**Tibet**	**14.8**	
海南	**Hainan**	**106.1**		拉萨	Lasa	14.8	233
海口	Haikou	80.6	54	**陕西**	**Shaanxi**	**347.2**	
三亚	Sanya	20.6	206	西安	Xi'an	129.3	24
三沙	Sansha			铜川	Tongchuan	7.7	260
重庆	**Chongqing**	**564.6**		宝鸡	Baoji	40.6	118
四川	**Sichuan**	**1000.3**		咸阳	Xianyang	18.0	219
成都	Chengdu	238.9	12	渭南	Weinan	14.5	235
自贡	Zigong	30.5	158	延安	Yan'an	29.5	161
攀枝花	Panzhihua	19.0	215	汉中	Hanzhong	59.6	78
泸州	Luzhou	37.8	126	榆林	Yulin	14.0	238
德阳	Deyang	31.0	154	安康	Ankang	24.9	176
绵阳	Mianyang			商洛	Shangluo	9.1	256
广元	Guangyuan	26.5	171	**甘肃**	**Gansu**	**199.7**	
遂宁	Suining	19.4	213	兰州	Lanzhou	74.8	61
内江	Neijiang	34.6	141	嘉峪关	Jiayuguan	4.9	266
乐山	Leshan	23.2	190	金昌	Jinchang	9.3	255
南充	Nanchong	66.2	71	白银	Baiyin	5.3	264
眉山	Meishan	55.3	83	天水	Tianshui	13.8	242
宜宾	Yibin	49.2	95	武威	Wuwei		
广安	Guangan	270.3	7	张掖	Zhangye	9.6	253
达州	Dazhou	53.5	90	平凉	Pingliang	21.3	203
雅安	Yaan	4.7	268	酒泉	Jiuquan	10.3	250
巴中	Bazhong	24.4	183	庆阳	Qingyang	12.8	247
资阳	Ziyang	15.9	226	定西	Dingxi	33.3	147
贵州	**Guizhou**	**190.2**		陇南	Longnan	4.3	269
贵阳	Guiyang	43.9	109	**青海**	**Qinghai**	**35.4**	
六盘水	Liupanshui	14.5	234	西宁	Xining	30.6	157
遵义	Zunyi	20.1	209	海东	Haidong	4.9	265
安顺	Anshun	19.5	212	**宁夏**	**Ningxia**	**76.4**	
毕节	Bijie	54.7	85	银川	Yinchuan	41.5	114
铜仁	Tongren	37.6	127	石嘴山	Shizuishan	9.9	251
云南	**Yunnan**	**259.9**		吴忠	Wuzhong	13.4	244
昆明	Kunming	65.3	73	固原	Guyuan	7.3	262
曲靖	Qujing	72.8	64	中卫	Zhongwei	4.3	270
玉溪	Yuxi	34.0	145	**新疆**	**Xinjiang**	**98.6**	
保山	Baoshan	11.6	248	乌鲁木齐	Urumqi	89.9	44
昭通	Zhaotong	20.3	208	克拉玛依	Karamay	8.7	259

2-3 城镇单位第一产业就业人员
Employed Persons in Primary Industry

单位：万人 (10 000 persons)

地名	City	2010	2014	2015	2015 排名 Ranking
全国	**Nation Total**	**375.70**	**245.65**	**271.97**	
北京	**Beijing**	**3.23**	**3.23**	**3.89**	
天津	**Tianjin**	**0.71**	**0.50**	**0.53**	
河北	**Hebei**	**6.63**	**4.62**	**4.17**	
石家庄	Shijiazhuang	0.41	0.20	0.20	146
唐山	Tangshan	3.03	2.13	1.97	20
秦皇岛	Qinhuangdao	0.20	0.14	0.07	212
邯郸	Handan	0.25	0.17	0.17	156
邢台	Xingtai	0.16	0.08	0.07	209
保定	Baoding	0.28	0.13	0.12	181
张家口	Zhangjiakou	0.55	0.43	0.44	80
承德	Chengde	0.52	0.36	0.32	104
沧州	Cangzhou	0.94	0.77	0.61	65
廊坊	Langfang	0.16	0.11	0.08	203
衡水	Hengshui	0.13	0.11	0.11	183
山西	**Shanxi**	**3.23**	**2.02**	**1.82**	
太原	Taiyuan	0.33	0.20	0.18	153
大同	Datong	0.21	0.12	0.13	179
阳泉	Yangquan	0.04	0.04	0.03	262
长治	Changzhi	0.31	0.15	0.14	169
晋城	Jincheng	0.15	0.14	0.13	173
朔州	Shuozhou	0.87	0.31	0.22	136
晋中	Jinzhong	0.18	0.13	0.12	182
运城	Yuncheng	0.30	0.26	0.21	139
忻州	Xinzhou	0.33	0.29	0.27	116
临汾	Linfen	0.42	0.32	0.32	105
吕梁	Lvliang	0.09	0.07	0.07	220
内蒙古	**Inner Mongolia**	**26.70**	**20.44**	**20.01**	
呼和浩特	Hohhot	0.36	0.35	0.34	98
包头	Baotou	0.31	0.27	0.26	122
乌海	Wuhai	0.05	0.02	0.02	276
赤峰	Chifeng	1.95	1.59	1.53	28
通辽	Tongliao	5.82	5.62	5.50	8
鄂尔多斯	Erdos	0.47	0.28	0.27	120
呼伦贝尔	Hulunbuir	11.27	10.10	9.92	3
巴彦淖尔	Bayannur	2.24	1.96	1.92	23
乌兰察布	Ulanqab	0.36	0.25	0.25	124
辽宁	**Liaoning**	**27.97**	**23.13**	**22.47**	
沈阳	Shenyang	0.99	0.29	0.30	110
大连	Dalian	0.97	0.52	0.41	86
鞍山	Anshan	0.74	0.39	0.30	107
抚顺	Fushun	0.55	0.43	0.44	84
本溪	Benxi	0.19	0.08	0.08	204
丹东	Dandong	0.30	0.28	0.54	72
锦州	Jinzhou	1.46	1.05	0.99	43
营口	Yingkou	0.11	0.06	0.06	228
阜新	Fuxin	0.44	0.42	0.32	100
辽阳	Liaoyang	0.42	0.31	0.29	112
盘锦	Panjin	18.75	17.13	16.56	1
铁岭	Tieling	2.02	1.63	1.68	27
朝阳	Chaoyang	0.61	0.25	0.22	134
葫芦岛	Huludao	0.42	0.29	0.28	114
吉林	**Jilin**	**16.70**	**10.38**	**10.04**	
长春	Changchun	1.33	1.19	1.24	36
吉林	Jilin	1.64	0.99	0.99	42
四平	Siping	1.03	0.84	0.80	49
辽源	Liaoyuan	0.36	0.28	0.25	124
通化	Tonghua	0.62	0.42	0.44	82
白山	Baishan	2.20	1.95	1.96	21
松原	Songyuan	2.42	2.05	2.05	19
白城	Baicheng	3.40	2.66	2.29	15
黑龙江	**Heilongjiang**	**92.90**	**55.28**	**57.38**	
哈尔滨	Harbin	5.50	5.01	4.55	11
齐齐哈尔	Qiqihar	7.65	6.84	6.88	7
鸡西	Jixi	6.70	4.53	7.48	6
鹤岗	Hegang	8.55	4.19	5.37	9
双鸭山	Shuangyashan	14.61	0.91	0.60	67
大庆	Daqing	0.34	0.34	0.34	96
伊春	Yichun	10.23	9.46	9.33	4
佳木斯	Jiamusi	9.56	2.09	2.12	18
七台河	Qitaihe	0.55	0.45	0.44	83
牡丹江	Mudanjiang	5.00	4.22	3.98	12
黑河	Heihe	16.30	15.94	14.99	2
绥化	Suihua	1.28	1.32	1.29	33
上海	**Shanghai**	**1.54**	**5.56**	**5.85**	
江苏	**Jiangsu**	**9.92**	**6.29**	**5.83**	

2-3 城镇单位第一产业就业人员 续表 1
Employed Persons in Primary Industry continued 1

单位：万人 (10 000 persons)

地名	City	2010	2014	2015	2015 排名 Ranking
南京	Nanjing	0.41	0.17	0.17	158
无锡	Wuxi	0.24	0.16	0.16	161
徐州	Xuzhou	1.86	1.43	1.38	31
常州	Changzhou	0.12	0.06	0.06	234
苏州	Suzhou	0.15	0.02	0.25	126
南通	Nantong	1.13	0.64	0.57	69
连云港	Lianyungang	1.87	0.89	0.84	47
淮安	Huaian	1.13	0.60	0.55	71
盐城	Yancheng	2.42	1.87	1.71	26
扬州	Yangzhou	0.09	0.07	0.06	235
镇江	Zhenjiang	0.15	0.13	0.08	208
泰州	Taizhou	0.24	0.20	0.19	150
宿迁	Suqian	0.11	0.05	0.05	244
浙江	**Zhejiang**	**1.44**	**0.61**	**1.53**	
杭州	Hangzhou	0.15	0.11	0.10	191
宁波	Ningbo	0.13	0.05	0.04	250
温州	Wenzhou	0.11	0.06	0.06	235
嘉兴	Jiaxing	0.09	0.06	0.05	241
湖州	Huzhou	0.02	0.03	0.01	277
绍兴	Shaoxing	0.03	0.03	0.02	275
金华	Jinhua	0.10	0.04	0.04	250
衢州	Quzhou	0.04	0.02	0.03	266
舟山	Zhoushan	0.05	0.06	1.06	40
台州	Taizhou	0.48	0.08	0.05	239
丽水	Lishui	0.24	0.08	0.05	241
安徽	**Anhui**	**6.13**	**4.51**	**8.34**	
合肥	Hefei	0.10	0.08	0.07	214
芜湖	Wuhu	0.04	0.04	0.03	261
蚌埠	Bengbu	0.21	0.03	0.03	266
淮南	Huainan	0.32	0.21	0.58	68
马鞍山	Maanshan	0.03	0.07	0.07	214
淮北	Huaibei				
铜陵	Tongling	0.38	0.23	0.34	97
安庆	Anqing	1.69	1.60	1.46	30
黄山	Huangshan	0.10	0.09	0.09	202
滁州	Chuzhou	0.85	0.68	0.65	62
阜阳	Fuyang	0.31	0.20	0.20	147
宿州	Suzhou	0.58	0.29	2.30	14
六安	Liuan	0.84	0.66	2.20	16
亳州	Bozhou	0.05	0.02	0.02	268

地名	City	2010	2014	2015	2015 排名 Ranking
池州	Chizhou	0.13	0.09	0.09	200
宣城	Xuancheng	0.29	0.22	0.21	141
福建	**Fujian**	**6.69**	**4.53**	**4.52**	
福州	Fuzhou	0.73	0.25	0.25	127
厦门	Xiamen	0.28	0.18	0.17	157
莆田	Putian	0.13	0.04	0.04	254
三明	Sanming	0.57	0.45	0.41	87
泉州	Quanzhou	0.38	0.39	0.39	92
漳州	Zhangzhou	2.66	1.71	1.83	24
南平	Nanping	1.09	0.92	0.86	46
龙岩	Longyan	0.52	0.41	0.39	91
宁德	Ningde	0.33	0.19	0.18	154
江西	**Jiangxi**	**12.09**	**5.16**	**4.85**	
南昌	Nanchang	1.73	0.46	0.44	81
景德镇	Jingdezhen	1.02	0.63	0.63	63
萍乡	Pingxiang	0.07	0.06	0.06	223
九江	Jiujiang	0.89	0.76	0.67	61
新余	Xinyu	0.09	0.05	0.05	244
鹰潭	Yingtan	1.43	0.01	0.04	259
赣州	Ganzhou	0.76	0.67	0.69	57
吉安	Jian	1.39	0.98	0.94	44
宜春	Yichun	0.78	0.58	0.52	76
抚州	Fuzhou	0.98	0.34	0.27	115
上饶	Shangrao	2.95	0.62	0.54	73
山东	**Shandong**	**5.10**	**1.55**	**1.53**	
济南	Jinan	0.11	0.08	0.08	205
青岛	Qingdao	0.52	0.14	0.11	185
淄博	Zibo	0.25	0.07	0.07	217
枣庄	Zaozhuang	0.40	0.04	0.04	257
东营	Dongying	0.59	0.06	0.05	241
烟台	Yantai	0.34	0.06	0.06	237
潍坊	Weifang	0.34	0.09	0.10	193
济宁	Jining	0.18	0.13	0.15	167
泰安	Taian	0.26	0.14	0.24	128
威海	Weihai	0.15	0.07	0.06	223
日照	Rizhao	0.11	0.06	0.06	226
莱芜	Laiwu				
临沂	Linyi	0.70	0.27	0.24	129
德州	Dezhou	0.52	0.09	0.08	205
聊城	Liaocheng	0.12	0.10	0.06	221

2-3　城镇单位第一产业就业人员　续表 2
Employed Persons in Primary Industry continued 2

单位：万人　　　　　(10 000 persons)

地名	City	2010	2014	2015	2015 排名 Ranking	地名	City	2010	2014	2015	2015 排名 Ranking
滨州	Binzhou	0.09	0.01	0.01	280	常德	Changde	0.10	0.13	0.06	223
菏泽	Heze	0.42	0.14	0.13	177	张家界	Zhangjiajie	0.07	0.06	0.07	209
河南	**Henan**	**7.10**	**5.21**	**2.73**		益阳	Yiyang	0.15	0.06	0.11	185
郑州	Zhengzhou	0.23	0.30	0.16	160	郴州	Chenzhou	0.10	0.18	0.22	138
开封	Kaifeng	0.73	0.23	0.14	169	永州	Yongzhou	0.54	0.38	0.32	100
洛阳	Luoyang	0.21	0.14	0.10	192	怀化	Huaihua	0.40	0.29	0.15	166
平顶山	Pingdingshan	0.12	0.07	0.03	264	娄底	Loudi	0.41	0.10	0.19	151
安阳	Anyang	0.13	0.13	0.07	212	**广东**	**Guangdong**	**8.81**	**5.67**	**5.30**	
鹤壁	Hebi	0.12	0.04	0.02	270	广州	Guangzhou	0.60	0.26	0.13	174
新乡	Xinxiang	0.63	0.18	0.05	248	韶关	Shaoguan	0.46	0.19	0.17	155
焦作	Jiaozuo	0.57	0.11	0.01	279	深圳	Shenzhen	0.27	0.07	0.07	218
濮阳	Puyang	0.05	0.05	0.02	268	珠海	Zhuhai	0.74	0.70	0.68	59
许昌	Xuchang	0.06	0.08			汕头	Shantou	0.04	0.05	0.05	249
漯河	Luohe	0.04	0.03			佛山	Foshan	0.04	0.02	0.02	270
三门峡	Sanmenxia	0.14	0.09	0.09	194	江门	Jiangmen	0.11	0.06	0.05	239
南阳	Nanyang	1.16	1.02	0.72	53	湛江	Zhanjiang	2.34	1.81	1.75	25
商丘	Shangqiu	0.28	0.36	0.06	226	茂名	Maoming	1.19	0.82	0.79	50
信阳	Xinyang	0.88	0.51	0.32	103	肇庆	Zhaoqing	0.14	0.09	0.09	195
周口	Zhoukou	1.10	1.19	0.41	88	惠州	Huizhou	0.11	0.09	0.09	199
驻马店	Zhumadian	0.52	0.67	0.52	75	梅州	Meizhou	0.11	0.06	0.06	230
湖北	**Hubei**	**13.80**	**7.69**	**8.71**		汕尾	Shanwei	1.02	0.46	0.40	90
武汉	Wuhan	0.79	0.36	0.36	95	河源	Heyuan	0.13	0.09	0.09	198
黄石	Huangshi	0.44	0.14	0.13	177	阳江	Yangjiang	0.57	0.46	0.40	89
十堰	Shiyan	0.36	0.71	0.71	54	清远	Qingyuan	0.21	0.14	0.14	168
宜昌	Yichang	0.28	0.34	0.38	93	东莞	Dongguan	0.07	0.01	0.03	265
襄阳	Xiangyang	0.60	0.82	1.93	22	中山	Zhongshan				
鄂州	Ezhou	0.03	0.01	0.01	278	潮州	Chaozhou	0.02	0.02	0.02	274
荆门	Jingmen	1.08	0.70	0.69	55	揭阳	Jieyang	0.57	0.21	0.21	141
孝感	Xiaogan	1.72	0.80	0.76	51	云浮	Yunfu	0.07	0.06	0.61	66
荆州	Jingzhou	3.97	1.48	1.49	29	**广西**	**Guangxi**	**10.77**	**8.26**	**8.14**	
黄冈	Huanggang	0.83	2.20	2.14	17	南宁	Nanning	1.54	1.26	1.26	34
咸宁	Xianning	0.39	0.07	0.04	250	柳州	Liuzhou	0.79	0.49	0.45	79
随州	Suizhou	0.06	0.07	0.06	229	桂林	Guilin	0.64	0.38	0.49	77
湖南	**Hunan**	**5.30**	**2.45**	**2.46**		梧州	Wuzhou	0.23	0.08	0.04	257
长沙	Changsha	0.05	0.09	0.11	189	北海	Beihai	0.52	0.54	0.54	73
株洲	Zhuzhou	0.10	0.14	0.04	254	防城港	Fangchenggang	1.23	1.11	1.19	38
湘潭	Xiangtan		0.31	0.13	174	钦州	Qinzhou	0.54	0.31	0.30	108
衡阳	Hengyang	0.03	0.06	0.06	221	贵港	Guigang	0.21	0.23	0.11	185
邵阳	Shaoyang	0.56	0.38	0.36	94	玉林	Yulin	1.14	0.71	0.73	52
岳阳	Yueyang	3.23	0.26	0.63	64	百色	Baise	0.48	0.33	0.31	106

2-3 城镇单位第一产业就业人员 续表 3
Employed Persons in Primary Industry continued 3

单位：万人 (10 000 persons)

地名	City	2010	2014	2015	2015 排名 Ranking
贺州	Hezhou	0.34	0.17	0.15	165
河池	Hechi	0.59	0.36	0.34	99
来宾	Laibin	0.91	0.90	0.90	45
崇左	Chongzuo	1.61	1.39	1.34	32
海南	**Hainan**	**12.30**	**7.02**	**29.67**	
海口	Haikou	0.13	6.55	5.31	10
三亚	Sanya	0.08	0.47	0.42	85
三沙	Sansha				
重庆	**Chongqing**	**1.90**	**36.12**	**35.02**	
四川	**Sichuan**	**5.00**	**2.28**	**4.62**	
成都	Chengdu	0.23	0.17	2.55	13
自贡	Zigong	0.06	0.06	0.06	230
攀枝花	Panzhihua	0.12	0.07	0.27	118
泸州	Luzhou	0.21	0.08	0.13	172
德阳	Deyang	0.07	0.04	0.04	259
绵阳	Mianyang	0.16	0.09	0.09	195
广元	Guangyuan	0.10	0.07	0.04	250
遂宁	Suining	0.01	0.02	0.02	272
内江	Neijiang	0.19	0.08	0.07	209
乐山	Leshan	0.39	0.29	0.27	116
南充	Nanchong	0.26	0.14	0.13	176
眉山	Meishan	0.21	0.07	0.05	247
宜宾	Yibin	0.10	0.24	0.23	133
广安	Guangan	0.12	0.07	0.69	56
达州	Dazhou	0.40	0.22	0.24	129
雅安	Yaan	0.16	0.08	0.08	205
巴中	Bazhong	0.43	0.23	0.21	143
资阳	Ziyang	0.33	0.26	0.07	216
贵州	**Guizhou**	**2.10**	**0.90**	**0.58**	
贵阳	Guiyang	0.30	0.18	0.15	164
六盘水	Liupanshui	0.11	0.04	0.03	263
遵义	Zunyi	0.13	0.14	0.09	200
安顺	Anshun	0.31	0.22	0.11	183
毕节	Bijie		0.11	0.11	190
铜仁	Tongren		0.21	0.09	195
云南	**Yunnan**	**14.50**	**2.69**	**2.49**	
昆明	Kunming	0.80	0.26	0.30	109
曲靖	Qujing	0.53	0.36	0.22	135
玉溪	Yuxi	0.29	0.22	0.23	132
保山	Baoshan	0.54	0.35	0.32	102
昭通	Zhaotong	0.32	0.18	0.19	148
丽江	Lijiang	0.40	0.10	0.06	230
普洱	Puer	1.37	0.18	0.15	162
临沧	Lincang	1.12	1.04	1.01	41
西藏	**Tibet**	**0.90**	**9.13**	**8.93**	
拉萨	Lasa	0.90	9.13	8.93	5
陕西	**Shaanxi**	**4.40**	**2.35**	**2.19**	
西安	Xi'an	0.39	0.19	0.21	140
铜川	Tongchuan	0.06	0.02	0.02	272
宝鸡	Baoji	0.50	0.30	0.29	111
咸阳	Xianyang	0.38	0.22	0.22	136
渭南	Weinan	1.06	0.64	0.56	70
延安	Yan'an	0.45	0.27	0.26	123
汉中	Hanzhong	0.43	0.14	0.12	180
榆林	Yulin	0.62	0.28	0.27	118
安康	Ankang	0.13	0.07	0.06	230
商洛	Shangluo	0.28	0.22	0.18	152
甘肃	**Gansu**	**5.30**	**4.46**	**4.94**	
兰州	Lanzhou	0.16	0.07	0.07	218
嘉峪关	Jiayuguan	0.01	0.01	0.82	48
金昌	Jinchang	0.33	0.22	0.15	163
白银	Baiyin	0.46	0.25	0.24	129
天水	Tianshui	0.48	0.45	0.46	78
武威	Wuwei	1.12	0.21	0.27	120
张掖	Zhangye	1.15	1.20	1.20	37
平凉	Pingliang	0.30	0.19	0.19	149
酒泉	Jiuquan	0.61	0.74	0.68	58
庆阳	Qingyang	0.05	0.05	0.05	244
定西	Dingxi	0.25	0.14	0.14	171
陇南	Longnan	0.53	0.94	0.67	60
青海	**Qinghai**	**1.70**	**0.32**	**0.31**	
西宁	Xining	0.14	0.11	0.11	188
海东	Haidong		0.21	0.20	145
宁夏	**Ningxia**	**2.64**	**2.20**	**1.95**	
银川	Yinchuan	1.22	1.38	1.25	35
石嘴山	Shizuishan	0.29	0.07	0.04	256
吴忠	Wuzhong	0.42	0.25	0.21	144
固原	Guyuan	0.29	0.23	0.17	158
中卫	Zhongwei	0.42	0.27	0.28	113
新疆	**Xinjiang**	**58.30**	**1.09**	**1.17**	
乌鲁木齐	Urumqi	1.23	1.07	1.11	39
克拉玛依	Karamay	0.04	0.02	0.06	237

2-4 城镇单位第二产业就业人员
Employed Persons in Secondary Industry

单位：万人 (10 000 persons)

地名	City	2010	2014	2015	2015 排名 Ranking
全国	**Nation Total**	**5777.20**	**9218.12**	**9002.08**	
北京	**Beijing**	**151.24**	**159.94**	**151.04**	
天津	**Tianjin**	**97.74**	**165.83**	**151.34**	
河北	**Hebei**	**203.90**	**282.95**	**265.94**	
石家庄	Shijiazhuang	31.11	36.17	35.12	67
唐山	Tangshan	43.13	46.86	42.99	56
秦皇岛	Qinhuangdao	11.17	12.28	11.59	182
邯郸	Handan	22.31	39.32	35.95	63
邢台	Xingtai	12.23	19.58	18.47	128
保定	Baoding	29.22	55.88	53.51	40
张家口	Zhangjiakou	11.93	11.29	10.70	190
承德	Chengde	8.15	9.77	8.92	215
沧州	Cangzhou	14.62	19.61	18.51	127
廊坊	Langfang	14.58	21.65	19.85	119
衡水	Hengshui	5.45	10.53	10.33	192
山西	**Shanxi**	**181.76**	**216.19**	**205.89**	
太原	Taiyuan	42.75	51.30	48.57	46
大同	Datong	20.64	21.67	21.06	111
阳泉	Yangquan	15.25	18.35	17.44	138
长治	Changzhi	19.70	24.07	22.54	105
晋城	Jincheng	15.44	23.38	23.20	102
朔州	Shuozhou	7.42	9.45	8.92	214
晋中	Jinzhong	17.31	15.76	15.25	150
运城	Yuncheng	12.21	14.45	12.28	175
忻州	Xinzhou	6.14	7.26	6.86	235
临汾	Linfen	12.19	13.25	13.02	169
吕梁	Lvliang	12.71	17.24	16.74	144
内蒙古	**Inner Mongolia**	**69.85**	**94.58**	**84.82**	
呼和浩特	Hohhot	8.83	11.67	11.61	181
包头	Baotou	16.95	22.63	21.44	108
乌海	Wuhai	6.16	6.16	5.74	248
赤峰	Chifeng	10.20	12.84	11.43	184
通辽	Tongliao	5.89	8.53	8.45	219
鄂尔多斯	Erdos	6.87	15.84	10.21	195
呼伦贝尔	Hulunbuir	8.27	9.76	9.71	200
巴彦淖尔	Bayannur	3.88	3.84	3.35	275
乌兰察布	Ulanqab	2.80	3.32	2.89	277
辽宁	**Liaoning**	**227.08**	**315.94**	**277.17**	
沈阳	Shenyang	41.27	71.44	65.67	26
大连	Dalian	47.57	63.06	55.04	38
鞍山	Anshan	21.23	32.66	29.04	81
抚顺	Fushun	15.39	17.03	14.41	158
本溪	Benxi	12.93	16.98	14.61	153
丹东	Dandong	8.01	12.14	10.32	193
锦州	Jinzhou	8.05	13.86	12.59	171
营口	Yingkou	7.48	12.66	10.07	197
阜新	Fuxin	7.95	10.35	8.71	216
辽阳	Liaoyang	8.38	8.78	8.07	224
盘锦	Panjin	19.72	19.33	17.81	133
铁岭	Tieling	8.71	11.22	10.14	196
朝阳	Chaoyang	9.10	12.44	8.37	220
葫芦岛	Huludao	11.29	13.99	12.30	174
吉林	**Jilin**	**88.22**	**137.93**	**131.42**	
长春	Changchun	37.45	62.76	60.84	32
吉林	Jilin	14.26	20.79	18.59	126
四平	Siping	7.38	5.88	5.87	246
辽源	Liaoyuan	3.78	7.41	7.06	231
通化	Tonghua	8.29	16.67	15.74	147
白山	Baishan	6.10	7.45	6.98	232
松原	Songyuan	8.45	12.40	11.88	178
白城	Baicheng	2.51	4.58	4.46	262
黑龙江	**Heilongjiang**	**152.41**	**149.74**	**138.44**	
哈尔滨	Harbin	49.67	48.11	44.40	53
齐齐哈尔	Qiqihar	12.75	11.55	110.05	12
鸡西	Jixi	11.52	9.47	9.25	209
鹤岗	Hegang	10.31	8.74	7.79	227
双鸭山	Shuangyashan	8.21	7.95	5.60	250
大庆	Daqing	27.34	27.40	26.29	86
伊春	Yichun	3.80	3.36	2.56	278
佳木斯	Jiamusi	4.60	4.77	4.81	255
七台河	Qitaihe	9.12	8.15	6.74	238
牡丹江	Mudanjiang	5.98	7.88	8.29	222
黑河	Heihe	2.54	3.81	3.83	268
绥化	Suihua	6.57	8.56	7.82	226
上海	**Shanghai**	**158.16**	**257.27**	**245.71**	
江苏	**Jiangsu**	**413.29**	**1092.37**	**1036.32**	

2-4 城镇单位第二产业就业人员 续表 1

Employed Persons in Secondary Industry continued 1

单位：万人 (10 000 persons)

地名	City	2010	2014	2015	2015 排名 Ranking	地名	City	2010	2014	2015	2015 排名 Ranking
南京	Nanjing	59.59	114.76	98.82	15	池州	Chizhou	1.74	4.13	3.89	266
无锡	Wuxi	52.16	82.41	77.93	23	宣城	Xuancheng	3.87	6.44	6.24	243
徐州	Xuzhou	23.85	64.53	61.91	31	**福建**	**Fujian**	**317.60**	**411.73**	**409.86**	
常州	Changzhou	18.83	44.54	42.21	57	福州	Fuzhou	55.90	88.81	92.50	16
苏州	Suzhou	94.69	238.98	228.32	2	厦门	Xiamen	66.02	88.15	87.60	17
南通	Nantong	36.39	182.65	171.58	5	莆田	Putian	18.44	35.49	35.38	66
连云港	Lianyungang	13.67	24.33	22.84	104	三明	Sanming	8.69	9.28	9.43	206
淮安	Huaian	18.82	49.34	47.88	48	泉州	Quanzhou	116.37	124.10	116.94	8
盐城	Yancheng	24.37	54.77	55.84	37	漳州	Zhangzhou	22.39	31.21	32.63	75
扬州	Yangzhou	22.98	86.35	81.04	21	南平	Nanping	9.61	8.15	8.57	217
镇江	Zhenjiang	21.20	31.80	30.86	78	龙岩	Longyan	15.83	12.30	11.77	180
泰州	Taizhou	17.92	83.13	82.63	20	宁德	Ningde	4.35	14.25	15.04	151
宿迁	Suqian	8.82	34.78	34.46	71	**江西**	**Jiangxi**	**119.47**	**244.20**	**247.30**	
浙江	**Zhejiang**	**545.60**	**703.84**	**678.36**		南昌	Nanchang	32.11	75.88	77.55	24
杭州	Hangzhou	125.86	159.79	150.75	6	景德镇	Jingdezhen	8.80	10.31	9.26	208
宁波	Ningbo	92.07	110.57	104.58	14	萍乡	Pingxiang	6.85	11.74	11.52	183
温州	Wenzhou	72.51	61.45	60.66	33	九江	Jiujiang	15.44	23.29	23.12	103
嘉兴	Jiaxing	56.48	52.41	53.05	42	新余	Xinyu	5.79	9.06	9.17	211
湖州	Huzhou	25.07	32.47	32.86	74	鹰潭	Yingtan	4.36	8.42	9.55	203
绍兴	Shaoxing	85.03	114.04	112.67	10	赣州	Ganzhou	16.74	24.07	23.32	101
金华	Jinhua	26.47	65.19	62.98	29	吉安	Jian	3.87	16.85	17.98	131
衢州	Quzhou	7.50	9.30	8.98	213	宜春	Yichun	10.81	22.69	23.80	99
舟山	Zhoushan	6.63	17.90	17.94	132	抚州	Fuzhou	7.38	21.45	21.96	106
台州	Taizhou	42.80	76.26	69.48	25	上饶	Shangrao	7.32	20.42	20.11	118
丽水	Lishui	5.18	4.45	4.39	263	**山东**	**Shandong**	**514.76**	**696.15**	**667.27**	
安徽	**Anhui**	**159.86**	**261.93**	**277.72**		济南	Jinan	61.93	67.03	57.29	36
合肥	Hefei	32.93	87.83	85.14	18	青岛	Qingdao	75.61	83.75	82.80	19
芜湖	Wuhu	15.56	24.29	24.30	96	淄博	Zibo	40.53	62.81	58.51	34
蚌埠	Bengbu	5.89	12.94	12.43	173	枣庄	Zaozhuang	18.86	28.87	28.25	82
淮南	Huainan	20.90	19.77	17.73	134	东营	Dongying	22.90	30.77	27.07	85
马鞍山	Maanshan	9.68	12.89	12.84	170	烟台	Yantai	54.46	61.98	57.64	35
淮北	Huaibei	14.90	19.71	15.61	148	潍坊	Weifang	38.37	44.67	44.99	51
铜陵	Tongling	7.46	10.22	9.88	199	济宁	Jining	32.81	54.08	51.03	44
安庆	Anqing	5.63	13.79	13.72	165	泰安	Taian	34.35	47.58	44.77	52
黄山	Huangshan	2.43	3.51	3.45	273	威海	Weihai	25.21	36.39	37.23	61
滁州	Chuzhou	5.10	8.70	9.61	202	日照	Rizhao	9.54	17.46	17.14	142
阜阳	Fuyang	9.03	9.39	9.40	207	莱芜	Laiwu	9.17	12.71	11.93	176
宿州	Suzhou	7.81	14.27	25.80	91	临沂	Linyi	24.60	49.22	48.48	47
六安	Liuan	6.91	6.63	20.26	116	德州	Dezhou	17.37	25.83	25.97	88
亳州	Bozhou	4.54	7.41	7.42	230	聊城	Liaocheng	14.68	21.51	21.31	109

2-4 城镇单位第二产业就业人员 续表 2
Employed Persons in Secondary Industry continued 2

单位：万人 (10 000 persons)

地名	City	2010	2014	2015	2015 排名 Ranking	地名	City	2010	2014	2015	2015 排名 Ranking
滨州	Binzhou	24.45	33.54	34.04	72	常德	Changde	16.98	18.62	17.62	136
菏泽	Heze	9.92	17.95	18.81	123	张家界	Zhangjiajie	1.70	2.48	2.06	280
河南	**Henan**	**320.09**	**594.41**	**595.59**		益阳	Yiyang	8.03	12.31	10.69	191
郑州	Zhengzhou	50.39	113.13	110.21	11	郴州	Chenzhou	11.00	15.39	14.43	157
开封	Kaifeng	10.34	25.08	25.86	89	永州	Yongzhou	8.92	11.16	11.39	185
洛阳	Luoyang	23.81	36.83	38.50	59	怀化	Huaihua	5.96	7.02	6.63	241
平顶山	Pingdingshan	26.78	33.73	32.08	76	娄底	Loudi	13.12	14.93	14.25	162
安阳	Anyang	24.39	37.42	37.17	62	**广东**	**Guangdong**	**563.19**	**1187.72**	**1145.07**	
鹤壁	Hebi	11.68	16.53	16.37	146	广州	Guangzhou	105.73	120.93	112.88	9
新乡	Xinxiang	21.48	46.66	43.28	55	韶关	Shaoguan	15.33	18.45	17.40	139
焦作	Jiaozuo	15.99	28.55	29.96	80	深圳	Shenzhen	138.71	291.29	280.59	1
濮阳	Puyang	16.49	26.15	24.98	94	珠海	Zhuhai	44.17	47.76	46.16	50
许昌	Xuchang	13.32	26.72	26.10	87	汕头	Shantou	13.27	32.80	32.92	73
漯河	Luohe	12.57	19.02	20.78	115	佛山	Foshan	29.14	129.38	125.56	7
三门峡	Sanmenxia	12.86	15.11	13.90	164	江门	Jiangmen	26.99	36.71	35.59	65
南阳	Nanyang	28.03	44.20	43.41	54	湛江	Zhanjiang	13.62	20.11	19.00	122
商丘	Shangqiu	11.61	30.59	34.62	70	茂名	Maoming	9.46	19.45	20.22	117
信阳	Xinyang	13.51	26.72	27.72	84	肇庆	Zhaoqing	12.60	22.54	23.36	100
周口	Zhoukou	12.43	33.72	34.87	68	惠州	Huizhou	60.50	65.33	64.47	27
驻马店	Zhumadian	14.41	34.26	35.79	64	梅州	Meizhou	6.88	11.53	11.85	179
湖北	**Hubei**	**306.65**	**421.45**	**411.72**		汕尾	Shanwei	6.46	14.37	14.46	156
武汉	Wuhan	89.04	103.97	104.68	13	河源	Heyuan	13.11	13.17	13.68	166
黄石	Huangshi	29.70	20.89	19.63	120	阳江	Yangjiang	6.49	11.94	11.12	189
十堰	Shiyan	21.50	31.37	31.40	77	清远	Qingyuan	14.77	16.67	15.35	149
宜昌	Yichang	31.27	48.81	51.55	43	东莞	Dongguan	8.82	199.18	191.87	3
襄阳	Xiangyang	22.77	59.28	50.34	45	中山	Zhongshan	17.99	69.61	63.07	28
鄂州	Ezhou	12.02	14.16	14.33	159	潮州	Chaozhou	5.04	11.98	11.14	188
荆门	Jingmen	15.94	21.20	21.12	110	揭阳	Jieyang	5.91	23.41	24.09	98
孝感	Xiaogan	35.16	47.07	46.24	49	云浮	Yunfu	8.20	11.13	10.31	194
荆州	Jingzhou	18.85	19.91	19.03	121	**广西**	**Guangxi**	**97.16**	**156.33**	**157.90**	
黄冈	Huanggang	18.52	38.28	37.26	60	南宁	Nanning	22.47	39.63	39.56	58
咸宁	Xianning	7.25	9.55	9.49	204	柳州	Liuzhou	16.49	33.59	34.70	69
随州	Suizhou	4.63	6.95	6.66	239	桂林	Guilin	9.07	17.04	17.65	135
湖南	**Hunan**	**215.84**	**256.95**	**245.21**		梧州	Wuzhou	5.19	7.98	7.74	228
长沙	Changsha	50.11	63.25	62.64	30	北海	Beihai	4.42	5.74	5.80	247
株洲	Zhuzhou	19.48	25.24	25.83	90	防城港	Fangchenggang	2.45	2.15	3.24	276
湘潭	Xiangtan	17.07	21.75	18.10	129	钦州	Qinzhou	3.81	8.82	9.14	212
衡阳	Hengyang	23.96	25.93	25.04	93	贵港	Guigang	3.59	5.03	5.22	251
邵阳	Shaoyang	12.04	15.29	14.93	152	玉林	Yulin	8.85	14.65	14.33	160
岳阳	Yueyang	27.47	23.59	21.60	107	百色	Baise	5.16	5.97	6.07	244

2-4 城镇单位第二产业就业人员 续表 3
Employed Persons in Secondary Industry continued 3

单位：万人 (10 000 persons)

地名	City	2010	2014	2015	2015 排名 Ranking	地名	City	2010	2014	2015	2015 排名 Ranking
贺州	Hezhou	2.09	2.22	1.90	281	丽江	Lijiang	2.51	2.25	2.22	279
河池	Hechi	5.47	5.25	4.63	259	普洱	Puer	4.53	7.16	6.75	237
来宾	Laibin	3.70	4.75	4.57	260	临沧	Lincang	2.07	5.77	4.99	253
崇左	Chongzuo	4.40	3.50	3.37	274	**西藏**	**Tibet**		**6.55**	**6.48**	
海南	**Hainan**	**10.88**	**11.88**	**15.23**		拉萨	Lasa		6.55	6.48	242
海口	Haikou	10.08	10.66	9.47	205	**陕西**	**Shaanxi**	**136.65**	**212.76**	**207.42**	
三亚	Sanya	0.80	1.22	1.30	284	西安	Xi'an	57.22	77.92	78.33	22
三沙	Sansha					铜川	Tongchuan	4.83	5.62	5.64	249
重庆	**Chongqing**	**116.69**	**420.39**	**429.13**		宝鸡	Baoji	14.50	20.91	20.91	114
四川	**Sichuan**	**248.31**	**354.52**	**426.60**		咸阳	Xianyang	15.04	28.60	27.89	83
成都	Chengdu	90.91	121.07	191.37	4	渭南	Weinan	14.43	19.40	18.59	125
自贡	Zigong	7.21	10.75	9.65	201	延安	Yan'an	8.48	16.01	14.46	155
攀枝花	Panzhihua	11.48	16.17	17.46	137	汉中	Hanzhong	8.97	11.96	11.29	187
泸州	Luzhou	13.42	21.14	20.96	112	榆林	Yulin	7.68	18.11	17.36	140
德阳	Deyang	14.10	18.97	16.44	145	安康	Ankang	2.12	4.53	4.74	257
绵阳	Mianyang	16.31	24.66	24.48	95	商洛	Shangluo	3.38	9.70	8.21	223
广元	Guangyuan	2.66	4.86	4.71	258	**甘肃**	**Gansu**	**63.97**	**100.48**	**95.60**	
遂宁	Suining	8.02	10.42	9.99	198	兰州	Lanzhou	24.12	30.92	30.52	79
内江	Neijiang	10.66	18.35	17.26	141	嘉峪关	Jiayuguan	3.68	4.39	4.36	264
乐山	Leshan	16.08	11.88	14.51	154	金昌	Jinchang	5.10	8.25	7.73	229
南充	Nanchong	6.87	19.26	20.92	113	白银	Baiyin	7.29	8.79	8.50	218
眉山	Meishan	6.43	9.01	9.20	210	天水	Tianshui	6.50	7.12	6.94	233
宜宾	Yibin	18.41	18.16	18.05	130	武威	Wuwei	2.34	5.13	4.78	256
广安	Guangan	2.88	3.63	4.92	254	张掖	Zhangye	2.78	4.22	3.83	267
达州	Dazhou	8.81	13.91	14.08	163	平凉	Pingliang	4.37	8.12	7.87	225
雅安	Yaan	2.87	3.46	3.61	270	酒泉	Jiuquan	2.96	6.82	6.07	245
巴中	Bazhong	4.93	15.65	17.10	143	庆阳	Qingyang	0.68	7.43	6.79	236
资阳	Ziyang	6.26	13.18	11.91	177	定西	Dingxi	1.92	5.44	4.51	261
贵州	**Guizhou**	**57.08**	**99.64**	**96.09**		陇南	Longnan	2.23	3.85	3.70	269
贵阳	Guiyang	34.12	53.97	53.10	41	**青海**	**Qinghai**	**11.52**	**17.10**	**16.10**	
六盘水	Liupanshui	11.31	13.37	12.48	172	西宁	Xining	11.52	15.35	14.25	161
遵义	Zunyi	8.30	14.97	13.44	167	海东	Haidong		1.75	1.85	282
安顺	Anshun	3.35	6.04	6.63	240	**宁夏**	**Ningxia**	**23.07**	**31.06**	**28.60**	
毕节	Bijie		7.82	6.89	234	银川	Yinchuan	13.95	20.09	18.75	124
铜仁	Tongren		3.47	3.56	271	石嘴山	Shizuishan	5.37	4.50	4.09	265
云南	**Yunnan**	**84.00**	**120.69**	**121.14**		吴忠	Wuzhong	2.19	3.99	3.48	272
昆明	Kunming	38.86	48.62	54.87	39	固原	Guyuan	0.54	0.82	0.79	285
曲靖	Qujing	17.34	30.37	25.73	92	中卫	Zhongwei	1.02	1.66	1.49	283
玉溪	Yuxi	8.14	13.29	13.05	168	**新疆**	**Xinjiang**	**28.11**	**35.61**	**35.63**	
保山	Baoshan	6.12	8.00	8.32	221	乌鲁木齐	Urumqi	16.46	23.63	24.30	96
昭通	Zhaotong	4.43	5.22	5.21	252	克拉玛依	Karamay	11.65	11.98	11.33	186

2-5　城镇单位第三产业就业人员
Employed Persons in Tertiary Industry

单位：万人　　　　(10 000 persons)

地名	City	2010	2014	2015	2015 排名 Ranking
全国	**Nation Total**	**8166.10**	**8796.30**	**9284.78**	
北京	**Beijing**	**492.16**	**592.68**	**622.41**	
天津	**Tianjin**	**107.20**	**133.63**	**142.91**	
河北	**Hebei**	**309.05**	**368.59**	**368.55**	
石家庄	Shijiazhuang	52.63	64.20	65.00	17
唐山	Tangshan	37.86	44.66	44.48	37
秦皇岛	Qinhuangdao	18.38	21.45	21.18	118
邯郸	Handan	34.01	41.00	41.05	42
邢台	Xingtai	22.69	26.41	26.43	83
保定	Baoding	40.94	49.69	46.20	33
张家口	Zhangjiakou	21.24	26.34	26.46	82
承德	Chengde	17.05	19.79	20.70	121
沧州	Cangzhou	28.14	32.69	33.45	56
廊坊	Langfang	19.90	23.47	24.52	95
衡水	Hengshui	16.21	18.89	19.08	142
山西	**Shanxi**	**204.01**	**237.19**	**234.64**	
太原	Taiyuan	41.56	56.33	56.30	24
大同	Datong	21.27	20.18	19.56	136
阳泉	Yangquan	8.45	10.16	9.83	239
长治	Changzhi	17.29	20.25	20.03	130
晋城	Jincheng	11.56	14.18	13.96	189
朔州	Shuozhou	9.60	10.47	10.55	232
晋中	Jinzhong	17.57	19.35	20.28	127
运城	Yuncheng	19.54	23.90	23.49	104
忻州	Xinzhou	16.23	17.84	17.44	156
临汾	Linfen	23.02	24.38	23.83	101
吕梁	Lvliang	17.92	20.17	19.37	139
内蒙古	**Inner Mongolia**	**117.74**	**143.78**	**151.69**	
呼和浩特	Hohhot	22.31	30.13	29.62	65
包头	Baotou	15.33	17.94	18.52	146
乌海	Wuhai	3.31	3.80	3.74	283
赤峰	Chifeng	18.35	21.23	20.99	119
通辽	Tongliao	12.63	15.03	15.38	176
鄂尔多斯	Erdos	9.97	15.05	22.75	109
呼伦贝尔	Hulunbuir	15.89	18.33	18.18	150
巴彦淖尔	Bayannur	8.49	9.37	9.66	240
乌兰察布	Ulanqab	11.46	12.90	12.85	202
辽宁	**Liaoning**	**257.76**	**319.86**	**312.77**	
沈阳	Shenyang	68.16	81.93	80.78	11
大连	Dalian	45.66	57.70	58.23	23
鞍山	Anshan	19.00	28.26	26.62	80
抚顺	Fushun	10.82	13.28	12.60	205
本溪	Benxi	10.09	15.64	12.95	201
丹东	Dandong	12.91	16.37	14.92	177
锦州	Jinzhou	14.62	17.89	18.12	151
营口	Yingkou	12.03	14.51	14.31	183
阜新	Fuxin	9.15	10.69	10.22	236
辽阳	Liaoyang	7.81	9.46	9.00	246
盘锦	Panjin	10.90	11.85	12.07	212
铁岭	Tieling	11.40	12.51	12.66	204
朝阳	Chaoyang	14.29	17.59	18.07	152
葫芦岛	Huludao	10.92	12.18	12.21	209
吉林	**Jilin**	**131.88**	**151.90**	**149.91**	
长春	Changchun	54.03	62.89	63.98	18
吉林	Jilin	17.35	21.42	20.44	124
四平	Siping	12.73	15.06	13.14	200
辽源	Liaoyuan	4.69	5.33	5.44	277
通化	Tonghua	10.96	11.86	11.88	215
白山	Baishan	8.90	8.91	8.89	248
松原	Songyuan	10.62	12.07	12.12	210
白城	Baicheng	12.60	14.35	14.02	188
黑龙江	**Heilongjiang**	**214.62**	**225.78**	**221.96**	
哈尔滨	Harbin	80.00	83.19	84.36	10
齐齐哈尔	Qiqihar	21.57	23.17	22.81	108
鸡西	Jixi	9.44	10.53	11.54	222
鹤岗	Hegang	7.03	7.03	6.72	267
双鸭山	Shuangyashan	9.99	12.08	7.53	260
大庆	Daqing	24.21	25.32	25.39	91
伊春	Yichun	4.18	5.56	5.51	276
佳木斯	Jiamusi	13.47	10.92	11.08	228
七台河	Qitaihe	3.76	4.03	3.99	282
牡丹江	Mudanjiang	12.77	14.28	14.20	185
黑河	Heihe	10.62	11.59	11.83	217
绥化	Suihua	17.58	18.09	17.01	160
上海	**Shanghai**	**233.17**	**467.63**	**471.33**	
江苏	**Jiangsu**	**340.54**	**503.73**	**505.72**	

2-5 城镇单位第三产业就业人员 续表 1
Employed Persons in Tertiary Industry continued 1

单位：万人 (10 000 persons)

地名	City	2010	2014	2015	2015 排名 Ranking	地名	City	2010	2014	2015	2015 排名 Ranking
南京	Nanjing	65.64	115.07	114.11	6	池州	Chizhou	5.23	6.67	6.74	266
无锡	Wuxi	30.55	40.92	40.70	43	宣城	Xuancheng	8.18	9.62	9.59	242
徐州	Xuzhou	36.11	41.75	41.69	40	**福建**	**Fujian**	**179.73**	**234.59**	**245.01**	
常州	Changzhou	19.21	27.14	27.62	72	福州	Fuzhou	48.84	60.11	63.53	19
苏州	Suzhou	36.03	76.42	75.58	13	厦门	Xiamen	29.03	45.57	49.00	28
南通	Nantong	25.59	37.98	37.67	45	莆田	Putian	10.21	13.53	14.27	184
连云港	Lianyungang	18.46	23.00	23.99	100	三明	Sanming	12.26	14.35	14.68	180
淮安	Huaian	19.33	24.33	24.09	98	泉州	Quanzhou	25.42	32.66	33.23	57
盐城	Yancheng	25.12	30.68	31.67	60	漳州	Zhangzhou	15.06	20.02	20.71	120
扬州	Yangzhou	17.02	26.86	27.33	75	南平	Nanping	12.84	15.45	15.39	174
镇江	Zhenjiang	15.91	18.80	19.56	135	龙岩	Longyan	14.20	17.65	18.41	148
泰州	Taizhou	18.99	23.93	24.35	97	宁德	Ningde	11.87	15.25	15.79	170
宿迁	Suqian	12.58	16.85	17.34	158	**江西**	**Jiangxi**	**163.71**	**204.19**	**217.04**	
浙江	**Zhejiang**	**332.21**	**421.87**	**433.03**		南昌	Nanchang	33.99	45.76	47.07	31
杭州	Hangzhou	106.70	133.54	137.71	4	景德镇	Jingdezhen	7.62	9.13	9.61	241
宁波	Ningbo	47.99	61.08	62.20	20	萍乡	Pingxiang	7.19	8.39	9.03	245
温州	Wenzhou	35.30	43.18	45.85	35	九江	Jiujiang	17.62	21.39	23.03	105
嘉兴	Jiaxing	23.84	27.60	27.80	71	新余	Xinyu	4.19	4.96	5.05	279
湖州	Huzhou	12.82	16.94	17.18	159	鹰潭	Yingtan	4.30	5.48	5.95	274
绍兴	Shaoxing	22.07	25.67	25.93	87	赣州	Ganzhou	24.93	30.57	33.87	55
金华	Jinhua	25.93	30.78	31.40	62	吉安	Jian	14.89	18.13	19.39	138
衢州	Quzhou	9.56	11.50	11.75	218	宜春	Yichun	16.48	19.94	21.63	115
舟山	Zhoushan	10.12	27.24	27.60	73	抚州	Fuzhou	12.81	16.45	16.73	165
台州	Taizhou	26.50	31.10	31.58	61	上饶	Shangrao	19.69	23.99	25.68	89
丽水	Lishui	11.39	13.25	14.03	187	**山东**	**Shandong**	**434.21**	**554.33**	**553.71**	
安徽	**Anhui**	**206.93**	**255.33**	**362.14**		济南	Jinan	65.76	75.15	74.53	14
合肥	Hefei	38.07	57.10	58.66	22	青岛	Qingdao	47.98	66.22	67.20	16
芜湖	Wuhu	11.11	19.58	20.13	129	淄博	Zibo	22.10	28.50	28.55	69
蚌埠	Bengbu	11.15	14.33	14.48	182	枣庄	Zaozhuang	16.52	18.92	19.03	143
淮南	Huainan	11.48	12.60	14.69	178	东营	Dongying	16.61	17.00	16.73	164
马鞍山	Maanshan	5.71	10.17	10.22	235	烟台	Yantai	35.66	47.68	47.50	30
淮北	Huaibei	5.94	7.83	7.60	259	潍坊	Weifang	35.28	41.39	41.93	39
铜陵	Tongling	3.83	5.24	7.04	265	济宁	Jining	30.25	37.26	36.68	47
安庆	Anqing	16.92	20.00	18.26	149	泰安	Taian	21.71	28.64	28.17	70
黄山	Huangshan	6.88	7.80	7.79	257	威海	Weihai	14.58	19.91	20.32	126
滁州	Chuzhou	11.90	13.57	13.49	195	日照	Rizhao	11.05	13.53	13.80	191
阜阳	Fuyang	19.77	22.03	22.68	110	莱芜	Laiwu	4.77	6.81	5.99	272
宿州	Suzhou	13.66	17.35	48.40	29	临沂	Linyi	30.82	45.47	45.16	36
六安	Liuan	14.42	15.88	86.41	9	德州	Dezhou	20.66	31.32	30.29	63
亳州	Bozhou	11.48	15.56	15.94	168	聊城	Liaocheng	20.57	26.30	26.26	84

2-5 城镇单位第三产业就业人员 续表 2
Employed Persons in Tertiary Industry continued 2

单位：万人 (10 000 persons)

地名	City	2010	2014	2015	2015 排名 Ranking	地名	City	2010	2014	2015	2015 排名 Ranking
滨州	Binzhou	13.02	18.03	18.50	147	常德	Changde	19.73	23.39	23.67	103
菏泽	Heze	26.87	32.21	33.06	58	张家界	Zhangjiajie	6.16	6.65	6.54	268
河南	**Henan**	**403.33**	**481.57**	**501.12**		益阳	Yiyang	15.89	16.38	15.75	171
郑州	Zhengzhou	57.88	83.93	88.20	8	郴州	Chenzhou	17.85	20.97	21.27	117
开封	Kaifeng	22.03	21.99	22.95	106	永州	Yongzhou	19.81	21.11	20.59	123
洛阳	Luoyang	29.90	35.72	36.18	49	怀化	Huaihua	19.26	21.14	19.64	134
平顶山	Pingdingshan	21.55	23.44	23.76	102	娄底	Loudi	13.24	15.28	14.69	179
安阳	Anyang	18.94	21.34	21.71	114	**广东**	**Guangdong**	**546.52**	**769.26**	**787.06**	
鹤壁	Hebi	6.01	6.97	7.08	264	广州	Guangzhou	140.04	205.21	207.31	2
新乡	Xinxiang	23.58	25.55	25.27	92	韶关	Shaoguan	14.82	16.39	16.38	166
焦作	Jiaozuo	15.73	20.72	20.36	125	深圳	Shenzhen	114.04	167.12	179.31	3
濮阳	Puyang	14.88	14.70	15.88	169	珠海	Zhuhai	18.24	26.83	27.44	74
许昌	Xuchang	15.29	18.68	19.10	141	汕头	Shantou	18.97	22.19	21.75	113
漯河	Luohe	10.48	11.90	12.40	207	佛山	Foshan	26.89	44.18	44.46	38
三门峡	Sanmenxia	11.22	13.33	13.37	197	江门	Jiangmen	17.75	23.15	22.64	111
南阳	Nanyang	41.29	48.69	51.81	26	湛江	Zhanjiang	24.72	29.76	30.28	64
商丘	Shangqiu	27.83	31.51	35.52	50	茂名	Maoming	20.29	24.60	24.65	94
信阳	Xinyang	28.80	34.92	35.07	52	肇庆	Zhaoqing	14.84	19.12	19.33	140
周口	Zhoukou	31.69	34.02	35.13	51	惠州	Huizhou	19.78	26.42	27.30	76
驻马店	Zhumadian	26.23	34.15	37.33	46	梅州	Meizhou	16.47	17.86	17.41	157
湖北	**Hubei**	**272.54**	**339.65**	**361.27**		汕尾	Shanwei	8.24	9.22	9.16	244
武汉	Wuhan	88.63	98.01	102.24	7	河源	Heyuan	11.44	12.94	13.31	198
黄石	Huangshi	13.71	12.34	12.32	208	阳江	Yangjiang	11.18	12.07	12.10	211
十堰	Shiyan	21.40	30.32	31.98	59	清远	Qingyuan	12.62	15.67	16.00	167
宜昌	Yichang	24.18	38.63	41.51	41	东莞	Dongguan	14.31	39.55	40.38	44
襄阳	Xiangyang	23.16	36.25	46.95	32	中山	Zhongshan	11.05	19.85	19.86	131
鄂州	Ezhou	6.17	6.65	7.21	263	潮州	Chaozhou	7.39	8.58	8.63	250
荆门	Jingmen	14.42	16.40	16.88	161	揭阳	Jieyang	14.23	17.38	17.52	155
孝感	Xiaogan	22.83	32.74	34.51	53	云浮	Yunfu	9.21	11.17	11.84	216
荆州	Jingzhou	19.90	21.88	22.26	112	**广西**	**Guangxi**	**195.98**	**229.89**	**232.97**	
黄冈	Huanggang	19.97	25.18	24.38	96	南宁	Nanning	46.54	54.95	55.14	25
咸宁	Xianning	11.94	13.86	13.77	192	柳州	Liuzhou	20.71	26.48	26.51	81
随州	Suizhou	6.23	7.40	7.26	262	桂林	Guilin	21.88	25.97	26.24	85
湖南	**Hunan**	**273.68**	**323.18**	**313.89**		梧州	Wuzhou	10.17	11.33	11.60	219
长沙	Changsha	60.40	68.45	67.71	15	北海	Beihai	6.95	8.13	8.35	252
株洲	Zhuzhou	15.95	19.93	20.61	122	防城港	Fangchenggang	5.23	6.39	6.41	269
湘潭	Xiangtan	12.50	27.87	25.41	90	钦州	Qinzhou	9.37	11.14	11.39	223
衡阳	Hengyang	27.70	30.41	28.94	67	贵港	Guigang	11.51	13.41	13.39	196
邵阳	Shaoyang	20.87	23.41	22.94	107	玉林	Yulin	17.31	19.35	19.51	137
岳阳	Yueyang	24.32	28.19	26.12	86	百色	Baise	12.52	14.52	15.43	173

2-5 城镇单位第三产业就业人员 续表 3

Employed Persons in Tertiary Industry continued 3

单位：万人 (10 000 persons)

地名	City	2010	2014	2015	2015 排名 Ranking
贺州	Hezhou	6.41	7.78	7.87	255
河池	Hechi	12.18	13.78	13.84	190
来宾	Laibin	7.24	7.94	8.33	253
崇左	Chongzuo	7.96	8.71	8.99	247
海南	**Hainan**	**28.93**	**44.39**	**57.20**	
海口	Haikou	22.88	34.07	34.38	54
三亚	Sanya	6.05	10.32	10.92	229
三沙	Sansha				
重庆	**Chongqing**	**130.35**	**497.83**	**522.72**	
四川	**Sichuan**	**271.23**	**391.28**	**595.40**	
成都	Chengdu	80.91	151.53	342.14	1
自贡	Zigong	9.27	11.66	11.26	225
攀枝花	Panzhihua	5.58	8.28	12.74	203
泸州	Luzhou	12.10	15.80	16.86	163
德阳	Deyang	11.57	15.68	15.66	172
绵阳	Mianyang	18.09	26.68	26.69	79
广元	Guangyuan	11.46	11.87	12.05	213
遂宁	Suining	8.14	10.34	10.13	238
内江	Neijiang	9.51	12.36	12.49	206
乐山	Leshan	12.37	14.09	14.49	181
南充	Nanchong	18.81	23.91	25.82	88
眉山	Meishan	8.63	11.05	11.10	227
宜宾	Yibin	15.01	17.34	17.93	153
广安	Guangan	8.40	10.21	10.78	231
达州	Dazhou	16.06	17.85	20.18	128
雅安	Yaan	6.76	7.51	7.43	261
巴中	Bazhong	9.08	12.43	13.60	194
资阳	Ziyang	9.48	12.68	14.06	186
贵州	**Guizhou**	**75.14**	**139.35**	**144.49**	
贵阳	Guiyang	35.92	49.72	50.77	27
六盘水	Liupanshui	8.19	11.10	11.58	220
遵义	Zunyi	21.91	28.22	28.88	68
安顺	Anshun	9.12	10.96	11.56	221
毕节	Bijie		23.88	24.83	93
铜仁	Tongren		15.48	16.86	162
云南	**Yunnan**	**126.77**	**161.72**	**168.32**	
昆明	Kunming	59.30	72.73	77.66	12
曲靖	Qujing	15.34	20.73	21.29	116
玉溪	Yuxi	10.39	14.03	13.73	193
保山	Baoshan	7.55	9.83	10.26	234
昭通	Zhaotong	13.36	17.00	17.69	154

地名	City	2010	2014	2015	2015 排名 Ranking
丽江	Lijiang	5.81	8.43	8.55	251
普洱	Puer	8.19	10.14	10.35	233
临沧	Lincang	6.83	8.83	8.79	249
西藏	**Tibet**		**31.18**	**29.27**	
拉萨	Lasa		31.18	29.27	66
陕西	**Shaanxi**	**215.17**	**285.51**	**286.51**	
西安	Xi'an	82.76	121.30	119.92	5
铜川	Tongchuan	4.94	6.52	6.36	270
宝鸡	Baoji	16.65	19.02	19.81	132
咸阳	Xianyang	21.68	25.71	26.72	78
渭南	Weinan	21.84	26.86	27.25	77
延安	Yan'an	14.16	18.55	18.90	145
汉中	Hanzhong	15.61	18.77	18.91	144
榆林	Yulin	17.61	23.72	24.06	99
安康	Ankang	10.62	13.03	13.26	199
商洛	Shangluo	9.30	12.03	11.32	224
甘肃	**Gansu**	**102.60**	**132.78**	**13.44**	
兰州	Lanzhou	27.08	36.12	36.59	48
嘉峪关	Jiayuguan	1.32	2.59	2.11	285
金昌	Jinchang	2.01	2.82	3.19	284
白银	Baiyin	7.59	9.06	9.18	243
天水	Tianshui	11.94	15.23	15.38	175
武威	Wuwei	6.43	7.93	7.84	256
张掖	Zhangye	6.34	8.14	8.19	254
平凉	Pingliang	8.26	9.95	10.15	237
酒泉	Jiuquan	6.00	7.42	7.72	258
庆阳	Qingyang	8.66	11.04	11.17	226
定西	Dingxi	8.46	10.70	10.87	230
陇南	Longnan	8.51	11.79	11.95	214
青海	**Qinghai**	**16.99**	**24.76**	**25.14**	
西宁	Xining	16.99	19.44	19.81	133
海东	Haidong		5.32	5.34	278
宁夏	**Ningxia**	**32.13**	**78.06**	**80.15**	
银川	Yinchuan	14.91	57.00	58.72	21
石嘴山	Shizuishan	3.87	4.94	5.00	280
吴忠	Wuzhong	4.93	6.20	5.96	273
固原	Guyuan	4.78	5.49	5.69	275
中卫	Zhongwei	3.64	4.43	4.78	281
新疆	**Xinjiang**	**33.55**	**50.80**	**52.11**	
乌鲁木齐	Urumqi	29.48	45.73	46.02	34
克拉玛依	Karamay	4.07	5.07	6.09	271

2-6　在岗职工平均人数
Average Number of Employed Staff and Workers

单位：万人　　　　（10 000 persons）

地名	City	2015	2015 排名 Ranking	地名	City	2015	2015 排名 Ranking
全国	**Nation Total**	**16149.53**		沈阳	Shenyang	136.64	17
北京	**Beijing**	**727.40**		大连	Dalian	108.24	27
天津	**Tianjin**	**246.36**		鞍山	Anshan	55.06	71
河北	**Hebei**	**588.60**		抚顺	Fushun	27.57	166
石家庄	Shijiazhuang	96.09	33	本溪	Benxi	25.14	181
唐山	Tangshan	80.56	45	丹东	Dandong	24.15	185
秦皇岛	Qinhuangdao	32.07	147	锦州	Jinzhou	30.66	155
邯郸	Handan	71.56	53	营口	Yingkou	24.19	184
邢台	Xingtai	41.93	108	阜新	Fuxin	18.10	222
保定	Baoding	86.26	41	辽阳	Liaoyang	17.63	224
张家口	Zhangjiakou	35.61	130	盘锦	Panjin	45.16	92
承德	Chengde	27.99	163	铁岭	Tieling	24.13	186
沧州	Cangzhou	48.08	86	朝阳	Chaoyang	27.53	167
廊坊	Langfang	41.29	114	葫芦岛	Huludao	23.32	192
衡水	Hengshui	27.16	172	**吉林**	**Jilin**	**283.60**	
山西	**Shanxi**	**420.98**		长春	Changchun	123.46	20
太原	Taiyuan	102.94	30	吉林	Jilin	41.04	115
大同	Datong	37.65	126	四平	Siping	19.07	217
阳泉	Yangquan	25.89	180	辽源	Liaoyuan	12.41	260
长治	Changzhi	41.62	111	通化	Tonghua	27.37	169
晋城	Jincheng	34.69	137	白山	Baishan	15.88	243
朔州	Shuozhou	19.37	213	松原	Songyuan	25.10	182
晋中	Jinzhong	31.51	150	白城	Baicheng	19.22	214
运城	Yuncheng	35.44	131	**黑龙江**	**Heilongjiang**	**368.57**	
忻州	Xinzhou	23.19	195	哈尔滨	Harbin	125.68	19
临汾	Linfen	35.02	136	齐齐哈尔	Qiqihar	36.27	129
吕梁	Lvliang	33.66	141	鸡西	Jixi	21.50	199
内蒙古	**Inner Mongolia**	**252.76**		鹤岗	Hegang	13.60	255
呼和浩特	Hohhot	41.50	112	双鸭山	Shuangyashan	14.22	252
包头	Baotou	38.36	122	大庆	Daqing	52.68	78
乌海	Wuhai	10.56	271	伊春	Yichun	15.90	242
赤峰	Chifeng	33.67	140	佳木斯	Jiamusi	18.19	221
通辽	Tongliao	29.10	159	七台河	Qitaihe	11.20	268
鄂尔多斯	Erdos	27.34	171	牡丹江	Mudanjiang	23.20	194
呼伦贝尔	Hulunbuir	41.95	107	黑河	Heihe	11.50	266
巴彦淖尔	Bayannur	14.78	250	绥化	Suihua	24.63	183
乌兰察布	Ulanqab	15.50	245	**上海**	**Shanghai**	**681.94**	
辽宁	**Liaoning**	**587.52**		**江苏**	**Jiangsu**	**1450.36**	

2-6 在岗职工平均人数 续表 1
Average Number of Employed Staff and Workers continued 1

单位：万人 （10 000 persons）

地名	City	2015	2015 排名 Ranking
南京	Nanjing	198.86	7
无锡	Wuxi	111.35	26
徐州	Xuzhou	85.47	42
常州	Changzhou	67.14	58
苏州	Suzhou	300.44	3
南通	Nantong	195.85	8
连云港	Lianyungang	43.16	99
淮安	Huaian	72.46	52
盐城	Yancheng	80.47	46
扬州	Yangzhou	101.84	31
镇江	Zhenjiang	47.57	87
泰州	Taizhou	97.28	32
宿迁	Suqian	48.47	85
浙江	**Zhejiang**	**929.37**	
杭州	Hangzhou	264.75	4
宁波	Ningbo	143.15	14
温州	Wenzhou	92.27	38
嘉兴	Jiaxing	70.59	55
湖州	Huzhou	42.25	106
绍兴	Shaoxing	122.19	23
金华	Jinhua	53.26	77
衢州	Quzhou	16.95	232
舟山	Zhoushan	17.19	228
台州	Taizhou	89.20	40
丽水	Lishui	17.57	225
安徽	**Anhui**	**471.08**	
合肥	Hefei	127.23	18
芜湖	Wuhu	41.86	109
蚌埠	Bengbu	20.64	205
淮南	Huainan	31.03	153
马鞍山	Maanshan	21.79	198
淮北	Huaibei	23.93	188
铜陵	Tongling	15.94	241
安庆	Anqing	28.39	161
黄山	Huangshan	10.30	273
滁州	Chuzhou	23.74	189
阜阳	Fuyang	32.28	144
宿州	Suzhou	27.68	165
六安	Liuan	20.40	208
亳州	Bozhou	20.70	204
池州	Chizhou	11.00	270
宣城	Xuancheng	14.17	253
福建	**Fujian**	**584.90**	
福州	Fuzhou	138.41	16
厦门	Xiamen	115.33	25
莆田	Putian	44.19	94
三明	Sanming	21.20	202
泉州	Quanzhou	145.41	13
漳州	Zhangzhou	44.46	93
南平	Nanping	20.64	205
龙岩	Longyan	27.83	164
宁德	Ningde	27.43	168
江西	**Jiangxi**	**424.29**	
南昌	Nanchang	106.22	28
景德镇	Jingdezhen	18.22	220
萍乡	Pingxiang	19.60	212
九江	Jiujiang	42.85	101
新余	Xinyu	13.37	257
鹰潭	Yingtan	14.86	249
赣州	Ganzhou	54.94	72
吉安	Jian	33.96	139
宜春	Yichun	43.38	98
抚州	Fuzhou	35.03	135
上饶	Shangrao	41.86	109
山东	**Shandong**	**1162.97**	
济南	Jinan	123.37	21
青岛	Qingdao	143.00	15
淄博	Zibo	83.97	43
枣庄	Zaozhuang	45.85	91
东营	Dongying	42.53	102
烟台	Yantai	103.91	29
潍坊	Weifang	77.41	48
济宁	Jining	76.02	50
泰安	Taian	70.64	54
威海	Weihai	57.37	69
日照	Rizhao	29.32	158
莱芜	Laiwu	17.39	226
临沂	Linyi	93.69	35
德州	Dezhou	54.42	74
聊城	Liaocheng	44.18	95

2-6 在岗职工平均人数 续表 2

Average Number of Employed Staff and Workers continued 2

单位：万人 （10 000 persons）

地名	City	2015	2015 排名 Ranking	地名	City	2015	2015 排名 Ranking
滨州	Binzhou	50.33	80	常德	Changde	38.54	121
菏泽	Heze	49.57	82	张家界	Zhangjiajie	8.65	279
河南	**Henan**	**1015.72**		益阳	Yiyang	22.14	197
郑州	Zhengzhou	185.28	11	郴州	Chenzhou	32.44	143
开封	Kaifeng	38.08	123	永州	Yongzhou	29.51	157
洛阳	Luoyang	70.08	56	怀化	Huaihua	23.74	189
平顶山	Pingdingshan	53.69	76	娄底	Loudi	27.37	169
安阳	Anyang	54.19	75	**广东**	**Guangdong**	**1886.86**	
鹤壁	Hebi	23.41	191	广州	Guangzhou	306.45	2
新乡	Xinxiang	59.82	64	韶关	Shaoguan	32.12	145
焦作	Jiaozuo	46.11	89	深圳	Shenzhen	452.00	1
濮阳	Puyang	38.03	124	珠海	Zhuhai	69.05	57
许昌	Xuchang	43.77	97	汕头	Shantou	51.87	79
漯河	Luohe	32.03	148	佛山	Foshan	168.84	12
三门峡	Sanmenxia	26.31	177	江门	Jiangmen	56.12	70
南阳	Nanyang	94.52	34	湛江	Zhanjiang	48.89	84
商丘	Shangqiu	61.41	62	茂名	Maoming	42.88	100
信阳	Xinyang	58.51	66	肇庆	Zhaoqing	41.46	113
周口	Zhoukou	66.54	59	惠州	Huizhou	89.52	39
驻马店	Zhumadian	63.94	61	梅州	Meizhou	28.18	162
湖北	**Hubei**	**732.32**		汕尾	Shanwei	23.30	193
武汉	Wuhan	195.03	9	河源	Heyuan	26.47	176
黄石	Huangshi	45.96	90	阳江	Yangjiang	22.37	196
十堰	Shiyan	58.95	65	清远	Qingyuan	31.04	152
宜昌	Yichang	92.94	37	东莞	Dongguan	231.26	6
襄阳	Xiangyang	58.29	68	中山	Zhongshan	83.20	44
鄂州	Ezhou	20.90	203	潮州	Chaozhou	19.69	211
荆门	Jingmen	37.74	125	揭阳	Jieyang	40.73	116
孝感	Xiaogan	76.29	49	云浮	Yunfu	21.42	200
荆州	Jingzhou	37.22	128	**广西**	**Guangxi**	**327.69**	
黄冈	Huanggang	61.24	63	南宁	Nanning	72.78	51
咸宁	Xianning	34.19	138	柳州	Liuzhou	39.65	119
随州	Suizhou	13.59	256	桂林	Guilin	40.22	118
湖南	**Hunan**	**496.82**		梧州	Wuzhou	17.09	230
长沙	Changsha	123.34	22	北海	Beihai	12.13	263
株洲	Zhuzhou	42.45	103	防城港	Fangchenggang	7.50	281
湘潭	Xiangtan	26.70	175	钦州	Qinzhou	19.17	216
衡阳	Hengyang	50.21	81	贵港	Guigang	16.70	234
邵阳	Shaoyang	31.46	151	玉林	Yulin	32.12	145
岳阳	Yueyang	40.27	117	百色	Baise	21.32	201

2-6 在岗职工平均人数 续表 3
Average Number of Employed Staff and Workers continued 3

单位：万人 （10 000 persons）

地名	City	2015	2015 排名 Ranking	地名	City	2015	2015 排名 Ranking
贺州	Hezhou	8.91	277	丽江	Lijiang	9.14	276
河池	Hechi	16.68	236	普洱	Puer	15.46	247
来宾	Laibin	11.04	269	临沧	Lincang	12.65	259
崇左	Chongzuo	12.38	261	**西藏**	**Tibet**	**11.92**	
海南	**Hainan**	**64.69**		拉萨	Lasa	11.92	264
海口	Haikou	49.13	83	**陕西**	**Shaanxi**	**457.50**	
三亚	Sanya	11.92	264	西安	Xi'an	190.31	10
三沙	Sansha			铜川	Tongchuan	10.41	272
重庆	**Chongqing**	**382.32**		宝鸡	Baoji	37.33	127
四川	**Sichuan**	**674.21**		咸阳	Xianyang	54.49	73
成都	Chengdu	246.68	5	渭南	Weinan	42.26	105
自贡	Zigong	17.14	229	延安	Yan'an	27.09	173
攀枝花	Panzhihua	19.20	215	汉中	Hanzhong	26.97	174
泸州	Luzhou	35.24	132	榆林	Yulin	35.24	132
德阳	Deyang	30.78	154	安康	Ankang	16.35	238
绵阳	Mianyang	46.43	88	商洛	Shangluo	17.05	231
广元	Guangyuan	14.77	251	**甘肃**	**Gansu**	**206.93**	
遂宁	Suining	17.32	227	兰州	Lanzhou	58.46	67
内江	Neijiang	26.19	178	嘉峪关	Jiayuguan	4.82	285
乐山	Leshan	24.03	187	金昌	Jinchang	9.43	275
南充	Nanchong	43.85	96	白银	Baiyin	16.31	239
眉山	Meishan	18.51	219	天水	Tianshui	18.87	218
宜宾	Yibin	33.36	142	武威	Wuwei	12.15	262
广安	Guangan	15.80	244	张掖	Zhangye	11.30	267
达州	Dazhou	28.73	160	平凉	Pingliang	16.92	233
雅安	Yaan	9.96	274	酒泉	Jiuquan	12.80	258
巴中	Bazhong	20.14	210	庆阳	Qingyang	16.69	235
资阳	Ziyang	26.08	179	定西	Dingxi	15.05	248
贵州	**Guizhou**	**214.62**		陇南	Longnan	14.13	254
贵阳	Guiyang	93.34	36	**青海**	**Qinghai**	**38.54**	
六盘水	Liupanshui	20.48	207	西宁	Xining	31.52	149
遵义	Zunyi	38.76	120	海东	Haidong	7.02	282
安顺	Anshun	16.07	240	**宁夏**	**Ningxia**	**63.97**	
毕节	Bijie	29.57	156	银川	Yinchuan	35.05	134
铜仁	Tongren	16.40	237	石嘴山	Shizuishan	8.51	280
云南	**Yunnan**	**299.59**		吴忠	Wuzhong	8.83	278
昆明	Kunming	116.94	24	固原	Guyuan	5.78	284
曲靖	Qujing	42.30	104	中卫	Zhongwei	5.80	283
玉溪	Yuxi	65.00	60	**新疆**	**Xinjiang**	**95.13**	
保山	Baoshan	17.73	223	乌鲁木齐	Urumqi	79.65	47
昭通	Zhaotong	20.37	209	克拉玛依	Karamay	15.48	246

2-7 在岗职工工资总额
Total Wage of Employed Staff and Workers

单位：万人 （10 000 persons）

地名	City	2015	2015 排名 Ranking	地名	City	2015	2015 排名 Ranking
全国	**Nation Total**	**101040.49**		沈阳	Shenyang	844.83	21
北京	**Beijing**	**8225.22**		大连	Dalian	751.04	27
天津	**Tianjin**	**2074.02**		鞍山	Anshan	240.33	92
河北	**Hebei**	**3034.12**		抚顺	Fushun	138.46	167
石家庄	Shijiazhuang	523.11	40	本溪	Benxi	110.17	202
唐山	Tangshan	452.17	50	丹东	Dandong	86.44	231
秦皇岛	Qinhuangdao	174.93	140	锦州	Jinzhou	145.37	163
邯郸	Handan	333.10	62	营口	Yingkou	118.48	195
邢台	Xingtai	196.82	119	阜新	Fuxin	83.16	241
保定	Baoding	435.44	52	辽阳	Liaoyang	89.43	227
张家口	Zhangjiakou	174.11	141	盘锦	Panjin	187.78	126
承德	Chengde	137.37	169	铁岭	Tieling	102.49	212
沧州	Cangzhou	263.37	80	朝阳	Chaoyang	121.00	191
廊坊	Langfang	267.22	78	葫芦岛	Huludao	109.70	204
衡水	Hengshui	76.48	249	**吉林**	**Jilin**	**1505.28**	9
山西	**Shanxi**	**2217.03**		长春	Changchun	771.83	25
太原	Taiyuan	622.96	32	吉林	Jilin	202.06	115
大同	Datong	221.17	106	四平	Siping	87.64	230
阳泉	Yangquan	120.63	192	辽源	Liaoyuan	54.45	268
长治	Changzhi	205.89	114	通化	Tonghua	121.53	189
晋城	Jincheng	189.82	124	白山	Baishan	70.72	255
朔州	Shuozhou	100.74	214	松原	Songyuan	121.16	190
晋中	Jinzhong	161.31	150	白城	Baicheng	75.89	251
运城	Yuncheng	153.79	158	**黑龙江**	**Heilongjiang**	**1876.02**	
忻州	Xinzhou	104.08	211	哈尔滨	Harbin	734.02	28
临汾	Linfen	158.65	153	齐齐哈尔	Qiqihar	170.52	143
吕梁	Lvliang	178.01	138	鸡西	Jixi	79.85	245
内蒙古	**Inner Mongolia**	**1409.18**		鹤岗	Hegang	49.72	276
呼和浩特	Hohhot	222.75	105	双鸭山	Shuangyashan	54.44	269
包头	Baotou	228.28	98	大庆	Daqing	352.13	61
乌海	Wuhai	51.81	272	伊春	Yichun	56.60	267
赤峰	Chifeng	186.43	128	佳木斯	Jiamusi	77.84	246
通辽	Tongliao	154.52	156	七台河	Qitaihe	46.24	281
鄂尔多斯	Erdos	200.61	117	牡丹江	Mudanjiang	109.99	203
呼伦贝尔	Hulunbuir	201.36	116	黑河	Heihe	46.00	282
巴彦淖尔	Bayannur	75.73	252	绥化	Suihua	98.66	215
乌兰察布	Ulanqab	87.69	229	**上海**	**Shanghai**	**6885.31**	
辽宁	**Liaoning**	**3128.67**		**江苏**	**Jiangsu**	**9749.22**	

2-7 在岗职工工资总额 续表 1

Total Wage of Employed Staff and Workers continued 1

单位：万人

（10 000 persons）

地名	City	2015	2015 排名 Ranking	地名	City	2015	2015 排名 Ranking
南京	Nanjing	1612.27	8	池州	Chizhou	52.64	270
无锡	Wuxi	846.51	20	宣城	Xuancheng	84.68	236
徐州	Xuzhou	473.32	48	**福建**	**Fujian**	**3463.08**	
常州	Changzhou	475.70	47	福州	Fuzhou	864.73	18
苏州	Suzhou	2171.87	5	厦门	Xiamen	762.97	26
南通	Nantong	1303.10	10	莆田	Putian	230.43	96
连云港	Lianyungang	268.29	77	三明	Sanming	125.37	185
淮安	Huaian	400.20	56	泉州	Quanzhou	785.83	24
盐城	Yancheng	430.05	53	漳州	Zhangzhou	253.09	84
扬州	Yangzhou	650.67	31	南平	Nanping	131.04	179
镇江	Zhenjiang	301.42	66	龙岩	Longyan	154.26	157
泰州	Taizhou	562.99	37	宁德	Ningde	155.35	155
宿迁	Suqian	252.84	85	**江西**	**Jiangxi**	**2187.37**	4
浙江	**Zhejiang**	**6440.14**		南昌	Nanchang	613.23	34
杭州	Hangzhou	2060.20	6	景德镇	Jingdezhen	83.46	240
宁波	Ningbo	1073.49	14	萍乡	Pingxiang	94.29	220
温州	Wenzhou	594.32	35	九江	Jiujiang	218.81	108
嘉兴	Jiaxing	477.82	45	新余	Xinyu	69.84	257
湖州	Huzhou	258.60	82	鹰潭	Yingtan	85.28	235
绍兴	Shaoxing	717.60	30	赣州	Ganzhou	276.43	72
金华	Jinhua	355.73	60	吉安	Jian	164.05	149
衢州	Quzhou	127.88	182	宜春	Yichun	197.41	118
舟山	Zhoushan	128.41	181	抚州	Fuzhou	173.54	142
台州	Taizhou	510.41	41	上饶	Shangrao	211.02	112
丽水	Lishui	135.68	172	**山东**	**Shandong**	**6698.75**	
安徽	**Anhui**	**2692.13**		济南	Jinan	851.23	19
合肥	Hefei	837.24	22	青岛	Qingdao	993.01	16
芜湖	Wuhu	240.17	93	淄博	Zibo	476.80	46
蚌埠	Bengbu	131.21	177	枣庄	Zaozhuang	227.74	99
淮南	Huainan	184.41	132	东营	Dongying	286.92	68
马鞍山	Maanshan	130.94	180	烟台	Yantai	622.47	33
淮北	Huaibei	122.27	187	潍坊	Weifang	442.37	51
铜陵	Tongling	90.14	225	济宁	Jining	414.83	54
安庆	Anqing	141.40	164	泰安	Taian	368.36	58
黄山	Huangshan	57.13	266	威海	Weihai	306.90	64
滁州	Chuzhou	133.72	174	日照	Rizhao	160.47	151
阜阳	Fuyang	156.82	154	莱芜	Laiwu	86.43	232
宿州	Suzhou	126.40	183	临沂	Linyi	485.54	44
六安	Liuan	104.79	210	德州	Dezhou	264.42	79
亳州	Bozhou	98.17	216	聊城	Liaocheng	216.80	110

2-7 在岗职工工资总额 续表 2
Total Wage of Employed Staff and Workers continued 2

单位：万人 （10 000 persons）

地名	City	2015	2015 排名 Ranking	地名	City	2015	2015 排名 Ranking
滨州	Binzhou	271.10	75	常德	Changde	187.50	127
菏泽	Heze	223.35	104	张家界	Zhangjiajie	40.08	284
河南	**Henan**	**4470.02**		益阳	Yiyang	108.03	206
郑州	Zhengzhou	981.74	17	郴州	Chenzhou	159.25	152
开封	Kaifeng	166.64	146	永州	Yongzhou	131.49	176
洛阳	Luoyang	325.97	63	怀化	Huaihua	117.32	197
平顶山	Pingdingshan	241.83	91	娄底	Loudi	120.39	193
安阳	Anyang	224.66	103	**广东**	**Guangdong**	**12445.19**	
鹤壁	Hebi	81.00	244	广州	Guangzhou	2487.49	3
新乡	Xinxiang	244.52	89	韶关	Shaoguan	176.39	139
焦作	Jiaozuo	194.35	121	深圳	Shenzhen	3662.72	1
濮阳	Puyang	165.79	148	珠海	Zhuhai	469.91	49
许昌	Xuchang	191.69	122	汕头	Shantou	274.98	73
漯河	Luohe	132.57	175	佛山	Foshan	1043.62	15
三门峡	Sanmenxia	117.28	198	江门	Jiangmen	303.65	65
南阳	Nanyang	389.24	57	湛江	Zhanjiang	245.31	88
商丘	Shangqiu	269.25	76	茂名	Maoming	227.42	100
信阳	Xinyang	206.44	113	肇庆	Zhaoqing	225.82	102
周口	Zhoukou	283.91	69	惠州	Huizhou	524.63	39
驻马店	Zhumadian	253.14	83	梅州	Meizhou	152.00	160
湖北	**Hubei**	**3526.99**	2	汕尾	Shanwei	112.21	201
武汉	Wuhan	1281.74	11	河源	Heyuan	136.18	171
黄石	Huangshi	191.45	123	阳江	Yangjiang	112.25	200
十堰	Shiyan	251.57	86	清远	Qingyuan	185.56	129
宜昌	Yichang	402.25	55	东莞	Dongguan	1230.80	12
襄阳	Xiangyang	279.90	71	中山	Zhongshan	489.00	42
鄂州	Ezhou	77.67	247	潮州	Chaozhou	95.45	218
荆门	Jingmen	149.13	162	揭阳	Jieyang	182.81	137
孝感	Xiaogan	299.92	67	云浮	Yunfu	106.96	208
荆州	Jingzhou	170.39	144	**广西**	**Guangxi**	**1802.80**	
黄冈	Huanggang	239.85	94	南宁	Nanning	485.78	43
咸宁	Xianning	125.94	184	柳州	Liuzhou	235.08	95
随州	Suizhou	57.19	265	桂林	Guilin	216.91	109
湖南	**Hunan**	**2636.83**		梧州	Wuzhou	81.21	243
长沙	Changsha	829.66	23	北海	Beihai	60.41	262
株洲	Zhuzhou	244.46	90	防城港	Fangchenggang	38.55	285
湘潭	Xiangtan	138.15	168	钦州	Qinzhou	91.38	223
衡阳	Hengyang	225.87	101	贵港	Guigang	87.95	228
邵阳	Shaoyang	150.33	161	玉林	Yulin	153.06	159
岳阳	Yueyang	184.29	133	百色	Baise	106.17	209

2-7　在岗职工工资总额　续表 3
Total Wage of Employed Staff and Workers continued 3

单位：万人　　　　（10 000 persons）

地名	City	2015	2015 排名 Ranking	地名	City	2015	2015 排名 Ranking
贺州	Hezhou	49.74	274	丽江	Lijiang	49.72	275
河池	Hechi	89.45	226	普洱	Puer	76.05	250
来宾	Laibin	48.14	280	临沧	Lincang	62.03	261
崇左	Chongzuo	58.98	263	**西藏**	**Tibet**	**136.63**	
海南	**Hainan**	**376.90**		拉萨	Lasa	136.63	170
海口	Haikou	282.26	70	**陕西**	**Shaanxi**	**2554.62**	
三亚	Sanya	73.32	253	西安	Xi'an	1202.01	13
三沙	Sansha			铜川	Tongchuan	52.39	271
重庆	**Chongqing**	**2373.87**		宝鸡	Baoji	184.47	130
四川	**Sichuan**	**3946.02**		咸阳	Xianyang	246.88	87
成都	Chengdu	1705.14	7	渭南	Weinan	189.01	125
自贡	Zigong	91.43	222	延安	Yan'an	165.98	147
攀枝花	Panzhihua	118.66	194	汉中	Hanzhong	138.67	166
泸州	Luzhou	183.41	134	榆林	Yulin	216.05	111
德阳	Deyang	182.85	136	安康	Ankang	82.43	242
绵阳	Mianyang	274.36	74	商洛	Shangluo	76.73	248
广元	Guangyuan	84.13	237	**甘肃**	**Gansu**	**1124.47**	
遂宁	Suining	86.18	234	兰州	Lanzhou	363.60	59
内江	Neijiang	121.59	188	嘉峪关	Jiayuguan	27.46	288
乐山	Leshan	131.06	178	金昌	Jinchang	49.67	277
南充	Nanchong	220.48	107	白银	Baiyin	83.50	239
眉山	Meishan	101.32	213	天水	Tianshui	86.32	233
宜宾	Yibin	184.45	131	武威	Wuwei	63.21	260
广安	Guangan	69.64	258	张掖	Zhangye	58.67	264
达州	Dazhou	139.86	165	平凉	Pingliang	90.25	224
雅安	Yaan	49.41	278	酒泉	Jiuquan	70.39	256
巴中	Bazhong	94.84	219	庆阳	Qingyang	93.45	221
资阳	Ziyang	107.19	207	定西	Dingxi	72.79	254
贵州	**Guizhou**	**1340.22**		陇南	Longnan	65.17	259
贵阳	Guiyang	581.34	36	**青海**	**Qinghai**	**226.54**	
六盘水	Liupanshui	117.98	196	西宁	Xining	183.11	135
遵义	Zunyi	259.69	81	海东	Haidong	43.44	283
安顺	Anshun	98.15	217	**宁夏**	**Ningxia**	**396.12**	
毕节	Bijie	169.21	145	银川	Yinchuan	230.07	97
铜仁	Tongren	113.86	199	石嘴山	Shizuishan	48.41	279
云南	**Yunnan**	**1425.06**		吴忠	Wuzhong	49.95	273
昆明	Kunming	725.43	29	固原	Guyuan	34.49	286
曲靖	Qujing	194.71	120	中卫	Zhongwei	33.20	287
玉溪	Yuxi	125.04	186	**新疆**	**Xinjiang**	**672.68**	
保山	Baoshan	83.97	238	乌鲁木齐	Urumqi	538.55	38
昭通	Zhaotong	108.13	205	克拉玛依	Karamay	134.13	173

2-8 职工平均工资
Average Wage of Employed Staff and Workers

单位：万人 （10 000 persons）

地名	City	2015	2015 排名 Ranking	地名	City	2015	2015 排名 Ranking
全国	**Nation Total**			沈阳	Shenyang	61827	47
北京	**Beijing**	**113073**		大连	Dalian	69390	18
天津	**Tianjin**	**84187**		鞍山	Anshan	43652	251
河北	**Hebei**			抚顺	Fushun	50225	164
石家庄	Shijiazhuang	54441	109	本溪	Benxi	43822	249
唐山	Tangshan	55565	95	丹东	Dandong	35790	281
秦皇岛	Qinhuangdao	57451	74	锦州	Jinzhou	47416	205
邯郸	Handan	46650	218	营口	Yingkou	48978	185
邢台	Xingtai	46944	214	阜新	Fuxin	45939	225
保定	Baoding	50477	157	辽阳	Liaoyang	50716	156
张家口	Zhangjiakou	48892	187	盘锦	Panjin	41579	263
承德	Chengde	49071	182	铁岭	Tieling	42473	259
沧州	Cangzhou	54779	102	朝阳	Chaoyang	43950	245
廊坊	Langfang	64724	34	葫芦岛	Huludao	47048	211
衡水	Hengshui	47174	210	**吉林**	**Jilin**		
山西	**Shanxi**			长春	Changchun	62519	42
太原	Taiyuan	60516	53	吉林	Jilin	49234	180
大同	Datong	58750	63	四平	Siping	45948	224
阳泉	Yangquan	46594	219	辽源	Liaoyuan	43872	246
长治	Changzhi	49468	178	通化	Tonghua	44405	242
晋城	Jincheng	54721	105	白山	Baishan	44532	241
朔州	Shuozhou	52012	139	松原	Songyuan	48170	195
晋中	Jinzhong	51189	151	白城	Baicheng	39493	273
运城	Yuncheng	46807	215	**黑龙江**	**Heilongjiang**		
忻州	Xinzhou	44880	237	哈尔滨	Harbin	58405	66
临汾	Linfen	48051	199	齐齐哈尔	Qiqihar	47011	212
吕梁	Lvliang	52890	132	鸡西	Jixi	39891	269
内蒙古	**Inner Mongolia**			鹤岗	Hegang	41066	267
呼和浩特	Hohhot	53698	121	双鸭山	Shuangyashan	42176	260
包头	Baotou	59500	57	大庆	Daqing	66839	27
乌海	Wuhai	55577	94	伊春	Yichun	35656	282
赤峰	Chifeng	55377	97	佳木斯	Jiamusi	46978	213
通辽	Tongliao	53093	127	七台河	Qitaihe	41301	266
鄂尔多斯	Erdos	73377	13	牡丹江	Mudanjiang	47412	206
呼伦贝尔	Hulunbuir	48001	201	黑河	Heihe		
巴彦淖尔	Bayannur	51169	152	绥化	Suihua	35229	283
乌兰察布	Ulanqab	56538	86	**上海**	**Shanghai**	**100966**	
辽宁	**Liaoning**			**江苏**	**Jiangsu**		

2-8 职工平均工资 续表 1

Average Wage of Employed Staff and Workers continued 1

单位：万人 （10 000 persons）

地名	City	2015	2015 排名 Ranking	地名	City	2015	2015 排名 Ranking
南京	Nanjing	81075	5	池州	Chizhou	49733	172
无锡	Wuxi	76019	9	宣城	Xuancheng	56767	83
徐州	Xuzhou	54310	111	**福建**	**Fujian**		
常州	Changzhou	70850	15	福州	Fuzhou	62478	43
苏州	Suzhou	72291	14	厦门	Xiamen	66930	26
南通	Nantong	66535	30	莆田	Putian	52149	137
连云港	Lianyungang	56154	91	三明	Sanming	59166	60
淮安	Huaian	55232	99	泉州	Quanzhou	54044	115
盐城	Yancheng	53445	124	漳州	Zhangzhou	56931	80
扬州	Yangzhou	63891	37	南平	Nanping	56381	87
镇江	Zhenjiang	63367	39	龙岩	Longyan	55430	96
泰州	Taizhou	57874	68	宁德	Ningde	56625	84
宿迁	Suqian	52161	136	**江西**	**Jiangxi**		
浙江	**Zhejiang**			南昌	Nanchang	57730	69
杭州	Hangzhou	77816	7	景德镇	Jingdezhen	45814	226
宁波	Ningbo	74989	11	萍乡	Pingxiang	48100	197
温州	Wenzhou	64412	35	九江	Jiujiang	51065	155
嘉兴	Jiaxing	67689	22	新余	Xinyu	51639	142
湖州	Huzhou	61201	51	鹰潭	Yingtan	57623	70
绍兴	Shaoxing	58728	64	赣州	Ganzhou	50313	161
金华	Jinhua	66782	28	吉安	Jian	48312	194
衢州	Quzhou	75447	10	宜春	Yichun	45330	231
舟山	Zhoushan	74717	12	抚州	Fuzhou	49522	177
台州	Taizhou	57215	77	上饶	Shangrao	50414	159
丽水	Lishui	77238	8	**山东**	**Shandong**		
安徽	**Anhui**			济南	Jinan	68997	20
合肥	Hefei	65806	31	青岛	Qingdao	69465	16
芜湖	Wuhu	57372	75	淄博	Zibo	56782	82
蚌埠	Bengbu	51146	153	枣庄	Zaozhuang	49673	174
淮南	Huainan	59424	58	东营	Dongying	67466	24
马鞍山	Maanshan	60093	54	烟台	Yantai	59906	55
淮北	Huaibei	51096	154	潍坊	Weifang	57148	78
铜陵	Tongling	56543	85	济宁	Jining	54077	114
安庆	Anqing	49802	169	泰安	Taian	51835	141
黄山	Huangshan	55137	100	威海	Weihai	53494	123
滁州	Chuzhou	56336	88	日照	Rizhao	54734	104
阜阳	Fuyang	48583	192	莱芜	Laiwu	49713	173
宿州	Suzhou	45658	229	临沂	Linyi	56312	89
六安	Liuan	51354	148	德州	Dezhou	48589	191
亳州	Bozhou	47338	207	聊城	Liaocheng	48070	198

2-8 职工平均工资 续表 2
Average Wage of Employed Staff and Workers continued 2

单位：万人 （10 000 persons）

地名	City	2015	2015 排名 Ranking	地名	City	2015	2015 排名 Ranking
滨州	Binzhou	53865	120	常德	Changde	48655	190
菏泽	Heze	45060	233	张家界	Zhangjiajie	46340	222
河南	**Henan**			益阳	Yiyang	48796	188
郑州	Zhengzhou	52987	131	郴州	Chenzhou	49086	181
开封	Kaifeng	43535	254	永州	Yongzhou	44553	240
洛阳	Luoyang	46515	220	怀化	Huaihua	49006	184
平顶山	Pingdingshan	45046	234	娄底	Loudi	43986	244
安阳	Anyang	41379	265	**广东**	**Guangdong**		
鹤壁	Hebi	39646	270	广州	Guangzhou	81171	4
新乡	Xinxiang	40873	268	韶关	Shaoguan	54923	101
焦作	Jiaozuo	42153	261	深圳	Shenzhen	81034	6
濮阳	Puyang	43587	253	珠海	Zhuhai	67958	21
许昌	Xuchang	43792	250	汕头	Shantou	52299	135
漯河	Luohe	41389	264	佛山	Foshan	61810	48
三门峡	Sanmenxia	44573	239	江门	Jiangmen	54106	113
南阳	Nanyang	43082	256	湛江	Zhanjiang	50177	166
商丘	Shangqiu	43845	247	茂名	Maoming	53036	129
信阳	Xinyang	84289	3	肇庆	Zhaoqing	54469	107
周口	Zhoukou	42666	258	惠州	Huizhou	58607	65
驻马店	Zhumadian	37680	277	梅州	Meizhou	54018	116
湖北	**Hubei**			汕尾	Shanwei	48162	196
武汉	Wuhan	65720	32	河源	Heyuan	51456	145
黄石	Huangshi	41655	262	阳江	Yangjiang	50182	165
十堰	Shiyan	42676	257	清远	Qingyuan	59788	56
宜昌	Yichang	43282	255	东莞	Dongguan	53221	126
襄阳	Xiangyang	48022	200	中山	Zhongshan	58776	62
鄂州	Ezhou	37215	279	潮州	Chaozhou	48471	193
荆门	Jingmen	39516	272	揭阳	Jieyang	44878	238
孝感	Xiaogan	39315	274	云浮	Yunfu	49934	167
荆州	Jingzhou	39565	271	**广西**	**Guangxi**		
黄冈	Huanggang	39165	275	南宁	Nanning	66749	29
咸宁	Xianning	36853	280	柳州	Liuzhou	54223	112
随州	Suizhou	39056	276	桂林	Guilin	53925	118
湖南	**Hunan**			梧州	Wuzhou	47517	204
长沙	Changsha	37266	278	北海	Beihai	49773	170
株洲	Zhuzhou	57584	72	防城港	Fangchenggang	51432	146
湘潭	Xiangtan	51472	144	钦州	Qinzhou	46703	216
衡阳	Hengyang	44983	236	贵港	Guigang	52653	134
邵阳	Shaoyang	47249	209	玉林	Yulin	47658	202
岳阳	Yueyang	45757	228	百色	Baise	49809	168

2-8 职工平均工资 续表 3
Average Wage of Employed Staff and Workers continued 3

单位：万人 （10 000 persons）

地名	City	2015	2015 排名 Ranking	地名	City	2015	2015 排名 Ranking
贺州	Hezhou	55799	93	丽江	Lijiang	53866	119
河池	Hechi	53638	122	普洱	Puer	48977	186
来宾	Laibin	43588	252	临沧	Lincang	49045	183
崇左	Chongzuo	47630	203	**西藏**	**Tibet**		
海南	**Hainan**			拉萨	Lasa	114582	1
海口	Haikou	57455	73	**陕西**	**Shaanxi**		
三亚	Sanya	61502	49	西安	Xi'an	63193	40
三沙	Sansha			铜川	Tongchuan	50310	162
重庆	**Chongqing**	**62091**		宝鸡	Baoji	49414	179
四川	**Sichuan**			咸阳	Xianyang	45309	232
成都	Chengdu	69123	19	渭南	Weinan	45775	227
自贡	Zigong	53344	125	延安	Yan'an	61274	50
攀枝花	Panzhihua	61915	46	汉中	Hanzhong	51411	147
泸州	Luzhou	52051	138	榆林	Yulin	51316	149
德阳	Deyang	59411	59	安康	Ankang	50410	160
绵阳	Mianyang	59093	61	商洛	Shangluo	45014	235
广元	Guangyuan	56946	79	**甘肃**	**Gansu**		
遂宁	Suining	49753	171	兰州	Lanzhou	62201	44
内江	Neijiang	46430	221	嘉峪关	Jiayuguan	53998	117
乐山	Leshan	54545	106	金昌	Jinchang	52683	133
南充	Nanchong	50286	163	白银	Baiyin	51196	150
眉山	Meishan	54451	108	天水	Tianshui	45546	230
宜宾	Yibin	55288	98	武威	Wuwei	52009	140
广安	Guangan	44079	243	张掖	Zhangye	51569	143
达州	Dazhou	48672	189	平凉	Pingliang	53028	130
雅安	Yaan	49626	175	酒泉	Jiuquan	54778	103
巴中	Bazhong	43825	248	庆阳	Qingyang	56002	92
资阳	Ziyang	50455	158	定西	Dingxi	4958	284
贵州	**Guizhou**			陇南	Longnan	46132	223
贵阳	Guiyang	63949	36	**青海**	**Qinghai**		
六盘水	Liupanshui	57597	71	西宁	Xining	**58099**	67
遵义	Zunyi	66991	25	海东	Haidong	62591	41
安顺	Anshun	61092	52	**宁夏**	**Ningxia**		
毕节	Bijie	57225	76	银川	Yinchuan	65643	33
铜仁	Tongren	69440	17	石嘴山	Shizuishan	56881	81
云南	**Yunnan**			吴忠	Wuzhong	54334	110
昆明	Kunming	62033	45	固原	Guyuan	63821	38
曲靖	Qujing	46684	217	中卫	Zhongwei	56173	90
玉溪	Yuxi	49597	176	**新疆**	**Xinjiang**		
保山	Baoshan	47295	208	乌鲁木齐	Urumqi	67617	23
昭通	Zhaotong	53071	128	克拉玛依	Karamay	84559	2

2-9　城镇登记失业人员
Registered Unemployed Persons in Urban Areas

单位：人　　(person)

地名	City	2010	2014	2015	2015 排名 Ranking
全国	**Nation Total**	**9080000**	**9520000**	**9660000**	
北京	**Beijing**	**77255**	**74000**	**78000**	
天津	**Tianjin**	**160983**	**225000**	**251000**	
河北	**Hebei**	**351000**	**383000**	**394000**	
石家庄	Shijiazhuang	50929	53409	53409	21
唐山	Tangshan	57885	66922	67464	13
秦皇岛	Qinhuangdao	18911	23249	24095	99
邯郸	Handan	50482	53508	59229	18
邢台	Xingtai	21110	20852	20654	122
保定	Baoding	42605	47966	50019	23
张家口	Zhangjiakou	32652	40124	33425	55
承德	Chengde	24604	18481	19124	134
沧州	Cangzhou	18919	23594	23694	102
廊坊	Langfang	11945	10346	10200	210
衡水	Hengshui	21323	24654	22735	108
山西	**Shanxi**	**204000**	**245000**	**256000**	
太原	Taiyuan	41338	48116	48459	25
大同	Datong	52945	58449	56404	19
阳泉	Yangquan	9010	9250	9734	217
长治	Changzhi	11685	13138	13442	179
晋城	Jincheng	6719	4885	6124	256
朔州	Shuozhou	5945	6160	6512	254
晋中	Jinzhong	8730	9613	11445	200
运城	Yuncheng	10500	14579	14361	172
忻州	Xinzhou	8210	7280	7142	250
临汾	Linfen	14511	17337	18219	139
吕梁	Lvliang	4820		12200	194
内蒙古	**Inner Mongolia**	**208000**	**248000**	**259000**	
呼和浩特	Hohhot	29749	37003	38355	40
包头	Baotou	39203	49604	51253	22
乌海	Wuhai	8200	7686	7613	244
赤峰	Chifeng	25050	28176	28558	72
通辽	Tongliao	16503	17187	17554	148
鄂尔多斯	Erdos	7901	19285	22831	105
呼伦贝尔	Hulunbuir	27855	30059	28885	70
巴彦淖尔	Bayannur	8966	12000	14728	169
乌兰察布	Ulanqab	33198	6962	7979	240
辽宁	**Liaoning**	**389000**	**410000**	**462000**	
沈阳	Shenyang	77198	95453	104223	5
大连	Dalian	71159	91075	95929	8
鞍山	Anshan	19952	27813	30831	63
抚顺	Fushun	39737	21209	27997	77
本溪	Benxi	28989	27526	27288	82
丹东	Dandong	22000	15581	31364	61
锦州	Jinzhou	17111	22249	27962	78
营口	Yingkou	21116	15538	16734	154
阜新	Fuxin	17919	16350	17103	151
辽阳	Liaoyang	11518	10517	15928	158
盘锦	Panjin	14267	13128	17126	150
铁岭	Tieling	18492	17305	17857	144
朝阳	Chaoyang	17161	18677	18041	142
葫芦岛	Huludao	19595	17198	23163	104
吉林	**Jilin**	**227000**	**232000**	**239000**	
长春	Changchun	71208	84478	70148	11
吉林	Jilin	22341	31700	29267	69
四平	Siping	22150	21786	10676	206
辽源	Liaoyuan	9678	11400	11867	195
通化	Tonghua	10949	9095	8400	233
白山	Baishan	13210	14653	12365	193
松原	Songyuan	11120	15381	12940	184
白城	Baicheng	17902	16761	13006	183
黑龙江	**Heilongjiang**	**362000**	**399000**	**410000**	
哈尔滨	Harbin	85100	88270	95411	9
齐齐哈尔	Qiqihar	34225	39083	403054	1
鸡西	Jixi	19020	15661	14766	168
鹤岗	Hegang	16216	17016	17867	143
双鸭山	Shuangyashan	9522	11111	11189	202
大庆	Daqing	29566	39840	40000	36
伊春	Yichun	21556	22341	21743	115
佳木斯	Jiamusi	20083	19390	19161	133
七台河	Qitaihe	5809	7965	8169	237
牡丹江	Mudanjiang	17133	20868	21007	116
黑河	Heihe	7092	7064	9380	222
绥化	Suihua	14749	19803	19183	132
上海	**Shanghai**	**276000**	**256000**	**248000**	
江苏	**Jiangsu**	**406000**	**366000**	**360000**	

2-9 城镇登记失业人员 续表 1

Registered Unemployed Persons in Urban Areas continued 1

单位：人 (person)

地名	City	2010	2014	2015	2015 排名 Ranking	地名	City	2010	2014	2015	2015 排名 Ranking
南京	Nanjing	63550	66532	66189	14	池州	Chizhou	8205	8558	7569	245
无锡	Wuxi	45797	41042	40713	35	宣城	Xuancheng	9287	10541	10401	208
徐州	Xuzhou	33613	31914	31611	58	**福建**	**Fujian**	**145000**	**143000**	**154000**	
常州	Changzhou	31454	32044	33620	53	福州	Fuzhou	39125	33284	33513	54
苏州	Suzhou	45875	32992	39813	38	厦门	Xiamen	26517	26700	25500	92
南通	Nantong	36100	34022	34940	49	莆田	Putian	7690	6890	7687	243
连云港	Lianyungang	17976	14542	12801	187	三明	Sanming	9344	8768	10004	213
淮安	Huaian	23106	20966	20782	121	泉州	Quanzhou	14762	18992	20947	117
盐城	Yancheng	24487	20119	18566	136	漳州	Zhangzhou	11388	10775	11767	196
扬州	Yangzhou	32398	27004	26177	88	南平	Nanping	13565	15552	16965	152
镇江	Zhenjiang	16796	14668	14462	171	龙岩	Longyan	12911	14937	15162	161
泰州	Taizhou	21800	16692	16160	157	宁德	Ningde	9655	6707	11451	199
宿迁	Suqian	13700	13131	11431	201	**江西**	**Jiangxi**	**263000**	**294000**	**299000**	
浙江	**Zhejiang**	**311000**	**331000**	**337000**		南昌	Nanchang	53000	64619	64727	15
杭州	Hangzhou	48478	40307	36709	42	景德镇	Jingdezhen	11200	18169	18169	140
宁波	Ningbo	56642	67187	70135	12	萍乡	Pingxiang	13374	15800	17641	146
温州	Wenzhou	28668	26238	28096	76	九江	Jiujiang	21051	9278	9130	227
嘉兴	Jiaxing	27032	27074	27424	81	新余	Xinyu	14700	12408	13483	178
湖州	Huzhou	13561	17330	16751	153	鹰潭	Yingtan	9458	9806	8527	232
绍兴	Shaoxing	32295	38108	39940	37	赣州	Ganzhou	34409	37112	27260	83
金华	Jinhua	28027	26183	26435	85	吉安	Jian	19580	25000	20900	118
衢州	Quzhou	10450	12926	12537	190	宜春	Yichun	28321	27506	22027	112
舟山	Zhoushan	5985	6147	7457	247	抚州	Fuzhou	25651	21024	19913	125
台州	Taizhou	26501	22028	22738	107	上饶	Shangrao	28854	14137	32695	56
丽水	Lishui	9703	8640	9447	221	**山东**	**Shandong**	**445000**	**431000**	**437000**	
安徽	**Anhui**	**269000**	**315000**	**309000**		济南	Jinan	59650	33028	31531	60
合肥	Hefei	50881	103032	103156	6	青岛	Qingdao	61929	71644	74988	10
芜湖	Wuhu	14135	17413	18397	138	淄博	Zibo	27942	29275	30093	66
蚌埠	Bengbu	22045	19228	37435	41	枣庄	Zaozhuang	21073	17685	18562	137
淮南	Huainan	20254	24766	26068	89	东营	Dongying	9953	9998	9992	214
马鞍山	Maanshan	7494	18925	19637	127	烟台	Yantai	48900	51286	53848	20
淮北	Huaibei	17808	20603	24149	98	潍坊	Weifang	39872	38681	38665	39
铜陵	Tongling	9801	9481	9887	215	济宁	Jining	39827	30683	30786	64
安庆	Anqing	30320	24532	11557	198	泰安	Taian	24797	22656	24598	97
黄山	Huangshan	6208	6004	6111	258	威海	Weihai	7882	8102	8295	234
滁州	Chuzhou	13261	12156	22007	113	日照	Rizhao	13260	11256	11160	203
阜阳	Fuyang	11144	4772	5903	259	莱芜	Laiwu	6614	6097	6659	252
宿州	Suzhou	13561	12416	17809	145	临沂	Linyi	19196	16333	26430	86
六安	Liuan	15400	15737	21998	114	德州	Dezhou	20993	19091	19295	130
亳州	Bozhou	6587	6324	14096	174	聊城	Liaocheng	25413	25388	24712	96

2-9 城镇登记失业人员 续表 2

Registered Unemployed Persons in Urban Areas continued 2

单位：人 (person)

地名	City	2010	2014	2015	2015 排名 Ranking
滨州	Binzhou	15085	11765	11738	197
菏泽	Heze	20174	18108	17616	147
河南	**Henan**	**382000**	**400000**	**425000**	
郑州	Zhengzhou	36223	61335	43364	32
开封	Kaifeng	25407	21056	20478	124
洛阳	Luoyang	33426	44558	45997	28
平顶山	Pingdingshan	21963	20692	25372	93
安阳	Anyang	20852	32382	27899	79
鹤壁	Hebi	9913	6635	4865	267
新乡	Xinxiang	25908	36664	43161	33
焦作	Jiaozuo	21160	32600	31538	59
濮阳	Puyang	9359	15074	15260	160
许昌	Xuchang	43100	32624	30063	67
漯河	Luohe	4014	7025	7778	242
三门峡	Sanmenxia	8999	7484	8052	238
南阳	Nanyang	37047	37640	35876	45
商丘	Shangqiu	25218	26321	27010	84
信阳	Xinyang	10355	9439	8018	239
周口	Zhoukou	31675	32985	36101	44
驻马店	Zhumadian	15033	14419	6289	255
湖北	**Hubei**	**557000**	**379000**	**334000**	
武汉	Wuhan	109465	101500	99077	7
黄石	Huangshi	34711	18836	19245	131
十堰	Shiyan	29238	32132	32541	57
宜昌	Yichang	22986	17673	19430	129
襄阳	Xiangyang	41822	38919	35586	46
鄂州	Ezhou	13000	2598	3410	274
荆门	Jingmen	17707	11017	13035	182
孝感	Xiaogan	21400	22553	27610	80
荆州	Jingzhou	54222	56424	36200	43
黄冈	Huanggang	28393	23578	22817	106
咸宁	Xianning	19959	11881	9119	228
随州	Suizhou	3674	5400	4459	269
湖南	**Hunan**	**432000**	**473000**	**451000**	
长沙	Changsha	41335	59065	34011	52
株洲	Zhuzhou	24436	19872	18962	135
湘潭	Xiangtan	21145	23000	26430	86
衡阳	Hengyang	35126	45383	45383	29
邵阳	Shaoyang	30800	25448	25855	90
岳阳	Yueyang	22236	34593	34453	50

地名	City	2010	2014	2015	2015 排名 Ranking
常德	Changde	35636	37869	22215	111
张家界	Zhangjiajie	5833	6401	4457	270
益阳	Yiyang	16513	24878	12867	185
郴州	Chenzhou	25302	32400	34019	51
永州	Yongzhou	22997	19895	25323	94
怀化	Huaihua	31084	61000	61062	17
娄底	Loudi	29978	25017	28130	75
广东	**Guangdong**	**393000**	**368000**	**370000**	
广州	Guangzhou	306802	243655	251092	2
韶关	Shaoguan	43499	48900	48483	24
深圳	Shenzhen	35302	38752	41697	34
珠海	Zhuhai	12501	11077	11095	204
汕头	Shantou	13127	15475	14788	165
佛山	Foshan	19628	21917	22389	109
江门	Jiangmen	21380	24833	63179	16
湛江	Zhanjiang	23882	20700	20885	119
茂名	Maoming	30504	11974		
肇庆	Zhaoqing	11662	12585		
惠州	Huizhou	14996	18772	19705	126
梅州	Meizhou	14200	13955	14013	175
汕尾	Shanwei	11314	12281	12621	188
河源	Heyuan	13951	8992	9504	220
阳江	Yangjiang	44404	12302	12506	191
清远	Qingyuan	14257	11670	17432	149
东莞	Dongguan	5303	9143	10143	211
中山	Zhongshan	7068	9444	9276	224
潮州	Chaozhou	8362	9246	9518	219
揭阳	Jieyang	11357	9173	9008	229
云浮	Yunfu	5825	5604	5725	261
广西	**Guangxi**	**191000**	**187000**	**181000**	
南宁	Nanning	35599	30938	28652	71
柳州	Liuzhou	29574	28937	28336	74
桂林	Guilin	24021	23950	25540	91
梧州	Wuzhou	13405	13085	12838	186
北海	Beihai		8617	8777	231
防城港	Fangchenggang	3916	3248	3542	271
钦州	Qinzhou	9680		9279	223
贵港	Guigang	10136	7205	5131	266
玉林	Yulin	18367	19034	22273	110
百色	Baise	8400	8709	8225	235

2-9　城镇登记失业人员　续表 3
Registered Unemployed Persons in Urban Areas continued 3

单位：人　　(person)

地名	City	2010	2014	2015	2015 排名 Ranking	地名	City	2010	2014	2015	2015 排名 Ranking
贺州	Hezhou	8465	9700	7461	246	丽江	Lijiang	4366	6156	6664	251
河池	Hechi	12550	3803	12544	189	普洱	Puer	10660	11067	11052	205
来宾	Laibin	5664	7203	6577	253	临沧	Lincang	6942	8284	9270	225
崇左	Chongzuo	5303	4922	5894	260	**西藏**	**Tibet**	**21000**	**17000**	**18000**	
海南	**Hainan**	**48000**	**43000**	**48000**		拉萨	Lasa				
海口	Haikou	9257				**陕西**	**Shaanxi**	**214000**	**223000**	**223000**	
三亚	Sanya	2628	3301	3389	276	西安	Xi'an	120215	108400	107425	4
三沙	Sansha					铜川	Tongchuan	2689	7873	7885	241
重庆	**Chongqing**	**130000**	**134000**	**143000**		宝鸡	Baoji	19367	19893	19485	128
四川	**Sichuan**	**346000**	**544000**	**546000**		咸阳	Xianyang	22793	19919	20845	120
成都	Chengdu	56214	153300	170500	3	渭南	Weinan	16300	17398	16677	155
自贡	Zigong	16030	23672	24899	95	延安	Yan'an	9528	10024	10310	209
攀枝花	Panzhihua	11337	13019	12376	192	汉中	Hanzhong	15000	14000	13592	177
泸州	Luzhou	16567	15132	14771	167	榆林	Yulin	10071	8800	9566	218
德阳	Deyang	15027	18025	20645	123	安康	Ankang	9300	8922	8847	230
绵阳	Mianyang	30359	33915	35097	48	商洛	Shangluo	57000	6680	7206	248
广元	Guangyuan	12150	22098	14772	166	**甘肃**	**Gansu**	**107000**	**97000**	**95000**	
遂宁	Suining	13786	46669	43711	31	兰州	Lanzhou	23746	15186	14612	170
内江	Neijiang	15721	17836	18077	141	嘉峪关	Jiayuguan	2777	2975	2832	277
乐山	Leshan	21554	24407	24065	100	金昌	Jinchang	3786	4825	5134	265
南充	Nanchong	27115	38129	31152	62	白银	Baiyin	7305	6595	5457	264
眉山	Meishan	11517	13598	13598	176	天水	Tianshui	11023	13113	13371	180
宜宾	Yibin	18095	29524	30691	65	武威	Wuwei	8214	5767	5709	262
广安	Guangan	12495	11224	10100	212	张掖	Zhangye	4843	35598	47463	27
达州	Dazhou	19850	16373	14990	163	平凉	Pingliang	26653	9593	9795	216
雅安	Yaan	21080	5323			酒泉	Jiuquan	5500	5500	4635	268
巴中	Bazhong	11596	14396	14962	164	庆阳	Qingyang	11273	15301	14350	173
资阳	Ziyang	13606	19694	29919	68	定西	Dingxi	7780	6119	6114	257
贵州	**Guizhou**	**122000**	**141000**	**145000**		陇南	Longnan	6155	1900	3400	275
贵阳	Guiyang	28353	34673	35281	47	**青海**	**Qinghai**	**42000**	**42000**	**44000**	
六盘水	Liupanshui	12714	14877	15871	159	西宁	Xining	25600	21000	44346	30
遵义	Zunyi	15900	22968	23721	101	海东	Haidong		4063	5624	263
安顺	Anshun	6745	7492	7159	249	**宁夏**	**Ningxia**	**48000**	**50000**	**49000**	
毕节	Bijie		12905	16294	156	银川	Yinchuan	22645	26929		
铜仁	Tongren		15773	15111	162	石嘴山	Shizuishan	31198	8924	28432	73
云南	**Yunnan**	**157000**	**192000**	**195000**		吴忠	Wuzhong	7716	3729	3516	273
昆明	Kunming	33700	44317	48018	26	固原	Guyuan	9487	3722	3530	272
曲靖	Qujing	32822	12107	13200	181	中卫	Zhongwei	2123	2516	2596	278
玉溪	Yuxi	5884	8629	9206	226	**新疆**	**Xinjiang**	**110000**	**112000**	**103000**	
保山	Baoshan	7682	7938	8206	236	乌鲁木齐	Urumqi	29794	35044	23189	103
昭通	Zhaotong	15109	21296	10649	207	克拉玛依	Karamay	2890	1053	1070	279

3

国民经济核算

National Accounts

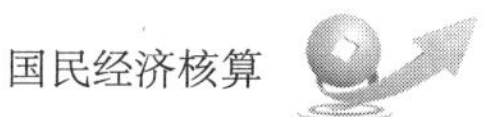

3-1 地区生产总值
Gross Regional Product

单位：亿元 (100 million yuan)

地名	City	2010	2014	2015	2015 排名 Ranking
全国	**Nation Total**	**401512.8**	**678363.6**	**643974.0**	
北京	**Beijing**	**14113.60**	**21330.83**	**23014.60**	
天津	**Tianjin**	**9224.46**	**15726.93**	**16538.19**	
河北	**Hebei**	**20394.26**	**29421.15**	**29806.11**	
石家庄	Shijiazhuang	3401.02	5170.27	5440.59	26
唐山	Tangshan	4469.16	6225.30	6103.06	20
秦皇岛	Qinhuangdao	930.50	1200.02	1250.44	164
邯郸	Handan	2361.56	3080.01	3145.43	55
邢台	Xingtai	1212.09	1646.94	1764.73	111
保定	Baoding	2050.30	3035.20	3300.56	53
张家口	Zhangjiakou	966.42	1348.97	1363.54	142
承德	Chengde	888.96	1342.55	1358.73	143
沧州	Cangzhou	2203.12	3133.38	3320.63	52
廊坊	Langfang	1351.10	2175.96	2473.86	74
衡水	Hengshui	781.82	1149.13	1220.01	170
山西	**Shanxi**	**9200.86**	**12761.49**	**12766.49**	
太原	Taiyuan	1778.05	2531.09	2735.34	67
大同	Datong	695.91	1001.73	1053.37	190
阳泉	Yangquan	429.38	616.62	595.70	248
长治	Changzhi	920.23	1331.14	1195.34	175
晋城	Jincheng	730.54	1035.82	1040.24	192
朔州	Shuozhou	670.15	1003.41	901.13	214
晋中	Jinzhong	763.84	1041.30	1046.12	191
运城	Yuncheng	827.43	1201.72	1174.01	177
忻州	Xinzhou	437.46	680.34	681.24	237
临汾	Linfen	890.14	1213.24	1161.11	180
吕梁	Lvliang	845.54	1101.35	955.80	204
内蒙古	**Inner Mongolia**	**11672.00**	**17770.19**	**17831.51**	
呼和浩特	Hohhot	1865.71	2894.05	3090.52	57
包头	Baotou	2460.80	3636.31	3721.93	40
乌海	Wuhai	391.36	601.02	559.83	249
赤峰	Chifeng	1086.23	1778.37	1861.27	107
通辽	Tongliao	1176.62	1886.80	1877.44	104
鄂尔多斯	Erdos	2643.23	4055.49	4226.13	32
呼伦贝尔	Hulunbuir	932.01	1522.20	1596.01	125
巴彦淖尔	Bayannur	603.33	867.46	887.43	217
乌兰察布	Ulanqab	567.60	873.73	913.77	210
辽宁	**Liaoning**	**18457.30**	**28626.58**	**28669.02**	
沈阳	Shenyang	5017.54	7098.71	7272.31	15
大连	Dalian	5158.16	7655.58	7731.64	13
鞍山	Anshan	2125.01	2385.90	2337.00	81
抚顺	Fushun	895.16	1276.58	1216.48	171
本溪	Benxi	860.37	1171.25	1164.69	178
丹东	Dandong	728.89	1022.60	984.90	200
锦州	Jinzhou	912.63	1364.00	1327.33	150
营口	Yingkou	1002.45	1546.08	1513.75	130
阜新	Fuxin	378.87	606.16	525.54	256
辽阳	Liaoyang	735.43	1014.62	1028.58	195
盘锦	Panjin	926.32	1303.95	1256.54	161
铁岭	Tieling	722.13	867.29	740.90	228
朝阳	Chaoyang	656.41	993.52	854.73	219
葫芦岛	Huludao	531.45	721.55	720.17	231
吉林	**Jilin**	**8667.58**	**13803.14**	**14063.13**	
长春	Changchun	3329.03	5342.43	5530.03	25
吉林	Jilin	1800.64	2379.56	2394.19	78
四平	Siping	779.55	1210.32	1233.25	168
辽源	Liaoyuan	410.14	690.31	726.64	230
通化	Tonghua	627.08	1008.50	1001.21	198
白山	Baishan	433.16	675.29	668.55	238
松原	Songyuan	1102.85	1596.29	1637.30	120
白城	Baicheng	445.18	686.18	699.68	235
黑龙江	**Heilongjiang**	**10368.60**	**15039.38**	**15083.70**	
哈尔滨	Harbin	3664.85	5340.07	5751.20	22
齐齐哈尔	Qiqihar	880.46	1209.34	1270.30	159
鸡西	Jixi	419.49	516.01	514.70	257
鹤岗	Hegang	250.99	259.46	265.60	280
双鸭山	Shuangyashan	396.35	432.68	433.30	268
大庆	Daqing	2900.06	4077.51	2983.50	60
伊春	Yichun	202.44	256.03	248.20	281
佳木斯	Jiamusi	512.46	765.98	810.20	220
七台河	Qitaihe	305.22	214.26	212.70	284
牡丹江	Mudanjiang	764.98	1264.02	1178.60	176
黑河	Heihe	261.10	421.36	447.70	265
绥化	Suihua	733.43	1190.25	1272.20	157
上海	**Shanghai**	**17165.98**	**23567.70**	**25123.45**	
江苏	**Jiangsu**	**41425.48**	**65088.32**	**70116.38**	

注：本表按当年价格计算。

Note: Data in this table are calculated at current prices.

3-1 地区生产总值 续表 1
Gross Regional Product continued 1

单位：亿元 (100 million yuan)

地名	City	2010	2014	2015	2015 排名 Ranking	地名	City	2010	2014	2015	2015 排名 Ranking
南京	Nanjing	5130.65	8820.75	9720.77	7	池州	Chizhou	300.84	517.17	544.74	254
无锡	Wuxi	5793.30	8205.31	8518.26	9	宣城	Xuancheng	525.96	917.63	971.46	202
徐州	Xuzhou	2942.14	4963.91	5319.88	27	**福建**	**Fujian**	**14737.12**	**24055.76**	**25979.82**	
常州	Changzhou	3044.89	4901.87	5273.15	28	福州	Fuzhou	3123.41	5169.16	5618.08	24
苏州	Suzhou	9228.91	13760.89	14504.07	3	厦门	Xiamen	2060.07	3273.58	3466.03	46
南通	Nantong	3465.67	5652.69	6148.40	18	莆田	Putian	850.33	1502.07	1655.60	118
连云港	Lianyungang	1193.31	1965.89	2160.64	87	三明	Sanming	975.10	1621.21	1713.05	113
淮安	Huaian	1388.07	2455.39	2745.09	66	泉州	Quanzhou	3564.97	5733.36	6137.71	19
盐城	Yancheng	2332.76	3835.62	4212.50	33	漳州	Zhangzhou	1430.71	2506.36	2767.35	64
扬州	Yangzhou	2229.49	3697.91	4016.84	35	南平	Nanping	728.65	1232.56	1339.43	147
镇江	Zhenjiang	1987.64	3252.44	3502.48	44	龙岩	Longyan	990.90	1621.21	1738.46	112
泰州	Taizhou	2048.72	3370.89	3687.90	41	宁德	Ningde	738.61	1376.09	1487.36	132
宿迁	Suqian	1064.09	1930.68	2126.19	89	**江西**	**Jiangxi**	**9451.26**	**15714.63**	**16723.78**	
浙江	**Zhejiang**	**27722.31**	**40173.03**	**42886.49**		南昌	Nanchang	2207.11	3667.96	4000.01	37
杭州	Hangzhou	5949.17	9206.16	10050.21	6	景德镇	Jingdezhen	461.50	738.21	772.06	223
宁波	Ningbo	5163.00	7610.28	8003.61	12	萍乡	Pingxiang	520.39	864.95	912.39	211
温州	Wenzhou	2925.04	4303.05	4618.08	30	九江	Jiujiang	1032.06	1779.96	1902.68	101
嘉兴	Jiaxing	2300.20	3352.60	3517.81	43	新余	Xinyu	631.22	900.27	946.80	205
湖州	Huzhou	1301.73	1956.00	2084.27	92	鹰潭	Yingtan	344.89	606.98	639.26	240
绍兴	Shaoxing	2795.20	4265.88	4465.97	31	赣州	Ganzhou	1119.74	1843.59	1973.87	97
金华	Jinhua	2110.04	3208.20	3402.34	49	吉安	Jian	720.53	1242.11	1328.52	148
衢州	Quzhou	755.48	1115.10	1146.13	182	宜春	Yichun	870.00	1522.99	1621.02	122
舟山	Zhoushan	644.32	1015.26	1092.85	187	抚州	Fuzhou	630.01	1036.77	1105.14	185
台州	Taizhou	2426.45	3387.38	3553.85	42	上饶	Shangrao	901.00	1550.24	1650.81	119
丽水	Lishui	663.29	1051.75	1103.29	186	**山东**	**Shandong**	**39169.92**	**59426.59**	**63002.33**	
安徽	**Anhui**	**12359.33**	**20848.75**	**22005.63**		济南	Jinan	3910.53	5770.60	6100.23	21
合肥	Hefei	2701.61	5180.56	5660.27	23	青岛	Qingdao	5666.19	8692.10	9300.07	8
芜湖	Wuhu	1108.63	2309.55	2457.32	75	淄博	Zibo	2866.75	4029.77	4130.24	34
蚌埠	Bengbu	638.05	1151.19	1253.05	162	枣庄	Zaozhuang	1362.04	1980.13	2031.00	93
淮南	Huainan	604.18	789.32	901.08	215	东营	Dongying	2359.94	3430.49	3450.64	47
马鞍山	Maanshan	810.72	1333.12	1365.30	141	烟台	Yantai	4358.46	6002.08	6446.08	16
淮北	Huaibei	461.64	759.64	760.39	226	潍坊	Weifang	3090.92	4786.00	5170.53	29
铜陵	Tongling	466.70	716.31	911.60	212	济宁	Jining	2542.81	3800.06	4013.12	36
安庆	Anqing	989.04	1544.32	1417.43	138	泰安	Taian	2051.68	3002.19	3158.39	54
黄山	Huangshan	309.45	507.17	530.90	255	威海	Weihai	1944.70	2790.34	3001.57	59
滁州	Chuzhou	695.65	1214.40	1305.70	151	日照	Rizhao	1025.08	1611.87	1670.80	117
阜阳	Fuyang	721.51	1188.97	1267.45	160	莱芜	Laiwu	546.33	687.60	665.83	239
宿州	Suzhou	650.57	1140.53	1235.83	167	临沂	Linyi	2399.99	3569.80	3763.17	39
六安	Liuan	676.11	1095.81	1016.49	196	德州	Dezhou	1657.82	2596.08	2750.94	65
亳州	Bozhou	512.78	883.63	942.61	207	聊城	Liaocheng	1622.38	2516.40	2663.62	69

3-1 地区生产总值 续表 2
Gross Regional Product continued 2

单位：亿元 (100 million yuan)

地名	City	2010	2014	2015	2015 排名 Ranking	地名	City	2010	2014	2015	2015 排名 Ranking
滨州	Binzhou	1551.52	2276.71	2355.33	80	常德	Changde	1491.57	2514.15	2709.02	68
菏泽	Heze	1227.09	2222.19	2400.96	77	张家界	Zhangjiajie	242.48	410.02	447.70	264
河南	**Henan**	**23092.36**	**34938.24**	**37002.16**		益阳	Yiyang	712.28	1253.15	1354.41	144
郑州	Zhengzhou	4040.89	6776.99	7311.52	14	郴州	Chenzhou	1081.76	1872.58	2012.07	95
开封	Kaifeng	927.16	1492.06	1605.84	123	永州	Yongzhou	767.01	1301.45	1418.18	137
洛阳	Luoyang	2320.25	3284.57	3469.03	45	怀化	Huaihua	674.92	1181.24	1273.25	156
平顶山	Pingdingshan	1310.84	1637.17	1686.01	116	娄底	Loudi	678.71	1210.86	1291.66	154
安阳	Anyang	1315.59	1791.81	1872.35	105	**广东**	**Guangdong**	**46013.06**	**67809.85**	**72812.55**	
鹤壁	Hebi	429.12	682.20	715.65	232	广州	Guangzhou	10748.28	16706.87	18100.41	1
新乡	Xinxiang	1189.94	1918.00	1975.03	96	韶关	Shaoguan	683.10	1113.49	1149.98	181
焦作	Jiaozuo	1245.93	1844.31	1926.08	100	深圳	Shenzhen	9581.51	16001.82	17502.86	2
濮阳	Puyang	775.40	1253.61	1328.34	149	珠海	Zhuhai	1208.60	1867.21	2025.41	94
许昌	Xuchang	1316.49	2087.23	2171.16	85	汕头	Shantou	1208.97	1716.51	1868.03	106
漯河	Luohe	680.49	941.16	992.59	199	佛山	Foshan	5651.52	7441.60	8003.92	11
三门峡	Sanmenxia	874.42	1240.06	1251.04	163	江门	Jiangmen	1570.42	2082.76	2240.02	84
南阳	Nanyang	1953.36	2675.57	2866.82	63	湛江	Zhanjiang	1405.06	2258.99	2380.02	79
商丘	Shangqiu	1143.79	1697.64	1812.16	108	茂名	Maoming	1492.09	2349.03	2445.63	76
信阳	Xinyang	1091.83	1757.34	1879.67	103	肇庆	Zhaoqing	1085.87	1845.06	1970.01	98
周口	Zhoukou	1228.30	1992.08	2089.70	91	惠州	Huizhou	1729.95	3000.37	3140.03	56
驻马店	Zhumadian	1053.71	1691.30	1807.69	109	梅州	Meizhou	612.85	885.84	959.78	203
湖北	**Hubei**	**15967.61**	**27379.22**	**29550.19**		汕尾	Shanwei	465.08	716.99	762.06	225
武汉	Wuhan	5515.76	10069.48	10905.60	4	河源	Heyuan	475.14	768.95	810.08	221
黄石	Huangshi	690.12	1218.56	1228.11	169	阳江	Yangjiang	639.84	1168.55	1250.01	165
十堰	Shiyan	736.80	1200.82	1300.12	153	清远	Qingyuan	1088.18	1197.74	1277.86	155
宜昌	Yichang	1547.32	3132.21	3384.80	50	东莞	Dongguan	4246.45	5881.32	6275.07	17
襄阳	Xiangyang	1538.30	3129.26	3382.12	51	中山	Zhongshan	1850.65	2823.01	3010.03	58
鄂州	Ezhou	395.29	686.64	730.01	229	潮州	Chaozhou	559.24	850.22	910.11	213
荆门	Jingmen	730.07	1310.59	1388.46	139	揭阳	Jieyang	1009.51	1780.44	1890.01	102
孝感	Xiaogan	800.67	1354.72	1457.20	134	云浮	Yunfu	400.97	664.00	713.14	233
荆州	Jingzhou	837.10	1480.49	1590.50	126	**广西**	**Guangxi**	**9569.85**	**15672.89**	**16803.12**	
黄冈	Huanggang	862.30	1459.15	1589.24	127	南宁	Nanning	1800.26	3148.30	3410.08	48
咸宁	Xianning	519.94	964.25	1030.07	193	柳州	Liuzhou	1315.31	2208.51	2298.20	83
随州	Suizhou	401.66	723.45	785.26	222	桂林	Guilin	1103.56	1827.05	1942.90	99
湖南	**Hunan**	**16037.96**	**27037.32**	**28902.21**		梧州	Wuzhou	579.28	1064.82	1078.65	188
长沙	Changsha	4547.06	7824.81	8510.13	10	北海	Beihai	401.41	856.01	891.94	216
株洲	Zhuzhou	1275.48	2161.01	2335.11	82	防城港	Fangchenggang	320.42	588.94	620.71	243
湘潭	Xiangtan	894.01	1570.56	1703.10	114	钦州	Qinzhou	520.67	854.96	944.42	206
衡阳	Hengyang	1420.34	2396.55	2601.58	71	贵港	Guigang	544.66	805.40	865.20	218
邵阳	Shaoyang	727.29	1261.61	1387.00	140	玉林	Yulin	840.25	1341.75	1445.91	135
岳阳	Yueyang	1539.36	2669.34	2886.28	62	百色	Baise	573.99	917.92	980.42	201

3-1 地区生产总值 续表 3
Gross Regional Product continued 3

单位：亿元 (100 million yuan)

地名	City	2010	2014	2015	2015 排名 Ranking
贺州	Hezhou	296.87	448.38	468.11	263
河池	Hechi	468.74	601.39	618.03	245
来宾	Laibin	405.22	551.24	557.93	250
崇左	Chongzuo	392.37	649.72	682.82	236
海南	**Hainan**	**2064.50**	**3500.72**	**3702.76**	
海口	Haikou	617.19	1091.70	1161.96	179
三亚	Sanya	242.21	402.26	435.82	266
三沙	Sansha				
重庆	**Chongqing**	**7925.58**	**14262.60**	**15717.27**	
四川	**Sichuan**	**17185.48**	**28536.66**	**30053.10**	
成都	Chengdu	5551.33	10056.59	10801.16	5
自贡	Zigong	647.73	1073.40	1143.11	183
攀枝花	Panzhihua	523.99	870.85	925.18	208
泸州	Luzhou	714.79	1259.73	1353.41	145
德阳	Deyang	921.27	1515.65	1605.06	124
绵阳	Mianyang	960.22	1579.89	1700.33	115
广元	Guangyuan	321.87	566.19	605.43	247
遂宁	Suining	495.23	809.55	915.81	209
内江	Neijiang	690.28	1156.77	1198.58	173
乐山	Leshan	743.92	1207.59	1301.23	152
南充	Nanchong	827.82	1432.02	1516.20	129
眉山	Meishan	552.25	944.89	1029.86	194
宜宾	Yibin	870.85	1443.81	1525.90	128
广安	Guangan	537.22	919.61	1005.61	197
达州	Dazhou	819.20	1347.83	1350.76	146
雅安	Yaan	286.54	462.41	502.58	259
巴中	Bazhong	280.91	456.66	501.34	261
资阳	Ziyang	657.90	1195.60	1270.38	158
贵州	**Guizhou**	**4602.16**	**9266.39**	**10502.56**	
贵阳	Guiyang	1121.82	2497.27	2891.16	61
六盘水	Liupanshui	500.63	1042.73	1201.08	172
遵义	Zunyi	908.76	1874.36	2168.34	86
安顺	Anshun	232.90	520.06	625.41	242
毕节	Bijie	600.85	1266.70	1461.35	133
铜仁	Tongren	293.62	647.73	770.89	224
云南	**Yunnan**	**7224.18**	**12814.59**	**13619.17**	
昆明	Kunming	2120.30	3712.99	3968.01	38
曲靖	Qujing	1005.55	1649.40	1630.26	121
玉溪	Yuxi	736.43	1184.73	1244.52	166
保山	Baoshan	260.90	500.98	551.96	252
昭通	Zhaotong	379.64	670.34	708.38	234
丽江	Lijiang	143.60	261.84	289.61	279
普洱	Puer	248.08	476.95	514.01	258
临沧	Lincang	216.97	465.12	502.12	260
西藏	**Tibet**	**508.75**	**920.83**	**1026.39**	
拉萨	Lasa	178.91	347.45	376.73	272
陕西	**Shaanxi**	**10123.48**	**17689.94**	**18021.86**	
西安	Xi'an	3241.69	5492.64	2501.20	72
铜川	Tongchuan	187.73	325.36	307.16	277
宝鸡	Baoji	976.09	1642.90	1787.63	110
咸阳	Xianyang	1098.68	2077.34	2152.92	88
渭南	Weinan	801.42	1423.75	1430.41	136
延安	Yan'an	885.42	1386.09	1198.27	174
汉中	Hanzhong	509.70	991.05	1059.61	189
榆林	Yulin	1756.67	2920.58	2491.88	73
安康	Ankang	327.06	689.44	755.05	227
商洛	Shangluo	285.90	576.27	618.52	244
甘肃	**Gansu**	**4120.75**	**6836.82**	**6790.32**	
兰州	Lanzhou	1100.39	2000.94	2095.99	90
嘉峪关	Jiayuguan	184.32	243.06	190.04	285
金昌	Jinchang	210.51	256.10	224.52	282
白银	Baiyin	311.18	447.64	434.27	267
天水	Tianshui	300.23	522.82	553.77	251
武威	Wuwei	228.77	405.97	416.19	269
张掖	Zhangye	212.70	361.78	373.53	273
平凉	Pingliang	231.89	350.55	347.70	274
酒泉	Jiuquan	405.03	610.55	544.76	253
庆阳	Qingyang	357.61	668.86	609.43	246
定西	Dingxi	156.02	290.16	304.92	278
陇南	Longnan	169.43	262.53	315.14	276
青海	**Qinghai**	**1350.43**	**2303.32**	**2417.05**	
西宁	Xining	628.28	1065.78	1131.62	184
海东	Haidong		365.69	384.40	271
宁夏	**Ningxia**	**1689.65**	**2752.10**	**2911.77**	
银川	Yinchuan	792.61	1388.62	1493.86	131
石嘴山	Shizuishan	298.60	467.26	482.60	262
吴忠	Wuzhong	217.16	383.43	405.60	270
固原	Guyuan	105.80	201.03	217.32	283
中卫	Zhongwei	173.19	297.57	316.89	275
新疆	**Xinjiang**	**5437.47**	**9273.46**	**9324.80**	
乌鲁木齐	Urumqi	1338.52	2461.47	2631.64	70
克拉玛依	Karamay	711.35	847.67	629.43	241

3-2 第一产业生产总值
Gross Regional Product by Primary Industry

单位：亿元 (100 million yuan)

地名	City	2010	2014	2015	2015 排名 Ranking	地名	City	2010	2014	2015	2015 排名 Ranking
全国	**Nation Total**	**40533.60**	**53183.71**	**60870.50**		沈阳	Shenyang	232.75	325.12	341.43	37
北京	**Beijing**	**124.40**	**158.99**	**140.20**		大连	Dalian	345.10	441.73	453.25	13
天津	**Tianjin**	**145.58**	**199.90**	**208.82**		鞍山	Anshan	93.01	131.22	136.54	171
河北	**Hebei**	**2562.81**	**3447.46**	**3439.45**		抚顺	Fushun	54.82	93.06	98.02	205
石家庄	Shijiazhuang	369.61	487.56	494.43	7	本溪	Benxi	43.35	63.60	67.02	227
唐山	Tangshan	421.87	558.41	569.07	2	丹东	Dandong	100.09	144.70	156.67	148
秦皇岛	Qinhuangdao	126.72	174.60	177.63	129	锦州	Jinzhou	151.31	201.60	211.36	100
邯郸	Handan	307.95	403.17	402.82	17	营口	Yingkou	77.23	110.54	110.80	194
邢台	Xingtai	189.73	273.39	275.57	62	阜新	Fuxin	92.66	119.53	118.28	185
保定	Baoding	303.65	425.23	433.46	16	辽阳	Liaoyang	45.86	66.76	72.62	223
张家口	Zhangjiakou	152.94	239.58	243.67	79	盘锦	Panjin	81.52	114.62	121.07	182
承德	Chengde	139.41	225.68	235.64	83	铁岭	Tieling	142.18	207.20	205.11	104
沧州	Cangzhou	252.65	317.72	319.44	42	朝阳	Chaoyang	135.80	214.70	220.61	90
廊坊	Langfang	157.48	205.63	206.17	102	葫芦岛	Huludao	71.63	95.10	104.35	199
衡水	Hengshui	154.20	166.51	168.89	135	**吉林**	**Jilin**	**1050.15**	**1524.01**	**1596.28**	
山西	**Shanxi**	**554.48**	**788.89**	**783.16**		长春	Changchun	252.75	331.76	343.24	35
太原	Taiyuan	30.28	38.98	37.39	258	吉林	Jilin	194.42	247.47	252.56	75
大同	Datong	36.26	57.10	56.67	242	四平	Siping	211.47	291.93	317.28	44
阳泉	Yangquan	6.58	11.04	9.99	268	辽源	Liaoyuan	42.77	59.09	60.90	234
长治	Changzhi	40.24	58.17	58.19	239	通化	Tonghua	65.08	88.34	92.41	213
晋城	Jincheng	30.71	43.71	49.23	253	白山	Baishan	44.03	59.90	62.40	232
朔州	Shuozhou	40.54	61.41	55.55	245	松原	Songyuan	191.04	264.67	285.01	57
晋中	Jinzhong	64.96	103.30	105.87	198	白城	Baicheng	83.43	114.66	118.15	186
运城	Yuncheng	141.50	197.20	192.54	112	**黑龙江**	**Heilongjiang**	**1302.90**	**2611.36**	**2633.50**	
忻州	Xinzhou	49.22	64.97	63.73	230	哈尔滨	Harbin	412.72	626.39	672.50	1
临汾	Linfen	66.58	94.88	90.98	215	齐齐哈尔	Qiqihar	192.07	290.00	306.50	49
吕梁	Lvliang	43.70	68.72	54.02	248	鸡西	Jixi	107.17	177.40	187.50	121
内蒙古	**Inner Mongolia**	**1095.28**	**1627.85**	**1617.42**		鹤岗	Hegang	66.37	92.89	93.50	212
呼和浩特	Hohhot	91.33	125.60	126.23	179	双鸭山	Shuangyashan	120.26	164.29	165.60	141
包头	Baotou	66.48	100.73	101.05	201	大庆	Daqing	95.01	191.64	194.90	111
乌海	Wuhai	3.71	4.75	4.74	271	伊春	Yichun	61.42	106.53	106.30	197
赤峰	Chifeng	177.37	274.40	276.96	61	佳木斯	Jiamusi	146.45	249.10	267.90	67
通辽	Tongliao	178.26	267.55	269.68	64	七台河	Qitaihe	22.41	31.24	34.20	259
鄂尔多斯	Erdos	70.81	99.76	98.97	204	牡丹江	Mudanjiang	122.58	203.76	222.80	87
呼伦贝尔	Hulunbuir	182.39	261.97	263.66	68	黑河	Heihe	116.93	202.51	214.10	98
巴彦淖尔	Bayannur	119.06	168.46	165.65	140	绥化	Suihua	267.09	474.31	506.00	4
乌兰察布	Ulanqab	93.96	131.93	132.39	174	**上海**	**Shanghai**	**114.15**	**124.26**	**109.82**	
辽宁	**Liaoning**	**1631.10**	**2285.75**	**2384.03**		**江苏**	**Jiangsu**	**2540.10**	**3634.33**	**3986.05**	

注：本表按当年价格计算。

Note: Data in this table are calculated at current prices.

3-2 第一产业增加值 续表 1
Gross Regional Product by Primary Industry continued 1

单位：亿元 (100 million yuan)

地名	City	2010	2014	2015	2015 排名 Ranking
南京	Nanjing	142.29	214.34	232.39	84
无锡	Wuxi	104.94	137.85	137.72	168
徐州	Xuzhou	282.82	473.56	504.76	5
常州	Changzhou	99.78	138.23	146.55	155
苏州	Suzhou	155.79	203.66	215.71	97
南通	Nantong	266.22	339.73	354.90	31
连云港	Lianyungang	182.60	262.05	282.69	60
淮安	Huaian	195.97	287.04	307.67	48
盐城	Yancheng	374.21	489.43	516.53	3
扬州	Yangzhou	161.37	227.42	241.86	80
镇江	Zhenjiang	81.53	121.32	132.89	173
泰州	Taizhou	151.65	209.33	218.93	92
宿迁	Suqian	187.09	246.35	258.11	73
浙江	**Zhejiang**	**1360.56**	**1777.18**		
杭州	Hangzhou	208.41	274.34		
宁波	Ningbo	219.13	275.49		
温州	Wenzhou	93.69	117.90		
嘉兴	Jiaxing	127.00	144.83		
湖州	Huzhou	104.22	120.29		
绍兴	Shaoxing	149.67	194.10		
金华	Jinhua	108.03	138.59		
衢州	Quzhou	64.68	82.63		
舟山	Zhoushan	62.02	100.92		
台州	Taizhou	160.42	215.78		
丽水	Lishui	62.93	88.56		
安徽	**Anhui**	**1729.02**	**2392.39**	**2456.69**	
合肥	Hefei	132.74	252.29	263.43	69
芜湖	Wuhu	49.04	118.02	120.02	183
蚌埠	Bengbu	121.16	178.32	188.55	118
淮南	Huainan	47.59	69.46	111.51	192
马鞍山	Maanshan	28.53	77.05	79.46	219
淮北	Huaibei	40.46	57.96	59.33	236
铜陵	Tongling	9.65	12.61	47.24	254
安庆	Anqing	156.32	212.34	185.93	122
黄山	Huangshan	39.44	54.62	55.11	246
滁州	Chuzhou	148.42	214.10	221.53	89
阜阳	Fuyang	197.34	277.03	286.28	56
宿州	Suzhou	181.46	259.70	268.26	66
六安	Liuan	159.36	215.22	180.46	125
亳州	Bozhou	137.15	194.49	195.04	110
池州	Chizhou	45.70	68.58	70.57	225
宣城	Xuancheng	88.50	117.92	121.30	181
福建	**Fujian**	**1363.67**	**2014.80**	**2118.10**	
福州	Fuzhou	282.73	416.12	434.69	15
厦门	Xiamen	23.06	23.57	23.93	263
莆田	Putian	87.86	109.80	115.12	189
三明	Sanming	168.26	244.80	252.08	76
泉州	Quanzhou	132.18	172.57	178.46	128
漳州	Zhangzhou	254.70	350.39	370.87	26
南平	Nanping	159.53	271.66	289.23	54
龙岩	Longyan	128.89	187.74	200.62	108
宁德	Ningde	136.61	238.20	253.09	74
江西	**Jiangxi**	**1206.98**	**1683.72**	**1772.98**	
南昌	Nanchang	120.56	162.86	171.26	132
景德镇	Jingdezhen	38.09	55.22	57.22	240
萍乡	Pingxiang	42.32	58.47	62.83	231
九江	Jiujiang	98.04	136.70	140.75	164
新余	Xinyu	37.88	54.20	55.95	244
鹰潭	Yingtan	32.81	47.59	49.40	252
赣州	Ganzhou	211.89	282.62	295.56	52
吉安	Jian	143.00	204.08	217.40	94
宜春	Yichun	164.92	224.18	236.04	82
抚州	Fuzhou	119.84	173.76	181.81	124
上饶	Shangrao	151.90	213.31	222.80	86
山东	**Shandong**	**3588.28**	**4798.36**	**4979.08**	
济南	Jinan	215.17	290.26	305.39	50
青岛	Qingdao	276.99	349.42	363.98	27
淄博	Zibo	105.30	140.24	144.88	157
枣庄	Zaozhuang	117.56	147.72	154.11	150
东营	Dongying	87.38	115.95	117.75	188
烟台	Yantai	334.49	426.75	440.85	14
潍坊	Weifang	330.51	456.11	455.15	8
济宁	Jining	320.41	431.31	454.19	10
泰安	Taian	195.31	260.29	269.05	65
威海	Weihai	153.94	207.60	217.14	95
日照	Rizhao	100.26	139.27	140.60	167
莱芜	Laiwu	38.61	52.74	52.72	250
临沂	Linyi	264.01	340.92	346.49	34
德州	Dezhou	210.51	270.51	283.71	59
聊城	Liaocheng	221.64	304.23	316.39	46

3-2 第一产业增加值 续表 2
Gross Regional Product by Primary Industry continued 2

单位：亿元 (100 million yuan)

地名	City	2010	2014	2015	2015 排名 Ranking	地名	City	2010	2014	2015	2015 排名 Ranking
滨州	Binzhou	155.48	210.82	217.53	93	常德	Changde	280.10	337.90	355.20	30
菏泽	Heze	220.18	260.89	270.09	63	张家界	Zhangjiajie	31.23	47.56	51.83	251
河南	**Henan**	**3258.09**	**4160.01**	**4209.56**		益阳	Yiyang	162.36	231.71	251.41	77
郑州	Zhengzhou	124.56	147.06	150.92	153	郴州	Chenzhou	126.75	178.83	196.53	109
开封	Kaifeng	219.31	285.13	283.90	58	永州	Yongzhou	190.56	282.15	308.57	47
洛阳	Luoyang	187.62	231.89	236.39	81	怀化	Huaihua	97.43	171.16	184.36	123
平顶山	Pingdingshan	114.72	167.16	167.04	139	娄底	Loudi	99.80	175.21	189.19	117
安阳	Anyang	159.07	205.16	204.71	105	**广东**	**Guangdong**	**2286.98**	**3166.82**	**3345.54**	
鹤壁	Hebi	48.83	63.44	61.85	233	广州	Guangzhou	188.56	218.86	226.84	85
新乡	Xinxiang	157.15	227.47	222.77	88	韶关	Shaoguan	95.90	140.52	151.68	151
焦作	Jiaozuo	101.30	136.85	137.10	169	深圳	Shenzhen	6.47	4.80	6.65	269
濮阳	Puyang	107.62	155.70	157.48	146	珠海	Zhuhai	32.36	43.88	45.11	256
许昌	Xuchang	149.96	184.72	169.58	133	汕头	Shantou	64.53	91.83	96.71	207
漯河	Luohe	86.66	109.08	106.41	196	佛山	Foshan	105.40	133.95	136.45	172
三门峡	Sanmenxia	70.00	111.36	118.47	184	江门	Jiangmen	117.03	168.08	174.50	130
南阳	Nanyang	401.18	468.76	501.65	6	湛江	Zhanjiang	289.31	429.43	454.67	9
商丘	Shangqiu	299.51	374.84	376.97	23	茂名	Maoming	274.52	364.10	387.41	21
信阳	Xinyang	288.04	439.86	453.86	12	肇庆	Zhaoqing	190.26	271.96	288.29	55
周口	Zhoukou	365.64	459.17	454.02	11	惠州	Huizhou	102.38	141.02	151.54	152
驻马店	Zhumadian	290.67	397.29	402.52	18	梅州	Meizhou	124.24	174.69	188.49	119
湖北	**Hubei**	**2147.00**	**3176.89**	**3309.84**		汕尾	Shanwei	77.59	109.84	118.04	187
武汉	Wuhan	170.04	350.42	359.81	29	河源	Heyuan	60.44	87.58	94.01	211
黄石	Huangshi	53.63	105.04	108.56	195	阳江	Yangjiang	140.28	192.93	205.33	103
十堰	Shiyan	77.80	151.18	157.48	146	清远	Qingyuan	119.98	175.59	192.52	113
宜昌	Yichang	176.50	351.43	361.40	28	东莞	Dongguan	16.57	20.58	21.03	265
襄阳	Xiangyang	234.70	401.48	402.14	19	中山	Zhongshan	50.74	66.91	66.48	228
鄂州	Ezhou	51.45	81.23	84.66	216	潮州	Chaozhou	40.34	60.79	64.27	229
荆门	Jingmen	145.10	198.16	200.86	107	揭阳	Jieyang	110.86	157.04	167.69	137
孝感	Xiaogan	171.18	252.11	259.45	71	云浮	Yunfu	100.74	140.30	149.11	154
荆州	Jingzhou	231.07	347.03	353.01	32	**广西**	**Guangxi**	**1675.06**	**2413.44**	**2565.45**	
黄冈	Huanggang	246.96	357.05	379.62	22	南宁	Nanning	244.43	369.61	371.10	25
咸宁	Xianning	100.98	172.02	178.59	127	柳州	Liuzhou	109.48	157.02	167.10	138
随州	Suizhou	86.57	130.08	132.31	175	桂林	Guilin	203.31	323.02	339.59	38
湖南	**Hunan**	**2325.50**	**3148.75**	**3331.62**		梧州	Wuzhou	79.96	119.58	122.44	180
长沙	Changsha	202.01	312.21	341.78	36	北海	Beihai	87.17	151.34	159.35	145
株洲	Zhuzhou	123.85	166.83	179.54	126	防城港	Fangchenggang	47.43	70.85	75.49	222
湘潭	Xiangtan	96.04	127.69	140.63	166	钦州	Qinzhou	132.21	193.91	204.37	106
衡阳	Hengyang	264.42	359.24	395.84	20	贵港	Guigang	108.05	160.84	173.95	131
邵阳	Shaoyang	173.71	271.75	299.38	51	玉林	Yulin	171.73	248.76	259.14	72
岳阳	Yueyang	215.53	288.02	317.33	43	百色	Baise	105.21	158.71	169.38	134

3-2 第一产业增加值 续表 3
Gross Regional Product by Primary Industry continued 3

单位：亿元 (100 million yuan)

地名	City	2010	2014	2015	2015 排名 Ranking
贺州	Hezhou	63.68	97.97	103.14	200
河池	Hechi	97.87	137.30	140.81	163
来宾	Laibin	97.83	133.45	136.83	170
崇左	Chongzuo	114.85	147.36	155.06	149
海南	**Hainan**	**539.83**	**809.52**	**854.72**	
海口	Haikou	45.99	57.10	57.09	241
三亚	Sanya	38.38	55.15	59.85	235
三沙	Sansha				
重庆	**Chongqing**	**685.38**	**1061.03**	**1150.15**	
四川	**Sichuan**	**2482.89**	**3531.05**	**3677.30**	
成都	Chengdu	285.09	357.01	373.15	24
自贡	Zigong	84.68	121.72	127.97	177
攀枝花	Panzhihua	21.49	29.00	31.31	261
泸州	Luzhou	108.81	159.86	167.84	136
德阳	Deyang	152.39	199.31	208.18	101
绵阳	Mianyang	166.49	247.57	260.05	70
广元	Guangyuan	76.52	95.86	99.76	203
遂宁	Suining	109.39	139.24	141.66	162
内江	Neijiang	112.39	182.65	191.15	115
乐山	Leshan	100.08	135.13	142.50	160
南充	Nanchong	201.62	310.03	335.46	39
眉山	Meishan	103.80	149.39	159.64	144
宜宾	Yibin	133.84	206.90	216.35	96
广安	Guangan	109.91	155.78	163.31	143
达州	Dazhou	194.99	277.52	290.82	53
雅安	Yaan	49.97	66.59	72.44	224
巴中	Bazhong	81.65	80.65	83.98	217
资阳	Ziyang	151.81	241.87	250.88	78
贵州	**Guizhou**	**625.03**	**1280.45**	**1640.61**	
贵阳	Guiyang	57.10	108.13	129.89	176
六盘水	Liupanshui	29.22	75.70	114.51	190
遵义	Zunyi	140.22	267.47	349.27	33
安顺	Anshun	40.30	78.58	113.10	191
毕节	Bijie	124.37	252.83	324.71	41
铜仁	Tongren	95.43	149.69	191.10	116
云南	**Yunnan**	**1108.38**	**1990.07**	**2055.78**	
昆明	Kunming	120.30	181.57	188.10	120
曲靖	Qujing	183.52	310.25	317.15	45
玉溪	Yuxi	69.60	122.86	126.60	178
保山	Baoshan	79.00	138.37	141.97	161
昭通	Zhaotong	74.45	138.16	140.65	165
丽江	Lijiang	26.00	44.20	44.57	257
普洱	Puer	73.66	137.55	143.13	159
临沧	Lincang	71.48	142.70	145.34	156
西藏	**Tibet**	**68.13**	**91.64**	**98.04**	
拉萨	Lasa	9.14	12.93	12.94	267
陕西	**Shaanxi**	**988.45**	**1564.94**	**1597.63**	
西安	Xi'an	140.06	214.76	220.20	91
铜川	Tongchuan	14.18	22.61	22.76	264
宝鸡	Baoji	104.20	161.33	165.13	142
咸阳	Xianyang	203.29	321.78	328.78	40
渭南	Weinan	128.94	207.16	213.92	99
延安	Yan'an	71.19	113.66	110.88	193
汉中	Hanzhong	110.39	183.94	191.53	114
榆林	Yulin	92.16	145.15	143.69	158
安康	Ankang	67.07	93.01	96.06	208
商洛	Shangluo	58.05	90.82	91.75	214
甘肃	**Gansu**	**599.28**	**900.76**	**954.09**	
兰州	Lanzhou	33.79	52.42	56.22	243
嘉峪关	Jiayuguan	2.46	3.96	4.18	272
金昌	Jinchang	11.18	17.16	17.98	266
白银	Baiyin	37.64	56.54	59.03	237
天水	Tianshui	60.18	90.45	97.49	206
武威	Wuwei	60.45	94.71	99.79	202
张掖	Zhangye	62.33	89.00	95.02	209
平凉	Pingliang	50.59	84.76	94.21	210
酒泉	Jiuquan	54.19	71.19	78.59	220
庆阳	Qingyang	51.02	77.72	82.25	218
定西	Dingxi	47.72	73.61	76.97	221
陇南	Longnan	44.55	66.24	70.31	226
青海	**Qinghai**	**134.92**	**215.93**	**208.93**	
西宁	Xining	24.47	37.41		
海东	Haidong		52.37		
宁夏	**Ningxia**	**159.29**	**216.99**	**237.76**	
银川	Yinchuan	40.29	52.77	58.62	238
石嘴山	Shizuishan	17.99	23.92	26.24	262
吴忠	Wuzhong	37.18	53.91	54.90	247
固原	Guyuan	30.86	43.82	45.27	255
中卫	Zhongwei	32.97	45.83	52.73	249
新疆	**Xinjiang**	**1078.63**	**1538.60**	**1559.08**	
乌鲁木齐	Urumqi	19.94	27.32	31.64	260
克拉玛依	Karamay	3.52	5.17	5.14	270

3-3 第二产业生产总值
Gross Regional Product by Secondary Industry

单位：亿元 (100 million yuan)

地名	City	2010	2014	2015	2015 排名 Ranking	地名	City	2010	2014	2015	2015 排名 Ranking
全国	**Nation Total**	**187383.2**	**25395.2**	**280560.3**		沈阳	Shenyang	2529.93	3540.83	3474.18	13
北京	**Beijing**	**3388.40**	**4544.80**	**4542.60**		大连	Dalian	2624.49	3697.64	3348.74	15
天津	**Tianjin**	**4840.23**	**7731.85**	**7704.22**		鞍山	Anshan	1154.37	1206.31	1102.87	74
河北	**Hebei**	**10707.68**	**15012.85**	**14386.87**		抚顺	Fushun	525.46	693.06	594.47	155
石家庄	Shijiazhuang	1653.76	2417.62	2452.39	23	本溪	Benxi	536.01	641.84	599.02	154
唐山	Tangshan	2598.40	3595.11	3364.52	14	丹东	Dandong	373.19	459.35	402.94	205
秦皇岛	Qinhuangdao	367.79	449.29	445.09	193	锦州	Jinzhou	434.55	632.90	568.78	160
邯郸	Handan	1280.30	1543.39	1483.36	51	营口	Yingkou	554.67	776.91	727.32	123
邢台	Xingtai	674.06	779.99	793.68	110	阜新	Fuxin	158.46	270.89	200.81	244
保定	Baoding	1057.87	1563.13	1645.67	46	辽阳	Liaoyang	465.14	589.19	568.47	161
张家口	Zhangjiakou	415.18	575.47	545.58	168	盘锦	Panjin	616.49	739.34	671.99	136
承德	Chengde	453.70	671.01	636.42	145	铁岭	Tieling	381.03	361.57	235.51	235
沧州	Cangzhou	1115.22	1628.42	1646.42	45	朝阳	Chaoyang	332.55	422.94	259.57	233
廊坊	Langfang	723.81	1045.77	1102.41	75	葫芦岛	Huludao	247.02	319.65	296.29	229
衡水	Hengshui	396.00	549.98	563.09	165	**吉林**	**Jilin**	**4506.31**	**7286.59**	**7005.71**	
山西	**Shanxi**	**5234.00**	**6293.91**	**5194.27**		长春	Changchun	1719.90	2813.86	2770.98	20
太原	Taiyuan	798.49	1012.44	1020.18	81	吉林	Jilin	896.02	1117.20	1087.52	77
大同	Datong	338.82	445.47	440.02	196	四平	Siping	333.24	559.17	534.48	170
阳泉	Yangquan	255.31	336.86	296.81	228	辽源	Liaoyuan	230.41	403.49	417.29	201
长治	Changzhi	601.67	776.45	611.12	152	通化	Tonghua	326.85	534.00	512.00	178
晋城	Jincheng	464.64	608.65	575.68	158	白山	Baishan	260.31	398.96	379.11	210
朔州	Shuozhou	379.01	542.74	406.31	203	松原	Songyuan	568.10	733.66	721.62	125
晋中	Jinzhong	418.27	494.10	458.13	189	白城	Baicheng	201.50	318.87	318.60	223
运城	Yuncheng	365.29	496.79	400.45	206	**黑龙江**	**Heilongjiang**	**5204.11**	**5544.41**	**4798.10**	
忻州	Xinzhou	195.08	323.43	304.50	226	哈尔滨	Harbin	1384.55	1784.12	1862.80	38
临汾	Linfen	519.28	659.15	563.44	164	齐齐哈尔	Qiqihar	357.74	396.42	394.30	207
吕梁	Lvliang	585.07	684.82	544.01	169	鸡西	Jixi	177.50	153.51	133.60	257
内蒙古	**Inner Mongolia**	**6367.69**	**9119.79**	**9000.58**		鹤岗	Hegang	116.96	81.42	79.40	266
呼和浩特	Hohhot	678.95	848.25	867.08	103	双鸭山	Shuangyashan	177.48	113.19	98.70	263
包头	Baotou	1331.45	1792.34	1800.64	40	大庆	Daqing	2385.06	3079.74	1935.70	34
乌海	Wuhai	280.52	381.05	319.14	221	伊春	Yichun	79.46	60.11	51.20	272
赤峰	Chifeng	556.58	859.66	882.59	100	佳木斯	Jiamusi	133.88	174.72	178.30	251
通辽	Tongliao	689.71	1065.48	948.71	92	七台河	Qitaihe	201.98	87.18	78.20	267
鄂尔多斯	Erdos	1551.43	2356.24	2400.01	25	牡丹江	Mudanjiang	303.15	470.09	454.60	190
呼伦贝尔	Hulunbuir	392.60	693.82	710.97	128	黑河	Heihe	44.71	67.80	67.90	269
巴彦淖尔	Bayannur	339.68	478.23	450.55	191	绥化	Suihua	181.47	318.99	334.00	219
乌兰察布	Ulanqab	296.74	434.68	443.84	194	**上海**	**Shanghai**	**7218.32**	**8167.71**	**7991.00**	
辽宁	**Liaoning**	**9976.80**	**14384.64**	**13041.97**		**江苏**	**Jiangsu**	**21753.93**	**30854.50**	**32044.45**	

注：本表按当年价格计算。

Note: Data in this table are calculated at current prices.

3-3 第二产业生产总值 续表 1

Gross Regional Product by Secondary Industry continued 1

单位：亿元 (100 million yuan)

地名	City	2010	2014	2015	2015 排名 Ranking	地名	City	2010	2014	2015	2015 排名 Ranking
南京	Nanjing	2327.86	3623.56	3919.77	10	池州	Chizhou	140.23	243.79	251.33	234
无锡	Wuxi	3208.79	4096.09	4197.43	8	宣城	Xuancheng	248.20	471.66	473.33	184
徐州	Xuzhou	1490.92	2246.17	2355.06	26	**福建**	**Fujian**	**7522.83**	**12515.36**	**13064.82**	
常州	Changzhou	1683.68	2408.29	2516.04	21	福州	Fuzhou	1401.92	2351.97	2449.55	24
苏州	Suzhou	5253.81	6892.83	7045.12	2	厦门	Xiamen	1024.51	1460.34	1511.28	50
南通	Nantong	1908.56	2812.21	2977.53	17	莆田	Putian	477.10	866.70	949.29	91
连云港	Lianyungang	545.07	889.76	959.00	90	三明	Sanming	480.22	850.97	875.16	101
淮安	Huaian	647.10	1086.02	1176.66	67	泉州	Quanzhou	2144.86	3553.54	3679.70	11
盐城	Yancheng	1096.55	1782.41	1923.47	35	漳州	Zhangzhou	652.04	1247.42	1343.12	59
扬州	Yangzhou	1229.34	1885.93	2012.10	32	南平	Nanping	304.79	543.68	578.09	157
镇江	Zhenjiang	1120.63	1631.10	1726.96	41	龙岩	Longyan	527.69	876.26	914.82	95
泰州	Taizhou	1125.85	1697.58	1811.04	39	宁德	Ningde	317.22	705.66	759.96	116
宿迁	Suqian	479.14	933.29	1031.33	80	**江西**	**Jiangxi**	**5122.88**	**8247.93**	**8411.57**	
浙江	**Zhejiang**	**14297.93**	**19175.06**			南昌	Nanchang	1252.04	2017.01	2179.96	30
杭州	Hangzhou	2844.07	3845.41			景德镇	Jingdezhen	280.51	428.90	437.58	197
宁波	Ningbo	2870.69	3980.18			萍乡	Pingxiang	329.46	509.98	517.29	175
温州	Wenzhou	1533.46	2029.75			九江	Jiujiang	579.71	985.03	1014.59	82
嘉兴	Jiaxing	1339.57	1813.76			新余	Xinyu	403.36	520.72	527.93	172
湖州	Huzhou	715.01	999.12			鹰潭	Yingtan	216.51	376.27	379.57	209
绍兴	Shaoxing	1566.61	2213.57			赣州	Ganzhou	496.70	843.44	870.46	102
金华	Jinhua	1086.02	1508.50			吉安	Jian	363.74	634.35	657.23	141
衢州	Quzhou	414.46	558.89			宜春	Yichun	492.22	824.55	838.60	106
舟山	Zhoushan	293.29	425.29			抚州	Fuzhou	314.47	534.87	549.30	167
台州	Taizhou	1254.33	1578.86			上饶	Shangrao	459.18	778.99	803.38	109
丽水	Lishui	328.60	505.58			**山东**	**Shandong**	**21238.49**	**28788.11**	**29485.90**	
安徽	**Anhui**	**6436.62**	**11077.67**	**10946.83**		济南	Jinan	1637.45	2261.50	2307.00	27
合肥	Hefei	1456.64	2862.26	2977.28	18	青岛	Qingdao	2758.62	3890.58	4026.46	9
芜湖	Wuhu	722.79	1476.03	1405.43	55	淄博	Zibo	1766.57	2247.40	2228.83	29
蚌埠	Bengbu	300.95	597.47	600.98	153	枣庄	Zaozhuang	818.37	1075.80	1070.19	79
淮南	Huainan	388.82	453.23	433.33	198	东营	Dongying	1712.20	2284.71	2230.61	28
马鞍山	Maanshan	563.55	831.07	773.62	114	烟台	Yantai	2566.49	3179.90	3323.46	16
淮北	Huaibei	298.37	481.76	441.57	195	潍坊	Weifang	1720.28	2431.77	2490.75	22
铜陵	Tongling	339.50	510.44	562.93	166	济宁	Jining	1356.47	1864.69	1896.13	37
安庆	Anqing	518.96	814.78	685.78	133	泰安	Taian	1099.45	1429.94	1461.82	52
黄山	Huangshan	135.41	234.16	211.75	241	威海	Weihai	1087.03	1354.99	1422.22	54
滁州	Chuzhou	342.01	651.16	657.01	142	日照	Rizhao	561.55	811.90	813.06	107
阜阳	Fuyang	282.76	504.60	516.38	176	莱芜	Laiwu	330.18	373.64	344.16	218
宿州	Suzhou	246.43	478.34	468.85	185	临沂	Linyi	1206.29	1648.89	1687.10	44
六安	Liuan	285.78	520.18	468.37	186	德州	Dezhou	899.55	1306.09	1358.00	57
亳州	Bozhou	191.56	348.68	370.18	213	聊城	Liaocheng	924.09	1305.01	1360.25	56

3-3 第二产业生产总值 续表 2

Gross Regional Product by Secondary Industry continued 2

单位：亿元 (100 million yuan)

地名	City	2010	2014	2015	2015 排名 Ranking
滨州	Binzhou	847.31	1145.18	1150.17	70
菏泽	Heze	648.54	1190.65	1267.43	64
河南	**Henan**	**13226.38**	**17816.56**	**17917.37**	
郑州	Zhengzhou	2269.91	3487.44	3604.15	12
开封	Kaifeng	400.65	677.99	657.40	140
洛阳	Luoyang	1396.21	1677.43	1695.05	43
平顶山	Pingdingshan	869.43	879.49	853.76	105
安阳	Anyang	809.29	938.19	926.81	94
鹤壁	Hebi	301.95	459.60	468.25	187
新乡	Xinxiang	686.48	1085.59	982.71	86
焦作	Jiaozuo	855.31	1139.79	1150.96	69
濮阳	Puyang	515.33	725.71	751.19	118
许昌	Xuchang	901.98	1268.20	1280.89	62
漯河	Luohe	474.58	599.61	624.75	148
三门峡	Sanmenxia	599.18	775.29	727.90	122
南阳	Nanyang	1017.07	1244.14	1268.72	63
商丘	Shangqiu	532.13	735.59	757.24	117
信阳	Xinyang	460.87	730.00	750.07	119
周口	Zhoukou	557.90	1026.32	959.61	89
驻马店	Zhumadian	441.28	698.84	720.25	126
湖北	**Hubei**	**7767.24**	**12852.40**	**13503.56**	
武汉	Wuhan	2532.82	4786.02	4981.54	4
黄石	Huangshi	394.91	723.46	679.88	135
十堰	Shiyan	402.10	610.14	636.11	146
宜昌	Yichang	890.12	1857.71	1986.37	33
襄阳	Xiangyang	798.20	1804.64	1922.92	36
鄂州	Ezhou	231.35	407.18	422.44	200
荆门	Jingmen	353.13	706.54	729.66	121
孝感	Xiaogan	360.93	664.35	705.76	129
荆州	Jingzhou	325.33	659.56	695.12	132
黄冈	Huanggang	328.16	586.14	618.42	150
咸宁	Xianning	241.96	476.63	500.47	181
随州	Suizhou	181.66	350.58	376.20	211
湖南	**Hunan**	**7343.19**	**12482.06**	**12810.82**	
长沙	Changsha	2437.03	4241.05	4333.58	7
株洲	Zhuzhou	736.86	1280.19	1337.10	60
湘潭	Xiangtan	499.38	894.91	933.79	93
衡阳	Hengyang	645.73	1119.91	1161.02	68
邵阳	Shaoyang	278.02	481.43	508.05	180
岳阳	Yueyang	834.23	1437.97	1446.83	53
常德	Changde	685.25	1197.99	1237.48	65
张家界	Zhangjiajie	60.07	99.68	101.89	262
益阳	Yiyang	288.41	551.76	570.31	159
郴州	Chenzhou	594.42	1063.25	1099.69	76
永州	Yongzhou	278.63	491.04	518.02	174
怀化	Huaihua	288.90	515.73	532.68	171
娄底	Loudi	364.86	647.81	650.12	143
广东	**Guangdong**	**23014.53**	**31419.75**	**32613.54**	
广州	Guangzhou	4002.27	5591.79	5726.08	3
韶关	Shaoguan	285.38	451.63	431.06	199
深圳	Shenzhen	4523.37	6811.98	7207.94	1
珠海	Zhuhai	662.01	938.65	1007.30	83
汕头	Shantou	678.22	903.57	961.70	88
佛山	Foshan	3542.49	4601.89	4839.47	5
江门	Jiangmen	872.21	1021.60	1084.73	78
湛江	Zhanjiang	577.60	894.11	908.06	96
茂名	Maoming	590.76	974.85	1000.15	84
肇庆	Zhaoqing	456.67	922.72	990.23	85
惠州	Huizhou	1019.57	1697.01	1726.14	42
梅州	Meizhou	252.43	330.51	351.83	215
汕尾	Shanwei	212.68	333.19	348.70	216
河源	Heyuan	244.45	362.02	370.32	212
阳江	Yangjiang	271.63	561.25	564.09	163
清远	Qingyuan	616.38	493.11	484.80	182
东莞	Dongguan	2160.82	2794.21	2922.05	19
中山	Zhongshan	1074.10	1560.84	1632.70	47
潮州	Chaozhou	309.34	466.18	484.28	183
揭阳	Jieyang	579.03	1098.00	1126.51	72
云浮	Yunfu	165.12	292.89	303.49	227
广西	**Guangxi**	**4511.68**	**7324.96**	**7717.52**	
南宁	Nanning	651.88	1251.45	1345.15	58
柳州	Liuzhou	839.96	1312.52	1300.11	61
桂林	Guilin	492.35	865.11	900.98	98
梧州	Wuzhou	341.23	646.02	623.96	149
北海	Beihai	167.88	454.54	450.13	192
防城港	Fangchenggang	159.77	340.35	353.00	214
钦州	Qinzhou	218.51	338.91	381.75	208
贵港	Guigang	248.25	325.54	348.50	217
玉林	Yulin	373.39	591.71	635.83	147
百色	Baise	313.98	489.98	511.68	179

3-3 第二产业生产总值 续表 3
Gross Regional Product by Secondary Industry continued 3

单位：亿元 (100 million yuan)

地名	City	2010	2014	2015	2015 排名 Ranking
贺州	Hezhou	139.57	192.04	188.68	248
河池	Hechi	216.29	205.26	200.01	245
来宾	Laibin	192.35	228.21	218.05	240
崇左	Chongzuo	149.11	277.43	274.61	232
海南	**Hainan**	**571.00**	**875.97**	**875.82**	
海口	Haikou	148.81	217.47	223.67	238
三亚	Sanya	50.22	85.56	89.53	265
三沙	Sansha				
重庆	**Chongqing**	**4359.12**	**6529.06**	**7069.37**	
四川	**Sichuan**	**8672.18**	**13962.41**	**13248.08**	
成都	Chengdu	2480.90	4508.37	4723.49	6
自贡	Zigong	370.84	636.21	664.42	137
攀枝花	Panzhihua	386.63	637.38	661.03	138
泸州	Luzhou	403.71	758.99	806.74	108
德阳	Deyang	532.72	904.84	903.27	97
绵阳	Mianyang	468.27	805.27	858.93	104
广元	Guangyuan	125.67	269.90	285.53	230
遂宁	Suining	254.69	449.30	514.32	177
内江	Neijiang	419.53	711.07	717.78	127
乐山	Leshan	442.45	720.33	767.05	115
南充	Nanchong	401.57	723.17	741.11	120
眉山	Meishan	303.31	534.71	578.14	156
宜宾	Yibin	519.21	858.78	889.89	99
广安	Guangan	259.25	482.89	520.19	173
达州	Dazhou	409.59	705.59	657.52	139
雅安	Yaan	157.83	264.18	280.92	231
巴中	Bazhong	94.97	210.25	233.81	236
资阳	Ziyang	348.40	669.42	702.93	130
贵州	**Guizhou**	**1800.06**	**3857.44**	**4147.83**	
贵阳	Guiyang	456.95	976.68	1108.52	73
六盘水	Liupanshui	303.22	567.04	614.14	151
遵义	Zunyi	379.69	860.71	970.75	87
安顺	Anshun	88.60	189.67	207.62	242
毕节	Bijie	259.73	522.77	566.56	162
铜仁	Tongren	77.22	193.35	221.21	239
云南	**Yunnan**	**3223.49**	**5281.82**	**5416.12**	
昆明	Kunming	960.86	1538.66	1586.38	48
曲靖	Qujing	526.67	839.38	642.23	144
玉溪	Yuxi	457.88	706.45	683.90	134
保山	Baoshan	80.50	175.29	192.05	247
昭通	Zhaotong	174.82	326.05	308.13	225

地名	City	2010	2014	2015	2015 排名 Ranking
丽江	Lijiang	55.10	112.75	115.20	259
普洱	Puer	83.78	167.84	178.88	250
临沧	Lincang	76.18	198.75	169.80	253
西藏	**Tibet**	**164.03**	**336.84**	**376.19**	
拉萨	Lasa	55.76	127.76	140.95	256
陕西	**Shaanxi**	**5446.10**	**9577.24**	**9082.13**	
西安	Xi'an	1406.72	2194.86	2126.29	31
铜川	Tongchuan	116.50	204.88	170.31	252
宝鸡	Baoji	614.42	1051.62	1141.43	71
咸阳	Xianyang	573.27	1219.81	1230.41	66
渭南	Weinan	394.55	751.31	697.70	131
延安	Yan'an	635.49	968.88	724.79	124
汉中	Hanzhong	199.50	457.96	459.02	188
榆林	Yulin	1205.77	1966.72	1523.68	49
安康	Ankang	130.95	380.02	403.39	204
商洛	Shangluo	117.82	299.66	318.60	222
甘肃	**Gansu**	**1984.97**	**2926.45**	**2494.77**	
兰州	Lanzhou	529.18	824.79	782.65	112
嘉峪关	Jiayuguan	147.76	169.66	108.36	261
金昌	Jinchang	166.91	169.46	130.70	258
白银	Baiyin	171.12	225.61	194.25	246
天水	Tianshui	113.27	185.86	185.55	249
武威	Wuwei	91.54	172.90	152.54	254
张掖	Zhangye	75.40	119.53	109.84	260
平凉	Pingliang	108.79	126.06	96.95	264
酒泉	Jiuquan	210.21	292.09	201.89	243
庆阳	Qingyang	214.86	399.78	321.26	220
定西	Dingxi	39.17	70.45	66.49	270
陇南	Longnan	48.51	69.39	72.93	268
青海	**Qinghai**	**744.63**	**1234.31**	**1207.31**	
西宁	Xining	320.76	530.65		
海东	Haidong		189.28		
宁夏	**Ningxia**	**827.91**	**1341.24**	**1379.60**	
银川	Yinchuan	400.24	750.13	780.78	113
石嘴山	Shizuishan	187.05	303.63	308.33	224
吴忠	Wuzhong	110.64	218.71	226.95	237
固原	Guyuan	22.68	55.26	57.20	271
中卫	Zhongwei	70.66	137.36	141.10	255
新疆	**Xinjiang**	**2592.15**	**3948.96**	**3596.40**	
乌鲁木齐	Urumqi	600.41	906.07	787.37	111
克拉玛依	Karamay	638.42	639.91	410.53	202

3-4 第三产业生产总值

Gross Regional Product by Tertiary Industry

单位：亿元 (100 million yuan)

地名	City	2010	2014	2015	2015 排名 Ranking	地名	City	2010	2014	2015	2015 排名 Ranking
全国	**Nation Total**	**173596.0**	**301329.1**	**344075.0**		沈阳	Shenyang	2254.86	3232.04	3456.69	13
北京	**Beijing**	**10600.80**	**16627.04**	**18331.70**		大连	Dalian	2188.57	3516.21	3929.64	9
天津	**Tianjin**	**4238.65**	**7795.18**	**8625.15**		鞍山	Anshan	877.63	1048.36	1097.59	61
河北	**Hebei**	**7123.77**	**10960.84**	**11979.79**		抚顺	Fushun	314.88	490.34	523.99	137
石家庄	Shijiazhuang	1377.66	2265.09	2493.77	22	本溪	Benxi	281.01	465.80	498.65	144
唐山	Tangshan	1448.89	2071.16	2169.47	29	丹东	Dandong	255.61	418.55	425.28	167
秦皇岛	Qinhuangdao	435.99	576.13	627.72	110	锦州	Jinzhou	326.77	529.50	547.19	130
邯郸	Handan	773.31	1133.44	1259.25	53	营口	Yingkou	370.55	658.63	675.62	101
邢台	Xingtai	348.31	593.56	695.48	95	阜新	Fuxin	127.75	215.79	206.45	243
保定	Baoding	688.78	1046.54	1221.43	55	辽阳	Liaoyang	224.43	358.67	387.50	177
张家口	Zhangjiakou	398.30	533.92	574.29	123	盘锦	Panjin	228.31	449.99	463.48	157
承德	Chengde	295.85	445.73	486.67	148	铁岭	Tieling	198.92	298.52	300.28	206
沧州	Cangzhou	835.26	1187.24	1354.77	49	朝阳	Chaoyang	188.06	355.88	374.55	182
廊坊	Langfang	469.80	924.78	1165.28	56	葫芦岛	Huludao	212.80	306.88	319.52	201
衡水	Hengshui	231.63	432.65	488.03	147	**吉林**	**Jilin**	**3111.12**	**4992.54**	**5461.14**	
山西	**Shanxi**	**3412.38**	**5678.69**	**6789.06**		长春	Changchun	1356.38	2196.81	2415.81	25
太原	Taiyuan	949.28	1479.93	1677.77	40	吉林	Jilin	710.20	1015.12	1054.10	65
大同	Datong	320.83	499.16	556.68	127	四平	Siping	234.84	359.10	381.49	178
阳泉	Yangquan	167.49	268.72	288.90	212	辽源	Liaoyuan	136.96	227.80	248.46	231
长治	Changzhi	278.32	496.38	526.03	136	通化	Tonghua	235.15	386.15	396.80	175
晋城	Jincheng	235.19	383.46	415.33	171	白山	Baishan	128.82	216.43	227.04	234
朔州	Shuozhou	250.60	399.26	439.28	163	松原	Songyuan	343.71	597.97	630.66	108
晋中	Jinzhong	280.60	443.91	482.11	149	白城	Baicheng	160.25	252.65	262.94	223
运城	Yuncheng	320.64	507.73	541.03	134	**黑龙江**	**Heilongjiang**	**3861.59**	**6883.61**	**7652.10**	
忻州	Xinzhou	193.15	291.93	313.01	203	哈尔滨	Harbin	1867.59	2929.56	3215.90	16
临汾	Linfen	304.29	459.09	506.68	140	齐齐哈尔	Qiqihar	330.65	522.92	569.50	125
吕梁	Lvliang	216.76	347.92	357.77	191	鸡西	Jixi	134.83	185.09	193.60	246
内蒙古	**Inner Mongolia**	**4209.03**	**7022.55**	**1263.16**		鹤岗	Hegang	67.65	85.16	92.80	269
呼和浩特	Hohhot	1095.43	1920.49	2097.21	30	双鸭山	Shuangyashan	98.61	155.20	169.10	255
包头	Baotou	1062.87	1743.25	1820.24	32	大庆	Daqing	419.99	805.72	852.80	78
乌海	Wuhai	107.13	215.22	235.95	232	伊春	Yichun	61.57	89.35	90.60	270
赤峰	Chifeng	352.28	644.30	701.72	94	佳木斯	Jiamusi	232.13	342.24	364.00	185
通辽	Tongliao	308.64	553.78	659.05	105	七台河	Qitaihe	80.83	95.84	100.20	268
鄂尔多斯	Erdos	1020.98	1599.48	1727.15	38	牡丹江	Mudanjiang	339.25	590.04	501.10	142
呼伦贝尔	Hulunbuir	357.02	566.41	621.38	113	黑河	Heihe	99.46	151.02	165.70	257
巴彦淖尔	Bayannur	144.59	220.77	271.23	218	绥化	Suihua	284.87	396.95	432.20	165
乌兰察布	Ulanqab	176.90	307.11	337.54	197	**上海**	**Shanghai**	**9833.51**	**15275.72**	**17022.63**	
辽宁	**Liaoning**	**6849.40**	**11956.19**	**13243.02**		**江苏**	**Jiangsu**	**17131.45**	**30599.49**	**34085.88**	

注：本表按当年价格计算。

Note: Data in this table are calculated at current prices.

3-4 第三产业生产总值 续表 1
Gross Regional Product by Tertiary Industry continued 1

单位：亿元 (100 million yuan)

地名	City	2010	2014	2015	2015 排名 Ranking
南京	Nanjing	2660.49	4982.84	5571.61	5
无锡	Wuxi	2479.57	3971.37	4183.11	8
徐州	Xuzhou	1168.40	2244.18	2460.07	23
常州	Changzhou	1261.43	2355.35	2610.56	21
苏州	Suzhou	3819.31	6664.40	7243.24	3
南通	Nantong	1290.89	2500.75	2815.97	18
连云港	Lianyungang	465.64	814.27	918.95	75
淮安	Huaian	545.00	1082.34	1260.76	52
盐城	Yancheng	862.00	1563.78	1772.50	34
扬州	Yangzhou	838.78	1584.92	1762.88	35
镇江	Zhenjiang	785.48	1500.03	1642.63	45
泰州	Taizhou	771.22	1464.31	1657.93	42
宿迁	Suqian	397.86	751.03	836.75	80
浙江	**Zhejiang**	**12063.82**	**19220.79**		
杭州	Hangzhou	2896.69	5086.41		
宁波	Ningbo	2073.18	3353.85		
温州	Wenzhou	1297.89	2155.40		
嘉兴	Jiaxing	833.63	1394.01		
湖州	Huzhou	482.50	836.58		
绍兴	Shaoxing	1078.93	1858.22		
金华	Jinhua	915.99	1561.43		
衢州	Quzhou	276.34	473.58		
舟山	Zhoushan	289.00	489.05		
台州	Taizhou	1011.70	1592.75		
丽水	Lishui	271.76	457.62		
安徽	**Anhui**	**4193.68**	**7378.68**	**8602.11**	
合肥	Hefei	1112.23	2066.01	2419.57	24
芜湖	Wuhu	336.80	715.50	931.87	74
蚌埠	Bengbu	215.94	375.29	463.53	156
淮南	Huainan	167.77	266.63	356.24	192
马鞍山	Maanshan	218.64	425.00	512.22	139
淮北	Huaibei	122.81	219.91	259.49	228
铜陵	Tongling	117.55	193.26	301.43	205
安庆	Anqing	313.76	517.19	545.72	132
黄山	Huangshan	134.60	218.39	264.04	222
滁州	Chuzhou	205.22	349.14	427.15	166
阜阳	Fuyang	241.41	407.34	464.79	155
宿州	Suzhou	222.68	402.49	498.72	143
六安	Liuan	230.97	360.41	367.65	184
亳州	Bozhou	184.07	340.46	377.39	180

地名	City	2010	2014	2015	2015 排名 Ranking
池州	Chizhou	114.91	204.80	222.84	236
宣城	Xuancheng	189.26	328.05	376.83	181
福建	**Fujian**	**5850.62**	**9525.60**	**10796.90**	
福州	Fuzhou	1438.76	2401.08	2733.83	19
厦门	Xiamen	1012.50	1789.66	1930.82	31
莆田	Putian	285.36	525.42	591.20	118
三明	Sanming	326.62	525.43	585.80	120
泉州	Quanzhou	1287.93	2007.82	2279.55	26
漳州	Zhangzhou	523.97	908.31	1053.36	66
南平	Nanping	264.33	417.34	472.11	154
龙岩	Longyan	334.32	557.21	623.05	112
宁德	Ningde	284.78	432.23	474.31	152
江西	**Jiangxi**	**3121.40**	**5782.98**	**6539.23**	
南昌	Nanchang	834.50	1488.09	1648.79	44
景德镇	Jingdezhen	142.91	254.09	277.25	215
萍乡	Pingxiang	148.61	296.51	332.27	198
九江	Jiujiang	354.32	658.23	747.34	88
新余	Xinyu	189.98	325.45	362.92	186
鹰潭	Yingtan	95.57	183.13	210.29	241
赣州	Ganzhou	411.14	717.53	807.85	85
吉安	Jian	213.79	403.81	453.89	159
宜春	Yichun	212.87	474.26	546.38	131
抚州	Fuzhou	195.70	328.14	374.02	183
上饶	Shangrao	289.93	557.93	624.62	111
山东	**Shandong**	**14343.14**	**25840.12**	**28537.35**	
济南	Jinan	2057.90	3218.84	3487.84	12
青岛	Qingdao	2630.58	4452.09	4909.63	7
淄博	Zibo	994.89	1642.13	1756.53	36
枣庄	Zaozhuang	426.10	756.61	806.70	86
东营	Dongying	560.36	1029.83	1102.28	60
烟台	Yantai	1457.48	2395.43	2681.77	20
潍坊	Weifang	1040.13	1898.13	2224.63	27
济宁	Jining	865.94	1504.06	1662.80	41
泰安	Taian	756.92	1311.95	1427.52	47
威海	Weihai	703.73	1228.03	1362.21	48
日照	Rizhao	363.27	660.71	717.14	91
莱芜	Laiwu	177.54	261.22	268.95	220
临沂	Linyi	929.69	1579.99	1729.58	37
德州	Dezhou	547.76	1019.22	1109.23	59
聊城	Liaocheng	476.65	907.16	986.98	71

3-4 第三产业生产总值 续表 2
Gross Regional Product by Tertiary Industry continued 2

单位：亿元 (100 million yuan)

地名	City	2010	2014	2015	2015 排名 Ranking	地名	City	2010	2014	2015	2015 排名 Ranking
滨州	Binzhou	548.73	920.47	987.63	70	常德	Changde	526.22	978.26	1116.34	58
菏泽	Heze	358.37	770.88	863.44	77	张家界	Zhangjiajie	151.18	262.78	293.98	209
河南	**Henan**	**6607.89**	**12961.67**	**14875.23**		益阳	Yiyang	261.51	469.68	532.69	135
郑州	Zhengzhou	1646.43	3142.49	3556.45	11	郴州	Chenzhou	360.59	630.50	715.85	92
开封	Kaifeng	307.20	528.93	664.54	104	永州	Yongzhou	297.82	528.26	591.58	117
洛阳	Luoyang	736.42	1375.25	1537.58	46	怀化	Huaihua	288.59	494.35	556.20	128
平顶山	Pingdingshan	326.68	590.69	665.20	103	娄底	Loudi	214.05	387.84	452.34	160
安阳	Anyang	347.22	648.46	740.82	89	**广东**	**Guangdong**	**20711.55**	**33223.28**	**36853.47**	
鹤壁	Hebi	78.34	159.16	185.55	250	广州	Guangzhou	6557.45	10897.89	12147.49	1
新乡	Xinxiang	346.31	605.13	769.55	87	韶关	Shaoguan	301.82	521.34	567.23	126
焦作	Jiaozuo	289.32	567.68	638.02	107	深圳	Shenzhen	5051.67	9183.44	10288.28	2
濮阳	Puyang	152.45	372.32	419.68	168	珠海	Zhuhai	514.23	884.50	973.00	73
许昌	Xuchang	264.55	634.31	720.69	90	汕头	Shantou	466.22	721.11	809.62	84
漯河	Luohe	119.26	232.47	261.43	224	佛山	Foshan	2003.63	2705.77	3028.00	17
三门峡	Sanmenxia	205.23	353.42	404.67	173	江门	Jiangmen	581.18	893.09	980.80	72
南阳	Nanyang	535.11	962.67	1096.45	62	湛江	Zhanjiang	538.15	935.45	1017.29	69
商丘	Shangqiu	312.16	587.38	677.96	98	茂名	Maoming	626.81	1010.08	1058.08	63
信阳	Xinyang	342.93	587.48	675.74	100	肇庆	Zhaoqing	438.94	650.20	691.49	96
周口	Zhoukou	304.77	506.39	676.07	99	惠州	Huizhou	608.00	1162.34	1262.35	51
驻马店	Zhumadian	321.77	595.17	684.93	97	梅州	Meizhou	236.19	380.64	419.46	170
湖北	**Hubei**	**6053.37**	**11349.93**	**12736.79**		汕尾	Shanwei	174.81	273.96	295.33	208
武汉	Wuhan	2812.90	4934.05	5564.25	6	河源	Heyuan	170.26	319.35	345.75	195
黄石	Huangshi	241.58	390.06	439.67	161	阳江	Yangjiang	227.93	414.25	480.59	151
十堰	Shiyan	256.90	439.50	506.53	141	清远	Qingyuan	351.83	529.04	600.53	114
宜昌	Yichang	480.70	923.06	1037.03	68	东莞	Dongguan	2069.07	3066.52	3332.00	15
襄阳	Xiangyang	505.40	923.13	1057.06	64	中山	Zhongshan	725.81	1195.26	1310.85	50
鄂州	Ezhou	112.49	198.30	222.91	235	潮州	Chaozhou	209.57	323.25	361.56	188
荆门	Jingmen	231.84	406.02	457.94	158	揭阳	Jieyang	319.62	525.23	595.82	115
孝感	Xiaogan	268.56	438.25	491.99	146	云浮	Yunfu	135.11	230.81	260.54	225
荆州	Jingzhou	280.70	473.90	542.37	133	**广西**	**Guangxi**	**3383.11**	**5934.49**	**6520.15**	
黄冈	Huanggang	287.18	515.96	591.20	118	南宁	Nanning	903.94	1527.24	1693.83	39
咸宁	Xianning	177.00	315.60	351.01	193	柳州	Liuzhou	365.87	738.75	831.41	81
随州	Suizhou	133.43	242.79	276.75	217	桂林	Guilin	407.89	638.92	702.33	93
湖南	**Hunan**	**6369.27**	**11406.51**	**12759.77**		梧州	Wuzhou	158.10	299.21	332.25	199
长沙	Changsha	1908.02	3271.55	3834.77	10	北海	Beihai	146.36	250.13	282.46	214
株洲	Zhuzhou	414.77	714.00	818.46	83	防城港	Fangchenggang	113.21	177.74	192.23	247
湘潭	Xiangtan	298.59	547.81	628.68	109	钦州	Qinzhou	169.95	322.15	358.31	190
衡阳	Hengyang	510.19	917.40	1044.71	67	贵港	Guigang	188.35	319.10	342.75	196
邵阳	Shaoyang	275.56	508.56	579.57	122	玉林	Yulin	295.13	501.28	550.94	129
岳阳	Yueyang	489.60	943.08	1122.12	57	百色	Baise	154.80	269.22	299.36	207

3-4 第三产业生产总值 续表 3
Gross Regional Product by Tertiary Industry continued 3

单位：亿元 (100 million yuan)

地名	City	2010	2014	2015	2015 排名 Ranking
贺州	Hezhou	93.62	158.37	176.29	253
河池	Hechi	154.58	258.84	277.21	216
来宾	Laibin	115.04	189.57	203.05	245
崇左	Chongzuo	128.41	224.87	253.15	230
海南	**Hainan**	**953.67**	**1815.23**	**1972.22**	
海口	Haikou	422.39	817.14	881.21	76
三亚	Sanya	153.61	261.51	286.44	213
三沙	Sansha				
重庆	**Chongqing**	**2881.08**	**6672.51**	**7497.75**	
四川	**Sichuan**	**6030.41**	**11043.20**	**13127.72**	
成都	Chengdu	2785.34	5191.21	5704.52	4
自贡	Zigong	192.21	315.47	350.72	194
攀枝花	Panzhihua	115.87	204.39	232.84	233
泸州	Luzhou	202.27	340.88	378.83	179
德阳	Deyang	236.16	411.50	493.61	145
绵阳	Mianyang	325.46	526.89	581.35	121
广元	Guangyuan	119.68	200.43	220.14	238
遂宁	Suining	131.15	221.01	259.83	226
内江	Neijiang	158.36	263.17	289.65	211
乐山	Leshan	201.39	352.13	391.68	176
南充	Nanchong	224.63	398.82	439.63	162
眉山	Meishan	145.14	260.79	292.08	210
宜宾	Yibin	217.80	378.13	419.66	169
广安	Guangan	168.06	281.03	322.11	200
达州	Dazhou	214.62	364.72	402.42	174
雅安	Yaan	78.74	131.65	149.22	261
巴中	Bazhong	104.29	165.77	183.55	251
资阳	Ziyang	157.69	284.31	316.57	202
贵州	**Guizhou**	**2177.07**	**4128.50**	**4714.12**	
贵阳	Guiyang	607.77	1412.71	1652.75	43
六盘水	Liupanshui	168.19	399.89	472.43	153
遵义	Zunyi	388.85	746.18	848.32	79
安顺	Anshun	104.00	251.81	304.69	204
毕节	Bijie	216.76	491.10	570.07	124
铜仁	Tongren	120.97	304.69	358.59	189
云南	**Yunnan**	**2892.31**	**5542.70**	**6147.27**	
昆明	Kunming	1039.15	1992.76	2193.53	28
曲靖	Qujing	295.36	499.77	670.88	102
玉溪	Yuxi	208.95	355.42	434.02	164
保山	Baoshan	101.40	187.26	217.94	239
昭通	Zhaotong	130.37	206.13	259.60	227
丽江	Lijiang	62.50	104.89	129.84	263
普洱	Puer	90.64	171.56	192.00	248
临沧	Lincang	69.31	123.63	186.98	249
西藏	**Tibet**	**276.59**	**492.35**	**552.16**	
拉萨	Lasa	114.01	206.77	221.98	237
陕西	**Shaanxi**	**3688.93**	**6547.76**	**7342.10**	
西安	Xi'an	1694.91	3083.57	3454.71	14
铜川	Tongchuan	57.05	97.87	114.09	267
宝鸡	Baoji	257.47	429.95	481.07	150
咸阳	Xianyang	322.12	535.75	593.73	116
渭南	Weinan	277.93	465.28	518.79	138
延安	Yan'an	178.74	303.55	362.60	187
汉中	Hanzhong	199.81	319.42	409.06	172
榆林	Yulin	458.74	808.71	824.51	82
安康	Ankang	129.04	216.41	255.60	229
商洛	Shangluo	110.03	185.79	208.17	242
甘肃	**Gansu**	**1536.50**	**3009.61**	**3341.46**	
兰州	Lanzhou	537.41	1123.53	1257.11	54
嘉峪关	Jiayuguan	34.10	69.44	77.51	271
金昌	Jinchang	32.43	69.48	75.84	272
白银	Baiyin	102.42	165.49	181.00	252
天水	Tianshui	126.77	246.51	270.74	219
武威	Wuwei	76.78	138.39	163.86	258
张掖	Zhangye	74.98	153.28	168.67	256
平凉	Pingliang	72.51	139.77	156.54	260
酒泉	Jiuquan	140.63	247.21	264.31	221
庆阳	Qingyang	91.74	191.36	205.92	244
定西	Dingxi	69.13	146.10	161.46	259
陇南	Longnan	76.36	126.93	171.89	254
青海	**Qinghai**	**470.88**	**853.08**	**1000.81**	
西宁	Xining	283.05	497.72		
海东	Haidong		124.08		
宁夏	**Ningxia**	**702.45**	**1193.87**	**1294.41**	
银川	Yinchuan	352.08	585.58	654.46	106
石嘴山	Shizuishan	93.56	139.71	148.03	262
吴忠	Wuzhong	69.33	110.81	123.75	264
固原	Guyuan	52.26	101.94	114.85	266
中卫	Zhongwei	69.56	114.39	123.05	265
新疆	**Xinjiang**	**1766.69**	**3785.90**	**4169.32**	
乌鲁木齐	Urumqi	718.17	1528.08	1812.62	33
克拉玛依	Karamay	69.41	202.68	213.76	240

3-5 人均地区生产总值
Per Capita Gross Regional Product

单位：元 (yuan)

地名	City	2010	2014	2015	2015 排名 Ranking	地名	City	2010	2014	2015	2015 排名 Ranking
全国	**Nation Total**	**30015**	**46629**	**49992**		沈阳	Shenyang	62357	85816	87734	31
北京	**Beijing**	**75856**	**99995**	**106497**		大连	Dalian	77704	109939	110682	14
天津	**Tianjin**	**72994**	**105231**	**107960**		鞍山	Anshan	58426	66860	64710	62
河北	**Hebei**	**28668**	**39984**	**40255**		抚顺	Fushun	41810	61183	58597	82
石家庄	Shijiazhuang	33915	48970	51043	112	本溪	Benxi	50612	67879	67656	57
唐山	Tangshan	59389	80450	78398	38	丹东	Dandong	29893	42291	40850	150
秦皇岛	Qinhuangdao	31182	39282	40746	151	锦州	Jinzhou	29264	44264	43207	144
邯郸	Handan	26143	32943	33450	186	营口	Yingkou	41452	63234	61925	67
邢台	Xingtai	17189	22758	24256	254	阜新	Fuxin	20819	33882	29491	207
保定	Baoding	18451	26501	29067	213	辽阳	Liaoyang	39686	54800	55674	94
张家口	Zhangjiakou	22517	30540	30840	201	盘锦	Panjin	66976	90615	87351	32
承德	Chengde	25698	38128	38505	158	铁岭	Tieling	26556	32562	27885	220
沧州	Cangzhou	31091	42676	44819	136	朝阳	Chaoyang	21536	33379	28852	214
廊坊	Langfang	31844	48407	54460	99	葫芦岛	Huludao	20302	28021	28176	219
衡水	Hengshui	18076	26022	27543	225	**吉林**	**Jilin**	**31599**	**50160**	**51086**	
山西	**Shanxi**	**26283**	**35070**	**34919**		长春	Changchun	43936	70891	73324	49
太原	Taiyuan	46144	59023	63483	63	吉林	Jilin	41479	55548	56076	91
大同	Datong	21360	29607	30989	199	四平	Siping	22942	36900	37714	163
阳泉	Yangquan	31898	44382	42688	145	辽源	Liaoyuan	33137	56467	59855	75
长治	Changzhi	27642	39196	35029	179	通化	Tonghua	27690	45378	45171	134
晋城	Jincheng	32329	44943	44994	135	白山	Baishan	33524	53300	53136	102
朔州	Shuozhou	41107	57368	51256	111	松原	Songyuan	38136	56868	58841	80
晋中	Jinzhong	23575	31434	31434	195	白城	Baicheng	21973	34586	35571	173
运城	Yuncheng	16170	22940	22304	264	**黑龙江**	**Heilongjiang**	**27076**	**39226**	**39462**	
忻州	Xinzhou	14188	21796	21731	267	哈尔滨	Harbin	36951	53872	59027	77
临汾	Linfen	20841	27557	26239	237	齐齐哈尔	Qiqihar	16309	23099	24430	252
吕梁	Lvliang	23013	28960	25003	246	鸡西	Jixi	22083	27881	28222	218
内蒙古	**Inner Mongolia**	**47347**	**71046**	**71101**		鹤岗	Hegang	23044	24154	24981	247
呼和浩特	Hohhot	65518	95961	101492	22	双鸭山	Shuangyashan	26215	28964	29230	211
包头	Baotou	93441	130676	132253	6	大庆	Daqing	103576	146518	110115	16
乌海	Wuhai	73801	108556	100871	23	伊春	Yichun	15924	20885	20413	270
赤峰	Chifeng	24967	41309	43269	142	佳木斯	Jiamusi	20254	32864	35069	177
通辽	Tongliao	37489	60380	60138	74	七台河	Qitaihe	32891	25123	24823	249
鄂尔多斯	Erdos	138109	200152	207163	1	牡丹江	Mudanjiang	27545	42792	44799	137
呼伦贝尔	Hulunbuir	36552	60152	63131	64	黑河	Heihe	14994	24731	26575	232
巴彦淖尔	Bayannur	36048	51872	52987	103	绥化	Suihua	12576	21467	23095	260
乌兰察布	Ulanqab	26459	41138	43221	143	**上海**	**Shanghai**	**76074**	**97370**	**103796**	
辽宁	**Liaoning**	**42355**	**65201**	**65354**		**江苏**	**Jiangsu**	**52840**	**81879**	**87995**	

注：本表按当年价格计算。

Note: Data in this table are calculated at current prices.

3-5 人均地区生产总值 续表 1
Per Capita Gross Regional Product continued 1

单位：元 (yuan)

地名	City	2010	2014	2015	2015 排名 Ranking
南京	Nanjing	65273	107545	118171	10
无锡	Wuxi	92167	126389	130938	8
徐州	Xuzhou	34084	57655	61511	69
常州	Changzhou	67327	104423	112221	13
苏州	Suzhou	93043	129925	136702	4
南通	Nantong	48083	77457	84236	34
连云港	Lianyungang	26987	44277	48416	125
淮安	Huaian	28861	50736	56460	90
盐城	Yancheng	31640	53115	58299	84
扬州	Yangzhou	49786	82654	89647	29
镇江	Zhenjiang	64284	102652	110351	15
泰州	Taizhou	44118	72706	79479	37
宿迁	Suqian	22525	39963	43853	140
浙江	**Zhejiang**	**51711**	**73002**	**77644**	
杭州	Hangzhou	69828	103813	112230	12
宁波	Ningbo	69368	98362	102374	21
温州	Wenzhou	32586	47118	50790	114
嘉兴	Jiaxing	52143	73458	76850	41
湖州	Huzhou	45323	66917	70894	52
绍兴	Shaoxing	57580	86136	90003	28
金华	Jinhua	39897	59056	62480	66
衢州	Quzhou	35500	43740	53847	101
舟山	Zhoushan	58378	88746	95113	24
台州	Taizhou	41172	56208	58917	78
丽水	Lishui	31296	49459	51676	109
安徽	**Anhui**	**20888**	**34425**	**35997**	
合肥	Hefei	48312	67689	73102	50
芜湖	Wuhu	49013	64039	67592	58
蚌埠	Bengbu	20223	35542	38267	160
淮南	Huainan	26287	33361	26398	235
马鞍山	Maanshan	60712	60091	60802	71
淮北	Huaibei	22309	35324	35057	178
铜陵	Tongling	64496	97193	57387	87
安庆	Anqing	18647	28808	31101	197
黄山	Huangshan	22791	37306	38794	157
滁州	Chuzhou	17693	30562	32634	191
阜阳	Fuyang	9528	15303	16121	280
宿州	Suzhou	12195	20895	22415	263
六安	Liuan	12074	19211	21524	268
亳州	Bozhou	10615	17769	18771	275

地名	City	2010	2014	2015	2015 排名 Ranking
池州	Chizhou	21476	36267	38014	161
宣城	Xuancheng	20779	35726	37610	164
福建	**Fujian**	**40025**	**63472**	**67966**	
福州	Fuzhou	44000	69995	75259	44
厦门	Xiamen	59323	86832	90379	27
莆田	Putian	30584	52890	57888	86
三明	Sanming	38866	64590	67978	55
泉州	Quanzhou	43963	68254	72421	51
漳州	Zhangzhou	29755	50685	55569	95
南平	Nanping	27450	47044	50929	113
龙岩	Longyan	38603	62716	66865	60
宁德	Ningde	26089	48369	52006	107
江西	**Jiangxi**	**21253**	**34674**	**36724**	
南昌	Nanchang	43961	70373	75879.32	42
景德镇	Jingdezhen	29155	45438	47216	131
萍乡	Pingxiang	28106	45867	48133.284	126
九江	Jiujiang	21863	37097	39504.585	154
新余	Xinyu	55538	77730	81354	36
鹰潭	Yingtan	30769	53011	55568	96
赣州	Ganzhou	13397	21708	23148	259
吉安	Jian	15002	25486	27168	228
宜春	Yichun	16080	27764	29457.031	208
抚州	Fuzhou	16134	26119	27735	224
上饶	Shangrao	13729	23221	24633	251
山东	**Shandong**	**41106**	**60879**	**64168**	
济南	Jinan	57947	82052	85919	33
青岛	Qingdao	65812	96524	102519	20
淄博	Zibo	63384	87531	89235	30
枣庄	Zaozhuang	36817	51890	52692	105
东营	Dongying	116404	163982	163938	2
烟台	Yantai	62254	85795	91979	26
潍坊	Weifang	34260	51826	55824	92
济宁	Jining	31541	46213	48529	124
泰安	Taian	37376	53853	56490	89
威海	Weihai	69187	99392	106922	18
日照	Rizhao	36870	56349	58110	85
莱芜	Laiwu	42392	51352	49377	119
临沂	Linyi	24067	35032	36656	167
德州	Dezhou	29858	45641	48062	127
聊城	Liaocheng	28444	42482	44743	138

3-5 人均地区生产总值 续表 2
Per Capita Gross Regional Product continued 2

单位：元 (yuan)

地名	City	2010	2014	2015	2015 排名 Ranking	地名	City	2010	2014	2015	2015 排名 Ranking
滨州	Binzhou	41643	59557	61189	70	常德	Changde	26551	43215	46408	132
菏泽	Heze	14829	26446	28350	217	张家界	Zhangjiajie	16238	27051	29425	209
河南	**Henan**	**24446**	**37072**	**39123**		益阳	Yiyang	16710	28596	30776	202
郑州	Zhengzhou	47608	72991	77179	40	郴州	Chenzhou	24015	39999	42682	146
开封	Kaifeng	19750	32454	35326	175	永州	Yongzhou	14853	24295	26222	238
洛阳	Luoyang	35762	49417	51696	108	怀化	Huaihua	14371	24368	26060	239
平顶山	Pingdingshan	26730	33014	33991	183	娄底	Loudi	17569	31509	33444	187
安阳	Anyang	25330	35210	36695	166	**广东**	**Guangdong**	**44736**	**63469**	**67503**	
鹤壁	Hebi	28531	42550	44678	139	广州	Guangzhou	87458	128478	136188	5
新乡	Xinxiang	21196	33699	34562	180	韶关	Shaoguan	24050	38386	39380	155
焦作	Jiaozuo	35767	52421	54590	98	深圳	Shenzhen	94296	149495	157985	3
濮阳	Puyang	21787	34895	36842	165	珠海	Zhuhai	77888	116537	124706	9
许昌	Xuchang	30536	48471	50162	115	汕头	Shantou	22776	31201	33732	185
漯河	Luohe	26974	36671	37987	162	佛山	Foshan	80313	101617	108299	17
三门峡	Sanmenxia	39176	55259	55681	93	江门	Jiangmen	35622	46237	49608	118
南阳	Nanyang	19145	26651	28653	215	湛江	Zhanjiang	20161	31420	32933	190
商丘	Shangqiu	15085	23359	24940	248	茂名	Maoming	25496	38951	40324	152
信阳	Xinyang	16936	27490	29351	210	肇庆	Zhaoqing	27987	45795	48670	123
周口	Zhoukou	12944	22651	23728	256	惠州	Huizhou	38650	63657	66231	61
驻马店	Zhumadian	14117	24461	26032	240	梅州	Meizhou	14554	20529	22155	266
湖北	**Hubei**	**27906**	**47145**	**50654**		汕尾	Shanwei	15845	23928	25283	245
武汉	Wuhan	56367	98000	104132	19	河源	Heyuan	16301	25208	26401	234
黄石	Huangshi	28481	49796	50053	116	阳江	Yangjiang	26676	46938	49894	117
十堰	Shiyan	21267	35604	38431	159	清远	Qingyuan	29487	31477	33392	188
宜昌	Yichang	38114	76369	82359	35	东莞	Dongguan	52798	70605	75616	43
襄阳	Xiangyang	27968	55924	60319	73	中山	Zhongshan	60797	88682	94030	25
鄂州	Ezhou	37928	64851	68921	54	潮州	Chaozhou	21107	31302	33954	184
荆门	Jingmen	25614	45378	47999	128	揭阳	Jieyang	17264	29600	31255	196
孝感	Xiaogan	16630	27891	29924	204	云浮	Yunfu	17074	27252	29078	212
荆州	Jingzhou	14707	25774	27781	223	**广西**	**Guangxi**	**20219**	**33090**	**35190**	
黄冈	Huanggang	13421	23128	25321	244	南宁	Nanning	26330	43303	49066	121
咸宁	Xianning	21129	38770	41234	149	柳州	Liuzhou	35230	57049	58869	79
随州	Suizhou	18381	33156	35844	170	桂林	Guilin	22780	37288	39327	156
湖南	**Hunan**	**24719**	**40271**	**42754**		梧州	Wuzhou	19430	31293	36106	169
长沙	Changsha	66464	107683	115443	11	北海	Beihai	25657	53603	55239	97
株洲	Zhuzhou	33604	54741	58661	81	防城港	Fangchenggang	37264	65184	67971	56
湘潭	Xiangtan	32305	55968	60430	72	钦州	Qinzhou	16421	26971	29560	206
衡阳	Hengyang	20419	32934	35538	174	贵港	Guigang	12932	19004	20240	271
邵阳	Shaoyang	10468	17498	19156	274	玉林	Yulin	15011	23784	25440	242
岳阳	Yueyang	28849	47862	51429	110	百色	Baise	16106	25806	27365	227

3-5 人均地区生产总值 续表 3
Per Capita Gross Regional Product continued 3

单位：元 (yuan)

地名	City	2010	2014	2015	2015 排名 Ranking
贺州	Hezhou	14589	22345	23178	258
河池	Hechi	12991	17474	17841	276
来宾	Laibin	18385	25563	25677	241
崇左	Chongzuo	18734	31944	33355	189
海南	**Hainan**	**23831**	**38924**	**40818**	
海口	Haikou	38731	49943	52534	106
三亚	Sanya	42977	54584	58468	83
三沙	Sansha				
重庆	**Chongqing**		**47850**	**52321**	
四川	**Sichuan**	**21182**	**35128**	**36775**	
成都	Chengdu	41253	70019	74273	47
自贡	Zigong	23613	39145	41447	148
攀枝花	Panzhihua	43959	70646	75078	45
泸州	Luzhou	16698	29655	31714	194
德阳	Deyang	25335	43091	45701	133
绵阳	Mianyang	20053	33558	35754	171
广元	Guangyuan	12313	22117	23263	257
遂宁	Suining	14498	24691	27868	221
内江	Neijiang	18022	31024	32080	193
乐山	Leshan	22490	37125	39973	153
南充	Nanchong	13212	22639	23881	255
眉山	Meishan	18586	31664	34379	181
宜宾	Yibin	19499	32318	34060	182
广安	Guangan	15588	28489	31046	198
达州	Dazhou	14623	24411	24343	253
雅安	Yaan	18881	30052	32523	192
巴中	Bazhong	8717	13756	15076	281
资阳	Ziyang	16644	33592	35702	172
贵州	**Guizhou**	**13119**	**26437**	**29847**	
贵阳	Guiyang	26209	55018	63003	65
六盘水	Liupanshui	17462	36228	41618	147
遵义	Zunyi	14650	30484	35123	176
安顺	Anshun	10014	22569	27065	229
毕节	Bijie	9113	19369	22230	265
铜仁	Tongren	9304	20826	24712	250
云南	**Yunnan**	**15752**	**27264**	**28806**	
昆明	Kunming	33549	56236	59656	76
曲靖	Qujing	17236	27529	27045	230
玉溪	Yuxi	32068	50511	52812	104
保山	Baoshan	10469	19566	21444	269
昭通	Zhaotong	7193	12480	13097	282
丽江	Lijiang	11680	20663	22670	262
普洱	Puer	9773	18422	19773	273
临沧	Lincang	8988	18710	20077	272
西藏	**Tibet**	**17319**	**29252**	**31999**	
拉萨	Lasa	23775	56617		
陕西	**Shaanxi**	**27133**	**46929**	**47626**	
西安	Xi'an	38343	63794	66938	59
铜川	Tongchuan	22317	38552	36322	168
宝鸡	Baoji	26201	43824	47565	130
咸阳	Xianyang	22469	41971	43365	141
渭南	Weinan	15149	26675	26729	231
延安	Yan'an	40621	62714	53908	100
汉中	Hanzhong	14907	28908	30849	200
榆林	Yulin	52437	86482	73453	48
安康	Ankang	12428	26117	28536	216
商洛	Shangluo	12197	24538	26274	236
甘肃	**Gansu**	**16113**	**26433**	**26165**	
兰州	Lanzhou	30672	54771	56972	88
嘉峪关	Jiayuguan	83214	101955	78336	39
金昌	Jinchang	45374	54565	47739	129
白银	Baiyin	17956	26174	25410	243
天水	Tianshui	9202	15852	16743	278
武威	Wuwei	12250	22406	22931	261
张掖	Zhangye	17093	29852	30704	203
平凉	Pingliang	11202	16776	16595	279
酒泉	Jiuquan	38305	55000	48918	122
庆阳	Qingyang	15095	30087	27366	226
定西	Dingxi	5530	10470	10987	284
陇南	Longnan	6020	10171	12172	283
青海	**Qinghai**	**24115**	**39671**	**41252**	
西宁	Xining	28428	46762	49197	120
海东	Haidong		25446	26531	233
宁夏	**Ningxia**	**26860**	**41834**	**43805**	
银川	Yinchuan	42771	65942	69594	53
石嘴山	Shizuishan	41066	61001	61845	68
吴忠	Wuzhong	16607	28572	29756	205
固原	Guyuan	8187	16268	17819	277
中卫	Zhongwei	15596	26354	27857	222
新疆	**Xinjiang**	**25034**	**40648**	**40036**	
乌鲁木齐	Urumqi	43039	70428	74340	46
克拉玛依	Karamay	121387	153084	131014	7

3-6 地区生产总值增长率
GRP Growth Rate

单位：% (%)

地名	City	2015	2015 排名 Ranking	地名	City	2015	2015 排名 Ranking
全国	**Nation Total**			沈阳	Shenyang	3.4	260
北京	**Beijing**	**6.9**		大连	Dalian	4.2	251
天津	**Tianjin**	**9.3**		鞍山	Anshan	3.2	261
河北	**Hebei**			抚顺	Fushun	2.0	268
石家庄	Shijiazhuang	7.5	184	本溪	Benxi	3.6	258
唐山	Tangshan	5.6	241	丹东	Dandong	-3.00	280
秦皇岛	Qinhuangdao	5.5	243	锦州	Jinzhou	1.1	271
邯郸	Handan	6.8	216	营口	Yingkou	4.5	245
邢台	Xingtai	6.0	236	阜新	Fuxin	-6.00	283
保定	Baoding	7.0	208	辽阳	Liaoyang	3.9	256
张家口	Zhangjiakou	5.8	240	盘锦	Panjin	4.0	254
承德	Chengde	5.5	242	铁岭	Tieling	-6.20	284
沧州	Cangzhou	7.7	174	朝阳	Chaoyang	-6.40	285
廊坊	Langfang	8.8	87	葫芦岛	Huludao	0.1	275
衡水	Hengshui	7.6	178	**吉林**	**Jilin**		
山西	**Shanxi**			长春	Changchun	6.5	220
太原	Taiyuan	8.9	78	吉林	Jilin	6.4	227
大同	Datong	9.0	70	四平	Siping	6.4	227
阳泉	Yangquan	1.1	272	辽源	Liaoyuan	7.0	208
长治	Changzhi	-2.90	279	通化	Tonghua	7.2	196
晋城	Jincheng	3.0	264	白山	Baishan	7.1	199
朔州	Shuozhou	-2.30	277	松原	Songyuan	6.3	232
晋中	Jinzhong	6.4	227	白城	Baicheng	7.3	195
运城	Yuncheng	1.8	269	**黑龙江**	**Heilongjiang**		
忻州	Xinzhou	2.4	266	哈尔滨	Harbin	7.1	201
临汾	Linfen	0.3	274	齐齐哈尔	Qiqihar	6.5	220
吕梁	Lvliang	-4.70	282	鸡西	Jixi	4.1	252
内蒙古	**Inner Mongolia**			鹤岗	Hegang	4.0	254
呼和浩特	Hohhot	8.3	132	双鸭山	Shuangyashan	3.0	264
包头	Baotou	8.1	145	大庆	Daqing	-2.30	277
乌海	Wuhai	7.5	184	伊春	Yichun	-1.90	276
赤峰	Chifeng	8.1	147	佳木斯	Jiamusi	6.5	220
通辽	Tongliao	7.8	170	七台河	Qitaihe	4.1	252
鄂尔多斯	Erdos	7.7	174	牡丹江	Mudanjiang	6.0	236
呼伦贝尔	Hulunbuir	8.1	147	黑河	Heihe	7.1	201
巴彦淖尔	Bayannur	7.5	184	绥化	Suihua	6.5	220
乌兰察布	Ulanqab	8.0	157	**上海**	**Shanghai**	**6.9**	
辽宁	**Liaoning**			**江苏**	**Jiangsu**		

注：本表按不变价格计算。

Note: Data in this table are calculated at constant prices.

3-6 地区生产总值增长率 续表 1
GRP Growth Rate continued 1

单位：%　　　(%)

地名	City	2015	2015 排名 Ranking	地名	City	2015	2015 排名 Ranking
南京	Nanjing	9.3	53	池州	Chizhou	8.5	108
无锡	Wuxi	7.1	201	宣城	Xuancheng	8.2	138
徐州	Xuzhou	9.5	47	**福建**	**Fujian**		
常州	Changzhou	9.2	57	福州	Fuzhou	9.6	39
苏州	Suzhou	7.5	184	厦门	Xiamen	7.2	196
南通	Nantong	9.6	39	莆田	Putian	10.5	19
连云港	Lianyungang	10.8	17	三明	Sanming	8.5	120
淮安	Huaian	10.3	24	泉州	Quanzhou	8.9	78
盐城	Yancheng	10.5	19	漳州	Zhangzhou	11.0	14
扬州	Yangzhou	10.3	24	南平	Nanping	9.1	66
镇江	Zhenjiang	9.6	39	龙岩	Longyan	8.9	86
泰州	Taizhou	10.2	29	宁德	Ningde	8.6	100
宿迁	Suqian	10.0	32	**江西**	**Jiangxi**		
浙江	**Zhejiang**			南昌	Nanchang	9.6	39
杭州	Hangzhou	10.2	31	景德镇	Jingdezhen	8.6	102
宁波	Ningbo	8.0	157	萍乡	Pingxiang	8.9	78
温州	Wenzhou	8.3	137	九江	Jiujiang	9.7	38
嘉兴	Jiaxing	7.0	208	新余	Xinyu	8.5	108
湖州	Huzhou	8.3	131	鹰潭	Yingtan	8.5	108
绍兴	Shaoxing	7.1	200	赣州	Ganzhou	9.6	39
金华	Jinhua	7.8	173	吉安	Jian	9.2	57
衢州	Quzhou	6.5	220	宜春	Yichun	9.5	47
舟山	Zhoushan	9.2	56	抚州	Fuzhou	9.2	57
台州	Taizhou	6.4	226	上饶	Shangrao	9.5	47
丽水	Lishui	6.4	231	**山东**	**Shandong**		
安徽	**Anhui**			济南	Jinan	8.1	154
合肥	Hefei	10.5	19	青岛	Qingdao	8.1	147
芜湖	Wuhu	10.3	26	淄博	Zibo	7.1	207
蚌埠	Bengbu	10.2	28	枣庄	Zaozhuang	7.1	206
淮南	Huainan	3.7	257	东营	Dongying	6.9	212
马鞍山	Maanshan	7.9	169	烟台	Yantai	8.4	130
淮北	Huaibei	4.4	247	潍坊	Weifang	8.3	132
铜陵	Tongling	9.4	52	济宁	Jining	8.4	129
安庆	Anqing	7.4	192	泰安	Taian	8.1	147
黄山	Huangshan	6.1	235	威海	Weihai	8.5	108
滁州	Chuzhou	9.9	36	日照	Rizhao	7.5	184
阜阳	Fuyang	9.5	47	莱芜	Laiwu	6.6	218
宿州	Suzhou	8.9	85	临沂	Linyi	7.1	201
六安	Liuan	6.9	211	德州	Dezhou	7.6	183
亳州	Bozhou	9.1	66	聊城	Liaocheng	8.8	87

3-6 地区生产总值增长率 续表 2
GRP Growth Rate continued 2

单位：%　　　　(%)

地名	City	2015	2015 排名 Ranking	地名	City	2015	2015 排名 Ranking
滨州	Binzhou	7.1	205	常德	Changde	8.7	92
菏泽	Heze	9.3	53	张家界	Zhangjiajie	8.5	108
河南	**Henan**			益阳	Yiyang	8.4	124
郑州	Zhengzhou	10.0	32	郴州	Chenzhou	8.5	107
开封	Kaifeng	9.0	69	永州	Yongzhou	9.0	70
洛阳	Luoyang	5.9	239	怀化	Huaihua	8.5	108
平顶山	Pingdingshan	2.2	267	娄底	Loudi	7.6	182
安阳	Anyang	6.4	227	**广东**	**Guangdong**		
鹤壁	Hebi	7.7	174	广州	Guangzhou	8.4	124
新乡	Xinxiang	7.4	192	韶关	Shaoguan	6.2	233
焦作	Jiaozuo	6.5	219	深圳	Shenzhen	8.9	78
濮阳	Puyang	-4.6	281	珠海	Zhuhai	10.0	32
许昌	Xuchang	6.7	217	汕头	Shantou	8.4	124
漯河	Luohe	9.3	53	佛山	Foshan	8.5	108
三门峡	Sanmenxia	7.8	170	江门	Jiangmen	8.4	124
南阳	Nanyang	6.0	236	湛江	Zhanjiang	8.5	108
商丘	Shangqiu	8.7	92	茂名	Maoming	8.0	157
信阳	Xinyang	9.2	57	肇庆	Zhaoqing	8.2	138
周口	Zhoukou	7.7	174	惠州	Huizhou	9.0	70
驻马店	Zhumadian	8.7	92	梅州	Meizhou	8.6	101
湖北	**Hubei**			汕尾	Shanwei	8.1	147
武汉	Wuhan	8.2	138	河源	Heyuan	8.1	147
黄石	Huangshi	4.4	247	阳江	Yangjiang	7.8	170
十堰	Shiyan	6.5	220	清远	Qingyuan	8.2	138
宜昌	Yichang	7.6	178	东莞	Dongguan	8.0	157
襄阳	Xiangyang	8.2	144	中山	Zhongshan	8.4	122
鄂州	Ezhou	8.0	157	潮州	Chaozhou	8.3	132
荆门	Jingmen	9.2	57	揭阳	Jieyang	8.0	157
孝感	Xiaogan	8.9	78	云浮	Yunfu	8.5	108
荆州	Jingzhou	8.5	108	**广西**	**Guangxi**		
黄冈	Huanggang	8.9	78	南宁	Nanning	8.6	102
咸宁	Xianning	8.0	157	柳州	Liuzhou	7.2	196
随州	Suizhou	8.9	78	桂林	Guilin	8.0	167
湖南	**Hunan**			梧州	Wuzhou	8.3	132
长沙	Changsha	9.9	36	北海	Beihai	11.4	10
株洲	Zhuzhou	9.5	47	防城港	Fangchenggang	10.2	29
湘潭	Xiangtan	9.6	39	钦州	Qinzhou	8.4	124
衡阳	Hengyang	8.7	91	贵港	Guigang	7.5	184
邵阳	Shaoyang	9.6	39	玉林	Yulin	9.0	77
岳阳	Yueyang	8.7	92	百色	Baise	8.1	154

3-6 地区生产总值增长率 续表 3
GRP Growth Rate continued 3

单位：% (%)

地名	City	2015	2015 排名 Ranking	地名	City	2015	2015 排名 Ranking
贺州	Hezhou	6.9	212	丽江	Lijiang	9.0	70
河池	Hechi	4.5	245	普洱	Puer	9.2	57
来宾	Laibin	3.4	259	临沧	Lincang	10.0	32
崇左	Chongzuo	8.0	156	**西藏**	**Tibet**		
海南	**Hainan**			拉萨	Lasa	11.2	11
海口	Haikou	7.5	184	**陕西**	**Shaanxi**		
三亚	Sanya	8.1	147	西安	Xi'an	8.2	138
三沙	Sansha			铜川	Tongchuan	8.8	87
重庆	**Chongqing**	**11.0**		宝鸡	Baoji	10.4	23
四川	**Sichuan**			咸阳	Xianyang	8.7	92
成都	Chengdu	7.9	168	渭南	Weinan	8.7	92
自贡	Zigong	8.4	122	延安	Yan'an	1.7	270
攀枝花	Panzhihua	8.1	145	汉中	Hanzhong	9.6	39
泸州	Luzhou	11.0	14	榆林	Yulin	4.3	249
德阳	Deyang	8.2	138	安康	Ankang	12.3	7
绵阳	Mianyang	8.6	102	商洛	Shangluo	11.2	11
广元	Guangyuan	8.6	102	**甘肃**	**Gansu**		
遂宁	Suining	13.2	2	兰州	Lanzhou	9.1	66
内江	Neijiang	8.0	157	嘉峪关	Jiayuguan	9.0	70
乐山	Leshan	9.1	65	金昌	Jinchang	3.2	261
南充	Nanchong	7.6	178	白银	Baiyin	6.8	215
眉山	Meishan	10.2	27	天水	Tianshui	9.2	57
宜宾	Yibin	8.5	121	武威	Wuwei	8.7	92
广安	Guangan	10.6	18	张掖	Zhangye	7.5	184
达州	Dazhou	3.1	263	平凉	Pingliang	7.6	178
雅安	Yaan	9.0	70	酒泉	Jiuquan	5.3	244
巴中	Bazhong	8.6	102	庆阳	Qingyang	9.0	70
资阳	Ziyang	8.8	87	定西	Dingxi	8.7	92
贵州	**Guizhou**			陇南	Longnan	9.2	57
贵阳	Guiyang	12.5	6	**青海**	**Qinghai**		
六盘水	Liupanshui	11.8	8	西宁	Xining	10.9	16
遵义	Zunyi	13.2	3	海东	Haidong	11.2	11
安顺	Anshun	13.6	1	**宁夏**	**Ningxia**		
毕节	Bijie	12.9	4	银川	Yinchuan	8.3	132
铜仁	Tongren	12.7	5	石嘴山	Shizuishan	6.9	212
云南	**Yunnan**			吴忠	Wuzhong	7.4	192
昆明	Kunming	8.0	157	固原	Guyuan	8.5	108
曲靖	Qujing	4.3	250	中卫	Zhongwei	6.2	234
玉溪	Yuxi	8.5	108	**新疆**	**Xinjiang**		
保山	Baoshan	11.5	9	乌鲁木齐	Urumqi	10.5	19
昭通	Zhaotong	8.0	157	克拉玛依	Karamay	0.5	273

3-7 第一产业占GRP的比重
Primary Industry as Percentage to GRP

单位：% (%)

地名	City	2015	2015 排名 Ranking	地名	City	2015	2015 排名 Ranking
全国	**Nation Total**	**7.7**		沈阳	Shenyang	4.7	241
北京	**Beijing**	**0.6**		大连	Dalian	5.9	223
天津	**Tianjin**	**1.3**		鞍山	Anshan	5.8	224
河北	**Hebei**	**11.3**		抚顺	Fushun	8.1	190
石家庄	Shijiazhuang	9.1	179	本溪	Benxi	5.8	227
唐山	Tangshan	9.3	173	丹东	Dandong	15.9	85
秦皇岛	Qinhuangdao	14.2	112	锦州	Jinzhou	15.9	84
邯郸	Handan	12.8	128	营口	Yingkou	7.3	205
邢台	Xingtai	15.6	87	阜新	Fuxin	22.5	26
保定	Baoding	11.8	140	辽阳	Liaoyang	7.1	208
张家口	Zhangjiakou	17.9	55	盘锦	Panjin	9.6	166
承德	Chengde	17.3	64	铁岭	Tieling	27.7	10
沧州	Cangzhou	9.6	167	朝阳	Chaoyang	25.8	12
廊坊	Langfang	8.3	187	葫芦岛	Huludao	14.5	105
衡水	Hengshui	13.8	115	**吉林**	**Jilin**	**11.0**	
山西	**Shanxi**	**6.2**		长春	Changchun	6.2	217
太原	Taiyuan	1.4	278	吉林	Jilin	10.6	158
大同	Datong	5.4	230	四平	Siping	25.7	13
阳泉	Yangquan	1.7	275	辽源	Liaoyuan	8.4	186
长治	Changzhi	4.9	237	通化	Tonghua	9.2	177
晋城	Jincheng	4.7	240	白山	Baishan	9.3	172
朔州	Shuozhou	6.2	218	松原	Songyuan	17.4	63
晋中	Jinzhong	10.1	163	白城	Baicheng	16.9	70
运城	Yuncheng	16.4	78	**黑龙江**	**Heilongjiang**	**19.2**	
忻州	Xinzhou	9.4	171	哈尔滨	Harbin	11.7	141
临汾	Linfen	7.8	193	齐齐哈尔	Qiqihar	24.1	20
吕梁	Lvliang	5.7	228	鸡西	Jixi	36.4	5
内蒙古	**Inner Mongolia**	**7.7**		鹤岗	Hegang	35.2	6
呼和浩特	Hohhot	4.1	247	双鸭山	Shuangyashan	38.2	4
包头	Baotou	2.7	266	大庆	Daqing	6.5	215
乌海	Wuhai	0.9	281	伊春	Yichun	42.9	2
赤峰	Chifeng	14.9	98	佳木斯	Jiamusi	33.1	7
通辽	Tongliao	14.4	111	七台河	Qitaihe	16.1	82
鄂尔多斯	Erdos	2.3	269	牡丹江	Mudanjiang	17.1	67
呼伦贝尔	Hulunbuir	16.5	74	黑河	Heihe	48.3	1
巴彦淖尔	Bayannur	18.7	50	绥化	Suihua	39.8	3
乌兰察布	Ulanqab	14.5	105	**上海**	**Shanghai**	**0.4**	
辽宁	**Liaoning**	**8.4**		**江苏**	**Jiangsu**	**4.9**	

注：本表按不变价格计算。

Note: Data in this table are calculated at constant prices.

3-7 第一产业占GRP的比重 续表 1

Primary Industry as Percentage to GRP continued 1

单位：%　　(%)

地名	City	2015	2015 排名 Ranking	地名	City	2015	2015 排名 Ranking
南京	Nanjing	2.4	268	池州	Chizhou	13.0	127
无锡	Wuxi	1.6	276	宣城	Xuancheng	12.5	129
徐州	Xuzhou	9.5	169	**福建**	**Fujian**	**8.2**	
常州	Changzhou	2.8	265	福州	Fuzhou	7.7	197
苏州	Suzhou	1.5	277	厦门	Xiamen	0.7	283
南通	Nantong	5.8	226	莆田	Putian	7.0	211
连云港	Lianyungang	13.1	125	三明	Sanming	14.7	100
淮安	Huaian	11.2	150	泉州	Quanzhou	2.9	262
盐城	Yancheng	12.3	133	漳州	Zhangzhou	13.4	120
扬州	Yangzhou	6.0	219	南平	Nanping	21.6	37
镇江	Zhenjiang	3.8	253	龙岩	Longyan	11.5	145
泰州	Taizhou	5.9	220	宁德	Ningde	17.0	68
宿迁	Suqian	12.1	135	**江西**	**Jiangxi**	**10.0**	
浙江	**Zhejiang**	**4.2**		南昌	Nanchang	4.3	245
杭州	Hangzhou	2.9	263	景德镇	Jingdezhen	7.4	201
宁波	Ningbo	3.6	255	萍乡	Pingxiang	6.9	212
温州	Wenzhou	2.8	264	九江	Jiujiang	7.4	202
嘉兴	Jiaxing	4.0	249	新余	Xinyu	5.9	221
湖州	Huzhou	5.9	222	鹰潭	Yingtan	7.7	198
绍兴	Shaoxing	4.5	244	赣州	Ganzhou	15.0	97
金华	Jinhua	4.2	246	吉安	Jian	16.4	79
衢州	Quzhou	7.4	203	宜春	Yichun	14.6	103
舟山	Zhoushan	10.2	162	抚州	Fuzhou	16.5	76
台州	Taizhou	6.5	216	上饶	Shangrao	13.5	118
丽水	Lishui	8.3	188	**山东**	**Shandong**	**7.2**	
安徽	**Anhui**	**10.9**		济南	Jinan	5.0	234
合肥	Hefei	4.7	242	青岛	Qingdao	3.9	251
芜湖	Wuhu	4.9	236	淄博	Zibo	3.5	256
蚌埠	Bengbu	15.1	96	枣庄	Zaozhuang	7.6	200
淮南	Huainan	12.4	132	东营	Dongying	3.4	258
马鞍山	Maanshan	5.8	225	烟台	Yantai	6.8	213
淮北	Huaibei	7.8	195	潍坊	Weifang	8.8	182
铜陵	Tongling	5.2	232	济宁	Jining	11.3	147
安庆	Anqing	13.1	123	泰安	Taian	8.5	184
黄山	Huangshan	10.4	159	威海	Weihai	7.2	206
滁州	Chuzhou	17.0	69	日照	Rizhao	8.4	185
阜阳	Fuyang	22.6	25	莱芜	Laiwu	7.9	192
宿州	Suzhou	21.7	36	临沂	Linyi	9.2	178
六安	Liuan	17.8	58	德州	Dezhou	10.3	160
亳州	Bozhou	20.7	43	聊城	Liaocheng	11.9	138

3-7 第一产业占GRP的比重 续表 2
Primary Industry as Percentage to GRP continued 2

单位：% (%)

地名	City	2015	2015 排名 Ranking	地名	City	2015	2015 排名 Ranking
滨州	Binzhou	9.2	175	常德	Changde	13.1	124
菏泽	Heze	11.3	149	张家界	Zhangjiajie	11.6	144
河南	**Henan**	**11.4**		益阳	Yiyang	18.6	51
郑州	Zhengzhou	2.1	273	郴州	Chenzhou	9.8	165
开封	Kaifeng	17.7	59	永州	Yongzhou	21.8	33
洛阳	Luoyang	6.8	214	怀化	Huaihua	14.5	107
平顶山	Pingdingshan	9.8	164	娄底	Loudi	14.7	101
安阳	Anyang	10.9	155	**广东**	**Guangdong**	**4.3**	
鹤壁	Hebi	8.6	183	广州	Guangzhou	1.3	279
新乡	Xinxiang	11.3	148	韶关	Shaoguan	13.2	122
焦作	Jiaozuo	7.1	207	深圳	Shenzhen	0.0	285
濮阳	Puyang	11.9	139	珠海	Zhuhai	2.2	270
许昌	Xuchang	7.8	194	汕头	Shantou	5.2	232
漯河	Luohe	10.7	157	佛山	Foshan	1.7	274
三门峡	Sanmenxia	9.5	170	江门	Jiangmen	7.8	196
南阳	Nanyang	17.5	61	湛江	Zhanjiang	19.1	49
商丘	Shangqiu	20.8	42	茂名	Maoming	15.7	86
信阳	Xinyang	24.2	19	肇庆	Zhaoqing	14.6	102
周口	Zhoukou	21.7	34	惠州	Huizhou	4.8	238
驻马店	Zhumadian	22.3	28	梅州	Meizhou	19.6	47
湖北	**Hubei**	**10.4**		汕尾	Shanwei	15.5	89
武汉	Wuhan	3.3	261	河源	Heyuan	11.6	142
黄石	Huangshi	8.8	181	阳江	Yangjiang	16.4	77
十堰	Shiyan	12.1	136	清远	Qingyuan	15.1	95
宜昌	Yichang	10.9	154	东莞	Dongguan	0.3	284
襄阳	Xiangyang	11.9	137	中山	Zhongshan	2.2	271
鄂州	Ezhou	11.6	143	潮州	Chaozhou	7.1	208
荆门	Jingmen	14.5	108	揭阳	Jieyang	8.9	180
孝感	Xiaogan	17.8	57	云浮	Yunfu	20.9	40
荆州	Jingzhou	22.2	30	**广西**	**Guangxi**	**15.4**	
黄冈	Huanggang	23.9	22	南宁	Nanning	10.9	155
咸宁	Xianning	17.3	64	柳州	Liuzhou	7.3	204
随州	Suizhou	16.9	71	桂林	Guilin	17.5	62
湖南	**Hunan**	**10.7**		梧州	Wuzhou	11.4	146
长沙	Changsha	4.0	248	北海	Beihai	17.9	55
株洲	Zhuzhou	7.7	199	防城港	Fangchenggang	12.2	134
湘潭	Xiangtan	8.3	189	钦州	Qinzhou	21.7	34
衡阳	Hengyang	15.2	94	贵港	Guigang	20.1	44
邵阳	Shaoyang	21.6	38	玉林	Yulin	17.9	54
岳阳	Yueyang	11.0	152	百色	Baise	17.3	66

3-7 第一产业占GRP的比重 续表 3
Primary Industry as Percentage to GRP continued 3

单位：%　(%)

地名	City	2015	2015 排名 Ranking	地名	City	2015	2015 排名 Ranking
贺州	Hezhou	22.0	32	丽江	Lijiang	15.4	91
河池	Hechi	22.8	23	普洱	Puer	27.8	9
来宾	Laibin	24.5	18	临沧	Lincang	29.0	8
崇左	Chongzuo	22.7	24	**西藏**	**Tibet**	**3.7**	
海南	**Hainan**	**12.1**		拉萨	Lasa	3.7	254
海口	Haikou	4.9	235	**陕西**	**Shaanxi**	**8.9**	
三亚	Sanya	13.7	116	西安	Xi'an	3.8	252
三沙	Sansha			铜川	Tongchuan	7.0	210
重庆	**Chongqing**	**7.3**		宝鸡	Baoji	9.2	175
四川	**Sichuan**	**11.0**		咸阳	Xianyang	15.3	93
成都	Chengdu	3.5	257	渭南	Weinan	14.6	103
自贡	Zigong	11.2	151	延安	Yan'an	9.3	174
攀枝花	Panzhihua	3.4	259	汉中	Hanzhong	18.0	53
泸州	Luzhou	12.4	131	榆林	Yulin	5.5	229
德阳	Deyang	13.0	126	安康	Ankang	12.4	130
绵阳	Mianyang	15.3	92	商洛	Shangluo	14.8	99
广元	Guangyuan	16.5	75	**甘肃**	**Gansu**	**13.0**	
遂宁	Suining	15.5	90	兰州	Lanzhou	2.7	267
内江	Neijiang	16.0	83	嘉峪关	Jiayuguan	2.2	272
乐山	Leshan	11.0	153	金昌	Jinchang	8.0	191
南充	Nanchong	22.1	31	白银	Baiyin	13.6	117
眉山	Meishan	15.5	88	天水	Tianshui	17.6	60
宜宾	Yibin	14.2	113	武威	Wuwei	24.0	21
广安	Guangan	16.2	80	张掖	Zhangye	25.4	15
达州	Dazhou	21.5	39	平凉	Pingliang	27.1	11
雅安	Yaan	14.4	110	酒泉	Jiuquan	14.4	109
巴中	Bazhong	16.8	72	庆阳	Qingyang	13.5	118
资阳	Ziyang	19.8	46	定西	Dingxi	25.2	16
贵州	**Guizhou**	**13.4**		陇南	Longnan	22.3	27
贵阳	Guiyang	4.5	243	**青海**	**Qinghai**	**6.0**	
六盘水	Liupanshui	9.5	168	西宁	Xining	3.3	260
遵义	Zunyi	16.1	81	海东	Haidong	13.9	114
安顺	Anshun	18.1	52	**宁夏**	**Ningxia**	**8.1**	
毕节	Bijie	22.2	29	银川	Yinchuan	3.9	250
铜仁	Tongren	24.8	17	石嘴山	Shizuishan	5.4	231
云南	**Yunnan**	**13.2**		吴忠	Wuzhong	13.4	121
昆明	Kunming	4.7	239	固原	Guyuan	20.8	41
曲靖	Qujing	19.2	48	中卫	Zhongwei	16.6	73
玉溪	Yuxi	10.2	161	**新疆**	**Xinjiang**	**1.1**	
保山	Baoshan	25.7	14	乌鲁木齐	Urumqi	1.2	280
昭通	Zhaotong	19.9	45	克拉玛依	Karamay	0.8	282

3-8 第二产业占GRP的比重
Secondary Industry as Percentage to GRP

单位：%　　　　(%)

地名	City	2015	2015 排名 Ranking	地名	City	2015	2015 排名 Ranking
全国	**Nation Total**	**45.5**		沈阳	Shenyang	47.8	149
北京	**Beijing**	**19.7**		大连	Dalian	43.3	203
天津	**Tianjin**	**46.6**		鞍山	Anshan	47.1	156
河北	**Hebei**	**47.7**		抚顺	Fushun	48.9	125
石家庄	Shijiazhuang	45.1	177	本溪	Benxi	51.4	86
唐山	Tangshan	55.1	59	丹东	Dandong	40.9	218
秦皇岛	Qinhuangdao	35.6	256	锦州	Jinzhou	42.9	207
邯郸	Handan	47.2	154	营口	Yingkou	48.1	145
邢台	Xingtai	45.0	178	阜新	Fuxin	38.2	238
保定	Baoding	50.0	110	辽阳	Liaoyang	55.3	57
张家口	Zhangjiakou	40.0	227	盘锦	Panjin	53.5	66
承德	Chengde	46.8	157	铁岭	Tieling	31.8	264
沧州	Cangzhou	49.6	115	朝阳	Chaoyang	30.4	267
廊坊	Langfang	44.6	184	葫芦岛	Huludao	41.1	215
衡水	Hengshui	46.2	162	**吉林**	**Jilin**	**48.5**	
山西	**Shanxi**	**45.2**		长春	Changchun	50.1	108
太原	Taiyuan	37.3	247	吉林	Jilin	45.4	174
大同	Datong	41.8	212	四平	Siping	43.3	202
阳泉	Yangquan	49.8	111	辽源	Liaoyuan	57.4	31
长治	Changzhi	51.1	89	通化	Tonghua	51.1	88
晋城	Jincheng	55.4	54	白山	Baishan	56.7	41
朔州	Shuozhou	45.1	176	松原	Songyuan	44.1	192
晋中	Jinzhong	43.8	196	白城	Baicheng	45.5	172
运城	Yuncheng	37.5	243	**黑龙江**	**Heilongjiang**	**36.6**	
忻州	Xinzhou	44.7	182	哈尔滨	Harbin	32.4	262
临汾	Linfen	48.5	135	齐齐哈尔	Qiqihar	31.0	266
吕梁	Lvliang	56.9	37	鸡西	Jixi	26.0	276
内蒙古	**Inner Mongolia**	**47.1**		鹤岗	Hegang	29.9	269
呼和浩特	Hohhot	28.1	272	双鸭山	Shuangyashan	22.8	278
包头	Baotou	48.4	141	大庆	Daqing	64.9	4
乌海	Wuhai	57.0	36	伊春	Yichun	18.7	284
赤峰	Chifeng	47.4	151	佳木斯	Jiamusi	22.0	280
通辽	Tongliao	50.5	98	七台河	Qitaihe	36.8	249
鄂尔多斯	Erdos	56.8	40	牡丹江	Mudanjiang	35.8	255
呼伦贝尔	Hulunbuir	44.5	186	黑河	Heihe	15.2	285
巴彦淖尔	Bayannur	50.8	96	绥化	Suihua	26.3	275
乌兰察布	Ulanqab	48.6	133	**上海**	**Shanghai**	**31.8**	
辽宁	**Liaoning**	**45.5**		**江苏**	**Jiangsu**	**46.8**	

注：本表按不变价格计算。

Note: Data in this table are calculated at constant prices.

3-8 第二产业占GRP的比重 续表 1
Secondary Industry as Percentage to GRP continued 1

单位：%　　(%)

地名	City	2015	2015 排名 Ranking	地名	City	2015	2015 排名 Ranking
南京	Nanjing	40.3	222	池州	Chizhou	46.1	163
无锡	Wuxi	49.3	120	宣城	Xuancheng	48.7	128
徐州	Xuzhou	44.3	188	**福建**	**Fujian**	**50.4**	
常州	Changzhou	47.7	150	福州	Fuzhou	43.6	199
苏州	Suzhou	48.6	133	厦门	Xiamen	43.6	199
南通	Nantong	48.4	138	莆田	Putian	57.4	32
连云港	Lianyungang	44.4	187	三明	Sanming	51.1	91
淮安	Huaian	42.9	206	泉州	Quanzhou	60.0	13
盐城	Yancheng	45.7	171	漳州	Zhangzhou	48.5	135
扬州	Yangzhou	50.1	109	南平	Nanping	43.2	205
镇江	Zhenjiang	49.3	118	龙岩	Longyan	52.6	73
泰州	Taizhou	49.1	122	宁德	Ningde	51.1	91
宿迁	Suqian	48.5	137	**江西**	**Jiangxi**	**52.1**	
浙江	**Zhejiang**	**45.9**		南昌	Nanchang	54.5	63
杭州	Hangzhou	38.9	235	景德镇	Jingdezhen	56.7	43
宁波	Ningbo	51.2	87	萍乡	Pingxiang	56.7	42
温州	Wenzhou	43.8	195	九江	Jiujiang	53.3	67
嘉兴	Jiaxing	52.6	74	新余	Xinyu	55.8	53
湖州	Huzhou	49.3	121	鹰潭	Yingtan	59.4	18
绍兴	Shaoxing	50.5	101	赣州	Ganzhou	44.1	191
金华	Jinhua	45.5	172	吉安	Jian	49.5	116
衢州	Quzhou	46.7	158	宜春	Yichun	51.7	81
舟山	Zhoushan	41.1	215	抚州	Fuzhou	49.7	114
台州	Taizhou	44.1	190	上饶	Shangrao	48.7	130
丽水	Lishui	45.7	170	**山东**	**Shandong**	**48.3**	
安徽	**Anhui**	**50.4**		济南	Jinan	37.8	242
合肥	Hefei	52.6	75	青岛	Qingdao	43.3	204
芜湖	Wuhu	57.2	34	淄博	Zibo	54.0	65
蚌埠	Bengbu	48.0	147	枣庄	Zaozhuang	52.7	72
淮南	Huainan	48.1	144	东营	Dongying	64.6	5
马鞍山	Maanshan	56.7	44	烟台	Yantai	51.6	84
淮北	Huaibei	58.1	27	潍坊	Weifang	48.2	143
铜陵	Tongling	61.8	11	济宁	Jining	47.3	153
安庆	Anqing	50.4	102	泰安	Taian	48.3	142
黄山	Huangshan	39.9	229	威海	Weihai	47.4	152
滁州	Chuzhou	53.2	68	日照	Rizhao	48.7	131
阜阳	Fuyang	40.7	219	莱芜	Laiwu	51.7	83
宿州	Suzhou	37.9	240	临沂	Linyi	44.8	179
六安	Liuan	46.1	164	德州	Dezhou	49.4	117
亳州	Bozhou	39.3	232	聊城	Liaocheng	51.1	93

3-8 第二产业占GRP的比重 续表 2

Secondary Industry as Percentage to GRP continued 2

单位：% (%)

地名	City	2015	2015 排名 Ranking	地名	City	2015	2015 排名 Ranking
滨州	Binzhou	48.8	127	常德	Changde	45.7	168
菏泽	Heze	52.8	70	张家界	Zhangjiajie	22.8	279
河南	**Henan**	**49.6**		益阳	Yiyang	42.1	209
郑州	Zhengzhou	49.3	119	郴州	Chenzhou	54.7	62
开封	Kaifeng	40.9	217	永州	Yongzhou	36.5	254
洛阳	Luoyang	48.9	126	怀化	Huaihua	41.8	210
平顶山	Pingdingshan	52.2	78	娄底	Loudi	50.3	103
安阳	Anyang	50.6	97	**广东**	**Guangdong**	**43.8**	
鹤壁	Hebi	65.3	2	广州	Guangzhou	31.6	265
新乡	Xinxiang	49.8	112	韶关	Shaoguan	37.5	244
焦作	Jiaozuo	59.8	15	深圳	Shenzhen	41.2	214
濮阳	Puyang	56.6	47	珠海	Zhuhai	49.7	113
许昌	Xuchang	59.0	20	汕头	Shantou	51.5	85
漯河	Luohe	62.9	8	佛山	Foshan	60.5	12
三门峡	Sanmenxia	58.2	25	江门	Jiangmen	48.4	140
南阳	Nanyang	44.3	189	湛江	Zhanjiang	38.2	239
商丘	Shangqiu	41.8	211	茂名	Maoming	41.2	213
信阳	Xinyang	40.2	225	肇庆	Zhaoqing	50.3	104
周口	Zhoukou	45.9	165	惠州	Huizhou	55.0	60
驻马店	Zhumadian	40.1	226	梅州	Meizhou	36.7	250
湖北	**Hubei**	**49.6**		汕尾	Shanwei	45.8	166
武汉	Wuhan	45.7	168	河源	Heyuan	45.7	167
黄石	Huangshi	55.4	55	阳江	Yangjiang	45.1	175
十堰	Shiyan	48.9	123	清远	Qingyuan	37.9	240
宜昌	Yichang	58.7	22	东莞	Dongguan	46.6	160
襄阳	Xiangyang	56.9	39	中山	Zhongshan	54.2	64
鄂州	Ezhou	57.9	28	潮州	Chaozhou	53.2	69
荆门	Jingmen	52.6	76	揭阳	Jieyang	59.6	17
孝感	Xiaogan	48.4	138	云浮	Yunfu	42.6	208
荆州	Jingzhou	43.7	198	**广西**	**Guangxi**	**46.0**	
黄冈	Huanggang	38.9	234	南宁	Nanning	39.5	231
咸宁	Xianning	48.6	132	柳州	Liuzhou	56.6	45
随州	Suizhou	47.9	148	桂林	Guilin	46.4	161
湖南	**Hunan**	**48.2**		梧州	Wuzhou	57.9	29
长沙	Changsha	50.9	95	北海	Beihai	50.5	100
株洲	Zhuzhou	57.3	33	防城港	Fangchenggang	56.9	38
湘潭	Xiangtan	54.8	61	钦州	Qinzhou	40.4	220
衡阳	Hengyang	44.6	183	贵港	Guigang	40.3	223
邵阳	Shaoyang	36.6	253	玉林	Yulin	44.0	194
岳阳	Yueyang	50.1	107	百色	Baise	52.2	78

3-8 第二产业占GRP的比重 续表 3
Secondary Industry as Percentage to GRP continued 3

单位：% (%)

地名	City	2015	2015 排名 Ranking	地名	City	2015	2015 排名 Ranking
贺州	Hezhou	40.3	221	丽江	Lijiang	39.8	230
河池	Hechi	32.4	263	普洱	Puer	34.8	257
来宾	Laibin	39.1	233	临沧	Lincang	33.8	259
崇左	Chongzuo	40.2	224	**西藏**	**Tibet**	**37.4**	
海南	**Hainan**	**18.7**		拉萨	Lasa	37.4	245
海口	Haikou	19.3	283	**陕西**	**Shaanxi**	**50.7**	
三亚	Sanya	20.5	282	西安	Xi'an	36.7	251
三沙	Sansha			铜川	Tongchuan	59.3	19
重庆	**Chongqing**	**45.0**		宝鸡	Baoji	63.9	7
四川	**Sichuan**	**51.3**		咸阳	Xianyang	57.5	30
成都	Chengdu	43.7	197	渭南	Weinan	50.2	105
自贡	Zigong	58.1	26	延安	Yan'an	62.0	10
攀枝花	Panzhihua	71.5	1	汉中	Hanzhong	44.0	193
泸州	Luzhou	59.6	16	榆林	Yulin	62.5	9
德阳	Deyang	56.3	48	安康	Ankang	55.2	58
绵阳	Mianyang	50.5	99	商洛	Shangluo	52.0	80
广元	Guangyuan	47.2	154	**甘肃**	**Gansu**	**37.8**	
遂宁	Suining	56.2	49	兰州	Lanzhou	37.3	246
内江	Neijiang	59.9	14	嘉峪关	Jiayuguan	57.1	35
乐山	Leshan	59.0	21	金昌	Jinchang	58.2	24
南充	Nanchong	48.9	124	白银	Baiyin	44.7	181
眉山	Meishan	56.1	50	天水	Tianshui	33.5	260
宜宾	Yibin	58.3	23	武威	Wuwei	36.7	251
广安	Guangan	51.7	81	张掖	Zhangye	29.4	270
达州	Dazhou	48.7	129	平凉	Pingliang	27.9	273
雅安	Yaan	55.9	52	酒泉	Jiuquan	37.1	248
巴中	Bazhong	46.6	159	庆阳	Qingyang	52.7	71
资阳	Ziyang	55.3	56	定西	Dingxi	21.8	281
贵州	**Guizhou**	**40.5**		陇南	Longnan	23.1	277
贵阳	Guiyang	38.3	237	**青海**	**Qinghai**	**48.6**	
六盘水	Liupanshui	51.1	89	西宁	Xining	48.0	146
遵义	Zunyi	44.8	180	海东	Haidong	50.2	106
安顺	Anshun	33.2	261	**宁夏**	**Ningxia**	**52.3**	
毕节	Bijie	38.8	236	银川	Yinchuan	52.3	77
铜仁	Tongren	28.7	271	石嘴山	Shizuishan	63.9	6
云南	**Yunnan**	**43.5**		吴忠	Wuzhong	56.1	51
昆明	Kunming	40.0	228	固原	Guyuan	27.2	274
曲靖	Qujing	51.0	94	中卫	Zhongwei	44.5	185
玉溪	Yuxi	56.6	45	**新疆**	**Xinjiang**	**36.7**	
保山	Baoshan	34.8	257	乌鲁木齐	Urumqi	29.9	268
昭通	Zhaotong	43.5	201	克拉玛依	Karamay	65.2	3

3-9 第三产业占GRP的比重
Tertiary Industry as Percentage to GRP

单位：%　　(%)

地名	City	2015	2015 排名 Ranking	地名	City	2015	2015 排名 Ranking
全国	**Nation Total**	**53.3**		沈阳	Shenyang	53.1	40
北京	**Beijing**	**79.7**		大连	Dalian	47.1	70
天津	**Tianjin**	**52.2**		鞍山	Anshan	52.4	44
河北	**Hebei**	**48.3**		抚顺	Fushun	46.4	75
石家庄	Shijiazhuang	57.5	23	本溪	Benxi	46.1	77
唐山	Tangshan	38.8	160	丹东	Dandong	58.9	18
秦皇岛	Qinhuangdao	54.7	31	锦州	Jinzhou	53.7	35
邯郸	Handan	49.8	52	营口	Yingkou	44.6	97
邢台	Xingtai	58.5	21	阜新	Fuxin	39.3	151
保定	Baoding	34.9	222	辽阳	Liaoyang	37.7	178
张家口	Zhangjiakou	48.6	65	盘锦	Panjin	36.9	193
承德	Chengde	46.8	73	铁岭	Tieling	40.5	134
沧州	Cangzhou	52.4	45	朝阳	Chaoyang	43.8	102
廊坊	Langfang	58.6	20	葫芦岛	Huludao	44.4	98
衡水	Hengshui	35.4	214	**吉林**	**Jilin**	**40.4**	
山西	**Shanxi**	**60.2**		长春	Changchun	43.7	106
太原	Taiyuan	62.9	13	吉林	Jilin	44.0	100
大同	Datong	53.5	36	四平	Siping	30.9	257
阳泉	Yangquan	53.9	34	辽源	Liaoyuan	34.2	224
长治	Changzhi	55.7	28	通化	Tonghua	39.6	142
晋城	Jincheng	64.8	10	白山	Baishan	34.0	231
朔州	Shuozhou	52.0	46	松原	Songyuan	38.5	164
晋中	Jinzhong	59.3	16	白城	Baicheng	37.6	182
运城	Yuncheng	64.6	11	**黑龙江**	**Heilongjiang**	**44.2**	
忻州	Xinzhou	65.9	7	哈尔滨	Harbin	55.9	27
临汾	Linfen	74.0	3	齐齐哈尔	Qiqihar	44.8	95
吕梁	Lvliang	70.0	4	鸡西	Jixi	37.6	181
内蒙古	**Inner Mongolia**	**57.9**		鹤岗	Hegang	34.9	221
呼和浩特	Hohhot	78.1	1	双鸭山	Shuangyashan	39.0	154
包头	Baotou	53.3	38	大庆	Daqing	28.6	273
乌海	Wuhai	42.2	119	伊春	Yichun	38.4	166
赤峰	Chifeng	45.1	88	佳木斯	Jiamusi	44.9	92
通辽	Tongliao	39.6	144	七台河	Qitaihe	47.1	68
鄂尔多斯	Erdos	64.0	12	牡丹江	Mudanjiang	47.1	69
呼伦贝尔	Hulunbuir	51.5	48	黑河	Heihe	36.5	199
巴彦淖尔	Bayannur	37.9	174	绥化	Suihua	34.0	230
乌兰察布	Ulanqab	54.0	33	**上海**	**Shanghai**	**67.8**	
辽宁	**Liaoning**	**49.7**		**江苏**	**Jiangsu**	**48.3**	

注：本表按不变价格计算。

Note: Data in this table are calculated at constant prices.

3-9 第三产业占GRP的比重 续表 1
Tertiary Industry as Percentage to GRP continued 1

单位：% (%)

地名	City	2015	2015 排名 Ranking	地名	City	2015	2015 排名 Ranking
南京	Nanjing	57.3	24	池州	Chizhou	40.9	131
无锡	Wuxi	49.1	58	宣城	Xuancheng	38.8	161
徐州	Xuzhou	46.2	76	**福建**	**Fujian**	**41.4**	
常州	Changzhou	49.5	55	福州	Fuzhou	48.7	62
苏州	Suzhou	49.9	51	厦门	Xiamen	55.7	29
南通	Nantong	45.8	82	莆田	Putian	35.7	211
连云港	Lianyungang	42.5	117	三明	Sanming	34.2	223
淮安	Huaian	45.9	81	泉州	Quanzhou	37.1	188
盐城	Yancheng	42.1	120	漳州	Zhangzhou	38.1	170
扬州	Yangzhou	43.9	101	南平	Nanping	35.3	216
镇江	Zhenjiang	46.9	72	龙岩	Longyan	35.8	209
泰州	Taizhou	45.0	91	宁德	Ningde	31.9	252
宿迁	Suqian	39.4	148	**江西**	**Jiangxi**	**37.9**	
浙江	**Zhejiang**	**49.9**		南昌	Nanchang	41.2	128
杭州	Hangzhou	58.2	22	景德镇	Jingdezhen	35.9	208
宁波	Ningbo	45.2	84	萍乡	Pingxiang	36.4	200
温州	Wenzhou	53.4	37	九江	Jiujiang	39.3	151
嘉兴	Jiaxing	43.4	109	新余	Xinyu	38.3	167
湖州	Huzhou	44.9	93	鹰潭	Yingtan	32.9	245
绍兴	Shaoxing	45.1	87	赣州	Ganzhou	40.9	130
金华	Jinhua	50.3	50	吉安	Jian	34.2	226
衢州	Quzhou	46.0	79	宜春	Yichun	33.7	237
舟山	Zhoushan	48.7	61	抚州	Fuzhou	33.8	233
台州	Taizhou	49.4	56	上饶	Shangrao	37.8	176
丽水	Lishui	46.1	78	**山东**	**Shandong**	**44.5**	
安徽	**Anhui**	**38.7**		济南	Jinan	57.2	25
合肥	Hefei	42.8	114	青岛	Qingdao	52.8	43
芜湖	Wuhu	37.9	173	淄博	Zibo	42.5	117
蚌埠	Bengbu	37.0	191	枣庄	Zaozhuang	39.7	141
淮南	Huainan	39.5	145	东营	Dongying	31.9	251
马鞍山	Maanshan	37.5	183	烟台	Yantai	41.6	125
淮北	Huaibei	34.1	227	潍坊	Weifang	43.0	112
铜陵	Tongling	33.1	243	济宁	Jining	41.4	126
安庆	Anqing	36.5	197	泰安	Taian	45.2	85
黄山	Huangshan	49.7	53	威海	Weihai	45.4	83
滁州	Chuzhou	29.8	268	日照	Rizhao	42.9	113
阜阳	Fuyang	36.7	194	莱芜	Laiwu	40.7	132
宿州	Suzhou	40.4	135	临沂	Linyi	46.0	80
六安	Liuan	36.2	203	德州	Dezhou	40.3	136
亳州	Bozhou	40.0	139	聊城	Liaocheng	37.1	189

3-9 第三产业占GRP的比重 续表 2
Tertiary Industry as Percentage to GRP continued 2

单位：%　　(%)

地名	City	2015	2015 排名 Ranking	地名	City	2015	2015 排名 Ranking
滨州	Binzhou	41.9	121	常德	Changde	41.2	129
菏泽	Heze	36.0	207	张家界	Zhangjiajie	65.7	9
河南	**Henan**	**39.0**		益阳	Yiyang	39.3	149
郑州	Zhengzhou	48.6	64	郴州	Chenzhou	35.6	213
开封	Kaifeng	41.4	127	永州	Yongzhou	41.7	123
洛阳	Luoyang	44.3	99	怀化	Huaihua	43.7	107
平顶山	Pingdingshan	38.0	171	娄底	Loudi	35.0	220
安阳	Anyang	38.6	163	**广东**	**Guangdong**	**51.9**	
鹤壁	Hebi	26.1	282	广州	Guangzhou	67.1	6
新乡	Xinxiang	39.0	156	韶关	Shaoguan	49.3	57
焦作	Jiaozuo	33.1	242	深圳	Shenzhen	58.8	19
濮阳	Puyang	31.6	254	珠海	Zhuhai	48.0	67
许昌	Xuchang	33.2	241	汕头	Shantou	43.3	110
漯河	Luohe	26.3	281	佛山	Foshan	37.8	177
三门峡	Sanmenxia	32.4	246	江门	Jiangmen	43.8	104
南阳	Nanyang	38.3	168	湛江	Zhanjiang	42.7	115
商丘	Shangqiu	37.4	184	茂名	Maoming	43.0	111
信阳	Xinyang	35.7	212	肇庆	Zhaoqing	35.1	218
周口	Zhoukou	32.4	246	惠州	Huizhou	40.2	137
驻马店	Zhumadian	37.7	180	梅州	Meizhou	43.7	105
湖北	**Hubei**	**40.1**		汕尾	Shanwei	38.8	162
武汉	Wuhan	51.0	49	河源	Heyuan	42.7	116
黄石	Huangshi	35.8	210	阳江	Yangjiang	38.5	165
十堰	Shiyan	39.0	156	清远	Qingyuan	47.0	71
宜昌	Yichang	30.4	266	东莞	Dongguan	53.1	39
襄阳	Xiangyang	31.3	256	中山	Zhongshan	43.6	108
鄂州	Ezhou	30.5	264	潮州	Chaozhou	39.7	140
荆门	Jingmen	33.0	244	揭阳	Jieyang	31.5	255
孝感	Xiaogan	33.8	236	云浮	Yunfu	36.5	197
荆州	Jingzhou	34.1	227	**广西**	**Guangxi**	**38.6**	
黄冈	Huanggang	37.2	187	南宁	Nanning	49.7	54
咸宁	Xianning	34.1	229	柳州	Liuzhou	36.1	205
随州	Suizhou	35.2	217	桂林	Guilin	36.2	204
湖南	**Hunan**	**41.1**		梧州	Wuzhou	30.8	259
长沙	Changsha	45.1	89	北海	Beihai	31.7	253
株洲	Zhuzhou	35.1	219	防城港	Fangchenggang	30.9	257
湘潭	Xiangtan	36.9	192	钦州	Qinzhou	37.9	175
衡阳	Hengyang	40.2	138	贵港	Guigang	39.6	143
邵阳	Shaoyang	41.8	122	玉林	Yulin	38.1	169
岳阳	Yueyang	38.9	158	百色	Baise	30.5	264

3-9 第三产业占GRP的比重 续表 3

Tertiary Industry as Percentage to GRP continued 3

单位：% (%)

地名	City	2015	2015 排名 Ranking	地名	City	2015	2015 排名 Ranking
贺州	Hezhou	37.7	179	丽江	Lijiang	44.8	95
河池	Hechi	44.9	94	普洱	Puer	37.4	185
来宾	Laibin	36.4	201	临沧	Lincang	37.2	186
崇左	Chongzuo	37.1	189	**西藏**	**Tibet**	**58.9**	
海南	**Hainan**	**69.2**		拉萨	Lasa	58.9	17
海口	Haikou	75.8	2	**陕西**	**Shaanxi**	**40.4**	
三亚	Sanya	65.7	8	西安	Xi'an	59.6	15
三沙	Sansha			铜川	Tongchuan	33.7	238
重庆	**Chongqing**	**47.7**		宝鸡	Baoji	26.9	279
四川	**Sichuan**	**37.8**		咸阳	Xianyang	27.2	278
成都	Chengdu	52.8	42	渭南	Weinan	35.3	215
自贡	Zigong	30.7	262	延安	Yan'an	28.8	272
攀枝花	Panzhihua	25.2	283	汉中	Hanzhong	38.0	172
泸州	Luzhou	28.0	276	榆林	Yulin	32.1	249
德阳	Deyang	30.8	260	安康	Ankang	32.3	248
绵阳	Mianyang	34.2	224	商洛	Shangluo	33.2	240
广元	Guangyuan	36.4	202	**甘肃**	**Gansu**	**49.2**	
遂宁	Suining	28.4	274	兰州	Lanzhou	60.0	14
内江	Neijiang	24.2	285	嘉峪关	Jiayuguan	40.7	133
乐山	Leshan	30.1	267	金昌	Jinchang	33.8	235
南充	Nanchong	29.0	271	白银	Baiyin	41.7	124
眉山	Meishan	28.4	275	天水	Tianshui	48.9	59
宜宾	Yibin	27.5	277	武威	Wuwei	39.4	147
广安	Guangan	32.0	250	张掖	Zhangye	45.2	86
达州	Dazhou	29.8	269	平凉	Pingliang	45.0	90
雅安	Yaan	26.7	280	酒泉	Jiuquan	48.5	66
巴中	Bazhong	36.6	196	庆阳	Qingyang	33.8	234
资阳	Ziyang	24.9	284	定西	Dingxi	53.0	41
贵州	**Guizhou**	**46.1**		陇南	Longnan	54.6	32
贵阳	Guiyang	57.2	26	**青海**	**Qinghai**	**45.5**	
六盘水	Liupanshui	39.3	149	西宁	Xining	48.7	62
遵义	Zunyi	39.1	153	海东	Haidong	36.0	206
安顺	Anshun	48.7	60	**宁夏**	**Ningxia**	**39.9**	
毕节	Bijie	39.0	154	银川	Yinchuan	43.8	103
铜仁	Tongren	46.5	74	石嘴山	Shizuishan	30.7	261
云南	**Yunnan**	**43.3**		吴忠	Wuzhong	30.6	263
昆明	Kunming	55.3	30	固原	Guyuan	52.0	47
曲靖	Qujing	29.8	270	中卫	Zhongwei	38.8	159
玉溪	Yuxi	33.3	239	**新疆**	**Xinjiang**	**62.1**	
保山	Baoshan	39.5	146	乌鲁木齐	Urumqi	68.9	5
昭通	Zhaotong	36.7	195	克拉玛依	Karamay	34.0	231

固定资产投资和房地产

Investment in Fixed Assets and Real Estate

4-1 固定资产投资额（不含农户）
Investment in Fixed Assets (Excluding Rural Households)

单位： 亿元　　　　(100 million yuan)

地名	City	2010	2014	2015	2015 排名 Ranking	地名	City	2010	2014	2015	2015 排名 Ranking
全国	**National Total**	**241430.9**	**501264.9**	**551590.0**		沈阳	Shenyang	3271.30	6564.06	5326.04	12
北京	**Beijing**	**4916.53**	**6873.40**	**7446.00**		大连	Dalian	3985.48	6773.63	4559.28	19
天津	**Tianjin**	**5896.52**	**10490.40**	**11814.60**		鞍山	Anshan	1109.29	1906.67	1581.77	108
河北	**Hebei**	**12922.66**	**26147.20**	**28905.70**		抚顺	Fushun	674.62	919.99	597.40	240
石家庄	Shijiazhuang	2696.81	4883.96	5727.49	8	本溪	Benxi	461.54	885.20	584.53	243
唐山	Tangshan	2218.43	4146.24	4619.58	17	丹东	Dandong	629.43	912.60	583.46	244
秦皇岛	Qinhuangdao	409.67	791.65	892.45	198	锦州	Jinzhou	658.82	970.96	782.15	207
邯郸	Handan	1596.32	3090.74	3526.63	27	营口	Yingkou	1021.93	1161.26	906.22	197
邢台	Xingtai	754.15	1647.08	1886.62	85	阜新	Fuxin	258.83	434.07	207.77	279
保定	Baoding	1320.73	2386.48	2753.96	47	辽阳	Liaoyang	464.32	714.83	474.94	260
张家口	Zhangjiakou	800.93	1402.01	1574.22	109	盘锦	Panjin	783.72	1157.40	983.06	187
承德	Chengde	695.07	1402.71	1535.15	113	铁岭	Tieling	904.70	646.26	397.49	267
沧州	Cangzhou	1022.16	2728.93	3169.85	37	朝阳	Chaoyang	491.72	835.00	500.15	259
廊坊	Langfang	856.15	1329.91	2166.81	65	葫芦岛	Huludao	356.87	544.89	190.45	280
衡水	Hengshui	328.77	945.17	1129.50	161	**吉林**	**Jilin**	**7395.23**	**11107.90**	**12508.60**	
山西	**Shanxi**	**5526.60**	**12035.50**	**13744.60**		长春	Changchun	2579.07	3746.38	4218.23	24
太原	Taiyuan	852.29	1746.09	2025.61	74	吉林	Jilin	1535.89	2258.39	2542.93	57
大同	Datong	524.26	1072.41	1145.35	157	四平	Siping	446.35	710.31	799.81	205
阳泉	Yangquan	271.02	517.37	600.67	237	辽源	Liaoyuan	405.62	531.38	598.33	239
长治	Changzhi	534.01	1245.65	1441.51	123	通化	Tonghua	657.45	853.87	964.03	189
晋城	Jincheng	389.32	974.78	1105.15	166	白山	Baishan	324.29	560.80	631.46	229
朔州	Shuozhou	361.00	815.30	937.06	191	松原	Songyuan	624.08	1144.52	1286.45	148
晋中	Jinzhong	465.75	1106.01	1312.45	141	白城	Baicheng	293.63	587.14	659.94	224
运城	Yuncheng	549.88	1202.73	1370.67	133	**黑龙江**	**Heilongjiang**	**6292.67**	**9537.90**	**9884.30**	
忻州	Xinzhou	417.24	965.42	1119.63	162	哈尔滨	Harbin	2295.56	4175.98	4595.69	18
临汾	Linfen	506.72	1229.43	1401.22	126	齐齐哈尔	Qiqihar	483.53	755.10	831.70	200
吕梁	Lvliang	399.85	1016.97	1166.40	155	鸡西	Jixi	155.49	207.81	222.68	278
内蒙古	**Inner Mongolia**	**8688.00**	**17437.80**	**13529.20**		鹤岗	Hegang	149.10	86.00	90.06	285
呼和浩特	Hohhot	880.37	1736.46	1604.64	105	双鸭山	Shuangyashan	271.73	150.01	121.83	282
包头	Baotou	1774.85	3440.56	2582.91	54	大庆	Daqing	994.84	919.56	554.09	250
乌海	Wuhai	238.72	352.20	398.64	266	伊春	Yichun	148.56	132.61	101.01	283
赤峰	Chifeng	786.18	1101.28	1272.10	151	佳木斯	Jiamusi	242.91	483.12	533.89	254
通辽	Tongliao	634.16	1866.36	1288.66	147	七台河	Qitaihe	188.50	105.61	98.51	284
鄂尔多斯	Erdos	1866.95	3422.53	2719.17	49	牡丹江	Mudanjiang	491.60	1156.72	1019.87	180
呼伦贝尔	Hulunbuir	603.81	803.00	925.85	192	黑河	Heihe	138.40	225.59	254.44	276
巴彦淖尔	Bayannur	549.18	941.24	664.50	223	绥化	Suihua	342.60	633.30	696.94	216
乌兰察布	Ulanqab	271.66	570.16	658.82	225	**上海**	**Shanghai**	**4630.47**	**6013.00**	**6349.40**	
辽宁	**Liaoning**	**15106.33**	**24426.80**	**17640.40**		**江苏**	**Jiangsu**	**17416.47**	**41552.80**	**45905.17**	

4-1 固定资产投资额（不含农户） 续表 1
Investment in Fixed Assets (Excluding Rural Households) continued 1

单位：亿元 （100 million yuan）

地名	City	2010	2014	2015	2015 排名 Ranking
南京	Nanjing	2623.96	5430.77	5425.98	10
无锡	Wuxi	2067.99	4610.77	4888.55	14
徐州	Xuzhou	1646.98	3671.56	4266.12	23
常州	Changzhou	1420.47	3310.05	3398.97	32
苏州	Suzhou	2705.27	6054.00	5965.44	6
南通	Nantong	1281.39	3896.39	4376.03	22
连云港	Lianyungang	920.82	1716.57	2077.35	71
淮安	Huaian	841.22	1795.73	2203.24	62
盐城	Yancheng	1054.95	2751.35	3372.89	33
扬州	Yangzhou	890.68	2416.66	2856.82	45
镇江	Zhenjiang	749.35	2142.34	2541.07	58
泰州	Taizhou	693.01	2197.34	2693.75	51
宿迁	Suqian	554.92	1559.22	1838.97	90
浙江	**Zhejiang**	**8438.08**	**23554.80**	**26664.72**	
杭州	Hangzhou	2138.78	4952.70	5556.32	9
宁波	Ningbo	1118.29	3989.46	4506.58	21
温州	Wenzhou	691.75	3052.81	3456.39	30
嘉兴	Jiaxing	819.02	2221.21	2513.82	60
湖州	Huzhou	358.71	1242.92	1402.64	125
绍兴	Shaoxing	390.90	2304.68	2582.84	55
金华	Jinhua		1594.79	1836.16	92
衢州	Quzhou	385.34	782.10	882.04	199
舟山	Zhoushan	260.78	960.88	1134.76	158
台州	Taizhou	556.72	1765.93	1996.03	76
丽水	Lishui	242.35	665.08	751.52	211
安徽	**Anhui**	**10281.29**	**21256.30**	**23803.90**	
合肥	Hefei	2950.16	5302.64	5851.90	7
芜湖	Wuhu	1206.80	2392.64	2709.19	50
蚌埠	Bengbu	432.25	1244.18	1457.97	118
淮南	Huainan	350.61	755.27	919.73	195
马鞍山	Maanshan	682.95	1674.74	1859.84	88
淮北	Huaibei	354.08	840.84	925.30	193
铜陵	Tongling	353.41	767.60	1062.93	171
安庆	Anqing	724.06	1394.75	1385.58	128
黄山	Huangshan	425.02	551.67	552.48	251
滁州	Chuzhou	660.49	1248.16	1457.60	119
阜阳	Fuyang	314.46	805.13	1004.98	184
宿州	Suzhou	288.93	945.80	1133.39	159
六安	Liuan	465.15	1003.82	993.47	185
亳州	Bozhou	255.37	650.90	767.30	209

地名	City	2010	2014	2015	2015 排名 Ranking
池州	Chizhou	272.21	538.04	600.54	238
宣城	Xuancheng	655.55	1140.12	1283.36	149
福建	**Fujian**	**7385.78**	**17869.80**	**20974.00**	
福州	Fuzhou	2027.33	4388.62	4853.61	15
厦门	Xiamen	904.74	1562.16	1887.65	84
莆田	Putian	367.54	1423.68	1733.60	98
三明	Sanming	558.25	1603.08	1912.02	81
泉州	Quanzhou	1082.79	2874.33	3406.25	31
漳州	Zhangzhou	673.67	2081.86	2516.08	59
南平	Nanping	395.56	1451.07	1774.95	97
龙岩	Longyan	412.63	1558.45	1900.06	82
宁德	Ningde	296.28	1131.18	1258.48	153
江西	**Jiangxi**	**7856.94**	**14646.30**	**16993.90**	
南昌	Nanchang	1816.78	3434.25	4000.07	25
景德镇	Jingdezhen	423.88	622.54	690.88	220
萍乡	Pingxiang	590.46	906.09	1026.74	178
九江	Jiujiang	856.99	1812.22	2119.92	68
新余	Xinyu	587.12	748.19	822.60	202
鹰潭	Yingtan	216.37	464.23	531.56	255
赣州	Ganzhou	650.07	1608.77	1892.21	83
吉安	Jian	676.54	1270.64	1486.95	116
宜春	Yichun	552.79	1354.85	1588.14	107
抚州	Fuzhou	576.02	957.25	1099.67	168
上饶	Shangrao	756.82	1343.33	1560.23	110
山东	**Shandong**	**18844.41**	**41599.10**	**47381.50**	
济南	Jinan	1784.27	3063.44	3498.42	28
青岛	Qingdao	2434.66	5766.03	6555.67	3
淄博	Zibo	1175.93	2404.59	2731.58	48
枣庄	Zaozhuang	515.92	1430.01	1625.93	102
东营	Dongying	1185.12	2708.20	3084.68	39
烟台	Yantai	2193.62	4101.06	4667.14	16
潍坊	Weifang	1751.71	3969.08	4516.70	20
济宁	Jining	1116.36	2538.18	2891.01	44
泰安	Taian	980.63	2298.96	2618.24	52
威海	Weihai	1059.18	2229.37	2543.72	56
日照	Rizhao	621.30	1234.75	1407.81	124
莱芜	Laiwu	299.71	545.43	619.07	233
临沂	Linyi	1000.12	2825.99	3219.19	36
德州	Dezhou	1026.27	1961.34	2237.91	61
聊城	Liaocheng	578.30	1833.13	2100.82	69

4-1 固定资产投资额（不含农户） 续表 2
Investment in Fixed Assets (Excluding Rural Households) continued 2

单位： 亿元 （100 million yuan）

地名	City	2010	2014	2015	2015 排名 Ranking	地名	City	2010	2014	2015	2015 排名 Ranking
滨州	Binzhou	715.79	1748.86	1990.24	77	常德	Changde	530.22	1547.72	1857.91	89
菏泽	Heze	405.49	940.70	1073.35	170	张家界	Zhangjiajie	118.79	250.90	296.43	275
河南	**Henan**	**13934.82**	**30012.30**	**34951.30**		益阳	Yiyang	392.26	1030.64	1223.80	154
郑州	Zhengzhou	2421.31	5259.65	6288.00	5	郴州	Chenzhou	731.10	1814.56	2168.98	64
开封	Kaifeng	394.72	1135.63	1324.52	139	永州	Yongzhou	538.60	1210.55	1541.35	111
洛阳	Luoyang	1548.81	2981.10	3536.96	26	怀化	Huaihua	415.92	851.35	1008.00	183
平顶山	Pingdingshan	580.34	1449.17	1603.14	106	娄底	Loudi	329.00	938.94	1108.39	165
安阳	Anyang	760.06	1572.58	1830.98	93	**广东**	**Guangdong**	**12599.26**	**25843.10**	**29950.50**	
鹤壁	Hebi	305.30	588.50	692.43	217	广州	Guangzhou	3138.91	4889.50	5405.95	11
新乡	Xinxiang	1085.44	1841.93	1927.21	80	韶关	Shaoguan	384.26	746.74	701.67	215
焦作	Jiaozuo	841.03	1623.53	1879.95	86	深圳	Shenzhen	1944.70	2717.42	3298.31	35
濮阳	Puyang	432.43	1115.78	1305.28	144	珠海	Zhuhai	486.05	1135.05	1305.14	145
许昌	Xuchang	685.59	1637.23	1931.08	79	汕头	Shantou	274.74	1002.73	1274.32	150
漯河	Luohe	351.57	773.30	908.53	196	佛山	Foshan	959.37	2612.45	3035.52	42
三门峡	Sanmenxia	570.83	1327.57	1538.77	112	江门	Jiangmen	465.13	1111.65	1307.87	142
南阳	Nanyang	1129.95	2486.91	2911.20	43	湛江	Zhanjiang	365.39	1020.76	1313.69	140
商丘	Shangqiu	690.39	1493.89	1717.25	99	茂名	Maoming	140.50	850.55	1115.50	163
信阳	Xinyang	855.05	1723.17	2023.88	75	肇庆	Zhaoqing	407.78	1138.73	1330.03	138
周口	Zhoukou	592.84	1375.44	1607.30	104	惠州	Huizhou	778.34	1606.71	1863.93	87
驻马店	Zhumadian	496.74	1214.42	1449.76	121	梅州	Meizhou	157.15	407.51	568.06	246
湖北	**Hubei**	**9405.63**	**22441.70**	**26086.40**		汕尾	Shanwei	300.33	500.97	585.20	242
武汉	Wuhan	3651.45	6962.53	7725.26	1	河源	Heyuan	161.83	453.29	564.14	248
黄石	Huangshi	448.42	1149.50	1380.02	130	阳江	Yangjiang	270.33	662.01	691.13	219
十堰	Shiyan	382.76	1040.32	1307.25	143	清远	Qingyuan	621.88	596.35	620.63	231
宜昌	Yichang	825.02	2471.04	3085.35	38	东莞	Dongguan	765.52	1427.11	1446.52	122
襄阳	Xiangyang	752.99	2448.29	3071.94	40	中山	Zhongshan	506.32	903.66	1055.41	172
鄂州	Ezhou	284.61	687.08	823.69	201	潮州	Chaozhou	116.26	313.01	391.95	269
荆门	Jingmen	395.57	1190.15	1456.93	120	揭阳	Jieyang	440.51	1093.80	1362.10	134
孝感	Xiaogan	488.83	1482.93	1824.92	94	云浮	Yunfu	184.79	656.27	794.15	206
荆州	Jingzhou	530.45	1571.09	1950.49	78	**广西**	**Guangxi**	**6383.26**	**13287.60**	**15654.90**	
黄冈	Huanggang	650.11	1657.59	2027.25	73	南宁	Nanning	1389.30	2886.68	3366.89	34
咸宁	Xianning	366.82	1148.75	1372.52	132	柳州	Liuzhou	929.61	1765.49	2050.55	72
随州	Suizhou	228.95	768.81	959.66	190	桂林	Guilin	758.52	1536.88	1837.32	91
湖南	**Hunan**	**8617.98**	**20548.60**	**24324.20**		梧州	Wuzhou	425.95	876.04	1045.51	174
长沙	Changsha	2842.75	5435.75	6363.28	4	北海	Beihai	455.44	786.16	920.37	194
株洲	Zhuzhou	749.04	1837.10	2181.36	63	防城港	Fangchenggang	349.84	478.31	526.15	257
湘潭	Xiangtan	582.20	1503.35	1805.40	95	钦州	Qinzhou	374.04	658.97	810.10	203
衡阳	Hengyang	537.52	1767.01	2125.93	67	贵港	Guigang	301.06	547.17	689.67	221
邵阳	Shaoyang	567.44	1267.77	1522.60	114	玉林	Yulin	535.63	1123.71	1332.12	136
岳阳	Yueyang	733.90	1790.13	2154.71	66	百色	Baise	559.80	895.23	1022.05	179

4-1 固定资产投资总额（不含农户） 续表 3
Investment in Fixed Assets (Excluding Rural Households) continued 3

单位：亿元 (100 million yuan)

地名	City	2010	2014	2015	2015 排名 Ranking	地名	City	2010	2014	2015	2015 排名 Ranking
贺州	Hezhou	307.53	530.28	625.93	230	丽江	Lijiang	196.01	283.14	321.90	272
河池	Hechi	272.92	343.22	395.69	268	普洱	Puer	207.06	417.58	449.75	262
来宾	Laibin	244.30	431.18	449.07	263	临沧	Lincang	156.16	564.79	729.19	212
崇左	Chongzuo	245.55	548.64	691.57	218	**西藏**	**Tibet**	**404.98**	**1069.20**	**1295.70**	
海南	**Hainan**	**1257.50**	**3039.50**	**3355.40**		拉萨	Lasa	171.99	455.39	546.04	252
海口	Haikou	341.60	821.53	1012.05	181	**陕西**	**Shaanxi**	**7569.90**	**16840.30**	**18231.00**	
三亚	Sanya	300.30	329.56	705.97	214	西安	Xi'an	2909.74	5824.53	5165.98	13
三沙	Sansha			16.98	286	铜川	Tongchuan	104.23	324.16	383.98	270
重庆	**Chongqing**	**6170.61**	**12140.80**	**14208.10**		宝鸡	Baoji	664.45	1979.17	2589.88	53
四川	**Sichuan**	**11061.38**	**22662.10**	**24965.60**		咸阳	Xianyang	888.06	2441.35	3063.20	41
成都	Chengdu	4032.63	6620.37	7006.97	2	渭南	Weinan	631.45	1646.38	2085.21	70
自贡	Zigong	255.52	569.31	638.95	228	延安	Yan'an	529.23	1300.00	1637.17	101
攀枝花	Panzhihua	299.18	582.75	644.51	227	汉中	Hanzhong	278.53	705.49	1039.40	175
泸州	Luzhou	326.24	1176.99	1463.71	117	榆林	Yulin	822.28	1396.50	1384.37	129
德阳	Deyang	535.68	871.14	981.31	188	安康	Ankang	233.09	541.78	758.16	210
绵阳	Mianyang	698.06	1033.87	1154.09	156	商洛	Shangluo	240.83	597.72	767.69	208
广元	Guangyuan	343.36	524.44	583.23	245	**甘肃**	**Gansu**	**2808.55**	**7759.60**	**8626.60**	
遂宁	Suining	400.44	890.18	1011.61	182	兰州	Lanzhou	591.98	1274.14	1803.75	96
内江	Neijiang	254.15	582.34	803.76	204	嘉峪关	Jiayuguan	47.37	125.24	144.16	281
乐山	Leshan	470.27	832.41	987.81	186	金昌	Jinchang	98.21	247.16	248.59	277
南充	Nanchong	579.37	1220.54	1388.98	127	白银	Baiyin	174.55	428.44	474.46	261
眉山	Meishan	349.39	909.28	1032.37	176	天水	Tianshui	194.43	537.76	602.79	236
宜宾	Yibin	435.21	1109.96	1295.51	146	武威	Wuwei	167.41	549.76	620.10	232
广安	Guangan	235.78	796.58	1131.97	160	张掖	Zhangye	112.02	275.69	312.81	273
达州	Dazhou	482.58	1148.70	1331.68	137	平凉	Pingliang	229.88	537.56	602.95	235
雅安	Yaan	308.44	399.83	531.41	256	酒泉	Jiuquan	361.77	1003.66	1104.70	167
巴中	Bazhong	161.24	845.77	1030.30	177	庆阳	Qingyang	300.64	1122.57	1081.36	169
资阳	Ziyang	343.44	908.22	1045.65	173	定西	Dingxi	164.98	500.59	555.35	249
贵州	**Guizhou**	**2609.36**	**8778.40**	**10676.70**		陇南	Longnan	208.63	532.85	590.61	241
贵阳	Guiyang	961.33	2336.06	2804.45	46	**青海**	**Qinghai**	**840.01**	**2788.90**	**3144.20**	
六盘水	Liupanshui	233.30	1336.27	1112.48	164	西宁	Xining	269.94	1152.08	1268.02	152
遵义	Zunyi	430.31	2052.30	1693.74	100	海东	Haidong		444.51	568.00	247
安顺	Anshun	87.81	427.32	535.43	253	**宁夏**	**Ningxia**	**1292.80**	**3093.90**	**3426.40**	
毕节	Bijie	264.62	1128.77	1344.93	135	银川	Yinchuan	625.96	1371.92	1501.86	115
铜仁	Tongren	214.21	1087.69	717.19	213	石嘴山	Shizuishan	195.45	498.01	427.86	264
云南	**Yunnan**	**5052.61**	**11073.80**	**13069.39**		吴忠	Wuzhong	183.77	602.07	653.08	226
昆明	Kunming	2121.11	3138.17	3497.88	29	固原	Guyuan	64.00	300.80	307.96	274
曲靖	Qujing	507.79	1164.54	1378.79	131	中卫	Zhongwei	158.78	334.03	336.82	271
玉溪	Yuxi	248.44	511.92	667.59	222	**新疆**	**Xinjiang**	**3065.13**	**9067.80**	**10525.40**	
保山	Baoshan	170.28	383.87	501.83	258	乌鲁木齐	Urumqi	542.76	1526.31	1607.43	103
昭通	Zhaotong	321.62	550.48	612.98	234	克拉玛依	Karamay	180.61	334.76	419.95	265

4-2　房地产开发投资额
Investment in Real Estate Development

单位：亿元　　　　　　　　　　　　　　　　　　　　　　　　（100 million yuan）

地名	City	2010	2014	2015	2015 排名 Ranking
全国	**National Total**	**48259.40**	**95035.60**	**95978.80**	
北京	**Beijing**	**2901.07**	**3715.30**	**4117.00**	
天津	**Tianjin**	**866.64**	**1699.60**	**1871.50**	
河北	**Hebei**	**2264.94**	**4059.70**	**4285.30**	
石家庄	Shijiazhuang	538.00	1018.06	986.27	19
唐山	Tangshan	338.39	609.30	568.68	35
秦皇岛	Qinhuangdao	120.26	268.80	257.23	78
邯郸	Handan	225.63	377.09	341.25	60
邢台	Xingtai	62.39	151.83	181.98	117
保定	Baoding	273.94	456.31	538.84	36
张家口	Zhangjiakou	173.15	176.43	211.67	96
承德	Chengde	92.72	139.08	131.49	147
沧州	Cangzhou	112.62	201.91	238.10	83
廊坊	Langfang	249.10	522.25	670.87	26
衡水	Hengshui	78.73	131.39	158.90	127
山西	**Shanxi**	**592.24**	**1403.60**	**1494.90**	
太原	Taiyuan	241.09	483.23	604.22	31
大同	Datong	90.61	237.32	139.17	142
阳泉	Yangquan	43.34	52.70	46.64	245
长治	Changzhi	32.76	75.23	87.53	193
晋城	Jincheng	32.37	58.18	74.60	206
朔州	Shuozhou	19.78	77.17	67.66	214
晋中	Jinzhong	29.81	112.90	118.89	159
运城	Yuncheng	33.25	117.72	123.64	156
忻州	Xinzhou	18.13	61.74	52.39	235
临汾	Linfen	31.37	84.20	112.60	167
吕梁	Lvliang	19.71	43.15	67.53	215
内蒙古	**Inner Mongolia**	**1119.99**	**1370.90**	**1081.10**	
呼和浩特	Hohhot	254.35	563.13	509.05	38
包头	Baotou	202.83	197.87	197.32	101
乌海	Wuhai	24.90	48.73	37.01	255
赤峰	Chifeng	83.37	128.59	85.71	196
通辽	Tongliao	57.79	88.71	31.57	259
鄂尔多斯	Erdos	280.53	83.50	58.83	230
呼伦贝尔	Hulunbuir	49.79	102.91	66.94	216
巴彦淖尔	Bayannur	56.17	43.90	25.76	271
乌兰察布	Ulanqab	35.04	25.16	23.04	274
辽宁	**Liaoning**	**3465.76**	**5301.30**	**3558.60**	
沈阳	Shenyang	1481.19	1975.82	1337.66	11
大连	Dalian	780.48	1429.34	897.46	21
鞍山	Anshan	235.86	252.95	206.08	97
抚顺	Fushun	91.48	124.86	77.44	202
本溪	Benxi	60.70	112.60	76.40	204
丹东	Dandong	115.01	141.13	85.53	197
锦州	Jinzhou	117.12	201.18	114.03	165
营口	Yingkou	197.94	154.56	104.93	176
阜新	Fuxin	35.89	121.70	43.27	250
辽阳	Liaoyang	65.41	114.86	68.81	211
盘锦	Panjin	100.34	283.72	239.54	82
铁岭	Tieling	186.64	131.20	121.75	157
朝阳	Chaoyang	75.56	121.90	88.59	192
葫芦岛	Huludao	55.96	135.49	97.14	185
吉林	**Jilin**	**921.01**	**1030.10**	**924.20**	
长春	Changchun	543.64	534.40	506.02	40
吉林	Jilin	139.61	142.46	139.36	141
四平	Siping	26.93	48.05	24.69	272
辽源	Liaoyuan	20.78	19.99	16.36	281
通化	Tonghua	75.74	85.44	63.20	224
白山	Baishan	9.21	24.08	14.52	283
松原	Songyuan	58.57	80.28	50.26	238
白城	Baicheng	6.58	24.95	27.59	267
黑龙江	**Heilongjiang**	**843.12**	**1324.10**	**992.10**	
哈尔滨	Harbin	360.74	673.57	697.88	24
齐齐哈尔	Qiqihar	58.75	129.98	99.07	182
鸡西	Jixi	17.27	27.28	38.38	253
鹤岗	Hegang	8.27	6.78	21.27	276
双鸭山	Shuangyashan	22.80	16.41	22.40	275
大庆	Daqing	119.50	157.38	49.10	239
伊春	Yichun	11.04	8.60	14.70	282
佳木斯	Jiamusi	47.75	54.84	86.83	194
七台河	Qitaihe	5.44	5.12	9.81	285
牡丹江	Mudanjiang	63.70	157.52	92.99	190
黑河	Heihe	18.96	19.41	28.11	266
绥化	Suihua	100.49	74.59	53.38	234
上海	**Shanghai**	**1980.68**	**3206.50**	**3468.90**	
江苏	**Jiangsu**	**4299.38**	**8240.20**	**8153.70**	

4-2 房地产开发投资额 续表 1
Investment in Real Estate Development continued 1

单位：亿元 （100 million yuan）

地名	City	2010	2014	2015	2015 排名 Ranking	地名	City	2010	2014	2015	2015 排名 Ranking
南京	Nanjing	748.35	1125.49	1429.02	9	池州	Chizhou	66.49	104.12	96.82	186
无锡	Wuxi	612.67	1252.22	598.03	32	宣城	Xuancheng	82.19	201.77	217.76	92
徐州	Xuzhou	205.32	468.88	286.33	71	**福建**	**Fujian**	**1818.86**	**4567.40**	**4469.60**	
常州	Changzhou	409.91	681.53	467.74	45	福州	Fuzhou	670.69	1455.07	1381.12	10
苏州	Suzhou	935.80	1764.44	1073.35	15	厦门	Xiamen	396.13	704.06	774.07	22
南通	Nantong	272.78	678.92	447.87	50	莆田	Putian	87.91	346.87	415.94	52
连云港	Lianyungang	132.36	189.28	144.51	137	三明	Sanming	94.82	176.76	130.22	148
淮安	Huaian	237.77	357.66	190.87	111	泉州	Quanzhou	203.11	775.95	681.59	25
盐城	Yancheng	165.47	379.64	224.71	90	漳州	Zhangzhou	159.62	472.24	502.51	41
扬州	Yangzhou	165.16	360.44	279.18	73	南平	Nanping	67.13	150.02	152.82	130
镇江	Zhenjiang	114.88	319.05	186.78	114	龙岩	Longyan	80.82	212.09	193.30	108
泰州	Taizhou	152.19	285.54	130.00	151	宁德	Ningde	58.62	274.33	238.03	84
宿迁	Suqian	147.63	377.14	135.82	143	**江西**	**Jiangxi**	**706.82**	**1322.50**	**1520.10**	
浙江	**Zhejiang**	**3025.43**	**7262.40**	**7111.93**		南昌	Nanchang	230.15	414.07	593.63	33
杭州	Hangzhou	956.20	2301.08	2472.07	2	景德镇	Jingdezhen	25.72	36.97	33.61	257
宁波	Ningbo	557.27	1328.14	1228.84	13	萍乡	Pingxiang	16.47	37.17	47.86	243
温州	Wenzhou	270.50	808.88	766.29	23	九江	Jiujiang	46.06	129.18	173.39	121
嘉兴	Jiaxing	270.39	525.72	458.41	48	新余	Xinyu	24.43	28.62	78.53	201
湖州	Huzhou	143.13	342.75	323.39	64	鹰潭	Yingtan	13.04	44.94	59.06	228
绍兴	Shaoxing	297.80	613.51	622.65	28	赣州	Ganzhou	100.48	230.34	493.46	42
金华	Jinhua	163.65	367.67	350.22	58	吉安	Jian	31.85	66.10	115.54	162
衢州	Quzhou	63.71	95.17	99.51	181	宜春	Yichun	49.80	110.73	201.32	98
舟山	Zhoushan	58.98	225.80	193.59	107	抚州	Fuzhou	74.63	98.88	125.59	154
台州	Taizhou	196.08	496.05	438.69	51	上饶	Shangrao	94.19	125.48	174.53	120
丽水	Lishui	47.73	157.63	158.27	128	**山东**	**Shandong**	**3249.37**	**5818.00**	**5892.20**	
安徽	**Anhui**	**2251.80**	**4339.00**	**4424.90**		济南	Jinan	484.50	917.37	1014.14	16
合肥	Hefei	819.03	1127.36	1729.40	7	青岛	Qingdao	602.44	1117.73	1122.35	14
芜湖	Wuhu	291.16	479.01	506.69	39	淄博	Zibo	166.99	236.20	227.69	88
蚌埠	Bengbu	73.84	406.96	467.56	46	枣庄	Zaozhuang	78.00	215.70	186.64	115
淮南	Huainan	78.35	110.50	233.45	85	东营	Dongying	100.30	198.45	193.94	106
马鞍山	Maanshan	85.05	245.58	266.92	74	烟台	Yantai	383.12	611.80	607.06	30
淮北	Huaibei	42.53	152.40	188.65	113	潍坊	Weifang	367.63	450.01	467.91	44
铜陵	Tongling	73.30	132.76	130.20	149	济宁	Jining	134.60	356.12	308.48	67
安庆	Anqing	92.22	146.94	143.54	139	泰安	Taian	75.10	143.09	145.15	136
黄山	Huangshan	125.76	136.73	115.54	162	威海	Weihai	269.80	357.23	313.19	65
滁州	Chuzhou	131.77	305.47	400.21	54	日照	Rizhao	63.33	91.93	108.85	171
阜阳	Fuyang	50.05	215.67	359.61	57	莱芜	Laiwu	18.34	29.25	31.85	258
宿州	Suzhou	47.14	182.33	232.02	87	临沂	Linyi	158.23	370.92	392.93	55
六安	Liuan	62.41	182.27	249.15	79	德州	Dezhou	90.19	209.79	214.57	93
亳州	Bozhou	43.52	209.06	297.58	69	聊城	Liaocheng	56.45	169.97	190.42	112

4-2 房地产开发投资额 续表 2

Investment in Real Estate Development continued 2

单位：亿元 (100 million yuan)

地名	City	2010	2014	2015	2015 排名 Ranking	地名	City	2010	2014	2015	2015 排名 Ranking
滨州	Binzhou	96.55	112.07	108.50	172	常德	Changde	61.70	124.05	121.41	158
菏泽	Heze	103.82	230.33	258.48	76	张家界	Zhangjiajie	22.49	58.75	31.45	260
河南	**Henan**	**2114.08**	**4375.70**	**4818.90**		益阳	Yiyang	63.00	101.12	103.90	179
郑州	Zhengzhou	775.16	1743.51	2000.20	5	郴州	Chenzhou	68.68	162.03	194.36	105
开封	Kaifeng	57.69	135.98	168.21	124	永州	Yongzhou	72.60	92.98	89.48	191
洛阳	Luoyang	179.90	302.61	333.89	63	怀化	Huaihua	44.73	101.87	117.21	161
平顶山	Pingdingshan	54.28	155.82	106.21	175	娄底	Loudi	40.98	109.71	107.94	173
安阳	Anyang	98.72	175.66	223.66	91	**广东**	**Guangdong**	**3659.69**	**7638.50**	**8538.50**	
鹤壁	Hebi	24.47	64.13	68.98	209	广州	Guangzhou	983.66	1816.15	2137.59	4
新乡	Xinxiang	117.64	267.49	257.54	77	韶关	Shaoguan	63.96	119.42	131.89	146
焦作	Jiaozuo	72.29	117.25	98.92	183	深圳	Shenzhen	458.47	1069.49	1331.03	12
濮阳	Puyang	41.60	84.77	95.12	188	珠海	Zhuhai	179.51	388.30	524.12	37
许昌	Xuchang	71.06	137.78	151.67	132	汕头	Shantou	49.31	202.05	245.51	80
漯河	Luohe	28.93	38.85	48.11	242	佛山	Foshan	485.52	832.70	945.37	20
三门峡	Sanmenxia	46.60	97.87	106.72	174	江门	Jiangmen	111.72	313.01	311.01	66
南阳	Nanyang	70.32	156.60	160.83	125	湛江	Zhanjiang	75.04	177.35	179.05	119
商丘	Shangqiu	89.98	211.37	262.47	75	茂名	Maoming	37.22	95.06	102.67	180
信阳	Xinyang	136.08	248.43	292.50	70	肇庆	Zhaoqing	91.14	188.89	159.77	126
周口	Zhoukou	125.09	209.87	192.29	109	惠州	Huizhou	267.86	667.30	610.45	29
驻马店	Zhumadian	107.05	202.14	232.67	86	梅州	Meizhou	26.18	128.29	168.40	123
湖北	**Hubei**	**1618.24**	**3983.80**	**4249.23**		汕尾	Shanwei	17.72	11.61	26.10	269
武汉	Wuhan	1017.40	2353.63	2581.79	1	河源	Heyuan	23.19	100.83	128.59	152
黄石	Huangshi	38.36	115.77	130.14	150	阳江	Yangjiang	51.97	94.66	104.86	177
十堰	Shiyan	41.08	90.80	83.01	198	清远	Qingyuan	125.22	219.06	213.58	94
宜昌	Yichang	105.78	194.60	241.89	81	东莞	Dongguan	298.99	588.06	575.21	34
襄阳	Xiangyang	106.52	330.94	334.58	62	中山	Zhongshan	241.79	429.66	481.01	43
鄂州	Ezhou	11.49	19.91	21.09	277	潮州	Chaozhou	18.22	46.70	50.80	237
荆门	Jingmen	52.58	123.98	118.11	160	揭阳	Jieyang	33.25	67.70	48.67	241
孝感	Xiaogan	49.60	136.35	171.58	122	云浮	Yunfu	19.75	82.17	62.77	225
荆州	Jingzhou	35.53	134.17	113.33	166	**广西**	**Guangxi**	**1206.22**	**1838.50**	**1909.10**	
黄冈	Huanggang	43.84	174.27	200.05	99	南宁	Nanning	317.50	551.82	657.19	27
咸宁	Xianning	59.57	109.14	59.94	227	柳州	Liuzhou	165.41	277.52	301.64	68
随州	Suizhou	21.66	33.98	28.77	263	桂林	Guilin	118.01	215.23	191.14	110
湖南	**Hunan**	**1469.33**	**2883.60**	**2613.75**		梧州	Wuzhou	60.05	88.05	68.97	210
长沙	Changsha	684.10	1310.50	996.58	18	北海	Beihai	97.34	157.49	133.98	145
株洲	Zhuzhou	146.49	235.33	225.86	89	防城港	Fangchenggang	90.55	89.26	80.20	200
湘潭	Xiangtan	59.91	147.13	145.44	135	钦州	Qinzhou	65.39	76.18	64.31	222
衡阳	Hengyang	65.31	138.29	140.88	140	贵港	Guigang	45.31	77.88	65.79	219
邵阳	Shaoyang	47.03	130.01	135.64	144	玉林	Yulin	82.72	96.33	95.96	187
岳阳	Yueyang	70.37	131.78	151.45	133	百色	Baise	65.92	54.36	73.00	208

4-2 房地产开发投资额 续表 3
Investment in Real Estate Development continued 3

单位：亿元 （100 million yuan）

地名	City	2010	2014	2015	2015 排名 Ranking	地名	City	2010	2014	2015	2015 排名 Ranking
贺州	Hezhou	13.79	17.82	20.33	278	丽江	Lijiang	25.06	55.72	49.01	240
河池	Hechi	26.32	27.13	37.90	254	普洱	Puer	23.83	48.70	60.46	226
来宾	Laibin	24.67	74.78	73.86	207	临沧	Lincang	20.75	124.82	110.09	170
崇左	Chongzuo	33.25	34.66	44.83	247	**西藏**	**Tibet**	**8.96**	**52.90**	**50.02**	
海南	**Hainan**	**467.87**	**1431.70**	**1704.00**		拉萨	Lasa	7.15	19.02	46.13	246
海口	Haikou	103.79	298.97	456.39	49	**陕西**	**Shaanxi**	**1159.47**	**2426.50**	**2494.29**	
三亚	Sanya	132.84	380.02	466.65	47	西安	Xi'an	842.34	1761.88	1831.67	6
三沙	Sansha					铜川	Tongchuan	14.68	31.66	28.30	265
重庆	**Chongqing**	**1620.26**	**3630.20**	**3751.30**		宝鸡	Baoji	63.70	93.14	94.78	189
四川	**Sichuan**	**2194.63**	**4380.10**	**4813.03**		咸阳	Xianyang	93.84	195.95	181.82	118
成都	Chengdu	1278.34	2220.80	2441.95	3	渭南	Weinan	42.08	81.35	97.33	184
自贡	Zigong	54.00	101.23	125.81	153	延安	Yan'an	8.13	26.66	50.98	236
攀枝花	Panzhihua	34.20	75.20	58.94	229	汉中	Hanzhong	38.22	82.10	68.20	213
泸州	Luzhou	54.52	192.56	196.87	102	榆林	Yulin	28.33	73.93	46.99	244
德阳	Deyang	46.97	95.23	115.38	164	安康	Ankang	16.65	53.48	65.50	221
绵阳	Mianyang	105.84	210.74	198.35	100	商洛	Shangluo	8.22	18.35	19.35	279
广元	Guangyuan	18.72	83.32	86.80	195	**甘肃**	**Gansu**	**266.41**	**721.50**	**768.06**	
遂宁	Suining	67.90	86.36	111.91	168	兰州	Lanzhou	118.28	336.54	339.01	61
内江	Neijiang	41.01	115.43	123.88	155	嘉峪关	Jiayuguan	11.77	22.65	25.98	270
乐山	Leshan	58.79	126.07	152.86	129	金昌	Jinchang	4.83	9.77	19.07	280
南充	Nanchong	102.23	229.14	213.22	95	白银	Baiyin	11.75	27.01	29.94	262
眉山	Meishan	47.77	151.12	195.15	103	天水	Tianshui	23.51	34.99	35.99	256
宜宾	Yibin	60.22	171.86	150.42	134	武威	Wuwei	11.18	24.09	28.33	264
广安	Guangan	29.58	122.11	184.26	116	张掖	Zhangye	8.08	46.57	53.53	233
达州	Dazhou	60.68	94.98	82.58	199	平凉	Pingliang	16.41	38.40	66.59	217
雅安	Yaan	11.91	25.46	27.45	268	酒泉	Jiuquan	13.74	38.35	42.10	251
巴中	Bazhong	27.27	88.65	104.49	178	庆阳	Qingyang	12.29	39.60	41.81	252
资阳	Ziyang	74.65	164.77	195.14	104	定西	Dingxi	18.31	44.19	31.12	261
贵州	**Guizhou**	**556.69**	**2187.70**	**2205.09**		陇南	Longnan	3.14	10.67	12.87	284
贵阳	Guiyang	310.47	1017.60	1005.00	17	**青海**	**Qinghai**	**108.19**	**308.30**	**336.00**	
六盘水	Liupanshui	26.25	87.91	76.85	203	西宁	Xining	95.40	246.86	280.43	72
遵义	Zunyi	44.57	316.62	341.72	59	海东	Haidong		46.46	43.39	249
安顺	Anshun	24.11	95.50	76.03	205	**宁夏**	**Ningxia**	**254.37**	**654.80**	**633.60**	
毕节	Bijie	52.61	182.64	152.44	131	银川	Yinchuan	160.82	388.90	409.17	53
铜仁	Tongren	28.14	100.13	110.90	169	石嘴山	Shizuishan	35.71	78.72	53.74	232
云南	**Yunnan**	**900.44**	**2846.70**	**2669.01**		吴忠	Wuzhong	27.31	68.41	44.79	248
昆明	Kunming	440.68	1492.62	1451.31	8	固原	Guyuan	10.89	70.33	68.30	212
曲靖	Qujing	101.56	163.18	144.30	138	中卫	Zhongwei	19.64	48.45	57.64	231
玉溪	Yuxi	57.54	111.46	65.59	220	**新疆**	**Xinjiang**	**347.72**	**1014.80**	**998.88**	
保山	Baoshan	16.74	71.30	66.07	218	乌鲁木齐	Urumqi	150.20	359.44	381.37	56
昭通	Zhaotong	17.43	75.60	63.34	223	克拉玛依	Karamay	9.19	37.96	23.42	273

4-3 住宅投资额
Investment in Residential Buildings

单位：亿元 （100 million yuan）

地名	City	2015	2015 排名 Ranking	地名	City	2015	2015 排名 Ranking
全国	**National Total**	**62261.32**		沈阳	Shenyang	934.97	9
北京	**Beijing**	**1962.69**		大连	Dalian	682.22	18
天津	**Tianjin**	**1250.53**		鞍山	Anshan	164.26	94
河北	**Hebei**	**3091.78**		抚顺	Fushun	53.12	202
石家庄	Shijiazhuang	654.27	19	本溪	Benxi	57.75	192
唐山	Tangshan	407.99	34	丹东	Dandong	72.56	174
秦皇岛	Qinhuangdao	191.50	77	锦州	Jinzhou	89.39	150
邯郸	Handan	197.75	75	营口	Yingkou	81.28	160
邢台	Xingtai	142.25	105	阜新	Fuxin	23.68	251
保定	Baoding	369.85	37	辽阳	Liaoyang	48.60	210
张家口	Zhangjiakou	154.10	98	盘锦	Panjin	176.00	87
承德	Chengde	102.04	133	铁岭	Tieling	86.75	156
沧州	Cangzhou	185.36	82	朝阳	Chaoyang	66.27	180
廊坊	Langfang	558.44	23	葫芦岛	Huludao	66.49	179
衡水	Hengshui	128.23	116	**吉林**	**Jilin**	**593.30**	
山西	**Shanxi**	**1098.31**		长春	Changchun	359.05	41
太原	Taiyuan	443.02	30	吉林	Jilin	89.15	151
大同	Datong	102.40	132	四平	Siping	21.90	253
阳泉	Yangquan	37.47	228	辽源	Liaoyuan	13.78	273
长治	Changzhi	62.00	185	通化	Tonghua	43.79	216
晋城	Jincheng	60.28	189	白山	Baishan	10.41	280
朔州	Shuozhou	56.06	194	松原	Songyuan	38.29	227
晋中	Jinzhong	75.94	169	白城	Baicheng	16.92	266
运城	Yuncheng	93.33	142	**黑龙江**	**Heilongjiang**	**677.11**	
忻州	Xinzhou	33.10	235	哈尔滨	Harbin	409.54	33
临汾	Linfen	83.61	158	齐齐哈尔	Qiqihar	61.91	186
吕梁	Lvliang	51.11	206	鸡西	Jixi	15.28	271
内蒙古	**Inner Mongolia**	**724.57**		鹤岗	Hegang	2.23	283
呼和浩特	Hohhot	356.35	42	双鸭山	Shuangyashan	11.22	278
包头	Baotou	139.77	107	大庆	Daqing	33.06	236
乌海	Wuhai	21.27	257	伊春	Yichun	6.60	282
赤峰	Chifeng	61.25	188	佳木斯	Jiamusi	39.39	225
通辽	Tongliao	21.42	254	七台河	Qitaihe	2.13	284
鄂尔多斯	Erdos	44.77	213	牡丹江	Mudanjiang	53.97	199
呼伦贝尔	Hulunbuir	45.71	212	黑河	Heihe	13.01	276
巴彦淖尔	Bayannur	19.17	260	绥化	Suihua	28.21	244
乌兰察布	Ulanqab	14.86	272	**上海**	**Shanghai**	**1813.32**	
辽宁	**Liaoning**	**2603.32**		**江苏**	**Jiangsu**	**6080.21**	

4-3 住宅投资额 续表 1
Investment in Residential Buildings continued 1

单位：亿元 （100 million yuan）

地名	City	2015	2015 排名 Ranking	地名	City	2015	2015 排名 Ranking
南京	Nanjing	1080.97	8	池州	Chizhou	61.82	187
无锡	Wuxi	687.15	17	宣城	Xuancheng	129.36	114
徐州	Xuzhou	338.80	45	**福建**	**Fujian**	**2864.95**	
常州	Changzhou	359.58	40	福州	Fuzhou	856.65	12
苏州	Suzhou	1419.09	4	厦门	Xiamen	458.70	28
南通	Nantong	514.02	25	莆田	Putian	246.86	60
连云港	Lianyungang	173.98	89	三明	Sanming	91.01	147
淮安	Huaian	200.14	74	泉州	Quanzhou	436.29	31
盐城	Yancheng	274.26	53	漳州	Zhangzhou	367.62	38
扬州	Yangzhou	298.51	47	南平	Nanping	96.75	137
镇江	Zhenjiang	269.80	55	龙岩	Longyan	135.75	112
泰州	Taizhou	197.54	76	宁德	Ningde	175.32	88
宿迁	Suqian	266.36	56	**江西**	**Jiangxi**	**1113.18**	
浙江	**Zhejiang**	**4450.73**		南昌	Nanchang	360.56	39
杭州	Hangzhou	1441.68	3	景德镇	Jingdezhen	23.85	249
宁波	Ningbo	747.55	15	萍乡	Pingxiang	32.30	238
温州	Wenzhou	518.51	24	九江	Jiujiang	95.17	140
嘉兴	Jiaxing	280.07	50	新余	Xinyu	21.35	255
湖州	Huzhou	228.04	66	鹰潭	Yingtan	42.60	219
绍兴	Shaoxing	427.64	32	赣州	Ganzhou	179.58	85
金华	Jinhua	237.53	62	吉安	Jian	58.70	190
衢州	Quzhou	64.41	182	宜春	Yichun	113.44	126
舟山	Zhoushan	125.90	118	抚州	Fuzhou	88.48	153
台州	Taizhou	272.78	54	上饶	Shangrao	97.15	136
丽水	Lishui	106.62	129	**山东**	**Shandong**	**4398.98**	
安徽	**Anhui**	**2857.92**		济南	Jinan	725.42	16
合肥	Hefei	778.73	13	青岛	Qingdao	756.91	14
芜湖	Wuhu	280.50	49	淄博	Zibo	179.78	84
蚌埠	Bengbu	279.12	51	枣庄	Zaozhuang	139.12	109
淮南	Huainan	78.85	167	东营	Dongying	155.13	96
马鞍山	Maanshan	145.98	102	烟台	Yantai	458.12	29
淮北	Huaibei	91.98	145	潍坊	Weifang	356.09	43
铜陵	Tongling	67.46	178	济宁	Jining	224.10	67
安庆	Anqing	87.84	154	泰安	Taian	116.47	123
黄山	Huangshan	69.06	176	威海	Weihai	256.62	58
滁州	Chuzhou	214.43	73	日照	Rizhao	84.87	157
阜阳	Fuyang	183.08	83	莱芜	Laiwu	19.23	259
宿州	Suzhou	137.51	110	临沂	Linyi	294.31	48
六安	Liuan	135.92	111	德州	Dezhou	177.42	86
亳州	Bozhou	116.26	124	聊城	Liaocheng	146.67	101

4-3 住宅投资额 续表 2
Investment in Residential Buildings continued 2

单位：亿元 （100 million yuan）

地名	City	2015	2015 排名 Ranking	地名	City	2015	2015 排名 Ranking
滨州	Binzhou	91.38	146	常德	Changde	89.73	149
菏泽	Heze	217.35	71	张家界	Zhangjiajie	23.72	250
河南	**Henan**	**3491.15**		益阳	Yiyang	71.76	175
郑州	Zhengzhou	1338.16	5	郴州	Chenzhou	23.62	252
开封	Kaifeng	145.85	103	永州	Yongzhou	72.59	173
洛阳	Luoyang	232.45	63	怀化	Huaihua	80.73	164
平顶山	Pingdingshan	81.16	161	娄底	Loudi	68.95	177
安阳	Anyang	172.07	90	**广东**	**Guangdong**	**5795.44**	
鹤壁	Hebi	55.97	195	广州	Guangzhou	1331.03	6
新乡	Xinxiang	216.84	72	韶关	Shaoguan	92.36	144
焦作	Jiaozuo	75.84	170	深圳	Shenzhen	897.13	10
濮阳	Puyang	80.61	165	珠海	Zhuhai	385.37	36
许昌	Xuchang	121.51	119	汕头	Shantou	169.26	91
漯河	Luohe	10.91	279	佛山	Foshan	644.57	20
三门峡	Sanmenxia	53.04	203	江门	Jiangmen	222.65	68
南阳	Nanyang	128.84	115	湛江	Zhanjiang	113.21	127
商丘	Shangqiu	186.13	80	茂名	Maoming	81.14	162
信阳	Xinyang	238.21	61	肇庆	Zhaoqing	16.46	267
周口	Zhoukou	167.74	92	惠州	Huizhou	482.91	26
驻马店	Zhumadian	185.82	81	梅州	Meizhou	119.92	121
湖北	**Hubei**	**2906.14**		汕尾	Shanwei	17.40	264
武汉	Wuhan	1777.93	1	河源	Heyuan	93.92	141
黄石	Huangshi	95.82	138	阳江	Yangjiang	89.00	152
十堰	Shiyan	63.34	183	清远	Qingyuan	167.49	93
宜昌	Yichang	190.77	78	东莞	Dongguan	401.69	35
襄阳	Xiangyang	230.89	65	中山	Zhongshan	346.12	44
鄂州	Ezhou	17.91	262	潮州	Chaozhou	29.73	242
荆门	Jingmen	80.91	163	揭阳	Jieyang	44.57	214
孝感	Xiaogan	139.65	108	云浮	Yunfu	49.49	209
荆州	Jingzhou	86.96	155	**广西**	**Guangxi**	**1395.32**	
黄冈	Huanggang	153.80	99	南宁	Nanning	465.04	27
咸宁	Xianning	46.82	211	柳州	Liuzhou	217.96	70
随州	Suizhou	21.33	256	桂林	Guilin	150.59	100
湖南	**Hunan**	**1664.42**		梧州	Wuzhou	54.55	197
长沙	Changsha	639.18	21	北海	Beihai	105.33	130
株洲	Zhuzhou	154.31	97	防城港	Fangchenggang	58.48	191
湘潭	Xiangtan	104.16	131	钦州	Qinzhou	33.88	234
衡阳	Hengyang	118.84	122	贵港	Guigang	53.60	201
邵阳	Shaoyang	100.63	135	玉林	Yulin	76.47	168
岳阳	Yueyang	116.20	125	百色	Baise	50.86	208

4-3 住宅投资额 续表 3
Investment in Residential Buildings continued 3

单位：亿元 （100 million yuan）

地名	City	2015	2015 排名 Ranking	地名	City	2015	2015 排名 Ranking
贺州	Hezhou	15.55	268	丽江	Lijiang	11.99	277
河池	Hechi	27.28	245	普洱	Puer	31.57	240
来宾	Laibin	51.74	204	临沧	Lincang	62.02	184
崇左	Chongzuo	33.99	233	**西藏**	**Tibet**	**36.79**	
海南	**Hainan**	**607.08**		拉萨	Lasa	36.79	229
海口	Haikou	276.14	52	**陕西**	**Shaanxi**	**1746.62**	
三亚	Sanya	311.42	46	西安	Xi'an	1312.15	7
三沙	Sansha			铜川	Tongchuan	17.09	265
重庆	**Chongqing**	**2390.49**		宝鸡	Baoji		
四川	**Sichuan**	**2910.69**		咸阳	Xianyang	163.00	95
成都	Chengdu	1478.17	2	渭南	Weinan	56.21	193
自贡	Zigong	80.15	166	延安	Yan'an	42.46	220
攀枝花	Panzhihua	32.05	239	汉中	Hanzhong	50.97	207
泸州	Luzhou	141.13	106	榆林	Yulin	35.42	230
德阳	Deyang	75.29	171	安康	Ankang	53.83	200
绵阳	Mianyang	127.25	117	商洛	Shangluo	15.49	270
广元	Guangyuan	55.01	196	**甘肃**	**Gansu**	**506.15**	
遂宁	Suining	82.99	159	兰州	Lanzhou	221.30	69
内江	Neijiang	95.33	139	嘉峪关	Jiayuguan	17.77	263
乐山	Leshan	92.68	143	金昌	Jinchang	13.14	275
南充	Nanchong	143.85	104	白银	Baiyin	28.96	243
眉山	Meishan	13.43	274	天水	Tianshui	25.78	247
宜宾	Yibin	101.69	134	武威	Wuwei	18.41	261
广安	Guangan	129.85	113	张掖	Zhangye	40.63	223
达州	Dazhou	51.32	205	平凉	Pingliang	43.39	217
雅安	Yaan	15.53	269	酒泉	Jiuquan	34.80	231
巴中	Bazhong	74.91	172	庆阳	Qingyang	31.11	241
资阳	Ziyang	120.07	120	定西	Dingxi	20.48	258
贵州	**Guizhou**	**1102.30**		陇南	Longnan	10.38	281
贵阳	Guiyang	628.55	22	**青海**	**Qinghai**	**221.96**	
六盘水	Liupanshui	44.51	215	西宁	Xining	189.14	79
遵义	Zunyi	232.02	64	海东	Haidong	32.82	237
安顺	Anshun	41.76	221	**宁夏**	**Ningxia**	**396.68**	
毕节	Bijie	90.64	148	银川	Yinchuan	254.10	59
铜仁	Tongren	64.83	181	石嘴山	Shizuishan	34.72	232
云南	**Yunnan**	**1225.62**		吴忠	Wuzhong	27.15	246
昆明	Kunming	875.87	11	固原	Guyuan	39.72	224
曲靖	Qujing	107.71	128	中卫	Zhongwei	40.99	222
玉溪	Yuxi	39.13	226	**新疆**	**Xinjiang**	**283.57**	
保山	Baoshan	54.30	198	乌鲁木齐	Urumqi	259.23	57
昭通	Zhaotong	43.03	218	克拉玛依	Karamay	24.34	248

4-4　商品房销售额
Total Sales of Commercialized Buildings

单位：亿元　　　　(100 million yuan)

地名	City	2010	2014	2015	2015 排名 Ranking
全国	**National Total**	**52721.24**	**76292.41**	**87280.84**	
北京	**Beijing**	**2915.36**	**2738.74**	**3517.65**	
天津	**Tianjin**	**1282.43**	**1486.94**	**1790.01**	
河北	**Hebei**	**1650.00**	**2928.00**	**3371.59**	
石家庄	Shijiazhuang	182.16	509.59	668.84	22
唐山	Tangshan	197.10	451.05	417.78	37
秦皇岛	Qinhuangdao	147.01	126.68	149.30	95
邯郸	Handan	90.33	161.70	172.14	82
邢台	Xingtai	56.16	99.06	103.53	132
保定	Baoding	106.32	198.26	236.50	59
张家口	Zhangjiakou	188.14	201.24	205.90	66
承德	Chengde	104.52	139.47	120.35	124
沧州	Cangzhou	125.26	207.46	259.64	54
廊坊	Langfang	399.87	703.15	894.93	19
衡水	Hengshui	53.14	130.34	142.67	102
山西	**Shanxi**	**411.71**	**746.14**	**775.64**	
太原	Taiyuan	187.49	325.95	337.16	44
大同	Datong	23.99	36.78	55.51	180
阳泉	Yangquan	28.03	23.26	24.03	212
长治	Changzhi	32.17	69.32	81.20	151
晋城	Jincheng	18.44	34.08	62.35	165
朔州	Shuozhou	11.87	45.56	12.62	230
晋中	Jinzhong	28.49	57.16	57.25	176
运城	Yuncheng	32.92	57.19	61.53	168
忻州	Xinzhou	14.36	18.17	14.59	228
临汾	Linfen	17.43	59.70	48.87	185
吕梁	Lvliang	16.51	18.97	20.54	222
内蒙古	**Inner Mongolia**	**1076.55**	**1064.82**	**1052.18**	
呼和浩特	Hohhot	193.71	199.19	198.29	69
包头	Baotou	266.57	194.17	195.78	70
乌海	Wuhai	27.23	67.75	60.40	169
赤峰	Chifeng	102.86	116.47	120.58	123
通辽	Tongliao	48.32	52.47	51.37	183
鄂尔多斯	Erdos	251.63	102.52	96.66	137
呼伦贝尔	Hulunbuir	70.69	202.42	201.16	68
巴彦淖尔	Bayannur	41.87	39.83	38.69	198
乌兰察布	Ulanqab	29.99	20.87	17.67	224
辽宁	**Liaoning**	**3063.32**	**3092.10**	**2254.97**	
沈阳	Shenyang	945.05	931.58	730.70	21
大连	Dalian	856.04	687.87	569.10	29
鞍山	Anshan	202.42	165.81	144.77	99
抚顺	Fushun	77.54	88.28	50.92	184
本溪	Benxi	76.16	129.82	51.86	182
丹东	Dandong	109.02	120.10	91.71	141
锦州	Jinzhou	122.20	159.57	73.20	156
营口	Yingkou	184.28	112.50	69.70	161
阜新	Fuxin	33.57	73.65	34.24	202
辽阳	Liaoyang	60.29	75.92	55.70	179
盘锦	Panjin	91.84	161.18	144.27	100
铁岭	Tieling	136.09	170.71	114.08	125
朝阳	Chaoyang	69.34	139.59	72.62	160
葫芦岛	Huludao	99.50	75.52	52.10	181
吉林	**Jilin**	**868.80**	**808.58**	**816.87**	
长春	Changchun	446.91	475.11	534.21	32
吉林	Jilin	164.79	102.57	105.31	130
四平	Siping	39.62	48.53	17.56	226
辽源	Liaoyuan	19.22	7.74	11.69	231
通化	Tonghua	46.08	54.93	57.04	177
白山	Baishan	26.71	10.01	5.02	239
松原	Songyuan	47.24	39.01	23.28	214
白城	Baicheng	4.81	2.74	3.33	241
黑龙江	**Heilongjiang**	**1011.95**	**1208.54**	**1027.14**	
哈尔滨	Harbin	470.19	632.69	564.72	30
齐齐哈尔	Qiqihar	70.89	93.88	90.37	144
鸡西	Jixi	20.05	26.21	10.25	232
鹤岗	Hegang	17.17	5.36	6.68	237
双鸭山	Shuangyashan	9.60	10.24	7.60	236
大庆	Daqing	128.84	176.72	144.87	98
伊春	Yichun	13.32	6.54	5.37	238
佳木斯	Jiamusi	66.62	34.40	32.84	204
七台河	Qitaihe	10.47	4.68	4.16	240
牡丹江	Mudanjiang	80.68	61.17	59.87	170
黑河	Heihe	18.90	19.84	22.60	217
绥化	Suihua	96.92	117.87	58.52	173
上海	**Shanghai**	**2959.94**	**3499.53**	**5093.55**	
江苏	**Jiangsu**	**5540.32**	**6898.42**	**8396.20**	

4-4 商品房销售额 续表 1
Total Sales of Commercialized Buildings continued 1

单位：亿元 （100 million yuan）

地名	City	2010	2014	2015	2015 排名 Ranking
南京	Nanjing	787.38	1352.20	1772.89	6
无锡	Wuxi	811.45	651.20		
徐州	Xuzhou	232.55	457.30		
常州	Changzhou	553.19	503.70		
苏州	Suzhou	1248.06	1547.01		
南通	Nantong	357.44	581.50		
连云港	Lianyungang	167.70	160.63		
淮安	Huaian	232.61	302.42		
盐城	Yancheng	224.79	313.97		
扬州	Yangzhou	304.73	428.93		
镇江	Zhenjiang	203.86	316.70		
泰州	Taizhou	248.61	254.42		
宿迁	Suqian	164.62	302.80		
浙江	**Zhejiang**	**4459.04**	**4923.00**	**6299.46**	
杭州	Hangzhou	1396.77	1558.39	2136.78	4
宁波	Ningbo	778.47	780.54	1078.55	13
温州	Wenzhou	307.31	589.91	661.40	24
嘉兴	Jiaxing	378.08	353.96	460.23	34
湖州	Huzhou	258.53	199.97	274.81	52
绍兴	Shaoxing	463.41	440.26	548.70	31
金华	Jinhua	275.53	354.03	371.26	39
衢州	Quzhou	90.57	109.15	111.24	128
舟山	Zhoushan	125.26	102.19	96.37	138
台州	Taizhou	330.47	307.01	396.99	38
丽水	Lishui	53.77	127.60	163.12	87
安徽	**Anhui**	**1732.66**	**3345.19**	**3369.42**	
合肥	Hefei	593.34	1141.36	1222.90	9
芜湖	Wuhu	166.40	329.68	324.15	45
蚌埠	Bengbu	75.20	221.78	228.70	60
淮南	Huainan	82.34	86.98	88.96	146
马鞍山	Maanshan	56.15	111.77	132.15	114
淮北	Huaibei	31.11	56.90	58.98	172
铜陵	Tongling	39.75	92.67	75.66	154
安庆	Anqing	85.07	172.25	156.70	90
黄山	Huangshan	52.83	51.01	48.66	186
滁州	Chuzhou	97.44	221.76	240.93	58
阜阳	Fuyang	71.51	179.39	182.07	74
宿州	Suzhou	49.10	181.07	147.37	96
六安	Liuan	76.29	153.07	132.64	112
亳州	Bozhou	20.37	153.44	140.54	103
池州	Chizhou	64.10	70.46	56.91	178
宣城	Xuancheng	83.74	121.59	132.10	115
福建	**Fujian**	**1611.32**	**3763.52**	**3585.81**	
福州	Fuzhou	502.99	1035.03	1065.93	14
厦门	Xiamen	379.12	1215.18	920.29	17
莆田	Putian	79.55	224.90		
三明	Sanming	105.23	169.80		
泉州	Quanzhou	225.30	624.80		
漳州	Zhangzhou	122.21	300.80		
南平	Nanping	62.60	140.70		
龙岩	Longyan	64.72	155.40		
宁德	Ningde	69.61	132.00		
江西	**Jiangxi**	**776.41**	**1621.76**	**1863.67**	
南昌	Nanchang	237.80	543.34	642.03	25
景德镇	Jingdezhen	25.81	41.83	28.29	208
萍乡	Pingxiang	17.94	25.70	43.36	194
九江	Jiujiang	85.18	134.38	150.80	94
新余	Xinyu	36.54	40.98	41.44	195
鹰潭	Yingtan	11.76	41.85	64.63	162
赣州	Ganzhou	131.45	344.72	361.19	42
吉安	Jian	43.94	81.14	92.17	140
宜春	Yichun	65.00	107.34	138.35	106
抚州	Fuzhou	57.86	131.54	164.51	86
上饶	Shangrao	63.10	128.95	136.91	110
山东	**Shandong**	**3665.12**	**4879.66**	**5408.01**	
济南	Jinan	332.64	637.46	915.91	18
青岛	Qingdao	894.84	970.90	1262.86	8
淄博	Zibo	240.37	215.09	225.38	63
枣庄	Zaozhuang	73.75	145.87	132.56	113
东营	Dongying	137.90	166.22	153.65	92
烟台	Yantai	475.71	559.49	463.84	33
潍坊	Weifang	415.69	325.44	363.92	41
济宁	Jining	104.01	334.38	303.24	46
泰安	Taian	99.23	114.08	112.32	126
威海	Weihai	281.85	400.97	421.63	36
日照	Rizhao	41.68	72.78	72.84	158
莱芜	Laiwu	11.88	19.45	18.35	223
临沂	Linyi	128.25	368.09	358.41	43
德州	Dezhou	120.62	180.16	177.48	79
聊城	Liaocheng	73.31	137.74	157.67	89

4-4 商品房销售额 续表 2
Total Sales of Commercialized Buildings continued 2

单位：亿元　　　　(100 million yuan)

地名	City	2010	2014	2015	2015 排名 Ranking	地名	City	2010	2014	2015	2015 排名 Ranking
滨州	Binzhou	67.67	107.17	130.73	116	常德	Changde	717.54	102.66	139.22	105
菏泽	Heze	165.71	124.36	137.22	108	张家界	Zhangjiajie	209.93	26.66	17.58	225
河南	**Henan**	**1658.79**	**3440.58**	**3945.55**		益阳	Yiyang	444.30	94.03	103.12	133
郑州	Zhengzhou	772.70	1205.17	1430.99	7	郴州	Chenzhou	483.59	147.46	178.42	78
开封	Kaifeng	41.62	102.67	128.26	117	永州	Yongzhou	421.90	153.56	155.61	91
洛阳	Luoyang	144.24	286.23	295.64	49	怀化	Huaihua	290.07	101.29	145.34	97
平顶山	Pingdingshan	30.94	74.49	86.15	147	娄底	Loudi	361.77	50.56	57.55	175
安阳	Anyang	74.67	163.44	208.89	65	**广东**	**Guangdong**	**5480.77**	**8461.84**	**11442.80**	
鹤壁	Hebi	18.98	58.39	61.98	167	广州	Guangzhou	1674.99	2420.70	2415.52	2
新乡	Xinxiang	81.74	223.01	188.19	71	韶关	Shaoguan	75.79	154.76	137.15	109
焦作	Jiaozuo	47.78	63.38	73.56	155	深圳	Shenzhen	892.55	1316.69	2822.17	1
濮阳	Puyang	33.60	74.33	105.14	131	珠海	Zhuhai	293.01	408.29	594.47	27
许昌	Xuchang	42.26	124.32	159.11	88	汕头	Shantou	73.13	109.44	164.80	85
漯河	Luohe	24.32	34.91	43.45	193	佛山	Foshan	668.13	940.37	1195.89	10
三门峡	Sanmenxia	18.61	50.77	59.06	171	江门	Jiangmen	179.17	214.55	286.97	51
南阳	Nanyang	56.80	146.70	165.24	84	湛江	Zhanjiang	62.16	167.69	180.41	75
商丘	Shangqiu	55.85	230.03	301.29	47	茂名	Maoming	55.62	116.26	127.50	119
信阳	Xinyang	85.35	202.95	225.56	62	肇庆	Zhaoqing	140.31	248.22	249.00	57
周口	Zhoukou	43.33	139.20	137.39	107	惠州	Huizhou	311.17	588.81	800.38	20
驻马店	Zhumadian	74.74	240.44	257.05	55	梅州	Meizhou	31.67	108.31	139.80	104
湖北	**Hubei**	**1313.14**	**3088.31**	**3661.37**		汕尾	Shanwei	16.43	20.65	45.81	189
武汉	Wuhan	694.73	1807.39	2247.76	3	河源	Heyuan	25.58	79.52	102.25	134
黄石	Huangshi	43.38	70.10			阳江	Yangjiang	41.91	123.39	127.73	118
十堰	Shiyan	50.46	73.80			清远	Qingyuan	138.14	207.04	256.96	56
宜昌	Yichang	86.96	208.04			东莞	Dongguan	373.77	626.65	1019.11	15
襄阳	Xiangyang	117.11	250.90			中山	Zhongshan	350.38	464.02	613.53	26
鄂州	Ezhou	18.72	19.40			潮州	Chaozhou	19.70	37.39	43.57	192
荆门	Jingmen	44.74	74.47			揭阳	Jieyang	34.62	38.15	46.70	187
孝感	Xiaogan	50.06	79.80			云浮	Yunfu	22.53	70.93	73.11	157
荆州	Jingzhou	39.54	68.00			**广西**	**Guangxi**	**995.19**	**1532.05**	**1747.77**	
黄冈	Huanggang	31.83	149.70			南宁	Nanning	342.84	531.87	665.08	23
咸宁	Xianning	43.74	184.40			柳州	Liuzhou	113.30	194.58	220.39	64
随州	Suizhou	30.23	33.70			桂林	Guilin	115.66	171.01	174.10	81
湖南	**Hunan**	**14068.47**	**2299.11**	**2738.92**		梧州	Wuzhou	34.26	73.44	62.38	164
长沙	Changsha	7423.31	928.92	1113.26	12	北海	Beihai	76.00	94.18	91.62	142
株洲	Zhuzhou	1534.59	227.61	288.37	50	防城港	Fangchenggang	48.82	64.24	72.83	159
湘潭	Xiangtan	577.11	74.11	82.61	149	钦州	Qinzhou	62.30	53.41	64.57	163
衡阳	Hengyang	682.32	142.59	133.50	111	贵港	Guigang	41.96	70.70	83.99	148
邵阳	Shaoyang	208.27	86.96	101.53	135	玉林	Yulin	59.93	108.62	125.98	121
岳阳	Yueyang	628.67	123.11	175.87	80	百色	Baise	32.60	46.00	58.43	174

4-4 商品房销售额 续表 3
Total Sales of Commercialized Buildings continued 3

单位：亿元 （100 million yuan）

地名	City	2010	2014	2015	2015 排名 Ranking
贺州	Hezhou	5.37	17.84	22.88	216
河池	Hechi	21.58	25.92	79.83	152
来宾	Laibin	18.46	43.35	38.79	197
崇左	Chongzuo	23.13	36.92	37.73	199
海南	**Hainan**	**746.61**	**935.21**	**982.75**	
海口	Haikou	168.12	266.58	296.74	48
三亚	Sanya	243.88	197.07	203.61	67
三沙	Sansha				
重庆	**Chongqing**	**1846.94**	**2814.99**	**2952.21**	
四川	**Sichuan**	**2647.34**	**3997.38**	**4199.84**	
成都	Chengdu	1519.33	2950.17	2066.19	5
自贡	Zigong	60.80	168.56	90.26	145
攀枝花	Panzhihua	28.91	121.38	45.97	188
泸州	Luzhou	98.09	305.55	180.40	76
德阳	Deyang	75.02	186.80	81.21	150
绵阳	Mianyang	127.40	302.84	142.71	101
广元	Guangyuan	28.35	105.67	62.06	166
遂宁	Suining	46.02	293.59	151.07	93
内江	Neijiang	70.75	163.49	108.40	129
乐山	Leshan	85.65	253.58	123.83	122
南充	Nanchong	106.04	493.90	183.58	73
眉山	Meishan	61.17	331.99	184.85	72
宜宾	Yibin	82.77	237.17	169.91	83
广安	Guangan	52.04	305.95	127.01	120
达州	Dazhou	82.40	227.47	111.38	127
雅安	Yaan	10.25	54.93	25.84	209
巴中	Bazhong	26.27	180.68	90.61	143
资阳	Ziyang	70.73	426.34	228.37	61
贵州	**Guizhou**	**581.01**	**1370.31**	**1571.68**	
贵阳	Guiyang	353.46	935.55	578.55	28
六盘水	Liupanshui	27.63	51.30		
遵义	Zunyi	54.05	138.50		
安顺	Anshun	17.33	68.30		
毕节	Bijie	22.34			
铜仁	Tongren	18.64			
云南	**Yunnan**	**934.60**	**1596.37**	**1666.85**	
昆明	Kunming	455.06	1289.37	964.83	16
曲靖	Qujing	93.97	132.70		
玉溪	Yuxi	66.18	68.80		
保山	Baoshan	21.95	40.70		
昭通	Zhaotong	14.28	39.60		

地名	City	2010	2014	2015	2015 排名 Ranking
丽江	Lijiang	23.80	68.68		
普洱	Puer	26.24	36.60		
临沧	Lincang	14.17	58.16		
西藏	**Tibet**	**5.57**	**34.25**	**21.08**	
拉萨	Lasa	3.92	10.10		
陕西	**Shaanxi**	**973.69**	**1598.04**	**1597.44**	
西安	Xi'an	707.00	1100.71	1146.79	11
铜川	Tongchuan	10.07	10.01	8.56	234
宝鸡	Baoji	53.98	88.69	95.49	139
咸阳	Xianyang	50.55	92.44	101.01	136
渭南	Weinan	24.70	120.36	77.77	153
延安	Yan'an	5.78	18.54	22.05	219
汉中	Hanzhong	42.89	40.30	40.99	196
榆林	Yulin	34.29	49.69	24.46	210
安康	Ankang	31.39	45.48	45.08	190
商洛	Shangluo	8.79	20.56	22.39	218
甘肃	**Gansu**	**227.81**	**602.34**	**704.93**	
兰州	Lanzhou	96.51	318.53	427.26	35
嘉峪关	Jiayuguan	17.99	19.28	20.73	221
金昌	Jinchang	12.11	6.66	13.20	229
白银	Baiyin	17.13	20.77	16.52	227
天水	Tianshui	19.47	44.28	33.43	203
武威	Wuwei	0.13	7.05	8.12	235
张掖	Zhangye	11.97	34.13	31.92	205
平凉	Pingliang	2.77	23.06	31.28	206
酒泉	Jiuquan	11.27	48.79	44.63	191
庆阳	Qingyang	12.03	20.16	24.28	211
定西	Dingxi	5.67	22.81	23.14	215
陇南	Longnan	1.23	8.28	10.03	233
青海	**Qinghai**	**84.44**	**211.27**	**206.00**	
西宁	Xining	72.25	175.87	179.58	77
海东	Haidong		26.62		
宁夏	**Ningxia**	**309.22**	**464.96**	**370.30**	
银川	Yinchuan	210.63	322.52	262.09	53
石嘴山	Shizuishan	29.31	31.23	21.15	220
吴忠	Wuzhong	30.51	43.75	34.30	201
固原	Guyuan	15.67	41.29	23.99	213
中卫	Zhongwei	23.10	26.17	28.77	207
新疆	**Xinjiang**	**483.04**	**840.47**	**849.19**	
乌鲁木齐	Urumqi	211.81	306.51	367.70	40
克拉玛依	Karamay	15.28	50.37	36.30	200

4-5 商品住宅销售额

Total Sales of Commercialized Residential Buildings

单位：亿元 （100 million yuan）

地名	City	2010	2014	2015	2015 排名 Ranking	地名	City	2010	2014	2015	2015 排名 Ranking
全国	**National Total**	**44120.65**	**62410.95**	**72769.82**		沈阳	Shenyang	774.55	787.33	609.45	22
北京	**Beijing**	**2060.52**	**2102.46**	**2512.89**		大连	Dalian	761.55	598.37	519.75	28
天津	**Tianjin**	**1070.27**	**1309.70**	**1663.25**		鞍山	Anshan	182.86	89.39	119.14	99
河北	**Hebei**	**1488.78**	**2501.62**	**2854.21**		抚顺	Fushun	69.01	71.18	38.50	188
石家庄	Shijiazhuang	169.97	403.65	435.49	32	本溪	Benxi	37.48	102.51	44.01	176
唐山	Tangshan	170.43	351.55	332.97	40	丹东	Dandong	86.59	102.38	77.39	142
秦皇岛	Qinhuangdao	142.73	116.60	142.25	83	锦州	Jinzhou	105.11	136.20	63.85	153
邯郸	Handan	79.56	133.22	152.17	76	营口	Yingkou	164.34	95.47	62.81	155
邢台	Xingtai	51.44	95.31	96.83	127	阜新	Fuxin	24.06	53.60	27.54	201
保定	Baoding	98.85	188.90	209.38	56	辽阳	Liaoyang	49.85	55.40	38.28	190
张家口	Zhangjiakou	156.34	148.03	168.00	69	盘锦	Panjin	81.24	127.08	113.03	112
承德	Chengde	88.68	115.98	106.19	116	铁岭	Tieling	110.50	125.33	96.39	128
沧州	Cangzhou	111.73	176.54	223.41	53	朝阳	Chaoyang	56.51	110.69	57.25	161
廊坊	Langfang	371.37	659.62	861.52	16	葫芦岛	Huludao	84.00	63.96	40.22	182
衡水	Hengshui	47.70	112.23	125.99	95	**吉林**	**Jilin**	**735.91**	**667.62**	**680.26**	
山西	**Shanxi**	**357.37**	**639.83**	**702.29**		长春	Changchun	400.72	387.84	451.29	31
太原	Taiyuan	166.92	285.34	308.54	42	吉林	Jilin	138.52	81.23	92.53	132
大同	Datong	20.17	28.52	53.48	165	四平	Siping	33.07	43.54	13.44	226
阳泉	Yangquan	24.45	22.23	21.97	211	辽源	Liaoyuan	15.96	6.61	10.51	231
长治	Changzhi	27.89	58.80	63.58	154	通化	Tonghua	37.44	49.07	38.31	189
晋城	Jincheng	15.23	29.18	61.12	157	白山	Baishan	20.64	7.84	4.02	239
朔州	Shuozhou	8.39	33.29	11.90	228	松原	Songyuan	33.45	32.05	18.71	218
晋中	Jinzhong	25.60	49.13	52.31	168	白城	Baicheng	4.48	2.11	2.08	241
运城	Yuncheng	27.58	51.97	52.91	166	**黑龙江**	**Heilongjiang**	**833.05**	**962.69**	**824.21**	
忻州	Xinzhou	13.67	15.07	13.58	225	哈尔滨	Harbin	420.82	518.82	484.07	30
临汾	Linfen	14.31	48.65	43.99	177	齐齐哈尔	Qiqihar	53.98	69.52	66.24	150
吕梁	Lvliang	13.15	17.63	18.91	217	鸡西	Jixi	12.59	18.79	7.84	234
内蒙古	**Inner Mongolia**	**766.47**	**765.04**	**766.06**		鹤岗	Hegang	14.61	3.84	5.78	235
呼和浩特	Hohhot	144.08	158.15	158.97	70	双鸭山	Shuangyashan	7.63	8.36	5.77	236
包头	Baotou	162.41	152.58	145.09	79	大庆	Daqing	106.23	146.24	107.51	115
乌海	Wuhai	22.48	41.81	44.78	174	伊春	Yichun	12.25	5.63	4.09	237
赤峰	Chifeng	89.74	85.27	93.62	131	佳木斯	Jiamusi	49.12	28.52	27.29	202
通辽	Tongliao	31.96	36.37	39.00	185	七台河	Qitaihe	9.38	4.35	2.76	240
鄂尔多斯	Erdos	173.02	80.39	77.56	141	牡丹江	Mudanjiang	55.90	49.57	44.72	175
呼伦贝尔	Hulunbuir	47.25	115.52	105.22	117	黑河	Heihe	13.87	11.99	12.96	227
巴彦淖尔	Bayannur	37.25	33.03	32.91	197	绥化	Suihua	69.91	80.23	39.28	184
乌兰察布	Ulanqab	25.66	15.67	16.26	221	**上海**	**Shanghai**	**2395.35**	**2923.44**	**4319.93**	
辽宁	**Liaoning**	**2587.66**	**2518.87**	**1907.63**		**江苏**	**Jiangsu**	**4536.63**	**5969.60**	**7374.87**	

4-5 商品住宅销售额 续表 1

Total Sales of Commercialized Residential Buildings continued 1

单位：亿元 （100 million yuan）

地名	City	2010	2014	2015	2015 排名 Ranking
南京	Nanjing	696.45	1233.20	1609.31	6
无锡	Wuxi	656.65	545.46		
徐州	Xuzhou	197.62			
常州	Changzhou	444.51	416.07		
苏州	Suzhou	971.53	1393.93		
南通	Nantong	311.69			
连云港	Lianyungang	129.98	138.31		
淮安	Huaian	194.07	242.52		
盐城	Yancheng	169.69	237.17		
扬州	Yangzhou	272.50	368.75		
镇江	Zhenjiang	154.94	269.20		
泰州	Taizhou	208.08	227.32		
宿迁	Suqian	125.74			
浙江	**Zhejiang**	**3577.49**	**4172.58**	**5519.27**	
杭州	Hangzhou	1137.29	1334.91	1905.14	3
宁波	Ningbo	580.90	648.15	933.46	13
温州	Wenzhou	266.00	530.86	577.16	23
嘉兴	Jiaxing	274.94	284.18	395.65	33
湖州	Huzhou	194.74	163.99	237.06	52
绍兴	Shaoxing	372.80	357.90	487.26	29
金华	Jinhua	243.55	302.06	337.56	39
衢州	Quzhou	74.01	92.38	89.56	136
舟山	Zhoushan	109.82	85.04	85.12	138
台州	Taizhou	283.00	263.65	342.47	37
丽水	Lishui	47.79	109.45	128.82	91
安徽	**Anhui**	**1408.41**	**2691.80**	**2714.33**	
合肥	Hefei	475.17	917.39	965.95	12
芜湖	Wuhu	135.15	288.63	237.98	51
蚌埠	Bengbu	62.90	187.31	183.01	63
淮南	Huainan	73.40	67.01	71.55	147
马鞍山	Maanshan	50.51	95.90	117.30	105
淮北	Huaibei	29.00	46.15	50.78	169
铜陵	Tongling	32.34	45.73	55.36	163
安庆	Anqing	70.30	140.00	135.73	87
黄山	Huangshan	42.73	38.11	40.68	181
滁州	Chuzhou	80.27	179.46	212.27	55
阜阳	Fuyang	56.42	142.04	152.83	75
宿州	Suzhou	43.82	155.64	122.70	98
六安	Liuan	60.84	134.65	113.31	111
亳州	Bozhou	16.34	101.85	104.48	118
池州	Chizhou	40.09	55.90	46.31	171
宣城	Xuancheng	63.88	96.04	104.08	119
福建	**Fujian**	**1300.13**	**2939.58**	**2839.76**	
福州	Fuzhou	418.33	825.22	848.81	17
厦门	Xiamen	276.63	907.34	654.71	21
莆田	Putian	64.65	176.20		
三明	Sanming	81.31	144.00		
泉州	Quanzhou	194.65	517.00		
漳州	Zhangzhou	105.45	253.40		
南平	Nanping	54.62	119.20		
龙岩	Longyan	43.87	115.90		
宁德	Ningde	60.62	116.00		
江西	**Jiangxi**	**670.34**	**1379.50**	**1606.67**	
南昌	Nanchang	211.90	467.76	567.55	24
景德镇	Jingdezhen	23.85	38.08	26.40	205
萍乡	Pingxiang	16.75	22.28	33.71	196
九江	Jiujiang	80.32	119.36	132.27	89
新余	Xinyu	33.83	37.15	34.95	194
鹰潭	Yingtan	10.37	37.64	59.91	159
赣州	Ganzhou	92.03	250.83	288.38	45
吉安	Jian	37.14	72.41	76.97	144
宜春	Yichun	59.80	95.39	127.38	92
抚州	Fuzhou	52.60	121.91	146.43	78
上饶	Shangrao	51.75	116.68	112.72	113
山东	**Shandong**	**3218.02**	**4009.48**	**4510.76**	
济南	Jinan	291.14	517.98	695.47	20
青岛	Qingdao	776.83	803.02	1045.28	9
淄博	Zibo	220.52	189.04	201.49	58
枣庄	Zaozhuang	64.68	114.33	117.91	103
东营	Dongying	132.78	129.97	139.86	84
烟台	Yantai	410.83	394.08	377.62	35
潍坊	Weifang	341.70	276.24	312.87	41
济宁	Jining	92.67	268.30	254.02	47
泰安	Taian	89.49	98.95	103.92	120
威海	Weihai	261.48	334.70	339.70	38
日照	Rizhao	36.92	63.99	65.45	151
莱芜	Laiwu	8.97	19.02	16.29	220
临沂	Linyi	117.90	316.41	307.09	43
德州	Dezhou	111.35	157.95	154.40	72
聊城	Liaocheng	66.89	117.50	134.44	88

4-5 商品住宅销售额 续表 2
Total Sales of Commercialized Residential Buildings continued 2

单位：亿元 （100 million yuan）

地名	City	2010	2014	2015	2015 排名 Ranking
滨州	Binzhou	49.01	93.63	118.06	102
菏泽	Heze	144.87	114.39	126.90	94
河南	**Henan**	**1454.57**	**2739.71**	**3300.33**	
郑州	Zhengzhou	656.55	850.87	1224.37	7
开封	Kaifeng	38.64	91.21	109.05	114
洛阳	Luoyang	122.63	241.56	242.51	49
平顶山	Pingdingshan	28.09	66.60	80.95	139
安阳	Anyang	68.14	132.73	168.05	68
鹤壁	Hebi	17.54	54.12	58.71	160
新乡	Xinxiang	71.21	199.44	178.25	65
焦作	Jiaozuo	45.81	58.50	68.78	149
濮阳	Puyang	31.71	68.27	98.34	123
许昌	Xuchang	39.23	108.99	144.78	80
漯河	Luohe	22.79	27.88	36.65	192
三门峡	Sanmenxia	16.98	39.14	38.80	187
南阳	Nanyang	51.63	129.60	142.53	82
商丘	Shangqiu	51.68	172.95	182.93	64
信阳	Xinyang	72.43	170.83	195.49	60
周口	Zhoukou	41.93	124.68	116.34	107
驻马店	Zhumadian	67.46	184.53	196.56	59
湖北	**Hubei**	**1134.64**	**2543.76**	**3198.53**	
武汉	Wuhan	606.01	1464.23	2028.43	2
黄石	Huangshi	37.78	56.70		
十堰	Shiyan	47.19	69.30		
宜昌	Yichang	73.35	183.27		
襄阳	Xiangyang	88.09	210.10		
鄂州	Ezhou	17.77	17.70		
荆门	Jingmen	37.19	60.90		
孝感	Xiaogan	48.54	71.10		
荆州	Jingzhou	35.36	61.90		
黄冈	Huanggang	27.52	113.50		
咸宁	Xianning	35.03	78.60		
随州	Suizhou	27.44	30.60		
湖南	**Hunan**	**1248.11**	**1858.58**	**2253.85**	
长沙	Changsha	701.92	726.48	932.01	14
株洲	Zhuzhou	123.93	185.81	216.75	54
湘潭	Xiangtan	51.93	63.85	71.61	146
衡阳	Hengyang	58.06	125.57	116.95	106
邵阳	Shaoyang	18.88	76.25	89.74	134
岳阳	Yueyang	46.57	98.85	147.55	77
常德	Changde	59.68	80.06	114.92	110
张家界	Zhangjiajie	13.79	19.66	15.75	223
益阳	Yiyang	34.97	74.80	72.09	145
郴州	Chenzhou	45.43	129.95	155.27	71
永州	Yongzhou	34.30	122.22	130.38	90
怀化	Huaihua	22.11	86.94	101.10	121
娄底	Loudi	28.27	38.42	49.88	170
广东	**Guangdong**	**4589.82**	**6960.26**	**9967.32**	
广州	Guangzhou	1180.03	1763.07	1894.01	4
韶关	Shaoguan	68.56	134.28	115.57	108
深圳	Shenzhen	784.30	1141.45	2517.30	1
珠海	Zhuhai	263.96	372.75	541.31	26
汕头	Shantou	65.47	94.83	143.64	81
佛山	Foshan	593.72	771.76	1048.50	8
江门	Jiangmen	167.20	188.91	260.42	46
湛江	Zhanjiang	54.56	146.77	169.79	67
茂名	Maoming	51.29	99.90	118.75	100
肇庆	Zhaoqing	122.92	186.04	193.06	61
惠州	Huizhou	285.97	535.30	758.34	18
梅州	Meizhou	29.47	98.78	118.27	101
汕尾	Shanwei	16.33	19.06	45.06	172
河源	Heyuan	22.91	74.59	94.83	130
阳江	Yangjiang	39.99	110.41	117.73	104
清远	Qingyuan	124.56	190.74	241.06	50
东莞	Dongguan	334.15	509.27	914.50	15
中山	Zhongshan	312.20	392.95	531.52	27
潮州	Chaozhou	19.28	33.78	41.04	180
揭阳	Jieyang	33.27	36.12	41.82	179
云浮	Yunfu	19.68	59.50	60.79	158
广西	**Guangxi**	**881.70**	**1274.57**	**1459.43**	
南宁	Nanning	298.01	440.03	547.49	25
柳州	Liuzhou	97.28	148.29	173.76	66
桂林	Guilin	106.27	151.43	152.89	74
梧州	Wuzhou	30.85	62.09	53.57	164
北海	Beihai	73.23	88.70	86.24	137
防城港	Fangchenggang	38.63	54.13	62.59	156
钦州	Qinzhou	56.01	46.67	52.80	167
贵港	Guigang	37.14	63.94	77.21	143
玉林	Yulin	7.04	82.23	95.10	129
百色	Baise	29.48	35.63	44.87	173

4-5 商品住宅销售额 续表 3
Sales of Commercialized Residential Buildings continued 3

单位：亿元 （100 million yuan）

地名	City	2010	2014	2015	2015 排名 Ranking
贺州	Hezhou	4.01	15.59	20.83	214
河池	Hechi	18.22	24.91	26.99	203
来宾	Laibin	15.41	30.90	34.50	195
崇左	Chongzuo	20.98	30.04	30.60	198
海南	**Hainan**	**734.10**	**873.22**	**908.60**	
海口	Haikou	161.14	222.15	252.10	48
三亚	Sanya	243.82	194.05	189.24	62
三沙	Sansha				
重庆	**Chongqing**	**1610.64**	**2253.28**	**2244.43**	
四川	**Sichuan**	**2330.85**	**3145.02**	**3269.52**	
成都	Chengdu	1334.38	1618.25	1620.82	5
自贡	Zigong	54.16	70.60	78.77	140
攀枝花	Panzhihua	25.02	44.79	37.00	191
泸州	Luzhou	85.92	107.91	154.30	73
德阳	Deyang	66.34	60.94	70.14	148
绵阳	Mianyang	116.75	112.31	123.60	97
广元	Guangyuan	22.39	36.92	43.28	178
遂宁	Suining	42.93	122.68	114.98	109
内江	Neijiang	64.62	64.03	96.88	126
乐山	Leshan	76.24	90.66	98.18	124
南充	Nanchong	97.77	182.85	124.50	96
眉山	Meishan	55.11	119.51	138.64	85
宜宾	Yibin	69.14	83.77	136.77	86
广安	Guangan	45.61	104.72	100.05	122
达州	Dazhou	71.15	90.26	97.16	125
雅安	Yaan	8.89	20.05	21.98	210
巴中	Bazhong	22.19	53.59	64.54	152
资阳	Ziyang	59.25	142.71	127.03	93
贵州	**Guizhou**	**501.63**	**1000.01**	**1068.14**	
贵阳	Guiyang	310.48	387.39	392.27	34
六盘水	Liupanshui	22.92	37.50		
遵义	Zunyi	46.30	110.50		
安顺	Anshun	14.63	44.80		
毕节	Bijie	18.35			
铜仁	Tongren	15.69			
云南	**Yunnan**	**769.32**	**1165.39**	**1236.81**	
昆明	Kunming	373.99	593.49	723.70	19
曲靖	Qujing	77.04	108.90		
玉溪	Yuxi	63.07	57.00		
保山	Baoshan	19.21	30.60		
昭通	Zhaotong	9.27	26.30		

地名	City	2010	2014	2015	2015 排名 Ranking
丽江	Lijiang	20.33	42.10		
普洱	Puer	20.05	28.40		
临沧	Lincang	10.88	40.26		
西藏	**Tibet**	**5.17**	**28.55**	**16.70**	
拉萨	Lasa	3.68	8.50		
陕西	**Shaanxi**	**906.68**	**1368.12**	**1381.27**	
西安	Xi'an	661.27	928.74	985.35	10
铜川	Tongchuan	10.05	9.62	8.21	233
宝鸡	Baoji	52.41	84.97	89.73	135
咸阳	Xianyang	47.39	90.39	91.85	133
渭南	Weinan	20.93	83.49	55.90	162
延安	Yan'an	5.66	16.24	19.48	216
汉中	Hanzhong	39.46	35.28	35.35	193
榆林	Yulin	31.01	46.37	23.59	209
安康	Ankang	27.58	42.65	39.34	183
商洛	Shangluo	7.43	19.11	20.06	215
甘肃	**Gansu**	**201.47**	**513.47**	**603.08**	
兰州	Lanzhou	84.04	264.81	368.90	36
嘉峪关	Jiayuguan	16.91	18.22	17.86	219
金昌	Jinchang	11.42	4.11	11.32	230
白银	Baiyin	15.44	17.21	11.77	229
天水	Tianshui	17.71	42.55	28.11	200
武威	Wuwei	0.13	5.94	4.03	238
张掖	Zhangye	10.95	30.49	26.59	204
平凉	Pingliang	1.73	19.40	25.08	207
酒泉	Jiuquan	9.22	41.22	38.92	186
庆阳	Qingyang	9.99	18.84	21.00	213
定西	Dingxi	4.72	20.96	21.48	212
陇南	Longnan	0.77	7.08	9.67	232
青海	**Qinghai**	**77.10**	**155.83**	**139.83**	
西宁	Xining	66.10	127.09	985.04	11
海东	Haidong		21.93		
宁夏	**Ningxia**	**253.76**	**352.03**	**283.98**	
银川	Yinchuan	171.06	252.44	204.42	57
石嘴山	Shizuishan	23.30	23.18	13.90	224
吴忠	Wuzhong	27.73	30.14	25.88	206
固原	Guyuan	11.40	26.03	16.16	222
中卫	Zhongwei	20.27	20.27	23.61	208
新疆	**Xinjiang**	**416.41**	**625.35**	**641.62**	
乌鲁木齐	Urumqi	182.94	237.16	299.72	44
克拉玛依	Karamay	13.54	43.74	30.27	199

4-6 商品房销售面积
Floor Space of Commercialized Buildings Sold

单位：万平方米 （10 000 sq.m）

地名	City	2010	2014	2015	2015 排名 Ranking
全国	**National Total**	**104764.7**	**120648.5**	**128495.0**	
北京	**Beijing**	**1639.5**	**1454.2**	**1554.7**	
天津	**Tianjin**	**1564.5**	**1613.0**	**1771.1**	
河北	**Hebei**	**4662.1**	**5706.2**	**5854.7**	
石家庄	Shijiazhuang	469.3	888.3	804.1	33
唐山	Tangshan	482.0	852.4	791.5	34
秦皇岛	Qinhuangdao	326.2	225.6	280.0	132
邯郸	Handan	275.7	364.4	361.7	97
邢台	Xingtai	225.4	278.5	259.0	140
保定	Baoding	399.9	488.7	594.7	55
张家口	Zhangjiakou	667.0	484.7	448.0	76
承德	Chengde	329.8	320.3	270.8	135
沧州	Cangzhou	422.6	507.4	559.4	59
廊坊	Langfang	819.9	893.0	1078.4	16
衡水	Hengshui	244.4	403.0	407.0	84
山西	**Shanxi**	**1180.6**	**1576.3**	**1592.6**	
太原	Taiyuan	258.8	428.0	450.4	74
大同	Datong	80.7	81.7	121.0	193
阳泉	Yangquan	107.7	73.7	62.8	228
长治	Changzhi	122.5	184.9	213.3	150
晋城	Jincheng	61.4	75.4	152.4	178
朔州	Shuozhou	57.6	132.2	34.8	242
晋中	Jinzhong	114.6	136.9	134.7	184
运城	Yuncheng	176.0	198.0	191.5	163
忻州	Xinzhou	68.9	63.0	48.3	236
临汾	Linfen	67.5	149.9	121.1	192
吕梁	Lvliang	64.8	52.7	62.0	229
内蒙古	**Inner Mongolia**	**3057.4**	**2457.2**	**2369.4**	
呼和浩特	Hohhot	471.9	363.9	381.8	94
包头	Baotou	597.7	377.4	399.7	89
乌海	Wuhai	83.5	124.5	110.5	199
赤峰	Chifeng	350.8	293.8	251.6	141
通辽	Tongliao	214.5	137.1	144.7	182
鄂尔多斯	Erdos	535.5	235.7	221.1	147
呼伦贝尔	Hulunbuir	253.9	548.4	480.3	72
巴彦淖尔	Bayannur	176.9	105.5	99.8	206
乌兰察布	Ulanqab	166.7	69.1	65.7	225
辽宁	**Liaoning**	**6800.5**	**5754.8**	**3916.2**	
沈阳	Shenyang	1746.5	1498.4	1065.1	17
大连	Dalian	1215.3	746.4	637.3	50
鞍山	Anshan	553.1	355.5	314.0	119
抚顺	Fushun	212.3	175.4	113.5	197
本溪	Benxi	227.6	329.3	128.7	186
丹东	Dandong	332.3	256.6	190.7	164
锦州	Jinzhou	353.0	384.7	164.4	172
营口	Yingkou	532.6	262.1	161.4	173
阜新	Fuxin	121.6	188.2	89.0	214
辽阳	Liaoyang	177.6	171.8	124.0	190
盘锦	Panjin	261.3	379.0	327.4	113
铁岭	Tieling	485.6	407.6	292.5	127
朝阳	Chaoyang	298.8	413.7	203.6	158
葫芦岛	Huludao	282.8	186.2	104.5	203
吉林	**Jilin**	**2382.1**	**1581.7**	**1491.8**	
长春	Changchun	863.1	758.8	810.7	32
吉林	Jilin	496.3	236.1	204.9	156
四平	Siping	175.1	123.3	38.3	240
辽源	Liaoyuan	87.9	21.6	32.7	244
通化	Tonghua	193.4	146.3	149.0	179
白山	Baishan	113.0	32.7	18.4	250
松原	Songyuan	165.1	77.6	55.0	232
白城	Baicheng	27.0	9.0	14.8	252
黑龙江	**Heilongjiang**	**2720.9**	**2475.7**	**1996.6**	
哈尔滨	Harbin	881.7	1021.4	876.0	27
齐齐哈尔	Qiqihar	241.4	225.1	209.8	153
鸡西	Jixi	61.0	67.3	32.1	245
鹤岗	Hegang	79.6	15.4	20.6	248
双鸭山	Shuangyashan	37.8	37.0	28.5	247
大庆	Daqing	305.3	366.0	263.6	137
伊春	Yichun	77.2	24.1	20.2	249
佳木斯	Jiamusi	240.4	106.9	91.6	212
七台河	Qitaihe	39.3	14.2	11.6	253
牡丹江	Mudanjiang	246.2	159.8	156.7	176
黑河	Heihe	71.3	59.0	70.9	223
绥化	Suihua	404.5	335.9	169.6	171
上海	**Shanghai**	**2055.5**	**2084.7**	**2431.4**	
江苏	**Jiangsu**	**9485.5**	**9846.8**	**11414.1**	

4-6 商品房销售面积 续表 1
Floor Space of Commercialized Buildings Sold continued 1

单位：万平方米 （10 000 sq.m）

地名	City	2010	2014	2015	2015 排名 Ranking	地名	City	2010	2014	2015	2015 排名 Ranking
南京	Nanjing	823.2	1207.6	1543.2	9	池州	Chizhou	181.2	154.1	122.9	191
无锡	Wuxi	1045.1	839.2	986.9	22	宣城	Xuancheng	258.8	253.8	294.7	124
徐州	Xuzhou	621.8	738.0	790.5	36	**福建**	**Fujian**	**2575.6**	**4119.5**	**4037.8**	
常州	Changzhou	915.7	787.5	784.3	37	福州	Fuzhou	597.8	965.6	914.7	25
苏州	Suzhou	1514.0	1599.2	2133.7	3	厦门	Xiamen	426.8	790.2	570.8	57
南通	Nantong	739.5	919.2	938.0	24	莆田	Putian	164.1			
连云港	Lianyungang	474.2	337.6	441.6	79	三明	Sanming	228.4			
淮安	Huaian	640.8	614.5	704.0	42	泉州	Quanzhou	444.1			
盐城	Yancheng	581.3	624.5	716.5	39	漳州	Zhangzhou	286.3			
扬州	Yangzhou	628.8	635.1	638.3	49	南平	Nanping	150.8			
镇江	Zhenjiang	374.8	520.2	597.9	54	龙岩	Longyan	139.0			
泰州	Taizhou	524.7	440.2	528.4	63	宁德	Ningde	138.2			
宿迁	Suqian	603.6	584.1	610.9	52	**江西**	**Jiangxi**	**2469.7**	**3067.2**	**3478.2**	
浙江	**Zhejiang**	**4816.7**	**4676.8**	**5985.3**		南昌	Nanchang	520.8	824.7	901.0	26
杭州	Hangzhou	988.3	1121.1	1481.4	10	景德镇	Jingdezhen	107.8	98.3	67.7	224
宁波	Ningbo	693.6	726.4	1007.2	20	萍乡	Pingxiang	70.3	54.9	89.5	213
温州	Wenzhou	228.5	420.2	525.6	64	九江	Jiujiang	292.9	317.2	354.9	101
嘉兴	Jiaxing	596.3	497.3	640.6	48	新余	Xinyu	151.3	94.4	99.7	207
湖州	Huzhou	411.8	304.9	399.3	90	鹰潭	Yingtan	35.5	101.6	129.6	185
绍兴	Shaoxing	610.3	531.7	677.8	44	赣州	Ganzhou	382.2	582.2	669.7	46
金华	Jinhua	147.5	336.6	352.4	103	吉安	Jian	173.1	186.7	208.9	154
衢州	Quzhou	170.9	166.8	172.7	169	宜春	Yichun	274.4	253.7	321.9	116
舟山	Zhoushan	138.2	91.7	103.9	204	抚州	Fuzhou	228.9	295.4	356.5	100
台州	Taizhou	462.9	344.6	442.0	78	上饶	Shangrao	232.6	258.1	278.9	133
丽水	Lishui	91.2	135.4	182.4	166	**山东**	**Shandong**	**9293.9**	**9180.1**	**9727.0**	
安徽	**Anhui**	**4113.9**	**6202.2**	**6174.1**		济南	Jinan	531.5	864.9	1191.2	15
合肥	Hefei	1004.9	1594.8	1589.2	8	青岛	Qingdao	1360.7	1163.5	1418.6	12
芜湖	Wuhu	320.2	623.7	604.5	53	淄博	Zibo	654.8	390.8	412.3	83
蚌埠	Bengbu	177.9	450.3	483.8	71	枣庄	Zaozhuang	225.8	346.0	343.0	106
淮南	Huainan	213.9	179.7	195.6	160	东营	Dongying	373.6	334.9	281.4	131
马鞍山	Maanshan	128.1	245.9	282.0	130	烟台	Yantai	1163.4	826.3	771.4	38
淮北	Huaibei	107.4	120.7	126.5	188	潍坊	Weifang	1388.7	774.0	844.5	30
铜陵	Tongling	86.6	120.9	143.7	183	济宁	Jining	351.7	822.6	716.2	40
安庆	Anqing	285.0	361.6	328.6	112	泰安	Taian	282.5	224.3	237.9	143
黄山	Huangshan	153.5	115.5	108.1	201	威海	Weihai	742.3	847.5	866.5	29
滁州	Chuzhou	282.6	503.9	564.3	58	日照	Rizhao	112.3	147.2	147.7	180
阜阳	Fuyang	194.1	342.9	352.6	102	莱芜	Laiwu	44.4	417.5	39.4	239
宿州	Suzhou	176.6	484.1	389.6	93	临沂	Linyi	456.8	906.1	874.1	28
六安	Liuan	217.4	331.2	293.6	126	德州	Dezhou	457.8	452.0	447.3	77
亳州	Bozhou	71.1	319.3	294.3	125	聊城	Liaocheng	242.4	352.5	393.2	91

4-6 商品房销售面积 续表 2
Floor Space of Commercialized Buildings Sold continued 2

单位：万平方米 （10 000 sq.m）

地名	City	2010	2014	2015	2015 排名 Ranking
滨州	Binzhou	278.1	323.7	349.1	104
菏泽	Heze	627.1	362.0	393.0	92
河南	**Henan**	**5452.2**	**7879.7**	**8556.3**	
郑州	Zhengzhou	1558.7	1591.9	1898.7	4
开封	Kaifeng	148.0	273.0	333.7	109
洛阳	Luoyang	455.0	689.6	687.3	43
平顶山	Pingdingshan	128.4	210.4	219.6	149
安阳	Anyang	339.9	490.2	554.1	60
鹤壁	Hebi	77.9	190.2	177.0	168
新乡	Xinxiang	360.5	595.1	494.5	69
焦作	Jiaozuo	200.7	193.3	195.3	161
濮阳	Puyang	148.8	224.3	282.9	129
许昌	Xuchang	166.4	301.7	400.7	88
漯河	Luohe	113.9	90.0	102.8	205
三门峡	Sanmenxia	84.7	140.9	158.5	174
南阳	Nanyang	272.9	444.7	485.7	70
商丘	Shangqiu	271.3	630.3	705.2	41
信阳	Xinyang	416.9	556.1	619.0	51
周口	Zhoukou	235.2	430.0	401.0	87
驻马店	Zhumadian	428.3	775.5	790.7	35
湖北	**Hubei**	**2558.9**	**5602.0**	**6244.6**	
武汉	Wuhan	1208.0	2273.2	2627.2	2
黄石	Huangshi	140.2	205.2		
十堰	Shiyan	190.3	145.1		
宜昌	Yichang	231.4	477.9		
襄阳	Xiangyang	382.7	578.2		
鄂州	Ezhou	64.6	57.4		
荆门	Jingmen	173.3	217.3		
孝感	Xiaogan	249.0	245.1		
荆州	Jingzhou	145.6	162.5		
黄冈	Huanggang	170.0	432.7		
咸宁	Xianning	191.7	299.2		
随州	Suizhou	129.7	99.0		
湖南	**Hunan**	**4472.5**	**5439.5**	**6363.0**	
长沙	Changsha	1680.2	1519.2	1897.7	5
株洲	Zhuzhou	513.8	537.3	658.6	47
湘潭	Xiangtan	201.6	185.7	204.3	157
衡阳	Hengyang	284.4	390.7	375.5	95
邵阳	Shaoyang	111.1	293.1	332.3	110
岳阳	Yueyang	241.4	340.4	448.8	75

地名	City	2010	2014	2015	2015 排名 Ranking
常德	Changde	319.1	236.0	299.2	123
张家界	Zhangjiajie	81.0	58.1	48.2	237
益阳	Yiyang	194.3	312.1	315.6	117
郴州	Chenzhou	224.4	430.0	518.6	65
永州	Yongzhou	239.5	520.8	503.7	67
怀化	Huaihua	153.5	320.3	402.1	86
娄底	Loudi	179.9	171.9	197.1	159
广东	**Guangdong**	**7321.8**	**9315.8**	**11681.0**	
广州	Guangzhou	1405.1	1540.0	1653.1	7
韶关	Shaoguan	234.0	365.4	314.9	118
深圳	Shenzhen	465.6	532.6	831.5	31
珠海	Zhuhai	282.8	349.0	417.7	82
汕头	Shantou	171.0	161.4	223.6	146
佛山	Foshan	885.5	1061.1	1421.5	11
江门	Jiangmen	382.5	360.6	504.8	66
湛江	Zhanjiang	148.3	294.2	325.3	115
茂名	Maoming	198.9	258.4	270.4	136
肇庆	Zhaoqing	342.2	494.2	495.2	68
惠州	Huizhou	627.3	983.9	1299.8	14
梅州	Meizhou	119.0	230.5	302.6	121
汕尾	Shanwei	57.5	43.1	96.0	211
河源	Heyuan	90.1	186.5	242.0	142
阳江	Yangjiang	137.4	279.9	284.4	128
清远	Qingyuan	326.2	416.6	537.6	61
东莞	Dongguan	511.3	643.7	1040.7	19
中山	Zhongshan	670.6	764.1	1042.8	18
潮州	Chaozhou	64.3	74.6	81.9	217
揭阳	Jieyang	138.0	107.9	114.7	196
云浮	Yunfu	64.1	168.3	180.8	167
广西	**Guangxi**	**2793.9**	**3156.6**	**3523.4**	
南宁	Nanning	666.5	802.6	1000.7	21
柳州	Liuzhou	291.9	286.5	329.2	111
桂林	Guilin	323.6	351.7	358.3	99
梧州	Wuzhou	133.5	182.1	146.9	181
北海	Beihai	179.6	169.6	419.8	81
防城港	Fangchenggang	155.1	156.1	185.1	165
钦州	Qinzhou	200.0	148.9	170.5	170
贵港	Guigang	140.7	173.4	212.0	151
玉林	Yulin	253.8	311.7	337.2	108
百色	Baise	145.9	130.0	157.0	175

4-6 商品房销售面积 续表 3
Floor Space of Commercialized Buildings Sold continued 3

单位：万平方米 （10 000 sq.m）

地名	City	2010	2014	2015	2015 排名 Ranking	地名	City	2010	2014	2015	2015 排名 Ranking
贺州	Hezhou	26.7	70.6	86.1	215	丽江	Lijiang	94.2	68.7		
河池	Hechi	91.7	67.6	79.8	219	普洱	Puer	121.1			
来宾	Laibin	85.7	147.2	156.4	177	临沧	Lincang	55.5	58.2		
崇左	Chongzuo	99.3	120.6	108.5	200	**西藏**	**Tibet**	**19.3**	**59.3**	**51.3**	
海南	**Hainan**	**854.7**	**1004.0**	**1052.3**		拉萨	Lasa	11.4			
海口	Haikou	209.8	337.1	373.4	96	**陕西**	**Shaanxi**	**2590.2**	**3093.6**	**2978.9**	
三亚	Sanya	140.8	101.0	112.1	198	西安	Xi'an	1587.8	1707.7	1763.7	6
三沙	Sansha					铜川	Tongchuan	44.0	32.1	30.5	246
重庆	**Chongqing**	**4314.4**	**5100.4**	**5381.4**		宝鸡	Baoji	198.4	263.2	262.4	138
四川	**Sichuan**	**6396.9**	**7142.4**	**7671.2**		咸阳	Xianyang	164.5	218.6	225.5	145
成都	Chengdu	2559.3	2950.2	3019.4	1	渭南	Weinan	139.7	325.3	221.0	148
自贡	Zigong	201.8	168.6	194.0	162	延安	Yan'an	20.3	58.4	55.6	231
攀枝花	Panzhihua	115.0	121.4	104.8	202	汉中	Hanzhong	165.3	127.2	124.7	189
泸州	Luzhou	344.3	305.6	403.4	85	榆林	Yulin	92.3	106.8	52.0	235
德阳	Deyang	226.6	186.8	211.3	152	安康	Ankang	119.0	138.4	127.3	187
绵阳	Mianyang	358.1	302.8	339.3	107	商洛	Shangluo	34.6	75.6	76.7	221
广元	Guangyuan	82.5	105.7	120.4	195	**甘肃**	**Gansu**	**756.5**	**1325.5**	**1435.0**	
遂宁	Suining	197.0	293.6	325.4	114	兰州	Lanzhou	228.2	510.3	676.6	45
内江	Neijiang	261.7	163.5	260.2	139	嘉峪关	Jiayuguan	67.5	56.1	55.0	233
乐山	Leshan	256.8	253.6	276.5	134	金昌	Jinchang	73.1	21.5	36.9	241
南充	Nanchong	353.7	493.9	360.1	98	白银	Baiyin	65.3	58.6	40.6	238
眉山	Meishan	192.5	332.0	425.2	80	天水	Tianshui	84.3	107.9	84.5	216
宜宾	Yibin	269.2	237.2	343.7	105	武威	Wuwei	0.9	21.0	15.8	251
广安	Guangan	215.3	306.0	299.5	122	张掖	Zhangye	44.7	117.0	98.0	208
达州	Dazhou	286.3	227.5	237.8	144	平凉	Pingliang	20.0	61.2	80.2	218
雅安	Yaan	39.8	54.9	53.1	234	酒泉	Jiuquan	47.0	140.1	120.8	194
巴中	Bazhong	112.4	180.7	208.0	155	庆阳	Qingyang	36.6	57.3	59.1	230
资阳	Ziyang	283.5	426.3	452.5	73	定西	Dingxi	24.9	66.3	65.4	226
贵州	**Guizhou**	**1731.0**	**3178.1**	**3559.8**		陇南	Longnan	5.2	24.7	32.8	243
贵阳	Guiyang	860.1	935.6	959.5	23	**青海**	**Qinghai**	**281.0**	**415.8**	**393.0**	
六盘水	Liupanshui	108.0				西宁	Xining	217.1	305.7	311.9	120
遵义	Zunyi	207.2				海东	Haidong		80.8		
安顺	Anshun	75.6				**宁夏**	**Ningxia**	**936.0**	**1129.5**	**839.2**	
毕节	Bijie	82.8				银川	Yinchuan	536.1	724.6	529.8	62
铜仁	Tongren	91.0				石嘴山	Shizuishan	123.4	100.5	62.9	227
云南	**Yunnan**	**2959.4**	**3194.2**	**3145.1**		吴忠	Wuzhong	109.8	115.2	96.5	209
昆明	Kunming	1242.5	1289.4	1305.0	13	固原	Guyuan	64.0	112.1	72.4	222
曲靖	Qujing	354.6				中卫	Zhongwei	102.7	77.1	77.5	220
玉溪	Yuxi	211.0				**新疆**	**Xinjiang**	**1564.9**	**1815.9**	**1825.2**	
保山	Baoshan	76.6				乌鲁木齐	Urumqi	476.7	483.5	578.5	56
昭通	Zhaotong	49.3				克拉玛依	Karamay	59.6	145.0	96.2	210

4-7 商品住宅销售面积
Floor Space of Commercialized Residential Buildings Sold

单位：万平方米 （10 000 sq.m）

地名	City	2010	2014	2015	2015 排名 Ranking	地名	City	2010	2014	2015	2015 排名 Ranking
全国	**National Total**	**93376.6**	**105187.8**	**112412.3**		沈阳	Shenyang	1516.1	1342.4	949.9	15
北京	**Beijing**	**1201.4**	**1136.5**	**1126.8**		大连	Dalian	1126.7	670.7	596.7	36
天津	**Tianjin**	**1352.6**	**1483.6**	**1674.8**		鞍山	Anshan	512.2	218.4	273.6	106
河北	**Hebei**	**4325.1**	**5015.1**	**5161.7**		抚顺	Fushun	197.6	156.2	94.1	190
石家庄	Shijiazhuang	446.4	725.7	581.4	38	本溪	Benxi	128.4	273.5	112.8	178
唐山	Tangshan	436.7	726.3	667.2	31	丹东	Dandong	293.0	233.1	172.4	149
秦皇岛	Qinhuangdao	313.9	210.5	267.4	110	锦州	Jinzhou	316.7	347.8	151.9	157
邯郸	Handan	252.2	316.5	338.1	80	营口	Yingkou	491.1	235.4	149.9	159
邢台	Xingtai	217.9	266.6	242.0	125	阜新	Fuxin	101.2	153.7	76.0	205
保定	Baoding	377.8	467.2	537.4	44	辽阳	Liaoyang	159.5	140.5	94.6	189
张家口	Zhangjiakou	602.0	374.5	384.3	64	盘锦	Panjin	239.5	328.1	281.5	103
承德	Chengde	296.8	276.3	245.8	123	铁岭	Tieling	414.5	330.8	258.1	117
沧州	Cangzhou	389.9	451.2	491.8	49	朝阳	Chaoyang	266.3	334.0	171.9	150
廊坊	Langfang	762.7	843.7	1038.3	13	葫芦岛	Huludao	250.7	167.6	94.0	191
衡水	Hengshui	228.7	366.6	368.0	68	**吉林**	**Jilin**	**2105.3**	**1387.9**	**1304.8**	
山西	**Shanxi**	**1070.5**	**1433.9**	**1481.1**		长春	Changchun	786.2	663.4	713.2	29
太原	Taiyuan	235.5	401.0	423.8	59	吉林	Jilin	444.7	205.6	204.9	133
大同	Datong	73.4	71.2	118.9	174	四平	Siping	154.4	110.5	38.4	226
阳泉	Yangquan	100.6	71.5	60.3	213	辽源	Liaoyuan	80.1	19.8	32.7	231
长治	Changzhi	113.9	168.7	178.2	145	通化	Tonghua	169.9	130.3	115.2	176
晋城	Jincheng	55.3	67.6	148.7	160	白山	Baishan	99.2	29.0	15.8	238
朔州	Shuozhou	42.2	107.8	33.9	229	松原	Songyuan	133.1	67.8	48.2	223
晋中	Jinzhong	109.0	123.7	126.6	168	白城	Baicheng	25.4	7.3	11.4	240
运城	Yuncheng	157.4	185.1	176.3	148	**黑龙江**	**Heilongjiang**	**2385.7**	**2131.5**	**1710.6**	
忻州	Xinzhou	67.1	55.1	44.8	225	哈尔滨	Harbin	809.9	900.7	787.4	23
临汾	Linfen	60.1	132.3	111.6	179	齐齐哈尔	Qiqihar	198.0	182.8	165.9	154
吕梁	Lvliang	56.2	49.8	58.0	214	鸡西	Jixi	47.6	57.6	26.7	234
内蒙古	**Inner Mongolia**	**2569.8**	**1995.7**	**1944.9**		鹤岗	Hegang	73.8	12.6	19.1	236
呼和浩特	Hohhot	394.8	306.9	321.4	88	双鸭山	Shuangyashan	33.2	33.1	25.3	235
包头	Baotou	474.0	317.2	332.8	83	大庆	Daqing	283.3	326.5	224.2	129
乌海	Wuhai	75.4	95.9	89.8	195	伊春	Yichun	72.4	22.0	16.9	237
赤峰	Chifeng	324.1	233.2	202.2	134	佳木斯	Jiamusi	201.8	96.9	83.2	199
通辽	Tongliao	164.3	110.3	122.6	171	七台河	Qitaihe	35.4	13.4	8.8	241
鄂尔多斯	Erdos	448.2	198.3	185.0	141	牡丹江	Mudanjiang	202.0	141.5	132.1	166
呼伦贝尔	Hulunbuir	196.9	422.9	359.6	71	黑河	Heihe	59.3	45.1	50.8	219
巴彦淖尔	Bayannur	166.4	96.5	93.6	192	绥化	Suihua	338.6	260.5	132.4	165
乌兰察布	Ulanqab	151.8	54.1	61.2	212	**上海**	**Shanghai**	**1685.4**	**1780.9**	**2009.2**	
辽宁	**Liaoning**	**6013.5**	**4932.1**	**3477.3**		**江苏**	**Jiangsu**	**8112.4**	**8800.9**	**10276.0**	

4-7 商品住宅销售面积 续表 1

Floor Space of Commercialized Residential Buildings Sold continued 1

单位：万平方米 （10 000 sq.m）

地名	City	2010	2014	2015	2015 排名 Ranking
南京	Nanjing	754.8	1124.7	1429.2	6
无锡	Wuxi	880.0	738.5		
徐州	Xuzhou	548.7	650.4		
常州	Changzhou	775.1	674.7		
苏州	Suzhou	1182.9	1446.1		
南通	Nantong	664.7	843.4		
连云港	Lianyungang	401.1	298.3		
淮安	Huaian	560.4	538.4		
盐城	Yancheng	490.5	513.8		
扬州	Yangzhou	582.2	569.8		
镇江	Zhenjiang	300.7	473.9		
泰州	Taizhou	464.3	404.9		
宿迁	Suqian	508.9	524.3		
浙江	**Zhejiang**	**3833.7**	**3941.5**	**5131.9**	
杭州	Hangzhou	797.6	950.7	1291.6	8
宁波	Ningbo	497.8	595.2	846.9	20
温州	Wenzhou	192.5	383.5	456.9	54
嘉兴	Jiaxing	450.3	406.1	550.8	43
湖州	Huzhou	314.1	260.0	346.1	77
绍兴	Shaoxing	489.1	442.9	594.6	37
金华	Jinhua	132.0	295.0	325.3	87
衢州	Quzhou	135.5	138.8	131.4	167
舟山	Zhoushan	115.8	78.5	90.5	194
台州	Taizhou	390.6	272.5	352.1	73
丽水	Lishui	73.0	118.2	145.6	161
安徽	**Anhui**	**3604.9**	**5364.9**	**5356.8**	
合肥	Hefei	863.9	1326.2	1285.9	9
芜湖	Wuhu	285.2	561.2	517.0	46
蚌埠	Bengbu	155.6	410.8	419.7	60
淮南	Huainan	202.0	159.4	177.4	146
马鞍山	Maanshan	118.6	226.0	259.6	115
淮北	Huaibei	102.4	104.4	115.1	177
铜陵	Tongling	77.0	99.9	124.5	170
安庆	Anqing	249.5	320.3	301.4	98
黄山	Huangshan	133.4	93.9	95.4	187
滁州	Chuzhou	251.1	443.9	521.5	45
阜阳	Fuyang	176.2	296.8	313.5	91
宿州	Suzhou	163.0	431.8	357.0	72
六安	Liuan	188.9	299.3	266.7	111
亳州	Bozhou	62.3	247.0	245.5	124
池州	Chizhou	129.1	128.6	105.9	182
宣城	Xuancheng	214.0	215.4	250.8	119
福建	**Fujian**	**2139.3**	**3324.1**	**3315.7**	
福州	Fuzhou	531.1	816.7	749.0	27
厦门	Xiamen	238.7	510.4	345.9	78
莆田	Putian	147.9	236.1		
三明	Sanming	195.8	237.6		
泉州	Quanzhou	395.7	783.5		
漳州	Zhangzhou	259.2	428.8		
南平	Nanping	137.6	236.6		
龙岩	Longyan	107.9	180.9		
宁德	Ningde	125.5	167.0		
江西	**Jiangxi**	**2265.7**	**2775.2**	**3145.8**	
南昌	Nanchang	489.3	751.5	816.0	21
景德镇	Jingdezhen	103.6	91.5	65.6	210
萍乡	Pingxiang	68.0	51.9	79.7	202
九江	Jiujiang	278.5	299.7	327.2	86
新余	Xinyu	145.2	87.1	87.3	197
鹰潭	Yingtan	33.9	96.0	124.7	169
赣州	Ganzhou	309.6	466.9	578.5	39
吉安	Jian	156.6	176.4	179.7	143
宜春	Yichun	260.4	233.9	304.9	96
抚州	Fuzhou	215.3	281.8	333.0	82
上饶	Shangrao	205.4	238.4	249.2	121
山东	**Shandong**	**8448.3**	**7972.5**	**8526.9**	
济南	Jinan	477.3	1293.3	923.5	17
青岛	Qingdao	1209.9	254.9	1239.0	11
淄博	Zibo	604.8	630.5	373.5	66
枣庄	Zaozhuang	211.3	198.3	317.2	89
东营	Dongying	362.6	428.6	260.0	113
烟台	Yantai	1039.0	181.3	671.4	30
潍坊	Weifang	1218.7	552.9	756.7	25
济宁	Jining	328.2	185.5	633.3	33
泰安	Taian	262.3	214.6	224.5	128
威海	Weihai	696.7	276.9	754.2	26
日照	Rizhao	101.8	85.1	136.6	163
莱芜	Laiwu	29.7	120.4	34.6	227
临沂	Linyi	429.4	408.2	771.4	24
德州	Dezhou	431.7	556.7	400.2	61
聊城	Liaocheng	221.6	505.7	344.4	79

4-7 商品住宅销售面积 续表 2

Floor Space of Commercialized Residential Buildings Sold continued 2

单位：万平方米 （10 000 sq.m）

地名	City	2010	2014	2015	2015 排名 Ranking
滨州	Binzhou	242.2	404.5	316.8	90
菏泽	Heze	581.1	662.5	369.5	67
河南	**Henan**	**5092.5**	**7009.1**	**7645.8**	
郑州	Zhengzhou	1428.6	1293.3	1695.2	3
开封	Kaifeng	139.9	254.9	310.0	93
洛阳	Luoyang	405.4	630.5	608.2	35
平顶山	Pingdingshan	123.8	198.3	213.3	132
安阳	Anyang	322.6	428.6	485.9	50
鹤壁	Hebi	74.8	181.3	168.6	153
新乡	Xinxiang	339.5	552.9	478.9	52
焦作	Jiaozuo	194.6	185.5	182.5	142
濮阳	Puyang	142.3	214.6	268.9	109
许昌	Xuchang	158.7	276.9	382.0	65
漯河	Luohe	110.2	85.1	97.5	186
三门峡	Sanmenxia	80.0	120.4	119.6	173
南阳	Nanyang	258.7	408.2	445.4	57
商丘	Shangqiu	258.4	556.7	561.8	40
信阳	Xinyang	373.8	505.7	560.0	41
周口	Zhoukou	231.0	404.5	365.0	69
驻马店	Zhumadian	408.6	662.5	656.2	32
湖北	**Hubei**	**2137.3**	**5002.6**	**5647.7**	
武汉	Wuhan	1091.5	1979.0	2413.8	2
黄石	Huangshi	129.2	196.2		
十堰	Shiyan	181.6	133.8		
宜昌	Yichang	217.0	439.3		
襄阳	Xiangyang	352.6	474.7		
鄂州	Ezhou	61.2	55.6		
荆门	Jingmen	157.2	200.5		
孝感	Xiaogan	244.5	237.8		
荆州	Jingzhou	134.9	150.9		
黄冈	Huanggang	157.5	406.8		
咸宁	Xianning	171.5	263.2		
随州	Suizhou	122.7	94.6		
湖南	**Hunan**	**4142.6**	**4852.3**	**5671.2**	
长沙	Changsha	1624.0	1332.2	1677.1	4
株洲	Zhuzhou	445.2	470.4	558.0	42
湘潭	Xiangtan	188.7	172.8	187.5	139
衡阳	Hengyang	264.9	364.1	350.2	75
邵阳	Shaoyang	105.2	272.1	307.1	95
岳阳	Yueyang	211.7	294.6	391.8	62

地名	City	2010	2014	2015	2015 排名 Ranking
常德	Changde	284.2	211.8	277.5	105
张家界	Zhangjiajie	71.9	52.1	46.1	224
益阳	Yiyang	173.2	272.9	259.5	116
郴州	Chenzhou	215.6	403.0	481.9	51
永州	Yongzhou	213.9	453.5	448.0	56
怀化	Huaihua	136.2	294.4	346.8	76
娄底	Loudi	160.2	148.5	186.5	140
广东	**Guangdong**	**6552.8**	**8163.6**	**10497.6**	
广州	Guangzhou	1111.7	1196.2	1344.9	7
韶关	Shaoguan	219.4	337.0	285.4	101
深圳	Shenzhen	413.8	474.8	747.8	28
珠海	Zhuhai	251.0	320.9	385.8	63
汕头	Shantou	157.4	145.0	200.9	135
佛山	Foshan	776.3	884.2	1234.8	12
江门	Jiangmen	360.5	327.8	466.0	53
湛江	Zhanjiang	139.9	272.0	312.2	92
茂名	Maoming	186.4	232.1	255.7	118
肇庆	Zhaoqing	314.7	405.3	424.4	58
惠州	Huizhou	593.7	918.4	1246.4	10
梅州	Meizhou	114.0	218.1	269.6	107
汕尾	Shanwei	57.2	39.5	95.2	188
河源	Heyuan	84.7	178.8	231.4	127
阳江	Yangjiang	133.2	265.8	269.2	108
清远	Qingyuan	306.5	394.7	510.9	48
东莞	Dongguan	469.9	556.2	948.5	16
中山	Zhongshan	606.6	670.0	921.8	18
潮州	Chaozhou	62.6	70.9	79.5	203
揭阳	Jieyang	135.1	104.9	109.3	181
云浮	Yunfu	58.2	151.1	157.9	155
广西	**Guangxi**	**2607.2**	**2869.3**	**3181.5**	
南宁	Nanning	601.8	721.0	878.9	19
柳州	Liuzhou	273.1	252.8	288.1	100
桂林	Guilin	307.2	336.6	333.6	81
梧州	Wuzhou	124.6	170.3	141.0	162
北海	Beihai	174.1	139.3	168.8	152
防城港	Fangchenggang	145.2	144.5	170.6	151
钦州	Qinzhou	186.8	140.7	154.1	156
贵港	Guigang	132.7	163.5	200.9	136
玉林	Yulin	26.1	254.2	280.4	104
百色	Baise	137.1	109.9	135.9	164

4-7 商品住宅销售面积 续表 3
Floor Space of Commercialized Residential Buildings Sold continued 3

单位：万平方米 （10 000 sq.m）

地名	City	2010	2014	2015	2015 排名 Ranking	地名	City	2010	2014	2015	2015 排名 Ranking
贺州	Hezhou	21.9		82.2	200	丽江	Lijiang	88.0	108.9		
河池	Hechi	83.5	65.6	77.0	204	普洱	Puer	106.4	93.2		
来宾	Laibin	78.0	132.9	150.9	158	临沧	Lincang	50.1	54.1		
崇左	Chongzuo	95.7	111.3	99.1	185	**西藏**	**Tibet**	**18.8**	**53.6**	**46.3**	
海南	**Hainan**	**834.2**	**942.8**	**984.8**		拉萨	Lasa	11.1	21.5		
海口	Haikou	199.7	297.1	330.1	84	**陕西**	**Shaanxi**	**2471.9**	**2836.7**	**2718.0**	
三亚	Sanya	140.8	99.1	105.2	183	西安	Xi'an	1523.2	1525.9	1584.1	5
三沙	Sansha					铜川	Tongchuan	44.0	31.4	29.4	233
重庆	**Chongqing**	**3986.3**	**4423.7**	**4477.7**		宝鸡	Baoji	193.3	257.1	249.2	120
四川	**Sichuan**	**5849.3**	**6176.5**	**6495.4**		咸阳	Xianyang	159.3	216.2	215.5	131
成都	Chengdu	2289.9	2475.9	2474.6	1	渭南	Weinan	127.9	282.9	188.8	137
自贡	Zigong	188.0	159.4	177.1	147	延安	Yan'an	20.2	55.3	52.5	217
攀枝花	Panzhihua	108.2	104.2	92.2	193	汉中	Hanzhong	157.8	118.9	116.6	175
泸州	Luzhou	312.8	265.5	361.9	70	榆林	Yulin	84.6	101.8	51.0	218
德阳	Deyang	205.1	157.6	187.7	138	安康	Ankang	107.2	133.6	121.0	172
绵阳	Mianyang	340.2	265.0	308.6	94	商洛	Shangluo	32.0	73.0	71.2	207
广元	Guangyuan	70.5	86.7	103.9	184	**甘肃**	**Gansu**	**692.1**	**1212.6**	**1307.5**	
遂宁	Suining	189.5	275.9	282.3	102	兰州	Lanzhou	206.8	467.5	620.5	34
内江	Neijiang	246.9	154.5	240.2	126	嘉峪关	Jiayuguan	64.2	52.6	49.3	221
乐山	Leshan	242.3	234.7	247.0	122	金昌	Jinchang	70.2	14.6	34.4	228
南充	Nanchong	332.4	425.9	302.0	97	白银	Baiyin	61.4	51.8	33.5	230
眉山	Meishan	180.4	300.1	350.5	74	天水	Tianshui	79.0	105.5	74.9	206
宜宾	Yibin	242.0	197.6	300.0	99	武威	Wuwei	0.9	18.6	11.5	239
广安	Guangan	196.4	260.6	259.9	114	张掖	Zhangye	42.0	106.0	87.4	196
达州	Dazhou	266.3	210.4	219.6	130	平凉	Pingliang	12.4	54.6	70.9	208
雅安	Yaan	37.2	48.3	48.7	222	酒泉	Jiuquan	39.9	124.2	110.8	180
巴中	Bazhong	102.5	151.3	178.9	144	庆阳	Qingyang	33.3	55.3	54.7	216
资阳	Ziyang	261.9	373.2	327.6	85	定西	Dingxi	22.8	64.1	63.5	211
贵州	**Guizhou**	**1596.0**	**2707.1**	**2943.4**		陇南	Longnan	4.1	22.8	32.2	232
贵阳	Guiyang	441.9	790.0	789.8	22	**青海**	**Qinghai**	**266.4**	**362.9**	**329.7**	
六盘水	Liupanshui	98.9	110.3			西宁	Xining	206.8	264.4	260.6	112
遵义	Zunyi	193.4	323.2			海东	Haidong		73.2		
安顺	Anshun	71.2	149.7			**宁夏**	**Ningxia**	**816.8**	**939.4**	**708.1**	
毕节	Bijie	77.2				银川	Yinchuan	456.2	614.0	454.5	55
铜仁	Tongren	85.7				石嘴山	Shizuishan	110.8	83.3	50.2	220
云南	**Yunnan**	**2659.0**	**2618.0**	**2576.8**		吴忠	Wuzhong	101.4	89.4	80.8	201
昆明	Kunming	1097.4	978.2	1008.2	14	固原	Guyuan	52.1	86.8	54.8	215
曲靖	Qujing	327.9	379.8			中卫	Zhongwei	96.3	65.8	67.8	209
玉溪	Yuxi	204.6	154.0			**新疆**	**Xinjiang**	**1450.0**	**1541.3**	**1536.5**	
保山	Baoshan	71.3	65.1			乌鲁木齐	Urumqi	437.5	418.5	511.7	47
昭通	Zhaotong	40.6	89.0			克拉玛依	Karamay	55.5	136.7	84.3	198

5

财　政

Government Finance

5-1 公共财政预算收入
Public Budgetary Revenue

单位：亿元 （100 million yuan）

地名	City	2010	2014	2015	2015 排名 Ranking
地方合计	**Region Total**	**40613.04**	**75876.58**	**83002.04**	
北京	**Beijing**	**2353.93**	**4027.16**	**4723.86**	
天津	**Tianjin**	**1068.81**	**2390.35**	**2667.11**	
河北	**Hebei**	**1331.85**	**2446.62**	**2649.18**	
石家庄	Shijiazhuang	163.63	343.47	375.05	35
唐山	Tangshan	195.84	323.75	334.98	46
秦皇岛	Qinhuangdao	72.02	113.66	114.36	125
邯郸	Handan	115.90	183.16	190.62	79
邢台	Xingtai	57.10	95.71	102.67	145
保定	Baoding	91.03	192.47	212.86	71
张家口	Zhangjiakou	62.45	125.78	133.43	100
承德	Chengde	54.84	107.56	97.26	150
沧州	Cangzhou	91.30	189.71	210.91	72
廊坊	Langfang	105.86	250.49	303.38	50
衡水	Hengshui	27.97	148.61	88.52	171
山西	**Shanxi**	**969.67**	**1820.64**	**1642.35**	
太原	Taiyuan	138.48	258.85	274.24	59
大同	Datong	55.18	104.95	92.40	163
阳泉	Yangquan	37.69	47.05	44.16	246
长治	Changzhi	77.90	136.33	96.44	152
晋城	Jincheng	55.49	98.03	93.90	159
朔州	Shuozhou	55.75	86.59	54.30	226
晋中	Jinzhong	64.75	117.52	100.24	148
运城	Yuncheng	35.54	52.79	56.30	219
忻州	Xinzhou	42.34	80.81	73.65	195
临汾	Linfen	75.44	118.26	88.18	172
吕梁	Lvliang	72.96	130.61	90.68	167
内蒙古	**Inner Mongolia**	**1069.98**	**1843.67**	**1964.48**	
呼和浩特	Hohhot	126.76	211.54	247.40	64
包头	Baotou	139.18	234.32	252.30	62
乌海	Wuhai	33.66	75.16	80.48	183
赤峰	Chifeng	56.33	98.03	104.58	137
通辽	Tongliao	64.83	113.06	120.48	116
鄂尔多斯	Erdos	239.08	430.08	445.90	29
呼伦贝尔	Hulunbuir	55.98	96.03	103.33	144
巴彦淖尔	Bayannur	38.28	62.02	65.76	209
乌兰察布	Ulanqab	17.33	51.02	55.15	223
辽宁	**Liaoning**	**2004.84**	**3192.78**	**2127.39**	
沈阳	Shenyang	465.35	785.50	606.24	16
大连	Dalian	500.83	780.86	579.91	18
鞍山	Anshan	180.03	241.70	129.07	106
抚顺	Fushun	81.25	134.25	74.00	194
本溪	Benxi	74.60	129.83	53.77	227
丹东	Dandong	80.24	126.00	66.43	208
锦州	Jinzhou	81.07	136.85	75.52	192
营口	Yingkou	100.11	160.36	104.07	140
阜新	Fuxin	30.07	71.21	37.15	253
辽阳	Liaoyang	76.48	114.80	67.68	205
盘锦	Panjin	80.59	151.18	95.05	154
铁岭	Tieling	80.08	93.39	50.28	232
朝阳	Chaoyang	66.25	101.70	54.73	224
葫芦岛	Huludao	55.94	81.60	57.14	216
吉林	**Jilin**	**602.41**	**1203.38**	**1229.35**	
长春	Changchun	180.85	397.32	388.22	34
吉林	Jilin	73.19	131.19	132.84	101
四平	Siping	27.90	57.85	62.28	211
辽源	Liaoyuan	17.06	26.82	28.12	268
通化	Tonghua	34.02	83.72	78.13	189
白山	Baishan	25.27	44.25	44.80	244
松原	Songyuan	30.97	61.21	50.21	234
白城	Baicheng	18.01	41.40	40.18	250
黑龙江	**Heilongjiang**	**755.58**	**1301.31**	**1165.88**	
哈尔滨	Harbin	238.14	423.52	407.73	30
齐齐哈尔	Qiqihar	51.36	96.07	78.97	188
鸡西	Jixi	25.98	42.93	34.54	257
鹤岗	Hegang	15.49	16.81	15.59	283
双鸭山	Shuangyashan	20.61	18.46	18.55	279
大庆	Daqing	95.90	141.04	127.23	109
伊春	Yichun	8.32	14.64	14.26	285
佳木斯	Jiamusi	20.85	42.01	35.98	255
七台河	Qitaihe	23.32	18.00	17.25	281
牡丹江	Mudanjiang	42.82	88.14	54.53	225
黑河	Heihe	15.04	26.36	28.94	266
绥化	Suihua	28.53	61.54	56.21	220
上海	**Shanghai**	**2873.58**	**4585.55**	**5519.50**	
江苏	**Jiangsu**	**4079.86**	**7233.14**	**8028.59**	

5-1　公共财政预算收入　续表 1
Public Budgetary Revenue continued 1

单位：亿元　（100 million yuan）

地名	City	2010	2014	2015	2015 排名 Ranking	地名	City	2010	2014	2015	2015 排名 Ranking
南京	Nanjing	518.80	903.49	1020.03	7	池州	Chizhou	31.21	68.44	71.30	200
无锡	Wuxi	511.89	768.01	830.00	11	宣城	Xuancheng	49.83	120.22	131.56	102
徐州	Xuzhou	222.16	472.33	530.68	23	**福建**	**Fujian**	**1151.49**	**2362.21**	**2544.24**	
常州	Changzhou	286.18	433.88	466.28	28	福州	Fuzhou	247.82	510.87	560.46	20
苏州	Suzhou	900.55	1443.82	1560.76	2	厦门	Xiamen	289.17	543.80	606.10	17
南通	Nantong	290.81	550.00	625.64	14	莆田	Putian	47.63	110.30	115.65	122
连云港	Lianyungang	141.39	261.77	291.77	55	三明	Sanming	49.64	90.92	93.68	160
淮安	Huaian	141.43	308.51	350.31	41	泉州	Quanzhou	181.53	980.11	388.30	33
盐城	Yancheng	191.35	418.02	477.50	27	漳州	Zhangzhou	88.57	168.99	179.10	82
扬州	Yangzhou	167.78	295.19	336.75	45	南平	Nanping	38.59	80.99	86.43	173
镇江	Zhenjiang	138.10	277.76	302.85	51	龙岩	Longyan	66.75	119.84	124.61	112
泰州	Taizhou	170.80	277.95	316.56	48	宁德	Ningde	40.51	98.92	104.39	138
宿迁	Suqian	89.57	210.10	235.67	67	**江西**	**Jiangxi**	**778.09**	**1881.83**	**2165.74**	
浙江	**Zhejiang**	**2608.47**	**4122.02**	**4809.94**		南昌	Nanchang	146.47	342.21	389.34	32
杭州	Hangzhou	671.34	1027.32	1233.88	5	景德镇	Jingdezhen	38.76	82.15	90.59	168
宁波	Ningbo	530.93	860.61	1006.41	8	萍乡	Pingxiang	41.11	94.20	106.07	136
温州	Wenzhou	228.49	352.53	403.07	31	九江	Jiujiang	71.06	213.66	247.20	65
嘉兴	Jiaxing	176.83	307.07	350.35	40	新余	Xinyu	49.99	89.92	98.80	149
湖州	Huzhou	97.27	167.84	191.31	78	鹰潭	Yingtan	29.51	73.39	83.01	181
绍兴	Shaoxing	193.23	317.27	362.89	39	赣州	Ganzhou	79.01	225.31	245.51	66
金华	Jinhua	155.93	268.87	309.69	49	吉安	Jian	57.10	142.57	161.73	89
衢州	Quzhou	46.98	80.32	94.02	157	宜春	Yichun	66.30	190.32	215.04	70
舟山	Zhoushan	61.04	101.02	112.72	128	抚州	Fuzhou	55.43	116.38	126.82	110
台州	Taizhou	164.88	265.21	298.02	52	上饶	Shangrao	72.56	194.21	222.37	68
丽水	Lishui	44.94	80.96	94.51	156	**山东**	**Shandong**	**2749.38**	**5026.83**	**5529.33**	
安徽	**Anhui**	**1149.40**	**2218.44**	**2454.30**		济南	Jinan	266.13	543.13	614.32	15
合肥	Hefei	259.43	500.34	571.54	19	青岛	Qingdao	452.61	895.25	1006.32	9
芜湖	Wuhu	94.84	233.54	263.47	61	淄博	Zibo	162.40	292.55	317.93	47
蚌埠	Bengbu	42.90	105.34	119.68	118	枣庄	Zaozhuang	76.71	137.88	149.31	92
淮南	Huainan	51.81	75.36	77.31	191	东营	Dongying	104.88	206.24	220.08	69
马鞍山	Maanshan	69.88	121.05	130.81	104	烟台	Yantai	237.80	490.16	542.66	22
淮北	Huaibei	29.60	52.81	60.23	213	潍坊	Weifang	202.43	430.18	484.51	26
铜陵	Tongling	34.73	66.27	66.81	207	济宁	Jining	169.25	334.20	368.62	38
安庆	Anqing	50.57	105.65	106.57	135	泰安	Taian	116.95	187.39	205.31	73
黄山	Huangshan	30.79	67.99	71.60	199	威海	Weihai	118.27	220.79	249.75	63
滁州	Chuzhou	50.53	123.63	143.73	96	日照	Rizhao	55.61	111.07	121.65	115
阜阳	Fuyang	41.18	103.51	120.04	117	莱芜	Laiwu	35.32	49.60	50.17	235
宿州	Suzhou	26.15	76.94	86.02	174	临沂	Linyi	115.48	251.01	283.89	58
六安	Liuan	42.70	94.84	103.33	143	德州	Dezhou	72.91	171.26	182.78	81
亳州	Bozhou	23.30	72.70	81.36	182	聊城	Liaocheng	70.50	156.19	175.93	85

5-1 公共财政预算收入 续表 2
Public Budgetary Revenue continued 2

单位：亿元 （100 million yuan）

地名	City	2010	2014	2015	2015 排名 Ranking	地名	City	2010	2014	2015	2015 排名 Ranking
滨州	Binzhou	103.99	187.15	204.15	74	常德	Changde	70.02	134.92	148.64	93
菏泽	Heze	84.69	161.97	177.66	83	张家界	Zhangjiajie	14.31	41.22	31.58	260
河南	**Henan**	**1381.32**	**2739.26**	**3016.05**		益阳	Yiyang	24.50	59.44	68.58	202
郑州	Zhengzhou	386.80	833.88	942.90	10	郴州	Chenzhou	62.71	240.38	162.65	87
开封	Kaifeng	37.03	96.19	108.28	133	永州	Yongzhou	33.01	113.39	92.48	162
洛阳	Luoyang	142.02	260.26	286.69	57	怀化	Huaihua	35.67	100.13	73.56	196
平顶山	Pingdingshan	80.58	130.72	117.88	120	娄底	Loudi	30.01	58.91	59.92	214
安阳	Anyang	65.05	103.26	109.64	131	**广东**	**Guangdong**	**4515.72**	**8065.08**	**9366.78**	
鹤壁	Hebi	22.15	47.11	52.86	229	广州	Guangzhou	872.65	1243.10	1349.47	3
新乡	Xinxiang	70.46	139.13	144.57	95	韶关	Shaoguan	47.81	82.01	85.23	177
焦作	Jiaozuo	63.34	105.57	115.11	123	深圳	Shenzhen	1106.82	2082.44	2726.85	1
濮阳	Puyang	30.17	70.40	79.00	187	珠海	Zhuhai	124.53	224.31	269.96	60
许昌	Xuchang	57.45	125.22	138.55	98	汕头	Shantou	72.65	123.97	131.26	103
漯河	Luohe	26.13	62.86	68.28	203	佛山	Foshan	306.05	501.19	557.55	21
三门峡	Sanmenxia	49.74	92.45	93.94	158	江门	Jiangmen	104.29	177.20	199.01	75
南阳	Nanyang	69.07	141.02	157.08	91	湛江	Zhanjiang	66.23	114.42	121.86	114
商丘	Shangqiu	43.00	100.75	110.71	130	茂名	Maoming	51.95	100.37	113.92	126
信阳	Xinyang	34.10	77.04	91.03	166	肇庆	Zhaoqing	76.80	139.13	143.36	97
周口	Zhoukou	38.31	90.95	100.42	147	惠州	Huizhou	131.23	300.75	340.02	42
驻马店	Zhumadian	36.44	85.65	95.98	153	梅州	Meizhou	38.95	85.28	103.59	142
湖北	**Hubei**	**1011.23**	**2566.90**	**3005.53**		汕尾	Shanwei	26.23	49.23	28.83	267
武汉	Wuhan	390.19	1101.02	1245.63	4	河源	Heyuan	25.09	60.47	67.48	206
黄石	Huangshi	34.10	89.38	100.53	146	阳江	Yangjiang	26.77	62.97	67.93	204
十堰	Shiyan	43.77	85.77	93.38	161	清远	Qingyuan	72.79	102.65	108.38	132
宜昌	Yichang	70.24	271.52	339.10	43	东莞	Dongguan	277.84	455.21	517.97	24
襄阳	Xiangyang	51.01	249.23	339.10	43	中山	Zhongshan	139.38	251.60	287.51	56
鄂州	Ezhou	15.66	42.74	47.17	242	潮州	Chaozhou	23.25	41.26	47.20	241
荆门	Jingmen	23.25	69.82	80.43	184	揭阳	Jieyang	38.65	73.69	77.40	190
孝感	Xiaogan	34.20	107.32	122.77	113	云浮	Yunfu	23.54	52.87	58.70	215
荆州	Jingzhou	27.60	88.17	103.95	141	**广西**	**Guangxi**	**771.99**	**1422.28**	**1515.16**	
黄冈	Huanggang	38.98	96.04	112.82	127	南宁	Nanning	156.10	274.85	297.05	53
咸宁	Xianning	23.34	70.76	80.12	185	柳州	Liuzhou	74.64	133.16	146.68	94
随州	Suizhou	9.53	36.68	43.34	247	桂林	Guilin	67.08	123.89	134.53	99
湖南	**Hunan**	**1081.69**	**2262.79**	**2515.43**		梧州	Wuzhou	32.42	90.45	92.37	164
长沙	Changsha	314.28	632.80	718.95	12	北海	Beihai	17.22	47.25	47.61	239
株洲	Zhuzhou	78.04	167.38	191.36	77	防城港	Fangchenggang	22.69	45.45	52.05	231
湘潭	Xiangtan	47.38	159.37	117.39	121	钦州	Qinzhou	22.36	47.64	162.23	88
衡阳	Hengyang	75.89	173.48	194.64	76	贵港	Guigang	21.44	36.45	42.57	248
邵阳	Shaoyang	31.53	79.73	91.71	165	玉林	Yulin	36.84	88.81	97.16	151
岳阳	Yueyang	51.90	121.74	127.98	108	百色	Baise	33.86	70.91	72.98	197

5-1 公共财政预算收入 续表 3
Public Budgetary Revenue continued 3

单位：亿元 （100 million yuan）

地名	City	2010	2014	2015	2015 排名 Ranking	地名	City	2010	2014	2015	2015 排名 Ranking
贺州	Hezhou	12.13	40.60	28.97	265	丽江	Lijiang	16.46	46.07	47.77	238
河池	Hechi	22.95	29.93	31.45	261	普洱	Puer	30.86	44.99	47.49	240
来宾	Laibin	24.94	37.95	30.29	264	临沧	Lincang	14.51	37.26	38.06	252
崇左	Chongzuo	26.16	48.39	50.12	236	**西藏**	**Tibet**	**32.00**	**124.27**	**137.13**	
海南	**Hainan**	**270.99**	**555.31**	**627.70**		拉萨	Lasa	15.02	82.94	62.42	210
海口	Haikou	50.37	100.12	111.50	129	**陕西**	**Shaanxi**	**958.21**	**1890.40**	**2059.95**	
三亚	Sanya	42.22	77.77	88.92	169	西安	Xi'an	241.86	583.79	650.99	13
三沙	Sansha					铜川	Tongchuan	13.75	22.06	23.11	276
重庆	**Chongqing**	**586.71**	**1922.02**	**2154.83**		宝鸡	Baoji	38.78	78.06	84.47	179
四川	**Sichuan**	**1561.67**	**3061.07**	**3355.44**		咸阳	Xianyang	43.48	85.30	85.44	176
成都	Chengdu	526.94	1025.17	1157.64	6	渭南	Weinan	34.00	67.46	72.06	198
自贡	Zigong	21.84	42.41	44.83	243	延安	Yan'an	105.19	168.10	161.17	90
攀枝花	Panzhihua	38.78	62.91	53.34	228	汉中	Hanzhong	18.62	40.89	44.67	245
泸州	Luzhou	47.59	115.92	128.27	107	榆林	Yulin	125.54	267.84	295.58	54
德阳	Deyang	45.80	83.52	88.61	170	安康	Ankang	13.23	28.09	30.84	262
绵阳	Mianyang	45.21	101.75	104.13	139	商洛	Shangluo	12.01	29.04	31.79	259
广元	Guangyuan	16.73	34.78	40.82	249	**甘肃**	**Gansu**	**353.58**	**672.67**	**743.86**	
遂宁	Suining	17.77	39.70	49.32	237	兰州	Lanzhou	72.76	152.33	185.19	80
内江	Neijiang	20.39	45.08	50.27	233	嘉峪关	Jiayuguan	8.34	15.82	15.13	284
乐山	Leshan	45.77	78.79	85.53	175	金昌	Jinchang	10.22	17.99	18.48	280
南充	Nanchong	32.26	76.56	85.07	178	白银	Baiyin	11.84	26.00	25.49	271
眉山	Meishan	24.69	75.20	83.15	180	天水	Tianshui	14.39	31.83	36.69	254
宜宾	Yibin	55.65	105.61	114.97	124	武威	Wuwei	6.43	22.18	26.84	269
广安	Guangan	21.28	45.96	56.75	217	张掖	Zhangye	7.58	22.14	24.14	275
达州	Dazhou	30.59	72.41	79.15	186	平凉	Pingliang	17.32	24.09	24.72	273
雅安	Yaan	15.65	27.38	30.31	263	酒泉	Jiuquan	11.91	32.23	34.56	256
巴中	Bazhong	7.82	33.04	39.05	251	庆阳	Qingyang	30.02	61.54	55.40	221
资阳	Ziyang	24.47	55.46	61.77	212	定西	Dingxi	7.25	21.54	24.35	274
贵州	**Guizhou**	**533.73**	**1366.67**	**1503.38**		陇南	Longnan	15.32	49.28	25.45	272
贵阳	Guiyang	136.30	331.60	374.15	36	**青海**	**Qinghai**	**110.22**	**251.68**	**267.13**	
六盘水	Liupanshui	49.29	128.74	130.26	105	西宁	Xining	34.52	83.88	94.79	155
遵义	Zunyi	57.59	159.65	177.61	84	海东	Haidong		17.26	21.73	277
安顺	Anshun	19.84	58.48	69.86	201	**宁夏**	**Ningxia**	**153.55**	**339.86**	**373.45**	
毕节	Bijie	62.11	116.15	107.62	134	银川	Yinchuan	64.04	153.60	170.98	86
铜仁	Tongren	18.16	50.13	56.61	218	石嘴山	Shizuishan	21.65	34.46	26.75	270
云南	**Yunnan**	**871.19**	**1698.06**	**1808.15**		吴忠	Wuzhong	15.67	35.14	31.97	258
昆明	Kunming	253.83	477.97	502.22	25	固原	Guyuan	5.26	15.30	15.91	282
曲靖	Qujing	72.43	115.67	118.09	119	中卫	Zhongwei	8.50	19.46	21.30	278
玉溪	Yuxi	64.73	113.59	124.82	111	**新疆**	**Xinjiang**	**500.58**	**1282.34**	**1330.85**	
保山	Baoshan	21.40	47.18	52.24	230	乌鲁木齐	Urumqi	147.99	360.62	368.66	37
昭通	Zhaotong	25.62	51.02	55.27	222	克拉玛依	Karamay	42.43	73.55	74.99	193

5-2 人均公共财政预算收入
Per Capita Public Budgetary Revenue

单位：元/人 （yuan/person）

地名	City	2010	2014	2015	2015 排名 Ranking
全国平均	**National Average**	**3036.0**	**5945.9**	**6038.2**	
北京	**Beijing**	**12668.4**	**18876.0**	**35116.4**	
天津	**Tianjin**	**8476.5**	**15994.0**	**17240.5**	
河北	**Hebei**	**1873.3**	**3325.0**	**3568.0**	
石家庄	Shijiazhuang	1664.1	3367.1	3645.4	117
唐山	Tangshan	2666.5	4314.9	4437.1	88
秦皇岛	Qinhuangdao	2502.7	3867.2	3868.3	107
邯郸	Handan	1215.9	1794.5	1816.0	215
邢台	Xingtai	787.2	1246.3	1315.6	248
保定	Baoding	786.0	1680.5	1770.6	221
张家口	Zhangjiakou	1345.5	2688.8	2845.0	147
承德	Chengde	1472.5	2835.0	2543.9	164
沧州	Cangzhou	1260.7	2501.1	2723.6	154
廊坊	Langfang	2543.6	5739.8	6579.2	57
衡水	Hengshui	638.2	3300.2	1957.2	202
山西	**Shanxi**	**2771.2**	**5003.0**	**4482.4**	
太原	Taiyuan	3790.8	7022.6	7464.5	50
大同	Datong	1743.1	3102.1	2921.9	144
阳泉	Yangquan	2887.7	3537.4	3341.7	130
长治	Changzhi	2356.5	4022.6	2862.8	146
晋城	Jincheng	2564.5	4478.3	4279.2	90
朔州	Shuozhou	3523.6	4950.8	3362.0	128
晋中	Jinzhong	2020.4	3550.3	3040.8	142
运城	Yuncheng	705.6	1005.1	1103.4	269
忻州	Xinzhou	1378.1	2590.1	2402.9	172
临汾	Linfen	1725.6	2762.5	2047.9	192
吕梁	Lvliang	1959.3	3329.3	2340.2	176
内蒙古	**Inner Mongolia**	**4373.8**	**7370.0**	**7823.5**	
呼和浩特	Hohhot	5548.2	8963.5	10369.8	28
包头	Baotou	6335.0	10442.0	11270.5	25
乌海	Wuhai	6665.3	13567.1	18088.3	9
赤峰	Chifeng	1299.5	2277.0	2260.5	184
通辽	Tongliao	2033.7	3529.7	3772.6	110
鄂尔多斯	Erdos	15840.5	27729.1	28343.4	3
呼伦贝尔	Hulunbuir	2061.7	3699.2	3985.0	102
巴彦淖尔	Bayannur	2191.6	3428.2	3764.3	111
乌兰察布	Ulanqab	601.1	1821.6	2013.8	199
辽宁	**Liaoning**	**4612.2**	**7272.0**	**4854.8**	
沈阳	Shenyang	6480.5	10775.1	8300.1	39
大连	Dalian	8552.1	13170.3	9769.4	32
鞍山	Anshan	5115.8	6925.5	3730.4	114
抚顺	Fushun	3663.9	6166.8	3428.9	126
本溪	Benxi	4812.0	8530.4	3556.1	123
丹东	Dandong	3315.7	5258.8	2789.8	149
锦州	Jinzhou	2621.3	4478.0	2495.6	168
营口	Yingkou	4254.7	6885.3	4474.1	87
阜新	Fuxin	1563.5	3726.6	1960.5	201
辽阳	Liaoyang	4170.1	6381.3	3781.2	109
盘锦	Panjin	6169.3	11710.1	7339.5	52
铁岭	Tieling	2620.4	3092.4	1673.9	226
朝阳	Chaoyang	1943.4	2990.4	1605.5	229
葫芦岛	Huludao	1983.6	2911.2	2039.8	194
吉林	**Jilin**	**2196.1**	**4374.0**	**4465.5**	
长春	Changchun	2386.8	5272.4	5149.9	76
吉林	Jilin	1686.0	3062.2	3116.6	137
四平	Siping	821.0	1762.2	1908.2	207
辽源	Liaoyuan	1378.4	2200.3	2327.6	178
通化	Tonghua	1502.2	3767.7	3533.5	125
白山	Baishan	1955.7	3492.6	3573.1	121
松原	Songyuan	1070.9	2180.5	1805.6	216
白城	Baicheng	887.6	2086.5	2043.0	193
黑龙江	**Heilongjiang**	**1973.5**	**3394.0**	**3058.4**	
哈尔滨	Harbin	2401.1	4272.4	4241.0	93
齐齐哈尔	Qiqihar	901.3	1730.6	1437.4	237
鸡西	Jixi	1373.2	2338.3	1906.3	208
鹤岗	Hegang	1417.7	1564.8	1476.0	234
双鸭山	Shuangyashan	1363.2	1394.0	1258.3	255
大庆	Daqing	3449.6	5200.7	4584.9	86
伊春	Yichun	654.0	1200.2	1176.3	261
佳木斯	Jiamusi	824.0	1738.2	1570.0	230
七台河	Qitaihe	2512.7	2013.9	2075.7	190
牡丹江	Mudanjiang	1579.9	3340.1	2138.3	187
黑河	Heihe	864.7	1543.4	1723.9	225
绥化	Suihua	489.3	1084.4	1024.9	275
上海	**Shanghai**	**13609.5**	**18945.0**	**22855.1**	
江苏	**Jiangsu**	**5233.6**	**9099.0**	**10065.9**	

5-2 人均公共财政预算收入 续表 1

Per Capita Public Budgetary Revenue continued 1

单位：元/人 （yuan/person）

地名	City	2010	2014	2015	2015 排名 Ranking
南京	Nanjing	8220.6	13988.1	15611.1	14
无锡	Wuxi	10982.4	16178.8	17259.3	10
徐州	Xuzhou	2301.6	4652.6	5158.7	75
常州	Changzhou	7942.6	11812.7	12573.3	20
苏州	Suzhou	14171.4	21959.2	23399.3	7
南通	Nantong	3812.5	7169.9	8159.4	42
连云港	Lianyungang	2861.1	5001.4	5499.3	67
淮安	Huaian	2636.4	5542.8	6206.2	61
盐城	Yancheng	2350.0	5059.6	5766.7	63
扬州	Yangzhou	3655.7	6408.9	6001.4	62
镇江	Zhenjiang	5109.3	10215.7	11147.7	26
泰州	Taizhou	3386.8	5469.4	6233.3	60
宿迁	Suqian	1648.2	3645.0	4019.8	99
浙江	**Zhejiang**	**4911.1**	**7490.0**	**8683.8**	
杭州	Hangzhou	9782.7	14444.8	17053.2	12
宁波	Ningbo	9273.1	14787.1	17157.5	11
温州	Wenzhou	2918.3	4349.5	4968.8	79
嘉兴	Jiaxing	5191.7	8849.2	10025.0	29
湖州	Huzhou	3747.4	6379.3	7254.6	53
绍兴	Shaoxing	4408.4	7171.6	8189.9	41
金华	Jinhua	3352.1	5669.9	6477.7	59
衢州	Quzhou	1875.1	3151.2	3667.2	115
舟山	Zhoushan	6307.7	10371.7	11577.5	23
台州	Taizhou	2838.8	4452.8	4987.8	78
丽水	Lishui	1738.4	3057.3	3547.9	124
安徽	**Anhui**	**1902.8**	**3663.0**	**3994.6**	
合肥	Hefei	5260.2	7025.3	7963.3	45
芜湖	Wuhu	4127.1	6073.8	6847.1	54
蚌埠	Bengbu	1186.9	2855.6	3180.0	134
淮南	Huainan	2129.9	3097.5	2016.6	197
马鞍山	Maanshan	5421.3	5307.0	5724.9	66
淮北	Huaibei	1354.7	2457.6	2782.0	150
铜陵	Tongling	4693.2	8955.8	3920.0	104
安庆	Anqing	821.3	1701.1	2028.1	195
黄山	Huangshan	2075.8	4606.4	4847.7	80
滁州	Chuzhou	1121.6	2750.4	3200.7	133
阜阳	Fuyang	409.3	983.6	1151.3	265
宿州	Suzhou	409.5	1198.3	1324.3	246
六安	Liuan	605.4	1319.8	1780.0	217
亳州	Bozhou	389.1	1147.4	1281.4	252
池州	Chizhou	1948.2	4242.8	4412.0	89
宣城	Xuancheng	1792.0	4293.6	4699.3	85
福建	**Fujian**	**3147.7**	**6233.0**	**6627.3**	
福州	Fuzhou	3860.7	7622.7	8261.9	40
厦门	Xiamen	16190.9	27176.3	28704.5	2
莆田	Putian	1481.2	3266.2	3359.3	129
三明	Sanming	1825.7	3233.3	3296.2	131
泉州	Quanzhou	2657.6	13806.2	5374.8	71
漳州	Zhangzhou	1870.4	3420.9	3567.2	122
南平	Nanping	1236.9	2550.2	2702.0	155
龙岩	Longyan	2266.2	3930.5	4027.6	98
宁德	Ningde	1199.7	2828.8	2991.8	143
江西	**Jiangxi**	**1750.7**	**4152.0**	**4743.2**	
南昌	Nanchang	2930.6	6659.0	7481.9	48
景德镇	Jingdezhen	2397.2	4916.5	5433.2	69
萍乡	Pingxiang	2192.4	4813.3	5347.6	72
九江	Jiujiang	1437.1	4184.5	4785.3	82
新余	Xinyu	4264.3	7376.9	7998.9	43
鹰潭	Yingtan	2441.5	5834.1	6522.9	58
赣州	Ganzhou	875.8	2393.4	2555.7	162
吉安	Jian	1160.4	2925.1	3049.4	141
宜春	Yichun	1196.9	3242.9	3602.0	119
抚州	Fuzhou	1380.4	2931.4	3176.2	135
上饶	Shangrao	988.2	2534.1	2871.5	145
山东	**Shandong**	**2886.6**	**5150.0**	**5615.2**	
济南	Jinan	4408.5	8797.0	9817.6	30
青岛	Qingdao	5929.8	11518.8	12850.7	19
淄博	Zibo	3849.4	6856.1	7400.5	51
枣庄	Zaozhuang	1972.4	3459.0	3661.7	116
东营	Dongying	5677.5	10969.9	11545.6	24
烟台	Yantai	3649.6	7514.4	8306.7	38
潍坊	Weifang	2324.6	4857.5	5421.3	70
济宁	Jining	2021.7	3913.3	4249.5	92
泰安	Taian	2101.9	3342.7	3629.3	118
威海	Weihai	4669.4	8682.4	9803.6	31
日照	Rizhao	1938.7	3803.8	4110.5	95
莱芜	Laiwu	2741.0	3899.5	3909.9	105
临沂	Linyi	1149.3	2278.2	2525.6	167
德州	Dezhou	1279.8	2947.7	3112.4	138
聊城	Liaocheng	1186.4	2582.6	2826.9	148

5-2 人均公共财政预算收入 续表 2

Per Capita Public Budgetary Revenue continued 2

单位：元/人 （yuan/person）

地名	City	2010	2014	2015	2015 排名 Ranking
滨州	Binzhou	2755.4	4871.0	5247.1	74
菏泽	Heze	1024.3	1662.9	1771.2	220
河南	**Henan**	**1462.5**	**2907.0**	**3181.5**	
郑州	Zhengzhou	5241.2	10688.0	11633.7	22
开封	Kaifeng	697.5	1745.7	1955.1	204
洛阳	Luoyang	2031.1	3748.5	3935.6	103
平顶山	Pingdingshan	1503.4	2358.6	2096.4	188
安阳	Anyang	1118.9	1727.4	1775.7	218
鹤壁	Hebi	1376.5	2830.9	3132.6	136
新乡	Xinxiang	1173.2	2216.1	2268.0	182
焦作	Jiaozuo	1728.5	2863.4	3097.0	139
濮阳	Puyang	741.2	1672.6	1841.4	213
许昌	Xuchang	1178.1	2513.5	2744.8	153
漯河	Luohe	942.4	2324.8	2547.4	163
三门峡	Sanmenxia	2163.5	4067.3	4115.3	94
南阳	Nanyang	586.8	1197.2	1321.7	247
商丘	Shangqiu	470.2	1064.9	1151.9	264
信阳	Xinyang	393.9	868.5	1013.7	277
周口	Zhoukou	315.2	739.2	807.0	282
驻马店	Zhumadian	414.3	881.6	1031.1	273
湖北	**Hubei**	**1767.3**	**4420.0**	**5135.9**	
武汉	Wuhan	4666.6	13350.6	15020.8	16
黄石	Huangshi	1314.8	3389.4	3751.5	112
十堰	Shiyan	1239.2	2473.1	2699.3	156
宜昌	Yichang	1756.2	6784.6	8516.2	37
襄阳	Xiangyang	864.6	4186.7	5732.1	65
鄂州	Ezhou	1503.2	4039.8	4276.9	91
荆门	Jingmen	773.1	2323.6	2689.2	157
孝感	Xiaogan	645.4	2037.9	2331.9	177
荆州	Jingzhou	418.1	1336.5	1616.2	228
黄冈	Huanggang	527.8	1404.5	1515.5	232
咸宁	Xianning	802.6	2370.4	2667.0	159
随州	Suizhou	371.0	1425.1	1726.9	224
湖南	**Hunan**	**1667.4**	**3370.0**	**3708.4**	
长沙	Changsha	4820.2	9485.8	10567.2	27
株洲	Zhuzhou	2015.7	4239.7	4749.4	83
湘潭	Xiangtan	1604.8	5482.4	4057.7	96
衡阳	Hengyang	991.1	2199.5	2435.2	170
邵阳	Shaoyang	404.7	981.3	1116.6	268
岳阳	Yueyang	924.6	2167.7	2267.5	183
常德	Changde	1122.3	2219.4	2440.1	169
张家界	Zhangjiajie	872.1	2718.9	1857.7	210
益阳	Yiyang	517.5	1234.4	1426.4	238
郴州	Chenzhou	1303.2	4672.9	3078.9	140
永州	Yongzhou	560.8	1809.0	1455.7	235
怀化	Huaihua	701.8	1924.4	1420.0	239
娄底	Loudi	703.2	1331.3	1338.4	244
广东	**Guangdong**	**4501.7**	**7549.0**	**8633.8**	
广州	Guangzhou	10902.9	14844.8	15798.2	13
韶关	Shaoguan	1457.2	2495.7	2581.1	161
深圳	Shenzhen	43761.7	64812.9	73770.4	1
珠海	Zhuhai	12008.7	20503.3	24007.1	6
汕头	Shantou	1404.1	2281.9	2384.6	173
佛山	Foshan	8288.2	13065.5	14334.0	17
江门	Jiangmen	2661.1	4506.7	5084.4	77
湛江	Zhanjiang	946.5	1591.3	1480.8	233
茂名	Maoming	700.9	1312.1	1449.7	236
肇庆	Zhaoqing	1837.1	3222.2	3271.0	132
惠州	Huizhou	3966.8	8694.6	9522.5	35
梅州	Meizhou	762.1	1618.7	1905.0	209
汕尾	Shanwei	765.2	1383.5	803.2	283
河源	Heyuan	709.4	1665.3	1841.7	212
阳江	Yangjiang	958.7	2191.8	2325.4	179
清远	Qingyuan	1771.8	2497.5	2589.7	160
东莞	Dongguan	15414.1	23933.3	26561.2	4
中山	Zhongshan	9384.6	16221.6	18118.9	8
潮州	Chaozhou	896.3	1539.7	1730.2	223
揭阳	Jieyang	589.7	1070.4	1103.1	270
云浮	Yunfu	842.9	1808.8	1963.7	200
广西	**Guangxi**	**1632.4**	**3003.0**	**3159.2**	
南宁	Nanning	2221.7	3780.6	4012.9	101
柳州	Liuzhou	2016.6	3549.0	3843.6	108
桂林	Guilin	1301.8	2363.8	2543.2	165
梧州	Wuzhou	1009.2	2674.6	2685.8	158
北海	Beihai	1053.1	2790.6	2768.5	151
防城港	Fangchenggang	2547.1	4856.0	5444.0	68
钦州	Qinzhou	589.3	1194.0	4014.6	100
贵港	Guigang	414.9	674.2	775.5	284
玉林	Yulin	554.8	1574.4	1367.0	243
百色	Baise	842.1	1722.0	1766.3	222

5-2 人均公共财政预算收入 续表 3
Per Capita Public Budgetary Revenue continued 3

单位：元/人 (yuan/person)

地名	City	2010	2014	2015	2015 排名 Ranking	地名	City	2010	2014	2015	2015 排名 Ranking
贺州	Hezhou	596.1	2023.2	1208.1	258	丽江	Lijiang	1366.2	3820.1	3732.0	113
河池	Hechi	567.5	718.2	740.8	285	普洱	Puer	1215.7	1776.8	1823.0	214
来宾	Laibin	968.4	1760.2	1139.4	267	临沧	Lincang	601.1	1571.4	1516.9	231
崇左	Chongzuo	1077.7	1956.1	2014.5	198	**西藏**	**Tibet**	**1241.8**	**3945.0**	**4232.4**	
海南	**Hainan**	**3130.8**	**6177.0**	**6890.2**		拉萨	Lasa		13507.8	11770.7	21
海口	Haikou	3161.2	6093.6	6766.0	56	**陕西**	**Shaanxi**	**2553.6**	**5015.0**	**5430.9**	
三亚	Sanya	7491.1	13385.7	15388.4	15	西安	Xi'an	3092.0	7197.5	7981.2	44
三沙	Sansha					铜川	Tongchuan	1648.5	2602.0	2763.5	152
重庆	**Chongqing**	**3315.2**	**6449.0**	**7142.3**		宝鸡	Baoji	1020.7	2029.0	2196.7	186
四川	**Sichuan**	**1924.8**	**3768.0**	**4090.0**		咸阳	Xianyang	839.0	1609.7	1619.5	227
成都	Chengdu	4604.7	8547.4	9426.3	36	渭南	Weinan	608.8	1272.4	1294.3	251
自贡	Zigong	667.4	1285.4	1368.7	242	延安	Yan'an	4596.1	7120.0	6843.6	55
攀枝花	Panzhihua	3478.7	5621.8	4822.9	81	汉中	Hanzhong	488.0	1061.6	1159.6	262
泸州	Luzhou	953.5	2278.8	2536.4	166	榆林	Yulin	3469.8	7134.8	7830.9	46
德阳	Deyang	1178.1	2128.9	2272.2	181	安康	Ankang	435.3	1064.0	1011.8	278
绵阳	Mianyang	832.2	1856.4	1908.9	206	商洛	Shangluo	511.2	1142.4	1266.6	254
广元	Guangyuan	536.5	1121.3	1337.0	245	**甘肃**	**Gansu**	**1361.9**	**2601.0**	**2861.0**	
遂宁	Suining	462.5	1210.6	1301.9	249	兰州	Lanzhou	2248.7	4738.1	5753.1	64
内江	Neijiang	479.1	1057.3	1195.7	259	嘉峪关	Jiayuguan	4112.4	6562.7	7471.6	49
乐山	Leshan	1295.5	2213.8	2417.5	171	金昌	Jinchang	2173.1	3836.2	4045.5	97
南充	Nanchong	428.6	1008.7	1146.1	266	白银	Baiyin	657.9	1464.6	1410.1	241
眉山	Meishan	708.3	2132.7	2381.8	174	天水	Tianshui	396.2	874.8	999.3	279
宜宾	Yibin	1036.4	1911.9	2082.4	189	武威	Wuwei	336.7	1175.6	1412.4	240
广安	Guangan	454.6	975.9	1214.2	257	张掖	Zhangye	580.4	1696.2	1855.6	211
达州	Dazhou	455.5	1052.7	1159.3	263	平凉	Pingliang	751.7	1032.7	1060.4	272
雅安	Yaan	1009.5	1742.8	1956.6	203	酒泉	Jiuquan	1225.4	2898.0	3410.9	127
巴中	Bazhong	198.2	854.6	1029.0	274	庆阳	Qingyang	1154.3	2323.0	2072.5	191
资阳	Ziyang	488.2	1093.3	1226.4	256	定西	Dingxi	241.7	716.2	809.2	281
贵州	**Guizhou**	**1467.8**	**3899.0**	**4258.9**		陇南	Longnan	543.2	1741.3	890.7	280
贵阳	Guiyang	3682.6	8703.3	9549.8	33	**青海**	**Qinghai**	**1968.7**	**4336.0**	**4543.0**	
六盘水	Liupanshui	1566.3	3938.3	3907.0	106	西宁	Xining	1564.2	4162.9	4711.7	84
遵义	Zunyi	750.3	2039.5	2238.7	185	海东	Haidong		1012.4	1276.7	253
安顺	Anshun	717.2	2021.4	2356.2	175	**宁夏**	**Ningxia**	**2446.8**	**5165.0**	**5590.6**	
毕节	Bijie		1326.3	1190.2	260	银川	Yinchuan	4074.3	8812.4	9539.9	34
铜仁	Tongren		1171.9	1295.9	250	石嘴山	Shizuishan	2899.4	4498.8	3589.0	120
云南	**Yunnan**	**1900.6**	**3613.0**	**3813.1**		吴忠	Wuzhong	1137.3	2447.0	2276.5	180
昆明	Kunming	4379.7	8711.0	7521.6	47	固原	Guyuan	347.6	994.5	1062.2	271
曲靖	Qujing	1165.8	1823.6	1952.9	205	中卫	Zhongwei	724.1	1724.0	1772.1	219
玉溪	Yuxi	2818.0	4841.8	5284.5	73	**新疆**	**Xinjiang**	**2306.6**	**5622.0**	**5639.2**	
保山	Baoshan	850.9	1829.3	2024.0	196	乌鲁木齐	Urumqi	6112.5	13613.6	13816.3	18
昭通	Zhaotong	451.3	864.0	1017.9	276	克拉玛依	Karamay	11040.9	19103.4	25022.4	5

5-3 公共财政预算支出
Public Budgetary Expenditure

单位：亿元 （100 million yuan）

地名	City	2010	2014	2015	2015 排名 Ranking
地方合计	**Region Total**	**73884.4**	**129215.5**	**150335.6**	
北京	**Beijing**	**2717.32**	**4524.67**	**5737.70**	
天津	**Tianjin**	**1376.84**	**2884.70**	**3232.35**	
河北	**Hebei**	**2820.24**	**4677.30**	**5632.19**	
石家庄	Shijiazhuang	305.16	566.49	682.39	24
唐山	Tangshan	332.43	524.66	592.26	31
秦皇岛	Qinhuangdao	135.74	211.96	228.30	182
邯郸	Handan	263.86	404.67	515.63	43
邢台	Xingtai	172.34	294.62	373.67	91
保定	Baoding	268.90	457.59	566.80	36
张家口	Zhangjiakou	181.73	329.71	390.26	80
承德	Chengde	155.92	254.32	292.54	134
沧州	Cangzhou	213.13	381.27	484.83	50
廊坊	Langfang	179.64	302.51	481.94	51
衡水	Hengshui	112.10	242.57	268.93	151
山西	**Shanxi**	**1931.36**	**3085.28**	**3422.97**	
太原	Taiyuan	189.64	322.69	419.99	69
大同	Datong	132.78	221.79	290.80	135
阳泉	Yangquan	60.07	86.91	100.71	275
长治	Changzhi	135.87	244.02	241.56	169
晋城	Jincheng	89.51	161.72	180.11	227
朔州	Shuozhou	90.13	143.06	138.29	256
晋中	Jinzhong	120.54	216.85	241.16	170
运城	Yuncheng	134.81	238.77	276.95	145
忻州	Xinzhou	128.58	213.95	240.66	172
临汾	Linfen	159.76	283.08	287.53	138
吕梁	Lvliang	151.00	263.81	274.01	148
内蒙古	**Inner Mongolia**	**2273.50**	**3879.98**	**4252.96**	
呼和浩特	Hohhot	177.17	310.91	360.65	96
包头	Baotou	204.96	353.69	393.27	79
乌海	Wuhai	63.54	94.78	106.29	274
赤峰	Chifeng	219.79	360.44	415.03	70
通辽	Tongliao	184.46	318.20	349.63	103
鄂尔多斯	Erdos	318.79	541.75	573.05	34
呼伦贝尔	Hulunbuir	207.90	348.51	374.54	90
巴彦淖尔	Bayannur	123.53	193.80	229.49	181
乌兰察布	Ulanqab	140.03	297.19	318.23	117
辽宁	**Liaoning**	**3195.82**	**5080.49**	**4481.61**	
沈阳	Shenyang	516.62	914.38	808.58	16
大连	Dalian	611.47	989.46	910.69	13
鞍山	Anshan	201.90	325.41	244.48	167
抚顺	Fushun	150.25	223.50	164.75	237
本溪	Benxi	116.48	185.49	132.28	258
丹东	Dandong	134.66	205.90	180.43	226
锦州	Jinzhou	138.45	228.47	209.56	200
营口	Yingkou	137.29	219.65	172.00	232
阜新	Fuxin	88.27	175.27	129.99	263
辽阳	Liaoyang	100.07	164.01	148.28	250
盘锦	Panjin	109.82	204.12	173.28	229
铁岭	Tieling	141.58	209.08	208.32	203
朝阳	Chaoyang	146.75	227.97	197.06	210
葫芦岛	Huludao	109.49	167.40	165.81	236
吉林	**Jilin**	**1787.25**	**2913.25**	**3217.10**	
长春	Changchun	382.93	675.84	765.72	19
吉林	Jilin	213.78	327.33	366.54	93
四平	Siping	113.75	191.39	221.11	191
辽源	Liaoyuan	64.02	99.35	110.70	272
通化	Tonghua	119.91	208.70	230.26	180
白山	Baishan	100.08	138.15	157.55	242
松原	Songyuan	104.28	171.86	182.93	223
白城	Baicheng	92.17	182.92	203.05	207
黑龙江	**Heilongjiang**	**2253.27**	**3434.22**	**4020.66**	
哈尔滨	Harbin	452.97	740.08	824.84	14
齐齐哈尔	Qiqihar	208.09	313.68	387.78	82
鸡西	Jixi	85.56	80.27	148.68	249
鹤岗	Hegang	51.28	74.66	89.84	277
双鸭山	Shuangyashan	70.67	103.45	116.80	268
大庆	Daqing	164.22	178.93	267.52	154
伊春	Yichun	63.73	102.92	144.19	253
佳木斯	Jiamusi	121.81	187.51	212.07	198
七台河	Qitaihe	48.50	62.08	72.46	282
牡丹江	Mudanjiang	136.09	239.27	222.75	188
黑河	Heihe	93.11	141.34	162.89	239
绥化	Suihua	167.18	290.23	333.06	114
上海	**Shanghai**	**3302.89**	**4923.44**	**6191.56**	
江苏	**Jiangsu**	**4914.06**	**8472.45**	**9687.58**	

5-3 公共财政预算支出 续表 1
Public Budgetary Expenditure continued 1

单位：亿元 （100 million yuan）

地名	City	2010	2014	2015	2015 排名 Ranking	地名	City	2010	2014	2015	2015 排名 Ranking
南京	Nanjing	542.18	921.20	1045.57	10	池州	Chizhou	68.11	138.82	147.57	252
无锡	Wuxi	488.68	748.06	821.86	15	宣城	Xuancheng	104.28	222.50	243.21	168
徐州	Xuzhou	325.72	661.84	752.46	20	**福建**	**Fujian**	**1695.09**	**3306.70**	**4001.58**	
常州	Changzhou	281.44	434.93	485.33	49	福州	Fuzhou	262.42	574.81	725.93	23
苏州	Suzhou	825.67	1304.83	1527.17	3	厦门	Xiamen	306.95	548.25	651.17	26
南通	Nantong	316.75	649.58	748.97	21	莆田	Putian	79.32	157.91	188.80	217
连云港	Lianyungang	202.75	375.95	425.92	66	三明	Sanming	97.01	198.88	240.67	171
淮安	Huaian	206.15	431.65	512.47	45	泉州	Quanzhou	229.64	476.72	539.89	38
盐城	Yancheng	291.90	603.21	746.31	22	漳州	Zhangzhou	147.52	274.50	355.82	99
扬州	Yangzhou	201.68	367.73	442.78	60	南平	Nanping	87.02	190.39	239.97	173
镇江	Zhenjiang	159.07	311.85	348.73	104	龙岩	Longyan	110.81	205.07	257.97	160
泰州	Taizhou	215.73	371.21	429.90	64	宁德	Ningde	86.61	199.90	248.01	164
宿迁	Suqian	168.36	345.59	405.78	73	**江西**	**Jiangxi**	**1923.26**	**3882.70**	**4412.55**	
浙江	**Zhejiang**	**3207.88**	**5159.57**	**5818.07**		南昌	Nanchang	232.03	473.16	543.18	37
杭州	Hangzhou	616.58	961.18	1205.48	8	景德镇	Jingdezhen	77.87	149.57	172.65	231
宁波	Ningbo	600.66	1000.86	1252.64	6	萍乡	Pingxiang	86.70	156.55	185.80	219
温州	Wenzhou	310.78	488.98	569.43	35	九江	Jiujiang	166.52	383.53	442.86	59
嘉兴	Jiaxing	199.06	334.90	424.13	67	新余	Xinyu	77.69	131.74	153.27	247
湖州	Huzhou	127.12	224.57	273.74	149	鹰潭	Yingtan	57.46	114.97	127.74	264
绍兴	Shaoxing	221.95	346.44	421.41	68	赣州	Ganzhou	239.69	536.27	615.08	29
金华	Jinhua	211.52	352.86	464.38	55	吉安	Jian	158.36	308.69	359.64	97
衢州	Quzhou	107.09	191.94	230.67	179	宜春	Yichun	171.61	346.71	403.51	75
舟山	Zhoushan	105.03	188.19	239.65	174	抚州	Fuzhou	139.45	255.79	294.68	130
台州	Taizhou	222.76	371.47	457.21	56	上饶	Shangrao	191.68	384.61	456.96	57
丽水	Lishui	135.20	217.27	279.33	143	**山东**	**Shandong**	**4145.03**	**7177.31**	**8250.01**	
安徽	**Anhui**	**2587.61**	**4664.10**	**5239.01**		济南	Jinan	336.80	571.41	658.18	25
合肥	Hefei	317.72	698.79	772.69	18	青岛	Qingdao	532.39	1074.71	1222.87	7
芜湖	Wuhu	144.43	346.92	393.68	78	淄博	Zibo	201.87	342.53	382.89	84
蚌埠	Bengbu	106.98	208.56	244.72	166	枣庄	Zaozhuang	128.95	217.21	236.41	176
淮南	Huainan	81.02	145.98	153.45	246	东营	Dongying	141.95	241.36	257.64	161
马鞍山	Maanshan	86.53	182.46	203.18	206	烟台	Yantai	323.86	574.86	643.53	27
淮北	Huaibei	65.93	116.01	131.44	261	潍坊	Weifang	291.04	527.76	612.16	30
铜陵	Tongling	57.32	105.29	110.82	271	济宁	Jining	252.20	466.87	515.09	44
安庆	Anqing	161.83	299.46	337.17	112	泰安	Taian	175.61	285.78	326.88	115
黄山	Huangshan	72.98	149.42	159.82	241	威海	Weihai	167.93	280.60	338.38	110
滁州	Chuzhou	128.12	268.85	302.61	127	日照	Rizhao	94.83	167.77	185.37	220
阜阳	Fuyang	164.35	353.35	431.60	63	莱芜	Laiwu	51.94	80.12	83.84	280
宿州	Suzhou	113.19	247.28	294.60	131	临沂	Linyi	236.46	455.07	533.59	40
六安	Liuan	153.93	321.60	362.31	95	德州	Dezhou	154.91	275.26	337.82	111
亳州	Bozhou	103.34	229.22	277.84	144	聊城	Liaocheng	144.60	285.96	346.81	105

5-3 公共财政预算支出 续表 2
Public Budgetary Expenditure continued 2

单位：亿元 （100 million yuan）

地名	City	2010	2014	2015	2015 排名 Ranking	地名	City	2010	2014	2015	2015 排名 Ranking
滨州	Binzhou	161.84	269.78	309.31	122	常德	Changde	177.30	362.77	426.52	65
菏泽	Heze	186.97	343.48	400.44	77	张家界	Zhangjiajie	55.09	116.84	133.98	257
河南	**Henan**	**3416.14**	**6028.69**	**6799.35**		益阳	Yiyang	116.75	236.62	275.01	147
郑州	Zhengzhou	426.80	918.51	1106.02	9	郴州	Chenzhou	161.15	351.57	378.82	86
开封	Kaifeng	116.44	223.15	264.37	155	永州	Yongzhou	144.39	303.97	353.24	101
洛阳	Luoyang	230.80	412.99	477.76	52	怀化	Huaihua	145.55	280.90	339.93	109
平顶山	Pingdingshan	148.59	241.53	259.42	157	娄底	Loudi	106.66	203.83	237.77	175
安阳	Anyang	140.65	234.28	273.57	150	**广东**	**Guangdong**	**5421.54**	**9152.64**	**12827.80**	
鹤壁	Hebi	59.13	94.06	114.94	269	广州	Guangzhou	977.32	1436.22	1727.72	2
新乡	Xinxiang	159.53	279.51	310.95	120	韶关	Shaoguan	100.24	197.18	287.07	139
焦作	Jiaozuo	121.55	192.48	209.32	201	深圳	Shenzhen	1266.07	2166.14	3521.67	1
濮阳	Puyang	90.10	181.95	218.82	194	珠海	Zhuhai	166.41	275.90	388.77	81
许昌	Xuchang	117.23	221.18	249.56	163	汕头	Shantou	121.71	213.72	280.98	141
漯河	Luohe	69.97	135.94	163.90	238	佛山	Foshan	363.35	525.01	799.93	17
三门峡	Sanmenxia	95.26	165.64	172.83	230	江门	Jiangmen	132.98	236.10	292.90	132
南阳	Nanyang	247.11	451.36	515.84	42	湛江	Zhanjiang	153.65	279.53	412.36	71
商丘	Shangqiu	179.98	352.10	381.70	85	茂名	Maoming	122.49	263.24	346.78	106
信阳	Xinyang	173.76	335.37	374.81	89	肇庆	Zhaoqing	127.66	241.71	267.71	153
周口	Zhoukou	193.70	382.52	433.74	61	惠州	Huizhou	185.44	372.97	486.07	48
驻马店	Zhumadian	172.30	347.67	383.72	83	梅州	Meizhou	117.98	270.02	376.37	87
湖北	**Hubei**	**2465.18**	**4934.15**	**6132.84**		汕尾	Shanwei	56.51	124.85	212.95	197
武汉	Wuhan	583.55	1175.10	1338.05	5	河源	Heyuan	94.55	210.61	268.38	152
黄石	Huangshi	102.49	167.14	225.94	183	阳江	Yangjiang	64.92	123.60	170.91	235
十堰	Shiyan	143.79	258.17	307.65	124	清远	Qingyuan	132.81	213.99	292.59	133
宜昌	Yichang	195.23	442.82	537.53	39	东莞	Dongguan	289.83	457.68	581.24	33
襄阳	Xiangyang	182.07	437.93	584.50	32	中山	Zhongshan	145.85	261.26	355.37	100
鄂州	Ezhou	42.17	74.51	86.80	279	潮州	Chaozhou	55.99	105.09	147.67	251
荆门	Jingmen	94.58	178.96	225.90	184	揭阳	Jieyang	94.68	187.41	276.88	146
孝感	Xiaogan	88.34	253.18	290.38	136	云浮	Yunfu	69.28	133.14	157.42	243
荆州	Jingzhou	163.15	276.29	346.48	107	**广西**	**Guangxi**	**2007.59**	**3479.79**	**4065.51**	
黄冈	Huanggang	183.08	345.40	401.03	76	南宁	Nanning	261.28	468.78	527.69	41
咸宁	Xianning	94.85	178.08	190.85	216	柳州	Liuzhou	155.03	261.61	309.72	121
随州	Suizhou	54.74	103.71	153.10	248	桂林	Guilin	183.59	312.00	356.04	98
湖南	**Hunan**	**2702.48**	**5017.38**	**5728.72**		梧州	Wuzhou	90.96	189.03	214.73	196
长沙	Changsha	403.33	802.38	925.00	11	北海	Beihai	63.04	104.97	131.76	259
株洲	Zhuzhou	156.98	292.03	350.11	102	防城港	Fangchenggang	52.57	99.83	131.72	260
湘潭	Xiangtan	106.81	203.60	231.14	178	钦州	Qinzhou	78.00	141.99	192.54	213
衡阳	Hengyang	209.33	412.98	491.88	47	贵港	Guigang	90.80	147.14	186.38	218
邵阳	Shaoyang	161.61	346.36	432.13	62	玉林	Yulin	129.37	233.65	285.76	140
岳阳	Yueyang	165.34	316.17	375.80	88	百色	Baise	137.67	261.13	310.99	119

5-3 公共财政预算支出 续表 3
Public Budgetary Expenditure continued 3

单位：亿元 （100 million yuan）

地名	City	2010	2014	2015	2015 排名 Ranking	地名	City	2010	2014	2015	2015 排名 Ranking
贺州	Hezhou	61.23	118.32	154.16	245	丽江	Lijiang	59.11	128.03	144.04	254
河池	Hechi	120.97	226.19	259.12	158	普洱	Puer	114.11	224.36	219.10	193
来宾	Laibin	89.76	129.29	139.33	255	临沧	Lincang	90.77	194.45	202.50	208
崇左	Chongzuo	85.53	155.56	185.10	221	**西藏**	**Tibet**	**206.64**	**1185.51**	**1381.46**	
海南	**Hainan**	**581.34**	**1099.74**	**1239.43**		拉萨	Lasa	51.35	715.85		
海口	Haikou	79.84	150.92	170.93	234	**陕西**	**Shaanxi**	**2218.83**	**3962.50**	**4376.06**	
三亚	Sanya	53.50	104.86	118.32	267	西安	Xi'an	371.62	819.54	917.24	12
三沙	Sansha					铜川	Tongchuan	53.96	82.90	89.86	276
重庆	**Chongqing**	**1234.69**	**3304.39**	**3792.00**		宝鸡	Baoji	133.06	235.60	264.07	156
四川	**Sichuan**	**4257.98**	**6796.61**	**7497.51**		咸阳	Xianyang	151.40	272.27	300.19	129
成都	Chengdu	777.38	1340.00	1468.42	4	渭南	Weinan	154.30	293.41	336.09	113
自贡	Zigong	81.16	147.30	173.35	228	延安	Yan'an	192.71	310.41	315.60	118
攀枝花	Panzhihua	75.06	121.18	112.65	270	汉中	Hanzhong	126.79	234.00	258.65	159
泸州	Luzhou	126.54	281.30	303.99	126	榆林	Yulin	237.19	423.32	465.36	54
德阳	Deyang	224.42	197.09	219.64	192	安康	Ankang	110.25	204.74	224.60	185
绵阳	Mianyang	345.32	294.64	304.22	125	商洛	Shangluo	90.20	163.24	181.52	225
广元	Guangyuan	221.32	192.38	209.62	199	**甘肃**	**Gansu**	**1468.58**	**2541.49**	**2958.31**	
遂宁	Suining	88.85	156.09	182.84	224	兰州	Lanzhou	146.93	280.10	344.00	108
内江	Neijiang	92.48	167.48	192.44	214	嘉峪关	Jiayuguan	12.19	22.06	25.10	284
乐山	Leshan	118.51	215.41	232.16	177	金昌	Jinchang	24.52	50.32	52.17	283
南充	Nanchong	185.61	344.68	369.64	92	白银	Baiyin	72.13	114.94	130.86	262
眉山	Meishan	96.53	181.96	207.22	205	天水	Tianshui	111.47	179.32	223.92	186
宜宾	Yibin	143.32	277.52	307.83	123	武威	Wuwei	75.45	150.76	171.88	233
广安	Guangan	97.54	187.20	222.62	189	张掖	Zhangye	58.94	107.89	123.48	265
达州	Dazhou	150.27	287.36	324.33	116	平凉	Pingliang	85.75	137.89	161.24	240
雅安	Yaan	77.49	312.15	222.24	190	酒泉	Jiuquan	59.70	104.98	110.20	273
巴中	Bazhong	103.03	204.91	246.02	165	庆阳	Qingyang	113.66	185.68	207.43	204
资阳	Ziyang	101.10	188.68	216.08	195	定西	Dingxi	90.72	180.26	197.85	209
贵州	**Guizhou**	**1631.48**	**3542.80**	**3939.50**		陇南	Longnan	137.07	164.45	195.40	212
贵阳	Guiyang	204.38	448.63	503.52	46	**青海**	**Qinghai**	**743.40**	**1347.43**	**1515.16**	
六盘水	Liupanshui	111.12	224.79	257.27	162	西宁	Xining	108.70	248.14	280.03	142
遵义	Zunyi	194.20	396.32	473.41	53	海东	Haidong		180.25	208.41	202
安顺	Anshun	78.84	172.82	196.99	211	**宁夏**	**Ningxia**	**557.53**	**1000.45**	**1138.49**	
毕节	Bijie	205.43	360.77	409.75	72	银川	Yinchuan	119.92	263.90	287.90	137
铜仁	Tongren	125.54	256.48	301.30	128	石嘴山	Shizuishan	61.45	79.05	79.35	281
云南	**Yunnan**	**2285.72**	**4437.98**	**4712.83**		吴忠	Wuzhong	78.57	144.95	156.81	244
昆明	Kunming	346.29	593.66	615.49	28	固原	Guyuan	78.66	165.43	183.52	222
曲靖	Qujing	181.59	334.17	363.05	94	中卫	Zhongwei	58.42	106.18	119.64	266
玉溪	Yuxi	107.30	207.31	223.30	187	**新疆**	**Xinjiang**	**1698.91**	**3317.79**	**3804.87**	
保山	Baoshan	82.28	164.24	192.13	215	乌鲁木齐	Urumqi	159.61	404.81	446.67	58
昭通	Zhaotong	146.60	330.89	405.29	74	克拉玛依	Karamay	54.77	93.87	89.66	278

5-4 人均公共财政预算支出
Public Budgetary Expenditure Per Capita

单位：元/人 (yuan/person)

地名	City	2010	2014	2015	2015 排名 Ranking
地方合计	**Region Total**	**5523.22**		**10936.52**	
北京	**Beijing**	**14624.03**	**34151.02**	**42653.14**	
天津	**Tianjin**	**10919.40**	**28552.90**	**20894.31**	
河北	**Hebei**	**3966.75**	**6244.14**	**7585.52**	
石家庄	Shijiazhuang	3103.46	5553.26	6632.57	191
唐山	Tangshan	4526.24	6992.63	7844.95	132
秦皇岛	Qinhuangdao	4716.96	7212.07	7722.09	134
邯郸	Handan	2768.15	3964.66	4912.17	256
邢台	Xingtai	2376.02	3836.73	4788.26	259
保定	Baoding	2321.81	3995.41	4714.73	265
张家口	Zhangjiakou	3915.41	7048.18	8320.95	118
承德	Chengde	4186.56	6703.23	7651.00	138
沧州	Cangzhou	2943.01	5026.64	6261.03	206
廊坊	Langfang	4316.40	6931.95	10451.37	67
衡水	Hengshui	2558.02	5386.96	5946.34	221
山西	**Shanxi**	**5519.59**	**8663.85**	**9342.17**	
太原	Taiyuan	5191.21	8754.57	11431.75	51
大同	Datong	4194.47	6555.96	9196.22	91
阳泉	Yangquan	4602.36	6534.40	7620.31	140
长治	Changzhi	4110.05	7200.36	7171.23	159
晋城	Jincheng	4136.70	7387.94	8207.89	120
朔州	Shuozhou	5696.50	8179.73	8562.50	111
晋中	Jinzhong	3761.23	6551.49	7315.54	155
运城	Yuncheng	2676.66	4546.20	5428.20	242
忻州	Xinzhou	4185.14	6857.44	7851.40	131
临汾	Linfen	3654.33	6612.49	6677.47	188
吕梁	Lvliang	4055.11	6724.66	7071.67	164
内蒙古	**Inner Mongolia**	**10641.93**	**18112.12**	**16937.32**	
呼和浩特	Hohhot	7754.63	13174.08	15116.31	24
包头	Baotou	9329.09	15761.61	17567.59	15
乌海	Wuhai	12582.18	17108.50	23890.76	8
赤峰	Chifeng	5070.59	8372.69	8971.19	98
通辽	Tongliao	5786.44	9934.57	10947.40	57
鄂尔多斯	Erdos	21121.71	34929.23	36426.01	2
呼伦贝尔	Hulunbuir	7656.61	13424.88	14444.23	25
巴彦淖尔	Bayannur	7072.19	10713.17	13136.18	37
乌兰察布	Ulanqab	4856.76	10610.27	11619.78	50
辽宁	**Liaoning**	**7512.82**	**11979.17**	**10227.32**	
沈阳	Shenyang	7194.46	12542.95	11070.30	56
大连	Dalian	10441.41	16688.40	15341.85	23
鞍山	Anshan	5737.26	9324.01	7065.78	165
抚顺	Fushun	6775.34	10266.55	7634.57	139
本溪	Benxi	7513.38	12187.40	8748.54	102
丹东	Dandong	5564.46	8593.48	7577.70	141
锦州	Jinzhou	4476.67	7476.14	6925.15	171
营口	Yingkou	5834.93	9431.14	7394.67	151
阜新	Fuxin	4589.51	9171.74	6859.79	178
辽阳	Liaoyang	5456.38	9116.90	8283.85	119
盘锦	Panjin	8406.95	15810.69	13380.62	35
铁岭	Tieling	4632.85	6923.24	6934.62	170
朝阳	Chaoyang	4304.91	6703.03	5780.70	229
葫芦岛	Huludao	3882.49	5972.17	5919.81	225
吉林	**Jilin**	**7139.86**	**11841.50**	**11685.80**	
长春	Changchun	5053.85	8968.12	10157.65	76
吉林	Jilin	4924.56	7640.78	8599.31	108
四平	Siping	3347.16	5829.84	6773.87	183
辽源	Liaoyuan	5172.50	8149.74	9163.91	92
通化	Tonghua	5294.74	9392.39	10414.34	69
白山	Baishan	7745.53	10903.77	12566.56	41
松原	Songyuan	3605.93	6122.58	6578.42	192
白城	Baicheng	4542.41	9219.75	10324.45	73
黑龙江	**Heilongjiang**	**5944.79**	**9290.96**	**10547.36**	
哈尔滨	Harbin	4567.10	7465.73	8579.62	109
齐齐哈尔	Qiqihar	3651.79	5650.91	7058.30	166
鸡西	Jixi	4522.20	4371.78	8205.54	121
鹤岗	Hegang	4693.39	6951.23	8507.18	112
双鸭山	Shuangyashan	4674.25	7813.58	7924.24	127
大庆	Daqing	5907.19	6597.60	9640.30	84
伊春	Yichun	5009.83	8436.40	11896.55	49
佳木斯	Jiamusi	4814.24	7758.12	9252.76	89
七台河	Qitaihe	5225.73	6943.77	8719.68	104
牡丹江	Mudanjiang	5021.22	9066.59	8735.42	103
黑河	Heihe	5353.00	8274.94	9701.80	83
绥化	Suihua	2867.43	5114.17	6072.18	215
上海	**Shanghai**	**23482.88**	**34297.72**	**25637.93**	
江苏	**Jiangsu**	**6602.35**	**11073.94**	**12145.91**	

5-4 人均公共财政预算支出 续表 1
Public Budgetary Expenditure Per Capita continued 1

单位：元/人 (yuan/person)

地名	City	2010	2014	2015	2015 排名 Ranking	地名	City	2010	2014	2015	2015 排名 Ranking
南京	Nanjing	8591.03	14262.34	16001.99	21	池州	Chizhou	4251.56	8606.50	9131.24	93
无锡	Wuxi	10484.45	15758.52	17090.04	16	宣城	Xuancheng	3750.13	7946.40	8687.44	107
徐州	Xuzhou	3374.46	6519.29	7314.67	156	**福建**	**Fujian**	**4822.75**	**9021.63**	**10423.49**	
常州	Changzhou	7811.05	11841.24	13086.96	38	福州	Fuzhou	4088.11	8576.67	10701.15	62
苏州	Suzhou	12993.06	19845.31	22895.76	9	厦门	Xiamen	17186.45	27398.93	30839.21	4
南通	Nantong	4152.52	8467.99	9767.86	81	莆田	Putian	2466.65	4676.00	5484.17	241
连云港	Lianyungang	4102.76	7182.81	8027.74	124	三明	Sanming	3567.86	7072.39	8468.10	113
淮安	Huaian	3842.86	7755.20	9079.10	94	泉州	Quanzhou	3361.93	6715.36	7473.03	147
盐城	Yancheng	3584.89	7300.97	9013.08	96	漳州	Zhangzhou	3115.26	5556.76	7086.84	163
扬州	Yangzhou	4394.28	7983.66	7891.00	128	南平	Nanping	2789.10	5994.52	7502.34	145
镇江	Zhenjiang	5885.16	11469.14	12836.53	40	龙岩	Longyan	3762.14	6725.97	8338.13	117
泰州	Taizhou	4277.73	7304.47	8465.10	114	宁德	Ningde	2565.01	5716.42	7107.82	162
宿迁	Suqian	3098.04	5995.66	6921.27	172	**江西**	**Jiangxi**	**4122.27**	**8065.60**	**9663.93**	
浙江	**Zhejiang**	**6779.02**	**10653.66**	**10503.83**		南昌	Nanchang	4642.55	9207.16	10438.10	68
杭州	Hangzhou	8984.77	13514.86	16660.59	18	景德镇	Jingdezhen	4816.01	8950.88	10354.95	72
宁波	Ningbo	10490.96	17196.84	21355.27	11	萍乡	Pingxiang	4623.75	7999.40	9367.80	88
温州	Wenzhou	3969.30	6033.08	7019.50	167	九江	Jiujiang	3367.58	7511.33	8572.81	110
嘉兴	Jiaxing	5844.39	9651.38	12136.46	47	新余	Xinyu	6627.14	10806.89	12408.60	42
湖州	Huzhou	4897.33	8535.42	10380.34	70	鹰潭	Yingtan	4753.87	9139.44	10037.72	77
绍兴	Shaoxing	5063.65	7831.01	9510.52	85	赣州	Ganzhou	2656.93	5696.56	6402.89	203
金华	Jinhua	4547.15	7441.27	9713.42	82	吉安	Jian	3218.24	6333.46	6781.11	182
衢州	Quzhou	4274.20	7530.01	8997.54	97	宜春	Yichun	3098.10	5907.54	6759.02	184
舟山	Zhoushan	10853.57	19321.40	24614.28	7	抚州	Fuzhou	3472.79	6443.04	7380.36	152
台州	Taizhou	3835.33	6236.85	7652.18	137	上饶	Shangrao	2610.38	5018.34	5900.88	226
丽水	Lishui	5229.77	8205.19	10486.19	66	**山东**	**Shandong**	**4447.30**	**7414.89**	**8378.20**	
安徽	**Anhui**	**3799.43**	**6728.36**	**8527.03**		济南	Jinan	5579.11	9255.16	10518.62	65
合肥	Hefei	6442.14	9811.71	10765.93	60	青岛	Qingdao	6975.03	13828.02	15615.91	22
芜湖	Wuhu	6285.03	9022.59	10230.91	74	淄博	Zibo	4785.01	8027.33	8912.72	99
蚌埠	Bengbu	2959.83	5653.49	6502.38	199	枣庄	Zaozhuang	3315.68	5449.25	5797.61	228
淮南	Huainan	3330.73	5999.93	4002.50	279	东营	Dongying	7684.19	12838.08	13515.77	32
马鞍山	Maanshan	6712.96	7998.95	8891.77	101	烟台	Yantai	4970.46	8812.87	9850.77	80
淮北	Huaibei	3017.39	5398.22	6070.90	216	潍坊	Weifang	3342.14	5959.33	6849.59	179
铜陵	Tongling	7745.95	14228.69	6502.49	198	济宁	Jining	3012.53	5466.81	5938.02	222
安庆	Anqing	2628.18	4821.44	6416.46	202	泰安	Taian	3156.13	5097.67	5778.18	230
黄山	Huangshan	4920.11	10123.12	10821.25	59	威海	Weihai	6629.95	11034.11	13282.81	36
滁州	Chuzhou	2843.76	5981.01	6738.65	185	日照	Rizhao	3306.02	5745.50	6263.71	205
阜阳	Fuyang	1633.42	3357.84	4139.40	276	莱芜	Laiwu	4030.73	6298.52	6533.95	197
宿州	Suzhou	1772.39	3851.17	4535.74	268	临沂	Linyi	2353.40	4130.25	4747.05	264
六安	Liuan	2182.29	4475.44	6240.94	208	德州	Dezhou	2719.20	4737.78	5752.38	231
亳州	Bozhou	1725.67	3617.69	4375.75	272	聊城	Liaocheng	2433.48	4728.18	5572.62	238

5-4 人均公共财政预算支出 续表 2

Public Budgetary Expenditure Per Capita continued 2

单位：元/人 (yuan/person)

地名	City	2010	2014	2015	2015 排名 Ranking	地名	City	2010	2014	2015	2015 排名 Ranking
滨州	Binzhou	4288.17	7021.99	7949.99	126	常德	Changde	2841.76	5967.61	7001.59	168
菏泽	Heze	2261.34	3526.53	3992.18	280	张家界	Zhangjiajie	3357.51	7707.34	7882.54	129
河南	**Henan**	**3202.36**	**5495.52**	**7172.31**		益阳	Yiyang	2465.89	4914.16	5719.66	232
郑州	Zhengzhou	5783.20	11772.76	13646.31	29	郴州	Chenzhou	3348.92	6834.61	7170.91	160
开封	Kaifeng	2193.17	4049.96	4773.40	260	永州	Yongzhou	2452.86	4849.48	5560.32	239
洛阳	Luoyang	3300.87	5948.27	6558.58	196	怀化	Huaihua	2863.80	5398.87	6562.01	194
平顶山	Pingdingshan	2772.30	4358.26	4613.63	266	娄底	Loudi	2499.36	4606.31	5310.97	246
安阳	Anyang	2419.16	3919.06	4430.64	270	**广东**	**Guangdong**	**6474.25**	**10500.36**	**11823.95**	
鹤壁	Hebi	3674.50	5652.54	6811.66	181	广州	Guangzhou	12210.70	17150.97	20226.41	14
新乡	Xinxiang	2656.35	4452.15	4878.11	257	韶关	Shaoguan	3055.17	6000.68	8693.56	105
焦作	Jiaozuo	3317.05	5220.50	5631.73	235	深圳	Shenzhen	50058.12	67417.99	95272.97	1
濮阳	Puyang	2213.65	4322.84	5100.58	252	珠海	Zhuhai	16047.25	25218.95	34572.70	3
许昌	Xuchang	2404.08	4439.51	4944.03	255	汕头	Shantou	2352.25	3933.81	5104.46	251
漯河	Luohe	2523.53	5027.22	6114.76	210	佛山	Foshan	9839.95	13686.44	20565.34	12
三门峡	Sanmenxia	4143.54	7287.12	7571.30	142	江门	Jiangmen	3393.21	6004.47	7483.20	146
南阳	Nanyang	2099.31	3831.61	4340.26	273	湛江	Zhanjiang	2195.91	3887.79	5010.69	253
商丘	Shangqiu	1968.20	3721.59	3971.53	281	茂名	Maoming	1652.50	3441.02	4412.86	271
信阳	Xinyang	2007.37	3780.99	4174.02	275	肇庆	Zhaoqing	3053.70	5597.80	6108.34	211
周口	Zhoukou	1593.50	3108.90	3485.68	283	惠州	Huizhou	5605.47	10782.66	13612.74	30
驻马店	Zhumadian	1958.84	3578.73	4122.12	277	梅州	Meizhou	2308.54	5125.65	6921.24	173
湖北	**Hubei**	**4634.01**	**9375.16**	**10479.90**		汕尾	Shanwei	1648.48	3509.04	5932.42	224
武汉	Wuhan	6979.09	14248.87	16135.28	19	河源	Heyuan	2673.24	5800.20	7324.58	154
黄石	Huangshi	3951.80	6338.37	8431.54	115	阳江	Yangjiang	2324.88	4302.26	5850.68	227
十堰	Shiyan	4070.95	7444.27	8893.16	100	清远	Qingyuan	3232.80	5206.46	6991.23	169
宜昌	Yichang	4881.24	11064.91	13499.67	33	东莞	Dongguan	16079.33	24063.18	29805.65	6
襄阳	Xiangyang	3086.04	7356.43	9880.32	79	中山	Zhongshan	9820.23	16844.85	22395.39	10
鄂州	Ezhou	4047.80	7042.98	7870.16	130	潮州	Chaozhou	2158.53	3921.31	5413.12	243
荆门	Jingmen	3145.12	5955.31	7552.91	143	揭阳	Jieyang	1444.50	2722.46	3945.96	282
孝感	Xiaogan	1667.14	4807.82	5515.50	240	云浮	Yunfu	2480.66	4555.01	5266.12	248
荆州	Jingzhou	2471.56	4188.19	5386.90	245	**广西**	**Guangxi**	**3836.92**	**6661.67**	**8476.88**	
黄冈	Huanggang	2478.88	5051.20	5387.15	244	南宁	Nanning	3718.60	6448.09	7128.73	161
咸宁	Xianning	3261.80	5965.69	6352.98	204	柳州	Liuzhou	4188.53	6972.41	8115.93	122
随州	Suizhou	2131.04	4028.97	6100.33	213	桂林	Guilin	3562.85	5953.03	6730.82	186
湖南	**Hunan**	**4029.47**	**7313.65**	**8445.70**		梧州	Wuzhou	2831.53	5589.34	6243.60	207
长沙	Changsha	6186.04	12027.94	13595.73	31	北海	Beihai	3855.42	6200.08	7661.80	136
株洲	Zhuzhou	4054.55	7396.80	8689.22	106	防城港	Fangchenggang	5901.44	10665.83	13776.80	28
湘潭	Xiangtan	3617.73	7003.80	7990.07	125	钦州	Qinzhou	2055.77	3558.76	4764.66	261
衡阳	Hengyang	2733.80	5236.27	6154.09	209	贵港	Guigang	1757.14	2721.29	3395.27	284
邵阳	Shaoyang	2074.42	4262.88	5261.13	249	玉林	Yulin	1948.34	4141.97	4020.65	278
岳阳	Yueyang	2945.66	5629.83	6658.60	189	百色	Baise	3423.78	6341.16	7526.56	144

5-4 人均公共财政预算支出 续表 3
Public Budgetary Expenditure Per Capita continued 3

单位：元/人 (yuan/person)

地名	City	2010	2014	2015	2015 排名 Ranking	地名	City	2010	2014	2015	2015 排名 Ranking
贺州	Hezhou	3008.85	5895.41	6428.96	201	丽江	Lijiang	4906.21	10616.04	11253.13	53
河池	Hechi	2991.57	5426.78	6103.55	212	普洱	Puer	4495.17	8860.83	8410.75	116
来宾	Laibin	3485.28	5996.96	5241.12	250	临沧	Lincang	3760.30	8201.09	8070.94	123
崇左	Chongzuo	3523.52	6287.88	7439.71	150	**西藏**	**Tibet**		**193079.92**	**42637.75**	
海南	**Hainan**	**26951.32**	**49448.94**	**13605.18**		拉萨	Lasa		116588.52		
海口	Haikou	5010.67	9185.64	10372.15	71	**陕西**	**Shaanxi**	**5788.20**	**10285.01**	**11537.19**	
三亚	Sanya	9492.55	18048.98	20476.27	13	西安	Xi'an	4750.96	10104.01	11245.51	54
三沙	Sansha					铜川	Tongchuan	6469.25	9776.30	10743.90	61
重庆	**Chongqing**	**3753.39**	**9814.63**	**12568.78**		宝鸡	Baoji	3502.13	6124.30	6867.27	176
四川	**Sichuan**	**5119.14**	**8106.35**	**9138.85**		咸阳	Xianyang	2921.43	5138.16	5689.96	233
成都	Chengdu	6793.20	11172.28	11956.88	48	渭南	Weinan	2762.96	5533.97	6037.04	217
自贡	Zigong	2480.29	4465.00	5293.22	247	延安	Yan'an	8420.06	13147.51	13401.36	34
攀枝花	Panzhihua	6733.05	10829.08	10185.34	75	汉中	Hanzhong	3323.11	6074.77	6714.44	187
泸州	Luzhou	2535.21	5529.79	6011.23	218	榆林	Yulin	6555.65	11276.49	12328.77	44
德阳	Deyang	5772.56	5023.96	5631.78	234	安康	Ankang	3627.12	7755.15	7368.86	153
绵阳	Mianyang	6356.44	5375.67	5576.97	236	商洛	Shangluo	3839.28	6421.64	7231.73	158
广元	Guangyuan	7097.91	6201.92	6866.07	177	**甘肃**	**Gansu**	**6055.43**	**10389.56**	**11378.12**	
遂宁	Suining	2312.36	4760.39	4826.93	258	兰州	Lanzhou	4541.04	8712.41	10686.65	63
内江	Neijiang	2173.09	3927.80	4577.47	267	嘉峪关	Jiayuguan	6010.85	9152.32	12394.57	43
乐山	Leshan	3354.47	6052.61	6561.76	195	金昌	Jinchang	5213.69	10729.51	11421.41	52
南充	Nanchong	2466.22	4541.26	4979.70	254	白银	Baiyin	4007.89	6475.71	7239.09	157
眉山	Meishan	2769.24	5160.56	5935.90	223	天水	Tianshui	3069.02	4929.07	6098.59	214
宜宾	Yibin	2669.00	5023.82	5575.60	237	武威	Wuwei	3951.09	7989.51	9044.47	95
广安	Guangan	2083.79	3974.61	4762.92	262	张掖	Zhangye	4513.02	8267.07	9492.82	86
达州	Dazhou	2237.73	4177.36	4750.05	263	平凉	Pingliang	3721.63	5910.42	6917.79	174
雅安	Yaan	4998.71	19869.47	14347.29	26	酒泉	Jiuquan	6142.61	9441.06	10876.26	58
巴中	Bazhong	2611.00	5300.26	6482.72	200	庆阳	Qingyang	4370.36	7009.39	7759.95	133
资阳	Ziyang	2017.00	3719.26	4289.89	274	定西	Dingxi	3024.91	5992.83	6575.98	193
贵州	**Guizhou**	**9436.08**	**11490.30**	**11160.06**		陇南	Longnan	4859.95	5810.80	6837.91	180
贵阳	Guiyang	5521.99	11775.06	12851.78	39	**青海**	**Qinghai**	**33685.26**	**36230.98**	**25768.03**	
六盘水	Liupanshui	3530.98	6876.53	7716.56	135	西宁	Xining	4925.46	12314.48	13919.82	27
遵义	Zunyi	2530.23	5062.90	5967.23	220	海东	Haidong		10571.87	12242.79	46
安顺	Anshun	2849.91	5973.81	6644.07	190	**宁夏**	**Ningxia**	**8733.92**	**15130.86**	**17043.19**	
毕节	Bijie		4119.78	4531.63	269	银川	Yinchuan	7629.47	15140.77	16063.05	20
铜仁	Tongren		5995.39	6897.42	175	石嘴山	Shizuishan	8229.54	10320.25	10647.12	64
云南	**Yunnan**	**7976.91**	**15426.78**	**9938.49**		吴忠	Wuzhong	5702.57	10093.96	11167.79	55
昆明	Kunming	5975.05	10819.31	9218.06	90	固原	Guyuan	5197.57	10755.86	12253.39	45
曲靖	Qujing	2922.74	5268.34	6003.80	219	中卫	Zhongwei	4977.00	9404.71	9955.98	78
玉溪	Yuxi	4671.31	8836.90	9453.85	87	**新疆**	**Xinjiang**	**60558.57**	**109353.57**	**16122.32**	
保山	Baoshan	3271.57	6368.27	7444.01	149	乌鲁木齐	Urumqi	6592.46	15281.44	16739.87	17
昭通	Zhaotong	2582.62	5603.52	7463.90	148	克拉玛依	Karamay	14251.89	24381.77	29917.92	5

5-5 公共财政预算支出中教育支出
Public Budgetary Expenditure for Education

单位：亿元 (100 million yuan)

地名	City	2010	2014	2015	2015 排名 Ranking
地方合计	**Region Total**	**11829.06**		**24913.71**	
北京	**Beijing**	**450.22**	**742.05**	**855.67**	
天津	**Tianjin**	**229.56**	**517.01**	**507.44**	
河北	**Hebei**	**514.30**	**868.87**	**1041.16**	
石家庄	Shijiazhuang	70.01	120.09	136.16	17
唐山	Tangshan	60.24	108.99	123.23	25
秦皇岛	Qinhuangdao	21.70	35.85	42.43	176
邯郸	Handan	57.92	90.54	100.60	42
邢台	Xingtai	36.07	56.44	76.44	72
保定	Baoding	55.20	87.04	122.12	28
张家口	Zhangjiakou	29.12	51.45	64.73	100
承德	Chengde	29.93	46.53	57.04	120
沧州	Cangzhou	50.05	75.29	103.46	39
廊坊	Langfang	34.55	53.82	74.18	77
衡水	Hengshui	22.34	36.63	43.45	172
山西	**Shanxi**	**328.58**	**507.28**	**602.85**	
太原	Taiyuan	35.95	52.72	62.09	108
大同	Datong	33.23	38.70	56.18	126
阳泉	Yangquan	12.40	19.29	21.31	250
长治	Changzhi	28.04	39.20	45.78	162
晋城	Jincheng	18.89	32.21	37.22	191
朔州	Shuozhou	16.03	23.24	26.04	238
晋中	Jinzhong	23.24	41.11	52.03	144
运城	Yuncheng	28.54	51.74	59.44	115
忻州	Xinzhou	24.93	36.92	42.21	178
临汾	Linfen	30.50	41.67	51.53	145
吕梁	Lvliang	33.52	52.52	59.82	114
内蒙古	**Inner Mongolia**	**322.11**	**477.77**	**536.53**	
呼和浩特	Hohhot	27.32	38.56	49.27	153
包头	Baotou	28.16	42.57	50.06	149
乌海	Wuhai	7.42	9.92	12.10	281
赤峰	Chifeng	46.59	71.84	79.08	67
通辽	Tongliao	31.24	43.39	53.27	140
鄂尔多斯	Erdos	43.85	56.51	54.43	132
呼伦贝尔	Hulunbuir	29.44	41.95	47.66	156
巴彦淖尔	Bayannur	16.26	23.20	28.23	231
乌兰察布	Ulanqab	17.89	35.22	36.33	196
辽宁	**Liaoning**	**405.39**	**604.49**	**610.24**	
沈阳	Shenyang	77.06	117.45	107.59	37
大连	Dalian	75.35	104.91	109.41	36
鞍山	Anshan	21.42	32.19	29.90	219
抚顺	Fushun	13.33	16.38	16.64	274
本溪	Benxi	15.68	21.22	19.33	261
丹东	Dandong	18.24	26.67	27.71	233
锦州	Jinzhou	17.37	24.25	29.58	223
营口	Yingkou	17.37	20.60	20.39	254
阜新	Fuxin	10.21	20.21	21.40	249
辽阳	Liaoyang	11.61	16.90	18.80	266
盘锦	Panjin	12.48	16.24	19.16	263
铁岭	Tieling	18.62	26.68	29.71	221
朝阳	Chaoyang	20.61	31.38	31.02	217
葫芦岛	Huludao	14.10	25.40	28.32	230
吉林	**Jilin**	**250.20**	**407.10**	**477.57**	
长春	Changchun	57.93	85.60	106.77	38
吉林	Jilin	33.08	49.01	56.24	124
四平	Siping	20.61	33.53	39.87	187
辽源	Liaoyuan	9.13	15.06	17.43	272
通化	Tonghua	15.98	29.25	34.80	202
白山	Baishan	11.72	20.63	20.73	252
松原	Songyuan	16.71	28.92	32.52	211
白城	Baicheng	14.65	26.64	28.89	227
黑龙江	**Heilongjiang**	**299.14**	**505.94**	**549.66**	
哈尔滨	Harbin	69.30	111.52	124.63	24
齐齐哈尔	Qiqihar	33.75	49.38	61.74	110
鸡西	Jixi	13.44	14.47	19.22	262
鹤岗	Hegang	8.11	11.75	12.72	280
双鸭山	Shuangyashan	10.00	18.03	17.86	270
大庆	Daqing	25.89	35.71	43.47	171
伊春	Yichun	7.28	8.87	9.22	282
佳木斯	Jiamusi	16.52	26.66	24.68	243
七台河	Qitaihe	7.30	8.13	8.71	283
牡丹江	Mudanjiang	16.38	32.19	31.41	216
黑河	Heihe	11.11	17.05	16.77	273
绥化	Suihua	26.26	42.91	56.37	122
上海	**Shanghai**	**417.28**	**695.63**	**767.32**	
江苏	**Jiangsu**	**865.36**	**1504.86**	**1746.22**	

5-5 公共财政预算支出中教育支出 续表 1
Public Budgetary Expenditure for Education continued 1

单位：亿元 (100 million yuan)

地名	City	2010	2014	2015	2015 排名 Ranking
南京	Nanjing	76.50	136.88	178.17	10
无锡	Wuxi	82.32	113.03	126.46	23
徐州	Xuzhou	61.24	131.95	152.35	13
常州	Changzhou	40.62	68.20	79.21	66
苏州	Suzhou	123.11	204.05	230.56	5
南通	Nantong	65.03	141.88	164.36	11
连云港	Lianyungang	30.71	66.58	74.46	76
淮安	Huaian	36.57	70.62	78.76	68
盐城	Yancheng	49.24	103.95	127.37	22
扬州	Yangzhou	36.34	65.37	75.29	75
镇江	Zhenjiang	26.99	54.92	64.44	101
泰州	Taizhou	38.62	59.22	68.95	88
宿迁	Suqian	40.10	77.55	81.96	62
浙江	**Zhejiang**	**606.54**	**1030.99**	**1264.93**	
杭州	Hangzhou	105.88	182.69	223.44	7
宁波	Ningbo	89.27	159.62	190.68	8
温州	Wenzhou	79.34	124.99	147.88	14
嘉兴	Jiaxing	42.93	75.66	88.81	54
湖州	Huzhou	25.11	46.45	53.35	139
绍兴	Shaoxing	45.06	77.93	93.53	48
金华	Jinhua	48.37	81.84	101.30	41
衢州	Quzhou	21.66	35.19	42.35	177
舟山	Zhoushan	12.14	24.61	26.33	237
台州	Taizhou	51.57	83.88	98.63	46
丽水	Lishui	24.00	42.19	52.27	143
安徽	**Anhui**	**386.31**	**743.07**	**856.73**	
合肥	Hefei	37.01	108.79	119.29	29
芜湖	Wuhu	16.45	50.90	57.75	119
蚌埠	Bengbu	17.06	35.48	45.75	163
淮南	Huainan	12.79	19.89	23.41	245
马鞍山	Maanshan	12.06	26.65	32.39	214
淮北	Huaibei	10.60	17.53	22.23	247
铜陵	Tongling	6.53	14.75	15.52	276
安庆	Anqing	35.99	58.07	62.83	104
黄山	Huangshan	8.22	14.07	15.78	275
滁州	Chuzhou	20.40	42.37	48.20	155
阜阳	Fuyang	30.90	65.01	82.67	60
宿州	Suzhou	28.16	45.06	55.99	127
六安	Liuan	31.40	62.21	69.21	87
亳州	Bozhou	20.80	36.84	44.89	167
池州	Chizhou	9.66	17.97	19.75	258
宣城	Xuancheng	15.19	33.25	36.35	195
福建	**Fujian**	**327.77**	**634.60**	**757.51**	
福州	Fuzhou	55.99	120.65	135.17	18
厦门	Xiamen	43.38	89.09	101.88	40
莆田	Putian	27.96	47.71	530.03	1
三明	Sanming	20.69	41.68	49.72	150
泉州	Quanzhou	60.21	104.46	122.84	26
漳州	Zhangzhou	28.61	51.82	62.60	106
南平	Nanping	17.77	36.17	43.66	170
龙岩	Longyan	22.84	43.18	55.04	130
宁德	Ningde	19.32	39.57	50.67	147
江西	**Jiangxi**	**297.50**	**711.72**	**793.27**	
南昌	Nanchang	34.83	81.40	85.46	57
景德镇	Jingdezhen	9.77	17.59	25.11	241
萍乡	Pingxiang	9.32	23.49	26.63	235
九江	Jiujiang	23.97	71.58	82.31	61
新余	Xinyu	8.48	19.12	19.92	256
鹰潭	Yingtan	5.82	15.76	17.96	269
赣州	Ganzhou	40.76	108.81	118.59	30
吉安	Jian	25.03	67.21	76.61	71
宜春	Yichun	28.65	69.30	78.75	69
抚州	Fuzhou	20.34	51.29	56.22	125
上饶	Shangrao	36.07	87.08	92.48	52
山东	**Shandong**	**770.45**	**1461.05**	**1690.62**	
济南	Jinan	50.33	93.22	116.36	32
青岛	Qingdao	86.07	187.13	234.09	4
淄博	Zibo	40.37	74.66	84.91	58
枣庄	Zaozhuang	25.52	40.42	46.06	160
东营	Dongying	25.10	46.43	49.45	151
烟台	Yantai	56.64	104.62	122.69	27
潍坊	Weifang	73.10	139.79	159.93	12
济宁	Jining	55.89	103.47	114.03	33
泰安	Taian	30.61	53.13	65.06	98
威海	Weihai	31.71	59.12	69.28	86
日照	Rizhao	20.48	35.27	40.91	183
莱芜	Laiwu	12.28	18.35	19.00	264
临沂	Linyi	51.91	107.48	128.24	20
德州	Dezhou	28.61	52.60	60.98	111
聊城	Liaocheng	30.07	51.99	62.05	109

5-5 公共财政预算支出中教育支出 续表 2
Public Budgetary Expenditure for Education continued 2

单位：亿元 (100 million yuan)

地名	City	2010	2014	2015	2015 排名 Ranking
滨州	Binzhou	30.81	51.95	58.18	117
菏泽	Heze	37.45	67.03	80.61	64
河南	**Henan**	**609.37**	**1201.38**	**1271.00**	
郑州	Zhengzhou	67.32	124.41	147.60	15
开封	Kaifeng	19.71	41.65	46.96	157
洛阳	Luoyang	44.50	79.54	85.70	56
平顶山	Pingdingshan	24.69	47.67	49.40	152
安阳	Anyang	31.81	53.05	55.76	128
鹤壁	Hebi	9.41	20.29	18.16	267
新乡	Xinxiang	31.64	62.56	65.65	96
焦作	Jiaozuo	19.61	36.25	36.04	198
濮阳	Puyang	21.15	41.50	45.05	165
许昌	Xuchang	23.86	50.95	54.09	134
漯河	Luohe	11.05	26.42	26.43	236
三门峡	Sanmenxia	18.11	34.90	35.11	200
南阳	Nanyang	45.18	96.81	100.06	43
商丘	Shangqiu	43.58	79.80	70.55	82
信阳	Xinyang	40.04	79.94	81.79	63
周口	Zhoukou	45.15	90.43	93.21	49
驻马店	Zhumadian	35.10	74.01	76.66	70
湖北	**Hubei**	**359.44**	**773.35**	**913.05**	
武汉	Wuhan	75.29	144.26	184.20	9
黄石	Huangshi	14.76	25.89	31.44	215
十堰	Shiyan	17.63	35.38	41.16	182
宜昌	Yichang	26.81	53.26	62.92	103
襄阳	Xiangyang	28.56	68.53	79.87	65
鄂州	Ezhou	6.04	12.01	13.87	278
荆门	Jingmen	11.41	25.15	29.88	220
孝感	Xiaogan	21.07	43.95	48.59	154
荆州	Jingzhou	23.31	44.10	44.95	166
黄冈	Huanggang	34.94	74.65	83.42	59
咸宁	Xianning	13.42	27.83	33.04	209
随州	Suizhou	9.38	16.90	19.69	259
湖南	**Hunan**	**403.10**	**833.27**	**928.54**	
长沙	Changsha	53.93	126.08	144.49	16
株洲	Zhuzhou	22.07	41.37	44.22	169
湘潭	Xiangtan	14.86	26.32	29.09	225
衡阳	Hengyang	29.66	63.18	75.73	73
邵阳	Shaoyang	27.86	58.90	75.64	74
岳阳	Yueyang	26.87	50.39	52.76	142
常德	Changde	29.66	51.18	58.71	116
张家界	Zhangjiajie	7.50	17.39	19.66	260
益阳	Yiyang	19.85	38.08	44.28	168
郴州	Chenzhou	31.75	64.42	65.14	97
永州	Yongzhou	30.06	55.63	62.32	107
怀化	Huaihua	24.37	50.00	58.13	118
娄底	Loudi	16.31	35.87	36.70	193
广东	**Guangdong**	**921.48**	**1808.97**	**2040.65**	
广州	Guangzhou	112.63	229.04	287.07	3
韶关	Shaoguan	18.65	39.70	45.91	161
深圳	Shenzhen	47.82	330.80	288.55	2
珠海	Zhuhai	25.97	49.09	52.88	141
汕头	Shantou	30.31	57.03	73.71	79
佛山	Foshan	69.11	105.74	128.00	21
江门	Jiangmen	26.30	54.52	64.15	102
湛江	Zhanjiang	35.09	73.83	99.67	44
茂名	Maoming	31.41	74.75	90.13	53
肇庆	Zhaoqing	26.75	55.35	55.22	129
惠州	Huizhou	32.39	85.04	94.94	47
梅州	Meizhou	25.44	55.61	68.39	90
汕尾	Shanwei	13.51	31.51	39.70	188
河源	Heyuan	19.86	37.20	45.62	164
阳江	Yangjiang	13.06	26.08	27.85	232
清远	Qingyuan	27.08	48.08	54.58	131
东莞	Dongguan	65.31	118.94	130.93	19
中山	Zhongshan	38.27	71.94	62.80	105
潮州	Chaozhou	11.30	25.46	32.40	213
揭阳	Jieyang	24.70	53.85	68.95	88
云浮	Yunfu	12.99	1.88	32.52	212
广西	**Guangxi**	**366.84**	**660.53**	**789.69**	
南宁	Nanning	42.98	75.50	92.49	51
柳州	Liuzhou	27.91	45.44	66.97	94
桂林	Guilin	33.53	53.52	66.00	95
梧州	Wuzhou	21.13	37.94	43.04	174
北海	Beihai	11.88	19.48	24.95	242
防城港	Fangchenggang	6.15	11.68	14.00	277
钦州	Qinzhou	19.48	34.47	41.82	180
贵港	Guigang	25.95	43.34	50.94	146
玉林	Yulin	34.38	58.81	73.87	78
百色	Baise	26.83	49.82	60.16	113

5-5 公共财政预算支出中教育支出 续表 3
Public Budgetary Expenditure for Education continued 3

单位：亿元 (100 million yuan)

地名	City	2010	2014	2015	2015 排名 Ranking	地名	City	2010	2014	2015	2015 排名 Ranking
贺州	Hezhou	14.15	24.00	29.41	224	丽江	Lijiang	9.83	19.85	20.97	251
河池	Hechi	26.22	47.59	53.44	137	普洱	Puer	17.40	28.36	34.52	203
来宾	Laibin	14.56	26.84	28.73	229	临沧	Lincang	16.50	33.09	35.62	199
崇左	Chongzuo	13.70	31.92	33.99	205	**西藏**	**Tibet**	**45.45**	**142.08**	**167.27**	
海南	**Hainan**	**98.33**	**175.95**	**206.84**		拉萨	Lasa	8.95	64.44	56.35	123
海口	Haikou	14.20	23.47	33.71	206	**陕西**	**Shaanxi**	**377.79**	**693.83**	**758.07**	
三亚	Sanya	8.37	15.56	18.93	265	西安	Xi'an	53.08	111.52	118.39	31
三沙	Sansha					铜川	Tongchuan	7.91	17.28	18.10	268
重庆	**Chongqing**	**200.43**	**469.98**	**536.24**		宝鸡	Baoji	26.21	52.14	56.96	121
四川	**Sichuan**	**540.65**	**1056.91**	**1252.33**		咸阳	Xianyang	34.57	60.06	64.73	99
成都	Chengdu	97.67	183.06	228.34	6	渭南	Weinan	34.33	62.84	67.74	92
自贡	Zigong	12.77	23.20	30.14	218	延安	Yan'an	30.29	57.19	53.35	138
攀枝花	Panzhihua	11.73	22.42	26.00	240	汉中	Hanzhong	21.74	48.90	54.25	133
泸州	Luzhou	23.96	54.71	60.76	112	榆林	Yulin	49.38	93.71	22.47	246
德阳	Deyang	16.37	29.19	36.38	194	安康	Ankang	21.87	48.30	53.69	135
绵阳	Mianyang	23.56	45.30	53.58	136	商洛	Shangluo	20.13	39.70	41.71	181
广元	Guangyuan	17.95	33.75	35.10	201	**甘肃**	**Gansu**	**228.23**	**401.26**	**498.33**	
遂宁	Suining	15.58	27.10	33.61	207	兰州	Lanzhou	29.54	51.48	67.11	93
内江	Neijiang	16.48	32.38	39.55	189	嘉峪关	Jiayuguan	1.52	3.12	3.59	285
乐山	Leshan	16.54	32.16	38.42	190	金昌	Jinchang	3.58	5.50	7.14	284
南充	Nanchong	37.65	60.94	71.82	81	白银	Baiyin	15.37	22.13	26.00	239
眉山	Meishan	14.73	29.74	34.28	204	天水	Tianshui	20.68	39.05	46.54	158
宜宾	Yibin	25.39	56.78	67.90	91	武威	Wuwei	13.58	21.43	27.00	234
广安	Guangan	19.47	39.66	46.14	159	张掖	Zhangye	8.79	17.45	19.75	257
达州	Dazhou	26.85	58.25	69.66	84	平凉	Pingliang	16.91	28.98	36.21	197
雅安	Yaan	7.83	13.62	17.76	271	酒泉	Jiuquan	8.72	18.42	20.72	253
巴中	Bazhong	18.03	37.34	43.13	173	庆阳	Qingyang	19.14	32.73	42.44	175
资阳	Ziyang	19.01	34.94	40.18	186	定西	Dingxi	18.22	32.39	40.26	185
贵州	**Guizhou**	**292.06**	**637.03**	**772.91**		陇南	Longnan	16.20	28.79	33.57	208
贵阳	Guiyang	35.30	80.47	98.66	45	**青海**	**Qinghai**	**82.47**	**156.31**	**163.19**	
六盘水	Liupanshui	23.33	44.50	50.37	148	西宁	Xining	22.33	34.59	40.79	184
遵义	Zunyi	42.96	87.12	111.37	34	海东	Haidong		27.63	28.83	228
安顺	Anshun	14.90	32.97	41.92	179	**宁夏**	**Ningxia**	**81.59**	**122.68**	**142.51**	
毕节	Bijie	44.93	90.68	110.85	35	银川	Yinchuan	17.64	26.55	29.61	222
铜仁	Tongren	24.81	57.54	72.12	80	石嘴山	Shizuishan	9.40	11.09	13.47	279
云南	**Yunnan**	**374.79**	**674.94**	**767.46**		吴忠	Wuzhong	4.39	19.54	24.01	244
昆明	Kunming	47.11	85.50	92.71	50	固原	Guyuan	16.49	25.63	29.07	226
曲靖	Qujing	44.86	75.78	86.83	55	中卫	Zhongwei	10.68	17.58	20.14	255
玉溪	Yuxi	19.52	32.25	36.81	192	**新疆**	**Xinjiang**	**313.84**	**567.20**	**647.93**	
保山	Baoshan	16.18	29.62	32.87	210	乌鲁木齐	Urumqi	26.55	65.77	70.42	83
昭通	Zhaotong	33.03	59.46	69.50	85	克拉玛依	Karamay	11.53	21.16	21.93	248

5-6 公共财政预算支出中科学技术支出
Public Budgetary Expenditure for Science and Technology

单位：亿元 (100 million yuan)

地名	City	2010	2014	2015	2015 排名 Ranking	地名	City	2010	2014	2015	2015 排名 Ranking
地方合计	**City Total**	**1588.88**	**2877.79**	**3384.18**		沈阳	Shenyang	15.35	26.56	23.45	20
北京	**Beijing**	**178.92**	**282.71**	**287.80**		大连	Dalian	26.60	43.03	18.28	28
天津	**Tianjin**	**43.25**	**109.00**	**120.82**		鞍山	Anshan	1.96	4.49	2.30	155
河北	**Hebei**	**29.65**	**51.32**	**45.50**		抚顺	Fushun	1.15	2.68	1.51	201
石家庄	Shijiazhuang	4.50	7.29	9.08	52	本溪	Benxi	1.14	3.02	1.23	214
唐山	Tangshan	4.77	8.16	6.42	73	丹东	Dandong	0.87	1.69	1.43	205
秦皇岛	Qinhuangdao	0.78	1.90	0.92	236	锦州	Jinzhou	1.23	2.58	0.88	241
邯郸	Handan	2.15	6.76	4.13	98	营口	Yingkou	2.01	1.07	0.85	245
邢台	Xingtai	0.84	1.92	1.38	206	阜新	Fuxin	0.21	0.43	0.40	278
保定	Baoding	2.17	2.27	2.23	162	辽阳	Liaoyang	1.46	2.17	0.91	237
张家口	Zhangjiakou	1.20	1.52	1.18	216	盘锦	Panjin	0.97	1.99	1.19	215
承德	Chengde	1.03	1.67	1.56	196	铁岭	Tieling	1.87	2.85	1.05	225
沧州	Cangzhou	1.18	3.50	1.85	185	朝阳	Chaoyang	0.98	1.73	0.51	273
廊坊	Langfang	2.35	2.94	4.16	96	葫芦岛	Huludao	0.94	2.30	0.65	266
衡水	Hengshui	0.67	0.82	0.85	244	**吉林**	**Jilin**	**19.12**	**36.45**	**41.39**	
山西	**Shanxi**	**20.12**	**54.26**	**34.47**		长春	Changchun	3.49	7.01	9.00	53
太原	Taiyuan	4.70	14.15	12.80	39	吉林	Jilin	2.40	5.66	3.48	117
大同	Datong	0.90	1.29	0.78	254	四平	Siping	0.38	0.94	0.58	271
阳泉	Yangquan	0.72	0.83	0.58	270	辽源	Liaoyuan	0.30	0.77	0.79	253
长治	Changzhi	1.46	1.47	1.62	193	通化	Tonghua	1.95	4.87	4.70	90
晋城	Jincheng	1.28	1.98	2.24	160	白山	Baishan	0.52	1.46	0.80	252
朔州	Shuozhou	0.73	0.97	0.92	234	松原	Songyuan	0.15	0.25	0.21	282
晋中	Jinzhong	1.01	1.92	1.90	181	白城	Baicheng	0.47	0.85	0.94	233
运城	Yuncheng	1.08	1.83	1.55	197	**黑龙江**	**Heilongjiang**	**27.69**	**39.46**	**42.91**	
忻州	Xinzhou	0.89	0.86	0.92	235	哈尔滨	Harbin	8.94	10.03	9.09	51
临汾	Linfen	1.04	1.39	0.90	239	齐齐哈尔	Qiqihar	1.48	1.29	2.20	164
吕梁	Lvliang	1.17	1.58	1.07	223	鸡西	Jixi	0.33	0.49	0.77	255
内蒙古	**Inner Mongolia**	**21.39**	**32.87**	**35.72**		鹤岗	Hegang	0.46	0.51	0.38	279
呼和浩特	Hohhot	1.93	3.60	2.55	143	双鸭山	Shuangyashan	0.34	0.60	0.37	280
包头	Baotou	2.92	5.15	5.40	79	大庆	Daqing	1.24	0.83	1.16	219
乌海	Wuhai	0.78	1.50	1.95	177	伊春	Yichun	0.34	0.42	0.40	277
赤峰	Chifeng	0.80	1.76	1.43	204	佳木斯	Jiamusi	0.42	0.34	0.96	230
通辽	Tongliao	1.74	1.61	1.97	175	七台河	Qitaihe	0.11	0.22	0.14	285
鄂尔多斯	Erdos	2.86	2.35	3.71	108	牡丹江	Mudanjiang	2.07	1.78	1.25	212
呼伦贝尔	Hulunbuir	1.59	3.54	3.98	101	黑河	Heihe	0.32	0.82	1.14	221
巴彦淖尔	Bayannur	0.85	0.60	0.69	259	绥化	Suihua	0.64	0.83	2.02	169
乌兰察布	Ulanqab	0.56	1.42	0.81	251	**上海**	**Shanghai**	**202.03**	**262.29**	**271.85**	
辽宁	**Liaoning**	**68.90**	**108.82**	**68.92**		**江苏**	**Jiangsu**	**150.35**	**327.10**	**371.96**	

5-6 公共财政预算支出中科学技术支出 续表 1
Public Budgetary Expenditure for Science and Technology continued 1

单位：亿元 (100 million yuan)

地名	City	2010	2014	2015	2015 排名 Ranking
南京	Nanjing	16.51	44.72	52.03	6
无锡	Wuxi	18.97	35.47	35.97	10
徐州	Xuzhou	4.54	17.48	19.19	25
常州	Changzhou	8.71	21.70	22.75	21
苏州	Suzhou	35.71	75.80	88.33	3
南通	Nantong	9.99	21.79	24.27	18
连云港	Lianyungang	4.26	10.04	11.04	48
淮安	Huaian	4.48	10.62	12.05	43
盐城	Yancheng	6.02	23.63	28.91	14
扬州	Yangzhou	6.78	11.30	13.19	38
镇江	Zhenjiang	5.24	11.87	12.27	41
泰州	Taizhou	4.38	7.65	11.21	47
宿迁	Suqian	3.19	9.82	8.64	56
浙江	**Zhejiang**	**121.40**	**207.99**	**250.79**	
杭州	Hangzhou	28.86	52.41	70.15	4
宁波	Ningbo	22.15	42.82	47.31	7
温州	Wenzhou	6.67	11.30	12.00	44
嘉兴	Jiaxing	7.54	14.09	16.36	32
湖州	Huzhou	3.67	6.98	8.39	57
绍兴	Shaoxing	9.55	18.46	20.97	22
金华	Jinhua	7.55	13.38	16.09	33
衢州	Quzhou	2.75	5.86	6.79	71
舟山	Zhoushan	2.44	4.48	5.10	85
台州	Taizhou	5.76	9.81	16.70	30
丽水	Lishui	2.45	4.61	5.45	78
安徽	**Anhui**	**57.98**	**129.59**	**147.94**	
合肥	Hefei	17.96	29.05	37.27	9
芜湖	Wuhu	10.01	34.29	35.73	11
蚌埠	Bengbu	3.46	7.62	11.22	46
淮南	Huainan	1.27	2.33	2.34	153
马鞍山	Maanshan	2.45	5.75	6.65	72
淮北	Huaibei	0.83	1.67	1.34	209
铜陵	Tongling	1.20	7.39	7.78	64
安庆	Anqing	2.48	6.19	7.17	69
黄山	Huangshan	1.41	3.58	3.69	109
滁州	Chuzhou	1.33	4.67	6.22	74
阜阳	Fuyang	0.59	1.69	3.89	103
宿州	Suzhou	0.66	2.24	2.25	159
六安	Liuan	0.85	3.15	3.28	122
亳州	Bozhou	0.36	1.44	2.85	131
池州	Chizhou	1.02	1.71	1.91	180
宣城	Xuancheng	2.31	7.69	7.69	65
福建	**Fujian**	**32.31**	**67.40**	**76.60**	
福州	Fuzhou	4.18	9.33	10.06	49
厦门	Xiamen	9.60	17.39	18.58	27
莆田	Putian	1.22	3.50	2.75	135
三明	Sanming	1.27	3.95	4.46	95
泉州	Quanzhou	4.72	10.57	12.38	40
漳州	Zhangzhou	1.80	4.41	4.47	94
南平	Nanping	1.01	1.92	1.93	179
龙岩	Longyan	1.48	4.82	5.79	77
宁德	Ningde	0.96	1.30	1.35	207
江西	**Jiangxi**	**18.26**	**58.37**	**74.79**	
南昌	Nanchang	3.56	7.90	8.20	60
景德镇	Jingdezhen	0.59	1.14	2.61	142
萍乡	Pingxiang	0.85	3.00	3.83	105
九江	Jiujiang	0.78	4.75	5.18	84
新余	Xinyu	1.08	1.88	2.63	139
鹰潭	Yingtan	0.31	2.30	2.90	127
赣州	Ganzhou	1.00	6.10	8.34	58
吉安	Jian	0.77	6.56	7.52	67
宜春	Yichun	1.13	6.04	8.27	59
抚州	Fuzhou	0.85	3.13	4.95	87
上饶	Shangrao	1.15	4.20	5.27	82
山东	**Shandong**	**84.36**	**147.06**	**159.05**	
济南	Jinan	6.21	9.60	11.48	45
青岛	Qingdao	9.87	27.01	28.58	16
淄博	Zibo	4.84	8.26	9.99	50
枣庄	Zaozhuang	1.55	1.90	1.25	213
东营	Dongying	2.02	5.29	2.67	137
烟台	Yantai	10.63	16.64	18.64	26
潍坊	Weifang	7.22	13.38	13.81	36
济宁	Jining	5.27	8.07	8.03	61
泰安	Taian	2.81	3.95	4.12	99
威海	Weihai	5.62	9.67	12.20	42
日照	Rizhao	0.94	2.01	2.28	156
莱芜	Laiwu	1.30	2.24	1.89	183
临沂	Linyi	3.29	4.60	4.83	88
德州	Dezhou	2.01	4.21	7.51	68
聊城	Liaocheng	2.07	3.69	1.98	173

5-6 公共财政预算支出中科学技术支出 续表 2
Public Budgetary Expenditure for Science and Technology continued 2

单位：亿元 (100 million yuan)

地名	City	2010	2014	2015	2015 排名 Ranking	地名	City	2010	2014	2015	2015 排名 Ranking
滨州	Binzhou	2.40	5.37	5.27	83	常德	Changde	1.03	2.29	2.35	152
菏泽	Heze	1.85	4.03	2.40	149	张家界	Zhangjiajie	0.22	0.37	0.30	281
河南	**Henan**	**44.67**	**81.25**	**83.25**		益阳	Yiyang	0.71	2.08	1.96	176
郑州	Zhengzhou	9.50	14.49	17.86	29	郴州	Chenzhou	2.33	4.46	4.58	92
开封	Kaifeng	1.22	2.43	2.54	144	永州	Yongzhou	0.85	1.72	2.17	165
洛阳	Luoyang	3.31	8.47	8.89	54	怀化	Huaihua	0.63	1.24	1.27	211
平顶山	Pingdingshan	1.64	2.81	2.20	163	娄底	Loudi	0.88	0.94	1.11	222
安阳	Anyang	2.47	4.19	3.86	104	**广东**	**Guangdong**	**214.44**	**274.33**	**569.55**	
鹤壁	Hebi	0.51	1.01	1.02	229	广州	Guangzhou	31.94	56.32	88.67	2
新乡	Xinxiang	2.58	4.00	3.18	124	韶关	Shaoguan	1.42	2.42	5.37	80
焦作	Jiaozuo	2.81	4.13	3.51	115	深圳	Shenzhen	99.84	94.60	214.32	1
濮阳	Puyang	1.09	2.32	2.13	167	珠海	Zhuhai	5.70	12.52	28.63	15
许昌	Xuchang	1.30	4.19	2.79	133	汕头	Shantou	1.45	2.10	3.42	119
漯河	Luohe	0.45	1.12	0.90	239	佛山	Foshan	11.34	15.38	30.27	13
三门峡	Sanmenxia	1.63	2.87	1.89	182	江门	Jiangmen	2.99	5.15	7.99	62
南阳	Nanyang	3.53	6.62	6.17	75	湛江	Zhanjiang	0.58	1.44	2.31	154
商丘	Shangqiu	1.24	2.28	1.93	178	茂名	Maoming	0.44	0.68	2.36	151
信阳	Xinyang	1.16	2.02	2.00	170	肇庆	Zhaoqing	2.30	4.04	4.98	86
周口	Zhoukou	1.38	2.78	2.70	136	惠州	Huizhou	3.57	19.76	19.79	24
驻马店	Zhumadian	1.80	3.59	3.30	121	梅州	Meizhou	0.99	1.50	4.07	100
湖北	**Hubei**	**30.09**	**134.46**	**157.36**		汕尾	Shanwei	0.40	1.13	2.25	158
武汉	Wuhan	11.70	56.90	68.19	5	河源	Heyuan	0.80	4.26	4.54	93
黄石	Huangshi	1.05	1.99	2.44	147	阳江	Yangjiang	0.80	1.16	1.78	187
十堰	Shiyan	0.98	3.59	3.51	116	清远	Qingyuan	1.33	2.37	2.86	129
宜昌	Yichang	2.89	6.71	13.72	37	东莞	Dongguan	7.98	14.10	30.83	12
襄阳	Xiangyang	1.81	18.79	20.15	23	中山	Zhongshan	6.72	12.87	16.56	31
鄂州	Ezhou	0.33	0.59	0.81	250	潮州	Chaozhou	0.44	0.54	2.89	128
荆门	Jingmen	0.72	2.83	4.81	89	揭阳	Jieyang	0.48	0.58	1.45	203
孝感	Xiaogan	1.06	3.47	7.80	63	云浮	Yunfu	1.14	27.54	3.64	111
荆州	Jingzhou	0.57	3.88	5.29	81	**广西**	**Guangxi**	**21.66**	**59.93**	**49.63**	
黄冈	Huanggang	2.09	5.52	6.81	70	南宁	Nanning	2.84	7.25	5.82	76
咸宁	Xianning	0.97	2.46	3.02	126	柳州	Liuzhou	2.09	4.17	3.60	112
随州	Suizhou	0.58	1.53	2.14	166	桂林	Guilin	1.90	4.56	3.34	120
湖南	**Hunan**	**35.04**	**59.38**	**66.26**		梧州	Wuzhou	0.27	2.52	1.53	199
长沙	Changsha	13.33	22.46	24.17	19	北海	Beihai	0.21	2.67	0.43	276
株洲	Zhuzhou	2.10	4.39	7.64	66	防城港	Fangchenggang	0.14	1.45	0.67	262
湘潭	Xiangtan	2.20	2.58	2.64	138	钦州	Qinzhou	0.22	1.60	2.42	148
衡阳	Hengyang	1.24	1.97	2.10	168	贵港	Guigang	0.16	1.07	1.16	218
邵阳	Shaoyang	0.63	1.21	1.84	186	玉林	Yulin	0.58	2.00	2.25	157
岳阳	Yueyang	1.80	3.54	3.66	110	百色	Baise	0.67	3.27	2.45	146

5-6 公共财政预算支出中科学技术支出 续表 3
Public Budgetary Expenditure for Science and Technology continued 3

单位：亿元 (100 million yuan)

地名	City	2010	2014	2015	2015 排名 Ranking	地名	City	2010	2014	2015	2015 排名 Ranking
贺州	Hezhou	0.29	1.52	1.16	220	丽江	Lijiang	0.46	0.80	0.90	238
河池	Hechi	0.65	1.96	1.52	200	普洱	Puer	0.84	1.22	1.31	210
来宾	Laibin	0.31	1.65	0.68	260	临沧	Lincang	0.32	0.62	0.66	265
崇左	Chongzuo	0.47	1.67	1.68	191	**西藏**	**Tibet**	**2.71**	**4.42**	**5.41**	
海南	**Hainan**	**7.47**	**13.53**	**12.38**		拉萨	Lasa		3.22	3.91	102
海口	Haikou	0.96	1.04	0.83	248	**陕西**	**Shaanxi**	**25.25**	**44.86**	**57.28**	
三亚	Sanya	1.76	3.23	3.72	107	西安	Xi'an	4.36	13.49	25.44	17
三沙	Sansha					铜川	Tongchuan	0.22	0.49	0.70	258
重庆	**Chongqing**	**17.90**	**38.16**	**45.67**		宝鸡	Baoji	1.27	2.42	2.00	170
四川	**Sichuan**	**34.71**	**81.76**	**96.69**		咸阳	Xianyang	0.82	1.29	1.17	217
成都	Chengdu	10.70	25.36	39.02	8	渭南	Weinan	0.54	2.55	2.61	141
自贡	Zigong	0.70	3.22	3.45	118	延安	Yan'an	1.68	2.36	2.24	161
攀枝花	Panzhihua	0.76	2.05	1.69	190	汉中	Hanzhong	0.70	1.47	1.53	198
泸州	Luzhou	0.65	2.55	3.52	114	榆林	Yulin	3.23	5.22	1.99	172
德阳	Deyang	0.93	3.62	2.62	140	安康	Ankang	0.47	0.61	0.67	263
绵阳	Mianyang	1.91	7.66	4.67	91	商洛	Shangluo	0.44	0.75	0.83	247
广元	Guangyuan	0.51	1.24	1.04	227	**甘肃**	**Gansu**	**10.89**	**21.16**	**29.85**	
遂宁	Suining	0.43	0.78	0.84	246	兰州	Lanzhou	2.02	3.16	4.14	97
内江	Neijiang	0.31	0.89	1.67	192	嘉峪关	Jiayuguan	0.11	0.19	0.18	284
乐山	Leshan	1.07	1.84	1.85	184	金昌	Jinchang	0.26	0.32	0.20	283
南充	Nanchong	0.81	1.23	1.78	188	白银	Baiyin	0.30	0.83	0.64	267
眉山	Meishan	0.35	0.76	0.75	257	天水	Tianshui	0.70	1.11	1.04	228
宜宾	Yibin	1.55	3.05	3.13	125	武威	Wuwei	0.21	0.47	0.60	268
广安	Guangan	0.28	0.77	1.05	226	张掖	Zhangye	0.33	0.74	0.53	272
达州	Dazhou	0.73	1.45	1.61	194	平凉	Pingliang	0.40	0.56	0.51	273
雅安	Yaan	0.43	3.37	2.45	145	酒泉	Jiuquan	0.45	1.17	0.95	232
巴中	Bazhong	0.32	0.64	0.82	249	庆阳	Qingyang	0.57	1.71	1.35	208
资阳	Ziyang	0.80	1.79	1.59	195	定西	Dingxi	0.59	1.00	0.85	243
贵州	**Guizhou**	**16.66**	**44.34**	**58.68**		陇南	Longnan	0.22	0.57	0.58	269
贵阳	Guiyang	3.61	12.38	14.55	34	**青海**	**Qinghai**	**4.08**	**10.39**	**11.22**	
六盘水	Liupanshui	0.62	1.35	3.55	113	西宁	Xining	0.66	1.86	1.98	174
遵义	Zunyi	1.40	3.55	3.79	106	海东	Haidong		0.46	0.68	260
安顺	Anshun	0.53	1.22	1.77	189	**宁夏**	**Ningxia**	**5.97**	**11.66**	**17.25**	
毕节	Bijie	0.00	2.32	2.77	134	银川	Yinchuan	1.16	3.80	3.25	123
铜仁	Tongren	0.00	1.76	2.86	129	石嘴山	Shizuishan	0.19	0.65	0.66	264
云南	**Yunnan**	**21.43**	**43.15**	**48.56**		吴忠	Wuzhong	0.34	0.82	0.87	242
昆明	Kunming	4.44	12.57	14.47	35	固原	Guyuan	0.39	0.60	0.48	275
曲靖	Qujing	1.45	2.02	2.39	150	中卫	Zhongwei	0.28	1.35	1.06	224
玉溪	Yuxi	1.28	2.52	2.82	132	**新疆**	**Xinjiang**	**20.19**	**40.34**	**41.64**	
保山	Baoshan	0.34	0.77	0.95	231	乌鲁木齐	Urumqi	2.15	8.47	8.81	55
昭通	Zhaotong	0.87	0.94	0.75	256	克拉玛依	Karamay	0.99	1.41	1.51	202

居民生活和社会保障

People's Living Conditions and Social Security

6-1　城镇居民人均可支配收入
Annual Per Capita Disposable Income of Urban Households

单位：元　　　　(yuan)

地名	City	2010	2014	2015	2015 排名 Ranking
全国	**Nation Total**	**19109**	**28844**	**31195**	
北京	**Beijing**	**29073**	**48532**	**52859**	
天津	**Tianjin**	**24293**	**31506**	**34101**	
河北	**Hebei**	**16263**	**24141**	**26152**	
石家庄	Shijiazhuang	16263	25996	28168	93
唐山	Tangshan	16263	28891	31272	57
秦皇岛	Qinhuangdao	16263	26053	28158	94
邯郸	Handan	16263	22699	24630	186
邢台	Xingtai	16263	20007	21895	234
保定	Baoding	16263	21673	23663	201
张家口	Zhangjiakou	16263	21651	23841	198
承德	Chengde	16263	20983	22885	223
沧州	Cangzhou	16263	24174	26350	138
廊坊	Langfang	16263	29416	31925	55
衡水	Hengshui	16263	19614	21615	238
山西	**Shanxi**	**15648**	**24069**	**25828**	
太原	Taiyuan	17258	25768	27727	102
大同	Datong	16103	23043	24771	180
阳泉	Yangquan	17084	24825	26414	133
长治	Changzhi	17123	24565	26407	134
晋城	Jincheng	17353	24907	26651	129
朔州	Shuozhou	17558	25725	27500	107
晋中	Jinzhong	17394	25652	27525	106
运城	Yuncheng	14952	22226	24049	193
忻州	Xinzhou	14939	21735	23452	208
临汾	Linfen	16145	23610	25498	157
吕梁	Lvliang	15278	21485	22903	222
内蒙古	**Inner Mongolia**	**17698**	**28350**	**30594**	
呼和浩特	Hohhot	25174	34723	37362	28
包头	Baotou	25862	35506	38098	26
乌海	Wuhai	19741	31481	33968	44
赤峰	Chifeng	14108	23199	25195	169
通辽	Tongliao	14263	23377	25364	162
鄂尔多斯	Erdos	25205	34983	37432	27
呼伦贝尔	Hulunbuir	14857	24787	26844	123
巴彦淖尔	Bayannur	14421	22618	24314	190
乌兰察布	Ulanqab	14202	22796	24597	187
辽宁	**Liaoning**	**17713**	**29082**	**31126**	
沈阳	Shenyang	20541	34233	36643	31
大连	Dalian	21293	33591	35889	37
鞍山	Anshan	18423	27846	29943	68
抚顺	Fushun	15303	25035	26818	124
本溪	Benxi	16775	25972	27720	103
丹东	Dandong	14536	22931	24724	184
锦州	Jinzhou	17375	25214	27040	119
营口	Yingkou	18055	28222	30458	63
阜新	Fuxin	12711	21195	22662	226
辽阳	Liaoyang	16570	24382	26389	136
盘锦	Panjin	21035	30857	32465	52
铁岭	Tieling	13730	19276	20689	255
朝阳	Chaoyang	12961	19634	21211	246
葫芦岛	Huludao	17371	23010	24768	182
吉林	**Jilin**	**15411**	**23218**	**24901**	
长春	Changchun	17922	27299		
吉林	Jilin	16936	27297		
四平	Siping	16459	26629		
辽源	Liaoyuan	16665	26252		
通化	Tonghua	16704	26701		
白山	Baishan	16356	26694		
松原	Songyuan	16800	27290		
白城	Baicheng	15904	24328		
黑龙江	**Heilongjiang**	**13857**	**22609**	**24203**	
哈尔滨	Harbin	17557	28816	30978	61
齐齐哈尔	Qiqihar	13377	21283	23022	217
鸡西	Jixi	13005	19375	20132	261
鹤岗	Hegang	12044	18116	18891	267
双鸭山	Shuangyashan	14157	19965	21248	245
大庆	Daqing	20016	32307	34402	39
伊春	Yichun	10317	19091	20844	251
佳木斯	Jiamusi	12186	21518	23033	216
七台河	Qitaihe	15002	20068	20776	253
牡丹江	Mudanjiang	12806	24735	26673	127
黑河	Heihe		21092	22935	219
绥化	Suihua		19111	20664	256
上海	**Shanghai**	**31838**	**48841**	**52962**	
江苏	**Jiangsu**	**22944**	**34346**	**37173**	

6-1 城镇居民人均可支配收入 续表 1

Annual Per Capita Disposable Income of Urban Households continued 1

单位：元 (yuan)

地名	City	2010	2014	2015	2015 排名 Ranking
南京	Nanjing	27383	42568	46104	6
无锡	Wuxi	27750	41731	45129	8
徐州	Xuzhou	16762	24080	26219	142
常州	Changzhou	25875	39483	42710	14
苏州	Suzhou	30366	46677	50390	1
南通	Nantong	21825	33374	36291	34
连云港	Lianyungang	15790	23595	25728	153
淮安	Huaian	15983	25798	28105	96
盐城	Yancheng	16935	25854	28200	92
扬州	Yangzhou	19537	30322	32946	50
镇江	Zhenjiang	23224	35752	38666	23
泰州	Taizhou	20255	31346	34092	41
宿迁	Suqian	12757	20396	22233	232
浙江	**Zhejiang**	**27359**	**40393**	**43714**	
杭州	Hangzhou	30035	44632	48316	2
宁波	Ningbo	30166	44155	47852	3
温州	Wenzhou	27250	40510	44026	11
嘉兴	Jiaxing	27487	42143	45499	7
湖州	Huzhou	25572	38959	42238	16
绍兴	Shaoxing	30164	43167	46747	4
金华	Jinhua	25029	39807	43193	13
衢州	Quzhou	21811	30583	33212	48
舟山	Zhoushan	26242	41466	44845	9
台州	Taizhou	27212	39763	43266	12
丽水	Lishui	21093	30413	32875	51
安徽	**Anhui**	**15788**	**24839**	**29461**	
合肥	Hefei	19051	29348	34174	40
芜湖	Wuhu	18727	27384	32207	53
蚌埠	Bengbu	15376	24147	28989	77
淮南	Huainan	15377	26267	31183	58
马鞍山	Maanshan	23159	32560	38630	24
淮北	Huaibei	15191	23787	28204	91
铜陵	Tongling	18690	29234	36223	35
安庆	Anqing	15147	22109	26249	141
黄山	Huangshan	15834	24194	30001	67
滁州	Chuzhou	15104	22091	27443	108
阜阳	Fuyang	13981	21715	26691	126
宿州	Suzhou	14669	21941	25239	165
六安	Liuan	14508	20610	24768	181
亳州	Bozhou	15538	21192	25489	158

地名	City	2010	2014	2015	2015 排名 Ranking
池州	Chizhou	15997	22295	25907	148
宣城	Xuancheng	15141	26289	34075	42
福建	**Fujian**	**21781**	**30722**	**33275**	
福州	Fuzhou	22723	32451	34982	38
厦门	Xiamen	29253	39625	42607	15
莆田	Putian	19068	26871	29272	73
三明	Sanming	18194	25197	27393	109
泉州	Quanzhou	25155	34820	37275	29
漳州	Zhangzhou	18482	25741	28092	97
南平	Nanping	17332	24074	26120	145
龙岩	Longyan	18406	26153	28218	90
宁德	Ningde	16815	23956	26029	147
江西	**Jiangxi**	**15481**	**24309**	**26500**	
南昌	Nanchang	18276	29091	31942	54
景德镇	Jingdezhen	16657	26625	29101	76
萍乡	Pingxiang	16381	26019	28335	88
九江	Jiujiang	15764	25077	27635	104
新余	Xinyu	17358	27626	29836	69
鹰潭	Yingtan	15618	24591	26952	120
赣州	Ganzhou	14203	22935	25001	174
吉安	Jian	15547	24797	27078	116
宜春	Yichun	14333	23221	25381	161
抚州	Fuzhou	14445	23101	25065	172
上饶	Shangrao	15535	24656	26924	121
山东	**Shandong**	**19946**	**29222**	**31545**	
济南	Jinan	25321	38763	39889	19
青岛	Qingdao	24998	38294	40370	17
淄博	Zibo	21784	33534	33793	45
枣庄	Zaozhuang	17630	27596	25792	150
东营	Dongying	23796	36940	38735	22
烟台	Yantai	23288	35791	35907	36
潍坊	Weifang	19675	30973	31060	60
济宁	Jining	19826	30428	27887	98
泰安	Taian	19953	30715	28132	95
威海	Weihai	22235	34254	36336	33
日照	Rizhao	17558	27540	26217	143
莱芜	Laiwu	20988	31728	30219	65
临沂	Linyi	21038	33026	28627	83
德州	Dezhou	17410	27180	21039	249
聊城	Liaocheng	17889	28382	21570	240

6-1 城镇居民人均可支配收入 续表 2
Annual Per Capita Disposable Income of Urban Households continued 2

单位：元 (yuan)

地名	City	2010	2014	2015	2015 排名 Ranking
滨州	Binzhou	19686	30870	28388	87
菏泽	Heze	14419	23344	20370	259
河南	**Henan**	**15930**	**23672**	**25576**	
郑州	Zhengzhou	18897	29095	31099	59
开封	Kaifeng	13695	21467	22923	220
洛阳	Luoyang	17639	26974	28686	82
平顶山	Pingdingshan	16208	24393	25592	154
安阳	Anyang	16394	25172	26513	131
鹤壁	Hebi	15059	23113	24540	188
新乡	Xinxiang	15752	23983	25349	163
焦作	Jiaozuo	15781	23977	25236	166
濮阳	Puyang	15138	23767	24928	177
许昌	Xuchang	15171	23753	25225	167
漯河	Luohe	14769	23281	24755	183
三门峡	Sanmenxia	15032	22739	23825	199
南阳	Nanyang	15077	23711	25140	171
商丘	Shangqiu	14178	22274	23572	204
信阳	Xinyang	13348	21060	22434	231
周口	Zhoukou	12678	19742	21019	250
驻马店	Zhumadian	13702	21320	22608	228
湖北	**Hubei**	**16058**	**24852**	**27051**	
武汉	Wuhan	20806	33270	36436	32
黄石	Huangshi	14665	25208	27536	105
十堰	Shiyan	12653	22143	24057	192
宜昌	Yichang	15557	25025	27275	111
襄阳	Xiangyang	14756	25863	26282	139
鄂州	Ezhou	14788	22763	24774	179
荆门	Jingmen	15218	26498	26731	125
孝感	Xiaogan	14878	22912	25753	152
荆州	Jingzhou	14708	25930	25382	160
黄冈	Huanggang	12832	23242	22620	227
咸宁	Xianning	12968	23758	23505	206
随州	Suizhou	15280	22939	22791	224
湖南	**Hunan**	**16566**	**26570**	**28838**	
长沙	Changsha	22814	36826	39961	18
株洲	Zhuzhou	19643	31338	33977	43
湘潭	Xiangtan	18059	27068	29237	74
衡阳	Hengyang	15635	24370	26515	130
邵阳	Shaoyang	11698	19341	21070	248
岳阳	Yueyang	17312	23121	25202	168
常德	Changde	15502	22634	24513	189
张家界	Zhangjiajie	12705	18055	19473	264
益阳	Yiyang	15398	20688	22571	229
郴州	Chenzhou	15342	23621	25534	156
永州	Yongzhou	15041	20175	21938	233
怀化	Huaihua	12523	19205	20693	254
娄底	Loudi	15025	20324	21838	235
广东	**Guangdong**	**23898**	**32148**	**34757**	
广州	Guangzhou	30658	42955	46735	5
韶关	Shaoguan	18021	21583	23504	207
深圳	Shenzhen	32381	40948	44633	10
珠海	Zhuhai	25382	35287	38322	25
汕头	Shantou	15179	21446	23260	212
佛山	Foshan	27245	36555	39757	21
江门	Jiangmen	21153	24976	27117	114
湛江	Zhanjiang	15305	21317	23129	213
茂名	Maoming	14360	19541	21397	243
肇庆	Zhaoqing	16832	21726	23746	200
惠州	Huizhou	23565	27300	30057	66
梅州	Meizhou	14728	19846	21810	236
汕尾	Shanwei	13915	19036	20616	257
河源	Heyuan	13177	18246	20016	262
阳江	Yangjiang	14641	21240	23088	215
清远	Qingyuan	15768	21093	22907	221
东莞	Dongguan	35690	36764	39793	20
中山	Zhongshan	25357	34304	37254	30
潮州	Chaozhou	13669	18845	20457	258
揭阳	Jieyang	14907	19635	21344	244
云浮	Yunfu	14613	18679	20154	260
广西	**Guangxi**	**17064**	**24669**	**26416**	
南宁	Nanning	18032	27075	29106	75
柳州	Liuzhou	17766	26693	28722	81
桂林	Guilin	17949	26811	28768	80
梧州	Wuzhou	16427	24272	25898	149
北海	Beihai	16798	25818	27729	101
防城港	Fangchenggang	17831	26523	28433	86
钦州	Qinzhou	17356	25425	27281	110
贵港	Guigang	15531	23262	24890	178
玉林	Yulin	17642	26681	28842	78
百色	Baise	15976	23282	24958	176

6-1 城镇居民人均可支配收入 续表 3
Annual Per Capita Disposable Income of Urban Households continued 3

单位：元 (yuan)

地名	City	2010	2014	2015	2015 排名 Ranking
贺州	Hezhou	15802	23590	25194	170
河池	Hechi	14889	21363	22752	225
来宾	Laibin	17334	25401	27077	117
崇左	Chongzuo	15620	23184	24668	185
海南	**Hainan**	**15581**	**24487**	**26356**	
海口	Haikou	16720	26530	28535	85
三亚	Sanya	17758	26860	28782	79
三沙	Sansha				
重庆	**Chongqing**	**17532**	**25147**	**27239**	
四川	**Sichuan**	**15461**	**24234**	**26205**	
成都	Chengdu	19920	32665	33476	46
自贡	Zigong	14538	23552	26267	140
攀枝花	Panzhihua	16882	27322	30362	64
泸州	Luzhou	15505	25240	26656	128
德阳	Deyang	16202	26998	27049	118
绵阳	Mianyang	15516	25341	27170	113
广元	Guangyuan	12509	20547	23628	202
遂宁	Suining	13778	22790	25012	173
内江	Neijiang	14324	23162	25787	151
乐山	Leshan	15237	24791	26361	137
南充	Nanchong	12638	21223	23950	195
眉山	Meishan	14644	24135	26395	135
宜宾	Yibin	15261	24990	26207	144
广安	Guangan	14754	24475	26072	146
达州	Dazhou	12624	20939	23884	196
雅安	Yaan	14906	24435	25318	164
巴中	Bazhong	12413	20887	23845	197
资阳	Ziyang	15298	25154	26424	132
贵州	**Guizhou**	**14143**	**22548**	**23568**	
贵阳	Guiyang	16597	24961	27241	112
六盘水	Liupanshui	13919	21168	23327	211
遵义	Zunyi	15279	22728	24997	175
安顺	Anshun	14504	21042	22936	218
毕节	Bijie	14308	21231	23121	214
铜仁	Tongren	11000	20224	22471	230
云南	**Yunnan**	**16065**	**24299**	**26373**	
昆明	Kunming	18876	31295		
曲靖	Qujing	15940	25023		
玉溪	Yuxi	164741	27223		
保山	Baoshan	14894			
昭通	Zhaotong	12295	20030		
丽江	Lijiang	13740	23752		
普洱	Puer	13489	21058		
临沧	Lincang	12587	19526		
西藏	**Tibet**	**14980**	**22016**	**25457**	
拉萨	Lasa	16567	22927	26908	122
陕西	**Shaanxi**	**15695**	**24366**	**26420**	
西安	Xi'an	15884	36100	33188	49
铜川	Tongchuan	18978	27237	25559	155
宝鸡	Baoji	18914	31560	29475	71
咸阳	Xianyang	15918	31530	29425	72
渭南	Weinan	17880	26725	25472	159
延安	Yan'an	14509	30588	28590	84
汉中	Hanzhong	17545	24605	23625	203
榆林	Yulin	14642	29665	27765	100
安康	Ankang	14811	25011	23985	194
商洛	Shangluo	22297	24727	23509	205
甘肃	**Gansu**	**13189**	**21804**	**23767**	
兰州	Lanzhou	14062	23030	27088	115
嘉峪关	Jiayuguan	16742	26894	30714	62
金昌	Jinchang	17679	26260	29670	70
白银	Baiyin	14213	20053	23438	209
天水	Tianshui	11507	18565	20809	252
武威	Wuwei	11551	19036	21702	237
张掖	Zhangye	10855	17386	19673	263
平凉	Pingliang	11766	19086	21490	242
酒泉	Jiuquan	15104	24651	27793	99
庆阳	Qingyang	12453	20637	23426	210
定西	Dingxi	10790	17217	19167	265
陇南	Longnan	10623	17001	18915	266
青海	**Qinghai**	**13855**	**22307**	**24542**	
西宁	Xining	14085	21291		
海东	Haidong		20514		
宁夏	**Ningxia**	**15344**	**23285**	**25186**	
银川	Yinchuan	16842	26118	28261	89
石嘴山	Shizuishan	15466	22380	24168	191
吴忠	Wuzhong	13849	19853	21553	241
固原	Guyuan	13044	19677	21144	247
中卫	Zhongwei	13980	19931	21604	239
新疆	**Xinjiang**	**13644**	**23214**	**26275**	
乌鲁木齐	Urumqi	14402	26890	31604	56
克拉玛依	Karamay	17295	30250	33430	47

6-2 城镇居民人均现金消费支出

Annual Per Capita Cash Consumption Expenditure of Urban Households

单位：元 (yuan)

地名	City	2010	2013	2014	2014 排名 Ranking
全国	**Nation Total**	**13471**	**18023**	**19968**	
北京	**Beijing**	**19934**	**26275**	**28009**	
天津	**Tianjin**	**16562**	**21712**	**24290**	
河北	**Hebei**	**10318**	**13641**	**16204**	
石家庄	Shijiazhuang	10568	15292	16506	135
唐山	Tangshan	13522	17244	19427	71
秦皇岛	Qinhuangdao	11081	16718	15134	180
邯郸	Handan	9438	12539	13048	251
邢台	Xingtai	10416	11010	11465	273
保定	Baoding	9626	12422	12479	261
张家口	Zhangjiakou	9874	12517	13932	223
承德	Chengde	9490	11713	14114	218
沧州	Cangzhou	10279	13544	14951	189
廊坊	Langfang	12673	19019	19876	60
衡水	Hengshui	9211	11100	12143	266
山西	**Shanxi**	**9793**	**13166**	**14637**	
太原	Taiyuan	12106	14338	14430	205
大同	Datong	10140	11202	10494	277
阳泉	Yangquan	10256	13184	12941	254
长治	Changzhi	10830	12483	13319	245
晋城	Jincheng	10586	12141	14315	208
朔州	Shuozhou	11713	12264	13633	233
晋中	Jinzhong	11972	11826	12689	258
运城	Yuncheng	9050	11869	13273	246
忻州	Xinzhou	9786	10454	10317	278
临汾	Linfen	9641	11357	10523	276
吕梁	Lvliang	8145	11012	12246	264
内蒙古	**Inner Mongolia**	**13995**	**19249**	**20885**	
呼和浩特	Hohhot	16624	22919	20885	47
包头	Baotou	20994	22968	24844	22
乌海	Wuhai	16680	22406	16364	139
赤峰	Chifeng	10343	13003	15861	151
通辽	Tongliao	10403	13877	14255	211
鄂尔多斯	Erdos	22566	24874	14169	217
呼伦贝尔	Hulunbuir	11877	16585	24920	20
巴彦淖尔	Bayannur	10400	14958	25944	15
乌兰察布	Ulanqab	10875	13205	23252	32
辽宁	**Liaoning**	**13280**	**18030**	**20520**	
沈阳	Shenyang	16961		24223	24
大连	Dalian	16580		24782	23
鞍山	Anshan	13710		16975	124
抚顺	Fushun	10007		17353	112
本溪	Benxi	12119		20134	52
丹东	Dandong	11323		15218	176
锦州	Jinzhou	11802		15118	182
营口	Yingkou	12223		16674	132
阜新	Fuxin	9047		15849	153
辽阳	Liaoyang	11071		15908	148
盘锦	Panjin	13923		18882	74
铁岭	Tieling	10323		12817	256
朝阳	Chaoyang	9318		12177	265
葫芦岛	Huludao	10969		14182	214
吉林	**Jilin**	**11679**	**15932**	**17156**	
长春	Changchun	14400	21929	23455	28
吉林	Jilin	13223	17660	19475	70
四平	Siping	10831	14925	16646	133
辽源	Liaoyuan	11608	19791	20511	50
通化	Tonghua	10940	16240	18225	89
白山	Baishan	10722	15995	17732	99
松原	Songyuan	12501	18268	20024	55
白城	Baicheng	10509	17570	17286	114
黑龙江	**Heilongjiang**	**10684**	**14162**	**16467**	
哈尔滨	Harbin	13940	18729	21639	43
齐齐哈尔	Qiqihar	10044	15179	17381	111
鸡西	Jixi	10509			
鹤岗	Hegang	9391	12311	13665	231
双鸭山	Shuangyashan	9699	13218	14672	196
大庆	Daqing	13051	17638	19578	66
伊春	Yichun	8182	11700	13990	221
佳木斯	Jiamusi	10586			
七台河	Qitaihe	9345	14183	16808	128
牡丹江	Mudanjiang	10672	16543	19541	67
黑河	Heihe				
绥化	Suihua		12175		
上海	**Shanghai**	**23200**	**28155**	**35182**	
江苏	**Jiangsu**	**14357**	**20371**	**23476**	

6-2 城镇居民人均现金消费支出 续表 1
Annual Per Capita Cash Consumption Expenditure of Urban Households continued 1

单位：元 (yuan)

地名	City	2010	2013	2014	2014 排名 Ranking	地名	City	2010	2013	2014	2014 排名 Ranking
南京	Nanjing	17409	24591	25855	16	池州	Chizhou	10777	17023	14934	190
无锡	Wuxi	17068	25392	27358	8	宣城	Xuancheng	11507	18428	16453	137
徐州	Xuzhou	10558	15963	15005	186	**福建**	**Fujian**	**14750**	**20093**	**22204**	
常州	Changzhou	17205	22831	23590	26	福州	Fuzhou	15778	21695	23330	31
苏州	Suzhou	18837	26739	28973	3	厦门	Xiamen	19961	26864	27402	7
南通	Nantong	13506	19646	22035	37	莆田	Putian	12621	17683	18633	78
连云港	Lianyungang	9984	13992	16016	144	三明	Sanming	12273	16989	18423	84
淮安	Huaian	11047	16763	14703	195	泉州	Quanzhou	15955	21670	23376	30
盐城	Yancheng	12026	16678	15372	167	漳州	Zhangzhou	12665	17802	18484	83
扬州	Yangzhou	12842	17653	18417	85	南平	Nanping	11284	15014	16641	134
镇江	Zhenjiang	13324	19795	21310	45	龙岩	Longyan	14483	18915	18552	81
泰州	Taizhou	12317	18223	19517	68	宁德	Ningde	11090	15665	17342	113
宿迁	Suqian	8536	13135	13463	240	**江西**	**Jiangxi**	**10619**	**13851**	**15142**	
浙江	**Zhejiang**	**17858**	**23257**	**27242**		南昌	Nanchang	13899	17944	19628	65
杭州	Hangzhou	20219	24833	32165	2	景德镇	Jingdezhen	11475	15407	16792	129
宁波	Ningbo	19420	23129	27893	5	萍乡	Pingxiang	11775	15765	17166	119
温州	Wenzhou	19832	25624	27186	9	九江	Jiujiang	10823	14356	15718	155
嘉兴	Jiaxing	16559	24851	23032	33	新余	Xinyu	12709	15643	17190	118
湖州	Huzhou	16207	22127	24875	21	鹰潭	Yingtan	10929	13768	15088	184
绍兴	Shaoxing	18267	24469	26231	13	赣州	Ganzhou	10662	13754	14661	197
金华	Jinhua	17386	23172	25627	17	吉安	Jian	8893	13799	15121	181
衢州	Quzhou	14867	17406	18357	88	宜春	Yichun	10098	12965	14182	213
舟山	Zhoushan	16717	23461	27807	6	抚州	Fuzhou	7474	12361	13459	241
台州	Taizhou	17933	22212	26458	12	上饶	Shangrao	10099	12722	13891	225
丽水	Lishui	15366	19809	21867	40	**山东**	**Shandong**	**13118**	**17112**	**18323**	
安徽	**Anhui**	**11513**	**16285**	**16107**		济南	Jinan	15973	21667	22981	34
合肥	Hefei	14012	19445	18214	90	青岛	Qingdao	17531	22060	24016	25
芜湖	Wuhu	12980	17580	16390	138	淄博	Zibo	13724	18425	19904	58
蚌埠	Bengbu	11242	15492	13656	232	枣庄	Zaozhuang	11409	16201	17587	104
淮南	Huainan	10688	16311	15218	175	东营	Dongying	14744	19569	21925	39
马鞍山	Maanshan	14184	22369	21565	44	烟台	Yantai	15792	22006	23529	27
淮北	Huaibei	9733	15273	14632	198	潍坊	Weifang	13819	17482	18810	76
铜陵	Tongling	12877	21726	19882	59	济宁	Jining	12500	18502	19990	56
安庆	Anqing	11026	19252	13047	252	泰安	Taian	13421	18201	19713	62
黄山	Huangshan	11069	17198	14721	194	威海	Weihai	15339	20127	22549	36
滁州	Chuzhou	11499	18924	13722	230	日照	Rizhao	12289	15901	17425	109
阜阳	Fuyang	11178	16361	14410	206	莱芜	Laiwu	13645	16977	18381	86
宿州	Suzhou	9322	13402	12140	267	临沂	Linyi	12325	15529	17085	122
六安	Liuan	10712	17224	13183	248	德州	Dezhou	11628	15475	17430	108
亳州	Bozhou	10273	14940	14264	210	聊城	Liaocheng	12767	16766	18158	92

6-2 城镇居民人均现金消费支出 续表 2

Annual Per Capita Cash Consumption Expenditure of Urban Households continued 2

单位：元 (yuan)

地名	City	2010	2013	2014	2014 排名 Ranking	地名	City	2010	2013	2014	2014 排名 Ranking
滨州	Binzhou	13147	17202	18583	79	常德	Changde	11253	15126	16941	126
菏泽	Heze	9765	13689	14930	191	张家界	Zhangjiajie	9258	12660	14179	216
河南	**Henan**	**10838**	**14822**	**16185**		益阳	Yiyang	11279	13488	15107	183
郑州	Zhengzhou	12790	18672	20122	53	郴州	Chenzhou	10386	12662	14181	215
开封	Kaifeng	11378	15449	17156	120	永州	Yongzhou	9945	10433	11685	272
洛阳	Luoyang	12069	15968	18380	87	怀化	Huaihua	9013	11958	13393	243
平顶山	Pingdingshan	11502	16324	17736	98	娄底	Loudi	9354	12818	14356	207
安阳	Anyang	10559	14003	15204	178	**广东**	**Guangdong**	**18490**	**24133**	**23612**	
鹤壁	Hebi	9931	13668	14441	204	广州	Guangzhou	25012	33157	33385	1
新乡	Xinxiang	11257	15042	17669	102	韶关	Shaoguan	12910	17643	15224	173
焦作	Jiaozuo	11228	14774	16300	140	深圳	Shenzhen	22807	28812	28853	4
濮阳	Puyang	10108	13088	13545	236	珠海	Zhuhai	20370	26131	26638	11
许昌	Xuchang	10743	15093	16178	143	汕头	Shantou	13218	19550	18036	95
漯河	Luohe	10913	15700	17254	116	佛山	Foshan	21995	28309	26043	14
三门峡	Sanmenxia	11193	18078	19790	61	江门	Jiangmen	15561	19906	16762	130
南阳	Nanyang	11087	16916	18130	94	湛江	Zhanjiang	11825	17117	15923	147
商丘	Shangqiu	8734	12604	13739	229	茂名	Maoming	10182	15487	13930	224
信阳	Xinyang	9307	12647	13391	244	肇庆	Zhaoqing	12164	17160	15215	177
周口	Zhoukou	9980	12551	15357	168	惠州	Huizhou	19741	24061	20065	54
驻马店	Zhumadian	10183	12108	15219	174	梅州	Meizhou	11008	14026	14064	219
湖北	**Hubei**	**13576**	**15749**	**16681**		汕尾	Shanwei	10013	15014	14829	193
武汉	Wuhan	14490	20157	22002	38	河源	Heyuan	8371	12232	12467	262
黄石	Huangshi	10988	14964	15459	161	阳江	Yangjiang	10430	14517	16723	131
十堰	Shiyan	9216	12994	12508	259	清远	Qingyuan	10595	13217	14976	188
宜昌	Yichang	11638	14743	15516	159	东莞	Dongguan	25733	33251	27071	10
襄阳	Xiangyang	10897	13425	15433	162	中山	Zhongshan	18833	24093	22944	35
鄂州	Ezhou	10349	12334	14545	201	潮州	Chaozhou	11926	16861	13967	222
荆门	Jingmen	10393	14123	19669	64	揭阳	Jieyang	12164	15998	14015	220
孝感	Xiaogan	10508	12990	15380	166	云浮	Yunfu	10535	15746	12992	253
荆州	Jingzhou	10583	12761	15484	160	**广西**	**Guangxi**	**11490**	**15418**	**15045**	
黄冈	Huanggang	9282	13768	18566	80	南宁	Nanning	12337	17127	19032	73
咸宁	Xianning	9791	13696	15525	158	柳州	Liuzhou	11318	15398	16970	125
随州	Suizhou	11798	14018	16285	141	桂林	Guilin	11477	15555	16930	127
湖南	**Hunan**	**11825**	**15887**	**18335**		梧州	Wuzhou	10998	14748	15899	149
长沙	Changsha	16096	22346	25028	19	北海	Beihai	11695	15191	15045	185
株洲	Zhuzhou	12269	18642	20879	48	防城港	Fangchenggang	10698	14792	15896	150
湘潭	Xiangtan	12211	17407	19496	69	钦州	Qinzhou	10594	14361	15316	169
衡阳	Hengyang	11654	16253	18203	91	贵港	Guigang	10375	14646	15779	154
邵阳	Shaoyang	8170	10813	12111	268	玉林	Yulin	10716	14938	15996	145
岳阳	Yueyang	12177	16037	17961	97	百色	Baise	10297	13448	14474	202

6-2 城镇居民人均现金消费支出 续表 3

Annual Per Capita Cash Consumption Expenditure of Urban Households continued 3

单位：元 (yuan)

地名	City	2010	2013	2014	2014 排名 Ranking
贺州	Hezhou	9791	12635	13493	238
河池	Hechi	9773	12021	14204	212
来宾	Laibin	11462	14676	15654	156
崇左	Chongzuo	9438	12378	13219	247
海南	**Hainan**	**10927**	**15593**	**17514**	
海口	Haikou	12401	16856	18879	75
三亚	Sanya	13081	18494	20713	49
三沙	Sansha				
重庆	**Chongqing**		**17814**	**18280**	
四川	**Sichuan**	**12105**	**16343**	**17760**	
成都	Chengdu	14430	20243	21711	42
自贡	Zigong	10724	15115	17397	110
攀枝花	Panzhihua	12695	16553	17506	105
泸州	Luzhou	11293	16757	18132	93
德阳	Deyang	12706	17506	18517	82
绵阳	Mianyang	12268	16714	17973	96
广元	Guangyuan	9107	13141	12486	260
遂宁	Suining	11111	16660	15295	171
内江	Neijiang	11238	15502	12822	255
乐山	Leshan	11053	14881	15266	172
南充	Nanchong	9634	12964	12735	257
眉山	Meishan	10386	14830	17615	103
宜宾	Yibin	11677	16180	17485	107
广安	Guangan	9585	13678	15985	146
达州	Dazhou	9976	13634	14463	203
雅安	Yaan	10903	14162	12025	269
巴中	Bazhong	9694	14215	11749	271
资阳	Ziyang	12560	16524	17704	101
贵州	**Guizhou**	**10058**	**13703**	**15255**	
贵阳	Guiyang	12940	17995	17492	106
六盘水	Liupanshui	8358	12537	13542	237
遵义	Zunyi	10834	12565	14891	192
安顺	Anshun	10292	12941	13803	228
毕节	Bijie	10407	11041		
铜仁	Tongren	7096	11703		
云南	**Yunnan**	**11074**	**15156**	**16268**	
昆明	Kunming	13244	16558	17717	100
曲靖	Qujing	10919	16139	17269	115
玉溪	Yuxi	10621	14399	15407	164
保山	Baoshan	9484	12593	13475	239
昭通	Zhaotong	8369	10696	11445	274
丽江	Lijiang	9068	12735	13626	234
普洱	Puer	8859	12942	13848	226
临沧	Lincang	9282	12221	13076	249
西藏	**Tibet**	**9686**	**12232**	**15669**	
拉萨	Lasa	11687	15203	16267	142
陕西	**Shaanxi**	**11822**	**16680**	**17546**	
西安	Xi'an	16543	23848	25517	18
铜川	Tongchuan	11181	17460	18682	77
宝鸡	Baoji	13258	19912	21306	46
咸阳	Xianyang	13845	20338	21762	41
渭南	Weinan	10130	15382	16459	136
延安	Yan'an	11633	17970	19228	72
汉中	Hanzhong	9519	14008	14989	187
榆林	Yulin	10315	14394	15402	165
安康	Ankang	10469	15925	17040	123
商洛	Shangluo	9169	14409	15418	163
甘肃	**Gansu**	**9895**	**14021**	**15942**	
兰州	Lanzhou	10930	15716	17236	117
嘉峪关	Jiayuguan	12076	15628	17153	121
金昌	Jinchang	14186	18157	19912	57
白银	Baiyin	10628	12042	13403	242
天水	Tianshui	8300	10410	12353	263
武威	Wuwei	8942	13180	15162	179
张掖	Zhangye	10136	14128	15583	157
平凉	Pingliang	7499	11497	13057	250
酒泉	Jiuquan	12139	17997	19676	63
庆阳	Qingyang	9693	13447	14608	199
定西	Dingxi	8077	8818	11321	275
陇南	Longnan	7714	9368	11795	270
青海	**Qinghai**	**9614**	**13540**	**17493**	
西宁	Xining	9421	13607	14559	200
海东	Haidong				
宁夏	**Ningxia**	**11334**	**15321**	**17216**	
银川	Yinchuan	13589	16844	20401	51
石嘴山	Shizuishan	10870	13396	13806	227
吴忠	Wuzhong	9749	13105	14293	209
固原	Guyuan	8840	12882	13585	235
中卫	Zhongwei	9612	13387	15296	170
新疆	**Xinjiang**	**10197**	**15206**	**17685**	
乌鲁木齐	Urumqi	10239		15853	152
克拉玛依	Karamay	15957		23451	29

6-3 城镇居民人均食品消费支出
Annual Per Capita Food Consumption Expenditure of Urban Households

单位：元 (yuan)

地名	City	2010	2013	2014	2014 排名 Ranking
全国	**Nation Total**	**4805**	**6312**	**5875**	
北京	**Beijing**	**6393**	**8170**	**7919**	
天津	**Tianjin**	**5940**	**7943**	**7869**	
河北	**Hebei**	**3335**	**4405**	**4208**	
石家庄	Shijiazhuang	3661			
唐山	Tangshan	4371			
秦皇岛	Qinhuangdao	3833			
邯郸	Handan	3213			
邢台	Xingtai	3835			
保定	Baoding	3599			
张家口	Zhangjiakou	3722			
承德	Chengde	3647			
沧州	Cangzhou	3286			
廊坊	Langfang	3775			
衡水	Hengshui	3039			
山西	**Shanxi**	**3053**	**3677**	**3718**	
太原	Taiyuan	3710			
大同	Datong	3571			
阳泉	Yangquan	3463			
长治	Changzhi	3362			
晋城	Jincheng	2915			
朔州	Shuozhou	1383			
晋中	Jinzhong	3121			
运城	Yuncheng	2644			
忻州	Xinzhou	2693			
临汾	Linfen	2928			
吕梁	Lvliang	3012			
内蒙古	**Inner Mongolia**	**4211**	**6118**	**6003**	
呼和浩特	Hohhot	4983	6031	6003	53
包头	Baotou	6639	7392	6487	36
乌海	Wuhai	4833	6209	4571	107
赤峰	Chifeng	3299	3824	4002	115
通辽	Tongliao	3272	3638	3992	116
鄂尔多斯	Erdos	5876	5830	4840	98
呼伦贝尔	Hulunbuir	3295	4840	7019	14
巴彦淖尔	Bayannur	3214	3849	6255	43
乌兰察布	Ulanqab	3666	3948	8153	3
辽宁	**Liaoning**	**4658**	**5804**	**5597**	
沈阳	Shenyang	5385			
大连	Dalian	6145			
鞍山	Anshan	4671			
抚顺	Fushun	4041			
本溪	Benxi	4780			
丹东	Dandong	4470			
锦州	Jinzhou	4191			
营口	Yingkou	4511			
阜新	Fuxin	3463			
辽阳	Liaoyang	4202			
盘锦	Panjin	4358			
铁岭	Tieling	3567			
朝阳	Chaoyang	3479			
葫芦岛	Huludao	3772			
吉林	**Jilin**	**3768**	**4658**	**4402**	
长春	Changchun	4642	6093	5750	65
吉林	Jilin	3891	5539	5259	78
四平	Siping	3772	4843	4439	108
辽源	Liaoyuan	3730	5305	5165	84
通化	Tonghua	4218	5429	5809	63
白山	Baishan	3788	5559	5254	79
松原	Songyuan	3536	4592	4594	106
白城	Baicheng	3393	4197	3948	117
黑龙江	**Heilongjiang**	**3785**	**5070**	**4506**	
哈尔滨	Harbin	4647	6143		
齐齐哈尔	Qiqihar	3922	5215		
鸡西	Jixi	3908			
鹤岗	Hegang	3201	4307		
双鸭山	Shuangyashan	3188	3844		
大庆	Daqing	4260	5468		
伊春	Yichun	2971	3891		
佳木斯	Jiamusi	3932			
七台河	Qitaihe	3597	4774		
牡丹江	Mudanjiang	3722	5913		
黑河	Heihe				
绥化	Suihua				
上海	**Shanghai**	**7777**	**9823**	**9197**	
江苏	**Jiangsu**	**5243**	**7074**	**6537**	

6-3 城镇居民人均食品消费支出 续表 1

Annual Per Capita Food Consumption Expenditure of Urban Households continued 1

单位：元 (yuan)

地名	City	2010	2013	2014	2014 排名 Ranking	地名	City	2010	2013	2014	2014 排名 Ranking
南京	Nanjing	6120	8243	6713	28	池州	Chizhou	4331	6711		
无锡	Wuxi	6357	8787	7862	5	宣城	Xuancheng	4622	6959		
徐州	Xuzhou	3712	5380	4618	104	**福建**	**Fujian**	**5791**	**7425**	**7233**	
常州	Changzhou	5605	7884	6671	29	福州	Fuzhou	6145	8016	7595	8
苏州	Suzhou	6607	8861	7807	6	厦门	Xiamen	7275	9172	9103	1
南通	Nantong	4803	6776	6399	39	莆田	Putian	5349	7307	6512	35
连云港	Lianyungang	3741	5091	5169	83	三明	Sanming	4948	6844	6548	34
淮安	Huaian	4003	5800	4602	105	泉州	Quanzhou	6059	7901	7627	7
盐城	Yancheng	4302	5824	4902	94	漳州	Zhangzhou	5333	7446	6982	17
扬州	Yangzhou	4782	6583	5692	66	南平	Nanping	4948	6237	6037	52
镇江	Zhenjiang	5318	7056	6077	50	龙岩	Longyan	5456	7219	6769	27
泰州	Taizhou	4518	6341	5679	67	宁德	Ningde	4662	6820	6485	37
宿迁	Suqian	3232	4766	4856	96	**江西**	**Jiangxi**	**4195**	**5221**	**4904**	
浙江	**Zhejiang**	**6118**	**8008**	**7556**		南昌	Nanchang	4782	6316		
杭州	Hangzhou	7790	8528			景德镇	Jingdezhen	4306	5698		
宁波	Ningbo	6899	8068			萍乡	Pingxiang	4404	5675		
温州	Wenzhou	7117	9936			九江	Jiujiang	4368	5470		
嘉兴	Jiaxing	5444	7709			新余	Xinyu	4471	6029		
湖州	Huzhou	5970	7949			鹰潭	Yingtan	4253	5702		
绍兴	Shaoxing	6317	8744			赣州	Ganzhou	4645	5842		
金华	Jinhua	5672	6952			吉安	Jian	4006	5533		
衢州	Quzhou	5489	6133			宜春	Yichun	4049	5082		
舟山	Zhoushan	5972	8380			抚州	Fuzhou	3906	5814		
台州	Taizhou	6212	7684			上饶	Shangrao	4576	5346		
丽水	Lishui	5389	6719			**山东**	**Shandong**	**4206**	**5626**	**5220**	
安徽	**Anhui**	**4370**	**6370**	**5245**		济南	Jinan	5051	6624	6814	21
合肥	Hefei	5010	7594			青岛	Qingdao	6553	8052	8571	2
芜湖	Wuhu	5012	6971			淄博	Zibo	3918	6143	6316	42
蚌埠	Bengbu	4018	6800			枣庄	Zaozhuang	3923	5314	5771	64
淮南	Huainan	4290	6958			东营	Dongying	4183	6500	6389	41
马鞍山	Maanshan	5273	8359			烟台	Yantai	5116	7482	7961	4
淮北	Huaibei	4056	6967			潍坊	Weifang	3981	5301	5864	61
铜陵	Tongling	4541	8632			济宁	Jining	4562	6285	6659	30
安庆	Anqing	4378	8505			泰安	Taian	4242	5666	6216	46
黄山	Huangshan	4231	5855			威海	Weihai	4415	6349	7013	15
滁州	Chuzhou	4256	7155			日照	Rizhao	3578	5412	5605	70
阜阳	Fuyang	4390	6219			莱芜	Laiwu	4005	5546	5937	57
宿州	Suzhou	3862	4992			临沂	Linyi	3791	4890	4890	95
六安	Liuan	4374	8349			德州	Dezhou	3804	5026	6233	45
亳州	Bozhou	3646	6732			聊城	Liaocheng	3650	5302	5842	62

6-3 城镇居民人均食品消费支出 续表 2

Annual Per Capita Food Consumption Expenditure of Urban Households continued 2

单位：元 (yuan)

地名	City	2010	2013	2014	2014 排名 Ranking
滨州	Binzhou	3781	4843	5155	86
菏泽	Heze	3538	4776	5163	85
河南	**Henan**	**3576**	**4914**	**4617**	
郑州	Zhengzhou	4223	6057	5948	56
开封	Kaifeng	3600	4535	5005	89
洛阳	Luoyang	3802	4458	4924	93
平顶山	Pingdingshan	3694	5300	5548	71
安阳	Anyang	3465	4511	4735	102
鹤壁	Hebi	3054	3869	4076	113
新乡	Xinxiang	3539	4318	5262	77
焦作	Jiaozuo	3541	4391	4846	97
濮阳	Puyang	3221	4011	4061	114
许昌	Xuchang	3223	4432	4989	90
漯河	Luohe	3684	5325	5656	69
三门峡	Sanmenxia	3386	4486	5025	87
南阳	Nanyang	3676	5602	5996	54
商丘	Shangqiu	3321	4103	4309	110
信阳	Xinyang	3954	5222	5449	73
周口	Zhoukou	3591	3797	4426	109
驻马店	Zhumadian	3312	3606	4833	99
湖北	**Hubei**	**5254**	**6259**	**5251**	
武汉	Wuhan	5367	7771		
黄石	Huangshi	4312	5852		
十堰	Shiyan	3573	5140		
宜昌	Yichang	4040	5858		
襄阳	Xiangyang	4106	5356		
鄂州	Ezhou	4650	5586		
荆门	Jingmen	3854	5210		
孝感	Xiaogan	4110	5600		
荆州	Jingzhou	4448	5420		
黄冈	Huanggang	3445	5549		
咸宁	Xianning	3880	5357		
随州	Suizhou	4716	5659		
湖南	**Hunan**	**4322**	**5584**	**5489**	
长沙	Changsha	5413	4732	6976	18
株洲	Zhuzhou	4409	3817		
湘潭	Xiangtan	4095	3910		
衡阳	Hengyang	4635	3874		
邵阳	Shaoyang	3390	3427		
岳阳	Yueyang	4362	3688		
常德	Changde	3785	3528		
张家界	Zhangjiajie	3225	2365		
益阳	Yiyang	4412	3785		
郴州	Chenzhou	4051	3599		
永州	Yongzhou	3672	3532		
怀化	Huaihua	3341	3532		
娄底	Loudi	3672	3427		
广东	**Guangdong**	**6747**	**8857**	**7612**	
广州	Guangzhou	8325	11240		
韶关	Shaoguan	5138	7004		
深圳	Shenzhen	8105	10388		
珠海	Zhuhai	7124	9538		
汕头	Shantou	6456			
佛山	Foshan	7417	9710		
江门	Jiangmen	5849	7425		
湛江	Zhanjiang	5064	7155		
茂名	Maoming	4134	6338		
肇庆	Zhaoqing	5169	7344		
惠州	Huizhou	6695			
梅州	Meizhou	4601	5807		
汕尾	Shanwei	4420	6540		
河源	Heyuan	3511	5284		
阳江	Yangjiang	4415	5952		
清远	Qingyuan	4585	5750		
东莞	Dongguan	8733	11704		
中山	Zhongshan	7378	9228		
潮州	Chaozhou	5270	7183		
揭阳	Jieyang	5110	6607		
云浮	Yunfu	4452			
广西	**Guangxi**	**4373**	**5841**	**5144**	
南宁	Nanning	4789	6685	7386	10
柳州	Liuzhou	4484	6282	6866	20
桂林	Guilin	4765	6398	6871	19
梧州	Wuzhou	4789	6465	6801	24
北海	Beihai	5160	7026	5293	76
防城港	Fangchenggang	4348	5975	6440	38
钦州	Qinzhou	4601	6577	7002	16
贵港	Guigang	4110	6127	6577	32
玉林	Yulin	4096	5901	6399	39
百色	Baise	3818	5326	5663	68

6-3 城镇居民人均食品消费支出 续表 3

Annual Per Capita Food Consumption Expenditure of Urban Households continued 3

单位：元 (yuan)

地名	City	2010	2013	2014	2014 排名 Ranking
贺州	Hezhou	3790	4985	5249	80
河池	Hechi	3967	4809	4804	100
来宾	Laibin	4034	5546	5883	60
崇左	Chongzuo	3810	5084	5384	75
海南	**Hainan**	**4896**	**6979**	**6528**	
海口	Haikou	5219	7202		
三亚	Sanya	5606	8308		
三沙	Sansha				
重庆	**Chongqing**		**7245**	**6180**	
四川	**Sichuan**	**4780**	**6472**	**6008**	
成都	Chengdu	5560	7394	7546	9
自贡	Zigong	4588	6310	7107	12
攀枝花	Panzhihua	5081	6755	6615	31
泸州	Luzhou	4691	6638	7136	11
德阳	Deyang	5064	7070	6781	25
绵阳	Mianyang	4749	6452	7065	13
广元	Guangyuan	3932	5359	5215	81
遂宁	Suining	5035	7055	6771	26
内江	Neijiang	4771	6293	5195	82
乐山	Leshan	4664	6232	5972	55
南充	Nanchong	4378	5887	5521	72
眉山	Meishan	4352	5855	6138	49
宜宾	Yibin	4725	6625	6808	23
广安	Guangan	4571	6033	6814	22
达州	Dazhou	4356	6301	6572	33
雅安	Yaan	4084	5592	5023	88
巴中	Bazhong	4024	5785	5394	74
资阳	Ziyang	4950	6516	5886	59
贵州	**Guizhou**	**4014**	**4915**	**4730**	
贵阳	Guiyang	4905	6265		
六盘水	Liupanshui	3871	4651		
遵义	Zunyi	4157	4848		
安顺	Anshun	4780	5005		
毕节	Bijie	3436	4400		
铜仁	Tongren	2753	3899		
云南	**Yunnan**	**4593**	**5741**	**4885**	
昆明	Kunming	5240	5700		
曲靖	Qujing	4013	5892		
玉溪	Yuxi	3951	4822		
保山	Baoshan	3889	4911		
昭通	Zhaotong	3710	4580		

地名	City	2010	2013	2014	2014 排名 Ranking
丽江	Lijiang	3890	5321		
普洱	Puer	4127	5746		
临沧	Lincang	4351	5468		
西藏	**Tibet**	**4848**	**5889**	**6158**	
拉萨	Lasa	5496	6481		
陕西	**Shaanxi**	**4381**	**6076**	**4719**	
西安	Xi'an	5177	7738		
铜川	Tongchuan	4006	6310		
宝鸡	Baoji	4994	7720		
咸阳	Xianyang	4642	6581		
渭南	Weinan	3216	5598		
延安	Yan'an	3653	5517		
汉中	Hanzhong	3724	5535		
榆林	Yulin	2948	4465		
安康	Ankang	4192	5905		
商洛	Shangluo	3306	4707		
甘肃	**Gansu**	**3702**	**5163**	**4921**	
兰州	Lanzhou	4244	5691	6070	51
嘉峪关	Jiayuguan	4222	5713	6241	44
金昌	Jinchang	4840	5851	6158	48
白银	Baiyin	3563	4308	4748	101
天水	Tianshui	2998	3629	4287	111
武威	Wuwei	3519	4453	4967	91
张掖	Zhangye	2937	4512	4963	92
平凉	Pingliang	2902	3814	4178	112
酒泉	Jiuquan	4148	5818	6204	47
庆阳	Qingyang	3440	4405	4728	103
定西	Dingxi	2976	3256	3803	119
陇南	Longnan	3026	3131	3927	118
青海	**Qinghai**	**3785**	**4777**	**5198**	
西宁	Xining	3863	4903	5903	58
海东	Haidong				
宁夏	**Ningxia**	**3768**	**4895**	**4746**	
银川	Yinchuan	4358	5434		
石嘴山	Shizuishan	3820	4576		
吴忠	Wuzhong	3262	4185		
固原	Guyuan	2983	3563		
中卫	Zhongwei	3109	3687		
新疆	**Xinjiang**	**3695**	**5324**	**5493**	
乌鲁木齐	Urumqi	3891			
克拉玛依	Karamay	4850			

6-4　农村居民人均可支配收入
Annual Per Capita Disposable Income of Rural Households

单位：元　　(yuan)

地名	City	2010	2014	2015	2015 排名 Ranking
全国	**Nation Total**	**5919**	**10489**	**11422**	
北京	**Beijing**	**13262**	**18867**	**20569**	
天津	**Tianjin**	**10075**	**17014**	**18482**	
河北	**Hebei**	**5958**	**10186**	**11051**	
石家庄	Shijiazhuang	6577	10691	11442	149
唐山	Tangshan	8310	12867	13935	58
秦皇岛	Qinhuangdao	6214	9964	10782	174
邯郸	Handan	6085	10343	11247	160
邢台	Xingtai	4966	8342	9152	218
保定	Baoding	5446	9704	10558	181
张家口	Zhangjiakou	4119	7462	8341	238
承德	Chengde	4382	7163	7923	243
沧州	Cangzhou	5528	9442	10389	186
廊坊	Langfang	7589	12115	13159	83
衡水	Hengshui	4370	8104	9030	225
山西	**Shanxi**	**4736**	**8809**	**9454**	
太原	Taiyuan	7611	12616	13626	72
大同	Datong	4063	7137	7708	247
阳泉	Yangquan	6560	10742	11494	146
长治	Changzhi	5960	10311	11095	165
晋城	Jincheng	5899	10087	10914	168
朔州	Shuozhou	5903	10137	10816	172
晋中	Jinzhong	5809	10100	10877	169
运城	Yuncheng	4685	8125	8718	231
忻州	Xinzhou	3446	6104	6550	260
临汾	Linfen	5287	8755	9376	214
吕梁	Lvliang	3890	6754	7193	252
内蒙古	**Inner Mongolia**	**5530**	**9976**	**10776**	
呼和浩特	Hohhot	8746	12538	13491	74
包头	Baotou	8766	12713	13667	69
乌海	Wuhai	9245	13422	14402	51
赤峰	Chifeng	5010	8114	8812	229
通辽	Tongliao	6002	9932	10757	177
鄂尔多斯	Erdos	8756	13439	14420	48
呼伦贝尔	Hulunbuir	6295	10751	11632	141
巴彦淖尔	Bayannur	8240	12481	13479	76
乌兰察布	Ulanqab	4451	7800	8428	236
辽宁	**Liaoning**	**6908**	**11192**	**12057**	
沈阳	Shenyang	10022	12521	13486	75
大连	Dalian	12317	13547	14666	46
鞍山	Anshan	9250	12093	13117	86
抚顺	Fushun	7203	10971	11767	133
本溪	Benxi	7845	11726	12667	98
丹东	Dandong	8340	11528	12492	103
锦州	Jinzhou	7756	11723	12599	100
营口	Yingkou	8863	12609	13631	71
阜新	Fuxin	6372	10566	11109	164
辽阳	Liaoyang	8095	11156	12036	122
盘锦	Panjin	9750	12723	13763	64
铁岭	Tieling	7739	10888	11683	137
朝阳	Chaoyang	6142	9754	10514	182
葫芦岛	Huludao	6597	9556	10233	194
吉林	**Jilin**	**6237**	**10780**	**11326**	
长春	Changchun	6665			
吉林	Jilin	6594			
四平	Siping	6586			
辽源	Liaoyuan	6324			
通化	Tonghua	6572			
白山	Baishan	6134			
松原	Songyuan	6167			
白城	Baicheng	4504			
黑龙江	**Heilongjiang**	**6211**	**10453**	**11095**	
哈尔滨	Harbin	8020	12546	13325	78
齐齐哈尔	Qiqihar	6724	11310	12106	118
鸡西	Jixi	7636	13449	14409	49
鹤岗	Hegang	6300	11463	12153	117
双鸭山	Shuangyashan	6882	11533	12206	115
大庆	Daqing	8045	12443	13204	82
伊春	Yichun	7280	11368	12001	125
佳木斯	Jiamusi	7111	10088	13125	85
七台河	Qitaihe	6955	13784	10687	179
牡丹江	Mudanjiang	9363	11401	14711	45
黑河	Heihe	7046	10543	12177	116
绥化	Suihua		9994	11271	158
上海	**Shanghai**	**13978**	**21192**	**23205**	
江苏	**Jiangsu**	**9118**	**14958**	**16257**	

6-4 农村居民人均可支配收入 续表 1

Annual Per Capita Disposable Income of Rural Households continued 1

单位：元 (yuan)

地名	City	2010	2014	2015	2015 排名 Ranking
南京	Nanjing	11128	16011	19483	18
无锡	Wuxi	14002	20223	24155	10
徐州	Xuzhou	7955	11513	13982	57
常州	Changzhou	12637	18169	21912	13
苏州	Suzhou	14657	21410	25580	6
南通	Nantong	9914	14268	17267	24
连云港	Lianyungang	7039	10465	12778	93
淮安	Huaian	7233	10762	13128	84
盐城	Yancheng	8751	12913	15748	34
扬州	Yangzhou	9462	13775	16619	28
镇江	Zhenjiang	10874	15876	19214	20
泰州	Taizhou	9324	13609	16410	29
宿迁	Suqian	6975	10418	12772	94
浙江	**Zhejiang**	**11303**	**19373**	**21125**	
杭州	Hangzhou	13186	23555	25719	4
宁波	Ningbo	14261	24283	26469	2
温州	Wenzhou	11416	19394	21235	14
嘉兴	Jiaxing	14365	24676	26838	1
湖州	Huzhou	13288	22404	24410	7
绍兴	Shaoxing	13651	23539	25648	5
金华	Jinhua	10201	18544	20297	17
衢州	Quzhou	8270	15354	16884	26
舟山	Zhoushan	14265	23783	25903	3
台州	Taizhou	11307	19362	21225	15
丽水	Lishui	6537	13635	15000	42
安徽	**Anhui**	**5285**	**9916**	**10821**	
合肥	Hefei	7117	14407	15733	35
芜湖	Wuhu	7834	14606	12309	110
蚌埠	Bengbu	5565	10511	11552	144
淮南	Huainan	5746	10547	10070	197
马鞍山	Maanshan	9331	14969	15964	31
淮北	Huaibei	5337	9116	9882	202
铜陵	Tongling	7266	16405	11169	161
安庆	Anqing	4985	9024	9985	200
黄山	Huangshan	6716	10942	11872	129
滁州	Chuzhou	5915	9171	10070	197
阜阳	Fuyang	4187	8213	9001	226
宿州	Suzhou	4766	8332	9140	220
六安	Liuan	4714	8287	9197	216
亳州	Bozhou	4689	8967	9138	221

地名	City	2010	2014	2015	2015 排名 Ranking
池州	Chizhou	5827	10629	11511	145
宣城	Xuancheng	6651	11251	12309	110
福建	**Fujian**	**7427**	**12650**	**13793**	
福州	Fuzhou	8543	14012	15203	40
厦门	Xiamen	10033	16220	17558	22
莆田	Putian	7663	12829	13882	60
三明	Sanming	6949	11665	12806	91
泉州	Quanzhou	9296	14586	15861	32
漳州	Zhangzhou	7861	12690	13866	61
南平	Nanping	6759	11252	12264	113
龙岩	Longyan	6931	12054	13274	80
宁德	Ningde	6542	11302	12391	106
江西	**Jiangxi**	**5789**	**10117**	**11139**	
南昌	Nanchang	7193	12414	13693	68
景德镇	Jingdezhen	6521	11547	12736	96
萍乡	Pingxiang	7219	12769	14046	54
九江	Jiujiang	5584	10139	11143	163
新余	Xinyu	7301	12831	13986	55
鹰潭	Yingtan	6249	11350	12383	107
赣州	Ganzhou	4182	6946	7786	245
吉安	Jian	5570	9262	10355	189
宜春	Yichun	5799	10526	11621	142
抚州	Fuzhou	5848	10410	11441	150
上饶	Shangrao	5317	9102	10112	196
山东	**Shandong**	**6990**	**11882**	**12930**	
济南	Jinan	8903	14726	14232	52
青岛	Qingdao	10550	17461	16730	27
淄博	Zibo	9195	15531	14531	47
枣庄	Zaozhuang	7103	12145	12038	121
东营	Dongying	8427	14456	13887	59
烟台	Yantai	9916	16656	15540	37
潍坊	Weifang	8872	14776	14890	43
济宁	Jining	7450	12650	12570	101
泰安	Taian	7592	12913	13322	79
威海	Weihai	10517	17296	16313	30
日照	Rizhao	7504	12635	12319	109
莱芜	Laiwu	8311	13540	13714	67
临沂	Linyi	6761	11629	10828	170
德州	Dezhou	7028	12135	11269	159
聊城	Liaocheng	6377	11232	10512	183

6-4 农村居民人均可支配收入 续表 2
Annual Per Capita Disposable Income of Rural Households continued 2

单位：元 (yuan)

地名	City	2010	2014	2015	2015 排名 Ranking	地名	City	2010	2014	2015	2015 排名 Ranking
滨州	Binzhou	7194	12691	12727	97	常德	Changde	5635	10737	11744	135
菏泽	Heze	5812	10436	9802	204	张家界	Zhangjiajie	3668	6332	7094	253
河南	**Henan**	**5524**	**9966**	**10853**		益阳	Yiyang	5617	11304	12344	108
郑州	Zhengzhou	9225	15470	17125	25	郴州	Chenzhou	5207	10786	11778	131
开封	Kaifeng	5390	9316	10304	190	永州	Yongzhou	5061	9873	10765	176
洛阳	Luoyang	5680	9669	10667	180	怀化	Huaihua	3520	6474	7203	251
平顶山	Pingdingshan	5504	9489	10450	184	娄底	Loudi	3365	7836	8655	234
安阳	Anyang	6359	10680	11721	136	**广东**	**Guangdong**	**7890**	**12246**	**13360**	
鹤壁	Hebi	6813	11709	12995	88	广州	Guangzhou	12676	17663	19323	19
新乡	Xinxiang	6241	10730	11772	132	韶关	Shaoguan	6317	10532	11607	143
焦作	Jiaozuo	7512	12518	13751	65	深圳	Shenzhen				
濮阳	Puyang	5077	8828	9790	206	珠海	Zhuhai	10187	18395	20510	16
许昌	Xuchang	7197	12140	13355	77	汕头	Shantou	6518	11190	12455	104
漯河	Luohe	6460	10893	11980	126	佛山	Foshan	12202	20094	22063	12
三门峡	Sanmenxia	5787	9979	11084	166	江门	Jiangmen	8589	12746	13817	62
南阳	Nanyang	5666	9741	10777	175	湛江	Zhanjiang	6909	11381	12405	105
商丘	Shangqiu	4674	8025	8885	228	茂名	Maoming	6802	11913	13224	81
信阳	Xinyang	5311	8868	9844	203	肇庆	Zhaoqing	7524	12642	13982	56
周口	Zhoukou	4510	7742	8576	235	惠州	Huizhou	9077	14364	15830	33
驻马店	Zhumadian	4861	8270	9174	217	梅州	Meizhou	6367	10786	11799	130
湖北	**Hubei**	**5832**	**10849**	**11844**		汕尾	Shanwei	6316	10415	11290	157
武汉	Wuhan	8295	16160	17722	21	河源	Heyuan	5645	9884	10803	173
黄石	Huangshi	5525	10957	12004	124	阳江	Yangjiang	6655	11489	12543	102
十堰	Shiyan	3499	7046	7779	246	清远	Qingyuan	6386	10600	11682	138
宜昌	Yichang	5980	11837	12990	89	东莞	Dongguan	20486	22327	24225	9
襄阳	Xiangyang	6365	12534	13650	70	中山	Zhongshan	14928	22166	24405	8
鄂州	Ezhou	6645	12692	13812	63	潮州	Chaozhou	6373	10551	11459	148
荆门	Jingmen	6951	13481	14716	44	揭阳	Jieyang	6128	10146	11333	156
孝感	Xiaogan	5943	11597	12655	99	云浮	Yunfu	6744	11067	12008	123
荆州	Jingzhou	6453	12625	13728	66	**广西**	**Guangxi**	**4543**	**8683**	**9467**	
黄冈	Huanggang	4634	9388	10252	193	南宁	Nanning	5005	8576	9408	213
咸宁	Xianning	5606	10891	11940	127	柳州	Liuzhou	4935	8606	9449	212
随州	Suizhou	6279	11984	13022	87	桂林	Guilin	5487	9431	10365	188
湖南	**Hunan**	**5622**	**10060**	**10993**		梧州	Wuzhou	4879	8342	9051	224
长沙	Changsha	11206	21723	23601	11	北海	Beihai	5415	9079	9923	201
株洲	Zhuzhou	7658	14366	15637	36	防城港	Fangchenggang	5628	9524	10429	185
湘潭	Xiangtan	7817	14092	15347	39	钦州	Qinzhou	5340	8892	9710	208
衡阳	Hengyang	7220	13242	14407	50	贵港	Guigang	5289	9131	10017	199
邵阳	Shaoyang	3760	7786	8716	232	玉林	Yulin	5302	9314	10292	191
岳阳	Yueyang	5988	11062	12091	119	百色	Baise	3461	6145	6766	259

6-4 农村居民人均可支配收入 续表 3
Annual Per Capita Disposable Income of Rural Households continued 3

单位：元 (yuan)

地名	City	2010	2014	2015	2015 排名 Ranking
贺州	Hezhou	4298	7337	8056	241
河池	Hechi	3599	5723	6164	262
来宾	Laibin	4659	7751	8379	237
崇左	Chongzuo	4621	7707	8308	239
海南	**Hainan**	**5275**	**9913**	**10858**	
海口	Haikou	6173	10630	11635	140
三亚	Sanya	6502	11285	12228	114
三沙	Sansha				
重庆	**Chongqing**	**5277**	**9490**	**10505**	
四川	**Sichuan**	**5087**	**9348**	**10247**	
成都	Chengdu	8205	14478	17514	23
自贡	Zigong	5762	9974	12088	120
攀枝花	Panzhihua	6293	10960	12861	90
泸州	Luzhou	5388	9470	11359	154
德阳	Deyang	6486	11260	12787	92
绵阳	Mianyang	5940	10326	11349	155
广元	Guangyuan	4036	7202	8939	227
遂宁	Suining	5390	9482	11379	152
内江	Neijiang	5504	9565	11428	151
乐山	Leshan	5613	9724	11649	139
南充	Nanchong	4814	8555	10292	191
眉山	Meishan	5942	10433	12756	95
宜宾	Yibin	5610	9831	11745	134
广安	Guangan	5377	9514	11371	153
达州	Dazhou	5084	8945	10688	178
雅安	Yaan	5181	9056	10195	195
巴中	Bazhong	3847	6895	9084	223
资阳	Ziyang	5552	9798	12284	112
贵州	**Guizhou**	**3472**	**6671**		
贵阳	Guiyang	5976	10826	11918	128
六盘水	Liupanshui	3601	6791	7522	249
遵义	Zunyi	4207	8365	9249	215
安顺	Anshun	3526	6671	7402	250
毕节	Bijie	3354	6223	6945	256
铜仁	Tongren	3222	6345	6931	258
云南	**Yunnan**	**3952**	**7456**	**8242**	
昆明	Kunming	5810	10366		
曲靖	Qujing	4130	8514		
玉溪	Yuxi	5747	9969		
保山	Baoshan	3626			
昭通	Zhaotong	2768	6497		
丽江	Lijiang	3410	7183		
普洱	Puer	3456	7096		
临沧	Lincang	3279	7199		
西藏	**Tibet**	**4139**	**7359**	**8244**	
拉萨	Lasa	5003		10378	187
陕西	**Shaanxi**	**4105**	**7932**	**8689**	
西安	Xi'an	7750	14462	14072	53
铜川	Tongchuan	4789	9169	8739	230
宝鸡	Baoji	5040	9421	9511	211
咸阳	Xianyang	5056	9612	9690	209
渭南	Weinan	4372	8534	8705	233
延安	Yan'an	5173	9779	9789	207
汉中	Hanzhong	4183	7933	8164	240
榆林	Yulin	5113	9730	9802	204
安康	Ankang	3976	7468	7913	244
商洛	Shangluo	3605	7035	7706	248
甘肃	**Gansu**	**3425**	**6277**	**6936**	
兰州	Lanzhou	4588		9621	210
嘉峪关	Jiayuguan	7865		15371	38
金昌	Jinchang	5953		11459	147
白银	Baiyin	3386		7065	254
天水	Tianshui	2825		6007	263
武威	Wuwei	4551		9101	222
张掖	Zhangye	5575		10823	171
平凉	Pingliang	3136		6501	261
酒泉	Jiuquan	7234		13603	73
庆阳	Qingyang	3154		6945	256
定西	Dingxi	2702		5823	264
陇南	Longnan	2299		5405	265
青海	**Qinghai**	**3863**	**7283**	**7933**	
西宁	Xining	5521	10097		
海东	Haidong				
宁夏	**Ningxia**	**4675**	**8410**	**9119**	
银川	Yinchuan	6161	10275	11148	162
石嘴山	Shizuishan	6060	10215	10995	167
吴忠	Wuzhong	5041	8442	9150	219
固原	Guyuan	3477	6395	7002	255
中卫	Zhongwei	4439	7403	8002	242
新疆	**Xinjiang**	**4643**	**8724**	**9425**	
乌鲁木齐	Urumqi	7466	13306	15007	41
克拉玛依	Karamay	10296			

6-5　农村居民人均消费支出
Annual Per Capita Consumption Expenditure of Rural Households

单位：元　　　　(yuan)

地名	City	2010	2013	2014	2014 排名 Ranking
全国	**Nation Total**	**4382**	**6626**	**8383**	
北京	**Beijing**	**9255**	**13553**	**14535**	
天津	**Tianjin**	**4937**	**10155**	**13739**	
河北	**Hebei**	**3845**	**6134**	**8248**	
石家庄	Shijiazhuang	3956	6605	7275	117
唐山	Tangshan	5980	9424	10561	39
秦皇岛	Qinhuangdao	4070	7224	8051	94
邯郸	Handan	2692	6490	6736	135
邢台	Xingtai	2864	5301	5557	178
保定	Baoding	2864	6002	6929	130
张家口	Zhangjiakou	3110	4549	5213	191
承德	Chengde	3672	4224	5454	181
沧州	Cangzhou	3525	5890	7136	125
廊坊	Langfang	3850	8025	9945	41
衡水	Hengshui	2779	4474	6390	151
山西	**Shanxi**	**3664**	**5813**	**6992**	
太原	Taiyuan	3879	7407	9444	51
大同	Datong	2472	4640	5454	182
阳泉	Yangquan	4047	7713	7468	109
长治	Changzhi	2935	6349	7996	96
晋城	Jincheng	3853	7115	7973	97
朔州	Shuozhou	3293	6779	6431	149
晋中	Jinzhong	3801	6330	6851	131
运城	Yuncheng	3067	5651	6216	156
忻州	Xinzhou	3041	4724	6412	150
临汾	Linfen	3381	5119	6009	163
吕梁	Lvliang	3327	4837	5403	183
内蒙古	**Inner Mongolia**	**4461**	**7268**	**9972**	
呼和浩特	Hohhot	5526	10446	12232	24
包头	Baotou	6132	6717	9724	46
乌海	Wuhai	5115	10903	12980	20
赤峰	Chifeng	3572	6878	8109	92
通辽	Tongliao	4264	7097	8246	88
鄂尔多斯	Erdos	8458	9773	13432	18
呼伦贝尔	Hulunbuir	4522	8399	10745	38
巴彦淖尔	Bayannur	6325	8306	12472	23
乌兰察布	Ulanqab	2844	5249	6695	138
辽宁	**Liaoning**	**4490**	**7159**	**7801**	
沈阳	Shenyang	5388			
大连	Dalian	6940			
鞍山	Anshan	5188			
抚顺	Fushun	4630			
本溪	Benxi	5775			
丹东	Dandong	5029			
锦州	Jinzhou	3861			
营口	Yingkou	5591			
阜新	Fuxin	4119			
辽阳	Liaoyang	3980			
盘锦	Panjin	5012			
铁岭	Tieling	4982			
朝阳	Chaoyang	5178			
葫芦岛	Huludao	3906			
吉林	**Jilin**	**4147**	**7380**	**8140**	
长春	Changchun	3533	6798		
吉林	Jilin	4441	7402		
四平	Siping	4256	6964		
辽源	Liaoyuan	3892	6514		
通化	Tonghua	3506	5993		
白山	Baishan	2826	5959		
松原	Songyuan	3528	6491		
白城	Baicheng	3400	5875		
黑龙江	**Heilongjiang**	**4391**	**6814**	**7830**	
哈尔滨	Harbin	4666	7361	8275	87
齐齐哈尔	Qiqihar	5331	7439		
鸡西	Jixi	3956			
鹤岗	Hegang				
双鸭山	Shuangyashan		5012		
大庆	Daqing	4204	3916		
伊春	Yichun				
佳木斯	Jiamusi	2323			
七台河	Qitaihe		7148	8541	81
牡丹江	Mudanjiang	5205			
黑河	Heihe				
绥化	Suihua		9078		
上海	**Shanghai**	**10210**	**14235**	**14820**	
江苏	**Jiangsu**	**6543**	**9910**	**11820**	

6-5 农村居民人均消费支出 续表 1

Annual Per Capita Consumption Expenditure of Rural Households continued 1

单位：元 (yuan)

地名	City	2010	2013	2014	2014 排名 Ranking
南京	Nanjing	8477	12392	12818	22
无锡	Wuxi	9790	14147	15114	10
徐州	Xuzhou	5216	7246	9011	62
常州	Changzhou	9924	13563	13529	15
苏州	Suzhou	10397	16251	15390	7
南通	Nantong	7240	10931	11051	32
连云港	Lianyungang	4766	6932	8282	85
淮安	Huaian	5216	7373	7836	101
盐城	Yancheng	5074	7712	10782	37
扬州	Yangzhou	6782	9725	11266	29
镇江	Zhenjiang	7848	11995	13081	19
泰州	Taizhou	6476	9862	10849	34
宿迁	Suqian	4684	7454	7702	102
浙江	**Zhejiang**	**8929**	**11760**	**14498**	
杭州	Hangzhou	10267	14600	17816	2
宁波	Ningbo	9794	13915	16228	3
温州	Wenzhou	8431	11724	14218	13
嘉兴	Jiaxing	9274	14261	16163	5
湖州	Huzhou	9139	12348	14836	11
绍兴	Shaoxing	9210	12402	15632	6
金华	Jinhua	7695	10673	13520	16
衢州	Quzhou	5485	7515	9980	40
舟山	Zhoushan	10270	14851	16217	4
台州	Taizhou	8086	11426	15307	8
丽水	Lishui	4947	7423	11483	28
安徽	**Anhui**	**4013**	**5725**	**7981**	
合肥	Hefei	4188	5799	9077	61
芜湖	Wuhu	5231	7131	9606	49
蚌埠	Bengbu	3159	4387	5544	180
淮南	Huainan	3376	5720	7238	121
马鞍山	Maanshan	6339	8936	9833	43
淮北	Huaibei	3881	6266	6447	147
铜陵	Tongling	5387	7232	11516	27
安庆	Anqing	3392	5650	7434	112
黄山	Huangshan	4163	6975	8151	91
滁州	Chuzhou	4027	6824	6484	146
阜阳	Fuyang	2686	3795	6696	137
宿州	Suzhou	3126	4943	5006	193
六安	Liuan	3807	5123	7265	118
亳州	Bozhou	3025	4964	7592	103
池州	Chizhou	3968	6974	8779	70
宣城	Xuancheng	4522	7601	9323	54
福建	**Fujian**	**5498**	**8151**	**11056**	
福州	Fuzhou	6071	9311	12166	25
厦门	Xiamen	7523	11228	14142	14
莆田	Putian	5679	8509	11114	31
三明	Sanming	4862	7517	9006	64
泉州	Quanzhou	6782	9526	11584	26
漳州	Zhangzhou	5524	8267	9267	55
南平	Nanping	4991	7142	8640	77
龙岩	Longyan	5245	7425	9097	59
宁德	Ningde	4469	6863	9006	65
江西	**Jiangxi**	**3912**	**5654**	**7548**	
南昌	Nanchang	3992	5682	7896	100
景德镇	Jingdezhen	4200	5924	8282	86
萍乡	Pingxiang	4762	6580	9009	63
九江	Jiujiang	4131	5738	7922	99
新余	Xinyu	4879	6695	9208	57
鹰潭	Yingtan	4028	6032	8478	83
赣州	Ganzhou	3197	4398	5867	167
吉安	Jian	3495	5031	6953	129
宜春	Yichun	3676	5860	8089	93
抚州	Fuzhou	3331	4798	6678	140
上饶	Shangrao	2757	4569	6304	154
山东	**Shandong**	**4807**	**7393**	**7962**	
济南	Jinan	5407	7799	8581	79
青岛	Qingdao	6662	9799	10808	36
淄博	Zibo	5676	8133	9089	60
枣庄	Zaozhuang	4209	6866	7473	108
东营	Dongying	4985	7813	8580	80
烟台	Yantai	5175	7343	8588	78
潍坊	Weifang	5982	8556	9677	48
济宁	Jining	4216	6262	7109	127
泰安	Taian	4273	6319	7158	124
威海	Weihai	5728	8493	9725	45
日照	Rizhao	4144	5314	5948	164
莱芜	Laiwu	4620	6737	7478	107
临沂	Linyi	3935	6204	6803	133
德州	Dezhou	3045	5432	6244	155
聊城	Liaocheng	3542	5623	6326	153

6-5 农村居民人均消费支出 续表 2

Annual Per Capita Consumption Expenditure of Rural Households continued 2

单位：元 (yuan)

地名	City	2010	2013	2014	2014 排名 Ranking
滨州	Binzhou	4531	7854	8701	76
菏泽	Heze	3629	5163	5783	171
河南	**Henan**	**3682**	**5628**	**7277**	
郑州	Zhengzhou	6254	10242	11125	30
开封	Kaifeng	3352	5460	6442	148
洛阳	Luoyang	4635	6783	7423	113
平顶山	Pingdingshan	3168	4876	5335	186
安阳	Anyang	3726	6735	7253	120
鹤壁	Hebi	3938	7312	8166	90
新乡	Xinxiang	4593	7002	7550	105
焦作	Jiaozuo	4845	8583	9415	52
濮阳	Puyang	2911	4980	5745	174
许昌	Xuchang	4222	6561	7348	115
漯河	Luohe	3492	5379	5933	165
三门峡	Sanmenxia	4126	6715	7569	104
南阳	Nanyang	4012	6109	6766	134
商丘	Shangqiu	2890	4772	5262	188
信阳	Xinyang	3604	5258	5745	173
周口	Zhoukou	3344	4827	5304	187
驻马店	Zhumadian	3670	5769	6347	152
湖北	**Hubei**	**4091**	**6280**	**8681**	
武汉	Wuhan	5631	9127		
黄石	Huangshi	4073	6518		
十堰	Shiyan	3100	4540	5224	190
宜昌	Yichang	4071	6762	8963	66
襄阳	Xiangyang	4252	7091		
鄂州	Ezhou	3209	7317		
荆门	Jingmen	6951	7268		
孝感	Xiaogan	3987	5768		
荆州	Jingzhou	3964	7107		
黄冈	Huanggang	3511	6092		
咸宁	Xianning	3823	6073		
随州	Suizhou	4404	6635		
湖南	**Hunan**	**4310**	**6610**	**9025**	
长沙	Changsha	7533	11586		
株洲	Zhuzhou	5466	8477		
湘潭	Xiangtan	5073	9580		
衡阳	Hengyang	4843	6986		
邵阳	Shaoyang	2942	4637		
岳阳	Yueyang	4990	8082		
常德	Changde	4575	7802		
张家界	Zhangjiajie	3476	4847		
益阳	Yiyang	4637	7453		
郴州	Chenzhou	3511	6315		
永州	Yongzhou	3951	5785		
怀化	Huaihua	3072	4968		
娄底	Loudi	3224	6744		
广东	**Guangdong**	**5516**	**8343**	**10043**	
广州	Guangzhou	8986	11688	12868	21
韶关	Shaoguan	4930	7326	8826	67
深圳	Shenzhen				
珠海	Zhuhai	8071	11416	14303	12
汕头	Shantou	5960	7945	9526	50
佛山	Foshan	8539	12694	13474	17
江门	Jiangmen	6412	9396	9191	58
湛江	Zhanjiang	4579	7907	8517	82
茂名	Maoming	4320	7625	9862	42
肇庆	Zhaoqing	5081	7503	7996	95
惠州	Huizhou	6029	9465	11008	33
梅州	Meizhou	5578	7353	8803	68
汕尾	Shanwei	5752	7807	7965	98
河源	Heyuan	4949	6946	8194	89
阳江	Yangjiang	6070	9171	9734	44
清远	Qingyuan	4977	7351	8798	69
东莞	Dongguan	11840	17003	18504	1
中山	Zhongshan	9008	12312	15189	9
潮州	Chaozhou	6027	8035	9215	56
揭阳	Jieyang	4745	6595	8720	75
云浮	Yunfu	5180	7935	8464	84
广西	**Guangxi**	**3455**	**5206**	**6675**	
南宁	Nanning	3354	5987	6718	136
柳州	Liuzhou	3663	6365	7186	123
桂林	Guilin	3872	6329	6825	132
梧州	Wuzhou	2798	5505	5829	169
北海	Beihai	3170	5825	5757	172
防城港	Fangchenggang	3470	5955	6685	139
钦州	Qinzhou	2901	4999	5366	185
贵港	Guigang	3504	5667	6182	157
玉林	Yulin	2910	4952	5546	179
百色	Baise	2859	5612	6114	160

6-5 农村居民人均消费支出 续表 3

Annual Per Capita Consumption Expenditure of Rural Households continued 3

单位：元 (yuan)

地名	City	2010	2013	2014	2014 排名 Ranking
贺州	Hezhou	2985	5284	5665	176
河池	Hechi	2099	4667	5252	189
来宾	Laibin	3545	6077	6547	143
崇左	Chongzuo	3581	6907	7446	111
海南	**Hainan**	**3446**	**5466**	**7029**	
海口	Haikou	3403	6370		
三亚	Sanya	3905	5657		
三沙	Sansha				
重庆	**Chongqing**	**3625**	**5796**	**7983**	
四川	**Sichuan**	**3898**	**6309**	**8301**	
成都	Chengdu	5796	8457	9697	47
自贡	Zigong	4300	6172	6521	144
攀枝花	Panzhihua	5439	8481	10835	35
泸州	Luzhou	4174	6050	7257	119
德阳	Deyang	5241	6318	7449	110
绵阳	Mianyang	4607	6162	7494	106
广元	Guangyuan	3416	4782	5710	175
遂宁	Suining	4049	4638	6149	159
内江	Neijiang	3997	5427	5882	166
乐山	Leshan	4394	5350	7195	122
南充	Nanchong	3376	4580	6113	161
眉山	Meishan	3933	5615	8770	72
宜宾	Yibin	4340	5533	6588	142
广安	Guangan	3138	4752	6616	141
达州	Dazhou	3552	5039	5785	170
雅安	Yaan	4507	6650	8771	71
巴中	Bazhong	3910	5576	6988	128
资阳	Ziyang	2924	5226	6492	145
贵州	**Guizhou**	**2853**	**4740**	**8970**	
贵阳	Guiyang	4741	7267	8724	74
六盘水	Liupanshui	2612	5378	6042	162
遵义	Zunyi	2790	5521	7334	116
安顺	Anshun	2210	5171	6160	158
毕节	Bijie	2499	5019	5638	177
铜仁	Tongren	2594	4457	5376	184
云南	**Yunnan**	**3398**	**4744**	**6030**	
昆明	Kunming	5701	8397		
曲靖	Qujing	3120	4671		
玉溪	Yuxi	5033	8148		
保山	Baoshan	3214	5454		
昭通	Zhaotong	2314	3899		
丽江	Lijiang	2184	4098		
普洱	Puer	2755	4668	5041	192
临沧	Lincang	2020	4240		
西藏	**Tibet**	**2667**	**3574**	**4822**	
拉萨	Lasa	2482	4163		
陕西	**Shaanxi**	**3794**	**5724**	**7252**	
西安	Xi'an	5633	8780		
铜川	Tongchuan	4402	7001		
宝鸡	Baoji	4466	6725		
咸阳	Xianyang	3867	6433		
渭南	Weinan	3273	6053		
延安	Yan'an	3731	6278		
汉中	Hanzhong	3192	5490		
榆林	Yulin	4298	7425		
安康	Ankang	3536	5311		
商洛	Shangluo	2711	4721		
甘肃	**Gansu**	**2942**	**4850**	**6148**	
兰州	Lanzhou	3686	6473		
嘉峪关	Jiayuguan	5077	9354		
金昌	Jinchang	4147	6717		
白银	Baiyin	2955	4676		
天水	Tianshui	2413	4783		
武威	Wuwei	2160	4517		
张掖	Zhangye	4416	7325		
平凉	Pingliang	3090	5112		
酒泉	Jiuquan	6043	9300		
庆阳	Qingyang	2330	4698		
定西	Dingxi	2419	4152		
陇南	Longnan	2341	4123		
青海	**Qinghai**	**3775**	**6060**	**8235**	
西宁	Xining	5404	7563		
海东	Haidong				
宁夏	**Ningxia**	**4013**	**6490**	**7677**	
银川	Yinchuan	5394	8637	9334	53
石嘴山	Shizuishan	4930	8210	8753	73
吴忠	Wuzhong	3763	6574	7373	114
固原	Guyuan	3085	4731	5863	168
中卫	Zhongwei	3877	6286	7133	126
新疆	**Xinjiang**	**3458**	**6119**	**7365**	
乌鲁木齐	Urumqi				
克拉玛依	Karamay				

6-6 农村居民人均食品消费支出
Annual Per Capita Food Consumption Expenditure of Rural Households

单位：元 （yuan）

地名	City	2010	2012	2013	2013 排名 Ranking
全国	**Nation Total**	**1801**	**2324**	**2495**	
北京	**Beijing**	**2995**	**3945**	**4696**	
天津	**Tianjin**	**2061**	**3020**	**3540**	
河北	**Hebei**	**1351**	**1817**	**1963**	
石家庄	Shijiazhuang	1405	1809		
唐山	Tangshan	2086	2857		
秦皇岛	Qinhuangdao	1384	1993		
邯郸	Handan	1021	1511		
邢台	Xingtai	1098	1581		
保定	Baoding	1143	1804		
张家口	Zhangjiakou	1440	1891		
承德	Chengde	1697	2361		
沧州	Cangzhou	1289	1866		
廊坊	Langfang	1505	2172		
衡水	Hengshui	1162	1724		
山西	**Shanxi**	**1372**	**1860**	**1921**	
太原	Taiyuan	1312	2219		
大同	Datong	1141	2050		
阳泉	Yangquan	1444	2030		
长治	Changzhi	1167	1830		
晋城	Jincheng	1493	1995		
朔州	Shuozhou	1383	2129		
晋中	Jinzhong	1323	1849		
运城	Yuncheng	1147	1544		
忻州	Xinzhou	1319	1635		
临汾	Linfen	1237	1601		
吕梁	Lvliang	1200	1716		
内蒙古	**Inner Mongolia**	**1675**	**2380**	**2583**	
呼和浩特	Hohhot	2061	2814	2708	91
包头	Baotou	2279	2927	2453	132
乌海	Wuhai	2014	3877	2762	77
赤峰	Chifeng	1479	2284	1842	206
通辽	Tongliao	1615	2376	1641	224
鄂尔多斯	Erdos	2464	3778	2177	172
呼伦贝尔	Hulunbuir	1539	2520	2032	188
巴彦淖尔	Bayannur	2460	3231	2096	177
乌兰察布	Ulanqab	1289	2146	2296	159
辽宁	**Liaoning**	**1714**	**2300**	**2519**	
沈阳	Shenyang	1991	2510		
大连	Dalian	2746	3139		
鞍山	Anshan	2023	2508		
抚顺	Fushun	1954	2742		
本溪	Benxi	2274	3244		
丹东	Dandong	2314	3266		
锦州	Jinzhou	1412	2052		
营口	Yingkou	2124	2866		
阜新	Fuxin	1474	1915		
辽阳	Liaoyang	1867	2337		
盘锦	Panjin	1964	2576		
铁岭	Tieling	2004	2231		
朝阳	Chaoyang	1931	2298		
葫芦岛	Huludao	1542	1923		
吉林	**Jilin**	**1523**	**2269**	**2438**	
长春	Changchun		2254	2944	62
吉林	Jilin		2337	2921	64
四平	Siping		2216	2538	120
辽源	Liaoyuan		2287	3482	39
通化	Tonghua		2507	2603	109
白山	Baishan		1904	2588	113
松原	Songyuan		1994	2866	70
白城	Baicheng		2364	2309	155
黑龙江	**Heilongjiang**	**1484**	**2165**	**2398**	
哈尔滨	Harbin	1880	2165	2872	68
齐齐哈尔	Qiqihar	1850	2403	2599	111
鸡西	Jixi	1893	2329		
鹤岗	Hegang				
双鸭山	Shuangyashan			1601	228
大庆	Daqing	1610		1479	234
伊春	Yichun				
佳木斯	Jiamusi	1046	1704		
七台河	Qitaihe			2795	75
牡丹江	Mudanjiang	1839			
黑河	Heihe				
绥化	Suihua				
上海	**Shanghai**	**3807**	**4848**	**5335**	
江苏	**Jiangsu**	**2492**	**3049**	**3283**	

6-6 农村居民人均食品消费支出 续表 1
Annual Per Capita Food Consumption Expenditure of Rural Households continued 1

单位：元 （yuan）

地名	City	2010	2012	2013	2013 排名 Ranking	地名	City	2010	2012	2013	2013 排名 Ranking
南京	Nanjing	3110	4147	4554	14	池州	Chizhou	1852	2433	2496	124
无锡	Wuxi	3375	4655	5065	8	宣城	Xuancheng	1811	2468	2819	72
徐州	Xuzhou	1962	2411	2593	112	**福建**	**Fujian**	**2537**	**3403**	**3601**	
常州	Changzhou	3480	4337	4799	13	福州	Fuzhou	2761	3687	4017	25
苏州	Suzhou	3527	4875	5429	4	厦门	Xiamen	3109	4413	4861	11
南通	Nantong	2623	3546	3864	28	莆田	Putian	2648	3521	3760	30
连云港	Lianyungang	1947	2259	2457	130	三明	Sanming	2244	3088	3423	43
淮安	Huaian	2053	2409	2670	100	泉州	Quanzhou	2868	3621	4048	22
盐城	Yancheng	1871	2543	2686	94	漳州	Zhangzhou	2577	3522	3736	31
扬州	Yangzhou	2578	3180	3435	42	南平	Nanping	2268	2937	3199	53
镇江	Zhenjiang	3076	3857	4276	19	龙岩	Longyan	2403	3106	3306	50
泰州	Taizhou	2217	2974	3210	51	宁德	Ningde	2113	2816	3137	55
宿迁	Suqian	2008	2479	2751	81	**江西**	**Jiangxi**	**1813**	**2333**	**2389**	
浙江	**Zhejiang**	**3056**	**3947**	**4191**		南昌	Nanchang	1936	2586	2437	136
杭州	Hangzhou	3333	4455	4820	12	景德镇	Jingdezhen	1948	2456	2588	113
宁波	Ningbo	4049	5293	5503	3	萍乡	Pingxiang	1849	2517	2678	96
温州	Wenzhou	3635	4943	5418	5	九江	Jiujiang	1717	2118	2460	129
嘉兴	Jiaxing	3064	3955	4450	18	新余	Xinyu	2101	2513	2672	99
湖州	Huzhou	3004	3583	3979	26	鹰潭	Yingtan	1853	2531	2635	108
绍兴	Shaoxing	3314	4186	4477	16	赣州	Ganzhou	1459	1791	2064	182
金华	Jinhua	2670	3246	3672	34	吉安	Jian	1669	2003	2073	180
衢州	Quzhou	2229	2720	2881	67	宜春	Yichun	1692	2273	2424	138
舟山	Zhoushan	4071	5183	5913	2	抚州	Fuzhou	1614	2176	1655	221
台州	Taizhou	2980	4021	4455	17	上饶	Shangrao	1414	1919	1944	195
丽水	Lishui	1889	2553	2732	85	**山东**	**Shandong**	**1804**	**2321**	**2554**	
安徽	**Anhui**	**1633**	**2181**	**2270**		济南	Jinan	1818	2465	2641	107
合肥	Hefei	2037	2363	2499	123	青岛	Qingdao	2365	3130	3415	44
芜湖	Wuhu	2175	2838	3136	56	淄博	Zibo	1864	2572	2731	86
蚌埠	Bengbu	1380	1743	1920	200	枣庄	Zaozhuang	1558	2021	2307	156
淮南	Huainan	1486	2184	2376	146	东营	Dongying	1734	2351	2417	140
马鞍山	Maanshan	2483	2612	3353	48	烟台	Yantai	1982	2594	2785	76
淮北	Huaibei	1431	1719	2257	163	潍坊	Weifang	1747	2356	2503	122
铜陵	Tongling	2158	2542	2825	71	济宁	Jining	1596	2137	2339	152
安庆	Anqing	1722	2388	2485	127	泰安	Taian	1572	2052	2269	162
黄山	Huangshan	1874	2404	3209	52	威海	Weihai	2060	2367	2916	65
滁州	Chuzhou	1680	2409	2953	61	日照	Rizhao	1752	1858	1919	201
阜阳	Fuyang	1207	1474	1598	229	莱芜	Laiwu	1753	2200	2448	133
宿州	Suzhou	1446	1615	1924	197	临沂	Linyi	1580	2075	2279	160
六安	Liuan	1816	2461	2550	119	德州	Dezhou	1333	1601	1820	210
亳州	Bozhou	1311	1647	1833	209	聊城	Liaocheng	1418	1926	2054	185

6-6 农村居民人均食品消费支出 续表 2

Annual Per Capita Food Consumption Expenditure of Rural Households continued 2

单位：元 (yuan)

地名	City	2010	2012	2013	2013 排名 Ranking
滨州	Binzhou	1413	2093	2251	164
菏泽	Heze	1472	1810	2001	189
河南	**Henan**	**1371**	**1702**	**1938**	
郑州	Zhengzhou	1889	2203	2455	131
开封	Kaifeng	1140	1555	1797	213
洛阳	Luoyang	1395	1719	1979	192
平顶山	Pingdingshan	1273	1522	1738	217
安阳	Anyang	1197	1535	2001	189
鹤壁	Hebi	1451	2096	2644	104
新乡	Xinxiang	1457	1806	2199	167
焦作	Jiaozuo	1479	2018	2402	141
濮阳	Puyang	1051	1584	1630	226
许昌	Xuchang	1329	1685	2059	183
漯河	Luohe	1225	1550	1691	220
三门峡	Sanmenxia	1419	1831	1965	194
南阳	Nanyang	1525	2086	2298	158
商丘	Shangqiu	1081	1549	1844	205
信阳	Xinyang	1780	2068	2495	125
周口	Zhoukou	1250	1542	1632	225
驻马店	Zhumadian	1529	1891	2083	179
湖北	**Hubei**	**1763**	**2154**	**2308**	
武汉	Wuhan	2329	3245	3459	40
黄石	Huangshi	1773	2317	2567	118
十堰	Shiyan	1351	1782	1924	197
宜昌	Yichang	1787	2238	2581	115
襄阳	Xiangyang	1016	2446	2800	74
鄂州	Ezhou	1077	3121	3337	49
荆门	Jingmen	4786	2172	2870	69
孝感	Xiaogan	1827	2240	2508	121
荆州	Jingzhou	1788	2616	2676	98
黄冈	Huanggang	1525	2075	2345	151
咸宁	Xianning	1710	2272	2400	142
随州	Suizhou	1994	2236	2642	105
湖南	**Hunan**	**2088**	**2575**	**2537**	
长沙	Changsha	2838	3756	2059	183
株洲	Zhuzhou	2382	3039	1733	218
湘潭	Xiangtan	2297	2840	1544	233
衡阳	Hengyang	2444	3076	1647	223
邵阳	Shaoyang	1525	1910	1199	237
岳阳	Yueyang	1836	2540	1616	227
常德	Changde	2125	2610	1360	235
张家界	Zhangjiajie	1795	2159	978	238
益阳	Yiyang	2119	2790	1565	231
郴州	Chenzhou	1705	2199	1598	229
永州	Yongzhou	1882	2391	1815	212
怀化	Huaihua	1738	2148	1354	236
娄底	Loudi	1688	2371	1652	222
广东	**Guangdong**	**2630**	**3659**	**3737**	
广州	Guangzhou	4126	4879	5167	6
韶关	Shaoguan	2687	3244	3568	37
深圳	Shenzhen				
珠海	Zhuhai	3631	4504	5056	9
汕头	Shantou	2865	3480	3781	29
佛山	Foshan	3236	4480	4935	10
江门	Jiangmen		3604	4529	15
湛江	Zhanjiang	2285	3539	4032	24
茂名	Maoming	2065	3067	3537	38
肇庆	Zhaoqing	2517	3137	3653	35
惠州	Huizhou	2715	3671	4174	20
梅州	Meizhou	2611	3095	3407	45
汕尾	Shanwei	2630	3390	3677	33
河源	Heyuan	2382	3049	3401	46
阳江	Yangjiang		3836	4128	21
清远	Qingyuan	2455	3328	3609	36
东莞	Dongguan	4447	5980	6291	1
中山	Zhongshan	3891	4574	5082	7
潮州	Chaozhou	2750	3444	3698	32
揭阳	Jieyang	2259	2866	3073	58
云浮	Yunfu	2778	3499	4039	23
广西	**Guangxi**	**1675**	**2086**	**2085**	
南宁	Nanning	1636	2431	2749	83
柳州	Liuzhou	1820	2520	2749	83
桂林	Guilin	1827	2559	2714	88
梧州	Wuzhou	1531	2224	2339	152
北海	Beihai	1701	2354	2303	157
防城港	Fangchenggang	1865	1949	3156	54
钦州	Qinzhou	1568	1573	1836	208
贵港	Guigang	1648	2346	2571	116
玉林	Yulin	1418	2088	2155	174
百色	Baise	1474	1316	2421	139

6-6 农村居民人均食品消费支出 续表 3
Annual Per Capita Food Consumption Expenditure of Rural Households continued 3

单位：元 （yuan）

地名	City	2010	2012	2013	2013 排名 Ranking
贺州	Hezhou	1480	1302	2147	175
河池	Hechi	1297	1281	1940	196
来宾	Laibin	1554	2131	2350	149
崇左	Chongzuo	1432	2346	2709	90
海南	**Hainan**	**1724**	**2410**	**2625**	
海口	Haikou	1505	3093	3070	59
三亚	Sanya	1944	2312	2762	77
三沙	Sansha				
重庆	**Chongqing**	**1750**	**2216**	**2539**	
四川	**Sichuan**	**1881**	**2514**	**2665**	
成都	Chengdu	2429	3284	3441	41
自贡	Zigong	2401	2725	2923	63
攀枝花	Panzhihua	2438	3397	3941	27
泸州	Luzhou	2071	2667	3005	60
德阳	Deyang	2327	2871	3080	57
绵阳	Mianyang	2012	2511	2661	101
广元	Guangyuan	1453	2082	2185	170
遂宁	Suining	1778	2092	2241	165
内江	Neijiang	2077	2490	2717	87
乐山	Leshan	2066	2274	2427	137
南充	Nanchong	1806	2383	2376	146
眉山	Meishan	1861	2237	2659	102
宜宾	Yibin	1941	2860	2712	89
广安	Guangan	1849	2429	2489	126
达州	Dazhou	1865	2422	2570	117
雅安	Yaan	2068	2637	2470	128
巴中	Bazhong	2010	2398	2706	92
资阳	Ziyang	1699	2391	2444	135
贵州	**Guizhou**	**1319**	**1741**	**2036**	
贵阳	Guiyang	1736	2380	2649	103
六盘水	Liupanshui	1370	1976	2690	93
遵义	Zunyi	1323	1792	2381	145
安顺	Anshun	1223	1762	2320	154
毕节	Bijie	1175	1786	2384	144
铜仁	Tongren	1274	1926	2035	187
云南	**Yunnan**	**1605**	**2081**	**2098**	
昆明	Kunming	1781	2539	2750	82
曲靖	Qujing	1396	1856	2139	176
玉溪	Yuxi	1932	2351	2677	97
保山	Baoshan	1541	2109	2158	173
昭通	Zhaotong	1298	1002	1893	202
丽江	Lijiang	1061	1833	2224	166
普洱	Puer	1636	2337	2191	168
临沧	Lincang	1130	1616	1921	199
西藏	**Tibet**	**1326**	**1592**	**1939**	
拉萨	Lasa	970	1370	1870	203
陕西	**Shaanxi**	**1299**	**1520**	**1821**	
西安	Xi'an	1833	2630	2894	66
铜川	Tongchuan	1454	1863	2682	95
宝鸡	Baoji	1365	1620	1769	215
咸阳	Xianyang	1211	1790	2348	150
渭南	Weinan	1035	2060	2274	161
延安	Yan'an	1338	1698	2038	186
汉中	Hanzhong	1390	1883	2180	171
榆林	Yulin	1692	2606	2642	105
安康	Ankang	1575	2073	2186	169
商洛	Shangluo	1060	1439	1554	232
甘肃	**Gansu**	**1315**	**1649**	**1799**	
兰州	Lanzhou	1624	2052	2374	148
嘉峪关	Jiayuguan	2205	3005	2601	110
金昌	Jinchang	1648	2209	2086	178
白银	Baiyin	1338	1845	1991	191
天水	Tianshui	1129	1503	1819	211
武威	Wuwei	730	1475	1869	204
张掖	Zhangye	1770	2380	2758	80
平凉	Pingliang	1282	2261	1741	216
酒泉	Jiuquan	2070	3039	3357	47
庆阳	Qingyang	971	1372	1839	207
定西	Dingxi	1138	1532	1782	214
陇南	Longnan	1261	1375	1693	219
青海	**Qinghai**	**1443**	**1859**	**1872**	
西宁	Xining	1634	2217	2446	134
海东	Haidong				
宁夏	**Ningxia**	**1542**	**1891**	**2022**	
银川	Yinchuan	1931	2188	2807	73
石嘴山	Shizuishan	1904	2034	2762	77
吴忠	Wuzhong	1510	1523	2395	143
固原	Guyuan	1494	1249	1969	193
中卫	Zhongwei	1338	1573	2072	181
新疆	**Xinjiang**	**1394**	**1891**	**2072**	
乌鲁木齐	Urumqi		2754		
克拉玛依	Karamay				

6-7 城乡居民人民币储蓄存款余额
Household Saving Deposits at Year-end

单位：亿元 (100 million yuan)

地名	City	2010	2014	2015	2015 排名 Ranking
全国	**Nation Total**	**303302.5**	**485261.3**	**518835.0**	
北京	**Beijing**	**17003.11**	**24158.40**	**23913.97**	
天津	**Tianjin**	**5558.23**	**7916.90**	**8743.79**	
河北	**Hebei**	**15678.43**	**25690.10**	**29056.66**	
石家庄	Shijiazhuang	3272.10	4387.67	4868.93	16
唐山	Tangshan	2716.11	3990.51	4466.18	20
秦皇岛	Qinhuangdao	896.02	1447.62	1558.88	84
邯郸	Handan	1318.74	2251.68	2707.21	39
邢台	Xingtai	814.13	1859.03	2110.04	55
保定	Baoding	1158.32	3388.92	3743.78	25
张家口	Zhangjiakou	918.31	1417.50	1594.88	82
承德	Chengde	766.25	1139.82	1274.46	116
沧州	Cangzhou	894.57	2331.68	2641.37	42
廊坊	Langfang	1322.08	2071.81	2377.43	47
衡水	Hengshui	457.60	1464.15	1713.50	70
山西	**Shanxi**	**9222.97**	**14145.20**	**15456.00**	
太原	Taiyuan	5054.75	3325.78	3432.12	29
大同	Datong	597.21	1479.38	1660.98	76
阳泉	Yangquan	369.08	684.19	754.90	195
长治	Changzhi	631.17	1196.07	1328.17	105
晋城	Jincheng	522.92	869.32	975.18	162
朔州	Shuozhou	197.68	728.33	830.19	186
晋中	Jinzhong	469.64	1312.47	1436.53	97
运城	Yuncheng	499.86	1105.00	1253.15	119
忻州	Xinzhou	352.40	1108.01	1213.77	124
临汾	Linfen	549.93	1252.69	1370.24	104
吕梁	Lvliang	406.11	1090.64	1200.77	126
内蒙古	**Inner Mongolia**	**4618.11**	**8013.70**	**8218.40**	
呼和浩特	Hohhot	2522.52	1480.88	1683.96	73
包头	Baotou	1037.29	1218.27	1307.99	110
乌海	Wuhai	279.82	322.09	326.34	271
赤峰	Chifeng	465.93	931.80	1049.85	149
通辽	Tongliao	464.00	469.03	527.85	233
鄂尔多斯	Erdos	1562.10	1268.40	1416.40	98
呼伦贝尔	Hulunbuir	430.54	709.43	778.07	191
巴彦淖尔	Bayannur	346.36	458.10	532.13	231
乌兰察布	Ulanqab	241.12	515.36	595.81	217
辽宁	**Liaoning**	**13690.27**	**21183.80**	**23594.74**	
沈阳	Shenyang	5970.16	5147.63	5769.30	9
大连	Dalian	6159.00	4666.71	5107.89	14
鞍山	Anshan	1079.14	1743.69	1956.77	60
抚顺	Fushun	372.98	984.81	1077.78	145
本溪	Benxi	504.91	684.79	756.32	194
丹东	Dandong	476.43	1083.99	1230.15	123
锦州	Jinzhou	583.29	1090.21	1195.30	128
营口	Yingkou	813.55	1018.31	1170.15	133
阜新	Fuxin	359.35	552.23	617.92	215
辽阳	Liaoyang	513.99	815.45	879.54	180
盘锦	Panjin	440.22	853.17	953.44	170
铁岭	Tieling	484.33	790.56	875.93	181
朝阳	Chaoyang	434.80	917.84	1032.54	153
葫芦岛	Huludao	505.66	884.96	971.70	163
吉林	**Jilin**	**5147.26**	**8556.70**	**8614.01**	
长春	Changchun	4557.44	3380.11	3792.78	24
吉林	Jilin	715.40	1413.05	1582.58	83
四平	Siping	364.58	697.01	788.52	189
辽源	Liaoyuan	171.26	305.07	338.66	267
通化	Tonghua	341.68	637.23	721.25	201
白山	Baishan	243.59	396.16	415.99	251
松原	Songyuan	281.98	525.99	590.31	221
白城	Baicheng	192.58	344.62	383.92	258
黑龙江	**Heilongjiang**	**7254.71**	**10856.90**	**12285.41**	
哈尔滨	Harbin	4126.95	3768.82	4370.42	21
齐齐哈尔	Qiqihar	540.40	976.16	1114.89	142
鸡西	Jixi	224.98	627.26	687.18	205
鹤岗	Hegang	226.68	353.09	404.33	254
双鸭山	Shuangyashan	247.04	452.45	523.98	235
大庆	Daqing	409.78	1231.18	1379.76	102
伊春	Yichun	104.05	368.81	406.90	253
佳木斯	Jiamusi	342.26	703.43	840.17	185
七台河	Qitaihe	164.03	238.76	253.93	280
牡丹江	Mudanjiang	313.06	879.94	970.66	165
黑河	Heihe	174.76	401.51	464.82	243
绥化	Suihua	301.87	809.10	868.37	182
上海	**Shanghai**	**15650.24**	**21269.30**	**23384.73**	
江苏	**Jiangsu**	**23334.48**	**36580.60**	**40562.96**	

6-7 城乡居民人民币储蓄存款余额 续表 1
Household Saving Deposits at Year-end continued 1

单位：亿元 (100 million yuan)

地名	City	2010	2014	2015	2015 排名 Ranking
南京	Nanjing	10384.84	5055.77	5535.53	11
无锡	Wuxi	6160.60	4341.45	4639.66	17
徐州	Xuzhou	1436.44	2377.44	2780.60	38
常州	Changzhou	3011.67	2934.19	3193.77	32
苏州	Suzhou	10133.15	6753.44	7358.04	5
南通	Nantong	2843.14	4602.87	5115.51	13
连云港	Lianyungang	946.26	924.03	1048.27	150
淮安	Huaian	8426.34	1044.52	1183.92	131
盐城	Yancheng	1310.40	2062.39	2397.52	46
扬州	Yangzhou	1486.06	2117.09	2376.68	48
镇江	Zhenjiang	1563.34	1569.40	1741.48	63
泰州	Taizhou	1460.69	1984.80	2242.46	52
宿迁	Suqian	625.61	813.20	949.51	171
浙江	**Zhejiang**	**20612.16**	**30666.40**	**34145.23**	
杭州	Hangzhou	15078.73	6694.55	7507.09	4
宁波	Ningbo	9414.20	4780.31	5302.84	12
温州	Wenzhou	5516.68	3883.11	4487.04	19
嘉兴	Jiaxing	2753.64	2701.58	2949.24	37
湖州	Huzhou	1461.32	1369.95	1548.15	86
绍兴	Shaoxing	3934.27	2806.15	3113.03	34
金华	Jinhua	3096.47	3212.58	3509.21	28
衢州	Quzhou	788.22	790.06	893.16	178
舟山	Zhoushan	1017.72	598.00	661.61	211
台州	Taizhou	3055.82	2892.41	3145.48	33
丽水	Lishui	821.46	937.71	1028.39	154
安徽	**Anhui**	**7788.48**	**14599.40**	**16910.30**	
合肥	Hefei	4214.08	2539.50	3018.54	36
芜湖	Wuhu	1033.45	1121.59	1312.75	108
蚌埠	Bengbu	386.92	681.86	803.31	188
淮南	Huainan	644.64	691.01	771.35	192
马鞍山	Maanshan	523.11	819.37	887.04	179
淮北	Huaibei	304.76	531.74	583.53	222
铜陵	Tongling	388.49	338.91	376.71	262
安庆	Anqing	547.07	1427.15	1667.57	75
黄山	Huangshan	281.01	504.63	569.95	226
滁州	Chuzhou	473.76	828.55	971.61	164
阜阳	Fuyang	441.49	1446.97	1655.79	77
宿州	Suzhou	307.68	883.41	1018.23	156
六安	Liuan	485.25	1022.19	1200.14	127
亳州	Bozhou	244.78	741.61	866.25	183

地名	City	2010	2014	2015	2015 排名 Ranking
池州	Chizhou	247.69	427.06	491.69	240
宣城	Xuancheng	385.56	627.47	715.85	203
福建	**Fujian**	**8101.02**	**12579.00**	**13690.66**	
福州	Fuzhou	5005.53	3483.72	3685.23	26
厦门	Xiamen	3621.72	1972.02	2050.27	58
莆田	Putian	616.71	858.57	915.20	176
三明	Sanming	697.66	630.28	675.84	207
泉州	Quanzhou	2600.56	2820.89	3103.22	35
漳州	Zhangzhou	836.20	1036.25	1183.38	132
南平	Nanping	617.60	685.21	768.73	193
龙岩	Longyan	723.39	655.13	727.01	200
宁德	Ningde	718.56	508.21	581.78	224
江西	**Jiangxi**	**6113.24**	**10790.70**	**12377.36**	
南昌	Nanchang	3461.52	2149.33	2491.39	44
景德镇	Jingdezhen	227.00	442.23	508.53	237
萍乡	Pingxiang	227.96	407.94	458.56	247
九江	Jiujiang	638.02	1048.72	1193.18	129
新余	Xinyu	352.33	362.70	402.78	255
鹰潭	Yingtan	220.03	290.82	327.10	270
赣州	Ganzhou	846.37	1728.00	2014.14	59
吉安	Jian	373.98	1119.17	1276.05	115
宜春	Yichun	508.67	1169.59	1324.42	106
抚州	Fuzhou	325.29	832.62	942.63	172
上饶	Shangrao	577.22	1240.87	1438.57	96
山东	**Shandong**	**19648.21**	**33178.60**	**36629.56**	
济南	Jinan	6319.09	3541.36	3951.42	23
青岛	Qingdao	5886.23	4435.90	5023.59	15
淄博	Zibo	1686.13	2038.58	2259.77	50
枣庄	Zaozhuang	727.71	865.46	979.77	161
东营	Dongying	1148.11	1185.04	1320.02	107
烟台	Yantai	2511.91	3401.90	3673.35	27
潍坊	Weifang	2514.81	3162.31	3195.50	31
济宁	Jining	1366.43	2138.55	2451.58	45
泰安	Taian	917.60	1530.71	1732.08	65
威海	Weihai	1121.73	1466.96	1513.59	88
日照	Rizhao	960.79	856.37	964.15	166
莱芜	Laiwu	464.70	458.62	489.44	241
临沂	Linyi	1538.21	2583.82	2662.91	41
德州	Dezhou	909.84	1485.43	1727.50	67
聊城	Liaocheng	919.65	1409.74	1651.20	78

6-7 城乡居民人民币储蓄存款余额 续表 2

Household Saving Deposits at Year-end continued 2

单位：亿元 (100 million yuan)

地名	City	2010	2014	2015	2015 排名 Ranking
滨州	Binzhou	1020.39	967.83	1121.42	139
菏泽	Heze	797.66	1663.12	1912.26	62
河南	**Henan**	**12883.70**	**22417.20**	**25831.15**	
郑州	Zhengzhou	5717.55	4839.26	5695.49	10
开封	Kaifeng	402.49	855.91	996.30	160
洛阳	Luoyang	1113.88	1784.93	2064.07	56
平顶山	Pingdingshan	694.39	1111.34	1259.62	118
安阳	Anyang	608.50	1208.73	1373.81	103
鹤壁	Hebi	268.43	279.58	339.86	265
新乡	Xinxiang	712.34	1206.60	1411.54	100
焦作	Jiaozuo	470.98	794.50	935.21	174
濮阳	Puyang	231.60	764.25	841.74	184
许昌	Xuchang	562.35	959.80	1117.92	141
漯河	Luohe	301.20	494.85	579.76	225
三门峡	Sanmenxia	340.20	582.52	655.31	212
南阳	Nanyang	827.50	1777.19	2053.10	57
商丘	Shangqiu	607.67	1233.20	1459.20	92
信阳	Xinyang	570.09	1488.43	1706.19	71
周口	Zhoukou	563.18	1496.03	1731.80	66
驻马店	Zhumadian	499.44	1381.37	1610.23	81
湖北	**Hubei**	**9798.05**	**17247.60**	**17929.08**	
武汉	Wuhan	9093.71	5352.13	6059.03	8
黄石	Huangshi	478.94	661.03	731.88	199
十堰	Shiyan	404.70	894.42	1010.13	159
宜昌	Yichang	1415.86	1323.07	1474.44	91
襄阳	Xiangyang	688.25	1541.39	1739.13	64
鄂州	Ezhou	141.71	267.60	298.84	275
荆门	Jingmen	317.21	836.25	960.26	168
孝感	Xiaogan	389.60	1083.16	1238.43	121
荆州	Jingzhou	461.07	1345.24	1538.07	87
黄冈	Huanggang	392.18	1404.99	1610.61	80
咸宁	Xianning	226.88	516.34	592.92	219
随州	Suizhou	172.52	585.73	675.35	208
湖南	**Hunan**	**9022.58**	**16413.60**	**17839.26**	
长沙	Changsha	6353.68	3866.79	4348.55	22
株洲	Zhuzhou	550.63	1224.11	1185.69	130
湘潭	Xiangtan	545.91	922.92	1043.75	151
衡阳	Hengyang	530.71	1718.80	1691.02	72
邵阳	Shaoyang	348.54	1268.73	1444.12	94
岳阳	Yueyang	437.18	958.34	1091.39	143
常德	Changde	480.70	1268.50	1443.55	95
张家界	Zhangjiajie	188.03	307.73	351.86	263
益阳	Yiyang	313.08	837.60	961.39	167
郴州	Chenzhou	369.10	1128.35	1232.84	122
永州	Yongzhou	362.66	991.05	1118.83	140
怀化	Huaihua	356.08	918.28	1032.74	152
娄底	Loudi	399.32	768.86	893.53	177
广东	**Guangdong**	**36318.66**	**52410.60**	**55033.69**	
广州	Guangzhou	16284.31	12825.64	13602.38	1
韶关	Shaoguan	346.28	859.52	925.18	175
深圳	Shenzhen	13708.16	9974.01	9680.24	3
珠海	Zhuhai	1472.54	1423.01	1302.31	112
汕头	Shantou	661.52	1833.08	1918.05	61
佛山	Foshan	4868.99	5806.94	6232.20	7
江门	Jiangmen	973.75	2174.17	2270.52	49
湛江	Zhanjiang	714.40	1514.51	1670.89	74
茂名	Maoming	361.30	1271.20	1413.64	99
肇庆	Zhaoqing	642.04	1075.02	1160.94	135
惠州	Huizhou	1097.66	1640.17	1717.60	69
梅州	Meizhou	331.10	985.46	1061.20	148
汕尾	Shanwei	130.20	376.34	388.93	257
河源	Heyuan	338.69	531.49	591.09	220
阳江	Yangjiang	283.93	607.87	663.26	209
清远	Qingyuan	520.62	924.23	1013.87	157
东莞	Dongguan	3329.82	4648.27	4630.69	18
中山	Zhongshan	1329.89	2039.09	2194.47	53
潮州	Chaozhou	205.91	698.39	738.69	196
揭阳	Jieyang	400.68	1193.65	1248.23	120
云浮	Yunfu	278.34	573.00	609.30	216
广西	**Guangxi**	**5702.43**	**10023.00**	**11392.17**	
南宁	Nanning	4142.30	2529.86	2700.37	40
柳州	Liuzhou	1046.17	1061.01	1207.59	125
桂林	Guilin	789.34	1334.22	1555.02	85
梧州	Wuzhou	321.34	530.77	594.87	218
北海	Beihai	239.03	434.02	483.45	242
防城港	Fangchenggang	178.17	266.66	289.11	276
钦州	Qinzhou	321.45	486.35	529.10	232
贵港	Guigang	279.41	664.14	733.37	198
玉林	Yulin	397.18	1007.73	1127.09	138
百色	Baise	391.03	528.67	583.36	223

6-7 城乡居民人民币储蓄存款余额 续表 3
Household Saving Deposits at Year-end continued 3

单位：亿元 (100 million yuan)

地名	City	2010	2014	2015	2015 排名 Ranking
贺州	Hezhou	144.51	284.53	328.04	269
河池	Hechi	275.01	507.17	551.71	229
来宾	Laibin	182.78	285.47	307.83	272
崇左	Chongzuo	161.88	355.91	401.26	256
海南	**Hainan**	**1667.14**	**2672.30**	**1814.45**	
海口	Haikou	1933.26	1119.48	1262.06	117
三亚	Sanya	228.65	366.33	410.63	252
三沙	Sansha		0.20		
重庆	**Chongqing**	**5839.66**	**10774.10**	**12207.28**	
四川	**Sichuan**	**13650.83**	**25312.50**	**27418.01**	
成都	Chengdu	12139.43	8976.94	9922.18	2
自贡	Zigong	248.24	714.22	814.55	187
攀枝花	Panzhihua	380.31	411.75	462.44	244
泸州	Luzhou	406.72	997.68	1141.82	137
德阳	Deyang	592.39	1168.16	1292.47	113
绵阳	Mianyang	877.28	1464.46	1640.86	79
广元	Guangyuan	238.93	639.36	733.81	197
遂宁	Suining	276.37	646.87	788.08	190
内江	Neijiang	266.90	834.74	935.67	173
乐山	Leshan	585.87	1050.45	1163.69	134
南充	Nanchong	424.82	1446.69	1723.13	68
眉山	Meishan	281.58	905.85	1020.38	155
宜宾	Yibin	447.84	882.39	1010.17	158
广安	Guangan	251.60	902.53	1062.28	146
达州	Dazhou	363.46	1302.11	1505.90	89
雅安	Yaan	238.90	445.42	505.29	238
巴中	Bazhong	129.22	557.00	634.06	214
资阳	Ziyang	281.77	935.31	1061.24	147
贵州	**Guizhou**	**3244.99**	**6620.60**	**5754.23**	
贵阳	Guiyang	2588.73	2010.58	2250.60	51
六盘水	Liupanshui	361.68	416.88	459.21	246
遵义	Zunyi	598.16	1308.23	1477.95	90
安顺	Anshun	229.65	344.08	382.95	259
毕节	Bijie		568.72	662.44	210
铜仁	Tongren		475.76	521.08	236
云南	**Yunnan**	**5719.97**	**9699.90**	**6998.78**	
昆明	Kunming	6498.57	3495.80	3429.53	30
曲靖	Qujing	629.93	874.84	954.02	169
玉溪	Yuxi	465.66	618.97	683.45	206
保山	Baoshan	228.70	380.55	429.52	249
昭通	Zhaotong	286.34	488.48	558.88	227

地名	City	2010	2014	2015	2015 排名 Ranking
丽江	Lijiang	193.92	274.98	300.88	274
普洱	Puer	232.00	335.52	379.41	260
临沧	Lincang	168.14	236.04	263.09	279
西藏	**Tibet**	**267.13**	**559.30**	**341.19**	
拉萨	Lasa		559.28	341.19	264
陕西	**Shaanxi**	**7957.78**	**13428.90**	**15209.63**	
西安	Xi'an	6591.73	5687.49	6571.18	6
铜川	Tongchuan	79.40	267.68	263.25	278
宝鸡	Baoji	436.95	1163.76	1309.27	109
咸阳	Xianyang	454.66	1285.79	1456.18	93
渭南	Weinan	471.52	1110.48	1279.64	114
延安	Yan'an	360.97	624.19	701.24	204
汉中	Hanzhong	300.08	944.33	1079.17	144
榆林	Yulin	898.82	1233.65	1387.57	101
安康	Ankang	211.34	561.40	637.44	213
商洛	Shangluo	156.50	463.68	524.69	234
甘肃	**Gansu**	**3598.24**	**6674.70**	**7294.74**	
兰州	Lanzhou	2359.28	2262.94	2608.54	43
嘉峪关	Jiayuguan	174.45	126.06	146.43	285
金昌	Jinchang	140.69	176.50	178.32	284
白银	Baiyin	186.64	339.10	378.17	261
天水	Tianshui	215.00	593.97	719.34	202
武威	Wuwei	161.13	453.30	537.64	230
张掖	Zhangye	132.34	294.09	339.50	266
平凉	Pingliang	254.96	402.87	462.01	245
酒泉	Jiuquan	242.20	465.52	502.19	239
庆阳	Qingyang	139.97	449.13	551.91	228
定西	Dingxi	143.60	362.14	427.84	250
陇南	Longnan	177.80	388.28	442.66	248
青海	**Qinghai**	**868.22**	**1640.70**	**1413.76**	
西宁	Xining	1542.08	1093.09	1160.33	136
海东	Haidong		228.06	253.43	281
宁夏	**Ningxia**	**1170.25**	**2054.60**	**2346.46**	
银川	Yinchuan	1641.06	1089.89	1304.97	111
石嘴山	Shizuishan	270.07	334.51	337.98	268
吴忠	Wuzhong	243.51	281.70	303.16	273
固原	Guyuan	60.83	166.75	181.03	283
中卫	Zhongwei	160.41	194.46	219.32	282
新疆	**Xinjiang**	**3713.47**	**6187.70**	**2427.34**	
乌鲁木齐	Urumqi	2074.74	1974.84	2157.31	54
克拉玛依	Karamay	150.64	236.45	270.03	277

6-8　城乡居民人均储蓄存款余额
Per Capita Household Saving Deposits at Year-end

单位：元/人　　　　（yuan/person）

地名	City	2010	2014	2015	2015 排名 Ranking
全国	**Nation Total**	**22619.2**	**35477.0**	**37743.9**	
北京	**Beijing**	**86697.5**	**112260.2**	**177772.6**	
天津	**Tianjin**	**42778.7**	**52187.9**	**56520.9**	
河北	**Hebei**	**21795.0**	**34791.6**	**39134.0**	
石家庄	Shijiazhuang	32158.2	41330.0	47324.5	72
唐山	Tangshan	35823.1	51369.8	59157.9	44
秦皇岛	Qinhuangdao	29967.2	47238.4	52729.1	55
邯郸	Handan	14352.8	24020.7	25790.3	167
邢台	Xingtai	11444.0	25619.6	27038.3	159
保定	Baoding	10334.7	29494.3	31141.3	124
张家口	Zhangjiakou	21115.4	32063.7	34005.2	108
承德	Chengde	22043.9	32315.1	33332.2	110
沧州	Cangzhou	12523.8	31616.0	34110.3	106
廊坊	Langfang	30295.1	45818.2	51556.5	60
衡水	Hengshui	10529.1	33100.1	37887.5	93
山西	**Shanxi**	**25805.0**	**38775.2**	**42183.4**	
太原	Taiyuan	120208.1	77363.5	93419.0	11
大同	Datong	17982.7	43614.5	52526.1	58
阳泉	Yangquan	26959.5	49128.0	57120.2	50
长治	Changzhi	18914.2	35132.8	39429.2	84
晋城	Jincheng	22935.0	37650.0	44439.5	75
朔州	Shuozhou	11519.6	41525.0	51401.7	61
晋中	Jinzhong	14441.6	39528.4	43576.2	77
运城	Yuncheng	9726.8	21038.6	24561.9	172
忻州	Xinzhou	11478.8	35417.1	39598.3	82
临汾	Linfen	12726.9	28376.1	31822.3	120
吕梁	Lvliang	10887.7	28602.2	30989.2	125
内蒙古	**Inner Mongolia**	**18680.2**	**31990.8**	**32729.6**	
呼和浩特	Hohhot	87770.4	48864.3	70582.4	32
包头	Baotou	39054.5	43522.0	58429.1	46
乌海	Wuhai	52303.1	58118.9	73351.1	27
赤峰	Chifeng	10740.7	21650.5	22693.1	195
通辽	Tongliao	14777.2	15013.7	16527.9	256
鄂尔多斯	Erdos	80107.7	62332.3	90033.1	14
呼伦贝尔	Hulunbuir	16910.5	28046.4	30006.5	134
巴彦淖尔	Bayannur	20752.5	27393.3	30459.5	129
乌兰察布	Ulanqab	11261.9	24342.7	21755.1	205
辽宁	**Liaoning**	**31294.9**	**48243.7**	**53844.7**	

地名	City	2010	2014	2015	2015 排名 Ranking
沈阳	Shenyang	73651.2	62117.0	78988.2	23
大连	Dalian	92062.8	66820.0	86049.4	16
鞍山	Anshan	29598.0	48248.3	56554.1	51
抚顺	Fushun	17445.2	47324.1	49943.5	66
本溪	Benxi	29526.9	39721.1	50021.1	65
丹东	Dandong	19485.7	44830.0	51665.2	59
锦州	Jinzhou	18659.3	35442.4	39501.0	83
营口	Yingkou	33507.1	41631.7	50307.4	64
阜新	Fuxin	19755.2	30919.8	32607.9	117
辽阳	Liaoyang	27648.9	44078.2	49136.3	69
盘锦	Panjin	31624.9	59248.0	73624.7	25
铁岭	Tieling	17819.5	29709.1	29158.9	142
朝阳	Chaoyang	14279.1	30872.4	30288.6	131
葫芦岛	Huludao	19270.5	34367.5	34691.3	104
吉林	**Jilin**	**18737.8**	**31092.7**	**31289.5**	
长春	Changchun	59364.9	44796.4	50312.8	63
吉林	Jilin	16203.9	33042.2	37128.7	94
四平	Siping	10767.2	21243.2	24157.3	174
辽源	Liaoyuan	14550.6	25046.8	28035.0	151
通化	Tonghua	14695.8	28679.4	32620.8	114
白山	Baishan	18781.3	31376.8	33180.7	111
松原	Songyuan	9787.5	18889.9	21228.9	211
白城	Baicheng	9472.9	17426.8	19521.1	236
黑龙江	**Heilongjiang**	**18925.0**	**28324.8**	**32228.2**	
哈尔滨	Harbin	38779.9	38173.5	45458.9	73
齐齐哈尔	Qiqihar	10063.3	17644.6	20292.8	225
鸡西	Jixi	12076.1	34169.5	37924.1	92
鹤岗	Hegang	21405.1	32994.4	38288.4	89
双鸭山	Shuangyashan	16885.9	30368.1	35548.0	101
大庆	Daqing	14101.1	44286.2	49720.9	67
伊春	Yichun	9055.9	30005.1	33572.5	109
佳木斯	Jiamusi	13406.0	30209.3	36656.6	97
七台河	Qitaihe	17810.1	27062.3	30557.3	127
牡丹江	Mudanjiang	11180.7	34293.0	38065.2	91
黑河	Heihe	10433.6	23658.9	27684.6	154
绥化	Suihua	5568.6	14625.9	15831.7	262
上海	**Shanghai**	**67964.7**	**87683.9**	**96831.2**	
江苏	**Jiangsu**	**29652.5**	**45955.5**	**50856.3**	

6-8 城乡居民人均储蓄存款余额 续表 1
Per Capita Household Saving Deposits at Year-end continued 1

单位：元/人 （yuan/person）

地名	City	2010	2014	2015	2015 排名 Ranking
南京	Nanjing	129680.8	61534.9	84718.8	17
无锡	Wuxi	96621.6	66790.6	96478.8	10
徐州	Xuzhou	16737.9	27554.0	27030.2	160
常州	Changzhou	65570.9	62477.4	86120.3	15
苏州	Suzhou	96792.0	63687.7	110313.8	7
南通	Nantong	39043.4	63070.3	66715.0	37
连云港	Lianyungang	21520.6	20756.7	19757.9	232
淮安	Huaian	175402.7	21527.1	20974.8	214
盐城	Yancheng	18039.6	28553.9	28954.5	143
扬州	Yangzhou	33312.3	47278.7	42356.1	79
镇江	Zhenjiang	50187.5	49486.1	64102.8	40
泰州	Taizhou	31609.8	42788.8	44156.0	76
宿迁	Suqian	13246.0	16790.5	16195.5	257
浙江	**Zhejiang**	**37844.8**	**55676.1**	**61645.1**	
杭州	Hangzhou	173219.1	75287.4	103753.6	8
宁波	Ningbo	123692.0	61199.8	90404.2	12
温州	Wenzhou	60390.6	42822.2	55312.9	53
嘉兴	Jiaxing	61124.1	59115.5	84391.7	18
湖州	Huzhou	50494.9	46756.0	58706.4	45
绍兴	Shaoxing	80078.7	56621.3	70255.8	34
金华	Jinhua	57705.4	59087.3	73402.1	26
衢州	Quzhou	37127.9	37196.7	34838.6	103
舟山	Zhoushan	90787.2	52181.9	67952.9	36
台州	Taizhou	51152.0	48086.6	52644.9	56
丽水	Lishui	38784.6	44003.1	38606.9	87
安徽	**Anhui**	**13075.2**	**24000.3**	**27523.3**	
合肥	Hefei	73827.7	32997.7	42057.3	80
芜湖	Wuhu	45647.0	31008.9	34116.1	105
蚌埠	Bengbu	12209.5	20928.7	21344.8	210
淮南	Huainan	27584.1	29095.1	20119.2	227
马鞍山	Maanshan	38267.2	36759.3	38820.1	86
淮北	Huaibei	14395.9	24629.0	26952.7	161
铜陵	Tongling	53658.6	45922.8	22103.6	203
安庆	Anqing	10293.0	26546.8	31734.3	121
黄山	Huangshan	20662.5	37023.3	38591.2	88
滁州	Chuzhou	12021.3	20791.7	21636.4	206
阜阳	Fuyang	5798.4	18496.3	15880.6	260
宿州	Suzhou	5738.2	16103.0	15676.9	264
六安	Liuan	8637.5	17854.8	20673.1	221
亳州	Bozhou	5035.5	14844.1	13642.8	274
池州	Chizhou	17654.2	29864.1	30424.2	130
宣城	Xuancheng	15215.3	24377.4	25570.6	169
福建	**Fujian**	**21936.1**	**33050.4**	**35662.0**	
福州	Fuzhou	70351.8	46887.2	54324.8	54
厦门	Xiamen	102569.3	51759.1	97100.4	9
莆田	Putian	22191.7	30125.2	26584.4	163
三明	Sanming	27873.0	25110.6	23779.6	180
泉州	Quanzhou	31991.1	33422.8	42954.1	78
漳州	Zhangzhou	17384.7	20892.1	23569.6	184
南平	Nanping	23340.7	26153.0	24033.3	177
龙岩	Longyan	28257.4	25294.7	23498.8	187
宁德	Ningde	25462.7	17832.0	16673.7	254
江西	**Jiangxi**	**13700.7**	**23757.6**	**27107.7**	
南昌	Nanchang	68504.3	41016.3	47876.4	71
景德镇	Jingdezhen	14285.4	27134.8	30500.3	128
萍乡	Pingxiang	12282.5	21584.3	23120.0	190
九江	Jiujiang	13483.0	21817.1	23097.1	191
新余	Xinyu	30906.2	31246.2	32608.7	116
鹰潭	Yingtan	19540.8	25342.1	25703.5	168
赣州	Ganzhou	10097.5	20311.6	20966.9	215
吉安	Jian	7765.5	22928.4	24060.0	175
宜春	Yichun	9379.9	21291.4	22185.0	200
抚州	Fuzhou	8304.4	20938.2	23608.3	183
上饶	Shangrao	8763.0	18553.8	18576.5	242
山东	**Shandong**	**20492.7**	**33893.8**	**37198.7**	
济南	Jinan	92682.5	50104.8	63148.9	42
青岛	Qingdao	67510.3	49036.0	64150.9	39
淄博	Zibo	37196.8	44172.9	52601.7	57
枣庄	Zaozhuang	19488.9	22591.0	24027.5	178
东营	Dongying	56362.9	56454.8	69249.0	35
烟台	Yantai	36049.3	48582.6	56229.3	52
潍坊	Weifang	27659.6	34197.5	35755.4	100
济宁	Jining	16886.2	25953.3	28262.2	149
泰安	Taian	16689.7	27425.8	30617.9	126
威海	Weihai	39990.4	52219.7	59414.9	43
日照	Rizhao	34277.1	29833.5	32578.2	118
莱芜	Laiwu	35773.9	34090.7	38142.5	90
临沂	Linyi	15296.5	25279.6	23690.5	182
德州	Dezhou	16322.9	26036.8	29415.8	137
聊城	Liaocheng	15861.6	23750.2	26532.1	164

6-8 城乡居民人均储蓄存款余额 续表 2
Per Capita Household Saving Deposits at Year-end continued 2

单位：元/人 （yuan/person）

地名	City	2010	2014	2015	2015 排名 Ranking	地名	City	2010	2014	2015	2015 排名 Ranking
滨州	Binzhou	27195.8	25206.6	28823.0	145	常德	Changde	8411.3	21755.1	23696.5	181
菏泽	Heze	9608.1	19710.2	19064.3	239	张家界	Zhangjiajie	12722.0	20258.6	20701.4	220
河南	**Henan**	**13698.0**	**23757.1**	**27248.0**		益阳	Yiyang	7267.3	19073.3	19994.7	228
郑州	Zhengzhou	66014.9	51602.3	70272.1	33	郴州	Chenzhou	8052.0	24018.2	23337.3	188
开封	Kaifeng	8605.7	18815.3	17988.9	246	永州	Yongzhou	6980.9	18396.7	17611.7	248
洛阳	Luoyang	16995.4	26728.5	28335.1	147	怀化	Huaihua	7509.0	18855.8	19935.9	230
平顶山	Pingdingshan	14156.7	22404.8	22401.7	197	娄底	Loudi	10550.1	19957.5	19958.3	229
安阳	Anyang	11767.6	23756.6	22249.8	199	**广东**	**Guangdong**	**34785.0**	**48872.2**	**50727.0**	
鹤壁	Hebi	17075.8	17499.7	20140.9	226	广州	Guangzhou	128122.0	98051.6	159243.0	4
新乡	Xinxiang	12473.1	21138.8	22143.9	202	韶关	Shaoguan	12235.9	29547.8	28018.0	152
焦作	Jiaozuo	13293.2	22555.1	25161.7	170	深圳	Shenzhen	132165.1	92532.7	261882.9	1
濮阳	Puyang	6433.4	21223.4	19620.5	234	珠海	Zhuhai	94272.5	88155.7	115812.7	6
许昌	Xuchang	13047.5	22243.4	22147.1	201	汕头	Shantou	12259.4	33185.7	34844.4	102
漯河	Luohe	11821.1	19025.3	21629.5	208	佛山	Foshan	67634.2	78999.5	160223.2	3
三门峡	Sanmenxia	15228.1	25924.2	28707.5	146	江门	Jiangmen	21877.1	48192.7	58008.7	47
南阳	Nanyang	8055.9	17791.3	17274.7	252	湛江	Zhanjiang	10199.9	20998.7	20303.4	224
商丘	Shangqiu	8263.1	16990.9	15182.8	266	茂名	Maoming	6201.5	21015.1	17988.9	245
信阳	Xinyang	9344.2	23227.6	19000.8	240	肇庆	Zhaoqing	16370.3	26637.1	26489.2	165
周口	Zhoukou	6300.2	16990.9	13917.3	271	惠州	Huizhou	23857.0	34700.8	48102.5	70
驻马店	Zhumadian	6911.7	19924.6	17297.9	250	梅州	Meizhou	7799.7	22794.2	19514.8	237
湖北	**Hubei**	**17118.1**	**29655.4**	**30637.5**		汕尾	Shanwei	4430.2	12517.2	10834.9	282
武汉	Wuhan	92935.2	51771.5	73064.6	28	河源	Heyuan	11449.9	17350.8	16132.0	258
黄石	Huangshi	19717.8	26989.6	27311.8	156	阳江	Yangjiang	11708.3	24319.6	22705.1	194
十堰	Shiyan	12113.1	26519.5	29199.6	141	清远	Qingyuan	14055.6	24200.3	24225.6	173
宜昌	Yichang	34873.5	32234.7	37029.4	95	东莞	Dongguan	40484.2	55713.9	237459.3	2
襄阳	Xiangyang	12513.6	27523.8	29398.0	138	中山	Zhongshan	42583.8	63867.3	138295.4	5
鄂州	Ezhou	13508.8	25273.9	27095.8	157	潮州	Chaozhou	7706.1	25672.4	27078.2	158
荆门	Jingmen	11037.2	28944.9	32106.1	119	揭阳	Jieyang	6810.8	19777.5	17789.1	247
孝感	Xiaogan	8091.5	22281.3	23522.8	185	云浮	Yunfu	11779.1	23439.6	20382.8	223
荆州	Jingzhou	8100.4	23419.1	23913.1	179	**广西**	**Guangxi**	**12369.7**	**21083.3**	**23753.5**	
黄冈	Huanggang	6364.5	22434.9	21635.8	207	南宁	Nanning	62178.1	36591.4	36480.1	98
咸宁	Xianning	9211.4	20743.0	19736.9	233	柳州	Liuzhou	27831.1	27299.9	31643.7	122
随州	Suizhou	7979.7	26821.5	26909.6	162	桂林	Guilin	16624.7	27123.2	29397.2	139
湖南	**Hunan**	**13732.8**	**24363.4**	**26300.0**		梧州	Wuzhou	11150.0	17838.1	17296.8	251
长沙	Changsha	90238.3	52886.4	63915.4	41	北海	Beihai	15531.3	27063.9	28112.6	150
株洲	Zhuzhou	14276.0	30904.9	29427.5	136	防城港	Fangchenggang	20550.5	29367.4	30238.5	132
湘潭	Xiangtan	19837.0	32811.5	36079.6	99	钦州	Qinzhou	10436.6	15291.0	13093.3	276
衡阳	Hengyang	7424.6	23534.2	21157.0	212	贵港	Guigang	6783.5	15606.2	13359.7	275
邵阳	Shaoyang	4928.5	17574.0	17581.8	249	玉林	Yulin	7238.6	17804.2	15858.1	261
岳阳	Yueyang	7983.6	17128.2	19337.4	238	百色	Baise	11278.6	14813.8	14118.3	270

6-8 城乡居民人均储蓄存款余额 续表 3
Per Capita Household Saving Deposits at Year-end continued 3

单位：元/人 （yuan/person）

地名	City	2010	2014	2015	2015 排名 Ranking
贺州	Hezhou	7395.4	14131.8	13680.2	273
河池	Hechi	8162.9	14694.5	12995.5	277
来宾	Laibin	8704.0	13193.7	11579.7	281
崇左	Chongzuo	8118.5	17448.2	16127.7	259
海南	**Hainan**	**19193.4**	**29593.6**	**19917.2**	
海口	Haikou	94489.7	50869.2	76581.4	24
三亚	Sanya	33378.8	49377.4	71066.1	31
三沙	Sansha				
重庆	**Chongqing**	**20244.3**	**36021.7**	**40461.7**	
四川	**Sichuan**	**16968.1**	**31096.4**	**33420.3**	
成都	Chengdu	86413.9	62221.0	80793.0	21
自贡	Zigong	9266.3	26011.5	24871.8	171
攀枝花	Panzhihua	31327.0	33421.6	41812.1	81
泸州	Luzhou	9642.4	23474.8	22578.9	196
德阳	Deyang	16382.5	33272.3	33140.2	112
绵阳	Mianyang	19013.5	30899.6	30079.9	133
广元	Guangyuan	9618.7	24829.5	24035.7	176
遂宁	Suining	8495.7	19706.5	20804.6	219
内江	Neijiang	7207.7	22363.5	22256.7	198
乐山	Leshan	18104.8	32321.5	32891.2	113
南充	Nanchong	6765.8	22840.8	23213.4	189
眉山	Meishan	9541.7	30299.1	29228.8	140
宜宾	Yibin	10014.3	19740.2	18296.8	243
广安	Guangan	7850.2	27928.3	22727.5	193
达州	Dazhou	6647.0	23546.3	22054.7	204
雅安	Yaan	15852.8	28853.9	32620.1	115
巴中	Bazhong	3934.8	16766.6	16707.7	253
资阳	Ziyang	7688.2	26367.5	21068.9	213
贵州	**Guizhou**	**9327.4**	**18872.9**	**16300.9**	
贵阳	Guiyang	59799.7	44130.5	57444.0	49
六盘水	Liupanshui	12672.9	14464.9	13773.5	272
遵义	Zunyi	9753.1	21255.0	18629.2	241
安顺	Anshun	9985.0	14907.6	12916.1	278
毕节	Bijie		8694.5	7326.3	285
铜仁	Tongren		15265.9	11928.6	280
云南	**Yunnan**	**12430.4**	**20576.8**	**14759.1**	
昆明	Kunming	100925.1	52758.9	51363.4	62
曲靖	Qujing	10758.9	14558.8	15776.7	263
玉溪	Yuxi	20193.3	26327.7	28935.3	144
保山	Baoshan	9126.0	14824.8	16641.5	255
昭通	Zhaotong	5491.7	9067.7	10292.5	284
丽江	Lijiang	15753.3	21566.9	23505.9	186
普洱	Puer	9112.5	12934.5	14564.6	268
临沧	Lincang	6913.5	9468.0	10485.9	283
西藏	**Tibet**	**8898.4**	**17588.1**	**10530.5**	
拉萨	Lasa		106124.6	64338.5	38
陕西	**Shaanxi**	**21304.8**	**35573.2**	**40099.2**	
西安	Xi'an	77787.7	65923.1	80563.7	22
铜川	Tongchuan	9509.3	31674.6	31474.2	123
宝鸡	Baoji	11749.1	31007.0	34047.7	107
咸阳	Xianyang	9282.5	25939.7	27601.1	155
渭南	Weinan	8913.4	20783.7	22985.8	192
延安	Yan'an	16490.2	28188.7	29776.7	135
汉中	Hanzhong	8779.3	27519.5	28015.1	153
榆林	Yulin	26798.4	36456.5	36761.0	96
安康	Ankang	8032.9	21249.1	20913.3	217
商洛	Shangluo	6679.5	19724.0	20903.6	218
甘肃	**Gansu**	**14055.6**	**25761.1**	**28056.7**	
兰州	Lanzhou	65191.5	61746.3	81036.2	19
嘉峪关	Jiayuguan	75194.1	52242.0	72311.1	30
金昌	Jinchang	30321.5	37545.4	39036.6	85
白银	Baiyin	10914.7	19850.3	20920.5	216
天水	Tianshui	6582.9	17982.6	19591.4	235
武威	Wuwei	8868.0	24994.3	28290.4	148
张掖	Zhangye	11019.0	24238.7	26100.5	166
平凉	Pingliang	12316.9	19254.9	19822.3	231
酒泉	Jiuquan	22078.6	41867.1	49566.2	68
庆阳	Qingyang	6322.2	20199.2	20646.7	222
定西	Dingxi	5316.6	13063.3	14219.8	269
陇南	Longnan	6918.3	15008.3	15490.7	265
青海	**Qinghai**	**15429.5**	**28142.4**	**24043.5**	
西宁	Xining	69809.1	47718.5	57679.0	48
海东	Haidong		13228.5	14887.4	267
宁夏	**Ningxia**	**18487.4**	**31036.3**	**35126.6**	
银川	Yinchuan	81889.4	51194.3	72809.9	29
石嘴山	Shizuishan	37148.2	43292.7	45347.6	74
吴忠	Wuzhong	18994.4	20821.6	21591.3	209
固原	Guyuan	4933.5	13585.9	12086.9	279
中卫	Zhongwei	14811.9	17156.6	18250.9	244
新疆	**Xinjiang**	**16995.3**	**26926.5**	**10285.3**	
乌鲁木齐	Urumqi	66647.7	73989.0	80849.6	20
克拉玛依	Karamay	38527.6	79936.3	90100.8	13

6-9 城镇居民人均住房建筑面积
Per Capita Floor Space of Residential Building in Urban Areas

单位：平方米 （sq.m）

地名	City	2011	2012	2013	2013 排名 Ranking
全国	**Nation Total**	**32.7**	**32.9**		
北京	**Beijing**	**29.4**			
天津	**Tianjin**	**23.3**			
河北	**Hebei**	**32.2**			
石家庄	Shijiazhuang	29.3	29.9		
唐山	Tangshan	25.3	25.6		
秦皇岛	Qinhuangdao	29.3	29.8		
邯郸	Handan	28.9	28.7		
邢台	Xingtai	34.2	33.8		
保定	Baoding	34.2	33.6		
张家口	Zhangjiakou	27.7	26.8		
承德	Chengde	25.2	25.9		
沧州	Cangzhou	32.3	33.1		
廊坊	Langfang	34.4	35.0		
衡水	Hengshui	29.9	30.8		
山西	**Shanxi**	**30.2**			
太原	Taiyuan	28.6	29.0		
大同	Datong	24.3	26.3		
阳泉	Yangquan	29.0	28.8		
长治	Changzhi	33.5	30.1		
晋城	Jincheng	32.5	32.1		
朔州	Shuozhou	28.2	28.0		
晋中	Jinzhong	31.3	31.3		
运城	Yuncheng	36.1	35.8		
忻州	Xinzhou	32.3	23.7		
临汾	Linfen	35.0	35.0		
吕梁	Lvliang	27.6	28.1		
内蒙古	**Inner Mongolia**	**29.4**			
呼和浩特	Hohhot	30.9	31.5	35.4	113
包头	Baotou	33.0	33.1	34.0	124
乌海	Wuhai	31.4	31.5	33.5	134
赤峰	Chifeng	27.9	28.9	30.2	172
通辽	Tongliao	27.1	27.6	27.9	198
鄂尔多斯	Erdos	38.0	38.0	35.1	117
呼伦贝尔	Hulunbuir	27.8	27.8	26.9	202
巴彦淖尔	Bayannur	23.2	31.1	24.2	212
乌兰察布	Ulanqab	23.8	23.8	22.4	216
辽宁	**Liaoning**	**27.3**			
沈阳	Shenyang	28.1	26.3		
大连	Dalian	27.0	27.3		
鞍山	Anshan	25.2	25.9		
抚顺	Fushun	23.8	24.6		
本溪	Benxi	22.7	23.5		
丹东	Dandong	25.1	25.5		
锦州	Jinzhou	30.8	32.1		
营口	Yingkou	29.8	31.9		
阜新	Fuxin	24.9	25.3		
辽阳	Liaoyang	27.5	28.2		
盘锦	Panjin	30.5	31.3		
铁岭	Tieling	29.1	30.3		
朝阳	Chaoyang	27.2	28.1		
葫芦岛	Huludao	28.5	29.8		
吉林	**Jilin**	**28.9**			
长春	Changchun	28.8	29.2	30.1	173
吉林	Jilin	30.3	30.1	29.9	175
四平	Siping	28.2	28.2	29.5	181
辽源	Liaoyuan	24.1	24.8	25.4	208
通化	Tonghua	25.9	26.9	28.1	194
白山	Baishan	27.1	27.6	24.9	209
松原	Songyuan	30.0	30.4	28.8	190
白城	Baicheng	29.5	31.0	33.3	137
黑龙江	**Heilongjiang**	**25.4**			
哈尔滨	Harbin	26.6	27.0	38.2	75
齐齐哈尔	Qiqihar	24.3	25.1	25.8	206
鸡西	Jixi	24.2	25.6	25.5	207
鹤岗	Hegang	22.8	24.2	26.5	203
双鸭山	Shuangyashan	24.9	25.1	24.6	211
大庆	Daqing	28.3	28.1	28.5	191
伊春	Yichun	24.0	24.6	23.1	214
佳木斯	Jiamusi	26.4	26.5	28.5	191
七台河	Qitaihe	26.6	27.0	29.2	185
牡丹江	Mudanjiang	26.9	26.9	29.9	175
黑河	Heihe				
绥化	Suihua				
上海	**Shanghai**				
江苏	**Jiangsu**		**34.7**		

6-9 城镇居民人均住房建筑面积 续表 1

Per Capita Floor Space of Residential Building in Urban Areas continued 1

单位：平方米 （sq.m）

地名	City	2011	2012	2013	2013 排名 Ranking
南京	Nanjing	31.8	32.3	32.8	144
无锡	Wuxi	36.2	36.4	38.0	76
徐州	Xuzhou	34.7	35.0	37.5	84
常州	Changzhou	37.0	37.5	41.5	41
苏州	Suzhou	36.1	36.1	43.1	32
南通	Nantong	39.5	39.8	40.1	54
连云港	Lianyungang	36.9	37.4	39.1	65
淮安	Huaian	34.9	35.5	37.1	87
盐城	Yancheng	36.8	37.2	37.2	86
扬州	Yangzhou	36.2	37.4	37.6	83
镇江	Zhenjiang	39.4	39.1	40.4	49
泰州	Taizhou	39.0	39.3	40.4	49
宿迁	Suqian	38.9	38.9	39.9	55
浙江	**Zhejiang**	**36.9**			
杭州	Hangzhou	33.9	34.3	31.9	152
宁波	Ningbo	35.3	35.0	33.6	130
温州	Wenzhou	41.9	41.3	41.7	39
嘉兴	Jiaxing	35.6	35.6	39.5	61
湖州	Huzhou	38.0	36.5	36.5	95
绍兴	Shaoxing	35.1	35.3	40.2	52
金华	Jinhua	47.1	49.3	51.3	6
衢州	Quzhou	40.4	39.0	36.8	92
舟山	Zhoushan	32.4	32.4	33.2	139
台州	Taizhou	43.0	44.2	44.6	24
丽水	Lishui	43.4	39.8	41.5	41
安徽	**Anhui**	**32.1**			
合肥	Hefei	28.5	28.8	30.9	164
芜湖	Wuhu	29.5	30.4	31.8	153
蚌埠	Bengbu	26.7	26.2	34.7	120
淮南	Huainan	25.9	26.9	27.2	201
马鞍山	Maanshan	29.2	37.5	30.4	169
淮北	Huaibei	25.8	26.8	33.1	140
铜陵	Tongling	28.4	30.0	28.0	195
安庆	Anqing	36.4	33.7	33.9	125
黄山	Huangshan	36.1	37.2	36.0	104
滁州	Chuzhou	30.9	32.8	28.0	195
阜阳	Fuyang	34.9	36.0	48.7	13
宿州	Suzhou	30.4	35.1	36.0	104
六安	Liuan	38.2	37.5	30.6	167
亳州	Bozhou	46.8	46.2	41.7	39
池州	Chizhou	37.9	38.9	38.3	74
宣城	Xuancheng	30.6	31.3	37.8	80
福建	**Fujian**	**37.9**			
福州	Fuzhou	33.2	32.4	37.0	90
厦门	Xiamen	32.6	33.4	32.8	144
莆田	Putian	38.9	39.3	41.5	41
三明	Sanming	37.4	37.7	35.3	115
泉州	Quanzhou	41.6	40.8	46.0	17
漳州	Zhangzhou	35.3	35.4	39.4	62
南平	Nanping	34.1	34.9	37.7	82
龙岩	Longyan	42.9	43.4	42.6	36
宁德	Ningde	39.1	40.6	43.1	32
江西	**Jiangxi**	**39.4**			
南昌	Nanchang	33.0	34.1		
景德镇	Jingdezhen	34.6	35.7		
萍乡	Pingxiang	34.9	35.1		
九江	Jiujiang	33.9	34.2		
新余	Xinyu	40.2	40.2		
鹰潭	Yingtan	34.1	34.1		
赣州	Ganzhou	40.3	41.0		
吉安	Jian	39.9	39.9		
宜春	Yichun	48.3	49.5		
抚州	Fuzhou	37.9	37.3		
上饶	Shangrao	39.8	41.1		
山东	**Shandong**	**33.2**			
济南	Jinan	30.3	30.1		
青岛	Qingdao	27.7	27.9	29.1	186
淄博	Zibo	34.4	34.9	36.4	100
枣庄	Zaozhuang	30.7	30.7	32.0	151
东营	Dongying	36.7	37.1	37.3	85
烟台	Yantai	29.9	30.1	29.9	175
潍坊	Weifang	34.9	35.0	30.3	171
济宁	Jining	31.9	32.2	24.9	209
泰安	Taian	32.0	32.0	24.0	213
威海	Weihai	42.8	29.4	29.4	183
日照	Rizhao	36.6	36.1	37.1	87
莱芜	Laiwu	38.0	38.2	39.0	66
临沂	Linyi	36.5	36.5	36.5	95
德州	Dezhou	32.6	33.3	33.4	135
聊城	Liaocheng	34.6	34.7	35.0	118

6-9 城镇居民人均住房建筑面积 续表 2

Per Capita Floor Space of Residential Building in Urban Areas continued 2

单位：平方米 （sq.m）

地名	City	2011	2012	2013	2013 排名 Ranking	地名	City	2011	2012	2013	2013 排名 Ranking
滨州	Binzhou	36.8	37.3	38.0	76	常德	Changde	41.1	42.6	47.8	15
菏泽	Heze	35.7	36.1	36.5	95	张家界	Zhangjiajie	47.9	47.5	63.3	1
河南	**Henan**	**34.1**				益阳	Yiyang	38.5	38.3	44.6	24
郑州	Zhengzhou	30.8	31.0	36.7	94	郴州	Chenzhou	35.1	35.6	39.7	59
开封	Kaifeng	35.2	35.4	35.4	113	永州	Yongzhou	43.0	43.1	49.2	10
洛阳	Luoyang	32.8	33.3	36.0	104	怀化	Huaihua	32.3	32.5	34.5	122
平顶山	Pingdingshan	36.0	36.2	38.0	76	娄底	Loudi	33.0	34.2	48.3	14
安阳	Anyang	33.1	33.1	40.2	52	**广东**	**Guangdong**	**34.4**			
鹤壁	Hebi	33.1	36.6	39.2	64	广州	Guangzhou	21.9	22.5	22.7	215
新乡	Xinxiang	36.1	37.2	35.7	110	韶关	Shaoguan	34.9	35.8	36.2	103
焦作	Jiaozuo	40.4	41.0	41.5	41	深圳	Shenzhen	27.9	27.9	27.6	200
濮阳	Puyang	32.4	32.1	32.9	143	珠海	Zhuhai	30.1	29.3		
许昌	Xuchang	39.5	39.6	49.0	11	汕头	Shantou	29.1	29.9		
漯河	Luohe	43.0	43.0	45.3	19	佛山	Foshan	38.4	38.8	38.8	71
三门峡	Sanmenxia	35.5	35.8	40.7	47	江门	Jiangmen	30.4	30.7	30.9	164
南阳	Nanyang	43.0	43.4	43.3	30	湛江	Zhanjiang	34.4	30.1		
商丘	Shangqiu	41.8	41.7	40.7	47	茂名	Maoming	32.6	32.7	32.7	147
信阳	Xinyang	39.0	39.4	38.7	72	肇庆	Zhaoqing	27.8	21.1		
周口	Zhoukou	41.3	44.2	38.0	76	惠州	Huizhou	32.7	35.3		
驻马店	Zhumadian	34.6	34.1	42.3	37	梅州	Meizhou	31.6	32.1		
湖北	**Hubei**	**35.5**				汕尾	Shanwei	33.2	33.6	34.6	121
武汉	Wuhan	32.3	33.5	34.8	119	河源	Heyuan	33.0	37.5		
黄石	Huangshi	31.6	40.6	31.1	159	阳江	Yangjiang	48.6	48.1		
十堰	Shiyan	29.6	29.5	29.5	181	清远	Qingyuan	30.1	30.3		
宜昌	Yichang	35.6	35.6	42.7	35	东莞	Dongguan	65.8	58.4		
襄阳	Xiangyang	30.9	35.7	41.9	38	中山	Zhongshan	34.3	34.6		
鄂州	Ezhou	37.3	36.8			潮州	Chaozhou	31.4	30.9	30.9	164
荆门	Jingmen	34.9	35.0	38.4	73	揭阳	Jieyang	36.5	36.9		
孝感	Xiaogan	38.0	39.7	39.9	55	云浮	Yunfu	31.2	30.6		
荆州	Jingzhou	35.8	37.1	39.7	59	**广西**	**Guangxi**	**29.3**			
黄冈	Huanggang	48.0	49.0	37.1	87	南宁	Nanning	33.7	31.6	32.2	150
咸宁	Xianning	43.0	44.5	45.9	18	柳州	Liuzhou	36.6	36.6	36.5	95
随州	Suizhou	40.0	42.7	43.0	34	桂林	Guilin	38.1	38.5	39.9	55
湖南	**Hunan**	**39.7**				梧州	Wuzhou	39.1	39.2	47.6	16
长沙	Changsha	35.6	34.8	41.4	45	北海	Beihai		56.7	45.0	20
株洲	Zhuzhou	42.6	39.6	49.6	8	防城港	Fangchenggang	43.4	44.1	55.7	4
湘潭	Xiangtan	35.6	36.3	49.5	9	钦州	Qinzhou	45.1	43.7	43.7	27
衡阳	Hengyang	35.5	35.2	43.2	31	贵港	Guigang	57.7	58.6	61.0	2
邵阳	Shaoyang	38.0	38.7	43.4	28	玉林	Yulin	60.8	62.3		
岳阳	Yueyang	43.8	43.7	43.8	26	百色	Baise	39.5	39.4	44.9	22

6-9 城镇居民人均住房建筑面积 续表 3

Per Capita Floor Space of Residential Building in Urban Areas continued 3

单位：平方米 （sq.m）

地名	City	2011	2012	2013	2013 排名 Ranking	地名	City	2011	2012	2013	2013 排名 Ranking
贺州	Hezhou	52.0	49.8	48.9	12	丽江	Lijiang	39.2	41.9	54.6	5
河池	Hechi	53.4	52.6	57.0	3	普洱	Puer	31.3	31.0	29.8	180
来宾	Laibin	34.6	34.6			临沧	Lincang	39.6	40.0	40.3	51
崇左	Chongzuo	38.3	37.7	38.9	70	**西藏**	**Tibet**	**36.6**			
海南	**Hainan**	**29.5**				拉萨	Lasa	36.7	35.8	50.3	7
海口	Haikou	29.9	29.8	30.0	174	**陕西**	**Shaanxi**	**29.3**			
三亚	Sanya	34.4	34.1	25.9	205	西安	Xi'an	27.3	33.0	33.4	135
三沙	Sansha					铜川	Tongchuan	28.7	19.7	34.4	123
重庆	**Chongqing**	**28.4**				宝鸡	Baoji	28.3	31.7	31.0	162
四川	**Sichuan**	**32.2**				咸阳	Xianyang	36.5	36.1	36.0	104
成都	Chengdu	30.7	32.9	32.8	144	渭南	Weinan	36.1	36.7	37.8	80
自贡	Zigong	30.3	31.1	31.3	157	延安	Yan'an	29.3	30.3	31.2	158
攀枝花	Panzhihua	51.0	28.7	29.0	188	汉中	Hanzhong	29.5	30.8	33.0	142
泸州	Luzhou	33.7	33.3	33.8	129	榆林	Yulin	30.2	29.0	29.0	188
德阳	Deyang	34.3	34.7	35.6	111	安康	Ankang	35.5	38.7	39.0	66
绵阳	Mianyang	32.9	32.8	36.5	95	商洛	Shangluo	34.7	38.7	39.0	66
广元	Guangyuan	31.0	33.3	33.3	137	甘肃	Gansu	28.0			
遂宁	Suining	36.9	36.3	36.4	100	**兰州**	**Lanzhou**		25.4	29.9	175
内江	Neijiang	35.3	35.6	35.9	108	嘉峪关	Jiayuguan		31.2	33.6	130
乐山	Leshan	54.0	35.0	35.2	116	金昌	Jinchang		30.8	33.6	130
南充	Nanchong	52.0	34.0	33.6	130	白银	Baiyin		27.6	32.6	148
眉山	Meishan	39.1		39.3	63	天水	Tianshui		26.3	26.0	204
宜宾	Yibin	36.0	33.0	33.9	125	武威	Wuwei		32.1	31.4	156
广安	Guangan	39.7	41.0	41.3	46	张掖	Zhangye		31.9	29.1	186
达州	Dazhou	34.2	30.1	33.9	125	平凉	Pingliang		30.6	33.9	125
雅安	Yaan		30.2	35.8	109	酒泉	Jiuquan		31.9	31.1	159
巴中	Bazhong	56.0	37.0	32.4	149	庆阳	Qingyang		33.1	30.5	168
资阳	Ziyang	35.0	34.7	36.8	92	定西	Dingxi		29.9	28.4	193
贵州	**Guizhou**	**27.8**				陇南	Longnan		31.9	27.8	199
贵阳	Guiyang	22.3	22.7	31.0	162	**青海**	**Qinghai**	**26.0**		**23.7**	
六盘水	Liupanshui	28.4	29.5	28.0	195	西宁	Xining	25.8	25.8	29.9	175
遵义	Zunyi	32.0	31.1	36.3	102	海东	Haidong				
安顺	Anshun	27.7	27.3	35.5	112	**宁夏**	**Ningxia**	**30.3**			
毕节	Bijie	27.7	28.9	37.0	90	银川	Yinchuan	30.4	30.5	31.1	159
铜仁	Tongren	27.9	27.4	39.9	55	石嘴山	Shizuishan	30.8	30.9	29.4	183
云南	**Yunnan**	**37.4**				吴忠	Wuzhong	29.2	29.8	33.1	140
昆明	Kunming	33.6	35.1	43.4	28	固原	Guyuan	34.5	32.4	31.8	153
曲靖	Qujing	37.4	38.3	45.0	20	中卫	Zhongwei	29.1	30.0	31.6	155
玉溪	Yuxi	43.7	45.2	44.7	23	**新疆**	**Xinjiang**	**28.9**			
保山	Baoshan	37.5	38.0	39.0	66	乌鲁木齐	Urumqi	27.3	27.4		
昭通	Zhaotong	31.2	31.9	30.4	169	克拉玛依	Karamay	30.2	30.4		

6-10 农村居民人均住房面积

Per Capita Living Space of Rural Household

单位：平方米 （sq.m）

地名	City	2010	2012	2013	2013 排名 Ranking	地名	City	2010	2012	2013	2013 排名 Ranking
全国	**Nation Total**	**34.1**	**37.1**			沈阳	Shenyang	26.2	30.7		
北京	**Beijing**	**40.6**	**38.2**			大连	Dalian	30.5	32.3		
天津	**Tianjin**	**28.8**	**30.3**			鞍山	Anshan	27.9	28.5		
河北	**Hebei**	**32.2**	**35.0**			抚顺	Fushun	24.2	26.7		
石家庄	Shijiazhuang	40.0	40.3			本溪	Benxi	24.8	25.5		
唐山	Tangshan	33.4	37.3			丹东	Dandong	27.1	27.0		
秦皇岛	Qinhuangdao	31.1	33.2			锦州	Jinzhou	29.7	30.0		
邯郸	Handan	34.8	36.7			营口	Yingkou	28.4	28.9		
邢台	Xingtai	33.1	34.2			阜新	Fuxin	26.8	28.3		
保定	Baoding	31.0	26.0			辽阳	Liaoyang	27.7	27.7		
张家口	Zhangjiakou	21.7	22.5			盘锦	Panjin	33.5	35.4		
承德	Chengde	23.0	29.1			铁岭	Tieling	27.5	27.7		
沧州	Cangzhou	28.0	32.1			朝阳	Chaoyang	27.1	28.2		
廊坊	Langfang	31.6	38.1			葫芦岛	Huludao	26.4	28.4		
衡水	Hengshui	28.0	30.0			**吉林**	**Jilin**	**22.9**	**24.7**		
山西	**Shanxi**	**28.3**	**30.6**			长春	Changchun		25.8	29.5	190
太原	Taiyuan	32.9	37.5			吉林	Jilin		24.0	22.7	223
大同	Datong	20.3	23.1			四平	Siping		25.5	25.6	209
阳泉	Yangquan	30.9	27.9			辽源	Liaoyuan		22.4	23.8	219
长治	Changzhi	36.5	39.0			通化	Tonghua		24.6	27.5	198
晋城	Jincheng	34.9	36.7			白山	Baishan		22.1	17.9	233
朔州	Shuozhou	21.0	26.0			松原	Songyuan		26.3	25.4	210
晋中	Jinzhong	29.4	28.5			白城	Baicheng		26.4	29.9	188
运城	Yuncheng	31.1	40.2			**黑龙江**	**Heilongjiang**	**22.8**	**24.8**		
忻州	Xinzhou	22.4	24.9			哈尔滨	Harbin	24.4	24.8	26.0	206
临汾	Linfen	30.4	33.0			齐齐哈尔	Qiqihar	28.6	19.5	26.0	206
吕梁	Lvliang	26.0	24.0			鸡西	Jixi	22.0	21.9	21.9	228
内蒙古	**Inner Mongolia**	**22.1**	**24.9**			鹤岗	Hegang				
呼和浩特	Hohhot	27.3	26.7	34.1	162	双鸭山	Shuangyashan				
包头	Baotou	29.6	30.1	31.0	180	大庆	Daqing	28.6			
乌海	Wuhai	29.9	32.2	40.0	106	伊春	Yichun	22.8	22.0		
赤峰	Chifeng	23.1	25.1	26.3	202	佳木斯	Jiamusi	21.9	22.3	28.0	197
通辽	Tongliao	22.1	23.8	25.3	211	七台河	Qitaihe			22.1	225
鄂尔多斯	Erdos	33.8	40.0	42.8	82	牡丹江	Mudanjiang	25.9			
呼伦贝尔	Hulunbuir	22.1	25.0	26.0	206	黑河	Heihe				
巴彦淖尔	Bayannur	27.0	28.0	29.2	194	绥化	Suihua				
乌兰察布	Ulanqab	18.9	16.1	22.0	226	**上海**	**Shanghai**	**59.7**	**60.4**		
辽宁	**Liaoning**	**27.3**	**29.3**			**江苏**	**Jiangsu**	**46.3**	**50.8**		

6-10 农村居民人均住房面积 续表 1

Per Capita Living Space of Rural Household continued 1

单位：平方米 （sq.m）

地名	City	2010	2012	2013	2013 排名 Ranking	地名	City	2010	2012	2013	2013 排名 Ranking
南京	Nanjing	49.9	59.3	59.9	15	池州	Chizhou	39.9	42.9	43.0	78
无锡	Wuxi	58.5	67.6	68.2	6	宣城	Xuancheng	36.8	38.0	39.0	120
徐州	Xuzhou	41.6	45.6	48.0	47	**福建**	**Fujian**	**47.5**	**50.8**		
常州	Changzhou	58.4	60.3	56.0	22	福州	Fuzhou	48.1	48.0	50.0	39
苏州	Suzhou	68.0	68.3	74.0	3	厦门	Xiamen	59.9	60.0	60.0	14
南通	Nantong	53.6	54.6	55.7	25	莆田	Putian	69.5	66.0	57.0	19
连云港	Lianyungang	35.3	42.1	43.0	78	三明	Sanming	46.0	49.0	49.0	44
淮安	Huaian	36.3	43.3	46.4	54	泉州	Quanzhou	51.0	55.0	55.0	28
盐城	Yancheng	39.0	45.1	46.9	52	漳州	Zhangzhou	37.0	41.0	40.0	106
扬州	Yangzhou	42.2	50.1	48.6	45	南平	Nanping	47.8	47.0	48.0	47
镇江	Zhenjiang	48.6	56.2	51.0	35	龙岩	Longyan	49.6	53.0	53.0	30
泰州	Taizhou	49.4	56.9	55.9	24	宁德	Ningde	35.1	43.0	44.0	66
宿迁	Suqian	34.2	42.3	44.0	66	**江西**	**Jiangxi**	**40.3**	**47.0**		
浙江	**Zhejiang**	**60.3**	**62.1**			南昌	Nanchang	45.3	50.1	52.2	32
杭州	Hangzhou	71.2	71.0	70.4	5	景德镇	Jingdezhen	49.7	57.4	61.1	13
宁波	Ningbo	56.0	58.3	58.9	17	萍乡	Pingxiang	49.6	55.5	57.0	19
温州	Wenzhou	43.0	45.8	42.2	86	九江	Jiujiang	40.8	45.8	47.0	50
嘉兴	Jiaxing	69.1	72.4	71.6	4	新余	Xinyu	49.7	55.9	56.0	22
湖州	Huzhou	58.0	68.0	67.9	8	鹰潭	Yingtan	55.6	55.0	52.4	31
绍兴	Shaoxing	67.6	64.8			赣州	Ganzhou	32.5	38.8	38.6	124
金华	Jinhua	63.6	64.6	62.4	11	吉安	Jian	38.9	39.1	43.4	72
衢州	Quzhou	55.8	66.0	66.7	9	宜春	Yichun	41.1	57.3	47.0	50
舟山	Zhoushan	48.6	49.1	49.3	43	抚州	Fuzhou	32.0	42.4	44.0	66
台州	Taizhou	57.0	55.3	55.5	27	上饶	Shangrao	35.9	46.1	45.0	59
丽水	Lishui	48.0	52.7	52.0	33	**山东**	**Shandong**	**34.7**	**38.4**		
安徽	**Anhui**	**32.1**	**35.3**			济南	Jinan	39.8	40.0	43.9	70
合肥	Hefei	33.4	34.2	35.0	150	青岛	Qingdao	31.0	32.3	33.5	167
芜湖	Wuhu	38.2	35.7	37.2	135	淄博	Zibo	35.4	36.9	38.2	127
蚌埠	Bengbu	34.3	37.8	40.1	104	枣庄	Zaozhuang	34.1	40.8	37.0	136
淮南	Huainan	37.2	39.5	40.3	101	东营	Dongying	34.1	37.4	39.4	116
马鞍山	Maanshan	36.8	38.8	36.4	139	烟台	Yantai	35.4	34.6	35.8	145
淮北	Huaibei	40.3	40.2	41.7	90	潍坊	Weifang	38.1	36.8	38.2	127
铜陵	Tongling	38.4	41.5	45.0	59	济宁	Jining	34.7	35.5	37.3	133
安庆	Anqing	36.1	35.0	35.5	148	泰安	Taian	37.7	42.9	43.2	76
黄山	Huangshan	39.0	40.9	41.8	89	威海	Weihai	39.8	39.6	40.3	101
滁州	Chuzhou	31.8	33.6	34.0	163	日照	Rizhao	36.9	36.4	43.5	71
阜阳	Fuyang	29.3	32.6	33.3	168	莱芜	Laiwu	37.0	39.7	41.6	93
宿州	Suzhou	32.0	35.2	37.0	136	临沂	Linyi	31.3	33.7	34.2	161
六安	Liuan	31.8	33.9	34.6	157	德州	Dezhou	34.0	35.4	36.0	143
亳州	Bozhou	32.8	37.4	38.8	122	聊城	Liaocheng	35.7	38.1	39.9	113

6-10 农村居民人均住房面积 续表 2
Per Capita Living Space of Rural Household continued 2

单位：平方米 （sq.m）

地名	City	2010	2012	2013	2013 排名 Ranking	地名	City	2010	2012	2013	2013 排名 Ranking
滨州	Binzhou	36.5	41.0	45.1	58	常德	Changde	47.3	51.5	55.7	25
菏泽	Heze	31.9	35.5	36.2	141	张家界	Zhangjiajie	35.7	46.6	56.2	21
河南	**Henan**	**34.5**	**37.9**			益阳	Yiyang	42.2	47.2	53.9	29
郑州	Zhengzhou	56.0	61.0	58.2	18	郴州	Chenzhou	38.2	35.2	41.7	90
开封	Kaifeng	30.5	36.7	38.0	130	永州	Yongzhou	35.0	37.3	48.4	46
洛阳	Luoyang	38.5	41.6	43.3	74	怀化	Huaihua	33.4	36.8	43.4	72
平顶山	Pingdingshan	31.8	37.6	39.4	116	娄底	Loudi	40.8	49.3	63.5	10
安阳	Anyang	35.6	34.6	41.4	95	**广东**	**Guangdong**	**29.2**	**31.7**		
鹤壁	Hebi	35.7	41.7	42.3	85	广州	Guangzhou	43.7	45.3	45.3	55
新乡	Xinxiang	38.6	40.1	40.4	100	韶关	Shaoguan	30.1	33.0	35.3	149
焦作	Jiaozuo	41.2	44.9	45.3	55	深圳	Shenzhen				
濮阳	Puyang	26.9	31.3	33.0	169	珠海	Zhuhai	33.1	37.5	38.6	124
许昌	Xuchang	36.7	41.7	39.0	120	汕头	Shantou	18.7	19.0	19.4	232
漯河	Luohe	32.9	37.7	39.8	115	佛山	Foshan	48.7	49.9	50.0	39
三门峡	Sanmenxia	34.9	39.2	36.2	141	江门	Jiangmen		29.0	29.5	190
南阳	Nanyang	32.3	37.6	34.4	160	湛江	Zhanjiang	28.5	31.5	32.7	172
商丘	Shangqiu	31.5	39.9	38.8	122	茂名	Maoming	38.6	41.8	44.9	61
信阳	Xinyang	33.1	33.5	30.5	184	肇庆	Zhaoqing	25.5	28.5	29.1	195
周口	Zhoukou	27.1	35.7	34.0	163	惠州	Huizhou	28.6	32.8	35.6	147
驻马店	Zhumadian	29.7	32.6	30.8	182	梅州	Meizhou	31.6	33.9	31.5	178
湖北	**Hubei**	**41.0**	**45.0**			汕尾	Shanwei	25.5	25.7	26.1	205
武汉	Wuhan	48.8	51.4	47.8	49	河源	Heyuan	27.6	28.8	29.4	192
黄石	Huangshi	42.3	50.6	50.9	37	阳江	Yangjiang		33.0	42.8	82
十堰	Shiyan	32.8	36.0	34.9	154	清远	Qingyuan	30.9	30.3	31.6	176
宜昌	Yichang	45.7	49.2	49.9	41	东莞	Dongguan	52.1	50.3		
襄阳	Xiangyang	38.7	45.2	42.2	86	中山	Zhongshan	41.8	42.1	42.5	84
鄂州	Ezhou	42.5	46.0			潮州	Chaozhou	23.1	23.6	24.3	217
荆门	Jingmen	37.7	44.5	44.6	62	揭阳	Jieyang	22.8	24.4	24.6	214
孝感	Xiaogan	34.7	38.6	39.1	119	云浮	Yunfu	27.0	31.6	31.6	176
荆州	Jingzhou	37.1	40.3	45.3	55	**广西**	**Guangxi**	**33.9**	**36.0**		
黄冈	Huanggang	42.2	43.8	44.2	65	南宁	Nanning	36.8	40.8	37.4	132
咸宁	Xianning	41.7	49.4	46.5	53	柳州	Liuzhou	29.3	39.5	40.1	104
随州	Suizhou	42.3	38.3	40.0	106	桂林	Guilin	38.0	42.1	44.6	62
湖南	**Hunan**	**42.0**	**46.5**			梧州	Wuzhou	29.6	34.4	33.0	169
长沙	Changsha	59.5	62.6	62.0	12	北海	Beihai	38.5	38.3	23.0	222
株洲	Zhuzhou	55.5	58.7	59.9	15	防城港	Fangchenggang	30.1	33.6	38.1	129
湘潭	Xiangtan	49.8	49.6	68.1	7	钦州	Qinzhou	26.8	26.4	26.4	201
衡阳	Hengyang	50.9	49.8	51.3	34	贵港	Guigang	32.6	41.1	34.7	155
邵阳	Shaoyang	34.0	39.4	44.3	64	玉林	Yulin	26.8	33.6		
岳阳	Yueyang	42.4	45.5	51.0	35	百色	Baise	28.9	33.0	31.0	180

6-10 农村居民人均住房面积 续表 3
Per Capita Living Space of Rural Household continued 3

单位：平方米 (sq.m)

地名	City	2010	2012	2013	2013 排名 Ranking
贺州	Hezhou	34.7		30.1	186
河池	Hechi	25.6	35.4	32.3	174
来宾	Laibin	36.0	38.5		
崇左	Chongzuo	34.5	41.0	41.5	94
海南	**Hainan**	**24.7**	**25.3**		
海口	Haikou	31.6	31.8	31.9	175
三亚	Sanya	28.6	30.3	30.8	182
三沙	Sansha				
重庆	**Chongqing**	**37.6**	**41.1**		
四川	**Sichuan**	**36.6**	**37.9**		
成都	Chengdu	48.8	52.2	50.9	37
自贡	Zigong	37.0	35.0	36.8	138
攀枝花	Panzhihua	34.0	37.0	43.0	78
泸州	Luzhou	38.0	38.7	40.0	106
德阳	Deyang	38.0	36.4	36.3	140
绵阳	Mianyang	43.0	38.9	40.3	101
广元	Guangyuan	41.0	35.0	39.2	118
遂宁	Suining	35.0	43.3	43.3	74
内江	Neijiang	34.0	34.4	34.7	155
乐山	Leshan	43.0	40.0	39.9	113
南充	Nanchong	35.0	37.0	37.5	131
眉山	Meishan	38.0		41.0	97
宜宾	Yibin	40.0	40.0	40.8	98
广安	Guangan	39.0	40.0	41.7	90
达州	Dazhou	39.0	37.5	37.3	133
雅安	Yaan	38.0	32.2	41.1	96
巴中	Bazhong	34.0	32.5	32.7	172
资阳	Ziyang	40.0	38.0	38.5	126
贵州	**Guizhou**	**27.0**	**29.6**		
贵阳	Guiyang	46.7	57.1	42.2	86
六盘水	Liupanshui	27.6	30.2	35.0	150
遵义	Zunyi	31.0	34.5	34.6	157
安顺	Anshun	27.0	31.1	24.0	218
毕节	Bijie	23.0	24.8	29.3	193
铜仁	Tongren	29.1	33.0	29.8	189
云南	**Yunnan**	**29.0**	**31.7**		
昆明	Kunming	45.8	45.7	44.0	66
曲靖	Qujing	31.0	31.0	29.0	196
玉溪	Yuxi	43.5	42.8	43.2	76
保山	Baoshan	27.4	29.0	30.0	187
昭通	Zhaotong	23.9	26.4	23.1	221
丽江	Lijiang	25.3	33.5	40.5	99
普洱	Puer	22.3	24.8	24.9	212
临沧	Lincang	17.6	23.0	24.5	215
西藏	**Tibet**	**25.3**	**28.8**		
拉萨	Lasa	22.6	30.7	27.2	200
陕西	**Shaanxi**	**31.7**	**36.9**		
西安	Xi'an	66.7	78.0	81.0	2
铜川	Tongchuan	32.0	36.1	49.5	42
宝鸡	Baoji	32.7	33.0	35.0	150
咸阳	Xianyang	38.5	40.5	43.0	78
渭南	Weinan	32.7	35.0	36.0	143
延安	Yan'an	24.1	27.8	27.5	198
汉中	Hanzhong	34.7	40.1	40.0	106
榆林	Yulin	26.6	33.6	34.5	159
安康	Ankang	35.0	39.5	40.0	106
商洛	Shangluo	34.6	32.0	35.0	150
甘肃	**Gansu**	**21.0**	**24.1**		
兰州	Lanzhou	23.8	33.0	31.2	179
嘉峪关	Jiayuguan	34.7	37.0	33.9	166
金昌	Jinchang	34.4	42.0	83.2	1
白银	Baiyin	22.6	25.0	22.6	224
天水	Tianshui	17.5	20.0	21.3	230
武威	Wuwei	40.0	28.0	24.8	213
张掖	Zhangye	32.6	36.0	26.3	202
平凉	Pingliang	22.4	24.0	23.5	220
酒泉	Jiuquan	17.7	40.0	32.8	171
庆阳	Qingyang	21.3	23.0	24.5	215
定西	Dingxi	19.3	19.0	21.6	229
陇南	Longnan	23.6	26.0	22.0	226
青海	**Qinghai**	**21.4**	**29.7**		
西宁	Xining	34.3	35.4	40.0	106
海东	Haidng				
宁夏	**Ningxia**	**24.9**	**25.9**		
银川	Yinchuan	38.9	44.7	35.7	146
石嘴山	Shizuishan	31.6	34.8	34.0	163
吴忠	Wuzhong	29.7	27.0	30.2	185
固原	Guyuan	19.3	19.8	20.2	231
中卫	Zhongwei	24.2	28.6	26.2	204
新疆	**Xinjiang**	**24.0**	**27.2**		
乌鲁木齐	Urumqi	38.1	31.0		
克拉玛依	Karamay				

6-11 私有汽车拥有量
Number of Private Vehicles

单位：辆 （unit）

地名	City	2010	2013	2014	2014 排名 Ranking
全国	**Nation Total**	**59387080**	**105016827**	**123393597**	
北京	**Beijing**	**3715068**	**4249494**	**4357891**	
天津	**Tianjin**	**1256999**	**2243613**	**2351536**	
河北	**Hebei**	**4041575**	**7194607**	**8348964**	
石家庄	Shijiazhuang	727466	983655	1180386	19
唐山	Tangshan	696560	929358	1115230	22
秦皇岛	Qinhuangdao	236818	316139	379367	89
邯郸	Handan	450472	518128	621754	53
邢台	Xingtai	331987	393449	472139	67
保定	Baoding	705993	920921	1105105	23
张家口	Zhangjiakou	248178	303165	363798	97
承德	Chengde	158028	177675	213210	156
沧州	Cangzhou	504005	711746	854095	33
廊坊	Langfang	408211	552619	663143	45
衡水	Hengshui	234985	311950	374340	92
山西	**Shanxi**	**1865984**	**3188773**	**3670202**	
太原	Taiyuan	459607	756516	862428	32
大同	Datong	196774	295604	336989	104
阳泉	Yangquan	80896	133544	152240	195
长治	Changzhi	191173	287801	328093	107
晋城	Jincheng	150851	222505	253656	139
朔州	Shuozhou	54195	98395	112170	231
晋中	Jinzhong	231652	350400	399456	86
运城	Yuncheng	244802	369722	421483	76
忻州	Xinzhou	137982	191856	218716	155
临汾	Linfen	216768	334631	381479	88
吕梁	Lvliang	168513	225950	257583	136
内蒙古	**Inner Mongolia**	**1474731**	**2638560**	**3004854**	
呼和浩特	Hohhot	259185	513244	585098	56
包头	Baotou	230353	389771	444339	73
乌海	Wuhai	70200	107839	122936	221
赤峰	Chifeng	291465	450352	513401	62
通辽	Tongliao	305015	269527	307261	112
鄂尔多斯	Erdos	150000	424524	483957	65
呼伦贝尔	Hulunbuir	101582	166570	189890	166
巴彦淖尔	Bayannur	80048	194861	222142	154
乌兰察布	Ulanqab	105652	198355	226125	153
辽宁	**Liaoning**	**1988119**	**3559401**	**4169826**	
沈阳	Shenyang	707838	1133021	1151380	20
大连	Dalian	739675	1003590	942315	28
鞍山	Anshan	264683	384432	294902	116
抚顺	Fushun	181880	175455	161403	188
本溪	Benxi	100050	121435	84134	248
丹东	Dandong	188325	278380	154893	193
锦州	Jinzhou	368610	396345	260673	133
营口	Yingkou	183288	262660	208659	158
阜新	Fuxin	306267	305385	173051	176
辽阳	Liaoyang	227040	213133	135486	205
盘锦	Panjin	136075	197400	181702	173
铁岭	Tieling	281605	375484	159288	190
朝阳	Chaoyang	427621	494663	254698	137
葫芦岛	Huludao	201642	269371	178600	174
吉林	**Jilin**	**1144913**	**2061270**	**2421772**	
长春	Changchun	505205	837726	965955	27
吉林	Jilin	216649	326346	366461	95
四平	Siping	121298	226668	258052	135
辽源	Liaoyuan	45640	69008	79648	252
通化	Tonghua	82500	118918	128134	213
白山	Baishan	44842	56560	70933	256
松原	Songyuan	154431	260663	284173	122
白城	Baicheng	74302	136910	168515	178
黑龙江	**Heilongjiang**	**1396536**	**2310633**	**2650313**	
哈尔滨	Harbin	468701	808305	921468	30
齐齐哈尔	Qiqihar	169693			
鸡西	Jixi	109816	144853	165132	183
鹤岗	Hegang	29858	47440	54082	265
双鸭山	Shuangyashan	39788			
大庆	Daqing	230190	326986	372764	94
伊春	Yichun	22401			
佳木斯	Jiamusi				
七台河	Qitaihe	32000	40540	46216	268
牡丹江	Mudanjiang	90120			
黑河	Heihe				
绥化	Suihua	8231	30492	34761	271
上海	**Shanghai**	**1037051**	**1632320**	**1833040**	
江苏	**Jiangsu**	**4181285**	**7804287**	**9274847**	

6-11　私有汽车拥有量　续表 1
Number of Private Vehicles continued 1

单位：辆　　(unit)

地名	City	2010	2013	2014	2014 排名 Ranking	地名	City	2010	2013	2014	2014 排名 Ranking
南京	Nanjing	647562	1177291	1485500	10	池州	Chizhou	32284	58864	73966	255
无锡	Wuxi	521407	896073	1026300	26	宣城	Xuancheng	86395	138488	173164	175
徐州	Xuzhou	356532	590898	664600	44	**福建**	**Fujian**	**1519318**	**2774908**	**3295254**	
常州	Changzhou	339434	620271	726400	38	福州	Fuzhou	330352	593651	676762	43
苏州	Suzhou	981650	1730457	2008600	3	厦门	Xiamen	284745	545432	621792	52
南通	Nantong	355328	716637	869400	31	莆田	Putian	65608	133325	151991	196
连云港	Lianyungang	146448	270128	318300	108	三明	Sanming	73018	128808	146841	200
淮安	Huaian	124905	245209	296200	115	泉州	Quanzhou	408143	701352	799541	35
盐城	Yancheng	207710	402818	475300	66	漳州	Zhangzhou	126009	234965	267860	126
扬州	Yangzhou	178389	349418	417000	79	南平	Nanping	63093	114795	130866	209
镇江	Zhenjiang	147295	280043	328700	106	龙岩	Longyan	135368	230072	262282	130
泰州	Taizhou	169165	336340	404300	83	宁德	Ningde	55173	109742	125106	218
宿迁	Suqian	169843	285750	336200	105	**江西**	**Jiangxi**	**873814**	**1907125**	**2341730**	
浙江	**Zhejiang**	**4315235**	**7638729**	**8699459**		南昌	Nanchang	203953	406783	463733	70
杭州	Hangzhou	942585	1678453	1913436	5	景德镇	Jingdezhen	52699	98549	112346	230
宁波	Ningbo	532965	1060489	1208957	18	萍乡	Pingxiang	38124	84915	96803	242
温州	Wenzhou	674836	1119252	1275947	16	九江	Jiujiang	105004	219188	249874	140
嘉兴	Jiaxing	265802	551324	628509	49	新余	Xinyu	34088	67298	76720	254
湖州	Huzhou	180041	357849	407948	82	鹰潭	Yingtan	22121	48986	55844	264
绍兴	Shaoxing	346672	621339	708326	40	赣州	Ganzhou	152701	343695	391812	87
金华	Jinhua	517447	907181	1034186	24	吉安	Jian	74765	146409	166906	180
衢州	Quzhou	99318	176343	201031	163	宜春	Yichun	111507	229167	261250	131
舟山	Zhoushan	39063	72811	83005	250	抚州	Fuzhou	52665	112440	128182	212
台州	Taizhou	481717	812341	926069	29	上饶	Shangrao	99980	211588	241210	145
丽水	Lishui	116539	198885	226729	152	**山东**	**Shandong**	**5771075**	**10395464**	**11916191**	
安徽	**Anhui**	**1368463**	**2745685**	**3353969**		济南	Jinan	670465	1051380	1216458	17
合肥	Hefei	250403	619789	771032	36	青岛	Qingdao	729966	1249590	1448486	11
芜湖	Wuhu	90999	224086	266417	128	淄博	Zibo	373721	587036	636848	47
蚌埠	Bengbu	55918	106687	129403	211	枣庄	Zaozhuang	233435	346768	364991	96
淮南	Huainan	45751	97452	115079	228	东营	Dongying	279344	425160	464237	69
马鞍山	Maanshan	41994	105949	127475	215	烟台	Yantai	631748	961528	1027869	25
淮北	Huaibei	65058	111383	131590	208	潍坊	Weifang	935879	1464720	1566672	9
铜陵	Tongling	24689	51824	60864	261	济宁	Jining	409787	626315	702712	41
安庆	Anqing	120980	227997	276345	124	泰安	Taian	259842	401295	454329	72
黄山	Huangshan	42833	75118	89371	244	威海	Weihai	263595	423374	467532	68
滁州	Chuzhou	91396	136759	159897	189	日照	Rizhao	176291	303033	356944	98
阜阳	Fuyang	189074	326495	376048	91	莱芜	Laiwu	104278	147063	158417	191
宿州	Suzhou	138078	163342	206973	159	临沂	Linyi	652175	1113314	1290207	14
六安	Liuan	153224	238374	279215	123	德州	Dezhou	331411	550407	628620	48
亳州	Bozhou	157249	210557	244970	144	聊城	Liaocheng	405537	515607	577502	57

6-11 私有汽车拥有量 续表 2
Number of Private Vehicles continued 2

单位：辆 （unit）

地名	City	2010	2013	2014	2014 排名 Ranking
滨州	Binzhou	309800	488356	548306	59
菏泽	Heze	329045	468584	528786	60
河南	**Henan**	**2947564**	**5806383**	**7757740**	
郑州	Zhengzhou	777605	1481255	1926642	4
开封	Kaifeng	155557	250995	308767	111
洛阳	Luoyang	282820	500157	604085	55
平顶山	Pingdingshan	176333	288748	348891	99
安阳	Anyang	240506	347476	421059	77
鹤壁	Hebi	63004	112843	136746	204
新乡	Xinxiang	239442	419036	519924	61
焦作	Jiaozuo	149803	240205	291006	118
濮阳	Puyang	196863	320720	400338	85
许昌	Xuchang	155659	273926	340051	103
漯河	Luohe	76691	124742	155624	192
三门峡	Sanmenxia	124052	171334	189247	167
南阳	Nanyang	220249	400937	490036	63
商丘	Shangqiu	270906	380130	488679	64
信阳	Xinyang	176704	228665	299592	114
周口	Zhoukou	288892	394558	436089	74
驻马店	Zhumadian	130365	262060	286289	120
湖北	**Hubei**	**1486487**	**2829367**	**3496430**	
武汉	Wuhan	780000	995973	1135409.2	21
黄石	Huangshi	54500	95060	108368	232
十堰	Shiyan	99105	163564	186463	172
宜昌	Yichang	148146	269093	306766	113
襄阳	Xiangyang	197040	299085	340957	102
鄂州	Ezhou	16223	26339	30026	272
荆门	Jingmen	75509	141727	161569	187
孝感	Xiaogan	30256	112036	127721	214
荆州	Jingzhou	101401	180115	205331	161
黄冈	Huanggang	83439	165566	188745	170
咸宁	Xianning	61996	104354	118964	224
随州	Suizhou	46592	81036	92381	243
湖南	**Hunan**	**1692449**	**3184871**	**3847112**	
长沙	Changsha	546834	1055542	1285080	15
株洲	Zhuzhou	120972	216748	261144	132
湘潭	Xiangtan	84797	158016	189144	168
衡阳	Hengyang	133277	222354	254413	138
邵阳	Shaoyang	120228	229605	275687	125
岳阳	Yueyang	98940	219044	267728	127

地名	City	2010	2013	2014	2014 排名 Ranking
常德	Changde	104254	199368	248733	141
张家界	Zhangjiajie	30968	56200	65442	260
益阳	Yiyang	96621	169138	205583	160
郴州	Chenzhou	134137	209738	239969	147
永州	Yongzhou	98152	159018	191416	165
怀化	Huaihua	72780	113966	166661	181
娄底	Loudi	106893	176514	202859	162
广东	**Guangdong**	**6281233**	**9959311**	**11498335**	
广州	Guangzhou	1261160	1726966	1792505	7
韶关	Shaoguan	78230	130238	151947	197
深圳	Shenzhen	1301631	2123761	2639166	2
珠海	Zhuhai	157798	253146	291132	117
汕头	Shantou	223325	359275	409582	81
佛山	Foshan	791313	1224299	1402344	12
江门	Jiangmen	224812	351326	401017	84
湛江	Zhanjiang	115782	206663	240536	146
茂名	Maoming	134923	237007	263212	129
肇庆	Zhaoqing	120318	202795	234834	148
惠州	Huizhou	208425	360883	419796	78
梅州	Meizhou	88353	162369	195642	164
汕尾	Shanwei	22300	39742	49023	266
河源	Heyuan	59198	104075	124781	219
阳江	Yangjiang	72668	138132	166999	179
清远	Qingyuan	104093	202068	248459	142
东莞	Dongguan	740238	1195220	1374786	13
中山	Zhongshan	313775	492585	574491	58
潮州	Chaozhou	96149	150383	171306	177
揭阳	Jieyang	119258	196420	230374	149
云浮	Yunfu	56141	111243	125886	217
广西	**Guangxi**	**1083336**	**2230139**	**2668735**	
南宁	Nanning	292736	593476	710055	39
柳州	Liuzhou	154217	291635	377575	90
桂林	Guilin	132797	258504	309747	110
梧州	Wuzhou	41874	566468	605597	54
北海	Beihai	54637	344392	120413	222
防城港	Fangchenggang	29231	58659	67371	258
钦州	Qinzhou	39390	47000	47000	267
贵港	Guigang	58973	123260	144000	201
玉林	Yulin	108945	217259	259259	134
百色	Baise	59973	126493	147974	199

6-11 私有汽车拥有量 续表 3
Number of Private Vehicles continued 3

单位：辆 (unit)

地名	City	2010	2013	2014	2014 排名 Ranking
贺州	Hezhou	34410	394900	84754	247
河池	Hechi	53299	112392	134094	207
来宾	Laibin	37656	70747	70747	257
崇左	Chongzuo	20972	58688	66837	259
海南	**Hainan**	**280903**	**514045**	**616541**	
海口	Haikou	182623	327408	373245	93
三亚	Sanya	37705	78310	89273	245
三沙	Sansha				
重庆	**Chongqing**	**741488**	**1483657**	**1905811**	
四川	**Sichuan**	**2809524**	**4855182**	**5761027**	
成都	Chengdu	1396000	2271414	2777000	1
自贡	Zigong	52244	97839	117000	225
攀枝花	Panzhihua	60087	93895	105000	235
泸州	Luzhou	56693	130855	165000	184
德阳	Deyang	183763	262199	286000	121
绵阳	Mianyang		298488	341000	101
广元	Guangyuan	62707	106863	123000	220
遂宁	Suining	55399	99848	117000	225
内江	Neijiang	52256	98402	117000	225
乐山	Leshan	95347	168395	189000	169
南充	Nanchong	102573	189314	227000	151
眉山	Meishan	74842	139543	163000	186
宜宾	Yibin	68148	140322	165000	184
广安	Guangan	40063	82941	100000	238
达州	Dazhou	52772	109862	137000	203
雅安	Yaan	42071	88037	99000	240
巴中	Bazhong	38901	85990	102000	237
资阳	Ziyang	57786	103073	114000	229
贵州	**Guizhou**	**878065**	**1662819**	**2074741**	
贵阳	Guiyang	512066	550298	627340	51
六盘水	Liupanshui	95366	164096	187069	171
遵义	Zunyi	39483	252409	287746	119
安顺	Anshun	41819	114174	130158	210
毕节	Bijie	63019	143609		
铜仁	Tongren		90250		
云南	**Yunnan**	**1855688**	**3185387**	**3737778**	
昆明	Kunming	1173869	1202649	1807600	6
曲靖	Qujing	734549	353900	415100	80
玉溪	Yuxi	156581	235698	761600	37
保山	Baoshan	70443	110916	649000	46
昭通	Zhaotong	83980	201934	628100	50
丽江	Lijiang	38732	90699	245400	143
普洱	Puer	80336	132345	840900	34
临沧	Lincang		52197	688700	42
西藏	**Tibet**	**110318**	**195376**	**230137**	
拉萨	Lasa	81988	99908		
陕西	**Shaanxi**	**1441129**	**2807930**	**3316570**	
西安	Xi'an	778902	1412211	1703443	8
铜川	Tongchuan	36492	47033	55854	263
宝鸡	Baoji	93891	149325	165958	182
咸阳	Xianyang	116103	204096	229999	150
渭南	Weinan	205237	312502	316876	109
延安	Yan'an	144707	193852	208855	157
汉中	Hanzhong	79634	128854	150810	198
榆林	Yulin	255161	433290	457959	71
安康	Ankang	47771	78137	79779	251
商洛	Shangluo	40301	55648	56253	262
甘肃	**Gansu**	**527351**	**1145422**	**1419632**	
兰州	Lanzhou	120100	263171	347400	100
嘉峪关	Jiayuguan	15400	30006	35900	270
金昌	Jinchang	21600	37418	43300	269
白银	Baiyin	60500	109807	127300	216
天水	Tianshui	54000	110263	134500	206
武威	Wuwei	46200	91146	107600	233
张掖	Zhangye	40300	83603	99600	239
平凉	Pingliang	45580	90074	103300	236
酒泉	Jiuquan	51100	90727	106000	234
庆阳	Qingyang	60400	126368	152600	194
定西	Dingxi	52200	115300	137300	202
陇南	Longnan	46600	71847	83200	249
青海	**Qinghai**	**199467**	**446745**	**541020**	
西宁	Xining				
海东	Haidong				
宁夏	**Ningxia**	**309364**	**653330**	**776112**	
银川	Yinchuan	177270	374029	426393	75
石嘴山	Shizuishan	45193	75360	85910	246
吴忠	Wuzhong	60058	104960	119654	223
固原	Guyuan	53465	85801	97813	241
中卫	Zhongwei	35616	68631	78239	253
新疆	**Xinjiang**	**792548**	**1711994**	**2056028**	
乌鲁木齐	Urumqi				
克拉玛依	Karamay				

6-12 城镇职工基本养老保险参保人数
Number of Employees Joining Urban Basic Pension Insurance

单位：万人 (10 000 persons)

地名	City	2011	2014	2015	2015 排名 Ranking	地名	City	2011	2014	2015	2015 排名 Ranking
全国	**Nation Total**	**28391.3**	**34124.4**	**35361.2**		沈阳	Shenyang	308.0	355.8	370.7	10
北京	**Beijing**	**1089.4**	**1392.6**	**1424.2**		大连	Dalian	172.3	194.5	195.1	28
天津	**Tianjin**	**458.7**	**545.4**	**565.2**		鞍山	Anshan	91.6	84.1	116.7	47
河北	**Hebei**	**1059.8**	**1262.0**	**1320.5**		抚顺	Fushun	90.1	145.8	92.5	68
石家庄	Shijiazhuang	162.3	199.6	210.0	23	本溪	Benxi	84.2	80.2	79.5	85
唐山	Tangshan	171.8	208.8	216.2	21	丹东	Dandong	73.4	87.1	93.8	67
秦皇岛	Qinhuangdao	60.1	74.9	77.8	92	锦州	Jinzhou	66.4	77.3	79.1	86
邯郸	Handan	104.6	118.6	124.3	46	营口	Yingkou	66.9	54.3	77.5	93
邢台	Xingtai	54.4	63.7	67.2	109	阜新	Fuxin	46.9	52.9	52.4	147
保定	Baoding	106.8	139.9	129.1	43	辽阳	Liaoyang	54.8	64.0	65.3	112
张家口	Zhangjiakou	70.9	81.7	84.8	80	盘锦	Panjin	53.9	56.7	62.1	121
承德	Chengde	45.3	56.7	59.5	127	铁岭	Tieling	49.9	43.3	44.8	168
沧州	Cangzhou	70.6	85.8	89.2	74	朝阳	Chaoyang	47.6	43.1	58.7	130
廊坊	Langfang	56.8	53.0	86.4	78	葫芦岛	Huludao	46.9	54.0	56.1	139
衡水	Hengshui	41.6	49.3	51.4	153	**吉林**	**Jilin**	**617.5**	**676.7**	**693.6**	
山西	**Shanxi**	**623.8**	**692.0**	**714.3**		长春	Changchun	167.5	196.7	204.2	26
太原	Taiyuan	119.2	140.5	134.1	39	吉林	Jilin	99.6	110.6	65.1	113
大同	Datong	40.5	75.7	64.3	115	四平	Siping	52.8	55.7	25.1	223
阳泉	Yangquan	24.8	31.4	26.6	221	辽源	Liaoyuan	22.9	25.3	25.6	222
长治	Changzhi	32.9	53.2	44.7	169	通化	Tonghua	46.9	53.2	54.7	143
晋城	Jincheng	28.6	43.6	39.8	181	白山	Baishan	35.1	38.8	21.5	235
朔州	Shuozhou	13.1	27.1	28.9	214	松原	Songyuan	30.2	33.4	35.4	193
晋中	Jinzhong	41.9	48.8	47.9	160	白城	Baicheng	17.2	32.4	17.6	244
运城	Yuncheng	45.8	58.5	51.6	152	**黑龙江**	**Heilongjiang**	**981.0**	**1090.1**	**1118.0**	
忻州	Xinzhou	35.0	39.9	41.4	177	哈尔滨	Harbin	121.3	127.3	231.3	19
临汾	Linfen	37.6	63.1	55.9	140	齐齐哈尔	Qiqihar	47.8	49.4	27.8	218
吕梁	Lvliang	13.5	16.0	31.0	209	鸡西	Jixi	18.1	24.2	24.8	226
内蒙古	**Inner Mongolia**	**452.4**	**524.9**	**579.0**		鹤岗	Hegang	16.3	12.2	11.9	264
呼和浩特	Hohhot	42.4	39.5	43.8	170	双鸭山	Shuangyashan	16.8	20.3	20.5	238
包头	Baotou	56.2	87.8	90.9	69	大庆	Daqing	33.6	56.8	45.2	166
乌海	Wuhai	14.8	17.6	10.9	267	伊春	Yichun	25.2	29.3	25.0	224
赤峰	Chifeng	28.8	34.2	36.9	186	佳木斯	Jiamusi	23.8	55.2	55.6	141
通辽	Tongliao	22.4	36.8	41.2	179	七台河	Qitaihe	13.5	31.9	12.7	258
鄂尔多斯	Erdos	23.0	27.6	33.4	196	牡丹江	Mudanjiang	47.8	33.6	33.2	197
呼伦贝尔	Hulunbuir	47.5	109.1	59.4	129	黑河	Heihe	16.8	31.5	32.3	204
巴彦淖尔	Bayannur	27.1	29.9	31.1	208	绥化	Suihua	25.6	28.5	36.3	189
乌兰察布	Ulanqab	24.9	13.8	14.0	255	**上海**	**Shanghai**	**1382.7**	**1457.4**	**1493.8**	
辽宁	**Liaoning**	**1556.6**	**1769.2**	**1780.2**		**江苏**	**Jiangsu**	**2223.9**	**2691.9**	**2779.9**	

6-12 城镇职工基本养老保险参保人数 续表 1
Number of Employees Joining Urban Basic Pension Insurance continued 1

单位：万人 (10 000 persons)

地名	City	2011	2014	2015	2015 排名 Ranking	地名	City	2011	2014	2015	2015 排名 Ranking
南京	Nanjing	235.8	349.1	299.0	14	池州	Chizhou	11.8	10.7	11.0	266
无锡	Wuxi	212.5	299.3	307.1	13	宣城	Xuancheng	40.2	38.9	30.4	211
徐州	Xuzhou	95.1	114.3	59.5	128	**福建**	**Fujian**	**695.1**	**848.3**	**883.7**	
常州	Changzhou	113.8	130.5	103.8	62	福州	Fuzhou	135.2	167.4	176.8	32
苏州	Suzhou	381.8	506.1	511.6	5	厦门	Xiamen	194.1	226.9	212.2	22
南通	Nantong	119.0	148.2	146.9	37	莆田	Putian	28.3	31.0	32.9	201
连云港	Lianyungang	43.5	84.3	78.2	90	三明	Sanming	46.7	52.5	32.7	202
淮安	Huaian	59.3	86.3	88.9	75	泉州	Quanzhou	87.7	122.5	128.5	45
盐城	Yancheng	88.5	143.5	112.1	55	漳州	Zhangzhou	52.9	60.4	62.5	119
扬州	Yangzhou	83.6	103.6	106.0	59	南平	Nanping	47.6	55.1	56.6	138
镇江	Zhenjiang	74.7	117.2	89.4	72	龙岩	Longyan	34.5	43.0	35.9	191
泰州	Taizhou	71.5	348.2	115.6	49	宁德	Ningde	32.0	41.2	35.9	190
宿迁	Suqian	31.1	237.4	46.4	163	**江西**	**Jiangxi**	**653.0**	**783.9**	**823.1**	
浙江	**Zhejiang**	**1919.2**	**2548.0**	**2504.3**		南昌	Nanchang	116.0	157.5	116.2	48
杭州	Hangzhou	428.1	559.5	569.1	4	景德镇	Jingdezhen	36.2	41.3	41.3	178
宁波	Ningbo	434.4	542.2	402.9	9	萍乡	Pingxiang	31.7	34.3	36.6	188
温州	Wenzhou	217.3	286.0	256.9	17	九江	Jiujiang	72.1	82.2	66.4	111
嘉兴	Jiaxing	167.2	221.2	172.2	34	新余	Xinyu	27.3	29.8	30.1	213
湖州	Huzhou	71.3	127.4	133.3	41	鹰潭	Yingtan	16.7	19.6	20.4	239
绍兴	Shaoxing	155.0	345.1	219.7	20	赣州	Ganzhou	65.4	83.9	88.9	76
金华	Jinhua	117.5	174.3	172.2	33	吉安	Jian	42.9	67.5	47.9	159
衢州	Quzhou	49.1	176.8	66.5	110	宜春	Yichun	61.6	72.2	78.7	88
舟山	Zhoushan	33.2	73.7	54.3	144	抚州	Fuzhou	46.2	55.4	62.3	120
台州	Taizhou	134.1	181.2	179.7	31	上饶	Shangrao	66.9	80.4	89.7	71
丽水	Lishui	41.9	58.2	64.0	116	**山东**	**Shandong**	**1907.1**	**2370.2**	**2477.5**	
安徽	**Anhui**	**729.3**	**829.2**	**857.5**		济南	Jinan	164.7	250.6	266.1	15
合肥	Hefei	113.1	138.9	148.2	36	青岛	Qingdao	285.9	393.2	410.5	8
芜湖	Wuhu	47.5	78.1	54.8	142	淄博	Zibo	98.6	265.1	112.4	53
蚌埠	Bengbu	45.5	52.2	38.4	185	枣庄	Zaozhuang	53.2	75.5	80.0	84
淮南	Huainan	28.8	45.9	47.5	161	东营	Dongying	24.7	50.2	51.8	150
马鞍山	Maanshan	35.8	60.1	60.7	124	烟台	Yantai	127.6	552.3	237.0	18
淮北	Huaibei	33.0	40.5	33.1	199	潍坊	Weifang	149.0	175.9	182.3	30
铜陵	Tongling	16.4	45.0	24.9	225	济宁	Jining	109.0	111.3	143.6	38
安庆	Anqing	47.8	59.5	43.3	173	泰安	Taian	90.6	414.6	128.9	44
黄山	Huangshan	18.9	20.9	20.6	237	威海	Weihai	82.9	206.1	114.9	51
滁州	Chuzhou	38.4	44.8	32.5	203	日照	Rizhao	30.1	62.8	64.9	114
阜阳	Fuyang	31.2	34.3	24.5	228	莱芜	Laiwu	32.9	88.5	41.6	176
宿州	Suzhou	22.9	27.4	20.2	241	临沂	Linyi	109.8	677.0	105.5	60
六安	Liuan	30.6	34.5	23.0	231	德州	Dezhou	52.9	385.7	79.0	87
亳州	Bozhou	14.1	18.8	14.6	253	聊城	Liaocheng	50.2	295.7	73.1	99

6-12　城镇职工基本养老保险参保人数　续表 2

Number of Employees Joining Urban Basic Pension Insurance continued 2

单位：万人　　　　(10 000 persons)

地名	City	2011	2014	2015	2015 排名 Ranking	地名	City	2011	2014	2015	2015 排名 Ranking
滨州	Binzhou	43.5	64.8	72.3	101	常德	Changde		89.5	101.0	64
菏泽	Heze	72.5	75.2	84.6	81	张家界	Zhangjiajie		10.1	10.1	271
河南	**Henan**	**1168.4**	**1431.6**	**1508.7**		益阳	Yiyang		66.6	57.2	136
郑州	Zhengzhou	172.1	267.0	334.1	12	郴州	Chenzhou		47.8	41.6	175
开封	Kaifeng	56.1	54.0	70.8	104	永州	Yongzhou		51.0	51.7	151
洛阳	Luoyang	87.6	111.7	115.3	50	怀化	Huaihua		22.4	6.4	281
平顶山	Pingdingshan	57.5	70.5	72.2	102	娄底	Loudi		22.7	33.8	195
安阳	Anyang	72.9	79.3	73.2	98	**广东**	**Guangdong**		**4809.5**	**5086.5**	
鹤壁	Hebi	16.4	19.2	20.3	240	广州	Guangzhou		925.6	1008.2	1
新乡	Xinxiang	71.5	297.1	88.3	77	韶关	Shaoguan		51.4	45.5	165
焦作	Jiaozuo	44.9	55.7	57.2	135	深圳	Shenzhen		870.7	954.3	2
濮阳	Puyang	27.4	33.8	32.1	205	珠海	Zhuhai		105.9	100.7	65
许昌	Xuchang	41.5	48.2	48.6	158	汕头	Shantou		127.5	133.4	40
漯河	Luohe	22.1	27.7	28.8	215	佛山	Foshan		344.6	433.0	6
三门峡	Sanmenxia	27.5	30.9	32.0	206	江门	Jiangmen		186.2	192.0	29
南阳	Nanyang	79.5	84.4	86.2	79	湛江	Zhanjiang		106.6	111.2	56
商丘	Shangqiu	29.2	55.2	57.7	133	茂名	Maoming		211.5	81.2	83
信阳	Xinyang	53.8	54.4	60.1	125	肇庆	Zhaoqing		74.4	76.4	95
周口	Zhoukou	31.9	35.9	51.9	149	惠州	Huizhou		203.3	201.9	27
驻马店	Zhumadian	30.8	41.0	41.8	174	梅州	Meizhou		73.1	73.5	97
湖北	**Hubei**	**1113.4**	**1266.2**	**1315.5**		汕尾	Shanwei		50.4	51.9	148
武汉	Wuhan	333.3	380.9	266.0	16	河源	Heyuan		73.0	68.7	108
黄石	Huangshi	53.9	147.5	63.0	117	阳江	Yangjiang		48.9	50.0	157
十堰	Shiyan	29.6	40.4	40.8	180	清远	Qingyuan		102.6	107.1	58
宜昌	Yichang	88.1	101.3	105.5	61	东莞	Dongguan		632.0	662.2	3
襄阳	Xiangyang	85.3	96.3	98.0	66	中山	Zhongshan		191.7	209.2	24
鄂州	Ezhou	20.7	43.1	24.6	227	潮州	Chaozhou		45.2	45.6	164
荆门	Jingmen	41.4	161.6	50.9	154	揭阳	Jieyang		81.0	81.6	82
孝感	Xiaogan	45.2	55.4	58.0	131	云浮	Yunfu		42.0	43.5	172
荆州	Jingzhou	78.2	104.3	109.2	57	**广西**	**Guangxi**		**557.6**	**576.6**	
黄冈	Huanggang	51.1	63.8	60.8	123	南宁	Nanning		98.4	72.3	100
咸宁	Xianning	17.8	37.0	39.2	182	柳州	Liuzhou		87.7	90.7	70
随州	Suizhou	18.4	20.5	22.0	233	桂林	Guilin		68.7	71.3	103
湖南	**Hunan**	**988.2**	**1118.9**	**1160.1**		梧州	Wuzhou		32.2	33.0	200
长沙	Changsha	155.3	196.9	205.2	25	北海	Beihai		19.7	20.7	236
株洲	Zhuzhou	49.7	56.9	59.6	126	防城港	Fangchenggang		38.7	12.2	261
湘潭	Xiangtan	34.8	39.1	39.0	183	钦州	Qinzhou		15.4	16.4	249
衡阳	Hengyang	78.5	82.2	77.1	94	贵港	Guigang		23.5	19.9	242
邵阳	Shaoyang	62.8	73.1	47.4	162	玉林	Yulin		23.1	36.7	187
岳阳	Yueyang	73.2	349.9	77.9	91	百色	Baise		21.7	22.9	232

6-12 城镇职工基本养老保险参保人数 续表 3

Number of Employees Joining Urban Basic Pension Insurance continued 3

单位：万人 (10 000 persons)

地名	City	2011	2014	2015	2015 排名 Ranking
贺州	Hezhou		13.1	12.0	262
河池	Hechi		22.7	23.4	229
来宾	Laibin		11.2	15.3	251
崇左	Chongzuo		15.7	15.8	250
海南	**Hainan**		**242.3**	**249.8**	
海口	Haikou		50.5	53.2	145
三亚	Sanya		18.3	17.5	245
三沙	Sansha			0.0	286
重庆	**Chongqing**		**825.5**	**849.3**	
四川	**Sichuan**		**1839.7**	**1939.0**	
成都	Chengdu		547.5	417.7	7
自贡	Zigong		64.6	30.2	212
攀枝花	Panzhihua		50.2	27.0	219
泸州	Luzhou		101.4	78.4	89
德阳	Deyang		202.0	61.4	122
绵阳	Mianyang		101.5	113.3	52
广元	Guangyuan		47.5	43.6	171
遂宁	Suining		151.0	69.1	106
内江	Neijiang		192.6	62.6	118
乐山	Leshan		91.3	50.3	155
南充	Nanchong		93.4	101.9	63
眉山	Meishan			28.7	216
宜宾	Yibin		237.3	74.5	96
广安	Guangan		50.2	50.2	156
达州	Dazhou		254.3	89.3	73
雅安	Yaan		19.6	34.8	194
巴中	Bazhong		28.6	44.8	167
资阳	Ziyang		67.1	33.2	198
贵州	**Guizhou**		**361.5**	**392.1**	
贵阳	Guiyang		146.0	156.0	35
六盘水	Liupanshui		106.7	28.3	217
遵义	Zunyi		50.7	57.4	134
安顺	Anshun		16.2	18.0	243
毕节	Bijie		18.4	21.7	234
铜仁	Tongren		10.6	10.7	268
云南	**Yunnan**		**397.9**	**412.9**	
昆明	Kunming		167.7	130.9	42
曲靖	Qujing		295.0	27.0	220
玉溪	Yuxi		22.9	30.5	210
保山	Baoshan		11.9	12.6	259
昭通	Zhaotong		25.6	13.2	256
丽江	Lijiang		7.6	8.1	277
普洱	Puer		15.9	16.5	248
临沧	Lincang		10.1	10.4	269
西藏	**Tibet**		**15.2**	**16.2**	
拉萨	Lasa		20.8	3.6	285
陕西	**Shaanxi**		**716.5**	**751.7**	
西安	Xi'an		312.9	335.4	11
铜川	Tongchuan		16.8	15.1	252
宝鸡	Baoji		55.2	57.8	132
咸阳	Xianyang		55.0	57.0	137
渭南	Weinan		42.3	52.4	146
延安	Yan'an		109.3	23.1	230
汉中	Hanzhong		37.6	38.5	184
榆林	Yulin		27.1	31.5	207
安康	Ankang		16.1	16.8	246
商洛	Shangluo		21.3	12.8	257
甘肃	**Gansu**		**298.8**	**306.2**	
兰州	Lanzhou		66.2	68.8	107
嘉峪关	Jiayuguan		8.6	10.1	272
金昌	Jinchang		4.1	6.4	280
白银	Baiyin		8.2	8.6	275
天水	Tianshui		11.9	11.9	263
武威	Wuwei		10.2	12.2	260
张掖	Zhangye		10.2	11.3	265
平凉	Pingliang		10.0	10.3	270
酒泉	Jiuquan		11.6	8.6	276
庆阳	Qingyang		7.5	7.6	279
定西	Dingxi		9.4	10.0	273
陇南	Longnan		5.3	5.3	284
青海	**Qinghai**		**94.6**	**100.1**	
西宁	Xining		33.5	35.6	192
海东	Haidong		8.0	6.0	282
宁夏	**Ningxia**		**151.4**	**157.5**	
银川	Yinchuan		63.1	69.7	105
石嘴山	Shizuishan		14.2	16.7	247
吴忠	Wuzhong		16.7	9.6	274
固原	Guyuan		14.5	7.8	278
中卫	Zhongwei		13.3	14.2	254
新疆	**Xinjiang**		**490.8**	**499.4**	
乌鲁木齐	Urumqi		111.0	112.4	54
克拉玛依	Karamay		24.5	5.6	283

6-13 城镇基本医疗保险参保人数

Number of Persons Joining Urban Basic Medical Care Insurance

单位：万人 (10 000 persons)

地名	City	2011	2014	2015	2015 排名 Ranking	地名	City	2011	2014	2015	2015 排名 Ranking
全国	**Nation Total**	**47343.2**	**59746.9**	**66581.6**		沈阳	Shenyang	339.9	491.8	351.4	11
北京	**Beijing**	**1347.8**	**1604.3**	**1656.6**		大连	Dalian	433.9	505.4	393.6	7
天津	**Tianjin**	**972.8**	**1023.6**	**1054.1**		鞍山	Anshan	113.5	115.0	112.3	51
河北	**Hebei**	**1562.2**	**1697.5**	**1663.7**		抚顺	Fushun	103.6	149.1	109.8	55
石家庄	Shijiazhuang	240.7	286.3	141.6	35	本溪	Benxi	95.5	102.7	78.7	79
唐山	Tangshan	215.8	223.3	155.2	33	丹东	Dandong	99.8	106.9	81.2	75
秦皇岛	Qinhuangdao	91.4	94.9	61.5	98	锦州	Jinzhou	118.4	129.5	100.4	60
邯郸	Handan	175.1	188.3	105.5	58	营口	Yingkou	60.9	117.6	71.1	80
邢台	Xingtai	148.1	164.8	58.7	109	阜新	Fuxin	82.2	87.8	56.8	117
保定	Baoding	186.6	209.3	111.0	53	辽阳	Liaoyang	79.8	85.3	60.6	101
张家口	Zhangjiakou	114.3	118.1	64.8	90	盘锦	Panjin	98.2	112.6	52.6	134
承德	Chengde	87.7	92.9	43.5	156	铁岭	Tieling	102.4	26.6	58.2	111
沧州	Cangzhou	103.3	106.3	65.3	89	朝阳	Chaoyang	44.5	102.7	46.2	150
廊坊	Langfang	89.0	96.3	61.4	99	葫芦岛	Huludao	88.1	94.8	53.2	131
衡水	Hengshui	59.5	63.7	34.8	193	**吉林**	**Jilin**	**1350.6**	**1380.0**	**13806.0**	
山西	**Shanxi**	**1005.1**	**1101.2**	**1113.8**		长春	Changchun	399.2	407.3	161.5	29
太原	Taiyuan	220.7	239.1	242.2	15	吉林	Jilin	93.0	236.5	94.6	63
大同	Datong	128.7	132.8	81.7	72	四平	Siping	54.7	135.4	56.3	118
阳泉	Yangquan	58.2	64.1	37.7	178	辽源	Liaoyuan	26.0	61.1	26.4	223
长治	Changzhi	50.3	99.1	55.5	119	通化	Tonghua	111.4	113.5	115.5	48
晋城	Jincheng	54.8	60.5	40.0	168	白山	Baishan	42.4	96.8	42.9	158
朔州	Shuozhou	37.4	41.3	19.0	246	松原	Songyuan	37.2	90.6	40.4	165
晋中	Jinzhong	78.6	88.8	53.4	130	白城	Baicheng	37.0	82.8	37.2	185
运城	Yuncheng	78.5	8.7			**黑龙江**	**Heilongjiang**	**1578.0**	**1586.4**	**1594.8**	
忻州	Xinzhou	60.0	66.1	39.8	169	哈尔滨	Harbin	211.0	367.2	220.4	16
临汾	Linfen	50.4	104.3	57.4	114	齐齐哈尔	Qiqihar	91.2	172.4	94.4	64
吕梁	Lvliang	28.1	82.3	33.4	196	鸡西	Jixi	89.3	88.7	23.9	229
内蒙古	**Inner Mongolia**	**907.3**	**998.1**	**1008.1**		鹤岗	Hegang	48.2	27.1	22.7	231
呼和浩特	Hohhot	104.6	112.3	58.5	110	双鸭山	Shuangyashan	20.9	44.0	27.4	217
包头	Baotou	76.6	132.8	80.2	77	大庆	Daqing	137.5	89.0		
乌海	Wuhai	45.1	46.4	21.8	236	伊春	Yichun	55.0	66.9	26.9	220
赤峰	Chifeng	98.9	106.7	51.3	137	佳木斯	Jiamusi	38.0	107.8	38.9	171
通辽	Tongliao	86.6	103.8	37.6	180	七台河	Qitaihe	24.0	34.4	18.4	251
鄂尔多斯	Erdos	54.1	66.7	35.1	191	牡丹江	Mudanjiang	96.4	99.3	53.8	128
呼伦贝尔	Hulunbuir	132.7	124.5	57.2	116	黑河	Heihe	20.6	49.7	21.2	239
巴彦淖尔	Bayannur	62.0	63.3	21.7	238	绥化	Suihua	95.1	95.1	35.1	190
乌兰察布	Ulanqab	25.0	53.3	27.2	218	**上海**	**Shanghai**	**1591.8**	**1678.5**	**1719.2**	
辽宁	**Liaoning**	**2120.1**	**2387.2**	**2396.2**		**江苏**	**Jiangsu**	**3500.5**	**3797.5**	**4014.3**	

6-13 城镇基本医疗保险参保人数 续表 1
Number of Persons Joining Urban Basic Medical Care Insurance continued 1

单位：万人 (10 000 persons)

地名	City	2011	2014	2015	2015 排名 Ranking	地名	City	2011	2014	2015	2015 排名 Ranking
南京	Nanjing	309.0	478.1	388.4	9	池州	Chizhou	13.3	14.9	13.7	265
无锡	Wuxi	258.9	404.7	307.5	13	宣城	Xuancheng	26.9	75.5	31.5	201
徐州	Xuzhou	138.0	294.9	156.1	32	**福建**	**Fujian**	**1217.2**	**1293.0**	**1301.2**	
常州	Changzhou	149.1	210.8	188.2	23	福州	Fuzhou	118.6	277.8	152.4	34
苏州	Suzhou	437.6	593.9	538.7	4	厦门	Xiamen	259.3	314.3	212.2	18
南通	Nantong	150.6	316.9	183.0	24	莆田	Putian	38.4	63.4	33.1	197
连云港	Lianyungang	60.7	119.7	84.3	68	三明	Sanming	82.8	74.0	40.3	166
淮安	Huaian	67.1	163.5	84.0	70	泉州	Quanzhou	166.1	153.8	115.1	49
盐城	Yancheng	115.9	251.3	127.5	42	漳州	Zhangzhou	44.9	111.2	57.5	113
扬州	Yangzhou	101.4	197.1	121.0	45	南平	Nanping	88.2	57.3	42.0	161
镇江	Zhenjiang	80.5	143.0	88.1	66	龙岩	Longyan	35.0	90.0	38.0	175
泰州	Taizhou	100.4	225.5	117.7	47	宁德	Ningde	60.9	145.5	32.4	199
宿迁	Suqian	43.3	137.1	54.6	125	**江西**	**Jiangxi**	**1329.7**	**1494.2**	**1530.4**	
浙江	**Zhejiang**	**2244.1**	**4847.6**	**4964.1**		南昌	Nanchang	79.5	230.4	98.2	62
杭州	Hangzhou	386.3	840.2	500.2	5	景德镇	Jingdezhen	26.1	72.1	26.5	221
宁波	Ningbo	305.0	478.7	382.0	10	萍乡	Pingxiang	86.7	85.0	46.3	149
温州	Wenzhou	139.5	595.4	162.9	27	九江	Jiujiang	58.8	142.8	63.8	94
嘉兴	Jiaxing	146.1	380.1	199.3	21	新余	Xinyu	51.1	51.9	27.6	215
湖州	Huzhou	76.5	264.0	111.0	52	鹰潭	Yingtan	30.3	33.9	14.8	261
绍兴	Shaoxing	141.0	483.2	194.2	22	赣州	Ganzhou	61.7	205.1	68.2	85
金华	Jinhua	100.5	480.9	139.2	38	吉安	Jian	42.6	138.2	49.6	139
衢州	Quzhou	45.5	237.3	64.3	92	宜春	Yichun	66.3	166.2	70.5	81
舟山	Zhoushan	32.4	94.9	38.1	173	抚州	Fuzhou	36.6	103.7	38.0	177
台州	Taizhou	92.6	195.5	140.8	37	上饶	Shangrao	149.4	151.6	62.1	96
丽水	Lishui	29.5	245.2	38.3	172	**山东**	**Shandong**	**2947.8**	**3988.0**	**9235.8**	
安徽	**Anhui**	**1612.9**	**1756.4**	**1737.6**		济南	Jinan	275.2	307.8	208.1	20
合肥	Hefei	112.2	361.0	160.1	30	青岛	Qingdao	267.7	0.0	324.4	12
芜湖	Wuhu	54.6	168.4	69.9	83	淄博	Zibo	195.9	307.7	131.6	41
蚌埠	Bengbu	42.2	107.6	46.7	148	枣庄	Zaozhuang	120.6	126.3	59.4	104
淮南	Huainan	49.0	112.6	53.0	132	东营	Dongying	54.2	192.3	66.8	87
马鞍山	Maanshan	39.8	97.4	48.1	144	烟台	Yantai	253.7	288.0	212.2	19
淮北	Huaibei	41.7	98.9	46.1	151	潍坊	Weifang	137.0	364.8	164.2	26
铜陵	Tongling	25.8	79.3	29.2	209	济宁	Jining	205.9	478.9	114.0	50
安庆	Anqing	39.3	138.8	46.1	151	泰安	Taian	188.5	206.1	104.4	59
黄山	Huangshan	15.8	40.3	18.9	248	威海	Weihai	84.6	251.7	91.6	65
滁州	Chuzhou	36.1	110.6	40.2	167	日照	Rizhao	73.7	117.3	38.0	176
阜阳	Fuyang	34.6	69.7	37.3	184	莱芜	Laiwu	40.3	42.1	27.4	216
宿州	Suzhou	26.8	92.7	30.0	206	临沂	Linyi	198.0	210.6	109.4	57
六安	Liuan	31.3	118.9	34.9	192	德州	Dezhou	135.5	576.6	69.4	84
亳州	Bozhou	18.7	82.1	20.5	243	聊城	Liaocheng	151.5	160.9	59.9	103

6-13 城镇基本医疗保险参保人数 续表 2

Number of Persons Joining Urban Basic Medical Care Insurance continued 2

单位：万人 (10 000 persons)

地名	City	2011	2014	2015	2015 排名 Ranking
滨州	Binzhou	56.3	315.5	55.1	123
菏泽	Heze	209.6	227.2	70.2	82
河南	**Henan**	**2122.3**	**2340.0**	**2344.9**	
郑州	Zhengzhou	116.4	163.8	135.2	39
开封	Kaifeng	37.6	96.1	53.6	129
洛阳	Luoyang	198.9	210.1	109.4	56
平顶山	Pingdingshan	66.2	149.2	99.4	61
安阳	Anyang	121.5	124.1	59.1	105
鹤壁	Hebi	38.8	39.6	15.6	258
新乡	Xinxiang	68.3	143.2	83.4	71
焦作	Jiaozuo	100.5	95.0	49.3	140
濮阳	Puyang	50.1	64.5	33.5	194
许昌	Xuchang	38.1	93.1	43.9	155
漯河	Luohe	32.4	76.9	44.3	153
三门峡	Sanmenxia	64.0	58.0	27.8	213
南阳	Nanyang	158.3	168.2	81.2	74
商丘	Shangqiu	42.0	144.8	48.3	143
信阳	Xinyang	132.8	134.7	59.0	106
周口	Zhoukou	51.2	140.9	57.3	115
驻马店	Zhumadian	116.0	125.5	46.9	147
湖北	**Hubei**	**1932.5**	**1968.0**	**1972.1**	
武汉	Wuhan	379.7	595.0	390.2	8
黄石	Huangshi	106.4	95.9	50.6	138
十堰	Shiyan	43.2	100.8	49.0	141
宜昌	Yichang	135.7	141.0	80.7	76
襄阳	Xiangyang	77.7	190.2	78.8	78
鄂州	Ezhou	16.4	12.5	17.2	255
荆门	Jingmen	85.7	86.9	37.4	183
孝感	Xiaogan	123.1	129.5	36.9	187
荆州	Jingzhou	59.5	189.8	121.3	44
黄冈	Huanggang	162.8	139.3	48.0	145
咸宁	Xianning	81.2	79.9	25.5	225
随州	Suizhou	16.5	48.3	16.9	256
湖南	**Hunan**	**1941.2**	**2300.7**	**2662.3**	
长沙	Changsha	140.7	290.9	166.9	25
株洲	Zhuzhou	56.1	125.9	58.9	107
湘潭	Xiangtan	49.5	99.5	47.2	146
衡阳	Hengyang	163.4	176.3	134.0	40
邵阳	Shaoyang	88.6	138.4	52.7	133
岳阳	Yueyang	205.5	172.4	61.0	100

地名	City	2011	2014	2015	2015 排名 Ranking
常德	Changde	57.2	55.4	55.3	121
张家界	Zhangjiajie	13.4	13.3	10.3	276
益阳	Yiyang	41.7	102.5	37.7	179
郴州	Chenzhou	49.4	151.4	52.0	135
永州	Yongzhou	44.2	168.5	44.2	154
怀化	Huaihua	116.4	116.0	42.0	163
娄底	Loudi	30.4	103.6	37.5	182
广东	**Guangdong**	**6767.1**	**9804.2**	**10136.0**	
广州	Guangzhou	724.9	1054.7	607.6	2
韶关	Shaoguan	84.2	281.4	54.0	126
深圳	Shenzhen	503.9	1157.8	1039.1	1
珠海	Zhuhai	101.6	155.4	110.5	54
汕头	Shantou	145.4	455.1	51.6	136
佛山	Foshan	442.3	479.6	277.7	14
江门	Jiangmen	377.4			
湛江	Zhanjiang	53.9	704.3	63.4	95
茂名	Maoming	66.4	619.3	42.2	160
肇庆	Zhaoqing	94.3	408.6	61.8	97
惠州	Huizhou	134.9	428.1	161.8	28
梅州	Meizhou	81.3	442.0	43.1	157
汕尾	Shanwei	75.8	300.6	28.1	212
河源	Heyuan	25.4		30.1	205
阳江	Yangjiang	22.6	232.2	27.1	219
清远	Qingyuan	395.6	404.8	55.4	120
东莞	Dongguan	602.4	615.7	601.9	3
中山	Zhongshan	244.9	259.9	157.6	31
潮州	Chaozhou	29.8	258.7	31.9	200
揭阳	Jieyang	565.8	577.4	26.3	224
云浮	Yunfu	36.6	268.2	22.3	233
广西	**Guangxi**	**981.3**	**1067.3**	**1077.6**	
南宁	Nanning	165.9	182.4	84.2	69
柳州	Liuzhou	70.2	148.7	81.5	73
桂林	Guilin	116.7	118.3	58.7	108
梧州	Wuzhou	63.2	70.1	29.2	210
北海	Beihai	45.2	26.2	20.7	241
防城港	Fangchenggang	9.6	29.6	10.1	277
钦州	Qinzhou	14.7	32.4	22.0	235
贵港	Guigang	53.2	59.4	22.0	234
玉林	Yulin	74.1	88.2	33.5	195
百色	Baise		56.9	29.2	208

6-13 城镇基本医疗保险参保人数 续表 3

Number of Persons Joining Urban Basic Medical Care Insurance continued 3

单位：万人 (10 000 persons)

地名	City	2011	2014	2015	2015 排名 Ranking	地名	City	2011	2014	2015	2015 排名 Ranking
贺州	Hezhou	32.9	30.7	13.0	269	丽江	Lijiang	9.9	19.1	19.2	245
河池	Hechi	54.6	60.0	24.3	228	普洱	Puer	18.1	33.0	20.6	242
来宾	Laibin	34.7	36.8	11.9	272	临沧	Lincang	22.2	23.4	15.3	260
崇左	Chongzuo	43.7	46.6	16.0	257	**西藏**	**Tibet**	**43.7**	**58.9**	**61.8**	
海南	**Hainan**	**352.4**	**386.8**	**389.8**		拉萨	Lasa	3.2	6.2	5.2	282
海口	Haikou	39.5	57.3	40.6	164	**陕西**	**Shaanxi**	**1090.4**	**1246.2**	**1247.3**	
三亚	Sanya	18.8	44.5	17.5	254	西安	Xi'an	404.3	417.7	214.1	17
三沙	Sansha			0.0	283	铜川	Tongchuan	36.9	37.8	19.0	247
重庆	**Chongqing**	**1324.8**	**3256.8**	**3266.3**		宝鸡	Baoji	50.7	100.7	53.9	127
四川	**Sichuan**	**2248.4**	**2576.5**	**2650.7**		咸阳	Xianyang	60.3	122.6	63.8	93
成都	Chengdu	476.9	588.4	468.7	6	渭南	Weinan	56.4	141.5	60.3	102
自贡	Zigong	79.8	86.9	36.8	188	延安	Yan'an	75.6	222.9	30.9	203
攀枝花	Panzhihua	65.1	62.9	39.4	170	汉中	Hanzhong	38.2	79.8	37.6	181
泸州	Luzhou	81.8	108.5	42.0	162	榆林	Yulin	62.6	75.6	36.5	189
德阳	Deyang	107.1	128.1	66.5	88	安康	Ankang	18.6	47.3	18.8	249
绵阳	Mianyang	115.9	141.1	67.6	86	商洛	Shangluo	41.4	36.2	14.4	263
广元	Guangyuan	67.0	69.8	31.3	202	**甘肃**	**Gansu**	**590.8**	**630.6**	**635.0**	
遂宁	Suining	65.5	339.1	24.8	226	兰州	Lanzhou	79.1	106.8	85.7	67
内江	Neijiang	81.2	90.0	38.1	174	嘉峪关	Jiayuguan	7.6	13.9	8.7	278
乐山	Leshan	55.7	112.6	55.0	124	金昌	Jinchang	11.6	20.5	12.1	270
南充	Nanchong	148.6	172.3	55.3	122	白银	Baiyin	21.1	43.8	22.5	232
眉山	Meishan	60.6	71.9	26.5	222	天水	Tianshui	58.9	28.0	27.7	214
宜宾	Yibin	93.3	97.8	48.4	142	武威	Wuwei	13.4	30.4	13.2	268
广安	Guangan	76.1	82.7	18.2	252	张掖	Zhangye	13.3	28.8	11.9	273
达州	Dazhou	102.1	107.6	37.0	186	平凉	Pingliang	36.0	28.3	12.0	271
雅安	Yaan	30.9	39.3	23.1	230	酒泉	Jiuquan	31.3	27.7	11.5	274
巴中	Bazhong	52.8	31.8	17.6	253	庆阳	Qingyang	12.7	28.2	14.1	264
资阳	Ziyang	73.0	90.5	33.0	198	定西	Dingxi	30.8	31.2	15.5	259
贵州	**Guizhou**	**629.0**	**687.1**	**955.5**		陇南	Longnan	30.2	29.6	13.4	266
贵阳	Guiyang	105.6	120.2	126.4	43	**青海**	**Qinghai**	**151.6**	**190.4**	**195.2**	
六盘水	Liupanshui	63.0	66.1	30.4	204	西宁	Xining	23.2		29.5	207
遵义	Zunyi	118.2	78.0	57.9	112	海东	Haidong		16.7	7.1	281
安顺	Anshun	38.4	40.9	20.4	244	**宁夏**	**Ningxia**	**188.8**	**578.6**	**584.8**	
毕节	Bijie	52.9		28.8	211	银川	Yinchuan	53.8	157.5	64.4	91
铜仁	Tongren	16.0	46.1	10.9	275	石嘴山	Shizuishan	65.5	47.4	18.7	250
云南	**Yunnan**	**865.8**	**1135.9**	**1140.8**		吴忠	Wuzhong	12.1	106.6	13.2	267
昆明	Kunming	325.0	523.7	141.6	36	固原	Guyuan	142.5	12.9	8.3	280
曲靖	Qujing	89.4	47.2	42.9	159	中卫	Zhongwei	104.2	106.2	8.7	279
玉溪	Yuxi	23.5	48.8	24.7	227	**新疆**	**Xinjiang**	**825.2**	**885.1**	**891.0**	
保山	Baoshan	31.3	33.3	14.8	262	乌鲁木齐	Urumqi	99.1	173.9	118.6	46
昭通	Zhaotong	40.4	39.5	21.7	237	克拉玛依	Karamay	18.9	28.1	20.8	240

6-14 失业保险参保人数
Persons Covered by Unemployment Insurance

单位：万人 (10 000 persons)

地名	City	2011	2014	2015	2015 排名 Ranking	地名	City	2011	2014	2015	2015 排名 Ranking
全国	**Nation Total**	**14317.1**	**17042.6**	**17326.0**		沈阳	Shenyang	126.5	138.3	139.5	18
北京	**Beijing**	**881.0**	**1057.1**	**1082.3**		大连	Dalian	131.1	143.7	145.1	16
天津	**Tianjin**	**258.8**	**287.6**	**295.3**		鞍山	Anshan	60.5	61.4	55.0	62
河北	**Hebei**	**498.7**	**508.7**	**511.0**		抚顺	Fushun	51.6	49.0	48.8	67
石家庄	Shijiazhuang	89.8	92.0	91.6	35	本溪	Benxi	39.0	37.5	40.4	82
唐山	Tangshan	76.8	80.6	81.1	39	丹东	Dandong	27.0	23.0	22.5	167
秦皇岛	Qinhuangdao	30.7	32.7	32.8	115	锦州	Jinzhou	35.6	33.1	33.1	113
邯郸	Handan	66.1	67.6	68.5	47	营口	Yingkou	22.3	22.8	24.1	158
邢台	Xingtai	34.2	34.7	34.8	105	阜新	Fuxin	22.0	20.0	19.8	190
保定	Baoding	51.9	50.5	52.1	63	辽阳	Liaoyang	21.6	22.3	22.7	166
张家口	Zhangjiakou	38.5	38.6	38.6	87	盘锦	Panjin	27.2	32.3	34.9	103
承德	Chengde	26.1	23.4	22.2	170	铁岭	Tieling	31.5	26.3	23.4	162
沧州	Cangzhou	34.6	36.0	36.4	96	朝阳	Chaoyang	20.5	24.1	24.1	157
廊坊	Langfang	24.8	27.6	27.8	140	葫芦岛	Huludao	25.1	24.6	22.8	165
衡水	Hengshui	18.3	18.4	18.4	196	**吉林**	**Jilin**	**247.2**	**258.7**	**261.2**	
山西	**Shanxi**	**309.4**	**407.7**	**411.3**		长春	Changchun	83.3	93.2	95.3	32
太原	Taiyuan	69.3	84.9	86.7	38	吉林	Jilin	39.8	42.1	41.7	78
大同	Datong	42.5	45.0	45.1	71	四平	Siping	22.2	21.6	19.3	192
阳泉	Yangquan	20.0	25.0	25.1	155	辽源	Liaoyuan	8.3	7.8	7.8	262
长治	Changzhi	26.1	40.6	40.7	81	通化	Tonghua	18.8	19.0	14.5	215
晋城	Jincheng	21.1	29.7	30.1	128	白山	Baishan	13.4	13.7	11.5	233
朔州	Shuozhou	12.5	18.2	18.3	198	松原	Songyuan	14.8	15.5	16.2	206
晋中	Jinzhong	24.1	32.3	32.4	116	白城	Baicheng	14.2	13.2	10.9	235
运城	Yuncheng	24.7	33.9	33.9	110	**黑龙江**	**Heilongjiang**	**474.5**	**478.4**	**312.8**	
忻州	Xinzhou	19.0	20.9	20.9	182	哈尔滨	Harbin	125.8	128.8	97.0	31
临汾	Linfen	26.0	34.9	34.9	104	齐齐哈尔	Qiqihar	48.5	48.7	39.1	86
吕梁	Lvliang	16.6	31.8	32.2	118	鸡西	Jixi	19.8	20.1	15.9	209
内蒙古	**Inner Mongolia**	**232.5**	**236.3**	**242.1**		鹤岗	Hegang	10.1	10.3	7.7	263
呼和浩特	Hohhot	41.4	41.0	47.3	68	双鸭山	Shuangyashan	10.3	12.2	12.3	229
包头	Baotou	43.1	43.3	42.5	75	大庆	Daqing	20.3	20.8	17.0	202
乌海	Wuhai	10.5	9.6	9.2	251	伊春	Yichun	12.2	12.4	12.5	225
赤峰	Chifeng	27.5	26.3	26.7	144	佳木斯	Jiamusi	18.9	19.1	13.2	222
通辽	Tongliao	18.0	18.0	18.3	197	七台河	Qitaihe	9.1	9.9	9.9	244
鄂尔多斯	Erdos	15.1	19.5	20.1	186	牡丹江	Mudanjiang	17.9	18.9	15.2	212
呼伦贝尔	Hulunbuir	30.6	26.2	30.6	124	黑河	Heihe	6.9	7.2	7.3	268
巴彦淖尔	Bayannur	10.6	10.7	10.5	239	绥化	Suihua	30.5	30.9	9.9	243
乌兰察布	Ulanqab	13.5	13.8	12.9	223	**上海**	**Shanghai**	**604.2**	**634.1**	**641.8**	
辽宁	**Liaoning**	**632.3**	**664.3**	**665.3**		**江苏**	**Jiangsu**	**1238.2**	**1442.7**	**1490.9**	

6-14 失业保险参保人数 续表 1
Persons Covered by Unemployment Insurance continued 1

单位：万人 (10 000 persons)

地名	City	2011	2014	2015	2015 排名 Ranking	地名	City	2011	2014	2015	2015 排名 Ranking
南京	Nanjing	218.6	248.5	253.6	7	池州	Chizhou	7.3	7.0	7.2	270
无锡	Wuxi	169.6	197.1	200.4	10	宣城	Xuancheng	14.5	13.1	13.9	218
徐州	Xuzhou	73.8	85.7	87.6	37	**福建**	**Fujian**	**430.9**	**524.1**	**546.3**	
常州	Changzhou	88.9	105.2	108.7	27	福州	Fuzhou	91.5	112.5	115.3	24
苏州	Suzhou	282.1	400.9	354.9	4	厦门	Xiamen	148.7	177.2	182.4	13
南通	Nantong	82.7	98.7	100.8	29	莆田	Putian	26.4	25.3	26.6	145
连云港	Lianyungang	29.7	37.3	39.2	85	三明	Sanming	24.8	28.8	30.6	126
淮安	Huaian	50.3	62.3	63.2	54	泉州	Quanzhou	51.8	62.8	65.3	48
盐城	Yancheng	61.1	70.5	72.6	46	漳州	Zhangzhou	26.4	35.0	37.1	93
扬州	Yangzhou	57.5	62.8	63.7	52	南平	Nanping	26.0	32.6	34.1	108
镇江	Zhenjiang	44.1	49.3	51.1	64	龙岩	Longyan	22.7	30.6	33.9	109
泰州	Taizhou	52.8	62.2	63.8	51	宁德	Ningde	12.1	18.0	19.5	191
宿迁	Suqian	26.9	30.1	31.4	122	**江西**	**Jiangxi**	**263.5**	**271.8**	**281.5**	
浙江	**Zhejiang**	**980.6**	**1210.3**	**1260.2**		南昌	Nanchang	56.7	58.4	60.9	58
杭州	Hangzhou	277.5	331.8	349.4	5	景德镇	Jingdezhen	12.0	13.6	13.6	219
宁波	Ningbo	200.6	243.4	252.3	8	萍乡	Pingxiang	14.0	14.7	15.5	211
温州	Wenzhou	88.2	108.1	110.8	26	九江	Jiujiang	33.0	34.0	34.2	107
嘉兴	Jiaxing	86.3	110.8	115.0	25	新余	Xinyu	12.0	10.8	10.8	237
湖州	Huzhou	47.3	61.6	64.5	50	鹰潭	Yingtan	7.1	7.8	7.8	260
绍兴	Shaoxing	90.0	116.5	122.6	21	赣州	Ganzhou	34.1	35.1	35.1	102
金华	Jinhua	61.3	75.0	77.3	43	吉安	Jian	21.1	22.2	22.1	171
衢州	Quzhou	19.3	24.9	25.5	151	宜春	Yichun	25.0	25.9	26.1	146
舟山	Zhoushan	18.1	21.1	21.3	177	抚州	Fuzhou	19.8	20.1	20.3	185
台州	Taizhou	74.9	95.9	99.4	30	上饶	Shangrao	28.8	29.2	30.0	131
丽水	Lishui	16.9	21.2	22.0	172	**山东**	**Shandong**	**964.9**	**1154.3**	**1203.8**	
安徽	**Anhui**	**397.7**	**422.0**	**436.6**		济南	Jinan	103.7	125.0	130.1	19
合肥	Hefei	89.5	115.9	121.5	22	青岛	Qingdao	155.6	178.2	189.8	11
芜湖	Wuhu	31.3	36.2	40.2	83	淄博	Zibo	67.7	76.1	80.3	41
蚌埠	Bengbu	20.6	21.4	21.7	174	枣庄	Zaozhuang	33.8	40.6	42.4	76
淮南	Huainan	30.0	29.2	29.2	133	东营	Dongying	12.7	26.3	27.6	141
马鞍山	Maanshan	22.8	24.6	24.8	156	烟台	Yantai	95.6	108.3	108.3	28
淮北	Huaibei	24.1	25.2	25.2	154	潍坊	Weifang	69.4	87.1	92.7	33
铜陵	Tongling	14.2	15.2	16.2	205	济宁	Jining	61.4	76.4	80.6	40
安庆	Anqing	25.7	24.2	25.4	152	泰安	Taian	49.6	60.0	61.3	56
黄山	Huangshan	9.0	9.3	9.3	250	威海	Weihai	45.9	54.7	56.0	61
滁州	Chuzhou	22.0	21.6	22.4	169	日照	Rizhao	15.7	23.4	26.0	147
阜阳	Fuyang	27.0	25.0	25.3	153	莱芜	Laiwu	15.6	20.1	21.0	179
宿州	Suzhou	21.6	20.1	20.1	186	临沂	Linyi	48.8	56.2	59.3	59
六安	Liuan	22.5	19.0	19.0	193	德州	Dezhou	27.8	34.5	36.0	97
亳州	Bozhou	15.5	15.0	15.2	213	聊城	Liaocheng	28.4	31.3	33.3	112

6-14 失业保险参保人数 续表 2

Persons Covered by Unemployment Insurance continued 2

单位：万人 (10 000 persons)

地名	City	2011	2014	2015	2015 排名 Ranking	地名	City	2011	2014	2015	2015 排名 Ranking
滨州	Binzhou	20.3	40.1	41.8	77	常德	Changde	23.1	28.0	29.2	134
菏泽	Heze	29.1	33.3	35.6	98	张家界	Zhangjiajie	9.3	10.0	10.2	240
河南	**Henan**	**701.2**	**773.3**	**783.3**		益阳	Yiyang	20.1	21.0	22.5	168
郑州	Zhengzhou	92.7	154.9	166.8	14	郴州	Chenzhou	26.1	27.5	30.2	127
开封	Kaifeng	21.1	31.7	35.1	101	永州	Yongzhou	21.7	24.3	30.1	129
洛阳	Luoyang	30.2	63.5	63.6	53	怀化	Huaihua	23.1	27.7	30.1	130
平顶山	Pingdingshan	47.0	46.4	45.6	70	娄底	Loudi	28.6	33.2	33.6	111
安阳	Anyang	40.3	41.9	41.7	79	**广东**	**Guangdong**	**1875.4**	**2840.2**	**2930.1**	
鹤壁	Hebi	15.5	14.5	14.2	216	广州	Guangzhou	362.5	441.7	474.1	2
新乡	Xinxiang	44.8	45.5	44.4	72	韶关	Shaoguan	27.0	28.3	29.1	135
焦作	Jiaozuo	35.2	35.9	35.3	100	深圳	Shenzhen	300.1	942.2	974.7	1
濮阳	Puyang	30.3	29.8	29.7	132	珠海	Zhuhai	82.3	89.2	89.6	36
许昌	Xuchang	27.0	27.5	27.5	142	汕头	Shantou	58.2	72.6	75.0	44
漯河	Luohe	17.1	17.5	17.5	199	佛山	Foshan	181.2	220.1	222.3	9
三门峡	Sanmenxia	22.8	22.3	23.1	163	江门	Jiangmen	62.0	74.0	74.7	45
南阳	Nanyang	62.8	63.1	61.5	55	湛江	Zhanjiang	35.3	36.6	38.4	88
商丘	Shangqiu	35.0	34.8	34.3	106	茂名	Maoming	25.3	26.1	25.8	149
信阳	Xinyang	39.4	33.7	37.6	91	肇庆	Zhaoqing	36.6	41.5	43.0	74
周口	Zhoukou	38.1	38.9	37.8	89	惠州	Huizhou	91.0	130.7	127.4	20
驻马店	Zhumadian	36.9	38.2	37.8	90	梅州	Meizhou	22.6	24.3	25.6	150
湖北	**Hubei**	**498.2**	**519.0**	**528.4**		汕尾	Shanwei	13.5	16.6	20.0	188
武汉	Wuhan	146.9	177.3	184.1	12	河源	Heyuan	25.1	27.4	28.6	136
黄石	Huangshi	30.9	30.8	27.9	139	阳江	Yangjiang	17.8	20.7	21.1	178
十堰	Shiyan	21.8	27.5	28.0	138	清远	Qingyuan	29.4	36.8	35.4	99
宜昌	Yichang	44.9	48.6	49.8	65	东莞	Dongguan	299.4	392.6	412.1	3
襄阳	Xiangyang	45.3	42.3	41.4	80	中山	Zhongshan	139.9	151.1	141.8	17
鄂州	Ezhou	7.7	8.2	7.3	267	潮州	Chaozhou	33.9	31.1	31.8	121
荆门	Jingmen	17.5	18.2	18.6	195	揭阳	Jieyang	17.8	19.2	22.0	173
孝感	Xiaogan	24.1	23.8	23.9	160	云浮	Yunfu	14.6	17.1	17.5	200
荆州	Jingzhou	35.2	33.1	33.1	114	**广西**	**Guangxi**	**240.8**	**259.0**	**273.2**	
黄冈	Huanggang	25.5	21.2	21.5	176	南宁	Nanning	40.4	45.0	49.3	66
咸宁	Xianning	12.4	13.1	13.4	221	柳州	Liuzhou	29.4	34.7	36.8	94
随州	Suizhou	11.6	11.0	7.1	271	桂林	Guilin	24.1	26.0	28.2	137
湖南	**Hunan**	**415.6**	**509.5**	**521.2**		梧州	Wuzhou	12.0	13.0	13.5	220
长沙	Changsha	81.9	111.1	118.2	23	北海	Beihai	10.5	9.8	10.5	238
株洲	Zhuzhou	29.1	35.4	36.5	95	防城港	Fangchenggang	5.5	5.7	6.9	275
湘潭	Xiangtan	31.3	32.0	32.1	119	钦州	Qinzhou	8.0	7.8	8.8	253
衡阳	Hengyang	38.6	60.6	61.0	57	贵港	Guigang	10.8	10.0	10.0	242
邵阳	Shaoyang	26.3	30.0	31.1	123	玉林	Yulin	13.8	16.0	16.1	207
岳阳	Yueyang	32.0	35.3	37.5	92	百色	Baise		11.6	11.7	232

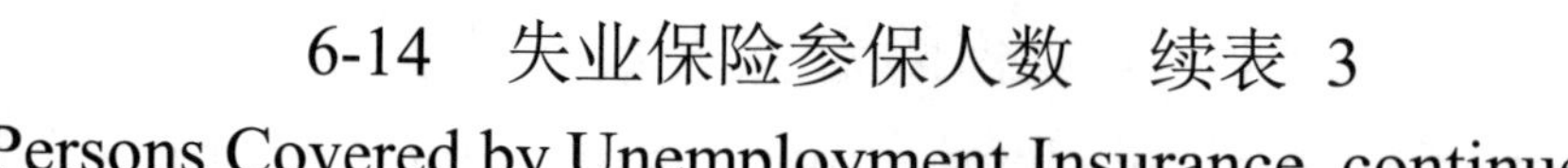

6-14 失业保险参保人数 续表 3
Persons Covered by Unemployment Insurance continued 3

单位：万人 (10 000 persons)

地名	City	2011	2014	2015	2015 排名 Ranking
贺州	Hezhou	6.3	6.6	7.2	269
河池	Hechi	12.9	11.9	12.1	230
来宾	Laibin	7.2	7.0	7.1	272
崇左	Chongzuo	7.3	7.7	7.8	261
海南	**Hainan**	**126.0**	**157.5**	**164.8**	
海口	Haikou	31.6	41.6	46.8	69
三亚	Sanya	15.7	20.0	20.6	183
三沙	Sansha			0.0	286
重庆	**Chongqing**	**268.6**	**439.1**	**439.5**	
四川	**Sichuan**	**536.8**	**635.8**	**661.0**	
成都	Chengdu	249.9	316.2	332.3	6
自贡	Zigong	12.6	12.6	12.4	228
攀枝花	Panzhihua	21.7	22.6	21.0	180
泸州	Luzhou	16.6	19.9	20.4	184
德阳	Deyang	27.2	32.1	32.1	120
绵阳	Mianyang	21.9	24.0	26.7	143
广元	Guangyuan	13.6	13.9	14.2	217
遂宁	Suining	8.0	8.9	9.3	249
内江	Neijiang	12.6	12.5	12.6	224
乐山	Leshan	17.6	19.3	21.7	175
南充	Nanchong	18.6	17.4	17.0	201
眉山	Meishan	7.8	10.2	10.9	236
宜宾	Yibin	22.3	22.9	23.6	161
广安	Guangan	7.7	10.9	7.1	274
达州	Dazhou	15.6	15.9	15.8	210
雅安	Yaan	5.8	6.5	6.8	276
巴中	Bazhong	6.5	7.2	7.5	265
资阳	Ziyang	9.7	9.1	9.2	252
贵州	**Guizhou**	**160.5**	**191.9**	**205.3**	
贵阳	Guiyang	48.1	61.2	64.6	49
六盘水	Liupanshui	9.0	10.8	16.3	204
遵义	Zunyi	18.3	38.7	26.0	148
安顺	Anshun	7.4	8.9	9.7	246
毕节	Bijie	12.4	16.0	18.6	194
铜仁	Tongren	7.5	9.2	9.8	245
云南	**Yunnan**	**216.8**	**236.9**	**243.3**	
昆明	Kunming	78.7	89.7	92.5	34
曲靖	Qujing	22.7	23.9	24.0	159
玉溪	Yuxi	12.7	14.5	14.8	214
保山	Baoshan	7.1	8.1	8.5	258
昭通	Zhaotong	10.5	11.3	12.0	231

地名	City	2011	2014	2015	2015 排名 Ranking
丽江	Lijiang	3.0	2.0	3.5	284
普洱	Puer	9.3	10.0	10.2	241
临沧	Lincang	7.2	8.6	8.7	255
西藏	**Tibet**	**9.6**	**12.5**	**11.4**	
拉萨	Lasa	1.2	1.4	1.5	285
陕西	**Shaanxi**	**332.2**	**344.3**	**347.7**	
西安	Xi'an	134.8	149.4	149.6	15
铜川	Tongchuan	11.4	9.5	9.6	248
宝鸡	Baoji	32.1	32.3	32.3	117
咸阳	Xianyang	40.5	39.2	39.2	84
渭南	Weinan	33.0	30.0	30.6	125
延安	Yan'an	18.5	19.5	19.9	189
汉中	Hanzhong	21.8	22.7	23.0	164
榆林	Yulin	17.0	20.0	21.0	181
安康	Ankang	9.0	9.6	9.7	247
商洛	Shangluo	11.2	11.4	11.5	234
甘肃	**Gansu**	**163.8**	**162.4**	**162.8**	
兰州	Lanzhou	56.1	57.3	56.8	60
嘉峪关	Jiayuguan	4.4	5.4	5.6	281
金昌	Jinchang	7.9	7.3	7.5	264
白银	Baiyin	13.0	12.0	12.5	226
天水	Tianshui	14.9	14.4	6.3	278
武威	Wuwei	6.3	6.5	7.1	272
张掖	Zhangye	6.9	7.0	7.3	266
平凉	Pingliang	9.0	8.7	8.7	256
酒泉	Jiuquan	7.2	6.5	6.7	277
庆阳	Qingyang	8.1	8.3	8.3	259
定西	Dingxi	8.3	8.4	8.6	257
陇南	Longnan	1.0	4.7	4.7	282
青海	**Qinghai**	**37.3**	**39.3**	**40.1**	
西宁	Xining	15.9	16.3	16.8	203
海东	Haidong		4.5	4.5	283
宁夏	**Ningxia**	**60.0**	**73.5**	**76.6**	
银川	Yinchuan	33.4	40.9	43.6	73
石嘴山	Shizuishan	10.5	12.3	12.4	227
吴忠	Wuzhong	7.5	8.2	8.8	254
固原	Guyuan	4.6	4.7	6.2	279
中卫	Zhongwei	4.5	6.1	6.2	280
新疆	**Xinjiang**	**260.2**	**290.2**	**294.9**	
乌鲁木齐	Urumqi	68.0	76.6	78.1	42
克拉玛依	Karamay	15.4	16.1	16.0	208

7

土地资源管理

Land Resources Administration

7-1 建设用地土地供应面积
Area of Construction Use Land Supplied

单位：公顷 (hectare)

地名	City	2010	2014	2015	2015 排名 Ranking	地名	City	2010	2014	2015	2015 排名 Ranking
全国	**Nation Total**	**432561.42**	**647996.14**	**540327.28**		沈阳	Shenyang	3970.80	4382.63	2752.98	34
北京	**Beijing**	**2412.63**	**2074.80**	**6463.50**		大连	Dalian	5316.07	2266.08	2295.25	56
天津	**Tianjin**	**6655.00**	**5675.89**	**8380.65**		鞍山	Anshan	2405.09	891.88	1170.59	154
河北	**Hebei**	**18126.85**	**25417.62**	**19440.49**		抚顺	Fushun	1216.29	332.23	223.77	278
石家庄	Shijiazhuang	1522.90	4546.31	1694.79	103	本溪	Benxi	1809.18	627.56	993.10	171
唐山	Tangshan	2819.40	4041.78	2716.39	36	丹东	Dandong	1383.20	718.79	775.48	202
秦皇岛	Qinhuangdao	935.75	571.37	430.13	251	锦州	Jinzhou	1319.57	894.66	3342.66	23
邯郸	Handan	1679.46	3634.50	2224.43	60	营口	Yingkou	4361.96	835.45	1574.05	111
邢台	Xingtai	1115.23	1377.99	1879.59	84	阜新	Fuxin	886.84	540.14	439.09	249
保定	Baoding	1596.54	1597.08	1963.54	75	辽阳	Liaoyang	1067.55	569.74	449.92	247
张家口	Zhangjiakou	1392.55	1030.39	1341.03	130	盘锦	Panjin	1051.22	968.23	1730.60	99
承德	Chengde	896.89	2176.65	1193.73	150	铁岭	Tieling	2379.43	715.54	492.30	240
沧州	Cangzhou	3488.43	3604.27	2512.36	45	朝阳	Chaoyang	1031.27	982.52	1337.50	133
廊坊	Langfang	1778.33	1682.28	1561.38	113	葫芦岛	Huludao	1070.21	4099.92	461.02	244
衡水	Hengshui	901.38	1154.99	1923.12	79	**吉林**	**Jilin**	**9310.63**	**17539.20**	**11218.04**	
山西	**Shanxi**	**7114.75**	**10675.93**	**10360.45**		长春	Changchun	3853.09	2378.48	1620.72	107
太原	Taiyuan	977.32	1366.12	813.58	198	吉林	Jilin	1094.60	2225.77	916.67	181
大同	Datong	989.73	1788.21	652.13	213	四平	Siping	701.38	1076.64	1742.06	98
阳泉	Yangquan	299.55	572.16	139.01	283	辽源	Liaoyuan	395.21	452.54	133.46	284
长治	Changzhi	431.49	892.35	290.52	271	通化	Tonghua	484.28	1084.67	2318.09	55
晋城	Jincheng	609.38	722.09	1755.02	96	白山	Baishan	1377.07	1008.09	1107.84	159
朔州	Shuozhou	706.39	323.32	475.75	242	松原	Songyuan	195.47	3443.57	684.81	210
晋中	Jinzhong	605.94	915.87	554.69	230	白城	Baicheng	688.73	3706.31	560.21	226
运城	Yuncheng	755.50	1071.77	810.10	200	**黑龙江**	**Heilongjiang**	**14530.55**	**10309.46**	**10437.74**	
忻州	Xinzhou	368.84	913.27	3362.00	22	哈尔滨	Harbin	3514.86	1913.74	1340.15	131
临汾	Linfen	689.37	1412.36	1278.04	142	齐齐哈尔	Qiqihar	778.47	1281.23	1391.49	125
吕梁	Lvliang	681.23	698.40	229.61	277	鸡西	Jixi	234.43	412.17	395.00	256
内蒙古	**Inner Mongolia**	**21938.08**	**23234.30**	**21021.25**		鹤岗	Hegang	215.21	623.07	301.01	268
呼和浩特	Hohhot	981.62	903.07	1314.49	136	双鸭山	Shuangyashan	384.48	234.50	377.35	258
包头	Baotou	1450.38	1161.90	959.94	176	大庆	Daqing	3358.86	738.68	840.33	191
乌海	Wuhai	1014.02	394.08	127.74	285	伊春	Yichun	233.40	621.72	237.26	276
赤峰	Chifeng	1131.64	1898.53	2527.43	43	佳木斯	Jiamusi	905.92	680.25	1124.97	157
通辽	Tongliao	2338.89	2387.92	2455.86	47	七台河	Qitaihe	102.14	307.91	319.98	264
鄂尔多斯	Erdos	7210.73	3073.98	3392.23	20	牡丹江	Mudanjiang	1014.15	699.32	1022.36	169
呼伦贝尔	Hulunbuir	1978.07	4577.36	3302.46	26	黑河	Heihe	685.46	247.54	516.70	233
巴彦淖尔	Bayannur	1650.94	925.37	637.67	215	绥化	Suihua	1232.53	1114.06	1081.46	162
乌兰察布	Ulanqab	798.64	2216.46	2102.55	65	**上海**	**Shanghai**	**2926.14**	**3655.75**	**3090.37**	
辽宁	**Liaoning**	**29268.68**	**18825.36**	**18038.31**		**江苏**	**Jiangsu**	**37873.85**	**41808.60**	**41764.09**	

7-1 建设用地土地供应面积 续表 1

Area of Construction Use Land Supplied continued 1

单位：公顷 (hectare)

地名	City	2010	2014	2015	2015 排名 Ranking	地名	City	2010	2014	2015	2015 排名 Ranking
南京	Nanjing	2979.20	2989.12	3710.16	15	池州	Chizhou	640.51	961.29	1072.79	165
无锡	Wuxi	5253.22	2671.30	2080.01	68	宣城	Xuancheng	1179.16	2935.41	1664.48	105
徐州	Xuzhou	2793.73	4933.68	3954.50	12	**福建**	**Fujian**	**12391.84**	**19105.33**	**14003.78**	
常州	Changzhou	3647.00	2663.38	4206.38	7	福州	Fuzhou	2162.00	2931.71	3528.66	18
苏州	Suzhou	4827.76	3969.19	3561.09	17	厦门	Xiamen	1967.97	858.10	755.78	205
南通	Nantong	3926.48	4045.37	6501.05	3	莆田	Putian	498.17	1241.26	1332.69	134
连云港	Lianyungang	1978.24	4023.00	2223.34	61	三明	Sanming	1464.99	1488.38	954.82	177
淮安	Huaian	2015.36	2489.18	1904.16	80	泉州	Quanzhou	1736.36	4965.41	2378.55	50
盐城	Yancheng	4289.60	3453.48	4173.83	8	漳州	Zhangzhou	1737.54	2822.36	1867.03	86
扬州	Yangzhou	2218.83	3052.09	2619.28	39	南平	Nanping	1024.59	1672.51	790.76	201
镇江	Zhenjiang	542.06	1545.90	1708.90	101	龙岩	Longyan	1084.69	943.00	963.43	175
泰州	Taizhou	1596.82	2327.85	2427.41	48	宁德	Ningde	715.53	2182.59	1431.86	120
宿迁	Suqian	1805.55	3645.06	2693.99	37	**江西**	**Jiangxi**	**17908.29**	**17399.32**	**18040.89**	
浙江	**Zhejiang**	**27932.57**	**27315.73**	**21240.07**		南昌	Nanchang	3576.07	2337.84	2180.92	62
杭州	Hangzhou	6216.95	3985.06	2774.79	33	景德镇	Jingdezhen	504.20	569.87	829.72	192
宁波	Ningbo	5603.70	3239.00	3300.18	27	萍乡	Pingxiang	476.45	319.00	623.55	217
温州	Wenzhou	1112.55	4305.25	3109.52	31	九江	Jiujiang	1504.40	2358.51	3338.78	24
嘉兴	Jiaxing	3251.48	1936.22	1833.52	90	新余	Xinyu	354.90	608.21	259.26	273
湖州	Huzhou	1451.78	1643.57	1187.22	151	鹰潭	Yingtan	602.77	614.78	555.24	229
绍兴	Shaoxing	2076.69	2774.45	2019.04	72	赣州	Ganzhou	2909.30	1963.94	2108.05	64
金华	Jinhua	1875.53	3237.52	2534.23	42	吉安	Jian	2315.58	1468.04	1783.51	92
衢州	Quzhou	1487.54	2095.26	894.25	185	宜春	Yichun	1754.10	3647.36	3170.45	29
舟山	Zhoushan	1459.51	918.36	508.92	236	抚州	Fuzhou	2005.33	1804.22	1180.43	152
台州	Taizhou	2194.95	2068.93	2253.93	58	上饶	Shangrao	1905.20	1707.56	2010.97	73
丽水	Lishui	1201.88	1112.10	824.47	194	**山东**	**Shandong**	**45372.12**	**39531.68**	**30251.22**	
安徽	**Anhui**	**17524.25**	**33804.70**	**26673.76**		济南	Jinan	2568.33	3171.44	2032.26	70
合肥	Hefei	2553.61	3649.64	4005.06	10	青岛	Qingdao	5682.46	5222.97	3780.63	14
芜湖	Wuhu	2417.63	2798.00	1893.89	83	淄博	Zibo	2267.17	1114.88	1142.25	155
蚌埠	Bengbu	690.12	2033.07	1026.60	168	枣庄	Zaozhuang	1166.67	1134.36	827.56	193
淮南	Huainan	845.59	1040.89	1377.04	126	东营	Dongying	2264.51	2194.06	1345.81	129
马鞍山	Maanshan	927.90	845.76	487.02	241	烟台	Yantai	5141.95	2575.55	2032.13	71
淮北	Huaibei	913.68	637.60	338.43	262	潍坊	Weifang	7512.94	5550.47	3953.51	13
铜陵	Tongling	703.41	369.89	312.37	266	济宁	Jining	2411.58	2875.72	1854.10	88
安庆	Anqing	896.48	1787.62	2098.12	66	泰安	Taian	1622.13	1607.10	1076.20	164
黄山	Huangshan	676.03	617.51	397.76	255	威海	Weihai	2945.89	2055.80	1758.38	94
滁州	Chuzhou	1178.43	3280.58	2573.80	40	日照	Rizhao	1187.84	1054.05	1353.87	128
阜阳	Fuyang	668.29	1893.14	1894.25	82	莱芜	Laiwu	754.23	358.88	437.21	250
宿州	Suzhou	879.46	1417.25	1595.16	109	临沂	Linyi	3106.67	3601.34	2226.71	59
六安	Liuan	804.23	4148.83	2520.31	44	德州	Dezhou	1379.74	2171.44	2461.33	46
亳州	Bozhou	752.73	3293.97	1032.16	167	聊城	Liaocheng	1763.47	1808.82	1076.83	163

7-1 建设用地土地供应面积 续表 2
Area of Construction Use Land Supplied continued 2

单位：公顷 (hectare)

地名	City	2010	2014	2015	2015 排名 Ranking
滨州	Binzhou	1805.18	1412.18	1399.42	122
菏泽	Heze	1791.37	1622.63	1493.02	116
河南	**Henan**	**17546.75**	**27861.42**	**24617.74**	
郑州	Zhengzhou	2920.13	7244.05	5461.05	4
开封	Kaifeng	980.55	1237.80	1244.33	145
洛阳	Luoyang	1763.85	1718.94	1960.17	77
平顶山	Pingdingshan	1588.16	1838.32	1395.80	124
安阳	Anyang	1076.78	2071.63	1201.30	149
鹤壁	Hebi	519.25	739.11	643.55	214
新乡	Xinxiang	917.40	1847.03	1495.38	115
焦作	Jiaozuo	891.31	1825.10	578.73	224
濮阳	Puyang	373.88	586.64	975.75	174
许昌	Xuchang	1060.91	732.64	858.32	189
漯河	Luohe	452.94	711.86	662.40	212
三门峡	Sanmenxia	710.80	586.69	320.00	263
南阳	Nanyang	1752.47	1661.89	1572.26	112
商丘	Shangqiu	775.70	1541.24	2553.88	41
信阳	Xinyang	474.15	801.57	983.33	173
周口	Zhoukou	458.70	1100.63	1303.10	138
驻马店	Zhumadian	829.78	1616.27	1408.39	121
湖北	**Hubei**	**16872.89**	**32889.87**	**23711.97**	
武汉	Wuhan	4707.93	6720.61	4403.94	6
黄石	Huangshi	629.38	974.87	1868.70	85
十堰	Shiyan	681.35	7233.03	1134.54	156
宜昌	Yichang	2120.13	2356.14	3386.92	21
襄阳	Xiangyang	1418.78	2708.11	1845.45	89
鄂州	Ezhou	710.66	417.83	1039.21	166
荆门	Jingmen	910.72	1459.81	999.22	170
孝感	Xiaogan	1059.99	1442.86	1339.82	132
荆州	Jingzhou	1374.60	1808.26	1962.71	76
黄冈	Huanggang	1030.31	2286.77	1256.35	144
咸宁	Xianning	882.67	2428.90	1290.00	140
随州	Suizhou	329.68	1401.28	428.44	252
湖南	**Hunan**	**13425.00**	**27406.12**	**21709.46**	
长沙	Changsha	3771.49	6229.81	3325.70	25
株洲	Zhuzhou	761.74	2170.31	1666.10	104
湘潭	Xiangtan	609.16	1621.15	1284.96	141
衡阳	Hengyang	829.09	4872.19	1755.71	95
邵阳	Shaoyang	504.15	1583.32	1296.97	139
岳阳	Yueyang	747.87	1401.66	1397.72	123
常德	Changde	1130.99	1730.11	2141.04	63
张家界	Zhangjiajie	351.67	724.94	279.25	272
益阳	Yiyang	1165.55	1458.89	1444.98	118
郴州	Chenzhou	918.42	1330.43	2324.34	54
永州	Yongzhou	591.19	1299.95	1580.40	110
怀化	Huaihua	1556.79	1249.50	1753.08	97
娄底	Loudi	309.95	1023.72	684.24	211
广东	**Guangdong**	**16395.55**	**27681.37**	**16150.87**	
广州	Guangzhou	3146.23	3395.53	1858.21	87
韶关	Shaoguan	511.81	870.92	593.26	221
深圳	Shenzhen	428.11	568.93	475.07	243
珠海	Zhuhai	1031.14	864.66	626.38	216
汕头	Shantou	247.59	569.40	378.79	257
佛山	Foshan	1430.69	2364.85	1450.32	117
江门	Jiangmen	1299.25	1338.51	944.75	179
湛江	Zhanjiang	737.17	737.75	2081.95	67
茂名	Maoming	328.94	1587.03	412.63	254
肇庆	Zhaoqing	660.04	980.21	864.53	187
惠州	Huizhou	1345.23	3077.87	758.88	204
梅州	Meizhou	398.93	562.80	880.78	186
汕尾	Shanwei	65.42	956.85	300.95	269
河源	Heyuan	376.46	1765.72	314.08	265
阳江	Yangjiang	1003.14	1569.99	566.94	225
清远	Qingyuan	1129.67	1034.20	811.62	199
东莞	Dongguan	793.38	1096.59	1605.26	108
中山	Zhongshan	974.54	703.95	510.50	235
潮州	Chaozhou	38.70	363.31	164.04	282
揭阳	Jieyang	223.03	2095.99	301.17	267
云浮	Yunfu	226.07	1176.30	250.75	274
广西	**Guangxi**	**10399.88**	**20296.86**	**15931.52**	
南宁	Nanning	2090.24	4689.79	2743.45	35
柳州	Liuzhou	1496.90	1492.30	2374.14	51
桂林	Guilin	1174.44	2402.37	1698.12	102
梧州	Wuzhou	589.56	1349.11	622.75	218
北海	Beihai	324.09	524.17	420.75	253
防城港	Fangchenggang	554.18	1548.88	819.25	197
钦州	Qinzhou	996.40	1026.70	1273.65	143
贵港	Guigang	332.76	981.54	823.26	196
玉林	Yulin	626.72	860.62	898.88	184
百色	Baise	630.99	2298.72	1222.37	147

7-1 建设用地土地供应面积 续表 3
Area of Construction Use Land Supplied continued 3

单位：公顷 (hectare)

地名	City	2010	2014	2015	2015 排名 Ranking
贺州	Hezhou	886.30	682.79	1326.89	135
河池	Hechi	284.30	463.44	513.24	234
来宾	Laibin	113.13	920.41	698.38	208
崇左	Chongzuo	299.86	1056.01	496.39	239
海南	**Hainan**	**2646.82**	**1516.14**	**1950.24**	
海口	Haikou	439.53	122.34	506.12	237
三亚	Sanya	169.34	175.44	197.47	280
三沙	Sansha				
重庆	**Chongqing**	**11240.07**	**18228.84**	**12182.19**	
四川	**Sichuan**	**14630.73**	**51795.56**	**47857.38**	
成都	Chengdu	5114.18	9151.28	4169.86	9
自贡	Zigong	338.73	730.79	557.54	228
攀枝花	Panzhihua	300.68	1068.93	622.63	219
泸州	Luzhou	1232.23	2123.34	1311.62	137
德阳	Deyang	995.81	2073.24	952.00	178
绵阳	Mianyang	953.74	1978.52	1965.31	74
广元	Guangyuan	441.29	996.18	12394.83	1
遂宁	Suining	592.84	1011.47	582.71	223
内江	Neijiang	388.87	1446.36	744.33	206
乐山	Leshan	770.23	1312.48	1661.03	106
南充	Nanchong	562.72	2300.07	1952.01	78
眉山	Meishan	460.94	1836.82	2266.18	57
宜宾	Yibin	599.57	5696.14	2041.83	69
广安	Guangan	406.53	996.79	1106.88	160
达州	Dazhou	368.67	1944.40	537.67	231
雅安	Yaan	376.84	1891.76	7706.79	2
巴中	Bazhong	91.47	1168.13	862.35	188
资阳	Ziyang	223.17	850.81	842.17	190
贵州	**Guizhou**	**16492.75**	**19509.26**	**16153.80**	
贵阳	Guiyang	2407.94	2598.49	2349.90	52
六盘水	Liupanshui	495.44	748.32	824.32	195
遵义	Zunyi	2607.17	3890.04	2645.09	38
安顺	Anshun	338.24	935.79	1216.40	148
毕节	Bijie	633.93	2350.87	1438.95	119
铜仁	Tongren	776.86	2727.90	2342.73	53
云南	**Yunnan**	**9979.03**	**52679.10**	**18052.74**	
昆明	Kunming	1346.02	3195.80	3689.08	16
曲靖	Qujing	1293.87	1370.61	1768.11	93
玉溪	Yuxi	662.77	540.49	765.21	203
保山	Baoshan	614.17	1712.94	450.93	246
昭通	Zhaotong	283.00	1216.44	501.26	238
丽江	Lijiang	194.51	1019.84	166.60	281
普洱	Puer	218.81	30253.15	1521.87	114
临沧	Lincang	197.64	4199.02	1117.21	158
西藏	**Tibet**	**1121.91**	**891.45**	**513.80**	
拉萨	Lasa	319.77	326.33	299.33	270
陕西	**Shaanxi**	**7544.49**	**13393.96**	**12282.21**	
西安	Xi'an	1803.40	2895.28	1901.97	81
铜川	Tongchuan	363.55	820.75	220.20	279
宝鸡	Baoji	417.24	834.52	906.39	182
咸阳	Xianyang	903.71	1877.58	2380.47	49
渭南	Weinan	470.61	1350.21	1362.30	127
延安	Yan'an	292.34	728.19	689.12	209
汉中	Hanzhong	242.31	1416.27	706.45	207
榆林	Yulin	2215.38	2009.66	3523.81	19
安康	Ankang	649.53	774.57	348.79	260
商洛	Shangluo	186.41	686.95	242.71	275
甘肃	**Gansu**	**6135.91**	**18048.20**	**16172.94**	
兰州	Lanzhou	793.72	1731.72	1817.84	91
嘉峪关	Jiayuguan	711.51	1413.88	454.79	245
金昌	Jinchang	420.80	493.99	586.48	222
白银	Baiyin	363.11	1202.17	928.49	180
天水	Tianshui	222.61	859.82	1094.53	161
武威	Wuwei	460.73	3394.92	2978.95	32
张掖	Zhangye	288.30	1767.06	1239.04	146
平凉	Pingliang	187.75	666.44	341.34	261
酒泉	Jiuquan	1233.28	3079.67	3128.25	30
庆阳	Qingyang	340.34	1626.01	351.43	259
定西	Dingxi	709.89	877.23	558.09	227
陇南	Longnan	42.15	313.31	986.49	172
青海	**Qinghai**	**2026.61**	**4344.44**	**8576.02**	
西宁	Xining	420.06	1205.97	903.10	183
海东	Haidong		565.15	517.93	232
宁夏	**Ningxia**	**6324.18**	**8187.54**	**10719.38**	
银川	Yinchuan	2682.19	3615.47	3981.51	11
石嘴山	Shizuishan	1461.50	536.50	619.69	220
吴忠	Wuzhong	889.27	1855.65	3224.28	28
固原	Guyuan	713.58	833.11	1714.84	100
中卫	Zhongwei	577.63	1346.81	1179.06	153
新疆	**Xinjiang**	**8492.12**	**26892.34**	**33320.44**	
乌鲁木齐	Urumqi	1844.59	2001.68	4529.83	5
克拉玛依	Karamay	265.02	770.80	447.76	248

7-2 建设用地划拨土地面积
Land Area of Construction Use Land Allocated

单位：公顷 (hectare)

地名	City	2010	2014	2015	2015 排名 Ranking
全国	**Nation Total**	**138267.34**	**369833.12**	**314535.83**	
北京	**Beijing**	**260.10**	**550.99**	**5672.81**	
天津	**Tianjin**	**1372.41**	**2168.32**	**6040.13**	
河北	**Hebei**	**2408.36**	**11313.93**	**7307.09**	
石家庄	Shijiazhuang	302.72	3165.01	472.93	160
唐山	Tangshan	380.63	1150.20	925.85	90
秦皇岛	Qinhuangdao	62.63	156.07	103.61	264
邯郸	Handan	318.06	2384.15	1244.28	61
邢台	Xingtai	144.91	274.13	719.33	116
保定	Baoding	271.40	296.32	429.71	177
张家口	Zhangjiakou	249.26	171.07	579.03	136
承德	Chengde	205.56	1641.62	569.25	140
沧州	Cangzhou	357.03	1613.45	807.42	110
廊坊	Langfang	54.41	435.98	263.65	217
衡水	Hengshui	61.76	25.94	1192.04	66
山西	**Shanxi**	**2337.87**	**5222.06**	**7289.05**	
太原	Taiyuan	422.43	614.68	285.71	213
大同	Datong	618.34	1200.15	500.93	154
阳泉	Yangquan	43.77	342.60	79.63	272
长治	Changzhi	110.07	442.39	89.42	266
晋城	Jincheng	239.90	266.47	1593.02	37
朔州	Shuozhou	153.85	33.49	344.35	201
晋中	Jinzhong	110.18	218.91	191.01	236
运城	Yuncheng	98.16	290.06	292.61	211
忻州	Xinzhou	124.22	553.03	2920.04	5
临汾	Linfen	168.72	1097.89	958.37	88
吕梁	Lvliang	248.23	162.39	33.97	281
内蒙古	**Inner Mongolia**	**6777.34**	**12809.05**	**12879.79**	
呼和浩特	Hohhot	199.40	319.94	453.40	168
包头	Baotou	627.48	641.38	738.06	113
乌海	Wuhai	490.41	18.58	53.75	277
赤峰	Chifeng	237.50	404.92	1715.63	30
通辽	Tongliao	265.79	1482.35	1675.01	32
鄂尔多斯	Erdos	2664.92	1128.15	1842.48	24
呼伦贝尔	Hulunbuir	774.29	3447.43	2428.67	15
巴彦淖尔	Bayannur	396.22	334.14	160.58	249
乌兰察布	Ulanqab	165.45	1303.94	1206.66	65
辽宁	**Liaoning**	**7100.75**	**8495.95**	**9767.16**	
沈阳	Shenyang	823.81	2140.62	1494.27	49
大连	Dalian	467.12	989.35	1227.27	63
鞍山	Anshan	88.16	119.56	369.53	197
抚顺	Fushun	345.83	88.04	52.53	278
本溪	Benxi	1319.70	182.08	501.98	152
丹东	Dandong	757.01	190.31	189.33	237
锦州	Jinzhou	251.89	277.29	2632.14	9
营口	Yingkou	1162.49	104.66	1227.13	64
阜新	Fuxin	401.21	102.29	187.33	239
辽阳	Liaoyang	349.29	229.96	122.81	256
盘锦	Panjin	80.89	51.31	365.71	198
铁岭	Tieling	487.35	44.86	166.28	247
朝阳	Chaoyang	382.44	283.26	981.78	83
葫芦岛	Huludao	183.56	3692.37	249.06	221
吉林	**Jilin**	**2543.82**	**12648.47**	**7998.39**	
长春	Changchun	1384.08	1207.01	659.87	128
吉林	Jilin	185.15	1207.25	455.13	163
四平	Siping	55.91	653.68	1334.16	59
辽源	Liaoyuan	136.42	337.79	33.26	282
通化	Tonghua	151.00	577.57	2035.32	20
白山	Baishan	197.82	727.83	970.73	85
松原	Songyuan	12.47	3137.61	449.62	171
白城	Baicheng	232.13	3299.98	338.42	203
黑龙江	**Heilongjiang**	**7116.18**	**4038.77**	**5581.70**	
哈尔滨	Harbin	1418.64	531.64	452.87	169
齐齐哈尔	Qiqihar	137.43	300.25	887.27	97
鸡西	Jixi	49.80	209.57	234.03	226
鹤岗	Hegang	44.75	304.45	118.06	258
双鸭山	Shuangyashan	101.93	94.33	192.06	235
大庆	Daqing	2641.83	246.57	665.98	126
伊春	Yichun	91.13	238.66	188.57	238
佳木斯	Jiamusi	439.84	350.54	545.57	143
七台河	Qitaihe	22.32	178.13	81.72	270
牡丹江	Mudanjiang	189.73	370.85	671.40	125
黑河	Heihe	333.24	63.32	301.30	207
绥化	Suihua	204.12	270.04	264.95	216
上海	**Shanghai**	**992.20**	**2181.77**	**1984.58**	
江苏	**Jiangsu**	**8570.35**	**16055.68**	**17409.60**	

7-2 建设用地划拨土地面积 续表 1

Land Area of Construction Use Land Allocated continued 1

单位：公顷 (hectare)

地名	City	2010	2014	2015	2015 排名 Ranking	地名	City	2010	2014	2015	2015 排名 Ranking
南京	Nanjing	1577.68	1636.91	2144.52	19	池州	Chizhou	0.17	282.92	414.87	184
无锡	Wuxi	2589.17	1189.14	1052.37	79	宣城	Xuancheng	178.22	1830.12	1079.87	75
徐州	Xuzhou	472.29	2752.51	1924.68	22	**福建**	**Fujian**	**4069.25**	**11145.50**	**8886.89**	
常州	Changzhou	1264.88	453.04	1720.33	28	福州	Fuzhou	810.55	1568.10	2469.23	13
苏州	Suzhou	674.71	1221.11	1167.12	69	厦门	Xiamen	928.58	507.38	379.38	195
南通	Nantong	722.65	741.60	2919.83	6	莆田	Putian	90.10	798.97	826.78	107
连云港	Lianyungang	92.22	2182.45	577.23	137	三明	Sanming	728.70	841.65	653.58	130
淮安	Huaian	205.78	781.41	689.09	120	泉州	Quanzhou	587.50	3499.37	1554.43	41
盐城	Yancheng	239.63	785.65	1073.30	77	漳州	Zhangzhou	125.41	1141.23	1048.27	80
扬州	Yangzhou	308.90	1505.49	1087.26	73	南平	Nanping	520.49	931.41	451.30	170
镇江	Zhenjiang	2.10	468.98	722.71	114	龙岩	Longyan	111.42	489.92	593.51	134
泰州	Taizhou	129.23	577.94	712.11	118	宁德	Ningde	166.51	1367.45	910.40	92
宿迁	Suqian	291.11	1759.45	1621.04	36	**江西**	**Jiangxi**	**8858.34**	**7578.73**	**8162.53**	
浙江	**Zhejiang**	**9992.24**	**15896.25**	**12826.22**		南昌	Nanchang	1942.99	803.08	821.61	109
杭州	Hangzhou	2873.04	2238.23	1720.13	29	景德镇	Jingdezhen	63.34	166.92	337.06	204
宁波	Ningbo	3302.73	1609.69	2017.09	21	萍乡	Pingxiang	276.77	15.87	136.64	254
温州	Wenzhou	496.92	3562.30	2440.57	14	九江	Jiujiang	401.71	763.76	1550.93	42
嘉兴	Jiaxing	633.01	504.29	570.47	139	新余	Xinyu	126.33	95.46	88.17	268
湖州	Huzhou	129.13	281.24	419.72	179	鹰潭	Yingtan	289.71	162.58	243.06	223
绍兴	Shaoxing	349.68	1681.46	1059.51	78	赣州	Ganzhou	1826.00	891.08	1348.62	58
金华	Jinhua	363.31	2273.84	1735.05	27	吉安	Jian	1571.94	540.71	1079.52	76
衢州	Quzhou	362.50	1440.58	575.57	138	宜春	Yichun	176.57	2122.38	1374.42	54
舟山	Zhoushan	71.65	239.52	209.01	232	抚州	Fuzhou	1006.56	1071.06	359.28	200
台州	Taizhou	754.11	1435.27	1571.81	39	上饶	Shangrao	1176.41	945.82	823.22	108
丽水	Lishui	656.15	629.83	507.28	149	**山东**	**Shandong**	**7424.50**	**12894.24**	**9193.66**	
安徽	**Anhui**	**4936.19**	**19130.05**	**14070.12**		济南	Jinan	799.24	1722.57	674.99	124
合肥	Hefei	1267.46	2055.43	2623.17	10	青岛	Qingdao	1877.42	1954.51	1360.00	56
芜湖	Wuhu	699.25	1373.00	873.84	98	淄博	Zibo	193.20	179.18	387.59	192
蚌埠	Bengbu	154.56	1148.33	272.33	214	枣庄	Zaozhuang	395.65	452.91	413.09	185
淮南	Huainan	583.54	800.14	842.45	105	东营	Dongying	474.35	505.63	294.32	209
马鞍山	Maanshan	431.78	488.48	136.30	255	烟台	Yantai	636.09	553.31	442.06	173
淮北	Huaibei	141.91	375.16	118.09	257	潍坊	Weifang	425.94	1573.63	828.21	106
铜陵	Tongling	62.04	15.33	72.03	274	济宁	Jining	173.12	1137.29	162.71	248
安庆	Anqing	81.59	1063.54	1545.08	43	泰安	Taian	252.29	604.90	416.94	181
黄山	Huangshan	273.08	225.36	175.75	244	威海	Weihai	287.80	342.46	441.05	174
滁州	Chuzhou	85.83	1445.96	1236.96	62	日照	Rizhao	409.50	487.60	238.35	225
阜阳	Fuyang	68.04	995.98	680.56	123	莱芜	Laiwu	234.69	27.31	108.32	262
宿州	Suzhou	202.98	563.76	861.19	100	临沂	Linyi	453.75	1167.11	696.41	119
六安	Liuan	183.52	2567.93	1082.27	74	德州	Dezhou	112.87	1019.63	1525.76	47
亳州	Bozhou	405.87	2458.30	213.99	230	聊城	Liaocheng	373.14	515.45	243.38	222

7-2 建设用地划拨土地面积 续表 2

Land Area of Construction Use Land Allocated continued 2

单位：公顷 (hectare)

地名	City	2010	2014	2015	2015 排名 Ranking	地名	City	2010	2014	2015	2015 排名 Ranking
滨州	Binzhou	118.43	448.82	721.13	115	常德	Changde	397.84	821.45	1480.88	51
菏泽	Heze	207.02	201.93	239.36	224	张家界	Zhangjiajie	72.32	645.10	199.65	234
河南	**Henan**	**5543.79**	**11943.60**	**12660.01**		益阳	Yiyang	684.55	943.72	976.15	84
郑州	Zhengzhou	1468.74	4669.29	2671.79	7	郴州	Chenzhou	226.49	675.28	1768.02	26
开封	Kaifeng	261.76	472.03	764.14	112	永州	Yongzhou	103.82	652.03	842.63	104
洛阳	Luoyang	406.16	469.22	1100.00	72	怀化	Huaihua	928.75	560.06	1266.74	60
平顶山	Pingdingshan	796.66	1051.65	860.50	101	娄底	Loudi	37.32	589.29	416.31	182
安阳	Anyang	402.34	712.13	563.49	141	**广东**	**Guangdong**	**3454.49**	**15813.10**	**5137.85**	
鹤壁	Hebi	60.54	223.37	172.26	246	广州	Guangzhou	1372.84	2408.50	1171.48	68
新乡	Xinxiang	73.86	470.33	587.37	135	韶关	Shaoguan	35.21	311.32	86.87	269
焦作	Jiaozuo	174.57	670.28	152.56	251	深圳	Shenzhen	139.39	21.16	38.25	280
濮阳	Puyang	111.08	230.61	639.84	132	珠海	Zhuhai	288.51	322.64	252.15	219
许昌	Xuchang	270.11	111.38	174.92	245	汕头	Shantou	99.29	435.11	180.31	240
漯河	Luohe	162.77	363.79	340.18	202	佛山	Foshan	180.35	1311.96	513.24	146
三门峡	Sanmenxia	154.95	135.20	75.43	273	江门	Jiangmen	205.88	681.99	424.18	178
南阳	Nanyang	921.62	534.15	859.21	102	湛江	Zhanjiang	173.89	198.68	311.31	206
商丘	Shangqiu	145.55	581.13	1819.15	25	茂名	Maoming	188.24	1148.33	176.03	243
信阳	Xinyang	30.78	183.79	497.31	156	肇庆	Zhaoqing	18.65	142.50	257.74	218
周口	Zhoukou	67.96	320.25	867.89	99	惠州	Huizhou	67.87	2252.28	112.40	261
驻马店	Zhumadian	34.34	745.01	514.00	145	梅州	Meizhou	15.41	81.02	57.40	276
湖北	**Hubei**	**3695.44**	**18513.54**	**10825.16**		汕尾	Shanwei	42.09	837.88	40.80	279
武汉	Wuhan	1693.19	4098.79	2261.35	17	河源	Heyuan	81.92	1297.17	33.01	283
黄石	Huangshi	96.84	457.23	1120.32	70	阳江	Yangjiang	136.49	1070.41	229.33	228
十堰	Shiyan	174.33	6376.62	547.16	142	清远	Qingyuan	115.61	196.24	103.73	263
宜昌	Yichang	194.21	1189.63	1588.63	38	东莞	Dongguan	93.86	559.74	682.94	121
襄阳	Xiangyang	465.81	1031.99	900.00	94	中山	Zhongshan	96.96	489.99	380.42	193
鄂州	Ezhou	14.31	143.45	461.00	162	潮州	Chaozhou	7.83	110.51	12.88	285
荆门	Jingmen	80.56	405.62	204.33	233	揭阳	Jieyang	74.12	1203.83	15.01	284
孝感	Xiaogan	106.42	277.19	387.77	191	云浮	Yunfu	20.08	731.84	58.36	275
荆州	Jingzhou	416.92	800.40	653.15	131	**广西**	**Guangxi**	**4074.59**	**13622.03**	**10085.86**	
黄冈	Huanggang	149.67	1047.69	395.88	189	南宁	Nanning	1124.46	3518.25	1621.63	35
咸宁	Xianning	102.21	1424.23	504.64	150	柳州	Liuzhou	913.51	803.73	1681.45	31
随州	Suizhou	14.80	837.04	154.70	250	桂林	Guilin	488.45	1925.93	1174.10	67
湖南	**Hunan**	**5065.29**	**17775.03**	**13359.18**		梧州	Wuzhou	46.87	1001.23	501.66	153
长沙	Changsha	1721.98	4061.51	1910.50	23	北海	Beihai	31.75	191.10	250.58	220
株洲	Zhuzhou	402.06	1718.22	1114.47	71	防城港	Fangchenggang	117.69	1044.81	432.12	175
湘潭	Xiangtan	143.96	999.09	964.27	86	钦州	Qinzhou	53.89	558.63	896.63	96
衡阳	Hengyang	121.24	3900.19	493.86	158	贵港	Guigang	193.06	549.31	454.53	165
邵阳	Shaoyang	62.26	1088.44	901.50	93	玉林	Yulin	39.19	419.18	380.34	194
岳阳	Yueyang	114.40	704.20	472.76	161	百色	Baise	308.20	1730.03	714.63	117

7-2 建设用地划拨土地面积 续表 3

Land Area of Construction Use Land Allocated continued 3

单位：公顷 (hectare)

地名	City	2010	2014	2015	2015 排名 Ranking	地名	City	2010	2014	2015	2015 排名 Ranking
贺州	Hezhou	625.70	341.17	897.20	95	丽江	Lijiang	32.07	735.34	79.79	271
河池	Hechi	38.99	195.44	378.52	196	普洱	Puer	52.15	30048.19	1402.33	52
来宾	Laibin	13.18	526.13	414.99	183	临沧	Lincang	45.54	4026.87	1028.90	82
崇左	Chongzuo	79.64	817.09	287.51	212	**西藏**	**Tibet**	**781.77**	**112.46**	**237.06**	
海南	**Hainan**	**837.53**	**523.40**	**893.05**		拉萨	Lasa	65.14	43.51	88.59	267
海口	Haikou	311.86	20.96	178.66	241	**陕西**	**Shaanxi**	**3487.35**	**7130.19**	**6939.53**	
三亚	Sanya	52.38	54.44	89.45	265	西安	Xi'an	1016.21	1568.91	921.03	91
三沙	Sansha					铜川	Tongchuan	205.72	661.99	114.96	260
重庆	**Chongqing**	**5746.01**	**10613.27**	**4860.37**		宝鸡	Baoji	35.47	76.45	402.64	188
四川	**Sichuan**	**3358.72**	**39665.51**	**38116.80**		咸阳	Xianyang	254.72	941.58	1535.04	45
成都	Chengdu	1697.00	6970.07	1663.90	33	渭南	Weinan	71.28	932.55	656.59	129
自贡	Zigong	51.97	476.73	455.02	164	延安	Yan'an	168.42	488.86	429.94	176
攀枝花	Panzhihua	22.97	819.84	533.20	144	汉中	Hanzhong	30.47	420.94	231.30	227
泸州	Luzhou	145.58	1582.90	600.65	133	榆林	Yulin	1102.03	1150.77	2363.78	16
德阳	Deyang	66.42	1241.17	403.49	187	安康	Ankang	572.89	553.13	147.59	252
绵阳	Mianyang	181.14	1143.07	1366.37	55	商洛	Shangluo	30.13	335.13	136.65	253
广元	Guangyuan	167.13	690.23	12077.27	1	**甘肃**	**Gansu**	**3374.86**	**11387.02**	**11297.65**	
遂宁	Suining	275.33	447.78	209.90	231	兰州	Lanzhou	290.56	470.16	663.62	127
内江	Neijiang	88.18	1131.64	495.27	157	嘉峪关	Jiayuguan	568.39	577.96	419.03	180
乐山	Leshan	58.09	700.16	1041.18	81	金昌	Jinchang	311.12	384.50	446.60	172
南充	Nanchong	47.42	1556.97	1482.76	50	白银	Baiyin	111.78	636.85	512.74	147
眉山	Meishan	11.79	961.95	1350.80	57	天水	Tianshui	36.60	651.90	958.86	87
宜宾	Yibin	89.32	5025.52	1631.73	34	武威	Wuwei	265.84	2375.51	2186.63	18
广安	Guangan	52.00	461.33	682.04	122	张掖	Zhangye	31.76	1111.54	499.52	155
达州	Dazhou	41.72	1593.99	266.51	215	平凉	Pingliang	90.81	294.26	115.11	259
雅安	Yaan	42.16	1676.86	7450.15	2	酒泉	Jiuquan	711.96	2171.97	2589.76	11
巴中	Bazhong	17.55	596.42	512.04	148	庆阳	Qingyang	222.11	1439.38	292.90	210
资阳	Ziyang	37.80	186.40	481.72	159	定西	Dingxi	470.32	681.89	323.52	205
贵州	**Guizhou**	**13139.45**	**11699.41**	**10014.52**		陇南	Longnan	8.76	288.95	940.35	89
贵阳	Guiyang	1107.04	1472.10	1377.80	53	**青海**	**Qinghai**	**1085.02**	**2358.25**	**7430.48**	
六盘水	Liupanshui	152.21	237.94	177.90	242	西宁	Xining	54.84	325.85	503.59	151
遵义	Zunyi	2155.54	2427.59	1506.51	48	海东	Haidong		358.36	365.37	199
安顺	Anshun	174.88	381.81	843.63	103	**宁夏**	**Ningxia**	**2931.69**	**4506.49**	**7575.46**	
毕节	Bijie	344.58	1017.56	775.06	111	银川	Yinchuan	1311.95	1874.17	2662.69	8
铜仁	Tongren	649.53	2062.51	1529.22	46	石嘴山	Shizuishan	606.86	180.93	392.38	190
云南	**Yunnan**	**3994.05**	**46549.06**	**14829.48**		吴忠	Wuzhong	344.37	1109.64	2576.06	12
昆明	Kunming	122.57	1456.82	2935.44	4	固原	Guyuan	431.30	559.86	1535.32	44
曲靖	Qujing	604.85	884.81	1565.64	40	中卫	Zhongwei	237.21	781.89	409.01	186
玉溪	Yuxi	159.65	143.03	453.82	167	**新疆**	**Xinjiang**	**2937.41**	**15490.97**	**25203.66**	
保山	Baoshan	132.92	1280.25	295.12	208	乌鲁木齐	Urumqi	770.95	892.57	3584.34	3
昭通	Zhaotong	78.59	1012.68	454.20	166	克拉玛依	Karamay	122.21	540.40	218.06	229

7-3　建设用地出让土地面积
Land Area of Construction Use Land Granted

单位：公顷　　(hectare)

地名	City	2010	2014	2015	2015 排名 Ranking	地名	City	2010	2014	2015	2015 排名 Ranking
全国	**Nation Total**	**293717.81**	**277346.56**	**224885.95**		沈阳	Shenyang	3146.99	2242.01	1258.71	39
北京	**Beijing**	**2152.53**	**1523.81**	**790.69**		大连	Dalian	4848.46	1187.61	1050.93	56
天津	**Tianjin**	**5282.59**	**3507.57**	**2340.51**		鞍山	Anshan	2316.93	772.32	801.06	91
河北	**Hebei**	**15710.71**	**14103.68**	**12133.40**		抚顺	Fushun	863.42	244.19	171.23	252
石家庄	Shijiazhuang	1220.19	1381.30	1221.86	42	本溪	Benxi	489.47	427.89	491.12	158
唐山	Tangshan	2438.77	2891.58	1790.54	13	丹东	Dandong	626.19	528.48	586.15	133
秦皇岛	Qinhuangdao	873.06	415.29	326.52	200	锦州	Jinzhou	1067.68	617.37	710.52	112
邯郸	Handan	1361.40	1250.35	980.16	61	营口	Yingkou	3199.47	730.79	346.92	194
邢台	Xingtai	970.32	1103.86	1160.26	46	阜新	Fuxin	485.63	437.86	251.76	223
保定	Baoding	1325.14	1300.76	1533.82	23	辽阳	Liaoyang	718.27	339.77	327.11	199
张家口	Zhangjiakou	1143.29	859.32	762.00	99	盘锦	Panjin	970.33	916.92	1364.89	29
承德	Chengde	683.62	535.02	624.48	129	铁岭	Tieling	1892.08	670.67	326.01	201
沧州	Cangzhou	3131.39	1990.83	1704.94	17	朝阳	Chaoyang	648.83	699.25	355.73	191
廊坊	Langfang	1723.92	1246.31	1297.74	36	葫芦岛	Huludao	886.65	407.56	211.95	240
衡水	Hengshui	839.62	1129.05	731.09	109	**吉林**	**Jilin**	**6750.32**	**4819.62**	**3179.42**	
山西	**Shanxi**	**4768.03**	**5453.86**	**3070.26**		长春	Changchun	2454.87	1171.48	960.85	63
太原	Taiyuan	554.89	751.45	527.86	146	吉林	Jilin	908.42	957.36	461.54	168
大同	Datong	371.39	588.05	151.20	259	四平	Siping	645.48	422.96	407.91	178
阳泉	Yangquan	255.78	229.56	59.38	280	辽源	Liaoyuan	258.79	114.76	100.20	273
长治	Changzhi	321.41	449.96	201.10	245	通化	Tonghua	333.28	500.68	242.52	226
晋城	Jincheng	360.64	455.61	160.87	256	白山	Baishan	1177.93	280.25	137.11	262
朔州	Shuozhou	552.54	289.83	131.41	265	松原	Songyuan	183.00	305.96	235.19	230
晋中	Jinzhong	495.76	696.96	363.69	189	白城	Baicheng	456.59	406.33	221.79	237
运城	Yuncheng	657.34	781.71	517.49	151	**黑龙江**	**Heilongjiang**	**7350.06**	**6025.43**	**4652.46**	
忻州	Xinzhou	244.62	360.24	441.95	169	哈尔滨	Harbin	2095.19	1376.75	885.39	76
临汾	Linfen	520.65	314.47	319.68	204	齐齐哈尔	Qiqihar	637.96	980.97	500.39	156
吕梁	Lvliang	433.00	536.02	195.64	247	鸡西	Jixi	184.62	202.57	160.95	255
内蒙古	**Inner Mongolia**	**15160.56**	**10425.25**	**8024.76**		鹤岗	Hegang	129.70	131.29	70.51	279
呼和浩特	Hohhot	782.22	583.12	861.09	78	双鸭山	Shuangyashan	277.92	140.17	182.96	249
包头	Baotou	822.91	520.52	221.88	236	大庆	Daqing	716.44	492.11	174.36	251
乌海	Wuhai	523.61	375.50	74.00	278	伊春	Yichun	139.62	380.89	46.77	283
赤峰	Chifeng	894.09	1493.61	811.79	90	佳木斯	Jiamusi	466.09	326.29	574.75	137
通辽	Tongliao	2073.10	905.57	780.85	96	七台河	Qitaihe	70.81	120.13	237.15	228
鄂尔多斯	Erdos	4545.81	1945.84	1549.76	22	牡丹江	Mudanjiang	824.42	328.48	288.36	212
呼伦贝尔	Hulunbuir	1203.78	1129.93	873.79	77	黑河	Heihe	352.22	170.43	212.33	239
巴彦淖尔	Bayannur	1254.72	591.23	477.09	163	绥化	Suihua	1027.48	844.02	815.62	88
乌兰察布	Ulanqab	633.19	912.53	895.89	74	**上海**	**Shanghai**	**1933.94**	**1473.98**	**1105.79**	
辽宁	**Liaoning**	**22160.40**	**10222.69**	**8254.10**		**江苏**	**Jiangsu**	**29262.40**	**25749.71**	**24085.29**	

7-3 建设用地出让土地面积 续表 1

Land Area of Construction Use Land Granted continued 1

单位：公顷 (hectare)

地名	City	2010	2014	2015	2015 排名 Ranking	地名	City	2010	2014	2015	2015 排名 Ranking
南京	Nanjing	1401.52	1352.21	1565.64	21	池州	Chizhou	640.34	678.37	657.91	125
无锡	Wuxi	2628.46	1478.95	1008.37	58	宣城	Xuancheng	1000.94	1105.28	584.62	134
徐州	Xuzhou	2321.45	2181.18	2029.82	10	**福建**	**Fujian**	**8278.63**	**7886.80**	**5112.61**	
常州	Changzhou	2382.12	2210.34	2236.12	8	福州	Fuzhou	1351.45	1363.61	1059.43	53
苏州	Suzhou	4153.05	2748.08	2393.97	7	厦门	Xiamen	995.42	350.72	376.40	183
南通	Nantong	3203.83	3303.76	3581.22	1	莆田	Putian	408.07	382.21	501.62	155
连云港	Lianyungang	1886.02	1840.54	1646.11	19	三明	Sanming	736.29	646.73	301.24	210
淮安	Huaian	1809.58	1707.77	1217.06	43	泉州	Quanzhou	1148.86	1456.04	824.32	83
盐城	Yancheng	4049.97	2667.83	3100.53	3	漳州	Zhangzhou	1612.14	1681.13	818.75	86
扬州	Yangzhou	1904.41	1546.60	1532.02	24	南平	Nanping	504.11	741.10	339.46	195
镇江	Zhenjiang	539.97	1076.92	986.19	59	龙岩	Longyan	973.27	450.36	369.92	187
泰州	Taizhou	1467.59	1749.91	1715.30	16	宁德	Ningde	549.02	814.90	521.46	148
宿迁	Suqian	1514.43	1885.62	1072.95	52	**江西**	**Jiangxi**	**9049.66**	**9815.60**	**9878.36**	
浙江	**Zhejiang**	**17607.47**	**11273.64**	**8384.74**		南昌	Nanchang	1632.78	1534.76	1359.31	30
杭州	Hangzhou	3011.05	1604.47	1054.65	54	景德镇	Jingdezhen	440.86	402.95	492.66	157
宁波	Ningbo	2300.97	1629.30	1283.09	37	萍乡	Pingxiang	199.67	303.13	486.91	159
温州	Wenzhou	615.64	742.95	668.95	121	九江	Jiujiang	1102.69	1594.75	1787.86	14
嘉兴	Jiaxing	2618.47	1428.46	1233.93	41	新余	Xinyu	228.57	512.75	171.09	253
湖州	Huzhou	1322.65	1362.33	767.50	98	鹰潭	Yingtan	313.06	447.21	312.19	208
绍兴	Shaoxing	1727.01	1092.99	959.53	64	赣州	Ganzhou	1083.30	1072.86	759.44	100
金华	Jinhua	1512.22	963.68	799.19	92	吉安	Jian	743.64	927.33	703.98	115
衢州	Quzhou	1125.04	654.68	318.67	205	宜春	Yichun	1577.53	1524.97	1796.03	12
舟山	Zhoushan	1387.86	678.84	299.91	211	抚州	Fuzhou	998.77	733.16	821.14	85
台州	Taizhou	1440.84	633.67	682.12	119	上饶	Shangrao	728.79	761.74	1187.75	45
丽水	Lishui	545.72	482.27	317.19	206	**山东**	**Shandong**	**37945.58**	**26637.32**	**21057.05**	
安徽	**Anhui**	**12588.06**	**14674.64**	**12603.65**		济南	Jinan	1769.09	1448.87	1357.28	31
合肥	Hefei	1286.15	1594.22	1381.88	28	青岛	Qingdao	3805.04	3268.47	2420.63	6
芜湖	Wuhu	1718.39	1425.00	1020.05	57	淄博	Zibo	2073.97	935.70	754.66	101
蚌埠	Bengbu	535.56	884.74	754.27	102	枣庄	Zaozhuang	771.02	681.44	414.47	176
淮南	Huainan	262.05	240.75	534.59	145	东营	Dongying	1790.16	1688.43	1051.49	55
马鞍山	Maanshan	496.12	357.29	350.71	192	烟台	Yantai	4504.73	2022.12	1589.55	20
淮北	Huaibei	771.76	262.43	220.34	238	潍坊	Weifang	7086.99	3976.84	3125.31	2
铜陵	Tongling	641.37	354.56	240.34	227	济宁	Jining	2238.46	1738.43	1691.39	18
安庆	Anqing	814.89	724.08	553.05	140	泰安	Taian	1369.84	1002.20	659.26	124
黄山	Huangshan	402.95	392.15	222.01	235	威海	Weihai	2658.09	1713.34	1317.32	34
滁州	Chuzhou	1092.61	1834.62	1336.84	32	日照	Rizhao	778.35	566.45	1115.52	51
阜阳	Fuyang	600.25	897.16	1213.68	44	莱芜	Laiwu	519.54	331.57	328.89	198
宿州	Suzhou	676.48	853.49	733.97	108	临沂	Linyi	2652.91	2434.23	1530.30	25
六安	Liuan	620.71	1580.90	1438.04	26	德州	Dezhou	1266.87	1151.82	935.57	69
亳州	Bozhou	346.87	835.67	818.17	87	聊城	Liaocheng	1389.42	1293.38	833.45	82

7-3　建设用地出让土地面积　续表 2
Land Area of Construction Use Land Granted continued 2

单位：公顷　　(hectare)

地名	City	2010	2014	2015	2015 排名 Ranking	地名	City	2010	2014	2015	2015 排名 Ranking
滨州	Binzhou	1686.75	963.35	678.29	120	常德	Changde	727.91	908.66	660.16	123
菏泽	Heze	1584.35	1420.70	1253.66	40	张家界	Zhangjiajie	279.35	79.84	79.60	277
河南	**Henan**	**11992.83**	**15917.82**	**11957.73**		益阳	Yiyang	480.99	515.16	468.83	167
郑州	Zhengzhou	1441.26	2574.76	2789.26	4	郴州	Chenzhou	691.93	655.15	556.31	138
开封	Kaifeng	718.79	765.77	480.19	162	永州	Yongzhou	487.37	647.92	737.77	106
洛阳	Luoyang	1357.69	1249.72	860.17	80	怀化	Huaihua	628.04	689.44	486.34	160
平顶山	Pingdingshan	791.50	786.67	535.30	144	娄底	Loudi	272.63	434.42	267.93	218
安阳	Anyang	674.44	1359.50	637.81	128	**广东**	**Guangdong**	**12937.06**	**11868.27**	**11010.96**	
鹤壁	Hebi	458.71	515.75	471.29	165	广州	Guangzhou	1773.39	987.03	686.73	117
新乡	Xinxiang	843.54	1376.71	908.02	73	韶关	Shaoguan	476.60	559.60	506.40	153
焦作	Jiaozuo	716.74	1154.82	426.17	173	深圳	Shenzhen	288.72	547.77	436.81	170
濮阳	Puyang	262.80	356.03	335.91	197	珠海	Zhuhai	742.63	542.03	374.23	184
许昌	Xuchang	790.80	621.25	683.40	118	汕头	Shantou	148.30	134.29	198.48	246
漯河	Luohe	290.17	348.06	322.22	202	佛山	Foshan	1250.34	1052.89	937.08	68
三门峡	Sanmenxia	555.85	451.49	244.58	225	江门	Jiangmen	1093.38	656.52	520.57	149
南阳	Nanyang	830.85	1127.74	713.05	110	湛江	Zhanjiang	559.29	539.06	1768.58	15
商丘	Shangqiu	630.15	960.11	734.74	107	茂名	Maoming	140.70	438.71	236.60	229
信阳	Xinyang	443.37	617.78	486.02	161	肇庆	Zhaoqing	641.38	837.71	606.79	131
周口	Zhoukou	390.74	780.38	435.21	171	惠州	Huizhou	1277.36	825.59	646.48	127
驻马店	Zhumadian	795.44	871.26	894.39	75	梅州	Meizhou	383.52	481.77	823.38	84
湖北	**Hubei**	**13176.29**	**14372.58**	**12868.75**		汕尾	Shanwei	23.33	118.97	260.16	220
武汉	Wuhan	3014.74	2618.92	2128.69	9	河源	Heyuan	294.55	468.55	281.08	215
黄石	Huangshi	532.55	517.65	748.38	104	阳江	Yangjiang	866.65	499.58	337.61	196
十堰	Shiyan	507.02	856.42	583.22	135	清远	Qingyuan	1014.06	837.97	707.89	113
宜昌	Yichang	1925.92	1166.51	1798.29	11	东莞	Dongguan	699.52	536.84	922.32	71
襄阳	Xiangyang	952.25	1676.12	945.45	67	中山	Zhongshan	877.58	213.96	130.09	266
鄂州	Ezhou	696.35	274.39	578.11	136	潮州	Chaozhou	30.87	252.80	151.15	260
荆门	Jingmen	830.16	1054.19	794.90	93	揭阳	Jieyang	148.91	892.16	286.16	213
孝感	Xiaogan	953.56	1165.64	952.05	65	云浮	Yunfu	205.99	444.46	192.38	248
荆州	Jingzhou	957.23	1007.86	1309.56	35	**广西**	**Guangxi**	**6325.14**	**6674.82**	**5845.65**	
黄冈	Huanggang	880.64	1238.27	860.47	79	南宁	Nanning	965.78	1171.54	1121.83	50
咸宁	Xianning	780.46	1004.67	785.36	95	柳州	Liuzhou	583.39	688.57	692.69	116
随州	Suizhou	314.88	564.24	273.75	216	桂林	Guilin	685.84	476.44	524.02	147
湖南	**Hunan**	**8354.97**	**9631.08**	**8350.28**		梧州	Wuzhou	542.68	347.89	121.09	267
长沙	Changsha	2049.51	2168.30	1415.20	27	北海	Beihai	292.34	333.07	170.16	254
株洲	Zhuzhou	359.69	452.09	551.62	141	防城港	Fangchenggang	436.48	504.07	387.13	181
湘潭	Xiangtan	465.19	622.07	320.69	203	钦州	Qinzhou	942.51	468.07	377.02	182
衡阳	Hengyang	707.86	971.99	1261.85	38	贵港	Guigang	139.70	432.23	368.73	188
邵阳	Shaoyang	441.89	494.87	395.47	180	玉林	Yulin	587.53	441.44	518.54	150
岳阳	Yueyang	633.47	697.46	924.97	70	百色	Baise	322.80	568.69	507.74	152

7-3 建设用地出让土地面积 续表 3
Land Area of Construction Use Land Granted continued 3

单位：公顷 (hectare)

地名	City	2010	2014	2015	2015 排名 Ranking
贺州	Hezhou	260.60	341.62	429.69	172
河池	Hechi	245.31	268.01	134.72	264
来宾	Laibin	99.96	394.29	283.39	214
崇左	Chongzuo	220.22	238.92	208.89	242
海南	**Hainan**	**1809.29**	**991.99**	**991.48**	
海口	Haikou	127.67	101.38	261.75	219
三亚	Sanya	116.97	120.99	108.02	269
三沙	Sansha				
重庆	**Chongqing**	**5495.06**	**7615.57**	**7321.82**	
四川	**Sichuan**	**11272.01**	**12014.18**	**9738.66**	
成都	Chengdu	3417.17	2181.21	2505.96	5
自贡	Zigong	286.75	254.06	102.52	272
攀枝花	Panzhihua	277.71	249.09	89.43	274
泸州	Luzhou	1086.65	540.44	710.98	111
德阳	Deyang	929.40	832.07	548.51	142
绵阳	Mianyang	772.60	835.44	598.94	132
广元	Guangyuan	274.16	305.95	316.64	207
遂宁	Suining	317.51	563.69	372.82	185
内江	Neijiang	300.69	314.72	249.06	224
乐山	Leshan	712.13	612.32	619.85	130
南充	Nanchong	515.30	743.11	469.25	166
眉山	Meishan	449.15	874.87	915.38	72
宜宾	Yibin	510.26	670.62	410.10	177
广安	Guangan	354.54	535.46	424.84	174
达州	Dazhou	326.95	350.41	271.15	217
雅安	Yaan	334.68	214.90	256.64	222
巴中	Bazhong	73.93	455.83	350.32	193
资阳	Ziyang	185.37	664.41	360.44	190
贵州	**Guizhou**	**3353.30**	**7800.13**	**6030.98**	
贵阳	Guiyang	1300.90	1126.39	972.11	62
六盘水	Liupanshui	343.23	510.38	555.36	139
遵义	Zunyi	451.64	1462.45	1138.58	49
安顺	Anshun	163.36	553.98	372.77	186
毕节	Bijie	289.35	1333.31	663.89	122
铜仁	Tongren	127.33	665.39	813.51	89
云南	**Yunnan**	**5984.99**	**6130.04**	**3223.25**	
昆明	Kunming	1223.45	1738.97	753.64	103
曲靖	Qujing	689.02	485.80	202.47	243
玉溪	Yuxi	503.11	397.46	311.40	209
保山	Baoshan	481.25	432.68	155.81	257
昭通	Zhaotong	204.41	203.77	47.05	282

地名	City	2010	2014	2015	2015 排名 Ranking
丽江	Lijiang	162.44	284.49	86.81	276
普洱	Puer	166.66	204.95	119.54	268
临沧	Lincang	152.10	172.15	88.31	275
西藏	**Tibet**	**338.81**	**778.30**	**276.74**	
拉萨	Lasa	254.63	282.13	210.74	241
陕西	**Shaanxi**	**4057.15**	**6263.77**	**5342.68**	
西安	Xi'an	787.19	1326.37	980.94	60
铜川	Tongchuan	157.83	158.87	105.24	271
宝鸡	Baoji	381.77	758.07	503.75	154
咸阳	Xianyang	648.99	936.00	845.43	81
渭南	Weinan	399.33	417.67	705.71	114
延安	Yan'an	123.91	239.33	259.18	221
汉中	Hanzhong	211.84	995.32	475.15	164
榆林	Yulin	1113.36	858.90	1160.03	47
安康	Ankang	76.64	221.43	201.21	244
商洛	Shangluo	156.29	351.81	106.06	270
甘肃	**Gansu**	**2761.05**	**6660.18**	**4875.29**	
兰州	Lanzhou	503.16	1261.56	1154.22	48
嘉峪关	Jiayuguan	143.12	835.92	35.76	285
金昌	Jinchang	109.67	109.49	139.88	261
白银	Baiyin	251.33	565.31	415.75	175
天水	Tianshui	186.01	207.92	135.68	263
武威	Wuwei	194.89	1019.42	792.33	94
张掖	Zhangye	256.53	655.52	739.52	105
平凉	Pingliang	96.94	372.18	226.23	234
酒泉	Jiuquan	521.32	906.70	538.50	143
庆阳	Qingyang	118.23	186.63	58.53	281
定西	Dingxi	239.57	195.35	234.57	231
陇南	Longnan	33.39	24.36	46.13	284
青海	**Qinghai**	**931.69**	**1955.38**	**1130.93**	
西宁	Xining	365.22	880.12	399.07	179
海东	Haidong		206.79	152.57	258
宁夏	**Ningxia**	**3392.49**	**3681.05**	**3143.92**	
银川	Yinchuan	1370.24	1741.30	1318.82	33
石嘴山	Shizuishan	854.64	355.57	227.31	233
吴忠	Wuzhong	544.90	746.02	648.22	126
固原	Guyuan	282.28	273.25	179.52	250
中卫	Zhongwei	340.43	564.92	770.05	97
新疆	**Xinjiang**	**5535.74**	**11397.83**	**8103.74**	
乌鲁木齐	Urumqi	1073.65	1109.11	945.48	66
克拉玛依	Karamay	142.81	230.39	229.70	232

7-4　建设用地新增土地供应面积
Newly Increased Area of Construction Use Land Supplied

单位：公顷　　(hectare)

地名	City	2010	2014	2015	2015 排名 Ranking
全国	**Nation Total**	**171369.00**	**311650.02**	**252438.22**	
北京	**Beijing**	**1130.00**	**1407.38**	**879.07**	
天津	**Tianjin**	**2382.00**	**2932.22**	**3061.81**	
河北	**Hebei**	**5547.00**	**14112.42**	**10854.94**	
石家庄	Shijiazhuang	724.00	1271.54	1061.58	69
唐山	Tangshan	669.00	2551.31	1418.86	38
秦皇岛	Qinhuangdao	427.00	345.17	266.18	222
邯郸	Handan	697.00	1584.74	827.58	95
邢台	Xingtai	277.00	922.32	1524.05	31
保定	Baoding	513.00	1156.56	1242.05	54
张家口	Zhangjiakou	457.00	550.55	591.64	144
承德	Chengde	376.00	2008.72	867.80	91
沧州	Cangzhou	513.00	1661.02	1336.77	44
廊坊	Langfang	671.00	1148.21	1008.97	75
衡水	Hengshui	224.00	912.29	709.46	114
山西	**Shanxi**	**2747.00**	**5405.93**	**3599.37**	
太原	Taiyuan	306.00	584.09	347.44	197
大同	Datong	242.00	654.19	181.33	251
阳泉	Yangquan	159.00	394.42	74.24	280
长治	Changzhi	184.00	397.21	190.04	248
晋城	Jincheng	213.00	492.60	173.09	253
朔州	Shuozhou	286.00	174.97	127.74	264
晋中	Jinzhong	210.00	542.80	252.74	228
运城	Yuncheng	373.00	606.46	460.51	169
忻州	Xinzhou	173.00	288.45	1161.04	61
临汾	Linfen	264.00	699.46	455.48	172
吕梁	Lvliang	339.00	571.28	175.71	252
内蒙古	**Inner Mongolia**	**7674.00**	**8850.30**	**9137.37**	
呼和浩特	Hohhot	416.00	578.25	797.40	99
包头	Baotou	734.00	765.78	210.14	241
乌海	Wuhai	327.00	138.95	53.39	284
赤峰	Chifeng	442.00	971.86	1258.73	50
通辽	Tongliao	438.00	565.39	522.03	155
鄂尔多斯	Erdos	2974.00	1741.64	1650.54	29
呼伦贝尔	Hulunbuir	515.00	610.68	929.55	82
巴彦淖尔	Bayannur	484.00	530.56	470.72	164
乌兰察布	Ulanqab	357.00	1110.91	1466.25	33
辽宁	**Liaoning**	**9525.00**	**8188.98**	**6554.78**	
沈阳	Shenyang	1889.00	1971.92	1290.09	47
大连	Dalian	1402.00	644.16	1023.76	73
鞍山	Anshan	1154.00	496.44	673.05	125
抚顺	Fushun	403.00	155.27	117.80	269
本溪	Benxi	241.00	166.65	832.82	94
丹东	Dandong	428.00	331.61	156.58	258
锦州	Jinzhou	294.00	198.51	503.21	159
营口	Yingkou	661.00	323.06	233.39	237
阜新	Fuxin	294.00	322.45	259.00	225
辽阳	Liaoyang	428.00	198.70	312.51	208
盘锦	Panjin	366.00	430.21	343.81	200
铁岭	Tieling	1234.00	347.04	310.67	210
朝阳	Chaoyang	476.00	366.12	398.09	182
葫芦岛	Huludao	256.00	2236.84	99.99	274
吉林	**Jilin**	**2877.00**	**7439.33**	**4624.24**	
长春	Changchun	1411.00	1239.91	868.53	90
吉林	Jilin	346.00	956.63	398.60	181
四平	Siping	144.00	341.95	776.88	102
辽源	Liaoyuan	116.00	80.42	62.43	283
通化	Tonghua	53.00	413.25	719.15	112
白山	Baishan	478.00	208.57	330.18	204
松原	Songyuan	50.00	1842.08	430.20	174
白城	Baicheng	173.00	1209.92	391.62	185
黑龙江	**Heilongjiang**	**3248.00**	**5249.00**	**4713.33**	
哈尔滨	Harbin	1073.00	1182.94	729.43	109
齐齐哈尔	Qiqihar	160.00	560.37	330.83	203
鸡西	Jixi	42.00	154.08	105.44	273
鹤岗	Hegang	89.00	98.52	119.26	267
双鸭山	Shuangyashan	117.00	159.09	201.50	245
大庆	Daqing	190.00	371.01	392.69	184
伊春	Yichun	9.00	413.19	75.58	279
佳木斯	Jiamusi	112.00	432.36	306.01	212
七台河	Qitaihe	38.00	151.86	185.74	249
牡丹江	Mudanjiang	217.00	275.37	391.45	186
黑河	Heihe	219.00	94.91	246.91	231
绥化	Suihua	507.00	761.37	754.96	106
上海	**Shanghai**	**325.00**	**1619.70**	**944.23**	
江苏	**Jiangsu**	**24697.00**	**25151.86**	**25476.37**	

7-4 建设用地新增土地供应面积 续表 1

Newly Increased Area of Construction Use Land Supplied continued 1

单位：公顷 (hectare)

地名	City	2010	2014	2015	2015 排名 Ranking	地名	City	2010	2014	2015	2015 排名 Ranking
南京	Nanjing	2292.00	2076.06	2283.09	9	池州	Chizhou	368.00	534.26	525.43	154
无锡	Wuxi	4195.00	1672.74	1330.09	45	宣城	Xuancheng	340.00	1243.77	708.11	115
徐州	Xuzhou	1791.00	2811.93	2024.64	18	**福建**	**Fujian**	**5039.00**	**17077.53**	**11717.88**	
常州	Changzhou	2845.00	1393.72	3031.00	2	福州	Fuzhou	776.00	2474.76	2900.87	3
苏州	Suzhou	2313.00	1823.54	1751.82	24	厦门	Xiamen	271.00	499.05	421.94	175
南通	Nantong	2972.00	2005.21	4544.82	1	莆田	Putian	241.00	1083.54	1084.00	66
连云港	Lianyungang	452.00	2504.68	815.34	97	三明	Sanming	518.00	1306.55	770.98	103
淮安	Huaian	1330.00	1710.85	1245.42	53	泉州	Quanzhou	762.00	4689.95	2055.59	15
盐城	Yancheng	2002.00	2007.42	2271.78	10	漳州	Zhangzhou	840.00	2683.01	1693.60	28
扬州	Yangzhou	1646.00	2223.17	1404.18	40	南平	Nanping	627.00	1598.85	712.75	113
镇江	Zhenjiang	339.00	956.15	1135.79	63	龙岩	Longyan	607.00	826.89	879.85	87
泰州	Taizhou	1312.00	1470.49	1786.09	23	宁德	Ningde	394.00	1914.94	1198.30	57
宿迁	Suqian	1207.00	2495.92	1852.32	20	**江西**	**Jiangxi**	**6080.00**	**11738.16**	**11004.86**	
浙江	**Zhejiang**	**21372.00**	**18511.67**	**13885.38**		南昌	Nanchang	834.00	1598.90	1041.81	71
杭州	Hangzhou	4986.00	3053.56	1727.61	25	景德镇	Jingdezhen	279.00	347.89	460.30	170
宁波	Ningbo	4281.00	2012.29	2137.19	13	萍乡	Pingxiang	143.00	278.93	456.61	171
温州	Wenzhou	895.00	3286.77	2357.39	8	九江	Jiujiang	650.00	1722.58	2441.99	7
嘉兴	Jiaxing	2661.00	1143.01	1041.71	72	新余	Xinyu	148.00	399.66	115.67	270
湖州	Huzhou	1189.00	948.09	725.16	110	鹰潭	Yingtan	206.00	442.04	310.96	209
绍兴	Shaoxing	1461.00	2007.46	1445.40	35	赣州	Ganzhou	1013.00	1258.38	690.34	120
金华	Jinhua	1568.00	2223.05	1506.19	32	吉安	Jian	568.00	1054.83	1206.94	56
衢州	Quzhou	1237.00	1507.63	581.79	148	宜春	Yichun	1079.00	2596.55	2269.49	11
舟山	Zhoushan	482.00	316.25	376.68	191	抚州	Fuzhou	654.00	1350.29	731.18	108
台州	Taizhou	1529.00	1387.65	1606.46	30	上饶	Shangrao	507.00	688.11	1279.58	48
丽水	Lishui	1084.00	625.92	379.78	187	**山东**	**Shandong**	**17218.00**	**20900.56**	**17620.98**	
安徽	**Anhui**	**6056.00**	**11292.36**	**10000.90**		济南	Jinan	986.00	1447.38	1160.40	62
合肥	Hefei	719.00	1555.47	1375.52	42	青岛	Qingdao	1926.00	2266.05	2159.69	12
芜湖	Wuhu	873.00	712.93	642.11	131	淄博	Zibo	586.00	661.15	702.85	116
蚌埠	Bengbu	226.00	544.86	332.51	202	枣庄	Zaozhuang	367.00	596.18	334.26	201
淮南	Huainan	119.00	727.65	400.49	180	东营	Dongying	1526.00	1341.85	937.91	81
马鞍山	Maanshan	197.00	209.67	245.67	232	烟台	Yantai	1692.00	1005.65	1190.45	58
淮北	Huaibei	401.00	109.62	79.88	278	潍坊	Weifang	2306.00	1960.23	1859.93	19
铜陵	Tongling	323.00	93.53	98.88	275	济宁	Jining	1011.00	1532.77	1132.60	64
安庆	Anqing	458.00	623.61	411.72	177	泰安	Taian	730.00	914.03	584.95	146
黄山	Huangshan	214.00	370.14	223.06	238	威海	Weihai	824.00	716.91	796.89	100
滁州	Chuzhou	370.00	576.22	1293.54	46	日照	Rizhao	602.00	689.21	1183.01	59
阜阳	Fuyang	393.00	419.86	631.00	134	莱芜	Laiwu	368.00	298.28	353.67	195
宿州	Suzhou	363.00	587.70	650.27	129	临沂	Linyi	1334.00	2394.17	1460.25	34
六安	Liuan	305.00	1954.02	1253.55	52	德州	Dezhou	560.00	1523.04	985.98	76
亳州	Bozhou	158.00	559.53	583.17	147	聊城	Liaocheng	872.00	1422.57	915.48	83

7-4 建设用地新增土地供应面积 续表 2

Newly Increased Area of Construction Use Land Supplied continued 2

单位：公顷 (hectare)

地名	City	2010	2014	2015	2015 排名 Ranking	地名	City	2010	2014	2015	2015 排名 Ranking
滨州	Binzhou	882.00	941.90	689.25	121	常德	Changde	369.00	959.05	587.63	145
菏泽	Heze	645.00	1189.18	1173.41	60	张家界	Zhangjiajie	80.00	96.67	69.49	281
河南	**Henan**	**6236.00**	**11504.09**	**10087.79**		益阳	Yiyang	193.00	389.76	660.77	127
郑州	Zhengzhou	715.00	1943.12	2706.01	6	郴州	Chenzhou	331.00	627.98	780.42	101
开封	Kaifeng	376.00	556.75	392.72	183	永州	Yongzhou	128.00	872.51	1044.22	70
洛阳	Luoyang	541.00	733.31	609.28	139	怀化	Huaihua	240.00	595.74	463.16	168
平顶山	Pingdingshan	764.00	596.85	324.94	206	娄底	Loudi	106.00	306.95	279.27	218
安阳	Anyang	348.00	861.34	655.42	128	**广东**	**Guangdong**	**4940.00**	**22282.49**	**11902.47**	
鹤壁	Hebi	275.00	385.41	242.80	235	广州	Guangzhou	1204.00	2947.53	1403.27	41
新乡	Xinxiang	305.00	710.31	561.75	149	韶关	Shaoguan	170.00	589.56	345.15	199
焦作	Jiaozuo	391.00	997.31	261.94	224	深圳	Shenzhen	128.00	76.90	67.81	282
濮阳	Puyang	143.00	212.76	203.58	242	珠海	Zhuhai	61.00	340.60	313.46	207
许昌	Xuchang	448.00	413.39	557.79	150	汕头	Shantou	53.00	488.17	269.02	221
漯河	Luohe	136.00	353.03	182.75	250	佛山	Foshan	106.00	1330.50	951.37	78
三门峡	Sanmenxia	365.00	346.77	157.57	257	江门	Jiangmen	488.00	1054.04	697.49	119
南阳	Nanyang	339.00	891.51	541.64	153	湛江	Zhanjiang	236.00	560.79	1847.20	21
商丘	Shangqiu	332.00	595.20	470.93	163	茂名	Maoming	43.00	1331.40	301.14	213
信阳	Xinyang	152.00	460.25	504.79	157	肇庆	Zhaoqing	221.00	785.65	687.79	122
周口	Zhoukou	197.00	670.31	1077.13	67	惠州	Huizhou	162.00	2587.61	350.92	196
驻马店	Zhumadian	410.00	776.45	636.74	132	梅州	Meizhou	84.00	400.00	627.51	135
湖北	**Hubei**	**8096.00**	**14476.36**	**11853.80**		汕尾	Shanwei		910.42	201.81	244
武汉	Wuhan	1788.00	3148.65	2117.06	14	河源	Heyuan	235.00	1686.62	247.91	230
黄石	Huangshi	205.00	295.65	476.48	162	阳江	Yangjiang	338.00	1448.19	467.21	165
十堰	Shiyan	476.00	938.67	807.72	98	清远	Qingyuan	494.00	760.10	621.03	138
宜昌	Yichang	1331.00	1810.09	1719.43	26	东莞	Dongguan	392.00	907.19	1414.63	39
襄阳	Xiangyang	534.00	1434.30	846.43	93	中山	Zhongshan	366.00	632.44	465.23	167
鄂州	Ezhou	348.00	347.16	667.43	126	潮州	Chaozhou	6.00	317.21	111.63	271
荆门	Jingmen	626.00	731.15	516.59	156	揭阳	Jieyang	72.00	2031.14	274.55	220
孝感	Xiaogan	475.00	905.69	822.42	96	云浮	Yunfu	83.00	1096.46	236.33	236
荆州	Jingzhou	550.00	749.32	1120.93	65	**广西**	**Guangxi**	**2155.00**	**7127.12**	**5832.24**	
黄冈	Huanggang	584.00	935.74	674.48	124	南宁	Nanning	465.00	1634.56	1011.32	74
咸宁	Xianning	465.00	1272.98	698.76	118	柳州	Liuzhou	189.00	822.97	872.14	89
随州	Suizhou	187.00	874.36	252.81	227	桂林	Guilin	176.00	515.53	290.30	215
湖南	**Hunan**	**3424.00**	**11219.89**	**9323.22**		梧州	Wuzhou	235.00	345.86	118.78	268
长沙	Changsha	679.00	2585.91	1703.46	27	北海	Beihai	46.00	105.43	111.25	272
株洲	Zhuzhou	223.00	743.96	504.60	158	防城港	Fangchenggang	168.00	218.61	252.59	229
湘潭	Xiangtan	97.00	586.40	362.21	193	钦州	Qinzhou	141.00	335.04	973.09	77
衡阳	Hengyang	360.00	1932.78	1273.02	49	贵港	Guigang	31.00	291.75	275.48	219
邵阳	Shaoyang	323.00	370.33	421.51	176	玉林	Yulin	214.00	390.93	406.30	178
岳阳	Yueyang	243.00	864.25	939.92	80	百色	Baise	184.00	640.51	546.87	151

7-4 建设用地新增土地供应面积 续表 3
Newly Increased Area of Construction Use Land Supplied continued 3

单位：公顷 (hectare)

地名	City	2010	2014	2015	2015 排名 Ranking	地名	City	2010	2014	2015	2015 排名 Ranking
贺州	Hezhou	120.00	306.85	285.61	217	丽江	Lijiang	49.00	755.89	89.42	277
河池	Hechi	65.00	233.25	97.03	276	普洱	Puer	77.00	159.49	262.33	223
来宾	Laibin	16.00	351.93	212.18	240	临沧	Lincang	49.00	3887.76	757.04	105
崇左	Chongzuo	104.00	933.91	379.29	188	**西藏**	**Tibet**	**988.00**	**497.89**	**276.16**	
海南	**Hainan**	**675.00**	**742.85**	**829.02**		拉萨	Lasa	213.00	264.62	168.84	255
海口	Haikou	27.00	16.90	172.19	254	**陕西**	**Shaanxi**	**2765.00**	**6556.56**	**6142.80**	
三亚	Sanya	44.00	94.10	125.61	265	西安	Xi'an	239.00	1127.58	876.97	88
三沙	Sansha					铜川	Tongchuan	101.00	244.37	145.21	260
重庆	**Chongqing**	**3222.00**	**5056.16**	**5007.45**		宝鸡	Baoji	159.00	659.89	608.20	140
四川	**Sichuan**	**5276.00**	**24260.49**	**17928.88**		咸阳	Xianyang	409.00	867.37	1353.38	43
成都	Chengdu	1741.00	3598.97	2815.52	4	渭南	Weinan	202.00	370.38	722.48	111
自贡	Zigong	111.00	399.27	144.53	261	延安	Yan'an	68.00	165.47	244.51	233
攀枝花	Panzhihua	63.00	579.43	256.18	226	汉中	Hanzhong	110.00	1006.21	466.32	166
泸州	Luzhou	690.00	1315.94	902.70	84	榆林	Yulin	844.00	1541.74	1438.86	36
德阳	Deyang	599.00	667.47	597.13	143	安康	Ankang	556.00	176.87	140.49	262
绵阳	Mianyang	345.00	578.38	542.50	152	商洛	Shangluo	76.00	396.66	146.36	259
广元	Guangyuan	16.00	248.91	2807.05	5	**甘肃**	**Gansu**	**2566.00**	**8621.50**	**8225.22**	
遂宁	Suining	57.00	526.83	378.53	189	兰州	Lanzhou	196.00	1131.10	1207.00	55
内江	Neijiang	123.00	242.27	294.15	214	嘉峪关	Jiayuguan	72.00	790.23	4.04	285
乐山	Leshan	192.00	954.35	626.58	136	金昌	Jinchang	307.00	105.49	244.33	234
南充	Nanchong	276.00	793.56	452.61	173	白银	Baiyin	171.00	628.92	286.65	216
眉山	Meishan	359.00	1183.91	1844.62	22	天水	Tianshui	118.00	173.00	597.20	142
宜宾	Yibin	262.00	1145.45	679.93	123	武威	Wuwei	172.00	928.98	1432.06	37
广安	Guangan	138.00	606.15	495.92	160	张掖	Zhangye	209.00	564.43	702.50	117
达州	Dazhou	97.00	352.08	197.50	247	平凉	Pingliang	32.00	354.18	213.73	239
雅安	Yaan	51.00	132.02	602.35	141	酒泉	Jiuquan	997.00	2483.28	2037.00	16
巴中	Bazhong	0.00	311.62	621.56	137	庆阳	Qingyang	96.00	692.46	202.48	243
资阳	Ziyang	64.00	467.67	487.73	161	定西	Dingxi	113.00	315.78	354.06	194
贵州	**Guizhou**	**4231.00**	**6983.38**	**6509.99**		陇南	Longnan	12.00	24.37	326.13	205
贵阳	Guiyang	837.00	1047.35	940.34	79	**青海**	**Qinghai**	**925.00**	**1866.75**	**1359.13**	
六盘水	Liupanshui	257.00	355.22	643.18	130	西宁	Xining	217.00	729.04	378.15	190
遵义	Zunyi	2020.00	1842.95	880.27	86	海东	Haidong		177.05	137.03	263
安顺	Anshun	80.00	305.88	306.11	211	**宁夏**	**Ningxia**	**2051.00**	**3203.18**	**4886.13**	
毕节	Bijie	82.00	1179.30	751.06	107	银川	Yinchuan	801.00	1491.49	2036.88	17
铜仁	Tongren	39.00	558.94	762.47	104	石嘴山	Shizuishan	525.00	233.25	346.55	198
云南	**Yunnan**	**4479.00**	**11434.20**	**6622.70**		吴忠	Wuzhong	364.00	722.90	1253.66	51
昆明	Kunming	567.00	1674.31	634.21	133	固原	Guyuan	141.00	250.66	367.69	192
曲靖	Qujing	287.00	311.11	1062.55	68	中卫	Zhongwei	219.00	504.87	881.34	85
玉溪	Yuxi	361.00	281.00	406.09	179	**新疆**	**Xinjiang**	**3424.00**	**15939.70**	**11575.75**	
保山	Baoshan	258.00	569.58	201.28	246	乌鲁木齐	Urumqi	307.00	1441.01	854.01	92
昭通	Zhaotong	190.00	606.32	125.06	266	克拉玛依	Karamay	36.00	460.64	159.47	256

7-5　建设用地新增划拨土地面积
Newly Increased Area of Construction Use Land Allocated

单位：公顷　　　　　　　　　　　　　　　　　　(hectare)

地名	City	2010	2014	2015	2015 排名 Ranking
全国	**Nation Total**	**28626.94**	**129489.28**	**101669.15**	
北京	**Beijing**	**14.60**	**293.74**	**168.17**	
天津	**Tianjin**	**22.90**	**474.42**	**1726.22**	
河北	**Hebei**	**159.55**	**4301.40**	**2049.29**	
石家庄	Shijiazhuang	44.25	144.36	80.21	177
唐山	Tangshan	15.00	1041.82	508.10	55
秦皇岛	Qinhuangdao	5.09	1.11	11.75	256
邯郸	Handan	18.13	623.04	63.69	195
邢台	Xingtai		128.92	589.70	48
保定	Baoding	2.38	187.41	46.89	212
张家口	Zhangjiakou	13.75	14.52	26.41	234
承德	Chengde	0.16	1560.38	378.13	74
沧州	Cangzhou	56.27	322.16	161.87	126
廊坊	Langfang	2.22	266.20	30.57	227
衡水	Hengshui	2.31	11.49	151.97	134
山西	**Shanxi**	**40.89**	**1373.02**	**1270.29**	
太原	Taiyuan	0.43		1.48	270
大同	Datong		221.68	84.40	172
阳泉	Yangquan		196.61	19.93	246
长治	Changzhi	7.62	15.99	12.75	253
晋城	Jincheng	13.44	166.87	46.47	213
朔州	Shuozhou		4.55	9.35	262
晋中	Jinzhong	4.00	57.33	10.70	259
运城	Yuncheng	1.23	70.89	74.80	183
忻州	Xinzhou	4.46	16.94	768.47	27
临汾	Linfen	9.71	515.87	220.02	102
吕梁	Lvliang		106.29	21.92	238
内蒙古	**Inner Mongolia**	**687.29**	**2466.95**	**3119.12**	
呼和浩特	Hohhot		58.61	49.56	211
包头	Baotou	350.45	458.53	67.41	189
乌海	Wuhai	112.39	1.49	26.61	232
赤峰	Chifeng	0.32	169.85	644.01	42
通辽	Tongliao	10.25	148.38	18.41	249
鄂尔多斯	Erdos	0.30	588.55	408.85	68
呼伦贝尔	Hulunbuir	196.28	133.37	449.23	61
巴彦淖尔	Bayannur		142.71	49.73	210
乌兰察布	Ulanqab	4.27	371.58	655.81	39
辽宁	**Liaoning**	**114.14**	**2733.14**	**2251.79**	
沈阳	Shenyang	8.95	242.71	318.12	83
大连	Dalian	5.12	86.84	664.90	38
鞍山	Anshan		30.44	42.76	217
抚顺	Fushun	0.36	26.58	20.14	245
本溪	Benxi		18.86	407.58	69
丹东	Dandong	57.85	95.80	36.48	224
锦州	Jinzhou		31.99	203.15	107
营口	Yingkou		0.64	12.91	252
阜新	Fuxin	2.44	18.26	107.67	159
辽阳	Liaoyang	39.42	34.97	107.39	160
盘锦	Panjin		14.56	42.96	216
铁岭	Tieling		20.36	82.71	174
朝阳	Chaoyang		47.95	166.15	124
葫芦岛	Huludao		2063.17	38.88	222
吉林	**Jilin**	**46.33**	**4098.31**	**2344.42**	
长春	Changchun		418.99	133.80	145
吉林	Jilin		263.34	59.02	201
四平	Siping		68.64	429.36	65
辽源	Liaoyuan	45.67	6.18	10.96	258
通化	Tonghua		49.48	521.79	54
白山	Baishan	0.66	59.16	261.87	94
松原	Songyuan		1609.10	294.67	87
白城	Baicheng		937.30	238.21	100
黑龙江	**Heilongjiang**	**728.94**	**1594.96**	**1803.52**	
哈尔滨	Harbin	108.89	172.78	67.65	188
齐齐哈尔	Qiqihar	2.32	154.66	94.77	168
鸡西	Jixi		29.88	2.38	268
鹤岗	Hegang	18.97	38.97	76.91	182
双鸭山	Shuangyashan		60.50	65.95	193
大庆	Daqing	0.10	119.99	288.89	89
伊春	Yichun		108.23	59.54	200
佳木斯	Jiamusi	0.72	269.23	40.69	220
七台河	Qitaihe	5.28	44.36	21.69	241
牡丹江	Mudanjiang		24.88	159.70	129
黑河	Heihe	154.06	4.28	105.14	161
绥化	Suihua	42.11	191.79	145.60	139
上海	**Shanghai**		**675.30**	**334.86**	
江苏	**Jiangsu**	**6977.14**	**12660.31**	**13638.53**	

7-5 建设用地新增划拨土地面积 续表 1
Newly Increased Area of Construction Use Land Allocated continued 1

单位：公顷 (hectare)

地名	City	2010	2014	2015	2015 排名 Ranking
南京	Nanjing	1260.15	1314.59	1491.13	9
无锡	Wuxi	2292.51	841.62	712.50	32
徐州	Xuzhou	430.19	1713.33	1045.15	16
常州	Changzhou	1134.43	351.57	1573.15	6
苏州	Suzhou	296.32	683.62	646.91	40
南通	Nantong	566.98	487.08	2565.58	2
连云港	Lianyungang	49.41	2013.50	468.01	59
淮安	Huaian	144.40	695.96	640.79	43
盐城	Yancheng	217.82	705.89	1013.13	19
扬州	Yangzhou	230.92	1433.32	825.11	25
镇江	Zhenjiang	2.10	414.78	607.82	46
泰州	Taizhou	101.30	527.00	636.07	44
宿迁	Suqian	250.62	1478.04	1413.19	10
浙江	**Zhejiang**	**8418.03**	**12831.37**	**9671.68**	
杭州	Hangzhou	2131.72	1729.05	1028.40	18
宁波	Ningbo	2803.30	1315.75	1603.18	5
温州	Wenzhou	439.52	2930.59	2047.70	4
嘉兴	Jiaxing	588.79	376.35	330.14	81
湖州	Huzhou	87.68	214.98	343.96	79
绍兴	Shaoxing	288.21	1530.29	928.75	22
金华	Jinhua	349.08	1660.32	1133.88	14
衢州	Quzhou	342.84	1246.37	435.14	64
舟山	Zhoushan	54.05	213.51	175.49	118
台州	Taizhou	712.68	1144.13	1358.93	11
丽水	Lishui	620.16	470.03	286.12	91
安徽	**Anhui**	**28.99**	**3763.69**	**2798.59**	
合肥	Hefei		760.14	679.64	36
芜湖	Wuhu		35.13	30.10	228
蚌埠	Bengbu			29.93	229
淮南	Huainan		576.51	133.55	146
马鞍山	Maanshan			21.25	242
淮北	Huaibei		8.33		
铜陵	Tongling	1.00			
安庆	Anqing		221.67	119.82	153
黄山	Huangshan	1.97	54.86	65.73	194
滁州	Chuzhou		19.66	479.90	57
阜阳	Fuyang		59.12	41.38	219
宿州	Suzhou	11.82	1.87	173.10	119
六安	Liuan	0.90	1071.40	291.00	88
亳州	Bozhou		146.24	78.82	179
池州	Chizhou		38.56	74.32	184
宣城	Xuancheng	7.94	704.61	358.49	77
福建	**Fujian**	**1074.07**	**10573.28**	**8429.55**	
福州	Fuzhou	105.29	1514.74	2355.61	3
厦门	Xiamen	123.86	273.72	185.84	114
莆田	Putian	27.66	784.74	796.02	26
三明	Sanming	67.13	749.33	611.71	45
泉州	Quanzhou	212.50	3460.61	1529.50	8
漳州	Zhangzhou	51.40	1124.09	1034.33	17
南平	Nanping	362.19	923.52	443.87	62
龙岩	Longyan	68.35	456.33	572.28	49
宁德	Ningde	55.68	1286.20	900.39	23
江西	**Jiangxi**	**443.27**	**5111.03**	**4378.11**	
南昌	Nanchang	11.78	694.73	56.81	203
景德镇	Jingdezhen	2.31	90.30	144.02	141
萍乡	Pingxiang		8.62	72.50	185
九江	Jiujiang		674.22	1139.04	13
新余	Xinyu		76.26	21.92	238
鹰潭	Yingtan		86.42	113.35	156
赣州	Ganzhou	358.25	500.40	244.16	98
吉安	Jian	13.63	333.54	703.82	33
宜春	Yichun	0.47	1567.80	1081.01	15
抚州	Fuzhou	35.07	849.73	264.72	92
上饶	Shangrao	21.77	229.01	536.75	52
山东	**Shandong**	**1016.44**	**3494.82**	**2615.34**	
济南	Jinan	56.49	371.14	124.56	149
青岛	Qingdao	343.54	291.49	526.20	53
淄博	Zibo		139.83	164.78	125
枣庄	Zaozhuang		51.24	18.98	247
东营	Dongying	279.66	62.88	88.59	169
烟台	Yantai	206.54	104.96	183.59	116
潍坊	Weifang	1.64	52.21	255.40	97
济宁	Jining	16.49	351.95	67.33	190
泰安	Taian	0.21	77.00	26.59	233
威海	Weihai		44.92	124.42	150
日照	Rizhao		221.78	160.42	128
莱芜	Laiwu		13.03	69.37	187
临沂	Linyi	5.55	485.95	236.55	101
德州	Dezhou		684.54	205.47	105
聊城	Liaocheng		404.61	198.89	109

7-5 建设用地新增划拨土地面积 续表 2
Newly Increased Area of Construction Use Land Allocated continued 2

单位：公顷 (hectare)

地名	City	2010	2014	2015	2015 排名 Ranking
滨州	Binzhou	31.43	81.23	101.06	164
菏泽	Heze	74.87	56.06	63.16	196
河南	**Henan**	**484.01**	**1245.13**	**1877.01**	
郑州	Zhengzhou	80.81	23.46	377.11	76
开封	Kaifeng		6.90		
洛阳	Luoyang	0.42	7.03	34.13	225
平顶山	Pingdingshan	357.02	18.73		
安阳	Anyang	1.70	47.41	189.93	113
鹤壁	Hebi		1.07	5.61	266
新乡	Xinxiang		50.95	66.03	192
焦作	Jiaozuo		345.34	44.94	215
濮阳	Puyang	2.49	9.12	15.99	250
许昌	Xuchang	6.19	9.28	1.57	269
漯河	Luohe		117.38	11.92	255
三门峡	Sanmenxia	28.38			
南阳	Nanyang	3.47	28.50		
商丘	Shangqiu		116.72	156.67	131
信阳	Xinyang	3.32	20.69	166.45	123
周口	Zhoukou	0.20	152.08	746.48	29
驻马店	Zhumadian		290.48	60.18	199
湖北	**Hubei**	**287.17**	**4144.68**	**2613.06**	
武汉	Wuhan	170.67	903.63	461.29	60
黄石	Huangshi		36.42	122.16	152
十堰	Shiyan	97.37	148.74	303.97	85
宜昌	Yichang	0.23	976.14	646.77	41
襄阳	Xiangyang		350.80	85.17	171
鄂州	Ezhou		103.18	104.98	163
荆门	Jingmen	7.68	110.24	45.96	214
孝感	Xiaogan		119.80	134.64	144
荆州	Jingzhou	10.28	172.41	262.81	93
黄冈	Huanggang		92.21	56.76	204
咸宁	Xianning		504.89	28.54	231
随州	Suizhou		425.70	18.83	248
湖南	**Hunan**	**76.01**	**4096.82**	**2957.26**	
长沙	Changsha	3.88	916.50	743.42	30
株洲	Zhuzhou		344.43	51.61	207
湘潭	Xiangtan		140.17	77.98	180
衡阳	Hengyang	0.44	24.02	155.32	132
邵阳	Shaoyang	19.56	342.48	114.54	155
岳阳	Yueyang	0.46	295.44	161.74	127
常德	Changde	10.19	59.81	193.23	111
张家界	Zhangjiajie	2.89	9.23	0.22	272
益阳	Yiyang	6.55	169.78	305.01	84
郴州	Chenzhou	13.22	392.94	392.89	70
永州	Yongzhou	13.69	95.13	476.21	58
怀化	Huaihua	5.12	24.34	116.23	154
娄底	Loudi		41.92	77.08	181
广东	**Guangdong**	**93.25**	**15011.01**	**4314.06**	
广州	Guangzhou	1.05	2315.19	959.53	20
韶关	Shaoguan		300.42	79.62	178
深圳	Shenzhen	6.45	13.16	4.78	267
珠海	Zhuhai		168.65	145.05	140
汕头	Shantou		397.72	169.66	122
佛山	Foshan	41.00	1073.64	441.53	63
江门	Jiangmen	6.50	668.80	391.42	71
湛江	Zhanjiang		166.49	295.33	86
茂名	Maoming		1140.26	148.73	135
肇庆	Zhaoqing		121.35	210.66	104
惠州	Huizhou		2169.94	51.16	208
梅州	Meizhou	0.22	68.16	20.40	244
汕尾	Shanwei		826.98	9.61	261
河源	Heyuan	35.75	1296.28	23.96	236
阳江	Yangjiang		1034.20	169.98	121
清远	Qingyuan	0.04	187.40	83.09	173
东莞	Dongguan		546.10	682.94	35
中山	Zhongshan		489.83	344.01	78
潮州	Chaozhou	2.24	103.07	12.47	254
揭阳	Jieyang		1203.76	13.54	251
云浮	Yunfu		719.61	56.59	205
广西	**Guangxi**	**138.89**	**2437.76**	**1739.01**	
南宁	Nanning	112.09	794.30	198.65	110
柳州	Liuzhou		331.33	421.38	66
桂林	Guilin	0.62	237.14	0.20	273
梧州	Wuzhou	6.73	83.78	11.19	257
北海	Beihai				
防城港	Fangchenggang	0.31	0.13		
钦州	Qinzhou		92.25	737.43	31
贵港	Guigang	2.00			
玉林	Yulin	1.60			
百色	Baise	4.01	141.41	137.97	143

7-5 建设用地新增划拨土地面积 续表 3
Newly Increased Area of Construction Use Land Allocated continued 3

单位：公顷 (hectare)

地名	City	2010	2014	2015	2015 排名 Ranking
贺州	Hezhou	10.12	11.79	0.63	271
河池	Hechi	1.32	11.94	10.61	260
来宾	Laibin		5.94	21.75	240
崇左	Chongzuo	0.10	727.74	202.21	108
海南	**Hainan**	**29.90**	**55.54**	**172.27**	
海口	Haikou				
三亚	Sanya			37.52	223
三沙	Sansha				
重庆	**Chongqing**	**54.66**	**1067.43**	**828.69**	
四川	**Sichuan**	**75.45**	**14953.35**	**10246.78**	
成都	Chengdu	12.30	1612.92	559.39	50
自贡	Zigong		216.47	50.21	209
攀枝花	Panzhihua		387.63	205.30	106
泸州	Luzhou	5.07	895.50	378.03	75
德阳	Deyang		201.35	192.04	112
绵阳	Mianyang		0.71	110.55	157
广元	Guangyuan	1.23	75.49	2660.52	1
遂宁	Suining		118.57	20.51	243
内江	Neijiang		60.29	147.06	136
乐山	Leshan		503.06	146.10	138
南充	Nanchong	1.25	307.36	95.09	167
眉山	Meishan	1.83	447.24	1148.64	12
宜宾	Yibin	15.62	561.05	324.58	82
广安	Guangan	1.20	98.99	110.07	158
达州	Dazhou	0.02	65.17	23.07	237
雅安	Yaan		6.43	420.25	67
巴中	Bazhong	0.18	0.97	391.38	72
资阳	Ziyang		2.35	211.00	103
贵州	**Guizhou**	**2331.09**	**1863.36**	**2406.36**	
贵阳	Guiyang	6.20	153.59	105.11	162
六盘水	Liupanshui	4.87	0.47	96.42	165
遵义	Zunyi	1775.71	830.03	153.83	133
安顺	Anshun		2.76	126.39	148
毕节	Bijie		421.21	387.48	73
铜仁	Tongren		103.50	335.82	80
云南	**Yunnan**	**1090.00**	**7039.89**	**4398.00**	
昆明	Kunming	4.39	397.48	60.30	198
曲靖	Qujing	146.34	2.54	939.41	21
玉溪	Yuxi		8.01	259.35	96
保山	Baoshan	0.03	196.49	82.18	175
昭通	Zhaotong	33.91	453.88	95.34	166
丽江	Lijiang	0.42	657.40	24.79	235
普洱	Puer		11.90	184.53	115
临沧	Lincang		3722.30	671.76	37
西藏	**Tibet**	**749.65**	**58.57**	**136.61**	
拉萨	Lasa	52.15	25.68	69.90	186
陕西	**Shaanxi**	**525.44**	**1114.35**	**1639.52**	
西安	Xi'an		46.66	80.35	176
铜川	Tongchuan		93.76	66.19	191
宝鸡	Baoji		10.16	122.79	151
咸阳	Xianyang			555.11	51
渭南	Weinan	4.37	26.59	57.97	202
延安	Yan'an	14.79	9.44	33.96	226
汉中	Hanzhong		64.45	55.20	206
榆林	Yulin	6.89	772.25	596.63	47
安康	Ankang	499.39	15.71	8.92	263
商洛	Shangluo		75.35	62.40	197
甘肃	**Gansu**	**1153.76**	**3072.86**	**4220.43**	
兰州	Lanzhou		57.95	181.11	117
嘉峪关	Jiayuguan	43.49			
金昌	Jinchang	217.95	24.43	130.15	147
白银	Baiyin	58.95	272.75	85.44	170
天水	Tianshui	2.00	7.00	501.82	56
武威	Wuwei	96.21	174.03	761.90	28
张掖	Zhangye	10.00	7.41	28.60	230
平凉	Pingliang		100.24	42.43	218
酒泉	Jiuquan	661.99	1628.93	1537.76	7
庆阳	Qingyang	5.00	512.96	158.36	130
定西	Dingxi	53.81	143.23	146.80	137
陇南	Longnan	0.28	9.99	287.95	90
青海	**Qinghai**	**376.02**	**325.81**	**444.64**	
西宁	Xining		3.18	39.85	221
海东	Haidong		57.55	8.60	264
宁夏	**Ningxia**	**2.42**	**61.22**	**2126.85**	
银川	Yinchuan		26.20	890.31	24
石嘴山	Shizuishan			139.74	142
吴忠	Wuzhong	2.42		684.89	34
固原	Guyuan			240.48	99
中卫	Zhongwei		35.02	171.43	120
新疆	**Xinjiang**	**1386.61**	**6495.74**	**4949.09**	
乌鲁木齐	Urumqi	284.26	578.60	260.75	95
克拉玛依	Karamay	23.54	306.07	6.80	265

7-6 建设用地新增出让土地面积

Newly Increased Area of Construction Use Land Granted

单位：公顷 (hectare)

地名	City	2010	2014	2015	2015 排名 Ranking
全国	**Nation Total**	**142370.81**	**181884.37**	**150266.45**	
北京	**Beijing**	**1115.74**	**1113.64**	**710.89**	
天津	**Tianjin**	**2359.35**	**2457.80**	**1335.58**	
河北	**Hebei**	**5387.94**	**9811.01**	**8805.65**	
石家庄	Shijiazhuang	679.39	1127.18	981.37	28
唐山	Tangshan	653.83	1509.49	910.75	35
秦皇岛	Qinhuangdao	421.85	344.06	254.43	183
邯郸	Handan	679.09	961.70	763.89	48
邢台	Xingtai	277.45	793.40	934.35	34
保定	Baoding	510.38	969.15	1195.16	13
张家口	Zhangjiakou	443.15	536.02	565.23	86
承德	Chengde	375.86	448.34	489.67	107
沧州	Cangzhou	456.73	1338.86	1174.90	15
廊坊	Langfang	668.58	882.01	978.40	30
衡水	Hengshui	221.64	900.80	557.49	89
山西	**Shanxi**	**2706.08**	**4032.91**	**2327.95**	
太原	Taiyuan	305.36	584.09	345.96	151
大同	Datong	241.57	432.51	96.93	258
阳泉	Yangquan	159.15	197.81	54.31	275
长治	Changzhi	176.07	381.22	177.30	216
晋城	Jincheng	199.44	325.73	125.49	243
朔州	Shuozhou	285.79	170.42	118.39	248
晋中	Jinzhong	205.91	485.47	242.03	186
运城	Yuncheng	371.30	535.57	385.71	136
忻州	Xinzhou	168.21	271.50	392.57	133
临汾	Linfen	254.10	183.58	235.46	190
吕梁	Lvliang	339.18	464.99	153.80	227
内蒙古	**Inner Mongolia**	**6986.97**	**6383.35**	**6018.25**	
呼和浩特	Hohhot	415.51	519.64	747.84	50
包头	Baotou	384.04	307.25	142.73	236
乌海	Wuhai	214.61	137.46	26.78	282
赤峰	Chifeng	441.19	802.01	614.72	71
通辽	Tongliao	427.98	417.01	503.62	103
鄂尔多斯	Erdos	2973.61	1153.09	1241.70	11
呼伦贝尔	Hulunbuir	319.02	477.31	480.31	110
巴彦淖尔	Bayannur	484.19	387.84	420.99	126
乌兰察布	Ulanqab	353.10	739.33	810.44	42
辽宁	**Liaoning**	**9410.93**	**5455.84**	**4302.98**	
沈阳	Shenyang	1880.13	1729.21	971.97	31
大连	Dalian	1396.66	557.32	358.86	141
鞍山	Anshan	1153.99	466.00	630.29	69
抚顺	Fushun	402.32	128.68	97.66	257
本溪	Benxi	240.51	147.80	425.25	125
丹东	Dandong	369.86	235.80	120.11	246
锦州	Jinzhou	294.08	166.52	300.06	166
营口	Yingkou	660.80	322.42	220.48	199
阜新	Fuxin	291.35	304.19	151.33	231
辽阳	Liaoyang	388.99	163.73	205.12	204
盘锦	Panjin	365.95	415.64	300.84	165
铁岭	Tieling	1234.41	326.68	227.96	195
朝阳	Chaoyang	476.07	318.17	231.94	193
葫芦岛	Huludao	255.81	173.67	61.12	274
吉林	**Jilin**	**2830.43**	**3337.22**	**2279.81**	
长春	Changchun	1411.26	820.92	734.73	52
吉林	Jilin	346.02	693.29	339.58	152
四平	Siping	144.15	273.32	347.52	148
辽源	Liaoyuan	70.12	74.25	51.47	276
通化	Tonghua	53.02	363.51	197.36	209
白山	Baishan	477.72	149.41	68.32	271
松原	Songyuan	49.62	232.97	135.53	238
白城	Baicheng	173.34	272.62	153.41	228
黑龙江	**Heilongjiang**	**2518.56**	**3641.45**	**2884.99**	
哈尔滨	Harbin	964.31	1010.17	661.78	67
齐齐哈尔	Qiqihar	157.55	405.71	235.25	191
鸡西	Jixi	41.65	124.20	103.07	253
鹤岗	Hegang	70.52	56.61	31.47	280
双鸭山	Shuangyashan	116.72	98.58	133.22	239
大庆	Daqing	190.17	251.02	103.80	252
伊春	Yichun	8.80	304.95	16.04	283
佳木斯	Jiamusi	110.98	163.13	265.32	181
七台河	Qitaihe	32.69	97.85	164.05	223
牡丹江	Mudanjiang	216.63	250.49	227.20	196
黑河	Heihe	65.33	90.64	141.78	237
绥化	Suihua	464.61	569.58	609.36	73
上海	**Shanghai**	**324.60**	**944.41**	**609.37**	
江苏	**Jiangsu**	**17694.52**	**12488.35**	**11639.48**	

7-6 建设用地新增出让土地面积 续表 1
Newly Increased Area of Construction Use Land Granted continued 1

单位：公顷 (hectare)

地名	City	2010	2014	2015	2015 排名 Ranking	地名	City	2010	2014	2015	2015 排名 Ranking
南京	Nanjing	1032.30	761.47	791.96	45	池州	Chizhou	368.48	495.70	451.11	118
无锡	Wuxi	1882.61	827.92	603.38	76	宣城	Xuancheng	332.40	539.16	349.62	147
徐州	Xuzhou	1360.72	1098.59	979.49	29	**福建**	**Fujian**	**3964.56**	**6431.21**	**3284.04**	
常州	Changzhou	1710.98	1042.14	1273.71	9	福州	Fuzhou	671.12	960.02	545.26	91
苏州	Suzhou	2017.04	1139.91	1104.91	20	厦门	Xiamen	147.43	225.33	236.09	188
南通	Nantong	2404.60	1518.13	1979.24	3	莆田	Putian	213.58	238.73	283.69	175
连云港	Lianyungang	403.00	491.18	347.32	149	三明	Sanming	451.25	557.23	159.27	224
淮安	Huaian	1186.10	1014.89	604.63	75	泉州	Quanzhou	549.83	1219.33	526.09	97
盐城	Yancheng	1783.79	1301.53	1258.65	10	漳州	Zhangzhou	788.83	1558.92	659.27	68
扬州	Yangzhou	1409.27	789.85	579.07	80	南平	Nanping	265.14	675.33	268.88	178
镇江	Zhenjiang	336.89	541.37	527.97	96	龙岩	Longyan	538.95	367.83	307.57	161
泰州	Taizhou	1210.46	943.49	1150.01	16	宁德	Ningde	338.42	628.49	297.91	168
宿迁	Suqian	956.74	1017.88	439.14	122	**江西**	**Jiangxi**	**5636.47**	**6622.13**	**6626.75**	
浙江	**Zhejiang**	**12621.52**	**5534.46**	**4186.25**		南昌	Nanchang	821.95	904.17	985.00	27
杭州	Hangzhou	2521.25	1182.14	699.21	57	景德镇	Jingdezhen	276.61	257.58	316.28	157
宁波	Ningbo	1478.18	696.55	534.02	95	萍乡	Pingxiang	142.71	270.31	384.11	137
温州	Wenzhou	455.20	356.18	309.69	160	九江	Jiujiang	650.35	1048.36	1302.95	8
嘉兴	Jiaxing	2072.12	763.19	684.13	61	新余	Xinyu	147.87	323.40	93.74	261
湖州	Huzhou	1101.03	733.10	381.21	138	鹰潭	Yingtan	205.63	350.63	197.61	208
绍兴	Shaoxing	1172.63	477.17	516.65	99	赣州	Ganzhou	655.10	757.99	446.18	120
金华	Jinhua	1218.58	562.72	372.31	139	吉安	Jian	554.42	721.29	503.13	104
衢州	Quzhou	894.30	261.26	146.66	234	宜春	Yichun	1078.19	1028.74	1188.48	14
舟山	Zhoushan	427.56	102.74	201.19	207	抚州	Fuzhou	618.70	500.56	466.45	114
台州	Taizhou	816.40	243.52	247.53	185	上饶	Shangrao	484.95	459.10	742.82	51
丽水	Lishui	464.27	155.89	93.66	262	**山东**	**Shandong**	**16201.59**	**17405.74**	**15005.64**	
安徽	**Anhui**	**6026.73**	**7528.67**	**7202.32**		济南	Jinan	929.79	1076.25	1035.84	23
合肥	Hefei	718.93	795.33	695.88	59	青岛	Qingdao	1582.28	1974.56	1633.49	5
芜湖	Wuhu	872.75	677.80	612.00	72	淄博	Zibo	586.11	521.32	538.07	93
蚌埠	Bengbu	226.01	544.86	302.58	164	枣庄	Zaozhuang	367.25	544.94	315.28	158
淮南	Huainan	118.63	151.15	266.93	179	东营	Dongying	1246.60	1278.97	849.32	37
马鞍山	Maanshan	196.51	209.67	224.42	197	烟台	Yantai	1485.20	900.69	1006.86	26
淮北	Huaibei	401.03	101.29	79.88	267	潍坊	Weifang	2304.71	1908.02	1604.53	6
铜陵	Tongling	322.39	93.53	98.88	256	济宁	Jining	994.77	1180.82	1065.27	22
安庆	Anqing	458.36	401.94	291.90	170	泰安	Taian	729.30	837.03	558.36	88
黄山	Huangshan	212.27	315.28	157.34	226	威海	Weihai	824.15	671.99	672.48	63
滁州	Chuzhou	369.60	556.56	813.64	40	日照	Rizhao	602.07	467.43	1022.60	25
阜阳	Fuyang	393.14	360.74	589.62	78	莱芜	Laiwu	368.30	285.26	284.30	173
宿州	Suzhou	351.49	585.83	477.17	111	临沂	Linyi	1328.25	1908.23	1223.69	12
六安	Liuan	304.12	882.62	962.55	32	德州	Dezhou	560.14	838.50	780.51	46
亳州	Bozhou	157.78	413.29	504.36	101	聊城	Liaocheng	872.38	1017.95	716.59	55

7-6 建设用地新增出让土地面积 续表 2
Newly Increased Area of Construction Use Land Granted continued 2

单位：公顷 (hectare)

地名	City	2010	2014	2015	2015 排名 Ranking	地名	City	2010	2014	2015	2015 排名 Ranking
滨州	Binzhou	850.26	860.67	588.18	79	常德	Changde	359.15	663.62	394.39	131
菏泽	Heze	570.04	1133.11	1110.26	19	张家界	Zhangjiajie	76.78	36.86	69.27	270
河南	**Henan**	**5751.63**	**10258.96**	**8210.78**		益阳	Yiyang	186.09	380.53	355.76	144
郑州	Zhengzhou	633.98	1919.66	2328.90	1	郴州	Chenzhou	318.25	458.20	387.53	134
开封	Kaifeng	375.52	549.86	392.72	132	永州	Yongzhou	113.93	479.57	568.01	85
洛阳	Luoyang	540.19	726.28	575.15	82	怀化	Huaihua	234.98	500.61	346.93	150
平顶山	Pingdingshan	406.68	578.12	324.94	156	娄底	Loudi	106.46	282.61	202.19	205
安阳	Anyang	346.49	813.93	465.49	115	**广东**	**Guangdong**	**4846.35**	**7271.49**	**7588.41**	
鹤壁	Hebi	275.47	384.34	237.19	187	广州	Guangzhou	1202.77	632.34	443.74	121
新乡	Xinxiang	304.59	659.36	495.72	106	韶关	Shaoguan	169.90	289.14	265.53	180
焦作	Jiaozuo	391.28	651.97	217.00	200	深圳	Shenzhen	121.21	63.74	63.03	273
濮阳	Puyang	140.85	203.63	187.59	212	珠海	Zhuhai	60.88	171.95	168.41	222
许昌	Xuchang	441.83	404.11	556.23	90	汕头	Shantou	53.12	90.46	99.36	254
漯河	Luohe	136.36	235.66	170.83	221	佛山	Foshan	65.45	256.86	509.84	100
三门峡	Sanmenxia	336.91	346.77	157.57	225	江门	Jiangmen	481.01	385.25	306.06	163
南阳	Nanyang	335.14	863.01	541.64	92	湛江	Zhanjiang	235.65	394.30	1551.87	7
商丘	Shangqiu	331.58	478.48	314.27	159	茂名	Maoming	42.61	191.15	152.41	230
信阳	Xinyang	148.91	439.56	338.34	153	肇庆	Zhaoqing	220.56	664.29	477.13	112
周口	Zhoukou	196.30	518.24	330.65	155	惠州	Huizhou	161.71	417.67	299.76	167
驻马店	Zhumadian	409.54	485.97	576.55	81	梅州	Meizhou	83.31	331.84	607.11	74
湖北	**Hubei**	**7809.31**	**10331.69**	**9240.74**		汕尾	Shanwei		83.44	192.20	210
武汉	Wuhan	1617.28	2245.02	1655.77	4	河源	Heyuan	199.69	390.35	223.95	198
黄石	Huangshi	205.23	259.23	354.32	146	阳江	Yangjiang	338.29	413.98	297.23	169
十堰	Shiyan	378.82	789.93	503.76	102	清远	Qingyuan	493.74	572.69	537.94	94
宜昌	Yichang	1330.42	833.96	1072.67	21	东莞	Dongguan	392.08	361.09	731.69	53
襄阳	Xiangyang	533.71	1083.51	761.26	49	中山	Zhongshan	366.05	142.61	121.23	245
鄂州	Ezhou	348.27	243.98	562.45	87	潮州	Chaozhou	3.38	214.14	99.16	255
荆门	Jingmen	618.51	620.91	470.63	113	揭阳	Jieyang	71.53	827.38	261.01	182
孝感	Xiaogan	474.89	785.89	687.78	60	云浮	Yunfu	83.41	376.85	179.74	214
荆州	Jingzhou	539.63	576.91	858.12	36	**广西**	**Guangxi**	**2015.72**	**4689.36**	**4093.22**	
黄冈	Huanggang	584.24	843.53	617.71	70	南宁	Nanning	353.00	840.26	812.67	41
咸宁	Xianning	464.55	768.09	670.22	64	柳州	Liuzhou	188.78	491.63	450.76	119
随州	Suizhou	186.96	448.67	233.98	192	桂林	Guilin	175.35	278.39	290.11	171
湖南	**Hunan**	**3348.40**	**7123.07**	**6365.96**		梧州	Wuzhou	228.44	262.07	107.59	251
长沙	Changsha	675.32	1669.41	960.04	33	北海	Beihai	45.61	105.43	111.25	250
株洲	Zhuzhou	223.43	399.53	452.99	117	防城港	Fangchenggang	167.27	218.48	252.59	184
湘潭	Xiangtan	97.42	446.23	284.23	174	钦州	Qinzhou	141.17	242.80	235.66	189
衡阳	Hengyang	359.91	692.16	1117.70	18	贵港	Guigang	29.31	291.75	275.48	177
邵阳	Shaoyang	303.53	346.31	306.97	162	玉林	Yulin	212.34	390.93	406.30	129
岳阳	Yueyang	242.78	521.77	778.17	47	百色	Baise	180.36	499.10	411.90	127

7-6 建设用地新增出让土地面积 续表 3
Newly Increased Area of Construction Use Land Granted continued 3

单位：公顷 (hectare)

地名	City	2010	2014	2015	2015 排名 Ranking
贺州	Hezhou	110.02	295.06	284.97	172
河池	Hechi	63.52	221.31	86.42	264
来宾	Laibin	16.27	345.98	190.42	211
崇左	Chongzuo	104.39	206.17	177.09	217
海南	**Hainan**	**644.95**	**687.31**	**656.75**	
海口	Haikou	26.75	16.90	172.19	219
三亚	Sanya	43.74	94.10	88.09	263
三沙	Sansha				
重庆	**Chongqing**	**3166.96**	**3988.73**	**4178.76**	
四川	**Sichuan**	**5200.63**	**9307.14**	**7680.28**	
成都	Chengdu	1728.63	1986.05	2256.13	2
自贡	Zigong	110.97	182.80	94.31	260
攀枝花	Panzhihua	63.39	191.80	50.88	277
泸州	Luzhou	684.94	420.44	524.66	98
德阳	Deyang	599.35	466.12	405.09	130
绵阳	Mianyang	345.45	577.67	431.95	123
广元	Guangyuan	15.25	173.42	145.61	235
遂宁	Suining	57.17	408.27	358.03	142
内江	Neijiang	123.50	181.98	147.09	232
乐山	Leshan	191.56	451.30	480.48	109
南充	Nanchong	275.05	486.20	357.52	143
眉山	Meishan	357.58	736.67	695.98	58
宜宾	Yibin	246.20	584.40	355.35	145
广安	Guangan	136.43	507.16	385.85	135
达州	Dazhou	96.93	286.91	174.44	218
雅安	Yaan	51.47	125.59	182.10	213
巴中	Bazhong		310.65	230.18	194
资阳	Ziyang	63.99	465.32	276.73	176
贵州	**Guizhou**	**1899.80**	**5120.02**	**4012.57**	
贵阳	Guiyang	831.19	893.86	835.23	39
六盘水	Liupanshui	251.79	354.75	455.70	116
遵义	Zunyi	244.14	1012.92	726.44	54
安顺	Anshun	80.32	303.12	179.72	215
毕节	Bijie	81.65	758.09	363.58	140
铜仁	Tongren	39.09	455.44	426.66	124
云南	**Yunnan**	**3388.90**	**4394.31**	**2224.70**	
昆明	Kunming	562.61	1276.83	573.91	83
曲靖	Qujing	270.23	308.57	123.14	244
玉溪	Yuxi	361.00	272.98	146.74	233
保山	Baoshan	257.47	373.10	119.10	247
昭通	Zhaotong	156.49	152.43	29.72	281
丽江	Lijiang	48.47	98.50	64.62	272
普洱	Puer	77.12	147.59	77.80	269
临沧	Lincang	49.05	165.47	85.27	265
西藏	**Tibet**	**236.98**	**439.32**		
拉萨	Lasa	160.57	238.94		
陕西	**Shaanxi**	**2239.39**	**5442.20**	**4503.28**	
西安	Xi'an	239.17	1080.92	796.63	44
铜川	Tongchuan	101.07	150.62	79.02	268
宝鸡	Baoji	158.69	649.73	485.41	108
咸阳	Xianyang	409.38	867.37	798.26	43
渭南	Weinan	197.25	343.79	664.52	66
延安	Yan'an	53.41	156.04	210.56	201
汉中	Hanzhong	109.80	941.76	411.12	128
榆林	Yulin	837.46	769.49	842.23	38
安康	Ankang	56.87	161.17	131.58	240
商洛	Shangluo	76.29	321.31	83.96	266
甘肃	**Gansu**	**1412.38**	**5547.64**	**4004.79**	
兰州	Lanzhou	196.39	1073.15	1025.89	24
嘉峪关	Jiayuguan	28.51	790.23	4.04	284
金昌	Jinchang	89.10	81.06	114.18	249
白银	Baiyin	111.59	356.17	201.22	206
天水	Tianshui	116.37	166.00	95.38	259
武威	Wuwei	76.08	754.95	670.16	65
张掖	Zhangye	199.22	557.02	673.90	62
平凉	Pingliang	32.36	253.94	171.30	220
酒泉	Jiuquan	334.70	853.35	499.24	105
庆阳	Qingyang	91.28	179.50	44.12	278
定西	Dingxi	58.98	172.55	207.26	202
陇南	Longnan	11.31	14.38	38.18	279
青海	**Qinghai**	**538.79**	**1510.12**	**900.32**	
西宁	Xining	216.74	725.87	338.30	154
海东	Haidong		119.50	128.43	241
宁夏	**Ningxia**	**2048.16**	**3141.96**	**2759.28**	
银川	Yinchuan	800.52	1465.29	1146.57	17
石嘴山	Shizuishan	525.34	233.25	206.81	203
吴忠	Wuzhong	362.01	722.90	568.77	84
固原	Guyuan	140.85	250.66	127.21	242
中卫	Zhongwei	219.44	469.85	709.91	56
新疆	**Xinjiang**	**2036.49**	**9442.86**	**6626.66**	
乌鲁木齐	Urumqi	23.01	862.41	593.26	77
克拉玛依	Karamay	12.74	154.57	152.67	229

7-7 建设用地出让土地成交价款
Transaction Price Value of Construction Use Land Granted

单位：亿元 (100 million yuan)

地名	City	2010	2014	2015	2015 排名 Ranking	地名	City	2010	2014	2015	2015 排名 Ranking
全国	**Nation Total**	**27464.48**	**34377.37**	**31220.65**		沈阳	Shenyang	292.94	433.99	156.43	41
北京	**Beijing**	**1318.87**	**2027.60**	**2059.78**		大连	Dalian	870.96	169.95	88.89	67
天津	**Tianjin**	**852.96**	**802.00**	**580.89**		鞍山	Anshan	218.89	70.33	54.45	111
河北	**Hebei**	**1076.32**	**1101.33**	**1140.07**		抚顺	Fushun	41.38	20.91	19.82	194
石家庄	Shijiazhuang	130.02	196.75	255.26	23	本溪	Benxi	13.46	29.68	12.83	226
唐山	Tangshan	162.06	168.79	84.37	72	丹东	Dandong	30.31	38.52	22.31	183
秦皇岛	Qinhuangdao	118.16	36.45	36.95	151	锦州	Jinzhou	39.96	33.48	68.06	94
邯郸	Handan	121.53	94.68	78.97	77	营口	Yingkou	176.76	61.12	18.07	204
邢台	Xingtai	48.44	67.58	78.56	78	阜新	Fuxin	25.89	20.42	9.88	242
保定	Baoding	92.47	101.90	181.27	36	辽阳	Liaoyang	48.42	39.79	25.92	174
张家口	Zhangjiakou	55.87	56.49	60.64	102	盘锦	Panjin	47.33	61.01	134.36	49
承德	Chengde	48.40	39.13	47.55	124	铁岭	Tieling	56.73	58.56	16.86	207
沧州	Cangzhou	73.99	106.68	78.15	79	朝阳	Chaoyang	20.04	51.25	22.95	181
廊坊	Langfang	193.68	172.97	208.96	28	葫芦岛	Huludao	33.62	32.21	14.46	220
衡水	Hengshui	31.72	59.91	29.39	166	**吉林**	**Jilin**	**406.22**	**363.27**	**227.18**	
山西	**Shanxi**	**265.95**	**442.36**	**273.36**		长春	Changchun	281.63	183.69	117.91	56
太原	Taiyuan	63.49	144.79	149.31	43	吉林	Jilin	48.61	58.40	26.08	173
大同	Datong	62.46	59.13	11.28	232	四平	Siping	13.24	17.25	17.60	205
阳泉	Yangquan	9.63	8.35	6.04	263	辽源	Liaoyuan	6.25	4.45	5.72	264
长治	Changzhi	8.25	27.76	9.79	243	通化	Tonghua	14.62	31.08	13.59	223
晋城	Jincheng	26.86	39.28	8.94	247	白山	Baishan	22.76	7.63	4.46	271
朔州	Shuozhou	21.90	16.30	4.89	268	松原	Songyuan	5.31	14.43	10.44	239
晋中	Jinzhong	16.52	43.94	26.58	170	白城	Baicheng	6.35	17.98	8.96	246
运城	Yuncheng	15.63	37.24	15.38	215	**黑龙江**	**Heilongjiang**	**356.43**	**490.41**	**220.21**	
忻州	Xinzhou	10.79	26.36	10.75	238	哈尔滨	Harbin	214.68	161.59	135.31	48
临汾	Linfen	18.75	19.59	22.04	184	齐齐哈尔	Qiqihar	19.28	26.19	18.39	200
吕梁	Lvliang	11.67	19.62	8.36	253	鸡西	Jixi	3.22	5.22	2.66	281
内蒙古	**Inner Mongolia**	**487.98**	**369.09**	**220.25**		鹤岗	Hegang	1.86	3.19	2.41	283
呼和浩特	Hohhot	59.88	63.01	65.32	97	双鸭山	Shuangyashan	4.74	3.71	4.27	273
包头	Baotou	44.89	42.09	13.71	222	大庆	Daqing	42.90	33.98	7.48	256
乌海	Wuhai	15.02	4.58	3.64	278	伊春	Yichun	2.07	8.09	1.23	285
赤峰	Chifeng	37.41	73.29	26.25	172	佳木斯	Jiamusi	5.64	5.15	8.38	252
通辽	Tongliao	21.36	26.99	16.02	210	七台河	Qitaihe	1.18	2.34	4.39	272
鄂尔多斯	Erdos	215.91	55.19	26.57	171	牡丹江	Mudanjiang	26.88	209.07	10.27	240
呼伦贝尔	Hulunbuir	24.32	32.65	20.95	189	黑河	Heihe	6.24	3.04	4.03	274
巴彦淖尔	Bayannur	18.24	10.03	11.15	233	绥化	Suihua	21.96	21.35	15.71	213
乌兰察布	Ulanqab	9.74	25.37	12.89	225	**上海**	**Shanghai**	**880.09**	**1486.36**	**1608.81**	
辽宁	**Liaoning**	**1916.70**	**1121.24**	**665.29**		**江苏**	**Jiangsu**	**3821.81**	**4430.71**	**4652.37**	

7-7　建设用地出让土地成交价款　续表 1
Transaction Price Value of Construction Use Land Granted continued 1

单位：亿元　　(100 million yuan)

地名	City	2010	2014	2015	2015 排名 Ranking	地名	City	2010	2014	2015	2015 排名 Ranking
南京	Nanjing	521.96	635.37	918.70	2	池州	Chizhou	37.32	60.47	84.71	71
无锡	Wuxi	626.32	260.02	138.29	45	宣城	Xuancheng	67.94	77.48	43.98	134
徐州	Xuzhou	189.39	373.75	269.49	21	**福建**	**Fujian**	**1138.42**	**1085.18**	**1186.87**	
常州	Changzhou	339.35	597.22	607.03	8	福州	Fuzhou	366.03	286.35	489.75	11
苏州	Suzhou	679.87	580.75	778.72	3	厦门	Xiamen	329.01	227.19	312.76	17
南通	Nantong	380.85	583.95	617.81	7	莆田	Putian	52.88	62.79	63.87	99
连云港	Lianyungang	87.12	135.54	137.96	46	三明	Sanming	38.14	44.00	24.29	177
淮安	Huaian	209.88	206.67	191.23	32	泉州	Quanzhou	126.84	207.80	129.49	52
盐城	Yancheng	299.22	199.24	261.42	22	漳州	Zhangzhou	82.66	128.41	60.22	103
扬州	Yangzhou	221.98	274.28	226.65	26	南平	Nanping	47.90	44.36	16.95	206
镇江	Zhenjiang	64.63	138.03	129.72	51	龙岩	Longyan	39.75	27.66	46.38	129
泰州	Taizhou	117.24	313.74	306.69	18	宁德	Ningde	55.21	56.61	43.18	136
宿迁	Suqian	83.99	132.14	68.67	91	**江西**	**Jiangxi**	**602.72**	**1013.95**	**1013.49**	
浙江	**Zhejiang**	**3640.02**	**2332.98**	**1951.03**		南昌	Nanchang	149.76	301.57	179.55	37
杭州	Hangzhou	1025.21	748.92	632.36	6	景德镇	Jingdezhen	24.14	26.95	34.45	156
宁波	Ningbo	692.82	335.39	295.54	19	萍乡	Pingxiang	10.42	32.29	61.24	101
温州	Wenzhou	305.66	281.59	332.70	15	九江	Jiujiang	89.41	160.62	235.79	24
嘉兴	Jiaxing	298.71	206.45	128.41	53	新余	Xinyu	11.29	55.55	15.43	214
湖州	Huzhou	161.25	173.51	80.61	74	鹰潭	Yingtan	21.23	29.98	14.73	218
绍兴	Shaoxing	282.96	172.96	177.33	38	赣州	Ganzhou	101.69	128.27	70.78	89
金华	Jinhua	303.36	166.10	114.75	58	吉安	Jian	47.72	53.67	36.73	152
衢州	Quzhou	82.27	51.10	28.21	168	宜春	Yichun	57.02	95.70	142.08	44
舟山	Zhoushan	142.01	40.90	19.33	197	抚州	Fuzhou	41.35	50.50	69.69	90
台州	Taizhou	279.25	104.77	110.91	60	上饶	Shangrao	48.70	78.84	153.03	42
丽水	Lishui	66.52	51.29	30.88	159	**山东**	**Shandong**	**2544.35**	**2756.91**	**1977.98**	
安徽	**Anhui**	**1092.93**	**1813.77**	**1516.02**		济南	Jinan	309.57	411.94	383.87	12
合肥	Hefei	187.61	417.37	368.14	14	青岛	Qingdao	535.02	438.52	329.11	16
芜湖	Wuhu	199.28	145.12	101.42	62	淄博	Zibo	86.87	143.56	70.90	88
蚌埠	Bengbu	52.04	99.79	58.12	107	枣庄	Zaozhuang	65.05	107.98	47.66	123
淮南	Huainan	27.47	39.61	25.53	175	东营	Dongying	61.06	79.46	38.12	148
马鞍山	Maanshan	52.25	29.35	34.85	155	烟台	Yantai	253.83	174.67	120.92	55
淮北	Huaibei	47.91	24.49	10.88	236	潍坊	Weifang	275.70	306.10	222.56	27
铜陵	Tongling	54.16	53.05	57.38	108	济宁	Jining	294.61	187.76	172.12	40
安庆	Anqing	62.53	75.48	44.65	132	泰安	Taian	71.46	86.93	54.44	112
黄山	Huangshan	44.59	24.82	9.19	245	威海	Weihai	176.29	168.22	137.31	47
滁州	Chuzhou	89.11	111.12	86.82	69	日照	Rizhao	39.67	56.36	73.93	81
阜阳	Fuyang	41.75	165.71	181.64	35	莱芜	Laiwu	16.72	15.63	20.29	191
宿州	Suzhou	39.01	123.73	66.56	96	临沂	Linyi	135.27	228.56	97.59	64
六安	Liuan	43.51	185.80	189.68	34	德州	Dezhou	56.44	114.29	47.52	125
亳州	Bozhou	27.47	110.59	117.30	57	聊城	Liaocheng	57.87	75.33	51.87	117

7-7 建设用地出让土地成交价款 续表 2
Transaction Price Value of Construction Use Land Granted continued 2

单位：亿元 (100 million yuan)

地名	City	2010	2014	2015	2015 排名 Ranking	地名	City	2010	2014	2015	2015 排名 Ranking
滨州	Binzhou	59.54	50.91	41.56	142	常德	Changde	31.61	67.64	72.36	84
菏泽	Heze	49.40	110.70	68.23	93	张家界	Zhangjiajie	17.73	13.55	7.60	255
河南	**Henan**	**651.35**	**1422.54**	**1141.80**		益阳	Yiyang	22.21	40.68	41.58	141
郑州	Zhengzhou	159.51	553.37	553.13	10	郴州	Chenzhou	29.71	56.51	44.21	133
开封	Kaifeng	46.65	60.16	47.37	126	永州	Yongzhou	19.96	48.49	88.95	66
洛阳	Luoyang	57.70	96.28	68.40	92	怀化	Huaihua	41.48	70.58	41.86	140
平顶山	Pingdingshan	32.38	48.85	41.40	143	娄底	Loudi	13.78	44.83	36.70	153
安阳	Anyang	61.26	93.87	31.71	158	**广东**	**Guangdong**	**1350.02**	**3031.58**	**2970.13**	
鹤壁	Hebi	18.54	38.70	21.18	188	广州	Guangzhou	364.28	833.42	953.43	1
新乡	Xinxiang	21.73	61.48	40.45	144	韶关	Shaoguan	19.32	304.71	30.39	161
焦作	Jiaozuo	27.02	50.42	19.49	195	深圳	Shenzhen	50.85	678.71	659.94	5
濮阳	Puyang	12.17	33.50	19.41	196	珠海	Zhuhai	92.78	236.16	201.36	29
许昌	Xuchang	39.89	65.17	42.71	137	汕头	Shantou	12.34	93.11	72.89	82
漯河	Luohe	9.85	24.80	29.30	167	佛山	Foshan	269.35	397.96	374.14	13
三门峡	Sanmenxia	22.51	23.51	13.13	224	江门	Jiangmen	38.33	76.98	45.33	131
南阳	Nanyang	42.54	81.03	64.63	98	湛江	Zhanjiang	26.25	44.94	54.17	113
商丘	Shangqiu	26.64	51.20	45.48	130	茂名	Maoming	6.06	63.19	34.89	154
信阳	Xinyang	33.13	44.08	30.11	163	肇庆	Zhaoqing	23.86	45.09	30.67	160
周口	Zhoukou	11.91	47.88	24.03	180	惠州	Huizhou	101.39	77.62	72.73	83
驻马店	Zhumadian	27.92	48.23	49.86	119	梅州	Meizhou	17.68	50.19	72.15	85
湖北	**Hubei**	**765.88**	**1266.56**	**1483.84**		汕尾	Shanwei	0.99	16.38	16.02	211
武汉	Wuhan	363.29	513.48	730.62	4	河源	Heyuan	14.59	29.25	14.71	219
黄石	Huangshi	22.30	34.48	49.56	120	阳江	Yangjiang	38.43	33.34	24.04	179
十堰	Shiyan	34.03	59.50	38.39	146	清远	Qingyuan	41.82	84.62	48.29	122
宜昌	Yichang	71.23	93.41	195.15	30	东莞	Dongguan	135.78	105.84	191.12	33
襄阳	Xiangyang	41.85	127.35	79.31	75	中山	Zhongshan	67.67	27.51	12.23	228
鄂州	Ezhou	27.43	17.86	55.40	110	潮州	Chaozhou	5.77	39.24	22.62	182
荆门	Jingmen	24.01	57.87	50.40	118	揭阳	Jieyang	16.07	39.63	20.75	190
孝感	Xiaogan	34.66	78.32	66.99	95	云浮	Yunfu	6.41	27.93	18.25	202
荆州	Jingzhou	37.58	61.48	76.59	80	**广西**	**Guangxi**	**424.68**	**631.30**	**607.76**	
黄冈	Huanggang	20.12	71.13	49.17	121	南宁	Nanning	183.14	232.54	276.20	20
咸宁	Xianning	32.47	52.93	31.99	157	柳州	Liuzhou	35.17	95.80	94.91	65
随州	Suizhou	18.29	28.86	10.10	241	桂林	Guilin	28.79	62.67	55.82	109
湖南	**Hunan**	**499.59**	**1033.29**	**971.18**		梧州	Wuzhou	33.00	18.63	8.65	248
长沙	Changsha	180.65	356.27	235.66	25	北海	Beihai	23.53	16.91	8.21	254
株洲	Zhuzhou	33.37	60.03	53.65	116	防城港	Fangchenggang	15.77	14.03	16.71	208
湘潭	Xiangtan	23.23	44.23	25.35	176	钦州	Qinzhou	27.23	23.16	19.29	198
衡阳	Hengyang	27.80	113.74	177.16	39	贵港	Guigang	5.61	35.76	11.79	230
邵阳	Shaoyang	25.71	44.83	43.83	135	玉林	Yulin	34.17	28.05	39.62	145
岳阳	Yueyang	28.05	52.03	81.54	73	百色	Baise	14.77	37.16	27.75	169

7-7 建设用地出让土地成交价款 续表 3
Transaction Price Value of Construction Use Land Granted continued 3

单位：亿元 (100 million yuan)

地名	City	2010	2014	2015	2015 排名 Ranking
贺州	Hezhou	6.12	10.69	15.74	212
河池	Hechi	6.52	16.40	10.82	237
来宾	Laibin	3.88	25.34	13.76	221
崇左	Chongzuo	6.98	14.15	8.49	250
海南	**Hainan**	**202.50**	**161.39**	**214.32**	
海口	Haikou	17.00	24.85	88.75	68
三亚	Sanya	51.49	69.43	42.16	139
三沙	Sansha				
重庆	**Chongqing**	**732.88**	**1331.38**	**1436.22**	
四川	**Sichuan**	**1116.80**	**1554.68**	**1316.07**	
成都	Chengdu	535.07	559.34	561.97	9
自贡	Zigong	26.03	41.95	8.54	249
攀枝花	Panzhihua	21.40	9.42	7.26	259
泸州	Luzhou	49.59	50.78	101.06	63
德阳	Deyang	58.58	49.05	16.55	209
绵阳	Mianyang	47.97	67.74	59.76	105
广元	Guangyuan	17.87	31.36	20.04	193
遂宁	Suining	41.31	39.82	47.25	127
内江	Neijiang	26.14	36.26	37.46	150
乐山	Leshan	64.04	69.18	42.52	138
南充	Nanchong	64.74	122.39	59.33	106
眉山	Meishan	21.00	88.57	114.66	59
宜宾	Yibin	36.77	61.01	24.27	178
广安	Guangan	27.89	64.63	38.25	147
达州	Dazhou	31.43	52.81	38.09	149
雅安	Yaan	12.24	10.54	20.05	192
巴中	Bazhong	8.77	66.84	46.79	128
资阳	Ziyang	12.32	95.57	53.81	115
贵州	**Guizhou**	**197.34**	**661.01**	**534.23**	
贵阳	Guiyang	99.84	153.72	71.78	86
六盘水	Liupanshui	9.70	68.87	110.42	61
遵义	Zunyi	19.09	95.83	86.11	70
安顺	Anshun	9.51	24.13	14.79	217
毕节	Bijie	9.98	144.43	79.20	76
铜仁	Tongren	8.89	43.18	53.99	114
云南	**Yunnan**	**438.16**	**475.89**	**282.32**	
昆明	Kunming	248.00	212.61	132.61	50
曲靖	Qujing	28.20	28.48	9.45	244
玉溪	Yuxi	24.54	17.63	19.22	199
保山	Baoshan	16.64	25.70	11.11	234
昭通	Zhaotong	15.19	15.70	3.31	279
丽江	Lijiang	1.99	9.19	3.99	275
普洱	Puer	9.30	15.96	8.45	251
临沧	Lincang	3.18	7.78	4.78	269
西藏	**Tibet**	**6.67**	**16.65**	**10.08**	
拉萨	Lasa	5.68	13.80	7.05	261
陕西	**Shaanxi**	**265.33**	**574.84**	**407.60**	
西安	Xi'an	130.97	273.70	191.49	31
铜川	Tongchuan	6.76	5.70	5.46	265
宝鸡	Baoji	17.25	45.79	29.87	164
咸阳	Xianyang	33.96	59.04	60.02	104
渭南	Weinan	16.21	26.66	29.58	165
延安	Yan'an	7.40	33.07	21.26	187
汉中	Hanzhong	9.71	48.88	30.23	162
榆林	Yulin	34.19	27.78	21.97	185
安康	Ankang	2.33	37.42	10.93	235
商洛	Shangluo	6.56	16.80	6.78	262
甘肃	**Gansu**	**135.47**	**192.75**	**238.33**	
兰州	Lanzhou	66.53	67.33	123.84	54
嘉峪关	Jiayuguan	1.12	5.32	1.38	284
金昌	Jinchang	0.76	1.40	3.08	280
白银	Baiyin	5.03	15.12	18.15	203
天水	Tianshui	13.59	14.53	14.99	216
武威	Wuwei	5.21	12.11	11.68	231
张掖	Zhangye	8.09	11.93	12.67	227
平凉	Pingliang	4.13	24.26	18.26	201
酒泉	Jiuquan	5.67	10.68	5.25	266
庆阳	Qingyang	8.20	9.41	3.98	276
定西	Dingxi	9.27	8.79	7.33	257
陇南	Longnan	0.63	1.48	2.43	282
青海	**Qinghai**	**47.54**	**73.19**	**34.32**	
西宁	Xining	41.74	56.68	21.62	186
海东	Haidong		7.24	7.33	258
宁夏	**Ningxia**	**89.92**	**97.73**	**90.23**	
银川	Yinchuan	40.49	54.66	62.69	100
石嘴山	Shizuishan	17.85	5.53	3.71	277
吴忠	Wuzhong	12.60	9.05	7.17	260
固原	Guyuan	10.32	8.86	4.74	270
中卫	Zhongwei	8.65	19.64	11.93	229
新疆	**Xinjiang**	**138.55**	**215.41**	**188.62**	
乌鲁木齐	Urumqi	42.80	43.48	71.64	87
克拉玛依	Karamay	2.67	5.66	4.96	267

7-8 供应工矿仓储用地面积

Area of Land Supplied for Industry, Mining and Warehousing

单位：公顷 (hectare)

地名	City	2010	2014	2015	2015 排名 Ranking
全国	**Nation Total**	**153977.6**	**149556.1**	**127270.0**	
北京	**Beijing**	**844.49**	**408.08**	**110.11**	
天津	**Tianjin**	**2642.73**	**2329.43**	**1646.85**	
河北	**Hebei**	**8679.30**	**8263.76**	**6657.17**	
石家庄	Shijiazhuang	645.34	694.44	595.43	50
唐山	Tangshan	1523.73	1882.81	1120.95	14
秦皇岛	Qinhuangdao	315.49	180.90	115.06	235
邯郸	Handan	619.72	804.46	633.72	42
邢台	Xingtai	539.18	667.24	701.43	34
保定	Baoding	638.25	676.34	763.70	29
张家口	Zhangjiakou	361.36	374.30	219.43	174
承德	Chengde	288.07	259.80	217.22	177
沧州	Cangzhou	2644.78	1520.02	1283.10	9
廊坊	Langfang	669.05	468.64	510.98	74
衡水	Hengshui	434.33	734.82	496.14	78
山西	**Shanxi**	**2460.12**	**2836.68**	**1603.24**	
太原	Taiyuan	246.32	401.69	220.66	172
大同	Datong	52.18	209.16	70.91	257
阳泉	Yangquan	94.68	158.14	24.37	280
长治	Changzhi	260.62	257.41	132.61	227
晋城	Jincheng	177.60	271.26	78.64	252
朔州	Shuozhou	304.12	136.42	75.52	253
晋中	Jinzhong	314.83	326.02	182.90	198
运城	Yuncheng	329.97	371.20	346.81	119
忻州	Xinzhou	61.08	152.36	210.53	180
临汾	Linfen	318.24	151.38	146.84	220
吕梁	Lvliang	300.48	401.65	113.46	236
内蒙古	**Inner Mongolia**	**7779.21**	**6520.54**	**5349.48**	
呼和浩特	Hohhot	212.64	310.14	275.72	148
包头	Baotou	450.01	287.88	163.78	212
乌海	Wuhai	377.34	330.99	41.78	273
赤峰	Chifeng	546.67	823.55	570.26	57
通辽	Tongliao	1721.94	598.21	568.23	58
鄂尔多斯	Erdos	1237.89	1338.80	1151.27	13
呼伦贝尔	Hulunbuir	848.96	546.14	542.21	64
巴彦淖尔	Bayannur	585.46	346.51	284.81	144
乌兰察布	Ulanqab	346.71	424.15	710.19	33
辽宁	**Liaoning**	**10274.76**	**5340.69**	**4255.65**	
沈阳	Shenyang	1677.98	1322.40	869.60	21
大连	Dalian	2140.55	713.46	340.97	120
鞍山	Anshan	942.03	301.00	475.93	80
抚顺	Fushun	517.48	90.67	101.17	241
本溪	Benxi	312.30	344.34	417.86	95
丹东	Dandong	285.58	220.09	124.10	232
锦州	Jinzhou	627.19	385.87	328.74	127
营口	Yingkou	762.74	380.70	240.68	163
阜新	Fuxin	262.14	257.39	163.76	213
辽阳	Liaoyang	393.10	195.74	176.07	203
盘锦	Panjin	458.20	240.31	516.46	71
铁岭	Tieling	966.91	237.89	220.24	173
朝阳	Chaoyang	470.62	436.89	199.95	191
葫芦岛	Huludao	457.94	213.93	80.11	251
吉林	**Jilin**	**3344.29**	**3857.43**	**2079.53**	
长春	Changchun	1409.71	577.56	644.95	41
吉林	Jilin	434.55	704.82	309.60	134
四平	Siping	361.53	245.02	226.27	170
辽源	Liaoyuan	127.74	72.88	53.74	268
通化	Tonghua	216.48	293.62	208.67	183
白山	Baishan	77.85	79.00	66.43	261
松原	Songyuan	73.04	1059.41	269.59	151
白城	Baicheng	480.74	480.10	111.03	238
黑龙江	**Heilongjiang**	**3066.40**	**3688.57**	**3301.50**	
哈尔滨	Harbin	789.36	578.32	430.67	93
齐齐哈尔	Qiqihar	366.20	626.95	337.18	122
鸡西	Jixi	71.84	144.37	71.56	256
鹤岗	Hegang	109.42	270.11	140.54	224
双鸭山	Shuangyashan	127.07	10.81	101.52	239
大庆	Daqing	232.06	298.98	324.51	128
伊春	Yichun	56.77	275.43	62.27	264
佳木斯	Jiamusi	168.53	207.71	531.30	68
七台河	Qitaihe	61.36	81.47	174.14	205
牡丹江	Mudanjiang	314.14	311.76	226.46	169
黑河	Heihe	109.27	89.89	151.14	217
绥化	Suihua	460.71	399.25	339.55	121
上海	**Shanghai**	**692.58**	**711.39**	**289.22**	
江苏	**Jiangsu**	**16100.98**	**12154.88**	**12255.13**	

7-8 供应工矿仓储用地面积 续表 1

Area of Land Supplied for Industry, Mining and Warehousing continued 1

单位：公顷 (hectare)

地名	City	2010	2014	2015	2015 排名 Ranking	地名	City	2010	2014	2015	2015 排名 Ranking
南京	Nanjing	866.93	526.11	646.03	40	池州	Chizhou	334.89	366.98	271.59	150
无锡	Wuxi	1161.09	764.57	616.48	48	宣城	Xuancheng	630.17	721.93	363.18	115
徐州	Xuzhou	1283.87	724.89	815.93	26	**福建**	**Fujian**	**5439.26**	**5197.90**	**3226.75**	
常州	Changzhou	1318.63	1071.91	1381.82	7	福州	Fuzhou	728.38	771.02	574.50	55
苏州	Suzhou	2486.52	1585.31	1258.79	10	厦门	Xiamen	517.93	235.80	162.69	214
南通	Nantong	1616.74	1411.31	1600.44	2	莆田	Putian	288.16	234.72	356.19	117
连云港	Lianyungang	1064.00	901.95	618.13	46	三明	Sanming	530.60	502.29	242.06	159
淮安	Huaian	747.80	736.08	461.80	81	泉州	Quanzhou	707.27	851.00	542.25	63
盐城	Yancheng	2413.82	1370.45	1950.96	1	漳州	Zhangzhou	1131.82	1143.18	553.68	60
扬州	Yangzhou	1043.06	641.86	833.73	24	南平	Nanping	265.36	506.74	207.14	185
镇江	Zhenjiang	360.00	577.24	489.34	79	龙岩	Longyan	841.58	312.07	253.28	155
泰州	Taizhou	887.95	829.66	899.53	19	宁德	Ningde	428.15	641.08	334.96	124
宿迁	Suqian	850.56	1013.53	682.16	36	**江西**	**Jiangxi**	**5694.95**	**4952.72**	**5569.02**	
浙江	**Zhejiang**	**10505.67**	**5590.08**	**4521.11**		南昌	Nanchang	853.02	487.74	890.18	20
杭州	Hangzhou	1567.70	910.59	456.70	82	景德镇	Jingdezhen	213.96	228.90	281.68	146
宁波	Ningbo	1143.13	814.27	675.66	38	萍乡	Pingxiang	116.48	124.19	213.89	179
温州	Wenzhou	384.71	305.70	291.27	139	九江	Jiujiang	602.52	746.23	778.94	27
嘉兴	Jiaxing	1766.36	770.34	763.05	30	新余	Xinyu	120.02	231.55	93.67	244
湖州	Huzhou	757.82	596.14	392.18	105	鹰潭	Yingtan	126.60	166.34	174.20	204
绍兴	Shaoxing	1063.46	394.59	406.01	100	赣州	Ganzhou	741.85	602.88	371.45	112
金华	Jinhua	1059.20	542.32	497.04	77	吉安	Jian	521.88	597.04	433.72	90
衢州	Quzhou	899.72	352.93	169.42	210	宜春	Yichun	1205.76	922.80	1190.83	12
舟山	Zhoushan	476.97	186.44	215.34	178	抚州	Fuzhou	768.80	501.50	514.49	72
台州	Taizhou	937.83	447.26	435.64	89	上饶	Shangrao	424.04	343.55	625.95	45
丽水	Lishui	448.78	269.49	218.82	175	**山东**	**Shandong**	**19632.25**	**12317.16**	**11134.15**	
安徽	**Anhui**	**7437.57**	**7230.12**	**6231.03**		济南	Jinan	880.04	496.26	590.66	53
合肥	Hefei	931.55	889.70	866.82	22	青岛	Qingdao	1814.00	1588.58	1428.94	6
芜湖	Wuhu	1119.45	585.42	549.86	62	淄博	Zibo	515.22	323.92	455.29	83
蚌埠	Bengbu	179.03	404.81	388.09	106	枣庄	Zaozhuang	448.33	237.03	209.90	182
淮南	Huainan	212.47	229.84	433.08	92	东营	Dongying	1458.14	1371.57	757.59	31
马鞍山	Maanshan	319.02	163.82	177.37	202	烟台	Yantai	1848.04	734.63	830.77	25
淮北	Huaibei	494.13	181.36	181.13	199	潍坊	Weifang	4268.05	1735.02	1452.66	4
铜陵	Tongling	354.08	167.78	69.45	259	济宁	Jining	975.15	510.69	409.95	98
安庆	Anqing	430.25	450.31	348.03	118	泰安	Taian	931.92	456.28	335.24	123
黄山	Huangshan	139.33	117.81	95.97	242	威海	Weihai	986.58	624.15	412.50	97
滁州	Chuzhou	501.47	833.96	536.34	66	日照	Rizhao	603.41	309.32	913.31	17
阜阳	Fuyang	363.92	375.93	508.91	75	莱芜	Laiwu	329.19	229.61	206.90	186
宿州	Suzhou	443.12	249.73	310.30	133	临沂	Linyi	1302.25	973.25	905.66	18
六安	Liuan	308.24	729.52	517.53	70	德州	Dezhou	672.70	542.68	629.46	44
亳州	Bozhou	146.20	402.14	363.79	114	聊城	Liaocheng	819.25	749.56	438.09	87

7-8 供应工矿仓储用地面积 续表 2
Area of Land Supplied for Industry, Mining and Warehousing continued 2

单位：公顷 (hectare)

地名	City	2010	2014	2015	2015 排名 Ranking	地名	City	2010	2014	2015	2015 排名 Ranking
滨州	Binzhou	1073.24	649.14	415.37	96	常德	Changde	427.03	505.75	289.79	141
菏泽	Heze	706.73	785.46	741.87	32	张家界	Zhangjiajie	53.88	10.02	20.72	281
河南	**Henan**	**6645.83**	**8961.67**	**6952.26**		益阳	Yiyang	288.60	231.73	80.75	250
郑州	Zhengzhou	687.27	942.65	1305.21	8	郴州	Chenzhou	354.12	239.19	254.25	154
开封	Kaifeng	329.70	348.17	189.28	196	永州	Yongzhou	216.89	309.80	282.90	145
洛阳	Luoyang	1073.27	649.18	594.80	51	怀化	Huaihua	74.77	148.33	145.46	221
平顶山	Pingdingshan	530.52	556.22	300.66	136	娄底	Loudi	140.87	151.10	67.22	260
安阳	Anyang	431.85	558.53	323.86	129	**广东**	**Guangdong**	**6453.45**	**5907.19**	**6442.37**	
鹤壁	Hebi	309.27	257.01	275.49	149	广州	Guangzhou	1253.84	341.34	285.41	143
新乡	Xinxiang	374.26	852.28	633.62	43	韶关	Shaoguan	349.29	345.48	330.22	125
焦作	Jiaozuo	480.19	794.06	321.56	130	深圳	Shenzhen	62.40	95.03	136.71	226
濮阳	Puyang	123.76	168.88	314.48	132	珠海	Zhuhai	547.12	205.93	198.03	193
许昌	Xuchang	349.77	236.27	382.90	107	汕头	Shantou	83.77	36.39	48.24	272
漯河	Luohe	211.84	205.59	171.02	208	佛山	Foshan	548.32	491.90	437.53	88
三门峡	Sanmenxia	385.43	299.58	140.56	223	江门	Jiangmen	823.78	393.65	382.51	108
南阳	Nanyang	443.50	807.73	570.84	56	湛江	Zhanjiang	278.33	240.68	1436.46	5
商丘	Shangqiu	311.89	928.96	538.26	65	茂名	Maoming	52.90	156.28	88.18	247
信阳	Xinyang	91.63	358.93	297.22	138	肇庆	Zhaoqing	388.31	646.05	397.75	104
周口	Zhoukou	206.80	453.15	144.89	222	惠州	Huizhou	266.16	397.08	329.11	126
驻马店	Zhumadian	304.88	544.45	447.63	85	梅州	Meizhou	157.60	187.22	400.67	102
湖北	**Hubei**	**7664.18**	**8174.27**	**7158.30**		汕尾	Shanwei	3.58	26.17	179.14	200
武汉	Wuhan	1355.85	1828.23	1239.98	11	河源	Heyuan	88.33	252.98	177.80	201
黄石	Huangshi	372.07	359.54	593.75	52	阳江	Yangjiang	343.59	322.94	253.15	156
十堰	Shiyan	192.29	373.67	258.29	153	清远	Qingyuan	264.76	384.39	298.32	137
宜昌	Yichang	1431.50	604.92	668.56	39	东莞	Dongguan	284.51	233.03	534.03	67
襄阳	Xiangyang	819.05	913.31	689.11	35	中山	Zhongshan	435.14	162.33	128.37	230
鄂州	Ezhou	234.42	138.87	233.45	167	潮州	Chaozhou	16.55	111.17	88.58	245
荆门	Jingmen	482.51	621.27	403.56	101	揭阳	Jieyang	44.13	696.81	201.13	189
孝感	Xiaogan	642.95	608.90	551.43	61	云浮	Yunfu	161.04	180.34	111.04	237
荆州	Jingzhou	701.45	687.11	860.08	23	**广西**	**Guangxi**	**3083.94**	**3063.68**	**2860.16**	
黄冈	Huanggang	668.47	638.20	426.26	94	南宁	Nanning	632.43	596.72	513.54	73
咸宁	Xianning	161.05	422.94	449.45	84	柳州	Liuzhou	319.59	398.83	398.09	103
随州	Suizhou	146.62	347.12	170.88	209	桂林	Guilin	285.08	192.32	224.20	171
湖南	**Hunan**	**3386.83**	**4481.43**	**3758.82**		梧州	Wuzhou	348.56	176.79	62.22	265
长沙	Changsha	618.82	1221.14	777.07	28	北海	Beihai	135.16	235.51	118.46	234
株洲	Zhuzhou	74.05	149.25	291.05	140	防城港	Fangchenggang	196.52	205.91	201.56	188
湘潭	Xiangtan	248.33	475.17	209.93	181	钦州	Qinzhou	216.41	189.54	239.49	164
衡阳	Hengyang	334.34	362.48	531.02	69	贵港	Guigang	36.59	109.46	238.44	165
邵阳	Shaoyang	121.96	240.95	169.09	211	玉林	Yulin	324.93	235.60	218.79	176
岳阳	Yueyang	358.76	296.82	557.69	59	百色	Baise	171.83	248.54	244.09	158

7-8 供应工矿仓储用地面积 续表 3
Area of Land Supplied for Industry, Mining and Warehousing continued 3

单位：公顷 (hectare)

地名	City	2010	2014	2015	2015 排名 Ranking	地名	City	2010	2014	2015	2015 排名 Ranking
贺州	Hezhou	111.25	168.06	200.50	190	丽江	Lijiang	37.60	46.30	24.88	279
河池	Hechi	179.22	82.94	41.44	274	普洱	Puer	58.69	73.47	32.00	276
来宾	Laibin	21.24	169.02	87.34	248	临沧	Lincang	78.37	13.25	25.00	278
崇左	Chongzuo	105.15	54.43	72.01	255	**西藏**	**Tibet**	**101.92**	**166.34**	**172.60**	
海南	**Hainan**	**463.33**	**197.69**	**137.75**		拉萨	Lasa	66.27	67.17	172.40	207
海口	Haikou	47.49	44.04	36.13	275	**陕西**	**Shaanxi**	**2532.25**	**3401.68**	**3157.69**	
三亚	Sanya	21.34	7.40	4.78	283	西安	Xi'an	378.56	590.51	441.46	86
三沙	Sansha					铜川	Tongchuan	99.48	119.55	65.69	263
重庆	**Chongqing**	**2891.81**	**3562.31**	**3290.32**		宝鸡	Baoji	258.58	399.26	309.47	135
四川	**Sichuan**	**5493.80**	**5961.75**	**4614.13**		咸阳	Xianyang	437.50	455.02	358.01	116
成都	Chengdu	1481.91	1198.70	1547.59	3	渭南	Weinan	266.18	146.66	366.04	113
自贡	Zigong	120.93	102.34	70.38	258	延安	Yan'an	76.33	194.22	185.63	197
攀枝花	Panzhihua	164.43	175.42	49.52	271	汉中	Hanzhong	81.40	532.18	241.76	160
泸州	Luzhou	611.38	287.34	228.34	168	榆林	Yulin	868.88	732.54	1045.99	15
德阳	Deyang	536.07	352.85	374.88	110	安康	Ankang	6.52	37.64	88.32	246
绵阳	Mianyang	276.42	301.36	208.51	184	商洛	Shangluo	58.82	194.09	55.32	266
广元	Guangyuan	144.77	183.77	122.66	233	**甘肃**	**Gansu**	**1520.82**	**5153.63**	**2614.04**	
遂宁	Suining	114.14	327.13	151.11	218	兰州	Lanzhou	105.06	356.62	317.24	131
内江	Neijiang	187.16	173.68	54.63	267	嘉峪关	Jiayuguan	82.76	526.68	3.31	284
乐山	Leshan	300.61	177.84	241.22	162	金昌	Jinchang	252.69	80.52	82.13	249
南充	Nanchong	240.29	248.05	204.36	187	白银	Baiyin	168.95	240.28	158.53	215
眉山	Meishan	209.50	335.14	286.39	142	天水	Tianshui	113.32	156.14	52.35	269
宜宾	Yibin	272.63	443.63	259.28	152	武威	Wuwei	161.38	772.32	618.02	47
广安	Guangan	233.97	151.00	174.09	206	张掖	Zhangye	76.68	753.73	585.65	54
达州	Dazhou	115.93	185.13	49.90	270	平凉	Pingliang	22.06	130.37	94.25	243
雅安	Yaan	272.44	166.94	248.87	157	酒泉	Jiuquan	348.40	686.77	433.39	91
巴中	Bazhong	5.27	223.77	128.24	231	庆阳	Qingyang	32.57	1262.74	74.51	254
资阳	Ziyang	114.27	310.99	146.90	219	定西	Dingxi	103.41	59.59	101.47	240
贵州	**Guizhou**	**1792.53**	**3480.00**	**2413.87**		陇南	Longnan	22.89	13.74	20.00	282
贵阳	Guiyang	462.68	484.47	497.87	76	**青海**	**Qinghai**	**606.41**	**1370.57**	**3977.59**	
六盘水	Liupanshui	309.77	184.23	234.90	166	西宁	Xining	173.96	604.07	279.98	147
遵义	Zunyi	344.00	642.54	381.58	109	海东	Haidong		104.00	65.77	262
安顺	Anshun	82.31	297.04	189.96	195	**宁夏**	**Ningxia**	**1632.91**	**2686.06**	**2558.47**	
毕节	Bijie	211.80	623.61	154.80	216	银川	Yinchuan	640.26	1141.57	948.76	16
铜仁	Tongren	41.90	172.99	241.55	161	石嘴山	Shizuishan	618.91	252.76	199.60	192
云南	**Yunnan**	**2646.93**	**2102.72**	**1420.98**		吴忠	Wuzhong	259.97	822.28	599.69	49
昆明	Kunming	646.04	388.08	371.55	111	固原	Guyuan	64.66	152.52	132.37	229
曲靖	Qujing	358.84	283.57	132.59	228	中卫	Zhongwei	49.11	316.93	678.04	37
玉溪	Yuxi	208.86	241.79	193.53	194	**新疆**	**Xinjiang**	**2466.15**	**9485.69**	**7510.67**	
保山	Baoshan	86.50	106.63	28.93	277	乌鲁木齐	Urumqi	431.58	636.42	409.28	99
昭通	Zhaotong	44.20	68.44	3.08	285	克拉玛依	Karamay	96.23	182.31	138.35	225

7-9 供应商业服务用地面积
Area of Land Supplied for Commercial and Service Uses

单位：公顷 (hectare)

地名	City	2010	2014	2015	2015 排名 Ranking
全国	**Nation Total**	**38905.15**	**50213.97**	**36949.57**	
北京	**Beijing**	**400.08**	**458.37**	**152.63**	
天津	**Tianjin**	**590.24**	**292.67**	**138.46**	
河北	**Hebei**	**1694.86**	**1849.17**	**1421.58**	
石家庄	Shijiazhuang	92.64	125.36	113.38	103
唐山	Tangshan	322.60	539.53	195.44	44
秦皇岛	Qinhuangdao	137.10	100.71	76.66	154
邯郸	Handan	175.36	131.07	175.05	53
邢台	Xingtai	89.02	106.17	103.15	112
保定	Baoding	123.98	174.41	140.68	72
张家口	Zhangjiakou	185.55	135.54	127.19	84
承德	Chengde	144.18	113.98	156.86	62
沧州	Cangzhou	173.73	150.72	125.73	86
廊坊	Langfang	140.72	146.75	142.51	70
衡水	Hengshui	109.98	124.94	64.94	174
山西	**Shanxi**	**743.08**	**945.30**	**524.92**	
太原	Taiyuan	60.47	163.82	71.06	163
大同	Datong	99.06	117.18	22.44	251
阳泉	Yangquan	45.10	23.34	11.93	280
长治	Changzhi	9.31	71.03	21.08	252
晋城	Jincheng	54.56	57.54	38.32	220
朔州	Shuozhou	97.80	55.61	38.72	219
晋中	Jinzhong	73.80	123.64	72.38	160
运城	Yuncheng	62.33	124.30	87.87	137
忻州	Xinzhou	99.26	120.43	53.99	193
临汾	Linfen	81.64	52.74	80.56	146
吕梁	Lvliang	59.75	35.67	26.58	242
内蒙古	**Inner Mongolia**	**3154.32**	**2099.01**	**1167.42**	
呼和浩特	Hohhot	165.53	78.34	96.91	121
包头	Baotou	83.54	117.78	27.75	239
乌海	Wuhai	45.07	20.54	13.09	279
赤峰	Chifeng	132.45	324.80	93.08	125
通辽	Tongliao	149.90	129.74	115.33	98
鄂尔多斯	Erdos	1588.16	472.31	180.37	52
呼伦贝尔	Hulunbuir	147.07	273.07	158.66	60
巴彦淖尔	Bayannur	316.77	113.93	65.38	172
乌兰察布	Ulanqab	144.78	300.30	122.07	91
辽宁	**Liaoning**	**3260.02**	**1697.57**	**1333.06**	
沈阳	Shenyang	283.42	345.83	91.21	132
大连	Dalian	441.30	145.78	29.29	238
鞍山	Anshan	112.69	154.68	85.84	139
抚顺	Fushun	110.42	80.92	49.69	198
本溪	Benxi	132.88	126.25	91.56	129
丹东	Dandong	79.99	67.30	35.80	226
锦州	Jinzhou	100.41	42.45	123.75	89
营口	Yingkou	1112.94	74.92	47.84	202
阜新	Fuxin	74.38	43.06	41.20	215
辽阳	Liaoyang	143.40	53.38	74.82	157
盘锦	Panjin	125.06	331.64	498.72	8
铁岭	Tieling	285.86	89.88	20.53	254
朝阳	Chaoyang	49.35	63.66	79.09	148
葫芦岛	Huludao	207.94	77.82	63.73	177
吉林	**Jilin**	**892.22**	**764.04**	**496.61**	
长春	Changchun	333.77	272.20	103.84	111
吉林	Jilin	99.27	102.30	60.17	182
四平	Siping	72.78	73.55	72.11	161
辽源	Liaoyuan	44.57	17.57	17.45	263
通化	Tonghua	50.87	55.91	30.04	237
白山	Baishan	167.54	91.03	45.85	207
松原	Songyuan	28.95	20.78	19.14	257
白城	Baicheng	39.67	48.77	46.62	205
黑龙江	**Heilongjiang**	**1040.96**	**1247.97**	**881.48**	
哈尔滨	Harbin	229.02	273.79	222.16	35
齐齐哈尔	Qiqihar	57.27	136.61	89.90	135
鸡西	Jixi	18.88	30.18	76.06	156
鹤岗	Hegang	9.53	40.60	18.58	258
双鸭山	Shuangyashan	9.18	79.79	37.34	221
大庆	Daqing	123.84	100.56	45.08	208
伊春	Yichun	24.39	85.87	18.58	258
佳木斯	Jiamusi	58.38	37.67	42.07	211
七台河	Qitaihe	3.89	34.26	36.32	225
牡丹江	Mudanjiang	129.18	68.89	53.56	194
黑河	Heihe	63.55	36.56	24.10	250
绥化	Suihua	117.59	189.91	121.02	92
上海	**Shanghai**	**561.45**	**229.58**	**142.61**	
江苏	**Jiangsu**	**3699.52**	**4856.80**	**4413.86**	

7-9 供应商业服务用地面积 续表 1

Area of Land Supplied for Commercial and Service Uses continued 1

单位：公顷 (hectare)

地名	City	2010	2014	2015	2015 排名 Ranking	地名	City	2010	2014	2015	2015 排名 Ranking
南京	Nanjing	108.37	184.95	324.84	13	池州	Chizhou	183.05	212.58	239.10	27
无锡	Wuxi	465.28	334.79	283.57	19	宣城	Xuancheng	192.19	224.69	83.81	142
徐州	Xuzhou	370.47	601.04	468.19	9	**福建**	**Fujian**	**935.02**	**977.79**	**625.48**	
常州	Changzhou	407.08	577.62	500.52	7	福州	Fuzhou	175.60	255.05	159.14	59
苏州	Suzhou	436.56	305.51	257.35	23	厦门	Xiamen	100.23	59.12	133.53	79
南通	Nantong	482.86	685.02	628.10	3	莆田	Putian	28.48	27.82	35.32	228
连云港	Lianyungang	260.68	548.87	616.06	4	三明	Sanming	101.38	73.90	33.77	232
淮安	Huaian	354.59	274.38	271.23	21	泉州	Quanzhou	112.82	190.97	81.92	144
盐城	Yancheng	282.52	640.88	535.36	6	漳州	Zhangzhou	195.48	128.91	74.32	158
扬州	Yangzhou	347.02	300.77	195.89	43	南平	Nanping	127.43	95.29	51.88	196
镇江	Zhenjiang	15.91	90.51	140.64	73	龙岩	Longyan	63.08	60.67	20.22	256
泰州	Taizhou	95.88	175.60	107.50	108	宁德	Ningde	30.50	86.05	35.39	227
宿迁	Suqian	72.30	136.85	84.60	141	**江西**	**Jiangxi**	**1084.78**	**1646.86**	**1455.65**	
浙江	**Zhejiang**	**1830.49**	**2177.49**	**1315.47**		南昌	Nanchang	288.85	352.94	134.50	77
杭州	Hangzhou	483.54	259.75	197.76	42	景德镇	Jingdezhen	76.99	66.45	69.04	166
宁波	Ningbo	373.60	264.30	234.53	30	萍乡	Pingxiang	34.09	49.24	48.64	200
温州	Wenzhou	66.78	136.07	119.72	94	九江	Jiujiang	159.83	244.94	298.57	17
嘉兴	Jiaxing	243.59	286.95	136.79	75	新余	Xinyu	5.40	56.77	30.46	234
湖州	Huzhou	185.04	432.17	163.30	58	鹰潭	Yingtan	44.08	111.40	56.81	189
绍兴	Shaoxing	75.83	160.10	97.90	118	赣州	Ganzhou	122.81	182.35	274.07	20
金华	Jinhua	139.11	202.58	143.02	69	吉安	Jian	117.28	150.29	70.97	164
衢州	Quzhou	76.15	236.28	92.18	126	宜春	Yichun	121.83	197.06	192.85	46
舟山	Zhoushan	55.30	48.00	37.22	222	抚州	Fuzhou	31.94	102.41	46.80	204
台州	Taizhou	98.96	70.04	78.08	152	上饶	Shangrao	81.67	133.02	232.94	31
丽水	Lishui	32.59	81.25	14.96	276	**山东**	**Shandong**	**5069.53**	**4980.34**	**3354.25**	
安徽	**Anhui**	**1761.66**	**2862.41**	**2542.69**		济南	Jinan	179.63	246.15	166.79	56
合肥	Hefei	132.17	419.18	286.22	18	青岛	Qingdao	457.29	375.25	257.73	22
芜湖	Wuhu	120.95	408.77	235.66	29	淄博	Zibo	154.82	296.90	127.89	83
蚌埠	Bengbu	66.56	101.96	120.46	93	枣庄	Zaozhuang	122.83	181.37	57.66	188
淮南	Huainan	15.76	26.04	25.42	245	东营	Dongying	104.53	134.72	62.02	180
马鞍山	Maanshan	31.04	100.24	60.16	183	烟台	Yantai	563.77	216.21	194.08	45
淮北	Huaibei	52.37	55.20	9.64	282	潍坊	Weifang	1213.28	1323.69	720.97	1
铜陵	Tongling	113.44	48.60	91.39	130	济宁	Jining	518.63	604.11	565.78	5
安庆	Anqing	86.51	134.82	78.15	151	泰安	Taian	128.56	145.01	182.37	50
黄山	Huangshan	121.56	166.69	90.14	134	威海	Weihai	346.09	227.10	237.53	28
滁州	Chuzhou	224.56	134.78	248.25	24	日照	Rizhao	35.29	45.48	32.32	233
阜阳	Fuyang	110.24	117.19	134.46	78	莱芜	Laiwu	71.23	29.54	30.44	235
宿州	Suzhou	80.51	266.35	183.88	48	临沂	Linyi	500.60	517.13	239.53	26
六安	Liuan	102.41	238.19	399.96	11	德州	Dezhou	103.17	196.80	94.04	124
亳州	Bozhou	110.13	142.30	218.57	37	聊城	Liaocheng	171.43	168.17	96.16	123

7-9 供应商业服务用地面积 续表 2

Area of Land Supplied for Commercial and Service Uses continued 2

单位：公顷 (hectare)

地名	City	2010	2014	2015	2015 排名 Ranking
滨州	Binzhou	196.25	76.84	63.73	177
菏泽	Heze	202.13	195.86	225.22	34
河南	**Henan**	**1069.34**	**2038.48**	**1634.92**	
郑州	Zhengzhou	88.83	342.62	315.59	15
开封	Kaifeng	63.26	82.74	99.91	114
洛阳	Luoyang	78.21	107.06	149.51	66
平顶山	Pingdingshan	11.20	80.47	65.47	171
安阳	Anyang	85.18	231.51	127.94	81
鹤壁	Hebi	23.87	71.18	13.67	277
新乡	Xinxiang	77.55	168.03	91.26	131
焦作	Jiaozuo	70.84	104.34	54.63	192
濮阳	Puyang	11.25	62.83	67.93	169
许昌	Xuchang	70.30	128.82	124.80	87
漯河	Luohe	20.19	32.14	36.44	224
三门峡	Sanmenxia	43.58	57.70	26.40	243
南阳	Nanyang	113.49	83.02	68.97	167
商丘	Shangqiu	67.07	181.55	114.31	100
信阳	Xinyang	81.95	77.62	78.66	150
周口	Zhoukou	28.66	124.57	85.72	140
驻马店	Zhumadian	133.93	102.29	113.72	102
湖北	**Hubei**	**1666.36**	**2146.79**	**2282.38**	
武汉	Wuhan	405.14	155.67	229.40	32
黄石	Huangshi	48.95	51.11	77.24	153
十堰	Shiyan	103.65	181.36	164.78	57
宜昌	Yichang	244.35	350.22	638.34	2
襄阳	Xiangyang	97.04	337.44	106.37	109
鄂州	Ezhou	50.63	18.81	114.88	99
荆门	Jingmen	88.42	156.72	144.02	68
孝感	Xiaogan	108.06	110.11	88.59	136
荆州	Jingzhou	78.92	102.27	212.47	39
黄冈	Huanggang	133.93	267.93	129.39	80
咸宁	Xianning	130.45	210.75	113.31	104
随州	Suizhou	34.61	39.40	38.87	217
湖南	**Hunan**	**1238.49**	**2003.99**	**1950.75**	
长沙	Changsha	357.31	376.27	324.07	14
株洲	Zhuzhou	34.62	73.92	50.54	197
湘潭	Xiangtan	42.88	65.43	62.19	179
衡阳	Hengyang	104.68	206.22	170.66	54
邵阳	Shaoyang	69.53	75.59	116.55	97
岳阳	Yueyang	82.96	191.99	203.49	40
常德	Changde	102.16	178.39	169.18	55
张家界	Zhangjiajie	72.86	44.63	34.74	230
益阳	Yiyang	40.12	144.01	242.28	25
郴州	Chenzhou	51.57	129.01	72.50	159
永州	Yongzhou	33.23	132.15	151.70	64
怀化	Huaihua	193.04	206.33	157.29	61
娄底	Loudi	47.66	141.14	123.12	90
广东	**Guangdong**	**1385.03**	**1827.01**	**1291.68**	
广州	Guangzhou	164.29	214.78	225.66	33
韶关	Shaoguan	20.77	78.05	56.48	190
深圳	Shenzhen	10.86	184.96	64.42	175
珠海	Zhuhai	98.37	160.81	97.78	119
汕头	Shantou	19.87	13.58	3.28	284
佛山	Foshan	212.66	226.05	198.76	41
江门	Jiangmen	30.92	51.55	24.25	249
湛江	Zhanjiang	58.81	23.59	16.33	269
茂名	Maoming	25.05	83.88	52.06	195
肇庆	Zhaoqing	66.22	108.67	97.35	120
惠州	Huizhou	209.92	111.94	100.96	113
梅州	Meizhou	34.02	110.95	91.85	128
汕尾	Shanwei	18.85	19.99	20.52	255
河源	Heyuan	55.09	58.78	13.26	278
阳江	Yangjiang	115.12	27.50	11.88	281
清远	Qingyuan	114.55	64.11	87.85	138
东莞	Dongguan	80.15	36.80	35.21	229
中山	Zhongshan	29.76	6.01	16.52	268
潮州	Chaozhou		60.67	16.59	267
揭阳	Jieyang	5.70	80.98	16.80	266
云浮	Yunfu	14.05	103.35	43.89	209
广西	**Guangxi**	**769.25**	**1170.35**	**888.18**	
南宁	Nanning	138.20	198.96	125.80	85
柳州	Liuzhou	83.30	65.66	25.06	246
桂林	Guilin	198.49	123.64	140.84	71
梧州	Wuzhou	27.11	39.17	20.70	253
北海	Beihai	11.24	34.03	16.22	270
防城港	Fangchenggang	59.15	85.19	99.80	115
钦州	Qinzhou	103.34	15.96	47.80	203
贵港	Guigang	9.77	37.09	17.46	262
玉林	Yulin	74.03	98.10	98.75	117
百色	Baise	30.04	156.81	83.30	143

7-9 供应商业服务用地面积 续表 3
Area of Land Supplied for Commercial and Service Uses continued 3

单位：公顷 (hectare)

地名	City	2010	2014	2015	2015 排名 Ranking	地名	City	2010	2014	2015	2015 排名 Ranking
贺州	Hezhou	6.57	26.23	25.02	247	丽江	Lijiang	7.21	169.19	37.14	223
河池	Hechi	2.55	106.10	26.92	241	普洱	Puer	33.07	93.44	41.40	213
来宾	Laibin	15.93	89.35	80.96	145	临沧	Lincang	40.90	111.83	40.21	216
崇左	Chongzuo	9.53	94.08	79.55	147	**西藏**	**Tibet**	**113.63**	**444.14**	**71.81**	
海南	**Hainan**	**437.10**	**290.61**	**294.81**		拉萨	Lasa	99.67	178.13	17.39	264
海口	Haikou	3.64	18.55	113.89	101	**陕西**	**Shaanxi**	**353.29**	**1115.50**	**751.91**	
三亚	Sanya	58.34	77.35	58.90	186	西安	Xi'an	69.34	284.93	110.36	105
三沙	Sansha					铜川	Tongchuan	10.66	33.14	15.90	272
重庆	**Chongqing**	**354.89**	**1107.10**	**917.96**		宝鸡	Baoji	35.42	128.30	68.05	168
四川	**Sichuan**	**1362.91**	**2601.84**	**1767.09**		咸阳	Xianyang	33.27	182.42	183.21	49
成都	Chengdu	505.40	488.71	343.48	12	渭南	Weinan	34.92	65.83	127.91	82
自贡	Zigong	39.17	64.24	15.12	275	延安	Yan'an	26.21	39.67	46.26	206
攀枝花	Panzhihua	22.66	36.18	7.32	283	汉中	Hanzhong	16.23	191.66	65.22	173
泸州	Luzhou	155.69	55.73	117.88	96	榆林	Yulin	76.42	51.38	60.15	184
德阳	Deyang	76.60	169.19	96.30	122	安康	Ankang	12.00	74.09	59.12	185
绵阳	Mianyang	68.01	171.55	136.41	76	商洛	Shangluo	38.82	64.09	15.74	273
广元	Guangyuan	41.63	52.01	79.03	149	**甘肃**	**Gansu**	**320.69**	**1895.78**	**1201.43**	
遂宁	Suining	63.63	117.86	54.94	191	兰州	Lanzhou	67.65	293.91	427.04	10
内江	Neijiang	19.60	54.73	63.96	176	嘉峪关	Jiayuguan	25.66	265.74	1.82	285
乐山	Leshan	124.00	221.46	151.48	65	金昌	Jinchang	8.77	15.09	16.16	271
南充	Nanchong	77.12	213.59	38.76	218	白银	Baiyin	10.72	185.87	30.10	236
眉山	Meishan	29.26	177.32	155.75	63	天水	Tianshui	27.90	264.52	18.31	260
宜宾	Yibin	42.94	94.97	61.18	181	武威	Wuwei	8.53	161.22	71.58	162
广安	Guangan	21.82	152.01	91.20	133	张掖	Zhangye	32.17	178.66	138.45	74
达州	Dazhou	22.90	117.61	108.45	107	平凉	Pingliang	28.50	99.00	99.09	116
雅安	Yaan	8.23	30.95	41.65	212	酒泉	Jiuquan	39.84	115.08	76.50	155
巴中	Bazhong	12.54	110.65	109.48	106	庆阳	Qingyang	19.09	101.36	24.76	248
资阳	Ziyang	2.24	116.52	43.61	210	定西	Dingxi	38.31	78.93	92.10	127
贵州	**Guizhou**	**452.82**	**1811.62**	**1480.80**		陇南	Longnan	4.16	3.84	18.26	261
贵阳	Guiyang	107.41	296.49	186.78	47	**青海**	**Qinghai**	**108.35**	**413.97**	**212.30**	
六盘水	Liupanshui	19.30	137.62	123.98	88	西宁	Xining	54.86	133.10	48.64	200
遵义	Zunyi	45.78	207.01	220.16	36	海东	Haidong		32.17	58.62	187
安顺	Anshun	40.26	128.64	105.40	110	**宁夏**	**Ningxia**	**774.78**	**626.44**	**356.96**	
毕节	Bijie	52.18	162.39	119.56	95	银川	Yinchuan	445.70	245.04	181.74	51
铜仁	Tongren	40.98	214.92	302.34	16	石嘴山	Shizuishan	128.70	62.12	17.13	265
云南	**Yunnan**	**1005.05**	**1705.77**	**790.61**		吴忠	Wuzhong	78.79	81.82	41.31	214
昆明	Kunming	181.69	570.66	149.17	67	固原	Guyuan	59.54	90.98	67.22	170
曲靖	Qujing	50.87	77.80	25.90	244	中卫	Zhongwei	62.04	146.47	49.57	199
玉溪	Yuxi	144.74	62.39	69.58	165	**新疆**	**Xinjiang**	**774.96**	**1932.21**	**1089.81**	
保山	Baoshan	223.86	102.89	34.39	231	乌鲁木齐	Urumqi	92.14	155.63	215.24	38
昭通	Zhaotong	60.16	36.85	15.20	274	克拉玛依	Karamay	27.17	52.98	27.33	240

7-10 供应住宅用地面积
Area of Land Supplied for Residential Uses

单位：公顷 (hectare)

地名	City	2010	2014	2015	2015 排名 Ranking
全国	**Nation Total**	**115272.5**	**104499.35**	**83782.66**	
北京	**Beijing**	**786.19**	**622.27**	**575.36**	
天津	**Tianjin**	**2571.90**	**1029.16**	**940.37**	
河北	**Hebei**	**5413.39**	**4356.78**	**4210.33**	
石家庄	Shijiazhuang	491.72	450.94	611.94	28
唐山	Tangshan	648.85	407.15	343.96	64
秦皇岛	Qinhuangdao	430.84	141.53	131.20	175
邯郸	Handan	655.03	873.08	404.01	52
邢台	Xingtai	357.54	325.07	391.91	54
保定	Baoding	556.56	442.48	636.45	22
张家口	Zhangjiakou	586.48	345.45	363.47	59
承德	Chengde	268.89	171.98	217.26	123
沧州	Cangzhou	326.32	366.78	318.78	75
廊坊	Langfang	824.70	564.53	622.09	25
衡水	Hengshui	266.47	267.78	169.26	149
山西	**Shanxi**	**1816.40**	**1720.55**	**1055.75**	
太原	Taiyuan	300.52	177.83	222.52	121
大同	Datong	480.45	293.64	133.78	173
阳泉	Yangquan	132.98	48.75	64.44	237
长治	Changzhi	56.76	125.29	48.25	255
晋城	Jincheng	100.23	113.23	68.61	231
朔州	Shuozhou	105.68	114.16	34.48	273
晋中	Jinzhong	123.78	171.55	101.96	204
运城	Yuncheng	153.23	318.30	107.55	198
忻州	Xinzhou	93.28	91.61	86.13	219
临汾	Linfen	133.24	137.65	149.71	162
吕梁	Lvliang	136.23	128.54	38.32	268
内蒙古	**Inner Mongolia**	**4940.09**	**2329.35**	**1584.22**	
呼和浩特	Hohhot	420.02	167.68	336.82	65
包头	Baotou	362.41	259.05	91.35	212
乌海	Wuhai	253.87	23.97	22.17	281
赤峰	Chifeng	246.12	347.98	117.00	187
通辽	Tongliao	299.15	185.71	103.56	201
鄂尔多斯	Erdos	1828.43	175.77	120.65	185
呼伦贝尔	Hulunbuir	365.30	388.37	285.90	88
巴彦淖尔	Bayannur	297.11	105.45	110.76	192
乌兰察布	Ulanqab	160.83	276.28	129.25	176
辽宁	**Liaoning**	**9105.20**	**3768.34**	**2042.06**	
沈阳	Shenyang	1108.99	663.59	407.82	50
大连	Dalian	2209.18	372.78	216.08	125
鞍山	Anshan	1221.14	310.39	216.71	124
抚顺	Fushun	310.22	78.32	21.26	282
本溪	Benxi	186.13	80.75	43.80	262
丹东	Dandong	257.93	140.36	58.30	245
锦州	Jinzhou	369.73	208.45	261.51	97
营口	Yingkou	1671.89	292.83	68.60	232
阜新	Fuxin	168.36	204.29	110.35	193
辽阳	Liaoyang	191.74	84.47	75.39	224
盘锦	Panjin	385.73	331.69	349.48	63
铁岭	Tieling	643.95	335.21	64.11	238
朝阳	Chaoyang	117.23	234.13	68.15	234
葫芦岛	Huludao	262.98	431.08	80.50	222
吉林	**Jilin**	**2837.72**	**1766.69**	**967.46**	
长春	Changchun	1015.63	497.69	236.29	112
吉林	Jilin	424.48	234.37	114.92	188
四平	Siping	231.50	145.84	98.98	206
辽源	Liaoyuan	134.45	39.31	35.26	272
通化	Tonghua	165.34	177.85	49.02	253
白山	Baishan	543.79	130.41	64.11	238
松原	Songyuan	80.90	90.13	56.11	247
白城	Baicheng	81.00	175.09	144.86	164
黑龙江	**Heilongjiang**	**4624.75**	**2321.58**	**1402.80**	
哈尔滨	Harbin	1322.05	516.85	253.84	104
齐齐哈尔	Qiqihar	279.24	226.86	124.84	181
鸡西	Jixi	97.31	35.03	125.07	180
鹤岗	Hegang	53.16	281.67	125.29	179
双鸭山	Shuangyashan	154.88	53.17	135.92	171
大庆	Daqing	362.03	249.39	38.10	269
伊春	Yichun	93.88	150.25	54.89	248
佳木斯	Jiamusi	376.74	89.01	50.74	250
七台河	Qitaihe	18.18	128.92	40.88	265
牡丹江	Mudanjiang	438.03	102.51	103.46	202
黑河	Heihe	239.28	62.52	39.73	266
绥化	Suihua	531.72	273.36	162.39	154
上海	**Shanghai**	**704.13**	**520.97**	**700.16**	
江苏	**Jiangsu**	**10874.29**	**10842.76**	**9759.48**	

7-10 供应住宅用地面积 续表 1
Area of Land Supplied for Residential Uses continued 1

单位：公顷 (hectare)

地名	City	2010	2014	2015	2015 排名 Ranking
南京	Nanjing	709.54	836.05	678.75	17
无锡	Wuxi	1539.11	665.39	233.62	114
徐州	Xuzhou	843.72	1269.86	938.89	6
常州	Changzhou	793.48	667.82	833.06	8
苏州	Suzhou	1336.19	1215.96	1263.97	3
南通	Nantong	1058.31	1366.58	1832.34	1
连云港	Lianyungang	560.01	423.73	599.15	30
淮安	Huaian	764.91	514.70	400.54	53
盐城	Yancheng	1307.89	700.18	663.13	18
扬州	Yangzhou	614.82	672.58	643.23	20
镇江	Zhenjiang	159.79	445.42	315.80	78
泰州	Taizhou	474.54	820.19	721.31	13
宿迁	Suqian	711.98	1244.32	635.69	23
浙江	**Zhejiang**	**7466.36**	**4866.22**	**3576.97**	
杭州	Hangzhou	1475.00	674.40	448.09	43
宁波	Ningbo	2081.83	710.20	685.14	16
温州	Wenzhou	267.38	888.72	517.32	36
嘉兴	Jiaxing	773.47	417.39	318.04	76
湖州	Huzhou	395.03	385.25	243.85	108
绍兴	Shaoxing	656.96	576.29	554.42	32
金华	Jinhua	418.29	402.37	257.79	100
衢州	Quzhou	278.56	85.31	69.19	230
舟山	Zhoushan	328.26	63.27	41.54	264
台州	Taizhou	456.62	411.86	271.58	92
丽水	Lishui	334.96	251.15	169.99	146
安徽	**Anhui**	**4766.31**	**7692.12**	**5470.75**	
合肥	Hefei	457.23	552.24	692.79	15
芜湖	Wuhu	910.79	914.07	245.60	107
蚌埠	Bengbu	339.35	534.33	330.11	68
淮南	Huainan	351.81	372.16	213.43	126
马鞍山	Maanshan	189.86	134.85	121.79	183
淮北	Huaibei	315.07	187.88	108.14	196
铜陵	Tongling	196.81	137.87	92.95	211
安庆	Anqing	328.67	306.56	254.50	103
黄山	Huangshan	175.20	131.70	62.46	242
滁州	Chuzhou	389.66	1044.80	750.45	11
阜阳	Fuyang	146.73	523.70	643.16	21
宿州	Suzhou	219.84	430.32	333.70	66
六安	Liuan	195.90	902.21	616.35	27
亳州	Bozhou	117.21	619.56	291.35	84
池州	Chizhou	117.59	156.99	193.87	135
宣城	Xuancheng	189.80	265.01	161.14	157
福建	**Fujian**	**2112.92**	**2124.75**	**1433.25**	
福州	Fuzhou	655.81	332.73	332.88	67
厦门	Xiamen	348.12	63.28	97.42	207
莆田	Putian	120.54	282.60	196.30	132
三明	Sanming	92.51	128.00	91.01	214
泉州	Quanzhou	328.04	582.91	225.37	116
漳州	Zhangzhou	299.43	386.25	180.52	144
南平	Nanping	104.88	114.86	73.75	225
龙岩	Longyan	81.77	124.26	127.18	177
宁德	Ningde	81.83	109.88	108.82	195
江西	**Jiangxi**	**2891.21**	**3687.95**	**3425.75**	
南昌	Nanchang	554.67	695.90	424.21	46
景德镇	Jingdezhen	181.64	150.74	140.03	169
萍乡	Pingxiang	57.48	130.38	259.52	99
九江	Jiujiang	396.17	769.81	822.87	9
新余	Xinyu	116.14	219.20	70.47	228
鹰潭	Yingtan	199.90	173.49	86.67	218
赣州	Ganzhou	375.48	424.51	208.18	129
吉安	Jian	136.12	296.56	220.64	122
宜春	Yichun	310.92	430.85	625.29	24
抚州	Fuzhou	234.10	129.22	268.19	93
上饶	Shangrao	328.61	267.30	299.69	81
山东	**Shandong**	**12857.15**	**10307.29**	**7025.38**	
济南	Jinan	785.10	721.89	659.94	19
青岛	Qingdao	1881.40	1365.39	761.34	10
淄博	Zibo	398.82	323.16	238.26	111
枣庄	Zaozhuang	239.06	502.54	356.61	60
东营	Dongying	308.12	366.00	161.90	155
烟台	Yantai	1813.34	947.84	454.22	41
潍坊	Weifang	1686.46	1106.25	1110.21	4
济宁	Jining	704.86	606.39	573.04	31
泰安	Taian	398.14	462.53	300.18	80
威海	Weihai	1379.72	715.51	704.17	14
日照	Rizhao	184.60	220.89	198.54	131
莱芜	Laiwu	128.80	93.65	103.38	203
临沂	Linyi	996.66	1371.94	406.29	51
德州	Dezhou	484.52	405.50	287.69	87
聊城	Liaocheng	397.22	441.69	275.65	90

7-10 供应住宅用地面积 续表 2
Area of Land Supplied for Residential Uses continued 2

单位：公顷 (hectare)

地名	City	2010	2014	2015	2015 排名 Ranking	地名	City	2010	2014	2015	2015 排名 Ranking
滨州	Binzhou	371.13	274.42	186.52	139	常德	Changde	195.82	287.10	276.03	89
菏泽	Heze	699.18	381.71	247.43	106	张家界	Zhangjiajie	151.31	43.68	44.03	261
河南	**Henan**	**5174.84**	**6246.17**	**4359.32**		益阳	Yiyang	147.90	211.17	223.36	119
郑州	Zhengzhou	1070.61	1424.34	1303.91	2	郴州	Chenzhou	275.17	342.39	316.03	77
开封	Kaifeng	347.36	344.40	190.44	137	永州	Yongzhou	230.58	293.67	450.91	42
洛阳	Luoyang	249.76	433.05	418.35	48	怀化	Huaihua	354.74	366.81	288.79	86
平顶山	Pingdingshan	400.61	794.83	123.41	182	娄底	Loudi	81.01	353.27	177.04	145
安阳	Anyang	311.66	517.63	117.47	186	**广东**	**Guangdong**	**4818.47**	**3955.54**	**3313.82**	
鹤壁	Hebi	154.55	268.13	206.04	130	广州	Guangzhou	448.39	327.89	355.63	61
新乡	Xinxiang	390.73	367.24	212.44	127	韶关	Shaoguan	102.23	152.22	148.33	163
焦作	Jiaozuo	193.26	187.95	47.32	257	深圳	Shenzhen	78.31	171.15	141.87	167
濮阳	Puyang	162.35	199.70	111.85	190	珠海	Zhuhai	299.25	100.67	89.27	216
许昌	Xuchang	345.65	236.63	142.28	166	汕头	Shantou	26.15	72.41	121.33	184
漯河	Luohe	72.33	102.35	109.38	194	佛山	Foshan	542.06	419.65	353.19	62
三门峡	Sanmenxia	139.90	94.45	72.46	226	江门	Jiangmen	220.16	115.75	101.39	205
南阳	Nanyang	324.65	329.71	224.20	117	湛江	Zhanjiang	117.71	252.89	183.65	140
商丘	Shangqiu	239.11	208.49	413.82	49	茂名	Maoming	63.11	258.18	93.07	210
信阳	Xinyang	279.15	252.58	192.26	136	肇庆	Zhaoqing	166.80	129.50	161.64	156
周口	Zhoukou	146.58	225.47	107.71	197	惠州	Huizhou	824.72	335.44	257.72	101
驻马店	Zhumadian	346.56	259.22	365.96	58	梅州	Meizhou	193.82	219.18	330.03	69
湖北	**Hubei**	**4278.38**	**5116.27**	**5110.83**		汕尾	Shanwei	0.90	95.74	91.19	213
武汉	Wuhan	1575.88	901.32	931.25	7	河源	Heyuan	151.72	168.92	88.20	217
黄石	Huangshi	114.89	162.83	603.25	29	阳江	Yangjiang	286.34	262.90	164.40	152
十堰	Shiyan	191.09	301.64	169.35	148	清远	Qingyuan	613.99	369.80	240.22	110
宜昌	Yichang	284.18	267.43	750.42	12	东莞	Dongguan	221.08	139.54	226.24	115
襄阳	Xiangyang	187.35	649.34	223.63	118	中山	Zhongshan	334.66	45.62	6.93	285
鄂州	Ezhou	405.60	117.49	247.64	105	潮州	Chaozhou	14.18	85.57	45.30	260
荆门	Jingmen	274.49	292.03	320.59	74	揭阳	Jieyang	80.95	68.88	64.02	240
孝感	Xiaogan	177.62	526.79	501.09	38	云浮	Yunfu	31.94	163.66	50.19	252
荆州	Jingzhou	172.36	287.57	266.38	95	**广西**	**Guangxi**	**2876.33**	**2451.82**	**2280.64**	
黄冈	Huanggang	83.01	593.49	326.92	70	南宁	Nanning	517.25	389.77	425.03	44
咸宁	Xianning	491.07	364.30	241.62	109	柳州	Liuzhou	235.11	235.84	271.60	91
随州	Suizhou	131.17	190.83	68.55	233	桂林	Guilin	173.49	214.40	326.52	72
湖南	**Hunan**	**3869.41**	**4104.88**	**3740.05**		梧州	Wuzhou	171.76	136.78	43.30	263
长沙	Changsha	1221.31	776.44	377.74	55	北海	Beihai	106.08	84.27	34.41	274
株洲	Zhuzhou	257.74	321.14	522.06	34	防城港	Fangchenggang	185.87	339.96	254.85	102
湘潭	Xiangtan	179.03	103.39	95.68	208	钦州	Qinzhou	633.30	122.43	82.52	220
衡阳	Hengyang	302.00	384.34	544.77	33	贵港	Guigang	210.68	276.74	63.66	241
邵阳	Shaoyang	245.97	186.67	154.97	161	玉林	Yulin	181.66	131.04	261.34	98
岳阳	Yueyang	200.03	237.26	180.94	143	百色	Baise	150.94	176.31	165.17	151

7-10 供应住宅用地面积 续表 3

Area of Land Supplied for Residential Uses continued 3

单位：公顷 (hectare)

地名	City	2010	2014	2015	2015 排名 Ranking	地名	City	2010	2014	2015	2015 排名 Ranking
贺州	Hezhou	94.59	68.80	45.31	259	丽江	Lijiang	115.34	90.23	39.10	267
河池	Hechi	44.91	81.85	104.85	200	普洱	Puer	72.30	136.20	157.31	160
来宾	Laibin	62.79	85.94	135.59	172	临沧	Lincang	42.47	47.60	23.03	280
崇左	Chongzuo	107.90	107.71	66.50	236	**西藏**	**Tibet**	**133.46**	**144.16**	**57.14**	
海南	**Hainan**	**1017.90**	**540.78**	**622.08**		拉萨	Lasa	84.47	44.08	19.65	283
海口	Haikou	78.90	29.45	141.63	168	**陕西**	**Shaanxi**	**1583.05**	**2768.81**	**1831.37**	
三亚	Sanya	54.96	63.88	57.61	246	西安	Xi'an	422.37	691.76	479.56	39
三沙	Sansha					铜川	Tongchuan	135.19	14.36	45.89	258
重庆	**Chongqing**	**2958.44**	**3452.33**	**3306.60**		宝鸡	Baoji	96.94	235.77	162.92	153
四川	**Sichuan**	**4669.47**	**4716.04**	**4413.30**		咸阳	Xianyang	236.42	476.94	297.17	82
成都	Chengdu	1530.44	850.89	995.04	5	渭南	Weinan	150.15	313.69	295.15	83
自贡	Zigong	137.17	106.62	48.41	254	延安	Yan'an	84.20	278.22	70.01	229
攀枝花	Panzhihua	95.47	49.19	48.24	256	汉中	Hanzhong	133.17	331.95	195.36	134
泸州	Luzhou	332.61	256.15	366.36	57	榆林	Yulin	208.26	149.92	189.11	138
德阳	Deyang	337.53	247.31	159.94	158	安康	Ankang	60.88	183.00	59.16	244
绵阳	Mianyang	397.94	333.51	304.11	79	商洛	Shangluo	55.47	93.19	37.05	270
广元	Guangyuan	90.65	194.96	158.23	159	**甘肃**	**Gansu**	**1285.37**	**1951.85**	**1613.67**	
遂宁	Suining	151.31	146.44	222.79	120	兰州	Lanzhou	361.21	620.29	519.48	35
内江	Neijiang	154.32	142.24	183.65	140	嘉峪关	Jiayuguan	52.51	44.82	30.62	276
乐山	Leshan	284.70	206.34	169.96	147	金昌	Jinchang	45.46	35.99	33.42	275
南充	Nanchong	197.71	352.65	263.81	96	白银	Baiyin	78.21	135.81	235.31	113
眉山	Meishan	210.09	339.48	419.96	47	天水	Tianshui	61.72	211.14	111.35	191
宜宾	Yibin	200.74	310.57	106.69	199	武威	Wuwei	74.34	257.91	267.39	94
广安	Guangan	130.46	273.29	183.19	142	张掖	Zhangye	153.09	160.16	131.75	174
达州	Dazhou	204.24	92.85	136.68	170	平凉	Pingliang	59.23	126.31	50.66	251
雅安	Yaan	54.66	30.06	80.54	221	酒泉	Jiuquan	89.91	138.32	36.58	271
巴中	Bazhong	57.85	323.62	167.49	150	庆阳	Qingyang	70.99	42.71	25.41	279
资阳	Ziyang	71.56	343.04	326.03	73	定西	Dingxi	154.64	49.89	29.58	277
贵州	**Guizhou**	**1635.32**	**3356.99**	**3194.13**		陇南	Longnan	6.30	7.46	8.27	284
贵阳	Guiyang	802.77	348.37	424.94	45	**青海**	**Qinghai**	**545.06**	**570.38**	**245.68**	
六盘水	Liupanshui	16.64	206.07	289.37	85	西宁	Xining	147.31	158.26	127.13	178
遵义	Zunyi	216.13	840.87	620.10	26	海东	Haidong		115.40	52.27	249
安顺	Anshun	70.68	244.79	143.12	165	**宁夏**	**Ningxia**	**1479.34**	**1074.97**	**949.64**	
毕节	Bijie	119.76	690.66	456.52	40	银川	Yinchuan	426.63	641.27	501.59	37
铜仁	Tongren	47.95	319.75	326.67	71	石嘴山	Shizuishan	412.42	64.94	70.62	227
云南	**Yunnan**	**2429.46**	**2758.85**	**1314.58**		吴忠	Wuzhong	219.53	120.26	195.84	133
昆明	Kunming	341.83	721.52	210.83	128	固原	Guyuan	188.23	52.97	67.77	235
曲靖	Qujing	332.04	219.87	90.60	215	中卫	Zhongwei	232.52	195.53	113.82	189
玉溪	Yuxi	157.88	102.43	60.38	243	**新疆**	**Xinjiang**	**2750.22**	**3332.76**	**3259.71**	
保山	Baoshan	160.96	221.67	95.25	209	乌鲁木齐	Urumqi	652.35	367.55	375.17	56
昭通	Zhaotong	103.16	117.88	28.02	278	克拉玛依	Karamay	42.43	87.46	78.56	223

7-11 供应普通商品住房用地面积
Area of Land Supplied for Ordinary Commercial Housing

单位：公顷 (hectare)

地名	City	2010	2014	2015	2015 排名 Ranking	地名	City	2010	2014	2015	2015 排名 Ranking
全国	**Nation Total**	**97887.9**	**81680.46**	**62868.57**		沈阳	Shenyang	1079.67	647.47	402.46	32
北京	**Beijing**	**684.65**	**484.53**	**440.96**		大连	Dalian	2143.11	372.78	210.93	97
天津	**Tianjin**	**2010.94**	**636.71**	**407.43**		鞍山	Anshan	1220.58	308.84	216.71	94
河北	**Hebei**	**5045.79**	**3953.90**	**3681.26**		抚顺	Fushun	264.94	73.82	17.27	276
石家庄	Shijiazhuang	446.83	429.04	486.18	25	本溪	Benxi	32.24	57.05	27.61	260
唐山	Tangshan	565.78	390.13	303.56	54	丹东	Dandong	251.78	130.91	54.86	221
秦皇岛	Qinhuangdao	406.30	113.66	96.82	177	锦州	Jinzhou	331.85	172.84	241.71	77
邯郸	Handan	558.24	654.08	225.56	85	营口	Yingkou	1363.29	272.35	58.19	218
邢台	Xingtai	341.32	306.72	345.25	44	阜新	Fuxin	144.76	137.40	44.19	234
保定	Baoding	551.28	432.13	609.58	13	辽阳	Liaoyang	173.53	73.88	72.41	200
张家口	Zhangjiakou	545.57	325.19	358.61	40	盘锦	Panjin	384.81	331.69	349.48	43
承德	Chengde	252.56	168.86	193.01	104	铁岭	Tieling	627.91	335.21	63.43	209
沧州	Cangzhou	312.10	325.54	295.98	57	朝阳	Chaoyang	115.40	213.44	61.99	213
廊坊	Langfang	811.80	555.32	611.25	12	葫芦岛	Huludao	219.52	209.12	63.43	209
衡水	Hengshui	254.01	253.20	155.45	133	**吉林**	**Jilin**	**2376.41**	**1418.27**	**791.77**	
山西	**Shanxi**	**1217.12**	**1450.47**	**671.72**		长春	Changchun	801.51	394.97	203.61	98
太原	Taiyuan	188.49	174.26	182.16	109	吉林	Jilin	367.43	216.67	109.62	169
大同	Datong	206.20	208.83	40.87	238	四平	Siping	229.63	133.10	83.28	191
阳泉	Yangquan	116.00	47.06	23.08	270	辽源	Liaoyuan	61.50	19.32	28.70	255
长治	Changzhi	47.30	118.22	44.36	233	通化	Tonghua	124.67	148.89	40.74	239
晋城	Jincheng	77.31	108.39	45.80	228	白山	Baishan	535.70	64.61	25.95	265
朔州	Shuozhou	88.25	102.21	24.01	267	松原	Songyuan	80.90	86.45	55.20	219
晋中	Jinzhong	91.05	159.80	81.43	192	白城	Baicheng	64.80	138.15	123.72	154
运城	Yuncheng	142.74	278.51	75.56	197	**黑龙江**	**Heilongjiang**	**3602.05**	**1561.71**	**894.93**	
忻州	Xinzhou	74.21	55.69	32.46	251	哈尔滨	Harbin	1098.35	460.10	219.70	92
临汾	Linfen	120.10	108.03	87.75	187	齐齐哈尔	Qiqihar	210.19	179.76	105.75	173
吕梁	Lvliang	65.48	89.47	34.25	250	鸡西	Jixi	93.33	28.04	110.03	168
内蒙古	**Inner Mongolia**	**4231.72**	**1871.49**	**1199.67**		鹤岗	Hegang	45.93	8.32	23.83	268
呼和浩特	Hohhot	385.96	166.58	307.41	51	双鸭山	Shuangyashan	140.91	46.14	44.47	232
包头	Baotou	282.31	127.55	27.80	258	大庆	Daqing	361.13	241.85	37.19	246
乌海	Wuhai	100.66	2.56	10.57	282	伊春	Yichun	23.92	28.34	13.20	281
赤峰	Chifeng	241.89	333.31	107.24	171	佳木斯	Jiamusi	313.60	88.53	29.42	254
通辽	Tongliao	274.84	177.01	96.77	178	七台河	Qitaihe	14.73	11.31	28.11	257
鄂尔多斯	Erdos	1657.44	152.61	118.78	158	牡丹江	Mudanjiang	412.31	87.08	70.72	202
呼伦贝尔	Hulunbuir	248.04	295.07	170.49	117	黑河	Heihe	186.51	58.70	38.71	242
巴彦淖尔	Bayannur	290.06	78.63	106.23	172	绥化	Suihua	430.71	254.65	120.58	157
乌兰察布	Ulanqab	140.45	184.94	58.85	216	**上海**	**Shanghai**	**669.40**	**467.70**	**597.17**	
辽宁	**Liaoning**	**8353.39**	**3336.79**	**1884.69**		**江苏**	**Jiangsu**	**8908.12**	**8538.76**	**7292.26**	

7-11 供应普通商品住房用地面积 续表 1
Area of Land Supplied for Ordinary Commercial Housing continued 1

单位：公顷 (hectare)

地名	City	2010	2014	2015	2015 排名 Ranking	地名	City	2010	2014	2015	2015 排名 Ranking
南京	Nanjing	411.45	482.90	450.19	28	池州	Chizhou	117.59	71.25	136.99	145
无锡	Wuxi	886.23	367.24	116.55	161	宣城	Xuancheng	177.82	177.89	137.99	144
徐州	Xuzhou	658.26	933.15	702.01	8	**福建**	**Fujian**	**1960.82**	**2098.16**	**1398.32**	
常州	Changzhou	646.14	537.90	593.64	16	福州	Fuzhou	625.85	328.64	319.95	49
苏州	Suzhou	991.02	946.73	820.16	4	厦门	Xiamen	331.23	59.58	94.63	181
南通	Nantong	1004.10	1200.28	1262.66	1	莆田	Putian	105.63	282.06	189.79	106
连云港	Lianyungang	534.56	381.32	561.24	19	三明	Sanming	80.89	124.12	88.48	185
淮安	Huaian	725.24	507.24	400.54	34	泉州	Quanzhou	295.26	575.59	222.72	89
盐城	Yancheng	1268.58	651.01	616.69	11	漳州	Zhangzhou	291.41	385.00	176.89	111
扬州	Yangzhou	582.69	637.93	467.14	26	南平	Nanping	95.89	114.45	73.59	199
镇江	Zhenjiang	159.79	368.64	315.80	50	龙岩	Longyan	76.93	122.67	123.46	155
泰州	Taizhou	466.21	785.87	706.62	7	宁德	Ningde	57.72	106.05	108.82	170
宿迁	Suqian	573.88	738.55	279.02	62	**江西**	**Jiangxi**	**2421.31**	**3055.15**	**2916.71**	
浙江	**Zhejiang**	**6100.29**	**2657.39**	**1979.61**		南昌	Nanchang	487.48	636.98	278.75	63
杭州	Hangzhou	1294.68	421.36	334.64	45	景德镇	Jingdezhen	146.68	111.76	138.50	143
宁波	Ningbo	1179.08	394.86	269.36	66	萍乡	Pingxiang	47.62	129.75	240.73	78
温州	Wenzhou	228.40	263.18	243.51	75	九江	Jiujiang	386.19	575.86	732.26	6
嘉兴	Jiaxing	694.92	279.51	170.65	116	新余	Xinyu	103.14	201.41	45.79	229
湖州	Huzhou	383.49	310.80	157.41	129	鹰潭	Yingtan	126.75	165.52	75.73	196
绍兴	Shaoxing	631.99	509.00	423.26	30	赣州	Ganzhou	231.25	283.66	132.43	151
金华	Jinhua	353.39	188.43	135.90	148	吉安	Jian	123.84	226.32	164.71	121
衢州	Quzhou	257.05	53.84	50.72	223	宜春	Yichun	277.58	384.38	592.17	17
舟山	Zhoushan	315.09	23.02	15.58	279	抚州	Fuzhou	211.78	110.08	247.00	74
台州	Taizhou	437.99	96.75	127.65	153	上饶	Shangrao	278.99	229.42	268.64	67
丽水	Lishui	324.20	116.65	50.93	222	**山东**	**Shandong**	**11986.78**	**9291.04**	**6177.95**	
安徽	**Anhui**	**3409.49**	**4861.36**	**3836.79**		济南	Jinan	599.04	658.26	575.33	18
合肥	Hefei	229.97	230.58	143.36	138	青岛	Qingdao	1733.28	1234.67	616.76	10
芜湖	Wuhu	372.13	428.60	225.15	86	淄博	Zibo	373.46	310.47	234.52	82
蚌埠	Bengbu	279.34	355.21	243.06	76	枣庄	Zaozhuang	225.55	459.35	305.61	52
淮南	Huainan	123.65	115.66	92.31	183	东营	Dongying	301.65	358.42	158.86	127
马鞍山	Maanshan	181.01	125.41	113.19	164	烟台	Yantai	1764.86	940.92	449.42	29
淮北	Huaibei	259.86	64.63	28.48	256	潍坊	Weifang	1683.69	1086.48	1107.37	2
铜陵	Tongling	169.65	137.87	68.20	204	济宁	Jining	689.18	359.53	552.15	20
安庆	Anqing	309.63	188.12	136.57	147	泰安	Taian	302.31	400.76	118.21	159
黄山	Huangshan	152.08	102.34	27.64	259	威海	Weihai	1379.72	674.65	659.94	9
滁州	Chuzhou	363.97	845.40	513.61	23	日照	Rizhao	139.12	177.14	112.41	166
阜阳	Fuyang	117.71	392.42	603.36	14	莱芜	Laiwu	110.08	69.76	64.15	208
宿州	Suzhou	157.85	372.88	300.91	55	临沂	Linyi	833.66	932.13	371.18	39
六安	Liuan	189.22	585.39	513.60	24	德州	Dezhou	470.29	389.67	224.18	88
亳州	Bozhou	90.53	282.41	224.81	87	聊城	Liaocheng	383.45	432.98	269.63	65

7-11 供应普通商品住房用地面积 续表 2
Area of Land Supplied for Ordinary Commercial Housing continued 2

单位：公顷 (hectare)

地名	City	2010	2014	2015	2015 排名 Ranking	地名	City	2010	2014	2015	2015 排名 Ranking
滨州	Binzhou	354.34	223.25	157.39	130	常德	Changde	189.56	220.21	188.83	107
菏泽	Heze	643.10	372.61	200.84	99	张家界	Zhangjiajie	144.76	22.87	23.78	269
河南	**Henan**	**4062.05**	**5419.41**	**3464.54**		益阳	Yiyang	121.97	136.30	140.29	141
郑州	Zhengzhou	566.17	1233.22	1008.54	3	郴州	Chenzhou	254.24	202.99	177.65	110
开封	Kaifeng	324.17	280.60	168.50	118	永州	Yongzhou	225.60	203.17	287.52	60
洛阳	Luoyang	197.95	395.65	351.51	42	怀化	Huaihua	332.95	323.67	165.88	120
平顶山	Pingdingshan	231.33	707.28	104.94	174	娄底	Loudi	76.08	176.54	76.01	195
安阳	Anyang	266.15	513.61	100.12	175	**广东**	**Guangdong**	**4571.79**	**3789.93**	**3060.29**	
鹤壁	Hebi	123.37	187.92	141.83	139	广州	Guangzhou	325.98	249.21	226.96	83
新乡	Xinxiang	385.54	347.47	170.91	115	韶关	Shaoguan	102.11	142.25	116.72	160
焦作	Jiaozuo	164.32	178.65	44.88	230	深圳	Shenzhen	59.48	168.95	139.67	142
濮阳	Puyang	112.09	139.42	85.85	188	珠海	Zhuhai	297.92	73.62	73.78	198
许昌	Xuchang	326.01	218.50	135.46	149	汕头	Shantou	23.32	72.41	121.33	156
漯河	Luohe	57.26	92.98	96.75	179	佛山	Foshan	541.70	417.39	352.62	41
三门峡	Sanmenxia	117.78	87.81	70.25	203	江门	Jiangmen	215.18	113.57	95.35	180
南阳	Nanyang	249.82	271.08	197.39	102	湛江	Zhanjiang	113.48	229.49	144.72	136
商丘	Shangqiu	216.61	191.29	248.34	73	茂名	Maoming	63.11	257.15	88.24	186
信阳	Xinyang	263.46	209.05	136.99	145	肇庆	Zhaoqing	166.66	125.78	158.06	128
周口	Zhoukou	126.35	161.23	98.49	176	惠州	Huizhou	821.03	332.20	254.81	70
驻马店	Zhumadian	333.68	203.65	303.78	53	梅州	Meizhou	190.80	219.18	327.45	47
湖北	**Hubei**	**3976.82**	**4142.53**	**3794.28**		汕尾	Shanwei	0.90	94.83	91.19	184
武汉	Wuhan	1449.79	684.44	795.77	5	河源	Heyuan	71.28	165.39	85.01	190
黄石	Huangshi	106.24	128.66	217.37	93	阳江	Yangjiang	284.64	262.00	162.72	123
十堰	Shiyan	190.68	293.64	163.14	122	清远	Qingyuan	611.71	369.70	237.66	80
宜昌	Yichang	227.65	187.11	452.97	27	东莞	Dongguan	221.08	137.97	219.71	91
襄阳	Xiangyang	174.68	423.61	159.12	126	中山	Zhongshan	334.66	45.62	6.93	284
鄂州	Ezhou	405.60	117.49	240.55	79	潮州	Chaozhou	14.18	80.80	44.80	231
荆门	Jingmen	256.57	268.31	277.34	64	揭阳	Jieyang	80.67	68.88	63.43	209
孝感	Xiaogan	168.71	422.60	415.43	31	云浮	Yunfu	31.91	163.56	49.12	225
荆州	Jingzhou	140.06	277.52	251.37	71	**广西**	**Guangxi**	**2520.83**	**2050.48**	**1635.40**	
黄冈	Huanggang	63.90	418.47	288.74	59	南宁	Nanning	395.06	363.48	383.65	35
咸宁	Xianning	484.80	359.77	222.11	90	柳州	Liuzhou	169.86	217.22	213.39	96
随州	Suizhou	126.60	175.09	60.47	215	桂林	Guilin	148.64	209.10	132.97	150
湖南	**Hunan**	**3420.62**	**2896.09**	**2432.47**		梧州	Wuzhou	165.81	130.76	40.22	241
长沙	Changsha	1003.79	496.01	294.41	58	北海	Beihai	106.08	32.51	30.04	253
株洲	Zhuzhou	241.59	215.65	198.24	101	防城港	Fangchenggang	166.83	155.66	21.44	273
湘潭	Xiangtan	170.83	72.73	46.68	227	钦州	Qinzhou	622.72	92.80	48.65	226
衡阳	Hengyang	259.11	375.03	522.74	22	贵港	Guigang	136.32	267.13	63.41	212
邵阳	Shaoyang	238.45	168.45	94.04	182	玉林	Yulin	174.81	108.09	256.25	69
岳阳	Yueyang	141.02	168.61	149.26	134	百色	Baise	135.57	170.37	156.31	131

7-11 供应普通商品住房用地面积 续表 3
Area of Land Supplied for Ordinary Commercial Housing continued 3

单位：公顷 (hectare)

地名	City	2010	2014	2015	2015 排名 Ranking
贺州	Hezhou	87.42	63.01	35.18	249
河池	Hechi	43.50	65.85	66.02	206
来宾	Laibin	62.78	82.13	129.34	152
崇左	Chongzuo	105.42	92.38	58.53	217
海南	**Hainan**	**804.20**	**359.73**	**512.06**	
海口	Haikou	60.02	23.93	141.63	140
三亚	Sanya	1.88	43.97	15.23	280
三沙	Sansha				
重庆	**Chongqing**	**2148.40**	**2953.24**	**2880.13**	
四川	**Sichuan**	**4297.51**	**3548.72**	**3455.50**	
成都	Chengdu	1373.76	343.55	594.04	15
自贡	Zigong	130.28	86.96	16.76	278
攀枝花	Panzhihua	89.66	43.52	37.78	244
泸州	Luzhou	319.58	144.78	331.78	46
德阳	Deyang	264.52	231.01	85.80	189
绵阳	Mianyang	384.84	304.18	249.44	72
广元	Guangyuan	83.72	130.85	155.64	132
遂宁	Suining	139.74	121.21	176.12	113
内江	Neijiang	127.21	114.09	165.97	119
乐山	Leshan	282.67	184.09	161.09	124
南充	Nanchong	195.52	341.66	261.92	68
眉山	Meishan	210.09	311.70	401.89	33
宜宾	Yibin	178.36	181.06	67.92	205
广安	Guangan	124.87	254.67	173.01	114
达州	Dazhou	195.22	74.95	112.59	165
雅安	Yaan	45.40	26.01	40.91	237
巴中	Bazhong	57.85	285.08	159.40	125
资阳	Ziyang	71.15	325.46	215.83	95
贵州	**Guizhou**	**1135.41**	**2877.47**	**2412.99**	
贵阳	Guiyang	529.96	308.29	300.69	56
六盘水	Liupanshui	12.22	180.23	281.38	61
遵义	Zunyi	145.42	766.90	543.95	21
安顺	Anshun	46.48	237.75	115.67	162
毕节	Bijie	46.25	581.25	382.13	36
铜仁	Tongren	45.30	275.26	199.96	100
云南	**Yunnan**	**2325.93**	**2181.11**	**1092.14**	
昆明	Kunming	323.97	690.13	191.63	105
曲靖	Qujing	318.51	157.95	65.50	207
玉溪	Yuxi	156.76	92.53	55.01	220
保山	Baoshan	160.41	146.87	80.20	193
昭通	Zhaotong	99.19	81.45	22.86	271
丽江	Lijiang	115.34	86.57	37.82	243
普洱	Puer	71.70	87.51	143.97	137
临沧	Lincang	30.92	18.82	21.61	272
西藏	**Tibet**	**108.84**	**132.83**	**30.35**	
拉萨	Lasa	80.34	44.08	19.62	274
陕西	**Shaanxi**	**1099.94**	**1772.01**	**1373.03**	
西安	Xi'an	319.15	473.61	375.26	37
铜川	Tongchuan	46.69	4.44	26.01	263
宝鸡	Baoji	85.65	213.12	114.98	163
咸阳	Xianyang	226.85	229.41	236.81	81
渭南	Weinan	96.49	190.71	184.74	108
延安	Yan'an	9.99	110.68	40.34	240
汉中	Hanzhong	110.54	265.42	176.21	112
榆林	Yulin	134.62	111.01	145.05	135
安康	Ankang	27.81	97.78	37.32	245
商洛	Shangluo	42.13	75.82	36.30	247
甘肃	**Gansu**	**961.17**	**1469.31**	**1101.24**	
兰州	Lanzhou	275.03	568.42	373.77	38
嘉峪关	Jiayuguan	33.09	43.51	30.62	252
金昌	Jinchang	23.06	10.25	25.00	266
白银	Baiyin	50.50	87.02	226.12	84
天水	Tianshui	43.46	176.12	76.72	194
武威	Wuwei	45.74	82.32	43.32	236
张掖	Zhangye	147.60	129.22	111.98	167
平凉	Pingliang	43.27	106.90	43.69	235
酒泉	Jiuquan	61.15	116.93	27.46	261
庆阳	Qingyang	59.83	29.08	17.00	277
定西	Dingxi	112.02	47.11	25.97	264
陇南	Longnan	3.98	5.41	7.88	283
青海	**Qinghai**	**231.12**	**463.25**	**116.55**	
西宁	Xining	137.68	138.67	60.48	214
海东	Haidong		60.84	26.82	262
宁夏	**Ningxia**	**1140.24**	**615.93**	**306.47**	
银川	Yinchuan	276.81	348.34	195.19	103
石嘴山	Shizuishan	281.90	33.30	5.89	285
吴忠	Wuzhong	198.29	49.72	18.80	275
固原	Guyuan	154.72	32.20	36.00	248
中卫	Zhongwei	228.52	152.37	50.60	224
新疆	**Xinjiang**	**2104.74**	**1325.00**	**1029.89**	
乌鲁木齐	Urumqi	549.93	199.56	322.22	48
克拉玛依	Karamay	19.41	17.86	70.76	201

7-12 供应经济适用住房用地面积
Area of Land Supplied for Economically Affordable House

单位：公顷 (hectare)

地名	City	2010	2014	2015	2015 排名 Ranking
全国	**Nation Total**	**13292.14**	**17525.23**	**16143.80**	
北京	**Beijing**	**96.83**	**115.24**	**107.54**	
天津	**Tianjin**	**560.77**	**392.45**	**532.83**	
河北	**Hebei**	**272.30**	**308.20**	**342.14**	
石家庄	Shijiazhuang	39.89	19.23	112.91	32
唐山	Tangshan	32.51	16.85	40.40	81
秦皇岛	Qinhuangdao	22.62	24.80	30.54	96
邯郸	Handan	84.04	199.81	60.59	58
邢台	Xingtai	16.10	6.28	44.77	73
保定	Baoding	3.49	5.24	18.14	131
张家口	Zhangjiakou	39.96	12.58	0.30	237
承德	Chengde	15.91	1.13	19.21	126
沧州	Cangzhou	1.76	19.19	4.50	186
廊坊	Langfang	7.50		7.11	167
衡水	Hengshui	8.52	3.09	3.68	192
山西	**Shanxi**	**241.84**	**151.74**	**260.04**	
太原	Taiyuan	61.00		30.39	97
大同	Datong	19.77		1.40	220
阳泉	Yangquan	15.59	1.70	41.36	80
长治	Changzhi	8.05	7.07	0.40	233
晋城	Jincheng	22.71	4.83	21.15	121
朔州	Shuozhou	16.61	10.31	10.44	151
晋中	Jinzhong	32.73	11.02	19.35	125
运城	Yuncheng	5.19	35.66	27.33	107
忻州	Xinzhou	12.79	35.56	47.04	70
临汾	Linfen	7.42	24.09	58.31	62
吕梁	Lvliang	39.98	21.51	2.85	200
内蒙古	**Inner Mongolia**	**516.50**	**330.13**	**226.07**	
呼和浩特	Hohhot	34.07	1.10	29.41	100
包头	Baotou	77.67	102.06	27.69	105
乌海	Wuhai	43.50	21.22	8.34	156
赤峰	Chifeng	2.99	12.39	3.45	195
通辽	Tongliao	17.95		0.01	243
鄂尔多斯	Erdos	155.88	19.81	1.87	215
呼伦贝尔	Hulunbuir	90.76	71.75	84.45	41
巴彦淖尔	Bayannur	3.24			
乌兰察布	Ulanqab	14.11	84.96	34.91	89
辽宁	**Liaoning**	**738.51**	**396.45**	**136.22**	
沈阳	Shenyang	28.15		2.39	206
大连	Dalian	66.07		4.84	184
鞍山	Anshan				
抚顺	Fushun	45.28	4.50	3.99	189
本溪	Benxi	148.78	16.87	16.19	138
丹东	Dandong	3.74	9.32	3.44	196
锦州	Jinzhou	37.89	35.21	3.57	194
营口	Yingkou	305.75	17.55	10.40	152
阜新	Fuxin	23.60	66.89	66.16	54
辽阳	Liaoyang	18.21	5.56	2.98	199
盘锦	Panjin				
铁岭	Tieling	16.05			
朝阳	Chaoyang	1.53	18.59	5.20	181
葫芦岛	Huludao	43.46	221.96	17.06	136
吉林	**Jilin**	**407.77**	**277.23**	**147.42**	
长春	Changchun	198.08	94.96	27.56	106
吉林	Jilin	52.44	5.76	1.95	214
四平	Siping	1.80	5.15	8.77	155
辽源	Liaoyuan	70.79	19.99	6.56	173
通化	Tonghua	32.70	28.96	8.28	157
白山	Baishan	3.61	57.57	35.16	88
松原	Songyuan				
白城	Baicheng	10.01	10.13	20.54	124
黑龙江	**Heilongjiang**	**829.79**	**705.23**	**392.28**	
哈尔滨	Harbin	217.43	46.99	30.92	95
齐齐哈尔	Qiqihar	61.81	44.79	15.66	139
鸡西	Jixi	3.98	6.99	15.05	140
鹤岗	Hegang	2.63	259.46	89.92	37
双鸭山	Shuangyashan	13.98	7.03	76.68	48
大庆	Daqing	0.82	7.55	0.11	241
伊春	Yichun	7.51	121.62	41.69	79
佳木斯	Jiamusi	58.14		16.69	137
七台河	Qitaihe		117.61	4.94	182
牡丹江	Mudanjiang			14.94	141
黑河	Heihe	42.81	1.55	1.02	225
绥化	Suihua	87.60	9.11	6.83	170
上海	**Shanghai**	**31.08**	**47.71**	**85.73**	
江苏	**Jiangsu**	**1380.63**	**2201.72**	**2316.37**	

7-12 供应经济适用住房用地面积 续表 1
Area of Land Supplied for Economically Affordable House continued 1

单位：公顷 (hectare)

地名	City	2010	2014	2015	2015 排名 Ranking
南京	Nanjing	285.77	343.56	214.18	15
无锡	Wuxi	175.18	254.63	78.97	45
徐州	Xuzhou	175.36	336.60	228.22	14
常州	Changzhou	104.64	116.47	200.42	16
苏州	Suzhou	343.15	265.26	438.02	3
南通	Nantong	53.53	164.75	566.82	1
连云港	Lianyungang	11.91	29.12	37.29	85
淮安	Huaian	39.67	7.47		
盐城	Yancheng	14.89	44.03	35.78	86
扬州	Yangzhou	31.59	31.19	171.65	20
镇江	Zhenjiang		71.70		
泰州	Taizhou	7.10	34.32	7.73	163
宿迁	Suqian	137.85	502.62	337.30	7
浙江	**Zhejiang**	**1290.01**	**2168.99**	**1572.34**	
杭州	Hangzhou	164.43	243.40	110.95	33
宁波	Ningbo	887.69	306.02	409.38	4
温州	Wenzhou	18.89	613.11	272.37	9
嘉兴	Jiaxing	78.55	135.92	147.38	21
湖州	Huzhou	10.97	71.78	84.67	40
绍兴	Shaoxing	6.76	67.29	129.83	27
金华	Jinhua	63.94	213.94	118.91	30
衢州	Quzhou	18.14	31.48	18.47	129
舟山	Zhoushan	12.71	38.49	24.49	113
台州	Taizhou	17.87	313.54	140.34	24
丽水	Lishui	10.06	134.02	115.55	31
安徽	**Anhui**	**1274.11**	**1916.09**	**1310.54**	
合肥	Hefei	223.09	299.97	547.77	2
芜湖	Wuhu	514.51	226.81	5.93	177
蚌埠	Bengbu	59.76	1.41		
淮南	Huainan	226.31	248.26	79.06	44
马鞍山	Maanshan	6.42	8.75	8.14	159
淮北	Huaibei	55.21	34.49	79.66	43
铜陵	Tongling	22.97		20.77	123
安庆	Anqing	8.00	99.76	69.25	52
黄山	Huangshan	11.45	25.09	24.89	112
滁州	Chuzhou	25.69	192.17	233.85	12
阜阳	Fuyang	27.70	72.85	27.30	108
宿州	Suzhou	50.13	38.17	19.04	127
六安	Liuan	1.95	297.95	85.47	39
亳州	Bozhou	23.75	137.05	12.49	147

地名	City	2010	2014	2015	2015 排名 Ranking
池州	Chizhou		65.52	50.63	67
宣城	Xuancheng	10.09	81.16	17.28	134
福建	**Fujian**	**78.65**	**5.78**	**14.34**	
福州	Fuzhou	2.81		7.15	166
厦门	Xiamen	16.89	2.00	2.79	201
莆田	Putian	12.72	0.54		
三明	Sanming	0.69		0.87	227
泉州	Quanzhou	22.18			
漳州	Zhangzhou	6.19			
南平	Nanping			0.17	240
龙岩	Longyan	2.79	1.40	3.36	198
宁德	Ningde	14.38	1.85		
江西	**Jiangxi**	**278.88**	**313.90**	**248.37**	
南昌	Nanchang	47.98	34.05	133.78	25
景德镇	Jingdezhen	24.36	30.22		
萍乡	Pingxiang	0.54	0.16	6.67	171
九江	Jiujiang	2.95	47.84	13.72	145
新余	Xinyu				
鹰潭	Yingtan	50.51	7.77	2.28	209
赣州	Ganzhou	123.35	104.19	35.17	87
吉安	Jian	6.61	32.84	21.01	122
宜春	Yichun	3.59	37.50	22.84	116
抚州	Fuzhou	13.20	5.52	7.51	164
上饶	Shangrao	5.79	13.81	5.39	179
山东	**Shandong**	**775.92**	**911.11**	**733.20**	
济南	Jinan	185.37	58.55	77.99	47
青岛	Qingdao	143.89	115.32	128.47	28
淄博	Zibo	2.38	10.02	1.06	224
枣庄	Zaozhuang	11.52	43.19	46.54	72
东营	Dongying	4.48		0.33	236
烟台	Yantai	48.48	5.06	2.32	208
潍坊	Weifang		4.13		
济宁	Jining	9.54	28.78		
泰安	Taian	95.83	52.03	173.81	19
威海	Weihai		39.63	43.49	74
日照	Rizhao	7.26	42.68	59.72	60
莱芜	Laiwu	18.72	23.81	39.23	83
临沂	Linyi	162.42	430.73	28.46	103
德州	Dezhou	11.70	8.86	58.74	61
聊城	Liaocheng	5.25		1.23	222

7-12 供应经济适用住房用地面积 续表 2
Area of Land Supplied for Economically Affordable House continued 2

单位：公顷 (hectare)

地名	City	2010	2014	2015	2015 排名 Ranking	地名	City	2010	2014	2015	2015 排名 Ranking
滨州	Binzhou	15.46	45.15	25.24	111	常德	Changde	2.77	42.71	52.10	66
菏泽	Heze	53.62	3.16	46.59	71	张家界	Zhangjiajie	3.42	8.70	6.87	169
河南	**Henan**	**973.82**	**549.12**	**599.50**		益阳	Yiyang	19.09	67.03	64.26	56
郑州	Zhengzhou	491.54	189.19	257.38	10	郴州	Chenzhou	15.44	86.17	78.72	46
开封	Kaifeng	23.19	60.75	14.47	143	永州	Yongzhou	3.44	70.95	145.63	23
洛阳	Luoyang	35.87	32.92	58.15	63	怀化	Huaihua	17.70	38.73	88.01	38
平顶山	Pingdingshan	161.80	56.43	7.01	168	娄底	Loudi	0.64	149.71	93.07	36
安阳	Anyang	40.03	4.03	17.36	133	**广东**	**Guangdong**	**151.50**	**122.26**	**168.25**	
鹤壁	Hebi	25.69	56.10	41.78	78	广州	Guangzhou	121.48	78.20	125.72	29
新乡	Xinxiang	2.30				韶关	Shaoguan	0.13	9.97	31.51	94
焦作	Jiaozuo	14.37	7.69	2.43	205	深圳	Shenzhen	13.16			
濮阳	Puyang	50.27	48.69	13.90	144	珠海	Zhuhai	1.33	6.41	43.31	75
许昌	Xuchang	13.55	14.42			汕头	Shantou				
漯河	Luohe	11.32		3.63	193	佛山	Foshan	0.36			
三门峡	Sanmenxia	1.44	3.69	2.21	210	江门	Jiangmen	2.02		1.11	223
南阳	Nanyang	69.02	24.74	21.17	120	湛江	Zhanjiang	2.29	21.08		
商丘	Shangqiu	7.63	2.67	106.25	34	茂名	Maoming			2.14	211
信阳	Xinyang	2.17	4.00	49.48	68	肇庆	Zhaoqing	0.05	2.89	1.43	219
周口	Zhoukou	15.68	33.65	1.73	217	惠州	Huizhou	3.69		0.26	238
驻马店	Zhumadian	7.94	10.17	2.55	204	梅州	Meizhou	0.50			
湖北	**Hubei**	**243.49**	**771.32**	**1017.14**		汕尾	Shanwei		0.91		
武汉	Wuhan	124.42	212.10	132.50	26	河源	Heyuan	3.15	2.79		
黄石	Huangshi	8.65	30.04	366.19	5	阳江	Yangjiang	0.78			
十堰	Shiyan	0.09	2.75	2.09	213	清远	Qingyuan	2.28		1.78	216
宜昌	Yichang	50.89	61.38	254.69	11	东莞	Dongguan				
襄阳	Xiangyang	3.69	118.19	13.17	146	中山	Zhongshan				
鄂州	Ezhou			0.41	232	潮州	Chaozhou				
荆门	Jingmen	14.45	11.10	37.45	84	揭阳	Jieyang	0.29			
孝感	Xiaogan	0.36	103.56	81.63	42	云浮	Yunfu				
荆州	Jingzhou	21.38		3.69	191	**广西**	**Guangxi**	**304.59**	**314.13**	**581.47**	
黄冈	Huanggang	8.30	165.80	25.52	110	南宁	Nanning	117.19	17.75	29.35	101
咸宁	Xianning	2.36		17.95	132	柳州	Liuzhou	61.21	14.17	54.45	64
随州	Suizhou	3.70	9.29	4.90	183	桂林	Guilin	19.47	4.44	183.50	18
湖南	**Hunan**	**338.93**	**1002.78**	**875.26**		梧州	Wuzhou		5.48	1.64	218
长沙	Changsha	203.02	273.60	68.49	53	北海	Beihai		4.76		
株洲	Zhuzhou	16.15	95.91	198.67	17	防城港	Fangchenggang	10.95	182.79	233.41	13
湘潭	Xiangtan	3.02	23.64	12.15	148	钦州	Qinzhou	7.59	26.03	21.86	119
衡阳	Hengyang	32.88	1.51	10.39	153	贵港	Guigang	74.36	8.19	0.19	239
邵阳	Shaoyang	3.38	8.73	29.68	99	玉林	Yulin	3.33	21.71	4.09	188
岳阳	Yueyang	15.31	61.23	22.00	118	百色	Baise	4.09	1.24	2.33	207

7-12 供应经济适用住房用地面积 续表 3

Area of Land Supplied for Economically Affordable House continued 3

单位：公顷 (hectare)

地名	City	2010	2014	2015	2015 排名 Ranking
贺州	Hezhou	3.41	0.66	8.84	154
河池	Hechi	1.05	11.54	32.13	92
来宾	Laibin	0.00	0.29	6.25	176
崇左	Chongzuo	1.95	15.09	3.43	197
海南	**Hainan**	**124.48**	**89.67**	**96.84**	
海口	Haikou	16.31	4.07		
三亚	Sanya	37.33	13.81	42.38	77
三沙	Sansha				
重庆	**Chongqing**	**542.87**	**424.97**	**327.30**	
四川	**Sichuan**	**274.83**	**987.25**	**795.73**	
成都	Chengdu	125.38	504.73	349.06	6
自贡	Zigong	4.40	15.92	28.76	102
攀枝花	Panzhihua	2.54	4.75	5.22	180
泸州	Luzhou	7.32	103.52	23.47	115
德阳	Deyang	67.23	16.30	73.76	50
绵阳	Mianyang	3.41	9.70	31.61	93
广元	Guangyuan	4.37	14.73	0.58	230
遂宁	Suining	6.73	20.60	27.22	109
内江	Neijiang	16.51		2.67	203
乐山	Leshan	2.03	22.24	7.22	165
南充	Nanchong	1.17	6.06	1.35	221
眉山	Meishan		24.66	17.08	135
宜宾	Yibin	17.86	126.32	32.66	90
广安	Guangan	0.17	9.21	7.86	160
达州	Dazhou	5.73	15.11	22.67	117
雅安	Yaan	6.44	3.89	39.63	82
巴中	Bazhong		18.87	6.41	174
资阳	Ziyang		1.11	105.09	35
贵州	**Guizhou**	**411.83**	**187.77**	**374.29**	
贵阳	Guiyang	262.03	17.72	63.75	57
六盘水	Liupanshui	3.73	5.58		
遵义	Zunyi	59.96	32.83	10.93	150
安顺	Anshun	7.38	4.86	5.69	178
毕节	Bijie	58.40	36.61	71.72	51
铜仁	Tongren	1.97	4.98	59.82	59
云南	**Yunnan**	**38.37**	**309.71**	**107.56**	
昆明	Kunming	13.89	18.75	18.62	128
曲靖	Qujing	6.60	47.11	0.46	231
玉溪	Yuxi		1.94	0.37	234
保山	Baoshan		0.47		
昭通	Zhaotong		0.56	0.01	243
丽江	Lijiang		3.67		
普洱	Puer	0.60	0.92	0.37	234
临沧	Lincang	7.53	23.66		
西藏	**Tibet**	**5.39**		**0.12**	
拉萨	Lasa			0.03	242
陕西	**Shaanxi**	**279.65**	**578.86**	**216.40**	
西安	Xi'an	61.48	177.03	74.67	49
铜川	Tongchuan	57.37		7.84	161
宝鸡	Baoji	6.08	1.11	4.72	185
咸阳	Xianyang	8.57	97.14	43.25	76
渭南	Weinan	53.65	52.34	29.74	98
延安	Yan'an	13.65	135.05	6.67	171
汉中	Hanzhong	15.03	63.60	18.25	130
榆林	Yulin	62.86	26.30	28.42	104
安康	Ankang	0.66	19.87	2.10	212
商洛	Shangluo	0.30	6.42	0.72	228
甘肃	**Gansu**	**204.86**	**241.67**	**224.03**	
兰州	Lanzhou	76.60	49.21	145.71	22
嘉峪关	Jiayuguan	17.83			
金昌	Jinchang	11.59	7.87		
白银	Baiyin	21.31	41.48		
天水	Tianshui	6.65	23.75	32.25	91
武威	Wuwei	11.63	4.43	1.01	226
张掖	Zhangye	4.96	25.17	11.08	149
平凉	Pingliang		14.45	3.81	190
酒泉	Jiuquan	19.29	7.47	4.47	187
庆阳	Qingyang	7.37	10.68	6.41	174
定西	Dingxi	21.22	2.78	0.63	229
陇南	Longnan	2.14	2.05		
青海	**Qinghai**	**48.77**	**80.65**	**82.35**	
西宁	Xining	9.58	18.80	52.59	65
海东	Haidong		49.91	23.84	114
宁夏	**Ningxia**	**269.27**	**326.18**	**420.15**	
银川	Yinchuan	135.26	259.90	296.26	8
石嘴山	Shizuishan	130.35	31.46	64.41	55
吴忠	Wuzhong		6.77	2.70	202
固原	Guyuan	3.67	4.97	8.15	158
中卫	Zhongwei		23.08	48.62	69
新疆	**Xinjiang**	**305.91**	**1296.92**	**1831.95**	
乌鲁木齐	Urumqi	89.32	131.19	14.78	142
克拉玛依	Karamay	22.96	57.89	7.80	162

7-13 供应廉租住房用地面积
Area of Land Supplied for Cheap Rent House

单位：公顷 (hectare)

地名	City	2010	2014	2015	2015 排名 Ranking
全国	**Nation Total**	**3380.87**	**2244.99**	**1605.30**	
北京	**Beijing**	**0.63**	**0.29**		
天津	**Tianjin**				
河北	**Hebei**	**92.67**	**27.05**	**55.90**	
石家庄	Shijiazhuang	5.00	0.67		
唐山	Tangshan	47.99			
秦皇岛	Qinhuangdao	1.87		1.17	109
邯郸	Handan	12.75	0.97	37.06	7
邢台	Xingtai	0.11	7.40	0.87	120
保定	Baoding	1.79	0.67	8.20	39
张家口	Zhangjiakou	0.95	2.41	3.19	70
承德	Chengde	0.42	0.71	3.67	65
沧州	Cangzhou	12.46	12.17		
廊坊	Langfang	5.40	0.90	1.23	107
衡水	Hengshui	3.94	1.15	0.52	133
山西	**Shanxi**	**311.66**	**90.51**	**70.40**	
太原	Taiyuan	5.25	3.58	2.92	75
大同	Datong	254.48	62.69	63.84	2
阳泉	Yangquan	1.40			
长治	Changzhi	1.41			
晋城	Jincheng	0.21			
朔州	Shuozhou	0.82	1.64	0.03	149
晋中	Jinzhong		0.18		
运城	Yuncheng	5.30	2.43	0.83	122
忻州	Xinzhou	6.28	0.24	1.35	102
临汾	Linfen	5.73	4.28	0.22	142
吕梁	Lvliang	30.77	15.48	1.22	108
内蒙古	**Inner Mongolia**	**191.02**	**77.43**	**74.88**	
呼和浩特	Hohhot				
包头	Baotou	2.42	10.67	2.64	81
乌海	Wuhai	109.71		0.77	124
赤峰	Chifeng	1.24	1.90	0.61	130
通辽	Tongliao	6.36			
鄂尔多斯	Erdos	15.12	2.60		
呼伦贝尔	Hulunbuir	26.51	20.60	26.79	12
巴彦淖尔	Bayannur	3.81	23.24	1.14	111
乌兰察布	Ulanqab	6.28	2.31	22.09	16
辽宁	**Liaoning**	**13.30**	**13.43**	**0.68**	
沈阳	Shenyang	1.16			
大连	Dalian				
鞍山	Anshan	0.56	1.55		
抚顺	Fushun				
本溪	Benxi	5.11	6.83		
丹东	Dandong	2.40			
锦州	Jinzhou				
营口	Yingkou	2.85	2.94		
阜新	Fuxin				
辽阳	Liaoyang		1.57		
盘锦	Panjin	0.91			
铁岭	Tieling			0.68	126
朝阳	Chaoyang	0.30	0.55		
葫芦岛	Huludao				
吉林	**Jilin**	**53.27**	**60.99**	**11.97**	
长春	Changchun	16.03	7.76	5.13	51
吉林	Jilin	4.61	9.07	2.19	89
四平	Siping	0.07	6.60	0.61	130
辽源	Liaoyuan	2.16			
通化	Tonghua	7.70			
白山	Baishan	4.48	8.23	1.76	94
松原	Songyuan		0.68		
白城	Baicheng	6.19	26.81		
黑龙江	**Heilongjiang**	**191.29**	**25.64**	**57.21**	
哈尔滨	Harbin	6.27	2.79	1.15	110
齐齐哈尔	Qiqihar	7.24	0.43	2.70	79
鸡西	Jixi				
鹤岗	Hegang	4.59	7.54	2.17	90
双鸭山	Shuangyashan			2.29	86
大庆	Daqing	0.09		0.40	137
伊春	Yichun	62.45	0.29		
佳木斯	Jiamusi	5.00	0.48	4.63	56
七台河	Qitaihe	3.45		5.36	49
牡丹江	Mudanjiang	25.72	1.72	1.47	99
黑河	Heihe	9.96	2.27		
绥化	Suihua	13.42	9.51	33.62	10
上海	**Shanghai**				
江苏	**Jiangsu**	**430.88**	**64.66**	**129.50**	

7-13 供应廉租住房用地面积 续表 1

Area of Land Supplied for Cheap Rent House continued 1

单位：公顷 (hectare)

地名	City	2010	2014	2015	2015 排名 Ranking	地名	City	2010	2014	2015	2015 排名 Ranking
南京	Nanjing		4.10	9.93	33	池州	Chizhou		9.36		
无锡	Wuxi	411.27	43.52	36.85	8	宣城	Xuancheng	1.88	5.96	5.54	46
徐州	Xuzhou	9.65		3.73	63	**福建**	**Fujian**	**52.96**	**8.90**	**9.95**	
常州	Changzhou	4.02	13.44	36.25	9	福州	Fuzhou	27.14	3.33	0.80	123
苏州	Suzhou	2.02	0.15	5.79	45	厦门	Xiamen				
南通	Nantong	0.69	0.71	2.87	77	莆田	Putian	2.20		6.51	43
连云港	Lianyungang	0.33				三明	Sanming	10.93	0.16		
淮安	Huaian					泉州	Quanzhou	3.88	5.22	2.64	81
盐城	Yancheng	2.64	1.74	10.65	30	漳州	Zhangzhou	1.83			
扬州	Yangzhou			4.07	60	南平	Nanping	2.07			
镇江	Zhenjiang					龙岩	Longyan	2.04	0.19		
泰州	Taizhou					宁德	Ningde	2.87			
宿迁	Suqian	0.26	0.99	19.37	22	**江西**	**Jiangxi**	**167.18**	**134.55**	**70.25**	
浙江	**Zhejiang**	**41.10**	**2.43**	**8.28**		南昌	Nanchang	19.21	5.22		
杭州	Hangzhou	15.88				景德镇	Jingdezhen	10.60	1.25		
宁波	Ningbo	15.05				萍乡	Pingxiang	9.23	0.46	8.40	38
温州	Wenzhou	2.87		0.84	121	九江	Jiujiang	7.03	57.43	9.89	34
嘉兴	Jiaxing					新余	Xinyu	13.00	9.45	20.18	21
湖州	Huzhou	0.57	2.17	0.94	117	鹰潭	Yingtan	22.63			
绍兴	Shaoxing	0.90		1.34	103	赣州	Ganzhou	20.88	16.90	0.58	132
金华	Jinhua	0.52		2.99	73	吉安	Jian	5.67	26.26	26.09	14
衢州	Quzhou	3.37				宜春	Yichun	11.47	3.93	1.86	93
舟山	Zhoushan	0.46				抚州	Fuzhou	9.00	8.54		
台州	Taizhou	0.76		2.13	92	上饶	Shangrao	38.46	5.09	3.26	68
丽水	Lishui	0.70	0.26	0.05	148	**山东**	**Shandong**	**85.92**	**7.97**	**31.93**	
安徽	**Anhui**	**82.72**	**322.19**	**60.99**		济南	Jinan	0.69			
合肥	Hefei	4.17				青岛	Qingdao	4.24	1.54	1.01	112
芜湖	Wuhu	24.15	37.56			淄博	Zibo	22.98			
蚌埠	Bengbu	0.25	49.75	18.47	24	枣庄	Zaozhuang	1.99			
淮南	Huainan	1.85	3.37	21.73	17	东营	Dongying	1.99		0.07	147
马鞍山	Maanshan	2.43		0.47	135	烟台	Yantai		0.74	0.08	146
淮北	Huaibei					潍坊	Weifang	2.77		0.14	145
铜陵	Tongling	4.19		3.98	62	济宁	Jining	6.13	0.51	0.91	118
安庆	Anqing	11.04	0.86			泰安	Taian		2.13		
黄山	Huangshan	11.67	0.18			威海	Weihai				
滁州	Chuzhou		1.54			日照	Rizhao	38.22	0.89	26.41	13
阜阳	Fuyang	1.32	39.69			莱芜	Laiwu		0.08		
宿州	Suzhou	11.86	2.05	1.30	104	临沂	Linyi	0.58			
六安	Liuan	4.73	3.60	8.90	35	德州	Dezhou	2.53	1.80	3.31	67
亳州	Bozhou	2.92	167.16			聊城	Liaocheng				

7-13 供应廉租住房用地面积 续表 2
Area of Land Supplied for Cheap Rent House continued 2

单位：公顷 (hectare)

地名	City	2010	2014	2015	2015 排名 Ranking
滨州	Binzhou	1.34	0.28		
菏泽	Heze	2.46			
河南	**Henan**	**138.97**	**90.26**	**93.36**	
郑州	Zhengzhou	12.90			
开封	Kaifeng				
洛阳	Luoyang	15.94		5.21	50
平顶山	Pingdingshan	7.48	4.89	3.19	70
安阳	Anyang	5.48			
鹤壁	Hebi	5.50	24.10	13.82	26
新乡	Xinxiang	2.89	4.16	0.67	128
焦作	Jiaozuo	14.57			
濮阳	Puyang				
许昌	Xuchang	6.09			
漯河	Luohe	3.75			
三门峡	Sanmenxia	20.69			
南阳	Nanyang	5.82	11.29	2.90	76
商丘	Shangqiu	14.87	6.69	54.85	3
信阳	Xinyang	13.52	25.14		
周口	Zhoukou	4.55	2.00	2.70	79
驻马店	Zhumadian	4.94	11.99	10.02	32
湖北	**Hubei**	**48.44**	**35.56**	**132.72**	
武汉	Wuhan	1.67	2.87		
黄石	Huangshi				
十堰	Shiyan	0.32	4.87	1.01	112
宜昌	Yichang	5.65	5.54	33.31	11
襄阳	Xiangyang	8.99	2.42		
鄂州	Ezhou			5.85	44
荆门	Jingmen	3.47	3.10	0.35	139
孝感	Xiaogan	0.93		4.03	61
荆州	Jingzhou	8.90	3.42		
黄冈	Huanggang	10.81	2.69		
咸宁	Xianning	3.91			
随州	Suizhou	0.87	2.45		
湖南	**Hunan**	**66.68**	**107.69**	**193.46**	
长沙	Changsha	14.50	5.46	1.26	105
株洲	Zhuzhou		0.91	79.36	1
湘潭	Xiangtan	3.30	5.07	21.34	18
衡阳	Hengyang	6.67	2.04	3.68	64
邵阳	Shaoyang	4.13	6.99	10.40	31
岳阳	Yueyang	6.74	3.12	2.17	90
常德	Changde	3.49	9.71	4.26	59
张家界	Zhangjiajie	3.13	3.73	7.12	42
益阳	Yiyang	6.85	3.46	8.48	37
郴州	Chenzhou	4.86	15.59	39.59	6
永州	Yongzhou	1.54	19.01	4.94	52
怀化	Huaihua	4.09	0.26	1.58	97
娄底	Loudi	3.92	27.02	4.88	53
广东	**Guangdong**	**14.73**	**0.66**	**7.57**	
广州	Guangzhou	0.93			
韶关	Shaoguan				
深圳	Shenzhen	5.67			
珠海	Zhuhai			2.24	87
汕头	Shantou				
佛山	Foshan		0.66		
江门	Jiangmen	2.97			
湛江	Zhanjiang	1.94			
茂名	Maoming			2.23	88
肇庆	Zhaoqing	0.05			
惠州	Huizhou				
梅州	Meizhou	2.24			
汕尾	Shanwei				
河源	Heyuan			2.42	84
阳江	Yangjiang			0.68	126
清远	Qingyuan	0.92			
东莞	Dongguan				
中山	Zhongshan				
潮州	Chaozhou				
揭阳	Jieyang				
云浮	Yunfu				
广西	**Guangxi**	**50.91**	**20.60**	**24.77**	
南宁	Nanning	5.00	3.09	5.48	47
柳州	Liuzhou	4.04	1.61	0.51	134
桂林	Guilin	5.38	0.36	8.82	36
梧州	Wuzhou	5.95	0.49		
北海	Beihai		0.34		
防城港	Fangchenggang	8.08	1.35		
钦州	Qinzhou	2.99			
贵港	Guigang		1.42		
玉林	Yulin	3.52	1.24	1.00	114
百色	Baise	11.29	2.87	3.25	69

7-13 供应廉租住房用地面积 续表 3
Area of Land Supplied for Cheap Rent House continued 3

单位：公顷 (hectare)

地名	City	2010	2014	2015	2015 排名 Ranking
贺州	Hezhou	3.76	0.80	1.00	114
河池	Hechi	0.36	3.53	3.08	72
来宾	Laibin		3.52		
崇左	Chongzuo	0.54		1.63	96
海南	**Hainan**	**52.25**	**5.72**	**10.89**	
海口	Haikou	2.57	1.45		
三亚	Sanya				
三沙	Sansha				
重庆	**Chongqing**	**136.50**	**14.24**	**35.90**	
四川	**Sichuan**	**72.37**	**124.99**	**69.92**	
成都	Chengdu	11.91	0.90	0.96	116
自贡	Zigong	2.49	2.81		
攀枝花	Panzhihua	3.27	0.60	4.80	54
泸州	Luzhou	5.71		2.43	83
德阳	Deyang	5.78		0.37	138
绵阳	Mianyang	9.70	11.71	20.67	20
广元	Guangyuan	2.57	48.40		
遂宁	Suining	4.84		18.45	25
内江	Neijiang	5.31	16.91	12.89	27
乐山	Leshan			0.77	124
南充	Nanchong	1.02	3.18		
眉山	Meishan				
宜宾	Yibin	4.52	1.26	4.61	57
广安	Guangan	5.42	0.93		
达州	Dazhou	3.28			
雅安	Yaan	2.83			
巴中	Bazhong		18.98		
资阳	Ziyang	0.41	16.47	2.31	85
贵州	**Guizhou**	**88.08**	**122.78**	**118.14**	
贵阳	Guiyang	10.78	7.39	1.58	97
六盘水	Liupanshui	0.70	20.16	7.36	40
遵义	Zunyi	10.75	0.63	12.48	28
安顺	Anshun	16.83	2.19	5.37	48
毕节	Bijie	15.11	41.14	1.38	101
铜仁	Tongren	0.68	21.29	47.84	4
云南	**Yunnan**	**64.20**	**44.26**	**12.34**	
昆明	Kunming	3.96	0.24		
曲靖	Qujing	6.94	0.65	0.30	140
玉溪	Yuxi	1.12	0.63		
保山	Baoshan	0.56	0.68		
昭通	Zhaotong	3.97	15.04	0.17	144
丽江	Lijiang				
普洱	Puer				
临沧	Lincang	4.02		1.42	100
西藏	**Tibet**	**19.23**	**11.34**	**26.67**	
拉萨	Lasa	4.13			
陕西	**Shaanxi**	**127.41**	**253.83**	**117.34**	
西安	Xi'an	41.74	32.19	1.72	95
铜川	Tongchuan	31.13	4.35	7.22	41
宝鸡	Baoji	5.20	7.65	23.42	15
咸阳	Xianyang	1.00	108.70	4.29	58
渭南	Weinan		60.43	45.75	5
延安	Yan'an	23.75	13.35	12.34	29
汉中	Hanzhong	7.60	0.30		
榆林	Yulin	10.78	7.59	3.45	66
安康	Ankang	0.07	17.75	19.13	23
商洛	Shangluo	6.13	1.52		
甘肃	**Gansu**	**119.35**	**15.47**	**11.69**	
兰州	Lanzhou	9.58			
嘉峪关	Jiayuguan	1.60	0.24		
金昌	Jinchang	10.80		0.65	129
白银	Baiyin	6.40	7.31		
天水	Tianshui	11.61			
武威	Wuwei	16.97	3.11		
张掖	Zhangye	0.53	0.86		
平凉	Pingliang	15.96	0.47		
酒泉	Jiuquan	9.47	0.77	0.47	135
庆阳	Qingyang	3.79	1.07	0.89	119
定西	Dingxi	21.39		2.99	73
陇南	Longnan	0.19		0.18	143
青海	**Qinghai**	**265.17**	**23.97**	**21.29**	
西宁	Xining	0.05	0.20	0.25	141
海东	Haidong		3.50	1.26	105
宁夏	**Ningxia**	**62.44**	**17.04**	**25.48**	
银川	Yinchuan	14.56	9.95		
石嘴山	Shizuishan	0.17			
吴忠	Wuzhong	13.86	6.68	4.67	55
固原	Guyuan	29.84	0.41	20.81	19
中卫	Zhongwei	4.00			
新疆	**Xinjiang**	**339.57**	**520.55**	**121.83**	
乌鲁木齐	Urumqi	13.10		2.79	78
克拉玛依	Karamay	0.06			

7-14 供应其他用地面积
Area of Land Supplied for Other Uses

单位：公顷 (hectare)

地名	City	2010	2014	2015	2015 排名 Ranking
全国	**Nation Total**	**124406.1**	**343723.7**	**292325.1**	
北京	**Beijing**	**381.87**	**586.07**	**5625.40**	
天津	**Tianjin**	**850.13**	**2024.63**	**5654.97**	
河北	**Hebei**	**2339.31**	**10947.91**	**7151.41**	
石家庄	Shijiazhuang	293.20	3275.57	374.03	182
唐山	Tangshan	324.22	1212.29	1056.03	70
秦皇岛	Qinhuangdao	52.32	148.23	107.21	256
邯郸	Handan	229.35	1825.89	1011.65	74
邢台	Xingtai	129.50	279.52	683.10	117
保定	Baoding	277.76	303.85	422.71	171
张家口	Zhangjiakou	259.16	175.10	630.94	125
承德	Chengde	195.75	1630.88	602.39	131
沧州	Cangzhou	343.60	1566.75	784.75	101
廊坊	Langfang	143.86	502.37	285.80	209
衡水	Hengshui	90.60	27.45	1192.79	61
山西	**Shanxi**	**2095.15**	**5173.40**	**7176.54**	
太原	Taiyuan	370.01	622.78	299.34	207
大同	Datong	358.04	1168.23	425.01	169
阳泉	Yangquan	26.79	341.93	38.27	279
长治	Changzhi	104.79	438.62	88.57	264
晋城	Jincheng	276.99	280.06	1569.45	34
朔州	Shuozhou	198.79	17.13	327.03	199
晋中	Jinzhong	93.53	294.66	197.46	233
运城	Yuncheng	209.97	257.97	267.88	212
忻州	Xinzhou	115.23	548.88	3011.35	4
临汾	Linfen	156.25	1070.59	900.93	90
吕梁	Lvliang	184.77	132.55	51.25	275
内蒙古	**Inner Mongolia**	**6064.46**	**12285.41**	**12920.14**	
呼和浩特	Hohhot	183.41	346.91	605.04	130
包头	Baotou	554.43	497.18	677.06	118
乌海	Wuhai	337.74	18.58	50.71	276
赤峰	Chifeng	206.41	402.20	1747.08	23
通辽	Tongliao	167.90	1474.26	1668.73	31
鄂尔多斯	Erdos	2556.25	1087.10	1939.95	21
呼伦贝尔	Hulunbuir	616.74	3369.79	2315.69	13
巴彦淖尔	Bayannur	451.60	359.48	176.73	239
乌兰察布	Ulanqab	146.31	1215.74	1141.04	64
辽宁	**Liaoning**	**6628.70**	**8018.76**	**10407.53**	
沈阳	Shenyang	900.42	2050.82	1384.36	50
大连	Dalian	525.05	1034.05	1708.90	25
鞍山	Anshan	129.23	125.81	392.12	177
抚顺	Fushun	278.17	82.32	51.64	274
本溪	Benxi	1177.87	76.23	439.88	164
丹东	Dandong	759.70	291.03	557.28	139
锦州	Jinzhou	222.24	257.89	2628.65	6
营口	Yingkou	814.40	86.99	1216.94	60
阜新	Fuxin	381.96	35.40	123.78	253
辽阳	Liaoyang	339.32	236.14	123.64	254
盘锦	Panjin	82.23	64.60	365.94	185
铁岭	Tieling	482.70	52.55	187.42	235
朝阳	Chaoyang	394.07	247.84	990.30	77
葫芦岛	Huludao	141.36	3377.09	236.67	221
吉林	**Jilin**	**2236.40**	**11151.05**	**7674.44**	
长春	Changchun	1093.99	1031.04	635.64	123
吉林	Jilin	136.30	1184.27	431.99	168
四平	Siping	35.57	612.23	1344.71	51
辽源	Liaoyuan	88.44	322.78	27.01	281
通化	Tonghua	51.58	557.29	2030.36	18
白山	Baishan	587.88	707.64	931.45	85
松原	Songyuan	12.58	2273.26	339.97	194
白城	Baicheng	87.32	3002.35	257.71	216
黑龙江	**Heilongjiang**	**5798.43**	**3051.34**	**4851.95**	
哈尔滨	Harbin	1174.43	544.79	433.47	166
齐齐哈尔	Qiqihar	75.76	290.80	839.58	96
鸡西	Jixi	46.40	202.58	122.31	255
鹤岗	Hegang	43.09	30.68	16.60	283
双鸭山	Shuangyashan	93.34	90.73	102.57	257
大庆	Daqing	2640.92	89.75	432.64	167
伊春	Yichun	58.36	110.16	101.52	258
佳木斯	Jiamusi	302.28	345.86	500.87	147
七台河	Qitaihe	18.72	63.25	68.65	268
牡丹江	Mudanjiang	132.81	216.17	638.87	122
黑河	Heihe	273.36	58.57	301.74	206
绥化	Suihua	122.51	251.54	458.49	153
上海	**Shanghai**	**967.99**	**2193.81**	**1958.38**	
江苏	**Jiangsu**	**7199.06**	**13954.16**	**15335.61**	

7-14 供应其他用地面积 续表 1
Area of Land Supplied for Other Uses continued 1

单位：公顷 (hectare)

地名	City	2010	2014	2015	2015 排名 Ranking	地名	City	2010	2014	2015	2015 排名 Ranking
南京	Nanjing	1294.36	1442.00	2060.54	17	池州	Chizhou	4.98	224.75	368.23	184
无锡	Wuxi	2087.74	906.55	946.33	83	宣城	Xuancheng	167.00	1723.78	1056.35	68
徐州	Xuzhou	295.67	2337.89	1731.49	24	**福建**	**Fujian**	**3904.64**	**10804.89**	**8718.30**	
常州	Changzhou	1127.81	346.03	1490.98	38	福州	Fuzhou	602.21	1572.92	2462.14	9
苏州	Suzhou	568.48	862.41	780.98	102	厦门	Xiamen	1001.68	499.90	362.14	188
南通	Nantong	768.57	582.45	2440.17	10	莆田	Putian	60.98	696.12	744.88	108
连云港	Lianyungang	93.55	2148.45	389.99	178	三明	Sanming	740.50	784.19	587.98	134
淮安	Huaian	148.06	964.01	770.59	104	泉州	Quanzhou	588.23	3340.53	1529.22	36
盐城	Yancheng	285.38	741.97	1024.37	73	漳州	Zhangzhou	110.82	1164.02	1058.50	66
扬州	Yangzhou	213.94	1436.90	946.44	82	南平	Nanping	526.92	955.62	457.99	154
镇江	Zhenjiang	6.37	432.74	763.13	107	龙岩	Longyan	98.26	446.01	562.75	137
泰州	Taizhou	138.44	502.40	699.07	115	宁德	Ningde	175.05	1345.58	952.69	81
宿迁	Suqian	170.70	1250.36	1291.54	55	**江西**	**Jiangxi**	**8237.35**	**7111.79**	**7590.47**	
浙江	**Zhejiang**	**8130.05**	**14681.94**	**11826.52**		南昌	Nanchang	1879.53	801.26	732.03	110
杭州	Hangzhou	2690.71	2140.32	1672.23	30	景德镇	Jingdezhen	31.60	123.78	338.98	195
宁波	Ningbo	2005.14	1450.23	1704.85	26	萍乡	Pingxiang	268.40	15.18	101.49	259
温州	Wenzhou	393.69	2974.75	2181.22	15	九江	Jiujiang	345.87	597.53	1438.40	45
嘉兴	Jiaxing	468.06	461.54	615.64	127	新余	Xinyu	113.33	100.69	64.65	270
湖州	Huzhou	113.89	230.01	387.90	179	鹰潭	Yingtan	232.19	163.56	237.57	220
绍兴	Shaoxing	280.44	1643.47	960.71	80	赣州	Ganzhou	1669.16	754.20	1254.35	58
金华	Jinhua	258.93	2090.25	1636.37	32	吉安	Jian	1540.31	424.15	1058.18	67
衢州	Quzhou	233.11	1420.74	563.46	136	宜春	Yichun	115.59	2096.65	1161.49	63
舟山	Zhoushan	598.99	620.65	214.82	223	抚州	Fuzhou	970.49	1071.10	350.95	190
台州	Taizhou	701.54	1139.77	1468.63	41	上饶	Shangrao	1070.88	963.69	852.40	95
丽水	Lishui	385.56	510.20	420.70	172	**山东**	**Shandong**	**7813.19**	**11926.89**	**8737.44**	
安徽	**Anhui**	**3558.71**	**16020.04**	**12429.30**		济南	Jinan	723.55	1707.14	614.88	128
合肥	Hefei	1032.66	1788.51	2159.24	16	青岛	Qingdao	1529.77	1893.75	1332.61	52
芜湖	Wuhu	266.44	889.75	862.77	93	淄博	Zibo	1198.30	170.91	320.81	202
蚌埠	Bengbu	105.19	991.96	187.94	234	枣庄	Zaozhuang	356.45	213.41	203.38	231
淮南	Huainan	265.55	412.86	705.11	114	东营	Dongying	393.71	321.76	364.30	187
马鞍山	Maanshan	387.98	446.85	127.70	252	烟台	Yantai	916.79	676.87	553.06	141
淮北	Huaibei	52.10	213.16	39.52	278	潍坊	Weifang	345.14	1385.51	669.68	120
铜陵	Tongling	39.07	15.65	58.59	271	济宁	Jining	212.93	1154.53	305.33	205
安庆	Anqing	51.05	895.94	1417.44	47	泰安	Taian	163.52	543.28	258.40	215
黄山	Huangshan	239.94	201.32	149.20	245	威海	Weihai	233.50	489.04	404.18	175
滁州	Chuzhou	62.75	1267.04	1038.75	71	日照	Rizhao	364.54	478.35	209.71	225
阜阳	Fuyang	47.39	876.32	607.73	129	莱芜	Laiwu	225.01	6.07	96.50	261
宿州	Suzhou	135.99	470.85	767.27	105	临沂	Linyi	307.16	739.03	675.23	119
六安	Liuan	197.67	2278.91	986.47	78	德州	Dezhou	119.35	1026.46	1450.14	42
亳州	Bozhou	379.19	2129.96	158.46	241	聊城	Liaocheng	375.57	449.40	266.93	213

7-14 供应其他用地面积 续表 2
Area of Land Supplied for Other Uses continued 2

单位：公顷 (hectare)

地名	City	2010	2014	2015	2015 排名 Ranking	地名	City	2010	2014	2015	2015 排名 Ranking
滨州	Binzhou	164.56	411.79	733.80	109	常德	Changde	405.98	758.87	1406.04	48
菏泽	Heze	183.33	259.60	278.50	210	张家界	Zhangjiajie	73.62	626.61	179.76	237
河南	**Henan**	**4656.74**	**10615.10**	**11671.25**		益阳	Yiyang	688.92	871.97	898.58	91
郑州	Zhengzhou	1073.43	4534.44	2536.34	8	郴州	Chenzhou	237.56	619.84	1681.55	27
开封	Kaifeng	240.23	462.50	764.70	106	永州	Yongzhou	110.49	564.33	694.90	116
洛阳	Luoyang	362.61	529.65	797.51	100	怀化	Huaihua	934.25	528.02	1161.53	62
平顶山	Pingdingshan	645.84	406.80	906.26	88	娄底	Loudi	40.42	378.20	316.86	204
安阳	Anyang	248.10	763.95	632.03	124	**广东**	**Guangdong**	**3738.61**	**15991.63**	**5103.00**	
鹤壁	Hebi	31.55	142.79	148.35	246	广州	Guangzhou	1279.70	2511.52	991.51	76
新乡	Xinxiang	74.86	459.48	558.07	138	韶关	Shaoguan	39.52	295.18	58.23	272
焦作	Jiaozuo	147.01	738.73	155.21	242	深圳	Shenzhen	276.54	117.79	132.07	250
濮阳	Puyang	76.51	155.24	481.48	150	珠海	Zhuhai	86.40	397.26	241.30	219
许昌	Xuchang	295.19	130.91	208.34	226	汕头	Shantou	117.80	447.02	205.94	228
漯河	Luohe	148.59	371.77	345.57	191	佛山	Foshan	127.65	1227.25	460.85	152
三门峡	Sanmenxia	141.88	134.96	80.59	265	江门	Jiangmen	224.40	777.56	436.60	165
南阳	Nanyang	870.83	441.43	708.26	112	湛江	Zhanjiang	282.32	220.58	445.51	160
商丘	Shangqiu	157.63	222.24	1487.50	39	茂名	Maoming	187.88	1088.69	179.32	238
信阳	Xinyang	21.42	112.44	415.18	174	肇庆	Zhaoqing	38.71	95.99	207.81	227
周口	Zhoukou	76.66	297.44	964.78	79	惠州	Huizhou	44.44	2233.41	71.10	267
驻马店	Zhumadian	44.41	710.31	481.08	151	梅州	Meizhou	13.50	45.46	58.23	272
湖北	**Hubei**	**3263.97**	**17452.54**	**9160.46**		汕尾	Shanwei	42.09	814.95	10.10	285
武汉	Wuhan	1371.05	3835.39	2003.31	20	河源	Heyuan	81.32	1285.04	34.81	280
黄石	Huangshi	93.47	401.39	594.46	133	阳江	Yangjiang	258.10	956.65	137.51	248
十堰	Shiyan	194.32	6376.36	542.12	142	清远	Qingyuan	136.37	215.90	185.23	236
宜昌	Yichang	160.10	1133.58	1329.59	53	东莞	Dongguan	207.64	687.22	809.78	98
襄阳	Xiangyang	315.34	808.02	826.33	97	中山	Zhongshan	174.97	489.99	358.68	189
鄂州	Ezhou	20.00	142.66	443.23	161	潮州	Chaozhou	7.97	105.89	13.57	284
荆门	Jingmen	65.30	389.78	131.05	251	揭阳	Jieyang	92.25	1249.32	19.21	282
孝感	Xiaogan	131.36	197.06	198.70	232	云浮	Yunfu	19.05	728.95	45.64	277
荆州	Jingzhou	421.86	731.31	623.77	126	**广西**	**Guangxi**	**3670.36**	**13611.00**	**9902.53**	
黄冈	Huanggang	144.89	787.15	373.78	183	南宁	Nanning	802.36	3504.34	1679.09	29
咸宁	Xianning	100.10	1430.91	485.64	149	柳州	Liuzhou	858.89	791.97	1679.40	28
随州	Suizhou	17.27	823.93	150.14	244	桂林	Guilin	517.38	1872.01	1006.57	75
湖南	**Hunan**	**4930.77**	**16815.82**	**12259.84**		梧州	Wuzhou	42.14	996.38	496.52	148
长沙	Changsha	1574.06	3855.95	1846.81	22	北海	Beihai	71.61	170.37	251.66	217
株洲	Zhuzhou	395.32	1626.01	802.45	99	防城港	Fangchenggang	112.64	917.82	263.04	214
湘潭	Xiangtan	138.91	977.16	917.16	86	钦州	Qinzhou	43.36	698.77	903.83	89
衡阳	Hengyang	88.09	3919.14	509.26	144	贵港	Guigang	75.71	558.25	503.70	146
邵阳	Shaoyang	66.70	1080.11	856.36	94	玉林	Yulin	46.11	395.89	320.01	203
岳阳	Yueyang	106.12	675.59	455.61	156	百色	Baise	278.18	1717.06	729.82	111

7-14 供应其他用地面积 续表 3
Area of Land Supplied for Other Uses continued 3

单位：公顷 (hectare)

地名	City	2010	2014	2015	2015 排名 Ranking
贺州	Hezhou	673.89	419.69	1056.05	69
河池	Hechi	57.63	192.56	340.03	193
来宾	Laibin	13.18	576.11	394.49	176
崇左	Chongzuo	77.28	799.79	278.34	211
海南	**Hainan**	**728.49**	**487.06**	**895.61**	
海口	Haikou	309.50	30.30	214.47	224
三亚	Sanya	34.71	26.80	76.19	266
三沙	Sansha				
重庆	**Chongqing**	**5034.92**	**10107.09**	**4667.30**	
四川	**Sichuan**	**3104.55**	**38515.93**	**37062.85**	
成都	Chengdu	1596.43	6612.98	1283.75	57
自贡	Zigong	41.45	457.59	423.63	170
攀枝花	Panzhihua	18.12	808.14	517.54	143
泸州	Luzhou	132.55	1524.11	599.04	132
德阳	Deyang	45.62	1303.89	320.88	201
绵阳	Mianyang	211.36	1172.10	1316.29	54
广元	Guangyuan	164.24	565.43	12034.91	1
遂宁	Suining	263.76	420.04	153.88	243
内江	Neijiang	27.80	1075.71	442.10	162
乐山	Leshan	60.92	706.83	1098.36	65
南充	Nanchong	47.60	1485.78	1445.08	44
眉山	Meishan	12.10	984.87	1404.07	49
宜宾	Yibin	83.27	4846.97	1614.69	33
广安	Guangan	20.29	420.50	658.39	121
达州	Dazhou	25.60	1548.81	242.64	218
雅安	Yaan	41.51	1663.82	7335.73	2
巴中	Bazhong	15.82	510.08	457.14	155
资阳	Ziyang	35.10	80.26	325.63	200
贵州	**Guizhou**	**12612.08**	**10860.65**	**9065.01**	
贵阳	Guiyang	1035.09	1469.16	1240.31	59
六盘水	Liupanshui	149.73	220.41	176.06	240
遵义	Zunyi	2001.26	2199.63	1423.25	46
安顺	Anshun	144.99	265.32	777.93	103
毕节	Bijie	250.19	874.20	708.07	113
铜仁	Tongren	646.03	2020.24	1472.18	40
云南	**Yunnan**	**3897.59**	**46111.76**	**14526.57**	
昆明	Kunming	176.46	1515.54	2957.53	5
曲靖	Qujing	552.10	789.37	1519.02	37
玉溪	Yuxi	151.30	133.88	441.71	163
保山	Baoshan	142.86	1281.75	292.37	208
昭通	Zhaotong	75.47	993.28	454.96	157
丽江	Lijiang	34.37	714.12	65.48	269
普洱	Puer	54.75	29950.05	1291.17	56
临沧	Lincang	35.90	4026.34	1028.97	72
西藏	**Tibet**	**772.91**	**136.81**	**212.25**	
拉萨	Lasa	69.35	36.95	89.89	263
陕西	**Shaanxi**	**3075.90**	**6107.98**	**6541.24**	
西安	Xi'an	933.13	1328.08	870.60	92
铜川	Tongchuan	118.22	653.69	92.73	262
宝鸡	Baoji	26.29	71.19	365.94	185
咸阳	Xianyang	196.52	763.20	1542.09	35
渭南	Weinan	19.37	824.03	573.20	135
延安	Yan'an	105.60	216.08	387.23	180
汉中	Hanzhong	11.50	360.48	204.10	229
榆林	Yulin	1061.83	1075.83	2228.56	14
安康	Ankang	570.14	479.83	142.20	247
商洛	Shangluo	33.30	335.57	134.60	249
甘肃	**Gansu**	**3009.03**	**9046.95**	**10743.80**	
兰州	Lanzhou	259.80	460.90	554.08	140
嘉峪关	Jiayuguan	550.58	576.65	419.03	173
金昌	Jinchang	113.88	362.40	454.77	158
白银	Baiyin	105.23	640.20	504.56	145
天水	Tianshui	19.67	228.01	912.53	87
武威	Wuwei	216.48	2203.48	2021.96	19
张掖	Zhangye	26.36	674.51	383.19	181
平凉	Pingliang	77.96	310.76	97.34	260
酒泉	Jiuquan	755.13	2139.50	2581.78	7
庆阳	Qingyang	217.69	219.20	226.75	222
定西	Dingxi	413.54	688.83	334.94	197
陇南	Longnan	8.80	288.27	939.96	84
青海	**Qinghai**	**766.78**	**1989.53**	**4140.45**	
西宁	Xining	43.93	310.54	447.35	159
海东	Haidong		313.59	341.27	192
宁夏	**Ningxia**	**2437.16**	**3800.08**	**6854.30**	
银川	Yinchuan	1169.61	1587.58	2349.42	12
石嘴山	Shizuishan	301.46	156.67	332.34	198
吴忠	Wuzhong	330.98	831.30	2387.44	11
固原	Guyuan	401.15	536.65	1447.49	43
中卫	Zhongwei	233.97	687.87	337.62	196
新疆	**Xinjiang**	**2500.79**	**12141.68**	**21460.24**	
乌鲁木齐	Urumqi	668.52	842.07	3530.13	3
克拉玛依	Karamay	99.18	448.04	203.52	230

7-15 供应公共管理与公共服务用地面积
Area of Land Supplied for Public Management and Public Services

单位：公顷 (hectare)

地名	City	2010	2014	2015	2015 排名 Ranking	地名	City	2010	2014	2015	2015 排名 Ranking
全国	**Nation Total**	**52945.57**	**73665.20**	**81864.45**		沈阳	Shenyang	462.63	764.10	325.55	55
北京	**Beijing**	**350.19**	**479.47**	**2542.02**		大连	Dalian	386.62	543.20	292.57	62
天津	**Tianjin**	**356.75**	**559.01**	**795.70**		鞍山	Anshan	112.19	30.72	74.19	209
河北	**Hebei**	**1372.59**	**2961.36**	**1701.58**		抚顺	Fushun	222.37	27.40	35.17	251
石家庄	Shijiazhuang	162.14	661.12	171.65	124	本溪	Benxi	488.34	47.19	139.86	141
唐山	Tangshan	99.20	417.80	81.50	204	丹东	Dandong	430.95	37.59	47.99	239
秦皇岛	Qinhuangdao	39.68	104.01	103.78	169	锦州	Jinzhou	172.91	75.97	147.30	138
邯郸	Handan	174.52	572.66	411.35	42	营口	Yingkou	812.38	84.18	983.10	7
邢台	Xingtai	129.23	77.90	131.04	148	阜新	Fuxin	210.05	16.54	94.76	184
保定	Baoding	193.71	69.77	194.32	104	辽阳	Liaoyang	86.57	48.88	28.32	263
张家口	Zhangjiakou	143.93	149.65	123.74	153	盘锦	Panjin	56.49	56.62	304.92	60
承德	Chengde	72.86	72.92	104.21	168	铁岭	Tieling	349.34	38.47	135.63	145
沧州	Cangzhou	163.91	684.34	235.72	83	朝阳	Chaoyang	185.57	109.60	91.37	191
廊坊	Langfang	114.54	137.40	93.33	188	葫芦岛	Huludao	140.77	128.14	100.74	173
衡水	Hengshui	78.87	13.79	50.94	233	**吉林**	**Jilin**	**1531.04**	**1206.90**	**948.10**	
山西	**Shanxi**	**1287.27**	**1005.01**	**977.69**		长春	Changchun	663.79	258.03	320.63	56
太原	Taiyuan	262.87	129.97	291.18	64	吉林	Jilin	126.49	209.54	115.89	157
大同	Datong	113.65	169.28	28.04	264	四平	Siping	19.03	99.21	131.42	147
阳泉	Yangquan	17.71	40.21	27.79	266	辽源	Liaoyuan	77.21	17.77	22.32	274
长治	Changzhi	89.49	54.79	27.11	270	通化	Tonghua	48.49	47.14	46.47	240
晋城	Jincheng	115.06	117.82	57.90	226	白山	Baishan	427.36	64.83	24.98	271
朔州	Shuozhou	124.97	15.80	51.16	232	松原	Songyuan	7.78	127.00	115.70	158
晋中	Jinzhong	83.08	134.11	64.31	219	白城	Baicheng	74.39	315.79	69.87	214
运城	Yuncheng	190.34	114.04	110.81	162	**黑龙江**	**Heilongjiang**	**1833.35**	**1192.77**	**1467.73**	
忻州	Xinzhou	109.03	79.80	102.59	171	哈尔滨	Harbin	784.18	385.82	256.41	72
临汾	Linfen	102.73	62.97	178.28	117	齐齐哈尔	Qiqihar	62.09	152.73	163.63	129
吕梁	Lvliang	78.33	86.22	38.51	249	鸡西	Jixi	35.28	35.72	42.81	247
内蒙古	**Inner Mongolia**	**2654.50**	**2200.79**	**3618.17**		鹤岗	Hegang	38.00	30.68	7.69	284
呼和浩特	Hohhot	122.31	184.28	222.85	91	双鸭山	Shuangyashan	86.29	49.19	50.23	234
包头	Baotou	157.18	44.99	172.82	122	大庆	Daqing	237.13	39.06	103.22	170
乌海	Wuhai	316.25	13.89	30.63	258	伊春	Yichun	58.36	38.84	29.98	260
赤峰	Chifeng	160.19	131.92	167.59	126	佳木斯	Jiamusi	37.60	98.05	243.12	77
通辽	Tongliao	99.88	221.27	1237.93	2	七台河	Qitaihe	4.66	53.42	29.02	262
鄂尔多斯	Erdos	763.65	383.71	580.46	26	牡丹江	Mudanjiang	67.78	84.17	303.73	61
呼伦贝尔	Hulunbuir	317.29	339.16	246.85	74	黑河	Heihe	98.32	9.63	35.15	252
巴彦淖尔	Bayannur	137.73	206.02	114.01	161	绥化	Suihua	112.10	106.21	105.91	166
乌兰察布	Ulanqab	119.74	208.37	230.06	85	**上海**	**Shanghai**	**459.35**	**590.53**	**592.93**	
辽宁	**Liaoning**	**4117.18**	**2008.60**	**2801.47**		**江苏**	**Jiangsu**	**3030.45**	**4359.02**	**4858.38**	

注：2012年开始采用新的土地分类。

Note: These indicators are using the new land use type after 2012.

7-15 供应公共管理与公共服务用地面积 续表 1

Area of Land Supplied for Public Management and Public Services continued 1

单位：公顷 (hectare)

地名	City	2010	2014	2015	2015 排名 Ranking	地名	City	2010	2014	2015	2015 排名 Ranking
南京	Nanjing	370.07	441.63	477.28	33	池州	Chizhou	3.98	87.33	93.33	188
无锡	Wuxi	663.91	574.21	420.02	40	宣城	Xuancheng	54.28	319.71	224.02	90
徐州	Xuzhou	221.25	414.39	451.82	35	**福建**	**Fujian**	**1474.59**	**1971.23**	**1655.94**	
常州	Changzhou	570.52	171.89	433.66	38	福州	Fuzhou	418.71	310.67	641.66	20
苏州	Suzhou	330.37	354.23	589.47	24	厦门	Xiamen	470.99	133.91	173.50	121
南通	Nantong	159.65	187.97	657.75	18	莆田	Putian	23.35	77.69	62.08	220
连云港	Lianyungang	78.91	1056.07	185.80	107	三明	Sanming	98.72	196.73	95.75	183
淮安	Huaian	124.49	137.54	224.98	89	泉州	Quanzhou	161.21	691.03	211.07	94
盐城	Yancheng	183.66	190.51	281.78	65	漳州	Zhangzhou	65.88	185.48	176.89	118
扬州	Yangzhou	77.34	91.47	163.36	130	南平	Nanping	51.02	148.16	87.92	195
镇江	Zhenjiang	6.37	373.32	551.01	28	龙岩	Longyan	70.00	94.62	99.36	176
泰州	Taizhou	123.91	134.19	183.69	112	宁德	Ningde	114.70	132.95	107.71	164
宿迁	Suqian	120.00	231.60	237.75	82	**江西**	**Jiangxi**	**3438.04**	**2270.28**	**2610.87**	
浙江	**Zhejiang**	**3390.07**	**4141.61**	**3650.13**		南昌	Nanchang	1050.19	378.85	538.08	29
杭州	Hangzhou	1304.30	699.52	825.41	13	景德镇	Jingdezhen	29.60	40.81	41.14	248
宁波	Ningbo	538.03	292.21	630.09	21	萍乡	Pingxiang	29.43	10.46	35.35	250
温州	Wenzhou	229.67	1045.67	560.93	27	九江	Jiujiang	99.24	111.47	410.41	43
嘉兴	Jiaxing	312.44	224.53	259.86	70	新余	Xinyu	43.82	48.50	32.62	256
湖州	Huzhou	74.92	196.98	173.69	120	鹰潭	Yingtan	110.53	40.28	44.74	244
绍兴	Shaoxing	126.54	356.77	387.38	46	赣州	Ganzhou	697.96	489.84	403.01	44
金华	Jinhua	113.08	353.79	262.32	69	吉安	Jian	580.51	260.90	441.72	37
衢州	Quzhou	127.79	89.23	95.85	182	宜春	Yichun	42.10	252.65	332.64	54
舟山	Zhoushan	29.98	152.79	85.84	199	抚州	Fuzhou	509.22	293.29	115.66	159
台州	Taizhou	296.45	476.67	217.22	92	上饶	Shangrao	245.43	343.22	215.49	93
丽水	Lishui	236.86	253.45	151.52	137	**山东**	**Shandong**	**4582.66**	**3370.02**	**3482.12**	
安徽	**Anhui**	**1438.72**	**4045.49**	**4151.94**		济南	Jinan	398.84	231.65	202.16	101
合肥	Hefei	225.12	511.07	760.76	15	青岛	Qingdao	799.85	991.32	856.71	11
芜湖	Wuhu	149.71	307.16	242.91	78	淄博	Zibo	1131.42	101.75	116.56	155
蚌埠	Bengbu	92.60	145.92	67.62	218	枣庄	Zaozhuang	76.78	101.36	82.32	203
淮南	Huainan	152.71	116.68	98.67	178	东营	Dongying	253.88	143.12	154.89	136
马鞍山	Maanshan	204.16	267.28	11.44	280	烟台	Yantai	338.11	76.63	187.30	106
淮北	Huaibei	42.82	169.06	29.44	261	潍坊	Weifang	292.69	311.13	211.01	95
铜陵	Tongling	37.24	14.19	27.46	268	济宁	Jining	135.37	230.54	238.41	81
安庆	Anqing	50.68	260.05	829.44	12	泰安	Taian	151.26	73.52	133.74	146
黄山	Huangshan	81.21	99.53	50.10	235	威海	Weihai	195.95	258.84	138.78	143
滁州	Chuzhou	14.60	334.13	469.38	34	日照	Rizhao	201.21	145.67	70.23	213
阜阳	Fuyang	40.76	258.79	241.72	79	莱芜	Laiwu	46.86	6.07	94.22	187
宿州	Suzhou	44.60	193.94	116.08	156	临沂	Linyi	231.73	197.73	164.85	127
六安	Liuan	164.03	245.09	306.52	59	德州	Dezhou	93.94	126.23	338.23	53
亳州	Bozhou	58.93	654.51	104.52	167	聊城	Liaocheng	46.28	66.69	124.91	152

7-15 供应公共管理与公共服务用地面积 续表 2

Area of Land Supplied for Public Management and Public Services continued 2

单位：公顷 (hectare)

地名	City	2010	2014	2015	2015 排名 Ranking
滨州	Binzhou	37.48	87.83	163.20	131
菏泽	Heze	151.03	219.92	204.60	99
河南	**Henan**	**2056.26**	**3887.17**	**4540.84**	
郑州	Zhengzhou	622.39	1326.38	994.71	6
开封	Kaifeng	54.31	124.12	163.87	128
洛阳	Luoyang	75.70	289.95	358.92	49
平顶山	Pingdingshan	142.91	202.35	663.19	17
安阳	Anyang	171.31	216.76	279.00	66
鹤壁	Hebi	25.21	38.02	52.52	230
新乡	Xinxiang	55.76	140.60	266.87	68
焦作	Jiaozuo	131.02	538.89	135.86	144
濮阳	Puyang	58.06	119.31	161.12	133
许昌	Xuchang	112.93	73.57	85.62	200
漯河	Luohe	80.68	60.37	79.43	205
三门峡	Sanmenxia	121.18	22.04	27.96	265
南阳	Nanyang	173.72	173.17	184.28	111
商丘	Shangqiu	134.26	54.98	494.05	32
信阳	Xinyang	12.77	52.88	163.14	132
周口	Zhoukou	43.61	166.09	178.30	116
驻马店	Zhumadian	40.41	287.71	252.00	73
湖北	**Hubei**	**1272.50**	**2398.38**	**2269.71**	
武汉	Wuhan	635.46	1046.93	978.08	8
黄石	Huangshi	53.67	84.85	244.59	75
十堰	Shiyan	69.72	81.16	68.74	216
宜昌	Yichang	56.29	312.27	195.67	103
襄阳	Xiangyang	51.83	119.87	45.98	241
鄂州	Ezhou	18.90	23.76	72.54	210
荆门	Jingmen	16.39	101.00	51.32	231
孝感	Xiaogan	24.99	102.15	125.79	150
荆州	Jingzhou	115.34	113.49	48.40	238
黄冈	Huanggang	84.64	122.87	48.60	237
咸宁	Xianning	60.73	120.00	68.81	215
随州	Suizhou	10.21	30.15	55.13	228
湖南	**Hunan**	**1450.55**	**4853.50**	**4241.53**	
长沙	Changsha	534.50	2275.80	1200.21	3
株洲	Zhuzhou	179.79	443.39	523.20	30
湘潭	Xiangtan	64.69	164.69	385.55	47
衡阳	Hengyang	49.53	81.35	199.72	102
邵阳	Shaoyang	48.33	151.26	183.41	113
岳阳	Yueyang	64.56	180.34	229.69	86
常德	Changde	91.62	312.78	347.46	51
张家界	Zhangjiajie	50.24	77.55	87.47	196
益阳	Yiyang	79.15	139.24	100.18	174
郴州	Chenzhou	124.19	170.25	225.43	88
永州	Yongzhou	54.38	177.86	276.13	67
怀化	Huaihua	48.06	227.12	244.08	76
娄底	Loudi	22.43	200.22	93.16	190
广东	**Guangdong**	**2272.67**	**2424.94**	**2315.67**	
广州	Guangzhou	758.78	395.70	315.99	57
韶关	Shaoguan	35.46	7.15	53.45	229
深圳	Shenzhen	121.09	95.80	90.28	193
珠海	Zhuhai	63.41	157.18	74.97	207
汕头	Shantou	104.76	348.33	185.12	109
佛山	Foshan	116.25	166.15	89.63	194
江门	Jiangmen	96.76	94.91	94.43	186
湛江	Zhanjiang	190.96	99.29	170.74	125
茂名	Maoming	1.51	59.27	172.23	123
肇庆	Zhaoqing	30.99	31.71	125.68	151
惠州	Huizhou	44.32	238.95	61.58	221
梅州	Meizhou	12.19	30.26	34.55	254
汕尾	Shanwei	13.39	91.58	10.10	281
河源	Heyuan	80.72	64.08	31.21	257
阳江	Yangjiang	164.16	155.05	96.81	179
清远	Qingyuan	53.62	145.77	142.05	140
东莞	Dongguan	186.11	149.51	389.04	45
中山	Zhongshan	132.71	26.29	122.05	154
潮州	Chaozhou	7.97	11.12	13.57	279
揭阳	Jieyang	43.45	36.05	19.21	276
云浮	Yunfu	14.05	20.79	22.97	272
广西	**Guangxi**	**1819.91**	**1923.80**	**3301.84**	
南宁	Nanning	387.49	661.23	584.65	25
柳州	Liuzhou	552.41	104.75	955.58	9
桂林	Guilin	173.82	263.25	647.56	19
梧州	Wuzhou	39.69	61.11	83.40	201
北海	Beihai	70.28	154.17	17.47	277
防城港	Fangchenggang	71.46	32.19	57.06	227
钦州	Qinzhou	34.97	40.46	75.93	206
贵港	Guigang	75.71	25.92	49.36	236
玉林	Yulin	43.71	193.03	182.16	114
百色	Baise	145.61	101.52	340.65	52

7-15 供应公共管理与公共服务用地面积 续表 3
Area of Land Supplied for Public Management and Public Services continued 3

单位：公顷 (hectare)

地名	City	2010	2014	2015	2015 排名 Ranking
贺州	Hezhou	90.69	42.47	99.85	175
河池	Hechi	43.60	65.98	90.57	192
来宾	Laibin	13.18	97.14	58.48	225
崇左	Chongzuo	77.28	80.58	59.11	224
海南	**Hainan**	**572.65**	**219.18**	**198.30**	
海口	Haikou	177.26	24.60	33.66	255
三亚	Sanya	12.27	25.84	45.73	243
三沙	Sansha				
重庆	**Chongqing**	**1702.40**	**2109.47**	**1897.61**	
四川	**Sichuan**	**1573.45**	**4953.10**	**6264.35**	
成都	Chengdu	551.71	1297.69	610.63	23
自贡	Zigong	38.85	22.23	27.19	269
攀枝花	Panzhihua	16.45	11.30	175.54	119
泸州	Luzhou	116.55	327.65	229.26	87
德阳	Deyang	43.82	563.66	206.87	98
绵阳	Mianyang	185.38	197.90	349.79	50
广元	Guangyuan	135.91	72.90	2527.47	1
遂宁	Suining	43.85	72.76	99.00	177
内江	Neijiang	26.52	428.81	204.35	100
乐山	Leshan	32.73	146.20	61.29	222
南充	Nanchong	47.60	236.22	96.18	180
眉山	Meishan	6.64	88.39	374.62	48
宜宾	Yibin	51.08	223.85	448.95	36
广安	Guangan	18.49	141.56	61.14	223
达州	Dazhou	22.21	339.85	139.57	142
雅安	Yaan	31.27	209.26	185.67	108
巴中	Bazhong	15.82	132.99	70.28	212
资阳	Ziyang	9.15	54.54	106.00	165
贵州	**Guizhou**	**1638.85**	**2225.77**	**3463.06**	
贵阳	Guiyang	551.33	230.91	617.07	22
六盘水	Liupanshui	45.40	146.76	101.14	172
遵义	Zunyi	120.26	157.59	517.67	31
安顺	Anshun	136.57	120.55	209.39	96
毕节	Bijie	88.27	269.92	259.07	71
铜仁	Tongren	285.63	420.15	871.66	10
云南	**Yunnan**	**1383.01**	**1643.98**	**1292.43**	
昆明	Kunming	139.89	345.79	184.97	110
曲靖	Qujing	318.02	75.38	190.69	105
玉溪	Yuxi	46.20	32.43	74.29	208
保山	Baoshan	12.74	72.92	71.68	211
昭通	Zhaotong	40.41	243.17	34.68	253
丽江	Lijiang	7.39	6.46	22.86	273
普洱	Puer	15.82	89.66	86.09	198
临沧	Lincang	31.68	18.64	9.71	283
西藏	**Tibet**	**695.36**	**112.80**	**81.08**	
拉萨	Lasa	69.35	23.75	14.61	278
陕西	**Shaanxi**	**1049.23**	**1494.57**	**1119.32**	
西安	Xi'an	659.84	524.42	315.92	58
铜川	Tongchuan	35.03	41.66	2.58	285
宝鸡	Baoji	26.22	51.40	127.20	149
咸阳	Xianyang	18.05	178.44	239.08	80
渭南	Weinan	19.06	137.23	161.08	134
延安	Yan'an	99.99	84.95	44.58	245
汉中	Hanzhong	7.31	176.28	45.81	242
榆林	Yulin	130.69	143.06	94.68	185
安康	Ankang	25.38	87.67	67.80	217
商洛	Shangluo	27.65	69.47	20.58	275
甘肃	**Gansu**	**1737.82**	**5591.75**	**3958.65**	
兰州	Lanzhou	111.47	82.71	110.22	163
嘉峪关	Jiayuguan	540.58	457.07	413.45	41
金昌	Jinchang	50.05	346.12	208.96	97
白银	Baiyin	34.38	321.39	424.21	39
天水	Tianshui	14.77	156.68	86.86	197
武威	Wuwei	128.59	1911.48	1180.09	4
张掖	Zhangye	26.36	621.75	156.80	135
平凉	Pingliang	77.32	152.59	82.50	202
酒泉	Jiuquan	363.00	1279.18	1178.52	5
庆阳	Qingyang	39.19	65.23	30.19	259
定西	Dingxi	103.78	73.60	44.08	246
陇南	Longnan	8.43	43.47	9.79	282
青海	**Qinghai**	**255.18**	**605.03**	**434.18**	
西宁	Xining	15.97	180.62	143.83	139
海东	Haidong		37.27	27.76	267
宁夏	**Ningxia**	**1092.23**	**950.19**	**1962.90**	
银川	Yinchuan	493.89	353.68	768.06	14
石嘴山	Shizuishan	177.24	59.96	114.13	160
吴忠	Wuzhong	247.90	243.92	669.33	16
固原	Guyuan	101.47	110.45	231.13	84
中卫	Zhongwei	71.73	182.18	180.25	115
新疆	**Xinjiang**	**1056.80**	**5909.49**	**8668.23**	
乌鲁木齐	Urumqi	135.64	182.43	291.29	63
克拉玛依	Karamay	72.65	319.17	96.08	181

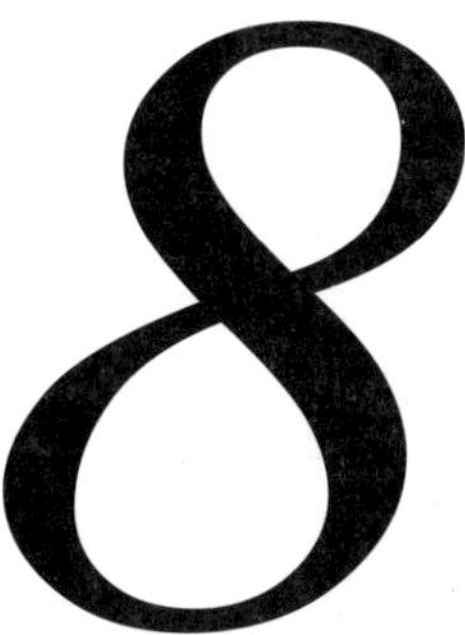

城市建设

Urban Construction

8-1 城市城区面积（辖区）
Urban Area (Municipal Districts)

单位：平方公里 (sq. km)

地名	City	2010	2014	2015	2015 排名 Ranking
全国	**National Total**	**178691.7**	**184098.6**	**191775.5**	
北京	**Beijing**	**12187.00**	**12187.00**	**12187.00**	
天津	**Tianjin**	**2236.12**	**2363.05**	**2506.11**	
河北	**Hebei**	**6521.74**	**6412.43**	**6398.70**	
石家庄	Shijiazhuang	212.54	518.81	518.81	75
唐山	Tangshan	1230.20	1230.20	1230.20	18
秦皇岛	Qinhuangdao	363.20	363.20	248.00	145
邯郸	Handan	434.00	349.60	377.40	102
邢台	Xingtai	114.80	114.80	114.80	212
保定	Baoding	312.30	277.54	344.69	114
张家口	Zhangjiakou	376.27	376.27	376.27	103
承德	Chengde	760.07	718.34	718.34	47
沧州	Cangzhou	183.00	183.00	183.00	174
廊坊	Langfang	292.00	292.00	292.00	128
衡水	Hengshui	273.40	273.40	273.40	132
山西	**Shanxi**	**3348.34**	**2728.99**	**2837.08**	
太原	Taiyuan	1416.03	1000.00	1000.00	28
大同	Datong	130.20	130.20	130.20	206
阳泉	Yangquan	51.58	54.82	55.16	266
长治	Changzhi	76.20	76.20	76.20	244
晋城	Jincheng	147.00	152.00	152.00	195
朔州	Shuozhou	148.00	159.10	159.10	189
晋中	Jinzhong	53.40	69.91	71.58	250
运城	Yuncheng	44.50	56.00	56.00	265
忻州	Xinzhou	183.00	183.00	183.00	174
临汾	Linfen	43.00	60.00	60.00	261
吕梁	Lvliang	25.10	25.10	50.20	273
内蒙古	**Inner Mongolia**	**8537.05**	**6764.56**	**5372.72**	
呼和浩特	Hohhot	265.05	265.05	265.05	137
包头	Baotou	885.00	885.00	885.00	31
乌海	Wuhai	1754.00	282.35	67.17	254
赤峰	Chifeng	560.00	560.00	560.00	68
通辽	Tongliao	65.80	75.63	75.63	245
鄂尔多斯	Erdos	195.58	196.23	199.42	166
呼伦贝尔	Hulunbuir	209.41	265.40	252.00	143
巴彦淖尔	Bayannur	668.00	698.00	80.51	241
乌兰察布	Ulanqab	404.80	60.00	60.00	261
辽宁	**Liaoning**	**11655.67**	**14084.17**	**14316.30**	
沈阳	Shenyang	1506.00	3243.04	3471.00	2
大连	Dalian	1194.00	1170.00	1170.00	24
鞍山	Anshan	624.29	624.29	624.29	54
抚顺	Fushun	545.39	628.43	632.60	52
本溪	Benxi	1023.84	1518.00	1518.00	10
丹东	Dandong	226.11	226.11	226.11	156
锦州	Jinzhou	436.00	436.00	436.00	86
营口	Yingkou	183.72	183.72	183.72	173
阜新	Fuxin	448.00	448.00	448.00	83
辽阳	Liaoyang	632.51	728.19	728.19	44
盘锦	Panjin	266.00	266.00	266.00	135
铁岭	Tieling	203.65	203.65	203.65	161
朝阳	Chaoyang	533.00	570.00	570.00	65
葫芦岛	Huludao	575.00	575.00	575.00	64
吉林	**Jilin**	**7376.83**	**3642.86**	**3668.37**	
长春	Changchun	422.14	487.40	522.99	74
吉林	Jilin	1042.75	498.75	498.75	76
四平	Siping	835.00	87.40	87.40	233
辽源	Liaoyuan	442.44	46.30	46.30	276
通化	Tonghua	761.00	64.75	64.75	255
白山	Baishan	100.00	383.79	388.11	99
松原	Songyuan	1000.00	80.20	81.50	239
白城	Baicheng	912.00	67.50	67.50	253
黑龙江	**Heilongjiang**	**2589.48**	**2786.78**	**2578.26**	
哈尔滨	Harbin	359.21	400.58	402.90	96
齐齐哈尔	Qiqihar	139.63	139.63	139.63	201
鸡西	Jixi	79.23	79.23	80.61	240
鹤岗	Hegang	85.00	85.00	85.00	237
双鸭山	Shuangyashan	118.00	118.00	118.00	210
大庆	Daqing	285.81	318.50	320.22	120
伊春	Yichun	171.39	174.87	182.78	176
佳木斯	Jiamusi	93.50	96.98	96.98	224
七台河	Qitaihe	62.37	310.50	67.60	252
牡丹江	Mudanjiang	86.30	92.68	92.68	227
黑河	Heihe	27.88	27.88	27.88	283
绥化	Suihua	51.79	92.77	92.77	226
上海	**Shanghai**	**6340.50**	**6340.50**	**6340.50**	
江苏	**Jiangsu**	**12462.84**	**14609.84**	**15110.50**	

8-1 城市城区面积（辖区） 续表 1
Urban Area (Municipal Districts) continued 1

单位：平方公里 (sq. km)

地名	City	2010	2014	2015	2015 排名 Ranking	地名	City	2010	2014	2015	2015 排名 Ranking
南京	Nanjing	3092.71	4226.41	4226.41	1	池州	Chizhou	252.93	252.93	252.93	142
无锡	Wuxi	1143.35	1164.58	1261.26	17	宣城	Xuancheng	131.17	131.77	131.77	204
徐州	Xuzhou	427.45	429.65	603.25	59	**福建**	**Fujian**	**4361.84**	**4318.09**	**4368.15**	
常州	Changzhou	384.38	507.84	746.11	42	福州	Fuzhou	1043.00	1043.00	1043.00	27
苏州	Suzhou	1211.93	1523.88	1523.88	9	厦门	Xiamen	230.00	301.00	317.10	121
南通	Nantong	214.67	398.00	398.00	97	莆田	Putian	244.00	244.00	244.00	147
连云港	Lianyungang	673.05	673.50	718.50	46	三明	Sanming	220.00	220.00	220.00	157
淮安	Huaian	227.00	227.00	227.00	155	泉州	Quanzhou	529.00	529.00	539.00	72
盐城	Yancheng	218.28	437.76	608.76	57	漳州	Zhangzhou	95.24	95.24	95.24	225
扬州	Yangzhou	274.96	415.34	415.34	89	南平	Nanping	165.81	165.81	199.51	165
镇江	Zhenjiang	555.43	555.43	555.43	69	龙岩	Longyan	185.00	185.00	200.00	163
泰州	Taizhou	349.74	408.74	408.74	93	宁德	Ningde	105.50	107.50	107.50	215
宿迁	Suqian	220.00	346.21	352.64	111	**江西**	**Jiangxi**	**1719.32**	**2114.76**	**2178.89**	
浙江	**Zhejiang**	**10256.38**	**11094.63**	**11326.51**		南昌	Nanchang	215.00	330.00	358.90	109
杭州	Hangzhou	1019.53	1022.41	1484.96	11	景德镇	Jingdezhen	160.00	198.50	198.50	167
宁波	Ningbo	778.00	778.00	778.00	39	萍乡	Pingxiang	42.10	85.70	85.70	235
温州	Wenzhou	585.05	730.03	849.26	34	九江	Jiujiang	114.97	104.85	109.95	213
嘉兴	Jiaxing	224.00	223.00	228.72	154	新余	Xinyu	160.00	230.00	230.00	152
湖州	Huzhou	627.46	640.65	640.69	51	鹰潭	Yingtan	57.65	63.00	63.00	258
绍兴	Shaoxing	226.04	497.04	497.04	77	赣州	Ganzhou	85.13	162.12	162.12	186
金华	Jinhua	379.64	379.64	379.64	101	吉安	Jian	218.20	230.00	230.00	152
衢州	Quzhou	200.10	200.10	200.10	162	宜春	Yichun	88.00	88.00	88.00	232
舟山	Zhoushan	408.52	579.99	579.99	63	抚州	Fuzhou	81.30	85.30	85.30	236
台州	Taizhou	749.98	749.98	749.98	41	上饶	Shangrao	55.80	61.88	92.01	228
丽水	Lishui	266.13	266.13	266.13	134	**山东**	**Shandong**	**19631.65**	**21310.86**	**21567.91**	
安徽	**Anhui**	**5041.16**	**5929.72**	**6059.40**		济南	Jinan	1210.00	1210.00	1210.00	20
合肥	Hefei	565.50	777.03	1126.61	25	青岛	Qingdao	1405.25	1963.20	1963.20	6
芜湖	Wuhu	230.00	721.70	721.70	45	淄博	Zibo	792.70	678.69	678.69	48
蚌埠	Bengbu	284.60	365.48	365.48	107	枣庄	Zaozhuang	442.13	349.02	349.46	113
淮南	Huainan	415.45	486.96	486.96	78	东营	Dongying	1089.10	1099.20	1099.20	26
马鞍山	Maanshan	105.85	175.84	175.84	179	烟台	Yantai	898.33	912.31	912.31	30
淮北	Huaibei	210.00	210.00	210.00	160	潍坊	Weifang	1186.53	1186.54	1186.54	22
铜陵	Tongling	180.60	180.60	180.60	177	济宁	Jining	480.00	880.37	883.87	32
安庆	Anqing	311.39	311.40	311.50	123	泰安	Taian	272.22	405.82	405.82	94
黄山	Huangshan	445.80	445.80	445.80	84	威海	Weihai	230.00	630.63	630.73	53
滁州	Chuzhou	282.60	282.60	282.60	130	日照	Rizhao	362.00	403.70	403.70	95
阜阳	Fuyang	332.67	338.87	338.87	117	莱芜	Laiwu	452.40	614.14	614.14	55
宿州	Suzhou	164.51	164.51	164.51	184	临沂	Linyi	1171.65	1277.63	1277.63	15
六安	Liuan	136.12	166.12	166.12	181	德州	Dezhou	539.00	602.00	602.00	60
亳州	Bozhou	66.82	86.90	86.90	234	聊城	Liaocheng	412.69	412.69	412.69	90

8-1 城市城区面积（辖区） 续表 2
Urban Area (Municipal Districts) continued 2

单位：平方公里 (sq. km)

地名	City	2010	2014	2015	2015 排名 Ranking	地名	City	2010	2014	2015	2015 排名 Ranking
滨州	Binzhou	534.54	559.44	799.90	37	常德	Changde	339.16	339.16	339.16	116
菏泽	Heze	359.54	389.96	389.96	98	张家界	Zhangjiajie	142.60	54.08	136.98	202
河南	**Henan**	**4101.39**	**4662.51**	**4810.01**		益阳	Yiyang	66.30	109.00	109.00	214
郑州	Zhengzhou	439.07	439.07	439.07	85	郴州	Chenzhou	580.00	580.00	580.00	62
开封	Kaifeng	121.25	121.25	192.25	169	永州	Yongzhou	77.37	100.00	100.00	220
洛阳	Luoyang	331.42	331.42	331.42	119	怀化	Huaihua	52.00	64.00	64.72	256
平顶山	Pingdingshan	260.03	260.03	260.03	138	娄底	Loudi	60.00	62.20	62.20	259
安阳	Anyang	153.00	153.00	153.00	194	**广东**	**Guangdong**	**18130.10**	**17036.40**	**16825.74**	
鹤壁	Hebi	130.42	130.42	130.42	205	广州	Guangzhou	3843.43	1395.52	2099.18	4
新乡	Xinxiang	103.00	140.00	140.00	199	韶关	Shaoguan	1392.50	1392.50	1392.50	14
焦作	Jiaozuo	94.90	106.50	140.00	199	深圳	Shenzhen	1991.64	1996.78	1997.27	5
濮阳	Puyang	50.00	153.56	153.56	193	珠海	Zhuhai	745.38	745.38	745.38	43
许昌	Xuchang	97.00	97.00	97.00	223	汕头	Shantou	607.88	607.88	607.88	58
漯河	Luohe	106.82	106.82	106.82	216	佛山	Foshan	663.10	763.17	763.16	40
三门峡	Sanmenxia	30.00	30.00	73.00	247	江门	Jiangmen	580.06	566.00	566.00	66
南阳	Nanyang	231.81	640.77	640.77	50	湛江	Zhanjiang	92.19	110.00	115.50	211
商丘	Shangqiu	103.00	103.00	103.00	218	茂名	Maoming	116.05	156.69	156.69	190
信阳	Xinyang	259.51	259.51	259.51	139	肇庆	Zhaoqing	392.78	393.80	473.40	80
周口	Zhoukou	100.00	100.00	100.00	220	惠州	Huizhou	999.19	1179.19	1181.65	23
驻马店	Zhumadian	185.00	185.00	185.00	172	梅州	Meizhou	168.00	168.00	376.00	104
湖北	**Hubei**	**9057.18**	**7680.61**	**8114.59**		汕尾	Shanwei	94.21	282.66	283.16	129
武汉	Wuhan	2718.00	1452.66	1452.00	13	河源	Heyuan	28.54	33.97	36.11	279
黄石	Huangshi	237.00	230.00	233.80	151	阳江	Yangjiang	285.00	357.00	409.93	92
十堰	Shiyan	319.00	319.00	587.32	61	清远	Qingyuan	271.30	363.23	311.03	124
宜昌	Yichang	541.00	541.00	541.00	71	东莞	Dongguan	2465.00	2465.00	2465.00	3
襄阳	Xiangyang	337.80	337.80	374.30	105	中山	Zhongshan	167.30	262.44	257.78	140
鄂州	Ezhou	240.67	244.43	246.22	146	潮州	Chaozhou	41.68	241.02	241.02	148
荆门	Jingmen	194.00	248.70	248.70	144	揭阳	Jieyang	181.00	1031.00	432.10	87
孝感	Xiaogan	87.10	90.40	90.40	230	云浮	Yunfu	84.00	104.29	105.29	217
荆州	Jingzhou	66.40	73.70	82.44	238	**广西**	**Guangxi**	**5656.72**	**5886.63**	**5728.04**	
黄冈	Huanggang	31.13	52.22	52.22	272	南宁	Nanning	841.08	841.08	841.08	35
咸宁	Xianning	100.00	165.00	165.00	183	柳州	Liuzhou	437.11	464.39	464.39	82
随州	Suizhou	216.00	266.00	266.00	135	桂林	Guilin	565.00	565.00	612.63	56
湖南	**Hunan**	**4121.85**	**4285.84**	**4582.33**		梧州	Wuzhou	307.00	485.01	485.01	79
长沙	Changsha	954.55	1007.66	1199.84	21	北海	Beihai	957.00	957.00	957.00	29
株洲	Zhuzhou	470.33	837.00	837.00	36	防城港	Fangchenggang	233.13	233.13	238.33	149
湘潭	Xiangtan	418.00	168.21	168.21	180	钦州	Qinzhou	96.27	354.38	354.38	110
衡阳	Hengyang	120.00	123.68	133.78	203	贵港	Guigang	301.50	301.50	301.50	126
邵阳	Shaoyang	67.00	67.00	75.00	246	玉林	Yulin	219.04	302.04	302.04	125
岳阳	Yueyang	155.00	155.00	155.00	192	百色	Baise	362.60	362.60	362.60	108

8-1 城市城区面积（辖区） 续表 3
Urban Area (Municipal Districts) continued 3

单位：平方公里 (sq. km)

地名	City	2010	2014	2015	2015 排名 Ranking
贺州	Hezhou	60.65	72.15	78.00	243
河池	Hechi	80.00	80.00	80.00	242
来宾	Laibin	76.52	92.00	92.00	229
崇左	Chongzuo	34.02	50.00	50.00	274
海南	**Hainan**	**833.03**	**1276.68**	**1427.88**	
海口	Haikou	215.00	562.40	562.40	67
三亚	Sanya	60.00	188.00	188.00	170
三沙	Sansha		2.25	2.45	286
重庆	**Chongqing**	**5695.83**	**6643.39**	**7026.55**	
四川	**Sichuan**	**5772.84**	**6426.21**	**10777.66**	
成都	Chengdu	778.73	808.72	862.19	33
自贡	Zigong	566.50	778.32	778.32	38
攀枝花	Panzhihua	329.18	326.66	342.56	115
泸州	Luzhou	410.38	411.38	411.38	91
德阳	Deyang	57.20	74.01	179.70	178
绵阳	Mianyang	362.10	465.00	465.00	81
广元	Guangyuan	216.70	216.70	216.70	159
遂宁	Suining	284.10	302.78	316.00	122
内江	Neijiang	204.09	278.93	278.93	131
乐山	Leshan	92.83	166.73	368.42	106
南充	Nanchong	420.00	420.00	420.00	88
眉山	Meishan	56.50	71.58	292.59	127
宜宾	Yibin	60.00	111.71	1268.00	16
广安	Guangan	111.31	141.81	141.81	198
达州	Dazhou	89.00	159.00	645.99	49
雅安	Yaan	164.50	196.89	196.89	168
巴中	Bazhong	160.29	160.29	160.29	187
资阳	Ziyang	176.20	186.87	186.87	171
贵州	**Guizhou**	**1658.36**	**2643.57**	**2679.97**	
贵阳	Guiyang	414.77	1230.00	1230.00	19
六盘水	Liupanshui	129.00	129.00	129.00	207
遵义	Zunyi	220.00	220.00	220.00	157
安顺	Anshun	109.48	109.48	145.88	197
毕节	Bijie	43.87	166.09	166.09	182
铜仁	Tongren	23.50	53.30	53.30	269
云南	**Yunnan**	**1929.97**	**2903.33**	**3029.44**	
昆明	Kunming	472.57	1749.00	1749.00	8
曲靖	Qujing	56.00	57.16	72.99	248
玉溪	Yuxi	46.70	88.12	88.12	231
保山	Baoshan	33.10	68.00	68.00	251
昭通	Zhaotong	61.00	61.00	61.00	260

地名	City	2010	2014	2015	2015 排名 Ranking
丽江	Lijiang	22.00	26.00	26.00	284
普洱	Puer	48.00	50.00	50.00	274
临沧	Lincang	20.00	35.18	35.18	281
西藏	**Tibet**	**782.00**	**361.60**	**432.60**	
拉萨	Lasa	295.00	301.40	351.40	112
陕西	**Shaanxi**	**1430.60**	**1610.32**	**2311.70**	
西安	Xi'an	331.67	450.00	542.00	70
铜川	Tongchuan	55.00	55.00	55.00	267
宝鸡	Baoji	104.53	156.30	156.30	191
咸阳	Xianyang	74.75	78.00	528.20	73
渭南	Weinan	171.00	202.00	267.00	133
延安	Yan'an	43.25	43.34	54.00	268
汉中	Hanzhong	86.00	86.00	100.42	219
榆林	Yulin	119.00	119.00	164.00	185
安康	Ankang	30.00	160.00	160.00	188
商洛	Shangluo	230.00	40.00	40.00	277
甘肃	**Gansu**	**1426.32**	**1554.78**	**1569.92**	
兰州	Lanzhou	205.74	327.30	332.14	118
嘉峪关	Jiayuguan	120.00	120.00	120.00	208
金昌	Jinchang	42.00	42.00	52.30	271
白银	Baiyin	99.24	99.24	99.24	222
天水	Tianshui	58.61	60.00	60.00	261
武威	Wuwei	28.50	31.00	31.00	282
张掖	Zhangye	33.69	200.00	200.00	163
平凉	Pingliang	255.00	255.00	255.00	141
酒泉	Jiuquan	232.00	235.00	235.00	150
庆阳	Qingyang	25.44	25.44	25.44	285
定西	Dingxi	200.00	35.88	35.88	280
陇南	Longnan	40.00	40.00	40.00	277
青海	**Qinghai**	**512.28**	**635.78**	**688.15**	
西宁	Xining	380.00	380.00	380.00	100
海东	Haidong		108.00	147.00	196
宁夏	**Ningxia**	**2049.72**	**2110.95**	**2119.18**	
银川	Yinchuan	1773.50	1773.50	1773.50	7
石嘴山	Shizuishan	118.20	118.20	118.20	209
吴忠	Wuzhong	29.91	60.00	60.00	261
固原	Guyuan	34.62	44.10	52.33	270
中卫	Zhongwei	52.00	64.70	64.70	257
新疆	**Xinjiang**	**1267.62**	**1691.75**	**2835.38**	
乌鲁木齐	Urumqi	342.67	412.26	1469.20	12
克拉玛依	Karamay	57.16	69.55	72.65	249

8-2 城市建成区面积（辖区）
Area of Built District (Municipal Districts)

单位：平方公里 (sq. km)

地名	City	2010	2014	2015	2015 排名 Ranking
全国	**National Total**	**40058.01**	**49772.63**	**52102.31**	
北京	**Beijing**		**1385.58**	**1401.01**	
天津	**Tianjin**	**686.71**	**797.10**	**885.43**	
河北	**Hebei**	**1619.67**	**1833.17**	**1944.42**	
石家庄	Shijiazhuang	202.90	264.01	278.05	30
唐山	Tangshan	234.00	249.00	249.00	37
秦皇岛	Qinhuangdao	89.48	102.85	131.45	78
邯郸	Handan	110.55	123.73	127.03	82
邢台	Xingtai	70.00	89.58	90.12	121
保定	Baoding	132.33	146.03	185.70	50
张家口	Zhangjiakou	84.00	86.00	86.00	130
承德	Chengde	99.75	115.44	116.97	92
沧州	Cangzhou	46.48	68.12	70.54	169
廊坊	Langfang	59.45	65.61	66.28	179
衡水	Hengshui	43.56	46.40	46.40	237
山西	**Shanxi**	**864.73**	**1097.36**	**1123.46**	
太原	Taiyuan	245.00	330.00	340.00	20
大同	Datong	108.00	125.20	125.20	83
阳泉	Yangquan	51.58	54.82	55.16	218
长治	Changzhi	59.30	59.30	59.30	203
晋城	Jincheng	35.40	52.00	57.00	210
朔州	Shuozhou	36.60	41.60	41.60	247
晋中	Jinzhong	39.14	69.91	71.58	166
运城	Yuncheng	30.00	46.00	46.00	239
忻州	Xinzhou	30.10	36.00	36.00	258
临汾	Linfen	37.40	54.00	54.00	220
吕梁	Lvliang	18.00	23.80	25.80	277
内蒙古	**Inner Mongolia**	**1038.32**	**1184.81**	**1225.21**	
呼和浩特	Hohhot	166.20	230.00	260.00	33
包头	Baotou	183.49	190.46	195.79	47
乌海	Wuhai	62.92	62.92	62.30	196
赤峰	Chifeng	81.00	104.90	105.00	106
通辽	Tongliao	65.80	61.20	61.20	200
鄂尔多斯	Erdos	112.58	113.23	116.42	93
呼伦贝尔	Hulunbuir	40.00	59.46	59.46	202
巴彦淖尔	Bayannur	38.00	51.00	51.00	230
乌兰察布	Ulanqab	40.75	60.00	60.00	201
辽宁	**Liaoning**	**2220.53**	**2422.02**	**2461.95**	
沈阳	Shenyang	412.00	465.00	465.00	11
大连	Dalian	390.00	395.50	395.50	18
鞍山	Anshan	158.00	169.64	170.90	54
抚顺	Fushun	130.38	136.19	138.03	74
本溪	Benxi	106.50	109.00	109.00	101
丹东	Dandong	53.40	53.40	77.14	146
锦州	Jinzhou	71.45	77.10	77.10	147
营口	Yingkou	99.24	109.55	110.00	100
阜新	Fuxin	76.50	76.50	76.50	148
辽阳	Liaoyang	97.85	104.35	104.87	107
盘锦	Panjin	60.83	73.00	74.94	156
铁岭	Tieling	43.96	57.00	57.00	210
朝阳	Chaoyang	40.00	50.00	57.08	209
葫芦岛	Huludao	75.15	85.20	85.90	131
吉林	**Jilin**	**1237.38**	**1362.79**	**1399.07**	
长春	Changchun	393.71	469.72	506.33	8
吉林	Jilin	165.63	172.31	185.00	51
四平	Siping	51.42	54.20	57.87	208
辽源	Liaoyuan	46.30	46.30	46.30	238
通化	Tonghua	48.50	51.46	53.16	224
白山	Baishan	40.00	46.89	47.02	236
松原	Songyuan	42.70	48.80	50.08	232
白城	Baicheng	38.11	49.20	42.87	243
黑龙江	**Heilongjiang**	**1637.98**	**1785.08**	**1772.24**	
哈尔滨	Harbin	359.21	400.58	402.90	17
齐齐哈尔	Qiqihar	134.72	139.63	139.63	71
鸡西	Jixi	79.23	79.23	80.61	139
鹤岗	Hegang	43.48	53.22	53.22	223
双鸭山	Shuangyashan	58.80	58.00	58.00	207
大庆	Daqing	213.32	244.79	244.79	38
伊春	Yichun	161.19	167.37	156.95	60
佳木斯	Jiamusi	93.50	96.98	96.98	117
七台河	Qitaihe	62.37	71.73	67.60	177
牡丹江	Mudanjiang	76.08	81.40	82.24	137
黑河	Heihe	20.00	20.00	20.00	282
绥化	Suihua	30.65	37.00	37.00	254
上海	**Shanghai**	**998.78**	**998.75**	**998.75**	
江苏	**Jiangsu**	**3271.09**	**4019.83**	**4189.17**	

8-2 城市建成区面积（辖区） 续表 1
Area of Built District (Municipal Districts) continued 1

单位：平方公里 (sq. km)

地名	City	2010	2014	2015	2015 排名 Ranking
南京	Nanjing	618.64	734.34	755.27	4
无锡	Wuxi	231.30	327.62	329.43	21
徐州	Xuzhou	239.00	255.20	255.20	34
常州	Changzhou	153.05	203.80	250.31	36
苏州	Suzhou	329.29	447.29	458.29	12
南通	Nantong	125.21	189.86	204.72	45
连云港	Lianyungang	120.00	160.00	206.00	44
淮安	Huaian	120.00	150.00	155.00	61
盐城	Yancheng	88.50	110.67	142.37	67
扬州	Yangzhou	82.00	135.60	140.00	69
镇江	Zhenjiang	108.60	134.00	137.50	77
泰州	Taizhou	65.00	99.35	104.70	108
宿迁	Suqian	65.00	78.53	84.70	133
浙江	**Zhejiang**	**2128.96**	**2489.22**	**2590.74**	
杭州	Hangzhou	412.59	469.95	506.09	9
宁波	Ningbo	271.59	308.56	321.91	23
温州	Wenzhou	174.60	215.40	238.40	40
嘉兴	Jiaxing	93.61	111.79	115.78	94
湖州	Huzhou	77.92	99.17	102.90	109
绍兴	Shaoxing	100.06	191.74	199.40	46
金华	Jinhua	71.98	78.48	80.20	140
衢州	Quzhou	58.21	68.91	71.19	167
舟山	Zhoushan	52.39	61.42	62.15	198
台州	Taizhou	116.19	127.50	139.80	70
丽水	Lishui	31.89	34.38	34.90	260
安徽	**Anhui**	**1491.32**	**1835.15**	**1926.36**	
合肥	Hefei	325.91	402.00	438.20	13
芜湖	Wuhu	135.00	16.00	165.00	57
蚌埠	Bengbu	104.80	127.22	138.00	75
淮南	Huainan	97.45	106.00	108.00	103
马鞍山	Maanshan	78.50	92.00	93.30	118
淮北	Huaibei	62.97	80.25	84.60	134
铜陵	Tongling	47.85	69.17	75.88	151
安庆	Anqing	77.32	85.00	85.27	132
黄山	Huangshan	43.92	62.61	65.14	184
滁州	Chuzhou	60.10	83.00	83.84	135
阜阳	Fuyang	76.43	111.68	121.50	86
宿州	Suzhou	53.23	71.81	75.00	153
六安	Liuan	60.80	72.30	74.30	159
亳州	Bozhou	36.00	54.00	56.00	213
池州	Chizhou	35.00	36.93	36.93	255
宣城	Xuancheng	43.00	50.00	52.00	228
福建	**Fujian**	**1059.00**	**1326.42**	**1413.54**	
福州	Fuzhou	220.22	253.80	260.05	32
厦门	Xiamen	230.00	301.00	317.10	24
莆田	Putian	54.82	57.60	86.90	129
三明	Sanming	27.84	35.87	37.45	253
泉州	Quanzhou	150.00	197.60	206.50	43
漳州	Zhangzhou	50.59	62.27	65.65	183
南平	Nanping	25.76	30.00	41.24	248
龙岩	Longyan	38.00	50.00	58.36	205
宁德	Ningde	19.23	26.70	29.81	272
江西	**Jiangxi**	**933.78**	**1201.26**	**1295.65**	
南昌	Nanchang	201.50	262.00	307.30	26
景德镇	Jingdezhen	72.84	78.68	78.68	142
萍乡	Pingxiang	42.10	50.87	50.87	231
九江	Jiujiang	89.47	102.82	105.63	104
新余	Xinyu	53.00	74.00	76.00	149
鹰潭	Yingtan	23.68	33.50	33.80	262
赣州	Ganzhou	76.30	136.80	141.40	68
吉安	Jian	35.03	53.05	55.05	219
宜春	Yichun	50.00	68.00	68.00	175
抚州	Fuzhou	50.30	58.40	59.13	204
上饶	Shangrao	38.28	49.76	77.36	144
山东	**Shandong**	**3566.15**	**4400.09**	**4609.32**	
济南	Jinan	347.00	383.29	392.96	19
青岛	Qingdao	282.33	490.67	566.37	6
淄博	Zibo	224.50	262.32	267.01	31
枣庄	Zaozhuang	119.16	148.02	149.30	65
东营	Dongying	108.08	114.75	118.65	90
烟台	Yantai	265.47	315.65	323.95	22
潍坊	Weifang	140.00	175.86	178.00	53
济宁	Jining	88.90	185.56	193.84	48
泰安	Taian	106.80	126.71	130.65	79
威海	Weihai	132.00	190.38	192.57	49
日照	Rizhao	89.80	99.60	100.80	111
莱芜	Laiwu	58.00	120.00	120.00	89
临沂	Linyi	165.70	210.00	213.00	41
德州	Dezhou	60.00	144.65	148.90	66
聊城	Liaocheng	69.00	90.70	98.69	114

8-2 城市建成区面积（辖区） 续表 2
Area of Built District (Municipal Districts) continued 2

单位：平方公里 (sq. km)

地名	City	2010	2014	2015	2015 排名 Ranking
滨州	Binzhou	85.50	113.90	138.25	73
菏泽	Heze	76.60	95.05	99.55	112
河南	**Henan**	**2014.40**	**2374.67**	**2503.08**	
郑州	Zhengzhou	342.66	412.66	437.60	14
开封	Kaifeng	95.05	108.99	129.09	80
洛阳	Luoyang	180.54	194.35	209.37	42
平顶山	Pingdingshan	71.00	73.40	73.40	162
安阳	Anyang	76.00	80.00	81.00	138
鹤壁	Hebi	50.90	64.06	64.12	188
新乡	Xinxiang	97.05	112.82	114.79	96
焦作	Jiaozuo	94.90	106.00	111.20	99
濮阳	Puyang	37.15	2.46	56.00	213
许昌	Xuchang	80.00	8.07	90.00	123
漯河	Luohe	60.00	61.00	66.00	180
三门峡	Sanmenxia	30.00	30.00	56.00	213
南阳	Nanyang	98.52	148.42	149.45	64
商丘	Shangqiu	60.00	62.50	63.00	193
信阳	Xinyang	68.00	88.75	89.00	126
周口	Zhoukou	51.00	66.00	68.13	174
驻马店	Zhumadian	52.90	71.30	75.10	152
湖北	**Hubei**	**1701.03**	**2077.64**	**2197.00**	
武汉	Wuhan	484.01	552.61	566.13	7
黄石	Huangshi	66.00	72.50	75.00	153
十堰	Shiyan	62.14	79.16	105.26	105
宜昌	Yichang	92.23	162.00	165.12	56
襄阳	Xiangyang	90.57	133.62	164.04	58
鄂州	Ezhou	52.30	63.99	64.26	186
荆门	Jingmen	50.50	55.03	58.05	206
孝感	Xiaogan	32.70	42.00	50.00	234
荆州	Jingzhou	66.40	73.70	82.44	136
黄冈	Huanggang	30.03	52.22	52.22	227
咸宁	Xianning	62.60	72.50	65.80	182
随州	Suizhou	43.00	45.00	53.00	225
湖南	**Hunan**	**1321.05**	**1540.21**	**1572.52**	
长沙	Changsha	272.39	294.39	312.30	25
株洲	Zhuzhou	96.77	135.25	137.98	76
湘潭	Xiangtan	73.38	79.78	79.81	141
衡阳	Hengyang	96.00	123.54	113.53	97
邵阳	Shaoyang	48.50	58.00	65.00	185
岳阳	Yueyang	82.50	93.00	97.00	116
常德	Changde	76.22	87.10	90.22	120
张家界	Zhangjiajie	28.21	32.96	32.96	266
益阳	Yiyang	54.00	71.00	75.00	153
郴州	Chenzhou	62.00	76.63	77.23	145
永州	Yongzhou	56.43	60.04	62.21	197
怀化	Huaihua	52.00	62.00	64.00	189
娄底	Loudi	42.00	47.15	47.15	235
广东	**Guangdong**	**4618.07**	**5398.07**	**5633.19**	
广州	Guangzhou	952.03	1035.01	1237.25	1
韶关	Shaoguan	81.83	96.37	99.23	113
深圳	Shenzhen	830.01	890.04	900.00	3
珠海	Zhuhai	123.64	126.64	123.64	85
汕头	Shantou	175.00	250.42	253.60	35
佛山	Foshan	151.53	157.98	158.05	59
江门	Jiangmen	128.66	158.50	150.00	63
湛江	Zhanjiang	81.23	107.92	108.95	102
茂名	Maoming	69.70	120.39	120.39	87
肇庆	Zhaoqing	79.95	95.28	117.45	91
惠州	Huizhou	214.96	243.70	238.89	39
梅州	Meizhou	45.00	52.81	53.64	221
汕尾	Shanwei	14.37	16.37	16.89	284
河源	Heyuan	28.54	33.97	36.11	257
阳江	Yangjiang	48.37	47.47	63.52	191
清远	Qingyuan	56.85	60.82	63.22	192
东莞	Dongguan	820.26	922.02	932.05	2
中山	Zhongshan	87.30	107.40	138.89	72
潮州	Chaozhou	41.68	72.85	77.85	143
揭阳	Jieyang	57.74	120.00	129.00	81
云浮	Yunfu	18.81	28.10	28.41	273
广西	**Guangxi**	**940.47**	**1192.82**	**1275.16**	
南宁	Nanning	215.23	285.10	287.40	29
柳州	Liuzhou	135.06	180.09	183.92	52
桂林	Guilin	63.00	71.18	98.51	115
梧州	Wuzhou	36.10	54.06	55.96	217
北海	Beihai	57.80	73.07	73.07	163
防城港	Fangchenggang	30.63	34.88	38.06	252
钦州	Qinzhou	69.79	88.91	89.63	125
贵港	Guigang	55.72	68.52	70.52	170
玉林	Yulin	56.66	66.60	68.20	173
百色	Baise	33.00	41.11	44.67	241

8-2 城市建成区面积（辖区） 续表 3
Area of Built District (Municipal Districts) continued 3

单位：平方公里 (sq. km)

地名	City	2010	2014	2015	2015 排名 Ranking
贺州	Hezhou	28.85	31.01	31.43	269
河池	Hechi	18.80	22.11	22.74	281
来宾	Laibin	29.00	39.00	41.00	250
崇左	Chongzuo	22.00	28.00	28.00	274
海南	**Hainan**	**221.32**	**303.06**	**337.81**	
海口	Haikou	91.67	151.60	152.40	62
三亚	Sanya	28.20	37.78	68.48	172
三沙	Sansha		0.25	0.32	286
重庆	**Chongqing**	**870.23**	**1231.44**	**1329.45**	
四川	**Sichuan**	**1629.73**	**2216.56**	**2281.64**	
成都	Chengdu	455.56	604.08	615.71	5
自贡	Zigong	80.40	109.38	112.08	98
攀枝花	Panzhihua	54.60	72.06	74.08	161
泸州	Luzhou	82.66	113.17	120.07	88
德阳	Deyang	53.51	72.13	74.55	157
绵阳	Mianyang	102.85	118.00	125.00	84
广元	Guangyuan	38.13	53.83	56.34	212
遂宁	Suining	50.08	75.93	75.94	150
内江	Neijiang	40.45	66.14	71.14	168
乐山	Leshan	53.84	72.90	74.34	158
南充	Nanchong	78.00	113.00	115.34	95
眉山	Meishan	44.50	60.58	62.38	195
宜宾	Yibin	56.60	80.43	87.27	128
广安	Guangan	30.00	47.50	50.05	233
达州	Dazhou	45.00	72.46	74.13	160
雅安	Yaan	21.00	30.52	33.14	265
巴中	Bazhong	17.50	33.66	33.66	264
资阳	Ziyang	36.00	44.70	45.20	240
贵州	**Guizhou**	**463.96**	**723.76**	**789.06**	
贵阳	Guiyang	162.00	299.00	299.00	28
六盘水	Liupanshui	38.50	42.50	71.68	165
遵义	Zunyi	62.00	66.00	66.00	180
安顺	Anshun	32.00	44.68	66.30	178
毕节	Bijie	20.00	40.50	42.50	244
铜仁	Tongren	23.00	34.68	34.68	261
云南	**Yunnan**	**751.34**	**977.04**	**1060.14**	
昆明	Kunming	295.03	418.50	420.50	16
曲靖	Qujing	56.00	57.14	67.99	176
玉溪	Yuxi	23.23	29.39	30.17	271
保山	Baoshan	21.00	29.00	32.00	267
昭通	Zhaotong	26.48	39.95	41.15	249
丽江	Lijiang	21.79	23.20	23.20	280
普洱	Puer	24.00	24.50	26.50	275
临沧	Lincang	13.30	18.92	19.85	283
西藏	**Tibet**	**84.88**	**126.34**	**144.52**	
拉萨	Lasa	62.88	91.34	90.72	119
陕西	**Shaanxi**	**758.48**	**967.56**	**1073.36**	
西安	Xi'an	326.53	440.00	500.59	10
铜川	Tongchuan	38.44	44.12	44.12	242
宝鸡	Baoji	92.06	87.22	88.73	127
咸阳	Xianyang	65.00	72.06	90.12	121
渭南	Weinan	40.00	47.50	62.70	194
延安	Yan'an	25.95	36.00	36.80	256
汉中	Hanzhong	33.20	34.30	42.40	245
榆林	Yulin	40.00	63.00	63.60	190
安康	Ankang	30.00	39.50	40.00	251
商洛	Shangluo	13.10	26.00	26.00	276
甘肃	**Gansu**	**632.80**	**779.28**	**834.39**	
兰州	Lanzhou	196.26	269.10	305.28	27
嘉峪关	Jiayuguan	49.50	69.54	69.54	171
金昌	Jinchang	36.69	40.21	42.17	246
白银	Baiyin	55.17	60.60	61.50	199
天水	Tianshui	42.24	45.80	56.00	213
武威	Wuwei	28.50	31.00	31.00	270
张掖	Zhangye	33.69	64.20	64.20	187
平凉	Pingliang	36.00	36.00	36.00	258
酒泉	Jiuquan	38.00	48.50	51.50	229
庆阳	Qingyang	21.30	24.25	24.28	279
定西	Dingxi	23.40	23.49	25.00	278
陇南	Longnan	10.40	10.40	10.40	285
青海	**Qinghai**	**113.88**	**165.84**	**194.26**	
西宁	Xining	66.77	90.00	90.00	123
海东	Haidong		10.10	33.78	263
宁夏	**Ningxia**	**343.79**	**441.31**	**455.05**	
银川	Yinchuan	120.57	160.79	166.82	55
石嘴山	Shizuishan	99.64	102.80	102.80	110
吴忠	Wuzhong	28.21	49.75	53.45	222
固原	Guyuan	34.62	44.10	52.33	226
中卫	Zhongwei	32.04	38.68	32.00	267
新疆	**Xinjiang**	**838.21**	**1118.40**	**1185.36**	
乌鲁木齐	Urumqi	342.67	412.26	429.96	15
克拉玛依	Karamay	57.16	69.38	72.48	164

8-3 城市建设用地面积（辖区）
Area of Urban Construction Land (Municipal Districts)

单位：平方公里 (sq. km)

地名	City	2010	2014	2015	2015 排名 Ranking
全国	**National Total**	**39758.42**	**49982.74**	**51584.10**	
北京	**Beijing**		**1586.39**	**1454.69**	
天津	**Tianjin**	**686.71**	**786.80**	**870.18**	
河北	**Hebei**	**1571.72**	**1719.10**	**1816.10**	
石家庄	Shijiazhuang	206.19	263.24	263.58	31
唐山	Tangshan	229.79	210.00	210.00	42
秦皇岛	Qinhuangdao	95.44	102.65	131.43	75
邯郸	Handan	117.50	123.73	127.03	79
邢台	Xingtai	70.00	89.58	90.12	118
保定	Baoding	132.33	139.28	177.08	52
张家口	Zhangjiakou	87.39	85.19	85.19	126
承德	Chengde	54.86	65.33	66.77	173
沧州	Cangzhou	42.17	68.12	70.54	159
廊坊	Langfang	59.45	65.61	66.28	174
衡水	Hengshui	39.04	42.58	42.58	236
山西	**Shanxi**	**847.15**	**1034.25**	**1079.30**	
太原	Taiyuan	218.93	309.00	331.00	20
大同	Datong	107.99	125.10	125.20	80
阳泉	Yangquan	40.41	43.65	44.40	230
长治	Changzhi	53.88	58.53	58.88	196
晋城	Jincheng	50.40	51.90	56.60	201
朔州	Shuozhou	31.56	40.24	40.24	245
晋中	Jinzhong	51.19	53.46	63.34	181
运城	Yuncheng	42.96	41.40	41.75	239
忻州	Xinzhou	28.92	34.38	35.50	256
临汾	Linfen	36.55	52.19	51.87	214
吕梁	Lvliang	18.28	23.45	24.27	272
内蒙古	**Inner Mongolia**	**1123.44**	**1265.68**	**1164.76**	
呼和浩特	Hohhot	166.14	264.93	229.91	39
包头	Baotou	184.05	190.46	195.79	45
乌海	Wuhai	56.73	56.86	41.60	240
赤峰	Chifeng	87.05	82.05	82.05	131
通辽	Tongliao	65.80	61.20	61.20	186
鄂尔多斯	Erdos	142.58	113.23	116.42	87
呼伦贝尔	Hulunbuir	75.32	59.46	59.46	194
巴彦淖尔	Bayannur	37.00	114.60	61.09	187
乌兰察布	Ulanqab	38.41	52.18	52.18	213
辽宁	**Liaoning**	**2171.23**	**2444.94**	**2405.24**	
沈阳	Shenyang	412.00	465.00	465.00	9
大连	Dalian	405.70	378.00	382.86	19
鞍山	Anshan	158.19	169.64	170.90	55
抚顺	Fushun	130.38	136.19	138.03	70
本溪	Benxi	69.90	92.40	92.40	116
丹东	Dandong	53.40	53.40	77.14	138
锦州	Jinzhou	71.45	77.10	77.10	139
营口	Yingkou	99.24	110.00	110.00	98
阜新	Fuxin	71.20	160.16	76.50	140
辽阳	Liaoyang	97.85	104.35	104.87	106
盘锦	Panjin	60.83	73.00	74.94	147
铁岭	Tieling	43.96	50.00	50.00	221
朝阳	Chaoyang	31.00	48.90	56.21	202
葫芦岛	Huludao	75.15	77.30	77.55	137
吉林	**Jilin**	**1171.77**	**1281.82**	**1330.14**	
长春	Changchun	388.16	440.10	470.05	7
吉林	Jilin	150.22	167.81	185.00	48
四平	Siping	49.35	54.00	59.60	193
辽源	Liaoyuan	46.34	46.30	46.30	229
通化	Tonghua	44.56	51.27	52.92	211
白山	Baishan	33.99	39.78	41.18	242
松原	Songyuan	42.70	48.59	49.87	224
白城	Baicheng	33.89	42.19	42.61	235
黑龙江	**Heilongjiang**	**1737.50**	**1773.74**	**1788.87**	
哈尔滨	Harbin	359.21	391.48	393.80	16
齐齐哈尔	Qiqihar	139.63	139.63	139.63	68
鸡西	Jixi	79.23	78.85	78.85	136
鹤岗	Hegang	70.77	53.21	53.21	209
双鸭山	Shuangyashan	54.90	57.21	57.21	200
大庆	Daqing	285.81	318.50	320.22	21
伊春	Yichun	156.76	156.96	156.25	60
佳木斯	Jiamusi	93.50	83.40	83.40	128
七台河	Qitaihe	62.37	71.72	67.60	171
牡丹江	Mudanjiang	75.05	81.40	82.24	130
黑河	Heihe	27.88	20.00	20.00	279
绥化	Suihua	30.65	34.40	36.00	253
上海	**Shanghai**		**2915.56**	**2915.56**	
江苏	**Jiangsu**	**3424.75**	**4067.87**	**4207.60**	

8-3 城市建设用地面积（辖区） 续表 1
Area of Urban Construction Land (Municipal Districts) continued 1

单位：平方公里 (sq. km)

地名	City	2010	2014	2015	2015 排名 Ranking
南京	Nanjing	647.28	726.40	735.28	3
无锡	Wuxi	214.76	285.69	286.75	26
徐州	Xuzhou	184.60	233.81	239.27	35
常州	Changzhou	153.05	203.60	250.22	33
苏州	Suzhou	329.09	443.70	455.19	12
南通	Nantong	179.38	222.00	237.01	37
连云港	Lianyungang	162.62	187.95	232.15	38
淮安	Huaian	203.99	225.00	193.90	46
盐城	Yancheng	87.30	105.71	139.82	67
扬州	Yangzhou	90.00	134.57	139.30	69
镇江	Zhenjiang	108.60	134.00	137.50	72
泰州	Taizhou	88.20	143.52	152.74	62
宿迁	Suqian	69.30	81.30	84.49	127
浙江	**Zhejiang**	**2245.93**	**2532.02**	**2469.74**	
杭州	Hangzhou	374.62	421.60	459.48	11
宁波	Ningbo	307.33	366.29	297.44	24
温州	Wenzhou	148.63	167.89	182.26	51
嘉兴	Jiaxing	101.44	111.79	115.78	89
湖州	Huzhou	142.25	112.70	102.22	108
绍兴	Shaoxing	95.87	216.16	219.79	40
金华	Jinhua	71.65	78.48	80.20	133
衢州	Quzhou	57.15	67.68	70.26	161
舟山	Zhoushan	51.61	57.17	57.87	199
台州	Taizhou	139.63	170.37	128.68	78
丽水	Lishui	31.62	36.69	37.21	250
安徽	**Anhui**	**1539.96**	**1830.06**	**1920.12**	
合肥	Hefei	325.91	372.37	420.14	14
芜湖	Wuhu	135.00	155.00	159.00	58
蚌埠	Bengbu	104.50	127.00	137.59	71
淮南	Huainan	96.72	105.26	107.02	102
马鞍山	Maanshan	92.07	92.34	89.43	121
淮北	Huaibei	77.12	88.34	90.10	119
铜陵	Tongling	47.85	67.51	72.89	156
安庆	Anqing	77.32	92.76	93.52	113
黄山	Huangshan	41.81	48.35	48.65	225
滁州	Chuzhou	68.00	113.10	115.74	90
阜阳	Fuyang	75.76	107.24	116.72	86
宿州	Suzhou	63.58	71.54	74.41	150
六安	Liuan	60.80	72.30	74.30	151
亳州	Bozhou	40.48	60.63	62.61	183
池州	Chizhou	36.79	37.06	37.18	251
宣城	Xuancheng	42.40	48.28	50.44	218
福建	**Fujian**	**1019.07**	**1208.14**	**1346.58**	
福州	Fuzhou	235.11	232.60	238.82	36
厦门	Xiamen	230.00	296.73	317.10	23
莆田	Putian	58.73	50.43	123.05	84
三明	Sanming	27.84	33.80	33.80	257
泉州	Quanzhou	89.70	146.30	155.00	61
漳州	Zhangzhou	50.57	62.00	65.35	175
南平	Nanping	25.76	28.18	37.98	248
龙岩	Longyan	36.85	45.79	53.48	208
宁德	Ningde	23.73	25.18	27.90	268
江西	**Jiangxi**	**966.32**	**1123.46**	**1231.02**	
南昌	Nanchang	201.50	229.81	268.07	30
景德镇	Jingdezhen	67.84	74.36	76.33	142
萍乡	Pingxiang	42.10	50.55	62.44	184
九江	Jiujiang	92.04	101.82	103.45	107
新余	Xinyu	53.00	68.58	69.58	163
鹰潭	Yingtan	29.00	27.70	32.10	261
赣州	Ganzhou	76.30	125.29	129.41	77
吉安	Jian	35.03	49.01	50.85	216
宜春	Yichun	50.00	68.00	68.00	168
抚州	Fuzhou	57.22	58.40	59.13	195
上饶	Shangrao	49.02	49.24	73.31	154
山东	**Shandong**	**3526.37**	**4278.53**	**4407.70**	
济南	Jinan	346.90	383.25	392.93	18
青岛	Qingdao	280.71	469.44	469.44	8
淄博	Zibo	220.76	257.13	261.32	32
枣庄	Zaozhuang	117.99	133.59	136.29	73
东营	Dongying	119.81	112.10	116.00	88
烟台	Yantai	262.70	317.71	317.71	22
潍坊	Weifang	142.46	172.69	176.69	53
济宁	Jining	88.28	176.66	184.85	49
泰安	Taian	106.80	126.71	130.65	76
威海	Weihai	132.00	186.32	188.41	47
日照	Rizhao	89.80	99.60	100.80	109
莱芜	Laiwu	58.00	104.07	105.00	104
临沂	Linyi	158.99	199.41	201.20	44
德州	Dezhou	59.95	144.29	146.97	63
聊城	Liaocheng	60.17	85.01	92.99	114

8-3 城市建设用地面积（辖区） 续表 2
Area of Urban Construction Land (Municipal Districts) continued 2

单位：平方公里 (sq. km)

地名	City	2010	2014	2015	2015 排名 Ranking	地名	City	2010	2014	2015	2015 排名 Ranking
滨州	Binzhou	75.56	109.88	135.31	74	常德	Changde	75.48	87.10	88.10	123
菏泽	Heze	76.50	94.41	98.91	111	张家界	Zhangjiajie	25.46	32.27	32.73	260
河南	**Henan**	**1947.18**	**2232.91**	**2363.14**		益阳	Yiyang	54.00	69.40	69.40	164
郑州	Zhengzhou	315.71	370.88	393.30	17	郴州	Chenzhou	143.90	70.50	72.90	155
开封	Kaifeng	95.04	107.27	125.12	81	永州	Yongzhou	55.36	59.78	61.92	185
洛阳	Luoyang	180.38	192.09	209.22	43	怀化	Huaihua	50.65	62.00	63.82	180
平顶山	Pingdingshan	71.00	73.40	73.40	153	娄底	Loudi	51.70	47.15	47.15	228
安阳	Anyang	75.99	79.59	80.69	132	**广东**	**Guangdong**	**4774.76**	**4415.55**	**4958.73**	
鹤壁	Hebi	49.77	64.06	64.06	178	广州	Guangzhou	657.72		643.52	4
新乡	Xinxiang	97.05	105.40	107.36	101	韶关	Shaoguan	81.83	96.37	99.23	110
焦作	Jiaozuo	94.69	105.56	111.16	97	深圳	Shenzhen	817.47	888.89	895.32	2
濮阳	Puyang	37.14	53.70	55.55	203	珠海	Zhuhai	341.69	123.64	123.64	83
许昌	Xuchang	78.60	74.00	75.00	146	汕头	Shantou	206.46	245.25	248.89	34
漯河	Luohe	57.46	59.98	64.49	176	佛山	Foshan	166.62	55.71	172.43	54
三门峡	Sanmenxia	29.33	30.00	54.71	204	江门	Jiangmen	150.69	184.77	38.16	247
南阳	Nanyang	91.13	121.85	140.75	66	湛江	Zhanjiang	92.19	99.86	107.73	100
商丘	Shangqiu	60.00	61.73	62.71	182	茂名	Maoming	62.85	120.12	119.49	85
信阳	Xinyang	61.40	75.62	75.62	144	肇庆	Zhaoqing	82.00	87.14	109.90	99
周口	Zhoukou	43.56	48.40	49.89	223	惠州	Huizhou	203.96	229.47	214.44	41
驻马店	Zhumadian	52.00	69.86	70.40	160	梅州	Meizhou	45.00	49.51	50.34	219
湖北	**Hubei**	**1968.81**	**2422.71**	**2045.85**		汕尾	Shanwei	73.40	16.37	16.89	284
武汉	Wuhan	732.21	989.23	462.77	10	河源	Heyuan	28.52	31.84	32.07	262
黄石	Huangshi	65.70	71.61	72.21	157	阳江	Yangjiang	48.34	43.26	76.19	143
十堰	Shiyan	62.14	79.16	105.26	103	清远	Qingyuan	56.85	55.68	53.54	207
宜昌	Yichang	125.61	148.42	158.24	59	东莞	Dongguan	954.82	1033.90	1045.61	1
襄阳	Xiangyang	90.58	125.40	163.28	57	中山	Zhongshan	87.30	110.49	115.52	91
鄂州	Ezhou	51.79	63.99	64.26	177	潮州	Chaozhou	41.68	70.97	76.35	141
荆门	Jingmen	50.50	55.03	58.05	198	揭阳	Jieyang		95.79	105.00	104
孝感	Xiaogan	26.22	41.93	50.00	221	云浮	Yunfu		24.08	24.92	271
荆州	Jingzhou	66.40	73.70	82.44	129	**广西**	**Guangxi**	**908.64**	**1141.25**	**1229.79**	
黄冈	Huanggang	30.03	52.22	52.22	212	南宁	Nanning	215.23	280.05	284.88	28
咸宁	Xianning	65.27	44.08	50.50	217	柳州	Liuzhou	135.06	180.09	183.92	50
随州	Suizhou	38.76	38.97	43.74	232	桂林	Guilin	63.00	71.18	97.73	112
湖南	**Hunan**	**1458.58**	**1479.54**	**1483.37**		梧州	Wuzhou	30.74	51.82	53.73	206
长沙	Changsha	272.39	294.39	286.14	27	北海	Beihai	57.80	70.21	70.21	162
株洲	Zhuzhou	96.77	111.65	114.38	94	防城港	Fangchenggang	30.04	21.64	35.67	255
湘潭	Xiangtan	99.09	79.75	79.80	135	钦州	Qinzhou	64.29	87.87	89.02	122
衡阳	Hengyang	94.00	123.50	113.00	95	贵港	Guigang	55.72	64.52	67.42	172
邵阳	Shaoyang	47.72	53.20	59.62	192	玉林	Yulin	56.41	66.51	68.11	167
岳阳	Yueyang	79.04	89.05	92.70	115	百色	Baise	31.32	38.00	41.56	241

8-3 城市建设用地面积（辖区） 续表 3

Area of Urban Construction Land (Municipal Districts) continued 3

单位：平方公里 (sq. km)

地名	City	2010	2014	2015	2015 排名 Ranking	地名	City	2010	2014	2015	2015 排名 Ranking
贺州	Hezhou	23.20	27.56	27.58	270	丽江	Lijiang	21.39	20.88	20.88	278
河池	Hechi	15.45	21.66	22.74	276	普洱	Puer	21.72	23.52	24.12	273
来宾	Laibin	28.93	39.00	41.00	243	临沧	Lincang	11.41	18.53	19.62	280
崇左	Chongzuo	13.11	17.21	18.50	282	**西藏**	**Tibet**	**82.51**	**124.68**	**143.36**	
海南	**Hainan**	**260.73**	**258.33**	**398.70**		拉萨	Lasa	62.88	91.34	90.63	117
海口	Haikou	112.17	121.99	144.16	65	**陕西**	**Shaanxi**	**704.86**	**946.44**	**1037.89**	
三亚	Sanya	52.64	33.55	146.74	64	西安	Xi'an	277.31	434.00	496.13	6
三沙	Sansha		0.11	0.32	286	铜川	Tongchuan	46.87	44.10	44.11	231
重庆	**Chongqing**	**855.67**	**1028.82**	**1115.93**		宝鸡	Baoji	82.65	86.36	87.80	124
四川	**Sichuan**	**1610.31**	**2138.49**	**2226.67**		咸阳	Xianyang	65.00	72.05	90.03	120
成都	Chengdu	441.82	550.38	604.07	5	渭南	Weinan	52.11	47.43	59.87	190
自贡	Zigong	80.40	109.38	112.08	96	延安	Yan'an	24.07	35.99	36.80	252
攀枝花	Panzhihua	67.09	71.81	73.43	152	汉中	Hanzhong	21.07	33.05	33.50	259
泸州	Luzhou	81.03	108.34	115.18	93	榆林	Yulin	40.00	61.30	54.70	205
德阳	Deyang	53.51	72.13	74.55	148	安康	Ankang	29.90	39.49	39.93	246
绵阳	Mianyang	102.85	109.84	124.84	82	商洛	Shangluo	12.30	16.20	18.00	283
广元	Guangyuan	33.84	50.86	53.19	210	**甘肃**	**Gansu**	**594.35**	**756.59**	**771.42**	
遂宁	Suining	48.70	72.39	75.44	145	兰州	Lanzhou	184.64	280.65	291.98	25
内江	Neijiang	40.45	66.14	71.14	158	嘉峪关	Jiayuguan	46.30	67.75	68.37	166
乐山	Leshan	51.93	67.48	68.52	165	金昌	Jinchang	36.71	40.21	42.17	238
南充	Nanchong	78.00	113.00	115.34	92	白银	Baiyin	53.42	60.19	60.91	188
眉山	Meishan	42.04	58.12	59.82	191	天水	Tianshui	42.24	45.80	47.52	227
宜宾	Yibin	59.18	98.21	74.53	149	武威	Wuwei	24.31	30.85	30.85	264
广安	Guangan	30.00	46.30	47.74	226	张掖	Zhangye	33.40	35.16	37.71	249
达州	Dazhou	45.00	78.00	80.14	134	平凉	Pingliang	33.11	35.56	35.86	254
雅安	Yaan	17.80	24.50	30.17	265	酒泉	Jiuquan	30.57	41.35	42.38	237
巴中	Bazhong	15.90	30.70	31.31	263	庆阳	Qingyang	20.15	25.41	23.72	274
资阳	Ziyang	36.00	42.88	43.63	233	定西	Dingxi	18.50	32.80	23.50	275
贵州	**Guizhou**	**477.07**	**635.65**	**702.18**		陇南	Longnan	9.20	9.20	9.20	285
贵阳	Guiyang	170.85	258.69	274.34	29	**青海**	**Qinghai**	**113.45**	**156.47**	**173.10**	
六盘水	Liupanshui	58.07	41.13	60.54	189	西宁	Xining	66.77	83.85	85.48	125
遵义	Zunyi	61.59	62.71	63.83	179	海东	Haidong		7.36	18.68	281
安顺	Anshun	26.59	39.58	58.88	196	**宁夏**	**Ningxia**	**284.37**	**376.37**	**384.45**	
毕节	Bijie	32.73	38.83	40.36	244	银川	Yinchuan	120.57	160.79	166.82	56
铜仁	Tongren	23.50	31.60	33.59	258	石嘴山	Shizuishan	37.72	51.27	51.84	215
云南	**Yunnan**	**832.86**	**910.52**	**975.18**		吴忠	Wuzhong	27.85	46.56	50.26	220
昆明	Kunming	414.83	406.89	413.78	15	固原	Guyuan	29.72	38.37	43.19	234
曲靖	Qujing	54.88	57.12	67.73	169	中卫	Zhongwei	34.01	37.94	27.76	269
玉溪	Yuxi	21.17	25.12	29.63	266	**新疆**	**Xinjiang**	**852.35**	**1110.06**	**1166.74**	
保山	Baoshan	12.48	22.43	22.43	277	乌鲁木齐	Urumqi	342.67	412.26	429.96	13
昭通	Zhaotong	23.07	27.85	28.72	267	克拉玛依	Karamay	49.52	68.17	67.67	170

8-4 城市居住用地面积（辖区）
Area of Urban Residential Land (Municipal Districts)

单位：平方公里 (sq. km)

地名	City	2010	2014	2015	2015 排名 Ranking
全国	**National Total**	**12404.04**	**15783.05**	**16282.49**	
北京	**Beijing**		**408.52**	**417.17**	
天津	**Tianjin**	**186.53**	**199.93**	**222.34**	
河北	**Hebei**	**507.37**	**591.97**	**628.93**	
石家庄	Shijiazhuang	58.75	95.45	95.51	23
唐山	Tangshan	68.17	71.17	71.17	34
秦皇岛	Qinhuangdao	21.43	25.92	38.78	88
邯郸	Handan	37.42	46.50	49.80	59
邢台	Xingtai	29.75	34.46	34.50	102
保定	Baoding	40.07	43.60	60.48	46
张家口	Zhangjiakou	25.20	20.58	20.58	176
承德	Chengde	16.16	20.13	20.31	178
沧州	Cangzhou	15.48	25.07	26.08	134
廊坊	Langfang	20.12	22.35	22.83	155
衡水	Hengshui	9.53	9.90	9.90	256
山西	**Shanxi**	**260.94**	**336.44**	**339.09**	
太原	Taiyuan	48.00	65.00	68.00	38
大同	Datong	35.20	43.00	43.00	77
阳泉	Yangquan	14.88	15.71	16.05	211
长治	Changzhi	14.27	16.40	16.70	204
晋城	Jincheng	22.11	31.00	31.00	116
朔州	Shuozhou	9.28	12.07	12.07	239
晋中	Jinzhong	13.67	18.40	19.14	187
运城	Yuncheng	16.29	19.15	17.50	198
忻州	Xinzhou	11.42	14.27	14.30	226
临汾	Linfen	16.00	22.31	21.98	162
吕梁	Lvliang	6.23	8.02	8.03	265
内蒙古	**Inner Mongolia**	**332.55**	**391.56**	**341.14**	
呼和浩特	Hohhot	42.33	73.60	74.24	31
包头	Baotou	51.29	58.60	58.60	47
乌海	Wuhai	20.00	17.85	10.30	253
赤峰	Chifeng	29.34	36.63	17.63	197
通辽	Tongliao	17.99	14.39	14.39	225
鄂尔多斯	Erdos	44.78	33.52	26.65	132
呼伦贝尔	Hulunbuir	17.72	17.69	21.69	165
巴彦淖尔	Bayannur	13.00	44.75	20.81	171
乌兰察布	Ulanqab	14.20	17.80	17.80	196
辽宁	**Liaoning**	**729.12**	**819.22**	**814.59**	
沈阳	Shenyang	133.00	156.40	156.40	8
大连	Dalian	119.70	105.00	109.00	18
鞍山	Anshan	38.54	58.07	58.52	48
抚顺	Fushun	31.98	34.22	34.52	101
本溪	Benxi	24.07	27.96	27.96	126
丹东	Dandong	18.29	20.22	29.22	118
锦州	Jinzhou	34.04	34.64	34.64	100
营口	Yingkou	31.49	33.45	33.45	105
阜新	Fuxin	26.11	43.40	20.73	172
辽阳	Liaoyang	34.51	36.97	37.46	91
盘锦	Panjin	24.20	26.19	27.19	130
铁岭	Tieling	15.96	20.23	20.23	180
朝阳	Chaoyang	10.00	14.60	16.68	205
葫芦岛	Huludao	19.50	22.40	22.50	157
吉林	**Jilin**	**413.19**	**467.63**	**486.51**	
长春	Changchun	111.27	130.55	144.28	10
吉林	Jilin	44.29	51.76	58.10	50
四平	Siping	22.43	23.09	23.09	150
辽源	Liaoyuan	27.61	27.60	27.60	127
通化	Tonghua	17.09	18.86	18.24	194
白山	Baishan	15.83	17.67	19.94	184
松原	Songyuan	14.96	15.00	15.75	215
白城	Baicheng	10.41	11.73	11.77	241
黑龙江	**Heilongjiang**	**625.94**	**635.35**	**634.56**	
哈尔滨	Harbin	107.76	122.69	123.20	14
齐齐哈尔	Qiqihar	44.32	44.32	44.32	72
鸡西	Jixi	47.80	47.80	47.75	62
鹤岗	Hegang	38.96	19.28	19.28	185
双鸭山	Shuangyashan	29.90	30.00	16.05	211
大庆	Daqing	69.00	81.86	77.16	30
伊春	Yichun	62.40	63.08	68.63	37
佳木斯	Jiamusi	24.33	27.40	27.40	128
七台河	Qitaihe	22.45	27.60	40.70	82
牡丹江	Mudanjiang	29.54	32.19	32.68	110
黑河	Heihe	7.28	5.50	5.50	279
绥化	Suihua	12.32	10.56	11.56	243
上海	**Shanghai**		**1058.89**	**1058.89**	
江苏	**Jiangsu**	**1024.54**	**1260.07**	**1269.08**	

8-4 城市居住用地面积（辖区） 续表 1

Area of Urban Residential Land (Municipal Districts) continued 1

单位：平方公里 (sq. km)

地名	City	2010	2014	2015	2015 排名 Ranking	地名	City	2010	2014	2015	2015 排名 Ranking
南京	Nanjing	178.41	203.46	204.31	4	池州	Chizhou	13.32	13.98	13.98	228
无锡	Wuxi	62.92	88.82	87.73	27	宣城	Xuancheng	12.10	12.75	12.86	237
徐州	Xuzhou	58.18	56.52	58.35	49	**福建**	**Fujian**	**316.42**	**375.67**	**456.66**	
常州	Changzhou	44.34	53.02	64.38	42	福州	Fuzhou	97.26	97.60	100.60	21
苏州	Suzhou	76.86	126.46	128.50	12	厦门	Xiamen	46.18	67.00	85.62	29
南通	Nantong	55.39	69.94	72.82	33	莆田	Putian	15.99	15.99	64.17	43
连云港	Lianyungang	74.36	80.86	92.00	24	三明	Sanming	7.70	9.90	10.50	250
淮安	Huaian	62.23	78.00	57.40	51	泉州	Quanzhou	29.00	45.00	47.00	66
盐城	Yancheng	27.10	36.21	41.14	81	漳州	Zhangzhou	15.76	17.95	18.45	193
扬州	Yangzhou	26.11	43.95	42.48	78	南平	Nanping	9.32	7.15	9.70	257
镇江	Zhenjiang	25.23	38.00	39.30	86	龙岩	Longyan	8.69	12.26	15.73	216
泰州	Taizhou	33.74	45.45	46.5	67	宁德	Ningde	8.16	10.03	11.77	241
宿迁	Suqian	19.66	21.00	21.20	168	**江西**	**Jiangxi**	**278.27**	**346.98**	**373.26**	
浙江	**Zhejiang**	**614.53**	**708.89**	**700.45**		南昌	Nanchang	50.64	75.83	88.00	26
杭州	Hangzhou	94.74	112.19	125.85	13	景德镇	Jingdezhen	18.76	19.67	20.44	177
宁波	Ningbo	65.86	80.97	67.11	39	萍乡	Pingxiang	12.50	15.60	22.92	152
温州	Wenzhou	34.18	40.65	44.29	73	九江	Jiujiang	29.52	33.30	33.07	108
嘉兴	Jiaxing	28.68	32.18	33.25	106	新余	Xinyu	18.60	25.14	25.75	137
湖州	Huzhou	36.35	33.32	29.16	120	鹰潭	Yingtan	8.65	6.53	7.13	272
绍兴	Shaoxing	36.91	63.35	64.87	41	赣州	Ganzhou	18.59	36.81	37.28	93
金华	Jinhua	19.35	20.98	21.39	166	吉安	Jian	8.84	10.37	10.76	248
衢州	Quzhou	13.32	14.77	15.36	220	宜春	Yichun	11.90	15.65	15.65	218
舟山	Zhoushan	17.79	20.05	20.59	175	抚州	Fuzhou	17.55	18.48	18.52	192
台州	Taizhou	38.20	47.49	41.19	80	上饶	Shangrao	23.85	27.00	29.08	121
丽水	Lishui	10.10	11.22	11.42	244	**山东**	**Shandong**	**1040.88**	**1302.87**	**1308.03**	
安徽	**Anhui**	**488.33**	**590.44**	**609.43**		济南	Jinan	89.52	100.88	105.69	19
合肥	Hefei	103.38	111.16	115.20	16	青岛	Qingdao	81.75	146.17	133.09	11
芜湖	Wuhu	32.20	34.50	35.50	97	淄博	Zibo	73.07	88.65	91.06	25
蚌埠	Bengbu	35.26	42.57	47.65	63	枣庄	Zaozhuang	42.39	52.16	53.66	56
淮南	Huainan	36.70	44.77	47.17	64	东营	Dongying	36.66	37.55	38.25	89
马鞍山	Maanshan	21.67	21.49	22.40	158	烟台	Yantai	73.51	87.81	60.86	45
淮北	Huaibei	21.00	32.06	32.13	112	潍坊	Weifang	49.29	61.32	61.32	44
铜陵	Tongling	13.00	18.24	19.98	183	济宁	Jining	31.11	47.53	50.67	58
安庆	Anqing	27.43	31.88	31.92	114	泰安	Taian	39.70	43.50	45.00	70
黄山	Huangshan	12.20	16.49	16.59	206	威海	Weihai	33.77	47.70	48.04	61
滁州	Chuzhou	18.99	34.26	34.86	99	日照	Rizhao	25.59	30.01	30.38	117
阜阳	Fuyang	38.47	54.03	55.80	54	莱芜	Laiwu	14.69	27.72	37.40	92
宿州	Suzhou	19.41	25.47	25.87	136	临沂	Linyi	44.95	55.40	56.41	53
六安	Liuan	20.57	23.73	24.13	143	德州	Dezhou	9.32	38.90	39.77	85
亳州	Bozhou	15.45	17.48	17.48	200	聊城	Liaocheng	16.31	26.84	28.94	123

8-4 城市居住用地面积（辖区） 续表 2
Area of Urban Residential Land (Municipal Districts) continued 2

单位：平方公里 (sq. km)

地名	City	2010	2014	2015	2015 排名 Ranking
滨州	Binzhou	27.84	32.05	36.46	95
菏泽	Heze	26.55	32.03	33.23	107
河南	**Henan**	**578.68**	**660.49**	**699.13**	
郑州	Zhengzhou	79.73	94.96	100.70	20
开封	Kaifeng	31.85	33.40	40.56	83
洛阳	Luoyang	61.69	65.23	70.23	35
平顶山	Pingdingshan	27.50	28.50	28.50	124
安阳	Anyang	23.18	25.36	25.64	138
鹤壁	Hebi	12.57	15.09	15.09	222
新乡	Xinxiang	29.76	30.45	31.34	115
焦作	Jiaozuo	31.99	39.52	40.05	84
濮阳	Puyang	10.00	18.20	19.20	186
许昌	Xuchang	21.19	20.00	20.00	181
漯河	Luohe	15.50	16.01	16.30	209
三门峡	Sanmenxia	9.39	9.30	17.20	203
南阳	Nanyang	23.06	35.21	42.04	79
商丘	Shangqiu	15.44	11.02	11.19	246
信阳	Xinyang	18.22	23.61	23.61	146
周口	Zhoukou	12.40	13.25	13.74	230
驻马店	Zhumadian	11.28	17.04	17.24	202
湖北	**Hubei**	**580.36**	**693.07**	**637.25**	
武汉	Wuhan	219.12	248.21	160.44	7
黄石	Huangshi	15.21	15.00	15.00	223
十堰	Shiyan	18.37	22.61	32.15	111
宜昌	Yichang	31.61	38.91	43.94	75
襄阳	Xiangyang	28.82	34.57	47.17	64
鄂州	Ezhou	12.84	17.84	17.88	195
荆门	Jingmen	13.42	16.65	13.10	235
孝感	Xiaogan	2.13	8.20	15.94	213
荆州	Jingzhou	17.73	16.65	20.29	179
黄冈	Huanggang	10.17	15.73	15.73	216
咸宁	Xianning	20.86	23.75	23.95	144
随州	Suizhou	13.77	13.87	13.97	229
湖南	**Hunan**	**475.45**	**517.05**	**513.48**	
长沙	Changsha	105.91	109.46	109.64	17
株洲	Zhuzhou	32.52	45.44	46.44	68
湘潭	Xiangtan	27.50	27.11	27.24	129
衡阳	Hengyang	31.00	41.24	37.52	90
邵阳	Shaoyang	17.21	19.50	21.85	163
岳阳	Yueyang	23.60	24.90	25.00	142
常德	Changde	20.95	23.20	23.20	149
张家界	Zhangjiajie	9.74	9.52	10.52	249
益阳	Yiyang	19.98	28.00	28.00	125
郴州	Chenzhou	40.50	25.30	25.55	140
永州	Yongzhou	14.76	15.08	15.80	214
怀化	Huaihua	14.00	18.11	14.00	227
娄底	Loudi	18.28	16.20	16.20	210
广东	**Guangdong**	**1446.64**	**1373.73**	**1535.05**	
广州	Guangzhou	191.84		204.00	5
韶关	Shaoguan	26.48	31.36	34.02	104
深圳	Shenzhen	213.99	240.47	242.21	2
珠海	Zhuhai	113.64	44.35	44.35	71
汕头	Shantou	84.29	96.64	97.85	22
佛山	Foshan	54.23	55.71	45.62	69
江门	Jiangmen	44.47	53.29	9.42	258
湛江	Zhanjiang	30.93	33.64	34.22	103
茂名	Maoming	23.35	57.09	56.91	52
肇庆	Zhaoqing	21.80	25.95	36.88	94
惠州	Huizhou	63.27	68.83	69.80	36
梅州	Meizhou	9.18	14.05	21.15	169
汕尾	Shanwei	20.40	6.80	7.08	273
河源	Heyuan	8.56	9.33	9.35	259
阳江	Yangjiang	11.40	11.54	22.20	160
清远	Qingyuan	19.37	15.77	16.48	207
东莞	Dongguan	257.88	278.81	282.99	1
中山	Zhongshan	23.86	38.04	38.87	87
潮州	Chaozhou	14.15	25.56	29.00	122
揭阳	Jieyang		29.40	32.90	109
云浮	Yunfu		4.00	4.16	284
广西	**Guangxi**	**283.69**	**349.45**	**374.68**	
南宁	Nanning	69.87	85.24	85.77	28
柳州	Liuzhou	28.43	47.08	48.34	60
桂林	Guilin	17.80	19.05	29.20	119
梧州	Wuzhou	10.57	18.43	18.84	188
北海	Beihai	24.20	25.60	25.60	139
防城港	Fangchenggang	8.45	4.87	5.18	282
钦州	Qinzhou	18.52	22.50	22.78	156
贵港	Guigang	17.93	21.77	22.20	160
玉林	Yulin	23.43	26.17	26.25	133
百色	Baise	12.37	14.54	14.91	224

8-4 城市居住用地面积（辖区） 续表 3
Area of Urban Residential Land (Municipal Districts) continued 3

单位：平方公里 (sq. km)

地名	City	2010	2014	2015	2015 排名 Ranking
贺州	Hezhou	4.54	8.19	9.13	261
河池	Hechi	4.57	6.53	6.70	274
来宾	Laibin	8.01	10.92	11.37	245
崇左	Chongzuo	3.93	5.95	6.00	277
海南	**Hainan**	**83.03**	**95.10**	**115.17**	
海口	Haikou	39.20	49.80	54.50	55
三亚	Sanya	10.23	8.65	22.86	154
三沙	Sansha		0.02	0.02	286
重庆	**Chongqing**	**282.15**	**326.81**	**350.77**	
四川	**Sichuan**	**526.12**	**685.56**	**719.08**	
成都	Chengdu	154.43	189.79	217.12	3
自贡	Zigong	27.04	34.86	35.91	96
攀枝花	Panzhihua	18.60	20.10	20.68	173
泸州	Luzhou	21.48	30.13	31.95	113
德阳	Deyang	16.03	21.10	21.38	167
绵阳	Mianyang	27.96	30.15	35.22	98
广元	Guangyuan	8.56	13.09	13.36	232
遂宁	Suining	18.71	23.29	23.82	145
内江	Neijiang	13.79	25.15	25.95	135
乐山	Leshan	14.20	22.10	22.35	159
南充	Nanchong	32.50	42.17	43.45	76
眉山	Meishan	17.00	23.20	23.35	148
宜宾	Yibin	22.23	27.40	20.66	174
广安	Guangan	9.22	14.60	15.55	219
达州	Dazhou	13.09	22.49	23.01	151
雅安	Yaan	5.70	7.64	7.97	266
巴中	Bazhong	6.00	9.00	9.00	262
资阳	Ziyang	8.64	10.53	10.83	247
贵州	**Guizhou**	**128.29**	**202.46**	**222.23**	
贵阳	Guiyang	43.22	68.78	73.28	32
六盘水	Liupanshui	11.98	12.70	18.77	189
遵义	Zunyi	13.56	19.71	20.90	170
安顺	Anshun	9.34	12.85	18.74	190
毕节	Bijie	8.30	11.39	12.00	240
铜仁	Tongren	5.41	14.00	15.13	221
云南	**Yunnan**	**353.74**	**325.64**	**353.51**	
昆明	Kunming	212.78	173.14	175.03	6
曲靖	Qujing	20.61	17.60	25.22	141
玉溪	Yuxi	6.30	4.65	6.15	276
保山	Baoshan	3.74	7.20	7.20	271
昭通	Zhaotong	8.56	8.13	8.13	264
丽江	Lijiang	8.20	4.25	4.25	283
普洱	Puer	4.85	5.01	5.21	281
临沧	Lincang	4.06	7.56	7.60	269
西藏	**Tibet**	**28.97**	**35.58**	**39.82**	
拉萨	Lasa	23.17	28.00	26.92	131
陕西	**Shaanxi**	**217.69**	**226.06**	**246.20**	
西安	Xi'an	65.70	101.00	119.06	15
铜川	Tongchuan	17.74	9.26	9.26	260
宝鸡	Baoji	22.53	10.21	10.24	254
咸阳	Xianyang	12.05	16.17	18.63	191
渭南	Weinan	20.22	19.20	22.92	152
延安	Yan'an	13.71	13.10	12.24	238
汉中	Hanzhong	4.70	5.70	5.70	278
榆林	Yulin	17.10	15.00	10.50	250
安康	Ankang	18.60	13.20	13.20	234
商洛	Shangluo	3.75	3.00	3.00	285
甘肃	**Gansu**	**168.15**	**210.27**	**209.50**	
兰州	Lanzhou	56.47	65.93	66.67	40
嘉峪关	Jiayuguan	10.41	13.35	13.50	231
金昌	Jinchang	5.59	7.01	7.81	267
白银	Baiyin	15.76	17.40	17.50	198
天水	Tianshui	9.21	9.36	10.20	255
武威	Wuwei	8.74	20.00	20.00	181
张掖	Zhangye	7.61	16.10	16.40	208
平凉	Pingliang	12.87	13.33	13.33	233
酒泉	Jiuquan	9.47	10.25	10.45	252
庆阳	Qingyang	7.61	7.69	7.69	268
定西	Dingxi	3.94	9.83	5.47	280
陇南	Longnan	6.42	6.42	6.42	275
青海	**Qinghai**	**43.93**	**71.37**	**75.69**	
西宁	Xining	30.44	43.32	44.01	74
海东	Haidong		4.00	7.39	270
宁夏	**Ningxia**	**104.13**	**125.72**	**126.65**	
银川	Yinchuan	37.67	49.37	50.85	57
石嘴山	Shizuishan	25.92	21.85	21.85	163
吴忠	Wuzhong	11.41	15.76	17.28	201
固原	Guyuan	10.28	13.25	12.96	236
中卫	Zhongwei	9.75	11.13	8.65	263
新疆	**Xinjiang**	**284.41**	**390.26**	**404.15**	
乌鲁木齐	Urumqi	99.20	141.59	146.89	9
克拉玛依	Karamay	19.31	23.92	23.50	147

8-5 城市公共管理与公共服务设施用地面积（辖区）
Area of Land for Administration and Public Services (Municipal Districts)

单位：平方公里 (sq. km)

地名	City	2014	2015	2015 排名 Ranking	地名	City	2014	2015	2015 排名 Ranking
全国	**National Total**	**4717.75**	**4848.13**		沈阳	Shenyang	43.74	43.74	14
北京	**Beijing**	**164.35**	**173.45**		大连	Dalian	30.20	30.22	24
天津	**Tianjin**	**57.95**	**64.93**		鞍山	Anshan	7.47	7.50	138
河北	**Hebei**	**168.04**	**172.92**		抚顺	Fushun	9.32	9.59	104
石家庄	Shijiazhuang	26.72	26.75	33	本溪	Benxi	6.80	6.80	149
唐山	Tangshan	26.99	26.99	32	丹东	Dandong	3.68	5.33	185
秦皇岛	Qinhuangdao	7.72	9.96	101	锦州	Jinzhou	8.37	8.37	126
邯郸	Handan	17.19	17.20	52	营口	Yingkou	8.85	8.85	116
邢台	Xingtai	6.45	6.45	157	阜新	Fuxin	8.16	3.90	223
保定	Baoding	11.94	15.59	59	辽阳	Liaoyang	3.35	3.37	240
张家口	Zhangjiakou	6.83	6.83	148	盘锦	Panjin	6.02	6.08	169
承德	Chengde	7.62	7.80	130	铁岭	Tieling	1.70	1.70	276
沧州	Cangzhou	4.97	5.01	194	朝阳	Chaoyang	4.80	4.70	204
廊坊	Langfang	3.48	3.49	235	葫芦岛	Huludao	3.10	3.15	245
衡水	Hengshui	3.87	3.87	225	**吉林**	**Jilin**	**105.48**	**101.46**	
山西	**Shanxi**	**124.23**	**127.45**		长春	Changchun	43.72	45.52	13
太原	Taiyuan	40.00	43.00	16	吉林	Jilin	13.55	9.84	102
大同	Datong	13.20	13.30	74	四平	Siping	4.35	4.38	211
阳泉	Yangquan	1.82	1.91	272	辽源	Liaoyuan	1.86	1.86	273
长治	Changzhi	12.99	12.94	76	通化	Tonghua	4.27	4.33	212
晋城	Jincheng	12.00	12.00	81	白山	Baishan	2.19	2.45	259
朔州	Shuozhou	3.51	3.51	234	松原	Songyuan	3.60	3.60	231
晋中	Jinzhong	4.64	4.86	201	白城	Baicheng	3.12	3.13	246
运城	Yuncheng	1.52	1.52	279	**黑龙江**	**Heilongjiang**	**178.49**	**167.00**	
忻州	Xinzhou	3.49	3.49	235	哈尔滨	Harbin	50.43	50.60	11
临汾	Linfen	4.63	4.61	207	齐齐哈尔	Qiqihar	11.43	11.43	84
吕梁	Lvliang	3.50	3.56	233	鸡西	Jixi	2.07	2.07	267
内蒙古	**Inner Mongolia**	**108.79**	**103.96**		鹤岗	Hegang	1.93	1.93	271
呼和浩特	Hohhot	22.31	22.50	41	双鸭山	Shuangyashan	4.20	3.35	241
包头	Baotou	15.82	15.82	55	大庆	Daqing	43.33	33.56	21
乌海	Wuhai	6.32	4.08	218	伊春	Yichun	11.17	14.54	68
赤峰	Chifeng	7.84	7.84	129	佳木斯	Jiamusi	15.04	15.04	63
通辽	Tongliao	7.34	7.34	141	七台河	Qitaihe	6.23	1.60	278
鄂尔多斯	Erdos	7.52	9.30	107	牡丹江	Mudanjiang	7.03	7.05	146
呼伦贝尔	Hulunbuir	3.91	3.75	227	黑河	Heihe	3.94	3.94	222
巴彦淖尔	Bayannur	6.77	4.70	204	绥化	Suihua	2.93	2.93	248
乌兰察布	Ulanqab	4.11	4.11	217	**上海**	**Shanghai**	**161.73**	**161.73**	
辽宁	**Liaoning**	**178.68**	**176.47**		**江苏**	**Jiangsu**	**331.63**	**357.07**	

8-5 城市公共管理与公共服务设施用地面积（辖区） 续表 1

Area of Land for Administration and Public Services (Municipal Districts) continued 1

单位：平方公里 (sq. km)

地名	City	2014	2015	2015 排名 Ranking	地名	City	2014	2015	2015 排名 Ranking
南京	Nanjing	84.00	86.18	1	池州	Chizhou	3.30	3.33	242
无锡	Wuxi	19.54	19.97	43	宣城	Xuancheng	3.60	3.90	223
徐州	Xuzhou	29.34	30.37	23	**福建**	**Fujian**	**153.06**	**138.03**	
常州	Changzhou	11.62	15.50	60	福州	Fuzhou	29.50	30.10	25
苏州	Suzhou	28.20	29.38	28	厦门	Xiamen	45.54	28.39	30
南通	Nantong	24.97	25.90	35	莆田	Putian	11.00	8.75	118
连云港	Lianyungang	11.19	14.93	65	三明	Sanming	2.29	2.63	255
淮安	Huaian	5.50	17.50	50	泉州	Quanzhou	18.00	19.00	47
盐城	Yancheng	12.52	13.97	70	漳州	Zhangzhou	8.33	8.39	125
扬州	Yangzhou	10.65	10.45	94	南平	Nanping	3.56	5.44	182
镇江	Zhenjiang	8.90	9.00	112	龙岩	Longyan	5.85	6.54	152
泰州	Taizhou	14.54	15.04	63	宁德	Ningde	2.72	3.04	247
宿迁	Suqian	8.62	8.7	119	**江西**	**Jiangxi**	**101.79**	**114.53**	
浙江	**Zhejiang**	**217.18**	**212.12**		南昌	Nanchang	13.79	19.64	45
杭州	Hangzhou	62.44	67.31	3	景德镇	Jingdezhen	5.51	5.72	176
宁波	Ningbo	19.07	21.49	42	萍乡	Pingxiang	4.52	5.57	179
温州	Wenzhou	12.99	13.51	71	九江	Jiujiang	6.69	7.31	142
嘉兴	Jiaxing	6.12	6.33	162	新余	Xinyu	8.48	8.49	122
湖州	Huzhou	8.10	8.53	121	鹰潭	Yingtan	0.66	0.94	284
绍兴	Shaoxing	12.05	12.18	79	赣州	Ganzhou	16.91	17.02	53
金华	Jinhua	6.32	6.41	160	吉安	Jian	7.46	7.74	133
衢州	Quzhou	4.63	4.74	203	宜春	Yichun	5.14	5.14	190
舟山	Zhoushan	7.23	7.26	143	抚州	Fuzhou	5.53	5.54	180
台州	Taizhou	17.53	9.07	111	上饶	Shangrao	3.00	6.80	149
丽水	Lishui	6.07	6.07	170	**山东**	**Shandong**	**442.26**	**458.04**	
安徽	**Anhui**	**158.23**	**145.71**		济南	Jinan	58.86	59.84	7
合肥	Hefei	60.75	41.30	17	青岛	Qingdao	34.91	29.42	27
芜湖	Wuhu	5.00	5.00	195	淄博	Zibo	18.56	18.65	48
蚌埠	Bengbu	8.25	9.67	103	枣庄	Zaozhuang	11.60	11.84	82
淮南	Huainan	7.79	8.99	113	东营	Dongying	14.83	15.63	58
马鞍山	Maanshan	5.58	6.71	151	烟台	Yantai	23.34	34.14	20
淮北	Huaibei	6.51	6.53	153	潍坊	Weifang	12.02	12.91	77
铜陵	Tongling	5.12	5.73	175	济宁	Jining	12.64	6.46	156
安庆	Anqing	8.83	8.89	115	泰安	Taian	9.10	14.91	66
黄山	Huangshan	4.65	4.67	206	威海	Weihai	19.92	13.36	73
滁州	Chuzhou	7.95	8.03	127	日照	Rizhao	6.56	5.02	193
阜阳	Fuyang	4.72	6.06	171	莱芜	Laiwu	5.14	17.00	54
宿州	Suzhou	1.65	1.72	275	临沂	Linyi	10.83	23.63	40
六安	Liuan	4.79	4.92	196	德州	Dezhou	0.87	24.86	37
亳州	Bozhou	3.99	4.45	209	聊城	Liaocheng	6.33	9.20	109

8-5 城市公共管理与公共服务设施用地面积（辖区） 续表 2

Area of Land for Administration and Public Services (Municipal Districts) continued 2

单位：平方公里 (sq. km)

地名	City	2014	2015	2015 排名 Ranking	地名	City	2014	2015	2015 排名 Ranking
滨州	Binzhou	2.16	15.41	61	常德	Changde	12.36	12.36	78
菏泽	Heze	3.62	10.10	96	张家界	Zhangjiajie	6.63	7.11	145
河南	**Henan**	**117.09**	**272.03**		益阳	Yiyang	10.00	10.00	98
郑州	Zhengzhou	13.69	57.45	9	郴州	Chenzhou	6.20	6.45	157
开封	Kaifeng	7.49	15.66	57	永州	Yongzhou	5.07	5.07	191
洛阳	Luoyang	23.59	25.09	36	怀化	Huaihua	13.00	5.20	188
平顶山	Pingdingshan	4.89	4.89	200	娄底	Loudi	7.80	7.80	130
安阳	Anyang	10.00	10.00	98	**广东**	**Guangdong**	**343.74**	**412.16**	
鹤壁	Hebi	6.17	6.17	167	广州	Guangzhou		76.21	2
新乡	Xinxiang	15.36	15.68	56	韶关	Shaoguan	10.57	10.57	93
焦作	Jiaozuo	14.55	13.51	71	深圳	Shenzhen	59.36	59.79	8
濮阳	Puyang	3.30	3.40	238	珠海	Zhuhai	14.37	14.37	69
许昌	Xuchang	6.00	6.30	164	汕头	Shantou	24.38	24.62	38
漯河	Luohe	4.40	4.20	215	佛山	Foshan	13.04	15.23	62
三门峡	Sanmenxia	3.77	8.66	120	江门	Jiangmen	11.78	2.55	257
南阳	Nanyang	18.12	19.88	44	湛江	Zhanjiang	11.97	8.95	114
商丘	Shangqiu	6.20	6.20	165	茂名	Maoming	13.38	13.26	75
信阳	Xinyang	11.02	11.02	88	肇庆	Zhaoqing	7.99	10.13	95
周口	Zhoukou	5.40	5.45	181	惠州	Huizhou	25.36	24.11	39
驻马店	Zhumadian	10.02	10.07	97	梅州	Meizhou	7.90	5.75	174
湖北	**Hubei**	**246.01**	**202.68**		汕尾	Shanwei	1.48	1.50	280
武汉	Wuhan	95.01	66.28	4	河源	Heyuan	2.09	2.10	265
黄石	Huangshi	8.24	8.40	124	阳江	Yangjiang	2.40	7.56	137
十堰	Shiyan	9.43	12.15	80	清远	Qingyuan	7.81	6.42	159
宜昌	Yichang	24.30	11.12	87	东莞	Dongguan	45.60	47.18	12
襄阳	Xiangyang	12.01	14.89	67	中山	Zhongshan	9.10	9.28	108
鄂州	Ezhou	5.04	5.06	192	潮州	Chaozhou	4.01	4.23	214
荆门	Jingmen	5.10	4.90	197	揭阳	Jieyang	10.09	10.80	91
孝感	Xiaogan	4.53	3.75	227	云浮	Yunfu	3.55	3.60	231
荆州	Jingzhou	8.70	8.80	117	**广西**	**Guangxi**	**126.02**	**132.17**	
黄冈	Huanggang	5.38	5.38	184	南宁	Nanning	39.26	40.15	18
咸宁	Xianning	2.28	2.28	262	柳州	Liuzhou	17.43	17.34	51
随州	Suizhou	4.50	4.90	197	桂林	Guilin	7.24	10.96	89
湖南	**Hunan**	**195.24**	**182.07**		梧州	Wuzhou	5.35	5.41	183
长沙	Changsha	46.78	38.82	19	北海	Beihai	0.98	9.40	106
株洲	Zhuzhou	10.77	11.30	86	防城港	Fangchenggang	9.40	3.48	237
湘潭	Xiangtan	8.44	10.63	92	钦州	Qinzhou	2.05	7.45	139
衡阳	Hengyang	13.00	11.40	85	贵港	Guigang	5.59	5.99	172
邵阳	Shaoyang	6.80	7.62	135	玉林	Yulin	9.50	9.56	105
岳阳	Yueyang	9.60	10.00	98	百色	Baise	3.41	3.87	225

8-5 城市公共管理与公共服务设施用地面积（辖区） 续表 3

Area of Land for Administration and Public Services (Municipal Districts) continued 3

单位：平方公里 (sq. km)

地名	City	2014	2015	2015 排名 Ranking	地名	City	2014	2015	2015 排名 Ranking
贺州	Hezhou	6.38	4.39	210	丽江	Lijiang	2.33	2.33	260
河池	Hechi	2.66	2.75	252	普洱	Puer	7.93	8.02	128
来宾	Laibin	1.47	1.66	277	临沧	Lincang	0.92	0.95	283
崇左	Chongzuo	1.90	2.01	268	**西藏**	**Tibet**	**28.38**	**32.76**	
海南	**Hainan**	**34.11**	**89.32**		拉萨	Lasa	17.63	18.36	49
海口	Haikou	23.00	26.01	34	**陕西**	**Shaanxi**	**101.42**	**106.62**	
三亚	Sanya	1.20	53.06	10	西安	Xi'an	57.00	63.67	5
三沙	Sansha	0.05	0.06	286	铜川	Tongchuan	2.70	2.70	253
重庆	**Chongqing**	**91.51**	**98.38**		宝鸡	Baoji	7.68	7.68	134
四川	**Sichuan**	**229.09**	**218.81**		咸阳	Xianyang	9.18	9.20	109
成都	Chengdu	78.77	61.47	6	渭南	Weinan	4.22	5.27	187
自贡	Zigong	6.27	6.33	162	延安	Yan'an	2.71	2.21	263
攀枝花	Panzhihua	3.92	4.03	219	汉中	Hanzhong	2.60	2.60	256
泸州	Luzhou	7.13	7.78	132	榆林	Yulin	4.80	2.70	253
德阳	Deyang	5.99	6.16	168	安康	Ankang	1.83	1.84	274
绵阳	Mianyang	16.95	19.26	46	商洛	Shangluo	2.00	2.10	265
广元	Guangyuan	6.13	6.39	161	**甘肃**	**Gansu**	**81.50**	**78.43**	
遂宁	Suining	3.54	3.70	229	兰州	Lanzhou	32.76	30.52	22
内江	Neijiang	5.13	5.82	173	嘉峪关	Jiayuguan	6.40	6.50	155
乐山	Leshan	8.36	8.46	123	金昌	Jinchang	2.67	2.76	251
南充	Nanchong	11.54	11.69	83	白银	Baiyin	5.60	5.60	178
眉山	Meishan	4.80	4.85	202	天水	Tianshui	3.24	3.24	244
宜宾	Yibin	9.24	7.39	140	武威	Wuwei	2.00	2.00	269
广安	Guangan	6.70	7.61	136	张掖	Zhangye	2.51	2.91	249
达州	Dazhou	6.56	6.93	147	平凉	Pingliang	4.90	4.90	197
雅安	Yaan	3.07	3.69	230	酒泉	Jiuquan	3.70	4.00	220
巴中	Bazhong	4.20	4.20	215	庆阳	Qingyang	5.16	5.16	189
资阳	Ziyang	3.22	3.25	243	定西	Dingxi	4.83	2.83	250
贵州	**Guizhou**	**60.00**	**69.76**		陇南	Longnan	0.86	0.86	285
贵阳	Guiyang	25.12	30.01	26	**青海**	**Qinghai**	**12.83**	**14.51**	
六盘水	Liupanshui	5.08	7.26	143	西宁	Xining	5.23	5.31	186
遵义	Zunyi	6.17	6.19	166	海东	Haidong	0.60	1.95	270
安顺	Anshun	2.59	4.28	213	**宁夏**	**Ningxia**	**51.86**	**50.55**	
毕节	Bijie	3.74	4.00	220	银川	Yinchuan	27.50	27.71	31
铜仁	Tongren	2.50	2.51	258	石嘴山	Shizuishan	2.16	2.21	263
云南	**Yunnan**	**104.20**	**104.95**		吴忠	Wuzhong	6.30	6.52	154
昆明	Kunming	42.96	43.69	15	固原	Guyuan	4.90	5.67	177
曲靖	Qujing	8.32	4.60	208	中卫	Zhongwei	4.92	2.33	260
玉溪	Yuxi	0.48	1.07	281	**新疆**	**Xinjiang**	**101.67**	**108.06**	
保山	Baoshan	1.00	1.00	282	乌鲁木齐	Urumqi	27.88	29.08	29
昭通	Zhaotong	2.90	3.40	238	克拉玛依	Karamay	10.64	10.89	90

8-6 城市商业服务业设施用地面积（辖区）
Area of Land for Commercial and Business Facilities (Municipal Districts)

单位：平方公里 (sq. km)

地名	City	2014	2015	2015 排名 Ranking	地名	City	2014	2015	2015 排名 Ranking
全国	**National Total**	**3390.71**	**3637.65**		沈阳	Shenyang	21.24	21.24	30
北京	**Beijing**	**125.55**	**133.45**		大连	Dalian	21.00	21.65	29
天津	**Tianjin**	**45.81**	**47.12**		鞍山	Anshan	8.53	8.73	83
河北	**Hebei**	**116.02**	**123.24**		抚顺	Fushun	6.50	6.93	104
石家庄	Shijiazhuang	17.77	17.79	39	本溪	Benxi	12.72	12.72	56
唐山	Tangshan	10.00	10.00	71	丹东	Dandong	2.68	3.85	175
秦皇岛	Qinhuangdao	13.49	16.24	40	锦州	Jinzhou	2.65	2.65	217
邯郸	Handan	10.01	10.00	71	营口	Yingkou	30.42	30.42	14
邢台	Xingtai	6.12	6.15	124	阜新	Fuxin	13.45	6.42	118
保定	Baoding	5.73	9.22	80	辽阳	Liaoyang	8.01	8.14	90
张家口	Zhangjiakou	6.05	6.05	125	盘锦	Panjin	4.15	4.16	164
承德	Chengde	4.21	4.39	160	铁岭	Tieling	3.60	3.60	183
沧州	Cangzhou	3.64	3.68	180	朝阳	Chaoyang	3.00	3.06	196
廊坊	Langfang	2.86	2.92	204	葫芦岛	Huludao	6.65	6.65	113
衡水	Hengshui	4.86	4.86	151	**吉林**	**Jilin**	**86.40**	**87.38**	
山西	**Shanxi**	**68.58**	**70.60**		长春	Changchun	22.53	26.82	16
太原	Taiyuan	25.00	26.00	20	吉林	Jilin	7.42	11.30	62
大同	Datong	10.10	10.10	70	四平	Siping	7.29	7.32	100
阳泉	Yangquan	0.82	0.82	271	辽源	Liaoyuan	0.79	0.79	272
长治	Changzhi	0.50	0.54	280	通化	Tonghua	10.53	10.42	69
晋城	Jincheng	3.20	3.20	190	白山	Baishan	1.45	1.51	248
朔州	Shuozhou	4.90	4.90	149	松原	Songyuan	1.50	1.50	249
晋中	Jinzhong	5.45	5.60	135	白城	Baicheng	2.67	2.69	215
运城	Yuncheng	1.34	1.34	256	**黑龙江**	**Heilongjiang**	**88.41**	**86.53**	
忻州	Xinzhou	1.44	1.44	251	哈尔滨	Harbin	22.71	22.80	28
临汾	Linfen	4.21	4.12	167	齐齐哈尔	Qiqihar	6.46	6.46	117
吕梁	Lvliang	1.04	1.16	261	鸡西	Jixi	2.61	2.61	220
内蒙古	**Inner Mongolia**	**109.09**	**92.32**		鹤岗	Hegang	3.76	3.76	177
呼和浩特	Hohhot	25.30	25.52	24	双鸭山	Shuangyashan	10.30	4.13	166
包头	Baotou	9.83	9.83	73	大庆	Daqing	12.15	13.34	55
乌海	Wuhai	6.61	2.24	229	伊春	Yichun	5.64	8.53	85
赤峰	Chifeng	0.91	0.91	269	佳木斯	Jiamusi	4.88	4.88	150
通辽	Tongliao	3.64	3.64	181	七台河	Qitaihe	0.01	1.00	266
鄂尔多斯	Erdos	15.38	15.45	44	牡丹江	Mudanjiang	1.14	1.18	259
呼伦贝尔	Hulunbuir	4.17	3.19	191	黑河	Heihe	1.36	1.36	255
巴彦淖尔	Bayannur	13.54	4.21	162	绥化	Suihua	1.16	1.16	261
乌兰察布	Ulanqab	2.56	2.56	221	**上海**	**Shanghai**	**137.54**	**137.54**	
辽宁	**Liaoning**	**185.18**	**181.06**		**江苏**	**Jiangsu**	**319.45**	**334.47**	

8-6 城市商业服务业设施用地面积（辖区） 续表 1

Area of Land for Commercial and Business Facilities (Municipal Districts) continued 1

单位：平方公里 (sq. km)

地名	City	2014	2015	2015 排名 Ranking	地名	City	2014	2015	2015 排名 Ranking
南京	Nanjing	45.63	51.10	5	池州	Chizhou	2.17	2.17	230
无锡	Wuxi	25.32	26.30	18	宣城	Xuancheng	2.56	2.75	212
徐州	Xuzhou	6.54	7.27	101	**福建**	**Fujian**	**83.67**	**96.83**	
常州	Changzhou	9.48	15.66	42	福州	Fuzhou	10.30	11.10	63
苏州	Suzhou	27.49	29.46	15	厦门	Xiamen	13.58	23.42	25
南通	Nantong	58.22	59.90	1	莆田	Putian	1.00	3.16	192
连云港	Lianyungang	9.83	20.20	31	三明	Sanming	1.05	1.10	265
淮安	Huaian	20.50	11.00	65	泉州	Quanzhou	25.50	26.00	20
盐城	Yancheng	6.34	7.41	98	漳州	Zhangzhou	0.74	0.74	275
扬州	Yangzhou	10.97	10.57	67	南平	Nanping	0.83	1.78	244
镇江	Zhenjiang	6.70	6.90	106	龙岩	Longyan	3.03	3.44	187
泰州	Taizhou	11.39	11.93	58	宁德	Ningde	2.07	1.62	245
宿迁	Suqian	4.90	5.00	147	**江西**	**Jiangxi**	**98.43**	**109.47**	
浙江	**Zhejiang**	**201.62**	**212.59**		南昌	Nanchang	31.02	33.69	11
杭州	Hangzhou	41.83	45.77	7	景德镇	Jingdezhen	6.87	7.09	102
宁波	Ningbo	21.56	19.48	35	萍乡	Pingxiang	0.57	3.87	174
温州	Wenzhou	36.13	36.32	9	九江	Jiujiang	6.54	6.71	111
嘉兴	Jiaxing	18.22	18.61	38	新余	Xinyu	1.39	1.39	254
湖州	Huzhou	8.66	8.79	82	鹰潭	Yingtan	1.22	1.43	252
绍兴	Shaoxing	13.43	13.79	52	赣州	Ganzhou	8.19	8.20	89
金华	Jinhua	6.20	6.37	119	吉安	Jian	11.03	11.45	60
衢州	Quzhou	2.73	2.90	205	宜春	Yichun	6.78	6.78	108
舟山	Zhoushan	2.71	2.71	214	抚州	Fuzhou	3.53	3.54	184
台州	Taizhou	0.66	5.07	144	上饶	Shangrao	1.98	3.03	198
丽水	Lishui	2.36	2.36	224	**山东**	**Shandong**	**289.14**	**291.22**	
安徽	**Anhui**	**151.75**	**170.81**		济南	Jinan	22.73	23.41	26
合肥	Hefei	12.52	31.30	13	青岛	Qingdao	23.60	19.94	33
芜湖	Wuhu	14.00	14.50	48	淄博	Zibo	14.68	14.78	46
蚌埠	Bengbu	5.56	5.67	131	枣庄	Zaozhuang	11.13	11.33	61
淮南	Huainan	6.19	6.93	104	东营	Dongying	13.69	14.19	49
马鞍山	Maanshan	5.85	4.04	169	烟台	Yantai	30.53	20.05	32
淮北	Huaibei	8.66	8.70	84	潍坊	Weifang	12.02	12.02	57
铜陵	Tongling	5.80	6.26	122	济宁	Jining	12.64	15.92	41
安庆	Anqing	25.99	26.17	19	泰安	Taian	9.10	9.60	75
黄山	Huangshan	2.93	2.95	203	威海	Weihai	19.92	19.92	34
滁州	Chuzhou	4.89	5.02	146	日照	Rizhao	6.56	6.64	114
阜阳	Fuyang	5.65	6.72	110	莱芜	Laiwu	5.14	6.34	121
宿州	Suzhou	9.80	9.80	74	临沂	Linyi	10.83	10.84	66
六安	Liuan	4.51	4.62	155	德州	Dezhou	0.87	0.87	270
亳州	Bozhou	6.53	6.85	107	聊城	Liaocheng	6.33	6.95	103

8-6 城市商业服务业设施用地面积（辖区） 续表 2

Area of Land for Commercial and Business Facilities (Municipal Districts) continued 2

单位：平方公里 (sq. km)

地名	City	2014	2015	2015 排名 Ranking	地名	City	2014	2015	2015 排名 Ranking
滨州	Binzhou	2.16	5.52	139	常德	Changde	4.65	4.65	153
菏泽	Heze	3.62	3.62	182	张家界	Zhangjiajie	1.42	1.42	253
河南	**Henan**	**117.09**	**128.02**		益阳	Yiyang	3.00	3.00	199
郑州	Zhengzhou	13.69	14.52	47	郴州	Chenzhou	4.80	4.83	152
开封	Kaifeng	7.49	8.13	91	永州	Yongzhou	7.30	5.74	129
洛阳	Luoyang	8.39	9.24	79	怀化	Huaihua	7.13	3.00	199
平顶山	Pingdingshan	4.00	4.00	171	娄底	Loudi	8.10	8.10	93
安阳	Anyang	2.66	2.68	216	**广东**	**Guangdong**	**302.22**	**346.89**	
鹤壁	Hebi	4.16	4.16	164	广州	Guangzhou		52.67	4
新乡	Xinxiang	5.66	5.79	126	韶关	Shaoguan	9.38	5.59	136
焦作	Jiaozuo	4.97	5.53	138	深圳	Shenzhen	50.33	50.69	6
濮阳	Puyang	5.30	5.30	141	珠海	Zhuhai	13.83	13.83	51
许昌	Xuchang	4.00	4.50	156	汕头	Shantou	33.27	33.54	12
漯河	Luohe	2.00	2.10	233	佛山	Foshan	10.81	13.70	53
三门峡	Sanmenxia	1.60	6.50	115	江门	Jiangmen	8.21	1.79	243
南阳	Nanyang	5.40	6.76	109	湛江	Zhanjiang	12.30	9.57	76
商丘	Shangqiu	1.82	1.82	242	茂名	Maoming	7.43	7.33	99
信阳	Xinyang	2.65	2.65	217	肇庆	Zhaoqing	4.69	5.61	134
周口	Zhoukou	4.35	4.42	159	惠州	Huizhou	14.41	15.11	45
驻马店	Zhumadian	6.63	6.67	112	梅州	Meizhou	3.45	5.71	130
湖北	**Hubei**	**138.43**	**131.96**		汕尾	Shanwei	1.15	1.22	258
武汉	Wuhan	40.23	25.93	22	河源	Heyuan	0.99	0.99	267
黄石	Huangshi	0.72	0.79	272	阳江	Yangjiang	3.01	4.26	161
十堰	Shiyan	2.07	4.12	167	清远	Qingyuan	6.87	4.03	170
宜昌	Yichang	7.43	9.31	78	东莞	Dongguan	57.07	57.60	2
襄阳	Xiangyang	5.32	8.44	86	中山	Zhongshan	5.33	5.49	140
鄂州	Ezhou	3.07	3.08	194	潮州	Chaozhou	3.01	3.28	189
荆门	Jingmen	3.84	3.84	176	揭阳	Jieyang	9.90	11.10	63
孝感	Xiaogan	4.10	1.90	240	云浮	Yunfu	3.61	3.69	179
荆州	Jingzhou	2.30	3.70	178	**广西**	**Guangxi**	**64.17**	**68.14**	
黄冈	Huanggang	4.87	4.99	148	南宁	Nanning	15.47	15.60	43
咸宁	Xianning	1.59	1.59	246	柳州	Liuzhou	11.62	11.78	59
随州	Suizhou	4.33	4.65	153	桂林	Guilin	1.03	2.35	225
湖南	**Hunan**	**103.13**	**94.47**		梧州	Wuzhou	2.70	2.80	208
长沙	Changsha	18.39	18.88	37	北海	Beihai	4.00	4.00	171
株洲	Zhuzhou	4.45	4.49	157	防城港	Fangchenggang	0.54	0.63	278
湘潭	Xiangtan	5.22	0.48	281	钦州	Qinzhou	5.77	5.78	127
衡阳	Hengyang	8.52	8.80	81	贵港	Guigang	3.07	2.80	208
邵阳	Shaoyang	3.95	4.43	158	玉林	Yulin	9.51	9.51	77
岳阳	Yueyang	5.55	6.50	115	百色	Baise	0.94	1.11	263

8-6 城市商业服务业设施用地面积（辖区） 续表 3
Area of Land for Commercial and Business Facilities (Municipal Districts) continued 3

单位：平方公里 (sq. km)

地名	City	2014	2015	2015 排名 Ranking
贺州	Hezhou	1.85	2.15	232
河池	Hechi	0.61	0.64	277
来宾	Laibin	1.28	1.46	250
崇左	Chongzuo	0.43	0.44	282
海南	**Hainan**	**9.25**	**44.93**	
海口	Haikou	3.00	13.37	54
三亚	Sanya	0.50	25.74	23
三沙	Sansha	0.01	0.01	286
重庆	**Chongqing**	**63.04**	**70.07**	
四川	**Sichuan**	**124.30**	**163.36**	
成都	Chengdu	16.70	54.04	3
自贡	Zigong	5.50	5.59	136
攀枝花	Panzhihua	6.30	6.37	119
泸州	Luzhou	5.28	5.76	128
德阳	Deyang	2.89	3.15	193
绵阳	Mianyang	6.21	7.53	96
广元	Guangyuan	2.42	2.88	207
遂宁	Suining	5.46	5.63	133
内江	Neijiang	1.79	2.34	227
乐山	Leshan	7.83	7.97	94
南充	Nanchong	7.58	7.88	95
眉山	Meishan	8.32	8.38	87
宜宾	Yibin	6.31	3.50	186
广安	Guangan	2.85	2.76	211
达州	Dazhou	5.86	6.18	123
雅安	Yaan	2.15	2.27	228
巴中	Bazhong	2.00	2.00	239
资阳	Ziyang	1.90	2.10	233
贵州	**Guizhou**	**35.41**	**54.28**	
贵阳	Guiyang	11.52	23.40	27
六盘水	Liupanshui	1.24	1.84	241
遵义	Zunyi	3.10	5.66	132
安顺	Anshun	2.55	3.92	173
毕节	Bijie	4.04	4.20	163
铜仁	Tongren	1.10	1.11	263
云南	**Yunnan**	**69.90**	**83.56**	
昆明	Kunming	33.84	34.85	10
曲靖	Qujing	0.13	8.11	92
玉溪	Yuxi	0.39	0.97	268
保山	Baoshan	0.60	0.60	279
昭通	Zhaotong	2.10	2.10	233
丽江	Lijiang	2.10	2.10	233
普洱	Puer	2.43	2.54	222
临沧	Lincang	2.65	2.90	205
西藏	**Tibet**	**13.74**	**20.36**	
拉萨	Lasa	10.14	14.13	50
陕西	**Shaanxi**	**79.56**	**82.66**	
西安	Xi'an	36.00	41.39	8
铜川	Tongchuan	0.72	0.72	276
宝鸡	Baoji	10.30	10.50	68
咸阳	Xianyang	0.42	0.78	274
渭南	Weinan	2.38	2.63	219
延安	Yan'an	2.54	2.08	238
汉中	Hanzhong	5.10	5.10	143
榆林	Yulin	12.00	8.37	88
安康	Ankang	1.17	1.17	260
商洛	Shangluo	2.00	2.50	223
甘肃	**Gansu**	**51.39**	**55.06**	
兰州	Lanzhou	17.50	19.27	36
嘉峪关	Jiayuguan	7.45	7.50	97
金昌	Jinchang	1.19	1.55	247
白银	Baiyin	2.88	3.08	194
天水	Tianshui	1.22	2.10	233
武威	Wuwei	3.00	3.00	199
张掖	Zhangye	2.47	2.77	210
平凉	Pingliang	3.32	3.32	188
酒泉	Jiuquan	4.95	5.05	145
庆阳	Qingyang	0.02	0.02	284
定西	Dingxi	0.01	0.02	284
陇南	Longnan	0.40	0.40	283
青海	**Qinghai**	**7.23**	**8.85**	
西宁	Xining	2.17	2.35	225
海东	Haidong	0.03	1.27	257
宁夏	**Ningxia**	**19.47**	**17.95**	
银川	Yinchuan	2.64	2.74	213
石嘴山	Shizuishan	3.51	3.51	185
吴忠	Wuzhong	2.92	3.04	197
固原	Guyuan	1.80	3.00	199
中卫	Zhongwei	3.85	2.17	230
新疆	**Xinjiang**	**85.74**	**92.46**	
乌鲁木齐	Urumqi	25.32	26.32	17
克拉玛依	Karamay	5.38	5.27	142

8-7　城市工业用地面积（辖区）
Area of Land for Industrial (Municipal Districts)

单位：平方公里　　(sq. km)

地名	City	2010	2014	2015	2015 排名 Ranking	地名	City	2010	2014	2015	2015 排名 Ranking
全国	**National Total**	**8689.49**	**9934.11**	**10298.65**		沈阳	Shenyang	82.00	100.60	100.60	11
北京	**Beijing**		**240.03**	**263.55**		大连	Dalian	86.10	100.20	100.03	12
天津	**Tianjin**	**155.66**	**185.93**	**208.89**		鞍山	Anshan	53.95	52.81	53.15	30
河北	**Hebei**	**314.84**	**249.79**	**279.52**		抚顺	Fushun	40.31	46.06	46.63	35
石家庄	Shijiazhuang	31.13	17.58	16.05	131	本溪	Benxi	23.11	21.90	21.90	92
唐山	Tangshan	72.00	31.31	31.31	62	丹东	Dandong	11.50	13.18	19.05	109
秦皇岛	Qinhuangdao	16.45	4.79	27.15	75	锦州	Jinzhou	12.83	12.85	12.85	162
邯郸	Handan	16.78	15.34	15.34	139	营口	Yingkou	28.60	6.30	6.30	216
邢台	Xingtai	16.32	16.37	16.37	130	阜新	Fuxin	11.63	39.71	18.97	110
保定	Baoding	38.29	40.42	45.03	40	辽阳	Liaoyang	26.69	27.01	27.06	77
张家口	Zhangjiakou	18.05	18.05	18.05	118	盘锦	Panjin	10.96	19.95	20.21	102
承德	Chengde	8.64	12.25	12.43	164	铁岭	Tieling	8.33	9.40	9.40	189
沧州	Cangzhou	7.10	11.58	11.65	169	朝阳	Chaoyang	2.50	9.00	17.30	124
廊坊	Langfang	6.03	7.17	7.17	208	葫芦岛	Huludao	19.00	19.98	19.98	104
衡水	Hengshui	4.37	2.14	2.14	265	**吉林**	**Jilin**	**242.87**	**268.97**	**260.58**	
山西	**Shanxi**	**171.35**	**181.71**	**176.59**		长春	Changchun	94.91	102.12	106.08	9
太原	Taiyuan	63.53	77.00	80.00	16	吉林	Jilin	44.13	63.88	54.92	28
大同	Datong	19.51	14.20	14.50	149	四平	Siping	10.70	8.45	10.54	181
阳泉	Yangquan	10.84	10.55	10.36	182	辽源	Liaoyuan	8.82	8.81	8.81	193
长治	Changzhi	11.78	12.95	12.97	160	通化	Tonghua	9.68	3.27	5.02	228
晋城	Jincheng	6.85	3.60	3.60	253	白山	Baishan	5.29	5.73	6.28	218
朔州	Shuozhou	4.57	0.98	0.98	279	松原	Songyuan	7.90	6.80	6.80	212
晋中	Jinzhong	9.68	8.16	8.58	197	白城	Baicheng	5.71	11.57	11.58	170
运城	Yuncheng	5.01	5.89	4.89	232	**黑龙江**	**Heilongjiang**	**338.80**	**334.28**	**350.60**	
忻州	Xinzhou	4.23	4.80	4.20	243	哈尔滨	Harbin	82.98	85.67	86.30	13
临汾	Linfen	3.00	1.33	1.30	276	齐齐哈尔	Qiqihar	39.80	29.72	29.72	68
吕梁	Lvliang	5.11	5.81	4.00	246	鸡西	Jixi	9.94	9.94	9.94	186
内蒙古	**Inner Mongolia**	**205.62**	**170.58**	**164.37**		鹤岗	Hegang	11.89	11.27	11.27	176
呼和浩特	Hohhot	25.85	18.40	18.56	114	双鸭山	Shuangyashan	10.00	1.62	11.56	172
包头	Baotou	52.46	52.50	52.50	31	大庆	Daqing	67.35	74.28	74.91	21
乌海	Wuhai	14.70	7.20	1.56	271	伊春	Yichun	19.17	18.23	18.80	112
赤峰	Chifeng	21.48	15.10	15.10	142	佳木斯	Jiamusi	16.07	17.67	17.67	120
通辽	Tongliao	10.08	8.16	8.16	202	七台河	Qitaihe	13.47	16.28	9.23	190
鄂尔多斯	Erdos	4.56	3.57	3.57	255	牡丹江	Mudanjiang	16.14	17.20	17.38	121
呼伦贝尔	Hulunbuir	21.52	8.42	10.61	179	黑河	Heihe	4.13	5.07	2.13	266
巴彦淖尔	Bayannur	3.00	9.62	10.57	180	绥化	Suihua	4.50	10.22	10.78	177
乌兰察布	Ulanqab	2.60	6.10	6.10	220	**上海**	**Shanghai**		**733.11**	**733.11**	
辽宁	**Liaoning**	**506.75**	**570.49**	**565.04**		**江苏**	**Jiangsu**	**896.33**	**923.64**	**973.83**	

8-7 城市工业用地面积（辖区） 续表 1
Area of Land for Industrial (Municipal Districts) continued 1

单位：平方公里 (sq. km)

地名	City	2010	2014	2015	2015 排名 Ranking	地名	City	2010	2014	2015	2015 排名 Ranking
南京	Nanjing	161.81	168.78	159.77	4	池州	Chizhou	5.27	4.46	4.55	235
无锡	Wuxi	56.57	69.68	68.99	24	宣城	Xuancheng	10.40	15.14	15.36	138
徐州	Xuzhou	35.15	26.94	27.64	74	**福建**	**Fujian**	**219.32**	**246.88**	**247.46**	
常州	Changzhou	35.94	56.38	70.28	23	福州	Fuzhou	37.85	37.80	36.00	50
苏州	Suzhou	119.80	132.07	129.44	6	厦门	Xiamen	63.00	97.13	82.02	14
南通	Nantong	52.48	14.28	19.33	107	莆田	Putian	10.89	11.00	26.53	80
连云港	Lianyungang	34.10	47.27	52.23	32	三明	Sanming	10.18	12.60	11.35	173
淮安	Huaian	46.30	41.00	54.00	29	泉州	Quanzhou	18.00	6.00	6.10	220
盐城	Yancheng	21.90	28.46	46.49	36	漳州	Zhangzhou	13.54	14.80	14.96	143
扬州	Yangzhou	27.75	37.92	34.39	53	南平	Nanping	5.73	6.30	8.30	200
镇江	Zhenjiang	35.71	36.40	37.50	47	龙岩	Longyan	7.55	7.03	7.57	205
泰州	Taizhou	25.15	38.34	44.04	41	宁德	Ningde	2.46	2.47	3.79	249
宿迁	Suqian	16.37	22.11	24.29	84	**江西**	**Jiangxi**	**193.07**	**207.54**	**220.45**	
浙江	**Zhejiang**	**573.55**	**610.71**	**562.29**		南昌	Nanchang	37.45	37.46	41.05	44
杭州	Hangzhou	51.25	68.97	75.81	19	景德镇	Jingdezhen	18.93	20.46	20.80	99
宁波	Ningbo	118.28	137.05	108.76	7	萍乡	Pingxiang	7.65	8.68	12.41	165
温州	Wenzhou	34.66	4.75	6.93	210	九江	Jiujiang	23.44	23.48	24.22	85
嘉兴	Jiaxing	27.61	19.02	20.03	103	新余	Xinyu	11.05	13.75	14.00	151
湖州	Huzhou	35.23	37.34	29.57	69	鹰潭	Yingtan	2.85	3.04	3.58	254
绍兴	Shaoxing	23.00	63.67	64.77	25	赣州	Ganzhou	11.50	24.39	24.40	83
金华	Jinhua	16.07	18.36	18.79	113	吉安	Jian	7.40	4.29	4.45	237
衢州	Quzhou	18.47	23.12	24.16	86	宜春	Yichun	7.10	9.07	9.07	192
舟山	Zhoushan	7.46	7.63	7.63	204	抚州	Fuzhou	6.73	11.39	11.89	167
台州	Taizhou	46.29	55.48	33.48	54	上饶	Shangrao	5.68	2.19	4.35	241
丽水	Lishui	3.53	4.36	4.36	239	**山东**	**Shandong**	**775.69**	**934.60**	**1044.10**	
安徽	**Anhui**	**327.39**	**341.59**	**349.00**		济南	Jinan	65.33	73.26	75.54	20
合肥	Hefei	61.88	73.92	77.70	18	青岛	Qingdao	65.67	113.83	157.78	5
芜湖	Wuhu	26.00	13.00	13.50	158	淄博	Zibo	66.39	73.44	74.71	22
蚌埠	Bengbu	21.20	21.55	23.14	87	枣庄	Zaozhuang	16.40	22.44	22.72	90
淮南	Huainan	15.50	14.88	16.53	128	东营	Dongying	24.80	20.92	21.12	97
马鞍山	Maanshan	28.15	35.63	31.95	58	烟台	Yantai	60.78	73.50	107.85	8
淮北	Huaibei	19.08	21.52	18.53	115	潍坊	Weifang	36.16	33.10	33.10	55
铜陵	Tongling	9.30	13.18	13.23	159	济宁	Jining	26.04	45.32	52.22	33
安庆	Anqing	24.01	5.70	5.80	224	泰安	Taian	19.40	30.20	31.50	61
黄山	Huangshan	5.94	8.66	8.73	194	威海	Weihai	39.78	54.98	54.98	27
滁州	Chuzhou	19.30	30.08	30.86	64	日照	Rizhao	18.59	22.72	22.99	88
阜阳	Fuyang	9.02	16.45	19.80	105	莱芜	Laiwu	7.29	22.00	22.94	89
宿州	Suzhou	13.19	14.64	14.78	144	临沂	Linyi	29.09	35.96	35.98	51
六安	Liuan	12.05	13.18	13.56	155	德州	Dezhou	15.62	37.92	39.53	45
亳州	Bozhou	7.96	12.26	12.96	161	聊城	Liaocheng	14.46	17.48	18.94	111

8-7 城市工业用地面积（辖区） 续表 2

Area of Land for Industrial (Municipal Districts) continued 2

单位：平方公里 (sq. km)

地名	City	2010	2014	2015	2015 排名 Ranking	地名	City	2010	2014	2015	2015 排名 Ranking
滨州	Binzhou	15.33	23.42	31.52	60	常德	Changde	18.67	20.67	20.67	100
菏泽	Heze	17.36	25.58	26.28	81	张家界	Zhangjiajie	1.02	1.51	1.51	272
河南	**Henan**	**338.30**	**347.80**	**370.70**		益阳	Yiyang	12.85	5.00	5.00	229
郑州	Zhengzhou	35.73	33.16	35.16	52	郴州	Chenzhou	25.40	6.20	6.50	214
开封	Kaifeng	21.28	23.83	27.73	73	永州	Yongzhou	5.90	6.22	7.68	203
洛阳	Luoyang	37.64	33.33	36.78	48	怀化	Huaihua	5.00	2.88	5.00	229
平顶山	Pingdingshan	15.54	15.54	15.54	136	娄底	Loudi	9.92	2.23	2.23	263
安阳	Anyang	16.56	13.88	13.54	156	**广东**	**Guangdong**	**1364.34**	**1121.46**	**1298.28**	
鹤壁	Hebi	15.60	16.41	16.41	129	广州	Guangzhou	213.48		180.41	3
新乡	Xinxiang	22.60	25.81	28.16	72	韶关	Shaoguan	21.92	17.70	21.49	95
焦作	Jiaozuo	16.27	20.77	26.09	82	深圳	Shenzhen	296.21	313.84	316.11	2
濮阳	Puyang	5.39	5.70	5.70	225	珠海	Zhuhai	76.20	15.11	15.11	141
许昌	Xuchang	13.27	10.00	10.00	184	汕头	Shantou	38.84	26.27	26.79	79
漯河	Luohe	7.55	5.59	5.60	226	佛山	Foshan	40.13	38.78	43.53	42
三门峡	Sanmenxia	3.55	2.53	2.83	258	江门	Jiangmen	49.52	52.29	12.69	163
南阳	Nanyang	17.47	25.12	29.45	70	湛江	Zhanjiang	17.04	17.97	30.24	65
商丘	Shangqiu	6.00	1.39	1.39	274	茂名	Maoming	12.25	13.89	13.79	154
信阳	Xinyang	14.29	14.40	14.40	150	肇庆	Zhaoqing	17.96	25.88	31.01	63
周口	Zhoukou	4.40	4.30	4.35	241	惠州	Huizhou	65.12	49.90	39.23	46
驻马店	Zhumadian	11.78	14.73	14.78	144	梅州	Meizhou	7.56	5.01	2.96	257
湖北	**Hubei**	**434.55**	**549.88**	**443.59**		汕尾	Shanwei	16.90	2.28	2.28	262
武汉	Wuhan	154.85	199.90	100.92	10	河源	Heyuan	6.26	6.30	6.30	216
黄石	Huangshi	19.44	23.00	18.48	116	阳江	Yangjiang	5.93	6.45	20.42	101
十堰	Shiyan	18.01	29.95	32.03	57	清远	Qingyuan	19.64	7.02	9.51	188
宜昌	Yichang	31.72	39.49	36.05	49	东莞	Dongguan	329.44	345.56	349.68	1
襄阳	Xiangyang	26.86	47.29	45.90	39	中山	Zhongshan	26.85	30.57	32.48	56
鄂州	Ezhou	12.89	15.35	15.48	137	潮州	Chaozhou	8.09	14.82	15.73	135
荆门	Jingmen	12.35	12.24	11.80	168	揭阳	Jieyang		30.90	31.80	59
孝感	Xiaogan	6.11	9.20	14.65	147	云浮	Yunfu		5.10	5.15	227
荆州	Jingzhou	16.23	20.34	20.83	98	**广西**	**Guangxi**	**171.89**	**174.64**	**199.84**	
黄冈	Huanggang	5.47	12.28	8.66	195	南宁	Nanning	20.50	29.32	29.85	67
咸宁	Xianning	13.03	10.77	11.35	173	柳州	Liuzhou	40.27	41.24	41.67	43
随州	Suizhou	9.20	9.20	9.20	191	桂林	Guilin	14.50	13.84	17.80	119
湖南	**Hunan**	**257.27**	**192.79**	**198.07**		梧州	Wuzhou	10.38	8.17	8.33	199
长沙	Changsha	30.08	25.12	26.82	78	北海	Beihai	7.50	4.00	4.00	246
株洲	Zhuzhou	23.66	26.67	27.11	76	防城港	Fangchenggang	2.19	2.22	13.95	153
湘潭	Xiangtan	31.10	12.81	14.00	151	钦州	Qinzhou	14.99	20.85	21.56	94
衡阳	Hengyang	21.60	23.06	16.57	127	贵港	Guigang	13.13	14.22	15.76	134
邵阳	Shaoyang	3.36	3.33	3.73	252	玉林	Yulin	8.75	2.18	2.18	264
岳阳	Yueyang	17.20	17.80	18.10	117	百色	Baise	6.81	6.93	7.12	209

8-7 城市工业用地面积（辖区） 续表 3

Area of Land for Industrial (Municipal Districts) continued 3

单位：平方公里 (sq. km)

地名	City	2010	2014	2015	2015 排名 Ranking
贺州	Hezhou	5.24	3.73	4.36	239
河池	Hechi	3.57	4.62	4.66	233
来宾	Laibin	3.91	5.85	5.92	223
崇左	Chongzuo	2.38	2.43	2.43	261
海南	**Hainan**	**20.47**	**20.09**	**25.63**	
海口	Haikou	10.20	12.31	12.31	166
三亚	Sanya	0.59	0.65	5.94	222
三沙	Sansha				
重庆	**Chongqing**	**200.94**	**218.58**	**235.96**	
四川	**Sichuan**	**344.84**	**428.11**	**410.56**	
成都	Chengdu	89.93	99.67	81.19	15
自贡	Zigong	20.68	27.82	28.29	71
攀枝花	Panzhihua	24.18	21.62	22.17	91
泸州	Luzhou	14.20	18.08	19.61	106
德阳	Deyang	16.14	20.42	21.18	96
绵阳	Mianyang	27.14	29.80	30.10	66
广元	Guangyuan	6.06	10.45	10.78	177
遂宁	Suining	7.75	13.66	14.67	146
内江	Neijiang	6.98	16.97	17.25	125
乐山	Leshan	10.76	9.51	9.63	187
南充	Nanchong	11.60	16.89	17.32	123
眉山	Meishan	5.56	6.14	6.72	213
宜宾	Yibin	3.43	25.06	19.22	108
广安	Guangan	5.71	4.63	4.54	236
达州	Dazhou	11.40	14.95	15.31	140
雅安	Yaan	2.93	4.08	6.93	210
巴中	Bazhong	0.65	1.00	1.20	277
资阳	Ziyang	9.36	11.58	11.58	170
贵州	**Guizhou**	**86.25**	**109.71**	**122.19**	
贵阳	Guiyang	32.34	51.49	46.09	38
六盘水	Liupanshui	15.02	9.80	14.53	148
遵义	Zunyi	8.00	9.02	13.51	157
安顺	Anshun	5.03	7.31	11.30	175
毕节	Bijie	6.80	8.25	8.25	201
铜仁	Tongren	0.14	3.82	4.18	245
云南	**Yunnan**	**121.51**	**104.39**	**106.74**	
昆明	Kunming	73.27	51.90	52.17	34
曲靖	Qujing	9.20	6.37	7.34	206
玉溪	Yuxi	2.00	1.58	2.82	259
保山	Baoshan	1.23	1.00	1.00	278
昭通	Zhaotong	1.94	4.94	4.94	231
丽江	Lijiang	0.98	2.00	2.00	267
普洱	Puer	2.37	0.40	0.49	284
临沧	Lincang	0.40	1.60	1.70	270
西藏	**Tibet**	**7.95**	**13.01**	**13.45**	
拉萨	Lasa	7.17	10.41	9.95	185
陕西	**Shaanxi**	**136.29**	**118.16**	**129.50**	
西安	Xi'an	61.29	50.00	60.25	26
铜川	Tongchuan	8.41	8.53	8.53	198
宝鸡	Baoji	17.92	15.54	15.78	133
咸阳	Xianyang	15.20	13.06	17.37	122
渭南	Weinan	9.13	3.66	4.62	234
延安	Yan'an	1.53	2.43	2.00	267
汉中	Hanzhong	4.40	4.40	4.40	238
榆林	Yulin	4.68	8.48	6.40	215
安康	Ankang	0.80	1.31	1.31	275
商洛	Shangluo	1.48	0.50	0.50	283
甘肃	**Gansu**	**99.73**	**129.80**	**122.61**	
兰州	Lanzhou	21.36	52.59	46.13	37
嘉峪关	Jiayuguan	7.14	7.10	7.20	207
金昌	Jinchang	14.83	16.67	16.94	126
白银	Baiyin	12.45	21.48	21.78	93
天水	Tianshui	8.40	10.33	10.33	183
武威	Wuwei	4.50	1.15	0.54	282
张掖	Zhangye	5.49	1.62	1.92	269
平凉	Pingliang	4.38	3.18	3.48	256
酒泉	Jiuquan	4.50	2.65	2.70	260
庆阳	Qingyang	1.20	3.80	3.80	248
定西	Dingxi	2.10	6.75	3.75	251
陇南	Longnan	0.40	0.16	0.16	285
青海	**Qinghai**	**17.94**	**12.42**	**13.14**	
西宁	Xining	11.39	4.20	4.20	243
海东	Haidong		0.59	0.98	279
宁夏	**Ningxia**	**26.21**	**35.42**	**38.56**	
银川	Yinchuan	14.78	15.68	15.81	132
石嘴山	Shizuishan	1.19	8.53	8.60	196
吴忠	Wuzhong	1.60	4.90	6.22	219
固原	Guyuan	1.30	0.65	1.51	272
中卫	Zhongwei	2.85	3.10	0.79	281
新疆	**Xinjiang**	**139.77**	**158.00**	**170.45**	
乌鲁木齐	Urumqi	65.90	75.51	79.01	17
克拉玛依	Karamay	4.34	3.43	3.79	249

8-8 城市物流仓储用地面积（辖区）
Area of Land for Logistics and Warehouse (Municipal Districts)

单位：平方公里 (sq. km)

地名	City	2010	2014	2015	2015 排名 Ranking
全国	**National Total**	**1186.99**	**1553.03**	**1585.82**	
北京	**Beijing**		**49.46**	**51.64**	
天津	**Tianjin**	**23.46**	**57.52**	**62.76**	
河北	**Hebei**	**60.53**	**71.47**	**60.00**	
石家庄	Shijiazhuang	7.87	5.81	5.76	55
唐山	Tangshan	7.25	4.36	4.36	72
秦皇岛	Qinhuangdao	5.18	17.82	4.62	66
邯郸	Handan	6.54	11.33	11.33	20
邢台	Xingtai	1.86	2.01	2.01	150
保定	Baoding	2.99	3.38	4.27	73
张家口	Zhangjiakou	6.05	6.05	6.05	51
承德	Chengde	1.19	1.67	1.85	167
沧州	Cangzhou	4.28	2.56	2.56	125
廊坊	Langfang	2.87	2.87	2.87	110
衡水	Hengshui	2.00	1.44	1.44	200
山西	**Shanxi**	**30.13**	**37.07**	**39.35**	
太原	Taiyuan	8.80	9.00	12.00	17
大同	Datong	3.70	7.00	6.70	46
阳泉	Yangquan	1.37	1.31	1.31	214
长治	Changzhi	2.59	2.59	2.59	123
晋城	Jincheng	1.23			
朔州	Shuozhou	0.87	1.85	1.85	167
晋中	Jinzhong	2.57	2.74	2.80	115
运城	Yuncheng	1.80	2.00	2.00	151
忻州	Xinzhou	0.71	0.30	0.31	268
临汾	Linfen	0.96	1.54	1.53	191
吕梁	Lvliang	0.63	0.75	0.70	245
内蒙古	**Inner Mongolia**	**42.73**	**44.70**	**38.11**	
呼和浩特	Hohhot	5.92	8.28	8.35	29
包头	Baotou	6.03	7.50	7.50	38
乌海	Wuhai	1.80	1.12	1.02	228
赤峰	Chifeng	2.01	1.64	1.64	182
通辽	Tongliao	3.26	5.29	5.29	60
鄂尔多斯	Erdos	1.55	0.05	0.05	278
呼伦贝尔	Hulunbuir	6.00	5.01	1.13	221
巴彦淖尔	Bayannur	2.00	4.07	1.44	200
乌兰察布	Ulanqab	1.20	1.10	1.10	222
辽宁	**Liaoning**	**77.03**	**70.97**	**67.71**	
沈阳	Shenyang	8.00	10.07	10.07	21
大连	Dalian	18.10	10.00	9.97	22
鞍山	Anshan	3.41	3.92	3.92	81
抚顺	Fushun	4.91	4.91	4.91	65
本溪	Benxi	1.68	0.93	0.93	233
丹东	Dandong	1.79	1.29	1.83	169
锦州	Jinzhou	1.71	1.71	1.71	174
营口	Yingkou	6.40	6.40	6.40	47
阜新	Fuxin	2.98	6.72	3.20	99
辽阳	Liaoyang	7.05	7.05	7.05	41
盘锦	Panjin	3.71	1.97	1.97	156
铁岭	Tieling	1.17	0.10	0.10	276
朝阳	Chaoyang	2.00	1.00	0.58	258
葫芦岛	Huludao	2.50	2.52	2.52	127
吉林	**Jilin**	**40.76**	**39.60**	**41.97**	
长春	Changchun	11.47	15.42	13.95	14
吉林	Jilin	3.35	1.87	5.09	63
四平	Siping	1.66			
辽源	Liaoyuan	0.84	0.84	0.84	237
通化	Tonghua	1.01	1.90	1.90	164
白山	Baishan	1.28	0.83	1.07	225
松原	Songyuan	1.11	1.10	1.10	222
白城	Baicheng	2.72	3.51	3.51	91
黑龙江	**Heilongjiang**	**81.83**	**81.82**	**74.18**	
哈尔滨	Harbin	8.26	8.82	9.70	25
齐齐哈尔	Qiqihar	7.60	7.71	7.71	33
鸡西	Jixi	1.93	1.93	1.93	160
鹤岗	Hegang	1.55	1.02	1.02	228
双鸭山	Shuangyashan	1.50	3.60	1.95	158
大庆	Daqing	20.04	20.92	21.01	3
伊春	Yichun	6.78	5.22	4.58	67
佳木斯	Jiamusi	3.78	3.48	3.48	92
七台河	Qitaihe	6.09	6.09	0.97	232
牡丹江	Mudanjiang	3.22	3.24	3.24	97
黑河	Heihe	1.25	1.15	1.15	220
绥化	Suihua	1.60	1.37	1.37	208
上海	**Shanghai**		**85.54**	**85.54**	
江苏	**Jiangsu**	**92.52**	**117.58**	**115.36**	

注：本表2011年及以前年份数据统计口径为仓储用地。

Note: The table data statistics caliber and before the year of 2011 warehouse land.

8-8 城市物流仓储用地面积（辖区） 续表 1

Area of Land for Logistics and Warehouse (Municipal Districts) continued 1

单位：平方公里 (sq. km)

地名	City	2010	2014	2015	2015 排名 Ranking
南京	Nanjing	16.27	17.19	17.68	6
无锡	Wuxi	4.61	6.30	6.21	49
徐州	Xuzhou	4.22	21.19	21.58	2
常州	Changzhou	2.94	4.39	6.37	48
苏州	Suzhou	4.31	6.68	7.69	35
南通	Nantong	5.49	3.72	4.23	74
连云港	Lianyungang	7.78	10.54	12.01	16
淮安	Huaian	4.15	12.00	3.80	86
盐城	Yancheng	4.50	2.03	3.53	90
扬州	Yangzhou	2.15	1.77	1.68	177
镇江	Zhenjiang	7.82	5.20	5.30	59
泰州	Taizhou	2.77	3.52	3.82	84
宿迁	Suqian	2.28	1.26	1.40	206
浙江	**Zhejiang**	**47.34**	**56.29**	**61.83**	
杭州	Hangzhou	6.44	9.01	9.28	27
宁波	Ningbo	11.24	12.20	14.15	13
温州	Wenzhou	3.38	7.41	7.42	39
嘉兴	Jiaxing	1.60	1.84	1.93	160
湖州	Huzhou	2.96	1.26	1.22	217
绍兴	Shaoxing	1.18	3.64	3.65	88
金华	Jinhua	3.39	3.80	3.81	85
衢州	Quzhou	1.06	1.89	1.89	165
舟山	Zhoushan	0.43	0.56	0.56	259
台州	Taizhou	2.44	2.92	0.72	244
丽水	Lishui	0.28	0.35	0.35	266
安徽	**Anhui**	**37.29**	**51.12**	**56.18**	
合肥	Hefei	5.13	4.42	5.00	64
芜湖	Wuhu	3.50	4.00	4.00	78
蚌埠	Bengbu	2.37	9.52	9.92	23
淮南	Huainan	2.20	1.99	3.22	98
马鞍山	Maanshan	3.59	1.14	2.22	142
淮北	Huaibei	0.71	2.10	2.92	107
铜陵	Tongling	3.40	4.84	5.23	61
安庆	Anqing	1.89	3.91	3.91	82
黄山	Huangshan	0.43	0.73	0.65	250
滁州	Chuzhou	2.10	2.25	2.34	135
阜阳	Fuyang	1.12	3.97	4.22	75
宿州	Suzhou	3.55	2.75	2.75	116
六安	Liuan	0.63	1.43	1.61	186
亳州	Bozhou	0.89	2.44	2.44	132
池州	Chizhou	1.33	1.35	1.35	212
宣城	Xuancheng	0.90	0.51	0.62	251
福建	**Fujian**	**22.05**	**33.17**	**34.34**	
福州	Fuzhou	2.50	2.42	1.62	184
厦门	Xiamen	6.41	8.48	7.68	36
莆田	Putian	0.36	0.01	1.65	180
三明	Sanming	1.15	2.00	2.00	151
泉州	Quanzhou	1.20	5.30	5.40	58
漳州	Zhangzhou	0.83	0.83	0.83	238
南平	Nanping	1.03	1.09	1.65	180
龙岩	Longyan	1.50	0.97	1.04	226
宁德	Ningde	0.09	0.09	0.10	276
江西	**Jiangxi**	**24.23**	**27.88**	**28.33**	
南昌	Nanchang	3.32	4.37	5.58	57
景德镇	Jingdezhen	3.05	1.58	1.70	176
萍乡	Pingxiang	1.03	1.18	0.70	245
九江	Jiujiang	1.70	1.92	1.92	162
新余	Xinyu	1.53	2.19	0.82	239
鹰潭	Yingtan	1.00	1.15	1.26	216
赣州	Ganzhou	2.10	2.45	2.46	130
吉安	Jian	1.21	1.61	1.67	178
宜春	Yichun	1.25	3.87	3.87	83
抚州	Fuzhou	1.07	1.22	1.22	217
上饶	Shangrao	0.98	0.20	0.38	265
山东	**Shandong**	**110.87**	**123.43**	**136.93**	
济南	Jinan	7.60	8.21	8.41	28
青岛	Qingdao	14.29	23.26	23.22	1
淄博	Zibo	4.24	6.60	6.75	45
枣庄	Zaozhuang	3.99	4.41	4.54	68
东营	Dongying	2.51	2.11	2.31	137
烟台	Yantai	7.51	7.04	15.57	9
潍坊	Weifang	5.53	5.67	5.67	56
济宁	Jining	6.10	3.53	4.40	70
泰安	Taian	0.75	0.84	0.88	235
威海	Weihai	3.40	3.39	3.39	95
日照	Rizhao	3.80	4.10	4.15	76
莱芜	Laiwu	1.57	3.81	3.78	87
临沂	Linyi	4.46	7.54	7.70	34
德州	Dezhou	3.65	2.89	2.90	109
聊城	Liaocheng	2.92	2.29	2.49	129

8-8 城市物流仓储用地面积（辖区） 续表 2
Area of Land for Logistics and Warehouse (Municipal Districts) continued 2

单位：平方公里 (sq. km)

地名	City	2010	2014	2015	2015 排名 Ranking	地名	City	2010	2014	2015	2015 排名 Ranking
滨州	Binzhou	1.53	2.32	2.71	118	常德	Changde	2.41	3.17	3.17	102
菏泽	Heze	1.39	1.99	1.99	154	张家界	Zhangjiajie	5.74			
河南	**Henan**	**61.54**	**75.46**	**79.78**		益阳	Yiyang	0.73			
郑州	Zhengzhou	13.63	14.88	15.78	8	郴州	Chenzhou	3.30	2.00	2.03	149
开封	Kaifeng	2.30	2.34	2.69	120	永州	Yongzhou	1.90	2.49	2.70	119
洛阳	Luoyang	2.39	10.55	11.35	19	怀化	Huaihua	4.00	7.26	2.40	134
平顶山	Pingdingshan	3.27	3.27	3.27	96	娄底	Loudi	1.36	1.36	1.36	210
安阳	Anyang	2.85	3.20	3.20	99	**广东**	**Guangdong**	**102.92**	**110.59**	**126.66**	
鹤壁	Hebi	1.03	1.03	1.03	227	广州	Guangzhou	18.18		18.89	4
新乡	Xinxiang	2.76	3.07	3.11	104	韶关	Shaoguan	1.09	3.39	3.59	89
焦作	Jiaozuo	1.23	1.48	1.55	190	深圳	Shenzhen	13.48	18.07	18.20	5
濮阳	Puyang	1.30	1.60	1.60	188	珠海	Zhuhai	15.90	5.85	5.85	53
许昌	Xuchang	3.82	4.00	4.00	78	汕头	Shantou	7.85	13.76	14.25	11
漯河	Luohe	2.03	2.11	2.20	143	佛山	Foshan	4.56	9.46	9.41	26
三门峡	Sanmenxia	0.28	0.25	1.53	191	江门	Jiangmen	2.98	2.66	0.82	239
南阳	Nanyang	2.67	3.83	4.05	77	湛江	Zhanjiang	3.11	3.31	4.40	70
商丘	Shangqiu	1.30	0.60	0.70	245	茂名	Maoming	2.83	2.67	2.74	117
信阳	Xinyang	3.01	2.65	2.65	122	肇庆	Zhaoqing	1.19	1.19	1.49	197
周口	Zhoukou	2.20	2.30	2.34	135	惠州	Huizhou	5.00	9.68	5.18	62
驻马店	Zhumadian	0.37	1.19	1.22	217	梅州	Meizhou	1.89	2.02	0.82	239
湖北	**Hubei**	**59.36**	**70.43**	**64.84**		汕尾	Shanwei	1.20	0.25	0.25	270
武汉	Wuhan	15.94	21.12	13.25	15	河源	Heyuan	0.62	0.98	0.98	231
黄石	Huangshi	1.72	2.09	2.10	147	阳江	Yangjiang	0.50	1.59	0.86	236
十堰	Shiyan	2.40	2.92	3.48	92	清远	Qingyuan	0.21	0.30	1.92	162
宜昌	Yichang	2.73	5.39	7.04	42	东莞	Dongguan	7.74	14.38	14.85	10
襄阳	Xiangyang	1.16	1.27	2.59	123	中山	Zhongshan	0.76	1.31	1.45	199
鄂州	Ezhou	1.37	2.27	2.28	140	潮州	Chaozhou	0.42	0.59	0.62	251
荆门	Jingmen	2.12	1.43	1.43	203	揭阳	Jieyang		1.40	1.80	173
孝感	Xiaogan	1.20	2.00	0.25	270	云浮	Yunfu		1.28	1.38	207
荆州	Jingzhou	1.75	1.75	2.14	146	**广西**	**Guangxi**	**30.17**	**43.35**	**45.95**	
黄冈	Huanggang	0.42	1.08	1.08	224	南宁	Nanning	6.25	6.94	7.01	43
咸宁	Xianning	0.94	0.23	0.23	273	柳州	Liuzhou	4.27	7.41	8.16	31
随州	Suizhou	1.63	1.63	1.63	183	桂林	Guilin	2.54	2.64	3.13	103
湖南	**Hunan**	**54.99**	**48.28**	**45.66**		梧州	Wuzhou	1.57	2.24	2.30	138
长沙	Changsha	7.15	7.72	7.92	32	北海	Beihai	0.47	1.71	1.71	174
株洲	Zhuzhou	2.20	2.66	2.66	121	防城港	Fangchenggang	1.93	1.93	1.99	154
湘潭	Xiangtan	2.99	4.22	4.53	69	钦州	Qinzhou	2.88	8.32	8.35	29
衡阳	Hengyang	3.15	2.79	3.09	105	贵港	Guigang	2.15	2.79	2.51	128
邵阳	Shaoyang	3.00	2.02	2.26	141	玉林	Yulin	1.16	2.19	2.19	144
岳阳	Yueyang	3.10	3.50	4.00	78	百色	Baise	1.41	1.88	1.94	159

8-8 城市物流仓储用地面积（辖区） 续表 3

Area of Land for Logistics and Warehouse (Municipal Districts) continued 3

单位：平方公里 (sq. km)

地名	City	2010	2014	2015	2015 排名 Ranking
贺州	Hezhou	0.65	0.36	0.50	261
河池	Hechi	1.01	0.52	0.62	251
来宾	Laibin	1.00	1.51	1.83	169
崇左	Chongzuo	0.45	0.50	0.60	254
海南	**Hainan**	**3.58**	**4.42**	**6.25**	
海口	Haikou	1.26	2.32	2.85	111
三亚	Sanya	0.40	0.15	1.42	205
三沙	Sansha				
重庆	**Chongqing**	**16.87**	**22.24**	**25.88**	
四川	**Sichuan**	**34.97**	**48.75**	**47.07**	
成都	Chengdu	6.60	8.75	6.08	50
自贡	Zigong	0.71	1.49	1.61	186
攀枝花	Panzhihua	3.60	3.19	3.20	99
泸州	Luzhou	1.43	1.52	1.52	193
德阳	Deyang	0.55	0.78	0.78	243
绵阳	Mianyang	1.71	1.81	1.81	172
广元	Guangyuan	1.08	1.34	1.50	194
遂宁	Suining	0.73	2.53	2.56	125
内江	Neijiang	0.69	1.83	1.97	156
乐山	Leshan	1.06	1.37	1.37	208
南充	Nanchong	3.74	5.90	5.91	52
眉山	Meishan	0.83	1.37	1.44	200
宜宾	Yibin	3.08	2.91	1.82	171
广安	Guangan	0.48	1.65	1.66	179
达州	Dazhou	0.91	3.34	3.47	94
雅安	Yaan	0.32	0.38	0.42	263
巴中	Bazhong	0.20	0.25	0.66	249
资阳	Ziyang	0.36	0.53	0.53	260
贵州	**Guizhou**	**17.57**	**21.45**	**21.12**	
贵阳	Guiyang	6.17	8.57	6.76	44
六盘水	Liupanshui	1.81	1.10	1.62	184
遵义	Zunyi	1.00	1.05	0.60	254
安顺	Anshun	0.66	0.96	1.43	203
毕节	Bijie	2.20	2.98	2.98	106
铜仁	Tongren	1.90	2.13	2.15	145
云南	**Yunnan**	**22.34**	**31.60**	**30.59**	
昆明	Kunming	10.07	11.70	11.82	18
曲靖	Qujing	1.33	2.89	1.31	214
玉溪	Yuxi	0.52		0.02	279
保山	Baoshan	0.30	0.80	0.80	242
昭通	Zhaotong	0.96	1.00	1.00	230
丽江	Lijiang	0.12	2.08	2.08	148
普洱	Puer	0.40	2.29	2.30	138
临沧	Lincang	0.31	0.34	0.41	264
西藏	**Tibet**	**2.60**	**4.11**	**4.64**	
拉萨	Lasa	1.75	2.60	2.83	113
陕西	**Shaanxi**	**22.76**	**21.24**	**23.97**	
西安	Xi'an	11.61	8.00	9.88	24
铜川	Tongchuan	0.37	0.33	0.28	269
宝鸡	Baoji	3.04	2.78	2.91	108
咸阳	Xianyang	2.41	2.41	2.45	131
渭南	Weinan	0.75	0.63	1.50	194
延安	Yan'an	0.25	0.27	0.23	273
汉中	Hanzhong	1.35	1.35	1.35	212
榆林	Yulin	0.80	0.60	0.50	261
安康	Ankang	0.20	0.25	0.25	270
商洛	Shangluo	0.30	2.00	2.00	151
甘肃	**Gansu**	**22.14**	**29.19**	**28.05**	
兰州	Lanzhou	2.29	9.71	7.55	37
嘉峪关	Jiayuguan	1.87	2.84	2.84	112
金昌	Jinchang	1.09	1.46	1.46	198
白银	Baiyin	3.32	1.26	1.36	210
天水	Tianshui	5.79	5.79	5.79	54
武威	Wuwei	0.80			
张掖	Zhangye	1.29	2.13	2.43	133
平凉	Pingliang	0.34	1.87	1.87	166
酒泉	Jiuquan	2.50	0.85	0.90	234
庆阳	Qingyang	0.60	0.60	0.60	254
定西	Dingxi	0.40	1.49	1.50	194
陇南	Longnan	0.16	0.02	0.02	279
青海	**Qinghai**	**5.02**	**17.19**	**19.12**	
西宁	Xining	3.28	13.87	14.21	12
海东	Haidong		0.23	1.60	188
宁夏	**Ningxia**	**10.64**	**12.80**	**13.45**	
银川	Yinchuan	5.42	7.12	7.12	40
石嘴山	Shizuishan	1.35	0.20	0.20	275
吴忠	Wuzhong	0.17	0.24	0.32	267
固原	Guyuan	0.41	1.65	2.81	114
中卫	Zhongwei	0.72	0.92	0.60	254
新疆	**Xinjiang**	**28.75**	**44.31**	**48.56**	
乌鲁木齐	Urumqi	13.38	16.69	17.39	7
克拉玛依	Karamay	0.79	2.40	0.67	248

8-9 城市道路交通设施用地面积（辖区）
Area of Land for Roads, Street and Transportation (Municipal Districts)

单位：平方公里 (sq. km)

地名	City	2014	2015	2015 排名 Ranking	地名	City	2014	2015	2015 排名 Ranking
全国	**National Total**	**6666.26**	**7452.98**		沈阳	Shenyang	51.60	51.60	20
北京	**Beijing**	**260.74**	**269.06**		大连	Dalian	53.90	54.23	18
天津	**Tianjin**	**139.94**	**154.03**		鞍山	Anshan	26.67	26.91	48
河北	**Hebei**	**231.07**	**251.32**		抚顺	Fushun	7.75	8.01	199
石家庄	Shijiazhuang	39.44	41.17	30	本溪	Benxi	13.76	13.76	111
唐山	Tangshan	7.58	7.58	209	丹东	Dandong	7.43	10.74	153
秦皇岛	Qinhuangdao	19.82	21.68	65	锦州	Jinzhou	6.96	6.96	218
邯郸	Handan	12.63	12.63	125	营口	Yingkou	15.34	15.34	98
邢台	Xingtai	14.56	14.81	102	阜新	Fuxin	26.10	12.47	128
保定	Baoding	18.23	23.40	61	辽阳	Liaoyang	14.73	14.73	103
张家口	Zhangjiakou	15.85	15.85	94	盘锦	Panjin	9.36	9.76	165
承德	Chengde	9.23	9.41	173	铁岭	Tieling	3.80	3.80	260
沧州	Cangzhou	14.43	15.41	97	朝阳	Chaoyang	1.20	8.60	191
廊坊	Langfang	11.54	11.64	140	葫芦岛	Huludao	8.60	8.70	187
衡水	Hengshui	6.83	6.83	221	**吉林**	**Jilin**	**150.27**	**190.38**	
山西	**Shanxi**	**105.22**	**138.93**		长春	Changchun	68.20	70.48	9
太原	Taiyuan	22.00	23.00	62	吉林	Jilin	6.51	25.71	50
大同	Datong	21.40	21.40	66	四平	Siping	3.35	6.80	222
阳泉	Yangquan	8.19	8.70	187	辽源	Liaoyuan	3.40	3.40	264
长治	Changzhi	8.82	8.84	185	通化	Tonghua	6.12	6.26	226
晋城	Jincheng	1.00	5.80	233	白山	Baishan	5.39	5.18	243
朔州	Shuozhou	4.81	4.81	252	松原	Songyuan	8.77	9.30	176
晋中	Jinzhong	1.38	9.65	169	白城	Baicheng	7.91	7.91	201
运城	Yuncheng	3.12	7.62	208	**黑龙江**	**Heilongjiang**	**211.99**	**261.40**	
忻州	Xinzhou	7.89	7.89	202	哈尔滨	Harbin	50.97	51.00	21
临汾	Linfen	4.21	5.28	238	齐齐哈尔	Qiqihar	17.75	17.75	82
吕梁	Lvliang	1.92	3.80	260	鸡西	Jixi	8.82	8.82	186
内蒙古	**Inner Mongolia**	**201.08**	**235.01**		鹤岗	Hegang	9.22	9.22	178
呼和浩特	Hohhot	42.55	42.92	26	双鸭山	Shuangyashan	4.20	9.15	180
包头	Baotou	19.40	24.40	55	大庆	Daqing	53.85	68.10	11
乌海	Wuhai	11.47	16.63	87	伊春	Yichun	5.63	15.42	96
赤峰	Chifeng	2.68	23.68	60	佳木斯	Jiamusi	8.87	8.87	184
通辽	Tongliao	10.98	10.98	150	七台河	Qitaihe	1.75	10.70	155
鄂尔多斯	Erdos	25.16	32.86	37	牡丹江	Mudanjiang	11.40	11.41	142
呼伦贝尔	Hulunbuir	9.79	9.51	171	黑河	Heihe	2.12	2.12	277
巴彦淖尔	Bayannur	14.52	11.31	143	绥化	Suihua	6.45	6.45	225
乌兰察布	Ulanqab	9.37	9.37	174	**上海**	**Shanghai**	**418.86**	**418.86**	
辽宁	**Liaoning**	**287.86**	**286.46**		**江苏**	**Jiangsu**	**493.10**	**562.84**	

8-9 城市道路交通设施用地面积（辖区） 续表 1

Area of Land for Roads, Street and Transportation (Municipal Districts) continued 1

单位：平方公里 (sq. km)

地名	City	2014	2015	2015 排名 Ranking	地名	City	2014	2015	2015 排名 Ranking
南京	Nanjing	99.39	106.13	3	池州	Chizhou	7.63	7.63	207
无锡	Wuxi	40.56	41.91	27	宣城	Xuancheng	9.08	9.19	179
徐州	Xuzhou	13.24	13.99	109	**福建**	**Fujian**	**133.97**	**188.15**	
常州	Changzhou	30.58	34.80	34	福州	Fuzhou	31.30	32.69	38
苏州	Suzhou	60.73	65.18	14	厦门	Xiamen	23.91	47.41	24
南通	Nantong	35.80	40.74	31	莆田	Putian	3.50	16.76	86
连云港	Lianyungang	20.81	28.67	44	三明	Sanming	4.17	4.25	256
淮安	Huaian	4.00	31.10	40	泉州	Quanzhou	16.00	20.00	72
盐城	Yancheng	14.91	18.98	78	漳州	Zhangzhou	11.94	13.65	113
扬州	Yangzhou	14.21	24.41	54	南平	Nanping	4.58	4.96	248
镇江	Zhenjiang	18.00	18.30	81	龙岩	Longyan	7.55	8.14	197
泰州	Taizhou	18.22	19.1	77	宁德	Ningde	6.38	4.34	255
宿迁	Suqian	13.70	14.00	108	**江西**	**Jiangxi**	**153.25**	**191.46**	
浙江	**Zhejiang**	**357.30**	**354.37**		南昌	Nanchang	36.77	41.73	28
杭州	Hangzhou	68.97	73.28	7	景德镇	Jingdezhen	10.59	10.72	154
宁波	Ningbo	63.57	46.52	25	萍乡	Pingxiang	7.59	8.67	190
温州	Wenzhou	32.07	34.84	33	九江	Jiujiang	14.75	14.93	101
嘉兴	Jiaxing	5.31	5.58	234	新余	Xinyu	1.86	11.49	141
湖州	Huzhou	8.34	8.36	195	鹰潭	Yingtan	5.47	5.83	232
绍兴	Shaoxing	18.84	19.23	76	赣州	Ganzhou	18.06	21.36	67
金华	Jinhua	15.71	16.00	92	吉安	Jian	6.40	6.64	223
衢州	Quzhou	12.32	12.50	127	宜春	Yichun	11.99	11.99	136
舟山	Zhoushan	9.53	9.65	169	抚州	Fuzhou	9.37	9.46	172
台州	Taizhou	10.56	17.58	83	上饶	Shangrao	4.66	14.66	104
丽水	Lishui	3.19	3.41	263	**山东**	**Shandong**	**533.54**	**537.44**	
安徽	**Anhui**	**268.52**	**299.02**		济南	Jinan	69.32	69.98	10
合肥	Hefei	49.82	67.50	12	青岛	Qingdao	60.11	54.25	17
芜湖	Wuhu	34.50	35.00	32	淄博	Zibo	31.49	31.59	39
蚌埠	Bengbu	20.40	22.09	64	枣庄	Zaozhuang	12.81	13.10	118
淮南	Huainan	13.86	16.40	89	东营	Dongying	4.08	4.58	254
马鞍山	Maanshan	14.66	13.50	114	烟台	Yantai	37.33	28.68	43
淮北	Huaibei	7.15	10.85	152	潍坊	Weifang	25.25	25.25	52
铜陵	Tongling	10.25	11.07	147	济宁	Jining	24.93	30.63	42
安庆	Anqing	7.36	7.55	211	泰安	Taian	18.52	18.67	79
黄山	Huangshan	7.56	7.57	210	威海	Weihai	26.20	27.53	45
滁州	Chuzhou	21.26	22.16	63	日照	Rizhao	13.57	13.73	112
阜阳	Fuyang	15.62	16.86	85	莱芜	Laiwu	3.75	3.89	259
宿州	Suzhou	8.77	10.15	161	临沂	Linyi	23.58	23.76	59
六安	Liuan	10.86	11.23	145	德州	Dezhou	21.02	21.02	69
亳州	Bozhou	12.07	12.57	126	聊城	Liaocheng	18.77	19.82	73

8-9 城市道路交通设施用地面积（辖区） 续表 2

Area of Land for Roads, Street and Transportation (Municipal Districts) continued 2

单位：平方公里 (sq. km)

地名	City	2014	2015	2015 排名 Ranking	地名	City	2014	2015	2015 排名 Ranking
滨州	Binzhou	16.79	20.09	71	常德	Changde	15.16	15.16	99
菏泽	Heze	12.12	13.12	117	张家界	Zhangjiajie	6.42	5.00	247
河南	**Henan**	**352.69**	**372.29**		益阳	Yiyang	2.00	2.00	278
郑州	Zhengzhou	68.51	72.65	8	郴州	Chenzhou	10.80	12.00	135
开封	Kaifeng	13.83	16.48	88	永州	Yongzhou	7.75	8.60	191
洛阳	Luoyang	27.77	30.97	41	怀化	Huaihua	2.39	9.00	182
平顶山	Pingdingshan	10.93	10.93	151	娄底	Loudi	1.80	1.80	280
安阳	Anyang	13.68	14.52	105	**广东**	**Guangdong**	**602.23**	**680.25**	
鹤壁	Hebi	9.69	9.69	168	广州	Guangzhou		77.65	6
新乡	Xinxiang	12.00	10.19	159	韶关	Shaoguan	11.04	11.04	148
焦作	Jiaozuo	13.98	14.17	106	深圳	Shenzhen	130.68	131.63	2
濮阳	Puyang	7.20	7.20	215	珠海	Zhuhai	9.29	9.29	177
许昌	Xuchang	12.00	12.20	131	汕头	Shantou	32.94	33.33	35
漯河	Luohe	8.13	11.78	138	佛山	Foshan	10.99	24.05	58
三门峡	Sanmenxia	5.54	7.07	216	江门	Jiangmen	31.25	6.93	219
南阳	Nanyang	21.35	24.38	56	湛江	Zhanjiang	7.70	11.08	146
商丘	Shangqiu	9.55	9.72	166	茂名	Maoming	13.07	12.97	121
信阳	Xinyang	13.78	13.78	110	肇庆	Zhaoqing	14.41	16.23	90
周口	Zhoukou	9.20	9.36	175	惠州	Huizhou	30.88	25.24	53
驻马店	Zhumadian	12.08	12.13	133	梅州	Meizhou	9.09	7.77	206
湖北	**Hubei**	**243.90**	**303.48**		汕尾	Shanwei	2.67	2.70	270
武汉	Wuhan	117.32	62.54	16	河源	Heyuan	5.02	5.02	246
黄石	Huangshi	11.12	15.88	93	阳江	Yangjiang	6.41	12.21	130
十堰	Shiyan	4.23	8.69	189	清远	Qingyuan	6.23	5.96	227
宜昌	Yichang	15.45	25.61	51	东莞	Dongguan	168.39	170.70	1
襄阳	Xiangyang	17.11	24.34	57	中山	Zhongshan	18.78	20.17	70
鄂州	Ezhou	5.18	5.20	241	潮州	Chaozhou	8.63	9.03	181
荆门	Jingmen	2.60	9.70	167	揭阳	Jieyang	10.20	12.10	134
孝感	Xiaogan	5.00	12.20	131	云浮	Yunfu	2.26	2.36	276
荆州	Jingzhou	12.56	12.92	122	**广西**	**Guangxi**	**208.62**	**220.76**	
黄冈	Huanggang	6.51	10.01	163	南宁	Nanning	52.80	53.92	19
咸宁	Xianning	0.32	5.90	230	柳州	Liuzhou	32.28	33.16	36
随州	Suizhou	1.09	4.90	250	桂林	Guilin	9.77	12.69	124
湖南	**Hunan**	**174.96**	**183.84**		梧州	Wuzhou	9.91	10.07	162
长沙	Changsha	50.91	47.87	23	北海	Beihai	15.00	15.00	100
株洲	Zhuzhou	11.17	11.70	139	防城港	Fangchenggang	6.68	6.98	217
湘潭	Xiangtan	12.34	13.26	116	钦州	Qinzhou	14.09	14.10	107
衡阳	Hengyang	19.07	18.34	80	贵港	Guigang	12.06	12.32	129
邵阳	Shaoyang	4.69	5.26	239	玉林	Yulin	9.56	10.68	156
岳阳	Yueyang	3.90	4.10	257	百色	Baise	5.46	5.95	229

8-9 城市道路交通设施用地面积（辖区） 续表 3

Area of Land for Roads, Street and Transportation (Municipal Districts) continued 3

单位：平方公里 (sq. km)

地名	City	2014	2015	2015 排名 Ranking	地名	City	2014	2015	2015 排名 Ranking
贺州	Hezhou	3.24	3.24	266	丽江	Lijiang	2.52	2.52	272
河池	Hechi	2.39	2.74	269	普洱	Puer	2.31	2.40	275
来宾	Laibin	8.60	8.98	183	临沧	Lincang	2.87	2.99	268
崇左	Chongzuo	2.50	3.00	267	**西藏**	**Tibet**	**14.12**	**17.31**	
海南	**Hainan**	**44.67**	**72.64**		拉萨	Lasa	10.92	11.04	148
海口	Haikou	22.44	26.00	49	**陕西**	**Shaanxi**	**156.45**	**172.47**	
三亚	Sanya	3.91	26.93	47	西安	Xi'an	80.00	84.74	5
三沙	Sansha	0.02	0.20	286	铜川	Tongchuan	7.82	7.82	205
重庆	**Chongqing**	**174.09**	**192.59**		宝鸡	Baoji	13.15	13.46	115
四川	**Sichuan**	**255.49**	**334.59**		咸阳	Xianyang	13.29	21.26	68
成都	Chengdu	31.33	100.06	4	渭南	Weinan	6.35	8.12	198
自贡	Zigong	12.76	12.98	120	延安	Yan'an	6.31	5.16	244
攀枝花	Panzhihua	5.49	5.56	235	汉中	Hanzhong	3.20	3.30	265
泸州	Luzhou	18.52	19.80	74	榆林	Yulin	8.53	10.16	160
德阳	Deyang	15.33	16.20	91	安康	Ankang	5.20	5.40	237
绵阳	Mianyang	15.49	19.50	75	商洛	Shangluo	2.20	2.60	271
广元	Guangyuan	7.37	7.94	200	**甘肃**	**Gansu**	**90.24**	**111.26**	
遂宁	Suining	15.09	15.59	95	兰州	Lanzhou	46.02	63.38	15
内江	Neijiang	10.16	11.83	137	嘉峪关	Jiayuguan	4.92	4.93	249
乐山	Leshan	7.61	7.83	203	金昌	Jinchang	5.06	5.20	241
南充	Nanchong	17.05	17.22	84	白银	Baiyin	5.22	5.24	240
眉山	Meishan	8.26	8.39	194	天水	Tianshui	6.90	6.90	220
宜宾	Yibin	15.99	13.01	119	武威	Wuwei	3.00	3.61	262
广安	Guangan	8.08	7.42	213	张掖	Zhangye	2.14	2.42	274
达州	Dazhou	12.64	12.80	123	平凉	Pingliang	4.90	4.90	250
雅安	Yaan	4.37	5.89	231	酒泉	Jiuquan	4.40	4.60	253
巴中	Bazhong	0.25	0.25	285	庆阳	Qingyang	0.71	0.71	283
资阳	Ziyang	5.42	5.53	236	定西	Dingxi	0.78	0.79	282
贵州	**Guizhou**	**75.47**	**101.60**		陇南	Longnan	0.70	0.70	284
贵阳	Guiyang	39.38	50.49	22	**青海**	**Qinghai**	**14.66**	**16.98**	
六盘水	Liupanshui	5.31	7.83	203	西宁	Xining	6.24	6.47	224
遵义	Zunyi	5.74	10.58	157	海东	Haidong	0.21	0.83	281
安顺	Anshun	5.90	8.55	193	**宁夏**	**Ningxia**	**60.35**	**65.04**	
毕节	Bijie	1.93	1.93	279	银川	Yinchuan	25.76	27.31	46
铜仁	Tongren	2.40	2.48	273	石嘴山	Shizuishan	10.88	11.27	144
云南	**Yunnan**	**115.71**	**126.22**		吴忠	Wuzhong	6.89	7.27	214
昆明	Kunming	39.12	41.52	29	固原	Guyuan	7.00	8.26	196
曲靖	Qujing	9.21	10.20	158	中卫	Zhongwei	6.55	5.96	227
玉溪	Yuxi	7.77	7.47	212	**新疆**	**Xinjiang**	**135.90**	**142.93**	
保山	Baoshan	4.00	4.00	258	乌鲁木齐	Urumqi	63.91	67.41	13
昭通	Zhaotong	4.73	5.10	245	克拉玛依	Karamay	9.09	10.00	164

8-10 城市公用设施用地面积（辖区）
Area of Land for Municipal Utilities (Municipal Districts)

单位：平方公里 (sq. km)

地名	City	2010	2014	2015	2015 排名 Ranking	地名	City	2010	2014	2015	2015 排名 Ranking
全国	**National Total**	**1387.15**	**2116.97**	**1897.50**		沈阳	Shenyang	10.00	11.45	11.45	21
北京	**Beijing**		**29.11**	**32.05**		大连	Dalian	10.30	11.00	11.00	25
天津	**Tianjin**	**19.88**	**22.00**	**23.35**		鞍山	Anshan	4.84	3.44	3.61	103
河北	**Hebei**	**53.78**	**87.34**	**88.81**		抚顺	Fushun	5.45	5.58	5.59	62
石家庄	Shijiazhuang	11.23	14.68	14.73	13	本溪	Benxi	1.34	1.88	1.88	181
唐山	Tangshan	4.98	26.88	26.88	4	丹东	Dandong	1.14	0.84	1.22	220
秦皇岛	Qinhuangdao	3.78	5.47	4.74	75	锦州	Jinzhou	2.14	2.74	2.74	142
邯郸	Handan	4.50	3.96	3.96	91	营口	Yingkou	4.00	4.32	4.32	84
邢台	Xingtai	1.81	2.06	2.06	171	阜新	Fuxin	1.27	1.44	0.69	265
保定	Baoding	3.18	4.63	5.80	58	辽阳	Liaoyang	2.34	2.52	2.52	151
张家口	Zhangjiakou	1.98	1.98	1.98	174	盘锦	Panjin	2.38	1.16	1.17	228
承德	Chengde	1.67	1.37	1.55	200	铁岭	Tieling	1.76	5.92	5.92	56
沧州	Cangzhou	1.17	1.80	1.82	185	朝阳	Chaoyang	0.50	1.80	1.42	211
廊坊	Langfang	2.46	2.80	2.82	137	葫芦岛	Huludao	2.55	3.15	3.15	122
衡水	Hengshui	1.19	1.19	1.19	226	**吉林**	**Jilin**	**34.42**	**65.15**	**53.78**	
山西	**Shanxi**	**56.94**	**79.70**	**81.69**		长春	Changchun	12.67	25.77	27.35	3
太原	Taiyuan	24.05	41.00	44.00	1	吉林	Jilin	3.96	13.63	3.05	125
大同	Datong	2.70	1.50	1.50	204	四平	Siping	0.24	3.20	3.20	120
阳泉	Yangquan	1.22	1.22	1.22	220	辽源	Liaoyuan	1.41	1.40	1.40	212
长治	Changzhi	2.94	3.04	3.05	125	通化	Tonghua	1.30	1.67	1.72	191
晋城	Jincheng	1.34	1.00	1.00	240	白山	Baishan	0.53	1.00	0.92	250
朔州	Shuozhou	1.26	2.14	2.14	168	松原	Songyuan	0.65	1.17	1.17	228
晋中	Jinzhong	13.42	11.37	11.39	22	白城	Baicheng	1.26	0.71	0.71	263
运城	Yuncheng	1.33	4.80	3.30	119	**黑龙江**	**Heilongjiang**	**41.71**	**71.71**	**62.18**	
忻州	Xinzhou	0.62	0.21	0.21	284	哈尔滨	Harbin	6.47	10.65	10.70	26
临汾	Linfen	1.62	2.73	2.73	143	齐齐哈尔	Qiqihar	3.84	14.07	14.07	14
吕梁	Lvliang	1.19	1.60	1.96	176	鸡西	Jixi	1.44	1.44	1.44	209
内蒙古	**Inner Mongolia**	**30.78**	**75.26**	**38.93**		鹤岗	Hegang	1.01	1.37	1.37	213
呼和浩特	Hohhot	4.83	41.60	4.64	76	双鸭山	Shuangyashan	0.60	1.19	1.95	178
包头	Baotou	2.59	3.16	3.49	112	大庆	Daqing	10.62	11.66	10.35	29
乌海	Wuhai	1.95	0.91	0.82	259	伊春	Yichun	3.00	6.23	7.07	49
赤峰	Chifeng	5.24	6.86	6.86	52	佳木斯	Jiamusi	1.27	2.28	2.28	164
通辽	Tongliao	1.02	3.35	3.35	116	七台河	Qitaihe	1.20	8.95	0.70	264
鄂尔多斯	Erdos	1.64	0.93	0.95	248	牡丹江	Mudanjiang	1.59	1.70	1.80	187
呼伦贝尔	Hulunbuir	1.90	3.13	2.24	165	黑河	Heihe	0.89	0.89	0.89	254
巴彦淖尔	Bayannur	2.00	2.52	2.44	155	绥化	Suihua	2.71	0.45	0.45	281
乌兰察布	Ulanqab	1.50	1.70	1.70	192	**上海**	**Shanghai**		**130.28**	**130.28**	
辽宁	**Liaoning**	**59.10**	**70.06**	**69.69**		**江苏**	**Jiangsu**	**97.84**	**147.31**	**124.99**	

注：本表2011年及以前年份数据统计口径为市政公用设施用地。

Note: The table data statistics caliber and before the year of 2011 green space area.

8-10 城市公用设施用地面积（辖区） 续表 1
Area of Land for Municipal Utilities (Municipal Districts) continued 1

单位：平方公里 (sq. km)

地名	City	2010	2014	2015	2015 排名 Ranking	地名	City	2010	2014	2015	2015 排名 Ranking
南京	Nanjing	22.84	18.11	18.81	8	池州	Chizhou	0.77	0.79	0.79	261
无锡	Wuxi	7.42	4.26	3.67	101	宣城	Xuancheng	0.80	0.78	0.99	242
徐州	Xuzhou	5.44	21.59	21.61	5	**福建**	**Fujian**	**32.07**	**55.82**	**53.79**	
常州	Changzhou	5.52	6.53	7.59	45	福州	Fuzhou	4.66	4.38	4.93	72
苏州	Suzhou	5.71	8.63	9.44	32	厦门	Xiamen	7.07	9.72	7.49	47
南通	Nantong	3.62	4.45	4.06	87	莆田	Putian	2.47	2.47	0.86	256
连云港	Lianyungang	3.08	3.08	3.79	95	三明	Sanming	0.89	1.18	0.96	247
淮安	Huaian	4.37	27.50	1.50	204	泉州	Quanzhou	3.50	12.00	12.50	16
盐城	Yancheng	4.30	1.61	3.32	118	漳州	Zhangzhou	1.97	3.64	3.76	96
扬州	Yangzhou	2.45	2.46	2.44	155	南平	Nanping	0.88	0.14	0.51	272
镇江	Zhenjiang	3.72	5.1	5.3	66	龙岩	Longyan	1.78	1.02	1.62	194
泰州	Taizhou	3.22	5.15	5.33	65	宁德	Ningde	0.26	0.27	0.29	282
宿迁	Suqian	1.17	1.09	1.20	224	**江西**	**Jiangxi**	**30.70**	**51.42**	**44.62**	
浙江	**Zhejiang**	**78.48**	**115.61**	**94.11**		南昌	Nanchang	3.96	5.29	7.66	44
杭州	Hangzhou	19.83	10.67	11.16	23	景德镇	Jingdezhen	3.07	1.02	1.16	230
宁波	Ningbo	6.12	13.87	4.53	78	萍乡	Pingxiang	2.30	5.32	0.50	275
温州	Wenzhou	8.16	9.04	10.13	30	九江	Jiujiang	2.51	2.87	2.87	132
嘉兴	Jiaxing	2.10	17.03	17.60	10	新余	Xinyu	2.30	9.40	1.27	216
湖州	Huzhou	4.70	2.08	2.10	170	鹰潭	Yingtan	0.55	2.69	2.93	129
绍兴	Shaoxing	1.38	9.06	9.11	34	赣州	Ganzhou	1.50	3.76	3.82	93
金华	Jinhua	1.77	1.92	1.97	175	吉安	Jian	1.83	2.78	2.88	131
衢州	Quzhou	1.76	1.86	1.92	179	宜春	Yichun	1.80	3.48	3.48	113
舟山	Zhoushan	1.06	1.64	1.65	193	抚州	Fuzhou	1.52	1.06	1.07	234
台州	Taizhou	4.46	16.88	2.30	163	上饶	Shangrao	1.12	2.03	3.98	90
丽水	Lishui	1.73	5.02	5.02	70	**山东**	**Shandong**	**121.76**	**147.07**	**148.81**	
安徽	**Anhui**	**43.12**	**61.00**	**58.86**		济南	Jinan	12.07	13.76	13.83	15
合肥	Hefei	6.22	7.22	6.10	54	青岛	Qingdao	8.37	9.56	8.45	38
芜湖	Wuhu	1.37	11.00	11.50	20	淄博	Zibo	5.72	5.88	5.88	57
蚌埠	Bengbu	2.93	10.37	10.46	27	枣庄	Zaozhuang	4.97	5.72	5.73	60
淮南	Huainan	6.40	3.48	1.21	223	东营	Dongying	5.27	8.27	8.87	37
马鞍山	Maanshan	6.25	1.28	0.94	249	烟台	Yantai	8.63	13.10	11.59	19
淮北	Huaibei	0.53	1.52	1.55	200	潍坊	Weifang	4.80	6.00	6.00	55
铜陵	Tongling	2.35	3.46	3.74	98	济宁	Jining	3.25	3.66	3.70	99
安庆	Anqing	2.27	2.59	2.61	147	泰安	Taian	0.90	1.52	1.62	194
黄山	Huangshan	1.38	0.81	0.91	251	威海	Weihai	3.52	5.19	5.27	67
滁州	Chuzhou	1.81	4.57	4.63	77	日照	Rizhao	3.60	4.30	4.35	81
阜阳	Fuyang	1.24	1.76	1.91	180	莱芜	Laiwu	3.02	0.66	0.98	243
宿州	Suzhou	1.84	1.86	1.86	183	临沂	Linyi	4.91	11.87	11.88	18
六安	Liuan	1.13	2.23	2.37	159	德州	Dezhou	2.85	2.12	2.17	167
亳州	Bozhou	1.66	1.25	1.25	217	聊城	Liaocheng	3.34	0.43	0.48	280

8-10 城市公用设施用地面积（辖区） 续表 2
Area of Land for Municipal Utilities (Municipal Districts) continued 2

单位：平方公里 (sq. km)

地名	City	2010	2014	2015	2015 排名 Ranking	地名	City	2010	2014	2015	2015 排名 Ranking
滨州	Binzhou	1.90	2.76	3.38	115	常德	Changde	3.33	3.57	3.57	106
菏泽	Heze	0.90	1.35	1.45	207	张家界	Zhangjiajie	0.27	4.96	4.96	71
河南	**Henan**	**68.42**	**93.66**	**97.05**		益阳	Yiyang	1.60	16.00	16.00	11
郑州	Zhengzhou	13.25	14.90	15.80	12	郴州	Chenzhou	9.70	1.25	1.55	200
开封	Kaifeng	2.25	2.62	2.87	132	永州	Yongzhou	7.60	8.02	8.02	41
洛阳	Luoyang	3.99	3.98	4.79	74	怀化	Huaihua	1.50	10.01	1.22	220
平顶山	Pingdingshan	1.35	1.35	1.35	214	娄底	Loudi	1.02	5.44	5.44	63
安阳	Anyang	2.58	2.96	2.96	128	**广东**	**Guangdong**	**184.28**	**153.82**	**141.00**	
鹤壁	Hebi	1.65	1.96	1.96	176	广州	Guangzhou	71.61		7.01	50
新乡	Xinxiang	2.38	2.69	2.73	143	韶关	Shaoguan	0.93	4.43	4.43	80
焦作	Jiaozuo	3.45	1.59	1.56	199	深圳	Shenzhen	17.94	20.22	20.37	7
濮阳	Puyang	2.30	2.20	2.20	166	珠海	Zhuhai	8.83	7.97	7.97	42
许昌	Xuchang	5.36	7.00	7.00	51	汕头	Shantou	6.35	7.41	7.85	43
漯河	Luohe	2.03	7.43	7.50	46	佛山	Foshan	2.56	2.65	3.53	108
三门峡	Sanmenxia	0.78	0.90	1.30	215	江门	Jiangmen	3.41	5.37	0.51	272
南阳	Nanyang	4.90	5.15	5.34	64	湛江	Zhanjiang	1.47	11.49	1.19	226
商丘	Shangqiu	2.27	3.02	3.13	123	茂名	Maoming	1.63	5.34	5.24	68
信阳	Xinyang	1.35	0.88	0.88	255	肇庆	Zhaoqing	4.34	0.83	1.00	240
周口	Zhoukou	2.80	3.35	3.42	114	惠州	Huizhou	5.90	8.08	7.40	48
驻马店	Zhumadian	1.25	5.61	5.63	61	梅州	Meizhou	1.00	0.49	0.90	252
湖北	**Hubei**	**72.89**	**101.58**	**80.79**		汕尾	Shanwei	1.90	0.64	0.66	266
武汉	Wuhan	24.44	27.21	9.35	33	河源	Heyuan	1.82	3.27	3.35	116
黄石	Huangshi	3.31	3.46	3.50	111	阳江	Yangjiang	1.20	0.96	0.85	257
十堰	Shiyan	2.56	2.71	3.53	108	清远	Qingyuan	0.92	1.44	1.25	217
宜昌	Yichang	3.30	6.85	11.12	24	东莞	Dongguan	21.51	29.16	29.53	2
襄阳	Xiangyang	2.25	3.51	8.08	39	中山	Zhongshan	5.28	0.97	1.04	236
鄂州	Ezhou	2.59	3.17	3.18	121	潮州	Chaozhou	0.52	1.01	1.03	238
荆门	Jingmen	1.58	4.02	4.03	88	揭阳	Jieyang		1.50	1.80	187
孝感	Xiaogan	1.14	5.50	0.60	269	云浮	Yunfu		2.34	2.54	150
荆州	Jingzhou	1.23	1.54	2.61	147	**广西**	**Guangxi**	**35.24**	**49.00**	**51.44**	
黄冈	Huanggang	1.67	0.56	0.56	270	南宁	Nanning	5.51	9.03	9.07	36
咸宁	Xianning	2.05	0.15	0.15	285	柳州	Liuzhou	9.81	3.77	3.80	94
随州	Suizhou	1.23	1.23	1.24	219	桂林	Guilin	1.33	5.51	6.24	53
湖南	**Hunan**	**60.44**	**94.36**	**82.63**		梧州	Wuzhou	0.84	2.97	2.97	127
长沙	Changsha	6.45	5.00	4.19	85	北海	Beihai	1.00	2.50	2.50	152
株洲	Zhuzhou	2.57	2.14	2.33	161	防城港	Fangchenggang	0.95	1.02	1.11	232
湘潭	Xiangtan	3.16	4.33	4.33	82	钦州	Qinzhou	1.76	1.77	1.78	189
衡阳	Hengyang	3.60	2.19	2.32	162	贵港	Guigang	2.14	2.37	2.85	135
邵阳	Shaoyang	2.82	3.30	3.70	99	玉林	Yulin	1.73	2.30	2.38	158
岳阳	Yueyang	2.20	11.40	12.00	17	百色	Baise	2.72	0.97	1.07	234

8-10 城市公用设施用地面积（辖区） 续表 3

Area of Land for Municipal Utilities (Municipal Districts) continued 3

单位：平方公里 (sq. km)

地名	City	2010	2014	2015	2015 排名 Ranking
贺州	Hezhou	1.88	3.76	3.76	96
河池	Hechi	0.16	2.37	2.67	145
来宾	Laibin	2.00	5.58	5.79	59
崇左	Chongzuo	1.26	1.50	1.52	203
海南	**Hainan**	**6.22**	**11.16**	**13.80**	
海口	Haikou	1.24	2.47	2.47	154
三亚	Sanya	0.53	0.06	2.48	153
三沙	Sansha		0.01	0.01	286
重庆	**Chongqing**	**23.85**	**30.39**	**31.10**	
四川	**Sichuan**	**47.06**	**143.25**	**70.79**	
成都	Chengdu	9.58	84.70	10.39	28
自贡	Zigong	1.83	2.31	2.44	155
攀枝花	Panzhihua	2.02	3.57	3.64	102
泸州	Luzhou	1.51	2.19	2.34	160
德阳	Deyang	0.83	1.04	1.04	236
绵阳	Mianyang	2.32	2.52	2.82	137
广元	Guangyuan	1.79	2.77	2.83	136
遂宁	Suining	0.53	1.41	1.45	207
内江	Neijiang	1.71	1.53	1.83	184
乐山	Leshan	3.65	1.52	1.62	194
南充	Nanchong	2.25	4.53	4.53	78
眉山	Meishan	2.90	3.55	3.59	105
宜宾	Yibin	2.35	2.29	2.11	169
广安	Guangan	1.65	2.85	2.76	141
达州	Dazhou	1.15	2.66	2.79	140
雅安	Yaan	0.67	0.86	0.97	244
巴中	Bazhong	0.68	4.00	4.00	89
资阳	Ziyang	0.72	1.19	1.20	224
贵州	**Guizhou**	**13.38**	**29.81**	**21.22**	
贵阳	Guiyang	5.13	7.71	3.56	107
六盘水	Liupanshui	1.87	3.30	4.86	73
遵义	Zunyi	1.20	7.68	0.90	252
安顺	Anshun	1.03	1.87	2.80	139
毕节	Bijie	1.10	1.50	2.00	172
铜仁	Tongren	0.45	1.75	1.77	190
云南	**Yunnan**	**58.51**	**34.22**	**31.92**	
昆明	Kunming	41.76	8.05	8.06	40
曲靖	Qujing	1.15	3.60	0.29	282
玉溪	Yuxi	0.80	1.43	1.61	197
保山	Baoshan	0.89	0.50	0.50	275
昭通	Zhaotong	1.53	0.63	0.63	267
丽江	Lijiang	1.00	1.58	1.58	198
普洱	Puer	0.45	0.50	0.51	272
临沧	Lincang	1.12	0.60	0.97	244
西藏	**Tibet**	**3.96**	**6.98**	**6.16**	
拉萨	Lasa	2.56	5.18	2.86	134
陕西	**Shaanxi**	**21.27**	**31.32**	**37.64**	
西安	Xi'an	4.97	12.00	17.74	9
铜川	Tongchuan	1.82	1.82	1.82	185
宝鸡	Baoji	4.14	3.92	4.33	82
咸阳	Xianyang	3.16	3.16	2.89	130
渭南	Weinan	0.91	0.90	1.49	206
延安	Yan'an	0.71	0.91	0.74	262
汉中	Hanzhong	0.79	2.00	2.00	172
榆林	Yulin	1.50	0.84	0.84	258
安康	Ankang	1.70	2.56	2.56	149
商洛	Shangluo	0.13	0.50	0.50	275
甘肃	**Gansu**	**23.25**	**40.96**	**40.23**	
兰州	Lanzhou	8.74	9.63	9.77	31
嘉峪关	Jiayuguan	1.33	0.80	0.80	260
金昌	Jinchang	0.83	1.44	1.44	209
白银	Baiyin	2.47	2.65	2.65	146
天水	Tianshui	0.28	4.17	4.17	86
武威	Wuwei	0.26	0.50	0.50	275
张掖	Zhangye	0.28	3.52	3.92	92
平凉	Pingliang	0.63	1.03	1.03	238
酒泉	Jiuquan	1.10	1.05	1.08	233
庆阳	Qingyang	0.74	5.29	3.60	104
定西	Dingxi	0.64	5.21	5.24	68
陇南	Longnan	0.50	0.50	0.50	275
青海	**Qinghai**	**11.80**	**5.99**	**6.37**	
西宁	Xining	10.49	3.45	3.53	108
海东	Haidong		1.00	1.14	231
宁夏	**Ningxia**	**14.02**	**16.88**	**14.17**	
银川	Yinchuan	5.17	8.77	9.09	35
石嘴山	Shizuishan	3.96	0.91	0.97	244
吴忠	Wuzhong	1.25	1.85	1.87	182
固原	Guyuan	1.20	2.00	0.52	271
中卫	Zhongwei	1.57	2.05	0.61	268
新疆	**Xinjiang**	**41.98**	**64.75**	**65.25**	
乌鲁木齐	Urumqi	21.78	20.79	21.59	6
克拉玛依	Karamay	3.24	3.01	3.06	124

8-11 城市绿地与广场用地面积（辖区）
Area of Land for Green Space and Square (Municipal Districts)

单位：平方公里 (sq. km)

地名	City	2010	2014	2015	2015 排名 Ranking
全国	**National Total**	**4060.23**	**5623.62**	**5580.88**	
北京	**Beijing**		**111.39**	**114.32**	
天津	**Tianjin**	**77.01**	**77.72**	**86.76**	
河北	**Hebei**	**154.85**	**203.40**	**211.36**	
石家庄	Shijiazhuang	27.74	45.79	45.82	15
唐山	Tangshan	14.09	31.71	31.71	32
秦皇岛	Qinhuangdao	7.37	7.62	8.26	148
邯郸	Handan	8.70	6.77	6.77	182
邢台	Xingtai	2.25	7.55	7.77	164
保定	Baoding	9.33	11.35	13.29	83
张家口	Zhangjiakou	9.24	9.80	9.80	116
承德	Chengde	7.51	8.85	9.03	129
沧州	Cangzhou	3.37	4.07	4.33	229
廊坊	Langfang	12.11	12.54	12.54	89
衡水	Hengshui	10.19	12.35	12.35	92
山西	**Shanxi**	**87.01**	**101.30**	**105.60**	
太原	Taiyuan	24.00	30.00	35.00	27
大同	Datong	7.60	14.70	14.70	73
阳泉	Yangquan	3.49	4.03	4.03	236
长治	Changzhi	1.24	1.24	1.25	276
晋城	Jincheng	6.68	0.10		
朔州	Shuozhou	7.46	9.98	9.98	115
晋中	Jinzhong	1.32	1.32	1.32	273
运城	Yuncheng	3.07	3.58	3.58	247
忻州	Xinzhou	1.61	1.98	3.66	246
临汾	Linfen	2.71	11.23	10.32	111
吕梁	Lvliang	0.34	0.81	1.06	280
内蒙古	**Inner Mongolia**	**139.55**	**164.62**	**150.92**	
呼和浩特	Hohhot	26.57	32.89	33.18	28
包头	Baotou	19.93	23.65	23.65	45
乌海	Wuhai	2.75	5.38	4.95	216
赤峰	Chifeng	9.50	10.39	8.39	143
通辽	Tongliao	5.57	8.05	8.05	153
鄂尔多斯	Erdos	26.22	27.10	27.59	38
呼伦贝尔	Hulunbuir	11.91	7.34	7.34	172
巴彦淖尔	Bayannur	2.00	18.81	5.61	196
乌兰察布	Ulanqab	0.80	9.44	9.44	121
辽宁	**Liaoning**	**214.21**	**262.48**	**244.22**	
沈阳	Shenyang	58.00	69.90	69.90	7
大连	Dalian	38.30	46.70	46.76	13
鞍山	Anshan	17.48	8.73	8.56	139
抚顺	Fushun	21.60	21.85	21.85	47
本溪	Benxi	4.41	6.45	6.45	190
丹东	Dandong	5.96	4.08	5.90	193
锦州	Jinzhou	3.10	7.18	7.18	177
营口	Yingkou	4.42	4.92	4.92	218
阜新	Fuxin	8.20	21.18	10.12	112
辽阳	Liaoyang	3.85	4.71	4.54	226
盘锦	Panjin	5.94	4.20	4.40	228
铁岭	Tieling	4.59	5.25	5.25	210
朝阳	Chaoyang	4.50	13.50	3.87	241
葫芦岛	Huludao	9.40	10.90	10.90	104
吉林	**Jilin**	**100.59**	**98.32**	**108.08**	
长春	Changchun	28.37	31.79	35.57	25
吉林	Jilin	11.46	9.19	16.99	63
四平	Siping	3.03	4.27	4.27	231
辽源	Liaoyuan	1.61	1.60	1.60	272
通化	Tonghua	3.59	4.65	5.03	212
白山	Baishan	4.22	5.52	3.83	242
松原	Songyuan	8.44	10.65	10.65	108
白城	Baicheng	3.02	0.97	1.31	274
黑龙江	**Heilongjiang**	**183.54**	**171.69**	**152.42**	
哈尔滨	Harbin	33.77	39.54	39.50	21
齐齐哈尔	Qiqihar	8.46	8.17	8.17	149
鸡西	Jixi	2.24	4.24	4.29	230
鹤岗	Hegang	4.75	5.36	5.36	203
双鸭山	Shuangyashan	2.10	2.10	9.07	127
大庆	Daqing	15.63	20.45	21.79	48
伊春	Yichun	34.65	41.76	18.68	58
佳木斯	Jiamusi	35.37	3.78	3.78	244
七台河	Qitaihe	4.78	4.81	2.70	260
牡丹江	Mudanjiang	7.49	7.50	7.50	170
黑河	Heihe	4.41	2.91	2.91	259
绥化	Suihua	2.75	1.26	1.30	275
上海	**Shanghai**		**189.61**	**189.61**	
江苏	**Jiangsu**	**344.83**	**475.09**	**469.96**	

注：本表2011年及以前年份数据统计口径为绿地面积。

Note: The table data statistics caliber and before the year of 2011 green space area.

8-11 城市绿地与广场用地面积（辖区） 续表 1

Area of Land for Green Space and Square (Municipal Districts) continued 1

单位：平方公里 (sq. km)

地名	City	2010	2014	2015	2015 排名 Ranking	地名	City	2010	2014	2015	2015 排名 Ranking
南京	Nanjing	65.43	89.84	91.30	3	池州	Chizhou	1.92	3.38	3.38	251
无锡	Wuxi	16.20	31.21	31.97	31	宣城	Xuancheng	4.40	3.86	4.77	222
徐州	Xuzhou	14.38	58.45	58.46	8	**福建**	**Fujian**	**105.95**	**125.90**	**131.32**	
常州	Changzhou	22.84	31.60	35.64	24	福州	Fuzhou	22.01	19.30	21.78	49
苏州	Suzhou	42.60	53.44	56.10	10	厦门	Xiamen	26.94	31.37	35.07	26
南通	Nantong	8.26	10.62	10.03	113	莆田	Putian	5.46	5.46	1.17	279
连云港	Lianyungang	3.14	4.37	8.32	145	三明	Sanming	0.70	0.61	1.01	281
淮安	Huaian	29.05	36.50	17.60	60	泉州	Quanzhou	12.10	18.50	19.00	56
盐城	Yancheng	6.60	3.63	4.98	215	漳州	Zhangzhou	0.83	3.77	4.57	225
扬州	Yangzhou	4.44	12.64	12.88	86	南平	Nanping	2.07	4.53	5.64	195
镇江	Zhenjiang	4.32	15.70	15.90	65	龙岩	Longyan	7.44	8.08	9.40	122
泰州	Taizhou	4.29	6.91	6.98	178	宁德	Ningde	1.70	1.15	2.95	258
宿迁	Suqian	10.15	8.62	8.70	134	**江西**	**Jiangxi**	**106.18**	**136.17**	**148.90**	
浙江	**Zhejiang**	**239.24**	**264.42**	**271.98**		南昌	Nanchang	22.52	25.28	30.72	34
杭州	Hangzhou	61.35	47.52	51.02	11	景德镇	Jingdezhen	5.76	8.66	8.70	134
宁波	Ningbo	14.79	18.00	15.40	67	萍乡	Pingxiang	6.10	7.09	7.80	162
温州	Wenzhou	21.68	24.85	28.82	35	九江	Jiujiang	7.87	12.27	12.42	91
嘉兴	Jiaxing	8.47	12.07	12.45	90	新余	Xinyu	3.10	6.37	6.37	191
湖州	Huzhou	19.53	13.60	14.49	74	鹰潭	Yingtan	8.35	6.94	9.00	130
绍兴	Shaoxing	5.27	32.12	32.19	29	赣州	Ganzhou	8.29	14.72	14.87	71
金华	Jinhua	4.28	5.19	5.46	199	吉安	Jian	2.96	5.07	5.26	209
衢州	Quzhou	4.40	6.36	6.79	181	宜春	Yichun	9.00	12.02	12.02	95
舟山	Zhoushan	6.23	7.82	7.82	161	抚州	Fuzhou	8.48	7.82	7.89	157
台州	Taizhou	15.83	18.85	19.27	55	上饶	Shangrao	5.13	8.18	11.03	100
丽水	Lishui	3.86	4.12	4.22	233	**山东**	**Shandong**	**389.32**	**505.62**	**483.13**	
安徽	**Anhui**	**179.74**	**207.41**	**231.11**		济南	Jinan	35.06	36.23	36.23	23
合肥	Hefei	48.28	52.56	76.04	5	青岛	Qingdao	18.22	58.00	43.29	17
芜湖	Wuhu	37.61	39.00	40.00	20	淄博	Zibo	13.71	17.83	17.90	59
蚌埠	Bengbu	7.96	8.78	8.99	131	枣庄	Zaozhuang	11.87	13.32	13.37	81
淮南	Huainan	9.00	12.30	6.57	189	东营	Dongying	8.89	10.65	11.05	99
马鞍山	Maanshan	5.09	6.71	7.67	166	烟台	Yantai	28.30	45.06	38.97	22
淮北	Huaibei	8.59	8.82	8.89	132	潍坊	Weifang	8.02	16.42	20.42	52
铜陵	Tongling	3.70	6.62	7.65	167	济宁	Jining	3.02	29.76	20.85	50
安庆	Anqing	6.15	6.50	6.67	184	泰安	Taian	7.20	8.32	8.47	141
黄山	Huangshan	5.17	6.52	6.58	188	威海	Weihai	15.69	15.58	15.92	64
滁州	Chuzhou	5.54	7.84	7.84	159	日照	Rizhao	12.58	13.38	13.54	79
阜阳	Fuyang	4.59	5.04	5.35	205	莱芜	Laiwu	11.94	24.07	12.67	88
宿州	Suzhou	5.92	6.60	7.48	171	临沂	Linyi	28.05	30.61	31.00	33
六安	Liuan	9.75	11.57	11.86	97	德州	Dezhou	5.81	15.85	15.85	66
亳州	Bozhou	1.19	4.61	4.61	224	聊城	Liaocheng	7.34	5.13	6.17	192

8-11 城市绿地与广场用地面积（辖区） 续表 2

Area of Land for Green Space and Square (Municipal Districts) continued 2

单位：平方公里 (sq. km)

地名	City	2010	2014	2015	2015 排名 Ranking	地名	City	2010	2014	2015	2015 排名 Ranking
滨州	Binzhou	11.71	16.16	20.22	53	常德	Changde	4.10	4.32	5.32	207
菏泽	Heze	6.80	8.12	9.12	125	张家界	Zhangjiajie	0.75	1.81	2.21	266
河南	**Henan**	**250.70**	**327.44**	**344.14**		益阳	Yiyang	2.04	5.40	5.40	201
郑州	Zhengzhou	64.12	76.61	81.24	4	郴州	Chenzhou	19.70	13.95	13.99	77
开封	Kaifeng	6.73	9.95	11.00	101	永州	Yongzhou	6.76	7.85	8.31	146
洛阳	Luoyang	14.81	19.25	20.77	51	怀化	Huaihua	6.00	1.22	24.00	44
平顶山	Pingdingshan	4.52	4.92	4.92	218	娄底	Loudi	3.38	4.22	4.22	233
安阳	Anyang	7.03	7.85	8.15	150	**广东**	**Guangdong**	**420.15**	**407.76**	**418.44**	
鹤壁	Hebi	1.83	9.55	9.55	119	广州	Guangzhou	26.78		26.68	39
新乡	Xinxiang	8.34	10.36	10.36	110	韶关	Shaoguan	6.81	8.50	8.50	140
焦作	Jiaozuo	8.75	8.70	8.70	134	深圳	Shenzhen	54.75	55.92	56.32	9
濮阳	Puyang	6.00	10.20	10.95	103	珠海	Zhuhai	15.77	12.87	12.87	87
许昌	Xuchang	11.72	11.00	11.00	101	汕头	Shantou	11.45	10.58	10.66	106
漯河	Luohe	12.30	14.31	14.81	72	佛山	Foshan	22.98	20.92	17.36	62
三门峡	Sanmenxia	5.51	6.11	9.62	118	江门	Jiangmen	13.64	19.92	3.45	249
南阳	Nanyang	6.51	7.67	8.85	133	湛江	Zhanjiang	8.38	1.48	8.08	151
商丘	Shangqiu	17.49	28.13	28.56	36	茂名	Maoming	11.20	7.25	7.25	175
信阳	Xinyang	3.04	6.63	6.63	187	肇庆	Zhaoqing	12.02	6.20	7.55	168
周口	Zhoukou	4.90	6.25	6.81	180	惠州	Huizhou	11.65	22.33	28.37	37
驻马店	Zhumadian	0.75	2.56	2.66	262	梅州	Meizhou	16.38	7.50	5.28	208
湖北	**Hubei**	**164.27**	**379.41**	**181.26**		汕尾	Shanwei	8.60	1.10	1.20	277
武汉	Wuhan	48.91	240.23	24.06	43	河源	Heyuan	3.27	3.86	3.98	239
黄石	Huangshi	7.98	7.98	8.06	152	阳江	Yangjiang	17.93	10.90	7.83	160
十堰	Shiyan	4.26	5.24	9.11	126	清远	Qingyuan	4.94	10.24	7.97	156
宜昌	Yichang	9.19	10.60	14.05	76	东莞	Dongguan	84.22	94.93	93.08	2
襄阳	Xiangyang	3.82	4.32	11.87	96	中山	Zhongshan	7.13	6.39	6.74	183
鄂州	Ezhou	8.24	12.07	12.10	94	潮州	Chaozhou	10.19	13.34	13.43	80
荆门	Jingmen	8.19	9.15	9.25	124	揭阳	Jieyang		2.40	2.70	260
孝感	Xiaogan	3.20	3.40	0.71	282	云浮	Yunfu		1.94	2.04	269
荆州	Jingzhou	6.89	6.89	11.15	98	**广西**	**Guangxi**	**91.99**	**126.00**	**136.81**	
黄冈	Huanggang	2.49	5.81	5.81	194	南宁	Nanning	30.49	41.99	43.51	16
咸宁	Xianning	4.79	4.99	5.05	211	柳州	Liuzhou	7.40	19.26	19.67	54
随州	Suizhou	3.08	3.12	3.25	252	桂林	Guilin	11.00	12.10	15.36	68
湖南	**Hunan**	**125.65**	**153.73**	**183.15**		梧州	Wuzhou	0.47	2.05	3.01	256
长沙	Changsha	22.32	31.01	32.00	30	北海	Beihai	7.00	8.00	8.00	155
株洲	Zhuzhou	5.98	8.35	8.35	144	防城港	Fangchenggang	8.07	2.33	2.35	265
湘潭	Xiangtan	3.92	5.28	5.33	206	钦州	Qinzhou	3.71	7.12	7.22	176
衡阳	Hengyang	4.01	13.63	14.96	70	贵港	Guigang	2.47	2.65	2.99	257
邵阳	Shaoyang	8.90	9.61	10.77	105	玉林	Yulin	3.59	5.10	5.36	203
岳阳	Yueyang	10.60	12.40	13.00	84	百色	Baise	1.74	3.87	5.59	197

8-11 城市绿地与广场用地面积（辖区） 续表 3
Area of Land for Green Space and Square (Municipal Districts) continued 3

单位：平方公里 (sq. km)

地名	City	2010	2014	2015	2015 排名 Ranking
贺州	Hezhou	2.02	0.05	0.05	284
河池	Hechi	1.74	1.96	1.96	271
来宾	Laibin	2.72	3.79	3.99	238
崇左	Chongzuo	1.12	2.00	2.50	264
海南	**Hainan**	**42.22**	**39.53**	**30.96**	
海口	Haikou	7.34	6.65	6.65	185
三亚	Sanya	18.75	18.43	8.31	146
三沙	Sansha			0.02	285
重庆	**Chongqing**	**71.50**	**102.16**	**111.18**	
四川	**Sichuan**	**145.27**	**223.94**	**262.41**	
成都	Chengdu	29.49	40.67	73.72	6
自贡	Zigong	10.76	18.37	18.93	57
攀枝花	Panzhihua	6.68	7.62	7.78	163
泸州	Luzhou	16.83	25.49	26.42	40
德阳	Deyang	2.71	4.58	4.66	223
绵阳	Mianyang	6.58	6.91	8.60	138
广元	Guangyuan	1.50	7.29	7.51	169
遂宁	Suining	4.78	7.41	8.02	154
内江	Neijiang	2.39	3.58	4.15	235
乐山	Leshan	4.72	9.18	9.29	123
南充	Nanchong	4.50	7.34	7.34	172
眉山	Meishan	1.60	2.48	3.10	254
宜宾	Yibin	8.52	9.01	6.82	179
广安	Guangan	4.04	4.94	5.44	200
达州	Dazhou	4.60	9.50	9.65	117
雅安	Yaan	1.22	1.95	2.03	270
巴中	Bazhong	4.64	10.00	10.00	114
资阳	Ziyang	5.76	8.51	8.61	137
贵州	**Guizhou**	**82.86**	**101.34**	**89.78**	
贵阳	Guiyang	26.54	46.12	40.75	19
六盘水	Liupanshui	9.75	2.60	3.83	242
遵义	Zunyi	20.69	10.24	5.49	198
安顺	Anshun	2.44	5.55	7.86	158
毕节	Bijie	4.50	5.00	5.00	214
铜仁	Tongren	9.00	3.90	4.26	232
云南	**Yunnan**	**56.26**	**124.86**	**137.69**	
昆明	Kunming	11.16	46.18	46.64	14
曲靖	Qujing	2.50	9.00	10.66	106
玉溪	Yuxi	1.80	8.82	9.52	120
保山	Baoshan	1.51	7.33	7.33	174
昭通	Zhaotong	0.52	3.42	3.42	250

地名	City	2010	2014	2015	2015 排名 Ranking
丽江	Lijiang	6.80	4.02	4.02	237
普洱	Puer	1.14	2.65	2.65	263
临沧	Lincang	1.66	1.99	2.10	268
西藏	**Tibet**	**4.12**	**8.76**	**8.86**	
拉萨	Lasa	3.22	6.46	4.54	226
陕西	**Shaanxi**	**58.83**	**212.23**	**238.83**	
西安	Xi'an	13.95	90.00	99.40	1
铜川	Tongchuan	2.44	12.92	12.98	85
宝鸡	Baoji	10.23	22.78	22.90	46
咸阳	Xianyang	10.41	14.36	17.45	61
渭南	Weinan	4.36	10.09	13.32	82
延安	Yan'an	3.12	7.72	12.14	93
汉中	Hanzhong	2.83	8.70	9.05	128
榆林	Yulin	1.60	11.05	15.23	69
安康	Ankang	2.60	13.97	14.20	75
商洛	Shangluo	3.95	4.00	4.80	220
甘肃	**Gansu**	**100.03**	**123.24**	**126.28**	
兰州	Lanzhou	35.71	46.51	48.69	12
嘉峪关	Jiayuguan	13.30	24.89	25.10	42
金昌	Jinchang	6.54	4.71	5.01	213
白银	Baiyin	7.29	3.70	3.70	245
天水	Tianshui	4.53	4.79	4.79	221
武威	Wuwei	0.33	1.20	1.20	277
张掖	Zhangye	7.61	4.67	4.94	217
平凉	Pingliang	3.01	3.03	3.03	255
酒泉	Jiuquan	5.70	13.50	13.60	78
庆阳	Qingyang	0.85	2.14	2.14	267
定西	Dingxi	7.12	3.90	3.90	240
陇南	Longnan	0.14	0.14	0.14	283
青海	**Qinghai**	**5.19**	**14.78**	**18.44**	
西宁	Xining	1.79	5.37	5.40	201
海东	Haidong		0.70	3.52	248
宁夏	**Ningxia**	**30.60**	**53.87**	**58.08**	
银川	Yinchuan	12.26	23.95	26.19	41
石嘴山	Shizuishan	0.60	3.23	3.23	253
吴忠	Wuzhong	3.60	7.70	7.74	165
固原	Guyuan	5.12	7.12	8.46	142
中卫	Zhongwei	5.20	5.42	6.65	185
新疆	**Xinjiang**	**88.57**	**129.43**	**134.88**	
乌鲁木齐	Urumqi	32.26	40.57	42.27	18
克拉玛依	Karamay	5.28	10.30	10.49	109

8-12 城市本年征用土地面积（辖区）
Area of Land Requisition This Year (Municipal Districts)

单位：平方公里 (sq. km)

地名	City	2010	2014	2015	2015 排名 Ranking
全国	**National Total**	**1641.57**	**1475.88**	**1548.53**	
北京	**Beijing**	**46.48**	**14.38**	**8.73**	
天津	**Tianjin**	**43.96**	**16.57**	**22.95**	
河北	**Hebei**	**37.08**	**33.03**	**38.54**	
石家庄	Shijiazhuang	2.38	2.12	0.12	186
唐山	Tangshan	2.45			
秦皇岛	Qinhuangdao	4.37	0.36	7.98	42
邯郸	Handan			0.19	182
邢台	Xingtai	0.13			
保定	Baoding	1.45	1.65	4.48	71
张家口	Zhangjiakou				
承德	Chengde		9.11	8.42	37
沧州	Cangzhou	2.15	0.58	0.91	151
廊坊	Langfang	2.14	1.17	1.64	128
衡水	Hengshui	1.26	1.02	0.10	188
山西	**Shanxi**	**16.61**	**25.34**	**24.84**	
太原	Taiyuan	8.69	11.00	13.00	22
大同	Datong				
阳泉	Yangquan	0.10			
长治	Changzhi	2.57	0.40	0.35	177
晋城	Jincheng				
朔州	Shuozhou	0.50	0.44	0.44	175
晋中	Jinzhong	0.91	1.30	1.60	130
运城	Yuncheng				
忻州	Xinzhou		2.04		
临汾	Linfen		2.30	2.15	112
吕梁	Lvliang	2.05	1.68	2.96	87
内蒙古	**Inner Mongolia**	**14.12**	**25.21**	**19.57**	
呼和浩特	Hohhot		8.13	10.15	30
包头	Baotou				
乌海	Wuhai		0.25		
赤峰	Chifeng	4.77			
通辽	Tongliao		5.40		
鄂尔多斯	Erdos				
呼伦贝尔	Hulunbuir	0.97			
巴彦淖尔	Bayannur				
乌兰察布	Ulanqab		4.81	4.81	67
辽宁	**Liaoning**	**128.20**	**70.01**	**67.87**	
沈阳	Shenyang	38.90	27.34	27.34	6
大连	Dalian	28.12	4.11	17.69	15
鞍山	Anshan	9.11	13.60	4.26	73
抚顺	Fushun	4.05	1.79	1.82	120
本溪	Benxi	5.11	8.59	1.65	127
丹东	Dandong	4.50	3.80	4.80	68
锦州	Jinzhou	1.56	1.07	1.07	147
营口	Yingkou	1.59			
阜新	Fuxin	14.00			
辽阳	Liaoyang	9.79	2.40	2.64	94
盘锦	Panjin	1.80			
铁岭	Tieling	0.42	0.50	0.36	176
朝阳	Chaoyang				
葫芦岛	Huludao				
吉林	**Jilin**	**59.00**	**36.11**	**34.37**	
长春	Changchun	44.33	23.91	22.38	10
吉林	Jilin	5.19			
四平	Siping		1.43	1.43	135
辽源	Liaoyuan				
通化	Tonghua	0.60	0.25	0.25	179
白山	Baishan	0.37			
松原	Songyuan	1.14	1.38	1.28	141
白城	Baicheng	0.65	2.03	1.53	132
黑龙江	**Heilongjiang**	**28.30**	**24.33**	**14.66**	
哈尔滨	Harbin	13.90	10.04	2.32	105
齐齐哈尔	Qiqihar		0.70	0.70	161
鸡西	Jixi		1.10	0.60	162
鹤岗	Hegang	0.66			
双鸭山	Shuangyashan		0.80		
大庆	Daqing	6.66	3.04	2.36	103
伊春	Yichun				
佳木斯	Jiamusi				
七台河	Qitaihe		1.41	0.60	162
牡丹江	Mudanjiang	2.63	3.00	2.53	96
黑河	Heihe				
绥化	Suihua		0.60	1.70	123
上海	**Shanghai**		**35.51**	**24.52**	
江苏	**Jiangsu**	**195.45**	**146.88**	**141.26**	

8-12　城市本年征用土地面积（辖区）　续表 1
Area of Land Requisition This Year (Municipal Districts) continued 1

单位：平方公里　　(sq. km)

地名	City	2010	2014	2015	2015 排名 Ranking	地名	City	2010	2014	2015	2015 排名 Ranking
南京	Nanjing	35.96	19.75	32.26	1	池州	Chizhou		0.82	0.71	160
无锡	Wuxi	24.25	11.29	11.23	27	宣城	Xuancheng	2.50	4.30	2.16	111
徐州	Xuzhou	1.73	7.57	7.24	46	**福建**	**Fujian**	**23.79**	**75.63**	**100.22**	
常州	Changzhou	18.67	12.35	10.01	31	福州	Fuzhou		4.59	8.73	36
苏州	Suzhou		7.90	2.78	91	厦门	Xiamen		13.72	17.04	17
南通	Nantong	8.25	6.30	5.36	65	莆田	Putian	1.90	2.00	2.80	90
连云港	Lianyungang	12.67	2.04	12.44	24	三明	Sanming		9.29	18.90	14
淮安	Huaian	11.59	16.00			泉州	Quanzhou			2.50	97
盐城	Yancheng	6.53		0.72	159	漳州	Zhangzhou	3.56	1.94	4.30	72
扬州	Yangzhou	3.40	2.08	1.69	126	南平	Nanping	0.27	2.17	3.74	79
镇江	Zhenjiang	10.99	8.67	6.92	49	龙岩	Longyan	3.46	6.08	6.88	50
泰州	Taizhou	8.79	5.24	2.85	89	宁德	Ningde	1.63	2.52	1.11	145
宿迁	Suqian	7.00	11.92	9.50	32	**江西**	**Jiangxi**	**20.97**	**39.65**	**53.07**	
浙江	**Zhejiang**	**107.36**	**105.49**	**99.58**		南昌	Nanchang		13.74	25.83	7
杭州	Hangzhou	27.68	12.14	12.95	23	景德镇	Jingdezhen			1.86	118
宁波	Ningbo	4.93	2.79	1.38	138	萍乡	Pingxiang		3.42	5.93	62
温州	Wenzhou	5.54	9.56	6.37	58	九江	Jiujiang				
嘉兴	Jiaxing	7.89	3.42	3.09	84	新余	Xinyu	3.60		0.12	186
湖州	Huzhou	2.20	2.34	3.11	82	鹰潭	Yingtan				
绍兴	Shaoxing	1.16	9.05	12.22	25	赣州	Ganzhou	3.50	9.57	3.78	78
金华	Jinhua	3.24	2.72	2.40	102	吉安	Jian	0.08			
衢州	Quzhou	4.79	7.49	0.22	181	宜春	Yichun				
舟山	Zhoushan	6.52	4.36	2.65	93	抚州	Fuzhou		7.48	6.09	61
台州	Taizhou	5.78	4.31	9.12	34	上饶	Shangrao	2.23			
丽水	Lishui	2.76	4.92	3.10	83	**山东**	**Shandong**	**98.71**	**88.13**	**86.39**	
安徽	**Anhui**	**109.30**	**107.33**	**114.14**		济南	Jinan	21.27	14.22	25.51	8
合肥	Hefei	17.96	15.07	14.22	20	青岛	Qingdao	11.70	10.28		
芜湖	Wuhu	11.02	7.75	8.39	38	淄博	Zibo	7.99	8.56	6.73	52
蚌埠	Bengbu	5.00	8.04	7.61	43	枣庄	Zaozhuang	1.40	2.64	1.99	116
淮南	Huainan	12.05	14.00	4.53	70	东营	Dongying	3.11	1.76	2.74	92
马鞍山	Maanshan	5.53	3.84	2.03	114	烟台	Yantai	12.93	10.61	9.09	35
淮北	Huaibei	4.52	3.76	3.13	81	潍坊	Weifang	1.88			
铜陵	Tongling	3.40	3.37	6.18	60	济宁	Jining				
安庆	Anqing	5.20				泰安	Taian				
黄山	Huangshan	1.27	1.29	1.13	144	威海	Weihai	3.00	2.87	2.94	88
滁州	Chuzhou	16.01	9.62	18.98	13	日照	Rizhao		2.50	13.13	21
阜阳	Fuyang	3.96	10.13	15.60	19	莱芜	Laiwu	1.66	4.48	1.30	139
宿州	Suzhou	3.08	4.36	5.65	64	临沂	Linyi	4.05	7.10	4.15	74
六安	Liuan	3.66	4.24	4.64	69	德州	Dezhou		0.92	0.78	157
亳州	Bozhou	8.18	4.35	6.59	55	聊城	Liaocheng	1.24	3.80	0.09	189

8-12 城市本年征用土地面积（辖区） 续表 2
Area of Land Requisition This Year (Municipal Districts) continued 2

单位：平方公里 (sq. km)

地名	City	2010	2014	2015	2015 排名 Ranking
滨州	Binzhou	3.00	0.30	0.79	154
菏泽	Heze	2.41	4.31	6.39	56
河南	**Henan**	**67.01**	**36.74**	**46.85**	
郑州	Zhengzhou	19.35	8.50	9.27	33
开封	Kaifeng	8.74	7.36	11.11	28
洛阳	Luoyang	15.73			
平顶山	Pingdingshan				
安阳	Anyang	0.38		0.56	165
鹤壁	Hebi	0.43			
新乡	Xinxiang				
焦作	Jiaozuo				
濮阳	Puyang	4.00	1.10		
许昌	Xuchang				
漯河	Luohe				
三门峡	Sanmenxia	0.12		1.72	122
南阳	Nanyang	3.76	9.40	6.38	57
商丘	Shangqiu				
信阳	Xinyang	12.64			
周口	Zhoukou				
驻马店	Zhumadian	1.10	1.00	1.00	149
湖北	**Hubei**	**79.94**	**115.26**	**83.99**	
武汉	Wuhan	44.66	33.17	30.42	2
黄石	Huangshi		9.74	6.73	52
十堰	Shiyan	4.82			
宜昌	Yichang	0.48			
襄阳	Xiangyang	15.35	28.89	28.89	4
鄂州	Ezhou	1.02	2.05	0.08	190
荆门	Jingmen				
孝感	Xiaogan	0.50			
荆州	Jingzhou	0.75	1.93		
黄冈	Huanggang	0.90	19.20		
咸宁	Xianning				
随州	Suizhou	0.05	1.77	1.70	123
湖南	**Hunan**	**48.92**	**48.89**	**52.63**	
长沙	Changsha		6.88		
株洲	Zhuzhou		13.43	17.20	16
湘潭	Xiangtan	2.11	3.69	6.30	59
衡阳	Hengyang	6.06	2.00	2.50	97
邵阳	Shaoyang	7.96	0.40	0.45	172
岳阳	Yueyang	0.10	0.60	0.50	168
常德	Changde				
张家界	Zhangjiajie	0.21	0.48	0.98	150
益阳	Yiyang	2.80	3.19	1.40	136
郴州	Chenzhou	10.00	3.83	3.86	77
永州	Yongzhou	1.61	0.44	2.22	109
怀化	Huaihua				
娄底	Loudi	2.14			
广东	**Guangdong**	**95.74**	**78.80**	**138.68**	
广州	Guangzhou	33.72	11.99	19.69	12
韶关	Shaoguan				
深圳	Shenzhen			2.31	106
珠海	Zhuhai	1.95		0.07	191
汕头	Shantou				
佛山	Foshan		4.20	5.70	63
江门	Jiangmen	3.63	15.23	6.70	54
湛江	Zhanjiang	2.14		0.31	178
茂名	Maoming	3.50		22.35	11
肇庆	Zhaoqing		1.28	2.43	100
惠州	Huizhou	12.04	1.50	10.81	29
梅州	Meizhou	0.25	2.29	1.99	116
汕尾	Shanwei	0.10	0.06	1.19	143
河源	Heyuan				
阳江	Yangjiang				
清远	Qingyuan	0.41	6.03	8.06	40
东莞	Dongguan	8.42	8.16	15.72	18
中山	Zhongshan	7.26	0.87	0.59	164
潮州	Chaozhou			0.79	154
揭阳	Jieyang		0.16	0.16	183
云浮	Yunfu	8.81	1.37	6.78	51
广西	**Guangxi**	**101.44**	**62.02**	**74.77**	
南宁	Nanning	6.09	33.90	30.29	3
柳州	Liuzhou	7.34	1.36	7.33	45
桂林	Guilin	1.00		2.56	95
梧州	Wuzhou	7.23	5.21	3.00	86
北海	Beihai	4.14	3.53	4.91	66
防城港	Fangchenggang		0.30	0.80	153
钦州	Qinzhou	17.38	7.39	7.20	47
贵港	Guigang	10.37		1.85	119
玉林	Yulin	4.09	0.50	0.77	158
百色	Baise	0.47	1.07	1.52	133

8-12 城市本年征用土地面积（辖区） 续表 3

Area of Land Requisition This Year (Municipal Districts) continued 3

单位：平方公里 (sq. km)

地名	City	2010	2014	2015	2015 排名 Ranking
贺州	Hezhou	7.62		8.06	40
河池	Hechi	0.05	1.59	0.45	172
来宾	Laibin	23.41		1.50	134
崇左	Chongzuo	3.86	0.20	0.23	180
海南	**Hainan**	**0.10**	**5.80**	**7.84**	
海口	Haikou				
三亚	Sanya			0.14	184
三沙	Sansha				
重庆	**Chongqing**	**48.02**	**88.64**	**85.36**	
四川	**Sichuan**	**86.33**	**50.84**	**49.45**	
成都	Chengdu	15.91	16.26	12.13	26
自贡	Zigong	8.74			
攀枝花	Panzhihua	0.70	2.18	0.50	168
泸州	Luzhou	12.81	3.65	2.41	101
德阳	Deyang	2.17	3.15	7.55	44
绵阳	Mianyang				
广元	Guangyuan	1.97	0.33	0.53	166
遂宁	Suining				
内江	Neijiang	3.25	2.04	3.74	79
乐山	Leshan	0.06			
南充	Nanchong	7.00	4.00	2.34	104
眉山	Meishan	2.30	3.60	1.61	129
宜宾	Yibin	7.03			
广安	Guangan		0.30		
达州	Dazhou		1.76	2.17	110
雅安	Yaan		0.21	0.79	154
巴中	Bazhong	0.30	0.50	0.50	168
资阳	Ziyang	5.52	2.51	2.23	108
贵州	**Guizhou**	**5.26**	**16.05**	**21.05**	
贵阳	Guiyang				
六盘水	Liupanshui				
遵义	Zunyi		5.84	7.10	48
安顺	Anshun	2.00		4.08	75
毕节	Bijie		1.71	2.30	107
铜仁	Tongren				
云南	**Yunnan**	**85.23**	**40.33**	**18.82**	
昆明	Kunming	44.73	3.20	2.02	115
曲靖	Qujing				
玉溪	Yuxi				
保山	Baoshan	0.55	2.93	3.89	76
昭通	Zhaotong	3.00	0.49	1.55	131
丽江	Lijiang		1.01	1.01	148
普洱	Puer	0.33	2.00		
临沧	Lincang	2.12	2.30	0.50	168
西藏	**Tibet**	**2.94**		**5.05**	
拉萨	Lasa	2.94		0.05	192
陕西	**Shaanxi**	**41.52**	**22.50**	**31.11**	
西安	Xi'an	38.43	18.00	27.85	5
铜川	Tongchuan				
宝鸡	Baoji		0.30		
咸阳	Xianyang				
渭南	Weinan	2.08	0.48	1.10	146
延安	Yan'an				
汉中	Hanzhong				
榆林	Yulin				
安康	Ankang		1.63	1.70	123
商洛	Shangluo				
甘肃	**Gansu**	**23.83**	**39.42**	**31.90**	
兰州	Lanzhou	11.38	29.76	22.99	9
嘉峪关	Jiayuguan				
金昌	Jinchang	1.26	0.16	0.13	185
白银	Baiyin	1.29	1.25	1.25	142
天水	Tianshui				
武威	Wuwei	1.00			
张掖	Zhangye	0.16	1.90	2.50	97
平凉	Pingliang		0.45	0.52	167
酒泉	Jiuquan				
庆阳	Qingyang	1.39	2.14	2.14	113
定西	Dingxi	0.50	1.20	1.30	139
陇南	Longnan				
青海	**Qinghai**	**0.01**	**4.22**	**6.68**	
西宁	Xining				
海东	Haidong		4.00	0.86	152
宁夏	**Ningxia**	**8.30**	**2.89**	**5.95**	
银川	Yinchuan				
石嘴山	Shizuishan				
吴忠	Wuzhong	2.70		0.45	172
固原	Guyuan	0.99	1.80	3.07	85
中卫	Zhongwei	0.91	0.47	1.78	121
新疆	**Xinjiang**	**17.65**	**19.88**	**37.69**	
乌鲁木齐	Urumqi	9.42	8.56	8.26	39
克拉玛依	Karamay	0.30	0.60	1.40	136

8-13 城市本年征用耕地面积（辖区）
Area of Arable Land Requisition This Year (Municipal Districts)

单位：平方公里 (sq. km)

地名	City	2010	2014	2015	2015 排名 Ranking
全国	**National Total**	**708.96**	**671.65**	**707.86**	
北京	**Beijing**	**17.53**	**2.56**	**2.43**	
天津	**Tianjin**	**18.65**	**8.16**	**10.82**	
河北	**Hebei**	**12.86**	**15.46**	**16.64**	
石家庄	Shijiazhuang	2.38	0.58		
唐山	Tangshan	0.26			
秦皇岛	Qinhuangdao	2.47		2.20	64
邯郸	Handan			0.01	157
邢台	Xingtai				
保定	Baoding	1.23	1.41	3.47	45
张家口	Zhangjiakou				
承德	Chengde		4.62	4.32	37
沧州	Cangzhou	1.31		0.64	114
廊坊	Langfang	1.12	0.51	0.73	106
衡水	Hengshui	0.56	0.79	0.04	152
山西	**Shanxi**	**8.02**	**12.17**	**15.15**	
太原	Taiyuan	4.45	6.00	12.00	11
大同	Datong				
阳泉	Yangquan				
长治	Changzhi	1.65			
晋城	Jincheng				
朔州	Shuozhou				
晋中	Jinzhong				
运城	Yuncheng				
忻州	Xinzhou		1.40		
临汾	Linfen		1.39	1.31	88
吕梁	Lvliang	0.56	0.59	0.62	116
内蒙古	**Inner Mongolia**	**1.39**	**11.38**	**11.55**	
呼和浩特	Hohhot		5.15	7.29	19
包头	Baotou				
乌海	Wuhai				
赤峰	Chifeng				
通辽	Tongliao		2.30		
鄂尔多斯	Erdos				
呼伦贝尔	Hulunbuir				
巴彦淖尔	Bayannur				
乌兰察布	Ulanqab		3.26	3.26	48
辽宁	**Liaoning**	**60.24**	**35.85**	**41.21**	
沈阳	Shenyang	24.50	20.02	20.02	1
大连	Dalian	7.53	1.48	7.04	20
鞍山	Anshan	4.30	2.46	2.80	53
抚顺	Fushun		1.25	1.82	75
本溪	Benxi	2.91	3.07	1.09	94
丹东	Dandong	4.00	2.62	3.70	42
锦州	Jinzhou	0.87			
营口	Yingkou				
阜新	Fuxin	7.30			
辽阳	Liaoyang	6.53	2.02	1.42	83
盘锦	Panjin				
铁岭	Tieling	0.04	0.10	0.29	138
朝阳	Chaoyang				
葫芦岛	Huludao				
吉林	**Jilin**	**40.73**	**24.18**	**25.41**	
长春	Changchun	33.64	17.24	16.59	4
吉林	Jilin	2.96			
四平	Siping		1.07	1.07	95
辽源	Liaoyuan				
通化	Tonghua	0.41	0.17	0.17	146
白山	Baishan	0.37			
松原	Songyuan	0.42	0.97	0.53	123
白城	Baicheng		1.31	1.33	86
黑龙江	**Heilongjiang**	**3.37**	**8.20**	**6.76**	
哈尔滨	Harbin				
齐齐哈尔	Qiqihar				
鸡西	Jixi		0.80	0.35	135
鹤岗	Hegang	0.43			
双鸭山	Shuangyashan		0.80		
大庆	Daqing		0.87	0.66	111
伊春	Yichun				
佳木斯	Jiamusi				
七台河	Qitaihe			0.37	133
牡丹江	Mudanjiang	1.54	2.44	2.12	66
黑河	Heihe				
绥化	Suihua		0.50	1.24	91
上海	**Shanghai**		**21.01**	**12.43**	
江苏	**Jiangsu**	**88.21**	**68.06**	**70.49**	

8-13 城市本年征用耕地面积（辖区） 续表 1
Area of Arable Land Requisition This Year (Municipal Districts) continued 1

单位：平方公里 (sq. km)

地名	City	2010	2014	2015	2015 排名 Ranking
南京	Nanjing	14.67	6.74	13.92	8
无锡	Wuxi	10.00	5.56	5.78	23
徐州	Xuzhou	0.71	4.05	5.61	24
常州	Changzhou	11.27	5.44	4.35	36
苏州	Suzhou		2.96	0.37	133
南通	Nantong	4.14	2.60	2.56	56
连云港	Lianyungang	8.53	1.17	7.32	18
淮安	Huaian	6.80	9.85		
盐城	Yancheng	4.50		0.35	135
扬州	Yangzhou		1.02	0.80	103
镇江	Zhenjiang	4.27	6.67	3.36	46
泰州	Taizhou			0.59	118
宿迁	Suqian		5.05	4.42	34
浙江	**Zhejiang**	**65.94**	**53.79**	**52.81**	
杭州	Hangzhou	18.37	5.97	8.29	15
宁波	Ningbo	2.78	1.18	0.62	116
温州	Wenzhou	4.62	3.63	2.21	63
嘉兴	Jiaxing	6.20	2.29	2.29	61
湖州	Huzhou	0.80	1.86	2.07	68
绍兴	Shaoxing	0.98	5.95	7.68	16
金华	Jinhua	2.17		1.38	85
衢州	Quzhou	2.01	2.62	0.10	150
舟山	Zhoushan	3.24	2.48	1.86	74
台州	Taizhou	1.19	2.12	3.60	44
丽水	Lishui	1.15	0.98	0.88	99
安徽	**Anhui**	**61.18**	**56.54**	**64.32**	
合肥	Hefei	13.47	8.46	7.62	17
芜湖	Wuhu	5.59	4.43	3.65	43
蚌埠	Bengbu	3.00	5.19	5.11	28
淮南	Huainan	7.66	3.67	3.32	47
马鞍山	Maanshan	2.78	2.28	1.47	81
淮北	Huaibei	2.39	2.94	2.09	67
铜陵	Tongling		0.36		
安庆	Anqing				
黄山	Huangshan	0.99	0.59	0.68	109
滁州	Chuzhou	10.34	7.08	12.12	10
阜阳	Fuyang	2.01	5.05	8.40	14
宿州	Suzhou	2.96	3.57	4.40	35
六安	Liuan	1.99	2.49	2.62	55
亳州	Bozhou	5.85	4.00	5.59	25

地名	City	2010	2014	2015	2015 排名 Ranking
池州	Chizhou		0.47	0.31	137
宣城	Xuancheng				
福建	**Fujian**	**7.41**	**23.48**	**25.23**	
福州	Fuzhou		1.17	2.81	52
厦门	Xiamen		3.15	1.41	84
莆田	Putian	1.30	1.90	2.00	71
三明	Sanming		1.91	3.74	41
泉州	Quanzhou			0.70	107
漳州	Zhangzhou	0.59	0.28	0.59	118
南平	Nanping	0.03	0.40	0.69	108
龙岩	Longyan	2.09	0.82	0.82	102
宁德	Ningde	0.58	0.82	0.55	121
江西	**Jiangxi**	**4.16**	**13.41**	**28.98**	
南昌	Nanchang		6.89	18.60	2
景德镇	Jingdezhen			0.29	138
萍乡	Pingxiang		1.18	2.38	59
九江	Jiujiang				
新余	Xinyu	0.31		0.02	154
鹰潭	Yingtan				
赣州	Ganzhou	1.80	1.72	2.02	69
吉安	Jian				
宜春	Yichun				
抚州	Fuzhou		2.51	2.25	62
上饶	Shangrao	0.56			
山东	**Shandong**	**38.05**	**39.82**	**39.09**	
济南	Jinan	12.10	7.12	16.30	6
青岛	Qingdao	5.78	4.62		
淄博	Zibo	4.15	4.78	4.60	33
枣庄	Zaozhuang	0.47	1.08	0.85	100
东营	Dongying	1.10	0.40	1.31	88
烟台	Yantai	2.26	2.56	2.50	57
潍坊	Weifang	0.43			
济宁	Jining				
泰安	Taian				
威海	Weihai		0.90	0.53	123
日照	Rizhao				
莱芜	Laiwu		2.58	0.68	109
临沂	Linyi	0.22	3.85	1.70	76
德州	Dezhou		0.40	0.65	112
聊城	Liaocheng		3.80		

8-13 城市本年征用耕地面积（辖区） 续表 2

Area of Arable Land Requisition This Year (Municipal Districts) continued 2

单位：平方公里 (sq. km)

地名	City	2010	2014	2015	2015 排名 Ranking
滨州	Binzhou			0.17	146
菏泽	Heze	1.66	2.53	5.27	26
河南	**Henan**	**27.02**	**16.22**	**24.71**	
郑州	Zhengzhou				
开封	Kaifeng	6.01	5.22	8.79	13
洛阳	Luoyang	11.79			
平顶山	Pingdingshan				
安阳	Anyang				
鹤壁	Hebi	0.27			
新乡	Xinxiang				
焦作	Jiaozuo				
濮阳	Puyang		0.60		
许昌	Xuchang				
漯河	Luohe				
三门峡	Sanmenxia				
南阳	Nanyang	1.66	5.55	4.86	29
商丘	Shangqiu				
信阳	Xinyang	6.03			
周口	Zhoukou				
驻马店	Zhumadian				
湖北	**Hubei**	**15.23**	**54.34**	**41.33**	
武汉	Wuhan	13.40	15.06	16.37	5
黄石	Huangshi		5.97	4.10	40
十堰	Shiyan				
宜昌	Yichang				
襄阳	Xiangyang		16.73	16.73	3
鄂州	Ezhou	0.51	1.32		
荆门	Jingmen				
孝感	Xiaogan				
荆州	Jingzhou	0.06			
黄冈	Huanggang		9.20		
咸宁	Xianning				
随州	Suizhou				
湖南	**Hunan**	**11.65**	**10.84**	**11.64**	
长沙	Changsha				
株洲	Zhuzhou				
湘潭	Xiangtan	0.92	1.88	4.64	32
衡阳	Hengyang	2.46	1.00	1.20	92
邵阳	Shaoyang	0.21	0.22	0.25	141
岳阳	Yueyang				
常德	Changde				
张家界	Zhangjiajie	0.17			
益阳	Yiyang	1.00	1.40		
郴州	Chenzhou	0.50	1.68	1.43	82
永州	Yongzhou	0.20	0.10	0.25	141
怀化	Huaihua				
娄底	Loudi	1.09			
广东	**Guangdong**	**26.43**	**23.29**	**44.92**	
广州	Guangzhou	11.95	3.16	4.86	29
韶关	Shaoguan				
深圳	Shenzhen			0.21	143
珠海	Zhuhai	0.45		0.04	152
汕头	Shantou				
佛山	Foshan		0.68	1.26	90
江门	Jiangmen	1.29	2.84	1.69	77
湛江	Zhanjiang				
茂名	Maoming			7.02	21
肇庆	Zhaoqing		0.31	0.93	97
惠州	Huizhou	1.81	0.24	0.38	132
梅州	Meizhou	0.07	0.73	0.85	100
汕尾	Shanwei		0.02	1.15	93
河源	Heyuan				
阳江	Yangjiang				
清远	Qingyuan	0.40	3.94	3.00	49
东莞	Dongguan	2.12	1.13	1.90	73
中山	Zhongshan	2.86	0.10	0.02	154
潮州	Chaozhou			0.16	149
揭阳	Jieyang				
云浮	Yunfu	3.34	0.06	2.02	69
广西	**Guangxi**	**40.43**	**24.14**	**28.12**	
南宁	Nanning	3.04	16.84	12.30	9
柳州	Liuzhou	5.09	0.63	2.94	50
桂林	Guilin			1.96	72
梧州	Wuzhou		1.04	0.80	103
北海	Beihai	1.89	0.65		
防城港	Fangchenggang				
钦州	Qinzhou	0.22			
贵港	Guigang	7.29		0.55	121
玉林	Yulin	2.06	0.50	0.39	131
百色	Baise				

8-13 城本年征用耕地面积（辖区） 续表 3
Area of Arable Land Requisition This Year (Municipal Districts) continued 3

单位：平方公里 (sq. km)

地名	City	2010	2014	2015	2015 排名 Ranking	地名	City	2010	2014	2015	2015 排名 Ranking
贺州	Hezhou	6.09		6.85	22	丽江	Lijiang		0.40	0.40	130
河池	Hechi		1.59	0.45	127	普洱	Puer				
来宾	Laibin	9.58		0.20	144	临沧	Lincang	0.80			
崇左	Chongzuo	3.17				**西藏**	**Tibet**	**0.71**		**2.50**	
海南	**Hainan**		**0.66**	**1.11**		拉萨	Lasa	0.71			
海口	Haikou					**陕西**	**Shaanxi**	**30.59**	**8.88**	**11.21**	
三亚	Sanya					西安	Xi'an	28.15	6.00	9.69	12
三沙	Sansha					铜川	Tongchuan				
重庆	**Chongqing**	**14.23**	**51.35**	**41.39**		宝鸡	Baoji				
四川	**Sichuan**	**45.58**	**20.73**	**23.19**		咸阳	Xianyang				
成都	Chengdu	u	6.43	5.26	27	渭南	Weinan	1.73	0.28	0.57	120
自贡	Zigong	5.15				延安	Yan'an				
攀枝花	Panzhihua	0.70	0.11	0.01	157	汉中	Hanzhong				
泸州	Luzhou	8.20	2.00	1.54	79	榆林	Yulin				
德阳	Deyang	2.17	1.93	4.79	31	安康	Ankang		0.80	0.65	112
绵阳	Mianyang					商洛	Shangluo				
广元	Guangyuan		0.05	0.10	150	**甘肃**	**Gansu**	**12.62**	**28.01**	**21.73**	
遂宁	Suining					兰州	Lanzhou	6.50	23.36	15.43	7
内江	Neijiang	2.51	1.38	2.44	58	嘉峪关	Jiayuguan				
乐山	Leshan					金昌	Jinchang	0.57		0.02	154
南充	Nanchong	1.00	1.00	0.50	126	白银	Baiyin	0.81			
眉山	Meishan	1.14		0.64	114	天水	Tianshui				
宜宾	Yibin	0.95				武威	Wuwei	1.00			
广安	Guangan		0.30			张掖	Zhangye	0.13	1.57	2.30	60
达州	Dazhou		0.88	0.89	98	平凉	Pingliang		0.36	0.52	125
雅安	Yaan		0.17	0.79	105	酒泉	Jiuquan				
巴中	Bazhong					庆阳	Qingyang	0.11	0.15	2.13	65
资阳	Ziyang	4.14	1.89	0.45	127	定西	Dingxi	0.20	0.24	0.26	140
贵州	**Guizhou**	**0.28**	**8.07**	**10.73**		陇南	Longnan				
贵阳	Guiyang					**青海**	**Qinghai**		**2.80**	**0.20**	
六盘水	Liupanshui					西宁	Xining				
遵义	Zunyi		2.43	4.29	38	海东	Haidong		2.70	0.20	144
安顺	Anshun	0.20		2.89	51	**宁夏**	**Ningxia**	**6.70**	**1.56**	**4.77**	
毕节	Bijie		1.02	1.02	96	银川	Yinchuan				
铜仁	Tongren					石嘴山	Shizuishan				
云南	**Yunnan**	**43.95**	**17.95**	**9.31**		吴忠	Wuzhong	2.60		0.45	127
昆明	Kunming	20.13	0.75	0.17	146	固原	Guyuan	0.70	1.00	2.66	54
曲靖	Qujing					中卫	Zhongwei	0.91	0.25	1.33	86
玉溪	Yuxi					**新疆**	**Xinjiang**	**5.80**	**8.74**	**7.68**	
保山	Baoshan	0.35	1.26	1.50	80	乌鲁木齐	Urumqi	3.83	5.38	4.13	39
昭通	Zhaotong	2.50	0.49	1.55	78	克拉玛依	Karamay				

8-14 城市维护建设资金(财政性资金)收入（辖区）

Revenue of Urban Maintenance and Construction Fund (Fiscal Budget) (Municipal Districts)

单位：万元 (10 000 yuan)

地名	City	2010	2014	2015	2015 排名 Ranking
全国	**Nation Total**	**85704996**	**138005449**	**160735509**	
北京	**Beijing**	**5886970**		**21002851**	
天津	**Tianjin**	**1516602**	**1626502**	**2206103**	
河北	**Hebei**	**3115491**	**3378756**	**3936578**	
石家庄	Shijiazhuang	410377	648042	660851	36
唐山	Tangshan	617009	164098	216926	100
秦皇岛	Qinhuangdao	346299	66015	81700	188
邯郸	Handan	419186	380094	135009	145
邢台	Xingtai	55600	56175	48033	228
保定	Baoding	296291	482747	1145621	21
张家口	Zhangjiakou	96036	95739	82444	187
承德	Chengde	46963	52500	46248	232
沧州	Cangzhou	95169	96388	76349	194
廊坊	Langfang	107104	127237	120882	156
衡水	Hengshui	23645	63739	54963	220
山西	**Shanxi**	**1890382**	**2955134**	**2431823**	
太原	Taiyuan	690751	1123921	1276542	20
大同	Datong	589139	529059	194050	114
阳泉	Yangquan	86952	81575	36966	246
长治	Changzhi	71849	278494	269294	81
晋城	Jincheng	204		4886	285
朔州	Shuozhou	118346	65783	58615	213
晋中	Jinzhong	84160	385954	164897	132
运城	Yuncheng	33245	28247	18039	270
忻州	Xinzhou	19764	137719	103687	171
临汾	Linfen	72372	64421	57182	216
吕梁	Lvliang	14028	44914	51859	225
内蒙古	**Inner Mongolia**	**2016567**	**1919616**	**2081355**	
呼和浩特	Hohhot	143959	278943	192024	115
包头	Baotou	194937	257853	257853	83
乌海	Wuhai	72670	263277	327668	70
赤峰	Chifeng	173710	50443	496054	53
通辽	Tongliao	87642	39334	31284	252
鄂尔多斯	Erdos	880253	165616	115309	161
呼伦贝尔	Hulunbuir	34567	46451	40380	240
巴彦淖尔	Bayannur	1450	4573	21170	266
乌兰察布	Ulanqab	33975	325579	255234	87
辽宁	**Liaoning**	**4617395**	**5230764**	**4726607**	
沈阳	Shenyang	692324	1160331	1499985	18
大连	Dalian	477648	1128807	1078853	23
鞍山	Anshan	1955871	338935	237430	93
抚顺	Fushun	123387	295474	209608	102
本溪	Benxi	99424	197474	55803	218
丹东	Dandong	103943	68975	79954	190
锦州	Jinzhou	72452	70491	43789	238
营口	Yingkou	99609	99350	105982	167
阜新	Fuxin	42632	67943	78074	192
辽阳	Liaoyang	219210	322090	199890	108
盘锦	Panjin	109439	357988	257795	84
铁岭	Tieling	13522	17838	16158	271
朝阳	Chaoyang	40227	46481	28122	256
葫芦岛	Huludao	33656	162097	104127	170
吉林	**Jilin**	**883223**	**1217209**	**1685380**	
长春	Changchun	463853	533588	845876	29
吉林	Jilin	58000	80000	76000	195
四平	Siping	8913	36339	143551	141
辽源	Liaoyuan	26909	5291	65820	202
通化	Tonghua	21689	18315	29346	253
白山	Baishan	37594	39491	60633	208
松原	Songyuan	8935	31258	25691	260
白城	Baicheng	18307	86108	112536	162
黑龙江	**Heilongjiang**	**1186674**	**1716356**	**1530215**	
哈尔滨	Harbin	345790	366879	543600	48
齐齐哈尔	Qiqihar	103597	120661	97845	176
鸡西	Jixi	16570	31495	43827	237
鹤岗	Hegang	24609	14893	23848	264
双鸭山	Shuangyashan	30149	29335	24828	262
大庆	Daqing	223668	427999	163168	135
伊春	Yichun	62307	60239	45983	233
佳木斯	Jiamusi	91623	36239	41652	239
七台河	Qitaihe	13444	57051	55170	219
牡丹江	Mudanjiang	28419	166342	81653	189
黑河	Heihe	15945	11495	13629	274
绥化	Suihua	14496	52039	25659	261
上海	**Shanghai**	**1960933**	**3358903**	**3657873**	
江苏	**Jiangsu**	**8008899**	**13386774**	**17545425**	

8-14 城市维护建设资金(财政性资金)收入(辖区) 续表 1

Revenue of Urban Maintenance and Construction Fund (Fiscal Budget) (Municipal Districts) continued 1

单位：万元 (10 000 yuan)

地名	City	2010	2014	2015	2015 排名 Ranking	地名	City	2010	2014	2015	2015 排名 Ranking
南京	Nanjing	1737698	3337821	3031885	7	池州	Chizhou	65881	73961	60228	210
无锡	Wuxi	535568	426462	428743	61	宣城	Xuancheng	103185	265000	480000	56
徐州	Xuzhou	169651	528291	654631	37	**福建**	**Fujian**	**4656971**	**10852589**	**6735656**	
常州	Changzhou	297868	357440	586485	45	福州	Fuzhou	2747179	2451744	1686960	16
苏州	Suzhou	1365198	2753699	5598418	1	厦门	Xiamen	546055	5640505	3681160	5
南通	Nantong	363404	756997	1707862	15	莆田	Putian	53450	51848	39739	242
连云港	Lianyungang	207428	604632	255925	85	三明	Sanming	8923	27987	36779	247
淮安	Huaian	212091	326030	744031	34	泉州	Quanzhou	345200	924846	164981	131
盐城	Yancheng	82886	347189	305825	73	漳州	Zhangzhou	36867	175737	70251	200
扬州	Yangzhou	201999	297549	336963	69	南平	Nanping	28167	207592	181587	123
镇江	Zhenjiang	646642	871555	855245	28	龙岩	Longyan	115652	132606	198383	110
泰州	Taizhou	117332	183730	236502	94	宁德	Ningde	174527	159229	124423	153
宿迁	Suqian	42294	264564	200923	107	**江西**	**Jiangxi**	**2422959**	**3957685**	**4875877**	
浙江	**Zhejiang**	**6108113**	**8016579**	**8761243**		南昌	Nanchang	125773	311475	229150	97
杭州	Hangzhou	2237771	1271748	2476819	8	景德镇	Jingdezhen	13687	138911	177856	125
宁波	Ningbo	815389	763136	780987	33	萍乡	Pingxiang	51200	405963	263758	82
温州	Wenzhou	94515	1953843	1935188	13	九江	Jiujiang	665900	234519	207984	106
嘉兴	Jiaxing	261755	144004	133978	147	新余	Xinyu	118293	206520	156085	136
湖州	Huzhou	274925	232549	289034	77	鹰潭	Yingtan	113836	134324	297183	76
绍兴	Shaoxing	180767	437702	507910	52	赣州	Ganzhou	174601	123742	245498	90
金华	Jinhua	67290	158281	183711	120	吉安	Jian	167206	197918	195531	112
衢州	Quzhou	98802	139302	138988	144	宜春	Yichun	174159	405711	177312	126
舟山	Zhoushan	146504	508274	431668	60	抚州	Fuzhou	123561	216452	272588	80
台州	Taizhou	126916	185501	148956	140	上饶	Shangrao	142829	685972	807452	32
丽水	Lishui	58456	141912	154001	137	**山东**	**Shandong**	**10377521**	**11777166**	**10534867**	
安徽	**Anhui**	**2902962**	**6735412**	**7915597**		济南	Jinan	951069	1319002	1479969	19
合肥	Hefei	597267	2400797	3740523	4	青岛	Qingdao	4752449	3425011	2452163	9
芜湖	Wuhu	616024	378891	396238	67	淄博	Zibo	145597	213210	209081	104
蚌埠	Bengbu	331579	913461	618612	40	枣庄	Zaozhuang	162441	103912	107173	165
淮南	Huainan	224036	331210	232941	95	东营	Dongying	231469	417140	394487	68
马鞍山	Maanshan	228717	281809	198756	109	烟台	Yantai	429225	904328	587439	44
淮北	Huaibei	81340	242266	189396	117	潍坊	Weifang	162854	351136	254362	88
铜陵	Tongling	29178	242266	458344	58	济宁	Jining	142668	185242	163562	134
安庆	Anqing	79137	125031	128355	150	泰安	Taian	244194	228459	528128	50
黄山	Huangshan	68456	85049	84874	186	威海	Weihai	128946	245078	231317	96
滁州	Chuzhou	138826	190412	173000	127	日照	Rizhao	168122	143359	124018	154
阜阳	Fuyang	56548	270223	153117	138	莱芜	Laiwu	53012	62977	78827	191
宿州	Suzhou	12722	68743	412517	64	临沂	Linyi	252508	605755	630482	38
六安	Liuan	54679	94377	101986	172	德州	Dezhou	97815	153885	134423	146
亳州	Bozhou	51395	109282	118605	158	聊城	Liaocheng	64766	162164	148977	139

8-14 城市维护建设资金(财政性资金)收入(辖区) 续表 2
Revenue of Urban Maintenance and Construction Fund (Fiscal Budget) (Municipal Districts) continued 2

单位：万元 (10 000 yuan)

地名	City	2010	2014	2015	2015 排名 Ranking	地名	City	2010	2014	2015	2015 排名 Ranking
滨州	Binzhou	78755	347628	397836	65	常德	Changde	195847	323696	323696	71
菏泽	Heze	69140	240038	182249	121	张家界	Zhangjiajie	5037	4359	12882	275
河南	**Henan**	**2381809**	**4001624**	**2553620**		益阳	Yiyang	85132	152731	63438	206
郑州	Zhengzhou	1205952	1189243	543344	49	郴州	Chenzhou	72418	209462	212511	101
开封	Kaifeng	117063	480809	87744	182	永州	Yongzhou	118929	232140	243485	91
洛阳	Luoyang	38016	73792	77343	193	怀化	Huaihua	17881	389104	432972	59
平顶山	Pingdingshan	130426	400586	57761	215	娄底	Loudi	62196	29897	34617	249
安阳	Anyang	38155	40844	54140	222	**广东**	**Guangdong**	**9315084**	**20133006**	**14880108**	
鹤壁	Hebi	24182	117339	117781	159	广州	Guangzhou	2511190	3471509	3276471	6
新乡	Xinxiang	35676	127017	38401	245	韶关	Shaoguan	89614	384683	191085	116
焦作	Jiaozuo	130885	171642	228387	98	深圳	Shenzhen	132886	182072	209419	103
濮阳	Puyang	60780	39690	87890	181	珠海	Zhuhai	1867958	4929480	2049542	12
许昌	Xuchang	56796	52846	52912	224	汕头	Shantou	33895	1061926	663433	35
漯河	Luohe	58325	10189	12400	277	佛山	Foshan	1609100	2237691	1837528	14
三门峡	Sanmenxia	22389	27779	141483	142	江门	Jiangmen	307168	761632	484692	55
南阳	Nanyang	52098	291700	226516	99	湛江	Zhanjiang	296750	498032	415702	63
商丘	Shangqiu	22626	62327	65657	203	茂名	Maoming	50082	177624	51178	226
信阳	Xinyang	23912	34762	44097	236	肇庆	Zhaoqing	267468	550300	546084	47
周口	Zhoukou	49778	81788	87417	183	惠州	Huizhou	226235	664706	594140	43
驻马店	Zhumadian	18700	33022	34332	250	梅州	Meizhou	79121	303925	281066	78
湖北	**Hubei**	**1561968**	**6356547**	**5886705**		汕尾	Shanwei	12680	15300	25728	259
武汉	Wuhan	406770	2135082	1667344	17	河源	Heyuan	22393	196494	196554	111
黄石	Huangshi	62525	71691	91201	180	阳江	Yangjiang	33027	5950	71867	198
十堰	Shiyan	175056	477700	276833	79	清远	Qingyuan	125436	60763	551515	46
宜昌	Yichang	145952	1101672	627188	39	东莞	Dongguan	585254	2205692	2058155	11
襄阳	Xiangyang	192652	1032565	1061119	25	中山	Zhongshan	113168	229882	182175	122
鄂州	Ezhou	97828	150118	106781	166	潮州	Chaozhou	28604	73437	163914	133
荆门	Jingmen	16944	30006	125536	152	揭阳	Jieyang	20733	27775	85504	185
孝感	Xiaogan	15700	243123	825700	30	云浮	Yunfu	42947	159441	46960	230
荆州	Jingzhou	33135	70823	60479	209	**广西**	**Guangxi**	**2722649**	**5004714**	**5248781**	
黄冈	Huanggang	16480	73910	49520	227	南宁	Nanning	1447620	2513522	2289806	10
咸宁	Xianning	90859	14558	19720	269	柳州	Liuzhou	529239	1007416	894448	27
随州	Suizhou	12300	44330	44460	234	桂林	Guilin	98538	573185	602422	42
湖南	**Hunan**	**2004494**	**3250849**	**3468328**		梧州	Wuzhou	64514	65814	141460	143
长沙	Changsha	602633	684500	899874	26	北海	Beihai	30724	93824	97505	177
株洲	Zhuzhou	279587	145986	105527	168	防城港	Fangchenggang	100928	112330	118849	157
湘潭	Xiangtan	34150	176221	238011	92	钦州	Qinzhou	71664	29783	36743	248
衡阳	Hengyang	20658	98976	92272	178	贵港	Guigang	21452	62723	64604	205
邵阳	Shaoyang	55792	182651	185501	119	玉林	Yulin	141541	38486	178524	124
岳阳	Yueyang	146356	186228	208650	105	百色	Baise	21082	79595	169594	129

8-14 城市维护建设资金(财政性资金)收入（辖区） 续表 3
Revenue of Urban Maintenance and Construction Fund (Fiscal Budget) (Municipal Districts) continued 3

单位：万元 (10 000 yuan)

地名	City	2010	2014	2015	2015 排名 Ranking
贺州	Hezhou	6091	40172	129638	149
河池	Hechi	37573	42941	129829	148
来宾	Laibin	25666	132852	116086	160
崇左	Chongzuo	35278	52933	54890	221
海南	**Hainan**	**245421**	**1025788**	**1295332**	
海口	Haikou	60079	115334	107408	164
三亚	Sanya	47850	504696	807557	31
三沙	Sansha			6245	282
重庆	**Chongqing**	**1950298**	**2950656**	**5384683**	
四川	**Sichuan**	**1929600**	**5437876**	**7613624**	
成都	Chengdu	680325	2317217	3884993	3
自贡	Zigong	29839	41931	39501	243
攀枝花	Panzhihua	35138	123197	65365	204
泸州	Luzhou	45043	499369	522106	51
德阳	Deyang	44274	73306	72994	197
绵阳	Mianyang	116535	67558	69987	201
广元	Guangyuan	107311	73295	123873	155
遂宁	Suining	35286	58235	105067	169
内江	Neijiang	13572	152238	59782	211
乐山	Leshan	77158	68328	40378	241
南充	Nanchong	98170	231800	195200	113
眉山	Meishan	12312	93922	85822	184
宜宾	Yibin	163208	140653	478107	57
广安	Guangan	47070	340686	251439	89
达州	Dazhou	20521	32400	58719	212
雅安	Yaan	2780	71880	126919	151
巴中	Bazhong	53212	563283	396691	66
资阳	Ziyang	9743	50952	101748	173
贵州	**Guizhou**	**389972**	**1009443**	**1967186**	
贵阳	Guiyang	259749	373944	185975	118
六盘水	Liupanshui	1837	15720	26194	258
遵义	Zunyi	20583	37543	417186	62
安顺	Anshun	18636	17026	110126	163
毕节	Bijie	590	269699	305249	74
铜仁	Tongren	2451	4575	5221	284
云南	**Yunnan**	**1923960**	**2984654**	**2137330**	
昆明	Kunming	961108	1893616	1098749	22
曲靖	Qujing	76702	72557	74111	196
玉溪	Yuxi	36443	11569	20078	268
保山	Baoshan	12103	5399	2705	286
昭通	Zhaotong	25278	8674	56592	217
丽江	Lijiang	31757	35219	14403	273
普洱	Puer	50812	16856	12723	276
临沧	Lincang	9430	72265	61231	207
西藏	**Tibet**	**13138**	**133707**	**608748**	
拉萨	Lasa	9345	7322	607028	41
陕西	**Shaanxi**	**2060164**	**5189644**	**5893677**	
西安	Xi'an	1397733	3646581	4888828	2
铜川	Tongchuan	18776	10803	11412	278
宝鸡	Baoji	188268	505220	92184	179
咸阳	Xianyang	44130	71961	100568	174
渭南	Weinan	36219	38982	70419	199
延安	Yan'an	58088	22354	33130	251
汉中	Hanzhong	13262	44904	38446	244
榆林	Yulin	63352	261355	170669	128
安康	Ankang	167400	290886	299361	75
商洛	Shangluo	35158	63750	29127	254
甘肃	**Gansu**	**421293**	**965239**	**570054**	
兰州	Lanzhou	120222	677707	255783	86
嘉峪关	Jiayuguan	25594	40628	44237	235
金昌	Jinchang	24602	17824	10738	280
白银	Baiyin	17572	24527	46571	231
天水	Tianshui	8432	46183	47620	229
武威	Wuwei	26051	14259	15326	272
张掖	Zhangye	9350	5374	21308	265
平凉	Pingliang	18511	16710	28218	255
酒泉	Jiuquan	16701	4590	5351	283
庆阳	Qingyang	95424	11433	10150	281
定西	Dingxi	5123	24309	26236	257
陇南	Longnan	18066	14159	11210	279
青海	**Qinghai**	**154783**	**473973**	**664297**	
西宁	Xining	120571	409714	493537	54
海东	Haidong		19898	97925	175
宁夏	**Ningxia**	**385876**	**538359**	**551251**	
银川	Yinchuan	111326	83304	307967	72
石嘴山	Shizuishan	71609	152717	52966	223
吴忠	Wuzhong	18896	45555	20484	267
固原	Guyuan	25747	70220	24644	263
中卫	Zhongwei	37044	50064	58208	214
新疆	**Xinjiang**	**692825**	**2419925**	**2384335**	
乌鲁木齐	Urumqi	165227	1056278	1077681	24
克拉玛依	Karamay	67373	164788	166234	130

8-15 城市维护建设资金支出（财政性资金）（辖区）

Expenditure of Urban Maintenance and Construction Fund (Fiscal Budget) (Municipal Districts)

单位：万元　　　　(10 000 yuan)

地名	City	2010	2014	2015	2015 排名 Ranking
全国	**Nation Total**	**75080799**	**106589135**	**124386269**	
北京	**Beijing**	**6215691**		**15536209**	
天津	**Tianjin**	**1592922**	**1668808**	**2283693**	
河北	**Hebei**	**3043449**	**2602461**	**1980683**	
石家庄	Shijiazhuang	410507	496727	508159	41
唐山	Tangshan	616009	151543	216926	83
秦皇岛	Qinhuangdao	341328	66005	79950	168
邯郸	Handan	350869	379094	4853	282
邢台	Xingtai	55600	56175	48033	203
保定	Baoding	306844	439438	231896	76
张家口	Zhangjiakou	94369	91023	79200	169
承德	Chengde	46963	48319	41658	210
沧州	Cangzhou	95169	96388	76349	170
廊坊	Langfang	107104	127237	120882	129
衡水	Hengshui	27169	10258	16912	256
山西	**Shanxi**	**2080377**	**1709289**	**2183414**	
太原	Taiyuan	690751	895634	992643	21
大同	Datong	739492	111900	237358	73
阳泉	Yangquan	92162	53783	42372	209
长治	Changzhi	74075	278494	269280	65
晋城	Jincheng	204		4886	281
朔州	Shuozhou	118346	65783	61365	183
晋中	Jinzhong	87913	3180	162987	110
运城	Yuncheng	33245	28247	17213	255
忻州	Xinzhou	19764	24781	103687	143
临汾	Linfen	74137	64421	57182	189
吕梁	Lvliang	13183	30100	48760	202
内蒙古	**Inner Mongolia**	**1755347**	**1382055**	**1729153**	
呼和浩特	Hohhot	141777	260560	187762	100
包头	Baotou	126522	58456	58456	188
乌海	Wuhai	107846	62862	362635	51
赤峰	Chifeng	100954	48579	443859	46
通辽	Tongliao	72234	39334	30229	237
鄂尔多斯	Erdos	825256	133581	110775	136
呼伦贝尔	Hulunbuir	39578	46451	40380	215
巴彦淖尔	Bayannur	1450			
乌兰察布	Ulanqab	22940	314958	108803	137
辽宁	**Liaoning**	**2429628**	**3237272**	**3246034**	
沈阳	Shenyang	639209	942938	1372568	14
大连	Dalian	474880	961337	954194	23
鞍山	Anshan	248074	28848	29382	239
抚顺	Fushun	122116	148585	47864	204
本溪	Benxi	102113	198708	54362	191
丹东	Dandong	104028	68975	80043	165
锦州	Jinzhou	78738	48801	50816	198
营口	Yingkou	99609	4432	10637	272
阜新	Fuxin	32162	12344	27483	242
辽阳	Liaoyang	47757	86655	61686	181
盘锦	Panjin	109731	83835	14911	260
铁岭	Tieling	13522	17838	16158	257
朝阳	Chaoyang	40227	19245	28122	241
葫芦岛	Huludao	33656	154340	104127	142
吉林	**Jilin**	**953627**	**1335060**	**1173123**	
长春	Changchun	467275	738833	550262	37
吉林	Jilin	58000	80000	76000	171
四平	Siping	7664	4884	31255	232
辽源	Liaoyuan	37200	28897	65820	178
通化	Tonghua	21689	18315	29346	240
白山	Baishan	43429	42853	49088	201
松原	Songyuan	60940	12800	6449	278
白城	Baicheng	18307	86108	114056	134
黑龙江	**Heilongjiang**	**1185874**	**1233016**	**1454195**	
哈尔滨	Harbin	345790		443600	47
齐齐哈尔	Qiqihar	103597	79463	97055	151
鸡西	Jixi	16570	27167	53841	194
鹤岗	Hegang	24613	14985	23909	247
双鸭山	Shuangyashan	30073	21332	27152	243
大庆	Daqing	223668	427999	191683	98
伊春	Yichun	62307	60239	45983	205
佳木斯	Jiamusi	91623	33133	40654	212
七台河	Qitaihe	13060	57051	55170	190
牡丹江	Mudanjiang	28419	166342	87679	157
黑河	Heihe	15945	11495	13333	263
绥化	Suihua	14496	52039	25006	245
上海	**Shanghai**	**3503084**	**3358903**	**1281899**	
江苏	**Jiangsu**	**7679303**	**13386774**	**11364807**	

8-15 城市维护建设资金支出（财政性资金）（辖区） 续表 1
Expenditure of Urban Maintenance and Construction Fund (Fiscal Budget) (Municipal Districts) continued 1

单位：万元 (10 000 yuan)

地名	City	2010	2014	2015	2015 排名 Ranking	地名	City	2010	2014	2015	2015 排名 Ranking
南京	Nanjing	1638585	3337821	2558589	6	池州	Chizhou	65533	74003	51965	197
无锡	Wuxi	535568	426462	428743	48	宣城	Xuancheng	101515	265000	361000	52
徐州	Xuzhou	169652	528291	514594	39	**福建**	**Fujian**	**3355289**	**8234273**	**5992877**	
常州	Changzhou	297318	357440	470383	45	福州	Fuzhou	1486942	1293280	1518275	11
苏州	Suzhou	1393528	2491649	2027297	9	厦门	Xiamen	546055	5609028	2832402	5
南通	Nantong	722095	833035	1424649	13	莆田	Putian	53450	51520	39740	216
连云港	Lianyungang	198090	540677	218694	81	三明	Sanming	8923	27388	36459	224
淮安	Huaian	225725	326000	337350	55	泉州	Quanzhou	419500	48034	137169	122
盐城	Yancheng	80839	96170	197681	93	漳州	Zhangzhou	26733	51504	37027	221
扬州	Yangzhou	209471	299241	346832	54	南平	Nanping	28167	210360	225730	79
镇江	Zhenjiang	166605	253307	222113	80	龙岩	Longyan	115652	132606	199286	91
泰州	Taizhou	107422	167042	243171	69	宁德	Ningde	76055	3414	121951	128
宿迁	Suqian	42118	263001	217887	82	**江西**	**Jiangxi**	**2405355**	**3205263**	**4094343**	
浙江	**Zhejiang**	**5732752**	**6645984**	**6525407**		南昌	Nanchang	120692	566970	814853	28
杭州	Hangzhou	2049529	1022086	1260890	15	景德镇	Jingdezhen	135731	16434	11390	269
宁波	Ningbo	811028	762250	723010	30	萍乡	Pingxiang	51200	145313	163180	109
温州	Wenzhou	71415	967975	1188482	17	九江	Jiujiang	597745	243577	194330	96
嘉兴	Jiaxing	172941	46671	73725	173	新余	Xinyu	118293	206520	156085	114
湖州	Huzhou	275789	310374	322489	58	鹰潭	Yingtan	80749	16608	30809	235
绍兴	Shaoxing	180842	455362	498045	42	赣州	Ganzhou	174601	74078	80102	164
金华	Jinhua	71675	159788	182228	104	吉安	Jian	187130	193599	192098	97
衢州	Quzhou	98867	129075	138243	120	宜春	Yichun	174147	405711	17308	254
舟山	Zhoushan	142461	458950	305491	62	抚州	Fuzhou	195127	48867	66971	175
台州	Taizhou	110799	187521	157265	113	上饶	Shangrao	142829	757728	878908	25
丽水	Lishui	55404	141899	150707	117	**山东**	**Shandong**	**5474926**	**7289225**	**6363538**	
安徽	**Anhui**	**2677535**	**5773609**	**7138710**		济南	Jinan	997725	1332109	1475851	12
合肥	Hefei	563516	2311296	3584263	2	青岛	Qingdao	1051964	929458	565007	35
芜湖	Wuhu	613238	355336	305536	61	淄博	Zibo	121389	197313	200465	90
蚌埠	Bengbu	107472	401456	393863	49	枣庄	Zaozhuang	161258	119357	102426	145
淮南	Huainan	223663	232510	208057	86	东营	Dongying	92815	213547	229132	78
马鞍山	Maanshan	221841	310899	149445	118	烟台	Yantai	372635	425677	231458	77
淮北	Huaibei	81746	231760	256934	67	潍坊	Weifang	168680	348934	205203	89
铜陵	Tongling	26219	174930	196067	95	济宁	Jining	135119	178867	161320	111
安庆	Anqing	79190	128936	133575	124	泰安	Taian	245126	182800	285580	64
黄山	Huangshan	69477	83453	86568	159	威海	Weihai	127986	243735	233861	75
滁州	Chuzhou	133575	183537	174655	105	日照	Rizhao	166630	133446	102800	144
阜阳	Fuyang	54310	270223	153117	116	莱芜	Laiwu	50008	62043	59949	186
宿州	Suzhou	12090	33117	336134	56	临沂	Linyi	246046	637911	624916	34
六安	Liuan	54679	94377	101986	147	德州	Dezhou	95430	91693	89584	156
亳州	Bozhou	51395	109282	99428	149	聊城	Liaocheng	56990	117292	135564	123

8-15 城市维护建设资金支出（财政性资金）（辖区） 续表 2

Expenditure of Urban Maintenance and Construction Fund (Fiscal Budget) (Municipal Districts) continued 2

单位：万元 (10 000 yuan)

地名	City	2010	2014	2015	2015 排名 Ranking
滨州	Binzhou	78233	239661	50335	199
菏泽	Heze	69141	240038	182249	103
河南	**Henan**	**2078148**	**2810399**	**2219983**	
郑州	Zhengzhou	1205952	1189243	543344	38
开封	Kaifeng	75823	117500	84203	162
洛阳	Luoyang	36694	66950	66637	176
平顶山	Pingdingshan	46307	43953	43953	208
安阳	Anyang	37518	40370	53620	195
鹤壁	Hebi	23968	112933	117723	131
新乡	Xinxiang	46443	53140	36974	222
焦作	Jiaozuo	59236	57975	62181	180
濮阳	Puyang	10785	39690	82896	163
许昌	Xuchang	36601	95189	95352	152
漯河	Luohe	45282	10189	12400	265
三门峡	Sanmenxia	22389	23575	80023	166
南阳	Nanyang	48545	208063	205590	88
商丘	Shangqiu	21669	58756	61395	182
信阳	Xinyang	23813	34757	40927	211
周口	Zhoukou	49778	81788	87417	158
驻马店	Zhumadian	18675	34632	35540	225
湖北	**Hubei**	**1307256**	**4726117**	**5750513**	
武汉	Wuhan	320000	2135082	1667344	10
黄石	Huangshi	62525	71146	91447	155
十堰	Shiyan	142639	133016	241920	70
宜昌	Yichang	145952	1101672	627188	33
襄阳	Xiangyang	70552	38994	1051253	19
鄂州	Ezhou	97828	150118	106781	140
荆门	Jingmen	16944	30439	116050	133
孝感	Xiaogan	15700	9414	825700	27
荆州	Jingzhou	33135	70823	60479	185
黄冈	Huanggang	16480	73910	49520	200
咸宁	Xianning	90630	13980	19720	252
随州	Suizhou	12300	44330	44460	207
湖南	**Hunan**	**2028183**	**2774070**	**3392782**	
长沙	Changsha	569487	684500	899874	24
株洲	Zhuzhou	486537	61337	100383	148
湘潭	Xiangtan	55648	138710	241295	71
衡阳	Hengyang	20000	107934	94992	153
邵阳	Shaoyang	55792	180683	183378	101
岳阳	Yueyang	146356	179500	189710	99
常德	Changde	20637	323696	323696	57
张家界	Zhangjiajie	5383	5150		
益阳	Yiyang	91752	129211	62555	179
郴州	Chenzhou	79575	191722	198093	92
永州	Yongzhou	104373	232125	238456	72
怀化	Huaihua	17881	66020	389404	50
娄底	Loudi	47395	29897	34617	226
广东	**Guangdong**	**6977019**	**11884743**	**11421946**	
广州	Guangzhou	2450282	3162776	3219043	4
韶关	Shaoguan	24167	37226	117581	132
深圳	Shenzhen	132886	182053	511677	40
珠海	Zhuhai	1435388	674899	718568	31
汕头	Shantou	87009	980528	835076	26
佛山	Foshan	183619	1221313	1229713	16
江门	Jiangmen	125286	350186	207062	87
湛江	Zhanjiang	335080	314960	306765	60
茂名	Maoming	16928	23012	30705	236
肇庆	Zhaoqing	348784	482372	355068	53
惠州	Huizhou	228380	578104	489806	44
梅州	Meizhou	64351	264521	244982	68
汕尾	Shanwei	12680	15300	13900	262
河源	Heyuan	22393	196419	196417	94
阳江	Yangjiang	33027	43419	38159	219
清远	Qingyuan	7779	57314	73897	172
东莞	Dongguan	444827	2199518	2058155	8
中山	Zhongshan	133327	199530	235782	74
潮州	Chaozhou	23493	46480	31428	231
揭阳	Jieyang	21741	22462	79956	167
云浮	Yunfu	11853	33109	19194	253
广西	**Guangxi**	**2694094**	**5188188**	**5045918**	
南宁	Nanning	1447620	2686598	2112981	7
柳州	Liuzhou	529239	1057537	987071	22
桂林	Guilin	98538	573702	553216	36
梧州	Wuzhou	64619	62574	137482	121
北海	Beihai	30899	89776	92981	154
防城港	Fangchenggang	97760	101878	108535	138
钦州	Qinzhou	66810	29321	34504	227
贵港	Guigang	19107	60283	60710	184
玉林	Yulin	140599	35875	166448	108
百色	Baise	20320	78995	169594	106

8-15 城市维护建设资金支出（财政性资金）（辖区）续表 3

Expenditure of Urban Maintenance and Construction Fund (Fiscal Budget) (Municipal Districts) continued 3

单位：万元 (10 000 yuan)

地名	City	2010	2014	2015	2015 排名 Ranking
贺州	Hezhou	6065	39845	119340	130
河池	Hechi	37571	42941	129829	125
来宾	Laibin	25593	121689	106210	141
崇左	Chongzuo	26899	52322	53890	193
海南	**Hainan**	**249151**	**691782**	**1154630**	
海口	Haikou	74137	103294	107228	139
三亚	Sanya	33061	419053	670452	32
三沙	Sansha		13018	6470	277
重庆	**Chongqing**	**1917066**	**2919924**	**5099675**	
四川	**Sichuan**	**1818786**	**4155980**	**5343109**	
成都	Chengdu	705868	2401634	3560628	3
自贡	Zigong	29839	32341	31006	234
攀枝花	Panzhihua	35352	105812	53943	192
泸州	Luzhou	44463	156047	182284	102
德阳	Deyang	44274	73306	72994	174
绵阳	Mianyang	115391	63140	66044	177
广元	Guangyuan	60415	71260	123282	127
遂宁	Suining	35275	49091	31037	233
内江	Neijiang	13559	137380	58871	187
乐山	Leshan	76323	67729	36685	223
南充	Nanchong	100500	231800	215400	84
眉山	Meishan	12312	93922	85822	160
宜宾	Yibin	103442	45673	12481	264
广安	Guangan	47070	210546	167569	107
达州	Dazhou	18630	15750	16073	258
雅安	Yaan	2780	71880	126919	126
巴中	Bazhong	10407	9882	11790	268
资阳	Ziyang	9015	7384	102127	146
贵州	**Guizhou**	**447265**	**399356**	**247842**	
贵阳	Guiyang	330640	225369	40485	214
六盘水	Liupanshui	2367	4218	6119	279
遵义	Zunyi	20123	33363	23242	249
安顺	Anshun	13055	10356	21691	250
毕节	Bijie	6110	38216	32396	230
铜仁	Tongren	2186	7051	7103	276
云南	**Yunnan**	**1685076**	**2325506**	**1638290**	
昆明	Kunming	939165	1633381	1007329	20
曲靖	Qujing	68734	72514	52917	196
玉溪	Yuxi	40792	30035	24912	246
保山	Baoshan	12870	5615	3952	283
昭通	Zhaotong	25278	8674	38775	218

地名	City	2010	2014	2015	2015 排名 Ranking
丽江	Lijiang	31875	31353	34201	228
普洱	Puer	51182	7565	7407	275
临沧	Lincang	9710	10080	12120	266
西藏	**Tibet**	**11353**	**26542**	**62845**	
拉萨	Lasa	7581	2869	29415	238
陕西	**Shaanxi**	**2239864**	**6282997**	**7108004**	
西安	Xi'an	1396774	3646581	4896817	1
铜川	Tongchuan	56061	193464	208847	85
宝鸡	Baoji	188268	519790	84210	161
咸阳	Xianyang	162973	691076	811378	29
渭南	Weinan	32679	155628	141734	119
延安	Yan'an	57338	21941	37931	220
汉中	Hanzhong	32541	151876	154847	115
榆林	Yulin	52583	261735	160521	112
安康	Ankang	167400	290886	298161	63
商洛	Shangluo	35038	63900	40583	213
甘肃	**Gansu**	**442365**	**525632**	**517791**	
兰州	Lanzhou	118655	246059	261313	66
嘉峪关	Jiayuguan	26243	21190	39576	217
金昌	Jinchang	24602	17824	10407	273
白银	Baiyin	17572	23167	2250	284
天水	Tianshui	8471	43519	45848	206
武威	Wuwei	24728	9583	14230	261
张掖	Zhangye	10160	5380	11058	271
平凉	Pingliang	45257	54842	33563	229
酒泉	Jiuquan	16701	9372	5562	280
庆阳	Qingyang	95424	11433	11857	267
定西	Dingxi	5042	24309	26236	244
陇南	Longnan	13814	14133	11212	270
青海	**Qinghai**	**154783**	**468043**	**650757**	
西宁	Xining	120571	409664	493537	43
海东	Haidong		19898	97925	150
宁夏	**Ningxia**	**305836**	**464486**	**467400**	
银川	Yinchuan	86109	82270	316360	59
石嘴山	Shizuishan	72893	152693	15611	259
吴忠	Wuzhong	18896	45552	20484	251
固原	Guyuan	24156	19028	23611	248
中卫	Zhongwei	37044	17264	8007	274
新疆	**Xinjiang**	**639395**	**2051994**	**1916699**	
乌鲁木齐	Urumqi	165227	1056278	1077681	18
克拉玛依	Karamay	60382	183487	113877	135

8-16 城市市政公用设施建设固定资产投资额（辖区）

Fixed Assets Investment in Urban Service Facilities (Municipal Districts)

单位：万元 (10 000 yuan)

地名	City	2010	2014	2015	2015 排名 Ranking	地名	City	2010	2014	2015	2015 排名 Ranking
全国	**Nation Total**	**143058687**	**162450334**	**162044401**		沈阳	Shenyang	3593773	1536170	1402088	26
北京	**Beijing**	**8541126**	**13229081**	**10215405**		大连	Dalian	1442714	1206484	796583	37
天津	**Tianjin**	**6009490**	**5966507**	**4548928**		鞍山	Anshan	138845	106447	184871	118
河北	**Hebei**	**8526761**	**3844970**	**3738577**		抚顺	Fushun	279218	199694	51543	210
石家庄	Shijiazhuang	1494183	1235321	1304236	28	本溪	Benxi	66682	43973	24834	250
唐山	Tangshan	2190198	317089	469716	54	丹东	Dandong	86162	92106	46043	215
秦皇岛	Qinhuangdao	429991	143568	170834	124	锦州	Jinzhou	122839	100917	82811	180
邯郸	Handan	803804	491969	451269	56	营口	Yingkou	123291	14963	4795	279
邢台	Xingtai	663984	66381	42702	223	阜新	Fuxin	41812	30940	32890	236
保定	Baoding	294471	268674	67238	196	辽阳	Liaoyang	152085	63476	63143	199
张家口	Zhangjiakou	492258	185826	77474	191	盘锦	Panjin	104571	74100	15137	263
承德	Chengde	328661	63628	47901	213	铁岭	Tieling	17480	52781	60949	201
沧州	Cangzhou	150126	119361	151028	136	朝阳	Chaoyang	41954	72749	87689	175
廊坊	Langfang	336604	63811	88467	174	葫芦岛	Huludao	80069	48490	41135	227
衡水	Hengshui	245370	22204	42310	226	**吉林**	**Jilin**	**2152685**	**2002999**	**2377965**	
山西	**Shanxi**	**2258567**	**3433505**	**2375634**		长春	Changchun	1442023	1201750	1547649	22
太原	Taiyuan	780811	1837657	973200	32	吉林	Jilin	228767	147957	208672	105
大同	Datong	672705	67980	27000	245	四平	Siping	19564	16367	20096	253
阳泉	Yangquan	97045	121518	110983	153	辽源	Liaoyuan	13412	23053	36760	231
长治	Changzhi	61265	283939	280957	83	通化	Tonghua	70540	14983	50905	211
晋城	Jincheng	2669	94222	173006	122	白山	Baishan	43504	45189	45481	219
朔州	Shuozhou	117849	65783	109581	154	松原	Songyuan	60470	29240	39274	229
晋中	Jinzhong	122303	205631	258746	91	白城	Baicheng	33085	93680	50853	212
运城	Yuncheng	25193	121576	18191	257	**黑龙江**	**Heilongjiang**	**3048439**	**2127621**	**1790461**	
忻州	Xinzhou	54500	103513	34902	234	哈尔滨	Harbin	2092434	1001727	831079	36
临汾	Linfen	74137	59008			齐齐哈尔	Qiqihar	73425	104178	66008	197
吕梁	Lvliang	10767	148086	101829	157	鸡西	Jixi	25718	34588	93444	170
内蒙古	**Inner Mongolia**	**3663044**	**5130338**	**4989745**		鹤岗	Hegang	50240	34178	32794	237
呼和浩特	Hohhot	355810	1728695	1440823	25	双鸭山	Shuangyashan	29810	35834	80470	185
包头	Baotou	869045	1206260	1199404	30	大庆	Daqing	214058	208559	67926	195
乌海	Wuhai	139354	122690	264885	90	伊春	Yichun	58727	74756	42547	224
赤峰	Chifeng	174630	234039	444045	58	佳木斯	Jiamusi	126985	49938	53396	208
通辽	Tongliao	94921	210042	222903	101	七台河	Qitaihe	22622	29581	45625	218
鄂尔多斯	Erdos	1062387	274855	97683	163	牡丹江	Mudanjiang	38832	120175	74510	192
呼伦贝尔	Hulunbuir	196242	252203	312752	78	黑河	Heihe	18556	7995	9588	274
巴彦淖尔	Bayannur	451700	169070	171175	123	绥化	Suihua	17096	56433	65662	198
乌兰察布	Ulanqab	79121	97508	160277	131	**上海**	**Shanghai**	**4769428**	**3727712**	**6583404**	
辽宁	**Liaoning**	**6746292**	**3948997**	**3148514**		**江苏**	**Jiangsu**	**13299989**	**19253176**	**14853651**	

8-16 城市市政公用设施建设固定资产投资额（辖区） 续表 1
Fixed Assets Investment in Urban Service Facilities (Municipal Districts) continued 1

单位：万元 (10 000 yuan)

地名	City	2010	2014	2015	2015 排名 Ranking	地名	City	2010	2014	2015	2015 排名 Ranking
南京	Nanjing	2764279	6528492	4326437	2	池州	Chizhou	92215	116214	60064	202
无锡	Wuxi	2816435	923851	546864	49	宣城	Xuancheng	242763	338359	423760	60
徐州	Xuzhou	308785	312725	134988	141	**福建**	**Fujian**	**3850761**	**4818860**	**6485406**	
常州	Changzhou	1412021	1328188	948987	33	福州	Fuzhou	1679485	1302268	1530052	23
苏州	Suzhou	1145287	2065716	2103290	14	厦门	Xiamen	534554	1008881	1624310	19
南通	Nantong	1100991	2806151	1974118	15	莆田	Putian	454845	714107	752490	40
连云港	Lianyungang	244502	691179	216091	103	三明	Sanming	8440	39035	78008	189
淮安	Huaian	305802	120275	152563	134	泉州	Quanzhou	229420	365039	438734	59
盐城	Yancheng	225176	236081	511743	50	漳州	Zhangzhou	197180	222604	348980	72
扬州	Yangzhou	289141	801079	692527	42	南平	Nanping	40289	44755	206400	106
镇江	Zhenjiang	747350	1607981	1512753	24	龙岩	Longyan	91154	141346	223094	100
泰州	Taizhou	184213	149476	370783	68	宁德	Ningde	76055	102282	32254	238
宿迁	Suqian	65332	179164	195522	112	**江西**	**Jiangxi**	**4210145**	**4811227**	**4874121**	
浙江	**Zhejiang**	**5339364**	**7934651**	**9376203**		南昌	Nanchang	283754	1983633	2150147	13
杭州	Hangzhou	1414876	1743655	3029584	7	景德镇	Jingdezhen	127913	49636	46006	217
宁波	Ningbo	1503364	1925086	1955963	16	萍乡	Pingxiang	94715	112311	156905	133
温州	Wenzhou	135005	952636	1213586	29	九江	Jiujiang	1326866	476713	411469	62
嘉兴	Jiaxing	299618	147042	193582	113	新余	Xinyu	355090	133072	78942	188
湖州	Huzhou	307221	238658	111890	150	鹰潭	Yingtan	55809	157229	14760	265
绍兴	Shaoxing	162757	394781	683541	43	赣州	Ganzhou	685581	369494	346245	73
金华	Jinhua	56815	217296	266797	88	吉安	Jian	154704	75594	201240	110
衢州	Quzhou	47708	95950	72632	193	宜春	Yichun	225759	410016	491098	53
舟山	Zhoushan	81614	302454	189330	116	抚州	Fuzhou	414079	511613	568613	46
台州	Taizhou	132233	191907	173944	121	上饶	Shangrao	148379	64721	101158	159
丽水	Lishui	136558	152649	152011	135	**山东**	**Shandong**	**7896810**	**9652843**	**8610951**	
安徽	**Anhui**	**4756917**	**6615895**	**6324122**		济南	Jinan	787538	1368728	1576915	21
合肥	Hefei	844908	1487134	1749639	18	青岛	Qingdao	2059597	1586038	1601970	20
芜湖	Wuhu	622873	524477	380797	65	淄博	Zibo	373884	250475	272542	85
蚌埠	Bengbu	395255	673339	356451	70	枣庄	Zaozhuang	174226	222842	164522	128
淮南	Huainan	517803	283442	320948	77	东营	Dongying	109091	336445	234383	98
马鞍山	Maanshan	417855	305265	355527	71	烟台	Yantai	485503	659912	937551	34
淮北	Huaibei	225281	265783	287922	82	潍坊	Weifang	200740	295127	190951	115
铜陵	Tongling	150424	150908	170548	125	济宁	Jining	274208	205858	91704	171
安庆	Anqing	105324	321410	243741	94	泰安	Taian	231505	273515	392851	64
黄山	Huangshan	83976	97036	95575	166	威海	Weihai	218972	415204	371570	66
滁州	Chuzhou	304663	315519	250140	92	日照	Rizhao	360650	415887	343675	74
阜阳	Fuyang	121221	468941	456746	55	莱芜	Laiwu	151000	212091	113813	148
宿州	Suzhou	115007	300296	333083	76	临沂	Linyi	400196	746487	402198	63
六安	Liuan	68388	94377	103186	156	德州	Dezhou	323252	110726	123115	144
亳州	Bozhou	108304	89966	91642	172	聊城	Liaocheng	103398	475011	181771	119

8-16 城市市政公用设施建设固定资产投资额（辖区） 续表 2
Fixed Assets Investment in Urban Service Facilities (Municipal Districts) continued 2

单位：万元 (10 000 yuan)

地名	City	2010	2014	2015	2015 排名 Ranking
滨州	Binzhou	115662	99643	140571	138
菏泽	Heze	94601	105579	111146	152
河南	**Henan**	**2242336**	**3745970**	**4606411**	
郑州	Zhengzhou	1062514	2294647	2993453	8
开封	Kaifeng	104896	107328	176828	120
洛阳	Luoyang	75267	101297	31906	239
平顶山	Pingdingshan	59456	63346	55249	205
安阳	Anyang	76333	45859	80603	184
鹤壁	Hebi	38076	37171	54691	206
新乡	Xinxiang	40486	38778	30423	241
焦作	Jiaozuo	47162	170553	95310	167
濮阳	Puyang	3915	33760	77708	190
许昌	Xuchang	2462	18088	42750	222
漯河	Luohe	45242	9492	16599	260
三门峡	Sanmenxia	27297	31058	10583	272
南阳	Nanyang	139549	155577	189282	117
商丘	Shangqiu	25876	65745	54230	207
信阳	Xinyang	49511	56069	22411	252
周口	Zhoukou	61230	83508	87417	176
驻马店	Zhumadian	29934	39730	71477	194
湖北	**Hubei**	**6148789**	**10706897**	**10827794**	
武汉	Wuhan	4859000	8221026	8861396	1
黄石	Huangshi	214944	124730	131459	142
十堰	Shiyan	114814	127341	80664	183
宜昌	Yichang	125339	692632	563385	47
襄阳	Xiangyang	88129	228343	99553	160
鄂州	Ezhou	97828	109954	122430	145
荆门	Jingmen	100002	161179	81944	181
孝感	Xiaogan	38040	7715	10200	273
荆州	Jingzhou	42315	75519	42537	225
黄冈	Huanggang	34030	110262	52393	209
咸宁	Xianning	10650	29372	44930	220
随州	Suizhou	7048	34297	4656	281
湖南	**Hunan**	**5197309**	**6731958**	**7261671**	
长沙	Changsha	1717959	1837536	2605260	11
株洲	Zhuzhou	386570	562806	635426	45
湘潭	Xiangtan	367100	781480	275788	84
衡阳	Hengyang	676505	549287	1192449	31
邵阳	Shaoyang	64948	200400	162117	130
岳阳	Yueyang	213481	236224	269718	87
常德	Changde	396418	131158	80054	186
张家界	Zhangjiajie	90157	19950	111300	151
益阳	Yiyang	73796	89998	17511	258
郴州	Chenzhou	337507	629715	644737	44
永州	Yongzhou	123713	269269	245995	93
怀化	Huaihua	151380	242681	143912	137
娄底	Loudi	149485	721673	371405	67
广东	**Guangdong**	**20425281**	**8067818**	**8496440**	
广州	Guangzhou	6463223	2970581	3495151	4
韶关	Shaoguan	10727	28469	40390	228
深圳	Shenzhen	2029095	2693627	2882198	9
珠海	Zhuhai	606730	268291	333571	75
汕头	Shantou	53537			
佛山	Foshan	335628	286535	164762	127
江门	Jiangmen	91581	149505	38299	230
湛江	Zhanjiang	18122	80752	79748	187
茂名	Maoming	2429	11601	16400	261
肇庆	Zhaoqing	288021	359286	302772	80
惠州	Huizhou	194602	176815	294700	81
梅州	Meizhou	50829	53792	28242	243
汕尾	Shanwei	11880	15300	13900	267
河源	Heyuan	212167	79755	12817	269
阳江	Yangjiang	28564	26673	27285	244
清远	Qingyuan	7507	266416	270829	86
东莞	Dongguan	9574959	358641	229181	99
中山	Zhongshan	102769	63167	138899	139
潮州	Chaozhou	9796	9288	4731	280
揭阳	Jieyang	42770	28645	14955	264
云浮	Yunfu	7423	3653	1481	284
广西	**Guangxi**	**4391407**	**4502643**	**5762041**	
南宁	Nanning	1522437	2406141	3494530	5
柳州	Liuzhou	798066	419695	265380	89
桂林	Guilin	400573	340674	422691	61
梧州	Wuzhou	68199	109319	113083	149
北海	Beihai	163878	99358	94856	168
防城港	Fangchenggang	316509	114208	235559	97
钦州	Qinzhou	219420	209085	160001	132
贵港	Guigang	78564	76115	96578	164
玉林	Yulin	270375	284179	303428	79
百色	Baise	140150	56581	34966	233

8-16 城市市政公用设施建设固定资产投资额（辖区） 续表 3
Fixed Assets Investment in Urban Service Facilities (Municipal Districts) continued 3

单位：万元 (10 000 yuan)

地名	City	2010	2014	2015	2015 排名 Ranking
贺州	Hezhou	14145	31612	28485	242
河池	Hechi	34227	11811	47586	214
来宾	Laibin	148769	30235	59336	203
崇左	Chongzuo	25932	87134	113843	147
海南	**Hainan**	**296222**	**390954**	**1091047**	
海口	Haikou	72131	173254	858835	35
三亚	Sanya	65819	132589	93629	169
三沙	Sansha		3615	3086	283
重庆	**Chongqing**	**5756056**	**5305685**	**6524147**	
四川	**Sichuan**	**3664555**	**6575770**	**7360790**	
成都	Chengdu	1852554	3564051	3504082	3
自贡	Zigong	245890	63235	497764	51
攀枝花	Panzhihua	38507	160988	103807	155
泸州	Luzhou	77770	475028	447885	57
德阳	Deyang	116550	98250	55330	204
绵阳	Mianyang	120165	303054	562572	48
广元	Guangyuan	51665	148752	196661	111
遂宁	Suining	45179	81039	62528	200
内江	Neijiang	44602	154443	192708	114
乐山	Leshan	32970	44005	46033	216
南充	Nanchong	96000	235000	206400	106
眉山	Meishan	12161	213194	135071	140
宜宾	Yibin	114771	125310	121114	146
广安	Guangan	43100	200403	96278	165
达州	Dazhou	19911	15125	18218	256
雅安	Yaan	15665	80150	212152	104
巴中	Bazhong	5535	101487	243275	95
资阳	Ziyang	199923	105466	18429	255
贵州	**Guizhou**	**911371**	**5348947**	**5528630**	
贵阳	Guiyang	821368	3958020	3297887	6
六盘水	Liupanshui	1026	123067	703890	41
遵义	Zunyi	10878	30580	26458	247
安顺	Anshun	9850	524493	761739	39
毕节	Bijie	1889	283834	361659	69
铜仁	Tongren	8808	31900	30600	240
云南	**Yunnan**	**2908549**	**2184917**	**2636462**	
昆明	Kunming	1928961	1198683	1334083	27
曲靖	Qujing	265198	126550	217205	102
玉溪	Yuxi	38647	4447	9256	275
保山	Baoshan	5890	15464	85084	178
昭通	Zhaotong	105486	60667	86690	177
丽江	Lijiang	22515	4652	4652	282
普洱	Puer	28172	12977	11922	270
临沧	Lincang	10077	21728	14453	266
西藏	**Tibet**	**28344**	**5265**	**208258**	
拉萨	Lasa	28344		202993	108
陕西	**Shaanxi**	**3457448**	**5106489**	**3759642**	
西安	Xi'an	2748881	3174998	1893128	17
铜川	Tongchuan	69386	188563	201818	109
宝鸡	Baoji	105826	170978	99129	161
咸阳	Xianyang	142536	554846	790308	38
渭南	Weinan	58732	150453	129233	143
延安	Yan'an	47520	18580	33020	235
汉中	Hanzhong	4860	45437	26350	248
榆林	Yulin	28145	261545	163230	129
安康	Ankang	165753	258055	167257	126
商洛	Shangluo	31988	34901	6525	277
甘肃	**Gansu**	**944242**	**2993848**	**3093449**	
兰州	Lanzhou	602895	2542604	2605362	10
嘉峪关	Jiayuguan	15679	31291	15385	262
金昌	Jinchang	29322	22144	24842	249
白银	Baiyin	54979	20520	88631	173
天水	Tianshui	25909	60540	84242	179
武威	Wuwei	39908	42661	17318	259
张掖	Zhangye	14722	48201	81306	182
平凉	Pingliang	43849	67399	44111	221
酒泉	Jiuquan	25579	14673	36570	232
庆阳	Qingyang	46085	14003	5525	278
定西	Dingxi	14090	16412	8379	276
陇南	Longnan	12069	11820	19286	254
青海	**Qinghai**	**265163**	**471117**	**648225**	
西宁	Xining	210203	409664	493537	52
海东	Haidong		18706	101305	158
宁夏	**Ningxia**	**356655**	**290577**	**338736**	
银川	Yinchuan	199242	147998	237054	96
石嘴山	Shizuishan	53474	17859	26710	246
吴忠	Wuzhong	38108	38903	23934	251
固原	Guyuan	18011	41795	13119	268
中卫	Zhongwei	8273	19660	11514	271
新疆	**Xinjiang**	**995143**	**3523097**	**3607571**	
乌鲁木齐	Urumqi	403842	2097184	2298575	12
克拉玛依	Karamay	57041	230125	98373	162

8-17 城市市政供水设施建设投资额（辖区）

Fixed Assets Investment of Water Supply in Urban Service Facilities (Municipal Districts)

单位：万元 (10 000 yuan)

地名	City	2010	2014	2015	2015 排名 Ranking
全国	**Nation Total**	**4268294**	**4752595**	**6199335**	
北京	**Beijing**	**259746**	**705194**	**569714**	
天津	**Tianjin**	**83758**	**32948**	**17683**	
河北	**Hebei**	**82966**	**111562**	**130175**	
石家庄	Shijiazhuang	4900	20196	21749	39
唐山	Tangshan	2596		1200	191
秦皇岛	Qinhuangdao	2073	664	702	214
邯郸	Handan	10286	6000	11129	80
邢台	Xingtai	1350	6848		
保定	Baoding	1300		1270	188
张家口	Zhangjiakou	10091	28783		
承德	Chengde	2880	1757	3062	152
沧州	Cangzhou	10721	1381	4685	129
廊坊	Langfang		1061	14767	66
衡水	Hengshui	8328		8684	92
山西	**Shanxi**	**48653**	**58645**	**109651**	
太原	Taiyuan	16020	30900	28300	29
大同	Datong	20000			
阳泉	Yangquan	1564	700	30636	27
长治	Changzhi	1065		13857	70
晋城	Jincheng		2575		
朔州	Shuozhou	5000	1225	2890	156
晋中	Jinzhong	244	6008	727	212
运城	Yuncheng				
忻州	Xinzhou		2932	550	219
临汾	Linfen	3263	2010		
吕梁	Lvliang		4609	27780	30
内蒙古	**Inner Mongolia**	**116720**	**152729**	**311513**	
呼和浩特	Hohhot	4557	47961	113466	9
包头	Baotou	3518	16910	61000	15
乌海	Wuhai	1448	10345	59510	16
赤峰	Chifeng	46190	9736	4000	139
通辽	Tongliao		1508	5425	119
鄂尔多斯	Erdos	9275	1181	684	216
呼伦贝尔	Hulunbuir	39326	9864	16770	59
巴彦淖尔	Bayannur		19250	17770	54
乌兰察布	Ulanqab	800	4164	4270	134
辽宁	**Liaoning**	**328914**	**190012**	**180863**	
沈阳	Shenyang	66541	40841	3800	144
大连	Dalian	154460	75541	122835	8
鞍山	Anshan	25090	5243	11202	79
抚顺	Fushun	6820	13383	1450	182
本溪	Benxi	1393	2903		
丹东	Dandong	4622	6547	1854	174
锦州	Jinzhou	3780	1919	4337	133
营口	Yingkou	3131	2507		
阜新	Fuxin	8604	3500	1756	176
辽阳	Liaoyang	7866	1086	9708	87
盘锦	Panjin	377	2154	461	223
铁岭	Tieling	2152	1689	2020	170
朝阳	Chaoyang	600	900	490	222
葫芦岛	Huludao	11500	3050	11828	74
吉林	**Jilin**	**53759**	**171941**	**339170**	
长春	Changchun	19472	52780	219417	3
吉林	Jilin	4258		37931	24
四平	Siping				
辽源	Liaoyuan		9855	8304	94
通化	Tonghua	3000	699	21660	41
白山	Baishan	2330	20941	7010	102
松原	Songyuan	1050		435	224
白城	Baicheng	730	30028	8297	95
黑龙江	**Heilongjiang**	**49260**	**138901**	**77272**	
哈尔滨	Harbin	4800	2930		
齐齐哈尔	Qiqihar	583	4108	3246	150
鸡西	Jixi	13648	550	21289	43
鹤岗	Hegang	534	515	569	218
双鸭山	Shuangyashan	1200	4990	11751	75
大庆	Daqing	8937	28900	6178	112
伊春	Yichun	7844	9936	6707	107
佳木斯	Jiamusi	3300	3500	988	205
七台河	Qitaihe		1002	10000	86
牡丹江	Mudanjiang		1774		
黑河	Heihe	500	1000	1100	194
绥化	Suihua		3700	1250	189
上海	**Shanghai**	**397909**	**138864**	**455936**	
江苏	**Jiangsu**	**635100**	**629560**	**424910**	

8-17 城市市政供水设施建设投资额（辖区） 续表 1

Fixed Assets Investment of Water Supply in Urban Service Facilities (Municipal Districts) continued 1

单位：万元 (10 000 yuan)

地名	City	2010	2014	2015	2015 排名 Ranking	地名	City	2010	2014	2015	2015 排名 Ranking
南京	Nanjing	108884	115802	19755	47	池州	Chizhou	1484	3343	2000	171
无锡	Wuxi	53672	19676	24000	34	宣城	Xuancheng	5633	2179	6100	115
徐州	Xuzhou	310	40063	14359	68	**福建**	**Fujian**	**92791**	**202240**	**435599**	
常州	Changzhou	59969	4909	23451	35	福州	Fuzhou		52883	196217	5
苏州	Suzhou	34768	80246	25955	33	厦门	Xiamen	44634	80013	143247	7
南通	Nantong	34671	160448	98626	10	莆田	Putian	8247	24394		
连云港	Lianyungang	5113	21299	17505	56	三明	Sanming	570	827	16252	62
淮安	Huaian		2000			泉州	Quanzhou	1982		16970	58
盐城	Yancheng		550	56380	18	漳州	Zhangzhou	765	3344	5149	121
扬州	Yangzhou	16896	36413	3906	142	南平	Nanping	2086	1823	38034	23
镇江	Zhenjiang	18676	17419	26496	31	龙岩	Longyan	1292	657	887	207
泰州	Taizhou	1000	11523	11338	78	宁德	Ningde	1300	5241	1442	183
宿迁	Suqian	8200	13000	15500	65	**江西**	**Jiangxi**	**95408**	**135788**	**104708**	
浙江	**Zhejiang**	**240451**	**179937**	**331623**		南昌	Nanchang	4882	26278	29621	28
杭州	Hangzhou	72403		36297	26	景德镇	Jingdezhen	1046	1110	4453	130
宁波	Ningbo	22580	2306	2850	157	萍乡	Pingxiang	5920	1242	764	210
温州	Wenzhou	481	18251	21342	42	九江	Jiujiang	12300	33989	17900	53
嘉兴	Jiaxing	19566	7168	7280	100	新余	Xinyu	1560	3801	1566	179
湖州	Huzhou	4177	15001	68765	13	鹰潭	Yingtan	2626			
绍兴	Shaoxing	3322	23325	59198	17	赣州	Ganzhou		39496	3446	148
金华	Jinhua	494	1772	1534	180	吉安	Jian	10026		3870	143
衢州	Quzhou	3071	3509	1200	191	宜春	Yichun	1218	489	1000	199
舟山	Zhoushan	1446	6402	11446	77	抚州	Fuzhou	16857	16830	18800	50
台州	Taizhou	9965	3818	11629	76	上饶	Shangrao	10468	1956	5699	118
丽水	Lishui	2500	4272	2271	167	**山东**	**Shandong**	**384331**	**288408**	**290861**	
安徽	**Anhui**	**93108**	**177918**	**173678**		济南	Jinan	94253	38552	55561	19
合肥	Hefei	17246	17474	43023	21	青岛	Qingdao	55481	29937	40070	22
芜湖	Wuhu	10838	28818	4219	135	淄博	Zibo	26198	13751	5169	120
蚌埠	Bengbu	2550	5906	6636	108	枣庄	Zaozhuang	6644	12293	3631	145
淮南	Huainan	4608	2642	5120	122	东营	Dongying		13082	14700	67
马鞍山	Maanshan	2390	22880	16037	63	烟台	Yantai	41328	7962	1670	177
淮北	Huaibei	2531	7300	10020	85	潍坊	Weifang	6393	17023	675	217
铜陵	Tongling	4022	2680	16500	60	济宁	Jining	1272	1500	1770	175
安庆	Anqing	3183	6637	6147	113	泰安	Taian	3615	4500	26215	32
黄山	Huangshan	6607	2360	735	211	威海	Weihai	25619	20156	21250	44
滁州	Chuzhou	3079	4521	4005	138	日照	Rizhao	8502	16439	14252	69
阜阳	Fuyang	4072	11572	10947	82	莱芜	Laiwu	1695	2669	9617	90
宿州	Suzhou	4026	7410	2734	160	临沂	Linyi	52373	30842	23002	37
六安	Liuan	1430	8861	4855	128	德州	Dezhou		10922	3000	154
亳州	Bozhou	13847	4884	4011	137	聊城	Liaocheng	1850	8576	4364	132

8-17 城市市政供水设施建设投资额（辖区） 续表 2

Fixed Assets Investment of Water Supply in Urban Service Facilities (Municipal Districts) continued 2

单位：万元 (10 000 yuan)

地名	City	2010	2014	2015	2015 排名 Ranking
滨州	Binzhou	2389	460	4940	125
菏泽	Heze	420	984	260	230
河南	**Henan**	**40624**	**94314**	**150949**	
郑州	Zhengzhou	9896	21718	52581	20
开封	Kaifeng	121	6880	1380	186
洛阳	Luoyang	500	1210	1098	196
平顶山	Pingdingshan		3590	2336	166
安阳	Anyang	1700	938	300	228
鹤壁	Hebi	497	1738	1078	197
新乡	Xinxiang	354	1287	144	235
焦作	Jiaozuo	488	162	1414	184
濮阳	Puyang		371	16400	61
许昌	Xuchang		2923	2580	162
漯河	Luohe	1015			
三门峡	Sanmenxia	98	589	289	229
南阳	Nanyang	3902	9458	3302	149
商丘	Shangqiu	930	9700		
信阳	Xinyang	4000	7270	550	219
周口	Zhoukou	3693	2340	21693	40
驻马店	Zhumadian	1210	5750	5908	117
湖北	**Hubei**	**49351**	**146815**	**328605**	
武汉	Wuhan	22376	71950	242003	2
黄石	Huangshi	500		3066	151
十堰	Shiyan		3543	981	206
宜昌	Yichang	2928	2450	3567	147
襄阳	Xiangyang		1200	4029	136
鄂州	Ezhou	4722	4000	5000	123
荆门	Jingmen	4200	2710	550	219
孝感	Xiaogan	500		1000	199
荆州	Jingzhou	1500	2820	3980	141
黄冈	Huanggang	1100		700	215
咸宁	Xianning		6319	20000	46
随州	Suizhou				
湖南	**Hunan**	**116825**	**111905**	**218300**	
长沙	Changsha	40007	5608	18600	51
株洲	Zhuzhou	13676	15178	18938	49
湘潭	Xiangtan	772	6172	1000	199
衡阳	Hengyang	829	8350	37317	25
邵阳	Shaoyang	795	2795		
岳阳	Yueyang	4181	5000	823	209
常德	Changde				
张家界	Zhangjiajie	4450		3000	154
益阳	Yiyang	1756	3680		
郴州	Chenzhou	19620	30234	94035	11
永州	Yongzhou		3130	4868	127
怀化	Huaihua	650	3580	8083	97
娄底	Loudi	1080	9070	2345	165
广东	**Guangdong**	**569854**	**35565**	**74290**	
广州	Guangzhou	451486	4387	17764	55
韶关	Shaoguan	1705	700	6840	105
深圳	Shenzhen	15748			
珠海	Zhuhai	12648	5070	17075	57
汕头	Shantou	11117			
佛山	Foshan	9715	3671	395	226
江门	Jiangmen	7845	388	7001	103
湛江	Zhanjiang				
茂名	Maoming	929	1100	1100	194
肇庆	Zhaoqing	6295	5836	6145	114
惠州	Huizhou	1120	2353		
梅州	Meizhou				
汕尾	Shanwei				
河源	Heyuan	468		1309	187
阳江	Yangjiang				
清远	Qingyuan	339		6617	109
东莞	Dongguan	41572		118	236
中山	Zhongshan	328		3630	146
潮州	Chaozhou		1078	187	234
揭阳	Jieyang				
云浮	Yunfu	800			
广西	**Guangxi**	**79997**	**246279**	**147395**	
南宁	Nanning	23487	45236	64860	14
柳州	Liuzhou	1306	116270	20968	45
桂林	Guilin	17868	6677	9629	89
梧州	Wuzhou	3121	1316	1206	190
北海	Beihai	3036	1149	2460	164
防城港	Fangchenggang	3014	2388	320	227
钦州	Qinzhou	7851	7074	13082	71
贵港	Guigang	3395	2155	2792	159
玉林	Yulin	3049	24080	8114	96
百色	Baise	800	731	6446	111

8-17 城市市政供水设施建设投资额（辖区） 续表 3

Fixed Assets Investment of Water Supply in Urban Service Facilities (Municipal Districts) continued 3

单位：万元 (10 000 yuan)

地名	City	2010	2014	2015	2015 排名 Ranking
贺州	Hezhou		8597		
河池	Hechi	888			
来宾	Laibin	1500	7833	2568	163
崇左	Chongzuo	110	4250	3050	153
海南	**Hainan**	**11967**	**9712**	**22054**	
海口	Haikou	4911	3848	10826	83
三亚	Sanya	1210	3770	10661	84
三沙	Sansha				
重庆	**Chongqing**	**100880**	**96978**	**204551**	
四川	**Sichuan**	**88770**	**186971**	**342683**	
成都	Chengdu	43196	101773	72092	12
自贡	Zigong	5189		4397	131
攀枝花	Panzhihua	1762	9025	8070	98
泸州	Luzhou	2069	6261	18970	48
德阳	Deyang	1766	2158		
绵阳	Mianyang	4556	2160	201839	4
广元	Guangyuan	2861	3982	1413	185
遂宁	Suining	1111	566	2087	168
内江	Neijiang	361	3138	2027	169
乐山	Leshan	1175	1392	859	208
南充	Nanchong	4000	1500	2000	171
眉山	Meishan	100	1304	4000	139
宜宾	Yibin	24			
广安	Guangan	2270	1545	1159	193
达州	Dazhou	1900	923	1044	198
雅安	Yaan		15100		
巴中	Bazhong	850		2707	161
资阳	Ziyang	1603			
贵州	**Guizhou**	**7795**	**20641**	**46499**	
贵阳	Guiyang	4815	15751	11969	73
六盘水	Liupanshui			22209	38
遵义	Zunyi				
安顺	Anshun				
毕节	Bijie		2100	7561	99
铜仁	Tongren				
云南	**Yunnan**	**41916**	**61110**	**56995**	
昆明	Kunming	26811	19256	18326	52
曲靖	Qujing	2158		9706	88
玉溪	Yuxi				
保山	Baoshan				
昭通	Zhaotong		12633	8507	93

地名	City	2010	2014	2015	2015 排名 Ranking
丽江	Lijiang				
普洱	Puer		1015		
临沧	Lincang				
西藏	**Tibet**			**4925**	
拉萨	Lasa			4925	126
陕西	**Shaanxi**	**47115**	**80981**	**74720**	
西安	Xi'an	18000	29400	15759	64
铜川	Tongchuan			6747	106
宝鸡	Baoji	16100	13200	11000	81
咸阳	Xianyang	5430	11719	1935	173
渭南	Weinan		5880	23166	36
延安	Yan'an	6205	2813	2813	158
汉中	Hanzhong		105		
榆林	Yulin	500	650	1000	199
安康	Ankang		9800	7000	104
商洛	Shangluo	580	1016	1500	181
甘肃	**Gansu**	**20839**	**42115**	**205805**	
兰州	Lanzhou	5844	27436	170177	6
嘉峪关	Jiayuguan	375	1661	192	233
金昌	Jinchang				
白银	Baiyin	8419		720	213
天水	Tianshui	2000	800	12406	72
武威	Wuwei	2719	8000	1578	178
张掖	Zhangye	230		6025	116
平凉	Pingliang	204	500	6500	110
酒泉	Jiuquan	848	1638	5000	123
庆阳	Qingyang		480	200	232
定西	Dingxi		1600	11	238
陇南	Longnan	200		996	204
青海	**Qinghai**	**33422**	**9201**	**18632**	
西宁	Xining	26993	6400	9500	91
海东	Haidong			1000	199
宁夏	**Ningxia**	**40224**	**11413**	**7912**	
银川	Yinchuan	16723	4259		
石嘴山	Shizuishan	16391	2047	7211	101
吴忠	Wuzhong	941	367		
固原	Guyuan			432	225
中卫	Zhongwei		4640	75	237
新疆	**Xinjiang**	**55841**	**283948**	**341664**	
乌鲁木齐	Urumqi	10700	119147	269921	1
克拉玛依	Karamay	5891	45950	215	231

8-18 城市市政燃气设施建设投资额（辖区）

Fixed Assets Investment of Gas Supply in Urban Service Facilities (Municipal Districts)

单位：万元 (10 000 yuan)

地名	City	2010	2014	2015	2015 排名 Ranking
全国	**Nation Total**	**2907816**	**4159612**	**3504671**	
北京	**Beijing**	**182583**	**315683**	**280908**	
天津	**Tianjin**	**133368**	**544500**	**363637**	
河北	**Hebei**	**240440**	**105364**	**132275**	
石家庄	Shijiazhuang	16100	3050	18303	33
唐山	Tangshan	49138	22334	19364	31
秦皇岛	Qinhuangdao	10819			
邯郸	Handan	17114	5000	10000	52
邢台	Xingtai	11200	2700		
保定	Baoding	3026		2585	141
张家口	Zhangjiakou	57588	14877	11047	50
承德	Chengde	4369	3287	2998	130
沧州	Cangzhou	3007	3341	3279	125
廊坊	Langfang	3022	5036	22976	21
衡水	Hengshui	5350	1226	1548	174
山西	**Shanxi**	**97264**	**84187**	**62658**	
太原	Taiyuan	28700	35200		
大同	Datong	35000			
阳泉	Yangquan	1515		518	209
长治	Changzhi	19284	2080	897	194
晋城	Jincheng		1652		
朔州	Shuozhou		2589	12702	45
晋中	Jinzhong		9391	13300	43
运城	Yuncheng				
忻州	Xinzhou	4980	1555	260	215
临汾	Linfen		21		
吕梁	Lvliang		3700	3500	118
内蒙古	**Inner Mongolia**	**84233**	**162288**	**204297**	
呼和浩特	Hohhot	11594	5188	71120	2
包头	Baotou	42264	9371	8520	57
乌海	Wuhai	535	2522	653	205
赤峰	Chifeng	7300	7231	3878	113
通辽	Tongliao	604	76110	68261	3
鄂尔多斯	Erdos	13043	64	1186	185
呼伦贝尔	Hulunbuir		7900	6050	77
巴彦淖尔	Bayannur		1140	1794	164
乌兰察布	Ulanqab	3240	500	1000	189
辽宁	**Liaoning**	**123984**	**119823**	**93507**	
沈阳	Shenyang	31920	710	540	208
大连	Dalian	30671	5781	786	201
鞍山	Anshan	13252	18752	13900	42
抚顺	Fushun	1316	5954	2289	148
本溪	Benxi	498	3692	7821	63
丹东	Dandong	6814	27602	5697	79
锦州	Jinzhou	4795	3314	7280	65
营口	Yingkou	2227	1357		
阜新	Fuxin	296	2000	4700	94
辽阳	Liaoyang	4781	4133	2505	142
盘锦	Panjin	580	1297	2347	146
铁岭	Tieling	891	24236	32198	12
朝阳	Chaoyang	883			
葫芦岛	Huludao	3633	1445	610	206
吉林	**Jilin**	**108001**	**51714**	**71552**	
长春	Changchun	16159	25349	30646	13
吉林	Jilin	68872		1395	176
四平	Siping	200	3339	1893	160
辽源	Liaoyuan				
通化	Tonghua		788	6181	73
白山	Baishan	1204	800	15800	36
松原	Songyuan	390		3023	129
白城	Baicheng		12590	3600	115
黑龙江	**Heilongjiang**	**53238**	**95386**	**67883**	
哈尔滨	Harbin		6711	22174	25
齐齐哈尔	Qiqihar	3105	4459	1721	167
鸡西	Jixi		512	946	191
鹤岗	Hegang	3271	7400	2150	154
双鸭山	Shuangyashan		300		
大庆	Daqing	31955	14570	5253	88
伊春	Yichun		5300		
佳木斯	Jiamusi	2250	3300	4000	110
七台河	Qitaihe	50	3111	921	192
牡丹江	Mudanjiang	1000	5100	4666	96
黑河	Heihe			50	220
绥化	Suihua		3100	4800	93
上海	**Shanghai**	**187926**	**127486**	**144078**	
江苏	**Jiangsu**	**209311**	**300684**	**246037**	

8-18 城市市政燃气设施建设投资额（辖区） 续表 1

Fixed Assets Investment of Gas Supply in Urban Service Facilities (Municipal Districts) continued 1

单位：万元 (10 000 yuan)

地名	City	2010	2014	2015	2015 排名 Ranking	地名	City	2010	2014	2015	2015 排名 Ranking
南京	Nanjing	20382	1243	22935	22	池州	Chizhou	3225	6055	6088	74
无锡	Wuxi	38678	10040	3829	114	宣城	Xuancheng	1862	5716	4392	103
徐州	Xuzhou	5000		2700	138	**福建**	**Fujian**	**60834**	**78156**	**101746**	
常州	Changzhou	11196	103045	57823	6	福州	Fuzhou	4972	6885	6483	71
苏州	Suzhou	19254	19053	8697	56	厦门	Xiamen	14294	35196	19930	29
南通	Nantong	14608	19444	15781	37	莆田	Putian	5671			
连云港	Lianyungang	2880	2658	4660	98	三明	Sanming	950	1320	1850	161
淮安	Huaian		4000	3500	118	泉州	Quanzhou	22000	2900	43725	9
盐城	Yancheng	4818	109	2940	131	漳州	Zhangzhou	4100	3356	2085	157
扬州	Yangzhou	4644	19381	14910	40	南平	Nanping	50	1015	2940	131
镇江	Zhenjiang	10131	9035	7268	66	龙岩	Longyan	1429	1000	4147	108
泰州	Taizhou	1800	2510	5393	86	宁德	Ningde	1229			
宿迁	Suqian	9500	8014	3354	124	**江西**	**Jiangxi**	**66967**	**63297**	**39997**	
浙江	**Zhejiang**	**119041**	**196091**	**184223**		南昌	Nanchang				
杭州	Hangzhou	24424	65843	53457	7	景德镇	Jingdezhen		2250		
宁波	Ningbo	18148	24799	33371	11	萍乡	Pingxiang	1500	9000	2500	143
温州	Wenzhou		18462	16373	35	九江	Jiujiang	37863	3056	4294	104
嘉兴	Jiaxing	31075	8267	12278	47	新余	Xinyu	8087	1275	1381	177
湖州	Huzhou	14064	2566	100	217	鹰潭	Yingtan			1214	181
绍兴	Shaoxing	5108	19460	26393	18	赣州	Ganzhou		26854	13917	41
金华	Jinhua	973	6309	4664	97	吉安	Jian	1383	2046	1741	165
衢州	Quzhou	138	3000	2000	158	宜春	Yichun	2099	5635	2832	136
舟山	Zhoushan	1385	3710	3207	126	抚州	Fuzhou	12070	3200	2256	149
台州	Taizhou	539	3040	3414	123	上饶	Shangrao	1235	6463	6057	76
丽水	Lishui	571		1713	168	**山东**	**Shandong**	**355215**	**284124**	**245872**	
安徽	**Anhui**	**82614**	**204145**	**158247**		济南	Jinan	16285	28928	66380	4
合肥	Hefei	11237	23816	24396	19	青岛	Qingdao	34874	29093	21241	26
芜湖	Wuhu	2081	16128	11878	49	淄博	Zibo	44379	8196	15604	38
蚌埠	Bengbu	8040	18072	29276	16	枣庄	Zaozhuang	7136	12395	2671	140
淮南	Huainan	3627	20421	12721	44	东营	Dongying	259	1200	1200	182
马鞍山	Maanshan	4200	24000	2209	151	烟台	Yantai	3189	774	900	193
淮北	Huaibei	7210	9200	3100	128	潍坊	Weifang	4262	10240	870	196
铜陵	Tongling	7525	5318	5458	83	济宁	Jining	10000	1477	12114	48
安庆	Anqing	2680	1800			泰安	Taian	15815	28184	19736	30
黄山	Huangshan	3060	7700	4545	100	威海	Weihai	12874	18930	8117	59
滁州	Chuzhou	4880	14190	4288	105	日照	Rizhao	2000	6313	12600	46
阜阳	Fuyang	2100	7336	8200	58	莱芜	Laiwu	69700	3320	2920	133
宿州	Suzhou	3038	4911	453	210	临沂	Linyi	41584	4841	5421	85
六安	Liuan	2119	2563	1799	163	德州	Dezhou		15496	2700	138
亳州	Bozhou	5159	1833	1834	162	聊城	Liaocheng	830	8591	8021	60

8-18 城市市政燃气设施建设投资额（辖区） 续表 2

Fixed Assets Investment of Gas Supply in Urban Service Facilities (Municipal Districts) continued 2

单位：万元 (10 000 yuan)

地名	City	2010	2014	2015	2015 排名 Ranking
滨州	Binzhou	676	910	440	211
菏泽	Heze	200	144	1560	173
河南	**Henan**	**85960**	**85197**	**129078**	
郑州	Zhengzhou	24584	10740	29440	15
开封	Kaifeng	1064	2450	9683	53
洛阳	Luoyang	190	8859		
平顶山	Pingdingshan	922	9800		
安阳	Anyang	5036	240	15168	39
鹤壁	Hebi	1803	788	804	200
新乡	Xinxiang	6817	1916	2199	153
焦作	Jiaozuo	2367	6682	2899	135
濮阳	Puyang		828	1600	172
许昌	Xuchang		774	9332	54
漯河	Luohe	945			
三门峡	Sanmenxia	4170	569	880	195
南阳	Nanyang	1286	3720	2475	144
商丘	Shangqiu	829	4300	7900	62
信阳	Xinyang		2581	5118	90
周口	Zhoukou	5397	80		
驻马店	Zhumadian	255	1400	5000	91
湖北	**Hubei**	**144094**	**101474**	**109387**	
武汉	Wuhan	45750	17938		
黄石	Huangshi	11630	1756	1933	159
十堰	Shiyan	31000	18829	6063	75
宜昌	Yichang	5074	6508	6830	69
襄阳	Xiangyang	17104	6260	20575	28
鄂州	Ezhou	6000	3400	3200	127
荆门	Jingmen	804	2370	2100	155
孝感	Xiaogan	200			
荆州	Jingzhou	1291	4685	4699	95
黄冈	Huanggang		1100	4550	99
咸宁	Xianning		3588	1724	166
随州	Suizhou		977		
湖南	**Hunan**	**64237**	**101308**	**62026**	
长沙	Changsha	18300			
株洲	Zhuzhou	11312	19400	4176	107
湘潭	Xiangtan	2455	4762		
衡阳	Hengyang	2425			
邵阳	Shaoyang	1200	500		
岳阳	Yueyang	500	8800	5500	81

地名	City	2010	2014	2015	2015 排名 Ranking
常德	Changde				
张家界	Zhangjiajie				
益阳	Yiyang	4800			
郴州	Chenzhou		19400	30000	14
永州	Yongzhou		5000	3460	122
怀化	Huaihua	5000	6196		
娄底	Loudi	2000	5440	7300	64
广东	**Guangdong**	**110079**	**326912**	**117418**	
广州	Guangzhou	27811	14229	22322	24
韶关	Shaoguan	200			
深圳	Shenzhen	37544	250412	65118	5
珠海	Zhuhai	1047	23680		
汕头	Shantou	3891			
佛山	Foshan	11032	17749	5000	91
江门	Jiangmen	4138	2947	6934	68
湛江	Zhanjiang				
茂名	Maoming	1500	2200	2200	152
肇庆	Zhaoqing	6592	3055	1542	175
惠州	Huizhou	2278			
梅州	Meizhou		3241		
汕尾	Shanwei				
河源	Heyuan			708	204
阳江	Yangjiang				
清远	Qingyuan		6037	5437	84
东莞	Dongguan	71			
中山	Zhongshan	11295		2332	147
潮州	Chaozhou				
揭阳	Jieyang	465	2322	355	212
云浮	Yunfu	1200		600	207
广西	**Guangxi**	**31474**	**113600**	**86374**	
南宁	Nanning	8784	40475	18768	32
柳州	Liuzhou	2466	6549	8776	55
桂林	Guilin	1053	5866	3470	121
梧州	Wuzhou	530	4057	1613	171
北海	Beihai	8000			
防城港	Fangchenggang	4985	3633	5274	87
钦州	Qinzhou	450		3564	117
贵港	Guigang	590	770	862	198
玉林	Yulin	1789	28991	5482	82
百色	Baise	100	1108	5600	80

8-18 城市市政燃气设施建设投资额（辖区） 续表 3

Fixed Assets Investment in Gas Supply of Urban Service Facilities (Municipal Districts) continued 3

单位：万元 (10 000 yuan)

地名	City	2010	2014	2015	2015 排名 Ranking
贺州	Hezhou			1345	179
河池	Hechi			4500	101
来宾	Laibin	200	8336	4257	106
崇左	Chongzuo	1000	500	3480	120
海南	**Hainan**	**7896**	**3968**	**5152**	
海口	Haikou			1700	169
三亚	Sanya	6000	2588	2773	137
三沙	Sansha				
重庆	**Chongqing**	**86081**	**159344**	**141110**	
四川	**Sichuan**	**47388**	**72932**	**114080**	
成都	Chengdu	13055	18012	20591	27
自贡	Zigong	914	850	285	214
攀枝花	Panzhihua	240	7040	7044	67
泸州	Luzhou	1059	4692	2234	150
德阳	Deyang	4500	7697		
绵阳	Mianyang	3000	1665	52487	8
广元	Guangyuan	1538		1031	188
遂宁	Suining	1459	1833	858	199
内江	Neijiang	128	1055	1187	184
乐山	Leshan	911	1475	762	202
南充	Nanchong	3000	1700	2100	155
眉山	Meishan	120	2200	6500	70
宜宾	Yibin	1120	287		
广安	Guangan	2931	536	4030	109
达州	Dazhou	800	10155	1049	187
雅安	Yaan		4004		
巴中	Bazhong	601			
资阳	Ziyang	1524	3949	3949	112
贵州	**Guizhou**	**6085**	**23414**	**32203**	
贵阳	Guiyang	4991	21902	28503	17
六盘水	Liupanshui				
遵义	Zunyi				
安顺	Anshun		1512		
毕节	Bijie				
铜仁	Tongren				
云南	**Yunnan**	**11054**	**28246**	**8277**	
昆明	Kunming	4676	5055	2910	134
曲靖	Qujing	4875			
玉溪	Yuxi		619	960	190
保山	Baoshan				
昭通	Zhaotong	230		1100	186

地名	City	2010	2014	2015	2015 排名 Ranking
丽江	Lijiang				
普洱	Puer				
临沧	Lincang				
西藏	**Tibet**				
拉萨	Lasa				
陕西	**Shaanxi**	**34435**	**92913**	**123684**	
西安	Xi'an	17847	27276	33936	10
铜川	Tongchuan	4272			
宝鸡	Baoji	4500	6170	24200	20
咸阳	Xianyang	2800	13505	22608	23
渭南	Weinan		3770	6300	72
延安	Yan'an	1332	3671	3990	111
汉中	Hanzhong		7571		
榆林	Yulin	1500		6000	78
安康	Ankang		4620	8000	61
商洛	Shangluo	368	15500	150	216
甘肃	**Gansu**	**12261**	**25410**	**31081**	
兰州	Lanzhou	8129	17346	18288	34
嘉峪关	Jiayuguan	32	877	868	197
金昌	Jinchang		644	730	203
白银	Baiyin		188		
天水	Tianshui		3200	2380	145
武威	Wuwei			5200	89
张掖	Zhangye			350	213
平凉	Pingliang	4100	300	1700	169
酒泉	Jiuquan			1350	178
庆阳	Qingyang		15	45	221
定西	Dingxi				
陇南	Longnan			60	219
青海	**Qinghai**	**3729**	**2249**	**19329**	
西宁	Xining	2567	135	4500	101
海东	Haidong			10186	51
宁夏	**Ningxia**	**100133**	**15585**	**3852**	
银川	Yinchuan	99821	49	1327	180
石嘴山	Shizuishan	272			
吴忠	Wuzhong	40	9932	1195	183
固原	Guyuan				
中卫	Zhongwei		904	90	218
新疆	**Xinjiang**	**57891**	**274132**	**124703**	
乌鲁木齐	Urumqi	22675	223127	83826	1
克拉玛依	Karamay	10865	5125	3594	116

8-19 城市市政集中供热设施建设投资额（辖区）

Fixed Assets Investment of Central Heating in Urban Service Facilities (Municipal Districts)

单位：万元 (10 000 yuan)

地名	City	2010	2014	2015	2015 排名 Ranking
全国	**Nation Total**	**4332455**	**5754469**	**5168328**	
北京	**Beijing**	**496568**	**802190**	**397765**	
天津	**Tianjin**	**70439**	**226879**	**11761**	
河北	**Hebei**	**768645**	**390400**	**495832**	
石家庄	Shijiazhuang	318982	94768	22980	43
唐山	Tangshan	107989	85760	46037	22
秦皇岛	Qinhuangdao	16013	8126	7889	74
邯郸	Handan	22300	20060	8700	69
邢台	Xingtai	11600	2000		
保定	Baoding	1730	365	26467	39
张家口	Zhangjiakou	97000	33575	40783	26
承德	Chengde	9341	10489	11655	61
沧州	Cangzhou	16357	9000	58282	16
廊坊	Langfang	26549	7323	19167	48
衡水	Hengshui	3700	1256	8255	73
山西	**Shanxi**	**224561**	**730938**	**547565**	
太原	Taiyuan	24961	553000	301200	1
大同	Datong	38000		20000	47
阳泉	Yangquan	11090	18155	14303	55
长治	Changzhi	8500	8907	47563	20
晋城	Jincheng		6009		
朔州	Shuozhou	5850	39510	46690	21
晋中	Jinzhong	66310	23300	10000	64
运城	Yuncheng				
忻州	Xinzhou	32000	6082	5669	81
临汾	Linfen	13800	11600		
吕梁	Lvliang	3350	1704	14311	54
内蒙古	**Inner Mongolia**	**374920**	**434475**	**554270**	
呼和浩特	Hohhot	42240	32484	59825	15
包头	Baotou	67773	127422	96100	9
乌海	Wuhai	8725	11048	13056	58
赤峰	Chifeng	27391	8587	128012	7
通辽	Tongliao	6700	15180	26811	37
鄂尔多斯	Erdos	85022	5800	1350	102
呼伦贝尔	Hulunbuir	27287	46530	37209	28
巴彦淖尔	Bayannur	33000	17497	30782	32
乌兰察布	Ulanqab	5000	3445	28441	35
辽宁	**Liaoning**	**717638**	**567133**	**474938**	
沈阳	Shenyang	106568	154088	203490	3
大连	Dalian	206765	70521	74600	12
鞍山	Anshan	3600	8603	22406	44
抚顺	Fushun	35694	105646	16427	51
本溪	Benxi	13728	8823	5315	83
丹东	Dandong	6989	40000	26900	36
锦州	Jinzhou	11920	18532	9981	65
营口	Yingkou	35138	18		
阜新	Fuxin	14053	12440	6500	78
辽阳	Liaoyang	64898	7317	4666	87
盘锦	Panjin	14401	4446	6310	79
铁岭	Tieling	890	16748	20869	45
朝阳	Chaoyang	11600	53000	2300	95
葫芦岛	Huludao	5800	10694	9700	67
吉林	**Jilin**	**294835**	**211055**	**158395**	
长春	Changchun	137822	62376	63818	14
吉林	Jilin	35810	13000	29422	34
四平	Siping	13000	8000		
辽源	Liaoyuan	2300	9000	2600	93
通化	Tonghua	28400			
白山	Baishan	445	4030	2000	98
松原	Songyuan	11751		3800	90
白城	Baicheng	14355	8300	2400	94
黑龙江	**Heilongjiang**	**239959**	**462518**	**523843**	
哈尔滨	Harbin	22477	158068	182027	5
齐齐哈尔	Qiqihar	2362	13933	16142	52
鸡西	Jixi	3500		14320	53
鹤岗	Hegang	1861	7987	16974	49
双鸭山	Shuangyashan	800	18789	16551	50
大庆	Daqing	32719	114972	42710	23
伊春	Yichun	24291	23554	13488	57
佳木斯	Jiamusi	45000	13989	14000	56
七台河	Qitaihe	8830	3052	8302	72
牡丹江	Mudanjiang	9192	8100	10153	63
黑河	Heihe	6000	717	4750	86
绥化	Suihua	3000	14156	41404	25
上海	**Shanghai**				
江苏	**Jiangsu**	**2033**		**350**	

8-19　城市市政集中供热设施建设投资额（辖区）　续表 1

Fixed Assets Investment of Central Heating in Urban Service Facilities (Municipal Districts) continued 1

单位：万元　　(10 000 yuan)

地名	City	2010	2014	2015	2015 排名 Ranking
南京	Nanjing				
浙江	**Zhejiang**	**5131**	**5299**	**2115**	
杭州	Hangzhou	1000			
宁波	Ningbo	1639			
温州	Wenzhou		3000	2000	98
绍兴	Shaoxing				
安徽	**Anhui**	**12092**	**32218**	**55164**	
合肥	Hefei	9250	19700	24027	41
淮南	Huainan	1791	8832		
滁州	Chuzhou	551			
宿州	Suzhou	500	1431		
山东	**Shandong**	**643338**	**916530**	**929793**	
济南	Jinan	133604	179008	292585	2
青岛	Qingdao	67331	36739	37236	27
淄博	Zibo	19504	35416	35711	29
枣庄	Zaozhuang	2900	12304	12349	59
东营	Dongying	6671	9549	1510	100
烟台	Yantai	28069	11765	4190	89
潍坊	Weifang	7500	5400	182	107
济宁	Jining	10000	1519	10686	62
泰安	Taian	9948	117659	134019	6
威海	Weihai	50814	101315	86332	10
日照	Rizhao	55650	39800	8600	70
莱芜	Laiwu	6275	7720	9940	66
临沂	Linyi	12949	33152	48250	18
德州	Dezhou		25179	5100	84
聊城	Liaocheng	3702	26995	24270	40
滨州	Binzhou	12476	6300	12270	60
菏泽	Heze	3500	2500	23400	42
河南	**Henan**	**141445**	**224769**	**284885**	
郑州	Zhengzhou	47917	101100	65500	13
开封	Kaifeng	4000	10000	30000	33
洛阳	Luoyang	5300	15638	7289	77
平顶山	Pingdingshan			7600	76
安阳	Anyang	8571	7277	20064	46
鹤壁	Hebi	1205	1748	31485	31
新乡	Xinxiang	1341	9700	5329	82
焦作	Jiaozuo	650	57311	75426	11
许昌	Xuchang				
漯河	Luohe				
三门峡	Sanmenxia	5000	1594		

地名	City	2010	2014	2015	2015 排名 Ranking
南阳	Nanyang	3655	280	1380	101
商丘	Shangqiu	3300	1915	2300	95
驻马店	Zhumadian	4368	480	3700	91
湖北	**Hubei**	**759**	**11430**	**2028**	97
黄石	Huangshi				
十堰	Shiyan		3730		
襄阳	Xiangyang	759			
重庆	Chongqing	16025			
陕西	**Shaanxi**	**79313**	223367		
西安	Xi'an	48513	88274	138830	
铜川	Tongchuan			50491	17
宝鸡	Baoji	17600	36800		
咸阳	Xianyang	10000	45203		
渭南	Weinan	2700	1500	32356	30
延安	Yan'an			2800	92
榆林	Yulin	500	5000		
甘肃	**Gansu**	**66474**	**197407**	**700**	105
兰州	Lanzhou	18983	134751	220814	
嘉峪关	Jiayuguan	658	4196	106457	8
白银	Baiyin			6286	80
天水	Tianshui			42300	24
武威	Wuwei	14675		4364	88
张掖	Zhangye	2585	23000		
平凉	Pingliang		20000	26500	38
酒泉	Jiuquan	10645	2246	5000	85
庆阳	Qingyang	8358		9199	68
定西	Dingxi				
陇南	Longnan	4200		1000	104
青海	**Qinghai**	**433**			
西宁	Xining	433		**500**	
海东	Haidong			500	106
宁夏	**Ningxia**	**33403**	**33564**		
银川	Yinchuan	15326	20266	72563	
石嘴山	Shizuishan	8671	3998	47688	19
吴忠	Wuzhong	1300	8000	1210	103
固原	Guyuan	2710		7885	75
中卫	Zhongwei	1360	1300		
新疆	**Xinjiang**	**144444**	**284297**		
乌鲁木齐	Urumqi	83198	126890	294477	
克拉玛依	Karamay	7105	5350	188549	4
				8465	71

8-20　城市市政轨道交通建设投资额（辖区）

Fixed Assets Investment of Urban Rail Transit System in Urban Service Facilities (Municipal Districts)

单位：万元　　(10 000 yuan)

地名	City	2010	2014	2015	2015 排名 Ranking
全国	**Nation Total**	**18125781**	**32211964**	**37071463**	
北京	**Beijing**	**3914519**	**4413750**	**3559098**	
天津	**Tianjin**	**702058**	**958654**	**1240588**	
河北	**Hebei**		**424538**	**660019**	
石家庄	Shijiazhuang		424538	660019	16
山西	**Shanxi**				
阳泉	Yangquan				
内蒙古	**Inner Mongolia**				
包头	Baotou				
辽宁	**Liaoning**	**1301484**		**809092**	
沈阳	Shenyang	618264		457192	19
大连	Dalian	683220		351900	21
吉林	**Jilin**	**239493**	**288297**	**722844**	
长春	Changchun	239493	288297	722844	14
黑龙江	**Heilongjiang**	**252769**	**111260**	**164804**	
哈尔滨	Harbin	252769	111260	164804	23
上海	**Shanghai**	**2296190**	**1830777**	**2959246**	
江苏	**Jiangsu**	**1317628**	**4838047**	**4120230**	
南京	Nanjing	398685	3282820	2146415	3
无锡	Wuxi	401169	520129	355885	20
苏州	Suzhou	517774	905098	1113132	9
浙江	**Zhejiang**	**928898**	**1807237**	**2510178**	
杭州	Hangzhou	508974	826990	1239026	7
宁波	Ningbo	419924	774757	1016770	10
安徽	**Anhui**	**57493**	**320700**	**582264**	
合肥	Hefei	57493	320700	582264	17
福建	**Fujian**	**354200**	**317829**	**984429**	
福州	Fuzhou	354200	317829	310220	22
厦门	Xiamen			674209	15
江西	**Jiangxi**	**112894**	**482661**	**491755**	
南昌	Nanchang	112894	482661	491755	18
山东	**Shandong**	**156160**	**504248**	**1194009**	
济南	Jinan			80370	24
青岛	Qingdao	156160	504248	1113639	8
淄博	Zibo				
河南	**Henan**	**280000**	**740554**	**958167**	
郑州	Zhengzhou	280000	740554	958167	11
湖北	**Hubei**	**1012900**	**2032737**	**3112908**	
武汉	Wuhan	1012900	2032737	3112908	1
宜昌	Yichang				
湖南	**Hunan**	**183386**	**500507**	**1614384**	
长沙	Changsha	183386	500507	1614384	6
广东	**Guangdong**	**2816178**	**4751400**	**4371904**	
广州	Guangzhou	1198807	2022083	1694899	5
深圳	Shenzhen	1438442	2003568	2256311	2
珠海	Zhuhai	1100	117713	26539	25
佛山	Foshan	149219	76173		
肇庆	Zhaoqing	28610	201395		
东莞	Dongguan		330468		
广西	**Guangxi**	**10393**	**553342**	**949096**	
南宁	Nanning	10393	553342	949096	12
重庆	**Chongqing**	**1169406**	**1793105**	**2275772**	
四川	**Sichuan**	**392454**	**1776913**	**1963654**	
成都	Chengdu	392454	1776913	1963654	4
云南	**Yunnan**	**176370**	**810325**	**806770**	
昆明	Kunming	176370	810325	741770	13
陕西	**Shaanxi**	**450908**	**765289**		
西安	Xi'an	450908	765289		

8-21 城市市政道路桥梁建设投资额（辖区）
Fixed Assets Investment of Road and Bridge in Urban Service Facilities (Municipal Districts)

单位：万元 (10 000 yuan)

地名	City	2010	2014	2015	2015 排名 Ranking
全国	**Nation Total**	**66956858**	**76438824**	**74140045**	
北京	**Beijing**	**1778292**	**2409984**	**1460356**	
天津	**Tianjin**	**4120952**	**3169104**	**2208205**	
河北	**Hebei**	**4671358**	**1891307**	**1538339**	
石家庄	Shijiazhuang	732042	418194	412476	40
唐山	Tangshan	1219003	170014	337059	43
秦皇岛	Qinhuangdao	322985	91004	85347	122
邯郸	Handan	566038	373242	315860	45
邢台	Xingtai	367682	45191	33810	176
保定	Baoding	156314	268309	19706	203
张家口	Zhangjiakou	271488	57689	9319	242
承德	Chengde	241300	16987	17770	209
沧州	Cangzhou	43143	77478	17032	211
廊坊	Langfang	198133	26488	16944	212
衡水	Hengshui	107654	11542	17203	210
山西	**Shanxi**	**1297255**	**2008676**	**1203984**	
太原	Taiyuan	493308	985930	492900	33
大同	Datong	410000	67980		
阳泉	Yangquan	56603	102323	35341	175
长治	Changzhi	14897	236715	200406	78
晋城	Jincheng	2249	83986	151732	90
朔州	Shuozhou	88783	20109	27059	187
晋中	Jinzhong	39040	47339	148987	92
运城	Yuncheng	17550	108035	12125	233
忻州	Xinzhou		64040	18107	208
临汾	Linfen	44015	29277		
吕梁	Lvliang	3127	124994	44071	162
内蒙古	**Inner Mongolia**	**1789918**	**2769441**	**2063927**	
呼和浩特	Hohhot	140298	1384901	702486	21
包头	Baotou	574074	522777	512664	31
乌海	Wuhai	49836	20442	107916	109
赤峰	Chifeng	58355	131843	227947	69
通辽	Tongliao	51165	67439	57758	144
鄂尔多斯	Erdos	460228	171627	36869	172
呼伦贝尔	Hulunbuir	103406	127617	132596	98
巴彦淖尔	Bayannur	209700	51891	15695	217
乌兰察布	Ulanqab	62822	9991	60269	139
辽宁	**Liaoning**	**2447279**	**1318382**	**1216988**	
沈阳	Shenyang	1528363	650038	580661	27
大连	Dalian	265109	363573	226206	71
鞍山	Anshan	77085	26835	93753	119
抚顺	Fushun	54711	51885	26875	188
本溪	Benxi	42515	22389	9099	243
丹东	Dandong	60376	9044	5220	255
锦州	Jinzhou	79991	37902	41686	166
营口	Yingkou	12441	6707	2600	268
阜新	Fuxin	13669	4000	10664	236
辽阳	Liaoyang	51877	15902	22289	195
盘锦	Panjin	69002	10909	3505	264
铁岭	Tieling	4520	2300	1540	272
朝阳	Chaoyang	20022	8631	84411	124
葫芦岛	Huludao	53076	5314	10387	238
吉林	**Jilin**	**1127066**	**823002**	**588301**	
长春	Changchun	862141	463924	226107	72
吉林	Jilin	99742	112435	113013	105
四平	Siping	6364	5028	10774	235
辽源	Liaoyuan	10070		12510	232
通化	Tonghua	21900	13496	14627	222
白山	Baishan	17376	14923	14008	225
松原	Songyuan	26576	29240	14964	220
白城	Baicheng	9600	4552	18663	207
黑龙江	**Heilongjiang**	**1511906**	**814600**	**596479**	
哈尔滨	Harbin	1177341	493821	356337	41
齐齐哈尔	Qiqihar	11780	70434	38117	168
鸡西	Jixi	5000	35	12575	231
鹤岗	Hegang	27385	9829	8465	247
双鸭山	Shuangyashan	17000	6479	36048	174
大庆	Daqing	109988	35770	2596	269
伊春	Yichun	18251	11025	8932	245
佳木斯	Jiamusi	58959	19161	15727	216
七台河	Qitaihe	4027	1222	1530	273
牡丹江	Mudanjiang	7709	92504	54291	150
黑河	Heihe	9800	357	960	274
绥化	Suihua	2600	1467	2048	271
上海	**Shanghai**	**1022470**	**882620**	**1731030**	
江苏	**Jiangsu**	**7862161**	**7599414**	**5978148**	

8-21 城市市政道路桥梁建设投资额（辖区） 续表 1

Fixed Assets Investment of Road and Bridge in Urban Service Facilities (Municipal Districts) continued 1

单位：万元 (10 000 yuan)

地名	City	2010	2014	2015	2015 排名 Ranking
南京	Nanjing	1651645	1690451	1226720	12
无锡	Wuxi	1893473	240111	105783	110
徐州	Xuzhou	116341	138725	33300	178
常州	Changzhou	1037268	826342	307068	50
苏州	Suzhou	369920	553011	894452	15
南通	Nantong	788573	1669581	1193647	13
连云港	Lianyungang	151324	442567	112403	106
淮安	Huaian	231769	29866	36800	173
盐城	Yancheng	157000	102529	326752	44
扬州	Yangzhou	160796	241168	259393	55
镇江	Zhenjiang	449145	776786	677344	22
泰州	Taizhou	110947	76499	253118	58
宿迁	Suqian	19105	66029	44026	163
浙江	**Zhejiang**	**2786719**	**3899845**	**4677155**	
杭州	Hangzhou	543543	665353	1413108	7
宁波	Ningbo	954493	926961	811050	16
温州	Wenzhou	53745	491424	675205	23
嘉兴	Jiaxing	172454	85631	128243	101
湖州	Huzhou	76110	99971	31411	180
绍兴	Shaoxing	117330	194841	314750	47
金华	Jinhua	23412	162951	211925	75
衢州	Quzhou	23244	23528	57074	147
舟山	Zhoushan	45034	184062	116760	103
台州	Taizhou	92135	93622	92821	120
丽水	Lishui	92094	107910	118284	102
安徽	**Anhui**	**3065935**	**3953079**	**3340719**	
合肥	Hefei	576735	732292	612277	25
芜湖	Wuhu	399725	303148	244359	61
蚌埠	Bengbu	279116	440018	240604	62
淮南	Huainan	325584	199777	227765	70
马鞍山	Maanshan	239146	141819	231879	66
淮北	Huaibei	155300	136200	132740	97
铜陵	Tongling	117001	50014	49905	154
安庆	Anqing	84157	286934	237594	64
黄山	Huangshan	44490	56212	69275	130
滁州	Chuzhou	161979	218435	129798	99
阜阳	Fuyang	80075	313149	315000	46
宿州	Suzhou	55541	236373	229927	67
六安	Liuan	39510	52953	54209	151
亳州	Bozhou	66483	47995	22417	194
池州	Chizhou	58372	74396	22577	193
宣城	Xuancheng	156259	165479	160417	86
福建	**Fujian**	**2394391**	**3173713**	**3524341**	
福州	Fuzhou	911657	659354	724232	18
厦门	Xiamen	383079	653114	484130	34
莆田	Putian	368250	542971	717581	19
三明	Sanming	4599	19711	37350	170
泉州	Quanzhou	190816	330575	290794	52
漳州	Zhangzhou	94825	184608	258899	56
南平	Nanping	28380	4500	155705	89
龙岩	Longyan	53818	130160	181265	81
宁德	Ningde	28801	85964	28812	182
江西	**Jiangxi**	**2539040**	**3336901**	**3219824**	
南昌	Nanchang	110760	1273148	1354935	9
景德镇	Jingdezhen	55042	25876	20356	199
萍乡	Pingxiang	68735	96850	115661	104
九江	Jiujiang	850717	320758	311253	48
新余	Xinyu	157839	100123	51558	153
鹰潭	Yingtan	53183	131709	4280	261
赣州	Ganzhou	632024	263699	202837	77
吉安	Jian	61568	9315	94922	117
宜春	Yichun	183128	334562	422799	38
抚州	Fuzhou	100087	376380	346266	42
上饶	Shangrao	95336	42420	57750	145
山东	**Shandong**	**3924985**	**4049379**	**3093927**	
济南	Jinan	275081	811276	674114	24
青岛	Qingdao	1485793	525125	221013	73
淄博	Zibo	149663	62100	75464	127
枣庄	Zaozhuang	108513	81018	59486	142
东营	Dongying	15387	118492	94997	116
烟台	Yantai	272151	507349	708960	20
潍坊	Weifang	91381	139775	61801	136
济宁	Jining	181504	92412	37165	171
泰安	Taian	152283	28484	90172	121
威海	Weihai	41851	134035	110912	107
日照	Rizhao	132755	97174	96087	114
莱芜	Laiwu	50093	50137	49308	156
临沂	Linyi	148706	364753	250736	60
德州	Dezhou	210739	41336	22119	196
聊城	Liaocheng	5189	309961	80136	126

8-21 城市市政道路桥梁建设投资额（辖区） 续表 2

Fixed Assets Investment of Road and Bridge in Urban Service Facilities (Municipal Districts) continued 2

单位：万元 (10 000 yuan)

地名	City	2010	2014	2015	2015 排名 Ranking	地名	City	2010	2014	2015	2015 排名 Ranking
滨州	Binzhou	46387	37634	33529	177	常德	Changde	211668	92748	63705	135
菏泽	Heze	34017	52217	21450	198	张家界	Zhangjiajie	60577	16950	84800	123
河南	**Henan**	**1193887**	**1733683**	**2096765**		益阳	Yiyang	56576	26834	16672	213
郑州	Zhengzhou	610053	1125003	1449865	6	郴州	Chenzhou	258502	280378	229137	68
开封	Kaifeng	86431	37398	103154	111	永州	Yongzhou	112813	207920	177470	83
洛阳	Luoyang	42840	56568	14513	224	怀化	Huaihua	8178	74950	57452	146
平顶山	Pingdingshan	39127	23656	37565	169	娄底	Loudi	78785	467163	238950	63
安阳	Anyang	50233	24044	28470	184	**广东**	**Guangdong**	**3279124**	**2040239**	**3034333**	
鹤壁	Hebi	16778	22460	12963	229	广州	Guangzhou	1679476	551098	1374177	8
新乡	Xinxiang	16337	20875	7401	250	韶关	Shaoguan	4150	9085	20000	201
焦作	Jiaozuo	38593	57984			深圳	Shenzhen	274590	410774	539293	30
濮阳	Puyang		22700	32600	179	珠海	Zhuhai	420459	59046	213593	74
许昌	Xuchang	2102	6026	20108	200	汕头	Shantou	10735			
漯河	Luohe	21130	2651	15999	215	佛山	Foshan	58038	76686	99993	112
三门峡	Sanmenxia	11349	8760	5927	254	江门	Jiangmen	41250	118841	19731	202
南阳	Nanyang	64548	86220	98315	113	湛江	Zhanjiang	15195	75654	65467	133
商丘	Shangqiu	3067	26500	23530	191	茂名	Maoming		8301	13100	228
信阳	Xinyang	14051	5586	10525	237	肇庆	Zhaoqing	164109	129262	83453	125
周口	Zhoukou	22737	48766	43849	164	惠州	Huizhou	136751	75595	172672	84
驻马店	Zhumadian	8001	14800	12774	230	梅州	Meizhou	28856	38551	19682	204
湖北	**Hubei**	**3064360**	**6590951**	**5251137**		汕尾	Shanwei	8880	6300		
武汉	Wuhan	2353455	4978022	4019058	1	河源	Heyuan	155716	72759	10800	234
黄石	Huangshi	95347	80430	68874	131	阳江	Yangjiang	22529	26673	27285	186
十堰	Shiyan	68499	57516	48258	158	清远	Qingyuan	6713	252388	250784	59
宜昌	Yichang	91422	582078	469487	37	东莞	Dongguan	21817	7260	2805	266
襄阳	Xiangyang	38832	74251	69786	129	中山	Zhongshan	34989	28791	27991	185
鄂州	Ezhou	63655	79962	94539	118	潮州	Chaozhou	6962	3118	2463	270
荆门	Jingmen	70338	137977	54380	149	揭阳	Jieyang	21082	5261	14600	223
孝感	Xiaogan	18200	2200	2700	267	云浮	Yunfu	1412	2433	881	275
荆州	Jingzhou	7738	61456	13258	226	**广西**	**Guangxi**	**3221009**	**2503723**	**3491588**	
黄冈	Huanggang	15750	64532	28600	183	南宁	Nanning	959763	1222649	1861272	3
咸宁	Xianning	10300	14775	16566	214	柳州	Liuzhou	641113	209357	191400	80
随州	Suizhou	6438	8500	594	276	桂林	Guilin	298635	238928	309135	49
湖南	**Hunan**	**3430888**	**3505905**	**3832413**		梧州	Wuzhou	47005	70610	54797	148
长沙	Changsha	1336900	469333	473028	36	北海	Beihai	129340	57493	58494	143
株洲	Zhuzhou	314098	391727	550015	29	防城港	Fangchenggang	283022	92711	211661	76
湘潭	Xiangtan	150933	657893	255418	57	钦州	Qinzhou	194633	179900	129641	100
衡阳	Hengyang	393288	302521	1043664	14	贵港	Guigang	47525	67767	65353	134
邵阳	Shaoyang	37658	163455	136932	95	玉林	Yulin	231350	141168	235584	65
岳阳	Yueyang	166060	95007	150297	91	百色	Baise	125076	8446	10204	239

8-21 城市市政道路桥梁建设投资额（辖区） 续表 3

Fixed Assets Investment of Road and Bridge in Urban Service Facilities (Municipal Districts) continued 3

单位：万元 (10 000 yuan)

地名	City	2010	2014	2015	2015 排名 Ranking
贺州	Hezhou	9473	18940	216	278
河池	Hechi	19500	6803	39501	167
来宾	Laibin	98337	12233	49778	155
崇左	Chongzuo	21430	57202	61544	137
海南	**Hainan**	**135874**	**323249**	**875903**	
海口	Haikou		153230	760873	17
三亚	Sanya	17099	105588	15083	219
三沙	Sansha				
重庆	**Chongqing**	**3128742**	**2615832**	**3146054**	
四川	**Sichuan**	**2373445**	**2863040**	**3574396**	
成都	Chengdu	1201256	924716	1236596	11
自贡	Zigong	181063	33161	180453	82
攀枝花	Panzhihua	28979	93927	60228	140
泸州	Luzhou	43266	285067	270287	53
德阳	Deyang	72796	81970	49045	157
绵阳	Mianyang	80797	242276	264816	54
广元	Guangyuan	36737	113449	159509	88
遂宁	Suining	22703	52800	45796	160
内江	Neijiang	31665	121116	159894	87
乐山	Leshan	22346	36284	6868	251
南充	Nanchong	35000	139280	141050	94
眉山	Meishan	10446	160828	95323	115
宜宾	Yibin	22335	15099	19252	205
广安	Guangan	14123	186122	74409	128
达州	Dazhou	13700	3498	8833	246
雅安	Yaan	14031	33313	170563	85
巴中	Bazhong	105	59739	196169	79
资阳	Ziyang	131520	72840		
贵州	**Guizhou**	**835059**	**4167015**	**4074884**	
贵阳	Guiyang	774610	3001035	2498090	2
六盘水	Liupanshui	1026	116960	500025	32
遵义	Zunyi	6500		10024	241
安顺	Anshun	9850	480398	563473	28
毕节	Bijie	1140	257271	299951	51
铜仁	Tongren	6808	12300		
云南	**Yunnan**	**1808022**	**935128**	**1090327**	
昆明	Kunming	1349091	268998	483023	35
曲靖	Qujing	19090	90415	59609	141
玉溪	Yuxi	28735	3804	8296	248
保山	Baoshan	2000	5868	15263	218
昭通	Zhaotong	74737	23619	19003	206

地名	City	2010	2014	2015	2015 排名 Ranking
丽江	Lijiang	6061	4283	4652	259
普洱	Puer	19941	10612	7642	249
临沧	Lincang	1690	6168	13143	227
西藏	**Tibet**	**15203**		**110203**	
拉萨	Lasa	15203		110203	108
陕西	**Shaanxi**	**996486**	**3030909**	**2736904**	
西安	Xi'an	776916	1949856	1580869	5
铜川	Tongchuan	4442	79336	141455	93
宝鸡	Baoji	23030	75367	23000	192
咸阳	Xianyang	23842	365096	591346	26
渭南	Weinan	38542	107662	44207	161
延安	Yan'an	31967	9380	23575	190
汉中	Hanzhong	4450	35420	22055	197
榆林	Yulin	17024	152125	134804	96
安康	Ankang	34276	103325	61240	138
商洛	Shangluo	16435	15822	350	277
甘肃	**Gansu**	**494608**	**1991061**	**1889317**	
兰州	Lanzhou	330052	1739046	1710259	4
嘉峪关	Jiayuguan	10676	10730	4947	257
金昌	Jinchang	26982	1832	5217	256
白银	Baiyin	6711	13361	9000	244
天水	Tianshui	6033	43792	43702	165
武威	Wuwei	22514	15714	6030	253
张掖	Zhangye	11907	19144	30023	181
平凉	Pingliang	25000	30001	23701	189
酒泉	Jiuquan	4143	9520	14930	221
庆阳	Qingyang	25298	4900	3800	263
定西	Dingxi	11333	14812	4940	258
陇南	Longnan	5829	4000	3088	265
青海	**Qinghai**	**147522**	**396163**	**494729**	
西宁	Xining	129457	360894	418765	39
海东	Haidong		17787	66303	132
宁夏	**Ningxia**	**75452**	**97901**	**77463**	
银川	Yinchuan	22921	39772	48080	159
石嘴山	Shizuishan	13951	4236	10111	240
吴忠	Wuzhong	19686	6995	4114	262
固原	Guyuan	8806	25897	6154	252
中卫	Zhongwei		7389	4603	260
新疆	**Xinjiang**	**417450**	**1544578**	**1921906**	
乌鲁木齐	Urumqi	193579	963709	1336362	10
克拉玛依	Karamay	9872	117819	52372	152

8-22 城市市政排水设施建设投资额（辖区）

Fixed Assets Investment of Sewerage in Urban Service Facilities (Municipal Districts)

单位：万元 (10 000 yuan)

地名	City	2010	2014	2015	2015 排名 Ranking	地名	City	2010	2014	2015	2015 排名 Ranking
全国	**Nation Total**	**9015609**	**8999973**	**9826842**		沈阳	Shenyang	32306	27751	27245	56
北京	**Beijing**	**172688**	**1136523**	**1489182**		大连	Dalian	23796	9415	4038	182
天津	**Tianjin**	**249114**	**158021**	**164808**		鞍山	Anshan	12618	738	3000	193
河北	**Hebei**	**538504**	**210697**	**201583**		抚顺	Fushun	2738	4381	2439	201
石家庄	Shijiazhuang	91367	97200	22605	68	本溪	Benxi	1644	500	1317	217
唐山	Tangshan	207013	1000	1793	211	丹东	Dandong		1900	92	243
秦皇岛	Qinhuangdao	6598	27428	58620	25	锦州	Jinzhou	1700	9885	6605	148
邯郸	Handan	10305	4343	16580	84	营口	Yingkou	5520	2124		
邢台	Xingtai	1232	846	577	232	阜新	Fuxin	836	5000	620	228
保定	Baoding	27682		367	239	辽阳	Liaoyang	9223	1552	4673	174
张家口	Zhangjiakou	12766	800	2210	204	盘锦	Panjin	8369	2364	623	227
承德	Chengde	18836	17280	6416	149	铁岭	Tieling	292		366	240
沧州	Cangzhou	34712	4276	6197	154	朝阳	Chaoyang		8684		
廊坊	Langfang	29000	3285			葫芦岛	Huludao	5090	6474	5060	167
衡水	Hengshui		4900	6113	156	**吉林**	**Jilin**	**113705**	**105635**	**197636**	
山西	**Shanxi**	**201559**	**101535**	**245324**		长春	Changchun	42205	41961	98655	18
太原	Taiyuan	70218	30400	150800	9	吉林	Jilin	1060	22522	13095	103
大同	Datong	82585		7000	145	四平	Siping			7429	140
阳泉	Yangquan	2427	300	13777	97	辽源	Liaoyuan		2000		
长治	Changzhi	16895	13000	4700	173	通化	Tonghua	15400		7760	136
晋城	Jincheng					白山	Baishan	13909		15	247
朔州	Shuozhou	6000	2350	16980	83	松原	Songyuan	10348		17052	82
晋中	Jinzhong	5574	8173			白城	Baicheng	6350	3610	13768	98
运城	Yuncheng	1623				**黑龙江**	**Heilongjiang**	**228375**	**112683**	**132143**	
忻州	Xinzhou	500	16598	5817	159	哈尔滨	Harbin	61923	1882	620	228
临汾	Linfen	6080	11000			齐齐哈尔	Qiqihar	38228	5615	3541	187
吕梁	Lvliang	4290	2130	7352	141	鸡西	Jixi	2670	6420	26497	58
内蒙古	**Inner Mongolia**	**398943**	**410917**	**378320**		鹤岗	Hegang	8687	582	51	245
呼和浩特	Hohhot	47953	110104	140611	10	双鸭山	Shuangyashan	8755	5050	15194	90
包头	Baotou	60957	153284	83831	20	大庆	Daqing	7259	3549	5239	163
乌海	Wuhai	150	7372	14343	96	伊春	Yichun	5044	12415	12348	110
赤峰	Chifeng	26756	30418	49755	30	佳木斯	Jiamusi	11600	4978	4521	175
通辽	Tongliao	4285	12177	8896	129	七台河	Qitaihe	7925	20734	2688	197
鄂尔多斯	Erdos	32712	1840	361	241	牡丹江	Mudanjiang	380	8963	5400	161
呼伦贝尔	Hulunbuir	18814	13642	25080	63	黑河	Heihe		1800	1000	222
巴彦淖尔	Bayannur	167000	44981	18168	78	绥化	Suihua	5683	700	10610	121
乌兰察布	Ulanqab	1759	2163	3800	185	**上海**	**Shanghai**	**342661**	**96140**	**84236**	
辽宁	**Liaoning**	**135585**	**98768**	**84271**		**江苏**	**Jiangsu**	**847735**	**1232587**	**1233404**	

8-22 城市市政排水设施建设投资额（辖区） 续表 1

Fixed Assets Investment of Sewerage in Urban Service Facilities (Municipal Districts) continued 1

单位：万元 (10 000 yuan)

地名	City	2010	2014	2015	2015 排名 Ranking	地名	City	2010	2014	2015	2015 排名 Ranking
南京	Nanjing	273190	228242	223672	6	池州	Chizhou	3933	14810	14603	91
无锡	Wuxi	124730	14919	4722	172	宣城	Xuancheng	20024	1435	6283	153
徐州	Xuzhou	17471	2738	13002	105	**福建**	**Fujian**	**145390**	**251175**	**302962**	
常州	Changzhou	9571	112950	38525	38	福州	Fuzhou	35322	78922	46173	32
苏州	Suzhou	29458	66620	26709	57	厦门	Xiamen	27521	80214	67763	24
南通	Nantong	112358	506456	355051	1	莆田	Putian	32567	18160	30000	51
连云港	Lianyungang	3900	10954	7713	137	三明	Sanming		1490	4834	171
淮安	Huaian		35484	1192	219	泉州	Quanzhou	2114	5810	11302	117
盐城	Yancheng		4650	24500	65	漳州	Zhangzhou	5573	6920	58077	26
扬州	Yangzhou	521	13703	255905	4	南平	Nanping	3830	4035	500	234
镇江	Zhenjiang	32455	12817	110133	14	龙岩	Longyan	2915	1116	5150	165
泰州	Taizhou	4000	36698	24497	66	宁德	Ningde	1772	1960		
宿迁	Suqian	8444	15430			**江西**	**Jiangxi**	**177934**	**209785**	**191042**	
浙江	**Zhejiang**	**343652**	**678685**	**653121**		南昌	Nanchang		39265	12490	108
杭州	Hangzhou	51859	42341	44975	34	景德镇	Jingdezhen	3700	20400	20497	70
宁波	Ningbo	53171	36561	12499	107	萍乡	Pingxiang	3560			
温州	Wenzhou	14576	108924	102894	17	九江	Jiujiang	44834	38250	38300	39
嘉兴	Jiaxing	23881	10441	14419	93	新余	Xinyu	85270	3287	9787	125
湖州	Huzhou	3050	3091	1500	214	鹰潭	Yingtan		11300	7095	144
绍兴	Shaoxing	4404	51160	186319	7	赣州	Ganzhou	17080	28789	12283	112
金华	Jinhua	11994	11330	4913	169	吉安	Jian	1500	7151	8504	131
衢州	Quzhou	6077	18495	590	231	宜春	Yichun	3900	11579	30849	50
舟山	Zhoushan	8045	90731	29369	54	抚州	Fuzhou	8560	28691	29460	53
台州	Taizhou	23955	27979	25084	62	上饶	Shangrao	900	5432	7669	138
丽水	Lishui	6361	5027	11508	116	**山东**	**Shandong**	**592851**	**729347**	**692349**	
安徽	**Anhui**	**241288**	**424378**	**466515**		济南	Jinan	189400	118308	308051	3
合肥	Hefei	43321	38889	124455	11	青岛	Qingdao	34398	20446	43181	35
芜湖	Wuhu	17994	40106	19380	73	淄博	Zibo	14854	4689	6671	147
蚌埠	Bengbu	20488	56600	2396	202	枣庄	Zaozhuang	10830	27830	3130	191
淮南	Huainan	33852	26554	34662	41	东营	Dongying	968	65438	29200	55
马鞍山	Maanshan	14784	32129	89045	19	烟台	Yantai	18951	23147	20286	72
淮北	Huaibei	8350	18600	16400	86	潍坊	Weifang	14524	33416	1420	215
铜陵	Tongling	5705	23400	33550	45	济宁	Jining	25325	14934	5242	162
安庆	Anqing	3538	832			泰安	Taian	13002	2130	17739	81
黄山	Huangshan	7966	6310	4990	168	威海	Weihai	21783	35090	34282	43
滁州	Chuzhou	7030	12735	13336	101	日照	Rizhao	7350	9941	7790	135
阜阳	Fuyang	15221	32200	11547	115	莱芜	Laiwu	5300	16385	4169	181
宿州	Suzhou	4075	3835	9948	124	临沂	Linyi	22592	104999	26474	59
六安	Liuan	4869	7733	11865	114	德州	Dezhou	32300	7740	23558	67
亳州	Bozhou	13750	7950	400	238	聊城	Liaocheng	1237	44775	19105	74

8-22 城市市政排水设施建设投资额（辖区） 续表 2

Fixed Assets Investment of Sewerage in Urban Service Facilities (Municipal Districts) continued 2

单位：万元 (10 000 yuan)

地名	City	2010	2014	2015	2015 排名 Ranking
滨州	Binzhou	12772	29129	34424	42
菏泽	Heze	16058	7584	2700	196
河南	**Henan**	**200684**	**218625**	**244412**	
郑州	Zhengzhou	18518		57375	27
开封	Kaifeng		2760	32240	48
洛阳	Luoyang	20699	2522	2491	200
平顶山	Pingdingshan	3660	13310	1848	210
安阳	Anyang	4310	5670	8184	133
鹤壁	Hebi	5610	154	1194	218
新乡	Xinxiang	2427			
焦作	Jiaozuo	150	29198	13013	104
濮阳	Puyang			19000	75
许昌	Xuchang	60	2584	4280	180
漯河	Luohe	16902	4841	600	230
三门峡	Sanmenxia	70	10510	819	224
南阳	Nanyang	48689	30209	25492	61
商丘	Shangqiu	17000	10400		
信阳	Xinyang	1220	3676	1520	213
周口	Zhoukou	12610	12260	8597	130
驻马店	Zhumadian	5631	11200	9634	126
湖北	**Hubei**	**244247**	**681288**	**511357**	
武汉	Wuhan	129891	396634	354530	2
黄石	Huangshi	13107	35000	37568	40
十堰	Shiyan	5187	25949	12378	109
宜昌	Yichang	2514	17848	12918	106
襄阳	Xiangyang	6269	81979	5163	164
鄂州	Ezhou	11320	4600	6050	157
荆门	Jingmen	6900			
孝感	Xiaogan	2200	4515	3800	185
荆州	Jingzhou			1901	209
黄冈	Huanggang	4980	12330	17843	80
咸宁	Xianning		3230	6400	150
随州	Suizhou		16100	846	223
湖南	**Hunan**	**195493**	**393767**	**454725**	
长沙	Changsha	39913	78634	120122	12
株洲	Zhuzhou	16422	23325	6400	150
湘潭	Xiangtan	16204	60490	18959	76
衡阳	Hengyang	6959	20600	5820	158
邵阳	Shaoyang	12760	21500		
岳阳	Yueyang	30360	29421	79298	22
常德	Changde	21755	14328	13395	100
张家界	Zhangjiajie	800	3000	8500	132
益阳	Yiyang	5262	770	150	242
郴州	Chenzhou	16161	40804	33604	44
永州	Yongzhou	6000	17617	2173	205
怀化	Huaihua		7000	20311	71
娄底	Loudi	7500	33140	80420	21
广东	**Guangdong**	**2123562**	**260058**	**253136**	
广州	Guangzhou	1818524	97288	107668	15
韶关	Shaoguan	1880	17925	13550	99
深圳	Shenzhen				
珠海	Zhuhai	35377	32673	49952	29
汕头	Shantou	23821			
佛山	Foshan	43279	5783	4879	170
江门	Jiangmen	18121	17351		
湛江	Zhanjiang	1042	4146	2081	206
茂名	Maoming				
肇庆	Zhaoqing	13377	9257	15673	87
惠州	Huizhou	13484	12501	10800	120
梅州	Meizhou	1708			
汕尾	Shanwei	3000		2300	203
河源	Heyuan				
阳江	Yangjiang				
清远	Qingyuan				
东莞	Dongguan	56063	13150	7853	134
中山	Zhongshan	31280	26365	32350	47
潮州	Chaozhou	2834	5092	1984	208
揭阳	Jieyang	1100	1500		
云浮	Yunfu	3600			
广西	**Guangxi**	**392515**	**313031**	**387012**	
南宁	Nanning	263368	138275	158987	8
柳州	Liuzhou	32512	47738	41853	37
桂林	Guilin	13539	3271	18499	77
梧州	Wuzhou	13322	4960	5767	160
北海	Beihai	1965	35224	33529	46
防城港	Fangchenggang	7694	7854	11255	119
钦州	Qinzhou	9683	9227	9552	127
贵港	Guigang	4337	4159	15411	88
玉林	Yulin	5202	15691	21734	69
百色	Baise	5297		6333	152

8-22 城市市政排水设施建设投资额（辖区） 续表 3

Fixed Assets Investment of Sewerage in Urban Service Facilities (Municipal Districts) continued 3

单位：万元 (10 000 yuan)

地名	City	2010	2014	2015	2015 排名 Ranking
贺州	Hezhou	3710	3575	24532	64
河池	Hechi	5513	3044	3206	190
来宾	Laibin	4000	1833	1073	221
崇左	Chongzuo			6949	146
海南	**Hainan**	**62734**	**27237**	**62408**	
海口	Haikou	46310	4064	8902	128
三亚	Sanya	6286	17187	29525	52
三沙	Sansha			3086	192
重庆	**Chongqing**	71549	**54298**	**58782**	
四川	**Sichuan**	**121658**	**301670**	**269771**	
成都	Chengdu	22378	40919	48534	31
自贡	Zigong	1800		16446	85
攀枝花	Panzhihua	2287	9491	2058	207
泸州	Luzhou	12835	82536	70042	23
德阳	Deyang	6820	5528	4323	178
绵阳	Mianyang	10134	40112	14384	95
广元	Guangyuan	2200	5218	10596	122
遂宁	Suining	2280	1370	1329	216
内江	Neijiang	500	10750	1690	212
乐山	Leshan	5671	535	12315	111
南充	Nanchong	28000	34090	31200	49
眉山	Meishan	18	1728	520	233
宜宾	Yibin	4778			
广安	Guangan	4235	84	700	225
达州	Dazhou				
雅安	Yaan		806		
巴中	Bazhong	3190		2625	198
资阳	Ziyang		28482	14480	92
贵州	**Guizhou**	**25876**	**233887**	**207214**	
贵阳	Guiyang	8172	172021	42164	36
六盘水	Liupanshui		1600	117753	13
遵义	Zunyi	2288	7200	7499	139
安顺	Anshun		789	5136	166
毕节	Bijie	749	3000	15288	89
铜仁	Tongren				
云南	**Yunnan**	**436480**	**114452**	**124968**	
昆明	Kunming	315881	16392	4310	179
曲靖	Qujing	42247			
玉溪	Yuxi				
保山	Baoshan	3000			
昭通	Zhaotong	1921	1500	2769	195
丽江	Lijiang	1850			
普洱	Puer	5231	1350	2942	194
临沧	Lincang		6760	420	237
西藏	**Tibet**		**5265**	**51327**	
拉萨	Lasa			46062	33
陕西	**Shaanxi**	**150391**	**231638**	**153874**	
西安	Xi'an	103886	41346	56938	28
铜川	Tongchuan	9436		18086	79
宝鸡	Baoji	20000	12330	13200	102
咸阳	Xianyang	2310	36809	7154	143
渭南	Weinan	1190	17456	14400	94
延安	Yan'an	4959	880	1110	220
汉中	Hanzhong		1810	3920	183
榆林	Yulin	1830	6000		
安康	Ankang		95265	26000	60
商洛	Shangluo	5580	1140	3500	188
甘肃	**Gansu**	**100885**	**52457**	**139324**	
兰州	Lanzhou	73668	19328	104781	16
嘉峪关	Jiayuguan	95	4013	429	236
金昌	Jinchang			12078	113
白银	Baiyin	280	6460	3900	184
天水	Tianshui	5100	370	80	244
武威	Wuwei		8990	4510	176
张掖	Zhangye			10208	123
平凉	Pingliang	8300	10715	2600	199
酒泉	Jiuquan	6694			
庆阳	Qingyang	4629	2090	450	235
定西	Dingxi	199		28	246
陇南	Longnan	1250			
青海	**Qinghai**	**32691**	**20653**	**36579**	
西宁	Xining	21500	16649	7305	142
海东	Haidong		784	6136	155
宁夏	**Ningxia**	**16544**	**13662**	**15806**	
银川	Yinchuan	4836	3099	11273	118
石嘴山	Shizuishan	6865	4345	3408	189
吴忠	Wuzhong	3327	3000		
固原	Guyuan	793	3218	665	226
中卫	Zhongwei	358			
新疆	**Xinjiang**	**110316**	**121109**	**339251**	
乌鲁木齐	Urumqi	34200	23883	233105	5
克拉玛依	Karamay	17128	4967	4408	177

8-23 城市市政园林绿化建设投资额（辖区）

Fixed Assets Investment of Landscaping in Urban Service Facilities (Municipal Districts)

单位：万元 (10 000 yuan)

地名	City	2010	2014	2015	2015 排名 Ranking
全国	**Nation Total**	**22970392**	**18175758**	**15946541**	
北京	**Beijing**	**654687**	**1129674**	**996539**	
天津	**Tianjin**	**140439**	**561026**	**259163**	
河北	**Hebei**	**1139362**	**449240**	**302232**	
石家庄	Shijiazhuang	312817	73124	77499	37
唐山	Tangshan	145459	33024	4411	188
秦皇岛	Qinhuangdao	54786	14130	16126	131
邯郸	Handan	117312	54224	6500	171
邢台	Xingtai	32809	7805	8315	158
保定	Baoding	29049		15996	132
张家口	Zhangjiakou	31290	21802	13915	140
承德	Chengde	23198	7478	4954	183
沧州	Cangzhou	34250	22669	18885	120
廊坊	Langfang	40400	19463	11945	145
衡水	Hengshui	119508	1218		
山西	**Shanxi**	**297291**	**388534**	**143721**	
太原	Taiyuan	131925	200227		
大同	Datong	87120			
阳泉	Yangquan	23006	40	11100	148
长治	Changzhi	624	3927	13534	141
晋城	Jincheng			4274	191
朔州	Shuozhou	9612		660	238
晋中	Jinzhong	10835	82716	76978	38
运城	Yuncheng	4100	13541	6066	174
忻州	Xinzhou	2860	12306	4109	193
临汾	Linfen	3677	4398		
吕梁	Lvliang		10949	1815	215
内蒙古	**Inner Mongolia**	**784633**	**1180479**	**1248593**	
呼和浩特	Hohhot	90561	148057	333115	6
包头	Baotou	115761	376496	289859	9
乌海	Wuhai	70000	69833	63512	53
赤峰	Chifeng	7181	45617	29967	97
通辽	Tongliao	31622	37628	42999	71
鄂尔多斯	Erdos	395667	93847	56766	60
呼伦贝尔	Hulunbuir	3700	46250	94397	29
巴彦淖尔	Bayannur	42000	33742	61126	56
乌兰察布	Ulanqab	5000	76695	57716	58
辽宁	**Liaoning**	**288607**	**311088**	**171034**	
沈阳	Shenyang	92922	52259	45613	67
大连	Dalian	21976	21383	11748	146
鞍山	Anshan	6000	43065	40610	77
抚顺	Fushun	3200	17131	2063	207
本溪	Benxi	2800	785	617	240
丹东	Dandong	5049	4050	6050	175
锦州	Jinzhou	20573	11256	5822	177
营口	Yingkou	64422	2250		
阜新	Fuxin	3095	3000	7350	164
辽阳	Liaoyang	13036	32536	8980	156
盘锦	Panjin	5630	52930	1891	213
铁岭	Tieling	8312	6740	1188	224
朝阳	Chaoyang	3470	1315		
葫芦岛	Huludao	900	6300	3350	198
吉林	**Jilin**	**120506**	**165650**	**257406**	
长春	Changchun	71909	85563	186162	13
吉林	Jilin	2968		5030	182
四平	Siping				
辽源	Liaoyuan	300	1680	1710	216
通化	Tonghua	1840		677	237
白山	Baishan	7848	2895	314	245
松原	Songyuan	6355			
白城	Baicheng	1200	34600	2062	208
黑龙江	**Heilongjiang**	**172685**	**127730**	**58141**	
哈尔滨	Harbin	55844	65865	24370	103
齐齐哈尔	Qiqihar	16000	915		
鸡西	Jixi	900			
鹤岗	Hegang	7564	5543	2416	206
双鸭山	Shuangyashan	2055	226	926	228
大庆	Daqing	20608	8138	5250	180
伊春	Yichun	1593	5202		
佳木斯	Jiamusi	5876		2780	202
七台河	Qitaihe	1790		684	236
牡丹江	Mudanjiang	14626	2800		
黑河	Heihe	2256	2499	1200	222
绥化	Suihua	5000	7771	1210	221
上海	**Shanghai**	**282119**	**407600**	**574111**	
江苏	**Jiangsu**	**1792150**	**3463800**	**2219972**	

8-23 城市市政园林绿化建设投资额（辖区） 续表 1

Fixed Assets Investment of Landscaping in Urban Service Facilities (Municipal Districts) continued 1

单位：万元 (10 000 yuan)

地名	City	2010	2014	2015	2015 排名 Ranking	地名	City	2010	2014	2015	2015 排名 Ranking
南京	Nanjing	291333	1090341	508144	1	池州	Chizhou	16867	11990	4374	189
无锡	Wuxi	204742	57901	45435	68	宣城	Xuancheng	58282	150505	246483	10
徐州	Xuzhou	159834	89292	66303	45	**福建**	**Fujian**	**360633**	**405715**	**511158**	
常州	Changzhou	76884	91954	43900	70	福州	Fuzhou	202776	36593	171403	14
苏州	Suzhou	157283	430905	33152	92	厦门	Xiamen	8007	75023	93592	30
南通	Nantong	129719	237907	295859	8	莆田	Putian	23200	108365		
连云港	Lianyungang	74027	138916	67620	42	三明	Sanming	2106	14359	17039	127
淮安	Huaian	74033	46600	40511	78	泉州	Quanzhou	966	4105	74520	41
盐城	Yancheng	63358	97593	99021	28	漳州	Zhangzhou	34595	11396	23468	106
扬州	Yangzhou	68738	92211	102612	26	南平	Nanping	3051	33022	8256	159
镇江	Zhenjiang	116759	673787	443389	2	龙岩	Longyan	25400	7973	31400	94
泰州	Taizhou	66466	22246	74885	40	宁德	Ningde	11035	9010	2000	209
宿迁	Suqian	20083	71897	126193	20	**江西**	**Jiangxi**	**948889**	**539854**	**490477**	
浙江	**Zhejiang**	**389492**	**854625**	**728576**		南昌	Nanchang	52223	153515	202490	11
杭州	Hangzhou	100772	61958	147927	15	景德镇	Jingdezhen	56454			
宁波	Ningbo	27300	129876	61177	55	萍乡	Pingxiang	15000	5219	9380	154
温州	Wenzhou	11358	84652	126408	19	九江	Jiujiang	360188	77665	30988	95
嘉兴	Jiaxing	33734	16523	10644	149	新余	Xinyu	84635	14383	3950	194
湖州	Huzhou	70760	111116	6044	176	鹰潭	Yingtan		10000	2000	209
绍兴	Shaoxing	1187	102348	78511	35	赣州	Ganzhou	36477	8588	26307	99
金华	Jinhua	19123	19766	38565	82	吉安	Jian	77367	56306	24628	102
衢州	Quzhou	8911	14573	6975	167	宜春	Yichun	34878	56504	33318	90
舟山	Zhoushan	3167	10150	7039	166	抚州	Fuzhou	102172	80577	106381	25
台州	Taizhou	4711	61951	39120	81	上饶	Shangrao	38204	5000	23900	105
丽水	Lishui	33950	21721	17975	123	**山东**	**Shandong**	**1083450**	**1689355**	**1293530**	
安徽	**Anhui**	**908628**	**1242180**	**1329214**		济南	Jinan	55383	83405	64560	49
合肥	Hefei	94166	310541	304488	7	青岛	Qingdao	89368	125271	87316	32
芜湖	Wuhu	166867	73104	53953	62	淄博	Zibo	58414	72053	66217	46
蚌埠	Bengbu	63384	147083	77539	36	枣庄	Zaozhuang	23156	67816	42538	73
淮南	Huainan	142537	15175	33845	88	东营	Dongying	11999	107523	33387	89
马鞍山	Maanshan	28307	40250	9376	155	烟台	Yantai	89671	38252	41508	75
淮北	Huaibei	48820	94300	119110	22	潍坊	Weifang	72014	78773	92682	31
铜陵	Tongling	2929	68332	61731	54	济宁	Jining	44680	58542	16380	129
安庆	Anqing	5763	25207			泰安	Taian	29105	65314	63715	51
黄山	Huangshan	17250	23690	12605	143	威海	Weihai	41832	99345	66742	43
滁州	Chuzhou	113907	41520	63633	52	日照	Rizhao	123503	74903	76717	39
阜阳	Fuyang	15860	85209	100000	27	莱芜	Laiwu	7200	131860	37559	84
宿州	Suzhou	33597	46007	86978	33	临沂	Linyi	63498	178247	40474	79
六安	Liuan	19890	10772	23170	109	德州	Dezhou	73013	10053	34500	87
亳州	Bozhou	7010	20065	33206	91	聊城	Liaocheng	14712	73358	41023	76

8-23 城市市政园林绿化建设投资额（辖区） 续表 2

Fixed Assets Investment of Landscaping in Urban Service Facilities (Municipal Districts) continued 2

单位：万元 (10 000 yuan)

地名	City	2010	2014	2015	2015 排名 Ranking
滨州	Binzhou	39417	23440	52103	65
菏泽	Heze	35666	41400	57076	59
河南	**Henan**	**252500**	**607111**	**654183**	
郑州	Zhengzhou	59688	290000	347426	5
开封	Kaifeng	12938	31440		
洛阳	Luoyang	5738	16500	6515	170
平顶山	Pingdingshan	14079	12470	5500	178
安阳	Anyang	5655	6800	7600	163
鹤壁	Hebi	10848	9024	6917	168
新乡	Xinxiang	12865	5000	15350	134
焦作	Jiaozuo	4853	18990	1347	218
濮阳	Puyang	3915	6091	8108	160
许昌	Xuchang	300	5362	6274	173
漯河	Luohe	4500			
三门峡	Sanmenxia	6100	9036	998	227
南阳	Nanyang	7522	21207	16224	130
商丘	Shangqiu	750	12930	19100	119
信阳	Xinyang	30240	35190	3573	197
周口	Zhoukou	16593	18302	11204	147
驻马店	Zhumadian	4309	6100	36133	85
湖北	**Hubei**	**312204**	**977930**	**631924**	
武汉	Wuhan	122965	642459	350449	4
黄石	Huangshi	49950	3720	12791	142
十堰	Shiyan	3311	14814	6304	172
宜昌	Yichang	13446	54318	44706	69
襄阳	Xiangyang	24072	63613		
鄂州	Ezhou	8631	13992	9491	153
荆门	Jingmen	17610	8157	18153	121
孝感	Xiaogan	15700	1000	2700	204
荆州	Jingzhou	17586	6468	17109	126
黄冈	Huanggang	10400	30000	700	234
咸宁	Xianning	350	1408	240	246
随州	Suizhou	610	8000	3216	199
湖南	**Hunan**	**228165**	**537744**	**582928**	
长沙	Changsha	25500	108866	115946	24
株洲	Zhuzhou	5425	46060	55897	61
湘潭	Xiangtan	27309		120	248
衡阳	Hengyang	15900	145985	65320	48
邵阳	Shaoyang	2475	11750	9800	152
岳阳	Yueyang		6373	20600	117

地名	City	2010	2014	2015	2015 排名 Ranking
常德	Changde	41381	12600	120	248
张家界	Zhangjiajie			15000	135
益阳	Yiyang	3580	11650	689	235
郴州	Chenzhou	33765	132279	187343	12
永州	Yongzhou	4500	33802	52513	64
怀化	Huaihua	7000	5870	7266	165
娄底	Loudi	6520	5300	17990	122
广东	**Guangdong**	**9805087**	**162429**	**127455**	
广州	Guangzhou	194173	40888	39564	80
韶关	Shaoguan	2792			
深圳	Shenzhen	16550	10969	3695	196
珠海	Zhuhai	4708	19933	8934	157
汕头	Shantou	706			
佛山	Foshan	22117	8183	5038	181
江门	Jiangmen	2570	6320	4633	185
湛江	Zhanjiang	677		12200	144
茂名	Maoming				
肇庆	Zhaoqing	6354	967	562	241
惠州	Huizhou	34435	31562	31482	93
梅州	Meizhou	10095	12000	7760	161
汕尾	Shanwei				
河源	Heyuan	43898	6996		
阳江	Yangjiang	3632			
清远	Qingyuan		6667	6667	169
东莞	Dongguan	9421958	2323	1226	220
中山	Zhongshan	833		3093	200
潮州	Chaozhou				
揭阳	Jieyang	20123			
云浮	Yunfu	353			
广西	**Guangxi**	**482261**	**667525**	**642129**	
南宁	Nanning	173616	384296	416027	3
柳州	Liuzhou	114835	10685	830	230
桂林	Guilin	52645	65550	80322	34
梧州	Wuzhou	2216	28003	49143	66
北海	Beihai	2727	5087		
防城港	Fangchenggang	16530	1989	376	244
钦州	Qinzhou	2875	12822	3908	195
贵港	Guigang	13739	927	1073	225
玉林	Yulin	20671	56657	26022	100
百色	Baise	5660	46164	5273	179

8-23 城市市政园林绿化建设投资额（辖区） 续表 3

Fixed Assets Investment of Landscaping in Urban Service Facilities (Municipal Districts) continued 3

单位：万元 (10 000 yuan)

地名	City	2010	2014	2015	2015 排名 Ranking	地名	City	2010	2014	2015	2015 排名 Ranking
贺州	Hezhou	280		660	238	丽江	Lijiang	7104			
河池	Hechi	6330	730	213	247	普洱	Puer	3000		1338	219
来宾	Laibin	41657		1660	217	临沧	Lincang	6898	8800	890	229
崇左	Chongzuo	1880	24420	38000	83	**西藏**	**Tibet**	**2923**		**4900**	
海南	**Hainan**	**26765**	**15951**	**112304**		拉萨	Lasa	2923		4900	184
海口	Haikou		8420	66131	47	**陕西**	**Shaanxi**	**758271**	**502165**	**346312**	
三亚	Sanya	21047	2556	35587	86	西安	Xi'an	593417	252379	142227	17
三沙	Sansha					铜川	Tongchuan	18122	92592	21113	115
重庆	**Chongqing**	**1060050**	**523062**	**598251**		宝鸡	Baoji	17300	15200	10000	151
四川	**Sichuan**	**227904**	**383110**	**431576**		咸阳	Xianyang	81571	29914	66399	44
成都	Chengdu	53546	10249	60923	57	渭南	Weinan	11000	14185	22780	110
自贡	Zigong	46824	29224	17462	124	延安	Yan'an	93	865	791	232
攀枝花	Panzhihua	4433	21142	7686	162	汉中	Hanzhong	200			
泸州	Luzhou	12296	76510	42762	72	榆林	Yulin	4500	66450	19618	118
德阳	Deyang	17792	507	1962	211	安康	Ankang	7178	6016	15427	133
绵阳	Mianyang	4958	10365	24653	101	商洛	Shangluo	6190	1221	825	231
广元	Guangyuan	6053	15990	20756	116	**甘肃**	**Gansu**	**152514**	**165391**	**177664**	
遂宁	Suining	16358	2470	1862	214	兰州	Lanzhou	110894	109396	116466	23
内江	Neijiang	2821	4060	22219	112	嘉峪关	Jiayuguan	3717	9007	2663	205
乐山	Leshan	149	3882	17370	125	金昌	Jinchang	1781	10968	2780	202
南充	Nanchong	18000	15330	24050	104	白银	Baiyin	843	150	750	233
眉山	Meishan	1335	27975	23435	108	天水	Tianshui	12704	7328	21310	114
宜宾	Yibin	246	14205			武威	Wuwei		1250		
广安	Guangan	5636	11430	406	243	张掖	Zhangye				
达州	Dazhou	3088	549	528	242	平凉	Pingliang	6245	5883	4610	186
雅安	Yaan	165	23958	41589	74	酒泉	Jiuquan	3085	894	1943	212
巴中	Bazhong	468	5100	4588	187	庆阳	Qingyang	7800	6498	1030	226
资阳	Ziyang	3400				定西	Dingxi	2558		1200	222
贵州	**Guizhou**	**21513**	**193211**	**294829**		陇南	Longnan	120	7820	14660	137
贵阳	Guiyang	19138	61717	23444	107	**青海**	**Qinghai**	**17796**	**16086**	**39506**	
六盘水	Liupanshui		4507	53420	63	西宁	Xining	5853	2521	22167	113
遵义	Zunyi		6400			海东	Haidong			14980	136
安顺	Anshun		39429	63830	50	**宁夏**	**Ningxia**	**43094**	**97882**	**150794**	
毕节	Bijie		20417	29000	98	银川	Yinchuan	28167	78823	124698	21
铜仁	Tongren	2000	19600	30600	96	石嘴山	Shizuishan	5800		4374	189
云南	**Yunnan**	**106647**	**109031**	**214697**		吴忠	Wuzhong	8063	10609	10184	150
昆明	Kunming	19383	13944	16929	128	固原	Guyuan	1064	4300	3029	201
曲靖	Qujing	8510	32382	147890	16	中卫	Zhongwei			4179	192
玉溪	Yuxi	745				**新疆**	**Xinjiang**	**109127**	**300580**	**353222**	
保山	Baoshan	890	7500	14109	139	乌鲁木齐	Urumqi	26733	44530	133798	18
昭通	Zhaotong	12483		14456	138	克拉玛依	Karamay	4189	36009	22772	111

8-24 城市市政市容环境卫生建设投资额（辖区）

Fixed Assets Investment of Environmental Sanitation in Urban Service Facilities (Municipal Districts)

单位：万元 (10 000 yuan)

地名	City	2010	2014	2015	2015 排名 Ranking
全国	**Nation Total**	**3015940**	**4948436**	**3980393**	
北京	**Beijing**	**223438**	**1971974**	**669182**	
天津	**Tianjin**	**64495**	**260931**	**14869**	
河北	**Hebei**	**111998**	**65704**	**104103**	
石家庄	Shijiazhuang	5695	10568	40418	17
唐山	Tangshan	3565	1040	701	165
秦皇岛	Qinhuangdao	1622	1986	2150	127
邯郸	Handan		500	5500	96
邢台	Xingtai	1320	510		
保定	Baoding	1220		589	174
张家口	Zhangjiakou	12035	28300	200	204
承德	Chengde	9230	6257	724	164
沧州	Cangzhou	6466	1216	40529	16
廊坊	Langfang	4000	1155	2668	122
衡水	Hengshui	830	1961	313	191
山西	**Shanxi**	**40630**	**16135**	**45731**	
太原	Taiyuan	15679			
大同	Datong				
阳泉	Yangquan	840		5308	98
长治	Changzhi		4480		
晋城	Jincheng				
朔州	Shuozhou	1780		2600	124
晋中	Jinzhong		1304	8754	72
运城	Yuncheng	1000			
忻州	Xinzhou	14160		390	185
临汾	Linfen	3302	702		
吕梁	Lvliang			3000	118
内蒙古	**Inner Mongolia**	**113277**	**20009**	**174420**	
呼和浩特	Hohhot	18207		20200	34
包头	Baotou	4698		94430	3
乌海	Wuhai	8660	1128	5883	93
赤峰	Chifeng	1457	607	486	181
通辽	Tongliao	545		12753	52
鄂尔多斯	Erdos	66440	496	467	183
呼伦贝尔	Hulunbuir	3709	400	650	171
巴彦淖尔	Bayannur		569	25840	29
乌兰察布	Ulanqab	500	550	3398	113
辽宁	**Liaoning**	**150367**	**55119**	**69955**	
沈阳	Shenyang	40677	4737	38189	18
大连	Dalian	52318	996	1962	131
鞍山	Anshan	1200	3211		
抚顺	Fushun	9226	1314		
本溪	Benxi	2104	775	665	170
丹东	Dandong	2312	2143	230	201
锦州	Jinzhou	80	18109	7100	81
营口	Yingkou	412		2195	125
阜新	Fuxin	1259	1000	1300	147
辽阳	Liaoyang	404	950	10322	66
盘锦	Panjin	6137			
铁岭	Tieling	91	741	2768	121
朝阳	Chaoyang	5379	219	488	180
葫芦岛	Huludao	70	15120	200	204
吉林	**Jilin**	**70564**	**35405**	**24961**	
长春	Changchun	52822	32800		
吉林	Jilin			8786	69
四平	Siping				
辽源	Liaoyuan	742	518	1536	142
通化	Tonghua				
白山	Baishan	392		234	200
松原	Songyuan	4000			
白城	Baicheng			563	175
黑龙江	**Heilongjiang**	**33730**	**115866**	**120896**	
哈尔滨	Harbin	20361	44190	31747	24
齐齐哈尔	Qiqihar	1367	4714	3241	114
鸡西	Jixi		399	17817	37
鹤岗	Hegang	938	2322	2169	126
双鸭山	Shuangyashan				
大庆	Daqing		2660	700	166
伊春	Yichun	1425	7119	1072	155
佳木斯	Jiamusi		5010	11380	59
七台河	Qitaihe		460	21500	30
牡丹江	Mudanjiang	470	934		
黑河	Heihe		1622	528	179
绥化	Suihua	813	25539	4340	105
上海	**Shanghai**	**58236**	**188394**	**285577**	
江苏	**Jiangsu**	**149205**	**246456**	**506206**	

8-24 城市市政市容环境卫生建设投资额（辖区） 续表 1

Fixed Assets Investment of Environmental Sanitation in Urban Service Facilities (Municipal Districts) continued 1

单位：万元 (10 000 yuan)

地名	City	2010	2014	2015	2015 排名 Ranking
南京	Nanjing	13108	101857	178796	1
无锡	Wuxi	14940	185	7210	79
徐州	Xuzhou		150	5300	99
常州	Changzhou	57966	58638	45065	14
苏州	Suzhou	3076	3120	1193	150
南通	Nantong	500	12315	11835	56
连云港	Lianyungang	63	1280	390	185
淮安	Huaian		2325	560	176
盐城	Yancheng		1550	2150	127
扬州	Yangzhou	1865	17960	20189	35
镇江	Zhenjiang	19394	3704	172055	2
泰州	Taizhou			1552	141
宿迁	Suqian		4794	5067	101
浙江	**Zhejiang**	**95147**	**136517**	**210375**	
杭州	Hangzhou	2478	1062	89802	4
宁波	Ningbo		24345	16526	40
温州	Wenzhou	4550	22433	14982	46
嘉兴	Jiaxing	4075	3711	14912	47
湖州	Huzhou	221	2097	4070	108
绍兴	Shaoxing	922	1117	1989	130
金华	Jinhua	423	14439	4322	106
衢州	Quzhou	1517	3772	1434	144
舟山	Zhoushan	16194	656	3526	111
台州	Taizhou	742	1497	1876	134
丽水	Lishui	1082	901	260	194
安徽	**Anhui**	**79827**	**146797**	**165838**	
合肥	Hefei	10929	23722	34709	19
芜湖	Wuhu	1280	11373	7008	83
蚌埠	Bengbu	17977	5660		
淮南	Huainan	5653	10041	6780	84
马鞍山	Maanshan	1206	600	6181	90
淮北	Huaibei	3070	183	3752	110
铜陵	Tongling	13046	564	1640	137
安庆	Anqing	6003			
黄山	Huangshan	4603	764	3425	112
滁州	Chuzhou	2041	19898	8780	70
阜阳	Fuyang	3893	18020	7673	76
宿州	Suzhou	1030	329	1743	135
六安	Liuan	570	11495	7288	78
亳州	Bozhou	2055	7239	29774	27

地名	City	2010	2014	2015	2015 排名 Ranking
池州	Chizhou	542	850	3200	115
宣城	Xuancheng	703	13045	85	210
福建	**Fujian**	**213498**	**71805**	**89560**	
福州	Fuzhou	89372	14000	11198	60
厦门	Xiamen	33823	23000	57005	8
莆田	Putian	16910	20217	4909	103
三明	Sanming	215	1328	683	169
泉州	Quanzhou	948	454	1423	145
漳州	Zhangzhou	14000	841	642	172
南平	Nanping	1995	360	845	157
龙岩	Longyan	1800	440	245	198
宁德	Ningde	24480	107		
江西	**Jiangxi**	**61536**	**18620**	**100327**	
南昌	Nanchang	2526	8766	51803	10
景德镇	Jingdezhen	11671		700	166
萍乡	Pingxiang				
九江	Jiujiang	20964	2995	6284	88
新余	Xinyu	1619	203	700	166
鹰潭	Yingtan				
赣州	Ganzhou		2068	11896	55
吉安	Jian	2600	156	15284	45
宜春	Yichun	289	247		
抚州	Fuzhou		2273	12450	54
上饶	Shangrao	336	275	83	211
山东	**Shandong**	**171077**	**263057**	**320802**	
济南	Jinan	8334	31331	13354	50
青岛	Qingdao	27165	13755	12582	53
淄博	Zibo	1387	40514	17296	39
枣庄	Zaozhuang	5810	8041	30029	26
东营	Dongying	22577	5650	6050	91
烟台	Yantai	1995	3254	1050	156
潍坊	Weifang	866		32360	23
济宁	Jining	27	33974	5447	97
泰安	Taian	437	4051	20629	33
威海	Weihai	14678	4423	10361	65
日照	Rizhao	16040	32378	49531	12
莱芜	Laiwu	10737			
临沂	Linyi	740	28838	7841	75
德州	Dezhou	16300		28538	28
聊城	Liaocheng	143	569	1946	133

8-24 城市市政市容环境卫生建设投资额（辖区） 续表 2

Fixed Assets Investment of Environmental Sanitation in Urban Service Facilities (Municipal Districts) continued 2

单位：万元 (10 000 yuan)

地名	City	2010	2014	2015	2015 排名 Ranking
滨州	Binzhou		1450	2865	119
菏泽	Heze	740	750	4700	104
河南	**Henan**	**29467**	**41717**	**61069**	
郑州	Zhengzhou	11858	5532	33099	22
开封	Kaifeng	342	16400	371	190
洛阳	Luoyang				
平顶山	Pingdingshan	1668	520	400	184
安阳	Anyang	828	890	817	159
鹤壁	Hebi	1335	1259	250	196
新乡	Xinxiang	345			
焦作	Jiaozuo	61	226	1211	149
濮阳	Puyang				
许昌	Xuchang		419	176	207
漯河	Luohe	750	2000		
三门峡	Sanmenxia			290	193
南阳	Nanyang	2169	4483	14391	49
商丘	Shangqiu				
信阳	Xinyang		1766	1125	152
周口	Zhoukou	200	1760	2074	129
驻马店	Zhumadian	6160			
湖北	**Hubei**	**198154**	**93904**	**116729**	
武汉	Wuhan	111706	52347	69460	5
黄石	Huangshi	44410	3824	5087	100
十堰	Shiyan	4300	2960	6432	87
宜昌	Yichang	1102	10659	7123	80
襄阳	Xiangyang	383	1040		
鄂州	Ezhou	3500	4000	4150	107
荆门	Jingmen		2265	741	161
孝感	Xiaogan	1240			
荆州	Jingzhou	14200	90	1590	139
黄冈	Huanggang	1800	2300		
咸宁	Xianning		52		
随州	Suizhou				
湖南	**Hunan**	**133458**	**295057**	**163517**	
长沙	Changsha	3600	237664	21000	32
株洲	Zhuzhou	2740			
湘潭	Xiangtan	1658	6793	291	192
衡阳	Hengyang	33077	8595	34328	20
邵阳	Shaoyang	8860		11685	57
岳阳	Yueyang	680	3550	5700	94
常德	Changde	42352	2834	2834	120
张家界	Zhangjiajie				
益阳	Yiyang	1710	742		
郴州	Chenzhou	1559	15136	68118	6
永州	Yongzhou	400		5511	95
怀化	Huaihua	1622	1030		
娄底	Loudi	880	6500	10400	64
广东	**Guangdong**	**588574**	**178553**	**181566**	
广州	Guangzhou	470146	22332	9370	67
韶关	Shaoguan		759		
深圳	Shenzhen	21110	17904	16290	41
珠海	Zhuhai	8321	484	250	196
汕头	Shantou	2046			
佛山	Foshan	32211	64320	42008	15
江门	Jiangmen	8762	3633		
湛江	Zhanjiang	250	952		
茂名	Maoming				
肇庆	Zhaoqing	2571	4430	1166	151
惠州	Huizhou	4302	43222	64714	7
梅州	Meizhou	8600		800	160
汕尾	Shanwei		9000	11600	58
河源	Heyuan	3985			
阳江	Yangjiang				
清远	Qingyuan	455	1324	1324	146
东莞	Dongguan	5234	4314	16280	42
中山	Zhongshan	8944		7040	82
潮州	Chaozhou				
揭阳	Jieyang				
云浮	Yunfu	58	1220		
广西	**Guangxi**	**84073**	**96946**	**54397**	
南宁	Nanning	20205	21868	21470	31
柳州	Liuzhou	4107	25096	1553	140
桂林	Guilin	13635	20382	1636	138
梧州	Wuzhou		373	557	177
北海	Beihai	10299	405	373	189
防城港	Fangchenggang	1264	5633	6673	85
钦州	Qinzhou	3026	62	254	195
贵港	Guigang	2432	337	11087	61
玉林	Yulin	5707	17592	6492	86
百色	Baise	2563	132	1110	153

8-24 城市市政市容环境卫生建设投资额（辖区） 续表 3

Fixed Assets Investment of Environmental Sanitation in Urban Service Facilities (Municipal Districts) continued 3

单位：万元 (10 000 yuan)

地名	City	2010	2014	2015	2015 排名 Ranking
贺州	Hezhou	191	500	1732	136
河池	Hechi	1796	1234	166	208
来宾	Laibin	3075			
崇左	Chongzuo	1512	762	820	158
海南	**Hainan**	**18106**	**7222**	**13226**	
海口	Haikou		3692	10403	63
三亚	Sanya	7747	900		
三沙	Sansha				
重庆	**Chongqing**	**12527**	**28713**	**33305**	
四川	**Sichuan**	**46199**	**97398**	**79921**	
成都	Chengdu	3633	11416	3152	116
自贡	Zigong			1954	132
攀枝花	Panzhihua	286	150	160	209
泸州	Luzhou	3545	18747	33905	21
德阳	Deyang	461	390		
绵阳	Mianyang	2805	316	727	163
广元	Guangyuan	2276		244	199
遂宁	Suining	1217			
内江	Neijiang	113	3878	2613	123
乐山	Leshan	2718	437	385	187
南充	Nanchong	5000	43100	6000	92
眉山	Meishan	82	13700	1293	148
宜宾	Yibin	375			
广安	Guangan	9915		15574	44
达州	Dazhou	423		35	212
雅安	Yaan	387			
巴中	Bazhong			11000	62
资阳	Ziyang		195		
贵州	**Guizhou**	**14000**	**30035**	**30682**	
贵阳	Guiyang	9642	4850	4965	102
六盘水	Liupanshui			3015	117
遵义	Zunyi	1090	16980	8935	68
安顺	Anshun		2365		
毕节	Bijie		1046	7670	77
铜仁	Tongren				
云南	**Yunnan**	**39905**	**20456**	**16697**	
昆明	Kunming	27393	8000	600	173
曲靖	Qujing		1673		
玉溪	Yuxi	1198	24		
保山	Baoshan		2096		
昭通	Zhaotong			8759	71
丽江	Lijiang	7500			
普洱	Puer				
临沧	Lincang				
西藏	**Tibet**			**13060**	
拉萨	Lasa			13060	51
陕西	**Shaanxi**	**68258**	**179227**	**130008**	
西安	Xi'an	33314	21178	8108	74
铜川	Tongchuan	6152	16635	14417	48
宝鸡	Baoji	3596	11911	17729	38
咸阳	Xianyang	12583	52600	18000	36
渭南	Weinan			15580	43
延安	Yan'an	2834	971	741	161
汉中	Hanzhong	210	531	375	188
榆林	Yulin	491	31320	1108	154
安康	Ankang		39029	49590	11
商洛	Shangluo	2835	202	200	204
甘肃	**Gansu**	**88815**	**20151**	**64491**	
兰州	Lanzhou	51947	16226	47434	13
嘉峪关	Jiayuguan		640		
金昌	Jinchang	559		1483	143
白银	Baiyin	34926	361		
天水	Tianshui				
武威	Wuwei				
张掖	Zhangye			8200	73
平凉	Pingliang				
酒泉	Jiuquan	164	375	3856	109
庆阳	Qingyang		20		
定西	Dingxi				
陇南	Longnan			482	182
青海	**Qinghai**	**8789**	**26765**	**35230**	
西宁	Xining	7900	23200	30800	25
海东	Haidong				
宁夏	**Ningxia**	**7910**	**3627**	**998**	
银川	Yinchuan	2480			
石嘴山	Shizuishan	752	1803	221	202
吴忠	Wuzhong	262		556	178
固原	Guyuan	3996	624	221	202
中卫	Zhongwei				
新疆	**Xinjiang**	**40680**	**215876**	**82695**	
乌鲁木齐	Urumqi	29757	180898	53014	9
克拉玛依	Karamay	1541	14694	6258	89

8-25 城市市政公用设施建设新增固定资产投资额（辖区）

Newly Added Fixed Assets Investment in Urban Service Facilities (Municipal Districts)

单位：万元 (10 000 yuan)

地名	City	2010	2013	2014	2014 排名 Ranking
全国	**Nation Total**	**88147149**	**101924845**	**106559938**	
北京	**Beijing**	**3345022**	**3986618**	**5195542**	
天津	**Tianjin**	**1901462**	**1459913**	**1003481**	
河北	**Hebei**	**5136977**	**3522760**	**2217440**	
石家庄	Shijiazhuang	841269	1231729	645778	25
唐山	Tangshan	554837	176722	142994	99
秦皇岛	Qinhuangdao	289265	200143	109826	121
邯郸	Handan	588252	6036	89060	143
邢台	Xingtai	662557	45233	50181	188
保定	Baoding	294451	17495	5847	270
张家口	Zhangjiakou	492138	260489	185826	85
承德	Chengde	200950	56385	32708	219
沧州	Cangzhou	73446	29757	79299	150
廊坊	Langfang	55871	253919	43912	197
衡水	Hengshui	139899	98633	12113	257
山西	**Shanxi**	**1208573**	**4991083**	**2859811**	
太原	Taiyuan	247446	3326245	1827664	10
大同	Datong	453760	307313	67980	163
阳泉	Yangquan	55040	59415	42230	201
长治	Changzhi	50688	33491	47211	195
晋城	Jincheng		112995	94222	135
朔州	Shuozhou	10723	133477	25189	227
晋中	Jinzhong	67446	225182	49129	190
运城	Yuncheng	25193	8940	108526	122
忻州	Xinzhou	44352	220032	103513	127
临汾	Linfen	57160	207716	59008	178
吕梁	Lvliang	6477	51647	148086	97
内蒙古	**Inner Mongolia**	**2683104**	**3171927**	**3907182**	
呼和浩特	Hohhot	247846	407410	1414460	13
包头	Baotou	544923	413675	762230	22
乌海	Wuhai	118710	51127	97206	133
赤峰	Chifeng	91051	221714	165974	93
通辽	Tongliao	73400	224027	179583	87
鄂尔多斯	Erdos	889980	368610	217977	72
呼伦贝尔	Hulunbuir	152468	205917	194084	83
巴彦淖尔	Bayannur	329000	265224	132352	106
乌兰察布	Ulanqab	48420	324660	79016	151
辽宁	**Liaoning**	**5310915**	**5450048**	**2124383**	
沈阳	Shenyang	3503328	3703489	915824	18
大连	Dalian	494581	264971	236486	64
鞍山	Anshan	107474	130539	102750	128
抚顺	Fushun	269269	360226	140256	102
本溪	Benxi	51164	56601	36543	209
丹东	Dandong	83959	36318	80080	149
锦州	Jinzhou	56936	146807	42904	199
营口	Yingkou	117775	12994	12311	255
阜新	Fuxin	23383	78310	16550	243
辽阳	Liaoyang	96226	106697	63476	171
盘锦	Panjin	104571	36395	60636	176
铁岭	Tieling	17480	115154	52781	185
朝阳	Chaoyang	37004	13185	68585	162
葫芦岛	Huludao	39703	7200	23931	230
吉林	**Jilin**	**1590440**	**979138**	**3055356**	
长春	Changchun	1188423	541447	2305276	7
吉林	Jilin	24738	38636	120589	113
四平	Siping	13000	2570	11567	261
辽源	Liaoyuan	13412	12527	22215	232
通化	Tonghua	28933	3022	22383	231
白山	Baishan	23440	21468	12752	254
松原	Songyuan	60470	1130	29240	225
白城	Baicheng	30945	15225	197578	80
黑龙江	**Heilongjiang**	**1872650**	**2038933**	**1554759**	
哈尔滨	Harbin	1172389	641812	540902	31
齐齐哈尔	Qiqihar	27838	74333	89713	140
鸡西	Jixi	22400	83960	34588	216
鹤岗	Hegang	52232	35068	36018	211
双鸭山	Shuangyashan	29802	57139	35834	213
大庆	Daqing	214058	359069	181109	86
伊春	Yichun	56919	87734	74756	156
佳木斯	Jiamusi	16391	53599	35949	212
七台河	Qitaihe	15832	31941	29581	224
牡丹江	Mudanjiang	38232	156835	120175	115
黑河	Heihe	18556	11913	5195	272
绥化	Suihua	17096	42117	56433	180
上海	**Shanghai**	**3704836**	**4306404**	**2057140**	
江苏	**Jiangsu**	**11141951**	**10421623**	**18753781**	

8-25 城市市政公用设施建设新增固定资产投资额（辖区） 续表 1

Newly Added Fixed Assets Investment in Urban Service Facilities (Municipal Districts) continued 1

单位：万元 (10 000 yuan)

地名	City	2010	2013	2014	2014 排名 Ranking	地名	City	2010	2013	2014	2014 排名 Ranking
南京	Nanjing	1932517	1034475	6588828	2	池州	Chizhou	99680	173618	168408	91
无锡	Wuxi	2329882	423662	878522	20	宣城	Xuancheng	180121	112606	135387	104
徐州	Xuzhou	303131	403861	278688	55	**福建**	**Fujian**	**2069601**	**3247844**	**3148191**	
常州	Changzhou	1977722	1143627	914412	19	福州	Fuzhou	708744	648824	976156	15
苏州	Suzhou	555204	988955	2941810	5	厦门	Xiamen	100071	757305	944177	16
南通	Nantong	922481	1964074	2393211	6	莆田	Putian	454045	447103	52154	186
连云港	Lianyungang	205087	416302	606139	27	三明	Sanming	7576	26475	36497	210
淮安	Huaian	305802	125860	120275	114	泉州	Quanzhou	220464	538497	349032	48
盐城	Yancheng	151304	101775	196331	82	漳州	Zhangzhou	63234	115471	35143	214
扬州	Yangzhou	316599	583292	424294	41	南平	Nanping	2300	24687	43041	198
镇江	Zhenjiang	354862	1400850	1596910	12	龙岩	Longyan	88362	139869	141346	101
泰州	Taizhou	138764	216244	113092	118	宁德	Ningde	63996	33462	102282	129
宿迁	Suqian	65332	227838	282010	53	**江西**	**Jiangxi**	**2843733**	**2357957**	**2172708**	
浙江	**Zhejiang**	**3446333**	**4408457**	**6473162**		南昌	Nanchang	27505	95144	454790	38
杭州	Hangzhou	575862	1092087	503589	34	景德镇	Jingdezhen		18505	49636	189
宁波	Ningbo	1188336	746300	2997955	4	萍乡	Pingxiang	66890	70905	12000	259
温州	Wenzhou	56881	708485	228978	67	九江	Jiujiang	1326179	421030	208438	77
嘉兴	Jiaxing	203450	105324	152335	95	新余	Xinyu	212589	192466	72028	159
湖州	Huzhou	295504	110632	211938	73	鹰潭	Yingtan			2400	277
绍兴	Shaoxing	188088	277783	450951	39	赣州	Ganzhou	469176	132096	152778	94
金华	Jinhua	52189	68720	175715	88	吉安	Jian	151470	209784	72863	158
衢州	Quzhou	40319	53191	124378	110	宜春	Yichun	184337	166458	271023	58
舟山	Zhoushan	64122	36973	64976	166	抚州	Fuzhou	76283	478132	508653	33
台州	Taizhou	58791	134072	201678	79	上饶	Shangrao	116045	95893	63569	170
丽水	Lishui	148948	86777	66867	164	**山东**	**Shandong**	**4620312**	**7068424**	**7358899**	
安徽	**Anhui**	**2577343**	**4847505**	**4119952**		济南	Jinan	260494	748913	1066521	14
合肥	Hefei	483825	973538	596463	28	青岛	Qingdao	403232	951961	814751	21
芜湖	Wuhu	379118	220341	175073	90	淄博	Zibo	303602	219793	226113	69
蚌埠	Bengbu	236251	668643	379256	45	枣庄	Zaozhuang	145228	284485	211252	76
淮南	Huainan	41871	147126	90484	139	东营	Dongying	102362	243975	256624	61
马鞍山	Maanshan	224073	287552	129896	107	烟台	Yantai	218538	267011	528872	32
淮北	Huaibei	47362	182600	259783	60	潍坊	Weifang	178476	209967	302068	51
铜陵	Tongling	25139	249627	150908	96	济宁	Jining	272936	326032	207119	78
安庆	Anqing	68794	184655	127968	108	泰安	Taian	203768	116158	139081	103
黄山	Huangshan	66255	81458	94908	134	威海	Weihai	184988	239510	308093	50
滁州	Chuzhou	208073	198356	278103	56	日照	Rizhao	271331	297374	211625	75
阜阳	Fuyang	127992	188058	449460	40	莱芜	Laiwu	85992	159230	211909	74
宿州	Suzhou	80715	117208	298100	52	临沂	Linyi	399996	449211	562663	30
六安	Liuan	54420	112301	80925	148	德州	Dezhou	214302	316466	110726	119
亳州	Bozhou	108304	166472	89160	142	聊城	Liaocheng	24955	269762	419304	43

8-25 城市市政公用设施建设新增固定资产投资额（辖区） 续表 2

Newly Added Fixed Assets Investment in Urban Service Facilities (Municipal Districts) continued 2

单位：万元 (10 000 yuan)

地名	City	2010	2013	2014	2014 排名 Ranking
滨州	Binzhou	103846	91706	55618	181
菏泽	Heze	88155	78941	100409	130
河南	**Henan**	**1294903**	**2271050**	**3564741**	
郑州	Zhengzhou	259313	630773	2132192	8
开封	Kaifeng	104896	211648	107328	124
洛阳	Luoyang	40060	171982	196883	81
平顶山	Pingdingshan	47610	66566	63251	172
安阳	Anyang	76333	15277	36689	208
鹤壁	Hebi	19468	21947	22139	233
新乡	Xinxiang	40486	50258	89615	141
焦作	Jiaozuo	47162	129665	175467	89
濮阳	Puyang	3915	62496	33760	217
许昌	Xuchang	2462	45727	18088	239
漯河	Luohe	32989	29793	9555	264
三门峡	Sanmenxia	27297	30547	24822	228
南阳	Nanyang	87575	74367	92587	137
商丘	Shangqiu	19708	53341	66745	165
信阳	Xinyang	43195	73127	50598	187
周口	Zhoukou	57230	32807	64224	168
驻马店	Zhumadian	42966	63157	38680	205
湖北	**Hubei**	**4540902**	**9472895**	**10083538**	
武汉	Wuhan	3507596	7352613	8221026	1
黄石	Huangshi	211124	173476	75766	155
十堰	Shiyan	41979	140261	119131	116
宜昌	Yichang	91279	243421	270219	59
襄阳	Xiangyang	87888	459513	228343	68
鄂州	Ezhou	90701	138422	109954	120
荆门	Jingmen	76434	106506	76871	152
孝感	Xiaogan	15400	125000	7715	267
荆州	Jingzhou	27699	35848	82791	146
黄冈	Huanggang	15050	30306	99992	131
咸宁	Xianning	10420	2340	16467	244
随州	Suizhou	2711	13700	76322	154
湖南	**Hunan**	**3650309**	**2135903**	**3230240**	
长沙	Changsha	1441400	45028		
株洲	Zhuzhou	192905	380277	481406	37
湘潭	Xiangtan	111531	133280	694844	24
衡阳	Hengyang	676505	73000	54735	183
邵阳	Shaoyang	51611	176326	48179	194
岳阳	Yueyang	166900	319480	231124	66
常德	Changde	388782	304177	133378	105
张家界	Zhangjiajie		26900	19950	236
益阳	Yiyang	35882	52216	15149	249
郴州	Chenzhou	176107	12940	926289	17
永州	Yongzhou	54590	41002	69718	161
怀化	Huaihua	55172	310948	241378	62
娄底	Loudi	47090			
广东	**Guangdong**	**12204434**	**2968834**	**1487608**	
广州	Guangzhou	1387287	1291911	143914	98
韶关	Shaoguan	4142	1502	16369	245
深圳	Shenzhen	46172	270365	609547	26
珠海	Zhuhai	199644	663583	48526	192
汕头	Shantou	42044	46436		
佛山	Foshan	294181	97428	84072	144
江门	Jiangmen	36411	160677	15179	248
湛江	Zhanjiang		51180	104218	126
茂名	Maoming	2682	11062	8646	265
肇庆	Zhaoqing	188024	21411	31076	223
惠州	Huizhou	10612	58378	123431	111
梅州	Meizhou			2853	276
汕尾	Shanwei	10880	12493	15300	247
河源	Heyuan	205739	12416	64002	169
阳江	Yangjiang	28564			
清远	Qingyuan	9253	18736		
东莞	Dongguan	9538960	4706	6410	268
中山	Zhongshan	74479	120434	63167	174
潮州	Chaozhou			5228	271
揭阳	Jieyang		8028	19831	237
云浮	Yunfu	1256			
广西	**Guangxi**	**2023461**	**3179619**	**2119700**	
南宁	Nanning	528223	908492	579752	29
柳州	Liuzhou	506987	799657	359425	47
桂林	Guilin	391938	544047	421623	42
梧州	Wuzhou	26122	57450	56650	179
北海	Beihai	10085	150434	62364	175
防城港	Fangchenggang	78671	97871	84028	145
钦州	Qinzhou	33117	177733	99078	132
贵港	Guigang	21598	49559	17347	242
玉林	Yulin	192184	37195	76645	153
百色	Baise	15642	1791	48581	191

8-25 城市市政公用设施建设新增固定资产投资额（辖区） 续表 3

Newly Added Fixed Assets Investment in Urban Service Facilities (Municipal Districts) continued 3

单位：万元 (10 000 yuan)

地名	City	2010	2013	2014	2014 排名 Ranking
贺州	Hezhou	5337	44120	25382	226
河池	Hechi	599	12425	12190	256
来宾	Laibin	52598	131479	39803	203
崇左	Chongzuo	9505	9886	24142	229
海南	**Hainan**	**102202**	**210602**	**334942**	
海口	Haikou	24288	64971	191289	84
三亚	Sanya	47355	89082	108255	123
三沙	Sansha			3615	274
重庆	**Chongqing**	**2798739**	**4132028**	**4018972**	
四川	**Sichuan**	**2078176**	**4070256**	**5331944**	
成都	Chengdu	895367	1656871	3245471	3
自贡	Zigong	238580	293493	63235	173
攀枝花	Panzhihua	19235	73679	81213	147
泸州	Luzhou	51973	197240	73435	157
德阳	Deyang	95338	101849	53251	184
绵阳	Mianyang	41083	306357	278982	54
广元	Guangyuan	40450	107552	93218	136
遂宁	Suining	37369	67835	37142	206
内江	Neijiang	10016	203927	64780	167
乐山	Leshan	32995	33821	54951	182
南充	Nanchong	96000	206730	235000	65
眉山	Meishan	3873	47920	219416	71
宜宾	Yibin	143	1765	91214	138
广安	Guangan	46600	46900	167743	92
达州	Dazhou	8735	12438	18084	240
雅安	Yaan		419	12089	258
巴中	Bazhong	2240	37578	34977	215
资阳	Ziyang	9981	296711	105466	125
贵州	**Guizhou**	**758257**	**2474694**	**1213452**	
贵阳	Guiyang	680865	1192577	362361	46
六盘水	Liupanshui		1576	123067	112
遵义	Zunyi	12463		10100	263
安顺	Anshun	9850	369314	483193	36
毕节	Bijie	1889	155441	5864	269
铜仁	Tongren	8276	268335	3000	275
云南	**Yunnan**	**1803397**	**1291217**	**1041027**	
昆明	Kunming	1155782	522983	332561	49
曲靖	Qujing	265198	103154	126550	109
玉溪	Yuxi	40538	17035	15613	246
保山	Baoshan	5890	43580		
昭通	Zhaotong	105486	20043	21973	234
丽江	Lijiang	18777	9861	4652	273
普洱	Puer	9870	15298	12977	253
临沧	Lincang	9591	45157	33349	218
西藏	**Tibet**	**20019**	**6526**	**5265**	
拉萨	Lasa	20019			
陕西	**Shaanxi**	**1946436**	**2344378**	**2277392**	
西安	Xi'an	1340468	1043186	761371	23
铜川	Tongchuan	40896	58895	59769	177
宝鸡	Baoji	102814	59670	115850	117
咸阳	Xianyang	131615	248365	237068	63
渭南	Weinan	58732	148289	42194	202
延安	Yan'an	50197	34963	32104	221
汉中	Hanzhong	4860	56509	48198	193
榆林	Yulin	28145	328479	494745	35
安康	Ankang	165753	253202	278055	57
商洛	Shangluo			2156	278
甘肃	**Gansu**	**363108**	**1899739**	**2058187**	
兰州	Lanzhou	92671	1482664	1640444	11
嘉峪关	Jiayuguan	15679	36935	31291	222
金昌	Jinchang	29322	37355	14794	250
白银	Baiyin	46545	21356	17842	241
天水	Tianshui	16653	62873	32570	220
武威	Wuwei	39908	15735	42482	200
张掖	Zhangye	14492		45839	196
平凉	Pingliang	13104	103394	70862	160
酒泉	Jiuquan	25579	38185	14673	251
庆阳	Qingyang	42085	16256	14003	252
定西	Dingxi	13790		20063	235
陇南	Longnan	120	59450	11820	260
青海	**Qinghai**	**238657**	**425738**	**462691**	
西宁	Xining	195203	320149	409664	44
海东	Haidong			19206	238
宁夏	**Ningxia**	**227034**	**265539**	**267915**	
银川	Yinchuan	147941	74689	141699	100
石嘴山	Shizuishan	1324	17953	7952	266
吴忠	Wuzhong	38108	41682	36746	207
固原	Guyuan	17565	56124	39745	204
中卫	Zhongwei	4203	42937	11214	262
新疆	**Xinjiang**	**643863**	**2517193**	**3060537**	
乌鲁木齐	Urumqi	190942	1594239	1881342	9
克拉玛依	Karamay	33932	171480	223506	70

8-26 城市供水综合生产能力（辖区）

Integrated Production Capacity of Urban Water Supply (Municipal Districts)

单位：万立方米/日 (10, 000 m³/day)

地名	City	2010	2014	2015	2015 排名 Ranking	地名	City	2010	2014	2015	2015 排名 Ranking
全国	**Nation Total**	**27601.5**	**28673.3**	**29678.3**		沈阳	Shenyang	175.4	202.9	189.0	24
北京	**Beijing**	**1604.1**	**2439.8**	**2496.7**		大连	Dalian	164.6	163.0	163.0	33
天津	**Tianjin**	**405.2**	**447.2**	**456.6**		鞍山	Anshan	158.3	170.0	170.0	30
河北	**Hebei**	**888.9**	**809.0**	**855.6**		抚顺	Fushun	130.3	129.0	129.0	44
石家庄	Shijiazhuang	103.7	117.5	166.0	32	本溪	Benxi	154.5	117.6	117.6	49
唐山	Tangshan	129.0	130.0	130.0	43	丹东	Dandong	93.5	48.3	48.3	111
秦皇岛	Qinhuangdao	41.7	39.0	40.0	133	锦州	Jinzhou	82.6	82.9	79.9	67
邯郸	Handan	98.5	98.5	93.5	61	营口	Yingkou	50.0	56.3	55.7	96
邢台	Xingtai	53.6	22.4	22.4	199	阜新	Fuxin	38.0	35.0	35.0	144
保定	Baoding	41.0	35.0	42.8	128	辽阳	Liaoyang	92.6	65.8	44.3	124
张家口	Zhangjiakou	100.3	75.3	75.3	73	盘锦	Panjin	30.6	30.6	29.6	171
承德	Chengde	29.8	32.2	30.6	164	铁岭	Tieling	21.5	22.1	22.1	201
沧州	Cangzhou	25.0	25.0	25.0	186	朝阳	Chaoyang	25.3	25.3	24.5	189
廊坊	Langfang	22.5	22.9	22.9	198	葫芦岛	Huludao	37.9	41.0	38.0	136
衡水	Hengshui	10.9	8.3	8.3	267	**吉林**	**Jilin**	**735.5**	**680.2**	**653.5**	
山西	**Shanxi**	**356.0**	**453.7**	**460.1**		长春	Changchun	110.4	124.4	137.0	42
太原	Taiyuan	111.3	190.6	197.3	21	吉林	Jilin	411.0	314.0	288.0	11
大同	Datong	56.6	59.0	63.0	85	四平	Siping	19.6	24.0	19.0	223
阳泉	Yangquan	26.8	26.5	28.3	175	辽源	Liaoyuan	18.0	21.0	21.2	204
长治	Changzhi	41.3	28.8	28.8	174	通化	Tonghua	14.0	15.3	15.8	236
晋城	Jincheng	13.0	18.0	17.0	231	白山	Baishan	14.1	17.0	12.7	250
朔州	Shuozhou	11.7	18.0	18.0	227	松原	Songyuan	17.1	18.9	19.0	219
晋中	Jinzhong	9.0	16.4	20.4	210	白城	Baicheng	14.0	11.0	11.0	255
运城	Yuncheng	16.0	16.0	10.0	257	**黑龙江**	**Heilongjiang**	**830.2**	**811.1**	**828.4**	
忻州	Xinzhou	6.6	6.6	6.6	274	哈尔滨	Harbin	223.4	179.3	179.1	27
临汾	Linfen	14.6	14.8	12.3	251	齐齐哈尔	Qiqihar	34.9	39.9	40.9	132
吕梁	Lvliang	4.9	4.9	4.5	283	鸡西	Jixi	29.0	26.2	21.7	202
内蒙古	**Inner Mongolia**	**341.6**	**425.5**	**410.2**		鹤岗	Hegang	26.0	19.7	19.7	217
呼和浩特	Hohhot	55.3	62.2	56.6	94	双鸭山	Shuangyashan	26.5	27.5	33.5	147
包头	Baotou	52.7	100.4	99.5	60	大庆	Daqing	167.7	193.0	206.0	17
乌海	Wuhai	48.4	42.2	30.2	166	伊春	Yichun	23.9	31.0	33.2	150
赤峰	Chifeng	39.7	42.6	43.6	126	佳木斯	Jiamusi	44.5	43.5	35.4	142
通辽	Tongliao	45.8	45.8	45.8	119	七台河	Qitaihe	34.1	31.9	31.9	155
鄂尔多斯	Erdos	10.3	19.8	19.8	215	牡丹江	Mudanjiang	130.2	123.0	123.0	45
呼伦贝尔	Hulunbuir	14.0	10.0	10.0	257	黑河	Heihe	7.5	7.5	7.5	272
巴彦淖尔	Bayannur	4.4	14.4	14.4	241	绥化	Suihua	19.9	9.6	13.0	247
乌兰察布	Ulanqab	6.1	8.7	8.8	266	**上海**	**Shanghai**	**1465.6**	**1137.0**	**1137.0**	
辽宁	**Liaoning**	**1391.1**	**1338.1**	**1289.3**		**江苏**	**Jiangsu**	**2714.7**	**2961.6**	**3104.1**	

8-26 城市供水综合生产能力（辖区） 续表 1

Integrated Production Capacity of Urban Water Supply (Municipal Districts) continued 1

单位：万立方米/日 (10, 000 m³/day)

地名	City	2010	2014	2015	2015 排名 Ranking	地名	City	2010	2014	2015	2015 排名 Ranking
南京	Nanjing	645.8	615.2	645.4	4	池州	Chizhou	9.5	16.0	16.0	234
无锡	Wuxi	241.0	280.0	280.0	13	宣城	Xuancheng	19.7	22.1	22.1	200
徐州	Xuzhou	94.2	113.2	111.9	54	**福建**	**Fujian**	**676.4**	**717.2**	**710.0**	
常州	Changzhou	182.5	197.0	202.0	18	福州	Fuzhou	148.5	153.7	169.5	31
苏州	Suzhou	242.1	397.3	417.4	6	厦门	Xiamen	116.0	147.7	154.9	35
南通	Nantong	137.5	167.5	201.7	19	莆田	Putian	38.9	28.0	32.0	154
连云港	Lianyungang	39.1	49.1	55.1	99	三明	Sanming	74.9	65.6	23.0	195
淮安	Huaian	50.4	73.5	66.0	81	泉州	Quanzhou	42.0	58.0	45.0	123
盐城	Yancheng	30.0	43.5	59.8	88	漳州	Zhangzhou	32.5	32.5	31.5	158
扬州	Yangzhou	71.0	95.7	110.2	55	南平	Nanping	16.5	14.0	19.0	219
镇江	Zhenjiang	54.5	59.0	59.0	89	龙岩	Longyan	15.8	26.8	31.9	156
泰州	Taizhou	57.0	42.0	42.0	129	宁德	Ningde	7.5	13.7	13.7	245
宿迁	Suqian	23.5	31.0	31.0	161	**江西**	**Jiangxi**	**459.2**	**457.7**	**473.1**	
浙江	**Zhejiang**	**1519.9**	**1720.5**	**1794.0**		南昌	Nanchang	153.0	144.0	150.0	38
杭州	Hangzhou	320.0	350.0	380.0	7	景德镇	Jingdezhen	23.9	21.0	20.9	208
宁波	Ningbo	247.0	225.0	225.0	14	萍乡	Pingxiang	23.5	23.5	23.5	190
温州	Wenzhou	110.0	110.0	141.0	40	九江	Jiujiang	34.0	34.0	34.0	145
嘉兴	Jiaxing	49.1	70.5	75.5	72	新余	Xinyu	20.5	20.5	20.5	209
湖州	Huzhou	47.4	47.4	47.4	113	鹰潭	Yingtan	10.0	10.0	10.0	257
绍兴	Shaoxing	81.2	272.3	287.6	12	赣州	Ganzhou	37.0	47.0	47.0	114
金华	Jinhua	50.8	36.8	36.8	139	吉安	Jian	21.0	25.0	21.0	206
衢州	Quzhou	94.0	79.0	84.0	64	宜春	Yichun	11.3	16.4	16.4	233
舟山	Zhoushan	29.0	24.9	31.6	157	抚州	Fuzhou	22.0	21.0	21.0	206
台州	Taizhou	53.8	49.3	49.3	109	上饶	Shangrao	15.1	21.1	29.1	173
丽水	Lishui	20.0	20.0	20.0	212	**山东**	**Shandong**	**1477.6**	**1725.2**	**1776.7**	
安徽	**Anhui**	**1992.8**	**1074.8**	**1094.8**		济南	Jinan	175.7	195.7	194.7	23
合肥	Hefei	112.0	175.0	175.0	29	青岛	Qingdao	130.5	170.2	183.8	26
芜湖	Wuhu	92.0	100.0	116.0	50	淄博	Zibo	139.4	170.8	177.3	28
蚌埠	Bengbu	77.3	76.0	76.0	69	枣庄	Zaozhuang	65.0	56.3	54.5	100
淮南	Huainan	59.0	47.0	48.1	112	东营	Dongying	64.5	84.5	84.5	63
马鞍山	Maanshan	930.8	120.5	113.5	53	烟台	Yantai	73.7	99.5	113.7	52
淮北	Huaibei	41.5	42.2	41.8	130	潍坊	Weifang	42.7	74.2	73.1	74
铜陵	Tongling	403.0	209.6	210.1	16	济宁	Jining	63.0	76.0	76.0	69
安庆	Anqing	56.6	56.5	66.5	78	泰安	Taian	29.6	29.0	30.0	167
黄山	Huangshan	21.4	21.4	21.2	205	威海	Weihai	39.2	52.1	51.9	103
滁州	Chuzhou	18.0	32.0	30.0	167	日照	Rizhao	31.7	34.1	33.9	146
阜阳	Fuyang	35.5	45.5	45.5	121	莱芜	Laiwu	25.5	31.5	23.2	193
宿州	Suzhou	26.5	27.0	27.0	177	临沂	Linyi	54.2	62.8	66.1	80
六安	Liuan	25.0	21.5	21.5	203	德州	Dezhou	28.0	49.0	54.0	101
亳州	Bozhou	9.0	11.2	14.7	240	聊城	Liaocheng	17.9	25.8	25.8	184

8-26 城市供水综合生产能力（辖区） 续表 2

Integrated Production Capacity of Urban Water Supply (Municipal Districts) continued 2

单位：万立方米/日 (10, 000 m³/day)

地名	City	2010	2014	2015	2015 排名 Ranking	地名	City	2010	2014	2015	2015 排名 Ranking
滨州	Binzhou	42.5	48.5	58.7	90	常德	Changde	37.5	43.5	43.5	127
菏泽	Heze	18.7	24.5	24.5	188	张家界	Zhangjiajie	14.5	13.5	13.5	246
河南	**Henan**	**1010.3**	**1083.6**	**1121.4**		益阳	Yiyang	34.0	64.0	64.0	82
郑州	Zhengzhou	124.4	145.4	187.4	25	郴州	Chenzhou	35.7	33.5	33.5	147
开封	Kaifeng	62.5	62.5	63.6	84	永州	Yongzhou	55.3	51.7	51.7	104
洛阳	Luoyang	79.3	85.7	85.7	62	怀化	Huaihua	31.4	29.2	39.0	134
平顶山	Pingdingshan	61.2	60.9	60.9	87	娄底	Loudi	24.0	18.5	18.5	224
安阳	Anyang	79.0	79.0	76.0	69	**广东**	**Guangdong**	**3497.4**	**3555.4**	**3913.8**	
鹤壁	Hebi	38.3	38.3	27.9	176	广州	Guangzhou	684.3	655.0	759.8	1
新乡	Xinxiang	62.0	62.0	62.0	86	韶关	Shaoguan	36.5	36.5	36.5	140
焦作	Jiaozuo	55.6	57.3	57.3	93	深圳	Shenzhen	692.5	674.5	674.0	3
濮阳	Puyang	27.6	35.6	35.6	141	珠海	Zhuhai	107.4	101.9	107.0	56
许昌	Xuchang	30.0	39.0	39.0	134	汕头	Shantou	131.2	106.6	120.4	48
漯河	Luohe	33.4	33.4	33.4	149	佛山	Foshan	294.0	338.3	337.8	8
三门峡	Sanmenxia	14.5	14.5	19.2	218	江门	Jiangmen	87.7	106.6	115.5	51
南阳	Nanyang	54.5	72.8	72.4	76	湛江	Zhanjiang	48.4	49.2	46.4	117
商丘	Shangqiu	37.3	37.3	37.3	138	茂名	Maoming	96.6	25.1	26.0	182
信阳	Xinyang	26.8	26.8	26.8	179	肇庆	Zhaoqing	50.5	50.6	63.9	83
周口	Zhoukou	16.0	19.0	19.0	219	惠州	Huizhou	113.0	138.0	137.0	41
驻马店	Zhumadian	22.5	22.8	23.2	193	梅州	Meizhou	12.0	16.0	19.0	219
湖北	**Hubei**	**1326.3**	**1354.3**	**1393.8**		汕尾	Shanwei	16.5	16.5	16.5	232
武汉	Wuhan	473.3	481.2	505.9	5	河源	Heyuan	19.1	19.1	20.0	212
黄石	Huangshi	86.6	72.7	72.7	75	阳江	Yangjiang	26.0	26.0	44.0	125
十堰	Shiyan	42.7	49.2	55.2	98	清远	Qingyuan	33.8	31.0	31.0	161
宜昌	Yichang	71.2	76.2	76.2	68	东莞	Dongguan	700.0	748.2	676.7	2
襄阳	Xiangyang	102.1	107.6	121.7	46	中山	Zhongshan		25.8	26.8	179
鄂州	Ezhou	23.0	23.0	23.0	195	潮州	Chaozhou	44.0	58.0	58.0	92
荆门	Jingmen	48.2	46.0	46.0	118	揭阳	Jieyang	30.0	35.7	45.7	120
孝感	Xiaogan	28.5	38.3	24.7	187	云浮	Yunfu	14.0	14.8	314.0	9
荆州	Jingzhou	73.5	56.6	56.6	94	**广西**	**Guangxi**	**604.4**	**644.6**	**676.0**	
黄冈	Huanggang	23.0	23.0	23.0	195	南宁	Nanning	135.2	139.2	153.9	36
咸宁	Xianning	16.0	16.0	16.0	234	柳州	Liuzhou	114.3	142.2	150.7	37
随州	Suizhou	28.0	26.0	26.0	183	桂林	Guilin	48.2	46.6	46.6	116
湖南	**Hunan**	**979.4**	**1031.8**	**1038.4**		梧州	Wuzhou	36.5	44.3	45.3	122
长沙	Changsha	180.0	215.0	215.0	15	北海	Beihai	32.7	32.5	32.5	153
株洲	Zhuzhou	128.5	103.5	103.5	59	防城港	Fangchenggang	13.0	17.6	17.6	228
湘潭	Xiangtan	48.7	54.4	55.4	97	钦州	Qinzhou	16.4	32.2	31.4	159
衡阳	Hengyang	74.1	69.7	66.5	78	贵港	Guigang	31.0	35.1	35.1	143
邵阳	Shaoyang	67.5	51.5	51.5	107	玉林	Yulin	17.0	18.5	18.5	224
岳阳	Yueyang	102.6	107.5	105.0	57	百色	Baise	13.2	13.0	15.0	238

8-26 城市供水综合生产能力（辖区） 续表 3

Integrated Production Capacity of Urban Water Supply (Municipal Districts) continued 3

单位：万立方米/日 (10, 000 m³/day)

地名	City	2010	2014	2015	2015 排名 Ranking	地名	City	2010	2014	2015	2015 排名 Ranking
贺州	Hezhou	10.0	8.0	8.0	269	丽江	Lijiang	6.5	7.7	7.7	270
河池	Hechi	53.5	18.5	18.5	224	普洱	Puer	6.5	7.7	7.7	271
来宾	Laibin	11.8	20.2	20.2	211	临沧	Lincang	5.6	9.0	9.0	265
崇左	Chongzuo	5.0	5.0	5.0	279	**西藏**	**Tibet**	**31.2**	**64.5**	**56.5**	
海南	**Hainan**	**173.0**	**153.4**	**168.4**		拉萨	Lasa	29.7	48.0	38.0	137
海口	Haikou	106.0	82.0	80.7	66	**陕西**	**Shaanxi**	**371.1**	**379.4**	**405.0**	
三亚	Sanya	24.0	26.2	41.2	131	西安	Xi'an	185.8	183.6	201.4	20
三沙	Sansha			0.0	286	铜川	Tongchuan	12.0	14.2	14.4	241
重庆	**Chongqing**	**412.3**	**506.9**	**529.9**		宝鸡	Baoji	26.4	28.4	31.0	163
四川	**Sichuan**	**804.5**	**950.5**	**970.0**		咸阳	Xianyang	53.9	46.8	46.8	115
成都	Chengdu	225.5	305.5	301.8	10	渭南	Weinan	17.3	21.1	25.8	184
自贡	Zigong	37.0	26.5	26.5	181	延安	Yan'an	5.0	6.5	7.0	273
攀枝花	Panzhihua	56.3	64.1	58.7	91	汉中	Hanzhong	11.0	10.0	10.0	257
泸州	Luzhou	60.9	77.7	82.2	65	榆林	Yulin	9.5	10.4	10.0	257
德阳	Deyang	23.5	33.0	32.9	151	安康	Ankang	13.7	10.5	10.5	256
绵阳	Mianyang	43.2	52.5	53.1	102	商洛	Shangluo	6.2	6.1	6.1	276
广元	Guangyuan	12.2	17.5	17.5	229	**甘肃**	**Gansu**	**398.2**	**380.8**	**392.1**	
遂宁	Suining	16.9	21.8	26.9	178	兰州	Lanzhou	156.5	154.0	161.0	34
内江	Neijiang	20.0	21.6	19.7	216	嘉峪关	Jiayuguan	83.9	51.6	51.6	106
乐山	Leshan	32.5	23.5	23.5	191	金昌	Jinchang	33.0	30.0	30.0	167
南充	Nanchong	25.0	30.0	30.6	165	白银	Baiyin	44.9	48.4	48.4	110
眉山	Meishan	10.0	14.7	14.8	239	天水	Tianshui	9.9	11.0	13.0	247
宜宾	Yibin	22.9	21.0	31.3	160	武威	Wuwei	10.0	20.0	20.0	212
广安	Guangan	6.5	9.5	9.8	263	张掖	Zhangye	12.0	11.9	15.7	237
达州	Dazhou	18.9	32.9	32.8	152	平凉	Pingliang	5.0	5.1	4.5	284
雅安	Yaan	16.5	14.3	14.3	244	酒泉	Jiuquan	10.7	15.4	14.4	241
巴中	Bazhong	5.0	9.5	9.5	264	庆阳	Qingyang	5.3	5.3	5.3	277
资阳	Ziyang	18.8	29.1	29.3	172	定西	Dingxi	5.0	5.0	5.0	279
贵州	**Guizhou**	**241.1**	**246.2**	**257.6**		陇南	Longnan	1.6	1.7	1.7	285
贵阳	Guiyang	126.6	119.9	120.4	47	**青海**	**Qinghai**	**84.6**	**95.0**	**98.5**	
六盘水	Liupanshui	10.0	10.0	10.0	257	西宁	Xining	50.4	50.4	50.4	108
遵义	Zunyi	23.4	23.4	30.0	167	海东	Haidong		2.9	6.5	275
安顺	Anshun	9.7	9.3	12.9	249	**宁夏**	**Ningxia**	**136.4**	**146.8**	**161.4**	
毕节	Bijie	14.9	12.0	12.0	253	银川	Yinchuan	44.0	41.9	51.7	105
铜仁	Tongren	13.5	17.3	17.2	230	石嘴山	Shizuishan	51.7	64.7	67.7	77
云南	**Yunnan**	**299.3**	**357.0**	**381.4**		吴忠	Wuzhong	10.1	10.0	11.9	254
昆明	Kunming	147.9	194.1	196.0	22	固原	Guyuan	6.1	5.1	5.1	278
曲靖	Qujing	18.5	21.0	23.4	192	中卫	Zhongwei	5.2	4.8	4.8	282
玉溪	Yuxi	15.0	11.5	12.1	252	**新疆**	**Xinjiang**	**373.1**	**524.7**	**574.3**	
保山	Baoshan	6.0	8.1	8.1	268	乌鲁木齐	Urumqi	120.4	145.4	147.5	39
昭通	Zhaotong	3.6	5.0	5.0	279	克拉玛依	Karamay	74.4	104.5	104.5	58

8-27 城市供水管道长度（辖区）

Length of Water Supply Pipelines (Municipal Districts)

单位：公里 (km)

地名	City	2010	2014	2015	2015 排名 Ranking	地名	City	2010	2014	2015	2015 排名 Ranking
全国	**Nation Total**	**539778**	**676727**	**710206**		沈阳	Shenyang	2815	6438	6762	10
北京	**Beijing**	**25147**	**27286**	**27623**		大连	Dalian	4752	5375	5465	13
天津	**Tianjin**	**10744**	**14369**	**16620**		鞍山	Anshan	2606	2908	3022	35
河北	**Hebei**	**14288**	**15528**	**16445**		抚顺	Fushun	2162	2309	2333	54
石家庄	Shijiazhuang	1426	1842	1861	69	本溪	Benxi	856	1092	1134	124
唐山	Tangshan	1924	1968	2057	62	丹东	Dandong	1117	1178	1155	119
秦皇岛	Qinhuangdao	980	908	1058	132	锦州	Jinzhou	1048	1525	1646	80
邯郸	Handan	1047	1214	1253	107	营口	Yingkou	1831	2207	2765	41
邢台	Xingtai	567	731	782	169	阜新	Fuxin	1844	2012	2040	64
保定	Baoding	807	921	1206	113	辽阳	Liaoyang	1259	1326	1206	112
张家口	Zhangjiakou	1098	896	896	154	盘锦	Panjin	832	1033	1082	130
承德	Chengde	493	588	632	186	铁岭	Tieling	839	916	938	147
沧州	Cangzhou	496	496	496	210	朝阳	Chaoyang	528	583	582	195
廊坊	Langfang	584	641	651	184	葫芦岛	Huludao	845	1133	1146	121
衡水	Hengshui	265	260	250	270	**吉林**	**Jilin**	**8935**	**11764**	**12155**	
山西	**Shanxi**	**7414**	**9727**	**10715**		长春	Changchun	1872	2233	2729	42
太原	Taiyuan	1290	1988	2135	60	吉林	Jilin	1186	1265	1289	102
大同	Datong	1178	1312	1371	95	四平	Siping	431	976	1148	120
阳泉	Yangquan	909	1099	1111	126	辽源	Liaoyuan	296	562	508	207
长治	Changzhi	639	974	1058	134	通化	Tonghua	525	538	554	200
晋城	Jincheng	364	624	665	182	白山	Baishan	342	389	379	243
朔州	Shuozhou	291	319	321	258	松原	Songyuan	408	425	439	229
晋中	Jinzhong	410	449	451	228	白城	Baicheng	356	378	397	239
运城	Yuncheng	200	254	666	181	**黑龙江**	**Heilongjiang**	**11413**	**14120**	**14355**	
忻州	Xinzhou	309	465	474	221	哈尔滨	Harbin	1612	2139	2147	59
临汾	Linfen	381	476	476	220	齐齐哈尔	Qiqihar	1030	1123	1162	117
吕梁	Lvliang	171	193	211	276	鸡西	Jixi	629	715	749	173
内蒙古	**Inner Mongolia**	**8561**	**10619**	**9214**		鹤岗	Hegang	542	587	590	194
呼和浩特	Hohhot	712	790	811	162	双鸭山	Shuangyashan	363	411	432	230
包头	Baotou	1548	1718	1750	71	大庆	Daqing	1500	2584	2584	47
乌海	Wuhai	1860	2105	420	232	伊春	Yichun	1027	1278	1298	101
赤峰	Chifeng	830	1219	1283	103	佳木斯	Jiamusi	578	635	616	188
通辽	Tongliao	540	574	578	197	七台河	Qitaihe	692	747	747	175
鄂尔多斯	Erdos	679	807	808	165	牡丹江	Mudanjiang	592	599	599	191
呼伦贝尔	Hulunbuir	193	277	338	252	黑河	Heihe	183	184	184	281
巴彦淖尔	Bayannur	141	443	463	225	绥化	Suihua	384	419	419	233
乌兰察布	Ulanqab	292	321	337	253	**上海**	**Shanghai**	**32462**	**35068**	**36383**	
辽宁	**Liaoning**	**29123**	**36706**	**38265**		**江苏**	**Jiangsu**	**63807**	**78477**	**78585**	

8-27 城市供水管道长度（辖区） 续表 1
Length of Water Supply Pipelines (Municipal Districts) continued 1

单位：公里 (km)

地名	City	2010	2014	2015	2015 排名 Ranking	地名	City	2010	2014	2015	2015 排名 Ranking
南京	Nanjing	8673	10561	11122	6	池州	Chizhou	324	408	413	234
无锡	Wuxi	6293	5217	5755	12	宣城	Xuancheng	494	1637	1714	74
徐州	Xuzhou	2760	3122	2433	51	**福建**	**Fujian**	**14650**	**16539**	**15982**	
常州	Changzhou	7488	11688	10684	7	福州	Fuzhou	1563	2354	2561	48
苏州	Suzhou	6354	8192	8421	8	厦门	Xiamen	3144	3797	3888	21
南通	Nantong	2159	3086	3316	31	莆田	Putian	663	890	921	149
连云港	Lianyungang	1202	2103	2585	46	三明	Sanming	894	478	494	211
淮安	Huaian	3889	4506	4013	20	泉州	Quanzhou	4217	4008	2870	40
盐城	Yancheng	1899	2317	3032	34	漳州	Zhangzhou	359	475	491	213
扬州	Yangzhou	2042	3246	3413	29	南平	Nanping	207	373	501	209
镇江	Zhenjiang	2034	2443	2501	49	龙岩	Longyan	184	253	360	245
泰州	Taizhou	1206	2283	2329	55	宁德	Ningde	182	287	297	263
宿迁	Suqian	813	1318	1450	89	**江西**	**Jiangxi**	**9807**	**13714**	**15630**	
浙江	**Zhejiang**	**38982**	**53604**	**56456**		南昌	Nanchang	2707	3499	4131	18
杭州	Hangzhou	6510	10206	12081	5	景德镇	Jingdezhen	536	659	696	178
宁波	Ningbo	2688	3705	3715	23	萍乡	Pingxiang	371	496	550	202
温州	Wenzhou	1982	2574	2918	39	九江	Jiujiang	919	1451	1652	79
嘉兴	Jiaxing	762	995	1051	135	新余	Xinyu	466	525	540	203
湖州	Huzhou	2385	3077	3210	32	鹰潭	Yingtan	127	194	224	275
绍兴	Shaoxing	2012	4556	4730	15	赣州	Ganzhou	1222	2079	2200	58
金华	Jinhua	1108	1368	1440	91	吉安	Jian	499	674	762	171
衢州	Quzhou	977	1189	1229	109	宜春	Yichun	463	604	704	177
舟山	Zhoushan	1154	1422	1457	88	抚州	Fuzhou	606	552	606	189
台州	Taizhou	2036	3474	3498	26	上饶	Shangrao	289	392	686	180
丽水	Lishui	800	1141	1183	116	**山东**	**Shandong**	**37313**	**47373**	**48911**	
安徽	**Anhui**	**14730**	**22247**	**23842**		济南	Jinan	3055	3658	3712	24
合肥	Hefei	2468	4123	4592	16	青岛	Qingdao	4926	6177	6142	11
芜湖	Wuhu	1199	1550	1639	81	淄博	Zibo	2127	2565	2603	44
蚌埠	Bengbu	772	1098	1207	111	枣庄	Zaozhuang	1241	1674	1691	75
淮南	Huainan	1471	1505	1738	72	东营	Dongying	1042	1158	1249	108
马鞍山	Maanshan	1149	1980	1985	66	烟台	Yantai	2715	3468	3700	25
淮北	Huaibei	651	991	1023	138	潍坊	Weifang	1190	2188	2224	57
铜陵	Tongling	646	1348	1491	87	济宁	Jining	664	1020	1021	139
安庆	Anqing	733	957	972	144	泰安	Taian	1406	1523	1538	84
黄山	Huangshan	412	733	769	170	威海	Weihai	1726	3052	3414	28
滁州	Chuzhou	465	645	693	179	日照	Rizhao	1229	1629	1661	78
阜阳	Fuyang	996	1242	1324	98	莱芜	Laiwu	684	944	985	142
宿州	Suzhou	637	755	783	168	临沂	Linyi	1380	1983	2048	63
六安	Liuan	392	419	428	231	德州	Dezhou	649	1993	1978	67
亳州	Bozhou	662	856	906	152	聊城	Liaocheng	916	1007	1138	122

8-27 城市供水管道长度（辖区） 续表 2
Length of Water Supply Pipelines (Municipal Districts) continued 2

单位：公里 (km)

地名	City	2010	2014	2015	2015 排名 Ranking	地名	City	2010	2014	2015	2015 排名 Ranking
滨州	Binzhou	944	1384	1534	85	常德	Changde	824	1535	1331	97
菏泽	Heze	222	285	293	265	张家界	Zhangjiajie	371	448	455	227
河南	**Henan**	**17299**	**20590**	**21338**		益阳	Yiyang	304	440	471	223
郑州	Zhengzhou	2568	2902	2997	36	郴州	Chenzhou	1231	1267	1319	99
开封	Kaifeng	1075	1297	1363	96	永州	Yongzhou	791	859	952	146
洛阳	Luoyang	1328	1656	1685	76	怀化	Huaihua	879	1023	1045	137
平顶山	Pingdingshan	1174	1207	1217	110	娄底	Loudi	326	421	391	240
安阳	Anyang	755	794	790	166	**广东**	**Guangdong**	**79816**	**95463**	**99921**	
鹤壁	Hebi	546	646	528	204	广州	Guangzhou	15942	17654	21916	1
新乡	Xinxiang	589	770	813	161	韶关	Shaoguan	1666	1785	1830	70
焦作	Jiaozuo	821	1003	1050	136	深圳	Shenzhen	14481	16377	16523	3
濮阳	Puyang	140	159	283	267	珠海	Zhuhai	2745	3058	3180	33
许昌	Xuchang	428	583	602	190	汕头	Shantou	2168	2706	2696	43
漯河	Luohe	473	473	473	222	佛山	Foshan	4396	4902	4992	14
三门峡	Sanmenxia	188	250	340	251	江门	Jiangmen	1925	1694	2101	61
南阳	Nanyang	1000	1387	1431	92	湛江	Zhanjiang	645	1338	1416	94
商丘	Shangqiu	362	566	566	198	茂名	Maoming	820	1382	1558	83
信阳	Xinyang	1296	1296	1308	100	肇庆	Zhaoqing	1379	2046	2381	53
周口	Zhoukou	273	351	358	246	惠州	Huizhou	1450	2423	2264	56
驻马店	Zhumadian	308	499	505	208	梅州	Meizhou	380	754	759	172
湖北	**Hubei**	**22827**	**29644**	**30579**		汕尾	Shanwei	462	475	482	216
武汉	Wuhan	9757	12344	12512	4	河源	Heyuan	757	899	979	143
黄石	Huangshi	745	842	854	155	阳江	Yangjiang	700	812	990	141
十堰	Shiyan	442	528	748	174	清远	Qingyuan	1937	2366	2409	52
宜昌	Yichang	986	1389	1431	93	东莞	Dongguan	16268	19894	17621	2
襄阳	Xiangyang	688	855	1092	127	中山	Zhongshan	1345	1668	1662	77
鄂州	Ezhou	997	1036	1058	133	潮州	Chaozhou	459	827	836	159
荆门	Jingmen	475	550	561	199	揭阳	Jieyang	466	878	995	140
孝感	Xiaogan	335	452	476	219	云浮	Yunfu	1000	1094	1585	82
荆州	Jingzhou	1208	1707	1733	73	**广西**	**Guangxi**	**12843**	**15857**	**16958**	
黄冈	Huanggang	239	392	413	236	南宁	Nanning	2733	3280	3411	30
咸宁	Xianning	240	308	324	255	柳州	Liuzhou	2202	2545	2599	45
随州	Suizhou	445	662	662	183	桂林	Guilin	1235	1693	2011	65
湖南	**Hunan**	**14400**	**20498**	**21393**		梧州	Wuzhou	357	478	486	215
长沙	Changsha	2012	3136	3457	27	北海	Beihai	1015	1188	1258	105
株洲	Zhuzhou	1222	2297	2493	50	防城港	Fangchenggang	368	462	468	224
湘潭	Xiangtan	848	1217	1256	106	钦州	Qinzhou	621	739	920	150
衡阳	Hengyang	890	1160	1196	114	贵港	Guigang	967	1094	1123	125
邵阳	Shaoyang	595	754	820	160	玉林	Yulin	639	810	838	158
岳阳	Yueyang	585	898	956	145	百色	Baise	283	540	590	193

8-27 城市供水管道长度（辖区） 续表 3
Length of Water Supply Pipelines (Municipal Districts) continued 3

单位：公里 (km)

地名	City	2010	2014	2015	2015 排名 Ranking	地名	City	2010	2014	2015	2015 排名 Ranking
贺州	Hezhou	428	490	490	214	丽江	Lijiang	202	290	493	212
河池	Hechi	283	295	323	256	普洱	Puer	231	275	275	268
来宾	Laibin	518	764	851	156	临沧	Lincang	265	327	336	254
崇左	Chongzuo	164	205	205	278	**西藏**	**Tibet**	**753**	**1059**	**1396**	
海南	**Hainan**	**2525**	**3864**	**4150**		拉萨	Lasa	688	869	918	151
海口	Haikou	861	1048	1092	128	**陕西**	**Shaanxi**	**4926**	**6820**	**8068**	
三亚	Sanya	625	705	899	153	西安	Xi'an	1995	3043	4096	19
三沙	Sansha		2	7	286	铜川	Tongchuan	347	396	401	238
重庆	**Chongqing**	**9190**	**11601**	**15054**		宝鸡	Baoji	854	1000	1082	129
四川	**Sichuan**	**20656**	**27461**	**30058**		咸阳	Xianyang	340	350	350	248
成都	Chengdu	5194	6967	7685	9	渭南	Weinan	204	332	381	242
自贡	Zigong	1848	2164	2927	37	延安	Yan'an	145	151	151	282
攀枝花	Panzhihua	1046	1232	1261	104	汉中	Hanzhong	240	295	298	261
泸州	Luzhou	568	1118	1194	115	榆林	Yulin	295	432	462	226
德阳	Deyang	452	504	581	196	安康	Ankang	151	190	190	279
绵阳	Mianyang	1617	2658	2919	38	商洛	Shangluo	85	106	111	284
广元	Guangyuan	281	508	517	206	**甘肃**	**Gansu**	**4357**	**5265**	**5625**	
遂宁	Suining	343	638	931	148	兰州	Lanzhou	871	1032	1161	118
内江	Neijiang	375	505	526	205	嘉峪关	Jiayuguan	554	782	783	167
乐山	Leshan	1000	1419	1506	86	金昌	Jinchang	337	292	296	264
南充	Nanchong	440	791	810	164	白银	Baiyin	284	303	307	259
眉山	Meishan	747	538	623	187	天水	Tianshui	182	203	238	272
宜宾	Yibin	751	799	851	157	武威	Wuwei	194	231	231	273
广安	Guangan	235	353	375	244	张掖	Zhangye	170	252	413	235
达州	Dazhou	430	771	811	163	平凉	Pingliang	293	349	348	249
雅安	Yaan	136	295	298	262	酒泉	Jiuquan	236	348	306	260
巴中	Bazhong	177	235	274	269	庆阳	Qingyang	345	374	384	241
资阳	Ziyang	449	506	477	218	定西	Dingxi	154	208	208	277
贵州	**Guizhou**	**5979**	**8685**	**9766**		陇南	Longnan	63	65	66	285
贵阳	Guiyang	3290	4218	4246	17	**青海**	**Qinghai**	**1383**	**2231**	**2456**	
六盘水	Liupanshui	230	950	1449	90	西宁	Xining	829	1129	1136	123
遵义	Zunyi	283	305	322	257	海东	Haidong		106	188	280
安顺	Anshun	143	243	480	217	**宁夏**	**Ningxia**	**2382**	**2309**	**2355**	
毕节	Bijie	363	588	638	185	银川	Yinchuan	841	709	739	176
铜仁	Tongren	109	285	407	237	石嘴山	Shizuishan	559	564	596	192
云南	**Yunnan**	**6559**	**9587**	**10578**		吴忠	Wuzhong	169	244	246	271
昆明	Kunming	2568	3612	3731	22	固原	Guyuan	173	204	228	274
曲靖	Qujing	369	457	551	201	中卫	Zhongwei	98	123	124	283
玉溪	Yuxi	285	354	354	247	**新疆**	**Xinjiang**	**6507**	**8652**	**9330**	
保山	Baoshan	186	265	290	266	乌鲁木齐	Urumqi	1323	1568	1868	68
昭通	Zhaotong	246	310	340	250	克拉玛依	Karamay	1015	1072	1072	131

8-28 城市供水总量（辖区）
Quantity of Urban Water Supply (Municipal Districts)

单位：万立方米 (10 000 m³)

地名	City	2010	2014	2015	2015 排名 Ranking
全国	**Nation Total**	**5078745**	**5466613**	**5604728**	
北京	**Beijing**	**155557**	**182419**	**182517**	
天津	**Tianjin**	**68970**	**81249**	**85260**	
河北	**Hebei**	**166430**	**151478**	**179178**	
石家庄	Shijiazhuang	27629	26785	49410	14
唐山	Tangshan	28932	28123	28841	37
秦皇岛	Qinhuangdao	10308	9622	10659	95
邯郸	Handan	16627	14633	15050	66
邢台	Xingtai	7080	5206	4583	194
保定	Baoding	10000	8796	10472	99
张家口	Zhangjiakou	8226	8352	8352	121
承德	Chengde	5453	4978	6032	163
沧州	Cangzhou	3509	3953	3782	215
廊坊	Langfang	4435	5001	4515	196
衡水	Hengshui	3603	2636	2664	243
山西	**Shanxi**	**76772**	**83155**	**83614**	
太原	Taiyuan	28047	31669	32331	31
大同	Datong	8060	8621	8720	117
阳泉	Yangquan	5888	5138	5338	178
长治	Changzhi	8108	7517	7634	131
晋城	Jincheng	1954	3859	3924	211
朔州	Shuozhou	2506	2654	2481	251
晋中	Jinzhong	2604	3577	5240	182
运城	Yuncheng	2771	3399	2315	258
忻州	Xinzhou	2062	2206	1411	275
临汾	Linfen	2653	3173	2379	254
吕梁	Lvliang	1238	1322	1203	277
内蒙古	**Inner Mongolia**	**62757**	**73864**	**74789**	
呼和浩特	Hohhot	11859	14876	13082	78
包头	Baotou	14587	17495	17909	55
乌海	Wuhai	3168	4016	5260	181
赤峰	Chifeng	9728	10917	11397	88
通辽	Tongliao	5276	5112	5231	183
鄂尔多斯	Erdos	2394	3583	3774	216
呼伦贝尔	Hulunbuir	2296	2149	2572	247
巴彦淖尔	Bayannur	1613	2411	2252	260
乌兰察布	Ulanqab	2029	1598	1746	270
辽宁	**Liaoning**	**261879**	**272641**	**251064**	
沈阳	Shenyang	52461	57169	57167	10
大连	Dalian	40730	39210	36744	27
鞍山	Anshan	31129	30470	29129	36
抚顺	Fushun	16102	21213	18242	54
本溪	Benxi	22778	25702	25192	45
丹东	Dandong	5157	6179	6251	155
锦州	Jinzhou	15052	14518	13596	71
营口	Yingkou	5930	7160	6563	149
阜新	Fuxin	7805	7503	7343	136
辽阳	Liaoyang	15846	11218	6078	159
盘锦	Panjin	7244	7022	6061	161
铁岭	Tieling	4006	3837	3428	222
朝阳	Chaoyang	4321	4917	4004	210
葫芦岛	Huludao	5620	5367	5099	188
吉林	**Jilin**	**100743**	**106813**	**106202**	
长春	Changchun	31315	36587	37596	26
吉林	Jilin	25458	20834	20947	50
四平	Siping	2525	3920	3721	218
辽源	Liaoyuan	2838	3545	2924	235
通化	Tonghua	4860	4001	4151	204
白山	Baishan	2585	4041	2640	245
松原	Songyuan	4800	5323	5369	177
白城	Baicheng	3487	1807	2110	263
黑龙江	**Heilongjiang**	**164235**	**150272**	**148853**	
哈尔滨	Harbin	37652	38694	38750	24
齐齐哈尔	Qiqihar	7462	9590	9494	109
鸡西	Jixi	7880	7202	5767	170
鹤岗	Hegang	4768	4513	4024	209
双鸭山	Shuangyashan	2837	2822	2822	237
大庆	Daqing	28390	30376	28652	38
伊春	Yichun	4270	4824	4511	197
佳木斯	Jiamusi	7805	6462	6040	162
七台河	Qitaihe	5237	5635	5627	173
牡丹江	Mudanjiang	43592	23804	23197	47
黑河	Heihe	659	1080	1013	280
绥化	Suihua	1371	1933	4047	208
上海	**Shanghai**	**336637**	**317260**	**312224**	
江苏	**Jiangsu**	**482821**	**488062**	**506719**	

8-28 城市供水总量（辖区） 续表 1

Quantity of Urban Water Supply (Municipal Districts) continued 1

单位：万立方米 (10 000 m³)

地名	City	2010	2014	2015	2015 排名 Ranking
南京	Nanjing	112326	122404	125255	5
无锡	Wuxi	45907	40726	42493	19
徐州	Xuzhou	19957	25950	24350	46
常州	Changzhou	30031	25408	29537	34
苏州	Suzhou	52348	72698	74925	7
南通	Nantong	21189	22686	28150	39
连云港	Lianyungang	9839	10719	12984	80
淮安	Huaian	25590	15881	16107	62
盐城	Yancheng	6623	7817	10862	94
扬州	Yangzhou	12534	17878	19051	51
镇江	Zhenjiang	16660	16929	17297	57
泰州	Taizhou	5321	9258	9343	110
宿迁	Suqian	5044	7632	7358	134
浙江	**Zhejiang**	**270044**	**308411**	**327217**	
杭州	Hangzhou	53565	60514	66760	8
宁波	Ningbo	43375	50111	55022	11
温州	Wenzhou	25837	24840	27522	41
嘉兴	Jiaxing	11282	11594	11050	92
湖州	Huzhou	8783	9006	9019	114
绍兴	Shaoxing	10640	35758	38029	25
金华	Jinhua	5621	6380	8279	122
衢州	Quzhou	10300	5211	7872	128
舟山	Zhoushan	4524	4730	4757	192
台州	Taizhou	13227	14427	15159	65
丽水	Lishui	3874	3985	4105	207
安徽	**Anhui**	**160816**	**167781**	**174263**	
合肥	Hefei	29453	40439	43568	18
芜湖	Wuhu	15457	16931	18361	53
蚌埠	Bengbu	14918	16560	17252	58
淮南	Huainan	10879	8116	9566	108
马鞍山	Maanshan	22145	17125	14652	69
淮北	Huaibei	5518	5516	5535	175
铜陵	Tongling	13309	6761	6556	150
安庆	Anqing	8721	9605	9850	105
黄山	Huangshan	2968	3920	4283	202
滁州	Chuzhou	3073	5953	6158	157
阜阳	Fuyang	6007	6806	7280	138
宿州	Suzhou	6390	4958	4684	193
六安	Liuan	4625	5174	5548	174
亳州	Bozhou	2426	3119	3417	223

地名	City	2010	2014	2015	2015 排名 Ranking
池州	Chizhou	2462	2857	2862	236
宣城	Xuancheng	2337	3071	3019	234
福建	**Fujian**	**132627**	**156464**	**161598**	
福州	Fuzhou	24974	32475	40237	22
厦门	Xiamen	31667	41957	40730	21
莆田	Putian	6200	10220	10211	101
三明	Sanming	6922	6379	3401	226
泉州	Quanzhou	14049	11289	12607	82
漳州	Zhangzhou	4242	4800	5125	185
南平	Nanping	2537	2592	3693	219
龙岩	Longyan	4922	7980	8487	120
宁德	Ningde	1869	2208	2252	259
江西	**Jiangxi**	**91278**	**106053**	**110874**	
南昌	Nanchang	33950	37794	39829	23
景德镇	Jingdezhen	6258	5407	5886	167
萍乡	Pingxiang	3068	3950	3533	221
九江	Jiujiang	8679	8212	7903	127
新余	Xinyu	4609	5902	6066	160
鹰潭	Yingtan	1779	2236	2082	264
赣州	Ganzhou	4887	10929	10982	93
吉安	Jian	3037	3570	3272	229
宜春	Yichun	3508	4559	5106	187
抚州	Fuzhou	3751	5375	5762	171
上饶	Shangrao	3192	4426	6485	151
山东	**Shandong**	**290866**	**347781**	**355903**	
济南	Jinan	27037	34387	34754	29
青岛	Qingdao	36159	46649	46203	15
淄博	Zibo	26741	26563	26611	43
枣庄	Zaozhuang	8046	10126	10541	97
东营	Dongying	9711	9234	9718	107
烟台	Yantai	14693	17469	18789	52
潍坊	Weifang	9116	14843	14728	68
济宁	Jining	10830	15910	14955	67
泰安	Taian	6607	7120	7515	132
威海	Weihai	6017	10375	10493	98
日照	Rizhao	5920	7324	7293	137
莱芜	Laiwu	3751	4922	4767	191
临沂	Linyi	15484	20511	21716	49
德州	Dezhou	7057	10912	12076	85
聊城	Liaocheng	4788	6684	6944	144

8-28 城市供水总量（辖区） 续表 2

Quantity of Urban Water Supply (Municipal Districts) continued 2

单位：万立方米 (10 000 m³)

地名	City	2010	2014	2015	2015 排名 Ranking
滨州	Binzhou	5823	6719	8227	124
菏泽	Heze	4071	5839	7246	139
河南	**Henan**	**179122**	**191001**	**196710**	
郑州	Zhengzhou	37724	34131	35181	28
开封	Kaifeng	7683	8850	10594	96
洛阳	Luoyang	13631	16298	16168	61
平顶山	Pingdingshan	10215	10620	10190	102
安阳	Anyang	11294	9937	9995	103
鹤壁	Hebi	4843	5753	4147	206
新乡	Xinxiang	10863	12638	13392	74
焦作	Jiaozuo	8084	8013	8272	123
濮阳	Puyang	5037	5467	5863	168
许昌	Xuchang	4088	4612	5034	189
漯河	Luohe	9950	9923	9948	104
三门峡	Sanmenxia	1898	2067	3286	228
南阳	Nanyang	6532	9545	9793	106
商丘	Shangqiu	4989	4335	4335	200
信阳	Xinyang	3956	4246	4279	203
周口	Zhoukou	1895	3681	4309	201
驻马店	Zhumadian	4225	6005	6605	147
湖北	**Hubei**	**253421**	**269558**	**277995**	
武汉	Wuhan	111964	130735	134814	4
黄石	Huangshi	13038	10343	11321	89
十堰	Shiyan	11494	10001	11873	86
宜昌	Yichang	9906	10850	11276	90
襄阳	Xiangyang	15433	16617	17174	59
鄂州	Ezhou	6561	4633	4853	190
荆门	Jingmen	7770	7183	7205	141
孝感	Xiaogan	2947	4611	5320	179
荆州	Jingzhou	7595	8706	8722	116
黄冈	Huanggang	3896	3152	3177	232
咸宁	Xianning	3257	3220	3320	227
随州	Suizhou	3318	3878	3879	213
湖南	**Hunan**	**189223**	**192647**	**197922**	
长沙	Changsha	46431	52418	57652	9
株洲	Zhuzhou	16324	17609	17413	56
湘潭	Xiangtan	10480	12130	12386	84
衡阳	Hengyang	20710	13676	16220	60
邵阳	Shaoyang	6733	7602	8590	118
岳阳	Yueyang	16298	16580	14340	70
常德	Changde	6267	9010	7355	135
张家界	Zhangjiajie	2415	2725	2764	238
益阳	Yiyang	4300	7884	7477	133
郴州	Chenzhou	8725	5879	6632	145
永州	Yongzhou	9256	8536	9075	112
怀化	Huaihua	4861	5125	5230	184
娄底	Loudi	4634	5312	5298	180
广东	**Guangdong**	**806144**	**840259**	**852512**	
广州	Guangzhou	190806	200442	221543	1
韶关	Shaoguan	8293	8741	9289	111
深圳	Shenzhen	156470	164132	169698	2
珠海	Zhuhai	26497	33819	34164	30
汕头	Shantou	28500	28534	28051	40
佛山	Foshan	42761	50185	44792	16
江门	Jiangmen	18367	24804	26235	44
湛江	Zhanjiang	9429	12638	13297	75
茂名	Maoming	20242	6284	6303	153
肇庆	Zhaoqing	10507	11757	12990	79
惠州	Huizhou	23735	26315	29341	35
梅州	Meizhou	3943	4550	5967	165
汕尾	Shanwei	3429	3459	3801	214
河源	Heyuan	4818	6212	6581	148
阳江	Yangjiang	3840	5292	5755	172
清远	Qingyuan	9808	7295	7224	140
东莞	Dongguan	165607	158864	144605	3
中山	Zhongshan	13725	15624	15661	63
潮州	Chaozhou	4835	9091	8779	115
揭阳	Jieyang	4578	7328	8132	125
云浮	Yunfu	2274	3259	3690	220
广西	**Guangxi**	**147291**	**162236**	**173266**	
南宁	Nanning	37578	40668	50892	13
柳州	Liuzhou	39445	49610	44143	17
桂林	Guilin	11076	10892	13228	76
梧州	Wuzhou	5148	6643	7029	143
北海	Beihai	4937	5186	6623	146
防城港	Fangchenggang	2672	4382	4147	205
钦州	Qinzhou	4437	5070	5507	176
贵港	Guigang	11010	10389	11205	91
玉林	Yulin	5089	6031	6155	158
百色	Baise	4576	3014	3404	224

8-28　城市供水总量（辖区）　续表 3
Quantity of Urban Water Supply (Municipal Districts) continued 3

单位：万立方米 (10 000 m³)

地名	City	2010	2014	2015	2015 排名 Ranking	地名	City	2010	2014	2015	2015 排名 Ranking
贺州	Hezhou	2148	2707	2379	255	丽江	Lijiang	1355	2041	2113	262
河池	Hechi	3579	2415	2486	250	普洱	Puer	1121	1718	1798	269
来宾	Laibin	2073	2275	2446	253	临沧	Lincang	1062	1274	1319	276
崇左	Chongzuo	1282	1458	1497	274	**西藏**	**Tibet**	**7681**	**12437**	**15607**	
海南	**Hainan**	**33546**	**42580**	**43653**		拉萨	Lasa	6860	11121	13585	72
海口	Haikou	19015	21113	21863	48	**陕西**	**Shaanxi**	**81335**	**92911**	**97664**	
三亚	Sanya	8412	11516	11516	87	西安	Xi'an	39097	50743	53237	12
三沙	Sansha		1	7	286	铜川	Tongchuan	1572	1651	1732	271
重庆	**Chongqing**	**86926**	**112859**	**121494**		宝鸡	Baoji	7179	6484	7127	142
四川	**Sichuan**	**173858**	**221021**	**220010**		咸阳	Xianyang	12670	12688	12587	83
成都	Chengdu	65778	93134	86841	6	渭南	Weinan	4421	5320	6290	154
自贡	Zigong	5639	5538	5948	166	延安	Yan'an	1491	2077	2208	261
攀枝花	Panzhihua	12173	15262	12762	81	汉中	Hanzhong	2221	2588	2735	240
泸州	Luzhou	9063	8117	7966	126	榆林	Yulin	1359	2673	2621	246
德阳	Deyang	5248	5588	5977	164	安康	Ankang	4218	1571	1884	266
绵阳	Mianyang	7731	9788	10357	100	商洛	Shangluo	988	1009	1024	278
广元	Guangyuan	2670	3632	3898	212	**甘肃**	**Gansu**	**62713**	**54565**	**55844**	
遂宁	Suining	2571	4123	5808	169	兰州	Lanzhou	28355	26227	26768	42
内江	Neijiang	3801	4022	4498	198	嘉峪关	Jiayuguan	3322	3834	3746	217
乐山	Leshan	4584	4801	5112	186	金昌	Jinchang	8834	2697	2748	239
南充	Nanchong	7100	8309	8550	119	白银	Baiyin	7121	6300	6305	152
眉山	Meishan	2976	3988	4488	199	天水	Tianshui	3635	3263	3265	230
宜宾	Yibin	5166	6331	9069	113	武威	Wuwei	1657	1742	1861	268
广安	Guangan	1211	2383	2470	252	张掖	Zhangye	1704	2267	2349	256
达州	Dazhou	3080	7373	7814	130	平凉	Pingliang	1444	1536	1649	272
雅安	Yaan	3385	2449	2511	248	酒泉	Jiuquan	2576	2239	1972	265
巴中	Bazhong	1451	2523	2695	242	庆阳	Qingyang	657	731	745	283
资阳	Ziyang	2105	2467	2487	249	定西	Dingxi	509	640	643	284
贵州	**Guizhou**	**44117**	**55793**	**60112**		陇南	Longnan	234	461	481	285
贵阳	Guiyang	24398	29874	30872	32	**青海**	**Qinghai**	**18572**	**25031**	**25674**	
六盘水	Liupanshui	2191	2450	3237	231	西宁	Xining	12402	15299	15491	64
遵义	Zunyi	5455	5724	6159	156	海东	Haidong		440	929	282
安顺	Anshun	1757	2369	3401	225	**宁夏**	**Ningxia**	**28656**	**30343**	**31871**	
毕节	Bijie	1339	2190	2316	257	银川	Yinchuan	10525	12417	13414	73
铜仁	Tongren	1498	2304	2655	244	石嘴山	Shizuishan	9127	8113	7871	129
云南	**Yunnan**	**66444**	**77708**	**81875**		吴忠	Wuzhong	2320	2351	3161	233
昆明	Kunming	33459	41071	41524	20	固原	Guyuan	1318	946	990	281
曲靖	Qujing	4045	4025	4581	195	中卫	Zhongwei	1248	914	1023	279
玉溪	Yuxi	2360	2851	2727	241	**新疆**	**Xinjiang**	**77263**	**91961**	**92245**	
保山	Baoshan	1129	1936	1868	267	乌鲁木齐	Urumqi	29771	29855	29805	33
昭通	Zhaotong	1357	1571	1607	273	克拉玛依	Karamay	11947	14604	13217	77

8-29 城市人均日生活用水量(辖区)
Urban Domestic Water Use per Capita (Districts under City)

单位：升 (liter)

地名	City	2010	2014	2015	2015 排名 Ranking
全国	**Nation Total**	**171.4**	**173.7**	**174.5**	
北京	**Beijing**	**174.9**	**187.5**	**183.8**	
天津	**Tianjin**	**132.0**	**124.3**	**119.6**	
河北	**Hebei**	**123.0**	**116.9**	**119.1**	
石家庄	Shijiazhuang	116.1	140.1	156.6	125
唐山	Tangshan	173.8	131.9	137.0	170
秦皇岛	Qinhuangdao	138.5	139.7	123.5	198
邯郸	Handan	118.5	108.5	117.5	213
邢台	Xingtai	132.0	56.6	48.0	285
保定	Baoding	107.8	100.4	95.2	257
张家口	Zhangjiakou	84.2	84.0	82.6	271
承德	Chengde	137.6	101.9	101.7	240
沧州	Cangzhou	63.5	116.2	121.7	205
廊坊	Langfang	136.2	162.3	138.3	164
衡水	Hengshui	112.3	99.0	139.7	158
山西	**Shanxi**	**106.4**	**114.6**	**112.4**	
太原	Taiyuan	93.5	124.4	123.4	200
大同	Datong	91.6	99.2	97.1	253
阳泉	Yangquan	133.2	122.9	127.3	189
长治	Changzhi	154.9	162.7	174.3	94
晋城	Jincheng	154.8	146.9	141.9	147
朔州	Shuozhou	100.9	108.9	102.4	238
晋中	Jinzhong	110.8	94.9	106.1	233
运城	Yuncheng	141.7	93.8	118.6	212
忻州	Xinzhou	71.8	72.7	70.4	280
临汾	Linfen	98.7	103.6	76.7	277
吕梁	Lvliang	99.8	111.4	96.9	254
内蒙古	**Inner Mongolia**	**88.5**	**103.5**	**106.7**	
呼和浩特	Hohhot	87.6	88.8	91.1	261
包头	Baotou	78.5	85.6	89.7	264
乌海	Wuhai	56.9	137.2	134.4	175
赤峰	Chifeng	107.0	96.9	109.4	230
通辽	Tongliao	104.7	128.9	140.4	153
鄂尔多斯	Erdos	66.6	148.3	153.3	129
呼伦贝尔	Hulunbuir	138.2	114.2	141.8	148
巴彦淖尔	Bayannur	105.0	120.5	87.9	266
乌兰察布	Ulanqab	53.8	80.7	97.3	251
辽宁	**Liaoning**	**121.0**	**131.8**	**135.5**	
沈阳	Shenyang	152.5	173.3	188.1	72
大连	Dalian	106.3	140.0	151.5	131
鞍山	Anshan	163.2	154.3	161.6	109
抚顺	Fushun	73.6	78.5	83.5	270
本溪	Benxi	94.7	109.6	116.7	217
丹东	Dandong	93.7	117.3	111.9	226
锦州	Jinzhou	137.0	122.3	118.8	211
营口	Yingkou	91.4	89.2	96.5	256
阜新	Fuxin	109.0	132.9	132.8	178
辽阳	Liaoyang	165.9	159.5	99.1	247
盘锦	Panjin	116.0	111.1	124.4	193
铁岭	Tieling	115.6	130.2	134.0	176
朝阳	Chaoyang	114.4	74.0	77.5	274
葫芦岛	Huludao	86.9	111.5	132.5	179
吉林	**Jilin**	**121.0**	**122.8**	**122.3**	
长春	Changchun	139.4	139.4	144.6	144
吉林	Jilin	119.5	123.5	124.1	194
四平	Siping	53.2	98.6	98.6	248
辽源	Liaoyuan	64.0	78.8	71.0	279
通化	Tonghua	100.0	121.1	89.0	265
白山	Baishan	78.4	79.0	63.9	282
松原	Songyuan	188.1	159.9	159.9	117
白城	Baicheng	145.2	119.9	124.0	197
黑龙江	**Heilongjiang**	**123.9**	**116.5**	**116.3**	
哈尔滨	Harbin	147.7	131.2	135.0	174
齐齐哈尔	Qiqihar	99.1	101.2	100.1	246
鸡西	Jixi	164.2	150.3	100.6	244
鹤岗	Hegang	87.3	87.7	84.9	268
双鸭山	Shuangyashan	104.8	101.7	100.2	245
大庆	Daqing	169.3	139.3	116.4	218
伊春	Yichun	90.5	96.7	93.2	259
佳木斯	Jiamusi	124.4	100.6	112.8	223
七台河	Qitaihe	79.9	89.3	92.5	260
牡丹江	Mudanjiang	94.2	106.9	109.0	231
黑河	Heihe	72.7	93.9	98.5	249
绥化	Suihua	106.0	106.7	195.2	66
上海	**Shanghai**	**174.8**	**186.4**	**190.2**	
江苏	**Jiangsu**	**220.4**	**209.6**	**210.7**	

8-29 城市人均日生活用水量(辖区) 续表 1
Urban Domestic Water Use per Capita (Municipal Districts) continued 1

单位：升 (liter)

地名	City	2010	2014	2015	2015 排名 Ranking	地名	City	2010	2014	2015	2015 排名 Ranking
南京	Nanjing	314.8	296.0	298.4	11	池州	Chizhou	126.5	126.0	147.5	137
无锡	Wuxi	228.3	205.1	216.1	48	宣城	Xuancheng	135.0	158.7	157.2	123
徐州	Xuzhou	163.9	130.0	112.8	222	**福建**	**Fujian**	**186.6**	**181.0**	**176.9**	
常州	Changzhou	238.7	217.2	229.8	40	福州	Fuzhou	260.1	229.6	216.5	46
苏州	Suzhou	295.1	288.5	302.8	10	厦门	Xiamen	129.7	164.0	166.4	102
南通	Nantong	236.2	181.4	174.8	93	莆田	Putian	179.7	156.0	138.8	161
连云港	Lianyungang	96.2	152.3	151.9	130	三明	Sanming	226.6	200.9	205.2	57
淮安	Huaian	256.7	146.1	136.4	171	泉州	Quanzhou	178.9	125.5	140.8	152
盐城	Yancheng	142.4	125.9	138.6	162	漳州	Zhangzhou	182.8	176.8	179.6	82
扬州	Yangzhou	150.6	230.8	234.6	33	南平	Nanping	161.9	222.7	178.6	85
镇江	Zhenjiang	199.6	219.6	181.4	80	龙岩	Longyan	139.8	176.1	162.2	106
泰州	Taizhou	111.6	122.7	130.3	185	宁德	Ningde	199.1	131.2	137.8	168
宿迁	Suqian	119.6	131.2	140.2	154	**江西**	**Jiangxi**	**184.4**	**178.7**	**171.3**	
浙江	**Zhejiang**	**185.4**	**197.0**	**196.2**		南昌	Nanchang	266.8	271.3	230.9	36
杭州	Hangzhou	255.7	255.9	207.9	55	景德镇	Jingdezhen	183.5	206.6	231.7	34
宁波	Ningbo	290.3	340.0	333.3	6	萍乡	Pingxiang	118.9	115.9	121.0	207
温州	Wenzhou	219.1	155.8	180.2	81	九江	Jiujiang	141.6	139.1	157.6	122
嘉兴	Jiaxing	152.3	159.9	170.8	99	新余	Xinyu	200.1	176.1	176.2	91
湖州	Huzhou	154.2	163.3	160.5	115	鹰潭	Yingtan	184.8	137.2	135.9	172
绍兴	Shaoxing	151.6	169.1	172.8	97	赣州	Ganzhou	138.8	144.0	145.0	142
金华	Jinhua	122.7	166.5	230.0	38	吉安	Jian	178.9	156.1	124.0	196
衢州	Quzhou	185.5	194.3	268.3	19	宜春	Yichun	148.8	151.3	160.5	114
舟山	Zhoushan	130.2	116.4	116.3	219	抚州	Fuzhou	197.4	170.3	181.9	78
台州	Taizhou	185.8	200.5	206.8	56	上饶	Shangrao	149.6	151.6	159.1	119
丽水	Lishui	158.6	167.9	177.0	89	**山东**	**Shandong**	**129.5**	**138.8**	**138.5**	
安徽	**Anhui**	**160.8**	**166.7**	**168.9**		济南	Jinan	111.7	148.2	141.0	151
合肥	Hefei	238.4	215.3	216.1	47	青岛	Qingdao	178.1	195.4	201.2	63
芜湖	Wuhu	152.9	144.9	146.7	138	淄博	Zibo	129.7	130.2	126.2	191
蚌埠	Bengbu	194.2	201.9	208.9	53	枣庄	Zaozhuang	117.5	126.0	131.5	181
淮南	Huainan	121.8	122.8	139.6	160	东营	Dongying	124.0	134.8	149.1	135
马鞍山	Maanshan	219.9	190.7	188.6	71	烟台	Yantai	127.6	140.2	148.5	136
淮北	Huaibei	106.3	97.1	101.5	242	潍坊	Weifang	102.8	120.4	125.3	192
铜陵	Tongling	128.6	251.0	210.4	51	济宁	Jining	183.8	157.6	133.3	177
安庆	Anqing	143.7	133.0	115.0	220	泰安	Taian	170.0	164.6	167.7	101
黄山	Huangshan	139.8	173.0	178.7	83	威海	Weihai	122.3	131.2	137.3	169
滁州	Chuzhou	126.8	134.5	135.8	173	日照	Rizhao	100.0	132.7	130.1	186
阜阳	Fuyang	124.8	125.2	138.1	165	莱芜	Laiwu	129.5	105.9	101.7	241
宿州	Suzhou	183.2	152.6	141.5	149	临沂	Linyi	144.2	168.5	177.6	88
六安	Liuan	78.1	115.5	129.7	187	德州	Dezhou	140.3	108.5	103.4	237
亳州	Bozhou	152.5	149.9	156.4	127	聊城	Liaocheng	133.9	137.9	123.1	201

8-29　城市人均日生活用水量(辖区)　　续表 2
Urban Domestic Water Use per Capita (Municipal Districts) continued 2

单位：升　　　　(liter)

地名	City	2010	2014	2015	2015 排名 Ranking
滨州	Binzhou	101.7	97.3	105.2	235
菏泽	Heze	124.6	120.0	138.4	163
河南	**Henan**	**109.1**	**107.4**	**111.1**	
郑州	Zhengzhou	106.0	90.6	97.1	252
开封	Kaifeng	83.3	112.6	112.5	224
洛阳	Luoyang	89.3	115.0	117.0	215
平顶山	Pingdingshan	106.3	107.4	108.5	232
安阳	Anyang	134.2	149.5	160.6	112
鹤壁	Hebi	136.6	120.7	112.0	225
新乡	Xinxiang	130.6	115.3	127.8	188
焦作	Jiaozuo	87.0	106.4	117.1	214
濮阳	Puyang	128.8	120.3	140.0	156
许昌	Xuchang	109.7	110.1	121.6	206
漯河	Luohe	149.8	144.0	144.3	145
三门峡	Sanmenxia	102.3	122.8	122.4	203
南阳	Nanyang	92.5	94.9	94.0	258
商丘	Shangqiu	150.5	104.2	104.2	236
信阳	Xinyang	141.7	147.3	143.8	146
周口	Zhoukou	115.5	148.5	138.1	166
驻马店	Zhumadian	134.5	105.3	114.7	221
湖北	**Hubei**	**211.5**	**210.6**	**205.3**	
武汉	Wuhan	256.2	315.4	305.9	9
黄石	Huangshi	220.3	132.2	157.8	121
十堰	Shiyan	279.1	238.3	185.2	75
宜昌	Yichang	129.2	152.5	161.0	110
襄阳	Xiangyang	247.5	155.8	178.7	84
鄂州	Ezhou	280.9	211.3	218.5	43
荆门	Jingmen	201.0	146.4	146.3	141
孝感	Xiaogan	190.1	171.8	184.2	77
荆州	Jingzhou	169.9	206.1	190.7	70
黄冈	Huanggang	260.5	202.4	202.6	61
咸宁	Xianning	160.2	115.7	119.2	210
随州	Suizhou	147.9	110.9	110.7	228
湖南	**Hunan**	**220.4**	**203.0**	**207.8**	
长沙	Changsha	364.2	292.7	329.0	7
株洲	Zhuzhou	266.3	256.2	257.3	25
湘潭	Xiangtan	182.5	199.9	203.8	58
衡阳	Hengyang	167.0	158.6	139.7	159
邵阳	Shaoyang	167.7	157.1	213.7	49
岳阳	Yueyang	183.3	209.7	185.0	76
常德	Changde	155.5	201.7	161.8	107
张家界	Zhangjiajie	241.8	192.2	202.1	62
益阳	Yiyang	130.6	181.5	191.0	69
郴州	Chenzhou	237.9	151.6	175.9	92
永州	Yongzhou	205.8	194.3	194.8	67
怀化	Huaihua	240.2	161.3	161.8	108
娄底	Loudi	225.3	210.8	208.5	54
广东	**Guangdong**	**250.0**	**247.5**	**249.0**	
广州	Guangzhou	366.4	329.6	318.7	8
韶关	Shaoguan	255.0	291.5	263.6	20
深圳	Shenzhen	216.4	236.1	236.0	32
珠海	Zhuhai	189.4	257.5	262.9	21
汕头	Shantou	190.4	208.6	178.1	87
佛山	Foshan	332.3	377.0	407.6	3
江门	Jiangmen	220.5	185.4	243.2	30
湛江	Zhanjiang	247.6	204.3	213.6	50
茂名	Maoming	247.4	234.4	229.8	39
肇庆	Zhaoqing	273.5	283.9	258.3	24
惠州	Huizhou	229.8	256.2	220.1	42
梅州	Meizhou	163.5	194.0	250.5	27
汕尾	Shanwei	147.9	180.6	197.3	65
河源	Heyuan	267.0	294.4	291.4	12
阳江	Yangjiang	139.6	219.2	140.0	155
清远	Qingyuan	311.0	329.2	284.9	15
东莞	Dongguan	221.4	247.7	230.7	37
中山	Zhongshan	402.7	130.1	146.6	139
潮州	Chaozhou	160.8	136.5	131.9	180
揭阳	Jieyang	89.0	50.2	150.5	134
云浮	Yunfu	197.6	211.5	164.8	104
广西	**Guangxi**	**249.7**	**235.0**	**255.7**	
南宁	Nanning	321.0	308.5	345.6	4
柳州	Liuzhou	219.8	205.3	209.8	52
桂林	Guilin	324.2	271.0	282.3	16
梧州	Wuzhou	235.9	215.5	203.4	60
北海	Beihai	259.7	229.1	290.3	14
防城港	Fangchenggang	195.4	203.9	273.1	17
钦州	Qinzhou	293.0	215.1	260.0	23
贵港	Guigang	193.8	195.9	245.8	29
玉林	Yulin	177.5	161.6	168.2	100
百色	Baise	276.3	250.3	290.4	13

8-29　城市人均日生活用水量(辖区)　续表 3
Urban Domestic Water Use per Capita (Municipal Districts) continued 3

单位：升　　(liter)

地名	City	2010	2014	2015	2015 排名 Ranking
贺州	Hezhou	223.8	202.4	172.8	97
河池	Hechi	186.5	223.5	231.1	35
来宾	Laibin	180.4	180.6	185.4	74
崇左	Chongzuo	200.9	217.4	203.4	59
海南	**Hainan**	**264.5**	**243.5**	**263.8**	
海口	Haikou	299.0	222.5	261.3	22
三亚	Sanya	285.6	454.0	454.0	2
三沙	Sansha		19.2	87.0	267
重庆	**Chongqing**	**136.8**	**146.1**	**152.0**	
四川	**Sichuan**	**196.7**	**216.0**	**204.1**	
成都	Chengdu	289.9	380.8	338.3	5
自贡	Zigong	112.0	98.8	110.9	227
攀枝花	Panzhihua	207.5	211.7	216.6	45
泸州	Luzhou	126.3	130.1	126.2	190
德阳	Deyang	167.9	133.4	139.8	157
绵阳	Mianyang	161.0	158.5	160.9	111
广元	Guangyuan	161.6	171.0	159.3	118
遂宁	Suining	123.3	110.0	98.0	250
内江	Neijiang	130.3	116.6	130.9	183
乐山	Leshan	157.4	152.4	141.2	150
南充	Nanchong	182.7	156.6	156.5	126
眉山	Meishan	174.2	167.4	165.7	103
宜宾	Yibin	227.1	179.2	173.9	95
广安	Guangan	97.2	110.7	120.0	209
达州	Dazhou	178.2	241.0	248.0	28
雅安	Yaan	142.9	145.6	160.3	116
巴中	Bazhong	80.5	134.5	90.3	263
资阳	Ziyang	137.7	133.9	131.4	182
贵州	**Guizhou**	**130.5**	**159.7**	**163.8**	
贵阳	Guiyang	148.5	186.3	200.9	64
六盘水	Liupanshui	131.7	167.8	146.6	140
遵义	Zunyi	154.9	152.6	153.6	128
安顺	Anshun	72.5	88.8	90.3	262
毕节	Bijie	75.8	139.9	137.9	167
铜仁	Tongren	134.5	134.9	122.5	202
云南	**Yunnan**	**146.2**	**129.1**	**132.8**	
昆明	Kunming	149.9	122.2	124.1	195
曲靖	Qujing	104.4	104.5	120.1	208
玉溪	Yuxi	203.6	159.7	130.5	184
保山	Baoshan	100.2	115.5	101.9	239
昭通	Zhaotong	92.6	97.4	96.9	255

地名	City	2010	2014	2015	2015 排名 Ranking
丽江	Lijiang	137.4	287.7	252.0	26
普洱	Puer	153.3	172.5	178.1	86
临沧	Lincang	185.1	190.6	176.5	90
西藏	**Tibet**	**218.9**	**329.0**	**403.6**	
拉萨	Lasa	232.8	381.2	474.7	1
陕西	**Shaanxi**	**165.7**	**154.1**	**155.7**	
西安	Xi'an	198.5	187.4	192.5	68
铜川	Tongchuan	73.6	60.8	64.4	281
宝鸡	Baoji	131.8	139.0	151.1	133
咸阳	Xianyang	198.6	125.0	101.4	243
渭南	Weinan	125.1	159.5	164.1	105
延安	Yan'an	104.8	168.2	156.7	124
汉中	Hanzhong	134.6	163.3	151.5	131
榆林	Yulin	82.1	87.1	80.7	272
安康	Ankang	210.3	103.1	123.5	199
商洛	Shangluo	155.4	118.4	116.9	216
甘肃	**Gansu**	**155.1**	**146.3**	**132.0**	
兰州	Lanzhou	189.9	200.4	160.6	113
嘉峪关	Jiayuguan	157.5	190.1	181.9	79
金昌	Jinchang	168.4	243.5	242.3	31
白银	Baiyin	264.8	156.9	158.9	120
天水	Tianshui	138.6	131.5	110.5	229
武威	Wuwei	119.4	96.2	105.7	234
张掖	Zhangye	147.2	150.4	122.3	204
平凉	Pingliang	85.5	73.4	78.2	273
酒泉	Jiuquan	118.8	93.5	83.9	269
庆阳	Qingyang	78.1	76.6	77.3	275
定西	Dingxi	38.8	47.5	47.6	286
陇南	Longnan	51.8	63.1	59.8	283
青海	**Qinghai**	**179.0**	**176.5**	**168.8**	
西宁	Xining	175.8	186.1	187.7	73
海东	Haidong		42.8	59.8	284
宁夏	**Ningxia**	**177.6**	**148.6**	**171.7**	
银川	Yinchuan	175.9	165.6	173.8	96
石嘴山	Shizuishan	233.2	147.5	226.3	41
吴忠	Wuzhong	181.1	156.8	217.3	44
固原	Guyuan	122.4	72.3	72.2	278
中卫	Zhongwei	151.3	76.2	77.1	276
新疆	**Xinjiang**	**150.8**	**171.8**	**170.6**	
乌鲁木齐	Urumqi	142.5	145.5	144.7	143
克拉玛依	Karamay	206.3	277.2	271.3	18

8-30 城市用水普及率(辖区)
Urban Water Coverage Rate (Municipal Districts)

单位：% (%)

地名	City	2010	2014	2015	2015 排名 Ranking
全国	**Nation Total**	**96.68**	**97.64**	**98.07**	
北京	**Beijing**	**100.00**	**100.00**	**100.00**	
天津	**Tianjin**	**100.00**	**100.00**	**100.00**	
河北	**Hebei**	**99.97**	**99.29**	**99.56**	
石家庄	Shijiazhuang	100.00	98.57	100.00	1
唐山	Tangshan	100.00	100.00	100.00	1
秦皇岛	Qinhuangdao	100.00	98.79	100.00	1
邯郸	Handan	100.00	100.00	100.00	1
邢台	Xingtai	100.00	100.00	100.00	1
保定	Baoding	100.00	96.12	96.45	221
张家口	Zhangjiakou	100.00	100.00	100.00	1
承德	Chengde	100.00	100.00	100.00	1
沧州	Cangzhou	100.00	100.00	100.00	1
廊坊	Langfang	100.00	100.00	100.00	1
衡水	Hengshui	100.00	99.38	98.86	169
山西	**Shanxi**	**97.26**	**98.54**	**98.85**	
太原	Taiyuan	100.00	100.00	100.00	1
大同	Datong	100.00	100.00	100.00	1
阳泉	Yangquan	100.00	97.15	100.00	1
长治	Changzhi	95.00	97.50	98.48	179
晋城	Jincheng	100.00	99.81	98.00	193
朔州	Shuozhou	98.11	99.12	99.12	158
晋中	Jinzhong	96.50	100.00	100.00	1
运城	Yuncheng	93.02	94.00	95.00	241
忻州	Xinzhou	90.00	100.00	100.00	1
临汾	Linfen	92.12	98.28	99.03	163
吕梁	Lvliang	94.48	95.22	95.33	236
内蒙古	**Inner Mongolia**	**87.97**	**97.79**	**98.47**	
呼和浩特	Hohhot	95.50	99.69	99.96	113
包头	Baotou	90.86	99.45	99.50	137
乌海	Wuhai	99.84	100.00	100.00	1
赤峰	Chifeng	84.70	96.00	96.28	224
通辽	Tongliao	79.44	95.50	97.58	199
鄂尔多斯	Erdos	97.21	99.75	99.77	126
呼伦贝尔	Hulunbuir	71.92	95.94	95.95	229
巴彦淖尔	Bayannur	80.52	95.66	97.00	213
乌兰察布	Ulanqab	86.96	97.07	97.02	211
辽宁	**Liaoning**	**97.44**	**98.72**	**98.84**	
沈阳	Shenyang	100.00	100.00	100.00	1
大连	Dalian	100.00	100.00	100.00	1
鞍山	Anshan	97.73	100.00	100.00	1
抚顺	Fushun	98.59	98.62	98.62	174
本溪	Benxi	97.56	97.89	99.56	136
丹东	Dandong	94.59	100.00	100.00	1
锦州	Jinzhou	100.00	100.00	100.00	1
营口	Yingkou	86.19	97.44	100.00	1
阜新	Fuxin	99.64	98.77	98.96	165
辽阳	Liaoyang	100.00	100.00	100.00	1
盘锦	Panjin	100.00	100.00	100.00	1
铁岭	Tieling	97.50	97.72	98.94	166
朝阳	Chaoyang	91.18	99.78	99.93	115
葫芦岛	Huludao	100.00	100.00	100.00	1
吉林	**Jilin**	**89.60**	**93.79**	**93.64**	
长春	Changchun	99.46	99.40	99.64	135
吉林	Jilin	97.84	98.50	98.55	176
四平	Siping	65.34	77.10	72.42	284
辽源	Liaoyuan	82.33	97.18	95.35	234
通化	Tonghua	88.26	91.21	93.18	255
白山	Baishan	91.51	83.65	90.19	268
松原	Songyuan	92.24	95.48	95.49	232
白城	Baicheng	92.02	98.13	98.31	187
黑龙江	**Heilongjiang**	**88.43**	**96.20**	**97.20**	
哈尔滨	Harbin	89.17	100.00	100.00	1
齐齐哈尔	Qiqihar	97.68	100.00	100.00	1
鸡西	Jixi	97.23	98.38	98.52	177
鹤岗	Hegang	86.45	96.51	99.15	157
双鸭山	Shuangyashan	99.78	99.57	99.16	155
大庆	Daqing	83.18	92.44	93.59	250
伊春	Yichun	69.53	75.52	87.38	275
佳木斯	Jiamusi	90.21	95.53	95.78	231
七台河	Qitaihe	86.41	94.36	95.43	233
牡丹江	Mudanjiang	92.08	94.94	92.74	258
黑河	Heihe	81.56	96.95	96.97	214
绥化	Suihua	96.31	95.44	99.77	126
上海	**Shanghai**	**100.00**	**100.00**	**100.00**	
江苏	**Jiangsu**	**99.56**	**99.75**	**99.83**	

8-30 城市用水普及率(辖区) 续表 1

Urban Water Coverage Rate (Municipal Districts) continued 1

单位：% (%)

地名	City	2010	2014	2015	2015 排名 Ranking	地名	City	2010	2014	2015	2015 排名 Ranking
南京	Nanjing	100.00	99.98	100.00	1	池州	Chizhou	93.83	99.01	99.11	159
无锡	Wuxi	100.00	100.00	100.00	1	宣城	Xuancheng	98.58	98.33	98.68	172
徐州	Xuzhou	99.44	97.54	99.79	124	**福建**	**Fujian**	**99.50**	**99.49**	**99.55**	
常州	Changzhou	100.00	100.00	100.00	1	福州	Fuzhou	99.86	99.99	99.99	108
苏州	Suzhou	100.00	100.00	100.00	1	厦门	Xiamen	100.00	100.00	100.00	1
南通	Nantong	100.00	100.00	100.00	1	莆田	Putian	99.00	99.73	99.76	128
连云港	Lianyungang	100.00	100.00	100.00	1	三明	Sanming	98.87	99.87	99.87	120
淮安	Huaian	93.94	100.00	100.00	1	泉州	Quanzhou	98.71	99.04	99.10	160
盐城	Yancheng	100.00	100.00	100.00	1	漳州	Zhangzhou	99.39	99.85	100.00	1
扬州	Yangzhou	99.81	100.00	100.00	1	南平	Nanping	99.61	100.00	100.00	1
镇江	Zhenjiang	100.00	100.00	100.00	1	龙岩	Longyan	99.37	99.79	99.16	155
泰州	Taizhou	100.00	100.00	100.00	1	宁德	Ningde	99.13	99.21	99.22	150
宿迁	Suqian	100.00	100.00	100.00	1	**江西**	**Jiangxi**	**97.43**	**97.78**	**97.55**	
浙江	**Zhejiang**	**99.79**	**99.93**	**99.95**		南昌	Nanchang	99.79	98.85	98.88	168
杭州	Hangzhou	100.00	100.00	99.90	117	景德镇	Jingdezhen	99.67	99.78	97.46	203
宁波	Ningbo	100.00	100.00	100.00	1	萍乡	Pingxiang	100.00	100.00	100.00	1
温州	Wenzhou	100.00	100.00	100.00	1	九江	Jiujiang	100.00	100.00	99.29	147
嘉兴	Jiaxing	100.00	99.31	99.30	146	新余	Xinyu	100.00	100.00	100.00	1
湖州	Huzhou	100.00	100.00	100.00	1	鹰潭	Yingtan	94.72	97.77	95.15	238
绍兴	Shaoxing	100.00	100.00	100.00	1	赣州	Ganzhou	100.00	99.89	98.44	181
金华	Jinhua	99.86	100.00	100.00	1	吉安	Jian	94.63	92.99	93.72	249
衢州	Quzhou	100.00	100.00	100.00	1	宜春	Yichun	90.11	95.21	95.33	236
舟山	Zhoushan	99.44	100.00	100.00	1	抚州	Fuzhou	99.88	99.34	99.75	130
台州	Taizhou	99.33	100.00	100.00	1	上饶	Shangrao	99.70	99.73	99.69	133
丽水	Lishui	100.00	100.00	100.00	1	**山东**	**Shandong**	**99.57**	**99.92**	**99.95**	
安徽	**Anhui**	**96.06**	**98.63**	**98.79**		济南	Jinan	100.00	100.00	100.00	1
合肥	Hefei	97.22	99.78	99.20	153	青岛	Qingdao	100.00	100.00	100.00	1
芜湖	Wuhu	100.00	100.00	100.00	1	淄博	Zibo	100.00	100.00	100.00	1
蚌埠	Bengbu	99.67	100.00	100.00	1	枣庄	Zaozhuang	99.10	99.42	99.42	141
淮南	Huainan	97.28	99.19	99.46	140	东营	Dongying	96.30	100.00	100.00	1
马鞍山	Maanshan	100.00	100.00	100.00	1	烟台	Yantai	99.84	100.00	100.00	1
淮北	Huaibei	97.01	99.05	99.10	160	潍坊	Weifang	100.00	100.00	100.00	1
铜陵	Tongling	96.63	100.00	100.00	1	济宁	Jining	100.00	100.00	100.00	1
安庆	Anqing	91.86	100.00	100.00	1	泰安	Taian	100.00	100.00	100.00	1
黄山	Huangshan	99.33	100.00	100.00	1	威海	Weihai	100.00	100.00	100.00	1
滁州	Chuzhou	99.79	99.88	99.90	117	日照	Rizhao	100.00	100.00	100.00	1
阜阳	Fuyang	92.01	93.92	93.93	248	莱芜	Laiwu	100.00	100.00	100.00	1
宿州	Suzhou	98.92	99.96	98.37	184	临沂	Linyi	100.00	100.00	100.00	1
六安	Liuan	99.16	99.48	99.48	139	德州	Dezhou	99.87	99.82	100.00	1
亳州	Bozhou	97.46	91.22	98.47	180	聊城	Liaocheng	100.00	99.70	99.99	108

8-30 城市用水普及率(辖区) 续表 2

Urban Water Coverage Rate (Municipal Districts) continued 2

单位：% (%)

地名	City	2010	2014	2015	2015 排名 Ranking	地名	City	2010	2014	2015	2015 排名 Ranking
滨州	Binzhou	100.00	100.00	100.00	1	常德	Changde	96.59	99.56	91.60	261
菏泽	Heze	94.62	100.00	100.00	1	张家界	Zhangjiajie	97.53	97.19	97.58	199
河南	**Henan**	**91.03**	**92.99**	**93.10**		益阳	Yiyang	84.44	97.29	99.36	145
郑州	Zhengzhou	100.00	100.00	100.00	1	郴州	Chenzhou	92.23	100.00	100.00	1
开封	Kaifeng	97.65	94.76	91.14	262	永州	Yongzhou	98.77	99.15	98.81	171
洛阳	Luoyang	97.78	98.01	97.49	202	怀化	Huaihua	97.33	89.72	93.49	251
平顶山	Pingdingshan	80.69	97.53	97.54	201	娄底	Loudi	97.60	99.79	99.40	142
安阳	Anyang	100.00	100.00	100.00	1	**广东**	**Guangdong**	**98.37**	**97.26**	**98.46**	
鹤壁	Hebi	97.88	96.03	96.53	218	广州	Guangzhou	99.56	99.71	100.00	1
新乡	Xinxiang	97.20	99.08	99.06	162	韶关	Shaoguan	93.88	97.68	97.83	196
焦作	Jiaozuo	99.80	99.83	99.83	122	深圳	Shenzhen	100.00	100.00	100.00	1
濮阳	Puyang	90.62	91.01	94.30	246	珠海	Zhuhai	99.70	99.92	99.96	113
许昌	Xuchang	96.86	97.01	97.24	206	汕头	Shantou	98.57	92.17	100.00	1
漯河	Luohe	91.29	91.43	90.94	264	佛山	Foshan	100.00	100.00	99.99	108
三门峡	Sanmenxia	88.61	98.74	90.38	266	江门	Jiangmen	96.80	98.75	99.40	142
南阳	Nanyang	70.19	74.72	76.10	283	湛江	Zhanjiang	99.37	94.38	98.58	175
商丘	Shangqiu	64.35	67.10	67.08	286	茂名	Maoming	100.00	100.00	100.00	1
信阳	Xinyang	96.00	94.62	98.00	193	肇庆	Zhaoqing	99.94	99.96	98.44	181
周口	Zhoukou	93.70	100.00	100.00	1	惠州	Huizhou	96.57	99.16	97.08	208
驻马店	Zhumadian	63.38	86.69	87.18	276	梅州	Meizhou	96.16	97.04	89.29	270
湖北	**Hubei**	**97.59**	**98.75**	**98.83**		汕尾	Shanwei	95.07	99.05	97.69	198
武汉	Wuhan	100.00	100.00	100.00	1	河源	Heyuan	99.89	100.00	100.00	1
黄石	Huangshi	99.97	100.00	100.00	1	阳江	Yangjiang	100.00	100.00	99.79	124
十堰	Shiyan	88.35	97.59	97.04	210	清远	Qingyuan	99.98	100.00	82.22	280
宜昌	Yichang	100.00	100.00	100.00	1	东莞	Dongguan	99.50	100.00	100.00	1
襄阳	Xiangyang	99.62	100.00	100.00	1	中山	Zhongshan	100.00	100.00	99.50	137
鄂州	Ezhou	100.00	100.00	100.00	1	潮州	Chaozhou	100.00	92.26	92.89	257
荆门	Jingmen	100.00	100.00	100.00	1	揭阳	Jieyang	97.60	71.70	87.62	273
孝感	Xiaogan	97.40	100.00	100.00	1	云浮	Yunfu	98.48	98.81	95.92	230
荆州	Jingzhou	98.27	99.71	99.81	123	**广西**	**Guangxi**	**94.65**	**94.40**	**97.50**	
黄冈	Huanggang	97.21	99.36	100.00	1	南宁	Nanning	95.10	90.39	96.47	220
咸宁	Xianning	84.34	96.27	97.25	205	柳州	Liuzhou	99.80	97.94	98.17	190
随州	Suizhou	94.51	94.08	94.25	247	桂林	Guilin	78.27	97.25	97.14	207
湖南	**Hunan**	**95.17**	**97.05**	**97.30**		梧州	Wuzhou	93.88	90.12	96.32	223
长沙	Changsha	100.00	100.00	99.21	152	北海	Beihai	97.08	99.61	99.70	132
株洲	Zhuzhou	98.89	100.00	100.00	1	防城港	Fangchenggang	100.00	100.00	100.00	1
湘潭	Xiangtan	97.54	98.46	98.50	178	钦州	Qinzhou	99.56	92.90	100.00	1
衡阳	Hengyang	100.00	96.45	99.25	149	贵港	Guigang	91.38	91.75	96.09	226
邵阳	Shaoyang	92.08	90.06	95.11	239	玉林	Yulin	100.00	100.00	100.00	1
岳阳	Yueyang	95.54	100.00	100.00	1	百色	Baise	100.00	100.00	100.00	1

8-30 城市用水普及率(辖区) 续表 3
Urban Water Coverage Rate (Municipal Districts) continued 3

单位：% (%)

地名	City	2010	2014	2015	2015 排名 Ranking	地名	City	2010	2014	2015	2015 排名 Ranking
贺州	Hezhou	99.15	70.60	87.53	274	丽江	Lijiang	99.50	100.00	98.24	188
河池	Hechi	99.26	97.99	98.00	193	普洱	Puer	73.30	98.30	98.32	186
来宾	Laibin	90.55	100.00	99.93	115	临沧	Lincang	94.84	85.05	85.95	278
崇左	Chongzuo	100.00	89.13	94.83	243	**西藏**	**Tibet**	**97.42**	**89.07**	**88.06**	
海南	**Hainan**	**89.43**	**98.10**	**98.64**		拉萨	Lasa	99.22	94.69	93.38	253
海口	Haikou	100.00	99.95	100.00	1	**陕西**	**Shaanxi**	**99.39**	**96.31**	**97.12**	
三亚	Sanya	91.23	95.64	98.93	167	西安	Xi'an	100.00	100.00	100.00	1
三沙	Sansha		76.92	100.00	1	铜川	Tongchuan	95.67	92.94	93.43	252
重庆	**Chongqing**	**94.05**	**96.78**	**96.87**		宝鸡	Baoji	99.85	100.00	100.00	1
四川	**Sichuan**	**90.80**	**91.12**	**93.05**		咸阳	Xianyang	96.00	91.94	92.00	259
成都	Chengdu	95.79	98.44	99.22	150	渭南	Weinan	99.38	99.33	98.83	170
自贡	Zigong	83.93	70.03	70.16	285	延安	Yan'an	86.01	81.24	89.65	269
攀枝花	Panzhihua	96.12	95.06	80.39	281	汉中	Hanzhong	75.70	79.71	82.49	279
泸州	Luzhou	89.68	90.85	95.35	234	榆林	Yulin	95.14	93.89	97.73	197
德阳	Deyang	98.67	98.19	99.40	142	安康	Ankang	84.74	94.39	94.61	245
绵阳	Mianyang	97.96	99.07	99.01	164	商洛	Shangluo	94.94	92.12	100.00	1
广元	Guangyuan	90.94	93.29	96.40	222	**甘肃**	**Gansu**	**91.57**	**94.95**	**97.28**	
遂宁	Suining	76.42	82.66	88.78	271	兰州	Lanzhou	94.96	96.10	96.03	227
内江	Neijiang	78.00	93.17	91.10	263	嘉峪关	Jiayuguan	100.00	100.00	100.00	1
乐山	Leshan	91.28	96.38	97.01	212	金昌	Jinchang	100.00	100.00	100.00	1
南充	Nanchong	96.98	97.22	98.18	189	白银	Baiyin	97.80	100.00	99.76	128
眉山	Meishan	99.58	82.60	92.91	256	天水	Tianshui	76.09	80.69	95.01	240
宜宾	Yibin	100.00	77.00	76.94	282	武威	Wuwei	94.12	95.24	97.26	204
广安	Guangan	72.82	98.98	96.75	215	张掖	Zhangye	99.01	100.00	100.00	1
达州	Dazhou	94.91	71.88	96.66	217	平凉	Pingliang	95.39	99.79	99.85	121
雅安	Yaan	100.00	99.09	98.64	173	酒泉	Jiuquan	100.00	100.00	100.00	1
巴中	Bazhong	94.18	93.07	87.02	277	庆阳	Qingyang	95.88	98.79	99.17	154
资阳	Ziyang	88.32	98.74	99.28	148	定西	Dingxi	86.81	98.00	98.15	191
贵州	**Guizhou**	**94.10**	**94.47**	**95.43**		陇南	Longnan	48.16	87.67	95.00	241
贵阳	Guiyang	96.22	95.06	96.21	225	**青海**	**Qinghai**	**99.87**	**99.71**	**99.06**	
六盘水	Liupanshui	98.32	90.88	91.99	260	西宁	Xining	99.85	99.99	99.99	108
遵义	Zunyi	100.00	95.85	96.51	219	海东	Haidong		99.80	98.38	183
安顺	Anshun	86.21	96.95	96.68	216	**宁夏**	**Ningxia**	**98.23**	**97.26**	**96.40**	
毕节	Bijie	79.59	95.97	95.99	228	银川	Yinchuan	99.48	100.00	98.05	192
铜仁	Tongren	95.65	90.27	93.21	254	石嘴山	Shizuishan	99.29	97.85	98.33	185
云南	**Yunnan**	**96.50**	**97.85**	**97.33**		吴忠	Wuzhong	89.06	93.24	94.83	243
昆明	Kunming	99.69	99.58	99.68	134	固原	Guyuan	99.19	90.53	90.34	267
曲靖	Qujing	100.00	99.49	99.72	131	中卫	Zhongwei	97.99	90.21	90.58	265
玉溪	Yuxi	100.00	98.40	99.90	117	**新疆**	**Xinjiang**	**99.17**	**98.15**	**98.81**	
保山	Baoshan	90.03	90.65	87.66	272	乌鲁木齐	Urumqi	99.93	99.96	99.98	112
昭通	Zhaotong	96.30	96.63	97.05	209	克拉玛依	Karamay	100.00	100.00	100.00	1

8-31 城市人工煤气供气总量(辖区)
Total Urban Man-made Coal Gas Supplied (Municipal Districts)

单位：万立方米 (10 000 m³)

地名	City	2010	2014	2015	2015 排名 Ranking
全国	**Nation Total**	**2799380**	**559513**	**471378**	
北京	**Beijing**				
天津	**Tianjin**				
河北	**Hebei**	**89834**	**56763**	**53538**	
石家庄	Shijiazhuang	1046	5522	5524	16
唐山	Tangshan	53727	22494	24609	5
秦皇岛	Qinhuangdao				
邯郸	Handan	9162	7047	6417	13
邢台	Xingtai	14856	8233	5426	17
保定	Baoding				
张家口	Zhangjiakou	5879	5584	5584	14
承德	Chengde	3205	4984	4269	18
沧州	Cangzhou				
廊坊	Langfang				
衡水	Hengshui				
山西	**Shanxi**	**87203**	**46851**	**39450**	
太原	Taiyuan	49764	22371	22827	6
大同	Datong				
阳泉	Yangquan				
长治	Changzhi	11482			
晋城	Jincheng				
朔州	Shuozhou				
晋中	Jinzhong	3928	9321	3320	24
运城	Yuncheng				
忻州	Xinzhou	4775	486	423	34
临汾	Linfen	9771	16557	9526	10
吕梁	Lvliang	2838			
内蒙古	**Inner Mongolia**	**3069**	**3500**	**3090**	
呼和浩特	Hohhot				
包头	Baotou	3069	3500	3090	25
乌海	Wuhai				
赤峰	Chifeng				
通辽	Tongliao				
鄂尔多斯	Erdos				
呼伦贝尔	Hulunbuir				
巴彦淖尔	Bayannur				
乌兰察布	Ulanqab				
辽宁	**Liaoning**	**55177**	**63604**	**57394**	
沈阳	Shenyang				
大连	Dalian	22357	25903	25197	4
鞍山	Anshan	13107	19210	19595	7
抚顺	Fushun				
本溪	Benxi	4738	4682		
丹东	Dandong	4024	4229	4170	21
锦州	Jinzhou	8276	9476	8333	12
营口	Yingkou				
阜新	Fuxin				
辽阳	Liaoyang				
盘锦	Panjin				
铁岭	Tieling				
朝阳	Chaoyang	2004			
葫芦岛	Huludao				
吉林	**Jilin**	**16727**	**12827**	**7945**	
长春	Changchun	14327	9309	4193	20
吉林	Jilin				
四平	Siping				
辽源	Liaoyuan				
通化	Tonghua	2400	3518	3752	22
白山	Baishan				
松原	Songyuan				
白城	Baicheng				
黑龙江	**Heilongjiang**	**7587**	**7783**	**7202**	
哈尔滨	Harbin				
齐齐哈尔	Qiqihar				
鸡西	Jixi	1055	1046		
鹤岗	Hegang				
双鸭山	Shuangyashan	693	735	975	32
大庆	Daqing				
伊春	Yichun				
佳木斯	Jiamusi				
七台河	Qitaihe	4089	3611	3568	23
牡丹江	Mudanjiang	1750	2391	2659	28
黑河	Heihe				
绥化	Suihua				
上海	**Shanghai**	**142167**	**31379**	**5309**	
江苏	**Jiangsu**	**1931995**	**612**		

8-31 城市人工煤气供气总量(辖区) 续表 1

Total Urban Man-made Coal Gas Supplied (Municipal Districts) continued 1

单位：万立方米 (10 000 m³)

地名	City	2010	2014	2015	2015 排名 Ranking	地名	City	2010	2014	2015	2015 排名 Ranking
南京	Nanjing	1918223				池州	Chizhou				
无锡	Wuxi					宣城	Xuancheng				
徐州	Xuzhou	1662				**福建**	**Fujian**	**2673**	**2977**	**3000**	
常州	Changzhou					福州	Fuzhou				
苏州	Suzhou	7432	612			厦门	Xiamen				
南通	Nantong	4677				莆田	Putian				
连云港	Lianyungang					三明	Sanming	2673	2977	3000	26
淮安	Huaian					泉州	Quanzhou				
盐城	Yancheng					漳州	Zhangzhou				
扬州	Yangzhou					南平	Nanping				
镇江	Zhenjiang					龙岩	Longyan				
泰州	Taizhou					宁德	Ningde				
宿迁	Suqian					**江西**	**Jiangxi**	**58208**	**30991**	**25097**	
浙江	**Zhejiang**	**484**	**478**	**488**		南昌	Nanchang	16785			
杭州	Hangzhou					景德镇	Jingdezhen	22709	13041	12861	8
宁波	Ningbo					萍乡	Pingxiang	15642	16780	11150	9
温州	Wenzhou					九江	Jiujiang				
嘉兴	Jiaxing					新余	Xinyu	3072	1170	1086	31
湖州	Huzhou					鹰潭	Yingtan				
绍兴	Shaoxing					赣州	Ganzhou				
金华	Jinhua					吉安	Jian				
衢州	Quzhou	447	478	488	33	宜春	Yichun				
舟山	Zhoushan					抚州	Fuzhou				
台州	Taizhou					上饶	Shangrao				
丽水	Lishui					**山东**	**Shandong**	**35730**	**9438**	**59**	
安徽	**Anhui**					济南	Jinan	5294	940	59	36
合肥	Hefei					青岛	Qingdao	9153			
芜湖	Wuhu					淄博	Zibo	7996			
蚌埠	Bengbu					枣庄	Zaozhuang	4154	4721		
淮南	Huainan					东营	Dongying				
马鞍山	Maanshan					烟台	Yantai				
淮北	Huaibei					潍坊	Weifang	6837	3777		
铜陵	Tongling					济宁	Jining				
安庆	Anqing					泰安	Taian				
黄山	Huangshan					威海	Weihai				
滁州	Chuzhou					日照	Rizhao				
阜阳	Fuyang					莱芜	Laiwu				
宿州	Suzhou					临沂	Linyi				
六安	Liuan					德州	Dezhou				
亳州	Bozhou					聊城	Liaocheng				

8-31 城市人工煤气供气总量(辖区) 续表 2
Total Urban Man-made Coal Gas Supplied (Municipal Districts) continued 2

单位：万立方米 (10 000 m³)

地名	City	2010	2014	2015	2015 排名 Ranking
滨州	Binzhou				
菏泽	Heze				
河南	**Henan**	**109500**	**59436**	**53100**	
郑州	Zhengzhou	520			
开封	Kaifeng				
洛阳	Luoyang	29759			
平顶山	Pingdingshan	4605			
安阳	Anyang	54998	42000	38000	2
鹤壁	Hebi				
新乡	Xinxiang				
焦作	Jiaozuo				
濮阳	Puyang				
许昌	Xuchang				
漯河	Luohe				
三门峡	Sanmenxia				
南阳	Nanyang	3086	10179	8675	11
商丘	Shangqiu				
信阳	Xinyang				
周口	Zhoukou				
驻马店	Zhumadian				
湖北	**Hubei**	**12042**			
武汉	Wuhan	8443			
黄石	Huangshi	499			
十堰	Shiyan				
宜昌	Yichang	3100			
襄阳	Xiangyang				
鄂州	Ezhou				
荆门	Jingmen				
孝感	Xiaogan				
荆州	Jingzhou				
黄冈	Huanggang				
咸宁	Xianning				
随州	Suizhou				
湖南	**Hunan**	**3044**	**2765**	**2767**	
长沙	Changsha				
株洲	Zhuzhou				
湘潭	Xiangtan				
衡阳	Hengyang				
邵阳	Shaoyang	1027			
岳阳	Yueyang				

地名	City	2010	2014	2015	2015 排名 Ranking
常德	Changde				
张家界	Zhangjiajie				
益阳	Yiyang				
郴州	Chenzhou				
永州	Yongzhou				
怀化	Huaihua				
娄底	Loudi	2017	2765	2767	27
广东	**Guangdong**	**7037**			
广州	Guangzhou	3432			
韶关	Shaoguan				
深圳	Shenzhen				
珠海	Zhuhai				
汕头	Shantou				
佛山	Foshan				
江门	Jiangmen				
湛江	Zhanjiang				
茂名	Maoming				
肇庆	Zhaoqing				
惠州	Huizhou				
梅州	Meizhou				
汕尾	Shanwei				
河源	Heyuan				
阳江	Yangjiang				
清远	Qingyuan				
东莞	Dongguan				
中山	Zhongshan				
潮州	Chaozhou				
揭阳	Jieyang				
云浮	Yunfu				
广西	**Guangxi**	**4517**	**4739**	**4439**	
南宁	Nanning				
柳州	Liuzhou	4320	4544	4243	19
桂林	Guilin				
梧州	Wuzhou				
北海	Beihai				
防城港	Fangchenggang				
钦州	Qinzhou				
贵港	Guigang				
玉林	Yulin				
百色	Baise				

8-31 城市人工煤气供气总量(辖区) 续表 3
Total Urban Man-made Coal Gas Supplied (Municipal Districts) continued 3

单位：万立方米 (10 000 m³)

地名	City	2010	2014	2015	2015 排名 Ranking
贺州	Hezhou				
河池	Hechi	197	196	196	35
来宾	Laibin				
崇左	Chongzuo				
海南	**Hainan**				
海口	Haikou				
三亚	Sanya				
三沙	Sansha				
重庆	**Chongqing**				
四川	**Sichuan**	**159719**	**165113**	**165604**	
成都	Chengdu				
自贡	Zigong				
攀枝花	Panzhihua	159719	165113	165604	1
泸州	Luzhou				
德阳	Deyang				
绵阳	Mianyang				
广元	Guangyuan				
遂宁	Suining				
内江	Neijiang				
乐山	Leshan				
南充	Nanchong				
眉山	Meishan				
宜宾	Yibin				
广安	Guangan				
达州	Dazhou				
雅安	Yaan				
巴中	Bazhong				
资阳	Ziyang				
贵州	**Guizhou**	**26963**	**16034**	**5540**	
贵阳	Guiyang	22364	10292		
六盘水	Liupanshui	3628	5092	5540	15
遵义	Zunyi				
安顺	Anshun				
毕节	Bijie	98			
铜仁	Tongren				
云南	**Yunnan**	**33818**	**40722**	**33959**	
昆明	Kunming	26975	33695	26777	3
曲靖	Qujing				
玉溪	Yuxi				
保山	Baoshan				
昭通	Zhaotong				
丽江	Lijiang				
普洱	Puer				
临沧	Lincang				
西藏	**Tibet**				
拉萨	Lasa				
陕西	**Shaanxi**				
西安	Xi'an				
铜川	Tongchuan				
宝鸡	Baoji				
咸阳	Xianyang				
渭南	Weinan				
延安	Yan'an				
汉中	Hanzhong				
榆林	Yulin				
安康	Ankang				
商洛	Shangluo				
甘肃	**Gansu**	**9438**	**1676**	**1644**	
兰州	Lanzhou				
嘉峪关	Jiayuguan	1928	1676	1644	30
金昌	Jinchang				
白银	Baiyin	7510			
天水	Tianshui				
武威	Wuwei				
张掖	Zhangye				
平凉	Pingliang				
酒泉	Jiuquan				
庆阳	Qingyang				
定西	Dingxi				
陇南	Longnan				
青海	**Qinghai**				
西宁	Xining				
海东	Haidong				
宁夏	**Ningxia**	**697**	**70**		
银川	Yinchuan				
石嘴山	Shizuishan	697	70		
吴忠	Wuzhong				
固原	Guyuan				
中卫	Zhongwei				
新疆	**Xinjiang**	**1752**	**1752**	**1752**	
乌鲁木齐	Urumqi	1752	1752	1752	29
克拉玛依	Karamay				

8-32 城市天然气供气总量(辖区)
Total Urban Natural Gas Supplied (Municipal Districts)

单位：万立方米 (10 000 m³)

地名	City	2010	2014	2015	2015 排名 Ranking
全国	**Nation Total**	**4875808**	**9643783**	**10407906**	
北京	**Beijing**	**719740**	**1136874**	**1444924**	
天津	**Tianjin**	**169453**	**301000**	**306630**	
河北	**Hebei**	**106740**	**257439**	**314237**	
石家庄	Shijiazhuang	13373	29709	94609	14
唐山	Tangshan	19752	26391	25836	49
秦皇岛	Qinhuangdao	13000	22481	36591	38
邯郸	Handan	11814	17318	14542	93
邢台	Xingtai	7439	15172	15504	88
保定	Baoding	8160	15356	20589	69
张家口	Zhangjiakou	39	121	121	264
承德	Chengde	19	1261	1262	228
沧州	Cangzhou	4800	7887	8172	136
廊坊	Langfang	8125	23929	25884	48
衡水	Hengshui	1110	3588	3259	190
山西	**Shanxi**	**141440**	**177638**	**247397**	
太原	Taiyuan	32323	49847	56753	28
大同	Datong	9212	11794	12815	103
阳泉	Yangquan	58750	19529	80254	17
长治	Changzhi	1856	5491	5895	160
晋城	Jincheng	14735	10792	11774	108
朔州	Shuozhou	4080	5145	5151	170
晋中	Jinzhong	1084	4903	7083	146
运城	Yuncheng	361	7346	8301	134
忻州	Xinzhou	2785	3731	3685	186
临汾	Linfen		5537	2543	201
吕梁	Lvliang		1800	1822	215
内蒙古	**Inner Mongolia**	**69531**	**110922**	**133207**	
呼和浩特	Hohhot	30623	40809	50728	34
包头	Baotou	30831	38265	51000	33
乌海	Wuhai	1440	6680	4298	177
赤峰	Chifeng	140	890	2313	209
通辽	Tongliao	711	2152	1967	214
鄂尔多斯	Erdos	4809	19	11131	113
呼伦贝尔	Hulunbuir			524	245
巴彦淖尔	Bayannur	52	974	3686	185
乌兰察布	Ulanqab	730	2971	2970	193
辽宁	**Liaoning**	**66173**	**126814**	**170434**	
沈阳	Shenyang	31889	51160	54847	29
大连	Dalian				
鞍山	Anshan	1459	287	288	258
抚顺	Fushun	7567	18700	43489	36
本溪	Benxi	28	2310	4059	179
丹东	Dandong	171	747	1249	230
锦州	Jinzhou	121	898	911	238
营口	Yingkou	1404	1913	2372	208
阜新	Fuxin	3080	4310	4770	172
辽阳	Liaoyang	1180	7328	8222	135
盘锦	Panjin	1263	2448	2472	204
铁岭	Tieling	3723	4420	4448	174
朝阳	Chaoyang		1145	1123	231
葫芦岛	Huludao	3129	7861	8845	128
吉林	**Jilin**	**43462**	**115404**	**111432**	
长春	Changchun	26282	53058	45882	35
吉林	Jilin	6608	31775	34328	40
四平	Siping	2764	3332	3154	191
辽源	Liaoyuan		1515	1507	220
通化	Tonghua				
白山	Baishan	104	242	498	247
松原	Songyuan	5400	7965	8030	139
白城	Baicheng	260	2193	2201	211
黑龙江	**Heilongjiang**	**72497**	**116623**	**113245**	
哈尔滨	Harbin	29083	53445	58427	27
齐齐哈尔	Qiqihar	18090	21516	20421	70
鸡西	Jixi			35	269
鹤岗	Hegang	1046	1122	1017	234
双鸭山	Shuangyashan				
大庆	Daqing	22035	34800	27574	46
伊春	Yichun			1	275
佳木斯	Jiamusi	2243	4800	4300	176
七台河	Qitaihe			35	270
牡丹江	Mudanjiang		56	60	268
黑河	Heihe				
绥化	Suihua		60	360	254
上海	**Shanghai**	**450032**	**696093**	**734776**	
江苏	**Jiangsu**	**472309**	**842071**	**969799**	

8-32 城市天然气供气总量（辖区） 续表 1
Total Urban Natural Gas Supplied (Municipal Districts) continued 1

单位：万立方米 (10 000 m³)

地名	City	2010	2014	2015	2015 排名 Ranking
南京	Nanjing	57891	95177	104382	12
无锡	Wuxi	41635	69289	69963	23
徐州	Xuzhou	13524	21255	26582	47
常州	Changzhou	48099	63432	77578	19
苏州	Suzhou	55899	114245	200918	4
南通	Nantong	810	20300	23415	57
连云港	Lianyungang	7223	11606	12565	105
淮安	Huaian	7433	19344	21042	64
盐城	Yancheng	5696	11407	14459	94
扬州	Yangzhou	6885	17041	18812	76
镇江	Zhenjiang	20497	34146	34581	39
泰州	Taizhou	2559	18024	20363	72
宿迁	Suqian	3735	13863	14776	92
浙江	**Zhejiang**	**118884**	**328121**	**319276**	
杭州	Hangzhou	45839	106527	77842	18
宁波	Ningbo	22464	70904	68377	24
温州	Wenzhou	1063	4009	3947	180
嘉兴	Jiaxing	5109	17108	18456	78
湖州	Huzhou	7573	15847	18210	79
绍兴	Shaoxing	13509	50786	61814	25
金华	Jinhua	790	3578	5565	167
衢州	Quzhou	1074	5539	8316	133
舟山	Zhoushan	1676	2811	2923	195
台州	Taizhou	25	4216	5822	161
丽水	Lishui				
安徽	**Anhui**	**112190**	**219684**	**234585**	
合肥	Hefei	22411	44791	52333	30
芜湖	Wuhu	18677	27978	32568	41
蚌埠	Bengbu	11178	27652	27660	45
淮南	Huainan	7801	9361	8869	127
马鞍山	Maanshan	13136	21877	22237	61
淮北	Huaibei	2398	8101	8108	137
铜陵	Tongling	9596	17901	16836	83
安庆	Anqing	918	6045	6058	157
黄山	Huangshan		951	1062	233
滁州	Chuzhou	9628	15037	14133	97
阜阳	Fuyang	6400	6938	7040	147
宿州	Suzhou	1709	2857	4664	173
六安	Liuan	2328	5609	6162	155
亳州	Bozhou	1287	4291	4306	175
池州	Chizhou	934	2866	2300	210
宣城	Xuancheng	1188	3771	5641	166
福建	**Fujian**	**51101**	**132312**	**148807**	
福州	Fuzhou	7413	18409	18925	75
厦门	Xiamen	9085	24962	25042	51
莆田	Putian	1502	6969	7284	144
三明	Sanming				
泉州	Quanzhou	2405	5256	5967	159
漳州	Zhangzhou	877	3080	3446	189
南平	Nanping			12	273
龙岩	Longyan		513	523	246
宁德	Ningde		337	603	243
江西	**Jiangxi**	**11263**	**69115**	**73570**	
南昌	Nanchang	1407	20495	23932	54
景德镇	Jingdezhen	1586	12793	8538	132
萍乡	Pingxiang	1830	6404	7685	140
九江	Jiujiang	1290	7890	8079	138
新余	Xinyu		3561	3857	182
鹰潭	Yingtan		257	419	252
赣州	Ganzhou	1686	6344	6910	150
吉安	Jian	730	1405	1536	219
宜春	Yichun	1210	4356	5799	164
抚州	Fuzhou	200	2892	2875	197
上饶	Shangrao	488	1036	1261	229
山东	**Shandong**	**326931**	**627532**	**633917**	
济南	Jinan	20814	50274	60793	26
青岛	Qingdao	35681	74823	70311	22
淄博	Zibo	62870	93576	84547	15
枣庄	Zaozhuang	2966	5642	9841	121
东营	Dongying	25240	27711	27931	44
烟台	Yantai	13110	25100	25572	50
潍坊	Weifang	8821	23772	23772	55
济宁	Jining	8673	22321	20930	66
泰安	Taian	17100	20572	21273	63
威海	Weihai	5441	10098	10333	120
日照	Rizhao	2175	10600	14348	95
莱芜	Laiwu	3037	10036	9241	126
临沂	Linyi	12831	49640	52302	31
德州	Dezhou	5685	18669	20387	71
聊城	Liaocheng	10190	16040	13703	100

8-32 城市天然气供气总量(辖区) 续表 2

Total Urban Natural Gas Supplied (Municipal Districts) continued 2

单位：万立方米 (10 000 m³)

地名	City	2010	2014	2015	2015 排名 Ranking
滨州	Binzhou	8190	13640	13076	101
菏泽	Heze	10814	14595	15580	87
河南	**Henan**	**158928**	**305240**	**332808**	
郑州	Zhengzhou	52171	95319	106895	11
开封	Kaifeng	6115	11658	11695	109
洛阳	Luoyang	4165	21949	22306	60
平顶山	Pingdingshan	20951	9366	9321	125
安阳	Anyang	12165	19359	23477	56
鹤壁	Hebi	1821	3511	3832	183
新乡	Xinxiang	8480	14469	14891	90
焦作	Jiaozuo	11750	18794	17922	81
濮阳	Puyang	5120	5781	6252	153
许昌	Xuchang	2149	5776	6236	154
漯河	Luohe	1769	2273	2468	205
三门峡	Sanmenxia	290	10861	11265	112
南阳	Nanyang	139	5362	6991	148
商丘	Shangqiu	789	4039	6971	149
信阳	Xinyang	2363	10738	10995	114
周口	Zhoukou	4241	6853	7518	142
驻马店	Zhumadian	2027	5029	6016	158
湖北	**Hubei**	**152833**	**309438**	**330397**	
武汉	Wuhan	78444	147000	156560	8
黄石	Huangshi	11014	20906	20727	68
十堰	Shiyan		3275	3664	188
宜昌	Yichang	10577	14584	16001	85
襄阳	Xiangyang	10234	16713	19830	73
鄂州	Ezhou	3000	3820	3935	181
荆门	Jingmen	5483	10367	10541	117
孝感	Xiaogan	457	4656	5800	163
荆州	Jingzhou	6803	13964	15602	86
黄冈	Huanggang	978	2860	2720	200
咸宁	Xianning	1452	9511	10391	119
随州	Suizhou	700	2320	2385	207
湖南	**Hunan**	**111757**	**217162**	**215488**	
长沙	Changsha	36000	73299	72731	21
株洲	Zhuzhou	13524	23647	22102	62
湘潭	Xiangtan	8763	15006	15006	89
衡阳	Hengyang	14221	20000	14856	91
邵阳	Shaoyang	598	2714	2912	196
岳阳	Yueyang	6759	14223	16297	84
常德	Changde	10822	29686	30864	42
张家界	Zhangjiajie	85	727	1095	232
益阳	Yiyang	2500	5853	6118	156
郴州	Chenzhou	270	2437	3044	192
永州	Yongzhou		101	337	255
怀化	Huaihua		473	473	248
娄底	Loudi		380	395	253
广东	**Guangdong**	**170266**	**1291347**	**1232938**	
广州	Guangzhou	61285	167975	174629	6
韶关	Shaoguan	1376	2545	2748	199
深圳	Shenzhen	40425	847858	775225	1
珠海	Zhuhai		8023	12275	106
汕头	Shantou	979	2075	2497	203
佛山	Foshan	17532	103363	95778	13
江门	Jiangmen	375	8829	10664	116
湛江	Zhanjiang	4926	8374	9838	122
茂名	Maoming	36	1299	1439	223
肇庆	Zhaoqing	2001	9269	10474	118
惠州	Huizhou	450	10258	11659	110
梅州	Meizhou	418	1023	979	235
汕尾	Shanwei	3	87	173	261
河源	Heyuan	14	570	1301	227
阳江	Yangjiang	804	1318	1385	224
清远	Qingyuan	641	5700	6385	151
东莞	Dongguan	23414		73857	20
中山	Zhongshan	5313	8563	10714	115
潮州	Chaozhou	9703	22576	24383	53
揭阳	Jieyang	18	7105	2856	198
云浮	Yunfu	22	367	469	249
广西	**Guangxi**	**10320**	**28510**	**38789**	
南宁	Nanning	4235	12588	18745	77
柳州	Liuzhou	1874	4475	5810	162
桂林	Guilin	1244	3230	4075	178
梧州	Wuzhou	180	1053	1319	226
北海	Beihai	1481	2580	2941	194
防城港	Fangchenggang	17	193	446	250
钦州	Qinzhou	257	763	952	236
贵港	Guigang	352	818	804	240
玉林	Yulin	309	1721	2176	212
百色	Baise		32	110	265

8-32　城市天然气供气总量（辖区）　续表 3
Total Urban Natural Gas Supplied (Municipal Districts) continued 3

单位：万立方米　　　(10 000 m³)

地名	City	2010	2014	2015	2015 排名 Ranking
贺州	Hezhou			12.73	272
河池	Hechi			4	274
来宾	Laibin			324	256
崇左	Chongzuo			29	271
海南	**Hainan**	**14264**	**27635**	**29004**	
海口	Haikou	10031	19014	19013	74
三亚	Sanya	3062	6058	7634	141
三沙	Sansha				
重庆	**Chongqing**	**254021**	**321485**	**349378**	
四川	**Sichuan**	**525686**	**610050**	**627976**	
成都	Chengdu	219413	216492	227092	3
自贡	Zigong	14908	14601	23146	58
攀枝花	Panzhihua	1	146	153	263
泸州	Luzhou	71788	79813	80524	16
德阳	Deyang	48194	45325	52238	32
绵阳	Mianyang	36244	48281	39936	37
广元	Guangyuan	5654	11865	9503	124
遂宁	Suining	8470	12313	14254	96
内江	Neijiang	5191	10297	11568	111
乐山	Leshan	15107	27392	22802	59
南充	Nanchong	8940	16730	17320	82
眉山	Meishan	7755	8178	8826	129
宜宾	Yibin	7814	10794	13935	99
广安	Guangan	2749	6519	7153	145
达州	Dazhou	6619	8807	8641	131
雅安	Yaan	2525	5245	5298	169
巴中	Bazhong	3007	8739	8774	130
资阳	Ziyang	6485	5171	4867	171
贵州	**Guizhou**	**3546**	**29011**	**32906**	
贵阳	Guiyang	1826	20080	21000	65
六盘水	Liupanshui				
遵义	Zunyi	880		5719	165
安顺	Anshun	5	974	1692	216
毕节	Bijie		585	620	242
铜仁	Tongren				
云南	**Yunnan**	**119**	**4414**	**7345**	
昆明	Kunming		1405	3765	184
曲靖	Qujing		1278	1482	221
玉溪	Yuxi		470	438	251
保山	Baoshan	7	491	531	244
昭通	Zhaotong	58	285	295	257

地名	City	2010	2014	2015	2015 排名 Ranking
丽江	Lijiang	25	81	81	266
普洱	Puer				
临沧	Lincang				
西藏	**Tibet**		**16**	**1346**	
拉萨	Lasa		16	1346	225
陕西	**Shaanxi**	**164654**	**285839**	**311286**	
西安	Xi'an	105807	178125	193039	5
铜川	Tongchuan	4530	11051	12856	102
宝鸡	Baoji	13049	19826	20744	67
咸阳	Xianyang	17441	18040	18040	80
渭南	Weinan	4600	9525	12790	104
延安	Yan'an	6810	13136	14044	98
汉中	Hanzhong	10	2437	3667	187
榆林	Yulin	10565	22782	24820	52
安康	Ankang		765	922	237
商洛	Shangluo	268	802	891	239
甘肃	**Gansu**	**72917**	**159230**	**161907**	
兰州	Lanzhou	70182	137401	136786	9
嘉峪关	Jiayuguan	43	146	157	262
金昌	Jinchang		1560	1670	217
白银	Baiyin	134	6141	6270	152
天水	Tianshui		1677	2410	206
武威	Wuwei		2237	2516	202
张掖	Zhangye		906	1460	222
平凉	Pingliang	7	788	790	241
酒泉	Jiuquan	366	582	2010	213
庆阳	Qingyang	116	1623	1648	218
定西	Dingxi		66	67	267
陇南	Longnan		196	206	260
青海	**Qinghai**	**61557**	**129793**	**133022**	
西宁	Xining	54255	113747	113871	10
海东	Haidong		5000	7382	143
宁夏	**Ningxia**	**108485**	**218700**	**199279**	
银川	Yinchuan	86937	177000	162000	7
石嘴山	Shizuishan	11852	14444	12111	107
吴忠	Wuzhong	3507	8286	5422	168
固原	Guyuan			241	259
中卫	Zhongwei	1280	9587	9599	123
新疆	**Xinjiang**	**134711**	**448271**	**447797**	
乌鲁木齐	Urumqi	66491	295702	277416	2
克拉玛依	Karamay	3829	20988	28965	43

8-33 城市液化石油气供气总量(辖区)
Total Urban LPG Supplied (Municipal Districts)

单位：吨 (ton)

地名	City	2010	2014	2015	2015 排名 Ranking
全国	**Nation Total**	**12680054**	**10828490**	**10392169**	
北京	**Beijing**	**323104**	**546293**	**576306**	
天津	**Tianjin**	**53368**	**43154**	**50494**	
河北	**Hebei**	**205007**	**161923**	**166370**	
石家庄	Shijiazhuang	14106	34774	41695	35
唐山	Tangshan	10557	9869	10087	116
秦皇岛	Qinhuangdao	8083	3845	1912	232
邯郸	Handan	7546	1090	671	249
邢台	Xingtai	7335	7130	5677	161
保定	Baoding	6758	2496	8426	130
张家口	Zhangjiakou	5633	3134	3134	207
承德	Chengde	4857	4811	3806	193
沧州	Cangzhou	3656	3429	3236	203
廊坊	Langfang	2648	2750	2650	217
衡水	Hengshui	3996	3000	2850	211
山西	**Shanxi**	**63331**	**69557**	**66168**	
太原	Taiyuan	31440	29514	30317	52
大同	Datong	5000	200	9157	125
阳泉	Yangquan	1558	10772	750	248
长治	Changzhi	5557	754	3774	194
晋城	Jincheng	1772	271	1942	231
朔州	Shuozhou	1300	1647	1300	242
晋中	Jinzhong	1983	1300	1993	229
运城	Yuncheng		2210		
忻州	Xinzhou	3600	4050	3650	197
临汾	Linfen	3800	4075	4200	181
吕梁	Lvliang	1250			
内蒙古	**Inner Mongolia**	**74251**	**63069**	**57950**	
呼和浩特	Hohhot	7760			
包头	Baotou	11260	9220	6775	141
乌海	Wuhai	1510	1331		
赤峰	Chifeng	12459	15769	15816	85
通辽	Tongliao	3030	576	576	252
鄂尔多斯	Erdos	3800	1800	650	250
呼伦贝尔	Hulunbuir	2945	6840	4120	185
巴彦淖尔	Bayannur	15010	3785		
乌兰察布	Ulanqab	2440	952	3700	195
辽宁	**Liaoning**	**395058**	**492406**	**468889**	
沈阳	Shenyang	31800	134200	127590	10
大连	Dalian	155588	158112	157912	8
鞍山	Anshan	5321	5100	5100	168
抚顺	Fushun	38100	38696	38374	41
本溪	Benxi	4080	6415	4358	177
丹东	Dandong	5430	14015	13680	94
锦州	Jinzhou	6350	122	12	263
营口	Yingkou	20000	6005		
阜新	Fuxin	4910	5220	5221	165
辽阳	Liaoyang	11606	11372	11315	106
盘锦	Panjin	13504	14675	13503	95
铁岭	Tieling	2926	2945	2850	211
朝阳	Chaoyang	5980	5830	5674	162
葫芦岛	Huludao	1000	12665	12665	98
吉林	**Jilin**	**214818**	**184553**	**157752**	
长春	Changchun	79187	43762	37743	42
吉林	Jilin	48000	36268	32913	49
四平	Siping	6100	2831	2230	221
辽源	Liaoyuan	7332	4236	2064	226
通化	Tonghua	2100	2090	2037	227
白山	Baishan	3732	4507	4215	180
松原	Songyuan	13300	9934	6434	146
白城	Baicheng	7612	4808	5004	170
黑龙江	**Heilongjiang**	**219784**	**214429**	**210492**	
哈尔滨	Harbin	82800	78000	72000	20
齐齐哈尔	Qiqihar	6070	5000	4700	173
鸡西	Jixi	3994	6391	5852	156
鹤岗	Hegang	2612	7778	7782	135
双鸭山	Shuangyashan	3888	3250	3250	202
大庆	Daqing	13246	9319	7593	137
伊春	Yichun	6850	8619	14614	91
佳木斯	Jiamusi	9100	6000	6000	153
七台河	Qitaihe	22200	1548	1311	241
牡丹江	Mudanjiang	20005	18021	17841	78
黑河	Heihe	1200	2320	2400	220
绥化	Suihua	4000	13000	12000	102
上海	**Shanghai**	**398427**	**418013**	**424112**	
江苏	**Jiangsu**	**766586**	**651779**	**593577**	

8-33 城市液化石油气供气总量(辖区) 续表 1
Total Urban LPG Supplied (Municipal Districts) continued 1

单位：吨 (ton)

地名	City	2010	2014	2015	2015 排名 Ranking
南京	Nanjing	146476	109278	88285	17
无锡	Wuxi	55005	46314	39995	39
徐州	Xuzhou	29336	28054	26856	62
常州	Changzhou	11037	5689	11069	108
苏州	Suzhou	68005	88875	87259	18
南通	Nantong	37434	24869	23129	64
连云港	Lianyungang	9600	8401	11882	103
淮安	Huaian	24878	30276	28156	57
盐城	Yancheng	26972	24000	27188	60
扬州	Yangzhou	24726	27480	19333	75
镇江	Zhenjiang	31265	25023	15916	84
泰州	Taizhou	19445	23558	21284	65
宿迁	Suqian	7023	7985	8247	134
浙江	**Zhejiang**	**877956**	**701812**	**695947**	
杭州	Hangzhou	114427	91721	123762	11
宁波	Ningbo	222036	98346	110059	13
温州	Wenzhou	108000	53736	44773	32
嘉兴	Jiaxing	28079	26256	28570	56
湖州	Huzhou	10703	4659	4831	171
绍兴	Shaoxing	18371	31374	30104	53
金华	Jinhua	23899	29224	27992	58
衢州	Quzhou	8102	5711	5475	163
舟山	Zhoushan	29786	29846	27158	61
台州	Taizhou	61161	67167	66601	22
丽水	Lishui	11097	12015	15257	89
安徽	**Anhui**	**615770**	**752627**	**736312**	
合肥	Hefei	65284	28900	30000	54
芜湖	Wuhu	29520	19200	17349	80
蚌埠	Bengbu	14010	2200	2000	228
淮南	Huainan	25500	10713	10980	110
马鞍山	Maanshan				
淮北	Huaibei	21550	11200	9865	119
铜陵	Tongling	17945	277	134	259
安庆	Anqing	361594	605744	597844	3
黄山	Huangshan	10817	11029	11374	105
滁州	Chuzhou	5875	5136	4524	176
阜阳	Fuyang	3940	5109	5415	164
宿州	Suzhou	7500	7100	6000	153
六安	Liuan	7760	7409	6700	142
亳州	Bozhou	14100	6230	3915	190
池州	Chizhou	2783	2635	2755	215
宣城	Xuancheng	3100	3600	3680	196
福建	**Fujian**	**333758**	**298252**	**286906**	
福州	Fuzhou	75234	62335	54509	26
厦门	Xiamen	89954	84494	83869	19
莆田	Putian	19208	13508	16058	83
三明	Sanming	3618	1803	1505	235
泉州	Quanzhou	42150	31718	30955	51
漳州	Zhangzhou	16545	15288	15495	86
南平	Nanping	4500	10253	8480	129
龙岩	Longyan	8942	7248	10002	118
宁德	Ningde	7867	8460	5720	160
江西	**Jiangxi**	**188847**	**237316**	**228912**	
南昌	Nanchang	48731	48521	46283	31
景德镇	Jingdezhen	26177	20149	8360	132
萍乡	Pingxiang	4920	16780	17322	81
九江	Jiujiang	18375	15300	15000	90
新余	Xinyu	1569	1125	1104	244
鹰潭	Yingtan	8000	7005	6315	148
赣州	Ganzhou	5500	17141	15330	88
吉安	Jian	5282	14150	14090	92
宜春	Yichun	11830	20468	20558	67
抚州	Fuzhou	11180	23356	23356	63
上饶	Shangrao	10982	14488	20400	68
山东	**Shandong**	**760332**	**395521**	**366750**	
济南	Jinan	28566	38900	39200	40
青岛	Qingdao	80073	39255	35255	47
淄博	Zibo	59928	37909	36495	44
枣庄	Zaozhuang	11909	10310	6045	151
东营	Dongying	10606	9574	9274	124
烟台	Yantai	29587	34257	27813	59
潍坊	Weifang	15727	8650	8590	128
济宁	Jining	1988	5700	6390	147
泰安	Taian	800	2740	2813	214
威海	Weihai	3318	10465	9440	123
日照	Rizhao	9644	12000	12416	101
莱芜	Laiwu	13141	10152	13353	96
临沂	Linyi	60919	41222	40754	37
德州	Dezhou	2985	7452	6680	143
聊城	Liaocheng	4000	3600	1400	240

8-33 城市液化石油气供气总量(辖区) 续表 2

Total Urban LPG Supplied (Municipal Districts) continued 2

单位：吨 (ton)

地名	City	2010	2014	2015	2015 排名 Ranking
滨州	Binzhou	9100	4600	4812	172
菏泽	Heze	278972	20708	19975	72
河南	**Henan**	**241602**	**223532**	**217382**	
郑州	Zhengzhou	65700	62607	61615	24
开封	Kaifeng	8075	10690	11100	107
洛阳	Luoyang	28005	21875	20316	69
平顶山	Pingdingshan	108			
安阳	Anyang	7657	7326	6890	139
鹤壁	Hebi	4830	1436	1436	237
新乡	Xinxiang	4970	1200	1100	245
焦作	Jiaozuo	3578			
濮阳	Puyang				
许昌	Xuchang	8275	6796		
漯河	Luohe	10685	8751		
三门峡	Sanmenxia	2985	2172	3323	200
南阳	Nanyang	19219	20930	17758	79
商丘	Shangqiu	14530	14017	14036	93
信阳	Xinyang	10890	9960	9540	122
周口	Zhoukou	4100	4000	4000	188
驻马店	Zhumadian	3260	3270	3270	201
湖北	**Hubei**	**421507**	**350092**	**352112**	
武汉	Wuhan	215200	180000	181891	6
黄石	Huangshi	26326	22203	33822	48
十堰	Shiyan	18055	8668	9610	121
宜昌	Yichang	1664	5658	4317	179
襄阳	Xiangyang	20986	12755	12626	99
鄂州	Ezhou	7700	6800	7110	138
荆门	Jingmen	15657	6413	5808	159
孝感	Xiaogan	3191	12046	9072	126
荆州	Jingzhou	8200	5959	5919	155
黄冈	Huanggang	7699	3506	3138	206
咸宁	Xianning	6000	5300	5131	167
随州	Suizhou	9270			
湖南	**Hunan**	**252906**	**189230**	**241529**	
长沙	Changsha	83000	17500	60876	25
株洲	Zhuzhou	10865	3593	4200	181
湘潭	Xiangtan	11000	9700	9765	120
衡阳	Hengyang	13500	14100	12800	97
邵阳	Shaoyang	3200	4300	4700	173
岳阳	Yueyang	8912	4205	4125	184
常德	Changde	11605	4154	4154	183
张家界	Zhangjiajie	6650	8966	10106	115
益阳	Yiyang	9700	16500	16500	82
郴州	Chenzhou	14000	19000	18000	77
永州	Yongzhou	17165	10966	10418	114
怀化	Huaihua	18880	22815	37299	43
娄底	Loudi	3500	6255	6270	149
广东	**Guangdong**	**5055955**	**3684390**	**3340353**	
广州	Guangzhou	1087766	1028739	970634	1
韶关	Shaoguan	40504	10600	10800	111
深圳	Shenzhen	1406466	1100847	808862	2
珠海	Zhuhai	810000	125000	120000	12
汕头	Shantou	188300	194180	195720	5
佛山	Foshan	84638	76940	107687	14
江门	Jiangmen	80560	73882	64490	23
湛江	Zhanjiang	45000	40100	40100	38
茂名	Maoming	81404	42159	41415	36
肇庆	Zhaoqing	75737	15897	19590	73
惠州	Huizhou	72775	55479	68840	21
梅州	Meizhou	22134	20501	20012	70
汕尾	Shanwei	20400	14235	10075	117
河源	Heyuan	26697	28372	31562	50
阳江	Yangjiang	100003	87519	128574	9
清远	Qingyuan	26964	32435	19975	71
东莞	Dongguan	344762	286099	289410	4
中山	Zhongshan	43488	33927	35926	45
潮州	Chaozhou	212770	98556	96076	16
揭阳	Jieyang	27010	70896	19226	76
云浮	Yunfu	5249	5751	5818	158
广西	**Guangxi**	**303804**	**267632**	**262313**	
南宁	Nanning	86406	60266	53061	27
柳州	Liuzhou	54971	49902	46832	30
桂林	Guilin	22089	20056	20879	66
梧州	Wuzhou	7331	8279	8409	131
北海	Beihai	16500	19202	19502	74
防城港	Fangchenggang	10060	10289	10428	113
钦州	Qinzhou	8394	9953	11023	109
贵港	Guigang	8200	10238	12605	100
玉林	Yulin	29081	29797	29351	55
百色	Baise	5655	5588	5200	166

8-33 城市液化石油气供气总量（辖区） 续表 3
Total Urban LPG Supplied (Municipal Districts) continued 3

单位：吨 (ton)

地名	City	2010	2014	2015	2015 排名 Ranking
贺州	Hezhou	6000	6764	6850	140
河池	Hechi	5021	5013	5020	169
来宾	Laibin	7200	3259	4354	178
崇左	Chongzuo	2868	3301	3399	199
海南	**Hainan**	**63959**	**89419**	**82189**	
海口	Haikou	35710	56000	52041	29
三亚	Sanya	8624	10661	7650	136
三沙	Sansha				
重庆	**Chongqing**	**92807**	**95672**	**76435**	
四川	**Sichuan**	**191071**	**175131**	**173652**	
成都	Chengdu	121536	102332	104422	15
自贡	Zigong				
攀枝花	Panzhihua	5832	5784	6649	144
泸州	Luzhou	2161	2255	2149	223
德阳	Deyang	2185	2629	2590	218
绵阳	Mianyang	3340	4813		
广元	Guangyuan	2500	1200	1415	238
遂宁	Suining				
内江	Neijiang	9238	17127	15360	87
乐山	Leshan	120	120	120	260
南充	Nanchong	5350	5810	5825	157
眉山	Meishan	3110	3444	1237	243
宜宾	Yibin		560	408	253
广安	Guangan				
达州	Dazhou				
雅安	Yaan	303			
巴中	Bazhong	700		400	254
资阳	Ziyang	3010	3622	3909	191
贵州	**Guizhou**	**63772**	**76043**	**88670**	
贵阳	Guiyang	36000	40000	42000	34
六盘水	Liupanshui		488	3000	209
遵义	Zunyi	10170	11075	11720	104
安顺	Anshun	3750	4035	10651	112
毕节	Bijie	480	2031	2218	222
铜仁	Tongren	1885	2105	2105	225
云南	**Yunnan**	**166108**	**210629**	**210095**	
昆明	Kunming	124203	168000	167386	7
曲靖	Qujing	8543	4069	4100	187
玉溪	Yuxi	5490	6980	4575	175
保山	Baoshan	1797	1972	2119	224
昭通	Zhaotong	810	326	285	256
丽江	Lijiang	3100	2525	2996	210
普洱	Puer	1400	1467	1507	234
临沧	Lincang	1902	4120	4120	185
西藏	**Tibet**	**5521**	**62481**	**66661**	
拉萨	Lasa	5373	40321	44500	33
陕西	**Shaanxi**	**43381**	**28635**	**28796**	
西安	Xi'an	8110	1885	1975	230
铜川	Tongchuan	3950			
宝鸡	Baoji	715	858	200	258
咸阳	Xianyang	11100	9136	8659	127
渭南	Weinan	4554	2390	3180	205
延安	Yan'an	5830	6541	6009	152
汉中	Hanzhong	3900	4080	4000	189
榆林	Yulin				
安康	Ankang	2121	2565	2465	219
商洛	Shangluo	1037			
甘肃	**Gansu**	**185523**	**59662**	**85327**	
兰州	Lanzhou	101377	26417	52449	28
嘉峪关	Jiayuguan	40	42	46	262
金昌	Jinchang	980	450	315	255
白银	Baiyin	900	1870	1850	233
天水	Tianshui	9015	7083	6219	150
武威	Wuwei	3370	3360	3608	198
张掖	Zhangye	4450	3538	3071	208
平凉	Pingliang	2449	3083	3208	204
酒泉	Jiuquan	15430	1400	1500	236
庆阳	Qingyang	7785	8258	8262	133
定西	Dingxi	601	632	648	251
陇南	Longnan	567	878	948	246
青海	**Qinghai**	**7142**	**6250**	**6353**	
西宁	Xining	5146	3923	3881	192
海东	Haidong		108	108	261
宁夏	**Ningxia**	**14984**	**19885**	**13193**	
银川	Yinchuan	7684	14000	6570	145
石嘴山	Shizuishan	425	260	211	257
吴忠	Wuzhong	2676	1410	2833	213
固原	Guyuan	1472	1192	843	247
中卫	Zhongwei	1116	1541	1411	239
新疆	**Xinjiang**	**79617**	**59105**	**60174**	
乌鲁木齐	Urumqi	19620	31326	35563	46
克拉玛依	Karamay	22250	4052	2674	216

8-34 城市燃气普及率(辖区）
Urban Gas Coverage Rate (Municipal Districts)

单位：%　　　　(%)

地名	City	2010	2014	2015	2015 排名 Ranking
全国	**Nation Total**	**92.04**	**94.57**	**95.30**	
北京	**Beijing**	**100.00**	**100.00**	**100.00**	
天津	**Tianjin**	**100.00**	**100.00**	**100.00**	
河北	**Hebei**	**99.07**	**94.26**	**98.81**	
石家庄	Shijiazhuang	100.00	100.00	100.00	1
唐山	Tangshan	100.00	100.00	100.00	1
秦皇岛	Qinhuangdao	100.00	30.35	88.56	232
邯郸	Handan	100.00	100.00	100.00	1
邢台	Xingtai	99.06	100.00	100.00	1
保定	Baoding	99.52	87.45	99.00	106
张家口	Zhangjiakou	86.40	99.60	99.60	76
承德	Chengde	99.36	99.89	99.89	58
沧州	Cangzhou	100.00	100.00	100.00	1
廊坊	Langfang	100.00	100.00	100.00	1
衡水	Hengshui	99.47	97.69	99.10	102
山西	**Shanxi**	**89.94**	**95.77**	**97.31**	
太原	Taiyuan	98.64	99.80	98.42	128
大同	Datong	86.79	98.60	98.60	121
阳泉	Yangquan	91.66	67.20	97.95	142
长治	Changzhi	83.00	92.00	93.01	202
晋城	Jincheng	99.79	97.91	99.50	85
朔州	Shuozhou	89.01	94.80	96.57	160
晋中	Jinzhong	96.99	98.20	98.49	126
运城	Yuncheng	97.67	98.86	99.00	106
忻州	Xinzhou	95.00	96.53	95.00	187
临汾	Linfen	89.66	99.33	99.47	89
吕梁	Lvliang	86.71	94.00	94.89	188
内蒙古	**Inner Mongolia**	**79.26**	**92.28**	**94.09**	
呼和浩特	Hohhot	92.40	98.60	98.86	114
包头	Baotou	94.66	96.14	96.52	162
乌海	Wuhai	68.45	83.99	88.60	231
赤峰	Chifeng	94.97	96.50	96.66	157
通辽	Tongliao	87.73	95.99	96.23	168
鄂尔多斯	Erdos	70.33	93.45	94.23	193
呼伦贝尔	Hulunbuir	66.02	89.44	89.93	225
巴彦淖尔	Bayannur	71.07	89.20	90.27	223
乌兰察布	Ulanqab	52.80	85.04	85.78	241
辽宁	**Liaoning**	**94.19**	**96.19**	**94.76**	
沈阳	Shenyang	100.00	100.00	100.00	1
大连	Dalian	99.98	99.63	98.53	123
鞍山	Anshan	97.57	100.00	100.00	1
抚顺	Fushun	95.78	98.39	98.47	127
本溪	Benxi	85.27	96.51	98.94	110
丹东	Dandong	94.59	100.00	100.00	1
锦州	Jinzhou	98.63	99.18	99.52	80
营口	Yingkou	95.38	96.71	53.92	281
阜新	Fuxin	71.90	76.67	84.62	244
辽阳	Liaoyang	89.49	98.36	98.62	120
盘锦	Panjin	100.00	100.00	100.00	1
铁岭	Tieling	97.39	97.52	97.56	150
朝阳	Chaoyang	92.67	87.27	99.28	97
葫芦岛	Huludao	90.40	97.87	100.00	1
吉林	**Jilin**	**85.64**	**91.98**	**92.46**	
长春	Changchun	98.00	98.60	98.68	119
吉林	Jilin	95.55	97.19	98.02	140
四平	Siping	81.09	83.55	93.94	196
辽源	Liaoyuan	70.28	89.03	92.47	207
通化	Tonghua	78.98	96.11	98.40	130
白山	Baishan	78.89	83.67	85.50	242
松原	Songyuan	93.83	96.92	96.97	154
白城	Baicheng	82.59	95.31	95.31	178
黑龙江	**Heilongjiang**	**84.67**	**86.23**	**86.61**	
哈尔滨	Harbin	97.57	100.00	100.00	1
齐齐哈尔	Qiqihar	95.30	97.61	98.94	110
鸡西	Jixi	78.08	86.53	27.25	285
鹤岗	Hegang	48.74	64.01	64.37	273
双鸭山	Shuangyashan	85.21	52.45	52.93	282
大庆	Daqing	97.71	99.78	99.97	51
伊春	Yichun	74.32	36.53	80.45	247
佳木斯	Jiamusi	72.97	91.46	93.73	197
七台河	Qitaihe	86.90	68.75	70.59	267
牡丹江	Mudanjiang	85.85	88.35	91.72	215
黑河	Heihe	70.92	90.72	90.78	220
绥化	Suihua	57.78	61.25	65.35	272
上海	**Shanghai**	**100.00**	**100.00**	**100.00**	
江苏	**Jiangsu**	**99.12**	**99.49**	**99.56**	

8-34 城市燃气普及率(辖区) 续表 1

Urban Gas Coverage Rate (Municipal Districts) continued 1

单位：% (%)

地名	City	2010	2014	2015	2015 排名 Ranking	地名	City	2010	2014	2015	2015 排名 Ranking
南京	Nanjing	99.50	99.35	99.38	95	池州	Chizhou	89.66	99.64	99.67	70
无锡	Wuxi	99.60	100.00	100.00	1	宣城	Xuancheng	83.61	96.58	98.42	128
徐州	Xuzhou	99.04	98.17	98.51	125	**福建**	**Fujian**	**98.92**	**98.83**	**98.56**	
常州	Changzhou	99.00	100.00	100.00	1	福州	Fuzhou	99.61	99.53	99.53	78
苏州	Suzhou	100.00	100.00	100.00	1	厦门	Xiamen	100.00	99.34	97.59	149
南通	Nantong	100.00	100.00	100.00	1	莆田	Putian	97.99	99.07	99.52	80
连云港	Lianyungang	99.73	99.98	99.82	63	三明	Sanming	96.99	99.64	99.64	71
淮安	Huaian	96.96	100.00	99.63	74	泉州	Quanzhou	99.11	97.06	97.44	152
盐城	Yancheng	99.43	99.40	99.45	91	漳州	Zhangzhou	98.12	99.06	99.48	88
扬州	Yangzhou	97.01	99.51	99.51	82	南平	Nanping	98.59	99.53	99.72	67
镇江	Zhenjiang	100.00	100.00	100.00	1	龙岩	Longyan	95.66	98.99	99.64	71
泰州	Taizhou	97.96	99.60	99.79	64	宁德	Ningde	98.83	99.01	99.06	103
宿迁	Suqian	93.04	99.92	100.00	1	**江西**	**Jiangxi**	**92.36**	**95.18**	**94.83**	
浙江	**Zhejiang**	**99.07**	**99.81**	**99.91**		南昌	Nanchang	94.00	94.82	93.23	201
杭州	Hangzhou	100.00	100.00	100.00	1	景德镇	Jingdezhen	96.75	98.54	97.80	145
宁波	Ningbo	100.00	100.00	100.00	1	萍乡	Pingxiang	94.68	98.57	98.93	112
温州	Wenzhou	96.00	100.00	100.00	1	九江	Jiujiang	97.30	99.45	99.47	89
嘉兴	Jiaxing	98.70	99.54	99.53	78	新余	Xinyu	98.82	99.44	99.45	91
湖州	Huzhou	99.52	100.00	100.00	1	鹰潭	Yingtan	56.53	95.54	98.32	132
绍兴	Shaoxing	99.62	99.92	99.95	55	赣州	Ganzhou	97.36	98.19	98.07	138
金华	Jinhua	99.52	100.00	100.00	1	吉安	Jian	91.17	97.62	97.64	148
衢州	Quzhou	95.02	98.99	99.02	104	宜春	Yichun	95.03	95.08	95.12	183
舟山	Zhoushan	98.77	99.28	99.90	57	抚州	Fuzhou	99.09	99.19	99.45	91
台州	Taizhou	99.02	100.00	100.00	1	上饶	Shangrao	91.33	96.16	96.35	165
丽水	Lishui	100.00	100.00	100.00	1	**山东**	**Shandong**	**99.30**	**99.49**	**99.37**	
安徽	**Anhui**	**90.52**	**96.81**	**97.55**		济南	Jinan	100.00	100.00	100.00	1
合肥	Hefei	97.77	98.50	99.97	51	青岛	Qingdao	100.00	100.00	100.00	1
芜湖	Wuhu	100.00	100.00	100.00	1	淄博	Zibo	100.00	100.00	100.00	1
蚌埠	Bengbu	89.94	100.00	100.00	1	枣庄	Zaozhuang	99.28	99.48	99.50	85
淮南	Huainan	90.18	95.01	95.57	173	东营	Dongying	95.48	99.73	99.96	54
马鞍山	Maanshan	100.00	100.00	100.00	1	烟台	Yantai	99.79	100.00	100.00	1
淮北	Huaibei	92.07	98.39	98.52	124	潍坊	Weifang	99.90	100.00	100.00	1
铜陵	Tongling	98.99	100.00	100.00	1	济宁	Jining	99.38	97.15	97.47	151
安庆	Anqing	91.19	97.62	98.25	134	泰安	Taian	100.00	100.00	100.00	1
黄山	Huangshan	98.90	100.00	100.00	1	威海	Weihai	99.83	100.00	100.00	1
滁州	Chuzhou	99.60	99.83	99.85	60	日照	Rizhao	99.09	99.40	99.41	94
阜阳	Fuyang	67.24	88.13	88.20	236	莱芜	Laiwu	99.68	99.90	99.85	60
宿州	Suzhou	89.25	97.21	98.79	116	临沂	Linyi	99.67	98.40	95.28	180
六安	Liuan	79.85	97.82	98.09	137	德州	Dezhou	99.95	99.63	99.71	68
亳州	Bozhou	87.01	90.00	94.08	194	聊城	Liaocheng	91.70	99.38	99.74	66

8-34 城市燃气普及率(辖区) 续表 2

Urban Gas Coverage Rate (Municipal Districts) continued 2

单位：% (%)

地名	City	2010	2014	2015	2015 排名 Ranking	地名	City	2010	2014	2015	2015 排名 Ranking
滨州	Binzhou	100.00	100.00	100.00	1	常德	Changde	98.20	99.93	93.48	200
菏泽	Heze	99.93	99.11	99.11	101	张家界	Zhangjiajie	95.16	90.31	88.28	235
河南	**Henan**	**73.43**	**83.76**	**86.02**		益阳	Yiyang	81.13	72.95	89.14	228
郑州	Zhengzhou	88.54	90.15	92.06	211	郴州	Chenzhou	85.00	95.20	95.01	185
开封	Kaifeng	82.84	94.54	96.64	158	永州	Yongzhou	83.25	90.66	90.60	221
洛阳	Luoyang	36.34	75.94	76.41	255	怀化	Huaihua	75.02	83.99	75.92	258
平顶山	Pingdingshan	77.69	87.40	90.31	222	娄底	Loudi	94.40	94.06	96.54	161
安阳	Anyang	97.49	98.25	98.27	133	**广东**	**Guangdong**	**95.75**	**96.64**	**97.60**	
鹤壁	Hebi	79.97	90.63	94.30	191	广州	Guangzhou	99.21	99.80	99.75	65
新乡	Xinxiang	96.18	98.55	98.54	122	韶关	Shaoguan	86.51	93.47	85.48	243
焦作	Jiaozuo	90.98	93.99	95.12	183	深圳	Shenzhen	96.04	99.97	99.99	49
濮阳	Puyang	86.70	89.00	96.23	168	珠海	Zhuhai	99.64	99.92	99.20	99
许昌	Xuchang	88.94	88.65	88.69	229	汕头	Shantou	96.87	98.53	99.35	96
漯河	Luohe	92.60	78.05	77.71	252	佛山	Foshan	98.49	98.37	97.99	141
三门峡	Sanmenxia	52.80	89.70	77.02	253	江门	Jiangmen	97.46	98.04	98.06	139
南阳	Nanyang	69.15	69.42	72.34	266	湛江	Zhanjiang	98.86	98.21	98.23	135
商丘	Shangqiu	57.82	77.42	79.91	249	茂名	Maoming	94.53	100.00	100.00	1
信阳	Xinyang	92.09	97.80	90.86	219	肇庆	Zhaoqing	95.76	99.38	99.64	71
周口	Zhoukou	74.30	88.02	93.49	199	惠州	Huizhou	95.18	95.25	96.40	164
驻马店	Zhumadian	57.04	68.80	74.41	262	梅州	Meizhou	92.08	97.34	96.83	155
湖北	**Hubei**	**91.75**	**94.71**	**94.49**		汕尾	Shanwei	95.35	98.89	97.69	147
武汉	Wuhan	92.73	98.95	98.95	109	河源	Heyuan	100.00	95.61	100.00	1
黄石	Huangshi	98.63	85.00	98.77	117	阳江	Yangjiang	99.73	50.74	94.25	192
十堰	Shiyan	93.93	95.52	92.16	209	清远	Qingyuan	98.45	100.00	82.73	246
宜昌	Yichang	92.79	92.87	93.00	203	东莞	Dongguan	97.22	98.33	98.72	118
襄阳	Xiangyang	96.98	99.86	99.49	87	中山	Zhongshan	100.00	99.07	99.01	105
鄂州	Ezhou	89.64	95.39	95.45	176	潮州	Chaozhou	100.00	91.57	92.44	208
荆门	Jingmen	100.00	100.00	100.00	1	揭阳	Jieyang	89.40	88.00	86.99	238
孝感	Xiaogan	90.15	94.63	96.61	159	云浮	Yunfu	90.08	91.04	89.55	226
荆州	Jingzhou	91.02	99.84	99.87	59	**广西**	**Guangxi**	**92.35**	**92.99**	**94.46**	
黄冈	Huanggang	95.78	99.04	99.97	51	南宁	Nanning	99.26	98.64	100.00	1
咸宁	Xianning	89.55	93.64	94.63	190	柳州	Liuzhou	95.00	94.46	94.88	189
随州	Suizhou	90.85	91.02	91.33	217	桂林	Guilin	91.97	99.72	99.99	49
湖南	**Hunan**	**86.50**	**91.24**	**92.28**		梧州	Wuzhou	99.07	94.19	95.30	179
长沙	Changsha	98.96	97.64	95.39	177	北海	Beihai	99.71	99.61	99.70	69
株洲	Zhuzhou	95.01	98.82	98.82	115	防城港	Fangchenggang	89.67	99.61	97.89	143
湘潭	Xiangtan	95.47	95.86	95.81	171	钦州	Qinzhou	94.46	96.71	99.92	56
衡阳	Hengyang	97.00	92.67	99.25	98	贵港	Guigang	75.04	81.32	91.96	212
邵阳	Shaoyang	73.06	87.31	97.75	146	玉林	Yulin	98.22	98.88	98.89	113
岳阳	Yueyang	94.44	99.42	100.00	1	百色	Baise	54.01	51.63	55.27	279

8-34 城市燃气普及率(辖区) 续表 3
Urban Gas Coverage Rate (Municipal Districts) continued 3

单位：% (%)

地名	City	2010	2014	2015	2015 排名 Ranking
贺州	Hezhou	95.04	60.01	76.09	257
河池	Hechi	79.47	83.62	83.74	245
来宾	Laibin	87.46	98.99	98.97	108
崇左	Chongzuo	91.95	66.90	75.40	259
海南	**Hainan**	**82.44**	**96.49**	**97.77**	
海口	Haikou	99.02	99.69	99.57	77
三亚	Sanya	81.05	92.47	96.17	170
三沙	Sansha				
重庆	**Chongqing**	**92.02**	**94.27**	**95.34**	
四川	**Sichuan**	**84.39**	**90.89**	**92.46**	
成都	Chengdu	94.42	97.60	98.34	131
自贡	Zigong	73.03	92.57	93.00	203
攀枝花	Panzhihua	87.21	98.81	93.97	195
泸州	Luzhou	79.68	84.56	88.34	233
德阳	Deyang	85.84	94.45	95.81	171
绵阳	Mianyang	98.18	99.50	99.51	82
广元	Guangyuan	78.71	85.60	91.75	213
遂宁	Suining	73.79	82.25	88.67	230
内江	Neijiang	72.48	90.21	96.49	163
乐山	Leshan	81.32	93.69	95.51	174
南充	Nanchong	95.60	96.76	98.18	136
眉山	Meishan	99.84	96.64	96.34	166
宜宾	Yibin	90.14	73.76	76.82	254
广安	Guangan	74.43	98.98	96.75	156
达州	Dazhou	93.24	65.89	72.87	264
雅安	Yaan	58.62	96.55	99.62	75
巴中	Bazhong	92.47	94.42	86.55	239
资阳	Ziyang	82.48	96.84	97.04	153
贵州	**Guizhou**	**69.72**	**76.30**	**84.06**	
贵阳	Guiyang	95.57	95.34	96.24	167
六盘水	Liupanshui	79.29	91.18	91.74	214
遵义	Zunyi	74.52	68.24	79.28	250
安顺	Anshun	22.54	51.14	69.96	269
毕节	Bijie	14.53	53.82	66.62	271
铜仁	Tongren	34.78	30.60	63.14	275
云南	**Yunnan**	**76.40**	**76.18**	**76.79**	#N/A
昆明	Kunming	95.97	90.76	92.16	209
曲靖	Qujing	80.90	91.46	91.50	216
玉溪	Yuxi	86.48	36.51	59.04	276
保山	Baoshan	43.30	53.96	47.18	283
昭通	Zhaotong	59.71	68.07	69.96	269
丽江	Lijiang	95.51	85.05	89.29	227
普洱	Puer	53.67	76.61	78.83	251
临沧	Lincang	35.84	61.35	56.41	277
西藏	**Tibet**	**79.83**	**57.13**	**79.98**	
拉萨	Lasa	89.30	55.85	95.16	181
陕西	**Shaanxi**	**90.39**	**95.08**	**94.73**	
西安	Xi'an	99.32	100.00	100.00	1
铜川	Tongchuan	73.38	91.20	80.00	248
宝鸡	Baoji	98.56	98.59	99.13	100
咸阳	Xianyang	96.48	96.89	90.21	224
渭南	Weinan	86.70	88.11	92.54	206
延安	Yan'an	93.99	99.57	95.47	175
汉中	Hanzhong	67.64	99.95	90.97	218
榆林	Yulin	77.14	92.20	92.55	205
安康	Ankang	59.56	81.22	97.87	144
商洛	Shangluo	77.82	48.48	63.78	274
甘肃	**Gansu**	**74.29**	**83.48**	**85.77**	
兰州	Lanzhou	90.37	94.79	93.50	198
嘉峪关	Jiayuguan	100.00	100.00	100.00	1
金昌	Jinchang	49.86	67.02	70.25	268
白银	Baiyin	62.38	86.17	86.46	240
天水	Tianshui	57.36	68.75	72.37	265
武威	Wuwei	52.16	60.80	74.50	261
张掖	Zhangye	98.49	100.00	100.00	1
平凉	Pingliang	57.38	73.61	76.14	256
酒泉	Jiuquan	99.42	100.00	100.00	1
庆阳	Qingyang	76.37	85.00	88.30	234
定西	Dingxi	43.96	71.38	75.26	260
陇南	Longnan	25.92	51.52	54.60	280
青海	**Qinghai**	**90.79**	**88.81**	**85.96**	
西宁	Xining	93.71	95.12	95.16	181
海东	Haidong		52.53	56.11	278
宁夏	**Ningxia**	**88.01**	**89.23**	**87.26**	
银川	Yinchuan	98.28	100.00	99.51	82
石嘴山	Shizuishan	99.29	90.24	88.00	237
吴忠	Wuzhong	84.37	92.07	95.01	185
固原	Guyuan	67.53	47.68	33.67	284
中卫	Zhongwei	38.82	73.38	73.50	263
新疆	**Xinjiang**	**95.80**	**96.87**	**97.63**	
乌鲁木齐	Urumqi	99.60	99.85	99.85	60
克拉玛依	Karamay	100.00	100.00	100.00	1

8-35 城市集中供热面积(辖区)
Urban Central Heated Area (Municipal Districts)

单位：万立方米 (10 000 m³)

地名	City	2010	2014	2015	2015 排名 Ranking
全国	**Nation Total**	**435668**	**611246**	**672204.87**	
北京	**Beijing**	**46715**	**56786**	**58465**	
天津	**Tianjin**	**24034**	**34240**	**37677.92**	
河北	**Hebei**	**38683**	**52296**	**58750.64**	
石家庄	Shijiazhuang	8031	14777	15841.09	7
唐山	Tangshan	4503	6089	6642.17	15
秦皇岛	Qinhuangdao	3326	4245	5802.95	19
邯郸	Handan	2884	3624	3826.5	34
邢台	Xingtai	1960	2110	2110	63
保定	Baoding	3239	3124	4667	27
张家口	Zhangjiakou	2260	2398	2568	54
承德	Chengde	1355	1974	2007.83	67
沧州	Cangzhou	1398	1610	2100	65
廊坊	Langfang	1537	2032	2148	61
衡水	Hengshui	670	1079	1288	97
山西	**Shanxi**	**28739**	**42916**	**54059.02**	
太原	Taiyuan	7483	11895	21216.88	3
大同	Datong	4934	6506	6650.5	14
阳泉	Yangquan	1829	2529	2719.48	52
长治	Changzhi	2555	3104	3387	42
晋城	Jincheng	1032	2176	2359	56
朔州	Shuozhou	1004	2563	2871.7	51
晋中	Jinzhong	1760	2909	2925.41	47
运城	Yuncheng	1241	1843	1842.9	73
忻州	Xinzhou	800	944	990	101
临汾	Linfen	1540	1784	1696.16	79
吕梁	Lvliang	850	1080	1260	98
内蒙古	**Inner Mongolia**	**25340**	**41967**	**44869.08**	
呼和浩特	Hohhot	6469	9160	10386	11
包头	Baotou	5256	7618	8014	13
乌海	Wuhai	1275	1841	2109.86	64
赤峰	Chifeng	2296	3943	4298	31
通辽	Tongliao	1399	2499	2454.66	55
鄂尔多斯	Erdos	2363	5297	5319.06	21
呼伦贝尔	Hulunbuir	902	1536	1587.71	87
巴彦淖尔	Bayannur	1020	1665	1680	82
乌兰察布	Ulanqab	703	1628	1785.8	75
辽宁	**Liaoning**	**74526**	**96587**	**104543.3**	
沈阳	Shenyang	22500	26800	28000	1
大连	Dalian	15496	19663	20089	4
鞍山	Anshan	4500	6016	6460	16
抚顺	Fushun	3380	4631	4836	24
本溪	Benxi	2053	2506	2887.44	50
丹东	Dandong	2104	3125	3312.13	43
锦州	Jinzhou	2904	3617	3659.44	37
营口	Yingkou	1875	2752	4102	32
阜新	Fuxin	2314	3337	3631.05	39
辽阳	Liaoyang	2261	3166	3675.08	35
盘锦	Panjin	2419	2947	3099	45
铁岭	Tieling	1489	1721	2006.21	68
朝阳	Chaoyang	2060	2592	2914.29	48
葫芦岛	Huludao	1772	2299	3658.58	38
吉林	**Jilin**	**31718**	**45006**	**47990.19**	
长春	Changchun	12166	16407	18663.26	5
吉林	Jilin	4231	6318	6378.67	17
四平	Siping	984	1781	1781	76
辽源	Liaoyuan	1121	1534	1833.62	74
通化	Tonghua	1280	1610	1725	78
白山	Baishan	761	1587	1680	82
松原	Songyuan		1559	1670	84
白城	Baicheng	1162	1285	1335	94
黑龙江	**Heilongjiang**	**37513**	**57656**	**62457.22**	
哈尔滨	Harbin	13058	20523	22100	2
齐齐哈尔	Qiqihar	3187	3858	4752	26
鸡西	Jixi	910	1595	1681	81
鹤岗	Hegang	1143	1917	1932.82	70
双鸭山	Shuangyashan	650	2181	2180.77	58
大庆	Daqing	6050	8569	8818	12
伊春	Yichun	1200	1981	2156.55	60
佳木斯	Jiamusi	2300	2800	2900	49
七台河	Qitaihe	870	1353	1382.6	92
牡丹江	Mudanjiang	2413	3190	3415	41
黑河	Heihe	652	892	930	104
绥化	Suihua	804	1241	1757.68	77
江苏	**Jiangsu**	**9946**			
南京	Nanjing	8			
徐州	Xuzhou	1201			
南通	Nantong	9			
连云港	Lianyungang	224			
扬州	Yangzhou	8330			
浙江	**Zhejiang**	**3992**	**8001**	**4429**	
杭州	Hangzhou	55			

8-35 城市集中供热面积(辖区) 续表 1

Urban Central Heated Area (Municipal Districts) continued 1

单位：万立方米 (10 000 m³)

地名	City	2010	2014	2015	2015 排名 Ranking
宁波	Ningbo	122	4528	4320	30
湖州	Huzhou	164			
绍兴	Shaoxing	1240	2202		
金华	Jinhua	109	109	109	129
台州	Taizhou	28			
安徽	**Anhui**	**2464**	**2304**	**2684**	
合肥	Hefei	2300	2000	2100	65
淮南	Huainan	60	185	165	126
淮北	Huaibei	79	72	72	130
安庆	Anqing	1	3	3	135
滁州	Chuzhou	16	16	18	132
阜阳	Fuyang	2	4	2	136
宿州	Suzhou	6	20	320	124
山东	**Shandong**	**54710**	**83003**	**90150**	
济南	Jinan	6283	10295	12822	8
青岛	Qingdao	7225	11775	12327	9
淄博	Zibo	3824	5192	5678	20
枣庄	Zaozhuang	1095	1470	2112	62
东营	Dongying	2721	3382	3675	36
烟台	Yantai	5520	7418	4770	25
潍坊	Weifang	2744	3266	3536	40
济宁	Jining	1615	3197	3854	33
泰安	Taian	1550	1634	1922	71
威海	Weihai	2453	4248	4877	23
日照	Rizhao	1147	1470	1510	89
莱芜	Laiwu	1107	1074	1368	93
临沂	Linyi	1657	3756	4379	29
德州	Dezhou	980	2940	3096	46
聊城	Liaocheng	931	1971	2004	69
滨州	Binzhou	576	1227	1686	80
菏泽	Heze	412	649	784	110
河南	**Henan**	**10738**	**18993**	**22375**	
郑州	Zhengzhou	2261	4520	5270	22
开封	Kaifeng	500	1000	1300	95
洛阳	Luoyang	1640	2790	3290	44
平顶山	Pingdingshan	520	677	689	112
安阳	Anyang	920	1311	1540	88
鹤壁	Hebi	361	495	500	119
新乡	Xinxiang	280	742	977	103
焦作	Jiaozuo	652	1116	1856	72
濮阳	Puyang	620	754	825	107
许昌	Xuchang	710	802	803	109
漯河	Luohe	28	152	152	127
三门峡	Sanmenxia	330	570	705	111
南阳	Nanyang	346	493	528.28	117
商丘	Shangqiu	117	335	342	123
驻马店	Zhumadian	120	170	221	125
湖北	**Hubei**	**978**	**1765**	**2396**	
黄石	Huangshi		29	29	131
十堰	Shiyan	591	869	1500	90
襄阳	Xiangyang	353	368	368	121
四川	**Sichuan**	**14**			
绵阳	Mianyang	14			
陕西	**Shaanxi**	**9263**	**19825**	**24030**	
西安	Xi'an	5994	13072	16626	6
宝鸡	Baoji	1799	2546	2620	53
咸阳	Xianyang	559	1244	1468	91
渭南	Weinan	120	340	350	122
延安	Yan'an	336	494	494	120
榆林	Yulin	427	2022	2162	59
甘肃	**Gansu**	**10544**	**15270**	**16137**	
兰州	Lanzhou	4212	5749	6125	18
嘉峪关	Jiayuguan	928	1231	1251	99
金昌	Jinchang	452	825	895	105
白银	Baiyin	969	1525	1602	86
天水	Tianshui	420	680	680	113
武威	Wuwei	833	769	810	108
张掖	Zhangye	300	500	600	115
平凉	Pingliang	490	813	830	106
酒泉	Jiuquan	640	1020	1042	100
庆阳	Qingyang	267	470	512	118
定西	Dingxi	182	583	568	116
陇南	Longnan		16	16	133
青海	**Qinghai**	**208**	**456**	**461**	
西宁	Xining	34	136	138	128
海东	Haidong		10	10	134
宁夏	**Ningxia**	**6380**	**8757**	**9979**	
银川	Yinchuan	3452	4247	4663	28
石嘴山	Shizuishan	1131	1585	1668	85
吴忠	Wuzhong	717	903	1289	96
固原	Guyuan	225	870	980	102
中卫	Zhongwei	390	583	619	114
新疆	**Xinjiang**	**19162**	**25205**	**30728**	
乌鲁木齐	Urumqi	8723	9485	12088	10
克拉玛依	Karamay	1560	1867	2292	57

8-36 城市轨道交通路线长度(辖区)
Length of Lines of Urban Rail Transit System (Municipal Districts)

单位：公里 (km)

地名	City	2010	2014	2015	2015 排名 Ranking
全国	**All Nation**	**1428.87**	**2714.79**	**3069.23**	
北京	**Beijing**	**336.00**	**527.00**	**554.00**	
天津	**Tianjin**	**79.40**	**147.14**	**147.14**	
辽宁	**Liaoning**	**114.67**	**136.77**	**136.63**	
沈阳	Shenyang	27.90	50.00	49.86	9
大连	Dalian	86.77	86.77	86.77	6
吉林	**Jilin**	**31.96**	**47.17**	**47.17**	
长春	Changchun	31.96	47.17	47.17	10
上海	**Shanghai**	**450.44**	**547.18**	**614.23**	
江苏	**Jiangsu**	**83.46**	**311.61**	**370.47**	
南京	Nanjing	83.46	179.45	224.33	2
苏州	Suzhou		70.44	70.35	7
湖北	**Hubei**	**28.68**	**95.64**	**125.64**	
武汉	Wuhan	28.68	95.64	125.64	4
广东	**Guangdong**	**286.84**	**450.28**	**447.92**	
广州	Guangzhou	235.04	239.26	239.26	1
深圳	Shenzhen	37.00	178.86	178.86	3
佛山	Foshan	14.80	32.16	29.80	11
东莞	Dongguan				
重庆	**Chongqing**	**17.42**	**198.87**	**201.87**	
四川	**Sichuan**		**71.60**	**88.12**	
成都	Chengdu		71.60	88.12	5
云南	**Yunnan**		**42.00**	**60.07**	
昆明	Kunming		42.00	60.07	8

8-37 城市道路长度(辖区)
Length of Urban Roads (Municipal Districts)

单位：公里 (km)

地名	City	2010	2014	2015	2015 排名 Ranking	地名	City	2010	2014	2015	2015 排名 Ranking
全国	**Nation Total**	**294443**	**352333**	**364978**		沈阳	Shenyang	2895	3806	3826	9
北京	**Beijing**	**6355**	**8107**	**8104**		大连	Dalian	2899	3053	3059	13
天津	**Tianjin**	**5439**	**7275**	**7636**		鞍山	Anshan	552	640	677	111
河北	**Hebei**	**11639**	**12859**	**13402**		抚顺	Fushun	746	864	871	81
石家庄	Shijiazhuang	1475	1929	1993	29	本溪	Benxi	794	734	744	101
唐山	Tangshan	1577	1612	1612	39	丹东	Dandong	462	499	499	151
秦皇岛	Qinhuangdao	698	751	850	86	锦州	Jinzhou	513	561	577	132
邯郸	Handan	1138	1086	1096	67	营口	Yingkou	536	547	547	136
邢台	Xingtai	510	507	515	142	阜新	Fuxin	339	352	494	152
保定	Baoding	674	996	1248	61	辽阳	Liaoyang	858	1070	1091	68
张家口	Zhangjiakou	474	548	552	135	盘锦	Panjin	483	475	479	153
承德	Chengde	500	524	527	139	铁岭	Tieling	320	285	287	223
沧州	Cangzhou	307	368	368	190	朝阳	Chaoyang	253	272	282	225
廊坊	Langfang	450	483	504	148	葫芦岛	Huludao	321	419	421	173
衡水	Hengshui	343	362	363	193	**吉林**	**Jilin**	**8543**	**8922**	**8854**	
山西	**Shanxi**	**5733**	**7107**	**7323**		长春	Changchun	3659	3125	3374	11
太原	Taiyuan	1780	2015	2088	28	吉林	Jilin	1030	1013	1066	69
大同	Datong	761	936	958	76	四平	Siping	234	664	361	195
阳泉	Yangquan	430	643	645	117	辽源	Liaoyuan	312	221	223	247
长治	Changzhi	362	385	386	187	通化	Tonghua	218	296	298	219
晋城	Jincheng	165	217	218	249	白山	Baishan	276	322	326	207
朔州	Shuozhou	169	238	243	239	松原	Songyuan	187	256	274	228
晋中	Jinzhong	235	320	339	202	白城	Baicheng	195	210	210	250
运城	Yuncheng	178	256	256	235	**黑龙江**	**Heilongjiang**	**10091**	**12252**	**12364**	
忻州	Xinzhou	134	219	230	243	哈尔滨	Harbin	1427	2813	2823	15
临汾	Linfen	216	243	232	241	齐齐哈尔	Qiqihar	528	546	594	125
吕梁	Lvliang	120	164	175	265	鸡西	Jixi	363	401	403	180
内蒙古	**Inner Mongolia**	**6447**	**8612**	**9281**		鹤岗	Hegang	322	388	391	185
呼和浩特	Hohhot	720	905	898	77	双鸭山	Shuangyashan	361	385	400	183
包头	Baotou	1304	1457	1516	45	大庆	Daqing	2276	2482	2482	21
乌海	Wuhai	480	622	1002	74	伊春	Yichun	789	871	883	79
赤峰	Chifeng	379	692	731	104	佳木斯	Jiamusi	291	319	323	210
通辽	Tongliao	379	512	515	143	七台河	Qitaihe	528	531	532	137
鄂尔多斯	Erdos	867	1191	1202	62	牡丹江	Mudanjiang	762	805	805	93
呼伦贝尔	Hulunbuir	215	352	372	189	黑河	Heihe	81	83	83	284
巴彦淖尔	Bayannur	372	549	629	119	绥化	Suihua	172	186	186	260
乌兰察布	Ulanqab	263	393	411	178	**上海**	**Shanghai**	**4713**	**4851**	**4989**	
辽宁	**Liaoning**	**14238**	**16692**	**16914**		**江苏**	**Jiangsu**	**31899**	**39070**	**40749**	

8-37 城市道路长度(辖区) 续表 1
Length of Urban Roads (Municipal Districts) continued 1

单位：公里 (km)

地名	City	2010	2014	2015	2015 排名 Ranking	地名	City	2010	2014	2015	2015 排名 Ranking
南京	Nanjing	5599	7424	7771	1	池州	Chizhou	364	425	429	171
无锡	Wuxi	4609	3422	3687	10	宣城	Xuancheng	243	361	404	179
徐州	Xuzhou	1600	2699	2722	17	**福建**	**Fujian**	**6756**	**7987**	**8415**	
常州	Changzhou	1753	2111	2444	22	福州	Fuzhou	1101	1201	1256	59
苏州	Suzhou	2904	3768	3875	8	厦门	Xiamen	1213	1791	1828	30
南通	Nantong	981	2557	2678	18	莆田	Putian	669	718	850	86
连云港	Lianyungang	1023	1077	1357	53	三明	Sanming	280	289	290	222
淮安	Huaian	955	1739	1765	32	泉州	Quanzhou	485	882	887	78
盐城	Yancheng	567	957	1261	58	漳州	Zhangzhou	301	352	356	196
扬州	Yangzhou	1055	1539	1567	42	南平	Nanping	246	249	321	211
镇江	Zhenjiang	1223	1349	1366	52	龙岩	Longyan	329	357	430	170
泰州	Taizhou	902	1150	1198	63	宁德	Ningde	151	184	192	258
宿迁	Suqian	631	857	879	80	**江西**	**Jiangxi**	**5742**	**7250**	**8185**	
浙江	**Zhejiang**	**15550**	**19382**	**20475**		南昌	Nanchang	965	1220	1659	35
杭州	Hangzhou	2194	2578	2991	14	景德镇	Jingdezhen	350	402	402	181
宁波	Ningbo	1439	1606	1650	36	萍乡	Pingxiang	221	256	259	233
温州	Wenzhou	1059	1442	1543	44	九江	Jiujiang	817	862	866	83
嘉兴	Jiaxing	652	820	846	88	新余	Xinyu	356	462	473	155
湖州	Huzhou	577	676	717	107	鹰潭	Yingtan	127	133	133	276
绍兴	Shaoxing	480	1212	1290	57	赣州	Ganzhou	255	588	664	114
金华	Jinhua	591	689	710	108	吉安	Jian	245	369	388	186
衢州	Quzhou	435	570	590	126	宜春	Yichun	281	365	376	188
舟山	Zhoushan	300	552	586	129	抚州	Fuzhou	379	451	457	162
台州	Taizhou	1937	2247	2261	24	上饶	Shangrao	302	404	681	110
丽水	Lishui	162	173	175	264	**山东**	**Shandong**	**32944**	**39404**	**40426**	
安徽	**Anhui**	**10157**	**12932**	**13375**		济南	Jinan	4498	4785	4854	6
合肥	Hefei	2013	2140	2206	27	青岛	Qingdao	3409	4393	4375	7
芜湖	Wuhu	1147	1434	1470	47	淄博	Zibo	1254	1585	1610	40
蚌埠	Bengbu	663	835	867	82	枣庄	Zaozhuang	790	1144	1177	65
淮南	Huainan	683	747	768	97	东营	Dongying	716	831	862	84
马鞍山	Maanshan	386	467	475	154	烟台	Yantai	1522	1629	1761	33
淮北	Huaibei	574	657	674	112	潍坊	Weifang	1489	1725	1756	34
铜陵	Tongling	286	293	304	218	济宁	Jining	803	1415	1421	50
安庆	Anqing	470	612	620	121	泰安	Taian	752	817	843	89
黄山	Huangshan	306	401	415	176	威海	Weihai	746	1286	1342	54
滁州	Chuzhou	300	583	624	120	日照	Rizhao	1252	1464	1495	46
阜阳	Fuyang	520	752	767	98	莱芜	Laiwu	768	954	972	75
宿州	Suzhou	459	728	763	99	临沂	Linyi	1913	2508	2550	20
六安	Liuan	268	489	507	146	德州	Dezhou	605	1026	1040	71
亳州	Bozhou	677	829	842	90	聊城	Liaocheng	487	652	691	109

8-37 城市道路长度(辖区) 续表 2
Length of Urban Roads (Municipal Districts) continued 2

单位：公里 (km)

地名	City	2010	2014	2015	2015 排名 Ranking	地名	City	2010	2014	2015	2015 排名 Ranking
滨州	Binzhou	588	850	1060	70	常德	Changde	480	639	649	116
菏泽	Heze	516	657	673	113	张家界	Zhangjiajie	292	309	311	214
河南	**Henan**	**9414**	**11627**	**12318**		益阳	Yiyang	319	570	443	167
郑州	Zhengzhou	1338	1630	1809	31	郴州	Chenzhou	247	297	318	212
开封	Kaifeng	388	471	596	124	永州	Yongzhou	310	392	457	161
洛阳	Luoyang	552	735	741	102	怀化	Huaihua	220	258	278	226
平顶山	Pingdingshan	261	288	334	204	娄底	Loudi	262	242	261	232
安阳	Anyang	425	450	459	159	**广东**	**Guangdong**	**40847**	**38213**	**38894**	
鹤壁	Hebi	271	330	334	205	广州	Guangzhou	6986	7176	7462	2
新乡	Xinxiang	440	461	465	158	韶关	Shaoguan	562	571	577	133
焦作	Jiaozuo	395	444	444	166	深圳	Shenzhen	12613	6375	6447	4
濮阳	Puyang	209	272	272	231	珠海	Zhuhai	1485	2320	2663	19
许昌	Xuchang	250	302	308	215	汕头	Shantou	1318	1326	1333	55
漯河	Luohe	335	352	361	194	佛山	Foshan	1360	1607	1631	37
三门峡	Sanmenxia	133	163	248	238	江门	Jiangmen	1289	1402	1252	60
南阳	Nanyang	687	1387	1469	48	湛江	Zhanjiang	718	503	585	130
商丘	Shangqiu	346	389	401	182	茂名	Maoming	214	292	448	164
信阳	Xinyang	390	416	420	174	肇庆	Zhaoqing	542	652	790	94
周口	Zhoukou	203	241	251	236	惠州	Huizhou	1305	1335	1427	49
驻马店	Zhumadian	320	340	350	200	梅州	Meizhou	458	495	506	147
湖北	**Hubei**	**14168**	**18209**	**17920**		汕尾	Shanwei	174	197	197	256
武汉	Wuhan	2682	5143	5354	5	河源	Heyuan	126	144	151	273
黄石	Huangshi	685	761	771	96	阳江	Yangjiang	332	363	528	138
十堰	Shiyan	744	825	822	92	清远	Qingyuan	1342	982	339	201
宜昌	Yichang	952	1164	1187	64	东莞	Dongguan	5341	6476	6563	3
襄阳	Xiangyang	680	794	1022	73	中山	Zhongshan	487	434	438	168
鄂州	Ezhou	613	834	292	221	潮州	Chaozhou	162	483	554	134
荆门	Jingmen	375	467	501	149	揭阳	Jieyang	285	384	600	123
孝感	Xiaogan	341	470	508	145	云浮	Yunfu	72	173	187	259
荆州	Jingzhou	774	820	859	85	**广西**	**Guangxi**	**6439**	**7638**	**8187**	
黄冈	Huanggang	363	448	448	165	南宁	Nanning	1307	1500	1562	43
咸宁	Xianning	207	253	258	234	柳州	Liuzhou	883	998	1031	72
随州	Suizhou	200	224	224	246	桂林	Guilin	441	530	658	115
湖南	**Hunan**	**8585**	**10947**	**11437**		梧州	Wuzhou	290	448	453	163
长沙	Changsha	1781	2146	2300	23	北海	Beihai	368	416	424	172
株洲	Zhuzhou	893	1548	1626	38	防城港	Fangchenggang	243	288	308	216
湘潭	Xiangtan	490	577	590	127	钦州	Qinzhou	328	424	468	157
衡阳	Hengyang	676	629	419	175	贵港	Guigang	327	348	355	197
邵阳	Shaoyang	356	480	520	141	玉林	Yulin	502	553	583	131
岳阳	Yueyang	592	695	730	105	百色	Baise	173	190	198	255

8-37 城市道路长度(辖区) 续表 3
Length of Urban Roads (Municipal Districts) continued 3

单位：公里 (km)

地名	City	2010	2014	2015	2015 排名 Ranking	地名	City	2010	2014	2015	2015 排名 Ranking
贺州	Hezhou	149	172	173	267	丽江	Lijiang	87	117	117	278
河池	Hechi	115	135	157	270	普洱	Puer	73	112	112	280
来宾	Laibin	88	188	195	257	临沧	Lincang	63	69	113	279
崇左	Chongzuo	169	170	184	261	**西藏**	**Tibet**	**341**	**585**	**1037**	
海南	**Hainan**	**1435**	**2188**	**2350**		拉萨	Lasa	275	355	751	100
海口	Haikou	572	1142	1162	66	**陕西**	**Shaanxi**	**4810**	**6170**	**6508**	
三亚	Sanya	214	237	354	199	西安	Xi'an	2428	3146	3323	12
三沙	Sansha		4	8	286	铜川	Tongchuan	278	297	297	220
重庆	**Chongqing**	**5130**	**6893**	**7712**		宝鸡	Baoji	462	515	526	140
四川	**Sichuan**	**9584**	**12488**	**13378**		咸阳	Xianyang	217	322	363	192
成都	Chengdu	2610	2633	2739	16	渭南	Weinan	320	314	367	191
自贡	Zigong	605	1337	1387	51	延安	Yan'an	105	134	140	274
攀枝花	Panzhihua	517	733	735	103	汉中	Hanzhong	185	202	208	253
泸州	Luzhou	433	678	726	106	榆林	Yulin	215	420	430	169
德阳	Deyang	237	278	315	213	安康	Ankang	181	202	227	245
绵阳	Mianyang	742	781	834	91	商洛	Shangluo	107	136	136	275
广元	Guangyuan	257	363	391	184	**甘肃**	**Gansu**	**3399**	**4151**	**4489**	
遂宁	Suining	290	673	787	95	兰州	Lanzhou	906	1319	1584	41
内江	Neijiang	162	222	239	240	嘉峪关	Jiayuguan	282	324	336	203
乐山	Leshan	525	626	632	118	金昌	Jinchang	161	170	173	266
南充	Nanchong	415	495	500	150	白银	Baiyin	396	414	415	177
眉山	Meishan	316	423	459	160	天水	Tianshui	305	305	306	217
宜宾	Yibin	156	314	355	198	武威	Wuwei	145	157	157	269
广安	Guangan	105	276	325	209	张掖	Zhangye	101	199	209	251
达州	Dazhou	101	110	110	281	平凉	Pingliang	151	186	207	254
雅安	Yaan	130	180	209	252	酒泉	Jiuquan	279	285	285	224
巴中	Bazhong	71	93	124	277	庆阳	Qingyang	143	158	165	268
资阳	Ziyang	160	203	221	248	定西	Dingxi	69	98	100	282
贵州	**Guizhou**	**2257**	**3295**	**3538**		陇南	Longnan	41	44	45	285
贵阳	Guiyang	872	1294	1307	56	**青海**	**Qinghai**	**711**	**925**	**987**	
六盘水	Liupanshui	160	177	230	244	西宁	Xining	433	498	512	144
遵义	Zunyi	276	276	276	227	海东	Haidong		48	91	283
安顺	Anshun	158	239	325	208	**宁夏**	**Ningxia**	**1852**	**2134**	**2146**	
毕节	Bijie	103	202	231	242	银川	Yinchuan	506	619	616	122
铜仁	Tongren	152	233	272	230	石嘴山	Shizuishan	494	583	589	128
云南	**Yunnan**	**4049**	**7338**	**6166**		吴忠	Wuzhong	123	176	178	262
昆明	Kunming	1420	3764	2222	26	固原	Guyuan	324	248	250	237
曲靖	Qujing	205	314	330	206	中卫	Zhongwei	115	152	152	272
玉溪	Yuxi	127	274	274	229	**新疆**	**Xinjiang**	**5178**	**6831**	**7418**	
保山	Baoshan	138	171	177	263	乌鲁木齐	Urumqi	1632	2159	2237	25
昭通	Zhaotong	119	147	154	271	克拉玛依	Karamay	379	449	471	156

8-38 城市道路面积(辖区)
Surface Area of Urban Roads (Municipal Districts)

单位：万平方米 (10 000 m²)

地名	City	2010	2014	2015	2015 排名 Ranking	地名	City	2010	2014	2015	2015 排名 Ranking
全国	**Nation Total**	**521322**	**683028**	**717675**		沈阳	Shenyang	5706	8413	9071	6
北京	**Beijing**	**9395**	**13834**	**14302**		大连	Dalian	4135	4410	4553	23
天津	**Tianjin**	**9159**	**13144**	**14019**		鞍山	Anshan	1282	1478	1705	90
河北	**Hebei**	**26639**	**30113**	**31570**		抚顺	Fushun	1189	1396	1403	111
石家庄	Shijiazhuang	4147	5233	5366	18	本溪	Benxi	925	1024	1042	146
唐山	Tangshan	2981	3096	3098	43	丹东	Dandong	958	1055	1056	144
秦皇岛	Qinhuangdao	1752	1955	2137	70	锦州	Jinzhou	952	1116	1120	136
邯郸	Handan	2983	3126	3161	40	营口	Yingkou	713	720	720	199
邢台	Xingtai	1278	1461	1519	104	阜新	Fuxin	461	517	967	159
保定	Baoding	1714	2514	3250	38	辽阳	Liaoyang	998	1341	1376	115
张家口	Zhangjiakou	1241	1367	1375	116	盘锦	Panjin	984	942	952	163
承德	Chengde	693	733	734	195	铁岭	Tieling	814	633	635	212
沧州	Cangzhou	883	968	968	157	朝阳	Chaoyang	374	421	422	253
廊坊	Langfang	856	925	987	153	葫芦岛	Huludao	528	580	580	222
衡水	Hengshui	642	742	742	191	**吉林**	**Jilin**	**13243**	**16887**	**17010**	
山西	**Shanxi**	**10312**	**14470**	**15039**		长春	Changchun	6260	7113	7655	12
太原	Taiyuan	2432	3941	4140	28	吉林	Jilin	1295	1371	1595	94
大同	Datong	1767	2029	2058	74	四平	Siping	354	1298	678	205
阳泉	Yangquan	581	836	840	178	辽源	Liaoyuan	646	525	531	231
长治	Changzhi	473	658	736	194	通化	Tonghua	259	409	414	255
晋城	Jincheng	379	572	577	223	白山	Baishan	349	413	426	252
朔州	Shuozhou	477	668	675	206	松原	Songyuan	502	875	928	165
晋中	Jinzhong	616	850	965	161	白城	Baicheng	254	318	326	265
运城	Yuncheng	332	716	716	200	**黑龙江**	**Heilongjiang**	**13569**	**18359**	**18651**	
忻州	Xinzhou	238	552	583	220	哈尔滨	Harbin	3296	5934	5977	17
临汾	Linfen	503	616	527	233	齐齐哈尔	Qiqihar	875	983	1156	131
吕梁	Lvliang	243	305	344	263	鸡西	Jixi	543	649	654	210
内蒙古	**Inner Mongolia**	**12476**	**18432**	**19793**		鹤岗	Hegang	353	450	457	245
呼和浩特	Hohhot	1609	2245	2506	58	双鸭山	Shuangyashan	314	397	426	251
包头	Baotou	2246	2669	2852	51	大庆	Daqing	2697	3456	3456	35
乌海	Wuhai	744	1013	1430	109	伊春	Yichun	734	865	886	172
赤峰	Chifeng	819	2022	2175	69	佳木斯	Jiamusi	468	574	582	221
通辽	Tongliao	865	1089	1189	127	七台河	Qitaihe	423	485	487	238
鄂尔多斯	Erdos	2217	2915	2948	47	牡丹江	Mudanjiang	874	981	981	154
呼伦贝尔	Hulunbuir	377	959	999	152	黑河	Heihe	155	178	180	282
巴彦淖尔	Bayannur	714	952	1013	151	绥化	Suihua	213	253	254	274
乌兰察布	Ulanqab	534	885	887	171	**上海**	**Shanghai**	**9299**	**9964**	**10317**	
辽宁	**Liaoning**	**23658**	**28997**	**30585**		**江苏**	**Jiangsu**	**53723**	**71151**	**75052**	

8-38 城市道路面积(辖区) 续表 1
Surface Area of Urban Roads (Municipal Districts) continued 1

单位：万平方米 (10 000 m²)

地名	City	2010	2014	2015	2015 排名 Ranking
南京	Nanjing	9576	13495	14248	1
无锡	Wuxi	5580	6213	6586	13
徐州	Xuzhou	2467	4310	4484	24
常州	Changzhou	3023	3934	4432	26
苏州	Suzhou	5928	8257	8534	7
南通	Nantong	1871	4523	4882	20
连云港	Lianyungang	1642	1775	2388	62
淮安	Huaian	2091	2910	2977	45
盐城	Yancheng	1350	2336	2895	48
扬州	Yangzhou	1612	2367	2433	60
镇江	Zhenjiang	1823	2148	2183	68
泰州	Taizhou	1413	2228	2421	61
宿迁	Suqian	1266	1830	1942	80
浙江	**Zhejiang**	**30381**	**37323**	**39293**	
杭州	Hangzhou	4754	5699	6540	14
宁波	Ningbo	2379	2951	3119	41
温州	Wenzhou	2339	2793	3003	44
嘉兴	Jiaxing	1196	1493	1568	98
湖州	Huzhou	1882	2210	2348	66
绍兴	Shaoxing	1207	2608	2579	56
金华	Jinhua	1390	1659	1724	89
衢州	Quzhou	771	1103	1149	133
舟山	Zhoushan	520	1082	1193	125
台州	Taizhou	2371	2841	2868	50
丽水	Lishui	411	433	441	250
安徽	**Anhui**	**19927**	**29124**	**31010**	
合肥	Hefei	4323	5850	6348	15
芜湖	Wuhu	2583	3337	3426	37
蚌埠	Bengbu	1186	1788	1896	84
淮南	Huainan	1059	1480	1616	91
马鞍山	Maanshan	968	1248	1385	114
淮北	Huaibei	864	1099	1203	124
铜陵	Tongling	476	501	530	232
安庆	Anqing	937	1117	1168	129
黄山	Huangshan	546	745	781	187
滁州	Chuzhou	792	1798	1910	82
阜阳	Fuyang	1147	1804	1842	85
宿州	Suzhou	840	1435	1574	97
六安	Liuan	447	1255	1402	112
亳州	Bozhou	958	1438	1477	106

地名	City	2010	2014	2015	2015 排名 Ranking
池州	Chizhou	654	761	769	188
宣城	Xuancheng	540	969	1049	145
福建	**Fujian**	**12560**	**15436**	**16303**	
福州	Fuzhou	2327	2611	2834	52
厦门	Xiamen	2994	3602	3835	32
莆田	Putian	784	831	860	175
三明	Sanming	332	355	358	261
泉州	Quanzhou	932	1955	1957	78
漳州	Zhangzhou	765	1111	1123	135
南平	Nanping	236	254	388	258
龙岩	Longyan	396	467	591	219
宁德	Ningde	284	407	418	254
江西	**Jiangxi**	**11330**	**15578**	**17436**	
南昌	Nanchang	1806	2769	3448	36
景德镇	Jingdezhen	728	808	808	185
萍乡	Pingxiang	593	711	727	196
九江	Jiujiang	1331	1530	1546	101
新余	Xinyu	814	1119	1133	134
鹰潭	Yingtan	299	307	307	267
赣州	Ganzhou	691	1465	1735	88
吉安	Jian	511	804	834	179
宜春	Yichun	605	802	833	180
抚州	Fuzhou	916	1117	1152	132
上饶	Shangrao	686	939	1433	108
山东	**Shandong**	**60615**	**78308**	**80847**	
济南	Jinan	5907	7980	8358	8
青岛	Qingdao	5893	7908	7941	9
淄博	Zibo	2523	3864	3924	31
枣庄	Zaozhuang	1668	2410	2481	59
东营	Dongying	1858	2296	2357	64
烟台	Yantai	3034	3396	3815	33
潍坊	Weifang	3094	3590	3666	34
济宁	Jining	1898	4456	4456	25
泰安	Taian	1506	1710	1739	87
威海	Weihai	1801	2981	3105	42
日照	Rizhao	1561	1981	2054	75
莱芜	Laiwu	1367	1757	1791	86
临沂	Linyi	3722	4663	4799	21
德州	Dezhou	1231	2846	2872	49
聊城	Liaocheng	1773	2263	2351	65

8-38 城市道路面积(辖区) 续表 2
Surface Area of Urban Roads (Municipal Districts) continued 2

单位：万平方米 (10 000 m²)

地名	City	2010	2014	2015	2015 排名 Ranking	地名	City	2010	2014	2015	2015 排名 Ranking
滨州	Binzhou	1159	1546	1953	79	常德	Changde	950	1357	1393	113
菏泽	Heze	1056	1502	1531	103	张家界	Zhangjiajie	337	386	447	249
河南	**Henan**	**21768**	**28017**	**29915**		益阳	Yiyang	617	844	823	182
郑州	Zhengzhou	3158	4174	4720	22	郴州	Chenzhou	321	956	910	168
开封	Kaifeng	1010	1342	1611	93	永州	Yongzhou	709	859	1095	142
洛阳	Luoyang	1650	2349	2370	63	怀化	Huaihua	299	445	469	243
平顶山	Pingdingshan	958	1081	1230	123	娄底	Loudi	482	445	493	237
安阳	Anyang	898	997	1020	148	**广东**	**Guangdong**	**55869**	**67446**	**70003**	
鹤壁	Hebi	603	746	755	189	广州	Guangzhou	9731	10414	11230	4
新乡	Xinxiang	1028	1100	1110	139	韶关	Shaoguan	720	735	748	190
焦作	Jiaozuo	1056	1248	1248	122	深圳	Shenzhen	8941	11633	11838	3
濮阳	Puyang	405	668	723	198	珠海	Zhuhai	3385	5101	6099	16
许昌	Xuchang	538	622	628	216	汕头	Shantou	2492	2500	2508	57
漯河	Luohe	761	810	847	177	佛山	Foshan	2339	2573	2656	53
三门峡	Sanmenxia	207	326	487	239	江门	Jiangmen	1942	2412	1937	81
南阳	Nanyang	1088	2018	2189	67	湛江	Zhanjiang	1609	1035	1282	118
商丘	Shangqiu	719	918	944	164	茂名	Maoming	487	648	693	202
信阳	Xinyang	783	876	891	170	肇庆	Zhaoqing	869	1124	1444	107
周口	Zhoukou	629	773	820	183	惠州	Huizhou	1882	2812	2977	46
驻马店	Zhumadian	868	1084	1118	137	梅州	Meizhou	693	809	740	193
湖北	**Hubei**	**24599**	**31145**	**31852**		汕尾	Shanwei	244	261	261	273
武汉	Wuhan	7273	8880	9495	5	河源	Heyuan	314	416	449	248
黄石	Huangshi	1227	1552	1585	95	阳江	Yangjiang	597	694	976	155
十堰	Shiyan	746	924	919	167	清远	Qingyuan	569	1462	921	166
宜昌	Yichang	1368	1878	2004	76	东莞	Dongguan	11853	13947	14244	2
襄阳	Xiangyang	1188	1666	2097	72	中山	Zhongshan	1089	1069	1092	143
鄂州	Ezhou	786	1167	509	236	潮州	Chaozhou	399	733	741	192
荆门	Jingmen	645	876	965	160	揭阳	Jieyang	418	763	1263	121
孝感	Xiaogan	554	929	1160	130	云浮	Yunfu	86	186	303	269
荆州	Jingzhou	755	993	1015	150	**广西**	**Guangxi**	**12118**	**15614**	**17003**	
黄冈	Huanggang	738	975	975	156	南宁	Nanning	3205	3861	4105	29
咸宁	Xianning	418	532	554	225	柳州	Liuzhou	1494	1894	1963	77
随州	Suizhou	383	482	485	240	桂林	Guilin	699	976	1265	120
湖南	**Hunan**	**15972**	**20062**	**21333**		梧州	Wuzhou	509	847	854	176
长沙	Changsha	3618	4038	4200	27	北海	Beihai	745	880	907	169
株洲	Zhuzhou	1413	2012	2124	71	防城港	Fangchenggang	507	633	664	209
湘潭	Xiangtan	1140	1475	1499	105	钦州	Qinzhou	728	1049	1192	126
衡阳	Hengyang	1432	1422	1113	138	贵港	Guigang	716	787	815	184
邵阳	Shaoyang	775	1100	1180	128	玉林	Yulin	783	956	1035	147
岳阳	Yueyang	807	907	967	158	百色	Baise	311	427	449	247

8-38 城市道路面积(辖区) 续表 3
Surface Area of Urban Roads (Municipal Districts) continued 3

单位：万平方米 (10 000 m²)

地名	City	2010	2014	2015	2015 排名 Ranking
贺州	Hezhou	276	316	321	266
河池	Hechi	157	213	262	272
来宾	Laibin	250	622	632	213
崇左	Chongzuo	185	190	222	277
海南	**Hainan**	**3152**	**4747**	**5070**	
海口	Haikou	1572	2568	2579	55
三亚	Sanya	383	429	696	201
三沙	Sansha		2	4	286
重庆	**Chongqing**	**9931**	**14528**	**16128**	
四川	**Sichuan**	**18743**	**26264**	**27937**	
成都	Chengdu	6460	7404	7710	11
自贡	Zigong	794	1537	1566	99
攀枝花	Panzhihua	565	821	829	181
泸州	Luzhou	785	1369	1422	110
德阳	Deyang	533	677	684	204
绵阳	Mianyang	1484	1543	1616	92
广元	Guangyuan	376	555	613	217
遂宁	Suining	625	1868	2068	73
内江	Neijiang	303	471	523	234
乐山	Leshan	688	853	872	174
南充	Nanchong	964	1500	1550	100
眉山	Meishan	454	715	874	173
宜宾	Yibin	311	497	725	197
广安	Guangan	286	662	692	203
达州	Dazhou	156	215	224	276
雅安	Yaan	215	341	350	262
巴中	Bazhong	45	103	119	284
资阳	Ziyang	335	500	545	228
贵州	**Guizhou**	**3604**	**6531**	**7201**	
贵阳	Guiyang	1348	2611	2645	54
六盘水	Liupanshui	320	407	566	224
遵义	Zunyi	385	552	552	226
安顺	Anshun	254	457	630	214
毕节	Bijie	196	430	482	241
铜仁	Tongren	159	256	302	270
云南	**Yunnan**	**7983**	**14182**	**12690**	
昆明	Kunming	2815	7238	4902	19
曲靖	Qujing*	698	1016	1095	141
玉溪	Yuxi	326	668	668	207
保山	Baoshan	206	356	373	259
昭通	Zhaotong	336	390	410	256
丽江	Lijiang	224	180	180	281
普洱	Puer	272	216	216	278
临沧	Lincang	150	195	214	279
西藏	**Tibet**	**596**	**970**	**1891**	
拉萨	Lasa	519	708	1541	102
陕西	**Shaanxi**	**10537**	**13557**	**14602**	
西安	Xi'an	5342	7200	7747	10
铜川	Tongchuan	438	466	466	244
宝鸡	Baoji	1233	1303	1341	117
咸阳	Xianyang	836	1182	1266	119
渭南	Weinan	673	428	551	227
延安	Yan'an	178	227	245	275
汉中	Hanzhong	258	313	329	264
榆林	Yulin	447	852	1015	149
安康	Ankang	470	519	535	230
商洛	Shangluo	184	185	185	280
甘肃	**Gansu**	**6599**	**8758**	**9650**	
兰州	Lanzhou	2162	3247	4035	30
嘉峪关	Jiayuguan	334	394	405	257
金昌	Jinchang	399	463	478	242
白银	Baiyin	555	627	629	215
天水	Tianshui	596	601	604	218
武威	Wuwei	259	360	360	260
张掖	Zhangye	321	617	664	208
平凉	Pingliang	521	614	645	211
酒泉	Jiuquan	429	453	453	246
庆阳	Qingyang	198	290	307	267
定西	Dingxi	161	261	268	271
陇南	Longnan	64	68	70	285
青海	**Qinghai**	**1357**	**1835**	**1970**	
西宁	Xining	737	913	960	162
海东	Haidong		85	168	283
宁夏	**Ningxia**	**3889**	**6332**	**6376**	
银川	Yinchuan	1652	1885	1898	83
石嘴山	Shizuishan	623	1568	1582	96
吴忠	Wuzhong	373	516	518	235
固原	Guyuan	398	782	784	186
中卫	Zhongwei	350	542	542	229
新疆	**Xinjiang**	**8323**	**11917**	**12827**	
乌鲁木齐	Urumqi	2005	3101	3224	39
克拉玛依	Karamay	823	1047	1101	140

8-39 城市人均道路面积(辖区)

Urban Road Surface Area per Capita (Municipal Districts)

单位：平方米 (m²)

地名	City	2010	2014	2015	2015 排名 Ranking	地名	City	2010	2014	2015	2015 排名 Ranking
全国	**Nation Total**	**13.2**	**15.3**	**15.6**		沈阳	Shenyang	11.9	16.3	17.6	112
北京	**Beijing**	**5.6**	**7.4**	**7.6**		大连	Dalian	14.1	13.5	13.8	176
天津	**Tianjin**	**14.9**	**16.7**	**16.0**		鞍山	Anshan	8.2	9.2	10.8	242
河北	**Hebei**	**17.4**	**18.5**	**18.7**		抚顺	Fushun	9.0	10.5	10.7	243
石家庄	Shijiazhuang	16.9	18.6	19.0	100	本溪	Benxi	10.1	10.8	11.4	233
唐山	Tangshan	15.1	15.7	15.7	144	丹东	Dandong	14.3	16.3	14.4	162
秦皇岛	Qinhuangdao	19.4	19.8	19.8	89	锦州	Jinzhou	9.7	11.6	11.9	219
邯郸	Handan	19.6	19.9	19.9	88	营口	Yingkou	7.5	7.2	7.6	275
邢台	Xingtai	20.0	15.6	16.1	136	阜新	Fuxin	5.9	6.6	12.4	210
保定	Baoding	15.2	19.9	20.7	77	辽阳	Liaoyang	12.6	16.8	17.6	113
张家口	Zhangjiakou	14.5	15.5	15.4	146	盘锦	Panjin	15.0	13.3	13.0	196
承德	Chengde	13.0	13.2	12.9	200	铁岭	Tieling	18.0	14.0	14.1	167
沧州	Cangzhou	15.2	17.2	16.7	123	朝阳	Chaoyang	7.0	6.6	7.3	278
廊坊	Langfang	16.5	17.4	18.3	107	葫芦岛	Huludao	11.4	11.5	11.4	232
衡水	Hengshui	17.2	20.1	20.1	85	**吉林**	**Jilin**	**12.4**	**14.6**	**14.5**	
山西	**Shanxi**	**10.7**	**13.3**	**13.5**		长春	Changchun	20.2	19.2	19.0	98
太原	Taiyuan	8.1	11.3	11.5	230	吉林	Jilin	10.1	10.7	12.5	206
大同	Datong	13.8	16.2	16.7	124	四平	Siping	5.5	20.9	10.3	249
阳泉	Yangquan	9.9	14.0	14.0	171	辽源	Liaoyuan	13.0	11.0	10.9	240
长治	Changzhi	6.7	8.8	10.0	252	通化	Tonghua	5.5	8.6	8.9	267
晋城	Jincheng	11.5	12.2	12.0	216	白山	Baishan	9.2	10.5	10.8	241
朔州	Shuozhou	15.8	16.9	17.0	119	松原	Songyuan	10.6	18.0	18.8	101
晋中	Jinzhong	15.2	17.4	19.4	93	白城	Baicheng	9.0	11.2	11.5	231
运城	Yuncheng	7.7	16.7	16.7	124	**黑龙江**	**Heilongjiang**	**10.0**	**13.3**	**13.1**	
忻州	Xinzhou	8.8	19.0	19.5	91	哈尔滨	Harbin	7.9	14.2	13.1	195
临汾	Linfen	11.6	10.6	8.6	270	齐齐哈尔	Qiqihar	8.0	9.0	10.6	244
吕梁	Lvliang	10.5	11.3	12.8	203	鸡西	Jixi	7.3	9.0	9.1	264
内蒙古	**Inner Mongolia**	**14.9**	**21.1**	**22.6**		鹤岗	Hegang	6.3	8.1	8.3	271
呼和浩特	Hohhot	10.2	11.9	13.3	189	双鸭山	Shuangyashan	6.8	8.5	8.9	266
包头	Baotou	12.8	14.5	15.1	149	大庆	Daqing	20.4	22.8	23.1	58
乌海	Wuhai	13.6	18.0	25.5	40	伊春	Yichun	9.8	11.3	11.6	227
赤峰	Chifeng	9.2	20.2	22.1	68	佳木斯	Jiamusi	7.5	9.5	9.7	259
通辽	Tongliao	17.2	24.1	26.4	36	七台河	Qitaihe	11.0	11.9	12.1	214
鄂尔多斯	Erdos	30.9	60.1	56.3	1	牡丹江	Mudanjiang	12.4	13.6	13.3	190
呼伦贝尔	Hulunbuir	13.1	30.0	31.2	13	黑河	Heihe	11.0	12.4	12.4	211
巴彦淖尔	Bayannur	19.2	22.4	24.7	45	绥化	Suihua	6.8	7.2	7.2	280
乌兰察布	Ulanqab	16.6	25.9	27.8	25	**上海**	**Shanghai**	**4.0**	**4.1**	**4.3**	
辽宁	**Liaoning**	**11.2**	**12.8**	**13.4**		**江苏**	**Jiangsu**	**21.3**	**23.9**	**24.4**	

8-39 城市人均道路面积(辖区) 续表 1
Urban Road Surface Area per Capita (Municipal Districts) continued 1

单位：平方米 (m²)

地名	City	2010	2014	2015	2015 排名 Ranking	地名	City	2010	2014	2015	2015 排名 Ranking
南京	Nanjing	19.4	22.2	23.1	60	池州	Chizhou	23.7	25.1	25.4	42
无锡	Wuxi	23.5	25.2	26.7	32	宣城	Xuancheng	19.7	27.4	29.5	18
徐州	Xuzhou	16.3	25.3	23.9	49	**福建**	**Fujian**	**12.6**	**13.6**	**13.8**	
常州	Changzhou	22.9	25.5	24.8	44	福州	Fuzhou	11.3	11.1	11.7	225
苏州	Suzhou	27.6	28.1	28.5	23	厦门	Xiamen	10.8	12.3	12.5	207
南通	Nantong	18.9	29.2	30.1	17	莆田	Putian	14.9	14.9	13.7	177
连云港	Lianyungang	22.4	21.4	22.7	63	三明	Sanming	14.5	15.8	16.1	138
淮安	Huaian	17.1	20.9	20.3	82	泉州	Quanzhou	11.6	15.7	15.1	151
盐城	Yancheng	19.2	20.1	21.3	74	漳州	Zhangzhou	17.9	23.2	22.3	65
扬州	Yangzhou	20.8	21.7	22.3	66	南平	Nanping	11.5	12.0	11.0	237
镇江	Zhenjiang	20.8	24.2	24.6	47	龙岩	Longyan	13.2	14.3	14.1	165
泰州	Taizhou	22.2	24.3	26.0	38	宁德	Ningde	12.3	16.1	16.4	131
宿迁	Suqian	26.8	27.7	27.7	27	**江西**	**Jiangxi**	**13.8**	**15.8**	**16.6**	
浙江	**Zhejiang**	**16.7**	**18.4**	**18.1**		南昌	Nanchang	8.5	11.1	12.8	203
杭州	Hangzhou	14.3	14.8	12.5	207	景德镇	Jingdezhen	16.1	16.2	16.1	133
宁波	Ningbo	14.5	15.8	16.4	130	萍乡	Pingxiang	16.0	15.9	16.1	135
温州	Wenzhou	16.0	15.2	15.6	145	九江	Jiujiang	21.1	23.2	23.2	56
嘉兴	Jiaxing	17.5	17.1	18.3	106	新余	Xinyu	21.4	24.2	24.1	48
湖州	Huzhou	22.5	25.0	26.0	37	鹰潭	Yingtan	18.8	13.2	13.9	173
绍兴	Shaoxing	17.1	18.0	17.7	111	赣州	Ganzhou	10.2	11.6	13.3	191
金华	Jinhua	23.9	26.4	26.4	34	吉安	Jian	16.1	18.7	19.1	97
衢州	Quzhou	25.6	31.1	32.1	11	宜春	Yichun	13.8	14.2	14.5	159
舟山	Zhoushan	11.6	18.2	20.6	78	抚州	Fuzhou	18.1	20.5	20.3	81
台州	Taizhou	23.5	27.8	27.8	26	上饶	Shangrao	20.6	21.2	20.4	80
丽水	Lishui	12.7	12.6	12.8	202	**山东**	**Shandong**	**22.2**	**25.8**	**25.8**	
安徽	**Anhui**	**16.0**	**20.3**	**20.8**		济南	Jinan	21.0	26.5	27.6	28
合肥	Hefei	17.5	16.4	16.8	122	青岛	Qingdao	21.3	24.3	23.5	53
芜湖	Wuhu	21.8	25.9	24.9	43	淄博	Zibo	16.3	24.0	23.4	55
蚌埠	Bengbu	13.7	19.2	20.0	87	枣庄	Zaozhuang	18.9	25.5	25.5	40
淮南	Huainan	10.1	13.9	15.0	153	东营	Dongying	28.6	34.3	34.8	5
马鞍山	Maanshan	17.1	17.7	19.2	96	烟台	Yantai	21.0	19.5	21.3	73
淮北	Huaibei	10.3	13.3	14.8	157	潍坊	Weifang	24.6	28.2	28.6	22
铜陵	Tongling	11.5	11.5	11.2	236	济宁	Jining	28.8	32.7	31.9	12
安庆	Anqing	15.7	17.0	16.5	128	泰安	Taian	24.9	25.8	25.9	39
黄山	Huangshan	18.2	21.1	21.0	75	威海	Weihai	30.5	31.6	33.4	6
滁州	Chuzhou	24.3	44.5	46.4	2	日照	Rizhao	25.0	29.8	30.4	16
阜阳	Fuyang	15.5	23.7	23.7	52	莱芜	Laiwu	28.9	29.0	29.1	20
宿州	Suzhou	18.1	27.1	26.8	31	临沂	Linyi	21.8	23.3	23.0	61
六安	Liuan	7.5	21.2	23.4	54	德州	Dezhou	20.2	32.7	33.0	8
亳州	Bozhou	37.4	39.8	46.0	3	聊城	Liaocheng	28.8	31.2	27.3	29

8-39 城市人均道路面积(辖区） 续表 2

Urban Road Surface Area per Capita (Municipal Districts) continued 2

单位：平方米 （m²）

地名	City	2010	2014	2015	2015 排名 Ranking	地名	City	2010	2014	2015	2015 排名 Ranking
滨州	Binzhou	16.5	20.7	22.0	69	常德	Changde	15.3	19.4	17.4	116
菏泽	Heze	14.8	22.2	22.3	66	张家界	Zhangjiajie	15.7	17.3	20.0	86
河南	**Henan**	**10.3**	**11.7**	**12.1**		益阳	Yiyang	10.2	13.5	13.4	186
郑州	Zhengzhou	6.3	6.5	7.1	281	郴州	Chenzhou	6.1	15.5	14.5	160
开封	Kaifeng	11.6	14.5	15.0	154	永州	Yongzhou	13.8	16.2	20.4	79
洛阳	Luoyang	6.8	9.7	9.8	257	怀化	Huaihua	9.3	8.0	8.3	271
平顶山	Pingdingshan	9.5	11.5	13.1	194	娄底	Loudi	12.9	9.3	10.2	251
安阳	Anyang	12.7	13.9	14.1	169	**广东**	**Guangdong**	**12.7**	**13.2**	**13.6**	
鹤壁	Hebi	14.4	16.1	16.1	138	广州	Guangzhou	11.2	9.4	9.0	265
新乡	Xinxiang	13.7	14.5	14.5	161	韶关	Shaoguan	13.4	13.0	11.8	221
焦作	Jiaozuo	14.0	16.1	16.0	141	深圳	Shenzhen	8.6	10.8	10.4	246
濮阳	Puyang	9.3	13.0	13.9	173	珠海	Zhuhai	23.3	28.5	33.1	7
许昌	Xuchang	12.1	12.6	12.5	209	汕头	Shantou	10.8	9.9	9.9	255
漯河	Luohe	14.0	14.5	15.0	152	佛山	Foshan	12.0	12.7	14.1	166
三门峡	Sanmenxia	6.9	9.6	9.3	261	江门	Jiangmen	17.7	18.0	16.9	120
南阳	Nanyang	9.0	13.0	13.6	180	湛江	Zhanjiang	24.2	11.6	14.4	163
商丘	Shangqiu	7.5	9.5	9.8	258	茂名	Maoming	10.1	10.1	10.4	247
信阳	Xinyang	16.7	16.6	16.6	126	肇庆	Zhaoqing	17.1	19.9	20.2	83
周口	Zhoukou	21.0	21.9	21.5	72	惠州	Huizhou	16.1	18.2	18.4	103
驻马店	Zhumadian	20.4	23.2	23.8	51	梅州	Meizhou	16.8	20.7	16.5	127
湖北	**Hubei**	**14.1**	**16.6**	**16.2**		汕尾	Shanwei	9.8	10.7	11.2	235
武汉	Wuhan	11.4	14.0	14.8	156	河源	Heyuan	11.6	13.7	13.9	175
黄石	Huangshi	16.9	18.1	18.3	105	阳江	Yangjiang	14.5	16.8	20.2	84
十堰	Shiyan	14.0	15.9	11.4	234	清远	Qingyuan	11.9	31.7	15.3	147
宜昌	Yichang	17.3	21.3	21.7	70	东莞	Dongguan	20.0	23.0	23.9	50
襄阳	Xiangyang	15.4	17.6	18.1	109	中山	Zhongshan	18.6	14.9	15.1	150
鄂州	Ezhou	19.4	27.6	11.9	219	潮州	Chaozhou	10.2	8.7	8.8	268
荆门	Jingmen	13.8	17.4	19.5	92	揭阳	Jieyang	5.3	3.6	14.0	172
孝感	Xiaogan	19.5	22.7	23.1	59	云浮	Yunfu	4.0	6.5	9.2	262
荆州	Jingzhou	10.6	14.6	13.1	193	**广西**	**Guangxi**	**14.3**	**15.8**	**16.3**	
黄冈	Huanggang	25.1	31.2	31.2	13	南宁	Nanning	14.7	14.2	14.3	164
咸宁	Xianning	12.6	13.0	13.5	184	柳州	Liuzhou	10.6	11.8	12.0	215
随州	Suizhou	11.7	9.8	9.9	256	桂林	Guilin	8.5	11.9	13.5	185
湖南	**Hunan**	**13.0**	**13.8**	**14.3**		梧州	Wuzhou	12.2	14.6	14.0	170
长沙	Changsha	14.3	12.6	12.4	212	北海	Beihai	21.7	21.4	20.7	76
株洲	Zhuzhou	16.8	18.8	19.7	90	防城港	Fangchenggang	32.6	35.6	35.9	4
湘潭	Xiangtan	15.4	18.1	18.4	103	钦州	Qinzhou	32.0	31.7	32.9	9
衡阳	Hengyang	15.3	12.8	10.0	253	贵港	Guigang	17.7	18.3	19.2	95
邵阳	Shaoyang	12.9	14.4	17.3	117	玉林	Yulin	14.2	14.4	15.3	148
岳阳	Yueyang	12.4	13.2	13.6	181	百色	Baise	14.0	17.0	17.7	110

8-39 城市人均道路面积(辖区) 续表 3

Urban Road Surface Area per Capita (Municipal Districts) continued 3

单位：平方米 （m²）

地名	City	2010	2014	2015	2015 排名 Ranking	地名	City	2010	2014	2015	2015 排名 Ranking
贺州	Hezhou	16.7	11.2	13.7	178	丽江	Lijiang	18.6	12.4	10.6	245
河池	Hechi	6.8	9.5	11.7	226	普洱	Puer	12.6	9.7	9.5	260
来宾	Laibin	9.0	21.8	21.6	71	临沧	Lincang	10.8	10.9	11.0	238
崇左	Chongzuo	14.2	11.3	12.7	205	**西藏**	**Tibet**	**13.3**	**14.4**	**25.0**	
海南	**Hainan**	**13.8**	**18.0**	**17.4**		拉萨	Lasa	13.5	15.6	30.8	15
海口	Haikou	14.2	18.7	15.7	143	**陕西**	**Shaanxi**	**13.4**	**15.4**	**15.7**	
三亚	Sanya	13.5	11.4	19.0	98	西安	Xi'an	15.6	18.1	18.3	107
三沙	Sansha		16.9	17.6	114	铜川	Tongchuan	11.0	11.5	11.5	228
重庆	**Chongqing**	**9.4**	**11.7**	**12.1**		宝鸡	Baoji	15.7	15.9	16.0	140
四川	**Sichuan**	**11.8**	**13.3**	**13.6**		咸阳	Xianyang	10.1	12.6	11.9	218
成都	Chengdu	14.9	14.8	14.6	158	渭南	Weinan	16.8	9.5	10.2	250
自贡	Zigong	8.9	13.1	12.9	198	延安	Yan'an	5.1	7.0	7.2	279
攀枝花	Panzhihua	8.8	12.3	11.5	229	汉中	Hanzhong	6.3	7.9	7.5	276
泸州	Luzhou	9.4	11.7	11.8	224	榆林	Yulin	12.8	20.8	27.8	24
德阳	Deyang	12.4	12.7	12.9	201	安康	Ankang	13.9	16.1	16.5	129
绵阳	Mianyang	17.0	13.0	13.0	197	商洛	Shangluo	14.3	11.2	11.8	223
广元	Guangyuan	11.6	13.9	13.7	178	**甘肃**	**Gansu**	**12.2**	**15.3**	**15.2**	
遂宁	Suining	11.5	26.2	29.0	21	兰州	Lanzhou	10.9	16.6	16.1	137
内江	Neijiang	6.0	7.3	8.1	273	嘉峪关	Jiayuguan	16.8	17.1	18.5	102
乐山	Leshan	12.8	14.1	12.0	217	金昌	Jinchang	22.1	24.4	24.7	46
南充	Nanchong	12.1	13.9	14.1	167	白银	Baiyin	13.7	15.0	14.9	155
眉山	Meishan	14.6	14.2	17.5	115	天水	Tianshui	8.7	8.8	8.8	269
宜宾	Yibin	8.2	6.0	8.1	274	武威	Wuwei	10.2	11.1	10.9	239
广安	Guangan	9.3	22.5	23.2	57	张掖	Zhangye	16.7	33.3	27.2	30
达州	Dazhou	4.7	3.1	3.6	285	平凉	Pingliang	18.7	18.8	19.3	94
雅安	Yaan	8.7	13.0	13.2	192	酒泉	Jiuquan	13.9	12.6	11.8	221
巴中	Bazhong	1.6	2.8	2.8	286	庆阳	Qingyang	11.1	15.3	16.0	142
资阳	Ziyang	11.4	15.0	16.3	132	定西	Dingxi	9.0	13.0	13.4	188
贵州	**Guizhou**	**6.7**	**10.3**	**11.2**		陇南	Longnan	4.2	4.3	4.3	284
贵阳	Guiyang	6.2	9.8	9.9	254	**青海**	**Qinghai**	**11.4**	**11.1**	**10.6**	
六盘水	Liupanshui	10.2	12.3	16.1	133	西宁	Xining	7.4	7.2	7.5	277
遵义	Zunyi	5.3	7.1	7.0	282	海东	Haidong		8.6	6.7	283
安顺	Anshun	5.0	8.8	13.6	183	**宁夏**	**Ningxia**	**17.4**	**23.2**	**22.5**	
毕节	Bijie	8.0	16.5	16.8	121	银川	Yinchuan	15.3	14.1	13.4	187
铜仁	Tongren	6.9	7.8	9.1	263	石嘴山	Shizuishan	15.8	30.9	32.7	10
云南	**Yunnan**	**10.9**	**17.1**	**14.2**		吴忠	Wuzhong	20.1	25.3	22.9	62
昆明	Kunming	8.4	19.6	12.9	199	固原	Guyuan	19.1	26.7	26.4	35
曲靖	Qujing	11.0	17.2	17.2	118	中卫	Zhongwei	19.0	27.5	26.5	33
玉溪	Yuxi	16.2	26.1	22.3	64	**新疆**	**Xinjiang**	**13.2**	**16.5**	**17.7**	
保山	Baoshan	12.4	12.8	12.1	213	乌鲁木齐	Urumqi	7.2	10.1	10.3	248
昭通	Zhaotong	12.9	13.1	13.6	182	克拉玛依	Karamay	23.6	28.7	29.2	19

8-40　城市污水排放量(辖区)

Annual Quantity of Urban Wastewater Discharged (Municipal Districts)

单位：万立方米　　(10 000 m³)

地名	City	2010	2014	2015	2015 排名 Ranking	地名	City	2010	2014	2015	2015 排名 Ranking
全国	**Nation Total**	**3786983**	**4453428**	**4666210**		沈阳	Shenyang	54429	57552	59689	9
北京	**Beijing**	**141651**	**161548**	**164231**		大连	Dalian	28242	38387	38460	19
天津	**Tianjin**	**65235**	**82316**	**93979**		鞍山	Anshan	19300	21329	21479	40
河北	**Hebei**	**132798**	**157348**	**167057**		抚顺	Fushun	9774	21718	20586	43
石家庄	Shijiazhuang	24583	45077	44777	14	本溪	Benxi	18731	19431	19434	46
唐山	Tangshan	20285	22452	22784	35	丹东	Dandong	3970	4943	4901	164
秦皇岛	Qinhuangdao	9163	10117	12084	71	锦州	Jinzhou	10536	12051	12071	72
邯郸	Handan	12959	12812	12700	67	营口	Yingkou	4624	5512	5431	150
邢台	Xingtai	4828	4164	3258	212	阜新	Fuxin	5630	6452	6315	131
保定	Baoding	8500	8325	14661	59	辽阳	Liaoyang	9854	8207	8710	97
张家口	Zhangjiakou	5806	6725	6736	125	盘锦	Panjin	5795	6004	6877	124
承德	Chengde	4635	4044	4866	166	铁岭	Tieling	3349	3060	3416	208
沧州	Cangzhou	2842	3758	4070	185	朝阳	Chaoyang	3351	4350	5277	152
廊坊	Langfang	3675	4095	3342	209	葫芦岛	Huludao	5340	4684	4686	169
衡水	Hengshui	3468	3468	2936	222	**吉林**	**Jilin**	**75270**	**83347**	**86386**	
山西	**Shanxi**	**60181**	**67093**	**72746**		长春	Changchun	23555	25974	30331	26
太原	Taiyuan	22556	26146	28415	30	吉林	Jilin	17821	18637	15300	55
大同	Datong	5840	6062	7262	113	四平	Siping	1870	3794	3566	205
阳泉	Yangquan	3547	3600	4285	178	辽源	Liaoyuan	2280	2790	3670	201
长治	Changzhi	6000	6289	7048	117	通化	Tonghua	3509	2096	2085	245
晋城	Jincheng	2100	3562	3873	194	白山	Baishan	2034	2345	2466	238
朔州	Shuozhou	1934	1920	1867	256	松原	Songyuan	3680	4590	4948	162
晋中	Jinzhong	1953	2948	4233	179	白城	Baicheng	2440	1266	1927	252
运城	Yuncheng	2700	2380	1997	248	**黑龙江**	**Heilongjiang**	**108443**	**121559**	**122699**	
忻州	Xinzhou	1330	2469	1803	261	哈尔滨	Harbin	32016	37557	40910	17
临汾	Linfen	2449	2557	2565	234	齐齐哈尔	Qiqihar	7265	7679	7299	111
吕梁	Lvliang	750	946	882	279	鸡西	Jixi	5500	5574	4040	187
内蒙古	**Inner Mongolia**	**46543**	**57212**	**59052**		鹤岗	Hegang	3812	3610	3219	213
呼和浩特	Hohhot	9488	11810	10465	80	双鸭山	Shuangyashan	1825	2060	2076	246
包头	Baotou	8232	9255	10657	78	大庆	Daqing	19365	21264	20057	44
乌海	Wuhai	2534	3056	4218	181	伊春	Yichun	2563	3426	3277	211
赤峰	Chifeng	6983	9246	9379	90	佳木斯	Jiamusi	6020	5200	4230	180
通辽	Tongliao	4523	5649	5828	142	七台河	Qitaihe	3650	3960	3940	190
鄂尔多斯	Erdos	1908	2573	3119	216	牡丹江	Mudanjiang	14185	16680	16700	49
呼伦贝尔	Hulunbuir	1923	2897	2586	232	黑河	Heihe	540	1130	892	278
巴彦淖尔	Bayannur	1380	2313	2045	247	绥化	Suihua	1300	1674	3600	203
乌兰察布	Ulanqab	1853	1162	1564	270	**上海**	**Shanghai**	**231374**	**231685**	**230423**	
辽宁	**Liaoning**	**204370**	**239889**	**243528**		**江苏**	**Jiangsu**	**363096**	**396336**	**412277**	

8-40 城市污水排放量(辖区) 续表 1

Annual Quantity of Urban Wastewater Discharged (Municipal Districts) continued 1

单位：万立方米 （10 000 m³ ）

地名	City	2010	2014	2015	2015 排名 Ranking	地名	City	2010	2014	2015	2015 排名 Ranking
南京	Nanjing	80490	94134	95019	4	池州	Chizhou	1620	2315	2640	229
无锡	Wuxi	38685	34617	36120	22	宣城	Xuancheng	1750	2227	2253	243
徐州	Xuzhou	18106	20709	21571	39	**福建**	**Fujian**	**95884**	**119013**	**119392**	
常州	Changzhou	24025	20520	23800	33	福州	Fuzhou	20208	27200	28500	29
苏州	Suzhou	40989	59871	62559	7	厦门	Xiamen	22049	29438	28885	28
南通	Nantong	15792	20970	22680	36	莆田	Putian	4905	7968	8274	102
连云港	Lianyungang	7181	7610	10508	79	三明	Sanming	4225	4466	2381	241
淮安	Huaian	13387	13406	13031	65	泉州	Quanzhou	8953	8651	10334	82
盐城	Yancheng	5299	6253	8690	98	漳州	Zhangzhou	3400	3840	4147	183
扬州	Yangzhou	10121	14667	15275	56	南平	Nanping	1842	1948	2598	231
镇江	Zhenjiang	12495	13543	13837	63	龙岩	Longyan	3931	5613	6005	138
泰州	Taizhou	3768	7405	7474	110	宁德	Ningde	1330	1546	1577	268
宿迁	Suqian	4020	6105	5877	141	**江西**	**Jiangxi**	**70453**	**81271**	**88945**	
浙江	**Zhejiang**	**206415**	**250146**	**269386**		南昌	Nanchang	27297	30390	34447	23
杭州	Hangzhou	43746	48520	56974	10	景德镇	Jingdezhen	3945	3785	4121	184
宁波	Ningbo	32531	40088	44018	16	萍乡	Pingxiang	2450	957	3067	218
温州	Wenzhou	17802	19250	21605	38	九江	Jiujiang	6238	6015	6082	137
嘉兴	Jiaxing	8027	9050	8839	95	新余	Xinyu	3687	4720	4915	163
湖州	Huzhou	6500	7152	8000	106	鹰潭	Yingtan	1765	1868	1831	259
绍兴	Shaoxing	9789	30391	31811	25	赣州	Ganzhou	3402	7773	7798	109
金华	Jinhua	4216	5041	6955	122	吉安	Jian	2364	3032	3017	220
衢州	Quzhou	8184	4145	6162	134	宜春	Yichun	2456	3315	3849	196
舟山	Zhoushan	3393	3690	3806	198	抚州	Fuzhou	3139	3764	4559	173
台州	Taizhou	8996	11361	12378	69	上饶	Shangrao	2551	3098	4754	168
丽水	Lishui	2711	3132	3284	210	**山东**	**Shandong**	**244417**	**295243**	**302131**	
安徽	**Anhui**	**124449**	**144249**	**150642**		济南	Jinan	22980	29229	29540	27
合肥	Hefei	30856	42200	44433	15	青岛	Qingdao	30735	39651	39273	18
芜湖	Wuhu	9789	13544	13976	62	淄博	Zibo	22730	22579	22620	37
蚌埠	Bengbu	13100	13631	14558	60	枣庄	Zaozhuang	6854	8607	8960	92
淮南	Huainan	10400	6330	7000	119	东营	Dongying	6512	7479	7871	108
马鞍山	Maanshan	15665	12948	11722	73	烟台	Yantai	12489	14849	15971	51
淮北	Huaibei	4348	4654	4637	170	潍坊	Weifang	7408	12616	12519	68
铜陵	Tongling	3143	4737	4877	165	济宁	Jining	9206	13524	12712	66
安庆	Anqing	5596	7156	6895	123	泰安	Taian	5624	6052	6388	128
黄山	Huangshan	2008	2956	3115	217	威海	Weihai	5115	8818	8919	94
滁州	Chuzhou	2766	6107	6093	136	日照	Rizhao	5032	6225	6199	133
阜阳	Fuyang	4500	5396	5694	143	莱芜	Laiwu	3188	4183	4052	186
宿州	Suzhou	5210	3763	4430	175	临沂	Linyi	12414	17435	18458	48
六安	Liuan	3600	3624	4211	182	德州	Dezhou	5998	9275	10265	83
亳州	Bozhou	2358	3806	4316	177	聊城	Liaocheng	4070	5681	5903	140

8-40 城市污水排放量(辖区) 续表 2

Annual Quantity of Urban Wastewater Discharged (Municipal Districts) continued 2

单位：万立方米 (10 000 m³)

地名	City	2010	2014	2015	2015 排名 Ranking	地名	City	2010	2014	2015	2015 排名 Ranking
滨州	Binzhou	4949	4711	6993	120	常德	Changde	5680	6346	5237	153
菏泽	Heze	3460	4963	6159	135	张家界	Zhangjiajie	1925	2353	2270	242
河南	**Henan**	**147413**	**169502**	**194710**		益阳	Yiyang	4300	5800	5973	139
郑州	Zhengzhou	32065	30601	48077	12	郴州	Chenzhou	4695	4703	6389	127
开封	Kaifeng	5815	8266	9369	91	永州	Yongzhou	6791	6939	6344	130
洛阳	Luoyang	11383	14582	15979	50	怀化	Huaihua	4109	3903	3700	200
平顶山	Pingdingshan	9398	9119	9795	86	娄底	Loudi	4850	4249	5146	155
安阳	Anyang	8485	7724	7050	116	**广东**	**Guangdong**	**506546**	**652251**	**671363**	
鹤壁	Hebi	3390	4028	2903	223	广州	Guangzhou	93847	132834	149182	2
新乡	Xinxiang	8691	10111	10714	77	韶关	Shaoguan	5127	6961	7253	114
焦作	Jiaozuo	8106	9193	10052	85	深圳	Shenzhen	104798	158205	168019	1
濮阳	Puyang	3826	4601	5480	148	珠海	Zhuhai	17285	23748	23966	32
许昌	Xuchang	3270	3689	4027	188	汕头	Shantou	19950	19974	21121	42
漯河	Luohe	8553	7273	7200	115	佛山	Foshan	36198	46099	36361	21
三门峡	Sanmenxia	1329	2067	2946	221	江门	Jiangmen	10103	18083	19346	47
南阳	Nanyang	4474	7638	7974	107	湛江	Zhanjiang	7530	12695	15049	57
商丘	Shangqiu	4777	8236	8135	104	茂名	Maoming	3468	5039	5043	159
信阳	Xinyang	3326	3997	3930	192	肇庆	Zhaoqing	7112	7253	9726	87
周口	Zhoukou	1432	3076	3835	197	惠州	Huizhou	18153	21139	26036	31
驻马店	Zhumadian	3334	5104	5614	146	梅州	Meizhou	3154	3594	4773	167
湖北	**Hubei**	**169150**	**192893**	**203363**		汕尾	Shanwei	2091	2422	2661	228
武汉	Wuhan	60801	79245	83243	5	河源	Heyuan	3839	4382	3917	193
黄石	Huangshi	10100	8894	8714	96	阳江	Yangjiang	2558	3709	5103	157
十堰	Shiyan	8045	9550	13097	64	清远	Qingyuan	2556	5363	8169	103
宜昌	Yichang	7925	8189	9585	88	东莞	Dongguan	109527	104068	105113	3
襄阳	Xiangyang	12346	15989	15969	52	中山	Zhongshan	10431	12864	12260	70
鄂州	Ezhou	2450	3528	3565	206	潮州	Chaozhou	3868	7273	6379	129
荆门	Jingmen	4556	5164	5433	149	揭阳	Jieyang	2117	3671	4578	172
孝感	Xiaogan	2618	4600	4609	171	云浮	Yunfu	1879	2829	2815	225
荆州	Jingzhou	7035	6965	6977	121	**广西**	**Guangxi**	**115256**	**125341**	**130447**	
黄冈	Huanggang	3140	2521	2426	239	南宁	Nanning	30062	30501	36896	20
咸宁	Xianning	1704	2417	2514	236	柳州	Liuzhou	31556	39688	33413	24
随州	Suizhou	2800	3425	3603	202	桂林	Guilin	7997	8519	10185	84
湖南	**Hunan**	**153696**	**161784**	**165003**		梧州	Wuzhou	3825	5315	5623	145
长沙	Changsha	35927	45796	48018	13	北海	Beihai	3226	3630	5299	151
株洲	Zhuzhou	13000	14241	14701	58	防城港	Fangchenggang	2015	3104	3056	219
湘潭	Xiangtan	13200	15664	14468	61	钦州	Qinzhou	3386	3802	3871	195
衡阳	Hengyang	11650	10941	11356	76	贵港	Guigang	8809	7885	8642	99
邵阳	Shaoyang	6600	7722	7018	118	玉林	Yulin	3817	5260	5175	154
岳阳	Yueyang	12400	12495	11401	75	百色	Baise	3661	2230	2553	235

8-40 城市污水排放量(辖区) 续表 3

Annual Quantity of Urban Wastewater Discharged (Municipal Districts) continued 3

单位：万立方米 (10 000 m³)

地名	City	2010	2014	2015	2015 排名 Ranking	地名	City	2010	2014	2015	2015 排名 Ranking
贺州	Hezhou	1503	1922	1680	266	丽江	Lijiang	1100	1726	1913	253
河池	Hechi	3150	1820	1821	260	普洱	Puer	908	1203	1336	272
来宾	Laibin	1762	1594	1742	264	临沧	Lincang	637	892	1054	275
崇左	Chongzuo	961	1021	1048	276	**西藏**	**Tibet**	**6770**	**10639**	**12991**	
海南	**Hainan**	**27811**	**28454**	**32054**		拉萨	Lasa	6020	8374	10353	81
海口	Haikou	12914	14779	15370	54	**陕西**	**Shaanxi**	**68104**	**86823**	**96977**	
三亚	Sanya	10472	5530	8400	101	西安	Xi'an	33232	49261	59956	8
三沙	Sansha		29	29	286	铜川	Tongchuan	1169	1579	1273	274
重庆	**Chongqing**	**64622**	**93517**	**96951**		宝鸡	Baoji	6237	7002	6651	126
四川	**Sichuan**	**136520**	**172892**	**186332**		咸阳	Xianyang	10259	9855	9381	89
成都	Chengdu	55404	70601	82301	6	渭南	Weinan	3544	4542	5045	158
自贡	Zigong	4502	7080	5008	161	延安	Yan'an	1342	1976	1784	262
攀枝花	Panzhihua	9751	10853	8934	93	汉中	Hanzhong	2000	3764	3584	204
泸州	Luzhou	7223	5683	5607	147	榆林	Yulin	960	1872	1836	257
德阳	Deyang	3761	5009	5014	160	安康	Ankang	3900	1335	1948	251
绵阳	Mianyang	6753	8150	8449	100	商洛	Shangluo	738	960	931	277
广元	Guangyuan	2280	2882	3754	199	**甘肃**	**Gansu**	**41940**	**39211**	**41331**	
遂宁	Suining	2397	4192	4370	176	兰州	Lanzhou	22318	18512	19439	45
内江	Neijiang	1826	2825	3203	214	嘉峪关	Jiayuguan	2680	2923	2846	224
乐山	Leshan	3368	3395	3949	189	金昌	Jinchang	2040	1952	1981	249
南充	Nanchong	5660	6110	6280	132	白银	Baiyin	4161	4464	4466	174
眉山	Meishan	2376	3130	3429	207	天水	Tianshui	2084	2400	2401	240
宜宾	Yibin	3978	5412	8023	105	武威	Wuwei	1576	1295	1321	273
广安	Guangan	860	1720	1740	265	张掖	Zhangye	1363	1653	1648	267
达州	Dazhou	2161	5398	5686	144	平凉	Pingliang	1070	1157	1475	271
雅安	Yaan	1600	1748	1784	262	酒泉	Jiuquan	1600	1568	1571	269
巴中	Bazhong	1510	1950	1960	250	庆阳	Qingyang	514	585	587	283
资阳	Ziyang	1478	1778	1870	255	定西	Dingxi	316	450	451	284
贵州	**Guizhou**	**32533**	**45013**	**49075**		陇南	Longnan	365	333	348	285
贵阳	Guiyang	16952	21716	23276	34	**青海**	**Qinghai**	**12889**	**17700**	**18579**	
六盘水	Liupanshui	1801	1725	1904	254	西宁	Xining	7799	10820	11417	74
遵义	Zunyi	3900	4579	5132	156	海东	Haidong		360	651	282
安顺	Anshun	1493	1964	2502	237	**宁夏**	**Ningxia**	**28047**	**27114**	**27751**	
毕节	Bijie	1138	3041	3200	215	银川	Yinchuan	10525	14872	15664	53
铜仁	Tongren	1089	2071	2216	244	石嘴山	Shizuishan	5642	2477	2583	233
云南	**Yunnan**	**58711**	**78196**	**85425**		吴忠	Wuzhong	2261	2555	2722	227
昆明	Kunming	37050	46882	48678	11	固原	Guyuan	486	682	693	281
曲靖	Qujing	3016	3748	3939	191	中卫	Zhongwei	656	727	716	280
玉溪	Yuxi	2200	2950	2640	229	**新疆**	**Xinjiang**	**46396**	**63843**	**70984**	
保山	Baoshan	890	1720	1832	258	乌鲁木齐	Urumqi	18388	20899	21129	41
昭通	Zhaotong	1144	1530	2742	226	克拉玛依	Karamay	4876	6546	7277	112

8-41 城市排水管道长度(辖区)

Length of Urban Drainage Pipelines (Municipal Districts)

单位：公里 (km)

地名	City	2010	2014	2015	2015 排名 Ranking	地名	City	2010	2014	2015	2015 排名 Ranking
全国	**Nation Total**	**369553**	**511179**	**539567**		沈阳	Shenyang	3738	4109	3909	18
北京	**Beijing**	**10172**	**14290**	**15528**		大连	Dalian	2459	2679	2744	28
天津	**Tianjin**	**15140**	**18748**	**19543**		鞍山	Anshan	860	930	940	108
河北	**Hebei**	**14576**	**15924**	**16964**		抚顺	Fushun	842	933	945	107
石家庄	Shijiazhuang	2074	2046	2168	44	本溪	Benxi	336	362	362	215
唐山	Tangshan	2218	2350	2402	34	丹东	Dandong	684	785	785	132
秦皇岛	Qinhuangdao	1313	1411	1561	63	锦州	Jinzhou	476	535	516	182
邯郸	Handan	1441	1669	1718	58	营口	Yingkou	526	553	553	168
邢台	Xingtai	745	804	845	120	阜新	Fuxin	259	286	597	162
保定	Baoding	1062	833	1246	83	辽阳	Liaoyang	742	885	909	112
张家口	Zhangjiakou	662	667	676	148	盘锦	Panjin	555	638	640	153
承德	Chengde	334	473	475	189	铁岭	Tieling	461	391	395	206
沧州	Cangzhou	404	557	560	165	朝阳	Chaoyang	251	659	666	149
廊坊	Langfang	402	614	624	157	葫芦岛	Huludao	176	691	685	146
衡水	Hengshui	361	398	388	207	**吉林**	**Jilin**	**7738**	**9870**	**10319**	
山西	**Shanxi**	**5459**	**7428**	**7860**		长春	Changchun	3801	4962	5358	13
太原	Taiyuan	1473	1826	1946	51	吉林	Jilin	816	933	1007	103
大同	Datong	488	638	638	154	四平	Siping	206	214	214	253
阳泉	Yangquan	330	419	420	201	辽源	Liaoyuan	114	198	211	254
长治	Changzhi	254	457	467	192	通化	Tonghua	123	160	165	267
晋城	Jincheng	327	363	367	213	白山	Baishan	140	156	160	269
朔州	Shuozhou	457	510	522	180	松原	Songyuan	193	225	238	248
晋中	Jinzhong	474	751	794	130	白城	Baicheng	240	308	331	222
运城	Yuncheng	291	378	378	211	**黑龙江**	**Heilongjiang**	**7504**	**9922**	**10345**	
忻州	Xinzhou	132	398	423	199	哈尔滨	Harbin	1796	2830	2956	25
临汾	Linfen	35	111	91	279	齐齐哈尔	Qiqihar	693	773	861	118
吕梁	Lvliang	200	259	281	237	鸡西	Jixi	289	319	320	224
内蒙古	**Inner Mongolia**	**8514**	**12123**	**12542**		鹤岗	Hegang	266	310	314	227
呼和浩特	Hohhot	962	1996	1996	49	双鸭山	Shuangyashan	238	261	272	240
包头	Baotou	1750	2087	2207	41	大庆	Daqing	1297	1528	1528	65
乌海	Wuhai	260	290	290	236	伊春	Yichun	266	445	474	190
赤峰	Chifeng	469	761	840	121	佳木斯	Jiamusi	346	472	509	184
通辽	Tongliao	586	731	737	137	七台河	Qitaihe	141	174	174	264
鄂尔多斯	Erdos	1823	2133	2169	43	牡丹江	Mudanjiang	387	430	430	196
呼伦贝尔	Hulunbuir	318	493	504	185	黑河	Heihe	98	102	103	274
巴彦淖尔	Bayannur	557	1101	1181	86	绥化	Suihua	151	202	204	259
乌兰察布	Ulanqab	246	314	318	225	**上海**	**Shanghai**	**11483**	**20972**	**16920**	
辽宁	**Liaoning**	**14070**	**16783**	**17074**		**江苏**	**Jiangsu**	**46867**	**66256**	**70048**	

8-41 城市排水管道长度(辖区) 续表 1
Length of Urban Drainage Pipelines (Municipal Districts) continued 1

单位：公里 (km)

地名	City	2010	2014	2015	2015 排名 Ranking
南京	Nanjing	4948	7910	8308	7
无锡	Wuxi	8880	12687	12963	2
徐州	Xuzhou	1334	2094	2129	45
常州	Changzhou	3627	4876	5503	11
苏州	Suzhou	5360	7819	8883	6
南通	Nantong	1757	3907	4253	17
连云港	Lianyungang	1228	1501	1897	53
淮安	Huaian	1599	1977	2033	46
盐城	Yancheng	786	1494	2016	48
扬州	Yangzhou	1584	2311	2400	35
镇江	Zhenjiang	1646	1987	1954	50
泰州	Taizhou	838	1674	1738	57
宿迁	Suqian	647	1346	1497	67
浙江	**Zhejiang**	**26367**	**35960**	**38203**	
杭州	Hangzhou	3904	4616	5370	12
宁波	Ningbo	3407	4670	4782	14
温州	Wenzhou	1539	3167	3292	23
嘉兴	Jiaxing	727	877	921	109
湖州	Huzhou	1652	1955	2033	47
绍兴	Shaoxing	982	2568	2792	27
金华	Jinhua	1323	1575	1673	60
衢州	Quzhou	952	1224	1290	81
舟山	Zhoushan	703	938	969	104
台州	Taizhou	1567	2149	2274	38
丽水	Lishui	427	555	557	166
安徽	**Anhui**	**13136**	**24580**	**24399**	
合肥	Hefei	3611	7623	5935	10
芜湖	Wuhu	1311	2766	2807	26
蚌埠	Bengbu	763	1127	1193	85
淮南	Huainan	646	706	738	136
马鞍山	Maanshan	595	1415	1501	66
淮北	Huaibei	125	167	618	159
铜陵	Tongling	256	1203	1313	80
安庆	Anqing	624	1041	1035	98
黄山	Huangshan	566	479	517	181
滁州	Chuzhou	589	1366	1537	64
阜阳	Fuyang	458	829	911	111
宿州	Suzhou	605	803	839	122
六安	Liuan	324	508	543	173
亳州	Bozhou	547	1038	1075	95
池州	Chizhou	414	559	565	164
宣城	Xuancheng	524	716	758	133
福建	**Fujian**	**9686**	**12709**	**13340**	
福州	Fuzhou	1448	2084	2238	39
厦门	Xiamen	1737	2615	2674	31
莆田	Putian	1245	1297	1436	72
三明	Sanming	113	197	210	255
泉州	Quanzhou	1011	1375	1391	75
漳州	Zhangzhou	734	815	827	124
南平	Nanping	72	161	247	246
龙岩	Longyan	219	256	342	218
宁德	Ningde	138	217	226	250
江西	**Jiangxi**	**7340**	**10814**	**11983**	
南昌	Nanchang	1239	2064	2305	37
景德镇	Jingdezhen	646	709	728	139
萍乡	Pingxiang	246	43	50	284
九江	Jiujiang	853	1144	1161	89
新余	Xinyu	591	792	819	125
鹰潭	Yingtan	61	173	174	262
赣州	Ganzhou	463	1177	1402	74
吉安	Jian	317	519	549	169
宜春	Yichun	380	576	622	158
抚州	Fuzhou	569	780	806	128
上饶	Shangrao	531	741	1032	100
山东	**Shandong**	**34301**	**49554**	**52183**	
济南	Jinan	2177	2583	2634	32
青岛	Qingdao	4708	6840	6993	9
淄博	Zibo	1785	2639	2695	29
枣庄	Zaozhuang	930	1206	1245	84
东营	Dongying	756	997	1122	91
烟台	Yantai	2328	3326	3837	19
潍坊	Weifang	1433	2157	2208	40
济宁	Jining	969	1443	1780	54
泰安	Taian	797	878	898	114
威海	Weihai	1043	3613	3691	21
日照	Rizhao	1006	1385	1475	71
莱芜	Laiwu	798	1024	1085	93
临沂	Linyi	1845	2894	3007	24
德州	Dezhou	792	1164	1179	87
聊城	Liaocheng	874	1376	1372	77

8-41 城市排水管道长度(辖区) 续表 2

Length of Urban Drainage Pipelines (Municipal Districts) continued 2

单位：公里 （km）

地名	City	2010	2014	2015	2015 排名 Ranking	地名	City	2010	2014	2015	2015 排名 Ranking
滨州	Binzhou	590	1436	1760	55	常德	Changde	483	539	539	176
菏泽	Heze	509	823	870	117	张家界	Zhangjiajie	96	231	233	249
河南	**Henan**	**14733**	**19348**	**20467**		益阳	Yiyang	333	297	363	214
郑州	Zhengzhou	2939	3592	3812	20	郴州	Chenzhou	390	362	374	212
开封	Kaifeng	628	810	963	106	永州	Yongzhou	343	476	542	174
洛阳	Luoyang	1201	1598	1637	61	怀化	Huaihua	221	346	346	217
平顶山	Pingdingshan	392	456	514	183	娄底	Loudi	376	444	474	191
安阳	Anyang	768	847	886	115	**广东**	**Guangdong**	**42507**	**50320**	**53587**	
鹤壁	Hebi	340	411	424	198	广州	Guangzhou	8501	10078	10204	3
新乡	Xinxiang	765	835	848	119	韶关	Shaoguan	497	521	548	170
焦作	Jiaozuo	662	912	912	110	深圳	Shenzhen	12844	11634	13060	1
濮阳	Puyang	266	513	456	194	珠海	Zhuhai	1281	1430	1495	68
许昌	Xuchang	429	519	531	177	汕头	Shantou	1661	1685	1693	59
漯河	Luohe	451	481	499	186	佛山	Foshan	1672	2536	2678	30
三门峡	Sanmenxia	159	215	311	229	江门	Jiangmen	1242	437	1011	102
南阳	Nanyang	811	1321	1415	73	湛江	Zhanjiang	449	780	643	152
商丘	Shangqiu	237	421	421	200	茂名	Maoming	291	384	384	209
信阳	Xinyang	285	339	349	216	肇庆	Zhaoqing	568	792	908	113
周口	Zhoukou	450	599	631	155	惠州	Huizhou	1473	2596	2321	36
驻马店	Zhumadian	476	702	730	138	梅州	Meizhou	298	517	525	179
湖北	**Hubei**	**16577**	**21484**	**23042**		汕尾	Shanwei	215	244	245	247
武汉	Wuhan	7543	9102	9202	5	河源	Heyuan	206	393	404	204
黄石	Huangshi	602	1028	1144	90	阳江	Yangjiang		416	724	140
十堰	Shiyan	473	813	1265	82	清远	Qingyuan		523	1020	101
宜昌	Yichang	582	1024	1067	96	东莞	Dongguan	5857	9172	9290	4
襄阳	Xiangyang	665	981	1161	88	中山	Zhongshan	899	1068	1086	92
鄂州	Ezhou	645	621	643	151	潮州	Chaozhou	307	441	441	195
荆门	Jingmen	539	777	816	127	揭阳	Jieyang	212	78	99	276
孝感	Xiaogan	279	370	686	145	云浮	Yunfu	57	131	141	271
荆州	Jingzhou	385	559	574	163	**广西**	**Guangxi**	**6417**	**8771**	**10588**	
黄冈	Huanggang	203	359	384	208	南宁	Nanning	716	792	1482	69
咸宁	Xianning	180	246	267	242	柳州	Liuzhou	1012	1254	1316	79
随州	Suizhou	236	272	281	238	桂林	Guilin	485	852	724	142
湖南	**Hunan**	**8882**	**12612**	**13199**		梧州	Wuzhou	156	333	336	221
长沙	Changsha	1274	2062	2172	42	北海	Beihai	308	818	819	126
株洲	Zhuzhou	291	1004	1475	70	防城港	Fangchenggang	231	467	494	187
湘潭	Xiangtan	724	1030	1067	97	钦州	Qinzhou	449	657	790	131
衡阳	Hengyang	924	998	873	116	贵港	Guigang	320	374	411	203
邵阳	Shaoyang	480	836	544	172	玉林	Yulin	619	730	743	134
岳阳	Yueyang	874	1271	1329	78	百色	Baise	256	297	339	219

8-41 城市排水管道长度(辖区) 续表 3
Length of Urban Drainage Pipelines (Municipal Districts) continued 3

单位：公里 (km)

地名	City	2010	2014	2015	2015 排名 Ranking
贺州	Hezhou	209	235	329	223
河池	Hechi	322	234	296	235
来宾	Laibin	210	528	541	175
崇左	Chongzuo	89	98	178	261
海南	**Hainan**	**2946**	**3522**	**3792**	
海口	Haikou	1154	1573	1603	62
三亚	Sanya	818	871	1085	94
三沙	Sansha		5	8	286
重庆	**Chongqing**	**7073**	**11081**	**12961**	
四川	**Sichuan**	**14498**	**20606**	**22486**	
成都	Chengdu	5213	7014	7878	8
自贡	Zigong	455	125	39	285
攀枝花	Panzhihua	545	640	630	156
泸州	Luzhou	632	931	1034	99
德阳	Deyang	360	478	555	167
绵阳	Mianyang	1016	1894	1936	52
广元	Guangyuan	313	584	601	160
遂宁	Suining	487	791	799	129
内江	Neijiang	222	322	399	205
乐山	Leshan	456	604	711	143
南充	Nanchong	730	1311	1385	76
眉山	Meishan	260	581	743	135
宜宾	Yibin	153	572	645	150
广安	Guangan	232	1720	273	239
达州	Dazhou	415	88	91	280
雅安	Yaan	180	287	308	230
巴中	Bazhong	185	258	268	241
资阳	Ziyang	214	306	312	228
贵州	**Guizhou**	**3327**	**5577**	**5895**	
贵阳	Guiyang	1798	3520	3523	22
六盘水	Liupanshui	70	76	78	282
遵义	Zunyi	222	222	222	251
安顺	Anshun	295	372	527	178
毕节	Bijie	75	165	203	260
铜仁	Tongren	129	157	207	256
云南	**Yunnan**	**4419**	**10136**	**11477**	
昆明	Kunming	524	4315	4398	16
曲靖	Qujing	458	607	724	141
玉溪	Yuxi	475	440	297	232
保山	Baoshan	132	198	204	258
昭通	Zhaotong	108	202	250	245

地名	City	2010	2014	2015	2015 排名 Ranking
丽江	Lijiang	118	360	546	171
普洱	Puer	221	477	487	188
临沧	Lincang	185	253	253	244
西藏	**Tibet**	**293**	**610**	**1422**	
拉萨	Lasa	216	259	964	105
陕西	**Shaanxi**	**5666**	**7237**	**8026**	
西安	Xi'an	3388	4373	4688	15
铜川	Tongchuan	180	203	260	243
宝鸡	Baoji	494	586	597	161
咸阳	Xianyang	230	295	302	231
渭南	Weinan	289	359	427	197
延安	Yan'an	89	92	98	277
汉中	Hanzhong	130	154	165	266
榆林	Yulin	364	446	678	147
安康	Ankang	110	186	216	252
商洛	Shangluo	178	85	89	281
甘肃	**Gansu**	**3092**	**5016**	**5558**	
兰州	Lanzhou	724	2180	2622	33
嘉峪关	Jiayuguan	344	381	382	210
金昌	Jinchang	87	96	99	275
白银	Baiyin	153	172	174	263
天水	Tianshui	323	315	315	226
武威	Wuwei	138	160	160	268
张掖	Zhangye	215	285	338	220
平凉	Pingliang	286	393	411	202
酒泉	Jiuquan	258	297	297	233
庆阳	Qingyang	159	194	205	257
定西	Dingxi	95	135	138	272
陇南	Longnan	56	56	56	283
青海	**Qinghai**	**1014**	**1469**	**1668**	
西宁	Xining	619	818	831	123
海东	Haidong		94	167	265
宁夏	**Ningxia**	**1384**	**1460**	**1608**	
银川	Yinchuan	451	574	689	144
石嘴山	Shizuishan	302	113	130	273
吴忠	Wuzhong	98	138	150	270
固原	Guyuan	154	294	297	234
中卫	Zhongwei	91	97	97	278
新疆	**Xinjiang**	**4372**	**5997**	**6538**	
乌鲁木齐	Urumqi	1172	1442	1740	56
克拉玛依	Karamay	405	435	456	193

8-42 城市污水处理总量(辖区)
Total Quantity of Urban Wastewater Treated (Municipal Districts)

单位：万立方米 （10 000 m³）

地名	City	2010	2014	2015	2015 排名 Ranking	地名	City	2010	2014	2015	2015 排名 Ranking
全国	**Nation Total**	**3117032**	**4016198**	**4288251**		沈阳	Shenyang	40067	54737	56770	8
北京	**Beijing**	**116288**	**139108**	**145189**		大连	Dalian	25531	35094	37833	17
天津	**Tianjin**	**55645**	**74944**	**86030**		鞍山	Anshan	13623	18574	18577	44
河北	**Hebei**	**122567**	**149579**	**159274**		抚顺	Fushun	8899	15276	18383	45
石家庄	Shijiazhuang	23448	43092	42807	15	本溪	Benxi	16310	18204	18867	42
唐山	Tangshan	19088	21330	21645	36	丹东	Dandong	1951	4448	4034	176
秦皇岛	Qinhuangdao	8439	9987	11621	69	锦州	Jinzhou	6339	10630	10910	73
邯郸	Handan	11889	12500	12398	64	营口	Yingkou	3443	5512	5331	141
邢台	Xingtai	4080	4012	3139	200	阜新	Fuxin	3054	3435	5878	128
保定	Baoding	7640	8325	13911	58	辽阳	Liaoyang	8044	8207	8710	88
张家口	Zhangjiakou	5080	6295	6360	115	盘锦	Panjin	3649	6004	6877	109
承德	Chengde	4017	3785	4461	161	铁岭	Tieling	2859	3060	3416	193
沧州	Cangzhou	2418	3758	4070	175	朝阳	Chaoyang	2295	3855	5025	148
廊坊	Langfang	3164	3695	3075	202	葫芦岛	Huludao	4496	4185	4189	171
衡水	Hengshui	3000	2095	2496	219	**吉林**	**Jilin**	**55641**	**75092**	**78072**	
山西	**Shanxi**	**51111**	**59292**	**64891**		长春	Changchun	21072	23916	28848	26
太原	Taiyuan	18916	22447	24437	31	吉林	Jilin	16307	17612	14424	54
大同	Datong	4566	5062	6187	120	四平	Siping	1850	3229	3036	204
阳泉	Yangquan	2944	2801	3770	182	辽源	Liaoyuan	1900	2745	3172	199
长治	Changzhi	5520	5832	6507	114	通化	Tonghua	1800	1946	1853	245
晋城	Jincheng	2001	3384	3679	184	白山	Baishan	450	1740	2070	237
朔州	Shuozhou	1864	1876	1831	246	松原	Songyuan	3000	4401	4745	155
晋中	Jinzhong	1875	2848	4098	174	白城	Baicheng	261	882	1388	269
运城	Yuncheng	2430	2166	1813	247	**黑龙江**	**Heilongjiang**	**61513**	**93865**	**103566**	
忻州	Xinzhou	1249	2345	1714	254	哈尔滨	Harbin	18307	33538	36875	19
临汾	Linfen	2114	2325	2359	225	齐齐哈尔	Qiqihar	4901	5610	5880	127
吕梁	Lvliang	566	863	805	277	鸡西	Jixi	1825	1810	2288	230
内蒙古	**Inner Mongolia**	**37490**	**51041**	**55003**		鹤岗	Hegang	460	1810	2062	238
呼和浩特	Hohhot	7315	9568	9607	78	双鸭山	Shuangyashan	185	1844	1755	250
包头	Baotou	6785	7965	9616	77	大庆	Daqing	19365	20755	19573	40
乌海	Wuhai	2275	2890	4027	177	伊春	Yichun	570	1430	2341	226
赤峰	Chifeng	5749	8284	8505	91	佳木斯	Jiamusi	3250	4263	3600	190
通辽	Tongliao	3898	5508	5706	132	七台河	Qitaihe		1573	1523	261
鄂尔多斯	Erdos	1766	2525	3042	203	牡丹江	Mudanjiang	6450	6998	13013	61
呼伦贝尔	Hulunbuir	1550	2674	2536	217	黑河	Heihe	540	1018	829	276
巴彦淖尔	Bayannur	1191	2264	2018	240	绥化	Suihua	730	1674	1747	251
乌兰察布	Ulanqab	1577	1145	1465	265	**上海**	**Shanghai**	**192714**	**207865**	**213946**	
辽宁	**Liaoning**	**153131**	**213632**	**226685**		**江苏**	**Jiangsu**	**317926**	**370429**	**387207**	

8-42 城市污水处理总量(辖区) 续表 1

Total Quantity of Urban Wastewater Treated (Municipal Districts) continued 1

单位：万立方米 (10 000 m²)

地名	City	2010	2014	2015	2015 排名 Ranking	地名	City	2010	2014	2015	2015 排名 Ranking
南京	Nanjing	71493	89733	90904	4	池州	Chizhou	1458	2137	2462	221
无锡	Wuxi	36818	33506	35025	20	宣城	Xuancheng	1588	2080	2109	236
徐州	Xuzhou	14786	19206	20067	38	**福建**	**Fujian**	**80960**	**105511**	**106819**	
常州	Changzhou	21584	19494	22709	33	福州	Fuzhou	17601	23862	25643	29
苏州	Suzhou	37030	57321	60032	7	厦门	Xiamen	19866	27489	27042	28
南通	Nantong	14430	19463	21206	37	莆田	Putian	4253	6969	7033	105
连云港	Lianyungang	5846	6399	9036	84	三明	Sanming	3424	3818	2048	239
淮安	Huaian	10919	12198	12011	66	泉州	Quanzhou	7700	7585	9361	80
盐城	Yancheng	4345	5576	7830	98	漳州	Zhangzhou	2992	3420	3741	183
扬州	Yangzhou	8998	13746	14385	55	南平	Nanping	1523	1694	2272	231
镇江	Zhenjiang	10762	12568	12943	62	龙岩	Longyan	3539	5024	5381	140
泰州	Taizhou	3154	6624	6555	113	宁德	Ningde	982	1345	1377	270
宿迁	Suqian	3336	5705	5524	137	**江西**	**Jiangxi**	**56948**	**68069**	**78041**	
浙江	**Zhejiang**	**170781**	**226844**	**247695**		南昌	Nanchang	20473	27953	31641	24
杭州	Hangzhou	41733	46392	54137	10	景德镇	Jingdezhen	3942	2728	2988	205
宁波	Ningbo	27720	37020	41429	16	萍乡	Pingxiang	2260	2927	2607	216
温州	Wenzhou	12462	17604	20058	39	九江	Jiujiang	6114	5983	6050	123
嘉兴	Jiaxing	7004	8188	7858	96	新余	Xinyu	3687	4720	4915	151
湖州	Huzhou	5532	6580	7504	101	鹰潭	Yingtan	1375	1760	1786	249
绍兴	Shaoxing	8322	27127	29137	25	赣州	Ganzhou	2832	3914	5667	134
金华	Jinhua	3162	4538	6219	118	吉安	Jian	1898	2758	2762	212
衢州	Quzhou	6191	3700	5562	136	宜春	Yichun	2280	3089	3618	188
舟山	Zhoushan	2548	3186	3330	195	抚州	Fuzhou	2919	3470	4217	170
台州	Taizhou	6807	10231	11394	70	上饶	Shangrao	2302	2798	3812	180
丽水	Lishui	1965	2788	2965	207	**山东**	**Shandong**	**222691**	**281283**	**289341**	
安徽	**Anhui**	**110082**	**138779**	**145634**		济南	Jinan	22211	28644	28721	27
合肥	Hefei	30798	41736	44276	14	青岛	Qingdao	27136	37642	37478	18
芜湖	Wuhu	7342	12407	12806	63	淄博	Zibo	21521	21622	21726	35
蚌埠	Bengbu	11438	13535	14485	53	枣庄	Zaozhuang	6258	8187	8553	89
淮南	Huainan	9027	6215	6768	110	东营	Dongying	5753	7083	7494	102
马鞍山	Maanshan	13787	12829	11258	72	烟台	Yantai	11326	14187	15299	49
淮北	Huaibei	4044	4555	4541	159	潍坊	Weifang	6916	11707	11764	68
铜陵	Tongling	2169	4265	4487	160	济宁	Jining	8047	12766	12064	65
安庆	Anqing	5003	6510	6561	112	泰安	Taian	5067	5772	6149	121
黄山	Huangshan	1936	2782	2937	208	威海	Weihai	4726	8362	8525	90
滁州	Chuzhou	2505	5863	5888	126	日照	Rizhao	4568	5850	5855	129
阜阳	Fuyang	3915	4858	5127	144	莱芜	Laiwu	2933	3488	3796	181
宿州	Suzhou	3246	3743	4393	164	临沂	Linyi	11573	16185	17509	47
六安	Liuan	2910	3305	4139	172	德州	Dezhou	5079	8900	9901	75
亳州	Bozhou	2271	3689	4235	168	聊城	Liaocheng	3856	5377	5617	135

8-42 城市污水处理总量(辖区) 续表 2
Total Quantity of Urban Wastewater Treated (Municipal Districts) continued 2

单位：万立方米 (10 000 m²)

地名	City	2010	2014	2015	2015 排名 Ranking
滨州	Binzhou	4593	5311	6577	111
菏泽	Heze	2167	4764	5913	125
河南	**Henan**	**129134**	**156817**	**182194**	
郑州	Zhengzhou	31167	29342	46173	13
开封	Kaifeng	5117	7657	8817	85
洛阳	Luoyang	10875	14248	14981	50
平顶山	Pingdingshan	9241	8368	9296	81
安阳	Anyang	8289	7548	6889	108
鹤壁	Hebi	2797	2835	2696	213
新乡	Xinxiang	7603	9100	9643	76
焦作	Jiaozuo	6898	8044	9071	83
濮阳	Puyang	2044	4231	5080	146
许昌	Xuchang	3170	3578	3906	178
漯河	Luohe	5540	7000	6930	107
三门峡	Sanmenxia	1320	2007	2166	235
南阳	Nanyang	2791	6738	7793	99
商丘	Shangqiu	4777	7415	7435	103
信阳	Xinyang	2694	3557	3537	192
周口	Zhoukou	1075	2779	3569	191
驻马店	Zhumadian	3068	4699	5193	142
湖北	**Hubei**	**137043**	**177622**	**189957**	
武汉	Wuhan	57735	75486	80869	5
黄石	Huangshi	8202	8228	8113	95
十堰	Shiyan	5853	8834	11317	71
宜昌	Yichang	7100	7452	8817	85
襄阳	Xiangyang	10788	14633	14691	52
鄂州	Ezhou	2004	3140	3177	198
荆门	Jingmen	3850	4451	4695	156
孝感	Xiaogan	2230	3930	4420	163
荆州	Jingzhou	5633	6310	6353	116
黄冈	Huanggang	2900	2521	2426	223
咸宁	Xianning	1457	2117	2181	233
随州	Suizhou	1291	3215	3397	194
湖南	**Hunan**	**115194**	**145779**	**153025**	
长沙	Changsha	32622	44375	46922	11
株洲	Zhuzhou	10558	13452	14019	57
湘潭	Xiangtan	10837	14098	13475	59
衡阳	Hengyang	7436	8314	9539	79
邵阳	Shaoyang	4066	6643	6144	122
岳阳	Yueyang	9277	11345	10545	74
常德	Changde	4245	5389	4803	153
张家界	Zhangjiajie	1193	1908	1914	242
益阳	Yiyang	3766	5298	5516	138
郴州	Chenzhou	2635	4247	5942	124
永州	Yongzhou	3625	5776	5753	131
怀化	Huaihua	2931	3334	3323	196
娄底	Loudi	3931	3623	4555	158
广东	**Guangdong**	**436041**	**597118**	**628706**	
广州	Guangzhou	90993	131135	139070	2
韶关	Shaoguan	3643	5663	6250	117
深圳	Shenzhen	104062	152827	162359	1
珠海	Zhuhai	13623	21404	22936	32
汕头	Shantou	14174	18392	19042	41
佛山	Foshan	32209	36719	34333	21
江门	Jiangmen	8123	16497	17725	46
湛江	Zhanjiang	7007	12272	13323	60
茂名	Maoming	2872	4444	4458	162
肇庆	Zhaoqing	5826	6757	8277	94
惠州	Huizhou	15459	20603	25422	30
梅州	Meizhou	2239	3056	4227	169
汕尾	Shanwei	1080	2133	2371	224
河源	Heyuan	3429	4080	3640	187
阳江	Yangjiang	1823	2547	4361	165
清远	Qingyuan	1572	4590	7155	104
东莞	Dongguan	92753	99470	101384	3
中山	Zhongshan	9538	11655	11770	67
潮州	Chaozhou	3192	4587	5083	145
揭阳	Jieyang	1220	2830	4113	173
云浮	Yunfu	1846	2585	2620	215
广西	**Guangxi**	**96160**	**109615**	**117426**	
南宁	Nanning	28039	26566	32401	22
柳州	Liuzhou	28718	36116	31743	23
桂林	Guilin	7690	7413	9200	82
梧州	Wuzhou	1613	4705	4988	149
北海	Beihai	2615	2815	4774	154
防城港	Fangchenggang	716	2214	2335	227
钦州	Qinzhou	2754	3380	3670	185
贵港	Guigang	7606	6831	7779	100
玉林	Yulin	3750	5213	5130	143
百色	Baise	897	1803	2177	234

8-42 城市污水处理总量(辖区) 续表 3
Total Quantity of Urban Wastewater Treated (Municipal Districts) continued 3

单位：万立方米 （10 000 m²）

地名	City	2010	2014	2015	2015 排名 Ranking	地名	City	2010	2014	2015	2015 排名 Ranking
贺州	Hezhou	932	1279	1429	268	丽江	Lijiang	987	1564	1739	252
河池	Hechi	2918	1635	1676	257	普洱	Puer	300	979	1194	273
来宾	Laibin	1344	1326	1450	266	临沧	Lincang	333	813	760	278
崇左	Chongzuo	178	423	420	282	**西藏**	**Tibet**		**1710**	**2478**	
海南	**Hainan**	**15260**	**20321**	**23798**		拉萨	Lasa		1500	1888	244
海口	Haikou	11290	12573	14240	56	**陕西**	**Shaanxi**	**50522**	**79492**	**88779**	
三亚	Sanya	3133	4336	5703	133	西安	Xi'an	28716	46059	55377	9
三沙	Sansha			11	286	铜川	Tongchuan	820	1405	1088	274
重庆	**Chongqing**	**59229**	**86961**	**91887**		宝鸡	Baoji	5813	6719	6195	119
四川	**Sichuan**	**102163**	**147578**	**164938**		咸阳	Xianyang	5329	8571	8793	87
成都	Chengdu	50238	66814	78627	6	渭南	Weinan	2662	3883	4245	167
自贡	Zigong	3831	6412	4834	152	延安	Yan'an	1167	1778	1629	258
攀枝花	Panzhihua	2373	8875	8331	93	汉中	Hanzhong	1950	3432	3213	197
泸州	Luzhou	3347	4832	5057	147	榆林	Yulin	650	1622	1572	260
德阳	Deyang	3150	4558	4588	157	安康	Ankang	460	1167	1733	253
绵阳	Mianyang	6010	7528	7836	97	商洛	Shangluo	589	900	855	275
广元	Guangyuan	1670	2491	3605	189	**甘肃**	**Gansu**	**26250**	**33330**	**37040**	
遂宁	Suining	1986	4029	4331	166	兰州	Lanzhou	12845	15574	17300	48
内江	Neijiang	1419	2508	2851	210	嘉峪关	Jiayuguan	1960	2506	2626	214
乐山	Leshan	1789	2707	2980	206	金昌	Jinchang	1914	1871	1899	243
南充	Nanchong	3425	5229	5434	139	白银	Baiyin	2165	3203	3859	179
眉山	Meishan	1791	2680	2901	209	天水	Tianshui	1355	2026	2207	232
宜宾	Yibin	1460	1965	5772	130	武威	Wuwei	1396	1244	1269	272
广安	Guangan	780	1578	1680	256	张掖	Zhangye	1022	1440	1447	267
达州	Dazhou	1314	2550	2777	211	平凉	Pingliang	873	985	1298	271
雅安	Yaan	1000	1179	1519	262	酒泉	Jiuquan	806	1468	1471	264
巴中	Bazhong	1339	1565	1701	255	庆阳	Qingyang	450	528	530	281
资阳	Ziyang	1266	1542	1619	259	定西	Dingxi	250	408	410	283
贵州	**Guizhou**	**28249**	**42669**	**46706**		陇南	Longnan	365	329	344	285
贵阳	Guiyang	16139	20783	22462	34	**青海**	**Qinghai**	**5611**	**10476**	**11143**	
六盘水	Liupanshui	1655	1692	1809	248	西宁	Xining	4293	7802	8391	92
遵义	Zunyi	2334	4350	4927	150	海东	Haidong		257	397	284
安顺	Anshun	1366	1856	2329	228	**宁夏**	**Ningxia**	**21876**	**25049**	**25822**	
毕节	Bijie	1021	2920	3100	201	银川	Yinchuan	9662	14019	14819	51
铜仁	Tongren	748	1712	1933	241	石嘴山	Shizuishan	2321	2414	2469	220
云南	**Yunnan**	**54829**	**71267**	**77763**		吴忠	Wuzhong	2035	2350	2450	222
昆明	Kunming	37050	44486	46431	12	固原	Guyuan	355	494	590	280
曲靖	Qujing	2520	3375	3650	186	中卫	Zhongwei	656	724	684	279
玉溪	Yuxi	2103	2417	2514	218	**新疆**	**Xinjiang**	**33983**	**55061**	**59196**	
保山	Baoshan	850	1480	1500	263	乌鲁木齐	Urumqi	11153	17743	18753	43
昭通	Zhaotong	900	1296	2323	229	克拉玛依	Karamay	4492	6225	6932	106

8-43 城市建成区排水管道密度（辖区）

Density of Drainage Pipeline in Built District (Municipal Districts)

单位：公里/平方公里 （km/sq.km）

地名	City	2010	2014	2015	2015 排名 Ranking
全国	**Nation Total**	**8.97**	**10.27**	**10.36**	
北京	**Beijing**		**10.31**	**11.08**	
天津	**Tianjin**	**22.05**	**23.52**	**22.07**	
河北	**Hebei**	**9.00**	**8.69**	**8.72**	
石家庄	Shijiazhuang	10.22	7.75	7.80	159
唐山	Tangshan	9.48	9.44	9.65	109
秦皇岛	Qinhuangdao	14.67	13.72	11.88	69
邯郸	Handan	13.03	13.49	13.53	49
邢台	Xingtai	10.64	8.97	9.37	114
保定	Baoding	8.03	5.70	6.71	196
张家口	Zhangjiakou	7.88	7.76	7.86	156
承德	Chengde	3.35	4.10	4.06	259
沧州	Cangzhou	8.69	8.18	7.93	152
廊坊	Langfang	6.76	9.35	9.42	113
衡水	Hengshui	8.29	8.57	8.36	139
山西	**Shanxi**	**6.31**	**6.77**	**7.00**	
太原	Taiyuan	6.01	5.53	5.72	221
大同	Datong	4.52	5.09	5.09	247
阳泉	Yangquan	6.40	7.64	7.61	165
长治	Changzhi	4.28	7.70	7.87	155
晋城	Jincheng	9.24	6.98	6.44	203
朔州	Shuozhou	12.49	12.27	12.54	60
晋中	Jinzhong	12.11	10.74	11.09	80
运城	Yuncheng	9.70	8.21	8.21	144
忻州	Xinzhou	4.39	11.04	11.74	72
临汾	Linfen	0.94	2.06	1.69	280
吕梁	Lvliang	11.11	10.88	10.89	84
内蒙古	**Inner Mongolia**	**8.20**	**10.23**	**10.24**	
呼和浩特	Hohhot	5.79	8.68	7.68	164
包头	Baotou	9.54	10.96	11.27	76
乌海	Wuhai	4.13	4.60	4.65	256
赤峰	Chifeng	5.79	7.25	8.00	147
通辽	Tongliao	8.91	11.94	12.04	65
鄂尔多斯	Erdos	16.19	18.83	18.63	12
呼伦贝尔	Hulunbuir	7.95	8.29	8.47	135
巴彦淖尔	Bayannur	14.66	21.59	23.16	4
乌兰察布	Ulanqab	6.04	5.23	5.30	238
辽宁	**Liaoning**	**6.34**	**6.93**	**6.94**	
沈阳	Shenyang	9.07	8.84	8.41	138
大连	Dalian	6.31	6.77	6.94	186
鞍山	Anshan	5.44	5.48	5.50	231
抚顺	Fushun	6.46	6.85	6.84	190
本溪	Benxi	3.15	3.32	3.32	270
丹东	Dandong	12.81	14.70	10.18	98
锦州	Jinzhou	6.66	6.94	6.69	198
营口	Yingkou	5.30	5.05	5.03	248
阜新	Fuxin	3.39	3.73	7.80	159
辽阳	Liaoyang	7.58	8.48	8.66	128
盘锦	Panjin	9.12	8.73	8.55	133
铁岭	Tieling	10.49	6.86	6.92	187
朝阳	Chaoyang	6.28	13.17	11.67	73
葫芦岛	Huludao	2.34	8.11	7.97	148
吉林	**Jilin**	**6.25**	**7.24**	**7.38**	
长春	Changchun	9.65	10.56	10.58	93
吉林	Jilin	4.93	5.41	5.44	234
四平	Siping	4.01	3.95	3.70	265
辽源	Liaoyuan	2.46	4.28	4.56	257
通化	Tonghua	2.54	3.11	3.10	272
白山	Baishan	3.50	3.33	3.40	267
松原	Songyuan	4.52	4.61	4.75	254
白城	Baicheng	6.30	6.27	7.71	162
黑龙江	**Heilongjiang**	**4.58**	**5.56**	**5.84**	
哈尔滨	Harbin	5.00	7.06	7.34	177
齐齐哈尔	Qiqihar	5.14	5.54	6.17	208
鸡西	Jixi	3.65	4.03	3.97	262
鹤岗	Hegang	6.12	5.82	5.90	214
双鸭山	Shuangyashan	4.05	4.51	4.69	255
大庆	Daqing	6.08	6.24	6.24	207
伊春	Yichun	1.65	2.66	3.02	274
佳木斯	Jiamusi	3.70	4.87	5.24	241
七台河	Qitaihe	2.26	2.42	2.57	278
牡丹江	Mudanjiang	5.09	5.28	5.23	242
黑河	Heihe	4.90	5.10	5.13	246
绥化	Suihua	4.93	5.47	5.51	230
上海	**Shanghai**	**11.50**	**21.00**	**16.94**	
江苏	**Jiangsu**	**14.33**	**16.48**	**16.72**	

8-43 城市建成区排水管道密度(辖区) 续表 1

Density of Drainage Pipeline in Built District (Municipal Districts) continued 1

单位：公里/平方公里 (km/sq.km)

地名	City	2010	2014	2015	2015排名 Ranking	地名	City	2010	2014	2015	2015排名 Ranking
南京	Nanjing	8.00	10.77	11.00	81	池州	Chizhou	11.83	15.14	15.30	31
无锡	Wuxi	38.39	38.72	39.35	1	宣城	Xuancheng	12.19	14.32	14.58	35
徐州	Xuzhou	5.58	8.21	8.34	141	**福建**	**Fujian**	**9.15**	**9.58**	**9.44**	
常州	Changzhou	23.70	23.93	21.98	5	福州	Fuzhou	6.58	8.21	8.60	131
苏州	Suzhou	16.28	17.48	19.38	9	厦门	Xiamen	7.55	8.69	8.43	137
南通	Nantong	14.03	20.58	20.77	7	莆田	Putian	22.71	22.52	16.52	22
连云港	Lianyungang	10.23	9.38	9.21	120	三明	Sanming	4.06	5.48	5.60	226
淮安	Huaian	13.33	13.18	13.11	53	泉州	Quanzhou	6.74	6.96	6.74	193
盐城	Yancheng	8.88	13.50	14.16	39	漳州	Zhangzhou	14.51	13.09	12.60	59
扬州	Yangzhou	19.32	17.05	17.15	18	南平	Nanping	2.80	5.38	5.98	211
镇江	Zhenjiang	15.16	14.82	14.21	38	龙岩	Longyan	5.76	5.11	5.85	218
泰州	Taizhou	12.89	16.85	16.60	21	宁德	Ningde	7.18	8.13	7.57	167
宿迁	Suqian	9.95	17.14	17.67	16	**江西**	**Jiangxi**	**7.86**	**9.00**	**9.25**	
浙江	**Zhejiang**	**12.38**	**14.45**	**14.75**		南昌	Nanchang	6.15	7.88	7.50	169
杭州	Hangzhou	9.46	9.82	10.61	92	景德镇	Jingdezhen	8.87	9.01	9.26	117
宁波	Ningbo	12.54	15.13	14.85	33	萍乡	Pingxiang	5.84	0.85	0.98	284
温州	Wenzhou	8.81	14.70	13.81	44	九江	Jiujiang	9.53	11.13	10.99	82
嘉兴	Jiaxing	7.77	7.84	7.96	149	新余	Xinyu	11.15	10.71	10.78	86
湖州	Huzhou	21.20	19.71	19.75	8	鹰潭	Yingtan	2.58	5.17	5.15	245
绍兴	Shaoxing	9.81	13.39	14.00	42	赣州	Ganzhou	6.07	8.61	9.91	104
金华	Jinhua	18.38	20.07	20.86	6	吉安	Jian	9.05	9.78	9.98	102
衢州	Quzhou	16.35	17.76	18.13	15	宜春	Yichun	7.60	8.47	9.15	122
舟山	Zhoushan	13.42	15.27	15.59	29	抚州	Fuzhou	11.31	13.35	13.64	47
台州	Taizhou	13.49	16.85	16.27	23	上饶	Shangrao	13.87	14.89	13.34	51
丽水	Lishui	13.39	16.15	15.95	27	**山东**	**Shandong**	**9.62**	**11.26**	**11.32**	
安徽	**Anhui**	**8.81**	**13.39**	**12.67**		济南	Jinan	6.27	6.74	6.70	197
合肥	Hefei	11.08	18.96	13.54	48	青岛	Qingdao	16.68	13.94	12.35	62
芜湖	Wuhu	9.71	17.29	17.01	19	淄博	Zibo	7.95	10.06	10.09	99
蚌埠	Bengbu	7.28	8.86	8.65	129	枣庄	Zaozhuang	7.80	8.15	8.34	141
淮南	Huainan	6.63	6.66	6.83	191	东营	Dongying	6.99	8.69	9.45	112
马鞍山	Maanshan	7.58	15.38	16.08	26	烟台	Yantai	8.77	10.54	11.85	70
淮北	Huaibei	1.99	2.08	7.30	179	潍坊	Weifang	10.24	12.27	12.40	61
铜陵	Tongling	5.35	17.39	17.30	17	济宁	Jining	10.90	7.78	9.18	121
安庆	Anqing	8.07	12.25	12.13	63	泰安	Taian	7.46	6.93	6.87	189
黄山	Huangshan	12.89	7.65	7.93	152	威海	Weihai	7.90	18.98	19.17	11
滁州	Chuzhou	9.80	16.45	18.33	14	日照	Rizhao	11.20	13.91	14.63	34
阜阳	Fuyang	5.99	7.42	7.50	169	莱芜	Laiwu	13.76	8.53	9.04	123
宿州	Suzhou	11.37	11.19	11.19	78	临沂	Linyi	11.13	13.78	14.12	40
六安	Liuan	5.33	7.03	7.31	178	德州	Dezhou	13.20	8.05	7.92	154
亳州	Bozhou	15.19	19.23	19.20	10	聊城	Liaocheng	12.67	15.18	13.91	43

8-43 城市建成区排水管道密度(辖区) 续表 2
Density of Drainage Pipeline in Built District (Municipal Districts) continued 2

单位：公里/平方公里 (km/sq.km)

地名	City	2010	2014	2015	2015 排名 Ranking	地名	City	2010	2014	2015	2015 排名 Ranking
滨州	Binzhou	6.90	12.61	12.73	57	常德	Changde	6.34	6.19	5.97	212
菏泽	Heze	6.64	8.66	8.74	125	张家界	Zhangjiajie	3.40	7.01	7.07	182
河南	**Henan**	**7.31**	**8.15**	**8.18**		益阳	Yiyang	6.17	4.18	4.84	252
郑州	Zhengzhou	8.58	8.71	8.71	126	郴州	Chenzhou	6.29	4.72	4.85	251
开封	Kaifeng	6.61	7.43	7.46	171	永州	Yongzhou	6.08	7.92	8.71	126
洛阳	Luoyang	6.65	8.22	7.82	157	怀化	Huaihua	4.25	5.58	5.41	235
平顶山	Pingdingshan	5.52	6.21	7.01	183	娄底	Loudi	8.95	9.42	10.05	100
安阳	Anyang	10.11	10.59	10.93	83	**广东**	**Guangdong**	**9.20**	**9.32**	**9.51**	
鹤壁	Hebi	6.68	6.41	6.62	201	广州	Guangzhou	8.93	9.74	8.25	143
新乡	Xinxiang	7.88	7.40	7.39	173	韶关	Shaoguan	6.07	5.41	5.53	228
焦作	Jiaozuo	6.98	8.61	8.20	145	深圳	Shenzhen	15.47	13.07	14.51	36
濮阳	Puyang	7.16	7.64	8.14	146	珠海	Zhuhai	10.36	11.57	12.09	64
许昌	Xuchang	5.36	5.90	5.90	214	汕头	Shantou	9.49	6.73	6.68	199
漯河	Luohe	7.52	7.89	7.55	168	佛山	Foshan	11.03	16.05	16.94	20
三门峡	Sanmenxia	5.30	7.17	5.54	227	江门	Jiangmen	9.56	2.76	6.74	193
南阳	Nanyang	8.23	8.90	9.47	111	湛江	Zhanjiang	5.53	7.23	5.90	214
商丘	Shangqiu	3.95	6.74	6.68	199	茂名	Maoming	4.18	3.19	3.19	271
信阳	Xinyang	4.19	3.82	3.92	263	肇庆	Zhaoqing	7.10	8.31	7.73	161
周口	Zhoukou	8.82	9.07	9.26	117	惠州	Huizhou	6.85	10.65	9.71	108
驻马店	Zhumadian	9.00	9.84	9.72	107	梅州	Meizhou	6.62	9.80	9.79	106
湖北	**Hubei**	**9.75**	**10.34**	**10.49**		汕尾	Shanwei	14.96	14.87	14.51	36
武汉	Wuhan	15.58	16.47	16.25	24	河源	Heyuan	7.22	11.58	11.17	79
黄石	Huangshi	9.12	14.18	15.25	32	阳江	Yangjiang		8.76	11.41	75
十堰	Shiyan	7.61	10.27	12.02	66	清远	Qingyuan		8.61	16.14	25
宜昌	Yichang	6.31	6.32	6.46	202	东莞	Dongguan	7.14	9.95	9.97	103
襄阳	Xiangyang	7.34	7.34	7.08	181	中山	Zhongshan	10.30	9.95	7.82	157
鄂州	Ezhou	12.23	9.70	10.01	101	潮州	Chaozhou	7.37	6.05	5.66	223
荆门	Jingmen	10.67	14.12	14.05	41	揭阳	Jieyang	3.67	0.65	0.76	285
孝感	Xiaogan	8.53	8.81	13.73	45	云浮	Yunfu	3.03	4.66	4.96	249
荆州	Jingzhou	5.80	7.58	6.96	184	**广西**	**Guangxi**	**6.82**	**7.35**	**8.30**	
黄冈	Huanggang	6.76	6.87	7.36	175	南宁	Nanning	3.33	2.78	5.16	244
咸宁	Xianning	2.88	3.39	4.06	259	柳州	Liuzhou	7.49	6.96	7.15	180
随州	Suizhou	5.49	6.04	5.30	238	桂林	Guilin	7.70	8.17	7.35	176
湖南	**Hunan**	**6.72**	**8.19**	**8.39**		梧州	Wuzhou	4.32	6.15	6.00	210
长沙	Changsha	4.68	7.00	6.96	184	北海	Beihai	5.33	11.19	11.20	77
株洲	Zhuzhou	3.01	7.42	10.69	87	防城港	Fangchenggang	7.54	13.38	12.98	55
湘潭	Xiangtan	9.87	12.91	13.36	50	钦州	Qinzhou	6.43	7.39	8.81	124
衡阳	Hengyang	9.63	8.08	7.69	163	贵港	Guigang	5.74	5.46	5.82	219
邵阳	Shaoyang	9.90	14.42	8.36	139	玉林	Yulin	10.92	10.96	10.89	84
岳阳	Yueyang	10.59	13.66	13.70	46	百色	Baise	7.76	7.22	7.58	166

8-43 城市建成区排水管道密度(辖区) 续表 3
Density of Drainage Pipeline in Built District (Municipal Districts) continued 3

单位：公里/平方公里 (km/sq.km)

地名	City	2010	2014	2015	2015 排名 Ranking	地名	City	2010	2014	2015	2015 排名 Ranking
贺州	Hezhou	7.24	7.57	10.47	96	丽江	Lijiang	5.42	15.53	23.53	3
河池	Hechi	17.13	10.61	13.01	54	普洱	Puer	9.21	19.45	18.36	13
来宾	Laibin	7.24	13.55	13.20	52	临沧	Lincang	13.91	13.35	12.72	58
崇左	Chongzuo	4.05	3.48	6.35	205	**西藏**	**Tibet**	**3.45**	**4.83**	**9.84**	
海南	**Hainan**	**13.31**	**11.62**	**11.23**		拉萨	Lasa	3.44	2.84	10.62	91
海口	Haikou	12.59	10.38	10.52	94	**陕西**	**Shaanxi**	**7.47**	**7.48**	**7.48**	
三亚	Sanya	29.01	23.05	15.84	28	西安	Xi'an	10.38	9.94	9.36	115
三沙	Sansha		20.00	26.25	2	铜川	Tongchuan	4.68	4.61	5.89	217
重庆	**Chongqing**	**8.13**	**9.00**	**9.75**		宝鸡	Baoji	5.37	6.71	6.73	195
四川	**Sichuan**	**8.90**	**9.30**	**9.86**		咸阳	Xianyang	3.54	4.10	3.35	269
成都	Chengdu	11.44	11.61	12.80	56	渭南	Weinan	7.23	7.57	6.80	192
自贡	Zigong	5.66	1.15	0.35	286	延安	Yan'an	3.43	2.54	2.65	277
攀枝花	Panzhihua	9.98	8.88	8.50	134	汉中	Hanzhong	3.92	4.49	3.90	264
泸州	Luzhou	7.65	8.23	8.61	130	榆林	Yulin	9.10	7.08	10.66	89
德阳	Deyang	6.73	6.62	7.44	172	安康	Ankang	3.67	4.71	5.40	236
绵阳	Mianyang	9.88	16.05	15.49	30	商洛	Shangluo	13.59	3.27	3.42	266
广元	Guangyuan	8.21	10.86	10.67	88	**甘肃**	**Gansu**	**4.89**	**6.44**	**6.66**	
遂宁	Suining	9.72	10.41	10.52	94	兰州	Lanzhou	3.69	8.10	8.59	132
内江	Neijiang	5.49	4.86	5.61	225	嘉峪关	Jiayuguan	6.95	5.49	5.49	232
乐山	Leshan	8.47	8.29	9.56	110	金昌	Jinchang	2.37	2.40	2.34	279
南充	Nanchong	9.36	11.60	12.01	67	白银	Baiyin	2.77	2.84	2.83	275
眉山	Meishan	5.84	9.60	11.90	68	天水	Tianshui	7.65	6.88	5.63	224
宜宾	Yibin	2.70	7.11	7.39	173	武威	Wuwei	4.84	5.17	5.17	243
广安	Guangan	7.73	5.62	5.45	233	张掖	Zhangye	6.38	4.43	5.27	240
达州	Dazhou	9.22	1.22	1.23	282	平凉	Pingliang	7.94	10.90	11.42	74
雅安	Yaan	8.57	9.39	9.28	116	酒泉	Jiuquan	6.79	6.13	5.77	220
巴中	Bazhong	10.57	7.66	7.96	149	庆阳	Qingyang	7.46	8.00	8.44	136
资阳	Ziyang	5.94	6.83	6.89	188	定西	Dingxi	4.06	5.75	5.53	228
贵州	**Guizhou**	**7.17**	**7.71**	**7.47**		陇南	Longnan	5.38	5.38	5.38	237
贵阳	Guiyang	11.10	11.77	11.78	71	**青海**	**Qinghai**	**8.90**	**8.86**	**8.59**	
六盘水	Liupanshui	1.82	1.78	1.08	283	西宁	Xining	9.27	9.09	9.24	119
遵义	Zunyi	3.58	3.36	3.36	268	海东	Haidong		9.29	4.95	250
安顺	Anshun	9.22	8.33	7.95	151	**宁夏**	**Ningxia**	**4.03**	**3.31**	**3.53**	
毕节	Bijie	3.75	4.08	4.79	253	银川	Yinchuan	3.74	3.57	4.13	258
铜仁	Tongren	5.61	4.52	5.97	212	石嘴山	Shizuishan	3.03	1.10	1.26	281
云南	**Yunnan**	**5.88**	**10.37**	**10.83**		吴忠	Wuzhong	3.47	2.78	2.81	276
昆明	Kunming	1.78	10.31	10.46	97	固原	Guyuan	4.45	6.68	5.67	222
曲靖	Qujing	8.18	10.63	10.65	90	中卫	Zhongwei	2.84	2.52	3.04	273
玉溪	Yuxi	20.45	14.97	9.85	105	**新疆**	**Xinjiang**	**5.22**	**5.36**	**5.52**	
保山	Baoshan	6.29	6.83	6.39	204	乌鲁木齐	Urumqi	3.42	3.50	4.05	261
昭通	Zhaotong	4.08	5.06	6.08	209	克拉玛依	Karamay	7.09	6.27	6.29	206

8-44 城市污水处理率（辖区）
Urban Wastewater Treatment Rate (Municipal Districts)

单位：%　　　　(%)

地名	City	2010	2014	2015	2015 排名 Ranking
全国	**Nation Total**	**82.31**	**90.18**	**91.90**	
北京	**Beijing**	**82.09**	**86.11**	**88.41**	
天津	**Tianjin**	**85.30**	**91.04**	**91.54**	
河北	**Hebei**	**92.30**	**95.06**	**95.34**	
石家庄	Shijiazhuang	95.38	95.60	95.60	65
唐山	Tangshan	94.10	95.00	95.00	87
秦皇岛	Qinhuangdao	92.10	98.72	96.17	49
邯郸	Handan	91.74	97.56	97.62	27
邢台	Xingtai	84.51	96.35	96.35	46
保定	Baoding	89.88	100.00	94.88	92
张家口	Zhangjiakou	87.50	93.61	94.42	97
承德	Chengde	86.67	93.60	91.68	159
沧州	Cangzhou	85.08	100.00	100.00	1
廊坊	Langfang	86.10	90.23	92.01	149
衡水	Hengshui	86.51	60.41	85.01	250
山西	**Shanxi**	**84.93**	**88.37**	**89.20**	
太原	Taiyuan	83.86	85.85	86.00	237
大同	Datong	78.18	83.50	85.20	243
阳泉	Yangquan	83.00	77.81	87.98	216
长治	Changzhi	92.00	92.73	92.32	144
晋城	Jincheng	95.29	95.00	94.99	89
朔州	Shuozhou	96.38	97.71	98.07	19
晋中	Jinzhong	96.01	96.61	96.81	37
运城	Yuncheng	90.00	91.01	90.79	171
忻州	Xinzhou	93.91	94.98	95.06	84
临汾	Linfen	86.32	90.93	91.97	153
吕梁	Lvliang	75.47	91.23	91.27	167
内蒙古	**Inner Mongolia**	**80.55**	**89.21**	**93.14**	
呼和浩特	Hohhot	77.10	81.02	91.80	157
包头	Baotou	82.42	86.06	90.23	181
乌海	Wuhai	89.78	94.57	95.47	70
赤峰	Chifeng	82.33	89.60	90.68	172
通辽	Tongliao	86.18	97.50	97.91	22
鄂尔多斯	Erdos	92.56	98.13	97.53	30
呼伦贝尔	Hulunbuir	80.60	92.30	98.07	19
巴彦淖尔	Bayannur	86.30	97.88	98.68	14
乌兰察布	Ulanqab	85.11	98.54	93.67	113
辽宁	**Liaoning**	**74.93**	**89.05**	**93.08**	
沈阳	Shenyang	73.61	95.11	95.11	82
大连	Dalian	90.40	91.42	98.37	15
鞍山	Anshan	70.59	87.08	86.49	230
抚顺	Fushun	91.05	70.34	89.30	201
本溪	Benxi	87.07	93.69	97.08	33
丹东	Dandong	49.14	89.99	82.31	261
锦州	Jinzhou	60.17	88.21	90.38	175
营口	Yingkou	74.46	100.00	98.16	17
阜新	Fuxin	54.25	53.24	93.08	126
辽阳	Liaoyang	81.63	100.00	100.00	1
盘锦	Panjin	62.97	100.00	100.00	1
铁岭	Tieling	85.37	100.00	100.00	1
朝阳	Chaoyang	68.49	88.62	95.22	78
葫芦岛	Huludao	84.19	89.35	89.39	199
吉林	**Jilin**	**73.92**	**90.10**	**90.38**	
长春	Changchun	89.46	92.08	95.11	82
吉林	Jilin	91.50	94.50	94.27	101
四平	Siping	98.93	85.11	85.14	245
辽源	Liaoyuan	83.33	98.39	86.43	231
通化	Tonghua	51.30	92.84	88.87	208
白山	Baishan	22.12	74.20	83.94	259
松原	Songyuan	81.52	95.88	95.90	59
白城	Baicheng	10.70	69.67	72.03	274
黑龙江	**Heilongjiang**	**56.72**	**77.22**	**84.41**	
哈尔滨	Harbin	57.18	89.30	90.14	185
齐齐哈尔	Qiqihar	67.46	73.06	80.56	263
鸡西	Jixi	33.18	32.47	56.63	280
鹤岗	Hegang	12.07	50.14	64.06	278
双鸭山	Shuangyashan	10.14	89.51	84.54	255
大庆	Daqing	100.00	97.61	97.59	28
伊春	Yichun	22.24	41.74	71.44	276
佳木斯	Jiamusi	53.99	81.98	85.11	247
七台河	Qitaihe		39.72	38.65	284
牡丹江	Mudanjiang	45.47	41.95	77.92	266
黑河	Heihe	100.00	90.09	92.94	131
绥化	Suihua	56.15	100.00	48.53	282
上海	**Shanghai**	**83.29**	**89.72**	**92.85**	
江苏	**Jiangsu**	**87.56**	**93.46**	**93.92**	

8-44 城市污水处理率(辖区) 续表 1

Urban Wastewater Treatment Rate (Municipal Districts) continued 1

单位：% (%)

地名	City	2010	2014	2015	2015 排名 Ranking	地名	City	2010	2014	2015	2015 排名 Ranking
南京	Nanjing	88.82	95.32	95.67	64	池州	Chizhou	90.00	92.31	93.26	119
无锡	Wuxi	95.17	96.79	96.97	35	宣城	Xuancheng	90.74	93.40	93.61	116
徐州	Xuzhou	81.66	92.74	93.03	129	**福建**	**Fujian**	**84.44**	**88.66**	**89.47**	
常州	Changzhou	89.84	95.00	95.42	73	福州	Fuzhou	87.10	87.73	89.98	193
苏州	Suzhou	90.34	95.74	95.96	58	厦门	Xiamen	90.10	93.38	93.62	115
南通	Nantong	91.38	92.81	93.50	118	莆田	Putian	86.71	87.46	85.00	251
连云港	Lianyungang	81.41	84.09	85.99	238	三明	Sanming	81.04	85.49	86.01	236
淮安	Huaian	81.56	90.99	92.17	146	泉州	Quanzhou	86.00	87.68	90.58	174
盐城	Yancheng	82.00	89.17	90.10	186	漳州	Zhangzhou	88.00	89.06	90.21	182
扬州	Yangzhou	88.90	93.72	94.17	102	南平	Nanping	82.68	86.96	87.45	223
镇江	Zhenjiang	86.13	92.80	93.54	117	龙岩	Longyan	90.03	89.51	89.61	197
泰州	Taizhou	83.70	89.45	87.70	219	宁德	Ningde	73.83	87.00	87.32	224
宿迁	Suqian	82.99	93.45	93.99	107	**江西**	**Jiangxi**	**80.83**	**83.76**	**87.74**	
浙江	**Zhejiang**	**82.74**	**90.68**	**91.95**		南昌	Nanchang	75.00	91.98	91.85	155
杭州	Hangzhou	95.40	95.61	95.02	85	景德镇	Jingdezhen	99.92	72.07	72.51	272
宁波	Ningbo	85.21	92.35	94.12	103	萍乡	Pingxiang	92.24	84.89	85.00	251
温州	Wenzhou	70.00	91.45	92.84	134	九江	Jiujiang	98.01	99.47	99.47	9
嘉兴	Jiaxing	87.26	90.48	88.90	207	新余	Xinyu	100.00	100.00	100.00	1
湖州	Huzhou	85.11	92.00	93.80	109	鹰潭	Yingtan	77.90	94.22	97.54	29
绍兴	Shaoxing	85.01	89.26	91.59	162	赣州	Ganzhou	83.25	50.35	72.67	271
金华	Jinhua	75.00	90.02	89.42	198	吉安	Jian	80.29	90.96	91.55	163
衢州	Quzhou	75.65	89.26	90.26	179	宜春	Yichun	92.83	93.18	94.00	106
舟山	Zhoushan	75.10	86.34	87.49	222	抚州	Fuzhou	92.99	92.19	92.50	139
台州	Taizhou	75.67	90.05	92.05	147	上饶	Shangrao	90.24	90.32	80.19	264
丽水	Lishui	72.48	89.02	90.29	177	**山东**	**Shandong**	**91.11**	**95.27**	**95.77**	
安徽	**Anhui**	**88.46**	**96.21**	**96.68**		济南	Jinan	96.65	98.00	97.23	31
合肥	Hefei	99.81	98.90	99.65	7	青岛	Qingdao	88.29	94.93	95.43	72
芜湖	Wuhu	75.00	91.61	91.63	160	淄博	Zibo	94.68	95.76	96.05	51
蚌埠	Bengbu	87.31	99.30	99.50	8	枣庄	Zaozhuang	91.30	95.12	95.46	71
淮南	Huainan	86.80	98.18	96.69	38	东营	Dongying	88.34	94.71	95.21	79
马鞍山	Maanshan	88.01	99.08	96.04	52	烟台	Yantai	90.69	95.54	95.79	62
淮北	Huaibei	93.01	97.87	97.93	21	潍坊	Weifang	93.36	92.79	93.97	108
铜陵	Tongling	69.01	90.04	92.00	150	济宁	Jining	87.41	94.40	94.90	91
安庆	Anqing	89.40	90.97	95.16	80	泰安	Taian	90.10	95.37	96.26	47
黄山	Huangshan	96.41	94.11	94.29	99	威海	Weihai	92.39	94.83	95.58	67
滁州	Chuzhou		96.00	96.64	39	日照	Rizhao	90.78	93.98	94.45	96
阜阳	Fuyang	87.00	90.03	90.04	188	莱芜	Laiwu	92.00	83.39	93.68	112
宿州	Suzhou	62.30	99.47	99.16	10	临沂	Linyi	93.23	92.83	94.86	93
六安	Liuan	80.83	91.20	98.29	16	德州	Dezhou	84.68	95.96	96.45	44
亳州	Bozhou	96.31	96.93	98.12	18	聊城	Liaocheng	94.74	94.65	95.16	80

8-44 城市污水处理率（辖区） 续表 2
Urban Wastewater Treatment Rate (Municipal Districts) continued 2

单位：% (%)

地名	City	2010	2014	2015	2015 排名 Ranking	地名	City	2010	2014	2015	2015 排名 Ranking
滨州	Binzhou	92.81	93.00	94.05	105	常德	Changde	74.74	84.92	91.71	158
菏泽	Heze	62.63	95.99	96.01	55	张家界	Zhangjiajie	61.97	81.09	84.32	256
河南	**Henan**	**87.60**	**92.52**	**93.57**		益阳	Yiyang	87.58	91.34	92.35	143
郑州	Zhengzhou	97.20	95.89	96.04	52	郴州	Chenzhou	56.12	90.30	93.00	130
开封	Kaifeng	88.00	92.63	94.11	104	永州	Yongzhou	53.38	83.24	90.68	172
洛阳	Luoyang	95.54	97.71	93.75	110	怀化	Huaihua	71.33	85.42	89.81	195
平顶山	Pingdingshan	98.33	91.76	94.91	90	娄底	Loudi	81.05	85.27	88.52	213
安阳	Anyang	97.69	97.72	97.72	24	**广东**	**Guangdong**	**86.08**	**91.55**	**93.65**	
鹤壁	Hebi	82.51	70.38	92.87	133	广州	Guangzhou	96.96	98.72	93.22	121
新乡	Xinxiang	87.48	90.00	90.00	191	韶关	Shaoguan	71.06	81.35	86.17	235
焦作	Jiaozuo	85.10	87.50	90.24	180	深圳	Shenzhen	99.30	96.60	96.63	40
濮阳	Puyang	53.42	91.96	92.70	136	珠海	Zhuhai	78.81	90.13	95.70	63
许昌	Xuchang	96.94	96.99	97.00	34	汕头	Shantou	71.05	92.08	90.16	184
漯河	Luohe	64.77	96.25	96.25	48	佛山	Foshan	88.98	79.65	94.42	97
三门峡	Sanmenxia	99.32	97.10	73.52	269	江门	Jiangmen	80.40	91.23	91.62	161
南阳	Nanyang	62.38	88.22	97.73	23	湛江	Zhanjiang	93.05	96.67	88.53	212
商丘	Shangqiu	100.00	90.03	91.40	165	茂名	Maoming	82.81	88.19	88.40	214
信阳	Xinyang	81.00	88.99	90.00	191	肇庆	Zhaoqing	81.92	93.16	85.10	248
周口	Zhoukou	75.07	90.34	93.06	128	惠州	Huizhou	85.16	97.46	97.64	26
驻马店	Zhumadian	92.02	92.07	92.50	139	梅州	Meizhou	70.99	85.03	88.56	211
湖北	**Hubei**	**81.02**	**92.08**	**93.41**		汕尾	Shanwei	51.65	88.07	89.10	203
武汉	Wuhan	94.96	95.26	97.15	32	河源	Heyuan	89.32	93.11	92.93	132
黄石	Huangshi	81.21	92.51	93.10	124	阳江	Yangjiang	71.27	68.67	85.46	241
十堰	Shiyan	72.75	92.50	86.41	233	清远	Qingyuan	61.50	85.59	87.59	220
宜昌	Yichang	89.59	91.00	91.99	152	东莞	Dongguan	84.69	95.58	96.45	44
襄阳	Xiangyang	87.38	91.52	92.00	150	中山	Zhongshan	91.44	90.60	96.00	57
鄂州	Ezhou	81.80	89.00	89.12	202	潮州	Chaozhou	82.52	63.07	79.68	265
荆门	Jingmen	84.50	86.19	86.42	232	揭阳	Jieyang	57.63	77.09	89.84	194
孝感	Xiaogan	85.18	85.43	95.90	59	云浮	Yunfu	98.24	91.38	93.07	127
荆州	Jingzhou	80.07	90.60	91.06	168	**广西**	**Guangxi**	**83.43**	**87.45**	**90.02**	
黄冈	Huanggang	92.36	100.00	100.00	1	南宁	Nanning	93.27	87.10	87.82	217
咸宁	Xianning	85.50	87.59	86.75	227	柳州	Liuzhou	91.01	91.00	95.00	87
随州	Suizhou	46.11	93.87	94.28	100	桂林	Guilin	96.16	87.02	90.33	176
湖南	**Hunan**	**74.95**	**90.11**	**92.74**		梧州	Wuzhou	42.17	88.52	88.71	210
长沙	Changsha	90.80	96.90	97.72	24	北海	Beihai	81.06	77.55	90.09	187
株洲	Zhuzhou	81.22	94.46	95.36	75	防城港	Fangchenggang	35.53	71.33	76.41	267
湘潭	Xiangtan	82.10	90.00	93.14	122	钦州	Qinzhou	81.33	88.90	94.81	94
衡阳	Hengyang	63.83	75.99	84.00	258	贵港	Guigang	86.34	86.63	90.01	189
邵阳	Shaoyang	61.61	86.03	87.55	221	玉林	Yulin	98.24	99.11	99.13	11
岳阳	Yueyang	74.81	90.80	92.49	141	百色	Baise	24.50	80.85	85.27	242

8-44 城市污水处理率(辖区) 续表 3

Urban Wastewater Treatment Rate (Municipal Districts) continued 3

单位：% (%)

地名	City	2010	2014	2015	2015 排名 Ranking	地名	City	2010	2014	2015	2015 排名 Ranking
贺州	Hezhou	62.01	66.55	85.06	249	丽江	Lijiang	89.73	90.61	90.90	170
河池	Hechi	92.63	89.84	92.04	148	普洱	Puer	33.04	81.38	89.37	200
来宾	Laibin	76.28	83.19	83.24	260	临沧	Lincang	52.28	91.14	72.11	273
崇左	Chongzuo	18.52	41.43	40.08	283	**西藏**	**Tibet**		**16.07**	**19.07**	
海南	**Hainan**	**54.87**	**71.42**	**74.24**		拉萨	Lasa		17.91	18.24	286
海口	Haikou	87.42	85.07	92.65	138	**陕西**	**Shaanxi**	**74.18**	**91.56**	**91.55**	
三亚	Sanya	29.92	78.41	67.89	277	西安	Xi'an	86.41	93.50	92.36	142
三沙	Sansha			37.93	285	铜川	Tongchuan	70.15	88.98	85.47	240
重庆	**Chongqing**	**91.65**	**92.99**	**94.78**		宝鸡	Baoji	93.20	95.96	93.14	122
四川	**Sichuan**	**74.83**	**85.36**	**88.52**		咸阳	Xianyang	51.94	86.97	93.73	111
成都	Chengdu	90.68	94.64	95.54	68	渭南	Weinan	75.11	85.49	84.14	257
自贡	Zigong	85.10	90.56	96.53	42	延安	Yan'an	86.96	89.98	91.31	166
攀枝花	Panzhihua	24.34	81.77	93.25	120	汉中	Hanzhong	97.50	91.18	89.65	196
泸州	Luzhou	46.34	85.03	90.19	183	榆林	Yulin	67.71	86.65	85.62	239
德阳	Deyang	83.75	91.00	91.50	164	安康	Ankang	11.79	87.42	88.96	206
绵阳	Mianyang	89.00	92.37	92.74	135	商洛	Shangluo	79.81	93.75	91.84	156
广元	Guangyuan	73.25	86.43	96.03	54	**甘肃**	**Gansu**	**62.59**	**85.00**	**89.62**	
遂宁	Suining	82.85	96.11	99.11	12	兰州	Lanzhou	57.55	84.13	89.00	205
内江	Neijiang	77.71	88.78	89.01	204	嘉峪关	Jiayuguan	73.13	85.73	92.27	145
乐山	Leshan	53.12	79.73	75.46	268	金昌	Jinchang	93.82	95.85	95.86	61
南充	Nanchong	60.51	85.58	86.53	229	白银	Baiyin	52.03	71.75	86.41	233
眉山	Meishan	75.38	85.62	84.60	254	天水	Tianshui	65.02	84.42	91.92	154
宜宾	Yibin	36.70	36.31	71.94	275	武威	Wuwei	88.58	96.06	96.06	50
广安	Guangan	90.70	91.74	96.55	41	张掖	Zhangye	74.98	87.11	87.80	218
达州	Dazhou	60.81	47.24	48.84	281	平凉	Pingliang	81.59	85.13	88.00	215
雅安	Yaan	62.50	67.45	85.15	244	酒泉	Jiuquan	50.38	93.62	93.63	114
巴中	Bazhong	88.68	80.26	86.79	226	庆阳	Qingyang	87.55	90.26	90.29	177
资阳	Ziyang	85.66	86.73	86.58	228	定西	Dingxi	79.11	90.67	90.91	169
贵州	**Guizhou**	**86.83**	**94.79**	**95.17**		陇南	Longnan	100.00	98.80	98.85	13
贵阳	Guiyang	95.20	95.70	96.50	43	**青海**	**Qinghai**	**43.53**	**59.19**	**59.98**	
六盘水	Liupanshui	91.89	98.09	95.01	86	西宁	Xining	55.05	72.11	73.50	270
遵义	Zunyi	59.85	95.00	96.01	55	海东	Haidong		71.39	60.98	279
安顺	Anshun	91.49	94.50	93.09	125	**宁夏**	**Ningxia**	**78.00**	**92.38**	**93.05**	
毕节	Bijie	89.72	96.02	96.88	36	银川	Yinchuan	91.80	94.26	94.61	95
铜仁	Tongren	68.69	82.67	87.23	225	石嘴山	Shizuishan	41.14	97.46	95.59	66
云南	**Yunnan**	**93.39**	**91.14**	**91.03**		吴忠	Wuzhong	90.00	91.98	90.01	189
昆明	Kunming	100.00	94.89	95.38	74	固原	Guyuan	73.05	72.43	85.14	245
曲靖	Qujing	83.55	90.05	92.66	137	中卫	Zhongwei	100.00	99.59	95.53	69
玉溪	Yuxi	95.59	81.93	95.23	77	**新疆**	**Xinjiang**	**73.25**	**86.24**	**83.39**	
保山	Baoshan	95.51	86.05	81.88	262	乌鲁木齐	Urumqi	60.65	84.90	88.75	209
昭通	Zhaotong	78.67	84.71	84.72	253	克拉玛依	Karamay	92.12	95.10	95.26	76

8-45 城市绿化覆盖面积(辖区)
Urban Green Coverage Area (Municipal Districts)

单位：公顷 (hectare)

地名	City	2010	2014	2015	2015 排名 Ranking
全国	**Nation Total**	**2452658**	**2937863**	**3074461**	
北京	**Beijing**	**65348**	**86945**	**86809**	
天津	**Tianjin**	**23265**	**27843**	**32208**	
河北	**Hebei**	**81819**	**90136**	**90724**	
石家庄	Shijiazhuang	9762	12932	13659	36
唐山	Tangshan	11178	10251	10251	53
秦皇岛	Qinhuangdao	5136	5491	5970	94
邯郸	Handan	8963	9340	9343	57
邢台	Xingtai	5540	6362	3255	162
保定	Baoding	5899	6129	7360	77
张家口	Zhangjiakou	3236	3831	3891	146
承德	Chengde	4175	4876	5074	109
沧州	Cangzhou	1942	2527	2608	206
廊坊	Langfang	4484	4634	4707	120
衡水	Hengshui	1806	1973	2074	231
山西	**Shanxi**	**34607**	**46692**	**48150**	
太原	Taiyuan	9089	13365	13702	35
大同	Datong	4046	3941	5016	111
阳泉	Yangquan	3134	3941	3944	145
长治	Changzhi	2847	3494	3523	154
晋城	Jincheng	1600	2642	2642	203
朔州	Shuozhou	1591	1934	1937	235
晋中	Jinzhong	1725	2518	2643	202
运城	Yuncheng	1315	1827	1877	240
忻州	Xinzhou	520	1156	1247	265
临汾	Linfen	1583	2019	2159	221
吕梁	Lvliang	654	960	993	274
内蒙古	**Inner Mongolia**	**41059**	**62720**	**67322**	
呼和浩特	Hohhot	6169	11027	14856	32
包头	Baotou	7845	8392	8777	66
乌海	Wuhai	2168	2641	2659	200
赤峰	Chifeng	2773	4083	4101	138
通辽	Tongliao	2079	2590	2624	205
鄂尔多斯	Erdos	7991	11902	12008	44
呼伦贝尔	Hulunbuir	991	2084	2083	229
巴彦淖尔	Bayannur	1244	1964	2168	220
乌兰察布	Ulanqab	1559	6715	6753	83
辽宁	**Liaoning**	**106020**	**196122**	**198213**	
沈阳	Shenyang	27328	29482	29482	10
大连	Dalian	18666	18759	18796	24
鞍山	Anshan	6097	6599	6844	80
抚顺	Fushun	6164	6688	7122	78
本溪	Benxi	5082	87378	87007	5
丹东	Dandong	4443	2515	3356	160
锦州	Jinzhou	3956	4415	4462	130
营口	Yingkou	4166	4420	4503	128
阜新	Fuxin	2981	3517	3550	153
辽阳	Liaoyang	3809	4373	4410	133
盘锦	Panjin	2401	3030	3051	171
铁岭	Tieling	1726	2242	2246	215
朝阳	Chaoyang	2507	2819	2865	185
葫芦岛	Huludao	2878	3199	3200	165
吉林	**Jilin**	**43820**	**50909**	**54180**	
长春	Changchun	15618	19156	20545	19
吉林	Jilin	8002	8538	8588	68
四平	Siping	1677	1842	1842	242
辽源	Liaoyuan	1643	1853	1854	241
通化	Tonghua	1537	1803	2027	233
白山	Baishan	1204	1300	1307	262
松原	Songyuan	1712	2129	2189	218
白城	Baicheng	1231	1376	1377	259
黑龙江	**Heilongjiang**	**78727**	**85312**	**85963**	
哈尔滨	Harbin	13787	14473	14535	33
齐齐哈尔	Qiqihar	6186	6187	6187	91
鸡西	Jixi	3328	3179	3184	167
鹤岗	Hegang	2358	3096	3105	170
双鸭山	Shuangyashan	2719	2736	2745	195
大庆	Daqing	23386	25483	25542	13
伊春	Yichun	4478	4667	4823	116
佳木斯	Jiamusi	3768	4031	4036	141
七台河	Qitaihe	2546	2752	2986	178
牡丹江	Mudanjiang	5205	5298	5298	103
黑河	Heihe	479	807	811	279
绥化	Suihua	805	1167	1179	268
上海	**Shanghai**	**130160**	**136427**	**138810**	
江苏	**Jiangsu**	**258969**	**297376**	**307000**	

8-45 城市绿化覆盖面积(辖区) 续表 1

Urban Green Coverage Area (Municipal Districts) continued 1

单位：公顷 (hectare)

地名	City	2010	2014	2015	2015 排名 Ranking	地名	City	2010	2014	2015	2015 排名 Ranking
南京	Nanjing	84848	95554	96874	3	池州	Chizhou	1554	1910	1915	236
无锡	Wuxi	17988	19320	19503	21	宣城	Xuancheng	3518	3866	3953	143
徐州	Xuzhou	14726	15966	16231	28	**福建**	**Fujian**	**55914**	**67984**	**72093**	
常州	Changzhou	8139	9659	11856	47	福州	Fuzhou	10138	11581	11975	45
苏州	Suzhou	15415	26876	27443	12	厦门	Xiamen	16363	19699	20373	20
南通	Nantong	5380	9213	9996	54	莆田	Putian	2363	2572	3748	149
连云港	Lianyungang	18125	20590	22670	16	三明	Sanming	1418	1835	1908	237
淮安	Huaian	7359	8975	9239	59	泉州	Quanzhou	6845	8516	8914	65
盐城	Yancheng	4199	5328	6740	84	漳州	Zhangzhou	2121	2655	2802	188
扬州	Yangzhou	4065	8235	8474	71	南平	Nanping	1039	1325	1883	239
镇江	Zhenjiang	6773	8209	8482	70	龙岩	Longyan	1880	2235	2668	199
泰州	Taizhou	6153	8123	8517	69	宁德	Ningde	801	1169	1246	266
宿迁	Suqian	8486	10168	10572	51	**江西**	**Jiangxi**	**48924**	**55327**	**58510**	
浙江	**Zhejiang**	**91111**	**149641**	**155192**		南昌	Nanchang	8619	11027	12635	40
杭州	Hangzhou	17693	34513	36113	7	景德镇	Jingdezhen	7469	4064	4093	139
宁波	Ningbo	10853	12393	12915	38	萍乡	Pingxiang	1968	2061	2097	227
温州	Wenzhou	3822	8380	9127	61	九江	Jiujiang	5045	5251	5297	104
嘉兴	Jiaxing	4665	5659	5896	97	新余	Xinyu	2863	3790	3846	147
湖州	Huzhou	4241	5188	5374	102	鹰潭	Yingtan	1121	1385	1526	255
绍兴	Shaoxing	6178	10648	10771	50	赣州	Ganzhou	3730	5795	5884	98
金华	Jinhua	2865	2960	3236	163	吉安	Jian	2011	3072	3176	168
衢州	Quzhou	2455	2894	2935	181	宜春	Yichun	2123	2958	3031	173
舟山	Zhoushan	2109	15358	15571	31	抚州	Fuzhou	2785	3102	2748	194
台州	Taizhou	5306	6040	6250	89	上饶	Shangrao	1851	2323	3657	150
丽水	Lishui	1320	1562	1593	251	**山东**	**Shandong**	**179333**	**232174**	**240024**	
安徽	**Anhui**	**85281**	**107540**	**112303**		济南	Jinan	12853	15233	15720	30
合肥	Hefei	12737	18428	19072	23	青岛	Qingdao	19203	31735	30201	9
芜湖	Wuhu	5165	6440	6630	85	淄博	Zibo	15996	18092	18269	25
蚌埠	Bengbu	4600	5788	6215	90	枣庄	Zaozhuang	4717	8958	9050	62
淮南	Huainan	4380	4710	4827	115	东营	Dongying	6062	7519	7696	74
马鞍山	Maanshan	5241	5915	6005	93	烟台	Yantai	11228	12683	15761	29
淮北	Huaibei	3801	4129	4386	134	潍坊	Weifang	8305	10162	10440	52
铜陵	Tongling	2492	5360	5667	100	济宁	Jining	6162	8869	8972	63
安庆	Anqing	10783	11480	11621	48	泰安	Taian	5141	5813	6150	92
黄山	Huangshan	13190	14092	14262	34	威海	Weihai	6698	10254	9933	55
滁州	Chuzhou	3457	4644	4781	118	日照	Rizhao	3740	4385	4596	124
阜阳	Fuyang	3332	4804	5228	106	莱芜	Laiwu	3014	6440	6785	82
宿州	Suzhou	2062	3901	4122	137	临沂	Linyi	10593	12473	12780	39
六安	Liuan	2720	3140	3440	158	德州	Dezhou	2455	7214	7533	75
亳州	Bozhou	1520	2066	2700	198	聊城	Liaocheng	4272	5970	6366	88

8-45 城市绿化覆盖面积(辖区) 续表 2

Urban Green Coverage Area (Municipal Districts) continued 2

单位：公顷 （hectare）

地名	City	2010	2014	2015	2015 排名 Ranking	地名	City	2010	2014	2015	2015 排名 Ranking
滨州	Binzhou	3446	5751	7017	79	常德	Changde	3304	3803	3949	144
菏泽	Heze	3679	4491	4776	119	张家界	Zhangjiajie	1539	1576	1576	252
河南	**Henan**	**78108**	**98862**	**102700**		益阳	Yiyang	2169	3962	3002	175
郑州	Zhengzhou	13332	18165	19374	22	郴州	Chenzhou	2292	3395	3458	156
开封	Kaifeng	3393	5020	5169	107	永州	Yongzhou	1970	2630	2744	196
洛阳	Luoyang	5955	8179	8239	72	怀化	Huaihua	1918	2198	2434	212
平顶山	Pingdingshan	2940	3155	3213	164	娄底	Loudi	2220	2781	2785	189
安阳	Anyang	2912	3188	3291	161	**广东**	**Guangdong**	**488980**	**486241**	**503411**	
鹤壁	Hebi	2054	2539	2542	209	广州	Guangzhou	140768	143349	152942	1
新乡	Xinxiang	4002	4512	4593	125	韶关	Shaoguan	3774	4425	4557	127
焦作	Jiaozuo	3852	4225	4449	131	深圳	Shenzhen	97592	98805	99841	2
濮阳	Puyang	1651	2174	2223	216	珠海	Zhuhai	32456	33048	33662	8
许昌	Xuchang	3118	3375	3457	157	汕头	Shantou	7113	10528	11091	49
漯河	Luohe	2423	2520	2520	210	佛山	Foshan	11737	9571	9733	56
三门峡	Sanmenxia	1304	1304	1686	247	江门	Jiangmen	9537	11864	12340	42
南阳	Nanyang	3072	6290	6390	87	湛江	Zhanjiang	5565	5846	5956	95
商丘	Shangqiu	2289	2654	2654	201	茂名	Maoming	5188	4300	4354	135
信阳	Xinyang	4345	5050	5065	110	肇庆	Zhaoqing	7834	7466	11920	46
周口	Zhoukou	2249	2891	3013	174	惠州	Huizhou	6528	9017	9299	58
驻马店	Zhumadian	2142	2891	3045	172	梅州	Meizhou	2114	2465	2601	207
湖北	**Hubei**	**80294**	**96603**	**104844**		汕尾	Shanwei	1300	665	698	283
武汉	Wuhan	17991	21668	22445	17	河源	Heyuan	21930	1515	1615	249
黄石	Huangshi	2632	2835	2934	182	阳江	Yangjiang	17560	1923	2759	193
十堰	Shiyan	12468	12591	12954	37	清远	Qingyuan	2281	2517	2594	208
宜昌	Yichang	3770	6699	6833	81	东莞	Dongguan	79446	95797	96606	4
襄阳	Xiangyang	5111	6525	7403	76	中山	Zhongshan	4234	4366	4467	129
鄂州	Ezhou	1935	2076	2086	228	潮州	Chaozhou	1780	3603	3767	148
荆门	Jingmen	2016	2198	2302	214	揭阳	Jieyang	2797	4241	4428	132
孝感	Xiaogan	1482	1723	1804	244	云浮	Yunfu	1194	1510	1531	253
荆州	Jingzhou	2642	2894	2985	179	**广西**	**Guangxi**	**65692**	**79421**	**89662**	
黄冈	Huanggang	1115	1897	1897	238	南宁	Nanning	37125	42510	40782	6
咸宁	Xianning	2664	3963	4054	140	柳州	Liuzhou	7111	8430	8922	64
随州	Suizhou	1400	4788	4801	117	桂林	Guilin	2790	2849	4185	136
湖南	**Hunan**	**54509**	**67118**	**68156**		梧州	Wuzhou	2101	3180	3199	166
长沙	Changsha	9857	11813	12278	43	北海	Beihai	2068	2917	2960	180
株洲	Zhuzhou	4104	5627	5707	99	防城港	Fangchenggang	1092	1234	1242	267
湘潭	Xiangtan	4607	4957	5006	112	钦州	Qinzhou	1549	3367	12634	41
衡阳	Hengyang	4053	4239	4588	126	贵港	Guigang	1464	1677	1678	248
邵阳	Shaoyang	2038	2750	3125	169	玉林	Yulin	2195	2758	2812	187
岳阳	Yueyang	3413	4602	4610	123	百色	Baise	1406	1723	1817	243

8-45 城市绿化覆盖面积(辖区) 续表 3
Urban Green Coverage Area (Municipal Districts) continued 3

单位：公顷 (hectare)

地名	City	2010	2014	2015	2015 排名 Ranking	地名	City	2010	2014	2015	2015 排名 Ranking
贺州	Hezhou	662	1093	1282	263	丽江	Lijiang	778	988	989	276
河池	Hechi	576	657	908	277	普洱	Puer	1346	1025	1032	273
来宾	Laibin	1015	1367	1360	260	临沧	Lincang	546	732	774	280
崇左	Chongzuo	762	1183	1169	270	**西藏**	**Tibet**	**2778**	**5630**	**6334**	
海南	**Hainan**	**50564**	**16623**	**16968**		拉萨	Lasa	2548	3353	3379	159
海口	Haikou	4046	6487	6538	86	**陕西**	**Shaanxi**	**33232**	**44104**	**67334**	
三亚	Sanya	1357	1711	1711	246	西安	Xi'an	13823	20456	23824	15
三沙	Sansha			112	286	铜川	Tongchuan	2371	1958	2076	230
重庆	**Chongqing**	**41244**	**57805**	**61327**		宝鸡	Baoji	3527	4619	4701	121
四川	**Sichuan**	**80157**	**92272**	**96795**		咸阳	Xianyang	2669	3087	21017	18
成都	Chengdu	18335	22156	24530	14	渭南	Weinan	1530	1856	2921	183
自贡	Zigong	3071	4483	4613	122	延安	Yan'an	1204	1502	1510	257
攀枝花	Panzhihua	2214	2905	3001	176	汉中	Hanzhong	1400	1453	2157	222
泸州	Luzhou	3830	5148	5471	101	榆林	Yulin	2245	2779	2779	192
德阳	Deyang	2063	2882	2991	177	安康	Ankang	1044	1695	2101	226
绵阳	Mianyang	3932	4582	4838	114	商洛	Shangluo	1382	1419	753	281
广元	Guangyuan	1424	2030	2113	225	**甘肃**	**Gansu**	**19898**	**26404**	**27708**	
遂宁	Suining	5866	5926	5938	96	兰州	Lanzhou	5495	7548	7891	73
内江	Neijiang	1405	2813	2854	186	嘉峪关	Jiayuguan	1815	2700	2781	191
乐山	Leshan	2167	3461	3496	155	金昌	Jinchang	1188	1472	1531	254
南充	Nanchong	3263	5060	5281	105	白银	Baiyin	1258	2130	2179	219
眉山	Meishan	1424	2347	2423	213	天水	Tianshui	1487	1635	2142	223
宜宾	Yibin	2360	3902	3955	142	武威	Wuwei	611	713	737	282
广安	Guangan	1253	1971	2054	232	张掖	Zhangye	901	2640	2478	211
达州	Dazhou	1679	2658	2782	190	平凉	Pingliang	1830	2082	2138	224
雅安	Yaan	1689	2118	2204	217	酒泉	Jiuquan	1546	1822	1937	234
巴中	Bazhong	630	1456	1510	256	庆阳	Qingyang	395	807	820	278
资阳	Ziyang	1271	1748	1748	245	定西	Dingxi	596	428	631	284
贵州	**Guizhou**	**34190**	**41085**	**40698**		陇南	Longnan	1252	986	991	275
贵阳	Guiyang	20952	23578	17146	27	**青海**	**Qinghai**	**3409**	**5442**	**6011**	
六盘水	Liupanshui	1200	1523	3594	152	西宁	Xining	2345	3556	3647	151
遵义	Zunyi	2322	2671	2908	184	海东	Haidong		248	526	285
安顺	Anshun	2187	3122	4996	113	**宁夏**	**Ningxia**	**19672**	**24944**	**25923**	
毕节	Bijie	208	1216	1320	261	银川	Yinchuan	5701	8694	9209	60
铜仁	Tongren	801	1004	1600	250	石嘴山	Shizuishan	8506	8553	8649	67
云南	**Yunnan**	**31903**	**41284**	**43608**		吴忠	Wuzhong	1617	2559	2725	197
昆明	Kunming	12545	17345	17553	26	固原	Guyuan	991	1098	1121	271
曲靖	Qujing	2210	2248	2642	203	中卫	Zhongwei	953	1436	1509	258
玉溪	Yuxi	993	1195	1274	264	**新疆**	**Xinjiang**	**43671**	**60879**	**65480**	
保山	Baoshan	732	1043	1043	272	乌鲁木齐	Urumqi	17316	26902	28712	11
昭通	Zhaotong	821	1152	1169	269	克拉玛依	Karamay	2897	4615	5148	108

8-46 城市建成区绿化覆盖率(辖区)
Green Coverage Rate of Urban Built District (Municipal Districts)

单位：% (%)

地名	City	2010	2014	2015	2015 排名 Ranking
全国	**Nation Total**	**38.62**	**40.22**	**40.12**	
北京	**Beijing**		**47.40**	**48.40**	
天津	**Tianjin**	**32.06**	**34.93**	**36.38**	
河北	**Hebei**	**42.73**	**41.93**	**41.15**	
石家庄	Shijiazhuang	43.03	44.05	44.41	39
唐山	Tangshan	46.00	41.17	41.17	117
秦皇岛	Qinhuangdao	49.97	46.50	40.03	159
邯郸	Handan	47.20	46.62	46.63	8
邢台	Xingtai	40.60	42.92	36.12	240
保定	Baoding	44.58	40.49	38.76	195
张家口	Zhangjiakou	38.52	43.38	44.08	42
承德	Chengde	41.85	41.75	42.90	71
沧州	Cangzhou	41.76	37.08	36.96	227
廊坊	Langfang	46.80	44.69	45.34	17
衡水	Hengshui	41.30	42.52	44.70	33
山西	**Shanxi**	**38.01**	**40.08**	**40.13**	
太原	Taiyuan	35.75	40.50	40.30	145
大同	Datong	37.46	38.70	40.02	160
阳泉	Yangquan	39.74	47.80	41.50	103
长治	Changzhi	48.01	45.86	46.23	11
晋城	Jincheng	44.77	45.80	41.96	93
朔州	Shuozhou	42.84	42.84	42.89	73
晋中	Jinzhong	40.09	36.02	36.92	228
运城	Yuncheng	41.50	39.50	40.59	136
忻州	Xinzhou	17.28	32.11	34.64	249
临汾	Linfen	42.33	37.37	39.98	166
吕梁	Lvliang	36.33	40.20	38.37	206
内蒙古	**Inner Mongolia**	**33.35**	**39.79**	**39.18**	
呼和浩特	Hohhot	35.69	40.27	37.00	226
包头	Baotou	39.98	42.60	42.85	74
乌海	Wuhai	34.46	41.89	42.20	89
赤峰	Chifeng	34.23	38.86	39.06	188
通辽	Tongliao	31.60	42.32	42.52	81
鄂尔多斯	Erdos	36.61	43.14	42.26	87
呼伦贝尔	Hulunbuir	24.78	35.03	35.03	248
巴彦淖尔	Bayannur	32.74	38.43	38.79	194
乌兰察布	Ulanqab	37.89	39.10	39.72	172
辽宁	**Liaoning**	**39.32**	**40.11**	**40.26**	
沈阳	Shenyang	42.01	41.78	41.78	97
大连	Dalian	45.17	44.84	44.93	23
鞍山	Anshan	38.59	38.90	40.05	156
抚顺	Fushun	39.48	41.64	44.88	26
本溪	Benxi	46.96	50.46	48.39	5
丹东	Dandong	37.79	38.78	37.70	214
锦州	Jinzhou	39.02	42.03	42.11	91
营口	Yingkou	41.49	39.57	39.88	169
阜新	Fuxin	38.33	42.87	43.30	59
辽阳	Liaoyang	38.93	41.91	42.06	92
盘锦	Panjin	38.52	41.51	40.72	127
铁岭	Tieling	39.26	39.34	39.40	181
朝阳	Chaoyang	29.73	30.00	27.09	273
葫芦岛	Huludao	38.30	37.55	37.25	220
吉林	**Jilin**	**34.12**	**35.82**	**36.06**	
长春	Changchun	38.58	38.84	38.76	195
吉林	Jilin	45.72	46.65	43.72	50
四平	Siping	31.41	33.71	31.57	261
辽源	Liaoyuan	35.12	40.02	40.05	156
通化	Tonghua	30.60	35.04	38.13	210
白山	Baishan	29.88	27.23	27.30	272
松原	Songyuan	40.05	43.11	43.19	60
白城	Baicheng	31.46	27.30	31.35	262
黑龙江	**Heilongjiang**	**34.89**	**35.98**	**35.82**	
哈尔滨	Harbin	38.38	35.50	35.41	245
齐齐哈尔	Qiqihar	40.01	38.61	38.61	201
鸡西	Jixi	39.13	40.12	39.50	176
鹤岗	Hegang	41.93	42.16	42.33	85
双鸭山	Shuangyashan	42.74	43.55	43.70	53
大庆	Daqing	38.44	45.40	45.64	16
伊春	Yichun	26.71	26.78	29.75	269
佳木斯	Jiamusi	40.30	41.57	41.62	101
七台河	Qitaihe	40.82	38.12	43.90	46
牡丹江	Mudanjiang	38.55	37.63	20.62	283
黑河	Heihe	23.95	40.36	40.53	137
绥化	Suihua	26.26	29.76	30.07	267
上海	**Shanghai**	**38.15**	**38.43**	**38.50**	
江苏	**Jiangsu**	**42.07**	**42.61**	**42.83**	

8-46 城市建成区绿化覆盖率(辖区) 续表 1

Green Coverage Rate of Urban Built District (Municipal Districts) continued 1

单位：% (%)

地名	City	2010	2014	2015	2015 排名 Ranking	地名	City	2010	2014	2015	2015 排名 Ranking
南京	Nanjing	44.38	44.14	44.47	38	池州	Chizhou	39.14	42.30	42.43	83
无锡	Wuxi	42.62	42.90	42.98	67	宣城	Xuancheng	35.12	41.28	41.46	105
徐州	Xuzhou	41.26	43.26	43.73	48	**福建**	**Fujian**	**40.97**	**42.80**	**42.97**	
常州	Changzhou	42.15	42.97	43.08	64	福州	Fuzhou	40.27	42.92	43.41	57
苏州	Suzhou	42.70	42.18	42.37	84	厦门	Xiamen	40.40	41.87	41.87	94
南通	Nantong	40.60	42.59	42.77	76	莆田	Putian	43.10	44.65	43.13	62
连云港	Lianyungang	38.73	40.01	40.14	151	三明	Sanming	40.48	43.94	44.03	44
淮安	Huaian	39.60	40.92	41.30	112	泉州	Quanzhou	40.48	43.09	43.16	61
盐城	Yancheng	39.20	40.52	41.10	119	漳州	Zhangzhou	41.93	42.56	42.57	79
扬州	Yangzhou	43.60	43.61	43.71	51	南平	Nanping	40.33	43.83	45.12	19
镇江	Zhenjiang	42.14	42.48	42.78	75	龙岩	Longyan	42.13	41.50	41.48	104
泰州	Taizhou	40.82	40.66	41.43	106	宁德	Ningde	40.04	42.47	40.62	134
宿迁	Suqian	40.57	42.33	42.62	77	**江西**	**Jiangxi**	**46.62**	**44.61**	**44.09**	
浙江	**Zhejiang**	**38.30**	**40.75**	**40.58**		南昌	Nanchang	42.76	42.08	41.11	118
杭州	Hangzhou	39.95	40.57	40.43	140	景德镇	Jingdezhen	53.57	51.65	52.02	2
宁波	Ningbo	38.04	38.28	38.31	208	萍乡	Pingxiang	46.72	40.51	41.22	115
温州	Wenzhou	21.89	38.25	37.18	221	九江	Jiujiang	56.39	51.07	50.14	4
嘉兴	Jiaxing	41.09	42.94	43.33	58	新余	Xinyu	49.17	50.80	50.20	3
湖州	Huzhou	49.78	48.32	48.33	6	鹰潭	Yingtan	47.34	41.34	45.15	18
绍兴	Shaoxing	40.35	43.64	42.54	80	赣州	Ganzhou	45.09	39.93	39.97	167
金华	Jinhua	39.80	37.55	40.12	152	吉安	Jian	42.22	45.75	45.78	15
衢州	Quzhou	42.17	41.45	40.69	129	宜春	Yichun	42.46	43.50	44.57	36
舟山	Zhoushan	40.24	38.51	38.55	203	抚州	Fuzhou	48.01	46.90	46.46	9
台州	Taizhou	44.27	44.79	42.30	86	上饶	Shangrao	48.35	46.68	46.42	10
丽水	Lishui	41.33	44.59	44.84	29	**山东**	**Shandong**	**41.47**	**42.79**	**42.25**	
安徽	**Anhui**	**37.50**	**41.18**	**41.16**		济南	Jinan	37.04	39.74	40.00	163
合肥	Hefei	38.82	45.20	42.93	69	青岛	Qingdao	43.38	44.71	39.44	180
芜湖	Wuhu	38.20	39.34	38.48	204	淄博	Zibo	42.20	44.33	44.92	25
蚌埠	Bengbu	37.00	38.81	38.88	193	枣庄	Zaozhuang	37.48	42.15	42.17	90
淮南	Huainan	39.83	39.72	40.05	156	东营	Dongying	38.57	44.35	44.38	40
马鞍山	Maanshan	42.73	43.78	43.94	45	烟台	Yantai	42.05	40.00	40.50	139
淮北	Huaibei	43.16	44.62	44.86	28	潍坊	Weifang	40.10	40.83	40.83	124
铜陵	Tongling	40.17	46.60	45.80	14	济宁	Jining	43.64	35.50	41.30	112
安庆	Anqing	38.48	42.20	42.99	66	泰安	Taian	43.81	43.97	45.01	21
黄山	Huangshan	48.82	46.79	47.17	7	威海	Weihai	47.12	48.91	46.00	12
滁州	Chuzhou	36.24	40.54	41.77	98	日照	Rizhao	41.10	43.46	44.94	22
阜阳	Fuyang	33.02	33.98	33.99	250	莱芜	Laiwu	44.22	44.72	44.93	23
宿州	Suzhou	38.02	44.09	44.50	37	临沂	Linyi	46.58	41.25	41.30	112
六安	Liuan	40.79	38.99	41.32	110	德州	Dezhou	40.33	44.00	44.87	27
亳州	Bozhou	39.53	36.31	36.51	232	聊城	Liaocheng	44.20	46.86	44.60	35

8-46 城市建成区绿化覆盖率(辖区) 续表 2

Green Coverage Rate of Urban Built District (Municipal Districts) continued 2

单位：% (%)

地名	City	2010	2014	2015	2015 排名 Ranking
滨州	Binzhou	38.96	44.37	44.68	34
菏泽	Heze	40.14	40.89	41.87	94
河南	**Henan**	**36.56**	**38.32**	**37.69**	
郑州	Zhengzhou	34.88	40.20	40.34	144
开封	Kaifeng	34.43	37.06	32.41	258
洛阳	Luoyang	32.98	42.08	39.29	184
平顶山	Pingdingshan	38.08	39.89	40.68	130
安阳	Anyang	37.49	39.27	40.06	155
鹤壁	Hebi	40.08	39.62	39.63	175
新乡	Xinxiang	41.24	39.99	40.00	163
焦作	Jiaozuo	39.59	39.86	40.00	163
濮阳	Puyang	44.44	38.57	38.05	212
许昌	Xuchang	38.93	38.30	38.36	207
漯河	Luohe	38.32	39.28	36.30	233
三门峡	Sanmenxia	43.47	43.40	29.93	268
南阳	Nanyang	29.51	25.39	25.59	275
商丘	Shangqiu	38.15	42.23	41.75	99
信阳	Xinyang	42.38	42.41	42.46	82
周口	Zhoukou	38.14	38.71	39.35	182
驻马店	Zhumadian	40.28	40.39	40.40	143
湖北	**Hubei**	**37.74**	**37.87**	**37.47**	
武汉	Wuhan	37.17	39.21	39.65	174
黄石	Huangshi	39.88	39.10	38.41	205
十堰	Shiyan	45.32	40.41	33.83	251
宜昌	Yichang	40.88	41.35	41.38	107
襄阳	Xiangyang	36.38	40.12	38.03	213
鄂州	Ezhou	37.00	32.44	32.37	259
荆门	Jingmen	39.92	39.94	39.66	173
孝感	Xiaogan	40.21	36.83	36.08	241
荆州	Jingzhou	39.79	39.26	36.21	236
黄冈	Huanggang	32.97	33.55	33.55	253
咸宁	Xianning	37.60	37.68	38.94	190
随州	Suizhou	31.98	43.62	37.28	219
湖南	**Hunan**	**36.64**	**38.64**	**39.69**	
长沙	Changsha	36.19	40.13	39.31	183
株洲	Zhuzhou	42.41	41.60	41.36	108
湘潭	Xiangtan	40.38	40.93	41.32	110
衡阳	Hengyang	38.95	34.31	40.41	142
邵阳	Shaoyang	32.97	38.79	39.20	186
岳阳	Yueyang	41.37	40.88	40.90	122
常德	Changde	43.35	43.66	43.77	47
张家界	Zhangjiajie	37.72	39.50	39.47	179
益阳	Yiyang	40.17	37.77	40.02	160
郴州	Chenzhou	36.97	44.30	44.78	30
永州	Yongzhou	31.35	40.76	41.09	120
怀化	Huaihua	30.38	35.10	37.69	215
娄底	Loudi	39.79	39.93	40.01	162
广东	**Guangdong**	**41.31**	**41.44**	**41.43**	
广州	Guangzhou	41.96	41.50	41.60	102
韶关	Shaoguan	46.12	45.92	45.92	13
深圳	Shenzhen	45.04	45.08	45.10	20
珠海	Zhuhai	50.25	57.19	58.11	1
汕头	Shantou	40.65	42.04	43.73	48
佛山	Foshan	37.11	39.79	40.42	141
江门	Jiangmen	40.74	43.68	43.71	51
湛江	Zhanjiang	45.77	41.20	41.82	96
茂名	Maoming	44.45	32.36	32.81	257
肇庆	Zhaoqing	36.09	35.42	35.80	242
惠州	Huizhou	30.06	37.00	38.93	191
梅州	Meizhou	42.84	42.92	42.93	69
汕尾	Shanwei	41.20	40.62	41.33	109
河源	Heyuan	44.11	44.60	44.71	31
阳江	Yangjiang	38.45	37.67	40.70	128
清远	Qingyuan	40.12	41.38	41.03	121
东莞	Dongguan	43.37	45.25	44.71	31
中山	Zhongshan	38.97	40.66	32.16	260
潮州	Chaozhou	42.71	40.61	40.11	154
揭阳	Jieyang	35.21	29.57	29.63	270
云浮	Yunfu	39.45	37.48	39.22	185
广西	**Guangxi**	**34.96**	**39.26**	**37.60**	
南宁	Nanning	40.36	49.36	42.95	68
柳州	Liuzhou	38.12	41.82	43.63	54
桂林	Guilin	44.29	40.03	40.22	149
梧州	Wuzhou	39.14	40.13	40.23	148
北海	Beihai	35.78	39.92	40.51	138
防城港	Fangchenggang	33.82	33.67	31.07	263
钦州	Qinzhou	22.20	33.94	37.60	217
贵港	Guigang	26.26	24.44	22.89	280
玉林	Yulin	33.02	37.04	37.05	223
百色	Baise	36.70	37.01	36.16	238

8-46 城市建成区绿化覆盖率(辖区) 续表 3
Green Coverage Rate of Urban Built District (Municipal Districts) continued 3

单位：% (%)

地名	City	2010	2014	2015	2015 排名 Ranking	地名	City	2010	2014	2015	2015 排名 Ranking
贺州	Hezhou	22.77	34.25	37.05	223	丽江	Lijiang	35.34	40.60	40.63	133
河池	Hechi	28.30	27.68	36.59	231	普洱	Puer	56.08	41.84	38.75	197
来宾	Laibin	35.00	32.82	33.17	255	临沧	Lincang	37.07	38.69	39.00	189
崇左	Chongzuo	29.82	39.00	41.73	100	**西藏**	**Tibet**	**25.40**	**43.77**	**42.61**	
海南	**Hainan**	**42.63**	**41.32**	**37.70**		拉萨	Lasa	32.25	35.61	36.14	239
海口	Haikou	44.14	42.79	42.90	71	**陕西**	**Shaanxi**	**38.29**	**40.46**	**40.57**	
三亚	Sanya	48.12	45.30	24.99	277	西安	Xi'an	40.43	42.50	42.62	77
三沙	Sansha					铜川	Tongchuan	42.51	43.31	43.49	56
重庆	**Chongqing**	**40.57**	**40.60**	**40.30**		宝鸡	Baoji	14.23	40.80	40.61	135
四川	**Sichuan**	**37.88**	**37.51**	**38.65**		咸阳	Xianyang	40.11	40.25	40.27	147
成都	Chengdu	39.43	35.86	39.84	170	渭南	Weinan	37.10	37.68	38.69	199
自贡	Zigong	38.10	40.00	40.20	150	延安	Yan'an	36.30	41.47	40.78	126
攀枝花	Panzhihua	40.55	39.57	39.80	171	汉中	Hanzhong	37.65	37.90	36.66	230
泸州	Luzhou	39.00	39.86	39.89	168	榆林	Yulin	32.35	38.96	37.67	216
德阳	Deyang	38.27	39.96	40.12	152	安康	Ankang	34.80	42.91	43.57	55
绵阳	Mianyang	37.89	38.50	38.70	198	商洛	Shangluo	39.77	21.85	21.96	281
广元	Guangyuan	36.56	37.35	37.15	222	**甘肃**	**Gansu**	**27.12**	**30.81**	**30.20**	
遂宁	Suining	37.66	33.49	33.64	252	兰州	Lanzhou	25.02	28.00	25.80	274
内江	Neijiang	34.64	37.50	35.43	244	嘉峪关	Jiayuguan	36.67	38.77	39.50	176
乐山	Leshan	37.91	33.30	33.12	256	金昌	Jinchang	32.38	36.60	36.29	234
南充	Nanchong	38.12	42.04	43.10	63	白银	Baiyin	22.73	34.82	35.10	246
眉山	Meishan	31.75	35.05	35.09	247	天水	Tianshui	35.20	35.70	38.10	211
宜宾	Yibin	38.98	38.31	38.22	209	武威	Wuwei	21.40	22.93	23.55	279
广安	Guangan	41.67	40.52	39.49	178	张掖	Zhangye	26.74	33.19	30.67	265
达州	Dazhou	35.76	30.25	29.57	271	平凉	Pingliang	29.94	35.39	35.72	243
雅安	Yaan	39.81	41.48	40.80	125	酒泉	Jiuquan	36.50	37.38	37.42	218
巴中	Bazhong	35.03	38.25	39.11	187	庆阳	Qingyang	18.40	33.01	33.36	254
资阳	Ziyang	35.00	39.11	38.67	200	定西	Dingxi	25.43	18.14	25.16	276
贵州	**Guizhou**	**29.58**	**33.97**	**35.88**		陇南	Longnan	2.69	7.88	8.35	285
贵阳	Guiyang	37.24	43.50	38.57	202	**青海**	**Qinghai**	**29.38**	**31.56**	**29.79**	
六盘水	Liupanshui	24.68	23.25	36.24	235	西宁	Xining	35.12	37.92	38.92	192
遵义	Zunyi	34.61	39.42	44.06	43	海东	Haidong		24.55	15.40	284
安顺	Anshun	14.00	23.09	36.75	229	**宁夏**	**Ningxia**	**38.75**	**37.98**	**37.88**	
毕节	Bijie	8.50	29.16	30.54	266	银川	Yinchuan	43.03	40.46	40.89	123
铜仁	Tongren	34.04	27.91	44.38	40	石嘴山	Shizuishan	41.00	39.81	40.64	131
云南	**Yunnan**	**37.31**	**38.14**	**37.27**		吴忠	Wuzhong	38.53	40.90	41.18	116
昆明	Kunming	41.36	40.36	40.64	131	固原	Guyuan	28.63	24.90	21.43	282
曲靖	Qujing	38.93	36.16	36.18	237	中卫	Zhongwei	26.00	35.68	37.04	225
玉溪	Yuxi	34.35	40.67	42.21	88	**新疆**	**Xinjiang**	**36.42**	**36.83**	**37.47**	
保山	Baoshan	34.86	34.21	31.00	264	乌鲁木齐	Urumqi	34.80	38.50	40.30	145
昭通	Zhaotong	31.00	24.41	24.05	278	克拉玛依	Karamay	42.90	43.04	43.05	65

8-47 城市公园绿地面积(辖区)
Area of Urban Parks and Green Space (Municipal Districts)

单位：公顷 (hectare)

地名	City	2010	2014	2015	2015 排名 Ranking
全国	**Nation Total**	**441276**	**582392**	**2669567**	
北京	**Beijing**	**19020**	**28798**	**81305**	
天津	**Tianjin**	**5266**	**7652**	**28406**	
河北	**Hebei**	**21849**	**23541**	**81346**	
石家庄	Shijiazhuang	3530	4320	12115	35
唐山	Tangshan	2981	2978	9627	49
秦皇岛	Qinhuangdao	1793	2018	5766	86
邯郸	Handan	2988	2984	8159	58
邢台	Xingtai	1006	1175	2966	162
保定	Baoding	1491	1328	6668	73
张家口	Zhangjiakou	946	1085	3456	144
承德	Chengde	1450	1371	4556	108
沧州	Cangzhou	582	602	2292	198
廊坊	Langfang	674	716	4484	110
衡水	Hengshui	424	448	1887	224
山西	**Shanxi**	**9061**	**12253**	**42033**	
太原	Taiyuan	2576	3828	12264	34
大同	Datong	876	1107	4568	107
阳泉	Yangquan	526	648	2272	201
长治	Changzhi	864	924	3162	150
晋城	Jincheng	456	561	2642	181
朔州	Shuozhou	280	430	1600	240
晋中	Jinzhong	431	816	2354	195
运城	Yuncheng	395	452	1738	230
忻州	Xinzhou	58	480	1080	266
临汾	Linfen	592	645	1974	216
吕梁	Lvliang	315	352	867	274
内蒙古	**Inner Mongolia**	**10352**	**16423**	**63090**	
呼和浩特	Hohhot	2422	3267	14077	28
包头	Baotou	2100	2400	8009	59
乌海	Wuhai	522	1036	2572	186
赤峰	Chifeng	746	1823	3785	135
通辽	Tongliao	741	907	2456	191
鄂尔多斯	Erdos	1024	1817	11577	39
呼伦贝尔	Hulunbuir	549	703	1961	219
巴彦淖尔	Bayannur	252	712	2136	207
乌兰察布	Ulanqab	600	1187	5868	83
辽宁	**Liaoning**	**21593**	**26406**	**124193**	
沈阳	Shenyang	6085	7282	28828	8
大连	Dalian	3510	3660	18378	20
鞍山	Anshan	1617	1883	6741	72
抚顺	Fushun	1185	1382	5162	93
本溪	Benxi	828	980	23191	10
丹东	Dandong	560	725	3001	161
锦州	Jinzhou	896	1228	3145	153
营口	Yingkou	959	1021	4146	123
阜新	Fuxin	817	970	3160	151
辽阳	Liaoyang	674	847	4169	122
盘锦	Panjin	488	902	2831	169
铁岭	Tieling	437	539	2071	210
朝阳	Chaoyang	468	586	1406	253
葫芦岛	Huludao	596	750	3117	156
吉林	**Jilin**	**10974**	**13912**	**47251**	
长春	Changchun	4249	5119	18079	21
吉林	Jilin	1524	1537	7311	66
四平	Siping	461	551	1801	227
辽源	Liaoyuan	363	451	1816	226
通化	Tonghua	429	550	1871	225
白山	Baishan	383	405	1079	267
松原	Songyuan	497	854	2066	212
白城	Baicheng	221	366	1260	260
黑龙江	**Heilongjiang**	**15284**	**16681**	**76501**	
哈尔滨	Harbin	4198	4346	13514	32
齐齐哈尔	Qiqihar	1091	1091	6097	79
鸡西	Jixi	695	775	2808	170
鹤岗	Hegang	842	824	2897	165
双鸭山	Shuangyashan	739	690	2319	197
大庆	Daqing	1779	2153	22410	11
伊春	Yichun	1518	1572	4397	114
佳木斯	Jiamusi	740	847	3878	131
七台河	Qitaihe	457	483	2679	175
牡丹江	Mudanjiang	739	809	5155	94
黑河	Heihe	236	194	719	279
绥化	Suihua	135	305	1000	269
上海	**Shanghai**	**16053**	**17789**	**127332**	
江苏	**Jiangsu**	**33585**	**42901**	**274071**	

8-47 城市公园绿地面积(辖区) 续表 1
Area of Urban Parks and Green Space (Municipal Districts) continued 1

单位：公顷 (hectare)

地名	City	2010	2014	2015	2015 排名 Ranking
南京	Nanjing	6773	9115	88910	3
无锡	Wuxi	3418	3648	18723	19
徐州	Xuzhou	2234	2761	15727	27
常州	Changzhou	1632	2036	10768	43
苏州	Suzhou	3615	4461	22133	12
南通	Nantong	1038	2592	8993	53
连云港	Lianyungang	880	1174	22120	13
淮安	Huaian	1341	1925	6856	71
盐城	Yancheng	821	1393	6450	75
扬州	Yangzhou	1483	1966	7133	68
镇江	Zhenjiang	1397	1659	8194	57
泰州	Taizhou	594	869	4047	125
宿迁	Suqian	574	913	8931	54
浙江	**Zhejiang**	**20090**	**26155**	**138039**	
杭州	Hangzhou	5017	5977	33015	6
宁波	Ningbo	1725	1983	11865	38
温州	Wenzhou	883	2393	7976	60
嘉兴	Jiaxing	883	1164	5486	89
湖州	Huzhou	1277	1467	4624	102
绍兴	Shaoxing	1085	1927	7478	63
金华	Jinhua	707	722	3042	158
衢州	Quzhou	394	517	2583	185
舟山	Zhoushan	675	771	13605	31
台州	Taizhou	1073	1235	5776	85
丽水	Lishui	340	375	1458	249
安徽	**Anhui**	**13630**	**18909**	**93786**	
合肥	Hefei	3269	4751	17264	23
芜湖	Wuhu	1120	1620	6427	77
蚌埠	Bengbu	611	1189	4798	98
淮南	Huainan	1207	1294	4579	105
马鞍山	Maanshan	792	1087	5706	87
淮北	Huaibei	1121	1235	4418	113
铜陵	Tongling	454	642	5449	90
安庆	Anqing	578	865	3664	141
黄山	Huangshan	435	530	13264	33
滁州	Chuzhou	413	537	4175	121
阜阳	Fuyang	555	932	4676	101
宿州	Suzhou	489	657	3125	154
六安	Liuan	713	844	3090	157
亳州	Bozhou	280	416	1961	220
池州	Chizhou	498	518	1419	252
宣城	Xuancheng	387	468	3705	140
福建	**Fujian**	**10972**	**14475**	**64466**	
福州	Fuzhou	2288	3054	11310	40
厦门	Xiamen	2807	3351	18861	17
莆田	Putian	582	710	3373	146
三明	Sanming	274	308	1693	232
泉州	Quanzhou	845	1749	8317	56
漳州	Zhangzhou	448	680	2659	180
南平	Nanping	240	288	1710	231
龙岩	Longyan	335	398	2259	203
宁德	Ningde	315	391	1127	263
江西	**Jiangxi**	**10733**	**13955**	**54147**	
南昌	Nanchang	1915	3005	11963	37
景德镇	Jingdezhen	709	738	3924	130
萍乡	Pingxiang	447	474	2000	215
九江	Jiujiang	1142	1163	5053	96
新余	Xinyu	602	835	3720	139
鹰潭	Yingtan	202	310	1383	255
赣州	Ganzhou	829	1306	5151	95
吉安	Jian	425	729	2445	193
宜春	Yichun	637	876	2864	166
抚州	Fuzhou	842	893	2525	189
上饶	Shangrao	513	632	3289	147
山东	**Shandong**	**43191**	**51952**	**213517**	
济南	Jinan	2890	3162	13755	30
青岛	Qingdao	4027	4741	29117	7
淄博	Zibo	2333	2568	17827	22
枣庄	Zaozhuang	1118	1421	7179	67
东营	Dongying	1119	1572	7367	65
烟台	Yantai	2795	3524	13787	29
潍坊	Weifang	2173	2278	10047	47
济宁	Jining	892	1854	7500	62
泰安	Taian	1198	1319	5435	91
威海	Weihai	1443	2385	9005	52
日照	Rizhao	1331	1503	4323	115
莱芜	Laiwu	892	1187	6592	74
临沂	Linyi	3269	3965	11039	41
德州	Dezhou	1169	2169	6388	78
聊城	Liaocheng	705	1088	3818	134

8-47　城市公园绿地面积(辖区)　续表 2

Area of Urban Parks and Green Space (Municipal Districts) continued 2

单位：公顷　　(hectare)

地名	City	2010	2014	2015	2015 排名 Ranking	地名	City	2010	2014	2015	2015 排名 Ranking
滨州	Binzhou	1178	1381	6050	81	常德	Changde	876	1001	3949	128
菏泽	Heze	741	842	3993	127	张家界	Zhangjiajie	165	198	1390	254
河南	**Henan**	**18361**	**23834**	**89952**		益阳	Yiyang	458	1017	2914	164
郑州	Zhengzhou	3095	4456	16369	25	郴州	Chenzhou	424	712	3166	149
开封	Kaifeng	455	974	4569	106	永州	Yongzhou	290	496	2455	192
洛阳	Luoyang	1743	2077	6971	69	怀化	Huaihua	262	397	2105	209
平顶山	Pingdingshan	863	968	2679	176	娄底	Loudi	340	457	2046	213
安阳	Anyang	606	725	2796	172	**广东**	**Guangdong**	**58514**	**83195**	**438376**	
鹤壁	Hebi	587	688	2280	200	广州	Guangzhou	10319	22292	141041	1
新乡	Xinxiang	714	780	4261	116	韶关	Shaoguan	630	697	4257	117
焦作	Jiaozuo	713	854	3862	132	深圳	Shenzhen	16987	18152	97850	2
濮阳	Puyang	548	697	2067	211	珠海	Zhuhai	1989	3359	10238	46
许昌	Xuchang	505	520	3148	152	汕头	Shantou	2819	3632	10311	45
漯河	Luohe	825	825	1962	218	佛山	Foshan	2005	2617	9344	50
三门峡	Sanmenxia	482	482	1555	245	江门	Jiangmen	1205	2354	12008	36
南阳	Nanyang	1257	2666	6439	76	湛江	Zhanjiang	846	1155	4186	120
商丘	Shangqiu	509	610	2332	196	茂名	Maoming	486	806	3781	136
信阳	Xinyang	654	747	4481	111	肇庆	Zhaoqing	1150	1194	9770	48
周口	Zhoukou	301	367	2716	174	惠州	Huizhou	1304	2663	8358	55
驻马店	Zhumadian	399	490	2639	183	梅州	Meizhou	486	619	2213	205
湖北	**Hubei**	**16818**	**20866**	**80309**		汕尾	Shanwei	266	308	666	281
武汉	Wuhan	5685	7017	19356	15	河源	Heyuan	327	379	1485	248
黄石	Huangshi	866	934	2767	173	阳江	Yangjiang	437	458	2600	184
十堰	Shiyan	532	676	3477	143	清远	Qingyuan	538	746	2263	202
宜昌	Yichang	860	1153	6076	80	东莞	Dongguan	9075	10475	82750	4
襄阳	Xiangyang	829	1260	5561	88	中山	Zhongshan	693	1280	4255	118
鄂州	Ezhou	573	633	1780	228	潮州	Chaozhou	406	886	3002	160
荆门	Jingmen	480	527	1962	217	揭阳	Jieyang	1008	1798	3931	129
孝感	Xiaogan	286	371	1560	244	云浮	Yunfu	263	376	1344	257
荆州	Jingzhou	677	777	2669	178	**广西**	**Guangxi**	**8331**	**11086**	**82382**	
黄冈	Huanggang	327	441	1668	234	南宁	Nanning	2149	3449	39068	5
咸宁	Xianning	310	535	3852	133	柳州	Liuzhou	1804	2098	7746	61
随州	Suizhou	337	450	4610	103	桂林	Guilin	753	949	3755	138
湖南	**Hunan**	**10969**	**14355**	**59359**		梧州	Wuzhou	379	501	3192	148
长沙	Changsha	2522	3256	10586	44	北海	Beihai	295	447	2490	190
株洲	Zhuzhou	1071	1239	5413	92	防城港	Fangchenggang	162	133	1042	268
湘潭	Xiangtan	646	736	3027	159	钦州	Qinzhou	183	243	10990	42
衡阳	Hengyang	864	987	4205	119	贵港	Guigang	488	521	1570	243
邵阳	Shaoyang	505	670	2406	194	玉林	Yulin	564	660	2641	182
岳阳	Yueyang	556	628	4580	104	百色	Baise	204	292	1658	236

8-47 城市公园绿地面积(辖区) 续表 3

Area of Urban Parks and Green Space (Municipal Districts) continued 3

单位：公顷 (hectare)

地名	City	2010	2014	2015	2015 排名 Ranking	地名	City	2010	2014	2015	2015 排名 Ranking
贺州	Hezhou	91	201	1131	262	丽江	Lijiang	360	423	962	272
河池	Hechi	117	159	808	275	普洱	Puer	310	237	985	270
来宾	Laibin	184	297	1321	258	临沧	Lincang	544	195	685	280
崇左	Chongzuo	98	174	979	271	**西藏**	**Tibet**	**260**	**725**	**5332**	
海南	**Hainan**	**2561**	**3437**	**14883**		拉萨	Lasa	202	312	2946	163
海口	Haikou	1303	1714	5806	84	**陕西**	**Shaanxi**	**8402**	**10999**	**56108**	
三亚	Sanya	541	718	1571	242	西安	Xi'an	3253	4621	19047	16
三沙	Sansha			2	286	铜川	Tongchuan	389	464	1893	223
重庆	**Chongqing**	**14032**	**21107**	**55934**		宝鸡	Baoji	1118	1006	4017	126
四川	**Sichuan**	**16133**	**22191**	**87096**		咸阳	Xianyang	1114	1431	18760	18
成都	Chengdu	5732	6899	21902	14	渭南	Weinan	475	550	2228	204
自贡	Zigong	722	1187	4070	124	延安	Yan'an	338	391	1444	250
攀枝花	Panzhihua	527	660	2798	171	汉中	Hanzhong	577	576	1667	235
泸州	Luzhou	698	1051	4893	97	榆林	Yulin	249	679	2199	206
德阳	Deyang	414	574	2532	188	安康	Ankang	339	427	1622	239
绵阳	Mianyang	908	1145	4501	109	商洛	Shangluo	146	163	521	283
广元	Guangyuan	288	469	2019	214	**甘肃**	**Gansu**	**4392**	**7320**	**23560**	
遂宁	Suining	410	587	5967	82	兰州	Lanzhou	1714	2253	7429	64
内江	Neijiang	327	584	2549	187	嘉峪关	Jiayuguan	330	446	2672	177
乐山	Leshan	382	504	3120	155	金昌	Jinchang	269	367	1355	256
南充	Nanchong	688	1190	4464	112	白银	Baiyin	269	399	1955	221
眉山	Meishan	367	531	2132	208	天水	Tianshui	384	491	1916	222
宜宾	Yibin	602	703	3774	137	武威	Wuwei	97	483	732	277
广安	Guangan	473	598	1768	229	张掖	Zhangye	302	1393	1623	238
达州	Dazhou	482	950	2849	167	平凉	Pingliang	216	264	1581	241
雅安	Yaan	384	254	1238	261	酒泉	Jiuquan	303	401	1629	237
巴中	Bazhong	258	409	1501	247	庆阳	Qingyang	80	133	726	278
资阳	Ziyang	168	329	1690	233	定西	Dingxi	165	212	566	282
贵州	**Guizhou**	**3969**	**7906**	**36739**		陇南	Longnan	20	36	167	285
贵阳	Guiyang	2186	4104	16615	24	**青海**	**Qinghai**	**1014**	**1786**	**5732**	
六盘水	Liupanshui	77	550	3402	145	西宁	Xining	897	1517	3515	142
遵义	Zunyi	360	994	2666	179	海东	Haidong		46	473	284
安顺	Anshun	62	136	4721	99	**宁夏**	**Ningxia**	**3626**	**4897**	**24132**	
毕节	Bijie	12	488	1310	259	银川	Yinchuan	1556	2404	9023	51
铜仁	Tongren	84	177	1439	251	石嘴山	Shizuishan	1038	1055	6889	70
云南	**Yunnan**	**6811**	**9113**	**39416**		吴忠	Wuzhong	356	444	2833	168
昆明	Kunming	2796	3912	16077	26	固原	Guyuan	178	234	1109	264
曲靖	Qujing	590	534	2286	199	中卫	Zhongwei	214	396	1550	246
玉溪	Yuxi	204	308	1095	265	**新疆**	**Xinjiang**	**5430**	**7774**	**60775**	
保山	Baoshan	183	215	881	273	乌鲁木齐	Urumqi	2063	3282	27679	9
昭通	Zhaotong	204	192	765	276	克拉玛依	Karamay	315	419	4682	100

8-48 城市人均公园绿地面积(辖区)

Area of Urban Public Recreational Green Space per Capita (Municipal Districts)

单位：平方米 (m²)

地名	City	2010	2014	2015	2015 排名 Ranking
全国	Nation Total	11.2	13.1	13.4	
北京	Beijing	11.3	15.9	16.0	
天津	Tianjin	8.6	9.7	10.1	
河北	Hebei	14.2	14.5	14.2	
石家庄	Shijiazhuang	14.4	15.3	15.6	61
唐山	Tangshan	15.1	15.1	15.1	71
秦皇岛	Qinhuangdao	19.9	20.4	19.7	26
邯郸	Handan	19.6	19.0	19.0	32
邢台	Xingtai	15.7	12.5	11.7	179
保定	Baoding	13.3	10.5	9.9	243
张家口	Zhangjiakou	11.0	12.3	12.2	163
承德	Chengde	27.2	24.8	24.6	9
沧州	Cangzhou	10.0	10.7	10.4	231
廊坊	Langfang	13.0	13.5	13.7	114
衡水	Hengshui	11.3	12.2	12.2	165
山西	Shanxi	9.4	11.3	11.6	
太原	Taiyuan	8.6	10.9	10.9	202
大同	Datong	6.8	8.8	11.0	199
阳泉	Yangquan	9.0	10.9	10.8	207
长治	Changzhi	12.2	12.4	12.5	148
晋城	Jincheng	13.8	11.9	12.0	170
朔州	Shuozhou	9.3	10.9	10.9	203
晋中	Jinzhong	10.6	16.7	17.7	46
运城	Yuncheng	9.2	10.5	10.6	213
忻州	Xinzhou	2.2	16.5	12.4	152
临汾	Linfen	13.6	11.1	12.4	153
吕梁	Lvliang	13.6	13.0	13.4	124
内蒙古	Inner Mongolia	12.4	18.8	19.3	
呼和浩特	Hohhot	15.4	17.3	17.3	47
包头	Baotou	12.0	13.0	13.2	128
乌海	Wuhai	9.5	18.4	19.7	27
赤峰	Chifeng	8.4	18.2	18.8	35
通辽	Tongliao	14.7	20.1	21.1	19
鄂尔多斯	Erdos	14.3	37.5	35.0	4
呼伦贝尔	Hulunbuir	19.1	22.0	21.9	14
巴彦淖尔	Bayannur	6.8	16.7	21.5	16
乌兰察布	Ulanqab	18.6	34.8	37.8	2
辽宁	Liaoning	10.2	11.6	11.5	
沈阳	Shenyang	12.7	14.1	13.1	131
大连	Dalian	12.0	11.2	11.1	194
鞍山	Anshan	10.4	11.7	12.2	166
抚顺	Fushun	9.0	10.4	10.6	220
本溪	Benxi	9.0	10.3	10.8	208
丹东	Dandong	8.4	11.2	10.0	241
锦州	Jinzhou	9.2	12.8	13.5	120
营口	Yingkou	10.1	10.2	10.9	204
阜新	Fuxin	10.5	12.4	12.6	144
辽阳	Liaoyang	8.5	10.6	10.8	205
盘锦	Panjin	7.5	12.8	12.3	154
铁岭	Tieling	9.7	12.0	12.0	171
朝阳	Chaoyang	8.8	9.2	10.7	210
葫芦岛	Huludao	12.9	14.9	14.8	81
吉林	Jilin	10.3	12.1	12.5	
长春	Changchun	13.7	13.8	14.7	84
吉林	Jilin	11.9	12.0	12.0	169
四平	Siping	7.2	8.9	8.4	269
辽源	Liaoyuan	7.3	9.4	9.3	255
通化	Tonghua	9.2	11.5	12.9	135
白山	Baishan	10.1	10.3	10.3	234
松原	Songyuan	10.5	17.5	17.8	42
白城	Baicheng	7.8	12.9	12.9	136
黑龙江	Heilongjiang	11.3	12.1	12.0	
哈尔滨	Harbin	10.1	10.4	9.5	249
齐齐哈尔	Qiqihar	10.0	10.0	10.0	240
鸡西	Jixi	9.3	10.7	10.8	206
鹤岗	Hegang	14.9	14.9	14.9	76
双鸭山	Shuangyashan	16.0	14.7	14.4	94
大庆	Daqing	13.5	14.2	14.5	92
伊春	Yichun	20.2	20.5	23.1	11
佳木斯	Jiamusi	11.9	14.0	14.2	101
七台河	Qitaihe	11.9	11.8	12.3	160
牡丹江	Mudanjiang	10.5	11.2	10.6	215
黑河	Heihe	16.7	13.5	13.4	125
绥化	Suihua	4.3	8.7	8.7	266
上海	Shanghai	7.0	7.3	7.6	
江苏	Jiangsu	13.3	14.4	14.6	

8-48 城市人均公园绿地面积(辖区) 续表 1

Area of Urban Public Recreational Green Space per Capita (Municipal Districts) continued 1

单位：平方米 (m²)

地名	City	2010	2014	2015	2015 排名 Ranking	地名	City	2010	2014	2015	2015 排名 Ranking
南京	Nanjing	13.7	15.0	15.1	70	池州	Chizhou	18.1	17.1	17.1	50
无锡	Wuxi	14.4	14.8	14.9	77	宣城	Xuancheng	14.1	13.2	13.7	113
徐州	Xuzhou	14.7	16.2	15.3	62	**福建**	**Fujian**	**11.0**	**12.8**	**13.0**	
常州	Changzhou	12.4	13.2	13.9	110	福州	Fuzhou	11.2	12.9	13.5	116
苏州	Suzhou	16.9	15.2	15.1	68	厦门	Xiamen	10.1	11.4	11.5	185
南通	Nantong	10.5	16.8	17.0	51	莆田	Putian	11.0	12.7	12.7	142
连云港	Lianyungang	12.0	14.2	14.4	95	三明	Sanming	11.9	13.7	14.6	89
淮安	Huaian	11.0	13.8	13.8	111	泉州	Quanzhou	10.6	14.0	14.1	104
盐城	Yancheng	11.7	12.0	12.4	150	漳州	Zhangzhou	10.5	14.2	14.5	91
扬州	Yangzhou	19.1	18.0	18.4	39	南平	Nanping	11.7	13.6	13.2	130
镇江	Zhenjiang	16.0	18.7	18.9	33	龙岩	Longyan	11.2	12.2	12.4	151
泰州	Taizhou	9.3	9.5	10.0	239	宁德	Ningde	13.6	15.5	15.6	60
宿迁	Suqian	12.1	13.8	15.1	69	**江西**	**Jiangxi**	**13.0**	**14.1**	**14.0**	
浙江	**Zhejiang**	**11.1**	**12.9**	**13.2**		南昌	Nanchang	9.0	12.0	11.8	175
杭州	Hangzhou	15.1	15.5	14.6	87	景德镇	Jingdezhen	15.7	14.8	15.2	67
宁波	Ningbo	10.5	10.6	11.2	190	萍乡	Pingxiang	12.1	10.6	10.7	212
温州	Wenzhou	6.0	13.0	13.4	121	九江	Jiujiang	18.1	17.7	17.8	43
嘉兴	Jiaxing	12.9	13.3	14.1	105	新余	Xinyu	15.8	18.1	18.1	40
湖州	Huzhou	15.3	16.6	16.6	55	鹰潭	Yingtan	12.7	13.3	15.9	58
绍兴	Shaoxing	15.4	13.3	13.5	117	赣州	Ganzhou	12.2	10.4	10.4	233
金华	Jinhua	12.2	11.5	13.0	132	吉安	Jian	13.4	17.0	17.1	49
衢州	Quzhou	13.1	14.6	14.6	90	宜春	Yichun	14.5	15.6	15.3	63
舟山	Zhoushan	15.1	13.0	13.5	119	抚州	Fuzhou	16.6	16.4	15.9	59
台州	Taizhou	10.6	12.1	12.3	158	上饶	Shangrao	15.4	14.3	14.8	79
丽水	Lishui	10.5	10.9	11.0	197	**山东**	**Shandong**	**15.8**	**17.1**	**17.4**	
安徽	**Anhui**	**11.0**	**13.2**	**13.4**		济南	Jinan	10.3	10.5	10.5	223
合肥	Hefei	13.2	13.3	13.4	121	青岛	Qingdao	14.6	14.6	14.2	100
芜湖	Wuhu	9.5	12.6	12.3	154	淄博	Zibo	15.1	15.9	18.4	38
蚌埠	Bengbu	7.0	12.8	12.9	137	枣庄	Zaozhuang	12.6	15.0	15.1	72
淮南	Huainan	11.5	12.2	12.3	158	东营	Dongying	17.3	23.5	25.0	6
马鞍山	Maanshan	14.0	15.4	15.3	64	烟台	Yantai	19.4	20.2	21.1	18
淮北	Huaibei	13.3	15.0	15.2	66	潍坊	Weifang	17.3	17.9	18.0	41
铜陵	Tongling	10.9	14.8	13.9	109	济宁	Jining	13.6	13.6	14.3	98
安庆	Anqing	9.7	13.2	13.3	127	泰安	Taian	19.8	19.9	20.2	24
黄山	Huangshan	14.5	15.0	15.0	75	威海	Weihai	24.5	25.3	26.1	5
滁州	Chuzhou	12.7	13.3	13.6	115	日照	Rizhao	21.3	22.6	23.2	10
阜阳	Fuyang	7.5	12.3	12.3	156	莱芜	Laiwu	18.9	19.6	22.7	13
宿州	Suzhou	10.5	12.4	12.9	137	临沂	Linyi	19.2	19.8	19.1	31
六安	Liuan	12.0	14.2	14.8	79	德州	Dezhou	19.2	24.9	24.9	8
亳州	Bozhou	10.9	11.5	14.0	106	聊城	Liaocheng	11.5	15.0	12.6	144

8-48 城市人均公园绿地面积(辖区) 续表 2

Area of Urban Public Recreational Green Space per Capita (Municipal Districts) continued 2

单位：平方米 (m²)

地名	City	2010	2014	2015	2015 排名 Ranking	地名	City	2010	2014	2015	2015 排名 Ranking
滨州	Binzhou	16.8	18.5	18.9	34	常德	Changde	14.1	14.3	14.5	93
菏泽	Heze	10.4	12.4	12.6	146	张家界	Zhangjiajie	7.7	8.9	10.7	209
河南	**Henan**	**8.7**	**9.9**	**10.2**		益阳	Yiyang	7.6	16.2	9.0	264
郑州	Zhengzhou	6.2	7.0	7.1	280	郴州	Chenzhou	8.0	11.5	11.8	175
开封	Kaifeng	5.2	10.5	9.1	261	永州	Yongzhou	5.6	9.4	12.0	171
洛阳	Luoyang	7.2	8.5	9.2	257	怀化	Huaihua	8.1	7.1	7.9	276
平顶山	Pingdingshan	8.6	10.3	10.4	230	娄底	Loudi	9.1	9.5	9.4	253
安阳	Anyang	8.6	10.1	10.6	220	**广东**	**Guangdong**	**13.3**	**16.3**	**17.4**	
鹤壁	Hebi	14.0	14.9	14.6	85	广州	Guangzhou	11.9	20.2	21.8	15
新乡	Xinxiang	9.5	10.3	10.5	223	韶关	Shaoguan	11.8	12.4	12.5	148
焦作	Jiaozuo	9.4	11.0	11.1	195	深圳	Shenzhen	16.4	16.8	16.9	52
濮阳	Puyang	12.6	13.6	14.3	96	珠海	Zhuhai	13.7	18.8	19.5	29
许昌	Xuchang	11.4	10.5	10.5	222	汕头	Shantou	12.2	14.4	15.0	73
漯河	Luohe	15.2	14.8	14.6	86	佛山	Foshan	10.2	13.0	14.7	82
三门峡	Sanmenxia	16.1	14.1	11.3	187	江门	Jiangmen	11.0	17.6	17.8	44
南阳	Nanyang	10.3	17.2	16.7	54	湛江	Zhanjiang	12.7	13.0	13.9	107
商丘	Shangqiu	5.3	6.3	6.9	283	茂名	Maoming	10.0	12.5	13.7	112
信阳	Xinyang	13.9	14.1	14.1	103	肇庆	Zhaoqing	22.7	21.2	20.7	21
周口	Zhoukou	10.0	10.4	11.3	188	惠州	Huizhou	11.1	17.3	17.8	44
驻马店	Zhumadian	9.4	10.5	11.1	195	梅州	Meizhou	11.8	15.8	16.7	53
湖北	**Hubei**	**9.6**	**11.1**	**11.0**		汕尾	Shanwei	10.7	12.7	13.5	118
武汉	Wuhan	8.9	11.1	11.1	193	河源	Heyuan	12.1	12.5	12.6	147
黄石	Huangshi	12.0	10.9	11.2	191	阳江	Yangjiang	10.6	11.1	11.2	192
十堰	Shiyan	10.0	11.6	8.9	265	清远	Qingyuan	11.3	16.2	13.0	132
宜昌	Yichang	10.9	14.2	14.3	96	东莞	Dongguan	15.3	17.3	19.4	30
襄阳	Xiangyang	10.8	13.3	12.7	143	中山	Zhongshan	11.9	17.8	18.4	37
鄂州	Ezhou	14.1	15.0	14.9	77	潮州	Chaozhou	10.3	10.6	10.6	218
荆门	Jingmen	10.3	10.5	11.6	180	揭阳	Jieyang	12.9	8.4	8.7	267
孝感	Xiaogan	10.1	9.1	9.0	263	云浮	Yunfu	12.1	13.2	12.7	141
荆州	Jingzhou	9.5	11.4	10.1	238	**广西**	**Guangxi**	**9.8**	**11.2**	**11.6**	
黄冈	Huanggang	11.1	14.1	14.2	101	南宁	Nanning	9.8	12.7	12.8	140
咸宁	Xianning	9.3	13.0	13.0	134	柳州	Liuzhou	12.8	13.0	13.4	121
随州	Suizhou	10.3	9.2	9.2	258	桂林	Guilin	9.2	11.5	11.9	173
湖南	**Hunan**	**8.9**	**9.9**	**10.0**		梧州	Wuzhou	9.1	8.6	10.7	211
长沙	Changsha	10.0	10.2	10.4	227	北海	Beihai	8.6	10.9	10.2	237
株洲	Zhuzhou	12.7	11.6	11.6	182	防城港	Fangchenggang	10.4	7.5	7.2	279
湘潭	Xiangtan	8.7	9.0	9.1	260	钦州	Qinzhou	8.1	7.3	10.5	226
衡阳	Hengyang	9.2	8.9	9.5	249	贵港	Guigang	12.1	12.1	12.3	156
邵阳	Shaoyang	8.4	8.8	11.0	199	玉林	Yulin	10.3	10.0	10.0	242
岳阳	Yueyang	8.5	9.2	9.7	247	百色	Baise	9.2	11.6	11.5	184

8-48 城市人均公园绿地面积(辖区) 续表 3

Area of Urban Public Recreational Green Space per Capita (Municipal Districts) continued 3

单位：平方米 (m²)

地名	City	2010	2014	2015	2015 排名 Ranking
贺州	Hezhou	5.5	7.1	8.3	272
河池	Hechi	5.1	7.1	9.5	252
来宾	Laibin	6.6	10.4	10.6	218
崇左	Chongzuo	7.5	10.4	13.3	126
海南	**Hainan**	**11.2**	**13.0**	**13.0**	
海口	Haikou	11.8	12.5	12.9	139
三亚	Sanya	19.0	19.0	19.6	28
三沙	Sansha			2.8	286
重庆	**Chongqing**	**13.2**	**17.0**	**17.0**	
四川	**Sichuan**	**10.2**	**11.3**	**12.0**	
成都	Chengdu	13.2	13.8	14.6	87
自贡	Zigong	8.1	10.1	9.9	243
攀枝花	Panzhihua	8.2	9.9	10.6	217
泸州	Luzhou	8.3	9.0	9.5	251
德阳	Deyang	9.7	10.7	10.6	213
绵阳	Mianyang	10.4	9.6	11.0	197
广元	Guangyuan	8.9	11.7	11.8	174
遂宁	Suining	7.6	8.2	8.3	271
内江	Neijiang	6.4	9.1	9.3	254
乐山	Leshan	7.1	8.3	7.2	278
南充	Nanchong	8.7	11.0	12.1	167
眉山	Meishan	11.8	10.6	11.4	186
宜宾	Yibin	16.0	8.4	9.3	255
广安	Guangan	15.3	20.3	20.1	25
达州	Dazhou	14.4	13.8	16.1	57
雅安	Yaan	15.5	9.6	10.3	235
巴中	Bazhong	8.8	11.0	9.9	243
资阳	Ziyang	5.7	9.9	12.2	163
贵州	**Guizhou**	**7.3**	**12.5**	**12.9**	
贵阳	Guiyang	10.1	15.5	14.2	99
六盘水	Liupanshui	2.4	16.7	10.6	215
遵义	Zunyi	4.9	12.7	15.0	74
安顺	Anshun	1.2	2.6	8.0	274
毕节	Bijie	0.5	18.7	20.2	23
铜仁	Tongren	3.7	5.4	8.5	268
云南	**Yunnan**	**9.3**	**11.0**	**10.6**	
昆明	Kunming	8.4	10.6	10.4	231
曲靖	Qujing	9.3	9.0	9.1	262
玉溪	Yuxi	10.1	12.0	10.3	236
保山	Baoshan	11.0	7.7	7.0	282
昭通	Zhaotong	7.9	6.5	7.0	281
丽江	Lijiang	29.9	29.0	24.9	7
普洱	Puer	13.9	10.6	10.5	223
临沧	Lincang	2.2	10.9	11.2	189
西藏	**Tibet**	**5.8**	**10.8**	**11.7**	
拉萨	Lasa	55.3	6.9	8.2	273
陕西	**Shaanxi**	**10.7**	**12.5**	**12.6**	
西安	Xi'an	9.5	11.6	11.7	177
铜川	Tongchuan	9.7	11.5	11.7	178
宝鸡	Baoji	86.8	12.3	12.3	160
咸阳	Xianyang	13.4	15.2	15.3	65
渭南	Weinan	11.9	12.2	12.3	160
延安	Yan'an	9.6	12.0	10.4	228
汉中	Hanzhong	14.1	14.6	13.2	129
榆林	Yulin	7.1	16.6	18.7	36
安康	Ankang	10.0	13.2	13.9	108
商洛	Shangluo	11.4	9.9	10.4	229
甘肃	**Gansu**	**8.1**	**12.8**	**12.2**	
兰州	Lanzhou	8.6	11.5	9.2	259
嘉峪关	Jiayuguan	16.6	19.4	37.3	3
金昌	Jinchang	14.9	19.4	21.0	20
白银	Baiyin	6.7	9.6	9.7	248
天水	Tianshui	5.6	7.2	9.8	246
武威	Wuwei	3.8	14.8	14.7	83
张掖	Zhangye	15.7	75.1	38.1	1
平凉	Pingliang	7.8	8.1	7.9	275
酒泉	Jiuquan	9.8	11.1	11.5	183
庆阳	Qingyang	4.5	7.0	7.3	277
定西	Dingxi	9.2	10.6	16.4	56
陇南	Longnan	1.3	2.3	5.0	285
青海	**Qinghai**	**8.5**	**10.8**	**10.5**	
西宁	Xining	8.9	12.0	12.1	168
海东	Haidong		4.7	5.8	284
宁夏	**Ningxia**	**16.2**	**17.9**	**18.1**	
银川	Yinchuan	14.4	17.9	17.3	48
石嘴山	Shizuishan	26.4	20.8	23.0	12
吴忠	Wuzhong	19.2	21.7	20.6	22
固原	Guyuan	8.5	8.0	8.4	269
中卫	Zhongwei	11.6	20.1	21.3	17
新疆	**Xinjiang**	**8.6**	**10.7**	**11.5**	
乌鲁木齐	Urumqi	7.4	10.7	10.9	201
克拉玛依	Karamay	9.0	11.5	11.6	180

8-49 城市道路清扫保洁面积(辖区)

Surface Area of Urban Roads Cleaned and Maintained (Municipal Districts)

单位：万平方米 (10 000m²)

地名	City	2010	2014	2015	2015 排名 Ranking
全国	**Nation Total**	**485033**	**676093**	**730333**	
北京	**Beijing**	**13804**	**15104**	**15122**	
天津	**Tianjin**	**7322**	**10879**	**11769**	
河北	**Hebei**	**20050**	**24549**	**26358**	
石家庄	Shijiazhuang	3283	4343	4357	23
唐山	Tangshan	2014	2544	2544	56
秦皇岛	Qinhuangdao	837	1091	2017	68
邯郸	Handan	1853	2465	1794	80
邢台	Xingtai	1052	1101	822	170
保定	Baoding	1449	1972	2717	49
张家口	Zhangjiakou	1045	1045	1045	138
承德	Chengde	517	790	868	162
沧州	Cangzhou	570	753	950	153
廊坊	Langfang	700	992	1003	146
衡水	Hengshui	640	823	821	172
山西	**Shanxi**	**10609**	**15527**	**16083**	
太原	Taiyuan	3551	3861	4145	25
大同	Datong	1164	2600	2600	53
阳泉	Yangquan	479	698	629	213
长治	Changzhi	631	1015	1015	144
晋城	Jincheng	382	616	618	214
朔州	Shuozhou	354	745	746	182
晋中	Jinzhong	750	1062	1034	141
运城	Yuncheng	598	598	666	200
忻州	Xinzhou	238	572	719	186
临汾	Linfen	420	521	532	230
吕梁	Lvliang	296	318	378	259
内蒙古	**Inner Mongolia**	**9674**	**18207**	**19799**	
呼和浩特	Hohhot	1511	2592	2592	54
包头	Baotou	1845	3080	3606	33
乌海	Wuhai	632	968	837	167
赤峰	Chifeng	681	1515	1700	85
通辽	Tongliao	734	891	1218	117
鄂尔多斯	Erdos	1396	3740	3943	29
呼伦贝尔	Hulunbuir	346	817	950	153
巴彦淖尔	Bayannur	560	750	780	177
乌兰察布	Ulanqab	243	480	506	235
辽宁	**Liaoning**	**28122**	**33721**	**36637**	
沈阳	Shenyang	11155	8627	8978	9
大连	Dalian	4126	5284	5733	17
鞍山	Anshan	1336	4022	4117	26
抚顺	Fushun	1330	1578	1662	89
本溪	Benxi	598	853	870	161
丹东	Dandong	752	733	735	185
锦州	Jinzhou	925	1366	1363	108
营口	Yingkou	675	761	761	178
阜新	Fuxin	480	490	1084	132
辽阳	Liaoyang	902	1049	1075	133
盘锦	Panjin	681	956	986	150
铁岭	Tieling	762	1074	1074	134
朝阳	Chaoyang	562	992	992	148
葫芦岛	Huludao	638	673	636	209
吉林	**Jilin**	**13037**	**14504**	**16957**	
长春	Changchun	4561	5064	7330	12
吉林	Jilin	1595	1634	1686	86
四平	Siping	520	672	701	193
辽源	Liaoyuan	384	395	395	254
通化	Tonghua	350	601	604	219
白山	Baishan	295	342	342	265
松原	Songyuan	674	848	848	166
白城	Baicheng	330	292	435	247
黑龙江	**Heilongjiang**	**14937**	**22716**	**23484**	
哈尔滨	Harbin	4835	7945	8255	11
齐齐哈尔	Qiqihar	1018	1394	1599	92
鸡西	Jixi	314	560	610	216
鹤岗	Hegang	302	397	436	246
双鸭山	Shuangyashan	199	270	272	270
大庆	Daqing	2200	3502	3542	34
伊春	Yichun	848	997	1037	140
佳木斯	Jiamusi	842	1301	1301	112
七台河	Qitaihe	389	511	559	225
牡丹江	Mudanjiang	891	1300	1300	113
黑河	Heihe	309	410	410	250
绥化	Suihua	309	721	649	206
上海	**Shanghai**	**15879**	**17490**	**17366**	
江苏	**Jiangsu**	**44088**	**55132**	**57992**	

8-49 城市道路清扫保洁面积（辖区） 续表 1

Surface Area of Urban Roads Cleaned and Maintained (Municipal Districts) continued 1

单位：万平方米 （10 000m²）

地名	City	2010	2014	2015	2015 排名 Ranking	地名	City	2010	2014	2015	2015 排名 Ranking
南京	Nanjing	7393	8457	8507	10	池州	Chizhou	722	702	702	192
无锡	Wuxi	2969	4931	4931	20	宣城	Xuancheng	360	565	650	205
徐州	Xuzhou	2032	2104	2410	58	**福建**	**Fujian**	**11433**	**16243**	**14881**	
常州	Changzhou	2333	2624	3278	37	福州	Fuzhou	2122	3317	2626	51
苏州	Suzhou	8835	10609	11586	5	厦门	Xiamen	2004	3780	3780	30
南通	Nantong	2159	3410	3271	38	莆田	Putian	500	1003	821	172
连云港	Lianyungang	1140	1430	2167	63	三明	Sanming	255	265	265	274
淮安	Huaian	1800	2259	2265	61	泉州	Quanzhou	1955	2190	1950	72
盐城	Yancheng	1135	1560	2162	64	漳州	Zhangzhou	652	943	1004	145
扬州	Yangzhou	1232	1904	1985	69	南平	Nanping	141	233	385	257
镇江	Zhenjiang	1154	1583	1622	91	龙岩	Longyan	268	378	473	240
泰州	Taizhou	837	2000	2072	65	宁德	Ningde	178	353	359	261
宿迁	Suqian	870	1585	1963	71	**江西**	**Jiangxi**	**9911**	**12893**	**14019**	
浙江	**Zhejiang**	**27805**	**36843**	**39195**		南昌	Nanchang	2447	2884	3099	41
杭州	Hangzhou	4609	6702	7246	14	景德镇	Jingdezhen	364	330	387	256
宁波	Ningbo	2591	3455	3470	35	萍乡	Pingxiang	346	645	648	207
温州	Wenzhou	2400	2864	2825	48	九江	Jiujiang	784	1339	1339	111
嘉兴	Jiaxing	1352	1669	1865	79	新余	Xinyu	845	1060	1063	135
湖州	Huzhou	1072	1247	1535	97	鹰潭	Yingtan	150	177	175	281
绍兴	Shaoxing	615	2064	2500	57	赣州	Ganzhou	647	799	1059	136
金华	Jinhua	1123	1597	1911	75	吉安	Jian	316	348	380	258
衢州	Quzhou	764	990	990	149	宜春	Yichun	605	802	833	168
舟山	Zhoushan	549	620	656	203	抚州	Fuzhou	846	1090	1268	114
台州	Taizhou	1882	2383	2408	59	上饶	Shangrao	686	849	1114	127
丽水	Lishui	660	760	784	176	**山东**	**Shandong**	**48528**	**65422**	**68631**	
安徽	**Anhui**	**17339**	**26370**	**29216**		济南	Jinan	3399	4423	6621	15
合肥	Hefei	3409	6430	7310	13	青岛	Qingdao	3251	5664	5795	16
芜湖	Wuhu	2583	2170	2296	60	淄博	Zibo	2844	3938	3976	28
蚌埠	Bengbu	930	1775	2051	67	枣庄	Zaozhuang	2038	1619	1889	78
淮南	Huainan	1004	1871	2618	52	东营	Dongying	1525	2645	2917	45
马鞍山	Maanshan	900	1100	1200	119	烟台	Yantai	2482	3088	3406	36
淮北	Huaibei	715	890	908	156	潍坊	Weifang	3219	2775	3190	39
铜陵	Tongling	736	1131	811	175	济宁	Jining	861	1826	2692	50
安庆	Anqing	890	1344	1349	110	泰安	Taian	1357	1643	1643	90
黄山	Huangshan	375	580	658	202	威海	Weihai	1263	2336	2575	55
滁州	Chuzhou	704	1213	1461	102	日照	Rizhao	1698	1877	1901	76
阜阳	Fuyang	558	963	1042	139	莱芜	Laiwu	1212	1398	1420	104
宿州	Suzhou	725	1406	1465	101	临沂	Linyi	2651	8093	5389	18
六安	Liuan	680	749	868	162	德州	Dezhou	900	1407	1509	99
亳州	Bozhou	518	1260	1548	96	聊城	Liaocheng	575	1483	1723	82

8-49 城市道路清扫保洁面积(辖区) 续表 2

Surface Area of Urban Roads Cleaned and Maintained (Municipal Districts) continued 2

单位：万平方米 （10 000m²）

地名	City	2010	2014	2015	2015 排名 Ranking	地名	City	2010	2014	2015	2015 排名 Ranking
滨州	Binzhou	1292	2005	1929	73	常德	Changde	850	898	898	157
菏泽	Heze	1550	1780	1890	77	张家界	Zhangjiajie	161		359	261
河南	**Henan**	**20892**	**27197**	**29490**		益阳	Yiyang	535	1270	1002	147
郑州	Zhengzhou	3338	4174	4720	21	郴州	Chenzhou	630	1269	1364	107
开封	Kaifeng	984	1400	1925	74	永州	Yongzhou	767	1048	1195	121
洛阳	Luoyang	1608	2759	2851	47	怀化	Huaihua	373	923	925	155
平顶山	Pingdingshan	676	1080	1090	130	娄底	Loudi	380	555	495	238
安阳	Anyang	898	997	1020	143	**广东**	**Guangdong**	**62768**	**84873**	**92161**	
鹤壁	Hebi	722	692	695	194	广州	Guangzhou	9480	11614	19469	2
新乡	Xinxiang	1007	1080	1090	130	韶关	Shaoguan	1182	1224	960	152
焦作	Jiaozuo	1015	1469	1591	94	深圳	Shenzhen	13079	21740	22139	1
濮阳	Puyang	507	668	668	199	珠海	Zhuhai	2542	4464	4602	22
许昌	Xuchang	345	540	550	227	汕头	Shantou	1418	1606	1710	84
漯河	Luohe	548	650	714	188	佛山	Foshan	3204	3848	3751	31
三门峡	Sanmenxia	188	240	389	255	江门	Jiangmen	1264	2344	1968	70
南阳	Nanyang	1575	2250	2249	62	湛江	Zhanjiang	1079	1271	1685	87
商丘	Shangqiu	580	882	882	159	茂名	Maoming	433	451	451	244
信阳	Xinyang	657	671	671	198	肇庆	Zhaoqing	946	1386	1720	83
周口	Zhoukou	488	557	612	215	惠州	Huizhou	2604	3036	3651	32
驻马店	Zhumadian	653	814	849	165	梅州	Meizhou	693	760	760	179
湖北	**Hubei**	**16941**	**30527**	**33304**		汕尾	Shanwei	245	331	350	264
武汉	Wuhan	6640	15837	17730	3	河源	Heyuan	330	535	540	228
黄石	Huangshi	731	757	757	180	阳江	Yangjiang	684	783	1154	123
十堰	Shiyan	609	745	872	160	清远	Qingyuan	612	1040	1242	115
宜昌	Yichang	840	1098	1118	125	东莞	Dongguan	13467	16794	16604	4
襄阳	Xiangyang	764	1925	2065	66	中山	Zhongshan	1123	1563	1477	100
鄂州	Ezhou	390	452	452	242	潮州	Chaozhou	399	605	655	204
荆门	Jingmen	356	378	430	248	揭阳	Jieyang	477	2516	822	170
孝感	Xiaogan	317	536	536	229	云浮	Yunfu	245	577	637	208
荆州	Jingzhou	500	992	1117	126	**广西**	**Guangxi**	**11005**	**14065**	**18189**	
黄冈	Huanggang	296	353	407	251	南宁	Nanning	3867	3733	5317	19
咸宁	Xianning	390	485	529	231	柳州	Liuzhou	1494	1827	2920	44
随州	Suizhou	218	456	497	237	桂林	Guilin	1254	1271	1666	88
湖南	**Hunan**	**12331**	**18032**	**19979**		梧州	Wuzhou	290	509	596	220
长沙	Changsha	2954	2861	4020	27	北海	Beihai	578	1135	1356	109
株洲	Zhuzhou	705	1056	1124	124	防城港	Fangchenggang	415	627	636	209
湘潭	Xiangtan	905	1024	1046	137	钦州	Qinzhou	499	942	1114	127
衡阳	Hengyang	831	1654	1750	81	贵港	Guigang	310	360	489	239
邵阳	Shaoyang	545	800	1200	119	玉林	Yulin	410	462	708	191
岳阳	Yueyang	659	883	1022	142	百色	Baise	266	557	582	223

8-49 城市道路清扫保洁面积(辖区) 续表 3

Surface Area of Urban Roads Cleaned and Maintained (Municipal Districts) continued 3

单位：万平方米 （10 000m²）

地名	City	2010	2014	2015	2015 排名 Ranking	地名	City	2010	2014	2015	2015 排名 Ranking
贺州	Hezhou	220	440	440	245	丽江	Lijiang	185	220	240	275
河池	Hechi	120	170	170	282	普洱	Puer	182	310	327	268
来宾	Laibin	244	592	592	221	临沧	Lincang	90	210	213	278
崇左	Chongzuo	142	173	180	280	**西藏**	**Tibet**	**539**	**2413**	**5714**	
海南	**Hainan**	**4076**	**6084**	**5289**		拉萨	Lasa	479	1203	740	183
海口	Haikou	1735	3612	3100	40	**陕西**	**Shaanxi**	**10546**	**15338**	**15884**	
三亚	Sanya	1120	963	663	201	西安	Xi'an	5891	9303	9365	8
三沙	Sansha		1	1	286	铜川	Tongchuan	290	418	369	260
重庆	**Chongqing**	**6136**	**12304**	**15313**		宝鸡	Baoji	1000	1180	1208	118
四川	**Sichuan**	**15173**	**28574**	**30196**		咸阳	Xianyang	759	875	827	169
成都	Chengdu	3639	9986	10439	6	渭南	Weinan	371	528	712	190
自贡	Zigong	528	1150	1160	122	延安	Yan'an	465	330	330	267
攀枝花	Panzhihua	501	633	635	211	汉中	Hanzhong	306	450	465	241
泸州	Luzhou	698	931	1092	129	榆林	Yulin	863	1110	1443	103
德阳	Deyang	465	622	686	196	安康	Ankang	180	223	223	276
绵阳	Mianyang	1484	1447	1228	116	商洛	Shangluo	106	139	152	284
广元	Guangyuan	369	535	586	222	**甘肃**	**Gansu**	**5816**	**7478**	**8294**	
遂宁	Suining	611	1533	1554	95	兰州	Lanzhou	1332	2341	2903	46
内江	Neijiang	303	471	740	183	嘉峪关	Jiayuguan	480	604	630	212
乐山	Leshan	619	784	817	174	金昌	Jinchang	610	751	751	181
南充	Nanchong	847	1340	1410	105	白银	Baiyin	496	570	610	216
眉山	Meishan	425	760	981	151	天水	Tianshui	283	290	290	269
宜宾	Yibin	445	664	714	188	武威	Wuwei	295	254	267	272
广安	Guangan	250	931	883	158	张掖	Zhangye	365	388	520	232
达州	Dazhou	260	371	405	252	平凉	Pingliang	490	550	510	233
雅安	Yaan	211	332	336	266	酒泉	Jiuquan	535	561	566	224
巴中	Bazhong	210	420	605	218	庆阳	Qingyang	258	270	270	271
资阳	Ziyang	290	497	510	233	定西	Dingxi	96	160	160	283
贵州	**Guizhou**	**3405**	**5129**	**7098**		陇南	Longnan	54	62	65	285
贵阳	Guiyang	1300	2289	3012	43	**青海**	**Qinghai**	**1951**	**2529**	**2699**	
六盘水	Liupanshui	264	291	500	236	西宁	Xining	1272	1502	1534	98
遵义	Zunyi	414	552	552	226	海东	Haidong		80	185	279
安顺	Anshun	235	290	715	187	**宁夏**	**Ningxia**	**3347**	**7482**	**7956**	
毕节	Bijie	87	355	355	263	银川	Yinchuan	1503	3885	4188	24
铜仁	Tongren	420	220	220	277	石嘴山	Shizuishan	464	1365	1366	106
云南	**Yunnan**	**9726**	**15547**	**16769**		吴忠	Wuzhong	319	651	695	194
昆明	Kunming	5621	9177	9885	7	固原	Guyuan	270	452	452	242
曲靖	Qujing	342	781	862	164	中卫	Zhongwei	450	650	680	197
玉溪	Yuxi	320	400	402	253	**新疆**	**Xinjiang**	**7843**	**12921**	**14489**	
保山	Baoshan	175	252	267	272	乌鲁木齐	Urumqi	1846	2682	3024	42
昭通	Zhaotong	207	426	430	248	克拉玛依	Karamay	1108	1386	1596	93

8-50 城市生活垃圾清运量(辖区)
Quantity of Urban Domestic Garbage Collected and Transported (Municipal Districts)

单位：万吨 (10 000 tons)

地名	City	2010	2014	2015	2015 排名 Ranking	地名	City	2010	2014	2015	2015 排名 Ranking
全国	**Nation Total**	**15804.8**	**17860.2**	**19142.2**		沈阳	Shenyang	215.0	256.7	272.5	8
北京	**Beijing**	**633.0**	**733.8**	**790.3**		大连	Dalian	80.0	121.5	122.8	22
天津	**Tianjin**	**183.7**	**215.9**	**240.7**		鞍山	Anshan	52.6	54.8	58.1	48
河北	**Hebei**	**589.3**	**614.1**	**635.9**		抚顺	Fushun	50.0	36.5	38.2	83
石家庄	Shijiazhuang	98.0	99.0	83.3	34	本溪	Benxi	33.9	31.9	31.8	104
唐山	Tangshan	46.1	57.7	58.2	47	丹东	Dandong	23.2	20.2	21.4	171
秦皇岛	Qinhuangdao	48.1	29.9	35.7	94	锦州	Jinzhou	32.0	31.5	31.4	108
邯郸	Handan	40.4	49.5	49.4	58	营口	Yingkou	40.0	32.8	27.6	129
邢台	Xingtai	18.3	24.4	28.7	121	阜新	Fuxin	43.9	44.0	29.2	118
保定	Baoding	33.5	47.0	49.3	59	辽阳	Liaoyang	16.8	24.3	24.3	143
张家口	Zhangjiakou	47.2	49.5	49.0	62	盘锦	Panjin	16.0	21.9	21.4	172
承德	Chengde	20.4	37.5	37.1	87	铁岭	Tieling	15.5	13.9	14.6	234
沧州	Cangzhou	18.4	20.4	24.0	144	朝阳	Chaoyang	32.0	33.0	33.0	102
廊坊	Langfang	14.3	16.9	21.0	177	葫芦岛	Huludao	20.8	21.0	25.3	139
衡水	Hengshui	15.9	19.6	17.2	208	**吉林**	**Jilin**	**499.4**	**504.6**	**490.3**	
山西	**Shanxi**	**361.2**	**445.0**	**447.0**		长春	Changchun	123.5	120.3	145.6	17
太原	Taiyuan	110.0	164.3	174.4	14	吉林	Jilin	36.9	37.0	33.8	99
大同	Datong	36.0	38.3	37.0	88	四平	Siping	23.0	18.3	18.0	197
阳泉	Yangquan	15.9	19.4	17.7	203	辽源	Liaoyuan	24.0	34.0	8.0	273
长治	Changzhi	18.8	15.7	17.6	205	通化	Tonghua	18.3	26.2	26.4	135
晋城	Jincheng	12.8	17.4	17.8	202	白山	Baishan	20.5	19.3	19.6	181
朔州	Shuozhou	16.1	19.6	20.4	179	松原	Songyuan	18.0	21.2	21.2	175
晋中	Jinzhong	11.8	16.2	19.2	183	白城	Baicheng	10.3	19.0	19.0	185
运城	Yuncheng	19.5	18.0	18.0	197	**黑龙江**	**Heilongjiang**	**782.4**	**553.4**	**523.0**	
忻州	Xinzhou	12.1	16.8	8.8	271	哈尔滨	Harbin	119.3	139.1	143.3	18
临汾	Linfen	18.5	17.2	13.5	247	齐齐哈尔	Qiqihar	56.9	50.3	45.4	70
吕梁	Lvliang	8.2	11.0	14.6	236	鸡西	Jixi	27.1	53.7	36.1	93
内蒙古	**Inner Mongolia**	**334.0**	**324.6**	**329.1**		鹤岗	Hegang	70.6	24.2	23.2	149
呼和浩特	Hohhot	59.1	62.0	59.3	46	双鸭山	Shuangyashan	47.5	18.0	18.4	193
包头	Baotou	80.3	49.1	52.3	53	大庆	Daqing	28.0	31.8	43.6	72
乌海	Wuhai	22.0	26.1	21.2	176	伊春	Yichun	86.3	45.0	28.6	123
赤峰	Chifeng	33.7	41.5	42.0	75	佳木斯	Jiamusi	46.7	22.0	23.0	152
通辽	Tongliao	20.1	13.0	13.7	245	七台河	Qitaihe	25.5	13.5	14.9	230
鄂尔多斯	Erdos	26.1	20.4	22.4	155	牡丹江	Mudanjiang	31.7	21.0	21.5	170
呼伦贝尔	Hulunbuir	11.0	11.7	12.1	256	黑河	Heihe	8.5	6.9	6.9	279
巴彦淖尔	Bayannur	14.8	14.6	16.0	218	绥化	Suihua	19.0	23.5	14.6	234
乌兰察布	Ulanqab	10.8	14.3	11.5	260	**上海**	**Shanghai**	**732.0**	**608.4**	**613.2**	
辽宁	**Liaoning**	**837.3**	**917.1**	**933.2**		**江苏**	**Jiangsu**	**1017.1**	**1352.4**	**1456.1**	

8-50 城市生活垃圾清运量(辖区） 续表 1

Quantity of Urban Domestic Garbage Collected and Transported (Municipal Districts) continued 1

单位：万吨 （10 000 tons）

地名	City	2010	2014	2015	2015 排名 Ranking	地名	City	2010	2014	2015	2015 排名 Ranking
南京	Nanjing	184.8	260.8	238.7	10	池州	Chizhou	10.3	13.8	14.1	242
无锡	Wuxi	99.3	122.4	132.4	21	宣城	Xuancheng	15.2	11.8	11.9	259
徐州	Xuzhou	44.4	75.3	79.8	37	**福建**	**Fujian**	**417.3**	**598.9**	**608.1**	
常州	Changzhou	52.0	61.8	76.5	41	福州	Fuzhou	76.0	100.6	105.9	29
苏州	Suzhou	121.4	213.9	239.9	9	厦门	Xiamen	94.5	142.2	161.6	15
南通	Nantong	38.3	53.4	59.9	45	莆田	Putian	27.4	34.7	42.6	74
连云港	Lianyungang	18.3	24.2	36.3	92	三明	Sanming	12.6	11.7	11.5	261
淮安	Huaian	24.6	37.8	43.3	73	泉州	Quanzhou	35.3	46.2	51.4	56
盐城	Yancheng	22.1	33.5	41.2	77	漳州	Zhangzhou	13.7	20.4	22.2	158
扬州	Yangzhou	31.7	48.8	56.6	49	南平	Nanping	7.3	7.5	12.4	255
镇江	Zhenjiang	23.0	32.0	36.4	91	龙岩	Longyan	16.7	19.2	23.8	145
泰州	Taizhou	18.4	27.8	29.2	120	宁德	Ningde	9.2	12.4	14.2	240
宿迁	Suqian	16.1	25.2	26.8	134	**江西**	**Jiangxi**	**284.0**	**308.5**	**329.3**	
浙江	**Zhejiang**	**959.0**	**1229.1**	**1332.7**		南昌	Nanchang	74.4	57.6	63.7	43
杭州	Hangzhou	211.7	283.2	352.0	4	景德镇	Jingdezhen	14.6	14.7	14.8	233
宁波	Ningbo	87.7	104.6	111.0	27	萍乡	Pingxiang	15.3	16.0	15.8	223
温州	Wenzhou	95.1	114.9	111.3	26	九江	Jiujiang	17.6	21.6	21.6	168
嘉兴	Jiaxing	18.4	28.9	33.4	101	新余	Xinyu	13.8	16.0	16.1	216
湖州	Huzhou	28.2	41.1	45.8	65	鹰潭	Yingtan	6.9	7.6	8.5	272
绍兴	Shaoxing	20.4	76.0	82.0	35	赣州	Ganzhou	35.6	33.9	37.6	85
金华	Jinhua	30.1	41.1	45.7	67	吉安	Jian	11.7	16.2	16.7	211
衢州	Quzhou	11.4	19.8	27.2	131	宜春	Yichun	8.9	16.5	16.8	210
舟山	Zhoushan	20.9	29.9	29.4	115	抚州	Fuzhou	17.2	19.3	22.3	156
台州	Taizhou	66.9	76.1	77.8	40	上饶	Shangrao	12.4	19.9	27.8	127
丽水	Lishui	19.3	14.7	16.1	216	**山东**	**Shandong**	**992.0**	**958.5**	**1377.5**	
安徽	**Anhui**	**435.3**	**464.8**	**491.9**		济南	Jinan	93.1	93.4	137.3	20
合肥	Hefei	66.4	110.2	122.1	23	青岛	Qingdao	138.9	100.9	185.0	13
芜湖	Wuhu	36.0	40.2	45.5	69	淄博	Zibo	54.9	50.0	53.5	52
蚌埠	Bengbu	33.0	30.7	29.6	114	枣庄	Zaozhuang	53.8	29.3	46.3	64
淮南	Huainan	41.3	32.0	32.1	103	东营	Dongying	18.8	20.8	22.3	157
马鞍山	Maanshan	17.9	19.9	22.9	153	烟台	Yantai	50.9	54.1	119.9	24
淮北	Huaibei	11.1	20.8	21.8	167	潍坊	Weifang	29.1	39.6	47.4	63
铜陵	Tongling	10.7	12.7	10.7	265	济宁	Jining	31.7	42.2	49.1	61
安庆	Anqing	30.5	27.5	27.5	130	泰安	Taian	16.8	20.6	31.7	105
黄山	Huangshan	15.4	10.4	12.6	252	威海	Weihai	25.4	29.2	41.4	76
滁州	Chuzhou	16.4	12.6	12.6	253	日照	Rizhao	20.0	20.6	25.5	138
阜阳	Fuyang	27.0	24.3	25.2	140	莱芜	Laiwu	15.9	18.8	22.1	159
宿州	Suzhou	18.0	17.3	20.5	178	临沂	Linyi	52.3	62.1	86.2	33
六安	Liuan	18.1	19.1	19.3	182	德州	Dezhou	19.9	27.0	30.3	113
亳州	Bozhou	10.5	17.6	17.7	203	聊城	Liaocheng	16.1	22.5	40.7	78

8-50 城市生活垃圾清运量(辖区) 续表 2

Quantity of Urban Domestic Garbage Collected and Transported (Municipal Districts) continued 2

单位：万吨 (10 000 tons)

地名	City	2010	2014	2015	2015 排名 Ranking
滨州	Binzhou	14.6	23.2	28.0	125
菏泽	Heze	25.1	21.0	40.2	79
河南	**Henan**	**694.6**	**832.8**	**891.9**	
郑州	Zhengzhou	164.4	186.3	207.0	11
开封	Kaifeng	31.5	27.1	31.6	106
洛阳	Luoyang	39.0	73.0	71.4	42
平顶山	Pingdingshan	29.4	30.3	30.3	112
安阳	Anyang	28.0	46.0	54.5	51
鹤壁	Hebi	13.0	16.0	16.0	219
新乡	Xinxiang	27.0	34.3	38.4	81
焦作	Jiaozuo	30.5	28.6	27.9	126
濮阳	Puyang	16.4	16.6	21.9	162
许昌	Xuchang	16.8	23.3	23.3	148
漯河	Luohe	18.5	23.7	22.0	161
三门峡	Sanmenxia	9.3	10.7	15.9	222
南阳	Nanyang	40.3	51.9	49.3	60
商丘	Shangqiu	35.2	28.2	28.2	124
信阳	Xinyang	12.6	20.7	27.1	132
周口	Zhoukou	13.1	13.5	14.9	231
驻马店	Zhumadian	17.5	18.7	18.9	187
湖北	**Hubei**	**711.1**	**739.3**	**832.2**	
武汉	Wuhan	219.1	257.4	330.7	6
黄石	Huangshi	29.1	29.0	29.2	118
十堰	Shiyan	29.7	32.2	38.7	80
宜昌	Yichang	30.8	32.7	31.4	107
襄阳	Xiangyang	33.2	30.6	34.3	97
鄂州	Ezhou	15.0	17.8	17.9	201
荆门	Jingmen	18.1	14.8	14.9	231
孝感	Xiaogan	9.7	14.6	16.4	214
荆州	Jingzhou	30.0	23.1	23.5	147
黄冈	Huanggang	14.9	18.7	18.8	189
咸宁	Xianning	28.0	15.2	15.3	227
随州	Suizhou	12.0	22.4	21.3	174
湖南	**Hunan**	**505.2**	**600.8**	**638.2**	
长沙	Changsha	106.9	173.3	203.0	12
株洲	Zhuzhou	33.1	39.0	38.2	84
湘潭	Xiangtan	23.9	27.9	30.4	111
衡阳	Hengyang	36.5	39.0	43.8	71
邵阳	Shaoyang	25.6	16.4	17.4	206
岳阳	Yueyang	18.9	30.2	29.3	116
常德	Changde	20.4	26.0	26.8	133
张家界	Zhangjiajie	12.9	15.7	12.4	254
益阳	Yiyang	17.8	17.3	17.2	207
郴州	Chenzhou	20.1	21.7	21.8	163
永州	Yongzhou	19.8	22.2	18.9	188
怀化	Huaihua	18.7	18.4	18.5	192
娄底	Loudi	11.9	15.3	14.5	238
广东	**Guangdong**	**1938.6**	**2214.2**	**2320.4**	
广州	Guangzhou	356.6	430.2	455.8	2
韶关	Shaoguan	22.3	21.9	21.8	166
深圳	Shenzhen	479.3	541.1	574.8	1
珠海	Zhuhai	62.5	80.2	81.5	36
汕头	Shantou	67.6	76.2	78.8	38
佛山	Foshan	73.5	89.3	93.8	32
江门	Jiangmen	43.1	43.2	45.7	68
湛江	Zhanjiang	27.0	31.7	37.6	85
茂名	Maoming	19.1	22.1	22.1	159
肇庆	Zhaoqing	14.2	20.7	27.8	127
惠州	Huizhou	47.9	73.1	95.3	31
梅州	Meizhou	13.9	20.1	21.6	168
汕尾	Shanwei	9.1	10.2	9.1	270
河源	Heyuan	12.7	18.7	21.3	173
阳江	Yangjiang	12.2	14.4	22.8	154
清远	Qingyuan	15.9	30.0	30.7	110
东莞	Dongguan	357.3	380.1	390.4	3
中山	Zhongshan	28.1	25.3	25.0	141
潮州	Chaozhou	15.3	38.9	51.9	54
揭阳	Jieyang	33.0	29.6	33.5	100
云浮	Yunfu	5.5	7.9	10.8	264
广西	**Guangxi**	**245.1**	**338.9**	**385.5**	
南宁	Nanning	57.9	91.4	107.4	28
柳州	Liuzhou	33.3	44.4	49.8	57
桂林	Guilin	24.6	33.8	38.4	82
梧州	Wuzhou	8.0	15.7	18.6	191
北海	Beihai	14.9	23.4	24.7	142
防城港	Fangchenggang	7.0	6.7	7.9	275
钦州	Qinzhou	12.8	17.7	15.6	226
贵港	Guigang	11.6	21.1	26.1	137
玉林	Yulin	16.5	19.6	23.2	149
百色	Baise	8.0	6.0	6.5	281

8-50 城市生活垃圾清运量(辖区) 续表 3

Quantity of Urban Domestic Garbage Collected and Transported (Municipal Districts) continued 3

单位：万吨 （10 000 tons）

地名	City	2010	2014	2015	2015 排名 Ranking	地名	City	2010	2014	2015	2015 排名 Ranking
贺州	Hezhou	6.2	7.8	9.4	268	丽江	Lijiang	6.0	12.6	13.8	244
河池	Hechi	5.8	4.5	4.8	284	普洱	Puer	5.8	7.8	8.0	274
来宾	Laibin	4.6	8.8	10.1	266	临沧	Lincang	4.6	7.4	6.4	282
崇左	Chongzuo	4.6	5.0	5.0	283	**西藏**	**Tibet**	**16.3**	**30.8**	**32.9**	
海南	**Hainan**	**97.7**	**144.2**	**160.1**		拉萨	Lasa	14.2	23.1	23.8	146
海口	Haikou	42.0	72.1	78.2	39	**陕西**	**Shaanxi**	**388.3**	**517.9**	**522.8**	
三亚	Sanya	19.7	33.7	45.8	65	西安	Xi'an	209.3	308.1	332.3	5
三沙	Sansha		0.2	0.1	286	铜川	Tongchuan	17.1	14.1	13.6	246
重庆	**Chongqing**	**256.7**	**399.4**	**440.0**		宝鸡	Baoji	23.6	36.3	36.5	90
四川	**Sichuan**	**656.0**	**780.0**	**823.6**		咸阳	Xianyang	23.2	28.9	31.0	109
成都	Chengdu	262.1	267.2	273.6	7	渭南	Weinan	15.5	18.4	20.4	179
自贡	Zigong	23.6	34.2	35.5	95	延安	Yan'an	10.2	12.7	13.2	248
攀枝花	Panzhihua	21.8	17.0	17.9	200	汉中	Hanzhong	10.2	12.5	13.0	250
泸州	Luzhou	26.8	33.8	28.6	122	榆林	Yulin	19.9	28.2	15.7	224
德阳	Deyang	10.0	17.8	18.3	195	安康	Ankang	34.0	14.1	14.1	241
绵阳	Mianyang	24.5	29.0	34.2	98	商洛	Shangluo	5.8	7.0	7.1	278
广元	Guangyuan	13.5	18.2	18.7	190	**甘肃**	**Gansu**	**278.3**	**253.0**	**262.7**	
遂宁	Suining	15.7	43.5	60.9	44	兰州	Lanzhou	124.1	97.0	98.4	30
内江	Neijiang	15.0	18.8	16.4	213	嘉峪关	Jiayuguan	8.1	7.5	7.3	277
乐山	Leshan	17.2	17.4	19.0	186	金昌	Jinchang	12.8	9.1	9.2	269
南充	Nanchong	28.1	36.3	37.0	89	白银	Baiyin	16.5	15.9	16.0	219
眉山	Meishan	11.2	24.2	26.2	136	天水	Tianshui	32.1	21.6	21.8	163
宜宾	Yibin	16.2	26.3	29.2	117	武威	Wuwei	14.5	17.0	18.0	197
广安	Guangan	7.2	13.7	14.3	239	张掖	Zhangye	7.0	7.7	9.9	267
达州	Dazhou	13.1	20.2	23.1	151	平凉	Pingliang	10.7	14.4	13.8	243
雅安	Yaan	11.0	13.7	15.2	228	酒泉	Jiuquan	10.5	11.5	12.0	257
巴中	Bazhong	11.3	13.4	15.1	229	庆阳	Qingyang	9.9	15.6	15.7	225
资阳	Ziyang	12.4	18.6	18.3	194	定西	Dingxi	7.0	6.5	6.5	280
贵州	**Guizhou**	**213.3**	**273.8**	**268.3**		陇南	Longnan	5.8	6.1	4.8	285
贵阳	Guiyang	75.8	119.3	111.9	25	**青海**	**Qinghai**	**86.3**	**77.6**	**82.2**	
六盘水	Liupanshui	15.1	11.2	15.9	221	西宁	Xining	74.2	55.6	55.8	50
遵义	Zunyi	29.9	42.2	34.5	96	海东	Haidong		3.1	7.8	276
安顺	Anshun	17.1	15.2	16.2	215	**宁夏**	**Ningxia**	**91.9**	**118.4**	**132.2**	
毕节	Bijie	10.1	17.2	17.1	209	银川	Yinchuan	26.3	44.3	51.9	55
铜仁	Tongren	15.0	11.7	12.7	251	石嘴山	Shizuishan	17.1	16.8	21.8	165
云南	**Yunnan**	**265.5**	**349.5**	**371.1**		吴忠	Wuzhong	13.8	17.0	18.1	196
昆明	Kunming	102.6	155.8	158.8	16	固原	Guyuan	9.8	12.0	12.0	257
曲靖	Qujing	17.8	17.7	19.1	184	中卫	Zhongwei	9.0	13.0	13.2	249
玉溪	Yuxi	12.5	11.8	10.9	263	**新疆**	**Xinjiang**	**303.3**	**360.6**	**380.0**	
保山	Baoshan	15.8	10.0	11.0	262	乌鲁木齐	Urumqi	104.4	136.3	138.6	19
昭通	Zhaotong	14.1	15.2	14.6	236	克拉玛依	Karamay	14.2	16.3	16.6	212

8-51 城市生活垃圾处理量(辖区)

Volume of Urban Domestic Garbage Treated (Municipal Districts)

单位：万吨 (10 000 tons)

地名	City	2010	2014	2015	2015 排名 Ranking	地名	City	2010	2014	2015	2015 排名 Ranking
全国	**Nation Total**	**14338.0**	**17221.8**	**18750.6**		沈阳	Shenyang	215.0	256.7	272.5	8
北京	**Beijing**	**613.7**	**730.8**	**788.7**		大连	Dalian	80.0	121.5	122.8	22
天津	**Tianjin**	**183.7**	**208.7**	**223.2**		鞍山	Anshan	52.6	54.8	58.1	47
河北	**Hebei**	**571.3**	**566.6**	**620.4**		抚顺	Fushun	50.0	36.5	38.2	82
石家庄	Shijiazhuang	98.0	74.0	83.3	34	本溪	Benxi	33.9	31.9	27.4	126
唐山	Tangshan	46.1	57.7	58.2	46	丹东	Dandong	23.2	20.2	21.4	165
秦皇岛	Qinhuangdao	48.1	29.9	35.7	92	锦州	Jinzhou	27.7	31.5	31.4	104
邯郸	Handan	40.4	49.5	49.4	56	营口	Yingkou	37.4	32.8	27.6	123
邢台	Xingtai	18.3	24.4	28.7	118	阜新	Fuxin	39.9	43.8	29.2	115
保定	Baoding	33.5	45.1	49.3	57	辽阳	Liaoyang	16.8	24.3	24.3	141
张家口	Zhangjiakou	37.8	44.6	46.6	60	盘锦	Panjin	16.0	21.9	21.4	166
承德	Chengde	20.2	37.4	37.0	86	铁岭	Tieling	13.2	13.9	14.6	226
沧州	Cangzhou	14.6	19.6	24.0	142	朝阳	Chaoyang	9.0	33.0	33.0	97
廊坊	Langfang	13.7	16.2	12.4	249	葫芦岛	Huludao	14.6	21.0	25.3	137
衡水	Hengshui	15.9	7.5	14.2	235	**吉林**	**Jilin**	**457.4**	**492.5**	**482.1**	
山西	**Shanxi**	**265.8**	**409.7**	**434.3**		长春	Changchun	123.3	119.4	145.5	17
太原	Taiyuan	110.0	164.3	173.6	14	吉林	Jilin	36.9	37.0	33.8	95
大同	Datong	29.9	36.9	36.9	88	四平	Siping	23.0	15.0	17.3	196
阳泉	Yangquan	15.9	15.2	15.7	212	辽源	Liaoyuan	21.0	34.0	8.0	271
长治	Changzhi	18.8	15.7	17.6	193	通化	Tonghua	18.3	26.1	25.8	134
晋城	Jincheng	12.0	17.4	17.8	191	白山	Baishan	20.5	19.0	19.2	178
朔州	Shuozhou	12.2	19.6	20.4	172	松原	Songyuan	14.6	20.3	20.3	175
晋中	Jinzhong	3.7	13.8	17.3	195	白城	Baicheng	10.3	18.3	18.3	186
运城	Yuncheng	17.6	17.2	18.0	187	**黑龙江**	**Heilongjiang**	**315.7**	**385.3**	**458.2**	
忻州	Xinzhou			1.8	284	哈尔滨	Harbin	98.9	118.2	131.3	21
临汾	Linfen	9.6	17.2	13.5	240	齐齐哈尔	Qiqihar	29.0	31.0	31.0	105
吕梁	Lvliang	8.2	11.0	14.6	228	鸡西	Jixi	19.8	25.8	32.2	99
内蒙古	**Inner Mongolia**	**310.5**	**311.8**	**322.4**		鹤岗	Hegang			23.2	145
呼和浩特	Hohhot	57.8	61.2	59.3	45	双鸭山	Shuangyashan	18.0	14.6	16.9	200
包头	Baotou	77.9	47.1	50.7	53	大庆	Daqing	23.2	31.1	43.6	68
乌海	Wuhai	18.2	23.7	20.3	174	伊春	Yichun		4.7	12.5	246
赤峰	Chifeng	33.7	40.7	42.0	71	佳木斯	Jiamusi	35.2	22.0	23.0	147
通辽	Tongliao	20.1	11.8	13.1	241	七台河	Qitaihe	25.5	13.5	14.6	228
鄂尔多斯	Erdos	25.7	19.4	21.5	164	牡丹江	Mudanjiang	31.7	20.7	19.8	176
呼伦贝尔	Hulunbuir	9.0	11.0	11.5	258	黑河	Heihe	6.5	6.9	6.9	276
巴彦淖尔	Bayannur	14.3	14.5	16.0	210	绥化	Suihua		19.7	12.5	247
乌兰察布	Ulanqab	10.8	14.1	11.1	260	**上海**	**Shanghai**	**599.2**	**608.4**	**613.2**	
辽宁	**Liaoning**	**752.3**	**899.6**	**913.1**		**江苏**	**Jiangsu**	**1016.8**	**1347.3**	**1456.1**	

8-51 城市生活垃圾处理量(辖区) 续表 1

Volume of Urban Domestic Garbage Treated (Municipal Districts) continued 1

单位：万吨 (10 000 tons)

地名	City	2010	2014	2015	2015 排名 Ranking	地名	City	2010	2014	2015	2015 排名 Ranking
南京	Nanjing	184.8	260.8	238.7	10	池州	Chizhou	9.1	13.8	14.1	237
无锡	Wuxi	99.3	122.4	132.4	20	宣城	Xuancheng	15.2	11.8	11.9	256
徐州	Xuzhou	44.4	71.6	79.8	37	**福建**	**Fujian**	**416.5**	**586.5**	**603.2**	
常州	Changzhou	52.0	61.8	76.5	40	福州	Fuzhou	76.0	96.6	105.9	29
苏州	Suzhou	121.4	213.9	239.9	9	厦门	Xiamen	94.5	142.2	161.6	15
南通	Nantong	38.3	53.4	59.9	44	莆田	Putian	27.4	34.4	42.2	70
连云港	Lianyungang	18.3	24.2	36.3	91	三明	Sanming	12.1	11.5	11.3	259
淮安	Huaian	24.6	37.8	43.3	69	泉州	Quanzhou	35.3	45.5	50.7	54
盐城	Yancheng	22.1	33.5	41.2	76	漳州	Zhangzhou	13.6	20.2	22.2	153
扬州	Yangzhou	31.7	48.8	56.6	49	南平	Nanping	7.3	7.5	12.0	253
镇江	Zhenjiang	23.0	32.0	36.4	90	龙岩	Longyan	16.7	19.1	23.7	143
泰州	Taizhou	18.4	27.8	29.2	117	宁德	Ningde	9.2	11.6	13.7	239
宿迁	Suqian	16.1	25.2	26.8	131	**江西**	**Jiangxi**	**284.0**	**308.5**	**329.1**	
浙江	**Zhejiang**	**958.4**	**1229.0**	**1332.6**		南昌	Nanchang	74.4	57.6	63.7	43
杭州	Hangzhou	211.7	283.2	352.0	4	景德镇	Jingdezhen	14.6	14.7	14.8	224
宁波	Ningbo	87.7	104.6	111.0	26	萍乡	Pingxiang	15.3	16.0	15.8	211
温州	Wenzhou	95.1	114.9	111.3	25	九江	Jiujiang	17.6	21.6	21.6	161
嘉兴	Jiaxing	18.4	28.9	33.4	96	新余	Xinyu	13.8	16.0	16.1	208
湖州	Huzhou	28.2	41.1	45.8	62	鹰潭	Yingtan	6.9	7.6	8.5	270
绍兴	Shaoxing	20.4	76.0	82.0	35	赣州	Ganzhou	35.6	33.9	37.6	84
金华	Jinhua	30.1	41.1	45.7	63	吉安	Jian	11.7	16.2	16.7	203
衢州	Quzhou	11.4	19.8	27.2	127	宜春	Yichun	8.9	16.5	16.8	202
舟山	Zhoushan	20.9	29.9	29.4	113	抚州	Fuzhou	17.8	19.3	22.3	151
台州	Taizhou	66.9	76.1	77.8	39	上饶	Shangrao	12.4	19.9	27.6	124
丽水	Lishui	19.3	14.7	16.1	208	**山东**	**Shandong**	**955.3**	**958.5**	**1377.5**	
安徽	**Anhui**	**416.1**	**462.5**	**489.7**		济南	Jinan	84.5	93.4	137.3	18
合肥	Hefei	66.4	110.2	122.0	23	青岛	Qingdao	138.9	100.9	185.0	13
芜湖	Wuhu	36.0	39.4	45.5	66	淄博	Zibo	54.9	50.0	53.5	51
蚌埠	Bengbu	33.0	30.7	29.6	112	枣庄	Zaozhuang	46.8	29.3	46.3	61
淮南	Huainan	41.3	31.5	30.6	108	东营	Dongying	18.8	20.8	22.3	152
马鞍山	Maanshan	17.9	19.5	22.9	148	烟台	Yantai	50.9	54.1	119.9	24
淮北	Huaibei	9.8	20.8	21.8	159	潍坊	Weifang	29.0	39.6	47.4	59
铜陵	Tongling	10.1	12.7	10.7	263	济宁	Jining	28.3	42.2	49.1	58
安庆	Anqing	27.4	27.2	27.2	129	泰安	Taian	16.8	20.6	31.7	101
黄山	Huangshan	13.9	10.4	12.6	244	威海	Weihai	25.4	29.2	41.4	74
滁州	Chuzhou	16.4	12.6	12.6	245	日照	Rizhao	20.0	20.6	25.5	135
阜阳	Fuyang	27.0	24.3	25.2	138	莱芜	Laiwu	15.9	18.8	22.1	154
宿州	Suzhou	18.0	17.3	20.5	171	临沂	Linyi	52.3	62.1	86.2	33
六安	Liuan	17.1	19.1	19.3	177	德州	Dezhou	19.5	27.0	30.3	110
亳州	Bozhou	10.5	17.6	17.6	192	聊城	Liaocheng	16.1	22.5	40.7	77

8-51 城市生活垃圾处理量(辖区) 续表 2

Volume of Urban Domestic Garbage Treated (Municipal Districts) continued 2

单位：万吨 (10 000 tons)

地名	City	2010	2014	2015	2015 排名 Ranking	地名	City	2010	2014	2015	2015 排名 Ranking
滨州	Binzhou	14.6	23.2	28.0	121	常德	Changde	20.4	26.0	26.8	130
菏泽	Heze	23.6	21.0	40.2	78	张家界	Zhangjiajie	12.0	15.7	12.4	248
河南	**Henan**	**616.5**	**773.1**	**856.1**		益阳	Yiyang	17.8	17.3	17.2	197
郑州	Zhengzhou	147.3	177.0	207.0	11	郴州	Chenzhou	20.1	21.7	21.8	156
开封	Kaifeng	31.5	27.1	31.6	102	永州	Yongzhou	15.5	22.2	18.9	181
洛阳	Luoyang	38.3	60.7	65.9	42	怀化	Huaihua	18.7	18.4	18.5	184
平顶山	Pingdingshan	25.0	28.1	28.1	120	娄底	Loudi	11.9	15.3	14.5	232
安阳	Anyang	26.5	46.0	54.5	50	**广东**	**Guangdong**	**1764.2**	**2096.0**	**2265.5**	
鹤壁	Hebi	11.8	14.8	14.8	222	广州	Guangzhou	327.9	373.4	434.2	2
新乡	Xinxiang	27.0	34.3	38.4	80	韶关	Shaoguan	22.3	21.9	21.8	158
焦作	Jiaozuo	26.1	27.8	27.2	128	深圳	Shenzhen	453.4	541.1	574.8	1
濮阳	Puyang	14.8	15.1	21.7	160	珠海	Zhuhai	57.8	80.2	81.5	36
许昌	Xuchang	16.2	22.5	22.5	150	汕头	Shantou	43.6	70.4	72.9	41
漯河	Luohe	18.5	23.7	21.5	163	佛山	Foshan	73.5	84.1	93.8	32
三门峡	Sanmenxia	9.0	8.4	14.3	234	江门	Jiangmen	43.1	43.2	45.7	64
南阳	Nanyang	29.9	39.6	42.0	72	湛江	Zhanjiang	26.3	31.7	37.6	84
商丘	Shangqiu	23.5	25.5	25.5	136	茂名	Maoming	8.0	22.1	22.1	154
信阳	Xinyang	11.7	19.5	26.3	132	肇庆	Zhaoqing	13.9	20.7	27.8	122
周口	Zhoukou		12.3	14.6	231	惠州	Huizhou	47.9	70.3	95.3	31
驻马店	Zhumadian	16.1	17.2	17.5	194	梅州	Meizhou	13.9	20.1	21.6	161
湖北	**Hubei**	**677.1**	**725.1**	**818.3**		汕尾	Shanwei	9.1	10.2	9.1	269
武汉	Wuhan	219.1	257.4	330.7	6	河源	Heyuan	12.3	18.7	21.3	167
黄石	Huangshi	29.1	29.0	29.2	115	阳江	Yangjiang	12.2	14.4	22.8	149
十堰	Shiyan	27.7	32.2	38.7	79	清远	Qingyuan	15.9	30.0	30.7	107
宜昌	Yichang	27.7	31.1	30.3	111	东莞	Dongguan	350.8	380.1	390.4	3
襄阳	Xiangyang	26.8	30.4	34.2	94	中山	Zhongshan	28.1	25.3	25.0	139
鄂州	Ezhou	15.0	17.8	17.9	190	潮州	Chaozhou	15.3	31.4	41.2	75
荆门	Jingmen	18.1	14.8	14.9	221	揭阳	Jieyang	29.7	27.9	31.8	100
孝感	Xiaogan	9.1	14.4	16.4	206	云浮	Yunfu	5.5	7.9	10.8	262
荆州	Jingzhou	30.0	23.1	23.5	144	**广西**	**Guangxi**	**227.9**	**331.6**	**380.3**	
黄冈	Huanggang	13.9	18.7	18.8	182	南宁	Nanning	57.9	91.4	107.4	27
咸宁	Xianning	24.0	15.0	15.3	216	柳州	Liuzhou	33.3	44.4	49.8	55
随州	Suizhou	12.0	22.3	21.3	168	桂林	Guilin	24.6	33.2	38.4	81
湖南	**Hunan**	**464.1**	**599.0**	**636.9**		梧州	Wuzhou	8.0	15.7	18.6	183
长沙	Changsha	106.9	173.3	203.0	12	北海	Beihai	14.9	23.4	24.7	140
株洲	Zhuzhou	33.1	39.0	38.2	83	防城港	Fangchenggang	2.9	6.5	7.9	272
湘潭	Xiangtan	23.9	27.9	30.4	109	钦州	Qinzhou	12.8	15.4	15.6	213
衡阳	Hengyang	36.5	39.0	43.8	67	贵港	Guigang	11.3	20.8	26.1	133
邵阳	Shaoyang	25.6	15.7	17.1	199	玉林	Yulin	16.5	19.6	23.2	145
岳阳	Yueyang	18.9	30.2	29.3	114	百色	Baise	8.0	6.0	6.5	278

8-51 城市生活垃圾处理量(辖区) 续表 3

Volume of Urban Domestic Garbage Treated (Municipal Districts) continued 3

单位：万吨 （10 000 tons）

地名	City	2010	2014	2015	2015 排名 Ranking	地名	City	2010	2014	2015	2015 排名 Ranking
贺州	Hezhou	6.2	7.8	9.4	267	丽江	Lijiang	6.0	12.6	12.8	242
河池	Hechi	5.8	4.5	4.8	281	普洱	Puer	5.5	7.1	7.5	274
来宾	Laibin	4.6	8.8	10.1	264	临沧	Lincang	4.6	7.0	5.9	280
崇左	Chongzuo	0.7	2.9	3.1	283	**西藏**	**Tibet**	**14.2**	**28.5**	**4.2**	
海南	**Hainan**	**77.7**	**144.0**	**159.8**		拉萨	Lasa	14.2	23.0	0.1	286
海口	Haikou	42.0	72.1	78.2	38	**陕西**	**Shaanxi**	**334.0**	**496.1**	**512.4**	
三亚	Sanya	19.7	33.7	45.6	65	西安	Xi'an	204.1	307.7	332.3	5
三沙	Sansha			0.1	285	铜川	Tongchuan	14.5	12.5	12.3	251
重庆	**Chongqing**	**254.4**	**396.2**	**435.8**		宝鸡	Baoji	23.6	36.3	36.5	89
四川	**Sichuan**	**619.8**	**758.4**	**801.2**		咸阳	Xianyang	12.4	27.8	31.0	106
成都	Chengdu	262.1	267.2	273.6	7	渭南	Weinan	14.2	11.9	15.6	214
自贡	Zigong	20.2	31.8	35.5	93	延安	Yan'an	8.4	11.3	12.1	252
攀枝花	Panzhihua	20.7	16.8	17.9	189	汉中	Hanzhong	10.2	11.7	12.4	250
泸州	Luzhou	26.8	33.8	28.6	119	榆林	Yulin	16.9	25.8	14.6	226
德阳	Deyang	10.0	17.8	14.7	225	安康	Ankang	18.0	14.1	14.1	236
绵阳	Mianyang	24.5	29.0	31.4	103	商洛	Shangluo	5.8	6.8	6.4	279
广元	Guangyuan	10.3	16.3	16.9	200	**甘肃**	**Gansu**	**272.3**	**249.0**	**261.0**	
遂宁	Suining	14.0	40.0	58.0	48	兰州	Lanzhou	124.1	95.8	98.2	30
内江	Neijiang	11.0	15.4	16.4	205	嘉峪关	Jiayuguan	8.1	7.5	7.3	275
乐山	Leshan	16.6	17.3	18.9	180	金昌	Jinchang	12.8	9.1	9.2	268
南充	Nanchong	23.4	36.0	36.9	87	白银	Baiyin	14.7	15.2	15.3	217
眉山	Meishan	10.6	19.3	20.8	170	天水	Tianshui	32.1	21.6	21.8	156
宜宾	Yibin	15.0	26.0	27.4	125	武威	Wuwei	14.4	16.8	17.9	188
广安	Guangan	7.0	13.7	14.3	233	张掖	Zhangye	6.3	7.7	9.9	265
达州	Dazhou	10.3	18.2	20.4	173	平凉	Pingliang	10.5	14.3	13.8	238
雅安	Yaan	9.5	13.4	14.9	220	酒泉	Jiuquan	10.0	11.5	12.0	253
巴中	Bazhong	11.0	13.4	14.8	223	庆阳	Qingyang	9.3	14.5	15.3	215
资阳	Ziyang	11.8	18.6	18.3	185	定西	Dingxi	5.6	6.5	6.5	277
贵州	**Guizhou**	**203.6**	**255.3**	**251.7**		陇南	Longnan	5.8	6.1	4.8	282
贵阳	Guiyang	71.0	114.7	106.4	28	**青海**	**Qinghai**	**71.1**	**74.0**	**79.1**	
六盘水	Liupanshui	15.1	10.8	15.2	219	西宁	Xining	61.9	52.5	53.2	52
遵义	Zunyi	28.2	39.1	32.5	98	海东	Haidong		3.0	7.6	273
安顺	Anshun	16.5	12.3	15.2	218	**宁夏**	**Ningxia**	**85.0**	**110.4**	**118.9**	
毕节	Bijie	9.6	16.1	16.2	207	银川	Yinchuan	26.3	39.3	41.4	73
铜仁	Tongren	14.0	10.6	11.7	257	石嘴山	Shizuishan	14.5	16.2	21.2	169
云南	**Yunnan**	**253.0**	**340.4**	**361.4**		吴忠	Wuzhong	13.8	16.9	17.2	198
昆明	Kunming	99.3	150.1	154.1	16	固原	Guyuan	9.0	11.0	12.0	253
曲靖	Qujing	17.8	17.7	19.1	179	中卫	Zhongwei	8.1	13.0	12.7	243
玉溪	Yuxi	11.2	9.9	10.9	261	**新疆**	**Xinjiang**	**286.5**	**339.1**	**364.6**	
保山	Baoshan	15.0	10.0	9.9	266	乌鲁木齐	Urumqi	101.5	126.8	133.6	19
昭通	Zhaotong	14.1	15.2	14.6	228	克拉玛依	Karamay	14.2	16.3	16.6	204

8-52 城市生活垃圾处理率(辖区)

Urban Domestic Garbage Treatment Rate (Municipal Districts)

单位：%　　　　(%)

地名	City	2010	2014	2015	2015 排名 Ranking
全国	**Nation Total**	**90.72**	**96.43**	**97.95**	
北京	**Beijing**	**96.95**	**99.59**	**99.80**	
天津	**Tianjin**	**100.00**	**96.67**	**92.73**	
河北	**Hebei**	**96.95**	**92.26**	**97.56**	
石家庄	Shijiazhuang	100.00	74.68	100.00	1
唐山	Tangshan	100.00	100.00	100.00	1
秦皇岛	Qinhuangdao	100.00	100.00	100.00	1
邯郸	Handan	100.00	100.00	100.00	1
邢台	Xingtai	100.00	100.00	100.00	1
保定	Baoding	100.00	96.00	99.98	178
张家口	Zhangjiakou	80.13	90.00	95.00	242
承德	Chengde	99.02	99.55	99.84	186
沧州	Cangzhou	79.30	96.16	100.00	1
廊坊	Langfang	95.79	95.50	58.98	283
衡水	Hengshui	100.00	38.36	82.69	275
山西	**Shanxi**	**73.58**	**92.07**	**97.17**	
太原	Taiyuan	100.00	100.00	99.56	194
大同	Datong	83.08	96.30	99.73	188
阳泉	Yangquan	100.00	78.52	88.84	270
长治	Changzhi	100.00	100.00	100.00	1
晋城	Jincheng	93.97	100.00	100.00	1
朔州	Shuozhou	75.47	100.00	100.00	1
晋中	Jinzhong	31.01	85.00	89.97	268
运城	Yuncheng	90.00	95.50	100.00	1
忻州	Xinzhou			19.98	285
临汾	Linfen	52.00	100.00	100.00	1
吕梁	Lvliang	100.00	100.00	100.00	1
内蒙古	**Inner Mongolia**	**92.98**	**96.07**	**97.96**	
呼和浩特	Hohhot	97.88	98.74	100.00	1
包头	Baotou	97.00	95.97	97.04	216
乌海	Wuhai	82.68	90.70	96.03	225
赤峰	Chifeng	100.00	97.94	100.00	1
通辽	Tongliao	100.00	91.00	95.90	228
鄂尔多斯	Erdos	98.58	95.20	95.80	229
呼伦贝尔	Hulunbuir	81.82	93.49	95.28	233
巴彦淖尔	Bayannur	96.28	99.26	99.81	187
乌兰察布	Ulanqab	100.00	98.08	96.45	221
辽宁	**Liaoning**	**89.85**	**98.08**	**97.84**	
沈阳	Shenyang	100.00	100.00	100.00	1
大连	Dalian	100.00	100.00	100.00	1
鞍山	Anshan	100.00	100.00	100.00	1
抚顺	Fushun	100.00	100.00	100.00	1
本溪	Benxi	100.00	100.00	86.21	272
丹东	Dandong	100.00	100.00	100.00	1
锦州	Jinzhou	86.69	100.00	100.00	1
营口	Yingkou	93.50	100.00	100.00	1
阜新	Fuxin	90.89	99.55	100.00	1
辽阳	Liaoyang	100.00	100.00	100.00	1
盘锦	Panjin	100.00	100.00	100.00	1
铁岭	Tieling	85.16	100.00	100.00	1
朝阳	Chaoyang	28.13	100.00	100.00	1
葫芦岛	Huludao	70.16	100.00	100.00	1
吉林	**Jilin**	**91.57**	**97.60**	**98.33**	
长春	Changchun	99.84	99.23	99.99	174
吉林	Jilin	100.00	100.00	100.00	1
四平	Siping	100.00	81.99	96.00	226
辽源	Liaoyuan	87.50	100.00	100.00	1
通化	Tonghua	99.78	99.73	97.69	210
白山	Baishan	100.00	98.00	98.01	206
松原	Songyuan	81.11	95.75	95.75	230
白城	Baicheng	100.00	96.05	96.05	224
黑龙江	**Heilongjiang**	**40.36**	**69.63**	**87.61**	
哈尔滨	Harbin	82.91	85.00	91.62	260
齐齐哈尔	Qiqihar	50.96	61.73	68.38	281
鸡西	Jixi	73.06	48.08	89.14	269
鹤岗	Hegang			100.00	1
双鸭山	Shuangyashan	37.89	81.11	92.01	256
大庆	Daqing	82.86	97.90	100.00	1
伊春	Yichun		10.40	43.78	284
佳木斯	Jiamusi	75.37	100.00	100.00	1
七台河	Qitaihe	100.00	100.00	98.18	203
牡丹江	Mudanjiang	100.00	98.28	91.96	258
黑河	Heihe	76.47	100.00	100.00	1
绥化	Suihua		83.71	85.24	273
上海	**Shanghai**	**81.86**	**81.92**	**100.00**	
江苏	**Jiangsu**	**99.97**	**99.62**	**100.00**	

8-52 城市生活垃圾处理率（辖区） 续表 1
Urban Domestic Garbage Treatment Rate (Municipal Districts) continued 1

单位：% (%)

地名	City	2010	2014	2015	2015 排名 Ranking	地名	City	2010	2014	2015	2015 排名 Ranking
南京	Nanjing	100.00	100.00	100.00	1	池州	Chizhou	88.07	100.00	100.00	1
无锡	Wuxi	100.00	100.00	100.00	1	宣城	Xuancheng	100.00	100.00	100.00	1
徐州	Xuzhou	100.00	95.07	100.00	1	**福建**	**Fujian**	**99.81**	**97.92**	**99.19**	
常州	Changzhou	100.00	100.00	100.00	1	福州	Fuzhou	100.00	96.00	100.00	1
苏州	Suzhou	100.00	100.00	100.00	1	厦门	Xiamen	100.00	100.00	100.00	1
南通	Nantong	100.00	100.00	100.00	1	莆田	Putian	100.00	99.13	99.15	198
连云港	Lianyungang	100.00	100.00	100.00	1	三明	Sanming	96.19	98.09	98.52	202
淮安	Huaian	100.00	100.00	100.00	1	泉州	Quanzhou	100.00	98.40	98.68	201
盐城	Yancheng	100.00	100.00	99.98	178	漳州	Zhangzhou	99.34	99.21	99.69	190
扬州	Yangzhou	100.00	100.00	100.00	1	南平	Nanping	100.00	99.99	97.01	217
镇江	Zhenjiang	100.00	100.00	100.00	1	龙岩	Longyan	99.64	99.50	99.58	192
泰州	Taizhou	100.00	100.00	100.00	1	宁德	Ningde	100.00	94.00	96.47	220
宿迁	Suqian	100.00	100.00	100.00	1	**江西**	**Jiangxi**	**100.00**	**100.00**	**99.94**	
浙江	**Zhejiang**	**99.94**	**100.00**	**100.00**		南昌	Nanchang	100.00	100.00	100.00	1
杭州	Hangzhou	100.00	100.00	100.00	1	景德镇	Jingdezhen	100.00	100.00	100.00	1
宁波	Ningbo	100.00	100.00	100.00	1	萍乡	Pingxiang	100.00	100.00	100.00	1
温州	Wenzhou	100.00	100.00	100.00	1	九江	Jiujiang	100.00	100.00	100.00	1
嘉兴	Jiaxing	100.00	100.00	100.00	1	新余	Xinyu	100.00	100.00	100.00	1
湖州	Huzhou	100.00	100.00	100.00	1	鹰潭	Yingtan	100.00	100.00	100.00	1
绍兴	Shaoxing	100.00	100.00	100.00	1	赣州	Ganzhou	100.00	100.00	100.00	1
金华	Jinhua	100.00	100.00	100.00	1	吉安	Jian	100.00	100.00	100.00	1
衢州	Quzhou	100.00	100.00	100.00	1	宜春	Yichun	100.00	100.00	100.00	1
舟山	Zhoushan	100.00	100.00	100.00	1	抚州	Fuzhou	100.00	100.00	100.00	1
台州	Taizhou	100.00	100.00	99.99	174	上饶	Shangrao	100.00	100.00	99.32	197
丽水	Lishui	100.00	100.00	100.00	1	**山东**	**Shandong**	**96.30**	**100.00**	**100.00**	
安徽	**Anhui**	**95.59**	**99.51**	**99.55**		济南	Jinan	90.78	100.00	100.00	1
合肥	Hefei	99.97	100.00	99.99	174	青岛	Qingdao	100.00	100.00	100.00	1
芜湖	Wuhu	100.00	98.00	100.00	1	淄博	Zibo	100.00	100.00	100.00	1
蚌埠	Bengbu	100.00	100.00	100.00	1	枣庄	Zaozhuang	87.04	100.00	100.00	1
淮南	Huainan	100.00	98.50	95.30	232	东营	Dongying	100.00	100.00	100.00	1
马鞍山	Maanshan	100.00	98.14	100.00	1	烟台	Yantai	100.00	100.00	99.99	174
淮北	Huaibei	88.69	100.00	100.00	1	潍坊	Weifang	99.79	100.00	100.00	1
铜陵	Tongling	94.30	100.00	100.00	1	济宁	Jining	89.24	100.00	100.00	1
安庆	Anqing	89.58	98.92	98.91	200	泰安	Taian	100.00	100.00	100.00	1
黄山	Huangshan	90.31	100.00	100.00	1	威海	Weihai	100.00	100.00	100.00	1
滁州	Chuzhou	100.00	100.00	100.00	1	日照	Rizhao	100.00	100.00	100.00	1
阜阳	Fuyang	100.00	100.00	100.00	1	莱芜	Laiwu	100.00	100.00	100.00	1
宿州	Suzhou	99.78	100.00	100.00	1	临沂	Linyi	100.00	100.00	100.00	1
六安	Liuan	94.42	100.00	100.00	1	德州	Dezhou	98.24	100.00	100.00	1
亳州	Bozhou	100.00	100.00	99.89	183	聊城	Liaocheng	100.00	100.00	100.00	1

8-52 城市生活垃圾处理率(辖区) 续表 2

Urban Domestic Garbage Treatment Rate (Municipal Districts) continued 2

单位：% (%)

地名	City	2010	2014	2015	2015 排名 Ranking	地名	City	2010	2014	2015	2015 排名 Ranking
滨州	Binzhou	100.00	100.00	100.00	1	常德	Changde	100.00	100.00	100.00	1
菏泽	Heze	93.79	100.00	100.00	1	张家界	Zhangjiajie	93.02	100.00	100.00	1
河南	**Henan**	**88.75**	**92.84**	**95.99**		益阳	Yiyang	100.00	99.99	100.00	1
郑州	Zhengzhou	89.61	95.00	100.00	1	郴州	Chenzhou	100.00	100.00	100.00	1
开封	Kaifeng	100.00	100.00	100.00	1	永州	Yongzhou	78.16	100.00	100.00	1
洛阳	Luoyang	98.15	83.08	92.35	255	怀化	Huaihua	100.00	100.00	100.00	1
平顶山	Pingdingshan	85.18	92.81	92.87	251	娄底	Loudi	100.00	100.00	100.00	1
安阳	Anyang	94.64	100.00	100.00	1	**广东**	**Guangdong**	**91.01**	**94.66**	**97.63**	
鹤壁	Hebi	90.49	92.88	92.86	252	广州	Guangzhou	91.96	86.80	95.24	235
新乡	Xinxiang	100.00	100.00	100.00	1	韶关	Shaoguan	100.00	100.00	100.00	1
焦作	Jiaozuo	85.75	97.40	97.53	212	深圳	Shenzhen	94.60	100.00	100.00	1
濮阳	Puyang	90.52	90.97	99.09	199	珠海	Zhuhai	92.34	100.00	100.00	1
许昌	Xuchang	96.13	96.44	96.53	219	汕头	Shantou	64.41	92.34	92.60	253
漯河	Luohe	100.00	99.89	97.73	209	佛山	Foshan	100.00	94.19	100.00	1
三门峡	Sanmenxia	96.77	79.18	90.23	265	江门	Jiangmen	100.00	100.00	99.98	178
南阳	Nanyang	74.21	76.21	85.24	273	湛江	Zhanjiang	97.41	100.00	100.00	1
商丘	Shangqiu	66.84	90.53	90.49	263	茂名	Maoming	41.91	100.00	100.00	1
信阳	Xinyang	93.02	94.04	97.01	217	肇庆	Zhaoqing	97.88	100.00	100.00	1
周口	Zhoukou		91.00	98.05	205	惠州	Huizhou	100.00	96.15	100.00	1
驻马店	Zhumadian	91.84	91.88	92.52	254	梅州	Meizhou	100.00	100.00	100.00	1
湖北	**Hubei**	**95.21**	**98.07**	**98.33**		汕尾	Shanwei	100.00	100.00	100.00	1
武汉	Wuhan	100.00	100.00	100.00	1	河源	Heyuan	96.54	100.00	100.00	1
黄石	Huangshi	100.00	100.00	100.00	1	阳江	Yangjiang	100.00	100.00	100.00	1
十堰	Shiyan	93.28	100.00	100.00	1	清远	Qingyuan	100.00	100.00	100.00	1
宜昌	Yichang	89.78	95.14	96.34	223	东莞	Dongguan	98.19	100.00	100.00	1
襄阳	Xiangyang	80.51	99.54	99.56	194	中山	Zhongshan	100.00	100.00	100.00	1
鄂州	Ezhou	100.00	100.00	100.00	1	潮州	Chaozhou	100.00	80.74	79.28	279
荆门	Jingmen	100.00	100.00	100.00	1	揭阳	Jieyang	90.00	93.96	94.98	243
孝感	Xiaogan	94.12	98.63	100.00	1	云浮	Yunfu	100.00	100.00	100.00	1
荆州	Jingzhou	100.00	100.00	100.00	1	**广西**	**Guangxi**	**93.01**	**97.86**	**98.66**	
黄冈	Huanggang	93.29	100.00	100.00	1	南宁	Nanning	100.00	100.00	100.00	1
咸宁	Xianning	85.71	99.09	100.00	1	柳州	Liuzhou	100.00	100.00	100.00	1
随州	Suizhou	100.00	99.77	99.86	185	桂林	Guilin	100.00	98.22	100.00	1
湖南	**Hunan**	**91.86**	**99.70**	**99.80**		梧州	Wuzhou	100.00	100.00	100.00	1
长沙	Changsha	100.00	100.00	100.00	1	北海	Beihai	100.00	100.00	100.00	1
株洲	Zhuzhou	100.00	100.00	99.97	181	防城港	Fangchenggang	41.43	97.00	100.00	1
湘潭	Xiangtan	100.00	100.00	100.00	1	钦州	Qinzhou	100.00	86.65	100.00	1
衡阳	Hengyang	100.00	100.00	100.00	1	贵港	Guigang	97.59	98.67	100.00	1
邵阳	Shaoyang	100.00	95.73	97.99	207	玉林	Yulin	100.00	100.00	100.00	1
岳阳	Yueyang	100.00	100.00	100.00	1	百色	Baise	100.00	100.00	100.00	1

8-52 城市生活垃圾处理率(辖区) 续表 3

Urban Domestic Garbage Treatment Rate (Municipal Districts) continued 3

单位：% (%)

地名	City	2010	2014	2015	2015 排名 Ranking	地名	City	2010	2014	2015	2015 排名 Ranking
贺州	Hezhou	100.00	100.00	100.00	1	丽江	Lijiang	100.00	100.00	93.04	249
河池	Hechi	100.00	100.00	100.00	1	普洱	Puer	94.48	91.00	94.09	245
来宾	Laibin	100.00	100.00	100.00	1	临沧	Lincang	100.00	93.92	93.08	248
崇左	Chongzuo	14.73	57.86	62.08	282	**西藏**	**Tibet**	**87.30**	**92.54**	**12.67**	
海南	**Hainan**	**79.52**	**99.83**	**99.84**		拉萨	Lasa	100.00	99.39	0.29	286
海口	Haikou	100.00	100.00	100.00	1	**陕西**	**Shaanxi**	**86.02**	**95.78**	**98.02**	
三亚	Sanya	100.00	100.00	99.67	191	西安	Xi'an	97.48	99.87	100.00	1
三沙	Sansha			100.00	1	铜川	Tongchuan	85.03	88.63	90.24	264
重庆	**Chongqing**	**99.13**	**99.20**	**99.03**		宝鸡	Baoji	100.00	100.00	100.00	1
四川	**Sichuan**	**94.48**	**97.24**	**97.28**		咸阳	Xianyang	53.45	96.38	100.00	1
成都	Chengdu	100.00	100.00	100.00	1	渭南	Weinan	91.62	64.73	76.41	280
自贡	Zigong	85.48	93.00	100.00	1	延安	Yan'an	82.03	89.05	91.52	261
攀枝花	Panzhihua	95.00	98.53	99.72	189	汉中	Hanzhong	100.00	93.44	95.16	237
泸州	Luzhou	100.00	100.00	100.00	1	榆林	Yulin	84.77	91.40	93.01	250
德阳	Deyang	100.00	100.00	80.27	276	安康	Ankang	52.94	99.73	100.00	1
绵阳	Mianyang	100.00	100.00	91.68	259	商洛	Shangluo	99.32	96.70	90.14	266
广元	Guangyuan	76.02	89.59	90.73	262	**甘肃**	**Gansu**	**97.84**	**98.43**	**99.36**	
遂宁	Suining	89.06	91.98	95.22	236	兰州	Lanzhou	100.00	98.75	99.87	184
内江	Neijiang	73.00	82.24	100.00	1	嘉峪关	Jiayuguan	100.00	100.00	100.00	1
乐山	Leshan	96.05	99.32	99.58	192	金昌	Jinchang	100.00	100.00	100.00	1
南充	Nanchong	83.27	99.09	99.97	181	白银	Baiyin	88.79	95.60	95.55	231
眉山	Meishan	94.38	79.67	79.48	278	天水	Tianshui	100.00	100.00	100.00	1
宜宾	Yibin	92.59	98.64	93.80	247	武威	Wuwei	99.31	99.00	99.50	196
广安	Guangan	97.22	100.00	100.00	1	张掖	Zhangye	90.52	100.00	100.00	1
达州	Dazhou	78.16	90.44	88.02	271	平凉	Pingliang	98.41	99.72	100.00	1
雅安	Yaan	86.30	97.89	97.89	208	酒泉	Jiuquan	95.24	100.00	100.00	1
巴中	Bazhong	97.35	100.00	98.08	204	庆阳	Qingyang	93.84	92.65	97.26	213
资阳	Ziyang	95.30	100.00	100.00	1	定西	Dingxi	80.00	100.00	100.00	1
贵州	**Guizhou**	**95.47**	**93.26**	**93.81**		陇南	Longnan	100.00	100.00	100.00	1
贵阳	Guiyang	93.74	96.17	95.10	238	**青海**	**Qinghai**	**82.34**	**95.37**	**96.19**	
六盘水	Liupanshui	100.00	96.40	95.04	240	西宁	Xining	83.37	94.42	95.27	234
遵义	Zunyi	94.35	92.55	94.12	244	海东	Haidong		96.77	97.68	211
安顺	Anshun	96.49	81.10	94.07	246	**宁夏**	**Ningxia**	**92.53**	**93.25**	**89.92**	
毕节	Bijie	94.96	93.65	95.08	239	银川	Yinchuan	100.00	88.57	79.72	277
铜仁	Tongren	93.33	90.28	91.98	257	石嘴山	Shizuishan	85.01	96.87	97.24	214
云南	**Yunnan**	**95.31**	**97.37**	**97.39**		吴忠	Wuzhong	100.00	99.00	95.01	241
昆明	Kunming	96.80	96.28	97.09	215	固原	Guyuan	91.84	91.67	100.00	1
曲靖	Qujing	100.00	100.00	100.00	1	中卫	Zhongwei	89.56	99.88	95.98	227
玉溪	Yuxi	89.60	84.53	100.00	1	**新疆**	**Xinjiang**	**94.45**	**94.04**	**95.92**	
保山	Baoshan	94.94	99.55	90.05	267	乌鲁木齐	Urumqi	97.25	93.04	96.42	222
昭通	Zhaotong	100.00	100.00	100.00	1	克拉玛依	Karamay	100.00	100.00	100.00	1

8-53 城市公共交通汽（电）车营运车辆数
Number of Buses and Trolley Buses under Operation

单位：辆 (unit)

地名	City	2010	2014	2015	2015 排名 Ranking	地名	City	2010	2014	2015	2015 排名 Ranking
全国	**Nation Total**	**383161**	**428698**	**475797**		沈阳	Shenyang	5013	5573	5381	15
北京	**Beijing**	**24011**	**23667**	**23287**		大连	Dalian	4696	5155	5304	16
天津	**Tianjin**	**7413**	**11164**	**11619**		鞍山	Anshan	1508	1746	1790	54
河北	**Hebei**	**14630**	**19782**	**23027**		抚顺	Fushun	1175	1188	1188	80
石家庄	Shijiazhuang	4460	4764	4403	26	本溪	Benxi	736	831	715	128
唐山	Tangshan	2034	2452	3031	34	丹东	Dandong	725	647	931	101
秦皇岛	Qinhuangdao	1036	815	815	112	锦州	Jinzhou	591	539	631	140
邯郸	Handan	2708	2815	3695	28	营口	Yingkou	660	898	882	105
邢台	Xingtai	2259	1891	2184	44	阜新	Fuxin	361	361	403	190
保定	Baoding	2007	2340	3316	29	辽阳	Liaoyang	538	661	590	145
张家口	Zhangjiakou	1240	1423	1917	49	盘锦	Panjin	419	568	491	168
承德	Chengde	643	659	723	126	铁岭	Tieling	400	405	667	137
沧州	Cangzhou	1190	1522	1832	52	朝阳	Chaoyang	201	267	289	232
廊坊	Langfang	491	655	556	152	葫芦岛	Huludao	409	670	1034	93
衡水	Hengshui	986	446	555	153	**吉林**	**Jilin**	**10421**	**8300**	**8400**	
山西	**Shanxi**	**6609**	**8589**	**7424**		长春	Changchun	4433	4750	4852	21
太原	Taiyuan	2213	3071	2871	35	吉林	Jilin	950	1293	1300	73
大同	Datong	811	838	983	98	四平	Siping	275	319	337	217
阳泉	Yangquan	612	769	787	115	辽源	Liaoyuan	350	395	395	195
长治	Changzhi	434	455	731	124	通化	Tonghua	296	404	398	193
晋城	Jincheng	307	459	459	176	白山	Baishan	330	359	338	214
朔州	Shuozhou	187	243	184	261	松原	Songyuan	512	546	546	156
晋中	Jinzhong	394	1330	390	196	白城	Baicheng	228	234	234	248
运城	Yuncheng	319	909	366	206	**黑龙江**	**Heilongjiang**	**13567**	**12414**	**13181**	
忻州	Xinzhou	111	112	112	276	哈尔滨	Harbin	5173	6270	6923	9
临汾	Linfen	313	287	425	187	齐齐哈尔	Qiqihar	876	981	1240	79
吕梁	Lvliang	267	116	116	274	鸡西	Jixi	706	739	715	128
内蒙古	**Inner Mongolia**	**5771**	**6788**	**6654**		鹤岗	Hegang	418	473	402	191
呼和浩特	Hohhot	1902	2643	1884	51	双鸭山	Shuangyashan	326	333	338	214
包头	Baotou	1342	1304	1387	64	大庆	Daqing	2615	1406	1406	62
乌海	Wuhai	403	401	398	193	伊春	Yichun	238	366	385	197
赤峰	Chifeng	474	574	622	143	佳木斯	Jiamusi	366	436	457	178
通辽	Tongliao	260	477	567	147	七台河	Qitaihe	375	443	315	224
鄂尔多斯	Erdos	333	473	510	166	牡丹江	Mudanjiang	778	728	758	119
呼伦贝尔	Hulunbuir	278	505	467	174	黑河	Heihe	95	107	95	281
巴彦淖尔	Bayannur	111	114	121	273	绥化	Suihua	275	132	147	268
乌兰察布	Ulanqab	117	297	698	131	**上海**	**Shanghai**	**20297**	**16155**	**16531**	
辽宁	**Liaoning**	**19770**	**19509**	**20296**		**江苏**	**Jiangsu**	**27561**	**28117**	**31258**	

8-53 城市公共交通汽（电）车营运车辆数 续表 1
Number of Buses and Trolley Buses under Operation continued 1

单位：辆 （unit）

地名	City	2010	2014	2015	2015 排名 Ranking
南京	Nanjing	6178	8134	8395	6
无锡	Wuxi	3135	3017	3042	33
徐州	Xuzhou	2149	2182	2338	42
常州	Changzhou	2518	2657	2858	36
苏州	Suzhou	3204	4300	5007	18
南通	Nantong	722	1161	1665	57
连云港	Lianyungang	574	751	1084	87
淮安	Huaian	841	1044	868	106
盐城	Yancheng	436	961	1035	92
扬州	Yangzhou	1354	1330	1742	55
镇江	Zhenjiang	1032	1175	1349	69
泰州	Taizhou	479	635	908	103
宿迁	Suqian	502	770	967	99
浙江	**Zhejiang**	**21589**	**21671**	**22396**	
杭州	Hangzhou	7345	8656	8555	5
宁波	Ningbo	3455	4516	4727	22
温州	Wenzhou	2038	2230	2348	41
嘉兴	Jiaxing	1006	1058	1122	84
湖州	Huzhou	669	717	768	118
绍兴	Shaoxing	757	1766	1975	47
金华	Jinhua	918	508	475	172
衢州	Quzhou	653	375	577	146
舟山	Zhoushan	621	792	669	136
台州	Taizhou	485	744	817	111
丽水	Lishui	190	309	363	207
安徽	**Anhui**	**9626**	**13676**	**13330**	
合肥	Hefei	2628	4251	4684	24
芜湖	Wuhu	1426	2160	1395	63
蚌埠	Bengbu	774	1322	1187	81
淮南	Huainan	832	810	723	126
马鞍山	Maanshan	458	632	749	121
淮北	Huaibei	1033	541	442	181
铜陵	Tongling	301	523	491	168
安庆	Anqing	321	514	465	175
黄山	Huangshan	248	219	189	260
滁州	Chuzhou	258	412	513	165
阜阳	Fuyang	602	728	746	123
宿州	Suzhou	241	300	332	219
六安	Liuan	329	393	306	225
亳州	Bozhou	70	270	306	225
池州	Chizhou	159	264	557	150
宣城	Xuancheng	174	337	245	243
福建	**Fujian**	**10306**	**11525**	**12944**	
福州	Fuzhou	3566	3686	4242	27
厦门	Xiamen	3363	4345	4691	23
莆田	Putian	279	756	921	102
三明	Sanming	282	329	357	208
泉州	Quanzhou	1649	1156	1249	77
漳州	Zhangzhou	472	444	515	163
南平	Nanping	194	299	426	186
龙岩	Longyan	286	329	297	230
宁德	Ningde	316	181	246	242
江西	**Jiangxi**	**6266**	**6846**	**7251**	
南昌	Nanchang	2490	3219	3305	30
景德镇	Jingdezhen	438	492	514	164
萍乡	Pingxiang	323	397	404	189
九江	Jiujiang	517	464	554	154
新余	Xinyu	391	419	428	185
鹰潭	Yingtan	150	144	144	271
赣州	Ganzhou	451	625	695	133
吉安	Jian	242	255	265	237
宜春	Yichun	263	293	333	218
抚州	Fuzhou	260	300	320	223
上饶	Shangrao	229	238	289	232
山东	**Shandong**	**27752**	**28629**	**30907**	
济南	Jinan	4239	5099	5284	17
青岛	Qingdao	4664	6515	6748	10
淄博	Zibo	2030	2209	2018	45
枣庄	Zaozhuang	910	1211	1476	60
东营	Dongying	605	1025	1014	97
烟台	Yantai	1740	2296	2006	46
潍坊	Weifang	1109	1134	1074	89
济宁	Jining	1014	1143	1253	76
泰安	Taian	668	1070	1643	59
威海	Weihai	920	1379	1374	66
日照	Rizhao	440	625	625	142
莱芜	Laiwu	450	675	1099	86
临沂	Linyi	1697	1019	1664	58
德州	Dezhou	745	436	518	162
聊城	Liaocheng	465	1617	1242	78

8-53 城市公共交通汽（电）车营运车辆数 续表 2

Number of Buses and Trolley Buses under Operation continued 2

单位：辆 （unit）

地名	City	2010	2014	2015	2015 排名 Ranking	地名	City	2010	2014	2015	2015 排名 Ranking
滨州	Binzhou	383	670	1119	85	常德	Changde	537	775	775	116
菏泽	Heze	380	506	750	120	张家界	Zhangjiajie	195	352	374	202
河南	**Henan**	**16096**	**19198**	**22927**		益阳	Yiyang	380	772	772	117
郑州	Zhengzhou	4788	6297	6221	12	郴州	Chenzhou	634	1683	1804	53
开封	Kaifeng	548	2735	4860	20	永州	Yongzhou	469	608	614	144
洛阳	Luoyang	1280	2004	2196	43	怀化	Huaihua	359	438	351	211
平顶山	Pingdingshan	598	728	795	113	娄底	Loudi	282	271	567	147
安阳	Anyang	743	618	682	134	**广东**	**Guangdong**	**41933**	**65120**	**71335**	
鹤壁	Hebi	333	338	355	209	广州	Guangzhou	11501	13610	13930	3
新乡	Xinxiang	1030	840	1082	88	韶关	Shaoguan	422	480	459	176
焦作	Jiaozuo	649	644	696	132	深圳	Shenzhen	26796	31349	31716	1
濮阳	Puyang	366	412	456	179	珠海	Zhuhai	1377	1824	1887	50
许昌	Xuchang	517	689	860	107	汕头	Shantou	1057	1066	1187	81
漯河	Luohe	777	933	1044	91	佛山	Foshan	3687	5931	6666	11
三门峡	Sanmenxia	243	248	262	238	江门	Jiangmen	792	957	1017	95
南阳	Nanyang	460	507	551	155	湛江	Zhanjiang	578	788	793	114
商丘	Shangqiu	810	1096	1331	71	茂名	Maoming	216	366	368	204
信阳	Xinyang	257	286	368	204	肇庆	Zhaoqing	299	515	627	141
周口	Zhoukou	216	251	526	160	惠州	Huizhou	1178	2119	2372	40
驻马店	Zhumadian	247	572	642	139	梅州	Meizhou	303	426	1016	96
湖北	**Hubei**	**16544**	**14155**	**16640**		汕尾	Shanwei	2445	233	293	231
武汉	Wuhan	7001	7767	8301	7	河源	Heyuan	220	191	231	249
黄石	Huangshi	879	836	1267	75	阳江	Yangjiang	143	194	226	250
十堰	Shiyan	848	1200	1305	72	清远	Qingyuan	371	576	520	161
宜昌	Yichang	988	1166	1163	83	东莞	Dongguan	1443	1453	4904	19
襄阳	Xiangyang	811	258	1363	67	中山	Zhongshan	2125	2293	2411	39
鄂州	Ezhou	248	414	380	199	潮州	Chaozhou	175	316	192	259
荆门	Jingmen	429	502	557	150	揭阳	Jieyang	142	261	375	201
孝感	Xiaogan	484	484	484	171	云浮	Yunfu	85	172	145	269
荆州	Jingzhou	1103	728	904	104	**广西**	**Guangxi**	**6839**	**7461**	**7995**	
黄冈	Huanggang	110	142	248	241	南宁	Nanning	2601	2866	3103	32
咸宁	Xianning	178	320	330	221	柳州	Liuzhou	1052	1003	1300	73
随州	Suizhou	486	338	338	214	桂林	Guilin	680	766	728	125
湖南	**Hunan**	**12344**	**15225**	**16972**		梧州	Wuzhou	301	595	430	184
长沙	Changsha	3557	5517	6102	13	北海	Beihai	227	310	400	192
株洲	Zhuzhou	1473	1256	1462	61	防城港	Fangchenggang	168	274	301	229
湘潭	Xiangtan	1026	973	1026	94	钦州	Qinzhou	300	366	303	227
衡阳	Hengyang	817	1100	1345	70	贵港	Guigang	221	187	207	255
邵阳	Shaoyang	337	423	417	188	玉林	Yulin	215	239	253	240
岳阳	Yueyang	946	1057	1363	67	百色	Baise	105	168	169	263

8-53 城市公共交通汽（电）车营运车辆数 续表 3
Number of Buses and Trolley Buses under Operation continued 3

单位：辆 （unit）

地名	City	2010	2014	2015	2015 排名 Ranking	地名	City	2010	2014	2015	2015 排名 Ranking
贺州	Hezhou	140	122	174	262	丽江	Lijiang	177	250	353	210
河池	Hechi	135	145	162	265	普洱	Puer	121	145	145	269
来宾	Laibin	187	374	374	202	临沧	Lincang	54	60	62	284
崇左	Chongzuo	36	46	91	282	**西藏**	**Tibet**	**940**	**338**	**486**	
海南	**Hainan**	**1964**	**2249**	**2451**		拉萨	Lasa		338	486	170
海口	Haikou	1120	1515	1702	56	**陕西**	**Shaanxi**	**9953**	**11177**	**10959**	
三亚	Sanya	441	734	749	121	西安	Xi'an	7107	7769	7781	8
三沙	Sansha					铜川	Tongchuan	198	323	321	222
重庆	**Chongqing**	**7660**	**8641**	**8754**		宝鸡	Baoji	623	914	962	100
四川	**Sichuan**	**15288**	**20113**	**39737**		咸阳	Xianyang	404	641	527	159
成都	Chengdu	6763	11447	11294	4	渭南	Weinan	305	330	350	212
自贡	Zigong	747	873	849	108	延安	Yan'an	222	457	437	182
攀枝花	Panzhihua	559	681	662	138	汉中	Hanzhong	164	238		
泸州	Luzhou	738	1060	1050	90	榆林	Yulin	209	280	278	236
德阳	Deyang	288	346	346	213	安康	Ankang	102	122	200	256
绵阳	Mianyang	1010	1361	1384	65	商洛	Shangluo	62	103	103	279
广元	Guangyuan	241	384	383	198	**甘肃**	**Gansu**	**4382**	**5463**	**5234**	
遂宁	Suining	229	340	255	239	兰州	Lanzhou	2149	2769	2662	38
内江	Neijiang	631	597	825	110	嘉峪关	Jiayuguan	92	135	138	272
乐山	Leshan	294	453	497	167	金昌	Jinchang	199	153	116	274
南充	Nanchong	550	704	707	130	白银	Baiyin	250	303	303	227
眉山	Meishan	157	226	19779	2	天水	Tianshui	291	469	468	173
宜宾	Yibin	466	727	682	134	武威	Wuwei	176	328	378	200
广安	Guangan	40	75	169	263	张掖	Zhangye	179	189	193	258
达州	Dazhou	145	222	222	252	平凉	Pingliang	246	224	224	251
雅安	Yaan	48	111	111	277	酒泉	Jiuquan	271	296	331	220
巴中	Bazhong	120	256	280	235	庆阳	Qingyang	350	418	236	247
资阳	Ziyang	176	250	242	244	定西	Dingxi	68	108	108	278
贵州	**Guizhou**	**4584**	**4531**	**5413**		陇南	Longnan	25	71	77	283
贵阳	Guiyang	2124	2855	3185	31	**青海**	**Qinghai**	**2175**	**1973**	**2826**	
六盘水	Liupanshui	391	401	444	180	西宁	Xining	1932	1915	2726	37
遵义	Zunyi	509	674	847	109	海东	Haidong		58	100	280
安顺	Anshun	260	347	544	157	**宁夏**	**Ningxia**	**2382**	**2720**	**3062**	
毕节	Bijie		144	240	246	银川	Yinchuan	1401	1616	1949	48
铜仁	Tongren		110	153	267	石嘴山	Shizuishan	195	265	284	234
云南	**Yunnan**	**7135**	**7122**	**7284**		吴忠	Wuzhong	295	431	431	183
昆明	Kunming	5368	5462	5645	14	固原	Guyuan	139	156	156	266
曲靖	Qujing	629	579	561	149	中卫	Zhongwei	168	252	242	244
玉溪	Yuxi	126	217	209	254	**新疆**	**Xinjiang**	**7353**	**5070**	**5217**	
保山	Baoshan	199	215	215	253	乌鲁木齐	Urumqi	3634	4567	4684	24
昭通	Zhaotong	141	194	194	257	克拉玛依	Karamay	299	503	533	158

8-54 城市出租汽车数
Number of Taxis

单位：辆 （unit）

地名	City	2010	2014	2015	2015 排名 Ranking	地名	City	2010	2014	2015	2015 排名 Ranking
全国	**Nation Total**	**986190**	**932327**	**929373**		沈阳	Shenyang	17200	17844	17844	2
北京	**Beijing**	**66646**	**67546**	**68284**		大连	Dalian	10173	11193	11243	10
天津	**Tianjin**	**31940**	**29900**	**31940**		鞍山	Anshan	5375	5375	5375	37
河北	**Hebei**	**46016**	**64871**	**55135**		抚顺	Fushun	4121	4977	4977	43
石家庄	Shijiazhuang	9646	10513	7645	22	本溪	Benxi	3249	3939	2744	79
唐山	Tangshan	4642	6990	7353	24	丹东	Dandong	3335		3354	63
秦皇岛	Qinhuangdao	4306	3619	3619	57	锦州	Jinzhou	4987	3904	3904	54
邯郸	Handan	6949	7245	7258	25	营口	Yingkou	4835	3091	3091	69
邢台	Xingtai	3906	4449	4677	45	阜新	Fuxin	2558	2771	2771	76
保定	Baoding	6205	6685	6568	27	辽阳	Liaoyang	3579	3579	2611	83
张家口	Zhangjiakou	5033	5604	5756	33	盘锦	Panjin	3238	3231	3238	66
承德	Chengde	5821	2468	2540	89	铁岭	Tieling	2183	2232	4163	50
沧州	Cangzhou	7015	7677	7811	19	朝阳	Chaoyang	3338	1971	1971	107
廊坊	Langfang	5960	8297	556	245	葫芦岛	Huludao	2877	4368	5248	40
衡水	Hengshui	2146	1324	1352	158	**吉林**	**Jilin**	**54933**	**33120**	**31820**	
山西	**Shanxi**	**28848**	**25783**	**26676**		长春	Changchun	16967	16967	15401	6
太原	Taiyuan	8652	8719	8719	15	吉林	Jilin	4998	5259	5259	39
大同	Datong	4983	4958	5038	42	四平	Siping	2763	2797	3062	70
阳泉	Yangquan	1552	2236	2236	97	辽源	Liaoyuan	1095	1201	1201	171
长治	Changzhi	1800	1801	1801	118	通化	Tonghua	1387	1502	1503	144
晋城	Jincheng	1453	1453	1453	146	白山	Baishan	1682	1402	1402	150
朔州	Shuozhou	923	1273	1273	163	松原	Songyuan	2177	2177	2177	98
晋中	Jinzhong	902	513	1330	160	白城	Baicheng	1763	1815	1815	116
运城	Yuncheng	1805	1805	1801	118	**黑龙江**	**Heilongjiang**	**61129**	**49180**	**50015**	
忻州	Xinzhou	713	713	713	226	哈尔滨	Harbin	14366	16518	16527	5
临汾	Linfen	1862	1862	1862	112	齐齐哈尔	Qiqihar	3060	3310	3400	62
吕梁	Lvliang	450	450	450	260	鸡西	Jixi	3135	2914	2914	73
内蒙古	**Inner Mongolia**	**37131**	**26908**	**29765**		鹤岗	Hegang	1773	2013	2023	104
呼和浩特	Hohhot	5568	5568	6568	27	双鸭山	Shuangyashan	1100	1100	3578	58
包头	Baotou	5890	5827	6379	30	大庆	Daqing	2989	7950	6352	31
乌海	Wuhai	951	953	1054	186	伊春	Yichun	3488	5320	5233	41
赤峰	Chifeng	4041	3252	3788	55	佳木斯	Jiamusi	6316	2559	2559	87
通辽	Tongliao	2949	2849	2589	85	七台河	Qitaihe	1000	1000	1000	193
鄂尔多斯	Erdos	2194	2613	3540	59	牡丹江	Mudanjiang	2619	2919	2919	72
呼伦贝尔	Hulunbuir	2121	2432	2432	93	黑河	Heihe	956	1024	957	197
巴彦淖尔	Bayannur	936	1237	1238	166	绥化	Suihua	2753	2553	2553	88
乌兰察布	Ulanqab	2800	2177	2177	98	**上海**	**Shanghai**	**50007**	**50738**	**49586**	
辽宁	**Liaoning**	**79890**	**68475**	**72534**		**江苏**	**Jiangsu**	**46075**	**38663**	**43630**	

8-54 城市出租汽车数 续表 1

Number of Taxis continued 1

单位：辆 (unit)

地名	City	2010	2014	2015	2015 排名 Ranking	地名	City	2010	2014	2015	2015 排名 Ranking
南京	Nanjing	10145	12178	4239	49	池州	Chizhou	598	600	1055	185
无锡	Wuxi	2641	4040	4040	53	宣城	Xuancheng	733	999	999	194
徐州	Xuzhou	3760	4181	4319	47	**福建**	**Fujian**	**16782**	**17383**	**18681**	
常州	Changzhou	2542	3042	3321	64	福州	Fuzhou	5809	6345	6452	29
苏州	Suzhou	3604	4803	5638	35	厦门	Xiamen	4574	5209	5667	34
南通	Nantong	1277	1274	1468	145	莆田	Putian	808	995	1218	168
连云港	Lianyungang	1611	1611	1814	117	三明	Sanming	339	374	404	269
淮安	Huaian	913	1373	1373	155	泉州	Quanzhou	2820	2007	2048	103
盐城	Yancheng	1010	1250	1450	147	漳州	Zhangzhou	1300	1002	1002	191
扬州	Yangzhou	1838	1838	2461	92	南平	Nanping	241	262	607	240
镇江	Zhenjiang	1253	1473	1568	138	龙岩	Longyan	381	599	614	239
泰州	Taizhou	739	830	1173	173	宁德	Ningde	1166	590	669	233
宿迁	Suqian	770	770	766	223	**江西**	**Jiangxi**	**10854**	**12328**	**12351**	
浙江	**Zhejiang**	**32532**	**28380**	**28513**		南昌	Nanchang	4003	5453	5453	36
杭州	Hangzhou	9362	11913	11963	9	景德镇	Jingdezhen	595	772	788	217
宁波	Ningbo	3842	4627	4627	46	萍乡	Pingxiang	670	770	770	221
温州	Wenzhou	3709	3870	4045	52	九江	Jiujiang	1585	1517	1517	143
嘉兴	Jiaxing	873	1073	1073	182	新余	Xinyu	531	636	531	250
湖州	Huzhou	815	815	875	204	鹰潭	Yingtan	271	271	271	281
绍兴	Shaoxing	901	1746	1746	125	赣州	Ganzhou	692	1092	1088	180
金华	Jinhua	796	976	976	196	吉安	Jian	376	393	405	268
衢州	Quzhou	461	521	322	278	宜春	Yichun	404	504	504	253
舟山	Zhoushan	1053	846	851	207	抚州	Fuzhou	329	409	409	266
台州	Taizhou	1448	1584	1626	132	上饶	Shangrao	511	511	615	238
丽水	Lishui	409	409	409	266	**山东**	**Shandong**	**57687**	**51372**	**52529**	
安徽	**Anhui**	**36681**	**37163**	**37514**		济南	Jinan	8867	9551	8955	14
合肥	Hefei	8395	9402	9402	13	青岛	Qingdao	9539	9720	10033	12
芜湖	Wuhu	3504	3525	3700	56	淄博	Zibo	8079	6084	6084	32
蚌埠	Bengbu	2291	2595	2600	84	枣庄	Zaozhuang	804	834	834	211
淮南	Huainan	3292	3046	3105	68	东营	Dongying	3244	3405	3405	61
马鞍山	Maanshan	2298	2298	3314	65	烟台	Yantai	2209	2169	2169	101
淮北	Huaibei	1626	1633	1634	131	潍坊	Weifang	2166	2298	4902	44
铜陵	Tongling	1584	1584	1584	136	济宁	Jining	1360	1561	1560	140
安庆	Anqing	1119	1782	1782	121	泰安	Taian	1292	1292	1292	162
黄山	Huangshan	525	525	575	244	威海	Weihai	1526	1543	1864	111
滁州	Chuzhou	1257	1357	1357	157	日照	Rizhao	968	1068	1068	183
阜阳	Fuyang	1805	1788	1788	120	莱芜	Laiwu	1600	1600	1600	134
宿州	Suzhou	1298	1537	1618	133	临沂	Linyi	2750	2750	2750	78
六安	Liuan	1850	1850	1850	115	德州	Dezhou	2405	2405	2405	94
亳州	Bozhou	1000	2642	1151	174	聊城	Liaocheng	1416	2920	1242	165

8-54 城市出租汽车数 续表 2
Number of Taxis continued 2

单位：辆 （unit）

地名	City	2010	2014	2015	2015 排名 Ranking	地名	City	2010	2014	2015	2015 排名 Ranking
滨州	Binzhou	714	795	801	213	常德	Changde	1126	1146	1146	175
菏泽	Heze	1313	1377	1565	139	张家界	Zhangjiajie	725	1072	1091	179
河南	**Henan**	**44525**	**40092**	**39092**		益阳	Yiyang	860	1000	867	206
郑州	Zhengzhou	10607	10608	10608	11	郴州	Chenzhou	1846	1820	1647	129
开封	Kaifeng	3066	4039	2636	82	永州	Yongzhou	540	700	700	227
洛阳	Luoyang	4267	4267	4268	48	怀化	Huaihua	800	800	800	214
平顶山	Pingdingshan	2080	2080	2479	90	娄底	Loudi	1215	950	1758	124
安阳	Anyang	1359	1359	1359	156	**广东**	**Guangdong**	**59972**	**64455**	**49811**	
鹤壁	Hebi	674	673	673	231	广州	Guangzhou	18991	21320	22022	1
新乡	Xinxiang	1338	1736	1738	127	韶关	Shaoguan	740	908	1029	190
焦作	Jiaozuo	1398	1398	1398	153	深圳	Shenzhen	14340	16275		
濮阳	Puyang	1745	1745	1745	126	珠海	Zhuhai	1852	2565	3187	67
许昌	Xuchang	1388	1396	1396	154	汕头	Shantou	1232	1384	1032	189
漯河	Luohe	1100	1100	1100	177	佛山	Foshan	3345	3581	4140	51
三门峡	Sanmenxia	482	600	600	241	江门	Jiangmen	490	630	670	232
南阳	Nanyang	1500	1860	1860	113	湛江	Zhanjiang	1234	1223	1174	172
商丘	Shangqiu	2846	2851	2851	74	茂名	Maoming	188	406	400	270
信阳	Xinyang	1903	1904	1905	109	肇庆	Zhaoqing	883	883	836	210
周口	Zhoukou	928	928	928	198	惠州	Huizhou	1650	2017	1970	108
驻马店	Zhumadian	1548	1548	1548	141	梅州	Meizhou	590	391	470	259
湖北	**Hubei**	**31325**	**27188**	**29592**		汕尾	Shanwei		360	360	273
武汉	Wuhan	13997	16597	16747	4	河源	Heyuan	495	495	495	255
黄石	Huangshi	922	1580	1902	110	阳江	Yangjiang	529	694	427	264
十堰	Shiyan	700	800	910	200	清远	Qingyuan	370	520	483	256
宜昌	Yichang	1834	1834	1857	114	东莞	Dongguan	7671	7691	7761	20
襄阳	Xiangyang	1700	260	2172	100	中山	Zhongshan	1487	1581	1760	123
鄂州	Ezhou	400	512	520	251	潮州	Chaozhou	873	862	917	199
荆门	Jingmen	500	800	800	214	揭阳	Jieyang	712	544	553	246
孝感	Xiaogan	779	900	900	201	云浮	Yunfu	243	125	125	283
荆州	Jingzhou	1588	1988	1988	106	**广西**	**Guangxi**	**13566**	**15264**	**16781**	
黄冈	Huanggang	593	499	593	242	南宁	Nanning	4795	6270	6720	26
咸宁	Xianning	656	656	656	234	柳州	Liuzhou	1751	2079	2379	95
随州	Suizhou	760	762	547	248	桂林	Guilin	1930	1932	1994	105
湖南	**Hunan**	**44525**	**23137**	**25482**		梧州	Wuzhou	766	691	806	212
长沙	Changsha	6280	7957	7816	18	北海	Beihai	585	551	771	220
株洲	Zhuzhou	2837	2006	2796	75	防城港	Fangchenggang	115	138	333	275
湘潭	Xiangtan	1721	1400	1400	151	钦州	Qinzhou	500	585	623	236
衡阳	Hengyang	1471	1400	1400	151	贵港	Guigang	366	365	365	272
邵阳	Shaoyang	780	1100	1100	177	玉林	Yulin	599	664	699	228
岳阳	Yueyang	1651	1786	2961	71	百色	Baise	535	535	475	258

8-54 城市出租汽车数 续表 3
Number of Taxis continued 3

单位：辆 (unit)

地名	City	2010	2014	2015	2015 排名 Ranking	地名	City	2010	2014	2015	2015 排名 Ranking
贺州	Hezhou	419	454	450	260	丽江	Lijiang	776	776	776	219
河池	Hechi	300	300	300	280	普洱	Puer	249	249	324	277
来宾	Laibin	365	565	714	225	临沧	Lincang	300	400	400	270
崇左	Chongzuo	152	135	152	282	**西藏**	**Tibet**	**1357**	**1360**	**1668**	
海南	**Hainan**	**3978**	**4797**	**5110**		拉萨	Lasa		1360	1668	128
海口	Haikou	2116	2947	2760	77	**陕西**	**Shaanxi**	**21288**	**26445**	**25268**	
三亚	Sanya	1082	1850	2350	96	西安	Xi'an	12786	14159	14459	7
三沙	Sansha					铜川	Tongchuan	990	1041	1041	188
重庆	**Chongqing**	**14021**	**14691**	**14834**		宝鸡	Baoji	1764	3498	3447	60
四川	**Sichuan**	**27022**	**33894**	**34117**		咸阳	Xianyang	1305	3275	2719	80
成都	Chengdu	13979	18506	17676	3	渭南	Weinan	795	900	900	201
自贡	Zigong	1096	1432	1294	161	延安	Yan'an	700	850	850	208
攀枝花	Panzhihua	1475	1597	1417	149	汉中	Hanzhong	860	870		
泸州	Luzhou	1503	1458	1574	137	榆林	Yulin	997	1001	1001	192
德阳	Deyang	850	850	850	208	安康	Ankang	531	532	532	249
绵阳	Mianyang	1077	1747	1775	122	商洛	Shangluo	319	319	319	279
广元	Guangyuan	628	628	627	235	**甘肃**	**Gansu**	**19309**	**19057**	**18091**	
遂宁	Suining	454	775	783	218	兰州	Lanzhou	6738	7591	7446	23
内江	Neijiang	700	700	1250	164	嘉峪关	Jiayuguan	612	743	767	222
乐山	Leshan	817	880	880	203	金昌	Jinchang	510	510	510	252
南充	Nanchong	966	1207	1207	170	白银	Baiyin	3125	2087	2068	102
眉山	Meishan	418	418	418	265	天水	Tianshui	1380	2134	999	194
宜宾	Yibin	982	1212	1436	148	武威	Wuwei	3120	1146	1145	176
广安	Guangan	359	459	479	257	张掖	Zhangye	1266	1225	1225	167
达州	Dazhou	1013	1063	1063	184	平凉	Pingliang	544	556	873	205
雅安	Yaan	637	306	329	276	酒泉	Jiuquan	810	820	800	214
巴中	Bazhong	324	421	621	237	庆阳	Qingyang	1300	1079	1079	181
资阳	Ziyang	260	235	438	263	定西	Dingxi	505	491	504	253
贵州	**Guizhou**	**9091**	**12776**	**14676**		陇南	Longnan	570	675	675	230
贵阳	Guiyang	3271	7534	7849	17	**青海**	**Qinghai**	**7119**	**6003**	**6740**	
六盘水	Liupanshui	1228	917	1337	159	西宁	Xining	5516	5666	8402	16
遵义	Zunyi	1137	2155	2468	91	海东	Haidong		337	338	274
安顺	Anshun	624	953	1585	135	**宁夏**	**Ningxia**	**12978**	**12470**	**12901**	
毕节	Bijie		537	677	229	银川	Yinchuan	5006	5364	5364	38
铜仁	Tongren		680	760	224	石嘴山	Shizuishan	2269	2268	2699	81
云南	**Yunnan**	**15164**	**12385**	**12371**		吴忠	Wuzhong	1046	1042	1042	187
昆明	Kunming	6321	8095	7651	21	固原	Guyuan	2750	2585	2585	86
曲靖	Qujing	1595	1259	1639	130	中卫	Zhongwei	1118	1211	1211	169
玉溪	Yuxi	317	548	550	247	**新疆**	**Xinjiang**	**24546**	**13862**	**13866**	
保山	Baoshan	450	450	450	260	乌鲁木齐	Urumqi	7950	12338	12338	8
昭通	Zhaotong	580	608	581	243	克拉玛依	Karamay	1526	1524	1528	142

8-55 每万人拥有公共交通车辆

Number of Public Transportation Vehicles per 10 000 Population

单位：辆 （unit）

地名	City	2010	2014	2015	2015 排名 Ranking	地名	City	2010	2014	2015	2015 排名 Ranking
全国	**Nation Average**	**11.20**	**9.98**	**10.66**		沈阳	Shenyang	9.73	10.55	10.16	87
北京	**Beijing**	**14.24**	**18.76**	**17.31**		大连	Dalian	15.43	16.94	17.40	27
天津	**Tianjin**	**12.05**	**13.41**	**11.31**		鞍山	Anshan	10.27	11.55	11.93	60
河北	**Hebei**	**9.53**	**12.83**	**12.95**		抚顺	Fushun	8.49	8.33	8.41	122
石家庄	Shijiazhuang	18.29	11.68	10.73	78	本溪	Benxi	7.74	8.91	7.73	128
唐山	Tangshan	6.61	7.44	9.07	108	丹东	Dandong	9.20	8.25	11.94	59
秦皇岛	Qinhuangdao	11.99	9.10	5.80	175	锦州	Jinzhou	6.33	5.75	6.49	152
邯郸	Handan	18.28	16.17	21.03	14	营口	Yingkou	7.30	9.70	9.51	99
邢台	Xingtai	31.59	21.57	24.78	7	阜新	Fuxin	4.58	4.67	5.27	194
保定	Baoding	18.92	21.19	11.75	63	辽阳	Liaoyang	7.16	7.55	6.77	147
张家口	Zhangjiakou	13.79	15.69	21.01	15	盘锦	Panjin	6.87	8.83	7.61	129
承德	Chengde	11.02	11.12	12.12	58	铁岭	Tieling	8.97	9.25	15.33	36
沧州	Cangzhou	22.07	27.96	33.33	4	朝阳	Chaoyang	3.49	4.37	4.73	213
廊坊	Langfang	6.11	7.77	6.54	150	葫芦岛	Huludao	4.09	6.77	10.98	71
衡水	Hengshui	20.10	8.21	9.93	92	**吉林**	**Jilin**	**9.75**	**9.63**	**9.03**	
山西	**Shanxi**	**6.83**	**8.47**	**7.56**		长春	Changchun	12.22	12.98	11.13	68
太原	Taiyuan	7.76	10.68	10.07	90	吉林	Jilin	5.18	7.11	7.15	136
大同	Datong	5.20	4.72	6.26	161	四平	Siping	4.50	5.43	5.77	176
阳泉	Yangquan	8.85	10.85	11.24	66	辽源	Liaoyuan	7.31	8.37	8.47	121
长治	Changzhi	5.97	6.15	9.95	91	通化	Tonghua	6.61	9.12	9.04	110
晋城	Jincheng	8.81	12.33	12.16	57	白山	Baishan	5.55	6.27	5.95	170
朔州	Shuozhou	2.87	3.35	2.76	250	松原	Songyuan	8.71	9.60	9.60	95
晋中	Jinzhong	6.62	21.72	6.37	156	白城	Baicheng	4.47	4.70	4.71	214
运城	Yuncheng	4.84	13.09	5.37	189	**黑龙江**	**Heilongjiang**	**10.00**	**9.17**	**9.52**	
忻州	Xinzhou	2.10	2.01	2.07	263	哈尔滨	Harbin	10.96	13.23	12.62	52
临汾	Linfen	3.74	3.56	5.25	195	齐齐哈尔	Qiqihar	6.19	7.10	9.08	107
吕梁	Lvliang	9.61	4.18	4.14	230	鸡西	Jixi	8.03	8.75	8.58	118
内蒙古	**Inner Mongolia**	**6.89**	**9.83**	**9.64**		鹤岗	Hegang	6.18	7.16	6.20	162
呼和浩特	Hohhot	15.78	20.68	14.48	42	双鸭山	Shuangyashan	6.49	6.65	17.39	28
包头	Baotou	9.42	8.87	8.91	115	大庆	Daqing	19.60	10.38	10.35	84
乌海	Wuhai	7.60	7.24	8.95	113	伊春	Yichun	2.94	4.69	5.01	198
赤峰	Chifeng	3.90	4.56	4.95	202	佳木斯	Jiamusi	4.46	5.52	5.89	173
通辽	Tongliao	3.39	5.56	6.64	149	七台河	Qitaihe	6.55	8.23	6.31	158
鄂尔多斯	Erdos	12.80	17.25	18.16	21	牡丹江	Mudanjiang	8.75	8.19	8.58	118
呼伦贝尔	Hulunbuir	10.24	13.75	12.62	52	黑河	Heihe	4.95	4.97	4.75	210
巴彦淖尔	Bayannur	1.97	2.14	2.33	256	绥化	Suihua	3.06	1.57	1.76	273
乌兰察布	Ulanqab	3.84	9.39	22.09	12	**上海**	**Shanghai**	**8.82**	**11.78**	**12.02**	
辽宁	**Liaoning**	**9.35**	**10.17**	**10.61**		**江苏**	**Jiangsu**	**10.91**	**8.37**	**8.91**	

8-55 每万人拥有公共交通车辆 续表 1
Number of Public Transportation Vehicles per 10 000 Population continued 1

单位：辆 (unit)

地名	City	2010	2014	2015	2015 排名 Ranking
南京	Nanjing	11.27	12.54	12.85	50
无锡	Wuxi	13.14	12.28	12.24	56
徐州	Xuzhou	6.87	6.58	7.03	141
常州	Changzhou	11.06	11.36	9.81	93
苏州	Suzhou	13.21	12.74	14.67	40
南通	Nantong	3.41	5.46	7.81	126
连云港	Lianyungang	6.13	3.43	4.91	205
淮安	Huaian	3.02	3.58	2.96	245
盐城	Yancheng	2.67	3.68	4.28	224
扬州	Yangzhou	11.05	5.74	7.51	131
镇江	Zhenjiang	9.97	11.36	13.07	46
泰州	Taizhou	5.79	3.88	5.55	185
宿迁	Suqian	3.14	4.48	5.56	184
浙江	**Zhejiang**	**11.87**	**12.24**	**12.45**	
杭州	Hangzhou	16.89	16.49	16.05	35
宁波	Ningbo	15.47	19.67	20.36	17
温州	Wenzhou	13.98	14.63	14.15	43
嘉兴	Jiaxing	12.01	12.25	12.88	49
湖州	Huzhou	6.14	6.48	6.94	143
绍兴	Shaoxing	11.64	8.11	9.04	110
金华	Jinhua	9.85	5.34	4.94	204
衢州	Quzhou	7.90	4.46	6.82	145
舟山	Zhoushan	8.91	11.17	9.43	100
台州	Taizhou	3.13	4.69	5.13	196
丽水	Lishui	4.91	7.73	9.04	110
安徽	**Anhui**	**7.73**	**6.81**	**6.61**	
合肥	Hefei	12.19	17.32	18.66	20
芜湖	Wuhu	12.79	14.90	9.56	96
蚌埠	Bengbu	8.36	11.76	10.45	81
淮南	Huainan	4.58	4.43	3.92	233
马鞍山	Maanshan	7.17	4.69	9.11	106
淮北	Huaibei	9.41	5.16	4.22	227
铜陵	Tongling	6.71	11.66	10.96	72
安庆	Anqing	4.36	6.99	6.31	158
黄山	Huangshan	5.67	4.95	4.19	228
滁州	Chuzhou	4.81	7.60	9.55	97
阜阳	Fuyang	2.91	3.25	3.35	242
宿州	Suzhou	1.30	1.61	1.76	273
六安	Liuan	1.76	2.08	1.61	276
亳州	Bozhou	0.43	1.62	1.88	268
池州	Chizhou	2.40	3.98	8.34	123
宣城	Xuancheng	2.02	3.89	2.82	249
福建	**Fujian**	**10.32**	**11.87**	**12.07**	
福州	Fuzhou	18.91	18.67	21.21	13
厦门	Xiamen	18.66	21.36	22.22	11
莆田	Putian	1.29	3.31	3.99	232
三明	Sanming	9.96	11.63	12.64	51
泉州	Quanzhou	15.99	10.87	11.62	64
漳州	Zhangzhou	8.50	7.59	8.69	117
南平	Nanping	3.90	5.94	4.97	200
龙岩	Longyan	4.84	6.51	2.92	248
宁德	Ningde	7.11	3.78	5.11	197
江西	**Jiangxi**	**7.61**	**6.64**	**6.05**	
南昌	Nanchang	11.75	13.99	11.00	70
景德镇	Jingdezhen	9.48	10.30	11.19	67
萍乡	Pingxiang	3.78	4.51	4.58	218
九江	Jiujiang	8.05	7.01	8.27	124
新余	Xinyu	4.42	4.73	4.78	208
鹰潭	Yingtan	6.35	6.09	6.07	167
赣州	Ganzhou	6.97	4.07	4.50	220
吉安	Jian	4.44	4.42	4.56	219
宜春	Yichun	2.50	2.58	2.94	246
抚州	Fuzhou	2.27	2.50	2.71	251
上饶	Shangrao	5.74	5.67	2.09	262
山东	**Shandong**	**10.18**	**9.14**	**9.57**	
济南	Jinan	12.18	14.13	14.49	41
青岛	Qingdao	16.93	17.58	18.10	22
淄博	Zibo	7.26	7.76	7.06	140
枣庄	Zaozhuang	4.08	5.22	6.20	162
东营	Dongying	7.26	12.04	11.82	61
烟台	Yantai	9.73	12.50	10.84	75
潍坊	Weifang	6.09	6.10	5.73	177
济宁	Jining	9.04	9.82	6.87	144
泰安	Taian	4.21	6.65	10.14	88
威海	Weihai	14.19	10.48	10.40	82
日照	Rizhao	3.57	4.73	4.68	216
莱芜	Laiwu	3.55	5.28	8.56	120
临沂	Linyi	8.05	3.94	6.35	157
德州	Dezhou	11.42	3.60	4.25	226
聊城	Liaocheng	4.02	13.39	10.09	89

8-55 每万人拥有公共交通车辆 续表 2

Number of Public Transportation Vehicles per 10 000 Population continued 2

单位：辆 (unit)

地名	City	2010	2014	2015	2015 排名 Ranking	地名	City	2010	2014	2015	2015 排名 Ranking
滨州	Binzhou	6.02	6.31	10.38	83	常德	Changde	3.80	5.53	5.51	187
菏泽	Heze	2.49	3.25	4.74	212	张家界	Zhangjiajie	3.92	6.62	7.13	137
河南	**Henan**	**7.58**	**8.52**	**11.08**		益阳	Yiyang	2.85	5.67	5.66	180
郑州	Zhengzhou	9.39	11.81	18.10	22	郴州	Chenzhou	8.80	22.29	23.47	8
开封	Kaifeng	6.40	31.43	55.56	3	永州	Yongzhou	3.87	5.25	5.28	193
洛阳	Luoyang	7.71	10.25	10.92	73	怀化	Huaihua	9.87	11.70	9.21	105
平顶山	Pingdingshan	5.79	6.62	7.20	135	娄底	Loudi	6.03	5.59	11.57	65
安阳	Anyang	6.83	5.35	5.90	172	**广东**	**Guangdong**	**9.53**	**16.00**	**16.14**	
鹤壁	Hebi	5.39	5.35	5.55	185	广州	Guangzhou	17.31	19.58	16.31	31
新乡	Xinxiang	10.16	7.35	10.28	86	韶关	Shaoguan	4.53	5.18	4.95	202
焦作	Jiaozuo	7.72	6.54	7.07	139	深圳	Shenzhen	103.11	94.37	89.34	2
濮阳	Puyang	5.38	5.90	6.45	153	珠海	Zhuhai	13.15	16.55	16.78	30
许昌	Xuchang	12.48	16.63	20.71	16	汕头	Shantou	2.05	1.98	2.19	259
漯河	Luohe	5.52	6.95	7.75	127	佛山	Foshan	9.94	15.38	17.14	29
三门峡	Sanmenxia	8.29	8.24	8.94	114	江门	Jiangmen	5.73	6.84	7.24	134
南阳	Nanyang	2.44	2.71	2.93	247	湛江	Zhanjiang	3.77	4.88	4.87	207
商丘	Shangqiu	4.58	6.07	7.32	133	茂名	Maoming	1.63	1.28	1.27	281
信阳	Xinyang	1.74	1.89	2.40	254	肇庆	Zhaoqing	5.57	9.78	4.66	217
周口	Zhoukou	4.03	4.20	8.77	116	惠州	Huizhou	8.80	14.96	16.31	31
驻马店	Zhumadian	3.66	6.87	7.61	129	梅州	Meizhou	9.50	4.45	10.50	80
湖北	**Hubei**	**9.47**	**8.82**	**10.50**		汕尾	Shanwei	44.94	4.42	5.61	182
武汉	Wuhan	13.45	15.08	16.09	34	河源	Heyuan	7.06	6.23	7.36	132
黄石	Huangshi	12.31	9.95	14.97	39	阳江	Yangjiang	2.09	2.79	1.88	268
十堰	Shiyan	15.75	10.18	11.07	69	清远	Qingyuan	5.66	4.25	3.78	235
宜昌	Yichang	7.94	9.11	9.07	108	东莞	Dongguan	7.94	7.59	25.15	6
襄阳	Xiangyang	3.61	1.13	6.07	167	中山	Zhongshan	14.24	14.69	15.19	37
鄂州	Ezhou	2.29	3.76	3.45	240	潮州	Chaozhou	4.99	1.93	1.16	283
荆门	Jingmen	6.26	7.43	9.31	101	揭阳	Jieyang	2.03	1.25	1.79	271
孝感	Xiaogan	5.06	4.99	4.97	200	云浮	Yunfu	2.81	5.45	4.35	222
荆州	Jingzhou	9.78	6.54	9.23	104	**广西**	**Guangxi**	**8.07**	**5.09**	**5.23**	
黄冈	Huanggang	3.00	4.05	7.12	138	南宁	Nanning	9.61	10.08	10.68	79
咸宁	Xianning	2.98	5.25	5.37	189	柳州	Liuzhou	10.02	8.53	10.88	74
随州	Suizhou	7.44	6.74	6.43	154	桂林	Guilin	8.98	9.87	5.68	179
湖南	**Hunan**	**10.01**	**10.93**	**12.20**		梧州	Wuzhou	5.88	7.64	5.47	188
长沙	Changsha	14.71	18.18	19.16	19	北海	Beihai	3.68	4.87	6.17	165
株洲	Zhuzhou	18.25	10.27	15.16	38	防城港	Fangchenggang	3.11	4.90	5.30	192
湘潭	Xiangtan	11.86	11.10	11.78	62	钦州	Qinzhou	2.17	2.49	2.05	265
衡阳	Hengyang	8.28	11.72	13.40	45	贵港	Guigang	1.16	0.95	1.04	284
邵阳	Shaoyang	4.87	6.07	5.95	170	玉林	Yulin	2.12	2.22	2.32	258
岳阳	Yueyang	8.63	9.64	12.53	54	百色	Baise	2.98	4.75	4.71	214

8-55 每万人拥有公共交通车辆 续表 3

Number of Public Transportation Vehicles per 10 000 Population continued 3

单位：辆 （unit）

地名	City	2010	2014	2015	2015 排名 Ranking	地名	City	2010	2014	2015	2015 排名 Ranking
贺州	Hezhou	1.24	1.04	1.47	278	丽江	Lijiang	11.62	16.37	22.98	10
河池	Hechi	4.01	4.29	4.75	210	普洱	Puer	4.07	6.40	6.38	155
来宾	Laibin	1.74	3.32	3.35	242	临沧	Lincang	1.67	1.86	1.94	267
崇左	Chongzuo	0.99	1.24	2.47	252	**西藏**	**Tibet**	**20.91**	**16.29**	**23.26**	
海南	**Hainan**	**8.61**	**10.04**	**11.01**		拉萨	Lasa		16.29	23.26	9
海口	Haikou	6.98	9.16	10.33	85	**陕西**	**Shaanxi**	**12.64**	**8.53**	**8.14**	
三亚	Sanya	7.74	12.53	12.96	48	西安	Xi'an	12.63	13.23	12.52	55
三沙	Sansha					铜川	Tongchuan	2.61	4.32	4.32	223
重庆	**Chongqing**	**7.23**	**4.45**	**4.11**		宝鸡	Baoji	4.36	6.43	6.76	148
四川	**Sichuan**	**9.65**	**7.49**	**14.24**		咸阳	Xianyang	4.48	6.97	5.71	178
成都	Chengdu	12.64	19.68	16.18	33	渭南	Weinan	3.12	3.43	3.62	238
自贡	Zigong	5.00	5.77	5.64	181	延安	Yan'an	4.85	9.83	9.25	103
攀枝花	Panzhihua	8.10	9.96	9.77	94	汉中	Hanzhong	2.97	4.16		
泸州	Luzhou	5.03	7.07	7.00	142	榆林	Yulin	4.01	5.04	4.88	206
德阳	Deyang	4.35	4.99	5.00	199	安康	Ankang	1.01	1.19	1.98	266
绵阳	Mianyang	8.27	10.73	10.80	76	商洛	Shangluo	1.13	1.83	1.84	270
广元	Guangyuan	2.61	4.09	4.11	231	**甘肃**	**Gansu**	**8.10**	**6.41**	**6.44**	
遂宁	Suining	1.52	2.23	1.68	275	兰州	Lanzhou	10.22	11.51	13.00	47
内江	Neijiang	4.46	4.17	5.83	174	嘉峪关	Jiayuguan	4.22	5.59	6.81	146
乐山	Leshan	2.55	3.90	4.28	224	金昌	Jinchang	9.75	6.60	5.59	183
南充	Nanchong	2.84	3.57	3.64	237	白银	Baiyin	5.00	6.16	6.13	166
眉山	Meishan	1.84	2.58	225.50	1	天水	Tianshui	2.24	3.60	3.58	239
宜宾	Yibin	5.76	5.72	5.37	189	武威	Wuwei	1.72	3.21	3.66	236
广安	Guangan	0.32	0.59	1.33	280	张掖	Zhangye	3.44	3.73	3.80	234
达州	Dazhou	3.40	1.23	1.23	282	平凉	Pingliang	4.83	4.37	4.37	221
雅安	Yaan	1.37	1.77	1.78	272	酒泉	Jiuquan	6.71	7.17	7.98	125
巴中	Bazhong	0.87	1.86	2.06	264	庆阳	Qingyang	9.77	11.01	6.18	164
资阳	Ziyang	1.62	2.26	2.19	259	定西	Dingxi	1.46	2.35	2.34	255
贵州	**Guizhou**	**8.46**	**6.85**	**7.58**	#N/A	陇南	Longnan	0.43	1.26	1.37	279
贵阳	Guiyang	9.57	12.37	13.49	44	**青海**	**Qinghai**	**18.30**	**15.87**	**20.86**	
六盘水	Liupanshui	7.88	8.43	9.52	98	西宁	Xining	19.06	20.36	28.96	5
遵义	Zunyi	5.92	7.52	9.28	102	海东	Haidong		1.97	2.42	253
安顺	Anshun	3.00	3.89	4.15	229	**宁夏**	**Ningxia**	**10.63**	**9.74**	**10.99**	
毕节	Bijie		0.92	1.48	277	银川	Yinchuan	14.77	15.19	17.90	25
铜仁	Tongren		2.35	3.23	244	石嘴山	Shizuishan	4.28	5.85	6.53	151
云南	**Yunnan**	**9.74**	**11.07**	**11.24**		吴忠	Wuzhong	7.81	10.68	10.74	77
昆明	Kunming	20.63	19.73	20.21	18	固原	Guyuan	3.11	3.35	3.42	241
曲靖	Qujing	9.02	7.97	6.30	160	中卫	Zhongwei	4.24	6.20	5.97	169
玉溪	Yuxi	2.54	4.97	4.77	209	**新疆**	**Xinjiang**	**11.66**	**16.92**	**17.96**	
保山	Baoshan	2.21	2.32	2.33	256	乌鲁木齐	Urumqi	15.56	17.52	17.98	24
昭通	Zhaotong	1.69	2.23	2.18	261	克拉玛依	Karamay	7.97	12.90	17.78	26

能源和环境

Energy and Environment

9-1 全社会用电量
Annual Electricity Consumption

单位：万千瓦时　　　　(10 000 kwh)

地名	City	2010	2014	2015	2015 排名 Ranking
城市合计	**Prefecture Cities**	**218346196**	**275610306**	**265770450**	
北京	**Beijing**	**7909810**	**9139017**	**9527169**	
天津	**Tianjin**	**6753678**	**7943612**	**8006009**	
河北	**Hebei**	**10465004**	**14361552**	**13920622**	
石家庄	Shijiazhuang	1316611	2228556	2257985	23
唐山	Tangshan	4659232	5497923	4970925	6
秦皇岛	Qinhuangdao	467975	664064	934292	72
邯郸	Handan	545290	1522072	1588564	36
邢台	Xingtai	525945	500258	502759	122
保定	Baoding	542218	855893	860936	73
张家口	Zhangjiakou	690420	736234	674483	97
承德	Chengde	512789	444457	437876	135
沧州	Cangzhou	519383	764329	768523	82
廊坊	Langfang	361999	730950	484631	126
衡水	Hengshui	323142	416816	439648	133
山西	**Shanxi**	**4957728**	**5716509**	**5476499**	
太原	Taiyuan	2019443	2058285	2263614	22
大同	Datong	619656	815256	759032	86
阳泉	Yangquan	505641	655615	489988	124
长治	Changzhi	400864	366547	315461	172
晋城	Jincheng	163873	165109	171874	220
朔州	Shuozhou	338164	581519	628978	105
晋中	Jinzhong	200141	308012		
运城	Yuncheng	362119	249151	360009	162
忻州	Xinzhou	79388	139700	125080	237
临汾	Linfen	220486	297718	284278	177
吕梁	Lvliang	47953	79600	78185	250
内蒙古	**Inner Mongolia**	**6469140**	**6840507**	**7971676**	
呼和浩特	Hohhot	1269961	672430	666875	99
包头	Baotou	1909655	2510957	3987210	8
乌海	Wuhai	1180348	1691538	1581939	37
赤峰	Chifeng	454097	581360	567008	114
通辽	Tongliao	597011	763331	543552	116
鄂尔多斯	Erdos	758437	190800	201013	200
呼伦贝尔	Hulunbuir	86271	158470	173799	218
巴彦淖尔	Bayannur	111021	120521	159438	226
乌兰察布	Ulanqab	102339	151100	90842	247
辽宁	**Liaoning**	**11960548**	**12571269**	**11859009**	
沈阳	Shenyang	2033395	2538214	2573527	15
大连	Dalian	1996630	2559994	2556320	16
鞍山	Anshan	1581463	1640013	1600251	35
抚顺	Fushun	1059277	1050452	1118977	59
本溪	Benxi	1256254	1265791	1162230	57
丹东	Dandong	251454			
锦州	Jinzhou	505023	495963	473059	131
营口	Yingkou	889976	1073345	1448246	43
阜新	Fuxin	337270	391497	389899	155
辽阳	Liaoyang	768598	613103		
盘锦	Panjin	482800	528646	536500	118
铁岭	Tieling	96087	151909		
朝阳	Chaoyang	154170	262342		
葫芦岛	Huludao	548151			
吉林	**Jilin**	**3504055**	**4016375**	**3358652**	
长春	Changchun	1286042	1428668	1421374	45
吉林	Jilin	1002543	1254690	979313	68
四平	Siping	383308	246386	196921	202
辽源	Liaoyuan	159424	200806		
通化	Tonghua	216349	203693	198210	201
白山	Baishan	213038	211485	206191	198
松原	Songyuan	195231	349745	356643	164
白城	Baicheng	48120	120902		
黑龙江	**Heilongjiang**	**5180326**	**5916179**	**5617725**	
哈尔滨	Harbin	1323300	1726337	1862722	28
齐齐哈尔	Qiqihar	450000	526015	406786	148
鸡西	Jixi	305225	370144		
鹤岗	Hegang	231981	328852	252668	186
双鸭山	Shuangyashan	193455	233668	471166	132
大庆	Daqing	1656487	1948706	1944520	26
伊春	Yichun	173203	185255		
佳木斯	Jiamusi	127000	182915	185670	211
七台河	Qitaihe	275329	261088	238757	190
牡丹江	Mudanjiang	324664			
黑河	Heihe	59182	85679	187601	208
绥化	Suihua	60500	67520	67835	253
上海	**Shanghai**	**12958700**	**13465607**	**14055500**	
江苏	**Jiangsu**	**17088969**	**25057415**	**26668022**	

注：本章全国数和各省数为城市合计数。

Note: Data of national and provinces are prefecture cities in this chapter.

9-1　全社会用电量　续表 1
Annual Electricity Consumption continued 1

单位：万千瓦时　　　　(10 000 kwh)

地名	City	2010	2014	2015	2015 排名 Ranking
南京	Nanjing	3547502	4704973	4951753	7
无锡	Wuxi	2507785	2720191	2796971	14
徐州	Xuzhou	1499408	1979190	2026364	25
常州	Changzhou	2151749	2804947	3399272	12
苏州	Suzhou	2692950	5454612	5679415	4
南通	Nantong	1097437	1368629	1429832	44
连云港	Lianyungang	331797	954477	658870	100
淮安	Huaian	696662	933676	970705	69
盐城	Yancheng	366404	471912	993589	66
扬州	Yangzhou	609643	1125263	1134269	58
镇江	Zhenjiang	848956	1044933	1102841	60
泰州	Taizhou	399557	784406	800883	78
宿迁	Suqian	339119	710206	723258	92
浙江	**Zhejiang**	**11546484**	**16961502**	**17455944**	
杭州	Hangzhou	3926426	5527078	5595438	5
宁波	Ningbo	2537433	3181606	3451618	11
温州	Wenzhou	1159208	1282475	1246010	53
嘉兴	Jiaxing	738037	1013706	1057122	63
湖州	Huzhou	596188	780792	829917	76
绍兴	Shaoxing	485155	2501567	2531170	17
金华	Jinhua	355567	503986	521467	121
衢州	Quzhou	530607	679802	735490	91
舟山	Zhoushan	315390	352190	348853	165
台州	Taizhou	761636	954879	954079	71
丽水	Lishui	140837	183421	184780	212
安徽	**Anhui**	**5641784**	**7503156**	**7955869**	
合肥	Hefei	856458	1285143	1406197	46
芜湖	Wuhu	527315	936850	966118	70
蚌埠	Bengbu	285422	411497	432109	138
淮南	Huainan	477568	541206	532541	119
马鞍山	Maanshan	972025	1225297	1252880	52
淮北	Huaibei	308658	337644	340303	167
铜陵	Tongling	459581	587698	684374	95
安庆	Anqing	324125	386258	372226	159
黄山	Huangshan	94035	126689	136321	233
滁州	Chuzhou	162978	215919	232407	191
阜阳	Fuyang	248624	295685	437028	137
宿州	Suzhou	206120	338139	341540	166
六安	Liuan	178203	137480	274086	181
亳州	Bozhou	81634	155237	171087	221
池州	Chizhou	164993	322179	168719	222
宣城	Xuancheng	110715	200235	207933	197
福建	**Fujian**	**5007755**	**6737567**	**7454512**	
福州	Fuzhou	937800	1151420	1552008	39
厦门	Xiamen	1550100	2136462	2112934	24
莆田	Putian	436831	603415	744580	89
三明	Sanming	328905	444754	413694	144
泉州	Quanzhou	703472	814315	979710	67
漳州	Zhangzhou	278378	592124	525200	120
南平	Nanping	342977	434571	392724	154
龙岩	Longyan	348570	412825	539439	117
宁德	Ningde	80722	147681	194223	203
江西	**Jiangxi**	**3187234**	**3856675**	**4303781**	
南昌	Nanchang	1008000	1135203	1321467	49
景德镇	Jingdezhen	184497	164325	174366	216
萍乡	Pingxiang	380075	417446	417179	143
九江	Jiujiang	408977	376700	422600	141
新余	Xinyu	638327	762921	776043	81
鹰潭	Yingtan	57414	70268	73344	251
赣州	Ganzhou	160840	384408	404601	150
吉安	Jian	70390	144110	160831	225
宜春	Yichun	111002	173790	194016	204
抚州	Fuzhou	109509	145692	155784	227
上饶	Shangrao	58203	81812	203550	199
山东	**Shandong**	**16401475**	**19728998**	**21092740**	
济南	Jinan	1894606	1850239	1870105	27
青岛	Qingdao	1877516	2010951	2270034	21
淄博	Zibo	2570255	2464849	2412079	20
枣庄	Zaozhuang	536445	672781	615879	109
东营	Dongying	1019390	1535430	1663123	31
烟台	Yantai	972597	1298736	1373205	47
潍坊	Weifang	1058761	1298300	1362674	48
济宁	Jining	781427	967468	1050540	64
泰安	Taian	366252	419444	419444	142
威海	Weihai	435765	682884	681556	96
日照	Rizhao	968785	1277313	1310932	51
莱芜	Laiwu	978714	1079857	996445	65
临沂	Linyi	1207960	1694523	1486876	41
德州	Dezhou	393775	704083	751575	88
聊城	Liaocheng	426778	499881	483462	127

9-1 全社会用电量 续表 2
Annual Electricity Consumption continued 2

单位：万千瓦时 （10 000 kwh）

地名	City	2010	2014	2015	2015 排名 Ranking
滨州	Binzhou	568684	624251	1639540	32
菏泽	Heze	343765	648008	705271	94
河南	**Henan**	**13519063**	**15216779**	**11174675**	
郑州	Zhengzhou	2887213	3639902	3816596	10
开封	Kaifeng	358825	597249		
洛阳	Luoyang	2809681	1877765	1600727	34
平顶山	Pingdingshan	708696	745154		
安阳	Anyang	1291473	1595877	1577446	38
鹤壁	Hebi	268496	373112	363961	161
新乡	Xinxiang	584882	780446	571097	113
焦作	Jiaozuo	1315224	1453974		
濮阳	Puyang	371330	483669	475249	129
许昌	Xuchang	219253	294369	278267	179
漯河	Luohe	249138	318798	339775	169
三门峡	Sanmenxia	281167	163144	173843	217
南阳	Nanyang	634776	1018559	636926	104
商丘	Shangqiu	869297	886005	757226	87
信阳	Xinyang	298002	399437		
周口	Zhoukou	121518	149136	144663	231
驻马店	Zhumadian	250092	440183	438899	134
湖北	**Hubei**	**6927194**	**8183956**	**8473007**	
武汉	Wuhan	3117800	3758831	3928378	9
黄石	Huangshi	638721	652798	654525	101
十堰	Shiyan	375120	410603	407089	147
宜昌	Yichang	779215	733908	768439	83
襄阳	Xiangyang	409771	607442	615733	110
鄂州	Ezhou	553894	640954	626478	106
荆门	Jingmen	227911	405468	473439	130
孝感	Xiaogan	104723	184204	186654	209
荆州	Jingzhou	279168	421260	405404	149
黄冈	Huanggang	62525	91875	123618	238
咸宁	Xianning	234284	159349	151683	230
随州	Suizhou	144062	117264	131567	235
湖南	**Hunan**	**4999429**	**6530483**	**6589034**	
长沙	Changsha	943789	1382042	1501794	40
株洲	Zhuzhou	648163	785926	802654	77
湘潭	Xiangtan	754268	765338	787192	80
衡阳	Hengyang	536875	664705	617643	108
邵阳	Shaoyang	114019	162359	164853	224
岳阳	Yueyang	549906	677738	711974	93
常德	Changde	193930	315314	304728	173
张家界	Zhangjiajie	73793	96667	104980	242
益阳	Yiyang	171642	216124	214634	194
郴州	Chenzhou	340016	387200	383100	158
永州	Yongzhou	190885	221346	212806	195
怀化	Huaihua	213547	173281	189300	206
娄底	Loudi	268596	682443	593376	111
广东	**Guangdong**	**31477111**	**39801987**	**36428264**	
广州	Guangzhou	5629954	6906076	7793233	2
韶关	Shaoguan	459495	649772	582226	112
深圳	Shenzhen	6635406	7799339	8155442	1
珠海	Zhuhai	1022561	1343224	1453705	42
汕头	Shantou	1235327	1716458	1769414	30
佛山	Foshan	4630795	5641251		
江门	Jiangmen	871199	1114644	1208195	54
湛江	Zhanjiang	400813			
茂名	Maoming	398718	654498	671829	98
肇庆	Zhaoqing	331382	331750		
惠州	Huizhou	1173823	1727088	1861589	29
梅州	Meizhou	121340	268178	287630	176
汕尾	Shanwei		235582	142600	232
河源	Heyuan	210168	220338	224645	193
阳江	Yangjiang	179209	420123	626460	107
清远	Qingyuan	454816	949183	1067802	61
东莞	Dongguan	5619998	6609853	6668438	3
中山	Zhongshan	1870513	2376382	2455075	18
潮州	Chaozhou	140303	715688	638534	103
揭阳	Jieyang			767716	84
云浮	Yunfu	91291	122560	53731	254
广西	**Guangxi**	**4456268**	**5737911**	**5804358**	
南宁	Nanning	854042	1108120	1167542	56
柳州	Liuzhou	724039	860562	832719	75
桂林	Guilin	237250	278519	289399	175
梧州	Wuzhou	202829	310085	261215	184
北海	Beihai	132079	367605	383394	157
防城港	Fangchenggang	147347	422054	403075	151
钦州	Qinzhou	141570	403367	370296	160
贵港	Guigang	343170	411743	424338	140
玉林	Yulin	213848	228961	227119	192
百色	Baise	414830	377456	298277	174

9-1 全社会用电量 续表 3
Annual Electricity Consumption continued 3

单位：万千瓦时 （10 000 kwh）

地名	City	2010	2014	2015	2015 排名 Ranking	地名	City	2010	2014	2015	2015 排名 Ranking
贺州	Hezhou	279703	446311	480782	128	丽江	Lijiang	45994	71950	52392	255
河池	Hechi	139620	24269	22515	260	普洱	Puer	51865	81323	80145	249
来宾	Laibin	572247	411153	547943	115	临沧	Lincang	30139	50695	45715	256
崇左	Chongzuo	53694	87706	95744	245	**西藏**	**Tibet**				
海南	**Hainan**	**555888**	**906799**	**977679**		拉萨	Lasa				
海口	Haikou	391263	603390	650243	102	**陕西**	**Shaanxi**	**3134042**	**8266876**	**4263243**	
三亚	Sanya	164625	303186	327436	171	西安	Xi'an	1628535	2356506	2434927	19
三沙	Sansha		223			铜川	Tongchuan	580857	320834	271006	182
重庆	**Chongqing**	**4680337**	**7109800**	**7590866**		宝鸡	Baoji	314362	419031	410478	145
四川	**Sichuan**	**6854005**	**8047620**	**8429568**		咸阳	Xianyang	151402	146007	155040	228
成都	Chengdu	2181060	2332426	2951764	13	渭南	Weinan		93942	96722	244
自贡	Zigong	275748	223555	208588	196	延安	Yan'an	109211	174942	183719	213
攀枝花	Panzhihua	955421	995867	856304	74	汉中	Hanzhong	89406	87124	90620	248
泸州	Luzhou	263020	413954	402039	153	榆林	Yulin	119017	4460800	402184	152
德阳	Deyang	269843	279984	264797	183	安康	Ankang	112652	170968	179373	215
绵阳	Mianyang	288581	484537	489624	125	商洛	Shangluo	28600	36722	39174	258
广元	Guangyuan	314615	367760	385477	156	**甘肃**	**Gansu**	**3573429**	**4843710**	**3178511**	
遂宁	Suining	102545	163434	189834	205	兰州	Lanzhou	1473092	1396678	1315450	50
内江	Neijiang	96161	172595	155037	229	嘉峪关	Jiayuguan	593739	1997466	254000	185
乐山	Leshan	770842	730976	765632	85	金昌	Jinchang				
南充	Nanchong	206736	255705	249609	188	白银	Baiyin	761582	766452	735853	90
眉山	Meishan	224784	185111	188956	207	天水	Tianshui	213493			
宜宾	Yibin	402537	356039	328918	170	武威	Wuwei	126764	146827	125402	236
广安	Guangan	112970	222615	167190	223	张掖	Zhangye	205890	146762	274825	180
达州	Dazhou	204240	429097	409963	146	平凉	Pingliang	80450	87802	117544	239
雅安	Yaan	59498	231986	245397	189	酒泉	Jiuquan	75610	108540	116700	240
巴中	Bazhong	34695	99267	70855	252	庆阳	Qingyang	23000	125313	171967	219
资阳	Ziyang	90709	102712	99584	243	定西	Dingxi	10055	25900	24800	259
贵州	**Guizhou**	**2349165**	**3123981**	**1334960**		陇南	Longnan	9754	41970	41970	257
贵阳	Guiyang	1470703	1576332			**青海**	**Qinghai**	**640184**	**1099259**	**1425438**	
六盘水	Liupanshui	255416	373769			西宁	Xining	640184	765342	1067170	62
遵义	Zunyi	358504	352005	437513	136	海东	Haidong		333917	358268	163
安顺	Anshun	264542	360960	430770	139	**宁夏**	**Ningxia**	**1889815**	**2633658**	**2256405**	
毕节	Bijie		185723	183573	214	银川	Yinchuan	422831			
铜仁	Tongren		275192	283104	178	石嘴山	Shizuishan	1131000	1275043	1176297	55
云南	**Yunnan**	**2701456**	**2270990**	**1013422**		吴忠	Wuzhong	210230	190995	186073	210
昆明	Kunming	919188	1027164			固原	Guyuan	38287	80255	95729	246
曲靖	Qujing	1112400	371745	249759	187	中卫	Zhongwei	87467	1087365	798306	79
玉溪	Yuxi	364793	403260	339855	168	**新疆**	**Xinjiang**	**1556120**	**2020557**	**2107291**	
保山	Baoshan	60468	99748	109792	241	乌鲁木齐	Urumqi	1134410	1498365	1615085	33
昭通	Zhaotong	116609	165105	135764	234	克拉玛依	Karamay	421710	522192	492206	123

9-2 工业用电量
Electricity Consumption for Industry

单位：万千瓦时　　　　　　　　　　　　　　　　　　　　　　　　　　（10 000 kwh）

地名	City	2010	2014	2015	2015 排名 Ranking
城市合计	**Prefecture Cities**	**151670192**	**183021143**	**173668743**	
北京	**Beijing**	**3014775**	**3045114**	**3030638**	
天津	**Tianjin**	**4922699**	**5590727**	**5522952**	
河北	**Hebei**	**8550597**	**11158333**	**10530485**	
石家庄	Shijiazhuang	852086	1374272	1347414	28
唐山	Tangshan	4331561	5028720	4507711	3
秦皇岛	Qinhuangdao	350174	361466	587009	87
邯郸	Handan	419820	1300942	1324833	29
邢台	Xingtai	419107	359026	352351	128
保定	Baoding	326178	524139	507748	100
张家口	Zhangjiakou	545516	524570	463729	105
承德	Chengde	458271	352122	339179	133
沧州	Cangzhou	357235	507571	509854	99
廊坊	Langfang	247687	530294	288899	149
衡水	Hengshui	242962	295211	301758	145
山西	**Shanxi**	**3717136**	**3846831**	**3748767**	
太原	Taiyuan	1504023	1389629	1502621	25
大同	Datong	459594	569453	510008	98
阳泉	Yangquan	425749	460419	383319	121
长治	Changzhi	328940	273251	217486	167
晋城	Jincheng	127458	115152	121943	206
朔州	Shuozhou	269705	473097	531307	94
晋中	Jinzhong	132913	143200		
运城	Yuncheng	247431	103280	209106	171
忻州	Xinzhou	46370	69400	76509	229
临汾	Linfen	145313	171450	170289	185
吕梁	Lvliang	29640	78500	26179	249
内蒙古	**Inner Mongolia**	**4958388**	**5541867**	**6558488**	
呼和浩特	Hohhot	436439	284356	296833	147
包头	Baotou	1776599	2278894	3598478	7
乌海	Wuhai	1129662	1621879	1510889	24
赤峰	Chifeng	272046	381613	358933	126
通辽	Tongliao	523765	592055	422482	114
鄂尔多斯	Erdos	648604	103300	106317	211
呼伦贝尔	Hulunbuir	52418	103441	112532	208
巴彦淖尔	Bayannur	72925	94029	96818	219
乌兰察布	Ulanqab	45930	82300	55206	237
辽宁	**Liaoning**	**8490140**	**9253713**	**8472957**	
沈阳	Shenyang	1059822	1252098	1241167	32
大连	Dalian	1337558	1718429	1677576	17
鞍山	Anshan	1369432	1426556	1376108	27
抚顺	Fushun	946539	902184	848888	52
本溪	Benxi	1161231	1159933	1048092	40
丹东	Dandong	172789	367473		
锦州	Jinzhou	413660	886432	342061	130
营口	Yingkou	742377	277278	1229937	33
阜新	Fuxin	269335	515446	266798	157
辽阳	Liaoyang	534445	442285		
盘锦	Panjin	285697	112751	442330	110
铁岭	Tieling	45332	192848		
朝阳	Chaoyang	101220			
葫芦岛	Huludao	50703			
吉林	**Jilin**	**2591187**	**2782482**	**2212342**	
长春	Changchun	752246	771769	733616	67
吉林	Jilin	885121	1032560	797786	57
四平	Siping	312755	162687	108055	210
辽源	Liaoyuan	123811	162104		
通化	Tonghua	188781	156371	148861	194
白山	Baishan	161697	164083	155608	189
松原	Songyuan	143517	268010	268416	155
白城	Baicheng	23259	64898		
黑龙江	**Heilongjiang**	**3942660**	**4109515**	**3863174**	
哈尔滨	Harbin	721800	812720	852681	51
齐齐哈尔	Qiqihar	340000	373994	242541	162
鸡西	Jixi	248463	209405		
鹤岗	Hegang	171210	231709	188379	177
双鸭山	Shuangyashan	179278	216118	351035	129
大庆	Daqing	1550070	1793604	1789402	16
伊春	Yichun	131004	103258		
佳木斯	Jiamusi	71100	89584	89694	225
七台河	Qitaihe	210970	197474	178257	182
牡丹江	Mudanjiang	255635			
黑河	Heihe	46630	63524	152753	191
绥化	Suihua	16500	18125	18432	253
上海	**Shanghai**	**7866100**	**7713718**	**7870200**	
江苏	**Jiangsu**	**12397483**	**18026583**	**19134079**	

9-2 工业用电量 续表 1
Electricity Consumption for Industry continued 1

单位：万千瓦时 （10 000 kwh）

地名	City	2010	2014	2015	2015 排名 Ranking
南京	Nanjing	2296124	2890160	3005429	9
无锡	Wuxi	1899827	1958780	1981961	15
徐州	Xuzhou	1195500	1530186	1554067	21
常州	Changzhou	1681577	2189134	2680826	10
苏州	Suzhou	1905634	4176415	4328525	4
南通	Nantong	838683	991734	1026505	41
连云港	Lianyungang	191819	666062	450259	109
淮安	Huaian	516414	664984	683777	73
盐城	Yancheng	227718	266677	684717	72
扬州	Yangzhou	407707	751058	747645	65
镇江	Zhenjiang	689165	818367	861712	49
泰州	Taizhou	290497	568423	569914	90
宿迁	Suqian	256818	554603	558742	91
浙江	**Zhejiang**	**8171357**	**11968405**	**11902317**	
杭州	Hangzhou	2583460	3550615	3452332	8
宁波	Ningbo	1938747	2374295	2394546	12
温州	Wenzhou	753824	779475	725358	69
嘉兴	Jiaxing	587923	800089	820919	54
湖州	Huzhou	440622	561503	592623	85
绍兴	Shaoxing	357015	2077161	2074648	13
金华	Jinhua	222253	309239	308270	142
衢州	Quzhou	460348	572386	617113	82
舟山	Zhoushan	198658	189102	181161	180
台州	Taizhou	545261	651513	635014	77
丽水	Lishui	83246	103027	100333	216
安徽	**Anhui**	**3990657**	**5220653**	**5274184**	
合肥	Hefei	369124	561945	624346	79
芜湖	Wuhu	388879	728164	735189	66
蚌埠	Bengbu	182646	268979	276873	153
淮南	Huainan	371191	396236	377158	123
马鞍山	Maanshan	893765	1119492	1142403	35
淮北	Huaibei	259018	250073	248421	160
铜陵	Tongling	413556	523640	594152	84
安庆	Anqing	257552	294530	277016	152
黄山	Huangshan	41119	51207	54465	239
滁州	Chuzhou	109518	131139	136874	197
阜阳	Fuyang	165371	183500	201556	174
宿州	Suzhou	127959	202274	190578	176
六安	Liuan	66602	69318	129620	200
亳州	Bozhou	26748	4809	54517	238
池州	Chizhou	126560	263389	102701	213
宣城	Xuancheng	57343	128058	128315	202
福建	**Fujian**	**2894854**	**3712310**	**4130982**	
福州	Fuzhou	328400	360666	522896	96
厦门	Xiamen	898400	1165134	1144947	34
莆田	Putian	256467	309015	436358	112
三明	Sanming	278242	362426	330567	134
泉州	Quanzhou	439090	484674	623223	80
漳州	Zhangzhou	148700	366840	312084	138
南平	Nanping	277010	347062	303799	144
龙岩	Longyan	242760	263149	359891	125
宁德	Ningde	25785	53344	97217	218
江西	**Jiangxi**	**2127099**	**2478689**	**2696596**	
南昌	Nanchang	526480	597833	664865	74
景德镇	Jingdezhen	153042	122341	127121	204
萍乡	Pingxiang	316468	332835	321194	137
九江	Jiujiang	262010	270100	308500	141
新余	Xinyu	589491	681223	693497	71
鹰潭	Yingtan	23748	24645	25453	250
赣州	Ganzhou	86416	201129	210925	169
吉安	Jian	35592	79210	93396	220
宜春	Yichun	57009	83317	90779	223
抚州	Fuzhou	60230	69698	70116	232
上饶	Shangrao	16613	16358	90750	224
山东	**Shandong**	**12761282**	**14752965**	**15586833**	
济南	Jinan	1174780	974803	938307	46
青岛	Qingdao	1204458	1162828	1248507	31
淄博	Zibo	2272515	2079289	1993512	14
枣庄	Zaozhuang	419488	484804	412663	115
东营	Dongying	933985	1420933	1536771	22
烟台	Yantai	718507	952696	996256	44
潍坊	Weifang	806727	997300	990807	45
济宁	Jining	647455	722794	790510	58
泰安	Taian	229680	227718	227718	165
威海	Weihai	302300	471590	457558	107
日照	Rizhao	835614	1080187	1090757	38
莱芜	Laiwu	904515	975002	888938	47
临沂	Linyi	964392	1288734	1091105	37
德州	Dezhou	294275	569850	554168	92
聊城	Liaocheng	318508	357881	329204	135

9-2 工业用电量 续表 2
Electricity Consumption for Industry continued 2

单位：万千瓦时 （10 000 kwh）

地名	City	2010	2014	2015	2015 排名 Ranking
滨州	Binzhou	494363	502134	1516508	23
菏泽	Heze	239720	484422	523544	95
河南	**Henan**	**11081584**	**11721464**	**7995235**	
郑州	Zhengzhou	2043505	2422899	2468384	11
开封	Kaifeng	249374	408292		
洛阳	Luoyang	2555346	1576153	1600727	19
平顶山	Pingdingshan	607329	610614		
安阳	Anyang	1159916	1408015	1577446	20
鹤壁	Hebi	222285	301965	363961	124
新乡	Xinxiang	435479	575255	571097	89
焦作	Jiaozuo	1252349	1330330		
濮阳	Puyang	302574	396585	475249	102
许昌	Xuchang	155987	205060	278267	151
漯河	Luohe	170967	198865	339775	132
三门峡	Sanmenxia	258708	139293	173843	183
南阳	Nanyang	479639	814146	636926	76
商丘	Shangqiu	751384	696108	757226	64
信阳	Xinyang	172129	215606		
周口	Zhoukou	80191	87160	144663	195
驻马店	Zhumadian	184422	335118	438899	111
湖北	**Hubei**	**4843711**	**5378647**	**8473007**	
武汉	Wuhan	1913385	2140852	3928378	6
黄石	Huangshi	532690	545139	654525	75
十堰	Shiyan	285275	284403	407089	117
宜昌	Yichang	643885	581375	768439	62
襄阳	Xiangyang	280956	389353	615733	83
鄂州	Ezhou	485340	549618	626478	78
荆门	Jingmen	188233	318573	473439	103
孝感	Xiaogan	40662	89356	186654	178
荆州	Jingzhou	196956	288069	405404	118
黄冈	Huanggang	30568	41727	123618	205
咸宁	Xianning	171151	85282	151683	193
随州	Suizhou	74610	64900	131567	199
湖南	**Hunan**	**2921387**	**3842864**	**6589034**	
长沙	Changsha	223612	387454	1501794	26
株洲	Zhuzhou	474020	528818	802654	56
湘潭	Xiangtan	524731	618036	787192	59
衡阳	Hengyang	386342	439636	617643	81
邵阳	Shaoyang	53114	83777	164853	186
岳阳	Yueyang	431862	486999	711974	70
常德	Changde	108220	174566	304728	143
张家界	Zhangjiajie	22700	28345	104980	212
益阳	Yiyang	107980	149696	214634	168
郴州	Chenzhou	128526	282500	383100	122
永州	Yongzhou	117044	116664	98881	217
怀化	Huaihua	93424	39498	43700	245
娄底	Loudi	249812	506875	462791	106
广东	**Guangdong**	**20838729**	**25501400**	**22779462**	
广州	Guangzhou	3054991	3403486	3937448	5
韶关	Shaoguan	329949	474769	403117	119
深圳	Shenzhen	3974097	4722889	4771034	2
珠海	Zhuhai	650805	841790	882783	48
汕头	Shantou	802743	1099622	1139207	36
佛山	Foshan	3515947	4064164		
江门	Jiangmen	595250	759149	836381	53
湛江	Zhanjiang	225598			
茂名	Maoming	320929	467325	470067	104
肇庆	Zhaoqing	218920	191567		
惠州	Huizhou	783682	1197381	1321171	30
梅州	Meizhou	66200	142113	152625	192
汕尾	Shanwei		17415	48251	243
河源	Heyuan	149558	117704	113596	207
阳江	Yangjiang	56118	283100	452202	108
清远	Qingyuan	360047	713755	783486	60
东莞	Dongguan	4355690	4829488	4833053	1
中山	Zhongshan	1289415	1577676	1611559	18
潮州	Chaozhou	28030	523265	411915	116
揭阳	Jieyang			581780	88
云浮	Yunfu	60760	74742	29787	247
广西	**Guangxi**	**3122590**	**3814541**	**3504454**	
南宁	Nanning	392257	576020	355221	127
柳州	Liuzhou	541225	595023	550530	93
桂林	Guilin	100635	96706	91729	222
梧州	Wuzhou	150261	234087	180395	181
北海	Beihai	43609	222366	228716	164
防城港	Fangchenggang	102938	334494	309589	139
钦州	Qinzhou	78640	320105	210167	170
贵港	Guigang	275579	297686	295465	148
玉林	Yulin	139610	110513	101104	215
百色	Baise	379046	314470	235374	163

9-2 工业用电量 续表 3
Electricity Consumption for Industry continued 3

单位：万千瓦时　　　　（10 000 kwh）

地名	City	2010	2014	2015	2015 排名 Ranking
贺州	Hezhou	237294	369142	398215	120
河池	Hechi	109080	16287	13406	256
来宾	Laibin	532059	263404	475596	101
崇左	Chongzuo	40357	64227	58947	235
海南	**Hainan**	**120560**	**229871**	**209218**	
海口	Haikou	99222	160738	160917	188
三亚	Sanya	21338	69133	48301	242
三沙	Sansha				
重庆	**Chongqing**	**3222492**	**4670329**	**4940621**	
四川	**Sichuan**	**4620537**	**4667191**	**4734858**	
成都	Chengdu	1024362	821900	996308	43
自贡	Zigong	206437	129452	108891	209
攀枝花	Panzhihua	883763	899957	758440	63
泸州	Luzhou	196309	249376	264677	158
德阳	Deyang	195635	180184	161756	187
绵阳	Mianyang	122853	269660	270013	154
广元	Guangyuan	239110	266352	284763	150
遂宁	Suining	48909	74126	81691	226
内江	Neijiang	32860	85294	64238	233
乐山	Leshan	676119	494964	590343	86
南充	Nanchong	111330	120833	138932	196
眉山	Meishan	170072	105186	102138	214
宜宾	Yibin	355682	215354	193891	175
广安	Guangan	97967	161666	132699	198
达州	Dazhou	159467	340510	340754	131
雅安	Yaan	34828	177796	182043	179
巴中	Bazhong	10600	26822	16924	254
资阳	Ziyang	54234	47759	46357	244
贵州	**Guizhou**	**1658642**	**2126485**	**804658**	
贵阳	Guiyang	1046488	933877		
六盘水	Liupanshui	178609	338639		
遵义	Zunyi	236815	246269	208505	172
安顺	Anshun	196730	288606	297683	146
毕节	Bijie		105524	80840	227
铜仁	Tongren		213570	217630	166
云南	**Yunnan**	**1286934**	**1522868**	**675703**	
昆明	Kunming	584556	624841		
曲靖	Qujing	239308	284701	172798	184
玉溪	Yuxi	316647	377074	309000	140
保山	Baoshan	36119	56055	64215	234
昭通	Zhaotong	51669	83028	56566	236

地名	City	2010	2014	2015	2015 排名 Ranking
丽江	Lijiang	10781	19444	6596	258
普洱	Puer	29054	47040	42782	246
临沧	Lincang	18800	30685	23746	252
西藏	**Tibet**				
拉萨	Lasa				
陕西	**Shaanxi**	**1665684**	**1907906**	**1783270**	
西安	Xi'an	684755	778543	777750	61
铜川	Tongchuan	542014	262921	205758	173
宝鸡	Baoji	199081	267506	252604	159
咸阳	Xianyang	55866	74460	77986	228
渭南	Weinan		21038	24131	251
延安	Yan'an	57521	92759	128504	201
汉中	Hanzhong	44478	16117	15201	255
榆林	Yulin	24792	356500	267564	156
安康	Ankang	44777	33495	28628	248
商洛	Shangluo	12400	4567	5144	259
甘肃	**Gansu**	**2705184**	**3734808**	**2050372**	
兰州	Lanzhou	1094818	972214	854660	50
嘉峪关	Jiayuguan	536200	1850973	247000	161
金昌	Jinchang				
白银	Baiyin	722682	562507	522537	97
天水	Tianshui	71885			
武威	Wuwei	98117	61400	49080	241
张掖	Zhangye	74661	84994	92188	221
平凉	Pingliang	50326	42726	72277	230
酒泉	Jiuquan	40458	61414	72200	231
庆阳	Qingyang	12422	85930	127180	203
定西	Dingxi	1600	2200	2800	260
陇南	Longnan	2015	10450	10450	257
青海	**Qinghai**	**463297**	**879262**	**1134429**	
西宁	Xining	463297	585092	810018	55
海东	Haidong		294170	324411	136
宁夏	**Ningxia**	**1528125**	**2377040**	**1955351**	
银川	Yinchuan	243696			
石嘴山	Shizuishan	1097000	1230952	1024108	42
吴忠	Wuzhong	176492	182890	153507	190
固原	Guyuan	10483	42240	49285	240
中卫	Zhongwei	454	920958	728451	68
新疆	**Xinjiang**	**1194322**	**1444562**	**1498276**	
乌鲁木齐	Urumqi	813356	985465	1072985	39
克拉玛依	Karamay	380966	459097	425291	113

9-3 城乡居民生活用电量
Household Electricity Consumption for Urban and Rural Residential

单位：万千瓦时 （10 000 kwh）

地名	City	2010	2014	2015	2015 排名 Ranking
城市合计	**Prefecture Cities**	**26605611**	**34624551**	**35432016**	
北京	**Beijing**	**1357608**	**1646395**	**1747586**	
天津	**Tianjin**	**674061**	**780920**	**872934**	
河北	**Hebei**	**653582**	**891680**	**957550**	
石家庄	Shijiazhuang	160102	269869	279503	26
唐山	Tangshan	71259	101443	103020	65
秦皇岛	Qinhuangdao	56242	82208	113888	56
邯郸	Handan	65463	68051	98047	68
邢台	Xingtai	44733	46324	48274	151
保定	Baoding	84365	72143	77010	97
张家口	Zhangjiakou	35338	53148	56022	131
承德	Chengde	25506	33236	34728	188
沧州	Cangzhou	40436	53602	32562	198
廊坊	Langfang	41547	74804	74474	100
衡水	Hengshui	28591	36852	40022	172
山西	**Shanxi**	**464572**	**654588**	**655771**	
太原	Taiyuan	192006	275957	293119	25
大同	Datong	63991	98123	104702	64
阳泉	Yangquan	22000	27697	34417	191
长治	Changzhi	31077	49736	45634	158
晋城	Jincheng	11992	16564	17063	235
朔州	Shuozhou	11786	10583	19245	228
晋中	Jinzhong	27500	31800		
运城	Yuncheng	38926	69868	71814	107
忻州	Xinzhou	12924	14700	14721	242
临汾	Linfen	38178	59560	55056	134
吕梁	Lvliang	14192			
内蒙古	**Inner Mongolia**	**401289**	**583499**	**597108**	
呼和浩特	Hohhot	95054	155984	12092	247
包头	Baotou	129545	186610	240630	32
乌海	Wuhai	19946	28332	29566	212
赤峰	Chifeng	42935	56129	60285	123
通辽	Tongliao	31096	51465	42018	169
鄂尔多斯	Erdos	31428	27400	28738	216
呼伦贝尔	Hulunbuir	12171	26487	28072	218
巴彦淖尔	Bayannur	11814	26492	29561	213
乌兰察布	Ulanqab	27300	24600	17316	233
辽宁	**Liaoning**	**1098409**	**1225413**	**1211590**	
沈阳	Shenyang	384908	422347	469105	13
大连	Dalian	234977	291226	307432	22
鞍山	Anshan	75303	85935	93728	74
抚顺	Fushun	58103	73381	77364	96
本溪	Benxi	45329	50367	53267	138
丹东	Dandong	36615			
锦州	Jinzhou	30059	52032	54785	135
营口	Yingkou	55733	63148	68231	113
阜新	Fuxin	33819	50326	52668	140
辽阳	Liaoyang	33331	44694		
盘锦	Panjin	32821	31964	35010	187
铁岭	Tieling	24832	30255		
朝阳	Chaoyang	23191	29738		
葫芦岛	Huludao	29388			
吉林	**Jilin**	**448369**	**487604**	**402209**	
长春	Changchun	230581	196983	210833	33
吉林	Jilin	84081	138520	78102	94
四平	Siping	24554	22386	23457	225
辽源	Liaoyuan	23889	20088		
通化	Tonghua	22433	29483	30842	208
白山	Baishan	29604	26597	27851	219
松原	Songyuan	19751	29063	31124	205
白城	Baicheng	13476	24484		
黑龙江	**Heilongjiang**	**635467**	**777445**	**791649**	
哈尔滨	Harbin	222400	378636	407410	16
齐齐哈尔	Qiqihar	82000	63797	68028	114
鸡西	Jixi	30625	37654		
鹤岗	Hegang	43249	54337	37059	182
双鸭山	Shuangyashan	12156	9745	60277	124
大庆	Daqing	57902	72714	77539	95
伊春	Yichun	42199	31972		
佳木斯	Jiamusi	35600	44629	43694	165
七台河	Qitaihe	36301	26155	30622	210
牡丹江	Mudanjiang	20609			
黑河	Heihe	8426	8411	17617	231
绥化	Suihua	44000	49395	49403	149
上海	**Shanghai**	**1689500**	**1702338**	**1854900**	
江苏	**Jiangsu**	**2024311**	**2730283**	**2941398**	

9-3 城乡居民生活用电量 续表 1
Household Electricity Consumption for Urban and Rural Residential continued 1

单位：万千瓦时 （10 000 kwh）

地名	City	2010	2014	2015	2015 排名 Ranking
南京	Nanjing	498679	607393	653471	7
无锡	Wuxi	253527	281079	299077	23
徐州	Xuzhou	141959	196026	205909	35
常州	Changzhou	209858	244538	296591	24
苏州	Suzhou	306963	461407	500268	11
南通	Nantong	127471	162618	175631	43
连云港	Lianyungang	60701	125526	82880	90
淮安	Huaian	99924	135105	143722	48
盐城	Yancheng	70189	92015	135184	50
扬州	Yangzhou	90253	172246	177890	42
镇江	Zhenjiang	75045	85213	90455	79
泰州	Taizhou	47193	97115	105863	62
宿迁	Suqian	42549	70002	74457	101
浙江	**Zhejiang**	**1422193**	**1995272**	**2121885**	
杭州	Hangzhou	507378	725608	782675	4
宁波	Ningbo	241472	297208	316098	21
温州	Wenzhou	208993	250194	255942	28
嘉兴	Jiaxing	58899	76542	83976	87
湖州	Huzhou	71259	87347	95636	71
绍兴	Shaoxing	51870	175294	186185	39
金华	Jinhua	60160	87213	93718	75
衢州	Quzhou	33417	48958	51385	144
舟山	Zhoushan	46569	60586	62681	120
台州	Taizhou	118844	153237	158994	44
丽水	Lishui	23332	33085	34595	189
安徽	**Anhui**	**831259**	**941133**	**1083059**	
合肥	Hefei	217548	236034	249159	30
芜湖	Wuhu	63711	77287	87355	83
蚌埠	Bengbu	48319	53101	56462	130
淮南	Huainan	65349	78469	84137	86
马鞍山	Maanshan	36349	37341	39811	174
淮北	Huaibei	27914	45621	45473	159
铜陵	Tongling	22066	24535	37599	181
安庆	Anqing	52671	42360	39287	176
黄山	Huangshan	19121	28245	29960	211
滁州	Chuzhou	21848	27879	30883	206
阜阳	Fuyang	48076	41917	84609	85
宿州	Suzhou	42888	64327	73021	102
六安	Liuan	56625	62091	69776	110
亳州	Bozhou	35170	59529	63859	117

地名	City	2010	2014	2015	2015 排名 Ranking
池州	Chizhou	21751	27015	12050	248
宣城	Xuancheng	23221	35382	79618	93
福建	**Fujian**	**1055245**	**1100836**	**1648616**	
福州	Fuzhou	304700		481105	12
厦门	Xiamen	305720	450383	453778	14
莆田	Putian	107201	175811	184748	40
三明	Sanming	22558	29896	29291	214
泉州	Quanzhou	133423	175721	186491	38
漳州	Zhangzhou	60595	113506	106059	61
南平	Nanping	39163	40586	61072	122
龙岩	Longyan	57237	69010	98729	67
宁德	Ningde	24648	45923	47343	153
江西	**Jiangxi**	**448655**	**605281**	**708492**	
南昌	Nanchang	150960	199910	247592	31
景德镇	Jingdezhen	31098	33760	36972	183
萍乡	Pingxiang	34462	46060	50385	146
九江	Jiujiang	70200	46946	49961	147
新余	Xinyu	35768	38246	39616	175
鹰潭	Yingtan	11214	15516	16672	237
赣州	Ganzhou	32521	91912	96923	70
吉安	Jian	14435	24533	25485	222
宜春	Yichun	24740	41150	45748	157
抚州	Fuzhou	25900	39064	43285	166
上饶	Shangrao	17357	28184	55853	132
山东	**Shandong**	**1569941**	**2099023**	**2329067**	
济南	Jinan	299230	340177	364210	19
青岛	Qingdao	272321	334836	419330	15
淄博	Zibo	148353	188334	201260	37
枣庄	Zaozhuang	94642	91642	96981	69
东营	Dongying	35192	38543	44615	163
烟台	Yantai	105294	144804	152356	45
潍坊	Weifang	85039	133300	140620	49
济宁	Jining	52745	97086	107096	60
泰安	Taian	57868	83030	85981	84
威海	Weihai	56670	84392	92021	78
日照	Rizhao	48845	75214	83474	89
莱芜	Laiwu	35229	49168	52519	141
临沂	Linyi	123951	194529	208581	34
德州	Dezhou	36269	52871	64761	116
聊城	Liaocheng	44024	64793	71182	109

9-3 城乡居民生活用电量 续表 2

Household Electricity Consumption for Urban and Rural Residential continued 2

单位：万千瓦时 （10 000 kwh）

地名	City	2010	2014	2015	2015 排名 Ranking
滨州	Binzhou	31263	53509	60197	125
菏泽	Heze	43006	72795	83883	88
河南	**Henan**	**1046712**	**1407867**	**1441066**	
郑州	Zhengzhou	315780	424997	503104	10
开封	Kaifeng	57665	90528		
洛阳	Luoyang	72949	125852	127776	52
平顶山	Pingdingshan	51892	62462		
安阳	Anyang	71815	92046	95252	73
鹤壁	Hebi	18646	26230	28095	217
新乡	Xinxiang	70908	76122	81899	91
焦作	Jiaozuo	42158	51336		
濮阳	Puyang	32362	40159	44757	161
许昌	Xuchang	34068	43311	47204	154
漯河	Luohe	42714	56411	58954	126
三门峡	Sanmenxia	17918	22591	24037	224
南阳	Nanyang	60995	62235	257389	27
商丘	Shangqiu	59296	94612	99986	66
信阳	Xinyang	51956	72161		
周口	Zhoukou	19238	26603	28801	215
驻马店	Zhumadian	26352	40211	43812	164
湖北	**Hubei**	**993077**	**1232146**	**1013983**	
武汉	Wuhan	535799	614487	542896	8
黄石	Huangshi	40922	49785	53438	137
十堰	Shiyan	38670	60065	63043	119
宜昌	Yichang	69493	62445		
襄阳	Xiangyang	74928	106726	112652	58
鄂州	Ezhou	36387	50565	54063	136
荆门	Jingmen	20556	38313	39894	173
孝感	Xiaogan	37060	53576	56643	129
荆州	Jingzhou	54610	117746		
黄冈	Huanggang	15340	24219	26167	221
咸宁	Xianning	32527	29481	32257	200
随州	Suizhou	36785	24738	32930	197
湖南	**Hunan**	**879530**	**1191875**	**1301296**	
长沙	Changsha	344333	465045	506081	9
株洲	Zhuzhou	69678	92659	114325	55
湘潭	Xiangtan	59897	77682	73021	102
衡阳	Hengyang	62294	84972	88760	81
邵阳	Shaoyang	36190	41039	44685	162
岳阳	Yueyang	54037	81307	89091	80

地名	City	2010	2014	2015	2015 排名 Ranking
常德	Changde	55300	75972	80139	92
张家界	Zhangjiajie	16595	29693	33452	194
益阳	Yiyang	34480	52042	58786	127
郴州	Chenzhou	56680	36200	38500	177
永州	Yongzhou	49100	63472	68766	112
怀化	Huaihua	25477	51551	55200	133
娄底	Loudi	15469	40241	50490	145
广东	**Guangdong**	**4332726**	**6135769**	**5581589**	
广州	Guangzhou	1083087	1449948	1613512	1
韶关	Shaoguan	55542	72527	71538	108
深圳	Shenzhen	826906	1190375	1248873	2
珠海	Zhuhai	136194	197561	202253	36
汕头	Shantou	288603	387602	388056	17
佛山	Foshan	466701	669654		
江门	Jiangmen	69348	101291	147087	46
湛江	Zhanjiang	106028			
茂名	Maoming	36603	98493	105766	63
肇庆	Zhaoqing	37689	56758		
惠州	Huizhou	139134	230258	252564	29
梅州	Meizhou	35330	69457	72787	104
汕尾	Shanwei		120916		
河源	Heyuan	32084	51233	52826	139
阳江	Yangjiang	31657	48305	71817	106
清远	Qingyuan	40970	94578	120337	54
东莞	Dongguan	582056	816385	845497	3
中山	Zhongshan	265870	366395	378158	18
潮州	Chaozhou	81862	92929		
揭阳	Jieyang				
云浮	Yunfu	17062	21104	10518	251
广西	**Guangxi**	**630258**	**992056**	**1044003**	
南宁	Nanning	191656	306532	328045	20
柳州	Liuzhou	90497	130515	132645	51
桂林	Guilin	70495	90056	92620	76
梧州	Wuzhou	26708	33150	33919	192
北海	Beihai	39466	68652	71913	105
防城港	Fangchenggang	24480	32641	36317	185
钦州	Qinzhou	16572	54413	57968	128
贵港	Guigang	41997	72026	75844	98
玉林	Yulin	38762	64379	67389	115
百色	Baise	21376	34009	35210	186

9-3 城乡居民生活用电量 续表 3
Household Electricity Consumption for Urban and Rural Residential continued 3

单位：万千瓦时 （10 000 kwh）

地名	City	2010	2014	2015	2015 排名 Ranking
贺州	Hezhou	25873	46149	49829	148
河池	Hechi	8640	4856	5450	253
来宾	Laibin	25115	40381	41426	170
崇左	Chongzuo	8621	14297	15428	240
海南	**Hainan**	**100808**	**191147**	**215889**	
海口	Haikou	56958	108325	123863	53
三亚	Sanya	43850	82822	92026	77
三沙	Sansha				
重庆	**Chongqing**	**721744**	**1053859**	**1145471**	
四川	**Sichuan**	**1014642**	**1467345**	**1552281**	
成都	Chengdu	420270	570117	732908	6
自贡	Zigong	39970	52421	52074	142
攀枝花	Panzhihua	27562	43942	45846	156
泸州	Luzhou	50600	74459	74499	99
德阳	Deyang	36544	45037	46610	155
绵阳	Mianyang	60907	89902	95624	72
广元	Guangyuan	31677	36673	38356	178
遂宁	Suining	31564	44146	42644	168
内江	Neijiang	35372	48427	49242	150
乐山	Leshan	57018	83783	88739	82
南充	Nanchong	53186	79032	69692	111
眉山	Meishan	33493	42731	44764	160
宜宾	Yibin	43256	80104		
广安	Guangan	7873	19337	17016	236
达州	Dazhou	29887	46538	47791	152
雅安	Yaan	15648	37997	41417	171
巴中	Bazhong	18236	40329	32033	203
资阳	Ziyang	21579	32370	33026	196
贵州	**Guizhou**	**477483**	**645067**	**232115**	
贵阳	Guiyang	298658	425289		
六盘水	Liupanshui	29330			
遵义	Zunyi	121689	105736	113020	57
安顺	Anshun	27806	30940	33476	193
毕节	Bijie		57524	61152	121
铜仁	Tongren		25578	24467	223
云南	**Yunnan**	**441468**	**415932**	**184520**	
昆明	Kunming	334632	243205		
曲靖	Qujing	27810	41753	42778	167
玉溪	Yuxi	21413	26186	30855	207
保山	Baoshan	17052	32922	34571	190
昭通	Zhaotong	14802	33009	33034	195
丽江	Lijiang	7559	12115	12679	245
普洱	Puer	11840	15689	17307	234
临沧	Lincang	6360	11053	13296	244
西藏	**Tibet**				
拉萨	Lasa				
陕西	**Shaanxi**	**605459**	**996274**	**1081403**	
西安	Xi'an	403385	698160	739670	5
铜川	Tongchuan	18917	29198	32200	202
宝鸡	Baoji	38123	59347	63125	118
咸阳	Xianyang	45335	32669	36971	184
渭南	Weinan		35857	37885	180
延安	Yan'an	20309	28615	31796	204
汉中	Hanzhong	23662	21455	38289	179
榆林	Yulin	16238	29800	32201	201
安康	Ankang	28801	45114	51940	143
商洛	Shangluo	10689	16059	17326	232
甘肃	**Gansu**	**260595**	**298805**	**305223**	
兰州	Lanzhou	112937	130194	146989	47
嘉峪关	Jiayuguan	18183	18767	7000	252
金昌	Jinchang				
白银	Baiyin	21171	32285	32458	199
天水	Tianshui	42746			
武威	Wuwei	10457	23123	22824	226
张掖	Zhangye	12446	15750	15824	239
平凉	Pingliang	11834	17284	19075	229
酒泉	Jiuquan	13527	16764	16500	238
庆阳	Qingyang	8356	16963	18478	230
定西	Dingxi	2700	12300	10700	250
陇南	Longnan	6238	15375	15375	241
青海	**Qinghai**	**77600**	**112443**	**121412**	
西宁	Xining	77600	105842	108828	59
海东	Haidong		6601	12584	246
宁夏	**Ningxia**	**96879**	**49443**	**73038**	
银川	Yinchuan	56300			
石嘴山	Shizuishan	14800	17719	21124	227
吴忠	Wuzhong	9900	7310	11162	249
固原	Guyuan	8759	12550	14567	243
中卫	Zhongwei	7120	11864	26185	220
新疆	**Xinjiang**	**152169**	**212813**	**214913**	
乌鲁木齐	Urumqi	131970	183800	184200	41
克拉玛依	Karamay	20199	29013	30713	209

9-4 工业废水排放量
Volume of Industrial Wastewater Discharged

单位：万吨 (10 000 tons)

地名	City	2010	2014	2015	2015 排名 Ranking
城市合计	**Prefecture Cities**	**2254365**	**1951594**	**1908327**	
北京	**Beijing**	**8198**	**9174**	**8978**	
天津	**Tianjin**	**19680**	**19011**	**18973**	
河北	**Hebei**	**111185**	**106550**	**94110**	
石家庄	Shijiazhuang	19254	24024	21964	10
唐山	Tangshan	18170	13973	11914	37
秦皇岛	Qinhuangdao	5608	6273	7264	76
邯郸	Handan	7686	6388	6101	101
邢台	Xingtai	9293	14323	11979	36
保定	Baoding	17866	14200	10913	41
张家口	Zhangjiakou	6983	6204	4573	141
承德	Chengde	6290	1560	1373	253
沧州	Cangzhou	6871	9490	8926	55
廊坊	Langfang	6662	5149	4549	143
衡水	Hengshui	6502	4966	4554	142
山西	**Shanxi**	**45102**	**49262**	**41338**	
太原	Taiyuan	2557	3975	3544	179
大同	Datong	4832	4907	3726	167
阳泉	Yangquan	1134	614	458	275
长治	Changzhi	5241	7951	5816	107
晋城	Jincheng	5188	5741	5673	110
朔州	Shuozhou	1535	1780	1865	228
晋中	Jinzhong	2189	3182	2884	194
运城	Yuncheng	11854	8281	6127	98
忻州	Xinzhou	1452	2691	2582	204
临汾	Linfen	3068	5941	5080	132
吕梁	Lvliang	6052	4199	3583	177
内蒙古	**Inner Mongolia**	**33064**	**32369**	**28797**	
呼和浩特	Hohhot	2374	7249	3111	185
包头	Baotou	4833	3858	4138	151
乌海	Wuhai	4352	1389	1252	256
赤峰	Chifeng	2723	4404	3713	168
通辽	Tongliao	2880	2765	3488	182
鄂尔多斯	Erdos	3377	2388	2957	192
呼伦贝尔	Hulunbuir	6357	5994	5778	108
巴彦淖尔	Bayannur	4718	2621	2874	195
乌兰察布	Ulanqab	1450	1701	1486	244
辽宁	**Liaoning**	**70524**	**90668**	**82870**	
沈阳	Shenyang	6140	9134	7990	65
大连	Dalian	27421	40150	34565	2
鞍山	Anshan	5548	6338	5604	113
抚顺	Fushun	3031	2190	1792	231
本溪	Benxi	2591	2656	5363	121
丹东	Dandong	4070	4327	3625	174
锦州	Jinzhou	3859	3353	3851	159
营口	Yingkou	3197	2795	3041	187
阜新	Fuxin	544	4217	2399	213
辽阳	Liaoyang	2942	6625	6156	97
盘锦	Panjin	2446	4418	4038	155
铁岭	Tieling	1682	1208	1393	252
朝阳	Chaoyang	3823	727	648	269
葫芦岛	Huludao	3230	2530	2405	212
吉林	**Jilin**	**35440**	**36798**	**33095**	
长春	Changchun	5815	5564	3769	162
吉林	Jilin	15584	10491	8478	62
四平	Siping	1385	3225	2130	219
辽源	Liaoyuan	1062	1788	1611	236
通化	Tonghua	6807	10145	12078	34
白山	Baishan	1984	1526	1542	241
松原	Songyuan	751	2174	2131	218
白城	Baicheng	2052	1885	1355	254
黑龙江	**Heilongjiang**	**34920**	**38111**	**32937**	
哈尔滨	Harbin	3283	5188	4809	137
齐齐哈尔	Qiqihar	6089	5689	5174	128
鸡西	Jixi	3057	2008	1413	251
鹤岗	Hegang	2705	3151	3746	163
双鸭山	Shuangyashan	1107	2933	3476	183
大庆	Daqing	8786	3835	3695	170
伊春	Yichun	757	1105	1059	260
佳木斯	Jiamusi	3185	1122	672	268
七台河	Qitaihe	2671	1554	1572	239
牡丹江	Mudanjiang	2793	1276	1108	259
黑河	Heihe	161	1473	1597	238
绥化	Suihua	326	8777	4616	140
上海	**Shanghai**	**36696**	**43939**	**46900**	
江苏	**Jiangsu**	**262031**	**204888**	**204917**	

9-4 工业废水排放量 续表 1

Volume of Industrial Wastewater Discharged continued 1

单位：万吨 (10 000 tons)

地名	City	2010	2014	2015	2015 排名 Ranking
南京	Nanjing	33784	21561	23216	6
无锡	Wuxi	35846	21551	21993	9
徐州	Xuzhou	9122	10774	10968	40
常州	Changzhou	37715	11909	12977	31
苏州	Suzhou	64055	61438	60506	1
南通	Nantong	15708	15809	15470	26
连云港	Lianyungang	3538	6204	7339	74
淮安	Huaian	10484	7989	6984	82
盐城	Yancheng	13028	17472	16193	23
扬州	Yangzhou	9059	8790	8871	57
镇江	Zhenjiang	8187	9085	9059	54
泰州	Taizhou	15493	7376	6943	83
宿迁	Suqian	6012	7930	4397	147
浙江	**Zhejiang**	**216068**	**150137**	**147353**	
杭州	Hangzhou	80468	35370	33807	3
宁波	Ningbo	18970	16546	16098	24
温州	Wenzhou	17008	6020	6278	94
嘉兴	Jiaxing	19812	20636	21947	11
湖州	Huzhou	10888	10020	8611	60
绍兴	Shaoxing	30230	26341	26069	5
金华	Jinhua	12309	7627	7638	70
衢州	Quzhou	12256	12478	12742	32
舟山	Zhoushan	1493	2150	2202	216
台州	Taizhou	5709	6822	6251	95
丽水	Lishui	6926	6127	5710	109
安徽	**Anhui**	**70976**	**69580**	**71436**	
合肥	Hefei	3290	6920	5335	124
芜湖	Wuhu	4305	3900	4933	133
蚌埠	Bengbu	5742	3037	2474	208
淮南	Huainan	5607	10650	9112	52
马鞍山	Maanshan	5563	7338	7695	69
淮北	Huaibei	1818	2277	5378	120
铜陵	Tongling	4512	5693	5338	123
安庆	Anqing	5644	4661	4470	145
黄山	Huangshan	2102	644	737	266
滁州	Chuzhou	7643	5755	5860	105
阜阳	Fuyang	2575	2640	2946	193
宿州	Suzhou	3688	4029	6127	98
六安	Liuan	3436	2740	2443	210
亳州	Bozhou	1527	2755	3502	181
池州	Chizhou	1485	2648	1422	249
宣城	Xuancheng	6883	3893	3665	171
福建	**Fujian**	**124159**	**102034**	**90407**	
福州	Fuzhou	4920	4681	4439	146
厦门	Xiamen	4457	27380	21398	12
莆田	Putian	1700	2633	2644	199
三明	Sanming	15816	12091	9986	46
泉州	Quanzhou	19544	19258	19185	16
漳州	Zhangzhou	62845	23963	21198	13
南平	Nanping	9399	7216	6219	96
龙岩	Longyan	3977	3315	3807	161
宁德	Ningde	1501	1497	1530	243
江西	**Jiangxi**	**72481**	**64841**	**76913**	
南昌	Nanchang	10536	8656	10016	45
景德镇	Jingdezhen	5296	6852	6720	89
萍乡	Pingxiang	1808	1903	1549	240
九江	Jiujiang	8784	10739	16784	20
新余	Xinyu	5681	4746	5654	111
鹰潭	Yingtan	4725	2216	2531	206
赣州	Ganzhou	10437	11434	12510	33
吉安	Jian	11201	3251	3733	166
宜春	Yichun	4286	7072	7824	67
抚州	Fuzhou	4543	2924	3057	186
上饶	Shangrao	5184	5048	6534	90
山东	**Shandong**	**208261**	**180021**	**185494**	
济南	Jinan	5594	7880	7415	72
青岛	Qingdao	10800	10989	10566	44
淄博	Zibo	21212	16445	15556	25
枣庄	Zaozhuang	16185	10345	9485	51
东营	Dongying	10559	8624	7819	68
烟台	Yantai	8386	9181	9762	50
潍坊	Weifang	21496	27101	27402	4
济宁	Jining	16212	16408	16663	21
泰安	Taian	4579	9299	9771	49
威海	Weihai	2872	2710	2598	203
日照	Rizhao	9977	7542	6735	87
莱芜	Laiwu	2659	1610	1654	235
临沂	Linyi	10077	10161	10830	43
德州	Dezhou	19335	7941	7930	66
聊城	Liaocheng	20873	8873	8892	56

9-4 工业废水排放量 续表 2
Volume of Industrial Wastewater Discharged continued 2

单位：万吨 (10 000 tons)

地名	City	2010	2014	2015	2015 排名 Ranking	地名	City	2010	2014	2015	2015 排名 Ranking
滨州	Binzhou	15013	15622	22522	7	常德	Changde	12575	10202	9799	48
菏泽	Heze	12432	9290	9894	47	张家界	Zhangjiajie	429	546	541	272
河南	**Henan**	**143284**	**127208**	**126718**		益阳	Yiyang	7548	4794	5388	118
郑州	Zhengzhou	13484	14704	19394	15	郴州	Chenzhou	6768	8898	8682	59
开封	Kaifeng	5462	8832	7166	79	永州	Yongzhou	3854	3811	3619	175
洛阳	Luoyang	5741	6849	6844	85	怀化	Huaihua	6471	6454	5382	119
平顶山	Pingdingshan	6107	5957	5252	126	娄底	Loudi	9856	5519	4806	138
安阳	Anyang	15585	4962	4208	149	**广东**	**Guangdong**	**186359**	**174473**	**164630**	
鹤壁	Hebi	5680	3721	3640	173	广州	Guangzhou	26023	19181	18608	18
新乡	Xinxiang	16098	17795	15155	28	韶关	Shaoguan	6028	8180	5600	114
焦作	Jiaozuo	21807	13489	13928	30	深圳	Shenzhen	9001	12115	19077	17
濮阳	Puyang	9370	6381	7024	81	珠海	Zhuhai	6124	4936	5934	104
许昌	Xuchang	3371	4942	7039	80	汕头	Shantou	6150	5516	5840	106
漯河	Luohe	7849	2396	1676	234	佛山	Foshan	26683	16413	16336	22
三门峡	Sanmenxia	3602	6969	7321	75	江门	Jiangmen	11457	17284	14055	29
南阳	Nanyang	11070	6650	6322	93	湛江	Zhanjiang	5455	6558	6049	102
商丘	Shangqiu	4354	4186	4863	136	茂名	Maoming	5523	6027	4111	153
信阳	Xinyang	4487	2070	2086	221	肇庆	Zhaoqing	8844	10093	8097	64
周口	Zhoukou	2852	11098	8818	58	惠州	Huizhou	6029	8465	8595	61
驻马店	Zhumadian	6365	6207	5983	103	梅州	Meizhou	3431	4379	3743	165
湖北	**Hubei**	**88192**	**78183**	**76394**		汕尾	Shanwei	3679	1920	2074	222
武汉	Wuhan	22465	17097	15452	27	河源	Heyuan	3247	1548	1482	245
黄石	Huangshi	7749	5812	5313	125	阳江	Yangjiang	3125	2306	2966	191
十堰	Shiyan	2700	2112	2105	220	清远	Qingyuan	3055	5126	4864	135
宜昌	Yichang	14484	17763	18130	19	东莞	Dongguan	29992	28396	20429	14
襄阳	Xiangyang	11328	8412	8184	63	中山	Zhongshan	11381	8072	7455	71
鄂州	Ezhou	2073	1710	1734	232	潮州	Chaozhou	4237	2796	2544	205
荆门	Jingmen	7177	3825	3568	178	揭阳	Jieyang	3369	3848	5594	115
孝感	Xiaogan	5928	4900	4540	144	云浮	Yunfu	3526	1314	1179	258
荆州	Jingzhou	6104	9923	10897	42	**广西**	**Guangxi**	**140094**	**72925**	**62551**	
黄冈	Huanggang	3704	3011	2989	189	南宁	Nanning	12426	9087	7198	78
咸宁	Xianning	2462	1918	1876	227	柳州	Liuzhou		7559	7354	73
随州	Suizhou	2018	1700	1606	237	桂林	Guilin	3527	3828	3008	188
湖南	**Hunan**	**93658**	**79515**	**74660**		梧州	Wuzhou	4085	4161	3652	172
长沙	Changsha	4336	4397	5102	130	北海	Beihai	1369	1920	1817	229
株洲	Zhuzhou	7900	5929	3967	156	防城港	Fangchenggang	5889	1732	1441	247
湘潭	Xiangtan	7557	5260	5165	129	钦州	Qinzhou	4093	3982	3712	169
衡阳	Hengyang	7180	6466	6103	100	贵港	Guigang	15762	3501	3243	184
邵阳	Shaoyang	6939	6771	4732	139	玉林	Yulin	3838	2910	2378	214
岳阳	Yueyang	12245	10468	11375	39	百色	Baise	4698	6293	4200	150

9-4 工业废水排放量 续表 3
Volume of Industrial Wastewater Discharged continued 3

单位：万吨 (10 000 tons)

地名	City	2010	2014	2015	2015 排名 Ranking	地名	City	2010	2014	2015	2015 排名 Ranking
贺州	Hezhou	2946	2227	2984	190	丽江	Lijiang	132	294	309	279
河池	Hechi	23701	15751	12051	35	普洱	Puer	2456	2366	3588	176
来宾	Laibin	51252	6484	6772	86	临沧	Lincang	2290	3682	6441	91
崇左	Chongzuo	6508	3490	2740	197	**西藏**	**Tibet**				
海南	**Hainan**	**536**	**822**	**1069**		拉萨	Lasa				
海口	Haikou	513	776	697	267	**陕西**	**Shaanxi**	**47084**	**34349**	**33911**	
三亚	Sanya	23	46	53	283	西安	Xi'an	13840	6340	5204	127
三沙	Sansha					铜川	Tongchuan	328	402	398	277
重庆	**Chongqing**	**45180**	**34968**	**35524**		宝鸡	Baoji	11521	4612	5445	116
四川	**Sichuan**	**88742**	**59821**	**77513**		咸阳	Xianyang	7149	4906	5646	112
成都	Chengdu	12558	10064	11454	38	渭南	Weinan	3245	4084	4363	148
自贡	Zigong	2781	1684	1693	233	延安	Yan'an	1390	2114	2510	207
攀枝花	Panzhihua	1904	2553	2432	211	汉中	Hanzhong	2244	2512		
泸州	Luzhou	6267	3084	3745	164	榆林	Yulin	5099	6255	7224	77
德阳	Deyang	5448	6506	5411	117	安康	Ankang	292	464	479	274
绵阳	Mianyang	9492	5614	6890	84	商洛	Shangluo	1976	2660	2643	200
广元	Guangyuan	2783	329	407	276	**甘肃**	**Gansu**	**13727**	**18465**	**17383**	
遂宁	Suining	3560	1478	1419	250	兰州	Lanzhou	2529	4563	4138	151
内江	Neijiang	2654	2789	2617	201	嘉峪关	Jiayuguan	2566	2172	2743	196
乐山	Leshan	6342	4588	5098	131	金昌	Jinchang	1614	2180	2027	224
南充	Nanchong	1133	2537	2614	202	白银	Baiyin	1463	565	569	270
眉山	Meishan	10409	3974	6402	92	天水	Tianshui	475	489	495	273
宜宾	Yibin	12256	8560	22125	8	武威	Wuwei	741	986	946	262
广安	Guangan	2547	1758	1337	255	张掖	Zhangye	987	2218	1918	225
达州	Dazhou	3225	2222	2068	223	平凉	Pingliang	1410	1500	1886	226
雅安	Yaan	1943	967	815	265	酒泉	Jiuquan	733	1537	947	261
巴中	Bazhong	827	294	165	282	庆阳	Qingyang	180	400	252	280
资阳	Ziyang	2613	820	822	264	定西	Dingxi	187	289	246	281
贵州	**Guizhou**	**9214**	**21945**	**20689**		陇南	Longnan	842	1566	1214	257
贵阳	Guiyang	2380	2895	2700	198	**青海**	**Qinghai**	**4052**	**4441**	**2523**	
六盘水	Liupanshui	3912	4093	4099	154	西宁	Xining	4052	2555	2200	217
遵义	Zunyi	2203	2778	2447	209	海东	Haidong		1886	323	278
安顺	Anshun	719	1681	1429	248	**宁夏**	**Ningxia**	**20144**	**12401**	**13557**	
毕节	Bijie		9852	9103	53	银川	Yinchuan	5894	5496	4874	134
铜仁	Tongren		646	911	263	石嘴山	Shizuishan	1864	1808	2369	215
云南	**Yunnan**	**17911**	**27997**	**31722**		吴忠	Wuzhong	6944	2042	1811	230
昆明	Kunming	4435	3747	3917	158	固原	Guyuan	142	249	553	271
曲靖	Qujing	3078	3014	3847	160	中卫	Zhongwei	5300	2806	3951	157
玉溪	Yuxi	1510	5456	5352	122	**新疆**	**Xinjiang**	**7402**	**6698**	**4963**	
保山	Baoshan	3645	7941	6727	88	乌鲁木齐	Urumqi	5822	4849	3521	180
昭通	Zhaotong	365	1497	1540	242	克拉玛依	Karamay	1580	1849	1442	246

9-5 工业二氧化硫产生量
Volume of Industrial Sulfur Dioxide Produced

单位：吨 (ton)

地名	City	2010	2014	2015	2015 排名 Ranking	地名	City	2010	2014	2015	2015 排名 Ranking
城市合计	**Prefecture Cities**	**48709109**	**57160293**	**54762829**		沈阳	Shenyang	180971	243710	273014	62
北京	**Beijing**	**154714**	**135115**	**64153**		大连	Dalian	204728	244056	294137	54
天津	**Tianjin**	**554913**	**850132**	**522273**		鞍山	Anshan	121609	145786	151313	106
河北	**Hebei**	**3555783**	**3310903**	**2847972**		抚顺	Fushun	144582	149600	132665	116
石家庄	Shijiazhuang	632407	663236	501117	22	本溪	Benxi	75810	80375	70583	192
唐山	Tangshan	701127	740545	628018	13	丹东	Dandong	35079	79571	82249	180
秦皇岛	Qinhuangdao	548320	145768	120882	130	锦州	Jinzhou	101369	83682	84441	179
邯郸	Handan	515933	586707	538360	18	营口	Yingkou	69711	109198	104187	151
邢台	Xingtai	179565	194440	185680	86	阜新	Fuxin	157607	174800	149065	107
保定	Baoding	237581	219270	156546	100	辽阳	Liaoyang	77044	95900	97187	160
张家口	Zhangjiakou	265797	255850	215975	78	盘锦	Panjin		103347	85389	178
承德	Chengde	159338	159640	154262	101	铁岭	Tieling	140951	125836	153904	103
沧州	Cangzhou	135489	147270	151529	105	朝阳	Chaoyang	66953	114595	120968	129
廊坊	Langfang	74751	94919	79440	183	葫芦岛	Huludao	638852	553317	693823	10
衡水	Hengshui	105475	103258	116163	136	**吉林**	**Jilin**	**511216**	**559502**	**638657**	
山西	**Shanxi**	**2644736**	**4053622**	**3729248**		长春	Changchun	112175	133673	137383	114
太原	Taiyuan	350273	355358	403333	32	吉林	Jilin	122243	122893	182591	90
大同	Datong	436932	416657	379510	35	四平	Siping	77582	79774	63723	202
阳泉	Yangquan	223007	219777	213631	79	辽源	Liaoyuan	32061	40320	36702	226
长治	Changzhi	333920	442252	387694	34	通化	Tonghua	67420	60951	38489	220
晋城	Jincheng	176688	276500	240544	72	白山	Baishan	37918	46327	79327	184
朔州	Shuozhou	175921	405131	309196	46	松原	Songyuan	32850	36432	42728	216
晋中	Jinzhong	124278	424964	456661	25	白城	Baicheng	28967	39132	37714	222
运城	Yuncheng	151000	612791	721992	8	**黑龙江**	**Heilongjiang**	**415623**	**454005**	**502791**	
忻州	Xinzhou	172985	242905			哈尔滨	Harbin	128767	113820	105642	148
临汾	Linfen	287411	426160	364047	39	齐齐哈尔	Qiqihar	5478	5977	67726	196
吕梁	Lvliang	212321	231127	252640	65	鸡西	Jixi	25101	33952	32398	239
内蒙古	**Inner Mongolia**	**3795508**	**4185540**	**3931892**		鹤岗	Hegang	24173	34944	27582	243
呼和浩特	Hohhot	384596	393934	304917	49	双鸭山	Shuangyashan	40926	37959	35666	230
包头	Baotou	924157	630287	726457	7	大庆	Daqing	66066	77622	77690	185
乌海	Wuhai	118277	337824	308784	47	伊春	Yichun	15542	17543	19241	253
赤峰	Chifeng	674615	891003	1144214	5	佳木斯	Jiamusi	18484	18282	17343	257
通辽	Tongliao	97437	387560	373732	37	七台河	Qitaihe	32797	30589	34593	232
鄂尔多斯	Erdos	608990	647117	109718	143	牡丹江	Mudanjiang	23839	33320	36926	225
呼伦贝尔	Hulunbuir	95436	123814	135013	115	黑河	Heihe	21452	35919	33029	236
巴彦淖尔	Bayannur	87000	508822	585249	14	绥化	Suihua	12998	14078	14955	261
乌兰察布	Ulanqab	805000	265179	243808	67	**上海**	**Shanghai**	**534287**			
辽宁	**Liaoning**	**2015266**	**2303779**	**2492925**		**江苏**	**Jiangsu**	**2709267**	**3209411**	**3129681**	

9-5 工业二氧化硫产生量 续表 1
Volume of Industrial Sulfur Dioxide Produced continued 1

单位：吨 (ton)

地名	City	2010	2014	2015	2015 排名 Ranking
南京	Nanjing	247183	507606	312605	45
无锡	Wuxi	308886	278794	290621	57
徐州	Xuzhou	425868	444121	419694	31
常州	Changzhou	163211	110419	115078	138
苏州	Suzhou	573794	638883	661600	11
南通	Nantong	244521	244851	262711	63
连云港	Lianyungang	47127	114664	96321	163
淮安	Huaian	70442	119333	113037	140
盐城	Yancheng	65793	132401	183001	89
扬州	Yangzhou	190889	166530	216162	77
镇江	Zhenjiang	278518	284521	241513	70
泰州	Taizhou	54921	128556	182475	91
宿迁	Suqian	38114	38732	34863	231
浙江	**Zhejiang**	**2245192**	**1614224**	**1597798**	
杭州	Hangzhou	152743	152375	140100	110
宁波	Ningbo	1113077	523571	507373	21
温州	Wenzhou	130896	128921	131729	117
嘉兴	Jiaxing	165327	195558	178125	93
湖州	Huzhou	91657	78149	87347	175
绍兴	Shaoxing	109282	113557	129453	119
金华	Jinhua	105761	98044	98515	157
衢州	Quzhou	87053	99019	86591	176
舟山	Zhoushan	28533	39478	68860	194
台州	Taizhou	231382	157472	143954	108
丽水	Lishui	29481	28080	25751	248
安徽	**Anhui**	**2289845**	**3410598**	**3345038**	
合肥	Hefei	88612	126306	119283	131
芜湖	Wuhu	84325	138477	105450	149
蚌埠	Bengbu	52635	49246	45895	215
淮南	Huainan	222552	248381	234192	74
马鞍山	Maanshan	127116	182522	164727	98
淮北	Huaibei	67488	96760	76541	186
铜陵	Tongling	1354264	2072207	2123459	1
安庆	Anqing	34955	176689	126564	121
黄山	Huangshan	4106	3009	2971	277
滁州	Chuzhou	22179	38918	38136	221
阜阳	Fuyang	55607	17033	47356	213
宿州	Suzhou	55977	70983	65656	199
六安	Liuan	16009	31717	42447	217
亳州	Bozhou	17485	15505	15911	259

地名	City	2010	2014	2015	2015 排名 Ranking
池州	Chizhou	65994	111827	100457	156
宣城	Xuancheng	20541	31018	35993	228
福建	**Fujian**	**880845**	**982776**	**891914**	
福州	Fuzhou	268501	231020	176146	94
厦门	Xiamen	51324	54056	54057	208
莆田	Putian	37862	31140	32980	237
三明	Sanming	65810	91366	101592	154
泉州	Quanzhou	201383	269179	300811	52
漳州	Zhangzhou	96277	149937	103441	153
南平	Nanping	23035	18647	20360	252
龙岩	Longyan	57174	72945	49645	210
宁德	Ningde	79479	64486	52882	209
江西	**Jiangxi**	**2050073**	**2506443**	**2578715**	
南昌	Nanchang	59236	87369	91485	168
景德镇	Jingdezhen	37697	74876	73625	188
萍乡	Pingxiang	97716	97498	108398	145
九江	Jiujiang	147956	306153	369764	38
新余	Xinyu	115191	108349	115660	137
鹰潭	Yingtan	1218008	1302918	1326991	4
赣州	Ganzhou	76996	77550	75132	187
吉安	Jian	100872	114382	117487	133
宜春	Yichun	100768	200608	188210	85
抚州	Fuzhou	22750	23791	24042	250
上饶	Shangrao	72883	112949	87921	173
山东	**Shandong**	**4139011**	**6747141**	**7075764**	
济南	Jinan	134811	252648	243133	68
青岛	Qingdao	249237	281878	296032	53
淄博	Zibo	585756	560955	536628	20
枣庄	Zaozhuang	138117	222604	259631	64
东营	Dongying	302430	427807	456406	26
烟台	Yantai	379429	446408	558352	17
潍坊	Weifang	537249	375387	454718	27
济宁	Jining	303173	482431	498139	23
泰安	Taian	258971	247665	242404	69
威海	Weihai	48206	141598	127371	120
日照	Rizhao	157050	178928	180430	92
莱芜	Laiwu	222368	229455	221905	76
临沂	Linyi	239915	260693	344655	41
德州	Dezhou	276317	226741	285179	59
聊城	Liaocheng		1178524	631746	12

9-5 工业二氧化硫产生量 续表 2
Volume of Industrial Sulfur Dioxide Produced continued 2

单位：吨 (ton)

地名	City	2010	2014	2015	2015 排名 Ranking	地名	City	2010	2014	2015	2015 排名 Ranking
滨州	Binzhou	115957	1031178	1528878	2	常德	Changde	131054	97795	96853	162
菏泽	Heze	190025	202241	210157	81	张家界	Zhangjiajie	25431	27970	32821	238
河南	**Henan**	**2710276**	**3050289**	**2933530**		益阳	Yiyang	121031	120594	112095	141
郑州	Zhengzhou	236478	385942	339627	42	郴州	Chenzhou	210815	289133	293555	55
开封	Kaifeng	110851	130470	124563	123	永州	Yongzhou	38879	32883	26064	247
洛阳	Luoyang	604247	444064	376923	36	怀化	Huaihua	77314	79762	56125	205
平顶山	Pingdingshan	261442	263148	302178	50	娄底	Loudi	72165	155930	172105	95
安阳	Anyang	255365	373443	354757	40	**广东**	**Guangdong**	**1695842**	**2637261**	**2592112**	
鹤壁	Hebi	91614	133137	124271	125	广州	Guangzhou		442516	436882	29
新乡	Xinxiang	154789	195467	167685	97	韶关	Shaoguan	97034	111500	92049	167
焦作	Jiaozuo	90234	192654	237752	73	深圳	Shenzhen	35185	34696	36247	227
濮阳	Puyang	44202	54732	63980	201	珠海	Zhuhai	103011	66364	87884	174
许昌	Xuchang	130235	88698	100935	155	汕头	Shantou	110955	99575	71798	190
漯河	Luohe	62548	47141	35845	229	佛山	Foshan	179563	203486	185163	87
三门峡	Sanmenxia	225850	311129	301716	51	江门	Jiangmen	169116	174934	139309	112
南阳	Nanyang	170148	142594	124292	124	湛江	Zhanjiang	87870	103098	104192	150
商丘	Shangqiu	83516	88311	97668	159	茂名	Maoming	93774	499468	469897	24
信阳	Xinyang	102995	103984	96200	164	肇庆	Zhaoqing	31933	44704	47265	214
周口	Zhoukou	22533	20305	18926	254	惠州	Huizhou	101397		62177	203
驻马店	Zhumadian	63229	75070	66212	198	梅州	Meizhou	102294	129739	114157	139
湖北	**Hubei**	**1566690**	**1940437**	**2050354**		汕尾	Shanwei	43303	64149	89524	171
武汉	Wuhan	268458	263100	240635	71	河源	Heyuan	47015			
黄石	Huangshi	610269	808080	807180	6	阳江	Yangjiang	38929	75607	80428	181
十堰	Shiyan	28801	24886	26291	246	清远	Qingyuan	56743	31699	30170	240
宜昌	Yichang	124435	179381	226869	75	东莞	Dongguan	274618	279406	288924	58
襄阳	Xiangyang	80594	70660	89870	170	中山	Zhongshan	22306	32170	33174	235
鄂州	Ezhou	102837	97475	110821	142	潮州	Chaozhou	16900	71979	67741	195
荆门	Jingmen	116182	98395	87946	172	揭阳	Jieyang	42493	103518	95311	165
孝感	Xiaogan	84852	123300	121798	127	云浮	Yunfu	41403	68653	59820	204
荆州	Jingzhou	71553	107307	183153	88	**广西**	**Guangxi**	**1382290**	**1551922**	**1291694**	
黄冈	Huanggang	39005	54679	54366	207	南宁	Nanning	54230	120533	106351	146
咸宁	Xianning	35104	108744	98453	158	柳州	Liuzhou	126966	152283	116597	135
随州	Suizhou	4600	4430	2972	276	桂林	Guilin	102305	68493	71145	191
湖南	**Hunan**	**1411676**	**1405597**	**1553620**		梧州	Wuzhou	11095	14621	13918	264
长沙	Changsha	70420	43417	47813	212	北海	Beihai	32370	38537	36950	224
株洲	Zhuzhou	290997	41003	293208	56	防城港	Fangchenggang	108131	70735	65291	200
湘潭	Xiangtan	99847	111754	97034	161	钦州	Qinzhou	19552	47604	39572	219
衡阳	Hengyang	100990	157459	154172	102	贵港	Guigang	114339	77666	69419	193
邵阳	Shaoyang	25913	113482	47894	211	玉林	Yulin	8626	12946	11501	267
岳阳	Yueyang	146820	134415	123881	126	百色	Baise		198574	201022	84

9-5 工业二氧化硫产生量 续表 3
Volume of Industrial Sulfur Dioxide Produced continued 3

单位：吨 (ton)

地名	City	2010	2014	2015	2015 排名 Ranking
贺州	Hezhou	28875	117214	56026	206
河池	Hechi	592086	310021	284394	60
来宾	Laibin	175308	312216	208696	83
崇左	Chongzuo	8407	10479	10812	270
海南	**Hainan**		**1775**	**4533**	
海口	Haikou		1773	3504	275
三亚	Sanya		2	1029	279
三沙	Sansha				
重庆	**Chongqing**	**1526334**	**1410745**	**1178991**	
四川	**Sichuan**	**1459810**	**1773583**	**1431590**	
成都	Chengdu	108723	146175	116920	134
自贡	Zigong	42410	28211	21396	251
攀枝花	Panzhihua	130898	200429	139682	111
泸州	Luzhou	172233	143651	129549	118
德阳	Deyang	104563	31331	33314	233
绵阳	Mianyang	100727	77144	67169	197
广元	Guangyuan	26359	19221	24182	249
遂宁	Suining	10327	12147	11414	268
内江	Neijiang	156181	188314	121467	128
乐山	Leshan	70095	68183	72411	189
南充	Nanchong	10606	8257	8063	272
眉山	Meishan	29959	22648	27932	242
宜宾	Yibin	173926	451583	320138	43
广安	Guangan	147595	230156	212366	80
达州	Dazhou	127835	99575	86402	177
雅安	Yaan	38712	38178	29647	241
巴中	Bazhong	2816	1711	2039	278
资阳	Ziyang	5845	6669	7499	273
贵州	**Guizhou**	**2138193**	**1698527**	**1813116**	
贵阳	Guiyang	343061	180976	103564	152
六盘水	Liupanshui	570386	166900	563462	16
遵义	Zunyi	79026	390438	308211	48
安顺	Anshun	202357	151806	156559	99
毕节	Bijie	797859	698245	572477	15
铜仁	Tongren	145504	110162	108843	144
云南	**Yunnan**	**996320**	**1419727**	**1290532**	
昆明	Kunming	450000	400385	400153	33
曲靖	Qujing	396341	691433	712158	9
玉溪	Yuxi	74301	123370	36993	223
保山	Baoshan	15043	15438	14204	262
昭通	Zhaotong	14561	144157	92842	166
丽江	Lijiang	7500	6787	6748	274
普洱	Puer	10483	10973		
临沧	Lincang	28091	27184	27434	244
西藏	**Tibet**	**923**			
拉萨	Lasa	923			
陕西	**Shaanxi**	**1721115**	**1649999**	**1637475**	
西安	Xi'an	98000	161752	138258	113
铜川	Tongchuan	21423	90645	79617	182
宝鸡	Baoji	266468	89710	91003	169
咸阳	Xianyang	144177	189972	246090	66
渭南	Weinan	766550	468454	452362	28
延安	Yan'an	22308	19724	13535	265
汉中	Hanzhong	101544	63636		
榆林	Yulin	266500	383356	421903	30
安康	Ankang	11028	12120	14097	263
商洛	Shangluo	23117	170630	170610	96
甘肃	**Gansu**	**2458952**	**2479066**	**2494375**	
兰州	Lanzhou	180421	159262	153484	104
嘉峪关	Jiayuguan	87240	99093	125547	122
金昌	Jinchang	1364205	1461388	1450374	3
白银	Baiyin	594422	517755	538025	19
天水	Tianshui	18993	16895	15227	260
武威	Wuwei	1560	17172	17656	256
张掖	Zhangye	41408	42318	33255	234
平凉	Pingliang	128787	116233	105892	147
酒泉	Jiuquan	18581	19340	18367	255
庆阳	Qingyang	7381	9091	8692	271
定西	Dingxi	6051	9241	11137	269
陇南	Longnan	9903	11278	16719	258
青海	**Qinghai**	**115142**	**246182**	**132547**	
西宁	Xining	115142	137946	119196	132
海东	Haidong		108236	13351	266
宁夏	**Ningxia**	**849266**	**1126694**	**589434**	
银川	Yinchuan	262375	396558		
石嘴山	Shizuishan	264907	368237	313240	44
吴忠	Wuzhong	218768	254045	209106	82
固原	Guyuan	38538	47551	40634	218
中卫	Zhongwei	64678	60303	26454	245
新疆	**Xinjiang**	**180000**	**445304**	**420105**	
乌鲁木齐	Urumqi	130000	280235	279813	61
克拉玛依	Karamay	50000	165069	140292	109

9-6 工业二氧化硫排放量
Volume of Sulfur Dioxide Emission

单位：吨 (ton)

地名	City	2010	2014	2015	2015 排名 Ranking
城市合计	**Prefecture Cities**	**16931974**	**15862826**	**14132718**	
北京	**Beijing**	**56844**	**40347**	**22070**	
天津	**Tianjin**	**217620**	**195395**	**154605**	
河北	**Hebei**	**994138**	**1042440**	**829414**	
石家庄	Shijiazhuang	137934	156030	113652	14
唐山	Tangshan	238061	250761	214723	1
秦皇岛	Qinhuangdao	44737	65512	46689	111
邯郸	Handan	161805	145946	110193	16
邢台	Xingtai	96139	90924	76035	50
保定	Baoding	53984	64676	49850	102
张家口	Zhangjiakou	92997	75894	61858	78
承德	Chengde	71294	71938	55393	93
沧州	Cangzhou	25832	39803	32712	168
廊坊	Langfang	32302	46320	38390	141
衡水	Hengshui	39053	34636	29919	180
山西	**Shanxi**	**1094983**	**1077939**	**920003**	
太原	Taiyuan	94233	83648	64656	69
大同	Datong	97416	115853	95973	26
阳泉	Yangquan	109377	88855	78128	48
长治	Changzhi	121102	120102	86495	37
晋城	Jincheng	98125	77983	74377	53
朔州	Shuozhou	137040	99458	64376	71
晋中	Jinzhong	96699	99895	91219	33
运城	Yuncheng	121407	134217	119527	10
忻州	Xinzhou	78831	64074	78967	47
临汾	Linfen	66627	88229	68424	63
吕梁	Lvliang	74126	105625	97861	24
内蒙古	**Inner Mongolia**	**934607**	**1033629**	**917974**	
呼和浩特	Hohhot	74041	91360	67279	65
包头	Baotou	174718	189430	176130	3
乌海	Wuhai	100000	104786	80594	45
赤峰	Chifeng	47524	120094	105309	19
通辽	Tongliao	78030	118600	91766	32
鄂尔多斯	Erdos	225519	195409	199358	2
呼伦贝尔	Hulunbuir	99489	79905	81404	44
巴彦淖尔	Bayannur	72370	76139	60576	81
乌兰察布	Ulanqab	62916	57906	55558	92
辽宁	**Liaoning**	**796959**	**926032**	**869326**	
沈阳	Shenyang	77385	131344	97839	25
大连	Dalian	78866	94370	95796	27
鞍山	Anshan	77532	116010	114229	13
抚顺	Fushun	50553	54283	46684	112
本溪	Benxi	87528	65470	52554	99
丹东	Dandong	27955	30544	32721	167
锦州	Jinzhou	61739	38535	42438	124
营口	Yingkou	77072	59092	46052	114
阜新	Fuxin	52912	109144	93342	31
辽阳	Liaoyang	30513	45633	43606	121
盘锦	Panjin	17561	55450	50123	101
铁岭	Tieling	52802	25274	36739	149
朝阳	Chaoyang	41530	45693	63451	75
葫芦岛	Huludao	63011	58190	53752	97
吉林	**Jilin**	**287362**	**295243**	**269047**	
长春	Changchun	60528	56210	52369	100
吉林	Jilin	66448	68005	63191	76
四平	Siping	56644	42980	34056	160
辽源	Liaoyuan	11048	20458	19438	220
通化	Tonghua	38143	38151	40201	134
白山	Baishan	24097	19253	14123	249
松原	Songyuan	16846	34615	30115	178
白城	Baicheng	13608	15571	15554	244
黑龙江	**Heilongjiang**	**404438**	**257817**	**255729**	
哈尔滨	Harbin	54000	60028	49346	103
齐齐哈尔	Qiqihar	54940	4357	32861	166
鸡西	Jixi	19762	21879	17665	231
鹤岗	Hegang	32703	13749	13740	250
双鸭山	Shuangyashan	54489	21231	18086	227
大庆	Daqing	60515	38435	34170	157
伊春	Yichun	10515	17543	17778	228
佳木斯	Jiamusi	37268	11688	10008	263
七台河	Qitaihe	18767	16548	14280	247
牡丹江	Mudanjiang	42691	20291	21546	211
黑河	Heihe	16790	18888	17488	233
绥化	Suihua	1998	13180	8761	267
上海	**Shanghai**	**221476**	**155360**	**104900**	
江苏	**Jiangsu**	**1207743**	**870175**	**814439**	

9-6 工业二氧化硫排放量 续表 1
Volume of Sulfur Dioxide Emission continued 1

单位：吨 (ton)

地名	City	2010	2014	2015	2015 排名 Ranking	地名	City	2010	2014	2015	2015 排名 Ranking
南京	Nanjing	115507	103949	101021	23	池州	Chizhou	21847	19881	17345	234
无锡	Wuxi	99857	78847	76092	49	宣城	Xuancheng	10045	19357	19195	222
徐州	Xuzhou	85851	111130	102162	20	**福建**	**Fujian**	**384135**	**337586**	**316967**	
常州	Changzhou	48000	35308	34420	156	福州	Fuzhou	93635	56385	55370	94
苏州	Suzhou	496377	168413	150010	7	厦门	Xiamen	44454	16144	17028	235
南通	Nantong	60740	61812	55062	95	莆田	Putian	17648	9076	11082	260
连云港	Lianyungang	34430	47569	41579	128	三明	Sanming	63064	43586	37567	145
淮安	Huaian	39597	43055	68540	62	泉州	Quanzhou	53546	110699	94699	28
盐城	Yancheng	31966	45519	41338	130	漳州	Zhangzhou	19017	37650	35538	152
扬州	Yangzhou	65994	44357	42415	125	南平	Nanping	34933	18334	20029	217
镇江	Zhenjiang	56402	54579	46329	113	龙岩	Longyan	40931	29006	27976	184
泰州	Taizhou	52950	54224	34170	157	宁德	Ningde	16907	16706	17678	230
宿迁	Suqian	20072	21413	21301	214	**江西**	**Jiangxi**	**469134**	**517407**	**515660**	
浙江	**Zhejiang**	**548291**	**560082**	**526049**		南昌	Nanchang	30636	37049	30399	177
杭州	Hangzhou	88682	80349	63814	74	景德镇	Jingdezhen	35902	29352	29515	182
宁波	Ningbo	109840	118102	101980	21	萍乡	Pingxiang	42358	88039	83117	42
温州	Wenzhou	61788	34125	37316	147	九江	Jiujiang	66817	79681	79995	46
嘉兴	Jiaxing	67198	77133	67924	64	新余	Xinyu	45654	54292	54027	96
湖州	Huzhou	50976	36521	40226	133	鹰潭	Yingtan	25501	22238	21564	210
绍兴	Shaoxing	54882	64935	59980	83	赣州	Ganzhou	29559	51365	57431	89
金华	Jinhua	28045	35036	39542	137	吉安	Jian	48140	34918	38322	142
衢州	Quzhou	26322	48069	46792	110	宜春	Yichun	86721	65333	66593	67
舟山	Zhoushan	22634	11481	12379	255	抚州	Fuzhou	22366	19708	19676	219
台州	Taizhou	24552	28083	31868	172	上饶	Shangrao	35480	35432	35021	153
丽水	Lishui	13372	26248	24228	201	**山东**	**Shandong**	**1382874**	**1358880**	**1219965**	
安徽	**Anhui**	**483911**	**474266**	**420038**		济南	Jinan	70297	67842	70327	59
合肥	Hefei	31988	42364	40829	132	青岛	Qingdao	86190	64029	64029	73
芜湖	Wuhu	40765	38706	38064	143	淄博	Zibo	163602	184431	158349	6
蚌埠	Bengbu	17735	16407	15926	242	枣庄	Zaozhuang	75952	56171	59560	84
淮南	Huainan	98680	59492	60934	80	东营	Dongying	70995	48312	47860	106
马鞍山	Maanshan	60543	58819	48713	105	烟台	Yantai	88047	75464	57531	88
淮北	Huaibei	51200	44621	45320	119	潍坊	Weifang	116122	120567	106599	17
铜陵	Tongling	40126	31436	27813	186	济宁	Jining	118716	104519	83194	41
安庆	Anqing	17409	16014	14738	245	泰安	Taian	67699	47937	43417	122
黄山	Huangshan	2440	3009	2971	279	威海	Weihai	31785	30669	24663	198
滁州	Chuzhou	13451	20525	18516	226	日照	Rizhao	49592	41228	42128	126
阜阳	Fuyang	10405	50657	16827	237	莱芜	Laiwu	58497	66176	64055	72
宿州	Suzhou	14847	26452	25897	190	临沂	Linyi	87757	92327	88976	35
六安	Liuan	15809	14279	14290	246	德州	Dezhou	103475	68658	69924	61
亳州	Bozhou	14579	12247	12660	254	聊城	Liaocheng	71865	81585	70863	57

9-6 工业二氧化硫排放量 续表 2

Volume of Sulfur Dioxide Emission continued 2

单位：吨 (ton)

地名	City	2010	2014	2015	2015 排名 Ranking	地名	City	2010	2014	2015	2015 排名 Ranking
滨州	Binzhou	70668	140026	93909	30	常德	Changde	47728	38704	33333	162
菏泽	Heze	51615	68939	64581	70	张家界	Zhangjiajie	6379	26369	25652	191
河南	**Henan**	**1072032**	**1000036**	**884823**		益阳	Yiyang	62145	47525	44136	120
郑州	Zhengzhou	116857	120909	106498	18	郴州	Chenzhou	40587	38256	36337	151
开封	Kaifeng	28322	42655	41152	131	永州	Yongzhou	20762	23654	22303	208
洛阳	Luoyang	211027	104422	119073	11	怀化	Huaihua	42160	37677	39561	136
平顶山	Pingdingshan	114674	103362	113094	15	娄底	Loudi	75132	94980	87777	36
安阳	Anyang	93059	130511	94295	29	**广东**	**Guangdong**	**794914**	**684039**	**626074**	
鹤壁	Hebi	48337	39460	37425	146	广州	Guangzhou		56527	47846	107
新乡	Xinxiang	40145	54095	49020	104	韶关	Shaoguan	48325	40285	33099	165
焦作	Jiaozuo	78217	52883	38881	138	深圳	Shenzhen	32641	8079	4132	278
濮阳	Puyang	23670	21509	21449	212	珠海	Zhuhai	35587	20681	21946	209
许昌	Xuchang	22772	35202	34469	155	汕头	Shantou	25002	26784	22423	206
漯河	Luohe	17907	16916	11565	258	佛山	Foshan	99100	71984	67108	66
三门峡	Sanmenxia	114668	102888	70259	60	江门	Jiangmen	44712	52000	45590	117
南阳	Nanyang	51762	63008	46828	108	湛江	Zhanjiang	43785	20377	29599	181
商丘	Shangqiu	31116	32624	33202	164	茂名	Maoming	33665	30425	31793	173
信阳	Xinyang	48900	31423	23958	204	肇庆	Zhaoqing	31420	30962	30944	175
周口	Zhoukou	11926	19088	18870	223	惠州	Huizhou	33058	28941	28683	183
驻马店	Zhumadian	18673	29081	24785	197	梅州	Meizhou	42405	36470	27213	188
湖北	**Hubei**	**488409**	**411223**	**449583**		汕尾	Shanwei	17585	10427	12807	253
武汉	Wuhan	87256	84500	75035	51	河源	Heyuan	21692	10118	11739	257
黄石	Huangshi	74480	65513	63048	77	阳江	Yangjiang	16102	24129	24066	202
十堰	Shiyan	25210	17530	15986	239	清远	Qingyuan	54614	22511	21325	213
宜昌	Yichang	69389	5969	72771	56	东莞	Dongguan	99913	106710	84940	38
襄阳	Xiangyang	46861	36726	33617	161	中山	Zhongshan	46050	22278	24430	200
鄂州	Ezhou	42527	32875	38776	139	潮州	Chaozhou	13338	12578	12868	252
荆门	Jingmen	41168	34602	34602	154	揭阳	Jieyang	20321	23829	22906	205
孝感	Xiaogan	36275	39800	34081	159	云浮	Yunfu	35599	27944	20617	215
荆州	Jingzhou	30111	46842	39744	135	**广西**	**Guangxi**	**773395**	**431786**	**385508**	
黄冈	Huanggang	13922	15339	16746	238	南宁	Nanning	65696	32077	30678	176
咸宁	Xianning	13400	23510	22400	207	柳州	Liuzhou		45967	41865	127
随州	Suizhou	7810	8017	2777	280	桂林	Guilin	48181	32687	32204	170
湖南	**Hunan**	**603667**	**550399**	**511481**		梧州	Wuzhou	48800	10136	10817	261
长沙	Changsha	54678	19576	15952	241	北海	Beihai	34185	11689	12184	256
株洲	Zhuzhou	57883	39589	36464	150	防城港	Fangchenggang	31585	24445	27855	185
湘潭	Xiangtan	66704	39173	38038	144	钦州	Qinzhou	44140	16313	15967	240
衡阳	Hengyang	56543	75889	73232	55	贵港	Guigang	66744	22310	24007	203
邵阳	Shaoyang	15852	15225	15612	243	玉林	Yulin	73031	9303	9944	264
岳阳	Yueyang	57114	53782	43084	123	百色	Baise	80179	90105	56359	91

9-6 工业二氧化硫排放量 续表 3
Volume of Sulfur Dioxide Emission continued 3

单位：吨 (ton)

地名	City	2010	2014	2015	2015 排名 Ranking
贺州	Hezhou	26667	11147	9193	266
河池	Hechi	59315	46834	46824	109
来宾	Laibin	171282	71627	60145	82
崇左	Chongzuo	23590	7146	7466	269
海南	**Hainan**	**104**	**1775**	**3399**	
海口	Haikou	92	1773	2517	281
三亚	Sanya	12	2	208	283
三沙	Sansha				
重庆	**Chongqing**	**572747**	**474805**	**426800**	
四川	**Sichuan**	**859458**	**657121**	**571603**	
成都	Chengdu	61928	50754	37224	148
自贡	Zigong	36611	24761	17732	229
攀枝花	Panzhihua	100568	107066	82227	43
泸州	Luzhou	91275	33745	30076	179
德阳	Deyang	22641	20009	18570	225
绵阳	Mianyang	46081	34586	32026	171
广元	Guangyuan	35365	18151	18807	224
遂宁	Suining	10989	6765	6658	274
内江	Neijiang	64586	92236	70516	58
乐山	Leshan	77516	42721	45402	118
南充	Nanchong	5733	7090	7091	270
眉山	Meishan	20818	21192	20159	216
宜宾	Yibin	86786	91234	84078	40
广安	Guangan	74851	44993	41366	129
达州	Dazhou	85222	48069	45767	116
雅安	Yaan	6652	5933	5277	277
巴中	Bazhong	8676	1709	2037	282
资阳	Ziyang	23160	6107	6590	275
贵州	**Guizhou**	**387562**	**571840**	**450422**	
贵阳	Guiyang	84508	70533	57192	90
六盘水	Liupanshui	88517	193500	136992	8
遵义	Zunyi	66804	96579	74921	52
安顺	Anshun	147733	51518	33221	163
毕节	Bijie		132279	123308	9
铜仁	Tongren		27431	24788	196
云南	**Yunnan**	**309400**	**355275**	**358428**	
昆明	Kunming	94265	61456	74017	54
曲靖	Qujing	172800	161422	171413	5
玉溪	Yuxi	10056	46766	32385	169
保山	Baoshan	7169	15333	14131	248
昭通	Zhaotong	9037	27976	25273	194
丽江	Lijiang	3723	6787	6748	272
普洱	Puer	8723	8351	7718	268
临沧	Lincang	3627	27184	26743	189
西藏	**Tibet**				
拉萨	Lasa				
陕西	**Shaanxi**	**707045**	**575868**	**483813**	
西安	Xi'an	81504	62604	38691	140
铜川	Tongchuan	16343	17262	16891	236
宝鸡	Baoji	57851	28183	31706	174
咸阳	Xianyang	86305	57183	52734	98
渭南	Weinan	287814	139781	118845	12
延安	Yan'an	11196	16332	19314	221
汉中	Hanzhong	37980	28350		
榆林	Yulin	110499	198409	174540	4
安康	Ankang	5983	9301	11274	259
商洛	Shangluo	11570	18463	19818	218
甘肃	**Gansu**	**413130**	**468629**	**437991**	
兰州	Lanzhou	69800	67616	61240	79
嘉峪关	Jiayuguan	24518	54199	59247	85
金昌	Jinchang	86896	104327	101975	22
白银	Baiyin	110014	98142	91141	34
天水	Tianshui	7412	6839	6715	273
武威	Wuwei	4830	32727	17501	232
张掖	Zhangye	21084	29713	25297	193
平凉	Pingliang	59643	29190	27802	187
酒泉	Jiuquan	14500	24851	24584	199
庆阳	Qingyang	4084	6175	6233	276
定西	Dingxi	3707	8092	9447	265
陇南	Longnan	6642	6758	6809	271
青海	**Qinghai**	**72874**	**175008**	**71047**	
西宁	Xining	72874	66772	57696	87
海东	Haidong		108236	13351	251
宁夏	**Ningxia**	**264353**	**256184**	**231312**	
银川	Yinchuan	24150	67563	64883	68
石嘴山	Shizuishan	112839	89315	84650	39
吴忠	Wuzhong	77043	54812	45940	115
固原	Guyuan	4210	10543	10326	262
中卫	Zhongwei	46111	33951	25513	192
新疆	**Xinjiang**	**128370**	**106240**	**84248**	
乌鲁木齐	Urumqi	94146	71251	58978	86
克拉玛依	Karamay	34224	34989	25270	195

9-7 工业烟（粉）尘去除量
Volume of Industrial Soot (dust) Removed

单位：吨 (ton)

地名	City	2010	2014	2015	2015 排名 Ranking
城市合计	**Prefecture Cities**	**350039826**	**691897889**	**655728800**	
北京	**Beijing**	**1907537**		**1461648**	
天津	**Tianjin**	**4844544**	**4802256**	**4315652**	
河北	**Hebei**	**28066850**	**54282342**	**43241109**	
石家庄	Shijiazhuang	3823559	7497334	7486919	9
唐山	Tangshan	9065052	16278773	15185393	1
秦皇岛	Qinhuangdao	1621884	2267943	34702	275
邯郸	Handan	3436523	9027095	7812778	8
邢台	Xingtai	1380090	3702987	2515733	88
保定	Baoding	1384577	2056423	2209535	106
张家口	Zhangjiakou	4047624	6148376	3006891	77
承德	Chengde	1023200	1765018	1626751	141
沧州	Cangzhou	1063010	1532345	1160990	178
廊坊	Langfang	395438	3347615	1447955	156
衡水	Hengshui	825893	658433	753462	203
山西	**Shanxi**	**22497240**	**47617558**	**38508097**	
太原	Taiyuan	3245803	5408795	5246343	29
大同	Datong	431046	6011611	5993180	20
阳泉	Yangquan	824681	2088577	1693348	134
长治	Changzhi	3861692	6640091	6042986	19
晋城	Jincheng	1161946	1735288	1739244	130
朔州	Shuozhou	5329117	5983363	4987258	32
晋中	Jinzhong	1238888	2578840	3311732	69
运城	Yuncheng	2655982	3905188	3607531	61
忻州	Xinzhou	1460688	3500654		
临汾	Linfen	1038993	6876585	2374761	96
吕梁	Lvliang	1248404	2888566	3511714	64
内蒙古	**Inner Mongolia**	**22565763**	**32247831**	**41768152**	
呼和浩特	Hohhot	114583	6860926	5701152	22
包头	Baotou	3925911	5469039	4216201	40
乌海	Wuhai	1667838	5433227	4293383	38
赤峰	Chifeng	2482606	3798845	4310555	37
通辽	Tongliao	4206570	138062	5305588	28
鄂尔多斯	Erdos	4566000	124340	8040326	5
呼伦贝尔	Hulunbuir	2077043	3936620	3844650	48
巴彦淖尔	Bayannur	978778	2519184	2199506	108
乌兰察布	Ulanqab	2546434	3967588	3856791	47
辽宁	**Liaoning**	**21224033**	**28724523**	**32178414**	

地名	City	2010	2014	2015	2015 排名 Ranking
沈阳	Shenyang	2343064	2196455	2334267	98
大连	Dalian	2166019	3807882	7366014	11
鞍山	Anshan	2580049	1670745	1888674	123
抚顺	Fushun	3994381	2291111	2056574	117
本溪	Benxi	323802	2592825	2669598	86
丹东	Dandong	414370	1257913	1145180	179
锦州	Jinzhou	707539	837639	844310	199
营口	Yingkou	1596373	2580725	2696106	85
阜新	Fuxin	1514400	2354531	1836238	125
辽阳	Liaoyang	171719	2306126	2396946	94
盘锦	Panjin	267218	909629	632349	213
铁岭	Tieling	2999867	3501566	3296167	71
朝阳	Chaoyang	467571	951872	1626376	142
葫芦岛	Huludao	1677661	1465504	1389615	162
吉林	**Jilin**	**9128389**	**16693025**	**13338057**	
长春	Changchun	1577651	4337678	3717363	55
吉林	Jilin	3390524	4252994	2934920	79
四平	Siping	924900	2034156	1683520	136
辽源	Liaoyuan	707543	1199201	866698	198
通化	Tonghua	1074155	1838429	1430439	157
白山	Baishan	1213714	1514562	1254067	173
松原	Songyuan	143791	891108	721348	207
白城	Baicheng	96111	624897	729702	205
黑龙江	**Heilongjiang**	**11328804**	**15945411**	**16234675**	
哈尔滨	Harbin	1639587	4037566	3148205	74
齐齐哈尔	Qiqihar	24757	29691	1565112	145
鸡西	Jixi	867134	1881824	2140164	109
鹤岗	Hegang	177308	1301598	1448019	155
双鸭山	Shuangyashan	377889	1693758	1576453	144
大庆	Daqing	4225279	1563708	1640692	140
伊春	Yichun	345971	453674	588557	218
佳木斯	Jiamusi	757180	1160382	1261846	172
七台河	Qitaihe	1765183	1854627	880454	197
牡丹江	Mudanjiang	349417	1202549	1237481	174
黑河	Heihe	425501	671368	606405	216
绥化	Suihua	373598	94666	141287	260
上海	**Shanghai**	**4723090**			
江苏	**Jiangsu**	**23441959**	**42929954**	**47216493**	

9-7 工业烟（粉）尘去除量 续表 1
Volume of Industrial Soot(dust) Removed continued 1

单位：吨 (ton)

地名	City	2010	2014	2015	2015 排名 Ranking
南京	Nanjing	3008848	6114125	5357300	27
无锡	Wuxi	3506771	4873747	4764700	34
徐州	Xuzhou	5639852	8181975	7987091	7
常州	Changzhou	1359084	2173108	4067111	42
苏州	Suzhou	3904745	7849047	10061067	3
南通	Nantong	1635979	2924283	2485741	89
连云港	Lianyungang		1544957	1825028	126
淮安	Huaian	1445387	1874621	2104539	112
盐城	Yancheng	489295	1358389	2311278	102
扬州	Yangzhou	90948	1691498	1907204	121
镇江	Zhenjiang	1416549	3052319	3645751	59
泰州	Taizhou	72843	928192	469729	232
宿迁	Suqian	119105	363693	229954	253
浙江	**Zhejiang**	**12466130**	**28157885**	**26259582**	
杭州	Hangzhou	1061174	4784180	4051457	43
宁波	Ningbo	5777233	6597575	5442015	25
温州	Wenzhou	865893	1348755	1284938	169
嘉兴	Jiaxing	1121435	2922035	1904108	122
湖州	Huzhou	789284	2027604	3494066	65
绍兴	Shaoxing	307883	1729989	1495554	149
金华	Jinhua	728650	3114667	2459854	91
衢州	Quzhou	370438	4206090	3700211	56
舟山	Zhoushan	272331	325475	569783	220
台州	Taizhou	1147402	960603	1717268	133
丽水	Lishui	24407	140912	140328	261
安徽	**Anhui**	**16851337**	**39057103**	**40026620**	
合肥	Hefei	1435799	4864206	2885409	80
芜湖	Wuhu	254236	7188528	7329900	12
蚌埠	Bengbu	550887	227479	321846	246
淮南	Huainan	5840534	6496033	6391684	16
马鞍山	Maanshan	1703589	5431240	5389014	26
淮北	Huaibei	1545903	1287371	1662324	139
铜陵	Tongling	1097855	4703491	5165042	30
安庆	Anqing	734522	2153353	3562187	63
黄山	Huangshan	5135	42205	43019	272
滁州	Chuzhou	29396	1376410	2334058	100
阜阳	Fuyang	1186166	1320780	1060486	185
宿州	Suzhou	793298	2155629	1274283	170
六安	Liuan	98168	327710	513355	227
亳州	Bozhou	11428	49845	57222	269

地名	City	2010	2014	2015	2015 排名 Ranking
池州	Chizhou	439507	718966	729013	206
宣城	Xuancheng	75705	713857	1307778	168
福建	**Fujian**	**6713858**	**19339152**	**16695487**	
福州	Fuzhou	1373417	2886372	2350083	97
厦门	Xiamen	617166	423863	382164	237
莆田	Putian	197220	223180	209743	255
三明	Sanming	1339433	3871269	3755142	53
泉州	Quanzhou	1033656	1981612	1960612	120
漳州	Zhangzhou	699910	1211555	733393	204
南平	Nanping	768104	610402	482502	229
龙岩	Longyan	684258	7320244	6296387	17
宁德	Ningde	694	810655	525461	226
江西	**Jiangxi**	**8359036**	**18344060**	**18758118**	
南昌	Nanchang	127397	1252864	1054130	186
景德镇	Jingdezhen	660735	1024855	1027688	190
萍乡	Pingxiang	690514	1034558	1510709	148
九江	Jiujiang	1084513	2002599	1987152	118
新余	Xinyu	667668	1658748	1787351	128
鹰潭	Yingtan	471387	1285686	1032990	189
赣州	Ganzhou	196978	2565055	3153445	73
吉安	Jian	676147	719380	1006798	193
宜春	Yichun	2491643	3604521	3258673	72
抚州	Fuzhou	5240	140680	141773	259
上饶	Shangrao	1286814	3055114	2797409	83
山东	**Shandong**	**35964478**	**71873761**	**70647032**	
济南	Jinan	2186420	4305431	3767260	50
青岛	Qingdao	2178880	2404803	2086111	113
淄博	Zibo	3240587	6955712	7370423	10
枣庄	Zaozhuang	1522004	6409548	6045562	18
东营	Dongying	1173165	1423289	1479335	152
烟台	Yantai	1883089	4102029	4533270	36
潍坊	Weifang	3068977	5387158	5695250	23
济宁	Jining	4482982	8600962	5752961	21
泰安	Taian	1808673	2029038	1331415	165
威海	Weihai	493462	1309543	1321194	166
日照	Rizhao	1197323	3459088	3682298	58
莱芜	Laiwu	2155712	4200942	3724701	54
临沂	Linyi	2218632	4957824	4972378	33
德州	Dezhou	3011137	2219795	2389303	95
聊城	Liaocheng	2135341	3172588	4174764	41

9-7 工业烟（粉）尘去除量 续表 2
Volume of Industrial Soot(dust) Removed continued 2

单位：吨 (ton)

地名	City	2010	2014	2015	2015 排名 Ranking	地名	City	2010	2014	2015	2015 排名 Ranking
滨州	Binzhou	2172529	8677100	10201990	2	常德	Changde	196202	1502560	1201528	175
菏泽	Heze	1035565	2258911	2118817	110	张家界	Zhangjiajie	57707	334068	442628	234
河南	**Henan**	**26628529**	**50317350**	**51040141**		益阳	Yiyang	88506	778514	1077610	184
郑州	Zhengzhou	3555305	8619200	9804325	4	郴州	Chenzhou	1924006	3462492	2575147	87
开封	Kaifeng	818221	1022165	1021103	191	永州	Yongzhou	10764	1452115	1522170	147
洛阳	Luoyang	3096929	6761538	5668806	24	怀化	Huaihua	97636	806739	687060	210
平顶山	Pingdingshan	4280392	5617585	5083848	31	娄底	Loudi	298526	2916260	3328510	68
安阳	Anyang	1397165	3518208	3981374	45	**广东**	**Guangdong**	**9136944**	**25845035**	**19810731**	
鹤壁	Hebi	1387207	1412551	1675491	137	广州	Guangzhou		3119780	3115823	75
新乡	Xinxiang	1275577	3274983	3762698	51	韶关	Shaoguan	1268622	673067	1336921	164
焦作	Jiaozuo	1357532	3187317	3982090	44	深圳	Shenzhen	408996	390471	267496	248
濮阳	Puyang	563181	2184333	1965889	119	珠海	Zhuhai	760362	525518	832981	201
许昌	Xuchang	1189415	2275190	2468794	90	汕头	Shantou	496129	703315	602944	217
漯河	Luohe	284380	762102	642703	212	佛山	Foshan	996915	1605703	1310850	167
三门峡	Sanmenxia	2109958	3524338	3685267	57	江门	Jiangmen	1136126	1370895	1410625	160
南阳	Nanyang	2544585	3852996	3401715	67	湛江	Zhanjiang	107101	826750	1010989	192
商丘	Shangqiu	1177934	1056985	1136173	181	茂名	Maoming	166538	753003	707061	208
信阳	Xinyang	723665	1325762	1194797	177	肇庆	Zhaoqing	170016	549137	538425	225
周口	Zhoukou	64854	80557	79027	265	惠州	Huizhou	106689		2212279	105
驻马店	Zhumadian	802229	1841540	1486041	150	梅州	Meizhou	774751	5736871	254749	250
湖北	**Hubei**	**11727777**	**23802951**	**20594953**		汕尾	Shanwei	35523	417247	564553	221
武汉	Wuhan	2473257	2800000	3760858	52	河源	Heyuan	6872			
黄石	Huangshi	2608460	3890436	3874211	46	阳江	Yangjiang	95603	959509	619505	215
十堰	Shiyan	479368	1023569	925820	196	清远	Qingyuan	563497	3137998	390916	236
宜昌	Yichang	360634	3334979	1364681	163	东莞	Dongguan	647084	1620960	1547217	146
襄阳	Xiangyang	408823	2672334	2114827	111	中山	Zhongshan	221091	250139	324205	245
鄂州	Ezhou	1525718	1626723	1720825	132	潮州	Chaozhou	498262	578546	631470	214
荆门	Jingmen	1864377	4935281	3299372	70	揭阳	Jieyang	244370	624389	271517	247
孝感	Xiaogan	396995	1099100	926530	195	云浮	Yunfu	432397	2001737	1860205	124
荆州	Jingzhou	317730	584116	449198	233	**广西**	**Guangxi**	**4514218**	**17409903**	**18204488**	
黄冈	Huanggang	176701	388290	332778	243	南宁	Nanning	475428	355654	332452	244
咸宁	Xianning	1111309	1395377	1768257	129	柳州	Liuzhou		3084676	2810612	81
随州	Suizhou	4405	52746	57596	268	桂林	Guilin	591446	444258	404832	235
湖南	**Hunan**	**5687585**	**18744532**	**16848218**		梧州	Wuzhou	16800	83857	133417	262
长沙	Changsha	103169	1406706	1034284	188	北海	Beihai	441633	372102	255655	249
株洲	Zhuzhou	399923	6592	25973	277	防城港	Fangchenggang	577586	1381103	1273600	171
湘潭	Xiangtan	669156	2508451	2201067	107	钦州	Qinzhou	288854	220618	205320	256
衡阳	Hengyang	669300	1174270	772059	202	贵港	Guigang	903484	2581313	7084873	15
邵阳	Shaoyang	76498	1183438	557213	222	玉林	Yulin	7508	2092008	1424707	158
岳阳	Yueyang	1096192	1312327	1422969	159	百色	Baise	198304	4284095	2069890	115

9-7 工业烟（粉）尘去除量 续表 3
Volume of Industrial Soot(dust) Removed continued 3

单位：吨 (ton)

地名	City	2010	2014	2015	2015 排名 Ranking	地名	City	2010	2014	2015	2015 排名 Ranking
贺州	Hezhou	7946	789100	221236	254	丽江	Lijiang	1389	35063	50511	270
河池	Hechi	78395	607842	540393	224	普洱	Puer	52379	225526		
来宾	Laibin	804848	769487	1108944	183	临沧	Lincang	22302	41255	38990	274
崇左	Chongzuo	121986	343790	338557	241	**西藏**	**Tibet**				
海南	**Hainan**	**629**	**27208**	**67329**		拉萨	Lasa				
海口	Haikou	629	3550	3457	279	**陕西**	**Shaanxi**	**8352138**	**25783919**	**19069877**	
三亚	Sanya		23658	63872	266	西安	Xi'an	1299580	1668077	1474034	153
三沙	Sansha					铜川	Tongchuan	161705	1059640	1035659	187
重庆	**Chongqing**	**3773199**	**19058488**	**15726149**		宝鸡	Baoji	747323	2188623	2334265	99
四川	**Sichuan**	**11784721**	**19726278**	**17893914**		咸阳	Xianyang	1036462	4593631	3604913	62
成都	Chengdu	727269	1588784	1389828	161	渭南	Weinan	3263834	2844776	2786765	84
自贡	Zigong	127504	113029	235581	252	延安	Yan'an	89273	101712	143846	258
攀枝花	Panzhihua	2321338	2134878	1610717	143	汉中	Hanzhong	312281	4782198		
泸州	Luzhou	956323	779036	333124	242	榆林	Yulin	1101521	8011923	7151106	14
德阳	Deyang	334391	1054282	1118702	182	安康	Ankang	319170	51761	57971	267
绵阳	Mianyang	1072225	2134241	2255500	103	商洛	Shangluo	20989	481578	481318	230
广元	Guangyuan	71559	542430	512383	228	**甘肃**	**Gansu**	**3456664**	**14452215**	**14244720**	
遂宁	Suining	7377	40188	40815	273	兰州	Lanzhou	1079974	3899977	3636636	60
内江	Neijiang	802810	1513302	1469577	154	嘉峪关	Jiayuguan	122611	1814747	2450385	92
乐山	Leshan	1096925	1508577	1484933	151	金昌	Jinchang	567139	1442624	1141987	180
南充	Nanchong	538	12347	12072	278	白银	Baiyin	719634	2456487	2083733	114
眉山	Meishan	165937	374396	363770	238	天水	Tianshui	10032	765144	549282	223
宜宾	Yibin	597881	2965258	2405613	93	武威	Wuwei	11010	32347	355297	239
广安	Guangan	2134817	3360364	2986521	78	张掖	Zhangye	100197	361037	473074	231
达州	Dazhou	1176299	1262584	1196815	176	平凉	Pingliang	756319	1988587	1721627	131
雅安	Yaan	167812	107308	85572	264	酒泉	Jiuquan	21300	193173	193491	257
巴中	Bazhong	1240	193229	342145	240	庆阳	Qingyang	707	68849	101823	263
资阳	Ziyang	22476	42045	50246	271	定西	Dingxi	3086	677838	698299	209
贵州	**Guizhou**	**8802107**	**19099068**	**19264483**		陇南	Longnan	64655	751405	839086	200
贵阳	Guiyang	1042180	2610740	28960	276	**青海**	**Qinghai**	**915839**	**4576928**	**4486953**	
六盘水	Liupanshui	4416603	7060552	7165953	13	西宁	Xining	915839	3242945	2797449	82
遵义	Zunyi	2150336	3447419	4286329	39	海东	Haidong		1333983	1689504	135
安顺	Anshun	1192988	1572768	2252979	104	**宁夏**	**Ningxia**	**15848376**	**15447500**	**9206482**	
毕节	Bijie		3989411	4579048	35	银川	Yinchuan	534338	4821760		
铜仁	Tongren		418178	951214	194	石嘴山	Shizuishan	11245517	4297382	3821992	49
云南	**Yunnan**	**8353345**	**13370030**	**14571436**		吴忠	Wuzhong	337643	3655422	3080369	76
昆明	Kunming	1252969	1841286	1674205	138	固原	Guyuan	6924	359788	246782	251
曲靖	Qujing	6881100	7913426	8014328	6	中卫	Zhongwei	3723954	2313148	2057339	116
玉溪	Yuxi	86068	2190290	2317432	101	**新疆**	**Xinjiang**	**974706**	**4221623**	**4049790**	
保山	Baoshan	13297	1123184	652410	211	乌鲁木齐	Urumqi	966256	3516239	3469204	66
昭通	Zhaotong	43841		1823560	127	克拉玛依	Karamay	8450	705384	580586	219

9-8 工业烟（粉）尘排放量
Volume of Industrial Soot (dust) Emission

单位：吨 (ton)

地名	City	2010	2014	2015	2015 排名 Ranking	地名	City	2010	2014	2015	2015 排名 Ranking
城市合计	**Prefecture Cities**	**5378758**	**12478188**	**13991482**		沈阳	Shenyang	60363	83226	84871	27
北京	**Beijing**	**21266**	**22710**	**12987**		大连	Dalian	24171	72465	54112	62
天津	**Tianjin**	**53831**	**112129**	**73795**		鞍山	Anshan	30205	137301	91225	20
河北	**Hebei**	**322623**	**1440208**	**2936210**		抚顺	Fushun	17937	77166	71426	41
石家庄	Shijiazhuang	32631	104277	87128	25	本溪	Benxi	26543	152206	166611	7
唐山	Tangshan	98670	536092	466902	3	丹东	Dandong	1378	45563	28820	135
秦皇岛	Qinhuangdao	11365	59221	1859866	1	锦州	Jinzhou	41158	47706	40391	86
邯郸	Handan	34697	301827	191713	6	营口	Yingkou	45221	96396	89121	24
邢台	Xingtai	36357	131568	100738	15	阜新	Fuxin	28368	37983	30062	128
保定	Baoding	14652	53790	31698	117	辽阳	Liaoyang	13599	46674	41207	84
张家口	Zhangjiakou	28188	51654	35693	100	盘锦	Panjin	5316	15830	15334	197
承德	Chengde	21383	76895	50907	66	铁岭	Tieling	31722	20211	39438	91
沧州	Cangzhou	6134	63451	50879	67	朝阳	Chaoyang	45750	85332	62519	48
廊坊	Langfang	9855	38713	48205	73	葫芦岛	Huludao	10684	37679	21592	156
衡水	Hengshui	28691	22720	12481	217	**吉林**	**Jilin**	**199922**	**331567**	**297575**	
山西	**Shanxi**	**487490**	**953606**	**891665**		长春	Changchun	94173	70944	80781	33
太原	Taiyuan	34814	59441	34473	108	吉林	Jilin	33507	67645	89241	23
大同	Datong	77185	58038	58299	55	四平	Siping	12245	59745	30628	122
阳泉	Yangquan	18891	23315	31096	120	辽源	Liaoyuan	10687	23999	18500	172
长治	Changzhi	64370	208640	195489	5	通化	Tonghua	19949	42105	25433	142
晋城	Jincheng	48202	66631	51043	64	白山	Baishan	13730	23603	14173	204
朔州	Shuozhou	24847	32620	30564	123	松原	Songyuan	6223	31607	28621	137
晋中	Jinzhong	36121	82422	80364	34	白城	Baicheng	9408	11919	10198	233
运城	Yuncheng	48997	117543	100864	14	**黑龙江**	**Heilongjiang**	**232434**	**423283**	**320005**	
忻州	Xinzhou	15163	99598	73397	39	哈尔滨	Harbin	30000	130401	67433	44
临汾	Linfen	57998	91710	81053	31	齐齐哈尔	Qiqihar	3476	3521	58069	56
吕梁	Lvliang	60902	113648	155023	8	鸡西	Jixi	23695	37718	34945	105
内蒙古	**Inner Mongolia**	**294618**	**554612**	**515839**		鹤岗	Hegang	14739	19218	17455	181
呼和浩特	Hohhot	12731	67616	37983	93	双鸭山	Shuangyashan	26387	42913	37697	96
包头	Baotou	32563	111866	104177	12	大庆	Daqing	29715	31979	19776	165
乌海	Wuhai	19316	65754	57359	57	伊春	Yichun	25549	18890	15870	192
赤峰	Chifeng	10836	69153	48763	71	佳木斯	Jiamusi	15900	40605	16563	186
通辽	Tongliao	73440	52952	41752	82	七台河	Qitaihe	26895	19609	15705	195
鄂尔多斯	Erdos	97957		45994	75	牡丹江	Mudanjiang	29471	53563	30311	126
呼伦贝尔	Hulunbuir	14056	74946	92456	19	黑河	Heihe	5617	12614	1011	281
巴彦淖尔	Bayannur	13390	61607	37700	95	绥化	Suihua	990	12252	5170	253
乌兰察布	Ulanqab	20329	50718	49655	68	**上海**	**Shanghai**	**41793**	**131433**	**111400**	
辽宁	**Liaoning**	**382415**	**955738**	**836729**		**江苏**	**Jiangsu**	**291765**	**720481**	**607022**	

9-8 工业烟（粉）尘排放量 续表 1
Volume of Industrial Soot (dust) Emission continued 1

单位：吨 (ton)

地名	City	2010	2014	2015	2015 排名 Ranking	地名	City	2010	2014	2015	2015 排名 Ranking
南京	Nanjing	33788	96177	84128	28	池州	Chizhou	16106	16098	13950	207
无锡	Wuxi	38909	97461	82859	29	宣城	Xuancheng	5969	45950	38754	92
徐州	Xuzhou	24257	69201	60490	53	**福建**	**Fujian**	**99951**	**347501**	**302615**	
常州	Changzhou	19582	115086	97999	17	福州	Fuzhou	8590	105712	90911	21
苏州	Suzhou	46272	75947	75406	36	厦门	Xiamen	2252	4561	2414	277
南通	Nantong	38457	41362	31664	118	莆田	Putian	5399	5232	4909	257
连云港	Lianyungang	7356	41368	33979	110	三明	Sanming	22826	73165	62656	47
淮安	Huaian	16823	27494	17152	182	泉州	Quanzhou	23452	68355	65568	45
盐城	Yancheng	19145	52532	36416	98	漳州	Zhangzhou	5594	23009	20687	161
扬州	Yangzhou	7796	16004	13917	208	南平	Nanping	20619	15370	17095	183
镇江	Zhenjiang	12375	26473	24230	146	龙岩	Longyan	5824	38573	29903	130
泰州	Taizhou	16826	22240	13880	209	宁德	Ningde	5395	13524	8472	243
宿迁	Suqian	10179	39136	34902	106	**江西**	**Jiangxi**	**138954**	**415777**	**433360**	
浙江	**Zhejiang**	**160507**	**355977**	**311320**		南昌	Nanchang	6264	29435	24818	144
杭州	Hangzhou	30860	70346	49176	69	景德镇	Jingdezhen	8230	15578	15590	196
宁波	Ningbo	28386	30577	28128	138	萍乡	Pingxiang	16018	52009	43277	80
温州	Wenzhou	5666	18390	16449	187	九江	Jiujiang	23141	52659	50987	65
嘉兴	Jiaxing	18900	29487	20975	158	新余	Xinyu	4124	71679	75389	37
湖州	Huzhou	10648	31655	28855	134	鹰潭	Yingtan	2261	5543	5024	256
绍兴	Shaoxing	17883	36206	32588	115	赣州	Ganzhou	20471	56490	62177	49
金华	Jinhua	13796	39514	39659	88	吉安	Jian	12213	22005	27236	139
衢州	Quzhou	8936	66791	62115	50	宜春	Yichun	16698	50718	69471	43
舟山	Zhoushan	17508	5006	3050	272	抚州	Fuzhou	21805	23573	23487	149
台州	Taizhou	5856	12368	16263	190	上饶	Shangrao	7729	36088	35904	99
丽水	Lishui	2068	15637	14062	205	**山东**	**Shandong**	**292695**	**1024471**	**913054**	
安徽	**Anhui**	**208479**	**584581**	**477965**		济南	Jinan	19709	90082	92900	18
合肥	Hefei	10604	106284	85036	26	青岛	Qingdao	12334	32196	28767	136
芜湖	Wuhu	12958	58660	39513	90	淄博	Zibo	38271	78070	90347	22
蚌埠	Bengbu	9960	14339	23596	147	枣庄	Zaozhuang	13142	31468	29462	131
淮南	Huainan	38388	24452	18853	168	东营	Dongying	5873	7194	5156	254
马鞍山	Maanshan	8814	100810	75916	35	烟台	Yantai	15137	34691	30316	125
淮北	Huaibei	17981	23674	18730	171	潍坊	Weifang	26081	63411	55380	59
铜陵	Tongling	8530	29668	23136	152	济宁	Jining	22090	71621	54597	60
安庆	Anqing	8582	27399	24978	143	泰安	Taian	18248	23990	16190	191
黄山	Huangshan	2619	2640	3395	270	威海	Weihai	8238	12313	12542	216
滁州	Chuzhou	17927	43899	35263	104	日照	Rizhao	7427	98861	103306	13
阜阳	Fuyang	3891	16070	14861	199	莱芜	Laiwu	12858	153956	144785	9
宿州	Suzhou	9230	27087	18059	175	临沂	Linyi	31344	119822	109750	11
六安	Liuan	4790	35888	33407	112	德州	Dezhou	27590	38810	39637	89
亳州	Bozhou	4964	11663	10518	230	聊城	Liaocheng	6725	18515	17749	177

9-8 工业烟（粉）尘排放量 续表 2

Volume of Industrial Soot (dust) Emission continued 2

单位：吨 (ton)

地名	City	2010	2014	2015	2015 排名 Ranking	地名	City	2010	2014	2015	2015 排名 Ranking
滨州	Binzhou	14952	94304	30123	127	常德	Changde	10516	23168	17636	178
菏泽	Heze	12676	55167	52047	63	张家界	Zhangjiajie	3513	3365	3039	273
河南	**Henan**	**466021**	**665109**	**622135**		益阳	Yiyang	23555	31696	31911	116
郑州	Zhengzhou	45011	70053	71794	40	郴州	Chenzhou	33928	33954	20865	159
开封	Kaifeng	36252	30064	26561	140	永州	Yongzhou	10951	38698	30694	121
洛阳	Luoyang	92344	48782	43053	81	怀化	Huaihua	18267	40713	37418	97
平顶山	Pingdingshan	60082	113148	100599	16	娄底	Loudi	14652	34493	69889	42
安阳	Anyang	28160	144172	137852	10	**广东**	**Guangdong**	**231205**	**373306**	**293372**	
鹤壁	Hebi	11703	15309	13775	211	广州	Guangzhou		10006	9227	237
新乡	Xinxiang	14855	22911	22380	153	韶关	Shaoguan	3835	36824	34161	109
焦作	Jiaozuo	32880	24070	23292	150	深圳	Shenzhen	912	725	1079	280
濮阳	Puyang	21386	20842	21676	155	珠海	Zhuhai	8041	12972	10446	231
许昌	Xuchang	6327	21405	18337	174	汕头	Shantou	4937	8145	4352	265
漯河	Luohe	9632	4728	3979	268	佛山	Foshan	33401	44480	29321	133
三门峡	Sanmenxia	44816	33069	32796	113	江门	Jiangmen	17861	17723	13031	214
南阳	Nanyang	12914	25982	22260	154	湛江	Zhanjiang	12851	11247	9361	235
商丘	Shangqiu	13568	34813	35662	101	茂名	Maoming	23593	14177	11476	225
信阳	Xinyang	15819	18999	16415	189	肇庆	Zhaoqing	32040	34016	30554	124
周口	Zhoukou	4859	8264	8513	242	惠州	Huizhou	3237	24525	15715	194
驻马店	Zhumadian	15413	28498	23191	151	梅州	Meizhou	6106	22732	14272	203
湖北	**Hubei**	**166093**	**311529**	**280533**		汕尾	Shanwei	3341	4226	3657	269
武汉	Wuhan	12537	21600	20811	160	河源	Heyuan	817	6300	6160	252
黄石	Huangshi	13668	43301	43718	79	阳江	Yangjiang	8215	31647	19577	166
十堰	Shiyan	5805	7959	7960	246	清远	Qingyuan	10671	30732	40878	85
宜昌	Yichang	9427	23993	30060	129	东莞	Dongguan	29124	17851	14412	202
襄阳	Xiangyang	14735	16271	14014	206	中山	Zhongshan	13927	16703	12276	218
鄂州	Ezhou	13171	50017	45389	77	潮州	Chaozhou	7448	4511	2214	278
荆门	Jingmen	15351	65330	33790	111	揭阳	Jieyang	4402	8990	3375	271
孝感	Xiaogan	12481	21100	17536	180	云浮	Yunfu	6446	14774	7828	247
荆州	Jingzhou	47320	16462	21238	157	**广西**	**Guangxi**	**235657**	**374880**	**329218**	
黄冈	Huanggang	6594	23111	16679	185	南宁	Nanning	24506	27563	26008	141
咸宁	Xianning	12100	14577	18800	169	柳州	Liuzhou		90215	80978	32
随州	Suizhou	2904	7808	10538	229	桂林	Guilin	10514	15721	12200	219
湖南	**Hunan**	**212660**	**380302**	**1706819**		梧州	Wuzhou	20005	9568	8000	245
长沙	Changsha	24746	17323	11641	222	北海	Beihai	5188	3313	4692	261
株洲	Zhuzhou	5983	5623	1347367	2	防城港	Fangchenggang	9951	49787	48784	70
湘潭	Xiangtan	16895	63347	57173	58	钦州	Qinzhou	13785	4670	4624	262
衡阳	Hengyang	29500	38423	39852	87	贵港	Guigang	57050	73155	73541	38
邵阳	Shaoyang	4291	26822	19367	167	玉林	Yulin	38895	18235	15726	193
岳阳	Yueyang	15863	22677	19967	164	百色	Baise	10150	31330	17944	176

9-8 工业烟（粉）尘排放量 续表 3
Volume of Industrial Soot (dust) Emission continued 3

单位：吨 (ton)

地名	City	2010	2014	2015	2015 排名 Ranking
贺州	Hezhou	7682	5948	4868	259
河池	Hechi	5109	24430	13613	212
来宾	Laibin	21091	4880	2970	274
崇左	Chongzuo	11731	16065	15270	198
海南	**Hainan**	**127**	**2206**	**2636**	
海口	Haikou	93	998	854	283
三亚	Sanya	34	1208	935	282
三沙	Sansha				
重庆	**Chongqing**	**102132**	**214774**	**196416**	
四川	**Sichuan**	**240530**	**317194**	**295363**	
成都	Chengdu	28901	25574	20607	162
自贡	Zigong	13556	7973	7171	249
攀枝花	Panzhihua	25025	53869	32650	114
泸州	Luzhou	9014	8741	7310	248
德阳	Deyang	5332	19847	18409	173
绵阳	Mianyang	19843	8401	13522	213
广元	Guangyuan	19667	10260	9003	238
遂宁	Suining	1392	2567	2552	276
内江	Neijiang	24199	31169	31519	119
乐山	Leshan	21472	38620	35530	102
南充	Nanchong	2076	4428	4310	267
眉山	Meishan	28201	13352	17030	184
宜宾	Yibin	7550	20224	14415	201
广安	Guangan	8888	17447	14714	200
达州	Dazhou	7307	34827	46321	74
雅安	Yaan	2786	11271	11652	221
巴中	Bazhong	8681	2547	1971	279
资阳	Ziyang	6640	6077	6677	251
贵州	**Guizhou**	**66004**	**175826**	**143336**	
贵阳	Guiyang	12601	29669	23545	148
六盘水	Liupanshui	27023	51603	61707	52
遵义	Zunyi	9836	32022	11486	224
安顺	Anshun	16544	19985	8635	241
毕节	Bijie		31836	17596	179
铜仁	Tongren		10711	20367	163
云南	**Yunnan**	**54905**	**184792**	**156851**	
昆明	Kunming	7905	26161	24533	145
曲靖	Qujing	24900	41271	41457	83
玉溪	Yuxi	4325	54722	37818	94
保山	Baoshan	1442	14571	13776	210
昭通	Zhaotong	12097	18124	12972	215
丽江	Lijiang	1185	11286	9342	236
普洱	Puer	2171	13841	12197	220
临沧	Lincang	880	4816	4756	260
西藏	**Tibet**				
拉萨	Lasa				
陕西	**Shaanxi**	**119473**	**451468**	**371739**	
西安	Xi'an	16675	21985	16444	188
铜川	Tongchuan	3336	51569	54209	61
宝鸡	Baoji	8714	17490	29334	132
咸阳	Xianyang	11757	32735	35353	103
渭南	Weinan	19223	12604	11343	227
延安	Yan'an	7000	8364	11339	228
汉中	Hanzhong	20672	37874		
榆林	Yulin	22168	253989	200517	4
安康	Ankang	3649	9147	8829	239
商洛	Shangluo	6279	5711	4371	264
甘肃	**Gansu**	**71738**	**248523**	**198122**	
兰州	Lanzhou	9356	63801	45209	78
嘉峪关	Jiayuguan	7884	68923	48670	72
金昌	Jinchang	13815	13443	10350	232
白银	Baiyin	14027	10486	9894	234
天水	Tianshui	4246	6068	7037	250
武威	Wuwei	2901	9625	8643	240
张掖	Zhangye	8092	9775	11415	226
平凉	Pingliang	4756	43356	34689	107
酒泉	Jiuquan	3208	10095	8385	244
庆阳	Qingyang	1404	5005	4323	266
定西	Dingxi	1599	4231	4612	263
陇南	Longnan	450	3725	4895	258
青海	**Qinghai**	**21034**	**131439**	**126479**	
西宁	Xining	21034	71622	61783	51
海东	Haidong		59817	64696	46
宁夏	**Ningxia**	**123433**	**191175**	**175849**	
银川	Yinchuan	8329	27473	18795	170
石嘴山	Shizuishan	72071	85487	82686	30
吴忠	Wuzhong	14200	15341	11547	223
固原	Guyuan	1000	2765	2799	275
中卫	Zhongwei	27833	60109	60022	54
新疆	**Xinjiang**	**39003**	**81581**	**51073**	
乌鲁木齐	Urumqi	32993	77076	45969	76
克拉玛依	Karamay	6010	4505	5104	255

9-9 工业固体废物综合利用率
Ratio of Industrial Solid Wastes Comprehensively Utilized

单位：%　　　　(%)

地名	City	2010	2014	2015	2015 排名 Ranking
城市合计	**Prefecture Cities**				
北京	**Beijing**	**65.82**	**87.67**	**83.33**	
天津	**Tianjin**	**98.57**	**98.91**	**98.58**	
河北	**Hebei**				
石家庄	Shijiazhuang	93.36	95.10	98.00	55
唐山	Tangshan	80.55	70.00	72.50	219
秦皇岛	Qinhuangdao	59.57	65.00	68.55	226
邯郸	Handan	89.97	95.00	97.00	74
邢台	Xingtai	94.62	95.29	95.31	105
保定	Baoding	70.78	86.20	93.00	130
张家口	Zhangjiakou	33.27	44.10	57.16	243
承德	Chengde	12.20	6.00	24.00	268
沧州	Cangzhou	99.60	99.88	100.00	1
廊坊	Langfang	99.41	100.00	97.00	74
衡水	Hengshui	100.00	99.60	99.30	28
山西	**Shanxi**				
太原	Taiyuan	52.27	55.25	56.00	246
大同	Datong	68.94	91.34	91.61	142
阳泉	Yangquan	23.40	21.05	18.61	272
长治	Changzhi	67.87	66.41	67.66	228
晋城	Jincheng	75.21	78.00	78.19	203
朔州	Shuozhou	48.35	86.86	88.70	168
晋中	Jinzhong	90.89	79.45	95.93	93
运城	Yuncheng	70.80	44.60	41.23	256
忻州	Xinzhou	88.67	70.92	70.93	221
临汾	Linfen	80.98	71.68	73.65	217
吕梁	Lvliang	91.67	81.83	73.34	218
内蒙古	**Inner Mongolia**				
呼和浩特	Hohhot	38.62	39.64	33.00	262
包头	Baotou	81.06	66.13	72.11	220
乌海	Wuhai	68.85	49.15	55.11	247
赤峰	Chifeng	38.37	24.10	33.13	261
通辽	Tongliao	86.04	71.98	80.84	198
鄂尔多斯	Erdos	78.00	42.37	39.10	258
呼伦贝尔	Hulunbuir	25.22	49.00	51.45	249
巴彦淖尔	Bayannur	96.98	61.80	51.27	250
乌兰察布	Ulanqab	75.41	71.52	69.74	223
辽宁	**Liaoning**				
沈阳	Shenyang	95.68	90.20	92.02	138
大连	Dalian	95.90	83.66	78.45	201
鞍山	Anshan	19.10	23.94	23.45	269
抚顺	Fushun	43.87	49.25	60.14	238
本溪	Benxi	37.85	14.40	16.10	273
丹东	Dandong	98.00	89.81	90.21	156
锦州	Jinzhou	62.52	93.13	89.72	161
营口	Yingkou	99.40	86.37	90.49	149
阜新	Fuxin	96.25	85.84	89.87	160
辽阳	Liaoyang	100.00	16.00	11.47	275
盘锦	Panjin	94.75	92.47	95.73	96
铁岭	Tieling	67.39	65.91	65.08	231
朝阳	Chaoyang	54.09	70.03	77.36	204
葫芦岛	Huludao	65.13	55.90	75.14	210
吉林	**Jilin**				
长春	Changchun	99.58	99.92	96.50	80
吉林	Jilin	43.00	85.70	57.90	242
四平	Siping	87.36	93.20	83.99	188
辽源	Liaoyuan	100.00	85.30	88.65	169
通化	Tonghua	85.49	85.50	88.89	167
白山	Baishan	43.32	52.40	46.56	254
松原	Songyuan	99.45	92.40	99.39	23
白城	Baicheng	80.76	94.16	70.40	222
黑龙江	**Heilongjiang**				
哈尔滨	Harbin	89.68	98.07	99.80	18
齐齐哈尔	Qiqihar	67.10	83.00	95.30	106
鸡西	Jixi	64.80	90.10		
鹤岗	Hegang	83.69	90.00	90.21	156
双鸭山	Shuangyashan	75.00	89.41	89.42	163
大庆	Daqing	70.77	95.48	95.85	94
伊春	Yichun	79.01	84.00	83.60	190
佳木斯	Jiamusi	70.45	81.51	62.93	235
七台河	Qitaihe	86.82	88.70	88.90	166
牡丹江	Mudanjiang	96.37	61.00	99.32	25
黑河	Heihe	96.07	93.52	100.00	1
绥化	Suihua	100.00	100.00	97.94	60
上海	**Shanghai**	**96.16**	**97.51**	**96.15**	
江苏	**Jiangsu**				

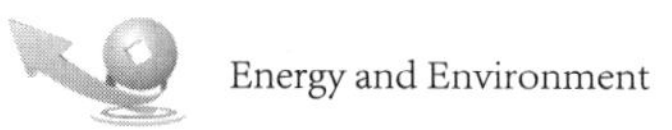

9-9 工业固体废物综合利用率 续表 1
Ratio of Industrial Solid Wastes Comprehensively Utilized continued 1

单位：%　　　　　　　　　　　　　　　　　　　　　　　　　　　　　　　　(%)

地名	City	2010	2014	2015	2015 排名 Ranking
南京	Nanjing	88.82	91.90	90.50	148
无锡	Wuxi	97.12	91.10	94.40	118
徐州	Xuzhou	99.98	99.00	99.40	22
常州	Changzhou	94.90	98.20	98.32	51
苏州	Suzhou	98.71	96.70	98.11	53
南通	Nantong	98.20	98.30	98.87	41
连云港	Lianyungang	91.89	93.70	93.40	127
淮安	Huaian	99.73	99.50	97.30	71
盐城	Yancheng	93.00	93.90	95.56	99
扬州	Yangzhou	97.43	92.30	97.50	67
镇江	Zhenjiang	92.85	98.60	95.18	108
泰州	Taizhou	99.80	98.30	98.51	48
宿迁	Suqian	99.99	94.00	95.51	100
浙江	**Zhejiang**				
杭州	Hangzhou	94.13	91.10	88.60	171
宁波	Ningbo	89.66	90.76	94.80	115
温州	Wenzhou	95.00	98.15	97.96	58
嘉兴	Jiaxing	97.60	96.01	94.37	120
湖州	Huzhou	96.49	96.59	97.87	61
绍兴	Shaoxing	93.15	97.20	96.90	76
金华	Jinhua	98.59	97.20	94.95	114
衢州	Quzhou	97.20	94.55	92.79	132
舟山	Zhoushan	99.75	99.80	99.60	21
台州	Taizhou	97.61	95.32	97.58	66
丽水	Lishui	94.99	95.34	95.14	110
安徽	**Anhui**				
合肥	Hefei	98.76	93.02	91.65	141
芜湖	Wuhu	96.61	93.32	86.44	177
蚌埠	Bengbu	99.94	94.87	96.36	83
淮南	Huainan	91.34	89.10	86.10	179
马鞍山	Maanshan	65.17	71.06	86.51	175
淮北	Huaibei	96.45	92.77	92.70	133
铜陵	Tongling	76.01	83.16	90.58	146
安庆	Anqing	99.24	96.54	96.80	77
黄山	Huangshan	87.60	74.79	74.80	214
滁州	Chuzhou	97.52	96.56	96.36	83
阜阳	Fuyang	92.86	99.79	99.26	31
宿州	Suzhou	90.90	65.71	68.92	225
六安	Liuan	71.97	73.50	75.84	208
亳州	Bozhou	99.88	99.45	97.50	67
池州	Chizhou	86.22	85.22	93.97	124
宣城	Xuancheng	100.00	85.18	90.46	150
福建	**Fujian**				
福州	Fuzhou	98.14	95.97	95.35	103
厦门	Xiamen	87.27	97.95	93.10	129
莆田	Putian	95.71	92.60	87.73	173
三明	Sanming	59.96	90.23	92.50	135
泉州	Quanzhou	93.53	97.64	97.99	56
漳州	Zhangzhou	98.58	98.17	96.45	81
南平	Nanping	75.99	59.13	50.11	251
龙岩	Longyan	87.25	99.10	99.32	25
宁德	Ningde	89.05	95.84	81.90	195
江西	**Jiangxi**				
南昌	Nanchang	93.62	95.91	97.10	73
景德镇	Jingdezhen	91.70	98.72	98.94	39
萍乡	Pingxiang	88.17	97.09	97.64	64
九江	Jiujiang	60.39	60.38	60.36	237
新余	Xinyu	85.00	89.53	89.70	162
鹰潭	Yingtan	92.48	86.10	87.97	172
赣州	Ganzhou	82.10	82.05	82.74	193
吉安	Jian	96.57	97.60	95.61	98
宜春	Yichun	97.00	89.86	93.76	125
抚州	Fuzhou	86.81	89.23	76.75	207
上饶	Shangrao	5.47	18.97	10.11	276
山东	**Shandong**				
济南	Jinan	97.53	99.56	99.38	24
青岛	Qingdao	98.60	95.65	93.76	125
淄博	Zibo	90.51	95.14	95.75	95
枣庄	Zaozhuang	99.90	100.00	100.00	1
东营	Dongying	92.54	99.11	96.69	78
烟台	Yantai	88.52	85.97	78.26	202
潍坊	Weifang	89.89	95.40		
济宁	Jining	94.37	94.82	91.54	143
泰安	Taian	97.47	98.20	98.76	43
威海	Weihai	95.70	94.66	94.77	117
日照	Rizhao	99.99	99.11	99.05	36
莱芜	Laiwu	96.00	98.48	96.32	86
临沂	Linyi	96.62	97.17	99.21	32
德州	Dezhou	99.98	94.22	98.69	46
聊城	Liaocheng	89.12	98.59	97.64	64

9-9 工业固体废物综合利用率 续表 2

Ratio of Industrial Solid Wastes Comprehensively Utilized continued 2

单位：%　　　　(%)

地名	City	2010	2014	2015	2015 排名 Ranking	地名	City	2010	2014	2015	2015 排名 Ranking
滨州	Binzhou	100.00	92.01	82.59	194	常德	Changde	93.39	97.42	95.26	107
菏泽	Heze	100.00	100.00	99.12	35	张家界	Zhangjiajie	93.00	97.30	99.30	28
河南	**Henan**					益阳	Yiyang	99.96	84.98	85.00	184
郑州	Zhengzhou	84.57	76.77	77.36	204	郴州	Chenzhou	70.87	48.50	56.80	245
开封	Kaifeng	100.00	100.00	99.28	30	永州	Yongzhou	94.00	82.20	82.80	192
洛阳	Luoyang	35.19	65.38	61.96	236	怀化	Huaihua	37.95	89.00	45.00	255
平顶山	Pingdingshan	80.86	93.73	99.96	12	娄底	Loudi	99.15	97.00	96.00	90
安阳	Anyang	89.46	85.33	89.40	164	**广东**	**Guangdong**				
鹤壁	Hebi	92.09	93.50	95.11	111	广州	Guangzhou		94.47	95.15	109
新乡	Xinxiang	100.00	99.94	99.97	11	韶关	Shaoguan	82.28	91.56	90.32	154
焦作	Jiaozuo	77.28	56.51	59.01	240	深圳	Shenzhen	134.74	99.81	99.86	17
濮阳	Puyang	89.01	97.08	98.75	44	珠海	Zhuhai	98.20	94.89	94.38	119
许昌	Xuchang	98.28	98.70	99.20	33	汕头	Shantou	94.92	99.86	97.97	57
漯河	Luohe	100.00	99.98	99.88	16	佛山	Foshan	99.52	99.94	84.70	186
三门峡	Sanmenxia	39.44	33.52	32.88	263	江门	Jiangmen	95.88	90.46	85.08	183
南阳	Nanyang	84.27	75.59	87.15	174	湛江	Zhanjiang	91.28	97.68	95.97	92
商丘	Shangqiu	99.85	99.64	99.74	19	茂名	Maoming	87.99	97.96	97.70	63
信阳	Xinyang	99.95	99.14	99.32	25	肇庆	Zhaoqing	72.05	69.50	75.00	211
周口	Zhoukou	98.72	95.32	96.36	83	惠州	Huizhou	93.30	96.66	95.50	101
驻马店	Zhumadian	97.08	98.73	97.46	70	梅州	Meizhou	99.42	99.00	95.00	113
湖北	**Hubei**					汕尾	Shanwei	89.18	99.25	100.00	1
武汉	Wuhan	98.59	98.71	97.96	58	河源	Heyuan	70.61	36.21	96.56	79
黄石	Huangshi	62.47	93.42	92.03	137	阳江	Yangjiang	99.25	99.90	94.20	121
十堰	Shiyan	71.54	39.82	52.82	248	清远	Qingyuan	87.95	92.20	90.94	144
宜昌	Yichang	47.34	62.88	26.27	266	东莞	Dongguan	94.98	83.42	88.65	169
襄阳	Xiangyang	94.31	97.70	92.19	136	中山	Zhongshan	85.21	73.03	92.59	134
鄂州	Ezhou	98.51	88.75	98.16	52	潮州	Chaozhou	99.41	99.80	99.90	15
荆门	Jingmen	96.33	91.10	94.00	123	揭阳	Jieyang	99.73	99.97	99.05	36
孝感	Xiaogan	99.08	61.79	66.35	229	云浮	Yunfu	82.63	69.00	66.31	230
荆州	Jingzhou	143.24	38.21	30.90	264	**广西**	**Guangxi**				
黄冈	Huanggang	80.93	91.44	90.35	153	南宁	Nanning	94.02	95.82	99.92	14
咸宁	Xianning	98.56	54.71	0.49	277	柳州	Liuzhou		96.77	97.48	69
随州	Suizhou	97.32	99.90			桂林	Guilin	90.87	85.31	82.86	191
湖南	**Hunan**					梧州	Wuzhou	41.62	91.10	75.00	211
长沙	Changsha	99.70	85.50	86.20	178	北海	Beihai	73.84	99.99	98.88	40
株洲	Zhuzhou	82.66	90.12	90.52	147	防城港	Fangchenggang	100.00	98.58	99.96	12
湘潭	Xiangtan	96.90	98.15	96.10	88	钦州	Qinzhou	92.38	97.60	97.79	62
衡阳	Hengyang	80.54	87.27	86.49	176	贵港	Guigang	90.79	94.70	98.03	54
邵阳	Shaoyang	91.75	66.00	74.00	216	玉林	Yulin	94.00	89.73	90.00	158
岳阳	Yueyang	96.12	88.20	85.54	182	百色	Baise	25.13	35.58	30.01	265

9-9 工业固体废物综合利用率 续表 3
Ratio of Industrial Solid Wastes Comprehensively Utilized continued 3

单位：% (%)

地名	City	2010	2014	2015	2015 排名 Ranking
贺州	Hezhou	69.73	67.11	75.00	211
河池	Hechi	44.84		56.94	244
来宾	Laibin	92.58	77.30	64.50	232
崇左	Chongzuo	93.67	65.41	62.97	234
海南	**Hainan**				
海口	Haikou	96.97	100.00	99.99	9
三亚	Sanya	99.46	100.00	100.00	1
三沙	Sansha		100.00		
重庆	**Chongqing**	**80.40**	**84.49**	**84.45**	
四川	**Sichuan**				
成都	Chengdu	99.57	97.44	96.06	89
自贡	Zigong	92.46	82.44	95.02	112
攀枝花	Panzhihua	16.89	20.00	22.00	270
泸州	Luzhou	76.49	97.01	97.15	72
德阳	Deyang	81.00	99.98	94.80	115
绵阳	Mianyang	88.03	99.56	99.66	20
广元	Guangyuan	93.04	100.00	99.00	38
遂宁	Suining	99.99	100.00	100.00	1
内江	Neijiang	90.28	86.15	91.72	140
乐山	Leshan	93.79	96.09	95.36	102
南充	Nanchong	99.67	99.00	92.96	131
眉山	Meishan	99.64	100.00	100.00	1
宜宾	Yibin	92.04	73.45	96.44	82
广安	Guangan	99.16	33.54	83.84	189
达州	Dazhou	99.77	98.90	98.70	45
雅安	Yaan	64.24	93.14	79.81	200
巴中	Bazhong	94.00	95.18	85.00	184
资阳	Ziyang	99.99	99.36	99.18	34
贵州	**Guizhou**				
贵阳	Guiyang	56.17	48.86	48.15	253
六盘水	Liupanshui	43.96	54.40	57.94	241
遵义	Zunyi	66.00	94.33	63.00	233
安顺	Anshun	76.52	98.00	96.00	90
毕节	Bijie		63.78	67.81	227
铜仁	Tongren		87.00	69.30	224
云南	**Yunnan**				
昆明	Kunming	96.11	36.87	36.36	260
曲靖	Qujing	51.43	63.14	92.00	139
玉溪	Yuxi	53.00	36.13	39.62	257
保山	Baoshan	67.74	76.61	81.02	197
昭通	Zhaotong	44.13	42.10	100.00	1
丽江	Lijiang	74.38	89.00	81.30	196
普洱	Puer	81.89	43.40		
临沧	Lincang	93.01	79.98	80.48	199
西藏	**Tibet**				
拉萨	Lasa				
陕西	**Shaanxi**				
西安	Xi'an	98.05	92.40	90.82	145
铜川	Tongchuan	82.31	98.59	98.47	49
宝鸡	Baoji	26.86	54.51	37.37	259
咸阳	Xianyang	99.01	96.70	95.33	104
渭南	Weinan	47.49	99.99	99.99	9
延安	Yan'an	87.75	86.84	89.00	165
汉中	Hanzhong	44.00	53.14		
榆林	Yulin	97.41	98.84	93.29	128
安康	Ankang	93.30	91.60	85.93	180
商洛	Shangluo	4.56	21.90	21.90	271
甘肃	**Gansu**				
兰州	Lanzhou	78.94	98.46	98.40	50
嘉峪关	Jiayuguan	33.46	42.71	48.59	252
金昌	Jinchang	18.50	17.15	13.09	274
白银	Baiyin	34.75	74.00	74.19	215
天水	Tianshui	81.23	83.31	84.47	187
武威	Wuwei	74.00	88.81	90.30	155
张掖	Zhangye	72.24	73.83	75.79	209
平凉	Pingliang	78.68	98.90	98.84	42
酒泉	Jiuquan	90.00	61.55	90.00	158
庆阳	Qingyang	96.32	98.56	95.69	97
定西	Dingxi	75.36	85.00	90.39	151
陇南	Longnan	81.72	23.19	24.32	267
青海	**Qinghai**	**83.56**			
西宁	Xining	83.56	96.83		
海东	Haidong		84.00	94.20	121
宁夏	**Ningxia**				
银川	Yinchuan	75.38	90.94		
石嘴山	Shizuishan	53.74	85.60	77.34	206
吴忠	Wuzhong	90.01	65.27	59.50	239
固原	Guyuan	99.20	93.70	98.64	47
中卫	Zhongwei	60.61	92.74	96.17	87
新疆	**Xinjiang**				
乌鲁木齐	Urumqi	68.20	93.66	90.37	152
克拉玛依	Karamay	63.55	98.61	85.68	181

10

农 业

Agriculture

10-1 农业乡村户数
Rural Households

单位：万户 (10 000 households)

地名	City	2010	2012	2013	2013 排名 Ranking
全国	**Nation Total**				
北京	**Beijing**	**216.0**			
天津	**Tianjin**	**130.3**			
河北	**Hebei**	**1525.6**			
石家庄	Shijiazhuang	178.0	178.8	180.3	16
唐山	Tangshan	162.8	163.1	162.2	26
秦皇岛	Qinhuangdao	65.1	66.7	67.4	147
邯郸	Handan	181.8	184.8	186.0	10
邢台	Xingtai	153.6	156.2	158.2	29
保定	Baoding	240.7	243.9	246.3	1
张家口	Zhangjiakou	116.9	123.0	124.7	53
承德	Chengde	86.9	88.7	90.3	101
沧州	Cangzhou	155.5	158.7	160.6	27
廊坊	Langfang	82.3	83.0	83.4	114
衡水	Hengshui	102.0	104.2	104.8	80
山西	**Shanxi**	**694.4**			
太原	Taiyuan	33.8	36.0	36.7	211
大同	Datong	56.3	63.9	65.4	155
阳泉	Yangquan	26.5	29.5	30.7	222
长治	Changzhi	68.4	76.8	78.8	124
晋城	Jincheng	52.6	56.0	57.1	174
朔州	Shuozhou	35.0	38.3	39.6	203
晋中	Jinzhong	78.2	90.4	92.6	99
运城	Yuncheng	103.2	112.9	116.1	63
忻州	Xinzhou	75.7	90.8	92.8	98
临汾	Linfen	80.6	93.9	95.8	94
吕梁	Lvliang	84.2	103.5	106.6	76
内蒙古	**Inner Mongolia**	**364.0**			
呼和浩特	Hohhot	29.9	30.2	30.9	221
包头	Baotou	17.0	17.7	18.2	243
乌海	Wuhai	0.9	0.9	0.9	264
赤峰	Chifeng	100.9	104.5	109.9	68
通辽	Tongliao	60.7	63.8	66.1	153
鄂尔多斯	Erdos	18.6	19.5	19.9	241
呼伦贝尔	Hulunbuir	19.3	37.5	34.4	216
巴彦淖尔	Bayannur	26.5	27.0	28.5	225
乌兰察布	Ulanqab	44.9	43.3	46.5	193
辽宁	**Liaoning**	**722.9**			
沈阳	Shenyang	91.1	87.3	87.4	109
大连	Dalian	94.1	88.7	87.7	108
鞍山	Anshan	54.5	55.4	55.3	178
抚顺	Fushun	27.0	27.1	27.3	228
本溪	Benxi	15.2	15.5	15.5	249
丹东	Dandong	44.0	44.4	45.0	194
锦州	Jinzhou	61.5	61.6	59.9	168
营口	Yingkou	44.4	45.2	44.9	195
阜新	Fuxin	34.1	34.5	34.2	217
辽阳	Liaoyang	35.4	36.2	36.9	207
盘锦	Panjin	22.2	23.6	24.3	234
铁岭	Tieling	62.7	63.3	63.4	159
朝阳	Chaoyang	77.6	77.7	77.7	125
葫芦岛	Huludao	59.1	59.6	59.8	170
吉林	**Jilin**	**411.3**			
长春	Changchun	118.4	120.2	120.4	59
吉林	Jilin	58.5	59.0	59.4	171
四平	Siping	58.1	59.5	59.9	169
辽源	Liaoyuan	19.5	20.0	20.0	240
通化	Tonghua	34.3	35.7	36.0	214
白山	Baishan	12.4	12.6	12.8	252
松原	Songyuan	52.4	53.2	53.5	182
白城	Baicheng	34.5	37.0	37.3	205
黑龙江	**Heilongjiang**	**509.1**			
哈尔滨	Harbin	133.7	134.4	135.3	40
齐齐哈尔	Qiqihar	93.6	96.1	97.9	92
鸡西	Jixi	19.4	19.4	19.5	242
鹤岗	Hegang	6.6	6.8	6.8	259
双鸭山	Shuangyashan	14.1	14.2	14.1	251
大庆	Daqing	36.8	36.6	36.9	208
伊春	Yichun	4.9	4.9	4.9	263
佳木斯	Jiamusi	36.0	36.1	36.2	212
七台河	Qitaihe	9.6	9.5	9.3	256
牡丹江	Mudanjiang	30.6	31.3	31.6	220
黑河	Heihe	21.7	22.4	22.7	237
绥化	Suihua	100.3	100.7	100.7	87
上海	**Shanghai**	**114.2**			
江苏	**Jiangsu**	**1483.3**			

10-1 农业乡村户数 续表 1
Rural Households continued 1

单位：万户 (10 000 households)

地名	City	2010	2012	2013	2013 排名 Ranking	地名	City	2010	2012	2013	2013 排名 Ranking
南京	Nanjing	65.2	64.2	64.2	156	池州	Chizhou	38.8	39.6	39.7	202
无锡	Wuxi	72.5	64.5	63.3	160	宣城	Xuancheng	71.2	73.1	74.0	133
徐州	Xuzhou	187.3	181.2	179.5	18	**福建**	**Fujian**	**712.3**			
常州	Changzhou	78.7	76.2	75.3	128	福州	Fuzhou	131.5	132.7	134.6	41
苏州	Suzhou	97.6	91.4	90.1	103	厦门	Xiamen	11.5	12.6	12.6	253
南通	Nantong	212.6	204.6	202.4	6	莆田	Putian	64.7	66.0	66.3	151
连云港	Lianyungang	91.9	90.4	89.8	104	三明	Sanming	53.1	54.7	55.3	179
淮安	Huaian	100.0	99.2	99.0	89	泉州	Quanzhou	144.5	152.1	152.0	31
盐城	Yancheng	188.1	184.9	184.6	11	漳州	Zhangzhou	104.1	106.5	106.1	77
扬州	Yangzhou	102.1	102.6	102.7	82	南平	Nanping	64.8	66.3	66.5	149
镇江	Zhenjiang	58.2	57.6	57.7	173	龙岩	Longyan	66.2	68.6	69.7	142
泰州	Taizhou	121.9	120.5	119.7	60	宁德	Ningde	72.1	74.1	74.1	132
宿迁	Suqian	107.3	107.3	108.2	72	**江西**	**Jiangxi**	**867.3**			
浙江	**Zhejiang**	**1254.2**				南昌	Nanchang	70.0	73.3	74.1	131
杭州	Hangzhou	131.8	129.3	132.2	45	景德镇	Jingdezhen	26.7	27.0	27.2	229
宁波	Ningbo	180.5	174.8	175.3	22	萍乡	Pingxiang	34.2	35.1	35.7	215
温州	Wenzhou	184.6	183.3	186.3	9	九江	Jiujiang	90.7	91.8	92.1	100
嘉兴	Jiaxing	74.7	75.9	75.3	127	新余	Xinyu	22.3	22.5	22.8	236
湖州	Huzhou	61.3	61.9	63.9	157	鹰潭	Yingtan	21.2	21.6	22.0	238
绍兴	Shaoxing	137.6	139.1	144.0	36	赣州	Ganzhou	172.8	177.7	179.9	17
金华	Jinhua	173.0	175.8	176.2	20	吉安	Jian	97.2	99.7	101.3	85
衢州	Quzhou	61.4	62.1	63.3	161	宜春	Yichun	108.4	111.5	112.5	66
舟山	Zhoushan	23.7	23.9	23.7	235	抚州	Fuzhou	77.1	79.6	80.9	121
台州	Taizhou	164.0	166.3	169.7	23	上饶	Shangrao	146.7	149.5	150.8	32
丽水	Lishui	61.7	64.6	68.0	145	**山东**	**Shandong**	**2146.1**			
安徽	**Anhui**	**1424.3**				济南	Jinan	99.7	100.6		
合肥	Hefei	71.8	125.5	125.1	52	青岛	Qingdao	154.9	155.7		
芜湖	Wuhu	45.4	75.0	72.2	137	淄博	Zibo	88.0	89.3		
蚌埠	Bengbu	67.8	70.7	72.4	136	枣庄	Zaozhuang	78.6	80.0		
淮南	Huainan	35.7	36.9	36.8	209	东营	Dongying	33.5	34.6		
马鞍山	Maanshan	19.0	40.5	40.3	200	烟台	Yantai	175.0	171.5		
淮北	Huaibei	35.4	36.8	36.8	210	潍坊	Weifang	206.2	204.0		
铜陵	Tongling	9.8	10.0	9.9	255	济宁	Jining	181.9	185.5		
安庆	Anqing	139.8	141.6	141.6	37	泰安	Taian	122.0	123.2		
黄山	Huangshan	36.6	37.1	37.1	206	威海	Weihai	65.1	64.2		
滁州	Chuzhou	93.2	93.8	94.1	95	日照	Rizhao	82.1	83.3		
阜阳	Fuyang	218.5	221.5	224.1	4	莱芜	Laiwu	31.9	31.7		
宿州	Suzhou	137.2	137.2	133.9	43	临沂	Linyi	267.5	278.5		
六安	Liuan	173.5	129.5	180.6	15	德州	Dezhou	125.8	125.8		
亳州	Bozhou	128.0	129.5	130.5	47	聊城	Liaocheng	135.3	135.5		

10-1 农业乡村户数 续表 2
Rural Households continued 2

单位：万户 (10 000 households)

地名	City	2010	2012	2013	2013 排名 Ranking	地名	City	2010	2012	2013	2013 排名 Ranking
滨州	Binzhou	96.2	94.1			常德	Changde	152.0	154.9	159.5	28
菏泽	Heze	202.5	205.7			张家界	Zhangjiajie	42.3	41.9	42.0	198
河南	**Henan**	**2061.0**				益阳	Yiyang	106.9	107.8	109.2	70
郑州	Zhengzhou	106.0	105.1	102.8	81	郴州	Chenzhou	114.5	121.1	121.8	58
开封	Kaifeng	97.1	99.0	99.5	88	永州	Yongzhou	132.5	135.8	137.3	38
洛阳	Luoyang	129.8	129.4	124.4	54	怀化	Huaihua	116.1	118.8	118.3	62
平顶山	Pingdingshan	103.7	102.7	102.0	83	娄底	Loudi	96.8	98.8	98.8	90
安阳	Anyang	119.1	122.0	122.5	56	**广东**	**Guangdong**	**1686.6**			
鹤壁	Hebi	27.9	26.6	25.9	231	广州	Guangzhou	140.0	144.3	147.2	34
新乡	Xinxiang	109.5	109.9	105.8	78	韶关	Shaoguan	60.4	62.3	63.1	162
焦作	Jiaozuo	62.8	63.6	63.8	158	深圳	Shenzhen				
濮阳	Puyang	74.0	74.5	74.5	129	珠海	Zhuhai	17.2	15.6	16.4	248
许昌	Xuchang	86.8	83.3	82.2	118	汕头	Shantou	88.1	91.2	94.0	96
漯河	Luohe	53.7	54.4	54.5	180	佛山	Foshan	89.0	93.8	90.3	101
三门峡	Sanmenxia	43.7	44.2	44.3	197	江门	Jiangmen	85.7	85.6	85.6	113
南阳	Nanyang	240.8	244.2	244.3	2	湛江	Zhanjiang	143.1	147.0	148.6	33
商丘	Shangqiu	193.8	193.6	194.6	7	茂名	Maoming	132.4	126.9	127.9	50
信阳	Xinyang	178.6	180.7	181.0	14	肇庆	Zhaoqing	87.4	90.4	89.7	105
周口	Zhoukou	236.4	237.6	233.2	3	惠州	Huizhou	76.1	80.1	82.8	116
驻马店	Zhumadian	185.2	182.9	182.4	13	梅州	Meizhou	118.1	114.6	114.0	65
湖北	**Hubei**	**1152.0**				汕尾	Shanwei	66.7	68.8	69.8	140
武汉	Wuhan	76.1	77.3	77.2	126	河源	Heyuan	72.7	75.2	69.7	143
黄石	Huangshi	34.7	37.6	37.6	204	阳江	Yangjiang	66.3	66.8	67.5	146
十堰	Shiyan	65.5	65.6	65.7	154	清远	Qingyuan	86.0	86.4	86.4	112
宜昌	Yichang	86.6	87.4	88.2	106	东莞	Dongguan	48.8	50.4	51.0	190
襄阳	Xiangyang	95.5	101.0	101.3	86	中山	Zhongshan	60.6	64.4	66.5	150
鄂州	Ezhou	20.8	20.9	20.9	239	潮州	Chaozhou	55.1	56.0	56.1	175
荆门	Jingmen	49.4	50.2	49.8	192	揭阳	Jieyang	121.9	128.7	123.6	55
孝感	Xiaogan	104.5	104.8	105.7	79	云浮	Yunfu	70.9	71.7	71.8	138
荆州	Jingzhou	104.8	106.9	107.2	73	**广西**	**Guangxi**	**1029.1**			
黄冈	Huanggang	152.2	154.5	154.5	30	南宁	Nanning	131.4	132.2	133.1	44
咸宁	Xianning	51.1	52.4	52.4	188	柳州	Liuzhou	58.7	61.6	62.4	164
随州	Suizhou	51.4	51.8	52.6	187	桂林	Guilin	107.6	106.7	106.9	75
湖南	**Hunan**	**1568.8**				梧州	Wuzhou	70.0	71.5	73.6	135
长沙	Changsha	132.1	133.9	135.6	39	北海	Beihai	21.9	24.1	24.4	233
株洲	Zhuzhou	76.9	78.1	79.2	123	防城港	Fangchenggang	16.0	16.6	17.0	245
湘潭	Xiangtan	62.7	61.9	61.9	165	钦州	Qinzhou	77.5	81.6	83.3	115
衡阳	Hengyang	166.1	165.5	166.9	24	贵港	Guigang	112.2	113.9	115.7	64
邵阳	Shaoyang	182.5	184.8	187.3	8	玉林	Yulin	122.0	127.9	129.6	48
岳阳	Yueyang	128.4	128.4	127.5	51	百色	Baise	76.0	78.2	80.0	122

10-1 农业乡村户数 续表 3
Rural Households continued 3

单位：万户 (10 000 households)

地名	City	2010	2012	2013	2013 排名 Ranking
贺州	Hezhou	47.0	50.9	51.6	189
河池	Hechi	86.0	90.8	96.1	93
来宾	Laibin	51.9	52.8	53.1	185
崇左	Chongzuo	50.8	52.3	53.0	186
海南	**Hainan**	**125.3**			
海口	Haikou	16.1	17.5	16.8	246
三亚	Sanya	6.2	6.4	6.6	262
三沙	Sansha				
重庆	**Chongqing**	**727.8**			
四川	**Sichuan**	**2056.2**			
成都	Chengdu	227.7	224.9	222.0	5
自贡	Zigong	71.6	71.5	71.4	139
攀枝花	Panzhihua	14.8	15.1	15.2	250
泸州	Luzhou	116.7	118.7	118.9	61
德阳	Deyang	106.7	108.9	109.5	69
绵阳	Mianyang	133.6	133.6	134.0	42
广元	Guangyuan	68.9	69.4	69.4	144
遂宁	Suining	79.9	82.6	82.7	117
内江	Neijiang	107.0	108.9	108.4	71
乐山	Leshan	84.1	82.1	82.1	119
南充	Nanchong	178.4	176.1	175.8	21
眉山	Meishan	87.2	87.7	87.9	107
宜宾	Yibin	122.2	121.6	122.2	57
广安	Guangan	108.0	109.6	110.1	67
达州	Dazhou	160.6	162.0	162.6	25
雅安	Yaan	40.0	40.4	41.1	199
巴中	Bazhong	81.1	81.8	81.5	120
资阳	Ziyang	128.8	129.9	129.5	49
贵州	**Guizhou**	**858.8**			
贵阳	Guiyang	53.1	55.7	55.9	177
六盘水	Liupanshui	68.9	72.8	73.9	134
遵义	Zunyi	165.2	174.7	176.6	19
安顺	Anshun	56.5	59.3	60.0	167
毕节	Bijie	174.0	180.6	183.2	12
铜仁	Tongren	92.3	97.3	98.3	91
云南	**Yunnan**	**947.0**			
昆明	Kunming	86.8	87.1	87.1	111
曲靖	Qujing	142.5	145.3	146.8	35
玉溪	Yuxi	51.5	53.0	54.3	181
保山	Baoshan	56.9	59.0	60.3	166
昭通	Zhaotong	125.9	130.8	132.1	46
丽江	Lijiang	26.4	26.9	27.1	230
普洱	Puer	53.6	56.5	55.9	176
临沧	Lincang	48.7	49.2	50.0	191
西藏	**Tibet**	**48.0**			
拉萨	Lasa	6.2	6.8	6.9	258
陕西	**Shaanxi**	**712.0**			
西安	Xi'an	101.4	101.9	101.4	84
铜川	Tongchuan	11.2	11.8	11.8	254
宝鸡	Baoji	70.4	69.9	69.8	141
咸阳	Xianyang	95.5	93.5	92.8	97
渭南	Weinan	110.9	109.1	107.2	74
延安	Yan'an	37.8	39.0	39.8	201
汉中	Hanzhong	87.2	87.6	87.2	110
榆林	Yulin	75.1	74.2	74.4	130
安康	Ankang	65.0	66.5	67.3	148
商洛	Shangluo	54.6	54.0	53.3	183
甘肃	**Gansu**	**480.6**			
兰州	Lanzhou	33.9	34.1	33.2	218
嘉峪关	Jiayuguan	0.6	0.6	0.6	265
金昌	Jinchang	6.4	6.5	6.7	261
白银	Baiyin	30.8	31.6	32.2	219
天水	Tianshui	65.9	65.9	66.3	152
武威	Wuwei	37.3	36.2	36.2	213
张掖	Zhangye	26.6	27.1	27.4	227
平凉	Pingliang	44.3	44.7	44.8	196
酒泉	Jiuquan	17.3	17.5	17.4	244
庆阳	Qingyang	52.2	52.9	53.3	183
定西	Dingxi	61.2	62.1	62.7	163
陇南	Longnan	57.2	58.7	58.4	172
青海	**Qinghai**	**87.5**			
西宁	Xining	24.7	25.4	24.8	232
海东	Haidong				
宁夏	**Ningxia**	**103.6**			
银川	Yinchuan	15.6	16.2	16.7	247
石嘴山	Shizuishan	8.4	8.3	8.6	257
吴忠	Wuzhong	26.8	27.3	27.9	226
固原	Guyuan	29.0	28.9	29.0	223
中卫	Zhongwei	23.4	25.2	28.9	224
新疆	**Xinjiang**	**255.2**			
乌鲁木齐	Urumqi	6.0	6.7	6.7	260
克拉玛依	Karamay	0.1	0.1	0.1	266

10-2 常用耕地面积
Cultivated Land

单位：千公顷 (1000 hectares)

地名	City	2010	2012	2013	2013 排名 Ranking
全国	**Nation Total**	**121715.9**	**121715.9**	**121715.9**	
北京	**Beijing**	**231.7**	**231.7**	**231.7**	
天津	**Tianjin**	**441.1**	**441.1**	**441.1**	
河北	**Hebei**	**6317.3**	**6317.3**	**6317.3**	
石家庄	Shijiazhuang	554.3	554.3		
唐山	Tangshan	545.7	545.7		
秦皇岛	Qinhuangdao	165.8	165.8		
邯郸	Handan	651.9	651.9		
邢台	Xingtai	647.0	647.0		
保定	Baoding	762.5	762.5		
张家口	Zhangjiakou	682.2	682.2		
承德	Chengde	264.1	264.1		
沧州	Cangzhou	705.6	705.6		
廊坊	Langfang	366.2	366.2		
衡水	Hengshui	556.1	556.1		
山西	**Shanxi**	**4055.8**	**4055.8**	**4055.8**	
太原	Taiyuan	127.3	127.3	127.3	171
大同	Datong	372.3	372.3	372.4	67
阳泉	Yangquan	68.3	68.3	68.3	192
长治	Changzhi	346.2	346.2	346.2	77
晋城	Jincheng	192.2	192.2	192.2	134
朔州	Shuozhou	365.9	365.9	365.9	71
晋中	Jinzhong	364.1	364.1	364.1	73
运城	Yuncheng	549.4	549.4	549.4	36
忻州	Xinzhou	649.5	649.5	649.5	26
临汾	Linfen	494.6	494.6	494.6	43
吕梁	Lvliang	525.9	525.9	525.9	38
内蒙古	**Inner Mongolia**	**7148.5**	**7147.2**	**7147.2**	
呼和浩特	Hohhot	565.4	568.8	560.2	35
包头	Baotou	422.1	422.1	426.0	59
乌海	Wuhai	8.6	7.0	8.3	209
赤峰	Chifeng	1405.9	1008.1	1409.9	6
通辽	Tongliao	1347.7	1074.4	1350.9	7
鄂尔多斯	Erdos	407.0	402.9	411.5	62
呼伦贝尔	Hulunbuir	10.2	1143.7	1784.3	4
巴彦淖尔	Bayannur	702.3	581.5	706.5	24
乌兰察布	Ulanqab	913.8	889.0	908.5	13
辽宁	**Liaoning**	**4085.2**	**4085.3**	**4085.3**	
沈阳	Shenyang	682.5	682.5		
大连	Dalian	361.1	361.1		
鞍山	Anshan	239.6	239.6		
抚顺	Fushun	125.7	125.7		
本溪	Benxi	68.2	68.2		
丹东	Dandong	206.7	206.7		
锦州	Jinzhou	391.0	391.0		
营口	Yingkou	113.4	113.4		
阜新	Fuxin	367.7	367.7		
辽阳	Liaoyang	176.3	176.3		
盘锦	Panjin	128.9	128.9		
铁岭	Tieling	542.0	542.0		
朝阳	Chaoyang	456.1	456.1		
葫芦岛	Huludao	225.9	225.9		
吉林	**Jilin**	**5578.4**	**5534.6**	**5534.6**	
长春	Changchun	1224.3	1308.0	1307.0	8
吉林	Jilin	584.1	598.5	596.5	30
四平	Siping	849.8	850.6	852.0	16
辽源	Liaoyuan	179.8	237.1	241.4	114
通化	Tonghua	282.3	309.3	309.5	88
白山	Baishan	46.2	48.1	48.8	197
松原	Songyuan	953.7	1187.8	1203.9	9
白城	Baicheng	794.0	896.1	906.3	14
黑龙江	**Heilongjiang**	**11830.1**	**11830.1**	**11830.1**	
哈尔滨	Harbin	1826.1	1826.1	1967.0	2
齐齐哈尔	Qiqihar	2237.3	2237.3	2399.7	1
鸡西	Jixi	476.2	414.1	490.7	44
鹤岗	Hegang	218.7	160.1	216.9	122
双鸭山	Shuangyashan	801.9	404.8	420.9	60
大庆	Daqing	804.1	627.5	799.0	20
伊春	Yichun	259.2	204.9	259.1	107
佳木斯	Jiamusi	1236.0	1148.4	1666.4	5
七台河	Qitaihe	175.2	152.1	194.9	132
牡丹江	Mudanjiang	651.1	488.4	613.6	28
黑河	Heihe	1108.4	851.0	1188.4	10
绥化	Suihua	1779.1	1657.4	1912.7	3
上海	**Shanghai**	**201.0**	**244.0**	**244.0**	
江苏	**Jiangsu**	**4763.8**	**4763.8**	**4763.8**	

10-2 常用耕地面积 续表 1
Cultivated Land continued 1

单位：千公顷 (1000 hectares)

地名	City	2010	2012	2013	2013 排名 Ranking
南京	Nanjing	242.1	242.1	242.1	112
无锡	Wuxi	139.5	139.5	139.5	164
徐州	Xuzhou	591.0	591.0	591.0	32
常州	Changzhou	177.7	177.7	177.7	138
苏州	Suzhou	231.1	231.1	231.1	119
南通	Nantong	468.5	468.5	468.5	49
连云港	Lianyungang	369.1	369.1	369.1	69
淮安	Huaian	487.7	487.7	487.7	45
盐城	Yancheng	781.4	781.4	781.4	22
扬州	Yangzhou	304.0	304.0	304.0	91
镇江	Zhenjiang	171.5	171.5	171.5	143
泰州	Taizhou	316.7	316.7	316.7	87
宿迁	Suqian	438.4	438.4	438.4	56
浙江	**Zhejiang**	**1920.9**	**1920.9**	**1920.9**	
杭州	Hangzhou				
宁波	Ningbo				
温州	Wenzhou				
嘉兴	Jiaxing				
湖州	Huzhou				
绍兴	Shaoxing				
金华	Jinhua				
衢州	Quzhou				
舟山	Zhoushan				
台州	Taizhou				
丽水	Lishui				
安徽	**Anhui**	**4181.3**	**5730.2**	**5730.2**	
合肥	Hefei	218.8	337.2	336.0	80
芜湖	Wuhu	82.8	175.1	175.4	141
蚌埠	Bengbu	293.3	294.9	296.7	95
淮南	Huainan	114.4	113.3	113.2	177
马鞍山	Maanshan	48.4	124.7	124.4	173
淮北	Huaibei	135.9	133.7	134.0	167
铜陵	Tongling	23.6	23.4	23.5	205
安庆	Anqing	298.3	299.1	303.2	92
黄山	Huangshan	47.6	46.6	46.4	199
滁州	Chuzhou	404.2	407.6	407.6	65
阜阳	Fuyang	574.5	575.3	574.3	33
宿州	Suzhou	481.1	480.4	480.1	46
六安	Liuan	433.0	435.4	436.1	57
亳州	Bozhou	499.4	500.2	498.3	42
池州	Chizhou	82.2	83.0	83.3	187
宣城	Xuancheng	153.3	154.5	155.6	153
福建	**Fujian**	**1501.9**	**1330.1**	**1330.1**	
福州	Fuzhou	192.7	153.2	160.1	151
厦门	Xiamen	21.1	20.4	19.8	206
莆田	Putian	74.8	74.9	74.8	188
三明	Sanming	192.1	193.5	194.3	133
泉州	Quanzhou	147.6	147.0	146.2	161
漳州	Zhangzhou	180.0	180.1	179.8	137
南平	Nanping	235.0	235.4	236.7	118
龙岩	Longyan	163.9	165.0	165.5	146
宁德	Ningde	136.8	137.3	161.6	149
江西	**Jiangxi**	**2827.1**	**2827.1**	**2827.1**	
南昌	Nanchang	259.8	259.8		
景德镇	Jingdezhen	84.3	84.3		
萍乡	Pingxiang	64.2	64.2		
九江	Jiujiang	295.5	295.5		
新余	Xinyu	82.0	82.0		
鹰潭	Yingtan	88.1	88.1		
赣州	Ganzhou	368.4	368.4		
吉安	Jian	420.4	420.4		
宜春	Yichun	470.0	470.0		
抚州	Fuzhou	314.1	314.1		
上饶	Shangrao	380.4	380.4		
山东	**Shandong**	**7510.8**	**7515.3**	**7515.3**	
济南	Jinan	360.7	360.7	360.3	74
青岛	Qingdao	512.8	512.8	528.1	37
淄博	Zibo	207.1	207.1	211.1	124
枣庄	Zaozhuang	240.8	240.8	237.2	117
东营	Dongying	220.0	220.0	223.5	121
烟台	Yantai	446.0	446.0	446.9	55
潍坊	Weifang	783.9	783.9	798.3	21
济宁	Jining	600.6	600.6	609.8	29
泰安	Taian	343.4	343.4	364.7	72
威海	Weihai	191.7	191.7	195.9	130
日照	Rizhao	229.6	229.6	241.5	113
莱芜	Laiwu	68.6	68.6	72.4	191
临沂	Linyi	842.6	842.6	843.8	17
德州	Dezhou	619.0	619.0	639.7	27
聊城	Liaocheng	565.6	565.6	565.5	34

10-2 常用耕地面积 续表 2
Cultivated Land continued 2

单位：千公顷 (1000 hectares)

地名	City	2010	2012	2013	2013 排名 Ranking	地名	City	2010	2012	2013	2013 排名 Ranking
滨州	Binzhou	447.1	447.1	465.2	50	常德	Changde	408.4	408.4		
菏泽	Heze	831.3	831.3	831.8	19	张家界	Zhangjiajie	92.0	92.0		
河南	**Henan**	**7926.4**	**7926.4**	**7926.4**		益阳	Yiyang	242.0	242.0		
郑州	Zhengzhou	295.7	295.7	331.8	82	郴州	Chenzhou	234.4	234.4		
开封	Kaifeng	394.0	394.0	416.2	61	永州	Yongzhou	288.6	288.6		
洛阳	Luoyang	356.1	356.1	432.6	58	怀化	Huaihua	265.7	265.7		
平顶山	Pingdingshan	312.9	312.9	321.8	85	娄底	Loudi	149.9	149.9		
安阳	Anyang	394.6	394.6	410.0	63	**广东**	**Guangdong**	**2878.5**	**2830.7**	**2830.7**	
鹤壁	Hebi	96.4	96.4	121.8	176	广州	Guangzhou	100.7	99.1	98.2	183
新乡	Xinxiang	403.1	403.1	475.5	47	韶关	Shaoguan	220.6	131.6	131.6	170
焦作	Jiaozuo	181.7	181.7	195.6	131	深圳	Shenzhen				
濮阳	Puyang	248.4	248.4	283.6	97	珠海	Zhuhai	14.8	14.8	18.1	207
许昌	Xuchang	325.6	325.6	339.5	79	汕头	Shantou		73.8	73.8	190
漯河	Luohe	165.7	165.7	190.5	135	佛山	Foshan	37.7	37.8	37.5	202
三门峡	Sanmenxia	163.2	163.2	177.0	140	江门	Jiangmen	132.9	132.9	132.9	169
南阳	Nanyang	941.2	941.2	1056.9	11	湛江	Zhanjiang	445.3	460.5	464.5	51
商丘	Shangqiu	666.6	666.6	708.4	23	茂名	Maoming	225.6	252.4	252.4	109
信阳	Xinyang	568.6	568.6	839.8	18	肇庆	Zhaoqing	109.0	189.4	149.4	159
周口	Zhoukou	826.2	826.2	857.8	15	惠州	Huizhou	115.3	110.1	110.1	178
驻马店	Zhumadian	827.3	827.3	951.6	12	梅州	Meizhou	16.3	164.2	164.3	148
湖北	**Hubei**	**3323.9**	**4664.1**	**4664.1**		汕尾	Shanwei	94.5	97.9	97.9	184
武汉	Wuhan	207.1	202.1	197.6	129	河源	Heyuan	110.6	128.7	141.9	163
黄石	Huangshi	89.8	89.6	89.4	186	阳江	Yangjiang	104.7	104.3	104.3	181
十堰	Shiyan	244.5	174.0	177.1	139	清远	Qingyuan	220.6	270.4	271.0	100
宜昌	Yichang	230.1	258.7	266.4	105	东莞	Dongguan	13.9	37.9	37.4	203
襄阳	Xiangyang	436.9	449.6	452.2	52	中山	Zhongshan		50.6	50.6	196
鄂州	Ezhou	40.9	40.6	40.4	201	潮州	Chaozhou		74.6	74.6	189
荆门	Jingmen	257.3	265.0	266.7	104	揭阳	Jieyang	86.2	124.2	124.2	174
孝感	Xiaogan	261.3	262.3	266.8	103	云浮	Yunfu	99.6	99.0	99.1	182
荆州	Jingzhou	464.8	467.8	468.7	48	**广西**	**Guangxi**	**4424.6**	**4217.5**	**4217.5**	
黄冈	Huanggang	377.3	343.5	343.6	78	南宁	Nanning		686.4	692.2	25
咸宁	Xianning	155.9	156.6	158.7	152	柳州	Liuzhou	354.7	353.6	352.6	76
随州	Suizhou	144.9	142.9	143.4	162	桂林	Guilin	283.7	329.4	334.1	81
湖南	**Hunan**	**3346.7**	**3789.4**	**3789.4**		梧州	Wuzhou	140.1	111.4	139.2	165
长沙	Changsha	248.1	248.1			北海	Beihai	124.7	124.5	125.3	172
株洲	Zhuzhou	178.9	178.9			防城港	Fangchenggang	91.7	91.6	92.2	185
湘潭	Xiangtan	122.9	122.9			钦州	Qinzhou		212.0	227.0	120
衡阳	Hengyang	329.1	329.1			贵港	Guigang	323.6	322.7	323.2	84
邵阳	Shaoyang	348.9	348.9			玉林	Yulin	242.3		240.5	116
岳阳	Yueyang	284.5	284.5			百色	Baise			450.8	54

10-2 常用耕地面积 续表 3
Cultivated Land continued 3

单位：千公顷 (1000 hectares)

地名	City	2010	2012	2013	2013 排名 Ranking
贺州	Hezhou	121.2	163.9	124.2	174
河池	Hechi	374.1	374.1	367.0	70
来宾	Laibin		407.9	409.3	64
崇左	Chongzuo	519.6	520.2	521.3	39
海南	**Hainan**	**419.1**	**727.5**	**727.5**	
海口	Haikou	47.0	46.9	46.8	198
三亚	Sanya	11.0	14.1	13.6	208
三沙	Sansha				
重庆	**Chongqing**	**2235.9**	**2235.9**	**2235.9**	
四川	**Sichuan**	**4010.7**	**5947.4**	**5947.4**	
成都	Chengdu	356.5	323.5	321.5	86
自贡	Zigong	134.6	137.4	138.4	166
攀枝花	Panzhihua	40.0	40.8	41.4	200
泸州	Luzhou	209.5	210.3	210.8	125
德阳	Deyang	185.0	185.1	184.6	136
绵阳	Mianyang	280.6	281.9	282.1	98
广元	Guangyuan	166.1	168.8	168.8	145
遂宁	Suining	154.5	154.0	154.1	156
内江	Neijiang	164.4	164.4	164.5	147
乐山	Leshan	150.2	149.9	149.7	158
南充	Nanchong	300.7	302.3	302.4	93
眉山	Meishan	171.2	170.7	170.6	144
宜宾	Yibin	243.4	243.1	242.4	111
广安	Guangan	173.4	173.4	173.2	142
达州	Dazhou	301.3	304.5	306.2	90
雅安	Yaan	54.6	56.2	56.1	195
巴中	Bazhong	152.8	152.4	152.6	157
资阳	Ziyang	270.1	268.3	268.8	102
贵州	**Guizhou**	**1761.6**	**4485.3**	**4485.3**	
贵阳	Guiyang	97.8	95.6		
六盘水	Liupanshui	107.8	310.7		
遵义	Zunyi	390.3	846.2		
安顺	Anshun	106.4	106.5		
毕节	Bijie	369.3	997.3		
铜仁	Tongren	175.3	176.7		
云南	**Yunnan**	**4230.1**	**6072.1**	**6072.1**	
昆明	Kunming	157.5	155.7	154.5	155
曲靖	Qujing	281.1	272.4	273.0	99
玉溪	Yuxi	108.0	253.1	108.0	179
保山	Baoshan	155.6	155.3	154.8	154
昭通	Zhaotong	327.6	326.9	326.8	83
丽江	Lijiang	95.0	103.3	104.4	180
普洱	Puer	206.5	210.9	211.3	123
临沧	Lincang	241.4	270.6	270.3	101
西藏	**Tibet**	**203.0**	**361.6**	**361.6**	
拉萨	Lasa	25.3	35.1	34.9	204
陕西	**Shaanxi**	**2860.5**	**4050.3**	**4050.3**	
西安	Xi'an	255.5	246.6	244.2	110
铜川	Tongchuan	62.7	64.6	64.7	194
宝鸡	Baoji	306.8	300.0	300.0	94
咸阳	Xianyang	359.2	359.6	356.9	75
渭南	Weinan	521.0	521.5	519.4	40
延安	Yan'an	234.6	240.4	240.6	115
汉中	Hanzhong	203.6	205.3	205.1	127
榆林	Yulin	574.3	580.6	594.9	31
安康	Ankang	195.5	197.9	197.8	128
商洛	Shangluo	132.3	133.6	133.4	168
甘肃	**Gansu**	**3493.8**	**4658.8**	**4658.8**	
兰州	Lanzhou	209.5	268.7	209.2	126
嘉峪关	Jiayuguan	2.8	4.0	2.8	210
金昌	Jinchang	67.7	89.3	67.5	193
白银	Baiyin	301.4	398.7	307.3	89
天水	Tianshui	381.4	514.7	379.2	66
武威	Wuwei	254.7	359.3	254.1	108
张掖	Zhangye	234.6	253.3	259.3	106
平凉	Pingliang	372.2	384.7	370.8	68
酒泉	Jiuquan	157.2	166.7	160.2	150
庆阳	Qingyang	445.9	664.7	451.9	53
定西	Dingxi	514.3	675.3	513.9	41
陇南	Longnan	287.9	553.3	286.4	96
青海	**Qinghai**	**542.7**	**542.7**	**542.7**	
西宁	Xining	145.8	145.8	148.2	160
海东	Haidong				
宁夏	**Ningxia**	**1134.9**	**1107.1**	**1107.1**	
银川	Yinchuan	129.4	128.8		
石嘴山	Shizuishan	78.1	78.4		
吴忠	Wuzhong	339.9	312.0		
固原	Guyuan	356.1	355.0		
中卫	Zhongwei	231.3	229.3		
新疆	**Xinjiang**	**4124.6**	**4124.6**	**4124.6**	
乌鲁木齐	Urumqi	55.4	55.4		
克拉玛依	Karamay	21.9	21.9		

10-3 农业机械总动力
Total Power of Agricultural Machinery

单位：万千瓦 (10 000 kw)

地名	City	2010	2013	2014	2014 排名 Ranking	地名	City	2010	2013	2014	2014 排名 Ranking
全国	**Nation Total**	**92780.5**	**103906.8**	**108056.6**		沈阳	Shenyang		343.6		
北京	**Beijing**	**276.0**	**207.7**	**195.8**		大连	Dalian		367.1		
天津	**Tianjin**	**587.8**	**554.2**	**552.3**		鞍山	Anshan		162.0		
河北	**Hebei**	**10151.3**	**10762.7**	**10942.9**		抚顺	Fushun		78.9		
石家庄	Shijiazhuang	1959.7	1996.6	2022.2	1	本溪	Benxi		59.0		
唐山	Tangshan	1080.0	1179.8	1206.6	11	丹东	Dandong		199.0		
秦皇岛	Qinhuangdao	295.0	332.8	298.3	100	锦州	Jinzhou		285.0		
邯郸	Handan	1372.8	1479.6	1505.2	3	营口	Yingkou		119.2		
邢台	Xingtai	929.1	980.0	1010.1	15	阜新	Fuxin		246.0		
保定	Baoding	1165.4	1242.0	1260.8	9	辽阳	Liaoyang		72.1		
张家口	Zhangjiakou	289.8	316.0	328.1	87	盘锦	Panjin		79.1		
承德	Chengde	310.1	370.8	390.0	73	铁岭	Tieling		257.9		
沧州	Cangzhou	1174.8	1246.3	1265.0	8	朝阳	Chaoyang		199.5		
廊坊	Langfang	673.7	689.1	694.9	29	葫芦岛	Huludao		89.9		
衡水	Hengshui	900.8	953.6	961.6	19	**吉林**	**Jilin**	**2145.0**	**2730.0**	**2919.1**	
山西	**Shanxi**	**2809.2**	**3183.3**	**3286.2**		长春	Changchun	427.0	554.8	600.3	39
太原	Taiyuan	120.3	133.6	137.9	175	吉林	Jilin	281.0	351.9	368.1	79
大同	Datong	160.6	185.0	192.8	146	四平	Siping	217.0	279.9	307.7	95
阳泉	Yangquan	121.5	133.6	136.5	177	辽源	Liaoyuan	89.0	121.8	125.3	182
长治	Changzhi	176.2	208.8	217.1	137	通化	Tonghua	136.0	159.5	163.9	159
晋城	Jincheng	225.3	244.9	248.4	120	白山	Baishan	39.0	45.5	45.7	201
朔州	Shuozhou	206.1	233.0	241.4	125	松原	Songyuan	458.0	580.1	620.8	35
晋中	Jinzhong	321.1	363.4	374.7	77	白城	Baicheng	359.0	438.1	476.3	60
运城	Yuncheng	605.3	685.7	708.5	28	**黑龙江**	**Heilongjiang**	**3736.3**	**4849.3**	**5155.5**	
忻州	Xinzhou	216.1	249.7	259.7	114	哈尔滨	Harbin	753.2	926.7	977.3	16
临汾	Linfen	405.1	458.4	473.1	61	齐齐哈尔	Qiqihar	592.6	735.2	779.0	23
吕梁	Lvliang	251.6	287.3	296.2	101	鸡西	Jixi	162.5	208.3	217.9	136
内蒙古	**Inner Mongolia**	**3034.0**	**3430.6**	**3632.6**		鹤岗	Hegang	65.0	88.5	102.5	190
呼和浩特	Hohhot	206.2	236.4	246.7	121	双鸭山	Shuangyashan	124.8	169.2	176.7	155
包头	Baotou	149.2	156.3	160.7	165	大庆	Daqing	267.3	315.1	324.9	90
乌海	Wuhai	7.7	8.0	8.4	206	伊春	Yichun	59.5	75.1	77.2	196
赤峰	Chifeng	434.0	527.8	565.9	45	佳木斯	Jiamusi	285.9	410.1	387.7	74
通辽	Tongliao	558.8	598.4	633.3	33	七台河	Qitaihe	45.6	60.1	64.2	199
鄂尔多斯	Erdos	256.9	290.9	302.8	98	牡丹江	Mudanjiang	164.7	228.5	256.9	115
呼伦贝尔	Hulunbuir	379.1	395.8	415.2	66	黑河	Heihe	213.9	259.9	272.5	110
巴彦淖尔	Bayannur	357.0	449.5	506.3	56	绥化	Suihua	345.9	491.8	541.6	52
乌兰察布	Ulanqab	188.8	207.4	210.2	139	**上海**	**Shanghai**	**104.2**	**113.2**	**117.8**	
辽宁	**Liaoning**	**2408.3**	**2632.0**	**2730.2**		**江苏**	**Jiangsu**	**3937.3**	**4405.6**	**4650.0**	

10-3 农业机械总动力 续表 1

Total Power of Agricultural Machinery continued 1

单位：万千瓦 (10 000 kw)

地名	City	2010	2013	2014	2014 排名 Ranking	地名	City	2010	2013	2014	2014 排名 Ranking
南京	Nanjing	206.2	218.1	221.0	133	池州	Chizhou	104.0	120.3	123.3	184
无锡	Wuxi	110.2	101.0	100.4	191	宣城	Xuancheng	207.4	232.1	240.0	128
徐州	Xuzhou	563.7	626.7	657.0	31	**福建**	**Fujian**	**1206.2**	**1336.8**	**1368.4**	
常州	Changzhou	150.2	159.2	154.8	169	福州	Fuzhou	160.3	162.7		
苏州	Suzhou	162.2	165.0	163.3	161	厦门	Xiamen	41.7	41.3		
南通	Nantong	325.5	365.5	387.0	75	莆田	Putian	75.0	79.0		
连云港	Lianyungang	387.3	512.1	563.0	48	三明	Sanming	119.5	150.1		
淮安	Huaian	392.0	518.4	568.6	43	泉州	Quanzhou	236.7	247.6		
盐城	Yancheng	510.8	596.4	635.2	32	漳州	Zhangzhou	196.9	213.3		
扬州	Yangzhou	222.7	246.8	252.3	118	南平	Nanping	161.4	208.0		
镇江	Zhenjiang	142.8	151.3	152.4	170	龙岩	Longyan	104.3	115.5		
泰州	Taizhou	218.2	254.3	260.2	113	宁德	Ningde	110.3	119.4		
宿迁	Suqian	545.5	499.4	534.7	53	**江西**	**Jiangxi**	**3805.0**	**2014.1**	**2118.4**	
浙江	**Zhejiang**	**2499.9**	**2462.2**	**2420.1**		南昌	Nanchang		215.5		
杭州	Hangzhou	322.0	348.4	342.2	85	景德镇	Jingdezhen		72.3		
宁波	Ningbo	326.1	323.7	298.6	99	萍乡	Pingxiang		82.9		
温州	Wenzhou	229.8	222.7	219.2	134	九江	Jiujiang		206.5		
嘉兴	Jiaxing	158.6	152.3	147.9	172	新余	Xinyu		57.1		
湖州	Huzhou	163.1	165.2	168.5	158	鹰潭	Yingtan		68.2		
绍兴	Shaoxing	246.1	234.7	230.9	131	赣州	Ganzhou		289.7		
金华	Jinhua	246.5	262.7	261.4	111	吉安	Jian		269.0		
衢州	Quzhou	158.9	163.9	163.0	162	宜春	Yichun		304.3		
舟山	Zhoushan	171.9	156.4	159.4	166	抚州	Fuzhou		215.5		
台州	Taizhou	360.0	320.1	316.7	94	上饶	Shangrao		233.1		
丽水	Lishui	103.3	112.0	112.5	186	**山东**	**Shandong**	**11629.0**	**12739.8**	**13101.4**	
安徽	**Anhui**	**5409.8**	**6140.3**	**6365.8**		济南	Jinan	509.7	552.1	567.0	44
合肥	Hefei	188.4	397.1	415.0	67	青岛	Qingdao	763.6	809.3	826.9	22
芜湖	Wuhu	106.3	197.5	203.8	143	淄博	Zibo	334.5	358.7	365.3	82
蚌埠	Bengbu	482.3	524.4	533.3	54	枣庄	Zaozhuang	274.0	326.4	344.3	84
淮南	Huainan	169.6	181.3	184.9	151	东营	Dongying	225.0	244.7	253.5	116
马鞍山	Maanshan	49.1	137.8	141.6	174	烟台	Yantai	859.0	943.2	964.5	18
淮北	Huaibei	240.3	268.4	276.2	107	潍坊	Weifang	1230.4	1360.2	1371.4	7
铜陵	Tongling	37.3	38.0	38.1	202	济宁	Jining	939.5	1056.7	1082.9	14
安庆	Anqing	265.1	312.4	328.4	86	泰安	Taian	452.5	519.5	543.8	51
黄山	Huangshan	67.0	77.9	79.5	195	威海	Weihai	531.8	544.7	551.9	50
滁州	Chuzhou	576.1	654.9	678.3	30	日照	Rizhao	295.5	312.2	307.4	96
阜阳	Fuyang	598.2	690.1	720.0	27	莱芜	Laiwu	99.3	106.8	109.6	188
宿州	Suzhou	732.7	805.0	828.0	21	临沂	Linyi	863.6	930.0	970.1	17
六安	Liuan	604.4	706.5	736.3	26	德州	Dezhou	1302.5	1439.9	1522.9	2
亳州	Bozhou	683.6	796.8	839.2	20	聊城	Liaocheng	1041.8	1178.6	1210.1	10

10-3 农业机械总动力 续表 2
Total Power of Agricultural Machinery continued 2

单位：万千瓦 (10 000 kw)

地名	City	2010	2013	2014	2014 排名 Ranking	地名	City	2010	2013	2014	2014 排名 Ranking
滨州	Binzhou	546.2	591.5	613.4	36	常德	Changde	481.5	540.6	565.1	47
菏泽	Heze	1360.2	1465.3	1495.8	4	张家界	Zhangjiajie	92.1	103.4	107.5	189
河南	**Henan**	**10195.9**	**11150.0**	**11476.8**		益阳	Yiyang	398.4	465.1	487.9	59
郑州	Zhengzhou	504.3	561.5	576.3	41	郴州	Chenzhou	336.8	435.4	401.5	71
开封	Kaifeng	668.4	712.6	760.7	24	永州	Yongzhou	457.7	543.1	565.4	46
洛阳	Luoyang	457.9	492.0	501.0	57	怀化	Huaihua	288.3	346.5	369.3	78
平顶山	Pingdingshan	344.9	394.4	405.5	70	娄底	Loudi	258.4	289.4	325.1	89
安阳	Anyang	568.9	617.9	632.0	34	**广东**	**Guangdong**	**2253.4**	**2564.9**	**2632.4**	
鹤壁	Hebi	216.1	235.1	240.5	126	广州	Guangzhou	217.6	195.6		
新乡	Xinxiang	678.6	741.4	754.2	25	韶关	Shaoguan	124.3	146.1		
焦作	Jiaozuo	378.4	400.6	405.8	69	深圳	Shenzhen		2.6		
濮阳	Puyang	407.4	442.2	450.9	63	珠海	Zhuhai	24.1	27.9		
许昌	Xuchang	355.1	374.9	384.0	76	汕头	Shantou	39.9	45.4		
漯河	Luohe	250.0	267.8	275.0	108	佛山	Foshan	113.5	100.0		
三门峡	Sanmenxia	165.0	175.2	176.5	156	江门	Jiangmen	158.2	181.1		
南阳	Nanyang	1120.5	1307.9	1381.1	6	湛江	Zhanjiang	436.1	479.3		
商丘	Shangqiu	1123.1	1176.1	1192.9	12	茂名	Maoming	159.4	167.6		
信阳	Xinyang	461.1	580.0	613.2	37	肇庆	Zhaoqing	139.1	163.8		
周口	Zhoukou	1064.2	1143.7	1170.6	13	惠州	Huizhou	119.6	135.3		
驻马店	Zhumadian	1326.9	1416.2	1445.2	5	梅州	Meizhou	126.5	136.2		
湖北	**Hubei**	**3371.0**	**4081.1**	**4292.9**		汕尾	Shanwei	83.9	94.9		
武汉	Wuhan	214.6	263.7	274.1	109	河源	Heyuan	48.3	75.2		
黄石	Huangshi	69.8	90.2	98.5	193	阳江	Yangjiang	79.1	92.2		
十堰	Shiyan	135.3	197.5	207.5	141	清远	Qingyuan	103.2	114.3		
宜昌	Yichang	245.0	293.1	590.8	40	东莞	Dongguan	36.8	41.8		
襄阳	Xiangyang	515.0	588.8	305.4	97	中山	Zhongshan	69.8	73.5		
鄂州	Ezhou	46.1	63.6	608.5	38	潮州	Chaozhou	27.5	49.2		
荆门	Jingmen	340.8	426.2	64.4	198	揭阳	Jieyang	57.6	66.0		
孝感	Xiaogan	203.2	243.5	444.1	64	云浮	Yunfu	95.1	110.0		
荆州	Jingzhou	445.7	556.8	252.0	119	**广西**	**Guangxi**	**2767.7**	**3383.0**	**3567.5**	
黄冈	Huanggang	237.1		347.2	83	南宁	Nanning	393.8	459.3	472.7	62
咸宁	Xianning	144.1	179.8	192.1	147	柳州	Liuzhou	157.9	197.5	215.7	138
随州	Suizhou	178.0	197.4	208.7	140	桂林	Guilin	364.8	466.1	495.2	58
湖南	**Hunan**	**4651.6**	**5434.0**	**5672.1**		梧州	Wuzhou	100.9	128.7	131.8	179
长沙	Changsha	486.7	562.3	576.2	42	北海	Beihai	121.3	133.7	137.6	176
株洲	Zhuzhou	243.5	295.0	321.6	93	防城港	Fangchenggang	66.4	80.3	81.5	194
湘潭	Xiangtan	256.9	272.3	276.8	106	钦州	Qinzhou	130.3	165.1	174.2	157
衡阳	Hengyang	397.8	489.3	520.4	55	贵港	Guigang	256.2	314.1	325.8	88
邵阳	Shaoyang	362.1	415.0	433.2	65	玉林	Yulin	266.3	315.9	324.8	91
岳阳	Yueyang	468.4	530.5	561.7	49	百色	Baise	240.0	286.6	292.4	103

10-3 农业机械总动力 续表 3
Total Power of Agricultural Machinery continued 3

单位：万千瓦 (10 000 kw)

地名	City	2010	2013	2014	2014 排名 Ranking
贺州	Hezhou	96.0	122.0	128.2	181
河池	Hechi	267.7	316.7	324.3	92
来宾	Laibin	136.8	173.4	182.4	152
崇左	Chongzuo	172.6	224.8	242.6	123
海南	**Hainan**	**421.5**	**502.1**	**517.3**	
海口	Haikou	42.6	59.1	58.2	200
三亚	Sanya	25.8	37.7	37.7	203
三沙	Sansha				
重庆	**Chongqing**		**1198.9**	**1243.3**	
四川	**Sichuan**	**3155.1**	**3953.1**	**4160.1**	
成都	Chengdu	288.2	342.2	366.0	80
自贡	Zigong	83.6	103.9	111.7	187
攀枝花	Panzhihua	56.4	65.3	67.2	197
泸州	Luzhou	140.4	193.9	204.6	142
德阳	Deyang	157.1	188.7	195.5	145
绵阳	Mianyang	229.1	281.4	292.1	104
广元	Guangyuan	211.9	252.7	261.0	112
遂宁	Suining	100.4	112.8	117.9	185
内江	Neijiang	122.3	145.9	151.8	171
乐山	Leshan	163.6	207.4	218.1	135
南充	Nanchong	189.6	242.0	253.4	117
眉山	Meishan	182.5	225.7	235.0	129
宜宾	Yibin	171.5	216.3	231.5	130
广安	Guangan	133.1	187.8	201.4	144
达州	Dazhou	174.7	220.5	133.4	178
雅安	Yaan	126.1	156.2	157.1	167
巴中	Bazhong	123.7	153.0	162.7	163
资阳	Ziyang	151.1	199.9	221.6	132
贵州	**Guizhou**	**1730.3**	**2240.8**	**2458.4**	
贵阳	Guiyang	154.8	161.5	181.7	153
六盘水	Liupanshui	69.3	180.1	185.0	150
遵义	Zunyi	278.0	350.5	408.6	68
安顺	Anshun	120.3	169.9	185.7	149
毕节	Bijie	206.1	315.3	365.6	81
铜仁	Tongren	231.9	290.2	293.3	102
云南	**Yunnan**	**2411.0**	**3070.3**	**3215.0**	
昆明	Kunming	270.0	301.0		
曲靖	Qujing	26.0	316.8		
玉溪	Yuxi	206.9	247.9		
保山	Baoshan	13.2	190.7		
昭通	Zhaotong	130.7	193.7		
丽江	Lijiang	63.9	80.3		
普洱	Puer	17.2	219.6		
临沧	Lincang	117.7	172.9		
西藏	**Tibet**	**412.0**	**517.3**	**570.8**	
拉萨	Lasa	77.0	115.3	124.9	183
陕西	**Shaanxi**	**1889.3**	**2452.7**	**2552.1**	
西安	Xi'an	267.7	291.0		
铜川	Tongchuan	39.2	49.4		
宝鸡	Baoji	181.2	242.0		
咸阳	Xianyang	249.1	330.0		
渭南	Weinan	402.4	472.5		
延安	Yan'an	164.4	196.1		
汉中	Hanzhong	135.2	181.9		
榆林	Yulin	253.5	311.6		
安康	Ankang	113.0	157.6		
商洛	Shangluo	71.5	83.0		
甘肃	**Gansu**	**1977.6**	**2418.5**	**2545.7**	
兰州	Lanzhou	151.1	159.5	163.8	160
嘉峪关	Jiayuguan	10.6	12.0	12.3	205
金昌	Jinchang	89.3	98.3	100.2	192
白银	Baiyin	175.0	230.6	242.3	124
天水	Tianshui	116.0	151.2	161.0	164
武威	Wuwei	342.0	391.5	399.9	72
张掖	Zhangye	200.0	243.4	243.8	122
平凉	Pingliang	94.5	135.9	145.3	173
酒泉	Jiuquan	194.3	232.9	240.2	127
庆阳	Qingyang	310.9	163.4	179.1	154
定西	Dingxi	211.0	263.7	284.6	105
陇南	Longnan	134.7	174.9	186.7	148
青海	**Qinghai**	**421.3**	**410.6**	**440.9**	
西宁	Xining	140.0	128.3	129.0	180
海东	Haidong			155.8	168
宁夏	**Ningxia**	**729.1**	**802.0**	**813.0**	
银川	Yinchuan	163.7	182.5		
石嘴山	Shizuishan	100.7	105.8		
吴忠	Wuzhong	178.5	197.7		
固原	Guyuan	153.9	174.7		
中卫	Zhongwei	132.4	141.4		
新疆	**Xinjiang**	**1642.9**	**2165.9**	**2341.8**	
乌鲁木齐	Urumqi	27.8	30.8	27.3	204
克拉玛依	Karamay	3.1	3.1	3.5	207

10-4 化肥施用量
Consumption of Chemical Fertilizer

单位：万吨 (10 000 tons)

地名	City	2010	2014	2015	2015 排名 Ranking
全国	**Nation Total**	**5561.7**	**5995.9**	**6022.6**	
北京	**Beijing**	**13.7**	**11.6**	**10.5**	
天津	**Tianjin**	**25.5**	**23.3**	**21.8**	
河北	**Hebei**	**322.9**	**335.6**	**335.5**	
石家庄	Shijiazhuang	48.4	48.9	50.1	18
唐山	Tangshan	38.2	38.7	38.1	35
秦皇岛	Qinhuangdao	14.0	15.2	14.6	128
邯郸	Handan	47.3	49.3	48.9	20
邢台	Xingtai	34.5	36.4	36.6	37
保定	Baoding	44.6	47.4	47.7	23
张家口	Zhangjiakou	9.8	11.2	11.0	158
承德	Chengde	10.6	11.3	11.4	152
沧州	Cangzhou	32.3	32.0	31.5	47
廊坊	Langfang	16.7	16.9	16.7	116
衡水	Hengshui	26.7	28.3	28.8	59
山西	**Shanxi**	**110.4**	**119.6**	**118.5**	
太原	Taiyuan	2.6	2.9	2.9	241
大同	Datong	8.1	8.8	8.3	191
阳泉	Yangquan	1.4	1.4	1.5	245
长治	Changzhi	11.0	12.6	12.7	143
晋城	Jincheng	6.9	6.7	6.6	209
朔州	Shuozhou	6.9	8.6	8.6	188
晋中	Jinzhong	10.3	10.3	10.3	168
运城	Yuncheng	27.4	28.9	28.8	58
忻州	Xinzhou	12.7	12.4	13.1	139
临汾	Linfen	15.7	18.3	17.4	113
吕梁	Lvliang	7.3	8.7	8.5	190
内蒙古	**Inner Mongolia**	**177.2**	**222.7**	**229.4**	
呼和浩特	Hohhot	10.7	11.9	12.3	145
包头	Baotou	6.6	7.7	7.7	198
乌海	Wuhai	0.4	0.4	0.4	250
赤峰	Chifeng	26.1	34.6	34.8	41
通辽	Tongliao	53.0	63.5	66.0	9
鄂尔多斯	Erdos	9.9	11.5	12.1	148
呼伦贝尔	Hulunbuir	1.6	26.7	27.2	62
巴彦淖尔	Bayannur	24.7	24.3	25.6	64
乌兰察布	Ulanqab	9.0	9.2	9.7	174
辽宁	**Liaoning**	**140.1**	**151.6**	**152.1**	
沈阳	Shenyang	19.5		20.9	96
大连	Dalian	16.1		16.2	120
鞍山	Anshan	9.3		10.6	166
抚顺	Fushun	3.3		3.5	237
本溪	Benxi	1.3		1.3	246
丹东	Dandong	7.1		7.2	200
锦州	Jinzhou	16.4		16.7	115
营口	Yingkou	6.1		6.2	214
阜新	Fuxin	12.9		16.5	118
辽阳	Liaoyang	5.4		5.3	224
盘锦	Panjin	5.0		4.8	227
铁岭	Tieling	19.7		22.9	79
朝阳	Chaoyang	9.4		11.4	150
葫芦岛	Huludao	8.5		8.6	189
吉林	**Jilin**	**371.7**	**226.7**	**231.2**	
长春	Changchun	93.2	103.9	104.7	1
吉林	Jilin	52.9	59.5	60.1	11
四平	Siping	62.7	71.6	72.5	7
辽源	Liaoyuan	14.5	19.6	19.8	103
通化	Tonghua	26.4	31.3	31.5	48
白山	Baishan	3.5	3.7	3.7	235
松原	Songyuan	66.3	83.1	83.9	3
白城	Baicheng	39.4	50.3	50.9	17
黑龙江	**Heilongjiang**	**214.9**	**251.9**	**255.3**	
哈尔滨	Harbin	43.6	49.0	46.7	25
齐齐哈尔	Qiqihar	25.0	29.6	30.6	52
鸡西	Jixi	4.3	4.8	5.2	225
鹤岗	Hegang	3.6	4.2	4.4	230
双鸭山	Shuangyashan	5.5	6.6	6.8	205
大庆	Daqing	11.1	12.0	13.2	137
伊春	Yichun	2.0	2.5	2.5	242
佳木斯	Jiamusi	18.6	21.7	23.8	72
七台河	Qitaihe	1.4	3.3	3.1	239
牡丹江	Mudanjiang	7.6	8.8	8.8	183
黑河	Heihe	11.7	13.0	13.6	133
绥化	Suihua	31.1	35.4	36.2	39
上海	**Shanghai**	**11.8**	**10.2**	**9.9**	
江苏	**Jiangsu**	**341.1**	**323.6**	**320.0**	

10-4 化肥施用量 续表 1
Consumption of Chemical Fertilizer continued 1

单位：万吨 (10 000 tons)

地名	City	2010	2014	2015	2015 排名 Ranking	地名	City	2010	2014	2015	2015 排名 Ranking
南京	Nanjing	9.0	7.7	7.5	199	池州	Chizhou	5.8	6.1	6.0	216
无锡	Wuxi	6.5	5.5	5.3	223	宣城	Xuancheng	13.8	13.1	13.2	138
徐州	Xuzhou	70.3	64.1	62.2	10	**福建**	**Fujian**	**121.0**	**122.6**	**123.8**	
常州	Changzhou	6.7	6.2	6.7	206	福州	Fuzhou	8.7			
苏州	Suzhou	9.2	7.9	7.8	197	厦门	Xiamen	2.3			
南通	Nantong	24.5	22.7	22.5	82	莆田	Putian	6.7			
连云港	Lianyungang	33.8	34.6	34.6	42	三明	Sanming	13.0			
淮安	Huaian	36.7	40.1	40.5	28	泉州	Quanzhou	15.2			
盐城	Yancheng	60.7	52.8	51.8	16	漳州	Zhangzhou	38.7			
扬州	Yangzhou	19.0	20.0	20.3	100	南平	Nanping	15.9			
镇江	Zhenjiang	7.0	5.5	5.4	222	龙岩	Longyan	11.3			
泰州	Taizhou	19.3	17.1	16.6	117	宁德	Ningde	9.3			
宿迁	Suqian	38.4	39.5	39.1	29	**江西**	**Jiangxi**	**137.6**	**142.9**	**143.6**	
浙江	**Zhejiang**	**92.2**	**89.6**	**87.5**		南昌	Nanchang	14.9	14.9	14.9	125
杭州	Hangzhou	11.5	9.8	9.7	175	景德镇	Jingdezhen	3.2	3.5	3.6	236
宁波	Ningbo	10.9	11.1	10.8	163	萍乡	Pingxiang	3.6	4.0	3.9	232
温州	Wenzhou	8.9	8.3	8.1	193	九江	Jiujiang	16.1	15.9	15.6	121
嘉兴	Jiaxing	10.5	10.4	10.2	170	新余	Xinyu	2.9	4.0	4.1	231
湖州	Huzhou	5.5	4.7	4.5	229	鹰潭	Yingtan	3.0	3.1	3.2	238
绍兴	Shaoxing	10.4	11.3	10.9	160	赣州	Ganzhou	22.4	23.6	24.1	69
金华	Jinhua	11.2	11.1	10.9	160	吉安	Jian	17.5	18.7	18.8	110
衢州	Quzhou	7.5	7.1	7.0	203	宜春	Yichun	20.8	21.7	21.8	90
舟山	Zhoushan	0.5	0.5	0.4	249	抚州	Fuzhou	19.9	18.4	19.0	108
台州	Taizhou	9.1	9.0	8.8	182	上饶	Shangrao	13.2	14.8	14.7	127
丽水	Lishui	6.2	6.2	6.0	215	**山东**	**Shandong**	**475.3**	**468.1**	**463.5**	
安徽	**Anhui**	**319.8**	**341.4**	**338.7**		济南	Jinan	23.4	23.0	22.5	83
合肥	Hefei	19.7	31.7	29.7	56	青岛	Qingdao	29.9	28.9	28.5	60
芜湖	Wuhu	6.8	18.3	18.5	111	淄博	Zibo	9.9	9.8	9.7	176
蚌埠	Bengbu	28.4	30.1	31.0	50	枣庄	Zaozhuang	21.7	21.3	21.1	92
淮南	Huainan	13.3	15.1	29.7	55	东营	Dongying	11.4	12.3	11.9	149
马鞍山	Maanshan	2.8	8.4	8.0	195	烟台	Yantai	39.1	39.1	38.8	30
淮北	Huaibei	8.6	10.1	10.7	164	潍坊	Weifang	58.3	52.1	51.8	15
铜陵	Tongling	2.2	2.5	6.3	211	济宁	Jining	46.6	42.6	42.0	26
安庆	Anqing	21.9	25.5	22.4	85	泰安	Taian	20.2	20.8	20.7	97
黄山	Huangshan	3.9	3.9	3.9	233	威海	Weihai	10.3	11.3	11.0	159
滁州	Chuzhou	32.1	35.1	35.7	40	日照	Rizhao	13.0	12.5	12.1	147
阜阳	Fuyang	37.3	40.5	38.4	33	莱芜	Laiwu	3.8	3.8	3.8	234
宿州	Suzhou	33.0	34.6	33.4	45	临沂	Linyi	43.4	37.7	37.4	36
六安	Liuan	36.6	35.4	20.9	94	德州	Dezhou	32.7	38.6	38.1	34
亳州	Bozhou	30.0	31.0	30.9	51	聊城	Liaocheng	42.0	42.4	41.2	27

10-4 化肥施用量 续表 2
Consumption of Chemical Fertilizer continued 2

单位：万吨 (10 000 tons)

地名	City	2010	2014	2015	2015 排名 Ranking	地名	City	2010	2014	2015	2015 排名 Ranking
滨州	Binzhou	21.2	22.5	23.5	76	常德	Changde	33.2	32.3	32.7	46
菏泽	Heze	48.4	49.4	49.4	19	张家界	Zhangjiajie	5.6	6.1	6.2	212
河南	**Henan**	**655.2**	**705.8**	**716.1**		益阳	Yiyang	22.2	24.1	24.0	71
郑州	Zhengzhou	22.7	23.3	22.1	86	郴州	Chenzhou	18.5	20.6	19.7	104
开封	Kaifeng	28.7	30.7	31.0	49	永州	Yongzhou	22.4	24.0	23.7	73
洛阳	Luoyang	23.6	23.4	23.6	75	怀化	Huaihua	10.7	10.7	11.1	156
平顶山	Pingdingshan	35.0	38.4	38.4	32	娄底	Loudi	9.3	8.6	8.8	185
安阳	Anyang	42.3	48.0	48.2	22	**广东**	**Guangdong**	**237.3**	**249.6**	**256.5**	
鹤壁	Hebi	7.5	7.9	8.1	194	广州	Guangzhou	10.8			
新乡	Xinxiang	49.0	52.9	54.7	13	韶关	Shaoguan	35.2			
焦作	Jiaozuo	20.2	20.2	21.6	91	深圳	Shenzhen	0.7			
濮阳	Puyang	25.9	27.7	27.6	61	珠海	Zhuhai	1.0			
许昌	Xuchang	31.0	29.4	29.1	57	汕头	Shantou	5.3			
漯河	Luohe	17.1	17.4	17.1	114	佛山	Foshan	5.3			
三门峡	Sanmenxia	9.2	9.9	9.9	172	江门	Jiangmen	39.5			
南阳	Nanyang	79.9	87.1	91.3	2	湛江	Zhanjiang	41.8			
商丘	Shangqiu	70.2	81.3	82.7	4	茂名	Maoming	32.9			
信阳	Xinyang	47.3	52.1	54.0	14	肇庆	Zhaoqing	18.1			
周口	Zhoukou	74.1	80.1	79.8	5	惠州	Huizhou	8.9			
驻马店	Zhumadian	69.1	73.5	74.4	6	梅州	Meizhou	15.7			
湖北	**Hubei**	**350.8**	**348.3**	**333.9**		汕尾	Shanwei	6.4			
武汉	Wuhan	16.4	14.3	12.9	141	河源	Heyuan	6.7			
黄石	Huangshi	4.7	5.6	5.4	221	阳江	Yangjiang	11.3			
十堰	Shiyan	12.8	13.5	13.4	135	清远	Qingyuan	20.1			
宜昌	Yichang	35.7	35.8	36.6	38	东莞	Dongguan	0.8			
襄阳	Xiangyang	53.2	36.8	57.8	12	中山	Zhongshan	3.1			
鄂州	Ezhou	12.0	60.6	8.8	185	潮州	Chaozhou	4.2			
荆门	Jingmen	29.3	9.2	30.4	53	揭阳	Jieyang	12.1			
孝感	Xiaogan	21.8	32.5	20.9	95	云浮	Yunfu	8.4			
荆州	Jingzhou	37.4	21.3	34.2	43	**广西**	**Guangxi**	**237.2**	**258.7**	**259.9**	
黄冈	Huanggang	49.7	39.8	34.1	44	南宁	Nanning	43.0	46.8	48.5	21
咸宁	Xianning	11.4	12.5	12.6	144	柳州	Liuzhou	18.5	19.7	19.3	107
随州	Suizhou	16.5	17.1	17.6	112	桂林	Guilin	22.4	68.3	24.0	70
湖南	**Hunan**	**236.6**	**247.8**	**246.5**		梧州	Wuzhou	6.8	7.2	7.2	201
长沙	Changsha	17.6	20.0	19.9	101	北海	Beihai	6.2	6.5	6.6	208
株洲	Zhuzhou	12.1	11.4	11.3	153	防城港	Fangchenggang	5.0	6.5	6.2	213
湘潭	Xiangtan	11.7	11.5	10.7	165	钦州	Qinzhou	24.9	26.7	25.3	65
衡阳	Hengyang	21.9	24.3	24.2	68	贵港	Guigang	19.2	19.6	19.6	105
邵阳	Shaoyang	22.3	22.4	22.6	81	玉林	Yulin	16.0	16.4	16.3	119
岳阳	Yueyang	21.7	23.8	23.6	74	百色	Baise	10.2	12.0	12.2	146

10-4 化肥施用量 续表 3
Consumption of Chemical Fertilizer continued 3

单位：万吨 (10 000 tons)

地名	City	2010	2014	2015	2015 排名 Ranking
贺州	Hezhou	5.3	5.6	5.6	218
河池	Hechi	11.9	13.3	13.5	134
来宾	Laibin	22.0	24.7	25.6	63
崇左	Chongzuo	25.8	29.9	30.1	54
海南	**Hainan**	**46.4**	**49.5**	**51.1**	
海口	Haikou	3.1			
三亚	Sanya	1.8			
三沙	Sansha				
重庆	**Chongqing**	**91.8**	**97.3**	**97.7**	
四川	**Sichuan**	**248.0**	**250.2**	**249.8**	
成都	Chengdu	17.2	15.6	15.3	122
自贡	Zigong	8.5	9.4	9.5	178
攀枝花	Panzhihua	3.0	2.9	2.9	240
泸州	Luzhou	10.3	11.1	11.1	155
德阳	Deyang	20.0	19.3	18.9	109
绵阳	Mianyang	21.0	21.9	21.9	89
广元	Guangyuan	11.3	12.3	11.4	151
遂宁	Suining	14.4	14.5	14.3	131
内江	Neijiang	11.8	12.6	12.8	142
乐山	Leshan	9.1	9.7	9.8	173
南充	Nanchong	23.3	22.4	22.4	84
眉山	Meishan	14.5	15.0	14.8	126
宜宾	Yibin	10.6	9.1	8.7	187
广安	Guangan	10.7	11.0	10.9	162
达州	Dazhou	20.0	21.9	21.9	88
雅安	Yaan	5.0	5.1	5.1	226
巴中	Bazhong	13.3	14.0	14.2	132
资阳	Ziyang	8.8	9.0	8.8	184
贵州	**Guizhou**	**86.5**	**101.3**	**103.7**	
贵阳	Guiyang	6.4	6.3	6.4	210
六盘水	Liupanshui	6.8	7.1	7.1	202
遵义	Zunyi	15.5	22.4	22.7	80
安顺	Anshun	6.1	6.6	6.7	207
毕节	Bijie	20.6	21.6	22.0	87
铜仁	Tongren	8.6	10.5	11.0	157
云南	**Yunnan**	**184.6**	**226.9**	**231.3**	
昆明	Kunming	17.3	19.6	19.9	102
曲靖	Qujing	30.5	38.7	38.6	31
玉溪	Yuxi	38.4	9.2	9.3	179
保山	Baoshan	11.3	13.4	13.3	136
昭通	Zhaotong	13.1	14.7	15.0	124

地名	City	2010	2014	2015	2015 排名 Ranking
丽江	Lijiang	7.5	8.9	9.2	180
普洱	Puer	6.2	8.7	9.2	181
临沧	Lincang	15.4	19.9	20.9	93
西藏	**Tibet**	**4.7**	**5.3**	**6.0**	
拉萨	Lasa	1.1	1.8	1.8	244
陕西	**Shaanxi**	**196.8**	**230.2**	**231.9**	
西安	Xi'an	23.6		24.6	67
铜川	Tongchuan	4.9		5.5	220
宝鸡	Baoji	21.5		25.2	66
咸阳	Xianyang	41.4		47.6	24
渭南	Weinan	48.9		68.9	8
延安	Yan'an	11.4		15.1	123
汉中	Hanzhong	14.6		14.6	129
榆林	Yulin	12.9		13.1	139
安康	Ankang	8.5		11.3	154
商洛	Shangluo	6.1		5.6	217
甘肃	**Gansu**	**85.3**	**97.6**	**97.9**	
兰州	Lanzhou	4.3	4.8	4.7	228
嘉峪关	Jiayuguan	0.2	0.3	0.3	251
金昌	Jinchang	2.0	2.3	2.3	243
白银	Baiyin	4.9	5.4	5.5	219
天水	Tianshui	7.3	7.9	7.9	196
武威	Wuwei	15.6	14.6	14.4	130
张掖	Zhangye	8.1	10.5	10.6	167
平凉	Pingliang	8.1	9.9	10.1	171
酒泉	Jiuquan	7.3	8.6	8.2	192
庆阳	Qingyang	9.2	10.2	10.2	169
定西	Dingxi	6.9	9.3	9.6	177
陇南	Longnan	6.1	6.8	6.8	204
青海	**Qinghai**	**8.2**	**9.7**	**10.1**	
西宁	Xining	2.1			
海东	Haidong				
宁夏	**Ningxia**	**102.6**	**39.7**	**40.1**	
银川	Yinchuan	25.1		23.4	77
石嘴山	Shizuishan	15.6		19.4	106
吴忠	Wuzhong	24.2		23.3	78
固原	Guyuan	17.7		20.4	99
中卫	Zhongwei	20.0		20.5	98
新疆	**Xinjiang**	**167.6**	**237.0**	**248.1**	
乌鲁木齐	Urumqi	1.0	1.2	0.8	247
克拉玛依	Karamay	0.4	0.7	0.7	248

10-5 农村用电量
Electricity Consumed in Rural Areas

单位：亿千瓦小时 (100 million kwh)

地名	City	2010	2013	2014	2014 排名 Ranking
全国	**Nation Total**	**6632.30**	**8549.50**	**8884.40**	
北京	**Beijing**	**44.38**	**48.50**	**50.60**	
天津	**Tianjin**	**50.99**	**69.20**	**109.00**	
河北	**Hebei**	**511.81**	**616.40**	**631.30**	
石家庄	Shijiazhuang	71.35	79.63	77.10	18
唐山	Tangshan	14.70	153.15	146.88	7
秦皇岛	Qinhuangdao	9.05	25.06	25.29	38
邯郸	Handan	17.69	61.24	63.75	20
邢台	Xingtai	121.78	33.39	34.07	30
保定	Baoding	64.89	48.95	51.06	23
张家口	Zhangjiakou	44.32	10.35	10.33	82
承德	Chengde	64.20	18.90	20.25	43
沧州	Cangzhou	26.13	77.29	80.31	15
廊坊	Langfang	28.28	78.74	90.66	13
衡水	Hengshui	49.43	29.67	31.82	31
山西	**Shanxi**	**81.18**	**99.80**	**97.10**	
太原	Taiyuan	4.84	5.51		
大同	Datong	2.96	3.39		
阳泉	Yangquan	7.05	6.69		
长治	Changzhi	7.15	8.13		
晋城	Jincheng	6.84	7.87		
朔州	Shuozhou	2.02	2.26		
晋中	Jinzhong	11.26	14.62		
运城	Yuncheng	20.86	27.56		
忻州	Xinzhou	5.09	5.91		
临汾	Linfen	6.20	8.29		
吕梁	Lvliang	6.90	9.57		
内蒙古	**Inner Mongolia**	**48.41**	**59.60**	**63.10**	
呼和浩特	Hohhot		4.63	4.84	130
包头	Baotou	2.97	3.56	3.57	152
乌海	Wuhai	0.30	0.31	0.32	189
赤峰	Chifeng	15.99	21.09	22.90	39
通辽	Tongliao		10.81	11.05	72
鄂尔多斯	Erdos	4.51	4.51	4.64	134
呼伦贝尔	Hulunbuir	2.15	3.25	3.42	155
巴彦淖尔	Bayannur	3.99	4.46	4.50	139
乌兰察布	Ulanqab	2.10	2.59	2.78	165
辽宁	**Liaoning**	**344.65**	**394.80**	433.10	
沈阳	Shenyang	45.85			
大连	Dalian	78.10			
鞍山	Anshan	45.40			
抚顺	Fushun	11.16			
本溪	Benxi	1.47			
丹东	Dandong	13.79			
锦州	Jinzhou	17.82			
营口	Yingkou	25.98			
阜新	Fuxin	8.05			
辽阳	Liaoyang	35.01			
盘锦	Panjin	7.67			
铁岭	Tieling	11.89			
朝阳	Chaoyang	34.47			
葫芦岛	Huludao	7.98			
吉林	**Jilin**	**39.50**	**48.20**	**48.80**	
长春	Changchun	10.37	12.38	13.09	61
吉林	Jilin	4.83	5.57	5.53	121
四平	Siping	5.12	5.89	6.01	115
辽源	Liaoyuan	1.51	2.23	2.20	172
通化	Tonghua	2.93	3.21	3.25	159
白山	Baishan	0.82	0.88	0.89	185
松原	Songyuan	5.07	5.28	5.61	118
白城	Baicheng	2.82	3.49	3.65	150
黑龙江	**Heilongjiang**	**52.73**	**67.00**	**69.60**	
哈尔滨	Harbin	15.08	17.70	18.06	45
齐齐哈尔	Qiqihar	5.63	7.28	7.43	106
鸡西	Jixi	2.27	3.07	3.36	158
鹤岗	Hegang	0.40	0.52	0.55	188
双鸭山	Shuangyashan	1.78	2.21	2.21	171
大庆	Daqing	3.54	4.01	4.09	144
伊春	Yichun	0.60	0.68	0.73	186
佳木斯	Jiamusi	4.08	6.24	5.54	120
七台河	Qitaihe	0.69	1.06	1.15	184
牡丹江	Mudanjiang	3.95	4.64	4.86	128
黑河	Heihe	1.64	2.43	2.45	168
绥化	Suihua	8.55	11.61	12.50	63
上海	**Shanghai**	**195.48**	**874.40**	**885.60**	
江苏	**Jiangsu**	**1472.89**	**1801.90**	**1834.90**	

10-5 农村用电量 续表 1
Electricity Consumed in Rural Areas continued 1

单位：亿千瓦小时 (100 million kwh)

地名	City	2010	2013	2014	2014 排名 Ranking
南京	Nanjing	28.62	31.53	31.81	32
无锡	Wuxi	337.12	384.97	390.35	2
徐州	Xuzhou	50.23	63.38	64.82	19
常州	Changzhou	155.94	176.25	177.46	5
苏州	Suzhou	486.29	581.69	581.42	1
南通	Nantong	120.94	154.84	159.47	6
连云港	Lianyungang	24.20	30.18	31.81	32
淮安	Huaian	10.58	13.48	14.51	54
盐城	Yancheng	57.96	75.42	79.65	16
扬州	Yangzhou	39.74	57.63	60.03	22
镇江	Zhenjiang	53.97	78.81	79.15	17
泰州	Taizhou	84.91	114.22	122.04	8
宿迁	Suqian	22.37	39.46	42.39	27
浙江	**Zhejiang**	**765.15**	**904.90**	**905.30**	
杭州	Hangzhou	109.37	108.90	110.30	10
宁波	Ningbo	153.54	185.26	183.27	4
温州	Wenzhou	71.43	83.78	84.98	14
嘉兴	Jiaxing	85.67	111.39	115.30	9
湖州	Huzhou	35.32	37.80	36.59	29
绍兴	Shaoxing	168.10	203.74	196.08	3
金华	Jinhua	36.51	43.27	46.27	25
衢州	Quzhou	8.96	9.85	9.98	83
舟山	Zhoushan	10.70	12.85	13.46	59
台州	Taizhou	80.77	102.44	103.32	11
丽水	Lishui	4.77	5.63	5.80	116
安徽	**Anhui**	**107.41**	**138.40**	**147.50**	
合肥	Hefei	5.45	15.30	15.27	51
芜湖	Wuhu	5.80	12.33	12.44	64
蚌埠	Bengbu	5.13	8.09	8.66	96
淮南	Huainan	6.88	8.41	8.94	91
马鞍山	Maanshan	1.71	4.82	5.32	123
淮北	Huaibei	1.58	2.50	2.52	167
铜陵	Tongling	1.59	1.99	2.13	173
安庆	Anqing	12.87	16.03	18.17	44
黄山	Huangshan	1.76	2.24	2.29	170
滁州	Chuzhou	7.68	9.36	9.74	85
阜阳	Fuyang	9.54	12.71	13.85	57
宿州	Suzhou	6.20	8.46	9.45	87
六安	Liuan	9.68	12.99	13.78	58
亳州	Bozhou	6.56	8.52	9.35	88
池州	Chizhou	2.93	3.67	4.06	145
宣城	Xuancheng	8.84	10.98	11.56	69
福建	**Fujian**	**257.49**	**346.70**	**367.70**	
福州	Fuzhou	73.16	112.71		
厦门	Xiamen	1.97	2.52		
莆田	Putian	11.10	12.45		
三明	Sanming	11.06	13.17		
泉州	Quanzhou	109.94	125.41		
漳州	Zhangzhou	16.07	19.91		
南平	Nanping	9.60	13.79		
龙岩	Longyan	15.04	17.66		
宁德	Ningde	9.56	29.06		
江西	**Jiangxi**	**71.57**	**90.90**	**97.60**	
南昌	Nanchang	11.59	14.27	14.27	55
景德镇	Jingdezhen	2.21	2.66	2.66	166
萍乡	Pingxiang	4.49	5.32	5.32	122
九江	Jiujiang	7.90	10.85	10.85	73
新余	Xinyu	2.64	3.38	3.38	157
鹰潭	Yingtan	0.80	3.09	3.09	161
赣州	Ganzhou	8.81	10.71	10.71	76
吉安	Jian	6.54	8.59	8.59	97
宜春	Yichun	9.51	12.00	12.00	68
抚州	Fuzhou	4.16	4.97	4.97	125
上饶	Shangrao	12.92	15.06	15.06	52
山东	**Shandong**	**439.03**	**471.40**	**480.00**	
济南	Jinan	25.57	26.35	26.42	37
青岛	Qingdao	42.68	35.91	40.44	28
淄博	Zibo	53.38	49.29	46.90	24
枣庄	Zaozhuang	24.45	30.69	31.07	35
东营	Dongying	4.35	4.81	4.85	129
烟台	Yantai	76.88	90.64	93.92	12
潍坊	Weifang	56.49	62.18	62.33	21
济宁	Jining	13.62	15.51	15.75	50
泰安	Taian	9.10	10.22	10.65	79
威海	Weihai	20.14	16.86	16.48	47
日照	Rizhao	7.85	10.32	13.24	60
莱芜	Laiwu	9.96	7.67	7.86	102
临沂	Linyi	32.11	31.35	28.53	36
德州	Dezhou	7.82	11.08	12.01	67
聊城	Liaocheng	11.90	13.82	14.04	56

10-5 农村用电量 续表 2
Electricity Consumed in Rural Areas continued 2

单位：亿千瓦小时 (100 million kwh)

地名	City	2010	2013	2014	2014 排名 Ranking
滨州	Binzhou	10.15	10.54	10.66	78
菏泽	Heze	32.58	44.12	44.88	26
河南	**Henan**	**269.41**	**305.40**	**313.20**	
郑州	Zhengzhou	40.67	37.70		
开封	Kaifeng	8.22	8.59		
洛阳	Luoyang	21.31	24.55		
平顶山	Pingdingshan	8.66	10.92		
安阳	Anyang	25.08	29.35		
鹤壁	Hebi	2.14	2.30		
新乡	Xinxiang	54.17	61.16		
焦作	Jiaozuo	11.13	13.96		
濮阳	Puyang	6.14	8.29		
许昌	Xuchang	9.01	9.52		
漯河	Luohe	4.44	4.17		
三门峡	Sanmenxia	3.17	3.62		
南阳	Nanyang	16.98	19.94		
商丘	Shangqiu	15.30	21.74		
信阳	Xinyang	12.49	15.06		
周口	Zhoukou	13.20	15.30		
驻马店	Zhumadian	15.61	17.35		
湖北	**Hubei**	**109.78**	**130.10**	**142.20**	
武汉	Wuhan	13.28	12.07	14.68	53
黄石	Huangshi	9.43	11.27	12.04	66
十堰	Shiyan	3.72	5.31	5.60	119
宜昌	Yichang	6.64	9.73	15.86	48
襄阳	Xiangyang	6.95	9.35	10.72	75
鄂州	Ezhou	0.85	4.50	9.69	86
荆门	Jingmen	5.73	9.56	4.79	132
孝感	Xiaogan	0.60	11.73	10.47	81
荆州	Jingzhou	12.18	14.87	12.41	65
黄冈	Huanggang	24.15	19.91	21.95	41
咸宁	Xianning	3.70	4.34	4.58	137
随州	Suizhou	3.30	4.49	4.57	138
湖南	**Hunan**	**98.63**	**118.60**	**123.80**	
长沙	Changsha	21.04	21.46	22.68	40
株洲	Zhuzhou	6.50	7.79	8.17	99
湘潭	Xiangtan	4.32	6.10	6.29	112
衡阳	Hengyang	12.37	17.15	17.76	46
邵阳	Shaoyang	7.97	8.67	8.92	92
岳阳	Yueyang	6.54	7.62	7.72	103
常德	Changde	8.84	11.39	12.58	62
张家界	Zhangjiajie	1.49	1.75	1.81	181
益阳	Yiyang	6.39	8.86	8.87	93
郴州	Chenzhou	5.61	6.39	6.83	108
永州	Yongzhou	6.24	7.29	7.52	105
怀化	Huaihua	4.79	5.73	6.15	113
娄底	Loudi	4.98	6.65	6.80	109
广东	**Guangdong**	**1044.26**	**1234.80**	**1314.00**	
广州	Guangzhou	160.17	183.60		
韶关	Shaoguan	3.29	4.30		
深圳	Shenzhen				
珠海	Zhuhai	2.43	13.48		
汕头	Shantou	23.86	28.55		
佛山	Foshan	205.22	239.75		
江门	Jiangmen	50.95	59.40		
湛江	Zhanjiang	12.60	18.00		
茂名	Maoming	7.62	8.77		
肇庆	Zhaoqing	10.43	14.29		
惠州	Huizhou	30.71	35.44		
梅州	Meizhou	7.39	9.88		
汕尾	Shanwei	8.11	9.89		
河源	Heyuan	4.09	6.21		
阳江	Yangjiang	3.71	6.20		
清远	Qingyuan	5.31	5.97		
东莞	Dongguan	395.05	451.12		
中山	Zhongshan	74.21	78.27		
潮州	Chaozhou	19.15	34.30		
揭阳	Jieyang	14.37	16.50		
云浮	Yunfu	5.99	10.92		
广西	**Guangxi**	**50.22**	**68.40**	**76.20**	
南宁	Nanning	7.67	8.72	10.69	77
柳州	Liuzhou	3.52	4.73	5.06	124
桂林	Guilin	4.87	6.21	6.55	110
梧州	Wuzhou	3.31	4.06	4.40	141
北海	Beihai		1.80	1.84	180
防城港	Fangchenggang	1.15	1.91	2.12	174
钦州	Qinzhou	2.81	4.30	4.82	131
贵港	Guigang	3.82	4.41	4.86	127
玉林	Yulin	5.99	8.19	8.70	94
百色	Baise	3.97	8.04	8.95	90

10-5 农村用电量 续表 3
Electricity Consumed in Rural Areas continued 3

单位：亿千瓦小时 (100 million kwh)

地名	City	2010	2013	2014	2014 排名 Ranking
贺州	Hezhou	2.15	2.60	3.02	163
河池	Hechi	4.90	7.20	7.98	101
来宾	Laibin	3.18	4.34	4.75	133
崇左	Chongzuo	2.05	2.35	2.43	169
海南	**Hainan**	**5.95**	**9.60**	**10.90**	
海口	Haikou	1.32	1.90	2.08	175
三亚	Sanya	0.23	0.50	0.63	187
三沙	Sansha				
重庆	**Chongqing**	**64.77**	**76.10**	**78.30**	
四川	**Sichuan**	**141.66**	**163.50**	**169.60**	
成都	Chengdu	31.59	32.42	31.67	34
自贡	Zigong	3.76	4.29	4.49	140
攀枝花	Panzhihua	1.55	1.94	1.95	178
泸州	Luzhou	5.21	7.27	7.72	104
德阳	Deyang	17.70	20.14	20.80	42
绵阳	Mianyang	9.28	10.47	10.77	74
广元	Guangyuan	2.56	3.05	4.01	146
遂宁	Suining	2.97	3.48	3.56	153
内江	Neijiang	7.76	8.80	9.12	89
乐山	Leshan	7.86	9.71	9.87	84
南充	Nanchong	5.76	6.22	6.32	111
眉山	Meishan	6.31	7.22	8.06	100
宜宾	Yibin	8.43	10.53	11.11	71
广安	Guangan	4.11	4.73	4.95	126
达州	Dazhou	6.96	8.02	8.25	98
雅安	Yaan	3.93	4.20	4.32	143
巴中	Bazhong	2.36	3.24	3.67	149
资阳	Ziyang	5.30	7.98	8.66	95
贵州	**Guizhou**	**41.70**	**61.90**	**71.30**	
贵阳	Guiyang				
六盘水	Liupanshui				
遵义	Zunyi				
安顺	Anshun				
毕节	Bijie				
铜仁	Tongren				
云南	**Yunnan**	**61.67**	**82.40**	**87.10**	
昆明	Kunming	8.10	9.83	10.61	80
曲靖	Qujing	7.39	12.48	11.49	70
玉溪	Yuxi	12.87	15.90	15.81	49
保山	Baoshan	2.85	4.10	4.64	135
昭通	Zhaotong	4.27	5.59	6.03	114

地名	City	2010	2013	2014	2014 排名 Ranking
丽江	Lijiang	1.09	1.40	1.66	182
普洱	Puer	1.86	2.61	2.84	164
临沧	Lincang	1.31	1.82	2.05	176
西藏	**Tibet**	**0.76**	**1.10**	**1.20**	
拉萨	Lasa	0.09	0.14	0.15	190
陕西	**Shaanxi**	**121.00**	**113.00**	**109.00**	
西安	Xi'an				
铜川	Tongchuan				
宝鸡	Baoji				
咸阳	Xianyang				
渭南	Weinan				
延安	Yan'an				
汉中	Hanzhong				
榆林	Yulin				
安康	Ankang				
商洛	Shangluo				
甘肃	**Gansu**	**42.85**	**50.40**	**51.30**	
兰州	Lanzhou	4.19	4.50	3.76	148
嘉峪关	Jiayuguan	0.11	0.11	0.12	191
金昌	Jinchang	1.74	1.87	1.96	177
白银	Baiyin	3.93	4.53	4.62	136
天水	Tianshui	2.98	3.50	3.59	151
武威	Wuwei	5.94	7.03	7.06	107
张掖	Zhangye	3.31	4.22	4.40	141
平凉	Pingliang	2.62	2.93	3.08	162
酒泉	Jiuquan	3.27	3.73	3.90	147
庆阳	Qingyang	3.89	5.37	5.66	117
定西	Dingxi	2.37	3.26	3.41	156
陇南	Longnan	2.92	2.96	3.13	160
青海	**Qinghai**	**3.83**	**4.50**	**5.00**	
西宁	Xining	1.22	1.54	1.94	179
海东	Haidong			1.50	183
宁夏	**Ningxia**	**10.96**	**13.80**	**13.60**	
银川	Yinchuan	2.84	3.60		
石嘴山	Shizuishan	0.84	0.90		
吴忠	Wuzhong	3.39	3.60		
固原	Guyuan	1.60	2.70		
中卫	Zhongwei	2.29	3.00		
新疆	**Xinjiang**	**64.29**	**83.90**	**96.50**	
乌鲁木齐	Urumqi	1.76	1.82	3.53	154
克拉玛依	Karamay	0.05	0.04	0.04	192

10-6 有效灌溉面积
Irrigated Area

单位：千公顷 (1000 hectares)

地名	City	2010	2012	2013	2013 排名 Ranking
全国	**Nation Total**	**60347.7**	**62490.5**	**63473.3**	
北京	**Beijing**	**162.6**	**207.5**	**153.0**	
天津	**Tianjin**	**344.6**	**337.0**	**308.9**	
河北	**Hebei**	**4520.9**	**4603.1**	**4349.0**	
石家庄	Shijiazhuang	480.3	502.8	507.9	15
唐山	Tangshan	485.2	490.6	462.4	28
秦皇岛	Qinhuangdao	134.5	123.3	129.9	153
邯郸	Handan	547.3	550.5	525.0	14
邢台	Xingtai	531.1	566.5	559.2	11
保定	Baoding	665.5	661.6	644.3	4
张家口	Zhangjiakou	251.7	263.8	248.9	67
承德	Chengde	145.5	151.8	108.3	173
沧州	Cangzhou	525.5	542.4	456.8	29
廊坊	Langfang	276.6	272.7	230.4	76
衡水	Hengshui	477.7	477.0	476.0	23
山西	**Shanxi**	**1274.2**	**1319.1**	**1382.8**	
太原	Taiyuan	49.2	48.1	51.0	238
大同	Datong	124.6	130.1	134.2	148
阳泉	Yangquan	8.7	8.3	8.4	278
长治	Changzhi	75.3	83.4	85.4	201
晋城	Jincheng	42.1	41.8	43.5	248
朔州	Shuozhou	120.5	123.7	135.9	147
晋中	Jinzhong	141.1	144.5	154.2	126
运城	Yuncheng	330.7	377.9	391.4	39
忻州	Xinzhou	129.1	129.6	131.5	152
临汾	Linfen	137.5	140.1	145.5	135
吕梁	Lvliang	115.4	91.7	101.8	179
内蒙古	**Inner Mongolia**	**3027.5**	**3125.2**	**2957.8**	
呼和浩特	Hohhot	195.6	199.2	205.5	85
包头	Baotou	142.3	144.3	127.3	156
乌海	Wuhai		8.5	6.7	280
赤峰	Chifeng	455.1	462.4	405.9	36
通辽	Tongliao	652.5	655.3	640.2	5
鄂尔多斯	Erdos		209.1	242.7	70
呼伦贝尔	Hulunbuir	179.0	249.6	191.4	93
巴彦淖尔	Bayannur	569.1	594.4	652.7	3
乌兰察布	Ulanqab	115.6	254.1	169.1	111
辽宁	**Liaoning**	**1537.5**	**1698.8**	**1407.8**	
沈阳	Shenyang	240.6	260.9	257.5	63
大连	Dalian	110.3	114.7	69.1	220
鞍山	Anshan	88.7	91.6	72.8	217
抚顺	Fushun	43.5	47.3	33.7	256
本溪	Benxi	20.2	21.1	17.3	273
丹东	Dandong	70.8	83.3	77.6	212
锦州	Jinzhou	197.4	208.7	157.2	124
营口	Yingkou	87.0	87.0	73.2	215
阜新	Fuxin	81.0	114.7	98.0	184
辽阳	Liaoyang	94.2	98.1	68.0	221
盘锦	Panjin	109.0	110.8	95.5	187
铁岭	Tieling	153.9	184.6	157.3	123
朝阳	Chaoyang	169.9	193.3	158.9	120
葫芦岛	Huludao	70.9	82.8	72.0	218
吉林	**Jilin**	**1726.8**	**1851.9**	**1510.1**	
长春	Changchun	240.7	255.4	255.7	64
吉林	Jilin	180.4	180.8	181.0	105
四平	Siping	185.0	191.8	192.0	92
辽源	Liaoyuan	30.6	31.6	31.6	259
通化	Tonghua	106.2	109.5	109.6	171
白山	Baishan	4.4	4.3	4.3	281
松原	Songyuan	508.6	555.4	556.0	12
白城	Baicheng	391.1	436.1	436.6	33
黑龙江	**Heilongjiang**	**3884.3**	**4776.5**	**5342.1**	
哈尔滨	Harbin	304.3		728.6	1
齐齐哈尔	Qiqihar	494.9		624.2	6
鸡西	Jixi	130.5		166.1	113
鹤岗	Hegang	96.9		147.6	134
双鸭山	Shuangyashan	54.5		82.7	206
大庆	Daqing	469.9		473.0	24
伊春	Yichun	26.1		48.2	245
佳木斯	Jiamusi	257.1		570.4	10
七台河	Qitaihe	13.0		19.7	269
牡丹江	Mudanjiang	76.8		83.9	204
黑河	Heihe	31.7		62.5	228
绥化	Suihua	352.6		479.5	22
上海	**Shanghai**	**201.0**	**199.0**	**184.1**	
江苏	**Jiangsu**	**3819.7**	**3929.7**	**3785.3**	

10-6 有效灌溉面积 续表 1
Irrigated Area continued 1

单位：千公顷 (1000 hectares)

地名	City	2010	2012	2013	2013 排名 Ranking
南京	Nanjing	189.8	196.1	189.5	95
无锡	Wuxi	132.2	116.8	94.7	190
徐州	Xuzhou	465.2	473.0	438.1	32
常州	Changzhou	140.0	129.3	97.1	185
苏州	Suzhou	209.7	179.9	188.4	96
南通	Nantong	408.8	416.0	381.5	40
连云港	Lianyungang	320.3	331.6	311.4	51
淮安	Huaian	317.8	333.9	396.0	37
盐城	Yancheng	621.6	674.4	682.7	2
扬州	Yangzhou	266.8	286.3	251.8	65
镇江	Zhenjiang	132.5	134.3	118.6	163
泰州	Taizhou	276.4	284.9	322.6	46
宿迁	Suqian	338.8	373.4	312.8	50
浙江	**Zhejiang**	**1451.0**	**1471.0**	**1409.4**	
杭州	Hangzhou	163.0	167.1	153.4	129
宁波	Ningbo	189.1	191.5	174.1	109
温州	Wenzhou	125.2	127.0	113.4	167
嘉兴	Jiaxing	198.8	198.8	180.6	106
湖州	Huzhou	134.5	136.4	135.9	146
绍兴	Shaoxing	160.6	160.3	153.0	130
金华	Jinhua	159.5	160.0	158.0	122
衢州	Quzhou	93.4	95.5	111.6	168
舟山	Zhoushan	12.9	13.9	14.9	275
台州	Taizhou	127.4	128.5	123.4	159
丽水	Lishui	86.5	92.1	91.2	194
安徽	**Anhui**	**3519.8**	**3585.1**	**4305.5**	
合肥	Hefei	245.0	364.2	455.4	30
芜湖	Wuhu	87.6	199.9	196.6	90
蚌埠	Bengbu	204.8	212.1	225.6	79
淮南	Huainan	103.7	104.7	121.9	160
马鞍山	Maanshan	52.2	129.0	147.9	133
淮北	Huaibei	140.7	145.0	141.5	139
铜陵	Tongling	26.0	25.0	23.9	264
安庆	Anqing	257.1	258.5	324.1	45
黄山	Huangshan	43.3	42.9	50.0	241
滁州	Chuzhou	355.5	357.7	485.8	20
阜阳	Fuyang	370.2	384.1	394.5	38
宿州	Suzhou	369.2	379.0	411.0	35
六安	Liuan	382.4	386.0	584.9	8
亳州	Bozhou	310.1	336.1	446.8	31
池州	Chizhou	83.5	84.6	95.0	188
宣城	Xuancheng	148.1	149.8	200.7	87
福建	**Fujian**	**967.5**	**968.5**	**1122.4**	
福州	Fuzhou	114.4	121.9	106.8	175
厦门	Xiamen	17.9	18.1	16.6	274
莆田	Putian	51.3	45.7	48.4	244
三明	Sanming	140.2	136.6	166.6	112
泉州	Quanzhou	112.9	140.2	193.1	91
漳州	Zhangzhou	137.3	121.3	154.7	125
南平	Nanping	182.2	160.3	182.4	103
龙岩	Longyan	1007.1	112.4	139.6	140
宁德	Ningde	104.2	112.1	114.2	165
江西	**Jiangxi**	**1852.4**	**1907.1**	**1995.6**	
南昌	Nanchang	193.0	191.1	186.7	99
景德镇	Jingdezhen	53.3	51.2	50.1	240
萍乡	Pingxiang	23.2	37.8	40.9	249
九江	Jiujiang	181.4	203.0	198.3	89
新余	Xinyu	47.4	48.7	51.2	237
鹰潭	Yingtan	51.4	51.8	58.5	232
赣州	Ganzhou	261.5	262.2	278.9	61
吉安	Jian	293.2	304.7	293.1	57
宜春	Yichun	280.9	286.7	304.7	54
抚州	Fuzhou	214.1	217.2	223.3	81
上饶	Shangrao	238.9	250.1	310.1	53
山东	**Shandong**	**4955.3**	**5058.1**	**4729.0**	
济南	Jinan	246.8		250.9	66
青岛	Qingdao	329.0		302.8	55
淄博	Zibo	125.9		136.6	144
枣庄	Zaozhuang	153.8		163.9	114
东营	Dongying	165.6		185.7	100
烟台	Yantai	273.7		240.4	71
潍坊	Weifang	531.9		497.1	18
济宁	Jining	439.0		468.5	25
泰安	Taian	252.3		228.7	77
威海	Weihai	149.7		118.7	162
日照	Rizhao	119.3		98.6	183
莱芜	Laiwu	38.0		37.3	252
临沂	Linyi	379.8		357.7	43
德州	Dezhou	449.5		467.2	27
聊城	Liaocheng	490.6		489.1	19

10-6 有效灌溉面积 续表 2
Irrigated Area continued 2

单位：千公顷 (1000 hectares)

地名	City	2010	2012	2013	2013 排名 Ranking	地名	City	2010	2012	2013	2013 排名 Ranking
滨州	Binzhou	306.3		361.5	41	常德	Changde	394.0	467.9	468.1	26
菏泽	Heze	504.3		617.7	7	张家界	Zhangjiajie	50.2	50.9	51.7	236
河南	**Henan**	**5081.0**	**5205.6**	**4969.1**		益阳	Yiyang	222.0	235.3	235.5	73
郑州	Zhengzhou	196.0	196.3	200.8	86	郴州	Chenzhou	169.9	185.3	186.7	98
开封	Kaifeng	322.4	323.9	349.0	44	永州	Yongzhou	243.2	286.8	286.9	58
洛阳	Luoyang	140.1	141.9	139.3	141	怀化	Huaihua	189.0	190.2	191.3	94
平顶山	Pingdingshan	200.3	206.0	184.4	101	娄底	Loudi	114.1	91.6	92.4	192
安阳	Anyang	297.1	298.8	296.2	56	**广东**	**Guangdong**	**1273.5**	**1874.4**	**1770.8**	
鹤壁	Hebi	83.5	83.2	90.7	195	广州	Guangzhou	80.7	79.9	80.4	210
新乡	Xinxiang	328.2	329.1	360.2	42	韶关	Shaoguan	92.3	94.1	96.3	186
焦作	Jiaozuo	161.5	162.1	180.0	107	深圳	Shenzhen		0.4	0.4	283
濮阳	Puyang	219.6	221.1	233.9	74	珠海	Zhuhai	19.1	17.7	17.8	271
许昌	Xuchang	238.2	240.8	244.7	69	汕头	Shantou	31.5	31.1	31.5	260
漯河	Luohe	150.4	152.1	131.7	151	佛山	Foshan	42.5	38.8	36.6	253
三门峡	Sanmenxia	54.1	53.4	47.5	246	江门	Jiangmen	102.0	105.7	102.7	178
南阳	Nanyang	468.5	469.3	480.6	21	湛江	Zhanjiang	127.0	141.0	144.7	137
商丘	Shangqiu	599.4	600.0	583.8	9	茂名	Maoming	107.0	112.0	113.5	166
信阳	Xinyang	459.2	469.8	497.8	17	肇庆	Zhaoqing	103.8	100.5	100.4	181
周口	Zhoukou	599.0	611.8	538.9	13	惠州	Huizhou	71.9	78.2	77.2	213
驻马店	Zhumadian	543.4	570.9	503.9	16	梅州	Meizhou	90.5	9.5	94.9	189
湖北	**Hubei**	**2187.2**	**2548.9**	**2791.4**		汕尾	Shanwei	34.9	38.0	38.0	250
武汉	Wuhan	157.2	162.0	162.1	116	河源	Heyuan	59.0	68.4	80.7	209
黄石	Huangshi	38.1	49.2	52.2	234	阳江	Yangjiang	63.5	61.4	74.2	214
十堰	Shiyan	40.2	30.4	36.6	254	清远	Qingyuan	92.2	94.7	94.6	191
宜昌	Yichang	106.4	109.5	111.3	169	东莞	Dongguan	8.4	26.8	13.4	277
襄阳	Xiangyang	234.3	266.3	271.1	62	中山	Zhongshan	20.4	30.7	20.6	267
鄂州	Ezhou	27.8	27.8	27.8	263	潮州	Chaozhou	18.6	29.0	22.5	266
荆门	Jingmen	188.0	196.4	208.1	84	揭阳	Jieyang	54.7	67.9	64.3	226
孝感	Xiaogan	226.8	220.3	232.8	75	云浮	Yunfu	52.9	80.8	60.3	231
荆州	Jingzhou	405.5	414.9	416.5	34	**广西**	**Guangxi**	**1523.0**	**1541.3**	**1586.4**	
黄冈	Huanggang	234.2	279.4	236.9	72	南宁	Nanning	218.1	256.8	246.7	68
咸宁	Xianning	85.6	91.2	92.3	193	柳州	Liuzhou	97.7	100.5	109.5	172
随州	Suizhou	126.7	124.6	124.0	157	桂林	Guilin	218.7	218.5	213.1	82
湖南	**Hunan**	**2726.7**	**2715.8**	**3084.3**		梧州	Wuzhou	70.6	70.7	72.9	216
长沙	Changsha	228.2	223.5	223.5	80	北海	Beihai	46.6	46.6	50.5	239
株洲	Zhuzhou	144.1	159.4	160.4	118	防城港	Fangchenggang	27.8	28.7	28.8	262
湘潭	Xiangtan	116.6	132.9	139.0	142	钦州	Qinzhou	82.9	83.1	86.2	198
衡阳	Hengyang	255.8	286.7	286.7	59	贵港	Guigang	153.7	153.7	153.7	127
邵阳	Shaoyang	255.0	281.3	282.4	60	玉林	Yulin	146.5	143.2	143.8	138
岳阳	Yueyang	259.9	314.5	314.9	49	百色	Baise	108.7	108.8	105.9	176

10-6 有效灌溉面积 续表 3
Irrigated Area continued 3

单位：千公顷 (1000 hectares)

地名	City	2010	2012	2013	2013 排名 Ranking
贺州	Hezhou	65.7	66.0	65.5	225
河池	Hechi	86.4	88.0	86.0	199
来宾	Laibin	99.9	104.7	105.4	177
崇左	Chongzuo	77.5	82.3	85.7	200
海南	**Hainan**	**179.9**	**256.8**	**260.9**	
海口	Haikou	17.2	82.8	18.9	270
三亚	Sanya	6.8	34.2	7.6	279
三沙	Sansha				
重庆	**Chongqing**	**685.3**	**703.0**	**675.2**	
四川	**Sichuan**	**2553.1**	**2662.7**	**2616.5**	
成都	Chengdu	320.3	310.2	311.0	52
自贡	Zigong	80.2	86.7	88.3	196
攀枝花	Panzhihua	28.8	29.9	31.4	261
泸州	Luzhou	115.7	126.7	132.3	150
德阳	Deyang	148.8	142.9	145.4	136
绵阳	Mianyang	210.6	213.8	212.7	83
广元	Guangyuan	87.8	84.1	84.6	202
遂宁	Suining	120.4	114.7	116.4	164
内江	Neijiang	115.5	116.8	119.9	161
乐山	Leshan	101.0	126.6	127.9	155
南充	Nanchong	206.6	180.1	187.4	97
眉山	Meishan	176.2	158.7	161.4	117
宜宾	Yibin	124.8	154.9	160.2	119
广安	Guangan	94.9	85.2	88.1	197
达州	Dazhou	161.1	145.6	148.0	132
雅安	Yaan	42.6	52.0	52.0	235
巴中	Bazhong	76.3	78.8	83.4	205
资阳	Ziyang	167.1	169.5	171.9	110
贵州	**Guizhou**	**1195.3**	**1214.6**	**926.9**	
贵阳	Guiyang	30.5	80.8	84.0	203
六盘水	Liupanshui	7.8	59.6	65.5	224
遵义	Zunyi	149.0	309.9	318.4	47
安顺	Anshun	53.7	79.0	80.8	208
毕节	Bijie	165.9	193.6	198.9	88
铜仁	Tongren	123.6	145.9	153.4	128
云南	**Yunnan**	**1588.4**	**1677.9**	**1660.3**	
昆明	Kunming	129.5	128.9	134.1	149
曲靖	Qujing	180.1	188.0	182.3	104
玉溪	Yuxi	81.7	79.8	70.2	219
保山	Baoshan	109.9	118.7	137.5	143
昭通	Zhaotong	126.9	38.3	66.0	223
丽江	Lijiang	6.9	71.6	61.8	229
普洱	Puer	115.2	120.0	124.0	158
临沧	Lincang	87.9	97.5	101.4	180
西藏	**Tibet**	**167.0**	**251.0**	**239.3**	
拉萨	Lasa	32.8	32.7	31.7	258
陕西	**Shaanxi**	**1284.9**	**1277.2**	**1209.9**	
西安	Xi'an		173.7	163.1	115
铜川	Tongchuan	14.3	15.8	17.5	272
宝鸡	Baoji	159.3	161.3	148.3	131
咸阳	Xianyang	232.6	227.5	227.4	78
渭南	Weinan	313.9	318.1	318.3	48
延安	Yan'an	31.7	32.2	22.7	265
汉中	Hanzhong	123.2	124.8	107.9	174
榆林	Yulin	111.3	111.5	128.6	154
安康	Ankang	60.3	60.6	37.8	251
商洛	Shangluo	38.7	39.6	20.6	268
甘肃	**Gansu**	**1098.9**	**1297.6**	**1284.1**	
兰州	Lanzhou	79.4	81.0	81.2	207
嘉峪关	Jiayuguan	2.8	2.8	2.8	282
金昌	Jinchang	60.4	60.0	61.7	230
白银	Baiyin	93.5	97.7	99.0	182
天水	Tianshui	34.5	35.4	35.6	255
武威	Wuwei	183.7	183.7	183.9	102
张掖	Zhangye	161.4	176.1	176.2	108
平凉	Pingliang	44.3	44.9	45.1	247
酒泉	Jiuquan	155.5	158.9	158.6	121
庆阳	Qingyang	46.4	47.9	48.8	242
定西	Dingxi	60.7	61.0	63.6	227
陇南	Longnan	62.5	66.0	66.6	222
青海	**Qinghai**	**251.7**	**251.7**	**186.9**	
西宁	Xining				
海东	Haidong				
宁夏	**Ningxia**	**427.2**	**491.4**	**498.6**	
银川	Yinchuan	128.7	128.1	109.7	170
石嘴山	Shizuishan	78.1	78.4	77.8	211
吴忠	Wuzhong	122.2	127.4	136.6	145
固原	Guyuan	37.8	37.9	31.7	257
中卫	Zhongwei	60.3	60.3	53.6	233
新疆	**Xinjiang**	**4065.3**	**4029.1**	**4769.9**	
乌鲁木齐	Urumqi	44.8	45.0	48.5	243
克拉玛依	Karamay	10.1	10.5	13.7	276

10-7 农作物播种面积
Total Sown Area

单位：千公顷 (1000 hectares)

地名	City	2010	2014	2015	2015 排名 Ranking
全国	**Nation Total**	**160675.0**	**165446.0**	**166374.0**	
北京	**Beijing**	**317.3**	**196.1**	**173.7**	
天津	**Tianjin**	**459.3**	**479.3**	**469.0**	
河北	**Hebei**	**8718.4**	**8713.1**	**8739.8**	
石家庄	Shijiazhuang	1020.6	1005.1	1002.8	34
唐山	Tangshan	790.5	804.4	807.1	50
秦皇岛	Qinhuangdao	220.7	220.2	220.2	186
邯郸	Handan	1079.8	1059.2	1057.4	27
邢台	Xingtai	1012.5	1019.0	1024.4	33
保定	Baoding	1217.0	1216.3	1215.8	18
张家口	Zhangjiakou	690.8	705.4	703.2	60
承德	Chengde	359.7	388.5	397.3	133
沧州	Cangzhou	1135.9	1131.4	1100.8	25
廊坊	Langfang	496.5	477.8	468.9	109
衡水	Hengshui	850.2	844.3	814.1	48
山西	**Shanxi**	**3763.9**	**3783.4**	**3767.7**	
太原	Taiyuan	113.6			
大同	Datong	319.1			
阳泉	Yangquan	58.9			
长治	Changzhi	280.1			
晋城	Jincheng	218.2			
朔州	Shuozhou	331.7			
晋中	Jinzhong	334.5			
运城	Yuncheng	789.7			
忻州	Xinzhou	470.3			
临汾	Linfen	560.2			
吕梁	Lvliang	407.7			
内蒙古	**Inner Mongolia**	**7003.0**	**7356.0**	**7568.0**	
呼和浩特	Hohhot	443.4	453.7	461.5	111
包头	Baotou	310.1	335.9	320.7	147
乌海	Wuhai	7.7	7.1	7.1	227
赤峰	Chifeng	1078.2	1150.0	1187.5	19
通辽	Tongliao	1109.6	1140.8	1174.8	20
鄂尔多斯	Erdos	379.0	397.6	410.8	130
呼伦贝尔	Hulunbuir	1537.4	1590.4	1619.3	7
巴彦淖尔	Bayannur	633.0	575.5	600.9	82
乌兰察布	Ulanqab	595.0	645.0	669.1	67
辽宁	**Liaoning**	**4184.9**	**4164.1**	**4219.8**	
沈阳	Shenyang	654.8	647.9	658.8	72
大连	Dalian	332.8	322.9	321.1	146
鞍山	Anshan	251.8	252.4	253.5	169
抚顺	Fushun	115.9	127.2	121.9	209
本溪	Benxi	59.9	58.3	59.2	219
丹东	Dandong	206.8	204.4	205.5	191
锦州	Jinzhou	445.9	450.1	460.9	112
营口	Yingkou	112.1	110.0	109.7	210
阜新	Fuxin	464.4	485.5	478.4	104
辽阳	Liaoyang	164.0	158.6	187.0	196
盘锦	Panjin	145.3	143.7	142.4	206
铁岭	Tieling	569.0	578.6	555.5	87
朝阳	Chaoyang	423.0	485.9	493.2	97
葫芦岛	Huludao	239.2	248.1	251.2	171
吉林	**Jilin**	**5221.4**	**5615.3**	**5679.2**	
长春	Changchun	1257.2	1336.3	1334.1	11
吉林	Jilin	683.8	689.3	676.2	66
四平	Siping	843.7	915.9	916.1	41
辽源	Liaoyuan	164.3	233.8	244.0	176
通化	Tonghua	305.8	322.7	325.7	144
白山	Baishan	62.6	66.5	67.1	218
松原	Songyuan	950.9	1223.6	1224.5	17
白城	Baicheng	868.5	1006.5	1055.9	28
黑龙江	**Heilongjiang**	**14250.0**	**12225.9**	**12294.0**	
哈尔滨	Harbin	1983.5	2044.0	2038.4	2
齐齐哈尔	Qiqihar	2287.3	2294.3	2294.3	1
鸡西	Jixi	476.2	492.9	491.4	100
鹤岗	Hegang	194.3	203.8	203.7	192
双鸭山	Shuangyashan	419.1	420.9	411.2	129
大庆	Daqing	724.4	757.4	752.3	55
伊春	Yichun	240.7	239.5	239.9	179
佳木斯	Jiamusi	1255.5	1125.8	1125.6	24
七台河	Qitaihe	175.2	177.9	178.5	199
牡丹江	Mudanjiang	588.2	646.8	645.9	73
黑河	Heihe	1141.5	1232.3	1260.5	14
绥化	Suihua	1785.2	1908.4	1905.8	3
上海	**Shanghai**	**401.2**	**357.0**	**340.2**	
江苏	**Jiangsu**	**7619.6**	**7678.6**	**7745.0**	

10-7 农作物播种面积 续表 1
Total Sown Area continued 1

单位：千公顷 (1000 hectares)

地名	City	2010	2014	2015	2015 排名 Ranking
南京	Nanjing	335.3	320.6	316.9	149
无锡	Wuxi	180.9	178.7	173.1	202
徐州	Xuzhou	1099.1	1127.2	1160.6	23
常州	Changzhou	231.0	221.6	214.7	188
苏州	Suzhou	269.9	253.0	250.2	172
南通	Nantong	855.0	835.6	835.7	45
连云港	Lianyungang	591.9	632.0	633.7	76
淮安	Huaian	779.5	796.4	795.7	51
盐城	Yancheng	1460.1	1445.0	1426.9	8
扬州	Yangzhou	500.1	510.9	509.1	93
镇江	Zhenjiang	238.3	235.8	236.0	182
泰州	Taizhou	572.0	582.0	581.0	83
宿迁	Suqian	704.0	709.8	712.0	58
浙江	**Zhejiang**	**2484.7**	**2274.0**	**2290.5**	
杭州	Hangzhou	381.8	295.0	297.7	154
宁波	Ningbo	318.6	286.6	287.1	158
温州	Wenzhou	256.3	218.8	215.8	187
嘉兴	Jiaxing	340.2	312.8	320.2	148
湖州	Huzhou	224.8	187.1	173.1	203
绍兴	Shaoxing	329.8	268.8	268.7	163
金华	Jinhua	273.7	226.3	220.6	185
衢州	Quzhou	223.6	207.1	209.6	189
舟山	Zhoushan	24.1	13.5	17.7	225
台州	Taizhou	265.4	203.6	206.8	190
丽水	Lishui	176.9	164.3	163.1	204
安徽	**Anhui**	**9054.9**	**8945.5**	**8950.5**	
合肥	Hefei	497.0	751.4	754.3	54
芜湖	Wuhu	206.0	377.6	377.6	137
蚌埠	Bengbu	645.9	637.4	638.8	74
淮南	Huainan	248.4	248.0	492.2	99
马鞍山	Maanshan	96.7	232.7	231.6	183
淮北	Huaibei	287.8	257.7	260.2	166
铜陵	Tongling	47.3	46.7	179.5	198
安庆	Anqing	783.3	794.8	660.3	71
黄山	Huangshan	131.3	129.4	127.4	207
滁州	Chuzhou	860.7	882.3	888.9	44
阜阳	Fuyang	1221.9	1227.7	1241.4	15
宿州	Suzhou	986.6	1020.3	1037.8	30
六安	Liuan	894.3	906.0	665.6	68
亳州	Bozhou	1035.2	1083.1	1093.7	26
池州	Chizhou	198.4	203.6	200.3	193
宣城	Xuancheng	354.4	355.8	353.2	142
福建	**Fujian**	**2270.9**	**2305.2**	**2331.3**	
福州	Fuzhou	261.7	266.5	270.0	162
厦门	Xiamen	29.2	26.4	26.2	223
莆田	Putian	109.1	106.1	108.8	211
三明	Sanming	406.7	437.2	447.4	119
泉州	Quanzhou	255.6	245.7	256.6	167
漳州	Zhangzhou	258.5	263.7	266.7	164
南平	Nanping	424.9	436.0	437.3	121
龙岩	Longyan	297.0	311.3	311.8	151
宁德	Ningde	228.3	242.6	241.9	178
江西	**Jiangxi**	**5457.7**	**5570.5**	**5579.1**	
南昌	Nanchang	532.7			
景德镇	Jingdezhen	155.7			
萍乡	Pingxiang	139.3			
九江	Jiujiang	527.8			
新余	Xinyu	138.1			
鹰潭	Yingtan	149.7			
赣州	Ganzhou	764.1			
吉安	Jian	922.9			
宜春	Yichun	902.7			
抚州	Fuzhou	603.3			
上饶	Shangrao	783.8			
山东	**Shandong**	**10818.2**	**11037.9**	**11026.6**	
济南	Jinan	620.9	586.2	570.1	86
青岛	Qingdao	753.9	699.5	689.5	62
淄博	Zibo	307.2	278.5	263.3	165
枣庄	Zaozhuang	406.7	383.7	377.9	136
东营	Dongying	279.2	279.5	272.9	161
烟台	Yantai	557.8	484.5	469.0	108
潍坊	Weifang	1128.7	1057.8	1052.0	29
济宁	Jining	1066.0	96.4	941.5	39
泰安	Taian	631.6	58.8	579.9	84
威海	Weihai	261.5	232.9	222.5	184
日照	Rizhao	270.8	251.0	244.0	177
莱芜	Laiwu	91.3	80.5	84.3	213
临沂	Linyi	1100.4	1035.6	1024.5	32
德州	Dezhou	1096.1	1020.6	1024.7	31
聊城	Liaocheng	1066.8	989.7	989.1	36

10-7 农作物播种面积 续表 2
Total Sown Area continued 2

单位：千公顷 (1000 hectares)

地名	City	2010	2014	2015	2015 排名 Ranking
滨州	Binzhou	614.1	602.7	601.5	80
菏泽	Heze	1487.9	1410.8	1386.8	9
河南	**Henan**	**14248.7**	**14378.3**	**14425.0**	
郑州	Zhengzhou	509.8	486.2	469.8	107
开封	Kaifeng	795.9	814.5	810.0	49
洛阳	Luoyang	694.2	699.2	699.2	61
平顶山	Pingdingshan	545.6	535.8	539.3	89
安阳	Anyang	745.4	758.7	758.8	53
鹤壁	Hebi	191.3	194.3	195.9	194
新乡	Xinxiang	786.1	811.3	816.1	47
焦作	Jiaozuo	350.7	354.7	354.5	141
濮阳	Puyang	493.7	506.4	507.8	95
许昌	Xuchang	598.7	606.6	601.9	79
漯河	Luohe	369.2	370.5	373.2	139
三门峡	Sanmenxia	244.3	233.2	245.9	175
南阳	Nanyang	1855.6	1880.0	1889.8	4
商丘	Shangqiu	1379.8	1407.3	1386.3	10
信阳	Xinyang	1226.4	1257.4	1269.2	13
周口	Zhoukou	1698.9	1734.8	1738.7	5
驻马店	Zhumadian	1629.8	1673.1	1692.3	6
湖北	**Hubei**	**7556.3**	**8112.3**	**7952.4**	
武汉	Wuhan	541.5			
黄石	Huangshi	227.2			
十堰	Shiyan	434.8			
宜昌	Yichang	578.5			
襄阳	Xiangyang	894.6			
鄂州	Ezhou	121.6			
荆门	Jingmen	578.8			
孝感	Xiaogan	593.6			
荆州	Jingzhou	1032.5			
黄冈	Huanggang	949.0			
咸宁	Xianning	397.4			
随州	Suizhou	300.6			
湖南	**Hunan**	**821.6**	**8764.5**	**8717.0**	
长沙	Changsha	63.4	679.0	681.2	65
株洲	Zhuzhou	37.8	407.8	416.4	126
湘潭	Xiangtan	31.5	320.0	331.2	143
衡阳	Hengyang	91.0	989.4	1001.5	35
邵阳	Shaoyang	80.6	907.5	927.8	40
岳阳	Yueyang	86.2	889.2	901.4	43
常德	Changde	121.6	1228.1	1224.5	16
张家界	Zhangjiajie	21.8	234.5	236.0	181
益阳	Yiyang	70.8	778.5	776.2	52
郴州	Chenzhou	59.0	624.4	635.4	75
永州	Yongzhou	87.7	927.9	946.2	38
怀化	Huaihua	58.6	620.5	631.0	77
娄底	Loudi	36.3	384.9	393.2	135
广东	**Guangdong**	**4524.5**	**4744.9**	**4784.7**	
广州	Guangzhou	261.4			
韶关	Shaoguan	312.6			
深圳	Shenzhen	6.4			
珠海	Zhuhai	17.7			
汕头	Shantou	117.7			
佛山	Foshan	108.0			
江门	Jiangmen	280.8			
湛江	Zhanjiang	606.5			
茂名	Maoming	405.2			
肇庆	Zhaoqing	336.5			
惠州	Huizhou	241.5			
梅州	Meizhou	339.4			
汕尾	Shanwei	154.5			
河源	Heyuan	224.8			
阳江	Yangjiang	240.3			
清远	Qingyuan	340.4			
东莞	Dongguan	24.6			
中山	Zhongshan	45.3			
潮州	Chaozhou	63.9			
揭阳	Jieyang	205.4			
云浮	Yunfu	185.5			
广西	**Guangxi**	**5896.9**	**5929.9**	**6134.7**	
南宁	Nanning	922.7	967.8	970.1	37
柳州	Liuzhou	397.3	406.6	400.3	132
桂林	Guilin	651.3	698.6	709.2	59
梧州	Wuzhou	277.7	291.7	293.8	155
北海	Beihai	181.3	182.9	184.0	197
防城港	Fangchenggang	114.4	123.9	123.2	208
钦州	Qinzhou	363.7	392.2	394.9	134
贵港	Guigang	419.3	442.9	446.7	120
玉林	Yulin	473.6	492.5	492.4	98
百色	Baise	482.4	498.7	473.9	106

10-7 农作物播种面积 续表 3
Total Sown Area continued 3

单位：千公顷 (1000 hectares)

地名	City	2010	2014	2015	2015 排名 Ranking	地名	City	2010	2014	2015	2015 排名 Ranking
贺州	Hezhou	236.6	248.4	247.7	174	丽江	Lijiang	16.4	189.4	190.3	195
河池	Hechi	458.8	490.5	474.7	105	普洱	Puer	426.3	499.7	501.8	96
来宾	Laibin	425.6	440.3	428.7	124	临沧	Lincang	429.6	503.1	508.2	94
崇左	Chongzuo	474.3	541.6	515.8	92	**西藏**	**Tibet**	**240.0**	**251.0**	**252.8**	
海南	**Hainan**	**833.7**	**859.6**	**845.8**		拉萨	Lasa	38.2	38.8	39.4	221
海口	Haikou	77.4	82.0	80.5	214	**陕西**	**Shaanxi**	**4185.6**	**4262.1**	**4284.2**	
三亚	Sanya	29.8	33.5	27.9	222	西安	Xi'an	501.2	457.4	450.3	117
三沙	Sansha					铜川	Tongchuan	83.0	78.7	80.5	215
重庆	**Chongqing**	**3359.4**	**3540.4**	**3575.8**		宝鸡	Baoji	444.8	412.3	411.6	128
四川	**Sichuan**	**9979.3**	**9668.6**	**9689.9**		咸阳	Xianyang	552.4	518.5	522.0	90
成都	Chengdu	793.9	699.2	683.9	64	渭南	Weinan	758.8	690.5	687.3	63
自贡	Zigong	318.4	309.6	311.5	152	延安	Yan'an	252.6	244.6	25.5	224
攀枝花	Panzhihua	68.9	69.5	70.1	217	汉中	Hanzhong	448.0	517.5	247.9	173
泸州	Luzhou	494.1	482.8	485.3	102	榆林	Yulin	595.0	590.5	518.1	91
德阳	Deyang	467.1	459.1	460.1	114	安康	Ankang	453.8	477.0	601.2	81
绵阳	Mianyang	669.5	660.1	663.6	69	商洛	Shangluo	286.2	282.9	482.6	103
广元	Guangyuan	418.7	421.3	428.1	125	**甘肃**	**Gansu**	**3995.2**	**4197.5**	**4229.3**	
遂宁	Suining	424.5	412.8	414.2	127	兰州	Lanzhou	213.4	233.4	236.5	180
内江	Neijiang	446.8	445.5	449.6	118	嘉峪关	Jiayuguan	3.9	4.2	4.5	228
乐山	Leshan	362.8	354.3	357.5	140	金昌	Jinchang	70.5	74.4	78.6	216
南充	Nanchong	913.1	902.5	912.1	42	白银	Baiyin	297.0	306.8	308.3	153
眉山	Meishan	442.0	430.9	435.0	122	天水	Tianshui	437.9	457.9	460.8	113
宜宾	Yibin	544.1	537.9	544.0	88	武威	Wuwei	243.6	247.3	251.9	170
广安	Guangan	496.9	485.4	487.8	101	张掖	Zhangye	238.7	274.9	281.3	159
达州	Dazhou	841.2	820.5	827.0	46	平凉	Pingliang	449.2	463.5	465.2	110
雅安	Yaan	179.4	176.1	174.4	201	酒泉	Jiuquan	166.7	172.6	175.1	200
巴中	Bazhong	462.5	446.5	450.8	116	庆阳	Qingyang	628.8	660.3	660.3	70
资阳	Ziyang	761.2	736.0	736.4	57	定西	Dingxi	551.5	569.9	571.6	85
贵州	**Guizhou**	**4889.3**	**5516.5**	**5542.2**		陇南	Longnan	413.2	426.8	429.3	123
贵阳	Guiyang	265.1	286.6	291.9	156	**青海**	**Qinghai**	**5163.0**	**553.7**	**558.4**	
六盘水	Liupanshui	241.6	256.0	255.4	168	西宁	Xining	124.1	122.2		
遵义	Zunyi	1177.0	1302.2	1294.3	12	海东	Haidong		202.4		
安顺	Anshun	248.2	284.8	289.7	157	**宁夏**	**Ningxia**	**1247.9**	**1253.2**	**1264.6**	
毕节	Bijie	1029.5	1170.7	1165.2	21	银川	Yinchuan	166.5	151.4	153.8	205
铜仁	Tongren	530.3	610.0	616.5	78	石嘴山	Shizuishan	92.1	98.7	99.4	212
云南	**Yunnan**	**6118.5**	**7194.4**	**7185.6**		吴忠	Wuzhong	298.7	317.9	323.8	145
昆明	Kunming	420.0	454.8	453.7	115	固原	Guyuan	391.9	377.0	375.7	138
曲靖	Qujing	990.3	1145.4	1161.3	22	中卫	Zhongwei	298.7	308.2	312.0	150
玉溪	Yuxi	245.9	276.4	276.8	160	**新疆**	**Xinjiang**	**4758.6**	**5517.6**	**5757.3**	
保山	Baoshan	376.7	412.9	409.3	131	乌鲁木齐	Urumqi	54.9	49.6	44.4	220
昭通	Zhaotong	692.7	758.7	750.7	56	克拉玛依	Karamay	10.1	16.9	16.1	226

10-8 粮食作物播种面积
Sown Area of Grain Crops

单位：千公顷 （1000 hectares）

地名	City	2010	2014	2015	2015 排名 Ranking
全国	**Nation Total**	**109876.0**	**112723.0**	**113343.0**	
北京	**Beijing**	**223.5**	**120.2**	**104.5**	
天津	**Tianjin**	**311.8**	**345.8**	**350.0**	
河北	**Hebei**	**6282.2**	**6332.0**	**6392.5**	
石家庄	Shijiazhuang	772.6	756.9	755.3	28
唐山	Tangshan	478.7	487.4	494.4	65
秦皇岛	Qinhuangdao	147.1	147.5	148.3	182
邯郸	Handan	774.3	769.1	773.4	27
邢台	Xingtai	717.6	715.4	730.1	32
保定	Baoding	918.8	916.1	918.3	18
张家口	Zhangjiakou	465.0	467.5	474.2	71
承德	Chengde	283.6	295.5	297.6	120
沧州	Cangzhou	883.0	890.8	900.2	19
廊坊	Langfang	317.8	306.2	308.7	115
衡水	Hengshui	594.0	591.2	575.8	46
山西	**Shanxi**	**3239.2**	**3286.4**	**3286.4**	
太原	Taiyuan	84.8	76.1	76.1	218
大同	Datong	275.6	279.4	279.4	123
阳泉	Yangquan	55.3	56.8	56.8	222
长治	Changzhi	255.5	247.8	247.8	142
晋城	Jincheng	207.5	178.2	178.2	168
朔州	Shuozhou	265.9	275.9	275.9	126
晋中	Jinzhong	288.7	265.7	265.7	137
运城	Yuncheng	652.5	660.3	660.3	39
忻州	Xinzhou	420.9	425.9	425.9	81
临汾	Linfen	508.9	519.8	519.8	56
吕梁	Lvliang	358.7	357.6	357.6	99
内蒙古	**Inner Mongolia**	**5499.0**	**5651.0**	**5727.0**	
呼和浩特	Hohhot	321.4	329.0	327.9	107
包头	Baotou	225.3	230.3	223.3	151
乌海	Wuhai	5.0	4.7	4.6	237
赤峰	Chifeng	875.1	907.7	921.6	17
通辽	Tongliao	913.3	934.8	951.7	16
鄂尔多斯	Erdos	233.8	243.6	246.9	143
呼伦贝尔	Hulunbuir	1308.4	1342.6	1362.0	4
巴彦淖尔	Bayannur	315.9	266.6	271.0	130
乌兰察布	Ulanqab	491.2	483.4	488.6	67
辽宁	**Liaoning**	**3179.3**	**3235.1**	**3297.4**	
沈阳	Shenyang	506.8	485.1	502.0	62
大连	Dalian	282.9	272.3	267.8	135
鞍山	Anshan	210.5	211.3	213.3	157
抚顺	Fushun	98.4	98.3	97.6	212
本溪	Benxi	50.1	49.6	50.4	225
丹东	Dandong	166.5	161.4	161.9	175
锦州	Jinzhou	351.4	358.0	367.2	95
营口	Yingkou	96.6	94.0	94.1	215
阜新	Fuxin	288.6	311.2	314.0	112
辽阳	Liaoyang	142.3	136.7	137.6	189
盘锦	Panjin	129.0	126.7	125.4	197
铁岭	Tieling	435.5	472.6	472.8	72
朝阳	Chaoyang	343.4	374.3	377.6	91
葫芦岛	Huludao	188.3	193.3	194.1	163
吉林	**Jilin**	**4492.2**	**5000.7**	**5078.0**	
长春	Changchun	1150.5	1243.6	1250.6	5
吉林	Jilin	636.5	644.3	637.9	43
四平	Siping	768.9	870.1	875.2	22
辽源	Liaoyuan	158.2	227.7	238.4	147
通化	Tonghua	273.7	287.2	293.2	122
白山	Baishan	50.5	51.1	52.3	224
松原	Songyuan	795.3	1054.4	1035.5	11
白城	Baicheng	642.5	837.5	894.9	20
黑龙江	**Heilongjiang**	**13549.0**	**11696.4**	**11765.2**	
哈尔滨	Harbin	1900.3	1945.8	1943.6	2
齐齐哈尔	Qiqihar	2144.9	2243.6	2257.0	1
鸡西	Jixi	459.2	482.4	479.2	69
鹤岗	Hegang	190.3	202.0	201.3	162
双鸭山	Shuangyashan	390.0	404.5	394.5	87
大庆	Daqing	654.3	692.0	705.3	35
伊春	Yichun	228.2	229.3	231.4	150
佳木斯	Jiamusi	1201.0	1093.0	1102.8	10
七台河	Qitaihe	161.0	164.4	164.0	174
牡丹江	Mudanjiang	498.1	547.0	547.7	53
黑河	Heihe	1115.0	1212.6	1242.8	7
绥化	Suihua	1736.0	1870.6	1880.6	3
上海	**Shanghai**	**179.2**	**164.9**	**161.9**	
江苏	**Jiangsu**	**5282.4**	**5376.1**	**5424.6**	

10-8 粮食作物播种面积 续表 1
Sown Area of Grain Crops continued 1

单位：千公顷 （1000 hectares）

地名	City	2010	2014	2015	2015 排名 Ranking
南京	Nanjing	161.1	157.1	156.2	179
无锡	Wuxi	118.7	109.0	102.0	210
徐州	Xuzhou	714.1	733.0	736.3	30
常州	Changzhou	161.5	147.6	142.8	186
苏州	Suzhou	161.7	151.3	147.8	183
南通	Nantong	528.8	515.6	516.9	57
连云港	Lianyungang	485.1	501.8	502.6	61
淮安	Huaian	646.3	658.5	658.2	40
盐城	Yancheng	949.0	978.8	981.0	14
扬州	Yangzhou	410.3	422.4	421.2	82
镇江	Zhenjiang	177.3	175.8	175.2	169
泰州	Taizhou	433.2	438.7	437.5	77
宿迁	Suqian	570.7	576.8	577.3	45
浙江	**Zhejiang**	**1275.8**	**1266.8**	**1277.9**	
杭州	Hangzhou	174.7	107.3	106.0	207
宁波	Ningbo	151.1	127.8	134.1	192
温州	Wenzhou	163.1	124.0	122.9	199
嘉兴	Jiaxing	200.1	183.3	182.8	165
湖州	Huzhou	134.6	106.4	94.9	214
绍兴	Shaoxing	184.8	148.4	147.6	184
金华	Jinhua	158.1	99.6	98.2	211
衢州	Quzhou	132.0	110.5	108.4	206
舟山	Zhoushan	11.1	5.2	6.1	236
台州	Taizhou	152.4	96.1	96.4	213
丽水	Lishui	102.3	89.5	88.8	216
安徽	**Anhui**	**6616.4**	**6628.9**	**6632.9**	
合肥	Hefei	282.6	492.4	496.7	63
芜湖	Wuhu	122.1	204.7	206.6	160
蚌埠	Bengbu	473.9	470.2	475.0	70
淮南	Huainan	212.2	207.1	432.4	79
马鞍山	Maanshan	66.7	155.1	156.8	178
淮北	Huaibei	264.2	238.9	240.6	145
铜陵	Tongling	26.5	28.6	126.1	196
安庆	Anqing	454.2	460.8	364.1	97
黄山	Huangshan	65.4	64.3	62.5	220
滁州	Chuzhou	689.5	723.1	731.0	31
阜阳	Fuyang	1002.2	1002.7	1000.2	13
宿州	Suzhou	787.1	820.7	828.3	25
六安	Liuan	689.0	730.6	508.4	60
亳州	Bozhou	854.1	878.5	885.6	21
池州	Chizhou	116.6	117.4	118.7	201
宣城	Xuancheng	226.8	232.3	232.4	148
福建	**Fujian**	**1232.3**	**1197.7**	**1193.2**	
福州	Fuzhou	116.0	103.7	102.3	209
厦门	Xiamen	7.9	6.9	6.7	235
莆田	Putian	54.9	48.3	47.3	227
三明	Sanming	212.4	216.8	221.2	153
泉州	Quanzhou	159.9	143.7	141.0	187
漳州	Zhangzhou	119.1	114.5	113.1	202
南平	Nanping	251.1	248.6	249.1	141
龙岩	Longyan	176.0	182.8	182.6	166
宁德	Ningde	134.9	132.5	130.0	195
江西	**Jiangxi**	**3639.1**	**3697.3**	**3705.6**	
南昌	Nanchang	364.9			
景德镇	Jingdezhen	93.4			
萍乡	Pingxiang	81.4			
九江	Jiujiang	273.1			
新余	Xinyu	100.6			
鹰潭	Yingtan	116.2			
赣州	Ganzhou	515.0			
吉安	Jian	651.6			
宜春	Yichun	615.4			
抚州	Fuzhou	408.4			
上饶	Shangrao	581.4			
山东	**Shandong**	**7084.8**	**7440**	**7492.1**	
济南	Jinan	467.4	443.9	432.5	78
青岛	Qingdao	535.6	495.5	493.1	66
淄博	Zibo	256.1	231.0	220.3	154
枣庄	Zaozhuang	284.4	264.4	260.2	140
东营	Dongying	121.0	145.4	160.6	176
烟台	Yantai	397.5	330.6	321.2	109
潍坊	Weifang	799.5	730.6	723.4	33
济宁	Jining	662.3	652.6	645.8	41
泰安	Taian	432.1	382.1	374.3	93
威海	Weihai	172.7	141.9	132.9	194
日照	Rizhao	185.5	162.6	156.0	180
莱芜	Laiwu	52.8	42.0	43.3	228
临沂	Linyi	744.1	683.4	668.1	38
德州	Dezhou	890.0	850.4	862.7	23
聊城	Liaocheng	776.1	743.9	743.3	29

10-8 粮食作物播种面积 续表 2
Sown Area of Grain Crops continued 2

单位：千公顷 （1000 hectares）

地名	City	2010	2014	2015	2015 排名 Ranking
滨州	Binzhou	439.8	443.8	453.4	74
菏泽	Heze	1018.0	987.3	974.7	15
河南	**Henan**	**9740.2**	**10209.8**	**10267.2**	
郑州	Zhengzhou	361.8	356.4	347.7	104
开封	Kaifeng	458.5	491.6	496.5	64
洛阳	Luoyang	524.2	522.1	520.3	55
平顶山	Pingdingshan	413.2	412.3	420.6	83
安阳	Anyang	541.2	571.6	571.1	48
鹤壁	Hebi	165.1	170.6	172.1	171
新乡	Xinxiang	605.2	637.9	639.3	42
焦作	Jiaozuo	268.3	277.6	278.5	124
濮阳	Puyang	380.2	393.2	395.1	86
许昌	Xuchang	429.5	441.4	443.2	75
漯河	Luohe	263.4	268.1	270.3	132
三门峡	Sanmenxia	163.0	158.4	169.2	172
南阳	Nanyang	1124.8	1202.8	1210.5	9
商丘	Shangqiu	926.8	1007.6	1018.9	12
信阳	Xinyang	822.8	858.1	854.3	24
周口	Zhoukou	1130.2	1238.5	1245.7	6
驻马店	Zhumadian	1160.0	1210.0	1220.9	8
湖北	**Hubei**	**4068.4**	**4370.4**	**4466.0**	
武汉	Wuhan	238.2			
黄石	Huangshi	133.3			
十堰	Shiyan	273.5			
宜昌	Yichang	316.3			
襄阳	Xiangyang	667.7			
鄂州	Ezhou	56.2			
荆门	Jingmen	341.5			
孝感	Xiaogan	349.5			
荆州	Jingzhou	539.5			
黄冈	Huanggang	521.0			
咸宁	Xianning	204.5			
随州	Suizhou	219.7			
湖南	**Hunan**	**480.9**	**4975.1**	**4944.7**	
长沙	Changsha	37.9	376.6	375.3	92
株洲	Zhuzhou	26.7	266.5	270.3	133
湘潭	Xiangtan	22.0	216.7	218.4	155
衡阳	Hengyang	57.1	563.8	569.9	49
邵阳	Shaoyang	55.2	587.8	594.5	44
岳阳	Yueyang	54.2	554.8	562.0	50
常德	Changde	67.5	704.6	723.3	34
张家界	Zhangjiajie	13.6	138.3	139.1	188
益阳	Yiyang	41.8	424.0	427.0	80
郴州	Chenzhou	34.9	348.4	353.2	100
永州	Yongzhou	56.8	554.5	560.2	51
怀化	Huaihua	32.6	325.3	325.1	108
娄底	Loudi	27.1	273.5	278.0	125
广东	**Guangdong**	**2531.9**	**2507.0**	**2505.8**	
广州	Guangzhou	89.8			
韶关	Shaoguan	158.4			
深圳	Shenzhen				
珠海	Zhuhai	8.1			
汕头	Shantou	714.0			
佛山	Foshan	20.8			
江门	Jiangmen	193.2			
湛江	Zhanjiang	291.1			
茂名	Maoming	253.8			
肇庆	Zhaoqing	202.4			
惠州	Huizhou	120.2			
梅州	Meizhou	218.4			
汕尾	Shanwei	95.6			
河源	Heyuan	164.1			
阳江	Yangjiang	146.4			
清远	Qingyuan	179.3			
东莞	Dongguan	2.8			
中山	Zhongshan	15.0			
潮州	Chaozhou	45.4			
揭阳	Jieyang	136.8			
云浮	Yunfu	118.9			
广西	**Guangxi**	**3061.1**	**3067.7**	**3059.3**	
南宁	Nanning	438.7	441.4	441.9	76
柳州	Liuzhou	166.2	164.3	166.3	173
桂林	Guilin	370.8	378.2	380.4	90
梧州	Wuzhou	158.0	158.5	158.5	177
北海	Beihai	81.4	78.7	80.1	217
防城港	Fangchenggang	47.3	49.9	50.2	226
钦州	Qinzhou	215.2	222.2	221.6	152
贵港	Guigang	269.8	273.0	273.3	128
玉林	Yulin	323.2	322.3	317.3	111
百色	Baise	271.8	276.3	273.3	127

10-8 粮食作物播种面积 续表 3
Sown Area of Grain Crops continued 3

单位：千公顷 （1000 hectares）

地名	City	2010	2014	2015	2015 排名 Ranking
贺州	Hezhou	137.7	138.1	135.2	191
河池	Hechi	273.2	271.0	270.6	131
来宾	Laibin	171.0	173.3	172.7	170
崇左	Chongzuo	119.7	123.0	124.8	198
海南	**Hainan**	**437.2**	**394.0**	**375.6**	
海口	Haikou	39.8	41.0	38.4	231
三亚	Sanya	13.0	12.3	10.2	234
三沙	Sansha				
重庆	**Chongqing**	**2243.9**	**2242.5**	**2234.0**	
四川	**Sichuan**	**6402.0**	**6467.4**	**6454.0**	
成都	Chengdu		382.7	365.7	96
自贡	Zigong		215.2	216.6	156
攀枝花	Panzhihua		41.0	41.7	230
泸州	Luzhou		370.9	370.7	94
德阳	Deyang		301.5	302.2	117
绵阳	Mianyang		418.8	419.8	84
广元	Guangyuan		259.9	263.2	138
遂宁	Suining		299.2	299.5	119
内江	Neijiang		307.5	308.1	116
乐山	Leshan		230.0	231.6	149
南充	Nanchong		569.6	572.5	47
眉山	Meishan		294.8	297.0	121
宜宾	Yibin		389.2	392.0	88
广安	Guangan		339.6	341.0	105
达州	Dazhou		550.0	555.0	52
雅安	Yaan		111.8	110.5	205
巴中	Bazhong		316.0	318.8	110
资阳	Ziyang		512.7	512.0	58
贵州	**Guizhou**	**3029.5**	**3138.4**	**3114.9**	
贵阳	Guiyang	118.9	112.7	111.4	204
六盘水	Liupanshui	180.4	183.0	180.0	167
遵义	Zunyi	759.3	782.5	775.4	26
安顺	Anshun	144.1	149.1	145.7	185
毕节	Bijie	636.2	681.0	677.3	36
铜仁	Tongren	352.6	356.0	353.0	101
云南	**Yunnan**	**4274.4**	**4508.2**	**4487.5**	
昆明	Kunming	261.9	271.7	272.0	129
曲靖	Qujing	579.9	674.6	676.6	37
玉溪	Yuxi	96.6	110.9	112.6	203
保山	Baoshan	237.2	262.3	263.1	139
昭通	Zhaotong	496.1	547.8	542.6	54
丽江	Lijiang	12.7	132.9	133.7	193
普洱	Puer	312.1	351.4	351.5	102
临沧	Lincang	263.3	295.7	300.1	118
西藏	**Tibet**	**170.2**	**176.4**	**178.9**	
拉萨	Lasa	25.9	26.6	26.9	232
陕西	**Shaanxi**	**3159.7**	**3076.5**	**3073.5**	
西安	Xi'an	414.5	367.6	358.5	98
铜川	Tongchuan	63.1	60.1	61.7	221
宝鸡	Baoji	357.5	333.0	332.2	106
咸阳	Xianyang	430.9	391.0	388.5	89
渭南	Weinan	583.8	513.0	510.8	59
延安	Yan'an	209.6	200.4	201.9	161
汉中	Hanzhong	285.9	268.3	267.4	136
榆林	Yulin	498.8	476.4	482.4	68
安康	Ankang	287.5	268.7	269.5	134
商洛	Shangluo	221.9	209.5	206.9	158
甘肃	**Gansu**	**2799.8**	**2842.5**	**2849.6**	
兰州	Lanzhou	130.0	127.7	122.8	200
嘉峪关	Jiayuguan	0.9	1.3	1.3	239
金昌	Jinchang	48.2	46.6	52.5	223
白银	Baiyin	240.0	242.2	244.8	144
天水	Tianshui	312.6	313.8	312.7	114
武威	Wuwei	150.0	134.2	137.3	190
张掖	Zhangye	166.7	183.7	188.2	164
平凉	Pingliang	327.5	346.5	349.2	103
酒泉	Jiuquan	47.4	39.6	42.6	229
庆阳	Qingyang	431.8	469.5	465.5	73
定西	Dingxi	436.3	422.4	419.3	85
陇南	Longnan	312.8	312.5	313.3	113
青海	**Qinghai**	**274.5**	**280.1**	**277.1**	
西宁	Xining	61.3	56.4		
海东	Haidong		120.6		
宁夏	**Ningxia**	**844.0**	**771.3**	**770.4**	
银川	Yinchuan	123.2	102.8	105.3	208
石嘴山	Shizuishan	67.1	66.4	67.4	219
吴忠	Wuzhong	213.0	203.3	206.8	159
固原	Guyuan	278.9	245.7	238.8	146
中卫	Zhongwei	161.8	150.1	152.1	181
新疆	**Xinjiang**	**1991.6**	**2255.9**	**2365.6**	
乌鲁木齐	Urumqi	28.0	16.3	13.4	233
克拉玛依	Karamay	0.6	2.2	3.8	238

11

工 业

Industry

11-1 工业生产总值
Gross Industrial Production

单位：亿元　　(100 million yuan)

地名	City	2010	2012	2013	2013 排名 Ranking
全国	**Nation Total**	**160722.2**	**199670.7**	**210689.4**	
北京	**Beijing**	**2763.99**	**3294.32**	**3536.89**	
天津	**Tianjin**	**4410.85**	**6123.06**	**6678.60**	
河北	**Hebei**	**9554.03**	**12511.60**	**13194.76**	
石家庄	Shijiazhuang	1469.89	1993.59	2099.90	25
唐山	Tangshan	2395.22	3243.82	3354.90	10
秦皇岛	Qinhuangdao	319.80	376.48	373.50	209
邯郸	Handan	1160.02	1473.50	1416.40	47
邢台	Xingtai	624.28	761.87	774.90	100
保定	Baoding	877.02	1259.39	1329.40	53
张家口	Zhangjiakou	352.47	441.85	463.30	173
承德	Chengde	398.91	553.77	575.50	150
沧州	Cangzhou	1007.02	1338.35	1430.50	46
廊坊	Langfang	614.30	824.85	871.50	85
衡水	Hengshui	363.50	474.09	505.80	166
山西	**Shanxi**	**4657.97**	**6023.55**	**6032.99**	
太原	Taiyuan	596.88	784.28	772.30	101
大同	Datong	298.80	419.56	401.50	199
阳泉	Yangquan	227.76	318.46	316.30	225
长治	Changzhi	576.37	861.14	830.20	92
晋城	Jincheng	443.89	618.49	605.50	143
朔州	Shuozhou	364.10	572.81	550.10	154
晋中	Jinzhong	378.97	489.12	483.10	169
运城	Yuncheng	315.25	424.30	433.00	186
忻州	Xinzhou	176.04	292.80	296.60	230
临汾	Linfen	474.63	701.23	675.70	119
吕梁	Lvliang	568.68	879.29	843.70	88
内蒙古	**Inner Mongolia**	**5618.40**	**7735.78**	**7944.40**	
呼和浩特	Hohhot	557.05	637.56	650.10	125
包头	Baotou	1188.78	1491.30	1527.20	40
乌海	Wuhai	258.01	328.19	337.00	220
赤峰	Chifeng	483.46	745.45	735.50	110
通辽	Tongliao	633.86	986.21	941.20	79
鄂尔多斯	Erdos	1391.12	1971.68	2109.50	24
呼伦贝尔	Hulunbuir	336.93	546.03	587.60	147
巴彦淖尔	Bayannur	285.79	384.43	403.20	198
乌兰察布	Ulanqab	266.97	373.71	389.80	200
辽宁	**Liaoning**	**8789.27**	**11605.07**	**12510.27**	
沈阳	Shenyang	2283.51	3046.91	3348.60	12
大连	Dalian	2309.49	3207.43	3438.50	8
鞍山	Anshan	1046.31	1159.86	1245.70	57
抚顺	Fushun	452.43	627.62	674.70	120
本溪	Benxi	488.99	608.59	641.50	129
丹东	Dandong	314.86	428.54	458.10	174
锦州	Jinzhou	377.54	549.63	585.90	148
营口	Yingkou	497.64	660.35	711.90	113
阜新	Fuxin	133.46	214.94	237.20	243
辽阳	Liaoyang	437.28	594.10	638.70	132
盘锦	Panjin	567.37	778.05	840.30	89
铁岭	Tieling	341.93	458.50	472.30	171
朝阳	Chaoyang	285.05	375.56	407.50	196
葫芦岛	Huludao	209.42	285.83	304.10	229
吉林	**Jilin**	**3929.31**	**5582.48**	**6033.35**	
长春	Changchun	1469.63	1922.48	2222.10	21
吉林	Jilin	766.60	1044.45	1115.80	67
四平	Siping	310.86	488.02	529.90	161
辽源	Liaoyuan	196.71	315.44	365.50	213
通化	Tonghua	291.84	413.63	468.30	172
白山	Baishan	241.82	358.29	377.40	205
松原	Songyuan	522.11	692.07	691.50	114
白城	Baicheng	184.29	267.80	313.70	226
黑龙江	**Heilongjiang**	**4608.27**	**5240.65**	**5090.34**	
哈尔滨	Harbin	1021.55	1127.95	1191.90	61
齐齐哈尔	Qiqihar	336.69	411.88	426.50	190
鸡西	Jixi	170.34	228.35	211.40	248
鹤岗	Hegang	112.10	161.38	137.90	262
双鸭山	Shuangyashan	163.44	241.40	224.70	245
大庆	Daqing	2319.96	3157.40	3243.50	15
伊春	Yichun	67.38	73.81	77.80	276
佳木斯	Jiamusi	112.99	146.56	173.60	253
七台河	Qitaihe	198.18	169.91	108.60	272
牡丹江	Mudanjiang	268.16	377.70	450.20	180
黑河	Heihe	35.62	50.34	55.40	279
绥化	Suihua	150.24	245.92	296.10	231
上海	**Shanghai**	**6536.21**	**7097.76**	**7236.69**	
江苏	**Jiangsu**	**19277.65**	**23908.47**	**25612.24**	

注：本表按当年价格计算。

Note: Data in this table are calculated at current prices.

11-1 工业生产总值 续表 1
Gross Industrial Production continued 1

单位：亿元 (100 million yuan)

地名	City	2010	2012	2013	2013 排名 Ranking	地名	City	2010	2012	2013	2013 排名 Ranking
南京	Nanjing	2005.21	2748.46	2997.60	17	池州	Chizhou	103.33	156.38	175.30	252
无锡	Wuxi	2986.52	3717.88	3893.60	5	宣城	Xuancheng	201.80	333.82	376.40	207
徐州	Xuzhou	1268.61	1666.62	1793.50	32	**福建**	**Fujian**	**6397.71**	**8541.94**	**9455.32**	
常州	Changzhou	1530.86	1900.55	2036.30	28	福州	Fuzhou	1127.59	1481.99	1654.50	35
苏州	Suzhou	4916.49	6055.10	6370.40	1	厦门	Xiamen	865.92	1153.77	1212.20	59
南通	Nantong	1568.49	1992.11	2168.20	22	莆田	Putian	405.01	568.88	639.00	131
连云港	Lianyungang	431.84	583.31	642.70	127	三明	Sanming	412.51	565.33	639.40	130
淮安	Huaian	537.00	737.20	819.60	95	泉州	Quanzhou	1961.46	2595.57	2892.60	18
盐城	Yancheng	935.51	1258.22	1405.00	48	漳州	Zhangzhou	570.56	818.45	917.30	81
扬州	Yangzhou	1074.61	1344.66	1468.80	43	南平	Nanping	243.80	328.97	366.90	212
镇江	Zhenjiang	1039.78	1309.54	1431.00	45	龙岩	Longyan	447.99	622.95	642.50	128
泰州	Taizhou	981.02	1237.05	1362.30	51	宁德	Ningde	261.74	418.91	514.60	164
宿迁	Suqian	386.37	589.82	679.20	118	**江西**	**Jiangxi**	**4286.76**	**5828.20**	**6434.41**	
浙江	**Zhejiang**	**12657.78**	**15338.02**	**16368.43**		南昌	Nanchang	952.75	1290.93	1398.60	50
杭州	Hangzhou	2502.09	3168.75	3246.70	14	景德镇	Jingdezhen	243.77	329.50	348.20	215
宁波	Ningbo	2586.17	3170.07	3378.00	9	萍乡	Pingxiang	302.71	404.75	428.80	189
温州	Wenzhou	1387.65	1625.00	1768.00	33	九江	Jiujiang	478.70	679.87	756.70	102
嘉兴	Jiaxing	1192.96	1443.02	1560.90	38	新余	Xinyu	360.11	444.75	430.20	187
湖州	Huzhou	637.57	796.75	861.10	86	鹰潭	Yingtan	205.04	285.14	322.30	223
绍兴	Shaoxing	1398.07	1751.79	1882.10	31	赣州	Ganzhou	425.14	603.48	656.70	124
金华	Jinhua	938.87	1164.53	1256.70	56	吉安	Jian	310.87	447.73	494.70	168
衢州	Quzhou	349.46	442.16	477.30	170	宜春	Yichun	439.60	633.39	689.40	116
舟山	Zhoushan	218.52	295.81	319.10	224	抚州	Fuzhou	254.65	362.93	408.00	195
台州	Taizhou	1135.75	1273.64	1357.40	52	上饶	Shangrao	379.10	552.53	595.20	145
丽水	Lishui	278.00	384.90	430.20	187	**山东**	**Shandong**	**18861.45**	**22798.33**	**24222.16**	
安徽	**Anhui**	**5407.40**	**8025.84**	**8928.02**		济南	Jinan	1352.42	1603.08	1690.60	34
合肥	Hefei	1121.64	1813.90	2053.60	27	青岛	Qingdao	2454.19	6041.31	3248.40	13
芜湖	Wuhu	645.29	1117.44	1264.40	55	淄博	Zibo	1612.07	1897.61	1950.80	29
蚌埠	Bengbu	260.95	391.38	456.70	178	枣庄	Zaozhuang	749.34	905.60	943.00	78
淮南	Huainan	345.82	442.82	447.10	181	东营	Dongying	1612.02	2007.59	2130.70	23
马鞍山	Maanshan	520.75	745.36	756.70	102	烟台	Yantai	2319.02	2694.25	2757.80	19
淮北	Huaibei	273.67	377.12	437.60	183	潍坊	Weifang	1545.55	1952.43	2063.20	26
铜陵	Tongling	315.20	423.43	457.90	175	济宁	Jining	1237.23	1514.29	1613.80	36
安庆	Anqing	450.96	672.94	661.80	122	泰安	Taian	950.02	1110.93	1173.80	63
黄山	Huangshan	100.31	152.05	171.40	254	威海	Weihai	982.13	1122.80	1174.40	62
滁州	Chuzhou	298.51	446.09	509.00	165	日照	Rizhao	494.95	634.20	685.90	117
阜阳	Fuyang	242.62	344.71	380.20	203	莱芜	Laiwu	302.71	332.50	331.10	222
宿州	Suzhou	214.43	333.60	376.50	206	临沂	Linyi	1009.32	1202.68	1297.30	54
六安	Liuan	233.06	354.25	404.20	197	德州	Dezhou	794.79	1048.54	1127.10	66
亳州	Bozhou	155.06	241.00	269.20	235	聊城	Liaocheng	854.03	1088.10	1149.60	65

11-1 工业生产总值 续表 2

Gross Industrial Production continued 2

单位：亿元 (100 million yuan)

地名	City	2010	2012	2013	2013 排名 Ranking	地名	City	2010	2012	2013	2013 排名 Ranking
滨州	Binzhou	767.26	948.62	1101.60	69	常德	Changde	617.27	916.99	1001.40	73
菏泽	Heze	553.13	858.05	984.30	74	张家界	Zhangjiajie	48.20	70.39	76.50	277
河南	**Henan**	**11950.88**	**15017.56**	**15960.60**		益阳	Yiyang	259.56	416.86	457.30	177
郑州	Zhengzhou	1996.37	2802.47	3101.40	16	郴州	Chenzhou	553.31	818.58	899.00	83
开封	Kaifeng	368.34	487.10	555.90	152	永州	Yongzhou	236.78	349.43	379.80	204
洛阳	Luoyang	1243.78	1583.20	1590.00	37	怀化	Huaihua	256.27	400.77	436.20	184
平顶山	Pingdingshan	821.08	845.53	835.80	90	娄底	Loudi	330.21	501.06	545.50	158
安阳	Anyang	731.77	805.67	855.50	87	**广东**	**Guangdong**	**21462.72**	**25810.07**	**27426.26**	
鹤壁	Hebi	283.38	356.47	413.70	192	广州	Guangzhou	3644.96	4264.16	4754.90	3
新乡	Xinxiang	602.34	812.40	873.70	84	韶关	Shaoguan	246.91	321.49	360.30	214
焦作	Jiaozuo	804.18	984.42	1083.60	71	深圳	Shenzhen	4233.23	5355.85	5889.10	2
濮阳	Puyang	476.42	593.16	690.80	115	珠海	Zhuhai	619.39	720.25	775.60	99
许昌	Xuchang	847.53	1076.57	1201.50	60	汕头	Shantou	629.27	679.26	751.90	104
漯河	Luohe	452.72	515.18	548.90	155	佛山	Foshan	3419.18	3976.10	4201.80	4
三门峡	Sanmenxia	562.42	714.50	741.10	107	江门	Jiangmen	833.28	913.78	964.00	75
南阳	Nanyang	910.56	1082.50	1110.00	68	湛江	Zhanjiang	524.36	644.87	726.20	111
商丘	Shangqiu	464.48	570.47	624.40	138	茂名	Maoming	550.72	730.82	826.50	93
信阳	Xinyang	376.95	449.86	520.50	163	肇庆	Zhaoqing	411.87	616.23	737.90	108
周口	Zhoukou	492.45	664.44	798.90	96	惠州	Huizhou	960.82	1296.40	1464.70	44
驻马店	Zhumadian	393.04	519.09	594.90	146	梅州	Meizhou	208.51	225.17	241.20	242
湖北	**Hubei**	**6726.53**	**9735.15**	**10531.37**		汕尾	Shanwei	180.78	260.37	291.10	232
武汉	Wuhan	2079.82	3203.66	3645.30	6	河源	Heyuan	227.14	277.63	311.60	228
黄石	Huangshi	361.76	581.91	631.20	137	阳江	Yangjiang	238.21	359.72	457.80	176
十堰	Shiyan	377.92	452.45	498.00	167	清远	Qingyuan	569.40	370.63	385.70	202
宜昌	Yichang	818.32	1386.98	1550.70	39	东莞	Dongguan	2078.45	2297.51	2436.10	20
襄阳	Xiangyang	733.20	1304.30	1470.50	42	中山	Zhongshan	1022.01	1291.41	1404.20	49
鄂州	Ezhou	213.05	310.23	344.20	218	潮州	Chaozhou	293.59	368.48	412.60	193
荆门	Jingmen	330.54	551.45	611.00	141	揭阳	Jieyang	541.04	810.96	962.70	76
孝感	Xiaogan	316.47	474.87	535.80	160	云浮	Yunfu	146.82	195.25	231.90	244
荆州	Jingzhou	293.27	475.34	539.80	159	**广西**	**Guangxi**	**3860.46**	**5279.26**	**5749.65**	
黄冈	Huanggang	262.46	366.27	410.80	194	南宁	Nanning	483.78	706.11	820.60	94
咸宁	Xianning	218.81	329.25	386.70	201	柳州	Liuzhou	776.84	1055.69	1166.60	64
随州	Suizhou	164.03	250.29	281.40	234	桂林	Guilin	417.93	585.55	662.70	121
湖南	**Hunan**	**6305.11**	**9138.50**	**10001.00**		梧州	Wuzhou	304.60	479.88	605.00	144
长沙	Changsha	2020.68	3051.94	3352.30	11	北海	Beihai	144.92	267.77	332.80	221
株洲	Zhuzhou	656.38	948.32	1042.10	72	防城港	Fangchenggang	138.19	197.64	257.00	236
湘潭	Xiangtan	452.48	699.26	778.10	98	钦州	Qinzhou	187.91	237.24	250.10	238
衡阳	Hengyang	562.74	834.64	913.60	82	贵港	Guigang	218.78	229.15	253.10	237
邵阳	Shaoyang	237.85	339.88	373.20	210	玉林	Yulin	324.14	404.39	434.10	185
岳阳	Yueyang	752.43	1109.96	1216.80	58	百色	Baise	273.49	361.92	373.90	208

11-1 工业生产总值 续表 3
Gross Industrial Production continued 3

单位：亿元 (100 million yuan)

地名	City	2010	2012	2013	2013 排名 Ranking	地名	City	2010	2012	2013	2013 排名 Ranking
贺州	Hezhou	105.91	136.10	143.60	260	丽江	Lijiang	33.10	56.68	73.10	278
河池	Hechi	180.08	132.96	143.00	261	普洱	Puer	53.83	84.72	104.00	273
来宾	Laibin	168.00	189.06	169.20	256	临沧	Lincang	53.71	112.53	130.20	265
崇左	Chongzuo	127.53	184.06	210.60	249	**西藏**	**Tibet**	**39.73**	**55.35**	**61.16**	
海南	**Hainan**	**385.21**	**521.15**	**551.11**		拉萨	Lasa	19.72			
海口	Haikou	101.76	136.67	144.70	259	**陕西**	**Shaanxi**	**4558.97**	**6847.41**	**7507.34**	
三亚	Sanya	12.74	17.00	17.90	283	西安	Xi'an	1003.57	1328.71	1484.60	41
三沙	Sansha					铜川	Tongchuan	103.99	159.29	195.40	251
重庆	**Chongqing**	**3697.83**	**4981.01**	**5249.65**		宝鸡	Baoji	497.40	735.89	834.30	91
四川	**Sichuan**	**7431.45**	**10550.53**	**11578.55**		咸阳	Xianyang	480.70	743.94	925.70	80
成都	Chengdu	2062.82	3127.61	3493.10	7	渭南	Weinan	339.71	533.55	656.80	123
自贡	Zigong	339.70	488.44	546.20	156	延安	Yan'an	614.45	904.64	944.20	77
攀枝花	Panzhihua	364.63	533.07	564.90	151	汉中	Hanzhong	146.32	245.70	312.90	227
泸州	Luzhou	377.15	588.19	637.50	134	榆林	Yulin	1178.34	1928.07	1943.60	30
德阳	Deyang	484.26	718.50	783.80	97	安康	Ankang	86.15	179.91	248.40	239
绵阳	Mianyang	398.39	607.42	637.70	133	商洛	Shangluo	64.49	118.96	171.40	254
广元	Guangyuan	105.01	189.91	215.10	246	**甘肃**	**Gansu**	**1602.87**	**2070.24**	**2225.22**	
遂宁	Suining	218.88	305.29	341.80	219	兰州	Lanzhou	399.06	562.42	614.50	140
内江	Neijiang	386.64	570.69	616.80	139	嘉峪关	Jiayuguan	143.44	213.33	163.30	257
乐山	Leshan	414.42	601.63	649.80	126	金昌	Jinchang	152.36	162.93	158.70	258
南充	Nanchong	333.02	498.05	550.90	153	白银	Baiyin	144.09	212.59	212.90	247
眉山	Meishan	268.00	390.53	425.90	191	天水	Tianshui	80.12	115.76	121.30	266
宜宾	Yibin	476.89	712.17	743.10	106	武威	Wuwei	60.47	109.07	119.40	267
广安	Guangan	199.39	310.82	345.70	217	张掖	Zhangye	55.42	75.52	88.50	275
达州	Dazhou	366.26	544.20	584.40	149	平凉	Pingliang	88.42	125.40	114.20	269
雅安	Yaan	135.10	202.76	208.20	250	酒泉	Jiuquan	173.03	258.72	285.60	233
巴中	Bazhong	61.37	102.10	114.10	270	庆阳	Qingyang	193.48	301.28	346.00	216
资阳	Ziyang	315.28	496.19	546.20	156	定西	Dingxi	24.59	38.58	40.00	281
贵州	**Guizhou**	**1516.87**	**2217.06**	**2686.52**		陇南	Longnan	33.62	49.36	52.30	280
贵阳	Guiyang	352.77	534.73	608.30	142	**青海**	**Qinghai**	**613.65**	**895.89**	**970.53**	
六盘水	Liupanshui	278.58	402.52	452.40	179	西宁	Xining	275.40	377.19	440.80	182
遵义	Zunyi	333.67	541.84	634.50	135	海东	Haidong				
安顺	Anshun	76.40	114.46	133.10	264	**宁夏**	**Ningxia**	**643.05**	**878.63**	**944.50**	
毕节	Bijie	226.82	333.06	373.10	211	银川	Yinchuan	298.70	471.92	523.30	162
铜仁	Tongren	57.17	99.63	112.20	271	石嘴山	Shizuishan	162.67	228.85	246.10	240
云南	**Yunnan**	**2604.07**	**3450.72**	**3767.58**		吴忠	Wuzhong	87.82	123.81	136.30	263
昆明	Kunming	709.62	1008.42	1100.10	70	固原	Guyuan	11.82	23.02	26.80	282
曲靖	Qujing	468.78	657.30	736.40	109	中卫	Zhongwei	50.79	79.52	92.40	274
玉溪	Yuxi	437.53	598.33	634.20	136	**新疆**	**Xinjiang**	**2161.39**	**2850.06**	**3024.27**	
保山	Baoshan	59.30	100.06	115.60	268	乌鲁木齐	Urumqi	514.76	714.01	746.80	105
昭通	Zhaotong	132.63	206.11	242.00	241	克拉玛依	Karamay	623.47	692.07	715.70	112

11-2 工业生产总值指数

Indices of Gross Industrial Production

单位：上年=100 (preceding year=100)

地名	City	2010	2012	2013	2013 排名 Ranking	地名	City	2010	2012	2013	2013 排名 Ranking
全国	**Nation Total**	**112.1**	**107.7**	**107.6**		沈阳	Shenyang	115.1	111.5	110.0	227
北京	**Beijing**	**114.9**				大连	Dalian	121.0	110.7	110.0	227
天津	**Tianjin**	**120.8**				鞍山	Anshan	115.2	109.8	110.3	216
河北	**Hebei**	**113.5**				抚顺	Fushun	116.3	111.9	110.1	224
石家庄	Shijiazhuang	113.4	112.4	110.5	205	本溪	Benxi	117.5	109.8	110.2	221
唐山	Tangshan	115.0	112.0	109.7	235	丹东	Dandong	120.2	111.3	109.5	243
秦皇岛	Qinhuangdao	115.6	112.1	105.9	271	锦州	Jinzhou	118.9	113.3	109.6	239
邯郸	Handan	113.5	112.5	107.9	257	营口	Yingkou	118.0	111.6	110.6	202
邢台	Xingtai	114.0	111.2	108.6	253	阜新	Fuxin	118.7	113.3	109.6	239
保定	Baoding	115.2	112.9	111.1	178	辽阳	Liaoyang	115.0	111.1	109.8	233
张家口	Zhangjiakou	115.0	112.3	109.7	235	盘锦	Panjin	119.6	112.8	110.3	216
承德	Chengde	110.7	113.1	111.3	169	铁岭	Tieling	118.9	109.0	105.3	276
沧州	Cangzhou	113.4	113.4	111.0	183	朝阳	Chaoyang	115.5	110.7	110.2	221
廊坊	Langfang	113.2	111.5	109.4	248	葫芦岛	Huludao	118.2	112.4	106.9	267
衡水	Hengshui	113.7	112.7	110.9	190	**吉林**	**Jilin**	**120.8**			
山西	**Shanxi**	**119.5**				长春	Changchun	120.8	112.1	110.0	227
太原	Taiyuan	112.5	112.2	110.1	224	吉林	Jilin	113.5	110.0	108.2	255
大同	Datong	120.0	111.9	109.7	235	四平	Siping	122.3	115.9	110.7	198
阳泉	Yangquan	118.7	110.7	107.9	257	辽源	Liaoyuan	121.9	114.2	109.5	243
长治	Changzhi	116.6	111.8	110.0	227	通化	Tonghua	126.7	112.1	114.2	64
晋城	Jincheng	115.5	112.5	110.8	194	白山	Baishan	126.1	113.5	105.5	273
朔州	Shuozhou	117.4	112.8	111.0	183	松原	Songyuan	114.7	110.7	107.2	264
晋中	Jinzhong	118.1	112.5	112.7	115	白城	Baicheng	130.6	115.8	113.5	84
运城	Yuncheng	121.6	106.8	112.4	126	**黑龙江**	**Heilongjiang**	**115.0**			
忻州	Xinzhou	130.8	115.2	112.0	135	哈尔滨	Harbin	117.1	108.3	109.5	243
临汾	Linfen	121.9	111.9	111.6	155	齐齐哈尔	Qiqihar	128.4	106.2	110.4	211
吕梁	Lvliang	126.8	112.1	111.0	183	鸡西	Jixi	126.2	116.9	97.3	281
内蒙古	**Inner Mongolia**	**118.8**				鹤岗	Hegang	117.1	117.1	87.7	282
呼和浩特	Hohhot	114.3	110.0	117.2	26	双鸭山	Shuangyashan	132.5	119.8	99.9	279
包头	Baotou	119.8	114.8	111.6	155	大庆	Daqing	111.3	109.9	106.5	268
乌海	Wuhai	123.9	114.9	111.6	155	伊春	Yichun	126.1	112.0	112.8	110
赤峰	Chifeng	120.9	118.0	111.3	169	佳木斯	Jiamusi	138.4	121.4	118.2	20
通辽	Tongliao	126.7	117.7	111.0	183	七台河	Qitaihe	131.7	109.5	77.7	283
鄂尔多斯	Erdos	120.1	115.6	111.9	141	牡丹江	Mudanjiang	124.2	116.1	115.3	45
呼伦贝尔	Hulunbuir	125.9	120.9	112.5	123	黑河	Heihe	119.4	115.0	113.5	84
巴彦淖尔	Bayannur	120.6	114.6	112.7	115	绥化	Suihua	121.7	134.3	124.5	4
乌兰察布	Ulanqab	113.0	110.2	112.2	129	**上海**	**Shanghai**	**117.5**			
辽宁	**Liaoning**	**116.9**				**江苏**	**Jiangsu**	**113.3**			

注：本表按不变价格计算。

Note: Data in this table are calculated at constant prices.

11-2 工业生产总值指数 续表 1

Indices of Gross Industrial Production continued 1

单位：上年=100 (preceding year=100)

地名	City	2010	2012	2013	2013 排名 Ranking	地名	City	2010	2012	2013	2013 排名 Ranking
南京	Nanjing	114.4	111.0	111.1	178	池州	Chizhou	125.5	116.7	114.5	58
无锡	Wuxi	113.2	109.0	109.0	250	宣城	Xuancheng	126.0	116.0	114.3	62
徐州	Xuzhou	115.7	114.4	113.1	98	**福建**	**Fujian**	**118.0**			
常州	Changzhou	113.3	111.7	111.6	155	福州	Fuzhou	118.8	114.1	113.2	92
苏州	Suzhou	113.3	107.4	107.5	261	厦门	Xiamen	118.8	113.6	111.9	141
南通	Nantong	114.3	112.3	112.3	128	莆田	Putian	120.1	113.9	113.3	89
连云港	Lianyungang	117.8	115.4	113.9	72	三明	Sanming	120.7	115.8	114.3	62
淮安	Huaian	117.4	116.1	113.4	86	泉州	Quanzhou	116.5	113.5	112.6	119
盐城	Yancheng	117.0	115.7	115.1	49	漳州	Zhangzhou	121.7	115.5	114.2	64
扬州	Yangzhou	114.8	111.8	113.2	92	南平	Nanping	116.9	117.5	113.7	76
镇江	Zhenjiang	114.9	112.7	113.0	101	龙岩	Longyan	118.4	113.3	113.6	80
泰州	Taizhou	114.6	113.2	112.8	110	宁德	Ningde	127.1	119.7	117.5	23
宿迁	Suqian	119.3	117.5	115.5	42	**江西**	**Jiangxi**	**119.9**			
浙江	**Zhejiang**	**112.7**				南昌	Nanchang	118.8	113.7	111.7	152
杭州	Hangzhou	112.7	108.5	107.8	259	景德镇	Jingdezhen	115.6	113.0	111.8	147
宁波	Ningbo	114.3	104.4	108.4	254	萍乡	Pingxiang	113.7	113.5	110.2	221
温州	Wenzhou	112.4	104.2	107.6	260	九江	Jiujiang	120.0	113.9	112.5	123
嘉兴	Jiaxing	116.3	108.4	110.4	211	新余	Xinyu	118.5	110.1	103.9	277
湖州	Huzhou	111.8	111.3	110.8	194	鹰潭	Yingtan	114.8	113.5	111.4	166
绍兴	Shaoxing	109.4	109.9	109.0	250	赣州	Ganzhou	117.9	114.0	112.8	110
金华	Jinhua	111.6	110.5	109.6	239	吉安	Jian	121.9	113.2	113.7	76
衢州	Quzhou	116.4	108.5	111.0	183	宜春	Yichun	121.8	113.9	112.6	119
舟山	Zhoushan	114.5	112.6	109.9	231	抚州	Fuzhou	119.4	114.2	113.3	89
台州	Taizhou	115.1	105.8	108.0	256	上饶	Shangrao	119.5	113.2	113.0	101
丽水	Lishui	116.0	112.4	112.2	129	**山东**	**Shandong**	**112.8**			
安徽	**Anhui**	**121.9**				济南	Jinan	110.7	109.7	110.6	202
合肥	Hefei	123.6	117.0	114.1	69	青岛	Qingdao	112.3	111.9	110.4	211
芜湖	Wuhu	123.9	116.4	114.5	58	淄博	Zibo	112.0	111.5	110.5	205
蚌埠	Bengbu	123.7	116.9	114.9	52	枣庄	Zaozhuang	110.3	111.7	111.5	163
淮南	Huainan	113.9	114.1	111.1	178	东营	Dongying	113.4	112.4	112.1	134
马鞍山	Maanshan	117.2	112.9	112.9	106	烟台	Yantai	112.0	111.2	111.0	183
淮北	Huaibei	119.1	115.2	110.7	198	潍坊	Weifang	113.2	112.0	111.7	152
铜陵	Tongling	121.9	111.2	113.2	92	济宁	Jining	112.5	112.0	111.8	147
安庆	Anqing	121.3	115.3	113.7	76	泰安	Taian	111.3	111.8	111.6	155
黄山	Huangshan	121.6	116.2	113.4	86	威海	Weihai	111.2	109.7	110.7	198
滁州	Chuzhou	125.5	117.2	115.1	49	日照	Rizhao	113.3	112.4	110.9	190
阜阳	Fuyang	125.1	116.5	113.8	74	莱芜	Laiwu	112.6	112.1	112.2	129
宿州	Suzhou	123.8	116.8	114.4	61	临沂	Linyi	113.0	113.7	112.8	110
六安	Liuan	127.0	117.0	111.5	163	德州	Dezhou	114.6	114.6	113.1	98
亳州	Bozhou	125.1	116.7	113.9	72	聊城	Liaocheng	113.6	115.0	111.2	175

11-2 工业生产总值指数 续表 2
Indices of Gross Industrial Production continued 2

单位：上年=100 (preceding year=100)

地名	City	2010	2012	2013	2013 排名 Ranking	地名	City	2010	2012	2013	2013 排名 Ranking
滨州	Binzhou	112.7	112.7	111.9	141	常德	Changde	121.9	114.3	110.9	190
菏泽	Heze	117.4	117.5	114.2	64	张家界	Zhangjiajie	120.4	113.3	110.3	216
河南	**Henan**	**115.4**				益阳	Yiyang	121.4	113.0	112.0	135
郑州	Zhengzhou	115.6	115.2	110.3	216	郴州	Chenzhou	120.9	114.1	111.8	147
开封	Kaifeng	115.9	114.1	113.8	74	永州	Yongzhou	120.3	114.0	110.4	211
洛阳	Luoyang	117.1	111.0	107.2	264	怀化	Huaihua	122.0	113.6	110.5	205
平顶山	Pingdingshan	112.2	105.6	106.2	269	娄底	Loudi	118.8	113.5	110.5	205
安阳	Anyang	117.3	108.6	110.1	224	**广东**	**Guangdong**	**114.9**			
鹤壁	Hebi	115.9	111.4	114.6	55	广州	Guangzhou	112.7	109.1	109.9	231
新乡	Xinxiang	119.7	113.8	110.8	194	韶关	Shaoguan	112.2	111.9	116.1	34
焦作	Jiaozuo	115.0	112.4	112.6	119	深圳	Shenzhen	113.9	107.3	109.3	249
濮阳	Puyang	113.6	114.9	114.2	64	珠海	Zhuhai	118.3	102.7	110.6	202
许昌	Xuchang	116.5	113.7	112.0	135	汕头	Shantou	116.8	112.5	112.6	119
漯河	Luohe	117.5	114.1	110.5	205	佛山	Foshan	115.1	109.6	111.9	141
三门峡	Sanmenxia	118.5	113.4	109.5	243	江门	Jiangmen	117.6	106.0	113.0	101
南阳	Nanyang	115.1	112.6	109.7	235	湛江	Zhanjiang	117.8	108.5	113.6	80
商丘	Shangqiu	114.3	114.7	113.6	80	茂名	Maoming	114.2	116.4	115.2	48
信阳	Xinyang	115.6	114.3	111.8	147	肇庆	Zhaoqing	132.0	120.4	117.1	27
周口	Zhoukou	115.8	115.4	113.2	92	惠州	Huizhou	124.5	115.0	116.6	30
驻马店	Zhumadian	115.2	114.5	111.9	141	梅州	Meizhou	117.9	113.6	114.0	71
湖北	**Hubei**	**121.3**				汕尾	Shanwei	125.3	121.1	120.4	10
武汉	Wuhan	120.5	113.7	110.3	216	河源	Heyuan	117.1	115.8	115.7	37
黄石	Huangshi	120.0	115.8	110.5	205	阳江	Yangjiang	122.7	119.5	124.8	3
十堰	Shiyan	134.7	106.1	111.4	166	清远	Qingyuan	121.1	104.0	109.5	243
宜昌	Yichang	118.8	115.2	113.2	92	东莞	Dongguan	117.5	106.0	110.4	211
襄阳	Xiangyang	121.1	115.9	113.3	89	中山	Zhongshan	116.3	114.5	111.6	155
鄂州	Ezhou	125.0	116.0	111.9	141	潮州	Chaozhou	115.8	111.6	114.2	64
荆门	Jingmen	122.9	116.1	112.4	126	揭阳	Jieyang	127.4	116.4	119.7	13
孝感	Xiaogan	122.9	115.8	112.9	106	云浮	Yunfu	122.0	117.3	121.3	8
荆州	Jingzhou	121.3	115.5	113.0	101	**广西**	**Guangxi**	**120.4**			
黄冈	Huanggang	120.8	115.3	112.9	106	南宁	Nanning	115.9	118.7	114.8	54
咸宁	Xianning	122.2	115.9	113.1	98	柳州	Liuzhou	119.9	111.6	111.0	183
随州	Suizhou	123.1	115.6	112.7	115	桂林	Guilin	120.2	119.8	115.3	45
湖南	**Hunan**	**121.2**				梧州	Wuzhou	126.8	119.0	117.5	23
长沙	Changsha	121.6	115.7	113.2	92	北海	Beihai	133.5	141.9	119.8	12
株洲	Zhuzhou	120.1	112.9	111.6	155	防城港	Fangchenggang	117.4	117.8	119.5	14
湘潭	Xiangtan	121.3	113.4	111.1	178	钦州	Qinzhou	131.4	111.5	107.3	263
衡阳	Hengyang	121.8	113.6	111.1	178	贵港	Guigang	120.8	110.4	110.7	198
邵阳	Shaoyang	121.5	113.2	111.5	163	玉林	Yulin	122.5	113.3	112.9	106
岳阳	Yueyang	121.3	113.9	111.3	169	百色	Baise	121.4	109.1	109.8	233

11-2 工业生产总值指数 续表 3
Indices of Gross Industrial Production continued 3

单位：上年=100 (preceding year=100)

地名	City	2010	2012	2013	2013 排名 Ranking	地名	City	2010	2012	2013	2013 排名 Ranking
贺州	Hezhou	119.6	109.1	112.2	129	丽江	Lijiang	122.9	123.9	126.0	1
河池	Hechi	114.7	90.5	107.0	266	普洱	Puer	117.8	127.0	125.8	2
来宾	Laibin	123.2	112.1	98.0	280	临沧	Lincang	111.4	115.6	118.7	16
崇左	Chongzuo	115.0	117.4	115.9	35	**西藏**	**Tibet**	**113.3**			
海南	**Hainan**	**117.6**				拉萨	Lasa	115.4			
海口	Haikou	121.1	109.1	106.0	270	**陕西**	**Shaanxi**	**118.7**			
三亚	Sanya	121.8	115.4	105.4	275	西安	Xi'an	118.1	112.4	114.5	58
三沙	Sansha					铜川	Tongchuan	119.0	120.6	118.0	21
重庆	**Chongqing**	**122.9**				宝鸡	Baoji	118.6	120.0	115.7	37
四川	**Sichuan**	**122.9**				咸阳	Xianyang	119.9	121.5	117.5	23
成都	Chengdu	120.5	116.5	113.0	101	渭南	Weinan	121.8	121.2	115.6	40
自贡	Zigong	123.3	116.8	111.3	169	延安	Yan'an	115.0	110.3	105.5	273
攀枝花	Panzhihua	118.0	116.2	112.2	129	汉中	Hanzhong	120.6	124.7	120.7	9
泸州	Luzhou	128.9	117.9	111.2	175	榆林	Yulin	119.4	113.6	109.6	239
德阳	Deyang	119.2	116.7	111.3	169	安康	Ankang	123.3	130.2	122.8	6
绵阳	Mianyang	123.9	117.9	112.0	135	商洛	Shangluo	122.6	128.2	123.2	5
广元	Guangyuan	131.5	122.1	113.7	76	**甘肃**	**Gansu**	**115.8**			
遂宁	Suining	126.7	118.0	112.8	110	兰州	Lanzhou	111.8	111.8	114.1	69
内江	Neijiang	124.6	117.6	111.3	169	嘉峪关	Jiayuguan	121.2	118.1	114.6	55
乐山	Leshan	121.0	116.9	111.2	175	金昌	Jinchang	112.3	117.6	116.6	30
南充	Nanchong	127.0	117.8	111.7	152	白银	Baiyin	118.6	117.2	115.7	37
眉山	Meishan	125.8	116.6	110.8	194	天水	Tianshui	113.0	117.6	116.4	32
宜宾	Yibin	122.5	116.8	107.4	262	武威	Wuwei	119.7	121.1	118.3	18
广安	Guangan	126.5	120.3	112.7	115	张掖	Zhangye	119.1	114.6	115.8	36
达州	Dazhou	127.4	118.9	110.9	190	平凉	Pingliang	120.2	116.5	112.5	123
雅安	Yaan	125.1	118.1	103.7	278	酒泉	Jiuquan	128.5	121.6	115.5	42
巴中	Bazhong	129.6	116.6	111.6	155	庆阳	Qingyang	121.5	118.7	117.0	28
资阳	Ziyang	125.2	117.5	111.8	147	定西	Dingxi	114.0	120.2	117.6	22
贵州	**Guizhou**	**115.7**				陇南	Longnan	121.1	120.4	118.8	15
贵阳	Guiyang	114.9	116.2	116.8	29	**青海**	**Qinghai**	**119.3**			
六盘水	Liupanshui	118.1	115.5	115.4	44	西宁	Xining	123.1	119.5	118.3	18
遵义	Zunyi	118.8	117.4	113.6	80	海东	Haidong				
安顺	Anshun	113.2	115.7	115.3	45	**宁夏**	**Ningxia**	**114.4**			
毕节	Bijie	116.5	116.4	115.0	51	银川	Yinchuan	119.1	115.2	112.0	135
铜仁	Tongren	117.1	115.6	115.6	40	石嘴山	Shizuishan	114.3	114.1	112.0	135
云南	**Yunnan**	**114.6**				吴忠	Wuzhong	113.9	112.7	113.4	86
昆明	Kunming	113.9	115.6	111.4	166	固原	Guyuan	109.0	112.6	121.7	7
曲靖	Qujing	114.9	115.2	114.9	52	中卫	Zhongwei	114.5	114.8	114.6	55
玉溪	Yuxi	116.2	112.7	108.7	252	**新疆**	**Xinjiang**	**113.5**			
保山	Baoshan	118.1	120.2	118.5	17	乌鲁木齐	Urumqi	112.2	116.6	116.3	33
昭通	Zhaotong	119.5	123.2	120.4	10	克拉玛依	Karamay	118.6	105.0	105.8	272

11-3 规模以上工业企业单位数
Number of Industrial Enterprises above Designated Size

单位：个 (unit)

地名	City	2010	2014	2015	2015 排名 Ranking	地名	City	2010	2014	2015	2015 排名 Ranking
全国	**Nation Total**	**452872**	**377888**	**383148**		沈阳	Shenyang	5252	3635	3284	21
北京	**Beijing**	**6885**	**3686**	**3548**		大连	Dalian	4684	2844	2486	42
天津	**Tianjin**	**7947**	**5501**	**5525**		鞍山	Anshan	2455	1247	914	124
河北	**Hebei**	**13927**	**14792**	**15295**		抚顺	Fushun	1410	966	545	176
石家庄	Shijiazhuang	2576	2594	2752	33	本溪	Benxi	624	614	525	179
唐山	Tangshan	1568	1598	1595	64	丹东	Dandong	1054	752	509	184
秦皇岛	Qinhuangdao	642	481	395	207	锦州	Jinzhou	1005	821	686	143
邯郸	Handan	1095	1277	1378	75	营口	Yingkou	1651	1375	1005	112
邢台	Xingtai	1010	1242	1309	80	阜新	Fuxin	461	659	357	219
保定	Baoding	1848	1814	1665	62	辽阳	Liaoyang	891	606	430	198
张家口	Zhangjiakou	530	582	564	172	盘锦	Panjin	708	507	497	187
承德	Chengde	553	572	549	175	铁岭	Tieling	1848	631	328	226
沧州	Cangzhou	1919	2199	2380	44	朝阳	Chaoyang	1222	708	445	196
廊坊	Langfang	1223	1252	1255	92	葫芦岛	Huludao	566	341	292	235
衡水	Hengshui	968	1181	1234	95	**吉林**	**Jilin**	**6181**	**5311**	**5682**	
山西	**Shanxi**	**4240**	**3906**	**3845**		长春	Changchun	1606	1132	1340	77
太原	Taiyuan	480	404	408	202	吉林	Jilin	1177	1041	1073	106
大同	Datong	203	173	177	254	四平	Siping	557	492	564	172
阳泉	Yangquan	186	144	134	268	辽源	Liaoyuan	351	305	316	230
长治	Changzhi	386	344	352	221	通化	Tonghua	604	549	596	163
晋城	Jincheng	284	244	251	241	白山	Baishan	448	392	382	212
朔州	Shuozhou	224	280	258	239	松原	Songyuan	642	612	615	157
晋中	Jinzhong	533	529	515	183	白城	Baicheng	315	321	321	228
运城	Yuncheng	564	500	491	190	**黑龙江**	**Heilongjiang**	**4596**	**4305**	**4162**	
忻州	Xinzhou	323	355	368	216	哈尔滨	Harbin	1425	1397	1379	73
临汾	Linfen	458	364	366	217	齐齐哈尔	Qiqihar	411	341	369	214
吕梁	Lvliang	597	567	523	181	鸡西	Jixi	154	114	187	252
内蒙古	**Inner Mongolia**	**4611**	**4413**	**4404**		鹤岗	Hegang	136	119	114	272
呼和浩特	Hohhot	320	277	277	237	双鸭山	Shuangyashan	195	158	122	269
包头	Baotou	715	660	662	146	大庆	Daqing	630	452	391	208
乌海	Wuhai	176	154	147	265	伊春	Yichun	182	120	109	274
赤峰	Chifeng	593	569	556	174	佳木斯	Jiamusi	321	363	357	219
通辽	Tongliao	572	593	609	159	七台河	Qitaihe	137	95	90	277
鄂尔多斯	Erdos	451	372	387	210	牡丹江	Mudanjiang	505	505	490	192
呼伦贝尔	Hulunbuir	447	423	419	200	黑河	Heihe	113	90	99	276
巴彦淖尔	Bayannur	282	286	287	236	绥化	Suihua	202	366	378	213
乌兰察布	Ulanqab	429	383	339	223	**上海**	**Shanghai**	**16684**	**9469**	**8994**	
辽宁	**Liaoning**	**23832**	**15707**	**12304**		**江苏**	**Jiangsu**	**64136**	**48708**	**48488**	

11-3 规模以上工业企业单位数 续表 1

Number of Industrial Enterprises above Designated Size continued 1

单位：个 (unit)

地名	City	2010	2014	2015	2015 排名 Ranking	地名	City	2010	2014	2015	2015 排名 Ranking
南京	Nanjing	3917	2748	2714	35	池州	Chizhou	614	525	575	166
无锡	Wuxi	7988	5163	4988	10	宣城	Xuancheng	1381	1349	1419	72
徐州	Xuzhou	3412	2861	2875	27	**福建**	**Fujian**	**19227**	**16744**	**17240**	
常州	Changzhou	6375	4350	4244	15	福州	Fuzhou	2877	2275	2302	45
苏州	Suzhou	13538	10432	10062	1	厦门	Xiamen	2213	1701	1766	58
南通	Nantong	7589	5081	5066	8	莆田	Putian	1347	1175	1248	94
连云港	Lianyungang	1648	1649	1701	60	三明	Sanming	1640	1753	1785	56
淮安	Huaian	2399	2474	2647	38	泉州	Quanzhou	5186	4438	4420	13
盐城	Yancheng	3827	3002	3156	22	漳州	Zhangzhou	2273	2006	2147	47
扬州	Yangzhou	3847	2799	2774	32	南平	Nanping	1260	997	1109	103
镇江	Zhenjiang	3125	2938	2843	30	龙岩	Longyan	1398	1034	1095	104
泰州	Taizhou	4012	2709	2867	28	宁德	Ningde	1033	1365	1368	76
宿迁	Suqian	2471	2517	2565	40	**江西**	**Jiangxi**	**7976**	**8996**	**9941**	
浙江	**Zhejiang**	**64364**	**40841**	**41167**		南昌	Nanchang	1156	1211	1300	82
杭州	Hangzhou	10370	6169	6073	4	景德镇	Jingdezhen	437	305	320	229
宁波	Ningbo	12492	7383	7509	2	萍乡	Pingxiang	801	660	652	147
温州	Wenzhou	9096	4897	5013	9	九江	Jiujiang	904	1121	1259	89
嘉兴	Jiaxing	7311	5005	5154	7	新余	Xinyu	371	352	387	210
湖州	Huzhou	3561	2719	2752	33	鹰潭	Yingtan	183	234	260	238
绍兴	Shaoxing	5545	4231	4352	14	赣州	Ganzhou	891	1164	1288	83
金华	Jinhua	5965	4065	4144	16	吉安	Jian	777	1046	1168	97
衢州	Quzhou	1411	1025	1003	113	宜春	Yichun	853	1081	1254	93
舟山	Zhoushan	659	393	390	209	抚州	Fuzhou	832	823	901	126
台州	Taizhou	7308	3804	3672	19	上饶	Shangrao	771	827	981	117
丽水	Lishui	1654	1161	1115	101	**山东**	**Shandong**	**44037**	**40756**	**41485**	
安徽	**Anhui**	**16277**	**17762**	**19077**		济南	Jinan	2021	1985	2022	51
合肥	Hefei	2229	2306	2474	43	青岛	Qingdao	5674	4790	4876	11
芜湖	Wuhu	1785	1973	2101	48	淄博	Zibo	3413	2981	2981	26
蚌埠	Bengbu	863	880	1056	109	枣庄	Zaozhuang	1795	1464	1468	71
淮南	Huainan	589	561	621	156	东营	Dongying	895	984	996	115
马鞍山	Maanshan	791	1035	1150	98	烟台	Yantai	3447	2722	2657	37
淮北	Huaibei	673	766	779	138	潍坊	Weifang	5089	4000	4050	18
铜陵	Tongling	281	260	491	190	济宁	Jining	3907	2333	2631	39
安庆	Anqing	1527	1791	1667	61	泰安	Taian	1665	2017	2003	52
黄山	Huangshan	517	516	539	177	威海	Weihai	1812	1670	1817	55
滁州	Chuzhou	1237	1382	1503	69	日照	Rizhao	854	629	668	145
阜阳	Fuyang	685	1317	1549	66	莱芜	Laiwu	466	609	635	151
宿州	Suzhou	856	1129	1257	90	临沂	Linyi	4027	3934	4053	17
六安	Liuan	1028	1086	997	114	德州	Dezhou	3248	3387	3156	22
亳州	Bozhou	423	775	901	126	聊城	Liaocheng	2403	2830	2852	29

11-3 规模以上工业企业单位数 续表 2

Number of Industrial Enterprises above Designated Size continued 2

单位：个 (unit)

地名	City	2010	2014	2015	2015 排名 Ranking	地名	City	2010	2014	2015	2015 排名 Ranking
滨州	Binzhou	1246	1422	1379	73	常德	Changde	983	944	993	116
菏泽	Heze	2088	2796	3145	24	张家界	Zhangjiajie	161	150	161	260
河南	**Henan**	**19574**	**21748**	**22892**		益阳	Yiyang	819	931	971	120
郑州	Zhengzhou	2595	2763	2820	31	郴州	Chenzhou	1212	1105	1095	104
开封	Kaifeng	1184	1302	1322	79	永州	Yongzhou	742	705	795	137
洛阳	Luoyang	1686	1779	1858	54	怀化	Huaihua	618	553	575	166
平顶山	Pingdingshan	854	854	862	131	娄底	Loudi	649	740	676	144
安阳	Anyang	956	978	1067	107	**广东**	**Guangdong**	**53418**	**41133**	**42113**	
鹤壁	Hebi	483	583	568	171	广州	Guangzhou	6969	4774	4650	12
新乡	Xinxiang	1261	1285	1285	85	韶关	Shaoguan	559	622	628	153
焦作	Jiaozuo	1109	1214	1213	96	深圳	Shenzhen	8249	6355	6539	3
濮阳	Puyang	665	988	1006	111	珠海	Zhuhai	1347	1008	1023	110
许昌	Xuchang	1286	1499	1632	63	汕头	Shantou	2580	1808	1771	57
漯河	Luohe	658	665	700	142	佛山	Foshan	7684	5883	5787	5
三门峡	Sanmenxia	664	637	646	148	江门	Jiangmen	3246	1961	2036	49
南阳	Nanyang	1440	1899	2262	46	湛江	Zhanjiang	850	789	828	134
商丘	Shangqiu	783	1066	1284	87	茂名	Maoming	792	850	957	121
信阳	Xinyang	1193	1264	1286	84	肇庆	Zhaoqing	1131	1083	1110	102
周口	Zhoukou	1081	1200	1277	88	惠州	Huizhou	1853	1815	1893	53
驻马店	Zhumadian	1433	1507	1594	65	梅州	Meizhou	521	396	440	197
湖北	**Hubei**	**16106**	**15957**	**16413**		汕尾	Shanwei	452	246	238	244
武汉	Wuhan	2968	2442	2545	41	河源	Heyuan	440	513	575	166
黄石	Huangshi	704	730	760	139	阳江	Yangjiang	596	567	574	169
十堰	Shiyan	915	973	976	119	清远	Qingyuan	813	580	611	158
宜昌	Yichang	1252	1464	1511	68	东莞	Dongguan	5899	5377	5688	6
襄阳	Xiangyang	1555	1773	1764	59	中山	Zhongshan	5063	2963	3045	25
鄂州	Ezhou	510	492	525	179	潮州	Chaozhou	1245	871	890	128
荆门	Jingmen	1173	1097	1132	100	揭阳	Jieyang	2525	1858	2030	50
孝感	Xiaogan	1199	1242	1306	81	云浮	Yunfu	604	732	830	133
荆州	Jingzhou	1225	1149	1256	91	**广西**	**Guangxi**	**6583**	**5447**	**5518**	
黄冈	Huanggang	1577	1413	1493	70	南宁	Nanning	1236	946	920	123
咸宁	Xianning	801	896	867	130	柳州	Liuzhou	931	825	818	135
随州	Suizhou	592	679	716	140	桂林	Guilin	801	640	641	150
湖南	**Hunan**	**13844**	**13723**	**13992**		梧州	Wuzhou	466	411	400	205
长沙	Changsha	2615	2593	2708	36	北海	Beihai	236	190	194	250
株洲	Zhuzhou	1471	1499	1540	67	防城港	Fangchenggang	166	162	164	257
湘潭	Xiangtan	860	910	908	125	钦州	Qinzhou	462	285	304	233
衡阳	Hengyang	1123	997	953	122	贵港	Guigang	415	409	411	201
邵阳	Shaoyang	888	934	1060	108	玉林	Yulin	755	614	609	159
岳阳	Yueyang	1389	1350	1285	85	百色	Baise	266	256	307	232

11-3 规模以上工业企业单位数 续表 3
Number of Industrial Enterprises above Designated Size continued 3

单位：个 (unit)

地名	City	2010	2014	2015	2015 排名 Ranking	地名	City	2010	2014	2015	2015 排名 Ranking
贺州	Hezhou	213	178	186	253	丽江	Lijiang	78	75	78	281
河池	Hechi	277	189	191	251	普洱	Puer	117	148	157	262
来宾	Laibin	202	209	228	247	临沧	Lincang	84	146	163	258
崇左	Chongzuo	171	147	159	261	**西藏**	**Tibet**	**97**	**97**	**104**	
海南	**Hainan**	**497**	**382**	**380**		拉萨	Lasa	62	63	71	282
海口	Haikou	186	154	151	264	**陕西**	**Shaanxi**	**4564**	**5081**	**5413**	
三亚	Sanya	27	25	23	285	西安	Xi'an	1126	1146	1150	98
三沙	Sansha					铜川	Tongchuan	130	154	173	255
重庆	**Chongqing**	**7130**	**6158**	**6608**		宝鸡	Baoji	501	541	595	164
四川	**Sichuan**	**13706**	**13267**	**13525**		咸阳	Xianyang	671	776	874	129
成都	Chengdu	3887	3248	3356	20	渭南	Weinan	527	450	447	194
自贡	Zigong	577	554	537	178	延安	Yan'an	118	109	140	267
攀枝花	Panzhihua	388	342	330	225	汉中	Hanzhong	353	379	446	195
泸州	Luzhou	681	620	628	153	榆林	Yulin	651	710	712	141
德阳	Deyang	1054	1297	1337	78	安康	Ankang	282	460	505	185
绵阳	Mianyang	924	779	837	132	商洛	Shangluo	136	207	230	246
广元	Guangyuan	313	398	426	199	**甘肃**	**Gansu**	**2001**	**2091**	**2148**	
遂宁	Suining	438	466	500	186	兰州	Lanzhou	466	383	369	214
内江	Neijiang	574	434	402	203	嘉峪关	Jiayuguan	40	49	47	284
乐山	Leshan	832	614	629	152	金昌	Jinchang	54	71	89	278
南充	Nanchong	515	621	645	149	白银	Baiyin	179	150	168	256
眉山	Meishan	564	607	604	161	天水	Tianshui	201	151	153	263
宜宾	Yibin	526	592	626	155	武威	Wuwei	178	209	232	245
广安	Guangan	330	487	492	189	张掖	Zhangye	171	203	211	249
达州	Dazhou	455	487	493	188	平凉	Pingliang	89	126	120	271
雅安	Yaan	386	304	324	227	酒泉	Jiuquan	274	291	295	234
巴中	Bazhong	115	217	240	243	庆阳	Qingyang	72	105	113	273
资阳	Ziyang	563	617	603	162	定西	Dingxi	84	119	141	266
贵州	**Guizhou**	**2963**	**3895**	**4482**		陇南	Longnan	101	89	88	279
贵阳	Guiyang	613	511	580	165	**青海**	**Qinghai**	**555**	**568**	**575**	
六盘水	Liupanshui	208	313	360	218	西宁	Xining	242	246	255	240
遵义	Zunyi	532	686	812	136	海东	Haidong		105	107	275
安顺	Anshun	189	289	311	231	**宁夏**	**Ningxia**	**975**	**1170**	**1245**	
毕节	Bijie	353	366	401	204	银川	Yinchuan	355	449	486	193
铜仁	Tongren	212	463	517	182	石嘴山	Shizuishan	301	256	243	242
云南	**Yunnan**	**3599**	**3797**	**3876**		吴忠	Wuzhong	195	320	351	222
昆明	Kunming	1099	770	978	118	固原	Guyuan	29	46	50	283
曲靖	Qujing	532	547	569	170	中卫	Zhongwei	94	124	121	270
玉溪	Yuxi	352	333	334	224	**新疆**	**Xinjiang**	**2465**	**2477**	**2707**	
保山	Baoshan	144	192	216	248	乌鲁木齐	Urumqi	463	391	396	206
昭通	Zhaotong	251	189	163	258	克拉玛依	Karamay	102	80	82	280

11-4 规模以上工业企业工业总产值

Gross Industrial Production of Industrial Enterprises above Designated Size

单位：亿元 (100 million yuan)

地名	City	2010	2014	2015	2015 排名 Ranking
全国	**Nation Total**	**698590.5**	**1098804.4**	**1099301.1**	
北京	**Beijing**	**13699.84**	**18482.90**	**17449.63**	
天津	**Tianjin**	**16751.82**	**28035.03**	**28241.13**	
河北	**Hebei**	**31143.30**	**47669.82**	**46046.45**	
石家庄	Shijiazhuang	5655.34	9022.41	9410.47	27
唐山	Tangshan	7545.03	10337.46	9326.32	29
秦皇岛	Qinhuangdao	1131.55	1558.49	1409.16	189
邯郸	Handan	4107.32	5193.74	4765.15	63
邢台	Xingtai	1764.60	2720.36	2702.93	107
保定	Baoding	2874.86	4578.55	4120.24	70
张家口	Zhangjiakou	893.48	1401.91	1346.33	196
承德	Chengde	1203.52	1795.51	1695.80	167
沧州	Cangzhou	2817.39	5680.48	5789.18	49
廊坊	Langfang	2169.38	3641.27	3693.30	79
衡水	Hengshui	980.81	1739.63	1787.55	160
山西	**Shanxi**	**12471.33**	**15153.97**	**12545.84**	
太原	Taiyuan	2000.34	2431.00	2159.27	134
大同	Datong	737.59	1081.08	1054.23	215
阳泉	Yangquan	542.61	656.88	539.00	252
长治	Changzhi	1433.28	1878.46	1428.19	187
晋城	Jincheng	851.12	925.21	873.01	227
朔州	Shuozhou	828.51	1159.27	762.39	236
晋中	Jinzhong	1029.37	1253.86	1089.21	212
运城	Yuncheng	1261.85	1629.33	1323.75	201
忻州	Xinzhou	411.69	762.82	698.60	240
临汾	Linfen	1380.10	1694.53	1289.67	204
吕梁	Lvliang	1442.51	1681.54	1328.52	199
内蒙古	**Inner Mongolia**	**13406.11**	**17869.82**	**17641.21**	
呼和浩特	Hohhot	1188.52	1642.64	1667.58	170
包头	Baotou	2412.24	3320.52	3181.21	91
乌海	Wuhai	545.32	739.81	927.39	223
赤峰	Chifeng	1265.84	2056.94	2075.64	139
通辽	Tongliao	1809.75	2479.07	2273.39	127
鄂尔多斯	Erdos	2681.07	4375.73	4338.30	69
呼伦贝尔	Hulunbuir	740.69	1295.65	1305.99	202
巴彦淖尔	Bayannur	777.46	948.22	873.42	226
乌兰察布	Ulanqab	677.42	1011.25	998.28	217
辽宁	**Liaoning**	**36219.42**	**49131.51**	**32594.43**	
沈阳	Shenyang	9612.53	13759.145	9239.337	30
大连	Dalian	7701.84	10651.99	6998.405	41
鞍山	Anshan	2439.28	3599.67	2391.49	122
抚顺	Fushun	1655.33	2794.84	860.23	228
本溪	Benxi	1511.35	2430.70	1795.86	159
丹东	Dandong	865.08	1314.91	428.49	260
锦州	Jinzhou	1672.05	2898.19	2341.03	125
营口	Yingkou	2233.27	2782.63	2223.15	130
阜新	Fuxin	447.77	874.56	493.68	256
辽阳	Liaoyang	1612.52	1893.20	1399.37	191
盘锦	Panjin	1676.36	2920.37	2602.29	110
铁岭	Tieling	2355.13	914.37	453.58	259
朝阳	Chaoyang	946.62	1261.40	575.31	247
葫芦岛	Huludao	766.95	1035.53	792.20	234
吉林	**Jilin**	**13098.35**	**22242.96**	**21649.92**	
长春	Changchun	5884.16	9756.64	8593.39	33
吉林	Jilin	2104.15	3160.26	3100.99	93
四平	Siping	1036.47	2043.23	2205.46	131
辽源	Liaoyuan	585.65	1324.76	1452.63	184
通化	Tonghua	869.98	1915.62	2145.09	135
白山	Baishan	674.08	1319.87	1407.36	190
松原	Songyuan	1219.48	2093.32	2082.34	138
白城	Baicheng	259.25	629.27	659.65	241
黑龙江	**Heilongjiang**	**9535.15**	**12833.33**	**11513.64**	
哈尔滨	Harbin	2036.38	3650.05	3826.01	78
齐齐哈尔	Qiqihar	832.06	987.25	1039.40	216
鸡西	Jixi	248.62	250.45	237.32	272
鹤岗	Hegang	233.91	189.60	182.54	274
双鸭山	Shuangyashan	361.88	296.24	251.50	271
大庆	Daqing	3287.96	4506.24	3051.75	97
伊春	Yichun	194.57	128.54	95.84	283
佳木斯	Jiamusi	313.94	661.06	589.76	245
七台河	Qitaihe	444.78	188.21	154.90	277
牡丹江	Mudanjiang	446.37	974.83	991.43	218
黑河	Heihe	75.48	130.28	131.66	279
绥化	Suihua	326.88	870.59	961.52	221
上海	**Shanghai**	**30114.41**	**32237.19**	**31322.62**	
江苏	**Jiangsu**	**92056.48**	**140372.68**	**147308.86**	

注：本表2014年全国数和地区数为城市合计数（下三表同）。

Note: Data of national and provinces are prefecture cities in this chapter in 2014.

11-4 规模以上工业企业工业总产值 续表 1
Gross Industrial Production of Industrial Enterprises above Designated Size continued 1

单位：亿元 (100 million yuan)

地名	City	2010	2014	2015	2015 排名 Ranking
南京	Nanjing	8609.50	13199.67	12905.13	12
无锡	Wuxi	12971.08	14425.66	14549.87	7
徐州	Xuzhou	5112.97	11390.64	12215.91	17
常州	Changzhou	7396.09	11037.46	11101.64	21
苏州	Suzhou	24651.67	30322.17	30249.25	1
南通	Nantong	7383.16	12499.70	13515.33	10
连云港	Lianyungang	1936.28	4865.00	5433.14	54
淮安	Huaian	2439.11	5643.77	6560.50	44
盐城	Yancheng	3938.33	7238.02	8253.62	35
扬州	Yangzhou	5753.34	8840.99	9194.19	31
镇江	Zhenjiang	4190.42	8084.47	8403.82	34
泰州	Taizhou	4916.08	9456.36	11063.14	22
宿迁	Suqian	1137.37	3368.77	3863.32	76
浙江	**Zhejiang**	**51394.20**	**66685.63**	**66431.88**	
杭州	Hangzhou	11081.04	12853.05	12415.68	16
宁波	Ningbo	10853.55	14028.05	13869.46	8
温州	Wenzhou	4496.56	4844.02	4944.23	58
嘉兴	Jiaxing	5102.85	7463.75	7569.31	37
湖州	Huzhou	2666.53	4201.40	4413.10	68
绍兴	Shaoxing	6797.39	9735.30	9746.38	26
金华	Jinhua	3411.79	4585.87	4720.84	64
衢州	Quzhou	1087.12	1584.66	1562.90	179
舟山	Zhoushan	979.05	1497.76	1633.37	173
台州	Taizhou	3630.80	4052.52	3852.24	77
丽水	Lishui	1140.51	1839.23	1704.36	165
安徽	**Anhui**	**18732.00**	**37279.06**	**39809.54**	
合肥	Hefei	4197.72	8447.84	9345.59	28
芜湖	Wuhu	2251.01	5454.16	5829.01	48
蚌埠	Bengbu	772.68	2215.54	2596.82	112
淮南	Huainan	788.93	953.92	971.39	220
马鞍山	Maanshan	1318.30	2560.21	2540.75	115
淮北	Huaibei	881.41	1816.45	1785.87	161
铜陵	Tongling	1104.23	1911.76	2269.01	129
安庆	Anqing	1315.94	3011.46	2723.17	106
黄山	Huangshan	330.69	565.45	567.95	248
滁州	Chuzhou	1052.97	2279.23	2528.75	118
阜阳	Fuyang	703.70	1681.71	1989.69	146
宿州	Suzhou	676.92	1424.57	1623.25	174
六安	Liuan	832.71	1751.02	1542.10	181
亳州	Bozhou	324.33	844.41	959:39	222
池州	Chizhou	297.30	655.82	740.43	238
宣城	Xuancheng	1067.76	1705.52	1796.38	158
福建	**Fujian**	**21901.23**	**38405.32**	**41251.49**	
福州	Fuzhou	4545.41	7495.2563	7845.004	36
厦门	Xiamen	3688.95	4894.9307	5028.678	57
莆田	Putian	1266.53	2315.01	2613.42	109
三明	Sanming	1328.85	3016.64	3274.08	86
泉州	Quanzhou	6260.41	10699.43	11398.12	18
漳州	Zhangzhou	1938.92	4042.14	4536.94	65
南平	Nanping	777.36	1537.61	1722.24	163
龙岩	Longyan	1177.34	1682.31	1856.91	153
宁德	Ningde	917.45	2721.99	2976.10	100
江西	**Jiangxi**	**13835.61**	**29060.37**	**30996.29**	
南昌	Nanchang	2765.50	5074.96	5485.20	52
景德镇	Jingdezhen	685.62	1083.53	1097.62	211
萍乡	Pingxiang	1013.02	1642.21	1677.38	169
九江	Jiujiang	1476.55	4560.16	4875.11	61
新余	Xinyu	1188.50	1596.32	1494.09	183
鹰潭	Yingtan	1164.90	2073.92	2091.75	137
赣州	Ganzhou	1267.89	2998.38	3199.82	90
吉安	Jian	1132.94	2774.74	3014.35	98
宜春	Yichun	1230.50	3180.30	3634.90	80
抚州	Fuzhou	738.78	1464.10	1570.57	176
上饶	Shangrao	1171.42	2611.74	2855.50	102
山东	**Shandong**	**83851.40**	**141271.74**	**144053.11**	
济南	Jinan	4413.51	5249.85	5340.75	55
青岛	Qingdao	10662.83	16761.38	16811.83	5
淄博	Zibo	7742.34	11482.23	11135.58	20
枣庄	Zaozhuang	2822.88	3440.39	3431.06	82
东营	Dongying	6037.86	13584.77	13189.05	11
烟台	Yantai	10129.98	14617.92	15297.56	6
潍坊	Weifang	7529.22	12517.04	12757.59	13
济宁	Jining	3857.18	5354.34	5472.07	53
泰安	Taian	3770.07	6476.27	6199.92	46
威海	Weihai	4408.96	6502.49	6932.56	42
日照	Rizhao	2172.15	2580.20	2539.88	116
莱芜	Laiwu	1202.58	1683.58	1708.85	164
临沂	Linyi	4593.53	10035.92	10139.43	24
德州	Dezhou	3855.76	8791.58	9789.59	25
聊城	Liaocheng	4026.86	8663.63	8929.71	32

11-4 规模以上工业企业工业总产值 续表 2

Gross Industrial Production of Industrial Enterprises above Designated Size continued 2

单位：亿元 (100 million yuan)

地名	City	2010	2014	2015	2015 排名 Ranking	地名	City	2010	2014	2015	2015 排名 Ranking
滨州	Binzhou	3683.90	7186.52	7188.56	39	常德	Changde	1262.67	2310.27	2533.16	117
菏泽	Heze	2532.03	6343.62	7189.12	38	张家界	Zhangjiajie	108.94	133.64	127.89	281
河南	**Henan**	**34995.53**	**66512.87**	**72719.95**		益阳	Yiyang	808.09	1839.45	2034.95	143
郑州	Zhengzhou	5913.76	12374.70	13653.33	9	郴州	Chenzhou	1440.08	3098.46	3235.19	89
开封	Kaifeng	1001.39	2046.06	2723.31	105	永州	Yongzhou	594.07	833.96	1129.39	209
洛阳	Luoyang	3518.98	6373.77	6750.03	43	怀化	Huaihua	699.89	856.41	906.85	225
平顶山	Pingdingshan	1952.75	2546.15	2527.33	119	娄底	Loudi	1038.25	1712.51	1663.64	171
安阳	Anyang	2399.83	3524.65	3606.67	81	**广东**	**Guangdong**	**85824.64**	**119886.71**	**124912.65**	
鹤壁	Hebi	919.81	1772.64	1914.78	150	广州	Guangzhou	13831.25	18193.55	18684.22	4
新乡	Xinxiang	2132.77	4005.18	4089.50	72	韶关	Shaoguan	773.37	1286.70	1221.78	206
焦作	Jiaozuo	2561.87	4744.41	5280.84	56	深圳	Shenzhen	18526.82	24777.59	25542.44	2
濮阳	Puyang	1473.63	3069.33	3428.84	83	珠海	Zhuhai	2976.18	3702.26	3966.02	75
许昌	Xuchang	2330.63	5217.48	5575.85	50	汕头	Shantou	1897.57	2771.68	2968.80	101
漯河	Luohe	1434.68	2493.23	2780.52	104	佛山	Foshan	14527.47	18796.65	19544.95	3
三门峡	Sanmenxia	2027.56	3442.48	3386.18	84	江门	Jiangmen	3828.91	3625.49	3998.76	74
南阳	Nanyang	2016.16	4007.08	4455.04	67	湛江	Zhanjiang	1404.95	2257.33	2272.40	128
商丘	Shangqiu	1221.11	2663.34	3056.67	95	茂名	Maoming	1360.15	2401.85	2332.05	126
信阳	Xinyang	985.15	2228.08	2549.39	114	肇庆	Zhaoqing	1744.19	3863.50	4034.37	73
周口	Zhoukou	1263.26	3506.75	4098.80	71	惠州	Huizhou	3905.17	6901.35	7044.73	40
驻马店	Zhumadian	973.64	2497.56	2842.88	103	梅州	Meizhou	455.97	651.03	704.76	239
湖北	**Hubei**	**21623.12**	**39706.35**	**42168.81**		汕尾	Shanwei	432.42	1095.15	1166.08	208
武汉	Wuhan	6424.60	11947.87	12579.27	15	河源	Heyuan	832.73	1402.30	1443.02	185
黄石	Huangshi	1160.63	2190.61	1997.04	144	阳江	Yangjiang	693.46	1861.94	1990.04	145
十堰	Shiyan	1313.10	1871.07	1822.54	156	清远	Qingyuan	2887.04	1669.76	1680.13	168
宜昌	Yichang	2218.30	4970.41	5509.68	51	东莞	Dongguan	7739.09	12133.71	12744.42	14
襄阳	Xiangyang	681.37	5120.40	5835.25	47	中山	Zhongshan	5023.63	6032.09	6345.28	45
鄂州	Ezhou	664.13	1362.38	1369.81	194	潮州	Chaozhou	723.12	1221.99	1325.80	200
荆门	Jingmen	852.09	2925.13	3089.60	94	揭阳	Jieyang	1794.82	4268.75	4803.12	62
孝感	Xiaogan	1032.90	2438.71	2671.40	108	云浮	Yunfu	466.34	972.02	1099.49	210
荆州	Jingzhou	936.71	2183.50	2362.94	124	**广西**	**Guangxi**	**9644.13**	**20469.71**	**22402.15**	
黄冈	Huanggang	844.23	1757.46	1852.92	154	南宁	Nanning	1285.40	2856.63	3237.06	88
咸宁	Xianning	654.47	1701.34	1734.86	162	柳州	Liuzhou	2388.79	4323.94	4455.25	66
随州	Suizhou	509.77	1237.47	1343.50	198	桂林	Guilin	942.86	2125.56	2374.71	123
湖南	**Hunan**	**19008.83**	**35015.21**	**37448.67**		梧州	Wuzhou	715.72	1924.85	2129.87	136
长沙	Changsha	4165.43	9544.76	10545.92	23	北海	Beihai	332.56	1595.51	1844.87	155
株洲	Zhuzhou	1714.94	3009.64	3305.75	85	防城港	Fangchenggang	453.93	1141.08	1300.90	203
湘潭	Xiangtan	1496.25	2833.14	3053.65	96	钦州	Qinzhou	481.74	1283.49	1358.47	195
衡阳	Hengyang	1883.25	2343.96	2050.97	142	贵港	Guigang	470.30	798.67	855.88	229
邵阳	Shaoyang	712.70	1703.79	1939.16	149	玉林	Yulin	702.90	1429.98	1587.78	175
岳阳	Yueyang	2784.33	4795.22	4922.14	60	百色	Baise	574.31	1115.30	1287.32	205

11-4 规模以上工业企业工业总产值 续表 3

Gross Industrial Production of Industrial Enterprises above Designated Size continued 3

单位：亿元 (100 million yuan)

地名	City	2010	2014	2015	2015 排名 Ranking
贺州	Hezhou	178.55	383.37	424.36	261
河池	Hechi	352.77	383.11	380.04	264
来宾	Laibin	368.28	520.47	510.87	253
崇左	Chongzuo	306.57	587.76	654.78	242
海南	**Hainan**	**1381.25**	**553.69**	**600.86**	
海口	Haikou	417.97	492.94	501.43	254
三亚	Sanya	40.02	60.75	54.85	284
三沙	Sansha				
重庆	**Chongqing**	**9143.55**	**18782.33**	**21400.01**	
四川	**Sichuan**	**23147.38**	**49643.07**	**37889.07**	
成都	Chengdu	5809.73	10380.63	11235.93	19
自贡	Zigong	1108.17	1618.07	1703.54	166
攀枝花	Panzhihua	953.46	15367.87	1545.92	180
泸州	Luzhou	1027.72	1577.95	1803.64	157
德阳	Deyang	1541.21	2919.83	3161.34	92
绵阳	Mianyang	1248.20	2190.29	2439.49	121
广元	Guangyuan	320.23	687.55	743.22	237
遂宁	Suining	619.35	1297.66	1178.45	207
内江	Neijiang	1292.56	1654.49	1648.49	172
乐山	Leshan	1197.35	1683.76	1565.98	177
南充	Nanchong	1124.58	1935.96	2179.92	133
眉山	Meishan	755.55	1226.00	1371.54	193
宜宾	Yibin	1230.73	1823.64	1955.99	148
广安	Guangan	606.59	1291.16	1441.72	186
达州	Dazhou	863.29	1065.72	988.11	219
雅安	Yaan	316.93	448.44	499.00	255
巴中	Bazhong	175.72	468.84	546.57	251
资阳	Ziyang	1173.41	2005.20	1880.24	151
贵州	**Guizhou**	**4206.37**	**6981.68**	**8007.86**	
贵阳	Guiyang	1499.37	2229.15	2581.13	113
六盘水	Liupanshui	633.58	1437.66	1415.31	188
遵义	Zunyi	730.80	1702.61	2051.76	141
安顺	Anshun	192.89	471.32	548.24	250
毕节	Bijie	285.67	663.62	810.12	231
铜仁	Tongren	124.66	477.32	601.31	244
云南	**Yunnan**	**6464.63**	**6744.01**	**7416.29**	
昆明	Kunming	2226.65	2546.31	2980.64	99
曲靖	Qujing	1005.40	1585.11	1519.15	182
玉溪	Yuxi	941.44	1341.00	1564.56	178
保山	Baoshan	108.00	318.07	363.38	266
昭通	Zhaotong	204.06	364.14	376.54	265
丽江	Lijiang	88.80	128.28	129.47	280
普洱	Puer	96.37	217.61	220.63	273
临沧	Lincang	89.89	243.50	261.93	270
西藏	**Tibet**	**62.21**	**85.16**	**97.12**	
拉萨	Lasa	37.82	85.16	97.12	282
陕西	**Shaanxi**	**11199.84**	**20042.52**	**19864.90**	
西安	Xi'an	3130.15	4961.12	4924.57	59
铜川	Tongchuan	249.05	558.91	565.23	249
宝鸡	Baoji	1340.45	2274.97	2599.43	111
咸阳	Xianyang	1401.92	3002.05	3237.67	87
渭南	Weinan	1039.83	1959.32	1978.94	147
延安	Yan'an	1227.31	1533.48	1345.92	197
汉中	Hanzhong	404.41	1003.83	1063.86	213
榆林	Yulin	1917.70	3398.48	2448.20	120
安康	Ankang	192.15	745.09	907.71	224
商洛	Shangluo	176.99	605.26	793.37	233
甘肃	**Gansu**	**4902.03**	**8109.65**	**6899.83**	
兰州	Lanzhou	1765.50	2555.26	2184.76	132
嘉峪关	Jiayuguan	511.34	929.07	839.10	230
金昌	Jinchang	565.01	815.11	788.05	235
白银	Baiyin	391.04	708.81	647.21	243
天水	Tianshui	156.93	334.27	331.94	267
武威	Wuwei	163.09	500.57	392.37	263
张掖	Zhangye	142.55	280.70	331.11	268
平凉	Pingliang	142.43	253.49	179.46	275
酒泉	Jiuquan	483.69	699.54	468.97	258
庆阳	Qingyang	396.53	748.60	421.85	262
定西	Dingxi	47.03	142.59	152.17	278
陇南	Longnan	65.78	141.63	162.83	276
青海	**Qinghai**	**1481.99**	**1676.63**	**1715.31**	
西宁	Xining	878.09	1332.27	1391.89	192
海东	Haidong		344.36	323.42	269
宁夏	**Ningxia**	**1924.39**	**3640.50**	**3775.81**	
银川	Yinchuan	935.56	1820.35	1862.32	152
石嘴山	Shizuishan	511.64	803.53	809.19	232
吴忠	Wuzhong	301.58	588.69	580.10	246
固原	Guyuan	15.28	49.17	52.59	285
中卫	Zhongwei	158.71	378.77	471.61	257
新疆	**Xinjiang**	**5341.90**	**4253.02**	**3124.76**	
乌鲁木齐	Urumqi	1674.76	2552.19	2062.75	140
克拉玛依	Karamay	1330.85	1700.83	1062.01	214

11-5　规模以上工业企业内资企业工业总产值

Gross Industrial Production of Domestic Funded Enterprises in Industrial Enterprises above Designated Size

单位：亿元　　(100 million yuan)

地名	City	2010	2014	2015	2015 排名 Ranking	地名	City	2010	2014	2015	2015 排名 Ranking
全国	**Nation Total**	**508673.0**	**844409.2**	**849196.6**		沈阳	Shenyang	7498.66	10513.73	6553.59	34
北京	**Beijing**	**8220.82**	**11202.12**	**10390.42**		大连	Dalian	4914.05	7275.94	4399.85	56
天津	**Tianjin**	**9703.34**	**17227.54**	**17951.86**		鞍山	Anshan	2323.38	3438.89	2257.46	117
河北	**Hebei**	**26609.08**	**42422.97**	**41553.39**		抚顺	Fushun	1543.64	2671.82	814.17	226
石家庄	Shijiazhuang	5238.56	8444.62	8845.52	19	本溪	Benxi	1121.60	2083.66	1563.33	167
唐山	Tangshan	6456.17	8944.84	8265.34	23	丹东	Dandong	713.92	1138.10	366.80	264
秦皇岛	Qinhuangdao	678.53	968.63	847.83	223	锦州	Jinzhou	1432.20	2576.31	2067.60	126
邯郸	Handan	3377.35	4679.82	4345.17	58	营口	Yingkou	1687.13	2253.33	1794.70	146
邢台	Xingtai	1324.47	2302.68	2448.13	105	阜新	Fuxin	395.53	806.51	445.17	257
保定	Baoding	2477.30	4182.77	3850.56	66	辽阳	Liaoyang	1412.87	1621.51	1138.00	200
张家口	Zhangjiakou	767.43	1274.64	1210.23	196	盘锦	Panjin	1612.91	2748.46	2422.63	107
承德	Chengde	1190.54	1771.33	1677.50	153	铁岭	Tieling	2252.91	839.52	396.00	260
沧州	Cangzhou	2490.30	5154.37	5239.41	43	朝阳	Chaoyang	926.38	1233.48	556.43	246
廊坊	Langfang	1705.22	3081.45	3144.65	78	葫芦岛	Huludao	752.61	1007.28	767.34	231
衡水	Hengshui	902.99	1617.84	1679.06	152	**吉林**	**Jilin**	**9897.90**	**19767.32**	**19610.53**	
山西	**Shanxi**	**11789.81**	**13849.33**	**11345.69**		长春	Changchun	3163.68	8032.99	7275.31	28
太原	Taiyuan	1841.79	1862.49	1567.11	165	吉林	Jilin	1982.19	2966.38	2895.53	88
大同	Datong	704.94	1005.86	1030.44	209	四平	Siping	964.59	1915.49	2082.66	125
阳泉	Yangquan	525.47	639.02	524.87	250	辽源	Liaoyuan	561.96	1282.11	1402.30	180
长治	Changzhi	1388.23	1792.42	1362.16	183	通化	Tonghua	838.02	1745.17	2023.18	129
晋城	Jincheng	729.90	719.40	670.52	239	白山	Baishan	624.20	1232.36	1315.81	186
朔州	Shuozhou	804.87	1124.72	737.11	233	松原	Songyuan	1163.65	2060.12	2048.43	128
晋中	Jinzhong	955.15	1165.09	1009.00	210	白城	Baicheng	229.66	532.70	567.30	243
运城	Yuncheng	1231.04	1595.20	1292.80	189	**黑龙江**	**Heilongjiang**	**8690.90**	**11610.34**	**10411.03**	
忻州	Xinzhou	409.46	761.58	697.33	238	哈尔滨	Harbin	1634.58	3052.37	3334.38	72
临汾	Linfen	1323.71	1650.15	1256.25	193	齐齐哈尔	Qiqihar	743.07	844.85	890.02	220
吕梁	Lvliang	1322.90	1533.42	1198.11	197	鸡西	Jixi	219.44	236.44	218.94	272
内蒙古	**Inner Mongolia**	**12225.41**	**16661.37**	**16537.10**		鹤岗	Hegang	230.99	187.31	181.71	274
呼和浩特	Hohhot	881.06	1313.43	1305.30	187	双鸭山	Shuangyashan	356.01	287.30	242.04	271
包头	Baotou	2267.10	3174.81	3071.89	81	大庆	Daqing	3186.59	4217.65	2775.40	92
乌海	Wuhai	544.32	735.32	917.07	217	伊春	Yichun	180.63	121.32	91.13	283
赤峰	Chifeng	1191.70	2000.82	2021.96	130	佳木斯	Jiamusi	254.41	622.25	548.94	247
通辽	Tongliao	1597.60	2295.64	2155.36	122	七台河	Qitaihe	444.39	187.90	154.61	277
鄂尔多斯	Erdos	2439.98	4068.55	4062.70	62	牡丹江	Mudanjiang	378.13	901.94	929.85	215
呼伦贝尔	Hulunbuir	688.08	1224.73	1256.94	192	黑河	Heihe	68.72	129.25	125.72	280
巴彦淖尔	Bayannur	684.47	858.30	762.97	232	绥化	Suihua	292.61	821.75	918.31	216
乌兰察布	Ulanqab	669.96	989.77	982.91	211	**上海**	**Shanghai**	**11706.73**	**12268.77**	**12295.92**	
辽宁	**Liaoning**	**29311.14**	**40208.56**	**25543.08**		**江苏**	**Jiangsu**	**55463.97**	**89986.99**	**95478.29**	

11-5 规模以上工业企业内资企业工业总产值 续表 1

Gross Industrial Production of Domestic Funded Enterprises in Industrial Enterprises above Designated Size continued 1

单位：亿元 (100 million yuan)

地名	City	2010	2014	2015	2015 排名 Ranking
南京	Nanjing	5348.05	7647.59	7475.01	26
无锡	Wuxi	8045.96	9260.74	9487.88	12
徐州	Xuzhou	4461.62	10300.77	11078.27	6
常州	Changzhou	4943.23	7575.43	7399.16	27
苏州	Suzhou	8337.57	11142.22	10826.79	7
南通	Nantong	4444.33	8233.94	9123.24	15
连云港	Lianyungang	1388.15	3779.86	4240.89	60
淮安	Huaian	2043.71	4270.96	5094.74	47
盐城	Yancheng	3055.47	5356.44	6320.89	36
扬州	Yangzhou	4278.35	6564.35	6626.32	33
镇江	Zhenjiang	2692.40	5461.78	5584.71	40
泰州	Taizhou	3544.92	7316.76	8702.97	22
宿迁	Suqian	1081.70	3076.15	3517.42	69
浙江	**Zhejiang**	**38290.04**	**50691.99**	**51453.70**	
杭州	Hangzhou	7725.78	8963.71	8997.06	18
宁波	Ningbo	6409.68	8945.26	9122.92	16
温州	Wenzhou	4126.80	4445.50	4565.96	54
嘉兴	Jiaxing	3346.17	5105.23	5221.78	44
湖州	Huzhou	2042.54	3222.15	3389.82	71
绍兴	Shaoxing	5248.45	7702.65	7778.56	24
金华	Jinhua	3068.95	4163.71	4349.19	57
衢州	Quzhou	995.23	1464.00	1436.42	176
舟山	Zhoushan	833.79	1364.89	1497.44	173
台州	Taizhou	3156.10	3534.46	3442.99	70
丽水	Lishui	1096.87	1780.44	1651.57	157
安徽	**Anhui**	**16163.43**	**32353.25**	**34700.11**	
合肥	Hefei	3250.77	6368.25	7159.54	29
芜湖	Wuhu	1722.53	4478.19	4804.07	52
蚌埠	Bengbu	648.47	2072.03	2389.00	111
淮南	Huainan	734.92	893.49	901.61	218
马鞍山	Maanshan	1122.85	2301.99	2301.34	115
淮北	Huaibei	840.76	1732.26	1745.96	149
铜陵	Tongling	985.05	1475.35	1784.61	147
安庆	Anqing	1256.57	2896.26	2591.95	98
黄山	Huangshan	320.48	553.87	557.13	245
滁州	Chuzhou	899.85	1998.88	2232.51	118
阜阳	Fuyang	666.39	1615.77	1921.83	138
宿州	Suzhou	643.02	1333.21	1546.09	168
六安	Liuan	730.55	1559.43	1397.87	181
亳州	Bozhou	321.62	840.02	952.86	213

地名	City	2010	2014	2015	2015 排名 Ranking
池州	Chizhou	282.37	626.50	708.25	236
宣城	Xuancheng	973.28	1607.74	1705.49	151
福建	**Fujian**	**11243.66**	**23605.99**	**26610.80**	
福州	Fuzhou	2210.27	4354.47	4979.65	50
厦门	Xiamen	911.69	1358.00	1569.88	163
莆田	Putian	776.87	1638.59	1912.28	140
三明	Sanming	1217.48	2867.85	3106.95	80
泉州	Quanzhou	2742.36	5579.26	6173.34	37
漳州	Zhangzhou	938.12	2394.15	2844.10	90
南平	Nanping	668.79	1385.26	1565.41	166
龙岩	Longyan	923.59	1415.81	1611.68	159
宁德	Ningde	854.49	2612.61	2847.52	89
江西	**Jiangxi**	**11484.86**	**24782.03**	**26603.49**	
南昌	Nanchang	2038.28	4087.02	4437.12	55
景德镇	Jingdezhen	650.75	1027.03	1045.30	206
萍乡	Pingxiang	993.00	1579.67	10594.45	8
九江	Jiujiang	1288.89	3920.08	4216.17	61
新余	Xinyu	855.40	1234.81	1181.38	199
鹰潭	Yingtan	1153.68	2040.10	2061.55	127
赣州	Ganzhou	867.67	2276.23	2465.29	102
吉安	Jian	922.51	2288.21	2501.26	100
宜春	Yichun	1059.74	2825.27	3205.52	76
抚州	Fuzhou	678.29	1375.67	1479.87	175
上饶	Shangrao	976.64	2127.93	2415.58	108
山东	**Shandong**	**69485.46**	**121735.84**	**124823.39**	
济南	Jinan	4021.64	4773.25	4868.91	51
青岛	Qingdao	7467.13	12174.59	12426.49	3
淄博	Zibo	6793.19	10113.58	9941.37	10
枣庄	Zaozhuang	2647.56	3209.82	3210.98	75
东营	Dongying	5582.43	12667.56	12290.16	4
烟台	Yantai	6321.30	9541.49	9772.23	11
潍坊	Weifang	6358.24	11347.54	11675.45	5
济宁	Jining	3332.88	4764.21	5210.85	45
泰安	Taian	3606.78	6237.35	5927.34	38
威海	Weihai	2934.18	4626.96	4996.54	49
日照	Rizhao	1651.92	2028.63	1977.60	135
莱芜	Laiwu	1166.27	1650.22	1675.89	154
临沂	Linyi	3818.45	8899.31	9044.17	17
德州	Dezhou	3593.73	8329.76	9301.28	13
聊城	Liaocheng	3926.28	8447.70	8765.97	21

11-5 规模以上工业企业内资企业工业总产值 续表 2

Gross Industrial Production of Domestic Funded Enterprises in Industrial Enterprises above Designated Size continued 2

单位：亿元 （100 million yuan）

地名	City	2010	2014	2015	2015 排名 Ranking	地名	City	2010	2014	2015	2015 排名 Ranking
滨州	Binzhou	3421.12	6966.30	6973.91	31	常德	Changde	1132.00	2136.20	2347.37	113
菏泽	Heze	2337.00	5957.57	6764.24	32	张家界	Zhangjiajie	101.09	126.18	122.07	281
河南	**Henan**	**32673.16**	**60986.12**	**66660.73**		益阳	Yiyang	746.42	1734.04	1919.91	139
郑州	Zhengzhou	5298.13	9463.79	10234.68	9	郴州	Chenzhou	1330.03	2857.47	2989.95	82
开封	Kaifeng	975.59	1992.96	2631.73	96	永州	Yongzhou	531.72	752.71	1046.72	205
洛阳	Luoyang	3398.98	6153.93	6534.91	35	怀化	Huaihua	677.42	812.13	862.87	222
平顶山	Pingdingshan	1803.46	2438.77	2415.21	109	娄底	Loudi	1011.54	1631.39	1569.73	164
安阳	Anyang	2374.64	3479.01	3542.12	68	**广东**	**Guangdong**	**36165.37**	**65079.77**	**71128.46**	
鹤壁	Hebi	893.35	1711.98	1865.96	143	广州	Guangzhou	4369.76	7172.80	7537.03	25
新乡	Xinxiang	1922.46	3689.60	3774.71	67	韶关	Shaoguan	575.74	1076.17	1042.78	207
焦作	Jiaozuo	2392.90	4566.20	5060.71	48	深圳	Shenzhen	6665.83	12704.40	14124.07	1
濮阳	Puyang	1414.26	2946.37	3293.00	74	珠海	Zhuhai	976.04	1614.12	2019.32	131
许昌	Xuchang	2245.08	5017.03	5381.56	41	汕头	Shantou	1192.60	2237.45	2455.93	104
漯河	Luohe	1132.51	1997.31	2376.72	112	佛山	Foshan	8822.96	12895.33	13401.01	2
三门峡	Sanmenxia	1839.73	3207.95	3158.03	77	江门	Jiangmen	1504.86	1790.77	1979.52	134
南阳	Nanyang	1935.90	3836.80	4283.43	59	湛江	Zhanjiang	629.62	1485.59	1672.11	155
商丘	Shangqiu	1205.97	2603.39	2979.66	84	茂名	Maoming	1211.63	2305.09	2228.10	119
信阳	Xinyang	959.44	2146.26	2468.22	101	肇庆	Zhaoqing	680.42	2456.12	2584.60	99
周口	Zhoukou	1187.06	3356.30	3944.41	65	惠州	Huizhou	1225.32	2514.63	2717.54	93
驻马店	Zhumadian	908.99	2378.47	2715.67	94	梅州	Meizhou	311.37	525.39	569.22	242
湖北	**Hubei**	**17276.45**	**33252.43**	**35719.58**		汕尾	Shanwei	200.22	692.26	736.56	234
武汉	Wuhan	4406.42	8378.84	8836.30	20	河源	Heyuan	426.57	911.00	951.88	214
黄石	Huangshi	916.08	1734.37	1612.71	158	阳江	Yangjiang	340.76	1397.90	1512.16	172
十堰	Shiyan	585.20	1322.02	1425.45	177	清远	Qingyuan	1555.16	1091.17	1113.08	201
宜昌	Yichang	2026.64	4594.30	5117.47	46	东莞	Dongguan	1773.23	4409.92	5633.22	39
襄阳	Xiangyang	-376.44	4600.20	5288.32	42	中山	Zhongshan	1933.79	2577.25	2925.37	85
鄂州	Ezhou	622.60	1254.10	1252.10	194	潮州	Chaozhou	422.69	956.25	1059.22	204
荆门	Jingmen	771.72	2765.59	2919.94	86	揭阳	Jieyang	1082.40	3545.49	4033.74	63
孝感	Xiaogan	924.25	2237.89	2463.63	103	云浮	Yunfu	264.40	720.68	832.01	225
荆州	Jingzhou	837.32	2032.31	2218.51	120	**广西**	**Guangxi**	**7668.28**	**16883.50**	**18387.25**	
黄冈	Huanggang	682.17	1635.79	1734.90	150	南宁	Nanning	1103.02	2278.73	2608.10	97
咸宁	Xianning	596.32	1537.15	1591.47	162	柳州	Liuzhou	1771.60	3356.69	3321.40	73
随州	Suizhou	445.34	1159.87	1258.80	191	桂林	Guilin	860.51	1952.02	2186.28	121
湖南	**Hunan**	**17606.88**	**32430.17**	**34391.48**		梧州	Wuzhou	565.63	1720.42	1922.04	137
长沙	Changsha	3785.58	8558.89	9159.41	14	北海	Beihai	219.98	1213.48	1383.09	182
株洲	Zhuzhou	1553.47	2844.07	3141.54	79	防城港	Fangchenggang	238.13	844.05	867.78	221
湘潭	Xiangtan	1374.29	2596.31	2783.47	91	钦州	Qinzhou	393.86	1101.39	1197.81	198
衡阳	Hengyang	1777.98	2123.73	1856.26	144	贵港	Guigang	385.73	668.81	721.13	235
邵阳	Shaoyang	691.19	1634.62	1873.95	142	玉林	Yulin	471.06	1125.66	1269.82	190
岳阳	Yueyang	2631.58	4622.44	4718.22	53	百色	Baise	551.73	1055.48	1222.05	195

11-5 规模以上工业企业内资企业工业总产值 续表 3
Gross Industrial Production of Domestic Funded Enterprises in Industrial Enterprises above Designated Size continued 3

单位：亿元 (100 million yuan)

地名	City	2010	2014	2015	2015 排名 Ranking
贺州	Hezhou	158.61	323.52	372.23	262
河池	Hechi	332.52	363.33	366.06	265
来宾	Laibin	318.07	448.21	449.62	256
崇左	Chongzuo	207.94	431.70	499.83	252
海南	**Hainan**	**712.51**	**447.00**	**507.04**	
海口	Haikou	326.50	390.25	420.59	259
三亚	Sanya	35.27	56.75	49.84	285
三沙	Sansha				
重庆	**Chongqing**	**7384.98**	**13749.06**	**16319.14**	
四川	**Sichuan**	**21213.61**	**44137.30**	**32654.69**	
成都	Chengdu	4532.02	6014.72	7028.81	30
自贡	Zigong	1055.21	1570.58	1654.34	156
攀枝花	Panzhihua	924.82	15171.01	1534.03	169
泸州	Luzhou	1008.56	1550.64	1771.17	148
德阳	Deyang	1391.91	2670.58	2896.26	87
绵阳	Mianyang	1171.96	2085.13	2275.02	116
广元	Guangyuan	304.19	645.52	699.12	237
遂宁	Suining	597.93	1229.26	1111.54	202
内江	Neijiang	1245.27	1588.85	1593.60	161
乐山	Leshan	1156.99	1634.20	1520.24	171
南充	Nanchong	1098.42	1897.48	2127.63	123
眉山	Meishan	704.80	1130.27	1295.40	188
宜宾	Yibin	1199.22	1778.05	1904.10	141
广安	Guangan	589.98	1268.52	1412.71	178
达州	Dazhou	852.26	1054.55	973.18	212
雅安	Yaan	303.20	429.32	479.67	253
巴中	Bazhong	175.32	465.66	543.27	249
资阳	Ziyang	1164.54	1952.95	1834.61	145
贵州	**Guizhou**	**4048.82**	**6778.19**	**7670.25**	
贵阳	Guiyang	1429.68	2085.93	2324.52	114
六盘水	Liupanshui	610.23	1431.35	1406.66	179
遵义	Zunyi	721.82	1673.45	2017.67	132
安顺	Anshun	185.99	452.04	522.96	251
毕节	Bijie	283.06	661.58	803.85	227
铜仁	Tongren	123.91	473.83	594.60	241
云南	**Yunnan**	**6073.90**	**6443.94**	**7030.77**	
昆明	Kunming	2014.25	2371.14	2713.25	95
曲靖	Qujing	964.10	1543.20	1481.72	174
玉溪	Yuxi	918.54	1300.85	1524.05	170
保山	Baoshan	98.79	304.47	353.53	266
昭通	Zhaotong	198.71	356.69	368.95	263
丽江	Lijiang	86.12	124.38	126.35	279
普洱	Puer	89.89	204.26	204.64	273
临沧	Lincang	88.14	238.93	258.28	270
西藏	**Tibet**	**56.77**	**80.10**	**92.16**	
拉萨	Lasa	39.04	80.10	92.16	282
陕西	**Shaanxi**	**10158.18**	**18632.27**	**18381.66**	
西安	Xi'an	2506.04	4097.93	4026.17	64
铜川	Tongchuan	230.95	535.73	543.76	248
宝鸡	Baoji	1233.42	2113.89	2397.77	110
咸阳	Xianyang	1199.33	2758.46	2986.63	83
渭南	Weinan	996.40	1915.84	1936.55	136
延安	Yan'an	1224.36	1532.41	1344.34	184
汉中	Hanzhong	397.28	985.76	1042.58	208
榆林	Yulin	1899.64	3373.30	2427.09	106
安康	Ankang	183.94	736.65	896.56	219
商洛	Shangluo	173.96	582.30	780.21	230
甘肃	**Gansu**	**4803.16**	**7932.66**	**6764.36**	
兰州	Lanzhou	1708.50	2432.93	2097.12	124
嘉峪关	Jiayuguan	511.34	929.07	839.10	224
金昌	Jinchang	565.01	81.51	788.05	229
白银	Baiyin	369.24	685.86	629.59	240
天水	Tianshui	153.96	326.56	323.35	267
武威	Wuwei	162.52	496.09	391.92	261
张掖	Zhangye	139.52	272.40	321.88	268
平凉	Pingliang	142.43	253.49	179.46	275
酒泉	Jiuquan	476.25	689.61	457.58	255
庆阳	Qingyang	391.17	747.32	421.85	258
定西	Dingxi	46.80	142.59	151.63	278
陇南	Longnan	65.78	141.63	162.83	276
青海	**Qinghai**	**1315.48**	**1602.02**	**1615.62**	
西宁	Xining	726.95	1288.61	1331.55	185
海东	Haidong		313.41	284.07	269
宁夏	**Ningxia**	**1821.77**	**3392.57**	**3492.72**	
银川	Yinchuan	857.32	1612.44	1611.52	160
石嘴山	Shizuishan	493.97	786.30	794.10	228
吴忠	Wuzhong	298.17	574.66	564.20	244
固原	Guyuan	15.28	49.17	52.59	284
中卫	Zhongwei	154.62	370.01	470.31	254
新疆	**Xinjiang**	**5224.15**	**4207.70**	**3071.93**	
乌鲁木齐	Urumqi	1647.09	2508.66	2011.29	133
克拉玛依	Karamay	1329.17	1699.0445	1060.639	203

11-6 规模以上工业企业港澳台商投资企业工业总产值

Gross Industrial Production of Enterprises with Funds from Hong Kong, Macao & Taiwan in Industrial Enterprises above Designated Size

单位：亿元 （100 million yuan）

地名	City	2010	2014	2015	2015 排名 Ranking
全国	**Nation Total**	**65358.00**	**96323.35**	**99905.83**	
北京	**Beijing**	**1114.48**	**1810.58**	**1866.97**	
天津	**Tianjin**	**1455.47**	**3135.82**	**3139.38**	
河北	**Hebei**	**1978.55**	**2091.88**	**1611.51**	
石家庄	Shijiazhuang	209.53	348.07	330.20	56
唐山	Tangshan	550.70	484.24	210.57	76
秦皇岛	Qinhuangdao	168.46	223.44	226.59	72
邯郸	Handan	452.24	305.66	243.70	67
邢台	Xingtai	175.98	182.27	164.51	86
保定	Baoding	131.38	151.36	66.08	142
张家口	Zhangjiakou	9.46	17.34	18.85	198
承德	Chengde	7.82	14.88	11.75	219
沧州	Cangzhou	82.88	167.01	177.74	81
廊坊	Langfang	150.67	147.97	120.50	101
衡水	Hengshui	39.43	49.63	41.03	167
山西	**Shanxi**	**155.77**	**752.04**	**759.58**	
太原	Taiyuan	5.27	408.38	419.79	48
大同	Datong	1.70	3.66	5.01	243
阳泉	Yangquan	5.44	6.69	3.96	247
长治	Changzhi	1.85	7.29	6.67	233
晋城	Jincheng	3.44	119.80	126.04	96
朔州	Shuozhou	8.32	10.52	8.05	227
晋中	Jinzhong	46.52	48.49	42.73	164
运城	Yuncheng	4.94	8.92	12.00	218
忻州	Xinzhou	0.72			
临汾	Linfen	50.88	37.75	28.96	184
吕梁	Lvliang	26.68	100.53	106.38	108
内蒙古	**Inner Mongolia**	**281.24**	**272.60**	**342.89**	
呼和浩特	Hohhot	101.28	107.93	124.45	98
包头	Baotou	24.09	23.96	37.21	172
乌海	Wuhai	0.52	0.21	5.11	241
赤峰	Chifeng	39.13	15.63	16.36	206
通辽	Tongliao	19.35	24.83	32.64	176
鄂尔多斯	Erdos	17.82	21.76	37.52	171
呼伦贝尔	Hulunbuir	13.76	28.00	22.56	195
巴彦淖尔	Bayannur	49.47	47.04	62.01	147
乌兰察布	Ulanqab	4.26	3.24	5.03	242
辽宁	**Liaoning**	**1571.38**	**2160.30**	**1593.94**	
沈阳	Shenyang	453.03	448.53	331.19	55
大连	Dalian	280.06	669.35	440.30	43
鞍山	Anshan	39.82	52.25	44.69	162
抚顺	Fushun	40.31	49.08	22.61	193
本溪	Benxi	300.78	318.04	205.31	77
丹东	Dandong	34.10	29.23	6.53	234
锦州	Jinzhou	57.11	143.75	121.44	100
营口	Yingkou	153.49	131.46	107.46	106
阜新	Fuxin	32.76	23.64	18.04	199
辽阳	Liaoyang	121.55	191.15	196.49	78
盘锦	Panjin	9.64	49.02	55.41	153
铁岭	Tieling	38.25	37.66	30.46	183
朝阳	Chaoyang	9.66	15.24	12.56	216
葫芦岛	Huludao	0.82	1.89	1.47	259
吉林	**Jilin**	**489.13**	**823.81**	**656.66**	
长春	Changchun	376.54	562.67	356.97	53
吉林	Jilin	35.73	89.34	98.85	114
四平	Siping	31.59	70.80	83.15	123
辽源	Liaoyuan	6.99	23.09	28.96	185
通化	Tonghua	10.11	29.77	36.32	174
白山	Baishan	17.53	39.87	41.98	165
松原	Songyuan	0.78	2.17	5.17	239
白城	Baicheng	4.47	6.09	5.24	238
黑龙江	**Heilongjiang**	**159.20**	**317.00**	**271.52**	
哈尔滨	Harbin	31.60	90.47	71.18	136
齐齐哈尔	Qiqihar	8.50	32.73	32.50	177
鸡西	Jixi	27.82	10.27	14.44	211
鹤岗	Hegang	0.91	1.08		
双鸭山	Shuangyashan	5.87	8.93	9.47	223
大庆	Daqing	48.41	137.49	118.99	102
伊春	Yichun	4.36	1.49		
佳木斯	Jiamusi	4.17	0.64	1.76	256
七台河	Qitaihe	0.18			
牡丹江	Mudanjiang	18.86	23.63	13.33	214
黑河	Heihe	4.33	0.49	1.75	257
绥化	Suihua	2.88	9.78	8.10	226
上海	**Shanghai**	**5347.54**	**4854.07**	**4561.15**	
江苏	**Jiangsu**	**10041.26**	**15858.87**	**16844.48**	

11-6 规模以上工业企业港澳台商投资企业工业总产值 续表 1

Gross Industrial Production of Enterprises with Funds from Hong Kong, Macao & Taiwan in Industrial Enterprises above Designated Size continued 1

单位：亿元 （100 million yuan）

地名	City	2010	2014	2015	2015 排名 Ranking	地名	City	2010	2014	2015	2015 排名 Ranking
南京	Nanjing	538.28	838.87	970.71	25	池州	Chizhou	4.62	10.72	10.29	222
无锡	Wuxi	1665.78	1764.33	1833.08	10	宣城	Xuancheng	26.36	23.39	11.61	220
徐州	Xuzhou	296.89	637.69	684.77	35	**福建**	**Fujian**	**5613.55**	**8319.01**	**8850.19**	
常州	Changzhou	888.46	1503.51	1780.74	12	福州	Fuzhou	1224.32	1658.84	1673.76	13
苏州	Suzhou	3626.67	4902.47	4978.83	2	厦门	Xiamen	1023.90	1353.90	1513.09	16
南通	Nantong	1104.44	1563.11	1624.95	14	莆田	Putian	282.49	399.30	412.17	49
连云港	Lianyungang	132.31	207.57	213.13	75	三明	Sanming	74.39	99.43	118.11	103
淮安	Huaian	94.59	1079.93	1139.59	22	泉州	Quanzhou	2147.48	3264.90	3569.72	4
盐城	Yancheng	204.91	355.04	350.96	54	漳州	Zhangzhou	646.40	1286.90	1290.21	19
扬州	Yangzhou	685.69	980.19	1090.87	23	南平	Nanping	39.22	48.66	52.03	155
镇江	Zhenjiang	565.12	1200.47	1264.74	20	龙岩	Longyan	140.17	141.65	132.57	94
泰州	Taizhou	389.00	635.22	687.86	34	宁德	Ningde	35.18	65.44	88.54	120
宿迁	Suqian	21.76	190.47	224.25	74	**江西**	**Jiangxi**	**987.60**	**2329.59**	**2544.14**	
浙江	**Zhejiang**	**5871.97**	**7853.63**	**7649.74**		南昌	Nanchang	162.07	350.34	438.21	44
杭州	Hangzhou	1328.39	1436.81	1560.48	15	景德镇	Jingdezhen	20.33	21.10	22.60	194
宁波	Ningbo	2413.14	3070.59	2907.85	7	萍乡	Pingxiang	10.42	40.05	48.35	156
温州	Wenzhou	108.09	133.23	130.85	95	九江	Jiujiang	101.04	441.31	463.14	39
嘉兴	Jiaxing	638.47	893.85	867.62	30	新余	Xinyu	20.96	82.62	92.89	116
湖州	Huzhou	293.55	519.99	540.91	37	鹰潭	Yingtan	6.45	7.21	4.98	244
绍兴	Shaoxing	896.73	1296.02	1198.91	21	赣州	Ganzhou	230.58	423.62	436.30	45
金华	Jinhua	142.19	254.39	236.19	69	吉安	Jian	110.24	239.42	278.15	61
衢州	Quzhou	36.64	29.01	16.74	201	宜春	Yichun	101.65	208.44	269.26	63
舟山	Zhoushan	9.77	10.94	12.04	217	抚州	Fuzhou	48.04	68.53	70.33	138
台州	Taizhou	190.16	173.64	139.92	92	上饶	Shangrao	175.79	446.94	419.92	47
丽水	Lishui	5.85	35.17	38.21	169	**山东**	**Shandong**	**2895.05**	**4217.36**	**4297.52**	
安徽	**Anhui**	**804.94**	**2221.60**	**2438.27**		济南	Jinan	96.73	125.87	123.15	99
合肥	Hefei	162.06	971.11	1057.70	24	青岛	Qingdao	490.40	925.98	909.73	26
芜湖	Wuhu	158.34	226.20	260.91	65	淄博	Zibo	354.91	299.38	290.69	60
蚌埠	Bengbu	74.55	112.33	173.36	83	枣庄	Zaozhuang	80.69	87.45	97.41	115
淮南	Huainan	51.11	53.57	61.83	148	东营	Dongying	235.99	431.27	380.30	51
马鞍山	Maanshan	25.21	57.47	54.46	154	烟台	Yantai	616.44	743.32	876.99	27
淮北	Huaibei	20.59	47.46	9.19	225	潍坊	Weifang	356.62	561.63	457.70	41
铜陵	Tongling	92.25	385.78	435.59	46	济宁	Jining	49.75	88.25	99.45	113
安庆	Anqing	34.49	70.54	80.15	125	泰安	Taian	14.81	40.03	70.04	139
黄山	Huangshan	5.68	7.05	7.34	230	威海	Weihai	102.89	138.57	142.64	91
滁州	Chuzhou	35.62	121.97	152.33	88	日照	Rizhao	44.36	28.38	22.42	196
阜阳	Fuyang	4.70	44.82	45.47	160	莱芜	Laiwu	20.81	9.40	10.34	221
宿州	Suzhou	20.92	68.98	60.52	152	临沂	Linyi	161.94	304.49	361.50	52
六安	Liuan	77.66	20.21	17.06	200	德州	Dezhou	37.97	54.84	72.91	132
亳州	Bozhou	0.23		0.45	265	聊城	Liaocheng	29.33	77.30	47.87	157

11-6 规模以上工业企业港澳台商投资企业工业总产值 续表 2

Gross Industrial Production of Enterprises with Funds from Hong Kong, Macao & Taiwan in Industrial Enterprises above Designated Size continued 2

单位：亿元 （100 million yuan）

地名	City	2010	2014	2015	2015 排名 Ranking	地名	City	2010	2014	2015	2015 排名 Ranking
滨州	Binzhou	140.87	74.34	73.34	131	常德	Changde	95.95	136.78	147.13	89
菏泽	Heze	76.24	226.85	261.02	64	张家界	Zhangjiajie	4.91	0.00		
河南	**Henan**	**915.51**	**3556.08**	**4128.88**		益阳	Yiyang	40.55	75.89	85.35	121
郑州	Zhengzhou	195.47	2369.73	2849.05	8	郴州	Chenzhou	87.40	219.56	226.06	73
开封	Kaifeng	5.58	21.14	32.96	175	永州	Yongzhou	45.16	63.45	63.91	146
洛阳	Luoyang	21.94	86.80	107.17	107	怀化	Huaihua	11.19	6.93	4.92	245
平顶山	Pingdingshan	103.98	65.19	60.62	151	娄底	Loudi	18.65	67.76	74.17	130
安阳	Anyang	8.66	22.58	43.47	163	**广东**	**Guangdong**	**21813.34**	**26310.18**	**27824.38**	
鹤壁	Hebi	13.17	37.62	31.25	180	广州	Guangzhou	2863.46	3225.20	3093.16	6
新乡	Xinxiang	19.34	60.84	75.80	129	韶关	Shaoguan	138.49	149.37	124.82	97
焦作	Jiaozuo	69.83	64.32	165.01	85	深圳	Shenzhen	5003.04	5721.62	7252.81	1
濮阳	Puyang	33.68	72.00	92.71	117	珠海	Zhuhai	718.79	818.99	734.98	32
许昌	Xuchang	23.39	25.61	27.79	186	汕头	Shantou	214.38	250.18	251.36	66
漯河	Luohe	248.97	325.46	227.21	70	佛山	Foshan	2701.56	3405.61	3432.24	5
三门峡	Sanmenxia	36.24	117.53	104.41	111	江门	Jiangmen	1388.40	1322.36	1498.27	17
南阳	Nanyang	38.65	97.38	109.11	105	湛江	Zhanjiang	348.38	681.63	518.20	38
商丘	Shangqiu	9.44	50.95	61.79	149	茂名	Maoming	37.10	66.83	75.90	128
信阳	Xinyang	9.79	60.70	60.96	150	肇庆	Zhaoqing	469.50	829.19	874.04	28
周口	Zhoukou	7.82	35.19	32.26	179	惠州	Huizhou	1153.69	1889.32	2068.83	9
驻马店	Zhumadian	11.52	43.05	47.32	158	梅州	Meizhou	89.58	79.57	88.57	119
湖北	**Hubei**	**1100.33**	**1922.27**	**1912.96**		汕尾	Shanwei	179.46	313.91	319.68	57
武汉	Wuhan	455.19	709.58	743.84	31	河源	Heyuan	198.90	321.68	304.58	58
黄石	Huangshi	12.47	260.76	193.77	79	阳江	Yangjiang	128.97	230.79	243.27	68
十堰	Shiyan	2.65	7.85	4.60	246	清远	Qingyuan	1049.49	460.37	442.43	42
宜昌	Yichang	159.33	289.60	298.35	59	东莞	Dongguan	3296.62	4190.55	4186.36	3
襄阳	Xiangyang	483.08	138.20	143.77	90	中山	Zhongshan	1328.17	1443.12	1354.41	18
鄂州	Ezhou	16.02	58.46	66.06	143	潮州	Chaozhou	114.24	173.04	173.67	82
荆门	Jingmen	44.30	64.62	68.06	140	揭阳	Jieyang	290.62	524.72	559.85	36
孝感	Xiaogan	68.72	102.32	100.06	112	云浮	Yunfu	100.51	212.13	226.92	71
荆州	Jingzhou	50.39	74.14	72.05	135	**广西**	**Guangxi**	**569.94**	**1408.03**	**1548.39**	
黄冈	Huanggang	81.03	77.29	72.18	134	南宁	Nanning	87.72	373.19	463.10	40
咸宁	Xianning	38.32	94.26	84.69	122	柳州	Liuzhou	34.07	40.53	66.88	141
随州	Suizhou	31.00	45.18	65.53	144	桂林	Guilin	13.08	25.72	32.46	178
湖南	**Hunan**	**719.02**	**1337.79**	**1809.67**		梧州	Wuzhou	100.47	133.12	133.36	93
长沙	Changsha	121.40	455.22	871.24	29	北海	Beihai	74.34	316.41	403.02	50
株洲	Zhuzhou	80.21	72.20	70.33	137	防城港	Fangchenggang	42.33	51.59	45.30	161
湘潭	Xiangtan	17.25	83.44	80.36	124	钦州	Qinzhou	56.49	99.10	37.58	170
衡阳	Hengyang	76.67	64.68	72.71	133	贵港	Guigang	43.53	82.13	89.97	118
邵阳	Shaoyang	10.75	29.52	37.12	173	玉林	Yulin	35.96	116.37	113.98	104
岳阳	Yueyang	69.19	62.36	76.36	127	百色	Baise	22.48	59.81	65.02	145

11-6 规模以上工业企业港澳台商投资企业工业总产值 续表 3

Gross Industrial Production of Enterprises with Funds from Hong Kong, Macao & Taiwan in Industrial Enterprises above Designated Size continued 3

单位：亿元 （100 million yuan）

地名	City	2010	2014	2015	2015 排名 Ranking
贺州	Hezhou	12.09	54.63	45.57	159
河池	Hechi	3.26	5.91	5.14	240
来宾	Laibin	5.02	36.41	30.50	182
崇左	Chongzuo	37.80	13.10	16.52	204
海南	**Hainan**	**17.38**	**26.73**	**21.36**	
海口	Haikou	12.81	26.73	20.00	197
三亚	Sanya			0.77	262
三沙	Sansha				
重庆	**Chongqing**	**456.22**	**1672.89**	**1794.61**	
四川	**Sichuan**	**568.57**	**2298.63**	**2284.02**	
成都	Chengdu	279.80	1868.63	1784.77	11
自贡	Zigong	4.80	0.02	1.67	258
攀枝花	Panzhihua	2.19	17.37	1.21	260
泸州	Luzhou	2.58	10.30	13.51	213
德阳	Deyang	75.67	146.10	169.56	84
绵阳	Mianyang	17.16	40.18	106.21	109
广元	Guangyuan	0.72	4.59	2.73	253
遂宁	Suining	10.98	24.97	25.21	188
内江	Neijiang	36.27	22.55	16.62	202
乐山	Leshan	23.40	29.22	27.15	187
南充	Nanchong	20.74	21.26	23.29	192
眉山	Meishan	13.61	25.65	7.65	228
宜宾	Yibin	14.63	35.54	41.24	166
广安	Guangan	13.90	16.63	23.62	191
达州	Dazhou	11.03	11.17	14.93	210
雅安	Yaan	9.16	16.75	16.42	205
巴中	Bazhong	0.40	1.87	2.13	255
资阳	Ziyang	2.72	5.83	6.11	236
贵州	**Guizhou**	**57.93**	**76.54**	**205.58**	
贵阳	Guiyang	24.88	43.75	160.84	87
六盘水	Liupanshui				
遵义	Zunyi	3.56	7.98	6.90	231
安顺	Anshun	5.16	19.28	24.97	189
毕节	Bijie	2.00	2.04	6.14	235
铜仁	Tongren	0.75	3.49	6.71	232
云南	**Yunnan**	**140.53**	**164.80**	**170.33**	
昆明	Kunming	65.31	91.08	105.55	110
曲靖	Qujing	3.08	35.50	30.93	181
玉溪	Yuxi	13.05	15.80	16.57	203
保山	Baoshan	5.31	8.31	3.74	248
昭通	Zhaotong	5.35	7.45	7.59	229

地名	City	2010	2014	2015	2015 排名 Ranking
丽江	Lijiang	2.68	0.26	0.24	268
普洱	Puer	1.49	6.40	5.99	237
临沧	Lincang	1.35			
西藏	**Tibet**				
拉萨	Lasa				
陕西	**Shaanxi**	**162.93**	**244.87**	**455.14**	
西安	Xi'an	23.47	88.25	273.38	62
铜川	Tongchuan				
宝鸡	Baoji	36.22	54.60	77.26	126
咸阳	Xianyang	92.91	63.22	700.62	33
渭南	Weinan	2.44	2.34	2.46	254
延安	Yan'an			0.85	261
汉中	Hanzhong	1.76	9.78	13.90	212
榆林	Yulin	2.28	3.50	3.03	250
安康	Ankang	0.60	0.22	0.48	263
商洛	Shangluo	3.03	22.96	13.16	215
甘肃	**Gansu**	**26.24**	**66.46**	**39.80**	
兰州	Lanzhou	19.64	55.70	24.00	190
嘉峪关	Jiayuguan				
金昌	Jinchang				
白银	Baiyin	0.73	3.41	2.76	252
天水	Tianshui	0.48			
武威	Wuwei	0.58	4.48	0.46	264
张掖	Zhangye			9.23	224
平凉	Pingliang				
酒泉	Jiuquan	4.34	2.87	3.34	249
庆阳	Qingyang				
定西	Dingxi				
陇南	Longnan				
青海	**Qinghai**	**7.97**	**40.49**	**54.61**	
西宁	Xining	5.12	9.54	15.26	209
海东	Haidong		30.95	39.35	168
宁夏	**Ningxia**	**20.70**	**163.06**	**211.97**	
银川	Yinchuan	18.31	146.43	192.75	80
石嘴山	Shizuishan	2.39	2.60	3.01	251
吴忠	Wuzhong		14.03	15.90	207
固原	Guyuan				
中卫	Zhongwei			0.32	267
新疆	**Xinjiang**	**36.67**	**16.36**	**16.16**	
乌鲁木齐	Urumqi	10.49	15.70	15.78	208
克拉玛依	Karamay	0.91	0.66	0.38	266

11-7 规模以上工业企业外商投资企业工业总产值

Gross Industrial Production of Foreign Funded Enterprises in Industrial Enterprises above Designated Size

单位：亿元 （100 million yuan）

地名	City	2010	2014	2015	2015 排名 Ranking
全国	**Nation Total**	**124560.0**	**158071.9**	**150198.6**	
北京	**Beijing**	**4364.54**	**5440.19**	**5192.24**	
天津	**Tianjin**	**5593.01**	**7671.67**	**7150.89**	
河北	**Hebei**	**2555.67**	**3154.97**	**2881.55**	
石家庄	Shijiazhuang	207.25	229.73	234.75	71
唐山	Tangshan	538.16	908.38	850.40	35
秦皇岛	Qinhuangdao	284.56	366.41	334.75	59
邯郸	Handan	277.74	208.27	176.29	85
邢台	Xingtai	264.15	235.41	90.29	128
保定	Baoding	266.19	244.42	203.60	76
张家口	Zhangjiakou	116.59	109.93	117.26	112
承德	Chengde	5.16	9.30	6.56	241
沧州	Cangzhou	244.21	359.10	372.03	57
廊坊	Langfang	313.49	411.85	428.15	50
衡水	Hengshui	38.16	72.17	67.46	141
山西	**Shanxi**	**525.75**	**552.60**	**440.57**	
太原	Taiyuan	153.28	160.14	172.38	86
大同	Datong	30.95	71.56	18.78	218
阳泉	Yangquan	11.69	11.17	10.17	233
长治	Changzhi	43.20	78.75	59.36	146
晋城	Jincheng	117.78	86.00	76.45	136
朔州	Shuozhou	15.32	24.03	17.23	223
晋中	Jinzhong	27.71	40.28	37.48	180
运城	Yuncheng	25.87	25.21	18.95	217
忻州	Xinzhou	1.51	1.25	1.27	260
临汾	Linfen	5.51	6.62	4.46	252
吕梁	Lvliang	92.92	47.59	24.03	200
内蒙古	**Inner Mongolia**	**899.45**	**935.85**	**761.22**	
呼和浩特	Hohhot	206.18	221.28	237.83	69
包头	Baotou	121.05	121.75	72.11	139
乌海	Wuhai	0.48	4.28	5.21	249
赤峰	Chifeng	35.01	40.49	37.32	181
通辽	Tongliao	192.79	158.60	85.39	132
鄂尔多斯	Erdos	223.27	285.42	238.09	68
呼伦贝尔	Hulunbuir	38.85	42.93	26.49	198
巴彦淖尔	Bayannur	43.53	42.87	48.45	161
乌兰察布	Ulanqab	3.20	18.23	10.33	232
辽宁	**Liaoning**	**5336.91**	**6762.66**	**5457.41**	
沈阳	Shenyang	1660.84	2796.88	2354.55	13
大连	Dalian	2507.72	2706.70	2158.25	15
鞍山	Anshan	76.08	108.53	89.34	129
抚顺	Fushun	71.38	73.93	23.46	202
本溪	Benxi	88.97	29.00	27.23	195
丹东	Dandong	117.06	147.58	55.17	152
锦州	Jinzhou	182.74	178.13	151.99	95
营口	Yingkou	392.64	397.84	320.98	61
阜新	Fuxin	19.48	44.41	30.47	188
辽阳	Liaoyang	78.11	80.54	64.87	142
盘锦	Panjin	53.81	122.89	124.25	104
铁岭	Tieling	63.97	37.19	27.12	197
朝阳	Chaoyang	10.57	12.67	6.32	245
葫芦岛	Huludao	13.53	26.36	23.39	203
吉林	**Jilin**	**2711.32**	**1651.83**	**1382.73**	
长春	Changchun	2343.94	1160.98	964.11	33
吉林	Jilin	86.23	104.53	106.61	120
四平	Siping	40.29	56.93	39.64	174
辽源	Liaoyuan	16.70	19.56	21.37	208
通化	Tonghua	21.85	140.68	85.59	131
白山	Baishan	32.35	47.64	49.58	158
松原	Songyuan	55.05	31.03	28.73	192
白城	Baicheng	25.12	90.47	87.11	130
黑龙江	**Heilongjiang**	**685.05**	**905.99**	**831.08**	
哈尔滨	Harbin	370.21	507.21	420.45	51
齐齐哈尔	Qiqihar	80.48	109.67	116.89	113
鸡西	Jixi	1.37	3.74	3.94	255
鹤岗	Hegang	2.00	1.21	0.83	264
双鸭山	Shuangyashan				
大庆	Daqing	52.96	151.10	157.36	93
伊春	Yichun	9.58	5.73	4.71	251
佳木斯	Jiamusi	55.35	38.18	39.06	176
七台河	Qitaihe	0.21	0.31	0.29	268
牡丹江	Mudanjiang	49.38	49.26	48.24	162
黑河	Heihe	2.43	0.54	4.19	254
绥化	Suihua	31.39	39.05	35.11	183
上海	**Shanghai**	**13060.13**	**15114.35**	**14465.55**	
江苏	**Jiangsu**	**26551.24**	**34526.82**	**34986.09**	

11-7　规模以上工业企业外商投资企业工业总产值　续表 1

Gross Industrial Production of Foreign Funded Enterprises in Industrial Enterprises above Designated Size continued 1

单位：亿元　　　　（100 million yuan）

地名	City	2010	2014	2015	2015 排名 Ranking
南京	Nanjing	2723.16	4713.21	4459.41	4
无锡	Wuxi	3259.34	3400.59	3228.91	7
徐州	Xuzhou	354.45	452.18	452.87	49
常州	Changzhou	1564.39	1958.52	1921.74	18
苏州	Suzhou	12687.43	14277.48	14443.63	1
南通	Nantong	1834.40	2702.65	2767.14	10
连云港	Lianyungang	415.82	877.57	979.12	32
淮安	Huaian	300.81	292.88	326.17	60
盐城	Yancheng	677.95	1526.54	1581.77	24
扬州	Yangzhou	789.29	1296.45	1477.00	27
镇江	Zhenjiang	932.89	1422.22	1554.37	25
泰州	Taizhou	982.16	1504.38	1672.31	22
宿迁	Suqian	33.91	102.15	121.65	111
浙江	**Zhejiang**	**7232.19**	**8140.00**	**7328.45**	
杭州	Hangzhou	2025.48	2452.52	1858.14	19
宁波	Ningbo	2030.73	2012.20	1838.69	20
温州	Wenzhou	261.67	265.29	247.42	66
嘉兴	Jiaxing	1118.21	1464.68	1479.91	26
湖州	Huzhou	330.44	459.25	482.38	48
绍兴	Shaoxing	652.22	736.64	768.91	36
金华	Jinhua	200.66	167.78	135.46	99
衢州	Quzhou	55.25	91.65	109.73	117
舟山	Zhoushan	135.49	121.94	123.89	105
台州	Taizhou	284.54	344.43	269.33	64
丽水	Lishui	37.79	23.63	14.58	227
安徽	**Anhui**	**1763.63**	**2704.21**	**2671.15**	
合肥	Hefei	784.89	1108.47	1128.36	30
芜湖	Wuhu	370.14	749.77	764.03	37
蚌埠	Bengbu	49.66	31.18	34.45	185
淮南	Huainan	2.90	6.86	7.95	239
马鞍山	Maanshan	170.24	200.76	184.95	82
淮北	Huaibei	20.06	36.73	30.72	187
铜陵	Tongling	26.93	50.63	48.80	160
安庆	Anqing	24.88	44.66	51.06	157
黄山	Huangshan	4.53	4.53	3.48	257
滁州	Chuzhou	117.50	158.37	143.92	96
阜阳	Fuyang	32.61	21.11	22.39	205
宿州	Suzhou	12.98	22.39	16.64	224
六安	Liuan	24.50	171.38	127.16	101
亳州	Bozhou	2.48	4.40	6.08	246
池州	Chizhou	10.31	18.60	21.88	206
宣城	Xuancheng	68.12	74.38	79.28	135
福建	**Fujian**	**5044.02**	**6480.32**	**5790.50**	
福州	Fuzhou	1110.82	1481.95	1191.60	29
厦门	Xiamen	1753.36	2183.03	1945.71	17
莆田	Putian	207.17	277.12	288.97	63
三明	Sanming	36.97	49.36	49.03	159
泉州	Quanzhou	1370.57	1855.27	1655.06	23
漳州	Zhangzhou	354.41	361.09	402.63	54
南平	Nanping	69.36	103.69	104.80	121
龙岩	Longyan	113.57	124.86	112.66	115
宁德	Ningde	27.79	43.94	40.04	172
江西	**Jiangxi**	**1363.15**	**1948.75**	**1848.66**	
南昌	Nanchang	565.16	637.60	609.87	41
景德镇	Jingdezhen	14.53	35.39	29.72	189
萍乡	Pingxiang	9.60	22.49	34.59	184
九江	Jiujiang	86.61	198.77	195.81	78
新余	Xinyu	312.14	278.89	219.82	73
鹰潭	Yingtan	4.76	26.61	25.22	199
赣州	Ganzhou	169.63	298.52	298.22	62
吉安	Jian	100.19	247.12	234.94	70
宜春	Yichun	69.11	146.59	160.12	92
抚州	Fuzhou	12.44	19.90	20.37	210
上饶	Shangrao	18.99	36.87	19.99	212
山东	**Shandong**	**11470.89**	**15318.55**	**14932.20**	
济南	Jinan	295.14	350.73	348.70	58
青岛	Qingdao	2705.30	3660.82	3475.61	6
淄博	Zibo	594.25	1069.27	903.52	34
枣庄	Zaozhuang	94.64	143.12	122.67	108
东营	Dongying	219.44	485.95	518.59	46
烟台	Yantai	3192.24	4333.11	4648.33	3
潍坊	Weifang	814.36	607.87	624.44	40
济宁	Jining	474.55	501.88	161.77	91
泰安	Taian	148.48	198.90	202.53	77
威海	Weihai	1371.90	1736.97	1793.38	21
日照	Rizhao	475.87	523.19	539.86	44
莱芜	Laiwu	15.50	23.96	22.61	204
临沂	Linyi	613.13	832.12	733.75	38
德州	Dezhou	224.06	406.99	415.41	52
聊城	Liaocheng	71.26	138.63	115.86	114

11-7 规模以上工业企业外商投资企业工业总产值 续表 2

Gross Industrial Production of Foreign Funded Enterprises in Industrial Enterprises above Designated Size continued 2

单位：亿元 （100 million yuan）

地名	City	2010	2014	2015	2015 排名 Ranking	地名	City	2010	2014	2015	2015 排名 Ranking
滨州	Binzhou	121.91	145.87	141.31	97	常德	Changde	34.72	37.29	38.65	178
菏泽	Heze	118.79	159.19	163.85	89	张家界	Zhangjiajie	2.93	7.46	5.82	247
河南	**Henan**	**1406.85**	**1970.66**	**1930.33**		益阳	Yiyang	21.11	29.52	29.69	190
郑州	Zhengzhou	420.16	541.18	569.60	43	郴州	Chenzhou	22.64	21.43	19.18	214
开封	Kaifeng	20.22	31.95	58.61	149	永州	Yongzhou	17.19	17.80	18.76	219
洛阳	Luoyang	98.06	133.03	107.95	118	怀化	Huaihua	11.26	37.36	39.06	177
平顶山	Pingdingshan	45.31	42.19	51.50	156	娄底	Loudi	8.06	13.36	19.74	213
安阳	Anyang	16.53	23.06	21.09	209	**广东**	**Guangdong**	**23705.89**	**28496.75**	**25959.82**	
鹤壁	Hebi	13.29	23.03	17.57	222	广州	Guangzhou	6318.77	7795.55	8054.02	2
新乡	Xinxiang	190.97	254.74	239.00	67	韶关	Shaoguan	21.32	61.16	54.18	154
焦作	Jiaozuo	99.15	113.89	55.13	153	深圳	Shenzhen	6678.51	6351.57	4165.57	5
濮阳	Puyang	25.69	50.95	43.12	168	珠海	Zhuhai	1275.73	1269.15	1211.73	28
许昌	Xuchang	62.16	174.84	166.49	87	汕头	Shantou	274.51	284.04	261.52	65
漯河	Luohe	53.20	170.46	176.60	84	佛山	Foshan	1951.23	2495.71	2711.70	11
三门峡	Sanmenxia	151.59	117.00	123.74	106	江门	Jiangmen	520.01	512.36	520.96	45
南阳	Nanyang	41.62	72.91	62.50	144	湛江	Zhanjiang	317.54	90.11	82.08	133
商丘	Shangqiu	5.70	9.00	15.22	225	茂名	Maoming	23.45	29.93	28.05	194
信阳	Xinyang	15.93	21.12	20.20	211	肇庆	Zhaoqing	249.82	578.19	575.73	42
周口	Zhoukou	68.38	115.27	122.12	109	惠州	Huizhou	1467.76	2497.40	2258.36	14
驻马店	Zhumadian	53.13	76.05	79.89	134	梅州	Meizhou	29.68	46.08	46.97	164
湖北	**Hubei**	**3246.34**	**4531.65**	**4536.27**		汕尾	Shanwei	25.77	88.98	109.84	116
武汉	Wuhan	1562.99	2859.45	2999.13	8	河源	Heyuan	148.27	169.63	186.57	81
黄石	Huangshi	232.08	195.48	190.56	79	阳江	Yangjiang	90.32	233.25	234.61	72
十堰	Shiyan	725.25	541.20	392.49	55	清远	Qingyuan	181.71	118.22	124.61	102
宜昌	Yichang	32.33	86.51	93.86	126	东莞	Dongguan	2494.80	3533.24	2924.84	9
襄阳	Xiangyang	574.73	382.00	403.16	53	中山	Zhongshan	1358.96	2011.73	2065.49	16
鄂州	Ezhou	25.51	49.82	51.65	155	潮州	Chaozhou	107.47	92.70	92.91	127
荆门	Jingmen	36.07	94.92	101.60	122	揭阳	Jieyang	93.73	198.54	209.53	74
孝感	Xiaogan	39.93	98.49	107.72	119	云浮	Yunfu	76.55	39.22	40.56	171
荆州	Jingzhou	49.00	77.05	72.38	138	**广西**	**Guangxi**	**1405.91**	**2178.18**	**2466.51**	
黄冈	Huanggang	81.03	44.38	45.84	165	南宁	Nanning	94.66	204.71	165.86	88
咸宁	Xianning	19.83	69.93	58.70	148	柳州	Liuzhou	583.12	926.73	1066.98	31
随州	Suizhou	33.43	32.42	19.18	214	桂林	Guilin	69.27	147.82	155.97	94
湖南	**Hunan**	**682.93**	**1247.25**	**1247.52**		梧州	Wuzhou	49.62	71.31	74.47	137
长沙	Changsha	258.43	530.66	515.27	47	北海	Beihai	38.24	65.62	58.77	147
株洲	Zhuzhou	81.25	93.37	93.88	125	防城港	Fangchenggang	173.48	245.45	387.82	56
湘潭	Xiangtan	104.70	153.38	189.82	80	钦州	Qinzhou	31.39	82.99	123.08	107
衡阳	Hengyang	28.60	155.56	122.00	110	贵港	Guigang	41.04	47.72	44.78	167
邵阳	Shaoyang	10.75	39.66	28.09	193	玉林	Yulin	195.88	187.95	203.98	75
岳阳	Yueyang	83.56	110.42	127.55	100	百色	Baise	0.10		0.25	269

11-7 规模以上工业企业外商投资企业工业总产值 续表 3

Gross Industrial Production of Foreign Funded Enterprises in Industrial Enterprises above Designated Size continued 3

单位：亿元 （100 million yuan）

地名	City	2010	2014	2015	2015 排名 Ranking
贺州	Hezhou	6.10	5.22	6.56	242
河池	Hechi	16.99	13.86	8.83	235
来宾	Laibin	45.19	35.84	30.75	186
崇左	Chongzuo	60.84	142.96	138.42	98
海南	**Hainan**	**651.36**	**79.96**	**72.46**	
海口	Haikou	78.66	75.96	60.85	145
三亚	Sanya	4.75	4.00	4.25	253
三沙	Sansha				
重庆	**Chongqing**	**1302.35**	**3360.38**	**3286.27**	
四川	**Sichuan**	**1365.20**	**3207.14**	**2950.36**	
成都	Chengdu	997.91	2497.28	2422.35	12
自贡	Zigong	48.16	47.47	47.53	163
攀枝花	Panzhihua	26.45	179.49	10.68	230
泸州	Luzhou	16.58	17.01	18.97	216
德阳	Deyang	73.63	103.15	95.52	124
绵阳	Mianyang	59.08	64.98	58.26	150
广元	Guangyuan	15.32	37.44	41.37	170
遂宁	Suining	10.44	43.43	41.70	169
内江	Neijiang	11.02	43.09	38.27	179
乐山	Leshan	16.96	20.35	18.58	220
南充	Nanchong	5.42	17.22	29.00	191
眉山	Meishan	37.14	70.08	68.49	140
宜宾	Yibin	16.88	10.05	10.65	231
广安	Guangan	2.71	6.00	5.40	248
达州	Dazhou				
雅安	Yaan	4.57	2.37	2.91	258
巴中	Bazhong		1.31	1.17	261
资阳	Ziyang	6.15	46.42	39.53	175
贵州	**Guizhou**	**99.62**	**126.95**	**132.03**	
贵阳	Guiyang	44.81	99.47	95.77	123
六盘水	Liupanshui	23.35	6.31	8.65	236
遵义	Zunyi	5.41	21.18	27.19	196
安顺	Anshun	1.73		0.31	267
毕节	Bijie	0.60		0.11	270
铜仁	Tongren				
云南	**Yunnan**		**135.27**	**215.19**	
昆明	Kunming		84.09	161.83	90
曲靖	Qujing	38.22	6.40	6.51	243
玉溪	Yuxi	9.85	24.34	23.95	201
保山	Baoshan	3.89	5.29	6.38	244
昭通	Zhaotong				
丽江	Lijiang		3.63	2.88	259
普洱	Puer	4.98	6.95	10.01	234
临沧	Lincang	0.40	4.57	3.65	256
西藏	**Tibet**		**5.06**	**4.96**	
拉萨	Lasa		5.06	4.96	250
陕西	**Shaanxi**	**878.74**	**1165.39**	**1028.11**	
西安	Xi'an	600.64	774.94	625.02	39
铜川	Tongchuan	18.10	23.18	21.47	207
宝鸡	Baoji	70.81	106.48	124.40	103
咸阳	Xianyang	109.68	180.38	180.41	83
渭南	Weinan	40.99	41.15	39.93	173
延安	Yan'an	2.95	1.07	0.74	265
汉中	Hanzhong	5.38	8.29	7.38	240
榆林	Yulin	15.78	21.68	18.08	221
安康	Ankang	7.62	8.22	10.68	229
商洛	Shangluo				
甘肃	**Gansu**	**72.63**	**110.53**	**95.68**	
兰州	Lanzhou	37.36	66.63	63.64	143
嘉峪关	Jiayuguan				
金昌	Jinchang				
白银	Baiyin	21.07	19.55	14.85	226
天水	Tianshui	2.48	7.71	8.59	237
武威	Wuwei				
张掖	Zhangye	3.02	8.30		
平凉	Pingliang				
酒泉	Jiuquan	3.10	7.06	8.05	238
庆阳	Qingyang	5.36	1.28		
定西	Dingxi	0.23		0.54	266
陇南	Longnan				
青海	**Qinghai**	**158.54**	**34.12**	**45.08**	
西宁	Xining	146.02	34.12	45.08	166
海东	Haidong				
宁夏	**Ningxia**	**81.92**	**84.87**	**71.12**	
银川	Yinchuan	59.93	61.48	58.05	151
石嘴山	Shizuishan	15.28	14.63	12.08	228
吴忠	Wuzhong	3.40			
固原	Guyuan				
中卫	Zhongwei	4.09	8.76	0.99	262
新疆	**Xinjiang**	**81.07**	**28.95**	**36.66**	
乌鲁木齐	Urumqi	17.17	27.83	35.68	182
克拉玛依	Karamay	0.77	1.12	0.99	262

11-8 规模以上工业企业资产总计
Total Assets of Industrial Enterprises above Designated Size

单位：亿元 （100 million yuan）

地名	City	2010	2014	2015	2015 排名 Ranking
全国	**Nation Total**	**592881.9**	**956777.2**	**1023398.1**	
北京	**Beijing**	**22750.58**	**33557.05**	**38609.76**	
天津	**Tianjin**	**14584.31**	**23988.63**	**25242.98**	
河北	**Hebei**	**24943.75**	**42555.67**	**42717.82**	
石家庄	Shijiazhuang	2767.54	5187.28	5939.29	30
唐山	Tangshan	7283.48	10703.42	10718.89	10
秦皇岛	Qinhuangdao	1271.73	1781.16	1567.40	144
邯郸	Handan	3447.65	5189.83	5185.91	37
邢台	Xingtai	1433.48	2331.73	2416.16	96
保定	Baoding	2396.16	3675.44	3796.58	61
张家口	Zhangjiakou	1338.07	2054.18	2149.84	110
承德	Chengde	1243.17	2201.93	2085.32	116
沧州	Cangzhou	1735.43	5520.79	4604.88	49
廊坊	Langfang	1433.73	2607.85	2830.18	78
衡水	Hengshui	593.32	1302.06	1423.37	158
山西	**Shanxi**	**18505.94**	**30574.37**	**32068.45**	
太原	Taiyuan	3005.65	4457.06	4636.60	48
大同	Datong	1549.95	2084.88	2633.49	85
阳泉	Yangquan	1034.19	2075.18	2475.83	94
长治	Changzhi	2198.57	3060.69	3117.77	68
晋城	Jincheng	1632.80	2908.73	2987.58	73
朔州	Shuozhou	1050.42	2413.07	2341.54	101
晋中	Jinzhong	1510.32	2594.44	2663.01	84
运城	Yuncheng	1457.64	2175.22	2025.93	120
忻州	Xinzhou	792.83	1510.51	1627.61	139
临汾	Linfen	1471.15	2386.25	2444.76	95
吕梁	Lvliang	2308.51	4211.39	4341.04	54
内蒙古	**Inner Mongolia**	**14691.38**	**27788.21**	**28677.03**	
呼和浩特	Hohhot	1315.64	2521.17	2620.44	88
包头	Baotou	2870.79	4464.83	4824.41	42
乌海	Wuhai	707.68	1506.98	1526.65	149
赤峰	Chifeng	996.87	1557.27	1656.41	138
通辽	Tongliao	952.52	1685.40	1851.16	127
鄂尔多斯	Erdos	3944.31	8085.02	8282.95	18
呼伦贝尔	Hulunbuir	897.76	1846.66	1761.96	133
巴彦淖尔	Bayannur	788.72	1142.63	1166.70	180
乌兰察布	Ulanqab	713.25	1248.24	1352.57	166
辽宁	**Liaoning**	**29076.78**	**39246.62**	**31913.01**	
沈阳	Shenyang	2389.58	9375.11	7192.36	22
大连	Dalian	2542.71	11289.07	8507.70	16
鞍山	Anshan	975.58	4352.46	2630.97	86
抚顺	Fushun	509.31	1670.90	1026.75	191
本溪	Benxi	929.97	2156.85	1624.90	140
丹东	Dandong	186.69	885.20	630.58	235
锦州	Jinzhou	364.20	1298.38	1094.15	186
营口	Yingkou	720.60	2454.56	1954.92	123
阜新	Fuxin	285.29	977.33	651.94	233
辽阳	Liaoyang	404.92	1881.57	1408.30	159
盘锦	Panjin	937.72	2462.67	2099.33	114
铁岭	Tieling	686.55	2256.73	737.64	216
朝阳	Chaoyang	280.34	1245.45	816.44	205
葫芦岛	Huludao	376.56	1123.86	770.88	210
吉林	**Jilin**	**10196.15**	**16686.60**	**17993.28**	
长春	Changchun	4429.59	7247.92	7992.18	20
吉林	Jilin	1729.03	2745.19	2705.24	82
四平	Siping	638.06	889.63	957.85	193
辽源	Liaoyuan	377.72	722.02	795.95	208
通化	Tonghua	724.68	1171.60	1307.77	170
白山	Baishan	391.97	643.19	724.07	219
松原	Songyuan	1100.49	1703.96	1767.68	132
白城	Baicheng	304.06	514.55	556.46	244
黑龙江	**Heilongjiang**	**10471.17**	**14995.19**	**15407.96**	
哈尔滨	Harbin	2642.98	3779.82	4044.38	58
齐齐哈尔	Qiqihar	894.49	1444.28	1513.60	151
鸡西	Jixi	352.30	457.78	477.63	250
鹤岗	Hegang	210.91	285.18	332.29	259
双鸭山	Shuangyashan	364.29	494.79	534.31	245
大庆	Daqing	3463.89	4562.13	4492.22	52
伊春	Yichun	218.31	293.99	320.48	260
佳木斯	Jiamusi	316.27	492.09	477.01	251
七台河	Qitaihe	428.02	459.30	472.97	252
牡丹江	Mudanjiang	421.27	669.28	701.03	222
黑河	Heihe	114.37	187.37	227.85	262
绥化	Suihua	276.89	635.65	658.81	231
上海	**Shanghai**	**27555.88**	**35512.24**	**37306.95**	
江苏	**Jiangsu**	**66134.06**	**101259.53**	**107061.73**	

11-8 规模以上工业企业资产总计 续表 1
Total Assets of Industrial Enterprises above Designated Size continued 1

单位：亿元 （100 million yuan）

地名	City	2010	2014	2015	2015 排名 Ranking	地名	City	2010	2014	2015	2015 排名 Ranking
南京	Nanjing	6960.77	9415.67	10455.41	11	池州	Chizhou	242.48	542.71	558.31	242
无锡	Wuxi	10917.48	14175.21	14557.75	4	宣城	Xuancheng	606.56	1140.40	1283.26	171
徐州	Xuzhou	3038.84	5441.32	6425.56	27	**福建**	**Fujian**	**16058.70**	**27978.35**	**24424.64**	
常州	Changzhou	5259.12	7560.89	8407.94	17	福州	Fuzhou	3121.07	4370.13	4890.00	41
苏州	Suzhou	19351.14	25128.83	26895.74	1	厦门	Xiamen	3055.25	3807.22	4066.27	57
南通	Nantong	4425.78	6895.07	8219.86	19	莆田	Putian	744.79	1112.74	1190.44	178
连云港	Lianyungang	1584.43	2327.26	3212.33	66	三明	Sanming	842.11	1157.15	1253.56	173
淮安	Huaian	1223.78	2064.67	2904.99	77	泉州	Quanzhou	4021.34	6147.37	6364.99	28
盐城	Yancheng	2174.20	3565.53	4764.94	44	漳州	Zhangzhou	1371.38	2539.77	2544.11	90
扬州	Yangzhou	2925.62	4158.82	4504.24	50	南平	Nanping	607.25	770.08	888.40	199
镇江	Zhenjiang	3247.13	5140.43	5642.19	33	龙岩	Longyan	1102.38	1358.46	1475.37	154
泰州	Taizhou	2931.37	3879.30	5737.18	32	宁德	Ningde	633.28	1409.77	1751.51	134
宿迁	Suqian	707.62	2066.51	3067.60	71	**江西**	**Jiangxi**	**8424.86**	**16061.44**	**18971.56**	
浙江	**Zhejiang**	**47282.79**	**64078.22**	**66626.71**		南昌	Nanchang	1872.02	3576.41	4218.96	56
杭州	Hangzhou	9937.41	14582.32			景德镇	Jingdezhen	485.37	406.64	857.00	202
宁波	Ningbo	9426.71	13156.16			萍乡	Pingxiang	396.52	733.04	1033.42	190
温州	Wenzhou	4446.24	5219.13			九江	Jiujiang	950.50	1865.02	2384.83	99
嘉兴	Jiaxing	5065.09	7980.47			新余	Xinyu	1041.66	1320.70	1428.81	157
湖州	Huzhou	2059.87	3310.10			鹰潭	Yingtan	841.27	1732.05	1905.17	124
绍兴	Shaoxing	6328.56	9395.79			赣州	Ganzhou	657.48	1386.73	1534.89	147
金华	Jinhua	3383.00	5031.91			吉安	Jian	520.58	925.52	1403.85	162
衢州	Quzhou	968.17	1726.62			宜春	Yichun	680.23	1498.78	1962.90	122
舟山	Zhoushan	1232.28	1959.16			抚州	Fuzhou	268.00	642.02	757.95	213
台州	Taizhou	3259.22	4464.76			上饶	Shangrao	711.22	1148.76	1483.78	152
丽水	Lishui	957.11	1446.33			**山东**	**Shandong**	**53761.28**	**93330.87**	**101343.50**	
安徽	**Anhui**	**15930.28**	**28831.52**	**31359.95**		济南	Jinan	3831.82	4962.26	4987.76	39
合肥	Hefei	3272.22	6226.53	6882.54	24	青岛	Qingdao	6491.53	10962.46	11622.12	6
芜湖	Wuhu	1887.49	4366.43	4745.06	45	淄博	Zibo	4147.82	6408.88	6867.17	25
蚌埠	Bengbu	589.48	1114.81	1343.85	167	枣庄	Zaozhuang	1430.86	2222.00	2267.52	107
淮南	Huainan	1589.26	2240.21	2484.06	92	东营	Dongying	4069.77	8995.55	9467.58	12
马鞍山	Maanshan	1390.72	2318.33	2385.42	98	烟台	Yantai	5361.38	8447.77	8930.12	15
淮北	Huaibei	1296.62	2304.83	2341.13	102	潍坊	Weifang	4649.11	8229.40	9278.65	13
铜陵	Tongling	1038.74	1667.93	1789.11	130	济宁	Jining	3835.36	6517.65	7315.41	21
安庆	Anqing	761.33	1569.87	1679.23	136	泰安	Taian	2379.95	4308.22	4717.84	46
黄山	Huangshan	179.74	344.31	364.62	257	威海	Weihai	2595.09	4080.59	4380.28	53
滁州	Chuzhou	687.95	1595.90	1805.68	129	日照	Rizhao	1638.70	2828.46	2950.10	75
阜阳	Fuyang	502.28	980.95	1154.42	181	莱芜	Laiwu	1273.51	1156.28	1218.44	175
宿州	Suzhou	382.86	703.68	742.79	215	临沂	Linyi	2381.40	4667.71	5275.45	35
六安	Liuan	550.70	1134.34	1145.75	182	德州	Dezhou	2289.13	4233.48	4792.88	43
亳州	Bozhou	242.16	580.28	654.72	232	聊城	Liaocheng	2454.12	4236.05	4673.28	47

11-8 规模以上工业企业资产总计 续表 2
Total Assets of Industrial Enterprises above Designated Size continued 2

单位：亿元 （100 million yuan）

地名	City	2010	2014	2015	2015 排名 Ranking
滨州	Binzhou	2455.91	5570.87	6015.22	29
菏泽	Heze	1173.46	2978.23	3386.16	64
河南	**Henan**	**23467.42**	**50540.15**	**55710.97**	
郑州	Zhengzhou	3898.77	9960.83	11296.73	8
开封	Kaifeng	752.41	1868.92	2133.38	111
洛阳	Luoyang	3286.18	5201.67	5764.50	31
平顶山	Pingdingshan	1879.13	2877.43	3026.79	72
安阳	Anyang	1297.36	2316.93	2415.14	97
鹤壁	Hebi	531.79	1294.65	1516.60	150
新乡	Xinxiang	1409.29	2559.10	2918.47	76
焦作	Jiaozuo	1354.37	2935.42	3113.81	69
濮阳	Puyang	816.85	1895.49	1993.34	121
许昌	Xuchang	1284.71	3704.59	4003.88	59
漯河	Luohe	721.60	1431.75	1535.95	146
三门峡	Sanmenxia	1358.61	2538.67	2782.98	80
南阳	Nanyang	1328.51	3360.16	3752.94	62
商丘	Shangqiu	865.00	1868.71	2083.43	117
信阳	Xinyang	523.40	1430.14	1531.65	148
周口	Zhoukou	711.01	2342.97	2584.25	89
驻马店	Zhumadian	706.64	1764.33	2098.68	115
湖北	**Hubei**	**20894.32**	**32940.84**	**35399.12**	
武汉	Wuhan	7494.72	11594.70	12740.05	5
黄石	Huangshi	1059.88	1857.71	1880.76	125
十堰	Shiyan	2396.43	2393.90	2825.17	79
宜昌	Yichang	3398.86	5035.33	4928.59	40
襄阳	Xiangyang	1333.97	2965.14	3199.94	67
鄂州	Ezhou	422.68	565.69	578.60	240
荆门	Jingmen	622.23	1176.94	1368.80	163
孝感	Xiaogan	675.66	1300.94	1442.04	156
荆州	Jingzhou	639.35	1369.96	1476.38	153
黄冈	Huanggang	512.30	966.08	1199.32	176
咸宁	Xianning	342.25	863.86	882.72	200
随州	Suizhou	251.12	592.37	678.76	226
湖南	**Hunan**	**13038.95**	**22025.57**	**23575.75**	
长沙	Changsha	3493.59	6497.77	7132.82	23
株洲	Zhuzhou	1254.38	2210.68	2621.56	87
湘潭	Xiangtan	1149.99	1824.09	1810.12	128
衡阳	Hengyang	761.53	1286.68	1405.79	160
邵阳	Shaoyang	350.72	702.60	762.83	211
岳阳	Yueyang	1224.93	2004.64	2179.85	109
常德	Changde	963.70	1554.29	1606.19	142
张家界	Zhangjiajie	151.27	106.77	110.61	266
益阳	Yiyang	492.32	860.25	945.83	194
郴州	Chenzhou	984.71	1552.24	1620.24	141
永州	Yongzhou	363.29	635.89	673.75	228
怀化	Huaihua	509.77	780.91	726.46	217
娄底	Loudi	926.00	1191.21	1125.48	184
广东	**Guangdong**	**62626.90**	**87590.27**	**95411.22**	
广州	Guangzhou	11265.51	13663.66	14981.16	3
韶关	Shaoguan	844.34	1246.86	1249.07	174
深圳	Shenzhen	18132.47	23271.57	25869.10	2
珠海	Zhuhai	2695.19	4765.39	5087.53	38
汕头	Shantou	1276.81	2121.95	2298.20	105
佛山	Foshan	7357.25	11005.01	11409.34	7
江门	Jiangmen	2243.15	2781.16	2965.05	74
湛江	Zhanjiang	997.54	1826.48	2538.96	91
茂名	Maoming	507.30	907.93	1062.50	187
肇庆	Zhaoqing	1024.95	1958.87	2112.91	112
惠州	Huizhou	2816.43	4265.96	4500.37	51
梅州	Meizhou	479.04	648.40	690.28	225
汕尾	Shanwei	311.01	497.60	605.58	237
河源	Heyuan	535.07	834.66	927.46	196
阳江	Yangjiang	449.66	1468.97	1667.72	137
清远	Qingyuan	1151.34	1354.17	1361.41	164
东莞	Dongguan	6001.71	8582.98	9134.65	14
中山	Zhongshan	2779.32	3617.12	3839.23	60
潮州	Chaozhou	487.57	670.34	677.34	227
揭阳	Jieyang	897.20	1493.55	1711.02	135
云浮	Yunfu	374.02	607.62	722.34	220
广西	**Guangxi**	**8667.45**	**14225.92**	**15122.30**	
南宁	Nanning	971.23	1924.20	2110.73	113
柳州	Liuzhou	1890.20	3001.76	3072.24	70
桂林	Guilin	695.66	1218.83	1334.02	169
梧州	Wuzhou	409.71	788.15	759.59	212
北海	Beihai	291.86	630.25	716.90	221
防城港	Fangchenggang	391.69	770.53	819.12	204
钦州	Qinzhou	485.23	853.31	924.95	197
贵港	Guigang	426.19	688.62	748.68	214
玉林	Yulin	469.06	748.13	791.62	209
百色	Baise	823.56	1154.11	1277.63	172

11-8 规模以上工业企业资产总计 续表 3
Total Assets of Industrial Enterprises above Designated Size continued 3

单位：亿元 （100 million yuan）

地名	City	2010	2014	2015	2015 排名 Ranking	地名	City	2010	2014	2015	2015 排名 Ranking
贺州	Hezhou	139.14	366.37	388.62	253	丽江	Lijiang	102.86	688.27	659.88	230
河池	Hechi	702.66	880.77	828.97	203	普洱	Puer	306.49	1057.94	1104.25	185
来宾	Laibin	433.75	588.39	622.92	236	临沧	Lincang	398.67	633.17	666.02	229
崇左	Chongzuo	291.00	481.47	558.03	243	**西藏**	**Tibet**	**315.21**	**668.52**	**895.00**	
海南	**Hainan**	**1621.38**	**2444.80**	**2788.06**		拉萨	Lasa	240.99	504.67	588.11	239
海口	Haikou	451.70	657.95	700.35	223	**陕西**	**Shaanxi**	**14688.70**	**26169.19**	**26393.17**	
三亚	Sanya	57.06	95.80	115.75	265	西安	Xi'an	3459.92	4707.14	5369.62	34
三沙	Sansha					铜川	Tongchuan	334.65	489.93	480.32	249
重庆	**Chongqing**	**8099.01**	**15652.47**	**17846.08**		宝鸡	Baoji	1310.49	1916.10	2078.47	118
四川	**Sichuan**	**22564.76**	**38359.92**	**40401.38**		咸阳	Xianyang	1214.22	2163.77	2477.47	93
成都	Chengdu	5531.83	10627.48	10952.40	9	渭南	Weinan	1466.22	2315.69	2307.93	104
自贡	Zigong	675.84	1099.62	1040.01	189	延安	Yan'an	2180.00	3369.19	3526.47	63
攀枝花	Panzhihua	1773.22	2129.96	2273.42	106	汉中	Hanzhong	522.15	774.68	807.69	206
泸州	Luzhou	589.12	1056.03	1059.23	188	榆林	Yulin	3058.12	6412.07	6737.13	26
德阳	Deyang	2222.87	2424.44	2330.88	103	安康	Ankang	207.02	445.58	508.53	248
绵阳	Mianyang	1335.78	2313.05	2364.58	100	商洛	Shangluo	210.07	469.60	524.24	247
广元	Guangyuan	263.17	604.53	692.97	224	**甘肃**	**Gansu**	**6509.32**	**11348.25**	**11918.33**	
遂宁	Suining	300.06	697.87	724.94	218	兰州	Lanzhou	1857.15	2648.76	2731.37	81
内江	Neijiang	570.38	933.72	911.94	198	嘉峪关	Jiayuguan	875.03	1678.05	1587.14	143
乐山	Leshan	1277.76	1785.78	1871.47	126	金昌	Jinchang	788.17	1742.36	1778.54	131
南充	Nanchong	815.41	1225.44	1337.25	168	白银	Baiyin	567.14	925.05	1128.60	183
眉山	Meishan	504.43	828.49	869.67	201	天水	Tianshui	224.94	311.87	354.67	258
宜宾	Yibin	1253.48	2149.60	2678.36	83	武威	Wuwei	162.56	457.75	530.51	246
广安	Guangan	299.75	614.99	644.00	234	张掖	Zhangye	190.50	334.82	370.97	255
达州	Dazhou	765.39	925.43	1445.50	155	平凉	Pingliang	323.64	395.12	373.45	254
雅安	Yaan	771.62	952.92	1179.27	179	酒泉	Jiuquan	728.35	1292.24	1356.90	165
巴中	Bazhong	63.78	173.64	201.35	263	庆阳	Qingyang	403.98	777.25	797.12	207
资阳	Ziyang	466.08	887.33	598.63	238	定西	Dingxi	93.47	215.01	242.64	261
贵州	**Guizhou**	**5960.13**	**11747.39**	**13540.06**		陇南	Longnan	143.70	284.06	367.01	256
贵阳	Guiyang	2335.38	3692.54			**青海**	**Qinghai**	**3053.61**	**5414.09**	**5781.41**	
六盘水	Liupanshui	1023.23	2118.86			西宁	Xining	1770.79	1604.11		
遵义	Zunyi	864.30	2058.40			海东	Haidong		239.33		
安顺	Anshun	316.61	548.37			**宁夏**	**Ningxia**	**3293.16**	**6976.46**	**7801.07**	
毕节	Bijie	483.49				银川	Yinchuan	1266.53	2953.27	3272.33	65
铜仁	Tongren	115.77				石嘴山	Shizuishan	551.41	856.58	931.71	195
云南	**Yunnan**	**9611.09**	**17458.16**	**18180.58**		吴忠	Wuzhong	466.36	878.52	1024.62	192
昆明	Kunming	2834.64	4851.12	5188.46	36	固原	Guyuan	33.61	84.53	125.73	264
曲靖	Qujing	1415.36	2262.31	2208.04	108	中卫	Zhongwei	338.16	1077.81	1190.82	177
玉溪	Yuxi	949.96	1350.36	1404.63	161	**新疆**	**Xinjiang**	**7911.97**	**16770.69**	**18164.16**	
保山	Baoshan	238.29	535.78	569.14	241	乌鲁木齐	Urumqi	2245.68	3930.23	4246.87	55
昭通	Zhaotong	400.00	1519.92	1543.03	145	克拉玛依	Karamay	1571.22	2091.55	2067.85	119

11-9 规模以上工业企业负债总计
Total Liabilities of Industrial Enterprises above Designated Size

单位：亿元 （100 million yuan）

地名	City	2010	2014	2015	2015 排名 Ranking
全国	**Nation Total**	**340396.4**	**547031.4**	**579310.5**	
北京	**Beijing**	**11548.07**	**17137.57**	**18102.44**	
天津	**Tianjin**	**8825.23**	**14804.62**	**15863.30**	
河北	**Hebei**	**15136.72**	**24172.80**	**23988.85**	
石家庄	Shijiazhuang	1496.73	2447.55	2588.70	46
唐山	Tangshan	4707.05	7027.38	6580.19	7
秦皇岛	Qinhuangdao	886.51	1221.63	996.43	124
邯郸	Handan	2092.96	3105.46	2958.13	38
邢台	Xingtai	758.11	1260.47	1204.85	107
保定	Baoding	1450.07	2210.87	2063.97	57
张家口	Zhangjiakou	855.01	1492.87	1494.21	89
承德	Chengde	880.96	1592.47	1385.81	93
沧州	Cangzhou	840.64	1764.11	1590.68	82
廊坊	Langfang	861.57	1572.62	1343.58	95
衡水	Hengshui	307.09	664.01	638.36	170
山西	**Shanxi**	**12142.27**	**22514.07**	**24358.13**	
太原	Taiyuan	1955.69	3260.99	3457.65	28
大同	Datong	1047.90	1589.53	2113.68	56
阳泉	Yangquan	605.64	1604.84	2003.60	60
长治	Changzhi	1537.88	2151.35	2229.72	52
晋城	Jincheng	934.67	1896.77	1934.21	64
朔州	Shuozhou	569.59	1661.47	1666.22	75
晋中	Jinzhong	1098.00	2141.06	2220.66	53
运城	Yuncheng	965.52	1467.86	1581.04	83
忻州	Xinzhou	507.62	1087.22	1215.67	105
临汾	Linfen	991.59	1856.82	1961.21	62
吕梁	Lvliang	1542.08	3318.99	3454.57	29
内蒙古	**Inner Mongolia**	**8090.91**	**17698.22**	**18677.23**	
呼和浩特	Hohhot	896.36	1603.84	1688.91	71
包头	Baotou	1775.28	3042.66	3064.17	35
乌海	Wuhai	498.36	1147.41	1147.32	113
赤峰	Chifeng	528.70	958.29	1045.09	121
通辽	Tongliao	537.08	729.52	838.13	138
鄂尔多斯	Erdos	1928.59	4633.99	4772.62	15
呼伦贝尔	Hulunbuir	571.07	1116.50	1167.82	112
巴彦淖尔	Bayannur	434.42	758.25	804.00	147
乌兰察布	Ulanqab	517.00	921.32	965.95	127
辽宁	**Liaoning**	**16232.06**	**22769.62**	**23787.06**	
沈阳	Shenyang	3247.23	5029.31	3974.88	22
大连	Dalian	4685.99	7173.23	4505.44	18
鞍山	Anshan	1335.22	2337.04	1675.32	72
抚顺	Fushun	531.68	963.94	618.95	174
本溪	Benxi	1227.99	1454.42	1145.97	114
丹东	Dandong	308.76	511.18	358.53	218
锦州	Jinzhou	390.35	600.08	462.43	197
营口	Yingkou	783.67	1431.44	1256.97	102
阜新	Fuxin	359.49	610.88	319.15	231
辽阳	Liaoyang	547.11	1043.31	831.53	141
盘锦	Panjin	881.47	1489.53	901.14	132
铁岭	Tieling	461.28	853.14	437.20	203
朝阳	Chaoyang	375.07	830.76	492.11	190
葫芦岛	Huludao	713.98	776.93	449.40	200
吉林	**Jilin**	**5474.03**	**9133.40**	**9862.29**	
长春	Changchun	2483.70	4110.55	4532.56	17
吉林	Jilin	925.83	1633.65	1614.45	80
四平	Siping	319.53	473.99	510.76	187
辽源	Liaoyuan	228.63	417.81	460.77	198
通化	Tonghua	405.31	574.62	664.87	166
白山	Baishan	213.63	402.65	476.72	194
松原	Songyuan	496.38	725.40	690.51	159
白城	Baicheng	164.65	280.81	328.19	226
黑龙江	**Heilongjiang**	**5776.59**	**8540.95**	**8688.38**	
哈尔滨	Harbin	1728.49	2437.56	2488.33	48
齐齐哈尔	Qiqihar	497.72	897.33	927.57	129
鸡西	Jixi	286.44	346.28	359.56	216
鹤岗	Hegang	185.13	236.01	276.38	241
双鸭山	Shuangyashan	266.52	326.40	380.74	211
大庆	Daqing	1120.84	1685.30	1620.78	79
伊春	Yichun	156.05	278.97	315.86	232
佳木斯	Jiamusi	197.97	284.85	285.49	238
七台河	Qitaihe	303.17	315.57	325.53	227
牡丹江	Mudanjiang	252.60	334.01	342.21	222
黑河	Heihe	67.90	121.38	150.45	252
绥化	Suihua	156.51	322.37	349.34	220
上海	**Shanghai**	**14500.46**	**17858.30**	**18111.05**	
江苏	**Jiangsu**	**37878.51**	**55612.13**	**56888.77**	

11-9 规模以上工业企业负债总计 续表 1

Total Liabilities of Industrial Enterprises above Designated Size continued 1

单位：亿元 （100 million yuan）

地名	City	2010	2014	2015	2015 排名 Ranking
南京	Nanjing	4027.15	5452.60	5742.92	11
无锡	Wuxi	6357.83	8292.91	8041.78	4
徐州	Xuzhou	1578.52	2834.92	3107.76	32
常州	Changzhou	3149.52	4527.92	4835.96	14
苏州	Suzhou	11143.67	14323.37	14268.20	2
南通	Nantong	2486.32	3839.53	4312.90	21
连云港	Lianyungang	911.75	1310.07	1669.56	73
淮安	Huaian	680.06	1029.77	1279.74	100
盐城	Yancheng	1175.63	1982.96	2557.10	47
扬州	Yangzhou	1534.20	2186.17	2347.31	49
镇江	Zhenjiang	1808.72	3020.21	3083.81	33
泰州	Taizhou	1788.97	2155.34	3066.91	34
宿迁	Suqian	344.48	943.93	1334.47	96
浙江	**Zhejiang**	**28681.36**	**37663.38**	**38086.78**	
杭州	Hangzhou	5797.97	8471.59		
宁波	Ningbo	5813.21	8091.78		
温州	Wenzhou	2698.77	3033.61		
嘉兴	Jiaxing	3035.23	4707.03		
湖州	Huzhou	1207.49	1948.04		
绍兴	Shaoxing	3816.83	5613.48		
金华	Jinhua	2191.41	3182.65		
衢州	Quzhou	582.51	1045.13		
舟山	Zhoushan	913.54	1438.22		
台州	Taizhou	2011.67	2707.81		
丽水	Lishui	592.90	819.20		
安徽	**Anhui**	**9565.86**	**16718.69**	**18028.15**	
合肥	Hefei	1993.17	3563.70	3938.80	24
芜湖	Wuhu	1165.07	2494.73	2683.48	42
蚌埠	Bengbu	309.69	611.11	755.03	152
淮南	Huainan	1091.81	1603.19	1767.15	69
马鞍山	Maanshan	781.23	1284.82	1324.88	97
淮北	Huaibei	806.07	1499.64	1522.21	86
铜陵	Tongling	733.62	1096.70	1189.53	109
安庆	Anqing	358.98	748.27	794.62	148
黄山	Huangshan	99.10	175.42	182.19	251
滁州	Chuzhou	366.96	886.61	980.33	126
阜阳	Fuyang	306.40	525.25	607.10	176
宿州	Suzhou	233.18	359.20	364.20	215
六安	Liuan	310.00	645.92	647.89	169
亳州	Bozhou	142.20	306.65	350.48	219

地名	City	2010	2014	2015	2015 排名 Ranking
池州	Chizhou	147.21	298.22	285.36	240
宣城	Xuancheng	354.56	619.26	634.87	171
福建	**Fujian**	**8469.33**	**15213.14**	**15879.22**	
福州	Fuzhou	1730.79	3052.71		
厦门	Xiamen	1625.44	2662.94		
莆田	Putian	412.30	768.88		
三明	Sanming	482.66	845.05		
泉州	Quanzhou	1902.82	3790.75		
漳州	Zhangzhou	739.13	1724.94		
南平	Nanping	295.18	531.04		
龙岩	Longyan	477.76	933.10		
宁德	Ningde	409.26	1312.45		
江西	**Jiangxi**	**4700.44**	**8403.60**	**9499.03**	
南昌	Nanchang	1116.08	1860.38	2193.05	54
景德镇	Jingdezhen	284.71	424.04	458.22	199
萍乡	Pingxiang	175.77	263.29	406.54	206
九江	Jiujiang	606.37	981.93	1061.17	120
新余	Xinyu	664.83	834.44	854.05	137
鹰潭	Yingtan	366.80	857.00	926.33	130
赣州	Ganzhou	373.57	739.06	804.50	146
吉安	Jian	189.71	354.79	564.58	181
宜春	Yichun	391.35	778.67	993.92	125
抚州	Fuzhou	126.94	333.51	373.28	212
上饶	Shangrao	404.30	614.89	765.11	149
山东	**Shandong**	**28969.89**	**50842.84**	**54979.47**	
济南	Jinan	2392.65	2983.66	2818.90	39
青岛	Qingdao	3552.54	6212.29	6651.22	6
淄博	Zibo	2214.15	3476.92	3606.26	27
枣庄	Zaozhuang	745.03	1160.48	1266.61	101
东营	Dongying	1548.00	4311.82	4656.24	16
烟台	Yantai	2625.18	4304.73	4499.96	19
潍坊	Weifang	2648.57	4762.30	5348.41	13
济宁	Jining	2204.58	3968.97	4432.92	20
泰安	Taian	1446.89	2498.91	2794.73	40
威海	Weihai	1360.63	1820.28	1958.54	63
日照	Rizhao	982.74	1987.77	2036.93	59
莱芜	Laiwu	855.30	747.71	805.79	145
临沂	Linyi	1273.39	2402.42	2663.18	44
德州	Dezhou	1000.83	1535.79	1654.82	77
聊城	Liaocheng	1186.76	2002.38	2236.69	51

11-9 规模以上工业企业负债总计 续表 2

Total Liabilities of Industrial Enterprises above Designated Size continued 2

单位：亿元 （100 million yuan）

地名	City	2010	2014	2015	2015 排名 Ranking
滨州	Binzhou	1462.76	3626.58	3957.70	23
菏泽	Heze	566.59	1459.31	1657.26	76
河南	**Henan**	**12960.96**	**23717.27**	**26189.58**	
郑州	Zhengzhou	2134.90	5444.36	6257.41	10
开封	Kaifeng	282.66	587.54	634.07	172
洛阳	Luoyang	1909.51	2859.99	3158.13	31
平顶山	Pingdingshan	1117.81	1689.92	1795.15	67
安阳	Anyang	822.74	1337.69	1353.30	94
鹤壁	Hebi	380.20	603.80	667.51	165
新乡	Xinxiang	738.76	1324.08	1501.75	88
焦作	Jiaozuo	764.73	1163.32	1281.42	99
濮阳	Puyang	391.76	588.43	674.13	162
许昌	Xuchang	592.46	1295.44	1448.26	91
漯河	Luohe	331.55	458.12	493.06	189
三门峡	Sanmenxia	842.83	1305.68	1532.97	84
南阳	Nanyang	768.86	1656.98	1763.20	70
商丘	Shangqiu	508.85	901.61	1000.50	122
信阳	Xinyang	277.33	564.96	595.69	178
周口	Zhoukou	315.96	664.63	729.61	153
驻马店	Zhumadian	354.34	599.33	671.47	164
湖北	**Hubei**	**12259.18**	**18193.00**	**19459.99**	
武汉	Wuhan	4716.24	7102.11	8130.64	3
黄石	Huangshi	683.30	1167.13	1137.36	116
十堰	Shiyan	1314.92	1155.23	1208.23	106
宜昌	Yichang	2094.02	2928.08	2668.98	43
襄阳	Xiangyang	790.78	1545.03	1629.33	78
鄂州	Ezhou	264.19	330.52	332.44	225
荆门	Jingmen	321.76	569.79	617.83	175
孝感	Xiaogan	319.31	657.08	726.65	155
荆州	Jingzhou	367.47	638.92	673.96	163
黄冈	Huanggang	249.54	488.67	601.12	177
咸宁	Xianning	161.89	383.19	385.15	210
随州	Suizhou	128.66	265.10	285.39	239
湖南	**Hunan**	**7504.26**	**11688.15**	**12240.94**	
长沙	Changsha	1848.35	3596.68	3879.01	25
株洲	Zhuzhou	733.44	1119.90	1294.96	98
湘潭	Xiangtan	779.90	1147.53	1184.96	111
衡阳	Hengyang	500.49	766.91	836.11	140
邵阳	Shaoyang	163.14	288.92	313.44	233
岳阳	Yueyang	716.93	866.49	806.02	144
常德	Changde	476.92	772.32	759.12	151
张家界	Zhangjiajie	84.26	56.10	57.47	257
益阳	Yiyang	320.78	460.61	476.26	195
郴州	Chenzhou	405.38	662.28	727.59	154
永州	Yongzhou	182.03	291.99	299.71	234
怀化	Huaihua	331.65	377.70	323.37	228
娄底	Loudi	670.95	737.74	726.14	156
广东	**Guangdong**	**35073.74**	**51173.28**	**54747.90**	
广州	Guangzhou	6332.04	7334.65	7864.82	5
韶关	Shaoguan	562.01	821.23	820.00	142
深圳	Shenzhen	9439.26	14608.05	15831.25	1
珠海	Zhuhai	1648.11	3123.55	3276.66	30
汕头	Shantou	460.86	909.07	914.03	131
佛山	Foshan	4480.16	6089.66	6377.76	9
江门	Jiangmen	1214.28	1587.80	1667.35	74
湛江	Zhanjiang	663.98	1443.57	1902.44	65
茂名	Maoming	249.27	432.00	479.64	193
肇庆	Zhaoqing	499.30	949.17	1000.15	123
惠州	Huizhou	1771.83	2571.79	2619.15	45
梅州	Meizhou	251.80	346.06	340.80	223
汕尾	Shanwei	162.86	237.53	288.50	237
河源	Heyuan	290.59	470.97	522.92	185
阳江	Yangjiang	293.66	1012.67	1135.48	117
清远	Qingyuan	713.70	817.08	807.29	143
东莞	Dongguan	3525.30	5070.29	5369.92	12
中山	Zhongshan	1630.56	2124.93	2254.45	50
潮州	Chaozhou	260.59	284.34	245.72	243
揭阳	Jieyang	413.72	605.74	659.41	167
云浮	Yunfu	209.87	333.12	370.16	214
广西	**Guangxi**	**5413.29**	**8871.08**	**9402.81**	
南宁	Nanning	536.52	1065.16	1229.03	104
柳州	Liuzhou	1166.78	2007.44	2160.38	55
桂林	Guilin	410.43	651.44	712.45	157
梧州	Wuzhou	223.03	435.33	440.89	202
北海	Beihai	196.32	365.29	394.82	209
防城港	Fangchenggang	264.59	557.56	528.86	184
钦州	Qinzhou	304.42	456.25	485.03	192
贵港	Guigang	235.92	384.70	408.07	205
玉林	Yulin	273.99	410.30	412.24	204
百色	Baise	574.65	870.99	898.96	133

11-9 规模以上工业企业负债总计 续表 3
Total Liabilities of Industrial Enterprises above Designated Size continued 3

单位：亿元 （100 million yuan）

地名	City	2010	2014	2015	2015 排名 Ranking
贺州	Hezhou	73.80	208.02	226.63	247
河池	Hechi	534.81	701.80	654.54	168
来宾	Laibin	331.27	462.34	498.80	188
崇左	Chongzuo	175.92	288.88	337.73	224
海南	**Hainan**	**861.92**	**1318.16**	**1544.97**	
海口	Haikou	209.50	309.88	321.42	230
三亚	Sanya	37.53	59.35	65.18	256
三沙	Sansha				
重庆	**Chongqing**	**4879.66**	**9761.43**	**11053.75**	
四川	**Sichuan**	**13889.83**	**23413.64**	**24238.90**	
成都	Chengdu	3163.54	6497.08	6402.60	8
自贡	Zigong	448.94	681.42	633.54	173
攀枝花	Panzhihua	1339.52	1506.11	1804.11	66
泸州	Luzhou	314.71	574.79	569.00	180
德阳	Deyang	1571.45	1649.73	1488.59	90
绵阳	Mianyang	885.04	1545.60	1510.67	87
广元	Guangyuan	163.11	384.63	444.79	201
遂宁	Suining	97.57	263.71	275.89	242
内江	Neijiang	294.10	494.99	517.53	186
乐山	Leshan	800.51	1168.15	1203.78	108
南充	Nanchong	407.07	534.34	561.91	182
眉山	Meishan	313.82	447.11	472.64	196
宜宾	Yibin	652.22	1073.56	1390.73	92
广安	Guangan	186.54	370.83	358.57	217
达州	Dazhou	621.59	499.35	707.41	158
雅安	Yaan	539.61	682.48	858.47	136
巴中	Bazhong	40.28	93.03	102.14	254
资阳	Ziyang	228.97	429.46	294.17	235
贵州	**Guizhou**	**3865.34**	**7480.21**	**8600.79**	
贵阳	Guiyang	1649.92	2629.48		
六盘水	Liupanshui	653.08	1479.97		
遵义	Zunyi	387.00	916.07		
安顺	Anshun	204.61	373.19		
毕节	Bijie	356.33			
铜仁	Tongren	78.29			
云南	**Yunnan**	**5735.24**	**10991.96**	**11782.30**	
昆明	Kunming	1676.88	2758.03	3038.81	36
曲靖	Qujing	890.06	1496.88	1523.16	85
玉溪	Yuxi	347.60	591.49	677.69	161
保山	Baoshan	157.51	374.02	397.72	207
昭通	Zhaotong	230.65	1105.46	1132.53	118

地名	City	2010	2014	2015	2015 排名 Ranking
丽江	Lijiang	65.91	405.36	394.89	208
普洱	Puer	234.27	832.35	877.02	135
临沧	Lincang	283.72	466.28	486.06	191
西藏	**Tibet**	**58.38**	**267.16**	**447.88**	
拉萨	Lasa	42.36	190.23	230.36	246
陕西	**Shaanxi**	**8348.75**	**14936.32**	**15940.52**	
西安	Xi'an	1989.79	2806.54	3035.82	37
铜川	Tongchuan	216.45	299.31	289.28	236
宝鸡	Baoji	754.54	1087.69	1076.87	119
咸阳	Xianyang	679.21	1060.37	1186.62	110
渭南	Weinan	905.67	1555.28	1594.48	81
延安	Yan'an	1250.53	1790.89	1992.77	61
汉中	Hanzhong	354.16	528.96	553.69	183
榆林	Yulin	1562.92	3537.39	3740.99	26
安康	Ankang	133.56	201.51	216.70	248
商洛	Shangluo	131.47	305.37	322.06	229
甘肃	**Gansu**	**4065.50**	**7205.54**	**7790.62**	
兰州	Lanzhou	1186.60	1702.92	1783.87	68
嘉峪关	Jiayuguan	536.30	1100.77	1137.69	115
金昌	Jinchang	476.27	1161.95	1231.58	103
白银	Baiyin	355.56	593.48	763.84	150
天水	Tianshui	132.81	181.87	187.44	250
武威	Wuwei	100.57	269.56	348.55	221
张掖	Zhangye	124.23	204.63	234.64	245
平凉	Pingliang	230.31	254.86	245.62	244
酒泉	Jiuquan	477.96	859.50	932.28	128
庆阳	Qingyang	201.16	375.64	371.72	213
定西	Dingxi	62.45	129.63	147.76	253
陇南	Longnan	77.10	165.11	206.71	249
青海	**Qinghai**	**1946.26**	**3690.85**	**3999.09**	
西宁	Xining	1224.34	1832.90		
海东	Haidong				
宁夏	**Ningxia**	**2010.12**	**4677.35**	**5325.38**	
银川	Yinchuan	692.66	1916.57	2059.97	58
石嘴山	Shizuishan	346.37	538.30	581.97	179
吴忠	Wuzhong	323.12	601.34	681.00	160
固原	Guyuan	19.98	45.89	79.77	255
中卫	Zhongwei	220.80	771.79	837.88	139
新疆	**Xinjiang**	**3958.66**	**10562.69**	**11644.88**	
乌鲁木齐	Urumqi	999.33	2377.41	2698.30	41
克拉玛依	Karamay	620.62	863.14	882.76	134

11-10 规模以上工业企业所有者权益
Owners' Equity of Industrial Enterprises above Designated Size

单位：亿元 （100 million yuan）

地名	City	2010	2013	2014	2014 排名 Ranking	地名	City	2010	2013	2014	2014 排名 Ranking
全国	**Nation Total**	**251160.35**	**358917.51**	**405981.71**		沈阳	Shenyang	2790.04	3724.85	3821.97	6
北京	**Beijing**	**11202.50**	**15034.67**	**16389.10**		大连	Dalian	2609.91	3534.64	3561.70	9
天津	**Tianjin**	**5759.08**	**7963.64**	**9328.10**		鞍山	Anshan	1501.82	1736.37	1763.81	25
河北	**Hebei**	**9687.76**	**14875.56**	**18196.23**		抚顺	Fushun	467.94	607.89	721.34	70
石家庄	Shijiazhuang	1259.48	2308.33	2739.73	15	本溪	Benxi	490.42	604.34	758.18	63
唐山	Tangshan	2531.47	3296.99	3676.04	8	丹东	Dandong	251.30	316.05	738.13	69
秦皇岛	Qinhuangdao	384.90	505.22	559.53	93	锦州	Jinzhou	361.73	591.79	673.59	79
邯郸	Handan	1346.72	1915.46	2084.38	20	营口	Yingkou	697.02	861.17	878.32	56
邢台	Xingtai	667.77	916.81	1071.25	40	阜新	Fuxin	198.45	316.51	329.17	127
保定	Baoding	935.23	1382.99	1464.57	31	辽阳	Liaoyang	551.77	726.63	790.92	62
张家口	Zhangjiakou	481.36	500.87	561.31	92	盘锦	Panjin	693.53	841.31	892.05	53
承德	Chengde	357.66	645.20	609.46	85	铁岭	Tieling	650.99	1217.42	603.38	87
沧州	Cangzhou	881.43	1902.43	3756.68	7	朝阳	Chaoyang	285.28	356.26	402.08	118
廊坊	Langfang	560.45	988.07	1035.23	42	葫芦岛	Huludao	223.07	307.67	322.45	129
衡水	Hengshui	281.29	513.18	638.04	81	**吉林**	**Jilin**	**4678.85**	**6903.35**	**7494.47**	
山西	**Shanxi**	**6330.97**	**8047.27**	**7975.81**		长春	Changchun	1927.19	2714.66	3156.02	11
太原	Taiyuan	1039.36	1217.93	1192.07	36	吉林	Jilin	797.45	1078.60	1101.56	39
大同	Datong	500.92	536.00	491.93	100	四平	Siping	309.79	455.45	411.37	117
阳泉	Yangquan	427.63	437.68	469.01	105	辽源	Liaoyuan	148.62	261.78	297.60	136
长治	Changzhi	658.86	870.31	893.25	52	通化	Tonghua	317.57	504.66	589.49	89
晋城	Jincheng	698.13	1040.12	1010.53	47	白山	Baishan	175.47	210.88	224.70	151
朔州	Shuozhou	473.98	731.93	741.84	68	松原	Songyuan	602.42	1126.18	955.56	49
晋中	Jinzhong	409.49	468.30	451.90	108	白城	Baicheng	35.54	188.26	231.99	148
运城	Yuncheng	488.99	576.58	678.54	78	**黑龙江**	**Heilongjiang**	**4668.40**	**6025.89**	**6413.56**	
忻州	Xinzhou	284.10	438.86	418.10	113	哈尔滨	Harbin	914.05	1207.19		
临汾	Linfen	477.99	509.08	524.82	97	齐齐哈尔	Qiqihar	394.32	506.80		
吕梁	Lvliang	763.70	928.91	884.02	54	鸡西	Jixi	65.32	117.56		
内蒙古	**Inner Mongolia**	**5982.08**	**9248.03**	**10133.80**		鹤岗	Hegang	25.58	81.87		
呼和浩特	Hohhot	408.13	721.29	909.53	51	双鸭山	Shuangyashan	96.40	185.67		
包头	Baotou	1087.19	1407.95	1422.20	33	大庆	Daqing	2338.93	2613.19		
乌海	Wuhai	208.68	311.05	351.19	122	伊春	Yichun	61.62	54.25		
赤峰	Chifeng	465.70	563.13	580.98	90	佳木斯	Jiamusi	117.50	187.58		
通辽	Tongliao	413.25	802.36	950.74	50	七台河	Qitaihe	124.82	131.05		
鄂尔多斯	Erdos	1994.63	3077.07	3544.87	10	牡丹江	Mudanjiang	159.81	381.94		
呼伦贝尔	Hulunbuir	324.18	698.57	708.13	73	黑河	Heihe	46.38	63.25		
巴彦淖尔	Bayannur	349.55	343.09	383.67	119	绥化	Suihua	113.88	304.40		
乌兰察布	Ulanqab	188.84	341.73	324.31	128	**上海**	**Shanghai**	**19055.42**	**16652.49**	**17558.51**	
辽宁	**Liaoning**	**12082.43**	**15769.33**	**16266.41**		**江苏**	**Jiangsu**	**28255.55**	**39794.98**	**45596.53**	

11-10 规模以上工业企业所有者权益 续表 1
Owners' Equity of Industrial Enterprises above Designated Size continued 1

单位：亿元 （100 million yuan）

地名	City	2010	2013	2014	2014 排名 Ranking
南京	Nanjing	2933.62	3935.44	3950.77	5
无锡	Wuxi	4559.65	5798.16	5871.90	2
徐州	Xuzhou	1460.32	2505.81	2581.58	17
常州	Changzhou	2109.60	2918.60	3032.65	13
苏州	Suzhou	8207.47	10666.93	10801.24	1
南通	Nantong	1939.45	2970.47	3053.15	12
连云港	Lianyungang	672.68	980.60	1013.95	46
淮安	Huaian	543.72	934.68	1031.53	43
盐城	Yancheng	998.57	1566.90	1581.25	28
扬州	Yangzhou	1391.42	1907.36	1964.88	22
镇江	Zhenjiang	1438.41	2056.44	2118.16	18
泰州	Taizhou	1142.40	1908.27	1716.31	26
宿迁	Suqian	363.14	1021.13	1115.58	37
浙江	**Zhejiang**	**18601.43**	**23845.65**	**26199.51**	
杭州	Hangzhou	4139.45	5300.16		
宁波	Ningbo	3613.50	4396.72		
温州	Wenzhou	1747.47	1886.99		
嘉兴	Jiaxing	2029.87	2840.61		
湖州	Huzhou	852.39	1182.08		
绍兴	Shaoxing	2511.73	3288.95		
金华	Jinhua	1191.59	1592.11		
衢州	Quzhou	385.66	591.51		
舟山	Zhoushan	318.74	452.79		
台州	Taizhou	1247.56	1523.37		
丽水	Lishui	364.21	539.56		
安徽	**Anhui**	**6308.09**	**10210.97**	**11947.41**	
合肥	Hefei	1267.12	2286.87	2624.31	16
芜湖	Wuhu	709.90	1512.93	1860.50	24
蚌埠	Bengbu	278.34	418.85	498.37	99
淮南	Huainan	497.23	614.08	635.32	82
马鞍山	Maanshan	606.94	963.20	1024.55	44
淮北	Huaibei	489.26	764.53	794.95	61
铜陵	Tongling	304.06	464.61	558.92	94
安庆	Anqing	396.99	726.65	803.69	60
黄山	Huangshan	80.62	145.22	163.90	159
滁州	Chuzhou	315.72	611.53	702.46	75
阜阳	Fuyang	194.92	367.63	446.11	110
宿州	Suzhou	148.45	301.87	336.15	124
六安	Liuan	233.49	430.30	475.46	103
亳州	Bozhou	98.45	202.19	270.04	140

地名	City	2010	2013	2014	2014 排名 Ranking
池州	Chizhou	94.64	203.24	241.05	147
宣城	Xuancheng	250.21	414.78	511.63	98
福建	**Fujian**	**7567.00**	**11181.78**	**12525.08**	
福州	Fuzhou	1385.84	2002.50		
厦门	Xiamen	1427.81	2000.34		
莆田	Putian	329.61	500.21		
三明	Sanming	358.94	533.84		
泉州	Quanzhou	2110.72	3236.13		
漳州	Zhangzhou	629.85	1108.66		
南平	Nanping	310.94	435.84		
龙岩	Longyan	624.47	853.99		
宁德	Ningde	222.98	546.68		
江西	**Jiangxi**	**3724.43**	**6237.98**	**7494.87**	
南昌	Nanchang	755.94	1345.63	1716.04	27
景德镇	Jingdezhen	200.66	248.13	282.60	137
萍乡	Pingxiang	220.75	398.21	469.75	104
九江	Jiujiang	344.14	717.27	883.08	55
新余	Xinyu	376.83	458.54	486.25	101
鹰潭	Yingtan	474.47	782.59	875.05	57
赣州	Ganzhou	283.91	589.40	647.67	80
吉安	Jian	330.87	461.87	570.73	91
宜春	Yichun	288.88	528.44	720.12	71
抚州	Fuzhou	141.06	226.25	308.51	134
上饶	Shangrao	306.93	481.64	533.86	96
山东	**Shandong**	**24791.38**	**34869.54**	**41562.21**	
济南	Jinan	1439.17	1801.04		
青岛	Qingdao	2938.99	3535.56		
淄博	Zibo	1933.67	2587.15		
枣庄	Zaozhuang	685.83	894.84		
东营	Dongying	2521.77	3803.05		
烟台	Yantai	2736.20	3477.91		
潍坊	Weifang	2000.54	2892.86		
济宁	Jining	1630.77	2227.73		
泰安	Taian	933.06	1467.46		
威海	Weihai	1234.46	1890.71		
日照	Rizhao	655.96	711.47		
莱芜	Laiwu	418.21	368.75		
临沂	Linyi	1108.02	1698.83		
德州	Dezhou	1288.30	2077.54		
聊城	Liaocheng	1267.36	1799.34		

11-10 规模以上工业企业所有者权益 续表 2

Owners' Equity of Industrial Enterprises above Designated Size continued 2

单位：亿元 （100 million yuan）

地名	City	2010	2013	2014	2014 排名 Ranking	地名	City	2010	2013	2014	2014 排名 Ranking
滨州	Binzhou	993.15	1684.11			常德	Changde	486.78	766.47		
菏泽	Heze	606.88	1128.04			张家界	Zhangjiajie	67.01	40.19		
河南	**Henan**	**10506.46**	**21515.50**	**26438.56**		益阳	Yiyang	171.54	338.95		
郑州	Zhengzhou	1763.87	3866.60			郴州	Chenzhou	579.33	756.99		
开封	Kaifeng	469.75	1077.63			永州	Yongzhou	181.27	268.53		
洛阳	Luoyang	1376.67	1962.11			怀化	Huaihua	178.13	200.38		
平顶山	Pingdingshan	761.32	1059.92			娄底	Loudi	254.95	399.26		
安阳	Anyang	474.62	804.90			**广东**	**Guangdong**	**27461.84**	**33286.90**	**36149.22**	
鹤壁	Hebi	151.59	437.52			广州	Guangzhou	4933.46	6164.70		
新乡	Xinxiang	670.53	1028.43			韶关	Shaoguan	282.13	418.83		
焦作	Jiaozuo	589.64	144.19			深圳	Shenzhen	8686.97	7700.08		
濮阳	Puyang	425.09	940.51			珠海	Zhuhai	1045.96	1576.00		
许昌	Xuchang	692.25	1867.61			汕头	Shantou	803.01	1140.02		
漯河	Luohe	390.05	824.57			佛山	Foshan	2864.65	4373.04		
三门峡	Sanmenxia	515.78	974.60			江门	Jiangmen	1013.99	1081.12		
南阳	Nanyang	559.65	1217.41			湛江	Zhanjiang	331.94	325.78		
商丘	Shangqiu	356.15	749.95			茂名	Maoming	252.02	406.46		
信阳	Xinyang	246.07	652.86			肇庆	Zhaoqing	516.43	792.59		
周口	Zhoukou	395.05	1188.36			惠州	Huizhou	1041.35	1553.51		
驻马店	Zhumadian	352.30	1452.10			梅州	Meizhou	226.12	288.30		
湖北	**Hubei**	**8577.11**	**13163.43**	**14624.35**		汕尾	Shanwei	146.89	239.75		
武汉	Wuhan	2773.20	3887.77	4486.76	3	河源	Heyuan	242.63	320.99		
黄石	Huangshi	376.58	623.79	685.01	76	阳江	Yangjiang	155.17	281.24		
十堰	Shiyan	2586.32	1392.92	1229.81	34	清远	Qingyuan	429.00	484.46		
宜昌	Yichang	1304.84	1907.78	2061.88	21	东莞	Dongguan	2475.01	3254.93		
襄阳	Xiangyang	423.56	1096.79	1462.42	32	中山	Zhongshan	1142.63	1325.09		
鄂州	Ezhou	158.49	205.10	230.92	149	潮州	Chaozhou	226.61	348.25		
荆门	Jingmen	298.56	508.29	603.32	88	揭阳	Jieyang	482.29	784.04		
孝感	Xiaogan	684.56	570.24	626.75	83	云浮	Yunfu	163.56	233.63		
荆州	Jingzhou	271.88	548.45	715.77	72	**广西**	**Guangxi**	**3211.63**	**4848.21**	**5285.64**	
黄冈	Huanggang	262.76	404.54	456.91	107	南宁	Nanning	428.07	762.62	842.76	58
咸宁	Xianning	180.36	406.97	463.52	106	柳州	Liuzhou	723.42	903.96	980.92	48
随州	Suizhou	122.46	236.02	314.74	131	桂林	Guilin	282.17	475.80	539.98	95
湖南	**Hunan**	**5534.59**	**8746.88**	**10255.09**		梧州	Wuzhou	178.25	334.91	335.41	126
长沙	Changsha	1645.24	2547.50			北海	Beihai	92.83	244.08	256.61	143
株洲	Zhuzhou	520.94	854.78			防城港	Fangchenggang	125.16	199.49	210.46	153
湘潭	Xiangtan	370.09	594.98			钦州	Qinzhou	180.45	345.09	367.97	120
衡阳	Hengyang	261.04	520.51			贵港	Guigang	189.75	268.76	299.86	135
邵阳	Shaoyang	187.57	335.43			玉林	Yulin	193.23	297.57	317.97	130
岳阳	Yueyang	508.00	933.18			百色	Baise	243.57	335.50	335.61	125

11-10 规模以上工业企业所有者权益 续表 3
Owners' Equity of Industrial Enterprises above Designated Size continued 3

单位：亿元 （100 million yuan）

地名	City	2010	2013	2014	2014 排名 Ranking	地名	City	2010	2013	2014	2014 排名 Ranking
贺州	Hezhou	74.19	137.65	156.80	161	丽江	Lijiang	34.49	247.88	282.16	139
河池	Hechi	165.48	156.94	178.90	157	普洱	Puer	71.63	205.83	224.85	150
来宾	Laibin	98.38	123.41	124.45	162	临沧	Lincang	114.73	155.86	165.78	158
崇左	Chongzuo	115.03	174.17	179.35	155	**西藏**	**Tibet**	**223.22**	**361.95**	**401.01**	
海南	**Hainan**	**757.79**	**1084.66**	**1128.08**		拉萨	Lasa	172.71	294.20	311.89	132
海口	Haikou	241.56	342.66	347.89	123	**陕西**	**Shaanxi**	**6311.19**	**9861.87**	**11218.30**	
三亚	Sanya	19.32	33.13	36.45	164	西安	Xi'an	1462.93	2046.74	1897.48	23
三沙	Sansha					铜川	Tongchuan	116.87	154.33	179.19	156
重庆	**Chongqing**	**3205.78**	**4820.83**	**5789.71**		宝鸡	Baoji	552.64	659.73	826.22	59
四川	**Sichuan**	**8571.93**	**12924.97**	**14703.51**		咸阳	Xianyang	530.16	868.23	1104.18	38
成都	Chengdu	2339.15	5056.22	4107.87	4	渭南	Weinan	556.43	657.97	755.50	66
自贡	Zigong	221.94	373.19	417.35	114	延安	Yan'an	929.37	1492.42	1577.84	29
攀枝花	Panzhihua	432.82	633.85	622.03	84	汉中	Hanzhong	167.29	254.51	243.10	144
泸州	Luzhou	272.94	446.11	479.37	102	榆林	Yulin	1489.54	1669.25	2872.34	14
德阳	Deyang	637.95	725.35	707.64	74	安康	Ankang	72.43	187.06	241.62	146
绵阳	Mianyang	445.99	722.81	753.04	67	商洛	Shangluo	78.34	102.88	182.58	154
广元	Guangyuan	97.89	149.34	217.65	152	**甘肃**	**Gansu**	**2411.02**	**3621.91**	**4079.08**	
遂宁	Suining	200.10	361.16	420.03	112	兰州	Lanzhou	661.02	827.86		
内江	Neijiang	272.59	484.69	412.03	116	嘉峪关	Jiayuguan	334.61	563.62		
乐山	Leshan	471.28	546.36	606.09	86	金昌	Jinchang	311.58	542.96		
南充	Nanchong	405.37	610.04	682.30	77	白银	Baiyin	210.49	437.56		
眉山	Meishan	187.05	358.41	365.85	121	天水	Tianshui	91.05	124.66		
宜宾	Yibin	598.38	1054.98	1059.67	41	武威	Wuwei	61.12	113.51		
广安	Guangan	109.76	206.62	241.97	145	张掖	Zhangye	65.37	110.08		
达州	Dazhou	132.33	275.38	422.56	111	平凉	Pingliang	82.85	126.12		
雅安	Yaan	231.22	261.88	268.27	141	酒泉	Jiuquan	249.46	373.88		
巴中	Bazhong	23.31	54.26	77.65	163	庆阳	Qingyang	201.27	358.14		
资阳	Ziyang	232.06	413.94	447.44	109	定西	Dingxi	30.74	64.60		
贵州	**Guizhou**	**2081.15**	**3548.42**	**4177.65**		陇南	Longnan	65.38	103.82		
贵阳	Guiyang	683.66	923.44			**青海**	**Qinghai**	**1084.12**	**1551.99**	**1701.96**	
六盘水	Liupanshui	369.50	544.00			西宁	Xining	526.12	725.87		
遵义	Zunyi	474.27	983.57			海东	Haidong				
安顺	Anshun	107.53	150.93			**宁夏**	**Ningxia**	**1153.29**	**1870.46**	**2287.17**	
毕节	Bijie	126.12	206.20			银川	Yinchuan	484.21	790.75	1016.52	45
铜仁	Tongren	36.80	156.88			石嘴山	Shizuishan	173.47	248.98	309.85	133
云南	**Yunnan**	**3857.72**	**5426.07**	**6459.49**		吴忠	Wuzhong	139.93	236.63	264.46	142
昆明	Kunming	1157.76	1532.63	2111.39	19	固原	Guyuan	13.33	26.55	35.66	165
曲靖	Qujing	521.82	658.34	756.90	65	中卫	Zhongwei	112.46	199.37	282.26	138
玉溪	Yuxi	601.07	741.50	757.48	64	**新疆**	**Xinjiang**	**3888.40**	**5622.36**	**6201.28**	
保山	Baoshan	80.00	138.81	159.87	160	乌鲁木齐	Urumqi	1232.34	1465.61	1552.64	30
昭通	Zhaotong	168.65	330.31	414.45	115	克拉玛依	Karamay	948.93	1138.91	1228.42	35

11-11 规模以上工业企业主营业务收入
Revenue from Principal Business of Industrial Enterprises above Designated Size

单位：亿元 （100 million yuan）

地名	City	2010	2014	2015	2015 排名 Ranking	地名	City	2010	2014	2015	2015 排名 Ranking
全国	**Nation Total**	**697744.00**	**1107032.52**	**1109852.97**		沈阳	Shenyang	9399.62	13596.09	9181.33	29
北京	**Beijing**	**14807.11**	**19776.67**	**18864.90**		大连	Dalian	7468.41	9870.31	6856.58	41
天津	**Tianjin**	**17319.62**	**28382.59**	**27969.58**		鞍山	Anshan	2716.91	3674.66	2488.15	117
河北	**Hebei**	**31628.93**	**47207.76**	**45648.10**		抚顺	Fushun	1653.15	2721.00	870.45	222
石家庄	Shijiazhuang	5553.67	8990.79	9538.55	26	本溪	Benxi	1597.82	2300.43	1749.68	151
唐山	Tangshan	7980.95	10989.34	9661.39	24	丹东	Dandong	909.57	1274.56	412.99	251
秦皇岛	Qinhuangdao	1176.80	1645.83	1437.13	181	锦州	Jinzhou	1625.38	2818.72	2273.21	128
邯郸	Handan	4311.41	4935.45	4798.54	58	营口	Yingkou	2276.77	2742.05	2226.13	130
邢台	Xingtai	1788.89	2640.75	2601.17	112	阜新	Fuxin	409.64	827.41	470.91	248
保定	Baoding	2866.16	4496.49	4361.37	64	辽阳	Liaoyang	1599.96	1888.93	1362.48	188
张家口	Zhangjiakou	831.20	1108.64	986.93	213	盘锦	Panjin	1624.39	2978.07	2629.77	111
承德	Chengde	1245.69	1676.93	1594.28	170	铁岭	Tieling	2322.04	922.47	461.92	249
沧州	Cangzhou	2816.26	5513.68	5466.76	48	朝阳	Chaoyang	938.38	1220.95	569.65	237
廊坊	Langfang	2142.98	3567.65	3555.42	80	葫芦岛	Huludao	785.14	1009.91	776.60	227
衡水	Hengshui	914.92	1642.21	1646.55	163	**吉林**	**Jilin**	**12528.35**	**23312.77**	**22321.96**	
山西	**Shanxi**	**12712.50**	**17801.12**	**14624.14**		长春	Changchun	5660.60	10355.57	8989.49	30
太原	Taiyuan	2057.79	3375.77	2663.94	110	吉林	Jilin	2097.85	3103.56	3013.66	96
大同	Datong	801.40	2241.14	2128.09	134	四平	Siping	923.26	1706.92	1699.86	157
阳泉	Yangquan	597.36	792.56	644.27	233	辽源	Liaoyuan	538.83	1242.67	1380.30	185
长治	Changzhi	1368.27	1540.18	1119.25	206	通化	Tonghua	802.26	1797.60	1984.03	143
晋城	Jincheng	992.99	1094.49	977.53	214	白山	Baishan	630.27	1235.83	1308.13	192
朔州	Shuozhou	804.63	1064.54	742.77	228	松原	Songyuan	1213.78	2110.89	2059.29	138
晋中	Jinzhong	1050.12	1160.43	987.16	212	白城	Baicheng	252.19	598.93	627.36	235
运城	Yuncheng	1207.36	1616.09	1316.12	191	**黑龙江**	**Heilongjiang**	**9899.14**	**13407.09**	**11719.03**	
忻州	Xinzhou	394.71	624.30	516.58	242	哈尔滨	Harbin	2051.12	3227.68	3111.92	90
临汾	Linfen	1411.11	1644.86	1292.89	193	齐齐哈尔	Qiqihar	817.23	933.14	967.43	216
吕梁	Lvliang	1474.43	1732.78	1434.58	182	鸡西	Jixi	247.06	226.72	184.09	264
内蒙古	**Inner Mongolia**	**13387.83**	**19556.56**	**18925.61**		鹤岗	Hegang	221.17	147.71	136.77	268
呼和浩特	Hohhot	1153.97	1845.67	1719.84	154	双鸭山	Shuangyashan	348.73	298.09	255.06	259
包头	Baotou	2520.05	3161.30	2898.88	100	大庆	Daqing	3665.56	4500.50	3117.93	89
乌海	Wuhai	557.70	628.02	350.60	256	伊春	Yichun	178.64	124.41	88.36	275
赤峰	Chifeng	1241.33	1950.94	1975.05	145	佳木斯	Jiamusi	315.59	641.01	556.16	238
通辽	Tongliao	1814.02	2446.59	2451.45	120	七台河	Qitaihe	410.67	194.06	159.51	266
鄂尔多斯	Erdos	2790.13	4464.25	4259.64	66	牡丹江	Mudanjiang	441.17	950.71	972.87	215
呼伦贝尔	Hulunbuir	724.53	1212.02	1199.70	197	黑河	Heihe	72.49	120.80	120.91	271
巴彦淖尔	Bayannur	685.10	836.79	737.59	229	绥化	Suihua	307.20	838.76	921.04	217
乌兰察布	Ulanqab	666.87	941.41	850.56	224	**上海**	**Shanghai**	**32084.08**	**35473.82**	**34172.22**	
辽宁	**Liaoning**	**36049.59**	**48801.56**	**33243.29**		**江苏**	**Jiangsu**	**91077.41**	**141956.0**	**147074.5**	

11-11 规模以上工业企业主营业务收入 续表 1

Revenue from Principal Business of Industrial Enterprises above Designated Size continued 1

单位：亿元 （100 million yuan）

地名	City	2010	2014	2015	2015 排名 Ranking
南京	Nanjing	8625.35	12425.21	12180.70	15
无锡	Wuxi	12879.78	14655.46	14083.94	7
徐州	Xuzhou	5102.14	10664.79	12034.33	16
常州	Changzhou	7274.88	10381.89	11500.68	18
苏州	Suzhou	24577.51	30224.92	19768.65	2
南通	Nantong	7254.56	11195.81	13322.91	9
连云港	Lianyungang	1905.48	4083.66	5356.08	54
淮安	Huaian	2411.10	4689.95	6542.23	44
盐城	Yancheng	3891.66	6389.33	8038.97	36
扬州	Yangzhou	5637.77	8202.11	8973.50	31
镇江	Zhenjiang	4009.31	7104.49	8211.10	34
泰州	Taizhou	4742.55	7910.53	10792.62	21
宿迁	Suqian	1124.30	2967.97	3714.77	75
浙江	**Zhejiang**	**50536.31**	**64371.53**	**63214.41**	
杭州	Hangzhou	10843.24	12833.70	12237.39	14
宁波	Ningbo	10396.63	13254.65	12911.27	11
温州	Wenzhou	4365.64	4386.81	4343.56	65
嘉兴	Jiaxing	5013.12	7232.79	7192.33	38
湖州	Huzhou	2672.05	4102.83	4228.33	67
绍兴	Shaoxing	6693.85	9448.25	9405.60	27
金华	Jinhua	3318.58	4303.43	4364.72	63
衢州	Quzhou	1108.97	1646.54	1597.37	169
舟山	Zhoushan	877.73	1114.68	1196.51	198
台州	Taizhou	3487.00	3732.59	3509.08	81
丽水	Lishui	1125.47	1771.87	1655.86	162
安徽	**Anhui**	**18164.60**	**36838.37**	**39064.41**	
合肥	Hefei	3733.01	8196.10	8931.10	32
芜湖	Wuhu	2111.56	5117.49	5400.27	51
蚌埠	Bengbu	752.59	1971.21	2254.50	129
淮南	Huainan	792.68	952.35	882.24	221
马鞍山	Maanshan	1477.99	2556.55	2465.38	119
淮北	Huaibei	934.72	2209.24	2337.45	125
铜陵	Tongling	1249.17	2490.82	2884.31	103
安庆	Anqing	1314.55	2960.32	2685.77	109
黄山	Huangshan	303.56	536.25	536.24	239
滁州	Chuzhou	965.83	2221.93	2518.78	115
阜阳	Fuyang	694.47	1582.78	1841.92	148
宿州	Suzhou	670.10	1392.27	1582.11	171
六安	Liuan	786.61	1572.72	1413.35	183
亳州	Bozhou	316.85	798.09	905.41	218
池州	Chizhou	276.26	640.15	716.81	232
宣城	Xuancheng	992.99	1640.09	1708.77	155
福建	**Fujian**	**21479.37**	**37097.44**	**39591.28**	
福州	Fuzhou	4203.70	7130.92	7448.70	37
厦门	Xiamen	3677.58	4772.36	4715.74	61
莆田	Putian	1241.05	2273.48	2578.53	113
三明	Sanming	1300.40	2910.46	3148.76	86
泉州	Quanzhou	5993.32	10323.93	10922.23	19
漳州	Zhangzhou	1867.97	3968.85	4507.21	62
南平	Nanping	729.36	1450.35	1616.48	166
龙岩	Longyan	1127.90	1677.72	1815.04	149
宁德	Ningde	851.96	2589.38	2838.61	105
江西	**Jiangxi**	**14196.68**	**31077.54**	**32954.82**	
南昌	Nanchang	2760.17	5072.23	5472.38	47
景德镇	Jingdezhen	678.56	1046.80	1084.17	207
萍乡	Pingxiang	1049.99	1641.98	1682.06	159
九江	Jiujiang	1507.60	4731.09	5109.19	56
新余	Xinyu	1230.26	1670.53	1545.11	174
鹰潭	Yingtan	1456.60	3396.43	3435.71	83
赣州	Ganzhou	1258.68	3002.79	3124.00	88
吉安	Jian	1122.47	2809.60	2998.48	97
宜春	Yichun	1221.20	3168.99	3571.35	79
抚州	Fuzhou	733.95	1473.36	1539.98	175
上饶	Shangrao	1177.20	2583.31	2896.99	101
山东	**Shandong**	**83663.00**	**143140.27**	**145628.87**	
济南	Jinan	4422.95	5403.91	5036.21	57
青岛	Qingdao	10545.17	15592.75	16666.88	5
淄博	Zibo	7713.05	11281.70	10915.62	20
枣庄	Zaozhuang	2761.25	3530.07	3581.22	78
东营	Dongying	5888.01	13399.56	13152.82	10
烟台	Yantai	10019.53	14553.10	15157.01	6
潍坊	Weifang	7486.72	12241.25	12320.67	13
济宁	Jining	3908.66	5901.34	5453.15	49
泰安	Taian	3584.30	6840.39	6214.89	45
威海	Weihai	4284.45	6542.86	6853.09	42
日照	Rizhao	1928.49	2620.40	2476.66	118
莱芜	Laiwu	1506.29	1577.67	1555.91	173
临沂	Linyi	4637.88	9990.36	10299.19	23
德州	Dezhou	3941.04	8831.48	9593.36	25
聊城	Liaocheng	4061.87	8621.75	8818.83	33

11-11 规模以上工业企业主营业务收入 续表 2

Revenue from Principal Business of Industrial Enterprises above Designated Size continued 2

单位：亿元 （100 million yuan）

地名	City	2010	2014	2015	2015 排名 Ranking	地名	City	2010	2014	2015	2015 排名 Ranking
滨州	Binzhou	3782.38	7699.98	8057.91	35	常德	Changde	1209.50	2170.95	2391.20	123
菏泽	Heze	2501.77	6325.25	7076.59	39	张家界	Zhangjiajie	106.35	132.34	124.26	269
河南	**Henan**	**36163.12**	**68037.47**	**73365.96**		益阳	Yiyang	797.57	1820.98	1996.36	141
郑州	Zhengzhou	5942.31	12391.37	13587.52	8	郴州	Chenzhou	1437.27	3116.40	3107.80	91
开封	Kaifeng	1003.05	2407.32	2701.16	108	永州	Yongzhou	587.52	924.01	1052.49	208
洛阳	Luoyang	3917.63	6377.41	6723.45	43	怀化	Huaihua	677.60	857.89	902.83	219
平顶山	Pingdingshan	2011.01	2430.29	2342.48	124	娄底	Loudi	1096.50	1707.01	1610.34	167
安阳	Anyang	2430.90	3556.45	3633.50	77	**广东**	**Guangdong**	**84114.85**	**115451.13**	**119157.86**	
鹤壁	Hebi	919.10	1740.41	1993.76	142	广州	Guangzhou	13624.65	16892.43	16843.23	4
新乡	Xinxiang	2165.17	4023.27	4157.07	69	韶关	Shaoguan	768.97	1211.80	1130.57	204
焦作	Jiaozuo	2622.42	4785.63	5138.78	55	深圳	Shenzhen	18813.72	23985.79	24972.22	1
濮阳	Puyang	1550.33	3068.44	3402.43	84	珠海	Zhuhai	3058.87	4176.70	3951.12	72
许昌	Xuchang	2316.79	5055.10	5395.16	52	汕头	Shantou	1805.34	2666.27	2887.42	102
漯河	Luohe	1620.61	2621.19	2899.01	99	佛山	Foshan	13733.60	17953.59	18510.23	3
三门峡	Sanmenxia	2103.44	3469.46	3507.44	82	江门	Jiangmen	3639.89	3314.61	3649.04	76
南阳	Nanyang	2009.77	3803.33	4176.08	68	湛江	Zhanjiang	1328.82	2118.87	2033.52	140
商丘	Shangqiu	1405.51	2770.53	3076.57	92	茂名	Maoming	1364.57	2430.66	2328.77	126
信阳	Xinyang	995.25	2158.35	2442.20	121	肇庆	Zhaoqing	1689.05	3729.56	3905.11	73
周口	Zhoukou	1281.91	3551.95	4033.58	71	惠州	Huizhou	3892.63	6720.44	6938.54	40
驻马店	Zhumadian	1023.29	2435.00	2758.53	107	梅州	Meizhou	438.65	602.20	636.81	234
湖北	**Hubei**	**21151.56**	**41401.49**	**43179.21**		汕尾	Shanwei	415.83	1064.44	1129.00	205
武汉	Wuhan	7639.32	11483.17	11771.72	17	河源	Heyuan	757.50	1326.40	1355.06	189
黄石	Huangshi	1337.14	2613.64	2505.68	116	阳江	Yangjiang	657.55	1750.03	1843.85	147
十堰	Shiyan	1137.81	1703.76	1677.70	160	清远	Qingyuan	2771.05	1604.20	1601.50	168
宜昌	Yichang	1989.81	4926.25	5403.72	50	东莞	Dongguan	7708.17	11890.43	12454.22	12
襄阳	Xiangyang	1949.61	4775.69	5389.08	53	中山	Zhongshan	4710.39	5651.33	5880.90	46
鄂州	Ezhou	641.96	1287.67	1189.38	199	潮州	Chaozhou	715.49	1192.26	1275.77	194
荆门	Jingmen	1177.33	2851.63	2965.75	98	揭阳	Jieyang	1780.50	4247.96	4794.41	59
孝感	Xiaogan	975.63	2392.24	2536.15	114	云浮	Yunfu	439.61	921.15	1036.58	209
荆州	Jingzhou	847.00	2053.80	2185.88	131	**广西**	**Guangxi**	**9235.85**	**18916.79**	**20442.50**	
黄冈	Huanggang	741.84	1525.63	1640.25	164	南宁	Nanning	1226.64	2710.60	3051.34	93
咸宁	Xianning	580.55	1576.79	1560.83	172	柳州	Liuzhou	2415.83	3966.79	4130.78	70
随州	Suizhou	487.44	1189.28	1207.48	196	桂林	Guilin	861.05	1991.18	2185.16	132
湖南	**Hunan**	**18669.79**	**33489.43**	**35410.45**		梧州	Wuzhou	684.39	1817.38	1979.09	144
长沙	Changsha	4138.73	8329.13	9223.93	28	北海	Beihai	310.68	1536.85	1719.86	153
株洲	Zhuzhou	1643.70	2816.01	3132.22	87	防城港	Fangchenggang	427.60	904.40	1032.73	210
湘潭	Xiangtan	1473.62	2798.83	3023.65	95	钦州	Qinzhou	429.54	1232.27	1262.76	195
衡阳	Hengyang	1830.86	2276.58	1945.81	146	贵港	Guigang	455.16	764.14	787.02	226
邵阳	Shaoyang	695.42	1611.02	1805.39	150	玉林	Yulin	680.93	1308.81	1445.89	180
岳阳	Yueyang	2725.32	4553.92	4735.75	60	百色	Baise	523.31	850.60	851.30	223

11-11 规模以上工业企业主营业务收入 续表 3

Revenue from Principal Business of Industrial Enterprises above Designated Size continued 3

单位：亿元 （100 million yuan）

地名	City	2010	2014	2015	2015 排名 Ranking
贺州	Hezhou	166.39	348.17	382.87	254
河池	Hechi	330.40	362.98	338.07	257
来宾	Laibin	345.75	462.73	470.93	247
崇左	Chongzuo	278.37	488.64	572.70	236
海南	**Hainan**	**1322.83**	**1756.99**	**1661.72**	
海口	Haikou	411.02	487.50	498.48	244
三亚	Sanya	41.34	61.60	55.87	276
三沙	Sansha				
重庆	**Chongqing**	**9039.03**	**18688.63**	**20902.24**	
四川	**Sichuan**	**23062.82**	**38063.87**	**38645.91**	
成都	Chengdu	5626.12	10234.61	10726.37	22
自贡	Zigong	1085.33	1605.30	1664.04	161
攀枝花	Panzhihua	1060.96	1581.22	1495.90	177
泸州	Luzhou	1020.49	1365.02	1447.72	179
德阳	Deyang	1488.66	2658.70	2826.05	106
绵阳	Mianyang	1275.97	2115.45	2307.29	127
广元	Guangyuan	320.47	688.20	732.28	230
遂宁	Suining	640.75	1297.66	1179.87	201
内江	Neijiang	1286.38	1632.91	1618.27	165
乐山	Leshan	1168.93	1576.94	1525.24	176
南充	Nanchong	1129.95	1940.42	2181.35	133
眉山	Meishan	743.40	1183.61	1318.39	190
宜宾	Yibin	1272.74	1927.34	2078.77	137
广安	Guangan	605.56	1244.59	1383.33	184
达州	Dazhou	882.08	1129.35	1365.55	187
雅安	Yaan	288.81	409.16	417.10	250
巴中	Bazhong	170.93	452.11	512.12	243
资阳	Ziyang	1161.85	1980.42	1169.82	202
贵州	**Guizhou**	**3926.01**	**8655.87**	**9876.81**	
贵阳	Guiyang	1488.54	2680.19		
六盘水	Liupanshui	561.83	1082.01		
遵义	Zunyi	653.71	1346.61		
安顺	Anshun	183.78	366.62		
毕节	Bijie	249.34			
铜仁	Tongren	116.89			
云南	**Yunnan**	**6356.24**	**10358.22**	**9829.69**	
昆明	Kunming	2309.47	3572.97	3226.29	85
曲靖	Qujing	1000.38	1537.17	1465.83	178
玉溪	Yuxi	895.76	1213.11	1168.00	203
保山	Baoshan	100.67	298.99	330.16	258
昭通	Zhaotong	189.26	366.99	371.59	255
丽江	Lijiang	65.85	119.05	119.28	272
普洱	Puer	88.96	206.34	200.62	262
临沧	Lincang	85.57	219.59	236.54	261
西藏	**Tibet**	**59.70**	**117.14**	**136.38**	
拉萨	Lasa	45.07	89.62	91.27	274
陕西	**Shaanxi**	**10888.80**	**19524.89**	**19690.66**	
西安	Xi'an	2889.51	3767.53	3747.98	74
铜川	Tongchuan	256.87	496.07	491.94	245
宝鸡	Baoji	1212.02	1871.03	2054.37	139
咸阳	Xianyang	1370.30	2788.20	3049.70	94
渭南	Weinan	1054.52	1721.42	1707.33	156
延安	Yan'an	1217.78	1902.19	1683.58	158
汉中	Hanzhong	397.15	927.32	990.63	211
榆林	Yulin	1853.88	3143.56	2879.66	104
安康	Ankang	178.84	739.91	901.25	220
商洛	Shangluo	138.02	567.08	722.76	231
甘肃	**Gansu**	**5175.56**	**9275.09**	**8689.37**	
兰州	Lanzhou	1742.53	2310.74	2086.57	136
嘉峪关	Jiayuguan	610.87	1528.72	1377.75	186
金昌	Jinchang	1059.32	2254.53	2427.33	122
白银	Baiyin	400.54	784.25	827.57	225
天水	Tianshui	154.03	191.12	176.82	265
武威	Wuwei	110.57	357.11	254.88	260
张掖	Zhangye	108.84	179.55	188.68	263
平凉	Pingliang	136.20	204.69	145.82	267
酒泉	Jiuquan	369.80	490.69	393.01	253
庆阳	Qingyang	311.91	645.14	489.24	246
定西	Dingxi	44.95	114.64	123.59	270
陇南	Longnan	66.02	113.05	102.46	273
青海	**Qinghai**	**1525.08**	**2246.62**	**2170.66**	
西宁	Xining	996.51	1190.02		
海东	Haidong		228.23		
宁夏	**Ningxia**	**1879.99**	**3526.51**	**3472.75**	
银川	Yinchuan	799.97	1741.52	1735.18	152
石嘴山	Shizuishan	409.79	555.18	529.27	241
吴忠	Wuzhong	314.10	549.61	530.29	240
固原	Guyuan	13.88	33.26	36.40	277
中卫	Zhongwei	151.35	348.38	396.95	252
新疆	**Xinjiang**	**5492.61**	**9321.35**	**8203.73**	
乌鲁木齐	Urumqi	1678.93	2480.46	2111.56	135
克拉玛依	Karamay	1424.05	1831.83	1183.30	200

11-12　规模以上工业企业利润总额
Total Profits of Industrial Enterprises above Designated Size

单位：亿元　　　　　　　　　　　　　　　　　　　　　　　　　　　　　　　　　　（100 million yuan）

地名	City	2010	2014	2015	2015 排名 Ranking
全国	**Nation Total**	**53049.66**	**68154.89**	**66187.07**	
北京	**Beijing**	**1028.34**	**1515.75**	**1597.71**	
天津	**Tianjin**	**1552.05**	**2261.83**	**2221.82**	
河北	**Hebei**	**2141.47**	**2610.90**	**2360.99**	
石家庄	Shijiazhuang	412.98	750.83	815.91	16
唐山	Tangshan	456.60	588.21	245.44	73
秦皇岛	Qinhuangdao	45.43	29.16	19.24	226
邯郸	Handan	190.76	193.37	165.26	107
邢台	Xingtai	137.42	131.45	125.45	129
保定	Baoding	238.48	398.90	249.14	71
张家口	Zhangjiakou	56.63	66.06	52.51	182
承德	Chengde	122.31	99.27	57.95	177
沧州	Cangzhou	247.23	331.86	320.67	57
廊坊	Langfang	170.74	176.88	172.85	105
衡水	Hengshui	62.89	103.26	104.54	138
山西	**Shanxi**	**958.25**	**256.31**	**-30.69**	
太原	Taiyuan	81.61	21.76	-38.82	281
大同	Datong	32.52	10.72	16.17	231
阳泉	Yangquan	41.71	-2.34	-1.51	263
长治	Changzhi	135.96	44.63	7.32	245
晋城	Jincheng	148.16	56.02	50.64	187
朔州	Shuozhou	120.98	61.23	-30.44	278
晋中	Jinzhong	39.77	-22.51	-42.37	282
运城	Yuncheng	49.47	41.13	21.21	223
忻州	Xinzhou	50.26	36.03	12.33	238
临汾	Linfen	70.49	-6.26	-33.56	279
吕梁	Lvliang	173.00	-9.69	-8.95	273
内蒙古	**Inner Mongolia**	**1688.44**	**1299.32**	**1048.55**	
呼和浩特	Hohhot	187.96	93.13	102.45	140
包头	Baotou	188.47	131.95	43.16	194
乌海	Wuhai	91.48	51.09	-13.63	275
赤峰	Chifeng	129.62	94.64	72.04	162
通辽	Tongliao	136.52	145.13	142.84	118
鄂尔多斯	Erdos	685.82	688.88	5161.29	1
呼伦贝尔	Hulunbuir	68.08	112.51	175.23	102
巴彦淖尔	Bayannur	44.27	46.29	33.42	208
乌兰察布	Ulanqab	48.69	2.73	24.40	220
辽宁	**Liaoning**	**2371.35**	**2107.63**	**1069.66**	
沈阳	Shenyang	673.25	747.08	446.63	36
大连	Dalian	532.62	426.63	255.06	69
鞍山	Anshan	186.85	128.84	51.87	184
抚顺	Fushun	83.82	109.24	-0.58	260
本溪	Benxi	55.58	98.52	5.94	250
丹东	Dandong	75.67	49.35	13.49	236
锦州	Jinzhou	138.17	171.95	139.06	121
营口	Yingkou	194.82	162.89	121.49	131
阜新	Fuxin	28.47	34.63	10.50	241
辽阳	Liaoyang	171.60	77.04	58.01	176
盘锦	Panjin	12.25	13.63	-45.85	283
铁岭	Tieling	99.60	30.44	1.74	258
朝阳	Chaoyang	91.02	28.18	-3.15	267
葫芦岛	Huludao	19.39	17.35	2.06	256
吉林	**Jilin**	**843.21**	**1445.89**	**1208.47**	
长春	Changchun	509.02	951.92	765.37	19
吉林	Jilin	56.18	64.95	43.79	193
四平	Siping	38.15	54.66	51.40	186
辽源	Liaoyuan	16.00	26.02	29.00	217
通化	Tonghua	29.12	101.76	136.67	123
白山	Baishan	22.04	27.03	22.78	221
松原	Songyuan	115.49	139.10	68.67	166
白城	Baicheng	9.81	22.86	16.68	228
黑龙江	**Heilongjiang**	**1248.82**	**1007.08**	**465.09**	
哈尔滨	Harbin	118.80	131.65	173.62	104
齐齐哈尔	Qiqihar	81.01	49.21	29.12	216
鸡西	Jixi	17.25	-11.86	-6.53	269
鹤岗	Hegang	12.54	-12.91	-7.95	270
双鸭山	Shuangyashan	17.03	-3.08	-0.77	261
大庆	Daqing	814.66	720.53	158.89	112
伊春	Yichun	10.06	-13.64	-9.98	274
佳木斯	Jiamusi	35.29	29.27	16.30	230
七台河	Qitaihe	57.25	-18.04	-8.48	271
牡丹江	Mudanjiang	26.31	52.74	54.53	180
黑河	Heihe	3.27	9.34	6.16	248
绥化	Suihua	41.35	66.20	63.59	170
上海	**Shanghai**	**2299.66**	**2650.00**	**2680.53**	
江苏	**Jiangsu**	**5970.56**	**9057.17**	**9686.84**	

11-12 规模以上工业企业利润总额 续表 1
Total Profits of Industrial Enterprises above Designated Size continued 1

单位：亿元 （100 million yuan）

地名	City	2010	2014	2015	2015 排名 Ranking
南京	Nanjing	497.91	979.10	837.39	15
无锡	Wuxi	945.91	833.47	895.09	11
徐州	Xuzhou	457.80	874.85	978.53	9
常州	Changzhou	413.47	525.69	642.27	23
苏州	Suzhou	1507.06	1350.12	1529.04	3
南通	Nantong	553.09	861.52	1015.25	8
连云港	Lianyungang	165.82	316.09	434.64	39
淮安	Huaian	124.39	228.99	374.36	47
盐城	Yancheng	217.08	427.99	564.34	26
扬州	Yangzhou	417.53	576.05	605.64	24
镇江	Zhenjiang	228.08	440.88	556.73	28
泰州	Taizhou	343.88	569.92	840.00	14
宿迁	Suqian	112.86	328.30	374.85	46
浙江	**Zhejiang**	**3174.75**	**3729.13**	**3839.99**	
杭州	Hangzhou	764.47	904.60	891.12	12
宁波	Ningbo	657.77	688.25	776.28	18
温州	Wenzhou	262.42	278.63	276.82	65
嘉兴	Jiaxing	321.10	374.84	402.90	42
湖州	Huzhou	144.14	240.33	264.25	66
绍兴	Shaoxing	405.27	547.53	545.22	30
金华	Jinhua	194.72	253.75	244.02	74
衢州	Quzhou	81.20	91.93	74.51	158
舟山	Zhoushan	48.86	3.43	13.76	235
台州	Taizhou	307.17	206.15	213.20	85
丽水	Lishui	97.38	144.74	130.93	126
安徽	**Anhui**	**1445.57**	**1943.62**	**2000.12**	
合肥	Hefei	385.77	471.48	503.36	32
芜湖	Wuhu	117.98	306.83	336.72	55
蚌埠	Bengbu	45.58	64.51	72.34	160
淮南	Huainan	44.82	-9.22	14.55	234
马鞍山	Maanshan	117.54	97.96	66.48	168
淮北	Huaibei	62.12	56.73	32.64	211
铜陵	Tongling	32.93	36.76	38.57	199
安庆	Anqing	111.65	199.35	180.29	100
黄山	Huangshan	25.33	24.62	22.39	222
滁州	Chuzhou	80.92	239.40	257.74	68
阜阳	Fuyang	75.21	78.21	82.34	151
宿州	Suzhou	41.05	58.16	74.67	157
六安	Liuan	79.28	80.94	68.06	167
亳州	Bozhou	38.15	65.36	71.62	164
池州	Chizhou	19.21	52.68	53.04	181
宣城	Xuancheng	109.73	119.84	184.29	96
福建	**Fujian**	**1754.18**	**2344.27**	**2359.82**	
福州	Fuzhou	324.06	406.37	384.43	44
厦门	Xiamen	276.75	237.55	185.12	95
莆田	Putian	92.73	195.91	204.15	88
三明	Sanming	41.22	80.74	65.24	169
泉州	Quanzhou	627.32	755.70	812.92	17
漳州	Zhangzhou	161.61	326.35	372.11	49
南平	Nanping	45.61	74.40	76.87	154
龙岩	Longyan	136.27	112.88	90.05	148
宁德	Ningde	42.83	154.39	168.93	106
江西	**Jiangxi**	**856.81**	**2130.41**	**2114.65**	
南昌	Nanchang	126.25	308.31	309.76	59
景德镇	Jingdezhen	26.14	46.42	48.50	191
萍乡	Pingxiang	113.78	202.81	200.00	92
九江	Jiujiang	81.32	307.32	348.83	52
新余	Xinyu	89.36	64.09	49.99	189
鹰潭	Yingtan	75.30	99.25	87.78	149
赣州	Ganzhou	58.88	191.88	198.69	93
吉安	Jian	77.88	225.37	243.61	75
宜春	Yichun	99.38	279.04	451.41	35
抚州	Fuzhou	30.91	88.81	92.35	145
上饶	Shangrao	77.61	230.63	248.49	72
山东	**Shandong**	**6107.99**	**8843.91**	**8660.48**	
济南	Jinan	334.81	277.36	349.66	51
青岛	Qingdao	582.80	843.32	936.56	10
淄博	Zibo	624.48	684.76	705.43	20
枣庄	Zaozhuang	198.72	188.46	161.51	108
东营	Dongying	705.20	1258.68	862.06	13
烟台	Yantai	790.14	1063.06	1099.76	5
潍坊	Weifang	528.43	676.61	697.05	21
济宁	Jining	433.25	339.70	310.69	58
泰安	Taian	299.09	458.73	427.21	40
威海	Weihai	259.89	359.22	371.82	50
日照	Rizhao	143.31	90.16	62.11	172
莱芜	Laiwu	57.37	34.27	16.47	229
临沂	Linyi	322.59	530.99	507.62	31
德州	Dezhou	327.19	541.03	562.45	27
聊城	Liaocheng	292.74	577.50	590.46	25

11-12　规模以上工业企业利润总额　续表 2
Total Profits of Industrial Enterprises above Designated Size continued 2

单位：亿元　　　　　　　　　　　　　　　　　　　　　　　　　　　　　　　　（100 million yuan）

地名	City	2010	2014	2015	2015 排名 Ranking	地名	City	2010	2014	2015	2015 排名 Ranking
滨州	Binzhou	217.12	281.12	260.07	67	常德	Changde	105.24	181.94	160.13	109
菏泽	Heze	204.45	509.93	547.87	29	张家界	Zhangjiajie	17.84	12.35	9.63	242
河南	**Henan**	**3302.22**	**4946.19**	**4900.60**		益阳	Yiyang	53.93	64.35	77.41	153
郑州	Zhengzhou	715.48	1033.04	1044.25	7	郴州	Chenzhou	149.96	198.69	175.14	103
开封	Kaifeng	124.23	214.95	232.76	79	永州	Yongzhou	52.99	48.77	34.87	205
洛阳	Luoyang	212.08	228.80	218.47	83	怀化	Huaihua	48.98	29.50	38.10	200
平顶山	Pingdingshan	145.33	162.77	136.96	122	娄底	Loudi	51.04	91.85	62.64	171
安阳	Anyang	188.24	234.29	178.52	101	**广东**	**Guangdong**	**6239.64**	**7014.99**	**7723.16**	
鹤壁	Hebi	57.51	96.65	102.33	141	广州	Guangzhou	1031.27	1076.69	1098.57	6
新乡	Xinxiang	169.87	233.94	231.22	80	韶关	Shaoguan	35.07	61.37	42.21	195
焦作	Jiaozuo	234.66	349.21	340.64	54	深圳	Shenzhen	1599.02	1496.16	1831.49	2
濮阳	Puyang	118.28	252.60	238.77	76	珠海	Zhuhai	191.24	293.96	279.54	64
许昌	Xuchang	276.96	434.99	444.02	37	汕头	Shantou	173.28	213.42	210.89	86
漯河	Luohe	213.03	279.72	306.53	60	佛山	Foshan	1073.34	1365.33	1450.40	4
三门峡	Sanmenxia	202.30	264.67	217.82	84	江门	Jiangmen	251.08	170.84	226.24	81
南阳	Nanyang	141.78	238.85	201.51	91	湛江	Zhanjiang	148.57	127.56	85.61	150
商丘	Shangqiu	107.35	154.97	142.43	119	茂名	Maoming	116.09	167.52	253.38	70
信阳	Xinyang	64.37	135.44	157.73	113	肇庆	Zhaoqing	98.18	216.05	235.27	77
周口	Zhoukou	194.29	387.56	441.97	38	惠州	Huizhou	196.32	306.00	373.13	48
驻马店	Zhumadian	80.90	171.81	188.52	94	梅州	Meizhou	51.31	42.66	45.81	192
湖北	**Hubei**	**1668.55**	**2402.63**	**2456.00**		汕尾	Shanwei	13.45	33.92	40.99	197
武汉	Wuhan	366.91	483.24	480.65	33	河源	Heyuan	83.79	64.60	75.60	156
黄石	Huangshi	54.71	95.83	60.96	173	阳江	Yangjiang	88.03	165.19	157.38	114
十堰	Shiyan	149.79	157.39	159.83	111	清远	Qingyuan	163.96	104.56	92.35	146
宜昌	Yichang	208.84	445.19	378.59	45	东莞	Dongguan	352.36	365.98	407.50	41
襄阳	Xiangyang	118.41	343.28	282.39	63	中山	Zhongshan	273.96	291.15	322.83	56
鄂州	Ezhou	18.99	41.83	30.38	213	潮州	Chaozhou	62.34	115.27	131.41	124
荆门	Jingmen	55.79	138.23	149.86	117	揭阳	Jieyang	189.75	261.25	283.57	62
孝感	Xiaogan	48.64	116.23	126.30	128	云浮	Yunfu	47.23	75.51	72.15	161
荆州	Jingzhou	36.81	127.37	128.99	127	**广西**	**Guangxi**	**771.59**	**1085.71**	**1279.06**	
黄冈	Huanggang	33.73	83.68	72.71	159	南宁	Nanning	112.56	195.54	220.84	82
咸宁	Xianning	38.18	106.31	131.17	125	柳州	Liuzhou	126.25	136.79	96.49	143
随州	Suizhou	28.97	121.07	116.60	133	桂林	Guilin	107.05	171.73	183.90	97
湖南	**Hunan**	**1451.45**	**1688.30**	**1808.70**		梧州	Wuzhou	35.22	173.50	202.82	89
长沙	Changsha	432.40	552.73	675.43	22	北海	Beihai	33.23	101.04	107.84	137
株洲	Zhuzhou	98.42	141.27	159.92	110	防城港	Fangchenggang	52.76	27.31	29.76	214
湘潭	Xiangtan	107.15	71.82	119.26	132	钦州	Qinzhou	1.50	-9.04	39.20	198
衡阳	Hengyang	147.64	95.28	183.65	98	贵港	Guigang	83.35	65.25	58.35	175
邵阳	Shaoyang	64.14	66.04	94.46	144	玉林	Yulin	73.79	84.88	90.94	147
岳阳	Yueyang	98.43	124.90	141.50	120	百色	Baise	40.09	16.53	34.28	206

11-12 规模以上工业企业利润总额 续表 3
Total Profits of Industrial Enterprises above Designated Size continued 3

单位：亿元 （100 million yuan）

地名	City	2010	2014	2015	2015 排名 Ranking
贺州	Hezhou	7.49	30.06	33.90	207
河池	Hechi	26.25	19.41	35.13	203
来宾	Laibin	24.16	-2.18	4.21	252
崇左	Chongzuo	40.01	74.11	114.67	134
海南	**Hainan**	**140.04**	**113.36**	**103.61**	
海口	Haikou	34.92	32.81	33.11	209
三亚	Sanya	3.73	3.86	2.47	255
三沙	Sansha				
重庆	**Chongqing**	**518.59**	**1229.65**	**1411.86**	
四川	**Sichuan**	**1661.85**	**2237.00**	**2171.26**	
成都	Chengdu	391.64	718.76	469.22	34
自贡	Zigong	65.00	75.61	76.08	155
攀枝花	Panzhihua	49.89	45.57	19.44	225
泸州	Luzhou	92.11	87.65	103.32	139
德阳	Deyang	120.84	84.67	181.16	99
绵阳	Mianyang	93.93	102.60	101.59	142
广元	Guangyuan	14.50	31.81	34.89	204
遂宁	Suining	48.31	76.99	69.01	165
内江	Neijiang	73.25	75.22	71.98	163
乐山	Leshan	99.31	44.70	51.75	185
南充	Nanchong	80.18	133.49	156.58	115
眉山	Meishan	45.64	70.81	80.76	152
宜宾	Yibin	148.41	177.25	202.75	90
广安	Guangan	30.19	54.64	52.24	183
达州	Dazhou	41.49	95.78	56.08	179
雅安	Yaan	29.15	30.67	32.24	212
巴中	Bazhong	3.00	13.84	16.95	227
资阳	Ziyang	92.54	141.95	125.24	130
贵州	**Guizhou**	**317.63**	**628.68**	**732.76**	
贵阳	Guiyang	61.02	217.00	235.10	78
六盘水	Liupanshui	59.04	21.68	13.07	237
遵义	Zunyi	134.53	285.73	300.98	61
安顺	Anshun	13.02	45.78	32.84	210
毕节	Bijie	14.83		36.40	202
铜仁	Tongren	3.24		20.08	224
云南	**Yunnan**	**599.34**	**516.08**	**465.53**	
昆明	Kunming	153.91	162.11	153.69	116
曲靖	Qujing	73.14	6.26	26.00	219
玉溪	Yuxi	87.00	79.42	29.66	215
保山	Baoshan	13.00	32.14	26.66	218
昭通	Zhaotong	15.89	42.60	57.44	178
丽江	Lijiang	8.70	17.92	10.61	240
普洱	Puer	8.66	15.09	5.96	249
临沧	Lincang	11.26	19.84	9.04	243
西藏	**Tibet**	**10.82**	**12.56**	**6.93**	
拉萨	Lasa	6.86	4.71	-2.04	264
陕西	**Shaanxi**	**1469.57**	**1877.44**	**1441.30**	
西安	Xi'an	192.95	205.14	206.88	87
铜川	Tongchuan	20.77	157.14	0.58	259
宝鸡	Baoji	58.61	135.34	114.64	135
咸阳	Xianyang	140.61	321.61	344.28	53
渭南	Weinan	57.55	49.27	-0.99	262
延安	Yan'an	222.32	229.52	-4.01	268
汉中	Hanzhong	16.75	27.23	37.00	201
榆林	Yulin	583.86	533.03	400.42	43
安康	Ankang	22.66	84.71	108.49	136
商洛	Shangluo	9.01	23.57	41.54	196
甘肃	**Gansu**	**231.70**	**243.17**	**-91.89**	
兰州	Lanzhou	43.94	-8.06	-2.61	266
嘉峪关	Jiayuguan	20.03	12.67	-100.81	285
金昌	Jinchang	26.60	4.28	-53.82	284
白银	Baiyin	12.48	5.76	-2.08	265
天水	Tianshui	4.64	7.62	7.57	244
武威	Wuwei	5.56	5.40	4.78	251
张掖	Zhangye	8.69	4.95	1.83	257
平凉	Pingliang	12.70	7.66	-8.75	272
酒泉	Jiuquan	6.15	12.15	-23.82	276
庆阳	Qingyang	72.45	159.51	49.86	190
定西	Dingxi	1.66	2.85	2.65	254
陇南	Longnan	10.62	10.43	6.77	247
青海	**Qinghai**	**182.02**	**106.19**	**67.85**	
西宁	Xining	43.36	-16.50	-36.48	280
海东	Haidong		9.84	15.14	233
宁夏	**Ningxia**	**138.00**	**118.06**	**85.34**	
银川	Yinchuan	49.87	69.43	59.64	174
石嘴山	Shizuishan	13.53	6.06	50.36	188
吴忠	Wuzhong	13.40	10.47	11.06	239
固原	Guyuan	2.82	3.32	2.96	253
中卫	Zhongwei	7.91	2.28	6.86	246
新疆	**Xinjiang**	**852.43**	**731.65**	**340.97**	
乌鲁木齐	Urumqi	197.88	116.96	16.07	232
克拉玛依	Karamay	230.05	98.16	-24.97	277

11-13 规模以上工业企业应交增值税
Value-added Tax Payable of Industrial Enterprises above Designated Size

单位：亿元 （100 million yuan）

地名	City	2010	2014	2015	2015 排名 Ranking
全国	**Nation Total**	**22472.72**	**33979.04**		
北京	**Beijing**	**409.79**	**561.56**	**569.38**	
天津	**Tianjin**	**656.54**	**992.37**	**936.16**	
河北	**Hebei**	**872.28**	**1160.87**	**737.87**	
石家庄	Shijiazhuang	139.10	213.59	231.51	31
唐山	Tangshan	221.71	276.36		
秦皇岛	Qinhuangdao	28.60	32.93		
邯郸	Handan	105.32	102.31	91.66	87
邢台	Xingtai	53.87	58.65		
保定	Baoding	84.95	130.97	105.22	75
张家口	Zhangjiakou	31.74	39.82	32.64	185
承德	Chengde	48.04	63.56	42.91	164
沧州	Cangzhou	81.64	125.45	117.37	67
廊坊	Langfang	57.29	83.47	81.91	96
衡水	Hengshui	20.02	33.76	34.65	179
山西	**Shanxi**	**714.39**	**617.45**	**445.21**	
太原	Taiyuan	69.49	58.34	60.29	122
大同	Datong	55.54	43.74	38.00	174
阳泉	Yangquan	43.90	27.56	19.07	225
长治	Changzhi	75.85	65.45	49.75	142
晋城	Jincheng	67.89	57.99	49.95	141
朔州	Shuozhou	79.84	78.00	34.44	180
晋中	Jinzhong	64.26	46.41	35.34	178
运城	Yuncheng	34.55	35.49	27.24	200
忻州	Xinzhou	25.83	35.47	29.45	196
临汾	Linfen	72.23	58.02	41.42	167
吕梁	Lvliang	100.02	80.53	62.76	116
内蒙古	**Inner Mongolia**	**586.32**	**769.14**	**561.40**	
呼和浩特	Hohhot	62.43	58.23	44.31	159
包头	Baotou	104.46	89.71	68.29	107
乌海	Wuhai	31.97	28.34	17.91	226
赤峰	Chifeng	40.65	33.24		
通辽	Tongliao	45.26	66.63	52.40	138
鄂尔多斯	Erdos	189.99	292.14	293.90	21
呼伦贝尔	Hulunbuir	26.28	61.86	53.03	137
巴彦淖尔	Bayannur	14.75	18.16	11.71	246
乌兰察布	Ulanqab	19.41	31.33	19.85	222
辽宁	**Liaoning**	**968.69**	**1175.39**	**745.06**	
沈阳	Shenyang	224.31	255.52	165.75	47
大连	Dalian	164.31	231.13	178.50	40
鞍山	Anshan	85.81	80.09	45.96	154
抚顺	Fushun	42.06	63.51	40.75	169
本溪	Benxi	30.90	57.81	42.01	165
丹东	Dandong	29.17	33.55	8.80	254
锦州	Jinzhou	47.83	65.32	27.29	199
营口	Yingkou	113.97	107.35	68.03	108
阜新	Fuxin	17.19	18.27	13.46	238
辽阳	Liaoyang	26.25	41.92	36.21	176
盘锦	Panjin	54.85	93.35	66.70	109
铁岭	Tieling	58.34	21.02	12.39	242
朝阳	Chaoyang	27.11	44.22	14.38	235
葫芦岛	Huludao	20.57	22.99	24.83	207
吉林	**Jilin**	**355.00**	**655.29**	**529.09**	
长春	Changchun	180.53	354.41	316.37	18
吉林	Jilin	49.24	93.52	94.26	86
四平	Siping	18.56	22.85	17.89	227
辽源	Liaoyuan	10.99	12.67	9.17	252
通化	Tonghua	20.87	50.99	45.44	156
白山	Baishan	16.06	25.63	12.20	245
松原	Songyuan	40.45	54.33	26.11	204
白城	Baicheng	2.65	12.91	7.65	256
黑龙江	**Heilongjiang**	**509.51**	**554.51**	**314.25**	
哈尔滨	Harbin	86.21	86.74	103.93	76
齐齐哈尔	Qiqihar	35.89	32.59		
鸡西	Jixi	17.55	10.70	9.25	251
鹤岗	Hegang	12.34	6.76	7.28	257
双鸭山	Shuangyashan	16.67	13.17	7.05	258
大庆	Daqing	250.56	298.06	173.95	43
伊春	Yichun	5.56	1.85	0.61	274
佳木斯	Jiamusi	8.39	14.19		
七台河	Qitaihe	23.48	11.53	8.57	255
牡丹江	Mudanjiang	17.46	38.22		
黑河	Heihe	2.93	4.35	3.60	266
绥化	Suihua	10.01	19.67		
上海	**Shanghai**	**816.97**	**915.23**	**984.92**	
江苏	**Jiangsu**	**2692.69**	**4633.56**	**4519.67**	

11-13 规模以上工业企业应交增值税 续表 1
Value-added Tax Payable of Industrial Enterprises above Designated Size continued 1

单位：亿元 (100 million yuan)

地名	City	2010	2014	2015	2015 排名 Ranking
南京	Nanjing	348.29	484.24	408.67	9
无锡	Wuxi	252.57	364.25	289.79	22
徐州	Xuzhou	254.94	496.88	569.99	1
常州	Changzhou	184.91	301.68	345.11	16
苏州	Suzhou	451.41	503.23	445.34	7
南通	Nantong	250.79	420.15	525.56	3
连云港	Lianyungang	75.60	157.14	211.59	35
淮安	Huaian	64.34	105.69	154.71	50
盐城	Yancheng	147.50	312.59	368.55	13
扬州	Yangzhou	245.29	343.01	368.37	14
镇江	Zhenjiang	126.77	224.02	250.77	26
泰州	Taizhou	188.62	378.69	463.16	5
宿迁	Suqian	38.10	109.70	118.06	66
浙江	**Zhejiang**	**1412.68**	**1844.10**	**1874.92**	
杭州	Hangzhou	305.99	398.98	404.59	10
宁波	Ningbo	277.04	353.38	373.74	12
温州	Wenzhou	157.30	154.03	150.26	51
嘉兴	Jiaxing	146.10	219.41	217.45	34
湖州	Huzhou	73.04	112.94	118.76	65
绍兴	Shaoxing	155.71	221.35	227.86	32
金华	Jinhua	96.60	128.34	138.02	57
衢州	Quzhou	29.97	54.67	54.74	134
舟山	Zhoushan	13.45	17.83	16.19	230
台州	Taizhou	102.90	123.75	125.03	61
丽水	Lishui	32.70	43.34	48.27	147
安徽	**Anhui**	**672.57**	**991.10**	**959.38**	
合肥	Hefei	160.23	203.35	209.74	36
芜湖	Wuhu	83.51	193.40	149.90	52
蚌埠	Bengbu	22.70	29.67	30.69	191
淮南	Huainan	57.63	48.80	42.01	165
马鞍山	Maanshan	71.10	67.13	70.06	105
淮北	Huaibei	43.07	58.93	47.66	150
铜陵	Tongling	21.85	25.37	26.11	203
安庆	Anqing	37.50	70.32	69.16	106
黄山	Huangshan	8.53	10.54	8.98	253
滁州	Chuzhou	29.84	77.05	86.52	91
阜阳	Fuyang	27.80	63.83	56.23	132
宿州	Suzhou	12.61	23.30	23.12	212
六安	Liuan	20.11	27.49	20.63	218
亳州	Bozhou	10.95	20.67	19.99	220
池州	Chizhou	8.67	22.84	19.98	221
宣城	Xuancheng	32.22	48.39	49.37	144
福建	**Fujian**	**555.85**	**1076.56**	**1037.20**	
福州	Fuzhou	87.43		167.06	46
厦门	Xiamen	66.31		84.27	93
莆田	Putian	21.34		56.27	131
三明	Sanming	41.41		48.97	145
泉州	Quanzhou	171.56		297.22	19
漳州	Zhangzhou	67.47		219.99	33
南平	Nanping	16.76		44.20	160
龙岩	Longyan	44.19		61.10	119
宁德	Ningde	22.63		58.12	126
江西	**Jiangxi**	**421.87**	**1014.06**	**1002.24**	
南昌	Nanchang	76.11		138.65	55
景德镇	Jingdezhen	20.14		33.80	182
萍乡	Pingxiang	45.63		57.27	129
九江	Jiujiang	38.56		130.87	60
新余	Xinyu	21.77		29.95	194
鹰潭	Yingtan	23.45		54.10	135
赣州	Ganzhou	43.12		120.38	64
吉安	Jian	43.82		111.95	71
宜春	Yichun	50.44		120.44	63
抚州	Fuzhou	20.14		66.39	110
上饶	Shangrao	41.07		138.43	56
山东	**Shandong**	**2545.93**	**4022.61**	**2954.72**	
济南	Jinan	131.99	162.42	175.55	41
青岛	Qingdao	305.36	503.42	416.07	8
淄博	Zibo	287.35	371.18	321.52	17
枣庄	Zaozhuang	111.46	132.24	97.33	81
东营	Dongying	235.45	413.28	284.88	23
烟台	Yantai	210.48	303.25	281.69	24
潍坊	Weifang	201.72	266.56	244.56	27
济宁	Jining	156.69	195.37	168.10	45
泰安	Taian	136.53	230.44	159.77	49
威海	Weihai	98.96	165.89	139.85	54
日照	Rizhao	53.72	45.42	41.41	168
莱芜	Laiwu	29.30	15.93	12.61	240
临沂	Linyi	93.18	231.95	172.15	44
德州	Dezhou	149.89	313.30	253.93	25
聊城	Liaocheng	152.82	202.14	188.48	39

11-13 规模以上工业企业应交增值税 续表 2

Value-added Tax Payable of Industrial Enterprises above Designated Size continued 2

单位：亿元 （100 million yuan）

地名	City	2010	2014	2015	2015 排名 Ranking	地名	City	2010	2014	2015	2015 排名 Ranking
滨州	Binzhou	91.25	129.80	90.47	88	常德	Changde	67.28		123.43	62
菏泽	Heze	93.78	257.13	231.76	30	张家界	Zhangjiajie	3.80		2.56	270
河南	**Henan**	**1147.72**	**1711.04**	**1476.00**		益阳	Yiyang	31.16		38.96	173
郑州	Zhengzhou	261.21	483.43	354.08	15	郴州	Chenzhou	72.97		79.39	97
开封	Kaifeng	30.98	57.32	60.62	120	永州	Yongzhou	21.44		31.54	189
洛阳	Luoyang	94.52	105.24	98.73	79	怀化	Huaihua	22.09		26.10	205
平顶山	Pingdingshan	73.08	91.66	75.59	99	娄底	Loudi	63.64		73.01	102
安阳	Anyang	74.35	88.57	82.30	94	**广东**	**Guangdong**	**2280.56**	**3430.87**	**2697.13**	
鹤壁	Hebi	23.63	30.69	32.94	183	广州	Guangzhou	469.63		538.68	2
新乡	Xinxiang	45.21	61.74	58.30	125	韶关	Shaoguan	29.11		43.88	162
焦作	Jiaozuo	101.41	127.60	100.37	77	深圳	Shenzhen	470.83			
濮阳	Puyang	36.26	67.28	61.40	117	珠海	Zhuhai	64.24		95.54	85
许昌	Xuchang	104.10	153.34	160.22	48	汕头	Shantou	51.61			
漯河	Luohe	31.48	41.43	43.01	163	佛山	Foshan	318.39		496.40	4
三门峡	Sanmenxia	40.71	50.52	46.10	152	江门	Jiangmen	109.04		109.77	72
南阳	Nanyang	77.54	101.69	98.36	80	湛江	Zhanjiang	43.84		32.60	186
商丘	Shangqiu	37.32	53.66	48.38	146	茂名	Maoming	53.21		237.53	29
信阳	Xinyang	27.20	45.19	39.02	172	肇庆	Zhaoqing	61.63		134.56	59
周口	Zhoukou	38.16	73.62	63.05	115	惠州	Huizhou	118.75		242.51	28
驻马店	Zhumadian	25.37	47.73	53.52	136	梅州	Meizhou	22.38		29.46	195
湖北	**Hubei**	**639.08**	**1217.24**	**1113.97**		汕尾	Shanwei	9.63		2.13	272
武汉	Wuhan	228.90	429.53	462.99	6	河源	Heyuan	20.22		32.00	187
黄石	Huangshi	18.50	50.53	46.03	153	阳江	Yangjiang	21.85		57.71	127
十堰	Shiyan	17.05	44.41	71.60	104	清远	Qingyuan	61.61		48.02	148
宜昌	Yichang	77.00	173.90	174.18	42	东莞	Dongguan	108.19		195.44	38
襄阳	Xiangyang	48.96	103.30	96.95	82	中山	Zhongshan	145.09		206.47	37
鄂州	Ezhou	18.02	43.60	23.21	211	潮州	Chaozhou	28.73		44.66	158
荆门	Jingmen	24.89	57.19	57.43	128	揭阳	Jieyang	56.25		116.90	69
孝感	Xiaogan	25.12	49.97	47.86	149	云浮	Yunfu	16.48		32.88	184
荆州	Jingzhou	16.62	54.74	47.15	151	**广西**	**Guangxi**	**320.65**	**688.51**	**608.61**	
黄冈	Huanggang	15.90	37.93	31.89	188	南宁	Nanning	46.07	94.08	87.14	90
咸宁	Xianning	12.28	38.38	31.08	190	柳州	Liuzhou	68.98	87.93	96.06	84
随州	Suizhou	12.81	38.03	23.60	210	桂林	Guilin	35.66	67.01	63.26	114
湖南	**Hunan**	**830.66**	**1247.98**	**1182.73**		梧州	Wuzhou	17.29	101.77	86.23	92
长沙	Changsha	182.95		394.46	11	北海	Beihai	7.53	68.41	61.30	118
株洲	Zhuzhou	94.05		115.19	70	防城港	Fangchenggang	6.10	9.26	12.23	243
湘潭	Xiangtan	48.86		63.27	113	钦州	Qinzhou	12.09	91.73	51.42	140
衡阳	Hengyang	64.39		65.19	111	贵港	Guigang	13.41	22.07	17.41	228
邵阳	Shaoyang	28.18		34.33	181	玉林	Yulin	26.36	37.91	39.73	171
岳阳	Yueyang	114.66		135.31	58	百色	Baise	29.32	28.12	24.05	209

11-13 规模以上工业企业应交增值税 续表 3
Value-added Tax Payable of Industrial Enterprises above Designated Size continued 3

单位：亿元 （100 million yuan）

地名	City	2010	2014	2015	2015 排名 Ranking
贺州	Hezhou	5.86	10.35	11.49	247
河池	Hechi	18.59	20.89	22.20	215
来宾	Laibin	15.81	14.86	16.70	229
崇左	Chongzuo	13.72	19.89	19.39	224
海南	**Hainan**	**60.46**	**64.89**	**72.84**	
海口	Haikou	15.29	19.76	21.08	216
三亚	Sanya	2.22	2.90	2.78	269
三沙	Sansha				
重庆	**Chongqing**	**341.75**	**720.36**	**740.92**	
四川	**Sichuan**	**945.28**	**1297.33**	**1173.99**	
成都	Chengdu	217.36	384.01	294.06	20
自贡	Zigong	48.90	60.21	60.44	121
攀枝花	Panzhihua	38.61	47.91	35.85	177
泸州	Luzhou	44.47	40.23	45.55	155
德阳	Deyang	59.50	76.54	96.52	83
绵阳	Mianyang	56.23	66.42	73.20	101
广元	Guangyuan	10.53	13.67	13.40	239
遂宁	Suining	30.18	46.75	40.22	170
内江	Neijiang	57.33	59.98	49.75	143
乐山	Leshan	47.25	33.33	30.40	193
南充	Nanchong	44.22	67.80	55.27	133
眉山	Meishan	28.87	42.90	44.98	157
宜宾	Yibin	58.00	68.49	72.02	103
广安	Guangan	19.32	28.44	22.59	214
达州	Dazhou	26.17	34.21	30.55	192
雅安	Yaan	14.90	21.49	20.96	217
巴中	Bazhong	2.66	14.69	12.22	244
资阳	Ziyang	40.37	61.62	59.60	123
贵州	**Guizhou**	**193.20**	**359.07**	**275.47**	
贵阳	Guiyang	58.88		87.66	89
六盘水	Liupanshui	34.78		65.02	112
遵义	Zunyi	38.69		99.84	78
安顺	Anshun	8.40		13.71	237
毕节	Bijie	23.41		24.71	208
铜仁	Tongren	3.69		14.53	234
云南	**Yunnan**	**337.57**	**472.75**	**446.16**	
昆明	Kunming	91.01	128.65	117.21	68
曲靖	Qujing	50.84	59.27	52.08	139
玉溪	Yuxi	59.28	77.63	20.52	219
保山	Baoshan	5.52	13.58	12.53	241
昭通	Zhaotong	16.44	32.34	37.54	175
丽江	Lijiang	3.90	9.16	9.52	250
普洱	Puer	6.35	16.25	14.13	236
临沧	Lincang	6.34	8.65	6.34	261
西藏	**Tibet**	**5.01**	**7.71**	**6.81**	
拉萨	Lasa	3.69	4.67	2.94	268
陕西	**Shaanxi**	**584.23**	**948.84**	**786.20**	
西安	Xi'an	98.00	134.63	108.77	73
铜川	Tongchuan	14.17	19.81	15.61	232
宝鸡	Baoji	41.28	73.45	59.48	124
咸阳	Xianyang	51.99	135.06	145.29	53
渭南	Weinan	37.01	36.12	27.67	198
延安	Yan'an	90.80	134.10	76.30	98
汉中	Hanzhong	11.52	23.89	26.69	202
榆林	Yulin	184.74	249.32	105.35	74
安康	Ankang	12.12	40.54	44.14	161
商洛	Shangluo	5.67	20.36	22.89	213
甘肃	**Gansu**	**165.56**	**239.04**	**206.09**	
兰州	Lanzhou	60.64		81.98	95
嘉峪关	Jiayuguan	17.39		15.23	233
金昌	Jinchang	17.64		19.80	223
白银	Baiyin	10.68		15.84	231
天水	Tianshui	7.11		5.43	263
武威	Wuwei	3.70		-2.09	275
张掖	Zhangye	3.95		3.45	267
平凉	Pingliang	11.08		10.07	249
酒泉	Jiuquan	11.13		5.87	262
庆阳	Qingyang	14.89		27.02	201
定西	Dingxi	1.35		2.22	271
陇南	Longnan	3.53		6.75	259
青海	**Qinghai**	**80.66**	**81.97**	**29.35**	
西宁	Xining	36.36	19.48	25.11	206
海东	Haidong		4.51	4.24	265
宁夏	**Ningxia**	**71.12**	**103.21**	**53.00**	
银川	Yinchuan	20.25	42.84	29.39	197
石嘴山	Shizuishan	13.88	13.12	10.73	248
吴忠	Wuzhong	11.72	13.95	6.73	260
固原	Guyuan	0.52	1.50	0.88	273
中卫	Zhongwei	6.09	9.62	5.27	264
新疆	**Xinjiang**	**261.52**	**404.41**	**333.68**	
乌鲁木齐	Urumqi	52.63	77.29	56.54	130
克拉玛依	Karamay	90.30	115.43	74.85	100

12

建筑业

Construction

12-1 建筑业企业单位数

Number of Construction Enterprises

单位：个 （unit）

地名	City	2010	2014	2015	2015 排名 Ranking	地名	City	2010	2014	2015	2015 排名 Ranking
全国	**Nation Total**	**71863**	**81141**	**80911**		沈阳	Shenyang	1542	2049	2049	1
北京	**Beijing**	**3262**	**3043**	**2909**		大连	Dalian	1378	1670	1670	2
天津	**Tianjin**	**1438**	**1629**	**1551**		鞍山	Anshan	319	411	411	42
河北	**Hebei**	**2132**	**2395**	**2375**		抚顺	Fushun	164	216	216	96
石家庄	Shijiazhuang	271	258	288	63	本溪	Benxi	186	234	234	85
唐山	Tangshan	296	335	325	56	丹东	Dandong	201	246	246	79
秦皇岛	Qinhuangdao	207	222	215	97	锦州	Jinzhou	190	256	256	73
邯郸	Handan	240	306	299	60	营口	Yingkou	157	262	262	70
邢台	Xingtai	165	163	161	124	阜新	Fuxin	159	233	233	86
保定	Baoding	247	285	283	65	辽阳	Liaoyang	217	280	280	66
张家口	Zhangjiakou	124	151	146	138	盘锦	Panjin	176	221	221	93
承德	Chengde	197	203	201	103	铁岭	Tieling	93	118	118	165
沧州	Cangzhou	212	210	209	100	朝阳	Chaoyang	159	217	217	94
廊坊	Langfang	209	216	210	99	葫芦岛	Huludao	161	298	298	61
衡水	Hengshui	121	147	148	134	**吉林**	**Jilin**	**932**	**2195**	**2270**	
山西	**Shanxi**	**1727**	**2357**	**2285**		长春	Changchun	366			
太原	Taiyuan	821	956	932	11	吉林	Jilin	161			
大同	Datong	204	208	191	110	四平	Siping	153			
阳泉	Yangquan	78	90	86	198	辽源	Liaoyuan	82			
长治	Changzhi	146	154	151	130	通化	Tonghua	97			
晋城	Jincheng	71	103	100	184	白山	Baishan	99			
朔州	Shuozhou	78	117	115	168	松原	Songyuan	104			
晋中	Jinzhong	118	169	173	118	白城	Baicheng	57			
运城	Yuncheng	129	157	155	129	**黑龙江**	**Heilongjiang**	**1945**	**1825**	**1601**	
忻州	Xinzhou	110	139	135	148	哈尔滨	Harbin	890	833	734	20
临汾	Linfen	128	165	150	133	齐齐哈尔	Qiqihar	132	102	95	189
吕梁	Lvliang	87	100	97	187	鸡西	Jixi	82	91	78	205
内蒙古	**Inner Mongolia**	**787**	**863**	**841**		鹤岗	Hegang	59	58	51	230
呼和浩特	Hohhot	171	180	172	119	双鸭山	Shuangyashan	55	46	41	240
包头	Baotou	98	100	99	185	大庆	Daqing	235	218	185	112
乌海	Wuhai	32	41	41	240	伊春	Yichun	53	45	34	247
赤峰	Chifeng	116	132	137	146	佳木斯	Jiamusi	70	71	63	220
通辽	Tongliao	44	56	57	224	七台河	Qitaihe	27	33	28	253
鄂尔多斯	Erdos	166	192	193	109	牡丹江	Mudanjiang	182	134	124	159
呼伦贝尔	Hulunbuir	74	73	72	212	黑河	Heihe	51	60	52	229
巴彦淖尔	Bayannur	53	56	57	224	绥化	Suihua	81	102	86	198
乌兰察布	Ulanqab	41	41	39	243	**上海**	**Shanghai**	**2983**	**2888**	**2779**	
辽宁	**Liaoning**	**4612**	**6028**	**5563**		**江苏**	**Jiangsu**	**8893**	**9025**	**8909**	

12-1 建筑业企业单位数 续表 1

Number of Construction Enterprises continued 1

单位：个 （unit）

地名	City	2010	2014	2015	2015 排名 Ranking	地名	City	2010	2014	2015	2015 排名 Ranking
南京	Nanjing	1517	1487	1478	4	池州	Chizhou	84	100	113	170
无锡	Wuxi	598	577	576	29	宣城	Xuancheng	117	126	132	152
徐州	Xuzhou	364	413	411	42	**福建**	**Fujian**	**2180**	**3109**	**3402**	
常州	Changzhou	564	633	621	26	福州	Fuzhou	748	1057	1117	9
苏州	Suzhou	1454	1438	1424	6	厦门	Xiamen	466	687	759	18
南通	Nantong	890	892	895	12	莆田	Putian	145	239	273	69
连云港	Lianyungang	214	301	292	62	三明	Sanming	140	212	227	91
淮安	Huaian	624	611	586	28	泉州	Quanzhou	491	598	616	27
盐城	Yancheng	668	751	771	17	漳州	Zhangzhou	165	234	275	68
扬州	Yangzhou	743	735	717	22	南平	Nanping	148	237	262	70
镇江	Zhenjiang	374	391	381	51	龙岩	Longyan	187	309	318	59
泰州	Taizhou	640	634	635	25	宁德	Ningde	116	161	164	122
宿迁	Suqian	299	357	362	52	**江西**	**Jiangxi**	**1276**	**1712**	**1739**	
浙江	**Zhejiang**	**5052**	**6057**	**6133**		南昌	Nanchang	439	511	526	33
杭州	Hangzhou	1331	1476	1480	3	景德镇	Jingdezhen	54	37	35	246
宁波	Ningbo	753	986	999	10	萍乡	Pingxiang	95	69	70	214
温州	Wenzhou	547	652	683	24	九江	Jiujiang	142	156	157	126
嘉兴	Jiaxing	271	322	326	55	新余	Xinyu	60	73	84	200
湖州	Huzhou	178	230	240	81	鹰潭	Yingtan	40	41	39	243
绍兴	Shaoxing	541	707	730	21	赣州	Ganzhou	124	257	252	74
金华	Jinhua	583	731	739	19	吉安	Jian	106	137	138	145
衢州	Quzhou	197	235	236	84	宜春	Yichun	129	198	204	102
舟山	Zhoushan	118	142	148	134	抚州	Fuzhou	85	112	113	170
台州	Taizhou	408	454	461	37	上饶	Shangrao	117	195	199	104
丽水	Lishui	184	250	248	77	**山东**	**Shandong**	**6135**	**5758**	**5945**	
安徽	**Anhui**	**2432**	**2747**	**2763**		济南	Jinan	739	454	441	38
合肥	Hefei	703	856	867	14	青岛	Qingdao	640	556	562	30
芜湖	Wuhu	164	229	252	74	淄博	Zibo	477	387	406	45
蚌埠	Bengbu	128	142	140	142	枣庄	Zaozhuang	262	221	228	90
淮南	Huainan	67	89	111	174	东营	Dongying	211	224	231	88
马鞍山	Maanshan	137	134	133	150	烟台	Yantai	932	818	802	15
淮北	Huaibei	57	49	48	232	潍坊	Weifang	581	508	508	34
铜陵	Tongling	84	104	132	152	济宁	Jining	372	427	435	39
安庆	Anqing	237	244	240	81	泰安	Taian	346	333	324	57
黄山	Huangshan	76	77	74	209	威海	Weihai	380	421	419	41
滁州	Chuzhou	124	148	151	130	日照	Rizhao	227	208	233	86
阜阳	Fuyang	108	133	137	146	莱芜	Laiwu	151	133	133	150
宿州	Suzhou	100	165	156	128	临沂	Linyi	360	375	391	49
六安	Liuan	130	165	135	148	德州	Dezhou	198	197	195	107
亳州	Bozhou	34	46	46	234	聊城	Liaocheng	201	232	260	72

12-1 建筑业企业单位数 续表 2

Number of Construction Enterprises continued 2

单位：个 (unit)

地名	City	2010	2014	2015	2015 排名 Ranking	地名	City	2010	2014	2015	2015 排名 Ranking
滨州	Binzhou	216	222	230	89	常德	Changde	120	121	114	169
菏泽	Heze	189	183	276	67	张家界	Zhangjiajie	31	29	28	253
河南	**Henan**	**4294**	**4762**	**4684**		益阳	Yiyang	101	96	96	188
郑州	Zhengzhou	1250	1424	1432	5	郴州	Chenzhou	91	114	118	165
开封	Kaifeng	188	256	250	76	永州	Yongzhou	87	93	93	191
洛阳	Luoyang	383	406	402	46	怀化	Huaihua	90	92	92	192
平顶山	Pingdingshan	197	198	195	107	娄底	Loudi	111	121	121	161
安阳	Anyang	189	226	247	78	**广东**	**Guangdong**	**4249**	**4387**	**4311**	
鹤壁	Hebi	53	91	88	195	广州	Guangzhou	779	890	877	13
新乡	Xinxiang	318	289	284	64	韶关	Shaoguan	76	95	94	190
焦作	Jiaozuo	172	189	183	113	深圳	Shenzhen	808	818	776	16
濮阳	Puyang	186	210	226	92	珠海	Zhuhai	144	375	393	48
许昌	Xuchang	111	128	126	156	汕头	Shantou	212	180	175	116
漯河	Luohe	82	95	92	192	佛山	Foshan	497	434	427	40
三门峡	Sanmenxia	126	154	147	136	江门	Jiangmen	165	162	164	122
南阳	Nanyang	328	340	332	54	湛江	Zhanjiang	106	131	127	155
商丘	Shangqiu	141	153	157	126	茂名	Maoming	97	125	129	154
信阳	Xinyang	186	193	197	105	肇庆	Zhaoqing	119	92	90	194
周口	Zhoukou	162	183	182	114	惠州	Huizhou	111	111	103	179
驻马店	Zhumadian	206	221	217	94	梅州	Meizhou	146	151	151	130
湖北	**Hubei**	**2846**	**3217**	**3218**		汕尾	Shanwei	38	34	36	245
武汉	Wuhan	1349				河源	Heyuan	85	102	104	178
黄石	Huangshi	115				阳江	Yangjiang	95	113	113	170
十堰	Shiyan	132				清远	Qingyuan	80	77	88	195
宜昌	Yichang	322				东莞	Dongguan	444	536	540	32
襄阳	Xiangyang	296				中山	Zhongshan	314	329	319	58
鄂州	Ezhou	68				潮州	Chaozhou	83	73	66	218
荆门	Jingmen	91				揭阳	Jieyang	107	111	111	174
孝感	Xiaogan	131				云浮	Yunfu	45	43	43	237
荆州	Jingzhou	173				**广西**	**Guangxi**	**977**	**1079**	**1071**	
黄冈	Huanggang	224				南宁	Nanning	466	411	408	44
咸宁	Xianning	63				柳州	Liuzhou	89	81	81	201
随州	Suizhou	86				桂林	Guilin	161	150	143	140
湖南	**Hunan**	**1822**	**2030**	**2022**		梧州	Wuzhou	31	44	43	237
长沙	Changsha	517	564	552	31	北海	Beihai	47	48	32	250
株洲	Zhuzhou	177	188	197	105	防城港	Fangchenggang	57	50	56	226
湘潭	Xiangtan	130	124	123	160	钦州	Qinzhou	50	59	60	221
衡阳	Hengyang	174	176	176	115	贵港	Guigang	48	44	44	235
邵阳	Shaoyang	116	113	112	173	玉林	Yulin	65	74	73	210
岳阳	Yueyang	209	224	209	100	百色	Baise	60	67	69	215

12-1 建筑业企业单位数 续表 3

Number of Construction Enterprises continued 3

单位：个 （unit）

地名	City	2010	2014	2015	2015 排名 Ranking	地名	City	2010	2014	2015	2015 排名 Ranking
贺州	Hezhou	28	34	33	248	丽江	Lijiang	61	59	58	223
河池	Hechi	44	49	47	233	普洱	Puer	208	100	103	179
来宾	Laibin	36	35	31	252	临沧	Lincang	190	51	54	228
崇左	Chongzuo	40	36	33	248	**西藏**	**Tibet**	**175**	**172**	**167**	
海南	**Hainan**	**104**	**149**	**148**		拉萨	Lasa	80	80	75	208
海口	Haikou	93	117	117	167	**陕西**	**Shaanxi**	**982**	**1656**	**1878**	
三亚	Sanya	20	18	18	257	西安	Xi'an	322	531	697	23
三沙	Sansha					铜川	Tongchuan	28	31	32	250
重庆	**Chongqing**	**2326**	**2426**	**2492**		宝鸡	Baoji	76	146	145	139
四川	**Sichuan**	**3414**	**3415**	**3449**		咸阳	Xianyang	61	106	111	174
成都	Chengdu	1524	1200	1206	8	渭南	Weinan	90	116	125	158
自贡	Zigong	168	129	121	161	延安	Yan'an	63	131	147	136
攀枝花	Panzhihua	80	78	80	203	汉中	Hanzhong	98	114	119	163
泸州	Luzhou	188	159	175	116	榆林	Yulin	163	356	391	49
德阳	Deyang	243	242	240	81	安康	Ankang	54	88	103	179
绵阳	Mianyang	272	411	402	46	商洛	Shangluo	54	73	73	210
广元	Guangyuan	199	165	168	121	**甘肃**	**Gansu**	**757**	**1281**	**1264**	
遂宁	Suining	173	143	139	143	兰州	Lanzhou	329	492	494	35
内江	Neijiang	130	111	103	179	嘉峪关	Jiayuguan	19	26	23	256
乐山	Leshan	197	152	160	125	金昌	Jinchang	27	39	27	255
南充	Nanchong	249	243	241	80	白银	Baiyin	53	69	68	217
眉山	Meishan	126	135	126	156	天水	Tianshui	72	86	87	197
宜宾	Yibin	231	197	188	111	武威	Wuwei	41	55	55	227
广安	Guangan	103	110	109	177	张掖	Zhangye	60	135	141	141
达州	Dazhou	99	118	119	163	平凉	Pingliang	38	58	59	222
雅安	Yaan	51	44	44	235	酒泉	Jiuquan	44	80	80	203
巴中	Bazhong	101	133	139	143	庆阳	Qingyang	60	79	81	201
资阳	Ziyang	120	110	98	186	定西	Dingxi	43	70	71	213
贵州	**Guizhou**	**550**	**708**	**742**		陇南	Longnan	46	87	102	183
贵阳	Guiyang	268				**青海**	**Qinghai**	**369**	**391**	**366**	
六盘水	Liupanshui	27				西宁	Xining	326	303		
遵义	Zunyi	94				海东	Haidong		48		
安顺	Anshun	19				**宁夏**	**Ningxia**	**474**	**524**	**503**	
毕节	Bijie	45				银川	Yinchuan	301	353	344	53
铜仁	Tongren	34				石嘴山	Shizuishan	45	40	40	242
云南	**Yunnan**	**1932**	**2304**	**2417**		吴忠	Wuzhong	72	76	77	206
昆明	Kunming	2048	1156	1255	7	固原	Guyuan	43	45	43	237
曲靖	Qujing	190	215	215	97	中卫	Zhongwei	42	50	49	231
玉溪	Yuxi	151	168	170	120	**新疆**	**Xinjiang**	**806**	**1009**	**1114**	
保山	Baoshan	52	66	69	215	乌鲁木齐	Urumqi	485	434	479	36
昭通	Zhaotong	90	78	77	206	克拉玛依	Karamay	53	62	65	219

12-2 建筑业企业从业人员
Employees of Construction Enterprises

单位：万人 （10 000 persons）

地名	City	2010	2011	2012	2012 排名 Ranking
全国	**Nation Total**	**4160.40**	**3852.50**	**4267.20**	
北京	**Beijing**	**59.90**	**49.60**	**48.47**	
天津	**Tianjin**	**65.50**	**65.38**	**32.24**	
河北	**Hebei**	**128.60**	**120.50**	**134.54**	
石家庄	Shijiazhuang	14.50	13.11	13.54	72
唐山	Tangshan	18.70	16.96	16.16	58
秦皇岛	Qinhuangdao	5.90	4.93	5.23	167
邯郸	Handan	15.40	11.85	15.74	61
邢台	Xingtai	6.90	5.83	5.92	154
保定	Baoding	23.60	27.95	32.95	33
张家口	Zhangjiakou	7.50	4.00	4.40	190
承德	Chengde	5.80	5.68	4.70	179
沧州	Cangzhou	11.00	10.79	12.42	77
廊坊	Langfang	13.90	13.74	18.82	54
衡水	Hengshui	5.50	5.66	5.10	170
山西	**Shanxi**	**75.20**	**62.45**	**66.27**	
太原	Taiyuan	41.10	30.22	30.99	34
大同	Datong	3.70	3.38	3.67	204
阳泉	Yangquan	3.30	3.58	4.59	183
长治	Changzhi	2.90	2.70	2.31	235
晋城	Jincheng	2.10	2.10	2.61	226
朔州	Shuozhou	2.30	2.32	3.06	218
晋中	Jinzhong	4.00	3.80	4.46	188
运城	Yuncheng	4.50	4.93	4.84	175
忻州	Xinzhou	3.10	2.80	2.89	222
临汾	Linfen	6.10	4.89	4.86	173
吕梁	Lvliang	1.80	1.74	1.98	243
内蒙古	**Inner Mongolia**	**44.30**	**41.05**	**36.66**	
呼和浩特	Hohhot	8.60	6.84	6.36	141
包头	Baotou	8.30	12.16	6.25	145
乌海	Wuhai	1.00	3.40	1.59	253
赤峰	Chifeng	7.40	6.50	6.14	148
通辽	Tongliao	2.20	1.47	2.31	235
鄂尔多斯	Erdos	6.30	8.38	7.21	129
呼伦贝尔	Hulunbuir	3.40	2.92	2.28	238
巴彦淖尔	Bayannur	4.10	3.14	1.62	250
乌兰察布	Ulanqab	1.10	1.21	1.60	251
辽宁	**Liaoning**	**270.10**	**171.70**	**199.40**	

地名	City	2010	2011	2012	2012 排名 Ranking
沈阳	Shenyang	67.50	34.53	55.77	17
大连	Dalian	77.80	55.12	59.00	15
鞍山	Anshan	17.70	10.67	14.93	63
抚顺	Fushun	11.30	6.39	11.98	84
本溪	Benxi	7.00	5.89	9.55	105
丹东	Dandong	10.80	5.26	10.38	94
锦州	Jinzhou	8.20	5.81	12.32	79
营口	Yingkou	9.30	6.70	9.38	107
阜新	Fuxin	4.60	4.47	6.27	144
辽阳	Liaoyang	10.90	4.91	7.90	121
盘锦	Panjin	8.70	5.30	8.29	119
铁岭	Tieling	11.20	10.34	11.40	88
朝阳	Chaoyang	13.90	7.03	21.01	50
葫芦岛	Huludao	11.20	9.28	12.30	80
吉林	**Jilin**	**42.00**	**34.32**	**53.13**	
长春	Changchun	19.90	13.53	26.08	38
吉林	Jilin	5.00	6.12	5.89	155
四平	Siping	3.90	1.89	3.54	209
辽源	Liaoyuan	3.70	3.03	5.88	156
通化	Tonghua	1.50	1.94	2.88	223
白山	Baishan	1.50	1.49	2.03	242
松原	Songyuan	3.70	3.53	4.48	186
白城	Baicheng	1.30	1.12	0.95	271
黑龙江	**Heilongjiang**	**56.20**	**49.08**	**49.24**	
哈尔滨	Harbin	30.10	24.88	23.26	47
齐齐哈尔	Qiqihar	3.00	2.54	2.43	232
鸡西	Jixi	2.10	1.96	1.96	244
鹤岗	Hegang	1.00	1.39	1.50	257
双鸭山	Shuangyashan	1.30	1.40	1.47	258
大庆	Daqing	6.50	5.57	5.97	152
伊春	Yichun	0.80	1.01	1.14	268
佳木斯	Jiamusi	4.00	2.78	3.55	208
七台河	Qitaihe	0.70	0.75	0.64	282
牡丹江	Mudanjiang	2.70	2.69	2.86	224
黑河	Heihe	0.90	0.84	1.33	262
绥化	Suihua	2.50	2.78	2.55	228
上海	**Shanghai**	**96.10**	**96.86**	**87.73**	
江苏	**Jiangsu**	**591.80**	**620.90**	**739.34**	

12-2 建筑业企业从业人员 续表 1
Employees of Construction Enterprises continued 1

单位：万人 （10 000 persons）

地名	City	2010	2011	2012	2012 排名 Ranking	地名	City	2010	2011	2012	2012 排名 Ranking
南京	Nanjing	60.40	64.85	77.39	9	池州	Chizhou	3.20	3.97	3.93	199
无锡	Wuxi	25.50	24.49	25.48	39	宣城	Xuancheng	4.20	4.90	5.01	172
徐州	Xuzhou	33.80	40.90	46.70	23	**福建**	**Fujian**	**229.60**	**219.09**	**185.35**	
常州	Changzhou	36.10	30.78	43.41	25	福州	Fuzhou	88.50	67.33	76.76	10
苏州	Suzhou	56.30	54.62	54.79	18	厦门	Xiamen	58.80	55.86	60.74	14
南通	Nantong	107.20	121.81	157.27	2	莆田	Putian	7.00	10.04	12.80	76
连云港	Lianyungang	17.90	20.42	24.60	44	三明	Sanming	7.70	10.51	11.14	90
淮安	Huaian	37.80	44.44	48.33	21	泉州	Quanzhou	31.40	35.96	39.20	28
盐城	Yancheng	42.40	43.77	51.43	20	漳州	Zhangzhou	9.00	8.78	12.05	83
扬州	Yangzhou	70.70	69.32	79.14	8	南平	Nanping	3.40	4.32	4.74	178
镇江	Zhenjiang	15.40	13.40	14.66	65	龙岩	Longyan	17.90	19.58	24.75	43
泰州	Taizhou	66.70	55.51	79.76	7	宁德	Ningde	5.90	6.71	7.48	127
宿迁	Suqian	21.70	36.58	37.24	30	**江西**	**Jiangxi**	**86.10**	**85.02**	**107.27**	
浙江	**Zhejiang**	**615.70**	**541.84**	**640.77**		南昌	Nanchang	33.30	31.69	42.20	26
杭州	Hangzhou	111.70	91.55	100.29	3	景德镇	Jingdezhen	2.30	1.86	2.19	240
宁波	Ningbo	74.40	86.68	95.59	4	萍乡	Pingxiang	2.90	3.70	3.62	206
温州	Wenzhou	36.40	40.44	46.26	24	九江	Jiujiang	9.90	9.34	9.77	103
嘉兴	Jiaxing	30.10	24.67	27.48	37	新余	Xinyu	2.50	3.11	2.97	221
湖州	Huzhou	14.10	11.76	16.33	56	鹰潭	Yingtan	3.00	3.40	4.85	174
绍兴	Shaoxing	143.60	149.26	171.37	1	赣州	Ganzhou	7.10	5.08	5.93	153
金华	Jinhua	74.00	52.92	91.62	5	吉安	Jian	4.70	4.98	6.14	148
衢州	Quzhou	12.00	13.17	14.49	66	宜春	Yichun	4.90	5.61	6.87	135
舟山	Zhoushan	6.50	6.63	6.41	140	抚州	Fuzhou	7.30	7.13	9.19	109
台州	Taizhou	55.70	57.55	63.28	13	上饶	Shangrao	8.30	9.12	13.78	67
丽水	Lishui	7.70	7.20	7.80	122	**山东**	**Shandong**	**314.70**	**270.68**	**277.42**	
安徽	**Anhui**	**158.00**	**167.01**	**169.60**		济南	Jinan	47.30	29.49	35.36	31
合肥	Hefei	58.90	75.19	72.34	11	青岛	Qingdao	34.90	18.30	20.47	52
芜湖	Wuhu	10.20	10.15	10.68	92	淄博	Zibo	32.70	33.09	33.67	32
蚌埠	Bengbu	6.50	5.15	6.70	136	枣庄	Zaozhuang	13.10	14.26	15.77	60
淮南	Huainan	5.80	5.00	2.56	227	东营	Dongying	9.80	8.80	9.82	101
马鞍山	Maanshan	7.90	8.08	8.41	116	烟台	Yantai	26.60	21.66	20.97	51
淮北	Huaibei	3.50	3.88	4.48	186	潍坊	Weifang	28.00	25.46	22.62	48
铜陵	Tongling	4.30	4.14	4.21	194	济宁	Jining	17.80	16.94	16.04	59
安庆	Anqing	11.70	11.70	11.73	86	泰安	Taian	29.90	30.53	27.79	36
黄山	Huangshan	4.10	4.23	3.94	197	威海	Weihai	11.20	10.40	8.65	113
滁州	Chuzhou	6.40	7.00	8.36	118	日照	Rizhao	8.10	6.26	7.49	125
阜阳	Fuyang	5.10	5.37	5.61	160	莱芜	Laiwu	4.40	4.05	4.77	177
宿州	Suzhou	7.40	7.25	8.08	120	临沂	Linyi	18.60	20.69	24.95	42
六安	Liuan	10.20	9.49	11.19	89	德州	Dezhou	8.40	7.77	7.20	130
亳州	Bozhou	1.50	1.51	1.66	248	聊城	Liaocheng	5.40	5.45	5.56	161

12-2 建筑业企业从业人员 续表 2

Employees of Construction Enterprises continued 2

单位：万人 (10 000 persons)

地名	City	2010	2011	2012	2012 排名 Ranking	地名	City	2010	2011	2012	2012 排名 Ranking
滨州	Binzhou	6.80	6.56	6.09	150	常德	Changde	8.20	8.33	9.65	104
菏泽	Heze	11.70	10.97	10.07	99	张家界	Zhangjiajie	1.30	1.34	1.30	263
河南	**Henan**	**235.00**	**228.92**	**226.75**		益阳	Yiyang	4.70	4.54	4.68	180
郑州	Zhengzhou	58.40	46.35	47.48	22	郴州	Chenzhou	3.90	4.05	5.82	157
开封	Kaifeng	8.20	8.86	8.46	114	永州	Yongzhou	5.80	5.45	5.73	159
洛阳	Luoyang	27.00	30.49	28.29	35	怀化	Huaihua	2.90	2.97	3.85	200
平顶山	Pingdingshan	5.80	6.53	6.15	147	娄底	Loudi	5.50	5.22	6.57	139
安阳	Anyang	23.70	24.26	25.23	40	**广东**	**Guangdong**	**196.30**	**190.28**	**190.50**	
鹤壁	Hebi	3.10	3.01	2.43	232	广州	Guangzhou	39.70	39.14	40.25	27
新乡	Xinxiang	21.10	20.34	21.38	49	韶关	Shaoguan	5.70	5.92	7.10	133
焦作	Jiaozuo	5.80	5.25	4.83	176	深圳	Shenzhen	45.60	44.55	52.26	19
濮阳	Puyang	8.20	8.08	8.87	111	珠海	Zhuhai	4.40	2.90	3.46	210
许昌	Xuchang	5.30	5.75	6.31	143	汕头	Shantou	14.40	13.02	13.02	73
漯河	Luohe	3.90	3.46	3.29	215	佛山	Foshan	11.00	10.34	11.66	87
三门峡	Sanmenxia	5.10	5.01	4.58	184	江门	Jiangmen	8.50	11.29	7.26	128
南阳	Nanyang	15.20	14.70	12.35	78	湛江	Zhanjiang	10.30	8.92	9.79	102
商丘	Shangqiu	9.20	9.72	9.34	108	茂名	Maoming	8.30	8.68	10.00	100
信阳	Xinyang	13.60	14.00	13.63	69	肇庆	Zhaoqing	4.10	2.78	3.05	220
周口	Zhoukou	9.20	9.11	10.31	96	惠州	Huizhou	3.20	2.96	3.34	212
驻马店	Zhumadian	10.90	12.24	12.82	75	梅州	Meizhou	9.10	7.78	7.01	134
湖北	**Hubei**	**198.60**	**141.11**	**170.44**		汕尾	Shanwei	1.30	0.95	0.78	275
武汉	Wuhan	65.30	65.84	70.90	12	河源	Heyuan	1.70	1.86	1.69	247
黄石	Huangshi	6.60	7.06	6.67	137	阳江	Yangjiang	5.50	5.22	5.23	167
十堰	Shiyan	7.10	4.34	6.01	151	清远	Qingyuan	3.40	2.88	2.48	231
宜昌	Yichang	14.30	12.90	12.30	80	东莞	Dongguan	5.70	6.07	6.35	142
襄阳	Xiangyang	10.50	11.17	13.78	67	中山	Zhongshan	5.30	5.45	5.06	171
鄂州	Ezhou	4.20	3.66	3.73	202	潮州	Chaozhou	1.50	1.49	1.45	259
荆门	Jingmen	3.20	3.44	3.94	197	揭阳	Jieyang	5.70	6.26	5.42	164
孝感	Xiaogan	8.20	9.82	13.62	70	云浮	Yunfu	1.80	1.84	1.65	249
荆州	Jingzhou	7.50	7.31	4.01	196	**广西**	**Guangxi**	**59.10**	**59.48**	**67.03**	
黄冈	Huanggang	18.60	4.83	18.24	55	南宁	Nanning	19.60	29.70	20.30	53
咸宁	Xianning	3.00	3.02	3.67	204	柳州	Liuzhou	12.70	11.51	12.87	74
随州	Suizhou	2.60	1.13	3.29	215	桂林	Guilin	5.50	4.44	5.80	158
湖南	**Hunan**	**150.40**	**155.45**	**118.72**		梧州	Wuzhou	1.20	1.52	1.53	255
长沙	Changsha	68.50	72.92	25.07	41	北海	Beihai	1.40	1.44	1.41	260
株洲	Zhuzhou	10.60	9.95	12.09	82	防城港	Fangchenggang	1.80	1.89	2.28	238
湘潭	Xiangtan	8.70	7.73	10.68	92	钦州	Qinzhou	4.80	4.50	6.65	138
衡阳	Hengyang	12.60	15.39	13.61	71	贵港	Guigang	1.50	1.60	1.39	261
邵阳	Shaoyang	8.90	8.59	8.37	117	玉林	Yulin	6.90	4.88	5.34	166
岳阳	Yueyang	7.60	7.85	10.12	98	百色	Baise	1.50	1.18	1.23	265

12-2 建筑业企业从业人员 续表 3
Employees of Construction Enterprises continued 3

单位：万人 （10 000 persons）

地名	City	2010	2011	2012	2012 排名 Ranking	地名	City	2010	2011	2012	2012 排名 Ranking
贺州	Hezhou	0.70	0.59	0.39	283	丽江	Lijiang	0.90	0.93	1.09	270
河池	Hechi	1.60	1.42	1.60	251	普洱	Puer	4.40	5.24	2.50	229
来宾	Laibin	0.70	1.06	1.53	255	临沧	Lincang	5.30	1.76	1.57	254
崇左	Chongzuo	0.60	0.54	0.69	279	**西藏**	**Tibet**		**5.03**	**3.59**	
海南	**Hainan**	**11.00**	**5.50**	**5.90**		拉萨	Lasa		2.89	2.16	241
海口	Haikou	8.20	3.72	4.32	193	**陕西**	**Shaanxi**	**104.70**	**90.88**	**79.63**	
三亚	Sanya	0.70	0.51			西安	Xi'an	53.90	49.21	39.12	29
三沙	Sansha					铜川	Tongchuan	1.20	1.40	0.67	280
重庆	**Chongqing**	**139.30**	**134.84**	**140.88**		宝鸡	Baoji	14.00	6.48	5.50	162
四川	**Sichuan**	**292.20**	**249.46**	**218.88**		咸阳	Xianyang	12.00	10.47	9.50	106
成都	Chengdu	130.10	93.42	81.32	6	渭南	Weinan	7.90	5.65	5.16	169
自贡	Zigong	6.70	8.24	7.71	124	延安	Yan'an	2.00	2.26	2.37	234
攀枝花	Panzhihua	7.00	5.22	3.33	213	汉中	Hanzhong	4.20	3.42	4.33	192
泸州	Luzhou	17.30	16.11	16.26	57	榆林	Yulin	3.50	4.76	4.41	189
德阳	Deyang	16.50	13.54	10.34	95	安康	Ankang	2.00	2.29	2.86	224
绵阳	Mianyang	12.60	11.94	11.75	85	商洛	Shangluo	3.10	4.00	3.60	207
广元	Guangyuan	4.20	5.40	4.39	191	**甘肃**	**Gansu**	**45.80**	**46.00**	**56.10**	
遂宁	Suining	8.40	8.52	8.46	114	兰州	Lanzhou	13.20	14.26	15.29	62
内江	Neijiang	11.70	9.91	7.73	123	嘉峪关	Jiayuguan	0.50	0.49	0.84	274
乐山	Leshan	5.80	6.01	5.36	165	金昌	Jinchang	2.10	1.85	4.58	184
南充	Nanchong	17.30	18.41	14.76	64	白银	Baiyin	2.80	2.94	3.42	211
眉山	Meishan	7.00	6.36	7.20	130	天水	Tianshui	2.90	2.67	3.16	217
宜宾	Yibin	8.50	8.45	8.73	112	武威	Wuwei	2.50	2.60	4.15	195
广安	Guangan	11.60	11.03	10.83	91	张掖	Zhangye	1.40	1.92	2.29	237
达州	Dazhou	12.50	9.44	10.24	97	平凉	Pingliang	4.20	3.75	6.23	146
雅安	Yaan	1.10	1.14	1.17	267	酒泉	Jiuquan	4.10	3.17	2.50	229
巴中	Bazhong	6.10	7.27	7.17	132	庆阳	Qingyang	3.90	3.82	3.69	203
资阳	Ziyang	5.80	7.43	0.78	275	定西	Dingxi	3.20	3.38	4.60	181
贵州	**Guizhou**	**33.80**	**33.14**	**35.52**		陇南	Longnan	1.30	0.97	1.71	246
贵阳	Guiyang	22.70	22.47	23.75	46	**青海**	**Qinghai**	**9.00**	**8.92**	**11.74**	
六盘水	Liupanshui	1.00	1.06	1.20	266	西宁	Xining	6.30	7.13	9.15	110
遵义	Zunyi	3.90	3.65	3.79	201	海东	Haidong				
安顺	Anshun	0.70	0.81	0.75	277	**宁夏**	**Ningxia**	**9.80**	**10.11**	**8.97**	
毕节	Bijie	0.70	0.76	0.86	273	银川	Yinchuan	5.80	6.53	5.43	163
铜仁	Tongren	1.40	1.11	1.12	269	石嘴山	Shizuishan	0.80	0.74	0.75	277
云南	**Yunnan**	**78.60**	**89.44**	**74.86**		吴忠	Wuzhong	1.60	1.50	1.29	264
昆明	Kunming	48.00	54.27	56.95	16	固原	Guyuan	0.70	0.71	0.65	281
曲靖	Qujing	7.80	6.12	7.49	125	中卫	Zhongwei	0.90	0.63	0.90	272
玉溪	Yuxi	2.90	3.26	3.30	214	**新疆**	**Xinjiang**	**56.50**	**52.73**	**30.30**	
保山	Baoshan	3.30	4.35	4.60	181	乌鲁木齐	Urumqi	22.70	19.75	24.59	45
昭通	Zhaotong	1.90	1.54	1.96	244	克拉玛依	Karamay	2.80	2.29	3.06	218

12-3 建筑业企业总产值
Gross Production of Construction

单位：亿元 （100 million yuan）

地名	City	2010	2014	2015	2015 排名 Ranking
全国	**Nation Total**	**96031.1**	**176713.4**	**180757.5**	
北京	**Beijing**	**5196.0**	**8209.8**	**8436.7**	
天津	**Tianjin**	**2424.5**	**4123.5**	**4488.9**	
河北	**Hebei**	**3231.5**	**5625.8**	**5252.6**	
石家庄	Shijiazhuang	558.7	1131.8	1032.2	36
唐山	Tangshan	563.8	592.7	551.6	63
秦皇岛	Qinhuangdao	166.1	200.2	178.7	158
邯郸	Handan	314.7	467.9	471.6	71
邢台	Xingtai	87.6	165.2	147.3	169
保定	Baoding	602.8	1338.8	1355.1	28
张家口	Zhangjiakou	204.0	232.0	204.7	147
承德	Chengde	139.7	185.8	176.6	160
沧州	Cangzhou	192.6	419.9	433.1	76
廊坊	Langfang	342.8	763.1	564.1	61
衡水	Hengshui	58.9	128.4	137.5	174
山西	**Shanxi**	**2143.5**	**3103.5**	**2931.3**	
太原	Taiyuan	1343.9	2041.0	1985.0	23
大同	Datong	96.6	135.4	114.1	193
阳泉	Yangquan	100.8	100.0	71.9	217
长治	Changzhi	62.2	145.1	141.1	173
晋城	Jincheng	35.7	73.5	59.6	226
朔州	Shuozhou	48.0	62.3	49.4	235
晋中	Jinzhong	140.5	200.1	210.4	144
运城	Yuncheng	93.7	130.9	122.9	186
忻州	Xinzhou	41.0	68.6	63.9	222
临汾	Linfen	152.7	91.1	68.0	220
吕梁	Lvliang	28.2	55.5	44.9	237
内蒙古	**Inner Mongolia**	**1125.6**	**1402.9**	**1123.2**	
呼和浩特	Hohhot	201.8	222.8	200.8	151
包头	Baotou	192.2	221.9	184.5	154
乌海	Wuhai	40.1	70.5	58.6	228
赤峰	Chifeng	133.1	181.3	170.4	163
通辽	Tongliao	63.7	61.4	53.9	229
鄂尔多斯	Erdos	275.8	362.9	154.0	164
呼伦贝尔	Hulunbuir	69.6	124.8	133.6	175
巴彦淖尔	Bayannur	73.6	47.2	43.7	240
乌兰察布	Ulanqab	26.1	44.7	48.7	236
辽宁	**Liaoning**	**4690.3**	**7851.1**	**7851.1**	
沈阳	Shenyang	1055.2	2011.1	2022.1	22
大连	Dalian	1321.8	2087.7	2087.7	20
鞍山	Anshan	373.2	594.5	596.5	57
抚顺	Fushun	228.2	308.6	308.6	97
本溪	Benxi	159.4	296.8	296.8	101
丹东	Dandong	193.3	403.3	403.3	83
锦州	Jinzhou	209.5	289.8	289.8	102
营口	Yingkou	155.9	334.2	334.2	93
阜新	Fuxin	85.7	230.3	230.3	128
辽阳	Liaoyang	162.1	214.6	214.6	140
盘锦	Panjin	210.7	200.5	200.5	152
铁岭	Tieling	206.8	224.0	224.0	134
朝阳	Chaoyang	165.7	381.7	381.7	87
葫芦岛	Huludao	162.9	261.1	261.1	119
吉林	**Jilin**	**1350.2**	**2521.0**	**2216.3**	
长春	Changchun	669.8			
吉林	Jilin	159.0			
四平	Siping	59.0			
辽源	Liaoyuan	47.0			
通化	Tonghua	138.3			
白山	Baishan	44.3			
松原	Songyuan	146.9			
白城	Baicheng	25.4			
黑龙江	**Heilongjiang**	**1769.7**	**2150.8**	**1680.4**	
哈尔滨	Harbin	1081.3			
齐齐哈尔	Qiqihar	64.5			
鸡西	Jixi	36.5			
鹤岗	Hegang	21.9			
双鸭山	Shuangyashan	26.1			
大庆	Daqing	230.6			
伊春	Yichun	19.3			
佳木斯	Jiamusi	71.9			
七台河	Qitaihe	15.9			
牡丹江	Mudanjiang	103.0			
黑河	Heihe	26.7			
绥化	Suihua	58.6			
上海	**Shanghai**	**4300.2**	**5499.9**	**5652.5**	
江苏	**Jiangsu**	**12405.9**	**24592.9**	**24785.8**	

12-3 建筑业企业总产值 续表 1
Gross Production of Construction continued 1

单位：亿元 （100 million yuan）

地名	City	2010	2014	2015	2015 排名 Ranking	地名	City	2010	2014	2015	2015 排名 Ranking
南京	Nanjing	1643.3	3217.8	3028.3	10	池州	Chizhou	46.5	108.7	111.8	195
无锡	Wuxi	499.5	650.5	601.6	56	宣城	Xuancheng	61.9	129.9	130.1	178
徐州	Xuzhou	535.7	1321.0	1361.2	27	**福建**	**Fujian**	**3062.2**	**6689.2**	**7605.8**	
常州	Changzhou	735.5	1284.0	1288.5	32	福州	Fuzhou	1161.5		2614.0	15
苏州	Suzhou	1275.6	2117.0	1955.6	24	厦门	Xiamen	558.0		1171.2	35
南通	Nantong	2731.2	6281.2	6144.6	2	莆田	Putian	125.4		424.3	78
连云港	Lianyungang	330.2	583.3	629.7	53	三明	Sanming	156.4		445.3	73
淮安	Huaian	571.9	1226.0	1323.7	31	泉州	Quanzhou	508.5		1246.5	34
盐城	Yancheng	649.4	1286.6	1343.8	29	漳州	Zhangzhou	157.2		308.3	98
扬州	Yangzhou	1553.4	2944.7	3167.4	8	南平	Nanping	61.0		118.7	190
镇江	Zhenjiang	321.2	555.5	541.5	65	龙岩	Longyan	247.9		615.4	55
泰州	Taizhou	1264.1	2385.8	2662.6	13	宁德	Ningde	86.3		178.9	157
宿迁	Suqian	294.9	739.5	737.4	45	**江西**	**Jiangxi**	**1691.5**	**4122.6**	**4602.5**	
浙江	**Zhejiang**	**12210.9**	**22668.2**	**23980.6**		南昌	Nanchang	792.4	2134.2	2370.4	17
杭州	Hangzhou	2663.8	3971.4	4097.6	4	景德镇	Jingdezhen	38.4	51.5	19.5	255
宁波	Ningbo	1425.1	3714.1	4055.4	6	萍乡	Pingxiang	47.0	89.6	95.0	204
温州	Wenzhou	610.8	1255.2	1395.0	26	九江	Jiujiang	205.5	311.5	353.3	92
嘉兴	Jiaxing	589.9	984.7	907.9	39	新余	Xinyu	59.2	125.8	150.0	167
湖州	Huzhou	354.2	590.9	621.6	54	鹰潭	Yingtan	65.2	104.5	122.5	187
绍兴	Shaoxing	3263.4	6178.1	6583.2	1	赣州	Ganzhou	113.1	236.6	267.5	114
金华	Jinhua	1566.7	3044.2	3162.9	9	吉安	Jian	60.5	192.6	213.1	142
衢州	Quzhou	225.6	406.0	426.8	77	宜春	Yichun	69.6	197.2	228.7	129
舟山	Zhoushan	133.8	210.0	226.5	131	抚州	Fuzhou	102.2	251.6	296.9	100
台州	Taizhou	1034.4	2069.8	2226.7	19	上饶	Shangrao	138.5	429.3	485.6	68
丽水	Lishui	141.1	243.6	277.0	111	**山东**	**Shandong**	**55496.6**	**9313.5**	**9381.7**	
安徽	**Anhui**	**2865.0**	**5482.9**	**5695.9**		济南	Jinan	894.3	1542.4	1663.8	25
合肥	Hefei	1359.6	2876.1	3006.6	11	青岛	Qingdao	813.7	1265.0	1338.6	30
芜湖	Wuhu	250.9	408.7	420.3	79	淄博	Zibo	505.3	887.0	837.8	41
蚌埠	Bengbu	118.1	397.8	414.9	81	枣庄	Zaozhuang	159.2	276.7	278.9	110
淮南	Huainan	142.9	77.8	94.7	205	东营	Dongying	238.3	320.1	275.9	112
马鞍山	Maanshan	160.6	282.6	287.7	106	烟台	Yantai	500.9	664.7	649.8	49
淮北	Huaibei	47.7	65.5	44.1	238	潍坊	Weifang	447.4	740.2	767.6	43
铜陵	Tongling	60.4	111.7	128.6	180	济宁	Jining	289.5	710.6	680.6	47
安庆	Anqing	111.3	183.2	174.9	162	泰安	Taian	486.0	715.5	666.3	48
黄山	Huangshan	41.3	61.3	50.8	232	威海	Weihai	166.8	253.6	266.9	115
滁州	Chuzhou	94.8	219.9	246.9	122	日照	Rizhao	147.9	256.0	256.6	121
阜阳	Fuyang	74.7	157.9	178.6	159	莱芜	Laiwu	45.1	75.4	78.3	214
宿州	Suzhou	85.0	207.3	218.3	137	临沂	Linyi	287.6	700.6	705.2	46
六安	Liuan	114.1	153.7	145.6	170	德州	Dezhou	129.5	268.2	270.0	113
亳州	Bozhou	18.5	40.8	42.0	242	聊城	Liaocheng	102.8	224.6	207.4	146

12-3 建筑业企业总产值 续表 2

Gross Production of Construction continued 2

单位：亿元 （100 million yuan）

地名	City	2010	2014	2015	2015 排名 Ranking	地名	City	2010	2014	2015	2015 排名 Ranking
滨州	Binzhou	148.0	191.7	200.0	153	常德	Changde	114.7	241.2	262.7	117
菏泽	Heze	134.1	221.0	234.8	127	张家界	Zhangjiajie	25.5	38.5	32.8	245
河南	**Henan**	**4400.6**	**7911.9**	**8047.7**		益阳	Yiyang	67.5	170.6	201.2	150
郑州	Zhengzhou	1352.3	2696.5	2700.6	12	郴州	Chenzhou	76.3	209.4	237.7	126
开封	Kaifeng	105.8	206.2	201.7	149	永州	Yongzhou	77.7	164.8	183.2	155
洛阳	Luoyang	877.7	1263.5	1255.7	33	怀化	Huaihua	62.4	98.7	109.5	196
平顶山	Pingdingshan	88.7	134.1	116.5	192	娄底	Loudi	85.0	186.3	216.7	139
安阳	Anyang	319.1	572.6	645.7	50	**广东**	**Guangdong**	**4742.1**	**8356.5**	**8865.7**	
鹤壁	Hebi	34.3	58.2	61.1	224	广州	Guangzhou	1296.2	2377.9	2546.9	16
新乡	Xinxiang	238.7	297.6	282.8	108	韶关	Shaoguan	102.8	218.6	214.4	141
焦作	Jiaozuo	87.5	114.3	96.7	203	深圳	Shenzhen	1461.0	2217.2	2275.2	18
濮阳	Puyang	139.0	235.0	228.4	130	珠海	Zhuhai	100.8	402.8	477.5	70
许昌	Xuchang	85.0	159.9	128.0	181	汕头	Shantou	219.1	376.4	405.5	82
漯河	Luohe	35.3	55.1	49.9	234	佛山	Foshan	315.4	487.1	497.1	67
三门峡	Sanmenxia	82.4	133.6	117.1	191	江门	Jiangmen	119.2	212.4	225.2	132
南阳	Nanyang	197.8	271.2	287.7	105	湛江	Zhanjiang	168.1	430.1	461.8	72
商丘	Shangqiu	170.4	273.5	314.3	95	茂名	Maoming	134.7	417.8	481.0	69
信阳	Xinyang	207.2	337.6	396.0	86	肇庆	Zhaoqing	99.4	119.8	125.5	185
周口	Zhoukou	184.1	325.8	327.3	94	惠州	Huizhou	69.8	122.0	141.3	172
驻马店	Zhumadian	175.5	357.8	402.6	84	梅州	Meizhou	125.9	217.0	241.1	124
湖北	**Hubei**	**4344.4**	**10059.6**	**10592.9**		汕尾	Shanwei	15.4	11.1	14.4	257
武汉	Wuhan	2344.1	5956.8	6016.3	3	河源	Heyuan	20.7	50.5	69.3	219
黄石	Huangshi	146.9	300.1	310.1	96	阳江	Yangjiang	66.2	124.7	120.1	189
十堰	Shiyan	179.5	360.6	370.2	90	清远	Qingyuan	52.8	96.6	101.7	201
宜昌	Yichang	325.6	694.8	787.0	42	东莞	Dongguan	122.1	204.2	224.6	133
襄阳	Xiangyang	313.4	672.9	757.8	44	中山	Zhongshan	133.7	166.8	153.7	165
鄂州	Ezhou	54.3	126.7	127.6	182	潮州	Chaozhou	26.0	40.5	43.8	239
荆门	Jingmen	47.2	114.8	129.8	179	揭阳	Jieyang	75.1	114.4	133.0	177
孝感	Xiaogan	132.4	394.4	436.3	75	云浮	Yunfu	17.9	32.4	31.8	247
荆州	Jingzhou	107.4	227.0	244.6	123	**广西**	**Guangxi**	**1222.3**	**2608.9**	**2953.4**	
黄冈	Huanggang	292.9	695.6	863.2	40	南宁	Nanning	466.4	933.9	1032.1	37
咸宁	Xianning	48.3	119.8	133.2	176	柳州	Liuzhou	241.1	538.1	575.2	60
随州	Suizhou	39.3	83.4	89.1	209	桂林	Guilin	129.2	254.3	285.5	107
湖南	**Hunan**	**3161.7**	**6021.0**	**6630.8**		梧州	Wuzhou	28.6	26.1	28.8	248
长沙	Changsha	1740.2	3193.9	3478.2	7	北海	Beihai	33.5	63.6	70.2	218
株洲	Zhuzhou	210.9	472.6	553.3	62	防城港	Fangchenggang	41.3	78.9	84.2	212
湘潭	Xiangtan	149.0	277.9	301.9	99	钦州	Qinzhou	61.2	274.8	366.9	91
衡阳	Hengyang	250.9	390.2	439.0	74	贵港	Guigang	23.6	48.6	641.9	51
邵阳	Shaoyang	134.1	264.5	288.4	104	玉林	Yulin	110.5	216.2	259.5	120
岳阳	Yueyang	149.4	266.5	280.3	109	百色	Baise	22.2	37.3	42.1	241

12-3 建筑业企业总产值 续表 3
Gross Production of Construction continued 3

单位：亿元 (100 million yuan)

地名	City	2010	2014	2015	2015 排名 Ranking
贺州	Hezhou	7.3	12.7	15.1	256
河池	Hechi	26.7	52.3	52.8	230
来宾	Laibin	169.2	50.3	60.9	225
崇左	Chongzuo	12.1	21.9	25.9	253
海南	**Hainan**	**199.5**	**276.3**	**278.6**	
海口	Haikou	143.1	186.6	179.8	156
三亚	Sanya	23.5	24.4	26.6	251
三沙	Sansha				
重庆	**Chongqing**	**2534.3**	**5552.2**	**6256.9**	
四川	**Sichuan**	**4200.9**	**8066.7**	**8768.2**	
成都	Chengdu	2097.4	3879.3	4095.4	5
自贡	Zigong	85.1	178.2	203.3	148
攀枝花	Panzhihua	125.7	163.2	175.3	161
泸州	Luzhou	176.0	522.0	578.6	59
德阳	Deyang	253.8	256.7	264.4	116
绵阳	Mianyang	186.2	352.1	397.6	85
广元	Guangyuan	51.6	107.5	125.5	184
遂宁	Suining	105.1	182.0	210.5	143
内江	Neijiang	105.4	187.9	207.5	145
乐山	Leshan	77.6	125.9	151.1	166
南充	Nanchong	215.1	496.5	531.2	66
眉山	Meishan	108.8	199.7	240.7	125
宜宾	Yibin	96.4	194.8	223.2	135
广安	Guangan	156.0	3322.9	370.5	89
达州	Dazhou	135.0	276.0	289.5	103
雅安	Yaan	11.5	24.4	28.1	250
巴中	Bazhong	113.2	379.1	419.5	80
资阳	Ziyang	68.8	189.2	217.4	138
贵州	**Guizhou**	**623.0**	**1640.2**	**1947.7**	
贵阳	Guiyang	469.1			
六盘水	Liupanshui	12.9			
遵义	Zunyi	55.9			
安顺	Anshun	4.9			
毕节	Bijie	6.5			
铜仁	Tongren	12.7			
云南	**Yunnan**	**1511.9**	**3054.7**	**3268.9**	
昆明	Kunming	1120.9	1881.2	2076.1	21
曲靖	Qujing	133.8	226.5	219.3	136
玉溪	Yuxi	39.6	105.5	113.0	194
保山	Baoshan	30.4	85.8	89.3	208
昭通	Zhaotong	30.5	43.5	50.1	233

地名	City	2010	2014	2015	2015 排名 Ranking
丽江	Lijiang	21.3	34.5	37.1	244
普洱	Puer	104.1	87.4	93.9	206
临沧	Lincang	77.0	52.2	52.6	231
西藏	**Tibet**	**121.9**	**71.3**	**106.9**	
拉萨	Lasa	103.7	45.1	76.3	215
陕西	**Shaanxi**	**3063.6**	**4557.7**	**4752.6**	
西安	Xi'an	1820.3	2586.3	2648.2	14
铜川	Tongchuan	26.1	32.0	28.6	249
宝鸡	Baoji	264.2	433.5	548.2	64
咸阳	Xianyang	389.9	547.5	590.5	58
渭南	Weinan	221.1	239.2	261.3	118
延安	Yan'an	54.3	101.2	104.9	197
汉中	Hanzhong	52.3	120.9	145.2	171
榆林	Yulin	108.9	201.3	148.9	168
安康	Ankang	30.2	89.0	101.6	202
商洛	Shangluo	59.4	114.7	126.7	183
甘肃	**Gansu**	**752.0**	**1814.5**	**1849.0**	
兰州	Lanzhou	334.9	845.3	917.9	38
嘉峪关	Jiayuguan	15.1	24.2	26.5	252
金昌	Jinchang	48.4	106.4	102.2	200
白银	Baiyin	37.2	74.5	61.6	223
天水	Tianshui	33.3	82.5	92.0	207
武威	Wuwei	33.6	81.9	88.6	210
张掖	Zhangye	21.9	69.2	65.7	221
平凉	Pingliang	32.1	87.8	80.4	213
酒泉	Jiuquan	74.5	137.8	121.9	188
庆阳	Qingyang	50.6	110.9	104.7	198
定西	Dingxi	33.3	96.2	104.7	198
陇南	Longnan	10.6	32.8	74.5	216
青海	**Qinghai**	**279.6**	**432.9**	**409.5**	
西宁	Xining	225.6	348.9		
海东	Haidong		35.8		
宁夏	**Ningxia**	**342.7**	**625.2**	**524.5**	
银川	Yinchuan	225.9	441.3	371.7	88
石嘴山	Shizuishan	36.9	31.1	23.1	254
吴忠	Wuzhong	41.6	77.0	59.3	227
固原	Guyuan	16.4	39.7	31.9	246
中卫	Zhongwei	22.0	36.1	38.5	243
新疆	**Xinjiang**	**969.5**	**2306.3**	**2255.7**	
乌鲁木齐	Urumqi	413.1	712.5	639.6	52
克拉玛依	Karamay	75.5	109.0	88.1	211

12-4 建筑业企业房屋建筑施工面积
Floor Space of Buildings under Construction

单位：万平方米 （10 000 sq.m）

地名	City	2010	2013	2014	2014 排名 Ranking
全国	**Nation Total**	**708023.5**	**1129967.7**	**1249826.3**	
北京	**Beijing**	**29440.4**	**48791.3**	**56477.1**	
天津	**Tianjin**	**7564.3**	**12791.0**	**14158.8**	
河北	**Hebei**	**23471.5**	**35847.6**	**37112.7**	
石家庄	Shijiazhuang	3863.0	7224.4	7591.0	35
唐山	Tangshan	3630.9	4275.7	4420.8	51
秦皇岛	Qinhuangdao	1200.8	1662.6	1564.2	122
邯郸	Handan	2506.3	3691.1	3995.2	59
邢台	Xingtai	808.3	1194.1	1227.0	147
保定	Baoding	4394.3	8184.8	8564.7	33
张家口	Zhangjiakou	1658.9	1893.0	1920.2	99
承德	Chengde	916.9	829.6	1014.4	165
沧州	Cangzhou	1573.5	2058.6	2063.6	93
廊坊	Langfang	2221.8	4463.9	3649.2	62
衡水	Hengshui	696.9	982.2	1102.4	157
山西	**Shanxi**	**7289.5**	**12868.6**	**13928.5**	
太原	Taiyuan	3349.0	8126.0	8673.0	32
大同	Datong	544.5	778.6	763.7	185
阳泉	Yangquan	352.9	600.0	387.9	219
长治	Changzhi	522.5	903.2	995.0	166
晋城	Jincheng	191.7	369.6	354.4	222
朔州	Shuozhou	146.0	153.5	144.7	244
晋中	Jinzhong	418.9	547.4	733.0	187
运城	Yuncheng	525.0	731.7	863.9	174
忻州	Xinzhou	271.4	335.7	350.0	223
临汾	Linfen	473.1	250.4	305.8	230
吕梁	Lvliang	494.6	311.1	357.0	221
内蒙古	**Inner Mongolia**	**7577.9**	**8906.0**	**8053.4**	
呼和浩特	Hohhot	1333.6	1765.7	1527.3	126
包头	Baotou	1453.5	2059.8	1544.9	124
乌海	Wuhai	334.3	463.8	430.3	212
赤峰	Chifeng	1132.0	1277.8	1238.7	146
通辽	Tongliao	382.1	394.7	420.0	215
鄂尔多斯	Erdos	957.6	652.6	547.3	198
呼伦贝尔	Hulunbuir	405.9	576.9	700.3	189
巴彦淖尔	Bayannur	697.4	524.3	542.4	201
乌兰察布	Ulanqab	289.9	600.6	655.0	191
辽宁	**Liaoning**	**26807.0**	**44279.7**	**47861.0**	
沈阳	Shenyang	5733.0	12223.1	12738.4	17
大连	Dalian	8664.6	11206.0	10543.4	27
鞍山	Anshan	2381.8	3158.6	11599.3	22
抚顺	Fushun	1205.9	1347.3	1065.5	160
本溪	Benxi	779.5	1070.2	1108.8	155
丹东	Dandong	856.5	1076.6	1245.2	144
锦州	Jinzhou	1322.5	1532.5	1313.9	139
营口	Yingkou	1115.6	2248.2	1834.0	104
阜新	Fuxin	608.3	1250.8	1059.4	161
辽阳	Liaoyang	539.8	961.6	770.2	183
盘锦	Panjin	525.9	1125.7	484.2	206
铁岭	Tieling	1254.5	1508.7	1223.3	149
朝阳	Chaoyang	1010.4	2154.8	1942.2	98
葫芦岛	Huludao	808.7	1424.7	933.1	169
吉林	**Jilin**	**5900.7**	**12202.6**	**13992.9**	
长春	Changchun	2283.7	5564.5		
吉林	Jilin	514.7	1770.3		
四平	Siping	326.3	619.8		
辽源	Liaoyuan	255.0	531.4		
通化	Tonghua	845.1	1026.5		
白山	Baishan	244.6	482.1		
松原	Songyuan	617.8	1168.9		
白城	Baicheng	147.1	137.8		
黑龙江	**Heilongjiang**	**7170.7**	**8085.5**	**7034.6**	
哈尔滨	Harbin	3856.9	4336.9		
齐齐哈尔	Qiqihar	390.9	327.1		
鸡西	Jixi	174.4	165.0		
鹤岗	Hegang	254.4	283.5		
双鸭山	Shuangyashan	184.3	127.3		
大庆	Daqing	297.2	1760.0		
伊春	Yichun	169.4	176.5		
佳木斯	Jiamusi	529.0	549.2		
七台河	Qitaihe	90.2	95.5		
牡丹江	Mudanjiang	526.1	1157.4		
黑河	Heihe	177.4	187.5		
绥化	Suihua	432.5	412.7		
上海	**Shanghai**	**22996.8**	**29148.7**	**34994.7**	
江苏	**Jiangsu**	**119035.5**	**192982.1**	**213038.8**	

12-4 建筑业企业房屋建筑施工面积 续表 1
Floor Space of Buildings under Construction continued 1

单位：万平方米 （10 000 sq.m）

地名	City	2010	2013	2014	2014 排名 Ranking	地名	City	2010	2013	2014	2014 排名 Ranking
南京	Nanjing	10639.1	17621.0	19565.6	11	池州	Chizhou	422.7	798.6	1156.2	151
无锡	Wuxi	4146.3	5240.6	4250.2	54	宣城	Xuancheng	753.0	1038.6	966.1	168
徐州	Xuzhou	4872.4	9979.0	11606.8	21	**福建**	**Fujian**	**28406.9**	**48509.5**	**57385.7**	
常州	Changzhou	6225.5	10079.1	10748.0	26	福州	Fuzhou	10588.3	18311.8	24167.8	10
苏州	Suzhou	8323.9	12135.8	11803.6	19	厦门	Xiamen	4543.0	6218.2	6738.3	42
南通	Nantong	35745.3	61239.1	68200.6	1	莆田	Putian	1455.3	3403.1	4436.7	50
连云港	Lianyungang	2637.2	5189.2	5341.7	47	三明	Sanming	1580.6	3897.5	4126.2	57
淮安	Huaian	6716.4	9914.5	11969.8	18	泉州	Quanzhou	4925.9	8541.8	8912.2	31
盐城	Yancheng	7030.3	10485.2	10536.0	28	漳州	Zhangzhou	1691.4	2146.1	2404.3	86
扬州	Yangzhou	13578.1	21201.6	24684.6	9	南平	Nanping	532.9	807.4	820.6	178
镇江	Zhenjiang	1682.2	2191.3	2412.2	85	龙岩	Longyan	2150.3	3398.0	4153.2	56
泰州	Taizhou	14830.5	21661.5	24851.8	8	宁德	Ningde	939.1	1530.1	1626.5	120
宿迁	Suqian	2608.5	6044.5	7068.0	39	**江西**	**Jiangxi**	**13669.7**	**24897.2**	**27732.0**	
浙江	**Zhejiang**	**123587.0**	**185443.1**	**201851.3**		南昌	Nanchang	6226.8	11152.1	14035.6	16
杭州	Hangzhou	22650.4	29537.6	29580.7	5	景德镇	Jingdezhen	403.9	407.5	455.7	209
宁波	Ningbo	14288.6	25043.3	27367.2	6	萍乡	Pingxiang	292.4	388.8	428.3	213
温州	Wenzhou	7009.4	11217.6	11705.4	20	九江	Jiujiang	1340.4	1508.9	1538.7	125
嘉兴	Jiaxing	6186.5	8477.6	8526.8	34	新余	Xinyu	390.9	652.6	769.9	184
湖州	Huzhou	2941.6	4099.3	4187.9	55	鹰潭	Yingtan	450.6	575.8	196.4	239
绍兴	Shaoxing	34390.6	51214.8	57926.1	2	赣州	Ganzhou	677.1	1317.4	1410.3	132
金华	Jinhua	19075.1	32301.7	38115.2	3	吉安	Jian	794.1	1483.2	1549.1	123
衢州	Quzhou	2229.6	2833.7	2879.8	76	宜春	Yichun	889.4	1576.9	1643.2	116
舟山	Zhoushan	1231.7	1576.7	1642.9	117	抚州	Fuzhou	1096.1	1977.8	2383.0	87
台州	Taizhou	12370.9	17255.4	18218.1	13	上饶	Shangrao	1107.9	2103.4	3222.0	68
丽水	Lishui	1212.6	1459.9	1701.3	109	**山东**	**Shandong**	**44828.8**	**64055.4**	**71083.3**	
安徽	**Anhui**	**23295.7**	**37117.2**	**39488.4**		济南	Jinan	4654.4	7696.3	9182.8	30
合肥	Hefei	9008.1	17571.0	19499.2	12	青岛	Qingdao	6972.1	9335.5	10992.2	25
芜湖	Wuhu	1829.5	2441.2	2713.4	79	淄博	Zibo	4486.3	7357.8	7585.3	36
蚌埠	Bengbu	852.7	2497.5	2852.1	78	枣庄	Zaozhuang	1592.3	2607.8	2449.1	83
淮南	Huainan	1752.0	401.9	360.0	220	东营	Dongying	775.6	945.0	906.7	171
马鞍山	Maanshan	1024.6	2058.9	2152.6	91	烟台	Yantai	3931.9	4256.9	3981.9	60
淮北	Huaibei	234.1	366.7	301.2	232	潍坊	Weifang	5286.9	7172.3	7377.7	37
铜陵	Tongling	579.7	914.8	906.6	172	济宁	Jining	2575.5	4352.4	5112.2	48
安庆	Anqing	1630.4	1926.6	2002.9	97	泰安	Taian	3165.9	3718.3	3564.7	63
黄山	Huangshan	622.4	652.5	644.6	192	威海	Weihai	2134.7	2580.8	2515.9	82
滁州	Chuzhou	902.5	1597.1	1670.6	114	日照	Rizhao	711.8	1281.0	1431.4	129
阜阳	Fuyang	848.4	1290.1	1682.8	111	莱芜	Laiwu	425.2	507.5	459.0	208
宿州	Suzhou	537.0	777.8	855.1	175	临沂	Linyi	3189.8	5734.9	7141.8	38
六安	Liuan	1329.4	1671.0	1420.9	130	德州	Dezhou	1287.9	1755.2	1913.3	100
亳州	Bozhou	185.4	269.7	337.4	226	聊城	Liaocheng	1421.7	2444.2	3438.5	64

12-4 建筑业企业房屋建筑施工面积 续表 2
Floor Space of Buildings under Construction continued 2

单位：万平方米 （10 000 sq.m）

地名	City	2010	2013	2014	2014 排名 Ranking
滨州	Binzhou	901.1	1198.8	1272.1	143
菏泽	Heze	1315.9	1645.3	1758.9	107
河南	**Henan**	**28677.1**	**43422.9**	**48825.3**	
郑州	Zhengzhou	8876.9	14221.6	17610.2	14
开封	Kaifeng	1035.1	1865.9	1854.5	102
洛阳	Luoyang	3680.0	6323.6	6906.7	41
平顶山	Pingdingshan	775.6	1003.6	1051.5	162
安阳	Anyang	3223.6	4773.1	4476.7	49
鹤壁	Hebi	317.2	413.6	529.6	204
新乡	Xinxiang	1768.7	2257.8	2020.2	95
焦作	Jiaozuo	642.0	836.4	792.8	180
濮阳	Puyang	637.7	1030.0	1043.9	163
许昌	Xuchang	681.6	1018.9	1315.9	138
漯河	Luohe	438.1	516.6	589.5	196
三门峡	Sanmenxia	363.0	408.9	398.0	216
南阳	Nanyang	1201.7	1710.3	1720.4	108
商丘	Shangqiu	1139.2	1529.7	1420.3	131
信阳	Xinyang	1421.5	1913.6	1877.0	101
周口	Zhoukou	1299.1	1691.7	1566.3	121
驻马店	Zhumadian	991.1	1583.5	1654.5	115
湖北	**Hubei**	**11620.9**	**47915.0**	**62227.9**	
武汉	Wuhan	12662.3	26369.0	35352.2	4
黄石	Huangshi	1458.2	1802.4	2058.2	94
十堰	Shiyan	472.7	1249.9	1488.7	127
宜昌	Yichang	821.6	2100.6	3126.7	70
襄阳	Xiangyang	1259.1	3901.1	4061.5	58
鄂州	Ezhou	510.9	843.6	1161.0	150
荆门	Jingmen	379.0	771.9	908.0	170
孝感	Xiaogan	1434.7	3081.6	3308.9	65
荆州	Jingzhou	973.6	1471.6	1638.7	119
黄冈	Huanggang	2672.4	4219.9	5374.1	46
咸宁	Xianning	468.7	643.6	790.7	181
随州	Suizhou	456.3	689.0	797.1	179
湖南	**Hunan**	**27680.3**	**43141.9**	**47433.2**	
长沙	Changsha	15052.2	23322.8	26251.7	7
株洲	Zhuzhou	1486.2	2501.4	2923.5	75
湘潭	Xiangtan	1545.4	2068.7	2012.3	96
衡阳	Hengyang	1816.3	2943.2	2994.1	74
邵阳	Shaoyang	1555.5	2465.4	2858.9	77
岳阳	Yueyang	984.0	1289.1	1291.7	142
常德	Changde	1118.7	1947.2	2223.0	89
张家界	Zhangjiajie	245.0	355.9	304.3	231
益阳	Yiyang	688.8	1053.0	1141.6	153
郴州	Chenzhou	768.9	1399.4	1294.8	140
永州	Yongzhou	915.3	1530.2	1803.4	106
怀化	Huaihua	664.9	861.0	906.1	173
娄底	Loudi	671.3	1108.6	1109.5	154
广东	**Guangdong**	**33140.4**	**53506.1**	**53443.2**	
广州	Guangzhou	7135.5	15055.7	16398.9	15
韶关	Shaoguan	781.8	1145.5	1090.1	159
深圳	Shenzhen	5980.3	11502.8	7015.8	40
珠海	Zhuhai	877.4	1270.7	1676.4	113
汕头	Shantou	2381.6	3478.4	3856.8	61
佛山	Foshan	3335.6	3288.9	3243.1	67
江门	Jiangmen	1640.1	2119.1	2611.2	81
湛江	Zhanjiang	1943.7	3187.3	5988.4	44
茂名	Maoming	1770.8	2933.1	3096.7	72
肇庆	Zhaoqing	728.5	772.3	593.3	195
惠州	Huizhou	942.9	1410.9	1317.6	137
梅州	Meizhou	1315.8	1340.8	1433.2	128
汕尾	Shanwei	175.1	92.8	92.4	246
河源	Heyuan	218.8	252.7	345.0	224
阳江	Yangjiang	825.3	1109.0	1020.0	164
清远	Qingyuan	632.9	613.3	612.7	194
东莞	Dongguan	733.4	790.4	1102.9	156
中山	Zhongshan	601.0	573.8	542.1	202
潮州	Chaozhou	373.1	629.8	543.7	200
揭阳	Jieyang	559.4	595.7	639.4	193
云浮	Yunfu	187.3	234.2	223.4	237
广西	**Guangxi**	**10742.3**	**18198.0**	**21168.1**	
南宁	Nanning	3136.3	5840.6	6541.1	43
柳州	Liuzhou	2436.6	5002.4	5937.1	45
桂林	Guilin	1297.0	2191.0	2238.4	88
梧州	Wuzhou	226.7	927.1	982.8	167
北海	Beihai	329.5	372.5	424.8	214
防城港	Fangchenggang	223.5	407.7	443.9	210
钦州	Qinzhou	660.9	1150.5	1150.5	152
贵港	Guigang	233.0	435.2	435.2	211
玉林	Yulin	1378.5	1613.7	1804.2	105
百色	Baise	187.0	207.5	232.6	236

12-4 建筑业企业房屋建筑施工面积 续表 3
Floor Space of Buildings under Construction continued 3

单位：万平方米 （10 000 sq.m）

地名	City	2010	2013	2014	2014 排名 Ranking
贺州	Hezhou	170.9	208.8	300.7	233
河池	Hechi	368.0	335.9	540.0	203
来宾	Laibin	107.5	330.0	330.0	228
崇左	Chongzuo	76.4	88.0	100.1	245
海南	**Hainan**	**1429.7**	**2192.0**	**2016.0**	
海口	Haikou	1122.7	1851.7	1680.8	112
三亚	Sanya	56.9	75.8	51.6	247
三沙	Sansha				
重庆	**Chongqing**	**19489.4**	**29745.9**	**32886.9**	
四川	**Sichuan**	**29440.8**	**49382.8**	**53362.6**	
成都	Chengdu	12668.8	22115.3	11463.0	23
自贡	Zigong	859.3	1337.1	1689.3	110
攀枝花	Panzhihua	240.4	543.9	546.1	199
泸州	Luzhou	1887.5	3652.5	4250.4	53
德阳	Deyang	1539.9	2124.8	2440.9	84
绵阳	Mianyang	1663.4	2149.6	2676.0	80
广元	Guangyuan	439.2	591.4	740.5	186
遂宁	Suining	1017.6	1115.9	1293.2	141
内江	Neijiang	876.3	1042.0	1336.6	135
乐山	Leshan	781.5	897.4	829.2	177
南充	Nanchong	1971.9	2936.8	3123.2	71
眉山	Meishan	715.5	1154.3	1334.2	136
宜宾	Yibin	856.1	1281.6	3255.4	66
广安	Guangan	939.1	1374.0	1640.9	118
达州	Dazhou	1284.7	1925.6	2183.5	90
雅安	Yaan	111.5	133.1	179.5	242
巴中	Bazhong	675.6	1693.2	1851.2	103
资阳	Ziyang	620.6	983.2	1100.2	158
贵州	**Guizhou**	**5756.4**	**12174.3**	**13889.7**	
贵阳	Guiyang	3471.8	6330.7		
六盘水	Liupanshui	96.2	170.5		
遵义	Zunyi	1003.6	2498.4		
安顺	Anshun	103.8	167.2		
毕节	Bijie	83.0	120.2		
铜仁	Tongren	177.1	295.8		
云南	**Yunnan**	**8872.3**	**15649.9**	**15824.4**	
昆明	Kunming	3547.5	9220.6	9310.9	29
曲靖	Qujing	915.8	1374.6	1224.9	148
玉溪	Yuxi	375.1	812.8	771.4	182
保山	Baoshan	203.3	375.4	332.6	227
昭通	Zhaotong	230.9	320.3	264.6	234

地名	City	2010	2013	2014	2014 排名 Ranking
丽江	Lijiang	168.3	186.4	191.4	240
普洱	Puer	367.6	431.2	468.8	207
临沧	Lincang	378.8	292.3	343.4	225
西藏	**Tibet**	**272.4**	**211.9**	**225.2**	
拉萨	Lasa	174.5	145.4	145.2	243
陕西	**Shaanxi**	**11490.7**	**19250.0**	**23031.3**	
西安	Xi'an	4592.6	9753.5	11182.2	24
铜川	Tongchuan	223.2	375.3	391.2	218
宝鸡	Baoji	1997.4	2094.1	2152.1	92
咸阳	Xianyang	1442.8	2724.5	3176.4	69
渭南	Weinan	909.2	1358.8	1388.5	133
延安	Yan'an	342.9	506.4	659.0	190
汉中	Hanzhong	708.7	1201.8	1347.0	134
榆林	Yulin	551.4	1205.7	1244.2	145
安康	Ankang	315.2	733.7	830.4	176
商洛	Shangluo	321.0	644.2	580.5	197
甘肃	**Gansu**	**5032.6**	**10238.2**	**11531.1**	
兰州	Lanzhou	1841.9	4409.9		
嘉峪关	Jiayuguan	90.8	153.5		
金昌	Jinchang	335.2	539.9		
白银	Baiyin	248.3	343.9		
天水	Tianshui	335.9	603.6		
武威	Wuwei	159.4	582.7		
张掖	Zhangye	149.0	602.9		
平凉	Pingliang	352.8	640.7		
酒泉	Jiuquan	277.3	684.8		
庆阳	Qingyang	418.4	400.7		
定西	Dingxi	447.6	697.2		
陇南	Longnan	112.6	162.1		
青海	**Qinghai**	**693.1**	**1136.6**	**1072.8**	
西宁	Xining	452.6	814.9	716.3	188
海东	Haidong			211.4	238
宁夏	**Ningxia**	**2596.9**	**4665.9**	**4355.2**	
银川	Yinchuan	1642.2	3326.7	3056.5	73
石嘴山	Shizuishan	324.5	329.3	261.7	235
吴忠	Wuzhong	362.0	503.0	518.2	205
固原	Guyuan	85.7	182.2	191.1	241
中卫	Zhongwei	182.6	335.3	327.7	229
新疆	**Xinjiang**	**6620.1**	**13210.8**	**14340.2**	
乌鲁木齐	Urumqi	1764.6	3644.0	4260.0	52
克拉玛依	Karamay	106.9	212.5	397.2	217

12-5 建筑业企业房屋建筑竣工面积
Floor Space of Buildings Completed

单位：万平方米 （10 000 sq.m）

地名	City	2010	2013	2014	2014 排名 Ranking
全国	**Nation Total**	**277450.2**	**389244.9**	**423357.3**	
北京	**Beijing**	**5933.2**	**8212.7**	**9275.0**	
天津	**Tianjin**	**2419.2**	**3394.7**	**3232.0**	
河北	**Hebei**	**9100.9**	**12336.0**	**12582.7**	
石家庄	Shijiazhuang	1155.6	1763.8	1513.2	51
唐山	Tangshan	1156.4	1450.6	1206.7	63
秦皇岛	Qinhuangdao	427.9	552.7	580.6	131
邯郸	Handan	847.4	1313.5	1348.3	57
邢台	Xingtai	413.2	516.2	462.4	153
保定	Baoding	2108.6	3249.6	3589.6	24
张家口	Zhangjiakou	812.0	988.3	831.0	108
承德	Chengde	396.9	362.0	831.0	108
沧州	Cangzhou	726.6	920.2	929.2	91
廊坊	Langfang	754.2	1189.9	1157.2	66
衡水	Hengshui	302.2	501.3	540.0	140
山西	**Shanxi**	**2585.4**	**3498.3**	**3940.0**	
太原	Taiyuan	843.7	1514.9	1793.4	46
大同	Datong	230.1	427.2	365.2	165
阳泉	Yangquan	131.4	193.2	105.3	214
长治	Changzhi	218.5	312.5	317.0	171
晋城	Jincheng	131.9	133.7	133.9	208
朔州	Shuozhou	94.3	100.5	98.4	217
晋中	Jinzhong	151.2	190.8	251.6	184
运城	Yuncheng	285.6	393.8	408.1	162
忻州	Xinzhou	181.1	182.9	213.7	193
临汾	Linfen	163.7	135.2	136.3	207
吕梁	Lvliang	153.9	137.5	117.2	209
内蒙古	**Inner Mongolia**	**3805.2**	**3624.7**	**3648.9**	
呼和浩特	Hohhot	374.4	544.5	426.0	159
包头	Baotou	431.4	615.8	518.0	146
乌海	Wuhai	187.9	223.6	219.3	192
赤峰	Chifeng	781.6	834.4	800.8	115
通辽	Tongliao	248.7	232.4	259.0	183
鄂尔多斯	Erdos	651.0	266.8	323.8	170
呼伦贝尔	Hulunbuir	326.4	423.0	560.5	134
巴彦淖尔	Bayannur	290.9	156.9	174.7	197
乌兰察布	Ulanqab	134.3	189.5	226.6	189
辽宁	**Liaoning**	**13003.3**	**18738.4**	**16514.4**	
沈阳	Shenyang	1839.5	3013.2	3103.3	28
大连	Dalian	4209.2	4940.3	3686.4	23
鞍山	Anshan	937.7	1467.2	1385.4	54
抚顺	Fushun	869.3	1106.7	839.7	106
本溪	Benxi	453.0	737.1	737.5	121
丹东	Dandong	380.4	716.7	844.1	104
锦州	Jinzhou	645.3	1032.4	841.6	105
营口	Yingkou	626.1	1187.3	1021.5	83
阜新	Fuxin	235.4	695.2	517.3	147
辽阳	Liaoyang	342.8	535.7	451.3	157
盘锦	Panjin	369.7	890.1	315.5	172
铁岭	Tieling	979.6	1203.6	908.2	93
朝阳	Chaoyang	654.1	1466.6	1318.7	58
葫芦岛	Huludao	461.1	794.3	543.7	138
吉林	**Jilin**	**4272.9**	**6325.4**	**7335.0**	
长春	Changchun	1634.6	2402.0		
吉林	Jilin	332.1	858.5		
四平	Siping	303.0	402.3		
辽源	Liaoyuan	121.0	304.2		
通化	Tonghua	734.3	660.0		
白山	Baishan	128.6	219.4		
松原	Songyuan	609.0	946.2		
白城	Baicheng	79.0	135.0		
黑龙江	**Heilongjiang**	**3619.9**	**4115.7**	**3884.6**	
哈尔滨	Harbin	1356.1	1850.5		
齐齐哈尔	Qiqihar	237.7	197.2		
鸡西	Jixi	131.1	83.0		
鹤岗	Hegang	120.4	99.3		
双鸭山	Shuangyashan	84.2	63.9		
大庆	Daqing	267.6	283.0		
伊春	Yichun	136.2	147.5		
佳木斯	Jiamusi	369.5	418.1		
七台河	Qitaihe	59.6	54.7		
牡丹江	Mudanjiang	300.8	543.9		
黑河	Heihe	124.9	156.3		
绥化	Suihua	369.9	371.4		
上海	**Shanghai**	**6217.1**	**6274.3**	**7580.8**	
江苏	**Jiangsu**	**48560.1**	**67932.4**	**76795.0**	

12-5 建筑业企业房屋建筑竣工面积 续表 1
Floor Space of Buildings Completed continued 1

单位：万平方米 （10 000 sq.m）

地名	City	2010	2013	2014	2014 排名 Ranking
南京	Nanjing	3962.7	5966.0	6315.9	11
无锡	Wuxi	1894.5	1707.5	1761.8	48
徐州	Xuzhou	2530.6	3853.5	5275.0	15
常州	Changzhou	2659.1	3450.4	3811.3	22
苏州	Suzhou	3344.2	4378.5	4006.6	21
南通	Nantong	10912.2	16692.6	20199.2	2
连云港	Lianyungang	1454.5	2626.7	2608.1	33
淮安	Huaian	3127.2	3437.4	4364.4	19
盐城	Yancheng	3120.4	4100.6	4366.8	18
扬州	Yangzhou	6749.3	8669.9	9332.7	7
镇江	Zhenjiang	653.3	797.3	954.2	88
泰州	Taizhou	6755.3	9537.1	10897.9	3
宿迁	Suqian	1396.7	2714.9	2901.2	30
浙江	**Zhejiang**	**45099.2**	**60569.3**	**66483.0**	
杭州	Hangzhou	8219.9	9613.1	9514.2	6
宁波	Ningbo	4585.7	7841.9	8251.7	8
温州	Wenzhou	1942.9	2473.2	2645.2	32
嘉兴	Jiaxing	2334.6	3112.8	3372.4	26
湖州	Huzhou	1419.0	1634.9	1806.4	45
绍兴	Shaoxing	13575.0	19280.7	21068.0	1
金华	Jinhua	6593.3	9723.4	10686.6	4
衢州	Quzhou	1063.8	1439.3	1459.8	52
舟山	Zhoushan	297.1	396.7	404.6	163
台州	Taizhou	4445.4	5327.0	6452.7	10
丽水	Lishui	622.6	706.4	811.4	112
安徽	**Anhui**	**10512.4**	**14257.4**	**15339.4**	
合肥	Hefei	3290.2	6038.7	6293.3	12
芜湖	Wuhu	858.2	1041.5	1064.7	79
蚌埠	Bengbu	432.8	852.3	953.9	89
淮南	Huainan	328.5	195.9	245.7	187
马鞍山	Maanshan	559.6	881.3	870.3	98
淮北	Huaibei	145.2	190.3	141.2	206
铜陵	Tongling	244.6	316.5	292.8	178
安庆	Anqing	960.9	1013.4	1097.8	75
黄山	Huangshan	294.8	345.1	261.0	182
滁州	Chuzhou	640.1	850.6	1001.8	85
阜阳	Fuyang	368.7	518.9	577.8	132
宿州	Suzhou	336.6	475.6	508.1	148
六安	Liuan	842.7	1000.4	854.8	101
亳州	Bozhou	142.1	173.5	199.8	194

地名	City	2010	2013	2014	2014 排名 Ranking
池州	Chizhou	273.0	480.7	519.4	144
宣城	Xuancheng	367.8	476.2	457.1	156
福建	**Fujian**	**9095.8**	**13187.1**	**15392.7**	
福州	Fuzhou	2875.5	4740.3	5479.9	14
厦门	Xiamen	1177.8	1333.9	1052.7	82
莆田	Putian	345.8	1101.7	1226.8	62
三明	Sanming	508.3	1261.4	1358.1	56
泉州	Quanzhou	2207.3	2585.2	3068.8	29
漳州	Zhangzhou	633.8	778.3	742.3	120
南平	Nanping	157.3	259.7	291.8	179
龙岩	Longyan	895.5	1322.5	1712.6	50
宁德	Ningde	294.5	477.8	459.6	155
江西	**Jiangxi**	**6488.1**	**11883.8**	**12724.7**	
南昌	Nanchang	2167.6	4041.6	4523.2	17
景德镇	Jingdezhen	140.4	350.8	421.1	161
萍乡	Pingxiang	179.5	222.5	282.2	180
九江	Jiujiang	759.4	1085.6	888.7	96
新余	Xinyu	212.1	393.7	378.3	164
鹰潭	Yingtan	96.6	211.6	109.9	212
赣州	Ganzhou	353.4	844.1	868.1	99
吉安	Jian	496.7	895.4	1053.0	81
宜春	Yichun	640.2	1091.2	1110.9	72
抚州	Fuzhou	654.9	1101.5	1195.5	64
上饶	Shangrao	787.3	1643.3	1894.9	43
山东	**Shandong**	**19179.7**	**22634.7**	**24220.8**	
济南	Jinan	1305.6	2012.1	1772.4	47
青岛	Qingdao	2158.3	2114.4	2005.4	38
淄博	Zibo	1799.9	2800.0	3113.1	27
枣庄	Zaozhuang	778.3	1151.6	1147.7	68
东营	Dongying	440.1	503.1	535.7	141
烟台	Yantai	1814.5	1739.3	1724.1	49
潍坊	Weifang	2133.3	2465.7	2547.8	34
济宁	Jining	1293.4	1850.3	2071.5	37
泰安	Taian	2322.7	2129.6	1941.1	40
威海	Weihai	831.6	967.4	973.9	87
日照	Rizhao	316.0	583.3	629.8	128
莱芜	Laiwu	221.3	292.2	306.7	174
临沂	Linyi	1540.4	2237.8	2409.8	36
德州	Dezhou	516.9	745.1	853.9	102
聊城	Liaocheng	561.8	782.7	749.8	119

12-5 建筑业企业房屋建筑竣工面积 续表 2
Floor Space of Buildings Completed in continued 2

单位：万平方米 （10 000 sq.m）

地名	City	2010	2013	2014	2014 排名 Ranking
滨州	Binzhou	348.3	535.4	549.0	136
菏泽	Heze	797.2	827.5	889.1	95
河南	**Henan**	**13156.0**	**17244.3**	**19818.3**	
郑州	Zhengzhou	2601.7	4076.1	5179.5	16
开封	Kaifeng	524.1	668.4	528.1	142
洛阳	Luoyang	954.1	1600.4	1438.6	53
平顶山	Pingdingshan	270.7	387.9	423.2	160
安阳	Anyang	1862.0	2662.9	2795.8	31
鹤壁	Hebi	151.4	222.8	226.3	190
新乡	Xinxiang	1087.1	1256.0	1135.8	70
焦作	Jiaozuo	347.7	343.4	343.5	167
濮阳	Puyang	456.9	657.2	628.2	129
许昌	Xuchang	414.9	464.1	556.0	135
漯河	Luohe	257.9	300.2	298.5	177
三门峡	Sanmenxia	180.2	168.3	149.2	203
南阳	Nanyang	704.3	849.0	816.6	111
商丘	Shangqiu	813.2	1107.0	985.2	86
信阳	Xinyang	1043.1	1285.9	1181.5	65
周口	Zhoukou	771.7	1051.8	1018.5	84
驻马店	Zhumadian	618.1	923.9	880.8	97
湖北	**Hubei**	**2558.9**	**22076.4**	**24867.3**	
武汉	Wuhan	5701.9	10104.0	10224.0	5
黄石	Huangshi	566.6	1019.5	1102.8	74
十堰	Shiyan	233.5	508.4	635.8	127
宜昌	Yichang	488.6	1021.9	1157.2	67
襄阳	Xiangyang	756.8	1664.9	1835.2	44
鄂州	Ezhou	390.0	453.9	435.4	158
荆门	Jingmen	264.0	388.9	497.4	150
孝感	Xiaogan	911.2	1804.5	1905.5	42
荆州	Jingzhou	594.5	776.2	906.5	94
黄冈	Huanggang	1841.5	3140.6	4025.9	20
咸宁	Xianning	272.9	504.2	609.8	130
随州	Suizhou	317.6	452.5	496.2	151
湖南	**Hunan**	**10573.4**	**15528.5**	**16583.0**	
长沙	Changsha	4267.6	6200.9	6697.8	9
株洲	Zhuzhou	693.3	1069.6	1292.7	60
湘潭	Xiangtan	545.9	762.2	804.2	114
衡阳	Hengyang	874.1	1298.5	1300.2	59
邵阳	Shaoyang	790.1	1116.7	1115.3	71
岳阳	Yueyang	827.4	922.8	863.8	100
常德	Changde	566.3	739.4	924.1	92
张家界	Zhangjiajie	129.8	174.8	105.7	213
益阳	Yiyang	281.3	733.3	721.8	122
郴州	Chenzhou	400.5	554.6	684.1	123
永州	Yongzhou	622.4	933.8	1077.2	77
怀化	Huaihua	207.6	360.5	360.5	166
娄底	Loudi	303.9	548.2	518.1	145
广东	**Guangdong**	**10163.6**	**13323.6**	**13885.5**	
广州	Guangzhou	1509.2	2556.7		
韶关	Shaoguan	294.2	566.5		
深圳	Shenzhen	1426.2	2009.9		
珠海	Zhuhai	273.2	480.9		
汕头	Shantou	637.0	1013.1		
佛山	Foshan	1007.7	1161.5		
江门	Jiangmen	582.2	838.1		
湛江	Zhanjiang	636.0	1061.5		
茂名	Maoming	745.4	1309.6		
肇庆	Zhaoqing	253.9	322.6		
惠州	Huizhou	300.0	436.0		
梅州	Meizhou	494.3	546.0		
汕尾	Shanwei	103.7	59.6		
河源	Heyuan	136.9	168.0		
阳江	Yangjiang	316.9	300.6		
清远	Qingyuan	304.1	253.9		
东莞	Dongguan	312.0	391.9		
中山	Zhongshan	279.1	265.1		
潮州	Chaozhou	82.1	181.7		
揭阳	Jieyang	391.5	436.5		
云浮	Yunfu	78.7	79.5		
广西	**Guangxi**	**4093.8**	**5814.8**	**6733.0**	
南宁	Nanning	971.6	1315.2	1382.0	55
柳州	Liuzhou	661.7	977.4	1079.9	76
桂林	Guilin	457.2	354.3	337.8	169
梧州	Wuzhou	114.4	73.1	84.6	221
北海	Beihai	100.6	132.8	166.3	199
防城港	Fangchenggang	149.2	236.5	313.4	173
钦州	Qinzhou	293.9	679.6	679.6	124
贵港	Guigang	154.0	171.8	171.8	198
玉林	Yulin	727.8	891.9	1059.2	80
百色	Baise	107.1	108.8	147.0	204

12-5 建筑业企业房屋建筑竣工面积 续表 3
Floor Space of Buildings Completed continued 3

单位：万平方米 （10 000 sq.m）

地名	City	2010	2013	2014	2014 排名 Ranking
贺州	Hezhou	19.3	35.2	43.2	226
河池	Hechi	192.1	263.3	91.5	220
来宾	Laibin	90.3	154.5	154.6	201
崇左	Chongzuo	60.5	61.5	50.9	224
海南	**Hainan**	**508.7**	**907.7**	**778.8**	
海口	Haikou	366.0	677.7	542.8	139
三亚	Sanya	40.6	59.1	43.3	225
三沙	Sansha				
重庆	**Chongqing**	**8292.0**	**12184.4**	**12815.6**	
四川	**Sichuan**	**12086.3**	**18294.3**	**19544.2**	
成都	Chengdu	3726.6	5788.0	5871.0	13
自贡	Zigong	393.5	460.5	563.0	133
攀枝花	Panzhihua	90.9	277.1	175.7	196
泸州	Luzhou	1086.3	1705.0	1964.6	39
德阳	Deyang	636.4	843.8	765.5	118
绵阳	Mianyang	642.7	703.3	825.5	110
广元	Guangyuan	175.7	203.9	247.8	186
遂宁	Suining	572.5	707.9	793.5	116
内江	Neijiang	405.8	500.1	658.2	125
乐山	Leshan	412.6	387.7	342.9	168
南充	Nanchong	1029.0	1897.4	1925.9	41
眉山	Meishan	428.4	670.2	641.7	126
宜宾	Yibin	442.0	675.7	776.9	117
广安	Guangan	506.9	737.6	848.6	103
达州	Dazhou	785.3	807.6	1106.8	73
雅安	Yaan	68.1	75.3	104.9	215
巴中	Bazhong	274.2	1034.1	1233.4	61
资阳	Ziyang	296.1	545.9	528.1	143
贵州	**Guizhou**	**1349.7**	**2450.5**	**2800.8**	
贵阳	Guiyang	631.8	1268.1		
六盘水	Liupanshui	47.7	87.9		
遵义	Zunyi	243.8	445.0		
安顺	Anshun	42.1	62.8		
毕节	Bijie	43.0	83.0		
铜仁	Tongren	101.2	121.1		
云南	**Yunnan**	**4393.4**	**6446.2**	**7246.5**	
昆明	Kunming	590.8	3191.6	3492.1	25
曲靖	Qujing	552.8	891.7	831.4	107
玉溪	Yuxi	237.3	368.3	460.2	154
保山	Baoshan	159.7	227.4	242.4	188
昭通	Zhaotong	186.1	178.2	150.4	202
丽江	Lijiang	87.4	127.6	113.9	211
普洱	Puer	170.8	180.5	222.5	191
临沧	Lincang	186.2	128.0	154.6	200
西藏	**Tibet**	**151.8**	**119.9**	**157.5**	
拉萨	Lasa	53.8	77.7	94.7	218
陕西	**Shaanxi**	**3781.3**	**6133.2**	**6917.8**	
西安	Xi'an	1391.9	2230.0	2536.7	35
铜川	Tongchuan	38.8	49.3	94.2	219
宝鸡	Baoji	617.3	733.6	806.6	113
咸阳	Xianyang	429.2	1109.4	1141.7	69
渭南	Weinan	323.0	532.5	546.1	137
延安	Yan'an	102.6	132.5	176.2	195
汉中	Hanzhong	267.0	413.8	482.9	152
榆林	Yulin	263.5	488.9	502.9	149
安康	Ankang	115.7	263.2	275.2	181
商洛	Shangluo	190.5	321.2	303.5	175
甘肃	**Gansu**	**2013.9**	**3751.2**	**4172.0**	
兰州	Lanzhou	458.4	1136.5		
嘉峪关	Jiayuguan	48.5	62.7		
金昌	Jinchang	180.4	187.1		
白银	Baiyin	113.7	176.2		
天水	Tianshui	134.0	254.6		
武威	Wuwei	110.9	429.3		
张掖	Zhangye	80.9	274.1		
平凉	Pingliang	191.4	301.2		
酒泉	Jiuquan	195.5	429.6		
庆阳	Qingyang	203.0	202.4		
定西	Dingxi	95.4	246.4		
陇南	Longnan	44.8	59.1		
青海	**Qinghai**	**273.2**	**417.4**	**479.4**	
西宁	Xining	170.0	284.4	299.8	176
海东	Haidong			71.4	222
宁夏	**Ningxia**	**1076.4**	**1927.8**	**1493.2**	
银川	Yinchuan	649.6	1330.5	933.9	90
石嘴山	Shizuishan	111.8	178.6	142.7	205
吴忠	Wuzhong	179.7	233.8	249.0	185
固原	Guyuan	35.7	97.8	102.1	216
中卫	Zhongwei	99.6	98.9	65.5	223
新疆	**Xinjiang**	**2891.5**	**5640.3**	**6115.4**	
乌鲁木齐	Urumqi	667.1	1076.6	1075.8	78
克拉玛依	Karamay	25.4	96.1	114.7	210

13

运输和邮电

Transport, Postal and Telecommunication Services

13-1 公路里程
Length of Highways

单位：公里 （km）

地名	City	2010	2013	2014	2014 排名 Ranking
全国	**Nation Total**	**4008229.0**	**4356218.0**	**4463913.0**	
北京	**Beijing**	**21114.0**	**21673.0**	**21849.0**	
天津	**Tianjin**	**14832.0**	**15718.0**	**16110.0**	
河北	**Hebei**	**154344.0**	**174492.0**	**179200.0**	
石家庄	Shijiazhuang	15410.0	17482.0	14497.0	107
唐山	Tangshan	13855.0	17061.0	13421.0	120
秦皇岛	Qinhuangdao	8572.0	8858.0	8206.0	196
邯郸	Handan	13857.0	15696.0	17814.0	63
邢台	Xingtai	13735.0	17301.0	17414.0	67
保定	Baoding	17857.0	20796.0	22197.0	30
张家口	Zhangjiakou	19225.0	20204.0	21612.0	35
承德	Chengde	18804.0	20110.0	19517.0	46
沧州	Cangzhou	13233.0	15055.0	16426.0	79
廊坊	Langfang	9005.0	10054.0	8642.0	191
衡水	Hengshui	10791.0	11875.0	11711.0	148
山西	**Shanxi**	**131644.0**	**139434.0**	**140436.0**	
太原	Taiyuan	6181.0	7316.0	7348.0	215
大同	Datong	11969.0	12538.0	12541.0	134
阳泉	Yangquan	5367.0	5631.0	5648.0	242
长治	Changzhi	10706.0	11249.0	11346.0	152
晋城	Jincheng	8447.0	8881.0	8961.0	183
朔州	Shuozhou	9551.0	10151.0	10162.0	166
晋中	Jinzhong	14562.0	15565.0	15838.0	93
运城	Yuncheng	15109.0	15744.0	15984.0	85
忻州	Xinzhou	16650.0	17318.0	17340.0	68
临汾	Linfen	17105.0	18025.0	18114.0	60
吕梁	Lvliang	15996.0	17015.0	17153.0	70
内蒙古	**Inner Mongolia**	**157994.0**	**167515.0**	**172167.0**	
呼和浩特	Hohhot	6560.0	7101.0	7258.0	217
包头	Baotou	6745.0	6870.0	6907.0	226
乌海	Wuhai	868.0	977.0	987.0	282
赤峰	Chifeng	22873.0	24180.0	24893.0	11
通辽	Tongliao	17284.0	18470.0	18485.0	54
鄂尔多斯	Erdos	16961.0	18170.0	18748.0	53
呼伦贝尔	Hulunbuir	19663.0	21829.0	22249.0	29
巴彦淖尔	Bayannur	19818.0	20529.0	20745.0	38
乌兰察布	Ulanqab	12334.0	13028.0	13383.0	121
辽宁	**Liaoning**	**101545.0**	**110973.0**	**115430.0**	
沈阳	Shenyang	11757.0	11493.0	12532.0	135
大连	Dalian	11493.0	11802.0	12454.0	138
鞍山	Anshan	7048.0	7133.0	7249.0	218
抚顺	Fushun	5827.0	5986.0	6443.0	236
本溪	Benxi	3916.0	4021.0	4260.0	258
丹东	Dandong	7310.0	8280.0	8742.0	190
锦州	Jinzhou	7035.0	7513.0	8083.0	203
营口	Yingkou	3896.0	4082.0	4426.0	254
阜新	Fuxin	6034.0	6368.0	6775.0	230
辽阳	Liaoyang	3236.0	3352.0	3454.0	266
盘锦	Panjin	3291.0	3425.0	3545.0	265
铁岭	Tieling	10337.0	10765.0	11181.0	155
朝阳	Chaoyang	13837.0	14323.0	14818.0	102
葫芦岛	Huludao	6529.0	7505.0	8224.0	193
吉林	**Jilin**	**90437.0**	**94191.0**	**96041.0**	
长春	Changchun	20500.0	21905.0	22484.0	24
吉林	Jilin	14479.0	14713.0	14758.0	105
四平	Siping	8741.0	9000.0	9106.0	181
辽源	Liaoyuan	4137.0	4315.0	4560.0	251
通化	Tonghua	6292.0	6583.0	6887.0	229
白山	Baishan	6375.0	6601.0	6672.0	231
松原	Songyuan	11859.0	12046.0	12169.0	142
白城	Baicheng	9320.0	9985.0	10144.0	169
黑龙江	**Heilongjiang**	**151945.0**	**160206.0**	**162464.0**	
哈尔滨	Harbin	19154.0	24138.0	24819.5	12
齐齐哈尔	Qiqihar	18851.0	22682.0	22901.5	20
鸡西	Jixi	5336.0	9153.0	9272.9	179
鹤岗	Hegang	2462.0	5965.0	5977.4	241
双鸭山	Shuangyashan	3756.0	8986.0	9021.8	182
大庆	Daqing	7769.0	8728.0	8749.9	189
伊春	Yichun	2146.0	6914.0	6997.3	223
佳木斯	Jiamusi	9235.0	15432.0	13498.9	117
七台河	Qitaihe	1643.0	2553.0	2559.8	274
牡丹江	Mudanjiang	7293.0	12296.0	12232.2	141
黑河	Heihe	8819.0	15814.0	15948.6	88
绥化	Suihua	17423.0	20951.0	21315.1	37
上海	**Shanghai**	**16687.0**	**12633.0**	**12945.0**	
江苏	**Jiangsu**	**150307.0**	**156094.0**	**157521.0**	

13-1 公路里程 续表 1
Length of Highways continued 1

单位：公里 (km)

地名	City	2010	2013	2014	2014 排名 Ranking	地名	City	2010	2013	2014	2014 排名 Ranking
南京	Nanjing	10749.0	11131.0	11309.0	153	池州	Chizhou	6828.0	7868.0	7878.0	206
无锡	Wuxi	7628.0	7655.0	7655.0	210	宣城	Xuancheng	11956.0	10355.0	10599.0	161
徐州	Xuzhou	16175.0	16332.0	16428.0	78	**福建**	**Fujian**	**91015.0**	**99535.0**	**101190.0**	
常州	Changzhou	8348.0	8847.0	8906.0	185	福州	Fuzhou	10234.0	10949.0	11605.9	150
苏州	Suzhou	12296.0	12608.0	12665.0	131	厦门	Xiamen	1865.0	2014.0	2134.8	275
南通	Nantong	17474.0	17995.0	18094.0	61	莆田	Putian	5552.0	6259.0	6634.5	232
连云港	Lianyungang	11224.0	11771.0	11914.0	145	三明	Sanming	13661.0	14804.0	15692.2	95
淮安	Huaian	11804.0	12930.0	13071.0	127	泉州	Quanzhou	14253.0	15453.0	16380.2	80
盐城	Yancheng	18415.0	19141.0	19256.0	50	漳州	Zhangzhou	10105.0	11429.0	12114.7	143
扬州	Yangzhou	10231.0	10415.0	10525.0	162	南平	Nanping	13663.0	14529.0	15400.7	99
镇江	Zhenjiang	6936.0	7201.0	7263.0	216	龙岩	Longyan	12161.0	13446.0	14252.8	110
泰州	Taizhou	8696.0	9335.0	9457.0	177	宁德	Ningde	9521.0	10653.0	11292.2	154
宿迁	Suqian	10332.0	10731.0	10977.0	160	**江西**	**Jiangxi**	**140634.0**	**152067.0**	**155515.0**	
浙江	**Zhejiang**	**110177.0**	**115426.0**	**116367.0**		南昌	Nanchang	9748.0	10822.0	11166.0	156
杭州	Hangzhou	15266.0	15900.0	16024.5	84	景德镇	Jingdezhen	4118.0	4646.0	4710.0	250
宁波	Ningbo	9884.0	10892.0	11045.4	159	萍乡	Pingxiang	6069.0	6827.0	6897.0	228
温州	Wenzhou	13965.0	14345.0	8215.0	194	九江	Jiujiang	17678.0	19036.0	19475.0	48
嘉兴	Jiaxing	7669.0	8000.0	8067.0	205	新余	Xinyu	4007.0	4277.0	4346.0	255
湖州	Huzhou	7890.0	8216.0	7511.0	213	鹰潭	Yingtan	3633.0	4016.0	4037.0	260
绍兴	Shaoxing	9281.0	9786.0	9893.0	173	赣州	Ganzhou	25709.0	28803.0	29359.0	3
金华	Jinhua	11512.0	12037.0	12269.4	140	吉安	Jian	20041.0	21929.0	22681.0	23
衢州	Quzhou	7484.0	7934.0	8070.0	204	宜春	Yichun	16428.0	17990.0	18366.0	56
舟山	Zhoushan	1706.0	1869.0	1897.0	276	抚州	Fuzhou	12657.0	14072.0	14314.0	109
台州	Taizhou	11267.0	11910.0	12283.0	139	上饶	Shangrao	17774.0	19649.0	20165.0	43
丽水	Lishui	13940.0	14537.0	14840.8	101	**山东**	**Shandong**	**229858.0**	**252786.0**	**259515.0**	
安徽	**Anhui**	**149382.0**	**173763.0**	**174373.0**		济南	Jinan	11611.0	12697.0	12846.0	129
合肥	Hefei	8512.0	16955.0	17012.0	72	青岛	Qingdao	16181.0	16270.0	16286.0	81
芜湖	Wuhu	4809.0	9533.0	9533.0	175	淄博	Zibo	10317.0	10924.0	11054.0	158
蚌埠	Bengbu	6493.0	7674.0	7750.0	208	枣庄	Zaozhuang	6960.0	8007.0	8241.0	192
淮南	Huainan	4180.0	4432.0	4457.0	253	东营	Dongying	8111.0	8609.0	8954.0	184
马鞍山	Maanshan	2223.0	6989.0	6989.0	224	烟台	Yantai	14516.0	17024.0	18189.0	59
淮北	Huaibei	3560.0	3787.0	3787.0	263	潍坊	Weifang	23181.0	25225.0	25787.0	10
铜陵	Tongling	1555.0	1555.0	1555.0	278	济宁	Jining	15613.0	18198.0	18797.0	52
安庆	Anqing	14956.0	16810.0	16810.0	75	泰安	Taian	13759.0	14329.0	14447.0	108
黄山	Huangshan	5509.0	6258.0	6258.0	238	威海	Weihai	6720.0	7060.0	7060.0	221
滁州	Chuzhou	14538.0	16586.0	16639.0	76	日照	Rizhao	6499.0	8153.0	8210.0	195
阜阳	Fuyang	11382.0	12513.0	12514.0	136	莱芜	Laiwu	3557.0	4161.0	4239.0	259
宿州	Suzhou	12612.0	13406.0	13530.0	115	临沂	Linyi	22316.0	25577.0	26788.0	8
六安	Liuan	16200.0	22408.0	22420.0	28	德州	Dezhou	20744.0	21587.0	21871.0	32
亳州	Bozhou	10803.0	11440.0	11440.0	151	聊城	Liaocheng	14699.0	17402.0	17861.0	62

13-1 公路里程 续表 2
Length of Highways continued 2

单位：公里 （km）

地名	City	2010	2013	2014	2014 排名 Ranking
滨州	Binzhou	15029.0	15858.0	15963.0	87
菏泽	Heze	20043.0	21704.0	22923.0	19
河南	**Henan**	**245089.0**	**249831.0**	**249857.0**	
郑州	Zhengzhou	12284.0	12719.0	12701.6	130
开封	Kaifeng	8636.0	8839.0	8844.1	187
洛阳	Luoyang	17837.0	18324.0	18341.7	57
平顶山	Pingdingshan	13316.0	13468.0	13467.8	119
安阳	Anyang	11651.0	11823.0	11816.6	146
鹤壁	Hebi	4401.0	4463.0	4463.6	252
新乡	Xinxiang	12897.0	13104.0	13105.8	125
焦作	Jiaozuo	7316.0	7365.0	7382.8	214
濮阳	Puyang	6281.0	6465.0	6465.2	233
许昌	Xuchang	9161.0	9288.0	9287.7	178
漯河	Luohe	5226.0	5250.0	5249.8	245
三门峡	Sanmenxia	9348.0	9527.0	9519.6	176
南阳	Nanyang	37136.0	38004.0	38004.3	1
商丘	Shangqiu	22712.0	23050.0	23050.4	17
信阳	Xinyang	24207.0	24747.0	24754.8	14
周口	Zhoukou	21375.0	21840.0	21845.0	33
驻马店	Zhumadian	19080.0	19271.0	19271.6	49
湖北	**Hubei**	**206212.0**	**226912.0**	**236933.0**	
武汉	Wuhan	12561.0	15023.0	15924.4	91
黄石	Huangshi	4917.0	5712.0	6054.7	240
十堰	Shiyan	19977.0	24398.0	24361.7	15
宜昌	Yichang	25638.0	27601.0	29257.1	4
襄阳	Xiangyang	25364.0	26547.0	27134.9	6
鄂州	Ezhou	2913.0	3237.0	3334.0	267
荆门	Jingmen	10985.0	12553.0	13306.2	122
孝感	Xiaogan	11840.0	13701.0	14523.1	106
荆州	Jingzhou	18685.0	20307.0	21525.4	36
黄冈	Huanggang	23392.0	25942.0	26700.0	9
咸宁	Xianning	13029.0	14079.0	14923.7	100
随州	Suizhou	6887.0	7738.0	8202.3	197
湖南	**Hunan**	**227998.0**	**235392.0**	**236250.0**	
长沙	Changsha	15307.0	15830.0	15936.3	89
株洲	Zhuzhou	13466.0	13760.0	13794.3	112
湘潭	Xiangtan	7700.0	7788.0	7843.7	207
衡阳	Hengyang	20098.0	20706.0	20733.6	39
邵阳	Shaoyang	20923.0	21906.0	21949.1	31
岳阳	Yueyang	19786.0	20259.0	20280.2	41

地名	City	2010	2013	2014	2014 排名 Ranking
常德	Changde	22045.0	22254.0	22432.9	27
张家界	Zhangjiajie	8630.0	8858.0	8883.3	186
益阳	Yiyang	15665.0	15853.0	15873.6	92
郴州	Chenzhou	16701.0	17522.0	17575.5	65
永州	Yongzhou	22084.0	22967.0	23022.0	18
怀化	Huaihua	19784.0	20428.0	20542.8	40
娄底	Loudi	14416.0	14700.0	14798.8	104
广东	**Guangdong**	**190144.0**	**202915.0**	**212094.0**	
广州	Guangzhou	8975.0	9004.0	9219.0	180
韶关	Shaoguan	13753.0	15273.0	16043.0	83
深圳	Shenzhen	1617.0	1680.0	1647.0	277
珠海	Zhuhai	1395.0	1447.0	1447.0	279
汕头	Shantou	3805.0	3802.0	3805.0	261
佛山	Foshan	5214.0	5204.0	5240.0	246
江门	Jiangmen	9972.0	10012.0	10012.0	171
湛江	Zhanjiang	21491.0	21800.0	21800.0	34
茂名	Maoming	15609.0	15642.0	15643.0	96
肇庆	Zhaoqing	11260.0	13382.0	13634.0	114
惠州	Huizhou	10826.0	11234.0	12594.0	133
梅州	Meizhou	15860.0	16961.0	17567.0	66
汕尾	Shanwei	4864.0	5470.0	5470.0	244
河源	Heyuan	14721.0	15346.0	15585.0	97
阳江	Yangjiang	7454.0	7473.0	9984.0	172
清远	Qingyuan	18233.0	21746.0	24801.0	13
东莞	Dongguan	4751.0	5002.0	5145.0	247
中山	Zhongshan	1838.0	2589.0	2610.0	273
潮州	Chaozhou	5046.0	5048.0	5048.0	248
揭阳	Jieyang	6349.0	7210.0	7210.0	219
云浮	Yunfu	7111.0	7588.0	7588.0	211
广西	**Guangxi**	**101782.0**	**111384.0**	**114900.0**	
南宁	Nanning	10567.0	12195.0	12458.0	137
柳州	Liuzhou	7957.0	8085.0	8156.0	200
桂林	Guilin	11186.0	11784.0	13859.0	111
梧州	Wuzhou	4054.0	5841.0	5619.0	243
北海	Beihai	2414.0	2586.0	2728.0	272
防城港	Fangchenggang	2571.0	2845.0	2901.0	269
钦州	Qinzhou	5357.0	6170.0	6170.0	239
贵港	Guigang	6064.0	6621.0	6899.0	227
玉林	Yulin	8640.0	9747.0	10146.0	168
百色	Baise	13354.0	15297.0	16106.0	82

13-1 公路里程 续表 3

Length of Highways continued 3

单位：公里 （km）

地名	City	2010	2013	2014	2014 排名 Ranking
贺州	Hezhou	3746.0	4439.0		
河池	Hechi	7334.0	12331.0	12645.0	132
来宾	Laibin	5981.0	6194.0	6464.0	234
崇左	Chongzuo	6607.0	6935.0	7016.0	222
海南	**Hainan**	**21236.0**	**24852.0**	**26002.0**	
海口	Haikou	1994.0	3107.0	3293.4	268
三亚	Sanya	1089.0	1351.0	1432.1	280
三沙	Sansha				
重庆	**Chongqing**	**116949.0**	**122846.0**	**127392.0**	
四川	**Sichuan**	**266082.0**	**301816.0**	**309742.0**	
成都	Chengdu	20312.0	22586.0	22789.0	21
自贡	Zigong	5793.0	6443.0	6456.0	235
攀枝花	Panzhihua	4438.0	4662.0	4728.0	249
泸州	Luzhou	12089.0	13260.0	13516.0	116
德阳	Deyang	7459.0	8104.0	8165.0	199
绵阳	Mianyang	15377.0	19620.0	19887.0	44
广元	Guangyuan	14950.0	18170.0	19520.0	45
遂宁	Suining	8317.0	8781.0	8805.0	188
内江	Neijiang	9647.0	10020.0	10136.0	170
乐山	Leshan	8698.0	11616.0	11658.0	149
南充	Nanchong	19466.0	21380.0	22446.0	26
眉山	Meishan	7084.0	7414.0	7532.0	212
宜宾	Yibin	13276.0	18257.0	18301.0	58
广安	Guangan	9378.0	10029.0	10366.0	165
达州	Dazhou	18390.0	19448.0	19510.0	47
雅安	Yaan	5625.0	6165.0	6286.0	237
巴中	Bazhong	13745.0	16642.0	16953.0	73
资阳	Ziyang	11893.0	14683.0	14804.0	103
贵州	**Guizhou**	**151644.0**	**172564.0**	**179079.0**	
贵阳	Guiyang	8901.0	9552.0	9709.7	174
六盘水	Liupanshui	11652.0	12222.0	12899.6	128
遵义	Zunyi	22939.0	26383.0	27041.8	7
安顺	Anshun	9126.0	12928.0	13710.5	113
毕节	Bijie	23985.0	28320.0	29443.5	2
铜仁	Tongren	21248.0	22816.0	23819.6	16
云南	**Yunnan**	**209231.0**	**222940.0**	**230398.0**	
昆明	Kunming	16442.0	17556.0	17602.0	64
曲靖	Qujing	26671.0	28080.0	22448.0	25
玉溪	Yuxi	16452.0	16590.0	17160.0	69
保山	Baoshan	11712.0	12844.0	13085.0	126
昭通	Zhaotong	15554.0	16315.0	15976.0	86
丽江	Lijiang	7605.0	6996.0	7167.0	220
普洱	Puer	19192.0	19611.0	20267.0	42
临沧	Lincang	14045.0	14855.0	15736.0	94
西藏	**Tibet**	**58249.0**	**70591.0**	**75470.0**	
拉萨	Lasa	3417.0	3963.0		
陕西	**Shaanxi**	**147461.0**	**165249.0**	**167145.0**	
西安	Xi'an	12575.0	13135.0	13251.0	123
铜川	Tongchuan	3521.0	3782.0	3767.0	264
宝鸡	Baoji	14255.0	15898.0	15936.0	90
咸阳	Xianyang	15201.0	15407.0	15511.0	98
渭南	Weinan	17716.0	18182.0	18402.0	55
延安	Yan'an	14926.0	17057.0	17110.0	71
汉中	Hanzhong	15051.0	18462.0	18828.0	51
榆林	Yulin	22372.0	27176.0	27773.0	5
安康	Ankang	19973.0	22543.0	22695.0	22
商洛	Shangluo	11871.0	13237.0	13482.0	118
甘肃	**Gansu**	**118879.0**	**133597.0**	**138084.0**	
兰州	Lanzhou	6945.0	7718.0	7729.5	209
嘉峪关	Jiayuguan	614.0	689.0	689.8	283
金昌	Jinchang	2019.0	2669.0	2808.5	270
白银	Baiyin	9589.0	11294.0	11714.9	147
天水	Tianshui	10126.0	10381.0	10400.0	164
武威	Wuwei	9003.0	11134.0	12030.7	144
张掖	Zhangye	10582.0	10862.0	11120.8	157
平凉	Pingliang	9524.0	10111.0	10155.4	167
酒泉	Jiuquan	13458.0	15711.0	16823.6	74
庆阳	Qingyang	11289.0	12922.0	13127.3	124
定西	Dingxi	10122.0	10391.0	10515.0	163
陇南	Longnan	14460.0	15534.0	16582.5	77
青海	**Qinghai**	**62185.0**	**70117.0**	**72703.0**	
西宁	Xining	4291.0	4341.0	4341.0	256
海东	Haidong			8102.0	202
宁夏	**Ningxia**	**22518.0**	**28554.0**	**31276.0**	
银川	Yinchuan		4029.0	4270.7	257
石嘴山	Shizuishan		2587.0	2742.2	271
吴忠	Wuzhong		7731.0	8194.9	198
固原	Guyuan		7657.0	8116.4	201
中卫	Zhongwei		6550.0	6943.0	225
新疆	**Xinjiang**	**152843.0**	**170155.0**	**175468.0**	
乌鲁木齐	Urumqi	3265.0	3586.0	3801.2	262
克拉玛依	Karamay	939.0	1104.0	1170.2	281

13-2 等级公路里程
Length of Expressway and Class I to IV Highways

单位：公里 (km)

地名	City	2010	2012	2013	2013 排名 Ranking
全国	**Nation Total**	**3304709**	**3609600**	**3755567**	
北京	**Beijing**	**20921.0**	**21299.0**	**21485.0**	
天津	**Tianjin**	**14832.0**	**15391.0**	**15718.0**	
河北	**Hebei**	**146053.0**	**155439.0**	**167711.0**	
石家庄	Shijiazhuang	14198.0	15137.4	16410.0	49
唐山	Tangshan	13855.0	14532.9	17061.0	40
秦皇岛	Qinhuangdao	8572.0	8774.5	8858.0	164
邯郸	Handan	13319.0	14264.8	15257.0	66
邢台	Xingtai	12159.0	14236.8	16043.0	58
保定	Baoding	17614.0	18793.6	20583.0	19
张家口	Zhangjiakou	17162.0	17614.6	18607.0	31
承德	Chengde	17558.0	18248.7	19163.0	26
沧州	Cangzhou	12678.0	13778.5	14543.0	81
廊坊	Langfang	9005.0	9492.9	10054.0	144
衡水	Hengshui	9933.0	10564.5	11132.0	129
山西	**Shanxi**	**127664.0**	**134242.0**	**136039.0**	
太原	Taiyuan	6047.0	6881.9	7189.0	198
大同	Datong	11877.0	12431.8	12454.0	109
阳泉	Yangquan	5367.0	5599.7	5631.0	231
长治	Changzhi	10051.0	10643.6	10728.0	132
晋城	Jincheng	8172.0	8518.9	8644.0	168
朔州	Shuozhou	9422.0	9945.2	10039.0	145
晋中	Jinzhong	14471.0	15249.3	15484.0	64
运城	Yuncheng	15082.0	15483.4	15718.0	62
忻州	Xinzhou	15969.0	16660.6	16701.0	45
临汾	Linfen	16333.0	17137.2	17433.0	35
吕梁	Lvliang	14873.0	15690.8	16017.0	59
内蒙古	**Inner Mongolia**	**144395.0**	**151046.0**	**155030.0**	
呼和浩特	Hohhot	6176.0	6364.0	6777.0	208
包头	Baotou	5602.0	5780.0	5813.0	227
乌海	Wuhai	868.0	880.0	971.0	283
赤峰	Chifeng	21883.0	22915.0	23280.0	8
通辽	Tongliao	15749.0	16683.0	17045.0	41
鄂尔多斯	Erdos	15302.0	16315.0	16662.0	46
呼伦贝尔	Hulunbuir	18291.0	19533.0	20583.0	19
巴彦淖尔	Bayannur	14785.0	15223.0	15737.0	61
乌兰察布	Ulanqab	12294.0	12657.0	13002.0	101
辽宁	**Liaoning**	**84757.0**	**90033.0**	**95982.0**	
沈阳	Shenyang	9643.0	10473.5	10075.0	143
大连	Dalian	7976.0	8963.5	9134.0	160
鞍山	Anshan	6851.0	7193.5	7056.0	204
抚顺	Fushun	4477.0	4903.3	4899.0	241
本溪	Benxi	3092.0	3451.4	3442.0	258
丹东	Dandong	5310.0	5987.2	6750.0	210
锦州	Jinzhou	6860.0	7219.2	7513.0	190
营口	Yingkou	2967.0	3369.6	3390.0	259
阜新	Fuxin	5817.0	6317.1	6368.0	218
辽阳	Liaoyang	3106.0	3352.9	3352.0	261
盘锦	Panjin	3090.0	3313.7	3346.0	262
铁岭	Tieling	9291.0	9853.1	9975.0	147
朝阳	Chaoyang	7201.0	8108.1	8525.0	173
葫芦岛	Huludao	6018.0	6642.8	7233.0	195
吉林	**Jilin**	**81006.0**	**95414.0**	**86632.0**	
长春	Changchun	17653.0	21665.8	20108.0	21
吉林	Jilin	14118.0	14673.6	14416.0	84
四平	Siping	7924.0	8896.3	8329.0	174
辽源	Liaoyuan	4137.0	4236.9	4315.0	246
通化	Tonghua	6292.0	6515.0	6583.0	213
白山	Baishan	6334.0	6531.6	6570.0	214
松原	Songyuan	8202.0	11944.9	8627.0	169
白城	Baicheng	8358.0	9798.2	9239.0	156
黑龙江	**Heilongjiang**	**118917.0**	**129260.0**	**131776.0**	
哈尔滨	Harbin	16010.0	20426.6	21197.0	16
齐齐哈尔	Qiqihar	15959.0	19919.0	19589.0	24
鸡西	Jixi	4684.0	5705.0	7369.0	192
鹤岗	Hegang	2030.0	2496.2	4087.0	252
双鸭山	Shuangyashan	3281.0	3674.2	5859.0	225
大庆	Daqing	6046.0	8026.5	6881.0	206
伊春	Yichun	2073.0	2301.0	6391.0	217
佳木斯	Jiamusi	6613.0	9301.7	10027.0	146
七台河	Qitaihe	1470.0	1770.5	2068.0	275
牡丹江	Mudanjiang	6689.0	7921.8	11288.0	126
黑河	Heihe	7050.0	9118.6	12374.0	110
绥化	Suihua	13531.0	18547.6	17915.0	34
上海	**Shanghai**	**11974.0**	**12541.0**	**12633.0**	
江苏	**Jiangsu**	**141706.0**	**146100.0**	**148263.0**	

13-2 等级公路里程 续表 1

Length of Expressway and Class I to IV Highways continued 1

单位：公里 (km)

地名	City	2010	2012	2013	2013 排名 Ranking	地名	City	2010	2012	2013	2013 排名 Ranking
南京	Nanjing	9638.0	10054.4	10166.0	141	池州	Chizhou	6087.0	6102.0	7139.0	200
无锡	Wuxi	7593.0	7638.0	7655.0	184	宣城	Xuancheng	11766.0	11797.0	10304.0	139
徐州	Xuzhou	14965.0	15135.1	15207.0	67	**福建**	**Fujian**	**70655.0**	**76503.0**	**80909.0**	
常州	Changzhou	8296.0	8624.9	8795.0	165	福州	Fuzhou	8649.0	9269.0	9764.0	148
苏州	Suzhou	12296.0	12477.0	12608.0	107	厦门	Xiamen	1597.0	1780.0	1995.0	276
南通	Nantong	17306.0	17763.3	17924.0	33	莆田	Putian	3674.0	3910.0	4314.0	247
连云港	Lianyungang	11049.0	11415.0	11679.0	121	三明	Sanming	9233.0	11095.0	11586.0	123
淮安	Huaian	10816.0	11899.0	12040.0	115	泉州	Quanzhou	8930.0	9543.0	10236.0	140
盐城	Yancheng	16340.0	16760.7	17122.0	39	漳州	Zhangzhou	7886.0	8167.0	9010.0	162
扬州	Yangzhou	8934.0	9050.2	9155.0	158	南平	Nanping	11831.0	12483.0	12837.0	102
镇江	Zhenjiang	6936.0	7068.5	7201.0	197	龙岩	Longyan	10298.0	11011.0	11423.0	125
泰州	Taizhou	8664.0	8997.1	9317.0	154	宁德	Ningde	8557.0	9245.0	9744.0	149
宿迁	Suqian	8873.0	9216.4	9395.0	153	**江西**	**Jiangxi**	**101494.0**	**120332.0**	**122675.0**	
浙江	**Zhejiang**	**105851.0**	**110024.0**	**111997.0**		南昌	Nanchang	7843.0	9103.0	9090.0	161
杭州	Hangzhou	14399.0	14938.6	15110.0	70	景德镇	Jingdezhen	3260.0	3950.0	4015.0	254
宁波	Ningbo	9272.0	10102.0	10350.0	138	萍乡	Pingxiang	4351.0	5354.0	5356.0	233
温州	Wenzhou	7714.0	13798.1	14030.0	87	九江	Jiujiang	11289.0	13724.0	13921.0	88
嘉兴	Jiaxing	7357.0	7730.4	7868.0	180	新余	Xinyu	2976.0	3370.0	3387.0	260
湖州	Huzhou	7144.0	7406.4	7521.0	189	鹰潭	Yingtan	2498.0	3095.0	3138.0	264
绍兴	Shaoxing	8749.0	9078.2	9280.0	155	赣州	Ganzhou	17987.0	22426.0	23250.0	9
金华	Jinhua	11378.0	11852.7	12028.0	116	吉安	Jian	17432.0	19756.0	20023.0	22
衢州	Quzhou	7300.0	7699.3	7815.0	182	宜春	Yichun	11440.0	13510.0	13882.0	89
舟山	Zhoushan	1597.0	1701.5	1786.0	277	抚州	Fuzhou	9067.0	11538.0	11708.0	119
台州	Taizhou	11005.0	11453.4	11681.0	120	上饶	Shangrao	10579.0	14506.0	14903.0	74
丽水	Lishui	13910.0	14263.1	14530.0	82	**山东**	**Shandong**	**227718.0**	**243037.0**	**251425.0**	
安徽	**Anhui**	**142344.0**	**159427.0**	**168084.0**		济南	Jinan	11466.0	12187.8	12644.0	106
合肥	Hefei	8498.0	15301.0	15349.0	65	青岛	Qingdao	16164.0	16210.3	16261.0	51
芜湖	Wuhu	4400.0	9136.0	9135.0	159	淄博	Zibo	9838.0	10134.6	10473.0	136
蚌埠	Bengbu	5942.0	6071.0	7225.0	196	枣庄	Zaozhuang	6824.0	7401.8	7889.0	178
淮南	Huainan	4016.0	4036.0	4268.0	248	东营	Dongying	8111.0	8482.5	8609.0	170
马鞍山	Maanshan	2181.0	6712.0	6753.0	209	烟台	Yantai	14516.0	15934.2	17024.0	42
淮北	Huaibei	3560.0	3621.0	3787.0	256	潍坊	Weifang	23052.0	24456.1	25225.0	4
铜陵	Tongling	1529.0	1529.0	1530.0	279	济宁	Jining	15315.0	17223.7	17997.0	32
安庆	Anqing	14729.0	14970.0	16803.0	44	泰安	Taian	13441.0	13915.5	14045.0	86
黄山	Huangshan	5480.0	5617.0	6230.0	222	威海	Weihai	6720.0	6899.0	7060.0	203
滁州	Chuzhou	14538.0	17238.0	16586.0	48	日照	Rizhao	6499.0	7501.1	8153.0	175
阜阳	Fuyang	10938.0	10986.0	12127.0	113	莱芜	Laiwu	3539.0	3876.1	4145.0	251
宿州	Suzhou	11916.0	11916.0	12710.0	103	临沂	Linyi	22230.0	24086.9	25558.0	3
六安	Liuan	15279.0	23944.0	22052.0	12	德州	Dezhou	20744.0	21435.7	21587.0	15
亳州	Bozhou	10125.0	10452.0	11050.0	130	聊城	Liaocheng	14615.0	16524.2	17402.0	36

13-2 等级公路里程 续表 2

Length of Expressway and Class I to IV Highways continued 2

单位：公里 （km）

地名	City	2010	2012	2013	2013 排名 Ranking	地名	City	2010	2012	2013	2013 排名 Ranking
滨州	Binzhou	14601.0	15396.0	15647.0	63	常德	Changde	19538.0	22086.6	22161.0	10
菏泽	Heze	20043.0	21371.8	21704.0	13	张家界	Zhangjiajie	5878.0	6463.9	6711.0	211
河南	**Henan**	**182560.0**	**194406.0**	**196790.0**		益阳	Yiyang	14298.0	14924.9	15015.0	73
郑州	Zhengzhou	10318.0	11407.0	11455.0	124	郴州	Chenzhou	14997.0	15917.5	16100.0	57
开封	Kaifeng	6661.0	6952.1	6991.0	205	永州	Yongzhou	19129.0	20467.0	20586.0	18
洛阳	Luoyang	12788.0	13399.9	13495.0	94	怀化	Huaihua	16155.0	18487.6	18788.0	28
平顶山	Pingdingshan	12234.0	12679.2	12696.0	104	娄底	Loudi	10573.0	11847.7	12114.0	114
安阳	Anyang	9309.0	9907.7	10111.0	142	**广东**	**Guangdong**	**170144.0**	**177204.0**	**186357.0**	
鹤壁	Hebi	4188.0	4255.4	4262.0	249	广州	Guangzhou	7739.0	7857.3	7870.0	179
新乡	Xinxiang	10225.0	10426.2	10567.0	135	韶关	Shaoguan	13155.0	14308.6	14852.0	75
焦作	Jiaozuo	5983.0	6241.2	6310.0	221	深圳	Shenzhen	1617.0	1659.1	1680.0	278
濮阳	Puyang	5661.0	5950.1	5987.0	223	珠海	Zhuhai	1366.0	1422.7	1421.0	280
许昌	Xuchang	6560.0	7011.2	7062.0	202	汕头	Shantou	3790.0	3790.8	3791.0	255
漯河	Luohe	3979.0	4138.5	4172.0	250	佛山	Foshan	5202.0	5206.6	5204.0	237
三门峡	Sanmenxia	6911.0	7353.9	7470.0	191	江门	Jiangmen	8037.0	8138.6	8144.0	176
南阳	Nanyang	27506.0	28527.0	28734.0	1	湛江	Zhanjiang	13585.0	14525.1	15145.0	69
商丘	Shangqiu	14334.0	16062.5	16199.0	55	茂名	Maoming	14660.0	14777.4	14795.0	77
信阳	Xinyang	17096.0	18253.9	18680.0	30	肇庆	Zhaoqing	11176.0	12546.3	13377.0	96
周口	Zhoukou	14456.0	16538.0	17161.0	38	惠州	Huizhou	10074.0	10340.8	10703.0	133
驻马店	Zhumadian	12489.0	13342.5	13430.0	95	梅州	Meizhou	13480.0	13646.3	15026.0	72
湖北	**Hubei**	**187812.0**	**203145.0**	**212893.0**		汕尾	Shanwei	4555.0	4585.9	5234.0	236
武汉	Wuhan	12200.0	13013.5	14518.0	83	河源	Heyuan	13766.0	14497.8	14603.0	79
黄石	Huangshi	4906.0	5394.3	5712.0	229	阳江	Yangjiang	6262.0	6367.3	6622.0	212
十堰	Shiyan	17992.0	20677.0	22143.0	11	清远	Qingyuan	18071.0	18085.4	21607.0	14
宜昌	Yichang	19193.0	21411.0	24816.0	5	东莞	Dongguan	4637.0	4860.8	4896.0	242
襄阳	Xiangyang	23599.0	24324.0	24714.0	6	中山	Zhongshan	1766.0	2712.4	2545.0	270
鄂州	Ezhou	2061.0	2603.0	2774.0	266	潮州	Chaozhou	4939.0	4968.5	4974.0	240
荆门	Jingmen	10322.0	10939.0	11649.0	122	揭阳	Jieyang	6203.0	6217.5	7077.0	201
孝感	Xiaogan	11840.0	12902.7	13701.0	90	云浮	Yunfu	6063.0	6688.5	6791.0	207
荆州	Jingzhou	17588.0	18807.0	19584.0	25	**广西**	**Guangxi**	**81239.0**	**91583.0**	**96343.0**	
黄冈	Huanggang	21858.0	22847.8	24252.0	7	南宁	Nanning	9210.0	10664.9	11265.0	127
咸宁	Xianning	10806.0	11569.3	12310.0	111	柳州	Liuzhou	5372.0	6191.9	6355.0	219
随州	Suizhou	6690.0	7245.0	7738.0	183	桂林	Guilin	7972.0	8630.0	9223.0	157
湖南	**Hunan**	**184045.0**	**203627.0**	**206622.0**		梧州	Wuzhou	3413.0	5709.7	5303.0	234
长沙	Changsha	12347.0	13043.4	13176.0	99	北海	Beihai	2320.0	2486.0	2486.0	272
株洲	Zhuzhou	13140.0	13273.3	13506.0	93	防城港	Fangchenggang	1716.0	1995.9	2106.0	274
湘潭	Xiangtan	4375.0	4884.2	5034.0	239	钦州	Qinzhou	4633.0	5361.2	5846.0	226
衡阳	Hengyang	14600.0	16258.8	16370.0	50	贵港	Guigang	4832.0	4956.8	5283.0	235
邵阳	Shaoyang	12872.0	16907.6	17360.0	37	玉林	Yulin	6255.0	7842.2	7616.0	188
岳阳	Yueyang	19090.0	19569.0	19651.0	23	百色	Baise	11079.0	12677.0	13008.0	100

13-2 等级公路里程 续表 3
Length of Expressway and Class I to IV Highways continued 3

单位：公里 （km）

地名	City	2010	2012	2013	2013 排名 Ranking	地名	City	2010	2012	2013	2013 排名 Ranking
贺州	Hezhou	3034.0	4316.2	4423.0	245	丽江	Lijiang		5935.0	5987.0	223
河池	Hechi	2000.0	10322.2	10952.0	131	普洱	Puer	6878.0	12907.0	13661.0	91
来宾	Laibin	4608.0	4825.4	4888.0	243	临沧	Lincang	10612.0	11668.0	11995.0	117
崇左	Chongzuo	5650.0	6167.1	6320.0	220	**西藏**	**Tibet**		**41776.0**	**48678.0**	
海南	**Hainan**	**21012.0**	**23540.0**	**24154.0**		拉萨	Lasa			2558.0	269
海口	Haikou	92.0	3056.3	2392.0	273	**陕西**	**Shaanxi**	**134498.0**	**146290.0**	**148991.0**	
三亚	Sanya	898.0	1581.8	1050.0	282	西安	Xi'an	12118.0	12587.3	12598.0	108
三沙	Sansha					铜川	Tongchuan	3140.0	3248.3	3296.0	263
重庆	**Chongqing**	**80006.0**	**86810.0**	**90358.0**		宝鸡	Baoji	13861.0	14506.7	14554.0	80
四川	**Sichuan**	**205983.0**	**234293.0**	**246571.0**		咸阳	Xianyang	13602.0	13546.8	13549.0	92
成都	Chengdu	17923.0	20268.5	20732.0	17	渭南	Weinan	14627.0	15066.0	15200.0	68
自贡	Zigong	4131.0	4870.5	5060.0	238	延安	Yan'an	14343.0	15949.9	16247.0	52
攀枝花	Panzhihua	2706.0	3032.3	3103.0	265	汉中	Hanzhong	12993.0	15598.3	16216.0	54
泸州	Luzhou	7130.0	8123.6	8913.0	163	榆林	Yulin	22066.0	25065.5	26083.0	2
德阳	Deyang	6566.0	7251.8	7282.0	193	安康	Ankang	16550.0	18417.4	18748.0	29
绵阳	Mianyang	9176.0	12493.9	13261.0	98	商洛	Shangluo	11198.0	11944.3	12142.0	112
广元	Guangyuan	8943.0	11246.1	12649.0	105	**甘肃**	**Gansu**	**85733.0**	**101372.0**	**106812.0**	
遂宁	Suining	7119.0	7560.0	7637.0	185	兰州	Lanzhou	4467.0	5360.8	5475.0	232
内江	Neijiang	5779.0	6320.6	6407.0	216	嘉峪关	Jiayuguan	580.0	658.9	656.0	284
乐山	Leshan	7301.0	8053.7	10449.0	137	金昌	Jinchang	2010.0	2508.8	2659.0	267
南充	Nanchong	15483.0	17105.2	18829.0	27	白银	Baiyin	4743.0	6945.6	7237.0	194
眉山	Meishan	5466.0	5583.5	5719.0	228	天水	Tianshui	8721.0	9216.8	9442.0	152
宜宾	Yibin	11320.0	14746.1	15058.0	71	武威	Wuwei	5220.0	7132.9	7984.0	177
广安	Guangan	7866.0	8388.3	8653.0	167	张掖	Zhangye	8022.0	8558.9	8609.0	170
达州	Dazhou	15570.0	16474.6	16826.0	43	平凉	Pingliang	5970.0	6749.5	7159.0	199
雅安	Yaan	4955.0	5510.0	5652.0	230	酒泉	Jiuquan	12315.0	14441.9	14828.0	76
巴中	Bazhong	12305.0	15308.5	15931.0	60	庆阳	Qingyang	5103.0	6603.9	7826.0	181
资阳	Ziyang	8483.0	10933.5	11190.0	128	定西	Dingxi	7617.0	8071.7	8572.0	172
贵州	**Guizhou**	**72557.0**	**86577.0**	**95419.0**		陇南	Longnan	12866.0	13891.9	14125.0	85
贵阳	Guiyang	7940.0	8461.0	8670.0	166	**青海**	**Qinghai**	**47604.0**	**52061.0**	**57069.0**	
六盘水	Liupanshui	8033.0	8825.5	9508.0	151	西宁	Xining	3351.0	3460.0	3484.0	257
遵义	Zunyi	10034.0	12024.5	13322.0	97	海东	Haidong				
安顺	Anshun	3118.0	3928.7	4532.0	244	**宁夏**	**Ningxia**	**21198.0**	**26009.0**	**28338.0**	
毕节	Bijie	12189.0	15053.1	16235.0	53	银川	Yinchuan		4105.7	4016.0	253
铜仁	Tongren	6032.0	8650.0	10588.0	134	石嘴山	Shizuishan		2541.0	2587.0	268
云南	**Yunnan**	**158120.0**	**171960.0**	**178371.0**		吴忠	Wuzhong		7587.0	7619.0	187
昆明	Kunming	12645.0	13639.8	14700.0	78	固原	Guyuan		5748.7	7632.0	186
曲靖	Qujing	17254.0	18355.1	16648.0	47	中卫	Zhongwei		6312.5	6484.0	215
玉溪	Yuxi	15766.0	16120.0	16124.0	56	**新疆**	**Xinjiang**	**98560.0**	**118861.0**	**125442.0**	
保山	Baoshan	8432.0	9603.0	9729.0	150	乌鲁木齐	Urumqi	2596.0	2935.4	2532.0	271
昭通	Zhaotong	10214.0	11235.0	11798.0	118	克拉玛依	Karamay	935.0	998.5	1099.0	281

13-3 民用汽车拥有量
Number of Civil Vehicles

单位：辆　　　　　　　　　　　　　　　　　　　　　　　　　　　　　　　(unit)

地名	City	2010	2013	2014	2014 排名 Ranking
全国	**Nation Total**	**78018300**	**126701435**	**145981100**	
北京	**Beijing**	**4497100**	**5171055**	**5308300**	
天津	**Tianjin**	**1582400**	**2615768**	**2741400**	
河北	**Hebei**	**4928700**	**8162934**	**9300800**	
石家庄	Shijiazhuang	901653	1084023	1300828	21
唐山	Tangshan	806066	994838	1193806	23
秦皇岛	Qinhuangdao	287471	347029	416435	103
邯郸	Handan	576093	559577	671492	59
邢台	Xingtai	402438	425811	510973	78
保定	Baoding	798307	964879	1157855	24
张家口	Zhangjiakou	293612	328311	393973	109
承德	Chengde	195875	202269	242723	165
沧州	Cangzhou	605675	750793	900952	35
廊坊	Langfang	492955	585505	702606	52
衡水	Hengshui	281536	329184	395021	107
山西	**Shanxi**	**2478900**	**3782688**	**4243600**	
太原	Taiyuan	605048	895044	1020350	31
大同	Datong	247799	333510	380201	113
阳泉	Yangquan	116035	166459	189763	189
长治	Changzhi	242285	342144	390044	110
晋城	Jincheng	193639	266237	303510	139
朔州	Shuozhou	72152	118127	134665	232
晋中	Jinzhong	278790	404353	460962	94
运城	Yuncheng	309801	436732	497874	84
忻州	Xinzhou	180555	230129	262347	156
临汾	Linfen	268525	383662	437375	99
吕梁	Lvliang	212514	263340	300208	142
内蒙古	**Inner Mongolia**	**1878000**	**3068651**	**3421400**	
呼和浩特	Hohhot	321551	596587	680109	57
包头	Baotou	297403	457657	521729	77
乌海	Wuhai	154600	121939	139010	227
赤峰	Chifeng	291465	485732	553734	70
通辽	Tongliao	348850	327483	373331	115
鄂尔多斯	Erdos	485000	470063	535872	73
呼伦贝尔	Hulunbuir	153067	209362	238673	166
巴彦淖尔	Bayannur	146297	221264	252241	161
乌兰察布	Ulanqab	116429	225426	256986	157
辽宁	**Liaoning**	**2963200**	**4570467**	**5200400**	
沈阳	Shenyang	984312	1431191	1455314	16
大连	Dalian	944885	1297483	1149344	27
鞍山	Anshan	365158	487513	382184	112
抚顺	Fushun	227607	254960	203218	181
本溪	Benxi	136811	173205	115275	248
丹东	Dandong	228141	318979	194870	184
锦州	Jinzhou	433823	464154	324452	132
营口	Yingkou	250500	328918	264511	155
阜新	Fuxin	329330	387753	198151	182
辽阳	Liaoyang	284423	253885	175267	201
盘锦	Panjin	178699	243815	219783	174
铁岭	Tieling	317900	409457	190450	187
朝阳	Chaoyang	509669	569204	283594	148
葫芦岛	Huludao	250970	333913	229912	170
吉林	**Jilin**	**1528900**	**2483472**	**2845700**	
长春	Changchun	664845	1018968	1144590	29
吉林	Jilin	272846	388236	427166	101
四平	Siping	145042	263172	297615	145
辽源	Liaoyuan	58608	83313	94015	260
通化	Tonghua	106889	145663	151863	217
白山	Baishan	62286	71385	86816	264
松原	Songyuan	180836	296422	320817	133
白城	Baicheng	93406	156017	189307	190
黑龙江	**Heilongjiang**	**1947900**	**2898103**	**3227800**	
哈尔滨	Harbin	652435	1005167	1145890	28
齐齐哈尔	Qiqihar	233889		238118	167
鸡西	Jixi	127246	162010	184691	195
鹤岗	Hegang	40550	56895	64860	273
双鸭山	Shuangyashan	56547		131348	235
大庆	Daqing	328347	428467	488452	85
伊春	Yichun	38444		58349	276
佳木斯	Jiamusi				
七台河	Qitaihe	76301	53876	61419	274
牡丹江	Mudanjiang	117296		253332	159
黑河	Heihe				
绥化	Suihua	16060	70191	80018	268
上海	**Shanghai**	**1755100**	**2349116**	**2550300**	
江苏	**Jiangsu**	**5508000**	**9443483**	**10954500**	

13-3 民用汽车拥有量 续表 1

Number of Civil Vehicles continued 1

单位：辆 （unit）

地名	City	2010	2013	2014	2014 排名 Ranking	地名	City	2010	2013	2014	2014 排名 Ranking
南京	Nanjing	830524	1404121	1722000	10	池州	Chizhou	42915	71196	87310	263
无锡	Wuxi	734009	1146731	1277600	22	宣城	Xuancheng	122874	171829	208437	179
徐州	Xuzhou	432612	684114	756000	45	**福建**	**Fujian**	**1970800**	**3329740**	**3866000**	
常州	Changzhou	453723	765395	873100	37	福州	Fuzhou	433734	727034	841836	39
苏州	Suzhou	1261001	2105740	2407900	3	厦门	Xiamen	385391	679103	822916	41
南通	Nantong	449023	837547	996600	32	莆田	Putian	83663	157212	188454	191
连云港	Lianyungang	188898	322191	368700	117	三明	Sanming	98044	157036	170057	205
淮安	Huaian	169858	294764	347200	124	泉州	Quanzhou	480067	788863	906727	34
盐城	Yancheng	267391	476010	549600	71	漳州	Zhangzhou	162733	279857	317434	136
扬州	Yangzhou	232869	419436	488200	86	南平	Nanping	87205	143619	162325	209
镇江	Zhenjiang	198003	337472	384900	111	龙岩	Longyan	164772	267119	301624	140
泰州	Taizhou	226588	405173	470300	92	宁德	Ningde	72609	131795	142195	223
宿迁	Suqian	198532	321656	373300	116	**江西**	**Jiangxi**	**1374300**	**2468402**	**2876800**	
浙江	**Zhejiang**	**5420500**	**9019925**	**10120500**		南昌	Nanchang	362429	560779	618086	64
杭州	Hangzhou	1248056	2045618	2184000	6	景德镇	Jingdezhen	70402	116610	136202	231
宁波	Ningbo	877434	1420578	1597218	12	萍乡	Pingxiang	64030	108098	126724	238
温州	Wenzhou	789343	1257791	1409532	19	九江	Jiujiang	158875	286640	336504	130
嘉兴	Jiaxing	367812	683694	791861	43	新余	Xinyu	57967	98019	108364	256
湖州	Huzhou	218000	405647	471480	89	鹰潭	Yingtan	34055	69829	80475	266
绍兴	Shaoxing	434809	739962	850681	38	赣州	Ganzhou	191527	390175	470386	91
金华	Jinhua	591787	1004858	1149667	26	吉安	Jian	109757	187766	220995	173
衢州	Quzhou	121423	212521	244756	164	宜春	Yichun	165994	293714	348204	123
舟山	Zhoushan	60463	99413	110052	255	抚州	Fuzhou	100269	172132	197933	183
台州	Taizhou	565917	922061	1039522	30	上饶	Shangrao	145055	265486	307811	138
丽水	Lishui	140492	228037	256824	158	**山东**	**Shandong**	**7058900**	**11997147**	**13502500**	
安徽	**Anhui**	**2098100**	**3587375**	**4224600**		济南	Jinan	797359	1213435	1381099	20
合肥	Hefei	386060	820675	975744	33	青岛	Qingdao	975571	1524634	1723204	9
芜湖	Wuhu	132091	275844	318140	135	淄博	Zibo	443657	675568	719549	48
蚌埠	Bengbu	98706	164439	188037	192	枣庄	Zaozhuang	271085	397072	417844	102
淮南	Huainan	89780	142483	157088	213	东营	Dongying	335413	497003	532119	74
马鞍山	Maanshan	68423	138925	161436	211	烟台	Yantai	746845	1097199	1154701	25
淮北	Huaibei	80759	134097	156716	214	潍坊	Weifang	1042508	1595971	1691177	11
铜陵	Tongling	39877	69642	78107	270	济宁	Jining	474922	737851	827603	40
安庆	Anqing	146788	259399	309036	137	泰安	Taian	302484	452644	504375	82
黄山	Huangshan	95638	117135	125581	240	威海	Weihai	318103	486896	526348	75
滁州	Chuzhou	134594	184207	208604	178	日照	Rizhao	212625	348567	400383	106
阜阳	Fuyang	282858	430840	484019	87	莱芜	Laiwu	119431	164920	174734	202
宿州	Suzhou	176286	202907	251331	162	临沂	Linyi	733934	1238081	1419713	17
六安	Liuan	211088	298359	343169	127	德州	Dezhou	382248	615837	695216	54
亳州	Bozhou	199383	256057	298465	143	聊城	Liaocheng	455787	584530	652428	60

13-3 民用汽车拥有量 续表 2
Number of Civil Vehicles continued 2

单位：辆 （unit）

地名	City	2010	2013	2014	2014 排名 Ranking	地名	City	2010	2013	2014	2014 排名 Ranking
滨州	Binzhou	350867	545948	604683	65	常德	Changde	657929	731118	814286	42
菏泽	Heze	383532	541875	597545	67	张家界	Zhangjiajie	140871	248024	265167	154
河南	**Henan**	**3997300**	**7006916**	**9692800**		益阳	Yiyang	403669	549608	604501	66
郑州	Zhengzhou	963010	1723660	2222679	5	郴州	Chenzhou	490873	644123	680085	58
开封	Kaifeng	188867	289599	346522	125	永州	Yongzhou	535562	578522	634588	62
洛阳	Luoyang	379104	605960	712686	49	怀化	Huaihua	397976	579069	687872	56
平顶山	Pingdingshan	233567	346930	410474	104	娄底	Loudi	414100	683931	754906	46
安阳	Anyang	298064	407472	472911	88	**广东**	**Guangdong**	**7822600**	**11773707**	**13318400**	
鹤壁	Hebi	79018	129575	157689	212	广州	Guangzhou	1598934	2148053	2227715	4
新乡	Xinxiang	299628	483662	586300	69	韶关	Shaoguan	99543	153291	175403	200
焦作	Jiaozuo	211260	299042	339463	129	深圳	Shenzhen	1669674	2583869	3111488	2
濮阳	Puyang	237408	366043	431983	100	珠海	Zhuhai	209671	312196	345636	126
许昌	Xuchang	216653	343828	409142	105	汕头	Shantou	266354	408481	455842	96
漯河	Luohe	102661	153426	185137	194	佛山	Foshan	912421	1358359	1538460	14
三门峡	Sanmenxia	153955	203416	230923	168	江门	Jiangmen	278817	410631	457034	95
南阳	Nanyang	302779	463596	588105	68	湛江	Zhanjiang	149295	245060	278880	150
商丘	Shangqiu	321057	485046	548982	72	茂名	Maoming	164011	268634	292012	146
信阳	Xinyang	215149	275627	354089	122	肇庆	Zhaoqing	147382	236077	265419	153
周口	Zhoukou	383354	493207	508170	80	惠州	Huizhou	256415	414021	470906	90
驻马店	Zhumadian	172742	302400	342300	128	梅州	Meizhou	106711	185191	218704	175
湖北	**Hubei**	**2074900**	**3543973**	**4222300**		汕尾	Shanwei	31833	50134	59312	275
武汉	Wuhan	1046500	1240771	1414479	18	河源	Heyuan	75560	123456	144802	220
黄石	Huangshi	77600	110424	125883	239	阳江	Yangjiang	85452	154244	183092	196
十堰	Shiyan	127868	197671	225345	171	清远	Qingyuan	127952	231923	279611	149
宜昌	Yichang	193708	290768	331476	131	东莞	Dongguan	920766	1389103	1559588	13
襄阳	Xiangyang	236744	317636	362105	119	中山	Zhongshan	371343	554767	639769	61
鄂州	Ezhou	25830	97021	110604	252	潮州	Chaozhou	111453	166831	186567	193
荆门	Jingmen	98606	158226	180378	199	揭阳	Jieyang	137433	218563	252984	160
孝感	Xiaogan	511575	132075	150566	219	云浮	Yunfu	68746	126264	141199	224
荆州	Jingzhou	136716	263737	300660	141	**广西**	**Guangxi**	**1520600**	**2762921**	**3165300**	
黄冈	Huanggang	111528	202439	230780	169	南宁	Nanning	432199	739868	889943	36
咸宁	Xianning	76612	122510	139661	226	柳州	Liuzhou	202349	352661	443272	98
随州	Suizhou	55294	99630	113578	249	桂林	Guilin	179996	314889	363009	118
湖南	**Hunan**	**2110600**	**3667351**	**4344800**		梧州	Wuzhou	56733	588018	626247	63
长沙	Changsha	1008677	1590414	1861169	8	北海	Beihai	72051	367618	138492	228
株洲	Zhuzhou	513783	619211	700432	53	防城港	Fangchenggang	39294	71330	79751	269
湘潭	Xiangtan	355852	465154	501968	83	钦州	Qinzhou	58378	702700	702700	51
衡阳	Hengyang	575644	641445	693789	55	贵港	Guigang	73912	142945	162104	210
邵阳	Shaoyang	478209	666257	729493	47	玉林	Yulin	137047	251296	291698	147
岳阳	Yueyang	421528	616458	708635	50	百色	Baise	83780	153043	171169	204

13-3 民用汽车拥有量 续表 3
Number of Civil Vehicles continued 3

单位：辆 （unit）

地名	City	2010	2013	2014	2014 排名 Ranking	地名	City	2010	2013	2014	2014 排名 Ranking
贺州	Hezhou	45500	410200	95506	259	丽江	Lijiang	50487	104269	121000	244
河池	Hechi	71015	132739	154906	215	普洱	Puer	99632	152811	162700	208
来宾	Laibin	51115	83539	83539	265	临沧	Lincang	39771	61615	110100	254
崇左	Chongzuo	45696	443509	80101	267	**西藏**	**Tibet**	**166200**	**267249**	**294700**	
海南	**Hainan**	**392400**	**648038**	**751100**		拉萨	Lasa	108785	154045		
海口	Haikou	238038	389599	444143	97	**陕西**	**Shaanxi**	**1906400**	**3360787**	**3848800**	
三亚	Sanya	51620	98204	111953	251	西安	Xi'an	957162	1634709	1924402	7
三沙	Sansha					铜川	Tongchuan	49915	61596	69349	271
重庆	**Chongqing**	**1143000**	**1927700**	**2370400**		宝鸡	Baoji	130893	191185	204682	180
四川	**Sichuan**	**3549700**	**5730252**	**6669200**		咸阳	Xianyang	156209	247124	270589	152
成都	Chengdu	2599300	2599877	3128000	1	渭南	Weinan	266699	396764	394396	108
自贡	Zigong	72871	120167	138000	229	延安	Yan'an	179370	231446	246119	163
攀枝花	Panzhihua	82265	117821	128000	237	汉中	Hanzhong	101474	153494	174218	203
泸州	Luzhou	94677	176383	210000	177	榆林	Yulin	309016	492129	509566	79
德阳	Deyang	217110	299331	320000	134	安康	Ankang	63592	95106	93639	261
绵阳	Mianyang		335458	378000	114	商洛	Shangluo	49643	66059	66634	272
广元	Guangyuan	79339	123396	140000	225	**甘肃**	**Gansu**	**820400**	**1563841**	**1853100**	
遂宁	Suining	67945	114919	133000	233	兰州	Lanzhou	246100	428906	524200	76
内江	Neijiang	71298	119099	138000	229	嘉峪关	Jiayuguan	19970	36636	42900	278
乐山	Leshan	122318	200975	223000	172	金昌	Jinchang	27870	44668	50300	277
南充	Nanchong	150100	236564	277000	151	白银	Baiyin	90100	146330	162900	207
眉山	Meishan	94453	164909	190000	188	天水	Tianshui	70500	130045	154500	216
宜宾	Yibin	89830	167358	192000	185	武威	Wuwei	57680	104811	121900	242
广安	Guangan	57444	102581	120000	245	张掖	Zhangye	51200	97254	113000	250
达州	Dazhou	99264	153532	181000	198	平凉	Pingliang	70080	116582	128600	236
雅安	Yaan	69578	106302	118000	246	酒泉	Jiuquan	64400	106344	121900	242
巴中	Bazhong	51560	101672	118000	246	庆阳	Qingyang	81500	155050	182900	197
资阳	Ziyang	70285	118458	133000	233	定西	Dingxi	73400	144978	166200	206
贵州	**Guizhou**	**1157600**	**2009951**	**2447200**		陇南	Longnan	57979	85632	97500	258
贵阳	Guiyang	604425	677052	771839	44	**青海**	**Qinghai**	**309900**	**588418**	**688400**	
六盘水	Liupanshui	113038	186868	213030	176	西宁	Xining			**360573**	120
遵义	Zunyi	174307	312387	356121	121	海东	Haidong			110404	253
安顺	Anshun	55655	133069	151699	218	**宁夏**	**Ningxia**	**415200**	**792257**	**910500**	
毕节	Bijie	83024	172628			银川	Yinchuan	225597	443242	505296	81
铜仁	Tongren	223804	111447			石嘴山	Shizuishan	58302	90095	102708	257
云南	**Yunnan**	**2339100**	**3740105**	**4297400**		吴忠	Wuzhong	78413	126010	143651	222
昆明	Kunming	1324215	1347358	1529300	15	固原	Guyuan	73657	109840	125218	241
曲靖	Qujing	778571	397100	462700	93	中卫	Zhongwei	44796	81511	92923	262
玉溪	Yuxi	187758	267323	297800	144	**新疆**	**Xinjiang**	**1271400**	**2369643**	**2722100**	
保山	Baoshan	80061	123948	144500	221	乌鲁木齐	Urumqi				
昭通	Zhaotong	99313	226917	190800	186	克拉玛依	Karamay				

13-4 公路客运量
Highway Passenger Traffic

单位：万人 （10 000 persons）

地名	City	2015	2015 排名 Ranking	地名	City	2015	2015 排名 Ranking
全国	**Nation Total**			沈阳	Shenyang	15554	14
北京	**Beijing**	**49931**		大连	Dalian	7730	66
天津	**Tianjin**	**14218**		鞍山	Anshan	5929	95
河北	**Hebei**			抚顺	Fushun	2174	212
石家庄	Shijiazhuang	5976	89	本溪	Benxi	2169	214
唐山	Tangshan	2656	197	丹东	Dandong	5451	105
秦皇岛	Qinhuangdao	1924	226	锦州	Jinzhou	4531	120
邯郸	Handan	7129	69	营口	Yingkou	2864	186
邢台	Xingtai	3495	156	阜新	Fuxin	1169	261
保定	Baoding	10792	32	辽阳	Liaoyang	3137	173
张家口	Zhangjiakou	2081	218	盘锦	Panjin	2534	201
承德	Chengde	1163	262	铁岭	Tieling	4857	112
沧州	Cangzhou	5473	104	朝阳	Chaoyang	3059	178
廊坊	Langfang	3832	145	葫芦岛	Huludao	3215	168
衡水	Hengshui	1920	228	**吉林**	**Jilin**		
山西	**Shanxi**			长春	Changchun	8594	53
太原	Taiyuan	1085	264	吉林	Jilin	4096	135
大同	Datong	1635	245	四平	Siping	3554	154
阳泉	Yangquan	1514	250	辽源	Liaoyuan	1006	265
长治	Changzhi	3537	155	通化	Tonghua	2673	196
晋城	Jincheng	1657	244	白山	Baishan	1852	233
朔州	Shuozhou	3324	162	松原	Songyuan	3020	180
晋中	Jinzhong	2289	205	白城	Baicheng	1581	249
运城	Yuncheng	3129	174	**黑龙江**	**Heilongjiang**		
忻州	Xinzhou	1613	246	哈尔滨	Harbin	8316	58
临汾	Linfen	1794	237	齐齐哈尔	Qiqihar	4117	132
吕梁	Lvliang	1816	236	鸡西	Jixi	3704	148
内蒙古	**Inner Mongolia**			鹤岗	Hegang	692	276
呼和浩特	Hohhot	649	278	双鸭山	Shuangyashan	1601	247
包头	Baotou	581	279	大庆	Daqing	1178	260
乌海	Wuhai	174	281	伊春	Yichun	972	268
赤峰	Chifeng	3187	170	佳木斯	Jiamusi	2269	207
通辽	Tongliao	1859	232	七台河	Qitaihe	704	274
鄂尔多斯	Erdos	840	271	牡丹江	Mudanjiang	2913	185
呼伦贝尔	Hulunbuir	3773	147	黑河	Heihe	655	277
巴彦淖尔	Bayannur	1728	238	绥化	Suihua	4350	125
乌兰察布	Ulanqab	399	280	**上海**	**Shanghai**	**3766**	
辽宁	**Liaoning**			**江苏**	**Jiangsu**		

13-4 公路客运量 续表 1
Highway Passenger Traffic continued 1

单位：万人 （10 000 persons）

地名	City	2015	2015 排名 Ranking	地名	City	2015	2015 排名 Ranking
南京	Nanjing	9166	43	池州	Chizhou	4024	138
无锡	Wuxi	6247	86	宣城	Xuancheng	6915	73
徐州	Xuzhou	13347	18	**福建**	**Fujian**		
常州	Changzhou	5856	97	福州	Fuzhou	12729	23
苏州	Suzhou	34110	6	厦门	Xiamen	3627	150
南通	Nantong	8859	47	莆田	Putian	2716	194
连云港	Lianyungang	4700	116	三明	Sanming	2270	206
淮安	Huaian	7297	68	泉州	Quanzhou	7116	70
盐城	Yancheng	8364	57	漳州	Zhangzhou	3089	177
扬州	Yangzhou	4146	131	南平	Nanping	2128	215
镇江	Zhenjiang	3859	143	龙岩	Longyan	2095	217
泰州	Taizhou	7882	65	宁德	Ningde	6891	74
宿迁	Suqian	5967	94	**江西**	**Jiangxi**		
浙江	**Zhejiang**			南昌	Nanchang	3914	142
杭州	Hangzhou	16591	11	景德镇	Jingdezhen	1901	230
宁波	Ningbo	9430	41	萍乡	Pingxiang	6361	84
温州	Wenzhou	19198	8	九江	Jiujiang	9863	38
嘉兴	Jiaxing	8822	48	新余	Xinyu	1253	256
湖州	Huzhou	5976	89	鹰潭	Yingtan	1968	224
绍兴	Shaoxing	9899	37	赣州	Ganzhou	8454	56
金华	Jinhua	12908	21	吉安	Jian	4771	113
衢州	Quzhou	4687	118	宜春	Yichun	4189	130
舟山	Zhoushan	2916	184	抚州	Fuzhou	4656	119
台州	Taizhou	12064	24	上饶	Shangrao	8207	61
丽水	Lishui	4017	139	**山东**	**Shandong**		
安徽	**Anhui**			济南	Jinan	3663	149
合肥	Hefei	11211	28	青岛	Qingdao	4372	124
芜湖	Wuhu	4290	127	淄博	Zibo	708	273
蚌埠	Bengbu	3337	161	枣庄	Zaozhuang	2368	202
淮南	Huainan	4424	121	东营	Dongying	700	275
马鞍山	Maanshan	5173	107	烟台	Yantai	5973	91
淮北	Huaibei	3603	151	潍坊	Weifang	5754	100
铜陵	Tongling	1708	241	济宁	Jining	4424	121
安庆	Anqing	5854	98	泰安	Taian	2816	189
黄山	Huangshan	3962	140	威海	Weihai	3176	172
滁州	Chuzhou	8707	51	日照	Rizhao	2291	204
阜阳	Fuyang	13221	20	莱芜	Laiwu	156	282
宿州	Suzhou	5571	102	临沂	Linyi	4734	114
六安	Liuan	15526	15	德州	Dezhou	1850	234
亳州	Bozhou	5643	101	聊城	Liaocheng	1728	238

13-4 公路客运量 续表 2
Highway Passenger Traffic continued 2

单位：万人 （10 000 persons）

地名	City	2015	2015 排名 Ranking	地名	City	2015	2015 排名 Ranking
滨州	Binzhou	1430	252	常德	Changde	9162	44
菏泽	Heze	4705	115	张家界	Zhangjiajie	6400	83
河南	**Henan**			益阳	Yiyang	10690	33
郑州	Zhengzhou	13914	17	郴州	Chenzhou	8721	50
开封	Kaifeng	3923	141	永州	Yongzhou	9081	45
洛阳	Luoyang	12855	22	怀化	Huaihua	11717	25
平顶山	Pingdingshan	11642	26	娄底	Loudi	6854	75
安阳	Anyang	3784	146	**广东**	**Guangdong**		
鹤壁	Hebi	1398	253	广州	Guangzhou	85108	3
新乡	Xinxiang	5968	93	韶关	Shaoguan	5515	103
焦作	Jiaozuo	4082	136	深圳	Shenzhen	6574	81
濮阳	Puyang	4294	126	珠海	Zhuhai	3348	160
许昌	Xuchang	2801	190	汕头	Shantou	1582	248
漯河	Luohe	2240	209	佛山	Foshan	5320	106
三门峡	Sanmenxia	3230	167	江门	Jiangmen	9047	46
南阳	Nanyang	13341	19	湛江	Zhanjiang	8295	59
商丘	Shangqiu	11159	30	茂名	Maoming	6303	85
信阳	Xinyang	9646	39	肇庆	Zhaoqing	3119	175
周口	Zhoukou	7523	67	惠州	Huizhou	6799	77
驻马店	Zhumadian	18363	9	梅州	Meizhou	2545	200
湖北	**Hubei**			汕尾	Shanwei	1123	263
武汉	Wuhan	11381	27	河源	Heyuan	3257	166
黄石	Huangshi	3405	158	阳江	Yangjiang	1467	251
十堰	Shiyan	3215	168	清远	Qingyuan	2861	187
宜昌	Yichang	10187	36	东莞	Dongguan	4928	110
襄阳	Xiangyang	10260	34	中山	Zhongshan	1665	242
鄂州	Ezhou	2123	216	潮州	Chaozhou	2243	208
荆门	Jingmen	4116	133	揭阳	Jieyang	2041	219
孝感	Xiaogan	6942	72	云浮	Yunfu	2775	191
荆州	Jingzhou	7095	71	**广西**	**Guangxi**		
黄冈	Huanggang	10200	35	南宁	Nanning	5973	91
咸宁	Xianning	5827	99	柳州	Liuzhou	2591	199
随州	Suizhou	3277	164	桂林	Guilin	8042	63
湖南	**Hunan**			梧州	Wuzhou	1923	227
长沙	Changsha	8606	52	北海	Beihai	2322	203
株洲	Zhuzhou	16110	12	防城港	Fangchenggang	899	269
湘潭	Xiangtan	3041	179	钦州	Qinzhou	1659	243
衡阳	Hengyang	16955	10	贵港	Guigang	2959	183
邵阳	Shaoyang	15785	13	玉林	Yulin	3267	165
岳阳	Yueyang	10985	31	百色	Baise	4241	129

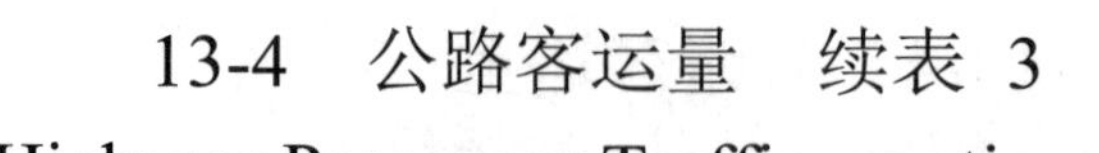

13-4 公路客运量 续表 3

Highway Passenger Traffic continued 3

单位：万人 （10 000 persons）

地名	City	2015	2015 排名 Ranking	地名	City	2015	2015 排名 Ranking
贺州	Hezhou	1250	257	丽江	Lijiang	3459	157
河池	Hechi	3837	144	普洱	Puer	3377	159
来宾	Laibin	1905	229	临沧	Lincang	995	266
崇左	Chongzuo	1362	254	**西藏**	**Tibet**		
海南	**Hainan**			拉萨	Lasa	880	270
海口	Haikou	2170	213	**陕西**	**Shaanxi**		
三亚	Sanya	991	267	西安	Xi'an	19625	7
三沙	Sansha			铜川	Tongchuan	1875	231
重庆	**Chongqing**	**57556**		宝鸡	Baoji	9525	40
四川	**Sichuan**			咸阳	Xianyang	8455	55
成都	Chengdu	14124	16	渭南	Weinan	9340	42
自贡	Zigong	5904	96	延安	Yan'an	2987	181
攀枝花	Panzhihua	2622	198	汉中	Hanzhong	4390	123
泸州	Luzhou	8741	49	榆林	Yulin	3187	170
德阳	Deyang	6728	78	安康	Ankang	5009	109
绵阳	Mianyang	6175	87	商洛	Shangluo	4255	128
广元	Guangyuan	2007	222	**甘肃**	**Gansu**		
遂宁	Suining	4107	134	兰州	Lanzhou	4067	137
内江	Neijiang	11183	29	嘉峪关	Jiayuguan	69651	4
乐山	Leshan	5156	108	金昌	Jinchang	779	272
南充	Nanchong	8510	54	白银	Baiyin	1974	223
眉山	Meishan	5993	88	天水	Tianshui	2840	188
宜宾	Yibin	6422	82	武威	Wuwei	4895	111
广安	Guangan	156957	1	张掖	Zhangye	4700	116
达州	Dazhou	6623	80	平凉	Pingliang	3593	153
雅安	Yaan	2765	192	酒泉	Jiuquan	8096	62
巴中	Bazhong	3319	163	庆阳	Qingyang	2720	193
资阳	Ziyang	6727	79	定西	Dingxi	1947	225
贵州	**Guizhou**			陇南	Longnan	3094	176
贵阳	Guiyang	63580	5	**青海**	**Qinghai**		
六盘水	Liupanshui			西宁	Xining	1709	240
遵义	Zunyi	95805	2	海东	Haidong	1826	235
安顺	Anshun	8223	60	**宁夏**	**Ningxia**		
毕节	Bijie			银川	Yinchuan	3602	152
铜仁	Tongren	2679	195	石嘴山	Shizuishan	1226	259
云南	**Yunnan**			吴忠	Wuzhong	1228	258
昆明	Kunming	8025	64	固原	Guyuan	1286	255
曲靖	Qujing	6845	76	中卫	Zhongwei	2967	182
玉溪	Yuxi	2027	220	**新疆**	**Xinjiang**		
保山	Baoshan	2180	210	乌鲁木齐	Urumqi	2012	221
昭通	Zhaotong	2179	211	克拉玛依	Karamay	104	283

13-5 公路货运量
Highway Freight Traffic

单位：万吨 (10 000 tons)

地名	City	2015	2015 排名 Ranking	地名	City	2015	2015 排名 Ranking
全国	**Nation Total**			沈阳	Shenyang	20873	31
北京	**Beijing**	**19044**		大连	Dalian	26283	18
天津	**Tianjin**	**33724**		鞍山	Anshan	18669	43
河北	**Hebei**			抚顺	Fushun	8524	137
石家庄	Shijiazhuang	36954	6	本溪	Benxi	7593	153
唐山	Tangshan	36358	7	丹东	Dandong	7740	150
秦皇岛	Qinhuangdao	5276	197	锦州	Jinzhou	15836	61
邯郸	Handan	38704	5	营口	Yingkou	14982	65
邢台	Xingtai	18711	41	阜新	Fuxin	4441	221
保定	Baoding	10331	112	辽阳	Liaoyang	13071	76
张家口	Zhangjiakou	11218	97	盘锦	Panjin	12552	82
承德	Chengde	4152	225	铁岭	Tieling	8127	143
沧州	Cangzhou	19942	36	朝阳	Chaoyang	5539	193
廊坊	Langfang	9918	118	葫芦岛	Huludao	15883	59
衡水	Hengshui	6454	172	**吉林**	**Jilin**		
山西	**Shanxi**			长春	Changchun	10300	113
太原	Taiyuan	14286	72	吉林	Jilin	5167	200
大同	Datong	8603	133	四平	Siping	7600	152
阳泉	Yangquan	4417	222	辽源	Liaoyuan	1673	272
长治	Changzhi	7959	147	通化	Tonghua	2084	268
晋城	Jincheng	5385	196	白山	Baishan	1009	281
朔州	Shuozhou	2990	254	松原	Songyuan	5811	184
晋中	Jinzhong	10363	111	白城	Baicheng	1446	275
运城	Yuncheng	8572	134	**黑龙江**	**Heilongjiang**		
忻州	Xinzhou	7573	154	哈尔滨	Harbin	7567	155
临汾	Linfen	12586	81	齐齐哈尔	Qiqihar	10403	109
吕梁	Lvliang	6540	167	鸡西	Jixi	3672	238
内蒙古	**Inner Mongolia**			鹤岗	Hegang	1560	274
呼和浩特	Hohhot	18381	44	双鸭山	Shuangyashan	1185	278
包头	Baotou	27255	14	大庆	Daqing	3855	232
乌海	Wuhai	6409	177	伊春	Yichun	868	283
赤峰	Chifeng	12391	84	佳木斯	Jiamusi	4452	218
通辽	Tongliao	10105	115	七台河	Qitaihe	1157	279
鄂尔多斯	Erdos	18951	38	牡丹江	Mudanjiang	2749	258
呼伦贝尔	Hulunbuir	10953	101	黑河	Heihe	1065	280
巴彦淖尔	Bayannur	9666	124	绥化	Suihua	3889	229
乌兰察布	Ulanqab	5842	183	**上海**	**Shanghai**	**40627**	
辽宁	**Liaoning**			**江苏**	**Jiangsu**		

13-5 公路货运量 续表 1

Highway Freight Traffic continued 1

单位：万吨 (10 000 tons)

地名	City	2015	2015 排名 Ranking	地名	City	2015	2015 排名 Ranking
南京	Nanjing	11985	88	池州	Chizhou	4468	215
无锡	Wuxi	12716	79	宣城	Xuancheng	11017	99
徐州	Xuzhou	16909	53	**福建**	**Fujian**		
常州	Changzhou	10668	106	福州	Fuzhou	16971	52
苏州	Suzhou	11814	91	厦门	Xiamen	18680	42
南通	Nantong	11091	98	莆田	Putian	4443	220
连云港	Lianyungang	8215	142	三明	Sanming	8544	136
淮安	Huaian	5553	192	泉州	Quanzhou	13524	75
盐城	Yancheng	4977	207	漳州	Zhangzhou	10403	109
扬州	Yangzhou	6419	175	南平	Nanping	3089	251
镇江	Zhenjiang	6815	163	龙岩	Longyan	10805	104
泰州	Taizhou	2478	263	宁德	Ningde	3276	248
宿迁	Suqian	3711	237	**江西**	**Jiangxi**		
浙江	**Zhejiang**			南昌	Nanchang	12593	80
杭州	Hangzhou	23800	27	景德镇	Jingdezhen	2144	267
宁波	Ningbo	22906	28	萍乡	Pingxiang	3069	252
温州	Wenzhou	8566	135	九江	Jiujiang	12250	85
嘉兴	Jiaxing	9933	117	新余	Xinyu	15603	62
湖州	Huzhou	7819	149	鹰潭	Yingtan	3565	239
绍兴	Shaoxing	10866	103	赣州	Ganzhou	18338	45
金华	Jinhua	8233	141	吉安	Jian	9685	123
衢州	Quzhou	8936	131	宜春	Yichun	17628	49
舟山	Zhoushan	6519	168	抚州	Fuzhou	15899	58
台州	Taizhou	9990	116	上饶	Shangrao	20354	34
丽水	Lishui	4982	206	**山东**	**Shandong**		
安徽	**Anhui**			济南	Jinan	20419	33
合肥	Hefei	27578	13	青岛	Qingdao	18900	39
芜湖	Wuhu	6464	171	淄博	Zibo	16796	54
蚌埠	Bengbu	19448	37	枣庄	Zaozhuang	4804	210
淮南	Huainan	12522	83	东营	Dongying	4958	208
马鞍山	Maanshan	8514	138	烟台	Yantai	17033	51
淮北	Huaibei	14686	69	潍坊	Weifang	21631	30
铜陵	Tongling	3563	240	济宁	Jining	24019	26
安庆	Anqing	11498	93	泰安	Taian	6114	181
黄山	Huangshan	4491	214	威海	Weihai	6333	178
滁州	Chuzhou	26063	19	日照	Rizhao	6942	161
阜阳	Fuyang	54526	3	莱芜	Laiwu	6919	162
宿州	Suzhou	20791	32	临沂	Linyi	26843	15
六安	Liuan	28855	11	德州	Dezhou	12231	86
亳州	Bozhou	24519	25	聊城	Liaocheng	15578	63

13-5 公路货运量 续表 2
Highway Freight Traffic continued 2

单位：万吨 (10 000 tons)

地名	City	2015	2015 排名 Ranking
滨州	Binzhou	11950	89
菏泽	Heze	13066	77
河南	**Henan**		
郑州	Zhengzhou	21813	29
开封	Kaifeng	2762	257
洛阳	Luoyang	17524	50
平顶山	Pingdingshan	9705	122
安阳	Anyang	12199	87
鹤壁	Hebi	5434	195
新乡	Xinxiang	16656	56
焦作	Jiaozuo	15566	64
濮阳	Puyang	3365	246
许昌	Xuchang	6438	173
漯河	Luohe	5762	185
三门峡	Sanmenxia	4463	217
南阳	Nanyang	17765	46
商丘	Shangqiu	16000	57
信阳	Xinyang	6723	164
周口	Zhoukou	15842	60
驻马店	Zhumadian	9758	120
湖北	**Hubei**		
武汉	Wuhan	28496	12
黄石	Huangshi	5603	191
十堰	Shiyan	5145	201
宜昌	Yichang	8843	132
襄阳	Xiangyang	25632	20
鄂州	Ezhou	1435	276
荆门	Jingmen	7167	159
孝感	Xiaogan	3103	250
荆州	Jingzhou	7361	156
黄冈	Huanggang	7160	160
咸宁	Xianning	8304	140
随州	Suizhou	6202	179
湖南	**Hunan**		
长沙	Changsha	30412	10
株洲	Zhuzhou	14110	73
湘潭	Xiangtan	5268	198
衡阳	Hengyang	17659	48
邵阳	Shaoyang	25012	23
岳阳	Yueyang	17665	47
常德	Changde	11808	92
张家界	Zhangjiajie	2033	270
益阳	Yiyang	9439	126
郴州	Chenzhou	20353	35
永州	Yongzhou	6419	175
怀化	Huaihua	5701	189
娄底	Loudi	10751	105
广东	**Guangdong**		
广州	Guangzhou	71284	2
韶关	Shaoguan	14356	71
深圳	Shenzhen	24774	24
珠海	Zhuhai	9918	118
汕头	Shantou	4819	209
佛山	Foshan	25318	22
江门	Jiangmen	9471	125
湛江	Zhanjiang	12962	78
茂名	Maoming	9353	127
肇庆	Zhaoqing	5723	188
惠州	Huizhou	11016	100
梅州	Meizhou	7177	158
汕尾	Shanwei	2333	264
河源	Heyuan	6495	170
阳江	Yangjiang	9025	130
清远	Qingyuan	13635	74
东莞	Dongguan	10469	108
中山	Zhongshan	14758	68
潮州	Chaozhou	4072	226
揭阳	Jieyang	3870	231
云浮	Yunfu	4292	224
广西	**Guangxi**		
南宁	Nanning	26650	16
柳州	Liuzhou	14650	70
桂林	Guilin	7983	145
梧州	Wuzhou	5229	199
北海	Beihai	6435	174
防城港	Fangchenggang	3449	243
钦州	Qinzhou	9722	121
贵港	Guigang	7961	146
玉林	Yulin	18766	40
百色	Baise	8053	144

13-5 公路货运量 续表 3
Highway Freight Traffic continued 3

单位：万吨 (10 000 tons)

地名	City	2015	2015 排名 Ranking	地名	City	2015	2015 排名 Ranking
贺州	Hezhou	3800	233	丽江	Lijiang	2647	261
河池	Hechi	5743	186	普洱	Puer	3887	230
来宾	Laibin	2041	269	临沧	Lincang	3278	247
崇左	Chongzuo	3787	234	**西藏**	**Tibet**		
海南	**Hainan**			拉萨	Lasa	990	282
海口	Haikou	3558	241	**陕西**	**Shaanxi**		
三亚	Sanya	1625	273	西安	Xi'an	45401	4
三沙	Sansha			铜川	Tongchuan	5036	203
重庆	**Chongqing**	**86931**		宝鸡	Baoji	11234	96
四川	**Sichuan**			咸阳	Xianyang	11416	94
成都	Chengdu	25563	21	渭南	Weinan	14970	66
自贡	Zigong	4795	211	延安	Yan'an	6187	180
攀枝花	Panzhihua	9232	128	汉中	Hanzhong	7608	151
泸州	Luzhou	6503	169	榆林	Yulin	16694	55
德阳	Deyang	9093	129	安康	Ankang	7198	157
绵阳	Mianyang	5029	204	商洛	Shangluo	3784	235
广元	Guangyuan	4600	213	**甘肃**	**Gansu**		
遂宁	Suining	3997	228	兰州	Lanzhou	10915	102
内江	Neijiang	2790	256	嘉峪关	Jiayuguan	4468	215
乐山	Leshan	11279	95	金昌	Jinchang	2501	262
南充	Nanchong	5646	190	白银	Baiyin	7834	148
眉山	Meishan	6620	165	天水	Tianshui	2896	255
宜宾	Yibin	5071	202	武威	Wuwei	4680	212
广安	Guangan	284873	1	张掖	Zhangye	2666	260
达州	Dazhou	11841	90	平凉	Pingliang	4446	219
雅安	Yaan	4987	205	酒泉	Jiuquan	3204	249
巴中	Bazhong	2251	265	庆阳	Qingyang	3391	245
资阳	Ziyang	5468	194	定西	Dingxi	3487	242
贵州	**Guizhou**			陇南	Longnan	1756	271
贵阳	Guiyang	30915	9	**青海**	**Qinghai**		
六盘水	Liupanshui			西宁	Xining	6583	166
遵义	Zunyi	35954	8	海东	Haidong	2749	258
安顺	Anshun	6068	182	**宁夏**	**Ningxia**		
毕节	Bijie			银川	Yinchuan	10656	107
铜仁	Tongren	2998	253	石嘴山	Shizuishan	4318	223
云南	**Yunnan**			吴忠	Wuzhong	8469	139
昆明	Kunming	26528	17	固原	Guyuan	5730	187
曲靖	Qujing	1352	277	中卫	Zhongwei	2178	266
玉溪	Yuxi	10300	113	**新疆**	**Xinjiang**		
保山	Baoshan	3762	236	乌鲁木齐	Urumqi	14793	67
昭通	Zhaotong	4009	227	克拉玛依	Karamay	3406	244

13-6 邮电业务总量

Business Volume of Postal and Telecommunication Services

单位：亿元 （100 million yuan）

地名	City	2010	2013	2015	2015 排名 Ranking	地名	City	2010	2013	2015	2015 排名 Ranking
全国	**Nation Total**	**31978.48**	**18432.24**	**28425.02**		沈阳	Shenyang	290.44	144.64	123.29	21
北京	**Beijing**	**1227.34**	**757.04**	**1181.88**		大连	Dalian	232.85	119.03	101.47	28
天津	**Tianjin**	**433.30**	**213.08**	**321.05**		鞍山	Anshan	92.08	44.54	30.59	127
河北	**Hebei**	**1351.63**	**728.72**	**997.93**		抚顺	Fushun	51.32	23.90	16.43	220
石家庄	Shijiazhuang	235.97	138.58	110.74	24	本溪	Benxi	39.42	18.28	12.17	242
唐山	Tangshan	194.28	91.73	62.64	52	丹东	Dandong	55.37	26.26	19.71	201
秦皇岛	Qinhuangdao	71.66	38.74	26.68	152	锦州	Jinzhou	67.56	35.70	21.03	188
邯郸	Handan	135.62	70.84	50.33	69	营口	Yingkou	58.62	29.07	21.71	183
邢台	Xingtai	96.31	51.50	35.54	108	阜新	Fuxin	38.77	21.10	11.72	245
保定	Baoding	192.61	105.59	84.72	36	辽阳	Liaoyang	44.64	21.33	14.47	229
张家口	Zhangjiakou	72.06	38.01	28.92	139	盘锦	Panjin	40.45	21.13	15.41	224
承德	Chengde	61.51	31.05	24.43	164	铁岭	Tieling	48.18	23.83	17.63	215
沧州	Cangzhou	119.86	63.58	49.89	71	朝阳	Chaoyang	48.11	25.34	19.83	199
廊坊	Langfang	104.99	63.91	47.42	75	葫芦岛	Huludao	51.32	25.21	18.36	211
衡水	Hengshui	66.28	34.38	25.40	157	**吉林**	**Jilin**	**613.17**	**295.46**	**387.26**	
山西	**Shanxi**	**735.93**	**392.27**	**515.93**		长春	Changchun	216.40	89.61	85.51	35
太原	Taiyuan	164.21	87.07	63.45	51	吉林	Jilin	102.70	39.35	32.13	122
大同	Datong	63.26	32.85	24.10	167	四平	Siping	61.50	25.46	19.56	203
阳泉	Yangquan	32.06	15.20	18.54	208	辽源	Liaoyuan	25.30	10.09	7.66	268
长治	Changzhi	57.20	27.26	22.83	177	通化	Tonghua	47.40	19.21	15.47	222
晋城	Jincheng	39.81	19.66	24.32	165	白山	Baishan	33.70	12.06	9.43	256
朔州	Shuozhou	29.90	15.32	9.49	255	松原	Songyuan	60.10	21.02	15.89	221
晋中	Jinzhong	61.30	30.86	24.01	168	白城	Baicheng	44.20	16.04	11.99	243
运城	Yuncheng	73.68	37.20	52.60	64	**黑龙江**	**Heilongjiang**	**745.58**	**377.34**	**511.44**	
忻州	Xinzhou	50.41	24.91	19.97	197	哈尔滨	Harbin	261.27	117.94	101.64	27
临汾	Linfen	76.56	37.86	50.40	68	齐齐哈尔	Qiqihar	84.73	34.07	50.23	70
吕梁	Lvliang	64.70	31.56	39.42	94	鸡西	Jixi	39.67	15.90	15.42	223
内蒙古	**Inner Mongolia**	**601.37**	**311.23**	**400.30**		鹤岗	Hegang	24.88	10.14	7.30	269
呼和浩特	Hohhot	80.58	53.91	65.21	48	双鸭山	Shuangyashan	31.60	12.59	13.11	237
包头	Baotou	74.82	37.58	27.72	146	大庆	Daqing	71.06	33.37	35.18	110
乌海	Wuhai	6.53	11.40	7.14	270	伊春	Yichun	24.03	10.34	8.10	265
赤峰	Chifeng	62.58	33.00	29.84	136	佳木斯	Jiamusi	26.10	23.75	21.15	187
通辽	Tongliao	43.60	27.10	23.14	175	七台河	Qitaihe	20.25	7.88	5.88	276
鄂尔多斯	Erdos	20.31	31.44	20.10	196	牡丹江	Mudanjiang	63.28	25.92	19.63	202
呼伦贝尔	Hulunbuir	16.15	26.73	25.26	159	黑河	Heihe	32.59	13.46	19.75	200
巴彦淖尔	Bayannur	34.53	17.45	14.24	230	绥化	Suihua	77.82	31.22	8.99	257
乌兰察布	Ulanqab	11.33	19.40	28.07	143	**上海**	**Shanghai**	**1275.24**	**791.82**	**1164.51**	
辽宁	**Liaoning**	**1171.63**	**582.21**	**804.47**		**江苏**	**Jiangsu**	**2328.76**	**1402.80**	**2316.49**	

注：本表数据2010年按2000年不变价格计算，2011年起按2010年不变价格计算，按可比价格比上年增长16.3%（下两表同）。

Note: The business volume of postal and telecommunication services before 2010 was calculated at 2000 constant prices and that from 2011 was calculated at 2010 constant prices.The rate of increase at constant prices in 2010 was 16.3%. The same applies to the table following.

13-6 邮电业务总量 续表 1

Business Volume of Postal and Telecommunication Services continued 1

单位：亿元 (100 million yuan)

地名	City	2010	2013	2015	2015 排名 Ranking	地名	City	2010	2013	2015	2015 排名 Ranking
南京	Nanjing	139.07	187.63	201.08	9	池州	Chizhou	7.93	12.80	9.61	254
无锡	Wuxi	103.94	141.35	136.49	17	宣城	Xuancheng	12.85	22.05	20.28	195
徐州	Xuzhou	73.39	78.46	74.15	40	**福建**	**Fujian**	**1214.39**	**738.45**	**1077.84**	
常州	Changzhou	57.40	87.44	85.77	34	福州	Fuzhou	280.95	205.92	142.86	15
苏州	Suzhou	176.86	307.90	302.04	6	厦门	Xiamen	182.52	130.00	177.41	11
南通	Nantong	62.48	97.30	90.04	31	莆田	Putian	74.36	93.11	34.06	117
连云港	Lianyungang	26.98	41.70	38.69	95	三明	Sanming	68.67	48.37	23.79	171
淮安	Huaian	27.27	40.21	39.48	93	泉州	Quanzhou	267.35	65.33	137.40	16
盐城	Yancheng	38.95	63.57	57.79	60	漳州	Zhangzhou	110.64	37.99	48.60	74
扬州	Yangzhou	41.55	60.53	57.02	63	南平	Nanping	64.15	28.84	44.64	84
镇江	Zhenjiang	38.21	43.00	39.49	92	龙岩	Longyan	68.66	29.44	45.81	83
泰州	Taizhou	36.70	51.93	47.36	77	宁德	Ningde	76.58	28.55	30.96	126
宿迁	Suqian	21.25	46.23	66.61	45	**江西**	**Jiangxi**	**692.00**	**379.23**	**620.07**	
浙江	**Zhejiang**	**2101.84**	**1283.52**	**2424.55**		南昌	Nanchang	46.73	67.54	90.33	30
杭州	Hangzhou	144.06	188.57	333.35	5	景德镇	Jingdezhen	12.22	13.87	11.73	244
宁波	Ningbo	224.72	132.15	126.93	19	萍乡	Pingxiang	10.89	14.72	12.94	240
温州	Wenzhou	111.07	128.84	160.59	13	九江	Jiujiang	11.50	35.60	29.84	137
嘉兴	Jiaxing	70.60	87.34	82.41	37	新余	Xinyu	5.62	10.88	18.49	210
湖州	Huzhou	27.91	31.59	33.92	119	鹰潭	Yingtan	5.59	8.91	8.18	264
绍兴	Shaoxing	48.88	61.57	57.11	62	赣州	Ganzhou	33.77	56.81	48.92	73
金华	Jinhua	64.75	82.74	86.42	33	吉安	Jian	19.53	30.42	24.53	163
衢州	Quzhou	32.67	17.66	19.84	198	宜春	Yichun	17.55	35.64	26.52	154
舟山	Zhoushan	14.79	17.27	14.85	227	抚州	Fuzhou	10.03	23.04	19.47	204
台州	Taizhou	66.30	75.30	72.68	42	上饶	Shangrao	10.63	38.32	34.34	115
丽水	Lishui	20.05	20.89	24.73	162	**山东**	**Shandong**	**1960.68**	**1063.83**	**1474.59**	
安徽	**Anhui**	**887.55**	**533.98**	**823.46**		济南	Jinan	214.85	102.40	102.97	25
合肥	Hefei	52.15	104.75	90.48	29	青岛	Qingdao	274.78	125.21	133.67	18
芜湖	Wuhu	18.58	36.59	43.58	87	淄博	Zibo	105.73	48.62	61.68	55
蚌埠	Bengbu	16.34	26.41	22.16	180	枣庄	Zaozhuang	66.02	31.08	61.30	57
淮南	Huainan	13.68	21.69	17.31	217	东营	Dongying	67.40	28.44	22.08	181
马鞍山	Maanshan	10.58	22.12	3.39	281	烟台	Yantai	175.79	74.05	75.07	39
淮北	Huaibei	10.85	18.06	13.39	235	潍坊	Weifang	183.22	85.11	730.57	1
铜陵	Tongling	5.88	9.74	7.69	266	济宁	Jining	130.31	61.47	45.89	82
安庆	Anqing	22.59	37.54	36.32	103	泰安	Taian	77.27	44.26	31.08	125
黄山	Huangshan	7.87	12.53	10.10	252	威海	Weihai	81.76	35.83	30.03	133
滁州	Chuzhou	18.73	30.52	34.77	111	日照	Rizhao	50.89	24.01	22.99	176
阜阳	Fuyang	29.78	48.45	20.74	192	莱芜	Laiwu	21.31	10.15	8.21	263
宿州	Suzhou	20.14	35.37	30.41	129	临沂	Linyi	161.94	77.03	62.58	53
六安	Liuan	19.41	32.93	28.57	142	德州	Dezhou	82.80	40.56	24.18	166
亳州	Bozhou	17.15	28.40	42.45	90	聊城	Liaocheng	87.86	41.94	30.12	131

13-6 邮电业务总量 续表 2
Business Volume of Postal and Telecommunication Services continued 2

单位：亿元 (100 million yuan)

地名	City	2010	2013	2015	2015 排名 Ranking	地名	City	2010	2013	2015	2015 排名 Ranking
滨州	Binzhou	72.20	33.76	20.50	194	常德	Changde	28.33	42.26	34.58	113
菏泽	Heze	108.82	55.38	58.33	59	张家界	Zhangjiajie	8.66	13.53	21.16	186
河南	**Henan**	**1473.45**	**837.83**	**1328.15**		益阳	Yiyang	18.95	29.47	25.03	160
郑州	Zhengzhou	296.32	153.64	297.81	7	郴州	Chenzhou	23.32	34.56	50.49	67
开封	Kaifeng	63.49	31.16	66.76	44	永州	Yongzhou	18.59	27.09	23.19	174
洛阳	Luoyang	119.85	60.65	47.36	76	怀化	Huaihua	20.82	31.25	49.76	72
平顶山	Pingdingshan	79.04	36.06	28.86	140	娄底	Loudi	18.57	29.33	23.81	170
安阳	Anyang	83.89	42.59	46.05	80	**广东**	**Guangdong**	**4553.38**	**2768.09**	**4378.78**	
鹤壁	Hebi	23.08	12.30	8.87	259	广州	Guangzhou	1051.65	568.74	540.01	3
新乡	Xinxiang	100.10	50.90	65.30	47	韶关	Shaoguan	69.58	27.49	20.88	191
焦作	Jiaozuo	64.65	31.31	22.81	178	深圳	Shenzhen	1031.26	598.10	582.47	2
濮阳	Puyang	54.59	27.18	37.78	98	珠海	Zhuhai	137.61	54.39	0.00	284
许昌	Xuchang	65.66	31.42	25.46	156	汕头	Shantou	173.81	75.40	51.23	66
漯河	Luohe	37.70	18.43	5.22	277	佛山	Foshan	428.72	165.35	34.54	114
三门峡	Sanmenxia	42.38	18.66	27.73	145	江门	Jiangmen	135.08	60.07	102.18	26
南阳	Nanyang	113.10	56.85	66.33	46	湛江	Zhanjiang	116.85	76.46	119.56	22
商丘	Shangqiu	98.74	49.35	43.19	89	茂名	Maoming	87.27	53.53	86.82	32
信阳	Xinyang	77.12	37.64	33.94	118	肇庆	Zhaoqing	95.05	41.14	69.81	43
周口	Zhoukou	94.27	48.70	44.41	85	惠州	Huizhou	201.02	86.45	60.87	58
驻马店	Zhumadian	79.05	40.33	36.70	102	梅州	Meizhou	52.48	46.73	25.88	155
湖北	**Hubei**	**1039.03**	**610.16**	**965.75**		汕尾	Shanwei	48.01	23.05	38.05	97
武汉	Wuhan	338.53	164.41	193.67	10	河源	Heyuan	46.33	26.36	24.91	161
黄石	Huangshi	15.36	19.50	23.84	169	阳江	Yangjiang	50.67	28.09	20.51	193
十堰	Shiyan	13.15	18.40	27.11	150	清远	Qingyuan	56.06	36.86	30.31	130
宜昌	Yichang	22.35	30.51	31.41	123	东莞	Dongguan	674.09	254.73	248.98	8
襄阳	Xiangyang	27.98	34.62	43.40	88	中山	Zhongshan	194.98	87.33	156.64	14
鄂州	Ezhou	6.40	16.36	10.21	251	潮州	Chaozhou	54.52	27.26	21.33	185
荆门	Jingmen	13.53	17.97	22.06	182	揭阳	Jieyang	94.01	45.36	0.00	284
孝感	Xiaogan	9.67	25.22	26.98	151	云浮	Yunfu	33.91	21.53	37.76	99
荆州	Jingzhou	28.11	35.60	36.83	101	**广西**	**Guangxi**	**821.89**	**435.26**	**651.53**	
黄冈	Huanggang	20.51	29.28	33.20	120	南宁	Nanning	176.99	100.92	78.51	38
咸宁	Xianning	11.62	14.34	15.26	225	柳州	Liuzhou	81.38	37.52	32.64	121
随州	Suizhou	8.93	13.26	12.80	241	桂林	Guilin	93.54	40.22	35.57	106
湖南	**Hunan**	**1057.99**	**595.29**	**906.66**		梧州	Wuzhou	43.01	18.68	16.66	218
长沙	Changsha	84.14	139.26	126.48	20	北海	Beihai	24.54	17.61	15.19	226
株洲	Zhuzhou	25.16	37.45	41.95	91	防城港	Fangchenggang	23.03	9.97	8.35	262
湘潭	Xiangtan	18.29	27.34	38.48	96	钦州	Qinzhou	37.96	18.70	16.65	219
衡阳	Hengyang	29.12	42.09	64.95	49	贵港	Guigang	44.76	22.03	21.00	189
邵阳	Shaoyang	24.60	38.07	57.68	61	玉林	Yulin	77.23	33.79	29.84	135
岳阳	Yueyang	26.45	40.26	62.47	54	百色	Baise	47.96	22.58	20.97	190

13-6 邮电业务总量 续表 3

Business Volume of Postal and Telecommunication Services continued 3

单位：亿元 (100 million yuan)

地名	City	2010	2013	2015	2015 排名 Ranking	地名	City	2010	2013	2015	2015 排名 Ranking
贺州	Hezhou	2.32	11.50	9.78	253	丽江	Lijiang	4.72	8.19	8.51	261
河池	Hechi	49.48	21.76	18.52	209	普洱	Puer	11.81	4.68	4.78	278
来宾	Laibin	32.38	13.56	11.20	248	临沧	Lincang	2.07	2.95	13.02	238
崇左	Chongzuo	34.07	14.29	13.40	234	**西藏**	**Tibet**	**64.34**	**41.74**	**56.38**	
海南	**Hainan**	**224.66**	**126.42**	**183.92**		拉萨	Lasa	6.82	31.97	29.40	138
海口	Haikou	40.87	46.53	44.07	86	**陕西**	**Shaanxi**	**857.24**	**477.84**	**760.97**	
三亚	Sanya	12.12	16.76	14.02	232	西安	Xi'an		176.21	164.52	12
三沙	Sansha					铜川	Tongchuan		7.76	2.22	283
重庆	**Chongqing**	**581.30**	**357.59**	**554.56**		宝鸡	Baoji		30.14	27.21	149
四川	**Sichuan**	**1450.69**	**842.83**	**1297.59**		咸阳	Xianyang		36.76	31.18	124
成都	Chengdu	441.27	38.90	461.51	4	渭南	Weinan		38.56	35.32	109
自贡	Zigong	35.14	2.20	7.68	267	延安	Yan'an		25.27	30.55	128
攀枝花	Panzhihua	14.87	0.90	11.55	246	汉中	Hanzhong		25.97	25.28	158
泸州	Luzhou	22.52	3.10	29.98	134	榆林	Yulin		46.59	27.69	147
德阳	Deyang	67.37	2.50	23.54	172	安康	Ankang		18.15	18.03	213
绵阳	Mianyang	32.36	4.10	35.87	105	商洛	Shangluo		12.10	11.23	247
广元	Guangyuan	13.25	1.70	17.99	214	**甘肃**	**Gansu**	**423.15**	**238.71**	**365.61**	
遂宁	Suining	12.40	1.90	14.12	231	兰州	Lanzhou	126.25	60.09	51.67	65
内江	Neijiang	16.56	2.00	18.98	207	嘉峪关	Jiayuguan	9.05	4.81	4.06	280
乐山	Leshan	53.15	2.30	26.58	153	金昌	Jinchang	11.28	5.09	6.38	275
南充	Nanchong	23.80	4.80	35.55	107	白银	Baiyin	26.04	12.15	13.16	236
眉山	Meishan	11.69	2.30	19.23	205	天水	Tianshui	38.32	18.97	18.05	212
宜宾	Yibin	64.03	2.40	28.81	141	武威	Wuwei	24.32	11.79	13.45	233
广安	Guangan	12.15	2.50	22.23	179	张掖	Zhangye	23.74	10.76	8.94	258
达州	Dazhou	29.32	3.50	27.24	148	平凉	Pingliang	27.59	12.62	21.63	184
雅安	Yaan	4.02	0.70	10.70	249	酒泉	Jiuquan	28.68	11.70	4.26	279
巴中	Bazhong	3.83	2.20	35.90	104	庆阳	Qingyang	38.07	17.24	8.55	260
资阳	Ziyang	15.14	3.10	19.01	206	定西	Dingxi	30.06	14.40	12.95	239
贵州	**Guizhou**	**512.47**	**331.77**	**515.16**		陇南	Longnan	34.73	13.85	17.45	216
贵阳	Guiyang	132.40	77.25	61.36	56	**青海**	**Qinghai**	**114.30**	**67.46**	**105.38**	
六盘水	Liupanshui	11.62	51.11	34.09	116	西宁	Xining		1.41	46.02	81
遵义	Zunyi	25.27	19.87	46.94	78	海东	Haidong			6.96	271
安顺	Anshun	8.36	24.10	14.54	228	**宁夏**	**Ningxia**	**135.20**	**80.43**	**135.42**	
毕节	Bijie	17.70	29.16	30.08	132	银川	Yinchuan	43.19	32.92	46.09	79
铜仁	Tongren	11.15	21.58	37.22	100	石嘴山	Shizuishan	5.70	8.97	6.88	272
云南	**Yunnan**	**773.04**	**452.75**	**792.58**		吴忠	Wuzhong	20.70	11.84	27.99	144
昆明	Kunming		99.56	117.89	23	固原	Guyuan	4.16	7.79	2.51	282
曲靖	Qujing	17.62	77.55	73.44	41	中卫	Zhongwei	3.92	8.09	10.45	250
玉溪	Yuxi	19.61	3.87	34.67	112	**新疆**	**Xinjiang**	**555.95**	**317.07**	**404.80**	
保山	Baoshan	9.70	5.80	6.60	273	乌鲁木齐	Urumqi	45.10	66.85	63.88	50
昭通	Zhaotong	14.54	21.40	23.51	173	克拉玛依	Karamay	4.06	6.67	6.52	274

13-7 邮政业务总量

Business Volume of Postal Services

单位：亿元 （100 million yuan）

地名	City	2010	2013	2015	2015 排名 Ranking	地名	City	2010	2013	2015	2015 排名 Ranking
全国	**Nation Total**	**1985.30**	**2725.08**	**5078.72**		沈阳	Shenyang	4.30	13.72	22.64	26
北京	**Beijing**	**107.34**	**163.03**	**258.52**		大连	Dalian	4.55	11.54	19.72	30
天津	**Tianjin**	**33.84**	**29.30**	**60.05**		鞍山	Anshan	2.84	3.63	4.46	106
河北	**Hebei**	**58.12**	**77.06**	**131.47**		抚顺	Fushun	1.07	1.71	2.26	194
石家庄	Shijiazhuang	6.15	21.46	27.19	23	本溪	Benxi	0.89	1.38	1.49	235
唐山	Tangshan	3.43	6.86	9.69	43	丹东	Dandong	2.16	2.22	3.07	149
秦皇岛	Qinhuangdao	1.53	3.01	2.73	172	锦州	Jinzhou	1.24	2.03	2.90	162
邯郸	Handan	2.70	5.32	6.75	59	营口	Yingkou	1.05	1.68	2.57	180
邢台	Xingtai	1.43	4.15	2.50	182	阜新	Fuxin	0.70	0.83	1.16	247
保定	Baoding	4.39	12.56	17.72	31	辽阳	Liaoyang	1.39	1.96	2.45	185
张家口	Zhangjiakou	1.63	2.80	3.80	119	盘锦	Panjin	1.89	2.14	3.51	133
承德	Chengde	1.41	2.23	3.33	139	铁岭	Tieling	1.61	1.78	2.90	162
沧州	Cangzhou	2.47	6.22	8.96	46	朝阳	Chaoyang	2.31	2.42	2.98	153
廊坊	Langfang	2.98	9.08	3.23	141	葫芦岛	Huludao	1.30	3.10	3.37	138
衡水	Hengshui	1.19	3.37	5.01	90	**吉林**	**Jilin**	**25.77**	**25.84**	**36.13**	
山西	**Shanxi**	**39.24**	**34.11**	**43.13**		长春	Changchun	4.15	9.85	16.65	33
太原	Taiyuan	4.32	10.95	6.54	60	吉林	Jilin	3.44	3.17	6.00	66
大同	Datong	1.68	3.93	3.10	147	四平	Siping	1.33	2.13	3.58	130
阳泉	Yangquan	1.45	1.44	1.19	245	辽源	Liaoyuan	0.62	0.95	1.46	237
长治	Changzhi	1.22	2.11	2.11	199	通化	Tonghua	1.64	2.17	3.44	134
晋城	Jincheng	1.50	1.53	1.19	246	白山	Baishan	1.12	1.57	2.37	189
朔州	Shuozhou	1.37	1.09	1.24	243	松原	Songyuan	1.04	1.43	2.33	190
晋中	Jinzhong	1.71	2.35	2.20	198	白城	Baicheng	0.79	1.13	1.95	207
运城	Yuncheng	1.76	2.98	4.60	101	**黑龙江**	**Heilongjiang**	**47.71**	**39.18**	**52.15**	
忻州	Xinzhou	1.51	2.50	2.98	152	哈尔滨	Harbin	7.58	7.74	12.00	39
临汾	Linfen	4.30	2.88	2.52	181	齐齐哈尔	Qiqihar	0.34	2.87	3.05	150
吕梁	Lvliang	2.29	2.34	2.00	204	鸡西	Jixi	4.28	2.40	2.41	187
内蒙古	**Inner Mongolia**	**16.62**	**17.52**	**23.23**		鹤岗	Hegang	1.04	0.95	0.99	253
呼和浩特	Hohhot	2.31	5.48	8.65	48	双鸭山	Shuangyashan	1.27	1.29	1.76	218
包头	Baotou	1.48	1.79	1.60	229	大庆	Daqing	3.34	3.07	4.09	110
乌海	Wuhai	0.61	0.59	0.87	255	伊春	Yichun	1.14	1.14	1.28	242
赤峰	Chifeng	1.63	2.45	3.54	131	佳木斯	Jiamusi	2.70	2.15	2.25	196
通辽	Tongliao	0.75	1.11	2.03	203	七台河	Qitaihe	0.42	0.48	0.66	269
鄂尔多斯	Erdos	0.81	1.18	1.90	210	牡丹江	Mudanjiang	3.77	3.02	2.88	166
呼伦贝尔	Hulunbuir	1.08	1.40	1.64	225	黑河	Heihe	1.10	1.16	1.77	217
巴彦淖尔	Bayannur	0.86	0.99	1.64	224	绥化	Suihua	1.90	2.42	3.59	129
乌兰察布	Ulanqab	0.83	0.97	1.84	214	**上海**	**Shanghai**	**176.45**	**258.66**	**385.75**	
辽宁	**Liaoning**	**58.41**	**50.15**	**75.07**		**江苏**	**Jiangsu**	**188.34**	**269.59**	**516.02**	

13-7 邮政业务总量 续表 1

Business Volume of Postal Services continued 1

单位：亿元 （100 million yuan）

地名	City	2010	2013	2015	2015 排名 Ranking	地名	City	2010	2013	2015	2015 排名 Ranking
南京	Nanjing	6.90	47.40	77.14	6	池州	Chizhou	0.74	1.15	0.76	262
无锡	Wuxi	5.55	28.60	41.92	12	宣城	Xuancheng	0.97	1.21	2.86	169
徐州	Xuzhou	5.03	11.80	17.33	32	**福建**	**Fujian**	**69.06**	**114.10**	**217.23**	
常州	Changzhou	5.21	17.10	25.95	25	福州	Fuzhou	7.31	27.08	31.53	19
苏州	Suzhou	15.27	78.70	108.53	4	厦门	Xiamen	3.74	21.98	35.15	16
南通	Nantong	6.13	22.20	28.56	22	莆田	Putian	2.65	11.35	2.70	173
连云港	Lianyungang	2.75	6.50	9.44	44	三明	Sanming	2.31	3.22	4.92	93
淮安	Huaian	2.33	5.50	10.39	40	泉州	Quanzhou	6.11	33.86	39.48	13
盐城	Yancheng	3.93	9.90	12.39	38	漳州	Zhangzhou	2.23	6.02	9.01	45
扬州	Yangzhou	4.03	12.30	16.50	34	南平	Nanping	2.62	3.96	3.64	127
镇江	Zhenjiang	2.33	8.30	9.74	41	龙岩	Longyan	2.21	3.02	4.00	114
泰州	Taizhou	3.59	9.20	12.40	37	宁德	Ningde	2.14	3.62	5.46	74
宿迁	Suqian	2.09	12.20	36.92	15	**江西**	**Jiangxi**	**36.85**	**40.94**	**69.70**	
浙江	**Zhejiang**	**154.07**	**327.94**	**811.01**		南昌	Nanchang	4.34	11.54	20.86	27
杭州	Hangzhou	11.47	13.34	159.69	3	景德镇	Jingdezhen	0.76	1.87	1.15	248
宁波	Ningbo	6.46	9.60	9.72	42	萍乡	Pingxiang	1.87	1.42	1.40	238
温州	Wenzhou	5.18	7.16	43.26	11	九江	Jiujiang	1.65	3.20	2.67	176
嘉兴	Jiaxing	4.16	4.07	4.49	103	新余	Xinyu	0.73	1.08	1.49	236
湖州	Huzhou	1.83		2.62	179	鹰潭	Yingtan	0.91	1.21	1.65	223
绍兴	Shaoxing	3.32	4.46	5.15	85	赣州	Ganzhou	4.26	5.71	5.33	79
金华	Jinhua	5.41	9.05	12.66	36	吉安	Jian	2.70	4.22	5.10	86
衢州	Quzhou	0.90	1.47	1.51	233	宜春	Yichun	2.75	3.74	4.84	95
舟山	Zhoushan	1.01	1.32	1.23	244	抚州	Fuzhou	1.60	2.74	2.49	184
台州	Taizhou	4.31	3.49	5.27	81	上饶	Shangrao	2.52	4.22	5.20	82
丽水	Lishui	1.46	1.99	7.43	53	**山东**	**Shandong**	**104.82**	**117.44**	**205.53**	
安徽	**Anhui**	**45.93**	**57.54**	**116.19**		济南	Jinan	4.70	4.90	30.03	21
合肥	Hefei	3.21	6.43	6.06	64	青岛	Qingdao	5.27	6.89	37.09	14
芜湖	Wuhu	2.05	2.47	8.68	47	淄博	Zibo	2.28	2.38	8.23	50
蚌埠	Bengbu	1.19	1.60	2.21	197	枣庄	Zaozhuang	1.33	1.42	3.84	118
淮南	Huainan	1.04	1.39	1.72	219	东营	Dongying	1.23	1.38	1.92	208
马鞍山	Maanshan	0.81	1.42	1.51	232	烟台	Yantai	5.35	4.48	5.15	84
淮北	Huaibei	0.86	1.11	1.29	241	潍坊	Weifang	3.81	3.97	4.83	96
铜陵	Tongling	0.53	0.66	0.78	260	济宁	Jining	3.17	4.09	5.01	89
安庆	Anqing	4.32	4.49	5.45	75	泰安	Taian	1.86	2.83	8.10	51
黄山	Huangshan	0.85	0.97	1.10	249	威海	Weihai	2.36	2.65	7.07	56
滁州	Chuzhou	1.04	1.55	1.79	216	日照	Rizhao	1.39	1.19	2.94	158
阜阳	Fuyang	4.14	4.55	5.30	80	莱芜	Laiwu	0.67	0.90	1.86	213
宿州	Suzhou	1.89	2.87	4.26	108	临沂	Linyi	3.07	1.84	6.10	62
六安	Liuan	2.01	2.59	3.60	128	德州	Dezhou	4.15	4.05	6.02	65
亳州	Bozhou	1.46	2.37	5.41	76	聊城	Liaocheng	2.30	3.94	5.64	68

13-7　邮政业务总量　续表 2
Business Volume of Postal Services continued 2

单位：亿元　　(100 million yuan)

地名	City	2010	2013	2015	2015 排名 Ranking	地名	City	2010	2013	2015	2015 排名 Ranking
滨州	Binzhou	1.55	4.08	4.49	102	常德	Changde	2.01	3.46	4.04	112
菏泽	Heze	2.57	5.01	7.98	52	张家界	Zhangjiajie	0.50	0.98	1.31	240
河南	**Henan**	**89.80**	**92.46**	**163.78**		益阳	Yiyang	1.55	3.18	4.42	107
郑州	Zhengzhou	6.18	6.31	63.71	8	郴州	Chenzhou	2.32	5.13	7.40	54
开封	Kaifeng	2.06	2.04	3.11	146	永州	Yongzhou	1.62	2.35	3.42	136
洛阳	Luoyang	3.60	3.58	5.46	73	怀化	Huaihua	1.62	2.63	3.43	135
平顶山	Pingdingshan	2.35	2.24	4.48	104	娄底	Loudi	1.18	2.07	2.37	188
安阳	Anyang	3.00	2.73	4.77	97	**广东**	**Guangdong**	**378.00**	**592.00**	**1228.75**	
鹤壁	Hebi	0.62	0.57	0.83	256	广州	Guangzhou	20.23	181.72	222.28	2
新乡	Xinxiang	3.49	3.51	8.30	49	韶关	Shaoguan	2.89	2.89	2.89	165
焦作	Jiaozuo	2.46	2.06	2.96	154	深圳	Shenzhen	28.07	226.63	247.27	1
濮阳	Puyang	1.58	1.95	3.10	148	珠海	Zhuhai	3.52	9.47	0.00	284
许昌	Xuchang	1.96	2.39	2.89	164	汕头	Shantou	2.01	11.14	3.00	151
漯河	Luohe	1.17	1.31	1.80	215	佛山	Foshan	0.00	24.81	34.54	17
三门峡	Sanmenxia	1.36	1.45	2.33	191	江门	Jiangmen	4.41	7.67	12.70	35
南阳	Nanyang	3.93	4.92	5.92	67	湛江	Zhanjiang	4.90	5.91	4.76	98
商丘	Shangqiu	3.75	4.02	7.32	55	茂名	Maoming	3.84	4.32	6.35	61
信阳	Xinyang	2.67	3.14	5.06	87	肇庆	Zhaoqing	1.68	3.82	69.81	7
周口	Zhoukou	3.55	4.20	7.03	57	惠州	Huizhou	1.94	9.86	2.91	161
驻马店	Zhumadian	3.37	4.12	6.09	63	梅州	Meizhou	3.40	3.89	5.40	77
湖北	**Hubei**	**55.71**	**74.15**	**137.41**		汕尾	Shanwei	1.02	1.68	2.96	155
武汉	Wuhan	6.46	8.33	54.56	10	河源	Heyuan	0.88	2.03	1.71	220
黄石	Huangshi	1.70	2.15	4.16	109	阳江	Yangjiang	1.55	2.77	2.87	168
十堰	Shiyan	1.60	2.05	3.24	140	清远	Qingyuan	2.00	2.51	3.77	122
宜昌	Yichang	1.56	2.51	2.95	157	东莞	Dongguan	8.12	67.02	99.25	5
襄阳	Xiangyang	2.31	3.37	3.97	115	中山	Zhongshan	4.26	15.72	32.24	18
鄂州	Ezhou	0.57	9.19	2.70	174	潮州	Chaozhou	1.04	2.87	1.54	231
荆门	Jingmen	1.31	1.79	3.72	124	揭阳	Jieyang	2.34	3.49	0.00	284
孝感	Xiaogan	2.00	3.75	4.97	91	云浮	Yunfu	2.00	1.82	2.81	170
荆州	Jingzhou	2.81	4.36	5.50	72	**广西**	**Guangxi**	**28.58**	**29.57**	**43.64**	
黄冈	Huanggang	2.42	2.82	5.50	71	南宁	Nanning	3.83	4.87	5.52	70
咸宁	Xianning	1.91	1.38	2.88	167	柳州	Liuzhou	1.71	1.65	3.79	121
随州	Suizhou	1.97	1.62	2.03	202	桂林	Guilin	2.26	2.50	4.69	99
湖南	**Hunan**	**49.05**	**60.27**	**104.15**		梧州	Wuzhou	1.44	1.46	2.78	171
长沙	Changsha	5.46	21.15	26.91	24	北海	Beihai	0.80	0.75	1.56	230
株洲	Zhuzhou	1.55	3.66	2.70	175	防城港	Fangchenggang	0.35	0.52	0.56	276
湘潭	Xiangtan	1.96	2.34	1.96	206	钦州	Qinzhou	0.88	1.34	1.65	222
衡阳	Hengyang	3.62	4.44	5.64	69	贵港	Guigang	2.03	1.97	3.79	120
邵阳	Shaoyang	2.70	4.32	4.64	100	玉林	Yulin	2.29	2.52	4.47	105
岳阳	Yueyang	2.40	3.08	5.17	83	百色	Baise	1.10	1.34	2.33	192

13-7 邮政业务总量 续表 3
Business Volume of Postal Services continued 3

单位：亿元 （100 million yuan）

地名	City	2010	2013	2015	2015 排名 Ranking	地名	City	2010	2013	2015	2015 排名 Ranking
贺州	Hezhou	0.69	0.70	1.00	252	丽江	Lijiang	0.47	0.45	0.57	275
河池	Hechi	1.34	1.38	1.91	209	普洱	Puer	0.65	0.62	0.61	273
来宾	Laibin	0.75	0.76	0.97	254	临沧	Lincang	0.45	0.54	0.68	268
崇左	Chongzuo	1.23	1.10	1.89	211	**西藏**	**Tibet**	**1.88**	**2.09**	**2.59**	
海南	**Hainan**	**9.90**	**8.87**	**12.61**		拉萨	Lasa		0.47	0.72	265
海口	Haikou	2.33	1.84	2.65	177	**陕西**	**Shaanxi**	**37.42**	**37.02**	**61.48**	
三亚	Sanya	0.51	0.62	0.69	267	西安	Xi'an	5.88	16.58	30.70	20
三沙	Sansha					铜川	Tongchuan	0.58	0.64	0.65	270
重庆	**Chongqing**	**30.72**	**39.12**	**61.01**		宝鸡	Baoji	1.90	3.56	4.07	111
四川	**Sichuan**	**69.99**	**83.30**	**138.57**		咸阳	Xianyang	2.04	3.35	3.37	137
成都	Chengdu	9.37	38.90	57.49	9	渭南	Weinan	1.99	2.98	3.73	123
自贡	Zigong	1.45	2.20	3.12	145	延安	Yan'an	1.13	1.26	1.64	226
攀枝花	Panzhihua	0.85	0.90	1.63	227	汉中	Hanzhong	2.10	3.84	4.96	92
泸州	Luzhou	2.00	3.10	5.06	88	榆林	Yulin	1.55	1.63	2.95	156
德阳	Deyang	1.72	2.50	2.49	183	安康	Ankang	1.35	1.86	2.28	193
绵阳	Mianyang	2.23	4.10	3.92	116	商洛	Shangluo	2.67	1.32	1.70	221
广元	Guangyuan	1.23	1.70	2.65	178	**甘肃**	**Gansu**	**11.32**	**11.38**	**16.32**	
遂宁	Suining	1.14	1.90	2.09	200	兰州	Lanzhou	2.02	3.73	2.94	159
内江	Neijiang	1.14	2.00	3.17	143	嘉峪关	Jiayuguan	0.18	0.29	0.53	277
乐山	Leshan	1.67	2.30	3.15	144	金昌	Jinchang	0.25	0.25	0.26	283
南充	Nanchong	2.58	4.80	5.36	78	白银	Baiyin	0.46	0.53	0.77	261
眉山	Meishan	1.03	2.30	2.93	160	天水	Tianshui	0.98	1.34	2.42	186
宜宾	Yibin	1.94	2.40	3.68	125	武威	Wuwei	0.57	0.66	0.69	266
广安	Guangan	1.69	2.50	3.51	132	张掖	Zhangye	0.39	0.49	0.60	274
达州	Dazhou	19.20	3.50	4.04	113	平凉	Pingliang	0.38	0.60	0.63	272
雅安	Yaan	0.42	0.70	0.83	257	酒泉	Jiuquan	0.61	0.62	0.80	258
巴中	Bazhong	1.24	2.20	3.20	142	庆阳	Qingyang	0.78	0.92	1.07	250
资阳	Ziyang	2.03	3.10	3.66	126	定西	Dingxi	0.46	0.64	1.06	251
贵州	**Guizhou**	**15.50**	**22.64**	**33.77**		陇南	Longnan	0.45	0.79	0.51	279
贵阳	Guiyang	2.29	6.64	3.86	117	**青海**	**Qinghai**	**3.23**	**2.94**	**3.73**	
六盘水	Liupanshui	0.70	1.38	1.87	212	西宁	Xining	1.16	1.41	2.25	195
遵义	Zunyi	18.94	4.18	6.75	58	海东	Haidong			0.41	281
安顺	Anshun	0.55	0.99	1.60	228	**宁夏**	**Ningxia**	**4.10**	**4.71**	**12.19**	
毕节	Bijie		1.75	1.98	205	银川	Yinchuan	1.14	1.33	1.35	239
铜仁	Tongren		1.86	19.88	29	石嘴山	Shizuishan	0.63	0.42	0.51	278
云南	**Yunnan**	**18.91**	**23.38**	**35.30**		吴忠	Wuzhong	0.30	0.32	0.64	271
昆明	Kunming	3.62	4.26	20.09	28	固原	Guyuan	0.35	0.34	0.49	280
曲靖	Qujing	1.30	1.52	2.07	201	中卫	Zhongwei	0.22	0.24	0.30	282
玉溪	Yuxi	0.74	0.60	0.74	263	**新疆**	**Xinjiang**	**18.63**	**18.78**	**22.25**	
保山	Baoshan	0.58	0.53	0.79	259	乌鲁木齐	Urumqi	3.01	4.61	4.87	94
昭通	Zhaotong	0.93	1.22	1.50	234	克拉玛依	Karamay	0.61	0.53	0.72	264

13-8 电信业务总量
Business Volume of Telecommunication Services

单位：亿元 （100 million yuan）

地名	City	2010	2013	2015	2015 排名 Ranking
全国	**Nation Total**	**29993.18**	**15707.15**	**23346.30**	
北京	**Beijing**	**1120.00**	**594.00**	**923.36**	
天津	**Tianjin**	**399.46**	**183.78**	**261.00**	
河北	**Hebei**	**1293.51**	**651.66**	**866.46**	
石家庄	Shijiazhuang	229.82	117.12	83.55	28
唐山	Tangshan	190.85	84.87	52.95	57
秦皇岛	Qinhuangdao	70.13	35.73	23.96	143
邯郸	Handan	132.92	65.52	43.59	71
邢台	Xingtai	94.88	47.35	33.04	96
保定	Baoding	188.22	93.03	66.99	40
张家口	Zhangjiakou	70.43	35.21	25.12	137
承德	Chengde	60.10	28.82	21.10	160
沧州	Cangzhou	117.39	57.36	40.93	78
廊坊	Langfang	102.01	54.83	44.20	68
衡水	Hengshui	65.09	31.01	20.39	167
山西	**Shanxi**	**696.69**	**358.16**	**472.80**	
太原	Taiyuan	159.89	76.12	377.07	3
大同	Datong	61.58	28.92	21.00	163
阳泉	Yangquan	30.61	13.76	17.35	192
长治	Changzhi	55.98	25.15	20.71	164
晋城	Jincheng	38.31	18.13	23.13	150
朔州	Shuozhou	28.53	14.23	8.25	253
晋中	Jinzhong	59.59	28.51	21.81	156
运城	Yuncheng	71.92	34.22	48.00	62
忻州	Xinzhou	48.90	22.41	16.99	197
临汾	Linfen	72.26	34.98	47.88	63
吕梁	Lvliang	62.41	29.22	37.42	85
内蒙古	**Inner Mongolia**	**584.75**	**293.71**	**377.07**	
呼和浩特	Hohhot	78.27	48.43	56.56	53
包头	Baotou	73.34	35.79	26.12	132
乌海	Wuhai	5.92	10.81	6.27	267
赤峰	Chifeng	60.95	30.55	26.30	127
通辽	Tongliao	42.85	25.99	21.11	159
鄂尔多斯	Erdos	19.50	30.26	18.20	185
呼伦贝尔	Hulunbuir	15.07	25.33	23.62	145
巴彦淖尔	Bayannur	33.67	16.46	12.60	226
乌兰察布	Ulanqab	10.50	18.43	26.23	128
辽宁	**Liaoning**	**1113.22**	**532.06**	**729.40**	
沈阳	Shenyang	286.14	130.92	100.65	19
大连	Dalian	228.30	107.49	81.75	29
鞍山	Anshan	89.24	40.91	26.13	130
抚顺	Fushun	50.25	22.19	14.17	217
本溪	Benxi	38.53	16.90	10.68	240
丹东	Dandong	53.21	24.04	16.65	202
锦州	Jinzhou	66.32	33.67	18.13	187
营口	Yingkou	57.57	27.39	19.14	178
阜新	Fuxin	38.07	20.27	10.56	242
辽阳	Liaoyang	43.25	19.37	12.02	233
盘锦	Panjin	38.56	18.99	11.90	234
铁岭	Tieling	46.57	22.05	14.73	216
朝阳	Chaoyang	45.80	22.92	16.85	200
葫芦岛	Huludao	50.02	22.11	14.99	215
吉林	**Jilin**	**587.40**	**269.63**	**351.13**	
长春	Changchun	212.25	79.76	68.86	38
吉林	Jilin	99.26	36.18	26.13	131
四平	Siping	60.17	23.33	15.98	206
辽源	Liaoyuan	24.68	9.14	6.20	268
通化	Tonghua	45.76	17.04	12.02	232
白山	Baishan	32.58	10.49	7.06	259
松原	Songyuan	59.06	19.59	13.55	221
白城	Baicheng	43.41	14.91	10.04	245
黑龙江	**Heilongjiang**	**697.87**	**338.16**	**459.29**	
哈尔滨	Harbin	253.69	110.20	89.64	25
齐齐哈尔	Qiqihar	84.39	31.20	47.18	64
鸡西	Jixi	35.39	13.50	13.01	223
鹤岗	Hegang	23.84	9.19	6.31	266
双鸭山	Shuangyashan	30.33	11.30	11.35	238
大庆	Daqing	67.72	30.30	31.09	105
伊春	Yichun	22.89	9.20	6.82	261
佳木斯	Jiamusi	23.40	21.60	18.90	179
七台河	Qitaihe	19.83	7.40	5.22	273
牡丹江	Mudanjiang	59.51	22.90	16.75	201
黑河	Heihe	31.49	12.30	17.99	189
绥化	Suihua	75.92	28.80	5.40	272
上海	**Shanghai**	**1098.79**	**533.16**	**778.76**	
江苏	**Jiangsu**	**2140.42**	**1133.21**	**1800.47**	

13-8 电信业务总量 续表 1
Business Volume of Telecommunication Services continued 1

单位：亿元 （100 million yuan）

地名	City	2010	2013	2015	2015 排名 Ranking	地名	City	2010	2013	2015	2015 排名 Ranking
南京	Nanjing		140.23	123.94	14	池州	Chizhou	7.19	11.65	8.85	250
无锡	Wuxi	132.17	112.75	94.57	24	宣城	Xuancheng	11.88	20.84	17.42	191
徐州	Xuzhou	98.39	66.66	56.82	52	**福建**	**Fujian**	**1145.33**	**624.34**	**860.61**	
常州	Changzhou	68.36	70.34	59.82	44	福州	Fuzhou	273.64	178.84	111.33	18
苏州	Suzhou	52.19	229.20	193.50	7	厦门	Xiamen	178.78	108.02	142.26	10
南通	Nantong	161.59	75.10	61.48	42	莆田	Putian	71.71	81.76	31.36	102
连云港	Lianyungang	56.36	35.20	29.25	113	三明	Sanming	66.36	45.15	18.87	180
淮安	Huaian	24.23	34.71	29.09	115	泉州	Quanzhou	261.24	31.47	97.92	21
盐城	Yancheng	24.94	53.67	45.40	66	漳州	Zhangzhou	108.41	31.97	39.58	82
扬州	Yangzhou	35.03	48.23	40.51	80	南平	Nanping	61.53	24.88	41.01	77
镇江	Zhenjiang	37.52	34.70	29.75	111	龙岩	Longyan	66.45	26.42	41.81	74
泰州	Taizhou	35.88	42.73	34.96	91	宁德	Ningde	74.44	24.93	25.50	133
宿迁	Suqian	33.11	34.03	29.69	112	**江西**	**Jiangxi**	**655.15**	**338.29**	**550.37**	
浙江	**Zhejiang**	**19.16**	**955.58**	**1613.54**		南昌	Nanchang	42.39	56.00	69.47	37
杭州	Hangzhou	132.59	175.23	173.66	8	景德镇	Jingdezhen	11.46	12.00	10.58	241
宁波	Ningbo	218.26	122.55	117.21	16	萍乡	Pingxiang	9.02	13.30	11.53	236
温州	Wenzhou	105.89	121.68	117.33	15	九江	Jiujiang	9.85	32.40	27.17	125
嘉兴	Jiaxing	66.44	83.27	77.92	31	新余	Xinyu	4.89	9.80	17.00	196
湖州	Huzhou	26.08	31.59	31.30	104	鹰潭	Yingtan	4.68	7.70	6.53	263
绍兴	Shaoxing	45.56	57.11	51.96	58	赣州	Ganzhou	29.51	51.10	43.59	70
金华	Jinhua	59.34	73.69	73.77	32	吉安	Jian	16.83	26.20	19.43	177
衢州	Quzhou	31.77	16.19	18.34	184	宜春	Yichun	14.80	31.90	21.68	157
舟山	Zhoushan	13.78	15.95	13.62	220	抚州	Fuzhou	8.43	20.30	16.98	198
台州	Taizhou	61.99	71.81	67.41	39	上饶	Shangrao	8.11	34.10	29.14	114
丽水	Lishui	18.59	18.90	17.30	194	**山东**	**Shandong**	**1855.86**	**946.39**	**1269.06**	
安徽	**Anhui**	**841.62**	**476.44**	**707.27**		济南	Jinan	210.15	97.50	72.94	34
合肥	Hefei	48.94	98.32	84.42	27	青岛	Qingdao	269.51	118.32	96.58	23
芜湖	Wuhu	16.53	34.12	34.90	93	淄博	Zibo	103.45	46.24	53.45	55
蚌埠	Bengbu	15.15	24.81	19.96	171	枣庄	Zaozhuang	64.69	29.66	57.46	49
淮南	Huainan	12.64	20.30	15.59	210	东营	Dongying	66.17	27.06	20.15	169
马鞍山	Maanshan	9.77	20.70	1.88	280	烟台	Yantai	170.44	69.57	69.92	36
淮北	Huaibei	9.99	16.95	12.11	230	潍坊	Weifang	179.41	81.14	725.74	1
铜陵	Tongling	5.35	9.08	6.91	260	济宁	Jining	127.14	57.38	40.88	79
安庆	Anqing	18.27	33.05	30.87	107	泰安	Taian	75.41	41.43	22.98	151
黄山	Huangshan	7.02	11.56	9.00	249	威海	Weihai	79.40	33.18	22.97	152
滁州	Chuzhou	17.69	28.97	32.98	97	日照	Rizhao	49.50	22.82	20.05	170
阜阳	Fuyang	25.64	43.90	15.45	211	莱芜	Laiwu	20.64	9.25	6.35	265
宿州	Suzhou	18.25	32.50	26.15	129	临沂	Linyi	158.87	75.19	56.48	54
六安	Liuan	17.40	30.34	24.98	138	德州	Dezhou	78.65	36.51	18.17	186
亳州	Bozhou	15.69	26.03	37.04	87	聊城	Liaocheng	85.56	38.00	24.48	141

13-8 电信业务总量 续表 2

Business Volume of Telecommunication Services continued 2

单位：亿元 （100 million yuan）

地名	City	2010	2013	2015	2015 排名 Ranking
滨州	Binzhou	70.65	29.68	16.01	205
菏泽	Heze	106.25	50.37	50.36	59
河南	**Henan**	**1383.65**	**745.37**	**1164.37**	
郑州	Zhengzhou	290.14	147.33	234.11	6
开封	Kaifeng	61.43	29.12	63.65	41
洛阳	Luoyang	116.25	57.07	41.91	73
平顶山	Pingdingshan	76.69	33.82	24.38	142
安阳	Anyang	80.89	39.86	41.28	76
鹤壁	Hebi	22.47	11.73	8.03	254
新乡	Xinxiang	96.61	47.39	57.00	51
焦作	Jiaozuo	62.19	29.25	19.85	172
濮阳	Puyang	53.01	25.23	34.68	94
许昌	Xuchang	63.70	29.03	22.58	153
漯河	Luohe	36.53	17.12	3.42	278
三门峡	Sanmenxia	41.02	17.21	25.40	134
南阳	Nanyang	109.17	51.93	60.41	43
商丘	Shangqiu	94.99	45.33	35.87	89
信阳	Xinyang	74.45	34.50	28.88	117
周口	Zhoukou	90.72	44.50	37.38	86
驻马店	Zhumadian	75.68	36.21	30.61	108
湖北	**Hubei**	**983.32**	**536.01**	**828.34**	
武汉	Wuhan	332.07	156.08	139.11	11
黄石	Huangshi	13.66	17.35	19.68	176
十堰	Shiyan	11.55	16.35	23.87	144
宜昌	Yichang	20.79	28.00	28.47	120
襄阳	Xiangyang	25.67	31.25	39.43	83
鄂州	Ezhou	5.83	7.17	7.52	257
荆门	Jingmen	12.22	16.18	18.34	183
孝感	Xiaogan	7.67	21.47	22.01	155
荆州	Jingzhou	25.30	31.24	31.33	103
黄冈	Huanggang	18.09	26.46	27.70	123
咸宁	Xianning	9.71	12.96	12.38	228
随州	Suizhou	6.96	11.64	10.77	239
湖南	**Hunan**	**1008.94**	**535.02**	**802.51**	
长沙	Changsha	78.68	118.11	99.57	20
株洲	Zhuzhou	23.61	33.79	39.26	84
湘潭	Xiangtan	16.33	25.00	36.52	88
衡阳	Hengyang	25.50	37.65	59.31	45
邵阳	Shaoyang	21.90	33.75	53.04	56
岳阳	Yueyang	24.05	37.18	57.30	50
常德	Changde	26.32	38.80	30.54	109
张家界	Zhangjiajie	8.16	12.55	19.85	173
益阳	Yiyang	17.40	26.29	20.62	165
郴州	Chenzhou	21.00	29.43	43.09	72
永州	Yongzhou	16.97	24.74	19.78	175
怀化	Huaihua	19.20	28.62	46.34	65
娄底	Loudi	17.39	27.26	21.44	158
广东	**Guangdong**	**4175.38**	**2176.09**	**3150.03**	
广州	Guangzhou	1031.42	387.02	317.73	5
韶关	Shaoguan	66.69	24.60	18.00	188
深圳	Shenzhen	1003.19	371.47	335.20	4
珠海	Zhuhai	134.09	44.92		
汕头	Shantou	171.80	64.26	48.23	61
佛山	Foshan	428.72	140.54		
江门	Jiangmen	130.67	52.40	89.48	26
湛江	Zhanjiang	111.95	70.55	114.80	17
茂名	Maoming	83.43	49.21	80.47	30
肇庆	Zhaoqing	93.38	37.32		
惠州	Huizhou	199.08	76.59	57.96	47
梅州	Meizhou	49.08	42.84	20.49	166
汕尾	Shanwei	46.99	21.37	35.09	90
河源	Heyuan	45.45	24.33	23.20	148
阳江	Yangjiang	49.12	25.32	17.63	190
清远	Qingyuan	54.06	34.35	26.54	126
东莞	Dongguan	665.97	187.71	149.73	9
中山	Zhongshan	190.72	71.61	124.40	13
潮州	Chaozhou	53.48	24.39	19.80	174
揭阳	Jieyang	91.67	41.87		
云浮	Yunfu	31.91	19.71	34.96	92
广西	**Guangxi**	**793.31**	**405.70**	**607.89**	
南宁	Nanning	173.16	96.05	72.99	33
柳州	Liuzhou	79.67	35.87	28.85	118
桂林	Guilin	91.28	37.72	30.88	106
梧州	Wuzhou	41.57	17.22	13.88	218
北海	Beihai	23.74	16.86	13.63	219
防城港	Fangchenggang	22.68	9.45	7.79	256
钦州	Qinzhou	37.08	17.36	15.00	214
贵港	Guigang	42.73	20.06	17.20	195
玉林	Yulin	74.94	31.27	25.37	135
百色	Baise	46.86	21.24	18.64	182

13-8 电信业务总量 续表 3

Business Volume of Telecommunication Services continued 3

单位：亿元 （100 million yuan）

地名	City	2010	2013	2015	2015 排名 Ranking
贺州	Hezhou	1.63	10.80	8.78	251
河池	Hechi	48.14	20.38	16.61	203
来宾	Laibin	31.63	12.80	10.23	243
崇左	Chongzuo	32.84	13.19	11.51	237
海南	**Hainan**	**214.76**	**117.56**	**171.31**	
海口	Haikou	38.54	44.69	41.42	75
三亚	Sanya	11.61	16.14	13.34	222
三沙	Sansha				
重庆	**Chongqing**	**550.58**	**318.47**	**493.55**	
四川	**Sichuan**	**1380.70**	**759.54**	**1159.02**	
成都	Chengdu	431.90		404.02	2
自贡	Zigong	33.69		4.57	274
攀枝花	Panzhihua	14.02		9.92	246
泸州	Luzhou	20.52		24.92	139
德阳	Deyang	65.65		21.05	161
绵阳	Mianyang	30.13		31.95	100
广元	Guangyuan	12.02		15.34	213
遂宁	Suining	11.26		12.04	231
内江	Neijiang	15.42		15.81	207
乐山	Leshan	51.48		23.43	146
南充	Nanchong	21.22		30.19	110
眉山	Meishan	10.66		16.29	204
宜宾	Yibin	62.09		25.13	136
广安	Guangan	10.46		18.72	181
达州	Dazhou	10.12		23.21	147
雅安	Yaan	3.60		9.87	247
巴中	Bazhong	2.59		32.70	98
资阳	Ziyang	13.11		15.34	212
贵州	**Guizhou**	**496.97**	**309.13**	**481.39**	
贵阳	Guiyang	130.11	70.61	57.51	48
六盘水	Liupanshui	10.92	49.73	32.22	99
遵义	Zunyi	6.33	15.69	40.19	81
安顺	Anshun	7.81	23.11	12.93	224
毕节	Bijie	17.70	27.41	28.10	121
铜仁	Tongren	11.15	19.72	17.34	193
云南	**Yunnan**	**754.13**	**429.38**	**757.28**	
昆明	Kunming		95.30	97.80	22
曲靖	Qujing	16.32	76.03	71.37	35
玉溪	Yuxi	18.87	3.27	33.93	95
保山	Baoshan	9.12	5.27	5.81	270
昭通	Zhaotong	13.61	20.18	22.01	154
丽江	Lijiang	4.25	7.74	7.94	255
普洱	Puer	11.16	4.06	4.17	275
临沧	Lincang	1.62	2.41	12.35	229
西藏	**Tibet**	**62.46**	**39.65**	**53.79**	
拉萨	Lasa	6.82	31.50	28.69	119
陕西	**Shaanxi**	**819.82**	**440.81**	**699.49**	
西安	Xi'an		159.63	133.82	12
铜川	Tongchuan		7.12	1.57	281
宝鸡	Baoji		26.58	23.14	149
咸阳	Xianyang		33.41	27.81	122
渭南	Weinan		35.58	31.59	101
延安	Yan'an		24.01	28.91	116
汉中	Hanzhong		22.13	20.32	168
榆林	Yulin		44.96	24.74	140
安康	Ankang		16.29	15.75	208
商洛	Shangluo		10.78	9.53	248
甘肃	**Gansu**	**411.83**	**227.33**	**349.29**	
兰州	Lanzhou	124.23	56.36	48.72	60
嘉峪关	Jiayuguan	8.87	4.52	3.53	276
金昌	Jinchang	11.03	4.84	6.12	269
白银	Baiyin	25.58	11.62	12.39	227
天水	Tianshui	37.34	17.63	15.63	209
武威	Wuwei	23.75	11.13	12.77	225
张掖	Zhangye	23.35	10.27	8.34	252
平凉	Pingliang	27.21	12.02	21.00	162
酒泉	Jiuquan	28.07	11.08	3.46	277
庆阳	Qingyang	37.29	16.32	7.49	258
定西	Dingxi	29.60	13.76	11.89	235
陇南	Longnan	34.28	13.06	16.94	199
青海	**Qinghai**	**111.07**	**64.53**	**101.65**	
西宁	Xining			**43.77**	69
海东	Haidong			6.55	262
宁夏	**Ningxia**	**131.10**	**75.71**	**123.23**	
银川	Yinchuan	42.05	31.59	44.74	67
石嘴山	Shizuishan	5.07	8.55	6.37	264
吴忠	Wuzhong	20.40	11.52	27.35	124
固原	Guyuan	3.81	7.45	2.02	279
中卫	Zhongwei	3.70	7.85	10.15	244
新疆	**Xinjiang**	**537.32**	**298.29**	**382.55**	
乌鲁木齐	Urumqi	42.09	62.24	59.01	46
克拉玛依	Karamay	3.45	6.14	5.80	271

13-9 年末固定电话用户

Number of Fixed Telephone Subscribers at Year-end

单位：万户 （10 000 subscribers）

地名	City	2010	2014	2015	2015 排名 Ranking	地名	City	2010	2014	2015	2015 排名 Ranking
全国	**Nation Total**	**29434.20**	**23349.00**	**23099.60**		沈阳	Shenyang	320.20	251.00	229.00	12
北京	**Beijing**	**885.60**	**831.00**	**784.60**		大连	Dalian	280.30	240.00	229.00	12
天津	**Tianjin**	**366.80**	**361.00**	**343.80**		鞍山	Anshan	112.80	86.00	73.00	74
河北	**Hebei**	**1251.40**	**1080.00**	**978.20**		抚顺	Fushun	75.20	57.00	46.00	143
石家庄	Shijiazhuang	190.80	151.00	142.00	27	本溪	Benxi	45.70	37.00	25.00	223
唐山	Tangshan	168.80	148.00	126.00	36	丹东	Dandong	85.50	71.00	65.00	86
秦皇岛	Qinhuangdao	73.80	65.00	42.00	153	锦州	Jinzhou	94.80	82.00	75.00	69
邯郸	Handan	105.90	81.00	67.00	82	营口	Yingkou	61.70	55.00	50.00	124
邢台	Xingtai	95.80	87.00	79.00	64	阜新	Fuxin	53.20	44.00	39.00	163
保定	Baoding	176.20	163.00	140.00	28	辽阳	Liaoyang	54.00	45.00	36.00	175
张家口	Zhangjiakou	67.60	54.00	46.00	143	盘锦	Panjin	63.30	35.00	35.00	181
承德	Chengde	47.20	37.00	33.00	192	铁岭	Tieling	79.90	44.00	35.00	181
沧州	Cangzhou	120.70	115.00	114.00	43	朝阳	Chaoyang	36.30	66.00	61.00	93
廊坊	Langfang	106.30	98.00	85.00	58	葫芦岛	Huludao	65.20	54.00	50.00	124
衡水	Hengshui	98.30	81.00	74.00	70	**吉林**	**Jilin**	**595.20**	**394.00**	**572.30**	
山西	**Shanxi**	**720.70**	**543.00**	**444.60**		长春	Changchun	182.20	182.00	122.00	39
太原	Taiyuan	158.20	121.00	103.00	49	吉林	Jilin	93.80	93.00	90.00	52
大同	Datong	57.10	39.00	31.00	201	四平	Siping	50.70	14.00	43.00	148
阳泉	Yangquan	33.60	20.00	15.00	259	辽源	Liaoyuan	23.90	21.00	27.00	216
长治	Changzhi	61.50	42.00	33.00	192	通化	Tonghua	54.20	23.00	53.00	115
晋城	Jincheng	45.40	39.00	36.00	175	白山	Baishan	41.00	29.00	38.00	167
朔州	Shuozhou	25.20	17.00	18.00	249	松原	Songyuan	37.90	13.00	38.00	167
晋中	Jinzhong	77.20	56.00	49.00	132	白城	Baicheng	38.40	19.00	37.00	171
运城	Yuncheng	86.00	58.00	47.00	137	**黑龙江**	**Heilongjiang**	**813.50**	**613.00**	**596.00**	
忻州	Xinzhou	48.60	60.00	60.00	97	哈尔滨	Harbin	272.30	225.00	222.00	14
临汾	Linfen	70.20	53.00	34.00	188	齐齐哈尔	Qiqihar	93.20	66.00	61.00	93
吕梁	Lvliang	57.80	38.00	30.00	204	鸡西	Jixi	40.50	30.00	29.00	208
内蒙古	**Inner Mongolia**	**414.00**	**335.00**	**324.50**		鹤岗	Hegang	19.30	10.00	8.00	280
呼和浩特	Hohhot	70.30	83.00	71.00	78	双鸭山	Shuangyashan	27.10	26.00	25.00	223
包头	Baotou	38.80	42.00	37.00	171	大庆	Daqing	44.20	50.00	47.00	137
乌海	Wuhai	12.30	16.00	24.00	227	伊春	Yichun	34.30	18.00	15.00	259
赤峰	Chifeng	49.80	40.00	36.00	175	佳木斯	Jiamusi	57.20	39.00	33.00	192
通辽	Tongliao	29.60	36.00	26.00	220	七台河	Qitaihe	16.80	5.00	8.00	280
鄂尔多斯	Erdos	24.50	22.00	22.00	234	牡丹江	Mudanjiang	74.50	49.00	47.00	137
呼伦贝尔	Hulunbuir	51.10	44.00	44.00	146	黑河	Heihe	32.10	22.00	19.00	246
巴彦淖尔	Bayannur	22.80	26.00	24.00	227	绥化	Suihua	88.30	71.00	63.00	90
乌兰察布	Ulanqab	21.90	26.00	26.00	220	**上海**	**Shanghai**	**935.90**	**840.00**	**797.30**	
辽宁	**Liaoning**	**1428.00**	**1165.00**	**1036.20**		**江苏**	**Jiangsu**	**2498.80**	**2134.00**	**1973.00**	

13-9 年末固定电话用户 续表 1

Number of Fixed Telephone Subscribers at Year-end continued 1

单位：万户 （10 000 subscribers）

地名	City	2010	2014	2015	2015 排名 Ranking	地名	City	2010	2014	2015	2015 排名 Ranking
南京	Nanjing	290.10	283.00	280.00	8	池州	Chizhou	34.90	25.00	21.00	237
无锡	Wuxi	213.90	213.00	195.00	20	宣城	Xuancheng	60.90	46.00	40.00	158
徐州	Xuzhou	177.20	146.00	139.00	30	**福建**	**Fujian**	**1046.00**	**920.00**	**888.50**	
常州	Changzhou	159.60	152.00	140.00	28	福州	Fuzhou	219.00	195.00	184.00	21
苏州	Suzhou	351.70	341.00	341.00	4	厦门	Xiamen	161.00	136.00	131.00	33
南通	Nantong	243.10	235.00	209.00	18	莆田	Putian	68.00	65.00	65.00	86
连云港	Lianyungang	99.30	95.00	84.00	60	三明	Sanming	61.00	50.00	50.00	124
淮安	Huaian	100.60	89.00	77.00	68	泉州	Quanzhou	252.00	226.00	215.00	15
盐城	Yancheng	333.00	145.00	125.00	37	漳州	Zhangzhou	105.00	91.00	90.00	52
扬州	Yangzhou	162.60	134.00	119.00	42	南平	Nanping	62.00	54.00	51.00	120
镇江	Zhenjiang	129.60	97.00	87.00	56	龙岩	Longyan	58.00	50.00	50.00	124
泰州	Taizhou	149.00	131.00	120.00	40	宁德	Ningde	60.00	52.00	50.00	124
宿迁	Suqian	102.70	73.00	59.00	101	**江西**	**Jiangxi**	**709.60**	**555.00**	**568.40**	
浙江	**Zhejiang**	**1998.60**	**1581.00**	**1471.00**		南昌	Nanchang	161.80	112.00	107.00	48
杭州	Hangzhou	368.60	311.00	293.00	6	景德镇	Jingdezhen	36.50	25.00	21.00	237
宁波	Ningbo	317.40	270.00	269.00	9	萍乡	Pingxiang	24.50	26.00	28.00	210
温州	Wenzhou	277.00	210.00	179.00	23	九江	Jiujiang	86.20	74.00	72.00	77
嘉兴	Jiaxing	166.10	135.00	124.00	38	新余	Xinyu	20.50	17.00	15.00	259
湖州	Huzhou	107.80	91.00	89.00	54	鹰潭	Yingtan	18.90	12.00	14.00	265
绍兴	Shaoxing	201.80	151.00	144.00	26	赣州	Ganzhou	107.30	91.00	88.00	55
金华	Jinhua	183.60	136.00	111.00	44	吉安	Jian	58.20	46.00	47.00	137
衢州	Quzhou	63.50	48.00	43.00	148	宜春	Yichun	62.10	55.00	54.00	110
舟山	Zhoushan	54.90	41.00	36.00	175	抚州	Fuzhou	37.40	27.00	23.00	233
台州	Taizhou	178.70	141.00	120.00	40	上饶	Shangrao	77.20	72.00	85.00	58
丽水	Lishui	51.30	47.00	41.00	155	**山东**	**Shandong**	**2023.10**	**1386.00**	**1118.00**	
安徽	**Anhui**	**1231.00**	**860.00**	**739.40**		济南	Jinan	204.60	177.00	166.00	24
合肥	Hefei	160.70	171.00	156.00	25	青岛	Qingdao	261.10	207.00	215.00	15
芜湖	Wuhu	65.20	61.00	55.00	109	淄博	Zibo	126.30	78.00	81.00	63
蚌埠	Bengbu	66.40	48.00	40.00	158	枣庄	Zaozhuang	74.20	53.00	40.00	158
淮南	Huainan	47.30	32.00	28.00	210	东营	Dongying	58.40	41.00	35.00	181
马鞍山	Maanshan	49.50	44.00	39.00	163	烟台	Yantai	175.10	129.00	84.00	60
淮北	Huaibei	39.00	35.00	24.00	227	潍坊	Weifang	178.70	145.00	111.00	44
铜陵	Tongling	23.60	17.00	14.00	265	济宁	Jining	128.60	69.00	36.00	175
安庆	Anqing	120.60	82.00	68.00	81	泰安	Taian	99.10	91.00	64.00	88
黄山	Huangshan	43.90	23.00	24.00	227	威海	Weihai	88.40	61.00	56.00	104
滁州	Chuzhou	75.70	57.00	48.00	134	日照	Rizhao	44.00	39.00	28.00	210
阜阳	Fuyang	106.10	58.00	47.00	137	莱芜	Laiwu	26.40	22.00	18.00	249
宿州	Suzhou	87.40	64.00	51.00	120	临沂	Linyi	150.50	73.00	62.00	92
六安	Liuan	97.90	61.00	46.00	143	德州	Dezhou	100.80	55.00	44.00	146
亳州	Bozhou	72.80	34.00	31.00	201	聊城	Liaocheng	100.20	51.00	38.00	167

13-9 年末固定电话用户 续表 2

Number of Fixed Telephone Subscribers at Year-end continued 2

单位：万户 （10 000 subscribers）

地名	City	2010	2014	2015	2015 排名 Ranking
滨州	Binzhou	85.60	55.00	36.00	175
菏泽	Heze	92.50	40.00	21.00	237
河南	**Henan**	**1431.70**	**1075.00**	**1009.70**	
郑州	Zhengzhou	261.70	225.00	204.00	19
开封	Kaifeng	61.20	44.00	34.00	188
洛阳	Luoyang	139.60	110.00	102.00	50
平顶山	Pingdingshan	58.60	53.00	40.00	158
安阳	Anyang	94.70	70.00	61.00	93
鹤壁	Hebi	30.70	26.00	18.00	249
新乡	Xinxiang	128.30	91.00	74.00	70
焦作	Jiaozuo	63.90	43.00	43.00	148
濮阳	Puyang	40.40	33.00	28.00	210
许昌	Xuchang	69.20	53.00	47.00	137
漯河	Luohe	32.30	20.00	18.00	249
三门峡	Sanmenxia	35.90	25.00	21.00	237
南阳	Nanyang	105.00	74.00	70.00	79
商丘	Shangqiu	82.80	65.00	54.00	110
信阳	Xinyang	79.60	61.00	43.00	148
周口	Zhoukou	70.50	41.00	40.00	158
驻马店	Zhumadian	60.10	40.00	33.00	192
湖北	**Hubei**	**1026.40**	**797.00**	**872.50**	
武汉	Wuhan	316.00	255.00	249.00	11
黄石	Huangshi	46.80	39.00	39.00	163
十堰	Shiyan	66.90	49.00	214.00	17
宜昌	Yichang	73.10	58.00	61.00	93
襄阳	Xiangyang	72.10	62.00	63.00	90
鄂州	Ezhou	21.00	22.00	19.00	246
荆门	Jingmen	36.50	36.00	33.00	192
孝感	Xiaogan	85.00	47.00	56.00	104
荆州	Jingzhou	80.00	63.00	60.00	97
黄冈	Huanggang	102.60	85.00	79.00	64
咸宁	Xianning	39.30	43.00	41.00	155
随州	Suizhou	37.10	38.00	50.00	124
湖南	**Hunan**	**1077.00**	**770.00**	**787.00**	
长沙	Changsha	216.90	195.00	182.00	22
株洲	Zhuzhou	80.00	59.00	60.00	97
湘潭	Xiangtan	58.90	32.00	24.00	227
衡阳	Hengyang	104.00	77.00	74.00	70
邵阳	Shaoyang	92.10	63.00	56.00	104
岳阳	Yueyang	88.80	63.00	73.00	74
常德	Changde	84.50	60.00	56.00	104
张家界	Zhangjiajie	22.90	12.00	15.00	259
益阳	Yiyang	55.00	35.00	33.00	192
郴州	Chenzhou	63.10	60.00	53.00	115
永州	Yongzhou	50.60	32.00	28.00	210
怀化	Huaihua	72.40	50.00	37.00	171
娄底	Loudi	58.60	33.00	30.00	204
广东	**Guangdong**	**3169.10**	**2882.00**	**2807.10**	
广州	Guangzhou	598.60	503.00	468.00	3
韶关	Shaoguan	65.10	52.00	48.00	134
深圳	Shenzhen	532.80	530.00	754.00	1
珠海	Zhuhai	86.10	78.00	74.00	70
汕头	Shantou	140.30	131.00	128.00	34
佛山	Foshan	267.60	295.00	258.00	10
江门	Jiangmen	127.50	138.00	138.00	31
湛江	Zhanjiang	86.60	68.00	66.00	85
茂名	Maoming	94.10	71.00	64.00	88
肇庆	Zhaoqing	79.70	61.00		
惠州	Huizhou	132.50	120.00	109.00	46
梅州	Meizhou	77.70	58.00	54.00	110
汕尾	Shanwei	49.90		37.00	171
河源	Heyuan	58.00	44.00	42.00	153
阳江	Yangjiang	52.40	45.00	43.00	148
清远	Qingyuan	58.40	42.00	38.00	167
东莞	Dongguan	319.30	327.00	298.00	5
中山	Zhongshan	125.80	112.00	108.00	47
潮州	Chaozhou	70.70	61.00	51.00	120
揭阳	Jieyang	99.30	105.00	84.00	60
云浮	Yunfu	46.70	38.00	35.00	181
广西	**Guangxi**	**708.90**	**471.00**	**439.70**	
南宁	Nanning	120.00	103.00	86.00	57
柳州	Liuzhou	65.00	35.00	41.00	155
桂林	Guilin	76.80	61.00	58.00	102
梧州	Wuzhou	40.10	10.00	18.00	249
北海	Beihai	30.10	23.00	22.00	234
防城港	Fangchenggang	14.70	13.00	12.00	269
钦州	Qinzhou	40.40	30.00	28.00	210
贵港	Guigang	62.00	40.00	35.00	181
玉林	Yulin	74.70	63.00	56.00	104
百色	Baise	46.70	26.00	27.00	216

13-9 年末固定电话用户 续表 3

Number of Fixed Telephone Subscribers at Year-end continued 3

单位：万户 （10 000 subscribers）

地名	City	2010	2014	2015	2015 排名 Ranking	地名	City	2010	2014	2015	2015 排名 Ranking
贺州	Hezhou	21.60	13.00	12.00	269	丽江	Lijiang	15.20	10.00	7.00	282
河池	Hechi	42.40	26.00	22.00	234	普洱	Puer	34.20	25.00	20.00	243
来宾	Laibin	21.40	14.00	12.00	269	临沧	Lincang	20.70	16.00	16.00	257
崇左	Chongzuo	20.60	15.00	13.00	267	**西藏**	**Tibet**	**37.00**	**21.00**	**34.90**	
海南	**Hainan**	**179.80**	**81.00**	**171.00**		拉萨	Lasa	8.60	21.00	21.00	237
海口	Haikou	84.60	57.00	53.00	115	**陕西**	**Shaanxi**	**781.90**	**711.00**	**723.30**	
三亚	Sanya	18.30	24.00	26.00	220	西安	Xi'an	298.00	307.00	292.00	7
三沙	Sansha					铜川	Tongchuan	15.20	12.00	12.00	269
重庆	**Chongqing**	**582.70**	**583.00**	**559.60**		宝鸡	Baoji	77.20	59.00	58.00	102
四川	**Sichuan**	**1419.00**	**1186.00**	**1353.40**		咸阳	Xianyang	61.90	58.00	48.00	134
成都	Chengdu	373.70	438.00	488.00	2	渭南	Weinan	90.10	77.00	78.00	66
自贡	Zigong	49.40	43.00	34.00	188	延安	Yan'an	41.10	33.00	33.00	192
攀枝花	Panzhihua	32.50	31.00	30.00	204	汉中	Hanzhong	62.70	51.00	50.00	124
泸州	Luzhou	63.60	50.00	53.00	115	榆林	Yulin	56.60	52.00	49.00	132
德阳	Deyang	59.70	48.00	52.00	119	安康	Ankang	43.30	36.00	35.00	181
绵阳	Mianyang	74.30	73.00	78.00	66	商洛	Shangluo	35.70	25.00	25.00	223
广元	Guangyuan	45.70	35.00	35.00	181	**甘肃**	**Gansu**	**411.90**	**319.00**	**326.00**	
遂宁	Suining	35.70	30.00	31.00	201	兰州	Lanzhou	113.10	80.00	67.00	82
内江	Neijiang	48.80	50.00	51.00	120	嘉峪关	Jiayuguan	8.60	10.00	11.00	275
乐山	Leshan	66.80	59.00	60.00	97	金昌	Jinchang	10.90	4.00	7.00	282
南充	Nanchong	93.60	74.00	73.00	74	白银	Baiyin	25.50	21.00	20.00	243
眉山	Meishan	46.00	39.00	39.00	163	天水	Tianshui	42.80	66.00	32.00	199
宜宾	Yibin	66.80	53.00	54.00	110	武威	Wuwei	28.60	18.00	15.00	259
广安	Guangan	42.70	31.00	32.00	199	张掖	Zhangye	30.70	27.00	27.00	216
达州	Dazhou	67.90	48.00	54.00	110	平凉	Pingliang	24.10	22.00	19.00	246
雅安	Yaan	25.50	23.00	24.00	227	酒泉	Jiuquan	21.40	17.00	21.00	237
巴中	Bazhong	43.30	28.00	27.00	216	庆阳	Qingyang	30.70	21.00	20.00	243
资阳	Ziyang	56.60	33.00	34.00	188	定西	Dingxi	26.70	14.00	12.00	269
贵州	**Guizhou**	**432.60**	**267.00**	**312.50**		陇南	Longnan	21.10	18.00	17.00	254
贵阳	Guiyang	98.10	103.00	97.00	51	**青海**	**Qinghai**	**103.20**	**75.00**	**104.20**	
六盘水	Liupanshui	33.40	29.00	29.00	208	西宁	Xining	63.10	64.00	67.00	82
遵义	Zunyi	85.50	68.00	69.00	80	海东	Haidong		11.00	11.00	275
安顺	Anshun	25.80	19.00	17.00	254	**宁夏**	**Ningxia**	**111.90**	**100.00**	**84.40**	
毕节	Bijie	44.10	29.00	25.00	223	银川	Yinchuan	67.80	53.00	50.00	124
铜仁	Tongren	32.10	19.00	17.00	254	石嘴山	Shizuishan	18.40	14.00	10.00	278
云南	**Yunnan**	**562.50**	**254.00**	**377.50**		吴忠	Wuzhong	16.10	12.00	9.00	279
昆明	Kunming	117.90	126.00	128.00	34	固原	Guyuan	13.50	10.00	6.00	284
曲靖	Qujing	38.80	31.00	30.00	204	中卫	Zhongwei	14.20	12.00	11.00	275
玉溪	Yuxi	23.70	15.00	13.00	267	**新疆**	**Xinjiang**	**547.50**	**161.00**	**501.20**	
保山	Baoshan	19.20	14.00	12.00	269	乌鲁木齐	Urumqi	156.40	145.00	135.00	32
昭通	Zhaotong	22.30	17.00	15.00	259	克拉玛依	Karamay	9.80	16.00	16.00	257

13-10 年末移动电话用户
Number of Mobile Telephone Subscribers at Year-end

单位：万户 （10 000 subscribers）

地名	City	2010	2014	2015	2015 排名 Ranking	地名	City	2010	2014	2015	2015 排名 Ranking
全国	**Nation Total**	**85900.30**	**128609.30**	**127139.70**		沈阳	Shenyang	744.00	1044.00	1349.00	9
北京	**Beijing**	**2129.80**	**4076.40**	**3944.40**		大连	Dalian	674.60	849.00	726.00	37
天津	**Tianjin**	**1089.60**	**1351.80**	**1369.70**		鞍山	Anshan	279.20	354.00	334.00	135
河北	**Hebei**	**4353.50**	**6229.10**	**6135.60**		抚顺	Fushun	172.60	204.00	199.00	214
石家庄	Shijiazhuang	693.80	1038.00	1071.00	20	本溪	Benxi	113.10	173.00	170.00	233
唐山	Tangshan	501.30	734.00	891.00	27	丹东	Dandong	159.10	224.00	196.00	217
秦皇岛	Qinhuangdao	241.10	326.00	344.00	127	锦州	Jinzhou	201.40	273.00	263.00	169
邯郸	Handan	456.20	717.00	711.00	38	营口	Yingkou	172.00	237.00	203.00	209
邢台	Xingtai	346.50	483.00	539.00	59	阜新	Fuxin	120.90	174.00	140.00	247
保定	Baoding	635.40	905.00	946.00	23	辽阳	Liaoyang	125.20	186.00	185.00	223
张家口	Zhangjiakou	242.00	334.00	351.00	125	盘锦	Panjin	109.70	156.00	142.00	246
承德	Chengde	185.30	285.00	281.00	158	铁岭	Tieling	145.60	231.00	205.00	206
沧州	Cangzhou	450.30	605.00	597.00	53	朝阳	Chaoyang	171.20	255.00	205.00	206
廊坊	Langfang	349.40	511.00	469.00	67	葫芦岛	Huludao	153.30	242.00	200.00	211
衡水	Hengshui	252.10	341.00	354.00	123	**吉林**	**Jilin**	**1805.40**	**2612.30**	**2511.50**	
山西	**Shanxi**	**2225.10**	**3332.30**	**3241.40**		长春	Changchun	567.60	881.00	1081.00	19
太原	Taiyuan	454.30	743.00	741.00	35	吉林	Jilin	291.70	414.00	398.00	95
大同	Datong	219.70	342.00	309.00	147	四平	Siping	202.10	287.00	283.00	155
阳泉	Yangquan	104.10	152.00	150.00	242	辽源	Liaoyuan	77.20	109.00	117.00	258
长治	Changzhi	190.70	299.00	298.00	151	通化	Tonghua	133.10	193.00	185.00	223
晋城	Jincheng	134.00	225.00	229.00	194	白山	Baishan	82.90	114.00	112.00	262
朔州	Shuozhou	93.10	182.00	156.00	238	松原	Songyuan	183.10	241.00	263.00	169
晋中	Jinzhong	187.40	296.00	302.00	150	白城	Baicheng	116.20	175.00	176.00	229
运城	Yuncheng	253.70	426.00	442.00	80	**黑龙江**	**Heilongjiang**	**2243.00**	**3457.80**	**3329.80**	
忻州	Xinzhou	158.60	271.00	271.00	166	哈尔滨	Harbin	694.70	1251.00	1289.00	13
临汾	Linfen	236.10	397.00	396.00	96	齐齐哈尔	Qiqihar	253.00	427.00	401.00	94
吕梁	Lvliang	193.40	316.00	313.00	143	鸡西	Jixi	114.10	180.00	172.00	231
内蒙古	**Inner Mongolia**	**2034.00**	**2634.60**	**2377.10**		鹤岗	Hegang	77.90	116.00	107.00	266
呼和浩特	Hohhot	276.00	390.00	336.00	133	双鸭山	Shuangyashan	95.10	163.00	177.00	228
包头	Baotou	266.20	415.00	310.00	145	大庆	Daqing	203.40	403.00	366.00	108
乌海	Wuhai	93.00	90.00	76.00	279	伊春	Yichun	61.50	98.00	110.00	264
赤峰	Chifeng	931.10	340.00	433.00	86	佳木斯	Jiamusi	167.30	238.00	243.00	185
通辽	Tongliao	206.00	483.00	360.00	115	七台河	Qitaihe	53.90	87.00	83.00	277
鄂尔多斯	Erdos	296.20	250.00	138.00	250	牡丹江	Mudanjiang	174.40	247.00	263.00	169
呼伦贝尔	Hulunbuir	246.20	329.00	359.00	117	黑河	Heihe	87.50	117.00	139.00	249
巴彦淖尔	Bayannur	108.80	251.00	202.00	210	绥化	Suihua	232.90	292.00	329.00	136
乌兰察布	Ulanqab	94.10	223.00	232.00	191	**上海**	**Shanghai**	**2361.60**	**3292.70**	**3132.40**	
辽宁	**Liaoning**	**3341.80**	**4535.60**	**4289.80**		**江苏**	**Jiangsu**	**5923.10**	**8070.40**	**7993.10**	

13-10 年末移动电话用户 续表 1
Number of Mobile Telephone Subscribers at Year-end continued 1

单位：万户 （10 000 subscribers）

地名	City	2010	2014	2015	2015 排名 Ranking	地名	City	2010	2014	2015	2015 排名 Ranking
南京	Nanjing	931.30	1042.00	1082.00	18	池州	Chizhou	78.50	110.00	104.00	267
无锡	Wuxi	767.20	833.00	844.00	30	宣城	Xuancheng	129.30	198.00	198.00	215
徐州	Xuzhou	600.70	751.00	756.00	34	**福建**	**Fujian**	**3022.00**	**4276.70**	**4154.00**	
常州	Changzhou	501.40	520.00	535.00	61	福州	Fuzhou	653.00	945.00	908.00	26
苏州	Suzhou	1308.80	1469.00	1447.00	8	厦门	Xiamen	436.00	564.00	584.00	55
南通	Nantong	592.90	645.00	682.00	41	莆田	Putian	195.00	269.00	259.00	176
连云港	Lianyungang	306.70	367.00	368.00	107	三明	Sanming	187.00	244.00	252.00	179
淮安	Huaian	280.60	376.00	383.00	98	泉州	Quanzhou	671.00	991.00	922.00	24
盐城	Yancheng	236.50	570.00	589.00	54	漳州	Zhangzhou	321.00	493.00	460.00	71
扬州	Yangzhou	409.40	422.00	441.00	81	南平	Nanping	179.00	239.00	260.00	175
镇江	Zhenjiang	277.80	317.00	310.00	145	龙岩	Longyan	186.00	298.00	253.00	178
泰州	Taizhou	339.30	383.00	407.00	92	宁德	Ningde	194.00	188.00	282.00	157
宿迁	Suqian	296.90	376.00	383.00	98	**江西**	**Jiangxi**	**1811.00**	**2938.50**	**3030.40**	
浙江	**Zhejiang**	**5047.40**	**7370.60**	**7283.70**		南昌	Nanchang	472.60	601.00	609.00	50
杭州	Hangzhou	1061.80	1562.00	1727.00	6	景德镇	Jingdezhen	38.80	131.00	122.00	256
宁波	Ningbo	845.50	1267.00	1257.00	14	萍乡	Pingxiang	135.40	145.00	145.00	243
温州	Wenzhou	977.20	1113.00	1122.00	16	九江	Jiujiang	265.70	327.00	374.00	104
嘉兴	Jiaxing	493.50	615.00	602.00	52	新余	Xinyu	73.40	105.00	115.00	260
湖州	Huzhou	286.90	383.00	450.00	76	鹰潭	Yingtan	61.20	83.00	82.00	278
绍兴	Shaoxing	436.40	692.00	705.00	39	赣州	Ganzhou	413.00	567.00	673.00	43
金华	Jinhua	701.20	918.00	921.00	25	吉安	Jian	227.90	282.00	280.00	159
衢州	Quzhou	170.50	280.00	288.00	154	宜春	Yichun	209.00	333.00	376.00	103
舟山	Zhoushan	128.90	163.00	168.00	234	抚州	Fuzhou	143.00	220.00	231.00	192
台州	Taizhou	719.60	759.00	740.00	36	上饶	Shangrao	292.20	341.00	505.00	62
丽水	Lishui	225.40	289.00	294.00	152	**山东**	**Shandong**	**5340.60**	**8664.10**	**9088.80**	
安徽	**Anhui**	**2798.70**	**4215.90**	**4188.30**		济南	Jinan	551.20	1178.00	1090.00	17
合肥	Hefei	404.90	782.00	822.00	32	青岛	Qingdao	650.60	1301.00	1336.00	12
芜湖	Wuhu	162.00	306.00	324.00	138	淄博	Zibo	289.80	526.00	496.00	65
蚌埠	Bengbu	155.50	244.00	223.00	198	枣庄	Zaozhuang	184.80	317.00	311.00	144
淮南	Huainan	120.70	171.00	168.00	234	东营	Dongying	202.80	280.00	242.00	186
马鞍山	Maanshan	104.50	177.00	190.00	219	烟台	Yantai	453.70	820.00	839.00	31
淮北	Huaibei	101.20	173.00	153.00	241	潍坊	Weifang	466.80	930.00	966.00	22
铜陵	Tongling	52.30	71.00	74.00	280	济宁	Jining	372.70	734.00	695.00	40
安庆	Anqing	217.50	418.00	356.00	120	泰安	Taian	247.20	585.00	467.00	68
黄山	Huangshan	76.30	109.00	109.00	265	威海	Weihai	192.80	317.00	361.00	113
滁州	Chuzhou	189.20	297.00	303.00	148	日照	Rizhao	140.10	277.00	258.00	177
阜阳	Fuyang	290.40	400.00	441.00	81	莱芜	Laiwu	69.60	134.00	131.00	253
宿州	Suzhou	199.70	488.00	476.00	66	临沂	Linyi	398.90	920.00	848.00	29
六安	Liuan	203.90	317.00	340.00	131	德州	Dezhou	232.60	484.00	437.00	84
亳州	Bozhou	173.50	292.00	291.00	153	聊城	Liaocheng	272.00	436.00	464.00	70

13-10 年末移动电话用户 续表 2
Number of Mobile Telephone Subscribers at Year-end continued 2

单位：万户 （10 000 subscribers）

地名	City	2010	2014	2015	2015 排名 Ranking	地名	City	2010	2014	2015	2015 排名 Ranking
滨州	Binzhou	260.20	389.00	366.00	108	常德	Changde	234.70	444.00	449.00	78
菏泽	Heze	354.90	691.00	638.00	47	张家界	Zhangjiajie	76.10	103.00	104.00	267
河南	**Henan**	**4449.70**	**7712.90**	**7537.40**		益阳	Yiyang	181.00	262.00	272.00	163
郑州	Zhengzhou	788.60	1310.00	1345.00	11	郴州	Chenzhou	231.30	362.00	355.00	121
开封	Kaifeng	193.40	341.00	382.00	101	永州	Yongzhou	174.80	269.00	272.00	163
洛阳	Luoyang	360.30	647.00	642.00	46	怀化	Huaihua	189.30	338.00	336.00	133
平顶山	Pingdingshan	229.90	441.00	359.00	117	娄底	Loudi	172.60	257.00	272.00	163
安阳	Anyang	257.20	484.00	497.00	64	**广东**	**Guangdong**	**9710.10**	**14943.40**	**14479.70**	
鹤壁	Hebi	75.30	134.00	138.00	250	广州	Guangzhou	1715.60	3224.00	3219.00	1
新乡	Xinxiang	286.80	576.00	539.00	59	韶关	Shaoguan	147.20	283.00	274.00	161
焦作	Jiaozuo	192.40	318.00	353.00	124	深圳	Shenzhen	1977.70	3377.00	2621.00	2
濮阳	Puyang	161.20	321.00	321.00	140	珠海	Zhuhai	241.30	364.00	370.00	106
许昌	Xuchang	213.80	331.00	342.00	130	汕头	Shantou	403.40	642.00	607.00	51
漯河	Luohe	119.10	189.00	53.00	282	佛山	Foshan	799.40	1490.00	1349.00	9
三门峡	Sanmenxia	142.20	204.00	181.00	225	江门	Jiangmen	289.80	595.00	557.00	57
南阳	Nanyang	334.90	666.00	674.00	42	湛江	Zhanjiang	304.20	656.00	647.00	45
商丘	Shangqiu	282.60	616.00	629.00	48	茂名	Maoming	215.80	371.00	361.00	113
信阳	Xinyang	233.20	405.00	436.00	85	肇庆	Zhaoqing	206.90	344.00		
周口	Zhoukou	285.40	543.00	574.00	56	惠州	Huizhou	357.50	698.00	669.00	44
驻马店	Zhumadian	249.50	476.00	467.00	68	梅州	Meizhou	172.20	374.00	357.00	119
湖北	**Hubei**	**3454.70**	**4606.80**	**4530.50**		汕尾	Shanwei	114.50	189.00	187.00	221
武汉	Wuhan	1145.00	1644.00	1585.00	7	河源	Heyuan	104.30	216.00	231.00	192
黄石	Huangshi	151.00	234.00	227.00	195	阳江	Yangjiang	125.60	229.00	233.00	190
十堰	Shiyan	230.30	301.00	263.00	169	清远	Qingyuan	190.90	342.00	316.00	142
宜昌	Yichang	282.50	384.00	365.00	112	东莞	Dongguan	1421.80	1763.00	1757.00	5
襄阳	Xiangyang	296.50	442.00	451.00	75	中山	Zhongshan	447.80	610.00	611.00	49
鄂州	Ezhou	67.00	100.00	96.00	270	潮州	Chaozhou	155.70	248.00	261.00	174
荆门	Jingmen	140.70	212.00	212.00	204	揭阳	Jieyang	229.20	531.00	503.00	63
孝感	Xiaogan	212.00	308.00	319.00	141	云浮	Yunfu	89.50	128.00	200.00	211
荆州	Jingzhou	320.00	386.00	391.00	97	**广西**	**Guangxi**	**2214.50**	**3553.80**	**3594.90**	
黄冈	Huanggang	261.10	378.00	383.00	98	南宁	Nanning	484.40	821.00	759.00	33
咸宁	Xianning	133.10	248.00	248.00	182	柳州	Liuzhou	220.40	370.00	366.00	108
随州	Suizhou	129.40	259.00	174.00	230	桂林	Guilin	350.30	388.00	457.00	72
湖南	**Hunan**	**3259.80**	**4726.10**	**4692.00**		梧州	Wuzhou	117.70	154.00	186.00	222
长沙	Changsha	738.80	1118.00	1123.00	15	北海	Beihai	101.60	169.00	172.00	231
株洲	Zhuzhou	231.50	306.00	337.00	132	防城港	Fangchenggang	59.90	90.00	88.00	274
湘潭	Xiangtan	163.60	256.00	265.00	168	钦州	Qinzhou	107.30	186.00	197.00	216
衡阳	Hengyang	279.40	419.00	417.00	90	贵港	Guigang	140.80	240.00	242.00	186
邵阳	Shaoyang	225.20	414.00	424.00	88	玉林	Yulin	218.50	341.00	350.00	126
岳阳	Yueyang	257.80	404.00	403.00	93	百色	Baise	142.60	239.00	245.00	184

13-10 年末移动电话用户 续表 3
Number of Mobile Telephone Subscribers at Year-end continued 3

单位：万户　　　　（10 000 subscribers）

地名	City	2010	2014	2015	2015 排名 Ranking
贺州	Hezhou	90.70	134.00	127.00	254
河池	Hechi	137.60	215.00	227.00	195
来宾	Laibin	96.00	141.00	143.00	245
崇左	Chongzuo	100.00	151.00	155.00	240
海南	**Hainan**	**594.30**	**907.40**	**894.10**	
海口	Haikou	320.70	425.00	322.00	139
三亚	Sanya	37.40	124.00	123.00	255
三沙	Sansha				
重庆	**Chongqing**	**1664.40**	**2589.90**	**2737.70**	
四川	**Sichuan**	**4156.00**	**6608.50**	**6798.30**	
成都	Chengdu	1732.00	2203.00	2221.00	3
自贡	Zigong	170.70	207.00	208.00	205
攀枝花	Panzhihua	122.50	116.00	116.00	259
泸州	Luzhou	255.70	346.00	343.00	129
德阳	Deyang	268.60	349.00	366.00	108
绵阳	Mianyang	384.10	407.00	424.00	88
广元	Guangyuan	183.10	219.00	219.00	200
遂宁	Suining	153.10	213.00	214.00	202
内江	Neijiang	177.00	246.00	267.00	167
乐山	Leshan	261.10	306.00	327.00	137
南充	Nanchong	302.30	406.00	414.00	91
眉山	Meishan	174.40	244.00	221.00	199
宜宾	Yibin	268.40	364.00	374.00	104
广安	Guangan	160.60	233.00	242.00	186
达州	Dazhou	271.50	351.00	355.00	121
雅安	Yaan	120.70	144.00	140.00	247
巴中	Bazhong	155.30	229.00	239.00	189
资阳	Ziyang	175.60	238.00	249.00	181
贵州	**Guizhou**	**1964.40**	**2885.30**	**2941.50**	
贵阳	Guiyang	496.80	810.00	857.00	28
六盘水	Liupanshui	167.60	262.00	273.00	162
遵义	Zunyi	356.20	545.00	553.00	58
安顺	Anshun	113.20	182.00	180.00	226
毕节	Bijie	233.80	352.00	344.00	127
铜仁	Tongren	130.30	211.00	247.00	183
云南	**Yunnan**	**2244.50**	**3748.50**	**3740.10**	
昆明	Kunming	652.90	974.00	967.00	21
曲靖	Qujing	358.30	496.00	432.00	87
玉溪	Yuxi	168.20	211.00	205.00	206
保山	Baoshan	133.30	189.00	189.00	220
昭通	Zhaotong	145.20	305.00	303.00	148
丽江	Lijiang	68.80	95.00	94.00	273
普洱	Puer	149.10	205.00	214.00	202
临沧	Lincang	120.10	180.00	179.00	227
西藏	**Tibet**	**93.50**	**291.80**	**268.70**	
拉萨	Lasa	42.30	94.00	96.00	270
陕西	**Shaanxi**	**2518.20**	**3607.20**	**3567.10**	
西安	Xi'an	986.60	2025.00	1767.00	4
铜川	Tongchuan	48.10	88.00	88.00	274
宝鸡	Baoji	194.60	341.00	360.00	115
咸阳	Xianyang	252.50	446.00	453.00	74
渭南	Weinan	246.10	438.00	444.00	79
延安	Yan'an	173.70	268.00	252.00	179
汉中	Hanzhong	151.10	289.00	283.00	155
榆林	Yulin	260.40	421.00	377.00	102
安康	Ankang	119.80	211.00	226.00	197
商洛	Shangluo	85.30	153.00	166.00	236
甘肃	**Gansu**	**1390.10**	**2058.60**	**2105.30**	
兰州	Lanzhou	324.80	529.00	450.00	76
嘉峪关	Jiayuguan	24.20	44.00	43.00	284
金昌	Jinchang	34.50	48.00	51.00	283
白银	Baiyin	83.10	158.00	156.00	238
天水	Tianshui	132.00	296.00	262.00	173
武威	Wuwei	77.60	153.00	137.00	252
张掖	Zhangye	100.50	119.00	145.00	243
平凉	Pingliang	91.30	175.00	164.00	237
酒泉	Jiuquan	72.90	120.00	119.00	257
庆阳	Qingyang	122.70	227.00	217.00	201
定西	Dingxi	108.50	192.00	193.00	218
陇南	Longnan	105.90	198.00	200.00	211
青海	**Qinghai**	**397.80**	**544.00**	**517.10**	
西宁	Xining	179.80	278.00	277.00	160
海东	Haidong		117.00	112.00	262
宁夏	**Ningxia**	**450.80**	**688.30**	**636.60**	
银川	Yinchuan	182.20	380.00	438.00	83
石嘴山	Shizuishan	65.80	82.00	88.00	274
吴忠	Wuzhong	80.60	115.00	113.00	261
固原	Guyuan	61.00	115.00	96.00	270
中卫	Zhongwei	53.80	89.00	99.00	269
新疆	**Xinjiang**	**1359.80**	**2077.40**	**2028.40**	
乌鲁木齐	Urumqi	236.70	463.00	457.00	72
克拉玛依	Karamay	37.40	62.00	56.00	281

13-11 互联网宽带接入用户数
Broadband Subscribers of Internet

单位：万户 （10 000 subscribers）

地名	City	2010	2014	2015	2015 排名 Ranking
全国	**Nation Total**	**12629.10**	**20048.30**	**25946.60**	
北京	**Beijing**	**498.40**	**482.40**	**491.90**	
天津	**Tianjin**	**173.00**	**208.80**	**249.80**	
河北	**Hebei**	**667.00**	**1127.60**	**1317.20**	
石家庄	Shijiazhuang	131.30	214.00	233.00	16
唐山	Tangshan	89.30	138.00	139.00	38
秦皇岛	Qinhuangdao	39.40	61.00	64.00	111
邯郸	Handan	59.60	108.00	113.00	52
邢台	Xingtai	48.20	92.00	102.00	63
保定	Baoding	95.60	174.00	195.00	22
张家口	Zhangjiakou	37.10	56.00	58.00	127
承德	Chengde	25.50	46.00	49.00	157
沧州	Cangzhou	50.70	92.00	103.00	62
廊坊	Langfang	52.50	91.00	101.00	64
衡水	Hengshui	37.80	64.00	72.00	98
山西	**Shanxi**	**353.10**	**571.10**	**723.90**	
太原	Taiyuan	103.00	151.00	129.00	45
大同	Datong	27.90	50.00	53.00	147
阳泉	Yangquan	19.60	31.00	32.00	219
长治	Changzhi	30.00	55.00	55.00	137
晋城	Jincheng	15.50	39.00	44.00	180
朔州	Shuozhou	12.10	21.00	21.00	252
晋中	Jinzhong	29.70	51.00	59.00	125
运城	Yuncheng	39.80	72.00	85.00	75
忻州	Xinzhou	30.10	37.00	39.00	194
临汾	Linfen	55.20	64.00	65.00	110
吕梁	Lvliang	26.60	50.00	47.00	167
内蒙古	**Inner Mongolia**	**190.50**	**316.80**	**365.70**	
呼和浩特	Hohhot	32.40	45.00	45.00	173
包头	Baotou	28.80	42.00	37.00	202
乌海	Wuhai	6.60	11.00	13.00	274
赤峰	Chifeng	24.40	39.00	51.00	154
通辽	Tongliao	19.30	45.00	37.00	202
鄂尔多斯	Erdos	11.50	19.00	24.00	235
呼伦贝尔	Hulunbuir	24.20	40.00	42.00	187
巴彦淖尔	Bayannur	12.90	19.00	21.00	252
乌兰察布	Ulanqab	9.90	22.00	23.00	242
辽宁	**Liaoning**	**595.60**	**772.10**	**860.50**	
沈阳	Shenyang	137.50	161.00	178.00	27
大连	Dalian	123.50	132.00	131.00	44
鞍山	Anshan	53.90	65.00	71.00	101
抚顺	Fushun	31.80	41.00	44.00	180
本溪	Benxi	23.00	35.00	34.00	215
丹东	Dandong	28.80	42.00	46.00	169
锦州	Jinzhou	39.10	57.00	60.00	123
营口	Yingkou	27.90	46.00	48.00	162
阜新	Fuxin	21.50	35.00	39.00	194
辽阳	Liaoyang	21.60	42.00	38.00	198
盘锦	Panjin	16.70	25.00	29.00	224
铁岭	Tieling	23.10	35.00	38.00	198
朝阳	Chaoyang	23.80	40.00	45.00	173
葫芦岛	Huludao	23.30	40.00	45.00	173
吉林	**Jilin**	**285.10**	**414.90**	**427.30**	
长春	Changchun	91.80	135.00	106.00	59
吉林	Jilin	54.70	72.00	73.00	93
四平	Siping	23.00	38.00	36.00	207
辽源	Liaoyuan	9.40	17.00	18.00	261
通化	Tonghua	21.60	33.00	35.00	210
白山	Baishan	15.20	20.00	20.00	258
松原	Songyuan	16.50	27.00	29.00	224
白城	Baicheng	16.00	28.00	27.00	230
黑龙江	**Heilongjiang**	**326.10**	**484.60**	**519.50**	
哈尔滨	Harbin	110.60	163.00	163.00	31
齐齐哈尔	Qiqihar	36.00	54.00	58.00	127
鸡西	Jixi	16.20	25.00	22.00	248
鹤岗	Hegang	8.60	14.00	15.00	269
双鸭山	Shuangyashan	12.70	22.00	24.00	235
大庆	Daqing	23.90	53.00	54.00	142
伊春	Yichun	12.10	17.00	19.00	260
佳木斯	Jiamusi	23.90	33.00	34.00	215
七台河	Qitaihe	8.20	11.00	9.00	280
牡丹江	Mudanjiang	30.20	36.00	48.00	162
黑河	Heihe	12.90	22.00	24.00	235
绥化	Suihua	25.30	44.00	39.00	194
上海	**Shanghai**	**486.70**	**532.20**	**568.80**	
江苏	**Jiangsu**	**1048.40**	**1523.40**	**2346.30**	

13-11 互联网宽带接入用户数 续表 1

Broadband Subscribers of Internet continued 1

单位：万户 （10 000 subscribers）

地名	City	2010	2014	2015	2015 排名 Ranking	地名	City	2010	2014	2015	2015 排名 Ranking
南京	Nanjing	147.70	227.00	242.00	14	池州	Chizhou	9.70	19.00	23.00	242
无锡	Wuxi	132.50	153.00	163.00	31	宣城	Xuancheng	18.10	36.00	43.00	183
徐州	Xuzhou	70.10	108.00	116.00	49	**福建**	**Fujian**	**471.60**	**899.20**	**1044.80**	
常州	Changzhou	84.90	117.00	124.00	47	福州	Fuzhou	530.00	208.00	207.00	19
苏州	Suzhou	188.50	296.00	320.00	5	厦门	Xiamen	358.00	146.00	144.00	37
南通	Nantong	83.00	129.00	135.00	39	莆田	Putian	139.00	188.00	253.00	11
连云港	Lianyungang	44.30	68.00	73.00	93	三明	Sanming	129.00	55.00	54.00	142
淮安	Huaian	29.50	59.00	64.00	111	泉州	Quanzhou	587.00	185.00	230.00	18
盐城	Yancheng	58.70	92.00	98.00	68	漳州	Zhangzhou	217.00	97.00	86.00	74
扬州	Yangzhou	68.60	83.00	88.00	72	南平	Nanping	124.00	53.00	55.00	137
镇江	Zhenjiang	43.20	62.00	66.00	108	龙岩	Longyan	116.00	63.00	64.00	111
泰州	Taizhou	50.40	75.00	79.00	84	宁德	Ningde	188.00	65.00	55.00	137
宿迁	Suqian	30.90	55.00	58.00	127	**江西**	**Jiangxi**	**253.40**	**434.20**	**710.90**	
浙江	**Zhejiang**	**869.50**	**1276.10**	**1906.80**		南昌	Nanchang	81.40	120.00	128.00	46
杭州	Hangzhou	218.40	279.00	295.00	7	景德镇	Jingdezhen	11.20	24.00	24.00	235
宁波	Ningbo	172.00	281.00	302.00	6	萍乡	Pingxiang	13.60	24.00	27.00	230
温州	Wenzhou	172.80	261.00	288.00	10	九江	Jiujiang	30.90	69.00	78.00	87
嘉兴	Jiaxing	78.10	142.00	148.00	35	新余	Xinyu	11.30	22.00	24.00	235
湖州	Huzhou	50.90	88.00	104.00	60	鹰潭	Yingtan	9.00	18.00	22.00	248
绍兴	Shaoxing	86.60	154.00	165.00	30	赣州	Ganzhou	42.70	100.00	150.00	34
金华	Jinhua	91.40	195.00	196.00	20	吉安	Jian	20.60	53.00	55.00	137
衢州	Quzhou	23.70	51.00	57.00	133	宜春	Yichun	23.80	55.00	62.00	117
舟山	Zhoushan	22.90	130.00	145.00	36	抚州	Fuzhou	21.00	43.00	49.00	157
台州	Taizhou	95.80	168.00	179.00	26	上饶	Shangrao	22.30	44.00	93.00	70
丽水	Lishui	25.10	51.00	57.00	133	**山东**	**Shandong**	**966.90**	**1523.90**	**1980.80**	
安徽	**Anhui**	**341.90**	**563.80**	**913.30**		济南	Jinan	117.30	203.00	232.00	17
合肥	Hefei	53.80	111.00	187.00	24	青岛	Qingdao	188.30	697.00	249.00	12
芜湖	Wuhu	25.50	63.00	72.00	98	淄博	Zibo	53.90	85.00	77.00	89
蚌埠	Bengbu	20.20	41.00	49.00	157	枣庄	Zaozhuang	31.20	61.00	54.00	142
淮南	Huainan	17.90	37.00	45.00	173	东营	Dongying	30.70	54.00	56.00	135
马鞍山	Maanshan	17.70	38.00	43.00	183	烟台	Yantai	87.60	134.00	167.00	28
淮北	Huaibei	14.30	35.00	37.00	202	潍坊	Weifang	70.70	539.00	132.00	42
铜陵	Tongling	9.60	18.00	21.00	252	济宁	Jining	45.90	103.00	112.00	54
安庆	Anqing	27.40	54.00	55.00	137	泰安	Taian	45.00	80.00	77.00	89
黄山	Huangshan	12.00	22.00	24.00	235	威海	Weihai	44.90	72.00	73.00	93
滁州	Chuzhou	21.20	52.00	64.00	111	日照	Rizhao	23.40	52.00	52.00	150
阜阳	Fuyang	23.80	60.00	68.00	104	莱芜	Laiwu	13.50	21.00	25.00	234
宿州	Suzhou	18.40	96.00	113.00	52	临沂	Linyi	62.00	129.00	132.00	42
六安	Liuan	18.20	37.00	52.00	150	德州	Dezhou	33.80	56.00	71.00	101
亳州	Bozhou	14.90	35.00	41.00	190	聊城	Liaocheng	34.00	63.00	73.00	93

13-11 互联网宽带接入用户数 续表 2
Broadband Subscribers of Internet continued 2

单位：万户 （10 000 subscribers）

地名	City	2010	2014	2015	2015 排名 Ranking	地名	City	2010	2014	2015	2015 排名 Ranking
滨州	Binzhou	30.40	56.00	52.00	150	常德	Changde	28.30	75.00	83.00	80
菏泽	Heze	35.70	76.00	88.00	72	张家界	Zhangjiajie	10.80	20.00	24.00	235
河南	**Henan**	**642.50**	**1087.90**	**1489.00**		益阳	Yiyang	17.50	41.00	42.00	187
郑州	Zhengzhou	586.30	208.00	240.00	15	郴州	Chenzhou	23.10	49.00	62.00	117
开封	Kaifeng	121.20	56.00	53.00	147	永州	Yongzhou	19.80	38.00	48.00	162
洛阳	Luoyang	270.90	150.00	157.00	33	怀化	Huaihua	21.50	40.00	49.00	157
平顶山	Pingdingshan	156.80	56.00	46.00	169	娄底	Loudi	19.60	44.00	45.00	173
安阳	Anyang	186.40	84.00	93.00	70	**广东**	**Guangdong**	**1400.00**	**2174.10**	**2682.70**	
鹤壁	Hebi	50.80	30.00	29.00	224	广州	Guangzhou	280.20	645.00	425.00	4
新乡	Xinxiang	223.80	93.00	104.00	60	韶关	Shaoguan	26.40	161.00	166.00	29
焦作	Jiaozuo	138.40	51.00	79.00	84	深圳	Shenzhen	261.50	442.00	671.00	1
濮阳	Puyang	106.00	41.00	68.00	104	珠海	Zhuhai		73.00	84.00	78
许昌	Xuchang	136.50	53.00	62.00	117	汕头	Shantou	68.90	96.00	107.00	58
漯河	Luohe	76.80	30.00	21.00	252	佛山	Foshan	130.50	248.00	244.00	13
三门峡	Sanmenxia	89.80	118.00	123.00	48	江门	Jiangmen	246.60	121.00	108.00	56
南阳	Nanyang	221.90	72.00	83.00	80	湛江	Zhanjiang	37.70	78.00	85.00	75
商丘	Shangqiu	167.80	71.00	99.00	66	茂名	Maoming	30.00	65.00	108.00	56
信阳	Xinyang	157.70	45.00	46.00	169	肇庆	Zhaoqing		268.00		
周口	Zhoukou	170.70	62.00	82.00	82	惠州	Huizhou	67.70	123.00	133.00	41
驻马店	Zhumadian	155.20	63.00	61.00	121	梅州	Meizhou	25.10	51.00	59.00	125
湖北	**Hubei**	**459.40**	**869.70**	**1014.40**		汕尾	Shanwei	13.10	26.00	29.00	224
武汉	Wuhan	212.00	390.00	463.00	3	河源	Heyuan	16.10	36.00	45.00	173
黄石	Huangshi	19.70	43.00	44.00	180	阳江	Yangjiang	16.00	34.00	48.00	162
十堰	Shiyan	24.30	63.00	58.00	127	清远	Qingyuan	97.80	44.00	54.00	142
宜昌	Yichang	35.80	72.00	79.00	84	东莞	Dongguan	153.90	205.00	196.00	20
襄阳	Xiangyang	36.30	48.00	84.00	78	中山	Zhongshan	69.60	109.00	115.00	51
鄂州	Ezhou	20.30	17.00	18.00	261	潮州	Chaozhou	24.60	39.00	35.00	210
荆门	Jingmen	18.90	35.00	40.00	193	揭阳	Jieyang	32.90	78.00	58.00	127
孝感	Xiaogan	30.00	44.00	49.00	157	云浮	Yunfu	38.70	91.00	99.00	66
荆州	Jingzhou	38.00	83.00	112.00	54	**广西**	**Guangxi**	**330.10**	**592.40**	**715.80**	
黄冈	Huanggang	28.40	65.00	78.00	87	南宁	Nanning	90.80	178.00	194.00	23
咸宁	Xianning	36.60	43.00	43.00	183	柳州	Liuzhou	61.70	74.00	82.00	82
随州	Suizhou	13.50	34.00	34.00	215	桂林	Guilin	39.70	70.00	85.00	75
湖南	**Hunan**	**374.50**	**744.90**	**910.50**		梧州	Wuzhou	17.30	28.00	47.00	167
长沙	Changsha	95.40	153.00	180.00	25	北海	Beihai	15.50	28.00	37.00	202
株洲	Zhuzhou	32.60	57.00	62.00	117	防城港	Fangchenggang	9.00	14.00	16.00	268
湘潭	Xiangtan	19.00	36.00	38.00	198	钦州	Qinzhou	16.00	28.00	34.00	215
衡阳	Hengyang	34.00	66.00	73.00	93	贵港	Guigang	17.00	34.00	42.00	187
邵阳	Shaoyang	24.50	52.00	52.00	150	玉林	Yulin	23.90	46.00	60.00	123
岳阳	Yueyang	29.00	59.00	72.00	98	百色	Baise	21.50	31.00	36.00	207

13-11 互联网宽带接入用户数 续表 3
Broadband Subscribers of Internet continued 3

单位：万户 （10 000 subscribers）

地名	City	2010	2014	2015	2015 排名 Ranking	地名	City	2010	2014	2015	2015 排名 Ranking
贺州	Hezhou	10.10	20.00	21.00	252	丽江	Lijiang	6.00	14.00	15.00	269
河池	Hechi	19.20	28.00	35.00	210	普洱	Puer	11.10	20.00	20.00	258
来宾	Laibin	9.70	17.00	23.00	242	临沧	Lincang	6.50	13.00	23.00	242
崇左	Chongzuo	8.70	16.00	21.00	252	**西藏**	**Tibet**	**10.40**	**22.10**	**29.60**	
海南	**Hainan**	**67.60**	**120.30**	**149.50**		拉萨	Lasa	5.40			
海口	Haikou	39.60	55.00	56.00	135	**陕西**	**Shaanxi**	**308.30**	**552.40**	**689.90**	
三亚	Sanya	8.30	16.00	18.00	261	西安	Xi'an	189.00	278.00	290.00	9
三沙	Sansha					铜川	Tongchuan	5.40	13.00	13.00	274
重庆	**Chongqing**	**263.10**	**475.40**	**602.70**		宝鸡	Baoji	28.60	60.00	64.00	111
四川	**Sichuan**	**521.80**	**883.10**	**1424.00**		咸阳	Xianyang	29.50	64.00	67.00	107
成都	Chengdu	158.40	288.00	474.00	2	渭南	Weinan	31.50	64.00	70.00	103
自贡	Zigong	21.40	35.00	43.00	183	延安	Yan'an	17.80	28.00	29.00	224
攀枝花	Panzhihua	14.90	27.00	30.00	220	汉中	Hanzhong	21.60	32.00	35.00	210
泸州	Luzhou	20.50	53.00	66.00	108	榆林	Yulin	20.20	44.00	37.00	202
德阳	Deyang	30.60	67.00	74.00	92	安康	Ankang	15.80	27.00	30.00	220
绵阳	Mianyang	34.00	79.00	100.00	65	商洛	Shangluo	9.50	22.00	23.00	242
广元	Guangyuan	13.90	34.00	39.00	194	**甘肃**	**Gansu**	**112.20**	**213.90**	**302.70**	
遂宁	Suining	15.30	32.00	38.00	198	兰州	Lanzhou	39.00	73.00	75.00	91
内江	Neijiang	15.50	37.00	50.00	155	嘉峪关	Jiayuguan	4.40	7.00	8.00	282
乐山	Leshan	26.90	43.00	50.00	155	金昌	Jinchang	4.30	8.00	9.00	280
南充	Nanchong	30.00	55.00	63.00	116	白银	Baiyin	7.10	16.00	18.00	261
眉山	Meishan	14.50	41.00	46.00	169	天水	Tianshui	8.50	36.00	53.00	147
宜宾	Yibin	26.80	42.00	68.00	104	武威	Wuwei	6.10	15.00	18.00	261
广安	Guangan	12.90	30.00	41.00	190	张掖	Zhangye	6.80	16.00	30.00	220
达州	Dazhou	22.80	49.00	58.00	127	平凉	Pingliang	6.00	16.00	17.00	267
雅安	Yaan	8.60	24.00	30.00	220	酒泉	Jiuquan	6.60	12.00	18.00	261
巴中	Bazhong	12.40	24.00	35.00	210	庆阳	Qingyang	6.60	16.00	15.00	269
资阳	Ziyang	14.50	29.00	41.00	190	定西	Dingxi	4.80	12.00	15.00	269
贵州	**Guizhou**	**149.70**	**310.90**	**386.80**		陇南	Longnan	4.80	11.00	13.00	274
贵阳	Guiyang	50.80	105.00	116.00	49	**青海**	**Qinghai**	**34.90**	**61.40**	**82.30**	
六盘水	Liupanshui	9.50	23.00	26.00	232	西宁	Xining	24.60	42.00	45.00	173
遵义	Zunyi	27.20	59.00	61.00	121	海东	Haidong		5.00	6.00	283
安顺	Anshun	7.90	19.00	23.00	242	**宁夏**	**Ningxia**	**43.00**	**78.20**	**92.50**	
毕节	Bijie	11.90	266.00	292.00	8	银川	Yinchuan	24.20	44.00	48.00	162
铜仁	Tongren	8.30	24.00	28.00	229	石嘴山	Shizuishan	6.90	12.00	12.00	277
云南	**Yunnan**	**224.10**	**424.90**	**537.30**		吴忠	Wuzhong	9.90	11.00	12.00	277
昆明	Kunming	93.80	132.00	135.00	39	固原	Guyuan	3.00	5.00	22.00	248
曲靖	Qujing	21.90	38.00	54.00	142	中卫	Zhongwei	4.00	9.00	10.00	279
玉溪	Yuxi	20.70	29.00	36.00	207	**新疆**	**Xinjiang**	**160.40**	**305.70**	**409.50**	
保山	Baoshan		17.00	22.00	248	乌鲁木齐	Urumqi	51.40	92.00	97.00	69
昭通	Zhaotong	11.0	22.00	26.00	232	克拉玛依	Karamay	5.20	12.00	15.00	269

14

贸易和旅游

Trade and Tourism

14-1 社会消费品零售额
Total Retail Sales of Consumer Goods

单位：亿元 （100 million yuan）

地名	City	2010	2014	2015	2015 排名 Ranking	地名	City	2010	2014	2015	2015 排名 Ranking
全国	**Nation Total**	**156998.40**	**271896.10**	**300930.80**		沈阳	Shenyang	2065.90	3570.11	3883.24	8
北京	**Beijing**	**6229.30**	**9638.00**	**10338.00**		大连	Dalian	1639.80	2828.42	3087.50	17
天津	**Tianjin**	**2902.55**	**4738.70**	**5257.30**		鞍山	Anshan	514.20	897.34	968.72	77
河北	**Hebei**	**6821.79**	**11820.50**	**12990.70**		抚顺	Fushun	333.90	580.98	624.65	123
石家庄	Shijiazhuang	1409.89	2423.47	2693.03	20	本溪	Benxi	192.40	333.83	361.42	207
唐山	Tangshan	1134.54	1957.11	2147.88	31	丹东	Dandong	275.80	478.43	505.57	160
秦皇岛	Qinhuangdao	334.98	577.57	633.82	119	锦州	Jinzhou	318.30	555.00	598.37	133
邯郸	Handan	717.17	1242.37	1364.50	47	营口	Yingkou	249.80	436.51	471.51	172
邢台	Xingtai	460.73	796.18	875.32	85	阜新	Fuxin	149.00	258.85	274.32	227
保定	Baoding	864.22	1501.80	1509.31	44	辽阳	Liaoyang	208.60	361.64	388.76	204
张家口	Zhangjiakou	324.45	562.20	618.12	125	盘锦	Panjin	185.10	320.96	347.00	209
承德	Chengde	258.05	441.89	490.79	166	铁岭	Tieling	227.30	391.42	407.92	195
沧州	Cangzhou	580.71	1007.90	1109.13	64	朝阳	Chaoyang	216.60	376.06	427.94	187
廊坊	Langfang	419.13	723.70	796.38	94	葫芦岛	Huludao	233.20	403.59	435.12	184
衡水	Hengshui	317.91	552.99	609.03	128	**吉林**	**Jilin**	**3504.92**	**6080.90**	**6651.90**	
山西	**Shanxi**	**3318.15**	**5717.90**	**6033.70**		长春	Changchun	1289.85	2217.55	2409.29	24
太原	Taiyuan	837.00	1450.17	1540.80	43	吉林	Jilin	684.02	1197.11	1313.23	52
大同	Datong	313.12	541.43	567.68	143	四平	Siping	287.71	503.82	551.48	148
阳泉	Yangquan	167.00	276.30	288.30	223	辽源	Liaoyuan	107.51	189.05	206.74	242
长治	Changzhi	284.53	476.88	524.41	156	通化	Tonghua	247.08	439.74	483.28	169
晋城	Jincheng	197.70	341.21	358.76	208	白山	Baishan	139.08	244.21	266.19	231
朔州	Shuozhou	148.08	218.76	270.15	229	松原	Songyuan	329.74	556.46	610.03	127
晋中	Jinzhong	286.07	484.26	529.74	153	白城	Baicheng	162.24	283.88	310.49	214
运城	Yuncheng	365.26	626.24	660.99	112	**黑龙江**	**Heilongjiang**	**4039.20**	**7015.30**	**7640.20**	
忻州	Xinzhou	169.82	257.14	311.18	213	哈尔滨	Harbin	1770.16	3070.89	3394.54	14
临汾	Linfen	318.22	545.01	571.98	140	齐齐哈尔	Qiqihar	357.26	618.42	618.42	124
吕梁	Lvliang	231.54	388.67	405.97	196	鸡西	Jixi	118.78	138.39	289.81	222
内蒙古	**Inner Mongolia**	**3384.00**	**5657.60**	**6107.70**		鹤岗	Hegang	71.38	108.47	116.18	268
呼和浩特	Hohhot	758.50	1256.08	1353.53	48	双鸭山	Shuangyashan	65.25	109.73	119.20	267
包头	Baotou	730.80	1184.67	1276.57	55	大庆	Daqing	591.03	1010.91	1037.61	70
乌海	Wuhai	72.70	127.02	139.06	265	伊春	Yichun	56.69	97.95	107.66	270
赤峰	Chifeng	341.50	587.39	637.08	118	佳木斯	Jiamusi	208.52	361.23	401.11	197
通辽	Tongliao	242.70	435.44	469.32	174	七台河	Qitaihe	54.61	89.06	94.82	276
鄂尔多斯	Erdos	379.30	609.48	660.32	113	牡丹江	Mudanjiang	265.83	477.11	527.85	154
呼伦贝尔	Hulunbuir	294.60	504.06	545.88	150	黑河	Heihe	54.38	95.21	103.82	272
巴彦淖尔	Bayannur	128.80	216.09	234.49	237	绥化	Suihua	250.46	462.71	511.35	159
乌兰察布	Ulanqab	161.50	269.19	290.41	221	**上海**	**Shanghai**	**6070.50**	**9303.50**	**10131.50**	
辽宁	**Liaoning**	**6887.60**	**11857.00**	**12787.20**		**江苏**	**Jiangsu**	**13606.80**	**23458.10**	**25876.80**	

14-1 社会消费品零售额 续表 1
Total Retail Sales of Consumer Goods continued 1

单位：亿元 （100 million yuan）

地名	City	2010	2014	2015	2015 排名 Ranking	地名	City	2010	2014	2015	2015 排名 Ranking
南京	Nanjing	2288.74	4167.19	4590.17	6	池州	Chizhou	91.18	176.37	197.98	247
无锡	Wuxi	1825.79	2607.90	2847.61	18	宣城	Xuancheng	194.70	375.39	422.50	189
徐州	Xuzhou	956.99	2099.20	2358.45	26	**福建**	**Fujian**	**5310.03**	**9346.70**	**10505.90**	
常州	Changzhou	1054.39	1805.40	1990.45	32	福州	Fuzhou	1624.28	3062.94	3488.74	11
苏州	Suzhou	2402.02	4095.09	4461.62	7	厦门	Xiamen	685.02	1072.28	1168.42	59
南通	Nantong	1277.07	2166.10	2379.46	25	莆田	Putian	290.37	498.03	558.85	145
连云港	Lianyungang	430.68	739.40	830.71	88	三明	Sanming	245.58	404.85	444.47	180
淮安	Huaian	469.09	864.80	970.74	76	泉州	Quanzhou	1234.43	2189.43	2459.59	23
盐城	Yancheng	766.49	1312.70	1468.60	46	漳州	Zhangzhou	472.63	692.20	776.99	96
扬州	Yangzhou	726.12	1128.10	1236.96	57	南平	Nanping	262.04	452.00	503.85	161
镇江	Zhenjiang	564.68	1003.80	1113.71	63	龙岩	Longyan	312.17	559.99	639.58	116
泰州	Taizhou	555.35	903.60	1001.64	73	宁德	Ningde	234.64	415.02	465.45	175
宿迁	Suqian	289.38	564.80	626.64	121	**江西**	**Jiangxi**	**2956.21**	**5292.60**	**5925.50**	
浙江	**Zhejiang**	**10163.20**	**17835.30**	**19784.70**		南昌	Nanchang	756.41	1304.88	1662.87	39
杭州	Hangzhou	2146.08	4201.46	4697.23	5	景德镇	Jingdezhen	141.65	239.88	269.61	230
宁波	Ningbo	1704.51	2992.03	3349.63	15	萍乡	Pingxiang	159.06	266.55	303.06	216
温州	Wenzhou	1498.10	2410.36	2677.73	22	九江	Jiujiang	286.89	512.22	581.45	137
嘉兴	Jiaxing	799.36	1347.04	1494.57	45	新余	Xinyu	112.74	191.11	213.75	240
湖州	Huzhou	516.09	871.20	963.92	78	鹰潭	Yingtan	86.64	150.65	172.57	255
绍兴	Shaoxing	852.89	1487.14	1621.06	40	赣州	Ganzhou	375.35	629.59	708.73	104
金华	Jinhua	916.23	1592.70	1783.10	38	吉安	Jian	202.83	340.78	398.47	200
衢州	Quzhou	290.82	503.79	550.98	149	宜春	Yichun	267.86	457.33	530.66	152
舟山	Zhoushan	212.54	376.58	415.52	191	抚州	Fuzhou	236.68	379.50	430.35	186
台州	Taizhou	960.45	1646.32	1826.68	36	上饶	Shangrao	330.10	548.20	640.42	114
丽水	Lishui	266.13	476.35	519.28	158	**山东**	**Shandong**	**14620.30**	**25111.50**	**27761.40**	
安徽	**Anhui**	**4151.52**	**7957.00**	**8908.00**		济南	Jinan	1802.46	3087.65	3410.31	12
合肥	Hefei	839.02	1666.75	2183.65	30	青岛	Qingdao	1961.13	3361.72	3713.69	9
芜湖	Wuhu	287.45	653.62	733.04	101	淄博	Zibo	1005.68	1763.18	1949.72	33
蚌埠	Bengbu	269.87	506.56	570.65	142	枣庄	Zaozhuang	422.85	726.68	805.38	92
淮南	Huainan	187.21	348.38	459.17	178	东营	Dongying	388.74	668.24	728.05	102
马鞍山	Maanshan	147.80	373.53	418.55	190	烟台	Yantai	1412.69	2416.75	2679.45	21
淮北	Huaibei	125.52	219.78	283.35	225	潍坊	Weifang	1214.80	2060.11	2277.45	27
铜陵	Tongling	99.15	189.18	272.32	228	济宁	Jining	1004.25	1729.71	1910.98	35
安庆	Anqing	338.68	600.16	608.38	129	泰安	Taian	697.84	1202.35	1331.61	51
黄山	Huangshan	125.96	253.40	281.14	226	威海	Weihai	709.28	1181.87	1311.66	53
滁州	Chuzhou	214.80	406.40	457.00	179	日照	Rizhao	319.54	547.63	603.87	130
阜阳	Fuyang	326.70	598.41	674.71	110	莱芜	Laiwu	188.82	290.36	320.88	211
宿州	Suzhou	193.99	344.24	424.50	188	临沂	Linyi	1158.75	2008.44	2234.98	28
六安	Liuan	279.94	507.49	484.70	168	德州	Dezhou	658.62	1116.79	1257.41	56
亳州	Bozhou	222.76	388.41	436.38	183	聊城	Liaocheng	558.60	959.56	1060.22	68

14-1 社会消费品零售额 续表 2
Total Retail Sales of Consumer Goods continued 2

单位：亿元 （100 million yuan）

地名	City	2010	2014	2015	2015 排名 Ranking	地名	City	2010	2014	2015	2015 排名 Ranking
滨州	Binzhou	450.75	746.21	813.63	89	常德	Changde	469.45	819.79	945.49	80
菏泽	Heze	665.51	1215.22	1352.11	49	张家界	Zhangjiajie	83.04	157.26	177.37	253
河南	**Henan**	**8004.22**	**14005.00**	**15740.40**		益阳	Yiyang	260.71	454.18	573.95	139
郑州	Zhengzhou	1702.10	2913.61	3294.71	16	郴州	Chenzhou	408.39	721.84	809.55	91
开封	Kaifeng	369.56	588.32	747.14	99	永州	Yongzhou	242.41	423.27	527.83	155
洛阳	Luoyang	816.18	1429.21	1605.08	41	怀化	Huaihua	233.86	451.08	502.76	163
平顶山	Pingdingshan	352.78	610.09	690.15	107	娄底	Loudi	219.01	391.44	433.82	185
安阳	Anyang	347.51	598.46	675.52	109	**广东**	**Guangdong**	**17414.66**	**28471.10**	**31517.60**	
鹤壁	Hebi	93.45	163.44	183.67	248	广州	Guangzhou	4500.28	7144.45	7987.96	1
新乡	Xinxiang	393.69	643.78	777.51	95	韶关	Shaoguan	329.78	522.68	580.79	138
焦作	Jiaozuo	323.46	558.01	624.72	122	深圳	Shenzhen	3000.76	4844.00	5017.84	3
濮阳	Puyang	232.73	412.29	470.68	173	珠海	Zhuhai	486.03	815.71	913.20	82
许昌	Xuchang	354.01	618.90	707.19	105	汕头	Shantou	830.41	1186.04	1339.34	50
漯河	Luohe	219.80	386.40	437.41	182	佛山	Foshan	1687.13	2400.58	2705.22	19
三门峡	Sanmenxia	202.62	350.79	396.86	201	江门	Jiangmen	655.86	923.55	1034.31	71
南阳	Nanyang	800.97	1390.05	1570.19	42	湛江	Zhanjiang	679.79	1162.10	1308.95	54
商丘	Shangqiu	406.24	708.08	813.18	90	茂名	Maoming	704.97	1093.90	1214.38	58
信阳	Xinyang	442.60	778.35	727.11	103	肇庆	Zhaoqing	332.89	559.90	632.36	120
周口	Zhoukou	490.32	852.90	974.73	75	惠州	Huizhou	582.53	968.70	1070.72	67
驻马店	Zhumadian	379.52	666.57	755.11	97	梅州	Meizhou	319.05	499.97	555.50	146
湖北	**Hubei**	**7013.90**	**12449.30**	**14003.20**		汕尾	Shanwei	352.06	440.11	489.61	167
武汉	Wuhan	2570.40	4369.32	5102.24	2	河源	Heyuan	163.07	435.01	482.99	170
黄石	Huangshi	300.05	519.70	582.36	136	阳江	Yangjiang	370.58	531.90	584.46	135
十堰	Shiyan	306.37	548.65	639.41	117	清远	Qingyuan	370.50	520.28	571.49	141
宜昌	Yichang	550.79	964.53	1089.47	65	东莞	Dongguan	1108.06	1942.29	2184.70	29
襄阳	Xiangyang	571.24	1030.57	1165.10	60	中山	Zhongshan	648.11	981.80	1086.74	66
鄂州	Ezhou	135.58	230.28	261.95	233	潮州	Chaozhou	245.47	395.86	444.15	181
荆门	Jingmen	252.98	451.78	541.43	151	揭阳	Jieyang	446.62	759.02	872.42	86
孝感	Xiaogan	385.24	689.33	797.14	93	云浮	Yunfu	136.97	268.49	304.71	215
荆州	Jingzhou	471.08	831.44	946.14	79	**广西**	**Guangxi**	**3312.00**	**5772.80**	**6348.10**	
黄冈	Huanggang	407.40	715.65	880.91	83	南宁	Nanning	905.93	1616.90	1786.68	37
咸宁	Xianning	205.04	361.77	401.04	198	柳州	Liuzhou	480.00	858.20	944.11	81
随州	Suizhou	198.45	354.37	399.57	199	桂林	Guilin	391.53	682.87	751.96	98
湖南	**Hunan**	**5839.50**	**10723.50**	**12024.00**		梧州	Wuzhou	191.77	328.30	364.93	206
长沙	Changsha	1864.53	3162.07	3690.59	10	北海	Beihai	108.00	185.81	202.99	245
株洲	Zhuzhou	426.76	749.18	839.66	87	防城港	Fangchenggang	51.84	91.67	101.03	273
湘潭	Xiangtan	256.66	449.97	520.60	157	钦州	Qinzhou	172.19	303.25	333.50	210
衡阳	Hengyang	472.15	825.51	989.10	74	贵港	Guigang	209.54	359.56	389.06	203
邵阳	Shaoyang	278.32	661.30	745.49	100	玉林	Yulin	307.24	545.71	600.34	132
岳阳	Yueyang	507.23	905.61	1020.64	72	百色	Baise	113.85	201.06	221.18	238

14-1 社会消费品零售额 续表 3
Total Retail Sales of Consumer Goods continued 3

单位：亿元 （100 million yuan）

地名	City	2010	2014	2015	2015 排名 Ranking
贺州	Hezhou	78.68	133.63	146.94	262
河池	Hechi	131.73	223.79	243.38	235
来宾	Laibin	79.46	134.17	145.11	264
崇左	Chongzuo	61.08	108.44	119.39	266
海南	**Hainan**	**623.82**	**1224.50**	**1325.10**	
海口	Haikou	326.94	541.27	595.53	134
三亚	Sanya	63.70	141.45	181.72	249
三沙	Sansha			0.24	285
重庆	**Chongqing**	**2938.60**	**5710.70**	**6424.00**	
四川	**Sichuan**	**6810.12**	**12393.00**	**13877.70**	
成都	Chengdu	2428.83	4468.88	4946.19	4
自贡	Zigong	252.62	447.68	501.63	165
攀枝花	Panzhihua	146.19	245.55	286.20	224
泸州	Luzhou	266.23	491.40	559.66	144
德阳	Deyang	305.50	544.84	615.96	126
绵阳	Mianyang	426.30	778.29	879.16	84
广元	Guangyuan	150.88	264.23	296.62	218
遂宁	Suining	208.49	366.48	415.41	192
内江	Neijiang	206.60	356.22	408.58	194
乐山	Leshan	284.09	487.38	552.01	147
南充	Nanchong	344.21	624.21	698.82	106
眉山	Meishan	188.56	345.48	388.76	205
宜宾	Yibin	316.78	600.39	676.01	108
广安	Guangan	214.00	367.06	413.53	193
达州	Dazhou	312.55	592.60	672.47	111
雅安	Yaan	104.65	177.76	200.15	246
巴中	Bazhong	117.83	224.12	254.47	234
资阳	Ziyang	213.00	407.14	464.65	176
贵州	**Guizhou**	**1482.68**	**2936.90**	**3283.00**	
贵阳	Guiyang	484.78	888.58	1060.17	69
六盘水	Liupanshui	131.34	261.38	292.72	219
遵义	Zunyi	290.25	533.40	639.93	115
安顺	Anshun	70.08	125.79	155.82	258
毕节	Bijie	126.10	269.38	301.95	217
铜仁	Tongren	75.31	134.26	165.64	256
云南	**Yunnan**	**2500.14**	**4632.90**	**5103.20**	
昆明	Kunming	1060.19	1905.89	1937.00	34
曲靖	Qujing	232.80	427.32	502.40	164
玉溪	Yuxi	141.53	259.10	291.37	220
保山	Baoshan	84.35	158.70	178.49	250
昭通	Zhaotong	105.67	190.06	212.07	241
丽江	Lijiang	45.50	84.32	93.60	277
普洱	Puer	72.66	131.29	145.64	263
临沧	Lincang	72.58	137.24	154.56	260
西藏	**Tibet**	**185.39**	**364.50**	**408.50**	
拉萨	Lasa	88.45	180.33	205.80	243
陕西	**Shaanxi**	**3195.67**	**5918.70**	**6578.10**	
西安	Xi'an	1637.04	3093.89	3405.38	13
铜川	Tongchuan	46.58	96.64	110.05	269
宝鸡	Baoji	307.52	539.67		
咸阳	Xianyang	296.35	525.22	601.59	131
渭南	Weinan	237.87	441.98	503.25	162
延安	Yan'an	111.81	193.18	241.09	236
汉中	Hanzhong	157.50	281.65	319.00	212
榆林	Yulin	203.51	374.74	396.41	202
安康	Ankang	110.78	193.18	219.20	239
商洛	Shangluo	79.19	136.92	154.66	259
甘肃	**Gansu**	**1394.50**	**2668.30**	**2907.20**	
兰州	Lanzhou	554.64	944.86	1152.15	61
嘉峪关	Jiayuguan	24.01	42.53	54.95	284
金昌	Jinchang	37.00	69.99	76.01	280
白银	Baiyin	87.28	152.35	177.65	251
天水	Tianshui	128.57	224.29	262.42	232
武威	Wuwei	76.50	131.66	162.58	257
张掖	Zhangye	67.68	135.55	147.62	261
平凉	Pingliang	87.98	162.84	177.50	252
酒泉	Jiuquan	88.92	156.82	176.56	254
庆阳	Qingyang	93.47	187.12	203.96	244
定西	Dingxi	53.32	98.51	107.38	271
陇南	Longnan	41.19	72.27	90.81	278
青海	**Qinghai**	**346.03**	**620.80**	**691.00**	
西宁	Xining	230.26	414.09	461.94	177
海东	Haidong		71.80	80.05	279
宁夏	**Ningxia**	**403.59**	**737.20**	**789.60**	
银川	Yinchuan	225.00	382.47	477.63	171
石嘴山	Shizuishan	61.48	90.75	96.06	274
吴忠	Wuzhong	51.92	87.57	95.31	275
固原	Guyuan	32.45	55.73	59.97	282
中卫	Zhongwei	32.75	56.70	60.59	281
新疆	**Xinjiang**	**1324.48**	**2436.50**	**2606.00**	
乌鲁木齐	Urumqi	514.24	1069.96	1151.50	62
克拉玛依	Karamay	34.79	55.78	58.81	283

14-2 批发和零售业法人企业数
Number of Corporation Enterprises of Wholesale and Retail Trades

单位：个 (unit)

地名	City	2010	2014	2015	2015 排名 Ranking	地名	City	2010	2014	2015	2015 排名 Ranking
全国	**Nation Total**	**111770**	**181612**	**177101**		沈阳	Shenyang	1377	2029	1833	14
北京	**Beijing**	**8935**	**8590**	**6216**		大连	Dalian	1077	1515	1430	27
天津	**Tianjin**	**3802**	**5197**	**5158**		鞍山	Anshan	624	769	648	67
河北	**Hebei**	**2548**	**3934**	**3908**		抚顺	Fushun	242	220	149	222
石家庄	Shijiazhuang	307	446	432	107	本溪	Benxi	126	303	251	170
唐山	Tangshan	373	439	476	93	丹东	Dandong	207	183	160	217
秦皇岛	Qinhuangdao	198	285	239	178	锦州	Jinzhou	179	263	245	175
邯郸	Handan	403	447	401	116	营口	Yingkou	200	361	268	157
邢台	Xingtai	172	338	343	128	阜新	Fuxin	90	222	176	208
保定	Baoding	296	516	461	101	辽阳	Liaoyang	98	115	102	241
张家口	Zhangjiakou	167	204	203	194	盘锦	Panjin	168	224	216	187
承德	Chengde	158	170	166	212	铁岭	Tieling	155	119	117	234
沧州	Cangzhou	211	438	472	96	朝阳	Chaoyang	139	214	190	199
廊坊	Langfang	162	265	298	140	葫芦岛	Huludao	103	162	178	206
衡水	Hengshui	101	386	417	108	**吉林**	**Jilin**	**1124**	**1279**	**1562**	
山西	**Shanxi**	**2214**	**3179**	**2994**		长春	Changchun	261	358	540	83
太原	Taiyuan	401	643	646	69	吉林	Jilin	245	376	414	109
大同	Datong	181	219	202	195	四平	Siping	144	157	171	211
阳泉	Yangquan	88	143	141	227	辽源	Liaoyuan	67	65	64	263
长治	Changzhi	303	386	337	129	通化	Tonghua	154	177	189	200
晋城	Jincheng	172	282	276	150	白山	Baishan	19	35	53	272
朔州	Shuozhou	142	190	180	205	松原	Songyuan	55	77	81	252
晋中	Jinzhong	186	270	256	162	白城	Baicheng	43	34	50	274
运城	Yuncheng	274	312	289	143	**黑龙江**	**Heilongjiang**	**1547**	**2014**	**1909**	
忻州	Xinzhou	153	254	233	179	哈尔滨	Harbin	625	864	841	49
临汾	Linfen	198	272	241	176	齐齐哈尔	Qiqihar	98	117	117	234
吕梁	Lvliang	127	208	193	198	鸡西	Jixi	48	97	97	244
内蒙古	**Inner Mongolia**	**1353**	**1879**	**1817**		鹤岗	Hegang	59	76	55	270
呼和浩特	Hohhot	252	377	385	118	双鸭山	Shuangyashan	43	52	42	277
包头	Baotou	270	289	287	144	大庆	Daqing	253	284	258	159
乌海	Wuhai	52	132	128	233	伊春	Yichun	24	29	28	281
赤峰	Chifeng	114	234	162	216	佳木斯	Jiamusi	46	51	52	273
通辽	Tongliao	117	290	248	173	七台河	Qitaihe	10	19	18	283
鄂尔多斯	Erdos	162	162	253	167	牡丹江	Mudanjiang	230	289	270	154
呼伦贝尔	Hulunbuir	229	248	240	177	黑河	Heihe	25	50	48	275
巴彦淖尔	Bayannur	42	80	74	256	绥化	Suihua	57	86	83	250
乌兰察布	Ulanqab	23	37	40	279	**上海**	**Shanghai**	**5530**	**6123**	**5796**	
辽宁	**Liaoning**	**4785**	**6688**	**5963**		**江苏**	**Jiangsu**	**12374**	**19535**	**19043**	

14-2 批发和零售业法人企业数 续表 1

Number of Corporation Enterprises of Wholesale and Retail Trades continued 1

单位：个 （unit）

地名	City	2010	2014	2015	2015 排名 Ranking
南京	Nanjing	1508	2585	2552	6
无锡	Wuxi	2549	1690	1515	26
徐州	Xuzhou	643	2017	2136	8
常州	Changzhou	786	2226	1895	12
苏州	Suzhou	3563	3640	3299	5
南通	Nantong	876	2057	2132	9
连云港	Lianyungang	322	564	529	84
淮安	Huaian	195	1030	1032	40
盐城	Yancheng	563	1281	1406	28
扬州	Yangzhou	307	754	709	62
镇江	Zhenjiang	329	586	603	71
泰州	Taizhou	357	642	755	58
宿迁	Suqian	170	463	480	92
浙江	**Zhejiang**	**10053**	**15792**	**16570**	
杭州	Hangzhou	3135	3887	3980	2
宁波	Ningbo	2105	3311	3402	4
温州	Wenzhou	1261	2049	2103	10
嘉兴	Jiaxing	812	1511	1558	24
湖州	Huzhou	315	644	666	65
绍兴	Shaoxing	725	1465	1825	15
金华	Jinhua	534	1091	1153	38
衢州	Quzhou	181	313	325	133
舟山	Zhoushan	187	332	334	130
台州	Taizhou	627	894	967	42
丽水	Lishui	214	295	257	161
安徽	**Anhui**	**2451**	**6115**	**6581**	
合肥	Hefei	592	1022	1195	37
芜湖	Wuhu	210	709	779	56
蚌埠	Bengbu	146	371	414	109
淮南	Huainan	81	308	310	136
马鞍山	Maanshan	88	288	254	166
淮北	Huaibei	54	230	230	183
铜陵	Tongling	63	172	206	192
安庆	Anqing	183	478	435	105
黄山	Huangshan	87	165	175	210
滁州	Chuzhou	165	450	463	100
阜阳	Fuyang	146	467	557	77
宿州	Suzhou	65	382	414	109
六安	Liuan	148	256	256	162
亳州	Bozhou	103	369	413	112

地名	City	2010	2014	2015	2015 排名 Ranking
池州	Chizhou	86	173	181	203
宣城	Xuancheng	125	275	299	139
福建	**Fujian**	**3924**	**9230**	**10446**	
福州	Fuzhou	872	1768	1910	11
厦门	Xiamen	1233	1492	1812	16
莆田	Putian	131	703	863	45
三明	Sanming	280	560	561	76
泉州	Quanzhou	597	1984	2165	7
漳州	Zhangzhou	271	665	681	63
南平	Nanping	151	264	350	126
龙岩	Longyan	263	1378	1629	22
宁德	Ningde	126	416	475	95
江西	**Jiangxi**	**1187**	**1959**	**2430**	
南昌	Nanchang	384	580	580	74
景德镇	Jingdezhen	46	61	68	261
萍乡	Pingxiang	49	63	81	252
九江	Jiujiang	94	191	262	158
新余	Xinyu	50	60	70	259
鹰潭	Yingtan	44	49	131	231
赣州	Ganzhou	82	229	284	145
吉安	Jian	85	173	204	193
宜春	Yichun	87	215	255	165
抚州	Fuzhou	149	132	164	214
上饶	Shangrao	117	206	331	132
山东	**Shandong**	**11792**	**17370**	**17062**	
济南	Jinan	957	1690	1616	23
青岛	Qingdao	1084	1679	1717	20
淄博	Zibo	694	764	817	52
枣庄	Zaozhuang	389	815	731	60
东营	Dongying	308	510	484	91
烟台	Yantai	1145	1266	1271	34
潍坊	Weifang	867	2026	1682	21
济宁	Jining	1050	1532	1544	25
泰安	Taian	996	1244	1202	36
威海	Weihai	361	424	570	75
日照	Rizhao	161	204	223	184
莱芜	Laiwu	120	322	274	152
临沂	Linyi	910	1300	1294	33
德州	Dezhou	939	1325	1234	35
聊城	Liaocheng	533	646	659	66

14-2 批发和零售业法人企业数 续表 2

Number of Corporation Enterprises of Wholesale and Retail Trades continued 2

单位：个 （unit）

地名	City	2010	2014	2015	2015 排名 Ranking	地名	City	2010	2014	2015	2015 排名 Ranking
滨州	Binzhou	435	386	409	115	常德	Changde	109	472	506	87
菏泽	Heze	843	1237	1335	30	张家界	Zhangjiajie	35	64	61	265
河南	**Henan**	**6305**	**8852**	**10170**		益阳	Yiyang	107	302	302	138
郑州	Zhengzhou	1140	2004	1735	19	郴州	Chenzhou	280	453	505	88
开封	Kaifeng	361	383	818	51	永州	Yongzhou	170	223	252	168
洛阳	Luoyang	589	756	795	54	怀化	Huaihua	104	139	132	230
平顶山	Pingdingshan	346	567	647	68	娄底	Loudi	127	316	334	130
安阳	Anyang	320	295	379	121	**广东**	**Guangdong**	**11343**	**20585**	**21071**	
鹤壁	Hebi	106	130	138	229	广州	Guangzhou	3585	6368	6217	1
新乡	Xinxiang	390	403	490	90	韶关	Shaoguan	36	297	358	125
焦作	Jiaozuo	211	260	258	159	深圳	Shenzhen	1596	3301	3592	3
濮阳	Puyang	179	254	410	114	珠海	Zhuhai	536	893	856	46
许昌	Xuchang	309	643	730	61	汕头	Shantou	280	709	668	64
漯河	Luohe	166	207	249	172	佛山	Foshan	1182	1817	1848	13
三门峡	Sanmenxia	201	281	278	149	江门	Jiangmen	331	720	733	59
南阳	Nanyang	563	1071	1295	32	湛江	Zhanjiang	181	587	589	72
商丘	Shangqiu	232	309	512	86	茂名	Maoming	365	841	852	48
信阳	Xinyang	265	521	446	103	肇庆	Zhaoqing	160	228	282	146
周口	Zhoukou	364	309	380	120	惠州	Huizhou	237	491	524	85
驻马店	Zhumadian	515	459	610	70	梅州	Meizhou	77	147	147	223
湖北	**Hubei**	**3479**	**8613**	**7558**		汕尾	Shanwei	48	63	60	267
武汉	Wuhan	1125	1948	1775	17	河源	Heyuan	35	162	184	202
黄石	Huangshi	95	454	411	113	阳江	Yangjiang	35	144	157	218
十堰	Shiyan	223	604	464	99	清远	Qingyuan	147	230	269	156
宜昌	Yichang	232	1086	1070	39	东莞	Dongguan	769	1346	1338	29
襄阳	Xiangyang	286	1531	927	43	中山	Zhongshan	642	892	927	43
鄂州	Ezhou	36	84	87	249	潮州	Chaozhou	134	152	150	221
荆门	Jingmen	152	542	541	81	揭阳	Jieyang	861	934	1006	41
孝感	Xiaogan	142	378	366	123	云浮	Yunfu	106	263	314	135
荆州	Jingzhou	125	765	780	55	**广西**	**Guangxi**	**1465**	**2687**	**2919**	
黄冈	Huanggang	180	519	588	73	南宁	Nanning	505	772	808	53
咸宁	Xianning	214	467	303	137	柳州	Liuzhou	283	507	470	97
随州	Suizhou	78	235	246	174	桂林	Guilin	109	269	276	150
湖南	**Hunan**	**2625**	**5422**	**5641**		梧州	Wuzhou	50	99	176	208
长沙	Changsha	886	1294	1326	31	北海	Beihai	11	81	143	225
株洲	Zhuzhou	230	431	434	106	防城港	Fangchenggang	50	70	75	255
湘潭	Xiangtan	101	285	295	142	钦州	Qinzhou	68	150	166	212
衡阳	Hengyang	159	519	547	78	贵港	Guigang	58	94	96	245
邵阳	Shaoyang	111	459	503	89	玉林	Yulin	109	231	232	181
岳阳	Yueyang	165	465	444	104	百色	Baise	54	139	156	219

14-2 批发和零售业法人企业数 续表 3

Number of Corporation Enterprises of Wholesale and Retail Trades continued 3

单位：个 （unit）

地名	City	2010	2014	2015	2015 排名 Ranking	地名	City	2010	2014	2015	2015 排名 Ranking
贺州	Hezhou	29	59	56	268	丽江	Lijiang	40	74	73	257
河池	Hechi	50	95	94	246	普洱	Puer	63	99	101	242
来宾	Laibin	29	51	66	262	临沧	Lincang	31	141	146	224
崇左	Chongzuo	43	70	105	240	**西藏**	**Tibet**	**60**	**60**	**61**	
海南	**Hainan**	**626**	**324**	**263**		拉萨	Lasa	31	60	61	265
海口	Haikou	457	284	215	188	**陕西**	**Shaanxi**	**1569**	**3348**	**3173**	
三亚	Sanya	44	40	41	278	西安	Xi'an	453	803	855	47
三沙	Sansha					铜川	Tongchuan	36	97	115	237
重庆	**Chongqing**	**2585**	**5147**	**5554**		宝鸡	Baoji	85	426		
四川	**Sichuan**	**3001**	**6336**	**6327**		咸阳	Xianyang	177	387	447	102
成都	Chengdu	1775	1864	1750	18	渭南	Weinan	154	328	344	127
自贡	Zigong	152	230	212	189	延安	Yan'an	75	225	256	162
攀枝花	Panzhihua	132	221	208	190	汉中	Hanzhong	124	267	281	148
泸州	Luzhou	222	464	476	93	榆林	Yulin	306	411	394	117
德阳	Deyang	179	333	322	134	安康	Ankang	115	314	373	122
绵阳	Mianyang	181	459	466	98	商洛	Shangluo	34	90	108	239
广元	Guangyuan	95	133	151	220	**甘肃**	**Gansu**	**705**	**1471**	**1673**	
遂宁	Suining	117	194	222	185	兰州	Lanzhou	265	514	541	81
内江	Neijiang	133	282	282	146	嘉峪关	Jiayuguan	25	65	77	254
乐山	Leshan	147	243	252	168	金昌	Jinchang	28	47	54	271
南充	Nanchong	141	371	383	119	白银	Baiyin	43	89	109	238
眉山	Meishan	142	224	218	186	天水	Tianshui	81	139	143	225
宜宾	Yibin	245	355	363	124	武威	Wuwei	27	94	177	207
广安	Guangan	270	246	233	179	张掖	Zhangye	42	93	94	246
达州	Dazhou	113	268	298	140	平凉	Pingliang	29	62	88	248
雅安	Yaan	43	65	62	264	酒泉	Jiuquan	68	150	163	215
巴中	Bazhong	52	185	231	182	庆阳	Qingyang	23	94	100	243
资阳	Ziyang	133	199	198	197	定西	Dingxi	29	64	71	258
贵州	**Guizhou**	**800**	**1687**	**1788**		陇南	Longnan	20	60	56	268
贵阳	Guiyang	310	618	547	78	**青海**	**Qinghai**	**179**	**223**	**259**	
六盘水	Liupanshui	61	171	189	200	西宁	Xining		218	250	171
遵义	Zunyi	129	486	542	80	海东	Haidong		5	9	284
安顺	Anshun	32	110	129	232	**宁夏**	**Ningxia**	**392**	**473**	**443**	
毕节	Bijie	38	143	181	203	银川	Yinchuan	242	290	270	154
铜仁	Tongren	25	159	200	196	石嘴山	Shizuishan	51	40	38	280
云南	**Yunnan**	**1842**	**1910**	**1895**		吴忠	Wuzhong	42	70	69	260
昆明	Kunming	751	848	840	50	固原	Guyuan	16	23	20	282
曲靖	Qujing	172	263	273	153	中卫	Zhongwei	41	50	46	276
玉溪	Yuxi	116	220	208	190	**新疆**	**Xinjiang**	**1175**	**833**	**851**	
保山	Baoshan	54	146	140	228	乌鲁木齐	Urumqi	519	756	769	57
昭通	Zhaotong	57	119	117	234	克拉玛依	Karamay	65	77	82	251

14-3 批发和零售业年末从业人数
Employed Persons of Wholesale and Retail Trades at Year-end

单位：人 (person)

地名	City	2010	2011	2012	2012 排名 Ranking	地名	City	2010	2011	2012	2012 排名 Ranking
全国	**Nation Total**	**8522285**	**9010604**	**9856498**		沈阳	Shenyang	93741	100898	114292	12
北京	**Beijing**	**594698**	**689002**	**719900**		大连	Dalian	65157	69325	79576	22
天津	**Tianjin**	**165719**	**179611**	**199796**		鞍山	Anshan	20066	18941	19430	112
河北	**Hebei**	**265558**	**312243**	**338301**		抚顺	Fushun	19091	11390	12020	176
石家庄	Shijiazhuang	44175	50557	53169	37	本溪	Benxi	9329	11750	11608	181
唐山	Tangshan	46368	70003	71712	24	丹东	Dandong	7959	7518	7476	219
秦皇岛	Qinhuangdao	14918	15983	15792	143	锦州	Jinzhou	15811	15046	14660	154
邯郸	Handan	28764	28721	32431	60	营口	Yingkou	11662	16234	16573	134
邢台	Xingtai	13986	20708	20872	102	阜新	Fuxin	7469	5964	7454	221
保定	Baoding	36889	39821	42881	49	辽阳	Liaoyang	3763	4177	4874	251
张家口	Zhangjiakou	14189	14410	16209	138	盘锦	Panjin	13375	11164	11401	187
承德	Chengde	13474	12819	16783	133	铁岭	Tieling	11004	9295	9280	208
沧州	Cangzhou	28327	32956	41285	51	朝阳	Chaoyang	11656	13237	14348	158
廊坊	Langfang	14673	15410	15448	147	葫芦岛	Huludao	10472	10852	10851	193
衡水	Hengshui	9795	10855	11719	180	**吉林**	**Jilin**	**107751**	**110574**	**118304**	
山西	**Shanxi**	**239761**	**213385**	**249301**		长春	Changchun	33353	39739	43245	46
太原	Taiyuan	59764	51275	63019	30	吉林	Jilin	16671	16870	15938	141
大同	Datong	24691	24377	25733	81	四平	Siping	9729	21848	20650	103
阳泉	Yangquan	11066	10992	10519	198	辽源	Liaoyuan	5436	4938	5256	244
长治	Changzhi	17381	19634	23287	90	通化	Tonghua	9785	10152	9541	205
晋城	Jincheng	19688	24198	25072	83	白山	Baishan	3401	3617	3284	268
朔州	Shuozhou	15249	13436	18743	116	松原	Songyuan	16875	7902	6826	226
晋中	Jinzhong	25522	19638	21354	101	白城	Baicheng	4094	3358	3533	263
运城	Yuncheng	20718	17503	15422	148	**黑龙江**	**Heilongjiang**	**155267**	**138036**	**149109**	
忻州	Xinzhou	14073	12144	12781	169	哈尔滨	Harbin	54225	43640	54716	34
临汾	Linfen	19376	20583	16526	136	齐齐哈尔	Qiqihar	10062	9237	5167	247
吕梁	Lvliang	12972	12078	15792	143	鸡西	Jixi	6600	4683	5285	243
内蒙古	**Inner Mongolia**	**134440**	**129928**	**138705**		鹤岗	Hegang	6213	7603	8943	211
呼和浩特	Hohhot	34789	34058	41886	50	双鸭山	Shuangyashan	3434	4721	5410	240
包头	Baotou	27601	23530	25901	80	大庆	Daqing	30555	22154	21745	99
乌海	Wuhai	2662	3016	3918	259	伊春	Yichun	1887	1645	1439	282
赤峰	Chifeng	22346	11837	21906	96	佳木斯	Jiamusi	12818	7681	10710	194
通辽	Tongliao	8336	9595	9980	201	七台河	Qitaihe	1634	1330	1357	284
鄂尔多斯	Erdos	19171	14021	13386	162	牡丹江	Mudanjiang	11644	14075	14702	153
呼伦贝尔	Hulunbuir	14938	12310	14646	155	黑河	Heihe	1904	1586	2396	276
巴彦淖尔	Bayannur	6748	6086	6756	227	绥化	Suihua	9612	8504	10903	192
乌兰察布	Ulanqab	4867	5087	8707	212	**上海**	**Shanghai**	**536466**	**659743**	**698368**	
辽宁	**Liaoning**	**300555**	**305791**	**332979**		**江苏**	**Jiangsu**	**716623**	**758358**	**836314**	

14-3 批发和零售业年末从业人数 续表 1
Employed Persons of Wholesale and Retail Trades at Year-end continued 1

单位：人 （person）

地名	City	2010	2011	2012	2012 排名 Ranking
南京	Nanjing	148847	198874	240285	3
无锡	Wuxi	97941	85727	88854	17
徐州	Xuzhou	43856	55493	68350	25
常州	Changzhou	42556	46290	51297	38
苏州	Suzhou	161254	166042	181862	6
南通	Nantong	30586	59148	61125	33
连云港	Lianyungang	24726	21698	20251	104
淮安	Huaian	16174	14154	21919	95
盐城	Yancheng	36941	32981	31790	62
扬州	Yangzhou	30204	23854	27371	73
镇江	Zhenjiang	19785	24651	25931	78
泰州	Taizhou	26838	25495	27758	71
宿迁	Suqian	14979	12406	15701	146
浙江	**Zhejiang**	**516727**	**609624**	**641490**	
杭州	Hangzhou	173230	196172	226014	4
宁波	Ningbo	107950	125612	135000	9
温州	Wenzhou	53489	69147	62106	32
嘉兴	Jiaxing	34896	41840	44114	44
湖州	Huzhou	15801	18536	16437	137
绍兴	Shaoxing	38148	43050	43180	47
金华	Jinhua	29334	35664	35600	56
衢州	Quzhou	9539	12552	12600	171
舟山	Zhoushan	8123	10270	10600	195
台州	Taizhou	32615	37052	36070	54
丽水	Lishui	10929	16508	14176	160
安徽	**Anhui**	**261772**	**274144**	**314506**	
合肥	Hefei	87587	87430	100508	15
芜湖	Wuhu	16815	21880	23582	88
蚌埠	Bengbu	9647	11916	12826	168
淮南	Huainan	8997	11139	12103	173
马鞍山	Maanshan	9344	13203	14461	157
淮北	Huaibei	7282	7840	9521	206
铜陵	Tongling	4110	5154	5687	236
安庆	Anqing	17701	15943	19641	111
黄山	Huangshan	3978	5439	6135	229
滁州	Chuzhou	13805	17528	19668	110
阜阳	Fuyang	19531	22239	24696	84
宿州	Suzhou	8640	10766	12884	167
六安	Liuan	16905	18714	19879	109
亳州	Bozhou	10036	11108	14235	159
池州	Chizhou	4458	5499	5635	237
宣城	Xuancheng	11088	10511	12943	166
福建	**Fujian**	**281238**	**302030**	**346190**	
福州	Fuzhou	82303	84007	95460	16
厦门	Xiamen	76986	83243	83356	18
莆田	Putian	13110	16988	16020	140
三明	Sanming	13201	15187	18755	115
泉州	Quanzhou	41163	46792	63525	29
漳州	Zhangzhou	18609	26491	24515	85
南平	Nanping	10585	12630	11515	184
龙岩	Longyan	17150	20541	21623	100
宁德	Ningde	8131	9272	11421	186
江西	**Jiangxi**	**121169**	**130791**	**146316**	
南昌	Nanchang	42127	46489	53214	35
景德镇	Jingdezhen	3406	3679	4576	254
萍乡	Pingxiang	3908	4426	4791	252
九江	Jiujiang	10770	13631	12750	170
新余	Xinyu	3721	3110	3583	262
鹰潭	Yingtan	2008	2055	2113	280
赣州	Ganzhou	10790	10904	13041	163
吉安	Jian	8038	9828	11770	179
宜春	Yichun	16709	15930	18103	125
抚州	Fuzhou	8339	9998	9379	207
上饶	Shangrao	11353	10741	12996	164
山东	**Shandong**	**855382**	**777877**	**870327**	
济南	Jinan	86770	99100	119772	10
青岛	Qingdao	91225	87997	103306	13
淄博	Zibo	90447	50782	53191	36
枣庄	Zaozhuang	22917	20153	23334	89
东营	Dongying	31117	34922	35974	55
烟台	Yantai	70476	68210	71966	23
潍坊	Weifang	71225	65669	81084	21
济宁	Jining	65950	62314	66224	28
泰安	Taian	49718	46175	48083	41
威海	Weihai	40075	38945	30609	65
日照	Rizhao	17560	16009	16558	135
莱芜	Laiwu	9726	10540	12556	172
临沂	Linyi	66515	67735	67624	26
德州	Dezhou	37251	37888	36999	52
聊城	Liaocheng	28970	29279	31503	63

14-3 批发和零售业年末从业人数 续表 2

Employed Persons of Wholesale and Retail Trades at Year-end continued 2

单位：人 （person）

地名	City	2010	2011	2012	2012 排名 Ranking	地名	City	2010	2011	2012	2012 排名 Ranking
滨州	Binzhou	28348	27640	27155	74	常德	Changde	11353	13099	26574	76
菏泽	Heze	47092	45834	44069	45	张家界	Zhangjiajie	4318	5229	11178	190
河南	**Henan**	**444710**	**440712**	**454403**		益阳	Yiyang	7002	9306	16096	139
郑州	Zhengzhou	89339	87715	101224	14	郴州	Chenzhou	15489	15565	25393	82
开封	Kaifeng	20498	18263	23191	91	永州	Yongzhou	12580	10885	17195	129
洛阳	Luoyang	35243	38990	44936	43	怀化	Huaihua	9263	8686	13900	161
平顶山	Pingdingshan	27240	23079	28397	70	娄底	Loudi	8468	8926	15704	145
安阳	Anyang	19999	18724	18732	118	**广东**	**Guangdong**	**888237**	**993603**	**1135041**	
鹤壁	Hebi	6130	6724	8548	213	广州	Guangzhou	283089	309625	373933	1
新乡	Xinxiang	25816	23471	26838	75	韶关	Shaoguan	8030	9379	9800	203
焦作	Jiaozuo	18679	15185	18738	117	深圳	Shenzhen	245886	274815	324370	2
濮阳	Puyang	16491	12708	15858	142	珠海	Zhuhai	29127	30374	33199	59
许昌	Xuchang	18847	18067	20062	106	汕头	Shantou	11704	15430	18370	120
漯河	Luohe	12752	10159	11584	182	佛山	Foshan	61913	64517	66603	27
三门峡	Sanmenxia	12782	10056	10589	197	江门	Jiangmen	18364	23101	21770	98
南阳	Nanyang	47791	45584	49796	40	湛江	Zhanjiang	14445	16181	18125	124
商丘	Shangqiu	18716	20584	22899	92	茂名	Maoming	17264	19081	20111	105
信阳	Xinyang	28747	27866	31384	64	肇庆	Zhaoqing	13121	19148	15015	151
周口	Zhoukou	31472	30389	34160	58	惠州	Huizhou	22175	24879	28872	68
驻马店	Zhumadian	32403	28737	32039	61	梅州	Meizhou	8212	8850	11256	188
湖北	**Hubei**	**360100**	**356798**	**412304**		汕尾	Shanwei	5343	5245	5087	248
武汉	Wuhan	185673	181300	201748	5	河源	Heyuan	3339	4781	5410	240
黄石	Huangshi	6430	12497	11927	177	阳江	Yangjiang	3774	5009	7009	224
十堰	Shiyan	17552	20212	20005	107	清远	Qingyuan	7305	6931	7461	220
宜昌	Yichang	18559	24209	29363	67	东莞	Dongguan	63906	70643	81198	20
襄阳	Xiangyang	25664	27002	28843	69	中山	Zhongshan	42219	47207	45227	42
鄂州	Ezhou	3420	2470	3433	265	潮州	Chaozhou	5771	8748	5181	245
荆门	Jingmen	12369	15820	16828	131	揭阳	Jieyang	19151	20385	26449	77
孝感	Xiaogan	96	15495	15205	150	云浮	Yunfu	9794	11044	10595	196
荆州	Jingzhou	10155	10474	14503	156	**广西**	**Guangxi**	**122788**	**143712**	**164632**	
黄冈	Huanggang	30251	15306	16958	130	南宁	Nanning	43604	26652	61595	31
咸宁	Xianning	4267	9879	10512	199	柳州	Liuzhou	20611	14195	24455	86
随州	Suizhou	9889	10097	9802	202	桂林	Guilin	13605	13809	17238	127
湖南	**Hunan**	**237361**	**238308**	**89596**		梧州	Wuzhou	4179	3836	4163	256
长沙	Changsha	92064	100895	159588	8	北海	Beihai	3697	2448	6545	228
株洲	Zhuzhou	12810	14564	25921	79	防城港	Fangchenggang	1361	891	2372	278
湘潭	Xiangtan	9934	12340	18904	114	钦州	Qinzhou	4725	5617	5805	234
衡阳	Hengyang	16699	17442	36826	53	贵港	Guigang	5694	3432	4953	250
邵阳	Shaoyang	10566	11235	19098	113	玉林	Yulin	10857	11995	15274	149
岳阳	Yueyang	11385	15297	27470	72	百色	Baise	5469	1763	7159	223

14-3 批发和零售业年末从业人数 续表 3
Employed Persons of Wholesale and Retail Trades at Year-end continued 3

单位：人 (person)

地名	City	2010	2011	2012	2012 排名 Ranking
贺州	Hezhou	1832	3021	3658	261
河池	Hechi	3819	4806	5811	233
来宾	Laibin	1421	1659	2459	275
崇左	Chongzuo	1950	1802	2693	273
海南	**Hainan**	**39117**	**42464**	**42063**	
海口	Haikou	30198	29040	30365	66
三亚	Sanya	3123	3566	3991	258
三沙	Sansha				
重庆	**Chongqing**	**222281**	**252979**	**262157**	
四川	**Sichuan**	**302200**	**255696**	**393014**	
成都	Chengdu	239516	182206	171879	7
自贡	Zigong	12183	8589	10175	200
攀枝花	Panzhihua	9571	7077	7908	215
泸州	Luzhou	15469	14968	17359	126
德阳	Deyang	15875	10952	12945	165
绵阳	Mianyang	20637	15154	16819	132
广元	Guangyuan	7717	7300	6830	225
遂宁	Suining	11820	11790	9590	204
内江	Neijiang	11977	10138	12045	174
乐山	Leshan	12977	9900	10966	191
南充	Nanchong	14521	12217	14735	152
眉山	Meishan	10607	7340	5982	230
宜宾	Yibin	13403	10710	11820	178
广安	Guangan	11570	10166	7732	217
达州	Dazhou	17911	17044	18415	119
雅安	Yaan	4430	3117	3343	267
巴中	Bazhong	5330	4353	5826	232
资阳	Ziyang	22603	8478	11233	189
贵州	**Guizhou**	**79220**	**88731**	**106440**	
贵阳	Guiyang	29501	33954	43164	48
六盘水	Liupanshui	4631	5594	7296	222
遵义	Zunyi	16253	16990	17208	128
安顺	Anshun	3681	3859	3835	260
毕节	Bijie	6193	8290	11429	185
铜仁	Tongren	3681	4038	5761	235
云南	**Yunnan**	**162841**	**165151**	**198534**	
昆明	Kunming	75497	75000	83223	19
曲靖	Qujing	12277	18000	21981	94
玉溪	Yuxi	10924	14000	18300	122
保山	Baoshan	7038	6800	9100	209
昭通	Zhaotong	5108	6200	7740	216
丽江	Lijiang	3370	3500	5609	238
普洱	Puer	4833	1500	7640	218
临沧	Lincang	2185	3800	5411	239
西藏	**Tibet**	**6152**	**6891**	**7505**	
拉萨	Lasa	2027	4359	5169	246
陕西	**Shaanxi**	**195151**	**208894**	**238562**	
西安	Xi'an	99692	105156	119338	11
铜川	Tongchuan	2594	3551	4992	249
宝鸡	Baoji	14957	15156	18259	123
咸阳	Xianyang	15432	16503	18338	121
渭南	Weinan	16132	20002	22166	93
延安	Yan'an	7256	7819	9049	210
汉中	Hanzhong	9782	9665	12021	175
榆林	Yulin	17726	20002	21835	97
安康	Ankang	8060	7355	8524	214
商洛	Shangluo	2741	2942	3500	264
甘肃	**Gansu**	**66546**	**69154**	**83070**	
兰州	Lanzhou	29738	30408	34427	57
嘉峪关	Jiayuguan	1604	1827	2341	279
金昌	Jinchang	1618	1467	1905	281
白银	Baiyin	4915	5508	4185	255
天水	Tianshui	5635	5839	11539	183
武威	Wuwei	2020	2020	2374	277
张掖	Zhangye	3646	2975	3248	269
平凉	Pingliang	3267	3492	3377	266
酒泉	Jiuquan	4533	5122	5299	242
庆阳	Qingyang	3261	3278	5973	231
定西	Dingxi	2556	2480	2494	274
陇南	Longnan	2087	2584	3216	270
青海	**Qinghai**	**17203**	**19337**	**22134**	
西宁	Xining		19921	19944	108
海东	Haidong				
宁夏	**Ningxia**	**30061**	**33601**	**35964**	
银川	Yinchuan	20176	21261	24329	87
石嘴山	Shizuishan	2784	3386	3187	271
吴忠	Wuzhong	2481	3157	2990	272
固原	Guyuan	1468	1562	1365	283
中卫	Zhongwei	3152	4235	4093	257
新疆	**Xinjiang**	**95191**	**103436**	**111173**	
乌鲁木齐	Urumqi	63771	48037	50654	39
克拉玛依	Karamay	6520	5501	4602	253

14-4 批发和零售业商品销售额
Total Sales of Commodities of Wholesale and Retail Trades

单位：亿元 （100 million yuan）

地名	City	2010	2014	2015	2015 排名 Ranking
全国	**Nation Total**	**276635.7**	**541319.8**	**515567.5**	
北京	**Beijing**	**37203.90**	**60065.52**	**51224.58**	
天津	**Tianjin**	**13642.50**	**32601.83**	**32840.38**	
河北	**Hebei**	**5463.50**	**10268.16**	**9857.79**	
石家庄	Shijiazhuang	1294.88	2482.44	1991.73	41
唐山	Tangshan	1205.76	488.82	1436.18	56
秦皇岛	Qinhuangdao	531.25	1031.33	729.49	97
邯郸	Handan	572.68	1785.85	1671.33	47
邢台	Xingtai	213.73	387.07	368.77	148
保定	Baoding	593.24	1463.10	1492.93	53
张家口	Zhangjiakou	189.79	340.96	249.80	192
承德	Chengde	186.70	264.07	231.72	199
沧州	Cangzhou	287.29	763.23	770.07	94
廊坊	Langfang	252.05	842.54	518.85	117
衡水	Hengshui	136.10	418.75	381.96	140
山西	**Shanxi**	**5549.50**	**12217.40**	**10097.53**	
太原	Taiyuan	2208.38	4581.09	4268.87	18
大同	Datong	238.64	1793.95	1914.28	42
阳泉	Yangquan	399.62	1126.74	880.98	85
长治	Changzhi	690.76	1536.45	1175.29	70
晋城	Jincheng	315.71	428.41	238.81	197
朔州	Shuozhou	227.22	339.69	418.25	130
晋中	Jinzhong	395.40	491.00	399.27	136
运城	Yuncheng	206.21	433.27	423.10	127
忻州	Xinzhou	225.65	336.90	249.63	193
临汾	Linfen	380.78	730.16	521.51	116
吕梁	Lvliang	262.45	419.72	209.43	211
内蒙古	**Inner Mongolia**	**2951.50**	**4429.76**	**3811.74**	
呼和浩特	Hohhot	668.30	1139.19	1123.74	73
包头	Baotou	649.99	955.96	642.78	103
乌海	Wuhai	53.04	178.34	134.13	241
赤峰	Chifeng	184.66	292.23	222.65	206
通辽	Tongliao	245.39	238.59	226.66	204
鄂尔多斯	Erdos	730.40	803.95	359.75	149
呼伦贝尔	Hulunbuir	252.12	287.38	263.42	185
巴彦淖尔	Bayannur	75.15	102.96	121.79	246
乌兰察布	Ulanqab	44.47	431.16		
辽宁	**Liaoning**	**10630.00**	**17814.76**	**14577.10**	
沈阳	Shenyang	5503.66	9193.02	7570.86	9
大连	Dalian	2549.30	3769.18	3264.62	23
鞍山	Anshan	921.57	1362.84	1139.96	72
抚顺	Fushun	242.03	380.05	269.48	184
本溪	Benxi	85.31	187.21	152.23	231
丹东	Dandong	162.09	185.36	123.13	245
锦州	Jinzhou	217.38	444.94	378.15	142
营口	Yingkou	161.99	414.63	351.24	151
阜新	Fuxin	115.70	291.12	227.28	202
辽阳	Liaoyang	115.18	441.08	497.01	120
盘锦	Panjin	172.50	433.82	493.22	121
铁岭	Tieling	136.11	175.04	139.01	236
朝阳	Chaoyang	136.52	288.23	231.67	200
葫芦岛	Huludao	110.71	248.23	226.89	203
吉林	**Jilin**	**2230.40**	**3328.61**	**3500.55**	
长春	Changchun	1087.49	1531.45	1555.17	50
吉林	Jilin	487.64	776.19	697.40	100
四平	Siping	117.83	282.31	280.83	181
辽源	Liaoyuan	35.06	72.23	60.49	270
通化	Tonghua	178.62	297.51	302.92	167
白山	Baishan	31.65	47.11	59.18	271
松原	Songyuan	102.15	194.30	218.75	209
白城	Baicheng	67.43	127.50	125.90	243
黑龙江	**Heilongjiang**	**3034.10**	**5284.50**	**4728.17**	
哈尔滨	Harbin	1394.37	2187.89	2123.92	38
齐齐哈尔	Qiqihar	100.40	298.54	298.54	170
鸡西	Jixi	64.31	204.32	152.56	230
鹤岗	Hegang	35.23	42.54	36.58	279
双鸭山	Shuangyashan	31.17	59.05	61.80	269
大庆	Daqing	661.90	1487.67	1208.63	67
伊春	Yichun	27.90	0.86	44.05	277
佳木斯	Jiamusi	71.05	124.81	129.37	242
七台河	Qitaihe	29.19	31.92	31.92	282
牡丹江	Mudanjiang	396.90	592.74	450.97	124
黑河	Heihe	34.48	54.87	62.02	268
绥化	Suihua	71.47	199.29	163.47	226
上海	**Shanghai**	**31678.20**	**71812.66**	**70318.13**	
江苏	**Jiangsu**	**26994.90**	**55707.13**	**41992.87**	

14-4 批发和零售业商品销售额 续表 1
Total Sales of Commodities of Wholesale and Retail Trades continued 1

单位：亿元 （100 million yuan）

地名	City	2010	2014	2015	2015 排名 Ranking	地名	City	2010	2014	2015	2015 排名 Ranking
南京	Nanjing	6816.70	17337.71	9880.15	7	池州	Chizhou	55.38	101.09	103.87	249
无锡	Wuxi	5591.26	6708.55	5941.58	11	宣城	Xuancheng	169.15	271.38	291.10	176
徐州	Xuzhou	784.07	5293.88	2876.49	28	**福建**	**Fujian**	**8304.10**	**18728.22**	**20516.43**	
常州	Changzhou	1667.77	3876.04	3215.07	25	福州	Fuzhou	1850.15	4928.99	5313.32	13
苏州	Suzhou	10247.21	12608.99	10500.82	6	厦门	Xiamen	4166.16	7331.12	8297.72	8
南通	Nantong	1209.49	2539.20	2840.92	29	莆田	Putian	198.02	824.90	926.38	82
连云港	Lianyungang	399.80	848.11	773.96	93	三明	Sanming	276.69	634.51	596.46	109
淮安	Huaian	220.51	785.75	887.70	84	泉州	Quanzhou	918.97	2864.44	3102.53	26
盐城	Yancheng	458.84	1161.32	1301.79	58	漳州	Zhangzhou	336.72	762.36	837.55	90
扬州	Yangzhou	447.09	1113.78	1170.19	71	南平	Nanping	159.43	280.00	55.84	275
镇江	Zhenjiang	490.89	1484.17	1211.80	66	龙岩	Longyan	281.85	768.42	863.26	86
泰州	Taizhou	667.22	1308.71	1248.10	61	宁德	Ningde	116.11	333.48	301.54	168
宿迁	Suqian	265.78	640.92	721.11	99	**江西**	**Jiangxi**	**2019.30**	**3822.47**	**3875.10**	
浙江	**Zhejiang**	**23472.20**	**43555.88**	**42058.10**		南昌	Nanchang	1019.91	1911.33	1832.99	44
杭州	Hangzhou	10267.25	16505.35	15377.61	3	景德镇	Jingdezhen	48.89	92.94	81.54	260
宁波	Ningbo	7506.60	12645.55	12413.62	4	萍乡	Pingxiang	43.96	89.61	93.32	256
温州	Wenzhou	1797.08	2599.50	2754.52	30	九江	Jiujiang	114.56	253.93	303.02	166
嘉兴	Jiaxing	1158.36	2131.72	1994.70	40	新余	Xinyu	60.63	101.67	95.18	255
湖州	Huzhou	569.15	2004.54	2322.47	37	鹰潭	Yingtan	112.74	88.77	109.43	248
绍兴	Shaoxing	610.97	2175.84	2516.52	35	赣州	Ganzhou	136.64	328.53	330.62	158
金华	Jinhua	938.35	1474.22	1503.20	52	吉安	Jian	79.46	177.47	185.51	221
衢州	Quzhou	62.62	446.00	399.39	135	宜春	Yichun	173.41	387.14	400.22	134
舟山	Zhoushan	353.32	1278.64	1273.04	60	抚州	Fuzhou	99.88	144.12	156.39	228
台州	Taizhou	1082.48	1781.41	1481.31	54	上饶	Shangrao	129.22	246.96	286.87	179
丽水	Lishui	272.82	513.12	523.17	115	**山东**	**Shandong**	**16105.60**	**32176.75**	**29650.10**	
安徽	**Anhui**	**5144.80**	**9045.89**	**9454.89**		济南	Jinan	2211.05	4376.82	3738.90	21
合肥	Hefei	2625.75	3770.41	3764.47	20	青岛	Qingdao	3073.74	5237.71	4626.21	14
芜湖	Wuhu	337.61	974.55	893.91	83	淄博	Zibo	1151.19	1516.93	1624.83	48
蚌埠	Bengbu	137.45	378.60	405.70	133	枣庄	Zaozhuang	268.75	731.57	754.27	96
淮南	Huainan	97.08	287.33	249.28	194	东营	Dongying	447.01	1233.76	1226.90	63
马鞍山	Maanshan	307.36	406.90	409.02	131	烟台	Yantai	1469.78	2687.74	2556.81	33
淮北	Huaibei	71.63	192.30	201.06	216	潍坊	Weifang	1603.72	2621.10	2355.25	36
铜陵	Tongling	98.29	155.47	69.66	265	济宁	Jining	899.17	2012.90	1781.46	46
安庆	Anqing	142.88	339.27	334.92	157	泰安	Taian	913.17	2348.12	2095.04	39
黄山	Huangshan	66.63	141.36	143.07	235	威海	Weihai	503.53	1021.95	1178.72	69
滁州	Chuzhou	145.26	356.45	371.40	147	日照	Rizhao	370.28	1702.90	1285.64	59
阜阳	Fuyang	401.06	877.93	1005.39	81	莱芜	Laiwu	231.91	381.10	335.49	156
宿州	Suzhou	124.59	480.93	247.90	196	临沂	Linyi	1006.08	2452.01	2579.53	32
六安	Liuan	153.90	168.39	297.88	171	德州	Dezhou	460.02	1162.09	1187.65	68
亳州	Bozhou	98.55	143.53	301.33	169	聊城	Liaocheng	503.19	1071.66	844.22	89

14-4 批发和零售业商品销售额 续表 2

Total Sales of Commodities of Wholesale and Retail Trades continued 2

单位：亿元 (100 million yuan)

地名	City	2010	2014	2015	2015 排名 Ranking	地名	City	2010	2014	2015	2015 排名 Ranking
滨州	Binzhou	371.75	587.64	614.46	108	常德	Changde	1354.39	330.88	371.46	146
菏泽	Heze	621.27	1030.76	1023.79	79	张家界	Zhangjiajie	409.76	61.47	64.77	266
河南	**Henan**	**6340.30**	**12020.21**	**13191.67**		益阳	Yiyang	1153.66	284.60	288.38	178
郑州	Zhengzhou	2339.11	4308.08	4588.45	15	郴州	Chenzhou	2486.32	714.83	756.65	95
开封	Kaifeng	179.48	354.03	320.10	162	永州	Yongzhou	1460.09	821.47	288.95	177
洛阳	Luoyang	545.20	1125.49	1121.82	74	怀化	Huaihua	1311.34		207.45	214
平顶山	Pingdingshan	528.72	654.21	643.06	102	娄底	Loudi	1210.44	301.50	274.04	183
安阳	Anyang	341.67	465.66	503.63	119	**广东**	**Guangdong**	**31759.80**	**72406.93**	**64201.05**	
鹤壁	Hebi	49.39	184.37	221.79	208	广州	Guangzhou	15445.39	31687.65	26193.52	1
新乡	Xinxiang	277.39	493.23	462.67	123	韶关	Shaoguan	129.94	308.62	339.09	155
焦作	Jiaozuo	167.94	296.72	303.15	165	深圳	Shenzhen	6615.28	18245.97	21124.75	2
濮阳	Puyang	112.06	284.61	406.09	132	珠海	Zhuhai	916.66	2753.77	2672.01	31
许昌	Xuchang	189.41	460.53	583.38	111	汕头	Shantou	405.05	1128.41	1216.86	65
漯河	Luohe	141.20	289.21	376.08	143	佛山	Foshan	2535.52	4602.17	5455.90	12
三门峡	Sanmenxia	157.84	311.15	326.17	159	江门	Jiangmen	440.81	1009.12	1021.50	80
南阳	Nanyang	447.46	800.34	858.97	87	湛江	Zhanjiang	431.34	1216.30	1082.49	76
商丘	Shangqiu	405.92	790.89	847.08	88	茂名	Maoming	489.04	1865.48	1556.37	49
信阳	Xinyang	156.29	403.49	564.54	112	肇庆	Zhaoqing	264.67	1091.14	632.16	104
周口	Zhoukou	206.45	391.05	420.78	129	惠州	Huizhou	525.67	1021.89	1811.82	45
驻马店	Zhumadian	206.45	407.12	591.70	110	梅州	Meizhou	147.59	229.81	248.30	195
湖北	**Hubei**	**8013.10**	**16111.20**	**16659.26**		汕尾	Shanwei	68.39	100.19	86.82	258
武汉	Wuhan	6035.71	10613.38	10839.97	5	河源	Heyuan	69.16	134.85	145.85	234
黄石	Huangshi	145.78	516.80	726.59	98	阳江	Yangjiang	68.15	153.69	163.90	225
十堰	Shiyan	270.48	698.64	626.60	105	清远	Qingyuan	144.26	293.30	297.44	172
宜昌	Yichang	223.12	1047.08	1114.58	75	东莞	Dongguan	1428.61	2903.38	3219.18	24
襄阳	Xiangyang	156.23	886.08	395.27	138	中山	Zhongshan	1080.82	1567.90	1519.19	51
鄂州	Ezhou	166.23	80.59	168.80	224	潮州	Chaozhou	194.60	732.41	222.41	207
荆门	Jingmen	352.62	420.32	475.41	122	揭阳	Jieyang	603.84	1091.19	1235.55	62
孝感	Xiaogan	124.32	351.40	342.13	154	云浮	Yunfu	103.73	269.69	293.90	174
荆州	Jingzhou	135.76	437.38	428.82	126	**广西**	**Guangxi**	**2589.30**	**6744.98**	**5743.45**	
黄冈	Huanggang	152.12	400.42	443.88	125	南宁	Nanning	1124.70	2464.69	2541.03	34
咸宁	Xianning	98.19	375.79	375.81	144	柳州	Liuzhou	592.34	941.92	1030.76	78
随州	Suizhou	105.36	283.30	322.64	161	桂林	Guilin	179.36	346.09	372.90	145
湖南	**Hunan**	**3764.50**	**8736.31**	**8427.13**		梧州	Wuzhou	70.93	95.28	115.55	247
长沙	Changsha	20929.09	3852.95	3672.96	22	北海	Beihai	29.32	1476.64	134.60	240
株洲	Zhuzhou	3014.88	579.20	614.84	107	防城港	Fangchenggang	38.92	127.48	157.75	227
湘潭	Xiangtan	1220.40	334.65	261.22	186	钦州	Qinzhou	85.98	188.77	199.05	217
衡阳	Hengyang	1882.96	526.20	541.10	114	贵港	Guigang	64.68	130.34	124.28	244
邵阳	Shaoyang	1353.96	307.53	347.52	152	玉林	Yulin	146.07	292.05	284.44	180
岳阳	Yueyang	2017.23	621.04	680.48	101	百色	Baise	75.04	147.17	188.14	219

14-4 批发和零售业商品销售额 续表 3
Total Sales of Commodities of Wholesale and Retail Trades continued 3

单位：亿元 (100 million yuan)

地名	City	2010	2014	2015	2015 排名 Ranking	地名	City	2010	2014	2015	2015 排名 Ranking
贺州	Hezhou	146.79	276.97	73.88	264	丽江	Lijiang	61.26	101.25	84.66	259
河池	Hechi	741.90	107.75	99.31	254	普洱	Puer	65.34	172.51	172.53	223
来宾	Laibin	12.02	55.82	58.86	272	临沧	Lincang	50.66	141.63	155.25	229
崇左	Chongzuo	31.38	94.00	209.17	212	**西藏**	**Tibet**	**92.10**	**151.47**	**209.60**	
海南	**Hainan**	**1406.70**	**155.93**	**2609.08**		拉萨	Lasa	77.58	151.47	137.72	237
海口	Haikou	1069.26	0.18	1467.20	55	**陕西**	**Shaanxi**	**4224.10**	**8247.69**	**8334.25**	
三亚	Sanya	72.90	155.75	297.05	173	西安	Xi'an	2144.01	4754.72	4444.41	16
三沙	Sansha					铜川	Tongchuan	19.35	46.77	88.38	257
重庆	**Chongqing**	**5610.10**	**9643.20**	**10275.25**		宝鸡	Baoji	378.92	732.00		
四川	**Sichuan**	**5508.60**	**12162.59**	**12176.41**		咸阳	Xianyang	372.19	455.79	344.67	153
成都	Chengdu	3638.79	7270.11	6601.06	10	渭南	Weinan	119.13	271.20	308.77	164
自贡	Zigong	78.47	334.10	322.75	160	延安	Yan'an	82.84	224.92	215.13	210
攀枝花	Panzhihua	134.95	277.32	251.21	190	汉中	Hanzhong	93.57	305.03	277.16	182
泸州	Luzhou	123.23	517.56	623.46	106	榆林	Yulin	914.31	1201.85	1217.46	64
德阳	Deyang	243.42	399.13	383.99	139	安康	Ankang	65.07	167.46	187.90	220
绵阳	Mianyang	181.27	683.23	828.66	91	商洛	Shangluo	32.57	77.95	36.19	280
广元	Guangyuan	59.06	141.11	149.06	233	**甘肃**	**Gansu**	**2021.40**	**4828.26**	**4232.68**	
遂宁	Suining	67.11	212.70	208.05	213	兰州	Lanzhou	1404.11	3150.68	3080.49	27
内江	Neijiang	91.81	238.75	250.28	191	嘉峪关	Jiayuguan	61.74	22.40	196.17	218
乐山	Leshan	107.27	254.06	236.59	198	金昌	Jinchang	21.32	47.06	49.71	276
南充	Nanchong	95.90	269.67	310.29	163	白银	Baiyin	38.95	114.57	102.26	252
眉山	Meishan	81.14	206.66	231.17	201	天水	Tianshui	82.42	478.19	547.12	113
宜宾	Yibin	138.00	364.41	379.06	141	武威	Wuwei	30.21	218.87	255.82	187
广安	Guangan	72.54	208.95	225.80	205	张掖	Zhangye	38.58	84.32	57.68	274
达州	Dazhou	101.94	391.08	421.15	128	平凉	Pingliang	34.68	249.13	63.28	267
雅安	Yaan	30.32	86.54	102.18	253	酒泉	Jiuquan	171.63	234.76	395.54	137
巴中	Bazhong	34.98	88.40	149.31	232	庆阳	Qingyang	35.87	80.11	74.50	263
资阳	Ziyang	60.66	218.81	252.22	189	定西	Dingxi	39.88	88.78	81.31	261
贵州	**Guizhou**	**1582.70**	**3478.57**	**4711.70**		陇南	Longnan	37.04	59.40	57.76	273
贵阳	Guiyang	731.15	1845.33	1843.93	43	**青海**	**Qinghai**	**409.80**	**1144.18**	**1029.85**	
六盘水	Liupanshui	93.19	262.30	291.43	175	西宁	Xining		1121.85	1051.23	77
遵义	Zunyi	319.74	898.93	1347.70	57	海东	Haidong		22.33	24.30	283
安顺	Anshun	62.53	131.97	135.80	239	**宁夏**	**Ningxia**	**652.4**	**1456.7**	**1055.9**	
毕节	Bijie	100.10	212.06	252.23	188	银川	Yinchuan	513.45	1285.84	803.27	92
铜仁	Tongren	46.68	128.00	136.97	238	石嘴山	Shizuishan	49.19	22.38	42.39	278
云南	**Yunnan**	**4295.50**	**6365.06**	**7450.47**		吴忠	Wuzhong	40.84	79.92	75.42	262
昆明	Kunming	2519.55	4613.60	4068.17	19	固原	Guyuan	18.23	12.81	34.93	281
曲靖	Qujing	277.03	592.54	511.54	118	中卫	Zhongwei	30.68	55.79	102.27	251
玉溪	Yuxi	425.56	378.19	353.24	150	**新疆**	**Xinjiang**	**3941.10**	**4497.29**	**6756.23**	
保山	Baoshan	74.35	175.88	181.13	222	乌鲁木齐	Urumqi	2595.86	4372.71	4320.20	17
昭通	Zhaotong	100.35	189.46	202.94	215	克拉玛依	Karamay	79.45	124.58	102.66	250

14-5 住宿和餐饮业法人企业数
Number of Corporation Enterprises of Hotels and Catering Services

单位：个 (unit)

地名	City	2010	2011	2012	2012 排名 Ranking	地名	City	2010	2011	2012	2012 排名 Ranking
全国	**Nation Total**	**37308**	**39002**	**40499**		沈阳	Shenyang	243	257	276	27
北京	**Beijing**	**3377**	**3301**	**3117**		大连	Dalian	281	332	329	22
天津	**Tianjin**	**613**	**633**	**618**		鞍山	Anshan	174	173	175	51
河北	**Hebei**	**833**	**900**	**937**		抚顺	Fushun	44	43	44	201
石家庄	Shijiazhuang	101	112	113	83	本溪	Benxi	40	41	39	210
唐山	Tangshan	96	102	104	98	丹东	Dandong	93	93	93	110
秦皇岛	Qinhuangdao	81	83	88	117	锦州	Jinzhou	55	59	63	164
邯郸	Handan	104	106	107	91	营口	Yingkou	73	72	72	143
邢台	Xingtai	44	58	71	145	阜新	Fuxin	15	14	22	249
保定	Baoding	116	124	132	76	辽阳	Liaoyang	39	38	33	225
张家口	Zhangjiakou	93	100	93	110	盘锦	Panjin	49	35	35	219
承德	Chengde	57	61	67	155	铁岭	Tieling	19	19	21	254
沧州	Cangzhou	54	58	60	170	朝阳	Chaoyang	30	27	31	234
廊坊	Langfang	54	58	62	165	葫芦岛	Huludao	34	39	38	213
衡水	Hengshui	33	38	40	209	**吉林**	**Jilin**	**438**	**363**	**360**	
山西	**Shanxi**	**878**	**898**	**979**		长春	Changchun	114	108	106	97
太原	Taiyuan	201	222	245	39	吉林	Jilin	108	72	72	143
大同	Datong	89	85	103	100	四平	Siping	33	25	23	248
阳泉	Yangquan	42	41	46	196	辽源	Liaoyuan	10	14	15	266
长治	Changzhi	100	111	108	90	通化	Tonghua	37	29	32	229
晋城	Jincheng	62	54	69	150	白山	Baishan	24	18	19	261
朔州	Shuozhou	61	55	59	172	松原	Songyuan	34	21	21	254
晋中	Jinzhong	64	63	71	145	白城	Baicheng	10	9	8	282
运城	Yuncheng	71	71	66	160	**黑龙江**	**Heilongjiang**	**479**	**498**	**488**	
忻州	Xinzhou	48	47	71	145	哈尔滨	Harbin	250	255	247	37
临汾	Linfen	89	85	76	136	齐齐哈尔	Qiqihar	33	33	33	225
吕梁	Lvliang	51	59	59	172	鸡西	Jixi	12	14	14	270
内蒙古	**Inner Mongolia**	**787**	**762**	**743**		鹤岗	Hegang	11	11	12	276
呼和浩特	Hohhot	211	191	191	45	双鸭山	Shuangyashan	12	15	13	273
包头	Baotou	119	116	107	91	大庆	Daqing	42	43	34	223
乌海	Wuhai	21	17	18	264	伊春	Yichun	26	25	26	241
赤峰	Chifeng	80	82	84	122	佳木斯	Jiamusi	23	18	21	254
通辽	Tongliao	32	38	30	235	七台河	Qitaihe	4	4	8	282
鄂尔多斯	Erdos	112	110	104	98	牡丹江	Mudanjiang	42	46	45	198
呼伦贝尔	Hulunbuir	77	77	77	134	黑河	Heihe	7	9	10	279
巴彦淖尔	Bayannur	14	13	14	270	绥化	Suihua	6	7	9	281
乌兰察布	Ulanqab	38	39	32	229	**上海**	**Shanghai**	**1856**	**2167**	**2027**	
辽宁	**Liaoning**	**1189**	**1242**	**1274**		**江苏**	**Jiangsu**	**2461**	**2659**	**2747**	

14-5 住宿和餐饮业法人企业数 续表 1
Number of Corporation Enterprises of Hotels and Catering Services continued 1

单位：个 (unit)

地名	City	2010	2011	2012	2012 排名 Ranking	地名	City	2010	2011	2012	2012 排名 Ranking
南京	Nanjing	599	649	639	7	池州	Chizhou	47	53	51	188
无锡	Wuxi	265	285	282	26	宣城	Xuancheng	64	71	76	136
徐州	Xuzhou	183	201	223	43	**福建**	**Fujian**	**1073**	**1236**	**1401**	
常州	Changzhou	146	149	147	66	福州	Fuzhou	277	321	394	14
苏州	Suzhou	471	486	466	11	厦门	Xiamen	212	256	276	27
南通	Nantong	109	124	131	78	莆田	Putian	39	48	56	182
连云港	Lianyungang	96	105	101	101	三明	Sanming	68	82	84	122
淮安	Huaian	93	98	136	72	泉州	Quanzhou	190	218	251	34
盐城	Yancheng	93	110	136	72	漳州	Zhangzhou	72	82	94	108
扬州	Yangzhou	147	156	164	59	南平	Nanping	83	88	84	122
镇江	Zhenjiang	101	114	121	80	龙岩	Longyan	74	77	87	119
泰州	Taizhou	97	107	113	83	宁德	Ningde	58	64	75	139
宿迁	Suqian	60	75	88	117	**江西**	**Jiangxi**	**733**	**623**	**615**	
浙江	**Zhejiang**	**2161**	**2408**	**2489**		南昌	Nanchang	262	182	165	58
杭州	Hangzhou	762	853	834	4	景德镇	Jingdezhen	42	38	34	223
宁波	Ningbo	386	447	456	12	萍乡	Pingxiang	21	20	21	254
温州	Wenzhou	437	236	264	30	九江	Jiujiang	65	56	58	178
嘉兴	Jiaxing	145	159	174	53	新余	Xinyu	30	30	28	239
湖州	Huzhou	80	84	92	113	鹰潭	Yingtan	17	20	19	261
绍兴	Shaoxing	125	139	153	63	赣州	Ganzhou	73	69	69	150
金华	Jinhua	130	150	162	60	吉安	Jian	63	62	59	172
衢州	Quzhou	33	38	41	204	宜春	Yichun	34	40	41	204
舟山	Zhoushan	94	101	107	91	抚州	Fuzhou	38	28	29	237
台州	Taizhou	120	127	132	76	上饶	Shangrao	88	78	92	113
丽水	Lishui	71	73	69	150	**山东**	**Shandong**	**4130**	**3413**	**3189**	
安徽	**Anhui**	**1021**	**1188**	**1323**		济南	Jinan	360	357	381	15
合肥	Hefei	248	328	332	19	青岛	Qingdao	358	364	362	17
芜湖	Wuhu	78	94	109	89	淄博	Zibo	517	363	241	41
蚌埠	Bengbu	53	58	62	165	枣庄	Zaozhuang	118	103	111	86
淮南	Huainan	27	31	45	198	东营	Dongying	72	63	67	155
马鞍山	Maanshan	41	64	68	153	烟台	Yantai	411	356	368	16
淮北	Huaibei	12	7	11	278	潍坊	Weifang	231	231	240	42
铜陵	Tongling	41	54	71	145	济宁	Jining	293	279	258	33
安庆	Anqing	88	97	110	88	泰安	Taian	389	268	242	40
黄山	Huangshan	80	78	98	104	威海	Weihai	210	196	185	46
滁州	Chuzhou	50	60	84	122	日照	Rizhao	66	63	65	161
阜阳	Fuyang	52	57	67	155	莱芜	Laiwu	23	35	41	204
宿州	Suzhou	23	38	41	204	临沂	Linyi	214	158	148	65
六安	Liuan	56	60	62	165	德州	Dezhou	342	152	116	82
亳州	Bozhou	20	38	35	219	聊城	Liaocheng	106	94	96	107

14-5 住宿和餐饮业法人企业数 续表 2

Number of Corporation Enterprises of Hotels and Catering Services continued 2

单位：个 (unit)

地名	City	2010	2011	2012	2012 排名 Ranking	地名	City	2010	2011	2012	2012 排名 Ranking
滨州	Binzhou	105	82	84	122	常德	Changde	63	67	79	133
菏泽	Heze	315	237	183	48	张家界	Zhangjiajie	53	55	50	191
河南	**Henan**	**2295**	**2363**	**2368**		益阳	Yiyang	95	98	94	108
郑州	Zhengzhou	750	373	1048	3	郴州	Chenzhou	81	72	82	129
开封	Kaifeng	267	193	270	29	永州	Yongzhou	74	46	46	196
洛阳	Luoyang	256	182	516	9	怀化	Huaihua	41	42	39	210
平顶山	Pingdingshan	341	217	451	13	娄底	Loudi	27	25	33	225
安阳	Anyang	165	85	166	57	**广东**	**Guangdong**	**3910**	**4119**	**4401**	
鹤壁	Hebi	63	44	112	85	广州	Guangzhou	1125	1166	1291	1
新乡	Xinxiang	173	106	247	37	韶关	Shaoguan	49	72	134	75
焦作	Jiaozuo	137	60	184	47	深圳	Shenzhen	675	683	706	6
濮阳	Puyang	127	38	179	49	珠海	Zhuhai	176	168	174	53
许昌	Xuchang	232	121	259	32	汕头	Shantou	106	124	140	71
漯河	Luohe	119	68	150	64	佛山	Foshan	334	339	327	23
三门峡	Sanmenxia	107	73	111	86	江门	Jiangmen	135	137	135	74
南阳	Nanyang	404	236	520	8	湛江	Zhanjiang	70	83	81	130
商丘	Shangqiu	103	67	146	67	茂名	Maoming	67	75	67	155
信阳	Xinyang	301	153	332	19	肇庆	Zhaoqing	84	95	92	113
周口	Zhoukou	306	180	313	24	惠州	Huizhou	145	157	169	56
驻马店	Zhumadian	226	151	248	35	梅州	Meizhou	42	52	58	178
湖北	**Hubei**	**1409**	**1497**	**1853**		汕尾	Shanwei	21	25	33	225
武汉	Wuhan	617	502	761	5	河源	Heyuan	41	56	61	169
黄石	Huangshi	41	149	68	153	阳江	Yangjiang	58	66	73	141
十堰	Shiyan	69	70	81	130	清远	Qingyuan	64	71	74	140
宜昌	Yichang	112	131	174	53	东莞	Dongguan	310	315	341	18
襄阳	Xiangyang	145	143	156	61	中山	Zhongshan	219	243	248	35
鄂州	Ezhou	21	19	20	258	潮州	Chaozhou	51	54	54	185
荆门	Jingmen	75	63	76	136	揭阳	Jieyang	101	103	107	91
孝感	Xiaogan	65	68	80	132	云浮	Yunfu	37	35	36	217
荆州	Jingzhou	44	42	87	119	**广西**	**Guangxi**	**581**	**662**	**737**	
黄冈	Huanggang	53	53	59	172	南宁	Nanning	140	162	263	31
咸宁	Xianning	135	158	73	141	柳州	Liuzhou	50	58	67	155
随州	Suizhou	34	47	65	161	桂林	Guilin	115	132	154	62
湖南	**Hunan**	**1205**	**1124**	**1152**		梧州	Wuzhou	23	26	24	246
长沙	Changsha	324	291	306	25	北海	Beihai	42	42	44	201
株洲	Zhuzhou	97	93	100	102	防城港	Fangchenggang	12	12	15	266
湘潭	Xiangtan	99	80	51	188	钦州	Qinzhou	31	33	35	219
衡阳	Hengyang	86	87	99	103	贵港	Guigang	25	27	38	213
邵阳	Shaoyang	58	57	54	185	玉林	Yulin	37	48	51	188
岳阳	Yueyang	85	88	93	110	百色	Baise	46	51	55	183

14-5 住宿和餐饮业法人企业数 续表 3

Number of Corporation Enterprises of Hotels and Catering Services continued 3

单位：个 (unit)

地名	City	2010	2011	2012	2012 排名 Ranking	地名	City	2010	2011	2012	2012 排名 Ranking
贺州	Hezhou	5	8	10	279	丽江	Lijiang	48	52	60	170
河池	Hechi	25	29	29	237	普洱	Puer	14	16	20	258
来宾	Laibin	10	13	15	266	临沧	Lincang	10	10	13	273
崇左	Chongzuo	19	21	22	249	**西藏**	**Tibet**	**46**	**49**	**69**	
海南	**Hainan**	**412**	**380**	**361**		拉萨	Lasa	13	24	27	240
海口	Haikou	159	139	145	69	**陕西**	**Shaanxi**	**1182**	**1305**	**1457**	
三亚	Sanya	122	131	107	91	西安	Xi'an	441	481	505	10
三沙	Sansha					铜川	Tongchuan	28	30	38	213
重庆	**Chongqing**	**833**	**1060**	**1073**		宝鸡	Baoji	94	110	131	78
四川	**Sichuan**	**1532**	**2049**	**2297**		咸阳	Xianyang	126	146	177	50
成都	Chengdu	788	1121	1054	2	渭南	Weinan	106	128	146	67
自贡	Zigong	32	36	49	192	延安	Yan'an	65	70	77	134
攀枝花	Panzhihua	39	44	59	172	汉中	Hanzhong	80	81	97	106
泸州	Luzhou	37	46	65	161	榆林	Yulin	137	140	142	70
德阳	Deyang	47	60	84	122	安康	Ankang	65	78	98	104
绵阳	Mianyang	68	98	119	81	商洛	Shangluo	31	32	37	216
广元	Guangyuan	32	43	59	172	**甘肃**	**Gansu**	**399**	**439**	**545**	
遂宁	Suining	25	42	44	201	兰州	Lanzhou	166	176	192	44
内江	Neijiang	32	36	55	183	嘉峪关	Jiayuguan	11	16	15	266
乐山	Leshan	48	53	58	178	金昌	Jinchang	10	11	12	276
南充	Nanchong	54	83	107	91	白银	Baiyin	15	19	22	249
眉山	Meishan	32	33	36	217	天水	Tianshui	51	48	62	165
宜宾	Yibin	46	49	54	185	武威	Wuwei	17	17	25	242
广安	Guangan	27	27	35	219	张掖	Zhangye	15	19	22	249
达州	Dazhou	30	47	57	181	平凉	Pingliang	10	18	22	249
雅安	Yaan	23	30	32	229	酒泉	Jiuquan	38	40	47	195
巴中	Bazhong	13	16	25	242	庆阳	Qingyang	14	19	49	192
资阳	Ziyang	35	39	41	204	定西	Dingxi	12	15	25	242
贵州	**Guizhou**	**368**	**416**	**508**		陇南	Longnan	15	15	19	261
贵阳	Guiyang	133	156	175	51	**青海**	**Qinghai**	**90**	**91**	**84**	
六盘水	Liupanshui	22	24	32	229	西宁	Xining		53	48	194
遵义	Zunyi	72	78	84	122	海东	Haidong				
安顺	Anshun	18	19	25	242	**宁夏**	**Ningxia**	**140**	**163**	**169**	
毕节	Bijie	22	26	32	229	银川	Yinchuan	84	93	89	116
铜仁	Tongren	23	30	45	198	石嘴山	Shizuishan	16	18	20	258
云南	**Yunnan**	**603**	**700**	**809**		吴忠	Wuzhong	15	18	17	265
昆明	Kunming	241	260	330	21	固原	Guyuan	7	12	13	273
曲靖	Qujing	55	64	70	149	中卫	Zhongwei	18	22	30	235
玉溪	Yuxi	38	42	39	210	**新疆**	**Xinjiang**	**274**	**294**	**309**	
保山	Baoshan	11	13	24	246	乌鲁木齐	Urumqi	25	91	87	119
昭通	Zhaotong	18	28	14	270	克拉玛依	Karamay	2	7	8	282

14-6 住宿和餐饮业年末从业人数
Employed Persons of Hotels and Catering Services at Year-end

单位：人 (person)

地名	City	2010	2011	2012	2012 排名 Ranking
全国	**Nation Total**	**4311167**	**4434618**	**4544590**	
北京	**Beijing**	**380254**	**386224**	**411718**	
天津	**Tianjin**	**79969**	**83814**	**84824**	
河北	**Hebei**	**107211**	**115743**	**113858**	
石家庄	Shijiazhuang	19357	22977	20008	41
唐山	Tangshan	14851	16732	15950	56
秦皇岛	Qinhuangdao	9159	9074	9392	103
邯郸	Handan	9807	10390	10628	90
邢台	Xingtai	4593	5743	6677	146
保定	Baoding	14142	14604	14423	62
张家口	Zhangjiakou	10251	11388	9976	100
承德	Chengde	5215	5319	5994	159
沧州	Cangzhou	7513	6911	7168	133
廊坊	Langfang	9147	9623	10050	97
衡水	Hengshui	3176	2982	3592	212
山西	**Shanxi**	**122077**	**123955**	**132151**	
太原	Taiyuan	36416	41945	45117	16
大同	Datong	16956	16573	18728	45
阳泉	Yangquan	5278	5047	5155	175
长治	Changzhi	10315	10691	10794	88
晋城	Jincheng	9527	7822	8852	110
朔州	Shuozhou	6832	6373	6484	149
晋中	Jinzhong	8297	8831	7800	123
运城	Yuncheng	6688	7234	6163	158
忻州	Xinzhou	6009	5593	6842	143
临汾	Linfen	9766	8567	8601	113
吕梁	Lvliang	5988	6118	7317	131
内蒙古	**Inner Mongolia**	**77084**	**73875**	**73568**	
呼和浩特	Hohhot	26952	21057	28270	30
包头	Baotou	19395	13030	17436	52
乌海	Wuhai	2210	1960	3315	218
赤峰	Chifeng	7408	5696	8325	116
通辽	Tongliao	3038	3164	3920	202
鄂尔多斯	Erdos	12742	10969	12003	77
呼伦贝尔	Hulunbuir	9861	6409	8686	111
巴彦淖尔	Bayannur	1815	1318	2085	248
乌兰察布	Ulanqab	4653	4592	4550	183
辽宁	**Liaoning**	**113081**	**106562**	**112109**	
沈阳	Shenyang	33850	32894	34283	24
大连	Dalian	35207	33012	35795	22
鞍山	Anshan	8116	7241	8377	115
抚顺	Fushun	2608	2384	2467	236
本溪	Benxi	2217	2382	2168	244
丹东	Dandong	4200	3946	4674	180
锦州	Jinzhou	4096	4063	3956	199
营口	Yingkou	7153	7654	7028	140
阜新	Fuxin	1380	1148	1449	268
辽阳	Liaoyang	2631	2373	2410	238
盘锦	Panjin	3018	2249	2751	230
铁岭	Tieling	2371	2264	1924	253
朝阳	Chaoyang	2281	1982	2108	247
葫芦岛	Huludao	3953	2970	2706	234
吉林	**Jilin**	**37835**	**33607**	**33862**	
长春	Changchun	15677	15461	15268	59
吉林	Jilin	7203	5646	5729	165
四平	Siping	1486	1259	1335	270
辽源	Liaoyuan	747	968	930	277
通化	Tonghua	1959	1722	1953	252
白山	Baishan	1492	1522	1465	264
松原	Songyuan	3390	2040	1807	256
白城	Baicheng	807	1032	873	280
黑龙江	**Heilongjiang**	**46946**	**42908**	**44228**	
哈尔滨	Harbin	26303	21796	21731	36
齐齐哈尔	Qiqihar	1921	2249	2046	249
鸡西	Jixi	695	591	599	283
鹤岗	Hegang	949	941	930	277
双鸭山	Shuangyashan	1063	1303	894	279
大庆	Daqing	4858	3480	3206	220
伊春	Yichun	1113	1016	1706	259
佳木斯	Jiamusi	2176	1803	1802	257
七台河	Qitaihe	338	244	339	284
牡丹江	Mudanjiang	4560	4548	7119	135
黑河	Heihe	517	787	1268	272
绥化	Suihua	533	600	651	282
上海	**Shanghai**	**278967**	**274205**	**285151**	
江苏	**Jiangsu**	**294952**	**350818**	**337825**	

14-6 住宿和餐饮业年末从业人数 续表 1

Employed Persons of Hotels and Catering Services at Year-end continued 1

单位：人 (person)

地名	City	2010	2011	2012	2012 排名 Ranking
南京	Nanjing	76300	84548	102824	5
无锡	Wuxi	43063	46542	49291	14
徐州	Xuzhou	13558	14142	14371	63
常州	Changzhou	24973	30974	35118	23
苏州	Suzhou	63055	68981	76648	8
南通	Nantong	9002	11277	13195	69
连云港	Lianyungang	7458	7577	7547	125
淮安	Huaian	8740	9702	10084	96
盐城	Yancheng	10416	9550	11993	78
扬州	Yangzhou	15493	12737	15794	57
镇江	Zhenjiang	9601	10789	12183	73
泰州	Taizhou	12042	10716	11931	79
宿迁	Suqian	5334	5755	6425	150
浙江	**Zhejiang**	**294615**	**307984**	**300036**	
杭州	Hangzhou	114660	138703	111990	3
宁波	Ningbo	52590	53943	54314	13
温州	Wenzhou	40940	30911	29812	27
嘉兴	Jiaxing	16699	18205	18198	48
湖州	Huzhou	9442	9732	11075	85
绍兴	Shaoxing	18131	19365	19676	43
金华	Jinhua	15899	18351	17512	51
衢州	Quzhou	3353	4060	3865	203
舟山	Zhoushan	8148	8575	8948	108
台州	Taizhou	18567	18097	17533	50
丽水	Lishui	5597	5727	5944	161
安徽	**Anhui**	**102161**	**110142**	**127508**	
合肥	Hefei	31294	35759	42435	20
芜湖	Wuhu	7734	8933	13304	68
蚌埠	Bengbu	3923	3701	3474	215
淮南	Huainan	3387	3294	3954	200
马鞍山	Maanshan	4567	7026	7020	141
淮北	Huaibei	1737	1318	1384	269
铜陵	Tongling	2863	3486	4648	181
安庆	Anqing	7111	7378	8913	109
黄山	Huangshan	8975	9037	10594	91
滁州	Chuzhou	4432	5405	5571	166
阜阳	Fuyang	3819	4117	4375	189
宿州	Suzhou	2362	3025	3102	224
六安	Liuan	4942	5287	5262	173
亳州	Bozhou	2180	3315	3312	219
池州	Chizhou	3256	4313	4577	182
宣城	Xuancheng	4848	5066	5566	167
福建	**Fujian**	**146857**	**155347**	**168784**	
福州	Fuzhou	48090	49921	55756	12
厦门	Xiamen	37754	40373	42854	19
莆田	Putian	5411	6201	6545	148
三明	Sanming	4468	5690	5737	164
泉州	Quanzhou	26449	29141	28412	29
漳州	Zhangzhou	6141	6581	7901	121
南平	Nanping	6987	9321	7896	122
龙岩	Longyan	6114	6297	7091	138
宁德	Ningde	5443	5768	6592	147
江西	**Jiangxi**	**70074**	**66852**	**71198**	
南昌	Nanchang	25911	21773	23911	34
景德镇	Jingdezhen	3689	3150	3025	225
萍乡	Pingxiang	2026	1730	1826	255
九江	Jiujiang	7699	7118	7394	128
新余	Xinyu	3849	4161	4276	192
鹰潭	Yingtan	1971	2565	2363	240
赣州	Ganzhou	7223	6666	7106	137
吉安	Jian	3830	4262	4035	196
宜春	Yichun	4012	4959	5502	168
抚州	Fuzhou	3050	3095	3132	223
上饶	Shangrao	6814	7373	8628	112
山东	**Shandong**	**312137**	**286738**	**279720**	
济南	Jinan	44488	44451	46826	15
青岛	Qingdao	52478	54055	43310	18
淄博	Zibo	24098	17249	15264	60
枣庄	Zaozhuang	8139	6216	7494	126
东营	Dongying	11600	11148	12894	71
烟台	Yantai	26354	24354	26784	31
潍坊	Weifang	22560	21848	20964	39
济宁	Jining	16804	14987	18028	49
泰安	Taian	19076	16280	14749	61
威海	Weihai	15972	14702	13779	64
日照	Rizhao	6150	5741	5855	162
莱芜	Laiwu	2407	2892	2878	226
临沂	Linyi	14986	13922	13759	65
德州	Dezhou	15737	11915	10560	92
聊城	Liaocheng	8456	7821	9328	104

14-6 住宿和餐饮业年末从业人数 续表 2

Employed Persons of Hotels and Catering Services at Year-end continued 2

单位：人 (person)

地名	City	2010	2011	2012	2012 排名 Ranking	地名	City	2010	2011	2012	2012 排名 Ranking
滨州	Binzhou	8025	6565	7181	132	常德	Changde	7813	8340	10024	99
菏泽	Heze	14807	11993	10039	98	张家界	Zhangjiajie	4897	5070	5453	171
河南	**Henan**	**168075**	**169482**	**174853**		益阳	Yiyang	6185	6269	5959	160
郑州	Zhengzhou	65152	47813	69649	9	郴州	Chenzhou	6837	6237	7118	136
开封	Kaifeng	11564	9610	10542	94	永州	Yongzhou	6150	5608	5478	170
洛阳	Luoyang	17962	16296	26163	32	怀化	Huaihua	4205	4591	4299	191
平顶山	Pingdingshan	15383	13064	18591	46	娄底	Loudi	3588	3587	4423	186
安阳	Anyang	9194	6570	8957	107	**广东**	**Guangdong**	**609863**	**647692**	**655577**	
鹤壁	Hebi	3036	2067	4336	190	广州	Guangzhou	174453	120721	198459	1
新乡	Xinxiang	9341	7503	12077	75	韶关	Shaoguan	6688	8563	11217	83
焦作	Jiaozuo	8079	6088	9617	102	深圳	Shenzhen	131240	165673	147419	2
濮阳	Puyang	3872	2114	4529	184	珠海	Zhuhai	22239	21818	21674	37
许昌	Xuchang	9038	7697	10948	86	汕头	Shantou	10915	11540	11355	82
漯河	Luohe	4381	3351	5368	172	佛山	Foshan	41245	39285	37762	21
三门峡	Sanmenxia	7469	5289	7383	129	江门	Jiangmen	19509	21807	19842	42
南阳	Nanyang	15772	12703	21540	38	湛江	Zhanjiang	15156	15327	16222	54
商丘	Shangqiu	5250	4410	6270	154	茂名	Maoming	8257	8133	7718	124
信阳	Xinyang	10809	8257	12101	74	肇庆	Zhaoqing	10637	11051	10865	87
周口	Zhoukou	10298	7355	10552	93	惠州	Huizhou	19788	21423	22766	35
驻马店	Zhumadian	9273	7785	11127	84	梅州	Meizhou	5168	6305	6169	157
湖北	**Hubei**	**147141**	**150268**	**173312**		汕尾	Shanwei	3049	3120	3976	198
武汉	Wuhan	83361	76253	89912	6	河源	Heyuan	5698	6411	7381	130
黄石	Huangshi	3315	8442	5114	176	阳江	Yangjiang	8021	12163	9220	105
十堰	Shiyan	8856	6513	8206	117	清远	Qingyuan	11527	11803	12061	76
宜昌	Yichang	8695	11080	12987	70	东莞	Dongguan	66267	68771	68648	10
襄阳	Xiangyang	12354	8916	9828	101	中山	Zhongshan	27534	29539	29532	28
鄂州	Ezhou	2194	2099	2164	245	潮州	Chaozhou	3569	3378	3174	222
荆门	Jingmen	6698	5752	6178	156	揭阳	Jieyang	6543	6738	6268	155
孝感	Xiaogan	46	5681	7162	134	云浮	Yunfu	3869	3722	3849	205
荆州	Jingzhou	3551	3658	5014	177	**广西**	**Guangxi**	**70818**	**74217**	**83636**	
黄冈	Huanggang	5212	5246	5762	163	南宁	Nanning	21160	10986	33799	25
咸宁	Xianning	2015	5475	6371	152	柳州	Liuzhou	7061	4580	7971	120
随州	Suizhou	3646	4046	4399	188	桂林	Guilin	14709	12563	16077	55
湖南	**Hunan**	**140501**	**141712**	**48321**		梧州	Wuzhou	2215	1637	1866	254
长沙	Changsha	57570	59060	59800	11	北海	Beihai	3673	2381	3954	200
株洲	Zhuzhou	9521	9810	10756	89	防城港	Fangchenggang	1013	330	1069	276
湘潭	Xiangtan	8125	7475	6680	145	钦州	Qinzhou	2742	3738	3204	221
衡阳	Hengyang	9736	12210	13392	66	贵港	Guigang	2197	2643	2814	227
邵阳	Shaoyang	5557	6347	6409	151	玉林	Yulin	5371	4698	5260	174
岳阳	Yueyang	8131	8008	8200	118	百色	Baise	4256	2106	4406	187

14-6 住宿和餐饮业年末从业人数 续表 3
Employed Persons of Hotels and Catering Services at Year-end continued 3

单位：人 (person)

地名	City	2010	2011	2012	2012 排名 Ranking
贺州	Hezhou	687	881	1216	273
河池	Hechi	2295	2342	2628	235
来宾	Laibin	1679	1750	1976	251
崇左	Chongzuo	1760	1848	2191	242
海南	**Hainan**	**65532**	**71936**	**65798**	
海口	Haikou	21567	20294	18369	47
三亚	Sanya	29752	33869	33438	26
三沙	Sansha				
重庆	**Chongqing**	**102772**	**109964**	**116700**	
四川	**Sichuan**	**176495**	**161286**	**222769**	
成都	Chengdu	91665	110229	107633	4
自贡	Zigong	3589	5835	6741	144
攀枝花	Panzhihua	3740	4050	4219	193
泸州	Luzhou	3380	3668	3809	206
德阳	Deyang	6290	6989	8467	114
绵阳	Mianyang	8558	9780	11822	80
广元	Guangyuan	2320	2974	3667	209
遂宁	Suining	2472	3746	3610	211
内江	Neijiang	2813	3328	3786	207
乐山	Leshan	4093	4649	4830	179
南充	Nanchong	5214	7147	8980	106
眉山	Meishan	3783	3800	3612	210
宜宾	Yibin	3917	3892	4041	195
广安	Guangan	2497	2580	2786	229
达州	Dazhou	3783	4561	4985	178
雅安	Yaan	1867	2194	2171	243
巴中	Bazhong	1443	1993	2250	241
资阳	Ziyang	14897	18114	19528	44
贵州	**Guizhou**	**35377**	**42190**	**49407**	
贵阳	Guiyang	16445	20921	24074	33
六盘水	Liupanshui	1852	1997	2738	232
遵义	Zunyi	5205	4964	5489	169
安顺	Anshun	1532	1457	1679	261
毕节	Bijie	2102	2636	3863	204
铜仁	Tongren	1851	2580	3433	216
云南	**Yunnan**	**71018**	**78010**	**89852**	
昆明	Kunming	35795	36700	44082	17
曲靖	Qujing	5726	2300	7072	139
玉溪	Yuxi	3489	3700	3690	208
保山	Baoshan	1438	2300	2790	228
昭通	Zhaotong	1435	2600	4010	197

地名	City	2010	2011	2012	2012 排名 Ranking
丽江	Lijiang	5743	5300	6277	153
普洱	Puer	844	1100	2039	250
临沧	Lincang	777	2100	871	281
西藏	**Tibet**	**4742**	**5190**	**6227**	
拉萨	Lasa	1656	3049	3342	217
陕西	**Shaanxi**	**149146**	**156843**	**168430**	
西安	Xi'an	77836	83871	86639	7
铜川	Tongchuan	2094	2361	2729	233
宝鸡	Baoji	9571	9568	10130	95
咸阳	Xianyang	10122	11835	13373	67
渭南	Weinan	10111	10720	12807	72
延安	Yan'an	6585	7055	7446	127
汉中	Hanzhong	7406	7097	8018	119
榆林	Yulin	14948	13060	15298	58
安康	Ankang	5937	6596	6884	142
商洛	Shangluo	3425	3658	4045	194
甘肃	**Gansu**	**43859**	**44898**	**47499**	
兰州	Lanzhou	21962	21512	20527	40
嘉峪关	Jiayuguan	1284	1571	1452	267
金昌	Jinchang	1355	1381	1281	271
白银	Baiyin	1602	1878	1722	258
天水	Tianshui	4231	3918	4489	185
武威	Wuwei	966	981	1465	264
张掖	Zhangye	752	1034	1127	275
平凉	Pingliang	1497	2405	2415	237
酒泉	Jiuquan	3265	3356	3578	213
庆阳	Qingyang	1940	2529	3556	214
定西	Dingxi	1207	1707	2368	239
陇南	Longnan	1474	1343	1455	266
青海	**Qinghai**	**10934**	**10139**	**10575**	
西宁	Xining		7391	1690	260
海东	Haidong				
宁夏	**Ningxia**	**16670**	**17735**	**19587**	
银川	Yinchuan	10573	10759	11444	81
石嘴山	Shizuishan	1458	1410	1650	262
吴忠	Wuzhong	1531	2279	2155	246
固原	Guyuan	1165	1371	1596	263
中卫	Zhongwei	1943	1916	2742	231
新疆	**Xinjiang**	**34004**	**34282**	**35507**	
乌鲁木齐	Urumqi	20261	17425	16306	53
克拉玛依	Karamay	2471	1124	1195	274

14-7 住宿和餐饮业营业额
Business Revenue of Hotels and Catering Services

单位：亿元 （100 million yuan）

地名	City	2010	2012	2013	2013 排名 Ranking	地名	City	2010	2012	2013	2013 排名 Ranking
全国	**All Nation**	**5992.94**	**7954.20**	**8061.32**		沈阳	Shenyang	72.74	102.69	173.43	6
北京	**Beijing**	**698.91**	**918.60**	**873.54**		大连	Dalian	56.21	70.90	92.81	20
天津	**Tianjin**	**109.51**	**142.20**	**143.31**		鞍山	Anshan	13.46	19.94	52.12	37
河北	**Hebei**	**101.26**	**138.50**	**120.15**		抚顺	Fushun	3.89	4.57	14.56	129
石家庄	Shijiazhuang	21.72	27.71	24.73	84	本溪	Benxi	2.76	3.17	8.15	172
唐山	Tangshan	16.85	20.11	16.63	116	丹东	Dandong	6.57	10.49	25.44	79
秦皇岛	Qinhuangdao	8.36	11.77	10.16	149	锦州	Jinzhou	5.07	6.90	21.61	97
邯郸	Handan	9.37	15.49	12.60	135	营口	Yingkou	8.40	12.97	19.57	107
邢台	Xingtai	3.82	6.51	6.07	206	阜新	Fuxin	1.20	1.67	2.69	248
保定	Baoding	11.06	15.80	13.87	131	辽阳	Liaoyang	3.34	4.18	7.02	187
张家口	Zhangjiakou	7.62	9.22	8.70	165	盘锦	Panjin	5.62	5.30	9.16	160
承德	Chengde	5.09	7.73	6.77	192	铁岭	Tieling	2.41	4.19	10.10	150
沧州	Cangzhou	5.90	7.95	7.10	184	朝阳	Chaoyang	3.10	3.51	8.85	164
廊坊	Langfang	9.11	12.20	9.05	162	葫芦岛	Huludao	4.44	4.48	5.31	218
衡水	Hengshui	2.37	3.95	4.48	226	**吉林**	**Jilin**	**46.75**	**58.40**	**55.11**	
山西	**Shanxi**	**121.08**	**156.60**	**121.24**		长春	Changchun	23.66	28.63	25.71	78
太原	Taiyuan	49.04	66.92	49.33	40	吉林	Jilin	7.87	9.29	8.45	166
大同	Datong	139.02	18.87	15.60	120	四平	Siping	2.52	3.86	5.57	213
阳泉	Yangquan	4.96	5.07	2.82	244	辽源	Liaoyuan	0.54	1.06	0.91	277
长治	Changzhi	8.71	11.62	8.06	174	通化	Tonghua	1.82	4.32	3.49	237
晋城	Jincheng	7.45	8.51	6.50	197	白山	Baishan	0.98	1.45	1.51	269
朔州	Shuozhou	6.00	8.66	8.97	163	松原	Songyuan	3.20	2.18	2.50	251
晋中	Jinzhong	5.74	7.52	5.81	211	白城	Baicheng	0.57	0.74	0.67	280
运城	Yuncheng	8.58	7.25	5.96	208	**黑龙江**	**Heilongjiang**	**62.66**	**66.90**	**58.72**	
忻州	Xinzhou	4.66	7.07	5.83	210	哈尔滨	Harbin	44.73	39.95	34.90	60
临汾	Linfen	7.48	7.41	5.41	217	齐齐哈尔	Qiqihar	1.51	2.74	1.19	274
吕梁	Lvliang	4.54	7.68	6.94	189	鸡西	Jixi	0.73	0.58	0.48	283
内蒙古	**Inner Mongolia**	**87.35**	**100.90**	**106.25**		鹤岗	Hegang	0.51	0.88	0.80	278
呼和浩特	Hohhot	132.10	44.90	35.09	57	双鸭山	Shuangyashan	0.66	0.79	0.62	282
包头	Baotou	21.43	29.86	43.56	47	大庆	Daqing	5.25	4.75	4.31	228
乌海	Wuhai	12.70	6.55	5.54	215	伊春	Yichun	1.02	2.16	2.56	250
赤峰	Chifeng	4.20	8.57	20.44	102	佳木斯	Jiamusi	1.95	2.14	1.76	263
通辽	Tongliao	2.41	4.42	4.07	232	七台河	Qitaihe	0.32	0.07	0.20	284
鄂尔多斯	Erdos	12.11	14.83	3.70	234	牡丹江	Mudanjiang	3.40	5.86	6.45	199
呼伦贝尔	Hulunbuir	9.54	13.51	7.64	181	黑河	Heihe	0.48	1.37	1.02	275
巴彦淖尔	Bayannur	1.02	1.98	1.20	273	绥化	Suihua	0.61	0.66	0.76	279
乌兰察布	Ulanqab	3.60	3.87	2.08	257	**上海**	**Shanghai**	**557.47**	**630.10**	**720.85**	
辽宁	**Liaoning**	**189.21**	**255.00**	**249.59**		**江苏**	**Jiangsu**	**423.31**	**557.00**	**611.13**	

14-7 住宿和餐饮业营业额 续表 1

Business Revenue of Hotels and Catering Services continued 1

单位：亿元 （100 million yuan）

地名	City	2010	2012	2013	2013 排名 Ranking	地名	City	2010	2012	2013	2013 排名 Ranking
南京	Nanjing	6.90	181.90	139.47	10	池州	Chizhou	3.60	5.30	5.49	216
无锡	Wuxi	5.55	78.40	61.46	32	宣城	Xuancheng	5.27	8.00	7.96	176
徐州	Xuzhou	5.03	32.20	35.60	56	**福建**	**Fujian**	**197.7**	**289.3**	**306.2**	
常州	Changzhou	5.21	53.20	49.44	39	福州	Fuzhou	79.62	114.90	118.33	13
苏州	Suzhou	15.27	137.00	107.78	16	厦门	Xiamen	57.24	81.77	76.82	27
南通	Nantong	6.13	21.30	22.94	89	莆田	Putian	4.76	7.38	8.21	169
连云港	Lianyungang	2.75	10.90	10.66	145	三明	Sanming	4.77	9.22	9.37	156
淮安	Huaian	2.33	14.10	16.45	118	泉州	Quanzhou	26.22	37.07	38.57	52
盐城	Yancheng	3.92	19.20	20.16	106	漳州	Zhangzhou	6.84	10.57	11.36	138
扬州	Yangzhou	4.03	24.60	23.49	88	南平	Nanping	6.35	10.29	14.58	128
镇江	Zhenjiang	2.43	22.50	23.82	87	龙岩	Longyan	5.49	8.19	7.84	180
泰州	Taizhou	3.59	18.80	17.32	112	宁德	Ningde	6.34	9.89	10.64	146
宿迁	Suqian	2.09	8.10	7.99	175	**江西**	**Jiangxi**	**76.68**	**89.50**	**81.16**	
浙江	**Zhejiang**	**470.06**	**581.20**	**536.93**		南昌	Nanchang	31.50	34.00	28.34	76
杭州	Hangzhou	247.70	248.54	226.89	5	景德镇	Jingdezhen	3.30	3.51	3.07	240
宁波	Ningbo	74.71	88.20	115.26	15	萍乡	Pingxiang	1.90	2.46	1.88	261
温州	Wenzhou	65.55	61.47	73.52	28	九江	Jiujiang	6.20	8.32	8.42	167
嘉兴	Jiaxing	23.74	31.41	30.22	71	新余	Xinyu	4.80	7.10	7.07	186
湖州	Huzhou	13.68	20.73	21.43	98	鹰潭	Yingtan	1.40	2.12	2.02	259
绍兴	Shaoxing	31.38	41.80	44.02	46	赣州	Ganzhou	6.80	7.78	8.18	170
金华	Jinhua	21.11	30.65	33.97	61	吉安	Jian	3.40	3.99	3.64	235
衢州	Quzhou	4.43	5.93	48.74	42	宜春	Yichun	3.10	4.99	4.62	225
舟山	Zhoushan	14.21	17.07	17.30	113	抚州	Fuzhou	2.40	2.69	2.33	254
台州	Taizhou	23.44	27.60	25.26	81	上饶	Shangrao	11.90	12.54	11.59	136
丽水	Lishui	6.09	7.80	8.11	173	**山东**	**Shandong**	**480.70**	**540.20**	**553.59**	
安徽	**Anhui**	**106.67**	**160.80**	**168.32**		济南	Jinan	54.25	65.42	59.85	33
合肥	Hefei	39.84	60.95	58.43	34	青岛	Qingdao	79.20	99.67	90.85	21
芜湖	Wuhu	9.10	13.94	15.79	119	淄博	Zibo	47.58	31.76	31.01	69
蚌埠	Bengbu	3.35	4.97	5.57	213	枣庄	Zaozhuang	8.16	9.30	10.82	141
淮南	Huainan	3.34	4.66	4.45	227	东营	Dongying	17.72	23.64	17.99	110
马鞍山	Maanshan	4.14	7.19	6.40	200	烟台	Yantai	46.49	68.22	77.10	26
淮北	Huaibei	1.36	1.72	2.03	258	潍坊	Weifang	22.97	28.77	30.19	72
铜陵	Tongling	2.93	5.38	6.37	201	济宁	Jining	23.10	26.48	25.16	82
安庆	Anqing	7.33	12.14	14.85	127	泰安	Taian	41.20	45.55	52.92	36
黄山	Huangshan	8.52	12.81	11.10	140	威海	Weihai	30.20	33.05	29.40	75
滁州	Chuzhou	3.90	6.64	9.91	152	日照	Rizhao	8.34	7.66	6.47	198
阜阳	Fuyang	3.19	4.81	5.91	209	莱芜	Laiwu	1.94	2.58	2.22	256
宿州	Suzhou	1.76	3.36	4.31	228	临沂	Linyi	20.64	22.68	21.89	94
六安	Liuan	4.28	6.13	6.23	203	德州	Dezhou	30.36	25.10	44.45	45
亳州	Bozhou	1.55	2.79	3.53	236	聊城	Liaocheng	8.75	11.54	10.81	142

14-7 住宿和餐饮业营业额 续表 2
Business Revenue of Hotels and Catering Services continued 2

单位：亿元 （100 million yuan）

地名	City	2010	2012	2013	2013 排名 Ranking	地名	City	2010	2012	2013	2013 排名 Ranking
滨州	Binzhou	8.87	8.88	7.53	182	常德	Changde	68.58	74.88	105.02	17
菏泽	Heze	30.90	29.97	34.93	59	张家界	Zhangjiajie	13.79	18.67	20.24	105
河南	**Henan**	**199.03**	**295.10**	**292.31**		益阳	Yiyang	33.15	42.76	46.39	43
郑州	Zhengzhou	77.32	125.81	118.19	14	郴州	Chenzhou	57.66	116.37	86.10	22
开封	Kaifeng	16.05	26.87	29.70	73	永州	Yongzhou	27.64	35.52	37.59	54
洛阳	Luoyang	18.31	34.40	37.99	53	怀化	Huaihua	28.25	39.79	41.67	49
平顶山	Pingdingshan	17.76	30.30	32.64	66	娄底	Loudi	29.06	34.88	33.32	64
安阳	Anyang	12.95	12.83	11.58	137	**广东**	**Guangdong**	**843.60**	**1053.50**	**1084.55**	
鹤壁	Hebi	3.03	5.46	6.16	204	广州	Guangzhou	326.72	442.15	482.14	1
新乡	Xinxiang	9.92	17.59	19.40	109	韶关	Shaoguan	7.21	14.41	14.94	126
焦作	Jiaozuo	10.73	16.95	16.62	117	深圳	Shenzhen	218.78	387.90	441.84	2
濮阳	Puyang	7.52	15.64	15.27	121	珠海	Zhuhai	31.96	36.51	39.13	51
许昌	Xuchang	12.74	22.09	22.71	91	汕头	Shantou	16.09	21.61	21.68	96
漯河	Luohe	6.01	11.89	14.47	130	佛山	Foshan	67.41	66.46	65.88	30
三门峡	Sanmenxia	5.70	8.06	7.18	183	江门	Jiangmen	26.96	31.18	30.72	70
南阳	Nanyang	22.09	37.46	32.69	65	湛江	Zhanjiang	18.77	28.67	33.84	62
商丘	Shangqiu	6.58	10.08	10.60	147	茂名	Maoming	13.51	15.27	17.87	111
信阳	Xinyang	18.11	28.92	33.48	63	肇庆	Zhaoqing	14.60	23.83	22.78	90
周口	Zhoukou	15.38	23.83	24.57	86	惠州	Huizhou	24.82	37.01	40.61	50
驻马店	Zhumadian	11.73	23.65	24.60	85	梅州	Meizhou	6.71	12.04	10.36	148
湖北	**Hubei**	**169.27**	**298.10**	**349.42**		汕尾	Shanwei	3.64	5.44	6.12	205
武汉	Wuhan	113.68	155.26	152.00	9	河源	Heyuan	5.45	8.92	8.26	168
黄石	Huangshi	5.60	6.58	6.77	192	阳江	Yangjiang	12.16	20.21	20.26	104
十堰	Shiyan	35.89	8.63	9.20	159	清远	Qingyuan	13.68	16.42	13.36	133
宜昌	Yichang	32.16	19.80	19.51	108	东莞	Dongguan	79.15	96.04	93.84	19
襄阳	Xiangyang	6.80	20.78	25.29	80	中山	Zhongshan	35.35	43.39	41.87	48
鄂州	Ezhou	1.82	3.14	3.36	238	潮州	Chaozhou	4.15	6.63	7.09	185
荆门	Jingmen	33.60	22.69	9.64	153	揭阳	Jieyang	13.75	18.76	21.14	99
孝感	Xiaogan	4.80	9.33	9.43	155	云浮	Yunfu	5.08	8.67	9.94	151
荆州	Jingzhou	3.69	6.17	6.34	202	**广西**	**Guangxi**	**67.59**	**96.50**	**92.62**	
黄冈	Huanggang	55.80	5.35	5.99	207	南宁	Nanning	26.55	44.29	45.44	44
咸宁	Xianning	3.25	14.70	15.15	123	柳州	Liuzhou	6.54	87.08	9.34	158
随州	Suizhou	2.60	10.39	13.56	132	桂林	Guilin	12.89	19.40	134.60	11
湖南	**Hunan**	**178.04**	**243.50**	**258.53**		梧州	Wuzhou	1.92	2.13	2.37	253
长沙	Changsha	202.18	266.97	279.38	3	北海	Beihai	15.92	4.55	4.14	230
株洲	Zhuzhou	56.37	70.60	78.64	25	防城港	Fangchenggang	0.68	0.99	1.38	272
湘潭	Xiangtan	36.55	56.83	65.45	31	钦州	Qinzhou	2.32	3.44	16.74	115
衡阳	Hengyang	64.64	70.71	78.98	24	贵港	Guigang	1.69	2.45	2.46	252
邵阳	Shaoyang	37.01	45.48	51.99	38	玉林	Yulin	3.44	5.03	4.88	222
岳阳	Yueyang	66.97	101.83	160.01	8	百色	Baise	3.02	3.87	22.05	93

14-7 住宿和餐饮业营业额 续表 3
Business Revenue of Hotels and Catering Services continued 3

单位：亿元 （100 million yuan）

地名	City	2010	2012	2013	2013 排名 Ranking	地名	City	2010	2012	2013	2013 排名 Ranking
贺州	Hezhou	5.28	0.74	0.66	281	丽江	Lijiang	5.22	9.10	8.16	171
河池	Hechi	15.61	2.60	1.65	265	普洱	Puer	0.61	23.90	26.05	77
来宾	Laibin	1.02	1.55	1.41	271	临沧	Lincang	0.53	11.19	15.10	124
崇左	Chongzuo	1.64	2.30	2.24	255	**西藏**	**Tibet**	**4.42**	**7.20**	**6.90**	
海南	**Hainan**	**88.66**	**104.80**	**104.44**		拉萨	Lasa	10.86	4.40	20.57	100
海口	Haikou	22.51	26.51	238.02	4	**陕西**	**Shaanxi**	**156.80**	**230.40**	**227.18**	
三亚	Sanya	52.86	68.40	99.44	18	西安	Xi'an	94.92	130.13	122.40	12
三沙	Sansha					铜川	Tongchuan	1.78	3.05	2.88	242
重庆	**Chongqing**	**134.38**	**212.60**	**232.68**		宝鸡	Baoji	8.65	12.10	11.34	139
四川	**Sichuan**	**215.07**	**395.70**	**370.12**		咸阳	Xianyang	9.21	17.61	20.45	101
成都	Chengdu	132.96	194.92	170.45	7	渭南	Weinan	11.12	21.54	22.67	92
自贡	Zigong	3.10	8.37	10.71	144	延安	Yan'an	5.15	6.58	5.21	220
攀枝花	Panzhihua	2.93	4.86	7.93	178	汉中	Hanzhong	4.90	8.09	7.88	179
泸州	Luzhou	2.96	5.07	6.74	194	榆林	Yulin	13.02	18.67	15.18	122
德阳	Deyang	5.87	9.72	10.81	142	安康	Ankang	4.77	8.22	7.96	176
绵阳	Mianyang	8.49	52.86	16.92	114	商洛	Shangluo	2.42	3.37	2.80	245
广元	Guangyuan	2.27	4.12	4.77	224	**甘肃**	**Gansu**	**37.11**	**64.50**	**64.28**	
遂宁	Suining	1.82	4.13	4.84	223	兰州	Lanzhou	215.40	29.12	29.56	74
内江	Neijiang	2.15	4.73	9.57	154	嘉峪关	Jiayuguan	11.64	1.72	1.76	263
乐山	Leshan	3.61	6.53	6.73	195	金昌	Jinchang	7.89	1.48	1.65	265
南充	Nanchong	5.45	12.81	15.04	125	白银	Baiyin	10.33	2.41	1.83	262
眉山	Meishan	2.81	5.59	6.98	188	天水	Tianshui	28.03	7.21	6.87	191
宜宾	Yibin	3.72	7.54	9.15	161	武威	Wuwei	6.59	1.17	1.63	268
广安	Guangan	1.96	3.37	4.13	231	张掖	Zhangye	5.54	1.20	1.50	270
达州	Dazhou	3.13	6.21	6.66	196	平凉	Pingliang	11.50	2.91	3.30	239
雅安	Yaan	1.79	2.72	1.94	260	酒泉	Jiuquan	27.11	5.44	5.24	219
巴中	Bazhong	1.25	4.31	5.64	212	庆阳	Qingyang	13.78	6.29	5.03	221
资阳	Ziyang	18.06	36.73	49.32	41	定西	Dingxi	8.04	2.09	2.70	247
贵州	**Guizhou**	**32.13**	**54.90**	**63.11**		陇南	Longnan	9.82	1.30	1.01	276
贵阳	Guiyang	18.15	30.68	32.17	67	**青海**	**Qinghai**	**9.05**	**11.60**	**11.93**	
六盘水	Liupanshui	1.55	2.53	2.78	246	西宁	Xining		8.52	9.36	157
遵义	Zunyi	4.31	5.43	6.93	190	海东	Haidong				
安顺	Anshun	0.95	1.38	1.64	267	**宁夏**	**Ningxia**	**15.95**	**21.60**	**17.52**	
毕节	Bijie	1.48	3.17	2.95	241	银川	Yinchuan	11.30	14.34	58.30	35
铜仁	Tongren	1.43	3.26	4.07	232	石嘴山	Shizuishan	1.05	1.51	24.91	83
云南	**Yunnan**	**73.74**	**126.20**	**133.68**		吴忠	Wuzhong	1.38	2.18	31.72	68
昆明	Kunming	43.31	70.70	72.31	29	固原	Guyuan	0.96	1.58	21.85	95
曲靖	Qujing	6.17	11.90	85.80	23	中卫	Zhongwei	1.22	2.05	13.34	134
玉溪	Yuxi	4.66	4.08	36.70	55	**新疆**	**Xinjiang**	**38.93**	**52.80**	**46.00**	
保山	Baoshan	1.55	26.00	20.32	103	乌鲁木齐	Urumqi	6.46	41.59	35.06	58
昭通	Zhaotong	1.18	0.50	2.88	242	克拉玛依	Karamay	0.58	3.05	2.68	249

14-8 货物进出口总额
Total Imports & Exports

单位：亿美元 (100 million USD)

地名	City	2010	2013	2014	2014 排名 Ranking	地名	City	2010	2013	2014	2014 排名 Ranking
全国	**Nation Total**	**29740.00**	**41589.93**	**43015.27**		沈阳	Shenyang	78.56	143.29	158.00	36
北京	**Beijing**	**3016.61**	**4289.96**	**4155.19**		大连	Dalian	519.82	688.23	657.74	11
天津	**Tianjin**	**822.01**	**1285.02**	**1338.86**		鞍山	Anshan	39.04	48.80	45.31	81
河北	**Hebei**	**419.31**	**549.12**	**598.77**		抚顺	Fushun	10.25	10.74	9.18	174
石家庄	Shijiazhuang	109.74	139.99	149.12	38	本溪	Benxi	34.76	44.63	44.93	82
唐山	Tangshan	75.39	126.69	134.70	40	丹东	Dandong	29.29	51.16	45.89	79
秦皇岛	Qinhuangdao	35.09	43.75	46.66	78	锦州	Jinzhou	23.18	35.05	43.95	87
邯郸	Handan	30.80	36.06	38.28	99	营口	Yingkou	29.22	66.91	73.45	59
邢台	Xingtai	18.19	18.33	19.60	135	阜新	Fuxin	1.45	3.33	3.62	223
保定	Baoding	58.59	54.96	59.02	66	辽阳	Liaoyang	12.49	9.19	10.12	167
张家口	Zhangjiakou	2.85	3.88	4.17	219	盘锦	Panjin	4.80	13.07	9.17	176
承德	Chengde	3.19	2.56	2.76	239	铁岭	Tieling	5.45	8.54	10.28	166
沧州	Cangzhou	16.78	25.70	27.61	115	朝阳	Chaoyang	4.96	6.62	9.39	172
廊坊	Langfang	47.99	59.05	62.91	64	葫芦岛	Huludao	13.44	13.29	18.56	138
衡水	Hengshui	20.71	37.87	40.72	90	**吉林**	**Jilin**	**168.46**	**258.32**	**263.81**	
山西	**Shanxi**	**125.78**	**157.91**	**162.33**		长春	Changchun	132.24	204.16	207.29	31
太原	Taiyuan	79.13	91.63	106.71	48	吉林	Jilin	8.46	11.02	14.22	153
大同	Datong	5.68	4.78	4.82	209	四平	Siping	2.63	3.50	4.86	208
阳泉	Yangquan	2.91	2.13	1.96	248	辽源	Liaoyuan	0.62	2.20	2.86	234
长治	Changzhi	3.72	10.55	6.83	191	通化	Tonghua	4.96	5.91	7.62	184
晋城	Jincheng	5.32	9.19	10.98	164	白山	Baishan	2.34	2.94	3.17	229
朔州	Shuozhou	1.25	1.17	0.93	259	松原	Songyuan	0.88	0.90	1.19	255
晋中	Jinzhong	2.30	4.44	3.60	224	白城	Baicheng	0.81	1.23	1.33	254
运城	Yuncheng	10.45	17.46	14.98	149	**黑龙江**	**Heilongjiang**	**255.04**	**388.79**	**389.01**	
忻州	Xinzhou	1.27	1.98	2.08	247	哈尔滨	Harbin	42.25	48.24	55.17	69
临汾	Linfen	6.51	7.17	3.99	221	齐齐哈尔	Qiqihar	8.93	8.25	9.06	177
吕梁	Lvliang	7.25	7.48	5.61	198	鸡西	Jixi	7.07	12.01	8.23	181
内蒙古	**Inner Mongolia**	**87.19**	**119.95**	**145.56**		鹤岗	Hegang	0.82	0.82	1.39	253
呼和浩特	Hohhot	15.06	15.99	17.01	141	双鸭山	Shuangyashan	9.97	12.00	10.70	165
包头	Baotou	19.53	21.05	22.44	127	大庆	Daqing	15.41	33.73	40.54	91
乌海	Wuhai	0.06	0.09	0.09	282	伊春	Yichun	3.02	2.12	2.77	237
赤峰	Chifeng	3.24	9.15	9.64	170	佳木斯	Jiamusi	30.52	30.54	25.44	118
通辽	Tongliao	1.75	2.09	2.23	245	七台河	Qitaihe	0.61	0.24	0.20	277
鄂尔多斯	Erdos	4.31	11.34	12.01	158	牡丹江	Mudanjiang	90.04	121.75	44.14	85
呼伦贝尔	Hulunbuir	23.26	23.73	25.05	119	黑河	Heihe	28.55	41.94	17.83	139
巴彦淖尔	Bayannur	5.33	14.26	15.06	148	绥化	Suihua	1.04	2.60	3.19	228
乌兰察布	Ulanqab	0.82	0.47	0.50	267	**上海**	**Shanghai**	**3688.69**	**4412.68**	**4664.00**	
辽宁	**Liaoning**	**806.71**	**1144.78**	**1139.98**		**江苏**	**Jiangsu**	**4657.93**	**5508.02**	**5635.53**	

14-8 货物进出口总额 续表 1
Total Imports & Exports continued 1

单位：亿美元 (100 million USD)

地名	City	2010	2013	2014	2014 排名 Ranking	地名	City	2010	2013	2014	2014 排名 Ranking
南京	Nanjing	456.01	557.57	572.21	13	池州	Chizhou	2.11	4.10	4.12	220
无锡	Wuxi	612.23	703.71	741.70	8	宣城	Xuancheng	6.92	18.79	16.90	142
徐州	Xuzhou	41.61	62.89	59.89	65	**福建**	**Fujian**	**1087.80**	**1693.21**	**1774.08**	
常州	Changzhou	222.78	292.15	288.10	26	福州	Fuzhou	245.86	313.55	348.85	20
苏州	Suzhou	2740.76	3093.48	3113.06	2	厦门	Xiamen	570.31	840.84	834.89	6
南通	Nantong	210.75	298.14	316.47	24	莆田	Putian	34.22	47.72	52.42	73
连云港	Lianyungang	50.72	66.41	80.30	56	三明	Sanming	12.80	16.68	20.43	133
淮安	Huaian	21.71	36.61	41.06	89	泉州	Quanzhou	112.56	291.25	308.50	25
盐城	Yancheng	39.37	65.28	75.17	58	漳州	Zhangzhou	73.99	97.39	113.24	45
扬州	Yangzhou	82.40	95.07	100.12	51	南平	Nanping	10.83	16.70	15.96	145
镇江	Zhenjiang	81.54	99.50	103.07	50	龙岩	Longyan	15.13	32.16	39.63	94
泰州	Taizhou	85.86	104.41	108.93	46	宁德	Ningde	12.11	32.56	40.16	93
宿迁	Suqian	12.20	33.22	37.55	100	**江西**	**Jiangxi**	**216.00**	**367.47**	**427.31**	
浙江	**Zhejiang**	**2535.33**	**3357.89**	**3550.40**		南昌	Nanchang	53.07	97.11	122.22	44
杭州	Hangzhou	523.55	650.71	679.98	10	景德镇	Jingdezhen	8.09	11.22	7.84	183
宁波	Ningbo	829.04	1003.29	1047.04	5	萍乡	Pingxiang	4.53	13.73	14.87	150
温州	Wenzhou	170.94	206.02	337.34	23	九江	Jiujiang	18.15	47.40	57.68	67
嘉兴	Jiaxing	228.24	317.61	99.89	52	新余	Xinyu	36.08	20.78	20.46	132
湖州	Huzhou	69.28	95.33	346.83	22	鹰潭	Yingtan	39.63	44.34	41.25	88
绍兴	Shaoxing	270.16	333.70	123.35	43	赣州	Ganzhou	16.30	33.00	39.00	97
金华	Jinhua	131.99	342.75	207.82	29	吉安	Jian	11.29	35.61	44.26	84
衢州	Quzhou	18.89	37.76	414.87	18	宜春	Yichun	6.60	19.83	23.83	121
舟山	Zhoushan	107.33	126.72	44.48	83	抚州	Fuzhou	5.59	12.61	15.54	146
台州	Taizhou	170.01	218.78	220.79	28	上饶	Shangrao	16.67	31.83	40.36	92
丽水	Lishui	15.33	25.89	29.08	112	**山东**	**Shandong**	**1889.51**	**2665.32**	**2769.29**	
安徽	**Anhui**	**242.77**	**455.19**	**491.77**		济南	Jinan	74.31	95.66	105.00	49
合肥	Hefei	99.59	181.90	207.41	30	青岛	Qingdao	570.60	779.12	798.88	7
芜湖	Wuhu	26.10	54.33	64.47	62	淄博	Zibo	67.02	90.08	89.39	54
蚌埠	Bengbu	5.44	17.10	20.80	131	枣庄	Zaozhuang	9.11	12.51	14.40	151
淮南	Huainan	1.22	5.05	4.47	216	东营	Dongying	80.01	131.48	132.56	41
马鞍山	Maanshan	28.78	36.25	29.72	108	烟台	Yantai	437.81	493.13	527.52	16
淮北	Huaibei	2.00	4.68	5.48	200	潍坊	Weifang	117.51	161.60	177.86	34
铜陵	Tongling	34.11	58.23	52.39	74	济宁	Jining	44.60	52.30	52.32	75
安庆	Anqing	6.81	18.04	22.57	126	泰安	Taian	15.89	24.85	29.74	107
黄山	Huangshan	3.28	8.03	9.18	175	威海	Weihai	139.06	171.50	165.87	35
滁州	Chuzhou	9.13	18.55	22.04	129	日照	Rizhao	133.77	330.39	347.69	21
阜阳	Fuyang	3.56	13.66	16.10	144	莱芜	Laiwu	27.18	25.04	22.19	128
宿州	Suzhou	1.54	5.35	6.51	193	临沂	Linyi	47.67	94.08	107.91	47
六安	Liuan	4.54	8.01	6.87	190	德州	Dezhou	19.50	35.38	35.07	102
亳州	Bozhou	2.39	4.26	3.69	222	聊城	Liaocheng	36.32	61.89	57.53	68

14-8 货物进出口总额 续表 2

Total Imports & Exports continued 2

单位：亿美元 (100 million USD)

地名	City	2010	2013	2014	2014 排名 Ranking	地名	City	2010	2013	2014	2014 排名 Ranking
滨州	Binzhou	50.90	82.89	71.99	60	常德	Changde	2.58	5.62	7.58	186
菏泽	Heze	18.23	29.67	35.22	101	张家界	Zhangjiajie	0.28	0.46	0.90	260
河南	**Henan**	**177.92**	**599.57**	**649.72**		益阳	Yiyang	3.76	4.85	5.82	196
郑州	Zhengzhou	51.74	427.49	456.39	17	郴州	Chenzhou	9.79	37.88	45.53	80
开封	Kaifeng	2.39	5.00	5.37	201	永州	Yongzhou	1.17	4.50	9.37	173
洛阳	Luoyang	15.44	17.95	19.23	136	怀化	Huaihua	0.47	0.83	1.06	257
平顶山	Pingdingshan	4.25	4.76	5.11	206	娄底	Loudi	14.41	14.29	15.46	147
安阳	Anyang	15.72	18.67	19.74	134	**广东**	**Guangdong**	**7848.96**	**10915.81**	**10765.84**	
鹤壁	Hebi	1.45	2.64	2.84	235	广州	Guangzhou	1037.62	1188.96	1305.76	4
新乡	Xinxiang	11.34	11.27	12.09	157	韶关	Shaoguan	15.75	23.22	23.54	122
焦作	Jiaozuo	17.41	22.62	24.20	120	深圳	Shenzhen	3467.63	5374.75	4877.40	1
濮阳	Puyang	4.88	6.65	7.16	189	珠海	Zhuhai	434.83	542.88	549.60	15
许昌	Xuchang	12.86	21.43	23.04	123	汕头	Shantou	73.65	92.34	95.51	53
漯河	Luohe	3.92	4.45	4.74	211	佛山	Foshan	516.58	639.40	688.07	9
三门峡	Sanmenxia	1.63	2.92	3.12	231	江门	Jiangmen	143.33	197.33	203.74	32
南阳	Nanyang	9.53	17.96	19.23	137	湛江	Zhanjiang	35.43	55.13	63.16	63
商丘	Shangqiu	1.33	2.52	2.71	240	茂名	Maoming	8.02	12.23	13.74	154
信阳	Xinyang	3.54	6.82	7.25	188	肇庆	Zhaoqing	43.91	70.17	78.30	57
周口	Zhoukou	3.84	7.75	8.31	180	惠州	Huizhou	342.35	573.90	594.12	12
驻马店	Zhumadian	2.32	4.04	4.34	217	梅州	Meizhou	11.72	17.63	21.82	130
湖北	**Hubei**	**259.07**	**363.80**	**430.40**		汕尾	Shanwei	20.50	41.74	39.47	96
武汉	Wuhan	180.55	217.52	264.29	27	河源	Heyuan	27.17	32.32	39.55	95
黄石	Huangshi	15.08	28.53	28.55	113	阳江	Yangjiang	18.03	23.80	26.88	117
十堰	Shiyan	2.75	4.83	5.66	197	清远	Qingyuan	37.68	43.58	44.00	86
宜昌	Yichang	17.67	23.50	26.97	116	东莞	Dongguan	1215.66	1530.70	1624.97	3
襄阳	Xiangyang	7.14	16.20	11.70	160	中山	Zhongshan	311.13	356.23	369.59	19
鄂州	Ezhou	1.99	4.92	5.19	204	潮州	Chaozhou	38.23	39.17	34.22	105
荆门	Jingmen	2.98	7.77	9.67	169	揭阳	Jieyang	36.27	46.92	54.62	71
孝感	Xiaogan	3.69	10.25	11.96	159	云浮	Yunfu	13.47	15.81	17.79	140
荆州	Jingzhou	7.75	13.66	16.51	143	**广西**	**Guangxi**	**177.06**	**328.27**	**405.49**	
黄冈	Huanggang	2.64	5.36	6.12	195	南宁	Nanning	22.13	44.21	48.14	76
咸宁	Xianning	1.88	3.36	4.67	212	柳州	Liuzhou	1.54	28.84	22.68	125
随州	Suizhou	7.99	12.67	14.31	152	桂林	Guilin	9.03	9.24	9.43	171
湖南	**Hunan**	**146.89**	**251.75**	**308.32**		梧州	Wuzhou	6.43	17.65	12.49	156
长沙	Changsha	60.89	98.93	125.66	42	北海	Beihai	13.70	26.98	35.00	103
株洲	Zhuzhou	14.76	25.66	27.99	114	防城港	Fangchenggang	27.96	43.00	54.69	70
湘潭	Xiangtan	21.59	26.35	22.81	124	钦州	Qinzhou	13.14	35.30	53.34	72
衡阳	Hengyang	7.88	18.14	29.43	110	贵港	Guigang	1.74	2.21	3.06	232
邵阳	Shaoyang	2.97	5.91	8.42	179	玉林	Yulin	4.51	4.17	4.87	207
岳阳	Yueyang	3.85	6.44	7.92	182	百色	Baise	3.95	5.98	7.29	187

14-8 货物进出口总额 续表 3
Total Imports & Exports continued 3

单位：亿美元 (100 million USD)

地名	City	2010	2013	2014	2014 排名 Ranking
贺州	Hezhou	0.97	2.00	1.73	250
河池	Hechi	6.11	4.81	4.79	210
来宾	Laibin	1.68	1.20	1.07	256
崇左	Chongzuo	37.34	102.77	146.94	39
海南	**Hainan**	**108.17**	**149.85**	**158.63**	
海口	Haikou	39.45	47.96	34.01	106
三亚	Sanya	11.86	1.51	0.41	270
三沙	Sansha				
重庆	**Chongqing**	**124.26**	**686.92**	**954.32**	
四川	**Sichuan**	**327.78**	**645.75**	**702.03**	
成都	Chengdu	224.50	506.09	558.45	14
自贡	Zigong	5.41	10.14	6.72	192
攀枝花	Panzhihua	2.54	1.87	3.01	233
泸州	Luzhou	1.33	2.27	2.76	238
德阳	Deyang	22.32	33.92	38.84	98
绵阳	Mianyang	15.98	28.10	29.18	111
广元	Guangyuan	2.07	3.50	4.21	218
遂宁	Suining	2.82	5.56	6.30	194
内江	Neijiang	1.68	3.63	3.15	230
乐山	Leshan	9.76	11.20	11.10	162
南充	Nanchong	3.09	6.73	2.81	236
眉山	Meishan	1.00	2.88	3.32	226
宜宾	Yibin	6.53	8.13	8.90	178
广安	Guangan	2.93	9.93	11.08	163
达州	Dazhou	0.71	3.14	3.25	227
雅安	Yaan	0.13	0.69	0.77	262
巴中	Bazhong	0.49	1.44	1.67	251
资阳	Ziyang	1.57	5.43	5.57	199
贵州	**Guizhou**	**31.38**	**82.90**	**107.71**	
贵阳	Guiyang	22.75	66.62	71.14	61
六盘水	Liupanshui	3.16	4.96	5.21	203
遵义	Zunyi	2.01	1.80	1.92	249
安顺	Anshun	1.30	0.31	0.33	271
毕节	Bijie	0.06	1.09		
铜仁	Tongren	0.02	0.16		
云南	**Yunnan**	**133.68**	**253.04**	**296.07**	
昆明	Kunming	101.09	168.97	177.87	33
曲靖	Qujing	2.17	3.71	4.47	215
玉溪	Yuxi	2.86	7.14	9.69	168
保山	Baoshan	1.94	2.01	2.68	241
昭通	Zhaotong	0.14	0.10	0.63	266
丽江	Lijiang	0.38	1.11	0.86	261
普洱	Puer	1.71	5.28	7.62	185
临沧	Lincang	0.94	2.53	2.33	243
西藏	**Tibet**	**8.36**	**33.19**	**22.55**	
拉萨	Lasa	8.26	32.05	34.29	104
陕西	**Shaanxi**	**120.83**	**201.28**	**273.64**	
西安	Xi'an	103.83	179.85	153.22	37
铜川	Tongchuan	0.05	0.16	0.14	280
宝鸡	Baoji	5.99	8.87	5.24	202
咸阳	Xianyang	3.40	6.05	3.54	225
渭南	Weinan	1.69	2.43	1.42	252
延安	Yan'an	0.22	0.96	0.71	263
汉中	Hanzhong	0.44	0.73	0.64	265
榆林	Yulin	0.80	0.46	0.29	272
安康	Ankang	0.17	0.29	0.22	276
商洛	Shangluo	3.08	0.62	2.25	244
甘肃	**Gansu**	**73.70**	**102.36**	**86.41**	
兰州	Lanzhou	11.59	40.64	29.67	109
嘉峪关	Jiayuguan	7.64	8.28	2.17	246
金昌	Jinchang	45.33	37.75	11.43	161
白银	Baiyin	4.57	7.81	4.53	214
天水	Tianshui	2.30	3.68	2.38	242
武威	Wuwei	0.13	0.23	0.24	275
张掖	Zhangye	0.27	0.23	0.14	279
平凉	Pingliang	0.15	0.19	0.17	278
酒泉	Jiuquan	0.59	1.07	0.46	268
庆阳	Qingyang	0.56	0.87	0.45	269
定西	Dingxi	0.14	0.35	0.27	274
陇南	Longnan	0.04	0.10	0.13	281
青海	**Qinghai**	**7.89**	**14.03**	**17.18**	
西宁	Xining	6.67	12.41	13.19	155
海东	Haidong			0.28	273
宁夏	**Ningxia**	**19.60**	**32.18**	**54.35**	
银川	Yinchuan	10.62	24.18	48.08	77
石嘴山	Shizuishan	6.01	4.71	4.56	213
吴忠	Wuzhong	2.42	1.72	1.05	258
固原	Guyuan				
中卫	Zhongwei	0.56	1.56	0.67	264
新疆	**Xinjiang**	**171.28**	**275.61**	**276.72**	
乌鲁木齐	Urumqi	59.85	77.98	82.85	55
克拉玛依	Karamay	2.80	7.78	5.12	205

14-9 货物进口总额
Total Value of Imports

单位：亿美元 (100 million USD)

地名	City	2010	2013	2014	2014 排名 Ranking
全国	**Nation Total**	**13962.40**	**19499.89**	**19592.35**	
北京	**Beijing**	**2462.22**	**3658.98**	**3531.80**	
天津	**Tianjin**	**446.84**	**794.97**	**812.95**	
河北	**Hebei**	**193.61**	**239.51**	**241.67**	
石家庄	Shijiazhuang	51.80	68.80	72.24	31
唐山	Tangshan	46.15	70.57	74.09	30
秦皇岛	Qinhuangdao	16.25	19.56	20.54	71
邯郸	Handan	21.96	22.40	23.52	63
邢台	Xingtai	8.57	6.23	6.54	124
保定	Baoding	15.33	11.33	11.90	97
张家口	Zhangjiakou	1.02	0.66	0.70	223
承德	Chengde	0.84	0.26	0.27	244
沧州	Cangzhou	2.87	4.91	5.16	135
廊坊	Langfang	25.93	28.70	30.13	59
衡水	Hengshui	2.90	5.78	6.07	126
山西	**Shanxi**	**78.69**	**77.95**	**72.92**	
太原	Taiyuan	47.74	38.69	41.01	43
大同	Datong	4.43	2.63	1.79	187
阳泉	Yangquan	1.60	0.93	0.46	232
长治	Changzhi	3.29	2.17	3.18	160
晋城	Jincheng	3.20	6.60	8.09	116
朔州	Shuozhou	1.15	0.96	0.65	225
晋中	Jinzhong	0.07	1.97	1.71	188
运城	Yuncheng	7.62	12.63	10.18	105
忻州	Xinzhou	0.01	0.04	0.07	262
临汾	Linfen	5.06	5.55	2.23	176
吕梁	Lvliang	4.52	5.85	3.67	151
内蒙古	**Inner Mongolia**	**53.84**	**79.02**	**81.63**	
呼和浩特	Hohhot	7.47	8.64	9.07	111
包头	Baotou	7.49	9.92	10.42	103
乌海	Wuhai	0.02	0.07	0.07	259
赤峰	Chifeng	1.86	8.01	8.41	113
通辽	Tongliao	0.88	0.86	0.90	216
鄂尔多斯	Erdos	1.14	7.88	8.28	114
呼伦贝尔	Hulunbuir	21.27	19.42	20.39	72
巴彦淖尔	Bayannur	3.73	11.30	11.86	98
乌兰察布	Ulanqab	0.29	0.14	0.15	255
辽宁	**Liaoning**	**375.52**	**499.56**	**552.53**	
沈阳	Shenyang	37.79	73.33	86.57	26
大连	Dalian	247.23	313.85	355.49	5
鞍山	Anshan	24.62	21.83	18.82	76
抚顺	Fushun	5.01	2.18	2.35	174
本溪	Benxi	18.92	17.67	13.92	88
丹东	Dandong	10.54	17.10	15.73	81
锦州	Jinzhou	11.39	14.33	18.15	78
营口	Yingkou	7.16	23.22	23.41	64
阜新	Fuxin	0.25	0.68	0.50	231
辽阳	Liaoyang	2.88	2.35	3.49	156
盘锦	Panjin	1.13	4.89	2.60	170
铁岭	Tieling	0.84	2.18	3.35	158
朝阳	Chaoyang	0.83	1.58	1.83	184
葫芦岛	Huludao	6.92	2.26	5.79	128
吉林	**Jilin**	**123.70**	**190.93**	**206.03**	
长春	Changchun	112.17	171.18	182.55	19
吉林	Jilin	2.94	5.83	5.71	131
四平	Siping	2.04	3.03	4.48	141
辽源	Liaoyuan	0.26	1.05	1.46	198
通化	Tonghua	2.82	4.08	5.01	136
白山	Baishan	0.45	0.96	1.04	210
松原	Songyuan	0.02	0.02	0.01	272
白城	Baicheng	0.18	0.22	0.38	237
黑龙江	**Heilongjiang**	**92.22**	**226.47**	**215.66**	
哈尔滨	Harbin	22.27	31.92	28.60	60
齐齐哈尔	Qiqihar	1.48	1.57	1.61	192
鸡西	Jixi	0.12	1.33	1.69	190
鹤岗	Hegang	0.14	0.0020	0.0337	269
双鸭山	Shuangyashan	0.87	0.54	0.66	224
大庆	Daqing	5.65	29.65	36.76	48
伊春	Yichun	1.11	1.08	1.44	199
佳木斯	Jiamusi	2.16	11.75	6.02	127
七台河	Qitaihe	0.03	0.04	0.02	270
牡丹江	Mudanjiang	49.74	66.89	3.26	159
黑河	Heihe	2.37	10.56	2.38	173
绥化	Suihua	0.34	1.48	1.82	185
上海	**Shanghai**	**1880.85**	**2370.88**	**2562.66**	
江苏	**Jiangsu**	**1952.42**	**2220.01**	**2217.21**	

14-9 货物进口总额 续表 1

Total Value of Imports continued 1

单位：亿美元 (100 million USD)

地名	City	2010	2013	2014	2014 排名 Ranking	地名	City	2010	2013	2014	2014 排名 Ranking
南京	Nanjing	207.16	234.91	245.93	12	池州	Chizhou	1.14	1.53	1.52	197
无锡	Wuxi	249.51	292.23	299.39	10	宣城	Xuancheng	1.05	1.27	1.03	211
徐州	Xuzhou	15.30	13.92	13.12	91	**福建**	**Fujian**	**372.87**	**628.46**	**639.56**	
常州	Changzhou	67.19	88.41	74.46	29	福州	Fuzhou	82.78	120.37	135.53	20
苏州	Suzhou	1209.68	1336.41	1301.28	2	厦门	Xiamen	217.07	317.41	303.28	8
南通	Nantong	69.91	85.37	91.67	24	莆田	Putian	12.32	16.02	19.30	75
连云港	Lianyungang	24.72	28.58	36.75	49	三明	Sanming	1.53	2.94	2.65	169
淮安	Huaian	6.75	8.80	9.45	110	泉州	Quanzhou	29.76	126.55	126.72	21
盐城	Yancheng	16.17	27.50	31.23	58	漳州	Zhangzhou	23.31	26.31	31.93	57
扬州	Yangzhou	21.85	19.57	23.30	65	南平	Nanping	1.74	1.38	1.31	203
镇江	Zhenjiang	34.03	37.27	37.05	47	龙岩	Longyan	2.00	10.98	15.48	83
泰州	Taizhou	27.09	41.50	47.15	40	宁德	Ningde	2.37	4.18	3.37	157
宿迁	Suqian	3.06	5.42	8.15	115	**江西**	**Jiangxi**	**81.84**	**85.80**	**107.06**	
浙江	**Zhejiang**	**730.68**	**870.42**	**817.13**		南昌	Nanchang	16.30	24.04	38.05	45
杭州	Hangzhou	170.18	203.05	188.32	17	景德镇	Jingdezhen	0.33	0.26	0.26	245
宁波	Ningbo	309.37	346.19	315.95	7	萍乡	Pingxiang	0.05	0.25	0.24	247
温州	Wenzhou	25.51	24.56	100.83	23	九江	Jiujiang	6.03	7.07	11.25	101
嘉兴	Jiaxing	67.84	102.51	11.83	99	新余	Xinyu	15.96	10.06	7.82	119
湖州	Huzhou	10.67	14.45	49.32	39	鹰潭	Yingtan	36.01	34.91	32.37	55
绍兴	Shaoxing	59.27	54.53	65.59	33	赣州	Ganzhou	3.20	3.84	7.00	122
金华	Jinhua	10.11	17.42	22.31	66	吉安	Jian	1.35	2.38	4.06	146
衢州	Quzhou	6.85	13.86	18.16	77	宜春	Yichun	1.02	1.51	1.56	196
舟山	Zhoushan	37.95	60.23	15.63	82	抚州	Fuzhou	0.13	0.14	0.15	256
台州	Taizhou	30.39	31.57	27.28	61	上饶	Shangrao	1.46	1.34	4.29	144
丽水	Lishui	1.84	2.16	2.71	166	**山东**	**Shandong**	**847.04**	**1323.41**	**1322.21**	
安徽	**Anhui**	**118.64**	**172.68**	**176.92**		济南	Jinan	33.81	40.85	44.39	41
合肥	Hefei	43.36	62.91	79.68	28	青岛	Qingdao	231.70	359.53	341.11	6
芜湖	Wuhu	9.41	15.02	14.72	85	淄博	Zibo	26.72	37.58	33.41	53
蚌埠	Bengbu	0.76	4.65	4.58	139	枣庄	Zaozhuang	1.65	3.05	2.87	164
淮南	Huainan	0.50	0.99	0.90	215	东营	Dongying	52.44	73.45	71.61	32
马鞍山	Maanshan	23.70	22.39	17.26	80	烟台	Yantai	183.01	198.38	233.48	13
淮北	Huaibei	0.60	0.30	0.29	243	潍坊	Weifang	30.56	45.56	54.57	35
铜陵	Tongling	31.14	52.01	43.82	42	济宁	Jining	21.62	18.96	19.62	74
安庆	Anqing	1.75	3.10	3.08	162	泰安	Taian	6.63	11.18	12.42	95
黄山	Huangshan	0.78	1.02	0.99	213	威海	Weihai	49.89	64.47	52.15	37
滁州	Chuzhou	2.05	4.73	6.89	123	日照	Rizhao	111.66	291.60	299.80	9
阜阳	Fuyang	0.73	2.52	1.57	194	莱芜	Laiwu	16.86	17.53	12.98	93
宿州	Suzhou	0.34	0.63	0.77	220	临沂	Linyi	19.41	47.72	50.96	38
六安	Liuan	0.19	0.23	0.24	249	德州	Dezhou	6.14	15.12	12.80	94
亳州	Bozhou	0.17	0.49	0.46	233	聊城	Liaocheng	23.42	41.86	33.68	52

14-9 货物进口总额 续表 2
Total Value of Imports continued 2

单位：亿美元 (100 million USD)

地名	City	2010	2013	2014	2014 排名 Ranking	地名	City	2010	2013	2014	2014 排名 Ranking
滨州	Binzhou	25.40	47.47	34.17	50	常德	Changde	1.18	1.86	2.28	175
菏泽	Heze	6.12	12.17	13.65	89	张家界	Zhangjiajie		0.01	0.06	263
河南	**Henan**	**72.57**	**239.70**	**255.89**		益阳	Yiyang	0.50	0.43	0.52	229
郑州	Zhengzhou	17.01	176.83	185.67	18	郴州	Chenzhou	3.57	17.79	21.71	68
开封	Kaifeng	0.51	0.89	0.93	214	永州	Yongzhou	0.15	0.44	1.87	182
洛阳	Luoyang	4.92	5.02	5.27	133	怀化	Huaihua	0.27	0.14	0.07	261
平顶山	Pingdingshan	1.40	1.11	1.17	207	娄底	Loudi	11.11	12.22	11.93	96
安阳	Anyang	11.29	14.26	14.97	84	**广东**	**Guangdong**	**3317.05**	**4552.18**	**4304.97**	
鹤壁	Hebi	0.21	0.32	0.34	240	广州	Guangzhou	553.83	560.89	578.69	4
新乡	Xinxiang	4.39	2.54	2.67	168	韶关	Shaoguan	9.16	14.02	11.34	100
焦作	Jiaozuo	6.86	7.51	7.89	117	深圳	Shenzhen	1425.83	2317.73	2033.79	1
濮阳	Puyang	0.73	0.59	0.62	226	珠海	Zhuhai	226.21	277.07	259.44	11
许昌	Xuchang	2.02	3.75	3.94	148	汕头	Shantou	24.31	26.33	25.86	62
漯河	Luohe	2.38	1.90	1.99	178	佛山	Foshan	186.21	214.17	220.91	15
三门峡	Sanmenxia	0.60	1.08	1.14	208	江门	Jiangmen	39.25	57.34	52.87	36
南阳	Nanyang	3.07	5.43	5.70	132	湛江	Zhanjiang	18.59	28.90	33.75	51
商丘	Shangqiu	0.32	0.40	0.42	235	茂名	Maoming	2.43	4.17	3.98	147
信阳	Xinyang	2.49	3.92	4.11	145	肇庆	Zhaoqing	17.94	21.91	32.25	56
周口	Zhoukou	2.08	1.86	1.95	181	惠州	Huizhou	140.03	240.70	230.81	14
驻马店	Zhumadian	0.54	0.85	0.89	217	梅州	Meizhou	2.21	2.19	2.95	163
湖北	**Hubei**	**114.65**	**135.44**	**163.97**		汕尾	Shanwei	9.39	22.23	21.16	70
武汉	Wuhan	93.01	98.09	126.38	22	河源	Heyuan	10.01	9.85	13.06	92
黄石	Huangshi	9.08	16.48	14.08	87	阳江	Yangjiang	1.97	2.88	3.67	152
十堰	Shiyan	0.41	0.60	0.24	248	清远	Qingyuan	18.35	21.08	20.09	73
宜昌	Yichang	4.65	3.34	4.41	142	东莞	Dongguan	519.63	622.09	654.30	3
襄阳	Xiangyang	1.60	1.85	6.23	125	中山	Zhongshan	86.08	91.48	90.81	25
鄂州	Ezhou	0.70	3.16	3.15	161	潮州	Chaozhou	14.82	11.34	5.72	130
荆门	Jingmen	0.61	1.59	1.99	179	揭阳	Jieyang	5.47	3.12	3.81	150
孝感	Xiaogan	0.71	2.45	2.57	171	云浮	Yunfu	5.34	5.10	5.74	129
荆州	Jingzhou	2.00	2.39	3.55	155	**广西**	**Guangxi**	**80.96**	**141.34**	**162.21**	
黄冈	Huanggang	0.55	0.84	0.78	219	南宁	Nanning	6.19	20.68	21.97	67
咸宁	Xianning	0.20	0.68	0.70	222	柳州	Liuzhou	1.24	20.10	14.66	86
随州	Suizhou	0.41	1.40	1.56	195	桂林	Guilin	2.80	1.65	1.71	189
湖南	**Hunan**	**67.34**	**103.54**	**108.89**		梧州	Wuzhou	1.97	12.66	7.42	121
长沙	Changsha	25.38	37.27	38.04	46	北海	Beihai	5.32	13.32	17.48	79
株洲	Zhuzhou	7.83	6.40	9.71	107	防城港	Fangchenggang	20.17	32.22	39.63	44
湘潭	Xiangtan	13.82	16.58	10.21	104	钦州	Qinzhou	9.87	24.78	33.23	54
衡阳	Hengyang	0.82	5.53	9.88	106	贵港	Guigang	1.21	1.00	1.19	206
邵阳	Shaoyang	0.37	0.69	1.22	205	玉林	Yulin	1.36	1.27	1.65	191
岳阳	Yueyang	2.28	4.00	2.50	172	百色	Baise	1.92	2.11	1.98	180

14-9 货物进口总额 续表 3
Total Value of Imports continued 3

单位：亿美元 (100 million USD)

地名	City	2010	2013	2014	2014 排名 Ranking
贺州	Hezhou	0.16	1.27	1.00	212
河池	Hechi	4.84	4.44	4.56	140
来宾	Laibin	0.66	0.73	0.60	227
崇左	Chongzuo	3.19	5.19	13.18	90
海南	**Hainan**	**84.25**	**112.79**	**114.46**	
海口	Haikou	26.39	31.75	21.70	69
三亚	Sanya	4.35	0.84	0.21	252
三沙	Sansha				
重庆	**Chongqing**	**49.38**	**218.96**	**320.31**	
四川	**Sichuan**	**139.33**	**226.26**	**253.64**	
成都	Chengdu	101.90	187.17	220.26	16
自贡	Zigong	2.93	3.98	3.62	154
攀枝花	Panzhihua	0.66	0.64	1.31	202
泸州	Luzhou	0.27	0.22	0.25	246
德阳	Deyang	12.91	10.39	7.82	118
绵阳	Mianyang	7.71	10.07	8.45	112
广元	Guangyuan	0.33	0.42	0.05	265
遂宁	Suining	0.54	1.52	2.10	177
内江	Neijiang	0.01	0.48	0.37	239
乐山	Leshan	3.00	2.93	2.71	167
南充	Nanchong	0.27	0.18	0.05	264
眉山	Meishan	0.09	0.88	1.23	204
宜宾	Yibin	2.11	2.50	2.83	165
广安	Guangan	0.13	0.11	0.32	242
达州	Dazhou	0.07	1.77	0.51	230
雅安	Yaan	0.01	0.04	0.07	260
巴中	Bazhong				
资阳	Ziyang	0.18	2.94	1.84	183
贵州	**Guizhou**	**12.19**	**14.04**	**13.74**	
贵阳	Guiyang	14.41	7.39	7.76	120
六盘水	Liupanshui	3.15	4.96	5.21	134
遵义	Zunyi	0.51	0.32	0.34	240
安顺	Anshun	0.12	0.08	0.08	258
毕节	Bijie		0.03		
铜仁	Tongren		0.02		
云南	**Yunnan**	**76.06**	**96.32**	**108.20**	
昆明	Kunming	53.27	67.74	61.79	34
曲靖	Qujing	2.00	0.36	0.38	238
玉溪	Yuxi	0.21	0.35	0.56	228
保山	Baoshan	0.80	0.85	1.61	193
昭通	Zhaotong	0.10	0.0004	0.02	271
丽江	Lijiang	0.38	0.0051	0.0051	274
普洱	Puer	0.95	3.49	4.73	138
临沧	Lincang	0.50	1.25	1.31	201
西藏	**Tibet**	**0.65**	**0.50**	**1.54**	
拉萨	Lasa	0.62	0.41	0.43	234
陕西	**Shaanxi**	**58.75**	**99.02**	**134.35**	
西安	Xi'an	50.66	95.07	79.75	27
铜川	Tongchuan	0.01	0.01		
宝鸡	Baoji	3.35	1.89	1.12	209
咸阳	Xianyang	1.02	1.27	0.71	221
渭南	Weinan	0.68	0.41	0.23	250
延安	Yan'an	0.00			
汉中	Hanzhong	0.14	0.06	0.18	253
榆林	Yulin	0.06	0.04	0.04	268
安康	Ankang		0.01		
商洛	Shangluo	2.56	0.15	0.41	236
甘肃	**Gansu**	**57.32**	**55.59**	**33.11**	
兰州	Lanzhou	2.46	4.71	3.92	149
嘉峪关	Jiayuguan	7.16	8.15	1.80	186
金昌	Jinchang	43.13	37.33	9.53	109
白银	Baiyin	3.78	4.50	3.65	153
天水	Tianshui	0.68	0.99	0.84	218
武威	Wuwei	0.00	0.02	0.05	266
张掖	Zhangye	0.0003	0.0020	0.0007	276
平凉	Pingliang		0.01		275
酒泉	Jiuquan	0.04	0.08	0.04	267
庆阳	Qingyang				
定西	Dingxi	0.07	0.23	0.15	254
陇南	Longnan	0.002	0.008	0.009	273
青海	**Qinghai**	**3.2276**	**5.5548**	**5.8990**	
西宁	Xining	2.71	4.62	4.86	137
海东	Haidong				277
宁夏	**Ningxia**	**7.90**	**6.66**	**11.32**	
银川	Yinchuan	3.63	3.33	9.57	108
石嘴山	Shizuishan	1.93	1.31	1.43	200
吴忠	Wuzhong	2.22	0.93	0.12	257
固原	Guyuan				
中卫	Zhongwei	0.12	1.09	0.21	251
新疆	**Xinjiang**	**41.59**	**52.94**	**41.92**	
乌鲁木齐	Urumqi	15.48	13.98	10.68	102
克拉玛依	Karamay	0.25	5.65	4.31	143

14-10 货物出口总额
Total Value of Exports

单位：亿美元 (100 million USD)

地名	City	2010	2013	2014	2014 排名 Ranking
全国	**Nation Total**	**15777.50**	**22090.04**	**23422.93**	
北京	**Beijing**	**554.39**	**630.98**	**623.38**	
天津	**Tianjin**	**375.17**	**490.05**	**525.91**	
河北	**Hebei**	**225.70**	**309.61**	**357.10**	
石家庄	Shijiazhuang	57.94	71.18	76.88	38
唐山	Tangshan	29.24	56.12	60.61	50
秦皇岛	Qinhuangdao	18.85	24.19	26.12	89
邯郸	Handan	8.84	13.67	14.76	123
邢台	Xingtai	9.62	12.09	13.06	130
保定	Baoding	43.26	43.63	47.12	58
张家口	Zhangjiakou	1.83	3.22	3.47	199
承德	Chengde	2.34	2.30	2.49	220
沧州	Cangzhou	13.92	20.79	22.45	99
廊坊	Langfang	22.06	30.35	32.78	73
衡水	Hengshui	17.80	32.09	34.66	70
山西	**Shanxi**	**47.09**	**79.96**	**89.41**	
太原	Taiyuan	31.38	52.95	65.70	45
大同	Datong	1.25	2.15	3.02	208
阳泉	Yangquan	1.31	1.20	1.49	237
长治	Changzhi	0.43	8.37	3.64	196
晋城	Jincheng	2.12	2.59	2.89	210
朔州	Shuozhou	0.10	0.21	0.27	267
晋中	Jinzhong	2.23	2.47	1.88	229
运城	Yuncheng	2.83	4.83	4.80	183
忻州	Xinzhou	1.25	1.94	2.01	225
临汾	Linfen	1.46	1.62	1.76	232
吕梁	Lvliang	2.74	1.64	1.94	227
内蒙古	**Inner Mongolia**	**33.35**	**40.93**	**63.94**	
呼和浩特	Hohhot	7.59	7.35	7.94	156
包头	Baotou	12.04	11.13	12.02	140
乌海	Wuhai	0.03	0.02	0.02	280
赤峰	Chifeng	1.38	1.14	1.23	243
通辽	Tongliao	0.87	1.23	1.33	242
鄂尔多斯	Erdos	3.17	3.46	3.73	194
呼伦贝尔	Hulunbuir	1.99	4.31	4.65	185
巴彦淖尔	Bayannur	1.60	2.96	3.19	203
乌兰察布	Ulanqab	0.53	0.32	0.35	266
辽宁	**Liaoning**	**431.20**	**645.22**	**587.45**	
沈阳	Shenyang	40.77	69.96	71.43	42
大连	Dalian	272.59	374.37	302.25	15
鞍山	Anshan	14.42	26.97	26.49	85
抚顺	Fushun	5.24	8.56	6.83	165
本溪	Benxi	15.84	26.96	31.02	78
丹东	Dandong	18.74	34.06	30.16	79
锦州	Jinzhou	11.79	20.72	25.80	90
营口	Yingkou	22.06	43.69	50.04	55
阜新	Fuxin	1.20	2.66	3.12	206
辽阳	Liaoyang	9.62	6.84	6.63	167
盘锦	Panjin	3.67	8.18	6.57	168
铁岭	Tieling	4.61	6.36	6.93	164
朝阳	Chaoyang	4.13	5.04	7.57	160
葫芦岛	Huludao	6.53	11.03	12.77	132
吉林	**Jilin**	**44.76**	**67.39**	**57.78**	
长春	Changchun	20.08	32.99	24.74	92
吉林	Jilin	5.52	5.19	8.51	151
四平	Siping	0.59	0.47	0.38	264
辽源	Liaoyuan	0.36	1.15	1.40	238
通化	Tonghua	2.14	1.82	2.61	216
白山	Baishan	1.89	1.98	2.13	222
松原	Songyuan	0.86	0.88	1.18	245
白城	Baicheng	0.63	1.01	0.95	249
黑龙江	**Heilongjiang**	**162.82**	**162.32**	**173.35**	
哈尔滨	Harbin	19.98	16.32	26.57	84
齐齐哈尔	Qiqihar	7.44	6.68	7.45	162
鸡西	Jixi	6.95	10.68	6.54	169
鹤岗	Hegang	0.68	0.81	1.36	240
双鸭山	Shuangyashan	9.11	11.45	10.03	143
大庆	Daqing	9.76	4.07	3.78	193
伊春	Yichun	1.91	1.04	1.33	241
佳木斯	Jiamusi	28.36	18.79	19.42	107
七台河	Qitaihe	0.58	0.21	0.18	274
牡丹江	Mudanjiang	40.30	54.86	40.88	64
黑河	Heihe	26.18	31.38	15.45	118
绥化	Suihua	0.70	1.13	1.37	239
上海	**Shanghai**	**1807.84**	**2041.80**	**2101.34**	
江苏	**Jiangsu**	**2705.50**	**3288.02**	**3418.33**	

14-10 货物出口总额 续表 1
Total Value of Exports continued 1

单位：亿美元 (100 million USD)

地名	City	2010	2013	2014	2014 排名 Ranking	地名	City	2010	2013	2014	2014 排名 Ranking
南京	Nanjing	248.85	322.66	326.28	14	池州	Chizhou	0.97	2.58	2.60	217
无锡	Wuxi	362.72	411.48	442.31	10	宣城	Xuancheng	5.86	17.52	15.88	117
徐州	Xuzhou	26.31	48.97	46.77	59	**福建**	**Fujian**	**714.93**	**1064.74**	**1134.52**	
常州	Changzhou	155.58	203.74	213.64	23	福州	Fuzhou	163.08	193.18	213.33	24
苏州	Suzhou	1531.08	1757.06	1811.78	2	厦门	Xiamen	353.24	523.43	531.61	6
南通	Nantong	140.85	212.78	224.80	22	莆田	Putian	21.90	31.69	33.12	72
连云港	Lianyungang	26.00	37.84	43.55	63	三明	Sanming	11.27	13.75	17.78	112
淮安	Huaian	14.95	27.81	31.61	76	泉州	Quanzhou	82.79	164.70	181.78	27
盐城	Yancheng	23.19	37.79	43.94	62	漳州	Zhangzhou	50.68	71.08	81.32	37
扬州	Yangzhou	60.55	75.50	76.82	39	南平	Nanping	9.09	15.32	14.65	124
镇江	Zhenjiang	47.51	62.23	66.02	44	龙岩	Longyan	13.13	21.17	24.15	93
泰州	Taizhou	58.77	62.91	61.78	47	宁德	Ningde	9.74	28.38	36.79	68
宿迁	Suqian	9.14	27.80	29.40	81	**江西**	**Jiangxi**	**134.16**	**281.67**	**320.25**	
浙江	**Zhejiang**	**1804.65**	**2487.46**	**2733.27**		南昌	Nanchang	36.76	73.08	84.17	36
杭州	Hangzhou	353.37	447.66	491.66	7	景德镇	Jingdezhen	7.76	10.96	7.58	159
宁波	Ningbo	519.67	657.10	731.09	4	萍乡	Pingxiang	4.48	13.48	14.62	125
温州	Wenzhou	145.43	181.46	236.51	21	九江	Jiujiang	12.12	40.33	46.42	60
嘉兴	Jiaxing	160.40	215.12	88.06	34	新余	Xinyu	20.13	10.73	12.64	134
湖州	Huzhou	58.61	80.88	297.51	16	鹰潭	Yingtan	3.62	9.43	8.87	149
绍兴	Shaoxing	210.89	279.16	57.76	51	赣州	Ganzhou	13.10	29.16	32.00	75
金华	Jinhua	121.88	325.32	185.51	26	吉安	Jian	9.94	33.23	40.20	65
衢州	Quzhou	12.05	23.90	396.71	11	宜春	Yichun	5.58	18.32	22.27	101
舟山	Zhoushan	69.37	66.49	28.85	82	抚州	Fuzhou	5.45	12.47	15.40	119
台州	Taizhou	139.63	187.21	193.51	25	上饶	Shangrao	15.21	30.49	36.07	69
丽水	Lishui	13.49	23.73	26.37	87	**山东**	**Shandong**	**1042.47**	**1341.90**	**1447.09**	
安徽	**Anhui**	**124.13**	**282.51**	**314.85**		济南	Jinan	40.51	54.81	60.61	49
合肥	Hefei	56.23	118.99	127.74	30	青岛	Qingdao	338.90	419.60	457.77	9
芜湖	Wuhu	16.69	39.31	49.74	56	淄博	Zibo	40.31	52.50	55.98	53
蚌埠	Bengbu	4.67	12.44	16.23	116	枣庄	Zaozhuang	7.46	9.47	11.54	141
淮南	Huainan	0.72	4.06	3.57	197	东营	Dongying	27.58	58.03	60.95	48
马鞍山	Maanshan	5.07	13.86	12.46	136	烟台	Yantai	254.80	294.75	294.04	17
淮北	Huaibei	1.40	4.38	5.20	181	潍坊	Weifang	86.96	116.04	123.29	31
铜陵	Tongling	2.97	6.22	8.57	150	济宁	Jining	22.99	33.34	32.69	74
安庆	Anqing	5.06	14.95	19.49	106	泰安	Taian	9.26	13.67	17.31	114
黄山	Huangshan	2.49	7.02	8.20	154	威海	Weihai	89.17	107.02	113.72	33
滁州	Chuzhou	7.08	13.83	15.15	120	日照	Rizhao	22.11	38.79	47.89	57
阜阳	Fuyang	2.83	11.14	14.53	126	莱芜	Laiwu	10.32	7.51	9.21	147
宿州	Suzhou	1.21	4.72	5.74	173	临沂	Linyi	28.26	46.35	56.94	52
六安	Liuan	4.35	7.77	6.63	166	德州	Dezhou	13.36	20.26	22.27	100
亳州	Bozhou	2.23	3.78	3.23	201	聊城	Liaocheng	12.89	20.03	23.86	95

14-10 货物出口总额 续表 2
Total Value of Exports continued 2

单位：亿美元 (100 million USD)

地名	City	2010	2013	2014	2014排名 Ranking	地名	City	2010	2013	2014	2014排名 Ranking
滨州	Binzhou	25.50	35.43	37.82	67	常德	Changde	1.39	3.76	5.30	179
菏泽	Heze	12.11	17.50	21.58	102	张家界	Zhangjiajie	0.28	0.45	0.84	253
河南	**Henan**	**105.34**	**359.87**	**393.83**		益阳	Yiyang	3.26	4.42	5.30	180
郑州	Zhengzhou	34.73	250.66	270.71	20	郴州	Chenzhou	6.22	20.09	23.82	96
开封	Kaifeng	1.88	4.11	4.44	186	永州	Yongzhou	1.02	4.06	7.50	161
洛阳	Luoyang	10.52	12.93	13.96	128	怀化	Huaihua	0.20	0.70	0.99	248
平顶山	Pingdingshan	2.86	3.65	3.94	192	娄底	Loudi	3.30	2.08	3.53	198
安阳	Anyang	4.43	4.41	4.77	184	**广东**	**Guangdong**	**4531.91**	**6363.64**	**6460.87**	
鹤壁	Hebi	1.24	2.32	2.50	218	广州	Guangzhou	483.79	628.07	727.07	5
新乡	Xinxiang	6.95	8.73	9.43	145	韶关	Shaoguan	6.59	9.20	12.20	138
焦作	Jiaozuo	10.55	15.10	16.31	115	深圳	Shenzhen	2041.80	3057.02	2843.62	1
濮阳	Puyang	4.15	6.05	6.54	170	珠海	Zhuhai	208.62	265.81	290.15	18
许昌	Xuchang	10.84	17.68	19.10	108	汕头	Shantou	49.35	66.02	69.66	43
漯河	Luohe	1.54	2.55	2.75	213	佛山	Foshan	330.38	425.23	467.17	8
三门峡	Sanmenxia	1.04	1.84	1.99	226	江门	Jiangmen	104.09	139.99	150.87	28
南阳	Nanyang	6.47	12.53	13.53	129	湛江	Zhanjiang	16.84	26.23	29.41	80
商丘	Shangqiu	1.00	2.12	2.29	221	茂名	Maoming	5.59	8.06	9.76	144
信阳	Xinyang	1.05	2.90	3.14	204	肇庆	Zhaoqing	25.97	48.26	46.05	61
周口	Zhoukou	1.76	5.89	6.36	171	惠州	Huizhou	202.32	333.20	363.31	12
驻马店	Zhumadian	1.78	3.20	3.45	200	梅州	Meizhou	9.51	15.44	18.87	109
湖北	**Hubei**	**144.42**	**228.36**	**266.42**		汕尾	Shanwei	11.12	19.51	18.32	110
武汉	Wuhan	87.54	119.43	137.91	29	河源	Heyuan	17.15	22.47	26.49	86
黄石	Huangshi	6.00	12.05	14.47	127	阳江	Yangjiang	16.06	20.92	23.21	97
十堰	Shiyan	2.34	4.23	5.41	176	清远	Qingyuan	19.33	22.50	23.91	94
宜昌	Yichang	13.02	20.17	22.56	98	东莞	Dongguan	696.03	908.61	970.67	3
襄阳	Xiangyang	5.54	14.34	5.46	174	中山	Zhongshan	225.04	264.75	278.78	19
鄂州	Ezhou	1.30	1.76	2.04	224	潮州	Chaozhou	23.41	27.83	28.50	83
荆门	Jingmen	2.37	6.18	7.68	158	揭阳	Jieyang	30.80	43.80	50.81	54
孝感	Xiaogan	2.97	7.80	9.39	146	云浮	Yunfu	8.13	10.72	12.04	139
荆州	Jingzhou	5.74	11.27	12.96	131	**广西**	**Guangxi**	**96.10**	**186.93**	**243.27**	
黄冈	Huanggang	2.09	4.51	5.34	177	南宁	Nanning	15.93	23.53	26.17	88
咸宁	Xianning	1.68	2.68	3.97	191	柳州	Liuzhou	0.31	8.75	8.02	155
随州	Suizhou	7.58	11.27	12.74	133	桂林	Guilin	6.22	7.59	7.72	157
湖南	**Hunan**	**79.55**	**148.21**	**199.43**		梧州	Wuzhou	4.46	4.99	5.08	182
长沙	Changsha	35.51	61.66	87.63	35	北海	Beihai	8.38	13.66	17.52	113
株洲	Zhuzhou	6.93	19.26	18.28	111	防城港	Fangchenggang	7.80	10.78	15.05	122
湘潭	Xiangtan	7.77	9.77	12.60	135	钦州	Qinzhou	3.26	10.52	20.11	104
衡阳	Hengyang	7.05	12.61	19.56	105	贵港	Guigang	0.53	1.21	1.87	230
邵阳	Shaoyang	2.60	5.22	7.20	163	玉林	Yulin	3.16	2.90	3.22	202
岳阳	Yueyang	1.57	2.44	5.42	175	百色	Baise	2.03	3.87	5.31	178

14-10 货物出口总额 续表 3
Total Value of Exports continued 3

单位：亿美元 (100 million USD)

地名	City	2010	2013	2014	2014 排名 Ranking
贺州	Hezhou	0.82	0.72	0.74	255
河池	Hechi	1.26	0.38	0.23	270
来宾	Laibin	1.02	0.46	0.47	259
崇左	Chongzuo	34.15	97.58	15.14	121
海南	**Hainan**	**23.91**	**37.06**	**44.17**	
海口	Haikou	13.07	16.21	12.32	137
三亚	Sanya	7.50	0.67	0.20	272
三沙	Sansha				
重庆	**Chongqing**	**74.89**	**467.96**	**634.01**	
四川	**Sichuan**	**188.45**	**419.49**	**448.39**	
成都	Chengdu	122.60	318.92	338.18	13
自贡	Zigong	2.49	6.16	3.09	207
攀枝花	Panzhihua	1.88	1.23	1.70	233
泸州	Luzhou	1.06	2.05	2.50	219
德阳	Deyang	9.41	23.53	31.02	77
绵阳	Mianyang	8.27	18.03	20.72	103
广元	Guangyuan	1.74	3.08	4.16	189
遂宁	Suining	2.27	4.04	4.20	188
内江	Neijiang	1.68	3.15	2.78	212
乐山	Leshan	6.76	8.26	8.40	152
南充	Nanchong	2.82	6.54	2.75	214
眉山	Meishan	0.90	2.00	2.09	223
宜宾	Yibin	4.42	5.62	6.07	172
广安	Guangan	2.80	9.82	10.77	142
达州	Dazhou	0.63	1.37	2.74	215
雅安	Yaan	0.12	0.65	0.70	257
巴中	Bazhong	0.49	1.44	1.67	234
资阳	Ziyang	1.39	2.49	3.73	195
贵州	**Guizhou**	**19.19**	**68.86**	**93.97**	
贵阳	Guiyang	8.34	59.24	63.38	46
六盘水	Liupanshui		0.00	0.00	281
遵义	Zunyi	1.50	1.48	1.58	235
安顺	Anshun	1.18	0.23	0.24	269
毕节	Bijie	0.00	1.06		
铜仁	Tongren	0.02	0.14		
云南	**Yunnan**	**57.62**	**156.71**	**187.87**	
昆明	Kunming	47.82	101.23	116.07	32
曲靖	Qujing	0.17	3.35	4.39	187
玉溪	Yuxi	2.65	6.79	9.13	148
保山	Baoshan	1.14	1.16	1.07	246
昭通	Zhaotong	0.05	0.10	0.62	258
丽江	Lijiang	0.0011	1.11	0.86	252
普洱	Puer	0.75	1.79	2.89	209
临沧	Lincang	0.44	1.28	1.02	247
西藏	**Tibet**	**7.71**	**32.69**	**33.85**	
拉萨	Lasa	7.65	31.64	33.85	71
陕西	**Shaanxi**	**62.08**	**102.26**	**139.30**	
西安	Xi'an	53.17	84.78	73.47	40
铜川	Tongchuan	0.04	0.15	0.14	277
宝鸡	Baoji	2.64	6.98	4.12	190
咸阳	Xianyang	2.38	4.78	2.83	211
渭南	Weinan	1.01	2.02	1.19	244
延安	Yan'an	0.22	0.96	0.71	256
汉中	Hanzhong	0.30	0.67	0.45	261
榆林	Yulin	0.74	0.42	0.25	268
安康	Ankang	0.17	0.28	0.22	271
商洛	Shangluo	0.52	0.48	1.83	231
甘肃	**Gansu**	**16.38**	**46.77**	**53.29**	
兰州	Lanzhou	9.13	35.93	25.76	91
嘉峪关	Jiayuguan	0.48	0.13	0.37	265
金昌	Jinchang	2.20	0.43	1.90	228
白银	Baiyin	0.80	3.31	0.88	251
天水	Tianshui	1.62	2.69	1.54	236
武威	Wuwei	0.13	0.22	0.20	273
张掖	Zhangye	0.27	0.23	0.14	276
平凉	Pingliang	0.15	0.17	0.17	275
酒泉	Jiuquan	0.55	0.99	0.42	263
庆阳	Qingyang	0.56	0.87	0.45	262
定西	Dingxi	0.07	0.11	0.12	279
陇南	Longnan	0.04	0.09	0.12	278
青海	**Qinghai**	**4.66**	**8.47**	**11.28**	
西宁	Xining	3.96	7.79	8.33	153
海东	Haidong				
宁夏	**Ningxia**	**11.70**	**25.52**	**43.03**	
银川	Yinchuan	6.99	20.85	38.51	66
石嘴山	Shizuishan	4.07	3.41	3.13	205
吴忠	Wuzhong	0.20	0.79	0.92	250
固原	Guyuan				
中卫	Zhongwei	0.44	0.47	0.46	260
新疆	**Xinjiang**	**129.70**	**222.68**	**234.81**	
乌鲁木齐	Urumqi	44.37	63.99	72.17	41
克拉玛依	Karamay	2.55	2.13	0.81	254

14-11　外商直接投资合同项目
Number of Projects for Contracted Foreign Direct Investment

单位：个　(unit)

地名	City	2010	2014	2015	2015 排名 Ranking
全国	**Nation Total**	**28652**	**25448**	**26575**	
北京	**Beijing**	**1629**	**1318**	**1386**	
天津	**Tianjin**	**592**	**674**	**1035**	
河北	**Hebei**	**246**	**817**	**683**	
石家庄	Shijiazhuang	32	37	34	71
唐山	Tangshan	29	20	23	90
秦皇岛	Qinhuangdao	19	10	11	144
邯郸	Handan	48	47	36	69
邢台	Xingtai	19	14	17	109
保定	Baoding	16	22	13	129
张家口	Zhangjiakou	12	27	8	168
承德	Chengde	7	3	4	197
沧州	Cangzhou	27	15	27	79
廊坊	Langfang	28	535	28	78
衡水	Hengshui	9	87	7	175
山西	**Shanxi**	**133**	**47**	**39**	
太原	Taiyuan	39	20	13	129
大同	Datong	3	1	4	197
阳泉	Yangquan	50	1	1	244
长治	Changzhi	8	4	4	197
晋城	Jincheng	1	1	1	244
朔州	Shuozhou	8	1	1	244
晋中	Jinzhong	5	10	8	168
运城	Yuncheng	9	3	3	215
忻州	Xinzhou	4	2	2	232
临汾	Linfen	3	2	1	244
吕梁	Lvliang	3	2	1	244
内蒙古	**Inner Mongolia**	**95**	**53**	**57**	
呼和浩特	Hohhot	16	11	13	129
包头	Baotou	41	11	21	95
乌海	Wuhai		6		
赤峰	Chifeng	10	2	7	175
通辽	Tongliao	8	4	1	244
鄂尔多斯	Erdos	10	6	4	197
呼伦贝尔	Hulunbuir		2	2	232
巴彦淖尔	Bayannur		7	6	187
乌兰察布	Ulanqab	10	4	3	215
辽宁	**Liaoning**	**1511**	**526**	**476**	
沈阳	Shenyang	473	145	137	33
大连	Dalian	472	223	222	21
鞍山	Anshan	83	61	14	121
抚顺	Fushun	35	11	9	160
本溪	Benxi	18	11	6	187
丹东	Dandong	125	19	21	95
锦州	Jinzhou	37	7	9	160
营口	Yingkou	94	15	18	107
阜新	Fuxin	19	8	4	197
辽阳	Liaoyang	16	6	4	197
盘锦	Panjin	46	7	12	138
铁岭	Tieling	29	7	9	160
朝阳	Chaoyang	13		7	175
葫芦岛	Huludao	51	6	4	197
吉林	**Jilin**	**228**	**72**	**51**	
长春	Changchun	80	41	30	75
吉林	Jilin	98	7	2	232
四平	Siping	6	3		
辽源	Liaoyuan	23	2	2	232
通化	Tonghua	9	5	3	215
白山	Baishan	4	5	3	215
松原	Songyuan	2	6	3	215
白城	Baicheng	6	3	8	168
黑龙江	**Heilongjiang**	**184**	**286**	**276**	
哈尔滨	Harbin	83	64	53	60
齐齐哈尔	Qiqihar	4	3		
鸡西	Jixi	6	6	11	144
鹤岗	Hegang		1	1	244
双鸭山	Shuangyashan	2			
大庆	Daqing	14	6	2	232
伊春	Yichun	6			
佳木斯	Jiamusi	45	43	43	63
七台河	Qitaihe				
牡丹江	Mudanjiang	12	6	4	197
黑河	Heihe	6	153	160	29
绥化	Suihua	6	4	2	232
上海	**Shanghai**	**3906**	**4697**	**6007**	
江苏	**Jiangsu**	**4663**	**3352**	**2689**	

14-11 外商直接投资合同项目 续表 1
Number of Projects for Contracted Foreign Direct Investment continued 1

单位：个 (unit)

地名	City	2010	2014	2015	2015 排名 Ranking	地名	City	2010	2014	2015	2015 排名 Ranking
南京	Nanjing	387	504	250	16	池州	Chizhou	7	8	8	168
无锡	Wuxi	331	237	212	22	宣城	Xuancheng	12	14	16	113
徐州	Xuzhou	204	189	109	39	**福建**	**Fujian**	**1139**	**816**	**1424**	
常州	Changzhou	328	332	255	15	福州	Fuzhou	186	135	339	11
苏州	Suzhou	1537	905	860	4	厦门	Xiamen	398	331	726	6
南通	Nantong	364	305	315	13	莆田	Putian	25	25	41	66
连云港	Lianyungang	141	166	91	45	三明	Sanming	65	40	27	79
淮安	Huaian	244	179	167	27	泉州	Quanzhou	156	126	102	42
盐城	Yancheng	378	126	146	30	漳州	Zhangzhou	186	94	126	34
扬州	Yangzhou	335	101	81	49	南平	Nanping	46	26	20	103
镇江	Zhenjiang	144	120	93	44	龙岩	Longyan	58	18	25	86
泰州	Taizhou	219	117	83	47	宁德	Ningde	19	21	18	107
宿迁	Suqian	51	71	27	79	**江西**	**Jiangxi**	**1095**	**834**	**646**	
浙江	**Zhejiang**	**2075**	**1628**	**1857**		南昌	Nanchang	304	189	82	48
杭州	Hangzhou	545	408	475	8	景德镇	Jingdezhen	23	18	16	113
宁波	Ningbo	495	468	444	9	萍乡	Pingxiang	45	36	32	72
温州	Wenzhou	25	43	44	61	九江	Jiujiang	173	144	79	51
嘉兴	Jiaxing	300	246	249	17	新余	Xinyu	38	29	19	104
湖州	Huzhou	302	157	185	26	鹰潭	Yingtan	28	55	62	56
绍兴	Shaoxing	235	141	196	23	赣州	Ganzhou	195	103	104	40
金华	Jinhua	104	70	190	25	吉安	Jian	103	120	113	38
衢州	Quzhou	24	14	11	144	宜春	Yichun	40	32	16	113
舟山	Zhoushan	5	14	19	104	抚州	Fuzhou	56	38	42	65
台州	Taizhou	28	40	17	109	上饶	Shangrao	90	70	81	49
丽水	Lishui	12	27	27	79	**山东**	**Shandong**	**1630**	**1352**	**1509**	
安徽	**Anhui**	**294**	**345**	**325**		济南	Jinan	87	78	104	40
合肥	Hefei	72	85	116	36	青岛	Qingdao	731	619	763	5
芜湖	Wuhu	43	126	24	88	淄博	Zibo	29	35	29	77
蚌埠	Bengbu	17	17	14	121	枣庄	Zaozhuang	36	12	9	160
淮南	Huainan	5	5	4	197	东营	Dongying	17	9	10	153
马鞍山	Maanshan	21	15	25	86	烟台	Yantai	243	220	224	20
淮北	Huaibei	7	5	9	160	潍坊	Weifang	80	40	38	68
铜陵	Tongling	21	6	3	215	济宁	Jining	75	27	13	129
安庆	Anqing	13	13	11	144	泰安	Taian	24	78	72	54
黄山	Huangshan	10	7	5	193	威海	Weihai	136	129	163	28
滁州	Chuzhou	21	16	16	113	日照	Rizhao	25	26	15	119
阜阳	Fuyang	7	5	7	175	莱芜	Laiwu	21	5	5	193
宿州	Suzhou	8	10	10	153	临沂	Linyi	37	24	21	95
六安	Liuan	16	9	13	129	德州	Dezhou	28	11	13	129
亳州	Bozhou	2	4	8	168	聊城	Liaocheng	9	13	8	168

14-11 外商直接投资合同项目 续表 2
Number of Projects for Contracted Foreign Direct Investment continued 2

单位：个 (unit)

地名	City	2010	2014	2015	2015 排名 Ranking	地名	City	2010	2014	2015	2015 排名 Ranking
滨州	Binzhou	18	10	9	160	常德	Changde	25	32	43	63
菏泽	Heze	34	16	13	129	张家界	Zhangjiajie	6	8	7	175
河南	**Henan**	**492**	**367**	**294**		益阳	Yiyang	18	11	7	175
郑州	Zhengzhou	91	66	58	57	郴州	Chenzhou	82	54	41	66
开封	Kaifeng	25	13	3	215	永州	Yongzhou	32	21	56	58
洛阳	Luoyang	33	39	21	95	怀化	Huaihua	9	19	16	113
平顶山	Pingdingshan	7	5	1	244	娄底	Loudi	19	9	12	138
安阳	Anyang	10	22	23	90	**广东**	**Guangdong**	**5637**	**6015**	**7032**	
鹤壁	Hebi	10	20	12	138	广州	Guangzhou	980	1155	1429	2
新乡	Xinxiang	24	15	7	175	韶关	Shaoguan	42	88	21	95
焦作	Jiaozuo	11	11	8	168	深圳	Shenzhen	1929	2490	3359	1
濮阳	Puyang	6	10	12	138	珠海	Zhuhai	213	330	649	7
许昌	Xuchang	17	10	10	153	汕头	Shantou	35	23	22	93
漯河	Luohe	153	21	19	104	佛山	Foshan	239	235	238	18
三门峡	Sanmenxia	10	26	14	121	江门	Jiangmen	194	168	141	32
南阳	Nanyang	26	24	21	95	湛江	Zhanjiang	8	12	4	197
商丘	Shangqiu	10	54	54	59	茂名	Maoming	24	69	44	61
信阳	Xinyang	15	8	3	215	肇庆	Zhaoqing	112	107	98	43
周口	Zhoukou	16	8	14	121	惠州	Huizhou	362	314	234	19
驻马店	Zhumadian	28	15	14	121	梅州	Meizhou	133	139	31	73
湖北	**Hubei**	**479**	**291**	**272**		汕尾	Shanwei	24	27	10	153
武汉	Wuhan	163	137	143	31	河源	Heyuan	88	97	26	85
黄石	Huangshi	13	14	11	144	阳江	Yangjiang	84	40	27	79
十堰	Shiyan	8	14	7	175	清远	Qingyuan	41	29	17	109
宜昌	Yichang	10	8	10	153	东莞	Dongguan	869	465	439	10
襄阳	Xiangyang	26	31	12	138	中山	Zhongshan	147	124	192	24
鄂州	Ezhou	150	7	5	193	潮州	Chaozhou	36	46	7	175
荆门	Jingmen	13	10	21	95	揭阳	Jieyang	43	29	14	121
孝感	Xiaogan	21	29	24	88	云浮	Yunfu	34	28	27	79
荆州	Jingzhou	17	9	14	121	**广西**	**Guangxi**	**189**	**139**	**147**	
黄冈	Huanggang	36	8	13	129	南宁	Nanning	73	59	69	55
咸宁	Xianning	15	15	10	153	柳州	Liuzhou	10	6	4	197
随州	Suizhou	7	9	2	232	桂林	Guilin	18	18	15	119
湖南	**Hunan**	**650**	**543**	**559**		梧州	Wuzhou	19	6	6	187
长沙	Changsha	177	123	118	35	北海	Beihai	21	9	11	144
株洲	Zhuzhou	67	87	88	46	防城港	Fangchenggang	8	2	4	197
湘潭	Xiangtan	62	22	21	95	钦州	Qinzhou	11	10	12	138
衡阳	Hengyang	84	114	114	37	贵港	Guigang	7	6	1	244
邵阳	Shaoyang	24	22	23	90	玉林	Yulin	14	7	4	197
岳阳	Yueyang	45	21	13	129	百色	Baise	1	3	1	244

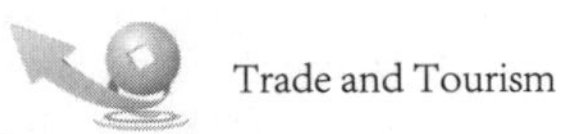

14-11 外商直接投资合同项目 续表 3
Number of Projects for Contracted Foreign Direct Investment continued 3

单位：个 (unit)

地名	City	2010	2014	2015	2015 排名 Ranking	地名	City	2010	2014	2015	2015 排名 Ranking
贺州	Hezhou	3	4	4	197	丽江	Lijiang	1	2	2	232
河池	Hechi	1	2	1	244	普洱	Puer	3			
来宾	Laibin	1	2	4	197	临沧	Lincang	3	9	9	160
崇左	Chongzuo	2	5	6	187	**西藏**	**Tibet**				
海南	**Hainan**	**47**	**44**	**46**		拉萨	Lasa				
海口	Haikou	36	33	35	70	**陕西**	**Shaanxi**	**487**	**495**	**438**	
三亚	Sanya	11	11	11	144	西安	Xi'an	82	103	73	53
三沙	Sansha					铜川	Tongchuan	4	1		
重庆	**Chongqing**	**232**	**203**	**242**		宝鸡	Baoji	4	13	3	215
四川	**Sichuan**	**381**	**316**	**340**		咸阳	Xianyang	4	1	3	215
成都	Chengdu	294	226	256	14	渭南	Weinan	368	335	322	12
自贡	Zigong	4	4	1	244	延安	Yan'an	1	3	1	244
攀枝花	Panzhihua	2		2	232	汉中	Hanzhong	4	34	31	73
泸州	Luzhou	4	9	9	160	榆林	Yulin	3	3	3	215
德阳	Deyang	15	7	11	144	安康	Ankang	1	1	1	244
绵阳	Mianyang	7	7	14	121	商洛	Shangluo	16	1	1	244
广元	Guangyuan		1	3	215	**甘肃**	**Gansu**	**445**	**11**	**20**	
遂宁	Suining	9	5	4	197	兰州	Lanzhou	6	5	11	144
内江	Neijiang	7	29	4	197	嘉峪关	Jiayuguan				
乐山	Leshan	10	3	3	215	金昌	Jinchang				
南充	Nanchong	12	1	4	197	白银	Baiyin				
眉山	Meishan	2	4	3	215	天水	Tianshui	180			
宜宾	Yibin	6	3	2	232	武威	Wuwei		1	2	232
广安	Guangan	2	3	10	153	张掖	Zhangye	2	2	2	232
达州	Dazhou	1	2	1	244	平凉	Pingliang				
雅安	Yaan	1	1	1	244	酒泉	Jiuquan	102	3	5	193
巴中	Bazhong		7	6	187	庆阳	Qingyang	2			
资阳	Ziyang	5	4	6	187	定西	Dingxi	153			
贵州	**Guizhou**	**26**	**61**	**980**		陇南	Longnan				
贵阳	Guiyang	20	24	30	75	**青海**	**Qinghai**	**11**	**6**	**7**	175
六盘水	Liupanshui	2	1	3	215	西宁	Xining	11	6	7	175
遵义	Zunyi	4	8	931	3	海东	Haidong				
安顺	Anshun		17	16	113	**宁夏**	**Ningxia**	**23**	**14**	**20**	
毕节	Bijie		7			银川	Yinchuan	19	14	17	109
铜仁	Tongren		4			石嘴山	Shizuishan	4			
云南	**Yunnan**	**103**	**94**	**97**		吴忠	Wuzhong			3	215
昆明	Kunming	83	73	75	52	固原	Guyuan				
曲靖	Qujing		6	7	175	中卫	Zhongwei				
玉溪	Yuxi	7	2	3	215	**新疆**	**Xinjiang**	**30**	**32**	**22**	
保山	Baoshan	5	2	1	244	乌鲁木齐	Urumqi	30	32	22	93
昭通	Zhaotong	1				克拉玛依	Karamay				

14-12 外商直接投资实际使用额
Total Amount of Foreign Direct Investment Actually Utilized

单位：万美元 （USD 10 000）

地名	City	2010	2014	2015	2015 排名 Ranking
全国	**Nation Total**	**10573500**	**28650055**	**12626660**	
北京	**Beijing**	**636358**	**904085**	**1299635**	
天津	**Tianjin**	**1084872**	**1886676**	**2113444**	
河北	**Hebei**	**383074**	**700859**	**658938**	
石家庄	Shijiazhuang	24415	102189	114013	44
唐山	Tangshan	87409	140687	124376	42
秦皇岛	Qinhuangdao	49706	81211	86122	65
邯郸	Handan	49191	92540	82027	70
邢台	Xingtai	25485	48600	21968	147
保定	Baoding	47450	60585	41592	103
张家口	Zhangjiakou	10045	32518	33262	121
承德	Chengde	6994	14940	15959	167
沧州	Cangzhou	23257	34242	47296	95
廊坊	Langfang	49070	71719	75593	76
衡水	Hengshui	10052	21628	16730	164
山西	**Shanxi**	**71421**	**292186**	**271438**	
太原	Taiyuan	28343	107673	85049	66
大同	Datong	4177	18159	19100	156
阳泉	Yangquan		27600	30500	125
长治	Changzhi	826	34402	45118	100
晋城	Jincheng	5933	28429	25675	136
朔州	Shuozhou		15420	7234	214
晋中	Jinzhong	4787	35303	37077	109
运城	Yuncheng	13965	1658	1745	245
忻州	Xinzhou	4	4320	4280	229
临汾	Linfen	1185	14913	15660	170
吕梁	Lvliang	12202	4309		
内蒙古	**Inner Mongolia**	**338456**	**385024**	**334380**	
呼和浩特	Hohhot	11340	58847	44610	101
包头	Baotou	110000	111900	82417	69
乌海	Wuhai	2923	5800	805	255
赤峰	Chifeng	5581	2112	8560	204
通辽	Tongliao	2728	2215	2139	242
鄂尔多斯	Erdos	108000	168500	173000	30
呼伦贝尔	Hulunbuir	8450	5981	3568	234
巴彦淖尔	Bayannur	4630	10044	15289	173
乌兰察布	Ulanqab	7932	19625	3992	230
辽宁	**Liaoning**	**2075010**	**2517676**	**518516**	
沈阳	Shenyang	505361	227403	106116	49
大连	Dalian	1003025	1400453	270302	18
鞍山	Anshan	90496	159010	9575	201
抚顺	Fushun	44182	35731	2606	238
本溪	Benxi	30100	60084	9887	200
丹东	Dandong	70454	72670	25077	137
锦州	Jinzhou	50045	125457	8781	203
营口	Yingkou	86036	140134	5096	227
阜新	Fuxin	11013	25106	1669	247
辽阳	Liaoyang	33352	60003	36477	112
盘锦	Panjin	91335	74895	23246	142
铁岭	Tieling	26288	55894	16617	165
朝阳	Chaoyang	11039	25032	1387	251
葫芦岛	Huludao	22284	55804	1680	246
吉林	**Jilin**	**128042**	**728213**	**801790**	
长春	Changchun	69811	500293	520520	9
吉林	Jilin	13211	93602	104830	51
四平	Siping	6517	30407	26000	133
辽源	Liaoyuan	10620	26334	29500	128
通化	Tonghua	5008	8113	43085	102
白山	Baishan	6790	23970	26840	132
松原	Songyuan	3932	31285	35108	115
白城	Baicheng	5501	14209	15907	168
黑龙江	**Heilongjiang**	**266151**	**518699**	**553171**	
哈尔滨	Harbin	133046	272125	299426	16
齐齐哈尔	Qiqihar	22802	47783	47282	96
鸡西	Jixi	6660	10100	14040	180
鹤岗	Hegang	3320	7000	7700	209
双鸭山	Shuangyashan	2701	2669	200	264
大庆	Daqing	34587	68000	73456	78
伊春	Yichun	3730	948	1050	254
佳木斯	Jiamusi	11300	23000	24000	140
七台河	Qitaihe	1390	1160	770	258
牡丹江	Mudanjiang	24384	49707	46271	98
黑河	Heihe	10004	13098	13255	185
绥化	Suihua	10644	23109	25721	135
上海	**Shanghai**	**1112100**	**1816593**	**1845923**	
江苏	**Jiangsu**	**2849777**	**2817416**	**2432872**	

14-12 外商直接投资实际使用额 续表 1

Total Amount of Foreign Direct Investment Actually Utilized continued 1

单位：万美元 （USD 10 000）

地名	City	2010	2014	2015	2015 排名 Ranking	地名	City	2010	2014	2015	2015 排名 Ranking
南京	Nanjing	267592	329070	333459	14	池州	Chizhou	15152	30260	34703	116
无锡	Wuxi	330007	290438	320219	15	宣城	Xuancheng	19654	69002	79606	72
徐州	Xuzhou	101330	165786	142788	36	**福建**	**Fujian**	**580279**	**703579**	**758683**	
常州	Changzhou	244342	240919	172065	31	福州	Fuzhou	118524	154651	167852	32
苏州	Suzhou	853511	811978	600023	6	厦门	Xiamen	169651	197101	209373	27
南通	Nantong	206059	230479	231559	23	莆田	Putian	22952	34092	37749	108
连云港	Lianyungang	110116	95438	80108	71	三明	Sanming	8635	14033	15636	171
淮安	Huaian	105138	119867	121386	43	泉州	Quanzhou	149342	148950	158036	34
盐城	Yancheng	130356	104732	79519	73	漳州	Zhangzhou	70076	101207	108500	47
扬州	Yangzhou	205645	138776	84841	67	南平	Nanping	6787	12000	14531	175
镇江	Zhenjiang	161462	129508	130516	41	龙岩	Longyan	16506	24082	26000	133
泰州	Taizhou	116148	93945	106550	48	宁德	Ningde	7098	17463	21006	152
宿迁	Suqian	18071	66480	29839	127	**江西**	**Jiangxi**	**510084**	**935175**	**966626**	
浙江	**Zhejiang**	**1100175**	**1604721**	**1696268**		南昌	Nanchang	147655	321418	270607	17
杭州	Hangzhou	435627	633460	711253	3	景德镇	Jingdezhen	12136	15507	17621	161
宁波	Ningbo	232336	402514	423375	11	萍乡	Pingxiang	15378	28012	30758	124
温州	Wenzhou	17574	53267	30123	126	九江	Jiujiang	66534	145006	163019	33
嘉兴	Jiaxing	160994	249577	268427	19	新余	Xinyu	53106	34561	36562	111
湖州	Huzhou	91905	98419	94188	56	鹰潭	Yingtan	11975	21566	24011	139
绍兴	Shaoxing	95327	67130	94152	58	赣州	Ganzhou	83560	122204	137013	39
金华	Jinhua	35263	27840	27431	131	吉安	Jian	44005	78585	88322	63
衢州	Quzhou	6237	7009	6006	222	宜春	Yichun	36150	59300	65440	84
舟山	Zhoushan	6719	19962	7792	208	抚州	Fuzhou	15160	25104	39162	106
台州	Taizhou	13206	27705	11635	190	上饶	Shangrao	50425	83912	94111	59
丽水	Lishui	3751	17838	21886	148	**山东**	**Shandong**	**916833**	**2327934**	**1628882**	
安徽	**Anhui**	**501446**	**1230181**	**1361945**		济南	Jinan	104011	143497	157851	35
合肥	Hefei	109584	218177	250678	21	青岛	Qingdao	280056	608100	669062	4
芜湖	Wuhu	71974	200340	230062	24	淄博	Zibo	44838	54419	58790	89
蚌埠	Bengbu	27262	125007	139197	38	枣庄	Zaozhuang	23900	10455	9975	198
淮南	Huainan	9913	20095	20797	153	东营	Dongying	20975	21510	22194	145
马鞍山	Maanshan	70490	176131	194002	28	烟台	Yantai	115334	176903	191638	29
淮北	Huaibei	19151	54431	59979	88	潍坊	Weifang	72145	898031	100116	54
铜陵	Tongling	25531	19577	22324	144	济宁	Jining	45780	88648	91698	62
安庆	Anqing	22255	26666	18253	159	泰安	Taian	11925	41314	49564	92
黄山	Huangshan	14263	27837	15996	166	威海	Weihai	55502	101220	112018	45
滁州	Chuzhou	11745	92353	105886	50	日照	Rizhao	34936	57301	57849	90
阜阳	Fuyang	8882	16461	18463	158	莱芜	Laiwu	10006	6123	13471	182
宿州	Suzhou	13429	58966	67623	81	临沂	Linyi	32660	34027	14230	177
六安	Liuan	13704	35191	38720	107	德州	Dezhou	11841	15655	11875	189
亳州	Bozhou	15881	59687	65656	82	聊城	Liaocheng	31002	10629	5680	223

14-12 外商直接投资实际使用额 续表 2

Total Amount of Foreign Direct Investment Actually Utilized continued 2

单位：万美元 （USD 10 000）

地名	City	2010	2014	2015	2015 排名 Ranking	地名	City	2010	2014	2015	2015 排名 Ranking
滨州	Binzhou	10064	38254	41023	104	常德	Changde	25066	60649	74116	77
菏泽	Heze	11858	21848	21848	149	张家界	Zhangjiajie	3636	8100	9250	202
河南	**Henan**	**624669**	**1464873**	**1579866**		益阳	Yiyang	10085	20826	22132	146
郑州	Zhengzhou	190015	363002	382661	13	郴州	Chenzhou	52897	117706	135413	40
开封	Kaifeng	12882	49728	60956	87	永州	Yongzhou	39345	75060	83160	68
洛阳	Luoyang	120475	241025	255371	20	怀化	Huaihua	6276	10906	11394	194
平顶山	Pingdingshan	16390	36493	40633	105	娄底	Loudi	12082	29186	34501	117
安阳	Anyang	14887	42839	49050	94	**广东**	**Guangdong**	**2026098**	**2687132**	**2687547**	
鹤壁	Hebi	22481	66785	77067	75	广州	Guangzhou	11	510707	541634	7
新乡	Xinxiang	32902	86988	95072	55	韶关	Shaoguan	21236	19061	4807	228
焦作	Jiaozuo	28832	72850	78735	74	深圳	Shenzhen	429734	580469	649733	5
濮阳	Puyang	9001	48717	57544	91	珠海	Zhuhai	122350	193099	217789	26
许昌	Xuchang	21277	59725	68090	80	汕头	Shantou	25553	17813	21766	150
漯河	Luohe	32315	78897	65574	83	佛山	Foshan	196754	265588	237728	22
三门峡	Sanmenxia	39849	95679	100817	53	江门	Jiangmen	110810	85377	87941	64
南阳	Nanyang	20111	63144	62060	86	湛江	Zhanjiang	3671	15027	15716	169
商丘	Shangqiu	10385	30897	33346	120	茂名	Maoming	3100	15574	17191	162
信阳	Xinyang	16694	47822	46908	97	肇庆	Zhaoqing	93389	133317	139447	37
周口	Zhoukou	15763	44890	49052	93	惠州	Huizhou	143761	196582	110499	46
驻马店	Zhumadian	12550	35392	36930	110	梅州	Meizhou	8959	14711	7131	215
湖北	**Hubei**	**596340**	**899444**	**1013506**		汕尾	Shanwei	25292	16282	9958	199
武汉	Wuhan	329265	619858	734303	2	河源	Heyuan	16846	22619	14424	176
黄石	Huangshi	30000	55000	12693	186	阳江	Yangjiang	20751	11720	8497	205
十堰	Shiyan	7203	18047	23805	141	清远	Qingyuan	32016	22747	14198	178
宜昌	Yichang	20652	31151	35450	114	东莞	Dongguan	273171	452919	531982	8
襄阳	Xiangyang	32606	56946	72780	79	中山	Zhongshan	66829	68079	45682	99
鄂州	Ezhou	12400	21094	24450	138	潮州	Chaozhou	11232	10920	2044	243
荆门	Jingmen	16309	29559	34000	119	揭阳	Jieyang	14857	23888	3929	232
孝感	Xiaogan	17502	31061	34501	117	云浮	Yunfu	7929	10633	5451	226
荆州	Jingzhou	5600	12200	13295	184	**广西**	**Guangxi**	**91200**	**116581**	**172208**	
黄冈	Huanggang	13583	8690	10357	196	南宁	Nanning	33029	25187	31014	123
咸宁	Xianning	15439	5880	6474	220	柳州	Liuzhou	5468	9986	1614	248
随州	Suizhou	4800	9958	11398	193	桂林	Guilin	2136	14487	65252	85
湖南	**Hunan**	**518441**	**1025874**	**1155825**		梧州	Wuzhou	17713	1078	1437	250
长沙	Changsha	223757	396910	440574	10	北海	Beihai	9934	14901	18611	157
株洲	Zhuzhou	40221	82403	94175	57	防城港	Fangchenggang	4427	2331	2860	237
湘潭	Xiangtan	40304	82823	92000	61	钦州	Qinzhou	31803	16437	32350	122
衡阳	Hengyang	40641	89960	103603	52	贵港	Guigang	15622	2200	2530	239
邵阳	Shaoyang	7855	18427	19200	155	玉林	Yulin	4985	2968	3421	235
岳阳	Yueyang	15674	32918	36307	113	百色	Baise	3577	201	1501	249

14-12 外商直接投资实际使用额 续表 3
Total Amount of Foreign Direct Investment Actually Utilized continued 3

单位：万美元 （USD 10 000）

地名	City	2010	2014	2015	2015 排名 Ranking	地名	City	2010	2014	2015	2015 排名 Ranking
贺州	Hezhou	5766	9018	790	257	丽江	Lijiang	282	783	329	263
河池	Hechi	1477	10616	489	260	普洱	Puer	3033	61	148	266
来宾	Laibin	3330	842	2966	236	临沧	Lincang	2110	6500	6911	218
崇左	Chongzuo	2051	6329	7373	211	**西藏**	**Tibet**				
海南	**Hainan**	**151213**	**55990**	**44108**		拉萨	Lasa				
海口	Haikou	71605	32979	29127	129	**陕西**	**Shaanxi**	**182006**	**483081**	**427972**	
三亚	Sanya	16791	23011	14981	174	西安	Xi'an	156665	370310	400833	12
三沙	Sansha					铜川	Tongchuan	520	2100		
重庆	**Chongqing**	**634397**	**1062946**	**1076505**		宝鸡	Baoji	2127	80028	560	259
四川	**Sichuan**	**612299**	**1027113**	**901846**		咸阳	Xianyang	5188	10356	13443	183
成都	Chengdu	485575	876000	752000	1	渭南	Weinan	3051	1216	1179	252
自贡	Zigong	1504	2218	2234	241	延安	Yan'an	1027			
攀枝花	Panzhihua	20834	11139	10012	197	汉中	Hanzhong	1595	4005	1054	253
泸州	Luzhou	3051	6302	7040	217	榆林	Yulin	1950	7266	10650	195
德阳	Deyang	15133	20700	20251	154	安康	Ankang	564	3000	103	267
绵阳	Mianyang	15063	22982	23221	143	商洛	Shangluo	5867	4800	150	265
广元	Guangyuan	1810	5608	3776	233	**甘肃**	**Gansu**	**13521**	**9777**	**18739**	
遂宁	Suining	2289	6008	7261	212	兰州	Lanzhou	1960	5447	13600	181
内江	Neijiang	4637	7115	7109	216	嘉峪关	Jiayuguan				
乐山	Leshan	9199	10624	11558	191	金昌	Jinchang	50			
南充	Nanchong	1842	8032	7238	213	白银	Baiyin				
眉山	Meishan	13622	20514	14052	179	天水	Tianshui	841			
宜宾	Yibin	4077	5055	5501	224	武威	Wuwei	198		350	262
广安	Guangan	2432	4194	5484	225	张掖	Zhangye		70	800	256
达州	Dazhou	5050	6000	8050	207	平凉	Pingliang				
雅安	Yaan	3538	2066	2000	244	酒泉	Jiuquan	10469	4260	3989	231
巴中	Bazhong	102	2076	2476	240	庆阳	Qingyang				
资阳	Ziyang	1390	10480	12583	187	定西	Dingxi				
贵州	**Guizhou**	**29545**	**158449**	**167747**		陇南	Longnan				
贵阳	Guiyang	13470	76174	92740	60	**青海**	**Qinghai**	**21930**	**1091**	**6057**	
六盘水	Liupanshui	1641	39014	21198	151	西宁	Xining		1091	6057	221
遵义	Zunyi	2973	12603	15605	172	海东	Haidong				
安顺	Anshun	2440	10002	12141	188	**宁夏**	**Ningxia**	**8090**	**6567**	**16733**	
毕节	Bijie	1151		17963	160	银川	Yinchuan	4478	6567	16733	163
铜仁	Tongren			8100	206	石嘴山	Shizuishan	1067			
云南	**Yunnan**	**132902**	**256320**	**259659**		吴忠	Wuzhong	2545			
昆明	Kunming	100900	223714	226146	25	固原	Guyuan				
曲靖	Qujing	2167	6024	6536	219	中卫	Zhongwei				
玉溪	Yuxi	1946	7438	7603	210	**新疆**	**Xinjiang**	**23742**	**25800**	**28700**	
保山	Baoshan	3365	11800	11509	192	乌鲁木齐	Urumqi	5038	25800	28700	130
昭通	Zhaotong	300		477	261	克拉玛依	Karamay				

14-13 接待入境旅游者人数
Number of Overseas Visitors

单位：万人次 (10 000 person-times)

地名	City	2010	2013	2014	2014 排名 Ranking
全国	**Nation Total**	**13376.22**	**12907.78**	**12849.83**	
北京	**Beijing**	**490.07**	**450.13**	**427.45**	
天津	**Tianjin**	**166.10**	**75.86**	**76.63**	
河北	**Hebei**	**97.74**	**84.27**	**75.61**	
石家庄	Shijiazhuang	11.73	16.74	17.50	93
唐山	Tangshan	5.82	8.46	9.14	130
秦皇岛	Qinhuangdao	24.23	29.83	32.22	60
邯郸	Handan	1.75	4.17	4.50	167
邢台	Xingtai	1.73	1.86	2.01	213
保定	Baoding	9.12	13.67	14.76	104
张家口	Zhangjiakou	5.30	8.94	9.66	127
承德	Chengde	25.79	33.29	35.95	53
沧州	Cangzhou	1.73	2.73	2.95	195
廊坊	Langfang	9.59	12.74	13.76	109
衡水	Hengshui	0.94	1.34	1.45	227
山西	**Shanxi**	**130.29**	**53.84**	**56.56**	
太原	Taiyuan	28.32	46.60	54.06	39
大同	Datong	20.23	31.27	36.27	52
阳泉	Yangquan	2.30	4.23	4.91	163
长治	Changzhi	8.43	14.48	16.80	97
晋城	Jincheng	5.10	10.80	12.53	113
朔州	Shuozhou	4.10	6.99	8.11	134
晋中	Jinzhong	21.48	35.08	40.69	44
运城	Yuncheng	12.00	17.82	20.67	82
忻州	Xinzhou	14.58	23.15	26.85	69
临汾	Linfen	10.06	16.34	18.95	87
吕梁	Lvliang	3.61	5.88	6.82	147
内蒙古	**Inner Mongolia**	**142.80**	**161.61**	**167.31**	
呼和浩特	Hohhot	9.40	11.75	12.30	115
包头	Baotou	1.87	3.40	3.59	179
乌海	Wuhai	0.03	0.04	0.06	270
赤峰	Chifeng	3.20	4.00	4.15	173
通辽	Tongliao	1.60	2.32	2.44	203
鄂尔多斯	Erdos	2.23	3.10	3.11	190
呼伦贝尔	Hulunbuir	52.69	64.33	65.69	31
巴彦淖尔	Bayannur	4.65	2.69	3.16	187
乌兰察布	Ulanqab	1.10	3.35	4.06	174
辽宁	**Liaoning**	**361.80**	**256.04**	**260.70**	
沈阳	Shenyang	55.03	81.31	61.97	33
大连	Dalian	116.60	119.00	96.56	22
鞍山	Anshan	26.46	43.85	19.11	85
抚顺	Fushun	11.15	20.03	14.70	106
本溪	Benxi	56.20	61.98	12.40	114
丹东	Dandong	32.68	53.09	11.62	118
锦州	Jinzhou	20.01	34.41	11.37	120
营口	Yingkou	8.57	24.13	6.95	146
阜新	Fuxin	2.30	2.86	2.04	212
辽阳	Liaoyang	2.79	4.43	3.88	176
盘锦	Panjin	18.09	36.52	10.58	122
铁岭	Tieling	4.81	7.02	3.45	180
朝阳	Chaoyang	1.38	2.13	1.86	217
葫芦岛	Huludao	5.72	12.36	4.23	171
吉林	**Jilin**	**82.00**	**124.30**	**130.63**	
长春	Changchun	24.98	37.83	39.45	48
吉林	Jilin	6.36	9.60	9.77	125
四平	Siping	0.20	0.28	0.39	247
辽源	Liaoyuan	0.03	0.04	0.04	272
通化	Tonghua	7.45	13.44	16.87	96
白山	Baishan	2.85	4.23	4.50	169
松原	Songyuan	1.58	2.28	2.38	205
白城	Baicheng	0.97	1.43	1.47	226
黑龙江	**Heilongjiang**	**172.42**	**152.86**	**141.72**	
哈尔滨	Harbin	26.36	21.06	22.11	79
齐齐哈尔	Qiqihar	3.04	4.80	5.04	160
鸡西	Jixi	3.56	3.00	3.15	188
鹤岗	Hegang	5.32	3.64	3.82	177
双鸭山	Shuangyashan	8.00			
大庆	Daqing	1.40	2.40	2.52	201
伊春	Yichun	1.94			
佳木斯	Jiamusi	14.40	4.60	4.83	165
七台河	Qitaihe	0.18			
牡丹江	Mudanjiang	74.79	176.03	184.83	10
黑河	Heihe	32.91	87.27	91.63	23
绥化	Suihua	0.01	0.01	0.01	274
上海	**Shanghai**	**733.72**	**614.09**	**791.30**	
江苏	**Jiangsu**	**653.55**	**288.03**	**297.10**	

14-13 接待入境旅游者人数 续表 1
Number of Overseas Visitors continued 1

单位：万人次 (10 000 person-times)

地名	City	2010	2013	2014	2014 排名 Ranking
南京	Nanjing	130.88	51.86	56.62	37
无锡	Wuxi	86.50	39.12	40.31	46
徐州	Xuzhou	15.83	2.58	2.95	194
常州	Changzhou	35.91	11.00	12.04	117
苏州	Suzhou	265.15	144.21	145.33	14
南通	Nantong	35.51	21.69	18.72	88
连云港	Lianyungang	11.67	2.42	2.30	207
淮安	Huaian	2.83	1.06	1.36	229
盐城	Yancheng	6.21	2.60	4.22	172
扬州	Yangzhou	56.01	4.78	5.35	157
镇江	Zhenjiang	61.33	3.67	4.50	168
泰州	Taizhou	7.90	2.66	3.00	193
宿迁	Suqian	2.79	0.37	0.40	245
浙江	**Zhejiang**	**684.71**	**337.57**	**370.88**	
杭州	Hangzhou	275.71	316.01	326.13	3
宁波	Ningbo	95.17	127.34	139.68	16
温州	Wenzhou	39.16	74.21	91.08	24
嘉兴	Jiaxing	66.41	65.78	70.66	29
湖州	Huzhou	33.17	53.29	60.28	35
绍兴	Shaoxing	52.28	69.63	70.21	30
金华	Jinhua	62.74	79.70	84.19	27
衢州	Quzhou	9.88	12.10	11.60	119
舟山	Zhoushan	25.68	31.54	31.58	61
台州	Taizhou	10.29	10.89	15.53	100
丽水	Lishui	12.92	25.79	29.83	65
安徽	**Anhui**	**198.42**	**271.95**	**280.18**	
合肥	Hefei	24.29	38.93	40.10	47
芜湖	Wuhu	9.46	24.77	25.51	71
蚌埠	Bengbu	1.76	4.48	4.61	166
淮南	Huainan	1.61	3.29	3.39	183
马鞍山	Maanshan	4.36	10.42	10.73	121
淮北	Huaibei	0.82	2.15	2.21	209
铜陵	Tongling	1.53	2.91	3.00	192
安庆	Anqing	4.49	9.62	9.91	124
黄山	Huangshan	105.03	160.59	165.41	13
滁州	Chuzhou	4.32	9.43	9.71	126
阜阳	Fuyang	0.51	1.63	1.68	222
宿州	Suzhou	0.84	2.35	2.42	204
六安	Liuan	1.50	7.01	7.22	143
亳州	Bozhou	0.96	3.03	3.12	189

地名	City	2010	2013	2014	2014 排名 Ranking
池州	Chizhou	33.01	69.95	72.05	28
宣城	Xuancheng	2.20	7.97	8.21	133
福建	**Fujian**	**368.14**	**294.02**	**318.90**	
福州	Fuzhou	69.86	90.50	90.69	25
厦门	Xiamen	155.19	214.69	234.92	6
莆田	Putian	18.47	37.08	24.81	72
三明	Sanming	2.90	101.61	5.24	158
泉州	Quanzhou	77.05	4.58	108.95	20
漳州	Zhangzhou	24.75	25.73	40.65	45
南平	Nanping	17.34	29.56	28.82	66
龙岩	Longyan	2.24	6.14	8.09	135
宁德	Ningde	0.34	1.87	2.30	208
江西	**Jiangxi**	**113.97**	**123.89**	**147.67**	
南昌	Nanchang	12.05	20.18	20.78	81
景德镇	Jingdezhen	19.49	26.73	27.76	67
萍乡	Pingxiang	4.40	7.78	7.91	138
九江	Jiujiang	25.05	30.72	31.35	63
新余	Xinyu	1.37	2.37	2.63	199
鹰潭	Yingtan	5.54	7.15	7.48	141
赣州	Ganzhou	12.00	16.10	16.33	98
吉安	Jian	12.38	19.34	20.05	83
宜春	Yichun	5.41	7.42	7.89	139
抚州	Fuzhou	5.17	7.08	7.16	144
上饶	Shangrao	11.22	18.74	22.34	78
山东	**Shandong**	**366.79**	**285.98**	**300.19**	
济南	Jinan	23.10	30.72	31.40	62
青岛	Qingdao	108.05	123.62	128.10	18
淄博	Zibo	17.14	21.90	19.50	84
枣庄	Zaozhuang	2.61	3.15	2.90	196
东营	Dongying	3.33	5.51	5.60	155
烟台	Yantai	47.20	51.98	54.60	38
潍坊	Weifang	22.19	33.51	32.70	59
济宁	Jining	28.90	35.40	30.60	64
泰安	Taian	29.83	38.51	36.60	51
威海	Weihai	37.26	43.95	44.80	42
日照	Rizhao	21.52	28.08	27.00	68
莱芜	Laiwu	0.40	0.72	0.70	240
临沂	Linyi	12.09	18.19	17.70	90
德州	Dezhou	5.77	6.32	2.50	202
聊城	Liaocheng	3.52	5.40	5.40	156

14-13 接待入境旅游者人数 续表 2
Number of Overseas Visitors continued 2

单位：万人次 (10 000 person-times)

地名	City	2010	2013	2014	2014 排名 Ranking	地名	City	2010	2013	2014	2014 排名 Ranking
滨州	Binzhou	2.95	4.38	4.40	170	常德	Changde	10.18	14.33	14.76	105
菏泽	Heze	0.93	1.37	1.20	231	张家界	Zhangjiajie	35.55	29.79	38.05	50
河南	**Henan**	**146.84**	**127.38**	**124.76**		益阳	Yiyang	5.45	3.04	1.12	233
郑州	Zhengzhou	34.91	43.61	48.19	41	郴州	Chenzhou	17.22	25.04	26.35	70
开封	Kaifeng	20.02	26.82	21.32	80	永州	Yongzhou	3.13	2.76	1.89	215
洛阳	Luoyang	45.79	70.05	84.21	26	怀化	Huaihua	0.97	5.01	6.22	151
平顶山	Pingdingshan	1.53	2.68	2.75	198	娄底	Loudi	3.48	8.06	7.99	137
安阳	Anyang	5.50	7.80	10.11	123	**广东**	**Guangdong**	**3140.93**	**3397.90**	**3355.43**	
鹤壁	Hebi	0.63	0.78	0.78	237	广州	Guangzhou	814.80	768.20	783.30	2
新乡	Xinxiang	2.97	3.79	3.92	175	韶关	Shaoguan	21.48	10.71	8.61	131
焦作	Jiaozuo	21.73	32.02	33.33	57	深圳	Shenzhen	1020.61	1214.89	1182.59	1
濮阳	Puyang	1.61	1.72	1.79	219	珠海	Zhuhai	325.14	263.23	291.34	4
许昌	Xuchang	0.90	0.05	0.37	250	汕头	Shantou	13.39	15.52	17.64	92
漯河	Luohe	0.64	0.90	0.92	235	佛山	Foshan	103.06	134.56	137.06	17
三门峡	Sanmenxia	3.97	6.15	6.75	148	江门	Jiangmen	119.04	169.59	178.72	11
南阳	Nanyang	1.26	1.68	1.71	221	湛江	Zhanjiang	10.31	19.03	22.56	77
商丘	Shangqiu	1.01	1.24	0.80	236	茂名	Maoming	1.78	2.46	3.16	186
信阳	Xinyang	0.72	1.19	1.76	220	肇庆	Zhaoqing	139.45	93.89	49.05	40
周口	Zhoukou	1.65	2.99	5.22	159	惠州	Huizhou	160.16	207.01	214.85	7
驻马店	Zhumadian	1.10	2.67	3.21	185	梅州	Meizhou	7.69	13.45	17.81	89
湖北	**Hubei**	**181.74**	**267.96**	**277.07**		汕尾	Shanwei	3.97	3.63	3.42	181
武汉	Wuhan	92.79	161.37	170.57	12	河源	Heyuan	4.49	6.22	5.88	152
黄石	Huangshi	1.31	0.27	1.12	232	阳江	Yangjiang	5.28	4.62	5.00	162
十堰	Shiyan	10.90	17.08	17.70	90	清远	Qingyuan	42.05	22.63	17.14	95
宜昌	Yichang	23.23	34.34	35.58	54	东莞	Dongguan	261.88	314.39	273.30	5
襄阳	Xiangyang	4.47	4.89	4.90	164	中山	Zhongshan	48.05	53.77	60.21	36
鄂州	Ezhou	0.48	0.50	0.49	242	潮州	Chaozhou	40.32	60.95	61.84	34
荆门	Jingmen	1.66	2.15	1.92	214	揭阳	Jieyang	6.69	5.90	6.63	150
孝感	Xiaogan	1.68	1.06	1.09	234	云浮	Yunfu	7.13	13.23	15.33	102
荆州	Jingzhou	3.67	5.61	5.61	154	**广西**	**Guangxi**	**250.24**	**281.74**	**295.76**	
黄冈	Huanggang	1.85	0.90	1.52	223	南宁	Nanning	16.75	35.11	43.30	43
咸宁	Xianning	1.13	1.28	1.50	224	柳州	Liuzhou	8.11	16.74	17.41	94
随州	Suizhou	3.65	1.25	1.50	224	桂林	Guilin	148.62	193.65	204.78	8
湖南	**Hunan**	**189.87**	**230.66**	**219.55**		梧州	Wuzhou	9.00	18.29	19.03	86
长沙	Changsha	70.21	76.72	65.22	32	北海	Beihai	7.30	11.58	12.09	116
株洲	Zhuzhou	6.20	12.78	13.12	111	防城港	Fangchenggang	7.01	14.67	15.38	101
湘潭	Xiangtan	7.35	5.61	6.73	149	钦州	Qinzhou	2.44	4.61	5.03	161
衡阳	Hengyang	8.78	12.85	7.62	140	贵港	Guigang	4.05	7.93	8.29	132
邵阳	Shaoyang	0.09	4.60	2.89	197	玉林	Yulin	3.31	8.10	9.59	128
岳阳	Yueyang	12.72	22.42	24.27	73	百色	Baise	2.67	6.37	7.01	145

14-13 接待入境旅游者人数 续表 3
Number of Overseas Visitors continued 3

单位：万人次 (10 000 person-times)

地名	City	2010	2013	2014	2014 排名 Ranking	地名	City	2010	2013	2014	2014 排名 Ranking
贺州	Hezhou	16.40	30.96	33.07	58	丽江	Lijiang	61.14	99.67	107.70	21
河池	Hechi	3.02	7.00	9.17	129	普洱	Puer	11.74	14.96	5.75	153
来宾	Laibin	0.82	1.68	1.86	218	临沧	Lincang	4.12	6.10	7.23	142
崇左	Chongzuo	20.73	34.83	35.18	55	**西藏**	**Tibet**	**22.83**	**22.32**	**24.44**	
海南	**Hainan**	**66.33**	**75.64**	**66.14**		拉萨	Lasa	16.44	13.05	22.58	76
海口	Haikou	13.29	15.70	13.69	110	**陕西**	**Shaanxi**	**212.17**	**253.47**	**266.30**	
三亚	Sanya	41.59	48.20	38.86	49	西安	Xi'an	84.18	121.11	141.70	15
三沙	Sansha					铜川	Tongchuan	2.24	2.60	3.04	191
重庆	**Chongqing**	**137.02**	**115.17**	**126.36**		宝鸡	Baoji	16.10	30.02	35.12	56
四川	**Sichuan**	**104.93**	**209.56**	**240.17**		咸阳	Xianyang	14.00	11.80	13.81	108
成都	Chengdu	73.20	176.43	197.80	9	渭南	Weinan	15.04	20.13	23.55	74
自贡	Zigong	0.18	0.14	0.16	261	延安	Yan'an	8.54	6.90	8.07	136
攀枝花	Panzhihua	0.03	0.04	0.10	266	汉中	Hanzhong	1.72	2.79	3.26	184
泸州	Luzhou	0.20	0.14	0.22	256	榆林	Yulin	0.26	0.19	0.22	255
德阳	Deyang	0.72	0.41	0.35	251	安康	Ankang	1.46	2.20	2.57	200
绵阳	Mianyang	1.32	1.02	0.74	238	商洛	Shangluo	1.20	1.60	1.87	216
广元	Guangyuan	0.14	0.18	0.18	259	**甘肃**	**Gansu**	**7.02**	**9.78**	**4.88**	
遂宁	Suining	0.90	0.68	0.72	239	兰州	Lanzhou	2.01	2.52	1.32	230
内江	Neijiang	0.04	0.07	0.12	264	嘉峪关	Jiayuguan	0.61	0.74	0.45	244
乐山	Leshan	8.10	10.82	12.79	112	金昌	Jinchang	0.02	0.07	0.04	273
南充	Nanchong	0.30	0.24	0.25	254	白银	Baiyin	0.01	0.01	0.01	276
眉山	Meishan	0.11	0.03	0.05	271	天水	Tianshui	0.02	0.20	0.06	268
宜宾	Yibin	0.42	0.25	0.17	260	武威	Wuwei	0.77	0.34	0.20	258
广安	Guangan	0.25	0.38	0.37	248	张掖	Zhangye	0.06	0.48	0.26	253
达州	Dazhou	0.01	0.26	0.29	252	平凉	Pingliang	0.00	0.12	0.06	268
雅安	Yaan	0.42	0.21	0.37	248	酒泉	Jiuquan	3.38	4.78	2.36	206
巴中	Bazhong	0.00	0.02	0.01	275	庆阳	Qingyang	0.00	0.02		
资阳	Ziyang	2.68	2.91	3.70	178	定西	Dingxi	0.02	0.01		
贵州	**Guizhou**	**50.01**	**62.40**	**65.31**		陇南	Longnan		0.01		
贵阳	Guiyang	6.10	13.42	14.49	107	**青海**	**Qinghai**	**4.67**	**4.65**	**5.15**	
六盘水	Liupanshui	0.10	0.11	0.11	265	西宁	Xining		3.32	3.41	182
遵义	Zunyi	1.16	1.39	1.39	228	海东	Haidong				
安顺	Anshun	16.95	15.79	15.79	99	**宁夏**	**Ningxia**	**1.80**	**2.54**	**3.37**	
毕节	Bijie	1.06	6.34			银川	Yinchuan	1.45	1.83	2.14	210
铜仁	Tongren	3.01	6.64			石嘴山	Shizuishan	0.06	0.07	0.08	267
云南	**Yunnan**	**329.15**	**287.88**	**286.56**		吴忠	Wuzhong		0.12	0.14	262
昆明	Kunming	86.06	123.13	119.21	19	固原	Guyuan	0.08	0.17	0.20	257
曲靖	Qujing	1.73	2.03	2.14	211	中卫	Zhongwei	0.17	0.34	0.40	246
玉溪	Yuxi	0.26	0.44	0.49	243	**新疆**	**Xinjiang**	**50.94**	**68.88**	**54.01**	
保山	Baoshan	8.95	13.40	0.13	263	乌鲁木齐	Urumqi	58.16	35.03	23.53	75
昭通	Zhaotong	0.10	0.19	14.81	103	克拉玛依	Karamay	0.13	0.41	0.62	241

14-14 接待国内旅游人数
Number of Domestic Visitors

单位：万人次 (10 000 person-times)

地名	City	2010	2013	2014	2014 排名 Ranking	地名	City	2010	2013	2014	2014 排名 Ranking
全国	**Nation Total**	**210300.0**	**326200.0**	**361100.0**		沈阳	Shenyang	5705.3	7574.1	8087.7	8
北京	**Beijing**	**17900.0**	**25000.0**	**25722.2**		大连	Dalian	3777.1	5230.9	5619.8	22
天津	**Tianjin**	**6117.5**				鞍山	Anshan	2224.0	3281.8	3949.5	51
河北	**Hebei**	**14851.0**	**27000.0**	**31000.0**		抚顺	Fushun	1980.2	2987.6	3702.5	60
石家庄	Shijiazhuang	2350.5	4874.3	5778.6	21	本溪	Benxi	2147.9	3216.1	3545.3	65
唐山	Tangshan	1532.4	2770.3	3019.6	88	丹东	Dandong	2248.2	2990.1	3468.5	68
秦皇岛	Qinhuangdao	1860.5	2565.2	2796.1	96	锦州	Jinzhou	1441.7	3211.0	3544.9	66
邯郸	Handan	1481.0	2761.2	3009.7	89	营口	Yingkou	1074.2	1620.0	1835.3	150
邢台	Xingtai	754.0	1194.1	1301.5	195	阜新	Fuxin	658.3	923.6	1042.9	226
保定	Baoding	2811.7	4746.1	5173.3	31	辽阳	Liaoyang	1661.6	2454.2	2794.2	97
张家口	Zhangjiakou	1034.7	2538.8	2767.3	101	盘锦	Panjin	1653.5	1911.7	2299.3	122
承德	Chengde	1285.6	2430.1	2648.8	106	铁岭	Tieling	1080.6	1660.7	1949.5	144
沧州	Cangzhou	575.2	969.5	1056.7	224	朝阳	Chaoyang	1164.8	1431.1	1631.1	164
廊坊	Langfang	818.5	1437.9	1567.3	170	葫芦岛	Huludao	1460.1	1934.3	2454.7	115
衡水	Hengshui	347.0	700.1	763.1	241	**吉林**	**Jilin**	**6490.9**	**10241.9**	**12000.0**	
山西	**Shanxi**	**12496.8**	**25000.0**	**29951.1**		长春	Changchun	2637.6	4191.7	4908.9	37
太原	Taiyuan	1994.5	3644.7	4175.2	46	吉林	Jilin	1762.4	2761.6	3242.4	78
大同	Datong	1369.8	2324.6	2751.8	102	四平	Siping	123.2	195.0	228.5	275
阳泉	Yangquan	823.0	1483.0	1816.8	151	辽源	Liaoyuan	100.5	159.4	186.6	277
长治	Changzhi	1050.6	2148.6	2691.2	105	通化	Tonghua	400.2	631.0	739.5	244
晋城	Jincheng	1046.6	2166.3	2715.0	104	白山	Baishan	349.6	561.2	658.6	251
朔州	Shuozhou	430.6	886.5	1148.2	215	松原	Songyuan	244.1	397.9	466.1	260
晋中	Jinzhong	1349.7	3288.2	4003.9	50	白城	Baicheng	149.2	234.7	274.7	272
运城	Yuncheng	1570.2	2889.4	3464.8	69	**黑龙江**	**Heilongjiang**	**15702.0**	**29004.0**	**10500.0**	
忻州	Xinzhou	1037.5	1951.6	2407.5	119	哈尔滨	Harbin	4124.0	4494.0	5392.8	27
临汾	Linfen	1172.2	2134.4	2626.7	107	齐齐哈尔	Qiqihar	1725.7	3036.3	3309.6	74
吕梁	Lvliang	652.3	1688.0	2150.1	129	鸡西	Jixi	501.0	664.0	723.8	245
内蒙古	**Inner Mongolia**	**4477.6**	**6612.8**	**7400.0**		鹤岗	Hegang	113.7	270.9	295.3	270
呼和浩特	Hohhot	827.8	1158.5	1292.4	197	双鸭山	Shuangyashan	809.0			
包头	Baotou	601.5	842.3	934.7	232	大庆	Daqing	743.5	1207.0	1315.6	192
乌海	Wuhai	93.3	145.5	164.2	279	伊春	Yichun	419.8	584.0	636.6	254
赤峰	Chifeng	383.9	569.5	637.2	253	佳木斯	Jiamusi	241.0	360.6	393.1	264
通辽	Tongliao	248.0	333.7	364.1	266	七台河	Qitaihe	45.0	29.8	32.5	280
鄂尔多斯	Erdos	442.6	647.6	711.5	246	牡丹江	Mudanjiang	796.0	1345.0	1466.1	177
呼伦贝尔	Hulunbuir	737.4	1076.2	1227.8	205	黑河	Heihe	233.0	406.8	443.4	261
巴彦淖尔	Bayannur	110.1	152.7	171.0	278	绥化	Suihua	76.0	5.2	5.7	281
乌兰察布	Ulanqab	174.9	327.0	378.2	265	**上海**	**Shanghai**	**21463.2**	**25990.7**	**26818.0**	
辽宁	**Liaoning**	**28277.5**	**40427.2**	**45900.0**		**江苏**	**Jiangsu**	**35518.6**	**52000.0**	**57113.3**	

14-14 接待国内旅游人数 续表 1
Number of Domestic Visitors continued 1

单位：万人次 (10 000 person-times)

地名	City	2010	2013	2014	2014 排名 Ranking	地名	City	2010	2013	2014	2014 排名 Ranking
南京	Nanjing	6365.5	8674.0	9419.3	7	池州	Chizhou	1383.5	3066.4	3471.5	67
无锡	Wuxi	5067.3	6993.6	7573.7	9	宣城	Xuancheng	644.6	1581.9	1800.0	153
徐州	Xuzhou	2049.4	3087.2	3566.6	63	**福建**	**Fujian**	**11417.1**	**19542.0**	**22900.0**	
常州	Changzhou	2802.4	4425.7	4989.3	36	福州	Fuzhou	2275.1	3446.2	3859.7	54
苏州	Suzhou	7004.9	9416.3	10028.8	6	厦门	Xiamen	2178.4	3411.1	3820.4	55
南通	Nantong	1756.8	2716.0	3066.3	86	莆田	Putian	774.7	1590.1	1780.9	155
连云港	Lianyungang	1392.7	2136.0	2415.0	118	三明	Sanming	870.2	2759.2	3090.3	82
淮安	Huaian	1156.3	1833.2	2089.6	132	泉州	Quanzhou	1351.4	1480.3	1657.9	161
盐城	Yancheng	1105.4	1754.4	2014.7	138	漳州	Zhangzhou	1001.7	1435.4	1607.7	167
扬州	Yangzhou	2647.2	3965.4	4545.9	40	南平	Nanping	1300.0	2076.3	2325.5	121
镇江	Zhenjiang	2607.5	3895.0	4385.5	42	龙岩	Longyan	984.7	1802.3	2018.6	136
泰州	Taizhou	1072.8	1640.5	1848.7	148	宁德	Ningde	680.7	1346.8	1508.4	173
宿迁	Suqian	490.4	1002.0	1169.8	212	**江西**	**Jiangxi**	**10705.0**	**24846.2**	**31134.5**	
浙江	**Zhejiang**	**29500.0**	**43400.0**	**47900.0**		南昌	Nanchang		3282.0	4266.0	45
杭州	Hangzhou	6304.9	9409.1	10538.2	4	景德镇	Jingdezhen		2222.0	2568.9	110
宁波	Ningbo	4624.0	6225.9	6973.0	12	萍乡	Pingxiang		1707.0	2185.2	127
温州	Wenzhou	3537.0	5676.9	6358.1	17	九江	Jiujiang		3435.0	4329.6	43
嘉兴	Jiaxing	3070.1	4659.6	5218.8	29	新余	Xinyu		855.0	1056.9	223
湖州	Huzhou	2855.7	4903.5	5491.9	24	鹰潭	Yingtan		1300.0	1816.5	152
绍兴	Shaoxing	3436.0	5613.7	6287.4	18	赣州	Ganzhou		2575.0	3079.4	84
金华	Jinhua	2882.7	4834.4	5414.5	25	吉安	Jian		3029.0	3762.0	58
衢州	Quzhou	1639.3	3277.9	3671.2	61	宜春	Yichun		1775.0	2158.6	128
舟山	Zhoushan	2113.3	3035.9	3400.2	71	抚州	Fuzhou		1215.0	1628.5	165
台州	Taizhou	3285.7	5165.5	5785.4	20	上饶	Shangrao		3451.0	4283.0	44
丽水	Lishui	2065.3	4543.9	5089.1	33	**山东**	**Shandong**	**34990.4**			
安徽	**Anhui**	**15349.0**	**33600.0**	**38000.0**		济南	Jinan	3365.2	5095.8	5503.5	23
合肥	Hefei	2101.7	5752.5	6534.8	15	青岛	Qingdao	4396.7	6165.8	6659.0	14
芜湖	Wuhu	790.3	2382.5	2785.3	98	淄博	Zibo	2544.2	3815.8	4121.1	47
蚌埠	Bengbu	905.2	1975.4	2200.0	126	枣庄	Zaozhuang	945.0	1540.4	1663.6	158
淮南	Huainan	600.4	1187.3	1297.5	196	东营	Dongying	636.8	1097.6	1185.4	211
马鞍山	Maanshan	750.9	1810.8	2016.7	137	烟台	Yantai	3271.5	4951.5	5347.7	28
淮北	Huaibei	335.5	809.9	922.2	233	潍坊	Weifang	2945.5	4701.8	5077.9	34
铜陵	Tongling	410.3	813.8	921.1	234	济宁	Jining	2989.5	4700.5	5076.6	35
安庆	Anqing	1798.1	3403.1	3793.3	57	泰安	Taian	3021.2	4791.8	5175.1	30
黄山	Huangshan	2206.4	4422.0	4832.7	38	威海	Weihai	2112.1	2952.8	3189.0	79
滁州	Chuzhou	615.4	1263.4	1437.8	181	日照	Rizhao	2031.4	3125.4	3375.4	72
阜阳	Fuyang	550.6	1229.9	1414.6	183	莱芜	Laiwu	527.2	806.0	870.6	237
宿州	Suzhou	541.1	1149.5	1326.4	191	临沂	Linyi	3037.0	4742.8	5122.2	32
六安	Liuan	650.2	1658.0	1887.1	147	德州	Dezhou	965.5	1850.7	1998.7	140
亳州	Bozhou	477.1	1094.9	1257.8	203	聊城	Liaocheng	872.4	1540.4	1663.6	159

14-14 接待国内旅游人数 续表 2
Number of Domestic Visitors continued 2

单位：万人次 (10 000 person-times)

地名	City	2010	2013	2014	2014 排名 Ranking
滨州	Binzhou	661.4	1117.8	1207.2	209
菏泽	Heze	667.8	1265.5	1366.8	186
河南	**Henan**	**25845.0**			
郑州	Zhengzhou	6962.1	9913.1	10216.6	5
开封	Kaifeng	2221.2	3615.1	3565.3	64
洛阳	Luoyang	3820.3	6376.5	7038.0	11
平顶山	Pingdingshan	896.1	1447.8	1369.2	185
安阳	Anyang	1395.7	2278.4	2244.5	124
鹤壁	Hebi	395.8	706.0	790.6	240
新乡	Xinxiang	1363.4	2291.7	2289.7	123
焦作	Jiaozuo	1959.5	2964.3	3298.8	75
濮阳	Puyang	772.7	1315.3	1463.3	178
许昌	Xuchang	607.0	1003.0	1126.3	217
漯河	Luohe	414.0	678.3	757.3	242
三门峡	Sanmenxia	1454.6	2268.6	2531.7	113
南阳	Nanyang	1251.1	2027.6	1967.6	143
商丘	Shangqiu	804.2	1316.3	978.2	228
信阳	Xinyang	1249.4	2073.8	2044.6	134
周口	Zhoukou	686.2	1156.0	1083.4	221
驻马店	Zhumadian	819.8	1383.4	1352.9	188
湖北	**Hubei**	**20946.0**	**40621.0**	**46900.0**	
武汉	Wuhan	8852.3	17022.1	19126.8	1
黄石	Huangshi	788.7	1254.2	1354.5	187
十堰	Shiyan	1477.1	2853.4	3417.7	70
宜昌	Yichang	1519.0	3286.0	4049.4	48
襄阳	Xiangyang	1397.5	2824.2	3252.5	76
鄂州	Ezhou	285.0	482.6	521.2	259
荆门	Jingmen	865.2	1805.0	2008.4	139
孝感	Xiaogan	806.3	1486.0	1604.8	168
荆州	Jingzhou	916.2	1901.2	2053.2	133
黄冈	Huanggang	819.8	1500.4	1620.5	166
咸宁	Xianning	1156.0	2649.1	2861.0	92
随州	Suizhou	590.8	1459.7	1582.0	169
湖南	**Hunan**	**20208.2**	**36000.0**	**41000.0**	
长沙	Changsha	4169.4	6566.3	7380.1	10
株洲	Zhuzhou	1194.8	2621.6	3041.4	87
湘潭	Xiangtan	1627.3	2644.5	3083.0	83
衡阳	Hengyang	1696.0	3145.2	3591.6	62
邵阳	Shaoyang	568.4	1094.9	1283.3	198
岳阳	Yueyang	1548.2	3378.2	3877.9	52
常德	Changde	1354.1	2441.9	2725.0	103
张家界	Zhangjiajie	1075.0	1504.8	1744.5	157
益阳	Yiyang	1281.0	1883.7	1971.5	142
郴州	Chenzhou	1697.3	3309.6	3876.4	53
永州	Yongzhou	1104.1	1751.1	1933.1	145
怀化	Huaihua	1110.5	2403.0	2828.5	93
娄底	Loudi	827.0	1569.0	1925.3	146
广东	**Guangdong**	**18626.2**	**59664.7**	**65800.0**	
广州	Guangzhou	3691.6	4273.7	4546.7	39
韶关	Shaoguan	842.7	1147.1	1210.5	207
深圳	Shenzhen	2264.7	3351.8	3808.9	56
珠海	Zhuhai	1055.4	1308.9	1516.2	172
汕头	Shantou	768.8	1140.3	1275.7	200
佛山	Foshan	763.5	981.2	1044.9	225
江门	Jiangmen	872.0	1240.4	1423.0	182
湛江	Zhanjiang	602.3	1391.5	1502.7	174
茂名	Maoming	304.7	426.0	526.8	258
肇庆	Zhaoqing	916.2	1292.0	1063.3	222
惠州	Huizhou	913.4	1294.6	1440.7	180
梅州	Meizhou	514.3	1196.3	1268.3	201
汕尾	Shanwei	326.6	581.6	643.2	252
河源	Heyuan	435.0	890.6	944.1	231
阳江	Yangjiang	304.9	700.5	876.0	236
清远	Qingyuan	1093.8	877.9	971.6	230
东莞	Dongguan	1289.0	1480.9	1485.2	176
中山	Zhongshan	539.8	807.7	841.9	239
潮州	Chaozhou	317.4	529.5	696.6	248
揭阳	Jieyang	361.4	809.6	1109.5	219
云浮	Yunfu	448.7	1028.0	1210.0	208
广西	**Guangxi**	**14074.0**	**24263.9**	**28565.0**	
南宁	Nanning	3272.0	5840.3	6905.2	13
柳州	Liuzhou	1300.3	2266.3	2605.4	109
桂林	Guilin	2097.7	3390.5	3737.8	59
梧州	Wuzhou	655.9	1131.4	1279.1	199
北海	Beihai	938.4	1521.2	1770.7	156
防城港	Fangchenggang	550.1	965.1	1168.4	213
钦州	Qinzhou	469.3	774.3	868.3	238
贵港	Guigang	623.0	1095.2	1266.3	202
玉林	Yulin	712.6	1356.0	1653.8	162
百色	Baise	952.0	1680.5	1997.8	141

14-14 接待国内旅游人数 续表 3
Number of Domestic Visitors continued 3

单位：万人次 (10 000 person-times)

地名	City	2010	2013	2014	2014 排名 Ranking	地名	City	2010	2013	2014	2014 排名 Ranking
贺州	Hezhou	487.4	1030.9	1257.2	204	丽江	Lijiang	848.8	1979.9	2556.1	111
河池	Hechi	728.0	1281.8	1530.1	171	普洱	Puer	347.0	1128.5	1312.6	194
来宾	Laibin	452.1	1008.2	1197.7	210	临沧	Lincang	268.9	455.5	572.8	255
崇左	Chongzuo	662.5	1106.5	1327.4	190	**西藏**	**Tibet**	**662.0**	**1268.7**	**1500.0**	
海南	**Hainan**	**2521.0**	**3596.9**	**4100.0**		拉萨	Lasa	352.9	635.1	711.3	247
海口	Haikou	722.8	1028.6	1117.0	218	**陕西**	**Shaanxi**	**14353.8**	**28200.0**	**32900.0**	
三亚	Sanya	841.1	1180.2	1313.9	193	西安	Xi'an	5201.0	10008.9	11210.0	3
三沙	Sansha					铜川	Tongchuan	492.8	886.4	992.8	227
重庆	**Chongqing**	**16036.6**				宝鸡	Baoji	1659.0	3595.0	4026.4	49
四川	**Sichuan**	**27141.3**	**49000.0**	**53549.7**		咸阳	Xianyang	1846.0	3988.2	4466.8	41
成都	Chengdu	6738.3	15339.0	18423.0	2	渭南	Weinan	1313.5	2900.0	3248.0	77
自贡	Zigong	1144.9	1780.0	2106.0	131	延安	Yan'an	1442.3	2840.8	3181.7	80
攀枝花	Panzhihua	705.2	1190.4	1383.6	184	汉中	Hanzhong	1210.0	2247.0	2516.6	114
泸州	Luzhou	1262.2	2111.4	2539.5	112	榆林	Yulin	530.0	1469.8	1646.2	163
德阳	Deyang	768.0	1734.7	1843.6	149	安康	Ankang	1218.0	2163.8	2423.5	117
绵阳	Mianyang	1193.0	2462.5	2821.1	95	商洛	Shangluo	1270.0	2764.5	3096.2	81
广元	Guangyuan	700.6	2414.8	2769.4	99	**甘肃**	**Gansu**	**4284.5**	**10068.4**	**12700.0**	
遂宁	Suining	1010.0	2011.0	2432.8	116	兰州	Lanzhou	887.5	2603.5	2915.9	90
内江	Neijiang	974.4	1788.6	2230.6	125	嘉峪关	Jiayuguan	166.0	356.7	399.5	263
乐山	Leshan	1669.6	2984.1	3342.1	73	金昌	Jinchang	45.8	181.9	203.7	276
南充	Nanchong	1307.6	2551.6	3076.5	85	白银	Baiyin	195.0	487.1	545.5	257
眉山	Meishan	991.2	1943.2	2386.1	120	天水	Tianshui	682.3	1339.8	1500.6	175
宜宾	Yibin	1459.1	2497.9	2822.2	94	武威	Wuwei	178.5	510.4	571.6	256
广安	Guangan	1040.0	1997.6	2768.2	100	张掖	Zhangye	187.4	660.7	739.9	243
达州	Dazhou	858.1	1242.6	1351.0	189	平凉	Pingliang	420.3	868.0	972.2	229
雅安	Yaan	1005.0	1132.0	1658.9	160	酒泉	Jiuquan	402.3	1095.9	1227.4	206
巴中	Bazhong	476.2	896.7	1165.6	214	庆阳	Qingyang	134.0	369.3	413.6	262
资阳	Ziyang	872.5	1857.2	2610.7	108	定西	Dingxi	232.0	292.9	328.0	268
贵州	**Guizhou**	**12863.0**	**26683.6**	**32000.0**		陇南	Longnan	321.2	614.3	688.1	249
贵阳	Guiyang	3940.8	5749.2	6439.1	16	**青海**	**Qinghai**	**1221.5**	**1775.8**	**2000.0**	
六盘水	Liupanshui	275.9	610.9	684.2	250	西宁	Xining		1303.5	1459.9	179
遵义	Zunyi	1662.0	4818.0	5396.2	26	海东	Haidong				
安顺	Anshun	1307.9	2573.9	2882.8	91	**宁夏**	**Ningxia**	**1020.6**	**1817.9**	**1700.0**	
毕节	Bijie	1270.4	2834.1			银川	Yinchuan	395.7	798.6	894.4	235
铜仁	Tongren	1000.3	2063.7			石嘴山	Shizuishan	154.6	252.8	283.2	271
云南	**Yunnan**	**13837.0**	**24000.0**	**28116.5**		吴忠	Wuzhong	150.8	244.8	274.2	273
昆明	Kunming	3471.0	5479.0	6149.5	19	固原	Guyuan	152.0	224.9	251.9	274
曲靖	Qujing	707.3	1025.0	1127.1	216	中卫	Zhongwei	165.7	296.7	332.3	267
玉溪	Yuxi	1164.0	1756.8	2030.0	135	**新疆**	**Xinjiang**	**3038.0**	**5048.9**	**4800.0**	
保山	Baoshan	611.0	938.0	1790.0	154	乌鲁木齐	Urumqi	465.6	1918.2	2148.4	130
昭通	Zhaotong	591.2	1376.8	1086.7	220	克拉玛依	Karamay	111.7	290.1	324.9	269

14-15 国际旅游外汇收入
Foreign Exchange Earnings from International Tourism

单位：万美元 （USD 10 000）

地名	City	2010	2012	2013	2013 排名 Ranking
全国	**Nation Total**	**4581400.0**	**5002800.0**	**5166400.0**	
北京	**Beijing**	**504400.0**	**514900.0**	**479468.0**	
天津	**Tianjin**	**141951.0**	**222641.0**	**259128.0**	
河北	**Hebei**	**35070.7**	**54494.0**	**58578.0**	
石家庄	Shijiazhuang	4383.9	6163.8	7489.9	89
唐山	Tangshan	2573.2	4134.4	4050.2	118
秦皇岛	Qinhuangdao	12022.5	19453.5	25572.7	38
邯郸	Handan	548.4	1386.5	1565.8	178
邢台	Xingtai	552.9	754.5	569.9	219
保定	Baoding	2806.5	4331.6	3180.7	131
张家口	Zhangjiakou	951.8	2068.4	2255.1	155
承德	Chengde	7883.7	11780.1	9735.0	81
沧州	Cangzhou	2595.4	851.6	972.0	202
廊坊	Langfang	496.4	3206.0	2811.1	137
衡水	Hengshui	256.1	363.5	376.1	229
山西	**Shanxi**	**46459.9**	**72024.0**	**82268.0**	
太原	Taiyuan	16376.6	24413.0	27567.1	35
大同	Datong	7310.2	10224.3	11748.2	69
阳泉	Yangquan	682.7	1009.7	1177.6	191
长治	Changzhi	1644.8	3042.6	3547.9	127
晋城	Jincheng	1658.4	4564.0	5385.9	105
朔州	Shuozhou	1292.1	2211.1	2537.5	146
晋中	Jinzhong	6382.8	10216.5	11811.8	68
运城	Yuncheng	2768.4	4035.4	4571.4	111
忻州	Xinzhou	5080.0	7475.6	8447.7	84
临汾	Linfen	2077.2	3100.0	3509.5	128
吕梁	Lvliang	1186.9	1731.7	1963.6	164
内蒙古	**Inner Mongolia**	**60190.0**	**77196.0**	**96229.0**	
呼和浩特	Hohhot	6881.9	9280.0	10948.0	74
包头	Baotou	1058.0	1475.0	2341.0	153
乌海	Wuhai	16.5	26.0	27.0	266
赤峰	Chifeng	1645.0	211.0	2758.0	138
通辽	Tongliao	854.0	1244.0	1601.0	177
鄂尔多斯	Erdos	1155.3	1912.0	2139.0	158
呼伦贝尔	Hulunbuir	26431.8	35474.0	44347.0	29
巴彦淖尔	Bayannur	2345.4	3124.0	1853.0	168
乌兰察布	Ulanqab	609.2	1427.0	2305.0	154
辽宁	**Liaoning**	**225932.9**	**326369.0**	**347714.0**	
沈阳	Shenyang	40023.5	63195.3	66451.3	20
大连	Dalian	80386.0	87349.0	81341.3	13
鞍山	Anshan	22435.1	27400.1	50085.6	25
抚顺	Fushun	5882.0	12981.9	15123.4	61
本溪	Benxi	27094.6	48877.9	48636.3	26
丹东	Dandong	16402.5	26642.2	24473.0	40
锦州	Jinzhou	12070.1	18505.9	21212.9	50
营口	Yingkou	3728.1	7186.6	10656.8	75
阜新	Fuxin	1004.8	1152.9	1243.3	187
辽阳	Liaoyang	1698.7	1896.4	2868.5	136
盘锦	Panjin	8915.9	13327.5	13200.9	65
铁岭	Tieling	2698.3	4013.6	4688.5	110
朝阳	Chaoyang	852.9	1180.8	1402.7	182
葫芦岛	Huludao	3240.6	4634.5	6329.1	93
吉林	**Jilin**	**30491.7**	**49477.0**	**55237.0**	
长春	Changchun	13747.9	22379.1	24305.9	43
吉林	Jilin	1895.9	3053.1	3557.5	126
四平	Siping	58.6	84.5	92.9	251
辽源	Liaoyuan	12.4	13.4	15.3	271
通化	Tonghua	1428.8	2464.9	3034.7	133
白山	Baishan	1008.5	1581.7	1711.4	171
松原	Songyuan	692.8	1028.5	1144.4	193
白城	Baicheng	174.4	266.3	304.6	233
黑龙江	**Heilongjiang**	**76250.0**	**83548.0**	**60436.0**	
哈尔滨	Harbin	14272.0	11333.0	9821.0	79
齐齐哈尔	Qiqihar	845.0	1363.0	1432.0	180
鸡西	Jixi	1352.8	1501.0	1121.0	195
鹤岗	Hegang	1070.4	1036.7	1065.0	199
双鸭山	Shuangyashan	2685.0	3025.0		
大庆	Daqing		473.0	491.0	225
伊春	Yichun				
佳木斯	Jiamusi	3369.0	1440.0	2928.0	135
七台河	Qitaihe	2600.0	2900.0		
牡丹江	Mudanjiang	29804.0	38956.0	58360.0	22
黑河	Heihe			2.3	278
绥化	Suihua	6.0	8.0	0.1	281
上海	**Shanghai**	**640510.0**	**549323.0**	**524470.0**	
江苏	**Jiangsu**	**478343.0**	**629972.0**	**237989.0**	

14-15 国际旅游外汇收入 续表 1

Foreign Exchange Earnings from International Tourism continued 1

单位：万美元 （USD 10 000）

地名	City	2010	2012	2013	2013 排名 Ranking	地名	City	2010	2012	2013	2013 排名 Ranking
南京	Nanjing	98062.0	136216.0	40063.0	32	池州	Chizhou	10467.0	31899.2	38031.5	33
无锡	Wuxi	48146.0	68138.0	26985.0	36	宣城	Xuancheng	753.6	1798.0	2622.3	141
徐州	Xuzhou	15286.6	21045.0	2193.0	156	**福建**	**Fujian**	**297823.7**	**422567.0**	**457338.0**	
常州	Changzhou	34707.0	47439.0	7590.0	88	福州	Fuzhou	84299.0	110909.6	128931.9	7
苏州	Suzhou	125059.0	164723.0	135687.0	6	厦门	Xiamen	108552.3	157727.9	160711.6	4
南通	Nantong	36066.5	42995.0	11196.0	73	莆田	Putian	12922.1	19242.3	21855.0	48
连云港	Lianyungang	10746.0	14434.0	1668.0	173	三明	Sanming	2033.9	4095.1	105483.4	9
淮安	Huaian	2475.0	3056.0	888.0	206	泉州	Quanzhou	66737.0	90445.6	3958.0	120
盐城	Yancheng	4534.6	6477.0	2533.0	147	漳州	Zhangzhou	15454.9	22878.2	20061.5	54
扬州	Yangzhou	45987.9	55921.0	3711.0	123	南平	Nanping	6679.5	12948.0	11593.4	70
镇江	Zhenjiang	46966.1	55819.0	3130.0	132	龙岩	Longyan	983.4	3568.1	3684.5	124
泰州	Taizhou	7931.0	10855.0	1990.0	163	宁德	Ningde	161.5	752.7	988.0	201
宿迁	Suqian	2375.2	2854.0	355.0	230	**江西**	**Jiangxi**	**34630.0**	**48473.0**	**52508.0**	
浙江	**Zhejiang**	**393020.0**	**515174.0**	**539293.0**		南昌	Nanchang	3069.0	5432.0	6390.0	92
杭州	Hangzhou	169008.4	220165.0	216047.3	3	景德镇	Jingdezhen	6484.0	7820.0	8391.0	85
宁波	Ningbo	59066.3	73428.0	79656.3	16	萍乡	Pingxiang	1225.0	2356.0	2540.0	145
温州	Wenzhou	17023.8	31887.0	42064.2	30	九江	Jiujiang	9047.0	9988.0	10513.0	77
嘉兴	Jiaxing	22643.0	27658.0	24388.9	41	新余	Xinyu	294.0	540.0	731.0	212
湖州	Huzhou	12585.0	17323.0	20021.8	55	鹰潭	Yingtan	1029.0	1552.0	1774.0	169
绍兴	Shaoxing	18478.2	24128.0	24385.6	42	赣州	Ganzhou	3056.0	4675.0	4957.0	107
金华	Jinhua	37670.0	42451.0	45417.4	28	吉安	Jian	3381.0	5719.0	6007.0	95
衢州	Quzhou	5123.0	6659.0	5723.9	100	宜春	Yichun	1571.0	2310.0	2504.0	148
舟山	Zhoushan	13094.0	15865.0	16084.1	58	抚州	Fuzhou	1714.0	2309.0	2460.0	149
台州	Taizhou	5629.0	8726.0	4264.7	114	上饶	Shangrao	3760.0	5763.0	6241.0	94
丽水	Lishui	28608.0	46884.0	61239.2	21	**山东**	**Shandong**	**215505.8**	**292365.0**	**273120.0**	
安徽	**Anhui**	**82000.0**	**156267.0**	**166042.0**		济南	Jinan	11354.4	16034.3	15126.7	60
合肥	Hefei	12729.4	23457.1	25183.2	39	青岛	Qingdao	60103.5	82459.5	79362.6	17
芜湖	Wuhu	2853.3	10573.0	13220.4	64	淄博	Zibo	9205.8	12800.7	11573.9	71
蚌埠	Bengbu	736.7	1608.1	2055.0	160	枣庄	Zaozhuang	823.8	1078.2	769.6	211
淮南	Huainan	905.3	1356.4	1916.5	165	东营	Dongying	3128.2	5082.4	4772.2	109
马鞍山	Maanshan	5135.4	13461.5	6818.8	91	烟台	Yantai	37706.8	48146.4	46313.2	27
淮北	Huaibei	118.6	933.5	1141.1	194	潍坊	Weifang	16238.3	25258.5	23181.6	47
铜陵	Tongling	285.6	924.9	930.6	203	济宁	Jining	17117.9	18412.8	15965.3	59
安庆	Anqing	2795.9	6894.4	8722.1	82	泰安	Taian	18380.2	25745.4	23222.5	46
黄山	Huangshan	30100.0	53658.2	53993.0	24	威海	Weihai	19151.0	25282.6	23851.5	45
滁州	Chuzhou	1351.6	3548.5	4043.1	119	日照	Rizhao	9795.3	13583.1	12416.2	66
阜阳	Fuyang	264.5	677.2	888.9	205	莱芜	Laiwu	313.6	610.7	506.2	222
宿州	Suzhou	410.5	901.4	1241.8	188	临沂	Linyi	7716.7	11325.2	10232.3	78
六安	Liuan	872.1	3784.2	4119.4	117	德州	Dezhou	1752.5	2195.0	1893.6	167
亳州	Bozhou	329.0	791.2	1114.1	196	聊城	Liaocheng	1580.0	2703.0	2392.0	150

14-15 国际旅游外汇收入 续表 2

Foreign Exchange Earnings from International Tourism continued 2

单位：万美元 （USD 10 000）

地名	City	2010	2012	2013	2013 排名 Ranking	地名	City	2010	2012	2013	2013 排名 Ranking
滨州	Binzhou	898.5	1345.0	1267.9	186	常德	Changde	2144.1	4744.4	5134.9	106
菏泽	Heze	239.2	302.5	272.8	235	张家界	Zhangjiajie	20070.9	28855.1	18903.5	56
河南	**Henan**	**49877.1**	**61141.0**	**65998.0**		益阳	Yiyang	1797.8	2630.5	1194.8	189
郑州	Zhengzhou	14788.8	15800.0	16508.0	57	郴州	Chenzhou	5739.0	8892.0	10528.6	76
开封	Kaifeng	4596.9	6083.7	5560.0	102	永州	Yongzhou	784.8	722.3	606.3	218
洛阳	Luoyang	15100.0	17949.7	20296.0	53	怀化	Huaihua	190.2	654.5	1100.7	197
平顶山	Pingdingshan	475.1	700.0	770.0	210	娄底	Loudi	1007.8	2025.7	2561.4	143
安阳	Anyang	1291.2	1829.8	2051.0	161	**广东**	**Guangdong**	**1243154.2**	**1561067**	**1627807**	
鹤壁	Hebi	185.6	229.0	243.2	239	广州	Guangzhou	468858.3	514457.8	516883.6	1
新乡	Xinxiang	677.7	1090.0	1153.0	192	韶关	Shaoguan	10309.2	3110.0	3730.2	122
焦作	Jiaozuo	8070.7	10900.0	12295.0	67	深圳	Shenzhen	318057.8	432882.1	453101.7	2
濮阳	Puyang	635.0	115.0	116.2	250	珠海	Zhuhai	122338.5	95044.6	83767.4	12
许昌	Xuchang	325.8	198.3	6.4	274	汕头	Shantou	5015.8	5174.7	5430.6	104
漯河	Luohe	280.0	210.3	219.0	240	佛山	Foshan	72895.7	120983.5	126984.3	8
三门峡	Sanmenxia	821.6	1262.6	1662.4	174	江门	Jiangmen	47656.6	69917.2	79768.4	15
南阳	Nanyang	630.0	745.0	788.0	209	湛江	Zhanjiang	2716.0	4816.1	5845.4	97
商丘	Shangqiu	250.0	240.0	267.6	237	茂名	Maoming	1198.1	1314.6	1394.6	183
信阳	Xinyang	318.0	184.6	258.4	238	肇庆	Zhaoqing	12439.7	48689.2	55440.5	23
周口	Zhoukou	672.6	775.1	906.2	204	惠州	Huizhou	50167.8	67785.7	77039.2	18
驻马店	Zhumadian	546.0	600.0	2667.0	139	梅州	Meizhou	2961.9	4086.4	4203.8	116
湖北	**Hubei**	**75116.5**	**120297.0**	**121892.0**		汕尾	Shanwei	1174.9	1418.5	1180.0	190
武汉	Wuhan	47578.3	85208.9	91431.0	10	河源	Heyuan	1388.5	926.2	1097.1	198
黄石	Huangshi	376.8	600.0	190.7	241	阳江	Yangjiang	1875.5	2225.8	2008.0	162
十堰	Shiyan	3303.6	5649.0	5824.1	98	清远	Qingyuan	11061.9	14417.1	13579.3	63
宜昌	Yichang	5455.6	7053.9	8273.1	86	东莞	Dongguan	67591.9	126924.5	144981.5	5
襄阳	Xiangyang	2642.1	2947.1	2986.1	134	中山	Zhongshan	27591.0	21978.6	23890.6	44
鄂州	Ezhou	103.2	201.6	271.3	236	潮州	Chaozhou	13206.9	21302.6	21770.0	49
荆门	Jingmen	820.3	577.8	523.4	221	揭阳	Jieyang	2150.0	1768.2	2109.5	159
孝感	Xiaogan	820.0	1014.7	499.3	224	云浮	Yunfu	2498.5	3033.3	3602.0	125
荆州	Jingzhou	864.7	1627.9	1653.9	175	**广西**	**Guangxi**	**80700.0**	**127887.0**	**154730.0**	
黄冈	Huanggang	99.1	396.0	285.8	234	南宁	Nanning	5600.0	10705.5	13736.7	62
咸宁	Xianning	522.7	485.2	500.2	223	柳州	Liuzhou	2684.1	4760.5	5882.5	96
随州	Suizhou	1791.8	1652.0	678.4	215	桂林	Guilin	50417.0	73440.2	86950.6	11
湖南	**Hunan**	**88676.0**	**92836.0**	**82269.0**		梧州	Wuzhou	2293.8	4230.4	5647.2	101
长沙	Changsha	44112.2	27634.2	20400.3	52	北海	Beihai	2173.0	3429.1	4307.9	113
株洲	Zhuzhou	2235.5	3735.9	4935.2	108	防城港	Fangchenggang	1695.2	3576.7	4382.5	112
湘潭	Xiangtan	2724.8	1924.7	1602.8	176	钦州	Qinzhou	822.4	1332.5	1507.0	179
衡阳	Hengyang	2245.5	2728.6	2540.8	144	贵港	Guigang	1191.1	2179.1	2646.6	140
邵阳	Shaoyang	22.4	948.6	1404.3	181	玉林	Yulin	1463.6	2304.1	3274.9	129
岳阳	Yueyang	3849.0	6813.9	9780.6	80	百色	Baise	1146.4	1935.0	2350.0	152

14-15 国际旅游外汇收入 续表 3
Foreign Exchange Earnings from International Tourism continued 3

单位：万美元 （USD 10 000）

地名	City	2010	2012	2013	2013 排名 Ranking
贺州	Hezhou	4180.0	7630.0	620.8	217
河池	Hechi	1139.5	2001.5	2569.7	142
来宾	Laibin	350.6	650.0	701.0	214
崇左	Chongzuo	5825.6	9761.4	11322.7	72
海南	**Hainan**	**32227.7**	**34802.0**	**33748.0**	
海口	Haikou	3755.7	4474.0	4210.2	115
三亚	Sanya	24504.4	26565.3	25990.6	37
三沙	Sansha				
重庆	**Chongqing**	**70320.0**	**116832.0**	**126831.0**	
四川	**Sichuan**	**35408.8**	**79815.0**	**76476.0**	
成都	Chengdu	27558.5	62916.2	68030.6	19
自贡	Zigong	50.7	169.1	59.6	256
攀枝花	Panzhihua	9.3	51.1	11.3	272
泸州	Luzhou	43.5	135.8	44.8	261
德阳	Deyang	465.7	809.2	313.9	232
绵阳	Mianyang	578.6	570.9	315.0	231
广元	Guangyuan	12.3	60.1	41.9	262
遂宁	Suining	165.0	478.2	151.3	245
内江	Neijiang	7.7	45.1	20.5	267
乐山	Leshan	1580.2	5750.9	2171.2	157
南充	Nanchong	83.7	473.7	129.6	247
眉山	Meishan	30.7	96.0	10.9	273
宜宾	Yibin	154.5	175.3	85.5	252
广安	Guangan	66.5	143.9	121.5	249
达州	Dazhou	4.5	119.8	49.9	260
雅安	Yaan	111.3	245.8	56.1	259
巴中	Bazhong	0.8	10.8	4.1	275
资阳	Ziyang	597.1	650.1	708.3	213
贵州	**Guizhou**	**12958.0**	**16894.0**	**20143.0**	
贵阳	Guiyang	2486.7	4240.6	5496.8	103
六盘水	Liupanshui	25.4	28.2	29.3	265
遵义	Zunyi	371.7	439.6	468.1	226
安顺	Anshun	2929.9	3153.3	3193.2	130
毕节	Bijie	176.5	405.8	1314.9	184
铜仁	Tongren	696.3	1333.8	1773.3	170
云南	**Yunnan**	**132365.0**	**194708.0**	**241818.0**	
昆明	Kunming	24252.0	33836.0	40338.0	31
曲靖	Qujing	396.1	696.7	797.0	208
玉溪	Yuxi	63.0	109.5	126.8	248
保山	Baoshan	2258.0	2963.0	3890.0	121
昭通	Zhaotong	19.5	27.7	63.0	255
丽江	Lijiang	20200.0	28900.0	35768.6	34
普洱	Puer	595.0	1269.0	1912.5	166
临沧	Lincang	1472.0	2075.6	2389.0	151
西藏	**Tibet**	**10359.0**	**10570.0**	**12786.0**	
拉萨	Lasa	7459.0		7700.0	87
陕西	**Shaanxi**	**101596.0**	**159747.0**	**167619.0**	
西安	Xi'an	53000.0	74862.0	80200.0	14
铜川	Tongchuan	19.4	390.0	390.7	228
宝鸡	Baoji	4648.0	7320.0	8685.0	83
咸阳	Xianyang	3342.0	2370.0	7363.2	90
渭南	Weinan	2707.7	5604.4	5757.0	99
延安	Yan'an	658.9	975.4	671.0	216
汉中	Hanzhong	690.0	998.0	1269.0	185
榆林	Yulin	14.0	16.3	17.0	270
安康	Ankang	263.0	400.0	450.0	227
商洛	Shangluo	76.3	144.9	172.0	242
甘肃	**Gansu**	**1481.4**	**2232.0**	**2039.0**	
兰州	Lanzhou	412.2	529.3	560.9	220
嘉峪关	Jiayuguan	133.6	146.6	136.0	246
金昌	Jinchang	3.4	9.2	17.2	269
白银	Baiyin	0.7	2.5	2.4	277
天水	Tianshui	6.3	50.4	33.4	264
武威	Wuwei	114.5	107.4	57.2	257
张掖	Zhangye	7.2	106.1	81.8	253
平凉	Pingliang	0.7	22.9	19.2	268
酒泉	Jiuquan	782.3	1156.3	1033.8	200
庆阳	Qingyang	0.7	1.6	2.9	276
定西	Dingxi	3.0	6.9	1.2	280
陇南	Longnan	0.1	0.6	1.6	279
青海	**Qinghai**	**2044.9**	**2432.0**	**1942.0**	
西宁	Xining		2175.6	1683.0	172
海东	Haidong				
宁夏	**Ningxia**	**598.9**	**545.0**	**1208.0**	
银川	Yinchuan	506.8	405.0	874.5	207
石嘴山	Shizuishan	19.7	22.7	35.5	263
吴忠	Wuzhong	15.2	45.0	56.7	258
固原	Guyuan	22.5	15.2	81.2	254
中卫	Zhongwei	34.6	57.0	160.4	244
新疆	**Xinjiang**	**36844.0**	**55057.0**	**58502.0**	
乌鲁木齐	Urumqi	19547.0	19855.0	21013.0	51
克拉玛依	Karamay	44.0	125.0	163.0	243

14-16 国内旅游收入
Earnings from Domestic Tourism

单位：亿元 （100 million yuan）

地名	City	2010	2012	2013	2013 排名 Ranking
全国	**Nation Total**	**12579.8**	**22706.2**	**26276.1**	
北京	**Beijing**	**2425.1**	**3301.3**	**3666.3**	
天津	**Tianjin**	**1151.9**	**1600.0**		
河北	**Hebei**	**890.8**	**1553.9**	**1973.8**	
石家庄	Shijiazhuang	129.4	264.7	328.3	49
唐山	Tangshan	93.4	167.9	212.3	86
秦皇岛	Qinhuangdao	143.0	201.6	244.3	77
邯郸	Handan	75.9	135.0	175.7	122
邢台	Xingtai	41.5	66.4	82.2	208
保定	Baoding	147.9	245.8	316.8	55
张家口	Zhangjiakou	59.3	134.2	181.8	120
承德	Chengde	86.8	153.5	198.0	103
沧州	Cangzhou	32.9	97.1	67.8	230
廊坊	Langfang	63.2	54.6	124.6	157
衡水	Hengshui	17.7	33.2	42.2	253
山西	**Shanxi**	**1052.3**	**1766.3**	**2253.7**	
太原	Taiyuan	219.3	339.7	413.5	37
大同	Datong	113.2	156.2	192.9	110
阳泉	Yangquan	57.5	94.9	119.9	162
长治	Changzhi	88.8	164.5	209.4	91
晋城	Jincheng	75.5	149.9	195.3	107
朔州	Shuozhou	36.0	63.4	82.5	207
晋中	Jinzhong	109.4	209.6	294.0	59
运城	Yuncheng	101.2	163.4	209.7	89
忻州	Xinzhou	103.0	157.9	202.6	99
临汾	Linfen	97.4	158.0	192.8	111
吕梁	Lvliang	51.0	108.9	141.0	150
内蒙古	**Inner Mongolia**	**692.9**	**1080.7**	**1343.7**	
呼和浩特	Hohhot	171.2	245.4	285.5	62
包头	Baotou	109.1	153.6	205.9	96
乌海	Wuhai	8.9	16.6	20.3	271
赤峰	Chifeng	54.1	88.2	103.5	180
通辽	Tongliao	37.4	48.7	56.5	243
鄂尔多斯	Erdos	68.5	124.2	151.0	142
呼伦贝尔	Hulunbuir	113.8	191.7	251.3	74
巴彦淖尔	Bayannur	11.9	17.0	20.8	270
乌兰察布	Ulanqab	12.7	25.1	34.5	258
辽宁	**Liaoning**	**2533.4**	**3739.3**	**4432.8**	
沈阳	Shenyang	489.7	688.2	792.2	12
大连	Dalian	495.5	711.4	850.4	11
鞍山	Anshan	176.2	279.0	323.9	52
抚顺	Fushun	177.4	269.3	327.0	50
本溪	Benxi	158.1	237.1	289.9	61
丹东	Dandong	208.1	320.2	348.6	44
锦州	Jinzhou	112.4	161.6	222.6	82
营口	Yingkou	112.1	167.7	206.4	94
阜新	Fuxin	35.9	55.9	67.2	231
辽阳	Liaoyang	129.7	190.4	220.9	83
盘锦	Panjin	130.3	200.4	245.8	76
铁岭	Tieling	78.5	112.5	146.1	145
朝阳	Chaoyang	103.6	144.3	185.5	116
葫芦岛	Huludao	125.9	204.1	206.1	95
吉林	**Jilin**	**732.8**	**1146.9**	**1441.6**	
长春	Changchun	350.5	534.2	667.7	19
吉林	Jilin	164.3	271.1	341.0	47
四平	Siping	12.3	19.7	24.7	267
辽源	Liaoyuan	10.0	16.1	20.3	272
通化	Tonghua	37.7	60.2	76.1	218
白山	Baishan	30.6	49.4	62.7	235
松原	Songyuan	27.2	45.2	59.9	239
白城	Baicheng	15.3	24.5	30.7	260
黑龙江	**Heilongjiang**	**832.0**	**1247.5**	**1348.5**	
哈尔滨	Harbin	371.8	554.0	669.0	18
齐齐哈尔	Qiqihar	66.2	104.0		
鸡西	Jixi	19.8	27.2	30.9	259
鹤岗	Hegang	9.0	32.2	27.3	263
双鸭山	Shuangyashan	8.6	6.4		
大庆	Daqing	26.0	45.7	58.5	240
伊春	Yichun	25.2	43.6	49.1	247
佳木斯	Jiamusi	9.9	12.4	16.0	275
七台河	Qitaihe	10.1	10.4		
牡丹江	Mudanjiang	31.9	45.2	56.7	242
黑河	Heihe	23.3	22.6	26.4	265
绥化	Suihua	0.6	6.4	6.8	281
上海	**Shanghai**	**2522.9**	**2786.5**	**2968.0**	
江苏	**Jiangsu**	**4287.9**	**6055.8**	**6940.1**	

14-16 国内旅游收入 续表 1
Earnings from Domestic Tourism continued 1

单位：亿元 （100 million yuan）

地名	City	2010	2012	2013	2013 排名 Ranking	地名	City	2010	2012	2013	2013 排名 Ranking
南京	Nanjing	852.4	1169.0	1317.5	5	池州	Chizhou	119.2	261.9	295.2	57
无锡	Wuxi	703.9	974.9	1100.4	8	宣城	Xuancheng	42.6	98.6	118.2	164
徐州	Xuzhou	215.8	311.8	360.5	41	**福建**	**Fujian**	**1135.1**	**1650.0**	**2003.4**	
常州	Changzhou	320.8	482.0	557.4	22	福州	Fuzhou	210.3	292.1	323.4	53
苏州	Suzhou	917.8	1254.4	1419.1	4	厦门	Xiamen	295.9	411.5	478.6	28
南通	Nantong	202.3	299.3	348.2	45	莆田	Putian	54.8	79.2	152.2	138
连云港	Lianyungang	153.6	221.6	257.3	69	三明	Sanming	53.5	78.5	335.5	48
淮安	Huaian	118.6	172.6	200.1	101	泉州	Quanzhou	155.1	263.6	107.6	178
盐城	Yancheng	99.1	142.8	166.1	129	漳州	Zhangzhou	94.1	128.7	101.6	185
扬州	Yangzhou	271.8	392.5	454.4	33	南平	Nanping	151.4	217.2	251.4	73
镇江	Zhenjiang	285.6	410.1	474.5	29	龙岩	Longyan	69.6	107.1	131.2	155
泰州	Taizhou	113.3	160.9	186.2	114	宁德	Ningde	50.4	72.1	103.4	181
宿迁	Suqian	32.9	63.9	98.5	194	**江西**	**Jiangxi**	**794.8**	**1372.0**	**1863.6**	
浙江	**Zhejiang**	**3046.0**	**4475.8**	**5202.0**		南昌	Nanchang		197.0	272.0	64
杭州	Hangzhou	910.9	1253.2	1469.9	3	景德镇	Jingdezhen		124.0	157.0	133
宁波	Ningbo	610.7	816.4	904.2	9	萍乡	Pingxiang		80.0	103.0	182
温州	Wenzhou	321.9	464.2	556.4	23	九江	Jiujiang		213.0	263.0	66
嘉兴	Jiaxing	280.6	401.6	470.5	30	新余	Xinyu		47.0	71.0	226
湖州	Huzhou	205.6	312.9	381.2	40	鹰潭	Yingtan		75.0	98.0	195
绍兴	Shaoxing	305.8	491.1	569.3	21	赣州	Ganzhou		162.0	204.0	98
金华	Jinhua	258.0	372.8	462.2	32	吉安	Jian		165.0	210.0	88
衢州	Quzhou	91.6	145.5	193.7	109	宜春	Yichun		77.0	121.0	160
舟山	Zhoushan	133.1	253.7	290.2	60	抚州	Fuzhou		68.0	100.0	191
台州	Taizhou	269.4	406.7	490.7	27	上饶	Shangrao		164.0	268.0	65
丽水	Lishui	96.2	176.2	228.4	81	**山东**	**Shandong**	**2915.8**	**4300.0**		
安徽	**Anhui**	**1094.8**	**2519.1**	**2903.2**		济南	Jinan	306.3	451.7	519.5	24
合肥	Hefei	225.3	577.5	676.4	16	青岛	Qingdao	540.1	755.5	873.5	10
芜湖	Wuhu	74.1	217.9	259.8	68	淄博	Zibo	207.4	302.9	346.0	46
蚌埠	Bengbu	36.2	98.7	113.0	171	枣庄	Zaozhuang	60.4	95.1	111.1	176
淮南	Huainan	25.4	57.1	65.7	233	东营	Dongying	43.3	67.4	81.8	209
马鞍山	Maanshan	37.1	105.3	120.0	161	烟台	Yantai	306.2	445.1	514.4	25
淮北	Huaibei	16.8	43.2	48.5	248	潍坊	Weifang	237.0	368.6	426.7	35
铜陵	Tongling	22.4	46.4	52.8	245	济宁	Jining	221.9	330.6	382.7	39
安庆	Anqing	119.1	256.0	296.0	56	泰安	Taian	241.1	371.3	427.3	34
黄山	Huangshan	182.2	395.0	424.4	36	威海	Weihai	207.3	281.3	324.1	51
滁州	Chuzhou	38.5	81.3	97.6	196	日照	Rizhao	116.1	174.7	202.4	100
阜阳	Fuyang	28.3	66.1	78.2	214	莱芜	Laiwu	21.1	33.7	38.9	256
宿州	Suzhou	24.7	57.6	68.3	229	临沂	Linyi	232.7	351.7	407.4	38
六安	Liuan	37.2	94.6	113.2	170	德州	Dezhou	45.4	85.5	100.1	188
亳州	Bozhou	27.3	64.3	76.0	220	聊城	Liaocheng	50.2	85.3	100.1	190

14-16 国内旅游收入 续表 2
Earnings from Domestic Tourism continued 2

单位：亿元 （100 million yuan）

地名	City	2010	2012	2013	2013 排名 Ranking	地名	City	2010	2012	2013	2013 排名 Ranking
滨州	Binzhou	43.3	69.6	80.5	211	常德	Changde	81.5	134.9	167.8	126
菏泽	Heze	36.1	65.2	78.3	213	张家界	Zhangjiajie	98.1	153.5	171.4	125
河南	**Henan**	**2294.0**	**3300.0**			益阳	Yiyang	69.9	109.6	123.7	158
郑州	Zhengzhou	591.2	942.0	1103.9	7	郴州	Chenzhou	107.6	165.6	214.9	85
开封	Kaifeng	175.2	237.7	279.2	63	永州	Yongzhou	56.4	102.0	118.7	163
洛阳	Luoyang	367.9	591.9	698.6	15	怀化	Huaihua	73.0	126.3	148.8	143
平顶山	Pingdingshan	68.6	108.1	135.8	152	娄底	Loudi	53.3	89.0	114.4	168
安阳	Anyang	104.5	167.4	195.2	108	**广东**	**Guangdong**	**2964.6**	**6400.0**	**7297.0**	
鹤壁	Hebi	23.1	38.6	44.8	250	广州	Guangzhou	936.0	1586.1	1882.3	1
新乡	Xinxiang	79.3	126.1	147.1	144	韶关	Shaoguan	99.8	153.9	184.9	117
焦作	Jiaozuo	131.8	192.9	230.6	79	深圳	Shenzhen	412.6	566.5	675.4	17
濮阳	Puyang	52.2	85.4	98.9	193	珠海	Zhuhai	136.2	175.8	189.9	112
许昌	Xuchang	32.0	48.3	55.8	244	汕头	Shantou	85.1	120.6	143.7	148
漯河	Luohe	24.3	35.5	41.3	255	佛山	Foshan	181.8	289.3	352.5	43
三门峡	Sanmenxia	79.4	121.2	156.7	134	江门	Jiangmen	87.7	141.1	173.9	123
南阳	Nanyang	88.0	134.3	156.0	136	湛江	Zhanjiang	63.5	124.1	151.8	140
商丘	Shangqiu	43.1	68.3	79.2	212	茂名	Maoming	71.1	92.3	100.2	187
信阳	Xinyang	61.1	99.6	115.2	167	肇庆	Zhaoqing	94.3	148.7	171.5	124
周口	Zhoukou	41.1	65.6	76.3	217	惠州	Huizhou	106.7	141.3	164.9	130
驻马店	Zhumadian	45.1	70.3	83.4	206	梅州	Meizhou	70.8	147.5	197.7	104
湖北	**Hubei**	**1409.5**	**2553.6**	**3130.1**		汕尾	Shanwei	41.6	71.6	81.3	210
武汉	Wuhan	721.4	1342.2	1633.4	2	河源	Heyuan	45.1	131.8	152.1	139
黄石	Huangshi	40.4	54.9	62.0	236	阳江	Yangjiang	41.4	85.1	113.0	172
十堰	Shiyan	89.3	157.6	198.5	102	清远	Qingyuan	100.9	169.6	187.3	113
宜昌	Yichang	100.3	195.9	255.0	72	东莞	Dongguan	145.4	226.2	256.7	70
襄阳	Xiangyang	85.9	148.9	179.0	121	中山	Zhongshan	106.4	166.8	183.2	118
鄂州	Ezhou	18.0	33.6	41.4	254	潮州	Chaozhou	45.2	61.3	76.4	216
荆门	Jingmen	40.9	75.0	90.3	200	揭阳	Jieyang	46.1	85.1	114.2	169
孝感	Xiaogan	46.0	69.9	88.7	201	云浮	Yunfu	47.0	123.0	155.7	137
荆州	Jingzhou	51.8	91.0	111.3	175	**广西**	**Guangxi**	**898.1**	**1578.9**	**1961.3**	
黄冈	Huanggang	44.5	75.0	78.1	215	南宁	Nanning	234.1	397.1	469.6	31
咸宁	Xianning	59.1	107.7	130.1	156	柳州	Liuzhou	88.6	150.7	182.3	119
随州	Suizhou	36.9	72.9	84.7	204	桂林	Guilin	134.2	230.5	294.6	58
湖南	**Hunan**	**1365.5**	**2175.5**	**2630.9**		梧州	Wuzhou	50.0	81.3	100.1	189
长沙	Changsha	371.9	513.4	614.4	20	北海	Beihai	67.2	110.2	139.9	151
株洲	Zhuzhou	70.7	137.8	167.5	127	防城港	Fangchenggang	27.9	50.4	61.8	237
湘潭	Xiangtan	88.1	139.0	161.1	131	钦州	Qinzhou	27.0	51.0	61.0	238
衡阳	Hengyang	82.8	153.7	185.8	115	贵港	Guigang	34.5	65.7	85.9	202
邵阳	Shaoyang	41.4	70.3	83.4	205	玉林	Yulin	49.5	88.2	115.8	166
岳阳	Yueyang	99.7	170.9	230.5	80	百色	Baise	56.7	95.1	121.8	159

14-16 国内旅游收入 续表 3
Earnings from Domestic Tourism continued 3

单位：亿元 （100 million yuan）

地名	City	2010	2012	2013	2013 排名 Ranking	地名	City	2010	2012	2013	2013 排名 Ranking
贺州	Hezhou	34.9	67.8	101.9	184	丽江	Lijiang	98.7	193.0	256.5	71
河池	Hechi	43.3	89.0	111.8	174	普洱	Puer	16.6	49.8	69.9	228
来宾	Laibin	14.4	41.5	51.9	246	临沧	Lincang	14.5	21.5	28.6	262
崇左	Chongzuo	33.7	60.6	73.1	225	**西藏**	**Tibet**	**64.0**	**119.8**	**165.2**	
海南	**Hainan**	**235.6**	**408.1**	**408.1**		拉萨	Lasa	34.3		100.9	186
海口	Haikou	69.6	101.6	117.6	165	**陕西**	**Shaanxi**	**915.9**	**1609.5**	**2031.1**	
三亚	Sanya	123.0	175.5	217.2	84	西安	Xi'an	362.8	594.5	747.3	13
三沙	Sansha					铜川	Tongchuan	10.5	30.6	43.8	252
重庆	**Chongqing**	**868.4**	**1400.0**			宝鸡	Baoji	100.2	171.4	236.4	78
四川	**Sichuan**	**1862.0**	**3229.8**	**3830.0**		咸阳	Xianyang	80.0	155.7	195.6	106
成都	Chengdu	584.6	1010.7	1285.4	6	渭南	Weinan	65.8	152.0	212.0	87
自贡	Zigong	84.6	135.6	160.2	132	延安	Yan'an	76.1	117.4	151.5	141
攀枝花	Panzhihua	42.0	66.8	102.2	183	汉中	Hanzhong	48.2	81.5	105.2	179
泸州	Luzhou	66.1	106.0	143.0	149	榆林	Yulin	23.0	58.5	75.0	223
德阳	Deyang	40.5	67.0	92.4	199	安康	Ankang	47.5	76.1	95.2	198
绵阳	Mianyang	64.9	136.8	205.0	97	商洛	Shangluo	48.3	102.5	135.4	153
广元	Guangyuan	32.0	82.9	112.6	173	**甘肃**	**Gansu**	**236.2**	**469.7**	**618.9**	
遂宁	Suining	75.6	130.9	166.9	128	兰州	Lanzhou	62.8	139.4	196.8	105
内江	Neijiang	52.9	86.2	110.3	177	嘉峪关	Jiayuguan	9.1	16.8	22.6	269
乐山	Leshan	145.8	266.5	318.4	54	金昌	Jinchang	2.3	6.8	9.2	280
南充	Nanchong	91.0	155.0	209.7	90	白银	Baiyin	9.8	19.9	26.8	264
眉山	Meishan	64.7	110.2	145.1	146	天水	Tianshui	36.9	58.2	76.0	219
宜宾	Yibin	108.0	165.9	208.7	92	武威	Wuwei	8.2	18.1	24.9	266
广安	Guangan	65.7	103.5	135.2	154	张掖	Zhangye	9.1	26.1	36.2	257
达州	Dazhou	41.6	61.7	75.2	222	平凉	Pingliang	20.6	34.7	44.6	251
雅安	Yaan	50.4	79.2	70.5	227	酒泉	Jiuquan	34.1	70.1	95.9	197
巴中	Bazhong	22.8	43.7	66.2	232	庆阳	Qingyang	5.6	12.8	16.6	274
资阳	Ziyang	69.9	114.2	144.7	147	定西	Dingxi	8.6	14.9	12.4	278
贵州	**Guizhou**	**1052.6**	**1849.5**	**2358.2**		陇南	Longnan	13.4	21.3	28.6	261
贵阳	Guiyang	424.2	600.0	725.5	14	**青海**	**Qinghai**	**69.6**	**122.2**	**157.3**	
六盘水	Liupanshui	0.0	32.9	45.0	249	西宁	Xining		73.7	99.7	192
遵义	Zunyi	140.8	279.7	359.0	42	海东	Haidong				
安顺	Anshun	110.8	193.0	247.1	75	**宁夏**	**Ningxia**	**67.3**	**103.1**	**126.6**	
毕节	Bijie	100.9	162.7	207.6	93	银川	Yinchuan	36.5	58.5	73.1	224
铜仁	Tongren	0.0	118.7	156.3	135	石嘴山	Shizuishan	7.1	11.3	13.2	276
云南	**Yunnan**	**916.8**	**1579.5**	**1961.6**		吴忠	Wuzhong	7.9	10.8	12.8	277
昆明	Kunming	284.8	405.3	490.9	26	固原	Guyuan	5.8	8.1	9.5	279
曲靖	Qujing	43.4	63.7	75.2	221	中卫	Zhongwei	10.0	14.4	18.0	273
玉溪	Yuxi	40.5	70.6	85.6	203	**新疆**	**Xinjiang**	**281.1**	**542.0**	**637.4**	
保山	Baoshan	29.2	49.0	63.2	234	乌鲁木齐	Urumqi	128.1	219.9	260.0	67
昭通	Zhaotong	20.1	41.0	58.2	241	克拉玛依	Karamay	6.8	15.0	23.0	268

14-17 星级饭店数
Number of Star-rated Hotels

单位：个 (unit)

地名	City	2010	2013	2014	2014 排名 Ranking	地名	City	2010	2013	2014	2014 排名 Ranking
全国	**Nation Total**	**11779**	**11687**	**11180**		沈阳	Shenyang	110	98	101	16
北京	**Beijing**	**644**	**577**	**523**		大连	Dalian	191	161	166	4
天津	**Tianjin**	**99**	**93**	**93**		鞍山	Anshan	23	25	26	168
河北	**Hebei**	**198**	**409**	**391**		抚顺	Fushun	24	19	20	207
石家庄	Shijiazhuang	71	67	69	38	本溪	Benxi	29	25	26	168
唐山	Tangshan	65	60	62	51	丹东	Dandong	46	42	43	89
秦皇岛	Qinhuangdao	69	61	63	50	锦州	Jinzhou	27	23	24	181
邯郸	Handan	28	27	28	154	营口	Yingkou	21	24	25	175
邢台	Xingtai	22	25	26	168	阜新	Fuxin	12	11	11	246
保定	Baoding	63	60	62	51	辽阳	Liaoyang	11	12	12	241
张家口	Zhangjiakou	40	42	43	89	盘锦	Panjin	14	12	12	241
承德	Chengde	48	41	42	93	铁岭	Tieling	13	11	11	246
沧州	Cangzhou	38	34	35	110	朝阳	Chaoyang	18	23	24	181
廊坊	Langfang	52	43	44	87	葫芦岛	Huludao	27	26	27	160
衡水	Hengshui	17	19	20	207	**吉林**	**Jilin**	**207**	**189**	**187**	
山西	**Shanxi**	**255**	**272**	**251**		长春	Changchun	164	62	64	45
太原	Taiyuan	94	75	77	34	吉林	Jilin	97	24	25	175
大同	Datong	26	23	24	181	四平	Siping	24	2	2	275
阳泉	Yangquan	7	11	11	246	辽源	Liaoyuan	11	3	3	273
长治	Changzhi	13	13	13	236	通化	Tonghua	36	27	28	154
晋城	Jincheng	25	27	28	154	白山	Baishan	50	26	27	160
朔州	Shuozhou	8	7	7	263	松原	Songyuan	33	15	15	222
晋中	Jinzhong	40	33	34	119	白城	Baicheng	22	7	7	263
运城	Yuncheng	53	39	40	96	**黑龙江**	**Heilongjiang**	**246**	**223**	**203**	
忻州	Xinzhou	37	33	34	119	哈尔滨	Harbin	89	55	57	58
临汾	Linfen	51	40	41	95	齐齐哈尔	Qiqihar	17	7	7	263
吕梁	Lvliang	14	14	14	228	鸡西	Jixi	12	8	8	261
内蒙古	**Inner Mongolia**	**239**	**268**	**272**		鹤岗	Hegang	9	7	7	263
呼和浩特	Hohhot	32	33	33	123	双鸭山	Shuangyashan	6	1	1	276
包头	Baotou	37	30	28	152	大庆	Daqing	18	10	10	256
乌海	Wuhai	7	11	11	250	伊春	Yichun	18	11	11	246
赤峰	Chifeng	29	35	34	116	佳木斯	Jiamusi	14	6	6	267
通辽	Tongliao	17	32	31	136	七台河	Qitaihe	5	3	3	273
鄂尔多斯	Erdos	27	30	32	131	牡丹江	Mudanjiang	29	18	19	213
呼伦贝尔	Hulunbuir	38	44	50	68	黑河	Heihe	7	4	4	271
巴彦淖尔	Bayannur	10	29	24	178	绥化	Suihua	7	6	6	267
乌兰察布	Ulanqab	14	17	20	200	**上海**	**Shanghai**	**291**	**256**	**255**	
辽宁	**Liaoning**	**432**	**421**	**405**		**江苏**	**Jiangsu**	**702**	**735**	**650**	

14-17 星级饭店数 续表 1
Number of Star-rated Hotels continued 1

单位：个 (unit)

地名	City	2010	2013	2014	2014 排名 Ranking
南京	Nanjing	121	117	102	14
无锡	Wuxi	69	64	55	62
徐州	Xuzhou	52	117	123	10
常州	Changzhou	65	72	68	42
苏州	Suzhou	159	154	132	8
南通	Nantong	97	120	96	17
连云港	Lianyungang	63	60	44	88
淮安	Huaian	52	39	48	75
盐城	Yancheng	65	55	49	74
扬州	Yangzhou	59	67	63	48
镇江	Zhenjiang	49	52	38	97
泰州	Taizhou	30	29	29	145
宿迁	Suqian	23	24	26	166
浙江	**Zhejiang**	**814**	**828**	**792**	
杭州	Hangzhou	236	208	214	3
宁波	Ningbo	198	160	165	5
温州	Wenzhou	99	102	105	13
嘉兴	Jiaxing	54	46	47	77
湖州	Huzhou	48	60	62	51
绍兴	Shaoxing	94	90	93	19
金华	Jinhua	84	59	61	54
衢州	Quzhou	45	35	36	104
舟山	Zhoushan	61	48	49	72
台州	Taizhou	60	54	56	60
丽水	Lishui	52	62	64	45
安徽	**Anhui**	**417**	**377**	**367**	
合肥	Hefei	49	75	75	36
芜湖	Wuhu	28	34	32	131
蚌埠	Bengbu	19	17	19	209
淮南	Huainan	20	24	32	131
马鞍山	Maanshan	20	19	20	200
淮北	Huaibei	5	4	4	272
铜陵	Tongling	17	16	15	225
安庆	Anqing	44	53	45	85
黄山	Huangshan	77	68	69	40
滁州	Chuzhou	20	19	21	197
阜阳	Fuyang	10	12	13	237
宿州	Suzhou	6	4	5	270
六安	Liuan	32	41	34	116
亳州	Bozhou	12	13	14	234
池州	Chizhou	30	35	35	115
宣城	Xuancheng	37	37	33	123
福建	**Fujian**	**374**	**401**	**374**	
福州	Fuzhou	72	67	69	38
厦门	Xiamen	71	79	81	29
莆田	Putian	11	14	14	228
三明	Sanming	38	46	47	77
泉州	Quanzhou	85	99	102	15
漳州	Zhangzhou	28	33	34	119
南平	Nanping	57	46	47	77
龙岩	Longyan	26	34	35	110
宁德	Ningde	28	25	26	168
江西	**Jiangxi**	**311**	**341**	**322**	
南昌	Nanchang	52	56	55	62
景德镇	Jingdezhen	29	28	27	158
萍乡	Pingxiang	11	12	11	250
九江	Jiujiang	86	83	76	35
新余	Xinyu	11	12	13	237
鹰潭	Yingtan	18	16	17	218
赣州	Ganzhou	47	59	71	37
吉安	Jian	64	48	47	80
宜春	Yichun	34	43	47	80
抚州	Fuzhou	13	26	32	131
上饶	Shangrao	42	49	59	56
山东	**Shandong**	**895**	**792**	**724**	
济南	Jinan	95	90	93	19
青岛	Qingdao	156	141	145	6
淄博	Zibo	53	36	37	100
枣庄	Zaozhuang	30	24	25	175
东营	Dongying	20	28	29	149
烟台	Yantai	108	119	123	11
潍坊	Weifang	52	80	82	28
济宁	Jining	84	59	61	54
泰安	Taian	110	53	55	64
威海	Weihai	69	82	84	26
日照	Rizhao	25	34	35	110
莱芜	Laiwu	8	12	12	241
临沂	Linyi	45	48	49	72
德州	Dezhou	29	27	28	154
聊城	Liaocheng	22	33	34	119

14-17 星级饭店数 续表 2
Number of Star-rated Hotels continued 2

单位：个 (unit)

地名	City	2010	2013	2014	2014 排名 Ranking	地名	City	2010	2013	2014	2014 排名 Ranking
滨州	Binzhou	27	21	22	195	常德	Changde	46	51	47	80
菏泽	Heze	64	17	18	217	张家界	Zhangjiajie	51	42	38	97
河南	**Henan**	**386**	**362**	**303**		益阳	Yiyang	31	30	22	190
郑州	Zhengzhou	111	104	96	17	郴州	Chenzhou	29	29	30	139
开封	Kaifeng	26	20	18	215	永州	Yongzhou	21	24	20	200
洛阳	Luoyang	65	65	67	43	怀化	Huaihua	46	46	47	80
平顶山	Pingdingshan	29	35	30	139	娄底	Loudi	25	39	38	97
安阳	Anyang	18	19	20	200	**广东**	**Guangdong**	**1008**	**917**	**832**	
鹤壁	Hebi	12	14	11	250	广州	Guangzhou	251	228	235	2
新乡	Xinxiang	21	18	19	209	韶关	Shaoguan	52	57	59	57
焦作	Jiaozuo	30	33	32	131	深圳	Shenzhen	154	134	138	7
濮阳	Puyang	14	12	11	250	珠海	Zhuhai	86	81	83	27
许昌	Xuchang	17	20	20	200	汕头	Shantou	44	35	36	104
漯河	Luohe	9	9	11	250	佛山	Foshan	101	87	90	22
三门峡	Sanmenxia	25	24	25	174	江门	Jiangmen	30	26	27	160
南阳	Nanyang	36	84	86	25	湛江	Zhanjiang	39	35	36	104
商丘	Shangqiu	13	14	13	237	茂名	Maoming	22	12	12	241
信阳	Xinyang	27	33	33	123	肇庆	Zhaoqing	35	26	27	160
周口	Zhoukou	19	29	24	178	惠州	Huizhou	70	62	64	45
驻马店	Zhumadian	24	38	37	102	梅州	Meizhou	30	36	37	100
湖北	**Hubei**	**455**	**378**	**416**		汕尾	Shanwei	12	16	16	220
武汉	Wuhan	97	96	87	24	河源	Heyuan	30	23	24	181
黄石	Huangshi	22	23	24	181	阳江	Yangjiang	30	28	29	149
十堰	Shiyan	68	74	79	31	清远	Qingyuan	39	34	35	110
宜昌	Yichang	66	55	57	58	东莞	Dongguan	100	90	93	19
襄阳	Xiangyang	40	26	27	160	中山	Zhongshan	43	30	31	138
鄂州	Ezhou	14	10	9	259	潮州	Chaozhou	12	14	14	228
荆门	Jingmen	44	34	33	123	揭阳	Jieyang	11	15	15	222
孝感	Xiaogan	36	32	33	129	云浮	Yunfu	18	14	14	228
荆州	Jingzhou	41	34	35	110	**广西**	**Guangxi**	**379**	**381**	**401**	
黄冈	Huanggang	37	40	37	102	南宁	Nanning	81	60	50	68
咸宁	Xianning	44	49	50	67	柳州	Liuzhou	30	45	47	80
随州	Suizhou	20	18	19	213	桂林	Guilin	68	70	69	40
湖南	**Hunan**	**433**	**414**	**420**		梧州	Wuzhou	19	23	30	139
长沙	Changsha	84	82	78	33	北海	Beihai	37	35	30	139
株洲	Zhuzhou	34	40	42	94	防城港	Fangchenggang	19	27	28	152
湘潭	Xiangtan	16	18	17	218	钦州	Qinzhou	23	26	24	178
衡阳	Hengyang	33	32	33	123	贵港	Guigang	20	21	20	200
邵阳	Shaoyang	37	56	53	65	玉林	Yulin	18	23	22	190
岳阳	Yueyang	39	42	43	92	百色	Baise	18	25	31	136

14-17 星级饭店数 续表 3
Number of Star-rated Hotels continued 3

单位：个 (unit)

地名	City	2010	2013	2014	2014 排名 Ranking	地名	City	2010	2013	2014	2014 排名 Ranking
贺州	Hezhou	16	24	22	190	丽江	Lijiang	179	185	258	1
河池	Hechi	43	47	50	68	普洱	Puer	7	86	89	23
来宾	Laibin	12	18	22	190	临沧	Lincang	22	21	22	195
崇左	Chongzuo	19	29	27	158	**西藏**	**Tibet**	**105**	**109**	**113**	
海南	**Hainan**	**186**	**150**	**133**		拉萨	Lasa				
海口	Haikou	71	47	45	85	**陕西**	**Shaanxi**	**269**	**333**	**325**	
三亚	Sanya	77	50	50	68	西安	Xi'an	116	116	109	12
三沙	Sansha					铜川	Tongchuan	12	13	13	237
重庆	**Chongqing**	**246**	**234**	**236**		宝鸡	Baoji	37	36	34	116
四川	**Sichuan**	**395**	**461**	**481**		咸阳	Xianyang	28	25	23	186
成都	Chengdu	138	140	128	9	渭南	Weinan	24	33	29	145
自贡	Zigong	8	9	8	262	延安	Yan'an	34	42	48	75
攀枝花	Panzhihua	12	17	18	215	汉中	Hanzhong	30	29	29	145
泸州	Luzhou	22	23	23	186	榆林	Yulin	33	32	29	145
德阳	Deyang	9	11	11	250	安康	Ankang	26	25	30	139
绵阳	Mianyang	36	33	30	139	商洛	Shangluo	12	19	19	209
广元	Guangyuan	11	20	20	200	**甘肃**	**Gansu**	**311**	**304**	**313**	
遂宁	Suining	19	23	22	190	兰州	Lanzhou	60	50	52	66
内江	Neijiang	12	9	9	259	嘉峪关	Jiayuguan	19	20	21	199
乐山	Leshan	37	34	33	123	金昌	Jinchang	5	6	6	267
南充	Nanchong	24	25	26	166	白银	Baiyin	13	12	12	241
眉山	Meishan	9	10	19	209	天水	Tianshui	29	35	36	104
宜宾	Yibin	29	25	15	225	武威	Wuwei	12	14	14	228
广安	Guangan	22	18	16	221	张掖	Zhangye	18	28	29	149
达州	Dazhou	14	17	10	257	平凉	Pingliang	22	25	26	168
雅安	Yaan	23	21	21	197	酒泉	Jiuquan	59	65	67	44
巴中	Bazhong	14	11	10	257	庆阳	Qingyang	12	14	14	228
资阳	Ziyang	13	14	14	234	定西	Dingxi	23	22	23	188
贵州	**Guizhou**	**324**	**305**	**282**		陇南	Longnan	19	22	23	188
贵阳	Guiyang	56	76	78	32	**青海**	**Qinghai**	**105**	**125**	**144**	
六盘水	Liupanshui	12	15	15	222	西宁	Xining		54	56	60
遵义	Zunyi	43	42	43	89	海东	Haidong				
安顺	Anshun	21	25	26	168	**宁夏**	**Ningxia**	**57**	**84**	**90**	
毕节	Bijie	38	34			银川	Yinchuan	35			
铜仁	Tongren	23	36			石嘴山	Shizuishan	4			
云南	**Yunnan**	**560**	**563**	**624**		吴忠	Wuzhong	6			
昆明	Kunming	89	78	80	30	固原	Guyuan	6			
曲靖	Qujing	33	32	33	129	中卫	Zhongwei	11			
玉溪	Yuxi	42	38	36	109	**新疆**	**Xinjiang**	**436**	**385**	**366**	
保山	Baoshan	31	35	36	104	乌鲁木齐	Urumqi	112	64	63	48
昭通	Zhaotong	7	26	27	160	克拉玛依	Karamay	20	16	15	225

15

金融业

Financial Intermediation

15-1 金融机构本外币存款余额
Balance of Deposits in RMB and Foreign Currency of Financial Institutions

单位：亿元　　　　（100 million yuan）

地名	City	2010	2012	2013	2013 排名 Ranking
全国	**Nation Total**	**733382.0**	**942915.6**	**1070587.7**	
北京	**Beijing**	**66584.60**	**84837.30**	**91660.50**	
天津	**Tianjin**	**16499.25**	**20293.79**	**23116.56**	
河北	**Hebei**	**26270.58**	**34257.16**	**39444.50**	
石家庄	Shijiazhuang	6170.31	7706.38	8684.37	22
唐山	Tangshan	4215.34	5464.03	6149.57	34
秦皇岛	Qinhuangdao	1524.02	1926.50	2122.60	83
邯郸	Handan	2140.24	2938.18	3441.63	53
邢台	Xingtai	1582.04	2059.38	2402.24	70
保定	Baoding	2877.63	3774.91	4410.17	43
张家口	Zhangjiakou	1303.29	1677.62	1917.37	94
承德	Chengde	1089.15	1361.15	1604.15	122
沧州	Cangzhou	2036.69	2699.35	3123.40	60
廊坊	Langfang	1997.05	2712.39	3276.64	57
衡水	Hengshui	1157.62	1577.49	1857.93	95
山西	**Shanxi**	**18639.77**	**24156.95**	**26269.02**	
太原	Taiyuan	7008.08	8976.90	9948.51	19
大同	Datong	1663.92	2017.92	2258.47	78
阳泉	Yangquan	878.00	1098.37	1151.00	177
长治	Changzhi	1367.63	1724.05	1847.98	97
晋城	Jincheng	1326.71	1729.58	1759.51	106
朔州	Shuozhou	769.32	1052.10	1094.18	189
晋中	Jinzhong	1247.46	1681.80	1836.69	99
运城	Yuncheng	953.17	1320.56	1510.28	139
忻州	Xinzhou	964.89	1311.32	1464.90	144
临汾	Linfen	1325.42	1656.88	1793.96	103
吕梁	Lvliang	1134.98	1587.46	1603.55	123
内蒙古	**Inner Mongolia**	**10278.69**	**13672.99**	**15263.75**	
呼和浩特	Hohhot	2703.98	3841.36	4320.82	44
包头	Baotou	1712.91	2088.50	2326.59	75
乌海	Wuhai	411.98	560.44	587.33	252
赤峰	Chifeng	880.37	1160.46	1267.64	160
通辽	Tongliao	479.99	628.81	699.35	234
鄂尔多斯	Erdos	1760.88	2194.92	2325.69	76
呼伦贝尔	Hulunbuir	762.31	998.80	1114.29	185
巴彦淖尔	Bayannur	459.28	602.48	697.05	235
乌兰察布	Ulanqab	426.30	599.91	655.60	242
辽宁	**Liaoning**	**28057.38**	**35303.46**	**39418.00**	
沈阳	Shenyang	8254.24	10441.55	11576.58	13
大连	Dalian	8887.29	10767.78	11953.65	11
鞍山	Anshan	1929.79	2269.43	2530.09	66
抚顺	Fushun	945.88	1161.70	1283.89	158
本溪	Benxi	736.85	944.40	1029.33	193
丹东	Dandong	936.66	1244.84	1362.99	152
锦州	Jinzhou	1020.84	1295.58	1517.23	136
营口	Yingkou	960.80	1294.25	1510.67	138
阜新	Fuxin	508.71	686.13	804.26	217
辽阳	Liaoyang	834.97	1155.05	1322.13	153
盘锦	Panjin	853.63	1107.91	1237.62	166
铁岭	Tieling	632.35	836.48	922.85	203
朝阳	Chaoyang	709.26	1024.16	1160.88	174
葫芦岛	Huludao	820.09	1074.20	1205.79	169
吉林	**Jilin**	**9702.55**	**12812.30**	**14885.90**	
长春	Changchun	5038.43	7688.60	7866.50	26
吉林	Jilin	1348.72	1971.19	1987.71	87
四平	Siping	545.14	820.89	836.36	213
辽源	Liaoyuan	260.63	372.38	373.11	278
通化	Tonghua	563.55	803.32	820.16	215
白山	Baishan	373.54	523.72	541.50	257
松原	Songyuan	482.82	726.71	750.12	228
白城	Baicheng	306.41	462.74	504.60	262
黑龙江	**Heilongjiang**	**12924.20**	**16540.70**	**18293.40**	
哈尔滨	Harbin	6014.99	7513.17	8588.84	23
齐齐哈尔	Qiqihar	882.91	1158.05	1293.30	156
鸡西	Jixi	559.25	738.85	798.75	218
鹤岗	Hegang	326.61	425.28	471.87	267
双鸭山	Shuangyashan	423.97	534.30	563.96	254
大庆	Daqing	1570.04	1993.85	2033.05	86
伊春	Yichun	337.40	543.80	486.59	265
佳木斯	Jiamusi	633.44	807.96	964.56	198
七台河	Qitaihe	257.76	338.86	347.33	279
牡丹江	Mudanjiang	817.51	1056.56	1229.11	167
黑河	Heihe	380.72	501.81	544.22	256
绥化	Suihua	554.96	764.92	853.42	209
上海	**Shanghai**	**52190.04**	**63555.25**	**69256.32**	
江苏	**Jiangsu**	**58455.43**	**77837.73**	**88032.48**	

15-1 金融机构本外币存款余额 续表 1

Balance of Deposits in RMB and Foreign Currency of Financial Institutions continued 1

单位：亿元 （100 million yuan）

地名	City	2010	2012	2013	2013 排名 Ranking	地名	City	2010	2012	2013	2013 排名 Ranking
南京	Nanjing	12887.43	16540.43	18417.90	6	池州	Chizhou	366.16	518.95	597.28	249
无锡	Wuxi	8827.20	10740.38	11641.96	12	宣城	Xuancheng	578.44	812.81	919.51	204
徐州	Xuzhou	2655.36	3403.00	3920.50	47	**福建**	**Fujian**	**18753.20**	**25057.80**	**28938.81**	
常州	Changzhou	4672.02	5789.88	6538.33	30	福州	Fuzhou	6100.90	7909.63	8950.14	20
苏州	Suzhou	14225.49	18796.06	21237.59	5	厦门	Xiamen	4440.60	5472.00	6380.63	32
南通	Nantong	4957.83	6478.01	7542.12	27	莆田	Putian	733.60	1078.78	1294.78	155
连云港	Lianyungang	1243.81	1538.04	1709.93	114	三明	Sanming	762.80	1077.57	1197.47	170
淮安	Huaian	1214.46	1521.41	1737.07	109	泉州	Quanzhou	3313.70	4687.97	5626.13	38
盐城	Yancheng	2009.17	2716.87	3219.99	58	漳州	Zhangzhou	1107.30	1525.74	1851.04	96
扬州	Yangzhou	2471.96	3365.22	3888.39	48	南平	Nanping	756.90	999.56	1144.60	178
镇江	Zhenjiang	2242.89	2903.48	3346.73	55	龙岩	Longyan	788.50	1103.19	1272.91	159
泰州	Taizhou	2359.79	3076.17	3612.56	50	宁德	Ningde	672.70	917.11	1032.81	192
宿迁	Suqian	815.66	1240.04	1488.99	143	**江西**	**Jiangxi**	**11907.80**	**16839.02**	**19582.70**	
浙江	**Zhejiang**	**54482.29**	**66679.08**	**73732.36**		南昌	Nanchang	4199.08	5768.99	6701.80	28
杭州	Hangzhou	17084.35	20148.77	22174.71	4	景德镇	Jingdezhen	403.53	583.90	672.48	238
宁波	Ningbo	9755.52	11980.50	13164.60	9	萍乡	Pingxiang	390.14	542.91	623.42	244
温州	Wenzhou	6497.59	7744.94	8095.48	25	九江	Jiujiang	1090.62	1502.47	1764.85	105
嘉兴	Jiaxing	3590.82	4597.34	5205.65	41	新余	Xinyu	434.61	603.54	658.11	240
湖州	Huzhou	1805.61	2285.66	2577.93	64	鹰潭	Yingtan	366.07	458.52	516.73	260
绍兴	Shaoxing	4948.32	5923.60	6461.73	31	赣州	Ganzhou	1511.92	2277.56	2630.92	63
金华	Jinhua	3986.99	5324.39	6161.56	33	吉安	Jian	861.78	1289.19	1497.34	140
衢州	Quzhou	953.12	1299.52	1492.71	142	宜春	Yichun	991.78	1453.99	1713.89	112
舟山	Zhoushan	1143.25	1389.97	1497.11	141	抚州	Fuzhou	657.67	939.59	1113.46	187
台州	Taizhou	3588.48	4509.17	5219.72	40	上饶	Shangrao	979.70	1408.66	1669.20	116
丽水	Lishui	1128.23	1475.23	1681.14	115	**山东**	**Shandong**	**41515.88**	**53166.77**	**63357.80**	
安徽	**Anhui**	**16477.60**	**23211.50**	**26938.20**		济南	Jinan	7601.92	9893.83	10925.82	16
合肥	Hefei	4591.81	7043.15	8329.37	24	青岛	Qingdao	7895.52	9818.33	11418.26	14
芜湖	Wuhu	1238.28	1876.26	2175.96	81	淄博	Zibo	2489.42	3191.43	3484.62	52
蚌埠	Bengbu	710.40	979.55	1262.55	161	枣庄	Zaozhuang	894.42	1146.72	1249.85	163
淮南	Huainan	864.53	1115.79	1212.49	168	东营	Dongying	1580.21	2394.02	2848.00	62
马鞍山	Maanshan	808.16	1269.19	1447.85	145	烟台	Yantai	4081.18	5286.02	6020.53	35
淮北	Huaibei	568.56	788.70	864.97	207	潍坊	Weifang	3307.69	4437.81	5059.77	42
铜陵	Tongling	410.27	570.81	644.41	243	济宁	Jining	2278.05	3191.75	3561.07	51
安庆	Anqing	1156.00	1703.37	1980.57	88	泰安	Taian	1405.87	1947.98	2278.37	77
黄山	Huangshan	474.33	660.50	743.08	230	威海	Weihai	1636.59	2060.63	2379.25	72
滁州	Chuzhou	778.46	1117.02	1287.03	157	日照	Rizhao	1003.16	1469.14	1780.07	104
阜阳	Fuyang	1043.37	1491.41	1750.95	107	莱芜	Laiwu	587.37	725.40	760.97	225
宿州	Suzhou	701.70	1017.93	1158.46	175	临沂	Linyi	2123.59	3043.48	3710.77	49
六安	Liuan	843.48	1278.02	1525.23	133	德州	Dezhou	1293.76	1646.85	1933.43	90
亳州	Bozhou	544.97	813.49	928.04	202	聊城	Liaocheng	1236.85	1687.69	1945.83	89

15-1 金融机构本外币存款余额 续表 2

Balance of Deposits in RMB and Foreign Currency of Financial Institutions continued 2

单位：亿元 （100 million yuan）

地名	City	2010	2012	2013	2013 排名 Ranking	地名	City	2010	2012	2013	2013 排名 Ranking
滨州	Binzhou	1065.83	1697.66	1926.84	91	常德	Changde	963.08	1392.22	1631.29	120
菏泽	Heze	1092.56	1607.77	1918.86	93	张家界	Zhangjiajie	234.78	343.77	400.69	275
河南	**Henan**	**23148.83**	**31648.50**	**37591.09**		益阳	Yiyang	607.68	875.07	1023.23	194
郑州	Zhengzhou		10448.29	12450.46	10	郴州	Chenzhou	946.40	1314.37	1517.30	135
开封	Kaifeng		961.23	1134.27	180	永州	Yongzhou	725.92	1000.23	1172.56	173
洛阳	Luoyang		2902.47	3350.27	54	怀化	Huaihua	676.50	979.73	1128.38	182
平顶山	Pingdingshan		1457.38	1666.23	117	娄底	Loudi	655.75	907.03	1020.25	195
安阳	Anyang		1352.98	1584.52	126	**广东**	**Guangdong**	**101927**	**134762**	**153628**	
鹤壁	Hebi		366.65	426.00	271	广州	Guangzhou	23953.96	30186.57	33838.20	2
新乡	Xinxiang		1476.61	1723.02	110	韶关	Shaoguan	907.75	1117.81	1255.76	162
焦作	Jiaozuo		1012.64	1151.52	176	深圳	Shenzhen	21937.89	29662.40	33943.15	1
濮阳	Puyang		836.89	971.49	197	珠海	Zhuhai	2748.70	3449.70	4121.58	45
许昌	Xuchang		1188.22	1410.52	148	汕头	Shantou	1873.03	2285.36	2530.16	65
漯河	Luohe		593.75	687.37	236	佛山	Foshan	8462.33	10167.55	11387.13	15
三门峡	Sanmenxia		825.07	936.03	199	江门	Jiangmen	2285.75	2905.50	3335.27	56
南阳	Nanyang		2104.68	2476.73	67	湛江	Zhanjiang	1565.19	1902.35	2173.39	82
商丘	Shangqiu		1353.83	1559.11	130	茂名	Maoming	1028.67	1332.42	1571.63	128
信阳	Xinyang		1536.44	1830.06	100	肇庆	Zhaoqing	1072.54	1355.59	1594.43	124
周口	Zhoukou		1403.50	1655.62	119	惠州	Huizhou	2090.14	2696.97	3138.79	59
驻马店	Zhumadian		1429.50	1710.03	113	梅州	Meizhou	839.63	1063.83	1245.21	165
湖北	**Hubei**	**21716.59**	**28188.45**	**32818.92**		汕尾	Shanwei	332.70	422.71	487.35	264
武汉	Wuhan	10930.77	13131.59	14915.69	7	河源	Heyuan	500.02	638.58	754.24	227
黄石	Huangshi	704.43	1012.44	1138.90	179	阳江	Yangjiang	575.32	729.35	816.84	216
十堰	Shiyan	859.92	1219.84	1439.28	146	清远	Qingyuan	995.36	1215.34	1401.35	150
宜昌	Yichang	1923.14	2014.64	2381.91	71	东莞	Dongguan	6077.87	7691.24	8874.91	21
襄阳	Xiangyang	1294.12	1815.12	2181.96	80	中山	Zhongshan	2665.35	3469.71	4021.81	46
鄂州	Ezhou	256.64	347.42	397.82	276	潮州	Chaozhou	653.27	836.51	919.35	205
荆门	Jingmen	686.48	934.94	1123.79	183	揭阳	Jieyang	967.03	1311.12	1529.69	131
孝感	Xiaogan	786.45	1182.71	1407.08	149	云浮	Yunfu	486.93	658.93	744.90	229
荆州	Jingzhou	1038.99	1463.00	1742.80	108	**广西**	**Guangxi**	**11813.90**	**15966.65**	**18400.48**	
黄冈	Huanggang	961.72	1434.43	1721.14	111	南宁	Nanning	4059.34	5685.13	6548.98	29
咸宁	Xianning	433.31	644.85	847.87	210	柳州	Liuzhou	1485.49	1923.32	2354.09	73
随州	Suizhou	430.59	606.92	726.17	232	桂林	Guilin	1376.67	1829.93	2067.01	85
湖南	**Hunan**	**16643.27**	**23148.15**	**26876.00**		梧州	Wuzhou	493.60	667.15	761.47	224
长沙	Changsha	6427.95	8800.66	10148.76	18	北海	Beihai	472.91	593.47	656.25	241
株洲	Zhuzhou	1135.94	1588.84	1844.39	98	防城港	Fangchenggang	313.29	396.24	443.47	269
湘潭	Xiangtan	780.98	1127.72	1396.75	151	钦州	Qinzhou	476.15	622.72	709.83	233
衡阳	Hengyang	1306.13	1793.89	2104.53	84	贵港	Guigang	514.40	706.11	820.53	214
邵阳	Shaoyang	948.11	1320.00	1510.68	137	玉林	Yulin	770.99	1042.79	1181.65	172
岳阳	Yueyang	784.97	1136.09	1312.72	154	百色	Baise	512.28	676.76	770.89	222

15-1 金融机构本外币存款余额 续表 3

Balance of Deposits in RMB and Foreign Currency of Financial Institutions continued 3

单位：亿元 （100 million yuan）

地名	City	2010	2012	2013	2013 排名 Ranking	地名	City	2010	2012	2013	2013 排名 Ranking
贺州	Hezhou	251.71	349.87	405.39	273	丽江	Lijiang	297.92	417.81	483.62	266
河池	Hechi	466.69	628.38	730.09	231	普洱	Puer	364.13	493.43	601.23	247
来宾	Laibin	306.80	407.39	448.38	268	临沧	Lincang	245.46	347.31	405.00	274
崇左	Chongzuo	312.32	437.38	501.80	263	**西藏**	**Tibet**	**1296.73**	**2054.25**	**2500.94**	
海南	**Hainan**	**4217.30**	**5109.70**	**5952.50**		拉萨	Lasa		1308.00	1569.07	129
海口	Haikou	2238.95	2637.70	2955.19	61	**陕西**	**Shaanxi**	**16590.50**	**22657.74**	**25577.19**	
三亚	Sanya	616.42	676.41	930.89	201	西安	Xi'an	9044.15	12285.96	13892.77	8
三沙	Sansha					铜川	Tongchuan	251.11	352.49	393.45	277
重庆	**Chongqing**	**13454.98**	**19432.90**	**22202.10**		宝鸡	Baoji	1078.87	1460.62	1662.65	118
四川	**Sichuan**	**30504.05**	**41576.80**	**48122.10**		咸阳	Xianyang	1146.86	1570.48	1815.35	101
成都	Chengdu	15444.19	20724.47	24067.91	3	渭南	Weinan	999.86	1349.34	1524.21	134
自贡	Zigong	560.46	823.48	977.97	196	延安	Yan'an	728.78	987.77	1104.47	188
攀枝花	Panzhihua	571.69	766.76	785.70	221	汉中	Hanzhong	799.00	1074.21	1248.52	164
泸州	Luzhou	829.04	1213.84	1410.82	147	榆林	Yulin	1461.78	2254.82	2430.93	68
德阳	Deyang	1395.01	1691.13	1799.95	102	安康	Ankang	475.83	673.89	791.19	220
绵阳	Mianyang	1792.29	2138.22	2422.16	69	商洛	Shangluo	383.00	519.30	590.08	251
广元	Guangyuan	717.28	833.68	935.35	200	**甘肃**	**Gansu**	**7146.66**	**10129.69**	**12070.64**	
遂宁	Suining	523.57	746.46	895.39	206	兰州	Lanzhou	3256.02	4657.54	5522.87	39
内江	Neijiang	602.03	889.77	1079.47	191	嘉峪关	Jiayuguan	170.98	261.72	297.72	281
乐山	Leshan	872.34	1266.89	1526.71	132	金昌	Jinchang	173.43	223.45	270.88	283
南充	Nanchong	1102.99	1671.29	1919.16	92	白银	Baiyin	349.23	467.00	527.72	258
眉山	Meishan	615.65	932.78	1116.01	184	天水	Tianshui	464.17	656.70	792.07	219
宜宾	Yibin	946.07	1466.40	1574.63	127	武威	Wuwei	323.16	486.98	605.28	246
广安	Guangan	638.85	937.33	1113.93	186	张掖	Zhangye	262.66	373.31	436.89	270
达州	Dazhou	901.48	1318.01	1589.14	125	平凉	Pingliang	326.59	472.72	590.79	250
雅安	Yaan	454.71	592.92	843.77	211	酒泉	Jiuquan	483.96	656.83	766.12	223
巴中	Bazhong	354.99	568.82	678.79	237	庆阳	Qingyang	354.13	506.49	600.15	248
资阳	Ziyang	675.76	929.78	1086.99	190	定西	Dingxi	269.68	410.16	518.22	259
贵州	**Guizhou**	**7387.79**	**10567.83**	**13297.62**		陇南	Longnan	392.36	477.08	569.31	253
贵阳	Guiyang	3054.07	4416.00	5766.05	36	**青海**	**Qinghai**	**2326.96**	**3528.41**	**4110.74**	
六盘水	Liupanshui	500.81	676.68	756.82	226	西宁	Xining				
遵义	Zunyi	1157.00	1713.76	2224.38	79	海东	Haidong				
安顺	Anshun	362.73	484.28	610.19	245	**宁夏**	**Ningxia**	**2586.66**	**3507.16**	**3881.40**	
毕节	Bijie	551.06	736.21	839.02	212	银川	Yinchuan	1610.27	2118.33	2351.44	74
铜仁	Tongren	375.10	536.33	660.62	239	石嘴山	Shizuishan	359.50	488.70	506.58	261
云南	**Yunnan**	**13478.86**	**18061.48**	**20829.34**		吴忠	Wuzhong	271.10	373.19	418.22	272
昆明	Kunming	6796.65	8921.02	10210.59	17	固原	Guyuan	148.57	229.50	271.14	282
曲靖	Qujing	1017.42	1405.50	1604.97	121	中卫	Zhongwei	198.45	297.45	334.03	280
玉溪	Yuxi	816.01	1004.08	1131.04	181	**新疆**	**Xinjiang**	**8898.57**	**12423.53**	**14247.54**	
保山	Baoshan	347.54	483.89	556.24	255	乌鲁木齐	Urumqi	3616.79	4846.48	5644.86	37
昭通	Zhaotong	520.54	768.58	858.78	208	克拉玛依	Karamay	799.29	983.98	1192.37	171

15-2 金融机构人民币存款余额
Total Deposits in RMB of Financial Institutions

单位：亿元 （100 million yuan）

地名	City	2010	2014	2015	2015 排名 Ranking
全国	**Nation Total**	**718237.9**	**1138645.0**	**1289139.5**	
北京	**Beijing**	**63025.20**	**9570.50**	**122284.29**	
天津	**Tianjin**	**15912.21**	**23484.54**	**27145.93**	
河北	**Hebei**	**26099.00**	**43454.90**	**47673.65**	
石家庄	Shijiazhuang	6115.50	9124.61	9800.15	23
唐山	Tangshan	4188.25	6766.85	7456.81	33
秦皇岛	Qinhuangdao	1504.06	2278.27	2390.82	94
邯郸	Handan	2131.50	3747.57	4139.53	53
邢台	Xingtai	1579.03	2669.30	2936.91	70
保定	Baoding	2856.44	5008.62	5495.30	43
张家口	Zhangjiakou	1300.29	2113.79	2345.95	96
承德	Chengde	1087.58	1755.51	1932.93	130
沧州	Cangzhou	2026.59	3438.90	3823.79	58
廊坊	Langfang	1981.92	3933.47	4918.38	46
衡水	Hengshui	1154.39	2106.68	2435.80	92
山西	**Shanxi**	**18575.65**	**26779.47**	**28357.54**	
太原	Taiyuan	6965.19	10011.26	10593.91	21
大同	Datong	1658.46	2282.37	2426.95	93
阳泉	Yangquan	877.23	1152.86	1347.96	186
长治	Changzhi	1366.07	1945.94	2044.17	121
晋城	Jincheng	1324.93	1804.08	1776.31	142
朔州	Shuozhou	764.12	1120.05	1189.71	201
晋中	Jinzhong	1245.57	1909.80	2046.54	120
运城	Yuncheng	951.62	1595.00	1717.01	148
忻州	Xinzhou	964.22	1543.35	1638.47	153
临汾	Linfen	1323.95	1853.62	1962.07	126
吕梁	Lvliang	1134.28	1578.45	1614.44	156
内蒙古	**Inner Mongolia**	**10278.69**	**16217.60**	**16681.40**	
呼和浩特	Hohhot	2703.98	4723.75	5364.66	44
包头	Baotou	1705.62	2493.60	2709.70	77
乌海	Wuhai	411.46	600.43	674.03	258
赤峰	Chifeng	879.42	1366.47	1494.77	166
通辽	Tongliao	479.38	711.12	814.19	243
鄂尔多斯	Erdos	1754.83	2494.30	2700.90	79
呼伦贝尔	Hulunbuir	762.31	1156.54	1268.85	193
巴彦淖尔	Bayannur	459.28	745.82	782.44	248
乌兰察布	Ulanqab	424.10	720.21	871.86	235
辽宁	**Liaoning**	**27372.55**	**41133.10**	**46873.12**	
沈阳	Shenyang	8091.99	12309.55	13867.90	12
大连	Dalian	8503.52	11613.78	13338.71	14
鞍山	Anshan	1902.64	2841.24	3083.41	66
抚顺	Fushun	927.69	1350.42	1506.28	165
本溪	Benxi	727.51	1059.16	1142.89	205
丹东	Dandong	919.41	1488.31	1653.84	152
锦州	Jinzhou	1011.40	1717.02	2066.83	117
营口	Yingkou	946.19	1727.71	2313.08	100
阜新	Fuxin	505.27	834.64	908.61	232
辽阳	Liaoyang	829.43	1408.19	1629.00	154
盘锦	Panjin	839.83	1306.72	1466.56	169
铁岭	Tieling	624.93	1024.81	1114.83	207
朝阳	Chaoyang	705.55	1245.79	1374.44	183
葫芦岛	Huludao	811.17	1303.50	1406.75	180
吉林	**Jilin**	**9605.72**	**16400.10**	**17087.58**	
长春	Changchun	4985.12	8723.39	9548.63	26
吉林	Jilin	1334.95	2176.47	2468.82	90
四平	Siping	543.69	925.88	1064.44	210
辽源	Liaoyuan	259.20	402.13	458.16	279
通化	Tonghua	561.48	910.95	1040.33	211
白山	Baishan	372.51	570.45	621.76	262
松原	Songyuan	481.98	830.97	935.57	227
白城	Baicheng	306.00	574.44	649.86	259
黑龙江	**Heilongjiang**	**12835.67**	**19254.80**	**21040.44**	
哈尔滨	Harbin	5956.36	8883.98	9688.59	24
齐齐哈尔	Qiqihar	876.97	1434.74	1590.11	160
鸡西	Jixi	556.72	855.70	935.90	226
鹤岗	Hegang	325.89	487.13	564.43	266
双鸭山	Shuangyashan	423.30	622.70	730.49	253
大庆	Daqing	1560.92	2046.56	2209.60	107
伊春	Yichun	336.67	521.72	596.15	264
佳木斯	Jiamusi	631.05	1022.92	1167.11	203
七台河	Qitaihe	257.32	353.21	372.96	282
牡丹江	Mudanjiang	811.50	1205.42	1408.94	179
黑河	Heihe	380.27	596.12	674.67	257
绥化	Suihua	554.29	1043.92	1101.48	208
上海	**Shanghai**	**46678.13**	**65840.04**	**103760.60**	
江苏	**Jiangsu**	**58984.14**	**93735.60**	**107873.03**	

15-2 金融机构人民币存款余额 续表 1

Total Deposits in RMB of Financial Institutions continued 1

单位：亿元 （100 million yuan）

地名	City	2010	2014	2015	2015 排名 Ranking	地名	City	2010	2014	2015	2015 排名 Ranking
南京	Nanjing	12649.52	20161.86	25887.77	5	池州	Chizhou	65.67	668.58	748.27	252
无锡	Wuxi	8545.05	11849.03	12710.45	15	宣城	Xuancheng	577.11	1036.69	1208.99	198
徐州	Xuzhou	2632.19	4286.46	4747.01	47	**福建**	**Fujian**	**18309.45**	**30747.61**	**35537.41**	
常州	Changzhou	4550.47	6758.57	7438.68	34	福州	Fuzhou	5961.07	9731.03	10875.62	20
苏州	Suzhou	13570.35	21428.20	23659.10	6	厦门	Xiamen	4234.53	7064.61	8876.25	28
南通	Nantong	4857.85	8339.54	9659.15	25	莆田	Putian	716.27	1432.30	1608.20	158
连云港	Lianyungang	1227.26	1852.67	2128.22	111	三明	Sanming	754.47	1205.73	1333.75	188
淮安	Huaian	1190.80	2005.72	2328.63	98	泉州	Quanzhou	3276.23	5778.53	6352.56	39
盐城	Yancheng	1995.97	3692.75	4364.00	51	漳州	Zhangzhou	1085.49	2066.68	2311.36	101
扬州	Yangzhou	2430.55	4269.75	4719.40	49	南平	Nanping	751.86	1257.47	1410.78	178
镇江	Zhenjiang	2203.22	3536.27	3969.11	56	龙岩	Longyan	784.76	1376.62	1562.85	163
泰州	Taizhou	2320.32	3955.84	4441.70	50	宁德	Ningde	669.68	1077.16	1206.04	199
宿迁	Suqian	810.59	1598.96	1819.81	140	**江西**	**Jiangxi**	**11846.18**	**21537.70**	**24734.84**	
浙江	**Zhejiang**	**53441.45**	**77145.38**	**87393.30**		南昌	Nanchang	4167.67	7296.23	8342.63	30
杭州	Hangzhou	16838.18	23950.05	29003.07	4	景德镇	Jingdezhen	400.92	744.25	810.92	244
宁波	Ningbo	9552.03	13307.41	15400.24	10	萍乡	Pingxiang	388.61	681.58	790.34	247
温州	Wenzhou	6222.74	7937.16	9127.02	27	九江	Jiujiang	1086.42	1878.58	2173.34	108
嘉兴	Jiaxing	3526.61	5513.87	5775.41	42	新余	Xinyu	430.50	698.74	902.71	233
湖州	Huzhou	1789.70	2756.05	3034.64	68	鹰潭	Yingtan	364.70	550.13	589.35	265
绍兴	Shaoxing	4910.85	6554.22	6820.96	36	赣州	Ganzhou	1506.08	2881.77	3355.91	64
金华	Jinhua	3948.77	6548.78	6788.76	37	吉安	Jian	858.72	1696.34	1938.64	129
衢州	Quzhou	949.15	1624.29	1722.14	147	宜春	Yichun	989.12	1915.90	2140.59	110
舟山	Zhoushan	1121.07	1602.70	1694.26	150	抚州	Fuzhou	656.07	1264.37	1432.01	174
台州	Taizhou	3562.80	5609.04	6188.65	40	上饶	Shangrao	976.45	1906.36	2258.41	102
丽水	Lishui	1019.54	1741.81	1838.16	133	**山东**	**Shandong**	**41104.96**	**67498.30**	**74328.88**	
安徽	**Anhui**	**16366.10**	**29817.70**	**34223.22**		济南	Jinan	7510.44	11744.39	13552.99	13
合肥	Hefei	4541.78	9142.68	10967.91	19	青岛	Qingdao	7659.21	11370.31	12533.03	16
芜湖	Wuhu	1213.17	2243.00	2548.68	87	淄博	Zibo	2470.56	3594.26	3771.30	59
蚌埠	Bengbu	707.65	1433.46	1616.54	155	枣庄	Zaozhuang	892.18	1326.11	1430.99	175
淮南	Huainan	863.49	1228.74	1401.65	181	东营	Dongying	1567.10	3207.40	3568.49	62
马鞍山	Maanshan	800.43	1475.62	1609.71	157	烟台	Yantai	4021.24	6135.82	6672.19	38
淮北	Huaibei	567.69	948.17	1035.81	213	潍坊	Weifang	3281.25	5536.20	6070.73	41
铜陵	Tongling	406.51	676.29	809.95	245	济宁	Jining	2256.31	3643.31	4028.28	55
安庆	Anqing	1152.41	2237.63	2532.84	88	泰安	Taian	1399.53	2458.39	2704.95	78
黄山	Huangshan	472.38	821.48	916.26	230	威海	Weihai	1603.30	2527.10	2660.97	82
滁州	Chuzhou	776.44	1421.83	1666.24	151	日照	Rizhao	993.14	1880.62	1833.83	136
阜阳	Fuyang	1042.66	2047.53	2452.74	91	莱芜	Laiwu	585.78	788.25	829.35	239
宿州	Suzhou	699.98	1314.59	1487.98	167	临沂	Linyi	2115.09	4225.31	4734.22	48
六安	Liuan	842.34	1715.58	1959.57	127	德州	Dezhou	1286.91	2152.78	2470.31	89
亳州	Bozhou	544.75	1060.80	1260.10	194	聊城	Liaocheng	1232.43	2270.43	2571.93	84

15-2 金融机构人民币存款余额 续表 2
Total Deposits in RMB of Financial Institutions continued 2

单位：亿元 (100 million yuan)

地名	City	2010	2014	2015	2015 排名 Ranking	地名	City	2010	2014	2015	2015 排名 Ranking
滨州	Binzhou	1061.01	2080.10	2344.87	97	常德	Changde	961.43	1923.66	2247.50	104
菏泽	Heze	1089.77	2228.28	2550.47	86	张家界	Zhangjiajie	234.45	461.90	540.50	269
河南	**Henan**	**23148.83**	**41374.91**	**46983.41**		益阳	Yiyang	606.28	1156.48	1360.57	185
郑州	Zhengzhou	7990.85	13955.59	16696.49	9	郴州	Chenzhou	944.53	1680.37	1939.02	128
开封	Kaifeng	681.89	1274.08	1452.18	170	永州	Yongzhou	721.35	1336.57	1573.10	161
洛阳	Luoyang	2096.09	3744.58	4182.98	52	怀化	Huaihua	675.35	1246.34	1478.38	168
平顶山	Pingdingshan	1137.85	1815.32	2010.48	122	娄底	Loudi	653.73	1126.10	1282.18	192
安阳	Anyang	991.08	1793.94	1994.95	123	**广东**	**Guangdong**	**79957.97**	**118907.82**	**159660.79**	
鹤壁	Hebi	285.40	477.70	536.78	270	广州	Guangzhou	23384.50	35469.29	42843.67	2
新乡	Xinxiang	1144.16	1898.47	2112.34	113	韶关	Shaoguan	903.67	1394.20	1532.91	164
焦作	Jiaozuo	748.57	1264.32	1443.96	172	深圳	Shenzhen	20210.75	32497.75	57778.90	1
濮阳	Puyang	588.92	1059.14	1165.31	204	珠海	Zhuhai	2652.59	4570.67	5145.93	45
许昌	Xuchang	830.38	1533.27	1733.10	145	汕头	Shantou	1852.36	2664.46	2857.20	72
漯河	Luohe	421.85	753.64	846.11	238	佛山	Foshan	8335.04	11275.63	11867.67	18
三门峡	Sanmenxia	625.52	942.33	1037.59	212	江门	Jiangmen	2214.97	3461.22	3766.81	60
南阳	Nanyang	1471.22	2756.78	3072.31	67	湛江	Zhanjiang	1556.00	2421.76	2675.06	81
商丘	Shangqiu	901.16	1759.88	1978.07	124	茂名	Maoming	1025.39	1766.29	1974.75	125
信阳	Xinyang	1054.76	2094.96	2375.36	95	肇庆	Zhaoqing	1057.38	1679.26	1785.01	141
周口	Zhoukou	930.79	1881.22	2109.92	114	惠州	Huizhou	2041.19	3149.55	3612.52	61
驻马店	Zhumadian	969.32	1982.89	2235.47	105	梅州	Meizhou	835.07	1411.88	1565.28	162
湖北	**Hubei**	**21203.00**	**36153.65**	**38444.09**		汕尾	Shanwei	326.96	545.74	631.03	261
武汉	Wuhan	10756.52	16268.71	19393.16	7	河源	Heyuan	496.83	875.92	988.90	219
黄石	Huangshi	699.63	1245.52	1341.81	187	阳江	Yangjiang	564.19	907.11	1011.34	217
十堰	Shiyan	857.64	1651.80	1831.81	139	清远	Qingyuan	986.45	1522.66	1699.82	149
宜昌	Yichang	1917.41	2583.25	2822.49	73	东莞	Dongguan	5943.39	9323.28	9968.80	22
襄阳	Xiangyang	1291.43	2483.96	2695.41	80	中山	Zhongshan	2603.02	3926.45	4129.57	54
鄂州	Ezhou	256.64	449.20	509.78	276	潮州	Chaozhou	649.81	1004.30	1076.19	209
荆门	Jingmen	685.20	1257.01	1430.56	176	揭阳	Jieyang	963.01	1702.06	1833.57	137
孝感	Xiaogan	785.19	1613.55	1856.60	132	云浮	Yunfu	483.45	826.30	915.88	231
荆州	Jingzhou	1036.14	1967.02	2234.07	106	**广西**	**Guangxi**	**11746.77**	**20078.97**	**22566.96**	
黄冈	Huanggang	960.16	1994.05	2323.87	99	南宁	Nanning	4021.45	7064.49	8257.77	31
咸宁	Xianning	432.52	891.72	1035.44	214	柳州	Liuzhou	1480.44	2553.66	2807.12	74
随州	Suizhou	430.05	845.87	969.08	223	桂林	Guilin	1367.59	2269.76	2588.99	83
湖南	**Hunan**	**16553.78**	**30073.40**	**34929.69**		梧州	Wuzhou	491.08	855.65	918.23	229
长沙	Changsha	6375.59	11119.49	14028.81	11	北海	Beihai	469.76	717.55	748.49	251
株洲	Zhuzhou	1129.09	2057.57	2156.59	109	防城港	Fangchenggang	311.14	470.24	508.27	277
湘潭	Xiangtan	775.83	1539.35	1771.13	143	钦州	Qinzhou	473.86	768.10	818.40	240
衡阳	Hengyang	1299.90	2390.78	2760.00	76	贵港	Guigang	513.36	905.75	972.95	222
邵阳	Shaoyang	946.30	1736.16	2058.46	119	玉林	Yulin	769.57	1302.45	1445.26	171
岳阳	Yueyang	781.20	1471.35	1733.47	144	百色	Baise	511.63	880.56	948.11	224

15-2 金融机构人民币存款余额 续表 3
Total Deposits in RMB of Financial Institutions continued 3

单位：亿元 （100 million yuan）

地名	City	2010	2014	2015	2015 排名 Ranking
贺州	Hezhou	251.71	459.85	535.32	271
河池	Hechi	466.04	814.39	883.18	234
来宾	Laibin	306.65	494.84	528.09	273
崇左	Chongzuo	312.48	561.55	606.78	263
海南	**Hainan**	**4166.47**	**6363.57**	**5411.95**	
海口	Haikou	2205.64	3152.59	3962.82	57
三亚	Sanya	612.67	977.76	1209.42	196
三沙	Sansha			2.16	286
重庆	**Chongqing**	**13454.98**	**24501.54**	**28094.37**	
四川	**Sichuan**	**30299.67**	**53282.00**	**56414.67**	
成都	Chengdu	15277.25	26797.50	29474.92	3
自贡	Zigong	559.32	1075.20	1321.66	190
攀枝花	Panzhihua	570.72	803.99	856.81	236
泸州	Luzhou	827.23	1612.98	1834.73	135
德阳	Deyang	1388.03	1918.54	2066.30	118
绵阳	Mianyang	1784.47	2621.72	2882.91	71
广元	Guangyuan	717.15	1006.64	1135.37	206
遂宁	Suining	523.16	989.44	1187.12	202
内江	Neijiang	599.86	1134.36	1202.20	200
乐山	Leshan	867.41	1713.47	1727.61	146
南充	Nanchong	1100.50	2154.46	2561.43	85
眉山	Meishan	615.24	1255.22	1432.08	173
宜宾	Yibin	945.60	1685.23	1911.25	131
广安	Guangan	638.85	1265.19	1425.33	177
达州	Dazhou	901.08	1752.37	2086.42	116
雅安	Yaan	454.34	974.25	1008.95	218
巴中	Bazhong	354.91	777.27	921.73	228
资阳	Ziyang	674.99	1245.84	1377.85	182
贵州	**Guizhou**	**7363.92**	**15263.26**	**16143.21**	
贵阳	Guiyang	3035.31	6992.20	8772.22	29
六盘水	Liupanshui	499.05	817.09	976.80	221
遵义	Zunyi	1157.00	2567.60	3306.46	65
安顺	Anshun	362.19	660.28	852.79	237
毕节	Bijie	550.92		1254.63	195
铜仁	Tongren	375.05		980.31	220
云南	**Yunnan**	**13411.49**	**22338.00**	**18843.37**	
昆明	Kunming	6739.51	10582.22	11879.67	17
曲靖	Qujing	1016.70	1702.34	1833.33	138
玉溪	Yuxi	816.01	1195.59	1322.33	189
保山	Baoshan	346.94	638.23	775.03	249
昭通	Zhaotong	520.35	1043.29	1209.03	197
丽江	Lijiang	297.62	518.44	552.88	268
普洱	Puer	363.91	667.01	760.55	250
临沧	Lincang	245.46	445.47	510.56	275
西藏	**Tibet**	**1295.55**	**3082.38**	**2123.10**	
拉萨	Lasa	894.97	3082.38	2123.10	112
陕西	**Shaanxi**	**16456.05**	**28111.34**	**32010.36**	
西安	Xi'an	8933.23	15064.10	17796.38	8
铜川	Tongchuan	250.92	411.85	451.78	280
宝鸡	Baoji	1076.77	1844.23	2092.10	115
咸阳	Xianyang	1142.46	1965.31	2251.78	103
渭南	Weinan	998.47	1664.58	1837.37	134
延安	Yan'an	728.54	1232.31	1360.95	184
汉中	Hanzhong	798.11	1390.67	1591.92	159
榆林	Yulin	1452.72	2618.24	2793.87	75
安康	Ankang	475.54	884.51	1032.71	215
商洛	Shangluo	382.91	671.44	801.50	246
甘肃	**Gansu**	**7115.37**	**13921.36**	**15368.61**	
兰州	Lanzhou	3235.84	6617.51	7803.12	32
嘉峪关	Jiayuguan	165.99	330.87	321.95	285
金昌	Jinchang	172.18	297.78	324.59	284
白银	Baiyin	348.44	578.97	632.04	260
天水	Tianshui	463.25	897.31	1032.40	216
武威	Wuwei	323.48	704.34	815.53	241
张掖	Zhangye	263.04	500.51	563.94	267
平凉	Pingliang	326.42	624.03	702.19	255
酒泉	Jiuquan	480.88	840.73	938.27	225
庆阳	Qingyang	354.18	669.31	814.67	242
定西	Dingxi	269.98	592.09	696.94	256
陇南	Longnan	392.31	625.54	722.96	254
青海	**Qinghai**	**2319.64**	**4529.87**	**4070.48**	
西宁	Xining	1623.21	3104.76	3548.43	63
海东	Haidong		445.19	522.06	274
宁夏	**Ningxia**	**2573.64**	**4209.06**	**4805.15**	
银川	Yinchuan	1597.96	2608.97	3017.77	69
石嘴山	Shizuishan	345.29	481.86	495.72	278
吴忠	Wuzhong	269.68	474.88	532.51	272
固原	Guyuan	148.57	304.18	346.15	283
中卫	Zhongwei	198.39	339.18	413.00	281
新疆	**Xinjiang**	**8870.02**	**15055.39**	**8271.38**	
乌鲁木齐	Urumqi	3596.43	6233.97	6984.60	35
克拉玛依	Karamay	792.49	890.68	1286.78	191

15-3 金融机构本外币贷款余额

Balance of Loans in RMB and Foreign Currency of Financial Institutions

单位：亿元 （100 million yuan）

地名	City	2010	2012	2013	2013 排名 Ranking
全国	**Nation Total**	**509226.0**	**672875.0**	**766326.6**	
北京	**Beijing**	**36479.58**	**43189.50**	**47880.90**	
天津	**Tianjin**	**13774.11**	**18396.81**	**20857.80**	
河北	**Hebei**	**15948.91**	**21317.96**	**24423.20**	
石家庄	Shijiazhuang	3288.05	4052.82	4556.25	33
唐山	Tangshan	2758.93	3589.30	4017.64	39
秦皇岛	Qinhuangdao	936.46	1245.08	1365.59	82
邯郸	Handan	1336.58	1874.02	2116.01	59
邢台	Xingtai	819.87	1168.37	1385.60	81
保定	Baoding	1162.64	1589.73	1887.44	64
张家口	Zhangjiakou	918.53	1193.20	1338.09	84
承德	Chengde	766.39	971.27	1109.07	102
沧州	Cangzhou	896.17	1269.42	1572.08	72
廊坊	Langfang	1344.47	1875.28	2208.48	56
衡水	Hengshui	459.07	709.29	890.71	128
山西	**Shanxi**	**9728.68**	**13211.30**	**15025.45**	
太原	Taiyuan	5125.10	6452.21	7222.35	21
大同	Datong	597.21	770.58	950.83	118
阳泉	Yangquan	369.21	530.30	618.65	182
长治	Changzhi	631.17	841.48	918.84	121
晋城	Jincheng	526.23	776.95	864.77	131
朔州	Shuozhou	210.11	381.33	469.67	225
晋中	Jinzhong	469.64	753.60	910.27	124
运城	Yuncheng	501.49	713.40	838.24	136
忻州	Xinzhou	352.40	479.82	583.08	193
临汾	Linfen	536.63	749.57	845.71	135
吕梁	Lvliang	409.49	762.07	803.05	142
内蒙古	**Inner Mongolia**	**7919.47**	**11392.54**	**13056.68**	
呼和浩特	Hohhot	2563.32	3793.46	2774.03	44
包头	Baotou	1048.40	1426.52	1629.00	70
乌海	Wuhai	279.82	381.19	474.98	221
赤峰	Chifeng	469.57	718.57	860.72	133
通辽	Tongliao	464.47	610.57	703.00	166
鄂尔多斯	Erdos	1562.13	2218.11	2368.56	52
呼伦贝尔	Hulunbuir	430.54	554.24	621.91	180
巴彦淖尔	Bayannur	346.36	483.89	569.04	196
乌兰察布	Ulanqab	241.12	344.86	432.40	230
辽宁	**Liaoning**	**19622.04**	**26306.45**	**29722.00**	
沈阳	Shenyang	6068.37	8070.65	9128.73	16
大连	Dalian	6812.00	9111.72	10184.99	10
鞍山	Anshan	1102.82	1389.87	1546.48	74
抚顺	Fushun	379.56	507.95	591.03	191
本溪	Benxi	600.69	716.64	766.07	150
丹东	Dandong	477.87	681.99	787.97	145
锦州	Jinzhou	596.65	843.10	988.27	115
营口	Yingkou	815.15	1149.46	1361.23	83
阜新	Fuxin	359.60	529.90	628.11	179
辽阳	Liaoyang	528.37	764.34	874.09	130
盘锦	Panjin	441.02	675.76	702.48	167
铁岭	Tieling	484.40	613.56	705.58	164
朝阳	Chaoyang	441.91	615.14	725.46	159
葫芦岛	Huludao	505.66	636.37	731.53	157
吉林	**Jilin**	**7279.62**	**9270.30**	**10805.20**	
长春	Changchun	4616.75	6349.95	6543.15	24
吉林	Jilin	726.56	1079.31	1136.62	100
四平	Siping	365.34	536.08	551.79	201
辽源	Liaoyuan	171.34	270.30	277.00	272
通化	Tonghua	343.45	479.66	500.75	214
白山	Baishan	243.67	330.00	358.74	251
松原	Songyuan	281.98	439.70	498.44	217
白城	Baicheng	192.58	354.15	378.27	246
黑龙江	**Heilongjiang**	**7390.62**	**10259.94**	**11782.50**	
哈尔滨	Harbin	4273.52	5880.39	6661.21	23
齐齐哈尔	Qiqihar	541.23	760.66	908.18	126
鸡西	Jixi	224.98	308.18	369.45	248
鹤岗	Hegang	226.68	277.28	308.67	266
双鸭山	Shuangyashan	276.97	386.12	433.26	229
大庆	Daqing	409.97	685.23	770.41	148
伊春	Yichun	104.05	124.50	128.04	282
佳木斯	Jiamusi	342.71	537.76	663.46	172
七台河	Qitaihe	164.03	175.91	200.32	280
牡丹江	Mudanjiang	313.06	425.88	593.57	190
黑河	Heihe	176.18	234.40	274.20	273
绥化	Suihua	301.87	404.61	500.58	215
上海	**Shanghai**	**34154.17**	**40982.48**	**44357.88**	
江苏	**Jiangsu**	**42522.92**	**57464.29**	**64503.17**	

15-3 金融机构本外币贷款余额 续表 1

Balance of Loans in RMB and Foreign Currency of Financial Institutions continued 1

单位：亿元 （100 million yuan）

地名	City	2010	2012	2013	2013 排名 Ranking
南京	Nanjing	10915.34	13079.32	14538.65	6
无锡	Wuxi	6487.13	8024.00	8565.39	17
徐州	Xuzhou	1447.20	2059.26	2375.30	51
常州	Changzhou	3098.24	4018.21	4490.23	34
苏州	Suzhou	10831.62	14877.84	16675.52	5
南通	Nantong	2964.58	4001.62	4672.81	32
连云港	Lianyungang	946.26	1285.20	1425.50	78
淮安	Huaian	863.80	1190.46	1397.49	80
盐城	Yancheng	1333.93	1856.11	2214.59	55
扬州	Yangzhou	1514.88	2042.98	2375.62	50
镇江	Zhenjiang	1617.07	2128.23	2422.71	48
泰州	Taizhou	1531.07	2080.66	2646.15	46
宿迁	Suqian	629.08	1008.93	1290.26	89
浙江	**Zhejiang**	**46938.54**	**59509.22**	**65338.78**	
杭州	Hangzhou	15078.73	18090.90	19350.70	3
宁波	Ningbo	9414.20	11961.02	13314.02	7
温州	Wenzhou	5516.68	7013.00	7263.33	20
嘉兴	Jiaxing	2753.64	3670.52	4122.77	38
湖州	Huzhou	1461.32	1912.40	2145.43	58
绍兴	Shaoxing	3934.27	5129.15	5644.15	27
金华	Jinhua	3096.47	4346.85	5157.32	29
衢州	Quzhou	788.22	1078.53	1250.86	91
舟山	Zhoushan	1017.72	1295.83	1333.35	85
台州	Taizhou	3055.82	3893.16	4454.11	35
丽水	Lishui	821.47	1117.86	1302.75	87
安徽	**Anhui**	**11737.80**	**16795.20**	**19688.20**	
合肥	Hefei	4353.79	6431.93	7446.04	19
芜湖	Wuhu	1051.24	1725.94	1947.45	63
蚌埠	Bengbu	389.47	636.66	818.17	140
淮南	Huainan	649.77	786.98	883.60	129
马鞍山	Maanshan	554.53	877.14	998.50	113
淮北	Huaibei	304.76	509.58	612.99	184
铜陵	Tongling	437.01	600.50	678.27	170
安庆	Anqing	555.94	860.20	1073.61	104
黄山	Huangshan	281.58	417.46	474.09	222
滁州	Chuzhou	482.47	715.36	901.14	127
阜阳	Fuyang	442.79	643.60	788.12	144
宿州	Suzhou	308.33	463.95	559.02	199
六安	Liuan	485.25	687.82	824.27	139
亳州	Bozhou	245.01	427.71	522.92	210
池州	Chizhou	248.05	371.97	404.30	236
宣城	Xuancheng	387.55	594.78	718.02	160
福建	**Fujian**	**15920.80**	**22427.50**	**25963.40**	
福州	Fuzhou	5231.40	7054.33	8159.89	18
厦门	Xiamen	3621.70	5107.37	5843.54	26
莆田	Putian	628.00	912.99	1094.83	103
三明	Sanming	697.70	991.33	1121.87	101
泉州	Quanzhou	2717.10	3724.22	4287.88	36
漳州	Zhangzhou	836.20	1212.63	1420.38	79
南平	Nanping	617.60	799.92	914.62	123
龙岩	Longyan	728.80	1056.41	1182.97	97
宁德	Ningde	722.20	1016.81	1171.76	99
江西	**Jiangxi**	**7843.28**	**11080.15**	**13111.70**	
南昌	Nanchang	3506.30	4800.67	5562.14	28
景德镇	Jingdezhen	227.64	308.12	362.69	250
萍乡	Pingxiang	227.96	318.67	380.82	244
九江	Jiujiang	653.24	941.88	1066.77	105
新余	Xinyu	359.31	493.75	547.92	203
鹰潭	Yingtan	220.37	297.71	329.23	258
赣州	Ganzhou	851.17	1297.15	1607.39	71
吉安	Jian	375.15	570.35	717.77	162
宜春	Yichun	509.04	734.26	918.37	122
抚州	Fuzhou	325.39	475.30	600.13	189
上饶	Shangrao	577.59	828.80	1008.54	110
山东	**Shandong**	**32329.60**	**40018.89**	**47952.10**	
济南	Jinan	7034.98	8632.76	9211.22	15
青岛	Qingdao	6365.19	8632.84	9642.36	11
淄博	Zibo	1745.35	2162.57	2379.46	49
枣庄	Zaozhuang	728.69	916.49	975.08	116
东营	Dongying	1189.51	1805.98	2161.31	57
烟台	Yantai	2644.45	3560.15	3942.99	42
潍坊	Weifang	2570.84	3531.88	4005.76	40
济宁	Jining	1385.83	1986.71	2276.51	54
泰安	Taian	920.23	1240.08	1426.31	77
威海	Weihai	1150.14	1376.10	1564.98	73
日照	Rizhao	960.79	1303.68	1489.45	75
莱芜	Laiwu	489.74	567.52	604.27	187
临沂	Linyi	1559.70	2150.16	2531.13	47
德州	Dezhou	915.25	1119.35	1300.33	88
聊城	Liaocheng	963.92	1289.20	1432.46	76

15-3 金融机构本外币贷款余额 续表 2

Balance of Loans in RMB and Foreign Currency of Financial Institutions continued 2

单位：亿元 （100 million yuan）

地名	City	2010	2012	2013	2013 排名 Ranking	地名	City	2010	2012	2013	2013 排名 Ranking
滨州	Binzhou	1068.47	1495.13	1691.99	68	常德	Changde	480.70	641.20	798.72	143
菏泽	Heze	803.47	1062.34	1230.75	93	张家界	Zhangjiajie	188.03	246.85	289.88	271
河南	**Henan**	**15871.30**	**20031.44**	**23511.40**		益阳	Yiyang	313.08	424.45	505.53	213
郑州	Zhengzhou		6794.13	9342.31	14	郴州	Chenzhou	374.59	568.19	676.46	171
开封	Kaifeng		554.32	699.42	168	永州	Yongzhou	362.66	463.02	554.42	200
洛阳	Luoyang		1645.34	1965.98	62	怀化	Huaihua	356.61	522.76	619.40	181
平顶山	Pingdingshan		934.97	1060.61	106	娄底	Loudi	399.32	550.03	629.84	178
安阳	Anyang		687.29	753.21	154	**广东**	**Guangdong**	**66298.14**	**88885.42**	**100344.2**	
鹤壁	Hebi		336.56	389.57	240	广州	Guangzhou	16284.31	19936.52	22016.18	2
新乡	Xinxiang		868.48	1037.76	108	韶关	Shaoguan	376.06	497.90	581.38	194
焦作	Jiaozuo		672.19	773.40	146	深圳	Shenzhen	16808.12	21808.34	24680.07	1
濮阳	Puyang		304.09	379.05	245	珠海	Zhuhai	1472.54	1920.30	2071.90	60
许昌	Xuchang		850.76	999.23	112	汕头	Shantou	661.52	811.95	971.93	117
漯河	Luohe		310.92	343.92	256	佛山	Foshan	4868.99	6391.47	7111.31	22
三门峡	Sanmenxia		467.35	548.16	202	江门	Jiangmen	1032.46	1467.17	1715.51	67
南阳	Nanyang		1113.34	1326.19	86	湛江	Zhanjiang	721.00	1067.54	1227.29	94
商丘	Shangqiu		700.94	833.41	137	茂名	Maoming	362.40	540.64	642.08	177
信阳	Xinyang		740.80	909.49	125	肇庆	Zhaoqing	652.01	893.63	1051.40	107
周口	Zhoukou		638.87	703.71	165	惠州	Huizhou	1225.71	1735.12	2036.92	61
驻马店	Zhumadian		175.26	757.68	153	梅州	Meizhou	331.10	454.04	547.53	205
湖北	**Hubei**	**14589.34**	**18941.05**	**21795.53**		汕尾	Shanwei	131.12	190.83	228.54	278
武汉	Wuhan	9093.71	11575.84	12803.87	8	河源	Heyuan	338.69	472.89	573.18	195
黄石	Huangshi	478.94	659.37	737.35	155	阳江	Yangjiang	292.24	445.73	537.60	207
十堰	Shiyan	793.47	591.14	732.84	156	清远	Qingyuan	520.62	725.87	853.65	134
宜昌	Yichang	1426.81	1459.85	1749.06	66	东莞	Dongguan	3441.99	4446.82	4989.50	30
襄阳	Xiangyang	688.25	992.26	1244.79	92	中山	Zhongshan	1373.62	1969.07	2315.87	53
鄂州	Ezhou	141.71	225.31	270.98	274	潮州	Chaozhou	219.41	290.20	322.97	261
荆门	Jingmen	317.68	437.98	560.42	198	揭阳	Jieyang	407.06	615.58	717.84	161
孝感	Xiaogan	390.43	554.73	660.50	173	云浮	Yunfu	278.34	395.46	471.52	224
荆州	Jingzhou	464.26	648.76	805.61	141	**广西**	**Guangxi**	**8979.87**	**12355.52**	**14081.01**	
黄冈	Huanggang	392.39	554.77	654.57	175	南宁	Nanning	4196.68	5832.16	6444.06	25
咸宁	Xianning	226.91	357.74	486.31	219	柳州	Liuzhou	1057.58	1405.15	1636.48	69
随州	Suizhou	172.52	361.20	328.88	259	桂林	Guilin	789.34	1053.15	1225.77	95
湖南	**Hunan**	**11521.67**	**15648.59**	**18141.10**		梧州	Wuzhou	322.15	463.28	539.99	206
长沙	Changsha	6353.68	8518.93	9633.02	12	北海	Beihai	239.03	319.32	388.26	241
株洲	Zhuzhou	563.97	812.39	938.28	119	防城港	Fangchenggang	203.95	288.32	354.27	252
湘潭	Xiangtan	545.91	827.34	997.42	114	钦州	Qinzhou	326.55	447.34	516.02	211
衡阳	Hengyang	532.10	697.75	861.56	132	贵港	Guigang	279.63	411.90	480.45	220
邵阳	Shaoyang	348.54	525.85	645.00	176	玉林	Yulin	398.88	550.38	1178.28	98
岳阳	Yueyang	437.18	586.67	678.49	169	百色	Baise	391.72	515.91	588.80	192

15-3 金融机构本外币贷款余额 续表 3

Balance of Loans in RMB and Foreign Currency of Financial Institutions continued 3

单位：亿元 （100 million yuan）

地名	City	2010	2012	2013	2013 排名 Ranking	地名	City	2010	2012	2013	2013 排名 Ranking
贺州	Hezhou	144.51		242.00	277	丽江	Lijiang	193.93	305.97	346.72	255
河池	Hechi	280.40	364.23	419.53	233	普洱	Puer	232.00	326.41	398.51	239
来宾	Laibin	187.57	259.91	300.94	268	临沧	Lincang	168.14	269.00	321.06	262
崇左	Chongzuo	161.88	239.78	294.61	269	**西藏**	**Tibet**	**301.82**	**664.05**	**1076.58**	
海南	**Hainan**	**2509.72**	**3889.63**	**4630.78**		拉萨	Lasa		454.00	612.85	185
海口	Haikou	1933.26	2924.43	3188.25	43	**陕西**	**Shaanxi**	**10222.20**	**13865.61**	**16219.84**	
三亚	Sanya	228.65	305.11	613.64	183	西安	Xi'an	6591.73	8808.04	10214.78	9
三沙	Sansha					铜川	Tongchuan	79.43	99.76	114.57	283
重庆	**Chongqing**	**10888.15**	**15594.18**	**17381.55**		宝鸡	Baoji	440.91	639.91	772.79	147
四川	**Sichuan**	**19485.74**	**26163.25**	**30298.85**		咸阳	Xianyang	457.36	646.04	763.97	151
成都	Chengdu	12416.75	16147.82	18259.00	4	渭南	Weinan	471.62	623.83	726.05	158
自贡	Zigong	251.90	374.25	454.03	228	延安	Yan'an	361.00	476.87	566.87	197
攀枝花	Panzhihua	384.44	533.92	611.58	186	汉中	Hanzhong	300.17	402.53	491.93	218
泸州	Luzhou	407.64	629.66	766.77	149	榆林	Yulin	898.55	1548.11	1803.85	65
德阳	Deyang	603.76	862.14	999.73	111	安康	Ankang	211.38	308.99	383.12	243
绵阳	Mianyang	877.28	1118.33	1274.02	90	商洛	Shangluo	156.46	222.59	251.62	276
广元	Guangyuan	236.21	331.85	406.88	235	**甘肃**	**Gansu**	**4576.68**	**7196.60**	**8822.23**	
遂宁	Suining	276.93	401.05	499.87	216	兰州	Lanzhou	2482.71	3975.95	4717.71	31
内江	Neijiang	267.72	407.04	514.35	212	嘉峪关	Jiayuguan	174.45	297.70	353.15	253
乐山	Leshan	588.29	809.27	934.11	120	金昌	Jinchang	149.84	169.12	208.90	279
南充	Nanchong	425.30	654.22	828.32	138	白银	Baiyin	194.91	293.91	347.29	254
眉山	Meishan	281.58	427.95	532.38	208	天水	Tianshui	215.24	330.05	388.03	242
宜宾	Yibin	447.84	628.44	762.03	152	武威	Wuwei	161.13	272.03	399.17	238
广安	Guangan	251.92	341.39	424.68	232	张掖	Zhangye	132.34	220.23	293.90	270
达州	Dazhou	363.47	531.99	655.69	174	平凉	Pingliang	200.07	260.61	319.63	263
雅安	Yaan	238.96	330.72	412.50	234	酒泉	Jiuquan	242.20	377.00	466.85	226
巴中	Bazhong	129.22	203.60	264.93	275	庆阳	Qingyang	139.97	243.67	337.78	257
资阳	Ziyang	282.37	416.24	530.50	209	定西	Dingxi	143.60	239.45	315.09	265
贵州	**Guizhou**	**5771.74**	**8350.17**	**10156.96**		陇南	Longnan	177.81	243.76	306.62	267
贵阳	Guiyang	2608.35	3521.32	4205.01	37	**青海**	**Qinghai**	**1823.81**	**2791.68**	**3514.68**	
六盘水	Liupanshui	361.68	516.48	602.44	188	西宁	Xining				
遵义	Zunyi	598.16	927.63	1203.62	96	海东	Haidong				
安顺	Anshun	229.77	350.23	431.19	231	**宁夏**	**Ningxia**	**2419.89**	**3372.12**	**3947.29**	
毕节	Bijie	282.52	433.45	547.81	204	银川	Yinchuan	1659.86	2313.87	2694.18	45
铜仁	Tongren	242.12	381.35	472.99	223	石嘴山	Shizuishan	271.14	362.94	402.39	237
云南	**Yunnan**	**10705.99**	**14168.99**	**16128.90**		吴忠	Wuzhong	253.30	316.06	372.06	247
昆明	Kunming	6635.21	8484.30	9494.45	13	固原	Guyuan	83.65	127.67	162.14	281
曲靖	Qujing	629.93	860.90	1017.57	109	中卫	Zhongwei	160.41	251.59	316.52	264
玉溪	Yuxi	465.66	631.93	708.46	163	**新疆**	**Xinjiang**	**5211.38**	**8385.98**	**10377.13**	
保山	Baoshan	228.69	312.24	368.78	249	乌鲁木齐	Urumqi	2104.78	3276.27	3982.39	41
昭通	Zhaotong	286.34	420.66	462.71	227	克拉玛依	Karamay	150.71	150.32	323.91	260

15-4　金融机构人民币贷款余额
Total Loans in RMB of Financial Institutions

单位：亿元　　　　（100 million yuan）

地名	City	2010	2014	2015	2015 排名 Ranking
全国	**Nation Total**	**479195.6**	**816770.0**	**875492.6**	
北京	**Beijing**	**28748.10**	**45458.70**	**48853.17**	
天津	**Tianjin**	**12864.75**	**21189.30**	**24500.91**	
河北	**Hebei**	**15755.74**	**27593.80**	**28475.55**	
石家庄	Shijiazhuang	3272.10	5098.92	5124.10	38
唐山	Tangshan	2716.11	4278.56	4779.44	40
秦皇岛	Qinhuangdao	896.02	1515.22	1500.41	96
邯郸	Handan	1318.74	2364.84	2803.75	56
邢台	Xingtai	814.13	1548.08	1759.23	83
保定	Baoding	1158.32	2250.92	2590.90	62
张家口	Zhangjiakou	918.31	1493.20	1679.77	88
承德	Chengde	766.25	1296.95	1495.95	97
沧州	Cangzhou	894.57	1843.08	2132.44	70
廊坊	Langfang	1322.08	2527.32	3325.40	48
衡水	Hengshui	457.60	1073.57	1284.15	112
山西	**Shanxi**	**9634.32**	**16432.70**	**18259.28**	
太原	Taiyuan	5054.75	7945.33	9027.59	20
大同	Datong	597.21	1032.79	1181.63	128
阳泉	Yangquan	369.08	649.38	721.33	204
长治	Changzhi	631.17	1016.93	1132.01	132
晋城	Jincheng	522.92	920.71	995.72	153
朔州	Shuozhou	197.68	302.93	358.60	273
晋中	Jinzhong	469.64	1028.02	1203.50	122
运城	Yuncheng	499.86	8953.00	954.40	156
忻州	Xinzhou	352.40	644.35	714.95	207
临汾	Linfen	533.52	943.40	1079.20	139
吕梁	Lvliang	406.11	859.60	890.35	173
内蒙古	**Inner Mongolia**	**7919.47**	**14947.10**	**15733.00**	
呼和浩特	Hohhot	2522.52	5145.89	6073.89	30
包头	Baotou	1037.29	1834.09	2192.52	68
乌海	Wuhai	279.61	540.09	553.81	236
赤峰	Chifeng	465.93	1048.07	1163.14	129
通辽	Tongliao	464.04	735.87	923.68	164
鄂尔多斯	Erdos	1561.97	2588.70	2700.20	58
呼伦贝尔	Hulunbuir	430.54	733.22	920.76	165
巴彦淖尔	Bayannur	346.36	637.71	689.03	212
乌兰察布	Ulanqab	241.00	494.38	515.97	244
辽宁	**Liaoning**	**18689.77**	**31250.50**	**34766.35**	

地名	City	2010	2014	2015	2015 排名 Ranking
沈阳	Shenyang	5970.16	10026.95	11343.85	13
大连	Dalian	6159.00	9926.37	10696.06	15
鞍山	Anshan	1079.14	1654.72	1949.54	75
抚顺	Fushun	372.98	664.26	738.70	201
本溪	Benxi	504.91	729.51	881.96	175
丹东	Dandong	476.43	923.64	1026.22	150
锦州	Jinzhou	583.29	1118.71	1278.50	114
营口	Yingkou	813.55	1511.37	1632.50	90
阜新	Fuxin	359.35	699.49	775.98	194
辽阳	Liaoyang	513.99	911.54	1027.01	149
盘锦	Panjin	440.22	799.74	836.55	181
铁岭	Tieling	484.33	773.73	809.42	184
朝阳	Chaoyang	434.80	828.91	917.41	168
葫芦岛	Huludao	489.64	804.90	852.65	178
吉林	**Jilin**	**7205.94**		**14423.61**	
长春	Changchun	4557.44	7475.45	8935.14	21
吉林	Jilin	715.40	1366.47	1698.49	85
四平	Siping	364.58	730.52	931.50	160
辽源	Liaoyuan	171.26	324.10	353.74	275
通化	Tonghua	341.68	580.42	661.69	218
白山	Baishan	243.59	394.09	428.04	264
松原	Songyuan	281.98	600.74	809.01	185
白城	Baicheng	192.58	444.30	605.99	228
黑龙江	**Heilongjiang**	**7230.47**	**13391.70**	**16225.83**	
哈尔滨	Harbin	4126.95	7257.45	8492.31	22
齐齐哈尔	Qiqihar	540.40	1164.29	1407.68	104
鸡西	Jixi	224.98	453.46	583.16	232
鹤岗	Hegang	226.68	353.55	453.59	261
双鸭山	Shuangyashan	276.90	527.42	749.78	198
大庆	Daqing	409.78	875.66	933.82	159
伊春	Yichun	104.05	140.49	147.43	284
佳木斯	Jiamusi	342.26	788.55	1207.20	119
七台河	Qitaihe	161.54	203.79	231.48	282
牡丹江	Mudanjiang	304.92	600.36	753.54	197
黑河	Heihe	174.76	331.61	500.52	250
绥化	Suihua	301.87	684.85	765.32	196
上海	**Shanghai**	**27970.18**	**40375.78**	**53387.21**	
江苏	**Jiangsu**	**42121.04**	**69572.67**	**78866.34**	

15-4 金融机构人民币贷款余额 续表 1

Total Loans in RMB of Financial Institutions continued 1

单位：亿元 （100 million yuan）

地名	City	2010	2014	2015	2015 排名 Ranking	地名	City	2010	2014	2015	2015 排名 Ranking
南京	Nanjing	10384.84	15628.53	18217.80	6	池州	Chizhou	247.69	461.84	478.45	256
无锡	Wuxi	6160.60	8669.62	9332.27	19	宣城	Xuancheng	385.56	830.77	900.31	170
徐州	Xuzhou	1436.44	2724.79	3069.90	51	**福建**	**Fujian**	**15231.36**	**28417.70**	**31878.65**	
常州	Changzhou	3011.67	4789.74	5354.58	36	福州	Fuzhou	5005.53	9766.85	10638.44	16
苏州	Suzhou	10133.15	17247.94	19200.10	5	厦门	Xiamen	3337.98	6643.98	7567.00	26
南通	Nantong	2843.14	5130.38	5997.24	32	莆田	Putian	616.71	1315.32	1466.17	100
连云港	Lianyungang	862.48	1549.34	1781.05	81	三明	Sanming	694.76	1193.68	1207.10	120
淮安	Huaian	842.63	1617.55	1864.76	78	泉州	Quanzhou	2600.56	4673.64	5284.98	37
盐城	Yancheng	1310.40	2567.98	3045.50	52	漳州	Zhangzhou	798.97	1569.32	1870.86	77
扬州	Yangzhou	1486.06	2732.42	3095.77	50	南平	Nanping	615.25	1012.04	1091.14	136
镇江	Zhenjiang	1563.34	2679.83	2982.60	53	龙岩	Longyan	723.39	1291.90	1360.65	107
泰州	Taizhou	1460.68	2751.51	3228.08	49	宁德	Ningde	718.56	1317.89	1392.30	106
宿迁	Suqian	625.61	1483.05	1696.70	86	**江西**	**Jiangxi**	**7757.12**	**15466.10**	**17933.99**	
浙江	**Zhejiang**	**45288.07**	**68566.32**	**74070.20**		南昌	Nanchang	3461.52	6329.26	7376.05	28
杭州	Hangzhou	14502.92	20356.17	22395.29	3	景德镇	Jingdezhen	227.00	423.76	499.08	251
宁波	Ningbo	9000.62	13610.61	14966.92	8	萍乡	Pingxiang	216.58	451.71	539.29	243
温州	Wenzhou	5381.57	7223.63	7527.16	27	九江	Jiujiang	638.02	1230.58	1451.90	102
嘉兴	Jiaxing	2615.92	4393.16	4718.35	41	新余	Xinyu	352.33	598.75	664.59	217
湖州	Huzhou	1419.97	2324.95	2509.83	63	鹰潭	Yingtan	220.03	377.77	451.71	262
绍兴	Shaoxing	3820.13	5823.39	5947.21	34	赣州	Ganzhou	846.37	1923.98	2297.55	66
金华	Jinhua	3046.15	5647.18	6041.62	31	吉安	Jian	373.98	876.86	1055.36	144
衢州	Quzhou	770.41	1454.46	1584.02	91	宜春	Yichun	508.67	1098.82	1318.60	109
舟山	Zhoushan	980.77	1416.03	1458.38	101	抚州	Fuzhou	325.29	755.92	805.58	187
台州	Taizhou	2940.51	4912.24	5429.60	35	上饶	Shangrao	577.22	1234.10	1474.29	99
丽水	Lishui	809.11	1404.49	1491.81	98	**山东**	**Shandong**	**30722.64**	**50058.64**	**55067.67**	
安徽	**Anhui**	**11452.29**	**22088.30**	**25378.97**		济南	Jinan	6319.09	8508.29	9674.22	17
合肥	Hefei	4214.08	8169.64	9636.57	18	青岛	Qingdao	5886.23	9720.05	10771.85	14
芜湖	Wuhu	1033.45	2167.14	2491.57	64	淄博	Zibo	1686.13	2490.52	2628.98	61
蚌埠	Bengbu	386.92	662.62	1191.50	125	枣庄	Zaozhuang	727.71	1014.78	1077.79	140
淮南	Huainan	644.64	896.24	970.54	155	东营	Dongying	1148.11	2523.78	2941.53	54
马鞍山	Maanshan	523.11	1103.34	1184.20	127	烟台	Yantai	2511.91	4026.46	4222.89	43
淮北	Huaibei	304.23	665.32	701.74	209	潍坊	Weifang	2514.81	4450.46	4519.47	42
铜陵	Tongling	388.49	638.18	766.72	195	济宁	Jining	1366.43	2491.80	2641.13	59
安庆	Anqing	547.07	1259.69	1428.35	103	泰安	Taian	917.60	1591.61	1800.56	80
黄山	Huangshan	281.01	526.20	566.31	234	威海	Weihai	1121.73	1658.56	1770.96	82
滁州	Chuzhou	473.76	1037.85	1202.34	123	日照	Rizhao	832.71	1558.24	1950.55	74
阜阳	Fuyang	441.49	961.21	1186.96	126	莱芜	Laiwu	464.70	603.53	619.60	223
宿州	Suzhou	307.68	686.70	808.44	186	临沂	Linyi	1538.21	2992.34	3362.63	47
六安	Liuan	484.13	958.15	1081.96	137	德州	Dezhou	909.84	1444.85	1546.00	94
亳州	Bozhou	244.78	641.74	783.01	191	聊城	Liaocheng	919.65	1674.22	1845.65	79

15-4 金融机构人民币贷款余额 续表 2
Total Loans in RMB of Financial Institutions continued 2

单位：亿元 (100 million yuan)

地名	City	2010	2014	2015	2015 排名 Ranking
滨州	Binzhou	1020.38	1831.43	2058.45	71
菏泽	Heze	797.66	1447.04	1635.43	89
河南	**Henan**	**15871.32**	**27228.27**	**30696.87**	
郑州	Zhengzhou	5717.55	10868.35	12659.48	10
开封	Kaifeng	402.49	864.41	1018.06	151
洛阳	Luoyang	1113.88	2299.96	2635.68	60
平顶山	Pingdingshan	694.39	1242.31	1405.26	105
安阳	Anyang	597.39	878.83	1012.26	152
鹤壁	Hebi	268.43	438.34	484.60	253
新乡	Xinxiang	712.34	1175.07	1276.15	115
焦作	Jiaozuo	470.98	853.98	944.58	158
濮阳	Puyang	231.60	461.36	543.35	242
许昌	Xuchang	562.35	1166.20	1357.02	108
漯河	Luohe	301.20	420.18	504.18	249
三门峡	Sanmenxia	340.20	587.04	671.76	215
南阳	Nanyang	827.50	1552.53	1723.16	84
商丘	Shangqiu	607.67	1007.19	1137.75	131
信阳	Xinyang	570.09	1107.75	1290.94	111
周口	Zhoukou	563.18	818.34	917.97	167
驻马店	Zhumadian	499.44	939.35	1114.67	133
湖北	**Hubei**	**13037.12**	**24239.96**	**28104.21**	
武汉	Wuhan	8106.78	14463.40	17135.79	7
黄石	Huangshi	418.54	838.96	926.67	162
十堰	Shiyan	374.78	882.21	1030.92	147
宜昌	Yichang	990.06	1967.51	2133.19	69
襄阳	Xiangyang	673.45	1507.60	1683.60	87
鄂州	Ezhou	128.16	303.51	337.09	277
荆门	Jingmen	310.32	653.25	793.90	189
孝感	Xiaogan	378.45	785.56	915.28	169
荆州	Jingzhou	428.83	954.50	1070.63	142
黄冈	Huanggang	383.26	811.10	991.31	154
咸宁	Xianning	223.74	533.30	628.97	222
随州	Suizhou	167.99	396.58	456.87	260
湖南	**Hunan**	**11303.76**	**20356.39**	**22992.54**	
长沙	Changsha	6187.40	10337.48	12268.11	11
株洲	Zhuzhou	550.63	1109.27	1162.58	130
湘潭	Xiangtan	532.16	1112.81	1256.07	117
衡阳	Hengyang	530.71	955.55	1100.85	134
邵阳	Shaoyang	347.42	752.00	891.46	172
岳阳	Yueyang	434.17	771.97	894.48	171
常德	Changde	480.54	924.03	1080.46	138
张家界	Zhangjiajie	188.03	338.96	371.22	271
益阳	Yiyang	312.44	549.23	616.77	224
郴州	Chenzhou	369.10	780.36	945.71	157
永州	Yongzhou	361.95	639.94	793.62	190
怀化	Huaihua	356.08	695.68	832.54	182
娄底	Loudi	388.06	704.16	778.67	193
广东	**Guangdong**	**46099.26**	**76096.24**	**95177.81**	
广州	Guangzhou	14987.73	24231.71	27296.16	2
韶关	Shaoguan	346.28	671.16	731.84	203
深圳	Shenzhen	13708.16	22671.10	32449.04	1
珠海	Zhuhai	1274.77	2426.24	2860.33	55
汕头	Shantou	637.75	1072.83	1199.00	124
佛山	Foshan	4749.09	7595.79	7950.53	24
江门	Jiangmen	973.75	1879.41	2218.01	67
湛江	Zhanjiang	714.40	1353.05	1556.41	93
茂名	Maoming	361.30	748.94	858.33	177
肇庆	Zhaoqing	642.04	1172.51	1281.52	113
惠州	Huizhou	1097.66	2176.80	2464.35	65
梅州	Meizhou	330.25	635.46	736.41	202
汕尾	Shanwei	130.20	269.61	306.14	280
河源	Heyuan	335.32	699.01	801.08	188
阳江	Yangjiang	283.93	694.79	749.77	199
清远	Qingyuan	510.26	940.84	1061.23	143
东莞	Dongguan	3329.82	5562.36	5980.90	33
中山	Zhongshan	1329.89	2452.52	2784.93	57
潮州	Chaozhou	205.91	357.21	369.04	272
揭阳	Jieyang	400.68	866.30	924.73	163
云浮	Yunfu	274.32	533.29	598.05	229
广西	**Guangxi**	**8867.52**	**15585.46**	**17656.76**	
南宁	Nanning	4142.30	7091.46	8228.66	23
柳州	Liuzhou	1046.18	1770.26	2032.08	73
桂林	Guilin	784.18	1389.55	1574.89	92
梧州	Wuzhou	321.34	622.32	665.61	216
北海	Beihai	238.18	457.52	484.13	254
防城港	Fangchenggang	178.17	380.21	425.34	266
钦州	Qinzhou	321.45	524.37	547.13	241
贵港	Guigang	279.41	546.92	596.71	230
玉林	Yulin	397.18	747.87	843.68	180
百色	Baise	391.03	673.33	711.66	208

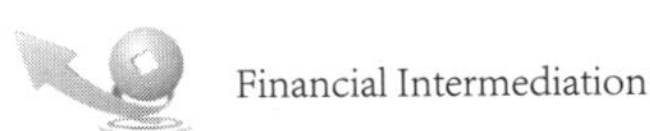

15-4 金融机构人民币贷款余额 续表 3

Total Loans in RMB of Financial Institutions continued 3

单位：亿元 （100 million yuan）

地名	City	2010	2014	2015	2015 排名 Ranking
贺州	Hezhou	144.51	279.00	310.13	279
河池	Hechi	275.01	471.52	505.18	248
来宾	Laibin	186.70	330.15	358.50	274
崇左	Chongzuo	161.88	335.72	373.06	269
海南	**Hainan**	**2262.19**	**4684.32**	**4672.25**	
海口	Haikou	1697.67	2949.63	3656.03	45
三亚	Sanya	228.35	754.21	871.19	176
三沙	Sansha				
重庆	**Chongqing**	**10888.15**	**20011.50**	**22393.93**	
四川	**Sichuan**	**19129.79**	**33884.10**	**36431.57**	
成都	Chengdu	12139.43	19778.93	21970.64	4
自贡	Zigong	248.24	520.81	615.55	226
攀枝花	Panzhihua	380.31	661.38	697.15	210
泸州	Luzhou	406.72	920.78	1092.96	135
德阳	Deyang	592.39	1065.81	1075.92	141
绵阳	Mianyang	858.31	1398.50	1532.85	95
广元	Guangyuan	236.21	486.33	550.79	238
遂宁	Suining	276.37	615.01	740.81	200
内江	Neijiang	266.90	608.07	688.15	213
乐山	Leshan	585.87	1088.61	1238.30	118
南充	Nanchong	424.82	1038.07	1293.89	110
眉山	Meishan	281.58	626.52	683.76	214
宜宾	Yibin	447.67	900.79	1054.48	145
广安	Guangan	251.60	514.97	582.19	233
达州	Dazhou	363.46	801.71	929.32	161
雅安	Yaan	238.90	474.98	510.09	246
巴中	Bazhong	129.22	345.03	457.83	259
资阳	Ziyang	281.77	642.08	716.90	205
贵州	**Guizhou**	**5747.53**	**12368.30**	**12792.31**	
贵阳	Guiyang	2588.73	6560.51	7875.58	25
六盘水	Liupanshui	360.90	701.20	779.74	192
遵义	Zunyi	598.16	1527.74	1925.48	76
安顺	Anshun	229.65	518.95	610.27	227
毕节	Bijie	282.52		884.46	174
铜仁	Tongren	242.12		716.77	206
云南	**Yunnan**	**10568.78**	**17978.74**	**16647.62**	
昆明	Kunming	6498.57	10201.32	11976.49	12
曲靖	Qujing	629.93	1136.99	1262.57	116
玉溪	Yuxi	465.66	777.17	846.23	179
保山	Baoshan	228.69	447.39	550.89	237
昭通	Zhaotong	286.34	533.77	616.73	225

地名	City	2010	2014	2015	2015 排名 Ranking
丽江	Lijiang	193.93	382.95	414.31	268
普洱	Puer	232.00	475.67	548.30	239
临沧	Lincang	168.14	377.31	432.10	263
西藏	**Tibet**	**301.49**	**1618.72**	**1205.45**	
拉萨	Lasa	213.72	1618.72	1205.45	121
陕西	**Shaanxi**	**10033.12**	**18837.20**	**21227.66**	
西安	Xi'an	6482.28	11576.30	13714.02	9
铜川	Tongchuan	79.40	124.18	145.85	285
宝鸡	Baoji	436.95	889.67	1039.92	146
咸阳	Xianyang	454.66	901.82	1028.65	148
渭南	Weinan	471.52	811.40	920.59	166
延安	Yan'an	360.97	679.64	830.84	183
汉中	Hanzhong	300.08	554.85	630.01	221
榆林	Yulin	898.52	1935.71	2032.89	72
安康	Ankang	211.34	474.35	547.20	240
商洛	Shangluo	155.47	285.12	337.70	276
甘肃	**Gansu**	**4433.05**	**10681.62**	**12738.17**	
兰州	Lanzhou	2359.28	5612.72	6892.02	29
嘉峪关	Jiayuguan	171.90	357.32	425.45	265
金昌	Jinchang	140.69	223.84	334.40	278
白银	Baiyin	186.64	407.31	511.92	245
天水	Tianshui	215.00	473.72	642.34	220
武威	Wuwei	161.13	527.61	696.20	211
张掖	Zhangye	132.34	390.72	485.53	252
平凉	Pingliang	200.07	398.36	470.38	257
酒泉	Jiuquan	242.20	585.62	659.66	219
庆阳	Qingyang	139.97	447.54	585.04	231
定西	Dingxi	143.60	428.89	556.57	235
陇南	Longnan	177.81	376.52	478.66	255
青海	**Qinghai**	**1822.65**	**4171.73**	**4349.72**	
西宁	Xining	1542.08	3328.22	4095.93	44
海东	Haidong		213.01	253.79	281
宁夏	**Ningxia**	**2398.70**	**4578.49**	**5117.82**	
银川	Yinchuan	1641.06	3185.93	3653.98	46
石嘴山	Shizuishan	270.07	418.63	424.59	267
吴忠	Wuzhong	250.92	430.48	460.97	258
固原	Guyuan	83.65	187.41	206.22	283
中卫	Zhongwei	160.41	356.04	372.05	270
新疆	**Xinjiang**	**4973.16**	**11671.39**	**5467.17**	
乌鲁木齐	Urumqi	2074.74	4502.33	4957.43	39
克拉玛依	Karamay	150.64	417.16	509.73	247

15-5 金融机构人民币境内贷款余额
Domestic Loans of Financial Institutions

单位：亿元 （100 million yuan）

地名	City	2010	2011	2012	2012 排名 Ranking	地名	City	2010	2011	2012	2012 排名 Ranking
全国	**Nation Total**	**479196.0**	**546398.0**	**628101.0**		沈阳	Shenyang	5969.47	6888.35	7990.19	13
北京	**Beijing**	**27362.24**	**31765.40**	**34486.34**		大连	Dalian	6158.37	7162.38	9023.84	9
天津	**Tianjin**	**12864.73**	**15863.81**	**17386.83**		鞍山	Anshan	1079.14	1142.84	1341.18	70
河北	**Hebei**	**15755.74**	**18143.38**	**19239.36**		抚顺	Fushun	372.98	454.45	507.95	188
石家庄	Shijiazhuang	3272.10	3659.74	3995.02	31	本溪	Benxi	504.91	557.90	716.64	131
唐山	Tangshan	2716.11	3088.49	3527.21	35	丹东	Dandong	476.43	571.67	681.83	141
秦皇岛	Qinhuangdao	896.02	1039.36	1180.22	80	锦州	Jinzhou	583.29	695.31	843.10	113
邯郸	Handan	1318.74	1535.08	1841.16	55	营口	Yingkou	813.55	965.95	1149.46	83
邢台	Xingtai	814.13	946.89	1164.04	82	阜新	Fuxin	359.35	434.49	529.90	180
保定	Baoding	1158.32	1344.08	1585.00	63	辽阳	Liaoyang	513.99	589.49	764.34	124
张家口	Zhangjiakou	918.31	1062.97	1192.86	79	盘锦	Panjin	440.22	520.65	675.76	142
承德	Chengde	766.25	853.46	971.23	100	铁岭	Tieling	484.33	554.10	613.56	160
沧州	Cangzhou	894.57	1088.41	1264.74	74	朝阳	Chaoyang	434.80	523.95	615.14	159
廊坊	Langfang	1322.08	1535.29	1811.19	57	葫芦岛	Huludao	489.64	552.62	636.37	151
衡水	Hengshui	457.60	574.02	706.11	136	**吉林**	**Jilin**	**7205.94**	**8121.88**	**10208.22**	
山西	**Shanxi**	**9634.32**	**11169.24**	**13097.08**		长春	Changchun	4557.44	5151.72	6244.85	21
太原	Taiyuan	5054.75	5657.26	6376.10	20	吉林	Jilin	715.40	832.81	1071.48	90
大同	Datong	597.21	658.71	770.52	122	四平	Siping	364.58	377.06	529.58	181
阳泉	Yangquan	369.08	430.13	530.17	179	辽源	Liaoyuan	171.26	197.16	270.23	257
长治	Changzhi	631.17	725.27	839.63	114	通化	Tonghua	341.68	387.11	477.85	192
晋城	Jincheng	522.92	633.44	768.98	123	白山	Baishan	243.59	274.55	329.90	237
朔州	Shuozhou	197.68	262.54	375.04	223	松原	Songyuan	281.98	303.08	439.69	203
晋中	Jinzhong	469.64	611.28	753.59	127	白城	Baicheng	192.58	219.79	354.15	230
运城	Yuncheng	499.86	604.45	708.74	133	**黑龙江**	**Heilongjiang**	**7230.47**	**8548.52**	**9906.50**	
忻州	Xinzhou	352.40	410.62	479.76	191	哈尔滨	Harbin	4126.95	4873.06	5557.81	24
临汾	Linfen	533.52	656.30	746.60	128	齐齐哈尔	Qiqihar	540.40	636.73	759.73	125
吕梁	Lvliang	406.11	519.22	756.95	126	鸡西	Jixi	224.98	268.43	308.18	245
内蒙古	**Inner Mongolia**	**7079.67**	**9727.56**	**7249.50**		鹤岗	Hegang	226.68	249.02	277.28	252
呼和浩特	Hohhot	2522.52	3201.79			双鸭山	Shuangyashan	276.90	346.36	368.06	226
包头	Baotou	1037.29	1279.61	1419.86	68	大庆	Daqing	409.78	494.56	671.75	144
乌海	Wuhai	279.61	325.29			伊春	Yichun	104.05	101.13	124.49	281
赤峰	Chifeng	465.93	565.15	711.75	132	佳木斯	Jiamusi	342.26	443.79	537.27	176
通辽	Tongliao	464.04	528.62	610.26	161	七台河	Qitaihe	161.54	177.02	175.91	276
鄂尔多斯	Erdos	1561.97	1961.20	2218.09	46	牡丹江	Mudanjiang	304.92	369.65	410.69	215
呼伦贝尔	Hulunbuir	430.54	486.24	550.84	171	黑河	Heihe	174.76	194.83	233.70	269
巴彦淖尔	Bayannur	346.36	408.40	483.80	189	绥化	Suihua	301.87	345.02	404.61	217
乌兰察布	Ulanqab	241.00	275.03	344.46	232	**上海**	**Shanghai**	**30514.74**	**33162.32**		
辽宁	**Liaoning**	**18688.44**	**21616.67**	**26089.26**		**江苏**	**Jiangsu**	**42120.18**	**47817.11**	**54352.83**	

15-5 金融机构人民币境内贷款余额 续表 1

Domestic Loans of Financial Institutions continued 1

单位：亿元 （100 million yuan）

地名	City	2010	2011	2012	2012 排名 Ranking
南京	Nanjing	10384.29	11127.60	12310.15	6
无锡	Wuxi	6160.58	6881.45	7465.00	15
徐州	Xuzhou	1436.44	1734.76	2047.11	50
常州	Changzhou	3011.67	3405.78	3832.18	32
苏州	Suzhou	10132.84	11832.38	13585.90	5
南通	Nantong	2843.14	3284.83	3831.57	33
连云港	Lianyungang	862.48	1011.04	1196.41	78
淮安	Huaian	842.63	991.48	1173.11	81
盐城	Yancheng	1310.40	1558.58	1831.39	56
扬州	Yangzhou	1486.06	1717.52	2005.94	52
镇江	Zhenjiang	1563.34	1786.84	2072.56	49
泰州	Taizhou	1460.68	1725.24	2007.88	51
宿迁	Suqian	625.61	759.64	1002.62	97
浙江	**Zhejiang**	**45287.67**	**51257.05**	**56993.21**	
杭州	Hangzhou	14502.54	15880.88	17208.27	3
宁波	Ningbo	9000.62	10208.04	11299.51	7
温州	Wenzhou	5381.57	6191.90	6836.80	17
嘉兴	Jiaxing	2615.92	3037.72	3418.72	39
湖州	Huzhou	1419.97	1672.41	1852.02	54
绍兴	Shaoxing	3820.13	4327.37	4934.08	26
金华	Jinhua	3046.15	3607.60	4233.93	29
衢州	Quzhou	770.41	920.46	1064.34	91
舟山	Zhoushan	980.77	1120.01	1237.36	76
台州	Taizhou	2940.51	3354.53	3738.91	34
丽水	Lishui	809.11	936.14	1097.27	88
安徽	**Anhui**	**11452.29**	**13729.13**	**16280.48**	
合肥	Hefei	4214.08	5040.93	6135.43	22
芜湖	Wuhu	1033.45	1282.58	1694.69	61
蚌埠	Bengbu	386.92	480.65	631.70	154
淮南	Huainan	644.64	716.87	781.81	121
马鞍山	Maanshan	523.11	651.16	857.17	109
淮北	Huaibei	304.23	405.70	508.63	186
铜陵	Tongling	388.49	457.32	514.79	185
安庆	Anqing	547.07	687.54	852.61	110
黄山	Huangshan	281.01	348.95	416.80	212
滁州	Chuzhou	473.76	576.42	708.16	134
阜阳	Fuyang	441.49	533.62	640.65	149
宿州	Suzhou	307.68	379.12	463.32	198
六安	Liuan	484.13	576.53	427.18	209
亳州	Bozhou	244.78	326.31	368.89	225

地名	City	2010	2011	2012	2012 排名 Ranking
池州	Chizhou	247.69	315.26	592.65	163
宣城	Xuancheng	385.56	481.95		
福建	**Fujian**	**15229.95**	**18107.56**	**20595.34**	
福州	Fuzhou	5005.11	5879.42	6696.90	19
厦门	Xiamen	3336.98	4011.01	4525.47	28
莆田	Putian	616.71	729.46	887.73	105
三明	Sanming	694.76	826.57	985.00	99
泉州	Quanzhou	2600.56	3006.04	3510.49	36
漳州	Zhangzhou	798.97	961.36	1147.96	84
南平	Nanping	615.25	718.22	796.33	119
龙岩	Longyan	723.39	874.38	1038.64	95
宁德	Ningde	718.56	850.53	1006.82	96
江西	**Jiangxi**	**7757.12**	**9173.42**	**10908.56**	
南昌	Nanchang	3461.52	4063.83	4725.56	27
景德镇	Jingdezhen	227.00	270.25	307.51	246
萍乡	Pingxiang	216.58	254.29	313.47	241
九江	Jiujiang	638.02	778.96	925.10	103
新余	Xinyu	352.33	413.29	480.22	190
鹰潭	Yingtan	220.03	229.97	270.16	258
赣州	Ganzhou	846.37	1035.39	1283.16	73
吉安	Jian	373.98	448.13	567.52	167
宜春	Yichun	508.67	596.24	733.37	130
抚州	Fuzhou	325.29	380.04	474.74	194
上饶	Shangrao	577.22	692.07	827.75	115
山东	**Shandong**		**35017.70**	**39709.75**	
济南	Jinan		6737.77	7167.85	16
青岛	Qingdao		6944.46	7942.84	14
淄博	Zibo		1872.30	2109.75	48
枣庄	Zaozhuang		813.41	914.85	104
东营	Dongying		1390.95	1748.43	59
烟台	Yantai		2962.38	3326.70	41
潍坊	Weifang		2932.59	3398.38	40
济宁	Jining		1613.59	1923.88	53
泰安	Taian		1043.12	1219.62	77
威海	Weihai		1225.79	1329.12	71
日照	Rizhao		986.81	1113.85	85
莱芜	Laiwu		490.05	548.07	173
临沂	Linyi		1796.58	2109.82	47
德州	Dezhou		995.16	1112.29	87
聊城	Liaocheng		1047.08	1244.20	75

15-5 金融机构人民币境内贷款余额 续表 2
Domestic Loans of Financial Institutions continued 2

单位：亿元 （100 million yuan）

地名	City	2010	2011	2012	2012 排名 Ranking	地名	City	2010	2011	2012	2012 排名 Ranking
滨州	Binzhou		1211.53	1453.14	66	常德	Changde	480.54	544.50	641.14	148
菏泽	Heze		872.02	1047.96	93	张家界	Zhangjiajie	188.03	218.01	246.81	264
河南	**Henan**	**15871.32**	**17506.24**	**18439.06**		益阳	Yiyang	312.44	359.04	424.43	210
郑州	Zhengzhou	5717.55	6112.78	6794.13	18	郴州	Chenzhou	369.10	458.45	568.11	166
开封	Kaifeng	402.49	443.77	554.32	168	永州	Yongzhou	361.95	401.27	462.99	199
洛阳	Luoyang	1113.88	1366.59	1645.34	62	怀化	Huaihua	356.08	425.86	522.75	183
平顶山	Pingdingshan	694.39	794.69	934.97	101	娄底	Loudi	388.06	452.62	549.97	172
安阳	Anyang	597.39	634.20	687.29	139	**广东**	**Guangdong**	**47161.53**	**52975.28**	**59533.60**	
鹤壁	Hebi	268.43	283.25	336.56	234	广州	Guangzhou	14983.28	15129.21	17956.78	1
新乡	Xinxiang	712.34	781.78	868.48	107	韶关	Shaoguan	342.65	390.80	466.42	197
焦作	Jiaozuo	470.98	571.49	672.19	143	深圳	Shenzhen	13689.48	16110.27	17783.89	2
濮阳	Puyang	231.60	257.56	304.09	248	珠海	Zhuhai	1273.52	1460.47	1727.70	60
许昌	Xuchang	562.35	697.19	850.76	111	汕头	Shantou	637.75	704.89	785.63	120
漯河	Luohe	301.20	303.05	310.92	243	佛山	Foshan	4749.09	5445.10	6108.62	23
三门峡	Sanmenxia	340.20	381.18	467.35	196	江门	Jiangmen	968.10	1121.75	1318.82	72
南阳	Nanyang	827.50	973.25	1113.34	86	湛江	Zhanjiang	714.40	847.60	1045.41	94
商丘	Shangqiu	607.67	587.99	700.94	137	茂名	Maoming	361.30	443.62	539.19	175
信阳	Xinyang	570.09	631.58	740.80	129	肇庆	Zhaoqing	642.04	752.06	873.93	106
周口	Zhoukou	563.18	579.31	638.45	150	惠州	Huizhou	1097.65	1286.91	1490.92	65
驻马店	Zhumadian	499.44	540.33	175.26	277	梅州	Meizhou	330.25	387.31	451.72	202
湖北	**Hubei**	**13037.12**	**15658.96**	**17992.31**		汕尾	Shanwei	130.20	155.85	187.09	275
武汉	Wuhan	8106.78	9465.22	10624.39	8	河源	Heyuan	335.32	384.42	467.47	195
黄石	Huangshi	418.54	550.62	625.32	157	阳江	Yangjiang	283.93	356.85	429.72	207
十堰	Shiyan	374.78	474.92	589.70	164	清远	Qingyuan	510.26	599.77	706.37	135
宜昌	Yichang	990.06	1200.29	1445.47	67	东莞	Dongguan	3329.69	3675.13	4153.08	30
襄阳	Xiangyang	673.45	816.80	994.40	98	中山	Zhongshan	1329.64	1523.60	1770.71	58
鄂州	Ezhou	128.16	172.47	210.66	272	潮州	Chaozhou	205.91	234.28	270.93	256
荆门	Jingmen	310.32	364.35	437.33	204	揭阳	Jieyang	400.68	493.96	608.32	162
孝感	Xiaogan	378.45	467.46	552.74	170	云浮	Yunfu	273.78	327.85	388.88	220
荆州	Jingzhou	428.83	546.06	646.41	146	**广西**	**Guangxi**	**8867.51**	**10406.04**	**11924.01**	
黄冈	Huanggang	383.26	467.58	553.82	169	南宁	Nanning	4142.29	4843.45	5499.62	25
咸宁	Xianning	223.74	273.31	357.70	229	柳州	Liuzhou	1046.18	1227.30	1364.70	69
随州	Suizhou	167.99	209.59	258.52	261	桂林	Guilin	784.18	903.44	1048.81	92
湖南	**Hunan**	**11303.76**	**13183.09**	**15568.33**		梧州	Wuzhou	321.34	394.19	461.08	200
长沙	Changsha	6187.40	7259.58	8479.45	11	北海	Beihai	238.18	271.74	302.50	250
株洲	Zhuzhou	550.63	670.00	812.30	117	防城港	Fangchenggang	178.17	221.23	274.92	253
湘潭	Xiangtan	532.16	642.67	827.34	116	钦州	Qinzhou	321.45	369.30	435.89	205
衡阳	Hengyang	530.71	608.62	697.67	138	贵港	Guigang	279.41	341.24	411.59	214
邵阳	Shaoyang	347.42	424.05	525.80	182	玉林	Yulin	397.18	469.01	547.55	174
岳阳	Yueyang	434.17	505.03	586.63	165	百色	Baise	391.72	452.09	515.89	184

15-5 金融机构人民币境内贷款余额 续表 3
Domestic Loans of Financial Institutions continued 3

单位：亿元 （100 million yuan）

地名	City	2010	2011	2012	2012 排名 Ranking	地名	City	2010	2011	2012	2012 排名 Ranking
贺州	Hezhou	144.51	172.26	204.67	273	丽江	Lijiang	193.93	250.28	302.97	249
河池	Hechi	275.01	319.73	359.05	228	普洱	Puer	232.00	275.71	326.41	239
来宾	Laibin	186.70	219.70	258.17	262	临沧	Lincang	168.14	217.74	269.00	259
崇左	Chongzuo	161.88	202.94	239.57	267	**西藏**	**Tibet**	**301.49**	**408.75**	**664.00**	
海南	**Hainan**	**2262.13**	**2791.36**	**2725.31**		拉萨	Lasa	213.72	315.75	454.00	201
海口	Haikou	1697.58	2066.73	2420.84	43	**陕西**	**Shaanxi**	**10033.09**	**11864.82**	**13631.60**	
三亚	Sanya	228.35	265.74	304.47	247	西安	Xi'an	6482.25	7564.53	8634.77	10
三沙	Sansha					铜川	Tongchuan	79.40	91.20	99.73	282
重庆	**Chongqing**	**10887.96**		**13698.29**		宝鸡	Baoji	436.95	519.84	633.10	152
四川	**Sichuan**	**19129.13**	**22028.72**	**25383.86**		咸阳	Xianyang	454.66	541.00	646.04	147
成都	Chengdu	12138.77	13762.57	15625.30	4	渭南	Weinan	471.52	544.34	622.52	158
自贡	Zigong	248.24	303.33	371.19	224	延安	Yan'an	360.97	410.49	476.84	193
攀枝花	Panzhihua	380.31	445.71	532.19	177	汉中	Hanzhong	300.08	347.95	402.44	218
泸州	Luzhou	406.72	507.85	629.59	155	榆林	Yulin	898.52	1179.37	1548.07	64
德阳	Deyang	592.39	717.98	849.27	112	安康	Ankang	211.34	258.59	308.97	244
绵阳	Mianyang	858.31	968.97	1086.77	89	商洛	Shangluo	156.46	187.49	222.12	270
广元	Guangyuan	236.21	280.65	331.81	235	**甘肃**	**Gansu**	**4433.05**	**5468.79**	**6829.40**	
遂宁	Suining	276.37	329.47	399.87	219	兰州	Lanzhou	2359.28	2917.86	3472.85	38
内江	Neijiang	266.90	313.69	406.08	216	嘉峪关	Jiayuguan	171.90	212.32	274.47	254
乐山	Leshan	585.87	695.03	807.44	118	金昌	Jinchang	140.69	151.71	143.55	278
南充	Nanchong	424.82	519.62	653.61	145	白银	Baiyin	186.64	225.26	279.01	251
眉山	Meishan	281.58	344.17	427.62	208	天水	Tianshui	215.00	270.68	329.67	238
宜宾	Yibin	447.67	523.04	625.40	156	武威	Wuwei	161.13	202.90	272.03	255
广安	Guangan	251.60	286.99	341.19	233	张掖	Zhangye	132.34	165.23	220.23	271
达州	Dazhou	363.46	439.79	531.89	178	平凉	Pingliang	200.07	234.26	260.61	260
雅安	Yaan	238.90	279.68	330.68	236	酒泉	Jiuquan	242.20	317.90	377.00	222
巴中	Bazhong	129.22	155.95	203.60	274	庆阳	Qingyang	139.97	176.59	243.66	266
资阳	Ziyang	281.77	333.82	414.77	213	定西	Dingxi	143.60	178.91	239.44	268
贵州	**Guizhou**		**6841.36**	**7224.12**		陇南	Longnan	177.81	202.32	243.76	265
贵阳	Guiyang	2588.73	3012.48	3479.12	37	**青海**	**Qinghai**	**1822.65**	**2231.51**	**2791.67**	
六盘水	Liupanshui	360.90	416.97	508.37	187	西宁	Xining	1542.08	1845.82	2257.49	45
遵义	Zunyi	577.94	711.74	927.62	102	海东	Haidong				
安顺	Anshun	229.65	268.59	350.20	231	**宁夏**	**Ningxia**	**2398.70**	**2859.80**	**3339.57**	
毕节	Bijie	282.52	349.99	433.43	206	银川	Yinchuan	1641.06	1944.65	2282.95	44
铜仁	Tongren	242.12	299.79	381.34	221	石嘴山	Shizuishan	270.07	322.20	362.87	227
云南	**Yunnan**	**10564.28**	**12085.76**	**13744.01**		吴忠	Wuzhong	250.91	279.91	314.49	240
昆明	Kunming	6494.07	7261.10	8113.12	12	固原	Guyuan	83.65	105.96	127.67	280
曲靖	Qujing	629.93	733.81	860.25	108	中卫	Zhongwei	160.41	207.06	251.59	263
玉溪	Yuxi	465.66	543.66	631.92	153	**新疆**	**Xinjiang**	**4973.02**	**6269.94**	**6655.80**	
保山	Baoshan	228.69	269.44	312.22	242	乌鲁木齐	Urumqi	2074.74	2553.90	3245.33	42
昭通	Zhaotong	286.34	355.55	420.66	211	克拉玛依	Karamay	150.64	132.67	142.39	279

15-6 金融机构人民币境外贷款余额
Overseas Loans of Financial Institutions

单位：亿元 （100 million yuan）

地名	City	2010	2011	2012	2012 排名 Ranking
全国	**Nation Total**	**219.08**	**1548.00**	**1809.00**	
北京	**Beijing**		**25.89**	**31.61**	
天津	**Tianjin**	**0.02**	**60.90**	**5.83**	
河北	**Hebei**		**0.61**	**0.58**	
石家庄	Shijiazhuang		0.05	0.04	95
唐山	Tangshan				
秦皇岛	Qinhuangdao		0.05	0.06	87
邯郸	Handan				
邢台	Xingtai				
保定	Baoding		0.02	0.02	111
张家口	Zhangjiakou		0.05	0.04	95
承德	Chengde		0.02	0.01	127
沧州	Cangzhou		0.02	0.01	127
廊坊	Langfang		0.39	0.10	77
衡水	Hengshui				
山西	**Shanxi**		**0.12**	**0.13**	
太原	Taiyuan		0.12	0.11	75
大同	Datong				
阳泉	Yangquan				
长治	Changzhi			0.01	127
晋城	Jincheng				
朔州	Shuozhou				
晋中	Jinzhong				
运城	Yuncheng				
忻州	Xinzhou				
临汾	Linfen				
吕梁	Lvliang			0.01	127
内蒙古	**Inner Mongolia**		**0.14**	**0.01**	
呼和浩特	Hohhot		0.03		
包头	Baotou				
乌海	Wuhai				
赤峰	Chifeng				
通辽	Tongliao				
鄂尔多斯	Erdos		0.09		
呼伦贝尔	Hulunbuir			0.01	127
巴彦淖尔	Bayannur				
乌兰察布	Ulanqab				
辽宁	**Liaoning**	**1.32**	**148.81**	**217.20**	
沈阳	Shenyang	0.69	47.59	80.46	4
大连	Dalian	0.63	58.60	87.88	3
鞍山	Anshan		42.40	48.69	7
抚顺	Fushun				
本溪	Benxi				
丹东	Dandong		0.19	0.16	67
锦州	Jinzhou				
营口	Yingkou		0.01	0.01	127
阜新	Fuxin				
辽阳	Liaoyang				
盘锦	Panjin				
铁岭	Tieling				
朝阳	Chaoyang				
葫芦岛	Huludao				
吉林	**Jilin**		**0.54**	**0.52**	
长春	Changchun		0.49	0.48	50
吉林	Jilin				
四平	Siping		0.05	0.03	103
辽源	Liaoyuan				
通化	Tonghua				
白山	Baishan				
松原	Songyuan				
白城	Baicheng				
黑龙江	**Heilongjiang**		**0.20**	**0.18**	
哈尔滨	Harbin		0.19	0.18	63
齐齐哈尔	Qiqihar				
鸡西	Jixi				
鹤岗	Hegang				
双鸭山	Shuangyashan				
大庆	Daqing				
伊春	Yichun				
佳木斯	Jiamusi				
七台河	Qitaihe				
牡丹江	Mudanjiang				
黑河	Heihe				
绥化	Suihua				
上海	**Shanghai**	**58.57**	**197.77**		
江苏	**Jiangsu**	**0.86**	**51.19**	**50.46**	

15-6 金融机构人民币境外贷款余额 续表 1
Overseas Loans of Financial Institutions continued 1

单位：亿元 （100 million yuan）

地名	City	2010	2011	2012	2012 排名 Ranking
南京	Nanjing	0.55	4.49	4.26	23
无锡	Wuxi	0.01	1.99	2.03	30
徐州	Xuzhou		0.08	0.12	72
常州	Changzhou		0.57	0.61	43
苏州	Suzhou	0.30	41.52	40.95	9
南通	Nantong		0.56	0.57	46
连云港	Lianyungang		0.14	0.17	64
淮安	Huaian		0.21	0.07	84
盐城	Yancheng		0.06	0.06	87
扬州	Yangzhou		0.51	0.56	48
镇江	Zhenjiang		0.59	0.73	41
泰州	Taizhou		0.11	0.09	78
宿迁	Suqian		0.36	0.24	61
浙江	**Zhejiang**	**0.40**	**19.58**	**16.44**	
杭州	Hangzhou	0.37	8.03	7.56	20
宁波	Ningbo	0.03	1.95	0.81	38
温州	Wenzhou		3.21	2.58	27
嘉兴	Jiaxing		0.97	0.81	38
湖州	Huzhou		0.14	0.26	60
绍兴	Shaoxing		0.13	0.09	78
金华	Jinhua		0.50	0.40	54
衢州	Quzhou		0.04	0.04	95
舟山	Zhoushan		0.03	0.06	87
台州	Taizhou		0.06	0.06	87
丽水	Lishui		4.52	3.77	24
安徽	**Anhui**		**0.70**	**23.78**	
合肥	Hefei		0.52	0.60	45
芜湖	Wuhu		0.04	0.09	78
蚌埠	Bengbu		0.04	0.04	95
淮南	Huainan				
马鞍山	Maanshan		0.01	0.01	127
淮北	Huaibei				
铜陵	Tongling		0.01		
安庆	Anqing		0.00	0.01	127
黄山	Huangshan		0.03	0.03	103
滁州	Chuzhou		0.01		
阜阳	Fuyang		0.01	0.00	
宿州	Suzhou		0.01	0.02	111
六安	Liuan		0.01		
亳州	Bozhou				

地名	City	2010	2011	2012	2012 排名 Ranking
池州	Chizhou				
宣城	Xuancheng		0.01		
福建	**Fujian**	**1.41**	**57.63**	**64.09**	
福州	Fuzhou	0.42	16.39	14.87	16
厦门	Xiamen	0.99	24.74	30.46	11
莆田	Putian		0.61	0.57	46
三明	Sanming		0.15	0.03	103
泉州	Quanzhou		14.93	17.19	15
漳州	Zhangzhou		0.34	0.27	59
南平	Nanping		0.24	0.35	55
龙岩	Longyan		0.17	0.33	57
宁德	Ningde		0.05	0.02	111
江西	**Jiangxi**		**1.74**	**2.68**	
南昌	Nanchang		1.49	2.45	28
景德镇	Jingdezhen		0.02	0.02	111
萍乡	Pingxiang				
九江	Jiujiang		0.09	0.07	84
新余	Xinyu		0.01	0.02	111
鹰潭	Yingtan				
赣州	Ganzhou		0.03	0.03	103
吉安	Jian				
宜春	Yichun		0.03	0.03	103
抚州	Fuzhou		0.01		
上饶	Shangrao		0.06	0.06	87
山东	**Shandong**		**161.29**	**243.80**	
济南	Jinan		155.93	238.37	1
青岛	Qingdao		3.29	3.71	25
淄博	Zibo		0.01	0.01	127
枣庄	Zaozhuang				
东营	Dongying				
烟台	Yantai		1.03	0.82	36
潍坊	Weifang		0.11	0.13	70
济宁	Jining				
泰安	Taian		0.04	0.03	103
威海	Weihai		0.75	0.64	42
日照	Rizhao		0.04	0.04	95
莱芜	Laiwu				
临沂	Linyi		0.02	0.02	111
德州	Dezhou		0.01	0.01	127
聊城	Liaocheng		0.02	0.01	127

15-6 金融机构人民币境外贷款余额 续表 2
Overseas Loans of Financial Institutions continued 2

单位：亿元 （100 million yuan）

地名	City	2010	2011	2012	2012 排名 Ranking
滨州	Binzhou		0.02		
菏泽	Heze		0.01	0.01	127
河南	**Henan**				
郑州	Zhengzhou				
开封	Kaifeng				
洛阳	Luoyang				
平顶山	Pingdingshan				
安阳	Anyang				
鹤壁	Hebi				
新乡	Xinxiang				
焦作	Jiaozuo				
濮阳	Puyang				
许昌	Xuchang				
漯河	Luohe				
三门峡	Sanmenxia				
南阳	Nanyang				
商丘	Shangqiu				
信阳	Xinyang				
周口	Zhoukou				
驻马店	Zhumadian				
湖北	**Hubei**		**3.58**	**5.44**	
武汉	Wuhan		3.39	3.21	26
黄石	Huangshi		0.02	0.02	111
十堰	Shiyan		0.01	0.01	127
宜昌	Yichang		0.06	0.12	72
襄阳	Xiangyang		0.01	0.01	127
鄂州	Ezhou			0.01	127
荆门	Jingmen				
孝感	Xiaogan		0.02	0.01	127
荆州	Jingzhou		0.01	0.01	127
黄冈	Huanggang			2.00	31
咸宁	Xianning		0.01	0.01	127
随州	Suizhou		0.01	0.01	127
湖南	**Hunan**		**3.59**	**40.03**	
长沙	Changsha		2.29	39.48	10
株洲	Zhuzhou		0.48	0.09	78
湘潭	Xiangtan		0.09	0.00	159
衡阳	Hengyang		0.09	0.08	83
邵阳	Shaoyang		0.05	0.05	94
岳阳	Yueyang		0.08	0.04	95

地名	City	2010	2011	2012	2012 排名 Ranking
常德	Changde		0.07	0.06	87
张家界	Zhangjiajie		0.05	0.04	95
益阳	Yiyang		0.02	0.02	111
郴州	Chenzhou		0.09	0.07	84
永州	Yongzhou		0.03	0.02	111
怀化	Huaihua		0.06	0.01	127
娄底	Loudi		0.17	0.06	87
广东	**Guangdong**	**30.03**	**436.55**	**434.65**	
广州	Guangzhou	4.45	60.60	66.25	5
韶关	Shaoguan	3.63	0.18	0.51	49
深圳	Shenzhen	18.68	249.46	236.22	2
珠海	Zhuhai	1.25	21.36	22.81	13
汕头	Shantou		1.17	1.25	34
佛山	Foshan		19.39	19.13	14
江门	Jiangmen	5.64	11.94	12.37	18
湛江	Zhanjiang		0.27	0.15	68
茂名	Maoming		0.08	0.23	62
肇庆	Zhaoqing		2.29	2.34	29
惠州	Huizhou	0.01	8.57	10.11	19
梅州	Meizhou		0.26	0.45	51
汕尾	Shanwei		0.53	0.98	35
河源	Heyuan		0.80	0.74	40
阳江	Yangjiang		0.67	0.61	43
清远	Qingyuan		1.91	1.80	32
东莞	Dongguan	0.13	40.96	42.52	8
中山	Zhongshan	0.25	14.93	14.06	17
潮州	Chaozhou		0.03	0.02	111
揭阳	Jieyang		0.08	0.28	58
云浮	Yunfu		1.03	0.82	36
广西	**Guangxi**	**0.01**	**2.49**	**2.61**	
南宁	Nanning	0.01	1.62	1.66	33
柳州	Liuzhou		0.14	0.11	75
桂林	Guilin		0.13	0.17	64
梧州	Wuzhou		0.16	0.17	64
北海	Beihai		0.15	0.13	70
防城港	Fangchenggang		0.06	0.15	68
钦州	Qinzhou		0.13	0.12	72
贵港	Guigang		0.02	0.01	127
玉林	Yulin		0.03	0.03	103
百色	Baise		0.02		

15-6 金融机构人民币境外贷款余额 续表 3
Overseas Loans of Financial Institutions continued 3

单位：亿元 （100 million yuan）

地名	City	2010	2011	2012	2012 排名 Ranking
贺州	Hezhou		0.02	0.02	111
河池	Hechi				
来宾	Laibin		0.01	0.01	127
崇左	Chongzuo			0.03	103
海南	**Hainan**	**0.06**	**2.06**	**5.36**	
海口	Haikou	0.09	1.00	4.94	22
三亚	Sanya		0.49	0.42	53
三沙	Sansha				
重庆	**Chongqing**	**0.19**		**4.51**	
四川	**Sichuan**	**0.66**	**4.49**	**5.17**	
成都	Chengdu	0.66	4.28	5.10	21
自贡	Zigong				
攀枝花	Panzhihua				
泸州	Luzhou				
德阳	Deyang				
绵阳	Mianyang			0.01	127
广元	Guangyuan				
遂宁	Suining				
内江	Neijiang				
乐山	Leshan			0.01	127
南充	Nanchong			0.01	127
眉山	Meishan				
宜宾	Yibin			0.04	95
广安	Guangan				
达州	Dazhou				
雅安	Yaan				
巴中	Bazhong				
资阳	Ziyang				
贵州	**Guizhou**		**0.56**	**0.60**	
贵阳	Guiyang		0.38	0.35	55
六盘水	Liupanshui		0.01	0.01	127
遵义	Zunyi			0.01	127
安顺	Anshun		0.05		
毕节	Bijie		0.03	0.02	111
铜仁	Tongren			0.01	127
云南	**Yunnan**	**4.50**	**27.05**	**52.50**	
昆明	Kunming	4.50	26.95	52.37	6
曲靖	Qujing		0.04	0.02	111
玉溪	Yuxi				
保山	Baoshan		0.02	0.02	111
昭通	Zhaotong				
丽江	Lijiang				
普洱	Puer				
临沧	Lincang				
西藏	**Tibet**			**28.00**	
拉萨	Lasa			28.00	12
陕西	**Shaanxi**	**0.04**	**0.43**	**0.48**	
西安	Xi'an	0.03	0.40	0.45	51
铜川	Tongchuan				
宝鸡	Baoji				
咸阳	Xianyang		0.01	0.01	127
渭南	Weinan				
延安	Yan'an				
汉中	Hanzhong				
榆林	Yulin		0.01	0.02	111
安康	Ankang				
商洛	Shangluo				
甘肃	**Gansu**		**0.02**	**0.02**	
兰州	Lanzhou		0.02	0.01	127
嘉峪关	Jiayuguan				
金昌	Jinchang				
白银	Baiyin				
天水	Tianshui				
武威	Wuwei				
张掖	Zhangye				
平凉	Pingliang				
酒泉	Jiuquan				
庆阳	Qingyang			0.01	127
定西	Dingxi				
陇南	Longnan				
青海	**Qinghai**		**0.01**	**0.01**	
西宁	Xining		0.01	0.01	127
海东	Haidong				
宁夏	**Ningxia**		**0.78**	**0.02**	
银川	Yinchuan		0.77	0.02	111
石嘴山	Shizuishan				
吴忠	Wuzhong				
固原	Guyuan				
中卫	Zhongwei				
新疆	**Xinjiang**	**0.14**	**0.27**	**0.20**	
乌鲁木齐	Urumqi		0.08	0.09	78
克拉玛依	Karamay				

15-7 金融机构人民币短期贷款余额
Short-term Loans in RMB of Financial Institutions

单位：亿元 （100 million yuan）

地名	City	2010	2012	2013	2013 排名 Ranking	地名	City	2010	2012	2013	2013 排名 Ranking
全国	**Nation Total**	**166233.4**	**248273.0**	**290238.0**		沈阳	Shenyang	1472.20	2148.45	2501.25	22
北京	**Beijing**	**8597.00**	**12808.10**	**15693.80**		大连	Dalian	1842.92	3231.70	3186.20	15
天津	**Tianjin**	**3016.51**	**5126.77**	**6251.05**		鞍山	Anshan	382.22	640.45	730.14	72
河北	**Hebei**	**6142.44**	**9123.25**	**10788.20**		抚顺	Fushun	160.24	247.38	303.80	162
石家庄	Shijiazhuang	1314.63	1602.40	1903.95	35	本溪	Benxi	241.65	470.74	363.83	142
唐山	Tangshan	877.84	1616.78	1872.64	36	丹东	Dandong	193.88	328.44	383.03	137
秦皇岛	Qinhuangdao	326.25	463.35	517.29	106	锦州	Jinzhou	197.49	286.62	334.95	149
邯郸	Handan	676.02	1093.93	1323.57	45	营口	Yingkou	285.23	538.62	645.10	86
邢台	Xingtai	393.38	545.96	653.92	85	阜新	Fuxin	146.81	231.04	286.11	170
保定	Baoding	515.79	589.21	697.90	78	辽阳	Liaoyang	290.90	470.05	505.64	108
张家口	Zhangjiakou	344.76	421.98	472.23	115	盘锦	Panjin	222.76	375.13	335.38	147
承德	Chengde	301.91	432.77	527.02	103	铁岭	Tieling	255.93	303.95	335.02	148
沧州	Cangzhou	408.07	648.45	810.67	64	朝阳	Chaoyang	178.66	247.78	247.87	190
廊坊	Langfang	541.64	779.52	880.42	62	葫芦岛	Huludao	272.92	299.02	335.57	145
衡水	Hengshui	339.42	507.46	654.54	84	**吉林**	**Jilin**	**2815.66**	**3341.30**	**10774.90**	
山西	**Shanxi**	**3742.52**	**5275.26**	**6089.83**		长春	Changchun	1255.08	1586.13	1760.11	38
太原	Taiyuan	1347.13	2025.26	2394.45	24	吉林	Jilin	433.39	557.45	596.41	93
大同	Datong	250.75	237.40	310.64	158	四平	Siping	219.98	276.50	278.68	172
阳泉	Yangquan	188.88	254.39	240.46	194	辽源	Liaoyuan	112.32	168.19	172.79	227
长治	Changzhi	304.81	365.28	422.58	128	通化	Tonghua	207.93	269.26	271.58	176
晋城	Jincheng	238.19	350.88	111.70	260	白山	Baishan	113.36	142.51	152.34	235
朔州	Shuozhou	112.87	172.99	214.72	207	松原	Songyuan	183.79	232.42	256.45	184
晋中	Jinzhong	316.23	426.81	496.46	109	白城	Baicheng	103.70	196.16	210.71	209
运城	Yuncheng	303.10	395.36	470.29	116	**黑龙江**	**Heilongjiang**	**2916.10**	**4279.10**	**5024.70**	
忻州	Xinzhou	168.70	221.95	260.90	180	哈尔滨	Harbin	1241.41	1663.64	1920.14	34
临汾	Linfen	284.99	355.13	406.01	134	齐齐哈尔	Qiqihar	317.60	453.78	522.69	104
吕梁	Lvliang	226.88	390.60	388.30	135	鸡西	Jixi	114.66	161.23	205.50	212
内蒙古	**Inner Mongolia**	**2709.41**	**4421.24**	**5295.41**		鹤岗	Hegang	111.92	159.55	210.04	210
呼和浩特	Hohhot	493.48	778.29	985.66	58	双鸭山	Shuangyashan	135.49	208.04	264.40	178
包头	Baotou	361.71	623.81	770.51	68	大庆	Daqing	174.20	304.84	332.80	150
乌海	Wuhai	100.22	180.45	230.72	198	伊春	Yichun	51.24	49.59	47.35	281
赤峰	Chifeng	186.82	318.94	408.18	133	佳木斯	Jiamusi	204.69	353.59	459.71	118
通辽	Tongliao	216.57	295.23	368.79	140	七台河	Qitaihe	56.70	73.79	83.88	272
鄂尔多斯	Erdos	657.53	1018.36	1069.49	56	牡丹江	Mudanjiang	157.41	216.93	289.04	169
呼伦贝尔	Hulunbuir	209.22	272.12	329.17	152	黑河	Heihe	117.19	139.33	168.75	229
巴彦淖尔	Bayannur	197.49	306.69	317.87	157	绥化	Suihua	208.33	244.67	293.89	167
乌兰察布	Ulanqab	79.13	147.75	198.54	215	**上海**	**Shanghai**	**9278.11**	**12990.02**	**13673.51**	
辽宁	**Liaoning**	**6303.00**	**9819.00**	**11643.00**		**江苏**	**Jiangsu**	**16951.69**	**27848.48**	**30451.69**	

15-7 金融机构人民币短期贷款余额 续表 1

Short-term Loans in RMB of Financial Institutions continued 1

单位：亿元 (100 million yuan)

地名	City	2010	2012	2013	2013 排名 Ranking	地名	City	2010	2012	2013	2013 排名 Ranking
南京	Nanjing	3230.36	4288.05	4494.15	8	池州	Chizhou	75.59	137.43	146.10	239
无锡	Wuxi	2935.65	3866.03	4102.67	9	宣城	Xuancheng	153.30	248.45	300.05	165
徐州	Xuzhou	793.94	1165.90	1303.82	46	**福建**	**Fujian**	**6614.90**	**10237.00**	**11678.80**	
常州	Changzhou	1521.36	2095.36	2344.57	25	福州	Fuzhou	1683.15	2176.55	2464.09	23
苏州	Suzhou	3621.33	5716.80	6424.32	3	厦门	Xiamen	1112.46	1656.31	1790.39	37
南通	Nantong	1476.49	2140.56	2503.05	21	莆田	Putian	354.85	518.53	572.33	96
连云港	Lianyungang	432.96	603.01	642.73	87	三明	Sanming	333.64	487.60	510.19	107
淮安	Huaian	391.89	535.48	634.85	88	泉州	Quanzhou	1493.40	2145.92	2520.65	20
盐城	Yancheng	663.87	946.57	1091.26	55	漳州	Zhangzhou	465.15	617.30	698.33	77
扬州	Yangzhou	700.35	1065.82	1230.21	49	南平	Nanping	283.77	419.64	448.27	122
镇江	Zhenjiang	798.49	1209.43	1395.27	42	龙岩	Longyan	347.90	476.29	527.71	102
泰州	Taizhou	798.87	1157.10	1334.15	44	宁德	Ningde	407.30	551.32	612.44	92
宿迁	Suqian	323.48	541.87	676.36	82	**江西**	**Jiangxi**	**2851.89**	**4646.27**	**5766.50**	
浙江	**Zhejiang**	**26044.53**	**36796.36**	**39638.99**		南昌	Nanchang	1135.59	1762.21	2130.80	30
杭州	Hangzhou	6394.65	8239.02	8556.42	1	景德镇	Jingdezhen	79.86	92.01	124.02	251
宁波	Ningbo	4697.77	6215.96	6873.64	2	萍乡	Pingxiang	108.53	168.02	203.64	214
温州	Wenzhou	4181.89	5544.89	5495.60	6	九江	Jiujiang	258.15	400.87	453.73	120
嘉兴	Jiaxing	1394.52	1950.99	2189.38	29	新余	Xinyu	142.11	228.08	278.02	174
湖州	Huzhou	803.16	1144.39	1211.59	50	鹰潭	Yingtan	121.51	114.94	150.50	236
绍兴	Shaoxing	2813.53	3775.62	4097.27	10	赣州	Ganzhou	288.42	600.62	789.29	66
金华	Jinhua	2210.68	3370.72	3970.84	11	吉安	Jian	127.71	206.90	278.56	173
衢州	Quzhou	409.26	674.48	761.18	70	宜春	Yichun	222.60	394.46	519.51	105
舟山	Zhoushan	470.34	675.48	717.41	75	抚州	Fuzhou	114.72	192.59	248.47	189
台州	Taizhou	1932.49	2587.37	2959.60	17	上饶	Shangrao	245.47	376.41	478.97	113
丽水	Lishui	429.89	685.50	768.05	69	**山东**	**Shandong**	**14592.64**	**20947.01**	**25005.74**	
安徽	**Anhui**	**4142.00**	**6326.60**	**7343.00**		济南	Jinan	1898.61	2755.99	2935.25	18
合肥	Hefei	1028.29	1521.96	1920.56	33	青岛	Qingdao	2158.03	3288.64	3635.67	12
芜湖	Wuhu	375.68	649.91	712.15	76	淄博	Zibo	918.24	1366.87	1504.32	40
蚌埠	Bengbu	172.78	287.69	350.82	144	枣庄	Zaozhuang	306.86	407.63	438.81	124
淮南	Huainan	171.51	297.10	379.43	138	东营	Dongying	762.99	1262.69	1497.86	41
马鞍山	Maanshan	193.77	366.84	415.80	131	烟台	Yantai	1238.54	1775.28	1998.40	32
淮北	Huaibei	106.33	185.04	241.38	192	潍坊	Weifang	1350.12	2016.35	2322.10	27
铜陵	Tongling	160.86	243.76	274.58	175	济宁	Jining	710.24	1152.25	1292.16	47
安庆	Anqing	278.12	483.54	621.05	91	泰安	Taian	470.51	647.01	688.49	80
黄山	Huangshan	97.68	167.61	193.59	219	威海	Weihai	423.11	566.19	720.91	73
滁州	Chuzhou	267.42	369.86	489.06	110	日照	Rizhao	468.23	709.48	839.48	63
阜阳	Fuyang	207.22	298.86	367.14	141	莱芜	Laiwu	284.45	395.01	429.19	127
宿州	Suzhou	145.79	226.98	256.38	185	临沂	Linyi	961.16	1314.38	1520.69	39
六安	Liuan	234.30	317.54	383.24	136	德州	Dezhou	578.58	716.41	784.25	67
亳州	Bozhou	152.04	224.60	257.84	183	聊城	Liaocheng	626.20	890.82	1001.56	57

15-7 金融机构人民币短期贷款余额 续表 2

Short-term Loans in RMB of Financial Institutions continued 2

单位：亿元 （100 million yuan）

地名	City	2010	2012	2013	2013 排名 Ranking	地名	City	2010	2012	2013	2013 排名 Ranking
滨州	Binzhou	687.57	1053.49	1180.67	51	常德	Changde	239.33	254.56	295.87	166
菏泽	Heze	494.42	597.61	692.88	79	张家界	Zhangjiajie	37.09	45.69	50.77	280
河南	**Henan**	**6995.81**	**9767.12**	**11823.35**		益阳	Yiyang	170.61	186.36	208.44	211
郑州	Zhengzhou	1773.35	2765.86	3385.75	14	郴州	Chenzhou	156.41	227.23	240.21	195
开封	Kaifeng	161.27	233.87	309.23	159	永州	Yongzhou	138.28	125.40	140.74	242
洛阳	Luoyang	566.40	930.99	1095.54	54	怀化	Huaihua	106.73	123.62	143.40	241
平顶山	Pingdingshan	267.28	464.61	577.56	95	娄底	Loudi	156.88	219.62	260.48	181
安阳	Anyang	372.97	437.06	466.67	117	**广东**	**Guangdong**	**15169.58**	**27638.05**	**32872.56**	
鹤壁	Hebi	137.11	186.12	217.99	203	广州	Guangzhou	3148.54	4716.62	5926.79	4
新乡	Xinxiang	414.82	495.45	578.18	94	韶关	Shaoguan	60.14	106.21	119.98	254
焦作	Jiaozuo	267.65	386.92	456.22	119	深圳	Shenzhen	2966.72	4409.78	5546.07	5
濮阳	Puyang	129.91	178.28	215.77	205	珠海	Zhuhai	242.80	467.85	556.38	99
许昌	Xuchang	350.70	587.69	687.62	81	汕头	Shantou	332.00	328.84	414.71	132
漯河	Luohe	205.07	196.38	215.32	206	佛山	Foshan	1533.77	2539.28	2994.83	16
三门峡	Sanmenxia	169.01	282.92	322.50	154	江门	Jiangmen	309.97	515.86	628.83	90
南阳	Nanyang	548.99	730.84	893.93	60	湛江	Zhanjiang	282.04	523.98	570.57	97
商丘	Shangqiu	342.75	403.97	473.67	114	茂名	Maoming	93.36	154.72	197.84	216
信阳	Xinyang	371.38	445.06	531.02	101	肇庆	Zhaoqing	78.17	144.66	196.67	217
周口	Zhoukou	411.99	428.77	437.78	125	惠州	Huizhou	146.47	247.97	335.45	146
驻马店	Zhumadian	331.25	402.38	443.83	123	梅州	Meizhou	67.74	108.62	128.51	248
湖北	**Hubei**	**4197.92**	**6397.69**	**7794.76**		汕尾	Shanwei	35.94	49.17	59.59	279
武汉	Wuhan	2039.88	2902.03	3393.69	13	河源	Heyuan	46.25	78.06	105.37	265
黄石	Huangshi	184.31	323.74	421.42	129	阳江	Yangjiang	36.54	82.54	100.06	266
十堰	Shiyan	100.73	159.85	226.52	200	清远	Qingyuan	75.48	133.66	163.06	231
宜昌	Yichang	327.77	592.48	749.00	71	东莞	Dongguan	1234.03	1756.72	2037.23	31
襄阳	Xiangyang	305.33	492.28	632.98	89	中山	Zhongshan	502.34	701.08	889.96	61
鄂州	Ezhou	64.13	107.62	133.23	245	潮州	Chaozhou	99.05	131.99	144.45	240
荆门	Jingmen	152.55	207.50	300.77	163	揭阳	Jieyang	253.75	418.97	486.91	111
孝感	Xiaogan	183.83	246.93	306.90	160	云浮	Yunfu	81.76	129.27	176.46	225
荆州	Jingzhou	228.68	323.57	416.77	130	**广西**	**Guangxi**	**1720.22**	**3467.82**	**4273.14**	
黄冈	Huanggang	185.14	217.63	265.84	177	南宁	Nanning	562.69	1144.52	1359.29	43
咸宁	Xianning	76.67	103.88	125.23	250	柳州	Liuzhou	328.07	563.21	717.77	74
随州	Suizhou	100.80	141.60	186.57	222	桂林	Guilin	173.24	300.88	369.29	139
湖南	**Hunan**	**3540.80**	**4771.84**	**5565.10**		梧州	Wuzhou	75.81	169.42	216.46	204
长沙	Changsha	1331.00	1846.26	2235.72	28	北海	Beihai	43.34	73.63	96.48	267
株洲	Zhuzhou	222.22	305.89	321.28	155	防城港	Fangchenggang	20.20	50.57	67.18	276
湘潭	Xiangtan	262.17	421.61	486.11	112	钦州	Qinzhou	59.92	140.77	161.84	232
衡阳	Hengyang	221.91	273.82	330.90	151	贵港	Guigang	69.03	143.04	177.71	224
邵阳	Shaoyang	158.25	220.97	246.48	191	玉林	Yulin	87.22	194.97	260.23	182
岳阳	Yueyang	211.57	250.68	306.43	161	百色	Baise	74.99	133.30	186.42	223

15-7　金融机构人民币短期贷款余额　续表 3
Short-term Loans in RMB of Financial Institutions continued 3

单位：亿元　　(100 million yuan)

地名	City	2010	2011	2012	2012 排名 Ranking	地名	City	2010	2011	2012	2012 排名 Ranking
贺州	Hezhou	38.41	88.30	117.08	255	丽江	Lijiang	44.86	64.57	69.39	275
河池	Hechi	64.99	104.18	139.53	243	普洱	Puer	70.74	103.25	148.88	238
来宾	Laibin	48.96	89.02	107.76	262	临沧	Lincang	41.14	76.55	112.56	258
崇左	Chongzuo	56.27	93.01	122.13	252	**西藏**	**Tibet**	**58.71**	**126.77**	**316.77**	
海南	**Hainan**	**397.99**	**515.24**	**707.37**		拉萨	Lasa	41.09	88.00		
海口	Haikou	265.63	346.42	431.47	126	**陕西**	**Shaanxi**	**2513.90**	**3964.40**	**5193.44**	
三亚	Sanya	11.98	13.75	20.21	283	西安	Xi'an	1097.60	1917.51	2326.63	26
三沙	Sansha					铜川	Tongchuan	38.23	39.79	42.92	282
重庆	**Chongqing**	**1686.11**	**4028.62**	**4613.86**		宝鸡	Baoji	177.11	246.56	289.61	168
四川	**Sichuan**	**4948.04**	**8152.84**	**10097.61**		咸阳	Xianyang	147.69	193.20	236.63	196
成都	Chengdu	2409.72	4272.03	5242.58	7	渭南	Weinan	196.30	263.48	323.22	153
自贡	Zigong	116.74	190.42	232.71	197	延安	Yan'an	122.53	188.08	220.55	202
攀枝花	Panzhihua	148.81	243.84	285.12	171	汉中	Hanzhong	98.14	98.51	109.16	261
泸州	Luzhou	131.98	204.78	254.02	187	榆林	Yulin	463.05	831.47	919.04	59
德阳	Deyang	291.27	454.77	541.20	100	安康	Ankang	54.81	79.62	93.41	270
绵阳	Mianyang	290.87	450.03	563.13	98	商洛	Shangluo	56.68	64.75	79.38	273
广元	Guangyuan	73.85	106.93	132.65	246	**甘肃**	**Gansu**	**1690.32**	**2527.02**	**3272.78**	
遂宁	Suining	118.02	154.14	194.28	218	兰州	Lanzhou	641.80	983.50	1287.70	48
内江	Neijiang	120.75	177.53	222.06	201	嘉峪关	Jiayuguan	98.50	208.35	240.86	193
乐山	Leshan	196.42	294.53	359.34	143	金昌	Jinchang	97.56	88.60	96.37	268
南充	Nanchong	128.70	200.05	261.55	179	白银	Baiyin	108.85	162.93	186.84	221
眉山	Meishan	98.77	143.79	189.49	220	天水	Tianshui	88.84	87.34	115.20	257
宜宾	Yibin	159.13	247.64	300.53	164	武威	Wuwei	62.73	98.07	139.33	244
广安	Guangan	68.00	89.64	125.54	249	张掖	Zhangye	56.18	92.03	128.81	247
达州	Dazhou	93.95	128.67	170.94	228	平凉	Pingliang	91.08	79.12	107.02	263
雅安	Yaan	67.51	75.24	88.85	271	酒泉	Jiuquan	131.26	150.79	204.31	213
巴中	Bazhong	56.92	56.06	61.79	278	庆阳	Qingyang	55.17	72.32	112.35	259
资阳	Ziyang	123.62	169.25	227.57	199	定西	Dingxi	64.37	104.36	156.32	233
贵州	**Guizhou**	**1018.05**	**1802.50**	**2277.27**		陇南	Longnan	61.19	64.07	96.16	269
贵阳	Guiyang	536.08	889.61	1145.43	52	**青海**	**Qinghai**	**401.70**	**649.95**	**837.57**	
六盘水	Liupanshui	61.86	134.64	166.52	230	西宁	Xining	296.40	495.63	665.68	83
遵义	Zunyi	110.58	189.19	252.28	188	海东	Haidong				
安顺	Anshun	66.45	117.50	154.02	234	**宁夏**	**Ningxia**	**704.25**	**1296.48**	**1503.44**	
毕节	Bijie	54.92	94.49	121.42	253	银川	Yinchuan	377.84	685.01	790.68	65
铜仁	Tongren	34.79	58.49	72.16	274	石嘴山	Shizuishan	123.86	233.37	255.87	186
云南	**Yunnan**	**2702.92**	**4125.52**	**5032.28**		吴忠	Wuzhong	98.41	169.31	211.70	208
昆明	Kunming	1442.21	2093.98	2582.45	19	固原	Guyuan	33.31	51.74	62.58	277
曲靖	Qujing	221.74	353.32	452.71	121	中卫	Zhongwei	71.42	142.24	175.22	226
玉溪	Yuxi	174.21	291.62	321.20	156	**新疆**	**Xinjiang**	**1849.44**	**2787.71**	**3424.35**	
保山	Baoshan	55.52	91.17	106.88	264	乌鲁木齐	Urumqi	672.81	943.65	1123.92	53
昭通	Zhaotong	86.98	113.39	115.56	256	克拉玛依	Karamay	41.66	73.74	150.00	237

15-8 金融机构人民币中长期贷款余额

Medium and Long-term Loans in RMB of Financial Institutions

单位：亿元 （100 million yuan）

地名	City	2010	2012	2013	2013 排名 Ranking	地名	City	2010	2012	2013	2013 排名 Ranking
全国	**Nation Total**	**288930.4**	**352907.0**	**398862.0**		沈阳	Shenyang	4072.08	5590.03	6133.47	11
北京	**Beijing**	**26180.20**	**26333.50**	**28171.70**		大连	Dalian	4167.36	5584.13	5679.45	13
天津	**Tianjin**	**9264.71**	**10700.26**	**11617.98**		鞍山	Anshan	568.14	648.62	664.41	82
河北	**Hebei**	**9100.01**	**11453.51**	**12846.70**		抚顺	Fushun	173.97	226.57	251.97	223
石家庄	Shijiazhuang	1828.28	2218.92	2400.06	30	本溪	Benxi	198.67	218.87	213.92	236
唐山	Tangshan	1696.57	1788.42	1963.17	33	丹东	Dandong	225.34	317.49	370.27	161
秦皇岛	Qinhuangdao	553.87	699.69	775.87	72	锦州	Jinzhou	369.25	530.32	614.41	88
邯郸	Handan	586.14	673.69	714.48	76	营口	Yingkou	489.27	549.76	634.20	87
邢台	Xingtai	340.49	533.31	658.45	84	阜新	Fuxin	184.09	289.42	330.19	180
保定	Baoding	622.04	961.49	1102.11	51	辽阳	Liaoyang	194.55	253.19	255.83	221
张家口	Zhangjiakou	551.76	745.85	842.72	65	盘锦	Panjin	205.00	284.90	321.68	185
承德	Chengde	440.90	524.81	571.15	97	铁岭	Tieling	220.59	294.53	332.55	179
沧州	Cangzhou	451.82	573.82	716.13	75	朝阳	Chaoyang	219.46	339.34	451.58	126
廊坊	Langfang	778.32	1019.66	1247.05	49	葫芦岛	Huludao	193.37	288.38	356.23	167
衡水	Hengshui	110.28	184.32	225.72	233	**吉林**	**Jilin**	**4310.84**	**5649.40**	**6517.50**	
山西	**Shanxi**	**5409.30**	**7170.93**	**8040.68**		长春	Changchun	3233.78	4391.23	4541.16	19
太原	Taiyuan	3511.36	4044.32	4416.14	20	吉林	Jilin	264.51	461.40	490.05	111
大同	Datong	315.64	458.82	545.04	101	四平	Siping	139.01	225.62	241.82	229
阳泉	Yangquan	170.26	254.35	347.21	171	辽源	Liaoyuan	55.59	89.99	96.84	274
长治	Changzhi	237.28	397.60	400.71	145	通化	Tonghua	127.95	193.68	209.80	240
晋城	Jincheng	263.72	402.66	294.22	197	白山	Baishan	126.43	171.91	198.58	246
朔州	Shuozhou	78.18	167.73	210.40	238	松原	Songyuan	97.11	206.73	240.57	230
晋中	Jinzhong	133.74	293.56	359.34	166	白城	Baicheng	85.31	154.96	163.73	255
运城	Yuncheng	169.71	253.08	303.23	191	**黑龙江**	**Heilongjiang**	**4098.40**	**5497.90**	**6208.90**	
忻州	Xinzhou	182.64	254.97	313.30	188	哈尔滨	Harbin	2741.38	3632.65	4054.41	22
临汾	Linfen	178.78	310.56	351.92	169	齐齐哈尔	Qiqihar	208.42	287.96	374.89	160
吕梁	Lvliang	167.98	307.90	325.50	183	鸡西	Jixi	94.98	134.59	155.12	261
内蒙古	**Inner Mongolia**	**5136.53**	**6807.74**	**7502.45**		鹤岗	Hegang	69.00	100.80	91.03	278
呼和浩特	Hohhot	200.85	1536.07	1683.30	38	双鸭山	Shuangyashan	130.69	168.99	164.23	253
包头	Baotou	647.55	747.89	788.86	70	大庆	Daqing	231.45	348.73	402.57	144
乌海	Wuhai	168.67	170.47	194.05	248	伊春	Yichun	42.32	58.77	66.94	283
赤峰	Chifeng	273.41	387.63	445.66	129	佳木斯	Jiamusi	132.06	175.07	195.66	247
通辽	Tongliao	247.03	310.73	328.23	182	七台河	Qitaihe	79.94	87.04	95.33	276
鄂尔多斯	Erdos	903.57	1190.65	1276.97	48	牡丹江	Mudanjiang	142.67	191.37	280.58	205
呼伦贝尔	Hulunbuir	221.32	277.55	286.92	201	黑河	Heihe	54.18	84.78	96.73	275
巴彦淖尔	Bayannur	147.00	176.33	172.57	251	绥化	Suihua	90.26	139.69	183.50	250
乌兰察布	Ulanqab	160.88	195.54	231.09	232	**上海**	**Shanghai**	**21693.69**	**23595.68**	**25901.85**	
辽宁	**Liaoning**	**11901.00**	**15416.00**	**17004.00**		**江苏**	**Jiangsu**	**23367.87**	**27452.31**	**31678.08**	

15-8 金融机构人民币中长期贷款余额 续表 1
Medium and Long-term Loans in RMB of Financial Institutions continued 1

单位：亿元 （100 million yuan）

地名	City	2010	2012	2013	2013 排名 Ranking	地名	City	2010	2012	2013	2013 排名 Ranking
南京	Nanjing	6931.80	7528.05	8663.61	5	池州	Chizhou	166.35	226.53	246.10	226
无锡	Wuxi	2939.34	3238.80	3576.97	24	宣城	Xuancheng	219.87	319.50	395.66	149
徐州	Xuzhou	594.78	783.25	948.06	57	**福建**	**Fujian**	**8485.90**	**11422.90**	**13492.98**	
常州	Changzhou	1406.95	1618.67	1842.37	36	福州	Fuzhou	3242.41	4426.75	5169.94	15
苏州	Suzhou	6221.03	7503.97	8563.37	6	厦门	Xiamen	2092.85	2609.87	3131.30	26
南通	Nantong	1282.34	1592.57	1872.38	35	莆田	Putian	260.61	367.12	492.87	110
连云港	Lianyungang	414.13	566.16	687.86	79	三明	Sanming	353.36	486.64	589.39	93
淮安	Huaian	423.20	589.41	698.92	78	泉州	Quanzhou	1090.39	1330.96	1452.47	42
盐城	Yancheng	583.63	759.12	950.50	56	漳州	Zhangzhou	326.98	520.32	649.64	85
扬州	Yangzhou	736.78	865.61	1027.17	52	南平	Nanping	325.09	372.86	453.82	124
镇江	Zhenjiang	713.16	818.55	928.73	59	龙岩	Longyan	369.76	556.37	642.70	86
泰州	Taizhou	615.64	758.76	923.89	60	宁德	Ningde	311.17	451.60	540.11	102
宿迁	Suqian	300.67	439.94	576.96	96	**江西**	**Jiangxi**	**4753.75**	**6178.40**	**7141.00**	
浙江	**Zhejiang**	**18800.18**	**20765.98**	**23736.96**		南昌	Nanchang	2274.29	2869.10	3273.14	25
杭州	Hangzhou	7402.73	8036.87	8849.65	4	景德镇	Jingdezhen	135.33	215.50	210.39	239
宁波	Ningbo	4095.10	4696.47	5290.75	14	萍乡	Pingxiang	89.16	125.04	158.59	260
温州	Wenzhou	1172.58	1156.82	1474.40	41	九江	Jiujiang	361.38	509.01	592.09	92
嘉兴	Jiaxing	1221.39	1410.22	1633.10	39	新余	Xinyu	178.89	221.94	243.46	228
湖州	Huzhou	600.84	664.54	834.86	66	鹰潭	Yingtan	86.95	141.64	154.88	262
绍兴	Shaoxing	949.91	1105.97	1299.96	47	赣州	Ganzhou	548.32	669.12	788.19	71
金华	Jinhua	811.39	812.66	971.01	54	吉安	Jian	238.33	352.81	428.43	135
衢州	Quzhou	352.88	376.05	460.37	122	宜春	Yichun	273.04	332.25	391.76	152
舟山	Zhoushan	507.02	559.77	580.71	95	抚州	Fuzhou	203.01	276.52	340.63	176
台州	Taizhou	984.53	1125.83	1345.55	45	上饶	Shangrao	326.15	442.47	516.17	104
丽水	Lishui	370.61	402.46	502.41	107	**山东**	**Shandong**	**15864.26**	**16692.62**	**19498.20**	
安徽	**Anhui**	**7175.00**	**9594.00**	**10953.00**		济南	Jinan	4093.66	3948.66	4231.88	21
合肥	Hefei	3161.67	4370.36	4927.11	16	青岛	Qingdao	3510.97	4266.34	4881.87	17
芜湖	Wuhu	635.07	908.79	1018.99	53	淄博	Zibo	650.58	644.40	743.74	73
蚌埠	Bengbu	207.42	310.40	423.38	138	枣庄	Zaozhuang	402.52	461.42	481.12	113
淮南	Huainan	438.64	431.71	453.07	125	东营	Dongying	364.82	446.88	558.95	99
马鞍山	Maanshan	274.04	390.94	468.31	120	烟台	Yantai	1082.87	1283.00	1482.09	40
淮北	Huaibei	191.34	279.97	344.95	173	潍坊	Weifang	1078.88	1269.19	1433.43	44
铜陵	Tongling	212.22	244.45	273.94	210	济宁	Jining	584.75	645.07	804.61	69
安庆	Anqing	257.85	352.60	431.89	132	泰安	Taian	390.40	485.03	661.13	83
黄山	Huangshan	174.27	225.10	250.87	224	威海	Weihai	640.52	674.46	719.37	74
滁州	Chuzhou	197.00	316.08	389.59	153	日照	Rizhao	332.61	353.01	387.07	155
阜阳	Fuyang	226.29	312.39	388.59	154	莱芜	Laiwu	150.81	115.71	116.75	272
宿州	Suzhou	155.92	220.84	284.44	202	临沂	Linyi	510.28	646.04	817.09	67
六安	Liuan	243.66	335.41	411.33	143	德州	Dezhou	317.33	362.52	472.83	118
亳州	Bozhou	91.07	185.96	243.69	227	聊城	Liaocheng	282.34	318.07	392.72	151

15-8 年金融机构人民币中长期贷款余额 续表 2

Medium and Long-term Loans in RMB of Financial Institutions continued 2

单位：亿元 （100 million yuan）

地名	City	2010	2012	2013	2013 排名 Ranking	地名	City	2010	2012	2013	2013 排名 Ranking
滨州	Binzhou	328.26	379.30	429.94	134	常德	Changde	237.57	381.75	499.15	109
菏泽	Heze	285.99	371.93	478.10	115	张家界	Zhangjiajie	150.82	200.92	238.74	231
河南	**Henan**	**7806.31**	**9569.10**	**11029.60**		益阳	Yiyang	139.32	231.60	292.34	198
郑州	Zhengzhou	3366.46	3805.85	5802.93	12	郴州	Chenzhou	210.69	328.48	419.60	140
开封	Kaifeng	217.16	285.96	354.93	168	永州	Yongzhou	222.49	336.03	412.13	142
洛阳	Luoyang	452.72	576.24	701.68	77	怀化	Huaihua	245.40	396.65	474.27	117
平顶山	Pingdingshan	375.35	443.16	449.76	127	娄底	Loudi	196.89	269.05	323.60	184
安阳	Anyang	165.64	205.67	255.60	222	**广东**	**Guangdong**	**46698.23**	**53931.96**	**60219.06**	
鹤壁	Hebi	127.99	139.55	159.76	258	广州	Guangzhou	11834.74	12714.31	13766.25	1
新乡	Xinxiang	256.16	357.26	447.46	128	韶关	Shaoguan	282.51	353.37	430.06	133
焦作	Jiaozuo	188.19	244.30	283.55	204	深圳	Shenzhen	10722.76	12135.75	13581.43	2
濮阳	Puyang	94.19	118.87	154.69	263	珠海	Zhuhai	1030.72	1179.67	1320.34	46
许昌	Xuchang	189.92	230.32	280.51	206	汕头	Shantou	305.75	429.53	508.86	105
漯河	Luohe	87.42	112.62	126.41	269	佛山	Foshan	3215.32	3257.00	3583.10	23
三门峡	Sanmenxia	131.08	164.46	202.17	245	江门	Jiangmen	658.13	768.81	900.22	61
南阳	Nanyang	240.45	326.90	380.90	158	湛江	Zhanjiang	432.36	488.78	582.19	94
商丘	Shangqiu	228.11	281.86	346.79	172	茂名	Maoming	267.94	370.71	440.34	130
信阳	Xinyang	181.54	277.49	363.00	162	肇庆	Zhaoqing	563.88	707.64	811.68	68
周口	Zhoukou	150.11	208.03	261.50	217	惠州	Huizhou	951.18	1200.10	1441.51	43
驻马店	Zhumadian	148.32	238.11	309.54	190	梅州	Meizhou	262.51	339.47	412.14	141
湖北	**Hubei**	**9130.98**	**11689.14**	**13095.71**		汕尾	Shanwei	94.26	137.29	162.80	256
武汉	Wuhan	6066.90	7360.28	8032.82	7	河源	Heyuan	289.07	387.52	461.39	121
黄石	Huangshi	234.23	273.51	296.47	196	阳江	Yangjiang	247.39	345.43	421.67	139
十堰	Shiyan	274.05	402.88	484.43	112	清远	Qingyuan	434.78	571.76	668.75	81
宜昌	Yichang	662.29	834.05	958.89	55	东莞	Dongguan	2095.66	2236.35	2535.01	29
襄阳	Xiangyang	368.12	495.06	594.85	89	中山	Zhongshan	827.30	1056.42	1187.35	50
鄂州	Ezhou	64.03	93.62	108.00	273	潮州	Chaozhou	106.86	129.31	152.69	264
荆门	Jingmen	157.77	228.91	256.68	220	揭阳	Jieyang	146.93	186.81	221.38	235
孝感	Xiaogan	194.62	300.07	343.07	174	云浮	Yunfu	192.02	258.80	287.57	199
荆州	Jingzhou	200.15	305.81	360.29	165	**广西**	**Guangxi**	**7057.58**	**8537.74**	**9486.51**	
黄冈	Huanggang	198.12	327.48	381.35	157	南宁	Nanning	3550.36	4254.27	4683.63	18
咸宁	Xianning	147.07	246.54	312.96	189	柳州	Liuzhou	669.55	758.27	863.63	63
随州	Suizhou	67.19	114.36	135.54	267	桂林	Guilin	583.25	740.45	843.63	64
湖南	**Hunan**	**7585.55**	**10539.28**	**12294.90**		梧州	Wuzhou	245.07	291.30	319.21	186
长沙	Changsha	4795.64	6286.70	7013.03	9	北海	Beihai	193.92	227.76	275.77	208
株洲	Zhuzhou	303.53	482.92	592.56	91	防城港	Fangchenggang	141.58	222.62	265.63	215
湘潭	Xiangtan	251.72	361.35	471.22	119	钦州	Qinzhou	260.66	293.33	328.57	181
衡阳	Hengyang	275.33	381.13	476.73	116	贵港	Guigang	207.89	264.79	300.87	192
邵阳	Shaoyang	187.93	299.10	393.31	150	玉林	Yulin	301.22	347.99	384.05	156
岳阳	Yueyang	221.22	324.62	361.83	163	百色	Baise	311.94	375.50	399.91	147

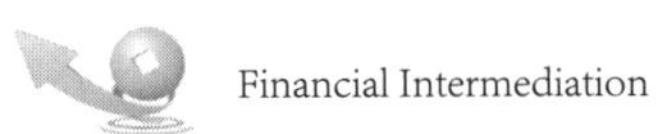

15-8 金融机构人民币中长期贷款余额 续表 3

Medium and Long-term Loans in RMB of Financial Institutions continued 3

单位：亿元 （100 million yuan）

地名	City	2010	2012	2013	2013 排名 Ranking	地名	City	2010	2012	2013	2013 排名 Ranking
贺州	Hezhou	104.68	114.88	123.69	270	丽江	Lijiang	144.58	231.82	271.60	213
河池	Hechi	209.05	254.53	272.58	211	普洱	Puer	161.26	220.11	249.20	225
来宾	Laibin	134.77	166.11	188.06	249	临沧	Lincang	127.00	192.44	208.45	241
崇左	Chongzuo	104.46	145.90	171.78	252	**西藏**	**Tibet**	**213.60**	**164.70**	**759.81**	
海南	**Hainan**	**2062.76**	**3136.98**	**3685.42**		拉萨	Lasa	143.45	294.00		
海口	Haikou	1401.33	2015.03	2076.58	32	**陕西**	**Shaanxi**	**7273.10**	**9385.20**	**11026.40**	
三亚	Sanya	216.34	290.62	592.70	90	西安	Xi'an	5075.98	6378.88	7385.37	8
三沙	Sansha					铜川	Tongchuan	40.91	57.14	67.31	282
重庆	**Chongqing**	**8705.32**	**10976.89**	**12105.13**		宝鸡	Baoji	254.59	362.90	438.59	131
四川	**Sichuan**	**14040.82**	**17542.14**	**19692.14**		咸阳	Xianyang	293.14	422.81	499.72	108
成都	Chengdu	9485.74	11088.88	12110.17	3	渭南	Weinan	245.88	301.50	361.21	164
自贡	Zigong	125.85	169.35	206.03	243	延安	Yan'an	235.05	283.28	340.73	175
攀枝花	Panzhihua	207.39	264.75	283.80	203	汉中	Hanzhong	197.16	282.43	348.00	170
泸州	Luzhou	266.26	423.40	505.77	106	榆林	Yulin	425.29	700.51	868.09	62
德阳	Deyang	278.52	383.13	400.34	146	安康	Ankang	156.40	229.12	287.06	200
绵阳	Mianyang	556.89	616.12	671.94	80	商洛	Shangluo	98.89	151.53	161.98	257
广元	Guangyuan	162.36	222.00	271.32	214	**甘肃**	**Gansu**	**2728.71**	**4220.71**	**5106.33**	
遂宁	Suining	156.80	245.66	300.69	193	兰州	Lanzhou	1627.54	2308.83	2744.10	28
内江	Neijiang	128.13	219.26	278.92	207	嘉峪关	Jiayuguan	64.98	57.80	72.41	281
乐山	Leshan	376.51	486.69	549.41	100	金昌	Jinchang	29.91	51.00	76.28	280
南充	Nanchong	296.12	453.07	560.25	98	白银	Baiyin	75.89	108.52	137.65	266
眉山	Meishan	179.12	282.91	339.39	178	天水	Tianshui	126.00	240.37	271.89	212
宜宾	Yibin	283.84	371.30	454.99	123	武威	Wuwei	97.79	170.47	259.08	218
广安	Guangan	183.28	250.98	298.84	194	张掖	Zhangye	75.98	126.72	164.08	254
达州	Dazhou	258.14	393.00	478.17	114	平凉	Pingliang	108.84	180.10	208.35	242
雅安	Yaan	168.18	250.93	318.65	187	酒泉	Jiuquan	110.37	222.58	258.39	219
巴中	Bazhong	72.30	147.42	203.01	244	庆阳	Qingyang	84.80	171.29	225.36	234
资阳	Ziyang	157.12	244.93	296.79	195	定西	Dingxi	79.18	133.64	158.73	259
贵州	**Guizhou**	**4585.34**	**6406.07**	**7759.55**		陇南	Longnan	116.62	179.65	210.42	237
贵阳	Guiyang	1955.21	2493.18	2956.78	27	**青海**	**Qinghai**	**1347.95**	**1990.52**	**2419.89**	
六盘水	Liupanshui	281.35	365.59	424.59	136	西宁	Xining	1168.87	1629.63	1928.16	34
遵义	Zunyi	467.36	730.38	946.00	58	海东	Haidong				
安顺	Anshun	156.35	277.99	274.41	209	**宁夏**	**Ningxia**	**1611.99**	**1960.85**	**2303.17**	
毕节	Bijie	225.23	336.80	424.43	137	银川	Yinchuan	1263.22	1527.99	1795.08	37
铜仁	Tongren	207.02	322.09	399.79	148	石嘴山	Shizuishan	146.21	107.66	122.05	271
云南	**Yunnan**	**7771.89**	**9644.39**	**10600.03**		吴忠	Wuzhong	152.50	142.65	152.56	265
昆明	Kunming	4930.39	5835.01	6294.34	10	固原	Guyuan	50.34	70.79	92.22	277
曲靖	Qujing	389.01	479.97	523.21	103	中卫	Zhongwei	88.58	100.33	129.38	268
玉溪	Yuxi	285.45	334.08	378.42	159	**新疆**	**Xinjiang**	**3132.26**	**4694.86**	**5783.27**	
保山	Baoshan	173.00	220.82	261.78	216	乌鲁木齐	Urumqi	1245.87	1866.87	2249.87	31
昭通	Zhaotong	198.69	302.58	340.33	177	克拉玛依	Karamay	108.45	68.18	90.16	279

15-9 金融机构人民币存贷比（年末余额）
Ratio of Deposits and Loans of Financial Institutions at Year-end

单位：%　　(%)

地名	City	2010	2014	2015	2015 排名 Ranking	地名	City	2010	2014	2015	2015 排名 Ranking
全国	**Nation Total**	**1.50**	**1.39**	**1.47**		沈阳	Shenyang	1.36	1.23	1.22	226
北京	**Beijing**	**2.19**	**0.21**	**2.50**		大连	Dalian	1.38	1.17	1.25	216
天津	**Tianjin**	**1.24**	**1.11**	**1.11**		鞍山	Anshan	1.76	1.72	1.58	118
河北	**Hebei**	**1.66**	**1.57**	**1.67**		抚顺	Fushun	2.49	2.03	2.04	35
石家庄	Shijiazhuang	1.87	1.79	1.91	50	本溪	Benxi	1.44	1.45	1.30	206
唐山	Tangshan	1.54	1.58	1.56	124	丹东	Dandong	1.93	1.61	1.61	105
秦皇岛	Qinhuangdao	1.68	1.50	1.59	115	锦州	Jinzhou	1.73	1.53	1.62	104
邯郸	Handan	1.62	1.58	1.48	145	营口	Yingkou	1.16	1.14	1.42	165
邢台	Xingtai	1.94	1.72	1.67	91	阜新	Fuxin	1.41	1.19	1.17	238
保定	Baoding	2.47	2.23	2.12	24	辽阳	Liaoyang	1.61	1.54	1.59	117
张家口	Zhangjiakou	1.42	1.42	1.40	172	盘锦	Panjin	1.91	1.63	1.75	77
承德	Chengde	1.42	1.35	1.29	210	铁岭	Tieling	1.29	1.32	1.38	184
沧州	Cangzhou	2.27	1.87	1.79	68	朝阳	Chaoyang	1.62	1.50	1.50	138
廊坊	Langfang	1.50	1.56	1.48	144	葫芦岛	Huludao	1.66	1.62	1.65	94
衡水	Hengshui	2.52	1.96	1.90	51	**吉林**	**Jilin**	**1.33**		**1.18**	
山西	**Shanxi**	**1.93**	**1.63**	**1.55**		长春	Changchun	1.09	1.17	1.07	268
太原	Taiyuan	1.38	1.26	1.17	235	吉林	Jilin	1.87	1.59	1.45	152
大同	Datong	2.78	2.21	2.05	33	四平	Siping	1.49	1.27	1.14	248
阳泉	Yangquan	2.38	1.78	1.87	55	辽源	Liaoyuan	1.51	1.24	1.30	207
长治	Changzhi	2.16	1.91	1.81	64	通化	Tonghua	1.64	1.57	1.57	120
晋城	Jincheng	2.53	1.96	1.78	69	白山	Baishan	1.53	1.45	1.45	153
朔州	Shuozhou	3.87	3.70	3.32	2	松原	Songyuan	1.71	1.38	1.16	243
晋中	Jinzhong	2.65	1.86	1.70	85	白城	Baicheng	1.59	1.29	1.07	267
运城	Yuncheng	1.90	0.18	1.80	67	**黑龙江**	**Heilongjiang**	**1.78**	**1.44**	**1.30**	
忻州	Xinzhou	2.74	2.40	2.29	16	哈尔滨	Harbin	1.44	1.22	1.14	249
临汾	Linfen	2.48	1.96	1.82	60	齐齐哈尔	Qiqihar	1.62	1.23	1.13	257
吕梁	Lvliang	2.79	1.84	1.81	61	鸡西	Jixi	2.47	1.89	1.60	110
内蒙古	**Inner Mongolia**	**1.30**	**1.08**	**1.06**		鹤岗	Hegang	1.44	1.38	1.24	217
呼和浩特	Hohhot	1.07	0.92	0.88	280	双鸭山	Shuangyashan	1.53	1.18	0.97	276
包头	Baotou	1.64	1.36	1.24	218	大庆	Daqing	3.81	2.34	2.37	11
乌海	Wuhai	1.47	1.11	1.22	227	伊春	Yichun	3.24	3.71	4.04	1
赤峰	Chifeng	1.89	1.30	1.29	211	佳木斯	Jiamusi	1.84	1.30	0.97	278
通辽	Tongliao	1.03	0.97	0.88	281	七台河	Qitaihe	1.59	1.73	1.61	106
鄂尔多斯	Erdos	1.12	0.96	1.00	274	牡丹江	Mudanjiang	2.66	2.01	1.87	54
呼伦贝尔	Hulunbuir	1.77	1.58	1.38	183	黑河	Heihe	2.18	1.80	1.35	193
巴彦淖尔	Bayannur	1.33	1.17	1.14	253	绥化	Suihua	1.84	1.52	1.44	157
乌兰察布	Ulanqab	1.76	1.46	1.69	87	**上海**	**Shanghai**	**1.67**	**1.63**	**1.94**	
辽宁	**Liaoning**	**1.46**	**1.32**	**1.35**		**江苏**	**Jiangsu**	**1.40**	**1.35**	**1.37**	

15-9 金融机构人民币存贷比（年末余额） 续表 1
Ratio of Deposits and Loans of Financial Institutions at Year-end continued 1

单位：% (%)

地名	City	2010	2014	2015	2015 排名 Ranking	地名	City	2010	2014	2015	2015 排名 Ranking
南京	Nanjing	1.22	1.29	1.42	163	池州	Chizhou	0.27	1.45	1.56	122
无锡	Wuxi	1.39	1.37	1.36	188	宣城	Xuancheng	1.50	1.25	1.34	195
徐州	Xuzhou	1.83	1.57	1.55	126	**福建**	**Fujian**	**1.20**	**1.08**	**1.11**	
常州	Changzhou	1.51	1.41	1.39	177	福州	Fuzhou	1.19	1.00	1.02	272
苏州	Suzhou	1.34	1.24	1.23	222	厦门	Xiamen	1.27	1.06	1.17	236
南通	Nantong	1.71	1.63	1.61	107	莆田	Putian	1.16	1.09	1.10	263
连云港	Lianyungang	1.42	1.20	1.19	233	三明	Sanming	1.09	1.01	1.10	262
淮安	Huaian	1.41	1.24	1.25	215	泉州	Quanzhou	1.26	1.24	1.20	231
盐城	Yancheng	1.52	1.44	1.43	159	漳州	Zhangzhou	1.36	1.32	1.24	219
扬州	Yangzhou	1.64	1.56	1.52	133	南平	Nanping	1.22	1.24	1.29	209
镇江	Zhenjiang	1.41	1.32	1.33	200	龙岩	Longyan	1.08	1.07	1.15	245
泰州	Taizhou	1.59	1.44	1.38	185	宁德	Ningde	0.93	0.82	0.87	283
宿迁	Suqian	1.30	1.08	1.07	266	**江西**	**Jiangxi**	**1.53**	**1.39**	**1.38**	
浙江	**Zhejiang**	**1.18**	**1.13**	**1.18**		南昌	Nanchang	1.20	1.15	1.13	256
杭州	Hangzhou	1.16	1.18	1.30	208	景德镇	Jingdezhen	1.77	1.76	1.62	101
宁波	Ningbo	1.06	0.98	1.03	270	萍乡	Pingxiang	1.79	1.51	1.47	149
温州	Wenzhou	1.16	1.10	1.21	229	九江	Jiujiang	1.70	1.53	1.50	139
嘉兴	Jiaxing	1.35	1.26	1.22	225	新余	Xinyu	1.22	1.17	1.36	190
湖州	Huzhou	1.26	1.19	1.21	230	鹰潭	Yingtan	1.66	1.46	1.30	204
绍兴	Shaoxing	1.29	1.13	1.15	246	赣州	Ganzhou	1.78	1.50	1.46	150
金华	Jinhua	1.30	1.16	1.12	258	吉安	Jian	2.30	1.93	1.84	59
衢州	Quzhou	1.23	1.12	1.09	264	宜春	Yichun	1.94	1.74	1.62	102
舟山	Zhoushan	1.14	1.13	1.16	241	抚州	Fuzhou	2.02	1.67	1.78	72
台州	Taizhou	1.21	1.14	1.14	250	上饶	Shangrao	1.69	1.54	1.53	129
丽水	Lishui	1.26	1.24	1.23	223	**山东**	**Shandong**	**1.34**	**1.35**	**1.35**	
安徽	**Anhui**	**1.43**	**1.35**	**1.35**		济南	Jinan	1.19	1.38	1.40	170
合肥	Hefei	1.08	1.12	1.14	252	青岛	Qingdao	1.30	1.17	1.16	240
芜湖	Wuhu	1.17	1.04	1.02	271	淄博	Zibo	1.47	1.44	1.43	158
蚌埠	Bengbu	1.83	2.16	1.36	191	枣庄	Zaozhuang	1.23	1.31	1.33	201
淮南	Huainan	1.34	1.37	1.44	156	东营	Dongying	1.36	1.27	1.21	228
马鞍山	Maanshan	1.53	1.34	1.36	189	烟台	Yantai	1.60	1.52	1.58	119
淮北	Huaibei	1.87	1.43	1.48	146	潍坊	Weifang	1.30	1.24	1.34	194
铜陵	Tongling	1.05	1.06	1.06	269	济宁	Jining	1.65	1.46	1.53	132
安庆	Anqing	2.11	1.78	1.77	75	泰安	Taian	1.53	1.54	1.50	137
黄山	Huangshan	1.68	1.56	1.62	103	威海	Weihai	1.43	1.52	1.50	136
滁州	Chuzhou	1.64	1.37	1.39	180	日照	Rizhao	1.19	1.21	0.94	279
阜阳	Fuyang	2.36	2.13	2.07	29	莱芜	Laiwu	1.26	1.31	1.34	197
宿州	Suzhou	2.28	1.91	1.84	57	临沂	Linyi	1.38	1.41	1.41	168
六安	Liuan	1.74	1.79	1.81	63	德州	Dezhou	1.41	1.49	1.60	114
亳州	Bozhou	2.23	1.65	1.61	108	聊城	Liaocheng	1.34	1.36	1.39	174

15-9 金融机构人民币存贷比（年末余额） 续表 2
Ratio of Deposits and Loans of Financial Institutions at Year-end continued 2

单位：% (%)

地名	City	2010	2014	2015	2015 排名 Ranking	地名	City	2010	2014	2015	2015 排名 Ranking
滨州	Binzhou	1.04	1.14	1.14	251	常德	Changde	2.00	2.08	2.08	28
菏泽	Heze	1.37	1.54	1.56	125	张家界	Zhangjiajie	1.25	1.36	1.46	151
河南	**Henan**	**1.46**	**1.52**	**1.53**		益阳	Yiyang	1.94	2.11	2.21	18
郑州	Zhengzhou	1.40	1.28	1.32	203	郴州	Chenzhou	2.56	2.15	2.05	34
开封	Kaifeng	1.69	1.47	1.43	161	永州	Yongzhou	1.99	2.09	1.98	42
洛阳	Luoyang	1.88	1.63	1.59	116	怀化	Huaihua	1.90	1.79	1.78	74
平顶山	Pingdingshan	1.64	1.46	1.43	160	娄底	Loudi	1.68	1.60	1.65	95
安阳	Anyang	1.66	2.04	1.97	45	**广东**	**Guangdong**	**1.73**	**1.56**	**1.68**	
鹤壁	Hebi	1.06	1.09	1.11	261	广州	Guangzhou	1.56	1.46	1.57	121
新乡	Xinxiang	1.61	1.62	1.66	93	韶关	Shaoguan	2.61	2.08	2.09	25
焦作	Jiaozuo	1.59	1.48	1.53	131	深圳	Shenzhen	1.47	1.43	1.78	71
濮阳	Puyang	2.54	2.30	2.14	21	珠海	Zhuhai	2.08	1.88	1.80	66
许昌	Xuchang	1.48	1.31	1.28	212	汕头	Shantou	2.90	2.48	2.38	9
漯河	Luohe	1.40	1.79	1.68	90	佛山	Foshan	1.76	1.48	1.49	142
三门峡	Sanmenxia	1.84	1.61	1.54	128	江门	Jiangmen	2.27	1.84	1.70	86
南阳	Nanyang	1.78	1.78	1.78	70	湛江	Zhanjiang	2.18	1.79	1.72	82
商丘	Shangqiu	1.48	1.75	1.74	80	茂名	Maoming	2.84	2.36	2.30	14
信阳	Xinyang	1.85	1.89	1.84	58	肇庆	Zhaoqing	1.65	1.43	1.39	175
周口	Zhoukou	1.65	2.30	2.30	15	惠州	Huizhou	1.86	1.45	1.47	148
驻马店	Zhumadian	1.94	2.11	2.01	39	梅州	Meizhou	2.53	2.22	2.13	22
湖北	**Hubei**	**1.63**	**1.49**	**1.37**		汕尾	Shanwei	2.51	2.02	2.06	31
武汉	Wuhan	1.33	1.12	1.13	255	河源	Heyuan	1.48	1.25	1.23	221
黄石	Huangshi	1.67	1.48	1.45	155	阳江	Yangjiang	1.99	1.31	1.35	192
十堰	Shiyan	2.29	1.87	1.78	73	清远	Qingyuan	1.93	1.62	1.60	112
宜昌	Yichang	1.94	1.31	1.32	202	东莞	Dongguan	1.78	1.68	1.67	92
襄阳	Xiangyang	1.92	1.65	1.60	113	中山	Zhongshan	1.96	1.60	1.48	143
鄂州	Ezhou	2.00	1.48	1.51	134	潮州	Chaozhou	3.16	2.81	2.92	4
荆门	Jingmen	2.21	1.92	1.80	65	揭阳	Jieyang	2.40	1.96	1.98	41
孝感	Xiaogan	2.07	2.05	2.03	36	云浮	Yunfu	1.76	1.55	1.53	130
荆州	Jingzhou	2.42	2.06	2.09	27	**广西**	**Guangxi**	**1.32**	**1.29**	**1.28**	
黄冈	Huanggang	2.51	2.46	2.34	12	南宁	Nanning	0.97	1.00	1.00	273
咸宁	Xianning	1.93	1.67	1.65	96	柳州	Liuzhou	1.42	1.44	1.38	181
随州	Suizhou	2.56	2.13	2.12	23	桂林	Guilin	1.74	1.63	1.64	97
湖南	**Hunan**	**1.46**	**1.48**	**1.52**		梧州	Wuzhou	1.53	1.37	1.38	182
长沙	Changsha	1.03	1.08	1.14	247	北海	Beihai	1.97	1.57	1.55	127
株洲	Zhuzhou	2.05	1.85	1.85	56	防城港	Fangchenggang	1.75	1.24	1.19	232
湘潭	Xiangtan	1.46	1.38	1.41	166	钦州	Qinzhou	1.47	1.46	1.50	140
衡阳	Hengyang	2.45	2.50	2.51	7	贵港	Guigang	1.84	1.66	1.63	99
邵阳	Shaoyang	2.72	2.31	2.31	13	玉林	Yulin	1.94	1.74	1.71	84
岳阳	Yueyang	1.80	1.91	1.94	47	百色	Baise	1.31	1.31	1.33	199

15-9 金融机构人民币存贷比（年末余额） 续表 3
Ratio of Deposits and Loans of Financial Institutions at Year-end continued 3

单位：% (%)

地名	City	2010	2014	2015	2015 排名 Ranking
贺州	Hezhou	1.74	1.65	1.73	81
河池	Hechi	1.69	1.73	1.75	78
来宾	Laibin	1.64	1.50	1.47	147
崇左	Chongzuo	1.93	1.67	1.63	100
海南	**Hainan**	**1.84**	**1.36**	**1.16**	
海口	Haikou	1.30	1.07	1.08	265
三亚	Sanya	2.68	1.30	1.39	178
三沙	Sansha				
重庆	**Chongqing**	**1.24**	**1.22**	**1.25**	
四川	**Sichuan**	**1.58**	**1.57**	**1.55**	
成都	Chengdu	1.26	1.35	1.34	196
自贡	Zigong	2.25	2.06	2.15	20
攀枝花	Panzhihua	1.50	1.22	1.23	224
泸州	Luzhou	2.03	1.75	1.68	88
德阳	Deyang	2.34	1.80	1.92	49
绵阳	Mianyang	2.08	1.87	1.88	53
广元	Guangyuan	3.04	2.07	2.06	30
遂宁	Suining	1.89	1.61	1.60	111
内江	Neijiang	2.25	1.87	1.75	79
乐山	Leshan	1.48	1.57	1.40	173
南充	Nanchong	2.59	2.08	1.98	43
眉山	Meishan	2.18	2.00	2.09	26
宜宾	Yibin	2.11	1.87	1.81	62
广安	Guangan	2.54	2.46	2.45	8
达州	Dazhou	2.48	2.19	2.25	17
雅安	Yaan	1.90	2.05	1.98	44
巴中	Bazhong	2.75	2.25	2.01	37
资阳	Ziyang	2.40	1.94	1.92	48
贵州	**Guizhou**	**1.28**	**1.23**	**1.26**	
贵阳	Guiyang	1.17	1.07	1.11	259
六盘水	Liupanshui	1.38	1.17	1.25	213
遵义	Zunyi	1.93	1.68	1.72	83
安顺	Anshun	1.58	1.27	1.40	171
毕节	Bijie	1.95		1.42	164
铜仁	Tongren	1.55		1.37	187
云南	**Yunnan**	**1.27**	**1.24**	**1.13**	
昆明	Kunming	1.04	1.04	0.99	275
曲靖	Qujing	1.61	1.50	1.45	154
玉溪	Yuxi	1.75	1.54	1.56	123
保山	Baoshan	1.52	1.43	1.41	169
昭通	Zhaotong	1.82	1.95	1.96	46
丽江	Lijiang	1.53	1.35	1.33	198
普洱	Puer	1.57	1.40	1.39	179
临沧	Lincang	1.46	1.18	1.18	234
西藏	**Tibet**	**4.30**	**1.90**	**1.76**	
拉萨	Lasa	4.19	1.90	1.76	76
陕西	**Shaanxi**	**1.64**	**1.49**	**1.51**	
西安	Xi'an	1.38	1.30	1.30	205
铜川	Tongchuan	3.16	3.32	3.10	3
宝鸡	Baoji	2.46	2.07	2.01	38
咸阳	Xianyang	2.51	2.18	2.19	19
渭南	Weinan	2.12	2.05	2.00	40
延安	Yan'an	2.02	1.81	1.64	98
汉中	Hanzhong	2.66	2.51	2.53	5
榆林	Yulin	1.62	1.35	1.37	186
安康	Ankang	2.25	1.86	1.89	52
商洛	Shangluo	2.46	2.35	2.37	10
甘肃	**Gansu**	**1.61**	**1.30**	**1.21**	
兰州	Lanzhou	1.37	1.18	1.13	254
嘉峪关	Jiayuguan	0.97	0.93	0.76	285
金昌	Jinchang	1.22	1.33	0.97	277
白银	Baiyin	1.87	1.42	1.23	220
天水	Tianshui	2.15	1.89	1.61	109
武威	Wuwei	2.01	1.33	1.17	237
张掖	Zhangye	1.99	1.28	1.16	242
平凉	Pingliang	1.63	1.57	1.49	141
酒泉	Jiuquan	1.99	1.44	1.42	162
庆阳	Qingyang	2.53	1.50	1.39	176
定西	Dingxi	1.88	1.38	1.25	214
陇南	Longnan	2.21	1.66	1.51	135
青海	**Qinghai**	**1.27**	**1.09**	**0.94**	
西宁	Xining	1.05	0.93	0.87	282
海东	Haidong		2.09	2.06	32
宁夏	**Ningxia**	**1.07**	**0.92**	**0.94**	
银川	Yinchuan	0.97	0.82	0.83	284
石嘴山	Shizuishan	1.28	1.15	1.17	239
吴忠	Wuzhong	1.07	1.10	1.16	244
固原	Guyuan	1.78	1.62	1.68	89
中卫	Zhongwei	1.24	0.95	1.11	260
新疆	**Xinjiang**	**1.78**	**1.29**	**1.51**	
乌鲁木齐	Urumqi	1.73	1.38	1.41	167
克拉玛依	Karamay	5.26	2.14	2.52	6

16

教育、卫生和文化

Education, Public Health and Culture

16-1 幼儿园数
Number of Kinder-gardens

单位：所 （unit）

地名	City	2010	2012	2013	2013 排名 Ranking
全国	**Nation Total**	**150420**	**181251**	**198533**	
北京	**Beijing**	**1245**	**1355**	**1384**	
天津	**Tianjin**	**1607**	**1657**	**1702**	
河北	**Hebei**	**7369**	**9327**	**10813**	
石家庄	Shijiazhuang	698	875	1227	33
唐山	Tangshan	484	835	847	65
秦皇岛	Qinhuangdao	178	214	281	216
邯郸	Handan	1173	1689	1829	7
邢台	Xingtai	729	928	1178	37
保定	Baoding	1617	1823	2036	4
张家口	Zhangjiakou	345	398	456	152
承德	Chengde	661	946	975	51
沧州	Cangzhou	611	623	753	83
廊坊	Langfang	265	327	438	163
衡水	Hengshui	608	669	793	74
山西	**Shanxi**	**4352**	**5489**	**5882**	
太原	Taiyuan	784	671	608	111
大同	Datong	114	423	477	147
阳泉	Yangquan	298	304	413	170
长治	Changzhi	551	629	685	99
晋城	Jincheng	484	521	483	143
朔州	Shuozhou	17	219	239	235
晋中	Jinzhong	465	524	538	128
运城	Yuncheng	546	727	818	67
忻州	Xinzhou	186	329	363	189
临汾	Linfen	432	558	674	102
吕梁	Lvliang	475	584	584	116
内蒙古	**Inner Mongolia**	**2039**	**2248**	**2740**	
呼和浩特	Hohhot	158	225	255	226
包头	Baotou	151	197	222	241
乌海	Wuhai	53	44	41	283
赤峰	Chifeng	432	646	708	96
通辽	Tongliao	126	352	416	168
鄂尔多斯	Erdos	137	256	278	218
呼伦贝尔	Hulunbuir	329	304	327	200
巴彦淖尔	Bayannur	95	113	122	268
乌兰察布	Ulanqab	62	61	93	274
辽宁	**Liaoning**		**8667**	**9261**	
沈阳	Shenyang		959	972	52
大连	Dalian		1254	1263	30
鞍山	Anshan		953	1005	49
抚顺	Fushun		385	403	173
本溪	Benxi		265	241	233
丹东	Dandong		334	346	195
锦州	Jinzhou		675	811	68
营口	Yingkou		433	455	153
阜新	Fuxin		408	470	148
辽阳	Liaoyang		588	582	117
盘锦	Panjin		383	408	172
铁岭	Tieling		867	910	57
朝阳	Chaoyang		688	881	61
葫芦岛	Huludao		475	514	133
吉林	**Jilin**	**2876**	**3270**	**3808**	
长春	Changchun	617	692	735	88
吉林	Jilin	612	689	687	98
四平	Siping	289	486	496	140
辽源	Liaoyuan	151	180	218	244
通化	Tonghua	327	334	380	183
白山	Baishan	207	242	275	220
松原	Songyuan	89	276	341	197
白城	Baicheng	266	291	372	187
黑龙江	**Heilongjiang**	**3942**	**4726**	**5571**	
哈尔滨	Harbin	866	1284	1397	18
齐齐哈尔	Qiqihar	1008	801	909	58
鸡西	Jixi	188	221	221	242
鹤岗	Hegang	148	151	154	260
双鸭山	Shuangyashan	131	150	180	255
大庆	Daqing	142	352	444	162
伊春	Yichun	108	105	102	272
佳木斯	Jiamusi	172	256	349	194
七台河	Qitaihe	83	133	144	262
牡丹江	Mudanjiang	367	379	367	188
黑河	Heihe	224	293	335	199
绥化	Suihua	448	601	882	60
上海	**Shanghai**	**1252**	**1387**	**1446**	
江苏	**Jiangsu**	**3942**	**4392**	**4722**	

16-1 幼儿园数 续表 1
Number of Kinder-gardens continued 1

单位：所 （unit）

地名	City	2010	2012	2013	2013 排名 Ranking	地名	City	2010	2012	2013	2013 排名 Ranking
南京	Nanjing	501	783	757	82	池州	Chizhou	113	124	136	264
无锡	Wuxi	209	245	325	203	宣城	Xuancheng	443	455	451	157
徐州	Xuzhou	557	544	557	124	**福建**	**Fujian**	**6179**	**7183**	**7419**	
常州	Changzhou	207	232	246	230	福州	Fuzhou	1098	1260	1277	29
苏州	Suzhou	411	465	509	135	厦门	Xiamen	505	612	642	106
南通	Nantong	374	380	388	179	莆田	Putian	168	233	259	224
连云港	Lianyungang	271	283	320	205	三明	Sanming	543	530	567	120
淮安	Huaian	248	234	263	223	泉州	Quanzhou	1050	1224	1282	28
盐城	Yancheng	280	285	289	214	漳州	Zhangzhou	1630	1844	1821	8
扬州	Yangzhou	269	285	286	215	南平	Nanping	508	618	621	108
镇江	Zhenjiang	190	190	194	250	龙岩	Longyan	388	472	534	129
泰州	Taizhou	219	209	230	239	宁德	Ningde	289	390	416	168
宿迁	Suqian	206	257	358	191	**江西**	**Jiangxi**	**8518**	**10560**	**11485**	
浙江	**Zhejiang**	**9863**	**9913**	**9209**		南昌	Nanchang	501	752	767	81
杭州	Hangzhou	969	914	860	63	景德镇	Jingdezhen	483	551	453	156
宁波	Ningbo	1180	1208	1254	32	萍乡	Pingxiang	458	502	562	122
温州	Wenzhou	1771	1554	1573	14	九江	Jiujiang	682	855	906	59
嘉兴	Jiaxing	299	301	305	210	新余	Xinyu	196	255	276	219
湖州	Huzhou	175	180	175	256	鹰潭	Yingtan	90	111	208	246
绍兴	Shaoxing	695	673	659	105	赣州	Ganzhou	2441	2853	3003	1
金华	Jinhua	1604	1581	1476	17	吉安	Jian	1218	1502	1596	13
衢州	Quzhou	889	812	717	94	宜春	Yichun	1003	1204	1299	25
舟山	Zhoushan	113	115	118	270	抚州	Fuzhou	356	389	454	154
台州	Taizhou	1291	1434	1331	23	上饶	Shangrao	1090	1586	1961	5
丽水	Lishui	877	801	741	86	**山东**	**Shandong**	**17751**	**18505**	**18528**	
安徽	**Anhui**	**4018**	**5192**	**6075**		济南	Jinan	1460	1354	1394	19
合肥	Hefei	460	698	768	80	青岛	Qingdao	2343	2475	2411	3
芜湖	Wuhu	354	409	431	165	淄博	Zibo	757	812	802	70
蚌埠	Bengbu	133	258	294	212	枣庄	Zaozhuang	634	637	663	104
淮南	Huainan	97	160	187	252	东营	Dongying	472	420	391	177
马鞍山	Maanshan	166	219	241	233	烟台	Yantai	1239	1165	1095	44
淮北	Huaibei	112	172	231	238	潍坊	Weifang	1724	1724	1751	9
铜陵	Tongling	49	68	72	279	济宁	Jining	1506	1697	1697	10
安庆	Anqing	140	282	326	201	泰安	Taian	1120	1051	1112	43
黄山	Huangshan	94	147	158	259	威海	Weihai	309	293	280	217
滁州	Chuzhou	314	376	545	127	日照	Rizhao	740	668	620	110
阜阳	Fuyang	398	523	563	121	莱芜	Laiwu	433	373	386	181
宿州	Suzhou	213	413	549	125	临沂	Linyi	2184	2347	2602	2
六安	Liuan	567	602	639	107	德州	Dezhou	376	637	782	79
亳州	Bozhou	193	286	484	142	聊城	Liaocheng	338	320	351	193

16-1 幼儿园数 续表 2

Number of Kinder-gardens continued 2

单位：所 (unit)

地名	City	2010	2012	2013	2013 排名 Ranking	地名	City	2010	2012	2013	2013 排名 Ranking
滨州	Binzhou	390	486	532	130	常德	Changde	762	879	929	54
菏泽	Heze	1726	1071	1659	11	张家界	Zhangjiajie	208	307	313	207
河南	**Henan**	**7698**	**12757**	**14485**		益阳	Yiyang	412	529	577	119
郑州	Zhengzhou	730	1197	1354	21	郴州	Chenzhou	535	739	872	62
开封	Kaifeng	350	690	742	85	永州	Yongzhou	784	1457	1636	12
洛阳	Luoyang	375	576	726	92	怀化	Huaihua	330	566	608	111
平顶山	Pingdingshan	506	991	1044	47	娄底	Loudi	278	400	505	138
安阳	Anyang	732	910	1161	40	**广东**	**Guangdong**	**11161**	**12711**	**13789**	
鹤壁	Hebi	170	352	352	192	广州	Guangzhou	1532	1601	1562	15
新乡	Xinxiang	784	2023	1559	16	韶关	Shaoguan	389	412	424	167
焦作	Jiaozuo	498	537	548	126	深圳	Shenzhen	1040	1186	1313	24
濮阳	Puyang	226	375	528	131	珠海	Zhuhai	227	232	248	228
许昌	Xuchang	758	968	987	50	汕头	Shantou	690	830	787	76
漯河	Luohe	196	311	380	183	佛山	Foshan	771	793	809	69
三门峡	Sanmenxia	205	316	320	205	江门	Jiangmen	439	470	482	144
南阳	Nanyang	489	1062	1286	27	湛江	Zhanjiang	557	847	1206	35
商丘	Shangqiu	338	597	783	78	茂名	Maoming	744	889	919	56
信阳	Xinyang	340	497	698	97	肇庆	Zhaoqing	573	488	510	134
周口	Zhoukou	425	782	1140	41	惠州	Huizhou	351	436	480	145
驻马店	Zhumadian	498	573	718	93	梅州	Meizhou	367	417	509	135
湖北	**Hubei**	**4562**	**4677**	**6011**		汕尾	Shanwei	108	144	141	263
武汉	Wuhan	785	888	924	55	河源	Heyuan	283	395	487	141
黄石	Huangshi	210	237	303	211	阳江	Yangjiang	234	312	401	174
十堰	Shiyan	163	292	322	204	清远	Qingyuan	428	432	508	137
宜昌	Yichang	359	383	382	182	东莞	Dongguan	727	791	827	66
襄阳	Xiangyang	455	540	621	108	中山	Zhongshan	435	454	454	154
鄂州	Ezhou	48	65	73	277	潮州	Chaozhou	586	644	682	100
荆门	Jingmen	132	207	206	247	揭阳	Jieyang	551	672	731	90
孝感	Xiaogan	391	438	467	150	云浮	Yunfu	188	266	309	209
荆州	Jingzhou	392	439	451	157	**广西**	**Guangxi**	**5349**	**7554**	**9075**	
黄冈	Huanggang	517	637	794	72	南宁	Nanning	990	1200	1209	34
咸宁	Xianning	246	378	396	176	柳州	Liuzhou	388	581	599	114
随州	Suizhou	136	173	181	254	桂林	Guilin	500	664	728	91
湖南	**Hunan**	**7829**	**10618**	**12236**		梧州	Wuzhou	294	330	409	171
长沙	Changsha	995	1325	1345	22	北海	Beihai	171	213	228	240
株洲	Zhuzhou	740	870	934	53	防城港	Fangchenggang	114	100	128	266
湘潭	Xiangtan	286	402	447	160	钦州	Qinzhou	97	236	247	229
衡阳	Hengyang	705	999	1168	39	贵港	Guigang	423	612	786	77
邵阳	Shaoyang	729	1092	1263	30	玉林	Yulin	592	882	1170	38
岳阳	Yueyang	718	1053	1120	42	百色	Baise	708	971	1394	19

16-1 幼儿园数 续表 3
Number of Kinder-gardens continued 3

单位：所 （unit）

地名	City	2010	2012	2013	2013 排名 Ranking
贺州	Hezhou	198	263	312	208
河池	Hechi	242	508	717	94
来宾	Laibin	443	539	680	101
崇左	Chongzuo	340	455	468	149
海南	**Hainan**	**1005**	**1070**	**633**	
海口	Haikou	350	492	558	123
三亚	Sanya	48	60	75	276
三沙	Sansha				
重庆	**Chongqing**	**4105**	**4164**	**2908**	
四川	**Sichuan**	**9483**	**10212**	**11759**	
成都	Chengdu	1724	1848	1874	6
自贡	Zigong	324	351	388	179
攀枝花	Panzhihua	186	188	201	248
泸州	Luzhou	439	555	590	115
德阳	Deyang	249	242	249	227
绵阳	Mianyang	518	546	582	117
广元	Guangyuan	171	271	264	222
遂宁	Suining	228	338	378	185
内江	Neijiang	502	510	604	113
乐山	Leshan	346	440	478	146
南充	Nanchong	299	623	854	64
眉山	Meishan	442	446	437	164
宜宾	Yibin	799	860	792	75
广安	Guangan	611	721	736	87
达州	Dazhou	639	688	735	88
雅安	Yaan	202	245	238	236
巴中	Bazhong	182	198	211	245
资阳	Ziyang	1028	1046	1195	36
贵州	**Guizhou**	**2196**	**2727**	**4016**	
贵阳	Guiyang	360	444	499	139
六盘水	Liupanshui	165	223	245	231
遵义	Zunyi	465	711	794	72
安顺	Anshun	183	259	338	198
毕节	Bijie	110	234	326	201
铜仁	Tongren	280	392	448	159
云南	**Yunnan**	**3790**	**4307**	**5326**	
昆明	Kunming	828	1127	1086	45
曲靖	Qujing	655	969	1025	48
玉溪	Yuxi	214	238	243	232
保山	Baoshan	151	175	458	151
昭通	Zhaotong	88	100	175	256
丽江	Lijiang	115	172	190	251
普洱	Puer	106	111	128	266
临沧	Lincang	62	72	73	277
西藏	**Tibet**	**119**	**248**	**611**	
拉萨	Lasa	40	96	119	269
陕西	**Shaanxi**	**3928**	**5761**	**6356**	
西安	Xi'an	1004	1239	1295	26
铜川	Tongchuan	51	67	83	275
宝鸡	Baoji	201	337	400	175
咸阳	Xianyang	329	682	800	71
渭南	Weinan	575	1037	1086	45
延安	Yan'an	349	467	523	132
汉中	Hanzhong	655	750	745	84
榆林	Yulin	363	542	674	102
安康	Ankang	199	308	346	195
商洛	Shangluo	181	332	374	186
甘肃	**Gansu**	**2407**	**2511**	**3141**	
兰州	Lanzhou	281	324	389	178
嘉峪关	Jiayuguan	53	56	59	282
金昌	Jinchang	69	66	61	280
白银	Baiyin	112	140	162	258
天水	Tianshui	151	206	257	225
武威	Wuwei	238	166	196	249
张掖	Zhangye	463	436	447	160
平凉	Pingliang	172	203	238	236
酒泉	Jiuquan	247	268	267	221
庆阳	Qingyang	322	397	431	165
定西	Dingxi	160	131	185	253
陇南	Longnan	54	118	132	265
青海	**Qinghai**	**599**	**1030**	**1245**	
西宁	Xining	296	331	359	190
海东	Haidong				
宁夏	**Ningxia**	**373**	**527**	**634**	
银川	Yinchuan	151	197	219	243
石嘴山	Shizuishan	61	89	94	273
吴忠	Wuzhong	61	93	110	271
固原	Guyuan	63	97	151	261
中卫	Zhongwei	37	51	60	281
新疆	**Xinjiang**	**2563**	**3525**	**3630**	
乌鲁木齐	Urumqi	255	280	293	213
克拉玛依	Karamay	34	38	38	284

16-2 幼儿园在园学生数
Children Enrollment

单位：万人 （10 000 persons）

地名	City	2010	2012	2013	2013 排名 Ranking	地名	City	2010	2012	2013	2013 排名 Ranking
全国	**Nation Total**	**2976.67**	**3685.76**	**3894.70**		沈阳	Shenyang		14.31	14.28	85
北京	**Beijing**	**27.70**	**34.14**	**34.87**		大连	Dalian		13.25	13.47	94
天津	**Tianjin**	**21.79**	**25.61**	**23.38**		鞍山	Anshan		7.27	7.34	179
河北	**Hebei**	**168.04**	**196.25**	**212.95**		抚顺	Fushun		3.29	3.22	251
石家庄	Shijiazhuang	19.05	23.03	28.15	17	本溪	Benxi		2.58	2.69	260
唐山	Tangshan	19.20	20.48	21.01	40	丹东	Dandong		4.04	4.08	236
秦皇岛	Qinhuangdao	6.13	7.04	7.40	177	锦州	Jinzhou		6.39	5.98	203
邯郸	Handan	23.62	30.74	31.58	11	营口	Yingkou		4.60	4.75	224
邢台	Xingtai	16.66	19.70	21.86	35	阜新	Fuxin		3.62	3.65	241
保定	Baoding	29.23	32.38	34.38	7	辽阳	Liaoyang		3.63	3.48	244
张家口	Zhangjiakou	7.94	9.36	8.89	152	盘锦	Panjin		2.76	2.83	258
承德	Chengde	10.04	10.69	10.85	124	铁岭	Tieling		6.44	6.91	188
沧州	Cangzhou	19.63	23.12	26.12	21	朝阳	Chaoyang		7.92	6.94	186
廊坊	Langfang	9.29	12.04	13.95	86	葫芦岛	Huludao		5.85	6.00	202
衡水	Hengshui	7.25	7.67	8.76	155	**吉林**	**Jilin**	**34.28**	**54.04**	**44.19**	
山西	**Shanxi**	**71.03**	**91.48**	**95.13**		长春	Changchun	10.24	11.03	11.59	109
太原	Taiyuan	9.54	11.06	11.34	112	吉林	Jilin	7.60	8.67	8.13	162
大同	Datong	2.31	7.43	7.58	171	四平	Siping	2.54	5.00	4.76	223
阳泉	Yangquan	2.90	3.38	3.35	248	辽源	Liaoyuan	1.63	1.98	2.10	268
长治	Changzhi	7.21	8.53	8.91	151	通化	Tonghua	3.10	3.63	4.11	235
晋城	Jincheng	5.00	5.25	5.06	219	白山	Baishan	1.03	1.75	1.75	273
朔州	Shuozhou	1.30	3.94	4.00	238	松原	Songyuan	2.17	3.91	4.44	229
晋中	Jinzhong	9.50	10.41	10.95	122	白城	Baicheng	2.42	3.33	3.31	250
运城	Yuncheng	14.60	13.89	14.29	84	**黑龙江**	**Heilongjiang**	**49.16**	**57.24**	**54.08**	
忻州	Xinzhou	4.77	7.55	7.82	167	哈尔滨	Harbin	13.23	15.67	15.65	72
临汾	Linfen	5.50	8.07	9.62	142	齐齐哈尔	Qiqihar	8.91	10.11	8.13	162
吕梁	Lvliang	8.30	11.97	12.21	105	鸡西	Jixi	2.43	2.60	2.43	263
内蒙古	**Inner Mongolia**	**38.08**	**52.82**	**51.55**		鹤岗	Hegang	1.64	1.47	1.33	278
呼和浩特	Hohhot	3.47	4.70	5.10	216	双鸭山	Shuangyashan	2.44	2.28	2.12	267
包头	Baotou	3.12	3.84	4.12	234	大庆	Daqing	4.65	4.62	4.90	221
乌海	Wuhai	1.16	1.21	1.17	280	伊春	Yichun	0.85	1.17	0.97	283
赤峰	Chifeng	7.87	10.01	11.17	115	佳木斯	Jiamusi	4.10	4.70	4.07	237
通辽	Tongliao	3.95	6.11	6.18	198	七台河	Qitaihe	1.31	1.51	1.40	277
鄂尔多斯	Erdos	5.00	7.36	7.82	167	牡丹江	Mudanjiang	3.54	3.34	3.42	245
呼伦贝尔	Hulunbuir	3.68	4.50	4.57	228	黑河	Heihe	2.55	2.69	2.40	264
巴彦淖尔	Bayannur	3.10	3.58	3.64	242	绥化	Suihua	2.93	7.08	6.68	192
乌兰察布	Ulanqab	1.54	1.85	2.05	269	**上海**	**Shanghai**	**40.03**	**47.42**	**50.14**	
辽宁	**Liaoning**		**94.20**	**85.62**		**江苏**	**Jiangsu**	**205.70**	**220.44**	**231.82**	

16-2 幼儿园在园学生数 续表 1
Children Enrollment continued 1

单位：万人 （10 000 persons）

地名	City	2010	2012	2013	2013 排名 Ranking	地名	City	2010	2012	2013	2013 排名 Ranking
南京	Nanjing	15.28	17.06	17.55	61	池州	Chizhou	2.93	3.28	3.33	249
无锡	Wuxi	14.18	14.43	14.98	80	宣城	Xuancheng	6.25	6.68	6.64	194
徐州	Xuzhou	29.68	35.35	40.89	2	**福建**	**Fujian**	**116.63**	**139.99**	**143.30**	
常州	Changzhou	9.69	10.79	11.19	114	福州	Fuzhou	22.86	25.97	26.62	20
苏州	Suzhou	19.79	22.97	24.80	24	厦门	Xiamen	8.77	11.42	12.16	106
南通	Nantong	15.04	14.65	14.98	80	莆田	Putian	8.94	9.77	10.19	131
连云港	Lianyungang	17.54	17.63	18.64	54	三明	Sanming	7.57	9.18	9.54	145
淮安	Huaian	17.08	17.35	16.69	67	泉州	Quanzhou	25.69	32.08	33.98	8
盐城	Yancheng	25.19	24.38	24.36	27	漳州	Zhangzhou	14.82	18.14	17.84	58
扬州	Yangzhou	9.95	9.89	9.87	137	南平	Nanping	9.27	10.87	10.61	129
镇江	Zhenjiang	6.20	6.70	6.49	195	龙岩	Longyan	9.76	11.64	11.21	113
泰州	Taizhou	10.81	10.67	10.63	128	宁德	Ningde	8.95	10.92	11.15	116
宿迁	Suqian	15.26	18.57	20.75	41	**江西**	**Jiangxi**	**123.51**	**152.10**	**156.32**	
浙江	**Zhejiang**	**183.05**	**188.62**	**186.87**		南昌	Nanchang	8.97	12.53	13.25	96
杭州	Hangzhou	26.74	28.34	28.54	14	景德镇	Jingdezhen	4.15	4.88	5.08	218
宁波	Ningbo	25.81	27.57	27.59	19	萍乡	Pingxiang	6.19	7.50	7.37	178
温州	Wenzhou	32.26	33.22	32.78	10	九江	Jiujiang	11.13	13.37	14.67	82
嘉兴	Jiaxing	9.85	10.68	11.04	120	新余	Xinyu	3.52	4.49	4.73	225
湖州	Huzhou	7.24	7.47	7.51	174	鹰潭	Yingtan	2.39	2.95	3.89	239
绍兴	Shaoxing	13.82	13.45	12.95	100	赣州	Ganzhou	29.17	34.14	35.38	6
金华	Jinhua	22.36	23.79	24.60	25	吉安	Jian	15.03	17.53	17.20	63
衢州	Quzhou	8.00	7.77	7.56	172	宜春	Yichun	16.02	20.95	21.03	39
舟山	Zhoushan	2.53	2.59	2.59	261	抚州	Fuzhou	8.11	10.03	10.01	134
台州	Taizhou	25.98	25.19	23.30	32	上饶	Shangrao	18.84	23.73	23.71	30
丽水	Lishui	8.49	8.55	8.41	158	**山东**	**Shandong**	**108.51**	**121.92**	**116.10**	
安徽	**Anhui**	**100.82**	**121.81**	**167.94**		济南	Jinan	5.59	5.86	5.73	207
合肥	Hefei	9.51	20.54	21.18	37	青岛	Qingdao	6.45	7.20	7.54	173
芜湖	Wuhu	4.48	8.23	8.30	160	淄博	Zibo	4.30	2.95	3.16	252
蚌埠	Bengbu	4.65	9.75	10.41	130	枣庄	Zaozhuang	5.14	5.53	5.61	210
淮南	Huainan	2.63	6.19	6.92	187	东营	Dongying	2.01	2.14	1.77	272
马鞍山	Maanshan	2.73	4.78	5.02	220	烟台	Yantai	4.01	4.19	4.65	227
淮北	Huaibei	3.46	6.12	6.67	193	潍坊	Weifang	10.87	8.02	8.23	161
铜陵	Tongling	1.00	1.42	1.52	276	济宁	Jining	11.74	12.08	11.98	107
安庆	Anqing	5.91	11.22	10.67	127	泰安	Taian	6.84	5.69	5.18	215
黄山	Huangshan	3.25	3.52	3.52	243	威海	Weihai	1.34	1.60	1.79	271
滁州	Chuzhou	7.64	9.59	9.91	136	日照	Rizhao	3.29	2.96	2.87	256
阜阳	Fuyang	14.48	20.07	23.79	29	莱芜	Laiwu	0.81	0.99	1.13	281
宿州	Suzhou	7.17	15.46	16.81	66	临沂	Linyi	15.02	19.09	17.69	60
六安	Liuan	10.65	14.48	14.99	79	德州	Dezhou	5.43	7.91	8.12	165
亳州	Bozhou	7.39	16.53	18.26	56	聊城	Liaocheng	6.27	9.16	9.70	139

16-2　幼儿园在园学生数　续表 2
Children Enrollment continued 2

单位：万人　　　　　　　　　　　　　　　　　　　　（10 000 persons）

地名	City	2010	2012	2013	2013 排名 Ranking	地名	City	2010	2012	2013	2013 排名 Ranking
滨州	Binzhou	3.64	4.47	4.26	231	常德	Changde	10.88	12.55	13.54	92
菏泽	Heze	15.74	12.79	16.69	67	张家界	Zhangjiajie	3.84	4.98	5.28	213
河南	**Henan**	**196.67**	**290.71**	**346.96**		益阳	Yiyang	7.40	9.10	9.55	144
郑州	Zhengzhou	19.51	31.01	33.30	9	郴州	Chenzhou	10.60	13.60	15.06	76
开封	Kaifeng	9.92	15.87	16.31	69	永州	Yongzhou	14.96	18.77	20.04	45
洛阳	Luoyang	10.06	16.23	20.10	44	怀化	Huaihua	9.33	12.39	13.88	87
平顶山	Pingdingshan	10.01	18.36	19.19	51	娄底	Loudi	7.66	8.18	9.57	143
安阳	Anyang	11.41	17.23	19.25	49	**广东**	**Guangdong**	**227.23**	**315.81**	**354.58**	
鹤壁	Hebi	2.81	6.21	6.16	200	广州	Guangzhou	34.30	38.34	37.87	4
新乡	Xinxiang	13.75	25.60	22.65	33	韶关	Shaoguan	8.60	10.13	10.79	125
焦作	Jiaozuo	8.25	8.08	10.95	122	深圳	Shenzhen	26.09	31.69	36.89	5
濮阳	Puyang	6.43	12.08	13.62	91	珠海	Zhuhai	4.67	5.04	5.48	212
许昌	Xuchang	12.93	16.65	17.47	62	汕头	Shantou	13.33	15.53	16.22	71
漯河	Luohe	4.90	7.18	8.47	157	佛山	Foshan	19.79	22.25	23.65	31
三门峡	Sanmenxia	4.67	6.79	7.03	184	江门	Jiangmen	11.59	12.21	12.84	101
南阳	Nanyang	21.79	39.47	41.15	1	湛江	Zhanjiang	18.61	22.72	23.81	28
商丘	Shangqiu	13.17	24.06	28.50	15	茂名	Maoming	18.70	25.47	25.84	23
信阳	Xinyang	14.85	20.25	21.06	38	肇庆	Zhaoqing	12.76	12.83	13.64	90
周口	Zhoukou	15.47	27.87	30.57	12	惠州	Huizhou	11.44	14.47	16.31	69
驻马店	Zhumadian	15.17	23.94	28.25	16	梅州	Meizhou	9.73	11.69	12.96	99
湖北	**Hubei**	**111.74**	**139.62**	**147.33**		汕尾	Shanwei	5.18	5.67	5.62	209
武汉	Wuhan	16.57	20.34	22.43	34	河源	Heyuan	8.26	10.90	12.33	103
黄石	Huangshi	4.59	6.93	6.82	189	阳江	Yangjiang	3.81	8.38	8.85	153
十堰	Shiyan	7.60	9.11	9.81	138	清远	Qingyuan	9.21	11.97	13.68	89
宜昌	Yichang	6.92	7.85	8.53	156	东莞	Dongguan	20.84	25.57	27.78	18
襄阳	Xiangyang	10.77	13.42	15.35	75	中山	Zhongshan	9.63	11.12	11.07	119
鄂州	Ezhou	0.97	1.10	1.57	275	潮州	Chaozhou	6.68	7.93	9.64	141
荆门	Jingmen	5.26	5.90	5.92	206	揭阳	Jieyang	15.12	18.00	19.91	46
孝感	Xiaogan	9.93	12.16	11.58	110	云浮	Yunfu	6.86	8.77	9.40	147
荆州	Jingzhou	10.96	13.08	13.87	88	**广西**	**Guangxi**	**118.53**	**150.25**	**178.20**	
黄冈	Huanggang	12.49	15.51	17.96	57	南宁	Nanning	17.30	21.68	24.43	26
咸宁	Xianning	6.83	8.99	9.43	146	柳州	Liuzhou	9.07	10.73	11.01	121
随州	Suizhou	5.04	5.23	5.71	208	桂林	Guilin	11.01	15.18	15.42	73
湖南	**Hunan**	**141.91**	**168.75**	**191.24**		梧州	Wuzhou	8.04	10.00	11.08	118
长沙	Changsha	17.16	20.51	21.57	36	北海	Beihai	4.40	5.62	6.48	196
株洲	Zhuzhou	9.75	12.12	13.18	97	防城港	Fangchenggang	1.57	2.45	2.28	265
湘潭	Xiangtan	3.59	5.19	5.94	205	钦州	Qinzhou	8.64	14.18	15.00	78
衡阳	Hengyang	14.62	19.07	20.36	42	贵港	Guigang	13.80	16.57	18.41	55
邵阳	Shaoyang	14.53	17.59	19.20	50	玉林	Yulin	14.11	18.44	25.98	22
岳阳	Yueyang	11.43	14.70	15.41	74	百色	Baise	10.81	13.85	13.52	93

16-2 幼儿园在园学生数 续表 3
Children Enrollment continued 3

单位：万人 （10 000 persons）

地名	City	2010	2012	2013	2013 排名 Ranking	地名	City	2010	2012	2013	2013 排名 Ranking
贺州	Hezhou	4.24	6.20	6.20	197	丽江	Lijiang	2.25	2.61	2.95	254
河池	Hechi	6.94	14.17	13.44	95	普洱	Puer	3.57	4.28	4.67	226
来宾	Laibin	5.35	6.39	7.45	176	临沧	Lincang	3.89	4.64	4.80	222
崇左	Chongzuo	5.46	7.63	7.50	175	**西藏**	**Tibet**	**3.46**	**3.01**	**7.24**	
海南	**Hainan**	**18.16**	**13.06**	**11.45**		拉萨	Lasa	2.32	1.94	2.14	266
海口	Haikou	5.40	8.43	8.95	149	**陕西**	**Shaanxi**	**70.48**	**110.78**	**127.11**	
三亚	Sanya	0.40	1.95	2.50	262	西安	Xi'an	18.36	27.08	28.56	13
三沙	Sansha					铜川	Tongchuan	0.94	1.53	1.61	274
重庆	**Chongqing**	**70.87**	**87.28**	**50.10**		宝鸡	Baoji	5.69	9.22	10.17	132
四川	**Sichuan**	**188.75**	**219.01**	**231.48**		咸阳	Xianyang	6.96	15.90	16.89	65
成都	Chengdu	32.61	38.45	40.15	3	渭南	Weinan	8.46	16.16	17.19	64
自贡	Zigong	6.11	6.63	6.77	190	延安	Yan'an	6.36	10.45	11.43	111
攀枝花	Panzhihua	3.19	3.12	3.11	253	汉中	Hanzhong	7.37	9.68	9.94	135
泸州	Luzhou	13.83	14.65	14.50	83	榆林	Yulin	7.97	12.72	15.01	77
德阳	Deyang	7.17	8.62	9.03	148	安康	Ankang	4.88	7.09	7.65	170
绵阳	Mianyang	9.92	12.23	12.80	102	商洛	Shangluo	3.02	6.91	7.84	166
广元	Guangyuan	5.46	6.73	7.21	180	**甘肃**	**Gansu**	**38.73**	**44.82**	**54.96**	
遂宁	Suining	7.08	8.47	8.93	150	兰州	Lanzhou	5.56	6.08	6.71	191
内江	Neijiang	10.10	10.15	10.12	133	嘉峪关	Jiayuguan	0.61	0.75	0.80	284
乐山	Leshan	6.69	7.60	8.13	162	金昌	Jinchang	1.17	1.27	1.22	279
南充	Nanchong	11.86	16.63	17.77	59	白银	Baiyin	2.26	2.98	3.39	246
眉山	Meishan	6.90	7.85	8.77	154	天水	Tianshui	3.69	4.05	5.23	214
宜宾	Yibin	11.30	12.41	13.15	98	武威	Wuwei	3.48	4.13	4.20	232
广安	Guangan	8.33	9.73	10.68	126	张掖	Zhangye	2.88	3.31	3.38	247
达州	Dazhou	15.60	17.96	18.98	53	平凉	Pingliang	3.41	4.07	4.36	230
雅安	Yaan	3.50	4.09	4.16	233	酒泉	Jiuquan	2.62	2.92	2.92	255
巴中	Bazhong	6.98	7.79	8.31	159	庆阳	Qingyang	4.84	6.12	7.15	181
资阳	Ziyang	11.94	12.72	12.31	104	定西	Dingxi	3.72	4.52	5.10	216
贵州	**Guizhou**	**76.91**	**90.78**	**107.75**		陇南	Longnan	2.46	4.62	5.95	204
贵阳	Guiyang	8.37	10.04	11.15	116	**青海**	**Qinghai**	**11.20**	**14.10**	**16.67**	
六盘水	Liupanshui	5.16	6.16	6.97	185	西宁	Xining	5.64	6.49	7.04	183
遵义	Zunyi	14.59	17.40	19.28	48	海东	Haidong				
安顺	Anshun	4.34	6.87	7.71	169	**宁夏**	**Ningxia**	**13.79**	**16.02**	**16.91**	
毕节	Bijie	12.06	19.87	20.17	43	银川	Yinchuan	3.95	5.07	5.58	211
铜仁	Tongren	9.95	11.38	11.80	108	石嘴山	Shizuishan	1.69	1.97	1.91	270
云南	**Yunnan**	**98.69**	**110.59**	**119.01**		吴忠	Wuzhong	3.38	3.72	3.78	240
昆明	Kunming	17.85	19.15	19.68	47	固原	Guyuan	2.12	2.42	2.79	259
曲靖	Qujing	14.11	18.04	19.01	52	中卫	Zhongwei	2.65	2.84	2.85	257
玉溪	Yuxi	5.82	5.86	6.04	201	**新疆**	**Xinjiang**	**57.90**	**70.11**	**66.38**	
保山	Baoshan	6.11	6.59	7.10	182	乌鲁木齐	Urumqi	5.01	6.14	6.18	198
昭通	Zhaotong	6.87	8.96	9.68	140	克拉玛依	Karamay	0.88	1.02	1.11	282

16-3 普通小学学校数
Number of Primary Schools

单位：所 (unit)

地名	City	2010	2014	2015	2015 排名 Ranking
全国	**Nation Total**	**257410**	**201377**	**190525**	
北京	**Beijing**	**1104**	**1040**	**996**	
天津	**Tianjin**	**956**	**842**	**849**	
河北	**Hebei**	**13563**	**12529**	**12126**	
石家庄	Shijiazhuang	1750	1295	1390	21
唐山	Tangshan	1242	1123	1127	44
秦皇岛	Qinhuangdao	471	436	416	148
邯郸	Handan	2093	1970	1809	10
邢台	Xingtai	1446	1394	1257	36
保定	Baoding	2179	2186	2162	4
张家口	Zhangjiakou	553	542	531	116
承德	Chengde	646	487	447	138
沧州	Cangzhou	1398	1318	1310	30
廊坊	Langfang	829	820	809	78
衡水	Hengshui	956	875	868	72
山西	**Shanxi**	**12776**	**6885**	**6403**	
太原	Taiyuan	607	423	416	148
大同	Datong	1003	469	466	130
阳泉	Yangquan	372	255	255	208
长治	Changzhi	1471	659	636	96
晋城	Jincheng	828	545	543	113
朔州	Shuozhou	472	316	383	160
晋中	Jinzhong	883	673	674	90
运城	Yuncheng	1339	842	835	75
忻州	Xinzhou	2360	841	677	89
临汾	Linfen	1580	1051	1012	52
吕梁	Lvliang	1861	867	666	91
内蒙古	**Inner Mongolia**	**2767**	**2174**	**1853**	
呼和浩特	Hohhot	361	218	212	222
包头	Baotou	185	153	138	253
乌海	Wuhai	30	25	25	284
赤峰	Chifeng	671	501	396	153
通辽	Tongliao	582	495	353	167
鄂尔多斯	Erdos	117	122	128	257
呼伦贝尔	Hulunbuir	201	185	150	249
巴彦淖尔	Bayannur	119	93	90	267
乌兰察布	Ulanqab	230	170	148	250
辽宁	**Liaoning**	**5523**	**4429**	**4234**	
沈阳	Shenyang	415	295	274	201
大连	Dalian	700	551	526	118
鞍山	Anshan	658	566	535	114
抚顺	Fushun	194	129	123	260
本溪	Benxi	66	72	70	275
丹东	Dandong	474	456	448	136
锦州	Jinzhou	431	395	378	162
营口	Yingkou	218	164	157	245
阜新	Fuxin	213	81	75	272
辽阳	Liaoyang	277	199	168	241
盘锦	Panjin	56	51	54	280
铁岭	Tieling	476	320	298	194
朝阳	Chaoyang	702	668	654	94
葫芦岛	Huludao	643	545	474	129
吉林	**Jilin**	**5837**	**4806**	**4493**	
长春	Changchun	1474	1197	1126	45
吉林	Jilin	732	620	607	100
四平	Siping	989	889	875	71
辽源	Liaoyuan	377	319	308	191
通化	Tonghua	398	250	215	220
白山	Baishan	246	192	181	238
松原	Songyuan	729	722	712	86
白城	Baicheng	681	439	345	173
黑龙江	**Heilongjiang**	**6490**	**3115**	**2802**	
哈尔滨	Harbin	1591	608	590	102
齐齐哈尔	Qiqihar	1172	840	664	92
鸡西	Jixi	97	69	71	274
鹤岗	Hegang	95	85	82	270
双鸭山	Shuangyashan	161	109	110	265
大庆	Daqing	507	389	380	161
伊春	Yichun	118	65	63	278
佳木斯	Jiamusi	390	209	191	233
七台河	Qitaihe	89	51	49	281
牡丹江	Mudanjiang	363	292	191	233
黑河	Heihe	231	184	184	236
绥化	Suihua	1616	257	257	207
上海	**Shanghai**	**766**	**757**	**764**	
江苏	**Jiangsu**	**4498**	**4023**	**4068**	

16-3 普通小学学校数 续表 1
Number of Primary Schools continued 1

单位：所 (unit)

地名	City	2010	2014	2015	2015 排名 Ranking	地名	City	2010	2014	2015	2015 排名 Ranking
南京	Nanjing	345	346	350	171	池州	Chizhou	403	292	225	215
无锡	Wuxi	208	185	197	232	宣城	Xuancheng	290	184	178	239
徐州	Xuzhou	871	906	924	61	**福建**	**Fujian**	**6974**	**5167**	**5141**	
常州	Changzhou	190	187	201	227	福州	Fuzhou	1270	905	893	68
苏州	Suzhou	320	383	387	156	厦门	Xiamen	295	296	302	192
南通	Nantong	347	321	322	182	莆田	Putian	707	491	497	126
连云港	Lianyungang	443	449	447	138	三明	Sanming	298	230	233	214
淮安	Huaian	404	283	282	199	泉州	Quanzhou	1483	1347	1340	26
盐城	Yancheng	491	318	326	179	漳州	Zhangzhou	1263	882	877	69
扬州	Yangzhou	226	208	205	224	南平	Nanping	513	321	311	188
镇江	Zhenjiang	130	113	113	264	龙岩	Longyan	467	370	367	166
泰州	Taizhou	151	158	156	246	宁德	Ningde	678	279	278	200
宿迁	Suqian	372	166	158	244	**江西**	**Jiangxi**	**12772**	**9764**	**9465**	
浙江	**Zhejiang**	**3989**	**3344**	**3303**		南昌	Nanchang	1047	927	904	64
杭州	Hangzhou	408	421	443	141	景德镇	Jingdezhen	496	450	433	143
宁波	Ningbo	513	457	448	136	萍乡	Pingxiang	425	384	384	158
温州	Wenzhou	706	568	563	108	九江	Jiujiang	1332	959	920	62
嘉兴	Jiaxing	215	170	154	248	新余	Xinyu	155	101	101	266
湖州	Huzhou	141	128	129	256	鹰潭	Yingtan	356	259	255	208
绍兴	Shaoxing	452	359	369	164	赣州	Ganzhou	2592	2039	1953	7
金华	Jinhua	456	418	396	153	吉安	Jian	1253	802	735	85
衢州	Quzhou	212	201	199	230	宜春	Yichun	1579	918	908	63
舟山	Zhoushan	61	58	57	279	抚州	Fuzhou	1334	986	963	54
台州	Taizhou	561	343	329	177	上饶	Shangrao	2203	1444	1898	8
丽水	Lishui	264	221	216	219	**山东**	**Shandong**	**12405**	**10770**	**10404**	
安徽	**Anhui**	**13997**	**10547**	**9119**		济南	Jinan	645	588	582	104
合肥	Hefei	663	613	584	103	青岛	Qingdao	894	794	772	82
芜湖	Wuhu	205	412	313	186	淄博	Zibo	357	317	311	188
蚌埠	Bengbu	857	685	661	93	枣庄	Zaozhuang	582	538	520	123
淮南	Huainan	454	362	330	176	东营	Dongying	172	126	125	259
马鞍山	Maanshan	142	274	248	212	烟台	Yantai	509	316	295	197
淮北	Huaibei	373	345	321	184	潍坊	Weifang	1057	831	818	77
铜陵	Tongling	99	85	80	271	济宁	Jining	1273	1085	1068	47
安庆	Anqing	1687	1222	1125	46	泰安	Taian	673	555	528	117
黄山	Huangshan	514	139	130	255	威海	Weihai	134	90	89	268
滁州	Chuzhou	613	396	262	203	日照	Rizhao	419	310	297	195
阜阳	Fuyang	2331	2050	1659	13	莱芜	Laiwu	166	134	126	258
宿州	Suzhou	1134	882	840	74	临沂	Linyi	1639	1370	1337	28
六安	Liuan	1827	1336	1009	53	德州	Dezhou	960	937	877	69
亳州	Bozhou	1407	1270	1154	42	聊城	Liaocheng	782	760	750	83

16-3 普通小学学校数 续表 2
Number of Primary Schools continued 2

单位：所 （unit）

地名	City	2010	2014	2015	2015 排名 Ranking	地名	City	2010	2014	2015	2015 排名 Ranking
滨州	Binzhou	428	387	353	167	常德	Changde	720	539	524	120
菏泽	Heze	1715	1632	1556	16	张家界	Zhangjiajie	173	144	120	261
河南	**Henan**	**28603**	**25578**	**24673**		益阳	Yiyang	588	452	420	147
郑州	Zhengzhou	1027	935	935	58	郴州	Chenzhou	1418	471	489	127
开封	Kaifeng	1429	1552	1281	34	永州	Yongzhou	484	455	461	132
洛阳	Luoyang	2223	1446	1309	31	怀化	Huaihua	911	1368	1349	24
平顶山	Pingdingshan	1480	1409	1399	20	娄底	Loudi	924	789	778	81
安阳	Anyang	1474	1308	1298	32	**广东**	**Guangdong**	**16806**	**10731**	**10126**	
鹤壁	Hebi	440	356	351	170	广州	Guangzhou	1004	938	941	56
新乡	Xinxiang	1654	1557	1556	16	韶关	Shaoguan	296	184	184	236
焦作	Jiaozuo	627	573	545	112	深圳	Shenzhen	340	331	334	174
濮阳	Puyang	1238	1165	1164	41	珠海	Zhuhai	124	115	116	262
许昌	Xuchang	1038	1008	1018	51	汕头	Shantou	798	750	748	84
漯河	Luohe	534	494	499	125	佛山	Foshan	424	406	407	152
三门峡	Sanmenxia	508	271	251	211	江门	Jiangmen	340	313	313	186
南阳	Nanyang	3763	3447	3288	2	湛江	Zhanjiang	2090	835	1281	34
商丘	Shangqiu	2629	2179	2151	5	茂名	Maoming	2013	1746	1389	22
信阳	Xinyang	2441	1899	1656	14	肇庆	Zhaoqing	753	219	218	218
周口	Zhoukou	4064	3828	3573	1	惠州	Huizhou	689	453	454	134
驻马店	Zhumadian	1921	2284	2308	3	梅州	Meizhou	1292	444	447	138
湖北	**Hubei**	**7785**	**5513**	**5398**		汕尾	Shanwei	778	650	458	133
武汉	Wuhan	639	588	591	101	河源	Heyuan	1260	318	316	185
黄石	Huangshi	587	482	439	142	阳江	Yangjiang	470	137	139	252
十堰	Shiyan	720	437	428	144	清远	Qingyuan	796	320	325	180
宜昌	Yichang	344	266	261	204	东莞	Dongguan	330	320	327	178
襄阳	Xiangyang	773	459	462	131	中山	Zhongshan	211	206	205	224
鄂州	Ezhou	260	241	246	213	潮州	Chaozhou	682	640	633	97
荆门	Jingmen	295	222	223	216	揭阳	Jieyang	1358	1247	1231	38
孝感	Xiaogan	668	473	450	135	云浮	Yunfu	758	59	162	242
荆州	Jingzhou	509	395	394	155	**广西**	**Guangxi**	**13942**	**12946**	**11849**	
黄冈	Huanggang	1192	714	709	87	南宁	Nanning	1515	1451	1379	23
咸宁	Xianning	477	345	348	172	柳州	Liuzhou	970	670	577	105
随州	Suizhou	195	190	191	233	桂林	Guilin	1218	1138	855	73
湖南	**Hunan**	**12692**	**8560**	**8412**		梧州	Wuzhou	895	894	899	66
长沙	Changsha	1025	937	939	57	北海	Beihai	394	392	386	157
株洲	Zhuzhou	493	327	332	175	防城港	Fangchenggang	580	518	518	124
湘潭	Xiangtan	485	428	410	151	钦州	Qinzhou	1073	1522	1282	33
衡阳	Hengyang	1849	1561	1507	18	贵港	Guigang	1141	1139	1144	43
邵阳	Shaoyang	1667	1201	1187	40	玉林	Yulin	1461	1475	1423	19
岳阳	Yueyang	949	810	806	79	百色	Baise	1380	1278	1189	39

16-3 普通小学学校数 续表 3
Number of Primary Schools continued 3

单位：所 （unit）

地名	City	2010	2014	2015	2015 排名 Ranking
贺州	Hezhou	598	692	647	95
河池	Hechi	1455	1370	1339	27
来宾	Laibin	694	400	423	146
崇左	Chongzuo	755	705	369	164
海南	**Hainan**	**2313**	**1619**	**1556**	
海口	Haikou	327	170	200	229
三亚	Sanya	140	137	115	263
三沙	Sansha		1	1	286
重庆	**Chongqing**	**5544**	**4586**	**4170**	
四川	**Sichuan**	**9282**	**6959**	**6487**	
成都	Chengdu	504	522	523	121
自贡	Zigong	435	170	171	240
攀枝花	Panzhihua	64	64	65	277
泸州	Luzhou	283	279	260	205
德阳	Deyang	255	355	353	167
绵阳	Mianyang	432	414	412	150
广元	Guangyuan	242	255	255	208
遂宁	Suining	224	216	201	227
内江	Neijiang	374	296	284	198
乐山	Leshan	501	347	325	180
南充	Nanchong	263	260	264	202
眉山	Meishan	197	210	208	223
宜宾	Yibin	1369	320	322	182
广安	Guangan	260	228	213	221
达州	Dazhou	334	1603	1566	15
雅安	Yaan	291	161	156	246
巴中	Bazhong	246	210	203	226
资阳	Ziyang	266	261	258	206
贵州	**Guizhou**	**12422**	**9275**	**8520**	
贵阳	Guiyang	779	558	546	111
六盘水	Liupanshui	901	673	614	99
遵义	Zunyi	2064	1369	1321	29
安顺	Anshun	953	683	562	109
毕节	Bijie	2519	2170	2071	6
铜仁	Tongren	1494	1740	929	60
云南	**Yunnan**	**14059**	**12608**	**12413**	
昆明	Kunming	1124	958	959	55
曲靖	Qujing	1766	1709	1712	11
玉溪	Yuxi	575	537	535	114
保山	Baoshan	1246	928	904	64
昭通	Zhaotong	1980	1846	1840	9
丽江	Lijiang	526	480	479	128
普洱	Puer	773	582	567	107
临沧	Lincang	1576	913	1031	50
西藏	**Tibet**	**870**	**829**	**826**	
拉萨	Lasa	94	78	75	272
陕西	**Shaanxi**	**9710**	**6574**	**5851**	
西安	Xi'an	1531	1257	1234	37
铜川	Tongchuan	220	100	85	269
宝鸡	Baoji	918	633	526	118
咸阳	Xianyang	1445	1026	896	67
渭南	Weinan	1362	937	787	80
延安	Yan'an	386	307	301	193
汉中	Hanzhong	972	700	559	110
榆林	Yulin	653	438	384	158
安康	Ankang	886	639	631	98
商洛	Shangluo	1306	513	428	144
甘肃	**Gansu**	**11582**	**8979**	**8052**	
兰州	Lanzhou	697	570	523	121
嘉峪关	Jiayuguan	17	18	19	285
金昌	Jinchang	125	53	27	283
白银	Baiyin	754	698	685	88
天水	Tianshui	1779	1403	1347	25
武威	Wuwei	694	661	576	106
张掖	Zhangye	566	278	221	217
平凉	Pingliang	1309	963	935	58
酒泉	Jiuquan	314	158	146	251
庆阳	Qingyang	1341	1054	1044	49
定西	Dingxi	1430	1210	1056	48
陇南	Longnan	1220	1703	1673	12
青海	**Qinghai**	**1792**	**1114**	**978**	
西宁	Xining	334	170	160	243
海东	Haidong		498	373	163
宁夏	**Ningxia**	**2027**	**1763**	**1693**	
银川	Yinchuan	215	200	199	230
石嘴山	Shizuishan	89	67	66	276
吴忠	Wuzhong	368	321	309	190
固原	Guyuan	939	850	819	76
中卫	Zhongwei	416	321	296	196
新疆	**Xinjiang**	**3598**	**3551**	**3501**	
乌鲁木齐	Urumqi	140	133	132	254
克拉玛依	Karamay	5	28	29	282

16-4　普通小学专任教师数
Full-time Teachers of Primary Schools

单位：人　　(person)

地名	City	2010	2014	2015	2015 排名 Ranking
全国	**Nation Total**	**5617091**	**5633906**	**5685118**	
北京	**Beijing**	**49480**	**56870**	**59267**	
天津	**Tianjin**	**37317**	**38968**	**40202**	
河北	**Hebei**	**319037**	**333537**	**338901**	
石家庄	Shijiazhuang	41632	40817	43396	10
唐山	Tangshan	29312	31281	30889	32
秦皇岛	Qinhuangdao	12970	14296	14408	138
邯郸	Handan	43301	44105	46331	4
邢台	Xingtai	33257	34708	33400	26
保定	Baoding	45305	44290	45940	6
张家口	Zhangjiakou	19383	18939	18955	99
承德	Chengde	15889	16613	17084	114
沧州	Cangzhou	35966	37474	36985	18
廊坊	Langfang	21714	22403	22219	73
衡水	Hengshui	20308	18884	18668	101
山西	**Shanxi**	**190538**	**176840**	**172957**	
太原	Taiyuan	17079	16691	16379	119
大同	Datong	19595	18189	17982	109
阳泉	Yangquan	6318	5732	5643	256
长治	Changzhi	17471	15928	13802	151
晋城	Jincheng	11206	10313	9648	206
朔州	Shuozhou	11695	9711	8333	224
晋中	Jinzhong	15515	14950	14872	133
运城	Yuncheng	27458	24140	23098	65
忻州	Xinzhou	18423	16568	16379	119
临汾	Linfen	23110	21426	21966	74
吕梁	Lvliang	22668	20809	20579	83
内蒙古	**Inner Mongolia**	**113564**	**107262**	**101730**	
呼和浩特	Hohhot	10201	8902	8955	215
包头	Baotou	8810	8727	8736	217
乌海	Wuhai	2278	2243	2184	282
赤峰	Chifeng	23507	21085	19029	98
通辽	Tongliao	17664	16172	15048	131
鄂尔多斯	Erdos	6345	7588	7925	233
呼伦贝尔	Hulunbuir	13367	11847	10115	198
巴彦淖尔	Bayannur	7283	6221	6007	252
乌兰察布	Ulanqab	9949	8763	7947	232
辽宁	**Liaoning**	**146922**	**141049**	**140002**	

地名	City	2010	2014	2015	2015 排名 Ranking
沈阳	Shenyang	22023	22085	22321	72
大连	Dalian	17258	18009	18255	106
鞍山	Anshan	12500	10148	10925	187
抚顺	Fushun	7303	6803	6661	246
本溪	Benxi	5665	6163	5967	253
丹东	Dandong	8587	8030	8070	229
锦州	Jinzhou	10535	10022	9747	204
营口	Yingkou	7367	7524	7451	238
阜新	Fuxin	8005	4953	4923	266
辽阳	Liaoyang	5449	5505	4533	267
盘锦	Panjin	5256	5121	5232	261
铁岭	Tieling	10859	10479	10301	195
朝阳	Chaoyang	15093	13262	13391	162
葫芦岛	Huludao	11022	10418	10270	196
吉林	**Jilin**	**124502**	**112729**	**110058**	
长春	Changchun	33694	27424	26301	48
吉林	Jilin	18209	14771	14196	141
四平	Siping	15119	13097	13634	156
辽源	Liaoyuan	5833	5416	5440	259
通化	Tonghua	10543	7295	6539	247
白山	Baishan	6464	4148	5336	260
松原	Songyuan	14514	11986	11698	177
白城	Baicheng	11064	8538	8341	223
黑龙江	**Heilongjiang**	**151344**	**131577**	**125886**	
哈尔滨	Harbin	38181	29686	29557	35
齐齐哈尔	Qiqihar	18653	13388	12568	168
鸡西	Jixi	6923	3837	3753	274
鹤岗	Hegang	4240	2822	2605	280
双鸭山	Shuangyashan	6016	4435	4151	271
大庆	Daqing	12373	11175	9338	212
伊春	Yichun	4982	3859	3842	272
佳木斯	Jiamusi	12811	9471	8163	228
七台河	Qitaihe	3041	2582	2462	281
牡丹江	Mudanjiang	10545	8797	7692	234
黑河	Heihe	7580	7003	7321	240
绥化	Suihua	23555	17578	16606	117
上海	**Shanghai**	**45239**	**51481**	**52321**	
江苏	**Jiangsu**	**249586**	**270190**	**277885**	

16-4 普通小学专任教师数 续表 1
Full-time Teachers of Primary Schools continued 1

单位：人 (person)

地名	City	2010	2014	2015	2015 排名 Ranking	地名	City	2010	2014	2015	2015 排名 Ranking
南京	Nanjing	19607	21823	22474	69	池州	Chizhou	5921	5591	5636	257
无锡	Wuxi	17731	19483	19312	96	宣城	Xuancheng	9710	9248	9205	214
徐州	Xuzhou	33991	38210	40445	13	**福建**	**Fujian**	**156601**	**158698**	**162496**	
常州	Changzhou	11896	13053	13701	155	福州	Fuzhou	26550	26303	27251	44
苏州	Suzhou	23375	31985	33969	25	厦门	Xiamen	9245	13169	14399	139
南通	Nantong	19082	19289	19347	95	莆田	Putian	16048	13636	13968	147
连云港	Lianyungang	20763	21326	21965	75	三明	Sanming	13529	11903	11834	175
淮安	Huaian	19690	20370	20712	81	泉州	Quanzhou	29248	31839	33109	28
盐城	Yancheng	25423	25194	25601	52	漳州	Zhangzhou	20060	20087	20229	88
扬州	Yangzhou	13579	13536	13454	158	南平	Nanping	15224	13411	12681	166
镇江	Zhenjiang	8179	9255	9385	211	龙岩	Longyan	12128	12002	12133	173
泰州	Taizhou	14951	14560	14084	145	宁德	Ningde	14569	13761	13810	150
宿迁	Suqian	21319	22106	23436	62	**江西**	**Jiangxi**	**202897**	**210329**	**215906**	
浙江	**Zhejiang**	**171908**	**190423**	**194769**		南昌	Nanchang	21292	17293	17547	111
杭州	Hangzhou	25709	30139	31280	30	景德镇	Jingdezhen	7034	6450	6440	248
宁波	Ningbo	21577	24916	25357	54	萍乡	Pingxiang	7777	8088	8198	227
温州	Wenzhou	31533	33561	34502	23	九江	Jiujiang	20613	20748	21117	79
嘉兴	Jiaxing	12027	13738	13915	149	新余	Xinyu	5368	5002	5084	263
湖州	Huzhou	8752	8556	8607	220	鹰潭	Yingtan	5099	5621	5869	254
绍兴	Shaoxing	14764	15647	15714	125	赣州	Ganzhou	39703	40320	43863	9
金华	Jinhua	16380	19451	18100	107	吉安	Jian	19010	18814	19528	93
衢州	Quzhou	7822	8401	8533	221	宜春	Yichun	23880	24670	25398	53
舟山	Zhoushan	3230	3362	3412	276	抚州	Fuzhou	19760	19891	20169	90
台州	Taizhou	20510	21318	20536	84	上饶	Shangrao	33361	27558	35470	21
丽水	Lishui	9664	9690	9766	203	**山东**	**Shandong**	**387453**	**389080**	**396368**	
安徽	**Anhui**	**245726**	**237902**	**238259**		济南	Jinan	24801	25870	25795	51
合肥	Hefei	16876	24412	24620	58	青岛	Qingdao	32023	32181	33330	27
芜湖	Wuhu	6663	11542	11780	176	淄博	Zibo	15732	15362	15503	126
蚌埠	Bengbu	12809	13132	13572	157	枣庄	Zaozhuang	17966	17507	18351	105
淮南	Huainan	9888	9103	9219	213	东营	Dongying	8344	8222	8221	226
马鞍山	Maanshan	4665	7806	7647	236	烟台	Yantai	20378	15412	15017	132
淮北	Huaibei	9246	7979	8005	230	潍坊	Weifang	37400	37141	37330	17
铜陵	Tongling	2943	2909	2835	279	济宁	Jining	32884	33148	34468	24
安庆	Anqing	22509	20764	20230	87	泰安	Taian	21444	19331	18527	104
黄山	Huangshan	5649	5240	5181	262	威海	Weihai	6866	7451	7651	235
滁州	Chuzhou	15814	14824	14288	140	日照	Rizhao	11377	11175	11538	178
阜阳	Fuyang	37512	35774	36613	19	莱芜	Laiwu	5589	4436	4374	268
宿州	Suzhou	23954	22028	21715	77	临沂	Linyi	41479	42607	44478	8
六安	Liuan	23033	22682	22453	71	德州	Dezhou	27182	26448	26117	50
亳州	Bozhou	23868	24865	25260	55	聊城	Liaocheng	23221	24825	24960	57

16-4　普通小学专任教师数　续表 2
Full-time Teachers of Primary Schools continued 2

单位：人　　　　　　　　　　　　　　　　　　　　　　　　　　　　　　　　　　　　（person）

地名	City	2010	2014	2015	2015 排名 Ranking	地名	City	2010	2014	2015	2015 排名 Ranking
滨州	Binzhou	16174	16245	16209	121	常德	Changde	18172	16913	16766	116
菏泽	Heze	44593	44745	45631	7	张家界	Zhangjiajie	5588	4836	5517	258
河南	**Henan**	**490413**	**494031**	**500894**		益阳	Yiyang	16742	14477	13756	152
郑州	Zhengzhou	32372	34860	35757	20	郴州	Chenzhou	20414	23577	18027	108
开封	Kaifeng	23562	23569	22467	70	永州	Yongzhou	25229	24050	23837	61
洛阳	Luoyang	29860	28476	27518	42	怀化	Huaihua	20036	20352	20190	89
平顶山	Pingdingshan	24530	25984	26533	47	娄底	Loudi	15637	13183	15261	129
安阳	Anyang	24442	23691	24368	59	**广东**	**Guangdong**	**430735**	**454377**	**468608**	
鹤壁	Hebi	7565	7605	7129	242	广州	Guangzhou	43698	47379	49336	3
新乡	Xinxiang	24919	25665	26193	49	韶关	Shaoguan	13635	12990	13262	163
焦作	Jiaozuo	15528	14141	14115	143	深圳	Shenzhen	29769	39115	42630	11
濮阳	Puyang	19712	19426	19183	97	珠海	Zhuhai	5749	6613	6199	249
许昌	Xuchang	23673	23106	24195	60	汕头	Shantou	22819	21987	21782	76
漯河	Luohe	11884	10730	10685	189	佛山	Foshan	20070	22421	23360	64
三门峡	Sanmenxia	10746	10221	10017	200	江门	Jiangmen	16009	14289	15422	127
南阳	Nanyang	49478	50600	51014	2	湛江	Zhanjiang	37974	34574	35030	22
商丘	Shangqiu	51509	47680	46329	5	茂名	Maoming	34331	33275	31857	29
信阳	Xinyang	42216	40303	37512	16	肇庆	Zhaoqing	19107	16835	18770	100
周口	Zhoukou	55098	49948	52813	1	惠州	Huizhou	20652	23755	24970	56
驻马店	Zhumadian	40711	39865	39767	14	梅州	Meizhou	21694	19526	19382	94
湖北	**Hubei**	**197463**	**199172**	**200158**		汕尾	Shanwei	15241	15536	15907	123
武汉	Wuhan	27235	26931	27019	46	河源	Heyuan	15664	14815	15227	130
黄石	Huangshi	9647	11527	10548	192	阳江	Yangjiang	12498	10610	10570	191
十堰	Shiyan	14699	12722	12302	172	清远	Qingyuan	16517	16603	17193	113
宜昌	Yichang	10919	11127	10936	185	东莞	Dongguan	23733	28679	30281	33
襄阳	Xiangyang	21747	18778	21020	80	中山	Zhongshan	10646	13133	14039	146
鄂州	Ezhou	4953	5047	5038	264	潮州	Chaozhou	10329	10158	10452	193
荆门	Jingmen	9922	8832	8778	216	揭阳	Jieyang	28877	29128	29554	36
孝感	Xiaogan	18499	16852	16603	118	云浮	Yunfu	11723	11697	12381	171
荆州	Jingzhou	15465	14198	14185	142	**广西**	**Guangxi**	**220183**	**217311**	**221962**	
黄冈	Huanggang	22802	23455	21637	78	南宁	Nanning	28596	28561	29474	37
咸宁	Xianning	9788	10766	10651	190	柳州	Liuzhou	15076	13431	14411	137
随州	Suizhou	7677	6948	7135	241	桂林	Guilin	19051	19531	20109	91
湖南	**Hunan**	**250039**	**248118**	**249115**		梧州	Wuzhou	14359	15069	14581	135
长沙	Changsha	21015	22286	23056	66	北海	Beihai	7155	7233	7391	239
株洲	Zhuzhou	12273	10720	12556	170	防城港	Fangchenggang	4632	4349	4359	269
湘潭	Xiangtan	9091	7662	7507	237	钦州	Qinzhou	15572	29039	16920	115
衡阳	Hengyang	28071	25412	27397	43	贵港	Guigang	21097	20419	20696	82
邵阳	Shaoyang	25943	27253	27725	41	玉林	Yulin	27815	28774	29052	38
岳阳	Yueyang	19235	17188	18589	102	百色	Baise	17123	15886	16149	122

16-4 普通小学专任教师数 续表 3
Full-time Teachers of Primary Schools continued 3

单位：人 （person）

地名	City	2010	2014	2015	2015 排名 Ranking	地名	City	2010	2014	2015	2015 排名 Ranking
贺州	Hezhou	10105	9411	9676	205	丽江	Lijiang	7246	6744	6751	245
河池	Hechi	19322	18204	18559	103	普洱	Puer	12188	11603	11483	180
来宾	Laibin	10643	9891	10059	199	临沧	Lincang	13158	12971	12677	167
崇左	Chongzuo	9973	9494	9435	210	**西藏**	**Tibet**	**18847**	**20267**	**20890**	
海南	**Hainan**	**52056**	**50222**	**49752**		拉萨	Lasa	3307	3820	3764	273
海口	Haikou	9492	7729	9797	202	**陕西**	**Shaanxi**	**175184**	**159356**	**156087**	
三亚	Sanya	3612	3667	3650	275	西安	Xi'an	29944	28395	28135	40
三沙	Sansha			6	286	铜川	Tongchuan	4536	3284	3177	277
重庆	**Chongqing**	**116057**	**116360**	**118897**		宝鸡	Baoji	15876	14244	13724	154
四川	**Sichuan**	**305741**	**304909**	**308059**		咸阳	Xianyang	27249	22479	22991	67
成都	Chengdu	38250	40320	41527	12	渭南	Weinan	23624	18861	19895	92
自贡	Zigong	8294	8486	8701	219	延安	Yan'an	13537	11975	11504	179
攀枝花	Panzhihua	5177	5004	4959	265	汉中	Hanzhong	15631	12819	13403	161
泸州	Luzhou	15043	17242	17953	110	榆林	Yulin	18886	15781	15761	124
德阳	Deyang	11372	10877	10931	186	安康	Ankang	14364	12107	10395	194
绵阳	Mianyang	17218	16234	13949	148	商洛	Shangluo	10823	9168	8734	218
广元	Guangyuan	13628	11957	11205	184	**甘肃**	**Gansu**	**140381**	**140476**	**140320**	
遂宁	Suining	12055	9050	11323	182	兰州	Lanzhou	14349	14259	14085	144
内江	Neijiang	13585	10275	12557	169	嘉峪关	Jiayuguan	845	934	933	285
乐山	Leshan	12042	9639	9531	208	金昌	Jinchang	2163	1860	1737	284
南充	Nanchong	24977	23100	22549	68	白银	Baiyin	11528	10275	10226	197
眉山	Meishan	10587	9510	9464	209	天水	Tianshui	18829	17509	17314	112
宜宾	Yibin	18864	20026	20312	86	武威	Wuwei	11016	10221	9802	201
广安	Guangan	13188	13413	13445	159	张掖	Zhangye	6245	5900	6157	250
达州	Dazhou	23607	23044	23396	63	平凉	Pingliang	12275	12200	11908	174
雅安	Yaan	6084	6072	6043	251	酒泉	Jiuquan	4946	4589	4257	270
巴中	Bazhong	13412	13952	14637	134	庆阳	Qingyang	14847	14451	13733	153
资阳	Ziyang	13250	9755	9548	207	定西	Dingxi	14806	13329	13410	160
贵州	**Guizhou**	**197913**	**192850**	**193511**		陇南	Longnan	13552	14310	14503	136
贵阳	Guiyang	17084	14730	15292	128	**青海**	**Qinghai**	**26584**	**25224**	**26479**	
六盘水	Liupanshui	14430	13734	12914	164	西宁	Xining	7799	5034	7989	231
遵义	Zunyi	33074	31237	30036	34	海东	Haidong		6851	6984	244
安顺	Anshun	13410	13148	12696	165	**宁夏**	**Ningxia**	**33212**	**33357**	**33777**	
毕节	Bijie	42832	40219	39532	15	银川	Yinchuan	7236	8049	8280	225
铜仁	Tongren	21025	20654	20533	85	石嘴山	Shizuishan	3403	3320	3110	278
云南	**Yunnan**	**237537**	**225874**	**224835**		吴忠	Wuzhong	7456	7103	7072	243
昆明	Kunming	26389	26286	27161	45	固原	Guyuan	8993	8416	8469	222
曲靖	Qujing	31767	31051	31071	31	中卫	Zhongwei	6124	5629	5834	255
玉溪	Yuxi	11196	10892	10781	188	**新疆**	**Xinjiang**	**133963**	**145067**	**144767**	
保山	Baoshan	12425	11181	11250	183	乌鲁木齐	Urumqi	9393	11049	11334	181
昭通	Zhaotong	30783	28478	28242	39	克拉玛依	Karamay	1956	1866	1862	283

16-5 普通小学招生数
New Enrollment by Primary Schools

单位：万人 （10 000 persons）

地名	City	2010	2012	2013	2013 排名 Ranking	地名	City	2010	2012	2013	2013 排名 Ranking
全国	**Nation Total**	**1691.70**	**1714.66**	**1695.36**		沈阳	Shenyang	5.64	6.01	6.51	82
北京	**Beijing**	**11.37**	**14.17**	**16.58**		大连	Dalian	4.51	4.66	5.23	110
天津	**Tianjin**	**8.26**	**10.25**	**10.74**		鞍山	Anshan	2.55	2.93	2.96	192
河北	**Hebei**	**95.60**	**106.29**	**99.61**		抚顺	Fushun	1.35	1.32	1.32	259
石家庄	Shijiazhuang	12.64	12.63	11.81	20	本溪	Benxi	0.96	1.01	0.92	271
唐山	Tangshan	8.00	8.93	7.80	64	丹东	Dandong	1.95	1.78	1.55	251
秦皇岛	Qinhuangdao	2.98	3.56	3.23	173	锦州	Jinzhou	2.71	2.38	2.24	225
邯郸	Handan	17.21	18.48	16.52	5	营口	Yingkou	2.17	2.14	2.02	236
邢台	Xingtai	11.01	11.01	10.19	30	阜新	Fuxin	1.55	1.57	1.42	255
保定	Baoding	15.03	17.41	16.63	4	辽阳	Liaoyang	1.47	1.46	1.43	253
张家口	Zhangjiakou	4.53	5.20	5.32	106	盘锦	Panjin	1.21	1.22	1.21	263
承德	Chengde	3.98	4.77	4.74	124	铁岭	Tieling	2.64	2.42	2.21	227
沧州	Cangzhou	9.14	11.19	10.60	27	朝阳	Chaoyang	3.30	3.56	3.32	170
廊坊	Langfang	5.44	6.76	7.05	76	葫芦岛	Huludao	2.84	2.86	2.73	201
衡水	Hengshui	5.63	6.36	5.72	99	**吉林**	**Jilin**	**24.97**	**24.22**	**21.76**	
山西	**Shanxi**	**45.14**	**44.05**	**39.42**		长春	Changchun	7.34	7.01	6.44	83
太原	Taiyuan	4.22	4.44	4.61	128	吉林	Jilin	3.65	3.44	3.13	181
大同	Datong	3.96	3.90	3.54	158	四平	Siping	3.51	3.64	3.19	175
阳泉	Yangquan	1.45	1.51	1.38	256	辽源	Liaoyuan	1.01	0.92	0.81	273
长治	Changzhi	4.03	4.11	3.65	152	通化	Tonghua	2.09	1.82	1.64	247
晋城	Jincheng	2.55	2.31	2.07	234	白山	Baishan	1.01	0.98	0.81	273
朔州	Shuozhou	2.79	2.50	2.22	226	松原	Songyuan	3.00	2.97	2.71	203
晋中	Jinzhong	3.81	4.22	4.05	145	白城	Baicheng	1.83	1.85	1.49	252
运城	Yuncheng	6.49	5.54	4.89	117	**黑龙江**	**Heilongjiang**	**34.14**	**32.90**	**27.45**	
忻州	Xinzhou	4.27	4.07	3.48	164	哈尔滨	Harbin	8.36	8.04	7.65	69
临汾	Linfen	5.62	5.60	4.73	125	齐齐哈尔	Qiqihar	4.18	4.21	3.62	153
吕梁	Lvliang	5.96	5.85	4.80	121	鸡西	Jixi	1.59	1.48	1.25	261
内蒙古	**Inner Mongolia**	**22.18**	**23.35**	**23.07**		鹤岗	Hegang	0.83	0.85	0.68	278
呼和浩特	Hohhot	2.69	2.80	3.16	178	双鸭山	Shuangyashan	1.47	1.32	1.05	269
包头	Baotou	1.97	2.18	2.43	214	大庆	Daqing	2.99	3.00	2.63	206
乌海	Wuhai	0.41	0.55	0.55	280	伊春	Yichun	0.74	0.70	0.53	281
赤峰	Chifeng	4.68	4.55	4.07	144	佳木斯	Jiamusi	3.23	2.89	1.99	238
通辽	Tongliao	3.50	3.59	3.25	171	七台河	Qitaihe	0.73	0.81	0.76	276
鄂尔多斯	Erdos	1.44	1.93	2.28	223	牡丹江	Mudanjiang	2.29	2.20	1.98	239
呼伦贝尔	Hulunbuir	1.97	1.95	1.76	244	黑河	Heihe	1.76	1.92	1.14	266
巴彦淖尔	Bayannur	1.21	1.28	1.35	257	绥化	Suihua	5.66	5.19	3.94	147
乌兰察布	Ulanqab	1.70	1.66	1.60	249	**上海**	**Shanghai**	**15.05**	**17.23**	**18.10**	
辽宁	**Liaoning**	**34.85**	**35.31**	**35.06**		**江苏**	**Jiangsu**	**73.13**	**79.48**	**85.13**	

16-5 普通小学招生数 续表 1
New Enrollment by Primary Schools continued 1

单位：万人 (10 000 persons)

地名	City	2010	2012	2013	2013 排名 Ranking	地名	City	2010	2012	2013	2013 排名 Ranking
南京	Nanjing	5.13	5.46	6.17	88	池州	Chizhou	1.87	1.62	1.64	247
无锡	Wuxi	5.29	5.44	5.84	92	宣城	Xuancheng	2.30	2.12	2.37	218
徐州	Xuzhou	10.65	14.21	15.39	9	**福建**	**Fujian**	**42.60**	**46.75**	**49.57**	
常州	Changzhou	3.92	4.11	4.54	129	福州	Fuzhou	8.21	8.93	9.34	38
苏州	Suzhou	7.27	8.28	9.23	40	厦门	Xiamen	3.55	4.42	4.86	118
南通	Nantong	5.59	5.27	5.33	105	莆田	Putian	3.86	3.58	4.24	136
连云港	Lianyungang	6.04	6.64	7.04	77	三明	Sanming	2.61	2.84	2.88	195
淮安	Huaian	5.82	6.06	6.16	89	泉州	Quanzhou	10.06	11.60	12.05	19
盐城	Yancheng	6.91	7.71	7.78	67	漳州	Zhangzhou	5.48	5.97	6.07	90
扬州	Yangzhou	3.82	3.56	3.50	162	南平	Nanping	3.07	3.14	3.40	166
镇江	Zhenjiang	2.26	2.28	2.36	219	龙岩	Longyan	2.78	2.95	3.06	187
泰州	Taizhou	4.01	3.50	3.73	148	宁德	Ningde	2.99	3.31	3.67	151
宿迁	Suqian	6.40	6.96	8.06	60	**江西**	**Jiangxi**	**74.84**	**80.04**	**78.91**	
浙江	**Zhejiang**	**60.21**	**60.72**	**60.75**		南昌	Nanchang	7.38	7.70	7.43	72
杭州	Hangzhou	8.03	8.37	8.83	44	景德镇	Jingdezhen	2.48	2.68	2.80	199
宁波	Ningbo	8.47	8.59	8.49	49	萍乡	Pingxiang	2.74	2.75	2.71	203
温州	Wenzhou	10.93	10.88	10.87	24	九江	Jiujiang	8.23	8.50	8.35	55
嘉兴	Jiaxing	3.67	3.76	3.71	149	新余	Xinyu	1.75	1.84	1.79	243
湖州	Huzhou	2.54	2.59	2.63	206	鹰潭	Yingtan	1.85	2.11	2.02	236
绍兴	Shaoxing	5.09	4.84	4.79	122	赣州	Ganzhou	15.72	16.69	16.26	6
金华	Jinhua	7.08	7.11	7.14	74	吉安	Jian	7.05	8.24	8.36	54
衢州	Quzhou	2.56	2.35	2.31	221	宜春	Yichun	8.41	9.23	8.79	46
舟山	Zhoushan	0.79	0.79	0.80	275	抚州	Fuzhou	6.54	7.24	7.01	78
台州	Taizhou	8.24	8.50	8.26	57	上饶	Shangrao	12.68	13.07	13.40	14
丽水	Lishui	2.81	2.93	2.91	194	**山东**	**Shandong**	**111.30**	**109.55**	**115.69**	
安徽	**Anhui**	**81.90**	**69.39**	**75.31**		济南	Jinan	6.27	6.61	6.99	79
合肥	Hefei	5.79	6.96	8.33	56	青岛	Qingdao	8.12	8.27	9.32	39
芜湖	Wuhu	2.24	3.05	3.18	176	淄博	Zibo	4.47	4.07	4.27	134
蚌埠	Bengbu	3.81	3.92	4.24	136	枣庄	Zaozhuang	4.43	5.14	5.45	102
淮南	Huainan	2.41	2.35	2.79	200	东营	Dongying	2.30	2.32	2.13	231
马鞍山	Maanshan	1.21	1.79	2.04	235	烟台	Yantai	4.60	5.01	5.34	104
淮北	Huaibei	2.51	2.27	2.48	213	潍坊	Weifang	8.85	10.81	11.15	22
铜陵	Tongling	0.69	0.60	0.69	277	济宁	Jining	9.80	10.51	10.67	26
安庆	Anqing	6.50	5.35	5.53	101	泰安	Taian	6.44	4.84	4.81	120
黄山	Huangshan	1.14	1.05	1.16	264	威海	Weihai	1.87	2.04	2.26	224
滁州	Chuzhou	4.89	4.07	4.18	140	日照	Rizhao	3.48	3.01	3.12	182
阜阳	Fuyang	17.75	12.13	13.39	15	莱芜	Laiwu	1.35	1.12	1.10	268
宿州	Suzhou	8.03	6.86	7.89	63	临沂	Linyi	14.63	12.50	14.44	12
六安	Liuan	7.88	7.06	6.78	81	德州	Dezhou	7.97	6.87	6.83	80
亳州	Bozhou	8.53	8.19	8.64	47	聊城	Liaocheng	7.54	7.95	8.83	44

16-5 普通小学招生数 续表 2
New Enrollment by Primary Schools continued 2

单位：万人 （10 000 persons）

地名	City	2010	2012	2013	2013 排名 Ranking	地名	City	2010	2012	2013	2013 排名 Ranking
滨州	Binzhou	4.15	4.14	3.69	150	常德	Changde	4.81	4.87	4.83	119
菏泽	Heze	15.03	14.35	15.31	10	张家界	Zhangjiajie	1.87	1.87	1.81	240
河南	**Henan**	**187.76**	**190.97**	**181.06**		益阳	Yiyang	4.52	4.63	4.20	138
郑州	Zhengzhou	11.34	12.92	13.75	13	郴州	Chenzhou	8.43	8.40	8.12	59
开封	Kaifeng	9.45	9.84	7.80	64	永州	Yongzhou	9.15	9.58	9.01	41
洛阳	Luoyang	11.09	11.13	10.75	25	怀化	Huaihua	5.88	6.00	5.84	92
平顶山	Pingdingshan	8.81	10.36	9.46	37	娄底	Loudi	5.79	6.00	5.61	100
安阳	Anyang	9.29	10.52	10.23	29	**广东**	**Guangdong**	**135.92**	**145.30**	**150.05**	
鹤壁	Hebi	3.03	2.97	2.08	233	广州	Guangzhou	13.89	15.11	16.79	3
新乡	Xinxiang	11.06	11.70	10.58	28	韶关	Shaoguan	3.64	3.71	3.61	154
焦作	Jiaozuo	4.71	4.58	4.27	134	深圳	Shenzhen	11.80	13.73	14.71	11
濮阳	Puyang	8.31	8.56	7.94	62	珠海	Zhuhai	2.16	2.45	2.53	209
许昌	Xuchang	7.69	6.78	7.62	70	汕头	Shantou	8.14	8.42	8.44	52
漯河	Luohe	3.79	3.97	3.40	166	佛山	Foshan	7.50	8.17	8.44	52
三门峡	Sanmenxia	3.00	2.82	2.62	208	江门	Jiangmen	4.77	5.07	5.27	109
南阳	Nanyang	21.69	25.19	23.87	1	湛江	Zhanjiang	9.67	9.53	9.66	35
商丘	Shangqiu	18.31	17.87	15.46	8	茂名	Maoming	10.04	9.55	9.73	34
信阳	Xinyang	14.69	14.82	13.19	17	肇庆	Zhaoqing	5.33	5.56	5.84	92
周口	Zhoukou	23.48	20.45	21.80	2	惠州	Huizhou	7.26	8.72	8.91	42
驻马店	Zhumadian	17.15	15.62	15.47	7	梅州	Meizhou	5.18	5.35	5.30	107
湖北	**Hubei**	**67.97**	**63.48**	**60.80**		汕尾	Shanwei	4.94	4.90	4.15	143
武汉	Wuhan	7.35	7.41	7.75	68	河源	Heyuan	4.37	4.87	4.96	113
黄石	Huangshi	4.32	4.82	4.17	142	阳江	Yangjiang	3.04	3.35	3.56	156
十堰	Shiyan	4.80	4.27	4.49	130	清远	Qingyuan	4.44	4.78	5.15	112
宜昌	Yichang	2.65	2.57	2.72	202	东莞	Dongguan	10.89	12.33	12.72	18
襄阳	Xiangyang	6.50	6.35	6.19	87	中山	Zhongshan	4.08	4.56	4.73	125
鄂州	Ezhou	1.44	1.27	1.31	260	潮州	Chaozhou	3.01	3.16	3.53	159
荆门	Jingmen	2.25	1.98	2.15	230	揭阳	Jieyang	8.68	9.64	8.49	49
孝感	Xiaogan	5.83	4.60	4.78	123	云浮	Yunfu	3.09	3.34	3.53	159
荆州	Jingzhou	6.80	6.11	5.95	91	**广西**	**Guangxi**	**74.11**	**74.21**	**75.29**	
黄冈	Huanggang	9.98	8.63	7.79	66	南宁	Nanning	9.38	9.54	10.17	31
咸宁	Xianning	4.84	4.71	3.40	166	柳州	Liuzhou	4.91	4.84	4.96	113
随州	Suizhou	2.70	2.36	2.13	231	桂林	Guilin	5.25	5.86	6.29	85
湖南	**Hunan**	**86.38**	**88.08**	**84.76**		梧州	Wuzhou	4.99	4.90	4.92	115
长沙	Changsha	7.40	7.89	8.45	51	北海	Beihai	2.50	2.79	2.64	205
株洲	Zhuzhou	3.86	4.14	4.31	132	防城港	Fangchenggang	1.58	1.59	1.58	250
湘潭	Xiangtan	2.67	2.58	2.52	211	钦州	Qinzhou	6.25	5.73	5.79	96
衡阳	Hengyang	10.52	10.59	9.76	33	贵港	Guigang	7.78	7.75	7.59	71
邵阳	Shaoyang	11.52	11.86	11.14	23	玉林	Yulin	10.97	10.46	10.10	32
岳阳	Yueyang	6.35	5.99	5.76	98	百色	Baise	5.86	5.92	5.79	96

16-5 普通小学招生数 续表 3

New Enrollment by Primary Schools continued 3

单位：万人　　　　（10 000 persons）

地名	City	2010	2012	2013	2013 排名 Ranking
贺州	Hezhou	4.97	3.12	3.24	172
河池	Hechi	4.95	5.48	5.83	95
来宾	Laibin	3.40	3.20	3.07	184
崇左	Chongzuo	3.07	3.10	3.18	176
海南	**Hainan**	**10.36**	**12.25**	**12.43**	
海口	Haikou	3.10	2.53	3.07	184
三亚	Sanya	1.00	0.83	1.14	266
三沙	Sansha				
重庆	**Chongqing**	**32.97**	**35.21**	**37.57**	
四川	**Sichuan**	**96.49**	**100.96**	**95.03**	
成都	Chengdu	10.88	12.08	13.39	15
自贡	Zigong	2.91	3.32	3.14	179
攀枝花	Panzhihua	1.44	1.25	1.23	262
泸州	Luzhou	6.86	7.79	7.09	75
德阳	Deyang	2.72	2.82	2.97	191
绵阳	Mianyang	4.23	4.03	4.43	131
广元	Guangyuan	2.64	2.70	2.43	214
遂宁	Suining	2.69	3.01	2.87	197
内江	Neijiang	4.13	4.62	4.02	146
乐山	Leshan	3.00	3.07	3.07	184
南充	Nanchong	7.87	8.43	6.20	86
眉山	Meishan	2.74	2.55	2.18	229
宜宾	Yibin	6.43	6.58	6.36	84
广安	Guangan	4.79	4.85	4.19	139
达州	Dazhou	8.84	8.50	7.21	73
雅安	Yaan	1.70	1.79	1.68	246
巴中	Bazhong	5.05	4.02	3.37	169
资阳	Ziyang	4.82	5.40	5.17	111
贵州	**Guizhou**	**65.69**	**59.10**	**51.06**	
贵阳	Guiyang	5.33	5.64	5.29	108
六盘水	Liupanshui	5.06	4.05	3.57	155
遵义	Zunyi	9.56	8.92	8.14	58
安顺	Anshun	4.54	4.00	3.42	165
毕节	Bijie	16.54	14.46	11.46	21
铜仁	Tongren	7.48	6.18	4.62	127
云南	**Yunnan**	**66.93**	**62.29**	**61.35**	
昆明	Kunming	8.76	8.12	7.97	61
曲靖	Qujing	10.50	9.29	8.91	42
玉溪	Yuxi	3.01	3.00	2.50	212
保山	Baoshan	3.31	3.03	3.03	189
昭通	Zhaotong	9.51	9.62	8.50	48
丽江	Lijiang	1.53	1.40	1.43	253
普洱	Puer	2.95	2.92	2.92	193
临沧	Lincang	3.16	2.79	3.09	183
西藏	**Tibet**	**5.06**	**5.16**	**5.16**	
拉萨	Lasa	0.81	0.91	0.94	270
陕西	**Shaanxi**	**40.86**	**37.89**	**38.81**	
西安	Xi'an	8.64	8.88	9.56	36
铜川	Tongchuan	0.80	0.67	0.61	279
宝鸡	Baoji	3.49	3.24	3.20	174
咸阳	Xianyang	6.26	5.62	5.43	103
渭南	Weinan	5.33	4.92	4.91	116
延安	Yan'an	2.72	2.72	2.88	195
汉中	Hanzhong	3.62	3.21	3.14	179
榆林	Yulin	4.17	4.24	4.18	140
安康	Ankang	3.05	1.75	2.41	216
商洛	Shangluo	2.58	2.43	2.29	222
甘肃	**Gansu**	**36.13**	**34.12**	**32.09**	
兰州	Lanzhou	3.58	3.43	3.55	157
嘉峪关	Jiayuguan	0.27	0.27	0.28	284
金昌	Jinchang	0.56	0.53	0.49	282
白银	Baiyin	2.13	1.85	1.80	241
天水	Tianshui	5.48	4.85	4.30	133
武威	Wuwei	2.41	2.01	1.74	245
张掖	Zhangye	1.38	1.36	1.35	257
平凉	Pingliang	2.72	2.78	2.53	209
酒泉	Jiuquan	1.25	1.18	1.16	264
庆阳	Qingyang	3.23	3.31	3.05	188
定西	Dingxi	3.58	3.15	3.01	190
陇南	Longnan	4.44	4.15	3.51	161
青海	**Qinghai**	**8.10**	**8.31**	**7.86**	
西宁	Xining	2.50	2.44	2.40	217
海东	Haidong				
宁夏	**Ningxia**	**10.13**	**10.48**	**10.02**	
银川	Yinchuan	2.36	2.59	2.81	198
石嘴山	Shizuishan	0.86	0.93	0.89	272
吴忠	Wuzhong	2.49	2.56	2.33	220
固原	Guyuan	2.52	2.36	2.19	228
中卫	Zhongwei	2.02	2.04	1.80	241
新疆	**Xinjiang**	**31.19**	**33.17**	**34.86**	
乌鲁木齐	Urumqi	2.92	3.28	3.50	162
克拉玛依	Karamay	0.37	0.37	0.41	283

16-6 普通小学在校学生数

Total Enrollment by Primary Schools

单位：万人 （10 000 persons）

地名	City	2010	2014	2015	2015 排名 Ranking	地名	City	2010	2014	2015	2015 排名 Ranking
全国	**Nation Total**	**9940.70**	**9451.07**	**9692.18**		沈阳	Shenyang	33.78	35.11	36.51	82
北京	**Beijing**	**65.33**	**82.12**	**85.03**		大连	Dalian	29.09	28.76	30.00	109
天津	**Tianjin**	**50.59**	**57.32**	**60.21**		鞍山	Anshan	18.56	16.82	16.63	197
河北	**Hebei**	**511.59**	**564.29**	**596.24**		抚顺	Fushun	8.47	7.47	7.53	258
石家庄	Shijiazhuang	67.19	68.10	77.04	14	本溪	Benxi	6.40	5.43	5.31	270
唐山	Tangshan	44.10	47.98	49.97	49	丹东	Dandong	12.65	9.88	9.49	247
秦皇岛	Qinhuangdao	16.91	18.80	19.50	169	锦州	Jinzhou	16.09	13.24	13.10	224
邯郸	Handan	86.34	92.30	97.86	2	营口	Yingkou	13.15	11.18	11.44	235
邢台	Xingtai	58.29	58.66	62.03	26	阜新	Fuxin	9.57	8.47	8.31	257
保定	Baoding	80.76	90.92	94.90	3	辽阳	Liaoyang	9.90	7.60	7.50	260
张家口	Zhangjiakou	28.60	29.11	29.66	111	盘锦	Panjin	7.31	6.66	6.80	267
承德	Chengde	22.73	26.23	27.22	126	铁岭	Tieling	15.34	12.96	12.72	225
沧州	Cangzhou	48.10	58.98	71.26	19	朝阳	Chaoyang	20.73	19.08	19.07	173
廊坊	Langfang	28.91	36.56	40.42	75	葫芦岛	Huludao	17.22	14.63	15.52	204
衡水	Hengshui	29.65	32.64	33.71	97	**吉林**	**Jilin**	**144.46**	**126.88**	**127.98**	
山西	**Shanxi**	**291.06**	**224.50**	**226.95**		长春	Changchun	42.17	38.40	39.57	78
太原	Taiyuan	26.73	26.13	27.56	123	吉林	Jilin	22.18	18.15	17.85	185
大同	Datong	27.76	19.68	19.87	163	四平	Siping	18.23	17.13	17.88	184
阳泉	Yangquan	8.86	8.37	8.45	255	辽源	Liaoyuan	5.73	5.20	5.12	273
长治	Changzhi	24.71	20.49	20.84	157	通化	Tonghua	13.11	9.33	9.30	249
晋城	Jincheng	17.34	12.81	12.31	231	白山	Baishan	5.99	4.71	4.58	277
朔州	Shuozhou	18.99	13.81	11.81	233	松原	Songyuan	16.96	15.67	15.95	201
晋中	Jinzhong	23.72	22.73	23.39	146	白城	Baicheng	11.13	9.15	8.91	251
运城	Yuncheng	41.05	28.75	28.79	113	**黑龙江**	**Heilongjiang**	**187.96**	**148.60**	**147.80**	
忻州	Xinzhou	29.28	18.94	18.76	174	哈尔滨	Harbin	46.07	40.43	42.19	67
临汾	Linfen	35.39	27.42	27.61	122	齐齐哈尔	Qiqihar	24.81	21.50	21.27	154
吕梁	Lvliang	37.23	25.99	26.53	128	鸡西	Jixi	8.34	5.10	5.00	274
内蒙古	**Inner Mongolia**	**143.08**	**129.65**	**131.36**		鹤岗	Hegang	5.02	2.99	2.87	283
呼和浩特	Hohhot	17.75	16.87	16.95	194	双鸭山	Shuangyashan	8.20	5.03	4.93	275
包头	Baotou	14.29	13.17	13.33	223	大庆	Daqing	14.44	12.68	12.69	227
乌海	Wuhai	3.11	3.01	2.96	282	伊春	Yichun	4.96	3.08	2.97	281
赤峰	Chifeng	28.03	24.73	25.25	133	佳木斯	Jiamusi	18.70	9.76	9.70	246
通辽	Tongliao	21.05	18.37	18.49	179	七台河	Qitaihe	4.03	3.63	3.57	279
鄂尔多斯	Erdos	10.32	11.61	12.32	230	牡丹江	Mudanjiang	13.70	10.48	9.96	245
呼伦贝尔	Hulunbuir	11.79	10.62	10.65	240	黑河	Heihe	10.03	8.79	8.72	253
巴彦淖尔	Bayannur	9.43	7.45	7.39	262	绥化	Suihua	27.53	19.25	18.70	177
乌兰察布	Ulanqab	11.40	8.61	8.41	256	**上海**	**Shanghai**	**70.16**	**80.30**	**79.87**	
辽宁	**Liaoning**	**218.25**	**198.46**	**199.96**		**江苏**	**Jiangsu**	**398.81**	**471.48**	**499.64**	

16-6 普通小学在校学生数 续表 1
Total Enrollment by Primary Schools continued 1

单位：万人 （10 000 persons）

地名	City	2010	2014	2015	2015 排名 Ranking	地名	City	2010	2014	2015	2015 排名 Ranking
南京	Nanjing	28.83	33.93	35.80	84	池州	Chizhou	10.18	9.02	8.75	252
无锡	Wuxi	30.62	33.62	34.84	90	宣城	Xuancheng	13.61	13.34	13.45	221
徐州	Xuzhou	53.02	75.45	84.13	10	**福建**	**Fujian**	**238.89**	**274.63**	**288.31**	
常州	Changzhou	22.15	25.33	27.37	125	福州	Fuzhou	44.60	49.93	52.29	44
苏州	Suzhou	38.84	60.63	65.07	23	厦门	Xiamen	18.83	26.02	27.89	116
南通	Nantong	32.32	32.04	32.56	100	莆田	Putian	21.16	23.13	24.21	141
连云港	Lianyungang	32.71	38.42	41.08	73	三明	Sanming	15.64	16.82	17.64	188
淮安	Huaian	30.36	33.66	34.43	92	泉州	Quanzhou	53.81	65.17	68.82	20
盐城	Yancheng	35.97	42.57	44.22	63	漳州	Zhangzhou	33.69	34.01	34.86	89
扬州	Yangzhou	22.77	21.88	21.63	152	南平	Nanping	18.06	19.29	20.03	161
镇江	Zhenjiang	12.93	13.76	14.13	218	龙岩	Longyan	15.99	17.28	17.92	183
泰州	Taizhou	22.53	21.94	22.15	149	宁德	Ningde	17.10	20.20	21.84	150
宿迁	Suqian	35.76	38.26	42.23	66	**江西**	**Jiangxi**	**426.02**	**412.98**	**422.31**	
浙江	**Zhejiang**	**333.33**	**354.50**	**356.99**		南昌	Nanchang	43.66	39.73	40.67	74
杭州	Hangzhou	45.39	50.27	52.45	43	景德镇	Jingdezhen	14.14	14.36	15.16	207
宁波	Ningbo	46.19	48.26	48.02	56	萍乡	Pingxiang	14.64	14.67	15.14	208
温州	Wenzhou	58.13	62.11	63.33	25	九江	Jiujiang	43.70	38.62	39.90	77
嘉兴	Jiaxing	22.55	24.54	24.58	137	新余	Xinyu	9.09	9.88	10.07	244
湖州	Huzhou	16.01	15.61	15.58	203	鹰潭	Yingtan	10.67	10.82	11.27	236
绍兴	Shaoxing	30.04	28.86	27.73	119	赣州	Ganzhou	92.44	90.31	91.59	6
金华	Jinhua	36.85	41.06	41.27	72	吉安	Jian	37.71	43.16	45.52	60
衢州	Quzhou	14.83	14.30	14.25	217	宜春	Yichun	47.81	47.71	48.99	53
舟山	Zhoushan	4.72	4.71	4.77	276	抚州	Fuzhou	40.70	34.10	34.92	88
台州	Taizhou	43.05	48.16	48.09	55	上饶	Shangrao	71.46	55.00	68.12	21
丽水	Lishui	15.63	16.63	16.93	195	**山东**	**Shandong**	**629.25**	**648.47**	**674.63**	
安徽	**Anhui**	**460.44**	**415.14**	**422.50**		济南	Jinan	38.40	40.51	41.44	70
合肥	Hefei	32.79	44.25	46.37	59	青岛	Qingdao	46.27	51.65	53.65	40
芜湖	Wuhu	11.84	18.81	18.73	175	淄博	Zibo	23.03	21.81	21.30	153
蚌埠	Bengbu	25.59	23.51	25.34	130	枣庄	Zaozhuang	26.45	29.71	32.49	101
淮南	Huainan	15.24	14.93	15.59	202	东营	Dongying	13.47	12.00	11.89	232
马鞍山	Maanshan	7.10	12.08	11.77	234	烟台	Yantai	25.60	26.25	26.72	127
淮北	Huaibei	16.67	13.63	13.98	219	潍坊	Weifang	53.90	58.38	59.17	31
铜陵	Tongling	4.12	3.87	3.83	278	济宁	Jining	54.66	60.22	63.53	24
安庆	Anqing	38.67	30.86	30.57	106	泰安	Taian	38.17	30.33	27.69	120
黄山	Huangshan	6.64	6.76	6.84	265	威海	Weihai	9.85	10.69	11.10	239
滁州	Chuzhou	29.32	24.13	23.98	143	日照	Rizhao	19.08	19.31	19.75	164
阜阳	Fuyang	85.21	73.81	73.72	16	莱芜	Laiwu	6.70	5.89	5.59	269
宿州	Suzhou	43.06	40.09	42.25	65	临沂	Linyi	74.29	83.40	90.95	7
六安	Liuan	43.35	38.70	39.35	79	德州	Dezhou	44.66	41.34	41.56	69
亳州	Bozhou	48.98	47.34	47.99	57	聊城	Liaocheng	41.44	46.62	51.40	45

16-6 普通小学在校学生数 续表 2
Total Enrollment by Primary Schools continued 2

单位：万人 （10 000 persons）

地名	City	2010	2014	2015	2015 排名 Ranking	地名	City	2010	2014	2015	2015 排名 Ranking
滨州	Binzhou	25.89	24.36	24.44	140	常德	Changde	27.52	27.24	28.60	114
菏泽	Heze	87.37	86.31	92.22	5	张家界	Zhangjiajie	10.28	10.72	11.11	238
河南	**Henan**	**1070.53**	**928.60**	**937.05**		益阳	Yiyang	24.65	23.45	24.03	142
郑州	Zhengzhou	60.98	75.12	79.10	12	郴州	Chenzhou	44.00	45.59	46.89	58
开封	Kaifeng	50.71	51.08	45.06	61	永州	Yongzhou	48.29	47.68	49.66	50
洛阳	Luoyang	63.95	58.95	58.28	32	怀化	Huaihua	31.91	32.35	33.92	96
平顶山	Pingdingshan	42.92	49.59	52.75	42	娄底	Loudi	32.02	30.91	32.10	102
安阳	Anyang	50.56	54.78	57.84	33	**广东**	**Guangdong**	**848.55**	**831.91**	**868.88**	
鹤壁	Hebi	18.61	14.88	14.86	211	广州	Guangzhou	82.48	90.01	93.79	4
新乡	Xinxiang	59.42	58.72	60.72	28	韶关	Shaoguan	20.73	21.05	21.82	151
焦作	Jiaozuo	30.84	25.08	25.00	135	深圳	Shenzhen	61.85	79.32	86.48	9
濮阳	Puyang	47.78	37.74	37.77	80	珠海	Zhuhai	12.63	14.06	14.88	210
许昌	Xuchang	42.12	39.66	40.21	76	汕头	Shantou	56.77	48.72	50.04	48
漯河	Luohe	22.14	19.28	19.74	165	佛山	Foshan	43.82	47.44	49.01	52
三门峡	Sanmenxia	18.00	14.35	14.60	213	江门	Jiangmen	30.24	29.93	30.62	105
南阳	Nanyang	112.21	118.76	121.22	1	湛江	Zhanjiang	75.39	54.95	57.03	35
商丘	Shangqiu	111.66	76.84	73.10	17	茂名	Maoming	66.66	56.32	57.72	34
信阳	Xinyang	87.78	67.23	66.81	22	肇庆	Zhaoqing	36.82	33.25	34.28	94
周口	Zhoukou	144.71	92.30	90.90	8	惠州	Huizhou	39.80	47.22	50.41	47
驻马店	Zhumadian	101.08	76.58	73.99	15	梅州	Meizhou	31.33	29.90	31.25	103
湖北	**Hubei**	**364.75**	**321.16**	**335.81**		汕尾	Shanwei	35.42	24.04	24.48	139
武汉	Wuhan	41.13	44.45	30.28	108	河源	Heyuan	25.51	26.05	27.75	118
黄石	Huangshi	23.38	18.64	19.67	166	阳江	Yangjiang	17.52	19.21	20.69	159
十堰	Shiyan	24.30	20.96	22.32	148	清远	Qingyuan	27.30	28.22	29.97	110
宜昌	Yichang	16.37	15.82	16.16	199	东莞	Dongguan	55.24	68.73	71.93	18
襄阳	Xiangyang	34.03	33.10	34.93	87	中山	Zhongshan	23.78	26.79	27.67	121
鄂州	Ezhou	7.90	6.72	6.83	266	潮州	Chaozhou	20.24	18.75	19.25	171
荆门	Jingmen	12.97	12.37	12.71	226	揭阳	Jieyang	65.35	48.48	49.10	51
孝感	Xiaogan	30.83	23.91	24.70	136	云浮	Yunfu	19.67	19.50	20.69	159
荆州	Jingzhou	37.09	29.43	30.34	107	**广西**	**Guangxi**	**430.06**	**431.81**	**440.10**	
黄冈	Huanggang	54.63	39.64	43.20	64	南宁	Nanning	52.65	56.70	59.18	30
咸宁	Xianning	22.40	20.39	21.15	155	柳州	Liuzhou	25.59	28.71	29.61	112
随州	Suizhou	14.99	11.80	12.53	229	桂林	Guilin	28.10	33.75	35.26	86
湖南	**Hunan**	**479.16**	**473.84**	**488.86**		梧州	Wuzhou	30.90	28.21	28.19	115
长沙	Changsha	41.35	48.13	50.94	46	北海	Beihai	15.34	15.30	15.45	205
株洲	Zhuzhou	21.47	23.77	25.31	131	防城港	Fangchenggang	8.34	8.77	8.98	250
湘潭	Xiangtan	15.26	14.05	14.26	216	钦州	Qinzhou	38.93	24.26	34.29	93
衡阳	Hengyang	61.78	55.33	56.15	37	贵港	Guigang	49.80	44.22	44.45	62
邵阳	Shaoyang	61.35	61.61	61.33	27	玉林	Yulin	64.19	59.80	60.27	29
岳阳	Yueyang	35.65	33.17	34.21	95	百色	Baise	32.04	34.24	34.52	91

16-6 普通小学在校学生数 续表 3
Total Enrollment by Primary Schools continued 3

单位：万人 （10 000 persons）

地名	City	2010	2014	2015	2015 排名 Ranking	地名	City	2010	2014	2015	2015 排名 Ranking
贺州	Hezhou	18.18	18.27	19.16	172	丽江	Lijiang	10.65	8.89	8.61	254
河池	Hechi	33.04	34.72	35.35	85	普洱	Puer	18.55	17.41	17.60	189
来宾	Laibin	17.74	17.87	18.29	181	临沧	Lincang	20.55	18.36	18.49	179
崇左	Chongzuo	15.18	17.00	17.07	193	**西藏**	**Tibet**	**29.83**	**29.51**	**29.23**	
海南	**Hainan**	**78.05**	**75.26**	**77.32**		拉萨	Lasa	4.78	5.21	5.29	271
海口	Haikou	17.04	17.36	17.94	182	**陕西**	**Shaanxi**	**261.04**	**226.41**	**233.11**	
三亚	Sanya	6.60	6.31	6.46	268	西安	Xi'an	51.56	53.79	56.62	36
三沙	Sansha			7.00	263	铜川	Tongchuan	5.12	3.59	3.57	279
重庆	**Chongqing**	**199.94**	**203.42**	**207.33**		宝鸡	Baoji	23.72	19.54	19.36	170
四川	**Sichuan**	**592.11**	**531.32**	**541.74**		咸阳	Xianyang	39.47	30.67	30.76	104
成都	Chengdu	68.24	74.57	78.43	13	渭南	Weinan	34.25	27.21	27.56	123
自贡	Zigong	17.09	17.34	17.77	187	延安	Yan'an	18.10	17.55	18.63	178
攀枝花	Panzhihua	9.46	7.67	7.41	261	汉中	Hanzhong	23.85	19.52	19.54	168
泸州	Luzhou	38.56	40.88	41.36	71	榆林	Yulin	25.02	22.86	24.58	137
德阳	Deyang	17.64	16.29	16.89	196	安康	Ankang	20.84	17.56	17.83	186
绵阳	Mianyang	27.15	24.06	25.02	134	商洛	Shangluo	17.75	13.14	13.41	222
广元	Guangyuan	17.76	14.26	14.53	214	**甘肃**	**Gansu**	**237.04**	**180.24**	**180.24**	
遂宁	Suining	20.17	15.47	15.96	200	兰州	Lanzhou	21.76	20.35	20.80	158
内江	Neijiang	23.11	23.10	23.42	145	嘉峪关	Jiayuguan	1.62	1.62	1.65	286
乐山	Leshan	17.50	17.04	17.48	190	金昌	Jinchang	3.55	2.90	2.86	284
南充	Nanchong	51.32	35.78	36.20	83	白银	Baiyin	15.18	10.22	10.38	243
眉山	Meishan	17.28	13.88	14.31	215	天水	Tianshui	39.05	26.32	25.82	129
宜宾	Yibin	37.44	36.86	37.61	81	武威	Wuwei	15.66	10.63	10.42	241
广安	Guangan	32.12	24.82	23.84	144	张掖	Zhangye	9.02	7.39	7.53	258
达州	Dazhou	54.71	42.09	41.89	68	平凉	Pingliang	19.72	15.21	14.94	209
雅安	Yaan	9.46	9.49	9.48	248	酒泉	Jiuquan	8.42	7.13	6.88	264
巴中	Bazhong	33.38	20.34	19.88	162	庆阳	Qingyang	20.53	17.02	17.48	190
资阳	Ziyang	26.07	27.26	27.77	117	定西	Dingxi	24.18	17.75	17.47	192
贵州	**Guizhou**	**433.50**	**346.31**	**346.31**		陇南	Longnan	27.56	19.41	19.59	167
贵阳	Guiyang	34.47	31.65	33.01	99	**青海**	**Qinghai**	**51.90**	**46.11**	**45.40**	
六盘水	Liupanshui	35.51	25.53	25.30	132	西宁	Xining	16.00	15.00	14.79	212
遵义	Zunyi	66.96	53.06	53.59	41	海东	Haidong		11.83	11.21	237
安顺	Anshun	27.94	22.74	23.13	147	**宁夏**	**Ningxia**	**65.37**	**58.87**	**58.35**	
毕节	Bijie	110.09	84.02	83.10	11	银川	Yinchuan	14.75	15.69	16.21	198
铜仁	Tongren	45.83	34.41	33.40	98	石嘴山	Shizuishan	5.68	5.40	5.29	271
云南	**Yunnan**	**435.21**	**382.69**	**377.78**		吴忠	Wuzhong	14.30	13.67	13.64	220
昆明	Kunming	52.05	48.34	48.44	54	固原	Guyuan	17.59	13.49	12.54	228
曲靖	Qujing	66.02	56.96	55.31	39	中卫	Zhongwei	13.05	10.74	10.41	242
玉溪	Yuxi	19.36	16.21	15.41	206	**新疆**	**Xinjiang**	**193.58**	**194.29**	**204.89**	
保山	Baoshan	21.88	19.00	18.72	176	乌鲁木齐	Urumqi	17.82	20.23	21.15	155
昭通	Zhaotong	71.95	56.94	55.35	38	克拉玛依	Karamay	2.43	2.31	2.37	285

16-7 普通小学毕业生数
Graduates from Primary Schools

单位：万人 （10 000 persons）

地名	City	2010	2012	2013	2013 排名 Ranking
全国	**Nation Total**	**1739.60**	**1641.56**	**1581.06**	
北京	**Beijing**	**10.30**	**10.95**	**11.18**	
天津	**Tianjin**	**8.72**	**8.70**	**8.61**	
河北	**Hebei**	**72.18**	**79.61**	**84.01**	
石家庄	Shijiazhuang	9.85	10.50	11.13	19
唐山	Tangshan	6.97	7.20	7.84	47
秦皇岛	Qinhuangdao	2.74	2.80	2.84	197
邯郸	Handan	9.91	12.55	12.23	11
邢台	Xingtai	7.57	9.19	9.64	29
保定	Baoding	10.56	12.50	13.76	8
张家口	Zhangjiakou	4.90	4.66	4.70	121
承德	Chengde	3.97	3.47	3.77	149
沧州	Cangzhou	6.64	7.54	8.36	40
廊坊	Langfang	4.68	4.41	4.88	113
衡水	Hengshui	4.39	4.79	4.86	114
山西	**Shanxi**	**57.35**	**54.73**	**47.73**	
太原	Taiyuan	5.28	4.75	4.65	124
大同	Datong	5.04	5.49	4.42	130
阳泉	Yangquan	1.99	1.51	1.44	257
长治	Changzhi	5.09	4.64	4.10	140
晋城	Jincheng	3.84	3.21	2.91	193
朔州	Shuozhou	3.51	3.29	3.20	174
晋中	Jinzhong	4.44	4.15	4.53	126
运城	Yuncheng	8.08	8.06	6.64	63
忻州	Xinzhou	5.88	6.44	4.30	134
临汾	Linfen	6.94	6.32	5.38	99
吕梁	Lvliang	7.27	6.85	6.15	77
内蒙古	**Inner Mongolia**	**26.98**	**24.29**	**23.28**	
呼和浩特	Hohhot	3.19	2.90	3.00	184
包头	Baotou	2.74	2.58	2.48	222
乌海	Wuhai	0.59	0.57	0.53	281
赤峰	Chifeng	5.31	4.67	4.19	136
通辽	Tongliao	3.58	3.55	3.48	166
鄂尔多斯	Erdos	1.85	1.76	1.76	244
呼伦贝尔	Hulunbuir	2.51	1.98	1.85	241
巴彦淖尔	Bayannur	1.95	1.63	1.63	251
乌兰察布	Ulanqab	2.16	1.72	1.70	246
辽宁	**Liaoning**	**39.75**	**37.14**	**36.51**	
沈阳	Shenyang	5.92	5.73	5.68	92
大连	Dalian	5.59	5.07	5.03	106
鞍山	Anshan	2.92	3.07	3.02	183
抚顺	Fushun	1.62	1.43	1.41	260
本溪	Benxi	1.26	1.14	1.06	268
丹东	Dandong	2.45	2.12	1.95	240
锦州	Jinzhou	2.99	2.72	2.55	217
营口	Yingkou	2.23	2.29	2.22	232
阜新	Fuxin	1.91	1.63	1.66	248
辽阳	Liaoyang	1.90	1.81	1.70	246
盘锦	Panjin	1.38	1.31	1.36	262
铁岭	Tieling	2.88	2.55	2.52	219
朝阳	Chaoyang	3.74	3.45	3.59	162
葫芦岛	Huludao	2.96	2.82	2.76	199
吉林	**Jilin**	**25.27**	**23.06**	**23.59**	
长春	Changchun	7.56	6.50	6.50	69
吉林	Jilin	4.08	3.70	4.06	142
四平	Siping	2.96	2.87	2.93	190
辽源	Liaoyuan	1.00	0.95	0.95	271
通化	Tonghua	2.14	2.11	2.25	229
白山	Baishan	1.08	0.97	0.95	271
松原	Songyuan	2.87	2.77	2.62	210
白城	Baicheng	1.97	1.73	1.85	241
黑龙江	**Heilongjiang**	**36.39**	**34.66**	**33.01**	
哈尔滨	Harbin	8.64	8.44	8.20	44
齐齐哈尔	Qiqihar	4.84	4.16	4.05	143
鸡西	Jixi	1.74	1.89	1.63	251
鹤岗	Hegang	1.10	0.91	0.90	273
双鸭山	Shuangyashan	1.59	1.49	1.38	261
大庆	Daqing	2.79	2.85	2.87	195
伊春	Yichun	1.05	0.91	0.87	274
佳木斯	Jiamusi	3.22	3.12	3.26	170
七台河	Qitaihe	0.87	0.86	0.76	277
牡丹江	Mudanjiang	2.38	2.40	2.45	223
黑河	Heihe	2.06	2.02	1.29	264
绥化	Suihua	5.68	5.24	4.99	108
上海	**Shanghai**	**12.44**	**12.95**	**13.45**	
江苏	**Jiangsu**	**70.58**	**64.51**	**63.94**	

16-7 普通小学毕业生数 续表 1
Graduates from Primary Schools continued 1

单位：万人 （10 000 persons）

地名	City	2010	2012	2013	2013 排名 Ranking	地名	City	2010	2012	2013	2013 排名 Ranking
南京	Nanjing	4.80	4.86	4.82	117	池州	Chizhou	1.85	1.64	1.53	255
无锡	Wuxi	5.04	5.00	4.98	109	宣城	Xuancheng	2.72	2.36	2.22	232
徐州	Xuzhou	9.49	8.49	8.30	42	**福建**	**Fujian**	**39.61**	**39.13**	**39.85**	
常州	Changzhou	3.74	3.61	3.60	161	福州	Fuzhou	7.42	7.17	7.30	53
苏州	Suzhou	5.81	6.08	6.35	71	厦门	Xiamen	2.73	3.04	3.26	170
南通	Nantong	6.14	5.41	5.26	100	莆田	Putian	4.34	3.49	3.55	163
连云港	Lianyungang	6.00	5.21	5.08	103	三明	Sanming	2.79	2.69	2.68	206
淮安	Huaian	5.60	4.80	4.68	123	泉州	Quanzhou	7.44	8.28	8.97	34
盐城	Yancheng	6.59	5.72	5.63	95	漳州	Zhangzhou	5.92	6.11	5.68	92
扬州	Yangzhou	4.08	3.85	3.82	147	南平	Nanping	3.28	2.96	2.90	194
镇江	Zhenjiang	2.25	2.12	2.10	235	龙岩	Longyan	2.64	2.64	2.73	203
泰州	Taizhou	3.98	3.76	3.76	150	宁德	Ningde	3.05	2.76	2.78	198
宿迁	Suqian	7.07	5.59	5.55	97	**江西**	**Jiangxi**	**67.85**	**67.01**	**65.59**	
浙江	**Zhejiang**	**54.13**	**53.83**	**54.04**		南昌	Nanchang	7.56	7.26	6.73	61
杭州	Hangzhou	7.61	7.45	7.37	52	景德镇	Jingdezhen	2.29	2.33	2.05	237
宁波	Ningbo	7.65	7.32	7.09	56	萍乡	Pingxiang	2.38	2.28	2.31	228
温州	Wenzhou	8.80	8.81	9.12	31	九江	Jiujiang	6.57	6.51	5.96	83
嘉兴	Jiaxing	4.07	3.97	3.95	144	新余	Xinyu	1.39	1.44	1.42	259
湖州	Huzhou	2.99	2.71	2.75	200	鹰潭	Yingtan	1.70	1.80	1.84	243
绍兴	Shaoxing	5.44	5.09	4.97	110	赣州	Ganzhou	14.47	14.55	14.75	6
金华	Jinhua	5.36	5.74	5.88	86	吉安	Jian	6.06	5.63	5.60	96
衢州	Quzhou	2.40	2.49	2.49	220	宜春	Yichun	7.84	7.62	7.43	49
舟山	Zhoushan	0.81	0.78	0.79	276	抚州	Fuzhou	6.32	6.27	6.24	74
台州	Taizhou	6.52	6.82	7.07	57	上饶	Shangrao	11.27	11.33	11.27	18
丽水	Lishui	2.60	2.66	2.56	216	**山东**	**Shandong**	**110.26**	**106.16**	**103.30**	
安徽	**Anhui**	**87.41**	**72.09**	**65.49**		济南	Jinan	6.96	6.54	6.59	64
合肥	Hefei	6.53	7.45	6.85	58	青岛	Qingdao	8.49	7.76	8.17	45
芜湖	Wuhu	2.12	3.51	3.31	168	淄博	Zibo	4.97	4.76	4.38	131
蚌埠	Bengbu	4.99	4.38	3.89	146	枣庄	Zaozhuang	4.83	4.27	4.16	137
淮南	Huainan	2.99	2.43	2.32	227	东营	Dongying	2.48	2.44	2.35	226
马鞍山	Maanshan	1.35	2.46	2.24	230	烟台	Yantai	5.99	5.66	5.23	101
淮北	Huaibei	3.76	2.86	2.53	218	潍坊	Weifang	10.53	9.15	8.96	35
铜陵	Tongling	0.80	0.73	0.67	279	济宁	Jining	9.24	9.79	9.60	30
安庆	Anqing	7.46	6.27	5.69	91	泰安	Taian	6.41	6.45	6.18	76
黄山	Huangshan	1.19	1.17	1.12	266	威海	Weihai	2.21	2.01	2.05	237
滁州	Chuzhou	5.99	4.93	4.47	127	日照	Rizhao	3.40	3.28	3.19	175
阜阳	Fuyang	14.63	11.34	10.26	24	莱芜	Laiwu	1.67	1.40	1.28	265
宿州	Suzhou	9.24	6.69	5.67	94	临沂	Linyi	13.08	11.91	11.58	14
六安	Liuan	7.62	6.78	6.12	78	德州	Dezhou	6.07	6.81	6.57	66
亳州	Bozhou	8.41	7.09	6.59	64	聊城	Liaocheng	6.12	6.99	6.74	60

16-7 普通小学毕业生数 续表 2
Graduates from Primary Schools continued 2

单位：万人 （10 000 persons）

地名	City	2010	2012	2013	2013 排名 Ranking	地名	City	2010	2012	2013	2013 排名 Ranking
滨州	Binzhou	4.55	4.43	4.33	133	常德	Changde	5.00	4.55	4.43	128
菏泽	Heze	13.26	12.58	11.95	12	张家界	Zhangjiajie	1.65	1.64	1.71	245
河南	**Henan**	**165.35**	**170.45**	**164.48**		益阳	Yiyang	3.83	4.15	4.11	139
郑州	Zhengzhou	9.20	9.74	9.94	26	郴州	Chenzhou	5.74	6.48	6.68	62
开封	Kaifeng	8.18	7.43	7.70	48	永州	Yongzhou	6.42	7.56	6.81	59
洛阳	Luoyang	10.65	10.35	9.99	25	怀化	Huaihua	4.89	5.03	5.22	102
平顶山	Pingdingshan	7.18	6.15	5.99	80	娄底	Loudi	5.34	5.29	4.81	118
安阳	Anyang	7.38	7.91	8.21	43	**广东**	**Guangdong**	**174.19**	**15.00**	**137.04**	
鹤壁	Hebi	2.68	3.12	3.13	178	广州	Guangzhou	14.43	13.85	13.19	9
新乡	Xinxiang	8.35	8.61	9.09	32	韶关	Shaoguan	4.45	3.50	3.24	173
焦作	Jiaozuo	5.35	5.52	5.42	98	深圳	Shenzhen	9.19	9.94	9.87	27
濮阳	Puyang	6.68	7.80	7.89	46	珠海	Zhuhai	2.21	2.25	2.12	234
许昌	Xuchang	6.06	6.55	5.97	81	汕头	Shantou	12.66	10.73	9.04	33
漯河	Luohe	3.63	3.58	3.71	153	佛山	Foshan	7.58	7.41	7.11	54
三门峡	Sanmenxia	3.41	3.21	2.99	185	江门	Jiangmen	6.13	5.21	4.93	111
南阳	Nanyang	14.24	16.63	16.97	3	湛江	Zhanjiang	18.02	15.31	13.09	10
商丘	Shangqiu	18.59	18.35	15.82	4	茂名	Maoming	15.12	11.89	11.30	17
信阳	Xinyang	13.24	14.35	14.03	7	肇庆	Zhaoqing	8.05	6.65	6.32	72
周口	Zhoukou	23.82	24.19	21.18	1	惠州	Huizhou	7.67	6.44	6.21	75
驻马店	Zhumadian	15.86	16.05	15.54	5	梅州	Meizhou	7.76	5.24	4.75	119
湖北	**Hubei**	**61.74**	**51.38**	**48.94**		汕尾	Shanwei	8.35	7.03	5.70	90
武汉	Wuhan	7.09	6.70	6.51	67	河源	Heyuan	5.36	4.24	3.91	145
黄石	Huangshi	4.12	2.91	2.98	186	阳江	Yangjiang	3.98	2.93	2.87	195
十堰	Shiyan	3.40	3.34	2.98	186	清远	Qingyuan	6.60	4.66	4.34	132
宜昌	Yichang	3.22	2.76	2.75	200	东莞	Dongguan	7.74	8.77	8.46	39
襄阳	Xiangyang	5.50	4.72	4.69	122	中山	Zhongshan	4.22	3.96	3.74	151
鄂州	Ezhou	1.35	1.27	1.02	269	潮州	Chaozhou	4.71	3.67	3.16	176
荆门	Jingmen	2.42	2.13	2.09	236	揭阳	Jieyang	14.98	12.89	10.51	22
孝感	Xiaogan	5.21	5.10	3.68	154	云浮	Yunfu	4.97	3.39	3.15	177
荆州	Jingzhou	5.85	4.95	4.74	120	**广西**	**Guangxi**	**71.82**	**68.64**	**70.06**	
黄冈	Huanggang	9.38	7.04	6.46	70	南宁	Nanning	8.97	8.78	8.88	36
咸宁	Xianning	2.99	3.17	2.93	190	柳州	Liuzhou	4.00	4.06	4.08	141
随州	Suizhou	2.31	1.98	1.64	250	桂林	Guilin	4.38	4.47	4.58	125
湖南	**Hunan**	**72.81**	**77.02**	**77.05**		梧州	Wuzhou	5.68	5.02	5.06	105
长沙	Changsha	6.64	6.99	7.11	54	北海	Beihai	2.40	2.26		
株洲	Zhuzhou	3.49	3.53	3.65	159	防城港	Fangchenggang	1.33	1.36	1.36	262
湘潭	Xiangtan	2.86	2.81	2.58	214	钦州	Qinzhou	6.48	6.01	6.51	67
衡阳	Hengyang	8.75	10.05	10.50	23	贵港	Guigang	9.37	8.48	8.78	37
邵阳	Shaoyang	8.67	9.30	9.79	28	玉林	Yulin	11.03	10.34	10.61	21
岳阳	Yueyang	5.44	5.80	5.97	81	百色	Baise	4.62	4.88	4.89	112

16-7 普通小学毕业生数 续表 3
Graduates from Primary Schools continued 3

单位：万人 （10 000 persons）

地名	City	2010	2012	2013	2013 排名 Ranking
贺州	Hezhou	3.38	3.04	2.92	192
河池	Hechi	5.22	4.74	4.83	115
来宾	Laibin	2.86	2.73	2.71	204
崇左	Chongzuo	2.03	2.16	2.40	224
海南	**Hainan**	**14.69**	**12.82**	**12.47**	
海口	Haikou	2.90	2.67	2.68	206
三亚	Sanya	1.10	0.94	1.07	267
三沙	Sansha				
重庆	**Chongqing**	**39.83**	**33.61**	**32.65**	
四川	**Sichuan**	**111.34**	**100.17**	**88.68**	
成都	Chengdu	13.35	12.67	11.84	13
自贡	Zigong	3.27	2.86	2.71	204
攀枝花	Panzhihua	1.71	1.69	1.59	253
泸州	Luzhou	6.97	6.21	5.79	88
德阳	Deyang	3.83	3.27	2.94	189
绵阳	Mianyang	5.84	4.96	4.23	135
广元	Guangyuan	4.00	3.32	2.66	208
遂宁	Suining	4.31	3.83	3.26	170
内江	Neijiang	4.37	3.91	3.63	160
乐山	Leshan	3.69	2.95	2.74	202
南充	Nanchong	9.26	8.68	6.28	73
眉山	Meishan	3.78	3.00	2.59	212
宜宾	Yibin	7.14	6.14	5.89	85
广安	Guangan	6.70	5.66	5.01	107
达州	Dazhou	9.66	8.90	7.43	49
雅安	Yaan	1.89	1.49	1.44	257
巴中	Bazhong	6.27	5.73	5.07	104
资阳	Ziyang	4.82	4.20	4.12	138
贵州	**Guizhou**	**79.82**	**76.02**	**72.35**	
贵阳	Guiyang	6.48	6.19	5.90	84
六盘水	Liupanshui	7.63	7.14	5.74	89
遵义	Zunyi	13.30	12.15	11.38	15
安顺	Anshun	5.40	4.67	4.43	128
毕节	Bijie	17.60	18.50	18.48	2
铜仁	Tongren	8.08	7.92	7.42	51
云南	**Yunnan**	**73.69**	**72.28**	**71.38**	
昆明	Kunming	8.32	8.34	8.33	41
曲靖	Qujing	11.09	10.60	10.73	20
玉溪	Yuxi	3.40	3.00	3.30	169
保山	Baoshan	4.06	3.74	3.66	156
昭通	Zhaotong	11.94	12.37	11.34	16
丽江	Lijiang	1.83	1.62	1.66	248
普洱	Puer	3.11	3.05	3.04	180
临沧	Lincang	3.44	3.42	3.43	167
西藏	**Tibet**	**5.05**	**4.75**	**4.61**	
拉萨	Lasa	0.76	0.76	0.80	275
陕西	**Shaanxi**	**50.59**	**44.86**	**40.05**	
西安	Xi'an	9.61	8.88	8.51	38
铜川	Tongchuan	0.98	0.90	0.74	278
宝鸡	Baoji	4.80	4.16	3.68	154
咸阳	Xianyang	7.62	6.82	6.09	79
渭南	Weinan	6.83	6.14	4.83	115
延安	Yan'an	3.32	2.85	2.59	212
汉中	Hanzhong	4.68	4.13	3.73	152
榆林	Yulin	4.80	3.94	3.51	165
安康	Ankang	4.20	3.57	3.12	179
商洛	Shangluo	3.52	3.22	3.03	182
甘肃	**Gansu**	**47.43**	**39.87**	**37.06**	
兰州	Lanzhou	3.88	3.74	3.54	164
嘉峪关	Jiayuguan	0.28	0.30	0.29	283
金昌	Jinchang	0.62	0.62	0.59	280
白银	Baiyin	3.62	2.74	2.49	220
天水	Tianshui	7.16	6.32	5.81	87
武威	Wuwei	3.17	2.71	2.63	209
张掖	Zhangye	1.84	1.70	1.57	254
平凉	Pingliang	4.30	3.66	3.66	156
酒泉	Jiuquan	1.63	1.48	1.46	256
庆阳	Qingyang	4.50	3.43	2.95	188
定西	Dingxi	5.85	4.35	3.78	148
陇南	Longnan	5.33	4.13	3.66	156
青海	**Qinghai**	**8.20**	**8.10**	**8.35**	
西宁	Xining	2.80	2.63	2.60	211
海东	Haidong				
宁夏	**Ningxia**	**10.97**	**10.77**	**10.19**	
银川	Yinchuan	2.53	2.56	2.57	215
石嘴山	Shizuishan	1.02	1.00	1.00	270
吴忠	Wuzhong	2.38	2.33	2.24	230
固原	Guyuan	2.69	2.60	2.36	225
中卫	Zhongwei	2.21	2.28	2.03	239
新疆	**Xinjiang**	**33.44**	**32.10**	**32.13**	
乌鲁木齐	Urumqi	2.99	3.05	3.04	180
克拉玛依	Karamay	0.47	0.41	0.41	282

16-8 普通中学学校数

Number of Junior Secondary Schools

单位：所 (unit)

地名	City	2010	2014	2015	2015 排名 Ranking	地名	City	2010	2014	2015	2015 排名 Ranking
全国	**Nation Total**	**68948**	**65876**	**65645**		沈阳	Shenyang	321	299	295	55
北京	**Beijing**	**634**	**643**	**646**		大连	Dalian	280	287	285	64
天津	**Tianjin**	**546**	**507**	**509**		鞍山	Anshan	165	163	163	164
河北	**Hebei**	**3264**	**2958**	**2956**		抚顺	Fushun	118	103	105	223
石家庄	Shijiazhuang	437	382	406	20	本溪	Benxi	68	56	57	266
唐山	Tangshan	366	329	328	36	丹东	Dandong	127	125	125	201
秦皇岛	Qinhuangdao	183	161	154	174	锦州	Jinzhou	156	131	130	193
邯郸	Handan	410	383	385	22	营口	Yingkou	98	101	102	225
邢台	Xingtai	322	275	278	74	阜新	Fuxin	117	95	94	240
保定	Baoding	472	441	447	11	辽阳	Liaoyang	83	81	78	252
张家口	Zhangjiakou	184	169	168	158	盘锦	Panjin	74	74	70	257
承德	Chengde	153	122	122	205	铁岭	Tieling	147	110	126	199
沧州	Cangzhou	349	313	316	44	朝阳	Chaoyang	184	171	169	156
廊坊	Langfang	192	174	176	144	葫芦岛	Huludao	138	132	130	193
衡水	Hengshui	196	176	176	144	**吉林**	**Jilin**	**1466**	**1435**	**1420**	
山西	**Shanxi**	**2747**	**2418**	**2400**		长春	Changchun	337	338	337	32
太原	Taiyuan	230	228	224	103	吉林	Jilin	189	180	180	140
大同	Datong	257	219	217	111	四平	Siping	188	184	184	135
阳泉	Yangquan	87	81	81	251	辽源	Liaoyuan	67	64	62	263
长治	Changzhi	232	218	214	114	通化	Tonghua	144	133	130	193
晋城	Jincheng	160	157	160	169	白山	Baishan	112	110	107	219
朔州	Shuozhou	107	96	93	242	松原	Songyuan	142	148	148	179
晋中	Jinzhong	242	221	224	103	白城	Baicheng	125	123	122	205
运城	Yuncheng	401	337	262	81	**黑龙江**	**Heilongjiang**	**2174**	**1947**	**1941**	
忻州	Xinzhou	352	281	273	78	哈尔滨	Harbin	563	463	483	6
临汾	Linfen	324	288	285	64	齐齐哈尔	Qiqihar	276	250	249	86
吕梁	Lvliang	355	292	296	52	鸡西	Jixi	124	95	93	242
内蒙古	**Inner Mongolia**	**1123**	**1003**	**1000**		鹤岗	Hegang	62	46	40	278
呼和浩特	Hohhot	125	110	109	217	双鸭山	Shuangyashan	110	80	67	258
包头	Baotou	96	94	93	242	大庆	Daqing	153	146	153	176
乌海	Wuhai	23	23	21	282	伊春	Yichun	71	53	53	268
赤峰	Chifeng	180	151	154	174	佳木斯	Jiamusi	153	114	111	214
通辽	Tongliao	165	138	136	189	七台河	Qitaihe	53	48	48	273
鄂尔多斯	Erdos	63	66	66	259	牡丹江	Mudanjiang	143	130	132	191
呼伦贝尔	Hulunbuir	191	163	132	191	黑河	Heihe	127	98	98	234
巴彦淖尔	Bayannur	60	51	50	269	绥化	Suihua	304	266	263	80
乌兰察布	Ulanqab	73	71	71	255	**上海**	**Shanghai**	**755**	**768**	**790**	
辽宁	**Liaoning**	**2076**	**1948**	**1929**		**江苏**	**Jiangsu**	**2776**	**2644**	**2660**	

16-8 普通中学学校数 续表 1
Number of Junior Secondary Schools continued 1

单位：所 （unit）

地名	City	2010	2014	2015	2015 排名 Ranking	地名	City	2010	2014	2015	2015 排名 Ranking
南京	Nanjing	215	223	223	106	池州	Chizhou	108	105	96	237
无锡	Wuxi	180	180	179	141	宣城	Xuancheng	163	159	158	171
徐州	Xuzhou	331	319	328	36	**福建**	**Fujian**	**1903**	**1781**	**1780**	
常州	Changzhou	163	158	160	169	福州	Fuzhou	356	321	322	41
苏州	Suzhou	258	276	283	69	厦门	Xiamen	94	90	92	245
南通	Nantong	250	215	211	122	莆田	Putian	160	147	145	181
连云港	Lianyungang	189	173	174	150	三明	Sanming	175	155	156	173
淮安	Huaian	198	176	179	141	泉州	Quanzhou	364	324	325	39
盐城	Yancheng	295	273	276	75	漳州	Zhangzhou	220	209	207	123
扬州	Yangzhou	177	168	166	160	南平	Nanping	172	164	163	164
镇江	Zhenjiang	109	112	111	214	龙岩	Longyan	176	169	170	154
泰州	Taizhou	203	188	187	132	宁德	Ningde	186	175	174	150
宿迁	Suqian	208	183	183	137	**江西**	**Jiangxi**	**2559**	**2569**	**2591**	
浙江	**Zhejiang**	**2314**	**2280**	**2275**		南昌	Nanchang	268	275	285	64
杭州	Hangzhou	317	313	318	43	景德镇	Jingdezhen	99	100	101	230
宁波	Ningbo	301	292	289	60	萍乡	Pingxiang	113	106	106	222
温州	Wenzhou	474	464	458	9	九江	Jiujiang	307	283	281	72
嘉兴	Jiaxing	155	175	173	152	新余	Xinyu	49	39	40	278
湖州	Huzhou	130	123	118	212	鹰潭	Yingtan	69	80	82	249
绍兴	Shaoxing	188	180	185	134	赣州	Ganzhou	451	458	462	7
金华	Jinhua	241	240	244	90	吉安	Jian	300	304	306	46
衢州	Quzhou	99	94	98	234	宜春	Yichun	239	241	243	92
舟山	Zhoushan	52	43	41	277	抚州	Fuzhou	213	218	221	107
台州	Taizhou	258	259	253	85	上饶	Shangrao	451	356	331	35
丽水	Lishui	99	94	98	234	**山东**	**Shandong**	**3645**	**3461**	**3446**	
安徽	**Anhui**	**3738**	**3599**	**3524**		济南	Jinan	209	209	214	114
合肥	Hefei	246	362	360	28	青岛	Qingdao	295	295	293	57
芜湖	Wuhu	123	211	205	124	淄博	Zibo	198	189	186	133
蚌埠	Bengbu	179	169	169	156	枣庄	Zaozhuang	135	126	125	201
淮南	Huainan	136	129	130	193	东营	Dongying	93	95	95	238
马鞍山	Maanshan	57	104	105	223	烟台	Yantai	299	259	256	84
淮北	Huaibei	141	129	128	197	潍坊	Weifang	360	316	319	42
铜陵	Tongling	48	43	43	276	济宁	Jining	299	285	283	69
安庆	Anqing	388	368	363	26	泰安	Taian	177	172	175	147
黄山	Huangshan	117	118	121	207	威海	Weihai	112	106	102	225
滁州	Chuzhou	285	289	266	79	日照	Rizhao	116	100	95	238
阜阳	Fuyang	482	459	443	13	莱芜	Laiwu	56	51	49	271
宿州	Suzhou	287	250	248	87	临沂	Linyi	355	339	332	34
六安	Liuan	420	413	410	19	德州	Dezhou	203	190	188	131
亳州	Bozhou	302	291	279	73	聊城	Liaocheng	202	203	164	163

16-8 普通中学学校数 续表 2
Number of Junior Secondary Schools continued 2

单位：所 （unit）

地名	City	2010	2014	2015	2015 排名 Ranking	地名	City	2010	2014	2015	2015 排名 Ranking
滨州	Binzhou	164	166	163	164	常德	Changde	295	292	290	58
菏泽	Heze	372	366	371	25	张家界	Zhangjiajie	101	87	100	232
河南	**Henan**	**5441**	**5340**	**5335**		益阳	Yiyang	239	228	228	99
郑州	Zhengzhou	366	397	411	18	郴州	Chenzhou	286	281	286	62
开封	Kaifeng	280	287	286	62	永州	Yongzhou	324	321	323	40
洛阳	Luoyang	444	431	421	17	怀化	Huaihua	357	350	355	29
平顶山	Pingdingshan	258	247	245	88	娄底	Loudi	280	283	285	64
安阳	Anyang	319	296	298	51	**广东**	**Guangdong**	**4334**	**4399**	**4434**	
鹤壁	Hebi	98	86	86	247	广州	Guangzhou	476	500	510	2
新乡	Xinxiang	399	391	389	21	韶关	Shaoguan	164	154	152	178
焦作	Jiaozuo	242	215	216	113	深圳	Shenzhen	295	325	335	33
濮阳	Puyang	206	211	213	117	珠海	Zhuhai	60	67	71	255
许昌	Xuchang	251	239	239	95	汕头	Shantou	260	287	295	55
漯河	Luohe	112	111	111	214	佛山	Foshan	180	193	199	127
三门峡	Sanmenxia	138	128	124	203	江门	Jiangmen	195	185	184	135
南阳	Nanyang	513	503	503	3	湛江	Zhanjiang	347	316	306	46
商丘	Shangqiu	451	436	436	14	茂名	Maoming	286	268	260	82
信阳	Xinyang	384	379	379	24	肇庆	Zhaoqing	174	174	176	144
周口	Zhoukou	609	600	591	1	惠州	Huizhou	209	234	241	93
驻马店	Zhumadian	330	345	349	30	梅州	Meizhou	245	229	229	98
湖北	**Hubei**	**2792**	**2552**	**2545**		汕尾	Shanwei	173	171	166	160
武汉	Wuhan	395	365	361	27	河源	Heyuan	190	180	183	137
黄石	Huangshi	143	134	126	199	阳江	Yangjiang	106	106	107	219
十堰	Shiyan	203	171	168	158	清远	Qingyuan	177	176	175	147
宜昌	Yichang	184	173	175	147	东莞	Dongguan	190	212	218	109
襄阳	Xiangyang	250	237	239	95	中山	Zhongshan	99	102	102	225
鄂州	Ezhou	58	49	50	269	潮州	Chaozhou	122	139	138	186
荆门	Jingmen	129	122	124	203	揭阳	Jieyang	275	278	285	64
孝感	Xiaogan	221	218	220	108	云浮	Yunfu	111	103	102	225
荆州	Jingzhou	259	241	240	94	**广西**	**Guangxi**	**2437**	**2288**	**2284**	
黄冈	Huanggang	346	304	302	50	南宁	Nanning	349	342	339	31
咸宁	Xianning	155	143	144	182	柳州	Liuzhou	177	163	158	171
随州	Suizhou	105	96	99	233	桂林	Guilin	245	219	212	119
湖南	**Hunan**	**3933**	**3894**	**3906**		梧州	Wuzhou	137	133	134	190
长沙	Changsha	284	292	296	52	北海	Beihai	82	70	94	240
株洲	Zhuzhou	188	201	195	130	防城港	Fangchenggang	44	46	47	274
湘潭	Xiangtan	187	175	172	153	钦州	Qinzhou	120	121	121	207
衡阳	Hengyang	418	427	427	15	贵港	Guigang	240	226	226	101
邵阳	Shaoyang	467	461	462	7	玉林	Yulin	295	290	290	58
岳阳	Yueyang	322	305	303	49	百色	Baise	200	188	161	168

16-8 普通中学学校数 续表 3

Number of Junior Secondary Schools continued 3

单位：所 (unit)

地名	City	2010	2014	2015	2015 排名 Ranking	地名	City	2010	2014	2015	2015 排名 Ranking
贺州	Hezhou	116	107	108	218	丽江	Lijiang	85	76	74	253
河池	Hechi	216	197	198	128	普洱	Puer	126	127	128	197
来宾	Laibin	102	83	82	249	临沧	Lincang	121	121	121	207
崇左	Chongzuo	112	83	86	247	**西藏**	**Tibet**	**119**	**125**	**127**	
海南	**Hainan**	**531**	**496**	**497**		拉萨	Lasa	23	25	25	281
海口	Haikou	94	100	101	230	**陕西**	**Shaanxi**	**2436**	**2220**	**2215**	
三亚	Sanya	45	45	46	275	西安	Xi'an	436	421	422	16
三沙	Sansha					铜川	Tongchuan	58	49	49	271
重庆	**Chongqing**	**1273**	**1179**	**1167**		宝鸡	Baoji	236	212	205	124
四川	**Sichuan**	**4738**	**4633**	**4590**		咸阳	Xianyang	314	297	296	52
成都	Chengdu	487	497	494	5	渭南	Weinan	390	329	328	36
自贡	Zigong	135	138	137	187	延安	Yan'an	139	121	120	211
攀枝花	Panzhihua	60	54	54	267	汉中	Hanzhong	225	212	212	119
泸州	Luzhou	217	221	217	111	榆林	Yulin	238	215	212	119
德阳	Deyang	170	149	148	179	安康	Ankang	209	196	200	126
绵阳	Mianyang	267	235	226	101	商洛	Shangluo	183	113	112	213
广元	Guangyuan	191	177	179	141	**甘肃**	**Gansu**	**2038**	**1940**	**1877**	
遂宁	Suining	164	167	166	160	兰州	Lanzhou	219	204	198	128
内江	Neijiang	192	182	181	139	嘉峪关	Jiayuguan	11	11	10	285
乐山	Leshan	226	214	213	117	金昌	Jinchang	28	21	21	282
南充	Nanchong	514	508	500	4	白银	Baiyin	168	144	143	184
眉山	Meishan	238	216	218	109	天水	Tianshui	267	260	257	83
宜宾	Yibin	316	291	283	69	武威	Wuwei	144	139	139	185
广安	Guangan	280	276	275	76	张掖	Zhangye	99	65	64	261
达州	Dazhou	382	382	382	23	平凉	Pingliang	165	170	163	164
雅安	Yaan	71	87	87	246	酒泉	Jiuquan	65	59	59	264
巴中	Bazhong	199	210	214	114	庆阳	Qingyang	189	172	170	154
资阳	Ziyang	317	311	309	45	定西	Dingxi	293	290	274	77
贵州	**Guizhou**	**2592**	**2604**	**2558**		陇南	Longnan	231	233	230	97
贵阳	Guiyang	292	306	306	46	**青海**	**Qinghai**	**434**	**370**	**371**	
六盘水	Liupanshui	217	225	227	100	西宁	Xining	139	140	137	187
遵义	Zunyi	503	448	446	12	海东	Haidong		100	102	225
安顺	Anshun	146	146	144	182	**宁夏**	**Ningxia**	**337**	**296**	**299**	
毕节	Bijie	438	466	454	10	银川	Yinchuan	69	70	74	253
铜仁	Tongren	248	252	245	88	石嘴山	Shizuishan	48	36	36	280
云南	**Yunnan**	**2183**	**2116**	**2147**		吴忠	Wuzhong	67	58	58	265
昆明	Kunming	265	281	287	61	固原	Guyuan	85	67	66	259
曲靖	Qujing	247	242	244	90	中卫	Zhongwei	68	64	64	261
玉溪	Yuxi	120	111	107	219	**新疆**	**Xinjiang**	**1545**	**1463**	**1426**	
保山	Baoshan	126	121	121	207	乌鲁木齐	Urumqi	133	153	153	176
昭通	Zhaotong	215	220	224	103	克拉玛依	Karamay	18	19	19	284

16-9 普通中学专任教师数
Full-time Teachers of Junior Secondary Schools

单位：人 （person）

地名	City	2010	2014	2015	2015 排名 Ranking	地名	City	2010	2014	2015	2015 排名 Ranking
全国	**Nation Total**	**5041576**	**5997826**	**6018879**		沈阳	Shenyang	23873	23860	24290	49
北京	**Beijing**	**49873**	**86480**	**88169**		大连	Dalian	20850	21942	21987	67
天津	**Tianjin**	**40718**	**55469**	**55668**		鞍山	Anshan	11778	12877	12004	169
河北	**Hebei**	**260675**	**293611**	**300542**		抚顺	Fushun	7481	7202	7187	236
石家庄	Shijiazhuang	36126	33704	37084	14	本溪	Benxi	5467	6444	6238	250
唐山	Tangshan	29735	29139	29708	33	丹东	Dandong	7912	8220	8355	224
秦皇岛	Qinhuangdao	12293	12023	11927	171	锦州	Jinzhou	9519	9273	9231	212
邯郸	Handan	35063	32719	38155	11	营口	Yingkou	7672	7980	7996	230
邢台	Xingtai	25534	23763	26089	43	阜新	Fuxin	6653	6675	6999	239
保定	Baoding	36138	38189	39536	8	辽阳	Liaoyang	5709	6094	6949	240
张家口	Zhangjiakou	15704	16483	16455	123	盘锦	Panjin	5247	5854	6153	251
承德	Chengde	12437	12001	12032	167	铁岭	Tieling	9421	10709	9992	204
沧州	Cangzhou	24142	23267	23762	56	朝阳	Chaoyang	13970	14778	13869	149
廊坊	Langfang	16277	15373	16215	125	葫芦岛	Huludao	9806	11128	10116	202
衡水	Hengshui	17226	18889	19550	88	**吉林**	**Jilin**	**94666**	**108781**	**106950**	
山西	**Shanxi**	**172793**	**211374**	**210288**		长春	Changchun	24777	30872	30581	31
太原	Taiyuan	17134	18477	18792	98	吉林	Jilin	13975	15444	15019	134
大同	Datong	16196	16221	16114	126	四平	Siping	11138	11443	11422	180
阳泉	Yangquan	5947	5864	5841	255	辽源	Liaoyuan	4166	4470	4419	268
长治	Changzhi	14989	15503	14126	144	通化	Tonghua	8762	9935	9944	206
晋城	Jincheng	10160	11439	11460	177	白山	Baishan	5556	7110	5246	262
朔州	Shuozhou	9325	10819	11253	184	松原	Songyuan	9807	10194	10387	199
晋中	Jinzhong	14822	15075	15113	133	白城	Baicheng	7305	8645	8752	216
运城	Yuncheng	28187	29775	17454	111	**黑龙江**	**Heilongjiang**	**142156**	**154939**	**152820**	
忻州	Xinzhou	14844	14845	14283	143	哈尔滨	Harbin	36893	37434	39062	9
临汾	Linfen	21640	21480	21623	69	齐齐哈尔	Qiqihar	16688	17591	17249	114
吕梁	Lvliang	19549	19474	19477	90	鸡西	Jixi	7741	7420	7137	237
内蒙古	**Inner Mongolia**	**95570**	**112769**	**111714**		鹤岗	Hegang	4898	3210	2880	281
呼和浩特	Hohhot	9088	10617	9767	209	双鸭山	Shuangyashan	6200	4537	2910	279
包头	Baotou	9038	10339	10466	195	大庆	Daqing	12717	13375	14582	136
乌海	Wuhai	2083	2581	2259	284	伊春	Yichun	5180	4545	4416	269
赤峰	Chifeng	18757	17843	17480	109	佳木斯	Jiamusi	10127	7825	8075	226
通辽	Tongliao	12598	12112	11829	172	七台河	Qitaihe	3575	3134	3091	277
鄂尔多斯	Erdos	6852	7558	8711	219	牡丹江	Mudanjiang	9502	8856	8561	221
呼伦贝尔	Hulunbuir	12098	11062	10462	196	黑河	Heihe	6809	6728	6822	243
巴彦淖尔	Bayannur	5993	5175	5107	264	绥化	Suihua	19643	21163	20850	74
乌兰察布	Ulanqab	6996	6774	6633	246	**上海**	**Shanghai**	**50741**	**67651**	**68475**	
辽宁	**Liaoning**	**145358**	**162089**	**162943**		**江苏**	**Jiangsu**	**284594**	**303987**	**299792**	

16-9 普通中学专任教师数 续表 1
Full-time Teachers of Junior Secondary Schools continued 1

单位：人 (person)

地名	City	2010	2014	2015	2015 排名 Ranking	地名	City	2010	2014	2015	2015 排名 Ranking
南京	Nanjing	22316	22414	22549	66	池州	Chizhou	6242	5907	5866	254
无锡	Wuxi	19839	19415	19893	85	宣城	Xuancheng	9895	9353	9072	214
徐州	Xuzhou	38379	34013	33673	20	**福建**	**Fujian**	**151469**	**195681**	**195926**	
常州	Changzhou	13915	13991	13970	146	福州	Fuzhou	26484	24177	24091	54
苏州	Suzhou	25295	26337	26772	38	厦门	Xiamen	8924	9961	10445	197
南通	Nantong	26077	24408	24189	52	莆田	Putian	14638	14349	14333	142
连云港	Lianyungang	21118	20430	19744	86	三明	Sanming	12189	11442	11385	181
淮安	Huaian	20353	18883	18712	99	泉州	Quanzhou	30895	30426	30668	30
盐城	Yancheng	29269	27092	26187	40	漳州	Zhangzhou	19133	19906	19911	84
扬州	Yangzhou	17057	16626	16476	122	南平	Nanping	11731	11625	11426	179
镇江	Zhenjiang	10124	9915	9889	207	龙岩	Longyan	13907	13048	12457	163
泰州	Taizhou	19858	19491	19201	93	宁德	Ningde	13568	12908	13046	154
宿迁	Suqian	20994	18308	17518	108	**江西**	**Jiangxi**	**167285**	**204272**	**207072**	
浙江	**Zhejiang**	**182865**	**207935**	**209087**		南昌	Nanchang	17434	18860	24218	50
杭州	Hangzhou	26666	28049	28539	36	景德镇	Jingdezhen	6517	7437	7388	233
宁波	Ningbo	15067	23309	23404	60	萍乡	Pingxiang	7696	7541	7442	232
温州	Wenzhou	32619	31215	31674	25	九江	Jiujiang	17821	17357	17134	117
嘉兴	Jiaxing	14067	14446	14465	138	新余	Xinyu	4315	4400	4238	270
湖州	Huzhou	9894	10078	10083	203	鹰潭	Yingtan	4479	4481	4652	267
绍兴	Shaoxing	17876	18320	18498	100	赣州	Ganzhou	30726	34411	40113	7
金华	Jinhua	18313	18567	21002	73	吉安	Jian	18451	20115	20017	82
衢州	Quzhou	8317	8580	8734	218	宜春	Yichun	18655	18736	19169	94
舟山	Zhoushan	3403	3254	3263	275	抚州	Fuzhou	14588	15273	14359	140
台州	Taizhou	20157	22296	23774	55	上饶	Shangrao	26603	21525	26780	37
丽水	Lishui	8611	8225	8219	225	**山东**	**Shandong**	**372082**	**417943**	**421653**	
安徽	**Anhui**	**230052**	**272227**	**266827**		济南	Jinan	21943	23443	23643	58
合肥	Hefei	19596	29190	29246	35	青岛	Qingdao	30754	31999	32940	23
芜湖	Wuhu	7577	12635	12671	159	淄博	Zibo	20093	21975	21431	72
蚌埠	Bengbu	11971	11489	11822	173	枣庄	Zaozhuang	13800	13796	13897	148
淮南	Huainan	8796	9067	8980	215	东营	Dongying	10620	11079	11175	186
马鞍山	Maanshan	4757	8499	8514	223	烟台	Yantai	31719	32682	32919	24
淮北	Huaibei	8678	8715	8644	220	潍坊	Weifang	39375	40608	40412	6
铜陵	Tongling	3122	3253	3229	276	济宁	Jining	29631	31389	30738	29
安庆	Anqing	24472	24640	24204	51	泰安	Taian	19858	22265	22906	63
黄山	Huangshan	5075	5073	4973	266	威海	Weihai	12931	12843	12605	161
滁州	Chuzhou	16059	15939	16088	127	日照	Rizhao	11610	11751	11450	178
阜阳	Fuyang	25993	26643	26123	42	莱芜	Laiwu	6295	5889	5934	253
宿州	Suzhou	21224	18713	16945	119	临沂	Linyi	38256	40524	40656	4
六安	Liuan	23692	24003	23592	59	德州	Dezhou	19067	20400	20680	75
亳州	Bozhou	16988	17329	17228	116	聊城	Liaocheng	19992	20877	14361	139

16-9 普通中学专任教师数 续表 2

Full-time Teachers of Junior Secondary Schools continued 2

单位：人 （person）

地名	City	2010	2014	2015	2015 排名 Ranking	地名	City	2010	2014	2015	2015 排名 Ranking
滨州	Binzhou	14971	16362	16319	124	常德	Changde	21963	20974	20450	81
菏泽	Heze	31167	33348	34502	18	张家界	Zhangjiajie	5223	5297	5331	260
河南	**Henan**	**380984**	**430775**	**436672**		益阳	Yiyang	18141	15208	13724	152
郑州	Zhengzhou	30601	35261	37710	13	郴州	Chenzhou	15458	15862	20606	77
开封	Kaifeng	17332	21540	19721	87	永州	Yongzhou	22676	20115	20009	83
洛阳	Luoyang	26168	31234	31333	26	怀化	Huaihua	16806	17412	17469	110
平顶山	Pingdingshan	17453	17365	17283	113	娄底	Loudi	15865	16963	15441	132
安阳	Anyang	19058	21353	21562	70	**广东**	**Guangdong**	**391514**	**521032**	**523754**	
鹤壁	Hebi	6151	6275	6734	245	广州	Guangzhou	38226	41501	41615	3
新乡	Xinxiang	23021	23094	23681	57	韶关	Shaoguan	13266	12918	12619	160
焦作	Jiaozuo	14289	16419	17125	118	深圳	Shenzhen	22417	28320	29252	34
濮阳	Puyang	16635	18026	17244	115	珠海	Zhuhai	5742	6374	6374	248
许昌	Xuchang	18715	17595	17836	106	汕头	Shantou	22650	29801	31188	28
漯河	Luohe	9466	9844	10173	200	佛山	Foshan	20442	22178	22752	64
三门峡	Sanmenxia	10068	10328	10425	198	江门	Jiangmen	17158	18229	15899	129
南阳	Nanyang	35550	39666	40494	5	湛江	Zhanjiang	31171	34499	34586	17
商丘	Shangqiu	32843	34722	34615	16	茂名	Maoming	33130	36266	37768	12
信阳	Xinyang	34271	34916	35694	15	肇庆	Zhaoqing	19709	21169	18341	101
周口	Zhoukou	37502	39713	44875	2	惠州	Huizhou	17211	19154	19532	89
驻马店	Zhumadian	28811	32727	33038	21	梅州	Meizhou	23657	23128	22913	62
湖北	**Hubei**	**229209**	**224010**	**218968**		汕尾	Shanwei	12748	14741	14479	137
武汉	Wuhan	32800	31523	31207	27	河源	Heyuan	15172	17870	18252	103
黄石	Huangshi	10596	8551	9696	211	阳江	Yangjiang	10782	11104	10919	188
十堰	Shiyan	14178	11617	13035	155	清远	Qingyuan	17374	16499	15935	128
宜昌	Yichang	13445	13275	13081	153	东莞	Dongguan	14572	17148	17701	107
襄阳	Xiangyang	21647	21046	21693	68	中山	Zhongshan	9424	10627	10772	191
鄂州	Ezhou	4545	3800	3776	272	潮州	Chaozhou	10858	11447	11602	175
荆门	Jingmen	12907	9807	9773	208	揭阳	Jieyang	24300	30232	29870	32
孝感	Xiaogan	20047	19016	18306	102	云浮	Yunfu	11505	11541	11236	185
荆州	Jingzhou	22698	21505	20644	76	**广西**	**Guangxi**	**160840**	**188152**	**191646**	
黄冈	Huanggang	28782	30156	24739	47	南宁	Nanning	22675	23776	24158	53
咸宁	Xianning	10900	9185	8740	217	柳州	Liuzhou	11827	12097	12784	158
随州	Suizhou	9367	7981	7360	234	桂林	Guilin	16155	15620	15677	130
湖南	**Hunan**	**240494**	**272479**	**272099**		梧州	Wuzhou	10409	12166	11488	176
长沙	Changsha	21102	25370	26534	39	北海	Beihai	5904	6414	6494	247
株洲	Zhuzhou	12634	13705	12821	157	防城港	Fangchenggang	2643	2849	2900	280
湘潭	Xiangtan	9846	10313	10150	201	钦州	Qinzhou	9710	11143	11332	182
衡阳	Hengyang	25183	27593	26180	41	贵港	Guigang	16973	28902	18932	96
邵阳	Shaoyang	24154	25278	25235	46	玉林	Yulin	21509	22256	22702	65
岳阳	Yueyang	21053	23238	19476	91	百色	Baise	10662	11156	11053	187

16-9 普通中学专任教师数 续表 3
Full-time Teachers of Junior Secondary Schools continued 3

单位：人 (person)

地名	City	2010	2014	2015	2015 排名 Ranking	地名	City	2010	2014	2015	2015 排名 Ranking
贺州	Hezhou	7289	7046	7130	238	丽江	Lijiang	5621	5296	5293	261
河池	Hechi	11372	11859	12136	166	普洱	Puer	7630	7929	8041	227
来宾	Laibin	7735	7832	7206	235	临沧	Lincang	7168	7679	7935	231
崇左	Chongzuo	6346	5680	6256	249	**西藏**	**Tibet**	**11714**	**14542**	**15097**	
海南	**Hainan**	**34564**	**49668**	**50629**		拉萨	Lasa	2494	3530	3527	274
海口	Haikou	6982	10508	8016	228	**陕西**	**Shaanxi**	**170482**	**192818**	**189148**	
三亚	Sanya	2549	2822	3055	278	西安	Xi'an	31506	32615	33014	22
三沙	Sansha					铜川	Tongchuan	3925	4040	3873	271
重庆	**Chongqing**	**109303**	**141970**	**142704**		宝鸡	Baoji	17423	16803	16504	121
四川	**Sichuan**	**284962**	**356669**	**357874**		咸阳	Xianyang	24997	26505	26089	43
成都	Chengdu	42429	46359	46073	1	渭南	Weinan	27479	26700	25891	45
自贡	Zigong	8261	8014	7997	229	延安	Yan'an	10736	10216	9989	205
攀枝花	Panzhihua	4679	5061	5119	263	汉中	Hanzhong	13866	15290	14355	141
泸州	Luzhou	14480	14811	14958	135	榆林	Yulin	17363	18421	17904	105
德阳	Deyang	11144	11014	10885	189	安康	Ankang	11366	11209	12859	156
绵阳	Mianyang	18449	19331	21484	71	商洛	Shangluo	11003	7253	6898	241
广元	Guangyuan	11377	11041	11283	183	**甘肃**	**Gansu**	**120689**	**146101**	**144896**	
遂宁	Suining	13244	14978	12459	162	兰州	Lanzhou	13811	14173	13965	147
内江	Neijiang	11868	13690	13727	151	嘉峪关	Jiayuguan	941	1074	1078	285
乐山	Leshan	10755	10942	10833	190	金昌	Jinchang	2155	2331	2347	283
南充	Nanchong	26822	25184	13993	145	白银	Baiyin	11229	11829	12440	164
眉山	Meishan	10685	10506	10506	194	天水	Tianshui	15592	17923	18019	104
宜宾	Yibin	17682	18644	18820	97	武威	Wuwei	9006	8939	10632	192
广安	Guangan	14440	15098	19100	95	张掖	Zhangye	5883	5845	5766	256
达州	Dazhou	20163	20048	20599	78	平凉	Pingliang	10514	11463	11982	170
雅安	Yaan	4931	5027	5038	265	酒泉	Jiuquan	4398	5267	5458	259
巴中	Bazhong	11695	13257	13837	150	庆阳	Qingyang	11693	12259	12009	168
资阳	Ziyang	13488	16483	16608	120	定西	Dingxi	14528	17824	17406	112
贵州	**Guizhou**	**142508**	**192389**	**199997**		陇南	Longnan	10647	11643	11688	174
贵阳	Guiyang	14561	19914	20581	79	**青海**	**Qinghai**	**21875**	**27432**	**29012**	
六盘水	Liupanshui	10676	13534	15457	131	西宁	Xining	9064	8915	5741	257
遵义	Zunyi	27418	31284	33896	19	海东	Haidong		6586	6754	244
安顺	Anshun	8570	9318	9713	210	**宁夏**	**Ningxia**	**27484**	**31916**	**32441**	
毕节	Bijie	25182	36187	38187	10	银川	Yinchuan	7310	8182	8537	222
铜仁	Tongren	15330	17796	19299	92	石嘴山	Shizuishan	3413	3356	3616	273
云南	**Yunnan**	**160984**	**199764**	**204499**		吴忠	Wuzhong	5448	5966	5965	252
昆明	Kunming	20329	22302	23278	61	固原	Guyuan	6664	6940	6869	242
曲靖	Qujing	23068	24469	24735	48	中卫	Zhongwei	4649	5561	5729	258
玉溪	Yuxi	8745	9149	9215	213	**新疆**	**Xinjiang**	**113990**	**152901**	**151517**	
保山	Baoshan	9431	10521	10601	193	乌鲁木齐	Urumqi	9998	11997	12139	165
昭通	Zhaotong	18762	19272	20530	80	克拉玛依	Karamay	2123	2472	2454	282

16-10　普通中学招生数
New Enrollment by Junior Secondary Schools

单位：万人　　　　（10 000 persons）

地名	City	2010	2012	2013	2013 排名 Ranking	地名	City	2010	2012	2013	2013 排名 Ranking
全国	**Nation Total**	**2552.70**	**2415.40**	**2318.78**		沈阳	Shenyang	9.75	9.44	9.16	79
北京	**Beijing**	**16.80**	**17.15**	**16.67**		大连	Dalian	9.20	8.36	8.21	100
天津	**Tianjin**	**14.60**	**14.19**	**14.09**		鞍山	Anshan	4.72	4.73	4.55	191
河北	**Hebei**	**114.18**	**116.18**	**115.91**		抚顺	Fushun	2.72	2.48	2.37	258
石家庄	Shijiazhuang	17.14	16.08	16.16	18	本溪	Benxi	2.08	1.86	1.70	267
唐山	Tangshan	11.24	11.33	11.20	47	丹东	Dandong	3.90	3.63	3.35	234
秦皇岛	Qinhuangdao	4.35	4.43	4.32	198	锦州	Jinzhou	4.67	4.31	4.08	211
邯郸	Handan	15.13	17.34	16.38	16	营口	Yingkou	3.40	3.26	3.22	238
邢台	Xingtai	11.52	12.09	11.57	43	阜新	Fuxin	3.03	2.72	2.74	246
保定	Baoding	16.44	17.48	18.69	6	辽阳	Liaoyang	2.96	2.82	2.57	249
张家口	Zhangjiakou	7.26	6.87	6.69	132	盘锦	Panjin	2.38	2.28	2.42	256
承德	Chengde	6.18	5.54	5.60	156	铁岭	Tieling	4.37	3.98	3.90	220
沧州	Cangzhou	10.20	10.22	10.38	58	朝阳	Chaoyang	6.14	5.65	5.66	152
廊坊	Langfang	7.38	6.98	6.96	126	葫芦岛	Huludao	4.43	4.27	4.17	208
衡水	Hengshui	7.35	7.73	7.97	105	**吉林**	**Jilin**	**41.42**	**38.69**	**36.95**	
山西	**Shanxi**	**85.26**	**49.17**	**70.18**		长春	Changchun	12.59	11.11	11.08	49
太原	Taiyuan	7.80	7.45	7.32	120	吉林	Jilin	6.63	6.41	5.63	154
大同	Datong	7.32	6.61	6.00	144	四平	Siping	4.84	4.61	4.85	177
阳泉	Yangquan	2.95	2.50	2.45	254	辽源	Liaoyuan	1.69	1.64	1.42	274
长治	Changzhi	7.95	7.13	6.84	129	通化	Tonghua	3.70	3.72	3.08	240
晋城	Jincheng	5.80	5.43	5.11	169	白山	Baishan	1.79	1.75	1.49	273
朔州	Shuozhou	5.57	5.34	5.05	171	松原	Songyuan	4.33	4.04	4.31	200
晋中	Jinzhong	6.24	5.54	5.38	164	白城	Baicheng	3.03	2.77	2.51	252
运城	Yuncheng	13.49	11.73	10.52	55	**黑龙江**	**Heilongjiang**	**57.07**	**36.58**	**47.31**	
忻州	Xinzhou	7.87	5.95	5.67	151	哈尔滨	Harbin	13.32	13.05	11.93	42
临汾	Linfen	10.14	8.91	8.23	98	齐齐哈尔	Qiqihar	7.35	6.65	6.00	144
吕梁	Lvliang	10.12	8.91	7.62	114	鸡西	Jixi	2.86	2.95	2.41	257
内蒙古	**Inner Mongolia**	**43.67**	**41.42**	**39.18**		鹤岗	Hegang	2.04	1.81	1.55	271
呼和浩特	Hohhot	5.33	5.21	5.12	167	双鸭山	Shuangyashan	2.53	2.51	2.08	264
包头	Baotou	4.51	4.39	4.31	200	大庆	Daqing	4.83	4.95	4.65	186
乌海	Wuhai	0.89	0.89	0.88	282	伊春	Yichun	1.80	1.67	1.39	275
赤峰	Chifeng	9.04	8.56	7.25	121	佳木斯	Jiamusi	4.80	4.66	3.52	227
通辽	Tongliao	5.69	5.72	5.52	160	七台河	Qitaihe	1.39	1.31	1.20	278
鄂尔多斯	Erdos	3.06	2.86	2.87	243	牡丹江	Mudanjiang	4.07	4.05	3.48	230
呼伦贝尔	Hulunbuir	3.91	3.38	3.29	237	黑河	Heihe	2.94	2.89	2.15	262
巴彦淖尔	Bayannur	2.93	2.88	2.62	247	绥化	Suihua	8.38	7.58	6.35	136
乌兰察布	Ulanqab	3.60	3.11	2.89	242	**上海**	**Shanghai**	**16.33**	**17.00**	**17.34**	
辽宁	**Liaoning**	**63.75**	**59.79**	**58.11**		**江苏**	**Jiangsu**	**115.08**	**101.72**	**96.00**	

16-10 普通中学招生数 续表 1

New Enrollment by Junior Secondary Schools continued 1

单位：万人　　　　(10 000 persons)

地名	City	2010	2012	2013	2013 排名 Ranking	地名	City	2010	2012	2013	2013 排名 Ranking
南京	Nanjing	7.92	7.64	7.34	119	池州	Chizhou	3.35	2.88	2.77	245
无锡	Wuxi	7.58	7.10	7.13	124	宣城	Xuancheng	4.30	3.82	3.51	228
徐州	Xuzhou	15.30	13.38	11.51	45	**福建**	**Fujian**	**62.62**	**40.37**	**59.54**	
常州	Changzhou	6.09	5.57	5.54	158	福州	Fuzhou	11.28	10.81	10.67	53
苏州	Suzhou	9.06	9.03	9.37	75	厦门	Xiamen	4.18	4.48	4.72	181
南通	Nantong	10.32	8.67	8.27	97	莆田	Putian	6.37	5.64	5.66	152
连云港	Lianyungang	10.10	8.40	7.37	117	三明	Sanming	4.55	4.42	4.18	207
淮安	Huaian	9.01	7.60	7.25	121	泉州	Quanzhou	12.90	12.17	12.67	37
盐城	Yancheng	10.95	9.32	9.01	81	漳州	Zhangzhou	8.73	8.87	8.41	94
扬州	Yangzhou	6.96	6.38	6.18	140	南平	Nanping	4.92	4.76	4.61	188
镇江	Zhenjiang	3.74	3.31	3.20	239	龙岩	Longyan	4.57	4.41	4.29	203
泰州	Taizhou	7.16	6.14	5.98	147	宁德	Ningde	5.12	4.49	4.36	195
宿迁	Suqian	10.87	9.19	7.82	108	**江西**	**Jiangxi**	**94.02**	**96.42**	**92.13**	
浙江	**Zhejiang**	**83.30**	**78.85**	**77.76**		南昌	Nanchang	10.49	10.54	10.03	63
杭州	Hangzhou	11.55	11.12	10.95	50	景德镇	Jingdezhen	3.03	3.27	3.07	241
宁波	Ningbo	7.28	9.87	9.60	70	萍乡	Pingxiang	3.82	3.51	3.36	233
温州	Wenzhou	13.65	12.38	12.49	39	九江	Jiujiang	9.83	9.80	8.98	82
嘉兴	Jiaxing	6.62	5.95	5.75	150	新余	Xinyu	1.89	2.26	2.19	261
湖州	Huzhou	4.66	4.28	4.10	210	鹰潭	Yingtan	2.19	2.52	2.02	265
绍兴	Shaoxing	9.07	8.54	8.36	96	赣州	Ganzhou	18.48	20.46	20.61	3
金华	Jinhua	8.33	8.30	8.22	99	吉安	Jian	9.27	8.96	8.87	85
衢州	Quzhou	3.94	3.91	3.76	221	宜春	Yichun	10.62	10.87	10.71	51
舟山	Zhoushan	1.26	1.15	1.16	279	抚州	Fuzhou	8.84	9.13	8.15	101
台州	Taizhou	9.61	9.48	9.67	68	上饶	Shangrao	15.55	15.10	14.14	29
丽水	Lishui	3.81	3.87	3.71	223	**山东**	**Shandong**	**164.12**	**159.88**	**158.53**	
安徽	**Anhui**	**129.74**	**112.91**	**103.31**		济南	Jinan	10.42	10.34	10.34	59
合肥	Hefei	10.74	12.68	12.02	41	青岛	Qingdao	12.51	11.91	12.23	40
芜湖	Wuhu	3.79	5.31	5.09	170	淄博	Zibo	8.29	8.03	7.74	111
蚌埠	Bengbu	6.61	6.06	5.62	155	枣庄	Zaozhuang	7.13	6.77	6.62	133
淮南	Huainan	4.55	3.91	3.67	225	东营	Dongying	4.01	4.01	3.75	222
马鞍山	Maanshan	2.32	3.97	3.66	226	烟台	Yantai	9.75	9.01	8.67	90
淮北	Huaibei	5.39	4.71	4.08	211	潍坊	Weifang	16.41	15.75	15.24	21
铜陵	Tongling	1.33	1.19	1.16	279	济宁	Jining	13.55	13.59	13.38	32
安庆	Anqing	13.38	10.93	9.41	74	泰安	Taian	8.47	9.42	9.69	67
黄山	Huangshan	2.17	2.03	1.82	266	威海	Weihai	3.60	3.33	3.34	235
滁州	Chuzhou	8.70	7.64	7.22	123	日照	Rizhao	4.94	4.85	4.69	183
阜阳	Fuyang	18.23	15.42	15.34	20	莱芜	Laiwu	2.48	2.53	2.58	248
宿州	Suzhou	12.62	10.61	8.92	84	临沂	Linyi	19.15	17.23	17.33	13
六安	Liuan	13.39	11.83	9.92	65	德州	Dezhou	8.85	9.71	9.65	69
亳州	Bozhou	10.56	9.90	9.06	80	聊城	Liaocheng	9.45	9.26	9.59	71

16-10 普通中学招生数 续表 2

New Enrollment by Junior Secondary Schools continued 2

单位：万人 （10 000 persons）

地名	City	2010	2012	2013	2013 排名 Ranking	地名	City	2010	2012	2013	2013 排名 Ranking
滨州	Binzhou	6.63	6.76	6.77	131	常德	Changde	8.67	7.72	7.36	118
菏泽	Heze	18.47	17.38	16.91	15	张家界	Zhangjiajie	2.53	2.52	2.57	249
河南	**Henan**	**221.66**	**224.73**	**203.82**		益阳	Yiyang	6.52	6.27	6.13	141
郑州	Zhengzhou	14.89	15.82	16.16	18	郴州	Chenzhou	7.49	7.93	8.97	83
开封	Kaifeng	10.24	10.45	9.73	66	永州	Yongzhou	9.60	9.28	9.55	73
洛阳	Luoyang	14.65	14.04	13.84	31	怀化	Huaihua	6.84	7.00	7.49	115
平顶山	Pingdingshan	8.43	8.54	8.41	94	娄底	Loudi	7.95	7.54	7.47	116
安阳	Anyang	9.57	9.92	10.29	60	**广东**	**Guangdong**	**241.96**	**217.57**	**203.06**	
鹤壁	Hebi	3.64	4.06	3.68	224	广州	Guangzhou	19.17	18.43	18.27	9
新乡	Xinxiang	11.56	12.28	11.55	44	韶关	Shaoguan	6.60	5.69	5.41	162
焦作	Jiaozuo	7.65	7.69	7.66	113	深圳	Shenzhen	12.03	12.80	13.11	34
濮阳	Puyang	9.04	9.29	8.08	102	珠海	Zhuhai	3.22	3.20	3.98	218
许昌	Xuchang	9.01	9.21	7.93	106	汕头	Shantou	16.85	15.49	14.29	27
漯河	Luohe	5.10	4.98	4.83	178	佛山	Foshan	11.07	10.73	17.23	14
三门峡	Sanmenxia	4.37	4.30	4.02	216	江门	Jiangmen	8.88	7.97	7.77	110
南阳	Nanyang	19.28	21.35	19.07	5	湛江	Zhanjiang	24.44	21.74	18.50	7
商丘	Shangqiu	23.41	21.23	18.36	8	茂名	Maoming	22.17	19.30	18.09	11
信阳	Xinyang	18.99	20.02	16.30	17	肇庆	Zhaoqing	10.91	9.60	9.17	77
周口	Zhoukou	29.50	29.49	25.04	1	惠州	Huizhou	10.71	9.80	9.56	72
驻马店	Zhumadian	20.91	20.64	17.49	12	梅州	Meizhou	12.64	9.68	8.85	87
湖北	**Hubei**	**105.26**	**83.84**	**80.43**		汕尾	Shanwei	10.50	9.95	10.41	57
武汉	Wuhan	12.06	10.36	10.16	61	河源	Heyuan	8.14	6.73	6.29	139
黄石	Huangshi	6.27	4.65	4.35	196	阳江	Yangjiang	6.43	5.15	4.77	179
十堰	Shiyan	6.30	4.80	4.75	180	清远	Qingyuan	9.39	7.36	6.94	128
宜昌	Yichang	5.36	4.81	4.72	181	东莞	Dongguan	9.32	9.63	10.01	64
襄阳	Xiangyang	9.76	8.04	7.88	107	中山	Zhongshan	5.50	5.30	5.00	172
鄂州	Ezhou	2.19	1.74	1.64	269	潮州	Chaozhou	7.28	6.54	5.55	157
荆门	Jingmen	4.26	3.62	3.44	231	揭阳	Jieyang	19.85	17.13	15.16	22
孝感	Xiaogan	9.43	3.97	6.13	141	云浮	Yunfu	6.84	5.36	5.00	172
荆州	Jingzhou	10.81	8.70	8.45	92	**广西**	**Guangxi**	**97.22**	**96.15**	**98.63**	
黄冈	Huanggang	15.38	11.38	10.49	56	南宁	Nanning	12.87	12.88	13.22	33
咸宁	Xianning	5.68	4.45	4.33	197	柳州	Liuzhou	6.09	5.93	6.33	138
随州	Suizhou	3.80	2.91	2.83	244	桂林	Guilin	6.96	6.82	6.95	127
湖南	**Hunan**	**110.49**	**111.26**	**114.02**		梧州	Wuzhou	7.18	6.75	6.79	130
长沙	Changsha	11.14	12.13	12.61	38	北海	Beihai	3.50	2.21	3.44	231
株洲	Zhuzhou	5.14	5.31	5.54	158	防城港	Fangchenggang	1.64	1.60	1.68	268
湘潭	Xiangtan	4.45	4.39	4.19	206	钦州	Qinzhou	7.81	7.64	8.05	103
衡阳	Hengyang	13.20	14.00	14.45	26	贵港	Guigang	12.55	12.31	12.75	36
邵阳	Shaoyang	12.83	13.33	13.87	30	玉林	Yulin	14.23	14.00	14.29	27
岳阳	Yueyang	8.87	8.69	8.65	91	百色	Baise	6.47	6.69	12.97	35

16-10 普通中学招生数 续表 3
New Enrollment by Junior Secondary Schools continued 3

单位：万人 (10 000 persons)

地名	City	2010	2012	2013	2013 排名 Ranking	地名	City	2010	2012	2013	2013 排名 Ranking
贺州	Hezhou	4.53	4.26	3.94	219	丽江	Lijiang	2.48	2.45	2.44	255
河池	Hechi	6.63	6.94	7.09	125	普洱	Puer	4.04	4.00	4.01	217
来宾	Laibin	4.40	4.14	4.13	209	临沧	Lincang	4.27	4.32	4.22	205
崇左	Chongzuo	2.87	3.01	4.59	190	**西藏**	**Tibet**	**6.10**	**6.10**	**6.21**	
海南	**Hainan**	**18.96**	**18.24**	**17.71**		拉萨	Lasa	1.16	1.38	1.21	277
海口	Haikou	3.80	3.93	4.07	213	**陕西**	**Shaanxi**	**83.18**	**73.02**	**68.31**	
三亚	Sanya	1.60	0.48	1.50	272	西安	Xi'an	16.15	14.98	14.47	25
三沙	Sansha					铜川	Tongchuan	1.78	1.42	1.32	276
重庆	**Chongqing**	**63.61**	**36.28**	**55.12**		宝鸡	Baoji	7.79	6.71	6.38	135
四川	**Sichuan**	**164.17**	**151.02**	**139.01**		咸阳	Xianyang	13.61	11.87	10.12	62
成都	Chengdu	21.31	20.56	19.54	4	渭南	Weinan	12.06	10.08	9.17	77
自贡	Zigong	4.95	4.40	4.03	215	延安	Yan'an	5.29	4.88	4.52	192
攀枝花	Panzhihua	2.43	2.35	2.32	259	汉中	Hanzhong	7.12	6.60	6.46	134
泸州	Luzhou	9.49	8.66	8.43	93	榆林	Yulin	7.56	6.36	5.90	148
德阳	Deyang	5.63	5.13	4.69	183	安康	Ankang	5.95	4.88	4.68	185
绵阳	Mianyang	10.04	9.13	8.86	86	商洛	Shangluo	5.46	4.88	4.95	174
广元	Guangyuan	6.65	5.66	4.62	187	**甘肃**	**Gansu**	**67.34**	**60.20**	**55.24**	
遂宁	Suining	6.23	6.00	5.12	167	兰州	Lanzhou	6.40	6.23	5.87	149
内江	Neijiang	6.39	5.87	5.47	161	嘉峪关	Jiayuguan	0.50	0.50	0.51	284
乐山	Leshan	5.54	4.76	4.44	193	金昌	Jinchang	1.11	1.01	0.97	281
南充	Nanchong	15.00	14.57	11.49	46	白银	Baiyin	5.73	4.91	4.31	200
眉山	Meishan	5.80	4.83	4.32	198	天水	Tianshui	9.64	8.31	7.80	109
宜宾	Yibin	10.17	9.24	8.85	87	武威	Wuwei	5.17	4.51	4.04	214
广安	Guangan	9.82	8.81	8.00	104	张掖	Zhangye	3.04	2.68	2.52	251
达州	Dazhou	13.05	11.79	10.70	52	平凉	Pingliang	5.99	5.49	4.95	174
雅安	Yaan	2.60	2.24	2.14	263	酒泉	Jiuquan	2.41	2.28	2.21	260
巴中	Bazhong	9.50	8.32	7.69	112	庆阳	Qingyang	6.62	5.42	4.91	176
资阳	Ziyang	7.04	6.28	6.13	141	定西	Dingxi	8.07	7.05	6.35	136
贵州	**Guizhou**	**100.49**	**105.01**	**104.64**		陇南	Longnan	6.47	5.62	5.32	165
贵阳	Guiyang	8.88	9.14	8.80	89	**青海**	**Qinghai**	**11.50**	**11.16**	**11.63**	
六盘水	Liupanshui	9.33	9.98	9.20	76	西宁	Xining	4.27	4.20	4.28	204
遵义	Zunyi	17.98	18.60	18.13	10	海东	Haidong				
安顺	Anshun	5.89	5.81	6.00	144	**宁夏**	**Ningxia**	**15.12**	**15.47**	**15.27**	
毕节	Bijie	21.06	23.99	24.20	2	银川	Yinchuan	4.24	4.40	4.44	193
铜仁	Tongren	10.52	10.91	10.56	54	石嘴山	Shizuishan	1.62	1.57	1.58	270
云南	**Yunnan**	**93.56**	**93.57**	**94.94**		吴忠	Wuzhong	3.24	3.30	3.30	236
昆明	Kunming	11.28	11.19	11.09	48	固原	Guyuan	3.49	3.63	3.49	229
曲靖	Qujing	14.91	14.64	14.92	24	中卫	Zhongwei	2.56	2.57	2.46	253
玉溪	Yuxi	4.61	5.00	4.60	189	**新疆**	**Xinjiang**	**48.94**	**46.97**	**47.72**	
保山	Baoshan	5.41	5.40	5.40	163	乌鲁木齐	Urumqi	5.10	5.23	5.27	166
昭通	Zhaotong	13.07	14.04	14.94	23	克拉玛依	Karamay	0.88	0.83	0.87	283

16-11 普通中学在校学生数
Total Enrollment by Junior Secondary Schools

单位：万人 （10 000 persons）

地名	City	2010	2014	2015	2015 排名 Ranking
全国	**Nation Total**	**7706.60**	**6785.10**	**6686.35**	
北京	**Beijing**	**50.83**	**48.43**	**45.28**	
天津	**Tianjin**	**45.86**	**43.68**	**42.70**	
河北	**Hebei**	**348.75**	**339.23**	**351.92**	
石家庄	Shijiazhuang	52.47	44.22	47.80	18
唐山	Tangshan	34.29	33.33	33.33	46
秦皇岛	Qinhuangdao	13.47	12.80	12.60	192
邯郸	Handan	45.86	47.23	52.12	7
邢台	Xingtai	34.78	34.07	35.22	41
保定	Baoding	50.08	53.54	55.72	5
张家口	Zhangjiakou	22.51	19.75	20.11	127
承德	Chengde	18.44	16.21	16.48	149
沧州	Cangzhou	31.21	30.77	36.94	37
廊坊	Langfang	22.35	20.37	21.06	121
衡水	Hengshui	23.28	23.73	25.28	85
山西	**Shanxi**	**253.67**	**204.68**	**192.06**	
太原	Taiyuan	24.00	21.79	20.66	125
大同	Datong	22.79	17.50	12.32	195
阳泉	Yangquan	9.15	7.26	6.84	252
长治	Changzhi	23.39	19.64	18.24	134
晋城	Jincheng	17.68	14.77	13.69	174
朔州	Shuozhou	16.00	14.09	13.18	184
晋中	Jinzhong	19.60	16.16	15.82	156
运城	Yuncheng	39.74	29.99	27.63	70
忻州	Xinzhou	21.90	17.00	15.50	158
临汾	Linfen	29.64	24.28	22.91	101
吕梁	Lvliang	29.79	22.58	21.26	115
内蒙古	**Inner Mongolia**	**131.40**	**115.37**	**110.27**	
呼和浩特	Hohhot	15.66	15.08	14.62	165
包头	Baotou	13.49	12.54	11.79	203
乌海	Wuhai	2.82	3.64	2.49	284
赤峰	Chifeng	27.21	22.15	20.74	124
通辽	Tongliao	16.62	15.85	15.64	157
鄂尔多斯	Erdos	9.12	5.16	8.20	243
呼伦贝尔	Hulunbuir	12.03	9.81	5.32	264
巴彦淖尔	Bayannur	9.01	7.55	6.80	254
乌兰察布	Ulanqab	11.79	8.59	8.13	244
辽宁	**Liaoning**	**198.77**	**170.83**	**164.77**	
沈阳	Shenyang	30.22	27.52	26.73	77
大连	Dalian	27.92	24.39	23.20	100
鞍山	Anshan	15.75	13.68	13.45	179
抚顺	Fushun	8.95	6.86	6.51	257
本溪	Benxi	6.66	5.09	4.92	267
丹东	Dandong	12.21	9.93	9.65	228
锦州	Jinzhou	14.41	11.63	11.10	213
营口	Yingkou	10.31	9.50	8.95	234
阜新	Fuxin	9.56	4.75	4.52	268
辽阳	Liaoyang	8.65	7.20	6.81	253
盘锦	Panjin	7.66	7.23	6.93	248
铁岭	Tieling	13.54	7.11	10.75	217
朝阳	Chaoyang	19.23	9.84	15.83	155
葫芦岛	Huludao	13.69	12.43	12.30	196
吉林	**Jilin**	**128.84**	**103.86**	**100.18**	
长春	Changchun	38.86	31.50	29.89	58
吉林	Jilin	20.53	15.14	14.40	168
四平	Siping	15.14	13.00	12.61	191
辽源	Liaoyuan	5.34	4.58	4.51	269
通化	Tonghua	11.18	8.33	8.05	245
白山	Baishan	6.14	4.61	4.32	273
松原	Songyuan	13.47	12.00	12.01	199
白城	Baicheng	9.22	7.60	6.85	250
黑龙江	**Heilongjiang**	**190.78**	**148.31**	**145.40**	
哈尔滨	Harbin	44.08	36.45	37.40	35
齐齐哈尔	Qiqihar	23.25	17.52	17.24	141
鸡西	Jixi	10.96	7.20	6.80	254
鹤岗	Hegang	6.45	3.45	2.87	280
双鸭山	Shuangyashan	8.22	2.83	2.69	282
大庆	Daqing	18.20	15.58	15.08	162
伊春	Yichun	5.71	3.95	3.68	277
佳木斯	Jiamusi	15.43	8.92	8.60	238
七台河	Qitaihe	4.79	3.88	3.80	276
牡丹江	Mudanjiang	12.47	8.91	8.72	237
黑河	Heihe	9.04	8.46	8.50	239
绥化	Suihua	29.71	21.05	21.20	116
上海	**Shanghai**	**59.44**	**58.42**	**57.05**	
江苏	**Jiangsu**	**368.63**	**288.62**	**284.51**	

16-11 普通中学在校学生数 续表 1

Total Enrollment by Junior Secondary Schools continued 1

单位：万人 （10 000 persons）

地名	City	2010	2014	2015	2015 排名 Ranking
南京	Nanjing	24.86	22.28	21.99	107
无锡	Wuxi	22.76	20.94	21.09	120
徐州	Xuzhou	52.07	35.93	34.74	44
常州	Changzhou	18.88	16.25	16.25	152
苏州	Suzhou	27.25	27.96	29.25	61
南通	Nantong	33.65	24.74	23.81	96
连云港	Lianyungang	30.91	22.53	22.48	104
淮安	Huaian	29.30	21.54	21.19	118
盐城	Yancheng	34.33	27.19	26.60	78
扬州	Yangzhou	22.25	18.42	17.88	138
镇江	Zhenjiang	12.34	9.59	9.41	231
泰州	Taizhou	23.31	17.74	17.15	142
宿迁	Suqian	36.71	23.52	22.65	103
浙江	**Zhejiang**	**255.15**	**228.99**	**225.27**	
杭州	Hangzhou	35.30	32.44	32.13	47
宁波	Ningbo	22.12	28.01	27.39	71
温州	Wenzhou	41.87	36.71	36.75	38
嘉兴	Jiaxing	20.72	17.02	16.26	151
湖州	Huzhou	14.63	12.20	11.64	207
绍兴	Shaoxing	27.48	24.61	23.60	97
金华	Jinhua	25.82	24.21	24.11	95
衢州	Quzhou	12.16	11.20	10.98	214
舟山	Zhoushan	3.89	3.36	3.25	279
台州	Taizhou	28.68	28.23	28.50	65
丽水	Lishui	12.07	10.56	10.68	219
安徽	**Anhui**	**406.58**	**312.54**	**303.63**	
合肥	Hefei	33.02	36.70	36.46	39
芜湖	Wuhu	12.39	15.78	15.22	161
蚌埠	Bengbu	20.15	16.61	16.05	153
淮南	Huainan	14.21	11.27	10.87	215
马鞍山	Maanshan	7.87	10.85	10.14	225
淮北	Huaibei	15.48	11.27	10.63	220
铜陵	Tongling	4.19	3.54	3.50	278
安庆	Anqing	46.30	29.87	27.88	69
黄山	Huangshan	7.08	5.71	5.47	263
滁州	Chuzhou	26.83	21.53	20.28	126
阜阳	Fuyang	55.09	44.92	46.47	19
宿州	Suzhou	38.90	27.52	26.59	79
六安	Liuan	42.06	31.20	28.94	62
亳州	Bozhou	31.08	26.62	27.07	72
池州	Chizhou	10.61	8.38	7.87	246
宣城	Xuancheng	13.71	10.79	10.19	224
福建	**Fujian**	**198.21**	**175.48**	**175.97**	
福州	Fuzhou	35.84	29.81	30.00	57
厦门	Xiamen	12.16	13.64	14.03	171
莆田	Putian	20.19	16.43	16.42	150
三明	Sanming	14.54	12.48	12.28	197
泉州	Quanzhou	41.50	36.74	37.58	34
漳州	Zhangzhou	25.54	24.75	24.35	94
南平	Nanping	15.42	13.65	13.59	177
龙岩	Longyan	15.23	12.67	12.46	193
宁德	Ningde	17.78	13.11	13.17	185
江西	**Jiangxi**	**273.96**	**265.48**	**269.31**	
南昌	Nanchang	30.21	29.62	29.35	60
景德镇	Jingdezhen	9.18	8.73	8.85	235
萍乡	Pingxiang	10.65	9.81	9.85	227
九江	Jiujiang	29.59	25.82	26.15	81
新余	Xinyu	5.81	6.43	6.49	258
鹰潭	Yingtan	6.60	5.85	6.06	262
赣州	Ganzhou	52.77	58.94	59.45	4
吉安	Jian	27.64	25.85	26.24	80
宜春	Yichun	31.22	30.93	31.94	48
抚州	Fuzhou	25.46	23.08	23.35	98
上饶	Shangrao	44.83	31.42	41.06	24
山东	**Shandong**	**501.07**	**486.06**	**479.93**	
济南	Jinan	30.18	30.80	30.16	56
青岛	Qingdao	38.00	36.26	35.54	40
淄博	Zibo	29.82	27.58	26.96	75
枣庄	Zaozhuang	21.84	19.78	19.14	130
东营	Dongying	12.05	13.50	13.14	186
烟台	Yantai	37.13	30.85	29.83	59
潍坊	Weifang	49.03	44.82	43.18	20
济宁	Jining	42.01	40.26	39.54	30
泰安	Taian	22.91	32.00	33.98	45
威海	Weihai	14.24	11.52	11.23	212
日照	Rizhao	14.40	14.07	13.81	173
莱芜	Laiwu	8.71	8.72	8.50	239
临沂	Linyi	54.99	50.70	50.16	11
德州	Dezhou	25.10	28.12	28.13	67
聊城	Liaocheng	27.69	28.06	17.99	137

16-11 普通中学在校学生数 续表 2
Total Enrollment by Junior Secondary Schools continued 2

单位：万人 （10 000 persons）

地名	City	2010	2014	2015	2015 排名 Ranking	地名	City	2010	2014	2015	2015 排名 Ranking
滨州	Binzhou	19.14	19.67	19.11	131	常德	Changde	26.15	21.41	20.75	123
菏泽	Heze	53.83	49.55	49.34	15	张家界	Zhangjiajie	7.18	5.05	5.10	266
河南	**Henan**	**661.56**	**588.91**	**599.12**		益阳	Yiyang	19.06	17.57	17.14	143
郑州	Zhengzhou	43.85	49.31	51.19	9	郴州	Chenzhou	20.60	18.88	27.06	74
开封	Kaifeng	29.67	27.94	28.63	64	永州	Yongzhou	28.45	27.21	28.46	66
洛阳	Luoyang	42.64	40.02	40.55	27	怀化	Huaihua	19.45	14.79	21.20	116
平顶山	Pingdingshan	24.54	24.13	25.29	84	娄底	Loudi	22.50	21.56	21.50	112
安阳	Anyang	28.23	29.07	30.32	54	**广东**	**Guangdong**	**709.05**	**590.77**	**560.72**	
鹤壁	Hebi	10.54	10.62	10.75	217	广州	Guangzhou	57.23	53.29	51.52	8
新乡	Xinxiang	34.25	34.62	35.13	42	韶关	Shaoguan	19.99	16.07	15.48	159
焦作	Jiaozuo	22.86	21.91	21.58	111	深圳	Shenzhen	33.48	37.87	38.52	32
濮阳	Puyang	29.45	24.10	24.70	90	珠海	Zhuhai	9.53	9.05	8.76	236
许昌	Xuchang	28.03	22.90	23.23	99	汕头	Shantou	49.35	41.30	38.61	31
漯河	Luohe	15.36	13.77	13.89	172	佛山	Foshan	32.34	30.78	30.60	53
三门峡	Sanmenxia	14.68	12.16	11.99	200	江门	Jiangmen	26.39	22.30	21.41	113
南阳	Nanyang	56.62	55.64	59.93	3	湛江	Zhanjiang	70.63	54.08	48.07	17
商丘	Shangqiu	70.01	51.74	49.65	12	茂名	Maoming	65.51	53.00	49.51	14
信阳	Xinyang	59.31	48.18	48.80	16	肇庆	Zhaoqing	32.84	26.62	24.94	88
周口	Zhoukou	87.29	68.60	69.80	1	惠州	Huizhou	30.87	27.63	27.07	72
驻马店	Zhumadian	60.19	48.51	49.64	13	梅州	Meizhou	37.46	14.80	24.62	91
湖北	**Hubei**	**340.64**	**229.49**	**224.13**		汕尾	Shanwei	29.82	22.28	19.88	128
武汉	Wuhan	38.31	30.66	30.28	55	河源	Heyuan	24.12	18.54	17.64	140
黄石	Huangshi	19.47	10.60	10.39	221	阳江	Yangjiang	19.92	13.80	12.91	189
十堰	Shiyan	20.80	13.42	13.39	182	清远	Qingyuan	28.03	20.38	19.45	129
宜昌	Yichang	17.05	13.71	13.43	180	东莞	Dongguan	25.83	28.46	28.76	63
襄阳	Xiangyang	29.85	22.80	22.66	102	中山	Zhongshan	15.29	14.75	14.58	166
鄂州	Ezhou	7.05	4.56	4.46	270	潮州	Chaozhou	20.99	15.76	14.52	167
荆门	Jingmen	13.65	10.39	9.97	226	揭阳	Jieyang	58.48	43.79	40.26	29
孝感	Xiaogan	32.36	17.57	17.12	144	云浮	Yunfu	20.97	14.64	13.62	176
荆州	Jingzhou	35.01	23.64	22.27	106	**广西**	**Guangxi**	**275.79**	**278.91**	**282.88**	
黄冈	Huanggang	52.63	17.18	28.09	68	南宁	Nanning	37.63	38.29	38.13	33
咸宁	Xianning	17.54	11.61	11.58	208	柳州	Liuzhou	17.70	17.64	18.10	136
随州	Suizhou	13.43	8.39	8.27	242	桂林	Guilin	21.03	20.36	20.80	122
湖南	**Hunan**	**316.82**	**326.34**	**329.85**		梧州	Wuzhou	20.03	18.75	18.64	132
长沙	Changsha	30.74	36.47	36.95	36	北海	Beihai	10.42	10.11	10.31	222
株洲	Zhuzhou	14.51	9.45	9.31	232	防城港	Fangchenggang	4.58	5.04	5.24	265
湘潭	Xiangtan	13.08	12.33	11.78	204	钦州	Qinzhou	20.75	21.52	21.73	109
衡阳	Hengyang	36.81	41.20	41.80	22	贵港	Guigang	33.87	35.32	34.78	43
邵阳	Shaoyang	36.72	39.84	40.62	26	玉林	Yulin	38.86	39.96	40.43	28
岳阳	Yueyang	26.12	24.67	24.52	93	百色	Baise	18.43	19.98	14.70	164

16-11 普通中学在校学生数 续表 3
Total Enrollment by Junior Secondary Schools continued 3

单位：万人 （10 000 persons）

地名	City	2010	2014	2015	2015 排名 Ranking	地名	City	2010	2014	2015	2015 排名 Ranking
贺州	Hezhou	11.34	10.77	11.29	211	丽江	Lijiang	7.40	7.00	6.90	249
河池	Hechi	20.11	20.36	21.12	119	普洱	Puer	11.71	11.35	11.35	210
来宾	Laibin	13.00	11.97	11.94	202	临沧	Lincang	12.00	11.38	11.49	209
崇左	Chongzuo	8.06	8.80	9.47	230	**西藏**	**Tibet**	**21.00**	**18.00**	**17.55**	
海南	**Hainan**	**58.21**	**51.39**	**50.12**		拉萨	Lasa	3.38	3.52	3.96	274
海口	Haikou	11.44	11.85	10.24	223	**陕西**	**Shaanxi**	**259.91**	**196.83**	**187.57**	
三亚	Sanya	4.30	4.27	4.34	272	西安	Xi'an	48.89	42.57	41.37	23
三沙	Sansha					铜川	Tongchuan	5.84	4.00	3.85	275
重庆	**Chongqing**	**190.82**	**162.73**	**158.36**		宝鸡	Baoji	24.98	19.10	18.13	135
四川	**Sichuan**	**490.09**	**407.31**	**393.44**		咸阳	Xianyang	41.64	28.13	25.66	83
成都	Chengdu	63.51	57.73	54.81	6	渭南	Weinan	39.02	26.73	26.79	76
自贡	Zigong	14.49	11.92	11.65	206	延安	Yan'an	16.71	13.12	12.73	190
攀枝花	Panzhihua	6.96	6.92	6.69	256	汉中	Hanzhong	21.44	10.81	18.31	133
泸州	Luzhou	27.96	24.88	25.25	86	榆林	Yulin	25.34	17.47	16.86	147
德阳	Deyang	17.50	13.88	13.19	183	安康	Ankang	18.27	14.47	14.11	170
绵阳	Mianyang	30.52	26.01	25.09	87	商洛	Shangluo	16.44	11.53	10.84	216
广元	Guangyuan	19.97	14.16	13.10	187	**甘肃**	**Gansu**	**203.10**	**162.53**	**153.86**	
遂宁	Suining	19.75	14.69	13.67	175	兰州	Lanzhou	19.89	17.82	17.01	145
内江	Neijiang	19.69	16.03	15.89	154	嘉峪关	Jiayuguan	1.48	1.51	1.46	285
乐山	Leshan	16.61	12.91	12.22	198	金昌	Jinchang	3.52	2.90	2.83	281
南充	Nanchong	45.98	33.14	31.40	51	白银	Baiyin	18.70	13.02	11.71	205
眉山	Meishan	18.51	7.39	11.97	201	天水	Tianshui	25.73	22.56	21.99	107
宜宾	Yibin	30.10	26.00	25.68	82	武威	Wuwei	16.14	11.93	6.10	261
广安	Guangan	28.66	23.97	22.48	104	张掖	Zhangye	9.10	7.42	6.85	250
达州	Dazhou	39.07	31.74	31.40	51	平凉	Pingliang	18.33	14.87	14.12	169
雅安	Yaan	7.90	6.34	6.25	260	酒泉	Jiuquan	7.14	6.43	6.27	259
巴中	Bazhong	27.51	22.48	21.31	114	庆阳	Qingyang	20.14	14.34	13.51	178
资阳	Ziyang	20.81	22.62	21.68	110	定西	Dingxi	24.76	19.32	17.81	139
贵州	**Guizhou**	**275.68**	**301.10**	**295.86**		陇南	Longnan	20.09	15.24	14.80	163
贵阳	Guiyang	25.23	25.52	24.57	92	**青海**	**Qinghai**	**32.72**	**32.55**	**32.98**	
六盘水	Liupanshui	24.61	16.80	24.91	89	西宁	Xining	11.96	12.19	12.34	194
遵义	Zunyi	50.58	53.15	50.86	10	海东	Haidong		8.48	8.50	239
安顺	Anshun	16.47	16.60	16.76	148	**宁夏**	**Ningxia**	**44.91**	**44.18**	**43.40**	
毕节	Bijie	53.89	68.10	68.18	2	银川	Yinchuan	12.34	13.06	13.02	188
铜仁	Tongren	29.37	31.87	31.81	49	石嘴山	Shizuishan	4.78	4.48	4.39	271
云南	**Yunnan**	**270.63**	**266.64**	**267.71**		吴忠	Wuzhong	9.12	9.22	9.13	233
昆明	Kunming	32.19	31.84	31.58	50	固原	Guyuan	10.89	9.39	9.63	229
曲靖	Qujing	44.66	42.84	42.94	21	中卫	Zhongwei	7.78	7.31	7.17	247
玉溪	Yuxi	13.29	13.01	13.41	181	**新疆**	**Xinjiang**	**142.24**	**137.44**	**140.53**	
保山	Baoshan	15.95	15.64	15.39	160	乌鲁木齐	Urumqi	14.87	17.08	16.94	146
昭通	Zhaotong	37.11	39.99	40.71	25	克拉玛依	Karamay	2.52	2.55	2.55	283

16-12 普通中学毕业生数
Graduates from Junior Secondary Schools

单位：万人 （10 000 persons）

地名	City	2010	2012	2013	2013 排名 Ranking	地名	City	2010	2012	2013	2013 排名 Ranking
全国	**Nation Total**	**2544.80**	**2452.30**	**2360.52**		沈阳	Shenyang	10.59	9.85	9.32	79
北京	**Beijing**	**16.34**	**15.14**	**15.04**		大连	Dalian	9.17	8.85	8.38	103
天津	**Tianjin**	**15.94**	**14.63**	**14.08**		鞍山	Anshan	5.41	5.29	4.89	189
河北	**Hebei**	**130.34**	**112.68**	**107.23**		抚顺	Fushun	3.22	3.00	2.73	254
石家庄	Shijiazhuang	20.17	16.92	16.04	17	本溪	Benxi	2.45	2.30	2.09	268
唐山	Tangshan	11.75	11.09	10.87	57	丹东	Dandong	3.98	4.11	3.89	223
秦皇岛	Qinhuangdao	4.46	4.26	4.15	213	锦州	Jinzhou	5.05	4.67	4.45	202
邯郸	Handan	18.24	15.19	13.10	32	营口	Yingkou	3.63	3.37	3.20	241
邢台	Xingtai	14.46	11.08	11.00	52	阜新	Fuxin	3.26	3.10	3.07	244
保定	Baoding	18.29	16.13	15.26	19	辽阳	Liaoyang	2.82	2.77	2.60	256
张家口	Zhangjiakou	7.75	7.19	6.92	133	盘锦	Panjin	2.38	2.33	2.31	261
承德	Chengde	5.97	6.07	5.58	171	铁岭	Tieling	4.61	4.52	4.40	206
沧州	Cangzhou	11.58	9.80	9.73	70	朝阳	Chaoyang	6.84	6.30	6.11	157
廊坊	Langfang	8.41	7.11	6.92	133	葫芦岛	Huludao	4.75	4.41	4.38	207
衡水	Hengshui	9.26	7.84	7.67	124	**吉林**	**Jilin**	**44.66**	**41.40**	**39.74**	
山西	**Shanxi**	**83.48**	**86.39**	**82.76**		长春	Changchun	12.88	12.42	11.32	50
太原	Taiyuan	7.36	8.28	7.98	112	吉林	Jilin	6.97	6.66	6.61	140
大同	Datong	7.13	7.81	6.93	132	四平	Siping	5.02	4.74	4.76	197
阳泉	Yangquan	2.77	3.05	2.93	248	辽源	Liaoyuan	1.96	1.74	1.60	274
长治	Changzhi	7.97	8.03	7.78	121	通化	Tonghua	4.14	3.65	3.77	227
晋城	Jincheng	5.23	6.09	5.70	167	白山	Baishan	2.20	2.01	1.71	273
朔州	Shuozhou	5.14	5.05	5.67	168	松原	Songyuan	4.99	4.25	4.06	216
晋中	Jinzhong	6.22	6.64	6.13	154	白城	Baicheng	3.12	2.92	2.84	252
运城	Yuncheng	13.80	14.04	13.31	31	**黑龙江**	**Heilongjiang**	**60.07**	**60.06**	**57.94**	
忻州	Xinzhou	7.44	7.83	6.80	138	哈尔滨	Harbin	13.87	13.60	13.55	28
临汾	Linfen	9.92	9.61	9.51	76	齐齐哈尔	Qiqihar	7.66	7.59	7.05	130
吕梁	Lvliang	10.49	9.96	10.01	66	鸡西	Jixi	2.96	3.34	3.08	243
内蒙古	**Inner Mongolia**	**44.38**	**42.45**	**41.10**		鹤岗	Hegang	2.29	2.10	2.12	265
呼和浩特	Hohhot	4.88	5.00	5.02	183	双鸭山	Shuangyashan	2.77	2.65	2.53	258
包头	Baotou	4.62	4.37	4.22	210	大庆	Daqing	5.15	5.25	5.39	173
乌海	Wuhai	0.99	0.94	0.90	283	伊春	Yichun	2.04	1.95	1.87	270
赤峰	Chifeng	9.91	9.21	8.75	90	佳木斯	Jiamusi	4.52	5.82	4.69	198
通辽	Tongliao	5.88	5.37	5.22	179	七台河	Qitaihe	1.40	1.41	1.41	277
鄂尔多斯	Erdos	2.90	2.87	2.87	251	牡丹江	Mudanjiang	4.36	4.12	4.02	217
呼伦贝尔	Hulunbuir	4.19	2.78	3.60	233	黑河	Heihe	2.94	3.08	3.01	245
巴彦淖尔	Bayannur	2.98	3.38	2.78	253	绥化	Suihua	9.29	8.34	8.46	97
乌兰察布	Ulanqab	3.83	2.33	3.38	238	**上海**	**Shanghai**	**16.13**	**14.91**	**14.68**	
辽宁	**Liaoning**	**68.15**	**64.87**	**61.82**		**江苏**	**Jiangsu**	**140.04**	**119.69**	**110.11**	

16-12 普通中学毕业生数 续表 1

Graduates from Junior Secondary Schools continued 1

单位：万人 （10 000 persons）

地名	City	2010	2012	2013	2013 排名 Ranking	地名	City	2010	2012	2013	2013 排名 Ranking
南京	Nanjing	9.06	8.21	7.78	121	池州	Chizhou	3.83	3.41	3.15	242
无锡	Wuxi	7.85	7.08	6.84	136	宣城	Xuancheng	4.71	4.42	4.26	208
徐州	Xuzhou	22.21	17.13	15.12	21	**福建**	**Fujian**	**71.88**	**63.03**	**60.32**	
常州	Changzhou	6.70	5.90	5.48	172	福州	Fuzhou	12.11	11.24	10.98	53
苏州	Suzhou	9.81	8.69	8.45	98	厦门	Xiamen	3.76	3.92	3.87	226
南通	Nantong	13.21	11.05	10.19	65	莆田	Putian	7.15	6.89	6.42	145
连云港	Lianyungang	12.10	9.90	8.98	86	三明	Sanming	5.25	4.76	4.55	201
淮安	Huaian	11.14	9.63	8.57	94	泉州	Quanzhou	16.52	12.31	11.79	46
盐城	Yancheng	12.66	11.05	10.86	58	漳州	Zhangzhou	8.74	8.23	8.45	98
扬州	Yangzhou	8.15	7.35	6.84	136	南平	Nanping	5.26	5.06	4.79	194
镇江	Zhenjiang	4.75	4.04	3.62	230	龙岩	Longyan	6.02	4.91	4.45	202
泰州	Taizhou	9.40	7.52	7.04	131	宁德	Ningde	7.06	5.71	5.01	185
宿迁	Suqian	13.02	12.14	10.35	61	**江西**	**Jiangxi**	**79.92**	**88.49**	**86.70**	
浙江	**Zhejiang**	**85.97**	**81.15**	**78.19**		南昌	Nanchang	8.93	9.90	9.87	67
杭州	Hangzhou	11.77	11.41	10.88	55	景德镇	Jingdezhen	2.43	2.88	2.97	246
宁波	Ningbo	7.13	9.92	9.49	77	萍乡	Pingxiang	3.84	3.42	3.51	234
温州	Wenzhou	15.38	13.03	12.61	35	九江	Jiujiang	9.12	9.59	9.13	83
嘉兴	Jiaxing	7.24	6.20	6.13	154	新余	Xinyu	1.75	1.91	1.98	269
湖州	Huzhou	4.70	4.68	4.42	205	鹰潭	Yingtan	1.74	2.35	2.10	267
绍兴	Shaoxing	9.25	8.88	8.76	89	赣州	Ganzhou	12.81	16.87	16.55	13
金华	Jinhua	8.77	8.30	7.90	116	吉安	Jian	9.09	8.77	8.44	100
衢州	Quzhou	4.36	3.99	3.89	223	宜春	Yichun	8.65	10.13	9.52	75
舟山	Zhoushan	1.28	1.27	1.20	280	抚州	Fuzhou	7.82	8.53	8.20	107
台州	Taizhou	9.22	9.15	9.17	81	上饶	Shangrao	13.75	14.12	14.43	24
丽水	Lishui	4.00	4.01	3.74	228	**山东**	**Shandong**	**156.89**	**153.20**	**156.04**	
安徽	**Anhui**	**136.57**	**128.24**	**114.07**		济南	Jinan	9.20	9.60	10.31	62
合肥	Hefei	9.85	14.33	13.06	33	青岛	Qingdao	12.02	12.14	12.41	37
芜湖	Wuhu	4.75	6.97	6.20	150	淄博	Zibo	7.56	8.15	8.18	108
蚌埠	Bengbu	7.06	6.27	5.94	159	枣庄	Zaozhuang	8.12	7.24	7.07	128
淮南	Huainan	4.69	4.77	3.96	220	东营	Dongying	3.30	3.83	3.90	222
马鞍山	Maanshan	2.49	4.48	4.16	211	烟台	Yantai	10.55	10.03	9.84	69
淮北	Huaibei	4.87	5.01	4.56	200	潍坊	Weifang	15.43	16.03	15.89	18
铜陵	Tongling	1.47	1.38	1.26	279	济宁	Jining	13.65	13.05	12.05	41
安庆	Anqing	17.35	14.84	13.44	30	泰安	Taian	6.42	6.86	7.97	114
黄山	Huangshan	2.78	2.26	2.12	265	威海	Weihai	4.15	3.83	3.68	229
滁州	Chuzhou	8.60	8.48	7.92	115	日照	Rizhao	4.72	4.73	4.89	189
阜阳	Fuyang	18.29	16.41	14.19	26	莱芜	Laiwu	2.04	2.30	2.68	255
宿州	Suzhou	12.74	11.90	9.65	74	临沂	Linyi	17.98	17.97	17.86	12
六安	Liuan	14.74	13.11	11.81	45	德州	Dezhou	8.18	8.00	8.48	95
亳州	Bozhou	10.08	10.19	8.37	105	聊城	Liaocheng	9.69	8.91	8.48	95

16-12 普通中学毕业生数 续表 2

Graduates from Junior Secondary Schools continued 2

单位：万人 (10 000 persons)

地名	City	2010	2012	2013	2013 排名 Ranking
滨州	Binzhou	6.17	6.10	6.30	148
菏泽	Heze	17.70	14.43	16.07	16
河南	**Henan**	**225.35**	**213.82**	**203.46**	
郑州	Zhengzhou	15.67	14.26	14.16	27
开封	Kaifeng	10.83	9.07	9.38	78
洛阳	Luoyang	14.72	13.52	12.74	34
平顶山	Pingdingshan	8.63	8.06	7.69	123
安阳	Anyang	10.14	8.69	8.96	87
鹤壁	Hebi	3.32	3.33	3.47	235
新乡	Xinxiang	11.95	11.12	10.88	55
焦作	Jiaozuo	7.61	7.36	7.15	127
濮阳	Puyang	8.81	9.37	8.60	93
许昌	Xuchang	10.24	9.87	8.04	111
漯河	Luohe	5.80	5.05	4.77	195
三门峡	Sanmenxia	5.07	4.79	4.23	209
南阳	Nanyang	1.84	1.82	17.97	10
商丘	Shangqiu	2.42	2.32	19.75	6
信阳	Xinyang	1.93	1.93	19.27	8
周口	Zhoukou	2.97	2.80	25.70	2
驻马店	Zhumadian	1.96	1.93	19.30	7
湖北	**Hubei**	**139.04**	**98.80**	**92.49**	
武汉	Wuhan	14.70	12.23	11.46	49
黄石	Huangshi	6.98	5.78	5.11	180
十堰	Shiyan	7.96	6.16	5.11	180
宜昌	Yichang	6.44	5.39	5.23	178
襄阳	Xiangyang	11.10	9.50	8.44	100
鄂州	Ezhou	2.45	1.89	1.76	271
荆门	Jingmen	5.42	4.38	4.08	215
孝感	Xiaogan	12.04	7.09	7.37	125
荆州	Jingzhou	13.80	11.48	9.69	72
黄冈	Huanggang	19.55	14.08	13.55	28
咸宁	Xianning	17.09	6.16	4.83	192
随州	Suizhou	5.79	3.35	3.61	232
湖南	**Hunan**	**105.93**	**99.88**	**98.32**	
长沙	Changsha	9.63	10.03	10.77	59
株洲	Zhuzhou	4.76	4.59	4.80	193
湘潭	Xiangtan	4.44	4.61	4.16	211
衡阳	Hengyang	12.08	11.62	11.91	43
邵阳	Shaoyang	12.37	11.49	11.26	51
岳阳	Yueyang	8.99	8.36	8.12	109

地名	City	2010	2012	2013	2013 排名 Ranking
常德	Changde	9.45	8.15	7.89	117
张家界	Zhangjiajie	2.34	2.25	2.28	263
益阳	Yiyang	6.58	5.78	5.86	164
郴州	Chenzhou	6.67	6.42	6.26	149
永州	Yongzhou	9.48	9.07	8.05	110
怀化	Huaihua	6.31	5.92	5.94	159
娄底	Loudi	7.67	6.88	6.56	141
广东	**Guangdong**	**210.23**	**230.83**	**224.02**	
广州	Guangzhou	18.06	18.17	17.93	11
韶关	Shaoguan	6.58	6.71	6.19	152
深圳	Shenzhen	9.21	10.54	10.97	54
珠海	Zhuhai	2.90	3.14	2.97	246
汕头	Shantou	13.36	16.81	15.01	22
佛山	Foshan	10.22	10.39	10.26	63
江门	Jiangmen	8.50	8.24	7.98	112
湛江	Zhanjiang	19.04	23.05	23.05	3
茂名	Maoming	19.82	21.97	21.28	4
肇庆	Zhaoqing	9.71	10.80	10.45	60
惠州	Huizhou	9.12	9.99	9.87	67
梅州	Meizhou	12.04	12.32	12.11	40
汕尾	Shanwei	8.00	9.85	9.69	72
河源	Heyuan	7.47	7.64	7.33	126
阳江	Yangjiang	5.81	6.44	6.13	154
清远	Qingyuan	8.64	8.78	8.38	103
东莞	Dongguan	7.38	7.94	7.83	119
中山	Zhongshan	4.44	4.75	4.93	188
潮州	Chaozhou	6.44	6.87	7.06	129
揭阳	Jieyang	17.12	19.46	18.06	9
云浮	Yunfu	6.36	6.96	6.54	142
广西	**Guangxi**	**86.56**	**88.13**	**88.21**	
南宁	Nanning	12.07	12.14	12.04	42
柳州	Liuzhou	5.82	5.24	5.65	170
桂林	Guilin	7.66	6.65	6.52	143
梧州	Wuzhou	5.77	6.44	5.94	159
北海	Beihai	3.40	2.42	3.21	240
防城港	Fangchenggang	1.38	1.52	1.54	275
钦州	Qinzhou	5.66	5.82	5.91	163
贵港	Guigang	9.83	11.10	11.86	44
玉林	Yulin	11.60	12.19	12.41	37
百色	Baise	5.83	6.11	12.43	36

16-12 普通中学毕业生数 续表 3

Graduates from Junior Secondary Schools continued 3

单位：万人 （10 000 persons）

地名	City	2010	2012	2013	2013 排名 Ranking	地名	City	2010	2012	2013	2013 排名 Ranking
贺州	Hezhou	3.52	4.09	4.10	214	丽江	Lijiang	2.27	2.16	2.14	264
河池	Hechi	6.19	6.84	6.86	135	普洱	Puer	3.72	3.68	3.47	235
来宾	Laibin	4.72	4.17	3.94	221	临沧	Lincang	3.68	3.85	3.98	219
崇左	Chongzuo	2.84	2.32	3.26	239	**西藏**	**Tibet**	**5.82**	**5.99**	**5.85**	
海南	**Hainan**	**19.69**	**18.76**	**17.42**		拉萨	Lasa	1.26	1.27	1.13	281
海口	Haikou	3.60	4.22	4.02	217	**陕西**	**Shaanxi**	**93.76**	**83.86**	**77.35**	
三亚	Sanya	1.50	0.37	1.32	278	西安	Xi'an	17.01	15.64	15.24	20
三沙	Sansha					铜川	Tongchuan	2.16	1.99	1.76	271
重庆	**Chongqing**	**58.61**	**60.67**	**59.16**		宝鸡	Baoji	9.50	8.54	7.85	118
四川	**Sichuan**	**158.76**	**157.18**	**151.21**		咸阳	Xianyang	13.99	13.06	12.25	39
成都	Chengdu	20.15	20.29	20.15	5	渭南	Weinan	14.87	12.51	11.56	48
自贡	Zigong	4.74	4.45	4.44	204	延安	Yan'an	6.37	5.61	4.60	199
攀枝花	Panzhihua	2.01	2.23	2.31	261	汉中	Hanzhong	7.04	6.71	6.49	144
泸州	Luzhou	9.08	8.91	8.64	92	榆林	Yulin	9.89	8.16	6.74	139
德阳	Deyang	5.98	5.65	5.35	174	安康	Ankang	6.37	5.79	5.32	175
绵阳	Mianyang	10.30	9.85	8.95	88	商洛	Shangluo	6.07	5.35	5.05	182
广元	Guangyuan	6.47	6.56	6.39	147	**甘肃**	**Gansu**	**64.96**	**65.63**	**63.60**	
遂宁	Suining	6.96	6.52	6.15	153	兰州	Lanzhou	6.67	6.37	6.08	158
内江	Neijiang	6.50	6.30	5.84	165	嘉峪关	Jiayuguan	0.46	0.46	0.48	285
乐山	Leshan	5.45	5.17	4.97	186	金昌	Jinchang	1.22	1.15	1.08	282
南充	Nanchong	15.39	15.16	14.59	23	白银	Baiyin	6.64	6.29	5.81	166
眉山	Meishan	6.23	6.02	5.25	177	天水	Tianshui	9.12	8.19	9.27	80
宜宾	Yibin	9.52	9.44	9.04	85	武威	Wuwei	5.25	5.27	5.02	183
广安	Guangan	9.49	9.15	9.08	84	张掖	Zhangye	3.04	2.99	2.92	249
达州	Dazhou	12.75	12.54	11.67	47	平凉	Pingliang	5.88	6.19	5.92	162
雅安	Yaan	2.51	2.53	2.40	259	酒泉	Jiuquan	2.28	2.30	2.39	260
巴中	Bazhong	8.25	8.83	8.39	102	庆阳	Qingyang	6.61	6.24	5.67	168
资阳	Ziyang	6.97	6.71	6.41	146	定西	Dingxi	7.74	8.56	7.79	120
贵州	**Guizhou**	**80.75**	**85.91**	**86.89**		陇南	Longnan	5.10	5.85	5.28	176
贵阳	Guiyang	7.34	8.07	8.29	106	**青海**	**Qinghai**	**10.03**	**10.44**	**9.81**	
六盘水	Liupanshui	6.70	7.70	8.66	91	西宁	Xining	3.75	3.77	3.62	230
遵义	Zunyi	15.56	15.84	16.22	15	海东	Haidong				
安顺	Anshun	5.11	5.08	4.88	191	**宁夏**	**Ningxia**	**12.97**	**14.28**	**14.27**	
毕节	Bijie	14.69	16.07	16.42	14	银川	Yinchuan	3.62	4.75	3.89	223
铜仁	Tongren	8.53	9.38	9.14	82	石嘴山	Shizuishan	1.55	1.92	1.49	276
云南	**Yunnan**	**82.60**	**86.32**	**83.51**		吴忠	Wuzhong	2.46	3.87	2.89	250
昆明	Kunming	10.01	9.76	9.70	71	固原	Guyuan	2.91	4.80	3.43	237
曲靖	Qujing	14.07	14.90	14.22	25	中卫	Zhongwei	2.41	3.57	2.57	257
玉溪	Yuxi	3.96	4.22	6.20	150	**新疆**	**Xinjiang**	**47.32**	**45.46**	**45.13**	
保山	Baoshan	4.96	5.28	4.95	187	乌鲁木齐	Urumqi	4.62	4.71	4.77	195
昭通	Zhaotong	11.20	11.43	10.23	64	克拉玛依	Karamay	0.79	0.79	0.81	284

16-13 普通高等学校数
Number of Regular Institutions of Higher Education

单位：所 （unit）

地名	City	2010	2014	2015	2015 排名 Ranking	地名	City	2010	2014	2015	2015 排名 Ranking
全国	**Nation Total**	**2358**	**2529**	**2560**		沈阳	Shenyang	43	47	47	12
北京	**Beijing**	**89**	**89**	**91**		大连	Dalian	31	30	30	20
天津	**Tianjin**	**55**	**55**	**55**		鞍山	Anshan	3	3	3	144
河北	**Hebei**	**117**	**118**	**118**		抚顺	Fushun	5	5	5	89
石家庄	Shijiazhuang	46	48	49	11	本溪	Benxi	2	8	7	67
唐山	Tangshan	9	8	7	67	丹东	Dandong	3	3	3	144
秦皇岛	Qinhuangdao	7	13	13	35	锦州	Jinzhou	9	9	9	50
邯郸	Handan	5	5	5	89	营口	Yingkou	2	3	3	144
邢台	Xingtai	4	4	4	113	阜新	Fuxin	2	2	2	184
保定	Baoding	14	17	17	29	辽阳	Liaoyang	4	3	2	184
张家口	Zhangjiakou	5	5	5	89	盘锦	Panjin	2	2	2	184
承德	Chengde	5	5	4	113	铁岭	Tieling	3	5	4	113
沧州	Cangzhou	7	7	8	55	朝阳	Chaoyang	1	1	1	229
廊坊	Langfang	11	12	18	27	葫芦岛	Huludao	2	1	1	229
衡水	Hengshui	2	2	2	184	**吉林**	**Jilin**	**56**	**58**	**58**	
山西	**Shanxi**	**65**	**79**	**79**		长春	Changchun	36	37	37	17
太原	Taiyuan	42	43	43	14	吉林	Jilin	8	8	8	55
大同	Datong	2	1	1	229	四平	Siping	4	4	4	113
阳泉	Yangquan	2	2	2	184	辽源	Liaoyuan	1	1	1	229
长治	Changzhi	4	6	6	78	通化	Tonghua	1	1	1	229
晋城	Jincheng	1	2	1	229	白山	Baishan	1	1	1	229
朔州	Shuozhou	1	3	3	144	松原	Songyuan	1	1	1	229
晋中	Jinzhong	5	16	16	30	白城	Baicheng	3	3	3	144
运城	Yuncheng	4	7	7	67	**黑龙江**	**Heilongjiang**	**79**	**80**	**81**	
忻州	Xinzhou	2	4	4	113	哈尔滨	Harbin	50	50	50	9
临汾	Linfen	1	4	5	89	齐齐哈尔	Qiqihar	5	6	10	42
吕梁	Lvliang	1	1	1	229	鸡西	Jixi	1	1	1	229
内蒙古	**Inner Mongolia**	**44**	**50**	**53**		鹤岗	Hegang	1	1	1	229
呼和浩特	Hohhot	22	23	24	23	双鸭山	Shuangyashan	1	1	13	35
包头	Baotou	5	5	5	89	大庆	Daqing	5	7	7	67
乌海	Wuhai	1	1	1	229	伊春	Yichun	1	1	1	229
赤峰	Chifeng	3	4	4	113	佳木斯	Jiamusi	4	3	5	89
通辽	Tongliao	3	3	3	144	七台河	Qitaihe	1	1	1	229
鄂尔多斯	Erdos	1	3	4	113	牡丹江	Mudanjiang	6	7	7	67
呼伦贝尔	Hulunbuir	3	3	3	144	黑河	Heihe	1	1	1	229
巴彦淖尔	Bayannur	1	2	2	184	绥化	Suihua	2	1	1	229
乌兰察布	Ulanqab	3	3	3	144	**上海**	**Shanghai**	**66**	**68**	**67**	
辽宁	**Liaoning**	**112**	**116**	**116**		**江苏**	**Jiangsu**	**124**	**159**	**162**	

16-13 普通高等学校数 续表 1

Number of Regular Institutions of Higher Education continued 1

单位：所 (unit)

地名	City	2010	2014	2015	2015 排名 Ranking	地名	City	2010	2014	2015	2015 排名 Ranking
南京	Nanjing	42	44	44	13	池州	Chizhou	2	3	3	144
无锡	Wuxi	11	12	12	38	宣城	Xuancheng	1	2	1	229
徐州	Xuzhou	8	9	9	50	**福建**	**Fujian**	**75**	**88**	**88**	
常州	Changzhou	9	9	10	42	福州	Fuzhou	27	32	32	18
苏州	Suzhou	20	21	21	24	厦门	Xiamen	14	17	16	30
南通	Nantong	6	8	8	55	莆田	Putian	2	2	2	184
连云港	Lianyungang	3	3	4	113	三明	Sanming	3	3	3	144
淮安	Huaian	6	6	7	67	泉州	Quanzhou	15	18	18	27
盐城	Yancheng	5	5	5	89	漳州	Zhangzhou	6	7	7	67
扬州	Yangzhou	5	6	6	78	南平	Nanping	4	4	4	113
镇江	Zhenjiang	5	5	5	89	龙岩	Longyan	2	2	2	184
泰州	Taizhou	3	3	3	144	宁德	Ningde	2	2	2	184
宿迁	Suqian	1	3	3	144	**江西**	**Jiangxi**	**85**	**95**	**97**	
浙江	**Zhejiang**	**80**	**104**	**105**		南昌	Nanchang	51	55	53	7
杭州	Hangzhou	37	38	39	16	景德镇	Jingdezhen	4	4	4	113
宁波	Ningbo	14	14	14	33	萍乡	Pingxiang	3	3	3	144
温州	Wenzhou	6	8	8	55	九江	Jiujiang	6	7	7	67
嘉兴	Jiaxing	6	6	6	78	新余	Xinyu	5	5	5	89
湖州	Huzhou	3	3	3	144	鹰潭	Yingtan	1	1	2	184
绍兴	Shaoxing	7	9	9	50	赣州	Ganzhou	7	8	8	55
金华	Jinhua	8	9	2	184	吉安	Jian	1	2	2	184
衢州	Quzhou	2	2	2	184	宜春	Yichun	3	4	4	113
舟山	Zhoushan	3	4	4	113	抚州	Fuzhou	3	4	4	113
台州	Taizhou	4	4	4	113	上饶	Shangrao	3	3	3	144
丽水	Lishui	3	3	2	184	**山东**	**Shandong**	**133**	**141**	**143**	
安徽	**Anhui**	**100**	**118**	**119**		济南	Jinan	66	71	72	3
合肥	Hefei	44	50	50	9	青岛	Qingdao	25	22	20	25
芜湖	Wuhu	8	8	8	55	淄博	Zibo	9	8	8	55
蚌埠	Bengbu	5	5	5	89	枣庄	Zaozhuang	3	3	3	144
淮南	Huainan	5	5	5	89	东营	Dongying	5	4	4	113
马鞍山	Maanshan	4	6	6	78	烟台	Yantai	10	10	10	42
淮北	Huaibei	3	3	3	144	潍坊	Weifang	11	14	14	33
铜陵	Tongling	3	3	3	144	济宁	Jining	7	7	7	67
安庆	Anqing	4	5	5	89	泰安	Taian	7	8	8	55
黄山	Huangshan	2	2	2	184	威海	Weihai	7	8	9	50
滁州	Chuzhou	4	4	4	113	日照	Rizhao	2	2	2	184
阜阳	Fuyang	4	4	5	89	莱芜	Laiwu	2	3	3	144
宿州	Suzhou	2	3	3	144	临沂	Linyi	3	3	3	144
六安	Liuan	5	5	5	89	德州	Dezhou	4	4	4	113
亳州	Bozhou	2	2	2	184	聊城	Liaocheng	3	3	3	144

16-13 普通高等学校数 续表 2

Number of Regular Institutions of Higher Education continued 2

单位：所　　　　（unit）

地名	City	2010	2014	2015	2015 排名 Ranking	地名	City	2010	2014	2015	2015 排名 Ranking
滨州	Binzhou	3	3	3	144	常德	Changde	4	5	5	89
菏泽	Heze	3	4	4	113	张家界	Zhangjiajie	1	1	1	229
河南	**Henan**	**107**	**129**	**129**		益阳	Yiyang	4	4	4	113
郑州	Zhengzhou	47	56	56	5	郴州	Chenzhou	2	2	3	144
开封	Kaifeng	5	5	5	89	永州	Yongzhou	3	3	3	144
洛阳	Luoyang	3	7	7	67	怀化	Huaihua	3	3	3	144
平顶山	Pingdingshan	4	5	5	89	娄底	Loudi	3	3	3	144
安阳	Anyang	4	6	6	78	**广东**	**Guangdong**	**131**	**141**	**143**	
鹤壁	Hebi	1	3	3	144	广州	Guangzhou	75	80	81	2
新乡	Xinxiang	10	10	9	50	韶关	Shaoguan	2	2	2	184
焦作	Jiaozuo	5	7	7	67	深圳	Shenzhen	8	10	12	38
濮阳	Puyang	1	1	1	229	珠海	Zhuhai	10	10	10	42
许昌	Xuchang	3	4	4	113	汕头	Shantou	1	1	1	229
漯河	Luohe	3	3	3	144	佛山	Foshan	3	3	3	144
三门峡	Sanmenxia	1	1	1	229	江门	Jiangmen	4	3	3	144
南阳	Nanyang	4	6	6	78	湛江	Zhanjiang	3	3		
商丘	Shangqiu	6	6	6	78	茂名	Maoming	2	2	2	184
信阳	Xinyang	4	5	5	89	肇庆	Zhaoqing	4	5	5	89
周口	Zhoukou	3	3	3	144	惠州	Huizhou	1	3	4	113
驻马店	Zhumadian	2	2	2	184	梅州	Meizhou	1	1	1	229
湖北	**Hubei**	**121**	**123**	**126**		汕尾	Shanwei	1	1	1	229
武汉	Wuhan	78	80	82	1	河源	Heyuan	1	1	1	229
黄石	Huangshi	5	3	4	113	阳江	Yangjiang	1	1	1	229
十堰	Shiyan	4	7	8	55	清远	Qingyuan	1	1	1	229
宜昌	Yichang	5	5	5	89	东莞	Dongguan	5	6	8	55
襄阳	Xiangyang	4	5	5	89	中山	Zhongshan	4	4	4	113
鄂州	Ezhou	1	1	1	229	潮州	Chaozhou	1	1	1	229
荆门	Jingmen	1	1	1	229	揭阳	Jieyang	2	2	2	184
孝感	Xiaogan	2	2	3	144	云浮	Yunfu	1	1	1	229
荆州	Jingzhou	9	8	8	55	**广西**	**Guangxi**	**70**	**70**	**71**	
黄冈	Huanggang	4	4	4	113	南宁	Nanning	31	32	32	18
咸宁	Xianning	2	2	2	184	柳州	Liuzhou	7	6	6	78
随州	Suizhou	1	1	1	229	桂林	Guilin	9	9	10	42
湖南	**Hunan**	**102**	**124**	**124**		梧州	Wuzhou	1	2	2	184
长沙	Changsha	48	50	51	8	北海	Beihai	4	5	4	113
株洲	Zhuzhou	8	12	12	38	防城港	Fangchenggang		1	1	229
湘潭	Xiangtan	9	10	10	42	钦州	Qinzhou	3	2	2	184
衡阳	Hengyang	8	9	8	55	贵港	Guigang	1			
邵阳	Shaoyang	3	3	3	144	玉林	Yulin	1	1	1	229
岳阳	Yueyang	4	5	4	113	百色	Baise	5	6	4	113

16-13 普通高等学校数 续表 3

Number of Regular Institutions of Higher Education continued 3

单位：所　　　　　　　　　　　　　　　　　　　　　　　　　　　　　　　　　（unit）

地名	City	2010	2014	2015	2015 排名 Ranking
贺州	Hezhou	1		1	229
河池	Hechi	2	2	2	184
来宾	Laibin	1	2	2	184
崇左	Chongzuo	3	5	6	78
海南	**Hainan**	**17**	**17**	**17**	
海口	Haikou	10	18	11	41
三亚	Sanya	5	5	5	89
三沙	Sansha				
重庆	**Chongqing**	**53**	**63**	**64**	
四川	**Sichuan**	**93**	**107**	**109**	
成都	Chengdu	49	56	56	5
自贡	Zigong	1	3	2	184
攀枝花	Panzhihua	2	2	2	184
泸州	Luzhou	4	5	5	89
德阳	Deyang	6	5	6	78
绵阳	Mianyang	8	10	10	42
广元	Guangyuan	1	2	2	184
遂宁	Suining	1	1	1	229
内江	Neijiang	2	3	3	144
乐山	Leshan	3	3	3	144
南充	Nanchong	4	4	4	113
眉山	Meishan	2	2	2	184
宜宾	Yibin	2	2	2	184
广安	Guangan	1	1	1	229
达州	Dazhou	2	2	2	184
雅安	Yaan	2	2	2	184
巴中	Bazhong		1	1	229
资阳	Ziyang		1	1	229
贵州	**Guizhou**	**47**	**55**	**59**	
贵阳	Guiyang	25	29	29	21
六盘水	Liupanshui	3	2	2	184
遵义	Zunyi	6	6	6	78
安顺	Anshun	1	2	2	184
毕节	Bijie	2	2	3	144
铜仁	Tongren	2	3	4	113
云南	**Yunnan**	**61**	**67**	**69**	
昆明	Kunming	38	41	42	15
曲靖	Qujing	3	3	3	144
玉溪	Yuxi	2	2	2	184
保山	Baoshan	3	2	2	184
昭通	Zhaotong	1	1	1	229
丽江	Lijiang		2	2	184
普洱	Puer	2	2	2	184
临沧	Lincang	1	1	1	229
西藏	**Tibet**	**6**	**6**	**6**	
拉萨	Lasa	5	5	5	89
陕西	**Shaanxi**	**78**	**92**	**92**	
西安	Xi'an		63	63	4
铜川	Tongchuan		1	1	229
宝鸡	Baoji		2	2	184
咸阳	Xianyang		13	13	35
渭南	Weinan		1	1	229
延安	Yan'an		2	2	184
汉中	Hanzhong		3	3	144
榆林	Yulin		2	2	184
安康	Ankang		2	2	184
商洛	Shangluo		2	2	184
甘肃	**Gansu**	**35**	**43**	**45**	
兰州	Lanzhou	20	19	20	25
嘉峪关	Jiayuguan	1	1	1	229
金昌	Jinchang		1	1	229
白银	Baiyin		1	1	229
天水	Tianshui	4	4	4	113
武威	Wuwei	2	4	4	113
张掖	Zhangye	2	1	1	229
平凉	Pingliang	1	1	1	229
酒泉	Jiuquan	1	1	1	229
庆阳	Qingyang	1	1	3	144
定西	Dingxi	1	1	1	229
陇南	Longnan	1	1	1	229
青海	**Qinghai**	**9**	**12**	**12**	
西宁	Xining	9	10	10	42
海东	Haidong			1	229
宁夏	**Ningxia**	**15**	**18**	**18**	
银川	Yinchuan	12	15	15	32
石嘴山	Shizuishan	1	1	1	229
吴忠	Wuzhong	1	1	1	229
固原	Guyuan	1	1	1	229
中卫	Zhongwei				
新疆	**Xinjiang**	**32**	**44**	**44**	
乌鲁木齐	Urumqi	18	24	25	22
克拉玛依	Karamay	1	1	2	184

16-14 普通高等学校专任教师数
Full-time Teachers by Regular Institutions of Higher Education

单位：人 (person)

地名	City	2010	2014	2015	2015 排名 Ranking	地名	City	2010	2014	2015	2015 排名 Ranking
全国	**Nation Total**	**1343127**	**1534510**	**1572565**		沈阳	Shenyang	22905	26806	27537	12
北京	**Beijing**	**59248**	**68380**	**68739**		大连	Dalian	17161	18281	18351	21
天津	**Tianjin**	**28094**	**31008**	**31128**		鞍山	Anshan	1959	2128	2048	126
河北	**Hebei**	**60769**	**68578**	**69397**		抚顺	Fushun	2048	2427	2615	103
石家庄	Shijiazhuang	21367	23342	24517	16	本溪	Benxi	745	2306	2540	105
唐山	Tangshan	5629	5282	5485	57	丹东	Dandong	1459	1556	1542	161
秦皇岛	Qinhuangdao	5007	7288	6469	45	锦州	Jinzhou	4519	4901	5013	63
邯郸	Handan	3477	3480	3518	84	营口	Yingkou	679	1066	1022	198
邢台	Xingtai	2475	2480	2440	109	阜新	Fuxin	2057	2262	2095	122
保定	Baoding	8891	10498	14080	24	辽阳	Liaoyang	1150	1114	1040	195
张家口	Zhangjiakou	2641	2750	1197	187	盘锦	Panjin	532	491	438	254
承德	Chengde	2153	2597	2710	102	铁岭	Tieling	948	1163	1318	173
沧州	Cangzhou	2365	3626	1703	150	朝阳	Chaoyang	463	499	492	247
廊坊	Langfang	5640	5359			葫芦岛	Huludao	779	494	489	248
衡水	Hengshui	969	731	783	217	**吉林**	**Jilin**	**33982**	**38549**	**39152**	
山西	**Shanxi**	**36492**	**40317**	**40406**		长春	Changchun	22981	25836	26383	14
太原	Taiyuan	23694	22739	22685	17	吉林	Jilin	4846	5483	5715	52
大同	Datong	2400	1671	1536	162	四平	Siping	1963	2204	2278	114
阳泉	Yangquan	585	542	551	239	辽源	Liaoyuan	301	328	332	266
长治	Changzhi	1896	2054	2010	129	通化	Tonghua	851	781	802	215
晋城	Jincheng	374	457	373	262	白山	Baishan	254	252	250	272
朔州	Shuozhou	133	782	556	238	松原	Songyuan	350	521	507	242
晋中	Jinzhong	3314	5887	6897	41	白城	Baicheng	953	1088	1086	192
运城	Yuncheng	1514	2085	11237	28	**黑龙江**	**Heilongjiang**	**44198**	**46870**	**46806**	
忻州	Xinzhou	1312	1899	1900	135	哈尔滨	Harbin	31110	32480	32673	8
临汾	Linfen	478	2958	3005	92	齐齐哈尔	Qiqihar	2939	3593	3587	82
吕梁	Lvliang	792	690	546	240	鸡西	Jixi	560	498	495	245
内蒙古	**Inner Mongolia**	**23332**	**35000**	**25523**		鹤岗	Hegang	216	208	202	276
呼和浩特	Hohhot	12107	12247	12152	25	双鸭山	Shuangyashan	159	220	1507	164
包头	Baotou	4293	4517	4373	69	大庆	Daqing	3045	3758	3758	79
乌海	Wuhai	208	219	228	273	伊春	Yichun	209	210	205	275
赤峰	Chifeng	1374	1798	1841	142	佳木斯	Jiamusi	2068	1482	1483	166
通辽	Tongliao	1736	1689	1876	138	七台河	Qitaihe	121	462	358	264
鄂尔多斯	Erdos	140	475	832	213	牡丹江	Mudanjiang	2506	2968	2861	99
呼伦贝尔	Hulunbuir	1122	967	990	200	黑河	Heihe	450	498	498	244
巴彦淖尔	Bayannur	508	603	633	231	绥化	Suihua	558	525	505	243
乌兰察布	Ulanqab	945	8763	8763	31	**上海**	**Shanghai**	**39170**	**40558**	**41570**	
辽宁	**Liaoning**	**57404**	**64246**	**65179**		**江苏**	**Jiangsu**	**102010**	**104549**	**107154**	

16-14 普通高等学校专任教师数 续表 1

Full-time Teachers by Regular Institutions of Higher Education continued 1

单位：人 (person)

地名	City	2010	2014	2015	2015 排名 Ranking	地名	City	2010	2014	2015	2015 排名 Ranking
南京	Nanjing	50021	47749	47979	5	池州	Chizhou	989	1255	1292	175
无锡	Wuxi	5665	6053	6213	48	宣城	Xuancheng	215	285	330	267
徐州	Xuzhou	6432	7734	7879	37	**福建**	**Fujian**	**37733**	**43902**	**44791**	
常州	Changzhou	5076	5256	5343	61	福州	Fuzhou	16629	19639	19982	18
苏州	Suzhou	10104	11316	11695	26	厦门	Xiamen	8016	9825	9303	29
南通	Nantong	4378	4939	4888	64	莆田	Putian	885	791	791	216
连云港	Lianyungang	1785	1916	2166	118	三明	Sanming	908	1155	1185	189
淮安	Huaian	3450	3382	3726	80	泉州	Quanzhou	6050	6641	6689	43
盐城	Yancheng	2928	3023	3049	88	漳州	Zhangzhou	2843	3773	3786	78
扬州	Yangzhou	4233	4883	4781	67	南平	Nanping	969	1246	1221	183
镇江	Zhenjiang	5125	5324	5501	55	龙岩	Longyan	956	988	953	202
泰州	Taizhou	2476	2801	3030	90	宁德	Ningde	477	541	591	235
宿迁	Suqian	700	939	904	205	**江西**	**Jiangxi**	**49028**	**54429**	**57271**	
浙江	**Zhejiang**	**50969**	**58076**	**59472**		南昌	Nanchang	29173	31666	33331	7
杭州	Hangzhou	25003	28265	28868	11	景德镇	Jingdezhen	1751	1580	1592	156
宁波	Ningbo	7146	7808	8417	33	萍乡	Pingxiang	1102	926	1026	197
温州	Wenzhou	6696	5057	5209	62	九江	Jiujiang	4501	5214	5369	60
嘉兴	Jiaxing	2587	2989	2384	110	新余	Xinyu	2089	1768	2000	130
湖州	Huzhou	1224	1463	1483	166	鹰潭	Yingtan	235	338	494	246
绍兴	Shaoxing	2690	3912	3952	76	赣州	Ganzhou	4526	5532	5963	50
金华	Jinhua	3862	4909	1951	133	吉安	Jian	979	1086	1203	186
衢州	Quzhou	519	599	667	226	宜春	Yichun	1832	1970	2086	123
舟山	Zhoushan	1027	1094	1223	182	抚州	Fuzhou	1769	1506	1559	160
台州	Taizhou	1579	1645	1633	153	上饶	Shangrao	1071	1655	1285	177
丽水	Lishui	1161	1290	1084	193	**山东**	**Shandong**	**91413**	**101380**	**104724**	
安徽	**Anhui**	**49298**	**56525**	**58113**		济南	Jinan	29526	30778	31693	10
合肥	Hefei	20294	24515	25639	15	青岛	Qingdao	16996	18587	19213	19
芜湖	Wuhu	6003	6643	6738	42	淄博	Zibo	5245	5335	5411	59
蚌埠	Bengbu	2795	3005	2931	94	枣庄	Zaozhuang	2205	1434	1504	165
淮南	Huainan	3041	3162	2929	95	东营	Dongying	2943	1673	1858	141
马鞍山	Maanshan	2408	3066	2923	96	烟台	Yantai	8090	8904	9011	30
淮北	Huaibei	1792	1850	2054	125	潍坊	Weifang	5960	8217	8635	32
铜陵	Tongling	1252	1412	1429	170	济宁	Jining	4465	5234	5420	58
安庆	Anqing	1849	2320	2307	112	泰安	Taian	5147	5409	5566	54
黄山	Huangshan	770	941	988	201	威海	Weihai	3296	3413	3564	83
滁州	Chuzhou	1955	2271	2301	113	日照	Rizhao	1030	1349	1390	172
阜阳	Fuyang	1744	1760	1994	131	莱芜	Laiwu	870	705	644	229
宿州	Suzhou	957	1185	1215	185	临沂	Linyi	4195	3344	2884	98
六安	Liuan	1717	1959	2046	127	德州	Dezhou	2604	2798	2962	93
亳州	Bozhou	593	729	736	222	聊城	Liaocheng	2139	1988	2014	128

16-14 普通高等学校专任教师数 续表 2

Full-time Teachers by Regular Institutions of Higher Education continued 2

单位：人 (person)

地名	City	2010	2014	2015	2015 排名 Ranking
滨州	Binzhou	2705	2787	2837	101
菏泽	Heze	1666	1921	2084	124
河南	**Henan**	**77471**	**95134**	**98010**	
郑州	Zhengzhou	32521	55040	55040	3
开封	Kaifeng	4276	5425	5612	53
洛阳	Luoyang	4433	5777	5817	51
平顶山	Pingdingshan	2886	3175	3013	91
安阳	Anyang	2718	3729	3977	75
鹤壁	Hebi	507	1026	1097	191
新乡	Xinxiang	6675	7828	8040	36
焦作	Jiaozuo	3919	5944	6057	49
濮阳	Puyang	675	642	623	233
许昌	Xuchang	1793	2097	2142	121
漯河	Luohe	1667	1812	1884	137
三门峡	Sanmenxia	852	847	838	212
南阳	Nanyang	3645	4079	4205	70
商丘	Shangqiu	4255	4601	4826	65
信阳	Xinyang	2904	3509	3835	77
周口	Zhoukou	1892	2292	3036	89
驻马店	Zhumadian	1245	1194	1216	184
湖北	**Hubei**	**74685**	**82821**	**83444**	
武汉	Wuhan	51306	57313	57205	2
黄石	Huangshi	1971	2231	2477	108
十堰	Shiyan	1839	2822	2844	100
宜昌	Yichang	3148	3621	3726	80
襄阳	Xiangyang	2092	2558	2565	104
鄂州	Ezhou	607	685	759	220
荆门	Jingmen	1254	856	706	224
孝感	Xiaogan	1366	1936	2161	119
荆州	Jingzhou	4937	4499	4453	68
黄冈	Huanggang	2064	3345	2370	111
咸宁	Xianning	2678	1735	1735	148
随州	Suizhou	450	441	413	257
湖南	**Hunan**	**59557**	**64919**	**66615**	
长沙	Changsha	30035	32691	32497	9
株洲	Zhuzhou	3573	4376	4192	71
湘潭	Xiangtan	6231	7131	7006	39
衡阳	Hengyang	5388	5992	8056	35
邵阳	Shaoyang	1401	1482	1574	159
岳阳	Yueyang	1964	3189	2278	114
常德	Changde	1905	2407	2482	107
张家界	Zhangjiajie	685	428	740	221
益阳	Yiyang	1684	1819	1873	139
郴州	Chenzhou	1048	1413	1447	169
永州	Yongzhou	1609	1635	1575	158
怀化	Huaihua	1279	1542	1590	157
娄底	Loudi	1432	2264	1512	163
广东	**Guangdong**	**78569**	**95193**	**98897**	
广州	Guangzhou	48063	57196	59088	1
韶关	Shaoguan	1796	1693	1699	151
深圳	Shenzhen	3550	4462	4826	65
珠海	Zhuhai	5305	5500	5500	56
汕头	Shantou	711	887	884	207
佛山	Foshan	1439	1810	1866	140
江门	Jiangmen	1083	1761	1803	145
湛江	Zhanjiang	3645	3998		
茂名	Maoming	1396	1357	1429	170
肇庆	Zhaoqing	2095	2801	3077	87
惠州	Huizhou	692	1518	1893	136
梅州	Meizhou	1115	1215	1243	181
汕尾	Shanwei	255	277	253	271
河源	Heyuan	495	443	531	241
阳江	Yangjiang	275	406	324	268
清远	Qingyuan	418	578	560	237
东莞	Dongguan	2174	3148	6569	44
中山	Zhongshan	2360	1643	1747	147
潮州	Chaozhou	802	795	946	203
揭阳	Jieyang	531	549	625	232
云浮	Yunfu	369	452	462	250
广西	**Guangxi**	**31650**	**37680**	**38625**	
南宁	Nanning	15225	18441	18411	20
柳州	Liuzhou	3339	3354	3422	85
桂林	Guilin	5767	7167	8263	34
梧州	Wuzhou	588	646	677	225
北海	Beihai	872	1930	1036	196
防城港	Fangchenggang		161	120	279
钦州	Qinzhou	834	969	1007	199
贵港	Guigang	168			
玉林	Yulin	767	858	873	208
百色	Baise		1571	1787	146

16-14 普通高等学校专任教师数 续表 3
Full-time Teachers by Regular Institutions of Higher Education continued 3

单位：人 (person)

地名	City	2010	2014	2015	2015 排名 Ranking
贺州	Hezhou	565	549	596	234
河池	Hechi	641	746	733	223
来宾	Laibin	341	542	414	256
崇左	Chongzuo	634	1439	1829	143
海南	**Hainan**	**7798**	**8894**	**9028**	
海口	Haikou	5463	8894	6312	47
三亚	Sanya	1731	2209	2252	117
三沙	Sansha				
重庆	**Chongqing**	**31070**	**38944**	**39891**	
四川	**Sichuan**	**64991**	**81404**	**84430**	
成都	Chengdu	38282	47643	48314	4
自贡	Zigong	1408	1965	1971	132
攀枝花	Panzhihua	1136	1222	1195	188
泸州	Luzhou	2009	2278	2257	116
德阳	Deyang	2720	3318	4086	73
绵阳	Mianyang	5179	7203	7417	38
广元	Guangyuan	236	507	649	228
遂宁	Suining	553	635	634	230
内江	Neijiang	1225	1549	1597	155
乐山	Leshan	2053	2359	2483	106
南充	Nanchong	3069	3954	4131	72
眉山	Meishan	1013	1241	1245	180
宜宾	Yibin	1276	1291	1290	176
广安	Guangan	269	440	440	253
达州	Dazhou	1052	1227	1246	179
雅安	Yaan	2041	2740	2894	97
巴中	Bazhong		60	93	280
资阳	Ziyang		384	481	249
贵州	**Guizhou**	**20351**	**28144**	**30515**	
贵阳	Guiyang	12275	16595	17127	22
六盘水	Liupanshui	672	691	777	218
遵义	Zunyi	2158	3004	3170	86
安顺	Anshun	809	1053	1142	190
毕节	Bijie	682	930	1315	174
铜仁	Tongren	824	1303	1657	152
云南	**Yunnan**	**26498**	**35396**	**36940**	
昆明	Kunming	19471	25895	27083	13
曲靖	Qujing	950	1346	1255	178
玉溪	Yuxi	640	812	840	211
保山	Baoshan	507	627	663	227
昭通	Zhaotong	351	384	459	251
丽江	Lijiang		940	848	210
普洱	Puer	436	514	574	236
临沧	Lincang	311	357	357	265
西藏	**Tibet**	**2195**	**2601**	**2619**	
拉萨	Lasa	1877	1872	1903	134
陕西	**Shaanxi**	**58288**	**64970**	**66506**	
西安	Xi'an		46766	47768	6
铜川	Tongchuan		226	228	273
宝鸡	Baoji		1843	1814	144
咸阳	Xianyang		5615	6428	46
渭南	Weinan		1276	1455	168
延安	Yan'an		1589	1613	154
汉中	Hanzhong		2093	2148	120
榆林	Yulin		860	913	204
安康	Ankang		905	899	206
商洛	Shangluo		812	821	214
甘肃	**Gansu**	**20761**	**25283**	**26132**	
兰州	Lanzhou	15540	15345	15620	23
嘉峪关	Jiayuguan	180	114	318	269
金昌	Jinchang		131	131	278
白银	Baiyin		163	172	277
天水	Tianshui	1636	1751	1722	149
武威	Wuwei	502	808	862	209
张掖	Zhangye	777	865	765	219
平凉	Pingliang	306	438	447	252
酒泉	Jiuquan	327	349	401	259
庆阳	Qingyang	532	766	1073	194
定西	Dingxi	279	299	403	258
陇南	Longnan	279	594	431	255
青海	**Qinghai**	**3731**	**3920**	**4127**	
西宁	Xining	3731	3881	4039	74
海东	Haidong			53	281
宁夏	**Ningxia**	**5866**	**7759**	**7987**	
银川	Yinchuan	5004	6606	6937	40
石嘴山	Shizuishan	339	360	371	263
吴忠	Wuzhong	159	374	374	261
固原	Guyuan	429	415	381	260
中卫	Zhongwei				
新疆	**Xinjiang**	**16506**	**19081**	**19374**	
乌鲁木齐	Urumqi	9819	11097	11367	27
克拉玛依	Karamay	276	287	284	270

16-15 普通高等学校招生数

New Enrollment by Regular Institutions of Higher Education

单位：万人 （10 000 persons）

地名	City	2010	2012	2013	2013 排名 Ranking	地名	City	2010	2012	2013	2013 排名 Ranking
全国	**Nation Total**	**661.80**	**688.80**	**699.83**		沈阳	Shenyang	9.90	10.86	11.21	16
北京	**Beijing**	**15.52**	**15.86**	**15.98**		大连	Dalian	6.72	7.42	7.82	22
天津	**Tianjin**	**13.31**	**13.72**	**13.86**		鞍山	Anshan	1.03	0.96	0.99	137
河北	**Hebei**	**32.89**	**32.14**	**32.59**		抚顺	Fushun	1.15	1.19	1.12	123
石家庄	Shijiazhuang	11.26	11.78	12.30	11	本溪	Benxi	0.38	0.41	0.40	212
唐山	Tangshan	2.96	3.13	3.10	42	丹东	Dandong	0.77	0.88	0.82	152
秦皇岛	Qinhuangdao	2.62	4.89	2.43	57	锦州	Jinzhou	2.12	2.41	2.28	61
邯郸	Handan	1.70	1.71	1.74	86	营口	Yingkou	0.37	0.46	0.57	186
邢台	Xingtai	1.45	1.50	1.60	89	阜新	Fuxin	0.93	0.95	0.95	141
保定	Baoding	4.70	4.75	4.63	28	辽阳	Liaoyang	0.68	0.58	0.57	186
张家口	Zhangjiakou	1.24	1.38	1.44	100	盘锦	Panjin	0.19	0.23	0.24	240
承德	Chengde	1.26	1.25	1.24	111	铁岭	Tieling	0.43	0.54	0.54	191
沧州	Cangzhou	1.53	1.43	1.83	82	朝阳	Chaoyang	0.13	0.18	0.18	248
廊坊	Langfang	2.90	2.03	2.19	62	葫芦岛	Huludao	0.44	0.50	0.52	196
衡水	Hengshui	0.48	1.62	0.47	199	**吉林**	**Jilin**	**15.29**	**16.26**	**16.62**	
山西	**Shanxi**	**18.44**	**19.72**	**20.69**		长春	Changchun	10.19	11.08	11.27	15
太原	Taiyuan	10.55	11.29	12.00	13	吉林	Jilin	2.54	2.81	2.95	45
大同	Datong	0.98	1.16	1.04	128	四平	Siping	0.91	1.03	1.01	134
阳泉	Yangquan	0.40	0.34	0.37	218	辽源	Liaoyuan	0.17	0.20	0.17	251
长治	Changzhi	1.26	1.03	1.09	126	通化	Tonghua	0.30	0.34	0.34	225
晋城	Jincheng	0.28	0.23	0.21	242	白山	Baishan	0.05	0.03	0.03	267
朔州	Shuozhou		0.11	0.16	253	松原	Songyuan	0.11	0.10	0.09	259
晋中	Jinzhong	1.70	2.02	2.07	71	白城	Baicheng	0.57	0.56	0.60	182
运城	Yuncheng	0.60	1.55	1.58	91	**黑龙江**	**Heilongjiang**	**19.54**	**19.70**	**19.73**	
忻州	Xinzhou	0.70	0.87	0.85	149	哈尔滨	Harbin	13.46	13.82	13.97	9
临汾	Linfen	1.20	1.37	1.38	104	齐齐哈尔	Qiqihar	1.32	1.50	1.49	96
吕梁	Lvliang	0.68	0.85	0.76	160	鸡西	Jixi	0.35	0.28	0.27	232
内蒙古	**Inner Mongolia**	**11.65**	**10.56**	**11.24**		鹤岗	Hegang	0.06	0.05	0.05	265
呼和浩特	Hohhot	6.71	6.25	6.67	23	双鸭山	Shuangyashan	0.05	0.04	0.06	264
包头	Baotou	2.01	2.01	2.06	73	大庆	Daqing	1.48	1.47	1.45	99
乌海	Wuhai	0.10	0.08	0.10	257	伊春	Yichun	0.05	0.04	0.04	266
赤峰	Chifeng	0.54	0.55	0.59	184	佳木斯	Jiamusi	0.82	0.87	0.79	156
通辽	Tongliao	0.74	0.73	0.74	165	七台河	Qitaihe	0.03	0.01	0.02	268
鄂尔多斯	Erdos	0.06	0.04	0.08	262	牡丹江	Mudanjiang	1.31	1.47	1.40	102
呼伦贝尔	Hulunbuir	0.32	0.37	0.39	214	黑河	Heihe	0.23	0.24	0.25	237
巴彦淖尔	Bayannur	0.27	0.25	0.31	228	绥化	Suihua	0.27	0.29	0.29	231
乌兰察布	Ulanqab	0.52	0.49	0.55	189	**上海**	**Shanghai**	**14.47**	**13.68**	**13.72**	
辽宁	**Liaoning**	**25.22**	**26.44**	**27.13**		**江苏**	**Jiangsu**	**43.27**	**43.50**	**43.95**	

16-15 普通高等学校招生数 续表 1

New Enrollment by Regular Institutions of Higher Education continued 1

单位：万人 （10 000 persons）

地名	City	2010	2012	2013	2013 排名 Ranking	地名	City	2010	2012	2013	2013 排名 Ranking
南京	Nanjing	16.40	15.98	15.99	5	池州	Chizhou	0.65	0.67	0.62	177
无锡	Wuxi	3.18	3.28	3.36	38	宣城	Xuancheng	0.20	0.15	0.19	246
徐州	Xuzhou	3.10	3.36	3.33	39	**福建**	**Fujian**	**20.25**	**20.12**	**21.36**	
常州	Changzhou	3.11	3.13	3.07	43	福州	Fuzhou	8.73	9.30	9.65	18
苏州	Suzhou	4.85	5.52	5.69	24	厦门	Xiamen	3.57	3.96	4.19	31
南通	Nantong	2.30	2.23	2.18	63	莆田	Putian	0.49	0.53	0.58	185
连云港	Lianyungang	0.93	0.93	1.04	128	三明	Sanming	0.66	0.76	0.76	160
淮安	Huaian	1.94	1.86	1.87	80	泉州	Quanzhou	3.52	3.40	3.73	32
盐城	Yancheng	1.56	1.85	1.54	94	漳州	Zhangzhou	1.78	1.92	2.11	65
扬州	Yangzhou	2.13	2.03	2.08	68	南平	Nanping	0.76	0.70	0.80	155
镇江	Zhenjiang	2.07	1.96	1.95	78	龙岩	Longyan	0.44	0.48	0.53	194
泰州	Taizhou	1.28	1.33	1.34	106	宁德	Ningde	0.28	0.31	0.26	234
宿迁	Suqian	0.42	0.44	0.51	197	**江西**	**Jiangxi**	**25.61**	**23.77**	**24.74**	
浙江	**Zhejiang**	**26.01**	**26.91**	**26.89**		南昌	Nanchang	14.84	15.04	15.91	6
杭州	Hangzhou	11.35	12.13	12.30	11	景德镇	Jingdezhen	0.94	0.81	0.88	147
宁波	Ningbo	4.18	4.40	4.51	29	萍乡	Pingxiang	0.54	0.29	0.41	210
温州	Wenzhou	2.06	2.32	2.35	58	九江	Jiujiang	2.76	2.39	2.61	54
嘉兴	Jiaxing	1.58	1.89	1.59	90	新余	Xinyu	0.97	1.01	0.93	142
湖州	Huzhou	0.71	0.79	0.76	160	鹰潭	Yingtan	0.20	0.14	0.20	243
绍兴	Shaoxing	1.69	1.96	2.35	58	赣州	Ganzhou	2.32	2.32	2.15	64
金华	Jinhua	2.45	2.65	2.66	52	吉安	Jian	0.55	0.47	0.45	203
衢州	Quzhou	0.35	0.43	0.43	208	宜春	Yichun	0.92	0.87	0.99	137
舟山	Zhoushan	0.66	0.73	0.68	174	抚州	Fuzhou	0.90	1.02	1.04	128
台州	Taizhou	0.95	0.96	1.01	134	上饶	Shangrao	0.65	0.68	0.74	165
丽水	Lishui	1.15	1.19	1.30	107	**山东**	**Shandong**	**49.57**	**46.67**	**49.16**	
安徽	**Anhui**	**29.69**	**28.62**	**29.66**		济南	Jinan	15.48	15.66	15.11	8
合肥	Hefei	11.86	13.24	13.89	10	青岛	Qingdao	8.22	8.80	8.57	19
芜湖	Wuhu	3.45	3.48	3.65	33	淄博	Zibo	3.12	2.72	2.86	47
蚌埠	Bengbu	1.76	1.67	1.67	87	枣庄	Zaozhuang	0.68	0.60	0.88	147
淮南	Huainan	1.81	1.81	1.79	83	东营	Dongying	1.50	0.86	0.81	153
马鞍山	Maanshan	1.30	1.38	1.49	96	烟台	Yantai	4.61	4.52	4.98	26
淮北	Huaibei	1.00	0.95	0.98	139	潍坊	Weifang	3.90	3.88	4.39	30
铜陵	Tongling	0.88	0.91	1.03	131	济宁	Jining	3.29	2.65	2.67	51
安庆	Anqing	1.14	1.21	1.24	111	泰安	Taian	2.70	2.85	2.96	44
黄山	Huangshan	0.45	0.48	0.60	182	威海	Weihai	2.28	1.67	1.93	79
滁州	Chuzhou	1.24	1.31	1.25	110	日照	Rizhao	1.86	1.98	1.78	84
阜阳	Fuyang	1.05	0.97	0.91	145	莱芜	Laiwu	0.23	0.18	0.27	232
宿州	Suzhou	0.75	0.55	0.54	191	临沂	Linyi	1.71	1.97	1.86	81
六安	Liuan	1.16	1.17	1.21	118	德州	Dezhou	1.47	1.21	1.24	111
亳州	Bozhou	0.37	0.34	0.45	203	聊城	Liaocheng	1.43	1.96	2.07	71

16-15 普通高等学校招生数 续表 2

New Enrollment by Regular Institutions of Higher Education continued 2

单位：万人 (10 000 persons)

地名	City	2010	2012	2013	2013 排名 Ranking	地名	City	2010	2012	2013	2013 排名 Ranking
滨州	Binzhou	1.47	1.34	1.44	100	常德	Changde	1.15	1.21	1.23	115
菏泽	Heze	0.91	1.03	1.23	115	张家界	Zhangjiajie	0.34	0.36	0.35	223
河南	**Henan**	**47.83**	**45.53**	**46.67**		益阳	Yiyang	0.81	0.83	0.92	144
郑州	Zhengzhou	20.25	22.60	24.37	3	郴州	Chenzhou	0.55	0.61	0.62	177
开封	Kaifeng	2.42	2.65	2.60	55	永州	Yongzhou	0.79	0.71	0.75	163
洛阳	Luoyang	2.61	2.73	2.80	48	怀化	Huaihua	0.85	0.76	0.83	150
平顶山	Pingdingshan	2.08	1.94	1.62	88	娄底	Loudi	0.80	0.68	0.73	167
安阳	Anyang	1.78	1.85	2.03	75	**广东**	**Guangdong**	**44.02**	**50.19**	**51.69**	
鹤壁	Hebi	0.35	0.38	0.37	218	广州	Guangzhou	25.90	28.95	29.65	1
新乡	Xinxiang	3.82	4.29	3.62	34	韶关	Shaoguan	0.90	1.06	1.12	123
焦作	Jiaozuo	2.39	2.56	2.69	50	深圳	Shenzhen	2.00	2.58	2.76	49
濮阳	Puyang	0.42	0.35	0.25	237	珠海	Zhuhai	3.48	3.81	3.21	40
许昌	Xuchang	1.07	1.12	1.01	134	汕头	Shantou	0.23	0.26	0.26	234
漯河	Luohe	0.96	0.83	0.93	142	佛山	Foshan	1.77	1.33	1.52	95
三门峡	Sanmenxia	0.51	0.47	0.46	202	江门	Jiangmen	0.68	1.27	1.16	122
南阳	Nanyang	2.29	2.29	2.05	74	湛江	Zhanjiang	2.62	1.91	2.10	66
商丘	Shangqiu	2.54	2.40	2.57	56	茂名	Maoming	1.20	0.90	1.02	133
信阳	Xinyang	1.78	1.62	1.58	91	肇庆	Zhaoqing	1.99	2.64	2.66	52
周口	Zhoukou	1.39	0.82	1.03	131	惠州	Huizhou	0.42	0.80	0.89	146
驻马店	Zhumadian	0.70	0.61	0.62	177	梅州	Meizhou	0.57	0.64	0.66	175
湖北	**Hubei**	**41.34**	**40.21**	**39.89**		汕尾	Shanwei	0.13	0.23	0.18	248
武汉	Wuhan	26.38	27.31	25.11	2	河源	Heyuan	0.43	0.45	0.43	208
黄石	Huangshi	1.20	1.13	0.75	163	阳江	Yangjiang	0.23	0.27	0.31	228
十堰	Shiyan	1.05	1.36	1.38	104	清远	Qingyuan	0.30	0.48	0.44	205
宜昌	Yichang	1.44	1.75	1.48	98	东莞	Dongguan	1.27	2.05	2.08	68
襄阳	Xiangyang	1.70	1.99	2.02	76	中山	Zhongshan	1.02	1.15	1.23	115
鄂州	Ezhou	0.35	0.46	0.48	198	潮州	Chaozhou	0.52	0.47	0.53	194
荆门	Jingmen	0.70	0.74	0.78	158	揭阳	Jieyang	0.26	1.00	0.35	223
孝感	Xiaogan	1.00	0.95	0.83	150	云浮	Yunfu	0.19	0.24	0.39	214
荆州	Jingzhou	3.33	3.36	3.20	41	**广西**	**Guangxi**	**18.38**	**19.21**	**19.85**	
黄冈	Huanggang	1.46	1.51	1.56	93	南宁	Nanning	8.71	10.00	10.65	17
咸宁	Xianning	1.30	0.96	1.10	125	柳州	Liuzhou	1.91	2.12	2.09	67
随州	Suizhou	0.17	0.23	0.20	243	桂林	Guilin	4.55	5.27	5.40	25
湖南	**Hunan**	**30.98**	**31.10**	**31.37**		梧州	Wuzhou	0.36	0.43	0.44	205
长沙	Changsha	15.12	15.76	15.62	7	北海	Beihai	0.61	0.69	0.62	177
株洲	Zhuzhou	2.14	2.30	2.35	58	防城港	Fangchenggang		0.18	0.16	253
湘潭	Xiangtan	3.22	3.45	3.53	36	钦州	Qinzhou	0.53	0.56	0.54	191
衡阳	Hengyang	2.78	2.95	2.89	46	贵港	Guigang	0.06	0.10	0.09	259
邵阳	Shaoyang	0.78	0.77	0.81	153	玉林	Yulin	0.43	0.41	0.47	199
岳阳	Yueyang	1.04	1.34	1.18	121	百色	Baise			0.77	159

16-15　普通高等学校招生数　续表 3
New Enrollment by Regular Institutions of Higher Education continued 3

单位：万人　　　　（10 000 persons）

地名	City	2010	2012	2013	2013 排名 Ranking
贺州	Hezhou	0.26	0.19	0.25	237
河池	Hechi	0.37	0.37	0.41	210
来宾	Laibin	0.27	0.20	0.32	227
崇左	Chongzuo	0.59	1.18	1.39	103
海南	**Hainan**	**4.82**	**4.96**	**4.93**	
海口	Haikou	3.21	3.57	3.55	35
三亚	Sanya	1.20	1.29	1.28	108
三沙	Sansha				
重庆	**Chongqing**	**18.11**	**19.29**	**18.49**	
四川	**Sichuan**	**33.79**	**36.45**	**35.78**	
成都	Chengdu	18.92	20.85	20.27	4
自贡	Zigong	0.87	0.91	0.96	140
攀枝花	Panzhihua	0.62	0.64	0.63	176
泸州	Luzhou	1.04	1.30	1.21	118
德阳	Deyang	1.61	1.96	1.77	85
绵阳	Mianyang	2.73	3.37	3.41	37
广元	Guangyuan	0.11	0.32	0.38	217
遂宁	Suining	0.36	0.47	0.47	199
内江	Neijiang	0.64	0.67	0.73	167
乐山	Leshan	1.14	1.39	1.21	118
南充	Nanchong	1.71	1.94	2.01	77
眉山	Meishan	0.52	0.63	0.62	177
宜宾	Yibin	0.69	0.72	0.72	169
广安	Guangan	0.21	0.25	0.34	225
达州	Dazhou	0.60	0.65	0.70	171
雅安	Yaan	1.12	1.14	1.24	111
巴中	Bazhong			0.02	268
资阳	Ziyang			0.10	257
贵州	**Guizhou**	**10.15**	**12.51**	**11.97**	
贵阳	Guiyang	7.73	10.43	8.30	21
六盘水	Liupanshui	0.32	0.33	0.26	234
遵义	Zunyi	1.68	1.73	1.26	109
安顺	Anshun	0.41	0.55	0.37	218
毕节	Bijie	0.46	0.49	0.36	221
铜仁	Tongren	0.47	0.66	0.69	173
云南	**Yunnan**	**14.25**	**14.28**	**16.29**	
昆明	Kunming	9.89	10.26	11.63	14
曲靖	Qujing	0.68	0.80	0.72	169
玉溪	Yuxi	0.48	0.37	0.40	212
保山	Baoshan	0.45	0.33	0.36	221
昭通	Zhaotong	0.26	0.22	0.31	228
丽江	Lijiang			0.79	156
普洱	Puer	0.27	0.27	0.39	214
临沧	Lincang	0.19	0.18	0.18	248
西藏	**Tibet**	**0.92**	**1.00**	**0.93**	
拉萨	Lasa	0.76	0.74	0.70	171
陕西	**Shaanxi**	**27.44**	**31.28**	**29.79**	
西安	Xi'an				
铜川	Tongchuan				
宝鸡	Baoji				
咸阳	Xianyang				
渭南	Weinan				
延安	Yan'an				
汉中	Hanzhong				
榆林	Yulin				
安康	Ankang				
商洛	Shangluo				
甘肃	**Gansu**	**11.49**	**13.02**	**12.23**	
兰州	Lanzhou	8.06	8.76	8.36	20
嘉峪关	Jiayuguan	0.09	0.13	0.09	259
金昌	Jinchang		0.09	0.11	256
白银	Baiyin		0.09	0.07	263
天水	Tianshui	0.94	1.18	1.08	127
武威	Wuwei	0.45	0.66	0.57	186
张掖	Zhangye	0.55	0.59	0.55	189
平凉	Pingliang	0.23	0.23	0.20	243
酒泉	Jiuquan	0.22	0.25	0.23	241
庆阳	Qingyang	0.30	0.46	0.44	205
定西	Dingxi	0.14	0.20	0.16	253
陇南	Longnan	0.15	0.19	0.19	246
青海	**Qinghai**	**1.87**	**1.46**	**1.48**	
西宁	Xining	1.87	2.08	2.08	68
海东	Haidong				
宁夏	**Ningxia**	**2.64**	**3.08**	**3.07**	
银川	Yinchuan	2.02	2.62		
石嘴山	Shizuishan	0.19	0.19		
吴忠	Wuzhong	0.07	0.11		
固原	Guyuan	0.16	0.20		
中卫	Zhongwei				
新疆	**Xinjiang**	**7.46**	**7.58**	**8.10**	
乌鲁木齐	Urumqi	4.59	4.61	4.94	27
克拉玛依	Karamay	0.14	0.15	0.17	251

16-16　普通高等学校在校学生数
Total Enrollment by Regular Institutions of Higher Education

单位：万人　　　　　　　　　　　　　　　　　　　　　　　　　　　　（10 000 persons）

地名	City	2010	2014	2015	2015 排名 Ranking
全国	**Nation Total**	**2231.80**			
北京	**Beijing**	**57.78**		**59.34**	
天津	**Tianjin**	**42.86**		**51.29**	
河北	**Hebei**	**110.51**		**131.48**	
石家庄	Shijiazhuang	37.29	39.36	41.98	16
唐山	Tangshan	9.76	11.06	11.14	48
秦皇岛	Qinhuangdao	8.79	15.50	15.52	34
邯郸	Handan	6.09	5.88	5.85	88
邢台	Xingtai	4.71	4.67	4.74	107
保定	Baoding	16.26	16.12	17.46	30
张家口	Zhangjiakou	4.50	4.64	6.78	83
承德	Chengde	3.78	4.06	4.11	125
沧州	Cangzhou	4.64	8.05	5.55	93
廊坊	Langfang	9.86	8.90	15.62	32
衡水	Hengshui	1.76	2.52	2.73	165
山西	**Shanxi**	**56.29**		**82.34**	
太原	Taiyuan	32.97	40.09	42.14	15
大同	Datong	3.42	3.00	2.88	161
阳泉	Yangquan	0.80	1.38	1.37	220
长治	Changzhi	3.72	4.12	3.97	129
晋城	Jincheng	0.79	0.64	0.63	256
朔州	Shuozhou		0.89	1.06	235
晋中	Jinzhong	5.80	13.98	16.28	31
运城	Yuncheng	1.80	4.29	5.23	97
忻州	Xinzhou	1.80	1.89	2.03	197
临汾	Linfen	3.80	4.43	4.47	113
吕梁	Lvliang	1.63	2.17	2.29	183
内蒙古	**Inner Mongolia**	**37.14**		**42.64**	
呼和浩特	Hohhot	21.53	23.25	23.52	24
包头	Baotou	6.51	7.03	7.23	75
乌海	Wuhai	0.33	0.28	0.35	270
赤峰	Chifeng	1.66	1.97	2.04	196
通辽	Tongliao	2.63	4.46	3.71	139
鄂尔多斯	Erdos	0.11	0.57	0.59	259
呼伦贝尔	Hulunbuir	1.17	1.58	2.15	189
巴彦淖尔	Bayannur	0.74	0.86	0.98	241
乌兰察布	Ulanqab	1.45	2.07	2.07	195
辽宁	**Liaoning**	**88.02**		**103.57**	
沈阳	Shenyang	34.86	39.97	40.40	18
大连	Dalian	24.58	28.62	29.00	23
鞍山	Anshan	3.62	3.62	3.54	145
抚顺	Fushun	4.15	4.44	4.60	111
本溪	Benxi	1.09	2.14	1.80	207
丹东	Dandong	2.42	2.96	2.85	162
锦州	Jinzhou	7.67	8.62	8.52	63
营口	Yingkou	1.05	2.22	2.13	191
阜新	Fuxin	3.26	4.50	4.17	123
辽阳	Liaoyang	1.99	1.73	2.66	167
盘锦	Panjin	0.54	0.71	0.71	253
铁岭	Tieling	1.04	1.66	1.80	206
朝阳	Chaoyang	0.35	0.55	0.52	265
葫芦岛	Huludao	1.41	0.87	0.87	245
吉林	**Jilin**	**54.44**		**61.19**	
长春	Changchun	36.57	41.46	42.61	14
吉林	Jilin	8.97	10.36	10.49	51
四平	Siping	3.26	3.73	3.84	135
辽源	Liaoyuan	0.53	0.61	0.58	260
通化	Tonghua	1.08	1.24	1.26	226
白山	Baishan	0.19	0.12	0.15	279
松原	Songyuan	0.30	0.30	0.29	274
白城	Baicheng	1.75	1.97	1.98	199
黑龙江	**Heilongjiang**	**71.91**		**92.35**	
哈尔滨	Harbin	49.40	50.64	66.37	8
齐齐哈尔	Qiqihar	5.00	5.48	6.37	85
鸡西	Jixi	1.06	0.88	0.83	249
鹤岗	Hegang	0.27	0.19	0.22	278
双鸭山	Shuangyashan	0.16	0.35	2.16	188
大庆	Daqing	5.55	6.24	6.46	84
伊春	Yichun	0.20	0.11	0.10	280
佳木斯	Jiamusi	3.19	4.47	3.38	150
七台河	Qitaihe	0.15	0.23	0.29	275
牡丹江	Mudanjiang	4.77	4.81	5.18	98
黑河	Heihe	0.84	1.13		
绥化	Suihua	1.01	1.01	0.99	239
上海	**Shanghai**	**51.57**		**51.16**	
江苏	**Jiangsu**	**178.07**		**187.13**	

16-16 普通高等学校在校学生数 续表 1

Total Enrollment by Regular Institutions of Higher Education continued 1

单位：万人 （10 000 persons）

地名	City	2010	2014	2015	2015 排名 Ranking	地名	City	2010	2014	2015	2015 排名 Ranking
南京	Nanjing	79.34	80.53	81.26	5	池州	Chizhou	1.82	2.10	2.29	184
无锡	Wuxi	10.96	11.42	11.53	46	宣城	Xuancheng	0.50	0.57	0.67	254
徐州	Xuzhou	12.01	13.72	13.76	38	**福建**	**Fujian**	**64.78**		**75.91**	
常州	Changzhou	10.43	10.86	10.30	54	福州	Fuzhou	28.17	32.08	32.10	22
苏州	Suzhou	18.78	20.95	21.41	26	厦门	Xiamen	11.47	15.83	14.40	36
南通	Nantong	8.26	8.09	8.32	67	莆田	Putian	1.67	2.06	2.13	192
连云港	Lianyungang	3.45	3.81	3.87	131	三明	Sanming	1.73	2.43	2.47	173
淮安	Huaian	6.88	6.73	6.80	82	泉州	Quanzhou	11.37	12.22	12.41	43
盐城	Yancheng	5.67	5.61	5.73	90	漳州	Zhangzhou	6.00	6.95	7.15	78
扬州	Yangzhou	7.33	8.10	8.16	69	南平	Nanping	2.16	2.37	2.45	175
镇江	Zhenjiang	8.65	8.42	8.53	62	龙岩	Longyan	1.41	1.71	1.78	209
泰州	Taizhou	4.70	4.93	5.62	91	宁德	Ningde	0.81	0.99	1.03	237
宿迁	Suqian	1.60	1.76	1.82	203	**江西**	**Jiangxi**	**81.65**		**97.44**	
浙江	**Zhejiang**	**88.49**		**102.72**		南昌	Nanchang	49.02	55.44	58.74	9
杭州	Hangzhou	43.48	47.47	47.56	12	景德镇	Jingdezhen	3.10	2.62	2.93	159
宁波	Ningbo	13.81	15.09	15.58	33	萍乡	Pingxiang	1.60	1.13	1.13	233
温州	Wenzhou	7.45	8.16	8.38	66	九江	Jiujiang	7.99	8.32	8.88	61
嘉兴	Jiaxing	5.24	6.57	5.27	96	新余	Xinyu	2.48	3.25	3.85	134
湖州	Huzhou	2.48	2.70	3.22	154	鹰潭	Yingtan	0.42	0.60	0.81	250
绍兴	Shaoxing	5.39	8.03	8.38	65	赣州	Ganzhou	7.69	8.74	9.15	58
金华	Jinhua	7.67	8.67	3.50	146	吉安	Jian	1.82	1.90	1.87	202
衢州	Quzhou	1.02	1.37	1.37	221	宜春	Yichun	2.70	4.47	4.45	114
舟山	Zhoushan	2.23	2.27	2.35	181	抚州	Fuzhou	2.79	2.87	3.01	156
台州	Taizhou	2.97	3.26	3.36	151	上饶	Shangrao	2.04	2.44	2.62	169
丽水	Lishui	3.56	3.97	3.76	137	**山东**	**Shandong**	**163.14**		**216.95**	
安徽	**Anhui**	**93.90**		**118.34**		济南	Jinan	64.25	70.04	71.40	7
合肥	Hefei	37.26	49.73	52.71	11	青岛	Qingdao	28.48	31.35	32.23	21
芜湖	Wuhu	11.67	12.65	13.02	41	淄博	Zibo	10.33	9.59	10.30	53
蚌埠	Bengbu	5.59	6.10	6.16	87	枣庄	Zaozhuang	2.14	2.55	3.03	155
淮南	Huainan	6.14	7.92	7.78	71	东营	Dongying	5.28	2.72	3.00	157
马鞍山	Maanshan	4.24	5.42	5.62	92	烟台	Yantai	14.64	17.32	18.26	28
淮北	Huaibei	3.18	3.47	3.85	132	潍坊	Weifang	12.10	14.06	19.88	27
铜陵	Tongling	2.59	3.40	3.57	143	济宁	Jining	8.12	9.55	10.40	52
安庆	Anqing	3.63	4.18	4.15	124	泰安	Taian	9.54	10.52	10.93	49
黄山	Huangshan	1.51	2.10	2.22	186	威海	Weihai	5.99	6.43	7.07	79
滁州	Chuzhou	3.96	4.65	4.91	104	日照	Rizhao	1.95	2.56	2.95	158
阜阳	Fuyang	3.34	3.48	3.62	141	莱芜	Laiwu	1.03	0.76	0.99	240
宿州	Suzhou	2.19	1.99	2.26	185	临沂	Linyi	5.68	6.52	6.96	81
六安	Liuan	3.43	4.12	4.31	120	德州	Dezhou	3.97	4.31	5.13	101
亳州	Bozhou	0.97	1.19	1.20	229	聊城	Liaocheng	3.81	4.20	4.37	118

16-16 普通高等学校在校学生数 续表 2

Total Enrollment by Regular Institutions of Higher Education continued 2

单位：万人 （10 000 persons）

地名	City	2010	2014	2015	2015 排名 Ranking	地名	City	2010	2014	2015	2015 排名 Ranking
滨州	Binzhou	4.80	4.94	5.18	99	常德	Changde	3.63	4.18	4.47	112
菏泽	Heze	3.24	3.65	4.89	106	张家界	Zhangjiajie	1.26	1.19	1.26	225
河南	**Henan**	**145.67**		**181.02**		益阳	Yiyang	2.86	3.16	3.26	153
郑州	Zhengzhou	64.27	78.32	82.42	4	郴州	Chenzhou	2.04	2.39	2.45	176
开封	Kaifeng	7.53	12.01	8.93	60	永州	Yongzhou	2.51	2.49	2.59	170
洛阳	Luoyang	8.40	12.42	13.08	40	怀化	Huaihua	2.78	3.66	3.76	138
平顶山	Pingdingshan	6.18	5.65	5.52	94	娄底	Loudi	2.57	2.83	2.78	164
安阳	Anyang	4.79	6.72	7.29	74	**广东**	**Guangdong**	**142.66**		**181.38**	
鹤壁	Hebi	0.99	1.14	1.21	228	广州	Guangzhou	84.40	101.93	104.32	1
新乡	Xinxiang	11.51	14.31	14.33	37	韶关	Shaoguan	3.10	3.68	3.85	133
焦作	Jiaozuo	6.72	9.38	9.74	57	深圳	Shenzhen	6.73	8.77	9.01	59
濮阳	Puyang	1.20	0.81	0.84	248	珠海	Zhuhai	10.82	13.20	13.20	39
许昌	Xuchang	3.43	3.46	3.56	144	汕头	Shantou	0.93	0.98	1.00	238
漯河	Luohe	2.48	2.56	2.65	168	佛山	Foshan	3.97	4.67	4.94	103
三门峡	Sanmenxia	1.53	1.28	1.30	223	江门	Jiangmen	2.33	3.87	3.95	130
南阳	Nanyang	6.67	7.04	7.45	72	湛江	Zhanjiang	8.92	7.64		
商丘	Shangqiu	7.71	7.76	8.42	64	茂名	Maoming	2.70	3.36	3.57	142
信阳	Xinyang	5.37	7.68	6.24	86	肇庆	Zhaoqing	5.56	7.58	8.14	70
周口	Zhoukou	3.84	3.48	4.61	110	惠州	Huizhou	1.43	3.02	3.42	149
驻马店	Zhumadian	1.90	3.32	3.43	147	梅州	Meizhou	2.07	2.35	2.53	172
湖北	**Hubei**	**135.79**		**141.79**		汕尾	Shanwei	0.46	0.51	0.56	261
武汉	Wuhan	88.14	96.21	95.68	2	河源	Heyuan	1.19	1.27	1.14	232
黄石	Huangshi	4.09	3.69	4.31	121	阳江	Yangjiang	0.62	0.90	0.97	242
十堰	Shiyan	3.39	4.97	5.13	100	清远	Qingyuan	0.89	1.41	1.34	222
宜昌	Yichang	5.03	5.92	5.81	89	东莞	Dongguan	3.83	6.99	11.46	47
襄阳	Xiangyang	5.10	5.26	5.10	102	中山	Zhongshan	3.53	4.00	4.00	128
鄂州	Ezhou	1.01	1.48	1.53	214	潮州	Chaozhou	1.65	1.72	1.92	200
荆门	Jingmen	1.91	2.04	1.41	218	揭阳	Jieyang	0.85	1.22	1.20	230
孝感	Xiaogan	3.29	3.92	4.38	116	云浮	Yunfu	0.66	1.07	0.85	247
荆州	Jingzhou	11.78	11.18	9.75	56	**广西**	**Guangxi**	**56.75**		**87.35**	
黄冈	Huanggang	4.60	4.64	4.08	126	南宁	Nanning	26.41	35.62	37.52	19
咸宁	Xianning	3.10	4.02	4.02	127	柳州	Liuzhou	5.95	6.90	7.23	76
随州	Suizhou	0.84	0.62	0.60	257	桂林	Guilin	12.83	18.67	22.75	25
湖南	**Hunan**	**104.43**		**116.11**		梧州	Wuzhou	1.09	1.42	1.60	213
长沙	Changsha	51.17	54.75	56.94	10	北海	Beihai	2.27	2.18	2.41	177
株洲	Zhuzhou	6.73	8.93	8.28	68	防城港	Fangchenggang		0.34	0.36	269
湘潭	Xiangtan	11.11	12.27	12.23	45	钦州	Qinzhou	1.86	1.77	2.20	187
衡阳	Hengyang	9.45	10.53	10.90	50	贵港	Guigang	0.24			
邵阳	Shaoyang	2.59	2.76	2.82	163	玉林	Yulin	1.38	1.74	1.81	205
岳阳	Yueyang	3.68	4.87	4.38	117	百色	Baise	2.57	2.76	3.42	148

16-16 普通高等学校在校学生数 续表 3

Total Enrollment by Regular Institutions of Higher Education continued 3

单位：万人 （10 000 persons）

地名	City	2010	2014	2015	2015 排名 Ranking
贺州	Hezhou	1.03	1.00	1.17	231
河池	Hechi	1.29	1.52	1.66	211
来宾	Laibin	0.59	0.73	0.95	244
崇左	Chongzuo	1.73	3.89	4.28	122
海南	**Hainan**	**15.08**		**19.69**	
海口	Haikou	10.39	18.06	15.06	35
三亚	Sanya	3.70	4.57	4.64	109
三沙	Sansha				
重庆	**Chongqing**	**56.59**		**76.71**	
四川	**Sichuan**	**108.62**		**136.65**	
成都	Chengdu	61.50	72.93	75.58	6
自贡	Zigong	2.96	4.40	3.69	140
攀枝花	Panzhihua	2.05	2.91	2.38	179
泸州	Luzhou	3.55	4.47	4.41	115
德阳	Deyang	4.90	6.71	7.31	73
绵阳	Mianyang	8.40	11.93	12.39	44
广元	Guangyuan	0.37	1.47	1.30	224
遂宁	Suining	1.00	1.40	1.42	217
内江	Neijiang	2.10	2.67	2.68	166
乐山	Leshan	3.68	4.87	4.91	105
南充	Nanchong	5.46	7.01	7.17	77
眉山	Meishan	1.58	2.33	2.35	180
宜宾	Yibin	2.21	2.45	2.54	171
广安	Guangan	0.49	0.86	0.86	246
达州	Dazhou	1.85	2.22	2.32	182
雅安	Yaan	3.77	4.43	4.65	108
巴中	Bazhong		0.08	0.24	277
资阳	Ziyang		0.23	0.45	267
贵州	**Guizhou**	**32.33**		**49.18**	
贵阳	Guiyang	25.68	35.93	36.85	20
六盘水	Liupanshui	1.01	1.02	1.11	234
遵义	Zunyi	4.98	6.70	5.45	95
安顺	Anshun	1.16	1.31	1.39	219
毕节	Bijie	1.06	1.34	1.47	216
铜仁	Tongren	1.29	2.38	2.91	160
云南	**Yunnan**	**43.69**		**53.39**	
昆明	Kunming	30.53	40.99	43.64	13
曲靖	Qujing	1.88	2.44	2.08	194
玉溪	Yuxi	1.52	1.84	1.49	215
保山	Baoshan	1.42	1.17	1.24	227
昭通	Zhaotong	0.72	0.76	0.95	243
丽江	Lijiang		2.37	2.40	178
普洱	Puer	0.83	0.98	1.06	236
临沧	Lincang	0.59	0.53	0.53	263
西藏	**Tibet**	**3.11**		**2.14**	
拉萨	Lasa	2.68	2.49	2.14	190
陕西	**Shaanxi**	**92.78**		**115.54**	
西安	Xi'an		76.64	84.90	3
铜川	Tongchuan		0.24	0.30	273
宝鸡	Baoji		3.27	3.33	152
咸阳	Xianyang		12.19	12.87	42
渭南	Weinan		1.50	1.62	212
延安	Yan'an		2.58	2.45	174
汉中	Hanzhong		4.23	4.36	119
榆林	Yulin		1.66	1.73	210
安康	Ankang		2.09	2.12	193
商洛	Shangluo		1.72	1.88	201
甘肃	**Gansu**	**38.15**		**54.35**	
兰州	Lanzhou	27.62	41.42	41.64	17
嘉峪关	Jiayuguan	0.27	0.29	0.28	276
金昌	Jinchang		0.29	0.33	271
白银	Baiyin		0.26	0.30	272
天水	Tianshui	3.08	3.80	3.79	136
武威	Wuwei	1.11	1.95	1.82	204
张掖	Zhangye	1.72	2.01	1.98	198
平凉	Pingliang	0.65	0.59	0.54	262
酒泉	Jiuquan	0.63	0.78	0.80	251
庆阳	Qingyang	1.12	1.62	1.79	208
定西	Dingxi	0.46	0.52	0.47	266
陇南	Longnan	0.49	0.57	0.59	258
青海	**Qinghai**	**6.04**		**7.07**	
西宁	Xining	6.04	6.73	6.99	80
海东	Haidong			0.08	281
宁夏	**Ningxia**	**8.34**		**11.56**	
银川	Yinchuan	6.67	9.35	9.80	55
石嘴山	Shizuishan	0.58	0.78	0.78	252
吴忠	Wuzhong	0.18	0.36	0.36	268
固原	Guyuan	0.59	0.68	0.63	255
中卫	Zhongwei				
新疆	**Xinjiang**	**25.12**		**18.57**	
乌鲁木齐	Urumqi	15.48	16.76	18.05	29
克拉玛依	Karamay	0.37	0.49	0.52	264

16-17 普通高等学校毕业生数

Graduates from Regular Institutions of Higher Education

单位：万人 （10 000 persons）

地名	City	2010	2012	2013	2013 排名 Ranking	地名	City	2010	2012	2013	2013 排名 Ranking
全国	**Nation Total**	**575.40**	**624.70**	**638.72**		沈阳	Shenyang	8.68	9.40	9.37	15
北京	**Beijing**	**15.02**	**15.52**	**15.09**		大连	Dalian	5.71	6.35	6.35	21
天津	**Tianjin**	**10.51**	**11.30**	**12.10**		鞍山	Anshan	0.87	0.93	0.97	129
河北	**Hebei**	**29.71**	**31.58**	**33.43**		抚顺	Fushun	0.99	1.08	1.10	116
石家庄	Shijiazhuang	10.15	10.80	11.56	11	本溪	Benxi	0.29	0.30	0.36	205
唐山	Tangshan	2.43	2.82	3.13	35	丹东	Dandong	0.69	0.73	0.75	154
秦皇岛	Qinhuangdao	2.46	3.80	2.60	47	锦州	Jinzhou	2.05	2.07	2.11	60
邯郸	Handan	1.68	1.72	1.81	73	营口	Yingkou	0.37	0.33	0.36	205
邢台	Xingtai	1.44	1.57	1.54	86	阜新	Fuxin	0.79	0.89	0.89	139
保定	Baoding	4.53	4.27	4.49	25	辽阳	Liaoyang	0.57	0.60	0.68	161
张家口	Zhangjiakou	1.26	1.31	1.31	100	盘锦	Panjin	0.16	0.16	0.19	242
承德	Chengde	1.06	1.14	1.18	105	铁岭	Tieling	0.28	0.27	0.43	192
沧州	Cangzhou	1.28	1.39	1.48	90	朝阳	Chaoyang	0.14	0.11	0.13	251
廊坊	Langfang	2.23	2.04	2.13	59	葫芦岛	Huludao	0.36	0.37	0.42	195
衡水	Hengshui	0.48	0.58	0.54	178	**吉林**	**Jilin**	**13.60**	**14.65**	**14.64**	
山西	**Shanxi**	**16.55**	**16.26**	**17.33**		长春	Changchun	9.29	9.65	9.64	14
太原	Taiyuan	9.74	9.60	9.94	13	吉林	Jilin	2.11	2.51	2.41	49
大同	Datong	1.09	0.99	1.15	109	四平	Siping	0.75	0.92	0.91	134
阳泉	Yangquan	0.20	0.24	0.32	215	辽源	Liaoyuan	0.10	0.19	0.17	244
长治	Changzhi	1.15	0.84	0.91	134	通化	Tonghua	0.28	0.28	0.32	215
晋城	Jincheng	0.30	0.12	0.16	247	白山	Baishan		0.07	0.05	259
朔州	Shuozhou		0.09	0.07	257	松原	Songyuan	0.11	0.09	0.11	253
晋中	Jinzhong	1.60	1.44	1.52	88	白城	Baicheng	0.47	0.51	0.58	175
运城	Yuncheng	0.51	0.79	0.95	132	**黑龙江**	**Heilongjiang**	**18.10**	**20.38**	**18.41**	
忻州	Xinzhou	0.40	0.59	0.73	156	哈尔滨	Harbin	12.03	13.29	12.24	9
临汾	Linfen	0.60	1.17	1.18	105	齐齐哈尔	Qiqihar	1.32	1.42	1.24	102
吕梁	Lvliang	0.47	0.39	0.39	203	鸡西	Jixi	0.28	0.36	0.32	215
内蒙古	**Inner Mongolia**	**9.47**	**10.51**	**10.83**		鹤岗	Hegang	0.07	0.10	0.04	261
呼和浩特	Hohhot	5.40	6.01	6.30	22	双鸭山	Shuangyashan	0.04	0.07	0.05	259
包头	Baotou	1.50	1.81	1.83	71	大庆	Daqing	1.60	1.58	1.48	90
乌海	Wuhai	0.10	0.13	0.10	255	伊春	Yichun	0.09	0.07	0.04	261
赤峰	Chifeng	0.40	0.47	0.49	184	佳木斯	Jiamusi	0.83	0.91	0.76	152
通辽	Tongliao	0.80	0.67	0.67	163	七台河	Qitaihe	0.08	0.06	0.03	264
鄂尔多斯	Erdos		0.05	0.06	258	牡丹江	Mudanjiang	1.22	1.70	1.50	89
呼伦贝尔	Hulunbuir	0.31	0.31	0.29	219	黑河	Heihe	0.21	0.23	0.20	239
巴彦淖尔	Bayannur	0.23	0.24	0.47	187	绥化	Suihua	0.25	0.26	0.23	231
乌兰察布	Ulanqab	0.40	0.45	0.14	249	**上海**	**Shanghai**	**13.37**	**13.67**	**13.38**	
辽宁	**Liaoning**	**21.96**	**23.60**	**24.10**		**江苏**	**Jiangsu**	**47.89**	**47.03**	**47.38**	

16-17 普通高等学校毕业生数 续表 1

Graduates from Regular Institutions of Higher Education continued 1

单位：万人 （10 000 persons）

地名	City	2010	2012	2013	2013 排名 Ranking	地名	City	2010	2012	2013	2013 排名 Ranking
南京	Nanjing	19.59	20.69	20.86	3	池州	Chizhou	0.37	0.55	0.62	170
无锡	Wuxi	3.55	3.10	3.13	35	宣城	Xuancheng	0.11	0.16	0.20	239
徐州	Xuzhou	2.97	3.19	3.16	34	**福建**	**Fujian**	**15.34**	**17.85**	**18.72**	
常州	Changzhou	3.22	2.91	2.93	41	福州	Fuzhou	6.69	8.15	7.90	18
苏州	Suzhou	5.04	4.65	4.63	24	厦门	Xiamen	2.66	3.42	3.27	33
南通	Nantong	2.64	2.07	2.03	61	莆田	Putian	0.46	0.48	0.47	187
连云港	Lianyungang	0.91	0.97	1.04	123	三明	Sanming	0.41	0.62	0.61	171
淮安	Huaian	2.06	1.88	1.94	65	泉州	Quanzhou	2.73	3.56	3.47	31
盐城	Yancheng	1.55	1.54	1.54	86	漳州	Zhangzhou	1.41	1.70	1.68	80
扬州	Yangzhou	2.38	2.28	2.36	51	南平	Nanping	0.40	0.72	0.71	158
镇江	Zhenjiang	2.21	1.94	1.93	66	龙岩	Longyan	0.37	0.42	0.42	195
泰州	Taizhou	1.44	1.41	1.42	93	宁德	Ningde	0.22	0.21	0.21	234
宿迁	Suqian	0.32	0.40	0.42	195	**江西**	**Jiangxi**	**22.59**	**23.20**	**24.06**	
浙江	**Zhejiang**	**23.37**	**24.75**	**24.49**		南昌	Nanchang	14.00	13.67	13.91	7
杭州	Hangzhou	10.17	10.75	10.87	12	景德镇	Jingdezhen	0.87	0.86	0.91	134
宁波	Ningbo	3.71	3.82	3.64	30	萍乡	Pingxiang	0.56	0.54	0.51	182
温州	Wenzhou	1.94	2.09	1.99	63	九江	Jiujiang	2.44	2.27	2.41	49
嘉兴	Jiaxing	1.09	1.03	1.40	95	新余	Xinyu	0.75	0.80	0.93	133
湖州	Huzhou	0.65	0.68	0.69	160	鹰潭	Yingtan	0.11	0.11	0.21	234
绍兴	Shaoxing	1.51	1.55	1.91	67	赣州	Ganzhou	1.98	2.06	2.14	58
金华	Jinhua	2.41	2.33	2.26	54	吉安	Jian	0.47	0.47	0.49	184
衢州	Quzhou	0.34	0.34	0.29	219	宜春	Yichun	0.71	0.82	0.87	141
舟山	Zhoushan	0.68	0.70	0.63	169	抚州	Fuzhou	0.76	1.03	1.06	119
台州	Taizhou	0.85	0.91	0.89	139	上饶	Shangrao	0.58	0.57	0.61	171
丽水	Lishui	1.10	1.06	1.04	123	**山东**	**Shandong**	**44.40**	**47.43**	**47.59**	
安徽	**Anhui**	**23.22**	**26.55**	**28.01**		济南	Jinan	13.56	14.82	13.11	8
合肥	Hefei	9.69	11.37	11.84	10	青岛	Qingdao	7.05	7.98	7.90	18
芜湖	Wuhu	2.83	3.26	3.32	32	淄博	Zibo	2.85	3.17	2.96	40
蚌埠	Bengbu	1.37	1.47	1.56	85	枣庄	Zaozhuang	0.67	0.63	0.74	155
淮南	Huainan	1.48	1.71	1.71	78	东营	Dongying	1.31	0.92	0.86	142
马鞍山	Maanshan	0.93	1.12	1.20	104	烟台	Yantai	3.44	4.35	4.49	25
淮北	Huaibei	0.78	0.90	0.91	134	潍坊	Weifang	3.78	3.79	3.72	29
铜陵	Tongling	0.73	0.70	0.79	150	济宁	Jining	2.64	2.11	2.27	53
安庆	Anqing	0.79	1.03	1.13	111	泰安	Taian	2.41	2.58	2.82	43
黄山	Huangshan	0.34	0.38	0.43	192	威海	Weihai	1.70	1.76	1.84	70
滁州	Chuzhou	1.01	1.10	1.17	107	日照	Rizhao	1.42	1.67	1.64	81
阜阳	Fuyang	0.66	0.89	0.98	127	莱芜	Laiwu	0.41	0.35	0.27	225
宿州	Suzhou	0.53	0.61	0.68	161	临沂	Linyi	1.59	1.73	1.80	74
六安	Liuan	0.79	0.98	1.11	114	德州	Dezhou	1.32	1.21	1.15	109
亳州	Bozhou	0.25	0.31	0.36	205	聊城	Liaocheng	1.47	1.45	1.70	79

16-17 普通高等学校毕业生数 续表 2
Graduates from Regular Institutions of Higher Education continued 2

单位：万人 （10 000 persons）

地名	City	2010	2012	2013	2013 排名 Ranking	地名	City	2010	2012	2013	2013 排名 Ranking
滨州	Binzhou	1.46	1.39	1.36	96	常德	Changde	0.95	1.05	1.05	122
菏泽	Heze	0.87	1.01	1.13	111	张家界	Zhangjiajie	0.31	0.41	0.34	211
河南	**Henan**	**38.25**	**43.53**	**45.02**		益阳	Yiyang	0.71	0.90	0.80	148
郑州	Zhengzhou	17.44	19.30	19.83	4	郴州	Chenzhou	0.51	0.55	0.52	181
开封	Kaifeng	2.02	2.15	2.34	52	永州	Yongzhou	0.68	0.71	0.76	152
洛阳	Luoyang	2.21	2.32	2.18	56	怀化	Huaihua	0.72	0.85	0.80	148
平顶山	Pingdingshan	1.64	1.95	1.82	72	娄底	Loudi	0.64	0.73	0.71	158
安阳	Anyang	1.02	1.32	1.47	92	**广东**	**Guangdong**	**33.42**	**40.40**	**41.23**	
鹤壁	Hebi	0.24	0.34	0.35	208	广州	Guangzhou	20.40	23.69	24.08	1
新乡	Xinxiang	2.75	3.02	3.10	37	韶关	Shaoguan	1.00	0.89	0.85	143
焦作	Jiaozuo	1.60	2.01	2.21	55	深圳	Shenzhen	1.80	1.83	1.86	69
濮阳	Puyang	0.37	0.40	0.41	200	珠海	Zhuhai	2.07	2.73	2.80	44
许昌	Xuchang	0.83	1.11	1.02	126	汕头	Shantou	0.21	0.25	0.27	225
漯河	Luohe	0.86	0.84	1.11	114	佛山	Foshan	1.27	1.15	1.27	101
三门峡	Sanmenxia	0.41	0.56	0.51	182	江门	Jiangmen	0.50	0.74	0.72	157
南阳	Nanyang	1.90	2.11	2.00	62	湛江	Zhanjiang	2.52	1.78	1.90	68
商丘	Shangqiu	2.29	2.53	2.65	45	茂名	Maoming	0.70	0.78	0.79	150
信阳	Xinyang	1.25	1.52	1.63	82	肇庆	Zhaoqing	1.25	1.91	2.18	56
周口	Zhoukou	0.63	1.16	1.32	99	惠州	Huizhou	0.19	0.56	0.61	171
驻马店	Zhumadian	0.49	0.55	0.64	166	梅州	Meizhou	0.43	0.61	0.64	166
湖北	**Hubei**	**35.97**	**35.30**	**36.16**		汕尾	Shanwei	0.17	0.17	0.17	244
武汉	Wuhan	22.12	24.07	22.73	2	河源	Heyuan	0.24	0.40	0.41	200
黄石	Huangshi	1.06	1.04	0.90	138	阳江	Yangjiang	0.23	0.16	0.23	231
十堰	Shiyan	0.86	1.21	1.23	103	清远	Qingyuan	0.25	0.27	0.29	219
宜昌	Yichang	1.31	1.37	1.34	98	东莞	Dongguan	0.81	1.26	1.16	108
襄阳	Xiangyang	1.40	1.44	1.12	113	中山	Zhongshan	0.90	1.07	0.96	130
鄂州	Ezhou	0.26	0.34	0.42	195	潮州	Chaozhou	0.34	0.46	0.42	195
荆门	Jingmen	0.54	0.59	0.53	179	揭阳	Jieyang	0.37	0.25	0.27	225
孝感	Xiaogan	1.00	0.76	1.75	76	云浮	Yunfu	0.16	0.27	0.28	223
荆州	Jingzhou	3.27	3.07	3.00	39	**广西**	**Guangxi**	**13.81**	**16.22**	**16.95**	
黄冈	Huanggang	1.27	1.30	1.41	94	南宁	Nanning	6.74	7.67	8.70	17
咸宁	Xianning	1.52	1.20	1.35	97	柳州	Liuzhou	1.28	1.66	1.80	74
随州	Suizhou	0.20	0.30	0.17	244	桂林	Guilin	3.21	3.81	4.05	28
湖南	**Hunan**	**27.53**	**30.68**	**29.44**		梧州	Wuzhou	0.25	0.40	0.35	208
长沙	Changsha	14.16	15.10	14.26	6	北海	Beihai	0.55	0.99	0.82	147
株洲	Zhuzhou	1.81	2.08	1.97	64	防城港	Fangchenggang				
湘潭	Xiangtan	2.78	2.96	3.07	38	钦州	Qinzhou	0.60	0.35	0.43	192
衡阳	Hengyang	2.19	2.74	2.62	46	贵港	Guigang	0.07	0.07	0.03	264
邵阳	Shaoyang	0.58	0.74	0.83	146	玉林	Yulin	0.31	0.37	0.38	204
岳阳	Yueyang	0.98	1.12	1.06	119	百色	Baise			0.56	176

16-17 普通高等学校毕业生数 续表 3

Graduates from Regular Institutions of Higher Education continued 3

单位：万人 （10 000 persons）

地名	City	2010	2012	2013	2013 排名 Ranking	地名	City	2010	2012	2013	2013 排名 Ranking
贺州	Hezhou	0.19	0.18	0.26	228	丽江	Lijiang			0.48	186
河池	Hechi	0.30	0.34	0.28	223	普洱	Puer	0.23	0.29	0.29	219
来宾	Laibin	0.21	0.19	0.20	239	临沧	Lincang	0.15	0.19	0.19	242
崇左	Chongzuo	0.55	0.73	0.85	143	**西藏**	**Tibet**	**0.83**	**0.86**	**0.91**	
海南	**Hainan**	**3.68**	**4.09**	**4.38**		拉萨	Lasa	0.72	0.61	0.67	163
海口	Haikou	2.65	2.79	2.89	42	**陕西**	**Shaanxi**	**23.55**	**26.53**	**25.38**	
三亚	Sanya	0.50	0.95	1.09	118	西安	Xi'an				
三沙	Sansha					铜川	Tongchuan				
重庆	**Chongqing**	**13.32**	**13.76**	**14.87**		宝鸡	Baoji				
四川	**Sichuan**	**27.86**	**28.68**	**31.84**		咸阳	Xianyang				
成都	Chengdu	15.62	16.25	17.84	5	渭南	Weinan				
自贡	Zigong	0.77	0.81	0.85	143	延安	Yan'an				
攀枝花	Panzhihua	0.47	0.54	0.56	176	汉中	Hanzhong				
泸州	Luzhou	1.08	0.99	1.03	125	榆林	Yulin				
德阳	Deyang	1.35	1.34	1.57	84	安康	Ankang				
绵阳	Mianyang	1.86	2.02	2.54	48	商洛	Shangluo				
广元	Guangyuan	0.11	0.13	0.11	253	**甘肃**	**Gansu**	**9.22**	**10.30**	**10.92**	
遂宁	Suining	0.31	0.28	0.35	208	兰州	Lanzhou	6.24	7.27	7.70	20
内江	Neijiang	0.55	0.56	0.59	174	嘉峪关	Jiayuguan	0.09	0.08	0.10	255
乐山	Leshan	0.85	1.01	1.06	119	金昌	Jinchang				
南充	Nanchong	1.71	1.40	1.58	83	白银	Baiyin		0.03	0.04	261
眉山	Meishan	0.33	0.39	0.44	191	天水	Tianshui	0.90	0.92	0.96	130
宜宾	Yibin	0.59	0.59	0.65	165	武威	Wuwei	0.25	0.37	0.45	189
广安	Guangan	0.13	0.14	0.21	234	张掖	Zhangye	0.41	0.47	0.45	189
达州	Dazhou	0.54	0.53	0.53	179	平凉	Pingliang	0.19	0.20	0.22	233
雅安	Yaan	0.87	0.94	1.10	116	酒泉	Jiuquan	0.15	0.19	0.21	234
巴中	Bazhong					庆阳	Qingyang	0.30	0.29	0.30	218
资阳	Ziyang					定西	Dingxi	0.18	0.14	0.14	249
贵州	**Guizhou**	**7.48**	**8.53**	**8.81**		陇南	Longnan	0.15	0.16	0.15	248
贵阳	Guiyang	6.30	6.93	5.40	23	**青海**	**Qinghai**	**1.50**	**1.17**	**1.24**	
六盘水	Liupanshui	0.28	0.17	0.21	234	西宁	Xining	1.50	1.64	1.73	77
遵义	Zunyi	1.08	1.21	0.98	127	海东	Haidong				
安顺	Anshun	0.33	0.41	0.34	211	**宁夏**	**Ningxia**	**2.10**	**2.07**	**2.22**	
毕节	Bijie	0.16	0.36	0.33	214	银川	Yinchuan	1.51	1.73		
铜仁	Tongren	0.29	0.36	0.40	202	石嘴山	Shizuishan	0.11	0.11		
云南	**Yunnan**	**9.34**	**11.89**	**12.79**		吴忠	Wuzhong	0.06	0.06		
昆明	Kunming	6.56	8.09	8.79	16	固原	Guyuan		0.17		
曲靖	Qujing	0.37	0.60	0.64	166	中卫	Zhongwei				
玉溪	Yuxi	0.35	0.33	0.34	211	**新疆**	**Xinjiang**	**6.35**	**6.46**	**7.00**	
保山	Baoshan	0.30	0.27	0.25	230	乌鲁木齐	Urumqi	3.94	3.74	4.08	27
昭通	Zhaotong	0.19	0.23	0.26	228	克拉玛依	Karamay	0.15	0.11	0.13	251

16-18 医院、卫生院数

Number of Hospitals and Health centers

单位：个 （unit）

地名	City	2015	2015 排名 Ranking	地名	City	2015	2015 排名 Ranking
全国	**Nation Total**	**63232**		沈阳	Shenyang	327	38
北京	**Beijing**	**701**		大连	Dalian	304	52
天津	**Tianjin**	**661**		鞍山	Anshan	162	159
河北	**Hebei**	**3507**		抚顺	Fushun	105	226
石家庄	Shijiazhuang	393	21	本溪	Benxi	69	262
唐山	Tangshan	350	32	丹东	Dandong	122	210
秦皇岛	Qinhuangdao	143	186	锦州	Jinzhou	136	192
邯郸	Handan	398	18	营口	Yingkou	129	201
邢台	Xingtai	316	45	阜新	Fuxin	115	216
保定	Baoding	595	10	辽阳	Liaoyang	95	235
张家口	Zhangjiakou	289	58	盘锦	Panjin	74	253
承德	Chengde	251	85	铁岭	Tieling	137	190
沧州	Cangzhou	320	44	朝阳	Chaoyang	195	122
廊坊	Langfang	223	106	葫芦岛	Huludao	165	153
衡水	Hengshui	229	99	**吉林**	**Jilin**	**1258**	
山西	**Shanxi**	**3764**		长春	Changchun	301	54
太原	Taiyuan	247	89	吉林	Jilin	232	95
大同	Datong	254	83	四平	Siping	153	175
阳泉	Yangquan	82	246	辽源	Liaoyuan	60	265
长治	Changzhi	248	87	通化	Tonghua	151	178
晋城	Jincheng	177	136	白山	Baishan	102	229
朔州	Shuozhou	154	172	松原	Songyuan	128	202
晋中	Jinzhong	257	82	白城	Baicheng	131	198
运城	Yuncheng	440	17	**黑龙江**	**Heilongjiang**	**2655**	
忻州	Xinzhou	872	6	哈尔滨	Harbin	462	16
临汾	Linfen	327	38	齐齐哈尔	Qiqihar	988	3
吕梁	Lvliang	706	8	鸡西	Jixi	120	212
内蒙古	**Inner Mongolia**	**1535**		鹤岗	Hegang	72	259
呼和浩特	Hohhot	174	147	双鸭山	Shuangyashan	54	270
包头	Baotou	127	203	大庆	Daqing	162	159
乌海	Wuhai	28	281	伊春	Yichun	54	270
赤峰	Chifeng	328	37	佳木斯	Jiamusi	175	142
通辽	Tongliao	79	250	七台河	Qitaihe	47	275
鄂尔多斯	Erdos	176	140	牡丹江	Mudanjiang	151	178
呼伦贝尔	Hulunbuir	232	95	黑河	Heihe	146	183
巴彦淖尔	Bayannur	163	158	绥化	Suihua	224	103
乌兰察布	Ulanqab	228	100	**上海**	**Shanghai**	**644**	
辽宁	**Liaoning**	**2135**		**江苏**	**Jiangsu**	**2616**	

16-18 医院、卫生院数 续表 1
Number of Hospials and Health centers continued 1

单位：个 （unit）

地名	City	2015	2015 排名 Ranking	地名	City	2015	2015 排名 Ranking
南京	Nanjing	213	113	池州	Chizhou	91	240
无锡	Wuxi	179	132	宣城	Xuancheng	124	206
徐州	Xuzhou	283	62	**福建**	**Fujian**	**1439**	
常州	Changzhou	107	223	福州	Fuzhou	232	95
苏州	Suzhou	271	70	厦门	Xiamen	58	268
南通	Nantong	306	50	莆田	Putian	93	237
连云港	Lianyungang	161	162	三明	Sanming	165	153
淮安	Huaian	184	127	泉州	Quanzhou	248	87
盐城	Yancheng	284	60	漳州	Zhangzhou	178	134
扬州	Yangzhou	136	192	南平	Nanping	159	168
镇江	Zhenjiang	91	240	龙岩	Longyan	157	171
泰州	Taizhou	177	136	宁德	Ningde	149	180
宿迁	Suqian	224	103	**江西**	**Jiangxi**	**2159**	
浙江	**Zhejiang**	**2439**		南昌	Nanchang	195	122
杭州	Hangzhou	333	35	景德镇	Jingdezhen	73	257
宁波	Ningbo	243	91	萍乡	Pingxiang	81	248
温州	Wenzhou	394	20	九江	Jiujiang	259	79
嘉兴	Jiaxing	1366	2	新余	Xinyu	47	275
湖州	Huzhou	124	206	鹰潭	Yingtan	60	265
绍兴	Shaoxing	182	129	赣州	Ganzhou	381	26
金华	Jinhua	279	66	吉安	Jian	280	65
衢州	Quzhou	180	131	宜春	Yichun	220	108
舟山	Zhoushan	67	263	抚州	Fuzhou	210	114
台州	Taizhou	262	76	上饶	Shangrao	353	31
丽水	Lishui	239	93	**山东**	**Shandong**	**3656**	
安徽	**Anhui**	**2616**		济南	Jinan	269	73
合肥	Hefei	470	15	青岛	Qingdao	308	49
芜湖	Wuhu	137	190	淄博	Zibo	226	101
蚌埠	Bengbu	141	187	枣庄	Zaozhuang	113	217
淮南	Huainan	113	217	东营	Dongying	106	224
马鞍山	Maanshan	98	233	烟台	Yantai	272	69
淮北	Huaibei	101	231	潍坊	Weifang	299	55
铜陵	Tongling	32	280	济宁	Jining	294	57
安庆	Anqing	224	103	泰安	Taian	167	151
黄山	Huangshan	132	196	威海	Weihai	93	237
滁州	Chuzhou	161	162	日照	Rizhao	84	245
阜阳	Fuyang	261	78	莱芜	Laiwu	43	277
宿州	Suzhou	181	130	临沂	Linyi	343	33
六安	Liuan	203	118	德州	Dezhou	218	110
亳州	Bozhou	147	182	聊城	Liaocheng	325	40

16-18 医院、卫生院数 续表 2

Number of Hospials and Health centers continued 2

单位：个 （unit）

地名	City	2015	2015 排名 Ranking	地名	City	2015	2015 排名 Ranking
滨州	Binzhou	175	142	常德	Changde	306	50
菏泽	Heze	321	43	张家界	Zhangjiajie	118	214
河南	**Henan**	**3613**		益阳	Yiyang	159	168
郑州	Zhengzhou	312	48	郴州	Chenzhou	339	34
开封	Kaifeng	178	134	永州	Yongzhou	315	46
洛阳	Luoyang	282	64	怀化	Huaihua	368	28
平顶山	Pingdingshan	214	112	娄底	Loudi	154	172
安阳	Anyang	160	166	**广东**	**Guangdong**	**2481**	
鹤壁	Hebi	59	267	广州	Guangzhou	259	79
新乡	Xinxiang	252	84	韶关	Shaoguan	161	162
焦作	Jiaozuo	131	198	深圳	Shenzhen	125	205
濮阳	Puyang	135	194	珠海	Zhuhai	54	270
许昌	Xuchang	165	153	汕头	Shantou	72	259
漯河	Luohe	101	231	佛山	Foshan	116	215
三门峡	Sanmenxia	132	196	江门	Jiangmen	42	278
南阳	Nanyang	386	23	湛江	Zhanjiang	187	124
商丘	Shangqiu	271	70	茂名	Maoming	159	168
信阳	Xinyang	271	70	肇庆	Zhaoqing	1466	1
周口	Zhoukou	314	47	惠州	Huizhou	145	185
驻马店	Zhumadian	250	86	梅州	Meizhou	165	153
湖北	**Hubei**	**2426**		汕尾	Shanwei	74	253
武汉	Wuhan	372	27	河源	Heyuan	130	200
黄石	Huangshi	72	259	阳江	Yangjiang	80	249
十堰	Shiyan	176	140	清远	Qingyuan	177	136
宜昌	Yichang	174	147	东莞	Dongguan	85	244
襄阳	Xiangyang	220	108	中山	Zhongshan	48	274
鄂州	Ezhou	479	14	潮州	Chaozhou	78	251
荆门	Jingmen	113	217	揭阳	Jieyang	105	226
孝感	Xiaogan	160	166	云浮	Yunfu	73	257
荆州	Jingzhou	177	136	**广西**	**Guangxi**	**1821**	
黄冈	Huanggang	285	59	南宁	Nanning	225	102
咸宁	Xianning	95	235	柳州	Liuzhou	162	159
随州	Suizhou	103	228	桂林	Guilin	200	119
湖南	**Hunan**	**3173**		梧州	Wuzhou	102	229
长沙	Changsha	284	60	北海	Beihai	52	273
株洲	Zhuzhou	161	162	防城港	Fangchenggang	41	279
湘潭	Xiangtan	109	221	钦州	Qinzhou	82	246
衡阳	Hengyang	322	42	贵港	Guigang	112	220
邵阳	Shaoyang	296	56	玉林	Yulin	154	172
岳阳	Yueyang	242	92	百色	Baise	208	115

16-18 医院、卫生院数 续表 3
Number of Hospials and Health centers continued 3

单位：个 （unit）

地名	City	2015	2015 排名 Ranking	地名	City	2015	2015 排名 Ranking
贺州	Hezhou	86	243	丽江	Lijiang	87	242
河池	Hechi	179	132	普洱	Puer	139	189
来宾	Laibin	97	234	临沧	Lincang	126	204
崇左	Chongzuo	121	211	**西藏**	**Tibet**	**78**	
海南	**Hainan**	**623**		拉萨	Lasa	78	251
海口	Haikou	133	195	**陕西**	**Shaanxi**	**2953**	
三亚	Sanya	26	282	西安	Xi'an	395	19
三沙	Sansha	1	286	铜川	Tongchuan	74	253
重庆	**Chongqing**	**1568**		宝鸡	Baoji	258	81
四川	**Sichuan**	**5147**		咸阳	Xianyang	357	30
成都	Chengdu	768	7	渭南	Weinan	663	9
自贡	Zigong	167	151	延安	Yan'an	222	107
攀枝花	Panzhihua	74	253	汉中	Hanzhong	265	75
泸州	Luzhou	238	94	榆林	Yulin	332	36
德阳	Deyang	198	120	安康	Ankang	216	111
绵阳	Mianyang	358	29	商洛	Shangluo	171	149
广元	Guangyuan	324	41	**甘肃**	**Gansu**	**2733**	
遂宁	Suining	175	142	兰州	Lanzhou	164	157
内江	Neijiang	187	124	嘉峪关	Jiayuguan	11	284
乐山	Leshan	302	53	金昌	Jinchang	25	283
南充	Nanchong	577	11	白银	Baiyin	106	224
眉山	Meishan	183	128	天水	Tianshui	168	150
宜宾	Yibin	266	74	武威	Wuwei	277	67
广安	Guangan	231	98	张掖	Zhangye	124	206
达州	Dazhou	383	25	平凉	Pingliang	146	183
雅安	Yaan	186	126	酒泉	Jiuquan	508	12
巴中	Bazhong	283	62	庆阳	Qingyang	153	175
资阳	Ziyang	247	89	定西	Dingxi	175	142
贵州	**Guizhou**	**1705**		陇南	Longnan	876	4
贵阳	Guiyang	262	76	**青海**	**Qinghai**	**276**	
六盘水	Liupanshui	206	116	西宁	Xining	123	209
遵义	Zunyi	384	24	海东	Haidong	153	175
安顺	Anshun	148	181	**宁夏**	**Ningxia**	**1192**	
毕节	Bijie	499	13	银川	Yinchuan	92	239
铜仁	Tongren	206	116	石嘴山	Shizuishan	55	269
云南	**Yunnan**	**1474**		吴忠	Wuzhong	873	5
昆明	Kunming	392	22	固原	Guyuan	109	221
曲靖	Qujing	196	121	中卫	Zhongwei	63	264
玉溪	Yuxi	140	188	**新疆**	**Xinjiang**	**184**	
保山	Baoshan	119	213	乌鲁木齐	Urumqi	175	142
昭通	Zhaotong	275	68	克拉玛依	Karamay	9	285

16-19 医院、卫生院床位数
Number of Beds of Hospitals and Health Centers

单位：张　　　　(bed)

地名	City	2015	2015 排名 Ranking	地名	City	2015	2015 排名 Ranking
全国	**Nation Total**	**6193214**		沈阳	Shenyang	58959	8
北京	**Beijing**	**104644**		大连	Dalian	41569	22
天津	**Tianjin**	**62495**		鞍山	Anshan	20337	100
河北	**Hebei**	**319682**		抚顺	Fushun	12315	194
石家庄	Shijiazhuang	46744	13	本溪	Benxi	10654	219
唐山	Tangshan	37631	26	丹东	Dandong	14878	157
秦皇岛	Qinhuangdao	15210	156	锦州	Jinzhou	14668	161
邯郸	Handan	41040	23	营口	Yingkou	11581	208
邢台	Xingtai	29512	54	阜新	Fuxin	10910	216
保定	Baoding	45300	15	辽阳	Liaoyang	12533	191
张家口	Zhangjiakou	19790	106	盘锦	Panjin	8218	239
承德	Chengde	17215	134	铁岭	Tieling	11457	211
沧州	Cangzhou	32452	40	朝阳	Chaoyang	15426	152
廊坊	Langfang	18073	122	葫芦岛	Huludao	11572	209
衡水	Hengshui	16715	139	**吉林**	**Jilin**	**125175**	
山西	**Shanxi**	**175695**		长春	Changchun	45787	14
太原	Taiyuan	35547	33	吉林	Jilin	24449	77
大同	Datong	16426	143	四平	Siping	13754	177
阳泉	Yangquan	6773	258	辽源	Liaoyuan	5655	265
长治	Changzhi	16083	144	通化	Tonghua	12257	195
晋城	Jincheng	10126	224	白山	Baishan	7781	247
朔州	Shuozhou	6903	257	松原	Songyuan	8450	236
晋中	Jinzhong	14668	161	白城	Baicheng	7042	255
运城	Yuncheng	27607	60	**黑龙江**	**Heilongjiang**	**206458**	
忻州	Xinzhou	12802	186	哈尔滨	Harbin	72951	4
临汾	Linfen	17534	131	齐齐哈尔	Qiqihar	25703	69
吕梁	Lvliang	11226	213	鸡西	Jixi	11315	212
内蒙古	**Inner Mongolia**	**110664**		鹤岗	Hegang	8150	240
呼和浩特	Hohhot	16777	138	双鸭山	Shuangyashan	9299	232
包头	Baotou	14756	159	大庆	Daqing	16015	145
乌海	Wuhai	3083	281	伊春	Yichun	6635	259
赤峰	Chifeng	23999	80	佳木斯	Jiamusi	13923	173
通辽	Tongliao	11507	210	七台河	Qitaihe	3785	279
鄂尔多斯	Erdos	10217	222	牡丹江	Mudanjiang	16868	137
呼伦贝尔	Hulunbuir	14091	170	黑河	Heihe	7960	244
巴彦淖尔	Bayannur	8426	237	绥化	Suihua	13854	175
乌兰察布	Ulanqab	7808	246	**上海**	**Shanghai**	**120625**	
辽宁	**Liaoning**	**255077**		**江苏**	**Jiangsu**	**222228**	

16-19 医院、卫生院床位数 续表 1

Number of Beds of Hospitals and Health Centers continued 1

单位：张 (bed)

地名	City	2015	2015 排名 Ranking	地名	City	2015	2015 排名 Ranking
南京	Nanjing	41987	21	池州	Chizhou	6096	262
无锡	Wuxi	20773	97	宣城	Xuancheng	10561	221
徐州	Xuzhou	24554	75	**福建**	**Fujian**	**165959**	
常州	Changzhou	19975	105	福州	Fuzhou	30946	48
苏州	Suzhou	56894	9	厦门	Xiamen	13380	180
南通	Nantong	35042	36	莆田	Putian	13168	184
连云港	Lianyungang	17372	132	三明	Sanming	12551	189
淮安	Huaian	23955	81	泉州	Quanzhou	33173	38
盐城	Yancheng	35642	32	漳州	Zhangzhou	18942	115
扬州	Yangzhou	17864	127	南平	Nanping	15959	146
镇江	Zhenjiang	12392	193	龙岩	Longyan	15690	149
泰州	Taizhou	20295	101	宁德	Ningde	12150	197
宿迁	Suqian	23188	85	**江西**	**Jiangxi**	**183760**	
浙江	**Zhejiang**	**261571**		南昌	Nanchang	27879	59
杭州	Hangzhou	58982	7	景德镇	Jingdezhen	7021	256
宁波	Ningbo	31700	43	萍乡	Pingxiang	9564	229
温州	Wenzhou	35182	35	九江	Jiujiang	20002	104
嘉兴	Jiaxing	22148	92	新余	Xinyu	4736	271
湖州	Huzhou	13254	182	鹰潭	Yingtan	4723	273
绍兴	Shaoxing	23159	87	赣州	Ganzhou	36171	30
金华	Jinhua	25372	72	吉安	Jian	19660	107
衢州	Quzhou	10916	215	宜春	Yichun	20104	103
舟山	Zhoushan	5500	266	抚州	Fuzhou	10583	220
台州	Taizhou	23723	82	上饶	Shangrao	23317	83
丽水	Lishui	11635	205	**山东**	**Shandong**	**481205**	
安徽	**Anhui**	**254656**		济南	Jinan	45195	16
合肥	Hefei	42113	20	青岛	Qingdao	45066	17
芜湖	Wuhu	17986	123	淄博	Zibo	26639	65
蚌埠	Bengbu	17343	133	枣庄	Zaozhuang	17932	125
淮南	Huainan	11913	200	东营	Dongying	12017	199
马鞍山	Maanshan	7995	241	烟台	Yantai	37177	28
淮北	Huaibei	11065	214	潍坊	Weifang	44667	18
铜陵	Tongling	5197	269	济宁	Jining	44367	19
安庆	Anqing	18683	119	泰安	Taian	26210	68
黄山	Huangshan	6429	260	威海	Weihai	15737	148
滁州	Chuzhou	15226	155	日照	Rizhao	11856	202
阜阳	Fuyang	29956	51	莱芜	Laiwu	5876	264
宿州	Suzhou	18848	117	临沂	Linyi	48101	12
六安	Liuan	19381	110	德州	Dezhou	20772	98
亳州	Bozhou	15864	147	聊城	Liaocheng	25049	73

16-19 医院、卫生院床位数 续表 2
Number of Beds of Hospitals and Health Centers continued 2

单位：张 (bed)

地名	City	2015	2015 排名 Ranking	地名	City	2015	2015 排名 Ranking
滨州	Binzhou	18744	118	常德	Changde	29408	55
菏泽	Heze	35800	31	张家界	Zhangjiajie	7266	253
河南	**Henan**	**450561**		益阳	Yiyang	19338	111
郑州	Zhengzhou	73539	3	郴州	Chenzhou	24623	74
开封	Kaifeng	23164	86	永州	Yongzhou	30929	49
洛阳	Luoyang	36896	29	怀化	Huaihua	27293	61
平顶山	Pingdingshan	26507	67	娄底	Loudi	19273	112
安阳	Anyang	23043	88	**广东**	**Guangdong**	**398637**	
鹤壁	Hebi	7654	250	广州	Guangzhou	75138	2
新乡	Xinxiang	29755	52	韶关	Shaoguan	14693	160
焦作	Jiaozuo	16540	142	深圳	Shenzhen	31506	44
濮阳	Puyang	17737	130	珠海	Zhuhai	7978	242
许昌	Xuchang	17162	136	汕头	Shantou	14641	164
漯河	Luohe	12543	190	佛山	Foshan	31266	46
三门峡	Sanmenxia	12620	188	江门	Jiangmen	14434	166
南阳	Nanyang	37470	27	湛江	Zhanjiang	28568	58
商丘	Shangqiu	30604	50	茂名	Maoming	24079	78
信阳	Xinyang	21307	94	肇庆	Zhaoqing	13859	174
周口	Zhoukou	34731	37	惠州	Huizhou	18937	116
驻马店	Zhumadian	29289	56	梅州	Meizhou	14322	168
湖北	**Hubei**	**281853**		汕尾	Shanwei	7207	254
武汉	Wuhan	71776	5	河源	Heyuan	9881	228
黄石	Huangshi	13233	183	阳江	Yangjiang	9912	227
十堰	Shiyan	26557	66	清远	Qingyuan	13842	176
宜昌	Yichang	24008	79	东莞	Dongguan	26715	64
襄阳	Xiangyang	31458	45	中山	Zhongshan	13259	181
鄂州	Ezhou	5306	268	潮州	Chaozhou	6270	261
荆门	Jingmen	15579	151	揭阳	Jieyang	14357	167
孝感	Xiaogan	18124	121	云浮	Yunfu	7773	248
荆州	Jingzhou	24500	76	**广西**	**Guangxi**	**202882**	
黄冈	Huanggang	29696	53	南宁	Nanning	37964	24
咸宁	Xianning	11589	206	柳州	Liuzhou	20460	99
随州	Suizhou	10027	226	桂林	Guilin	17916	126
湖南	**Hunan**	**347077**		梧州	Wuzhou	12082	198
长沙	Changsha	59927	6	北海	Beihai	7974	243
株洲	Zhuzhou	23252	84	防城港	Fangchenggang	3955	277
湘潭	Xiangtan	15622	150	钦州	Qinzhou	13486	179
衡阳	Hengyang	37659	25	贵港	Guigang	13737	178
邵阳	Shaoyang	32998	39	玉林	Yulin	20816	96
岳阳	Yueyang	19489	109	百色	Baise	15348	153

16-19 医院、卫生院床位数 续表 3
Number of Beds of Hospitals and Health Centers continued 3

单位：张 (bed)

地名	City	2015	2015 排名 Ranking	地名	City	2015	2015 排名 Ranking
贺州	Hezhou	7404	251	丽江	Lijiang	4593	275
河池	Hechi	14667	163	普洱	Puer	9457	230
来宾	Laibin	9414	231	临沧	Lincang	9239	233
崇左	Chongzuo	7659	249	**西藏**	**Tibet**	**3233**	
海南	**Hainan**	**21226**		拉萨	Lasa	3233	280
海口	Haikou	14469	165	**陕西**	**Shaanxi**	**198881**	
三亚	Sanya	2949	282	西安	Xi'an	51345	10
三沙	Sansha	30	286	铜川	Tongchuan	4729	272
重庆	**Chongqing**	**164368**		宝鸡	Baoji	10732	218
四川	**Sichuan**	**436969**		咸阳	Xianyang	27007	62
成都	Chengdu	107839	1	渭南	Weinan	19032	114
自贡	Zigong	16634	140	延安	Yan'an	12252	196
攀枝花	Panzhihua	10097	225	汉中	Hanzhong	20960	95
泸州	Luzhou	22453	90	榆林	Yulin	18301	120
德阳	Deyang	19201	113	安康	Ankang	12758	187
绵阳	Mianyang	32110	41	商洛	Shangluo	11765	203
广元	Guangyuan	17171	135	**甘肃**	**Gansu**	**108081**	
遂宁	Suining	16607	141	兰州	Lanzhou	22409	91
内江	Neijiang	20245	102	嘉峪关	Jiayuguan	1527	285
乐山	Leshan	17754	128	金昌	Jinchang	2509	283
南充	Nanchong	31046	47	白银	Baiyin	7326	252
眉山	Meishan	15335	154	天水	Tianshui	11647	204
宜宾	Yibin	25437	71	武威	Wuwei	8698	234
广安	Guangan	14127	169	张掖	Zhangye	7852	245
达州	Dazhou	22994	89	平凉	Pingliang	11888	201
雅安	Yaan	11584	207	酒泉	Jiuquan	4283	276
巴中	Bazhong	14780	158	庆阳	Qingyang	8525	235
资阳	Ziyang	21555	93	定西	Dingxi	13150	185
贵州	**Guizhou**	**138732**		陇南	Longnan	8267	238
贵阳	Guiyang	29124	57	**青海**	**Qinghai**	**23063**	
六盘水	Liupanshui	14075	172	西宁	Xining	17749	129
遵义	Zunyi	35488	34	海东	Haidong	5314	267
安顺	Anshun	10161	223	**宁夏**	**Ningxia**	**33804**	
毕节	Bijie	31909	42	银川	Yinchuan	14079	171
铜仁	Tongren	17975	124	石嘴山	Shizuishan	4664	274
云南	**Yunnan**	**144162**		吴忠	Wuzhong	6033	263
昆明	Kunming	51146	11	固原	Guyuan	5104	270
曲靖	Qujing	27002	63	中卫	Zhongwei	3924	278
玉溪	Yuxi	12436	192	**新疆**	**Xinjiang**	**27088**	
保山	Baoshan	10757	217	乌鲁木齐	Urumqi	25524	70
昭通	Zhaotong	19532	108	克拉玛依	Karamay	1564	284

16-20 医生数（执业医师+执业助理医师）
Number of Doctors (Licensed Doctors Assistant Doctors)

单位：人 (person)

地名	City	2015	2015 排名 Ranking	地名	City	2015	2015 排名 Ranking
全国	**Nation Total**	**2873065**		沈阳	Shenyang	24797	12
北京	**Beijing**	**96445**		大连	Dalian	18727	27
天津	**Tianjin**	**35871**		鞍山	Anshan	5381	189
河北	**Hebei**	**165519**		抚顺	Fushun	5322	191
石家庄	Shijiazhuang	29579	6	本溪	Benxi	2640	262
唐山	Tangshan	18303	30	丹东	Dandong	5062	199
秦皇岛	Qinhuangdao	8347	118	锦州	Jinzhou	9343	99
邯郸	Handan	17691	33	营口	Yingkou	5236	193
邢台	Xingtai	15131	45	阜新	Fuxin	2925	255
保定	Baoding	24250	15	辽阳	Liaoyang	3986	228
张家口	Zhangjiakou	7463	141	盘锦	Panjin	3795	233
承德	Chengde	8168	124	铁岭	Tieling	5769	176
沧州	Cangzhou	17612	34	朝阳	Chaoyang	6443	163
廊坊	Langfang	9434	94	葫芦岛	Huludao	3274	246
衡水	Hengshui	9541	92	**吉林**	**Jilin**	**60787**	
山西	**Shanxi**	**100550**		长春	Changchun	20571	21
太原	Taiyuan	20045	25	吉林	Jilin	11499	68
大同	Datong	9149	103	四平	Siping	6721	158
阳泉	Yangquan	2674	260	辽源	Liaoyuan	2791	258
长治	Changzhi	7977	128	通化	Tonghua	5728	179
晋城	Jincheng	8133	125	白山	Baishan	3482	241
朔州	Shuozhou	3513	240	松原	Songyuan	5440	187
晋中	Jinzhong	6819	156	白城	Baicheng	4555	209
运城	Yuncheng	11393	71	**黑龙江**	**Heilongjiang**	**96052**	
忻州	Xinzhou	13678	50	哈尔滨	Harbin	23664	17
临汾	Linfen	10512	79	齐齐哈尔	Qiqihar	7280	146
吕梁	Lvliang	6657	161	鸡西	Jixi	3943	229
内蒙古	**Inner Mongolia**	**56483**		鹤岗	Hegang	2832	257
呼和浩特	Hohhot	8882	108	双鸭山	Shuangyashan	9356	98
包头	Baotou	7752	134	大庆	Daqing	20373	22
乌海	Wuhai	1694	281	伊春	Yichun	2518	264
赤峰	Chifeng	11331	72	佳木斯	Jiamusi	3903	231
通辽	Tongliao	3466	242	七台河	Qitaihe	1648	282
鄂尔多斯	Erdos	7559	138	牡丹江	Mudanjiang	5475	184
呼伦贝尔	Hulunbuir	7345	145	黑河	Heihe	7920	130
巴彦淖尔	Bayannur	4439	215	绥化	Suihua	7140	152
乌兰察布	Ulanqab	4015	226	**上海**	**Shanghai**	**50580**	
辽宁	**Liaoning**	**102697**		**江苏**	**Jiangsu**	**189216**	

16-20 医生数（执业医师+执业助理医师） 续表 1
Number of Doctors (Licensed Doctors+Assistant Doctors) continued 1

单位：人 (person)

地名	City	2015	2015 排名 Ranking	地名	City	2015	2015 排名 Ranking
南京	Nanjing	22307	19	池州	Chizhou	2859	256
无锡	Wuxi	16632	39	宣城	Xuancheng	5045	200
徐州	Xuzhou	20172	23	**福建**	**Fujian**	**77463**	
常州	Changzhou	12009	64	福州	Fuzhou	18307	29
苏州	Suzhou	26197	10	厦门	Xiamen	9953	85
南通	Nantong	16790	38	莆田	Putian	4879	204
连云港	Lianyungang	8701	113	三明	Sanming	4954	202
淮安	Huaian	12037	63	泉州	Quanzhou	14010	49
盐城	Yancheng	17767	31	漳州	Zhangzhou	9412	95
扬州	Yangzhou	9826	88	南平	Nanping	5205	196
镇江	Zhenjiang	7658	136	龙岩	Longyan	5660	182
泰州	Taizhou	10176	83	宁德	Ningde	5083	198
宿迁	Suqian	8944	106	**江西**	**Jiangxi**	**74135**	
浙江	**Zhejiang**	**158842**		南昌	Nanchang	12875	55
杭州	Hangzhou	34832	3	景德镇	Jingdezhen	3352	244
宁波	Ningbo	21937	20	萍乡	Pingxiang	4273	219
温州	Wenzhou	24310	14	九江	Jiujiang	6328	166
嘉兴	Jiaxing	9837	87	新余	Xinyu	2451	266
湖州	Huzhou	7370	142	鹰潭	Yingtan	2346	270
绍兴	Shaoxing	12911	54	赣州	Ganzhou	11685	65
金华	Jinhua	14756	47	吉安	Jian	7694	135
衢州	Quzhou	7023	153	宜春	Yichun	7863	131
舟山	Zhoushan	3328	245	抚州	Fuzhou	4872	205
台州	Taizhou	15723	43	上饶	Shangrao	10396	81
丽水	Lishui	6815	157	**山东**	**Shandong**	**240534**	
安徽	**Anhui**	**107792**		济南	Jinan	32592	5
合肥	Hefei	17730	32	青岛	Qingdao	26270	9
芜湖	Wuhu	7558	139	淄博	Zibo	13366	53
蚌埠	Bengbu	6180	169	枣庄	Zaozhuang	8197	122
淮南	Huainan	5178	197	东营	Dongying	4597	207
马鞍山	Maanshan	4362	216	烟台	Yantai	16955	37
淮北	Huaibei	4188	223	潍坊	Weifang	23456	18
铜陵	Tongling	2218	272	济宁	Jining	19704	26
安庆	Anqing	8753	112	泰安	Taian	12537	59
黄山	Huangshan	3202	247	威海	Weihai	7188	149
滁州	Chuzhou	6134	171	日照	Rizhao	5472	185
阜阳	Fuyang	11430	69	莱芜	Laiwu	3139	248
宿州	Suzhou	8400	117	临沂	Linyi	17447	36
六安	Liuan	9137	104	德州	Dezhou	11617	67
亳州	Bozhou	5418	188	聊城	Liaocheng	10669	76

16-20 医生数（执业医师+执业助理医师） 续表 2
Number of Doctors (Licensed Doctors+Assistant Doctors) continued 2

单位：人 (person)

地名	City	2015	2015 排名 Ranking	地名	City	2015	2015 排名 Ranking
滨州	Binzhou	8852	110	常德	Changde	12620	58
菏泽	Heze	18476	28	张家界	Zhangjiajie	3088	251
河南	**Henan**	**186149**		益阳	Yiyang	9921	86
郑州	Zhengzhou	24449	13	郴州	Chenzhou	9752	89
开封	Kaifeng	7822	132	永州	Yongzhou	10535	78
洛阳	Luoyang	16162	41	怀化	Huaihua	9615	91
平顶山	Pingdingshan	10614	77	娄底	Loudi	6016	172
安阳	Anyang	11424	70	**广东**	**Guangdong**	**220792**	
鹤壁	Hebi	3546	238	广州	Guangzhou	42499	2
新乡	Xinxiang	9677	90	韶关	Shaoguan	4713	206
焦作	Jiaozuo	8994	105	深圳	Shenzhen	29007	7
濮阳	Puyang	7253	147	珠海	Zhuhai	5442	186
许昌	Xuchang	9262	100	汕头	Shantou	8772	111
漯河	Luohe	5679	181	佛山	Foshan	15427	44
三门峡	Sanmenxia	5218	195	江门	Jiangmen	8927	107
南阳	Nanyang	16186	40	湛江	Zhanjiang	8188	123
商丘	Shangqiu	13671	51	茂名	Maoming	11666	66
信阳	Xinyang	8881	109	肇庆	Zhaoqing	4558	208
周口	Zhoukou	15046	46	惠州	Huizhou	10458	80
驻马店	Zhumadian	12265	62	梅州	Meizhou	9197	102
湖北	**Hubei**	**121738**		汕尾	Shanwei	4533	210
武汉	Wuhan	32888	4	河源	Heyuan	5258	192
黄石	Huangshi	5232	194	阳江	Yangjiang	4519	212
十堰	Shiyan	9216	101	清远	Qingyuan	7225	148
宜昌	Yichang	10089	84	东莞	Dongguan	15889	42
襄阳	Xiangyang	12802	56	中山	Zhongshan	6684	160
鄂州	Ezhou	2359	269	潮州	Chaozhou	4261	220
荆门	Jingmen	6820	155	揭阳	Jieyang	9380	97
孝感	Xiaogan	8203	121	云浮	Yunfu	4189	222
荆州	Jingzhou	10962	73	**广西**	**Guangxi**	**87086**	
黄冈	Huanggang	12654	57	南宁	Nanning	20169	24
咸宁	Xianning	6514	162	柳州	Liuzhou	9533	93
随州	Suizhou	3999	227	桂林	Guilin	10857	75
湖南	**Hunan**	**140290**		梧州	Wuzhou	5577	183
长沙	Changsha	25599	11	北海	Beihai	2425	267
株洲	Zhuzhou	8453	116	防城港	Fangchenggang	1833	280
湘潭	Xiangtan	6346	165	钦州	Qinzhou	4979	201
衡阳	Hengyang	17517	35	贵港	Guigang	5893	173
邵阳	Shaoyang	8476	115	玉林	Yulin	5743	178
岳阳	Yueyang	12352	61	百色	Baise	5823	174

16-20 医生数（执业医师+执业助理医师） 续表 3
Number of Doctors (Licensed Doctors+Assistant Doctors) continued 3

单位：人 (person)

地名	City	2015	2015 排名 Ranking	地名	City	2015	2015 排名 Ranking
贺州	Hezhou	3074	252	丽江	Lijiang	1863	279
河池	Hechi	5700	180	普洱	Puer	2461	265
来宾	Laibin	3430	243	临沧	Lincang	2708	259
崇左	Chongzuo	2050	278	**西藏**	**Tibet**	**2078**	
海南	**Hainan**	**16526**		拉萨	Lasa	2078	277
海口	Haikou	8298	119	**陕西**	**Shaanxi**	**82565**	
三亚	Sanya	2576	263	西安	Xi'an	26626	8
三沙	Sansha	8	286	铜川	Tongchuan	2158	275
重庆	**Chongqing**	**61013**		宝鸡	Baoji	7924	129
四川	**Sichuan**	**152935**		咸阳	Xianyang	10219	82
成都	Chengdu	50236	1	渭南	Weinan	8267	120
自贡	Zigong	4260	221	延安	Yan'an	4466	214
攀枝花	Panzhihua	3915	230	汉中	Hanzhong	5757	177
泸州	Luzhou	8627	114	榆林	Yulin	6151	170
德阳	Deyang	5773	175	安康	Ankang	7370	142
绵阳	Mianyang	10945	74	商洛	Shangluo	3627	236
广元	Guangyuan	4350	217	甘肃	Gansu	44000	
遂宁	Suining	6218	168	**兰州**	**Lanzhou**	**12354**	60
内江	Neijiang	4949	203	嘉峪关	Jiayuguan	844	285
乐山	Leshan	7162	150	金昌	Jinchang	1301	284
南充	Nanchong	7364	144	白银	Baiyin	2656	261
眉山	Meishan	4046	225	天水	Tianshui	4521	211
宜宾	Yibin	8034	126	武威	Wuwei	3120	249
广安	Guangan	3557	237	张掖	Zhangye	2941	254
达州	Dazhou	6282	167	平凉	Pingliang	3896	232
雅安	Yaan	3676	234	酒泉	Jiuquan	2171	274
巴中	Bazhong	6400	164	庆阳	Qingyang	3670	235
资阳	Ziyang	7141	151	定西	Dingxi	4105	224
贵州	**Guizhou**	**46400**		陇南	Longnan	2421	268
贵阳	Guiyang	14478	48	青海	Qinghai	12119	
六盘水	Liupanshui	4505	213	**西宁**	**Xining**	**7812**	133
遵义	Zunyi	9394	96	海东	Haidong	4307	218
安顺	Anshun	3110	250	**宁夏**	**Ningxia**	**15793**	
毕节	Bijie	7978	127	银川	Yinchuan	7578	137
铜仁	Tongren	6935	154	石嘴山	Shizuishan	2185	273
云南	**Yunnan**	**54243**		吴忠	Wuzhong	2303	271
昆明	Kunming	24109	16	固原	Guyuan	2103	276
曲靖	Qujing	7525	140	中卫	Zhongwei	1624	283
玉溪	Yuxi	5336	190	**新疆**	**Xinjiang**	**16372**	
保山	Baoshan	3546	238	乌鲁木齐	Urumqi	13425	52
昭通	Zhaotong	6695	159	克拉玛依	Karamay	2947	253

16-21　医疗卫生机构注册护士数
Number of Registered Nurses

单位：人　　　　(person)

地名	City	2010	2012	2013	2013 排名 Ranking
全国	**Nation Total**	**2048071**	**2496599**	**2783121**	
北京	**Beijing**	**67332**	**79534**	**83879**	
天津	**Tianjin**	**24199**	**27621**	**29715**	
河北	**Hebei**	**87351**	**101988**	**111526**	
石家庄	Shijiazhuang	15532	18551	20247	20
唐山	Tangshan	14549	16311	17179	31
秦皇岛	Qinhuangdao	4516	6341	6625	145
邯郸	Handan	9081	10265	12467	44
邢台	Xingtai	6035	7130	7864	109
保定	Baoding	11067	13494	14152	40
张家口	Zhangjiakou	4550	5110	5563	170
承德	Chengde	4635	4829	5200	182
沧州	Cangzhou	8364	10169	11287	53
廊坊	Langfang	4874	5752	6128	156
衡水	Hengshui	3420	4034	4634	199
山西	**Shanxi**	**62628**	**70337**	**74849**	
太原	Taiyuan	16606	19402	21109	18
大同	Datong	6676	6668	6953	132
阳泉	Yangquan	3480	3581	3641	222
长治	Changzhi	5996	6378	6729	139
晋城	Jincheng	3625	3975	4306	207
朔州	Shuozhou	1703	1744	1887	272
晋中	Jinzhong	4773	5466	5790	162
运城	Yuncheng	6590	7518	8163	100
忻州	Xinzhou	3681	4176	4143	214
临汾	Linfen	5535	7117	7704	113
吕梁	Lvliang	3586	4312	4424	202
内蒙古	**Inner Mongolia**	**38251**	**46774**	**52358**	
呼和浩特	Hohhot	6018	7019	7691	115
包头	Baotou	6309	7091	8014	104
乌海	Wuhai	1158	1411	1657	276
赤峰	Chifeng	5119	7401	8775	92
通辽	Tongliao	3189	4259	4670	198
鄂尔多斯	Erdos	2320	3149	3599	224
呼伦贝尔	Hulunbuir	5479	6474	6805	137
巴彦淖尔	Bayannur	2675	3240	3564	227
乌兰察布	Ulanqab	1924	2072	2494	257
辽宁	**Liaoning**	**88882**	**98036**	**103409**	
沈阳	Shenyang	21391	24418	25376	12
大连	Dalian	16523	18576	19548	22
鞍山	Anshan	7593	7913	8213	98
抚顺	Fushun	4685	5208	5255	179
本溪	Benxi	4512	4582	4723	197
丹东	Dandong	4237	4947	5014	185
锦州	Jinzhou	3868	3803	4060	215
营口	Yingkou	4338	4444	4733	195
阜新	Fuxin	3661	4359	4838	190
辽阳	Liaoyang	3307	3590	3722	220
盘锦	Panjin	3036	2911	4018	216
铁岭	Tieling	3718	4249	4257	209
朝阳	Chaoyang	3768	4642	5522	172
葫芦岛	Huludao	3827	3994	4154	211
吉林	**Jilin**	**45776**	**50975**	**52715**	
长春	Changchun	14361	15795	16433	34
吉林	Jilin	8706	9563	9803	73
四平	Siping	4748	5259	5453	173
辽源	Liaoyuan	2051	2569	2467	258
通化	Tonghua	3316	3719	3772	219
白山	Baishan	2464	2789	2780	248
松原	Songyuan	2743	3239	3467	230
白城	Baicheng	2662	2711	2851	245
黑龙江	**Heilongjiang**	**62759**	**70073**	**73974**	
哈尔滨	Harbin	20061	22103	22974	15
齐齐哈尔	Qiqihar	6691	7874	8966	85
鸡西	Jixi	3826	4156	4146	213
鹤岗	Hegang	2555	2818	2837	246
双鸭山	Shuangyashan	2726	3225	3426	231
大庆	Daqing	6027	6269	6649	144
伊春	Yichun	2161	2363	2432	261
佳木斯	Jiamusi	4329	5002	5260	178
七台河	Qitaihe	1309	1516	1583	277
牡丹江	Mudanjiang	5561	6349	6844	136
黑河	Heihe	2414	2914	3120	244
绥化	Suihua	3699	4000	4152	212
上海	**Shanghai**	**55866**	**63245**	**67939**	
江苏	**Jiangsu**	**122509**	**155247**	**174158**	

16-21 医疗卫生机构注册护士数 续表 1

Number of Registered Nurses continued 1

单位：人 (person)

地名	City	2010	2012	2013	2013 排名 Ranking	地名	City	2010	2012	2013	2013 排名 Ranking
南京	Nanjing	19577	22953	25413	11	池州	Chizhou	2067	2459	2625	254
无锡	Wuxi	11426	14873	16757	33	宣城	Xuancheng	3306	4249	4388	206
徐州	Xuzhou	12098	16073	18025	27	**福建**	**Fujian**	**53511**	**71124**	**79929**	
常州	Changzhou	7777	10192	11108	56	福州	Fuzhou	13890	18132	19247	24
苏州	Suzhou	17633	21943	24097	14	厦门	Xiamen	6903	8908	9295	81
南通	Nantong	10365	12800	13862	42	莆田	Putian	2831	4674	5239	181
连云港	Lianyungang	6250	7861	8785	91	三明	Sanming	4495	5530	5930	161
淮安	Huaian	6252	9556	12042	48	泉州	Quanzhou	8146	10655	12131	45
盐城	Yancheng	7588	9587	11232	54	漳州	Zhangzhou	4313	6196	7198	125
扬州	Yangzhou	7257	8240	8924	86	南平	Nanping	4497	5407	6469	150
镇江	Zhenjiang	4856	6609	7346	121	龙岩	Longyan	5078	6402	7273	124
泰州	Taizhou	5820	7174	7945	105	宁德	Ningde	3667	4955	5766	164
宿迁	Suqian	5662	7406	8622	93	**江西**	**Jiangxi**	**58405**	**72055**	**78209**	
浙江	**Zhejiang**	**99610**	**121313**	**132705**		南昌	Nanchang	11693	13123	14021	41
杭州	Hangzhou	23418	28382	30996	5	景德镇	Jingdezhen	2565	2977	3372	236
宁波	Ningbo	15079	18280	19668	21	萍乡	Pingxiang	3447	4464	4890	188
温州	Wenzhou	12913	16197	17723	29	九江	Jiujiang	6302	8239	9054	83
嘉兴	Jiaxing	8181	10010	10546	63	新余	Xinyu	2134	2565	2615	255
湖州	Huzhou	4966	6148	6698	141	鹰潭	Yingtan	1377	1579	1822	274
绍兴	Shaoxing	7772	9504	10537	64	赣州	Ganzhou	7886	10753	12073	47
金华	Jinhua	8154	10123	11760	50	吉安	Jian	5239	6102	6925	133
衢州	Quzhou	3326	4741	4730	196	宜春	Yichun	6706	8065	8486	95
舟山	Zhoushan	2135	2450	2729	252	抚州	Fuzhou	4010	4597	5013	186
台州	Taizhou	9104	10873	11613	51	上饶	Shangrao	6344	9598	9958	71
丽水	Lishui	4088	4974	5705	165	**山东**	**Shandong**	**156692**	**191721**	**240078**	
安徽	**Anhui**	**77317**	**95046**	**103404**		济南	Jinan	13808	16126	24189	13
合肥	Hefei	12367	18161	19491	23	青岛	Qingdao	17713	21978	25751	10
芜湖	Wuhu	5149	7186	7852	110	淄博	Zibo	9839	10789	12005	49
蚌埠	Bengbu	5267	6487	7122	127	枣庄	Zaozhuang	5223	6627	8376	96
淮南	Huainan	4554	5317	5959	159	东营	Dongying	4865	5738	6106	157
马鞍山	Maanshan	2959	4297	4412	204	烟台	Yantai	11621	13699	17631	30
淮北	Huaibei	4686	4374	4468	201	潍坊	Weifang	20688	25414	30494	6
铜陵	Tongling	1959	2046	2324	262	济宁	Jining	11719	16820	21764	17
安庆	Anqing	6080	7000	7705	112	泰安	Taian	10000	11089	14159	39
黄山	Huangshan	2431	3026	3383	234	威海	Weihai	6130	7101	7844	111
滁州	Chuzhou	4206	5239	5670	167	日照	Rizhao	3719	4430	5068	183
阜阳	Fuyang	5681	8509	9459	78	莱芜	Laiwu	2019	2502	2741	251
宿州	Suzhou	4097	6450	7025	129	临沂	Linyi	10315	14830	17793	28
六安	Liuan	4623	5773	6659	142	德州	Dezhou	5626	7176	9310	80
亳州	Bozhou	3004	4469	4862	189	聊城	Liaocheng	6976	8355	10054	70

16-21 医疗卫生机构注册护士数 续表 2
Number of Registered Nurses continued 2

单位：人 (person)

地名	City	2010	2012	2013	2013 排名 Ranking	地名	City	2010	2012	2013	2013 排名 Ranking
滨州	Binzhou	5915	7779	8577	94	常德	Changde	7183	8325	8988	84
菏泽	Heze	9468	11268	18269	25	张家界	Zhangjiajie	1789	2158	2462	259
河南	**Henan**	**121384**	**156041**	**176534**		益阳	Yiyang	4441	5541	6271	152
郑州	Zhengzhou	19634	29972	35532	3	郴州	Chenzhou	7369	8788	9609	74
开封	Kaifeng	6762	8354	9481	76	永州	Yongzhou	5675	7087	7868	108
洛阳	Luoyang	10929	13258	14805	36	怀化	Huaihua	5694	7943	8902	90
平顶山	Pingdingshan	7146	8972	9295	81	娄底	Loudi	3905	4765	5251	180
安阳	Anyang	5675	7031	8105	102	**广东**	**Guangdong**	**167882**	**199534**	**217629**	
鹤壁	Hebi	2220	2728	2767	249	广州	Guangzhou	39140	44670	48531	2
新乡	Xinxiang	8536	11080	12107	46	韶关	Shaoguan	5457	6391	5563	170
焦作	Jiaozuo	5338	6200	6603	146	深圳	Shenzhen	22044	25931	28035	8
濮阳	Puyang	4714	5807	6653	143	珠海	Zhuhai	4365	5187	5384	175
许昌	Xuchang	4991	6669	7285	123	汕头	Shantou	5402	6160	6881	135
漯河	Luohe	3627	4381	5034	184	佛山	Foshan	13558	15590	16874	32
三门峡	Sanmenxia	3200	4181	4601	200	江门	Jiangmen	6475	8159	8911	89
南阳	Nanyang	10710	13102	15288	35	湛江	Zhanjiang	8777	10221	10927	60
商丘	Shangqiu	6863	8669	10358	66	茂名	Maoming	6119	7482	8284	97
信阳	Xinyang	4821	6100	6978	131	肇庆	Zhaoqing	5240	1482	7111	128
周口	Zhoukou	7655	9551	10310	67	惠州	Huizhou	6391	9445	10266	68
驻马店	Zhumadian	7682	8832	10122	69	梅州	Meizhou	2965	5534	5335	176
湖北	**Hubei**	**93844**	**115745**	**127871**		汕尾	Shanwei	1806	2138	2198	266
武汉	Wuhan	24016	28505	32036	4	河源	Heyuan	3337	3973	4416	203
黄石	Huangshi	5097	6121	6903	134	阳江	Yangjiang	2652	3404	3716	221
十堰	Shiyan	7152	8880	9472	77	清远	Qingyuan	4570	5815	6744	138
宜昌	Yichang	7928	10241	11202	55	东莞	Dongguan	14689	16914	18123	26
襄阳	Xiangyang	8416	10264	10979	58	中山	Zhongshan	6223	7507	7915	106
鄂州	Ezhou	1784	1935	2131	267	潮州	Chaozhou	1493	1935	2019	271
荆门	Jingmen	4591	5670	6306	151	揭阳	Jieyang	2344	3944	6153	155
孝感	Xiaogan	5012	5971	7014	130	云浮	Yunfu	2542	2996	3336	237
荆州	Jingzhou	7228	9076	9914	72	**广西**	**Guangxi**	**70243**	**85515**	**94814**	
黄冈	Huanggang	7077	8625	10410	65	南宁	Nanning	14567	18384	20581	19
咸宁	Xianning	3238	4755	6038	158	柳州	Liuzhou	8501	10408	11036	57
随州	Suizhou	2211	3191	3469	229	桂林	Guilin	8726	9720	10580	62
湖南	**Hunan**	**92346**	**112906**	**125696**		梧州	Wuzhou	4282	5386	5702	166
长沙	Changsha	20454	24947	27964	9	北海	Beihai	2439	3020	3215	239
株洲	Zhuzhou	7353	8247	8914	87	防城港	Fangchenggang	1123	1367	1767	275
湘潭	Xiangtan	4426	5743	6241	153	钦州	Qinzhou	3683	4019	5430	174
衡阳	Hengyang	8063	9332	10824	61	贵港	Guigang	4009	5143	5633	168
邵阳	Shaoyang	6612	8367	9371	79	玉林	Yulin	6389	7261	8018	103
岳阳	Yueyang	5634	7034	7670	117	百色	Baise	4574	5666	6518	149

16-21 医疗卫生机构注册护士数 续表 3

Number of Registered Nurses continued 3

单位：人 (person)

地名	City	2010	2012	2013	2013 排名 Ranking	地名	City	2010	2012	2013	2013 排名 Ranking
贺州	Hezhou	2621	2849	3395	232	丽江	Lijiang	1097	1182	1355	278
河池	Hechi	4070	5199	5950	160	普洱	Puer	2232	2716	3164	243
来宾	Laibin	2544	3029	3387	233	临沧	Lincang	1389	1467	2456	260
崇左	Chongzuo	2581	3446	3526	228	**西藏**	**Tibet**	**1988**	**1732**	**2397**	
海南	**Hainan**	**16319**	**19432**	**20892**		拉萨	Lasa	951	1121	1081	283
海口	Haikou	7100	8238	8914	87	**陕西**	**Shaanxi**	**61816**	**79390**	**89551**	
三亚	Sanya	1483	1627	1869	273	西安	Xi'an	22640	27837	30062	7
三沙	Sansha					铜川	Tongchuan	1971	2515	2764	250
重庆	**Chongqing**	**37611**	**49823**	**55460**		宝鸡	Baoji	5248	6796	7654	118
四川	**Sichuan**	**104886**	**139810**	**158457**		咸阳	Xianyang	8853	11202	12567	43
成都	Chengdu	34647	45088	50058	1	渭南	Weinan	4690	6792	8184	99
自贡	Zigong	4404	5519	6169	154	延安	Yan'an	3175	4384	4958	187
攀枝花	Panzhihua	3011	3523	3818	218	汉中	Hanzhong	4903	5786	6713	140
泸州	Luzhou	3744	6085	7123	126	榆林	Yulin	4627	6918	7690	116
德阳	Deyang	4440	5990	6557	148	安康	Ankang	2715	3747	4784	194
绵阳	Mianyang	6660	8629	9586	75	商洛	Shangluo	2177	2972	3565	226
广元	Guangyuan	3315	4213	4789	193	**甘肃**	**Gansu**	**29868**	**37202**	**40954**	
遂宁	Suining	3677	4469	4799	192	兰州	Lanzhou	9191	10956	11595	52
内江	Neijiang	3772	5212	5774	163	嘉峪关	Jiayuguan	857	1032	1103	282
乐山	Leshan	4433	5807	6574	147	金昌	Jinchang	820	1170	1224	281
南充	Nanchong	5342	6743	7535	119	白银	Baiyin	2158	2636	2832	247
眉山	Meishan	2814	4494	4818	191	天水	Tianshui	2231	3167	3622	223
宜宾	Yibin	4740	6642	7897	107	武威	Wuwei	1952	2588	3206	240
广安	Guangan	2415	3302	3589	225	张掖	Zhangye	1490	1994	2255	263
达州	Dazhou	4328	6007	7317	122	平凉	Pingliang	2327	2869	3203	241
雅安	Yaan	2037	2730	3293	238	酒泉	Jiuquan	2001	2065	2203	264
巴中	Bazhong	2060	3206	3951	217	庆阳	Qingyang	1784	2370	2615	255
资阳	Ziyang	3372	4867	5261	177	定西	Dingxi	1759	2482	2715	253
贵州	**Guizhou**	**36165**	**48646**	**58666**		陇南	Longnan	1288	1709	2022	270
贵阳	Guiyang	8868	13079	14594	37	**青海**	**Qinghai**	**8339**	**10026**	**11492**	
六盘水	Liupanshui	2484	3978	4238	210	西宁	Xining	5324	6434	7704	113
遵义	Zunyi	6441	8844	10951	59	海东	Haidong				
安顺	Anshun	1640	2683	3174	242	**宁夏**	**Ningxia**	**10341**	**12504**	**13978**	
毕节	Bijie	3184	5362	8153	101	银川	Yinchuan	5050	6506	7383	120
铜仁	Tongren	1703	3164	4400	205	石嘴山	Shizuishan	1791	2072	2199	265
云南	**Yunnan**	**49408**	**60755**	**73305**		吴忠	Wuzhong	1490	1767	2046	269
昆明	Kunming	14992	17989	21880	16	固原	Guyuan	1072	983	1042	284
曲靖	Qujing	4528	4907	5610	169	中卫	Zhongwei	905	1173	1308	279
玉溪	Yuxi	2966	3714	4267	208	**新疆**	**Xinjiang**	**44543**	**52449**	**56578**	
保山	Baoshan	1795	2639	3380	235	乌鲁木齐	Urumqi	11729	13911	14476	38
昭通	Zhaotong	2228	3151	2120	268	克拉玛依	Karamay	1190	1194	1239	280

16-22 剧场、影剧院数
Number of Theaters and Cinemas

单位：个 (unit)

地名	City	2010	2013	2014	2014 排名 Ranking
全国	**Nation Total**	**3576**	**3869**	**4252**	
北京	**Beijing**	**182**	**272**	**251**	
天津	**Tianjin**	**27**	**29**	**27**	
河北	**Hebei**	**170**	**177**	**164**	
石家庄	Shijiazhuang	33	20	20	56
唐山	Tangshan	15	23	23	42
秦皇岛	Qinhuangdao	4	14	16	66
邯郸	Handan	19	11	11	109
邢台	Xingtai	24	28	13	89
保定	Baoding	18	35	34	22
张家口	Zhangjiakou	13	3	3	251
承德	Chengde	12	17	29	28
沧州	Cangzhou	12	5	5	213
廊坊	Langfang	13	6	6	189
衡水	Hengshui	7	15	4	232
山西	**Shanxi**	**124**	**135**	**146**	
太原	Taiyuan	10	19	24	40
大同	Datong	11	11	9	131
阳泉	Yangquan	3	4	5	213
长治	Changzhi	11	8	10	121
晋城	Jincheng	12	13	13	89
朔州	Shuozhou	8	7	7	171
晋中	Jinzhong	11	13	13	89
运城	Yuncheng	13	14	14	80
忻州	Xinzhou	15	15	16	66
临汾	Linfen	22	23	27	33
吕梁	Lvliang	8	8	8	158
内蒙古	**Inner Mongolia**	**72**	**93**	**111**	
呼和浩特	Hohhot	8	14	14	80
包头	Baotou	17	17	17	62
乌海	Wuhai	2	5	5	213
赤峰	Chifeng	2	8	13	89
通辽	Tongliao	6	6	5	213
鄂尔多斯	Erdos	5	15	15	73
呼伦贝尔	Hulunbuir	14	15	30	26
巴彦淖尔	Bayannur	6	6	5	213
乌兰察布	Ulanqab	12	7	7	171
辽宁	**Liaoning**	**123**	**128**	**158**	
沈阳	Shenyang	46	45	49	9
大连	Dalian	6	6	6	189
鞍山	Anshan	11	11	11	109
抚顺	Fushun	15	8	9	131
本溪	Benxi	5	5	5	213
丹东	Dandong	9	9	12	101
锦州	Jinzhou	7	7	9	131
营口	Yingkou	4	2	11	109
阜新	Fuxin	4	3	3	251
辽阳	Liaoyang	2	2	9	131
盘锦	Panjin	3	3	3	251
铁岭	Tieling	2	7	7	171
朝阳	Chaoyang	6	5	8	158
葫芦岛	Huludao	3	15	16	66
吉林	**Jilin**	**52**	**47**	**51**	
长春	Changchun	23	30	35	19
吉林	Jilin	4	4	4	232
四平	Siping	5	2	2	263
辽源	Liaoyuan	1	1	2	263
通化	Tonghua	2	1	1	272
白山	Baishan	4	4	2	263
松原	Songyuan	1	1	1	272
白城	Baicheng	12	4	4	232
黑龙江	**Heilongjiang**	**147**	**178**	**186**	
哈尔滨	Harbin	70	80	80	3
齐齐哈尔	Qiqihar	8	17	17	62
鸡西	Jixi	2	4	4	232
鹤岗	Hegang	3	1	3	251
双鸭山	Shuangyashan		3	7	171
大庆	Daqing	16	15	21	53
伊春	Yichun	8	8	8	158
佳木斯	Jiamusi	15	15	15	73
七台河	Qitaihe	3	9	3	251
牡丹江	Mudanjiang	3	7	9	131
黑河	Heihe	6	6	6	189
绥化	Suihua	13	13	13	89
上海	**Shanghai**	**86**	**116**	**81**	
江苏	**Jiangsu**	**264**	**270**	**261**	

16-22 剧场、影剧院数 续表 1
Number of Theaters and Cinemas continued 1

单位：个 （unit）

地名	City	2010	2013	2014	2014 排名 Ranking
南京	Nanjing	28	54	63	5
无锡	Wuxi	48	66	46	12
徐州	Xuzhou	9	9	9	131
常州	Changzhou	45	7	7	171
苏州	Suzhou	29	30	23	42
南通	Nantong	9	30	35	19
连云港	Lianyungang	7	7	12	101
淮安	Huaian	8	16	7	171
盐城	Yancheng	11	14	10	121
扬州	Yangzhou	6	6	6	189
镇江	Zhenjiang	48	4	4	232
泰州	Taizhou	9	20	28	30
宿迁	Suqian	7	7	11	109
浙江	**Zhejiang**	**250**	**300**	**366**	
杭州	Hangzhou	42	60	78	4
宁波	Ningbo	24	48	90	2
温州	Wenzhou	21	10	10	121
嘉兴	Jiaxing	42	37	31	25
湖州	Huzhou	4	5	5	213
绍兴	Shaoxing	31	34	35	19
金华	Jinhua	20	20	26	34
衢州	Quzhou	10	14	14	80
舟山	Zhoushan	6	7	9	131
台州	Taizhou	36	44	47	11
丽水	Lishui	14	21	21	53
安徽	**Anhui**	**102**	**139**	**207**	
合肥	Hefei	9	41	49	9
芜湖	Wuhu	4	9	9	131
蚌埠	Bengbu	10	7	12	101
淮南	Huainan	1	1	6	189
马鞍山	Maanshan	5	6	4	232
淮北	Huaibei	3	5	5	213
铜陵	Tongling	3	3	7	171
安庆	Anqing	12	25	25	37
黄山	Huangshan	4	10	14	80
滁州	Chuzhou	5	2	15	73
阜阳	Fuyang	3	6	13	89
宿州	Suzhou	6	3	4	232
六安	Liuan	12	1	13	89
亳州	Bozhou	4	11	10	121
池州	Chizhou	8	7	7	171
宣城	Xuancheng	8	2	14	80
福建	**Fujian**	**138**	**113**	**131**	
福州	Fuzhou	26	31	36	18
厦门	Xiamen	5	5	5	213
莆田	Putian	3	4	4	232
三明	Sanming	5	14	20	56
泉州	Quanzhou	63	23	34	22
漳州	Zhangzhou	11	10	10	121
南平	Nanping	9	8	8	158
龙岩	Longyan	9	12	8	158
宁德	Ningde	7	6	6	189
江西	**Jiangxi**	**124**	**150**	**187**	
南昌	Nanchang	9	9	9	131
景德镇	Jingdezhen	5	4	6	189
萍乡	Pingxiang	8	9	11	109
九江	Jiujiang	7	5	20	56
新余	Xinyu	2	2	2	263
鹰潭	Yingtan	6	6	6	189
赣州	Ganzhou	21	13	26	34
吉安	Jian	14	27	23	42
宜春	Yichun	18	33	40	14
抚州	Fuzhou	19	22	24	40
上饶	Shangrao	15	20	20	56
山东	**Shandong**	**290**	**277**	**297**	
济南	Jinan	12	25	30	26
青岛	Qingdao	40	40	43	13
淄博	Zibo	8	8	8	158
枣庄	Zaozhuang	4	6	8	158
东营	Dongying	18	22	20	56
烟台	Yantai	24	26	26	34
潍坊	Weifang	35	36	38	17
济宁	Jining	50	9	19	61
泰安	Taian	4	4	4	232
威海	Weihai	2	14	15	73
日照	Rizhao	2	9	12	101
莱芜	Laiwu	10			
临沂	Linyi	15	28	7	171
德州	Dezhou	14	14	14	80
聊城	Liaocheng	12	7	14	80

16-22 剧场、影剧院数 续表 2
Number of Theaters and Cinemas continued 2

单位：个 (unit)

地名	City	2010	2013	2014	2014 排名 Ranking	地名	City	2010	2013	2014	2014 排名 Ranking
滨州	Binzhou	11	8	16	66	常德	Changde	9	20	29	28
菏泽	Heze	29	21	23	42	张家界	Zhangjiajie	7	8	8	158
河南	**Henan**	**164**	**165**	**161**		益阳	Yiyang	6	6	6	189
郑州	Zhengzhou	14	14	14	80	郴州	Chenzhou	6	6	6	189
开封	Kaifeng	8	6	9	131	永州	Yongzhou	11	6	6	189
洛阳	Luoyang	29	25	6	189	怀化	Huaihua	13	13	5	213
平顶山	Pingdingshan	8	8	8	158	娄底	Loudi	6	4	4	232
安阳	Anyang	9	18	22	48	**广东**	**Guangdong**	**324**	**287**	**307**	
鹤壁	Hebi	2	6	6	189	广州	Guangzhou	23	54	53	8
新乡	Xinxiang	11	10	10	121	韶关	Shaoguan	16	13	15	73
焦作	Jiaozuo	10	10	12	101	深圳	Shenzhen	16			
濮阳	Puyang	7	5	5	213	珠海	Zhuhai	1	14	22	48
许昌	Xuchang	6	6	6	189	汕头	Shantou	20	10	10	121
漯河	Luohe	1	1	1	272	佛山	Foshan	36	47	55	7
三门峡	Sanmenxia	6	6	6	189	江门	Jiangmen	9	2	1	272
南阳	Nanyang	13	13	13	89	湛江	Zhanjiang	4	4	23	42
商丘	Shangqiu	8	8	11	109	茂名	Maoming	5	5	2	263
信阳	Xinyang	9	9	9	131	肇庆	Zhaoqing	35	13	16	66
周口	Zhoukou	10	9	9	131	惠州	Huizhou	12	7	5	213
驻马店	Zhumadian	13	11	14	80	梅州	Meizhou	12	19	12	101
湖北	**Hubei**	**142**	**217**	**228**		汕尾	Shanwei	18	31	9	131
武汉	Wuhan	64	115	123	1	河源	Heyuan	7	5	5	213
黄石	Huangshi	5	6	6	189	阳江	Yangjiang	2	1	9	131
十堰	Shiyan	4	4	4	232	清远	Qingyuan		9	9	131
宜昌	Yichang	21	23	13	89	东莞	Dongguan	46	13	13	89
襄阳	Xiangyang	9	9	11	109	中山	Zhongshan	20	20	25	37
鄂州	Ezhou	2	2	2	263	潮州	Chaozhou	3	6	7	171
荆门	Jingmen	6	7	8	158	揭阳	Jieyang	15	5	5	213
孝感	Xiaogan	5	4	9	131	云浮	Yunfu	24	9	11	109
荆州	Jingzhou	4	10	15	73	**广西**	**Guangxi**	**95**	**98**	**115**	
黄冈	Huanggang	13	28	28	30	南宁	Nanning	11	18	21	53
咸宁	Xianning	2	2	2	263	柳州	Liuzhou	2	3	6	189
随州	Suizhou	7	7	7	171	桂林	Guilin	21	23	25	37
湖南	**Hunan**	**104**	**117**	**148**		梧州	Wuzhou	6	6	6	189
长沙	Changsha	8	16	16	66	北海	Beihai	2	6	7	171
株洲	Zhuzhou	2	2	16	66	防城港	Fangchenggang	4	4	4	232
湘潭	Xiangtan	12	10	10	121	钦州	Qinzhou	3	3	3	251
衡阳	Hengyang	5	5	5	213	贵港	Guigang	3	7	9	131
邵阳	Shaoyang	9	9	9	131	玉林	Yulin	9		11	109
岳阳	Yueyang	10	12	28	30	百色	Baise	14	12	7	171

16-22 剧场、影剧院数 续表 3
Number of Theaters and Cinemas continued 3

单位：个 （unit）

地名	City	2010	2013	2014	2014 排名 Ranking
贺州	Hezhou	10	3	5	213
河池	Hechi	4	3	3	251
来宾	Laibin		8	7	171
崇左	Chongzuo	6	2	1	272
海南	**Hainan**	**12**	**11**	**12**	
海口	Haikou	10	9	9	131
三亚	Sanya	2	2	3	251
三沙	Sansha				
重庆	**Chongqing**	**33**	**12**	**12**	
四川	**Sichuan**	**112**	**174**	**174**	
成都	Chengdu	15	21	9	131
自贡	Zigong	3	5	5	213
攀枝花	Panzhihua	2	5	6	189
泸州	Luzhou	4	7	8	158
德阳	Deyang	9	9	11	109
绵阳	Mianyang	4	17	17	62
广元	Guangyuan	16	32	32	24
遂宁	Suining	4	7	15	73
内江	Neijiang	9	9	9	131
乐山	Leshan	1	1	1	272
南充	Nanchong	3	3	3	251
眉山	Meishan	6	5	6	189
宜宾	Yibin	6	15	10	121
广安	Guangan	4	6	9	131
达州	Dazhou	11	12	13	89
雅安	Yaan		2	2	263
巴中	Bazhong	7	11	11	109
资阳	Ziyang	8	7	7	171
贵州	**Guizhou**	**28**	**33**	**61**	
贵阳	Guiyang	4	5	22	48
六盘水	Liupanshui	4	4	7	171
遵义	Zunyi	19	16	23	42
安顺	Anshun	1	4	4	232
毕节	Bijie			1	272
铜仁	Tongren		4	4	232
云南	**Yunnan**	**72**	**46**	**84**	
昆明	Kunming	36	7	40	14
曲靖	Qujing	10	8	6	189
玉溪	Yuxi	21	22	22	48
保山	Baoshan	1	4	4	232
昭通	Zhaotong				
丽江	Lijiang	3	3	3	251
普洱	Puer				
临沧	Lincang	1	2	9	131
西藏	**Tibet**		**4**	**4**	
拉萨	Lasa		4	4	232
陕西	**Shaanxi**	**129**	**143**	**167**	
西安	Xi'an	31	49	62	6
铜川	Tongchuan	5	8		
宝鸡	Baoji	15	16	39	16
咸阳	Xianyang	12	11	12	101
渭南	Weinan	15	11	11	109
延安	Yan'an	10	2	2	263
汉中	Hanzhong	11	4	4	232
榆林	Yulin	13	26	13	89
安康	Ankang	6	8	8	158
商洛	Shangluo	11	8	8	158
甘肃	**Gansu**	**81**	**87**	**90**	
兰州	Lanzhou	7	18	22	48
嘉峪关	Jiayuguan	11	5	5	213
金昌	Jinchang	4	4	4	232
白银	Baiyin	6	3	3	251
天水	Tianshui	6	7	7	171
武威	Wuwei		1	1	272
张掖	Zhangye	6	6	6	189
平凉	Pingliang	8	9	9	131
酒泉	Jiuquan	7	10	9	131
庆阳	Qingyang	11	6	6	189
定西	Dingxi	7	9	9	131
陇南	Longnan	8	9	9	131
青海	**Qinghai**	**2**	**10**	**13**	
西宁	Xining	2	9	12	101
海东	Haidong			1	272
宁夏	**Ningxia**	**22**	**32**	**43**	
银川	Yinchuan	4	12	17	62
石嘴山	Shizuishan	1	2	6	189
吴忠	Wuzhong	5	5	7	171
固原	Guyuan	9	10	10	121
中卫	Zhongwei	3	3	3	251
新疆	**Xinjiang**	**5**	**9**	**9**	
乌鲁木齐	Urumqi	3	4	4	232
克拉玛依	Karamay	2	5	5	213

16-23 公共图书馆数
Number of Public Libraries

单位：个 （unit）

地名	City	2010	2012	2013	2013 排名 Ranking	地名	City	2010	2012	2013	2013 排名 Ranking
全国	**Nation Total**	**2884**	**3076**	**3112**		沈阳	Shenyang	21	21	21	4
北京	**Beijing**	**24**	**24**	**24**		大连	Dalian	13	14	14	23
天津	**Tianjin**	**31**	**31**	**31**		鞍山	Anshan	9	9	9	109
河北	**Hebei**	**165**	**172**	**173**		抚顺	Fushun	7	7	7	161
石家庄	Shijiazhuang	26	27	28	1	本溪	Benxi	7	7	7	161
唐山	Tangshan	13	13	13	38	丹东	Dandong	8	8	8	133
秦皇岛	Qinhuangdao	6	6	6	193	锦州	Jinzhou	9	9	9	109
邯郸	Handan	20	20	20	5	营口	Yingkou	8	8	8	133
邢台	Xingtai	18	20	20	5	阜新	Fuxin	8	8	8	133
保定	Baoding	23	23	22	2	辽阳	Liaoyang	9	9	9	109
张家口	Zhangjiakou	14	15	16	15	盘锦	Panjin	5	5	5	225
承德	Chengde	10	11	11	65	铁岭	Tieling	9	9	9	109
沧州	Cangzhou	14	15	15	16	朝阳	Chaoyang	8	8	8	133
廊坊	Langfang	10	10	10	90	葫芦岛	Huludao	7	7	7	161
衡水	Hengshui	11	12	12	52	**吉林**	**Jilin**	**65**	**66**	**66**	
山西	**Shanxi**	**126**	**126**	**127**		长春	Changchun	13	13	13	38
太原	Taiyuan	12	12	11	65	吉林	Jilin	10	10	10	90
大同	Datong	13	13	13	38	四平	Siping	5	5	5	225
阳泉	Yangquan	5	5	6	193	辽源	Liaoyuan	3	3	3	269
长治	Changzhi	14	14	14	23	通化	Tonghua	8	8	8	133
晋城	Jincheng	6	6	6	193	白山	Baishan	6	6	6	193
朔州	Shuozhou	7	7	7	161	松原	Songyuan	4	5	5	225
晋中	Jinzhong	11	11	11	65	白城	Baicheng	6	6	6	193
运城	Yuncheng	13	13	13	38	**黑龙江**	**Heilongjiang**	**107**	**106**	**107**	
忻州	Xinzhou	14	14	14	23	哈尔滨	Harbin	18	18	18	8
临汾	Linfen	17	17	17	12	齐齐哈尔	Qiqihar	12	12	13	38
吕梁	Lvliang	14	14	14	23	鸡西	Jixi	4	4	4	250
内蒙古	**Inner Mongolia**	**113**	**114**	**116**		鹤岗	Hegang	3	3	3	269
呼和浩特	Hohhot	9	10	9	109	双鸭山	Shuangyashan	5	5	5	225
包头	Baotou	10	10	10	90	大庆	Daqing	6	6	6	193
乌海	Wuhai	4	3	4	250	伊春	Yichun	18	18	18	8
赤峰	Chifeng	14	14	14	23	佳木斯	Jiamusi	7	7	6	193
通辽	Tongliao	9	9	9	109	七台河	Qitaihe	2	2	2	277
鄂尔多斯	Erdos	9	9	9	109	牡丹江	Mudanjiang	8	8	8	133
呼伦贝尔	Hulunbuir	14	14	15	16	黑河	Heihe	6	6	6	193
巴彦淖尔	Bayannur	8	8	8	133	绥化	Suihua	11	11	11	65
乌兰察布	Ulanqab	12	12	12	52	**上海**	**Shanghai**	**28**	**25**	**25**	
辽宁	**Liaoning**	**128**	**129**	**129**		**江苏**	**Jiangsu**	**111**	**112**	**113**	

16-23 公共图书馆数 续表 1
Number of Public Libraries continued 1

单位：个 （unit）

地名	City	2010	2012	2013	2013 排名 Ranking	地名	City	2010	2012	2013	2013 排名 Ranking
南京	Nanjing	18	17	18	8	池州	Chizhou	4	4	4	250
无锡	Wuxi	9	10	10	90	宣城	Xuancheng	7	8	8	133
徐州	Xuzhou	7	8	8	133	**福建**	**Fujian**	**86**	**87**	**91**	
常州	Changzhou	4	4	4	250	福州	Fuzhou	15	14	14	23
苏州	Suzhou	12	12	11	65	厦门	Xiamen	9	10	13	38
南通	Nantong	10	9	11	65	莆田	Putian	3	3	3	269
连云港	Lianyungang	7	7	7	161	三明	Sanming	12	12	12	52
淮安	Huaian	8	8	8	133	泉州	Quanzhou	10	10	10	90
盐城	Yancheng	9	9	11	65	漳州	Zhangzhou	10	10	10	90
扬州	Yangzhou	7	7	7	161	南平	Nanping	10	10	10	90
镇江	Zhenjiang	8	8	8	133	龙岩	Longyan	7	7	7	161
泰州	Taizhou	6	6	6	193	宁德	Ningde	10	10	10	90
宿迁	Suqian	6	7	6	193	**江西**	**Jiangxi**	**108**	**114**	**114**	
浙江	**Zhejiang**	**97**	**97**	**98**		南昌	Nanchang	10	10	10	90
杭州	Hangzhou	16	15	15	16	景德镇	Jingdezhen	6	5	5	225
宁波	Ningbo	13	12	12	52	萍乡	Pingxiang	6	6	6	193
温州	Wenzhou	13	13	13	38	九江	Jiujiang	12	15	15	16
嘉兴	Jiaxing	8	6	6	193	新余	Xinyu	3	3	3	269
湖州	Huzhou	5	5	5	225	鹰潭	Yingtan	4	4	4	250
绍兴	Shaoxing	6	6	6	193	赣州	Ganzhou	18	19	19	7
金华	Jinhua	10	10	10	90	吉安	Jian	13	15	15	16
衢州	Quzhou	7	7	7	161	宜春	Yichun	10	11	11	65
舟山	Zhoushan	4	4	5	225	抚州	Fuzhou	12	12	12	52
台州	Taizhou	10	10	10	90	上饶	Shangrao	13	13	13	38
丽水	Lishui	9	9	9	109	**山东**	**Shandong**	**149**	**150**	**153**	
安徽	**Anhui**	**88**	**102**	**107**		济南	Jinan	11	11	11	65
合肥	Hefei	7	9	8	133	青岛	Qingdao	13	13	13	38
芜湖	Wuhu	4	6	7	161	淄博	Zibo	9	9	9	109
蚌埠	Bengbu	4	4	4	250	枣庄	Zaozhuang	7	7	7	161
淮南	Huainan	4	4	4	250	东营	Dongying	6	6	6	193
马鞍山	Maanshan	5	10	7	161	烟台	Yantai	13	13	14	23
淮北	Huaibei	2	5	5	225	潍坊	Weifang	12	12	12	52
铜陵	Tongling	2	4	5	225	济宁	Jining	11	11	11	65
安庆	Anqing	9	10	10	90	泰安	Taian	7	7	7	161
黄山	Huangshan	7	8	11	65	威海	Weihai	4	4	4	250
滁州	Chuzhou	7	8	9	109	日照	Rizhao	4	4	5	225
阜阳	Fuyang	6	7	7	161	莱芜	Laiwu	2	2	2	277
宿州	Suzhou	5	5	6	193	临沂	Linyi	12	13	13	38
六安	Liuan	6	6	6	193	德州	Dezhou	12	12	12	52
亳州	Bozhou	4	4	5	225	聊城	Liaocheng	8	8	8	133

16-23 公共图书馆数 续表 2
Number of Public Libraries continued 2

单位：个 （unit）

地名	City	2010	2012	2013	2013 排名 Ranking
滨州	Binzhou	8	8	8	133
菏泽	Heze	9	9	10	90
河南	**Henan**	**142**	**156**	**157**	
郑州	Zhengzhou	12	13	13	38
开封	Kaifeng	6	6	6	193
洛阳	Luoyang	11	16	17	12
平顶山	Pingdingshan	8	9	9	109
安阳	Anyang	7	7	7	161
鹤壁	Hebi	3	4	4	250
新乡	Xinxiang	11	11	11	65
焦作	Jiaozuo	7	7	7	161
濮阳	Puyang	6	7	7	161
许昌	Xuchang	6	7	7	161
漯河	Luohe	4	5	5	225
三门峡	Sanmenxia	6	7	7	161
南阳	Nanyang	13	13	13	38
商丘	Shangqiu	9	9	9	109
信阳	Xinyang	11	11	11	65
周口	Zhoukou	10	11	11	65
驻马店	Zhumadian	10	10	10	90
湖北	**Hubei**	**108**	**111**	**112**	
武汉	Wuhan	17	17	18	8
黄石	Huangshi	3	3	5	225
十堰	Shiyan	8	8	8	133
宜昌	Yichang	12	14	14	23
襄阳	Xiangyang	9	9	9	109
鄂州	Ezhou	1	4	1	280
荆门	Jingmen	6	6	5	225
孝感	Xiaogan	8	8	8	133
荆州	Jingzhou	8	8	8	133
黄冈	Huanggang	12	12	12	52
咸宁	Xianning	7	7	7	161
随州	Suizhou	2	4	4	250
湖南	**Hunan**	**124**	**136**	**136**	
长沙	Changsha	12	12	10	90
株洲	Zhuzhou	6	6	6	193
湘潭	Xiangtan	5	6	6	193
衡阳	Hengyang	12	14	14	23
邵阳	Shaoyang	11	14	14	23
岳阳	Yueyang	8	11	11	65
常德	Changde	9	9	9	109
张家界	Zhangjiajie	3	4	4	250
益阳	Yiyang	7	7	7	161
郴州	Chenzhou	12	11	11	65
永州	Yongzhou	13	12	12	52
怀化	Huaihua	6	15	15	16
娄底	Loudi	11	6	6	193
广东	**Guangdong**	**132**	**137**	**137**	
广州	Guangzhou	14	14	14	23
韶关	Shaoguan	9	9	9	109
深圳	Shenzhen	8	11	11	65
珠海	Zhuhai	3	3	3	269
汕头	Shantou	8	8	8	133
佛山	Foshan	6	6	6	193
江门	Jiangmen	7	7	7	161
湛江	Zhanjiang	7	8	8	133
茂名	Maoming	5	5	5	225
肇庆	Zhaoqing	9	9	9	109
惠州	Huizhou	5	5	5	225
梅州	Meizhou	10	10	10	90
汕尾	Shanwei	4	4	4	250
河源	Heyuan	7	7	7	161
阳江	Yangjiang	4	4	4	250
清远	Qingyuan	9	9	9	109
东莞	Dongguan	1	1	1	280
中山	Zhongshan	1	1	1	280
潮州	Chaozhou	4	4	4	250
揭阳	Jieyang	6	6	6	193
云浮	Yunfu	5	5	5	225
广西	**Guangxi**	**108**	**112**	**112**	
南宁	Nanning	16	16	17	12
柳州	Liuzhou	11	11	11	65
桂林	Guilin	13	13	14	23
梧州	Wuzhou	5	5	5	225
北海	Beihai	3	3	3	269
防城港	Fangchenggang	4	4	4	250
钦州	Qinzhou	3	5	5	225
贵港	Guigang	5	6	6	193
玉林	Yulin	6	6	6	193
百色	Baise			13	38

16-23 公共图书馆数 续表 3
Number of Public Libraries continued 3

单位：个 (unit)

地名	City	2010	2012	2013	2013 排名 Ranking	地名	City	2010	2012	2013	2013 排名 Ranking
贺州	Hezhou	15	4	5	225	丽江	Lijiang	6	6	6	193
河池	Hechi	11	11	11	65	普洱	Puer	10	11	11	65
来宾	Laibin	6	6	7	161	临沧	Lincang	9	9	9	109
崇左	Chongzuo	7	7	7	161	**西藏**	**Tibet**		**77**	**78**	
海南	**Hainan**	**20**	**20**	**21**		拉萨	Lasa				
海口	Haikou	2	3	3	269	**陕西**	**Shaanxi**	**112**	**112**	**114**	
三亚	Sanya	1	1	1	280	西安	Xi'an	14	14	14	23
三沙	Sansha					铜川	Tongchuan	5	5	5	225
重庆	**Chongqing**	**43**	**43**	**43**		宝鸡	Baoji	13	13	13	38
四川	**Sichuan**	**161**	**188**	**197**		咸阳	Xianyang	12	12	12	52
成都	Chengdu	21	22	22	2	渭南	Weinan	11	11	11	65
自贡	Zigong	7	7	7	161	延安	Yan'an	13	13	14	23
攀枝花	Panzhihua	5	6	6	193	汉中	Hanzhong	11	11	12	52
泸州	Luzhou	7	8	9	109	榆林	Yulin	12	12	12	52
德阳	Deyang	6	6	7	161	安康	Ankang	11	11	11	65
绵阳	Mianyang	8	9	9	109	商洛	Shangluo	8	8	8	133
广元	Guangyuan	7	8	8	133	**甘肃**	**Gansu**	**94**	**103**	**103**	
遂宁	Suining	6	6	6	193	兰州	Lanzhou	8	8	8	133
内江	Neijiang	4	4	4	250	嘉峪关	Jiayuguan	1	2	2	277
乐山	Leshan	10	11	11	65	金昌	Jinchang	3	4	4	250
南充	Nanchong	8	8	8	133	白银	Baiyin	6	6	6	193
眉山	Meishan	7	7	7	161	天水	Tianshui	7	8	8	133
宜宾	Yibin	10	10	10	90	武威	Wuwei	4	5	5	225
广安	Guangan	6	6	7	161	张掖	Zhangye	6	7	7	161
达州	Dazhou	7	7	8	133	平凉	Pingliang	8	8	8	133
雅安	Yaan	8	9	9	109	酒泉	Jiuquan	7	8	8	133
巴中	Bazhong	5	5	6	193	庆阳	Qingyang	9	9	9	109
资阳	Ziyang	5	5	5	225	定西	Dingxi	7	8	8	133
贵州	**Guizhou**	**93**	**93**	**94**		陇南	Longnan	9	10	10	90
贵阳	Guiyang	9	8	9	109	**青海**	**Qinghai**	**44**	**49**	**49**	
六盘水	Liupanshui	6	5	5	225	西宁	Xining		6	6	193
遵义	Zunyi	14	14	14	23	海东	Haidong				
安顺	Anshun	6	6	6	193	**宁夏**	**Ningxia**	**20**	**26**	**26**	
毕节	Bijie	9	9	9	109	银川	Yinchuan	5	7	7	161
铜仁	Tongren	11	11	11	65	石嘴山	Shizuishan	2	4	4	250
云南	**Yunnan**	**150**	**152**	**152**		吴忠	Wuzhong	5	5	5	225
昆明	Kunming	18	17	15	16	固原	Guyuan	5	6	6	193
曲靖	Qujing	11	11	11	65	中卫	Zhongwei	3	3	3	269
玉溪	Yuxi	10	10	10	90	**新疆**	**Xinjiang**	**103**	**105**	**106**	
保山	Baoshan	7	7	7	161	乌鲁木齐	Urumqi	4	6	7	161
昭通	Zhaotong	12	12	12	52	克拉玛依	Karamay	4	4	4	250

16-24 公共图书馆图书总藏量
Total Collections of Public Libraries

单位：千册、件 （1000 copies 、piece）

地名	City	2010	2014	2015	2015 排名 Ranking
全国	**Nation Total**	**632639**	**829251**		
北京	**Beijing**	**46130**	**56010**	**59430**	
天津	**Tianjin**	**12583**	**15980**	**16970**	
河北	**Hebei**	**16110**	**21047**	**23927**	
石家庄	Shijiazhuang	4788	5932	3543	43
唐山	Tangshan	1819	2281	2394	64
秦皇岛	Qinhuangdao	919	1278	1307	143
邯郸	Handan	1402	1675	1726	99
邢台	Xingtai	906	1392	1491	117
保定	Baoding	1677	2127	2152	72
张家口	Zhangjiakou	1173	1396	1457	121
承德	Chengde	758	914	950	183
沧州	Cangzhou	786	1262	1394	131
廊坊	Langfang	1410	2206	950	183
衡水	Hengshui	472	585	675	237
山西	**Shanxi**	**21412**	**16969**	**17305**	
太原	Taiyuan	3980	6384	6705	23
大同	Datong	631	658	716	227
阳泉	Yangquan	599	578	607	243
长治	Changzhi	1198	1623	1788	94
晋城	Jincheng	276	410	481	261
朔州	Shuozhou	307	791	572	247
晋中	Jinzhong	10570	1357	1288	146
运城	Yuncheng	1164	1500	1412	128
忻州	Xinzhou	789	1050	1056	170
临汾	Linfen	1218	1517	1536	111
吕梁	Lvliang	680	1101	1144	161
内蒙古	**Inner Mongolia**	**9975**	**11888**	**13396**	
呼和浩特	Hohhot	2770	783	3608	40
包头	Baotou	3036	3036	1398	130
乌海	Wuhai	413	596	600	246
赤峰	Chifeng	731	1791	1831	91
通辽	Tongliao	812	1003	1029	174
鄂尔多斯	Erdos	651	2148	2330	65
呼伦贝尔	Hulunbuir	650	1609	1642	105
巴彦淖尔	Bayannur	400	683	700	233
乌兰察布	Ulanqab	512	240	257	279
辽宁	**Liaoning**	**32903**	**41797**	**40798**	
沈阳	Shenyang	10894	13154	11205	11
大连	Dalian	10452	15432	16157	8
鞍山	Anshan	2116	2419	2729	56
抚顺	Fushun	1056	1083	1040	173
本溪	Benxi	968	1071	1360	135
丹东	Dandong	1289	1462	1510	113
锦州	Jinzhou	1257	2063	1424	125
营口	Yingkou	987	1365	1369	134
阜新	Fuxin	407	469	488	260
辽阳	Liaoyang	1010	797.7	945	185
盘锦	Panjin	477	615	655	239
铁岭	Tieling	640	679	679	236
朝阳	Chaoyang	677	847	895	193
葫芦岛	Huludao	673	340	341	277
吉林	**Jilin**	**12936**	**14481**	**11048**	
长春	Changchun	6844	8638	4631	34
吉林	Jilin	2004	2187	2290	66
四平	Siping	681	653	698	234
辽源	Liaoyuan	1156	369	405	270
通化	Tonghua	794	701	884	198
白山	Baishan	510	733	845	204
松原	Songyuan	525	705	773	215
白城	Baicheng	422	495	521	255
黑龙江	**Heilongjiang**	**16560**	**17935**	**18273**	
哈尔滨	Harbin	7062	7812	8254	15
齐齐哈尔	Qiqihar	1805	1707	1788	94
鸡西	Jixi	340	359	388	272
鹤岗	Hegang	340	425	440	268
双鸭山	Shuangyashan	314	871	897	192
大庆	Daqing	3033	2550	2550	62
伊春	Yichun	607	857	855	201
佳木斯	Jiamusi	734	471	363	275
七台河	Qitaihe	207	239	235	281
牡丹江	Mudanjiang	722	1043	1078	167
黑河	Heihe	338	342	363	275
绥化	Suihua	1058	1260	1109	165
上海	**Shanghai**	**68087**	**73626**	**75682**	
江苏	**Jiangsu**	**44361**	**52314**	**68469**	

16-24 公共图书馆图书总藏量 续表 1
Total Collections of Public Libraries continued 1

单位：千册、件 （1000 copies 、piece）

地名	City	2010	2014	2015	2015 排名 Ranking
南京	Nanjing	13393	5188	16343	7
无锡	Wuxi	3609	4498	5186	30
徐州	Xuzhou	2698	3023	3163	51
常州	Changzhou	2423	3030	3140	52
苏州	Suzhou	8027	15099	17457	6
南通	Nantong	2870	4455	4703	33
连云港	Lianyungang	1724	2485	2660	57
淮安	Huaian	1327	2368	2564	61
盐城	Yancheng	1826	2831	3253	49
扬州	Yangzhou	2232	2937	3211	50
镇江	Zhenjiang	1988	2829	3003	54
泰州	Taizhou	1616	2439	2570	60
宿迁	Suqian	628	1132	1216	154
浙江	**Zhejiang**	**38938**	**61049**	**61280**	
杭州	Hangzhou	12540	18642	19850	5
宁波	Ningbo	7340	7218	6924	22
温州	Wenzhou	3250	12844	9326	13
嘉兴	Jiaxing	4211	6801	7474	18
湖州	Huzhou	2110	2174	1960	83
绍兴	Shaoxing	2599	3367	3820	38
金华	Jinhua	1794	2813	3138	53
衢州	Quzhou	1205	1475	1485	118
舟山	Zhoushan	767	1437	1651	104
台州	Taizhou	1798	2623	3788	39
丽水	Lishui	1324	1655	1864	89
安徽	**Anhui**	**11197**	**17519**	**19144**	
合肥	Hefei	3107	4555	4910	32
芜湖	Wuhu	622	1790	1868	87
蚌埠	Bengbu	428	1120	1250	151
淮南	Huainan	327	411	491	259
马鞍山	Maanshan	560	1117	1175	158
淮北	Huaibei	260	871	888	196
铜陵	Tongling	555	710	750	217
安庆	Anqing	961	1287	1841	90
黄山	Huangshan	494	844	930	189
滁州	Chuzhou	559	784	892	194
阜阳	Fuyang	399	585	634	240
宿州	Suzhou	202	513	721	225
六安	Liuan	469	652	704	230
亳州	Bozhou	337	1086	829	207
池州	Chizhou	258	417	450	266
宣城	Xuancheng	647	778	812	210
福建	**Fujian**	**16817**	**33532**	**36780**	
福州	Fuzhou	5591	7923	8358	14
厦门	Xiamen	3349	5036	5441	27
莆田	Putian	182	918	945	185
三明	Sanming	1397	4652	4998	31
泉州	Quanzhou	2620	5390	7306	19
漳州	Zhangzhou	1001	4485	4542	35
南平	Nanping	1346	2054	2089	75
龙岩	Longyan	782	1824	1810	92
宁德	Ningde	549	1250	1291	144
江西	**Jiangxi**	**15595**	**20352**	**21783**	
南昌	Nanchang	4396	5069	5228	28
景德镇	Jingdezhen	630	934	1020	175
萍乡	Pingxiang	750	989	1000	177
九江	Jiujiang	1594	1976	2159	71
新余	Xinyu	551	624	670	238
鹰潭	Yingtan	308	416	473	263
赣州	Ganzhou	1834	3191	3557	41
吉安	Jian	1986	2537	2592	58
宜春	Yichun	1586	1610	1640	106
抚州	Fuzhou	920	1342	1423	126
上饶	Shangrao	1040	1665	2021	81
山东	**Shandong**	**45567**	**51460**	**77401**	
济南	Jinan	9412	11395	11950	10
青岛	Qingdao	4442	5829	6039	26
淄博	Zibo	2234	2284	2481	63
枣庄	Zaozhuang	1043	1332	1390	132
东营	Dongying	729	2146	2150	73
烟台	Yantai	5128	6577	7028	21
潍坊	Weifang	2092	3626	27049	2
济宁	Jining	1692	1764	1883	85
泰安	Taian	1103	1516	1583	109
威海	Weihai	1180	3078	3400	46
日照	Rizhao	354	532	743	218
莱芜	Laiwu	380	488	542	252
临沂	Linyi	5506	3485	3520	44
德州	Dezhou	966	1429	1450	122
聊城	Liaocheng	5421	3457	3547	42

16-24 公共图书馆图书总藏量 续表 2
Total Collections of Public Libraries continued 2

单位：千册、件 （1000 copies 、piece）

地名	City	2010	2014	2015	2015 排名 Ranking	地名	City	2010	2014	2015	2015 排名 Ranking
滨州	Binzhou	1205	1234	1331	139	常德	Changde	1319	1524	1570	110
菏泽	Heze	2680	1290	1316	140	张家界	Zhangjiajie	196	216	216	283
河南	**Henan**	**18130**	**23597**	**26155**		益阳	Yiyang	900	1122	1130	164
郑州	Zhengzhou	5527	6036	6360	25	郴州	Chenzhou	839	1148	1509	114
开封	Kaifeng	790	862	2160	70	永州	Yongzhou	881	1508	1414	127
洛阳	Luoyang	1347	1856	2216	68	怀化	Huaihua	1014	1614	1680	103
平顶山	Pingdingshan	828	1353	1427	123	娄底	Loudi	823	930	945	185
安阳	Anyang	968	1183	1265	149	**广东**	**Guangdong**	**66651**	**88784**	**93496**	
鹤壁	Hebi	406	521	570	248	广州	Guangzhou	17950	19984	21600	4
新乡	Xinxiang	1053	1230	1342	137	韶关	Shaoguan	823	1392	1703	101
焦作	Jiaozuo	716	1057	1209	155	深圳	Shenzhen	22957	30564	32821	1
濮阳	Puyang	660	593	608	242	珠海	Zhuhai	866	3340	3290	48
许昌	Xuchang	996	984	1132	163	汕头	Shantou	2423	2845	2902	55
漯河	Luohe	392	443	476	262	佛山	Foshan	2989	3763	4192	36
三门峡	Sanmenxia	702	1378	1426	124	江门	Jiangmen	1660	1925	2584	59
南阳	Nanyang	1390	1593	1634	107	湛江	Zhanjiang	1126	1570	1627	108
商丘	Shangqiu	616	1084	1099	166	茂名	Maoming	608	1641	1142	162
信阳	Xinyang	692	1035	1011	176	肇庆	Zhaoqing	1088	2164		
周口	Zhoukou	440	694	707	229	惠州	Huizhou	949	1371	1767	96
驻马店	Zhumadian	607	1694	1512	112	梅州	Meizhou	1233	1576	2076	76
湖北	**Hubei**	**24027**	**27523**	**27622**		汕尾	Shanwei	171	310	335	278
武汉	Wuhan	10367	12746	14454	9	河源	Heyuan	552	618	992	178
黄石	Huangshi	1074	1285	1311	142	阳江	Yangjiang	607	779	891	195
十堰	Shiyan	1051	1186	1224	153	清远	Qingyuan	831	998	1065	169
宜昌	Yichang	1669	2075	2072	77	东莞	Dongguan	7010	9959	10147	12
襄阳	Xiangyang	2560	1740	1865	88	中山	Zhongshan	1076	1536	1703	101
鄂州	Ezhou	368	410	410	269	潮州	Chaozhou	429	514	757	216
荆门	Jingmen	610	1141	878	199	揭阳	Jieyang	656	1019	1051	171
孝感	Xiaogan	769	810	992	178	云浮	Yunfu	648	916	851	202
荆州	Jingzhou	1064	1172	1199	156	**广西**	**Guangxi**	**17976**	**27895**	**27154**	
黄冈	Huanggang	1590	1730	2063	78	南宁	Nanning	5006	8955	6628	24
咸宁	Xianning	675	901	928	190	柳州	Liuzhou	1288	1863	2031	80
随州	Suizhou	2230	2326	224	282	桂林	Guilin	3700	5170	5200	29
湖南	**Hunan**	**19259**	**23072**	**24010**		梧州	Wuzhou	950	1048	1071	168
长沙	Changsha	6331	7703	7973	17	北海	Beihai	500	577	701	232
株洲	Zhuzhou	1180	1406	1500	116	防城港	Fangchenggang	253	374	374	273
湘潭	Xiangtan	822	1340	1360	135	钦州	Qinzhou	498	3121	3301	47
衡阳	Hengyang	1520	1887	1963	82	贵港	Guigang	510	841	885	197
邵阳	Shaoyang	1414	1452	1460	120	玉林	Yulin	1668	1277	1747	98
岳阳	Yueyang	2020	1222	1290	145	百色	Baise	1163	1436	1798	93

16-24 公共图书馆图书总藏量 续表 3
Total Collections of Public Libraries continued 3

单位：千册、件 （1000 copies 、piece）

地名	City	2010	2014	2015	2015 排名 Ranking	地名	City	2010	2014	2015	2015 排名 Ranking
贺州	Hezhou	570	610	723	224	丽江	Lijiang	317	513	550	251
河池	Hechi	723	1153	1182	157	普洱	Puer	676	895	932	188
来宾	Laibin	466	797	808	211	临沧	Lincang	592	821	844	205
崇左	Chongzuo	681	673	703	231	**西藏**	**Tibet**				
海南	**Hainan**	**640**	**939**	**2696**		拉萨	Lasa				
海口	Haikou	440	510	2045	79	**陕西**	**Shaanxi**	**11296**	**16394**	**16564**	
三亚	Sanya	200	429	531	253	西安	Xi'an	4465	7585	7975	16
三沙	Sansha					铜川	Tongchuan	600	808	814	209
重庆	**Chongqing**	**10308**	**12423**	**13038**		宝鸡	Baoji	1204	1401	1506	115
四川	**Sichuan**	**24493**	**38288**	**40402**		咸阳	Xianyang	1046	1196	1229	152
成都	Chengdu	12126	19525	22101	3	渭南	Weinan	895	929	984	180
自贡	Zigong	386	491	508	258	延安	Yan'an	550	1145	957	182
攀枝花	Panzhihua	563	834	847	203	汉中	Hanzhong	565	802	803	213
泸州	Luzhou	967	1223	1339	138	榆林	Yulin	1010	1241	1169	159
德阳	Deyang	661	1587	1715	100	安康	Ankang	487	777	605	244
绵阳	Mianyang	1277	1855	1933	84	商洛	Shangluo	474	511	521	255
广元	Guangyuan	772	1100	1151	160	**甘肃**	**Gansu**	**9689**	**8472**	**8864**	
遂宁	Suining	374	1714	564	250	兰州	Lanzhou	4248	1085	1050	172
内江	Neijiang	423	560	567	249	嘉峪关	Jiayuguan	115	240	244	280
乐山	Leshan	477	603	742	219	金昌	Jinchang	142	500	631	241
南充	Nanchong	936	1085	1765	97	白银	Baiyin	530	699	719	226
眉山	Meishan	216	328	374	273	天水	Tianshui	900	789	808	212
宜宾	Yibin	1122	1247	1274	148	武威	Wuwei	360	499	511	257
广安	Guangan	1724	1705	1879	86	张掖	Zhangye	627	1102	1472	119
达州	Dazhou	890	1828	969	181	平凉	Pingliang	430	694	728	222
雅安	Yaan	577	693	734	221	酒泉	Jiuquan	460	528	401	271
巴中	Bazhong	400	663	681	235	庆阳	Qingyang	584	685	724	223
资阳	Ziyang	602	1246	1259	150	定西	Dingxi	654	739	739	220
贵州	**Guizhou**	**4203**	**33139**	**12226**		陇南	Longnan	639	912	838	206
贵阳	Guiyang	2223	3172	7271	20	**青海**	**Qinghai**	**2876**	**2251**	**1728**	
六盘水	Liupanshui	351	451	465	264	西宁	Xining	2876	1804	1284	147
遵义	Zunyi	1260	27480	2290	66	海东	Haisong		447	445	267
安顺	Anshun	369	510	528	254	**宁夏**	**Ningxia**	**4562**	**6597**	**6790**	
毕节	Bijie		745	802	214	银川	Yinchuan	2595	4085	4117	37
铜仁	Tongren		781	872	200	石嘴山	Shizuishan	376	619	713	228
云南	**Yunnan**	**6761**	**9401**	**10669**		吴忠	Wuzhong	642	924	902	191
昆明	Kunming	1785	2938	3421	45	固原	Guyuan	492	569	604	245
曲靖	Qujing	1030	1299	1388	133	中卫	Zhongwei	457	400	454	265
玉溪	Yuxi	1668	1298	1312	141	**新疆**	**Xinjiang**	**2597**	**4518**	**4324**	
保山	Baoshan	530	861	1403	129	乌鲁木齐	Urumqi	2137	2518	2124	74
昭通	Zhaotong	163	775	819	208	克拉玛依	Karamay	460	2000	2200	69

16-25 每百人公共图书馆藏书量
Collections of Public Libraries per 100 Persons

单位：册、件 （copy、piece）

地名	City	2010	2014	2015	2015 排名 Ranking	地名	City	2010	2014	2015	2015 排名 Ranking
全国	**Nation Total**	**50.70**	**64.31**			沈阳	Shenyang	151.39	179.98	153.41	22
北京	**Beijing**	**366.75**	**420.05**	**441.79**		大连	Dalian	178.23	259.67	272.20	7
天津	**Tianjin**	**127.77**	**157.18**	**165.25**		鞍山	Anshan	60.15	69.47	78.86	58
河北	**Hebei**	**22.07**	**27.72**	**31.27**		抚顺	Fushun	47.80	49.82	48.20	109
石家庄	Shijiazhuang	48.40	57.88	34.44	153	本溪	Benxi	62.61	70.44	89.94	51
唐山	Tangshan	24.75	30.28	31.70	164	丹东	Dandong	53.41	61.05	63.41	73
秦皇岛	Qinhuangdao	31.88	43.32	198.29	14	锦州	Jinzhou	40.77	67.58	47.06	111
邯郸	Handan	14.55	16.27	16.44	254	营口	Yingkou	41.91	58.50	58.85	85
邢台	Xingtai	12.38	18.01	19.11	244	阜新	Fuxin	21.16	24.57	25.76	205
保定	Baoding	14.44	17.77	18.30	247	辽阳	Liaoyang	55.09	44.35	52.81	95
张家口	Zhangjiakou	25.17	29.80	31.06	169	盘锦	Panjin	36.34	47.61	50.60	101
承德	Chengde	20.32	24.00	23.90	214	铁岭	Tieling	20.97	22.48	22.60	221
沧州	Cangzhou	10.75	16.42	18.00	248	朝阳	Chaoyang	19.96	24.88	26.26	201
廊坊	Langfang	33.65	48.98	49.28	105	葫芦岛	Huludao	23.89	12.11	12.17	272
衡水	Hengshui	10.72	12.93	14.92	260	**吉林**	**Jilin**	**51.65**	**58.94**	**45.12**	
山西	**Shanxi**	**61.64**	**47.62**	**49.47**		长春	Changchun	90.18	114.48	61.44	80
太原	Taiyuan	108.89	172.66	182.51	17	吉林	Jilin	46.17	51.14	53.73	92
大同	Datong	19.87	19.40	22.64	220	四平	Siping	20.00	19.89	21.38	229
阳泉	Yangquan	45.80	43.42	45.91	113	辽源	Liaoyuan	93.41	30.27	33.52	157
长治	Changzhi	36.13	47.85	53.08	94	通化	Tonghua	35.11	31.55	39.99	128
晋城	Jincheng	12.76	18.74	21.93	225	白山	Baishan	39.63	58.06	67.41	67
朔州	Shuozhou	19.30	45.07	35.44	149	松原	Songyuan	18.10	25.33	27.81	190
晋中	Jinzhong	329.32	41.06	39.07	134	白城	Baicheng	20.83	25.05	26.47	200
运城	Yuncheng	23.11	28.56	27.67	193	**黑龙江**	**Heilongjiang**	**43.65**	**48.53**	**50.31**	
忻州	Xinzhou	25.65	33.61	34.45	152	哈尔滨	Harbin	71.19	79.12	85.86	54
临汾	Linfen	27.85	35.36	35.68	147	齐齐哈尔	Qiqihar	31.77	30.85	32.55	160
吕梁	Lvliang	17.73	28.18	29.52	178	鸡西	Jixi	17.97	19.55	21.35	230
内蒙古	**Inner Mongolia**	**45.84**	**54.54**	**62.19**		鹤岗	Hegang	31.16	39.72	41.66	120
呼和浩特	Hohhot	120.67	32.90	151.24	23	双鸭山	Shuangyashan	20.72	58.46	60.84	83
包头	Baotou	138.13	135.71	62.45	78	大庆	Daqing	108.40	92.39	92.57	48
乌海	Wuhai	77.92	107.47	134.95	26	伊春	Yichun	47.81	70.26	70.55	63
赤峰	Chifeng	15.97	38.44	39.58	130	佳木斯	Jiamusi	28.92	19.52	15.28	258
通辽	Tongliao	25.48	31.39	32.21	163	七台河	Qitaihe	22.29	27.08	28.32	185
鄂尔多斯	Erdos	42.72	137.73	148.11	24	牡丹江	Mudanjiang	26.72	39.52	41.15	121
呼伦贝尔	Hulunbuir	23.96	60.51	63.32	75	黑河	Heihe	19.40	20.07	21.61	227
巴彦淖尔	Bayannur	21.47	38.24	40.07	127	绥化	Suihua	18.05	22.77	20.23	238
乌兰察布	Ulanqab	17.84	8.68	9.40	278	**上海**	**Shanghai**	**482.09**	**511.76**	**524.49**	
辽宁	**Liaoning**	**77.39**	**98.48**	**96.46**		**江苏**	**Jiangsu**	**59.41**	**68.08**	**88.72**	

16-25 每百人公共图书馆藏书量 续表 1
Collections of Public Libraries per 100 Persons continued 1

单位：册、件 （copy、piece）

地名	City	2010	2014	2015	2015 排名 Ranking	地名	City	2010	2014	2015	2015 排名 Ranking
南京	Nanjing	211.77	79.97	250.12	11	池州	Chizhou	16.08	25.93	27.82	189
无锡	Wuxi	77.35	94.27	107.85	37	宣城	Xuancheng	23.24	27.78	28.99	181
徐州	Xuzhou	27.73	29.54	30.75	172	**福建**	**Fujian**	**47.35**	**90.73**	**98.85**	
常州	Changzhou	67.16	82.19	84.66	55	福州	Fuzhou	86.56	117.38	123.21	29
苏州	Suzhou	125.88	228.40	261.72	8	厦门	Xiamen	185.84	247.55	257.66	9
南通	Nantong	37.62	58.04	61.33	81	莆田	Putian	5.63	26.91	27.46	195
连云港	Lianyungang	34.64	47.20	50.14	103	三明	Sanming	51.22	163.80	175.92	19
淮安	Huaian	24.63	42.27	45.43	115	泉州	Quanzhou	38.23	75.25	101.13	42
盐城	Yancheng	22.37	34.17	39.29	131	漳州	Zhangzhou	21.01	90.17	90.46	50
扬州	Yangzhou	48.61	63.66	69.63	65	南平	Nanping	42.88	64.35	65.32	70
镇江	Zhenjiang	73.44	103.98	110.55	36	龙岩	Longyan	24.88	59.39	58.49	86
泰州	Taizhou	32.02	47.96	50.61	100	宁德	Ningde	16.18	35.48	36.99	144
宿迁	Suqian	11.50	19.49	20.75	236	**江西**	**Jiangxi**	**33.21**	**41.34**	**44.32**	
浙江	**Zhejiang**	**82.01**	**125.64**	**125.75**		南昌	Nanchang	87.53	97.92	100.47	43
杭州	Hangzhou	181.97	260.46	274.34	6	景德镇	Jingdezhen	38.61	55.66	61.21	82
宁波	Ningbo	127.86	123.64	118.04	31	萍乡	Pingxiang	39.87	49.92	50.40	102
温州	Wenzhou	41.31	157.85	114.96	33	九江	Jiujiang	32.01	38.50	41.79	119
嘉兴	Jiaxing	123.28	195.35	213.86	13	新余	Xinyu	46.69	50.99	54.24	90
湖州	Huzhou	81.16	82.42	74.31	62	鹰潭	Yingtan	25.26	32.78	37.17	141
绍兴	Shaoxing	59.21	79.00	86.21	53	赣州	Ganzhou	20.21	33.44	37.02	143
金华	Jinhua	38.44	59.21	65.65	69	吉安	Jian	40.12	48.17	48.87	107
衢州	Quzhou	47.94	57.69	57.91	87	宜春	Yichun	28.43	27.03	27.47	194
舟山	Zhoushan	79.26	147.36	169.55	21	抚州	Fuzhou	22.77	31.39	35.63	148
台州	Taizhou	30.83	43.92	63.40	74	上饶	Shangrao	14.05	21.53	26.10	203
丽水	Lishui	50.99	62.29	69.97	64	**山东**	**Shandong**	**47.78**	**52.80**	**78.81**	
安徽	**Anhui**	**16.40**	**25.26**	**27.55**		济南	Jinan	155.81	183.31	190.98	15
合肥	Hefei	62.77	63.91	68.41	66	青岛	Qingdao	58.17	74.67	77.12	60
芜湖	Wuhu	27.10	46.56	48.55	108	淄博	Zibo	52.89	53.36	57.76	88
蚌埠	Bengbu	11.82	30.17	33.22	158	枣庄	Zaozhuang	26.67	33.19	34.08	155
淮南	Huainan	13.40	16.88	19.95	239	东营	Dongying	39.43	113.51	112.79	35
马鞍山	Maanshan	43.38	49.17	51.43	99	烟台	Yantai	78.75	100.65	107.58	39
淮北	Huaibei	11.84	40.45	41.00	122	潍坊	Weifang	23.94	40.82	302.65	4
铜陵	Tongling	74.99	96.24	101.56	41	济宁	Jining	20.07	20.51	21.70	226
安庆	Anqing	15.61	20.72	29.59	177	泰安	Taian	19.80	26.96	27.97	187
黄山	Huangshan	33.37	57.15	62.98	76	威海	Weihai	46.53	120.82	133.48	27
滁州	Chuzhou	12.40	17.44	19.87	241	日照	Rizhao	12.30	18.10	25.10	208
阜阳	Fuyang	3.94	5.57	6.08	282	莱芜	Laiwu	29.99	38.14	42.24	118
宿州	Suzhou	3.15	7.98	11.10	275	临沂	Linyi	51.33	31.30	31.31	166
六安	Liuan	6.65	9.04	9.80	277	德州	Dezhou	16.94	24.50	24.69	210
亳州	Bozhou	5.61	17.12	13.06	270	聊城	Liaocheng	90.72	56.47	57.00	89

16-25 每百人公共图书馆藏书量 续表 2
Collections of Public Libraries per 100 Persons continued 2

单位：册、件 （copy、piece）

地名	City	2010	2014	2015	2015 排名 Ranking	地名	City	2010	2014	2015	2015 排名 Ranking
滨州	Binzhou	31.89	31.92	34.22	154	常德	Changde	21.17	25.04	25.77	204
菏泽	Heze	27.95	13.02	13.12	269	张家界	Zhangjiajie	11.90	12.57	12.73	271
河南	**Henan**	**16.56**	**21.22**	**23.56**		益阳	Yiyang	18.89	23.22	23.50	216
郑州	Zhengzhou	57.39	64.36	78.47	59	郴州	Chenzhou	16.71	22.13	28.56	183
开封	Kaifeng	14.77	15.57	39.00	135	永州	Yongzhou	14.43	23.89	22.25	223
洛阳	Luoyang	19.15	26.65	30.43	174	怀化	Huaihua	19.89	30.72	32.42	162
平顶山	Pingdingshan	15.34	24.29	25.37	207	娄底	Loudi	19.01	20.90	21.11	231
安阳	Anyang	16.65	19.36	20.48	237	**广东**	**Guangdong**	**78.22**	**100.07**	**103.96**	
鹤壁	Hebi	25.05	31.22	33.79	156	广州	Guangzhou	222.67	237.22	252.87	10
新乡	Xinxiang	17.44	19.50	21.05	232	韶关	Shaoguan	25.08	42.31	51.56	98
焦作	Jiaozuo	19.46	28.60	32.54	161	深圳	Shenzhen	883.40	920.03	924.57	1
濮阳	Puyang	16.10	13.97	14.17	264	珠海	Zhuhai	82.68	303.03	292.57	5
许昌	Xuchang	20.34	19.69	22.43	222	汕头	Shantou	46.23	52.05	52.72	96
漯河	Luohe	14.08	16.61	17.76	252	佛山	Foshan	80.59	97.58	107.76	38
三门峡	Sanmenxia	30.48	60.50	62.48	77	江门	Jiangmen	42.32	48.93	66.02	68
南阳	Nanyang	11.71	13.48	13.75	266	湛江	Zhanjiang	14.48	19.17	19.77	243
商丘	Shangqiu	6.71	11.42	11.44	273	茂名	Maoming	8.14	21.25	14.53	262
信阳	Xinyang	7.95	11.62	11.26	274	肇庆	Zhaoqing	25.76	49.88		
周口	Zhoukou	3.59	5.61	5.68	283	惠州	Huizhou	28.14	39.35	49.49	104
驻马店	Zhumadian	6.85	18.40	16.24	255	梅州	Meizhou	23.95	29.81	38.18	136
湖北	**Hubei**	**45.09**	**51.69**	**52.04**		汕尾	Shanwei	4.96	8.63	9.33	279
武汉	Wuhan	123.90	154.07	174.30	20	河源	Heyuan	15.39	16.92	27.07	197
黄石	Huangshi	41.29	48.46	48.92	106	阳江	Yangjiang	21.45	26.91	30.49	173
十堰	Shiyan	29.76	34.18	35.38	151	清远	Qingyuan	20.10	24.21	25.45	206
宜昌	Yichang	41.88	51.83	52.04	97	东莞	Dongguan	385.65	520.37	520.32	3
襄阳	Xiangyang	43.31	29.23	31.53	165	中山	Zhongshan	72.13	98.40	107.33	40
鄂州	Ezhou	33.93	37.21	37.17	141	潮州	Chaozhou	16.44	19.12	27.75	191
荆门	Jingmen	20.31	38.00	29.37	179	揭阳	Jieyang	9.91	14.67	14.98	259
孝感	Xiaogan	14.48	15.41	18.84	245	云浮	Yunfu	22.92	31.13	28.48	184
荆州	Jingzhou	16.17	17.80	18.65	246	**广西**	**Guangxi**	**33.85**	**50.95**	**49.21**	
黄冈	Huanggang	21.42	23.33	27.71	192	南宁	Nanning	70.77	122.73	89.53	52
咸宁	Xianning	23.20	30.40	30.90	171	柳州	Liuzhou	34.56	49.29	53.22	93
随州	Suizhou	86.46	90.48	8.94	280	桂林	Guilin	71.30	98.20	98.30	44
湖南	**Hunan**	**28.31**	**33.36**	**34.56**		梧州	Wuzhou	29.11	30.80	31.14	168
长沙	Changsha	97.04	114.73	117.19	32	北海	Beihai	29.97	34.08	40.78	123
株洲	Zhuzhou	30.24	35.50	37.23	140	防城港	Fangchenggang	27.73	39.74	39.17	132
湘潭	Xiangtan	28.44	45.97	47.01	112	钦州	Qinzhou	12.85	77.64	81.69	56
衡阳	Hengyang	19.20	23.84	24.57	212	贵港	Guigang	9.74	15.48	16.13	256
邵阳	Shaoyang	17.81	17.73	17.78	251	玉林	Yulin	24.73	18.04	24.58	211
岳阳	Yueyang	35.71	21.69	22.86	219	百色	Baise	28.67	34.85	43.52	117

16-25 每百人公共图书馆藏书量 续表 3
Collections of Public Libraries per 100 Persons continued 3

单位：册、件 （copy、piece）

地名	City	2010	2014	2015	2015 排名 Ranking	地名	City	2010	2014	2015	2015 排名 Ranking
贺州	Hezhou	24.42	25.64	30.16	176	丽江	Lijiang	26.32	42.32	45.47	114
河池	Hechi	18.11	27.46	27.85	188	普洱	Puer	26.55	35.28	37.29	139
来宾	Laibin	17.92	29.92	30.43	174	临沧	Lincang	24.34	34.54	35.88	146
崇左	Chongzuo	27.98	27.11	28.26	186	**西藏**	**Tibet**				
海南	**Hainan**	**29.43**	**41.92**	**84.58**		拉萨	Lasa				
海口	Haikou	27.43	30.85	124.09	28	**陕西**	**Shaanxi**	**29.30**	**41.81**	**42.23**	
三亚	Sanya	35.08	73.18	91.92	49	西安	Xi'an	57.04	93.03	97.77	45
三沙	Sansha					铜川	Tongchuan	70.22	96.13	97.32	46
重庆	**Chongqing**	**31.20**	**36.81**	**38.67**		宝鸡	Baoji	31.59	36.50	39.16	133
四川	**Sichuan**	**29.42**	**45.32**	**48.11**		咸阳	Xianyang	20.11	22.71	23.29	217
成都	Chengdu	105.53	161.26	179.97	18	渭南	Weinan	15.98	16.55	17.68	253
自贡	Zigong	11.84	14.88	15.52	257	延安	Yan'an	23.89	48.85	40.65	124
攀枝花	Panzhihua	50.55	74.57	76.56	61	汉中	Hanzhong	14.81	20.87	20.85	234
泸州	Luzhou	19.25	24.04	26.49	199	榆林	Yulin	27.71	33.19	30.97	170
德阳	Deyang	16.99	40.43	43.97	116	安康	Ankang	16.00	25.38	19.86	242
绵阳	Mianyang	23.57	33.80	35.44	149	商洛	Shangluo	19.36	20.30	20.77	235
广元	Guangyuan	24.83	35.47	37.71	138	**甘肃**	**Gansu**	**39.84**	**33.86**	**36.12**	
遂宁	Suining	9.81	45.05	14.90	261	兰州	Lanzhou	131.30	28.96	32.62	159
内江	Neijiang	9.94	13.15	13.49	268	嘉峪关	Jiayuguan	52.75	99.46	120.49	30
乐山	Leshan	13.50	16.95	20.98	233	金昌	Jinchang	30.55	106.36	138.07	25
南充	Nanchong	12.45	14.30	23.78	215	白银	Baiyin	29.38	39.29	39.78	129
眉山	Meishan	6.19	9.30	10.70	276	天水	Tianshui	24.54	21.65	22.01	224
宜宾	Yibin	20.82	22.50	23.07	218	武威	Wuwei	18.82	26.43	26.89	198
广安	Guangan	36.98	36.15	40.19	126	张掖	Zhangye	47.92	84.98	113.17	34
达州	Dazhou	12.98	26.56	14.19	263	平凉	Pingliang	18.55	29.68	31.22	167
雅安	Yaan	37.25	44.08	47.41	110	酒泉	Jiuquan	46.96	47.50	35.92	145
巴中	Bazhong	10.31	17.32	17.93	249	庆阳	Qingyang	22.53	25.79	27.08	196
资阳	Ziyang	12.01	24.56	25.00	209	定西	Dingxi	21.77	24.52	24.57	212
贵州	**Guizhou**	**24.43**	**106.86**	**38.74**		陇南	Longnan	22.68	32.20	29.32	180
贵阳	Guiyang	65.93	82.84	185.57	16	**青海**	**Qinghai**	**130.21**	**60.02**	**46.53**	
六盘水	Liupanshui	11.00	13.75	13.94	265	西宁	Xining	130.21	89.02	63.81	72
遵义	Zunyi	16.07	349.16	28.86	182	海东	Haidong		25.93	26.11	202
安顺	Anshun	13.19	17.59	17.81	250	**宁夏**	**Ningxia**	**70.99**	**95.40**	**102.24**	
毕节	Bijie		8.46	8.86	281	银川	Yinchuan	163.41	208.42	229.70	12
铜仁	Tongren		18.06	19.95	239	石嘴山	Shizuishan	50.25	80.85	95.66	47
云南	**Yunnan**	**23.43**	**32.65**	**36.99**		吴忠	Wuzhong	46.40	64.38	64.26	71
昆明	Kunming	30.57	53.37	61.58	79	固原	Guyuan	32.26	37.14	40.32	125
曲靖	Qujing	16.44	20.10	21.42	228	中卫	Zhongwei	38.69	32.75	37.78	137
玉溪	Yuxi	72.33	60.09	60.72	84	**新疆**	**Xinjiang**	**92.57**	**147.70**	**145.69**	
保山	Baoshan	20.97	33.25	54.14	91	乌鲁木齐	Urumqi	87.93	94.34	79.60	57
昭通	Zhaotong	2.84	13.04	13.67	267	克拉玛依	Karamay	122.63	513.08	734.07	2

主要统计指标解释

行政区域土地面积 是指在该行政区划内的全部土地面积（包括水面面积）。计算土地面积以行政区划为准。

常住人口 包括：（1）住本户，户口在本乡、镇、街道的人（含户口在本户，外出不满半年的人）；（2）住本户半年以上，户口在外乡、镇、街道的人；（3）住本户不满半年，户口在外乡、镇、街道，离开户口登记地半年以上的人；（4）住本户，户口待定的人。

地区生产总值（GRP） 指按市场价格计算的一个地区所有常住单位在一定时期内生产活动的最终成果。

地方财政一般预算收入 包括：（1）税收收入；（2）社会保险基金收入；（3）非税收入；（4）贷款转回收本金收入（5） 转移性收入。

地方财政一般预算内支出 包括：（1）一般公共服务；（2）外交；（3）国防；（4）公共安全；（5）教育；（6）科学技术；（7）文化体育与传媒；（8）社会保障和就业；（9）社会保险基金支出；（10）医疗卫生；（11）环境保护；（12）城乡社区事务；（13）农林水事务；（14）交通运输；（15）工业商业金融等事务；（16）其它支出；（17）转移性支出。

住宅 指专供居住的房屋，包括别墅、公寓、职工家属宿舍和集体宿舍（包括职工单身宿舍和学生宿舍）等，但不包括住宅楼中作为人防用、不住人的地下室等。住宅按照性质可以划分为普通住房、经济使用住房和别墅、高档公寓。

专利申请受理量 指经专利部门初步审查后符合受理条件的专利申请量。

专利申请授权量 指经专利部门审查合格后，一句专利法授予申请人对申请项目专有权的专利申请数量。

中等职业学校 是指按国家规定的设置标准和审批程序批准建立的，招收初中（或部分高中）毕业生或同等学历者，实施中等职业技术教育，培养中等职业技术人才的学校。招收初中毕业生的，修业年限一般为三至四年；招收高中毕业生的，修业年限一般为二年至三年。包括中等专业学校、技工学校、职业中学（高中）等。统计中等职业学校时应注意，已承担培养学生任务的中等职业技术学校和独立设置的高等学校中专部或中专学校计算校数。正在筹建、尚未招生的中等职业学校和高等学校附设的中专班不计校数。

专任教师 指主要从事教学工作的人员。包括临时（一年以内）调去帮助做其它工作的教学人员。高等学校函授部、夜大学的专任教师和承担科研任务，未担任教学工作仍属教师编制的人员，应计入专任教师中。不包括调离教学岗位，担任行政领导工作或其他工作的原教学人员。

医院、卫生院床位数 指各级各类医院本年 10 月底的固定实有床位（非编制床位）。包括正规床、简易床、监护床和正在消毒、修理的床位及因扩建或大修理而停用的床位（按扩建或大修理前的床位计算），但不包括产科的新生儿床、库存床、临时增设的床位、病人家属的陪床、接产室的待产床等。

公共图书馆图书总藏量 指图书馆已编目的古籍、图书、期刊和报纸的合订本、小册子、手稿以及缩微制品、录像带、录音带、光盘等听视文献资料数量总和。